ILLUSTRIERTE WELTGESCHICHTE

Mittelalter und frühe Neuzeit

John M. Roberts

KNAURS ILLUSTRIERTE WELTGESCHICHTE

Mittelalter und frühe Neuzeit

Von den Anfängen des Islams
bis zu den europäischen Kolonialreichen

Weltbild

Erstmals erschienen 1999 in Großbritannien bei Duncan Baird Publishers Ltd
Sixth floor, Castle House, 75-76 Wells Street, London W1P 3RE
unter dem Titel *The Illustrated History of the World*

Lektorat und Redaktion der englischen Ausgabe Duncan Baird Publishers: Joane Levêque, Georgina Harris (Ass.)
Lektorat/Bildredaktion Editorial Debate: Isabel Belmonte Martínez, Feliciano Novoa Portela,
Ruth Betegón Díez, Dolores Redondo, Ana Lucía Vila
Gestaltung: Steven Painter, Anita Schnable (Ass.)
Bildredaktion: Julia Ruxton
Landkarten: Russell Bell
Grafik: Gillie Newman, Stephen Conlin, Lorraine Harrison
Koordination und Bearbeitung der deutschen Ausgabe: twinbooks, München
Übertragung ins Deutsche: Ines Bergfort, Nikolaus Bertheau, Ilona Borszik, Olaf Brodacki,
Wolfgang F. Drescher, Dr. Annette Hempel, Dr. Christa Kordt, Alexander Molter, Julia Nunes, Dr. Andrea Rottloff,
Dr. Christian Rochow, Karen B. Tegtmeier, Ralf Vogel, Marco Vogts
Fachliche Beratung: Apl. Prof. Dr. phil Roland Pauler
Projektassistenz und Koordination: Dr. Silke Möller

Fachliche Mitarbeit: Valeska D. Becker, Matthias Erdbauer, Christiane Fritsche,
Gisela Kaben, Dr. Bettina Marquis, Rudolf Schichler, Tillman Tegeler
Lektorat und Redaktion der deutschen Ausgabe: Juliane von Åckerman, Dr. Margit Brand, Michaela Didyk,
Matthias Erdbauer, Christiane Fritsche, Melanie Gutschker, Willi Haas, Edigna Hackelsberger,
Dr. Annette Hempel, Karen M. Jahns, Tobias Kies, Heike Köpp-Waffender, Stephan Kraft, Birgit Krapf,
Wolfgang Kreth, Julia Nunes, Thomas M. Paul, Anette Pehrsson, Rita Steininger, Tillman Tegeler
Umschlaggestaltung: Studio Höpfner-Thoma, München
Umschlagmotive: AKG, Berlin
Gesamtherstellung: S.T.I.G.E. S.p.A., San Mauro T.se

Printed in Italy

ISBN 3-8289-0543-9

Haftungsausschluss
Die Inhalte dieses Buches sind sorgfältig recherchiert und erarbeitet worden.
Dennoch kann weder der Autor noch der Verlag für die Angaben in diesem Buch eine Haftung übernehmen.

2007 2006 2005 2004 2003
Die letzte Jahreszahl gibt die aktuelle Lizenzausgabe an.

INHALT

Band 2

MITTELALTER UND FRÜHE NEUZEIT

EINFÜHRUNG

Ein Geschichtswerk hat heutzutage eines in Rechnung zu stellen: visuelle Information wird zur lebendigen Darstellung historischen Geschehens immer wichtiger. Daher enthält der zweite Band der Illustrierten Weltgeschichte – er umfaßt die Jahre von 625 bis 1800 – viele hundert Abbildungen aus allen Lebensbereichen. Darüber hinaus nimmt das Werk sprachlich Rücksicht auf heutige Gewohnheiten, um einem breiten Kreis Interessierter Geschehnisse und Zustände der Vergangenheit nahe zu bringen: Bis in unsere Tage hat der Widerstreit großer Mächte die Geschichte der Menschheit in allen Teilen der Welt bestimmt. Der vorliegende Band schildert einen Zeitraum von mehr als 1000 Jahren, an dessen Ausgang die Konstellationen standen, die die jüngere Vergangenheit geprägt haben.

Der Blick richtet sich zunächst in den Nahen Osten: Basierend auf den Lehren und Regeln des Islam (die um 625 n. Chr. im Koran festgehalten wurden) waren dort blühende Reiche entstanden. Auch die ursprünglich aus Mittelasien dorthin gewanderten Osmanen begründeten ihre Macht unter dem Banner des Islam. Sie zerstörten das Byzantinische Reich, den östlichen und letzten noch verbliebenen Rest der untergegangenen römischen Macht. Arabische Seefahrer und Händler trugen den Islam nach Afrika und sogar in die südostasiatische Inselwelt. Auch der Süden

Spaniens wurde über Jahrhunderte von arabischen Kalifen beherrscht.

Gleichzeitig und unter dem Eindruck der Bedrohung durch den Islam begann sich Europa trotz aller Gegensätze immer mehr als kulturelle und religiöse Einheit zu begreifen. Gemeinsames Fundament waren die christliche Religion und eine in der Antike wurzelnde Kultur.

Weltliches Zentrum wurde das europäische Reich Karls des Großen. Es galt als „Wiedergeburt" des Römischen Reiches, zerbrach aber nach seinem Tod. In der Nachfolge Karls des Großen erfuhren die Kaiser des Deutschen Reiches in Rom ihre Krönung und verstanden sich als rechtmäßige Erben der antiken römischen Caesaren.

Während in Europa einzelne Staaten Gestalt anzunehmen begannen, bildeten sich in Indien und in China mächtige und hochzivilisierte Reiche. Ihr Glaube, Buddhismus und Hinduismus einerseits sowie Konfuzianismus andererseits, verbreitete sich über weite Teile Südostasiens. Diese Religionen, die auf einer ganz bestimmten Lebenseinstellung beruhen, prägen das Gesicht Asiens bis in die Gegenwart.

Noch lebten Europa und Asien vor allem auf Grund der großen räumlichen Distanz in weitgehend getrennten Welten. Von den Umwälzungen in Europa, den für die weitere Geschichte so bedeutenden politischen und religiösen Auseinandersetzungen, blieben die Asiaten lange Zeit unberührt.

Wie sehr sich das christliche Europa als Einheit begriff, zeigte sich bei äußeren Bedrohungen, im gemeinsamen Kampf gegen den Islam etwa und der Abwehr des Mongolensturms.

Die Wende zur Frühen Neuzeit, in Europa durch Renaissance und Humanismus eingeläutet, befreite von allzu engen Fesseln kirchlicher Dogmen. Der Weg war frei für eine neue, wissenschaftliche Sicht auf die Welt. Es gelangen bahnbrechende technische Erfindungen wie beispielsweise das Drucken mit beweglichen Lettern und die Entwicklung nautischer Navigationsgeräte. Mit ihrer Hilfe umsegelten portugiesische Seefahrer den afrikanischen Kontinent, und den Spaniern verhalfen sie zur Entdeckung Amerikas. Mit diesen Entdeckungsreisen begann das „europäische Zeitalter". Europäische Kultur und Zivilisation drückten bald schon weiten Teilen der Welt ihren Stempel auf.

In England, Frankreich und Holland traten sodann neue Kolonialmächte in den Kampf um die Verteilung der Welt ein. Russland eroberte den Nordosten des asiatischen Kontinents bis hin zum Pazifik. Bald hatten diese Mächte große Teile der Welt und ihre Ressourcen unter sich aufgeteilt. Neben Auseinandersetzungen innerhalb Europas ging es den Kolonialmächten immer mehr auch um die Ausweitung ihrer Interessensphären in anderen Teilen der Welt. Nicht zuletzt die hemmungslose Ausbeutung von Bodenschätzen und die Versklavung der Bevölkerung in anderen Teilen der Erde machten Europa zum führenden Wirtschaftsraum.

Auch politisch beherrschten die europäischen Kolonialmächte bald einen Großteil der Welt. Europa erlebte zudem eine historisch einzigartige kulturelle Blüte.

Auch nach der Französischen Revolution rangen die europäischen Mächte in den Napoleonischen Kriegen um die Vorherrschaft in Europa und der Welt. Diese Entwicklung stand am Beginn des von industrieller Revolution und imperialistischer Weltmachtpolitik geprägten 19. Jahrhunderts. Dabei ging es schon lange nicht mehr um Glaubenskämpfe, sondern um die Aufteilung der Welt in die Interessenssphären der europäischen Kolonialmächte und der USA.

I. DAS ZEITALTER DER STAATENBILDUNG

Die Untertanen Kaiser Justinians waren stolz darauf, Römer zu sein. Sie gehörten einer hoch stehenden Kultur an, die sie für die bestmögliche hielten. Mit dieser Überzeugung standen sie jedoch nicht allein. Bereits vor Christi Geburt existierte eine Reihe von hoch entwickelten Zivilisationen, und alle verstanden sich als Mittelpunkt der Welt. Erst im Laufe der Zeit vertieften sich die Unterschiede in den Lebensformen der Menschen. Zwar gab es diese bereits in prähistorischer Zeit, aber nun nahmen sie deutlichere Konturen an.

Es gab schon früh Hochkulturen, doch blieben sie zunächst auf bestimmte Weltgegenden beschränkt. Seit dem 2. oder 3. Jahrhundert v. Chr. lebten beispielsweise die Völker der eurasischen Landmasse größtenteils unabhängig voneinander. Trotz gelegentlicher Begegnungen von Kaufleuten, Wissenschaftlern, Diplomaten oder Missionaren blieb der Austausch untereinander gering. Sporadische Kontakte konnten die großen Entfernungen nicht dauerhaft überbrücken, die diese Kulturen voneinander trennten. Nur wenn sie benachbart waren – wie zum Beispiel die christliche Welt des lateinisch-katholischen Westens und die griechisch-orthodoxe des Ostens –, kam es zu wechselseitiger Einflussnahme.

Trotz der Unterschiede waren allen kulturellen Modellen charakteristische Züge gemeinsam. Bis ins 19. Jahrhundert hingen sämtliche Kulturen von der Landwirtschaft ab. Alle mussten ihren Energiebedarf mit Wind, Wasser und Muskelkraft decken. Keine von ihnen hatte einen entscheidenden Vorteil gegenüber den anderen. Technische Errungenschaften – oder ein Mangel an solchen – bedeuteten wenig. Erst in späteren Zeiten strebten höher stehende Kulturen danach, ihre Lebensweise anderen aufzunötigen. Dennoch herrschte nie völlige Isolation. Es gab einen begrenzten Austausch: Besonders technisches Wissen gab man weiter; dazu gehörten auch Methoden der Kriegsführung.

Der größte Austausch geschah, wenn Völker sich auf Wanderschaft begaben und sich dadurch neue Nachbarschaften bildeten oder Nomaden in sesshafte Gesellschaften einbrachen. Manchmal fand nach anfänglicher Konfrontation eine Symbiose statt. Beides konnte stimulierend wirken. Oft hatten die Invasionen fremder Völker jedoch destruktive Wirkungen – beispielsweise die Kriegszüge mongolischer Völker in den Nahen Osten und nach Osteuropa. Mehr als einmal verließen sie ihre zentralasiatischen Lebensräume, um sowohl Asien als auch Teile Europas zu verheeren. Mitunter waren die Resultate auch positiv und dauerhaft, etwa als sich eines der türkischen Völker aus dem Herzen Asiens in Anatolien einrichtete und dort ein neues Reich aufbaute, das Byzantinische Reich ablöste. Mit dem wichtigsten dieser welthistorischen Einflüsse, dem Islam, soll dieser Band beginnen. Seine Expansion beunruhigte die Völker von Spanien bis Indonesien, vom Becken des Niger bis nach China, aber der Islam war auch der erste große Träger eines fruchtbaren kulturellen Austauschs zwischen diesen Ländern.

Während des Mittelalters wurde die zivilisierte Welt von drei Kulturen bestimmt: Christentum, Islam und Judentum. Diese Illustration einer christlichen Handschrift stammt aus dem Spanien des 9. Jahrhunderts. Sie ist dem *Codex des Rates von Abelda* entnommen, der Teil einer Sammlung von Handschriften ist, die im El Escorial aufbewahrt werden und sich im Besitz des römisch-katholischen Rats von Toledo befinden.

1 DER ISLAM UND DIE NEUGESTALTUNG DES NAHEN OSTENS

Mit relativ kurzen Unterbrechungen stürmten die großen Reiche Persiens bis 500 n. Chr. immer wieder nach Westen. Durch Kriege kommen sich Kulturen mitunter näher: Im Nahen Osten beeinflussten sich zwei unterschiedliche Reiche derart, dass ihre Geschichte nicht getrennt betrachtet werden kann. Mit Alexander dem Großen und seinen Nachfolgern war die Idee eines göttlichen Königtums, dessen Wurzeln im alten Mesopotamien lagen, von den Achämeniden zu den Römern gekommen; von Rom aus gelangte sie ins christliche Byzanz, das die Sassaniden bekämpfte. Persien und Rom bewunderten und zerstörten sich schließlich gegenseitig. Ihre Feindschaft war für beide zu der Zeit fatal, als ihre Kräfte anderswo dringend gebraucht wurden. Am Ende gingen sie beide unter.

DIE SASSANIDEN

Der erste König der Sassaniden, Ardashir oder Artaxerxes, war bestrebt, die persische Tradition weiter zu führen. Er beschwor bewusst das Vermächtnis der Perser und ihres Großkönigs Dareios herauf, und seine Nachfolger taten es ihm gleich, wie zahlreiche Skulpturen und Inschriften belegen. Ardashir beanspruchte alle Länder, über die Dareios einst regiert hatte. Er unterwarf die Oasen Merv und Khiva und fiel anschließend in den

Das Überleben der sassanidischen Monarchie hing von ihrer Kontrolle über Armee und Religion ab. Letztere diente dazu, die göttliche Natur der königlichen Autorität zu beweisen. Auf diesem persischen Flachrelief aus Naqsh-i-Rustam sind die Götter Mithras und Ahura Mazda abgebildet, die König Ardashir II. (379–383) eine Krone anbieten.

Das Reich der Sassaniden zur Zeit Chasrau I.

Das Reich der Sassaniden erlangte im 6. Jahrhundert während der Regierung von Chasrau I. (531–579) seine größte geographische Ausdehnung. Bereits im 3. Jahrhundert hatten die Sassaniden ihr Herrschaftsgebiet bis nach Syrien und Armenien ausgedehnt. Dadurch gerieten sie in Konflikt mit dem Römischen Reich und anderen Mächten, die den Zugang zur Seidenstraße als Handelsweg aufrechterhalten wollten. Im 4. Jahrhundert bekämpften die Sassaniden im Westen die Byzantiner. Gleichzeitig bedrohten die Hunnen die Nordostgrenze des Sassanidenreiches. Es wurde 642 in der Schlacht von Nihawand von Arabern erobert.

Panjab ein. Die Eroberung Armeniens nahm dann weitere 150 Jahre in Anspruch, bis der größte Teil dieses Landes schließlich unter persische Herrschaft geriet. Damit erstand ein letztes Mal das alte Iranische Reich, zu dem im 6. Jahrhundert sogar der Jemen gehört hatte.

Die Herrschaft der Sassaniden

Geographische und klimatische Unterschiede drohten stets das territorial weit ausgedehnte Reich der Sassaniden aufzuspalten, doch gelang es lange Zeit hindurch, dieses Gebiet zusammenzuhalten. Die Sassaniden konnten so-

Zeitleiste (224–651)

- 224 – Ardashir I. besiegt Artaban V., den letzten König der Parther. Das Sassanidenreich entsteht
- 260 – Shapur besiegt den römischen Kaiser Valerian
- 363 – Shapur II. besiegt den römischen Kaiser Julian
- 578 – Sassanidische Expedition gegen Ceylon
- 591 – Chasrau II. gewinnt den Thron mit Hilfe des oströmischen Kaisers Maurikios zurück
- 651 – Yazdagird III. wird ermordet. Die Araber erobern Persien

200 – 300 – 400 – 500 – 600 – 700

wohl auf eine bürokratische Tradition, die zu den Assyrern zurückreichte, als auch auf die göttliche Autorität des Königs aufbauen. Es gab zwei Kriterien dafür, ob es den Königen jeweils gelang, ihren Einfluss gegen die Interessen der großen Familien durchzusetzen. Der erste Punkt betraf die Besetzung der wichtigsten Staatsämter mit eigenen Kandidaten und die Eindämmung der Ansprüche des Adels. Der zweite Punkt war die Entscheidung über die Nachfolge. Obwohl dem regierenden König das Recht zustand, seinen Erben zu bestimmen, wurde dieses Verfahren mitunter durch eine Art Wahl verdrängt, bei der die leitenden Beamten, Soldaten und Priester den Thronfolger unter den Mitgliedern der königlichen Familie auswählten. Einige Herrscher wurden sogar abgesetzt.

Diese Bronze stellt den Kaiser Chasrau I. dar, der mehrere wichtige wirtschaftliche und militärische Reformen durchführte. Die Prachtentfaltung des sassanidischen Reiches während seiner Herrschaft machte Chasrau I. zu einer idealisierten Gestalt der östlichen Mythologie.

Die Mitglieder des Hochadels, die die Herrschaft des Königs in Frage stellten und meist in Satrapien regierten, entstammten einigen wenigen Familien. Diese beriefen sich auf ihre Abstammung von den Arsakiden, einer im Partherreich herrschenden Dynastie. Sie bezogen ihren Reichtum aus großen Besitzungen. Ihr gefährlicher Einfluss wurde durch zwei Faktoren ausgeglichen: Einmal durch die Söldnerarmee, die zum größten Teil von Mitgliedern des niederen Adels geführt wurde. Mit ihrer Hilfe konnte sich der niedere Adel gegenüber dem Hochadel behaupten. Die Eliteeinheit der Armee, die schwer bewaffnete Kavallerie, befand sich in unmittelbarer Abhängigkeit vom König. Das andere Gegengewicht zur Macht des Hochadels war der Klerus.

Eine Jagd diente neben der Beschaffung von Fleisch auch dazu, die Stärke und Geschicklichkeit des Königs vorzuführen. Die Verzierung dieses sassanidischen Tellers porträtiert Chasrau II. auf einer Jagd.

Der Zoroastrianismus

Persien war sowohl eine religiöse als auch eine politische Einheit. Der Zoroastrianismus wurde von Ardashir formell wieder hergestellt, indem er ihren Priestern bedeutende Privilegien verlieh. Die Priester bestätigten die göttliche Natur des Königtums, spielten eine wichtige Rolle bei der Rechtspflege und führten die Aufsicht über die Grund- und Bodensteuern. Ihre Lehre scheint erheblich von dem strikten Monotheismus Zoroasters (oder auch Zarathustra) abgewichen zu sein. Sie stellte stattdessen einen Schöpfer, Ahura Mazda, in den Mittelpunkt, dessen irdischer Stellvertreter der König war. Die Förderung der Staatsreligion durch die Sassaniden war eng mit der Bestätigung ihrer eigenen Autorität verbunden.

Die Entstehung des Manichäismus

Die Bedeutung der ideologischen Basis des persischen Staates nahm noch zu, als das Römische Reich christlich wurde. Religiöse Unterschiede erhielten größeres Gewicht und wurden zum Politikum. Die Kriege Persiens gegen das christliche Rom führten dazu, dass die Christen im Land als Feinde angesehen wurden, obwohl sie zuvor weitgehend toleriert worden waren. Die Konsequenz war ihre Verfolgung, die bis in das 5. Jahrhundert hinein andauerte. Aber nicht nur die Christen waren der Aggression ausgesetzt. Im Jahre 276 wurde ein persischer Religionsstifter mit Namen Mani hingerichtet – durch die besonders qualvolle Methode des Häutens bei lebendigem Leib. Im Westen kannte man ihn unter dem lateinischen Namen Manichäus; seine Lehre fand im christlichen Kulturkreis weite Verbreitung. Der Manichäismus vereinte jüdisch-christliche Glaubenssätze mit persischem Mystizismus. Er sah den gesamten Kosmos als ein großes Weltendrama an, bei dem die Mächte des Lichts und der Finsternis miteinander um die Herrschaft rangen. Seine Anhänger nahmen an dieser Auseinandersetzung teil, indem sie sich Entsagungen auferlegten, die ihnen den Weg zu Vollkommenheit und Harmonie eröffnen sollten. Der Manichäismus unterschied streng zwischen Gut und Böse, Natur und Gott. Dieses dualistische Denken fand auch bei einigen Christen Anklang, die darin eine Übereinstimmung mit der Lehre des Apostels Paulus erblickten. Der heilige Augustinus war in seiner Jugend ebenfalls Manichäer. Elemente dieser Religion erfuhren im mittelalterlichen Europa eine Wiederbelebung, wurden aber von der Kirche als ketzerisches Gedankengut abgelehnt. Ein kompromissloser Dualismus scheint immer bestimmte Menschen anzusprechen. Die „Auszeichnung“, sowohl von den Anhängern Zoroasters als auch vom christlichen Römischen Reich verfolgt zu werden, eilte den manichäischen Ideen voraus. Ihre Anhänger fanden Zuflucht in Zentralasien und China, wo diese Glaubensrichtung anscheinend bis ins späte 13. Jahrhundert gedieh.

Ahura Mazda war die Hauptgottheit im alten Persien. Später wurde er als Ormazd verehrt, alleiniger Schöpfer und Gott der Götter. Auf diesem steinernen Flachrelief wird Ahura Mazda durch ein Symbol verkörpert, das den geflügelten Geist des Lichtes darstellt.

Der Manichäismus war eine Mischung aus jüdisch-christlichen Glaubensgrundsätzen und persischem Mystizismus, sein deutlichstes Kennzeichen der absolute Dualismus von Gut und Böse, Natur und Gott.

Christen in Persien

Ein Friedensabkommen mit dem Römischen Reich im 6. Jahrhundert enthielt für Persien die Verpflichtung, die Christen zu tolerieren.

Der heilige Augustinus, der auf dieser Miniatur dargestellt ist, gehörte zu einer Gruppe vornehmer Christen, die von Mani, dem Sohn einer bedeutenden sassanidischen Familie, beeinflusst war. Bevor Mani wegen seines Glaubens hingerichtet wurde, lehrte er sowohl im Osten (wo er China, Indien und Tibet besuchte) als auch im Westen (er begab sich nach Spanien und Süditalien).

Diese Miniatur stellt die Niederlage des römischen Kaisers Valerian (links) im Jahre 260 bei Edessa dar. Die siegreichen Sassaniden nahmen Valerian gefangen und plünderten 36 Städte in dem von den Römern aufgegebenen Gebiet.

Diese Garantie wurde zu bloßem Papier, als die Gefahr zunahm, dass die Christen wegen ständigen Kriegen Persiens mit Rom ihre Loyalität aufgeben könnten. Erst am Ende des Jahrhunderts erließ ein persischer König ein Toleranzedikt, um die Armenier günstig zu stimmen. Aber es löste das Problem nicht. Die Christen wurden bald von den leidenschaftlichen Bekehrungsversuchen glühender Zoroastrianer bedrängt. Nur die Nestorianer wurden von den Sassaniden toleriert, weil die Römer sie verfolgten. Dies war Grund genug anzunehmen, dass sie politisch zuverlässig seien.

Die persisch-römischen Kriege

Die Religionsfrage sowie die Tatsache, dass Macht und Kultur der Sassaniden unter Chasrau I. im 6. Jahrhundert ihren Höhepunkt erreichten, verleihen der Rivalität zwischen Persien und Rom die Dimension eines Kampfes zweier Kulturen. Und doch sind die wiederholten Kriege dieses Jahrhunderts von geringer Bedeutung. Es handelte sich größtenteils um ein langwieriges Hin und Her, das keine Entscheidung herbeiführte. Die vorletzte Runde des Kampfes zwischen Ost und West, der tausend Jahre zuvor zwischen Griechen und Persern begonnen hatte, erreichte seinen Höhepunkt zu Beginn des 7. Jahrhunderts, im letzten „Weltkrieg" der Antike. Die Verwüstungen bedeuteten den Todesstoß für die hellenistischen Stadtkulturen des Nahen Ostens.

Der Kampf zwischen Rom und Persien war faktisch die Fortsetzung der Auseinandersetzungen zwischen Griechen und Persern; ihre Erfolge verdankten die Perser vor allem der Schwäche Roms.

Damals regierte Chasrau II., der letzte große Sassanide. Seine Zeit schien gekommen, als ein geschwächtes Byzanz – Italien war bereits verloren, Slawen und Awaren strömten auf den Balkan – mit dem Mord an Maurikios durch Meuterei einen fähigen Kaiser verlor. Chasrau schuldete dem Kaiser eigentlich Dank, da er mit dessen Hilfe wieder auf den persischen Thron gekommen war. Unter dem Vorwand, das Verbrechen rächen zu wollen, ergriff er jedoch die Gelegenheit, in das Byzantinische Reich einzufallen. Seine Armeen drangen in die Levante vor und verheerten die syrischen Städte. Im Jahre 615 eroberten sie Jerusalem. Sie nahmen die Reliquie des Kreuzes Christi mit, Jerusalems berühmtesten Schatz. Die Juden – mit den Persern verbündet – nutzten die Gelegenheit, um früher erlittenes Unrecht zu vergelten, und verübten Pogrome gegen Christen. Im folgenden Jahr fielen persische Armeen in Ägypten ein; ein weiteres Jahr später rasteten ihre Vorhuten nur knapp zwei Kilometer vor Konstantinopel. Damit nicht genug, überfielen die Perser Zypern und eroberten Rhodos. Das Reich des Dareios schien wieder errichtet zu sein – genau zu dem Zeitpunkt, als das Oströmische Reich seine letzten Besitzungen in Spanien verlor.

Herakleios

In Roms schwärzester Stunde stand jedoch schon ein Retter bereit. Im Jahre 610 hatte sich Herakleios, der kaiserliche Vizekönig von Karthago, gegen Maurikios' Nachfolger Phokas erhoben und dessen blutiger Herrschaft durch Tyrannenmord ein Ende gesetzt. Dafür erhielt er aus der Hand des Patriarchen die kaiserliche Krone von Byzanz. Die Niederlagen in Asien setzten sich noch einige Zeit fort, aber Herakleios sollte sich als einer der größten Soldatenkaiser erweisen. Seine Seestreitmacht rettete 626 Konstantinopel, als es der persischen Armee nicht gelang, ihre awarischen Verbündeten beim Angriff auf diese Stadt zu unterstützen. Im Jahr darauf fiel Herakleios in Assyrien und Mesopotamien ein, dem von alters her umkämpften Kerngebiet der östlichen Reiche. Die persische Armee meuterte, Chasrau wurde ermordet, und sein Nachfolger schloss Frieden. Die großen Tage der sassanidischen Macht gingen damit zu Ende.

Nach dem Sieg des hier abgebildeten Herakleios über Chasrau II. flohen die Nachfahren des letzten Sassanidenherrschers nach China.

Jerusalem erhielt die Kreuzreliquie – oder was man dafür hielt – zurück. Die Sassaniden gingen schließlich unter, weil sie zu viele Feinde hatten. Das lange Duell zwischen Persien und Rom war vorbei, und die Weltgeschichte drehte sich fortan um einen anderen Konflikt.

Die asiatischen Nomaden

Das Jahr 610 brachte ein böses Omen: Zum ersten Mal besiegte eine arabische Streitmacht eine persische Armee. Jahrhundertelang waren die persischen Könige mehr mit den Feinden an ihrer nördlichen Grenze beschäftigt gewesen als mit jenen im Süden. Die Geschichte der zentralasiatischen Nomadenvölker ist weder als Ganzes noch im Detail einfach zu rekonstruieren. Sie sorgten fast 15 Jahrhunderte lang für Unruhe in der Weltgeschichte und stießen damit verschiedene Entwicklungen an. Ihr Expansionsdrang verursachte die germanischen Invasionen in Westeuropa und wirkte sich auf die Wiederbelebung der chinesischen Herrschaft in Ostasien aus.

Zentralasien, die Heimat der Nomaden, ist keine sehr treffende Bezeichnung. „Von Land eingeschlossenes Asien“ wäre besser, weil diese Region durch ihre weite Entfernung von den Meeren gekennzeichnet ist. Die geographische Lage sowie das trockene Klima verhinderten politischen Druck von außen, auch wenn diese Teile Asiens gegenüber den kulturellen Einflüssen des Buddhismus, Christentums und Islams durchaus offen waren.

Der zentrale Teil Asiens verläuft wie ein gigantischer Korridor von etwa 6400 Kilometern von Ost nach West. Im Norden begrenzen die sibirischen Wälder diese Region, im Süden Wüsten, hohe Berge, sowie die Hochebenen Tibets und des Irans. Hier handelt es sich zum größten Teil um Grassteppen mit fließenden Grenzen zur Wüste hin. Oasen hatten hier schon immer eine entscheidende wirtschaftliche Bedeutung gehabt. Sie beherbergten sesshafte Bewohner, deren Lebensweise, Wohlstand und kulturelle Errungen-

Karawansereien waren große Gasthäuser, die um einen Innenhof herum gebaut wurden. Sie stellten für die vielen Karawanen, die durch die Handelsstädte in den Oasen zogen, Unterkünfte zur Verfügung. Dieses aufwändig verzierte Portal bildete den Eingang zur Rabati-Malik-Karawanserei nahe Buchara in Usbekistan.

schaften die Feindschaft der Nomaden geradezu provozierten. Die meisten und bedeutendsten Oasen befanden sich in der Region der beiden großen Flüsse, die die Griechen als Oxus und Jaxartes kannten. Dort entstanden Städte, die für ihren Reichtum und ihre Kunstfertigkeit berühmt waren – Buchara, Samarkand und Merv. Sie lagen an Handelsstraßen, die das ferne China mit dem Westen verbanden.

Nomadische Kultur

Niemand weiß, woher die zentralasiatischen Völker letztlich kamen. Der hohe Stand ihrer Kultur ist zum Zeitpunkt ihres Eintritts in die Geschichte bereits unverkennbar. Bis zum 1. Jahrtausend v. Chr. führten sie ein unstetes Wanderleben. Sie zogen mit ihren Familien und Herden vor allem in Gebiete mit fruchtbaren Weideflächen. Bis in die Moderne hinein waren sie meist Analphabeten. Sofern sie sich nicht zu einer der Hochreligionen bekehrten, glaubten sie weiterhin an Dämonen und Magie. Sie waren geschickte Reiter und Meister im Umgang mit dem Bogen. Diese Waffe, eine Konstruktion aus Holz und Horn, verlieh den Kämpfern eine besondere Kraft. Darüber hinaus stellten die Nomaden kunstvolle Webereien, Schnitzarbeiten und Zierrat her. Sie bauten keine Häuser, sondern lebten in Zelten.

Wenn ein skythischer Anführer starb, wurde neben seinem Grab eine Begräbniszeremonie abgehalten. Zu ihr gehörte die Opferung seiner Frauen, Diener und Pferde. Dieser Goldkamm aus dem 5. oder 4. Jahrhundert v. Chr. stammt aus einem königlichen Grab.

Die Skythen

Über die Skythen ist wenig bekannt. Ihre Spuren wurden von Archäologen in vielen Teilen Asiens und Russlands und selbst in Ungarn entdeckt. Lange Zeit spielten sie im Nahen Osten eine bedeutende Rolle. Es gibt Berichte, wonach sie die assyrischen Grenzgebiete im 8. Jahrhundert v. Chr. angriffen. Später erregten sie das Interesse von Herodot, der viel über dieses Volk, das die Griechen faszinierte, zu sagen wusste. Vielleicht waren sie nie wirklich ein Volk, sondern eine Gruppe von verwandten Stämmen. Einige von ihnen siedelten vermutlich lange genug in Südrussland, um als Bauern Beziehungen zu den Griechen der Schwarzmeerküste aufzubauen und Korn gegen kunstvolle Gegenstände aus Gold einzutauschen, die man in skythischen Gräbern fand. Als Krieger machten sie großen Eindruck auf die Griechen, denn sie kämpften in der charakteristischen Weise asiatischer Nomaden, indem sie Pfeil und Bogen vom Rücken ihrer Pferde aus zu gebrauchen wussten und sich zurückzogen, sobald sie sich einer stärkeren Kriegsmacht gegenübersahen. Sie überfielen jahrhundertelang die Achämeniden und deren Nachfolger und eroberten um 100 v. Chr. das Partherreich.

Die Skythen begaben sich auf ihre Wanderung, weil andere Völker wiederum auf sie Druck ausübten. Generell war das Kräftegleichgewicht der Völker in Zentralasien stets sehr labil. Selbst kleine ethnographische Veränderungen beraubten ein Volk seiner Lebensgrundlagen und zwangen es zu ausgedehnten Wanderungen auf der Suche nach

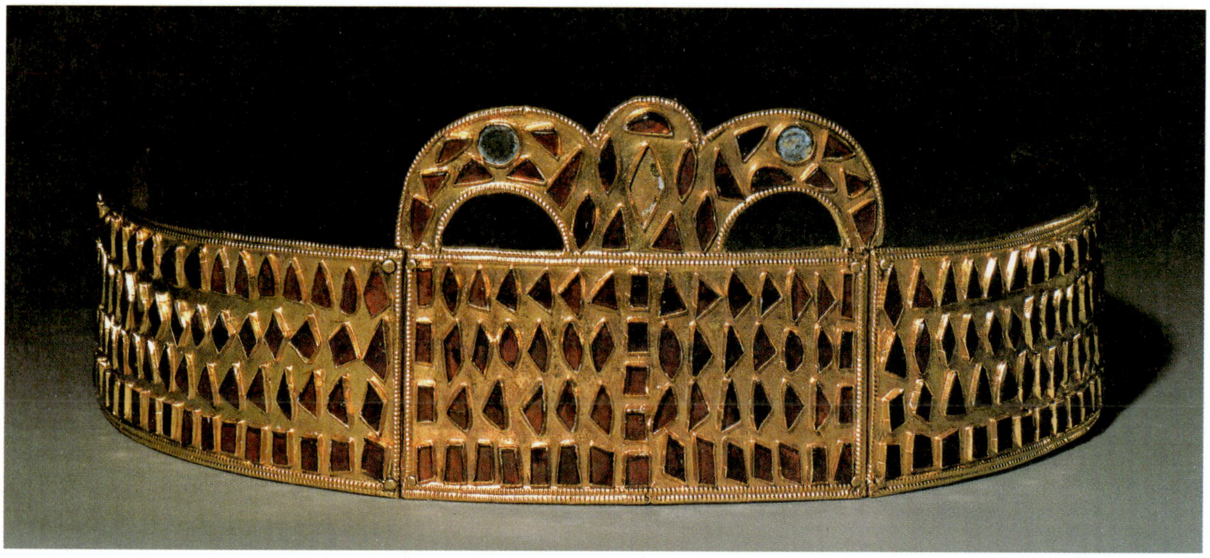

Diese wuchtige Goldkrone, verziert mit wertvollen Edelsteinen, gehörte vermutlich den Hunnen. Sie wurde in Ungarn gefunden.

neuen Weideflächen. Die Nomaden bewegten sich mit ihren Familien und Herden nur langsam vorwärts, doch vor dem Hintergrund einer langen Abgeschiedenheit hatte ihr Einbruch in die Gebiete sesshafter Völker beinahe dramatische Konsequenzen. Global gesehen betraten die Nomaden Zentralasiens die Bühne der Weltgeschichte allerdings mehr durch konzentrierte Eroberungszüge als durch permanente Überfälle und Plünderungen der Grenzgebiete.

Die Hsiung-nu

Im 3. Jahrhundert v. Chr. befand sich in Zentralasien ein anderes Nomadenvolk auf dem Höhepunkt seiner Macht – die Hsiung-nu. In ihnen sehen manche zum ersten Mal ein Volk ins historische Rampenlicht treten, das besser unter dem Namen Hunnen bekannt ist. Jahrhundertelang wurde zwischen beiden nicht unterschieden. Alle Quellen sind sich darin einig, dass sie äußerst unangenehme Gegner waren – begnadete Krieger, wild und grausam. Zu deren Abwehr bauten die chinesischen Kaiser die Große Mauer, einen ungefähr 6250 Kilometer langen Schutzwall. Spätere chinesische Regierungen mussten erkennen, dass diese Maßnahme unzureichend war. China litt so lange unter den Hunnen, bis es selbst zur Offensive überging und nach Zentralasien vordrang, um die Hsiung-nu in der Flanke zu umgehen. Das Tarim-Becken wurde bis zum Fuße des Pamirs besetzt und eine Reihe von Grenzbefestigungen an dessen Nordseite errichtet. Diese Strategie ist ein frühes Beispiel dafür, wie aus einer Sogwirkung heraus Imperialismus entstehen kann: Großmächte werden in Regionen nur deshalb aktiv, weil dort Unruheherde liegen. Möglicherweise war dieser chinesische Vormarsch die Hauptursache dafür, dass sich die Hsiung-nu nunmehr gegen andere Nomadenvölker wendeten und nach Westen vorrückten. Dabei trieben sie ein anderes Volk vor sich her, die Yueh-chih, die wiederum die Skythen verdrängten. Am Ende dieser Reihe stand der nach-seleukidische Staat Baktaria. Er ging gegen 140 v. Chr. unter, und die Skythen begannen mit der Invasion des Partherreichs, Südrusslands und Indiens.

Die Geschichte der zentralasiatischen Völker ist unter Historikern umstritten, aber es steht fest, dass es für mehrere hundert Jahre keine folgenreicheren Umwälzungen als die des 3. Jahrhunderts v. Chr. gab. Ungefähr 350 n. Chr. betraten die Hsiung-nu nochmals die Bühne der Geschichte, als die Hunnen in das Sassanidenreich einfielen, wo sie Chioniten

Das Nomadenvolk der Hsiung-nu wurde bei uns unter der Bezeichnung Hunnen bekannt. Ihr Vordringen nach Westen verursachte im 4. Jahrhundert n. Chr. einen Teil der europäischen Völkerwanderungen.

Die Hunnen rückten seit dem 4. Jahrhundert mit Entschlossenheit nach Westeuropa vor. Im Jahre 451 erreichten sie unter der Führung von Attila die Stadt Gaul, wo sie durch verbündete Franken und Römer aufgehalten wurden. Im folgenden Jahr versuchte Attila in Italien einzufallen. Es wird angenommen, dass Papst Leo I. ihn gebeten habe, dies nicht zu tun. Die Szene ist in dem Fresko von Raffael aus dem frühen 16. Jahrhundert festgehalten.

genannt wurden. Im Norden zog ein Teil dieser Volksgruppe auf einer Jahrhunderte dauernden Wanderschaft vom Baikal-See westwärts, von erfolgreicheren Rivalen vor sich hergetrieben, genauso wie andere ihrem Druck nachgaben. Eine andere Gruppe tauchte im folgenden Jahrhundert westlich der Wolga auf; im Jahre 451 traf man sie bereits in der Nähe von Troyes an. Die Hunnen, die sich nach Süden wandten, waren für Persien ein neues Hindernis im Kampf mit Rom.

Die Türken

Es bleibt nur noch eines der wichtigsten Völker Asiens vorzustellen, die Türken. Wiederum geschah die erste Einwirkung auf die Außenwelt indirekt. Den Hsiung-nu war in der Mongolei der Stamm der Juan-Juan nachgefolgt. Im 6. Jahrhundert n. Chr. gelangten dessen Mitglieder bis nach Ungarn, wo sie als Awaren bekannt wurden. Sie verwendeten Steigbügel und waren dadurch den Europäern im Kampf deutlich überlegen. Um das Jahr 550 waren sie von ihren Sklaven, den Türken, aus der Mongolei vertrieben worden. Zu ihnen gehörten Stämme wie die Khazaren, Petschenegen und Kumanen, die in der späteren Geschichte des Nahen Ostens und Russlands eine bedeutende Rolle spielten.

Die Khazaren kämpften gemeinsam mit Byzanz gegen die Perser, während sich die Awaren mit den Sassaniden verbündeten. Das erste türkische Reich scheint eine lose dynastische Verbindung der Stämme vom Fluss Tamir bis zum Oxus gewesen zu sein. 568 sandte ein türkischer Khan Sendboten nach Byzanz, ungefähr neun Jahrhunderte, bevor die Türken im Triumphzug nach Konstantinopel kamen. Im 7. Jahrhundert beugten sie sich der nominellen Oberhoheit der chinesischen Kaiser. Doch zu diesem Zeitpunkt bestimmte bereits eine neue Kraft die Geschicke des Nahen Ostens: die Araber, deren Armeen im Jahre 637 Mesopotamien überrannten.

Dieser Schlag, der auf den Angriff des Herakleios folgte, kündigte das Ende einer Ära in der persischen Geschichte an. Im Jahre 620 erstreckte sich der Herrschaftsbereich der Sassaniden von der Cyrenaika bis nach Afghanistan und sogar darüber hinaus; 30 Jahre später ging das Sassanidenreich unter. Der letzte König wurde von seinen Untertanen im Jahre 651 ermordet. Mit ihm verschwand mehr als nur eine Dynastie, denn der Untergang des zoroastrianischen Staates wurde sowohl von

Die eurasischen Nomadenvölker

Dieser Ausschnitt aus einem Wandgemälde in einem moldawischen Kloster zeigt türkische Krieger, die während der Belagerung Konstantinopels, der byzantinischen Hauptstadt, Christen niedermetzeln.

Im 4. Jahrhundert lebte bereits eine Reihe von unterschiedlichen barbarischen Völkern in der eurasischen Weltregion, die politisch und ökonomisch bald eine bedeutende Rolle spielten. Gemeinsam war ihnen ihr nomadisches Leben und eine Wirtschaftsform, die vorwiegend auf Tierhaltung und zu einem geringen Teil auf Handel beruhte. Gegen Ende des 4. Jahrhunderts wuchs die Bevölkerung in erheblichem Maße. Das ermutigte die Hunnen und viele andere Nomadenvölker, die großen Reiche jener Zeit, wie China, Indien (Gupta), Persien (Sassaniden) und Rom anzugreifen, um die Städte zu plündern und deren Bewohner zu versklaven. Als um 550 die Türken von Alta (nahe der heutigen Mongolei) ihren Zug nach Westen begannen, war der Höhepunkt der oft aggressiven Expansion der eurasischen Nomaden erreicht. Im 10. Jahrhundert kamen die Türken an die Grenzen von Byzanz.

Unzählige Legenden umgeben die Geburt des Propheten Mohammed, die in dieser Handschrift abgebildet ist – es wurde sogar behauptet, dass er als Baby von Engeln gewaschen worden sei. Die Tradition weiß auch zu berichten, dass Mohammeds Großvater, al-Muttalib, bemerkt habe, dass der Fußabdruck seines Enkels identisch mit dem des Patriarchen Abraham sei. Abrahams Fußabdruck wird der Überlieferung nach im Heiligtum der Kaaba in Mekka aufbewahrt.

der neuen Religion, dem Islam, als auch von den arabischen Armeen verursacht.

DER ISLAM

Keine andere Religion, mit Ausnahme des Christentums, erlangte eine größere Verbreitung und war anpassungsfähiger als der Islam. So kamen verschiedene und weit voneinander entfernte Völker wie Nigerianer und Indonesier mit dem Islam in Berührung. In seinem Zentrum, den arabischen Ländern zwischen dem Nil und dem Hindukusch, hatte er unterschiedliche Ausprägungen. Auch verfügte keine andere Religion mit weltgeschichtlichem Einfluss anfangs über so geringe Mittel, abgesehen vielleicht vom Judentum. Dessen nomadische Ursprünge lagen übrigens in denselben barbarischen, rauen und kulturell wenig entwickelten Stammesgesellschaften, die auch die ersten Armeen des Islam hervorbrachten. Die großen monotheistischen Religionen Judentum, Christentum und Islam speisen sich aus denselben Quellen. Niemand hätte in ihren Anfängen vorhersagen können, dass sie zu welthistorischen Kräften werden würden, außer vielleicht ihre besessensten und fanatischsten Anhänger.

Der Prophet Mohammed

Die Geschichte des Islams beginnt mit Mohammed, indes nicht mit seiner Geburt, zumal sein Geburtsdatum – wie vieles andere in seinem Leben – unbekannt ist. Die früheste arabische Biographie entstand erst etwa ein Jahrhundert nach seinem Tod, und selbst diese Quelle ist nur indirekt überliefert. Bekannt ist, dass Mohammed um 570 in Hejaz als Sohn armer Eltern geboren wurde, die bald darauf starben. Er verkündete die Botschaft, dass es nur einen Gott gebe, der gerecht sei und über alle Menschen richten werde. Erlösung könnten sie erreichen, indem sie in ihren religiösen Gebräuchen und ihrem persönlichen und sozialen Verhalten Gottes Willen folgten. Von diesem Gott war bereits vorher gepredigt worden, denn es war der Gott Abrahams und der jüdischen Propheten, von denen der letzte Jesus von Nazareth gewesen war.

Mohammed gehörte zu einem kleineren Klan des wichtigen Beduinenstammes der Quraisch, der auf der Arabischen Halbinsel ansässig war. In dieser über 900 Kilometer breiten und über 1500 Kilometer langen, heißen Wüsten- und Gebirgsregion waren die Lebensbedingungen hart und rau und machten selbst das bloße Überleben schwierig. An den Küsten befanden sich kleine Hafenstädte, die schon im 2. Jahrtausend v. Chr. von arabischen Seefahrern besiedelten worden waren. Sie verbanden das Indus-Tal mit Mesopotamien und brachten Gewürze und Gummi von Ostafrika das Rote Meer hinauf nach Ägypten. Der Ursprung dieser Völker ist umstritten, aber sowohl ihre Sprache als auch ihre traditionellen

Stammbäume, die auf die Patriarchen des Alten Testaments zurückgehen, legen Verbindungen zu anderen frühen semitischen Hirtenvölkern nahe, die auch Vorfahren der Juden waren.

Arabien war indes nicht immer so unwirtlich. Unmittelbar vor und in den ersten Jahrhunderten nach Christi Geburt befand sich dort eine Reihe wohlhabender Königreiche, die sich bis etwa ins 5. Jahrhundert n. Chr. behaupten konnten. Sowohl die islamische Tradition als auch die moderne Wissenschaft bringen ihr Verschwinden mit dem Zusammenbruch der Bewässerungsanlagen im südlichen Arabien in Zusammenhang. Die folgende Wanderung von Süd nach Nord schuf das Arabien der Zeit Mohammeds. Keine der alten Hochkulturen drang für längere Zeit ins Innere der Halbinsel vor. Arabien war deshalb in nur geringem Maße den Einflüssen anderer Zivilisationen ausgesetzt, die einen kulturellen Fortschritt hätten anstoßen können. Das nomadische Hirtenvolk blieb so mehr oder weniger unter sich.

Mekka

Am Ende des 6. Jahrhunderts traten weitere Veränderungen ein. In einigen Oasen wuchs die Bevölkerung, wodurch die traditionelle Lebensweise unter Druck geriet. Mekka, wo der junge Mohammed vor seiner Auswanderung nach Medina lebte, war ein solcher Ort. Diese wichtige Oase war als Wallfahrtsort von Bedeutung, in den Menschen aus ganz Arabien kamen, um einen schwarzen Stein, einen Meteoriten, zu verehren, die Kaaba.

Jahrhundertelang hatte dieses Heiligtum eine große Rolle in der arabischen Religion gespielt. Mekka war darüber hinaus ein wichtiger Knotenpunkt von Karawanenstraßen zwischen dem Jemen und den Mittelmeerhäfen. Die Araber waren vor Mohammed Polytheisten, die an Naturgötter, Dämonen und Geister glaubten. Als der Austausch mit der Außenwelt über die Fernhandelswege zunahm, erschienen auch jüdische und christliche Gemeinschaften in diesem Gebiet. Es gab christliche Araber, bevor es Muslime gab.

In Mekka begannen einige Stammesmitglieder der Quraisch Handel zu treiben (und Mohammed heiratete Mitte zwanzig eine von ihnen, die reiche Kaufmannswitwe Khadijah). Diese Entwicklung brachte die hergebrachte

Die Große Moschee in Mekka ist auf dieser persischen Gouache von Mustafa-al-Shukri zu sehen. Auch heute noch zieht das mekkanische Heiligtum, die Kaaba, (in der Mitte des Bildes), große Pilgerströme an.

Arabien im 7. Jahrhundert

Seit Jahrhunderten waren die Nilpassage und die Tigris-Euphrat-Route zum Persischen Golf die wichtigsten Handelsstraßen durch Arabien. Gegen Ende des 6. Jahrhunderts wurden diese Handelswege als Ergebnis der Konflikte, die das Persische und das Byzantinische Reich zu zerstören drohten, nicht mehr benutzt. Die Karawanenstraße durch die Oasenstadt Mekka ersetzte sie bald. Mekka wurde so zu einem der größten Handelszentren seiner Zeit mit einer machtvollen Wirtschaftsoligarchie. Einige kleinere, aber wohlhabende Städte säumten den Handelsweg zwischen dem Jemen und den Mittelmeerhäfen.

Sozialstruktur der Stammesgesellschaft durcheinander und sorgte für Spannungen innerhalb der Bevölkerung.

Bislang waren vornehmes Blut und Alter die Voraussetzung für Wohlstand und Ansehen, nun konnte man es auch durch Handel und wirtschaftlichen Erfolg zu etwas bringen. Der junge Mohammed wurde von diesen Spannungen nachhaltig geprägt. Er begann, über das Verhältnis Gottes zum Menschen nachzudenken. Schließlich verkündete er ein System, das viele der Konflikte der aufgewühlten Gesellschaft zu lösen versuchte und ihr eine Reihe von Glaubenssätzen gab, die bis heute Bestand haben.

Der Koran und die Lehren Mohammeds

Mohammed war der Unterschied zwischen Juden, Christen und Arabern bewusst: Christentum und Judentum hatten im Unterschied zu Mohammeds Volk eine heilige Schrift als Bestätigung und Anleitung. Eines Tages, als er in einer Höhle außerhalb von Mekka in Gedanken versunken war, sprach eine Stimme zu ihm und offenbarte ihm seine göttliche Aufgabe:

„Im Namen Allahs, des Allbarmherzigen … erhebe dich und predige und verherrliche deinen Herrn.“

Über 20 Jahre lang verkündete Mohammed seine Lehre. Das Ergebnis war eines der großen Bücher der Menschheit, der Koran, der eine außergewöhnlich hohe Bedeutung und, wie Luthers Bibel, auch eine nationalsprachliche Komponente hat. Der Koran ist deshalb nicht nur wegen seines Inhalts, sondern weil er die arabische Sprache in Schriftform verbreitete, das entscheidende Dokument der arabischen Kultur.

Aber er ist noch sehr viel mehr; er ist das Buch eines Visionärs, der leidenschaftlich überzeugt war, aus göttlicher Eingebung zu handeln. Die Schriften transportieren Mohammeds spirituellen Genius und seine Leidenschaft. Obwohl nicht zu seinen Lebzeiten zusammengestellt, wurde der Koran von seinen Anhängern als eine Reihe von Offenbarungen Mohammeds betrachtet. Der Religionsstifter selbst sah sich als passives Werkzeug, als Sprachrohr Gottes. Der Begriff *Islam* bedeutet Unterwerfung oder Kapitulation. Mohammed glaubte, dass er den Arabern Gottes Botschaft überbringen sollte. Es hatte vor ihm Propheten gegeben, deren Offenbarungen von Juden und Christen gehört, aber verfälscht worden waren. Mohammed hielt sich für den letzten Propheten, der der Welt die allein gültige Wahrheit brachte. Durch ihn sprach Gott seine letzte Botschaft zu seiner Schöpfung.

Der Koran verlangt die alleinige Verehrung Allahs. Als Mohammed einmal das Heiligtum der Kaaba betrat – so die Überlieferung – zerschlug er mit seinem Stock all die Bilder der Gottheiten, die seine Anhänger ein für allemal vergessen sollten. Er verschonte nur das Bild der Jungfrau und des Kindes sowie den Stein selbst.

In einem polytheistischen Zentrum predigte Mohammed kompromisslos den Monotheismus. Zudem stellte er eine Reihe von Regeln auf, die von all denen beachtet werden mussten, die Erlösung erlangen wollten. Hinzu kam ein sozialer und persönlicher Verhaltenskodex, der mit den Ideen jener Zeit oft in Widerstreit stand, zum Beispiel was die Stellung jedes einzelnen Gläubigen anbelangte, ob Mann, Frau oder Kind.

Es ist nur allzu verständlich, dass eine solche Botschaft nicht überall willkommen war. Sie erschien als störender und revolutionärer Einfluss – und das war sie auch. Die Bekehrten gerieten in Gegensatz zu den Mitgliedern ihres Stammes, die nach wie vor die alten Götter verehrten und dafür mit Sicherheit zur Hölle fahren würden. Anfangs gefährdete die neue Lehre auch das einträgliche Pilgergeschäft. Letzten Endes trug sie aber zu seiner Verbesserung bei, da Mohammed strikt auf der Bedeutung der Wallfahrt zu den heiligen Stätten bestand. Schließlich verwies Mohammed das soziale Bindeglied der Blutsverwandtschaft hinter den Glauben auf den zweiten Platz. Die Bruderschaft der Gläubigen wurde fortan zur Grundlage der Gemeinschaft, nicht der Familienverband.

Der Koran

„Verkünde denen, die glauben und tun, was recht ist, die frohe Botschaft, dass sie Gärten erwarten, unter denen Flüsse fließen! Sooft sie eine Frucht daraus zu essen bekommen, werden sie sagen: ‚Das ist ja das Gleiche, was wir schon früher gegessen'; denn es soll ihnen in einer solchen Form gegeben werden, dass eines dem anderen zum Verwechseln ähnelt; und darin sollen für sie Gattinnen geläutert werden; und sie werden ewig darin weilen."

„Gott schämt sich nicht, selbst aus einer Mücke oder irgendetwas anderem ein Gleichnis zu prägen. Die Gläubigen wissen, dass das die Wahrheit ist, die von ihrem Herren kommt. Die Ungläubigen aber sagen: ‚Was will denn Gott mit so einem Gleichnis?' Hiermit führt er viele in die Irre, viele aber auch auf den rechten Weg. Aber er führt niemanden in die Irre, außer den Gottlosen; denen, die das Übereinkommen, das sie mit Gott geschlossen haben, nachdem es verbindlich geworden ist, brechen, und das auseinander reißen, was nach Gottes Gebot zusammengehalten werden soll, und die im Lande Unheil anrichten – sie sind die Verlierer."

Ein Auszug aus dem Koran, Sure 2 („Die Kuh"), Vers 25–27.

Mohammeds Heirat mit Khadijah, die in dieser Illustration einer Handschrift zu sehen ist, fand im Jahre 595 statt. Sie war eine reiche Witwe, die bereits zweimal verheiratet gewesen war und Mohammed vier Töchter und zwei Söhne gebar. Die beiden Jungen starben bereits im Kindesalter.

Die fünf Pfeiler des islamischen Glaubens

Die islamische Religion hat fünf Grundsätze, die als die Pfeiler des Glaubens bekannt sind. Der erste, die *shahada*, wird in dem Satz: „Es gibt keine Gottheit außer Gott, und Mohammed ist sein Prophet" zusammengefasst. Für den Übertritt zum islamischen Glauben reicht es aus, diesen Satz mit den einleitenden Worten „Ich bezeuge" in Gegenwart eines anderen Muslims zu sprechen.

Der zweite Pfeiler des Islam beinhaltet verpflichtende formale Gebete *(salât)*, die mindestens fünf Mal am Tag aufgesagt werden müssen – im Morgengrauen, zu Mittag, am Nachmittag, am Abend und in der Nacht. Die Gläubigen beten mit dem Gesicht zu ihrer heiligsten Stadt Mekka.

Als Drittes wird der gläubige Muslim zur Mildtätigkeit in Form von Almosen aufgefordert. Zwei Arten werden unterschieden: die *zadaqa*, die freiwillig gegeben wird, und der *zakât*, der Pflicht ist und in islamischen Ländern vom Staat eingezogen wird.

Fasten *(saum)* bildet den vierten Pfeiler. Es findet im Ramadan statt, dem neunten Monat im muslimischen Kalender. Alle Muslime, mit der Ausnahme von Kindern, schwangeren Frauen und Kranken, müssen von Tagesanbruch bis Sonnenuntergang fasten.

Der letzte Pfeiler ist die Wallfahrt nach Mekka *(hadsch)*, die jeder bzw. jede Gläubige mindestens ein Mal im Leben durchführen muss.

Der *dschihad* wird von vielen Muslimen als ebenso wichtig angesehen, obwohl er nicht zu den fünf Pfeilern gehört. Meist mit „heiliger Krieg" übersetzt, bezeichnet *dschihad* die Pflicht des Individuums zur Verteidigung des Glaubens – zum Beispiel durch den Schutz anderer Muslime, die wegen ihrer Überzeugung verfolgt werden.

Das Heilige Buch der islamischen Religion ist der Koran, den Gott der Überlieferung nach Mohammed offenbarte. In seinen 114 Kapiteln oder Suren werden die Glaubenssätze und Pflichten dargelegt, die alle rechtgläubigen Muslime befolgen müssen. Die oben abgebildeten Seiten stammen aus einer Ausgabe, die im 18. Jahrhundert in Damaskus hergestellt wurde.

Die *hedschra*

Es überrascht nicht, dass sich die Stammesoberhäupter gegen Mohammed wandten. Einige seiner Anhänger emigrierten nach Äthiopien, das bereits vom Christentum durchdrungen war. Gegen diejenigen, die blieben, wurden wirtschaftliche Boykottmaßnahmen eingeleitet. Damals kam Mohammed zu Ohren, dass die Atmosphäre in Yatrib, einer Oase knapp 400 Kilometer weiter nördlich, für seine Lehre empfänglicher sein könnte. Nach einer Vorhut von etwa 200 Anhängern verließ er Mekka und begab sich 622 dorthin. Diese *hedschra* oder Emigration steht am Anfang des muslimischen Kalenders, während Yatrib den Namen in Medina änderte und die damit „Stadt des Propheten" wurde.

Auch sie wurde von einem wirtschaftlichen und sozialen Wandel in Unruhe versetzt. Anders als in Mekka herrschte in Medina jedoch nicht ein einziger mächtiger Stamm, vielmehr wetteiferten zwei Stämme um die Vorherrschaft. Außerdem gab es dort Araber, die sich zum Judentum bekannten. Diese Spaltungen begünstigten Mohammeds religiöse Machtübernahme. Bekehrte Familien zeigten sich gegenüber den Immigranten gastfreundlich. Aus beiden Gruppen sollte die zukünftige Elite des Islam erwachsen, die „Begleiter des Propheten". Mohammeds Schriften für sie zeigen eine neue Richtung: die hin zur Organisation einer Gemeinschaft. Von der spirituellen Betonung seiner Offenbarungen in Mekka wandte er sich nunmehr praktischen, detaillierten Fragen über Nahrung, Getränke, Eheschließung und Krieg zu. So begannen sich die Charakteristika des Islam, einer Religion, die zugleich Kultur und Gemeinschaft war, herauszubilden.

Die islamische Bruderschaft

Medina wurde zur Basis für die Unterwerfung Mekkas und der übrigen Stämme Arabiens.

Mohammeds Flucht nach Yatrib, abgebildet auf dieser türkischen Handschrift aus dem 16. Jahrhundert, markiert den Beginn des muslimischen Kalenders. Da der Islam die Abbildung menschlicher Gestalten verbietet, ist das Werk, dem dieses Bild entnommen wurde *(Das Leben des Propheten* aus dem Topkapi-Palast in Istanbul), eine von drei Handschriften, die eine Ausnahme von der Regel darstellen. Weil das Gesicht Mohammeds allerdings nie gezeigt werden darf, ist der Kopf des Propheten verhüllt.

Mohammed hatte mit seiner Idee der *Umma*, der Bruderschaft der Gläubigen, ein einigendes Prinzip geschaffen, das Araber und anfangs auch Juden in eine Gesellschaft integrierte, die vieles vom traditionellen Rahmen der Stammesgesellschaft übernahm. Die patriarchalische Struktur blieb erhalten, sofern sie nicht mit der neuen Bruderschaft des Islam in Konflikt geriet, und selbst die Bedeutung Mekkas als Wallfahrtsort wurde nicht angetastet. Unklar ist, wie weit Mohammed überhaupt gehen wollte. Immerhin weiß man, dass er an Mitglieder jüdischer Stämme in Mekka herangetreten war, die sich aber weigerten, seine Ansprüche zu akzeptieren und deshalb vertrieben wurden. Übrig blieb eine rein muslimische Gemeinde, was aber nicht zwangsläufig einen andauernden Konflikt mit dem Judentum oder dem Christentum bedeutete. Mohammed bekehrte die Ungläubigen und nahm sie in seine Gemeinschaft auf.

Mohammeds Erbe

Mohammed starb 632. Nach seinem Tod war die von ihm geschaffene Gemeinde von Spaltung und Zerfall bedroht. Schließlich bildeten sich zwei arabische Reiche, die die folgenden Epochen von verschiedenen Zentren aus bestimmten. In jedem war das Kalifat die entscheidende Institution. Der Kalif, das Oberhaupt der Gemeinschaft, verstand sich als Erbe Mohammeds und wirkte deshalb als Lehrer und als Herrscher zugleich. Folglich gab es im Islam zu Anfang keine Rivalität zwischen religiöser und weltlicher Gewalt, keinen Dualismus von Kirche und Staat, wie er die christliche Politik mehr als 1000 Jahre lang prägte. Mohammeds Nachfolger traten zwar nicht wie er als Propheten auf, aber sie genossen lange Zeit sein Erbe der Einheit von Herrschaft und Religion.

Nach dem Tod Mohammeds wurde Abu Bakr, der Vater einer der neun Frauen des Propheten, der erste Kalif und veranlasste die Expansion des Islam nach Chaldea, Palästina und Transjordanien. Sein Nachfolger, Umar, setzte die Eroberungen in Syrien, Irak, Mesopotamien, Ägypten und Persien fort. Auf Umar folgte Uthman, Mohammeds Schwiegersohn, der durch ein Attentat umkam. Nach ihm kam Ali, der Cousin des Propheten. Diese Kalifen sind auf der Illustration neben Mohammed abgebildet.

Die Kalifen

Die ersten „patriarchalischen" Kalifen waren Quraisch, die durch Abstammung oder Heirat mit Mohammed verwandt waren. Bald wurden sie wegen ihres Reichtums und ihrer Stellung als Tyrannen und Ausbeuter kritisiert. Der letzte von ihnen wurde 661 abgesetzt und getötet, nach einer Reihe von Kriegen, in denen die Konservativen das bekämpften, was sie als Abstieg des Kalifats von einem religiösen zu einem weltlichen Amt ansahen. Im Jahre 661 begann das Kalifat der Umaiyaden (Omaijaden) und damit die erste von zwei wichtigen aufeinanderfolgenden Spaltungen des Arabischen Reiches, dessen Schwerpunkt in Syrien mit seiner Hauptstadt Damaskus lag. Den Auseinandersetzungen innerhalb der arabischen Welt konnte diese Dynastie kein Ende bereiten, da es 750 vom Kalifat der Abbasiden abgelöst wurde. Letzteres bestand allerdings länger. Es zog bald nach Bagdad um und überdauerte bis 946 als reale Macht und noch länger als Marionettenregime. Beide Dynastien verhalfen den arabischen Völkern zu drei Jahrhunderten der Vormachtstellung im Nahen Osten.

Islamische Eroberungen

Die arabische Vorherrschaft im Nahen Osten führte zu einer Reihe von Eroberungen im ersten Jahrhundert des Islams. Sie gestaltete die Weltkarte von Gibraltar bis zum Indus neu. Nach dem Tod des Propheten wurde Abu Bakr als erster Kalif anerkannt. Er machte sich daran, die verfeindeten Stämme des südlichen und östlichen Arabiens für den Islam zu erobern. Das führte zu Kämpfen, die sich bis nach Syrien und in den Irak ausdehnten. Auf der übervölkerten arabischen Halbinsel wurde ein Prozess in Gang gesetzt, der analog zu dem in Zentralasien verlief, wo Störungen im Inneren sich nach außen fortgepflanzt hatten. Anders als dort gab es in Arabien neben der

Die Verbreitung des frühen Islam

Als Mohammed 632 starb, begannen die ersten Muslime bald mit ihrem langen Feldzug; die islamische Expansion setzte ein: Bereits 655 erreichten muslimische Armeen Samarkand im Osten und Tripolis im Westen. Obwohl sie das sassanidische Persien besiegten, wurden die Muslime durch den byzantinischen Widerstand daran gehindert, sich in das östliche Europa auszudehnen. Allerdings übernahmen sie zwischen 634 und 650 unter anderem die Kontrolle über Libyen, Syrien, Palästina, Irak und Ägypten; weitere Soldaten wurden aus den Neubekehrten rekrutiert. Im Jahre 711 eroberten die einen Armeen des Kalifen Spanien, während die anderen zur selben Zeit in Indien und China eintrafen. Die Eroberungen in Europa endeten 732, als die Franken die Muslime bei Poitiers besiegten.

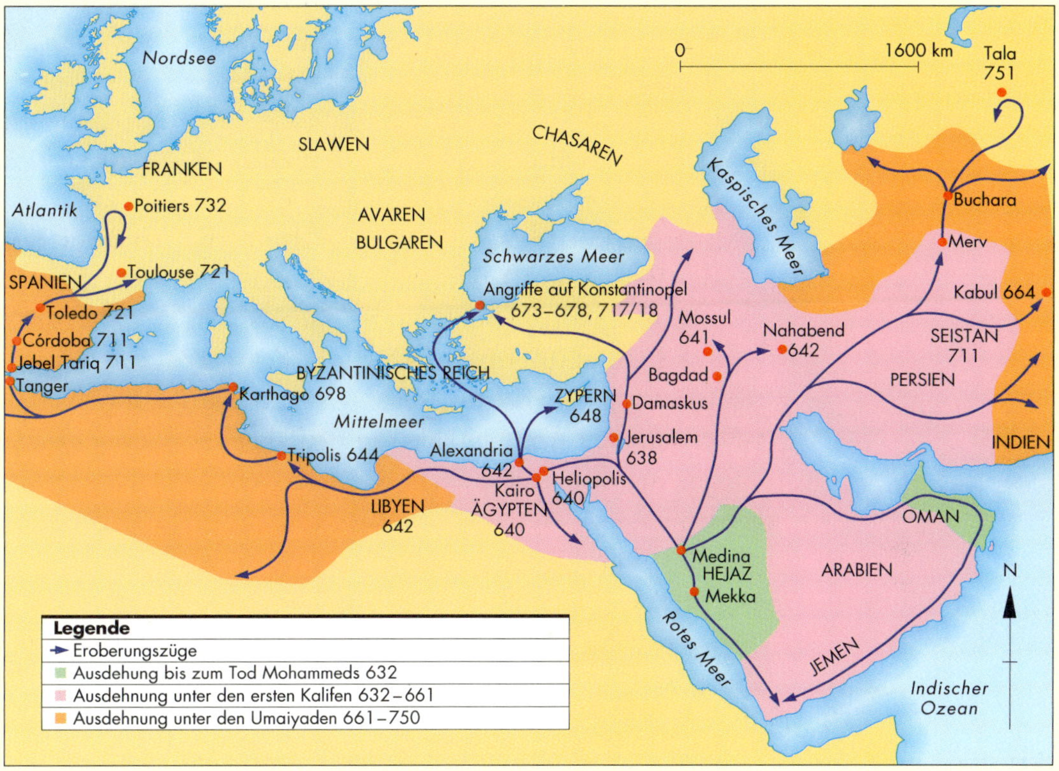

einfachen „Lust“ am Plündern jedoch ein Glaubensbekenntnis, das eine Richtung vorgab. Einmal über die Halbinsel hinausgelangt, fiel als Erstes das sassanidische Persien dem Islam zum Opfer. Die Bedrohung wuchs zu der Zeit, als es durch Kaiser Herakleios unter Druck gesetzt wurde, der ebenso wie die nachfolgenden byzantinischen Herrscher unter dieser neuen Geißel litt. Im Jahre 633 fielen arabische Armeen in Syrien und den Irak ein. Drei Jahre später vertrieben sie die byzantinische Besatzung aus Syrien, und 638 fiel Jerusalem. In den nächsten Jahren wurde Mesopotamien den Sassaniden und Ägypten dem Byzantinischen Reich entrissen. Eine arabische Flotte entstand, und die Eroberung Nordafrikas setzte ein. Zypern wurde in den Jahren von 630 bis nach 640 immer wieder überfallen und später zwischen dem Byzantinischen Reich und den Arabern aufgeteilt. Nach dem Ende des Sassanidenreiches eroberten die Araber 655 Chorasan und 664 Kabul; schließlich nahmen sie noch im selben Jahrhundert Karthago ein. Sie überschritten den Hindukusch, um zwischen 708 und 711 Sind zu besetzen. Außerdem überquerte im Jahre 711 eine arabische Armee mit Berbern als Verbündeten die Straße von Gibraltar und marschierte in Europa ein. Das Westgotenreich wurde zerstört. Im Jahre 732 endete dieser Siegeszug, 100 Jahre nach dem Tod des Propheten. Die muslimische Armee kehrte tief im Frankenreich, bei Poitiers, um. Sie war zermürbt durch zu lange Nachschubwege und das Herannahen des Winters. Die Franken, die ihnen entgegentraten und ihren Anführer töteten, errangen dort den Sieg. Der Höhepunkt der arabischen Eroberungen war jedenfalls überschritten, obwohl in den nächsten Jahren wieder arabische Expeditionen ins Frankenreich bis zur oberen Rhône vordrangen. Der arabische Ansturm im Westen bleibt eine erstaunliche Leistung, obwohl die Schreckensvisionen von einem islamischen Europa zu keiner Zeit ihrer Verwirklichung nahe gewesen waren.

Schließlich wurden die arabischen Armeen auch im Osten gestoppt, Konstantinopel hielt zwei Belagerungen stand, war aber nunmehr auf den Balkan und Anatolien beschränkt. Aus Ostasien hat sich ein Bericht erhalten, wonach eine arabische Streitmacht China in den ersten Jahren des 8. Jahrhunderts erreichte. Er zeugt von dem Ansehen, das die Eroberer genossen, selbst wenn er angezweifelt werden kann.

Die Grenze des Islam verlief – seit der großen arabischen Niederlage durch die Chasaren in Aserbeidschan und dem Sieg über die chinesische Armee im Jahre 751 am Fluss Talas im hohen Pamir – entlang den Bergen des Kaukasus und am Oxus. An allen Fronten, in Westeuropa, Zentralasien, Anatolien und im Kaukasus kam die Flut arabischer Eroberungen in der Mitte des 8. Jahrhunderts schließlich zum Stehen.

Die Verbreitung des Islam

Die arabischen Expansionen gingen nicht ohne Unterbrechungen vor sich. Während der blutigen Streitigkeiten kurz vor der Errichtung des Umaiyaden-Kalifats stagnierten sie, und in den letzten beiden Jahrzehnten des 7. Jahrhunderts kam es zu weiteren erbitterten Kämpfen der Muslime untereinander. Aber lange Zeit hindurch begünstigten die Umstände die Araber. Ihre ersten großen Gegner, Byzanz und Persien, waren beide stark an anderen Fronten gebunden und zudem seit Jahrhunderten untereinander verfeindet. Nach dem Untergang Persiens kämpfte Byzanz einerseits im Westen und Norden, während es andererseits mit den Arabern rang. Abgesehen von China trafen die Araber nirgends auf einen Gegner, der mit dem byzantinischen Kaiser vergleichbar gewesen wäre. Deshalb dehnten sie ihre Eroberungen so weit aus, wie es geographisch möglich oder vorteilhaft war. Freilich zeigten ihre Niederlagen manchmal, dass sie sich zu weit vorgewagt hatten, sie genossen aber selbst dann, wenn sie auf gefährliche Gegner trafen, noch große militärische Vorteile. Ihre Armeen rekrutierten sich aus, im wahrsten Sinne des Wortes „hungrigen“ Kämpfern, denen die arabische Wüste und die Übervölkerung kaum eine Alternative geboten hatten. Ihre aus der Lehre des Propheten gespeiste Überzeugung, dass dem Tod auf dem Schlachtfeld im Kampf gegen die Ungläubigen die sichere Einkehr ins Paradies folgen würde, war ein unschätzbarer moralischer Vorteil.

Der Islam entwickelte sich neben Judentum und Christentum zur dritten großen Religion der Welt. Seine Anhänger kämpften ihre Schlachten gegen die Ungläubigen in der Überzeugung, nach ihrem Tod ins Paradies zu gelangen.

Ferner kämpften sie sich in Länder vor, deren Bewohner sich von den Herrschern bereits entfremdet hatten. In Ägypten hatte beispielsweise die byzantinisch-religiöse Orthodoxie die Entstehung regimekritischer Minderheiten provoziert, die in Distanz zu Konstantinopel getreten waren. Aber selbst wenn man all diese Faktoren in Rechnung stellt, bleibt der arabische Erfolg erstaunlich. Der wichtigste Antrieb ist wohl im religiösen Ideal des Islam zu suchen. Die Araber waren der Überzeugung, dass sie Gottes Willen vollstreckten und dabei eine neue Glaubensgemeinschaft schufen. Sie führten mit ihren Expansionszügen einen Aufruhr herbei, der einer Revolution gleichkam. Die zahlreichen Eroberungen bezeichneten nur den Beginn der islamischen Einflussnahme auf die Welt. In seiner Reichweite und Vielschichtigkeit ist der Islam mit dem Judentum und dem Christentum vergleichbar. Zeitweise schien er überall eine unwiderstehliche Anziehungskraft zu entwickeln. Aus seinen Eroberungszügen und Bekehrungen entwickelte sich eine der großen Kulturen.

Diese Illustration aus dem 13. Jahrhundert zeigt den islamischen Krieger Maqamat de al-Hariri und seine Truppen auf dem Weg in die Schlacht.

2 DIE ARABISCHEN REICHE

Dieses Bild aus dem Jahre 1237 illustriert ein Gedicht des Poeten Al-Mutanabbi aus dem 10. Jahrhundert über die muslimische Eroberung Spaniens.

Im Jahre 661 setzte sich der arabische Gouverneur Syriens, Muawija I. (Mu'aμwiya), nach der Ermordung des Kalifen Ali, des Cousins und Schwiegersohns Mohammeds, selbst als Kalif ein. Dieses Ereignis beendete eine Zeit der Anarchie und blutigen Kämpfe; nach Ansicht vieler Muslime entschuldigte dies die Tat, die zur Gründung des Kalifats der Umaiyaden (Omaijaden) führte.

DAS KALIFAT DER UMAIYADEN

Diese Usurpation übertrug den Quraisch, dem Stamm, der Mohammed in Mekka Widerstand entgegengesetzt hatte, die politische Vorherrschaft unter den Arabern. Muawija errichtete die Hauptstadt des Islams in Damaskus und bezeichnete seinen Sohn später als Kronprinzen, eine Neuerung, durch die das dynastische Prinzip eingeführt wurde. Mit der Machtübernahme der Umaiyaden zeichnete sich auch der Beginn eines Schismas ab. Eine Gruppe von Dissidenten, die Schiiten, behauptete fortan, dass das Recht zur Auslegung des Korans auf die Nachkommen Mohammeds beschränkt sei. Ihrer Ansicht nach war der ermordete Kalif als *Imam* auf göttliche Weise immun gegen Sünde und Irrtum und allein dazu ausersehen, sein Amt auf seine Nachkommen zu übertragen. Im Gegenzug glaubten die Sunniten, die Anhänger der Umaiyaden, dass die dogmatische Autorität durch das Kalifat übertragen werde.

Mit der Aufstellung eines stehenden Heeres und dank eines Steuersystems, das die Ungläubigen zur Kasse bat, unternahmen die neuen Kalifen einen entscheidenden Schritt weg von der traditionellen arabischen Welt, die aus-

Zeitleiste (ca. 570 – ca. 1300)

um 570	Geburt Mohammeds in Mekka
661	Gründung des Umaiyadenkalifats von Damaskus
756	Gründung des Umaiyadenemirats in Córdoba
973	Kairo wird Hauptstadt des Fatimidenkalifats
1010	Entstehung der Kalifenkönigreiche in Spanien
1250	Die Mamluken gelangen in Ägypten an die Macht
um 1300–1918	Osmanisches Reich

Muawija kam 661 an die Macht. Er errichtete die Hauptstadt des Islams in Damaskus, dem Sitz seiner politischen und militärischen Macht, wo Gebäude wie die Große Moschee noch immer von der umaiyadischen Vergangenheit der Stadt zeugen. Der letzte Kalif der Umaiyaden-Dynastie wurde 750 gestürzt.

schließlich aus Stämmen bestanden hatte. Ihre Hauptstadt Damaskus war ebenso für die Veränderung der islamischen Kultur von Bedeutung wie die persönlichen Vorlieben des ersten Kalifen: Sowohl seine Frau wie auch sein Leibarzt waren Christen. Auch dies wird verständlich, bedenkt man, dass Syrien mediterran geprägt war und Damaskus sich an der Grenze zwischen fruchtbarem Land und unfruchtbarer Wüste befand, so dass sich das Leben hier gleichsam aus zwei Welten speiste. Zudem hatte Syrien eine lange hellenistische Vergangenheit. Während die Barbaren des Westens nach Rom blickten, wurden die Araber entscheidend durch das griechische Erbe geprägt.

Die Herrschaft der Umaiyaden

Die ersten Umaiyaden eroberten den Osten rasch von Abtrünnigen zurück, die dem neuen Regime Widerstand entgegengesetzt hatten. Die Bewegung der Schiiten wurde in den Untergrund gezwungen. Es folgte ein ruhmreiches Jahrhundert, das seinen Höhepunkt unter dem sechsten und siebten Kalifen zwischen 685 und 705 erlebte. Leider wissen wir nur wenig über die Geschichte und Institutionen der Umaiyadenzeit. Die Archäologie wirft nur auf allgemeine Entwicklungen ein spärliches Licht und deckt etwas vom Einfluss der Araber auf ihre Nachbarn auf. Ausländische Berichte und arabische Chronisten führten zwar Buch über wichtige Ereignisse. Indes hat die frühe arabische Geschichte fast kein Quellenmaterial hinterlassen, abgesehen von wenigen Dokumenten, die von einem späteren arabischen Autor zitiert wurden. Der Islam hatte kein bürokratisches Zentrum, keine kirchliche Regierung und verfügte über nichts, was im Umfang etwa den Akten des Papsttums gleich-

Hier ist der Hof der Großen Moschee im syrischen Damaskus zu sehen, links mit dem Brunnen für die Waschungen. Die Moschee wurde 750 fertig gestellt, dem letzten Jahr der Regierungszeit des siebten Kalifen; sie zeugt vom Wohlstand des frühen Umaiyaden-Kalifats.

gekommen wäre, obwohl Papsttum und Kalifat andererseits durchaus vergleichbar sind. Statt umfangreicher Verwaltungsakten gibt es nur gelegentliche Sammlungen, die fast durch Zufall erhalten blieben. Das gilt für eine Reihe von Papyri aus Ägypten, besondere Dokumentensammlungen von Minderheiten wie den Juden sowie Münzen und Inschriften. Das große Textkorpus arabischer Literatur in gedruckter oder handschriftlicher Form fördert weitere Einzelheiten zu Tag. Dennoch ist es sehr viel schwieriger, verlässliche Aussagen über die Herrschaft der Kalifen aufzustellen als beispielsweise über Byzanz.

Charakteristisch für arabische Münzen ist, dass jegliche figürliche Abbildung fehlt. Sie tragen religiöse Inschriften, den Namen der Münzanstalt, das Datum und den Namen des Herrschers.

Steuern und Handel

Die frühe Ordnung, wie sie von den orthodoxen Kalifen übernommen worden war, scheint lose und einfach gewesen zu sein – vielleicht zu lose, wie der Abfall der Umaiyaden zeigt. Ihre Eroberungen forderten Tribut, nicht Anpassung. Das Ergebnis war eine Reihe von Kompromissen mit vorhandenen Strukturen. Die ersten Kalifen übernahmen die administrativen und politischen Systeme früherer Herrscher. Byzantinische und sassanidische Einrichtungen blieben bestehen. Bis zum frühen 8. Jahrhundert war Griechisch die Verwaltungssprache in Damaskus, Persisch diejenige in Ktesiphon, der alten sassanidischen Hauptstadt. Die Araber ließen die staatlichen Strukturen, die sie übernahmen, mit Ausnahme der Besteuerung unangetastet. Das heißt natürlich nicht, dass alles beim Alten blieb. Im Nordwesten Persiens scheint die arabische Eroberung beispielsweise von einem Verfall des Handels und einem Bevölkerungsschwund begleitet gewesen zu sein. Dieser Niedergang dürfte seine Ursache im Zerfall des komplexen Ent- und Bewässerungssystems gehabt haben, das zu Zeiten der Sassaniden erfolgreich unterhalten worden war. An anderen Orten hatte die arabische Eroberung weniger drastische Folgen. Die Unterworfenen wurden nicht dazu gezwungen, den Islam anzunehmen, sondern sie erhielten Posten in einer Hierarchie, an deren Spitze arabische Muslime standen. Die neu bekehrten Muslime der tributpflichtigen Völker unterstanden ihnen, nach ihnen kamen die *dhimmis* oder „geschützten Personen", wie die Juden und Christen genannt wurden. Ganz unten in der Hierarchie standen Ungläubige und Anhänger von Naturreligionen. In der Anfangszeit lebten die Araber von der einheimischen Bevölkerung getrennt und als Militärkaste in eigenen Städten, die mit Steuern finanziert wurden, die man vor Ort eintrieb. Handel zu treiben oder Land zu besitzen war ihnen verboten.

Der Erfolg der Kalifen beruhte unter anderem darauf, dass sie bestehende administrative und politische Strukturen der eroberten Länder übernahmen und die Verwaltungssprachen bestehen ließen.

Integration der Araber

Das isolierte Garnisonsleben konnte auf Dauer nicht aufrecht erhalten werden, die Bräuche der Beduinen begannen aufzuweichen. Allmählich wurden die Araber zu Landbesitzern und Bauern, und damit veränderten sich ihre Militärlager zu neuen kosmopolitischen Städten wie Kufa oder Basra, das große Tor zum Handel mit Indien. Die Araber vermischten sich mit den Ortsansässigen. Auf der anderen Seite näherten sich die einheimischen Eliten in administrativer und sprachlicher Hinsicht den Arabern an und die Kalifen ernannten immer mehr Beamte aus den Provinzen. Um die Mitte des 8. Jahrhunderts war Arabisch fast überall Verwaltungssprache. Dieser Umstand stellt neben der einheitlichen

Die Trennung von Eroberern und einheimischer Bevölkerung verschwand allmählich: Aus den Militärlagern wurden Städte, aus den Soldaten Bauern, und Arabisch wurde Verwaltungssprache.

Münzprägung, die eine arabische Umschrift aufweist, das wichtigste Zeichen für den Erfolg der Umaiyaden bei der Gründung einer neuen, eklektischen Zivilisation dar.

Die Absicherung ihrer Autorität gestaltete sich für die Umaiyaden-Kalifen hingegen schwierig. Örtliche Regenten, die insbesondere in der östlichen Hälfte des Reiches praktisch unabhängig waren, schätzten keine Eingriffe. Während viele Mitglieder der früheren byzantinischen Aristokratie nach Konstantinopel emigrierten, war den persischen Eliten ein ähnlicher Weg versperrt. Sie mussten bleiben – in ihrem Stolz gekränkt durch die Unterordnung unter die Araber, die ihnen allerdings viel von ihrer Autorität beließen. Die späteren Umaiyaden waren weniger starke Männer, die nicht über das Ansehen verfügten, das die großen Herrscher der Dynastie gewonnen hatten. Das zivilisierte Leben verweichlichte sie. Wenn sie der Langeweile der Regierungsstädte entfliehen wollten, gingen sie hinaus in die Wüste. Dort führten sie allerdings nicht das Leben der Beduinen, sondern vergnügten sich in ihren neuen Städten und luxuriösen Palästen, die von großen Jagdgehegen und bewässerten Gärten umgeben waren.

Die Schia

Die Herrschaft der Umaiyaden rief bei den Unzufriedenen Widerstand hervor. Besonders die Schia, die Partei der Schiiten, machte sich – vor allem im Irak – die Unzufriedenheit der zum Islam bekehrten Nicht-Araber zu Nutze. Daneben übte sie auch eine religiöse und politische Anziehungskraft aus. Von Anfang an hatten nämlich die Umaiyaden streng zwischen Muslimen, die von Geburt an Araber waren, und Bekehrten unterschieden. Die letztere Gruppe wuchs in ihrer Zahl schnell an, ohne dass die Araber Bekehrungsversuche unternommen hätten, ja in den Anfangszeiten versuchten sie sogar, Übertritte zum Islam zu verhindern. Die Attraktivität des Glaubens der Eroberer wurde noch durch den Umstand verstärkt, dass die Zugehörigkeit zu dieser Religion immerhin Steuererleichterungen nach sich zog.

Im Umkreis der arabischen Garnisonen hatte sich der Islam unter der nichtarabischen Bevölkerung schnell verbreitet und war auch unter den lokalen Eliten sehr erfolgreich, die die tägliche Verwaltungsarbeit erledigten. Viele dieser neuen Muslime, die so genannten Muawija, wurden Soldaten. Sie fühlten sich jedoch in zunehmendem Maße von der aristokratischen Gesellschaft der Araber ausgeschlossen und entfremdeten sich. Der Puritanismus und die Orthodoxie der Schiiten, die ebenfalls aus politischen und religiösen Gründen ausgeschlossen war, entfaltete daher eine größere Wirkung auf sie.

Der Untergang des Umaiyaden-Kalifats

Zunehmende Schwierigkeiten im Osten kündigten den Zusammenbruch der Umaiyaden-Herrschaft an. Im Jahre 749 wurde einem neuen Kalifen, Abu-al-Abbas, öffentlich in der Moschee von Kufa im Irak gehuldigt. Das war der Anfang vom Ende der Umaiyaden. Ihr politischer Erbe, ein Nachfahre eines Onkels des Propheten, wollte das orthodoxe Kalifat erneuern und sprach damit ein breites Spektrum von Oppositionellen an, darunter die Schiiten.

Sein voller Name ließ nichts Gutes erwarten: Er bedeutet „Blutvergießer". 750 besiegte er den letzten Kalifen der Umaiyaden und ließ ihn hinrichten. Für die Männer der unterlegenen Dynastie wurde ein Fest gegeben, auf dem sie noch vor dem ersten Gang ermordet wurden. Mit dieser Tabula rasa begannen fast zwei ruhmreiche Jahrhunderte, in denen das Kalifat der Abbasiden die arabische Welt regierte.

Die schlechte ökonomische und soziale Politik führte dazu, dass die Herrschaft der Umaiyaden an Unterstützung verlor. Es gab mehrere Aufstände, einer von ihnen wurde von der Partei der Abbasiden angezettelt und von Abu-al-Abbas angeführt. Im Jahre 749 wurde er in der Moschee von Kufa (Irak), die hier zu sehen ist, zum Kalifen ernannt.

DAS KALIFAT DER ABBASIDEN

Die Unterstützung, die die Abbasiden in den arabischen Herrschaftsgebieten des Ostens genossen, spiegelt sich in der Verlegung der Hauptstadt nach Bagdad, in den Irak, wider, das bis dahin ein christliches Dorf am Tigris gewesen war. Dieser Umstand hatte weit reichende Folgen. Der hellenistische Einfluss schwächte sich ab und im selben Maß, wie Byzanz an Ansehen verlor, wuchs die politische und kulturelle Bedeutung Persiens. Die herrschende Schicht änderte sich in einem Maße, dass man von einer sozialen Revolution sprechen kann. Von nun an handelte es sich um Araber, die zwar arabisch sprachen, ihrer Herkunft nach aber keine Araber mehr waren. Den Rahmen bildeten eine einzige Religion und eine einzige Sprache, doch die Eliten des Abbasidenreiches stammten aus vielen Völkern des gesamten Nahen Ostens. Sie waren fast immer Muslime, aber oft Konvertiten oder Kinder von Familien, die zum Islam übergetreten waren. Diese neue kulturelle Situation spiegelt der Kosmopolitismus von Bagdad wider. Als Großstadt mit etwa einer halben Million Einwohner, die mit Konstantinopel konkurrierte, fand man in Bagdad das Gegenstück zu der Lebensweise, die die ersten arabischen Eroberer aus der Wüste mitgebracht hatten. Es gab wieder ein den gesamten Nahen Osten umspannendes Reich, das jedoch ideologisch nicht mit der Vergangenheit brach. Nachdem sie eine Weile mit anderen Möglichkeiten gespielt hatten, bestätigten die Abbasiden-Kalifen die sunnitische Orthodoxie ihrer Vorgänger. Die Schiiten, die ihnen

Die Entwicklung Bagdads von einem christlichen Dorf zur arabischen Hauptstadt spiegelt am besten die politische und religiöse Macht der abbasidischen Kalifen und die kosmopolitische Haltung des Islam wider.

Diese Münze wurde zur Zeit der abbasidischen Kalifen geschlagen, die den Anspruch erhoben, vom Propheten Mohammed abzustammen. Sie waren bis zur Mitte des 11. Jahrhunderts an der Macht, bis sie von den Seldschuken abgesetzt wurden.

zur Macht verholfen hatten, wurden ausgegrenzt.

Die Herrschaft der Abbasiden

Die Abbasiden ließen keine Gefährdung ihres Erfolgs zu. Sie unterdrückten die Opposition schnell und rücksichtslos und hielten frühere Verbündete im Zaum. Zur Grundlage des Reiches wurde – anknüpfend an die alte persische Tradition – in zunehmendem Maße eher die Loyalität zur Dynastie als die Bruderschaft des Islam. Die Religion blieb dennoch ein Stützpfeiler der Dynastie; die Abbasiden verfolgten Abweichler. Das Regierungssystem wurde komplizierter. Eine große Neuerung war das Amt des Wesirs. Es befand sich so lange in der Hand einer einzigen Familie, bis diese durch den legendären Kalifen Harun al-Rashid ausgelöscht wurde.

Die gesamte Verwaltung wurde neu organisiert. Grundsteuern sorgten für große Einnahmen, mit denen eine prachtliebende Monarchie aufrechterhalten werden konnte. Dennoch blieb die Bedeutung der Provinzen groß. Die Gouverneure vererbten ihr Amt, was die Zentralmacht schließlich in die Defensive zwang. Auch hatten sie einen stetig zunehmenden Einfluss auf die Beamtenernennungen und die Besteuerung. Die Kalifen regierten über eine lose Anzahl von Provinzen, deren Grad der Abhängigkeit von den jeweiligen Umständen abhing. Auf dem Höhepunkt ihrer Macht verfügten die Abbasiden über beträchtlichen Reichtum. Er beruhte nicht nur auf den großen Bevölkerungsreserven und auf den weiten Gebieten, in denen die Landwirtschaft während des arabischen Friedens gedieh, sondern auch auf den günstigen Handelsbedingungen. Ein breiteres Warensortiment als jemals zuvor zirkulierte in einem größeren Gebiet. Das belebte die Wirtschaft in den Städten entlang der Karawanenstraßen, die von Ost nach West durch die arabischen Länder verliefen. Zur Zeit Harun al-Rashids spiegelte Bagdad diesen Reichtum wider.

ISLAMISCHE KULTUR

Unter den Abbasiden, als der Schwerpunkt des Reiches sich von Arabien und der Levante weg entwickelte, erreichte die islamische Kultur ihren Höhepunkt. Die politische Organisation des Islams hielt ein großes Gebiet zusammen und brachte eine Kultur hervor, die zur Synthese neigte. Sie vermischte hellenistische, christliche, jüdische und zoroastrianische Vorstellungen mit Ideen der Hindus. Unter den Abbasiden gab es einen verbesserten Zugang zur persischen Tradition und einen engeren Kontakt mit Indien, wodurch neue Energien und kreative Elemente entstanden.

Die große Zeit der Übersetzungen ins Arabische – die neue Lingua franca des Nahen Ostens – brach an. Christliche und jüdische Gelehrte machten für arabische Leser die Werke von Platon und Aristoteles, Euklid und Galen zugänglich, wodurch sie die Kategorien griechischen Denkens in die arabische Kultur einführten. Dank der Toleranz des Islams gegenüber den tributpflichtigen

Das Astrolabium ist ein Navigationsinstrument, um die Stellung der Sterne und ihren Abstand vom Horizont zu bestimmen. Dieses hier, das Ibrahim ibn Said al-Sahli in Toledo in Spanien herstellte, hat eine sehr wichtige Eigenschaft: Es zeigt die Dauer der längsten und kürzesten Diurnalbögen des Jahres für verschiedene Städte des Ostens, Nordafrikas und Spaniens an.

Tausendundeine Nacht

„Dann verstummte sie, und König Shahryar weinte. Oh Scheherazade, das war eine großmütige und bewundernswerte Geschichte! Oh, du Weise und Scharfsinnige, du hast mich Vieles gelehrt, du hast mir gezeigt, dass jeder dem Schicksal ausgeliefert ist. Du hast mich dazu gebracht, die Worte vergangener Könige und Völker zu erwägen. Du hast mir manches erzählt, was merkwürdig war und vieles, was bedenkenswert war. Ich habe dir tausendundeine Nacht zugehört, und nun ist meine Seele verändert und voller Freude, sie läuft über vor Lebenslust. Ich danke Allah, der deinen Mund mit solcher Beredtheit gesegnet und deine Stirn mit dem Siegel der Weisheit geprägt hat! (...) Oh Scheherazade, ich schwöre beim gnädigen Gott, dass du schon in meinem Herzen weiltest, bevor diese Kinder kamen. Er hat dir Gaben verliehen, um mich zu gewinnen. Ich liebe dich in meiner Seele, weil ich dich rein, heilig, schlicht, zärtlich, aufrichtig, unantastbar, unverdorben, scharfsinnig, beredt, dezent, lächelnd und weise gefunden habe. Allah möge dich, deinen Vater und deine Mutter, deine Herkunft und dein Volk segnen, meine Liebe! Oh Scheherazade, diese tausendunderste Nacht ist für uns heller als der Tag!"

Ein Auszug aus dem Epilog zum *Buch von Tausendundeiner Nacht* von Harun al-Rashid (766–809).

Das *Buch von Tausendundeiner Nacht (Arabische Nächte)* ist wahrscheinlich das bekannteste literarische Werk aus der arabischen Welt. Diese Illustration aus einem persischen Manuskript des 18. Jahrhunderts zeigt eine Szene aus den Geschichten über Sindbad den Seefahrer.

Völkern stand den Arabern die Welt der Griechen offen, seit sie Syrien und Ägypten erobert hatten. Vermittelt wurde beispielsweise der Platon der späten hellenistischen Kultur in den Interpretationen christlicher Mönche und sassanidischer Akademiker.

Literatur der Abbasidenzeit

Die Kultur der Abbasiden war in erster Linie literarisch geprägt. Gewiss brachte der arabische Islam schöne Gebäude, wunderbare Teppiche und kostbare Keramiken hervor, aber sein wichtigstes Medium war das gesprochene und geschriebene Wort. Selbst die großen wissenschaftlichen Werke sind oft umfangreiche Prosaschriften. Der Gesamtumfang dieser Texte ist immens. Vieles ist westlichen Gelehrten bis heute unbekannt geblieben, denn eine große Anzahl von Manuskripten wurde bisher nicht untersucht. Das Fehlen von dokumentarischen Texten über den frühen Islam wird durch eine breite Palette literarischer Gattungen und Formen mit Ausnahme des Dramas

Die Astronomie war ein grundlegender Teil der islamischen Wissenschaft. Diese osmanische Illustration aus dem 16. Jahrhundert zeigt Astronomen, die unter Verwendung verschiedener Instrumente Himmelskörper studieren.

Arabische Wissenschaft: Die Schriften von Maimonides

„Man muss wissen, dass es im Hinblick auf die Sphären von Venus und Merkur unter den alten Mathematikern Uneinigkeit darüber gibt, ob sie über oder unter der Sonne zu finden seien, weil die Position dieser Sphären nicht bewiesen war. Sie waren der Ansicht, dass die beiden Sphären der Venus und des Merkur oberhalb der Sonne seien. (...) Dann kam Ptolemäus, der feststellte, dass sie sich unter der Sonne befanden; er behauptete, dass es natürlicher sei, die Sonne im Zentrum zu platzieren, mit drei Planeten darüber und drei darunter. Später erschienen Männer in El-Andalus (...), die bewiesen, dass Venus und Merkur sich über der Sonne befanden, in Übereinstimmung mit den Prinzipen des Ptolemäus."

„Ibn Aflah von Sevilla (...) schrieb ein berühmtes Buch über dieses Thema; und später untersuchte der hervorragende Philosoph Abu Bakr (...) diese Frage und lieferte einige Argumente, (...) aufgrund derer die Theorie, dass Venus und Merkur sich über der Sonne befänden, widerrufen wurde. Aber die Argumente, die Abu Bakr anführt, sprechen nur für Unwahrscheinlichkeit, nicht für Unmöglichkeit. Schließlich verhält es sich so, dass alle antiken Mathematiker Venus und Merkur über der Sonne platzierten, und dass sie aus diesem Grunde fünf Sphären zählten: den Mond, der uns unzweifelhaft nahe ist; die Sonne, die über ihm sein muss; die anderen fünf Planeten; die Fixsterne und die Sphäre, die alles umgibt, und wo sich keine Sterne befinden."

Ein Auszug aus Kapitel 9 des *Führers für die Unschlüssigen* von Maimonides (1135–1204).

Diese türkische Illustration aus dem 13. Jahrhundert zeigt zwei Astrologen im Hause der Weisheit.

aufgewogen. Wie tief die Literatur in der islamischen Gesellschaft verwurzelt war, bleibt unklar. Von Gebildeten erwartete man, dass sie Verse schrieben und die Aufführungen von Sängern und Barden mit Kunstsinn genießen konnten. Schulen waren weit verbreitet: Die islamische Welt war im Vergleich mit dem mittelalterlichen Europa äußerst schriftkundig. Die Verbreitung höherer Bildung ist schwerer abzuschätzen. Da sie hauptsächlich in Moscheen und Religionsschulen vermittelt wurde, war sie stark religiös geprägt. Ob die stimulierende Wirkung anderer Kulturen außerhalb der gesellschaftlich privilegierten Welt islamischer Denker und Wissenschaftler überhaupt wahrgenommen wurde, können wir nicht genau sagen. Vom 8. Jahrhundert an waren viele Ansätze einer gesellschaftlichen und kulturellen Selbstreflexion vorhanden. Sie scheinen sich jedoch nicht entwickelt zu haben.

Das Bilderverbot führte in der islamischen Kunst zur Entwicklung eines dekorativen Stils, der auf Kalligrafie und Ornamentik beruhte, wie er in diesem Ausschnitt aus dem Mosaik in Córdobas Großer Moschee zu sehen ist.

Naturwissenschaften

Wenn man nach ihren wichtigsten Vertretern urteilt, dann befand sich die arabische Kultur im 9. und 10. Jahrhundert im Osten und im 11. und 12. Jahrhundert in Spanien auf ihrem Höhepunkt. Wenngleich sowohl die arabische Geschichte als auch die Geographie sehr eindrucksvoll sind, feierte die Wissenschaft ihre größten Triumphe in den Bereichen Naturwissenschaft und Mathematik. Wir verwenden noch immer das „arabische" Zahlensystem, das schriftliches Rechnen gegenüber dem römischen Zahlensystem vereinfacht und das von einem arabischen Arithmetiker entwickelt wurde, obwohl es ursprünglich aus Indien kam. Die Vermittlerfunktion der arabischen Kultur war stets wichtig und bedeutsam. Der Name des größten islamischen Astronomen, Al-Chwarismi, deutet auf seine persisch-zoroastrianischen Wurzeln hin. Sein Beispiel zeigt, dass sich die arabische Kultur aus mehreren Quellen speiste. Die astronomischen Tabellen Al-Chwarismis waren zum einen eine arabische Leistung, zum anderen aber ein Ausdruck der kulturellen Synthese, die das Arabische Reich ermöglichte.

Die Übersetzung arabischer Werke ins Lateinische im späten Mittelalter und das große Ansehen, das arabische Denker in Europa genossen, zeugen von der Güte dieser Kultur. Die Werke von Al-Kindi, einem der größten arabischen Philosophen, sind in lateinischen Schriften besser überliefert als in arabischen. Dante hingegen ließ den Philosophen und Arzt Ibn-Sina (lateinisch Avicenna) und den weisen Averroes in seiner „Göttlichen Komödie" in der Vorhölle schmoren – zusammen mit Saladin, dem arabischen Kreuzzugshelden. Die praktischen Ärzte des Nahen Ostens schrieben medizinische Werke, die für Jahrhunderte die Standardlehrbücher in der westlichen Medizin blieben. Die europäischen Sprachen sind noch immer von arabischen Wörtern durchsetzt, die auf die verschiedenen Wissenschaftszweige hinweisen: „Ziffer", „Almanach", „Algebra" und „Alchemie" gehören dazu. Der Handelswortschatz, etwa „Tarif" oder „Magazin", erinnert an die Bedeutung arabischer Händler. Arabische Kaufleute unterwiesen Christen darin, wie man Konten führt. Dieser kulturelle Transfer erweist sich allerdings fast ausschließlich als einseitige Angelegenheit. Im Mittelalter wurde anscheinend nur ein einziger lateinischer Text ins Arabische übersetzt – zu einer Zeit, als arabische Gelehrte ein leidenschaftliches Interesse am kulturellen Erbe Griechenlands, Persiens und Indiens an den Tag legten. Ein Papierfragment mit wenigen deutschen Wörtern und ihren arabischen Entsprechungen ist innerhalb von 800 Jahren das einzige Anzeichen für ein Interesse an westlichen Sprachen außerhalb der spanischen Halbinsel. Die Araber betrachteten die Kultur der „kalten Länder" als schlicht, was sie ohne Zweifel auch war, wohingegen sie von Byzanz beeindruckt waren.

Architektur

Die bildenden Künste, die bereits von den Umaiyaden gefördert wurden, blühten auch unter den Abbasiden. Im Gegensatz zu den Naturwissenschaften war die Freiheit der Kunst eingeschränkt, denn der Islam verbot die Darstellung der menschlichen Gestalt oder des menschlichen Gesichts. Auf die Einhaltung dieses Gebotes wurde zwar nicht streng geachtet, doch es hemmte lange das Entstehen naturalistischer Malerei oder Bildhauerei. Die Architekten behinderte es glücklicherweise nicht.

Die Baukunst entwickelte seit dem Ende des 7. Jahrhunderts einen Stil, der in der Tradition verwurzelt und typisch islamisch war. Christliche Bauten in Syrien gaben Anregungen, doch die Baumeister strebten bessere und schönere Gotteshäuser an, als die Christen sie hatten, um ihren Gott Allah zu ehren. Mit einem eigenen Architekturstil grenzten sich schon die ersten arabischen Eroberer in Ägypten und Syrien von ihrer Umgebung ab.

Die Araber übernahmen römische Techniken und hellenistische Vorstellungen von der Raumgestaltung und verbanden sie zu einem einzigartigen Stil. Das älteste Bauwerk islamischer Architektur ist der Felsendom in Jerusalem aus dem Jahr 691. Er ist ein Meilenstein der Architekturgeschichte: Das erste islamische Gebäude mit einer Kuppel sollte ein Zeichen des Sieges über den jüdischen und christlichen Glauben sein. Anders als die Gemeindemoscheen, die großen Gebäude der nächsten drei Jahrhunderte, handelt es sich beim Felsendom um ein Heiligtum, das einen der heiligsten Orte sowohl der Juden als auch der Muslime verherrlicht und schützt. Die Menschen glaubten, dass Abraham auf diesem Hügel seinen Sohn Isaak opfern sollte und dass Mohammed von dort in den Himmel gefahren war.

Bald danach entstand die Umaiyaden-Moschee in Damaskus, die größte klassische Moschee der Epoche. Wie so oft in der arabischen Welt ruhte sie gleichsam auf den Kulturen der Vergangenheit. Sie ersetzte eine christliche Basilika, die ihrerseits einen Jupitertempel verdrängt hatte. Außerdem war sie mit byzantinischen Mosaiken verziert. Neu an

Die Große Moschee von Córdoba, die an der Stelle der christlichen Basilika St. Vicente gebaut wurde, ist eines der großartigsten Gebäude westlicher islamischer Architektur. Die Moschee wurde 785 von Abd-ar-Rahman begonnen und während der folgenden Jahrhunderte vergrößert. Ihr beeindruckendster Teil ist die Bethalle – ein Wald von Marmorsäulen, auf denen übereinander gelagerte Bögen ruhen.

Der Felsendom in Jerusalem wurde während des Kalifats von Abd-al-Malik (685–705) aus mehreren Gründen erbaut. Rebellionen in Medina und in Mekka, wo ein Jahrzehnt lang ein Gegenkalif regierte, hatten die Muslime an ihrer Wallfahrt zu den heiligen Stätten gehindert. Ein großes islamisches Heiligtum in Jerusalem, das zum Herrschaftsbereich von Damaskus gehörte, war dagegen ein sicheres Pilgerziel. Abd-al-Malik erkannte, dass Jerusalem durch muslimische, aber auch jüdische und christliche Pilger an Ansehen und Wohlstand gewinnen würde. Am wichtigsten war vielleicht, dass der Kalif ein islamisches Gebäude schaffen wollte, das es mit jeder christlichen Kirche an Pracht und Größe aufnehmen konnte.

ihr war, dass sie Mohammeds Haus in Medina nachbildete. Ihre wichtigste Neuerung war der *Mihrab*, eine Gebetsnische in der Wand, die die Richtung nach Mekka anzeigt.

Die schönen Künste

Architektur und Bildhauerei blühten ebenso wie die Literatur und griffen auf die Traditionen des gesamten Nahen Ostens und Asiens zurück. Töpfer imitierten den Stil und die Ausführung von chinesischem Porzellan, das über die Seidenstraße zu ihnen kam.

Die darstellenden Künste wurden kaum gepflegt. Sie scheinen wenige Anregungen aus dem Mittelmeerraum und aus Indien erhalten zu haben. Es gab kein arabisches Theater, obwohl Geschichtenerzähler, Dichter, Sänger und Tänzer geschätzt wurden. Der Einfluss der arabischen Musik reichte bis nach Europa. So sind etwa die Bezeichnungen „Laute", „Gitarre" und „Rebec" arabischen Ursprungs. Die arabische Musikkultur hat Beachtliches geleistet, auch wenn sie westlichem Kunstverständnis weniger zugänglich ist als die bildenden Künste.

Viele Wissenschaftler und Künstler arbeiteten und lehrten, als die politische Struktur des Reiches sich bereits im Niedergang befand, ja sogar sichtbar zusammenbrach. Zu einem Teil war das darauf zurückzuführen, dass die Araber allmählich innerhalb der Eliten des Kalifats an Einfluss verloren, während die Abbasiden zunehmend die Kontrolle verloren, erst in den Randprovinzen, dann im Irak selbst. Als einflussreiche internationale Kraft hatten sie ihren machtpolitischer Höhepunkt früh erreicht. Im Jahre 782 erschien zum letzten Mal eine arabische Armee vor Konstantinopel. Sie sollten nie wieder so weit vorstoßen. Harun al-Rashid war noch bei Karl dem Großen hoch angesehen, aber unter seine Herrschaft zeigten sich bereits die ersten Anzeichen einer letztlich unaufhaltsamen Zersplitterung.

Obwohl Dichter, Sänger und Geschichtenerzähler hohes Ansehen genossen, gab man Architektur und Bildhauerei in der Kunst den Vorzug.

El-Andalus: Das islamische Spanien

Die Eroberung des westgotischen Spaniens durch muslimische Armeen im Jahre 711 markiert den Beginn einer der wichtigsten Perioden in der Geschichte der Iberischen Halbinsel. Fast acht Jahrhunderte hindurch, bis 1492, war El-Andalus (der Name, den muslimische Schriftsteller Spanien gegeben hatten) ein kulturelles Zentrum von großer Bedeutung. Sein islamisches Erbe hatte eine tiefe und dauerhafte Wirkung auf den Westen. Das muslimische Spanien wies eine städtische Kultur auf, die in der christlichen Welt ihresgleichen suchte. Es rühmte sich einer Gesellschaft, die sowohl polyglott, arabisch, romanisch und hebräisch, als auch tolerant war. Die Muslime gewährten Christen und Juden die freie Religionsausübung.

Während der frühen Jahre der muslimischen Herrschaft war El-Andalus die westlichste Provinz des islamischen Abbasidenreiches. Sie wurde von einem Bevollmächtigten regiert, den der Kalif in Damaskus entsandte. Diese Periode endete 756, als Abd-ar-Rahman I. das Umaiyaden-Emirat von Córdoba mit dem Ziel errichtete, die Stadt zu einem neuen Damaskus zu machen. 929 entstand das Kalifat von Córdoba: Abd-ar-Rahman III. wurde zum Kalifen und geistlichen Oberhaupt der Gläubigen erklärt. Damit war der Weg frei für die größte politische, ökonomische und kulturelle Entwicklung, die El-Andalus je erlebte.

Allerdings verlor der Kalif allmählich an Autorität. Während des 11. Jahrhunderts führte eine zunehmende Zersplitterung zur Gründung von „Kantonen", den *Taifas*, die von verschiedenen lokalen Dynastien regiert wurden. In zwei Fällen gerieten diese *Taifas* unter die Kontrolle afrikanischer Krieger – der Almoraviden und der Almohaden –, die versuchten, eine rigide Zentralgewalt einzuführen. Ihr Scheitern führte zur Verkleinerung des muslimischen Spanien auf das Königtum Granada, das bis 1492 überlebte. Mit der Eroberung Granadas durch die Katholischen Könige Ferdinand und Isabella endete eine einzigartige Periode in der Geschichte Spaniens.

Ein Luftbild der Ruinen des Kalifen-Palastes von Madinat-al-Zahara aus dem 10. Jahrhundert in der Provinz Córdoba.

Die Umaiyaden in Spanien

In Spanien hatte sich 756 ein umaiyadischer Prinz zum Emir bzw. Gouverneur von Córdoba erklärt. Diesem ersten Bruch in der Einheit des islamischen Reiches sollten bald andere in Marokko und Tunesien folgen. Zwar erhielt El-Andalus (Spanien) erst im 10. Jahrhundert einen eigenen Kalifen – bis dahin blieben seine Herrscher Emire –, es war aber bereits lange zuvor de facto unabhängig. Das bedeutet übrigens nicht, dass die Herrschaft im umaiyadischen Spanien unangefochten gewesen wäre. Der Islam eroberte nie die gesamte Halbinsel, und die Franken gewannen den Nordosten bis zum 10. Jahrhundert zurück. Zu diesem Zeitpunkt gab es schon christliche Königreiche im Norden der Iberischen Halbinsel, die stets bereit waren, Zwietracht im arabischen Spanien zu säen. Selbst die tolerante Politik gegenüber den Christen konnte die Gefahr eines Aufstands nicht immer bannen.

El-Andalus blühte unter der arabischen Herrschaft. Die Umaiyaden bauten ihre Seeflotte aus und erwogen die Ausdehnung ihres Reiches nicht etwa nach Norden, auf Kosten der Christen, sondern nach Afrika, zum Nachteil muslimischer Mächte. Dabei führten sie selbst mit Byzanz Bündnisverhandlungen. Im 11. und 12. Jahrhundert erreichte die islamische Kultur Spaniens ihre Blüte, als sich das Kalifat von Córdoba schon wieder im Niedergang befand. Man kann hier von einem goldenen, schöpferischen Zeitalter sprechen, das mit dem abbasidischen Bagdad wetteiferte. Diese Epoche hinterließ nicht nur bedeutende Leistungen in der Wissenschaft und Philosophie, sondern auch großartige Bauwerke. So gab es in Córdoba im 10. Jahrhundert rund 700 Moscheen. Unter ihnen befindet sich auch die Große Moschee, bis heute eines der schönsten Gebäude der Welt. Das arabische Spanien hatte für Europa einen außerordentlichen Stellenwert; es war das Tor zur Gelehrsamkeit und Naturwissenschaft des Ostens, aber auch zu äußerst praktischen Dingen: Die Christenheit lernte beispielsweise neue Techniken in der Landwirtschaft und der Bewässerung kennen. Orangen, Zitronen und Zucker hielten Einzug in europäische Küchen. Spanien selbst erhielt auf diese Weise seine charakteristische, maurische Prägung. Spuren dafür findet man auch heute noch in Sprache, Sitten und Kunst.

Das islamische Iberien

In der Mitte des 11. Jahrhunderts gab es auf der Iberischen Halbinsel zwei sehr unterschiedliche politische Einheiten. Der christliche Staat, der kontinuierlich nach Süden vorrückte, setzte sich aus den Königreichen Kastilien, León, Navarra, Aragón und der Grafschaft Barcelona zusammen. Das muslimische Reich brach nach und nach auseinander, bis die Almoraviden 1086 die christliche Reconquista aufhielten.

Diese Schachfigur stammt aus der Fatimidenzeit. Die Fatimiden benannten sich nach Fatima, Mohammeds Tochter, und gründeten in Tunesien ein neues Kalifat. 973 verlegten sie ihre Hauptstadt nach Kairo, das zu einem der wichtigsten Wirtschaftszentren wurde. Im Gegensatz zu anderen Gläubigen, für die Allah der einzige Gott war, verehrten die Fatimiden Fatima und ihren Ehemann Ali.

Das Ende der Kalifen

Als die Fatimiden aus Tunesien ihren eigenen Kalifen einsetzten und ihre Hauptstadt 973 nach Kairo verlegten, fielen sie von der Zentralmacht ab. Sie waren Schiiten und herrsch-

Ein muslimischer Mann, der seine Frau verlassen hatte, musste drei Monate warten, bis die Ehescheidung rechtsgültig war. Auf diesem Bild aus dem 13. Jahrhundert hört ein Kadi (Richter) einem Mann zu, dessen Frau hinter ihm steht.

ten über Ägypten bis zu einer erneuten arabischen Invasion im 12. Jahrhundert. Auch in den abbasidischen Provinzen, wo sich die Gouverneure Emir oder Sultan nannten, schmolz die Machtbasis der Kalifen zusehends und unaufhaltsam dahin. Kriege zwischen den Söhnen Harun al-Rashids führten dazu, dass die Unterstützung durch die religiösen Lehrer und die Gläubigen verloren ging. Korruption und Unterschlagungen in der Verwaltung entfremdeten die Untertanen noch mehr. Dass man einen Ausweg in der Verpachtung des Rechtes der Steuereintreibung suchte, führte nur zu neuen Fällen von Unterdrückung. Zudem rekrutierte sich die Armee in steigendem Maße aus ausländischen Söldnern und Sklaven; als Haruns Nachfolger starb, war sie praktisch komplett türkisch. Wie im alten Rom wurden Barbaren in die Verwaltung zunehmend einbezogen. Den römischen Prätorianern ähnlich, beherrschten sie zunehmend die Kalifen. Das Schwinden der Macht nutzten Schiiten und Angehörige anderer Glaubensrichtungen für sich. Der Reichtum der arabischen Kaufleute sollte sich nicht wie im spätmittelalterlichen Westen in einem dynamischen Stadtleben äußern. Der Wohlstand, wie er anfangs vorhanden war, ging verloren. Die Herrschaft der Abbasiden wurde faktisch im Jahre 946 beendet, als ein persischer General und seine Männer einfach einen neuen Kalifen einsetzten. Nach diesen revolutionären Veränderungen führten die Abbasiden nur noch ein Schattendasein. Die neuen Machthaber aus der Dynastie der Buyiden lebten fortan in Persien, womit auch die Einheit des arabischen Islams beendet war. Den Jahrhunderten der Invasion, die folgten, konnte dieses Staatsgebilde nicht dauerhaft widerstehen, auch wenn der letzte Abbaside erst 1258 von den Mongolen ermordet wurde. Als Antwort auf die christlichen Kreuzzüge festigte sich das Islamische Reich noch einmal, aber seine großen Tage waren unwiderruflich vorüber.

Der Koran über die Frauen

„Oh ihr Gläubigen, es ist euch weder erlaubt, Frauen gegen ihren Willen zu beerben, noch ihnen in der Absicht zuzusetzen, ihnen einen Teil von dem, was ihr ihnen gegeben habt, wegzunehmen! Es sei denn, sie hätten etwas ausgesprochen Abscheuliches begangen. Behandelt sie gut! Wenn ihr eine Abneigung gegen sie empfindet, so kann es sein, dass euch etwas zuwider ist, in das Allah viel Gutes gelegt hat.
Und wenn ihr eine Gattin gegen eine andere eintauschen wollt, und der einen von ihnen einen Quintar gegeben habt, dann nehmt nichts davon! Wollt ihr es mit Schandbarkeit und offenkundiger Sünde nehmen?
Wie könnt ihr es nehmen, wo ihr doch füreinander da wart und sie eine heilige Vereinbarung mit euch eingegangen sind?
Heiratet keine Frauen, die eure Väter geheiratet haben, es sei denn, dass es bereits geschehen ist! Das ist etwas Abscheuliches und Hassenswertes – eine üble Handlungsweise!"

Ein Auszug aus der 4. Sure (*Die Frauen*) des Koran.

Die islamische Revolution

Im Islam vereinte sich religiöse Autorität mit politischer Vorherrschaft. Als die osmanischen Türken im Nahen Osten an Einfluss gewannen, ging das Kalifat auf sie über. Sie schoben die Grenzen noch weiter nach Europa hinein. Wenn auch das Werk ihrer arabischen Vorfahren letztlich keinen Bestand hatte, so war es doch von Ehrfurcht gebietender Größe. Die Araber hatten den alten römischen Nahen Osten und das sassanidische Persien zerstört und Byzanz auf Anatolien begrenzt, wenngleich die Levante wieder an Westeuropa fiel. Und sie hatten den Islam unauslöschlich in alle Gesellschaften von Marokko bis Afghanistan etabliert, mit revolutionären Folgen. Beispielsweise wies die islamische Lehre den Frauen eine untergeordnete Stellung zu, gab ihnen aber Eigentumsrechte, die den Frauen in vielen europäischen Ländern bis zum 19. Jahrhundert verschlossen waren. Selbst der Sklave hatte Rechte, und innerhalb der Gemeinde der Gläubigen gab es keine Kasten oder einen ererbten Status.

Diese gesellschaftliche Revolution hatte ihre Wurzeln in einer Religion, die – wie auch das Judentum – alle Aspekte des Lebens umfasste. Es gibt im Islam kein Wort, mit dem der Unterschied von heilig und profan, geistlich und weltlich ausgedrückt werden könnte, wie ihn unsere Kultur kennt. Die Religion *ist* für die Muslime die Gesellschaft, und die daraus folgende Einigkeit überstand Jahrhunderte politischer Zwietracht. Gesetz und Geisteshaltung widersprechen sich im Islam nicht. Der Islam ist keine Religion der Wunder, obwohl er Anspruch auf einige erhebt, sondern des praktizierten und intellektuellen Glaubens.

Der Erfolg des Islams beruhte einerseits auf der gegenseitigen Durchdringung von Politik und Religion, andererseits auf seiner Spiritualität, die das gesamte öffentliche und private Leben bestimmte.

Der Islam außerhalb der arabischen Welt bis 1800

In den Jahrhunderten nach dem Tod des Propheten Mohammed verbreitete sich der Islam über große Teile der Welt. Im Jahre 1800 überzog er, wie diese Karte zeigt, den Nahen Osten sowie einen großen Teil Asiens und Nordafrikas.

Die weltweite Verbreitung des Islam

Neben seiner großen Wirkung auf das Christentum beeinflusste der Islam auch andere Gebiete weit außerhalb des arabischen Territoriums. Im 10. Jahrhundert gelangte er nach Zentralasien, nach Indien kam er zwischen dem 8. und 11. Jahrhundert und im 11. Jahrhundert überschritt er die Grenzen des Sudan bis zum Niger. Zwischen dem 12. und 16. Jahrhundert wurden größere Teile Afrikas muslimisch. Der Islam ist dort noch heute die am schnellsten wachsende Religion. Mit der Bekehrung der Mongolen im 13. Jahrhundert erreichte er auch China. Im 15. und 16. Jahrhundert breitete er sich über den Indischen Ozean nach Malaysia und Indonesien aus. Missionare, Auswanderer und Kaufleute brachten das religiöse Wissen mit, allen voran die Araber, die mit ihren Karawanen durch Afrika zogen oder mit ihren Dhaus vom Persischen Golf und dem Roten Meer zum Golf von Bengalen segelten. Das südöstliche Europa wurde noch im 16. und 17. Jahrhundert bekehrt. Diese gewaltige Expansion war erstaunlich für eine Idee, der anfangs nur eine Hand voll semitischer Stämme anhingen. Nach dem 10. Jahrhundert gelang es keinem arabischen Staat mehr, die Einheit islamischer Staaten herzustellen. Aber dieser arabischen Einheit hängt man auch in heutiger Zeit noch nach, wenngleich nur als Wunschtraum.

Der Mihrab ist eine reich verzierte Nische, die nach Mekka ausgerichtet ist und so die Richtung anzeigt, in die sich die Gläubigen beim Beten wenden sollen. Er befindet sich üblicherweise im Zentrum des Hauptteils der Moschee. Die erste Moschee mit einem Mihrab ist die von Medina aus dem 8. Jahrhundert. Das hier gezeigte Beispiel mit wundervollen Mosaiken stammt aus der Großen Moschee in Córdoba in Spanien.

3 BYZANZ UND SEINE WELT

Im Jahre 1453, 900 Jahre nach Justinian, nahm eine muslimische Armee Konstantinopel ein. „Es hat nie zuvor etwas Schrecklicheres stattgefunden und es wird niemals mehr etwas Schrecklicheres stattfinden", schrieb ein griechischer Autor. Tatsächlich war es ein einschneidendes Ereignis. Die Meldung traf den Westen völlig unvorbereitet; die gesamte christliche Welt war schockiert. Nicht nur ein Staat, das Rom des Ostens war untergegangen. Den direkten Erben der antiken Mittelmeerkultur gab es nicht mehr, eine 2000-jährige Tradition war zu Ende gegangen. Allein die 1000 Jahre des christlichen Byzantinischen Reiches waren eindrucksvoll genug, um seinen Untergang wie ein Erdbeben erscheinen zu lassen. Manche sahen hierin eine – wenn auch späte – Vergeltung für die griechische Eroberung von Troja.

Die Truppen des osmanischen Sultans Mehmet II., der auf diesem Porträt abgebildet ist, nahmen Konstantinopel am 29. Mai 1453 im Sturm. Der letzte byzantinische Kaiser, Konstantin XI., starb bei der Verteidigung seiner Hauptstadt. Dieses Ereignis bedeutete das Ende des Oströmischen Reichs.

Selbst in der Phase des Niedergangs hatte Byzanz Besucher in Erstaunen versetzt, die in diesem Reich die imperiale Vergangenheit spürten. Bis zu seinem Ende waren seine Kaiser *Augusti*, und seine Bürger bezeichneten sich als „Römer". Jahrhunderte lang war die Hagia Sophia die größte christliche Kirche, und die orthodoxe Religion, deren Heiligtum sie war, hatte kaum Zugeständnisse an den religiösen Pluralismus machen müssen. Rückblickend fällt es leicht, Abstieg und Fall als unvermeidlich zu betrachten, doch die Zeitgenossen sahen dies anders. Sie trauten Byzanz große Kräfte zu seiner Weiterentwicklung zu.

DAS BYZANTINISCHE KAISERTUM

Die nächsten 1000 Jahre brachten sowohl im Osten als auch im Westen große Veränderungen mit sich. Die Zeit ging an Byzanz nicht spurlos vorbei, sie veränderte einige Elemente seines Erbes, betonte das eine und löschte anderes aus, so dass sich das Byzantinische Reich am Ende vom Reich Justinians sehr deutlich unterschied, obwohl es seinen Ursprung nie verleugnete. Eine klare Grenze zwischen der Antike und Byzanz gibt es nicht. Noch vor Konstantins Zeit verlagerte sich der Schwerpunkt des Reiches nach Osten, und als Byzanz das Zentrum des Weltreichs wurde, erbte es die Ansprüche Roms. Die Institution des Kaisertums zeigte in besonders klarer Form, wie Fortschritt und Konservatismus

Auf diesem Mosaik des 6. Jahrhunderts aus der Kirche San Vitale in Ravenna ist die Kaiserin Theodora mit ihrem Gefolge abgebildet. Theodoras Kopf ist von einem Nimbus umgeben – einem heidnischen Sonnensymbol, das übernommen wurde, um die imperialen Ansprüche von Byzanz deutlich zu machen.

miteinander vereint werden konnten. Bis zum Jahr 800 wurde der Anspruch des Kaisers, das weltliche Oberhaupt der Christenheit zu sein, nicht infrage gestellt. Erst die Kaiserkrönung Karls des Großen in Rom stellte eine Herausforderung für die Einzigartigkeit des byzantinischen Kaisertums dar. Byzanz hing weiterhin der Vorstellung von einem universalen Reich an. Bis zur letzten Stunde existierte das Ehrfurcht gebietende Kaiseramt. Obwohl theoretisch immer noch von Senat, Armee und Volk gewählt, verfügten die Kaiser über absolute Autorität. Zwar bestimmten die Umstände der Thronbesteigung bei jedem einzelnen Kaiser das Ausmaß seiner realen Macht – manchmal triumphierten sie sogar über die dynastische Thronfolge –, aber der Kaiser war in einer Weise *Autokrat*, wie es ein westlicher niemals war. Der Respekt vor dem Recht und die Interessen der Bürokratie schwächten den kaiserlichen Willen in der Praxis zwar ab, aber in der Theorie war er stets allein maßgeblich,

Zeitleiste (330 – 1453)

330
Konstantin verlegt die Hauptstadt des Römischen Reiches nach Byzantium und benennt es in Konstantinopel um

726 – 843
Das Zeitalter der Ikonoklasten

um 1200
Die Venezianer beherrschten den byzantinischen Handel mit Europa

300 — 600 — 900 — 1200 — 1500

527 – 565
Regierungszeit Justinians I.

551
Byzanz erobert Südspanien von den Westgoten

1014
Der byzantinische Kaiser Basileios II. besiegt die Bulgaren

1453
Konstantinopel wird von den Türken erobert

Die byzantinischen Kaiser verfügten, anders als ihre Pendants im Westen, über absolute religiöse und politische Macht – sie sahen sich als Stellvertreter Gottes auf Erden. Das kommt in diesem Mosaik aus der Hagia Sophia (heute eine Moschee) in Konstantinopel (heute Istanbul) klar zum Ausdruck: Die Gestalt zur Linken zeigt Kaiser Justinian, der in seinen Händen das Modell einer Kirche hält, während die Gestalt zur Rechten den Kaiser Konstantin darstellt, der das Modell einer Stadt hält – ein Symbol für das von ihm gegründete Konstantinopel.

die höchsten Beamten nur ihm verantwortlich. Diese enorme Machtfülle erklärt die Intensität, mit der sich byzantinische Politik auf den kaiserlichen Hof konzentrierte, denn nur hier, und nicht durch korporative und repräsentative Institutionen, wie sie sich im westlichen Reich langsam entwickelten, war es möglich, den Inhaber höchster Autorität zu beeinflussen.

Religion und Kaisertum

Die Autokratie hatte ihre grausamen Seiten. Die *curiosi*, Spitzel der Geheimpolizei, hatten viel zu tun. Der vom Patriarchen von Konstantinopel gekrönte Kaiser besaß eine außergewöhnliche Machtfülle, aber auch die Verpflichtungen eines Stellvertreters Gottes auf Erden. Die Grenze zwischen Laien und Klerus wurde im Osten nie sehr scharf gezogen, denn es gab dort keinen Gegensatz von Kirche und Staat wie im Westen, so dass unbegrenzte Macht eine andauernde Herausforderung darstellte. Aber so wie die Dinge in Byzanz lagen, lastete auf dem Stellvertreter Gottes ein ständiger Druck, seinen Pflichten gemäß zu handeln und sich in seinen Taten als *Philanthrop* zu erweisen – als jemand, der die Menschen liebt. Der Zweck der autokratischen Macht war es, die Grundpfeiler der Gesellschaft zu erhalten – die Orthodoxie und die Kirche. Dementsprechend wurden viele der frühen christlichen Kaiser heilig gesprochen – genauso wie zuvor die heidnischen Kaiser zu Göttern erhoben worden waren. Es hatten also neben dem christlichen Glauben auch andere Traditionen Einfluss auf diese Institution. Byzantinischen Kaisern begegnete man gemäß orientalischer Tradition mit ritueller Unterwürfigkeit. Auf Kaiserdarstellungen, wie man sie häufig in Mosaiken findet, ist das Haupt des Kaisers von einem Nimbus umgeben, einem Glorienkranz mit dem auch die letzten vorchristlichen Kaiser abgebildet worden waren, da es sich um ein Element des Sonnengott-Kultes handelte. Einige Darstellungen sassanidischer Herrscher weisen ebenfalls einen Nimbus auf. Nichtsdestoweniger wurde die Autorität des Kaisers zuallererst dadurch gerechtfertigt, dass er ein christlicher Herrscher war.

Die orthodoxe Tradition

Die Institution des Kaisertums enthielt vieles vom christlich-byzantinischen Erbe. Die kirchlichen Besonderheiten der orthodoxen Kirche grenzten das Ostreich scharf vom Westen ab. So beurteilte der östliche Klerus den Islam zeitweise weniger als heidnische Religion denn als ketzerische Lehre. Andere Unterschiede zum Westen lagen in der Beziehung des Klerus zum Volk begründet. Geistliche und weltliche Belange waren nicht so leicht zu trennen. Ein Symbol hierfür ist, dass der Klerus heiraten darf. Der orthodoxe Priester war trotz all seiner Heiligkeit nie ganz so entrückt wie sein katholischer Amtskollege. Das erklärt die bedeutende Rolle, die die orthodoxe Kirche bis in die Moderne als einigende Kraft in der Gesellschaft einnahm. Vor allem entwickelte sich keine so bestimmende geistliche Gewalt wie das Papsttum. Der Schwerpunkt der Autorität lag beim Kaiser, der mit seiner Würde über den untereinander gleichrangigen Bischöfen thronte. Das hieß aber keinesfalls, dass die orthodoxe Kirche in ihrem beherrschenden Einfluss auf das Leben der Men-

Die Trennung zwischen Ost- und Weströmischem Reich wurde vor allem durch die unterschiedlichen Traditionen ihrer Kirchen geprägt: Der orthodoxe Klerus des Ostens zeigte eine wesentlich größere Gesellschaftsnähe als seine katholischen Amtskollegen.

Byzanz – das große Reich des Ostens

Im frühen 4. Jahrhundert waren die Römer verzweifelt darum bemüht, ihre Ostgrenze gegen slawische und persische Angriffe zu sichern. Das war einer der Gründe für Konstantin, die Hauptstadt der östlichen Hälfte des Römischen Reiches in die kleine Stadt Byzantium zu verlegen, die der Kaiser 330 offiziell in Konstantinopel umbenannte. Als Hauptstadt des Oströmischen Reiches war Konstantinopel nach dem Zusammenbruch des westlichen Reiches im Jahre 476 die einzige Macht, die den römischen Kaisertitel beanspruchen konnte. Der bedeutendste frühe byzantinische Kaiser war Justinian I. (527–565), der das westliche Mittelmeerbecken zurückeroberte, die prächtige Hagia Sophia in Konstantinopel erbaute und das nach ihm benannte Gesetzeswerk, den *Codex Iustinianus*, erließ.

Der Anfang vom Ende kam für Byzanz, als die Kreuzfahrer 1204 Konstantinopel besetzten. Das Reich ging 1453 unter, als es von den osmanischen Türken erobert wurde, obwohl das griechisch-orthodoxe Reich von Trapezunt, die letzte Bastion von Byzanz, bis 1461 überlebte.

Dieses Mosaik aus San Vitale, Ravenna, zeigt Justinian I.

schen toleranter gewesen wäre als die Kirche des mittelalterlichen Westens. Schlechte Zeiten wurden auch hier als Beweis dafür interpretiert, dass der Kaiser seine christlichen Pflichten vernachlässigt habe – was die Verfolgung von Juden, Häretikern und Homosexuellen rechtfertigte.

Ost- und Westkirche

Nach der Teilung des Reiches lockerten sich allmählich die Beziehungen zwischen den ungleichen Hälften. Die römisch-katholische und die griechisch-orthodoxe Tradition hatten sich bereits vorher auf verschiedenen Bahnen befunden, auch wenn die Differenz anfangs nur gering war. Zu einem frühen Zeitpunkt hatte es die lateinische Christenheit befremdet, dass die Griechen syrischen und ägyptischen Bräuchen Zugeständnisse machen mussten. Als Jerusalem, Antiochia und Alexandria, die anderen drei großen Patriarchate des Ostens, in die Hände der Araber fielen, vertiefte sich der Gegensatz zwischen Rom und Konstantinopel. Allmählich hörte die christliche Welt auf, überall zweisprachig zu sein; der lateinische Westen stand dem griechischen Osten gegenüber. Zu Beginn des 7. Jahrhunderts war Latein nicht mehr die offizielle Sprache der Armee und des Rechtswesens, die beiden Bereichen, in denen es am längsten dem Griechischen widerstanden hatte. Die Beamtenschaft sprach Griechisch. Als die Ostkirche bei der Bekehrung der Muslime scheiterte, eröffnete sie sich ein neues missionarisches Feld und wandte sich den Heiden des Nordens zu. Südosteuropa und Russland wurden durch Konstantinopel zum Christentum bekehrt. Die slawischen Völker übernahmen von Byzanz nicht nur eine auf dem Griechischen basierende Schriftsprache, sondern auch grundlegende politische Ideen, zumal die Beziehungen des katholischen Westens zur slawischen Welt nicht immer harmonisch waren.

Die Besonderheiten der östlichen christlichen Tradition werden auf vielerlei Weise deutlich. So blieb zum Beispiel das Mönchtum im Osten näher an seinen Ursprüngen, und die Bedeutung eines Heiligen war dort stets größer als in der römischen Kirche, die stärker hierarchisch organisiert war. Die Griechen diskutierten auch kontroverser als die Lateiner, denn der hellenistische Hintergrund der frühen Kirche war immer dem spekulativen Denken förderlich gewesen. Schließlich waren die östlichen Kirchen gegenüber orientalischen Richtungen offen und für den Einfluss vieler verschiedener Traditionen empfänglich.

Die endgültige Trennung der beiden Reiche zeigte sich im Sprachengebrauch: War das gesamte Reich anfangs zweisprachig, entwickelte sich im Ostreich das Griechische und im Westreich das Lateinische zur allein gültigen Amtssprache.

Die Hagia Sophia in Konstantinopel ist wahrscheinlich das eindrucksvollste erhaltene Beispiel byzantinischer Architektur. Der Bauplan dieser Kathedralen wird Anthemios von Tralles und Isidor von Milet zugeschrieben; begonnen wurde der Bau 532 auf Befehl Kaiser Justinians I. Die Weihe der Hagia Sophia fand 537statt. In der Nacht vom 28. zum 29. Mai 1453 – der letzten Nacht des alten Byzanz – feierte man in der großen Kathedrale ein letztes Mal eine christliche Messe, die Tausende besuchten. Vier Tage später hielten dort die türkischen Eroberer ihren ersten muslimischen Gottesdienst ab. Die vier Minarette auf dem Bild sind spätere islamische Ergänzungen der Moschee.

Nichtsdestoweniger wurden religiöse Konflikte weiterhin dogmatisch gelöst.

Theologische Auseinandersetzungen

Religiöse Konflikte wurden über Fragen ausgefochten, die uns heute trivial oder sinnlos erscheinen. Ein verweltlichtes Zeitalter wie das unsrige begreift selbst die bedeutendsten dieser Konflikte nur schwer, weil uns der Sinn für die geistige Welt, die dahinter steht, fehlt. Die feinsinnigen Definitionen und logischen Spitzfindigkeiten der Kirchenväter waren eine Sache von immenser Wichtigkeit; nichts weniger als die Rettung der Menschheit vor der ewigen Verdammnis stand auf dem Spiel. Theologische Differenzen betreffen in der östlichen Christenheit oft politische und soziale Fragen, beispielsweise über Beziehungen nationaler und kultureller Gruppen zur Staatsautorität, und wurden nicht weniger haarspalterisch diskutiert wie im 20. Jahrhundert die Widersprüche der Theorie des Marxismus-Leninismus zur Praxis des Kommunismus. Viele dieser Fragen beeinflussten die Weltgeschichte genauso entscheidend wie Heereszüge und Völkerwanderungen. Die beiden Hauptrichtungen der Christenheit drifteten langsam auseinander, und theologische Differenzen verschärften die Entfremdung noch, bis sie schließlich offensichtlich war.

Der Streit um den Monophysitismus

Das Bild des Christus Pantokrator (Christus als Weltenherrscher) war in der Ikonographie der byzantinischen Münzen allgemein verbreitet.

Die Debatte über den Monophysitismus bietet ein hervorragendes Beispiel für die Entfremdung. Die Bedeutung dieser Frage, die christliche Theologen Mitte des 5. Jahrhunderts entzweite, entzieht sich zunächst unserem nachreligiösen Verständnis. Sie ging von der These aus, dass die Natur Christi während seiner Zeit auf Erden ungeteilt war. Sie war vollkommen göttlich und nicht dual (göttlich und menschlich zugleich), wie es allgemein in der frühen Kirche gelehrt worden war. Die Spitzfindigkeiten der langen Debatten müssen hier beiseite gelassen werden. Es reicht aus anzumerken, dass der Aufruhr, der zwischen Aphthartodeken, Corrupticolisten und Theopaschiten herrschte, um nur einige der sich bekämpfenden Schulen zu nennen, einen wichtigen, nichttheologischen Rahmen hatte. Allmählich kristallisierten sich drei monophysitische Kirchen heraus, die sich sowohl von der östlichen Orthodoxie wie auch vom römischen Katholizismus trennten: die koptische Kirche Ägyptens und Äthiopiens, dann die syrisch-jakobitische und letztlich die armenische Kirche. In ihren Ländern wurden sie jeweils zu Nationalkirchen. Die Kaiser beteiligten sich am theologischen Disput, weil sie darauf bedacht waren, die verschiedenen Gruppen wieder miteinander zu versöhnen und die Einheit des Reichs angesichts der persischen und später der arabischen Bedrohung zu festigen. Als Konstantin 325 dem Konzil von Nicäa vorstand, zeigte sich diese besondere Verantwortung des Kaisertums zum ersten Mal. Im frühen 7. Jahrhundert bemühte sich Kaiser Herakleios, eine Kompromissformel zustande zu bringen, so dass die über den Monophysitismus entzweiten Parteien sich wieder miteinander versöhnen konnten. Der Kompromiss führte zu einer neuen theologischen Definition, dem Monotheletismus. Einige Zeit schien die Einigung auf der Grundlage dieser Definition wahrscheinlich, bis sie schließlich unter neuem Namen verdammt wurde.

Neben orthodoxer und katholischer Kirche entstanden auf Grund unterschiedlicher Auffassungen vom menschlichen bzw. göttlichen Wesen Christi noch weitere Kirchen: die koptische Kirche Ägyptens und Äthiopiens, die syrisch-jakobinische und die armenische Kirche.

Als es im Jahre 681 zu einer Übereinkunft kam, lagen 47 Jahre der Trennung hinter den lateinischen und griechischen Christen. Mittlerweile hatte diese Frage Ost und West noch weiter auseinander getrieben. Unter Herakleios gab es neue Probleme: Vom arabischen Ansturm bedroht, musste Byzanz Italien sich selbst überlassen, doch bemühten sich Papst und Kaiser um eine gemeinsame Linie; der Papst billigte den Monophysitismus. Honorius, der Nachfolger Gregors des Großen, unterstützte Herakleios. Damit erzürnte er die Antimonophysiten derart, dass ihn fast ein halbes Jahrhundert später ein ökumenisches Konzil dafür verdammte. Durch Honorius' unvorsichtiges Verhalten entfernte sich der byzantinische Klerus im frühen 7. Jahrhundert noch weiter von Rom.

Byzanz und Asien

Byzanz war nicht nur christlich geprägt, es hatte auch Asien einiges zu verdanken. Dabei ging es nicht nur um den Austausch mit chinesischen Kaufleuten, die auf der Seidenstraße nach Byzanz kamen, sondern auch um das vielschichtige kulturelle Erbe des hellenistischen Ostens. Von den Griechen übernahm Byzanz das Vorurteil, dass alle Völker, die kein

Im Gegensatz zum Nestorianismus und Arianismus, in denen der menschlichen Natur Christi die allergrößte Bedeutung zukommt, betont der Monophysitismus die göttliche Natur Christi. Diese Lehre hatte innerhalb der frühen koptischen Kirche in Ägypten viele Anhänger. Diese monophysitische Marmortafel zeigt die Kreuzabnahme Christi.

Griechisch sprachen, „Barbaren" waren. Viele byzantinische Intellektuelle fühlten sich der Tradition Griechenlands verbunden, das längst auf den hellenistischen Osten beschränkt war. Unklar ist, wie tief dort die griechischen Wurzeln reichten und wie viel diese Region aus asiatischen Quellen schöpfte. Griechisch sprachen in Kleinasien nur die wenigen Stadtbewohner. Die kaiserliche Beamtenschaft und die führenden Familien trugen im Laufe der Jahrhunderte zunehmend asiatische Namen. Asiens Bedeutung wuchs infolge der Gebiets-

Bei den vielen Seeschlachten gegen die Araber wandten die Byzantiner eine sehr wirkungsvolle Geheimwaffe an. Die als „griechisches Feuer" bekannte Substanz, eine Verbindung aus Petroleum, Salpeter, ungelöschtem Kalk und Schwefel, entzündete sich beim Auftreffen und wurde auf feindliche Schiffe gesprüht oder mit Projektilen verschossen, wie auf dieser Illustration eines Manuskripts aus dem 11. Jahrhundert zu sehen ist.

verluste, die das Reich im 5. und 6. Jahrhundert erlitt, und ihm nur noch ein Streifen europäischen Festlandes um die Hauptstadt herum blieb. Danach schlossen es die Araber in Kleinasien zwischen dem Kaukasus im Norden und dem Taurus im Süden ein; eine Grenze, die für die muslimische Kultur immer durchlässig war. Die Grenzbewohner lebten in einer Mischwelt. Tiefer gehende äußere Einflüsse wirkten auch auf Byzanz: So hatte der wichtigste Religionsstreit, der Bildersturm (Ikonoklasmus), fast zeitgleich im Islam Parallelen.

Das mittelalterliche Byzanz

Die deutlichsten Merkmale eines problematischen Erbes bildeten sich im 7. und 8. Jahrhundert heraus: eine autokratische Tradition, der Mythos des Römischen Reiches, die Schutzherrschaft über die östliche Christenheit und die Begrenzung auf den Osten. In dieser Zeit entwickelte sich aus dem späten Römischen Reich jener mittelalterliche Staat, dessen Konturen bereits unter Justinian sichtbar geworden waren. Wir wissen auf Grund der schlechten Quellenlage und der spärlichen archäologischen Funde wenig über diese entscheidenden Jahrhunderte. Byzanz verfügte zu der Zeit sicherlich über gute Beziehungen, eine hervorragende Verwaltung, eine starke militärische Macht und ein sehr hohes Ansehen. Seine Steuereinnahmen und Personalreserven waren beträchtlich. Kleinasien war ein ideales Rekrutierungsgebiet, so dass das Ostreich auf germanische Barbaren als Hilfstruppen verzichten konnte, wozu wiederum der Westen gezwungen war. Byzanz hatte eine bemerkenswerte Militärtechnologie; als Geheimwaffe kam das so genannte „griechische Feuer" zum Einsatz, das wirkungsvoll gegen feindliche Schiffe gerichtet wurde, die die Hauptstadt bedrohten. Die Lage der Stadt war ebenfalls ein militärischer Pluspunkt. Die mächtigen, im 5. Jahrhundert gebauten Befestigungsmauern erschwerten einen Angriff vom Land her ohne schwere Waffen, die Barbaren kaum zur Verfügung standen; eine Landung von See her konnte die Flotte verhindern.

Weniger gesichert war dagegen auf lange Sicht die soziale Basis des Reichs. Es gelang nur schwer, den Kleinbauernstand zu erhalten und mächtige Großgrundbesitzer davon abzuhalten, ihre Besitzungen auf deren Kosten zu vergrößern. Die Gerichte schützten den kleinen Mann nicht immer. Er geriet auch durch die ständige Ausweitung der Kirchengüter unter Druck. Zugeständnisse wurden den Kleinbauern vom Kaiser gemacht, sofern sie Kriegsdienst leisteten.

Bedrohung von außen

Im Jahre 600 gehörten immer noch die nordafrikanische Küste, Ägypten, die Levante, Syrien, Kleinasien, die Küste des Schwarzen Meeres jenseits von Trapezunt, die Küste der Krim und die Küste von Byzanz bis zur Mündung der Donau zum Reich. In Europa kamen weitere Gebiete hinzu: Thessalien, Makedonien und die Küste der Adria, ein Gebietsstreifen durch Mittelitalien, Enklaven in Spitze und Absatz des italienischen Stiefels und schließlich die Inseln Sizilien, Korsika und Sardinien. Diese Streulage war in Anbetracht der möglichen Feinde von Byzanz geradezu ein Albtraum für jeden militärischen Strategen. Die Geschichte der nächsten beiden Jahrhunderte wurde durch neue Kriege bestimmt. Zahlreiche Völker wie Perser, Awaren, Araber, Bulgaren und Slawen griffen das Hauptgebiet des Reiches an. Im Westen fielen bald wieder fast alle Gebiete, die von den Generälen Justinians zurückgewonnen worden waren, an die Araber und Langobarden. Schließlich entpuppte sich der Westen selbst als Raubtier. Der Westteil war nicht ausschließlich Opfer. Auch hatte das Ostreich jahrhundertelang die Schläge eingesteckt, die andernfalls ihn getroffen hätten. Das Ostreich befand sich ständig im Krieg. Im europäischen Teil bedeutete das erbitterte Kämpfe bis vor die Stadtmauern von Konstantinopel; im Osten ermüdende Feldzüge um die unsicheren Grenzgebiete in Kleinasien.

Die umaiyadischen Araber belagerten die Stadtmauern Konstantinopels zwischen 674 und 678. Diese Abbildung zeigt einen persischen Angriff auf die byzantinische Hauptstadt.

Um Mosaike herzustellen, wurden kleine Würfel aus Glas oder Stein, Tesserae genannt, in eine Oberfläche aus Gips eingesetzt. Im Byzantinischen Reich, hauptsächlich im 10. und 11. Jahrhundert, erreichte die Verzierung mit Mosaiken eine technische und künstlerische Perfektion. Die berühmte *Prozession der Jungfrauen* gehört zu einer Reihe von Mosaiken in der Kirche Sant' Appolinare Nuovo in Ravenna.

Solche Herausforderungen trafen einen Staat, der zu Beginn des 7. Jahrhunderts seine Herrschaftsgebiete nur mehr sehr lose kontrollierte und dessen Macht zum größten Teil auf einer Mischung aus Einfluss, Diplomatie, Christentum und militärischem Prestige beruhte. Seine Beziehungen zu den Nachbarn waren kompliziert. Was in den Augen des späteren Betrachters wie eine Gebietserpressung von Justinian bis Basileios II. durch barbarische Nachbarn aussieht, erschien in römischer Tradition als Freigebigkeit gegenüber Verbündeten oder so genannte *foederati*.

Die Verschiedenheit der Völker und Religionen des Reichs wurde durch die offizielle Ideologie verdeckt. Seine Hellenisierung war dagegen oft nur oberflächlich. Die Bereitwilligkeit, mit der viele der christlichen Gemeinden Syriens die Araber willkommen hießen, spricht eine andere Sprache. In gleicher Weise begrüßten später viele Bewohner Anatoliens die Türken. Hier wandte sich die religiöse Verfolgung gegen ihren Urheber. Darüber hinaus standen Byzanz keine machtvollen Verbündeten zur Seite. Im schwierigen 7. und 8. Jahrhundert unterstützte das Khanat der Tataren Byzanz. Diesen großen, aber nur lose organisierten Staat hatten Nomaden gegründet, die um 600 die Völker in den Tälern von Don und Wolga herrschten. Sie konnten sich jenseits des Kaukasus einrichten, der strategischen Landbrücke, die sie zwei Jahrhunderte lang gegen Perser und Araber blockierten. Während seiner größten Ausdehnung reichte der Staat der Tataren von der Küste des Schwarzen Meeres bis zum Dnjestr und umfasste im Norden die obere Wolga und den Don. Byzanz unternahm große Anstrengungen, um sich deren Gewogenheit zu erhalten, gleichzeitig wollte man sie zum Christentum bekehren, was aber scheiterte.

Die Führer der Tataren, die das Christentum und mehrere andere Religionen tolerierten, traten offenbar um 740 zum Judentum über,

SCA PELAGIA
SCA EVFIMIA

Dieses Detail einer Illustration der *Madrider Bibel* aus dem 15. Jahrhundert zeigt eine Menora, den heiligen siebenarmigen Leuchter der Juden, aus einem Tatarenzelt. Obwohl sich die Byzantiner bemühten, die Tataren zum Christentum zu bekehren, wandten sie sich dem Judentum zu.

möglicherweise wegen einer jüdischen Einwanderungswelle aus Persien, die nach der arabischen Eroberung begonnen hatte. Das zeitliche Zusammentreffen dieser Ereignisse lässt darauf schließen, dass es sich bei den religiösen Konversionen um einen bewussten diplomatischen Akt gehandelt haben dürfte, um nicht in den spirituellen und politischen Dunstkreis des christlichen Reiches oder des islamischen Kalifats hineingezogen zu werden. Stattdessen erfreuten sich die Tartaren diplomatischer Beziehungen und des Handels mit beiden Völkern.

Arabische Angriffe

Als erster großer Held des byzantinischen Überlebenskampfes trat Herakleios auf, der sich darum bemühte, den Bedrohungen in Europa mit Allianzen zu begegnen, so dass er mit Elan gegen die Perser zu Felde ziehen konnte. Bis zu seinem Sieg war es den Persern gelungen, dem Reich in der Levante und in Kleinasien entsetzlichen Schaden zuzufügen. Diese Kämpfe dürften die hellenistische Stadtkultur zerstört haben; es gibt Anzeichen dafür, dass vormals große Städte nach dem Sieg des Herakleios in Schutt und Asche lagen, andere auf die Akropolis reduziert waren, die ihren Kern ausmachte, wobei sich die Einwohnerzahl stark vermindert hatte. Im Anschluss daran trafen die Wellen des arabischen Ansturms auf Strukturen, die zu einem Großteil bereits erschüttert waren. Die Angriffe sollten zwei Jahrhunderte lang andauern. Noch vor dem Tod des Herakleios im Jahre 641 waren seine militärischen Erfolge wieder zunichte gemacht. Einige der Kaiser aus seiner Linie waren fähige Männer, die versuchten, sich gegen eine übermächtige Flut zu stemmen. Häufig vergeblich: Im Jahre 643 fiel Alexandria an die Araber, und damit ging die griechische Herrschaft in Ägypten zu Ende. Innerhalb weniger Jahre verlor Byzanz Nordafrika und Zypern. Das von alters her umkämpfte Armenien musste im nächsten Jahrzehnt aufgegeben werden, und schließlich erreichte die arabische Bedrohung ihren Höhepunkt mit den fünf Jahre dauernden Angriffen auf Konstantinopel (673 – 678). Es war wohl das „griechische Feuer“, das die Hauptstadt vor der arabischen Flotte rettete. Ein persönlicher Versuch des Kaisers, die italienischen und sizilianischen Gebiete von den Arabern und Langobarden wiederzuerlangen, war zum Scheitern verurteilt. Das Jahrhundert brachte in seinem letzten Viertel noch eine neue Gefahr, als Slawen nach Makedonien und

Das Byzantinische Reich

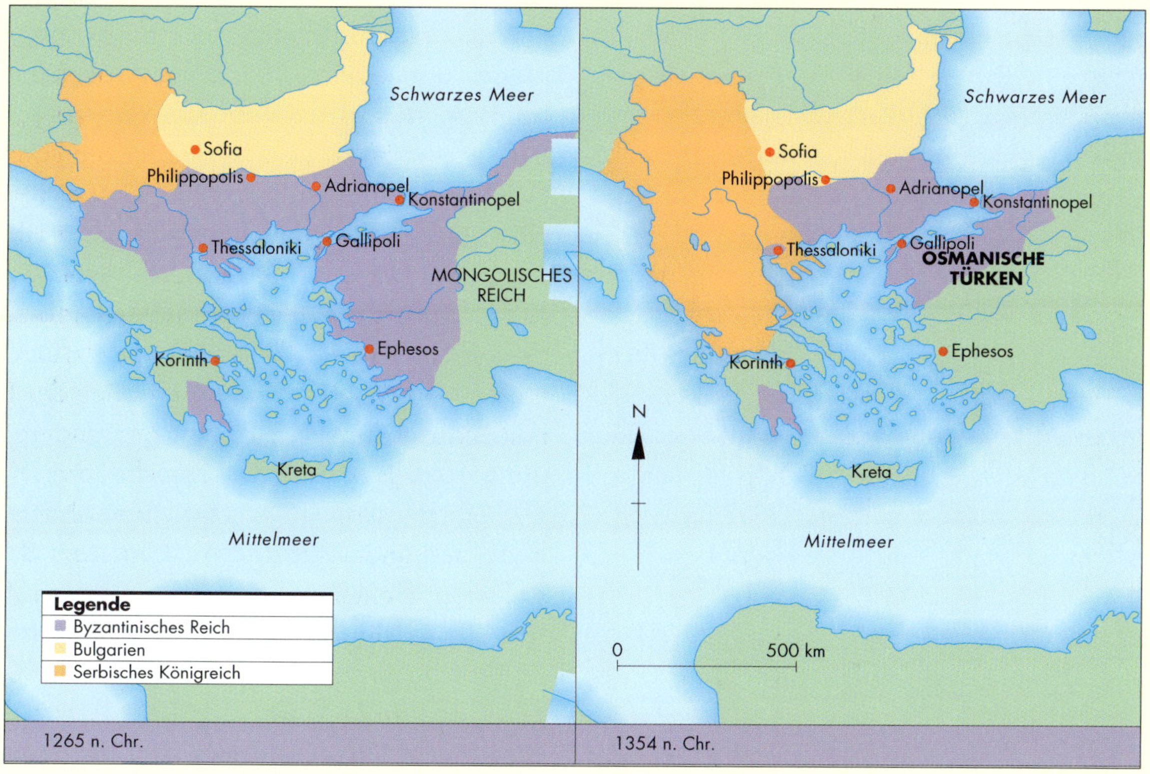

Byzanz war stets von außen bedroht. Bis zum 13. und 14. Jahrhundert verlor es bedeutende Gebiete, wie auf diesen Karten über die Ausdehnung des Reiches in den Jahren 1265 und 1354 zu sehen ist.

Thrakien vordrangen und die Bulgaren die Donau überquerten.

Die isaurische Konsolidierung

Das 7. Jahrhundert endete mit einer Armeerevolte und der Absetzung des Kaisers. Alles deutete darauf hin, dass das Ostreich das Schicksal des Westens teilen und die Institution des Kaisertums eine Beute der Soldaten werden würde. Durch die Schuld mehrerer unfähiger Kaiser gelangten die Bulgaren bis vor die Tore Konstantinopels. Es kam zu einer zweiten Belagerung der Hauptstadt durch die Araber im Jahre 717, die von entscheidender Bedeutung war, obwohl die Araber nicht zum letzten Mal am Bosporus auftauchten. 717 gelangte einer der größten byzantinischen Kaiser auf den Thron: der Anatolier Leon III., ein Provinzbeamter, der den arabischen Angriffen in seiner Region mit Erfolg widerstanden hatte. Als er in die Hauptstadt eilte, um sie zu verteidigen und die Abdankung des Kaisers zu erzwingen, wurde er selbst unter allgemeinem Beifall zum Kaiser gekrönt. Damit war die Isaurische Dynastie begründet, die nach ihrem Stammland benannt ist. Die Eliten des Oströmischen Reiches wurden allmählich byzantinisch, das Reich hatte sich zu einer orientalischen Monarchie entwickelt.

Das 8. Jahrhundert brachte den Beginn einer Periode des Wiederaufschwungs, wenn auch mit Rückschlägen. Leon vertrieb die Araber aus Anatolien, und sein Sohn schob die

Auch im Ostreich entwickelte sich eine Art Soldatenkaisertum: 717 gelangte der erste isaurische Kaiser auf den Thron in Konstantinopel und begründete die Dynastie der Isaurier.

Diese Miniatur porträtiert Basileios II. (976–1025) als triumphierenden Kaiser mit bulgarischen Fürsten, die zu seinen Füßen kauern. Meilensteine seiner Herrschaft waren die Eroberung Bulgariens im Jahre 1014 und der Sieg über die Araber. In dieser Zeit erfreute sich das Byzantinische Reich einer Periode großen Wohlstands und beachtlicher Gebietsgewinne.

Grenzen wieder nach Syrien, Mesopotamien und Armenien vor. Sie waren von dieser Zeit an trotz immer wiederkehrender Überfälle und Gefechte stabiler als zuvor. Mit diesen Erfolgen – die zum Teil auch dem Niedergang der arabischen Macht zugeschrieben werden müssen – ging ein neues Zeitalter des Fortschritts und der Expansion einher, das bis zum frühen 11. Jahrhundert andauerte.

Im Westen war Ravenna verloren, und in Italien und Sizilien blieben nur einige wenige Enklaven, doch im Osten gelang es dem Reich, von seinem Kernland in Thrakien und Kleinasien aus wieder zu expandieren. Eine Kette von Verwaltungsbezirken, so genannten „Themen", wurde am Rand der Balkanhalbinsel errichtet. Davon abgesehen besaß das Reich dort zwei Jahrhunderte lang keinen Stützpunkt. Im 10. Jahrhundert gelang es dem Byzantinischen Reich Zypern, Kreta und Antiochia wieder in Besitz zu nehmen. Byzantinische Streitkräfte überschritten sogar den Euphrat, und der Kampf um das nördliche Syrien und den Taurus wurde fortgesetzt. Die Stellung in Georgien und Armenien verbesserte sich.

Basileios II. und die späte Isaurische Dynastie

In Osteuropa wurde die bulgarische Bedrohung schließlich gebannt, nachdem sie im 10. Jahrhundert ihren Höhepunkt erreicht hatte, als die Bulgaren bereits Christen waren. Basileios II., der in die Geschichte als *Bulgaroktonos*, „Bulgarentöter", einging, brach ihre Macht in einer großen Schlacht im Jahre 1014. 15 000 Gefangene ließ er blenden und dann nach Hause schicken, um ihre Landsleute zu entmutigen. Der bulgarische Herrscher soll vor Schreck darüber gestorben sein. Innerhalb weniger Jahre wurde Bulgarien zu einer byzantinischen Provinz, obwohl es nie erfolgreich in das Reich eingegliedert werden konnte. Kurz danach machte Byzanz seine letzte Eroberung, als es Armenien unter seine Herrschaft brachte.

Diese Jahrhunderte waren daher insgesamt gesehen von Erfolgen und von einem Wiederaufschwung geprägt, eine große Zeit der byzantinischen Kultur. Innenpolitisch konnte sich das dynastische Prinzip im Großen und Ganzen zwischen 820 und 1025 behaupten. Die Isaurische Dynastie hatte mit Kaiserin Irene ein böses Ende genommen. Eine Reihe kurzer Regierungszeiten und eine illegitime Thronfolge schlossen sich an, bis Michael II., der Begründer der Phrygischen Dynastie, im Jahre 820 nach der Beseitigung des Kaisers den Thron bestieg. Schon 867 rückte die Dynastie der Makedonier nach, die Byzanz auf den Gipfel seines Erfolgs führte. Vertreter von Minderheiten wurden zu Nebenkaisern ernannt, um das dynastische Prinzip zu wahren.

DER BILDERSTURM (IKONOKLASMUS)

Die Hauptursache für Zwietracht und Auseinandersetzungen lag zu Anfang jenes Zeitalters wie so oft zuvor in der Religion. Sie verzögerten den Wiederaufschwung, weil politische und lokale Streitigkeiten mit ihnen verwoben waren. Das herausragendste Beispiel ist eine Kontroverse, die mehr als ein Jahrhundert lang für Verbitterung sorgte – der Feldzug der Ikonoklasten.

Die Bilder der Heiligen, der heiligen Jungfrau und Gottes standen in der orthodoxen Christenheit im Mittelpunkt der Verehrung und der Lehre. Im späten Altertum hatten solche Bilder oder Ikonen auch im Westen ihren Platz, aber bis auf den heutigen Tag spielen sie in orthodoxen Kirchen eine besondere Rolle. Sie werden in Schreinen und auf Bilderwänden präsentiert, von Gläubigen betrachtet und verehrt, sind also viel mehr als bloße Dekoration. Ihre Präsentation übermittelt die Lehren der Kirche und bildet (wie ein Kenner es einmal formuliert hat) einen „Treffpunkt zwischen Himmel und Erde". Bei der Betrachtung der Ikonen sind die Gläubigen symbolisch von der gesamten unsichtbaren Kirche umgeben, von den Verstorbenen, den Heiligen und Engeln und selbst von Christus und der Muttergottes. Das religiöse Gefühl verdichtet sich in Gemälden und Mosaiken zu höchsten Leistungen byzantinischer (und später slawischer) Kunst.

Die Ikonen erlangten bis zum 6. Jahrhundert eine führende Rolle in den östlichen Kirchen. Es folgten zwei Jahrhunderte, in denen sie geachtet und an vielen Orten allgemein verehrt wurden. Dann wurden sie genau zu dem Zeitpunkt in Frage gestellt, als das Kalifat eine Kampagne gegen die Verwendung von Bildern im Islam in Gang setzte, wenngleich daraus nicht geschlossen werden kann, dass die Ikonoklasten ihre Ideen einfach von den Muslimen übernahmen. Die Ikonen-Kritiker, die Ikonoklasten, behaupteten, dass es sich um Götzenbilder handle, die die Verehrung des allmächtigen Gottes auf menschliche Schöpfungen hinlenkten. Sie verlangten deren Zerstörung oder Auslöschung und machten sich mit Farbe, Bürste und Hammer ans Werk.

Die Weihe der Ikonen

Seit byzantinischer Zeit bedienen sich orthodoxe Priester für die Weihe von Ikonen stets derselben Zeremonie, bei der der Priester nach dem Absingen der *Hymne der heiligen Dreieinigkeit* und des *Kyrie Eleison* Folgendes rezitiert:

„Gott, oh Herr, du hast den Menschen nach deinem Ebenbild geschaffen, das durch den Sündenfall befleckt wurde, aber durch die Inkarnation deines Christus als Menschen hast du es wieder aufgerichtet und deine Heiligen wieder zu ihrer ursprünglichen Würde erhoben. Wenn wir sie verehren, verehren wir zugleich dein Ebenbild und deine Gestalt, und durch sie verherrlichen wir dein Urbild."

Die Verfolgung der Ikonen-Anhänger

Leon III. begünstigte die Ikonoklasten; unklar bleibt aber, warum die kaiserliche Autorität auf ihrer Seite Stellung bezog. Leon III. handelte auf den Rat der Bischöfe und anderer Kirchenvertreter. Arabische Invasionen und Vulkanausbrüche deutete man in diesem Zusammenhang als Anzeichen göttlicher Ungnade. Im Jahre 730 verbot deshalb ein Edikt die Verwendung von Bildern bei der öffentlichen Anbetung. Wer gegen dieses Verbot verstieß, wurde verfolgt.

Der byzantinische Kaiser Konstantin V. (741 und 743–775), der auf dieser Münze abgebildet ist, setzte die Ikonodulen (Bilderverehrer) einer blutigen Verfolgung aus.

Diese Tafel aus dem 11. oder 12. Jahrhundert ist wahrscheinlich Teil eines Schmuckeinbandes für eine religiöse Handschrift. Sie zeigt den hl. Michael und ist mit Emaille, Edelsteinen, Perlen und Gold geschmückt.

In Konstantinopel selbst wurde das Edikt stets konsequenter durchgesetzt als in den Provinzen. Die Bewegung erreichte unter Kaiser Konstantin V. ihren Höhepunkt und wurde von einem Bischofskonzil im Jahre 754 bestätigt. Die Verfolgung wurde schärfer, und es gab sogar Märtyrer, insbesondere unter den Mönchen, die Ikonen üblicherweise energischer verteidigten als der säkulare Klerus. Der Ikonoklasmus war stets von kaiserlicher Unterstützung abhängig. Unter Leon IV. und Irene, seiner Witwe, ließ die Verfolgung nach; eine erneute Welle setzte später wieder ein. Erst im Jahre 843, am ersten Sonntag der Fastenzeit, der bis heute ein orthodoxes Fest ist, wurden die Ikonen wieder zugelassen.

Die Wurzeln des Ikonoklasmus

Diese Reliefs zeigen Soldaten der byzantinischen Armee, die zu den eifrigsten Gegnern der Ikonenverehrung zählte.

Eine Ursache für den Ikonoklasmus liegt darin, dass die Bekehrung von Juden und Muslimen durch die Bilderverehrung erschwert wurde; was allerdings noch nicht alles erklärt, zumal ein religiöser Streit nicht von Faktoren getrennt werden kann, die außerhalb der Religion liegen. Der Bildersturm muss eine Art von religiöser Vorsichtsmaßnahme gewesen sein. Angesichts der Leidenschaft, mit der theologische Kontroversen im Ostreich geführt wurden, ist der erbitterte Streit leichter zu verstehen. Die Frage nach der Kunst oder den künstlerischen Leistungen wurde erst gar nicht erhoben: Das interessierte Byzanz nicht. Die Reformer befürchteten vielmehr, dass die Griechen durch ihre extreme und relativ neue Verehrung der Ikonen in einen Götzendienst verfielen, und dass die Niederlagen gegen die Araber das erste Donnergrollen des göttlichen Zorns seien. Noch konnte ein frommer König, wie im Israel des alten Testaments, das Volk vor den Folgen seiner Sünden retten, indem er die Bilder Gottes zerstörte. Diese Argumentation verfing umso leichter, als sie der geistigen Befindlichkeit einer bedrängten Bevölkerung entsprach. Besonders stark war der Ikonoklasmus in der Armee vertreten. Eine andere Erklärung drängt sich auf: Die Ikonen, die oft lokale Heilige und fromme Männer darstellten, wurden durch schlichtere Symbole der Eucharistie und des Kreuzes ersetzt; das sollte Einigkeit stiften. Darin zeigt sich die neue Qualität der byzantinischen Religion und Gesellschaft seit

Die beiden Gestalten, die den Bilderstreit am deutlichsten verkörpern, sind auf dieser Handschriftenminiatur abgebildet: Dargestellt wird der Ikonoklastenkaiser Leon V. (813–820), wie er den anti-ikonoklastischen Patriarchen Nikephoros I. bei Hofe empfängt, während rechts eine Ikone übertüncht wird.

Während des 7. und 8. Jahrhunderts entstanden Ikonen, wie das Bild der Jungfrau mit Kind oben, die in Enkaustik-Technik ausgeführt wurden. Eine Mischung aus Farbpigmenten und geschmolzenem Wachs musste dabei verarbeitet werden, solange sie noch warm war.

dem 8. Jahrhundert. Schließlich war der Ikonoklasmus zum Teil auch eine erboste Reaktion auf die lange Zeit hindurch dominierende Stellung der Mönche, die die Ikonen in ihrer Lehre so stark betonten. Er stellte daher sowohl eine kluge Maßnahme zur Beruhigung des göttlichen Zorns dar, als auch eine Reaktion der kaiserlichen Zentralgewalt und der Bischöfe gegenüber den Lokalgottheiten, der Unabhängigkeit der Städte und Klöster sowie der allzu großen Verehrung einzelner Heiligengestalten.

Differenzen zwischen Ost und West

Der Bildersturm stieß viele in der Westkirche ab, zeigte aber deutlicher als alles bisherige, wie weit sich die griechische Christenheit von der lateinischen entfernt hatte. Andererseits veränderte sich auch die Westkirche mit der Übernahme der lateinischen Kultur durch die germanischen Völker und entfernte sich damit von den Kirchen des griechischen Ostens. Die ikonoklastische Bischofssynode war ein Affront gegen den Papst, der die Anhänger Leons bereits verurteilt hatte. Rom zeigte sich beunruhigt über die Ambitionen des Kaisers, als Richter in geistlichen Dingen aufzutreten. So vertiefte der Bilderstreit die Spaltung zwischen den beiden Hälften der Christenheit. Die kulturelle Ausdifferenzierung war mittlerweile weit fortgeschritten – was nicht verwundert, wenn man bedenkt, dass es zwei Monate dauern konnte, um auf dem Seeweg von Byzanz nach Italien zu gelangen. Bald sollte ein Keil von slawischen Völkern den Landweg zwischen den beiden Sprachgemeinschaften blockieren.

Der fränkische Kaiser

Der Kontakt zwischen Ost und West konnte auf offizieller Ebene nicht ganz unterbunden werden. Es kam zu neuen Spannungen, als der Papst den fränkischen König Karl den Großen im Jahr 800 zum Kaiser krönte. Damit wurde der byzantinische Anspruch auf das Erbe Roms in Frage gestellt. Unterschiede innerhalb der westlichen Welt bedeuteten in Konstantinopel nicht viel. Die byzantinischen Offiziellen sahen im Fränkischen Reich eine Herausforderung ihres Herrschaftsanspruches und bezeichneten hinfort alle Westeuropäer gleichermaßen als „Franken", ein Sprachgebrauch, der sich bis ins ferne China verbreiten sollte. Die beiden Staaten versäumten es, miteinander gegen die Ara-

Die ikonoklastische Bewegung

Die byzantinische Ikonenmalerei bildete Christus, die Jungfrau Maria, bestimmte Heilige oder Szenen aus der Bibel ab. Der Ikonoklasmus, die Bewegung, die solche Bilder verbieten wollte, wirkte auf die Hauptrichtungen des europäischen Denkens. Ihr Ursprung könnte im Ikonoklasmus des Islam liegen, der sich durch die Armee und den Klerus in Kleinasien verbreitet hatte. Andere Forscher nehmen an, dass das Bilderverbot Teil einer gegen das Mönchtum gerichteten Bewegung oder ein Versuch zur Stärkung der absoluten Macht des Kaisers gewesen sei.

Der Ikonoklasmus war zur Zeit der Herrschaft Konstantins V., als Hunderte von Ikonen und Mosaiken zerstört wurden, am militantesten und am weitesten verbreitet. Die Ikonodulen (Anhänger der Ikonenverehrung) gaben den Kampf um ihre heiligen Bilder jedoch nie auf. Im 9. Jahrhundert rückten Ikonen wieder ins Zentrum des religiösen Lebens von Byzanz.

Lange bevor der Bildersturm seinen Höhepunkt erreicht hatte, bezogen byzantinische Künstler Darstellungen von Pflanzen und Tieren als christliche Symbole, neben den Porträts von Heiligen und Kaisern, in religiöse Mosaike ein, wie in dieser Ausschmückung der Kirche von San Vitale in Ravenna. Allein dieser Stil war während der ikonoklastischen Periode zulässig. Nach den von der Bilderverfolgung angerichteten Verwüstungen konzentrierten sich die Künstler mehr als vorher auf die Figuren von Kaisern und Heiligen.

Diese byzantinische Ikone zeigt die Erzengel Michael und Gabriel. Sie stammt aus dem 10. oder 11. Jahrhundert – der frühen nach ikonoklastischen Epoche.

ber zusammenzuarbeiten und stachelten das gegenseitige Misstrauen an.

Die römische Krönung war vielleicht sogar eine Antwort darauf, dass in Konstantinopel mit Kaiserin Irene eine Frau auf dem Thron saß, die ihren eigenen Sohn geblendet hatte. Der fränkische Kaisertitel wurde in Byzanz nur kurze Zeit anerkannt; spätere westliche

Byzantinische Kunst und Architektur

Während des 7. und 8. Jahrhunderts bedeutete der Krieg gegen Muslime und Slawen einen ständigen Aderlass für den Wohlstand des Byzantinischen Reiches. Die byzantinische Kunst erlebte deshalb einen Niedergang, der sich in der Zeit der Bilderverfolgung noch verschlimmerte.

Als die Dynastie der Makedonier an die Macht kam, setzte eine Renaissance der schönen Künste ein, die durch Basileios II. (976–1025) besonders gefördert wurde. Die Ursprünge des nun entstehenden Architekturstils liegen in den Klöstern auf dem Berg Athos, insbesondere in der Schönheit des Klosters Große Lawra.

Während des 13. Jahrhunderts schufen byzantinische Künstler eine Vielzahl von herausragenden Mosaiken und Malereien – die Mosaiken von Pammakaristos (Konstantinopel) und die Malereien von Mistra sind ein Teil des Erbes aus dieser glanzvollen Schaffensperiode. Ein anderes Zentrum künstlerischer Aktivität war die griechische Stadt Trapezunt mit der bedeutenden Kuppel der Eugeniuskirche.

Die byzantinische Kunst beeinflusste Kulturen weit jenseits der politischen Grenzen des Reiches. Der besondere Stil von Byzanz prägte Armenien, Georgien und Serbien, wie dieses Detail eines Freskos aus dem 13. Jahrhundert in einer Kirche in Belgrad zeigt.

Kaiser galten dort lediglich als Könige. Auch Italien entzweite die beiden christlichen Reiche, weil die Besitzungen, die den Byzantinern dort verblieben waren, von Franken und Sachsen genauso bedroht wurden wie einst von den Langobarden. Im 10. Jahrhundert verschlechterte die Einflussnahme der sächsischen Kaiser auf das Papsttum das Verhältnis weiter.

Der byzantinische Hof

Natürlich verloren die beiden christlichen Sphären nie völlig den Kontakt zueinander. Ein deutscher Kaiser des 10. Jahrhunderts, Otto II., hatte mit Theophanu eine byzantinische Gemahlin, und die deutsche Kunst des 10. Jahrhunderts war von byzantinischen Themen und Techniken stark beeinflusst. Ge-

Auf den byzantinischen Münzen wurden oft zwei oder mehrere Personen abgebildet. Auf diesem *Solidus* sind die Kaiser Herakleios, Konstantin und Heraklonas zu sehen.

rade die Verschiedenheit der beiden kulturellen Sphären machte solche Kontakte fruchtbar. Im Verlauf der Jahrhunderte wurden die Unterschiede immer offensichtlicher. Die alten aristokratischen Familien aus Byzanz wurden allmählich durch anatolische und armenische Geschlechter ersetzt. Und über allem schwebte der einzigartige Glanz und der Facettenreichtum des Lebens in der kaiserlichen Stadt, wo die religiösen und weltlichen Bereiche einander vollständig durchdrangen. Der Kalender des christlichen Jahres war von dem des Hofes nicht zu trennen; zusammen bildeten sie den Rhythmus eines ungeheuren theatralischen Spektakels, bei dem sowohl die kirchlichen als auch die staatlichen Rituale dem Volk die Erhabenheit des Reiches vor Augen führten. Sicherlich gab es auch weltliche Kunst, aber die Kunst, die die Menschen in ihrem Alltag begleitete, war religiös. Selbst in ihrem Niedergang strahlte sie noch immer eine Lebendigkeit aus, die der Größe und Allgegenwart Gottes, dessen Stellvertreter der Kaiser war, Ausdruck verlieh. Rituale hielten die strenge Etikette des Hofes aufrecht, an dem Intrige und Verschwörung herrschten. Das öffentliche Erscheinen des christlichen Kaisers glich dem der Gottheit eines Mysterienkultes. Mehrere Vorhänge hoben sich, hinter denen der Kaiser wie in einem Schauspiel hervortrat. Diese erstaunliche Kultur zeigte der Welt etwa ein halbes Jahrtausend lang, was echtes Kaisertum war. Als eine Gesandtschaft heidnischer Russen im 10. Jahrhundert nach Byzanz kam, war sie von der Hagia Sophia schier überwältigt. „Dort wohnt Gott unter den Menschen", berichteten die Gesandten nach Hause.

Diese Spange gehörte einer westgotischen adligen Dame; sie wurde in einem Grab in Tureñuelo in Spanien gefunden. Der syrisch beeinflusste Stil führte zu Spekulationen über ihre Herkunft. Vielleicht brachte die Dame das Juwel als Souvenir von einer Reise nach Jerusalem auf die Iberische Halbinsel mit.

Die Wirtschaft von Byzanz

Was an der Basis des Byzantinischen Reiches geschah, lässt sich dagegen weniger leicht in Erfahrung bringen. Es gibt deutliche Anzeichen dafür, dass die Bevölkerung im 7. und 8. Jahrhundert zurückging, was sowohl mit Kriegseinwirkungen als auch mit der Pest zusammenhängen könnte. Um dieselbe Zeit gab es nur wenig Bautätigkeit in den Provinzstädten, der Umlauf der Münzen verringerte sich. All dies deutete auf ein Erlahmen der Wirtschaft hin, ebenso wie die Tatsache, dass der Staat vermehrt regulierend eingriff. Kaiserliche Beamte sicherten die Deckung der Grundbedürfnisse, indem sie die direkte Besteuerung der Waren einführten, Ämter für die Versorgung der Städte einrichteten und Künstler und Handwerker in Gilden und Verbänden organisierten.

Als einziger Stadt des Reiches gelang es Konstantinopel, ihre wirtschaftliche und politische Bedeutung zu bewahren. Indes versiegte der Handel im Reich nie völlig; bis zur Mitte des 12. Jahrhunderts florierte der Durchgangshandel mit Luxusgütern von Asien nach Westen. Er sicherte die Wirtschaft von Byzanz und förderte das Kunsthandwerk, das weitere Luxusgüter für den Westen herstellte. Macht und Wohlstand der Großgrundbesitzer nahmen zu, was die Bauern in zunehmendem Maße in deren Abhängigkeit brachte. In den späten Jahren des Reiches entstanden mit den großen Ländereien wichtige lokale Wirtschaftseinheiten.

Innere Machtkämpfe

Die Wirtschaft ermöglichte sowohl die Blüte der byzantinischen Kultur als auch die Rückeroberung verlorener Gebiete unter den

Diese Miniatur des heiligen Gregor ist eines der wichtigsten erhaltenen Zeugnisse byzantinischer Kunst. Sie wurde vom makedonischen Kaiser Basileios I. (867–886) in Auftrag gegeben.

Der Stil dieser Schnalle aus der byzantinischen Stadt Trapezunt wurde in Werkstätten Westeuropas häufig kopiert.

Kaisern des 9. Jahrhunderts. Doch das Reich wurde bereits zwei Jahrhunderte später wieder einmal durch unglückliche Umstände überfordert, die eine lange Ära des Niedergangs einleiteten. Es begann mit neuerlichen innenpolitischen Problemen, hervorgerufen durch zwei Kaiserinnen und eine Reihe unfähiger Kaiser, die jeweils nur kurz regierten, dabei aber vom Zentrum aus das Reich schwächten.

Hinzu kam, dass die Rivalität zweier mächtiger Parteien innerhalb der herrschenden Schicht außer Kontrolle geriet.

Eine aristokratische Hofpartei, deren Wurzeln in den Provinzen lag, hatte sich mit der alteingesessenen hohen Beamtenschaft angelegt – ein Streit zwischen einer militärischen und einer intellektuellen Elite. Unglücklicherweise führten solche Differenzen dazu, dass die Beamten der Armee und der Flotte die notwendigen Mittel vorenthielten, um mit neuen Bedrohungen fertig zu werden.

Während des 11. Jahrhunderts bedrohten Normannen und Araber das Byzantinische Reich. Diese Handschriftenillustration stellt eine Schlacht zwischen byzantinischen und arabischen Armeen dar.

Neue Feinde

Am anderen Ende des Reiches gab es Probleme mit den letzten barbarischen Wanderern des Westens: Die christlichen Normannen zogen nach Süditalien und Sizilien. In Kleinasien erwuchs durch die Türken eine neue Bedrohung.

Bereits im 11. Jahrhundert hatte sich das türkische Sultanat von Rum auf dem Gebiet des Reiches (daher sein Name, denn „Rum“ bezeichnet „Rom“) etabliert; überall dort, wo die Herrschaft der Abbasiden auf lokale Führer übergegangen war. Nach einer vernichtenden Niederlage Byzanz’ bei Manzikert im Jahre 1071 ging Kleinasien praktisch verloren, was einen schrecklichen Schlag für die finanzielle Lage des Reiches und die Bevölkerungszahl darstellte. Die Kalifate, mit denen sich die Kaiser inzwischen arrangiert hatten, wichen stärkeren Feinden.

Innerhalb des Reichs gab es im 11. und 12. Jahrhundert eine Reihe von bulgarischen Aufständen. Hier breitete sich die größte Bedrohung für die mittelalterliche Orthodoxie des Ostens aus, die bogomilische Häresie, eine vom Volk getragene Bewegung, die sich aus dem Hass auf den griechischen Klerus und dessen massiven Byzantinisierungsbestrebungen speiste. Eine neue Dynastie, die Komnenen, sammelte das Reich erneut. Sie brachten es fertig, die Stellung ein weiteres Jahrhundert lang zu halten (1081–1185). Unter ihrer Herrschaft wurden die Normannen aus Griechenland vertrieben und wehrten eine neue nomadische Bedrohung aus Südrussland, die Petschenegen, abgewehrt. Aber sie vermochten weder den Widerstand der Bulgaren zu brechen noch Kleinasien zurückzuerobern. Auch mussten die Kommenden für das Erreichte bedeutende Zugeständnisse an die eigenen Großgrundbesitzer sowie an Verbündete machen, die sich später als gefährlich entpuppen sollten.

Dieses Mosaik in der Hagia Sophia in Konstantinopel zeigt Kaiser Johannes II. Komnenos (1118–1143). Die Politik der Komnenen konzentrierte sich auf drei große Probleme: die Kontrolle der slawischen Völker auf dem Balkan, die Vertreibung der Normannen und das Aufhalten der seldschukischen Türken.

Der Aufstieg Venedigs

Die Zugeständnisse, die gegenüber der Republik Venedig, einem früheren Teil des Reiches und dem jetzigen byzantinischen Partner, gemacht wurden, stellten sich als unheilvoll heraus, denn Venedig strebte die Ausdehnung seines Territoriums ins östliche Mittelmeer an. Die Lagunenstadt profitierte am meisten vom Osthandel, der bereits früh florierte. Als Gegenleistung für die Hilfe gegen die Normannen im 11. Jahrhundert wurde den Venezia-

Der Aufstieg Venedigs zur mediterranen Großmacht

Die Stadt Venedig war früher eine byzantinische Niederlassung, die von einem *magister militum* aus Konstantinopel verwaltet wurde. Ab dem 11. Jahrhundert war sie praktisch unabhängig, und es gelang ihr nahezu, den Handel zwischen Ost und West zu monopolisieren. Im Jahre 1082 gestand Kaiser Alexius I. Komnenos (1081–1118) Venedig erhebliche Handelsprivilegien zu. Dies führte zusammen mit der Handelsfreiheit in Deutschland zu einem ungeheuren Wachstum der Stadt. Nachdem die Venezianer am Vierten Kreuzzug und der Erstürmung von Konstantinopel teilgenommen hatten, übernahmen sie auch die Kontrolle über die meisten griechischen Inseln, Teile Thrakiens und die Peloponnes.

Der größte Rivale Venedigs im 13. und 14. Jahrhundert war Genua. Die Entscheidung brachte der „Krieg von Chioggia" (1378–1381), der mit der Niederlage von Genua endete. Die kommerzielle Vorherrschaft Venedigs konnte nun nicht mehr geleugnet werden: Drei Jahrhunderte lang waren venezianische Dukaten das übliche Zahlungsmittel im östlichen Mittelmeerraum.

nern das Recht verliehen, frei im ganzen Reich Handel zu treiben. Sie wurden als Untertanen des Kaisers behandelt, nicht als Ausländer. Die venezianische Seemacht wuchs schnell. Als die byzantinische Flotte im Niedergang begriffen war, dominierten die Venezianer mehr und mehr. Im Jahre 1123 zerstörten sie die ägyptische Flotte und konnten danach von ihrem früheren Souverän nicht mehr kontrolliert werden. Es kam sogar zum Krieg mit Byzanz. Doch bald erwies es sich für Venedig als günstiger, das Reich gegen die Normannen und die Beutezüge der Kreuzfahrer zu unterstützen. Bedeutende kommerzielle Zugeständnisse einerseits und territoriale Gewinne andererseits waren die Folge.

Man kann sagen, dass Venedig durch den Niedergang des Reiches groß wurde und von dessen wirtschaftlichem Potenzial profitierte. In der Mitte des 12. Jahrhunderts lebten wahrscheinlich etwa 10 000 Venezianer in Konstantinopel, so bedeutend waren die Handelsbeziehungen. Im Jahre 1204 gehörten die Kykladen und andere ägäische Inseln sowie ein großer Teil der Schwarzmeerküste zu Venedig. Hunderte von Gemeinden kamen in den nächsten drei Jahrhunderten unter venezianischen Einfluss. Die erste Handelsmacht am Mittelmeer seit dem antiken Athen war entstanden.

Angriffe der Kreuzfahrer

Die Rivalität mit Venedig und das Andauern alter Bedrohungen war für die byzantinischen Kaiser schon unangenehm genug; hinzu kamen innere Schwierigkeiten. Im 12. Jahrhundert breiteten sich Aufstände aus, die noch gefährlicher wurden, seit westliche Armeen zu den Kreuzzügen aufbrachen. In byzantinischen Augen glichen sie neuen barbarischen Invasionen. Im 12. Jahrhundert hinterließ die Kreuzzugsbewegung in der vormals byzantinischen Levante vier Kreuzfahrerstaaten – deutliche Signale dafür, dass nunmehr im Nahen Osten ein weiterer Rivale im Feld stand. Als sich die Kräfte der Muslime unter Saladin vereinten und die Bulgaren am Ende des 12. Jahrhunderts nach Unabhängigkeit strebten, waren die großen Tage von Byzanz gezählt.

Die Eroberung Konstantinopels durch die „Franken“

Der erste Todesstoß kam im Jahr 1204, als Konstantinopel eingenommen und geplündert wurde, aber nicht durch Heiden, die es so oft bedroht hatten, sondern durch Christen. Ein christliches Heer, das nach Osten zog, um die Ungläubigen in einem vierten Kreuzzug zu bekämpfen, wurde von den Venezianern gegen das Byzantinische Reich gelenkt. Die Stadt wurde geplündert und eine Prostituierte auf den Thron des Patriarchen in der Hagia Sophia gesetzt. Zu jener Zeit wurden die bronzenen Pferde aus dem Hippodrom geraubt und vor dem Markusdom in Venedig aufgestellt, wo sie heute noch stehen. Die Trennung von Ost und West hätte nicht brutaler und schändlicher besiegelt werden können.

Die „Franken“, wie sie von den Griechen genannt wurden, sahen Byzanz nicht als Teil ihrer Kultur an, vielleicht nicht einmal als Teil der Christenheit, denn das Schisma bestand bereits seit anderthalb Jahrhunderten. Obwohl sie Konstantinopel später wieder freigaben und ab 1261 erneut griechische Kaiser auf dem byzantinischen Thron saßen, konnten die Franken erst vom byzantinischen Gebiet vertrieben werden, als mit den osmanischen Türken ein weiterer Eroberer hinzukam. Mittlerweile war Byzanz dem Tode geweiht, auch wenn es noch zwei Jahrhunderte zum Sterben benötigen sollte. Hiervon profitierten Venezianer und Genuesen, die sich den Reichtum und die Handelsmacht von Byzanz einverleibten.

Die Markuskirche in Venedig, deren Kuppeln hier hinter den dem Wasser zugewandten Gebäuden der Stadt zu sehen sind, ist von St. Irene in Konstantinopel und St. Johannes in Ephesus inspiriert. Die Arbeit an der Basilika begann im Jahre 829. Ihr Grundriss entspricht einem griechischen Kreuz. Es wird von vier byzantinischen Kuppeln gekrönt, die eine größere Kuppel umgeben.

Im Jahre 1204 fielen die Kreuzfahrer in Konstantinopel ein und errichteten das neue Lateinische Kaiserreich des Ostens, das bis 1261 existierte. Das Ereignis ist in diesem Gemälde von Eugène Delacroix aus dem Jahr 1840 abgebildet.

DIE SLAWEN

Immerhin war das byzantinische Erbe oder doch ein großer Teil davon bereits für die Zukunft gesichert, auch wenn das Oströmische Reich darauf wenig stolz gewesen wäre. Inzwischen hatte nämlich das orthodoxe Christentum bei den slawischen Völkern dauerhaft Fuß gefasst. Die Konsequenzen daraus sind heute noch sichtbar: Der russische Staat und die anderen modernen slawischen Nationen sind christliche Staaten.

Wie genau es dazu kam, liegt noch im Dunkeln; noch spärlicher allerdings ist das Wissen über die vorchristliche Geschichte der Slawen. Die modernen slawischen Völker bildeten sich wie die meisten anderen in Europa etwa zur Zeit der Völkerwanderung heraus; ihre Herkunft sorgt indes für einige Verwirrung.

Das slawische Europa erstreckt sich über eine Zone, die durch nomadische Invasionen und die Nähe Asiens viel länger als im Westen in Bewegung war. Ein beträchtlicher Teil der zentral- und südosteuropäischen Landmasse ist gebirgig: Hier konzentrierte sich das slawische Siedlungsgebiet auf die Flusstäler.

Andererseits besteht der größte Teil Polens und des europäischen Russlands aus einer riesigen Ebene, die lange Zeit von Wald bedeckt und überall gleichermaßen zur Besiedlung geeignet war. In diesem gewaltigen Raum waren die Gebietsrechte viele Jahrhunderte lang umstritten.

Zu Beginn des 13. Jahrhunderts waren im Osten slawische Völker mit einer unabhän-

Die genaue Herkunft der slawischen Völker und ihre vorchristliche Entwicklung liegen im Dunkeln. Erst durch die christliche Mission traten sie auf die Bühne der Geschichte.

Die politische Situation in Westeuropa während des 12. und 13. Jahrhunderts

Während dieser Zeit sah Westeuropa die Gründung und Entwicklung der Stadtstaaten Pisa, Venedig und Genua, die Schwächung des Islamischen Reiches und eine wachsende Stärke der slawischen Welt. Das Heilige Römische Reich stand auf dem Höhepunkt seiner Macht.

Legende
- Heiliges Römisches Reich
- Christliche Rückeroberungen
- Lateinisches Kaiserreich von Konstantiopel 1204
- Lateinische Staaten des Ostens (weiteste Ausdehung)
- Griechische Staaten (byzantinisch) 1214
- Muslimische Welt im 12. und 13. Jahrhundert
- Muslimische Rückeroberungen

gigen Zukunft entstanden. Die Grundstruktur, die sich so herausbildete, dauert bis in unsere Zeit hinein an. Dabei traten die Polen, Tschechen und Slowaken durch die Tatsache, dass sie vom lateinischen Westen römisch-katholisch missioniert worden waren, in besonders enge Beziehungen zum europäischen Westen.

Die Ursprünge der Slawen

Die Entstehung der Slawen lässt sich auf etwa 2000 v. Chr. datieren, als sich dieses Volk in den östlichen Karpaten herausbildete. 2000 Jahre lang verbreiteten sie sich langsam hauptsächlich nach Osten, in das moderne Russland, aber auch nach Westen. Vom 5. bis zum 7. Jahrhundert n. Chr. zogen Slawen sowohl der westlichen als auch der östlichen Gruppe nach Süden auf den Balkan. Diese Richtung markiert wahrscheinlich die Grenze zum Machtbereich der Awaren, jenes asiatischen Volkes, das nach dem Ende der Hunneneinfälle wie eine große Barriere quer zu den Flusstälern des Don, Dnjepr und Dnjestr siedelte. Awaren kontrollierten Südrussland bis zur Donau und wurden von der byzantinischen Diplomatie hofiert.

Während ihrer gesamten Geschichte zeigten die Slawen bemerkenswerte Überlebenskräfte. Obwohl sie in Russland von Skythen und Goten, in Polen von Awaren und Hunnen bedrängt wurden, behaupteten und erweiterten sie ihre Siedlungsgebiete. Sie waren sehr ausdauernde Bauern. In der frühen slawischen Kunst überlebten Einflüsse und Techniken anderer Kulturkreise. Im 7. Jahrhundert stand zwischen den Slawen und der dynamischen Kraft des Islam eine Barriere aus zwei Völkern, den Chasaren und Bulgaren. Sie waren stark genug, die Wanderung der Slawen auf den Balkan und hinunter in die Ägäis zu kanalisieren. Später zogen die Slawen die adriatische Küste hinauf und erreichten Slowenien, Kroatien und Serbien. Im 10. Jahrhundert waren die Bewohner des Balkan überwiegend Slawen.

DIE BULGAREN

Der erste slawische Staat war Bulgarien, obwohl die Bulgaren selbst keine Slawen waren, sondern von Hunnenvölkern abstammten. Die westlichen Bulgaren, die sich im 7. Jahrhundert an der Donau eingerichtet hatten, näherten sich den Slawen durch Heirat und andere Kontakte immer mehr an. Zusammen mit slawischen Völkern griffen sie wiederholt Konstantinopel an. Im Jahre 559 durchbrachen sie sogar die Verteidigungslinie und schlugen in den Vorstädten ihre Lager auf. Wie ihre Verbündeten waren sie Heiden. Eine kleine Sensation musste es deshalb gewesen sein, als ein bulgarischer Stammesfürst sich in Konstantinopel taufen ließ, mit Kaiser Herakleios als Taufpaten. Dahinter scheint die byzantinische Diplomatie gestanden zu sein, die darauf bedacht war, Streitigkeiten zwischen den bulgarischen Stämmen auszunutzen. Der bekehrte Herrscher ging dann auch eine Allianz mit Byzanz ein, um die Awaren

Diese Illustration aus einer historischen Handschrift aus dem 11. Jahrhundert stellt eine Szene der bulgarischen Belagerung von Thessaloniki dar. Deleanos, der Anführer der Bulgaren, empfängt gerade einen Befehlshaber seiner Armee, während einige Soldaten von ihrem Zeltlager aus zusehen.

aus dem Land zu vertreiben, das später Bulgarien werden sollte. Allmählich vermischten sich die Bulgaren mit den Slawen. Als am Ende des Jahrhunderts ein bulgarischer Staat gegründet wurde, war er slawisch geprägt. Im Jahre 716 erkannte Byzanz bereits die Unabhängigkeit Bulgariens an; von nun an existierte ein Fremdkörper auf einem Gebiet, das man lange als sicheren Teil des Reichs angesehen hatte.

Bündnisse bestanden zwar, doch Bulgarien war von Anfang an ein Dorn im Fleisch von Byzanz, der mit dazu beitrug, die Versuche einer Rückeroberung im Westen zunichte zu machen. Im Kampf gegen die Barbaren war seit 378 kein römischer Kaiser mehr umgekommen. Aber zu Beginn des 9. Jahrhunderts töteten die Bulgaren Kaiser Nikephoros I. in der Schlacht – und machten aus seinem Schädel einen Kelch für ihren König.

Das christliche Bulgarien

Ein Wendepunkt – wenn auch nicht das Ende des Konflikts – war erreicht, als die Bulgaren zum Christentum bekehrt wurden. Nachdem ein bulgarischer Prinz bezeichnenderweise mit Rom und der Möglichkeit, es gegen Konstantinopel auszuspielen, geliebäugelt hatte, ließ er sich 865 taufen. Zwar gab es Widerstand im Volk, aber von da an waren die Bulgaren Christen. Indes bedeutete dies für Byzanz noch lange nicht das Ende des bulgarischen Problems, obwohl immerhin eine kleine Etappe im Prozess der Christianisierung der slawischen Völker erreicht war. Die Missionierung hatte sich auch methodisch festgelegt: am Anfang stand stets die Bekehrung ihrer Herrscher.

Das kyrillische Alphabet

Zwei große Namen beherrschen die zukünftige slawische Kultur: die heiligen Brüder Cyrillus und Methodius, zwei Priester, die von der orthodoxen Gemeinde heute noch in Ehren gehalten werden. Cyrillus war vorher bei den Chasaren missionierend tätig gewesen. Ihre Arbeit steht im ideologischen Gesamtzusammenhang der byzantinischen Diplomatie: Orthodoxe Missionare unterschieden sich kaum von weltlichen Gesandten. Die beiden Glaubensboten bekehrten nicht nur einen gefährlichen Nachbarn. Cyrillus' Name wird noch immer mit dem von ihm entwickelten und nach ihm benannten kyrillischen Alphabet verbunden. Es fand schnell Verbreitung bei den slawischen Völkern, erreichte bald Russland und ermöglichte nicht nur die Ausdehnung des Christentums, sondern darüber hinaus die Herausbildung der slawischen Kultur, die zwar auch von anderen Nachbarn, doch am stärksten von Byzanz beeinflusst wurde.

Die Bulgaren sollten sich für Byzanz als gefährliche Gegner erweisen. Hier ist zu sehen, wie der Schädel des byzantinischen Kaisers Nikephoros I. (802–811) – zu einer Schale oder einem Kelch verarbeitet – dem bulgarischen König Krum von seinen Untertanen angeboten wird.

Die Brüder Cyrillus und Methodius, die während des 9. Jahrhunderts auszogen, um die slawischen Völker zu christianisieren, sind auf diesem Fresko aus der Kirche San Clemente in Rom dargestellt. Die beiden Heiligen knien vor Christus, der von Engeln und den Heiligen Andreas und Clemens begleitet wird.

Kiew und Byzanz

Die ersten Russen, die 860 n. Chr. Byzanz überfielen, waren eigentlich Wikinger. Sie begründeten die Basis für den – vorwiegend aus slawischen Völkern bestehenden – russischen Staat.

Im Jahre 860 überfiel ein Raubzug der Russen mit 200 Schiffen Byzanz – für die Einwohner der Stadt ein großer Schreck. In der Hagia Sophia lauschten sie zitternd den Worten des Patriarchen: „Ein Volk ist von Norden heruntergekommen … dieses Volk ist wild und kennt keine Gnade, seine Sprache ist wie das tobende Meer … ein Stamm, wild und ungestüm … der alles zerstört, nichts verschont.“ Bei diesen Räubern handelte es sich um Wikinger, die auch den Westen bedrohten. In Byzanz waren sie als Rus (oder Rhos) bekannt. Ihr Raubzug markiert die ersten spärlichen Anfänge von Russlands militärischer Macht. Bis dahin konnte man allerdings noch nicht von einem russischen Staat sprechen: Russland war erst im Entstehen. Es bildete sich aus einer Vielzahl von Völkern, den größten Teil bildeten die Slawen.

Die östlichen Slawen hatten sich durch die Jahrhunderte hindurch über einen Großteil der Oberläufe der Flüsse verteilt, die hinunter zum Schwarzen Meer fließen. Das lag wahrscheinlich an ihrer Art des Ackerbaus: Sobald die gerodete Erde nach zwei oder drei Jahren erschöpft war, zogen sie weiter. Im 8. Jahrhundert gab es auf den Hügeln um Kiew Anfänge eines Stadtlebens; hier lag die Basis für das zukünftige Russland. Die ersten Herrscher residierten in befestigten Siedlungen und forderten Tribut von den Bewohnern der umliegenden Gebiete.

Russland unter den Wikingern

Über die slawischen Stämme auf den Hügeln um Kiew fegte der Ansturm der Skandinavier hinweg, die zu ihren Herren wurden oder sie als Sklaven nach Süden verkauften. Die Nordmänner betrieben eine Mischung aus Handel, Piraterie und Kolonisation, getrieben von der Gier nach Land. Mit sich brachten sie kaufmännisches Wissen, großes Geschick bei der Navigation und der Handhabung ihrer Langschiffe sowie Furcht erregende Kampfkraft; übrigens kamen sie anscheinend ohne Frauen. Auf den langen, schiffbaren Flüssen Russlands drangen sie tief in das Beuteland ein. Einige von ihnen zogen weiter: 846 hören wir von „Warägern" in Bagdad. Einer ihrer vielen Raubzüge über das Schwarze Meer brachte sie 860 nach Konstantinopel. Davor kämpften sie mit den Chasaren im Osten und richteten sich zuerst in Kiew ein, einem den Chasaren tributpflichtigen Gebiet. Doch die traditionelle Geschichtsschreibung Russlands beginnt damit, dass sie in Nowgorod ansässig wurden, dem Holmgardr der nordischen Sage. Hier hatte sich, so wird erzählt, ein Prinz mit Namen Rurik zusammen mit seinen Brüdern um 860 angesiedelt. Gegen Ende des Jahrhunderts nahm ein anderer Warägerprinz Kiew ein, um daraus die Hauptstadt eines neuen Staates zu machen.

Das Erscheinen dieser neuen Macht bestürzte Byzanz, rief aber auch Handlungsbereitschaft auf diplomatischem und geistlichem Gebiet hervor. Es scheint ein Versuch unternommen worden zu sein, einige Stämme der Rus zum Christentum zu bekehren; ein Herrscher hat sich offenbar auch unterworfen. Aber die Waräger hielten an ihrem nordischen Heidentum fest – ihre Götter waren Odin und Thor –, während ihre slawischen Untertanen, mit denen sie sich mehr und mehr vermischten, ihre eigenen Götter hatten, mit möglicherweise sehr alten, indogermanischen Ursprüngen. Im Laufe der Zeit verschmolzen diese Gottheiten miteinander. Bald schon wurden die Feindseligkeiten mit Byzanz wieder aufgenommen. Oleg, ein Fürst des frühen 10. Jahrhunderts, griff Konstantinopel an, während die byzantinische Flotte gerade ausgerückt war. Es wird berichtet, dass er seine Flotte an Land gebracht und auf Räder gesetzt habe, um die blockierte Einfahrt in das Goldene Horn zu umgehen. Es gelang ihm jedenfalls, den Byzantinern im Jahre 911 einen ungewöhnlich günstigen Vertrag abzutrotzen, durch den die Russen äußerst vorteilhafte Handelsprivilegien erhielten. Dies unterstreicht die herausragende Bedeutung des Handels für das neue Fürstentum. Ungefähr ein halbes Jahrhundert nach dem legendären Rurik war eine Art Flussföderation, die das Baltikum mit dem Schwarzen Meer verband und in Kiew ihr Zentrum hatte, Wirklichkeit geworden. War der Anfang noch heidnisch, so kamen durch die Verbindung mit Byzanz christliche Glaubensvorstellungen in das neue Fürstentum, das 945 erstmals als Rus bezeichnet wurde. Sein Zusammenhalt war auch weiterhin sehr lose und wurde noch dadurch

Diese Keramikikone aus dem Kloster Patleina nahe Preslav ist die älteste noch existierende bulgarische Ikone. Sie stammt aus dem Ende des 9. Jahrhunderts, als Bulgarien das Christentum als offizielle Religion annahm.

Raubzüge und Handelsfahrten brachten schwedische Wikinger um 846 nach Bagdad und im Jahr 860 bis nach Konstantinopel. Sie siedelten sich später endgültig in Kiew und Nowgorod an.

Die Wikinger führten ihre viel gefürchteten Raubzüge mit Schiffen durch, wobei sie Ozeane überquerten und Flüsse über Tausende von Kilometern befuhren. Dieses Detail aus einer mythologischen Szene, einem nordischen Runenstein aus dem 8. Jahrhundert entnommen, zeigt Männer auf See und vermittelt einen Eindruck von der Form des wikingischen Langboots mit seinem großen, rechteckigen Segel.

gelockert, dass die Wikinger das slawische Prinzip der Erbteilung übernahmen. Die Prinzen der Rus bewegten sich als Herrscher zwischen den wichtigsten Zentren Kiew und Nowgorod, bis sich das Herrschergeschlecht von Kiew durchsetzte.

Kämpfe und Diplomatie

Während der ersten Hälfte des 10. Jahrhunderts reifte langsam die Beziehung zwischen Byzanz und den Kiewer Rus. Eine grundlegende Neuorientierung fand statt, als Kiew

Mythologie der Wikinger

Die Wikinger verehrten eine Vielzahl von Göttern, die ihren Ursprung in der indoeuropäischen Kultur hatten. Der wichtigste Gott war Odin, der Allvater und Herr der Magie. Er stand mit der Unterwelt und den Toten in Verbindung; seine wilden Anhänger wurden Berserker genannt. Odin wird manchmal in Begleitung zweier Raben abgebildet, wie er auf seinem achtbeinigen Pferd Sleipnir reitet.

Beliebter als sein mächtiger Vater war Odins Sohn Thor. Er trägt im Allgemeinen einen Hammer und wird dargestellt, wie er auf einem von zwei Ziegen gezogenen Wagen über den Himmel fährt. Thor war für seinen ungeheuren Appetit, sein Furcht erregendes Wesen und seine außergewöhnliche Stärke bekannt.

Der skandinavische Gott der Fruchtbarkeit und des Überflusses war Freyr, der Sohn des Njörd, der Gott der Schiffe und des Meeres. Freyr und Njörd gehörten zu den Wanen – einer Gruppe von Göttern, die mit Land und Wasser in Verbindung gebracht und durch einen goldenen Eber und ein Schiff symbolisiert wurden. Den Wanen standen die Asen gegenüber, die Götter des Himmels.

Ein Bild aus dem 19. Jahrhundert von M. Ewinge, auf dem der nordische Gott Thor, dessen Name „Donner" bedeutet, im Kampf mit Riesen dargestellt ist.

seine Verbindungen zu Skandinavien lockerte und mehr und mehr nach Süden schaute. Der Druck der Waräger scheint nachgelassen zu haben, und dies hatte womöglich damit zu tun, dass die Nordmänner im Westen Erfolge verzeichnen konnten. 911 wurde Rollo, einem ihrer Herrscher, dort Land zugesprochen, das später als das Herzogtum Normandie bekannt wurde. Es sollte allerdings noch längere Zeit dauern, bis die Verbindung zwischen Kiew und Byzanz enger wurde. Aus Vorsicht verhandelte die byzantinische Diplomatie im frühen 10. Jahrhundert mit dem wilden Stamm der Petschenegen ebenso wie mit den Rus, deren Gebiete von den Petschenegen geplündert wurden. Letztere hatten bereits die Stämme der Magyaren nach Westen vertrieben, die zuvor einen Puffer zwischen den Rus und den Chasaren gebildet hatten, und man konnte sich dort nun auf erneute Unruhen und Querelen einstellen. In Byzanz hörten die Raubzüge der Waräger nicht völlig auf, doch eine Wende setzte ein, als die Flotte der Rus 941 durch griechisches Feuer abgewehrt wurde. Es folgte ein Vertrag, der die 30 Jahre zuvor gewährten Handelsprivilegien erheblich einschränkte. Die gemeinsamen Interessen kamen klarer zum Vorschein, als das Chasarenreich im Niedergang begriffen war und die Byzantiner erkannten, dass sich Kiew als wertvoller Verbündeter gegen Bulgarien erweisen könnte. Die Beziehungen wurden enger: Waräger tauchten in der königlichen Leibwache in Konstantinopel auf, und auch Kaufleute der Rus kamen öfter dorthin. Einige von ihnen ließen sich sogar taufen.

Die Kunst im christlichen Russland war stark von Byzanz beeinflusst, wie an diesem goldenen Einband eines Evangeliars aus dem 12. Jahrhundert zu sehen ist.

Frühes russisches Christentum

Das Christentum breitete sich vielfach entlang der Handelswege aus, wenngleich es den Kaufmann aus moralischen Gründen gelegentlich verachtete. Im Jahre 882 gab es in Kiew bereits eine Kirche, die vielleicht für die ausländischen Kaufleute gebaut worden war. Doch darüber hinaus findet man vor dem nächsten Jahrhundert wenige Anzeichen eines russischen Christentums. Im Jahre 945 übernahm Olga, die Witwe eines Kiewer Fürsten, für ihren Sohn Swjatoslaw die Regentschaft; er war der erste Fürst von Kiew, der einen slawischen und keinen skandinavischen Namen trug. Später stattete Olga dem Kaiser in Konstantinopel einen Staatsbesuch ab. Vielleicht war sie bereits vorher eine heimlich getaufte Christin, sicher ist jedenfalls, dass sie bei diesem Besuch im Jahre 957 offiziell bekehrt wurde, wobei der Kaiser selbst der Zeremonie in der Hagia Sophia beiwohnte. Wegen der diplomatischen Färbung ist es schwer zu sagen, was man von diesem Ereignis halten soll. Olga hatte schließlich auch Rom um einen Bischof gebeten. Überdies hatte der Übertritt keine unmittelbaren praktischen Folgen. Swjatoslaw, der von 962 bis 972 regierte, entpuppte sich als militanter Heide wie andere militärische Aristokraten der Wikinger seiner Zeit. Er klammerte sich an die Götter des Nordens und wurde zweifelsohne in seinem Glauben durch den Erfolg seiner Raubzüge ins Chasarenland bestätigt. Mit den Bulgaren tat er sich schwerer, schließlich wurde er von den Petschenegen getötet.

Das war ein entscheidender Moment. Russland war noch immer unter dem Einfluss der Wikinger und schwankte zwischen der östlichen und der westlichen Christenheit. Es hätte sich genauso gut dem christlichen Westen zuwenden können. Vom Islam wurde es durch die Chasaren abgeschottet. Die polnischen Slawen waren bereits von der römischen Kirche bekehrt worden, und deutsche Bistümer dehnten sich im Osten in die baltischen Küstenländer und nach Böhmen aus. Für die beiden verfeindeten großen christlichen Kirchen war Russland ein Gewinn, der auf eine von ihnen wartete.

Fürst Wladimir

Im Jahre 980 endete eine Reihe von dynastischen Kämpfen mit dem Sieg von Wladimir, dem Fürsten, der Russland christianisierte.

Diese Miniatur aus einer russischen Handschrift aus dem 15. Jahrhundert, der Radziwill-Chronik, stellt einen bewegenden Augenblick für Russland dar, die Taufe Wladimirs. Die Zeremonie fand 988 in Cherson statt, einem vorgeschobenen byzantinischen Stützpunkt auf der Krim, und ging der Heirat Wladimirs mit einer byzantinischen Prinzessin unmittelbar voraus.

Möglicherweise wurde er als Christ erzogen, doch anfangs blieb er, wie es sich für einen wikingischen Kriegsherrn gehörte, den nordischen Göttern treu. Dann interessierte er sich zunehmend auch für andere Religionen. Die Legende berichtet, dass er an einer Disputation über die jeweiligen Vorzüge der unterschiedlichen Heilslehren teilnahm. Die Russen kennen die Anekdote, dass der Islam von ihm zurückgewiesen wurde, weil er alkoholische Getränke verbot. Eine Kommission wurde ausgesandt, um die christlichen Kirchen zu besuchen. Die Bulgaren, so berichtete sie, stanken, die Deutschen hatten nichts anzubieten, aber Konstantinopel nahm ihre Herzen ein. Dort „wussten wir nicht, ob wir uns im Himmel oder auf Erden befanden, denn auf der Erde gibt es keinen solchen Anblick noch solche Schönheit, und wir wissen nicht, wie wir es beschreiben sollen; wir wissen nur, dass dort Gott unter den Menschen wohnt“, lauteten ihre viel zitierten Worte. Die Entscheidung fiel entsprechend aus. Um 986 bis 988 nahm Wladimir das orthodoxe Christentum für sich und sein Volk an.

Es war ein Wendepunkt in der russischen Geschichte und Kultur. „Dann begann die Dunkelheit des Götzendienstes uns zu verlassen, und die Dämmerung der Rechtgläubigkeit erhob sich“, sagte ein orthodoxer Geistlicher in

Während des 11. Jahrhunderts war Kiew eine der bedeutendsten Städte Europas. Die Sophienkathedrale in Kiew, deren Innenraum hier zu sehen ist, wurde zwischen 1018 und 1037 erbaut. Sie war eine der ersten von vielen großen russischen Kirchen im byzantinischen Stil.

Zu Beginn des 12. Jahrhunderts wurden in Russland mehrere Kunstschulen für die Herstellung von Ikonen gegründet. Die am meisten verehrte Ikone, die *Jungfrau von Wladimir* (so genannt, weil sie eine Zeit lang in einer Kirche der Stadt Wladimir untergebracht war), wurde in Konstantinopel im frühen 12. Jahrhundert angefertigt. Sie ist eines der ersten Beispiele für die Erhebung der Jungfrau Maria zur Muttergottes. Russische Künstler versuchten in unzähligen Kunstwerken, die Zärtlichkeit der Mutter-Kind-Beziehung im Bild der so genannten Glykophilusa einzufangen.

einer Lobesrede auf Wladimir etwa ein halbes Jahrhundert später. Doch bei allem Eifer, den Wladimir an den Tag legte, um seinen Untertanen die Taufe gegebenenfalls mit Gewalt aufzunötigen, war er nicht nur von Enthusiasmus erfüllt. Seine Entscheidung hatte auch politische Dimensionen. Wladimir hatte dem Kaiser militärische Unterstützung gegeben, und nun wurde ihm eine byzantinische Prinzessin als Braut versprochen. Damit erfuhr der Fürst von Kiew eine Anerkennung seines Ranges, die bisher ohnegleichen war. Die Schwester des Kaisers wurde seine Braut, weil Byzanz das Bündnis mit den Rus gegen die Bulgaren brauchte. Als die Dinge nicht so liefen wie erwartet, erhöhte Wladimir den Druck, indem er byzantinische Besitzungen auf der Krim belagerte. Daraufhin fand die Heirat bald statt. Kiew war Byzanz eine Hochzeitsmesse wert, obwohl die Entscheidung Wladimirs von größerer Bedeutung war als seine Diplomatie. Erst 200 Jahre später fand diese Entscheidung die Anerkennung seiner Landsleute, und Wladimir wurde heilig gesprochen. Er hatte die wichtigste Entscheidung für Russlands Zukunft getroffen.

Das Kiewer Reich

Wahrscheinlich hatte die so genannte Kiewer Rus im 10. Jahrhundert eine in vielerlei Hinsicht reichere Kultur, als sie der größte Teil Westeuropas bieten konnte. Ihre Städte waren große Handelszentren, die begehrte Güter wie russische Pelze und Bienenwachs in den Nahen Osten exportierten. Diese Konzentration auf den Handel spiegelt einen weiteren Unterschied wider: In Westeuropa hatte sich nach dem Zusammenbruch der antiken wirtschaftlichen Welt eine auf Grundbesitz basierende Wirtschaft herausgebildet. Da es in Russland keine Grundherrschaft gab, existierte auch kein Adel. Dort dauerte es länger als im katholischen Europa, bis eine an den Landbesitz gebundene Aristokratie entstand; russische Adlige blieben lange Zeit überwiegend Begleiter und Gefolgsleute eines Kriegsherrn. Einige von ihnen widersetzten sich dem Christentum, und die alten Götter beherrschten noch für Jahrzehnte den Norden. Wie in Bulgarien war die Annahme des Christentums ein Akt, der sowohl innen- als auch außenpolitische Dimensionen hatte. Obwohl Kiew die Hauptstadt eines christlichen Fürstentums war, stand es noch nicht im Mittelpunkt einer christlichen Nation. Die Monarchie musste sich gegen die konservative Allianz von Aristokratie und Heidentum behaupten. Weiter unten in der sozialen Rangordnung, in den Städten, rangierte der neue Glaube, der allmählich Wurzeln schlug, zuerst dank bulgarischer Priester, die die Liturgie der südslawischen Kirche und das kyrillische Alphabet mitbrachten, mit dem das Russische zu einer literarischen Sprache wurde. In kirchlicher Hinsicht war der Einfluss von Byzanz entscheidend; der Metropolit von Kiew wurde für gewöhnlich durch den Patriarchen von Konstantinopel ernannt.

Russlands Übertritt zur Ostkirche am Ende des 10. Jahrhunderts führte zu einer Aufnahme künstlerischer Einflüsse aus Byzanz, obwohl die russisch-orthodoxe Kunst und Architektur auch ihre eigenen Charakteristika entwickelte. Die Sophienkathedrale in Nowgorod, die hier abgebildet ist, wurde während der Herrschaft von Jaroslaw dem Weisen (1019–1054) gebaut.

Der Aufstand Kiews

Kiew wurde berühmt wegen der Pracht seiner Kirchen, von denen nur wenige die Zeit überdauerten, weil sie aus Holz gebaut waren. In dieser großen Epoche der Baukunst dominierte der byzantinische Einfluss. Die Vorrangstellung der Kunst spiegelt den Reichtum Kiews wider. Seinen Höhepunkt erreichte er unter Jaroslaw „dem Weisen", als ein westlicher Besucher Kiew mit Konstantinopel verglich. Russland war damals für die Außenwelt kulturell wesentlich offener als in den kommenden Jahrhunderten, was sich auch in den Beziehungen Jaroslaws zeigte. Er sandte diplomatische Vertretungen nach Rom, während Nowgorod die Kaufleute der deutschen Hanse empfing. Jaroslaw, der selbst eine schwedische Prinzessin geheiratet hatte, fand für die Frauen seiner Familie Ehegatten von den Höfen Polens, Frankreichs und Norwegens. Eine verfolgte angelsächsische Königsfamilie fand Zuflucht an seinem Hof. Die Verbindungen zu westlichen Monarchien waren nie mehr so eng.

Ab 1157 wurde Wladimir zum Zentrum des russischen Fürstentums Wladimir-Susdal. Es sollte später ein wichtiger religiöser Mittelpunkt werden – die Demetriuskirche (hier im Bild) wurde zwischen 1193 und 1197 gebaut.

Auch kulturell wurden die ersten Früchte der byzantinischen Saat auf dem Feld der slawischen Kultur geerntet. Bildung und Jurisprudenz spiegelten dies wider. In jener Zeit entstand der älteste Teil der altrussischen Gesetzbücher (*Pravda russkaja*). Aus Kiew ging Anfang des 12. Jahrhunderts auch das erste große Werk der russischen Literatur hervor, die so genannte Nestorchronik, eine Interpretation russischer Geschichte mit politischer Zielsetzung. Wie so oft in der frühen christlichen Geschichtsschreibung war sie ein Versuch, die Taten der Fürsten – in diesem Fall die Vereinigung Russlands unter Kiewer Herrschaft – mit einer christlichen und historischen Argumentation zu untermauern. Dieses Werk betonte das slawische Erbe und bot einen Abriss der russischen Geschichte.

Die nördlichen Fürstentümer

Die Schwäche der Kiewer Rus lag in der Regelung der Nachfolge, was beinahe einer Garantie für Zwietracht und Streitigkeiten gleichkam. Obwohl es einem weiteren Fürsten aus dem 11. Jahrhundert gelang, seine Autorität zu festigen und auswärtige Feinde in Schach zu halten, schwand nach Jaroslaw die Vorherrschaft Kiews. Die nördlichen Fürstentümer beanspruchten ein höheres Maß an Autonomie; zu Moskau und Nowgorod kam

Die Kiewer Rus

Der russischen Legende zufolge kam Rurik um 860 in Osteuropa an und setzte sich selbst als „warägischer" Fürst (das ist der Name, den Russen und Griechen den Wikingern gaben) in Nowgorod ein. Während des 9. Jahrhunderts wurde der Name Rus oder Rhos als Bezeichnung für die Ostslawen gebräuchlich. Ruriks Nachfahren wurden allmählich slawisiert, obwohl sie bis zum 12. Jahrhundert eine gewisse Verbindung zu ihrem Herkunftsland Skandinavien aufrechterhielten. Die Karte oben zeigt Handelsstraßen der Wikinger nach Russland und in das Gebiet, das im 11. Jahrhundert auf dem Höhepunkt der fürstlichen Macht zu Kiew gehörte.

in der zweiten Hälfte des 13. Jahrhunderts Wladimir, ein weiteres „Groß"-Fürstentum, das Kiew den Rang streitig machte. Russlands Schwerpunkt verschob sich, was teilweise eine Antwort auf die neue Bedrohung aus dem Süden war, ausgelöst durch die Petschenegen. In diesen nördlichen Gebieten zeigte sich die zukünftige Entwicklung der russischen Regierung und Gesellschaft. Durch die von den Fürsten gewährten Vorrechte stiegen die alten Gefolgsleute und Kampfgefährten der königlichen Heerführer zum grundbesitzenden

Noch lange nach dem Höhepunkt der Kiewer Rus und nach der Eroberung Konstantinopels durch die osmanischen Türken in der Mitte des 15. Jahrhunderts wurden Ikonen in den slawischen Ländern, die zum byzantinischen Christentum übergetreten waren, weiterhin verehrt. Diese bulgarische Ikone, die die Kreuzigung zeigt, stammt aus dem Jahr 1541.

Diese Darstellung aus dem frühen 14. Jahrhundert stammt aus der Erlöserkirche im Chorakloster in Konstantinopel. Sie zeigt die „Kirchenväter der Ostkirche": Basilius, Gregor und Cyrillus. Alle drei halten Evangelien in ihren Händen.

Adel auf. Selbst einheimische Bauern erwarben sich Eigentums- und Erbrechte. Viele von denen, die das Land bearbeiteten, waren Leibeigene, aber es gab keine Lehnspyramide mit gegenseitigen Abhängigkeiten, wie sie das Feudalsystem des Westens kennzeichnete. Alle diese Veränderungen vollzogen sich innerhalb einer Kultur, die in der Kiewer Periode der russischen Geschichte entstanden war.

Die Entstehung Polens

Ein anderes dauerhaftes nationales Gebilde, das sich ungefähr zu derselben Zeit wie Russland entwickelte, war Polen. Seine Ursprünge liegen in einer Gruppe von slawischen Stämmen, die im 10. Jahrhundert erschienen und gegen den Druck der Deutschen aus dem Westen ankämpften. Politische Umstände dürften den ersten historisch überlieferten Herrscher Polens, Mieszko I., dazu bewogen haben, das Christentum einzuführen; im Gegensatz zu Russland fiel die Entscheidung diesmal nicht zugunsten der Ostkirche aus. Mieszko stellte sein Land unter den Schutz des Papstes. Polen blieb deshalb, anders als Russland, während seiner gesamten Geschichte mit dem Westen verbunden. Nach seiner Bekehrung im Jahre 966 konsolidierte sich der neue Staat innerhalb eines halben Jahrhunderts. Ein energischer Nachfolger begann mit dem Aufbau eines Verwaltungssystems und dehnte sein

Vor allem die Einführung des Christentums durch den ersten bekannten polnischen Herrscher Mieszko I. führte zu einer schnellen Entwicklung des Landes.

Der Name Böhmen stammt von Boios, den frühen Bewohnern dieser zentraleuropäischen Region. Später siedelten hier verschiedene slawische Stämme. Der Legende zufolge war Premysl der Begründer der ersten böhmischen Dynastie. Diese Statue porträtiert seinen Enkel, Ottokar I., und wurde um 1373 für sein Grab im Prager Veitsdom geschaffen.

Gebiet bis zur Ostsee im Norden und nach Schlesien, Mähren und Krakau im Westen hin aus. Kaiser Otto III. erkannte im Jahre 1000 seine Souveränität an, und 1025 wurde er als Boleslaw I. zum König von Polen gekrönt. Politische Rückschläge und heidnische Reaktion machten viele seiner Errungenschaften zunichte, aber Polen war von nun an eine politische Macht. Schon zu diesem Zeitpunkt werden drei Hauptprobleme sichtbar: der Kampf gegen das deutsche Vordringen von Westen, die Identifikation mit den Interessen der römischen Kirche und die Streitsüchtigkeit und Unabhängigkeit des Adels gegenüber der Krone. Die beiden ersten Punkte sind für viele unglückliche Ereignisse in Polens Geschichte verantwortlich, denn es geriet von zwei Richtungen unter Druck: Die Polen waren die Vorhut der slawischen Welt; sie bildeten gewissermaßen ein Bollwerk gegen die Fluten der deutschen Ostkolonisation. Andererseits waren sie als Katholiken der Außenposten der westlichen Kultur in der Konfrontation mit dem orthodoxen Osten.

Religiöse Unterschiede zwischen den slawischen Völkern

In diesen bewegten Jahrhunderten waren Slawen bis zur Adria und nach Zentraleuropa vorgerückt. Sie bildeten Nationen mit einer bedeutenden Zukunft. In Böhmen und Mähren waren sie im 9. Jahrhundert von Cyrillus und Methodius bekehrt worden, dann bekannten sie sich unter dem Einfluss der Deutschen zur lateinischen Christenheit. Auch in Kroatien und Serbien zeichnete sich ein Tauziehen um die Glaubenszugehörigkeit ab. Hier wurde ein anderer slawischer Ableger sesshaft und errichtete Staaten, die zuerst die Awaren, dann Deutsche und Magyaren vom Stamm der östlichen Slawen trennten; denn deren Invasionen sorgten vom 9. Jahrhundert an dafür, dass die Ostkirche in Europa von der Unterstützung durch Byzanz abgeschnitten wurde.

Bedrohung der europäischen Slawen

Zu Beginn des 12. Jahrhunderts existierte ein slawisch beherrschter Teil Europas, der durch unterschiedliche Religionen und Siedlungsgebiete zersplittert war. Die hier ansässigen Magyaren, die die Karpaten von Südrussland her überquert hatten, waren ethnisch gesehen keine Slawen. Das gesamte Gebiet geriet unter steigendem Druck von Westen. Politik,

Jaroslaw der Weise, der auf diesem Fresko zusammen mit seiner Familie zu sehen ist, betrieb eine Expansionspolitik, durch die sich die russischen Gebiete bis zur Ostsee hin ausdehnten. Er versuchte auch, das Christentum durch ein umfassendes Bauprogramm zu stärken. Die Sophienkathedralen in Kiew und Nowgorod gehören zu den vielen Kirchen, die während seiner Regierungszeit errichtet wurden.

Kreuzzugsmentalität und die Gier nach Land waren die Ursache für eine Ostexpansion der Deutschen. Die größte slawische Macht, das Kiewer Russland, schöpfte sein Widerstandspotenzial nicht voll aus; es war nach dem 11. Jahrhundert durch politische Teilung geschwächt und wurde im folgenden Jahrhundert von den Kumanen bedrängt. Bis zum Jahr 1200 hatte es die Kontrolle über den Flussweg zum Schwarzen Meer verloren. Russland zog sich nach Norden zurück und erhielt eine moskowitische Prägung. Den Slawen standen schwere Zeiten bevor: Ein Sturm katastrophalen Ausmaßes zog über sie und auch über Byzanz hinweg. Im Jahre 1204 wurde Byzanz von den Kreuzfahrern geplündert und die einstige Weltmacht der griechischen Ostkirche zum Einsturz gebracht. 36 Jahre später fiel die christliche Stadt Kiew in die Hände der Mongolen.

Die russischen Ikonen, obwohl deutlich vom byzantinischen Stil beeinflusst, wurden im ganzen christlichen Osten wegen ihrer Schönheit und Spiritualität berühmt. Dieses Beispiel aus dem 12. Jahrhundert, bekannt als *Die Verkündigung von Ustjug*, malte ein russischer Künstler der Schule von Nowgorod.

4 DAS UMSTRITTENE ERBE DES NAHEN OSTENS

Das Byzantinische Reich war nicht die einzige begehrte Beute im Nahen Osten, und doch überlebte es länger als sein alter Gegner, das Kalifat der Abbasiden. Letzteres geriet in einen Prozess des Niedergangs und der Auflösung. Bereits vom 10. Jahrhundert an herrschte im Nahen Osten eine geradezu chaotische Umbruchzeit, die sich schwerlich in einer kurzen historischen Darstellung fassen lässt. Ein nachhaltiges Wirtschaftswachstum, wie es der blühende Handel und der Reichtum der neuen Kaufmannsschicht zu versprechen schienen, blieb aus. Habgier und Willkür der jeweiligen Herrscher könnten die Hauptursache gewesen sein.

Allen Widerständen der Herrscher und Plünderer zum Trotz konnte nichts mehr die Ausbreitung der islamischen Gesellschaft stören: Von der Levante bis zum Hindukusch gab es zum ersten Mal in der Geschichte eine einzige Kultur – und dies nicht nur vorübergehend, sondern auf Dauer. Innerhalb dieser Zone überdauerte das christliche Erbe Roms als größere kulturelle Kraft nur bis zum 11. Jahrhundert in Kleinasien, hinter dem Taurus. Danach befand sich das Christentum im Nahen Osten im Niedergang, bis es nur noch aus einzelnen Gemeinden bestand, die vom Islam toleriert wurden.

Dieses geschnitzte Elfenbeinkästchen, bekannt als der *Topf von Zamora*, stammt aus dem Jahre 964 – der Zeit des umaiyadischen Kalifats von Córdoba. Es trägt die folgende Inschrift: „Gott segne Abd-Allah al-Hakim al-Mustansir Billah, Fürst der Gläubigen. Die Edelfrau und Mutter von Abd ar-Rahman III. ordnete an, dass dies hergestellt und in die Obhut von Durri dem Jungen gegeben wird."

Die Dynastien der Kalifen

Die bemerkenswerte Stabilität und tiefe Verwurzelung der sozialen und kulturellen Institutionen des Islams schufen unveränderliche Verhältnisse. Sie überwogen die politischen und administrativen Schwächen der halbautonomen Staaten, die unter der formalen Oberherrschaft des geschwächten Kalifats standen, bei weitem. Den bedeutendsten und mächtigsten dieser Staaten regierte die Dynastie der Fatimiden; er umfasste Ägypten, den größten Teil von Syrien und die Küste des Roten Meeres. Mekka und Medina, die wichtigen heiligen Orte, lagen in seinem Territorium; deshalb profitierte der Fatimiden-Staat auch vom Geschäft mit den Pilgern. In Anatolien und dem nördlichen Syrien – zwischen den Fatimiden und dem Byzantinischen Reich – herrschte eine andere Dynastie, die Hamda-

Die berühmte Azhar-Moschee in Kairo wurde von dem Fatimidenkalifen al-Muizz (953–975) ab 970 erbaut. Es dauerte nur zwei Jahre, um sie fertig zu stellen. Während der Regierungszeit des nächsten Kalifen, al-Aziz (975–996), wurde in der Moschee eine Schule eingerichtet. Ein Teil des Gebäudes dient auch heute noch als islamische Universität.

niden. Schließlich wurde das Kernland des Kalifats, der Irak und der westliche Iran, zusammen mit Aserbeidschan von den Buyiden regiert. Die nordöstlichen Provinzen von Chorasan, Sijistan und Transoxanien waren auf die Samaniden übergegangen. Mit diesen vier Hauptakteuren ist das Szenario komplett, vor dessen Hintergrund in der unruhigen arabischen Welt des 10. Jahrhunderts zwei neue islamische Reiche in Anatolien und im Iran entstanden.

DIE TÜRKISCHEN VÖLKER

Die Bedrohung ging von einem zentralasiatischen Volk aus, das hier bereits vorgestellt wurde, den Türken. Ihnen war von den Sassaniden als Gegenleistung für militärische Unterstützung ein Siedlungsgebiet zugewiesen worden. In dieser ersten großen Ära erstreckte sich das türkische „Reich" oder besser die Stammeskonföderation quer durch Asien, doch war diese Vormachtstellung nur vo-

Zeitleiste (909–1453)

909 – Gründung der Fatimiden-dynastie

1055 Eroberung Bagdads

1096–1099 Erster Kreuzzug

1250 Gründung des mamelukischen Sultanats

900 | 1000 | 1100 | 1200 | 1300 | 1400 | 1500

1071 – Die seldschukischen Türken brechen die byzantinische Macht in Kleinasien

1099 – Die Kreuzfahrer errichten des Lateinische Königreich von Jerusalem

1237 – Tschingis Khans mongolische Heere brechen in Europa ein

1453 Konstantinopel wird von den Türken erobert

Die Mamluken, von denen vier auf dieser Miniatur aus dem 13. Jahrhundert zu sehen sind, waren für ihre Tapferkeit und Reitkunst berühmt und als Söldner sehr gefragt.

rübergehend. Die Türken sahen sich gleichzeitig mit stammesinternen Zerwürfnissen, einem Wiedererstarken Chinas und dem großen Ansturm der Araber konfrontiert. Im Jahre 667 fielen die Araber in Transoxanien ein, und im nächsten Jahrhundert zertrümmerten sie die Reste des türkischen Reiches im westlichen Asien. Sie wurden schließlich im 8. Jahrhundert von den Chasaren, einem anderen Turkvolk, aufgehalten, als die östliche türkische Konföderation bereits auseinander gebrochen war.

Dieses erste Reich war von großer Bedeutung. Zum ersten Mal überspannte ein nomadisches Staatswesen Asien und überdauerte mehr als ein Jahrhundert. Alle vier zeitgenössischen großen Kulturen – China, Indien, Byzanz und Persien – pflegten Beziehungen zu den türkischen Khanen, die andererseits viel aus diesen Kontakten lernten. Unter anderem die Kunst des Schreibens: Die ältesten erhaltenen türkischen Inschriften stammen aus dem frühen 8. Jahrhundert. Was die türkische Geschichte bis ins 15. Jahrhundert angeht, ist man größtenteils auf Berichte anderer Völker angewiesen, zumal die archäologischen Funde spärlich sind.

Die muslimischen Türken

Die dürftige Quellenlage und die Zersplitterung der türkischen Stämme sind verantwortlich dafür, dass ihre Geschichte bis zum 10. Jahrhundert im Dunkeln liegt. Mit dem Niedergang der T'ang-Dynastie eröffneten sich den östlichen, stark von China geprägten Türken neue Möglichkeiten. Dies auch zu einem Zeitpunkt, als sich die Anzeichen von Schwäche in der islamischen Welt mehrten. Türkische Sklaven, so genannte Mamluken, dienten seit langem in den Heeren der Kalifate; nunmehr wurden sie als Söldner der Dynastien beschäftigt, die versuchten, das Machtvakuum auszufüllen. Die Nachfolgestaaten des abbasidischen Reichs waren auch aus einem anderen Grund in Alarmzustand versetzt. Türkische Völker befanden sich im 10. Jahrhundert auf Wanderschaft. Als Chinas Macht und Einheit um 950 wiederhergestellt war, löste dies eine neue zentralasiatische Wanderungswelle aus. Die Ogusen bildeten die Vorhut der Turkvölker, die in die nordöstlichen Länder des alten Kalifats drängten, um dort ihre neuen Staaten zu errichten. Ein Klan der Ogusen, die Seldschuken, waren bereits Muslime: Im Jahre 960 waren sie in Transoxanien durch die Missionierungsanstrengungen der Samaniden schließlich bekehrt worden. Viele Führer der neuen türkischen Regime waren ehemalige Sklavensoldaten der Araber und Perser. Der Dynastie der Ghaznawiden beispielsweise gelang es für kurze Zeit, ein großes Herrschaftsgebiet aufzubauen, das bis nach Indien reichte, bevor sie ihrerseits von neuen Nomadenstämmen vertrieben wurden.

Die Ogusen hingegen verfügten über ein Bevölkerungspotenzial, das den Iran ethnisch und wirtschaftlich veränderte. Auch in anderer Hinsicht bewirkten sie einen tief greifenden Wandel in der islamischen Geschichte. Da sie bereits Muslime waren, respektierten sie die vorgefundene Kultur. Die Hauptwerke der arabischen und persischen Wissenschaft wurden ins Türkische übersetzt, was den türkischen Völkern den Zugang zur arabischen Kultur in nie zuvor gekanntem Ausmaß eröffnete.

Während der Seldschukenzeit fand eine Restauration der islamischen Kultur, insbesondere auf dem Gebiet der Architektur, statt. Der Stil, der sich während dieser Zeit entwickelte, hat auch heute noch Einfluss. Die hier abgebildete berühmte Freitagsmoschee in Isfahan im Iran ist dafür ein Beispiel.

Das Seldschukenreich

Im frühen 11. Jahrhundert überquerten die Seldschuken den Oxus. Bis 1194 bestand das sich nun entwickelnde zweite türkische Reich, in Anatolien existierte es bis 1243. Nachdem sie die Ghaznawiden aus dem östlichen Iran vertrieben hatten, wandten sich die Seldschuken gegen die Buyiden und eroberten den Irak. Als erste Invasoren Zentralasiens drangen sie über die iranische Hochebene hinaus vor. Die ehemaligen Untertanen der schiitischen Buyiden hießen die Eindringlinge willkommen, die selbst Sunniten waren. Nach der Besetzung Syriens und Palästinas drangen sie nach Kleinasien vor, wo sie dem mächtigen Byzanz bei Manzikert im Jahre 1071 eine der schlimmsten Niederlagen seiner Geschichte beibrachten.

Das Sultanat, das sie dort errichteten, nannten sie Sultanat von Rum, denn sie sahen sich von nun an als die rechtmäßigen Erben der alten römischen Gebiete. Dass der Islam jetzt über einen machtvollen Stützpunkt innerhalb des alten Römischen Reiches verfügte, löste im Westen Kreuzzugseifer aus. Kleinasien stand damit der türkischen Besiedlung offen.

In vielerlei Hinsicht spielten die Seldschuken eine herausragende historische Rolle. Sie bekehrten das christliche Kleinasien zum Islam, lösten die Kreuzzüge aus und widersetzten sich den christlichen Eroberern. Im Gegenzug mussten sie an anderen Fronten schwere Verluste hinnehmen. In der Mitte des 12. Jahrhunderts nahm die Macht der Seldschuken in den iranischen Ländern bereits ab. Trotzdem währte ihr Reich lange genug, um im islamischen Kernland die endgültige Herausbildung einer gemeinsamen Kultur zu ermöglichen, die auch türkische Völker umfasste.

Die Herrschaft der Seldschuken

Die nun erreichte islamische Hegemonie war weniger der Herrschaft der Seldschuken zu verdanken, als vielmehr der Anerkennung sozialer und religiöser Realitäten. Den Kern ihrer Verwaltung bildete das Tributsystem. Diese Stammes- und Gebietskonföderation war ebenso wenig wie ihre Vorgänger dazu in der Lage, lang anhaltendem Druck zu widerstehen. Die wichtigsten Institutionen des Rei-

Der seldschukische Dichter Khoja Dehhani schrieb: „Bei der Beschreibung deiner Lippen ist meine Dichtung (...) süß, weil reiner Zucker das Wasser süßt." Dieses Gemälde aus dem 17. Jahrhundert stammt von Riza-i-Abbasi aus Isfahan.

ches dienten seinen Heeren und deren Versorgung. In den Regionen herrschten die Würdenträger der *ulama*, die Lehrer und religiösen Führer des Islams. Sie sorgten für eine Festigung von Herrschaft und sozialem Brauchtum, was die Kalifate überdauerte und das Bindeglied der gesamten islamischen Gesellschaft im Nahen Osten bis ins 20. Jahrhundert bildete.

Trotz aller Spaltungen und Zerwürfnisse innerhalb der Schulen der *ulama* sorgte sie auf lokaler Ebene für kulturelle und soziale Kontinuität. Die Bevölkerung verhielt sich loyal gegenüber wechselnden Regimen, die einander an der Spitze ablösten und teilweise fremden Ursprungs waren. Die *ulama* verfügte über politische Führer, die für sozialen Frieden sorgten und neue Machthaber durch ihre Unterstützung legitimierten.

Darin liegt der Hauptunterschied zwischen der islamischen und der christlichen Gesellschaft: Die religiösen Eliten der *ulama* stifteten die lokale, auf der Religion basierende Gemeinschaft, so dass eine Bürokratie im westlichen Sinn nicht erforderlich war. Über die Spaltungen in der islamischen Welt im Zeitalter des Niedergangs der Kalifate hinaus sorgte diese Führungsschicht für ihren sozialen Zusammenhalt.

Das seldschukische Vorbild verbreitete sich in allen Teilen der islamischen Welt und wurde auch von den nachfolgenden Reichen beibehalten.

Eine andere grundlegende Institution bestand im Einsatz von Sklaven, einige wenige dienten in der Verwaltung, die größte Anzahl jedoch in der Armee. Einerseits vergaben die Seldschuken große Ländereien als Gegenleistung für Militärdienste, andererseits stellten Sklaven – meist Türken – das Heer und damit die Macht, auf der das Regime ruhte. Eine weitere Stütze des Regimes waren, zumindest dort wo es möglich war, persische oder arabische Würdenträger.

Im späten 11. Jahrhundert spaltete sich das Seldschukenreich in drei Teile auf, aus denen das Rum-Sultanat oder Ikonium (der byzantinische Name) hervorging. Die Moschee von Ala-al-Din, fertig gestellt im Jahre 1220, wurde in Konya gebaut, der Hauptstadt des neuen Sultanats.

Die Bedrohung durch die Kreuzzüge

Die Jahre des Niedergangs der Seldschukenherrschaft legten gleichzeitig deren Schwachstellen bloß: Nur fähige Einzelpersonen, die durch Stammesloyalitäten gestützt wurden, blieben an der Macht. Die Machtgrundlage der Türken war aber relativ gering. Im Fall eines Misserfolgs verloren sie die Unterstützung ihrer Untertanen. Anatolien war nach der ersten Welle der muslimischen Besiedlung

Sultan Saladin wurde zum Held der Araber, als ihm 1187 die Rückeroberung Jerusalems gelang, das im ersten Kreuzzug (1096–1099) von den Christen erobert worden war. Er löste damit den dritten Kreuzzug aus.

nur oberflächlich türkisch geprägt, und es dauerte lange, bis die griechische Kultur aus diesem Gebiet verschwunden war. Weiter im Osten gingen im 12. Jahrhundert die ersten muslimischen Gebiete an Heiden verloren: Ein Nomadenherrscher aus Zentralasien nahm den Seldschuken Transoxanien ab – im Westen hielt man ihn für den christlichen Priesterkönig Johannes, der den Kreuzfahrern zu Hilfe kam.

Die Kreuzzugsbewegung war eine Antwort auf die seldschukische Regierungspraxis. Die Türken waren, vielleicht wegen ihrer späten Bekehrung zum Islam, nicht so tolerant wie die Araber. Sie hinderten christliche Pilger am Besuch der heiligen Stätten. Im Jahre 1100 sah sich die islamische Welt wegen der Erfolge der Kreuzfahrer in der Defensive. Die Wiedereroberung Spaniens hatte bereits begonnen und die Araber hatten schon Sizilien verloren. Den Ersten Kreuzzug (1096–1099) begünstigten nicht zuletzt Spaltungen unter den Muslimen, die es den Invasoren gestatteten, gegen den Islam vier lateinische Staaten in der Levante zu errichten: das Königreich von Jerusalem und seine drei Vasallenreiche, die Grafschaft Edessa, das Fürstentum Antiochia und die Grafschaft Tripolis. Sie sollten keine große Zukunft haben, denn bald schon begann sich das Blatt zu wenden. Ein seldschukischer General hatte von Mossul Besitz ergriffen, von dem aus ein neuer Staat im nördlichen Mesopotamien und Syrien aufgebaut werden sollte, und eroberte 1144 Edessa zurück. Die muslimische Bevölkerung entfremdete sich von den Christen, weil diese sie schlecht behandelten. Saladin übernahm 1171 die Macht in Ägypten und beendete das Fatimidenkalifat.

Saladin

Der Kurde Saladin wurde zum Helden der muslimischen Rückeroberung der Levante. Er verkörperte das Ideal sarazenischen Rittertums und faszinierte mit seinen Widersprüchen auch die christlichen Zeitgenossen: Obwohl er ein Heide war, schätzten sie ihn dennoch als einen Mann, der sein Wort hielt und gerechte Taten vollbrachte. Er war ritterlich, wenngleich er nicht einer Welt angehörte, die das Ideal der Ritterlichkeit kannte. Das verwunderte einige Franzosen so sehr, dass sie glaubten, er sei in Wahrheit von einem

Am 4. Juli 1187 fand die Schlacht der Horner von Hattin zwischen den Armeen von Saladin und Guy de Lusignan, dem König von Jerusalem, statt. Diese Handschriftenillustration zeigt eine Schlachtenszene, in der der siegreiche Saladin eine von König Guy mitgeführte Reliquie zerschmettert.

Der Kampf zwischen Richard Löwenherz, dem König von England (1189–1199), und Saladin, dem Sultan von Ägypten und Syrien (1174–1193) war in der den Kreuzzügen gewidmeten Malerei ein immer wiederkehrendes Thema.

christlichen Gefangenen zum Ritter geschlagen worden und habe sich selbst an dessen Totenbett getauft. Die Rückeroberung Jerusalems im Oktober 1187 war Saladins erster großer Triumph; dabei kamen ihm Uneinigkeiten zwischen König Guido von Lusignan, dem König von Jerusalem, und Raimond von Tripolis zugute. Der Fall der heiligen Stadt löste den Dritten Kreuzzug (1189–1192) aus, an dem unter anderem Barbarossa und Richard Löwenherz teilnahmen. Militärisch hatte er wenig Erfolg, doch die ideologische Feindschaft gegenüber der Christenheit wuchs. Verfolgungen führten zum langsamen, aber unaufhaltsamen Niedergang der früher zahlreichen christlichen Bevölkerung in den muslimischen Ländern.

Saladins neu gegründete Dynastie der Aiyubiden-Sultane beherrschte – von Kreuzfahrer-Enklaven abgesehen – die Levante, Ägypten und die Küste des Roten Meeres, bis sie von den türkischen Mamluken abgesetzt wurde. Diese aus der Palastgarde der Aiyubiden hervorgegangene Dynastie vernichtete die noch verbliebenen Kreuzfahrerstaaten in Palästina und setzte in Kairo das Kalifat wieder ein. Das Machtzentrum und der kulturelle Mittelpunkt des Islam verlagerte sich damit von Bagdad nach Ägypten.

MONGOLEN UND TATAREN

Auf das Konto der Mamluken ging im 13. Jahrhundert eine noch größere Leistung, denn sie hielten den 50 Jahre währenden Ansturm der Mongolen auf. In erstaunlich kurzer Zeit zog dieses Nomadenvolk China, Indien, den Nahen Osten und Teile Europas in seinen Bannkreis und hinterließ unauslöschliche Spuren. Das Zentrum ihres Reiches bildeten die Filzzelte im Lager ihres Herrschers. Sie kamen wie ein Wirbelsturm über die Völker, mordeten und zerstörten, um dann fast genauso schnell wieder zu verschwinden, wie sie erschienen waren. Sie gelten als die letzten und schrecklichsten der nomadischen Eroberer.

Wer nach ihren Ursprüngen sucht, muss sich mit der Mongolei des 12. Jahrhunderts befassen. Zu jener Zeit lebte dort eine Gruppe von Völkern, die der mongolischen Sprachfamilie angehörten. Lange Zeit hielten sie Chinas Herrscher in Atem. Im Allgemeinen spielte China im Interesse der eigenen Sicherheit diese – aus seiner Sicht – Barbarenvölker gegeneinander aus. Tataren und die späteren Mongolen wetteiferten ohnehin miteinander, und es schien, als schnitten die Tataren im Großen und Ganzen gesehen besser ab. Das

Das asiatische Nomadenvolk der Mongolen machte seit dem 12. Jahrhundert von sich reden. Vor allem China litt unter den Auseinandersetzungen, die 1215 im Sieg gegen den Chin-Staat ihren Höhepunkt fanden.

Diese Miniatur zeigt Tschingis Khan in seinem Zelt. Er übergibt Pfeile an seine Söhne, die von einem Diener begleitet werden.

verbitterte einen jungen Mongolen, der um 1190 zum Khan seines Volkes ernannt wurde. Einige Jahre später beherrschte er die mongolischen Stämme, die ihm den Titel Tschingis Khan verliehen. Er breitete seine Macht über andere Völker in Zentralasien aus und siegte 1215 gegen den Chin-Staat im nördlichen China und die Mandschurei. Das war aber nur der Anfang: Als er 1227 starb, war er der größte Eroberer, den die Welt bis dahin gekannt hatte.

Tschingis Khan

Der erste Großkhan der Mongolen unterschied sich von allen anderen früheren nomadischen Kriegsherrn. Er war davon überzeugt, die Welt beherrschen zu müssen. Eroberung, nicht Beute oder Besiedlung war sein Ziel. Weil er die eroberten Gebiete neu organisierte, führte dies zum Aufbau eines Reiches, wie es andere Nomadenvölker nicht kannten. Er war abergläubisch, doch anderen Religionen gegenüber tolerant, und er hatte, wie ein persischer Historiker berichtet, „die Angewohnheit, geliebten und angesehenen Weisen und Eremiten aus jedem Stamm Achtung entgegenzubringen, weil er das als etwas ansah, was Gott wohlgefällig sei". Zweifellos glaubte Tschingis Khan, einen göttlichen Auftrag zu erfüllen.

Dieser religiöse Eklektizismus war von höchster Bedeutung, ebenso wie die Tatsache, dass Tschingis Khan und die meisten seiner Anhänger keine Muslime wie die Seldschuken waren, also andere Religionen, als im Nahen Osten üblich, hatten. Unter den Mongolen gab es sowohl Nestorianer als auch Buddhisten.

Im Jahre 1218 wandte sich Tschingis Khan nach Westen und drang in Transoxanien und in den nördlichen Iran ein. Möglicherweise wurde der Angriff durch die unbedachte Torheit eines muslimischen Fürsten provoziert, der die Abgesandten Tschingis Khans ermorden ließ. Nach einem vernichtenden Überfall auf Persien folgte ein Schwenk nach Norden und durch den Kaukasus ins südliche Russland. Als Tschingis Khan zurückkehrte, hatte er die Länder rund um das Kaspische Meer erobert.

All dies geschah bis 1223. Buchara und Samarkand fielen, die Bevölkerung wurde ermordet, um andere davor abzuschrecken, Widerstand zu leisten. Es war immer am sichersten, sich den Mongolen zu ergeben: Einige kleinere Völker kamen mit Tributzahlungen und der Einsetzung eines mongolischen Gouverneurs davon. Transoxanien gelang es nie wieder, eine Rolle im islamischen Iran zu spielen. Darüber hinaus bekam auch

Der große Khan der Mongolen

Tschingis Khan, der erste Großkhan der Mongolen, ist eine der wichtigsten Gestalten der Weltgeschichte. Wahrscheinlich 1162 oder 1167 geboren, vereinigte er alle mongolischen und türkisch-mongolischen Stämme, die ihn nach dem Sieg über den Stamm der Merkit im Jahre 1196 zum Herrscher machten. Tschingis rief sich selbst auf einer Volksversammlung vom Jahre 1206 zum *jagan*, dem obersten Khan oder universalen Herrscher aus und brach zu einem Eroberungszug auf. Er führte eine Reihe von Militärreformen durch, um die Effizienz seiner Truppen zu steigern. Strikte Disziplin, basierend auf dem Gesetz *yasa*, zeichnete die mongolischen Truppen aus.

Der erste Einfall nach China richtete sich gegen die Chin-Dynastie. Er war mit der Eroberung Pekings im Jahre 1215 abgeschlossen, womit der Weg nach Buchara und Samarkand frei war. Sieben Jahre später drangen Tschingis Khans Truppen in Südrussland ein und besiegten den Fürsten von Kiew am 31. Mai 1223. Zu diesen Eroberungen fügte er noch Birma, das heutige Myanmar, Zentralasien, Iran und den Nahen Osten hinzu, womit er ein ungeheuer großes Mongolisches Reich schuf.

Tschingis Khan reformierte die Zivilverwaltung, indem er eine Reihe von Institutionen, einen Postdienst inbegriffen, schuf, um die Verwaltung effektiver zu machen. Trotz seiner Unnachgiebigkeit in vielerlei Hinsicht, zeigte der Mongolenführer große Toleranz gegenüber anderen Religionen mit Ausnahme des Islam. Im mittelalterlichen Europa wurde er zu einer legendären Gestalt und mit dem geheimnisvollen Priesterkönig Johannes identifiziert.

Tschingis Khans Macht lag in seiner bemerkenswerten Fähigkeit, die verschiedenen mongolischen Stämme, die zwischen Nordchina und Südsibirien ein Nomadenleben führten, unter seiner Führung zu vereinigen.

Tschingis Khan starb am 18. August 1227. Er hinterließ seinen drei Erben Ögödei (1229–1241), Güyük (1246–1248) und Möngke (1251–1259) die Aufgabe, seine Eroberungen fortzuführen. Rivalitäten zwischen den Nachfahren des Großkhans führten schließlich zur Teilung des Reiches in Khanate.

die christliche Kultur die mongolische Tapferkeit zu spüren, als die Georgier im Jahre 1221 und die südrussischen Fürsten zwei Jahre später besiegt wurden. Selbst diese alarmierenden Ereignisse waren lediglich eine Ouvertüre zu den Ereignissen der kommenden Jahre.

Die Mongolen in Europa

Tschingis Khan starb 1227 im Osten; zuvor hatte er gemäß der mongolischen Tradition jedem seiner Söhne einen Herrschaftsbereich zugewiesen. Dabei ging es darum, die Einheit des Reiches auf der Basis der familiären Zusammenarbeit zu sichern. Zu diesem Zweck ernannte er Ögödei zu seinem Nachfolger. Im Jahre 1236 fielen seine Armeen in Russland ein. Sie nahmen Kiew ein und ließen sich an der unteren Wolga nieder, von wo aus sie ein Tributsystem für die benachbarten Fürstentümer organisierten.

Ein Enkel Tschingis Khans, Batu, führte währenddessen Kriegszüge ins katholische Europa durch. Deutschordensritter, Polen und Ungarn mussten ihm weichen. Krakau wurde gebrandschatzt und Mähren verwüstet. Ein Mongolenverband drang nach Österreich vor, ein anderer jagte den König von Ungarn durch Kroatien und erreichte schließlich Albanien.

Nachdem Tschingis Khan Nordchina erobert hatte, konzentrierte sich sein Sohn nach dessen Tod vor allem auf Russland und die angrenzenden Länder. Auf Grund der Streitigkeiten um seine Nachfolge ließen die Mongolen für kurze Zeit von Europa ab.

Tschingis Khans Mongolenreich

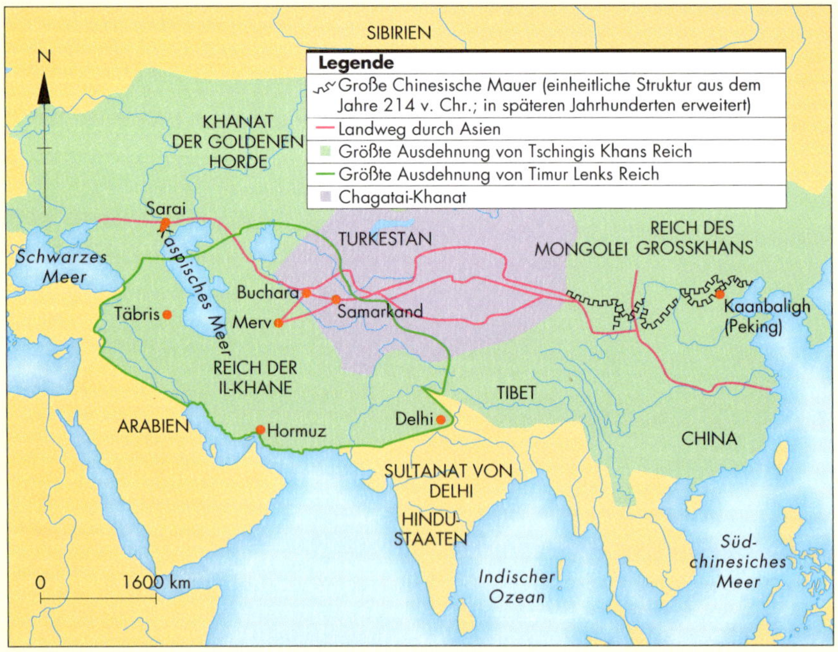

Während seiner Geschichte erfuhr das Mongolenreich eine Reihe von größeren politischen und geographischen Umgestaltungen. Während der Herrschaft Tschingis Khans erfolgte durch seine Eroberungen eine kontinuierliche Ausdehnung des Territoriums. In der zweiten Hälfte des 13. Jahrhunderts zerbrach das Reich in Khanate, die bald untereinander verfeindet waren. Im 14. Jahrhundert versuchte Timur Lenk erfolglos, das Reich Tschingis Khans wieder zu errichten.

Die Mongolen verließen Europa wegen Meinungsverschiedenheiten unter ihren Führern und weil sie die Nachricht vom Tod ihres Khans erreichte.

Erst 1246 wurde ein neuer Khan gewählt. Anwesend waren dabei ein Franziskanermönch als Abgesandter des Papstes, ein russischer Großfürst, ein seldschukischer Sultan, der Bruder des aiyubidischen Sultans von Ägypten, ferner ein Gesandter des abbasidischen Kalifen, ein Vertreter des Königs von Armenien und zwei Anwärter auf den christlichen Thron in Georgien. Die Wahl löste die Streitigkeiten unter den Mongolen jedoch nicht. Erst als ein neuer Großkhan bestimmt war, kam es wieder zu einem weiteren Mongolenangriff.

Mongolische Angriffe auf den Islam

Diesmal ging die Wucht der mongolischen Angriffe fast ausschließlich auf den Islam nieder und löste bei den Christen, die auch die Zunahme des nestorianischen Einflusses am mongolischen Hof bemerkten, ungerechtfertigten Optimismus aus. Das Gebiet, das nominell immer noch dem Kalifat unterstand, befand sich seit Tschingis Khans Feldzug in einem chaotischen Zustand. Die Rum-Seldschuken waren 1243 besiegt worden und nicht dazu in der Lage, ihre Autorität wiederherzustellen. In diesem Vakuum erwiesen sich relativ kleine mongolische Streitkräfte als wirkungsvoll; zudem konnte das Mongolenreich auf eine Reihe lokaler Gefolgsleute zurückgreifen.

Mit dem Feldzug wurde der jüngere Bruder des Großkhans betraut. Er überquerte den Oxus am Neujahrstag 1256. Nachdem er unterwegs die berüchtigte Sekte der Assassinen vernichtet hatte, ging er nach Bagdad und zwang den Kalifen zur Kapitulation. Die Stadt wurde gestürmt und geplündert, der letzte Kalif der Abbasiden ermordet. Weil man auf Grund eines Aberglaubens sein Blut nicht vergießen wollte, soll er in einen Teppich eingerollt und von Pferden zu Tode getrampelt worden sein. Es war ein schwarzer Tag für den Islam, während die Christen Mut fassten und den Sturz ihrer muslimischen Herren erwarteten. Als im folgenden Jahr die mongolische Offensive gegen Syrien begann, zwangen Christen Muslime nach der Kapitulation der Stadt Damaskus dazu, sich vor dem Kreuz zu verbeugen. Eine Moschee wurde in eine christliche Kirche umgewandelt. Als der Großkhan starb, waren die ägyptischen Mamluken die nächsten auf der Liste der Eroberungen. Der mongolische Befehlshaber im Westen wollte, dass sein jüngerer Bruder Kubilai weit weg in China die Nachfolge antrat. So zog er viele seiner Männer nach Aserbeidschan zurück, um die Ereignisse abzuwarten. Deshalb trafen die Mamluken am 3. September 1260 an der Goliathsquelle (Ain Dschalut) bei Nazareth auf eine geschwächte Armee, der mongolische General wurde getötet. Die Legende von der Unbesiegbarkeit der Mongolen war damit erschüttert und ein weltgeschichtlicher Wendepunkt erreicht. Für die Mongolen war das Zeitalter der Eroberungen vorüber und die Jahre der Konsolidierung begannen.

Die Khanate

Tschingis Khans Reich brach auseinander. Nach einem Bürgerkrieg teilten sich die Prinzen seines Hauses unter der Oberhoheit seines Enkels, des Khans von China, das Erbe auf. Kublai war der letzte Großkhan. In Russland erfolgte eine Dreiteilung: Das Khanat der Goldenen Horde erstreckte sich von der Donau bis zum Kaukasus. Östlich davon lag das „Cheibanid"-Khanat (es war nach seinem ersten Herrscher benannt) und südlich davon das der Weißen Horde. Das Khanat von Persien umfasste einen großen Teil von Kleinasien und erstreckte sich durch den Irak und den Iran bis zum Oxus. Jenseits davon lag das Khanat von Turkestan. Die Streitigkeiten zwischen diesen Staaten ließen den Mamluken freie Hand zur Säuberung der Kreuzfahrer-Enklaven und zur Rache an den Christen für ihre Kollaboration mit den Mongolen.

Auch im Rückblick fällt es immer noch schwer zu verstehen, wie die Mongolen so lange derart erfolgreich sein konnten. Im Westen hatten sie allerdings den Vorteil, dass sich ihnen keine Großmacht, wie Persien oder das Oströmische Reich es waren, entgegenstellte. Im Osten besiegten sie China, ein unbestreitbar großes Reich. Es half ihnen auch, dass ihre Feinde untereinander entzweit waren. Christliche Herrscher hofften, die Macht der Mongolen gegen Muslime und andere Christen einsetzen zu können. Ein Bündnis des Westens mit China gegen die Mongolen wurde indes verhindert, weil die Mongolen die Kommunikationswege zwischen beiden kontrollierten.

Ihre Toleranz gegenüber Andersgläubigen – abgesehen vom erbitterten Hass gegen den Islam – wirkte sich ebenfalls günstig für die Mongolen aus. Wer sich friedlich unterwarf, hatte wenig zu fürchten. Diejenigen, die Widerstand erwogen, konnten sich an die Ruinen von Buchara oder Kiew erinnern oder an die Schädelpyramiden, die inzwischen an Stelle persischer Städte aufgetürmt waren. Ein Großteil des mongolischen Erfolgs muss das Ergebnis schieren Schreckens gewesen sein, der ihre Feinde besiegte, bevor es überhaupt zur Schlacht kam. In letzter Instanz erklärt sich ihr Erfolg jedoch einfach durch ihre

Eine Abbildung aus späterer Zeit stellt eine Szene am mongolischen Hof dar, in der zwei Tänzerinnen den Khan unterhalten, während er diniert. Das Gemälde gibt einen Eindruck von der großen Prachtentfaltung am Mongolenhof.

Diese Abbildung stammt aus einer Ausgabe von *Das Buch von den Wundern der Welt* des Marco Polo aus dem 15. Jahrhundert, in dem der venezianische Reisende den Palast des Kublai Khan in Peking beschreibt. Das Gebäude, so schreibt er, war aus Marmor gebaut, die Innenwände waren mit Gold und Silber bedeckt und im Speisesaal fanden 6000 Leute Platz.

militärische Überlegenheit. Die mongolischen Soldaten waren hart und gut ausgebildet und wurden von Generälen geführt, die alle Vorteile ihrer schnellen Kavallerie zu nutzen wussten.

Ihr rasches Vordringen war nicht zuletzt auch durch ihre Umsicht begründet, mit der sie vor dem Feldzug Aufklärung und Spionage betrieben. Die Disziplin der Kavallerie und die Belagerungstechnik, die sie notfalls einsetzten, machte sie zu einem weit kampfstärkeren Gegner als eine Horde nomadischer Krieger.

Im Zuge der Eroberungen begann die mongolische Armee auch damit, Spezialisten aus ihren Gefangenen zu rekrutieren. Mitte des 13. Jahrhunderts befanden sich viele Türken in ihren Reihen.

Mongolische Herrschaft

Tschingis Khans Reich erwies sich auf Grund seiner gewaltigen Ausdehnung als eine außerordentliche administrative Herausforderung. Zuerst führte er die mongolische Sprache als Schriftsprache ein, unter Verwendung der türkischen Schrift. Diese Aufgabe erledigte ein Gefangener. Stets bediente sich die mongolische Herrschaft bereitwillig der Kenntnisse, die ihre Eroberungen verfügbar gemacht hatten. Chinesische Beamte organisierten die eroberten Gebiete zum Zweck der Steuererhebung. Als das chinesische Papiergeld von den Mongolen im 13. Jahrhundert in der persischen Wirtschaft eingeführt wurde, kam es zu einem Zusammenbruch des Handels, der katastrophale Folgen hatte; trotzdem ist die Integration fremder Errungenschaften bemerkenswert.

In einem so großen Reich war die Kommunikation der Schlüssel zur Macht. Ein Netz von Poststationen entlang der Hauptstraßen betreute schnell reisende Boten und Agenten. Die Straßen begünstigten auch den Handel in den eroberten Gebieten, aus dessen Besteuerung sich die Mongolen Einnahmen erwarteten. Asien erfuhr eine Art *Pax Mongolia*. Polizei schützte die Karawanen vor räuberischen Nomaden. Ursprüngliche „Wilderer" wurden so zu „Wildhütern", denn die Mongolen wollten sich die Suppe nicht von anderen versalzen lassen. Der Handel über Land zwischen China und Europa war während der mongolischen Zeit so sicher wie nie zuvor. Marco Polo, der berühmteste europäische Fernostreisende im 13. Jahrhundert, fuhr nach China, als es bereits von den Mongolen erobert worden war. Sein Vater und sein Onkel, beides venezianische Kaufleute, gingen bereits vor seiner Geburt auf langjährige Asienreisen. Später nahmen sie den jungen Marco mit. Chinas Handel war auch zur See durch den Hafen Hormuz am Persischen Golf mit Europa verbunden. Auf den Handelswegen über Land, über die Krim und Trapezunt, gelangten Seide und Gewürze nach Westen. Auf dem Landweg wurde auch der Handel während der letzten Jahrhunderte des Byzantinischen Reiches abgewickelt. Die Handelsstraßen hingen von den Khanen ab, und bezeichnenderweise gehörten die Kaufleute immer zu den wärmsten Befürwortern der mongolischen Herrschaft.

Die mongolischen Khane

Das Mongolenreich war in seinen Grundvorstellungen mit China vergleichbar. Die Khane galten als Stellvertreter des einen himmlischen Gottes, Tengri, dessen Oberherrschaft anerkannt werden musste, was aber nicht bedeutete, dass andere Religionen nicht toleriert worden wären. Diplomatie im westlichen Sinn kannte man nicht. Die Khane sahen sich, wie die chinesischen Kaiser, die sie ersetzten, als Träger einer universalen Monarchie. Wer sich an sie wandte, kam als Bittsteller. Bot-

Das riesige Mongolenreich verlangte eine gut durchdachte Verwaltung, die vor allem das Steuerwesen organisierte. Ein ausgebautes Straßennetz ermöglichte die Kommunikation zwischen den Landesteilen.

Auf dieser mongolischen Illustration aus dem 14. Jahrhundert wartet ein wohlhabender Edelmann, der zur Rechten sitzt, darauf, dass ihm seine Diener das Essen servieren.

Die Reisen des Marco Polo

Marco Polo wurde 1254 in einer Familie venezianischer Edelleute geboren. Im Jahre 1271 beschlossen sein Vater und sein Onkel, die bereits den Hof des Kublai Khan (1259–1294) besucht hatten, nach China zurückzukehren. Sie nahmen Marco mit, durchquerten Armenien, Täbris und Keman und erreichten Hormuz am Persischen Golf. Von Hormuz aus folgten sie einer gefährlichen Route durch Persien, den Pamir und die Wüste Gobi und gelangten schließlich 1275 nach Peking. Marco Polo blieb zwei Jahrzehnte lang im Dienst Kublai Khans. Er wurde mit der Leitung der mongolischen Botschaften in Yunan, Cochinchina, Tibet und Indien betraut.

Im Jahre 1291 wurden die Polos gebeten, eine kaiserliche Prinzessin nach Persien zu begleiten. Sie kehrten sodann über Sumatra, die Südküste Asiens bis zum Persischen Golf und von dort durch Persien und Armenien nach Europa zurück. Über Konstantinopel gelangten sie wieder in ihre Heimatstadt Venedig, wo sie mit großen Ehren empfangen wurden. Im Osten hatten sie ein Vermögen gemacht und kehrten als sehr wohlhabende Männer zurück.

1298, während der Kriege zwischen Venedig und Genua, wurde Marco von den Genuesern gefangen gehalten. Bei seiner Rückkehr nach Venedig im Jahre 1299 ernannte man ihn zu einem Mitglied des Großen Rates. Er blieb bis zu seinem Tod im Jahre 1324 in der Stadt.

Marco Polos Memoiren, *Das Buch von den Wundern der Welt* (*Il Milione*), wurden weltweit bewundert.

Marco Polo ist in dieser Illustration aus einer Ausgabe seiner Memoiren aus dem 15. Jahrhundert kniend vor einem idealisierten Kublai Khan abgebildet. Der Diener des Khans übergibt dem Venezianer einen Pass für eine Reise in die äußere Mongolei.

schafter waren Überbringer von Tributen und nicht Repräsentanten einer gleichrangigen Macht. Als 1246 Abgesandte aus Rom den Protest des Papstes gegen die Behandlung des christlichen Europa durch die Mongolen und die Empfehlung, sich taufen zu lassen, übermittelten, war die Antwort des neuen Großkhans unverblümt: „Wenn ihr den Befehl Gottes nicht beachtet, und wenn ihr meinen Befehl ignoriert, dann werde ich euch als meine Feinde ansehen. Also werde ich dafür Sorge tragen, dass ihr mich versteht." Was die Taufe anbetraf, so wurde dem Papst mitgeteilt, dass er persönlich kommen solle, um dem Khan zu dienen. Ein anderer Papst erhielt ein Jahr darauf die gleiche Antwort vom mongolischen Gouverneur von Persien: „Wenn ihr euer Land behalten wollt, dann müsst ihr persönlich zu mir kommen, und dann weiter zu jenem gehen, der der Herr der Welt ist. Wenn

Auf dieser Abbildung aus der *Geschichte der Eroberung der Welt* von Ala-al-din sind mongolische Truppen zu sehen, die eine Festung belagern, die von Bogenschützen verteidigt wird.

ihr das nicht tut, dann wissen wir nicht, was geschehen wird: Nur Gott weiß es."

Mongolische Kultur

Die kulturellen Einflüsse auf die mongolischen Herrscher und ihren Umkreis kamen nicht nur aus China. Das nestorianische Christentum hatte am mongolischen Hof Gewicht, was europäische Hoffnungen auf eine Annäherung an die Khane förderte. Einer der bemerkenswertesten westlichen Besucher beim Khan, der Franziskaner Wilhelm von Roebruck, erhielt direkt nach Neujahr 1254 von einem armenischen Mönch die Mitteilung, dass der Große Khan in einigen Tagen getauft werde; aber daraus wurde nichts. Wilhelm führte im Beisein des Khans erfolgreich ein Streitgespräch, in dem er den christlichen Glauben gegenüber Vertretern der Muslime und der Buddhisten verteidigte. Die Mongolen sammelten währendessen ihre Kräfte für den zweifachen Griff nach der Weltmacht, gegen das China der Sung und gegen die Muslime; Letzteres vereitelten die Mamluken 1260 in Syrien.

Marco Polo im Osten

„In jener Region gab es viele Mönche, die sich der Verehrung von Götzen widmeten. Es gibt dort ein Kloster, das wegen seiner Größe mehr wie eine kleine Stadt aussieht; in ihm leben fast zweitausend Mönche. Im Gegensatz zur Sitte des Laien rasieren sie ihren Kopf und ihren Bart und tragen Kleider, die mehr ein Ausdruck ihrer religiösen Rolle sind. Bei der Verehrung ihrer Götter stimmen sie große Gesänge an, und entzünden in ihren Tempeln eine unüberschaubare Anzahl von Kerzen."

Die exakte Beschreibung eines buddhistischen Tempels in Nepal, aus *Das Buch von den Wundern der Welt* von Marco Polo.

Persien unter den Il-Khanen

Trotz ihrer Niederlage in Syrien beendeten die Mongolen ihre Eroberungsversuche in der Levante nicht. Doch zu lange hatten ihre inneren Streitigkeiten den Mamluken freie Hand gelassen. Verständlicherweise bedauerten die Christen den Tod von Hülägü, dem letzten Khan, der für Jahrzehnte eine wirkliche Bedrohung des Nahen Ostens darstellte. Nach ihm regierte eine Reihe von Il-Khanen oder Vize-Khanen in Persien, die in Streitigkeiten mit der Goldenen und der Weißen Horde verwickelt waren. Unter ihrer Herrschaft erholte sich Persien allmählich von den früheren Invasionen. Wie im Osten regierten die Mongolen durch vor Ort ernannte Beamte und zeigten sich gegenüber Christen und Buddhisten tolerant, wenn auch zuerst nicht gegenüber den Muslimen. Als die Il-Khane dem Papst eine gemeinsame Allianz gegen die Mamluken vorschlugen, war dies ein deutliches Zeichen für eine veränderte Haltung der Mongolen gegenüber den Europäern.

Das Ende der mongolischen Herrschaft

Als Kublai Khan 1294 in China starb, hielt niemand mehr das Mongolische Reich zusammen. Im folgenden Jahr brach der Il-Khan Ghazan auf folgenreiche Weise mit der mongolischen Tradition: Er wurde Muslim. Seitdem waren alle Herrscher von Persien Muslime. Den Islam anzunehmen war eine kühne Tat; viele Mongolen wurden dadurch vor den Kopf gestoßen, und die Khane waren von ihren Gefolgsleuten abhängig. Der Kampf mit den Mamluken dauerte an. Ghazans Armeen nahmen 1299 Aleppo ein, in der Umayiaden-Moschee von Damaskus wurde für Il-Khan Ghazan im darauf folgenden Jahr gebetet. Er war der letzte Khan, der den ein halbes Jahrhundert zuvor geschmiedeten Plan zur mongolischen Eroberung des Nahen Ostens ver-

Das Mausoleum von Oljeyetu (1302–1317) steht nahe bei der Stadt Sultaniya (im heutigen Iran), die von dem Mongolenkönig Arghun im Jahre 1290 gegründet wurde. Oljeyetu war der Nachfolger von Ghazan, dem ersten mongolischen Herrscher, der zum Islam übertrat.

wirklichen wollte. Er scheiterte, als die Mamluken den letzten Einfall der Mongolen nach Syrien im Jahre 1303 abwiesen. Der junge Il-Khan starb im Jahr darauf.

Wie in China erlebte die mongolische Herrschaft auch in Persien nur einen kurzen Sommer der Konsolidierung, bevor sie zerbröckelte. Ghazan war der letzte Il-Khan von Format. Außerhalb ihrer eigenen Länder hatten seine Nachfolger wenig zu sagen. Die Mamluken terrorisierten die christlichen Armenier, die alten Verbündeten der Mongolen, und um Anatolien stritten sich mehrere türkische Fürsten. Es gab für Europa wenig zu hoffen, nachdem sich der Traum von einem Kreuzzug aufgelöst hatte. Als die mongolischen Staaten zerfielen, blitzte im Westen mit Timur Lenk ein letztes Mal der alte Schrecken von einem Eroberer auf, der sich selbst mit Tschingis Khan messen konnte.

Timur Lenk

Dreißig Jahre lang hatte die Geschichte der Il-Khane aus internen Auseinandersetzungen und Nachfolgestreitigkeiten bestanden. Im Jahre 1369 wurde Timur Lenk, zu Deutsch Timur der Lahme, Herrscher von Samarkand. Persien eroberte er 1379. Timur strebte danach, es Tschingis Khan gleich zu tun. Er war genauso wild und eroberungssüchtig und in der Menschenführung ebenso geschickt. Als

Staatsmann war er seinem Vorgänger jedoch unterlegen. Er verheerte Indien und plünderte Delhi, wobei er mit seinen muslimischen Glaubensbrüdern genauso hart umsprang wie mit den Christen. Er schlug die Khane der Goldenen Horde, besiegte Mamluken und Türken und verleibte seinem Herrschaftsgebiet sowohl Mesopotamien als auch Persien ein – und doch hinterließ er nur wenig Bleibendes.

Seine geschichtliche Rolle blieb, von zwei Ausnahmen abgesehen, unbedeutend. Die asiatische Christenheit in ihrer nestorianischen und jakobitischen Form löschte er fast vollständig aus. Das entsprach kaum der mongolischen Tradition. Timur war von seiner Herkunft ebenso Türke wie Mongole und wusste nichts vom Nomadenleben in Zentralasien, dem Tschingis Khan entstammte. Dessen Bereitschaft zur Nachsicht mit dem christlichen Klerus teilte er nicht. Seine einzige positive Leistung war unbeabsichtigt und nur vorübergehend: Er verlängerte nämlich die Existenz von Byzanz. Durch eine schwere Niederlage, die er 1402 den Osmanen in Anatolien beibrachte, hinderte er sie für eine Weile daran, dem Byzantinischen Reich den Todesstoß zu versetzen.

Die spektakuläre Ausdehnung der mongolischen Feldzüge – von Albanien bis Java – täuschte über die labilen Umstände bis zu Timurs Tod hinweg, doch dann wurden sie offensichtlich. Davor schon hatte China die mongolische Herrschaft abgeschüttelt: Timurs Erbe zerfiel. Mesopotamien wurde schließlich zu dem türkischen Emirat „Schwarze Hammel“. Seine Nachfolger hielten noch eine Weile in Persien und Transoxanien aus. Um die Mitte des 15. Jahrhunderts war der Verfall der Goldenen Horde schon weit fortgeschritten. Obwohl die Mongolen noch immer Russland in Angst und Schrecken versetzten, stellten sie für Europa keine Bedrohung mehr dar.

DER UNTERGANG DES BYZANTINISCHEN REICHES

Im 15. Jahrhundert lag Byzanz in seinen letzten Zügen. Mehr als zwei Jahrhunderte lang kämpfte es ums Überleben – nicht nur mit mächtigen islamischen Nachbarn. Westliche Truppen hatten Byzanz auf einen kleinen Flecken Erde reduziert und seine Hauptstadt geplündert. Nach dem ersten Todesstreich von 1204 – der Plünderung Konstantinopels – war Byzanz nur mehr ein kleiner Balkanstaat. Der bulgarische König nutzte die Gelegenheit, um die Unabhängigkeit seines Landes sicherzustellen. Dieser und andere Nachfolgestaaten existierten nur kurze Zeit. Aus den Trümmern der byzantinischen Herrschaft erhob sich ein neues westeuropäisches Seereich auf: Venedig. Diesem früheren Schutzbefohlenen gelang es in erbitterter kommerzieller und politischer Rivalität mit Genua um die Mitte des 14. Jahrhunderts, die gesamte Inselwelt der Ägäis mit Rhodos, Kreta, Korfu und Chios von Byzanz zu übernehmen.

Im Jahre 1261 eroberte Byzanz die eigene Hauptstadt Konstantinopel mit Hilfe der Osmanen von den Franken zurück. Dabei wirkten sich zwei Faktoren zum Vorteil von Byzanz aus: Die entscheidende Phase der mongolischen Aggression war vorbei, und mit Russland existierte eine befreundete orthodoxe Macht, die Geld und militärische Unterstützung bot. Aber es gab neue Bedrohungen. Im späten 13. Jahrhundert griff ein serbischer Fürst Byzanz an, der sich ein eigenes Reich aufbauen wollte. Er starb, bevor er Konstantinopel einnehmen konnte, aber er ließ dem Byzantinischen Reich wenig mehr als die Hauptstadt mit ihrem Hinterland und ein Stückchen von Thrakien. Gegen die Serben hatte das Reich einmal mehr die *Osmanlis* (Osmanen) um Hilfe gebeten. Nachdem sie sich bereits sicher auf dem asiatischen Ufer des Bosporus eingerichtet hatten, erwarben

Nachdem er sieben Jahre lang auf dem byzantinischen Thron gesessen hatte, dankte Johannes VI. Kantakuzenos im Jahre 1355 ab, um Mönch zu werden. Er verbrachte die letzten 29 Jahre seines Lebens in einem abgelegenen Kloster, wo er die *Historien* schrieb, eine Bilanz seiner Regierungszeit, und Theologie studierte. Seine beiden Rollen als Kaiser und Mönch sind in dieser Illustration einer Handschrift dargestellt.

Während der Paläologenzeit erreichte die byzantinische Kunst, insbesondere in Wandmalerei und Mosaiken, neue Höhepunkte, die seitdem nur selten überschritten wurden. Dieses Mosaik aus dem 14. Jahrhundert mit dem Titel *Der Tod der Jungfrau* stammt aus der Kirche des Choraklosters in Istanbul. Die Jungfrau liegt da, umgeben von den Aposteln. Im Zentrum ist Christus mit einem Kind in den Armen abgebildet, was die Auferstehung Mariens im Himmel darstellt.

die Türken mit Gallipoli 1354 auch in Europa einen Brückenkopf.

Byzantinische Niederlagen

Die letzten elf Kaiser von Byzanz, die Paläologen, konnten unter diesen Umständen nicht mehr als Nachhutgefechte führen. Im Jahre 1362 verloren sie die Reste Kleinasiens an die Osmanen. Im östlichen Schwarzen Meer hatte Byzanz mit dem Griechischen Reich von Trapezunt, einem mächtigen Handelsstaat, zwar noch einen Verbündeten, aber von Europa konnte es sich kaum Hilfe erhoffen. Die Ambitionen der Venezianer und der Genuesen, die inzwischen den Handel in Konstantinopel beherrschten, und die des Königs von Neapel gewährten Byzanz nur eine kleine Ruhepause. Verzweifelt akzeptierte ein Kaiser sogar die Oberhoheit des Papstes und die Wiedervereinigung mit der römischen Kirche. Doch diese Strategie brachte lediglich seinen eigenen Klerus gegen ihn auf; schon sein Nachfolger gab sie wieder auf. Die Religion spaltete eben noch immer die Christenheit.

Im Verlauf des 14. Jahrhunderts geriet Byzanz in tiefe Isolation und war den Ungläubigen ausgeliefert. Der Versuch, sich westlicher Söldner aus Katalonien zu bedienen, führte nur dazu, dass diese Konstantinopel angriffen und 1311 einen weiteren Splitterstaat errichteten, das katalanische Herzogtum von Athen. Gelegentliche Siege, etwa die Rückeroberung einer Insel oder einer Provinz, trugen ebenso wenig dazu bei, den Kurs, den die Ereignisse genommen hatten, zu verändern, wie die lähmende Wirkung der Bürgerkriege im Reich. Selbst in dieser extremen Lage verstanden es die Griechen getreu ihrer Traditionen, einigen dieser Kämpfe eine theologische Dimension zu verleihen. Zu allem Überfluss löschte die Pest von 1347 ein Drittel der übrig gebliebenen Bevölkerung aus.

Diese Illustration einer Handschrift aus dem 15. Jahrhundert zeigt die Truppen von Kalojohannes, dem König von Bulgarien (1197–1207), wie sie die Armee Balduins I. (1171–1205), des Grafen von Flandern und lateinischen Kaisers des Ostens, 1205 nahe Adrianopel besiegen.

Die gespaltene Christenheit

Im Jahre 1400, als der byzantinische Kaiser Manuel II. die Höfe des westlichen Europas bereiste, um Unterstützung zu erbitten, regierte er nur noch über Konstantinopel, Saloniki und die Morea, so der mittelalterliche Name der Halbinsel Peloponnes. Im Westen sprach man jetzt von ihm als dem „Kaiser der Griechen", und vergaß dabei, dass er nominell noch immer der Kaiser der Römer war. Doch schließlich bestand seit 600 Jahren ein eigenes westliches Kaisertum, das sich gleichfalls in der Nachfolge Roms sah. Auf dieses Weströmische Reich bezogen sich die benachbarten europäischen Länder. Die Türken belagerten Konstantinopel, die Hauptstadt von Byzanz, von allen Seiten, und hatten bereits einen ersten Angriff durchgeführt. Ein zweiter fand 1424 statt.

Kaiser Johannes VIII. versuchte, das größte Hindernis für eine Zusammenarbeit mit dem Westen zu überwinden. Er nahm 1439 an einem ökumenischen Konzil in Florenz teil und akzeptierte dort die Oberhoheit des Papstes und die Wiedervereinigung mit der katholischen Kirche. Die westliche Christenheit jubelte, aber der orthodoxe Osten blieb skeptisch. Das Ergebnis des Konzils war ein frontaler Angriff auf seine Traditionen, zu viel stand im Weg – päpstliche Autorität, die Gleichheit der Bischöfe, Ritual und Doktrin.

Der einflussreichste Teil des griechischen Klerus hatte sich geweigert, zum Konzil zu kommen. Von der großen Zahl derer, die teilnahmen, unterzeichneten alle, bis auf einen (er wurde bezeichnenderweise später heilig gesprochen) die Wiedervereinigungsformel, aber viele von ihnen widerriefen, nachdem sie wieder zu Hause waren. „Besser", sagte ein byzantinischer Würdenträger, „die Stadt ist in der Hand des türkischen Turbans als in der der lateinischen Tiara." Die Unterwerfung unter den Papst galt den meisten Griechen als Verrat an den Traditionen der wahren orthodoxen Kirche. In Konstantinopel wurden Priester gemieden, die das Konzil akzeptierten.

Die Kaiser verhielten sich gegenüber der Vereinbarung loyal, aber es vergingen 13 Jahre, bevor sie sich trauten, die Wiedervereinigung öffentlich zu erklären. Der einzige Vorteil der Unterwerfung war die Unterstützung des Papstes für einen letzten Kreuzzug, der allerdings 1444 mit einem Desaster endete. Letztlich gelang es dem Westen und dem Osten nicht, gemeinsame Sache zu machen. Noch stürmten die Ungläubigen nur die äußersten Verteidigungslinien des Westens, aber Frankreich und Deutschland waren mit ihren eigenen Angelegenheiten beschäftigt. Für Venedig und Genua lag ein Ausgleich mit den Türken in ebenso hohem Maße in ihrem Interesse wie der Widerstand gegen sie. Die Russen, selbst von den Tataren bedrängt, konnten Byzanz kaum helfen, da sie von einem direkten Kontakt mit ihm abgeschnitten waren. Die Hauptstadt des Reiches musste dem letzten Ansturm der Osmanen isoliert und gespalten entgegentreten.

DIE OSMANEN

Die *Osmanlis* oder Osmanen, wie sie in Europa genannt wurden, waren eines der türkischen Völker, die aus dem Zusammenbruch des Rum-Sultanats hervorgegangen waren.

Als die Seldschuken kamen, fanden sie in den Grenzregionen zwischen dem inzwischen aufgelösten Kalifat der Abbasiden und dem Byzantinischen Reich eine Reihe von muslimischen Grenzherren vor. Diese untergeordneten Fürsten, Ghazis genannt, gehörten teilweise dem türkischen Volk an. Sie waren gesetzlose, unabhängige Nutznießer des Zusammenbruchs der Oberherrschaft. Ihre Existenz stellte eine Gefährdung dar. Das Byzantinische Reich hatte während seines Wiedererstarkens im 10. Jahrhundert einige von ihnen absorbiert. Viele überlebten die Zeit der Seldschuken und profitierten von deren Vernichtung durch die Mongolen, als sich Konstantinopel in den Händen des Westens befand.

Einer dieser Ghazis war Osman, ein Türke, der vermutlich dem Stamm der Ogusen angehörte. Seine Anziehungskraft lag in seiner Führungsstärke und seinem Wagemut; zahlreiche Anhänger scharten sich um ihn. Osmans Qualitäten zeigten sich etwa in der Transformation des Begriffs Ghazi: Dieser nahm die Bedeutung „Glaubenskrieger“ an. Osmans Anhänger waren fanatische Bewohner der Grenzgebiete und zeichneten sich durch geistlichen Eifer aus. Sie waren teilweise von mystischen Traditionen innerhalb des Islam beeinflusst und verfügten über eine militärische Organisation, die den Kaufmannsgilden oder religiösen Orden im mittelalterlichen Europa glich. Auch in dieser Hinsicht konnte der Westen also von den Osmanen lernen.

Die Situation im Grenzland zwischen den Kulturen, halb christlich, halb islamisch, muss brisant gewesen sein. Die überwältigenden Eroberungen der Osmanen konnten es mit denen der Araber und Mongolen aufnehmen. Zuletzt stand selbst das alte Oströmische Reich unter ihrer Herrschaft; die Osmanen beherrschten Teile Afrikas, des Balkans und die Halbinsel Krim.

Das Volk der Osmanen begann seinen Aufstieg im Grenzland des abbasidischen und des Byzantinischen Reiches. Ihre militärische Stärke sowie ihre religiösen und kaufmännische Organisationen bildeten die Basis für dieses später so mächtige Volk.

Nach seiner Eroberung durch den Sultan Orhan (1326–1359), dem Sohn des Begründers der osmanischen Dynastie, wurde Bursa in der heutigen Türkei zur ersten Hauptstadt des Osmanischen Reiches. Die meisten Sultane liegen dort begraben. Das hier abgebildete *Grüne Mausoleum* wurde im Jahre 1421 erbaut und beherbergt die sterblichen Überreste des Sultans Mehmet I.

Im 14. Jahrhundert begannen die osmanischen Feldzüge und die Errichtung des Osmanischen Reiches. Bereits 1391 belagerten die Osmanen Konstantinopel zum ersten Mal, das sie 1456 endgültig einnahmen.

Die osmanischen Sultane

Zum ersten Mal trug Orhan, Osmans Sohn, im frühen 14. Jahrhundert den Titel eines Sultans. Unter ihm begann die Besiedlung der eroberten Länder und damit die Errichtung einer Militärmacht. Ebenso wie die Gründung der „Janitscharen", der „Neuen Armee", die zum Angriff auf Europa benötigt wurde und die aus vom Sultan abhängigen Soldaten bestand, markiert dies eine wichtige Stufe in der Entwicklung des Osmanischen Reiches. Orhan brachte die ersten osmanischen Münzen in Umlauf. Aus dem Nomadenvolk entwickelte sich ein Staat; das unter Orhan eroberte Bursa mit seinem byzantinischen Verwaltungsapparat wurde zur ersten osmanischen Hauptstadt. Als er starb, hinterließ er das mächtigste nachseldschukische Staatsgebilde in Kleinasien, das auch über einige europäische Länder herrschte. Orhan wurde vom byzantinischen Kaiser Kantakuzenos drei Mal um Hilfe angerufen, als sich dieser in internen Machtkämpfen behaupten musste. Im Gegenzug heiratete Orhan eine Tochter des Kaisers und erhielt die Erlaubnis, Raubzüge in Thrakien zu unternehmen.

Seine beiden Nachfolger eroberten Serbien und Bulgarien. Sie siegten 1396 in einem weiteren, gegen sie gerichteten Kreuzzug und nahmen anschließend Griechenland ein. 1391 begann die erste, sechs Jahre dauernde Belagerung von Konstantinopel. In der Zwischenzeit wurde Anatolien mit Hilfe von Krieg und Diplomatie einverleibt. Die Niederlage gegen Timur, die das Osmanische Reich fast auflöste, brachte den einzigen Rückschlag. Dann wurde der Vormarsch fortgesetzt und auch das venezianische Reich in Mitleidenschaft gezogen. Für das Reich von Byzanz und die Türken war der Kampf in seinem Kern religiös, und war an den Besitz der tausendjährigen christlichen Hauptstadt Konstantinopel geknüpft.

Die Eroberung Konstantinopels

Unter Mehmet II., genannt der Eroberer, fiel Konstantinopel 1453 an die Türken; der Westen erschauerte. Freilich war Byzanz bereits erschöpft, aber es war ein epochaler Sieg und zudem Mehmets persönlicher Erfolg, weil er trotz aller Hindernisse nicht aufgegeben hatte. Beim Kampf um die Stadt zeigte sich, dass das Zeitalter des Schießpulvers nun endgültig angebrochen war. Mehmet ließ sich von einem ungarischen Ingenieur eine gigantische Kanone bauen, die so schwerfällig war, dass sie nur mit hundert Ochsen bewegt und pro Tag nur sieben Mal abgefeuert werden konnte. Mit herkömmlichen Methoden der Kriegsführung hatte er mehr Erfolg. Rücksichtslos trieb Mehmet seine Soldaten an und metzelte sie nieder, wenn sie vor dem Angriff zurückschreckten. Zum Schluss ließ er 70 Schiffe über Land transportieren, um sie hinter die Linie der kaiserlichen Flotte zu bringen, die das Goldene Horn bewachte.

Der letzte Angriff begann Anfang April 1453. Nach fast zwei Monaten, am Abend des 28. Mai, sammelten sich römische Katholiken und orthodoxe Christen in der Hagia Sophia. Kaiser Konstantin XI., der 80. Nachfolger seit Konstantin dem Großen, empfing die Kommunion. Er zog aus, um ehrenvoll im Kampf zu sterben. Kurz darauf war alles vorüber. Mehmet zog in die Stadt ein, ging geradewegs zur Hagia Sophia und errichtete dort seinen triumphalen Thron. Die Kirche, die das Herz der Ostkirche gewesen war, wurde in eine Moschee umgewandelt.

Die osmanische Expansion nach Europa

Die Eroberung Konstantinopels war nur ein erster Schritt, so groß er auch gewesen sein mag. Das Banner des osmanischen Erfolgs stieg noch weit höher. Der Invasion Serbiens im Jahr 1459 folgte die Eroberung Trapezunts

Während der Herrschaft von Sultan Orhan wurden die Janitscharen, eine Eliteeinheit, aufgestellt. Anfänglich waren es Christen, die als Kinder ihren Eltern entführt und als Muslime erzogen worden waren. Seit dem 17. Jahrhundert wurden die Janitscharen unter den Türken rekrutiert.

und damit das Ende des Hellenismus. Die Welt der griechischen Städte, die durch die Eroberungen Alexanders des Großen entstanden war, ging 1461 an der südöstlichen Schwarzmeerküste unter. Wie der Fall Konstantinopels markiert dieses Ereignis eine Epochenwende, die ein humanistischer Papst als „den zweiten Tod von Homer und Plato" beklagte. Von Trapezunt aus setzte sich die türkische Eroberungswelle fort. Im selben Jahr besetzten die Türken die Peloponnes, zwei Jahre später nahmen sie Bosnien und die Herzegowina ein. Albanien und die Ionischen Inseln folgten in den nächsten 20 Jahren. Im

Jahre 1480 besetzten sie den italienischen Hafen Otranto und hielten ihn fast ein Jahr lang. 1517 wurden Syrien und Ägypten erobert. Zu Beginn des 16. Jahrhunderts befand sich türkische Kavallerie in der Nähe von Vicenza und damit auf venezianischem Territorium. Die ungarische Geschichte erlebte einen schwarzen Tag, als die Armee des Königs 1526 bei Mohács ausgelöscht wurde. Drei Jahre später standen die Türken zum ersten Mal vor Wien. Im Jahre 1571 fiel Zypern an die Osmanen und fast ein Jahrhundert später Kreta. Zu dieser Zeit befanden sie sich tief in Europa. Im 17. Jahrhundert belagerten sie erneut erfolglos Wien. Der Gipfel der türkischen Eroberungen war erreicht. Aber noch 1715 fielen Gebiete am Mittelmeer an sie.

Osmanische Expansion vom 14. bis zum 17. Jahrhundert

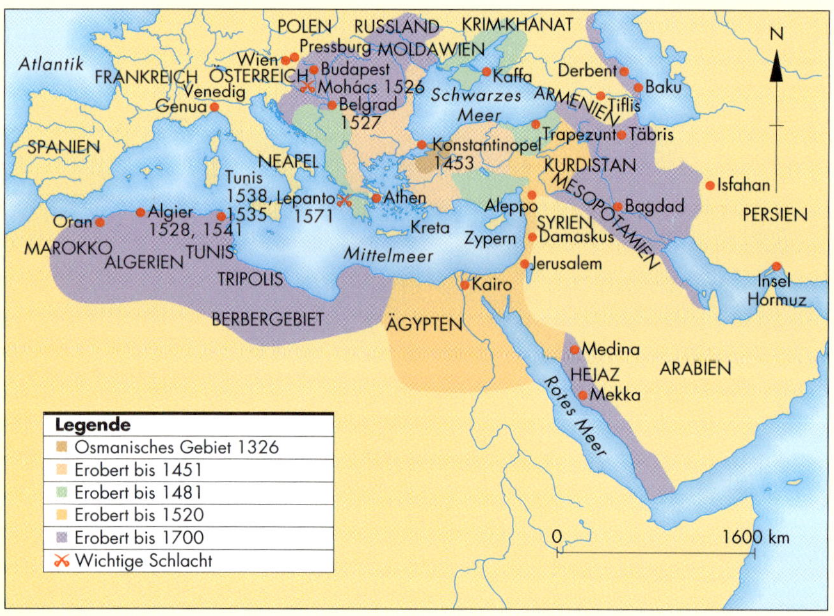

Die Karte zeigt Aufstieg und Fall des Osmanischen Reiches und gibt die Daten seiner wichtigsten Feldzüge an. Die Osmanen kamen zuerst 1345 nach Europa. Bis 1520 hatten sie den größten Teil Südosteuropas, Teile des Nahen Ostens und Nordafrikas unter ihre Kontrolle gebracht. Die Welle der Eroberungen in Europa wurde mit der türkischen Niederlage bei Lepanto 1571 größtenteils eingedämmt. Tunis wurde 1574 erfolgreich genommen, aber die zweite Belagerung Wiens durch die osmanische Armee im Jahre 1683 geriet für die Türken zu einer Katastrophe – die großen Tage der osmanischen Expansion waren vorüber.

Inzwischen hatten sie Kurdistan von Persien erobert, mit dem sie seit 1501 permanent Krieg führten, und sie hatten eine Armee weit in den Süden, bis nach Aden, entsandt.

Die Folgen des osmanischen Sieges

Das Osmanische Reich war von einzigartiger Bedeutung für Europa, wobei sich die Geschichte seiner östlichen Hälfte von der seiner westlichen Hälfte unterscheidet. Die Ostkirche überlebte und wurde im Osmanischen Reich toleriert; so blieb das byzantinische Erbe seinen slawischen Untertanen bewahrt. Gleichzeitig ging die Bedrohung der Oberhoheit des Patriarchen von Konstantinopel durch die Katholiken oder durch nationale orthodoxe Kirchen auf dem Balkan zu Ende. Außerhalb des früheren Byzantinischen Reiches überlebte nur ein einziger wichtiger Brennpunkt der Orthodoxie: die Kirche Russlands. Das Osmanische Reich schnitt Europa eine Zeit lang vom Nahen Osten und dem Schwarzen Meer, und damit von den Landwegen nach Asien ab.

Den Europäern gelang es nie, sich wirksam gegen die Türken zusammenzuschließen. Sie hatten schon Byzanz seinem Schicksal überlassen. „Wer wird erreichen, dass die Engländer die Franzosen lieben? Wer wird Genuesen und Aragonier vereinen?“, fragte verzweifelt ein Papst des 15. Jahrhunderts. Bald darauf erkundete einer seiner Nachfolger die Möglichkeiten türkischer Hilfe gegen Frankreich. Noch vor dem Fall von Konstantinopel tasteten sich portugiesische Schiffe die afrikanischen Küste hinunter nach Süden vor, auf der Suche nach einem neuen Weg zu den Gewürzen des Ostens und möglicherweise nach einem afrikanischen Verbündeten, der den Türken von Süden her in die Flanke fallen konnte.

Seit dem 13. Jahrhundert wurde versucht, einen Weg um die islamische Barriere herum zu finden. Eine Ironie der Geschichte sorgte dafür, dass die Mittel dazu genau zu der Zeit verfügbar wurden, als die osmanische Macht ihren bedrohlichen Höhepunkt erreichte.

Religiöse Toleranz unter Mehmet

Im Osmanischen Reich wurde eine neue multikulturelle Politik gepflegt. Mehmet war großzügig, wenn auch wankelmütig. Den Türken späterer Zeiten fiel es schwer, seine Nachsicht gegenüber den Ungläubigen zu verstehen. Er tötete den Patensohn des Kaisers, weil der seine sexuellen Avancen zurückgewiesen hatte, aber er erlaubte einer Gruppe von Kretern, die sich nicht ergeben wollten, nach dem Fall von Konstantinopel davonzusegeln, da er ihre Tapferkeit bewunderte. Mehmet scheint eine multireligiöse Gesellschaft angestrebt zu haben. Er brachte Griechen von Trapezunt zurück nach Konstantinopel und ernannte einen neuen Patriarchen, unter dem den Griechen eine Art Selbstverwaltung gewährt wurde. Gegen Juden und Christen zeigte er sich toleranter als die spanischen Christen gegenüber Juden und Muslimen waren.

Die Osmanen errichteten so eine Großmacht im östlichen Mittelmeerraum. Während sie damit in gewisser Hinsicht Byzanz wiedererstehen ließen, tauchte in Persien eine Macht auf, die an das Reich der Sassaniden erinnerte.

Die Suleiman-Moschee in Istanbul wurde zwischen 1550 und 1557 unter Suleiman dem Prächtigen erbaut. Der berühmte osmanische Architekt Sinan empfand den Entwurf der Moschee dem der früheren Kirche Hagia Sophia nach. Die neue Moschee sollte ihre Rivalin an Größe und Schönheit übertreffen und so die Überlegenheit des Islam über das Christentum bestätigen.

Diese Innenansicht der großen byzantinischen Kirche Hagia Sophia, die heute ein Museum beherbergt, zeigt eine der beiden halbgewölbten Apsiden. Seit der osmanischen Eroberung von Konstantinopel im Jahre 1453, als man sie in eine Moschee umwandelte, wurde das Innere des Gebäudes allmählich islamisiert. Es wurden unter anderem ein *mihrab*, Koraninschriften, Kronleuchter und Geländer hinzugefügt. Im Jahre 1623 wandelte man die ursprüngliche Taufkapelle in ein Mausoleum für den Sultan Mustafa I. um, und unter Ahmed III. (1703–1730) wurde eine Kanzel oder *minbar* errichtet.

Die Ursprünge der persischen Dynastie der Safawiden können bis zu den Mitgliedern der regierenden türkischen Familie zurückverfolgt werden, die aus Ardabil stammten. Dieser Kelch wurde in der Safawidenzeit hergestellt.

DAS SAFAWIDISCHE PERSIEN

Zwischen 1501 und 1736 regierte die Dynastie der Safawiden in Persien, die wie ihre Vorgänger selbst keine Perser waren. Seit den Tagen der Sassaniden waren Eroberer gekommen und gegangen. Für Kontinuität in der persischen Geschichte sorgten allein Kultur und Religion. Persien war durch die Geographie, seine Sprache und den Islam definiert, nicht durch die Aufrechterhaltung nationaler Dynastien. Die Safawiden waren ursprünglich Türken, nämlich Ghazis wie die Osmanen; wie diesen gelang es auch ihnen, mögliche Rivalen auf Abstand zu halten. Der erste Regent von Persien war Ismail, ein Nachfahre jenes Stammesfürsten aus dem 14. Jahrhundert, der dem Geschlecht seinen Namen gegeben hatte.

Zuerst war Ismail nur der sehr erfolgreiche Führer einer Gruppe von sich bekämpfenden türkischen Stämmen, doch er verstand es, seine Chancen zu nutzen. Das Erbe Timurs löste sich seit der Mitte des 15. Jahrhunderts auf. Im Jahre 1501 besiegte Ismail den türkischen Stamm der „Weißen Hammel" und ernannte sich selbst zum Schah. Innerhalb von 20 Jahren gelang es ihm, einen dauerhaften Staat zu schaffen, der mit den Osmanen konkurrieren konnte.

Diese Rivalität hatte eine religiöse Dimension, denn die Safawiden waren Schiiten. Als das Kalifat im frühen 16. Jahrhundert auf die Osmanen überging, wurden diese die Führer der sunnitischen Muslime, die schon von den Kalifen als die rechtmäßigen Verkünder und Verwalter des Glaubens angesehen worden waren. Die Schiiten sahen die Osmanen daher automatisch als Feinde an. Mit der Etablierung der Sekte in Persien durch Ismail erhielt die persische Kultur eine neue Ausrichtung von großer Bedeutung.

Schah Abbas der Große

Ismails unmittelbare Nachfolger wehrten mehrfach die Türken ab, bevor 1555 ein Frieden geschlossen wurde, der Persien unangetastet ließ und Mekka und Medina auch für persische Pilger öffnete. Es gab interne Strei-

Das Perserreich erhielt seine innere Festigkeit vor allem durch Kultur und Religion. Die ständig wechselnden Herrscherdynastien spielten diesbezüglich eine geringere Rolle.

Unter den Safawiden gewann Isfahan den Glanz zurück, den es während des 11. und 12. Jahrhunderts besessen hatte, als es von den Seldschuken regiert wurde. Schah Abbas der Große veranlasste ein ehrgeiziges Bauprogramm, das aus Isfahan eine große imperiale Hauptstadt machen sollte. Der hier gezeigte Ausblick von der königlichen Moschee zur Lutfullah-Moschee umfasst den Maidan – einen rechteckigen öffentlichen Platz, der sowohl als Markt als auch als Sportarena diente.

Diese persische Badeszene ist einer safawidischen Miniatur aus dem 15. Jahrhundert entnommen.

tigkeiten und Thronkämpfe, bevor Schah Abbas der Große im Jahre 1587 den Thron bestieg. Mit diesem fähigen Herrscher erreichte die Dynastie der Safawiden ihren Zenit. Politisch und militärisch war er sehr erfolgreich, besiegte Usbeken und Türken und schränkte die alten Stammesloyalitäten ein, die noch seine Vorgänger geschwächt hatten. Ihm halfen gewiss auch die günstigen äußeren Umstände: Die Osmanen waren im Westen abgelenkt, das russische Potenzial wurde durch interne Streitigkeiten neutralisiert und das Indien der Moghul hatte seinen Gipfel überschritten. Zudem war Abbas klug genug, um zu erkennen, dass Europa gegen die Türken mobilisiert werden konnte, doch er verfolgte keinen Welteroberungsplan wie die Sassaniden. Das Osmanische Reich griff er nur an, um verlorene Gebiete zurückzugewinnen.

Der safawidische Herrscher Schah Abbas der Große (1587–1629) senkte die Steuern, verbesserte das Straßennetz, förderte die Entwicklung des Handels und unterstütze Handwerker und Künstler. Dieser Dreifuß stammt aus der safawidischen Zeit.

Die persische Kultur erfreute sich unter Schah Abbas eines spektakulären Aufschwungs. Schönheit und Luxus der neuen Hauptstadt Isfahan versetzten europäische Besucher in Staunen. Die Literatur blühte. Es gab nur einen dunklen Punkt: Der Schah gab die religiöse Toleranz auf, die bisher die safawidische Herrschaft gekennzeichnet hatte, und verlangte ein Bekenntnis zum Glauben der Schiiten. Damit legte das safawidische Persien einen Teil seiner Macht in die Hände religiöser Amtsträger.

Der Niedergang der Safawiden

Nach dem Tod von Schah Abbas im Jahre 1629 nahmen die Dinge schnell eine böse Wendung. Sein unwürdiger Nachfolger zog es vor, sich in die Abgeschlossenheit des Harems zurückzuziehen und sich den dortigen Freuden hinzugeben; die Pracht des safawidischen Erbes täuschte über den beginnenden Zusammenbruch hinweg. Die Türken nahmen 1638 Bagdad aufs Neue ein. Im Jahre 1664 wurden die ersten Anzeichen einer weiteren Bedrohung sichtbar: Raubzüge der Kosaken bedrängten den Kaukasus. Eine erste russische Gesandtschaft traf in Isfahan ein. Den Westeuropäern war Persien bereits seit langem vertraut: Im Jahre 1507 hatten sich die Portugiesen im Hafen von Hormuz eingerichtet, wo Ismail ihnen Tribut auferlegte. 1561 war ein englischer Kaufmann über Land von Russland aus nach Persien gekommen und hatte die anglo-persischen Handelsbeziehungen eröffnet, die im frühen 17. Jahrhundert wohl etabliert waren. Schah Abbas hatte auch Engländer in seinen Diensten. Mit Hilfe seiner Beziehungen zum Westen suchte er Unterstützung gegen die Türken. Die wachsende englische Präsenz war den Portugiesen ein Dorn im Auge. Als dann die Ostindische Kompanie ihre Geschäfte aufnahm, griffen sie deren Agenten an, jedoch ohne Erfolg. Wenig später vereinten Engländer und Perser ihre Kräfte, um die Portugiesen aus Hormuz zu verdrängen. Inzwischen interessierten sich auch andere europäische Länder für Persien. Franzosen, Niederländer und Spanier versuchten in der zweiten Hälfte des 17. Jahrhunderts, ebenfalls Fuß im persischen Handel zu fassen. Die Schahs machten von der Möglichkeit, die Ausländer gegeneinander auszuspielen, keinen Gebrauch. Zu Beginn des 18. Jahrhunderts sah sich Persien plötzlich einem doppelten Ansturm ausgesetzt. Die Afghanen revoltierten aufgrund

Safawidische Dichtkunst

Wenn ich je fliehen sollte, verkürzt mein Leben, wenn es lang ist!
Mögen meine Großeltern die Neider durch meine Hand in Schande bringen.
Erlaubt ihnen nicht, in mein Gesicht zu spucken, sondern lieber nur auf meinen toten Körper!
Macht meine Gegner zu 30000 Helden,
und möge jeder einzelne von ihnen ein Rustam sein!
Ich werde auf das Schlachtfeld ziehen, wenn mir danach ist,
und dann werden sie sehen, dass ich mit ihnen allen kämpfen werde!
Ich werde sie alle die Klinge meines Schwertes fühlen lassen.
Sie werden weder dazu im Stande sein, sich mit mir zu einigen noch mich anzugreifen.
Und macht es Helden etwas aus zu sterben?

Ein Gedicht von Ismail I. (1486–1524), dem Begründer der persischen Dynastie der Safawiden.

religiöser Differenzen und errichteten einen unabhängigen Sunnitenstaat. Von 1719 bis 1722 befanden sie sich im Krieg mit dem letzten safawidischen Schah, der 1722 abdankte. Ein Afghane, Mahmud, bestieg den Thron und beendete damit die schiitische Herrschaft in Persien. Den fortschreitenden Niedergang der Safawiden verfolgten die Russen mit Interesse. Ihr Herrscher hatte 1708 und 1718 Botschafter nach Isfahan entsandt. 1723 ließ er unter dem Vorwand, in die Nachfolge einzugreifen, Derbent und Baku besetzen; und die besiegten Schiiten versprachen ihm wohl noch viel mehr. Bei alledem wollten die Türken nicht leer ausgehen und einigten sich 1724, nachdem sie Tiflis besetzt hatten, mit den Russen auf eine Zerstückelung Persiens. Dieser einst große Staat schien in einem Albtraum zu enden: In Isfahan befahl der Schah ein Massaker an mutmaßlichen Anhängern der Safawiden. Noch einmal erholte sich Persien, als der letzte asiatischer Eroberer, Nadir Kali, die Macht ergriff. Die Tage der persischen Weltmacht waren indes unwiderruflich vorbei. Erst im 20. Jahrhundert rückte der Iran – durch die Ausrufung des Gottesstaates – wieder ins Blickfeld des Geschehens.

Die Ankunft der osmanischen Türken in Konstantinopel veränderte das Erscheinungsbild dieser alten christlichen Stadt radikal. Ein Sultan nach dem anderen wurde vom Baufieber ergriffen. Deren persönliche Ambitionen leben in einer Reihe von Moscheen und Minaretten fort, von denen einige auf dieser Abbildung aus dem Jahre 1537 zu sehen sind.

5 ZWISCHEN PAPST UND KAISER – EUROPA IM MITTELALTER

Während des 11. Jahrhunderts war Saragossa eines der bedeutendsten islamischen Zentren in der westlichen Welt. Dieser Fries schmückt den Marmorraum im riesigen Aljafería-Palast, der von al-Muqtadir gebaut wurde.

Im Vergleich zu Byzanz oder dem Kalifat war Europa westlich der Elbe noch Jahrhunderte nach dem Zusammenbruch des Römischen Reiches ein fast bedeutungsloses Hinterland. Die Grenzen Europas waren enger, als die der westlichen Christenheit. In zunehmendem Maße mussten sich seine Einwohner belagert fühlen, da sie der Islam von Afrika und vom Nahen Osten bedrohte, während die Bewohner der südlichen Küsten von arabischen Raubzügen heimgesucht wurden. Ab dem 8. Jahrhundert fielen die Normannen, die wir Wikinger nennen, wiederholt in das Gebiet der nördlichen Küsten, Flusstäler und Inseln ein. Schließlich wurde im 9. Jahrhundert die östliche Grenze von den heidnischen Magyaren, den Ungarn, angegriffen. Die Herausbildung Europas erfolgte vor dem Hintergrund einer feindlichen Umgebung.

DIE AUSGANGSLAGE IN EUROPA

Um Europa aus Barbarei und Rückständigkeit zu führen, stand nur eine verhältnismäßig geringe Anzahl von Menschen zur Verfügung. Keine Stadt im christlichen Westen reichte an die Pracht von Konstantinopel, Córdoba, Bagdad oder Ch'ang-an in China heran. Jahrhunderte vergingen, bis sich die europäische Architektur mit der Baukunst der Antike, von Byzanz oder den asiatischen Reichen messen konnte, und dann auch nur, indem sie deren Stil kopierte, wie die Übernahme des Spitzbogens von den Arabern und die Einflüsse der byzantinischen Baukunst belegen. Weder ein Wissenschaftszweig noch eine Schule reichte an diejenigen des arabischen Spaniens oder Asiens heran. Der Westen war weit davon entfernt, sich politisch zu einigen oder auch nur eine theoretisch-ideologische Rechtfertigung der Macht wie in den östlichen Reichen und Kalifaten zu entwerfen. Jahrhundertelang waren selbst die größten europäischen Könige kaum mehr als barbarische Kriegsherrn, deren Herrschaft die Bevölkerung um ihres Schutzes willen legitimierte.

Der Einfluss des Islams hätte sehr wohl eine zivilisatorische Verbesserung einleiten können, als sich die Araber in Spanien, auf Sizilien, Korsika, Sardinien und den Balearen festsetzten und weitere Expansionen sehr wahrscheinlich schienen. Kulturell höherstehend als die skandinavischen Barbaren wäre ein Austausch fruchtbar gewesen, doch die Wikinger hinterließen am Ende in den Königreichen, die schon früher von germanischen Auswanderergruppen gegründet worden waren, tiefere Spuren. Die slawische Christenheit und Byzanz waren kulturell vom Westen abgeschnitten und dienten als Puffer, der Europa vor der vollen Wucht der östlichen Nomaden und des Islams bewahrte. Eine weitere Expansion des Islams hätte die Geschichte entscheidend verändert.

Geographische Grenzen

In groben Umrissen skizziert, umfassten die Länder der westlichen Christenheit vor 1000 n. Chr. im Wesentlichen die Hälfte der Iberischen Halbinsel, das Gebiet des heutigen Frankreich und deutsche Territorien westlich der Elbe, Böhmen, Österreich, das italienische Festland und England. Entlang der äußeren Grenzen dieses Raumes erstreckten sich das barbarische, aber christliche Irland und Schottland, und, gegen Ende dieses Zeitraumes, die skandinavischen Königreiche. Seit Ende des 10. Jahrhunderts begann man von „Europa“ zu sprechen. Eine spanische Chronik bezeichnete die Franken, die 732 unter Karl Martell bei Poitiers den arabischen Angriff ab-

Dieser Teller ist eine von vielen ähnlich glasierten Keramiken, die für die islamische Kunst charakteristisch sind. Die als „Grün und Mangan" bekannte Technik besteht darin, Gips mit einer Zinnglasur zu überziehen und ihn mit Kupfer- und Manganoxid zu verzieren.

Diese Tafel aus der Zeit zwischen dem 8. und dem 10. Jahrhundert wurde auf dem mittelalterlichen Friedhof der Marienkirche in Llugo de Llanera in Spanien gefunden. Sie zeigt das alte Symbol des Lebensbaumes, an dem sich zwei Löwen nähren. Die Wurzeln des Baumes sind in Wasser getaucht, das durch eine Reihe von Halbmonden dargestellt wird. Dieses Motiv eignete sich die christliche und die byzantinische Symbolik in ganz Europa an.

Zeitleiste (711 – 962)

711 – Die Muslime setzen auf die Iberische Halbinsel über

843 – Der Vertrag von Verdun führt zur Dreiteilung des Karolingerreiches

910 Gründung der Abtei von Cluny

700 750 800 850 900 950 1000

751 Pippin der Jüngere begründet das karolingische Königtum

771 Karl der Große wird zum Alleinherrscher der fränkischen Königreiche

871–899 Alfred der Große ist König von Wessex

962 Otto I. wird vom Papst zum Kaiser des Heiligen Römischen Reiches gekrönt

Als sich das Ende des 1. Jahrtausends näherte, dachten viele Christen, dass das Königreich Gottes auf Erden errichtet und die Armen der Welt von ihrer Not erlöst würden. Andere glaubten an die Prophezeiung aus dem Buch der Offenbarung, dass der Teufel von seinen Ketten befreit auf Erden regieren werde. Diese Miniatur stammt aus der *Apokalypse von Sankt Severus* (eine Handschrift, die nach der französischen Kirche benannt wurde, in der sie sich ursprünglich befand) und stellt die „fünfte Plage" dar: Der Engel der Hölle (Satan) sieht heiter zu, wie heuschreckenähnliche Wesen Menschen foltern.

gewehrt hatten, als „Europäer". Ihr Reich war vom Meer begrenzt. Trotz des großen, offenen Atlantiks war eine Ausdehnung kaum möglich; Island besiedelten die Norweger. Das westliche Mittelmeer, die Verbindungslinie zu anderen Kulturen war in arabischer Hand. Mit dem sich zunehmend abgrenzenden Byzanz bestand eine lose Verbindung auf dem Seeweg. Seine Völker gewöhnten sich eher an den Mangel als daran, Gelegenheiten zu nutzen. Sie unterwarfen sich der Herrschaft einer Kriegerklasse, auf deren Schutz sie angewiesen waren. Im 10. Jahrhundert schien sich das Schicksal zu wenden. Die Ungarn wurden in die Schranken verwiesen, man bekämpfte die Araber auf See, und die nördlichen Barbaren bekehrten sich zum Christentum. Das Jahr 1000 n. Chr., mit dem viele das bevorstehende Ende der Welt gleichsetzten, erwies sich als Meilenstein einer Epoche. Der Druck auf Europa ließ nach, und die Umrisse des späteren, sich ausdehnenden Europa zeichneten sich bereits ab. Seine grundlegende politische und soziale Struktur war festgelegt, und die christliche Kultur hatte bereits vieles von ihrer zukünftigen Gestalt. Mit dem 11. Jahrhundert begann ein Zeitalter der Revolution und des Aufbruchs, für das die Jahrhunderte des so genannten „dunklen Mittelalters" das Rohmaterial lieferten.

Die westliche Welt im Jahre 1000

Legende

- Heiliges Römisches Reich unter Otto III. (996 – 1002)
- Angelsächsische Wiedereroberung im 10. Jahrhundert
- Fürstentum Kiew im Jahre 912
- Ausdehnung des Fürstentums Kiew von 912 bis 1054
- Byzantinisches Reich im 10. Jahrhundert
- Westl. Ausdehnung des Byzantinischen Reiches beim Tod Basileios II. im Jahre 1025
- Bulgarisches Reich des Zaren Samuel um 996
- Muslimische Welt Ende des 10. Jahrhunderts
- Christliche Königreiche auf der Iberischen Halbinsel

Im 11. Jahrhundert bildete sich die Karte Europas heraus, wie wir sie heute kennen. Drei bedeutsame Veränderungen setzten ein. Europa entfernte sich kulturell wie psychologisch vom Mittelmeer, dem Brennpunkt der klassischen Kultur. Zwischen dem 5. und dem 8. Jahrhundert verlagerte sich das Zentrum europäischen Lebens, sofern es überhaupt eines gab, in die Täler des Rheins und seiner Nebenflüsse. Der Islam half durch seine Raubzüge auf den Seewegen nach Italien und seine mehr auf Byzanz als nach West- und Nordeuropa gerichteten Interessen im 7. und 8. Jahrhundert dabei, den Westen auf das Kernland des zukünftigen Europas zurückzuwerfen. Die zweite Veränderung war positiverer Natur. Sie bestand in einer allmählichen Ausbreitung des Christentums und der Besiedlung im Osten. Obwohl dieser Prozess im Jahre 1000 noch nicht abgeschlossen war, erstreckte sich die christliche Zivilisation zu diesem Zeitpunkt bereits über die Grenzen des antiken Roms hinaus. Die dritte Veränderung bestand darin, dass der von den Barbaren ausgeübte Druck nachließ. Den Übergriffen der Ungarn war man im 10. Jahrhundert Herr geworden. Und auch die skandinavische Expansion der Normannen, die zu guter Letzt in England, dem nördlichen Frankreich, Sizilien und einem Teil der Ägäis herrschten, befand sich im frühen 11. Jahrhundert in ihrer Endphase. Europa war damit nicht mehr nur eine Beute für andere, auch wenn dies sogar 200 Jahre später, als es von den Mongolen bedroht wurde, kaum noch spürbar war. Ab dem Jahre 1000 hatte es jedoch aufgehört nur eine beliebig formbare Masse zu sein.

Fränkische Krieger, wie die auf dieser Miniatur aus dem 11. Jahrhundert, boten den Römern ihre Dienste als Gegenleistung für die Erlaubnis, an den Grenzen des Reiches siedeln zu dürfen.

Die westliche Christenheit

Die westliche Christenheit kann in drei große Regionen unterteilt werden. Im Rheintal, wo sich ein Zentrum bildete, entstanden das zukünftige Frankreich und Deutschland. Weiterhin gab es eine Küstenkultur im westlichen Mittelmeerraum, die zuerst Katalonien, das Languedoc und die Provence umfasste. Mit der Zeit, nachdem sich Italien von den barbarischen Jahrhunderten erholt hatte, dehnte es sich weiter nach Osten und Süden aus. Eine dritte europäische Zivilisation erstreckte sich über ein Randgebiet im Westen, Nordwesten und Norden, darunter die ersten christlichen Staaten in Nordspanien, die sich aus der westgotischen Epoche entwickelten, ferner England, mit seinen unabhängigen und halbbarbarischen Nachbarn Irland, Wales und Schottland, und schließlich die skandinavischen Staaten. Die Abgrenzungen waren nicht scharf. Es gab Gebiete, die zu der einen oder anderen dieser drei Regionen gezählt werden können wie Aquitanien, die Gascogne und zeitweise auch Burgund. Wesentliche Unterscheidungsmerkmale wie historische Erfahrungen, Klimafaktoren und Abstammung lassen diese Unterteilung jedoch sinnvoll erscheinen. Da sich die Mehrheit der Bevölkerung kaum darüber im Klaren war, wie stark ihre Kultur vom Christentum geprägt war, werden nur wenige eine Vorstellung von dem tieferen Sinn dieser Religion gehabt haben.

Das fränkische Erbe

Das Kernland des mittelalterlichen Westens entwickelte sich aus dem fränkischen Erbe. Hier lagen weniger Städte als im Süden, und sie hatten geringere Bedeutung. Für eine Siedlung wie Paris bedeutete der Zusammenbruch des Handels weniger als zum Beispiel für Mailand. Das Leben kreiste hier um Land und Boden, und der Adel stellte sich aus erfolgreichen Kriegern, die zu Grundbesitzern geworden waren. Von dieser Grundlage aus begannen die Franken mit der Kolonisation Deutschlands; sie schützten die Kirche und gaben die Tradition eines Königtums weiter, dessen Ursprünge in der magischen Macht der merowingischen Herrscher lagen. Doch jahrhundertelang waren die staatlichen Strukturen nicht gefestigt. Sie blieben abhängig von starken Königen, denn das Regierungsamt war an eine Person gebunden.

Obwohl die Dynastie fortbestand, wurden die fränkischen Institutionen geschwächt. Auf Chlodwig folgte eine Reihe von schwachen Königen, so dass der grundbesitzende Adel, der sich gegenseitig befehdete, mehr Unabhängigkeit erlangte. Außerdem verfügte dieser über genug Reichtum, um sich Macht zu erkaufen. Eine Familie aus Austrien verdunkelte den Glanz der königlichen Linie der Merowinger.

Die Bekehrung des Merowingerkönigs Chlodwig zum Christentum (diese Abbildung zeigt seine Taufe im Jahre 496) war eine politische Maßnahme. Sie sollte die Unterstützung der gallo-romanischen Völker für die Franken gegen germanische Völker wie Westgoten, Ostgoten und Burgunder mobilisieren, die den zur Häresie erklärten Arianismus befürworteten.

Karl Martell ging aus ihr hervor, der Feldherr, der die Araber 732 in der Schlacht von Poitiers zurückwarf und den Missionar Bonifatius dabei unterstützte, die deutschen Stämme zum Christentum zu bekehren. Damit hinterließ er in zweifacher Hinsicht bedeutende Spuren in der europäischen Geschichte, denn der heilige Bonifatius proklamierte, dass er ohne die Unterstützung Karls keinen Erfolg gehabt hätte. Eine Allianz verband von da an das Haus Karls mit der Kirche. Sein zweiter Sohn, Pippin der Jüngere, wurde von den fränkischen Aristokraten im Jahre 751 zum König gewählt. Drei Jahre später kam der Papst nach Frankreich und salbte ihn zum König, so wie Samuel einst David gesalbt hatte.

Päpstliche Anerkennung

Das Papsttum bedurfte eines mächtigen Alliierten. Die Ansprüche des Kaisers in Konstantinopel waren in Bezug auf Italien rein fiktiv, und aus römischer Sicht warf man ihm Häresie vor, weil er den Bildersturm befürwortete. Als Rom schon längere Zeit von den Langobarden bedroht wurde, sah sich Papst Stephan deshalb zu einem kühnen Schritt gezwungen. Er ernannte Pippin zum *Patricius Romanorum*, zum Schutzherrn der römischen Kirche. Sofort zeigte sich der Gewinn dieser Initiative für den Papst: Pippin besiegte die Langobarden und errichtete 756 den zukünftigen Kirchenstaat, indem er Ravenna dem „Heiligen Stuhl" schenkte. Eine römisch-fränkische Allianz entstand. Aus ihr erwuchsen die Reform der fränkischen Kirche sowie weitere Kolonisationen und missionarische Initiativen im östlichen Frankenreich; damit verbunden war ferner das Zurückdrängen der Araber über die Pyrenäen und die Eroberung Septimaniens und Aquitaniens – Projekte, die am Ende große Erfolge für die Kirche zeitigten. Es ist deshalb kaum verwunderlich, dass Papst Hadrian I. Münzen mit dem eigenen Namen prägen ließ. Das Papsttum gründete sich nun auf seine Unabhängigkeit. Das neue Ritual der Herrschersalbung kam nicht allein den Königen zugute. Denn obwohl es das Königtum über andere Menschen hinaus zu einer mystischen Würde erhob, die mehr war als der bloße Machtbesitz, gewann der Papst durch das Spenden des Salböls gleichzeitig auch an Autorität.

Szenen aus dem Leben Karls des Großen (742–814) sind auf dieser Handschriftenillustration der Biografie des Kaisers aus dem 15. Jahrhundert zu sehen.

Die Kirchen Karls des Großen

„Mit dem Gold, das Karl der Große den Königen und Fürsten von Spanien gegeben hatte, bereicherte er die Basilika von Santiago, auf deren Ländereien er sich drei Jahre lang aufgehalten hatte. Er setzte einen Bischof und Kanoniker ein gemäß dem Orden des heiligen Isidor, dem Bischof und Glaubenszeugen, und stattete sie sehr würdevoll mit Glocken, Wandteppichen, Büchern und anderem Zierrat aus. Mit dem Rest des Goldes und der unermesslichen Menge Silbers, das er bei seiner Rückkehr aus Spanien mitgebracht hatte, baute er viele Kirchen, namentlich die Kirche der Jungfrau Maria in Aquisgranum (Aachen) und die Jakobskirche in selbiger Stadt, die Jakobskirche in Béziers, die Jakobskirche in Toulouse und in der Gascogne, zwischen der Stadt, die allgemein als Aix bekannt ist, und Saint Jean de Sorde auf dem Jakobsweg; sodann die Kirche, die in der Stadt Paris zwischen dem Fluss Seine und dem Montmartre liegt, und unzählige Abteien in der ganzen Welt."

Ein Auszug aus Kapitel V, Buch IV der *Pseudo-Turpin-Chronik*, aus dem *Liber Sancti Jacobi* oder auch *Codex Calixtinus*, das irrtümlich lange Zeit als Werk des Turpin, Erzbischof von Reims (gest. um 794), angesehen wurde.

KARL DER GROSSE

Pippin teilte sein Land, wie alle fränkischen Könige, vor seinem Tod auf, aber das fränkische Erbe wurde 771 wieder unter seinem ältesten Sohn, Karl dem Großen, vereinigt, der 800 zum Kaiser gekrönt wurde. Dieser bedeutendste aller Karolinger nahm bald legen-

Die Errungenschaften unter Karl dem Großen

Eine der wichtigsten Gestalten in der Geschichte Europas ist zweifelsohne Karl der Große. Der Sohn Pippins des Jüngeren und Berthas, Tochter des Grafen Heribert von Laon, regierte von 771 bis 814 ein geeintes karolingisches Königreich.

Obwohl der Herrschaft Karls des Großen eine zentralisierte Organisation fehlte, erreichte er eine Machtfülle, wie man sie in Europa seit dem Fall des Weströmischen Reiches nicht gesehen hatte. Eine seiner wichtigen Leistungen war die Durchsetzung eines einheitlichen Gesetzeswerks in allen kaiserlichen Gebieten, das aus einer Reihe von Anweisungen, den so genannten *Kapitularien* bestand. Karl initiierte auch eine kulturelle Renaissance und den Gebrauch von Latein als offizielle Sprache. Mit Hilfe des kaiserlichen Rechts der Münzprägung führte er eine Geldreform durch. Indes sollte die Einheit seines Reiches nur von kurzer Dauer sein: Sie überlebte nicht einmal die Regierungszeit seines Sohnes, Ludwigs des Frommen (814–831 und 835–840).

Die Träume Karls des Großen sind auf dieser Miniatur einer Handschrift aus dem 15. Jahrhundert mit dem Titel Les grandes Chroniques de la France *abgebildet.*

denhafte Züge an. Das erhöht die in der Geschichte des Mittelalters ohnehin schon großen Schwierigkeiten, sich der Biografie eines Einzelnen anzunähern. Die Handlungen Karls des Großen sprechen für das Fortbestehen bestimmter Gegebenheiten. Er stand in der Tra-

Der Legende nach soll dieses Schwert mit seinem reich verzierten Griff Kaiser Karl dem Großen gehört haben. Es war üblich, im Griff eines solchen Schwertes eine kleine Heiligenreliquie mit sich zu führen. Damit sollte der Besitzer unbesiegbar werden.

dition fränkischer Herzöge, deren Metier der Krieg war. Neu hinzu kam der Ernst, den er der christlichen Weihe seines Amtes entgegenbrachte. Auch seine Pflichten zur Förderung der Bildung und der Kunst nahm er mit Überzeugung wahr.

Karl vergrößerte sein Territorium beträchtlich. Er besiegte die Langobarden in Italien und ließ sich von ihnen zum König krönen. Auch ihre Länder gingen in die fränkische Erbmasse über. Dreißig Jahre lang zog er immer wieder gegen Sachsen und erreichte gewaltsam die Bekehrung der Bevölkerung. Gegen die harte Frankenherrschaft erhoben sich regelmäßig Aufstände. Der Kampf gegen die Awaren, Wenden und Slawen brachte ihm Kärnten und Böhmen ein, und, was vielleicht genauso wichtig war, die Öffnung eines Weges die Donau hinunter nach Byzanz. Zur Überwindung der Dänen wurde jenseits der Elbe eine Grenzmark errichtet. Im frühen 9. Jahrhundert drang Karl der Große nach Spanien vor und schuf die spanische Mark jenseits der Pyrenäen bis hinunter zum Ebro und zur katalonischen Küste.

Die Kaiserkrönung Karls des Großen

Karl schuf ein Reich, das größer war als alles, was es im Westen seit Rom gegeben hatte. Am Weihnachtstag des Jahres 800 wurde er vom Papst in Rom zum Kaiser gekrönt. „Frömmster Augustus, gekrönt von Gott, großer und Frieden schenkender Kaiser", lautete das Motto des Gottesdienstes; aber in Konstantinopel residierte bereits ein Kaiser, der von jedermann als solcher anerkannt wurde. Bedeutete ein zweiter Herrscher mit diesem Titel, dass es zwei Kaiser einer gespalteten Christenheit gab

Das Rolandslied

Aus der Karolingerzeit sind eine Reihe von Heldenliedern erhalten; sie geben uns einen faszinierenden Einblick in die Feudalgesellschaft und Kultur jener Zeit. In ihnen wurden bestimmte historische oder legendäre Taten in „Lieder" mit epischen Zügen und moralischem Inhalt verwandelt.

Das älteste französische Heldenlied ist das *Rolandslied.* Wahrscheinlich wurde es von Mönch Turoldus im frühen 12. Jahrhundert geschrieben. Es hat 4002 Verse und berichtet vom Tod des Grafen Roland, eines Neffen Karls des Großen.

Tatsächliche Begebenheiten werden hier in einer lockeren Form erzählt: Roland war der Hüter der bretonischen Grenzmark. Er und seine Truppen, die Karl 778 als Nachhut in Spanien zurückließ, wurden auf dem Rückzug in den Pyrenäen von Basken getötet. Die Ballade erzählt, wie Roland, nachdem er von seinem Stiefvater Ganelon verraten worden war, bei Roncevalles von den Soldaten des Marsilius, des Königs von Spanien, getötet wurde. Vor seinem Tod, so das Gedicht weiter, gelang es Roland, die Truppen Karls des Großen zu alarmieren, die jedoch vergeblich zu seiner Hilfe herbei eilten. Sie verfolgten die Armeen des Marsilius, die sie bei Bagligant besiegten, und eroberten Saragossa.

wie in der späten römischen Kaiserzeit? Feststand, dass hier Anspruch auf die Oberhoheit über viele Völker erhoben wurde. Mit diesem Titel behauptete der Karolinger, mehr zu sein als nur der Herrscher der Franken. Vielleicht trägt in erster Linie das geschichtliche Italien zu einer Erklärung bei, denn dort bestand eine besondere Verbindung zur alten römischen Kaisertradition. Ein Element päpstlicher Dankbarkeit – sprich Kalkül – spielte auch eine Rolle, denn Leo III. hatte gerade durch die fränkischen Soldaten seine Stadt Rom wiedererlangt. Doch wird von einem Ausspruch Karls berichtet, demzufolge er die Peterskirche nicht betreten hätte, wenn er gewusst hätte, was der Papst zu tun beabsichtigte. Es mag sein, dass

Europa unter Karl dem Großen

Die alten Gebiete von Austrien, Neustrien und Burgund bildeten zusammen mit dem ostfränkischen Reich und der Provence den Kern des *Regnum Francorum* Karls des Großen.

Diese Abbildung aus der Chronik von Saint Denis von 1497 zeigt Kaiser Karl den Großen, wie er den Fortschritt beim Bau einer Kirche, die er in Aachen in Auftrag gegeben hatte, inspiziert.

Karl die Anmaßung einer Autorität, die ihm der Papst symbolisch übertragen hatte, nicht befürwortete. Möglicherweise sah er auch die Verstimmung voraus, die seine Kaiserkrönung in Konstantinopel auslösen würde. Er muss gewusst haben, dass sein eigenes Volk, die Franken, und viele seiner nördlichen Untertanen einen germanischen Kriegerkönig im traditionellen Sinn leichter akzeptieren konnten als einen Nachfolger der römischen Kaiser, doch es dauerte nicht lange, bis er auf seinem Siegel die Umschrift *Renovatio Romani Imperii* führte, eine bewusste Anknüpfung an die große Vergangenheit.

Die Herrschaft Karls des Großen

Die Beziehungen Karls des Großen zu Byzanz waren anfangs gestört. Aber wenige Jahre später wurde sein Kaisertitel für den Westen als gültig anerkannt; im Gegenzug erhielt Byzanz die Souveränität über Venedig, Istrien und Dalmatien. Mit einem anderen großen Staat, dem Kalifat der Abbasiden, hatte Karl der Große formelle, aber nicht unfreundliche Beziehungen. Es wird berichtet, Harun al-Rashid habe ihm einen Kelch mit dem Porträt Chasraus I. übergeben, dem König, unter dem Kultur und Macht der Sassaniden ihren Höhepunkt erreicht hatten. Bezeichnend ist allerdings, dass wir von diesen Kontakten nur aus fränkischen Quellen erfahren; für die arabischen Chronisten scheinen sie nicht wichtig genug gewesen zu sein. Mit den Umaiyaden in Spanien verhielt es sich anders. Einem christlichen Herrscher mussten sie als Feinde gelten, da sie nahe genug waren, um eine Bedrohung darzustellen. Der Schutz des Glaubens vor den Heiden war ein Teil von Karls Kaisertum. Auf Grund seiner Unterstützung und seines Schutzes war die Kirche der Autorität Karls des Großen klar untergeordnet. Er hatte bei den fränkischen Synoden den Vorsitz und fällte in dogmatischen Fragen ebenso Urteile, wie es Justinian getan hatte. Karl hoffte auf eine Reform der fränkischen und der römischen Kirche, die er beide der Regel des heiligen Benedikt unterwarf. In diesem Umgang

Nach der Legende erhielt Karl der Große den berühmten „Kelch des Salomo" von dem abbasidischen Kalifen Harun al-Rashid. In der Mitte des Kelchs ist der sassanidische König Chasrau I. abgebildet.

Auf dieser Illustration aus einer Handschrift des 9. Jahrhunderts, dem *Aachener Schatzkammerevangeliar*, sind die vier Evangelisten abgebildet. Die Handschrift wurde am Hof Karls des Großen während der überaus kreativen Periode angefertigt, die als „karolingische Renaissance" bekannt ist.

In der kulturellen Hochblüte während der Herrschaft Karls des Großen wurden die bekannten Traditionen römischer und byzantinischer Kunst mit den Stilelementen anderer Kulturen vermischt, einschließlich der der Kelten und der Wikinger. Diese Renaissance beeinflusste auch die Architektur – der Turm der Kathedrale von Gerona, bekannt als „Turm Karls des Großen", stammt aus dem 9. Jahrhundert.

mit kirchlichen Fragen ist der Kern der späteren europäischen Idee zu finden, dass ein christlicher König in seinem Herrschaftsgebiet nicht nur für den Schutz der Kirche, sondern auch für das religiöse Leben verantwortlich sei.

Seine Beziehung zum Papsttum spielte in der Politik Karls des Großen eine wichtige Rolle. Diese Abbildung aus dem Jahre 1499 zeigt den Kaiser, wie er Papst Leo III. (795–816) empfängt, der nach seiner Vertreibung aus Rom an den fränkischen Hof geflohen war. Die Soldaten Karls des Großen eskortierten Leo zurück nach Rom, wo er wieder auf den Papstthron gesetzt wurde.

Die karolingische Renaissance

Ein weiterer Beweis für die besondere Bedeutung, die Karl der Große der Religion zumaß, ist die Atmosphäre des Aachener Hofs, den er mit Bauwerken und kunstvollen Ausstattungen zu verschönern suchte. Karls Hof war im Vergleich zu Byzanz glanzlos. Auch frühe barbarische Königreiche, die sich gegenüber den Einflüssen einer kultivierteren Welt öffneten, waren oft auf höherem Niveau angesiedelt, wie das Auftauchen koptischer Themen in der frühen barbarischen Kunst zeigt. Als die Gefolgsleute Karls des Großen neue Kunstwerke und Ideen zur Verschönerung des Aachener Hofs aus Ravenna mitbrachten, flossen auf diese Weise neben antiken auch byzantinische Elemente in die nordeuropäische Tradition ein. Bedeutende Gelehrte und Schriftsteller machten Karls Hof berühmt. Von diesem intellektuellen Zentrum ging der Impuls aus, Texte in einer neuen verfeinerten und reformierten Handschrift, der karolingischen Minuskel, abzuschreiben, die zu einem bedeutenden kulturellen Instrument des Westens wurde. Vor allem die Bibel wurde kopiert, denn sie galt als eine Rechtfertigung der karolingischen Herrschaft: Die jüdische Geschichte des Alten Testaments war voll frommer, gesalbter Kriegerkönige. Die Bibel war deshalb der wichtigste Text in den klösterlichen Bibliotheken jener Zeit, die man nun überall in den fränkischen Ländern zusammentrug.

Das Abschreiben und Verbreiten von Texten setzte sich noch ein Jahrhundert lang fort, nachdem der Anstoß in Aachen gegeben worden war, und bildete den Kern dessen, was moderne Gelehrte die „Karolingische Renaissance" nennen. Dieser Begriff hatte keinen heidnischen Beiklang wie die spätere Bezeichnung, die für die Wiederbelebung des Studiums der klassischen Antike angewandt wurde, denn sie war ganz entschieden christlich. Ihr ganzer Zweck war die Erziehung des Klerus, um das Niveau der fränkischen Kirche zu heben und den Glauben weiter nach Osten zu verbreiten. Auf diesem Umweg der Ausbildung von Geistlichen wurden bedeutende Werke der Antike überliefert. Die Lehrer dieses heiligen Wissens waren anfangs keine Franken. An der Hofschule wirkten Iren und Angelsachsen, unter denen die hervorstechendste Gestalt Alkuin war, ein Kleriker aus York, einem großen Zentrum englischer Gelehrsamkeit. Abgesehen davon, dass er selbst Bücher schrieb, errichtete er eine Schule in Tours.

Die Reichskrone, die für Otto I. den Großen (936 – 973) angefertigt wurde. Ihre Bezeichnung als die „Krone Karls des Großen" zeigt den legendären Rang, den der karolingische Kaiser im mittelalterlichen Europa einnahm. Die Emaille, eine von vieren, die die Krone zieren, zeigt König Salomo als Symbol der Weisheit.

Die Autorität Karls des Großen

Die überragende Bedeutung Alkuins belegt die Verschiebung des kulturellen Schwerpunkts in Europa, weg von der vom Mittelmeerraum geprägten Welt der Antike hin zum Norden. Nicht nur Alkuins Landsleute, sondern auch Franken, Westgoten, Langobarden und Italiener lehrten, kopierten Schriften und gründeten neue Klöster, die sich über das östliche und westliche Frankenreich ausbreiteten.

Unter ihnen war ein Laie namens Einhard. Er verfasste eine Lebensbeschreibung des Kaisers, die so faszinierende Details preisgibt wie beispielsweise, dass er das Schwimmen und Baden in den Thermalquellen liebte, was erklärt, weshalb er Aachen zu seiner Residenz erwählte. Karl der Große lebt in den Seiten von Einhards Werk auch als ein Intellektueller auf, der Latein ebenso gut sprach wie Fränkisch und der Griechisch zumindest verstand. Das erscheint umso glaubwürdiger, als wir auch von seinen Schreibversuchen erfahren. Er verwahrte Notizbücher unter seinem Kissen, so dass er auch im Bett schreiben konnte, „aber", berichtet Einhard, „obwohl er sich sehr bemühte, hatte er zu spät in seinem Leben damit begonnen".

Aus diesem Bericht und aus seinem Werk ergibt sich ein bemerkenswert lebendiges Bild einer würdigen, majestätischen Gestalt, die sich um die Wandlung vom Kriegsherrn zum Herrscher eines großen christlichen Reichs bemühte, und die damit zu Lebzeiten einen beachtenswerten Erfolg erzielte. Einhard weist auch auf Karls eindrucksvolle physische Erscheinung hin: Er überragte wahrscheinlich die meisten Menschen seines Hofstaats. Andere sahen in ihm sowohl das Bild eines

Diese Illustration aus der Vivian-Bibel von 851 zeigt Karl den Kahlen (840 – 877) auf seinem Thron, umgeben von seinen Höflingen. Er war einer der drei Enkel Karls des Großen, die ihm in einem geteilten Reich nachfolgten.

Königs, der fröhlich, gerecht und großherzig war, als auch das eines Helden, den Dichter und fahrende Sänger noch jahrhundertelang besangen. Seine Herrschaft glich einem Schauspiel, das majestätischer war als alles andere, was man zu jener Zeit in barbarischen Ländern gesehen hatte. Zu Beginn seiner Regierungszeit zog sein Hof noch das Jahr hindurch von Residenz zu Residenz. Als Karl der Große starb, hinterließ er einen Palast und einen Staatsschatz in Aachen. Er reformierte Maße und Gewichte, und von ihm übernahm Europa die Einteilung des Pfundes Silber in 240 Pfennige (denarii), die auf den Britischen Inseln 1100 Jahre lang gelten sollte.

Aber seine Macht war auch eine sehr persönliche. Das wird aus dem wiederholten Erlassen von so genannten Kapitularien oder Anweisungen an seine Gefolgsleute und Untertanen ersichtlich, die zugleich ein Anzeichen dafür sind, dass seine Wünsche nicht ausgeführt wurden. In letzter Instanz konnte sich selbst Karl der Große nur auf sein persönliches Regiment verlassen, und das bedeutete eine Monarchie, die auf seinem eigenen Grundbesitz und dessen Einnahmen beruhte sowie auf den großen Männern, die unter seiner Aufsicht standen. Diese Vasallen waren an ihn durch besonders heilige Eide gebunden, aber selbst sie widersetzten sich, als er älter wurde.

Ludwig der Fromme, der hier abgebildet ist, war der einzige Erbe Karls des Großen. Nachdem er von seinem Sohn Lothar 830 gestürzt worden war, wurde er von seinen anderen Söhnen 833 wieder als Kaiser restituiert, starb jedoch sieben Jahre später.

Karls Nachfolger

Karl der Große schmiedete Pläne für die Aufteilung des Reiches nach seinem Tod, und nur der Zufall, dass einige seiner Söhne vor ihm starben, stellte sicher, dass das Reich 814 ungeteilt auf seinen jüngsten Sohn, Ludwig den Frommen, überging. Karl übertrug auch die Kaiserwürde auf ihn. Der ersten Krönung Ludwigs folgte zwei Jahre später eine zweite durch den Papst – ein deutliches Signal, dass die Allianz von Monarchie und Papsttum erhalten bleiben sollte. Eine Reichsteilung wurde allerdings dadurch nicht vermieden, sondern nur hinausgezögert. Regionale Bündnisse bildeten sich um einzelne Herrscherpersönlichkeiten. Eine Reihe von Teilungen gipfelte 843 schließlich im Vertrag von Verdun, der zwischen den drei Enkeln Karls des Großen geschlossen wurde und weitreichende Folgen hatte. Durch ihn erhielt Lothar, der regierende Kaiser, ein Kernkönigreich aus fränkischen Ländern mit dem Zentrum auf der westlichen Seite des Rheintals und mit der Hauptstadt Aachen (Lothari regnum = Lothringen) und zusätzlich das Königreich Italien.

Das ostfränkische Reich entstand aus einer Reihe von Stämmen, darunter vor allem die Sachsen, Bayern, Schwaben und Franken. Diese Initiale, eingerahmt von Bildern der vier Evangelisten, stammt aus einem fränkisch-sächsischen Evangeliar des 9. Jahrhunderts.

Die Provence und Burgund wurden mit Lothringen und den Ländern zwischen Schelde, Maas, Saône und Rhône nördlich der Alpen vereint. Im Osten lag ein zweiter, ostfränkisch-deutscher Reichsteil zwischen dem Rhein und den germanischen Marken, der an Ludwig den Deutschen fiel. Schließlich gelangte im Westen ein Territorium, das die Gascogne, Septimanien, Aquitanien und ein Gebiet ungefähr von der Größe des modernen Frankreich umfasste, an Karl den Kahlen, einen Halbbruder. Zwischen den Nachfolgern Karls des Großen war damit wieder Friede eingekehrt, aber im Vergleich zu diesem bedeutenden Kaiser verfügten sie weder über seine Autorität noch über seine Erfahrung und politische Weitsicht.

Die West- und Ostfranken

Die mit dem Vertrag von Verdun getroffene Vereinbarung blieb nicht lange unangefochten, doch sie war folgenreich. Sie stellte erstmals in quasi politischem Sinn die Weichen für die Entwicklung der künftigen Nationen Frankreich und Deutschland, denn die Wurzeln beider Länder liegen im westlichen und östlichen Frankenreich. Zwischen ihnen wurde ein Mittelreich errichtet, mit einer sehr viel geringeren sprachlichen, ethnischen, geographischen und wirtschaftlichen Einheit. Lothringen entstand nicht zuletzt auch deshalb, weil drei Söhne versorgt werden mussten.

Der Niedergang der Karolinger

Kein Königshaus kann auf Dauer bedeutende Könige stellen oder für immer die Loyalität seiner Anhänger durch die Belehnung mit Land erkaufen. Ähnlich vorangegangener Herrschergeschlechter verfiel allmählich auch die Macht der Karolinger. Die Anzeichen der Auflösung mehrten sich, als ein unabhängiges Königreich Burgund entstand und die Menschen begannen, sich nach den Zeiten unter Karl dem Großen zurückzusehnen. Die historische Entwicklung entfernte West- und Ostfranken immer weiter voneinander.

Im westfränkischen Reich überdauerten die Karolinger nur ein Jahrhundert nach Karl dem Kahlen. Am Ende seiner Regierungszeit waren die Bretagne, Flandern und Aquitanien in jeder Hinsicht unabhängig. Zu Anfang des 10. Jahrhunderts musste die westfränkische Monarchie, bereits stark geschwächt, zudem die Angriffe der Wikinger abwehren. Im Jahre 911 gestand Karl III., da er die Normannen nicht vertreiben konnte, deren Führer Rollo Land in dem Gebiet zu, aus dem später die Normandie wurde.

Nach seiner Taufe im folgenden Jahr machte sich Rollo daran, das Herzogtum aufzubauen, mit dem er von den Karolingern belehnt worden war. Seine skandinavischen Landsleute siedelten sich bis zum Ende des 10. Jahrhunderts weiter dort an, wurden jedoch bald in Sprache und Recht Franzosen. Die Folgezeit ist geprägt durch einen rasch fortschreitenden Zerfall des westfränkischen Reiches. Hugo der Große, der Graf von Paris, baute die Macht seiner Familie beständig aus; seine Güter sammelten sich auf der Île-de-France, aus der später das Kernland Frankreichs entstehen sollte. Als der letzte karolingische Herrscher der Westfranken im Jahre 987 starb, wurde der Sohn dieses Grafen, Hugo Capet, zum König gewählt. Seine Familie, die Kapetinger, regierte Frankreich fast 400 Jahre lang. Im Übrigen war Westfranken in ungefähr ein Dutzend territorialer Einheiten aufgespalten, die von grundbesitzenden Adligen regiert wurden.

Konrad von Franken

Unter den Befürwortern der Wahl Hugos war der Herrscher der Ostfranken. Auf der anderen Seite des Rheins hatten sich die wiederholten Erbteilungen für die Karolinger bald als fatal erwiesen. Als der letzte karolingische König im Jahre 911 starb, kam es zu einer politischen Zerstückelung, die Deutschland bis ins 19. Jahrhundert charakterisieren sollte. Die Entschlossenheit lokaler Magnaten sorgte zusammen mit stärkeren Stammesloyalitäten als im Westen dafür, dass ein halbes Dutzend mächtiger Herzogtümer entstand. Einer dieser Herzöge, Konrad von Franken, wurde von den anderen Herzögen überraschend zum König gewählt, denn sie wollten einen starken Führer gegen die Ungarn. Der Wechsel der Dynastie ließ es ratsam erscheinen, den neuen Herrscher in seinem Rang besonders auszuzeichnen. Konrad wurde daher von den Bischöfen bei seiner Krönung gesalbt. Aber er scheiterte gegen die Ungarn. Ferner ging Lothringen verloren, das er nicht zurückgewinnen konnte. Darüber hinaus bemühte er sich mit der Unterstützung der Kirche, seine eigene Dynastie und seine Stellung zu stärken. Fast automatisch sammelten die Herzöge ihre Untertanen um sich, um über ihre Unabhängigkeit zu wachen. Die vier ranghöchsten waren die Herzöge von Sachsen, Bayern, Schwaben und Franken. Regionale Unterschiede, Blutsbande und die natürlichen Ansprüche hoher Adliger prägten während der Herrschaftszeit Konrads das Grundmuster der Geschichte Deutschlands für die nächsten tausend Jahre: ein Tauziehen zwischen Zentralgewalt und lokalen Machthabern, das auf lange Sicht nicht wie andernorts zugunsten des Königtums entschieden wurde. Konrad sah sich mit einer Rebellion der Herzöge konfrontiert, ernannte aber einen der Aufständischen zu seinem Nachfolger, und die Herzöge erklärten sich einverstanden. Im Jahre 919 wurde Heinrich der Vogler, der Herzog von

911 n. Chr. kam es mit dem Tod des letzten Karolingers zu einem Dynastiewechsel: Auf Konrad von Franken folgte 919 Heinrich der Vogler, dessen Nachfolger die Dynastie der Ottonen begründete.

Diese Abbildung aus dem 11. Jahrhundert, die Petrus bei der Entgegennahme der Schlüssel der Kirche zeigt, ist einer der vielen religiösen Handschriften entnommen, die von dem ottonischen König Heinrich II. in Auftrag gegeben wurden.

Kaiser Otto II. (973–1002) ist auf dieser Marmortafel zusammen mit seiner Frau Theophanu abgebildet, die ihren Sohn, den zukünftigen Otto III., in ihren Armen hält. Das Paar wird kniend vor dem thronenden Christus gezeigt.

Sachsen, zum König gewählt. Er und seine Nachkommen, die „sächsischen Kaiser“ oder Ottonen, regierten bis 1024.

DIE OTTONEN

Heinrich vermied es, kirchlich gekrönt zu werden. Er verfügte über große Eigengüter und die Stammesloyalität der Sachsen, und es gelang ihm durch seine militärischen Erfolge, den Adel hinter sich zu bringen. Er gewann Lothringen vom Westen zurück, errichtete nach siegreichen Feldzügen gegen die Wenden neue Marken an der Elbe, machte Dänemark zu einem tributpflichtigen Königreich und bekehrte es, und er besiegte schließlich die Ungarn. Sein Sohn, Otto I., verfügte daher über ein ansehnliches Erbe, das er in der Folgezeit weiter ausbauen konnte. Durch die Disziplinierung der Herzöge setzte er das Werk seines Vaters fort. Im Jahre 955 brachte er den Ungarn auf dem Lechfeld eine entscheidende Niederlage bei, die ihm die Vormachtstellung in Europa sicherte. Österreich, die Ostmark Karls des Großen, wurde rekolonisiert. Obwohl er auch auf Widerstand stieß, fand Otto in der deutschen Kirche ein loyales Instrument. Dem kam entgegen, dass die Männer der Kirche in Deutschland, anders als in Westfranken, dazu neigten, sich zum Schutz vor räuberischen weltlichen Herren hilfesuchend an die Monarchie zu wenden. Eine neue Kirchenprovinz, das Erzbistum Magdeburg, wurde errichtet, um die Bistümer in den eroberten slawischen Gebieten östlich der Elbe zusammenzufassen. Mit Otto endet der Zeitraum reiner Anarchie in Mitteleuropa. Unter seiner Herrschaft kristallisierten sich zum ersten Mal die Umrisse eines späteren Deutschlands heraus.

Im Jahre 936 wurde Otto in Aachen, der alten Hauptstadt Karls des Großen, gekrönt. Er akzeptierte nicht nur die kirchliche Zeremonie und die Salbung, die sein Vater vermieden hatte, sondern er hielt danach ein Krönungsbankett ab, bei dem ihn die deutschen Herzöge als seine Vasallen bedienten. Das entsprach der karolingischen Tradition. 15 Jahre später marschierte er in Italien ein, heiratete die Witwe eines Anwärters auf die italienische Krone und übernahm sie schließlich selbst. Doch der Papst verweigerte ihm die Kaiserkrönung. Zehn Jahre später, 962, begab sich Otto nach einem Hilfsgesuch des Papstes wieder nach Italien, und diesmal krönte ihn der Papst.

Die Erneuerung des Reiches

Ottos Krönung belebte die römische und karolingische Reichsidee wieder. Die deutsche und die italienische Krone waren wieder vereint in einem Territorium, das später den Titel Heiliges Römisches Reich erhielt. Otto beherrschte aber die Kirche nicht in dem Maße, wie es Karl der Große getan hatte. Zwar galt Otto als Beschützer der Kirche, war ihr jedoch nicht übergeordnet, und nur dem Papst stand in Rom die Befugnis zur Kaiserkrönung zu. Noch war die Struktur des Reiches solide, sie beruhte aber eher auf der Machtausübung lokaler Adliger als auf einem Verwaltungsapparat.

Trotzdem war das Bestehen des ottonischen Reiches eine bemerkenswerte politische Leistung. Ottos Sohn, der zukünftige Otto II., heiratete eine byzantinische Prinzessin. Sowohl seine Regierungszeit als auch die Ottos III. waren von Revolten überschattet, aber beide hielten erfolgreich die von Otto dem Großen errichtete Macht südlich der Alpen aufrecht. Otto III. machte seinen Cousin Brun zum Papst, der als Gregor V. der erste Deutsche auf dem Stuhl des heiligen Petrus war. Wie seine beiden Vorgänger nannte er sich *Romanorum Imperator Augustus*, aber sein Siegel führte darüber hinaus die Inschrift „Erneuerung des Römischen Reiches" (*Renovatio Imperii Romanorum*), das er mit dem christlichen Reich gleichsetzte. Halb byzantinischer Herkunft, sah er sich als neuer Konstantin. Ein Bild in einem Evangeliar, das gegen Ende des 10. Jahrhunderts gemalt wurde, zeigt ihn mit großem Hofstaat, gekrönt und den Reichsapfel in der Hand, wie er die Huldigung von vier gekrönten Frauen empfängt: Slawonia (das slawische Europa), Deutschland, Gallien und Rom. Sein Begriff von Europa, das aus einer Hierarchie von Königen besteht, die unter einem Kaiser dienen, stammte aus dem Osten. Hierin lagen sowohl Größenwahn als auch eine ursprüngliche religiöse Überzeugung. Ottos reale Machtbasis war sein deutsches Königreich, nicht das Italien, auf das er den Schwerpunkt seiner Herrschaft verlagert hatte. Nach seinem Tod im Jahre 1002 wurde er neben Karl dem Großen beigesetzt.

Das mittelalterliche Kaiserreich

Otto I. vereinigte zwei Drittel des karolingischen Reiches und verschob seinen Schwerpunkt von Frankreich nach Deutschland. Nur der westliche Teil Frankreichs blieb außerhalb seiner Kontrolle.

Während des 13. Jahrhunderts dehnten die Staufer ihr Herrschaftsgebiet aus, allerdings hatten 200 Jahre Kampf mit dem Papsttum das Reich entscheidend geschwächt.

Die Nachfolger Ottos I. konnten trotz Revolten die Macht der Ottonen aufrechterhalten. Erst unter Heinrich II. begann der Niedergang der Dynastie.

Das Ende der ottonischen Kaiser

Nach Ottos Tod setzte sich Heinrich II. in den Nachfolgekämpfen durch. Doch seine Krönung in Rom verschleierte die Realität. Er war ein in seinem Herzen deutscher Herrscher, kein Kaiser des Westens. Die Inschrift seines Siegels lautete „Erneuerung des Königreichs der Franken" (*Renovatio Regni Francorum*) und seine Aufmerksamkeit war auf die Befriedung und Bekehrung des östlichen Deutschlands gerichtet. Obwohl er drei Italienzüge unternahm, verließ er sich dort nicht auf Regierungsmacht, sondern auf Politik, indem er verschiedene Interessengruppen gegeneinander ausspielte. Mit ihm begann der byzantinische Stil des ottonischen Reiches zu verblassen.

Zu Beginn des 11. Jahrhunderts verfügte die Idee des Kaiserreiches im Westen zwar immer noch über eine beträchtliche Anziehungskraft, doch das alte karolingische Erbe war längst zersplittert. Diese Teilgebiete bestimmten die europäische Geschichte auf Jahrhunderte. Deutschland existierte noch kaum, war aber bereits eine politische Größe. Die merkwürdige föderale Struktur, die das Mittelalter hervorbrachte, wurde zur letzten Zuflucht der Reichsidee im Westen, dem Heiligen Römischen Reich. Währenddessen wurden auch in Frankreich die Weichen für die Zukunft gelegt, wenngleich das Ziel zu jener Zeit noch nicht erkennbar war. Westfranken hatte sich in ungefähr ein Dutzend größere Einheiten aufgelöst, über die die Kapetinger lange Zeit nur eine schwache Herrschaft ausübten. Die königliche Domäne, die Paris und die wichtige Diözese Orléans umfasste, war ein Vorteil in der Hand des Königs.

Titelseite des *Edictum Rothari*, einer Kodifikation langobardischer Gesetze, die in Italien bis ins 11. Jahrhundert Rechtsgültigkeit besaß.

Italien und Südeuropa

Der andere Hauptteil des karolingischen Erbes war Italien, das inzwischen begonnen hatte, sich wieder ganz mediterran auszurichten und von den Gebieten nördlich der Alpen abzugrenzen. Italien war seit dem 7. Jahrhundert von der Möglichkeit einer Integration in das nördliche Europa abgerückt. Bis zur Mitte des 8. Jahrhunderts hatten die Langobarden den größten Teil Italiens unterworfen. Dieses Volk ließ sich auf der Halbinsel nieder und nahm eine italienisierte Sprache an. Stets blieb es eine angriffslustige Minderheit, deren soziale Spannungen sich in häufigen Eroberungskriegen entluden. Die Langobarden formten den katholischen Glauben, den sie angenommen hatten, nach ihren eigenen Bedürfnissen. Obwohl theoretisch die Rechtsansprüche der byzantinischen Kaiser fortbestanden, stellte der Papst bis zum 8. Jahrhundert das einzige Gegengewicht zu ihnen dar. Als sich die langobardischen Fürstentümer unter einem starken Monarchen konsolidierten, war dieses Gegengewicht nicht mehr ausreichend. Deshalb hatte die päpstliche Diplomatie eine Allianz

Die frühe Beziehung der Langobarden zur Kirche war nicht immer freundlich. Dieses Gemälde aus der Theodolindenkapelle in Monza zeigt einen christlichen Einsiedler (die blonde Gestalt links vom mittleren Reiter), der in die Schlacht gegen langobardische Truppen zieht.

mit den Karolingern angestrebt. Nachdem das langobardische Königreich durch Karl den Großen zerstört worden war, gab es auf der Halbinsel keinen Rivalen des Kirchenstaats mehr. Allerdings mussten es die Päpste nach dem Ende der Karolinger sowohl mit der zunehmenden Macht italienischer Adliger als auch mit der stadtrömischen Aristokratie aufnehmen. Damals war die westliche Kirche am Tiefpunkt ihres Zusammenhalts und ihrer Einheit angelangt. Das Verhältnis zu den Ottonen zeigte, über wie wenig Macht das Papsttum verfügte.

Ein anderes Problem war die Anarchie, die auf der italienischen Landkarte herrschte. Der Norden bestand aus zerstreuten Kleinstaaten. Nur Venedig besaß eine herausragende Stellung. Seit 200 Jahren hatte es sich in der Adria immer weiter vorgeschoben, und sein Herrscher hatte gerade den Titel eines Herzogs, eines Dogen, angenommen. Es ist vielleicht mehr als levantinische und adriatische denn als mediterrane Macht anzusehen. Republikanische Stadtstaaten gab es im Süden, in Gaeta, Amalfi und Neapel. Durch die Mitte der Halbinsel zog sich der Kirchenstaat. Über dem ganzen Land lastete der Schatten arabischer Raubzüge, die nach Norden bis Pisa

Langobardische Architekten neigten dazu, Vorhandenes zu restaurieren. Nur wenige Beispiele ursprünglicher Bauten und Skulpturen haben bis heute überlebt, wie diese Skulpturen aus Stuck in einem kleinen Oratorium in der Kirche Santa Maria in Valle im italienischen Cividale.

Die Entdeckung dieses vergoldeten Bronzehelms schwedischen Typs in einem angelsächsischen Königsgrab in Sutton Hoo, England, zeugt von dem starken nordischen Einfluss auf England im 7. Jahrhundert. Der Helm war Teil eines hauptsächlich heidnischen Schatzes, der mit einem Schiff bestattet wurde. Es wurde keine Spur eines Körpers gefunden, was darauf hinweist, dass das Schiffsbegräbnis eher als Denkmal denn als Grab gedacht war, möglicherweise zu Ehren des ostenglischen Königs Redwald (599–625).

übergriffen, während im 9. Jahrhundert Emirate in Tarent und Bari entstanden. Sie existierten nicht lange, jedoch vollendeten die Araber im Jahre 902 die Eroberung Siziliens und regierten es anderthalb Jahrhunderte lang, was tief greifende Auswirkungen hatte.

Die Araber bestimmten auch das Schicksal der anderen europäischen Küsten am westlichen Mittelmeer. Sie hatten sich in Spanien niedergelassen. Araber traten sowohl als Freibeuter wie auch als Händler auf. In Südfrankreich und Katalonien war die fränkische Eroberung auf die der Goten gefolgt, jedoch unterschieden sich viele Faktoren vom fränkischen Norden. In diesen Gebieten gab es zahlreiche Relikte aus der römischen Vergangenheit, und die Landwirtschaft war mediterran geprägt. Eine andere bezeichnende Eigenheit entwickelte sich im Süden: die romanische Sprachfamilie, von denen das Katalanische und das Provenzalische am längsten währten.

SKANDINAVIEN

Im Jahre 1000 n. Chr. gehörte Skandinavien zum nördlichen Rand Europas, wenn man das Christentum als Kriterium der Zugehörigkeit nimmt. Missionare waren seit langem dort tätig, aber die ersten christlichen Könige gab es erst im 10. Jahrhundert; ab dem folgenden Jahrhundert waren alle skandinavischen Könige Christen. Bereits lange zuvor hatten heidnische Nordmänner in die Geschichte der britischen Inseln und des nördlichen Randes der Christenheit eingegriffen.

Aus Gründen, die wie bei vielen anderen Völkern unklar, möglicherweise aber in der Überbevölkerung zu suchen sind, begannen die Skandinavier ab dem 8. Jahrhundert übers Meer zu fahren. Ausgerüstet mit zwei technisch vorzüglichen Gefährten, einem Langschiff, mit dessen Segeln und Rudern man übers Meer und seichte Flüsse hinauffahren konnte, und einem geräumigen Frachtschiff, mit dem große Familien, ihre Habe und ihre Tiere sechs oder sieben Tage lang übers Meer fahren konnten, eilten sie vier Jahrhunderte lang übers Wasser und hinterließen eine Kultur, die sich schließlich von Grönland bis Kiew erstreckte. Nicht alle von ihnen suchten das Gleiche. Die Norweger, die nach Island, den Faröern, den Orkneyinseln und weit nach Westen hinauszogen, wollten kolonisieren. Die Schweden, die nach Russland vordrangen und in den Quellen Waräger genannt werden, waren sehr viel aktiver im Handel. Die Dänen waren für den größten Teil der Plünderungen und der Piraterie verantwortlich, für die die Wikinger berühmt sind. Aber alle diese Motive der skandinavischen Migration sind miteinander verflochten.

Die Kolonisation abgelegener Inseln war die spektakulärste Leistung der Wikinger. Sie ersetzten die Pikten auf den Orkney- und den Shetlandinseln und dehnten von dort ihre Herrschaft über die Faröer (die bis dahin abgesehen von einigen irischen Mönchen und ihren Schafen unbewohnt waren) und die Isle of Man aus. Auf den Inseln war die Besiedlung durch die Wikinger dauerhafter und tief greifender als auf dem schottischen und irischen Festland, wo sie im 9. Jahrhundert begann. Dublin, von den Wikingern gegründet, wurde bald zu einem wichtigen Handelsplatz. Die

Bis zum 9. Jahrhundert führten die Wikinger in England und Irland Raubzüge durch; die Plünderungen wirkten verheerend. Dieser Stab gehörte ursprünglich einem englischen Bischof und wurde wahrscheinlich während eines Raubzuges gestohlen: Er wurde auf Helgö in Schweden gefunden.

erfolgreichste Kolonie überhaupt war Island. Irische Einsiedler waren schon vor den Wikingern dort gewesen; Letztere kamen erst am Ende des 9. Jahrhunderts in großer Zahl. Im Jahre 930 gab es ungefähr 10 000 nordische Isländer, die vom Ackerbau und der Fischerei lebten, teilweise zur Eigenversorgung, teilweise zur Herstellung von Handelserzeugnissen wie eingesalzenem Fisch. In diesem Jahr wurde auch der isländische Staat gegründet und das *Althing* (das romantische Althistoriker später für das erste europäische „Parlament" hielten) trat zum ersten Mal zusammen. Es handelte sich dabei mehr um einen Rat der großen Männer der Gemeinschaft als um eine moderne repräsentative Versammlung, und es folgte einer früheren norwegischen Praxis. Islands ununterbrochene historische Tradition bleibt in dieser Hinsicht trotzdem bemerkenswert.

Im 10. Jahrhundert folgten Kolonien in Grönland, wo die Nordmänner 500 Jahre lang blieben. Dann wurden die Siedler vermutlich von Eskimos ausgelöscht, die wegen des vorrückenden Eises nach Süden drängten. Über Entdeckungen und Besiedlungen weiter im Westen wissen wir viel weniger. Die Sagas, die heroischen Dichtungen des mittelalterlichen Islands, berichten uns von der Erkundung von „Vinland", dem Land, in dem die Nordmänner wild wachsenden Wein fanden, und von der Geburt eines Kindes dort, dessen Mutter anschließend nach Island zurückkehrte und wieder als Pilgerin bis nach Rom reiste, bevor sie sich in einen hoch geheiligten Ruhestand in ihrem Heimatland zurückzog. Es gibt gute Gründe für die Annahme, dass eine auf Neufundland entdeckte Siedlung nordischen Ursprungs ist. Aber wir sind bisher bei der Spurensuche nach den Vorgängern von Kolumbus nicht sehr viel weiter gekommen.

Dieser Kelch, der vom Anfang des 8. Jahrhunderts stammt, wurde 1868 in Ardagh gefunden und stellt eines der Meisterwerke irischer Gold- und Silberschmiedekunst dar. Schätze wie dieser wurden oft zum Beutegut der Nordmänner.

Die Wikingerzüge

In der westeuropäischen Überlieferung wurden die Eroberungszüge und Handelsaktivitäten der Wikinger von Anfang an von ihrem Schrecken erregenden Ruf als Räuber überlagert. Zweifellos bedienten sie sich einiger abschreckender Mittel; das Kreuzigen gehörte dazu, aber so handelten die meisten Barbaren. Es ist daher sicher manches übertrieben, insbesondere deshalb, weil die wesentlichen Aussagen aus der Feder von Männern der Kirche stammen, die von Angriffen auf Kirchen und Klöster in zweifacher Hinsicht betroffen waren, nämlich als Christen und als Opfer. Da die Wikinger Heiden waren, stellten die Klöster für sie keine heiligen Stätten, sondern Depots von Edelmetallen und Nahrung dar, weshalb sie attraktive Ziele boten.

Welches Gewicht man solchen Überlegungen auch immer beimessen darf, es steht außer Frage, dass der Ansturm der Wikinger auf die westliche und nördliche Christenheit Angst und Schrecken erregte. Sie griffen zuerst England im Jahre 793 an, wo das Kloster Lindisfarne ihr Opfer wurde. Der Angriff schockierte die kirchliche Welt, doch das Kloster bestand noch weitere 80 Jahre. Irland überfielen sie zwei Jahre später. Seit der ersten Hälfte des 9. Jahrhunderts plünderten die Dänen Jahr für Jahr aufs Neue friesische Ortschaften. Danach griffen sie die Küste Frankreichs an. Im Jahre 842 wurde Nantes in einem großen Massaker

Eines der ersten Opfer der Wikinger in England war das Kloster Lindisfarne aus dem 7. Jahrhundert. Seine Mönche stellten filigrane Miniaturen her. Hierfür ist diese Seite aus dem so genannten Lindisfarne-Evangeliar (696 – 698) im hibernisch-sächsischen Stil ein Beispiel.

erobert. Bereits nach wenigen Jahren beklagte sich ein fränkischer Chronist darüber, „dass die endlose Flut von Wikingern nie zu steigen aufhört“. Die Wikinger griffen Städte wie Paris, Limoges, Orléans, Tours und Angoulême an, die weit im Binnenland lagen. Bald hatte auch Spanien unter ihnen zu leiden, und sogar die Araber blieben nicht verschont. Im Jahre 844 stürmten sie Sevilla, 859 überfielen sie Nîmes und plünderten Pisa.

Die Folgen der Wikingerzüge

In seiner schlimmsten Phase, so die Ansicht einiger Gelehrter, war der Ansturm der Wikinger nahe daran, die Kultur im westlichen Frankenreich zu zerstören. Mit Sicherheit hatten die Westfranken mehr zu erdulden als ihre Vettern im Osten. Die Wikinger trugen ihren Teil zur Herausbildung der Unterschiede zwischen den zukünftigen Ländern Frankreich und Deutschland bei. Im Westen bürdete ihr Wüten dem lokalen Adel neue Verantwortlichkeiten auf, während die Kontrolle durch die zentrale Verwaltung und den König immer mehr zerbröckelte und die Menschen zunehmend bei ihren lokalen Herren Schutz suchten. Als Hugo Capet den Thron bestieg, tat er das in hohem Grad als *primus inter pares* in einer feudalen Gesellschaft.

Nicht alle Anstrengungen der Herrscher, der Bedrohung durch die Wikinger zu begegnen, waren Fehlschläge. Karl der Große und Ludwig der Fromme sahen sich zugegebenermaßen nicht mit so schweren und beharrlichen Angriffen konfrontiert wie ihre Nachfolger, aber es gelang ihnen, die verwundbaren Häfen und Flussmündungen wirkungsvoll zu verteidigen. Die Wikinger konnten geschlagen werden, wenn man sie in eine reine Feldschlacht verwickelte. Die Hauptzentren des christlichen Westens wurden, mit dramatischen Ausnahmen, erfolgreich verteidigt. Wiederholte kleine Raubzüge an die Küsten konnten allerdings nicht verhindert werden. Als die Wikinger gelernt hatten, offene Feldschlachten zu vermeiden, blieb Geld der einzige Weg, um mit ihnen fertig zu werden. Karl der Kahle zahlte ihnen Tribut, damit seine Untertanen in Frieden gelassen wurden.

Daraus entwickelte sich das so genannte Danegeld, wie die Engländer es nannten. Ihre Insel war bald zu einem Hauptziel geworden, zu dem die Wikinger sowohl kamen, um sich anzusiedeln als auch, um zu rauben. Aus der germanischen Invasion ging dort eine kleine Gruppe von Königreichen hervor. Im 7. Jahrhundert lebten viele Menschen romanisch-britischer Abstammung neben den Gemeinden der neuen Siedler, während andere in die Hügel von Wales und Schottland zurückgedrängt wurden. Irische Missionare, die in Canterbury ihr Zentrum hatten, verbreiteten weiterhin das Christentum. Die römische Kirche

Alfred der Große, König von Wessex (871 – 899), ist auf diesem angelsächsischen Penny aus dem 9. Jahrhundert abgebildet.

hatte bis 664, einem entscheidenden Datum, mit der älteren keltischen Kirche gewetteifert. In jenem Jahr sprach sich ein König aus Northumbrien bei einer Kirchensynode in Whitby für die Übernahme des von Rom sanktionierten Ostertermins und somit gegen die lange keltische Tradition aus. Es war eine symbolische Entscheidung, mit der bestimmt wurde, dass das zukünftige England römischer und nicht keltischer Tradition folgen würde.

Alfred der Große

Von Zeit zu Zeit war eines der englischen Königreiche stark genug, um sich über die anderen zu erheben. Doch nur eines von ihnen konnte sich der Welle der dänischen Angriffe ab 851 erfolgreich entgegenstemmen, die immerhin zur Besetzung von zwei Dritteln des Landes führte. Wessex brachte Englands ersten Nationalhelden hervor, der gleichzeitig auch eine historische Persönlichkeit war: Alfred der Große.

Als achtjähriges Kind hatte Alfreds Vater ihn nach Rom gebracht, wo ihm vom Papst konsularische Ehren zuteil wurden. Das Königreich von Wessex war unauflöslich mit der Christenheit und dem karolingischen Europa verbunden. Es verteidigte den Glauben gegen das Heidentum und gleichermaßen England gegen ein fremdes Volk. Im Jahre 871 brachte Alfred einer dänischen Armee die erste entscheidende Niederlage in England bei. Bezeichnenderweise erklärte sich der dänische König wenige Jahre später nicht nur mit dem Rückzug aus Wessex einverstanden, sondern er war auch bereit, sich zum Christentum bekehren zu lassen. Das zeigt nicht nur, dass die Dänen nach England gekommen waren, um zu bleiben (sie hatten sich im Norden niedergelassen), sondern auch, dass es möglich war, sie aufzuspalten. Bald war Alfred

Die nordischen Sagas

Sagas sind legendenhafte Erzählungen – Niederschriften von traditionellen, mündlich überlieferten Geschichten aus der nordischen Literatur des Altertums in Form von Prosa oder Versen. Die Sagas, die von Heldentaten und großen nordischen Kriegern handeln, zerfallen in zwei Gruppen: die Familiensagas und die historischen Sagas. Letztere decken den Zeitraum skandinavischer Expansion vom 9. bis zum 11. Jahrhundert ab. Später entstandene Erzählungen geben das Leben von Königen und Königinnen wieder und auch – im Gefolge der Verbreitung des Christentums im 11. Jahrhundert – das von Bischöfen.

Die Tradition des Schreibens und des Geschichtenerzählens war in Skandinavien (und in den von den Wikingern eroberten Ländern) bis zum 13. Jahrhundert besonders weit verbreitet.

Die Wikingergötter Thor, Odin und Freyr sind auf diesem Wandteppich aus dem 12. Jahrhundert in der Kirche von Skog in Halringland, Schweden dargestellt.

Dieses Amulett mit Thors Hammer stammt aus dem 10. Jahrhundert. Obwohl das Christentum ab dieser Zeit in Schweden wichtig wird, zeugen solche Gegenstände davon, dass alte nordische Religion und Christentum zumindest bis zum 10. Jahrhundert nebeneinander existierten.

Knut I., König von England, Dänemark und Norwegen, und seine Frau sind in dieser Handschrift aus dem 11. Jahrhundert abgebildet. Das Paar stellt ein Altarkreuz in der Abtei von Newminster auf, das ursprünglich Knuts Feind, König Ethelred II., gehörte.

der Führer aller verbliebenen englischen Könige, bis er schließlich allein regierte. Er eroberte London zurück, und als er 899 starb, war die schlimmste Zeit der Dänenzüge vorbei. Seine Nachfahren regierten ein geeintes Land. Selbst die Bewohner des Danelag akzeptierten ihre Herrschaft; jenes Gebietes also, das bis heute an skandinavischen Ortsnamen und Sprechweisen zu erkennen ist, wie sie Alfred für die Gebiete der dänischen Kolonisation festgelegt hatte. Er hatte auch eine Reihe von festen Plätzen (*burghs*) als Teil eines neuen Systems der nationalen Verteidigung mit Hilfe lokaler Steuern gegründet. Damit hatten seine Nachfolger nicht nur Stützpunkte für die weitere Verkleinerung des Danelag, sondern damit war auch der größte Teil der Struktur früher mittelalterlicher Urbanisierung in England vorgegeben. An diesen Orten wurden Städte gebaut, die heute noch existieren. Darüber hinaus nahm Alfred mit bescheidenen Mitteln die kulturelle und intellektuelle Regeneration seines Volkes mit Entschiedenheit in Angriff. Die Gelehrten an seinem Hof praktizierten, wie die Karls des Großen, das Kopieren und Übersetzen: Angel-

Die Zerstörung Barcelonas im Jahre 985 durch die Truppen al-Mansurs ermöglichte es den Grafen von Barcelona, die Unabhängigkeit vom karolingischen König zu erlangen. Hier ist einer von ihnen, Ramón Berenguer I. (1024–1076), mit seiner dritten Frau, Almodis de la Marca, porträtiert, von der erzählt wird, dass sie großen Einfluss auf ihn ausgeübt habe.

sächsische Edelmänner und Kleriker sollten Beda und Boethius in ihrer eigenen Sprache kennen lernen.

Das skandinavische Erbe

Alfreds Verwaltungsreformen waren eine in Europa bisher einmalige Leistung. Für England bedeuteten sie den Beginn einer großen Zeit. Die Grafschaftsstruktur nahm Formen an, und es wurden Grenzen gezogen, die bis 1974 Bestand haben sollten. In der englischen Kirche erlebte das Klosterleben bald einen bemerkenswerten Aufschwung. Die Dänen blieben während der Turbulenzen eines halben Jahrhunderts in einem vereinigten Königreich. Erst als die Herrschertugenden in Alfreds Dynastie nachließen, scheiterte das angelsächsische Königtum, und eine neue Offensive der Wikinger setzte ein. Riesige Summen an Danegeld wurden bezahlt, bis ein dänischer König, ein Christ, den englischen König stürzte, dann aber verstarb. Die Herrschaft hinterließ er seinem jungen Sohn, dem gefeierten Knut, unter dem England für kurze Zeit Teil eines großen dänischen Reiches war (1018–1035). Im Jahre 1066 erlebte England eine letzte große norwegische Invasion, die aber in der Schlacht von Stamford Bridge zerschlagen wurde. Zu dieser Zeit waren alle skandinavischen Monarchien christlich, und die Kultur der Wikinger wurde vom Christentum aufgesogen. Sie hinterließ sowohl in der keltischen als auch in der kontinentalen Kunst viele Zeugnisse ihrer Individualität und Stärke. Ihre Institutionen überlebten in Island und auf anderen Inseln. Das skandinavische Erbe machte sich jahrhundertelang in der Sprache und den sozialen Formen Englands geltend, ebenso in der Entstehung des Herzogtums der Normandie und vor allem in der Literatur der Sagas. Doch wenn sie in bereits besiedelte Länder kamen, verschmolzen die Nordmänner allmählich mit dem Rest der Bevölkerung. Als die Nachfahren von Rollo und dessen Ge-

Die iberische Stadt León in Asturien wurde während der Regierungszeit Ordoños II. (914–924), der auf dieser Handschriftenillustration abgebildet ist, neu gegründet. Er stellte die Einheit der Christen in der Region wieder her.

In der Verzierung dieser Truhe aus Walknochen, dem so genannten Kästchen von Auzon oder Franks Casket, vereinen sich heidnische und christliche Bildelemente. Die heidnische Szene zur Linken zeigt Wieland den Schmied, wie er auf Nidhads Tochter Bathilde wartet, nachdem er dessen Söhne getötet hat. Zur Rechten zeigt eine christliche Szene die Verehrung der Heiligen Drei Könige.

folgsleuten sich im 11. Jahrhundert an die Eroberung Englands machten, waren sie Franzosen geworden, und der Kriegsgesang, den sie bei Hastings anstimmten, handelte von Karl dem Großen, dem fränkischen Paladin. Sie eroberten ein England, in dem die Leute des Danelag heimisch geworden waren.

Das christliche Spanien

Die christlichen Staaten Nordspaniens zeigen ebenfalls eine bemerkenswerte Entwicklung. Dank der Uneinigkeit der Muslime hatte das Christentum auf der Halbinsel überlebt. Im frühen 8. Jahrhundert harrten noch christliche Fürsten und Herren in Asturien und Navarra aus. Seit der Errichtung der spanischen Mark durch Karl den Großen und deren Anwachsen wurde das islamische Spanien immer kleiner, während es durch Bürgerkrieg und religiöse Kämpfe abgelenkt war. Ein Königreich León entstand in Asturien, wo es seinen Platz neben dem Königreich von Navarra einnahm. Im 10. Jahrhundert kam es allerdings zu Streitigkeiten unter den Christen und die Araber gewannen wieder Land. Die schwärzeste Stunde nahte ganz am Ende des Jahrhunderts, als ein großer arabischer Eroberer, al-Mansur (Almansor), Barcelona, León und im Jahre 998 das Heiligtum von Santiago de Compostela einnahm, wo der Legende nach der Apostel Jakobus begraben war. Der Triumph hielt nicht lange an, denn auch hier erwies sich das Fundament eines christlichen Europas als unwiderruflich. Innerhalb weniger Jahrzehnte einte sich das christliche Spanien, während das islamische Spanien auseinanderbrach. Sowohl auf der Iberischen Halbinsel wie auch anderswo begann mit dem Zeitalter der Expansion eine neue historische Epoche. Für Spanien war vor allem das Christentum der entscheidende Faktor nationaler Einheit.

Die Kirche im Westen

Das iberische Beispiel zeigt deutlich, in welch hohem Maß die Landkarte Europas von der Kirche mitgestaltet wurde. Es führt allerdings in die Irre, wollte man lediglich auf erfolgreiche Unternehmungen und Verbindungen des Klerus mit mächtigen Monarchen abheben. Das frühe christliche Europa und das christliche Leben waren viel mehr als nur das. Die westliche Kirche blickt auf eine große Erfolgsgeschichte, doch sahen sich ihre Führer zwischen dem Ende der antiken Welt und dem 11. und 12. Jahrhundert lange in einer heidnischen oder halbheidnischen Welt iso-

Spaniens Einheit wurde durch das Christentum begründet und bestärkt, das den Kampf gegen die muslimische Besetzung des Landes anführte. Das gesamte christianisierte Europa profitierte von den kirchlichen Institutionen.

Das Christentum vor den islamischen Eroberungen

Vor dem Zeitalter der islamischen Eroberungen hatte das Christentum bereits vom größten Teil Westeuropas und des Nahen Ostens Besitz ergriffen. Die obenstehende Karte gibt den Ort der großen Bischofssitze und der wichtigsten Klöster sowie das Jahr ihrer Gründung an.

liert. Es verwundert kaum, dass die westliche Christenheit, die sich zunehmend mit der östlichen Orthodoxie im Streit befand und schließlich fast ganz von ihr abgeschnitten war, als Verteidigungsstrategie eine aggressive Unnachgiebigkeit entwickelte. Dies war nur ein weiteres Zeichen ihrer Unsicherheit. Auch wurde sie nicht nur von äußeren Feinden, sondern auch innerhalb der westlichen Christenheit bedroht. Sie kämpfte inmitten einer noch halb heidnischen Bevölkerung darum, ihre Lehre und Riten intakt zu halten, während sie die Christianisierung so weit wie möglich vorantrieb. Dabei wog sie sehr fein die Zugeständnisse, die sie gegenüber der lokalen Praxis und Tradition zu machen bereit war, gegen eine schädliche Kompromittierung ihrer Grundsätze ab. Sie musste dies mit einem Klerus leisten, der oft ungebildet war, über wenig Disziplin verfügte und dessen Geistlichkeit von zweifelhafter Natur war. Die Führer der Kirche übersahen deshalb manchmal den ungeheuren Vorteil, dass ihnen in Westeuropa seit der Zurückdrängung des Islam durch Karl Martell kein geistiger Rivale mehr gegenüberstand. Sie hatten nur noch vereinzelt mit Heidentum und Aberglauben zu kämpfen, und die Kirche wusste, wie sie das zu ihrem eigenen Vorteil ausnutzen konnte. Währenddessen war sie von den großen Herrschern der Welt umgeben, die ihr gelegentlich hilfsbereit und voller Hoffnung begegneten, aber stets eine Bedrohung für die Unabhängigkeit der Kirche darstellten.

DAS PAPSTTUM

Das Papsttum spielte für die weitere geschichtliche Entwicklung eine große Rolle. Es ist die zentrale und die am besten dokumentierte Institution der Christenheit, der nicht nur wegen der guten Quellenlage besonders viel Aufmerksamkeit zuteil wurde. Man sollte aber darüber nachdenken, was wir über die Religion in jenen Jahrhunderten überhaupt in Erfahrung bringen können. Obwohl die Macht des Papstes beunruhigende Höhen und Tiefen aufwies, bedeutete die Teilung des alten Reiches, dass nur Rom im Westen als Verteidiger der Religionsinteressen in Betracht kam.

Nach Papst Gregor dem Großen war es unglaubwürdig, weiterhin die Theorie der einen Kirche in einem Reich aufrechtzuerhalten, selbst wenn der kaiserliche Exarch in Ravenna verblieb. Im Jahre 663 reiste zum letzten Mal ein byzantinischer Kaiser nach Rom, 710 kam ein Papst zum letzten Mal nach Konstantinopel. Der Bildersturm führte zu schwerwiegenden ideologischen Differenzen. Als Ravenna beim erneuten Vormarsch der Langobarden fiel, begab sich Papst Stephan an den Hof Pippins und nicht zum byzantinischen Hof. Ein Bruch mit dem Ostreich war zwar nicht angestrebt, doch fränkische Armeen konnten den Schutz bieten, der vom Osten nicht mehr zu erwarten war. Und Schutz war erforderlich, denn auch die Araber bedrohten Italien vom Beginn des 8. Jahrhunderts an, und die dort ansässigen Adligen wurden im Gefolge der verebbenden langobardischen Vorherrschaft zunehmend eigenständiger.

Papst Gregor der Große (540 – 604) ist hier bei der Arbeit an einem seiner Manuskripte porträtiert. Der Legende zufolge wurden ihm die göttlichen Worte von einer Taube diktiert, die auf seiner Schulter sitzend dargestellt ist.

Die Abhängigkeit des Papstes

Es gab einige sehr gefährliche Momente für das Papsttum in den zweieinhalb Jahrhunderten nach Pippins Krönung. Rom hatte wenige

Trümpfe in der Hand und tauschte zeitweise nur einen Herrn gegen den anderen aus. Sein Anspruch auf den Primat war eine Sache des Respekts, den man den Reliquien des heiligen Petrus und seinem biblischen Wächteramt für die Kirche schuldete. Außerdem war Rom unbestreitbar der einzige Apostolische Stuhl im Westen: Das war mehr eine historische Frage als eine der tatsächlichen Macht. Lange Zeit waren die Päpste kaum dazu in der Lage, innerhalb ihres weltlichen Herrschaftsbereichs wirkungsvoll zu regieren, denn sie verfügten weder über genügend Streitkräfte noch über eine Zivilverwaltung. Als große italienische Landeigentümer waren sie Ziel von Raub und Erpressung. Karl der Große war der Erste und vielleicht begabteste von mehreren Kaisern, die dem Papst seine Rolle diktierten und sich als Schutzherren der Kirche verstanden. Die Ottonen übten sich bevorzugt darin, Päpste sowohl auf den Apostolischen Stuhl zu erheben als auch, sie wieder zu stürzen. Die Nachfolger des heiligen Petrus konnten Konfrontationen keineswegs gelassen entgegensehen, war ihre Position doch nach wie vor geschwächt.

Die Bedeutung des Papsttums

Dieses Kräftespiel hatte noch eine andere Dimension, auch wenn die Folgen erst allmählich zu Tage traten. Das Land, das dem Papsttum durch die Pippinische Schenkung zugekommen war, bildete mit der Zeit den Kern eines mächtigen italienischen Territorialstaates.

In der Krönung der Kaiser durch den Papst lag der Anspruch verborgen, möglichst über die Rechtmäßigkeit der kaiserlichen Thronfolge zu befinden. Bezeichnenderweise hörten die Päpste mit der Zeit damit auf, bei den Kaiserkrönungen (ebenso wie bei den Krönungen der englischen und französischen Könige) das Chrisam zu verwenden, jene spezielle heilige Mischung aus Öl und Balsam, das für das Einsetzen von Priestern und die Weihe von Bischöfen verwendet wurde. Die Päpste ersetzten es durch schlichtes Öl. Auf diese Weise wurde eine lange verborgene Realität aufgedeckt, die jedoch in einem Zeitalter, das an die Verwendung von Symbolen gewöhnt war, einfach zu begreifen war: Der Papst übertrug auf den Kaiser die Krone und das Siegel göttlicher Anerkennung. Vielleicht konnte er deshalb daran auch Bedingungen knüpfen. Die Krönung Karls des Großen durch Leo III. mag ebenso wie die Pippins durch Stephan für den

Die territoriale Macht des Papstes beruhte auf der Pippinschen Schenkung, seine politisch-religiöse Macht unter anderem auf seinem Anspruch, über die Rechtmäßigkeit des kaiserlichen Thronfolgers zu entscheiden.

Papst von Vorteil gewesen sein, aber sie enthielt den Keim zu großer Macht. Wenn, wie es oft geschah, persönliche Schwäche und Nachfolgestreitigkeiten die fränkischen Königreiche zerrissen, dann gewann Rom an Boden.

In unmittelbarer und praktischer Hinsicht war die Unterstützung mächtiger Könige nötig, um Ortskirchen zu reformieren und Unterstützung für die Missionsunternehmungen im Osten zu gewinnen. Trotz aller Eifersucht des lokalen Klerus änderte sich die fränkische Kirche grundlegend. Im 10. Jahrhundert hatte das Wort des Papstes nördlich der Alpen Gewicht. Aus der *Entente* des 8. Jahrhunderts erwuchs allmählich die Vorstellung, dass es die Sache des Papstes sei, die Politik der Kirche zu bestimmen, und dass die einzelnen Bischöfe im Frankenreich diese Politik nicht entstellen sollten. Ein mächtiges Instrument zur Vereinheitlichung wurde geschmiedet, das grundsätzlich schon vorhanden war, als Pippin seine Macht als fränkischer König dazu verwendete, um die Kirche seiner Landsleute zu reformieren. Hierzu passte er Ritual und Lehre an Rom an und entfernte sich so weiter von keltischen Einflüssen.

Für die römisch-katholische Kirche ist das Papsttum eine heilige Institution. Auf diesem Fresko von Perugino (1450–1523) in der Sixtinischen Kapelle des Vatikan ist dargestellt, wie Christus die Schlüssel der Kirche Petrus, dem Bischof von Rom, übergibt. Die katholische Tradition erkennt die Bischöfe von Rom als legitime Nachfolger des heiligen Petrus und als Wächter der universalen Kirche an.

Papst Nikolaus I. (ca. 858 – 867), der dazu entschlossen war, die päpstliche Autorität aufrechtzuerhalten, opponierte gegen die Scheidung Lothars II., König von Lothringen, von seiner Frau Theutberga. Der berühmte Kristall des Lothar (oben), einer der bekanntesten Bergkristalle, erzählt die Geschichte der Theutberga.

Papst Nikolaus I.

Die Vor- und Nachteile der faktischen Macht des Papstes hielten sich lange Zeit die Waage. Bezeichnenderweise gelang es Papst Nikolaus I. nach einer fränkischen Erbteilung, bei der die Krone Italiens von Lothringen getrennt wurde, die päpstlichen Ansprüche am erfolgreichsten geltend zu machen. Ein Jahrhundert zuvor sollte eine berühmte Fälschung, die „Konstantinische Schenkung", den Eindruck erwecken, dass Kaiser Konstantin dem Bischof von Rom die Herrschaftsmacht übertragen habe, die vom Reich in Italien ausgeübt wurde. Nikolaus trat Königen und Kaisern so gegenüber, als ob diese Theorie für den gesamten Westen gelte. Es wird berichtet, dass er die Herrscher in Briefen anredete, „als ob er der Herr der Welt sei", indem er sie daran erinnerte, dass er die Macht zu ihrer Ernennung und Entlassung habe. Er verwendete die Doktrin der päpstlichen Vorrangstellung zur Unterstützung des Patriarchen in Konstantinopel auch gegen den Kaiser des Ostens. Das war der Gipfel der Anmaßung, die das Papsttum in der Praxis jedoch nicht lange aufrechterhalten konnte, denn es war bald klar, dass rohe Gewalt in Rom darüber entscheiden würde, wer die kaiserliche Macht genießen sollte, die der Papst zu übertragen beanspruchte. Nicht zufällig war Nikolaus' Nachfolger der erste Papst, der ermordet wurde. Trotzdem schuf das 9. Jahrhundert Präzedenzfälle, selbst wenn ihnen noch nicht konsequent gefolgt werden konnte.

Insbesondere während des Zusammenbruchs der päpstlichen Autorität im 10. Jahrhundert, als der Stuhl Petri immer wieder zur Beute römischer Parteien wurde, lag die Wahrung christlicher Interessen in den verschiedenen Ländern ausschließlich in den Händen der Bischöfe. Diese mussten die bestehenden Mächte respektieren und, um Hilfe von den weltlichen Herrschern zu erhalten, waren sie oft gezwungen, sich in die Rolle königlicher Diener zu begeben. So wie der Gemeindepfarrer unter der Herrschaftsgewalt des lokalen Adligen stand, mussten sie sich weltlichen Souveränen beugen und ihre Einnahmen mit ihnen teilen. Diese demütigende Abhängigkeit führte später zu einigen der schärfsten päpstlichen Eingriffe in die Struktur der Landeskirchen.

Bischöfe und Klöster

Die Bischöfe unterstützten darüber hinaus soziale und insbesondere missionarische Ziele. Dabei hatte die Sache auch eine politische Seite. Im 8. Jahrhundert war die Regel des heiligen Benedikt überall in England eingeführt. Es folgte eine große angelsächsische Missionierungsbewegung durch die hervorragenden Willibrord in Friesland und Bonifaz im Ostfrankenreich. Weitgehend unabhängig von den ostfränkischen Bischöfen bestätigten die

Romanische Architektur

Seit dem 19. Jahrhundert verwenden Kunsthistoriker und Archäologen den Begriff *romanisch*, der zuvor Sprachen bezeichnete, die sich vom Lateinischen ableiten. Er bezeichnet den Architekturstil des 11., 12. und 13. Jahrhunderts, der klare Verbindungen zur klassischen römischen Kunst aufweist. Frühe Spezialisten studierten die romanische Architektur als etwas Homogenes, obwohl heute anerkannt ist, dass es im romanischen Stil Variationen nach verschiedenen Regionen und historischen Perioden gibt.

Die romanische Architektur – allgemein erkennbar an ihren Rundbogen, dicken Wänden mit kleinen Fenstern und massiven Gewölben – stammt aus dem Südeuropa der ersten Hälfte des 11. Jahrhunderts. Sie entstand in der Lombardei und breitete sich später nach Mitteleuropa (im Ottonenreich), ins Königreich Frankreich (Burgund) und nach Katalonien aus. Dieser frühe Stil, bekannt als „Frühromanik", zeichnet sich durch überwölbte Räume mit spärlichem Schmuck wie Wandmalereien und Plastiken aus. Die Grundrisse variieren bei den romanischen Kirchen jener Periode zwischen einem Längsschiff bei kleineren Bauten und drei bis fünf Längsschiffen bei großen Basiliken. Manche kleine Bauten besitzen eine runde Form. Doppelturmfassaden, Vierungstürme oder Türme am Ostabschluss sind ebenfalls typisch für diesen Stil.

Im letzten Viertel des 11. bis zur Mitte des 12. Jahrhunderts entstand die so genannte „Hochromanik". Sie wurde von den großen Klöstern beeinflusst, in erster Linie von der Abtei von Cluny, und von den Reformen des Papstes Gregor VII. Typisch sind gewölbte Kirchenbauten mit einem reichen monumentalen Skulpturenschmuck und einem vielfältigen Bildprogramm, darunter das beliebte Thema der Theophanie, der Erscheinung Gottes.

Die letzte Phase, die „Spätromanik", steht am Ende der romanischen Kunst. Viele ihrer Charakteristika, wie etwa die Strebepfeiler und Spitzbogen, gehen in den frühgotischen Stil ein.

Die Kirche Sankt Martin Fromista, eines der schönsten romanischen Gebäude im nördlichen Spanien, ist ein Beispiel für die Architektur der Hochromanik.

Diese Miniatur aus einer Bibel, die Karl dem Kahlen (840–877) gehörte, zeigt Szenen aus der Geschichte des hl. Paulus: seine Bekehrung zum Christentum, seine Taufe und seine Rolle als Prediger. Die meiste Kunst und Literatur des Mittelalters wurde unter dem Patronat der Kirche geschaffen.

Angelsachsen die Oberhoheit des Papstes. Die von ihnen Bekehrten wandten sich daher in religiösen Angelegenheiten direkt nach Rom; viele pilgerten auch dorthin. Diese Ausrichtung auf Rom verschwand in den späteren Phasen der Ostmission, beziehungsweise sie wurde wegen der Gleichschaltung mit Interessen der deutschen Kaiser und ihrer Bischöfe weniger offensichtlich. Mission wurde mit Eroberung kombiniert, neue Bistümer als Herrschaftsinstrumente eingesetzt.

Eine andere große Bewegung war die Kirchenreform des 10. Jahrhunderts. Sie betraf die Bistümer, nicht aber das Papsttum. Es war eine monastische Reform, die sich der Unterstützung einiger Herrscher erfreute. Ihr Kern war die Erneuerung mönchischer Ideale. Edelleute gründeten neue Klöster, die ein degeneriertes Mönchstum zurück zu den Ursprüngen führen sollten. Viele dieser Klöster lagen in den alten karolingischen Ländern, von Belgien hinunter bis zur Schweiz, nach Burgund und nach Osten ins Fränkische hinein, von wo aus der Reformimpuls weitere Kreise zog. Gegen Ende des 10. Jahrhunderts gewannen sie die Unterstützung von Fürsten und Kaisern. Deren Patronage ließ die Befürchtung aufkeimen, dass sich Laien in die Angelegenheiten der Kirche mischen könnten, aber es ermöglichte auch den Wiederaufstieg des Papsttums aus den engen italienischen Grenzen und der dynastischen Bedeutungslosigkeit.

Die cluniazensische Reform

In Reformkreisen wurde besonders die Gründung der burgundischen Abtei von Cluny im Jahre 910 gefeiert. Fast zweieinhalb Jahrhunderte lang bildete sie das Herzstück der Reformbewegung. Ihre Mönche folgten einer revidierten benediktinischen Regel und entwickelten einen neuen religiösen Orden, der nicht einfach auf einem gleichförmigen Lebensstil beruhte, sondern auf einer zentral geführten Organisation. Während die benediktinischen Klöster unabhängige Gemeinschaften waren, ordneten sich die neuen cluniazensischen Klöster dem Abt von Cluny unter. Er war der General einer „Armee" von Tausenden von Mönchen, die in ihre Klöster erst nach einer Ausbildungszeit im Mutterkloster eintraten. Auf dem Höhepunkt seiner Macht, in der Mitte des 12. Jahrhunderts, empfingen mehr als 300 Klöster im gesamten Westen und sogar in Palästina ihre Weisungen aus Cluny, welches den größten Kirchenbau der westlichen Christenheit nach dem Petersdom in Rom besaß.

Der Erfolg des 910 gegründeten Reformklosters Cluny zeigte sich deutlich in der Anzahl seiner Tochterklöster: Mitte des 12. Jahrhunderts hatten sich 300 Klöster der Reform angeschlossen, beziehungsweise sie wurden auf deren Grundlage neu gegründet.

Christliche Kultur

Bereits in ihrer Frühzeit verbreitete die Bewegung von Cluny neue Riten und Ideen in der gesamten Kirche. Das führt uns über Fragen der kirchlichen Hierarchie und des Kirchenrechts hinaus, auch wenn Aussagen zu allen Aspekten des christlichen Lebens im frühen Mittelalter schwierig sind. Gerade religionsgeschichtliche Elemente können leicht durch die Quellen verfälscht werden, und die geistlichen Dimensionen sind jenseits der Bürokratie oft schwer erkennbar. Deutlich wird, dass die christliche Kirche nicht in Frage gestellt wurde, dass sie einzigartig war und das gesamte soziale Geflecht durchzog. Sie hatte eine Art Monopol auf das kulturelle Schaffen inne. Das klassische Erbe war durch barbarische Invasionen, Völkerwanderung und den strengen Jenseitsbezug der frühen Christenheit beschädigt und eingegrenzt worden: „Was hat Athen mit Jerusalem zu tun?", hatte Tertullian gefragt, aber diese ablehnende Haltung war im Laufe der Zeit versiegt. Im 10. Jahrhundert wurde das Erbe der Antike von Kirchenleuten bewahrt, vor allem von Benediktinermönchen und den Kopisten der Hofschulen, die nicht nur die Bibel, sondern auch latei-

Mittel- und Südeuropa wurde von der christlichen Kultur dominiert. Die einzigen Schulen waren Hof- und Domschulen. Der Unterricht war auf die religiösen Lehren ausgerichtet.

Der Aufstieg von Cluny unter der Patronage von Rom führte dazu, dass verschiedene lokale Liturgien durch römische ersetzt wurden. In Spaniens christlichen Königreichen entstand eine neue Kunstrichtung, während die hispanische Kunsttradition aufgegeben wurde. Ein Beispiel dafür ist diese Bibel aus dem Jahr 960, die heute in der Kollegiatskirche San Isidoro von León aufbewahrt wird. Auf der hier abgebildeten letzten Seite haben sich die Schreiber in Selbstporträts verewigt.

nische Sammlungen griechischer Gelehrsamkeit übertrugen. Ihre Versionen von Plinius und Boethius knüpften ein dünnes Band zwischen dem frühen mittelalterlichen Europa einerseits und Aristoteles und Euklid andererseits.

Bildung war dem Klerus vorbehalten. Die Römer hatten ihre Gesetzestafeln an öffentlichen Orten anbringen können, da sie darauf vertrauen durften, dass es genügend gebildete Menschen gab, die sie lesen konnten. Dagegen

Die Mönchsorden erhielten oft große Schenkungen an Land oder sonstigem Besitz, und viele Klöster verfügten über erhebliche ökonomische Macht. Das Kloster von Santo Domingo de Silos in Spanien, dessen aus dem 12. Jahrhundert stammender Kreuzgang hier abgebildet ist, ist ein Beispiel für diese Entwicklung.

waren bis weit ins Mittelalter hinein selbst Könige normalerweise Analphabeten. Der Klerus kontrollierte praktisch jeden Zugang zu den vorhandenen Schriften. In einer Welt ohne Universitäten eröffnete nur eine Hof- oder Domschule die Chance auf Bildung jenseits dessen, was ein gelehrter Geistlicher zu bieten hatte. Die Wirkung auf Kunst und Geistesleben war weit reichend. Kultur bezog sich nicht nur auf die Religion, sondern sie vollzog sich ausschließlich vor dem Hintergrund der alles beherrschenden religiösen Lehre. Der Slogan *l'art pour l'art* war nie unpassender als im frühen Mittelalter. Geschichte, Philosophie, Theologie und bildliche Ausschmückung spielten bei der Aufrechterhaltung einer sakramentalen Kultur, die trotz allem, wenn nicht das jüdische, das klassiche Erbe weitertrug, eine große Rolle.

Die kirchliche Gemeinschaft

Angesichts solcher kultureller Höhenflüge hilft es, sich vor Augen zu führen, wie der Alltag der Kirche ausgesehen haben mag. Hier geht es um das tägliche Geschäft: Ermahnen, Unterweisen, Verheiraten, Taufen, Beichten und Beten, also um das gesamte religiöse Leben der weltlichen Geistlichen und der Laien, das sich um die Versorgung mit den wichtigsten Sakramenten drehte. Die Kirche bediente sich in diesen Jahrhunderten jener Mächte, die der Gläubige oft kaum von Magie unterscheiden konnte, um eine barbarische Welt für die Zivilisation zu öffnen. Wir haben kaum unmittelbare Informationen über diesen Prozess, abgesehen von den dramatischen Augenblicken einer Bekehrung oder Taufe, die durch die bloße Tatsache, dass sie aufgezeichnet wurde, schon ihre Besonderheit enthüllt.

Über die soziale und ökonomische Realität der Kirche wissen wir weitaus mehr. Der Klerus und die von ihm Abhängigen waren zahlreich. Domkapitel und Klöster hatten den Status reicher Grundherren, die sich durch die Abgaben aus ihren Ländereien finanzierten. Die Wurzeln der Kirche waren somit tief im Wirtschaftsleben verankert.

Armut und Rezession im Frühmittelalter

Trotz Schwierigkeiten infolge des Fehlens exakter Aussagen lassen sich am Ende der Antike im Westen viele Symptome eines wirtschaftlichen Niedergangs feststellen, der nicht überall gleichermaßen spürbar war. Die am höchsten entwickelten Bereiche der Wirtschaft gingen fast vollständig unter. Tauschhandel ersetzte wieder das Geld, und die Geldwirtschaft erholte sich nur langsam. Die Merowinger prägten zwar Silbermünzen, aber lange Zeit waren nur wenige davon in Umlauf. Gewürze verschwanden aus der alltäglichen Kost, Wein wurde zu einem teuren Luxus. Die meisten Leute ernährten sich von Brot und Haferbrei und tranken Bier oder Wasser. Die Schreiber griffen eher zu Pergament, das vor Ort erzeugt werden konnte, als zu Papyrus, der nunmehr schwer zu beschaffen war. Das stellte sich als Vorteil heraus, da die Minuskel nur auf Pergament, nicht aber auf Papyrus möglich war, der große, unökonomische Striche erforderte. Trotzdem deutet dieser Umstand auf Schwierigkeiten innerhalb der alten, mediterran geprägten Wirtschaftsordnung hin.

Mit dem Untergang des Römischen Reiches verschwanden viele seiner Errungenschaften, was Auswirkungen auf Wirtschaft und Alltagsleben hatte. Dazu unterbrach die Besetzung der afrikanischen Küste durch die Araber die Handelskontakte mit dem westlichen Mittelmeerraum.

Die Rezession brachte dem sich selbst versorgenden einzelnen Landgut keine Nachteile, aber für die Städte war sie ruinös. Die Welt des Handels zerfiel denn auch immer wieder auf Grund von Kriegen. Der Kontakt mit Byzanz und Asien wurde aufrechterhalten, aber die Handelsaktivität des westlichen Mittelmeerraumes schwand während des 7. und 8. Jahrhunderts, als die Araber die nordafrikanische Küste besetzten. Später wurde sie, auch dies dank der Araber, teilweise wiederbelebt. Ein Anzeichen dafür war der florierende Sklavenhandel. Viele dieser Sklaven kamen aus den slawischen Völkern Osteuropas und gaben damit einer ganzen Gruppe von Zwangsarbeitern ihren Namen (mgr. sklábos „Sklave"; eigtl. „Slawe"). Im Norden fand ebenfalls ein gewisser Austausch mit den Skandinaviern statt, die wichtige Händler waren. Aber das Leben der meisten Europäer hing nach wie vor von der Landwirtschaft ab.

Landwirtschaft

Selbstversorgung bildete lange Zeit fast die einzige Ernährungsgrundlage der meisten Europäer; das ist eine der wenigen sicheren Tatsachen über die frühe mittelalterliche Wirtschaft. Mit Hilfe tierischer Dünger oder der Urbarmachung neuen und fruchtbareren Bodens konnten die Einkünfte aus Ackerbau und Arbeit verbessert werden, die nach modernen Maßstäben außerordentlich gering waren. Die Tiere, die auf den Höfen der verkümmerten und von Skorbut geplagten Pächter eines mit Armut geschlagenen Landes lebten, waren ihrerseits unterernährt und zu klein geraten. Die Bauern, die gegenüber Pächtern in einer besseren wirtschaftlichen Lage waren, ergänzten ihren Speiseplan mit Schweinen und im Süden auch mit Öl. Erst als im 10. Jahrhundert Pflanzen eingeführt wurden, die den Proteingehalt der Nahrung erhöhten, verbesserte sich der Bodenertrag. Es gab einige technische Neuerungen, von denen die Verbreitung von Mühlen und die Einführung eines besseren Pfluges die bemerkenswertesten sind. Die Steigerung der Produktion war jedoch meistens auf die Kultivierung von Neuland zurückzuführen. Und es mussten noch weite Landflächen erschlossen und urbar gemacht werden, denn den Großteil des heutigen Frankreichs, Deutschlands und Englands bedeckten Wald und Ödland.

Das Leben in der Stadt

Der wirtschaftliche Rückschlag am Ende des Altertums ließ nur wenige Gegenden mit blühenden Städten übrig. Eine große Ausnahme war Italien, in dem noch Handelsverbindungen mit der Außenwelt bestanden. An-

Diese Bilder illustrieren eine Handschrift des 11. Jahrhunderts des Beatus von Liebana, eines Mönches, der im späten 8. Jahrhundert in Spanien lebte. Dargestellt sind kämpfende Krieger mit ihrem Lehnsherrn.

Feudalismus

Der Begriff „feudal“, aus dem lateinischen Wort *feudum*, was „Lehen“ bedeutet, tauchte erst im frühen 17. Jahrhundert auf. Während der Hochzeit des Feudalismus meinte Lehen einen Besitz (üblicherweise ein Stück Land), der von einem Lehnsherrn (einem Adligen von hohem Rang) einem Vasallen (im Allgemeinen einem Adligen mit niedrigerem Rang als der Feudalherr) als Gegenleistung für eine Reihe von Diensten gewährt wurde.

Die Ursprünge des Lehnswesens liegen in der fränkischen Gesellschaft des 8. Jahrhunderts nach dem Aufstieg der karolingischen Dynastie. Seine Entstehung ist mit der neuen militärischen Bedeutung der schweren Reiterei in Verbindung gebracht worden. Die Ausgaben und das Expertentum, das die Reiterei erforderte, führte zur Entstehung eines Reiteradels, der sich allmählich zu einer sozialen Elite und dann zum Feudaladel entwickelte. Von den fränkischen Ländern aus verbreitete sich das Lehnswesen durch fränkische Eroberungen nach Norditalien, Spanien und Deutschland. Im Jahre 1066 wurde es durch die normannische Eroberung in England eingeführt, und von dort verbreitete es sich nach Irland und Schottland.

Es sind verschiedene Definitionen des Begriffs Feudalismus vorgeschlagen worden. Einige Historiker behaupten, dass er nur die Beziehung zwischen zwei freien Männern – dem Herrn und seinem Vasall – beinhaltete. Diese Definition ist aber unbefriedigend, da sie fälschlicherweise impliziert, dass die Mehrheit der Bevölkerung vom Feudalismus ausgeschlossen gewesen sei. Einige Mediävisten sehen im Feudalsystem den Vorläufer späterer sozioökonomischer Systeme, die Sklaverei begünstigten und dem Kapitalismus vorausgingen.

Die Landwirtschaft bildete durch das Lehnswesen die Grundlage für die ökonomische Entwicklung. Diese Illustration einer Handschrift zeigt einen Bauern bei der Traubenernte.

Die meisten Experten stimmen aber darin überein, dass das Feudalsystem half, dem Absolutismus vorzubeugen und das Entstehen zunehmend mächtiger Ratsversammlungen förderte – denn zu den Pflichten des Vasallen gehörte es auch, den Lehnsherrn zu beraten. Der Feudalismus schuf daher die Grundlage für die Entstehung des modernen parlamentarischen Systems.

dernorts wuchsen die Städte erst nach 1100 wieder, und es dauerte selbst dann noch lange, bis Westeuropa eine Stadt aufweisen konnte, die mit den großen Zentren der klassischen islamischen und asiatischen Kulturen vergleichbar war. Im Westen war die Selbstversorgung der Landgüter jahrhundertelang die Regel. Die Gutsherrschaft ernährte und unterhielt mit Sicherheit eine kleinere Bevölkerung als in der Antike. Genauere Angaben zu Größenverhältnissen sind jedoch nicht möglich. Bis zum 11. Jahrhundert wuchs die Bevölkerung nur sehr langsam. In Westeuropa lag sie bei etwa 40 Millionen – das ist weniger als die heutige Einwohnerzahl im Vereinigten Königreich von Großbritannien und Nordirland.

LEHNSWESEN

In dieser Welt war Landbesitz oder der Zugang zu ihm die oberste Richtschnur der sozialen Ordnung. Die mächtigsten Männer der westlichen Gesellschaft blieben weiterhin die Krieger, die ihren Grundbesitz immer weiter ausdehnten. Zusammen mit den Würdenträgern der Kirche und dem König bildeten sie die herrschenden Stände. Aus dem Landbesitz resultierten nicht nur finanzielle Erträge wie Pacht und Steuern, sondern auch Frondienste. Allmählich zählte der erbliche Status mehr als die Tapferkeit und die Befähigung zum Waffendienst, obwohl es sich in der Theorie noch lange anders verhielt.

Könige oder große Fürsten übertrugen den Adligen Land. Als Gegenleistung wurde von ihnen erwartet, dass sie ihren Lehnsherrn Kriegsdienste leisteten. Darüber hinaus musste die Verwaltung im Frühmittelalter dezentralisiert werden. Barbarische Könige verfügten weder über die Verwaltungsstruktur noch die Bildung, um direkt über große Gebiete regieren zu können. Daher war die Gewährung von Gütern als Gegenleistung für spezifische Dienste und Pflichten sehr verbreitet – die Grundlage dessen, was Historiker später unter dem Begriff Feudalismus einordneten.

Sowohl die römische als auch die germanische Tradition förderten die Entwicklung einer derartigen Idee. Bereits in der späten römischen Kaiserzeit und in der unruhigen Epoche der merowingischen Gallier war es

Das Christentum im 11. Jahrhundert

Zu Beginn des 11. Jahrhunderts fanden wichtige Ereignisse statt, die erhebliche Auswirkungen auf das zukünftige mittelalterliche Europa hatten: Das Islamische Reich fiel auseinander (die Fatimiden in Ägypten, die Abbasiden in Bagdad und die Umaiyaden in Córdoba); das Byzantinische Reich, Bulgarien und auch die Hinterlassenschaft des Reiches Karls des Großen zerfielen und entwickelten sich zu getrennten Fürstentümern.

Die Belehnung eines Adligen als Vasall wurde durch zwei symbolische Handlungen kenntlich gemacht. Zuerst legte der Vasall kniend seine gefalteten Hände in die seines Lehnsherrn. Damit wurde sowohl eine friedliche Verbindung zwischen Vasall und Lehnsherrn gechlossen als auch ein gegenseitiges Gelöbnis von Freundschaft und Treue erbracht. Dann legte der Vasall, stehend und mit den Händen auf eine Reliquie schwörend, einen Treueid gegenüber seinem Lehnsherrn ab. In dieser Abbildung aus einer spanischen Handschrift des 12. Jahrhunderts huldigen Ramón Caldes und andere Edelleute Alfons II. (791–842).

üblich geworden, dass sich Männer einem großen Herren zu ihrem Schutz „anbefahlen" und ihm als Gegenleistung Treue und Dienste boten. Diese Praxis konnte auf die Gepflogenheiten der germanischen Gesellschaft mühelos übertragen werden. Unter den Karolingern huldigten „Vasallen" dem König, das heißt, dass sie ihm mit bestimmten, meist öffentlichen Zeremonien ihre besondere Dienstverpflichtung bestätigten. Die alten Blutsbande und die Waffenbrüderschaft mit einem barbarischen Oberhaupt verschmolzen mit dem neuen Ideal der Loyalität, Treue und gegenseitigen Verpflichtung. Vasallen brachten ihrerseits neue Vasallen hervor, und der Gefolgsmann eines Lehnsherrn war wiederum Lehnsherr eines anderen Gefolgsmanns. Eine Kette von Pflichten und persönlichen Diensten erstreckte sich theoretisch vom König herab über seine großen Herren und deren Gefolgsleute bis hinunter zu den Niedrigsten der Freien. Ein solches Lehnssystem führte manchmal zu Verwicklungen und widerstreitenden Verpflichtungen. Sogar ein König konnte hinsichtlich einiger seiner Länder Vasall eines anderen Königs sein. Außerhalb des Lehnswesens standen die Sklaven, die in Südeuropa wahrscheinlich zahlreicher waren als im Norden. Aus ihnen wurden oft Leibeigene, Unfreie, die durch Geburt an die Scholle ihres Hofes gebunden, jedoch nicht jeglicher Rechte entblößt waren.

Lehnswesen und mittelalterliche Gesellschaft

Manche Historiker glauben, dass die Beziehung zwischen Lehnsherrn und Lehnsmann die gesamte mittelalterliche Gesellschaft erklären könne, doch das war nie der Fall. Gewiss war ein Großteil des europäischen Landes in Lehen aufgeteilt – die *feuda*, von denen der Feudalismus seinen Namen hat –, wobei es sich um Grundbesitz handelte, an den Pflichten gegenüber einem Feudalherrn geknüpft waren. Doch stets gab es bedeutende Gebiete, insbesondere im südlichen Europa, in denen sich die „Mischung" aus germanischem Einfluss und tradierten römischen Strukturen nicht auf dieselbe Weise auswirkte. Ein Groß-

Im überwiegenden Teil Europas herrschte eine Gesellschaft, die auf feudalen Strukturen aufbaute. Die Abhängigkeiten von Lehnsmann und Lehnsherr waren gegenseitig.

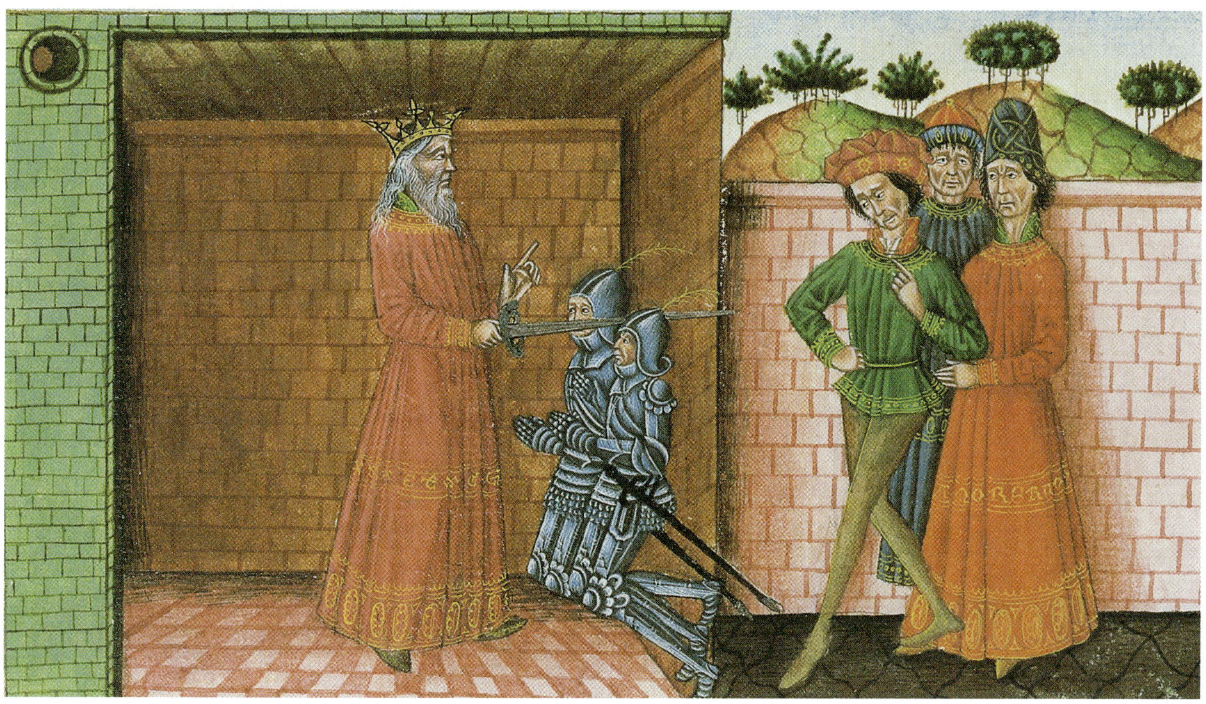

Die Belehnung zweier Ritter ist auf dieser Miniatur aus einer kastilischen Handschrift des 14. Jahrhunderts dargestellt. Der englische Rechtsgelehrte Henry de Bracton hat in seinem Buch *De Legibus Angliae* eine der Eidesformeln der Belehnungszeremonien aufgezeichnet: „Höre dies, Herr, ich verspreche deinem Leben und deinen Gliedern und deinem Körper und deinem Eigentum und deiner weltlichen Ehre meine Treue, so wahr mir Gott und diese heiligen Reliquien helfen mögen."

Ein „Turnier englischer Ritter vor Richard II." ist auf dieser Abbildung des 15. Jahrhunderts aus der Chronik von Saint Alban dargestellt. Im Turnier wurden die militärischen Fähigkeiten in einem Treffen vorgeführt, das freundschaftlich und ehrenvoll sein sollte, obwohl Todesfälle nicht unüblich waren.

teil von Italien, Spanien und Südfrankreich war nicht in diesem Sinn „feudal" organisiert. Selbst in Ländern mit stärker ausgeprägter feudaler Struktur gab es Freibauern, auf deren Land keine Dienstpflichten lasteten, da es ihnen direkt gehörte.

Überwiegend jedoch war die mittelalterliche Gesellschaft von Verpflichtungen geprägt, die auf Landbesitz basierten. Personen und Institutionen konnten Feudalherrn oder Vasallen sein. Ein Pächter war beispielsweise dem Abt eines Klosters (oder der Äbtissin eines Nonnenklosters) für sein Landgut auf dessen Ländereien lehnspflichtig, und ein König hatte ein Domkapitel oder eine Gemeinschaft von Mönchen zu Vasallen. Die Feudalordnung war vielschichtig, doch die zentrale Tatsache gegenseitiger Pflichten zwischen Über- und Untergeordneten zog sich durch die gesamte Struktur. Lehnsherr und Lehnsmann waren wechselseitig aneinander gebunden: „Leibeigene, gehorcht euren weltlichen Herrn mit Furcht und Zittern. Herren, behandelt eure Leibeigenen nach Recht und Billigkeit", lautete das strikte Gebot eines französischen Klerikers, das ein Prinzip prägnant zusammenfasste. Eine zunehmend komplexer werdende Gesellschaft beruhte auf dieser Struktur und wurde von ihr lange Zeit hindurch erhalten und gestützt.

Nach außen war es vor allem die Salbung durch die Kirche, die dem König geistliche und weltliche Autorität verlieh. Um sich politisch und unter seinen adeligen Zeitgenossen durchzusetzen, benötigte er jedoch auch einen eigenen Herrschaftsbereich.

Der Ritterstand

Gegenseitige Verpflichtungen rechtfertigten es auch, die Bauern auszubeuten, um Krieger zu unterhalten und Burgen zu bauen. So etab-

Der Teppich von Bayeux (in Wirklichkeit eine Stickerei) aus dem Jahre 1077 bezeugt die Ereignisse, die zur Schlacht von Hastings und zur Eroberung Englands durch die Normannen führten. In diesem Ausschnitt ist der englische König Harald zu sehen, wie er Wilhelm, dem Herzog der Normandie, Treue schwört. In den Augen der Normannen brach Harald später diesen Eid, indem er den englischen Thron nach dem Tod Eduards des Bekenners usurpierte.

lierten sich die europäischen Adelsgesellschaften. Die militärische Funktion des Systems, das sie stützte, war lange Zeit von überragender Bedeutung. Selbst wenn nicht der persönliche Dienst des Vasallen im Feld gefordert war, so doch der seiner Untergebenen und später sein Geld, um Kämpfer zu bezahlen. Militärisch von höchster Bedeutung für den Ausgang einer Schlacht waren Krieger, die auf dem Rücken eines Pferdes in Rüstung kämpften. Im Laufe des 7. oder 8. Jahrhunderts wurde der Steigbügel eingeführt. Von diesem Zeitpunkt an gehörte das Schlachtfeld den gepanzerten Reitern allein, bis Waffen ent-

Diese Szene aus dem *Teppich von Bayeux* zeigt die Schlacht von Hastings.

wickelt wurden, die auch sie besiegten. Aus seiner technischen Überlegenheit entstand der Ritterstand, der vom Lehnsherrn entweder direkt unterhalten oder mit einem Rittergut ausgestattet wurde, um sich und die Pferde zu ernähren. Die Ritter bildeten die „Kriegerkaste“ des Mittelalters und bestimmten die Werte Europas in den kommenden Jahrhunderten. Lange Zeit waren die Grenzen dieses Standes nicht klar gezogen, man konnte in ihn sowohl aufsteigen als auch aus seinen Reihen ausgestoßen werden.

Könige

Die politischen Realitäten hatten oft mit der Theorie nicht viel zu tun. Im verwickelten Geflecht des Vasallentums konnte es passieren, dass ein König weniger Kontrolle über seine Vasallen ausübte als diese über ihre Hörigen. Der große Herr, ob Adliger aus dem Laienstand oder Bischof, muss im Leben der gewöhnlichen Leute immer bedrohlicher und wichtiger gewesen sein als der entfernte und vielleicht nie gesehene König oder Fürst. Im 10. und 11. Jahrhundert gibt es überall Beispiele für Könige, die offensichtlich unter dem Druck mächtiger Adelsherren oder kirchlicher Würdenträger standen. Im angelsächsischen England, das von allen Ländern über die stärkste monarchische Tradition verfügte, war dieser Umstand weniger bedeutsam. Aber auch Druck war selbst gegenüber einem schwachen König nicht immer effektiv, wenn er klug war. Er hatte schließlich noch andere Vasallen, und wenn er weise genug war, dann würde er nicht alle zur selben Zeit gegen sich aufbringen. Darüber hinaus zeichnete sein Amt etwas Einzigartiges aus. Die kirchliche Salbung bestätigte seine heilige Autorität. Könige waren in den Augen der meisten Menschen durch den besonderen Pomp und die Zeremonien, die ihre herausragende Stellung verlangte, hervorgehoben. Solche Rituale spielten in der mittelalterlichen Regierung eine ebenso wichtige Rolle wie die staatliche Bürokratie unserer Zeit. Wenn ein König dann noch über große Eigengüter verfügte, hatte er gute Chancen, auf breite Zustimmung und Anerkennung im Volk zu stoßen.

Das Leben des Adels

Könige und Hochadel erfreuten sich als Einzige in der Gesellschaft des frühen Mittelalters großer Freiheiten. Dennoch war ihr Leben in die soziale und kirchliche Ordnung eingebunden und von ihr beschränkt, wenn man einen Vergleich mit der heutigen Zeit zieht. Letztlich gab es nicht viel zu tun außer zu beten, zu kämpfen, zu jagen und die Güter zu verwalten. Es gab keine Berufe für den hohen Adel, es sei denn eine kirchliche Karriere. Die Lebensumstände der Frauen waren noch eingeschränkter, ebenso wie die der Männer am unteren Ende der Ständegesellschaft. Das änderte sich erst mit der allmählichen Wiederbelebung des Handels und des städtischen Lebens im Zuge einer expandierenden Wirtschaft. Ein bedeutender ökonomischer Aufschwung begann erst nach 1100, und mit ihm setzte eine höher entwickelte Zivilisation ein.

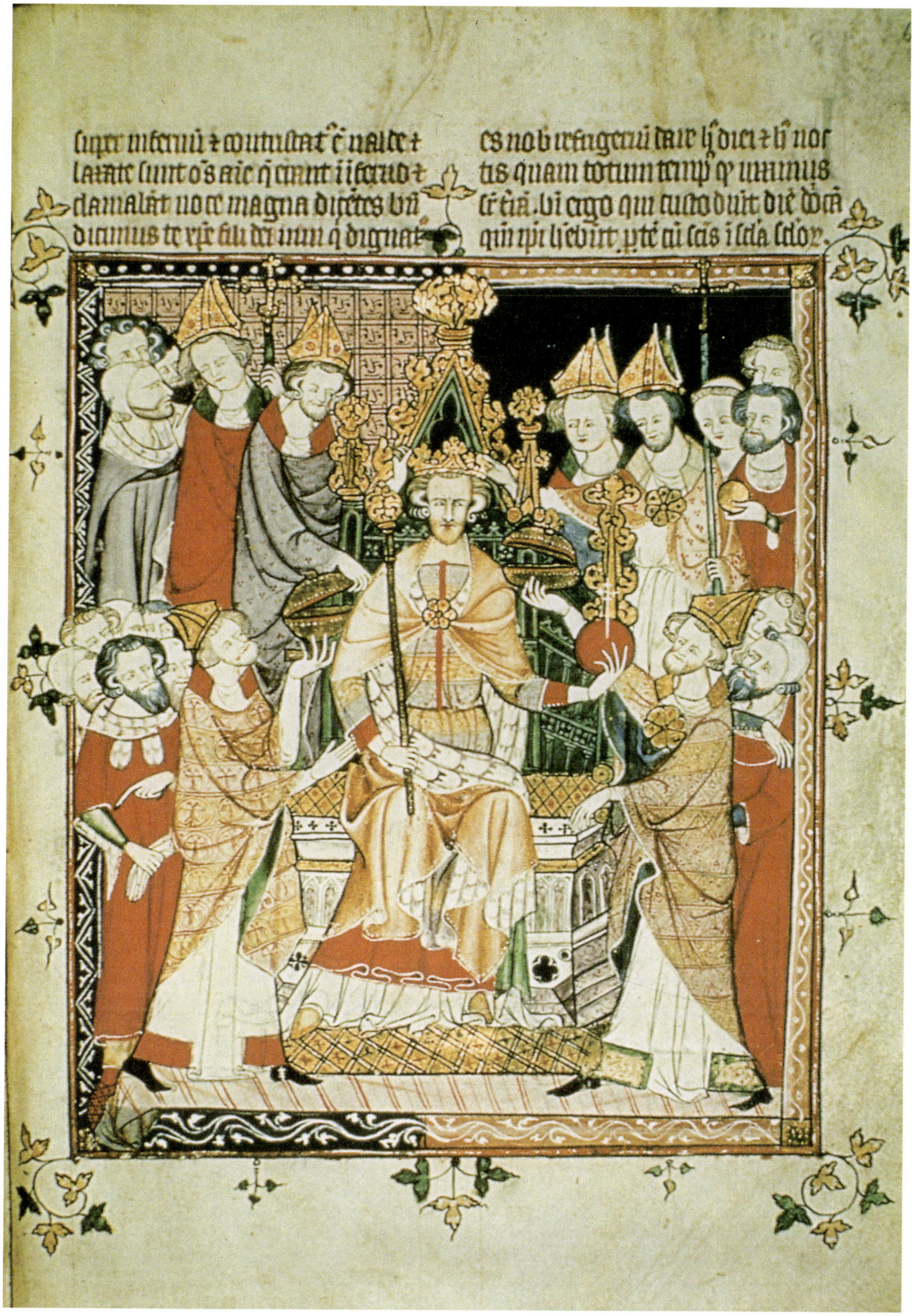

Eduard II., dessen Krönungszeremonie hier abgebildet ist, war der erste gesetzmäßige englische Erbe, der den Titel eines Prinzen von Wales trug. Seine Regierungszeit (1307–1327) war von schlechten Beratern, Günstlingswirtschaft, Intrigen und Verfassungskonflikten überschattet. Sie endete schließlich mit seiner erzwungenen Abdankung und, knapp ein Jahr später, seiner Ermordung.

II. DER FERNE OSTEN UND EIN NEUES EUROPA

In China und der chinesischen Kultursphäre entwickelten sich schon früh die wichtigsten Verhaltensmuster, die auch noch im 21. Jahrhundert lebendig sind. Das passierte lange bevor die Europäer überhaupt an ihr Mittelalter dachten, und es gilt auch für den indischen Subkontinent. Seine ersten Kulturen gingen zwar unter immer noch geheimnisvollen Umständen zu Grunde, aber die kurz danach entstandenen indogermanischen Kulturen lieferten Vorbilder für Indien und einen großen Teil Südasiens und Indonesiens. Damit bildeten sie den Rahmen für das Leben von Hunderten von Millionen Menschen. Die Kulturgemeinschaften Asiens, von denen einige von erheblicher Komplexität, andere noch fast primitiv waren, lebten lange in diesen Traditionen. Sie blieben oft Tausende von Jahren unverändert, bis neue starke Kräfte aufkamen, die für ihre Ablösung oder Stärkung sorgten.

Europa dagegen machte sich erst spät im Gefüge der verschiedenen Kulturen bemerkbar. Noch lange nach dem Mittelalter war es kaum als kulturelle Einheit zu erkennen. Trotzdem gibt es am Ende des ersten nachchristlichen Jahrtausends deutliche Anzeichen einer charakteristischen europäischen Tradition. Gegründet auf dem Christentum und teilweise auch auf der klassischen Vergangenheit, spielte die Religion in Europa eine herausragende Rolle. Genauso wichtig für die Entstehung einer Einheit in Europa waren jedoch auch die materielle Stärke, die geographische Lage und bestimmte äußere Einflüsse, wie etwa die Bedrohung durch den Islam. In einem gewaltigen und komplexen Prozess bildete sich allmählich eine Idee von Europa heraus. Am Ende dieser Entwicklung stand schließlich ein Europa, das als bestimmende Macht in fast drei Jahrhunderten der Weltgeschichte auftrat.

Die östliche Welt war sich kaum des westlichen Europas als einer zusammenhängenden Macht bewusst. Dies änderte sich mit dem ersten Kreuzzug am Ende des 11. Jahrhunderts. Angriffe von Muslimen auf christliche Pilger an den heiligen Stätten im Nahen Osten dienten Papst Urban II. als Rechtfertigung für seinen Ruf zur Befreiung des Heiligen Grabes in Jerusalem. Diese Handschriftenillustration zeigt einen Ritter des spanischen Ordens von Santiago, der Seite an Seite mit Kriegern anderer Ritterorden bei einem Kreuzzug kämpft.

35
ffernãt G. de gorjas alcalde de burgos guarda de nro senor el Rey.
ffernãt G. de ayelça.
Iohn G. de ayelça.
Alffon G. de camaggo el moço.

1 INDIEN

Obwohl Alexander dem Großen Gelehrte und Ratgeber zur Seite standen, wusste er nicht genau, was ihn in Indien erwartete. Er glaubte, dass der Indus ein Teil des Nils sei und Äthiopien dahinter liege. Die Griechen kannten zwar den Nordwesten Indiens, den Sitz des persischen Satrapen von Gandhara, doch alles weitere Land war in Dunkel gehüllt. Die Staaten im Ganges-Tal zur Zeit der Invasion Alexanders sind bis heute historisch schwer fassbar. Das am unteren Flusslauf gelegene Königreich von Magadha herrschte über das Tal und scheint 200 Jahre lang eine der bedeutendsten politischen Mächte des Subkontinents gewesen zu sein. Die indischen Quellen erzählen auch nichts über Alexanders Ankunft in Indien. Da der große Eroberer niemals bis hinter das Panjab vordrang, erfahren wir aus den griechischen Berichten seiner Zeit zwar vom Zusammenbruch dieses kleinen Königreichs, aber nichts über das Kernland der indischen Macht.

Die Kunst der Hindus blühte im indischen Guptareich. Dieses Detail einer Höhlenmalerei aus dem 6. Jahrhundert in Ajanta zeigt eine Frau vom Hof des Prinzen Gautama.

Megasthenes über Indien

Um die Kunstfertigkeit der Inder zu beweisen, erzählt er, dass sie die bei den Macedoniern gesehenen Schwämme nachahmten, indem sie Wolle mit Haaren, dünnen Bindfäden und Schnürchen durchnähten und, nachdem sie dieselbe gefilzt hatten, die Fäden herauszogen und die Wolle färbten, dass sich auch viele schnell zu Verfertigern von Badestriegeln und Salbenfläschchen bildeten. Ferner, dass sie Briefe schreiben auf dichtgeschlagenem Baumwollzeug, während andere sagen, dass sie sich der Schrift gar nicht bedienen, auch dass sie sich des gegossenen, aber nicht des getriebenen Kupfers bedienen; die Ursache aber gibt er nicht an, wiewohl er den daraus folgenden Übelstand erwähnt, dass die hinfallenden Gefäße wie Töpferzeug zerbrechen. Zu den Nachrichten über Indien gehört auch die, dass es Sitte ist, statt vor den Königen und allen mit Macht und Hoheit Begabten niederzufallen, sie stehend anzubeten.

Ein Auszug aus der *Geographica* von Strabo. Übersetzt von Albert Forbiger.

Alexander der Große (356–323 v. Chr.), dessen Porträt auf Silbermünzen des 4. Jahrhunderts v. Chr. zu finden ist, investierte erhebliche Energie in den Versuch, Indien zu erobern. Obwohl Alexander Indien verlassen musste, ohne sein Ziel zu erreichen, durchdrang die hellenistische Kultur Siedlungsgebiete im Nordwesten des Grenzlands.

DAS REICH DER MAURYA UND MEGASTHENES

Unter der Seleukidendynastie verbreiteten sich im Westen immer mehr und glaubhaftere Nachrichten über die Gebiete jenseits des Panjab. Dieses neu gewonnene Wissen steht in direktem Zusammenhang mit dem Aufstieg einer jungen indischen Macht, dem Maurya-Imperium; unter ihrer Herrschaft beginnt das historisch fassbare Indien. Einer unserer Informanten ist der griechische Gesandte Megasthenes, der ungefähr 300 v. Chr. von dem Seleukidenkönig Seleukos I. auf eine Reise nach Indien geschickt wurde. Einige Fragmente seines Erfahrungsberichts wurden überliefert und von späteren Autoren ausführlich zitiert. Da er bis Bengalen und Orissa reiste und sowohl als Diplomat als auch als Gelehrter geschätzt wurde, traf er mit zahlreichen Indern zusammen und unterhielt sich mit ihnen. Manche spätere Autoren hielten ihn für einen leichtgläubigen, unzuverlässigen Berichterstatter, weil er von Menschen zu berichten wusste, die von Gerüchen lebten und weder aßen noch tranken. Zyklopen wollte er genauso gesehen haben wie Menschen mit derartig großen Füßen, die ihnen Schutz vor der Sonne boten, Pygmäen und Kreaturen ohne Münder. Solche Berichte waren natürlich Unsinn, aber nicht notwendigerweise ohne realen Hintergrund. Sie spiegelten vielleicht das hoch entwickelte Bewusstsein der indischen Arier wider sowie die Unterschiede, die sie von ihren Nachbarn und den Völkern in Kleinasien und im Dschungel von Birma trennten. Einiges an deren Verhalten war zweifellos in indischen Augen sehr seltsam. Andere Berichte reflektieren vage die seltsamen asketischen Praktiken der indischen Religion, die Besucher schon immer faszinierten. Die fantastischen Elemente des Berichts ma-

Zeitleiste (563 v. Chr. – 1605)

563 – 483 v. Chr.
Leben des Buddha

327 – 325 v. Chr.
Feldzug Alexanders des Großen nach Indien

268 – 232 v. Chr.
Regierung des Asoka

0

78 – 101 n. Chr.
Regierung des mächtigsten Kushan-Herrschers, König Kanishka

320 – 335 n. Chr.
Regierung des Chandragupta, des Gründers der Gupta-Dynastie

1000 n. Chr.

1206 n. Chr.
Gründung der Sultanate von Delhi

1500 n. Chr.

1526 – 1530 n. Chr.
Regierung des Babur

1526 – 1858 n. Chr.
Moghulreich von Indien

1556 – 1605 n. Chr.
Regierung von Akbar

chen den Erzähler daher nicht zwangsläufig unglaubwürdig und bedeuten auch nicht, dass grundsätzlich alles, was er schrieb, Übertreibung ist. Er gibt neben realen Dingen auch eine Vorstellung davon, wie Megasthenes' indische Gewährsleute ihre Umwelt sahen.

Muslimisches Indien

Die Eroberung Indiens durch die Muslime begann im 11. Jahrhundert im Panjab. Sie wurde von verschiedenen islamischen Dynastien angeführt, einige von ihnen sind bekannt als „nördliche" (Pala, Sena, Lohara etc.), einige als „südliche" (Rasthrakuta, Chola etc.) Dynastien. Herrschende Mächte waren auch die Ghaznawiden, die türkischen Dynastien und das Moghulreich.

Chandragupta

Megasthenes beschreibt das Indien des großen Herrschers Chandragupta, des Gründers der Maurya-Dynastie, der auch in anderen Quellen überliefert ist. Die Berichterstatter glaubten, dass ihn Alexander der Große, den er in seiner Jugend während der Invasion Indiens gesehen hatte, zu seinen Eroberungen anregte. Chandragupta inthronisierte sich selbst im Jahre 321 v. Chr. in Magadha und baute auf den Ruinen des Königreichs einen Staat auf, der nicht nur die beiden großen Täler des Indus und des Ganges umfasste, sondern auch einen großen Teil von Afghanistan sowie Belutschistan. Chandraguptas Hauptstadt war Patna, wo er in einem prachtvollen, aus Holz gebauten Palast residierte. Aus Megasthenes' Bericht kann man schließen, dass Chandraguptas Herrschaft eine Art Monarchie war, während indische Quellen eher von einem Beamtenstaat sprechen. Der Staat war aus politischen Einheiten aufgebaut, die sich bereits in früherer Zeit gebildet hatten. Diese Einheiten waren mit dem Herrscher durch ihre Führer verbunden, die ihm formal zwar unterstanden, in der Praxis jedoch oft unabhängig waren.

Auch über die Einwohner des Reiches bietet Megasthenes Informationen. Außer einer langen Liste verschiedener Namen unterscheidet er zwei religiöse Traditionen – die brahmanische und die buddhistische. Er erwähnt die Gewohnheit der Inder, Reis zu essen und Wein abzulehnen, außer für rituelle Zwecke; er berichtet von der Zähmung von Elefanten und hebt die für Griechen überraschende Tatsache hervor, dass die Inder keine Sklaven hielten. Doch damit hatte er Unrecht. Obwohl es keine Sklavenmärkte gab, lebten manche Inder wie Leibeigene. Megasthenes schreibt außerdem, dass der König sich durch die Tigerjagd ablenkte, wie sie heute noch üblich ist.

Chandragupta hat der Legende zufolge die letzten Tage seines Lebens in Zurückgezogenheit mit Jainas verbracht und sich in einem Schlupfwinkel nahe Maisur rituell zu Tode gehungert. Sein Sohn und Nachfolger richtete seinen Expansionsdrang ebenfalls nach Süden. Die Mauryas durchdrangen die dichten Regenwälder im Osten von Patna und unterwarfen die Ostküste. Schließlich kontrollierte das Reich unter dem dritten Maurya-Herrscher durch die Eroberung von Orissa alle Land- und Seewege in den Süden. Der Subkontinent erwarb unter seinem Herrscher Asoka ein Maß an politischer Einheit, die in den folgenden 2000 Jahren unerreicht blieb.

Asokas Verordnungen spiegeln Moral- und Verhaltensvorstellungen wider, die vom Buddhismus, der Religion, zu der der Herrscher 260 v. Chr. übergetreten war, beeinflusst wurden. Die Verordnung, die in diese Steinsäule eingemeißelt ist, stammt aus Sarnath in Nordindien; sie bezieht sich auf die Vertreibung von anders denkenden Mönchen.

Asoka

Bevor er seinem Vater Bindusara auf den Thron folgte, war Asoka Unterkönig in Taxila im Nordwesten des Reiches. Vermutlich setzte er sich in erbitterten Machtkämpfen gegen seine Brüder durch, auch deshalb erhielt er den Namen Candasoka („der wütende Asoka"). Aus der Zeit des Asoka sind viele in Stein gemeißelte Dekrete und Verfügungen an seine Untertanen erhalten. Ihre Verbreitungswege und ihr Stil legen sowohl persischen als auch hellenistischen Einfluss nahe. Indien stand unter den Mauryas sicherlich kontinuierlicher mit den Zivilisationen im Westen in Verbindung als je zuvor. In Kandahar hinterließ Asoka Inschriften auf Griechisch und Latein.

Solche Zeugnisse offenbaren eine Regierung, die zu weitaus mehr fähig war, als die von Megasthenes beschriebene. Eine königliche Ratsversammlung regierte über eine Gesellschaft, die sich auf eine Kastenordnung gründete. Es gab eine königliche Armee, der im neunten Regierungsjahr Asokas ein entscheidender Sieg gelang: Das benachbarte Kalingareich wurde geschlagen und anschließend annektiert. Die Verwaltung unter Asoka arbeitete effektiv; mit ihr entwickelten sich die Schriftkultur und die Kultur des Reiches. Es scheint auch eine mächtige Geheimpolizei oder einen internen Nachrichtendienst gegeben zu haben. Neben einem Steuersystem, dem Ausbau eines Kommunikationsnetzes und der Einrichtung von Bewässerungsanlagen förderte die Staatsgewalt unter Asoka auch eine offizielle Ideologie. Asoka selbst war in der Frühzeit seiner Herrschaft zum Buddhismus konvertiert. Im Gegensatz zu Konstantins Konversion jedoch ging ihr keine Schlacht voraus, sondern es folgte ein Krieg, dessen Schrecken Asoka erschütterten. Mit seinem Übertritt gab er die Eroberungen auf, die bis dahin seinen Erfolg ausgemacht hatten. Er unternahm darüber hinaus keinen Feldzug mehr außerhalb des Kontinents – eine Einschränkung, die auch die meisten anderen indischen Regenten teilten. In seinen letzten Lebensjahren musste sein Enkel Asoka davon abhalten, das Staatsvermögen an buddhistische Orden zu verschenken; anschließend wurde der Kaiser entmündigt.

Indien zur Zeit Asokas war eine auf Kastenordnung gegründete Gesellschaft. Es zeichnete sich aus durch eine starke königliche Armee und Verwaltung sowie durch eine weit entwickelte Schriftkultur.

Der Adinatha-Tempel aus dem 16. Jahrhundert in Ranakpur in Rajasthan ist der größte jainistische Tempel in Indien. Gegründet von Mahavira (um 599–527 v. Chr.) war der Jinismus (Jainismus) das Ergebnis des Versuchs, das brahmanische System zu reformieren. Er erhielt offizielle Unterstützung von Chandragupta, einem Herrscher des 4. Jahrhunderts. Der Jinismus ist heute immer noch eine wichtige religiöse Kraft in Indien.

Dhamma

Asokas *allgemein gültiges Gesetz*, das so genannte *Dhamma*, beeinflusst bis heute die indische Gesellschaft. Seine Kernpunkte sind Respekt vor der Würde des Menschen, religiöse Toleranz und Gewaltlosigkeit.

Asokas buddhistischer Glaube drückte sich ebenfalls in Empfehlungen an seine Untertanen aus. Das belegen die Steininschriften und Säulen aus der Periode seiner Regierungszeit nach 260 v. Chr. Die Konsequenzen waren bemerkenswert, denn es bildete sich eine neue Philosophie aus. Asokas Verordnungen tragen den allumfassenden Namen *Dhamma*, die Variante eines Sanskritwortes mit der Bedeutung „allgemein gültiges Gesetz". Asokas eindrucksvolle Ideen wurden von indischen Politikern bis ins 20. Jahrhundert hinein vertreten. Er empfahl Respekt vor der Würde aller Menschen sowie religiöse Toleranz und Gewaltlosigkeit. Seine Verordnungen waren allgemein gehalten und wenig präzise, und sie waren keine Gesetze. Ihre zentralen Vorstellungen eröffneten trotzdem prinzipielle Möglichkeiten des menschlichen Handelns. Er wollte damit weniger den Buddhismus fördern (was er auf andere Weise tat), als die Unterschiede in einem großen, vielgestaltigen und religiös geteilten Imperium verringern. Asoka versuchte, eine ganz Indien überspannende politische und soziale Einheit zu schaffen, die einerseits die Bedürfnisse des Volkes beachtete, aber andererseits auch auf eine starke Herrschaft und Spionage vertraute. „Alle Menschen", so lautet eine seiner Inschriften, „sind meine Kinder".

Er war stolz auf seine „sozialen Einrichtungen", die manchmal auch dem indischen Klima Rechnung trugen: „Auf den Straßen habe ich Banyan-Bäume angepflanzt", verkündete er, „die Mensch und Tier Schatten spenden werden". Diese vordergründig einfachen Dienstleistungen wurden auch dem durch Indiens weite Ebenen Reisenden bald zuteil. Beinahe zufällig förderten solche Verbesserungen den Handel. Wie die Brunnen, die er ausheben und die Übernachtungsmöglichkeiten, die er in Abständen von etwa 14 Kilometern erbauen ließ, waren die Banyan-Bäume ein Ausdruck der *Dhamma*. Letztlich war ihr aber kein dauerhafter Erfolg beschieden, denn es kam zum Widerstand dagegen und zu Verstimmungen bei den Priestern.

Die Ausbreitung des Buddhismus

Mehr Erfolg hatte Asoka in der Förderung der buddhistischen Religion. Der Kaiser pilgerte mehrmals zu buddhistischen Heiligtümern und lebte wohl einige Zeit als Mönch. Unter seiner Regierung verbreitete sich der Buddhismus, der bis dahin auf das nordwestliche Indien beschränkt gewesen war. Auf dem dritten buddhistischen Konzil in Pataliputra beschloss man, die Missionierung voranzutreiben; daraufhin sandte Asoka erfolgreiche Missionare nach Birma und Ceylon, wo der Buddhismus noch bis heute vorherrscht. Die Missionierung Makedoniens und Ägyptens war dagegen weniger erfolgreich, obwohl der Buddhismus seine Spuren in einigen Philosophien der hellenistischen Welt hinterließ und manche Griechen konvertierten.

Mit der Blüte des Buddhismus unter Asoka ging der Widerstand der Brahmanen einher. Die Wiederbelebung einiger brahmanischer Kulte in dieser Zeit war eine bewusste Antwort Asokas auf Veränderungen.

Im 3. und 2. Jahrhundert v. Chr. pflegte man insbesondere den Kult der beliebtesten Inkarnationen des Vishnu: Die facettenreiche Figur des Krishna eröffnete ihren Anhängern umfassende Möglichkeiten der Identifikation. Ein weiterer besonders verehrter Gott war Rama, die Verkörperung des gütigen Königs, Ehemanns und Sohnes, also ein Familiengott. Ebenfalls im 2. Jahrhundert erhielten die beiden großartigen indischen Epen, das *Mahabharata* und das *Ramayana* ihre endgültige Form. Ersteres wurde um eine lange Passage erweitert, die das berühmteste Werk der indischen Literatur und ihr großartigstes Gedicht darstellt: das *Bhagavadgita*, der „Gesang Gottes". Es wurde zur zentralen Vorstellung des Hinduismus. Um die Figur von Vishnu/Krishna rankte sich eine Lehre der Verpflichtungen, die dem Mitglied einer Klasse (*dharma*) auferlegt sind, und die Empfehlung, dass Werke, wie verdienstvoll sie auch immer sein mögen, weniger zur ewigen Glückseligkeit führen als die Liebe Krishnas.

Der zunächst auf Nordwestindien beschränkte Buddhismus wurde von Asoka gefördert und breitete sich so auch in Birma und Ceylon aus.

Der Buddhismus breitete sich schließlich in fast ganz Asien aus. Diese Buddha-Statue stammt aus Birma; der Buddha sitzt auf einem Thron aus Lotus-Blüten.

Nach dem Tod Asokas begann der Niedergang des Mauryareiches. Die Erfolge der Maurya waren teuer erkauft, die Wirtschaft war nahezu am Ende, und die Kastengesellschaft verhinderte eine flexible Anpassung an die neuen Verhältnisse.

Der Niedergang der Maurya

Berittene Bogenschützen waren die Stoßtruppen des Partherreiches, die an der Westgrenze der Panjab-Region Unruhe stifteten. Oben sind Vorder- und Rückseite einer parthischen Münze aus dem 2. Jahrhundert v. Chr. zu sehen.

Diese wichtigen Weichenstellungen für die Zukunft des Hinduismus trugen erst lange nach der Zersplitterung des Mauryareiches Früchte, die bald nach Asokas Tod einsetzte. Dieser dramatische Vorgang dürfte mehrere Gründe gehabt haben. Die Mauryas hatten beachtliche Erfolge zu verzeichnen. Sie stellten Arbeiter ein, um große Wüstengebiete urbar zu machen. Damit sollte sowohl die wachsende Bevölkerung ernährt als auch die Steuerbasis des Landes erhöht werden. Sie führten weitreichende Bewässerungsmaßnahmen durch, die sich jahrhundertelang hielten. Der Handel blühte unter ihrer Herrschaft, wie zum Beispiel mit Töpferwaren aus dem Norden des Landes in ganz Indien im 3. Jahrhundert v. Chr. Es gab eine große Armee und eine Diplomatie, die bis in das Gebiet von Epirus reichte. Die Kosten waren natürlich sehr hoch. Regierung und Armee beuteten hierfür die bäuerliche Landwirtschaft aus, die nicht unendlich erweitert werden konnte. Es gab Grenzen des finanziell Machbaren. Auch war die Verwaltung – soweit man das aus heutiger Sicht beurteilen kann – wahrscheinlich nicht sehr effektiv, geschweige denn fehlerlos. Obwohl die Bürokratie in ihren Grundzügen zentralisiert gewesen zu sein scheint, kam es ohne ein effizientes Kontroll- und Rekrutierungssystem zu Günstlingswirtschaft und zur Übertragung der Gewalt auf lokale Eliten, die ihre Macht allmählich vergrößerten.

Eine politische Schwachstelle leitete sich aus vormauryanischen Zeiten ab. Die indische Gesellschaft war in Familien und Kasten eingeteilt. Solchen sozialen Bindungen fühlte man sich weit stärker verpflichtet als einer Dynastie oder der abstrakten Vorstellung eines fortdauernden Staates, geschweige denn einer Nation. Wenn die Herrschaft einer Dynastie zu bröckeln begann, konnte sie sich nicht auf die Loyalität des Volkes verlassen. Auch Asoka war es nicht gelungen, eine Staatsideologie durchzusetzen. Darüber hinaus verursachten Indiens gesellschaftliche Institutionen, vor allem das komplizierte Kastensystem, enorme Kosten. Da die soziale Zugehörigkeit von Geburt an festgelegt war, stellte sich kein ökonomischer Ehrgeiz ein. Indien besaß ein Gesellschaftssystem, das die Möglichkeiten des wirtschaftlichen Wachstums einengte.

DAS ENDE DER INDISCHEN EINHEIT

Der Ermordung des letzten Maurya folgte eine Ganges-Dynastie brahmanischer Herkunft. Indiens Geschichte war während der nächsten 500 Jahre durch politische Uneinigkeit gekennzeichnet. Hinweise darauf findet man in chinesischen Quellen seit dem Ende des 2. Jahrhunderts v. Chr. Die Chronologie der Ereignisse kann nur bruchstückhaft erschlossen werden, lediglich der allgemeine Ablauf steht fest.

Eine neue Folge von Invasionen suchte den indischen Subkontinent heim, die auf den traditionellen nordwestlichen Routen vorstießen. Zuerst kamen die Baktrer, Nachkommen der Griechen, die Alexanders Reich am oberen Oxus zurückgelassen hatte, wo sie 239 v. Chr. ein unabhängiges Königreich zwischen Indien und dem seleukidischen Persien gebildet hatten. Unser Wissen über dieses geheimnisvolle Reich beruht zum größten Teil auf Münzen und weist große Lücken auf, aber man weiß, dass die Baktrer 100 Jahre später in das Indus-Tal einfielen. Sie waren die Ersten eines Einwanderungsstroms, der vier Jahrhunderte lang ungebrochen anhielt. Eine komplexe Serie von Wanderungen war die Folge, deren Ursprung in der Nomadengesellschaft Asiens lag. Parther und Skythen folgten den Baktrern nacheinander in das Panjab und ließen sich dort nieder. Ein skythischer König empfing der Legende nach den hl. Apostel Thomas an seinem Hof.

Die Kushan-Könige

Ein wichtiges Volk, die Kushan, kam aus dem chinesischen Grenzgebiet. Sie begründeten ein weiteres großes indisches Reich, das sich von Benares (damals Kushan) hinter den Bergen bis zu den Karawanen-Straßen in den Steppen erstreckte. Die Historiker diskutieren zwar noch über ihre mögliche Verwandtschaft mit anderen Nomadenvölkern, aber zwei Dinge scheinen eindeutig zu sein. Erstens waren sie (oder zumindest ihre Regenten) begeisterte Buddhisten, die aber auch einige Hindu-Sekten unterstützten. Zweitens lagen ihre politischen Interessen hauptsächlich in Zentralasien, wo ihre berühmtesten Könige in Kämpfen starben.

Die Kushan-Periode brachte erneut wichtige fremde Einflüsse in die indische Kultur, vor allem aus dem Westen, wie der hellenistische Stil ihrer Buddhafiguren zeigt. Buddha-Darstellungen waren eine Neuerung in der Zeit der Kushan; sie verbreiteten sich rasch. Griechische Stileinflüsse gaben ihnen das bis heute verbindliche Aussehen. Sie waren darüber hinaus Ausdruck der neuen Entwicklung innerhalb der buddhistischen Religion, die nun allgemein verbindlich wurde und Buddha göttliche Züge verlieh. Aber dies war nur eine von vielen Wandlungen. Die Idee eines tausendjährigen Reiches, die Emotionalisierung der Religion und ein kompliziertes philosophisches Deutungssystem waren eng miteinander verwoben. Hinduistischer und buddhistischer „orthodoxer" Glaube sind vor diesem Hintergrund schwer zu bestimmen.

Dieser Stuckkopf des Buddha stammt aus der Kushan-Periode (um 50–240 n. Chr.). Obwohl das Gesicht des Buddha eindeutig durch den hellenistischen Stil einer früheren Skulptur geprägt ist, sind die indischen Merkmale sehr deutlich.

Indien nach den Mauryas

Am Ende erlagen die Kushanas einer größeren Macht: Im frühen 3. Jahrhundert nahm Artaxerxes Baktrien und das Kabul-Tal ein. Bald danach eroberte der Sassanidenkönig Ardashir I. Peshawar, die Hauptstadt der Kushana. Mit Voltaire mag der Leser der Ansicht sein: „Was geht es mich an, wenn ein König durch einen anderen an den Ufern des Oxus und Jakartes ersetzt wird?“ Es ist in der Tat schwierig, die große historische Linie hinter diesen auf- und abebbenden Ereignissen zu erkennen. Hervorzuheben sind vor allem die beiden großen Konstanten der indischen Geschichte: erstens die Wichtigkeit des nordwestlichen Grenzgebiets als kulturelles Durchgangsgebiet und zweitens die Aufnahmefähigkeit der Hindukultur. Keines der eingedrungenen Völker konnte am Ende der assimilierenden Kraft, die Indien immer wieder gezeigt hat, widerstehen. Kaum hatte ein neuer Herrscher das Hindureich einige Zeit lang regiert – die Wurzeln gingen vermutlich sogar hinter die Zeit der Mauryas bis ins 4. und 5. Jahrhundert v. Chr. zurück – da übernahm er auch schon indische Lebensweisen und die Traditionen des Landes. Dies führte dazu, dass die indische Kultur bis heute überlebt hat.

Die Invasoren drangen niemals bis in den Süden des Dekkhan vor. Nach dem Verfall des Mauryareiches blieb diese Region lange abgesondert unter ihren eigenen drawidischen Herrschern. Diese kulturelle Trennung besteht bis zum heutigen Tag. Obwohl der arische Einfluss nach der Zeit der Mauryas stärker wurde, verschwanden Hinduismus und Buddhismus niemals ganz. Politisch wurde der Süden, bis Großbritannien Indien zu seiner Kolonie machte, nicht wieder vollständig integriert.

Die Abbildung zeigt eine bronzene Buddha-Statue aus dem 6. Jahrhundert. Viele Gupta-Herrscher waren als Förderer der Kunst bekannt. Zahlreiche indische Kunststile der heutigen Zeit nahmen ihren Ausgang in dieser historischen Phase.

Handel

In diesen wirren Zeiten gab es auch friedliche Kontakte zur Außenwelt. Der Austausch mit römischen Händlern wuchs so offensichtlich, dass Plinius ihn (fälschlicherweise) als einen Aderlass aus dem Römischen Reich tadelte. Indische Gesandte kamen nach Rom, um über die Wirtschaftsbeziehungen zu verhandeln. Plinius' Bemerkungen lassen vermuten, dass die Luxusgüter, die sich der Westen aus Indien kommen ließ, nur mit Edelmetallen vergütet werden konnten. Dieser Grundsatz galt bis zum 19. Jahrhundert. Es gibt auch andere interessante Kontakte zwischen beiden Kontinenten, die sich als Folge des Handels ergaben. Das Meer brachte Handel treibende Kulturen zusammen: Das tamilische Wort für Waren kommt aus dem Griechischen, und Inder aus dem Süden hatten seit hellenistischer Zeit mit Ägypten Geschäfte gemacht. Später lebten römische Kaufleute in den südlichen Hafenstädten, wo die tamilischen Könige römische Leibwächter hatten. Das Christentum ist vermutlich – was auch immer die Wahrheit über den hl. Apostel Thomas sein mag – in Indien zuerst in den westlichen Hafenstädten aufgetaucht, aller Wahrscheinlichkeit nach schon im 1. Jahrhundert n. Chr.

DAS GUPTAREICH

Die politische Einheit kam auch im Norden erst nach 100 Jahren wieder zustande. Ein neuer Staat im Ganges-Tal, das Guptareich, etablierte sich nach fünf Jahrhunderten voll Wirren. Sein Zentrum war Patna, wo die Dynastie der Gupta-Herrscher sich selbst einsetzte. Der Erste von ihnen, Chandragupta I., begann seine Regierung im Jahr 320 n. Chr. Sein Lebenslauf ist in die Asoka-Säule in Allahabad gemeißelt. Samudragupta (um 340–380) eroberte Nordindien, Nepal und Assam. Innerhalb von 100 Jahren war Indiens Norden vom Druck und den Angriffen fremder Mächte befreit. Das Reich war nicht so groß wie das Reich des Asoka, aber die Guptas konnten es länger halten.

200 Jahre lang erfreute sich der Norden Indiens einer Blütephase; in kultureller Hinsicht schlug sich das vor allem in den Werken des Dichters Kalidasa nieder. Die hinduistische Kultur erhielt aber auch insgesamt während des Guptareiches ihre klassische Prägung. In späteren Jahren erinnerte man sich mit Nostalgie an diese schöpferisch produktive indische Epoche.

Kunst und Handwerk

Das Zeitalter der Guptas brachte die erste große Festigung des indischen Erbes in der Kunst. Aus den Zeiten vor den Mauryas hat sich nur wenig erhalten. Die Hauptwerke der Mauryas, die Säulen, bildeten den Höhepunkt einer einheimischen Steinmetztradition. Noch lange Zeit zeigten Steinbehandlung und Gebäude Spuren der Bearbeitungsmethoden, die sich schon im Zeitalter der Holzbauten entwickelt hatten.

Die Technik war bereits vor dem Einsetzen des griechischen Einflusses sehr weit fortgeschritten. Die Griechen brachten neue künstlerische Motive und gestalterische Techniken aus dem Westen mit. Nach den erhaltenen buddhistischen Skulpturen zu urteilen, hat sich dieser Einfluss bis weit in die nachchristliche Zeit hinein erhalten. Schon vor den Guptas gab es eine reiche, einheimische Tradition der Hindu-Bildhauerkunst. Während der Gupta-Herrschaft entstanden zahlreiche skulptierte Tempel, die von den ausgegrabenen, geschmückten Höhlen zu unterscheiden sind. Für die indische Kunst und Architektur vor dem islamischen Zeitalter hatten sie eine große Bedeutung.

Tempel der Gupta-Periode haben mit ihren weichen und geschmeidigen Reliefs die Entwicklung der indischen Kunst 100 Jahre lang zutiefst beeinflusst. Dieses Flachrelief auf einem Stein aus dem 5. Jahrhundert zeigt Liebende, die sich beim Tanzen vergnügen. Es wurde in den Ruinen eines Gupta-Tempels in Deogarh in Rajasthan gefunden.

Literatur

Unter den Guptas entstand eine hervorragende Literatur, deren Wurzel weit zurückreicht. Die Vereinheitlichung und Systematisierung der Sanskritgrammatik kurz vor der Zeit der Mauryas machte den Weg für eine Dichtung frei, die von der Elite eines ganzen Kontinents geteilt wurde. Das Sanskrit bildete so das einigende Band um Norden und Süden, trotz der kulturellen Unterschiede. Die großen Epen erhielten ihre klassische Form im Sanskrit, obwohl auch Übersetzungen in Dialekten erhältlich waren. Der bedeutendste indische Dichter und Dramatiker Kalidasa schrieb in Sanskrit. Das indische Theater prägte sich ebenfalls in dieser Zeit aus, dessen Traditionen sich bis heute erhalten haben und im populären indischen Film fortleben.

Das Zeitalter der Guptas brachte noch weitere große intellektuelle Leistungen hervor. Im 5. Jahrhundert erfanden die indischen Arithmetiker das Dezimalsystem. Die Philosophie erreichte einen Höhepunkt. Ein literarischer Text wie das *Kama Sutra* zeigt, dass sich nur eine kleine Elite mit solchen Fragen beschäftigt hat. Weder die Betonung des *dharma* der brahmanischen Tradition noch die asketische Strenge der indischen Lehrer noch die freizügige Akzeptanz des sinnlichen Vergnügens, die außer im *Kama Sutra* auch in vielen anderen Texten beschrieben wird, haben irgendetwas mit dem eifrigen, militanten Puritanismus gemeinsam, der sowohl die christlichen als auch die islamischen Traditionen bestimmt. Die indische Kultur bewegte sich gleichsam in einem vollkommen anderen Rhythmus als die westliche; hierin liegt vielleicht ihre Stärke und die Erklärung für ihre Kraft, fremden Kulturen zu widerstehen.

Kalidasas Dichtung

„Du bist nicht der Einzige, der traurig ist,
wenn er das Dorf verlässt,
sogar die Bäume sind durch die Traurigkeit berührt,
die dein Abschied verursacht.
Du musst nur hinschauen: Die Tiere,
sie können kaum Gras fressen,
die Kirschbäume haben zu tanzen aufgehört,
und das Schilf wirft seine weißen Blätter auf die Erde
als wenn sie Tränen wären."

Ein Auszug aus dem Drama *Schakuntala* des indischen Dichters Kalidasa.

Diese Fragmente eines Manuskripts sind Teil einer Sammlung von 100 ähnlichen Stücken, vermutlich haben alle der buddhistischen Schule von Mahasangikha-Lokottaravadin gehört. Obwohl einige Texte in das 2. Jahrhundert datiert werden, gehören die meisten der gefundenen Fragmente der Gupta-Periode (4. und 5. Jahrhundert) an.

DIE GESELLSCHAFT DES ALTEN INDIEN

Während des Gupta-Zeitalters erreichte die indische Kultur ihren Höhepunkt und ihre klassische Form. Die von den politischen Ereignissen bestimmte Chronologie führt in die Irre; wichtige Entwicklungen geschahen über Epochengrenzen hinweg. Trotzdem können wir in der Kultur der Guptas die Präsenz der voll entwickelten Hindugesellschaft spüren. Ihr auffallendster Ausdruck war das Kastensystem, mit dem man die komplizierte, ursprünglich aus vier Klassen bestehende vedische Gesellschaft überwand. Inner-

Das Kastensystem

Im Gegensatz zur Bezeichnung Kaste – von lateinisch *castus*, rein –, benutzen die Inder das Wort *varna*, das „Farbe" bedeutet und auf die ethnischen Ursprünge des Systems hinweist. Das Kastensystem hat es zu allen Zeiten in vielen Kulturen gegeben, aber nirgendwo Ausmaße wie in Indien angenommen. Die meisten Forscher glauben, dass es um 1500 v. Chr. nach der Eroberung Indiens durch die vedischen Arier aufkam. Wahrscheinlich zwangen die Arier der altindischen Gesellschaft ihre streng hierarchisch gegliederte Gesellschaftsstruktur auf – sie bestand aus einer religiösen und einer gesetzgebenden Körperschaft, einer militärischen Schicht und einer Kaufmannsklasse. Diese soziale Struktur festigte sich in der brahmanischen Periode.

Die Theorie, die aus der *Rgveda* entnommen wurde, spricht von ursprünglich vier Kasten: die *Brahmanen* (Priester), die *Kshatriyas* (Krieger), die *Vaishyas* (Bauern und Händler) und die *Shudras* (Arbeiter). Jede der Hauptkasten hat sich allmählich in unzählige Schichten unterteilt, die als *jatihs* bekannt sind. Eine weitere Gruppe, die Unberührbaren, wird für so unrein gehalten, dass sie außerhalb des Kastensystems steht. Obwohl die moderne Gesetzgebung ihre Diskriminierung ächtet, werden die Unberührbaren noch oft unmenschlich behandelt und müssen „unsaubere" Arbeiten verrichten, etwa Straßen kehren, Toiletten reinigen und Dung einsammeln.

Das Kastenwesen, in dem jeder seinen Platz hat, beherrscht das ganze Leben: Die Arbeit, die erlaubt ist, die Nahrung, die man essen darf, und sie bestimmt, wen man heiraten darf. Kasten sollten nicht mit dem sozialen Status verwechselt werden: Arme Brahmanen und reiche Unberührbare sind nichts Ungewöhnliches.

Zwischen dem 3. und 2. Jahrhundert v. Chr. reagierten die brahmanischen Priester auf die Bedrohung des Hinduismus durch den Buddhismus, indem sie ihre eigenen Rituale kunstvoller machten. Schließlich wandten sich die gewöhnlichen Hindus mehr und mehr der offeneren *bhakti*- (Hingabe) Bewegung zu, die ihren Höhepunkt zwischen dem 6. und 16. Jahrhundert erreichte. Bhakti-Kulte betonten die persönliche Beziehung des Gläubigen zur Gottheit; oft verwarfen sie die vermittelnde Rolle der Priester, indem sie den direkten Kontakt mit dem Göttlichen für möglich erklärten. Auf diesem Gemälde aus dem 19. Jahrhundert ist Krishnas Liebe zu Radha dargestellt als Symbol des *bhakti*, der Hingabe.

halb der Kasten, die entsprechend der sozialen Heirats- und Berufsmöglichkeiten sehr genau in bestimmte Gruppen eingeteilt waren, lebte die Mehrheit auf dem Land. Die Städte waren vorwiegend große Märkte und Pilgerzentren. Die meisten Inder waren, wie auch heute noch, Bauern, die ihr Leben entsprechend einer religiösen Kultur einrichteten, deren Form bereits in der Zeit vor den Mauryas entwickelt war. Ihre Vitalität und Kraft hielt über Jahrhunderte an; sie fand ihren Ausdruck schon zu Zeiten der Guptas in Schnitzereien und Skulpturen, die die Macht der Volksreligion zeigten und ihren Platz neben den *Stupas* und Buddhas der vorhergehenden Epochen einnahmen. In Indien erfahren wir dank seiner religiösen Kunst mehr über das Bewusstsein der Menschen vergangener Zeiten als über ihre materiellen Lebensbedingungen. Wir kennen das Steuersystem kaum, doch in der Betrachtung der endlosen Tänze der Götter und Dämonen, der Muster der Tiere und Symbole können wir uns einer Welt nähern, die immer noch lebt und die auch noch in den Dorf-

Die Hindus und der Ganges

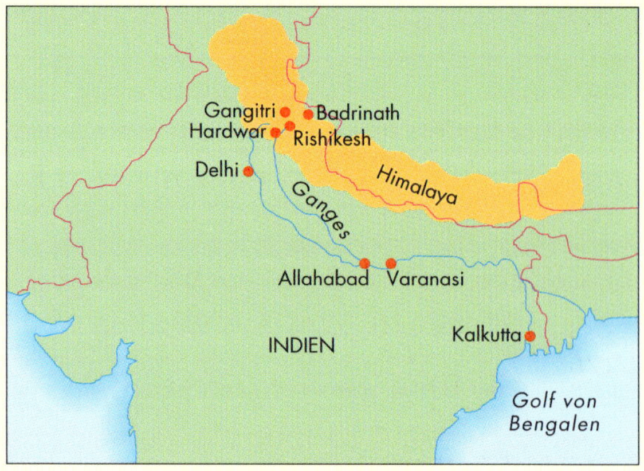

Der große Fluss Ganges fließt die südlichen Abhänge des Himalayas entlang und danach 2700 Kilometer bis in die Bucht von Bengalen. Er passiert die Ebenen von Nordostindien und gelangt bis nach Bangladesh, wo er sich mit den Wassern des Brahmaputra vereinigt.

Für die Hindus ist der Ganges seit undenklichen Zeiten ein heiliger Fluss; sie glauben, dass die Göttin Ganga im Weltberg Meru, der Residenz der Götter, geboren worden sei. Das Haar des Gottes Shiva diente als Pfad vom heiligen Berg hinunter zur Erde.

An den Ufern des Ganges reihen sich zahllose Tempel, Heiligtümer und heilige Plätze der Hindus aneinander, darunter Hardwar, eine der sieben heiligen Städte und alle zwölf Jahre der Schauplatz des wichtigen religiösen Kumba-Mela-Festes. Während des Festes baden Hindu-Pilger im Wasser des Ganges, von dem sie glauben, dass es ihr *karma* von ihren früheren und gegenwärtigen Leben reinige, in der Hoffnung, eine vollkommene Reinkarnation zu erreichen.

Ein anderes wichtiges Pilgerzentrum ist die Stadt Allahabad (auch bekannt als Prayaga), der „Platz der Opferung", wo sich – der Legende zufolge – der unsichtbare Fluss Sarasvati mit dem Ganges und dem Yamuna vereinigt. Varanasi, eine andere heilige Stadt, ist Pilgerziel für Hindus, Buddhisten und Jainas. Der Tradition zufolge hielt Buddha, Siddharta Gautama, seine erste Predigt über „Die Begründung der Rechtschaffenheit" in Sarnath, nahe Varanasi; Mahavira, der Gründer des Jinismus, lebte in der historischen Stadt.

schreinen und Götzen unserer Tage zu finden ist. Die indische Geschichte bietet mit ihren zahlreichen Überlieferungen beste Möglichkeiten, Zugang zur Mentalität der Menschen über Jahrhunderte zu erhalten.

Religiöse Veränderungen

Verschiedene Kulte um die neue Göttin Devi sowie eine Stärkung der Stellung der Götter Shiva und Vishnu kennzeichnen die religiösen Veränderungen zwischen der Epoche der Gupta und dem Islam. Hinzu kamen die vermehrte Verehrung von Götterstatuen und die Askese.

Auf dem Höhepunkt der indischen Kultur, zwischen der Epoche der Guptas und dem Islam, wurde die indische Religion durch politische Ereignisse schwer getroffen. Der neue Kult der Muttergöttin Devi entstand um 600 und nahm bald einen wichtigen Platz im Hindugottesdienst ein, den er nie mehr verlor. Diese Göttin ist Ausdruck einer neuen Gewichtung der Geschlechter, die sowohl Hinduismus als auch Buddhismus kennzeichnet. Mit ihrem Kult schäumte das religiöse Leben für einige Jahrhunderte über, denn mit den Shiva- und Vishnu-Kulten, die zur gleichen Zeit an Bedeutung gewannen, verbindet sich ebenfalls eine starke Emotionalität. Die ständigen Veränderungen während dieser Jahrhunderte sind mit denen der frühchristlichen Zeit zu vergleichen, am Ende dieser Entwicklung stand die Umwandlung der alten brahmanischen Religion hin zum Hinduismus.

Daraus gingen schließlich Riten und Glaubensformen hervor, die alle Bedürfnisse befriedigten. Das philosophische System des *Vedanta* betonte die Unwirklichkeit des Sachlichen und Materiellen sowie den Wunsch, sich vom exakten Wissen über die Wirklichkeit frei zu machen, das *brahma*. Am anderen Ende das Spektrums standen ländlicher Aberglaube und die Verehrung lokaler Gottheiten, die schon lange in einem der vielen Kulte von Shiva oder Vishnu aufgegangen waren. Die religiöse Begeisterung fand ihr Gegenstück in der Verehrung von Götterstatuen und einer neuen Form der Askese. Tieropfer gab es immer; sie nahmen in der konservativen religiösen Richtung noch zu. Frauen wurden unterdrückt, ihre Unterordnung war selbstverständlich. Religiösen Ausdruck fand dies in dem Anstieg der Kinderheiraten und einer Praxis, die als *sati* bezeichnet wurde: die Selbstopferung indischer Witwen auf den Scheiterhaufen bei den Begräbnissen ihrer Männer.

Mahayana-Buddhismus

Die indische Kultur war ungeheuer reich. Neben der einfachen Form der Religion entwickelte sich auch die höchste Verfeinerung der philosophischen Tradition, die *Vedanta* als Höhepunkt der vedischen Richtung und des *Mahayana*-Buddhismus, der die Göttlichkeit des Buddha einführte.

Die Wurzeln des *Mahayana*-Buddhismus liegen in den frühen Varianten von Buddhas Lehre über Kontemplation, Reinheit und Unberührbarkeit. Diese Lehre begünstigte eine stärker auf Rituale gründende und volksnahere Religionsauffassung und stärkte eine Neuinterpretation von Buddhas Rolle. Anstatt ihn nur als Lehrer und Vorbild zu verstehen, wurde Buddha nun als der größte der *Bodhisattvas* angesehen. Obwohl selbst Erlöser, kasteite er sich bis an die Grenze zur Selbstaufgabe, um die Seligkeit zu erlangen, und blieb dennoch in der Welt, um den Menschen den Weg zum Heil zu weisen.

Das Ziel vieler Buddhisten ist es, allmählich ein *Bodhisattva* zu werden. Die Konzilien, die der buddhistische Kushan-Herrscher Kanishka einberief, versuchten ohne Erfolg, die beiden verschiedenen Richtungen des Buddhismus, die immer weiter auseinander strebten, wiederzuvereinigen.

Im *Mahayana*-Buddhismus (das Wort stammt aus dem Sanskrit und bedeutet „großes Fahrzeug") wird Buddha als göttlicher Erlöser verstanden, den man anbetet und dem man im Glauben nachfolgt. Die Gebete wurden vor allem vor Buddha-Statuen abgehalten. Der große, himmlische Buddha wurde zur Inkarnation des unhinterfragbaren Geistes, der hinter allen Dingen der Welt steckte.

Askese und Kontemplation, die Gautama ursprünglich gelehrt hatte, übten nur mehr eine kleine Anzahl orthodoxer Buddhisten aus, während die Vertreter des *Mahayana* neue Anhänger im Volk fanden, wie die große Anzahl der überkommenen Buddha-Statuen und Abbildungen im 1. und 2. Jahrhundert n. Chr. belegt. Dies war eine Praxis, die bisher von Buddhas Verbot der Bilderverehrung unterdrückt worden war.

Im Laufe der Zeit ersetzte der *Mahayana*-Buddhismus wahrscheinlich frühere indische Religionsformen und breitete sich auch entlang der zentralasiatischen Handelsstraßen nach China und Japan aus. Er wurde bald zu einer Glaubensrichtung der breiten Masse der Bevölkerung, da er einen direkteren Zugang zum Heilsweg eröffnete. Die orthodoxe Tradition erhielt sich in Südost-Asien und Indonesien besser.

Diese Statue aus dem 12. Jahrhundert zeigt Devi, eine Göttin des hinduistischen Pantheon, als Sadasivas Gemahlin mit vier Armen. Devi nimmt verschiedene Gestalten an, manchmal erscheint sie als Bhu (die alte Erdgöttin) oder Parvati (Tochter des Himalaya). Sie wird generell mit Fruchtbarkeit und der Erde in Verbindung gebracht.

Mit dem *Mahayana*-Buddhismus wurde Buddha zum Gott erhoben. Parallel dazu gerieten Gebetsrituale vor Buddha-Figuren mehr in den Vordergrund. Dadurch wurde die Religionsauffassung insgesamt volksnaher.

Im buddhistischen Zentrum im Norden und im hinduistischen im Süden bildete sich vor der Ankunft des Islam die indische Philosophie soweit aus, dass sie durch den islamischen Einfluss ihre Stellung erhalten konnte.

Indische Philosophie

Sowohl Hinduismus als auch Buddhismus veränderten sich, und ihre Anziehungskraft gewann rasch an Einfluss. Seit der Zeit der Kushan lag das Zentrum des indischen Buddhismus im Nordwesten, einer Region, die den Verwüstungen durch die kampfeslustigen Hunnen am stärksten ausgesetzt war. Aus diesem Grund waren der Ausbreitung des Buddhismus gewisse Grenzen gesetzt. Der Hinduismus blühte vor allem im Süden. In den beiden Regionen des Landes machte sich auch der Einfluss der klassischen Kultur des Mittelmeerraums deutlich bemerkbar.

Die indische Philosophie bildete sich erst kurz vor dem Auftreten des Islam auf dem Subkontinent aus, jedoch früh genug, um sich so zu verdichten, dass sie in Indien bis heute kaum etwas von ihrer Faszination eingebüßt hat. In ihrem Zentrum steht der Glaube an einen endlosen Zyklus von Werden und Vergehen im Göttlichen, ein Bild des Kosmos, den eine zyklische und nicht eine lineare Geschichtsauffassung bestimmt. Ob eine solche Einstellung zu Passivität und Skepsis über den Wert praktischer Taten führte, bleibt zu diskutieren. Nur wenige Christen führen ein Leben, das vollkommen in Einklang mit ihrem Glauben steht und es gibt keinen Grund, zu

Buddhistische *Bodhisattvas*, wie auf diesem steinernen *Mahayan*-Flachrelief abgebildet, waren Meister der „sechs Vollendungen": Energie, Großmut, Meditation, Sittlichkeit, Geduld und Weisheit.

erwarten, dass die Hindus beständiger sind. Die praktischen Riten von Opfer und Sühne leben heute noch in den indischen Tempeln fort. Eine Kultur kann zwar nicht ausschließlich aus ihrer Geistesgeschichte interpretiert werden, doch es fällt auf, dass die indische Geschichte mehr durch ein Bewusstsein der Beschränktheit des Menschseins als durch Taten einzelner bedeutender Individuen bestimmt ist.

Der *Mahayana*-Buddhismus erschuf eine neue Gestalt des Buddha in der Kushan-Periode: Die aufrechte Körperhaltung und der klösterliche Umhang wurden die bestimmenden Charakteristika einer Buddha-Statue, wie diese Statue aus dem 8. oder 9. Jahrhundert es demonstriert.

INDIEN UNTER ISLAMISCHER HERRSCHAFT

Um etwas über den Islam in Indien zu erfahren, müssen wir in die Zeit um 500 n. Chr. zurückkehren. Damals wurde Nordindien von divergierenden Kräften bedroht, mit denen das Reich schon früher konfrontiert worden war.

Dazu kam eine Invasion der geheimnisvollen *Hunas*, die vielleicht dem Volksstamm der Hunnen zugerechnet werden können. Sie verwüsteten jedenfalls einen Großteil des Nordwestens und ermordeten viele der eingesessenen Herrscherfamilien. Jenseits der Berge, in Afghanistan, versetzten sie dem Buddhismus, der dort sehr fest verwurzelt war, den Todesstoß. Auf dem Subkontinent selbst zog diese chaotische Zeit verheerende Folgen nach sich.

Nordindien

Obwohl in den nördlichen Ebenen wieder Kriege zwischen den verschiedenen rivalisierenden Königreichen ausgebrochen waren, scheinen die indischen Städte kaum zerstört worden zu sein. Auch das Landleben erholte sich sehr schnell wieder von den Rückschlägen. Die Zustände im Norden glichen dagegen in dieser Zeit denen in den europäischen Ländern während der unruhigen Zeiten des Mittelalters, als die feudalen Bindungen zwischen den konkurrierenden Dynastien mehr oder weniger den Frieden aufrechterhielten, ohne dass allerdings Gewaltausbrüche vollständig verhindert werden konnten.

Indien

Währenddessen erreichte der Islam Indien: Arabische Händler brachten ihn an die Westküste. Um 712 eroberten arabische Armeen die Stadt Sind, wo sie sich niederließen und fortan keine Kämpfe mehr ausfochten. In weitere Gebiete drangen sie allerdings nicht vor. Eine Periode der Ruhe folgte, die so lange andauerte, bis ein Ghaznawiden-Herrscher im 11. Jahrhundert weit nach Indien vordrang und das Land vielerorts verwüstete. Doch selbst diese Übergriffe brachten keine radikalen Veränderungen mit sich.

Das religiöse Leben Indiens folgte in den nächsten 200 Jahren seinem ganz eigenen Rhythmus.

Die auffälligsten Veränderungen waren der Niedergang des Buddhismus und der Aufstieg des Tantrismus, einer abergläubischen religiösen Richtung, die Zugang zum Göttlichen durch Zaubersprüche und magische Rituale versprach. Auch Kulte auf Volksfesten nahe der Tempel blühten in der Zeit nach den Guptas, als eine starke politische Macht im Land fehlte. Auf diese Zeit der Konsolidierung und Kontinuität folgte dann jedoch eine neuerliche Invasionsphase in Zentralasien.

Der Islam kam zunächst mit arabischen Händlern nach Westindien. Um 712 wurde Sind von arabischen Armeen erobert, doch brachte weder das eine noch das andere drastische Veränderungen der indischen Kultur mit sich.

1192 besiegte der türkische Anführer Mohammed von Ghur die Allianz der Hindus. Sein Nachfolger, ein Sklave und treuer General, Qutb-ud-Din Aibak, baute das Qutb Minar in Delhi. Dieser 73 Meter hohe Siegesturm wurde errichtet, um den Triumph des Islam über die Ungläubigen zu demonstrieren und wurde ein kraftvolles Symbol der muslimischen Oberherrschaft über Indien.

Muslimische Invasoren

Die neuen Eindringlinge waren Muslime, die zu den türkischen Völkern gehörten. Ihr Angriff unterschied sich von früheren islamischen Invasionen, denn sie kamen, um zu bleiben, nicht nur, um zu plündern. Im 11. Jahrhundert ließen sie sich zuerst im Panjab nieder, dann begannen sie am Ende des 12. Jahrhunderts mit einer zweiten Invasionswelle, die innerhalb weniger Jahrzehnte zur Errichtung eines türkischen Sultanats in Delhi führte, von wo aus sie ihre Herrschaft über das gesamte Ganges-Tal ausdehnten. Ihr Reich war kein einheitliches Gebilde. Die Hindu-Königreiche überlebten innerhalb ihrer Stammesbasis, so wie die christlichen Königreiche als tributpflichtige Staaten der Mongolen im Westen überlebten. Die muslimischen Herrscher wollten die wirtschaftlichen Grundlagen ihrer Territorien möglichst schonen. Sie unterstützten deshalb ihre islamischen Glaubenslehrer, die *ulamas*, nicht immer bei der Gewinnung von neuen Anhängern und der Verfolgung der Hindus.

Das Kernland des ersten muslimischen Reiches in Indien war das Ganges-Tal. Die Eindringlinge überrannten Bengalen und richteten sich später selbst an der Westküste Indiens und der Hochebene des Dekkhan ein. Sie drangen aber nicht weiter nach Süden vor, und deshalb überlebte die Hindugesellschaft dort fast unverändert. Selbst im Norden bestand das Islamische Reich nur kurz: 1398 plünderten Timur Lenks Truppen Delhi nach einem schnellen und zerstörerischen Angriff. Eine Chronik berichtet, dass die Mongolen vor dem Verwesungsgestank flohen, den die Toten ausströmten, die sie auf ihrem Weg zurückgelassen hatten. Die Generäle und lokalen Machthaber versuchten, vor allem sich selbst zu retten, und so zerbrach das islamische Indien wieder. Trotzdem hatte der Islam auf dem Subkontinent Fuß gefasst. Das war die größte Herausforderung, der sich die indischen Assimilationskräfte nun gegenüber sahen, denn diese handlungsorientierte Offenbarungsreligion stand sowohl im Gegensatz zum Hinduismus als auch zum Buddhismus.

Babur von Kabul

Neue Sultane herrschten nun in Delhi, aber lange gab es keine Macht, die das frühere islamische Reich wiederherstellte. Erst im 16. Jahrhundert belebte es ein fremder Fürst, Babur von Kabul. Väterlicherseits stammte er von Timur ab und mütterlicherseits von Tschingis Khan – ideale Voraussetzungen in diesen Zeiten der Not. Schnell war ihm klar, dass er um sein Erbe kämpfen musste. Nur wenigen Monarchen gelang es wie Babur, im Alter von 14 Jahren eine Stadt von der Bedeutung Samarkands zu erobern, freilich um es fast sofort wieder zu verlieren. Selbst wenn man Legenden und Anekdoten zurückstellt, bleibt er trotz seiner Grausamkeit und Verschlagenheit eine der anziehendsten Persönlichkeiten unter den großen Herrschern: großmütig, ausdauernd, mutig, intelligent und sensibel. Er hinterließ eine bemerkenswerte Autobiografie auf der Basis von Notizen, die er sein Leben lang aufzeichnete. Seinen Nachkommen diente sie als eine hochgeschätzte Quelle der Inspiration. Sie zeigt einen Herrscher, der sich nicht in der Tradition der Mongolen, sondern der Türken sah – den Völkern, die lange in den früheren östlichen Provinzen des Abbasiden-Kalifats gelebt hatten. Seinen Geschmack und seine Lebensart formte das Erbe der Timuriden-Fürsten von Persien: Seine Liebe zu Gartenbau und Dichtung kam aus diesem Land und fügte sich gut in das islamische Indien, dessen Kultur durch persische Vorbilder stark beeinflusst war. Darüber hinaus war Babur ein Büchernarr. Es wird berichtet, dass er, als er Lahore einnahm, sofort in die Bibliothek seiner Feinde ging, sich Schriften heraussuchte und als Geschenke an seine Söhne sandte. Er selbst schrieb unter anderem einen 40-seitigen Bericht über seine Eroberungen in Hindustan, er beschrieb die Bräuche und Kastenstruktur der Hindus und befasste sich sogar mit Flora und Fauna der Region.

Diese Illustration aus dem 16. Jahrhundert zeigt die Truppen Timur Lenks, eines Vorfahren von Babur, bei der Eroberung von Isfahan.

DAS MOGHULREICH

Babur wurde von afghanischen Anführern nach Indien gerufen, aber er entwickelte eigene Vorstellungen von der Erbschaft der Timuriden-Dynastie in Hindustan. Er setzte schließlich einen Neuanfang der Moghul-Tradition in Indien; Moghul war das persische Wort für Mongole, doch Babur selbst wurde nicht so bezeichnet. Ursprünglich sollte er lediglich das Panjab erobern, aber dort machte er nicht Halt. 1526 nahm er Delhi ein, nachdem der Sultan im Kampf gefallen war. Bald hatte Babur sogar auch diejenigen bezwun-

In seinen berühmten Memoiren betont Babur seine große Liebe zu Gärten und zur Naturgeschichte. Dieses Bild aus dem 16. Jahrhundert zeigt Babur in einem Palastgarten.

gen, die ihn ursprünglich zu ihrer Unterstützung nach Indien gerufen hatten. Bei seinem Tod 1530 erstreckte sich Baburs Reich von Kabul bis an die Grenzen Bihars. Babur wurde in Kabul in seinem Lieblingsgarten unter freiem Himmel begraben, an dem Ort, den er immer als seine Heimat betrachtet hatte.

Die Herrschaft von Baburs Sohn Humajun war durch dessen Unbeständigkeit und Unzulänglichkeit gekennzeichnet. Außerdem musste er Machtkämpfe mit seinen Halbbrüdern ausfechten, die nach der Tradition der Timuriden auf Erbteilung bestanden. Die Sicherheit und Konsolidierung von Baburs Erbe war also alles andere als selbstverständlich. Fünf Jahre seiner Regierungszeit verbrachte er im Exil, doch 1555 kehrte er nach Delhi zurück.

Sein Nachfolger Akbar wurde während der Flucht seines Vaters geboren. Er kam schon als Kind auf den Thron und erbte zunächst ein kleines Gebiet des Reiches seines Großvaters Babur, aber er baute daraus ein neues Reich auf, das an das des Asoka erinnerte. Er gewann den ehrfürchtigen Respekt der Europäer, die ihn „Großmoghul" nannten.

Akbar

Akbar verfügte über viele königliche Qualitäten. Er zeichnete sich durch große Tapferkeit aus – eine Schwäche war sein Eigensinn. Als Junge liebte er es, seinen eigenen Kampfelefanten zu reiten, und er zog Jagd und Falkenbeize dem Unterricht vor. Die Folge war, dass er – als Einziger in der Familie Baburs – kaum lesen und schreiben konnte. Einmal tötete er einen Tiger mit seinem Schwert im Einzelkampf. Er war außerdem sehr stolz auf seine Treffsicherheit mit dem Gewehr, nachdem unter Babur erstmals Feuerwaffen in der Armee eingeführt worden waren. Er bewunderte allerdings, wie sein Vorfahre, die Gelehrsamkeit und alle schönen Künste. Akbar besaß eine umfassende Sammlung von Büchern und Handschriften. Architektur und Malerei des Moghulreiches erreichten während seiner Herrschaft ihren Höhepunkt.

Akbar regierte bis 1605, also fast ein halbes Jahrhundert lang. Damit überschnitt sich seine Herrschaft mit der Regierungszeit Köni-

Diese Illustration des 16. Jahrhunderts aus *Das Leben des Akbar* zeigt die Feierlichkeiten von 1569, die der Geburt Salims, dem Sohn des Akbar und der Mariam Uz-Zamani Begum, folgten; beide sind am oberen linken Rand des Bildes zu erkennen. Prinz Salim erbte als Herrscher Jahangir (1605–1627) den Thron seines Vaters.

Akbar war ein begabter und erfahrener Heerführer. Mit 15 Jahren eroberte er Ajmer und einen großen Teil Zentralindiens. Zwischen 1567 und 1568 nahmen seine Armeen Chitor und Ranthambhor ein und besaßen so die Kontrolle über das heutige Rajastan. Das Bild zeigt Akbar bei der Eroberung von Ranthambhor.

gin Elisabeths I. von England. Unter seinen ersten Jugendtaten war die Heirat mit einer Rajputen-Prinzessin, die hinduistischen Glaubens war. Heiratspolitik spielte eine bedeutende Rolle in Akbars Diplomatie und Strategie: Seine Ehefrau war die Tochter des größten Rajputen-Königs und die Vermählung mit ihr stellte daher einen wichtigen Schachzug dar. Trotzdem war sie für ihn mehr als rein politisches Kalkül.

Religiöse Toleranz

Akbar hatte bereits den Hindu-Frauen seines Harems erlaubt, die Riten ihrer Religion innerhalb des Harems zu praktizieren, ein beispielloses Vorgehen für einen muslimischen Herrscher. Bald schaffte er die Kopfsteuern für Nichtmuslime ab; er wollte ein Herrscher für alle Religionen sein und kein fanatischer Muslim. Auch in Bezug auf das Christentum erwies sich Akbar als äußerst tolerant. Er hörte sich christliche Predigten an und lud sogar die Portugiesen, die an der Westküste gelandet waren, dazu ein, gelehrte Missionare an seinen Hof zu schicken. 1580 erschienen dort drei Jesuiten. Sie diskutierten in Gegenwart Akbars eifrig mit Muslimen und erhielten viele Anzeichen seiner Gunst, doch ihre lang gehegte Hoffnung auf seinen Übertritt zum Christentum wurde enttäuscht. Er scheint tatsächlich ein Mann mit echten religiösen Gefühlen und von hervorragendem Verstand gewesen zu sein; er versuchte sogar, eine eigene Religion einzurichten, eine Mischung aus Zoroastrianismus, Islam und Hinduismus, doch ohne großen Erfolg.

Die Verwaltung

Akbars religiöse Toleranz erleichterte ihm die Regierung, wie auch immer man sein Verhalten genau interpretieren mag. Jedenfalls trug die tolerante Behandlung der Nichtmuslime zur Konsolidierung seiner Macht bei. Schon Babur hatte in seinen Memoiren ein solches Verhalten angeraten. Akbar stellte die Einheit des nördlichen Indiens von Gujarat bis Bengalen wieder her und begann mit der Eroberung des Dekkhan.

Er herrschte mit Hilfe eines Verwaltungssystems, das bis in die Zeit von Britisch-Indien Bestand hatte. Dennoch war Akbar kein Reformer, sondern er bestätigte und festigte in erster Linie die ererbten Institutionen: Beamte regierten im Namen des Herrschers und zu dessen Gunsten. Ihre hauptsächliche Funktion bestand darin, Soldaten anzuwerben und Grundsteuern zu erheben. Unter einem hinduistischen Finanzminister wurde dieses System flexibler und reichsweit ausgebaut, was zu einem Anstieg der Produktion führte, die wiederum den Lebensstandard in Hindustan anhob.

Das indische Moghulreich erlebte seine größte kulturelle Ausstrahlung unter Akbar. Die Miniatur aus *Das Leben des Akbar* gibt einen Eindruck von der Eleganz am Hof des Reiches. Der Herrscher, auf dem Thron sitzend, wird gezeigt, wie er 1562 Prinz Abdur Rahin in der Stadt Agra empfängt.

Religiöse Assimilation

Vor allem aber stabilisierte Akbar seine Herrschaft. Seine Söhne enttäuschten ihn – er kämpfte sogar gegen sie – doch hatte die Dynastie, als er starb, eine solide Basis. Trotzdem kam es zu Revolten. Einige davon scheinen durch Muslime ausgelöst worden zu sein, die über Akbars Glaubensabfall verärgert waren. Sogar in der „türkischen" Zeit hatte sich die Distanz zwischen Muslimen und Nichtmuslimen verringert, da die Eindringlinge sich niederließen und in ihrem neuen Land die indische Lebensweise annahmen. Ein frühes Zeichen der Assimilation war eine neue Sprache, das *Urdu*. Es war die *lingua franca* der Herrscher, sie folgte der Hindu-Grammatik und besaß ein persisch-türkisches Vokabular.

Bald schien sich die alles umfassende Macht des Hinduismus sogar den Islam einzuverleiben. Eine neue Frömmigkeitsbewegung verbreitete im 14. und 15. Jahrhundert durch religiöse Hymnen einen abstrakten, fast monotheistischen Kult eines Gottes, der Liebe, Gerechtigkeit und Barmherzigkeit für alle versprach. Schon vor Akbars Regierung hatten einige Muslime Interesse an den Ideen des Hinduismus gezeigt. Einige Riten des Hinduismus wurden vom Islam aufgenommen. So verehrten die zum Islam Übergetretenen z. B. die Grabstätten heiliger Männer, aus denen dann Wohn- und Pilgerorte wurden. Solche Heiligenkulte entsprachen sowohl der Verehrung des Göttlichen in einer monotheistischen Religion wie dem Islam als auch dem Kult verschiedener Gottheiten, wie sie ihren Platz im Hinduismus hatten.

Moghulisches Indien

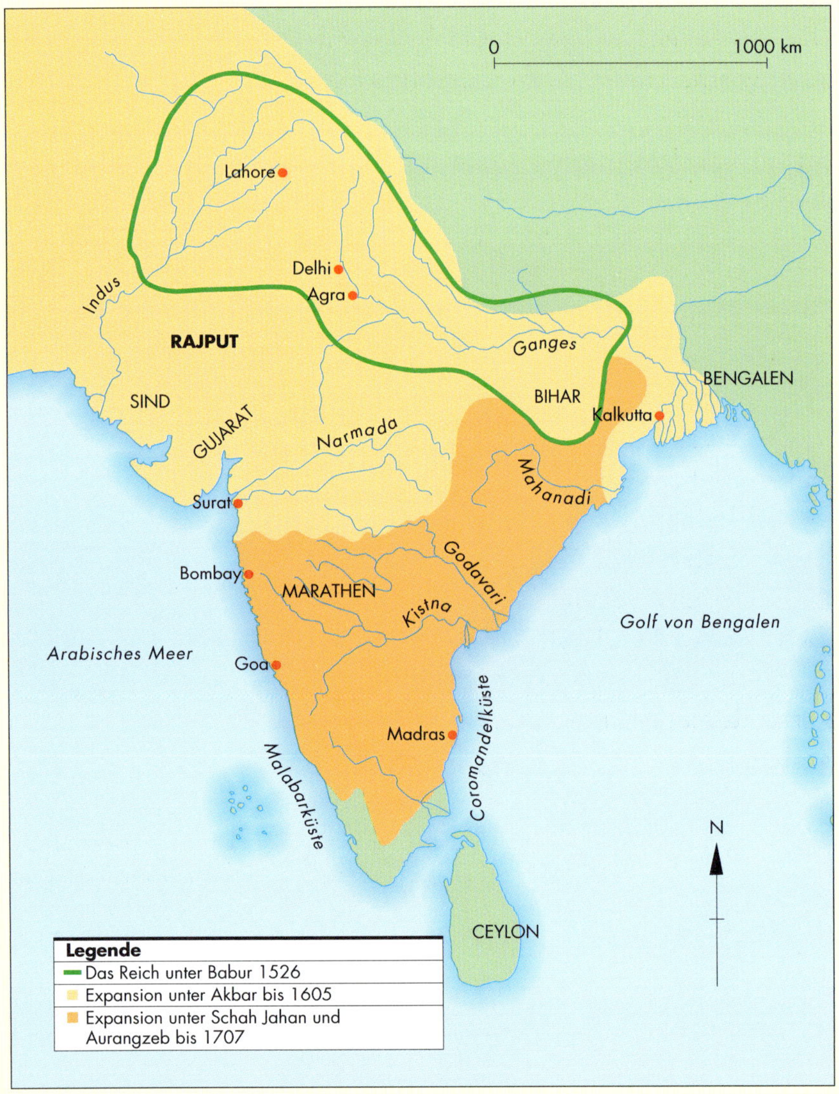

Während der Regierung von Akbar erstreckte sich das Moghulreich über den ganzen indischen Norden und einen großen Teil des Dekkhan-Staates, der später von Kaiser Aurangzeb (1658–1707) vollkommen annektiert wurde. Gegen Ende des 17. Jahrhunderts begann der Niedergang des Reiches.

Kontakte mit Europa

Eine wichtige Entwicklung am Ende von Akbars Regierungszeit war die Festigung der Beziehungen Indiens zu Nordeuropa. Verbindungen mit den europäischen Mittelmeerländern hatte es durch die Ausbreitung des Islams schon etwas früher gegeben. Von der Levante bis Delhi sorgte die gemeinsame Religion für einen ständigen, wenn auch losen Kontakt. Von Zeit zu Zeit waren bereits Europäer in Indien aufgetaucht, deren Kenntnisse von den Herrschern genutzt wurden, auch wenn nach der Eroberung der Osmanen weniger Reisende

Ein europäischer Reisender trifft Akbar

„Akbar war mit einem solchen Geist ausgestattet, dass er Dinge schnell verstehen und beurteilen konnte. Außerdem besaß er ein großes Pflichtbewusstsein. Er war intelligent, freundlich und großzügig; zu diesen Eigenschaften kam noch der Mut (...). Er konnte freundlich und gut gelaunt sein, ohne seine königliche Würde zu verlieren. Er erkannte Tugendhaftigkeit an und war gegenüber Ausländern wohlgesinnt, besonders gegenüber Christen, von denen er einige ständig um sich haben wollte. Immer beeindruckt und begierig zu lernen, besaß er umfassendes Wissen nicht nur in politischen und militärischen Angelegenheiten sondern auch in technischen Fragen."

Ein Auszug aus *History of memorable things that happened in the East Indies and in the countries discovered by the Portuguese* von Jarric.

ins Land kamen. Nun siedelten sich immer mehr Europäer in Indien an, was das Land entscheidend veränderte.

Diese Entwicklung hatte begonnen, nachdem ein portugiesischer Admiral am Ende des 15. Jahrhunderts die Malabar-Küste erreicht hatte. Innerhalb weniger Jahre ließen sich Landsleute als Händler nieder – und manchmal benahmen sie sich wie die Piraten in Bombay und an der Küste von Gujarat. Vertreibungsversuche schlugen in den wirren Jahren nach dem Tod Baburs fehl, und in der zweiten Hälfte des 16. Jahrhunderts gründeten die Portugiesen neue Stützpunkte in der Bucht von Bengalen. Lange Zeit waren sie die bedeutendste europäische Nation in Indien. Sie zogen sich außerdem den Zorn der rechtgläubigen Muslime zu, denn sie brachten Bilder von Christus, seiner Mutter und den Heiligen mit, was nach Götzenanbetung aussah. Als Protestanten eintrafen, verursachten diese weniger Irritationen in den religiösen Gefühlen.

Die erste englische Ost-Indien-Gesellschaft wurde am 31. Dezember 1600 gegründet, dem letzten Tag des 16. Jahrhunderts. Drei Jahre später kam der erste Abgesandte der Gesellschaft an Akbars Hof bei Agra; Elisabeth I., die der Gesellschaft ihre Gründungsurkunde ausgestellt hatte, war damals bereits tot. So war am Ende der Regierung von zwei großartigen Herrschern der erste Kontakt zwischen den zwei Ländern zustande gekommen, deren historische Schicksale so lange und so intensiv miteinander verflochten waren. Zu diesem Zeitpunkt gab es keinen Anhaltspunkt, wie eine solche Zukunft wohl aussehen könnte. Die Engländer hatten sogar am Handel mit Indien vorerst weniger Interesse als an dem mit anderen asiatischen Ländern.

Die Portugiesen landeten erstmals auf dem indischen Festland in Kalkutta (Kozhikode) am 24. Mai 1498. Sie erhielten Handelsrechte und die Erlaubnis, ein Fort zu bauen. Die hier dargestellte Handelsstation stellte für mehr als 100 Jahre ein Zentrum portugiesischer Wirtschaft dar.

Der Kontrast zwischen den beiden Reichen ist auch beeindruckend: Akbars Imperium war eines der mächtigsten in der ganzen Welt, und sein Hof war einer der luxuriösesten. Er und seine Nachfolger regierten über eine Kultur, die prächtiger und bedeutender war, als alles, was Indien seit den Tagen der Guptas gekannt hatte. Elisabeths Königreich besaß sogar nach europäischen Maßstäben nur wenig Macht und kämpfte mit Schulden. Akbars Nachfolger hatte für die Geschenke, die Jakob I. ihm einige Jahre später sandte, nur Verachtung übrig. Doch die Zukunft Indiens sollte eng mit Großbritannien verbunden sein.

Schah Jahan

Schah Jahan lebte zwar ein recht luxuriöses und teures Hofleben, doch ist ihm auch das berühmteste Gebäude, das Taj Mahal, in dem seine Lieblingsfrau bestattet ist, zu verdanken.

Die Moghul-Herrscher kamen in direkter Abkunft bis zur Mitte des 19. Jahrhunderts aus Baburs Linie, wenn auch nicht ohne Unterbrechungen. So großartig war das Ansehen der Dynastie, dass es nach Akbar in Indien zum guten Ton gehörte, mongolischer Abkunft zu sein. Unter Jahangir und Schah Jahan wuchs das Reich und erreichte seinen größten Umfang in der ersten Hälfte des 17. Jahrhunderts, unter Aurangzeb setzte in der zweiten Jahrhunderthälfte der Niedergang ein. Die Herrschaft Jahangirs war nicht so ruhmvoll wie die seines Vaters, doch das Reich überlebte seine Grausamkeit und seine Alkoholsucht – eine harte Prüfung für die Verwaltungs- und Regierungsstrukturen. Die religiöse Toleranz, die Akbar eingeführt hatte, behielt Jahangir aber bei. Trotz aller Unzulänglichkeit war auch er ein bedeutender Förderer der Künste, vor allem der Malerei. Während seiner Regierungszeit wurde zum ersten Mal der Einfluss der europäischen Kultur in Asien sichtbar, durch die künstlerischen Motive, die man von bekannten Bildern und Drucken abzeichnete. Eines dieser Motive war der Halo oder Nimbus, mit denen man die christlichen Heiligen abbildete und in Byzanz die Kaiser: Nach Jahangir wurden alle Moghul-Herrscher mit diesem Attribut dargestellt.

Das Leben am Hof

Schah Jahan erwarb nach und nach das Sultanat von Dekkhan, doch hatte er wenig Erfolg mit seinen Feldzügen im Nordwesten, und auch die Perser konnte er nicht aus Kandahar vertreiben. Innerhalb der Verwaltung begannen die Prinzipien der religiösen Toleranz allmählich zu schwanken, doch zu einer tatsächlichen Benachteiligung der Hindus im Verwaltungsdienst kam es nicht; die Verwaltung blieb multireligiös. Obwohl der Herrscher verfügte, dass alle neuen Hindu-Tempel niedergerissen werden sollten, begünstigte er die Dichter und Musiker der Hindus. In Agra zelebrierte Schah Jahan ein verschwenderisches und erlesenes Hofleben. Dort ließ er auch das berühmteste aller islamischen Gebäude errichten, das Taj Mahal, ein Grab für seine Lieblingsfrau. Dieser Bau ist der einzige ernstzunehmende Konkurrent zur Moschee von Córdoba als dem schönsten Gebäude der Welt. Seine Frau starb schon bald nach Schah Jahans Thronbesteigung – über 20 Jahre wurde am Grabmal gebaut. Mit seinem Torbogen und seiner Kuppel ist es das großartigste Bauwerk des Islams in Indien. Das Verschwinden der indischen Momumentalskulpturen nach der islamischen Invasion wurde dadurch ausgeglichen. An Schah Jahans Hof gelangte auch die Miniaturmalerei zu ihrem Höhepunkt.

Das Steuerwesen

Außerhalb des Hofes war das Leben im Indien der Moghuln weit weniger angenehm. Beamte mussten immer mehr Steuern eintreiben, um nicht nur die steigenden Kosten des Haushalts und die Feldzüge von Schah Jahan zu finanzieren, sondern auch um die gesellschaftlichen

Die Regentschaft des Moghul-Herrschers Schah Jahan, der auf dieser Malerei des 18. Jahrhunderts auf seinem Pfauenthron sitzend dargestellt ist, dauerte von 1628 bis 1658.

und militärischen Eliten zu unterhalten. Ohne Rücksicht auf regionale Bedürfnisse oder Naturkatastrophen beraubte ein raffgieriger Apparat von Steuereintreibern die Landbauern zeitweise der Hälfte ihrer Einkünfte. Praktisch nichts davon wurde wieder in die Produktion investiert. Landflucht und der Anstieg des Räuberwesens auf dem Land sind

Aurangzeb baute das Bibika Maqbara-Mausoleum in Aurangabad für seine Frau Rabia Daurani. Maqbara war nur halb so groß wie sein Vorbild, das Taj Mahal, das 25 Jahre früher fertiggestellt worden war. Die kunstvollen Grabstätten verdeutlichen den islamischen Charakter dieser Dynastie: Die Muslime glaubten an Begräbnis und ewiges Leben und nicht wie die Hindus an Verbrennung und Wiedergeburt.

eindeutige Symptome des Leidens und des Widerstands, die diese Eintreibungen verursachten.

Noch schädlicher gestaltete sich der religiöse Fanatismus seines dritten Sohnes Aurangzeb, der seine drei Brüder ermorden ließ und den Vater ins Gefängnis warf, um schließlich 1659 selbst Herrscher zu werden. Er vereinte in sich mit katastrophalen Auswirkungen absolute Macht, Misstrauen gegenüber seinen Untergebenen und eine engstirnige religiöse Sichtweise. Dass er die Ausgaben des Hofes erfolgreich senkte, stellt keinen Ausgleich für alles andere dar. Neue Eroberungen wurden mit neuen Revolten gegen die Moghul-Herrschaft beantwortet. Einige lassen sich auf Aurangzebs Versuch zurückführen, die hinduistische Religion zu verbieten, die Tempel zu zerstören und die Kopfsteuer für Nichtmuslime wieder einzuführen. Immer weniger Hindus wurden nun in den Staatsdienst aufgenommen; wer Karriere machen wollte, musste zum Islam übertreten. Ein Jahrhundert der religiösen Toleranz wurde ausgelöscht – ein Ergebnis dieser Politik war die Ausgrenzung vieler loyaler Bürger.

Widerstand der Hindus

Eine von vielen Folgen war, dass die Entfremdung der Hindus die dauerhafte Eroberung des Dekkhan unmöglich machte, was das Moghulreich letztlich ruinierte. Wie unter Asoka konnten Nord- und Südindien nicht vereinigt werden. Die Marathen, Krieger und Bauern, die das Herz der hinduistischen Opposition bildeten, setzten sich selbst 1674 als unabhängige Herrscher ein. Sie verbündeten sich mit den Resten der muslimischen Armee des Dekkhan-Sultanats, um der Moghul-Armee in einem langen Kampf zu widerstehen. Dieser Krieg brachte mit Shivagi einen Helden der nationalen Einheit hervor, der aus Bruchstücken eine politische Identität der Marathen aufbaute, die es ihm bald ermöglichte, die Steuerzahler genauso grausam auszubeuten, wie es die Moghul-Herrschaft getan hatte. Aurangzeb kämpfte bis zu seinem Tod 1707 ständig gegen die Marathen. Das Regime geriet schließlich in eine Krise, als seine drei Söhne um die Nachfolge kämpften. Das Reich brach schließlich auseinander, und ein wesentlich bedrohlicherer Nachlassverwalter als die Hindus oder lokale Fürsten wartete auf eine günstige Gelegenheit – die Europäer.

Der Niedergang der Moghuln

Vielleicht trägt Akbar die Schuld am Erfolg der Europäer in Indien, denn er machte die Schlange nicht unschädlich, solange sie noch im Ei war. Schah Jahan vernichtete zwar die portugiesische Niederlassung am Hooghly, doch wurden die Christen später in Agra toleriert. Offenbar erwogen die Moghul-Herrscher niemals die Errichtung einer Flotte – eine Streitmacht, wie sie von den Osmanen erfolgreich gegen die europäischen Mittelmeerländer eingesetzt wurde. Eine Konsequenz war schon unter Aurangzeb zu spüren, als Küstenschiffe und sogar die Pilgerreisenden nach Mekka von den Europäern bedroht wurden.

An Land war es den Europäern erlaubt, ihre Niederlassungen und Brückenköpfe auszubauen. Nachdem sie ein portugiesisches Flottengeschwader besiegt hatten, erhielten die Engländer im frühen 17. Jahrhundert ihre erste Konzession für den Westküstenhandel. Dann gründeten sie 1639 mit der Erlaubnis der örtlichen Herrscher in Madras in der Bucht von Bengalen eine weitere Niederlassung, Fort St. George, die das erste Territorium von Britisch-Indien war. Grabsteine auf dem kleinen Friedhof erinnern immer noch an die ersten Engländer, die in Indien lebten und starben. Tausende Auswanderer sollten ihnen in den folgenden drei Jahrhunderten nach Indien nachfolgen.

Die Engländer gerieten später mit Aurangzeb in Konflikt, doch sie erhielten trotzdem die Erlaubnis, noch vor Ende des Jahrhunderts weitere Niederlassungen in Bombay und Kalkutta zu errichten. Ihre Schiffe beherrschten nun den gesamten Handel, den sie von den Portugiesen übernommen hatten, aber ein neuer europäischer Rivale kam bereits 1700 in

Aurangzeb, der Sohn des Schah Jahan und der letzte große Moghul-Herrscher, ist auf dieser Malerei des 17. Jahrhunderts dargestellt.

Sicht. Eine französische Ost-Indien-Gesellschaft war 1664 gegründet worden, die bald ihre eigenen Niederlassungen schuf.

Ein Jahrhundert der Zwistigkeiten stand Indien bevor, allerdings nicht nur mit den Neuankömmlingen. Die Unsicherheiten im Land wuchsen, als die Macht der Moghul-Herrscher schwand. Die Europäer sahen sich zu Beziehungen sowohl mit dem Herrscher als auch mit der Opposition gezwungen. So mussten die Engländer beispielsweise in Bombay hilflos zusehen, wie ein Marathen-Geschwader eine Insel im Hafen von Bombay besetzte und ein Moghul-Admiral die Nachbarinsel. Im Jahr 1677 sandte ein Beamter eine wichtige Warnung an seine Arbeitgeber in London: „Die Zeiten erfordern nun, den Handel mit dem Schwert in der Hand zu führen." Um 1700 wussten die Engländer also schon sehr genau, dass viel für sie in Indien auf dem Spiel stand.

Nach der Ankunft der Portugiesen wurde die Küstenregion bei Malabar ein wichtiges Finanzzentrum, wo viele Wirtschaftswege zusammenliefen. Diese französische Miniatur zeigt die Pfefferernte für den Export nach Europa.

Der Niedergang der Moghuln stärkte die Macht der im Land ansässigen Engländer entscheidend. Im Gegensatz zu früheren Eroberern konnten sie nicht assimiliert werden.

Die Eroberung durch die Europäer

Um 1700 war Indien zunehmend in Ereignisse verwickelt, die es nicht selbst herbeigeführt hatte, sondern die Teil der Weltgeschichte waren. Kleine Dinge zeigen dies genauso wie große. Im 16. Jahrhundert hatten die Portugiesen Paprika, Kartoffeln und Tabak aus Amerika mitgebracht und die Essensgewohnheiten und Landwirtschaft änderten sich auch in Indien. Bald folgten Mais, Papaya und Ananas.

Nicht die Ankunft der Europäer setzte der großen Zeit des Moghulreiches ein Ende – kein indisches Reich konnte sich jemals längere Zeit behaupten – doch sie waren schließlich da, um die Herrschaft zu übernehmen. Die Vielfalt des Subkontinents und die Unfähigkeit seiner Herrscher, sich die Loyalität der einheimischen Bevölkerung zu erhalten, sind wahrscheinlich die besten Erklärungen für den Niedergang. Indien blieb ein Kontinent der ausbeutenden herrschenden Schicht und der produzierenden Bauern, auf deren Rücken sie ihre Kämpfe austrugen. Die „Staaten", wenn man diese Bezeichnung überhaupt benutzen kann, boten dabei lediglich die Infrastruktur, um den Wohlstand des Landes von ihren Schöpfern zu ihren Ausbeutern zu bringen. Es gab also keinen Anreiz zu sparen oder zu investieren.

Indien wartete am Ende des 17. Jahrhunderts förmlich auf Eroberer, und diese wiederum warteten geduldig auf den günstigsten Moment. Langfristig jedoch konnten auch die Europäer sich dort nicht durchsetzen. Im Gegensatz zu den frühen Eroberern blieben die Engländer jedoch lange Zeit im Land; sie wurden nicht von der indischen Kraft der Assimilation überwältigt wie ihre Vorgänger. Sie wurden besiegt, aber sie hatten sich nicht aufsaugen lassen.

Als sie gingen, hinterließen sie einen tieferen Eindruck als irgendeiner ihrer Vorgänger, denn sie hatten echte staatliche Strukturen geschaffen.

Das Taj Mahal ist eines der bezauberndsten Gebäude der Welt. Der trauernde Schah Jahan ließ es als Grab für seine Frau Mumtaz Mahal („Juwel des Palastes") errichten, die 1631 bei der Geburt ihres 14. Kindes starb. Das Moghulreich, das bereits im Niedergang begriffen war, konnte sich einen derart extravaganten Liebesbeweis kaum leisten: Der Schah führte mit diesem monumentalen Bau den Staat fast in den Bankrott. 1000 Elefanten sollen den weißen Marmor aus den 300 Kilometer entfernten Steinbrüchen bei Makrana herbeigeschafft haben. Die kostbaren Steine für die Intarsien wurden aus Russland und China importiert.

2 CHINA

Die Inschrift (oben links) auf dieser Malerei aus der Ch'ing-Ära eines chinesischen Adligen bedeutet *Die Vorfahren der ehrenwerten Frau Wu.*

Ein Grund für die auffallende Kontinuität und Unabhängigkeit der chinesischen Zivilisation liegt auf der Hand: China war weit weg und fremden Einflüssen nicht zugänglich, es lag abgetrennt von den Quellen der Unruhe in anderen großen Kulturen. Die Reiche kamen und gingen in beiden Ländern, doch die islamische Herrschaft veränderte Indien stärker als je ein Aufstieg oder Fall einer chinesischen Dynastie. Indien konnte fremde Einflüsse besser assimilieren. Die kulturellen Traditionen der beiden Länder basierten auf verschiedenen Fundamenten. Die indische Gesellschaft wurde durch die Religion und das damit untrennbar verbundene Kastensystem stabilisiert. In China beruhte die Kontinuität der Kultur auf einer Verwaltungselite, die verschiedene Dynastien und Reiche überdauerte und so das Land auf einem beständigen Kurs hielt.

Quellen chinesischer Beamter

Der chinesischen konfuzianisch geprägten Beamtenschicht verdanken wir schriftliche Archivalien aus frühesten Zeiten. Sie sind unschätzbare historische Quellen voll zuverlässiger Fakten, auch wenn die Auswahl von den Ansichten einer Minderheit bestimmt wurde, deren Beschäftigung sie reflektiert und die uns immer noch über viele Dinge im Unklaren lässt. Die konfuzianischen Gelehrten, die diese historischen Berichte aufbewahrten, hatten eine nützliche und belehrende Absicht: Sie wollten eine Sammlung von Beispielen und Daten zusammentragen, die es leichter machte, überkommene Denkweisen und Werte zu verstehen. Ihre Aufzeichnungen betonen die Kontinuität und den reibungslosen Ablauf der Ereignisse, was durchaus verständlich ist, denn bei der Verwaltung eines so riesigen Reiches kam es auf einheitliche Strukturen und Regelmäßigkeit an. Gleichwohl lässt ein amtlicher Bericht viel weg. Die Angelegenheiten und das Leben der breiten Masse der Chinesen sind selbst in historischer Zeit wesentlich schwieriger zu rekonstruieren als die Gesellschaft der Mittelmeerländer in der Antike. Mehr noch – vielleicht gibt uns die offizielle Geschichtsschreibung sogar einen falschen Eindruck von der Unwandelbarkeit der chinesischen Verwaltung und der Durchdringung der Gesellschaft mit konfuzianischen Werten. Lange Zeit stand hinter der Idee des chinesischen Verwaltungsapparats nur eine Minderheit, selbst als sie am Ende von vielen Chinesen geteilt und akzeptiert wurde.

Geographische Isolation

Die offizielle Kultur der Chinesen war außerordentlich selbstgenügsam: Einflüsse von außen spielten vermutlich wegen der geographischen Isolation kaum eine Rolle. China war sehr viel weiter vom Westen entfernt als die Reiche der Mauryas oder Guptas und pflegte wenig direkten Kontakt mit ihm, obwohl bis zum Beginn des 7. Jahrhunderts Persien, Byzanz und die Mittelmeerwelt von chinesischen Seidenlieferungen abhingen und das Porzellan in Europa sehr geschätzt wurde. Lange Zeit hatte China schwierige, jedoch enge Beziehungen zu den Völkern Zentralasiens; einmal vereinigt, gab es an Chinas Grenzen keinen großen Nachbarstaat mehr. Die Isolation wuchs in dem Maße, wie sich das Zentrum der westlichen Kulturen nach Westen und Norden bewegte und die Mittelmeerländer immer mehr von Ostasien abgeschnitten wurden, zuerst durch die Erben des hellenistischen Vermächtnisses (der letzte und wichtigste war das Persien der Sassaniden) und dann durch den Islam.

In der Ch'in Dynastie (221–206 v. Chr.) waren die feudalen Königreiche zum ersten Mal vereinigt. Shih Huang-ti, der sich 221 selbst zum ersten Kaiser erhob, war der bekannteste der Ch'in-Herrscher. Diese Infanterie ist ein Teil der berühmten Terrakotta-Armee, die sein Grab bewacht.

DIE CHINESISCHEN DYNASTIEN

Das Rückgrat der chinesischen Geschichte zwischen dem Ende der Periode der *Kämpfenden Staaten* und dem Anfang der T'ang-Zeit im Jahr 618 bilden die aufsteigenden und untergehenden Dynastien. Eine zeitliche Einordnung bleibt zwangsläufig ungenau: Es dauerte oft Jahrzehnte, bis eine Dynastie die Macht über das ganze Reich in der Hand hielt, und genauso lang, bis sie diese endgültig wieder

Zeitleiste (um 1523 v. Chr. – 1912 n. Chr.)

Um 1523 – 1027 v. Chr. Shang-Dynastie	221 – 206 v. Chr. Die Einheit Chinas durch den Ch'in-Kaiser Shih Huang-ti	618 – 907 n. Chr. Die T'ang-Dynastie	1368 – 1644 n. Chr. Die Ming-Dynastie	1644-1912 n. Chr. Die Mandschu-Herrschaft: Ch'ing-Dynastie	
1000 v. Chr.	0	500 n. Chr.	1000 n. Chr.	1500 n. Chr.	2000 n. Chr.
551 – 479 v. Chr. Lebensdaten von Konfuzius	um 110 v. Chr. Die Seidenstraße wird eröffnet	um 150 n. Chr. Der Buddhismus wird in China eingeführt	1206 – 1227 n. Chr. Tschingis Khan als mongolischer Herrscher	1557 n. Chr. Die Portugiesen lassen sich in Macao nieder	

Dieses Flachrelief, die Steinplatte eines Sarkophags der Han-Zeit, zeigt typische Szenen des Palastlebens.

verloren hatte. Trotzdem erscheint die Haupteinteilung der chinesischen Geschichte nach den Dynastien, die in diesen Zeiten die größte Rolle spielten, durchaus hilfreich. Die ersten drei, die unseren Zeitraum betreffen, sind die Ch'in-Dynastie, die erste „Westliche" Han- und die spätere „Östliche" Han-Dynastie.

Die Ch'in

Die Ch'in beendeten die Uneinigkeit der *Kämpfenden Staaten*. Sie kamen aus einem Staat im Westen und wurden bis zum 4. Jahrhundert n. Chr. als Barbarenvolk angesehen. Trotzdem hatten die Ch'in Erfolg – vielleicht wegen einer um 356 v. Chr. durchgeführten radikalen Neuordnung des Reiches durch einen überaus gesetzestreuen Minister, vielleicht auch, weil ihre Soldaten ein neuartiges langes Eisenschwert benutzten. Nachdem sie Sichuan geschluckt hatten, erhoben die Ch'in 325 v. Chr. Anspruch auf den Status als Könige. Der Höhepunkt des Erfolges der Ch'in war der Sieg über die letzten Gegner im Jahre 221 v. Chr. und die erstmalige Vereinigung Chinas zu einem Reich unter der Dynastie, die dem Land auch seinen Namen gab.

Den Grundstein für das heutige China legten die namengebenden Ch'in, als sie 325 v. Chr. ihren Anspruch auf den Königsthron durchsetzten. 221 v. Chr. besiegten sie ihre letzten Gegner und vereinten das Land zum ersten Mal.

Dies war eine großartige Leistung. Seit dieser Zeit kann China als Sitz einer einzigartigen, selbstbewussten Zivilisation gelten. Schon früh gab es Anzeichen für eine solche Entwicklung. Auf Grund ihrer eigenen neolithischen Kultur und durch Impulse einwandernder Völker aus dem Norden kam es um 500 v. Chr. zu einem ersten Zivilisationsschub in mehreren Regionen Chinas. Am Ende der Zeit der *Kämpfenden Staaten* zeigten einige Regionen bereits Gemeinsamkeiten, die die Unterschiede zwischen ihnen ausglichen. Die politische Einheit, die die Ch'in durch ihre Eroberung innerhalb eines Jahrhunderts erreichten, war eine logische Folge der vollzogenen kulturellen Annäherung. Schon vor 221 v. Chr. lässt sich eine Art chinesisches Nationalgefühl erkennen, das die Eroberung erleichtert haben muss.

DIE BEIDEN HAN-DYNASTIEN

Nach weniger als 20 Jahren wurden die Ch'in durch die ersten Han abgelöst, die 200 Jahre lang (206 v. Chr. – 9 n. Chr.) an der Macht waren. Die von den Ch'in eingeführten Neuerungen in der Verwaltungsstruktur über-

Die wichtigsten chinesischen Dynastien

Shang 1523 – 1027 v. Chr.
Chou 1027 – 256 v. Chr.
Ch'in 221 – 206 v. Chr. *(nach der Vernichtung der Chou 256 v. Chr. und anderer rivalisierender Staaten im Anschluss)*

Erste Han 206 v. Chr. – 9 n. Chr.
Hsin 9 – 23
Spätere Han 25 – 220
Wei 220 – 265
Shu 221 – 263
Wu 222 – 280
Westliche Chin 265 – 316
Sechzehn Königreiche 304 – 439

Östliche Chin 317 – 420
Liu Sung 420 – 479
Südliche Ch'i 479 – 502
Liang 502 – 557
Ch'en 557 – 589

Nördliche Wei 386 – 581
Westliche Wei 535 – 557
Östliche Wei 534 – 550

Nördliche Chou 557 – 581
Nördliche Ch'i 550 – 577

Sui 581 – 618
T'ang 618 – 907

Fünf Dynastien 906 – 960
Zehn Staaten 907 – 979
Nördliche Han 951 – 979 *(wird zu den Zehn Staaten gezählt)*

Nördliche Sung 960 – 1126 *(der äußerste Norden Chinas wurde 947 – 1125 von den Liao beherrscht)*

Chin 1126 – 1234
Südliche Sung l 127 – 1279
Yüan 1279-1368 *(nach dem Erfolg der Chin in Nordchina)*
Ming 1368 – 1644
Ch'ing 1644 – 1912

lebten den dynastischen Wechsel. Nach einem kurzen Zwischenspiel folgten die späteren Han (25 – 220 n. Chr.). Auch wenn es mit ihnen auf und ab ging, zeigten die Han-Kaiser beispiellose Ausdauer und Kraft. Ihre Herrschaft erstreckte sich fast über das gesamte Gebiet des modernen China, einschließlich der südlichen Mandschurei und der südöstlichen Provinz Yüeh. Die Späteren Han arbeiteten weiter an der Bildung eines Reiches, das genauso groß war, wie das der römischen Zeitgenossen. Sie gingen gegen eine alte Bedrohung aus der Mongolei vor und nutzten ihre großartigen Möglichkeiten im Süden. Die späteren Han handelten an beiden Fronten mit Geschick und mit Hilfe der taktischen Überlegenheit ihrer Armeen. Sie setzten die neuartige Armbrust ein, eine Waffe, die wahrscheinlich nach 200 v. Chr. erfunden wurde. Sie war stärker und genauer als die Bögen der Barbaren, die lange Zeit nicht einmal die dazu erforderlichen Bronzeteile gießen konnten. Es war die letzte große Errungenschaft der chinesischen Militärtechnologie vor der Erfindung des Schießpulvers.

Expansion und Handel

Zu Beginn der Han-Periode lebten in der Mongolei die Hsiung-nu, die uns bereits als Vorfahren der Hunnen begegnet sind. Die Han-Kaiser vertrieben sie in das Gebiet nördlich der Wüste Gobi und übernahmen die Kontrolle der Karawanenstraßen in Zentralasien, indem sie im 1. Jahrhundert n. Chr. ihre Armeen weit nach Westen in die Kaschgar-Gebirgskette schickten. Die späteren oder „östlichen" Han machten das Kushanreich tributpflichtig. Im Süden besetzten sie die Küsten bis zum Golf von Tonking; Annam akzeptierte ihre Oberherrschaft, und Indochina wurde von den chinesischen Staatsmännern schon immer als ein Teil ihrer Machtsphäre betrachtet. Im Nordosten eroberten sie

Unter den Han-Kaisern kam es zur politischen und wirtschaftlichen Expansion Chinas: Unter anderem vertrieben sie die Hsiung-nu aus der Mongolei, übernahmen die Kontrolle über die zentralasiatischen Karawanenstraßen und machten das Kushanreich tributpflichtig.

Korea. Von ihrer Hauptstadt Lo-yang aus drängten sie Richtung Turkestan und forderten Tribute von den Oasen in Zentralasien. Ein General drang im Jahr 97 n. Chr. wahrscheinlich sogar bis zum Kaspischen Meer vor.

Zeitweilige diplomatische Begegnungen mit Rom in der Han-Periode lassen vermuten, dass die Expansion China mehr Kontakte mit dem Rest der Welt ermöglichte. Vor dem 19. Jahrhundert geschah dies hauptsächlich über Land. Neben dem Seidenhandel, der das Land mit dem Nahen Osten verband (seit ungefähr 100 v. Chr. machten sich Karawanen mit Seide in Richtung Westen auf), führte China auch umfassende Tauschgeschäfte mit seinen nomadischen Nachbarn durch. Manchmal geschah dies im Rahmen der Tributpflicht oder durch Geschenke, manchmal wegen der wirtschaftlichen Monopole, die reiche Kaufmannsfamilien hervorbrachten. Durch den Kontakt mit Nomaden entstanden vermutlich einige der erstaunlichsten Kunstwerke der Chinesen z. B. die Bronzepferde, die man in den Gräbern bei Wu-Wei gefunden hat. Die Bronzeschmiede der Han-Zeit erzeugten bemerkenswerte Kunstwerke; sie brachen offensichtlich bereitwilliger mit den Traditionen der Han-Zeit als die Töpfer, deren Werke mehr Respekt vor den Formen der Vergangenheit zeigen. Mit der Töpferei der Han-Periode zog auch das Alltagsleben in die Kunst ein, in Form von winzigen Figuren, die Bauernfamilien und ihre Viehwirtschaft darstellen.

In einem Grab, das vermutlich einem General der späteren Han-Zeit gehörte, fand man eine Reihe von Kunstgegenständen. Unter ihnen war diese wunderbare Figur eines fliegenden Pferdes. Eines der Hufe des Pferdes ruht auf einer Schwalbe, was der Figur Geschwindigkeit und Dynamik verleiht.

Die chinesische Kultur

Im China der Han-Zeit kam es zu einem kulturellen Höhepunkt am Kaiserhof mit seinen riesigen, prachtvollen Palästen, die aus Holz gebaut waren und deshalb heute völlig verschwunden sind wie auch die meiste Seidenmalerei dieser Periode. Ein großer Teil dieses kulturellen Schatzes wurde im 4. und 5. Jahrhundert zerstreut oder zerstört, als die Barbaren aus dem Norden an die Grenzen des Landes zurückkehrten. Letztlich schafften es die Han-Kaiser nicht, China aus eigener Kraft zu verteidigen. Deshalb griffen sie auf eine bewährte Methode zurück: Sie holten Völker ins Land, um sie für die Verteidigung einzusetzen. Konflikte zwischen den Neuankömmlingen und den einheimischen Chinesen blieben nicht aus. Die Han-Kaiser konnten ihre Herrschaft nicht halten. Nach 400 Jahren zerfiel China wieder einmal in eine Anzahl von Königreichen, von denen einige durch barbarische Dynastien regiert wurden.

In dieser Krise ist Chinas auffallende Fähigkeit zur kulturellen Assimilation zum ersten Mal zu erkennen. Allmählich wurden die Barbaren von der chinesischen Gesellschaft integriert; sie verloren ihre eigene Identität und wurden Chinesen. Das Ansehen, das die chinesische Gesellschaft innerhalb der zentralasiatischen Völker genoss, war bereits sehr groß. Unter den „unzivilisierten" Völkern gab es die Tendenz, China als das Zentrum der Welt, als eine Art kulturelle Spitze zu betrachten, ähnlich wie die germanischen Völker Rom gesehen hatten. Ein tatarischer Herr-

Während der T'ang-Dynastie wurden die Kaiser immer mächtiger. Diese Seidenmalerei aus der Ming-Zeit zeigt eine prunkvolle Prozession, an der auch der Kaiser teilnimmt, und seine Begleitung, wie sie gerade den Palast verlässt.

scher führte im Jahr 500 per Dekret bei seinem Volk chinesische Bräuche und Kleidung ein. Die Bedrohung aus Zentralasien war jedoch noch nicht vorüber, denn in weiter Ferne entstand im 5. Jahrhundert das erste Mongolenreich. Als die T'ang, eine Dynastie aus dem Norden, im Jahr 618 das „Mandat des Himmels" erhielten, war Chinas Einheit nicht stärker bedroht als 200 oder 300 Jahre zuvor.

Die T'ang-Dynastie

Politische Uneinigkeit und Invasionen der Barbarenvölker hatten den Grundlagen der chinesischen Kultur nicht geschadet, als sie unter der T'ang-Dynastie in die klassische Phase eintrat. Zu diesen Grundlagen gehörte auch die hohe Wertschätzung der Blutsverwandtschaft. Immer behielt der Clan seine Bedeutung, denn er konzentrierte die Macht vieler miteinander verbundener Familien, die sich gemeinsamer Institutionen religiöser, aber auch wirtschaftlicher Art erfreuten. Die Verbreitung und Verzweigung des Einflusses von Familien wurde dadurch erleichtert, dass China kein Erstgeburtsrecht kannte und das väterliche Erbe normalerweise einfach geteilt wurde. Über einem „sozialen Ozean", in dem die Familien die Fische waren, stand ein Leviathan, der Staat. Ihm und den einflussreichen Familien gab der Konfuzianismus Autorität. Da es in China keine Kirche oder Gemeinden gab, die wie in Europa Mitsprache in Fragen des Rechtes und der Regierung forderten, blieb diese Autorität unangefochten.

Die Autorität Chinas lag in der Bedeutung der Familien begründet, die sich wiederum nach den Ideen des Konfuzius richteten. Kirchen oder Gemeinden, die das Land strukturierten, gab es nicht.

Seine wesentlichen Eigenschaften hatte der Staat bereits zur Zeit der T'ang-Dynastie entwickelt, die sich nicht lange an der Macht hielt, aber bleibende Strukturen schuf. Das Amt des Kaisers, des Trägers des „Mandats des Himmels", wurde in Ch'in-Zeiten für selbstverständlich gehalten; die Han bauten es weiter aus. Das Kommen und Gehen der Dynastien beeinträchtigte das Amt nicht, denn einzelne Kaiser konnten dazu aufgefordert werden, das himmlische Mandat aufzugeben. Die religiöse Bedeutung des Kaisers steigerte sich unter den Han durch die Einführung eines Opfers, das nur er spenden konnte. Seine Position veränderte sich. Allmählich wurde

Chinesische Beamte, wie die hier abgebildeten, trugen spezielle Kleidung, um ihren Rang zu betonen.

aus einem reichen Grundherr, der seine Macht zur Stärkung seiner Familie oder seines Hauses nutzte, ein Herrscher, über einen zentralisierten, bürokratischen Staat.

DIE EINHEIT CHINAS

Die Zentralisierung war ein langer Prozess. Schon die Chou unternahmen große Anstrengungen, um Kanäle für den Transport zu bauen. Große Fähigkeiten in der Organisation und umfassende menschliche Resourcen waren dafür erforderlich, und nur ein starker Staat konnte diese einsetzen. Einige Jahrhunderte später war der erste Ch'in-Kaiser in der Lage, die bereits bestehenden Teilstücke der Großen Mauer miteinander zu verbinden, so dass ein über 2200 Kilometer langer Grenzwall die Barbaren abhielt. Insgesamt erreichte die Chinesische Mauer eine Länge von 6250 Kilometern. Diese legendäre Leistung kostete einer Million Menschen das Leben. Die Ch'in führten Standardgewichte und -maße ein und zwangen einen Teil der Bevölkerung, ihre Waffen abzugeben, während sie selbst etwa eine Million Soldaten ins Feld schickten. Die Han richteten ein Münzmonopol ein und vereinheitlichten die Währung. Unter ihnen wurde auch eine Auswahlprüfung für die Beamtenlaufbahn eingeführt. Obwohl sie bald wieder abgeschafft und erst von den T'ang wiederbelebt wurde, war sie sehr wichtig. Die territoriale Ausdehnung erforderte immer mehr Beamte. Die so entstandene Beamtenschicht überstand Zeiten der Uneinigkeit (ein Beweis für ihre Funktionstüchtigkeit) und blieb bis zum Ende des kaiserlichen Chinas seine auffallendste und charakteristischste Institution. Vielleicht war sie der Schlüssel zu Chinas erfolgreicher Entwicklung in einer Zeit, als nach dem Ende der Dynastien kleine, regionale Reiche miteinander konkurrierten, durch die die bereits geschaffene Einheit wieder zerbrach. Die Beamtenschicht einte China sowohl durch eine Ideologie als auch durch eine Verwaltung, denn die Beamten wurden in den konfuzianischen klassischen Lehren unterrichtet und geprüft. Bildung und politische Kultur waren in China wie sonst nirgendwo miteinander verbunden.

Gelehrsamkeit und Bürokratie

Die chinesischen Gelehrten waren von den Ch'in tief verletzt worden. Nachdem gebildete Männer zu Beratern der Dynastie aufgestiegen waren, kam es im Jahr 213 v. Chr. zur Krise. Kaiserliche Ratgeber kritisierten den despotischen und militaristischen Charakter des Regimes. Daraufhin wurden Bücher verbrannt, und nur „nützliche" Arbeiten über das Wahrsagen, die Medizin oder die Landwirtschaft blieben verschont; mehr als 400 Gelehrte kamen um. Um was es wirklich ging, ist nicht klar. Manche Historiker sehen in diesen Maßnahmen die Verteidigung des Zentralismus vor feudalen Angriffen. Die Han schlugen einen anderen Kurs ein und versuchten, die Intellektuellen zu versöhnen.

Die konfuzianische Lehre wurde erstmals festgelegt und entwickelte sich schnell zu einer Art orthodoxen Weltanschauung. Der kanonisierte Text entstand erst kurz nach 200 v. Chr. Im Han-Konfuzianismus mischten sich die Weltanschauungen. Aber das Wichtigste war seine absorbierende Kraft. Seine ethischen Vorschriften bestimmten die Philosophie, die Chinas künftige Herrscher prägte. Im Jahr 58 n. Chr. wurden in allen Beamtenschulen Opfer für Konfuzius angeordnet. Schließlich erhielten unter den T'ang diejenigen die Verwaltungs- und Regierungsstellen, die in der Lehre des Konfuzianismus erzogen worden waren. Mehr als 1000 Jahre vermittelte sie den chinesischen Beamten einen Kanon an moralischen Prinzipien und eine literarische Kultur, die auf dem Auswendiglernen von Texten basierte. Es wurde geprüft, welcher

Konfuzianismus

Der Konfuzianismus beschreibt eine Lebensweise, die von den Chinesen und einigen benachbarten Völkern seit mehr als 2000 Jahren befolgt wird. Die Lehre, die von Konfuzius im 6. Jahrhundert v. Chr. systematisiert wurde und deren Ziel es war, eine ideale Gesellschaft unter der Führung einer Elite zu schaffen, bestimmt dies:

Jedes Individuum hat die Pflicht, sich mit Tugend *(te)*, Lauterkeit *(yi)* und Güte *(jen)* zu verhalten.

Die Familie ist das Fundament der Gesellschaft und der Staat repräsentiert „die große Familie" – der Kaiser ist Mutter und Vater seines Volkes.

Die klar definierte Beziehung zwischen „Höhergestellten und Untergebenen" (Herrscher und Untertan, Vater und Sohn, Mann und Frau, älterer und jüngerer Bruder etc.) muss respektiert werden.

Diese hierarchischen Prinzipien und die organisierten Strukturen des Staates sollten durch Einhaltung einer sehr detaillierten Sammlung von Zeremonien und Ritualen, die man als *li* kennt, bewahrt werden.

Diese Radierung ist eine etwas idealisierte Darstellung des großen Lehrers Konfuzius (551 – 479 v. Chr.).

Kandidat die moralischen Traditionen, die in den klassischen Texten erkennbar waren, am besten verstand. Außerdem wurden die mechanischen Fähigkeiten und das Vermögen, sich unter Druck auszuzeichnen, getestet. Auf diese Weise wurden Chinas Beamte zu den effektivsten und ideologisch gefestigtsten Beamten, die die Welt jemals gesehen hat. Wer sich die Werte der konfuzianischen Lehre aneignete, wurde reich belohnt.

Die Beamtenschaft unterschied sich prinzipiell nur durch ihre Bildung vom Rest der Gesellschaft. Die meisten stammten aus der Grund besitzenden Oberschicht, aber sie stiegen höher auf. Hatten sie ihre Ämter erst einmal durch den Erfolg in der Prüfung erhalten, erfreuten sie sich eines sozialen Status', der nur wenig unter dem der kaiserlichen Familie lag, und außerdem großer Privilegien. Die Pflichten der Beamten umfassten hauptsächlich zwei entscheidende jährliche Aufgaben: die Erstellung der Zensusliste und des Landregisters, auf denen die chinesische Besteuerung basierte. Ihre andere Hauptaufgabe hatte richterlichen und kontrollierenden Charakter, denn in lokalen Angelegenheiten überließ man sehr viel den örtlichen Machthabern, die unter der Aufsicht von über 2000 Distriktmagistraten aus der Beamtenschaft handelten. Jeder von ihnen bewohnte einen Amtssitz, den *yamen*, und hatte Schriftführer, Boten und Hauspersonal um sich.

Diese Oberschicht innerhalb der Beamtenschaft hatte weit reichende Kompetenzen in der Regierung und in öffentlichen Angelegenheiten, und bezog auch einen Großteil ihres Einkommens aus diesen Aufgaben. Lokales Rechtswesen, Bildung und Erziehung gehörten dazu. Die Beamten organisierten auch Militäreinsätze in Notlagen und trieben sogar Steuern ein, von denen sie eigene Ausgaben zurückbehalten durften. Über alle diese Einrichtungen und die Beamtenklasse wachte ein Staatsapparat mit Kontrollen, Überprüfungen und Berichten. Eine Bürokratie, die weit größer war als die des Römischen Reiches.

Die Gesellschaftsordnung

Die Struktur des chinesischen Kaiserreichs hatte eine enorme bewahrende Kraft. Eine Krise bedrohte immer nur einzelne Machthaber, weniger die soziale Ordnung. Die Durchdringung der Regierungsordnung mit den anerkannten Idealen der konfuzianischen Gesellschaft war fast vollständig durch das Prüfungssystem gewährleistet. Obwohl es sehr schwierig für jemanden war, den nicht ein gewisser Wohlstand absicherte, sich in der langen Zeit des Studiums durchzubringen – selbst das Erlernen des Schreibens in den traditionellen literarischen Formen nahm Jahre in Anspruch –, gewährleistete das Prinzip des Wettbewerbs, dass eine kontinuierliche Suche nach Talenten nicht ganz auf die wohlhabenderen Familien der Oberschicht beschränkt blieb. China war eine Leistungsgesellschaft, in der Lernen immer für eine gewisse soziale Mobilität sorgte. Von Zeit zu Zeit gab es Korruption und Beispiele von Ämterkauf, aber solche Anzeichen eines Niedergangs erschienen normalerweise gegen Ende der Herrschaft einer Dynastie.

Meistens zeigten die kaiserlichen Beamten eine bemerkenswerte Unabhängigkeit. Sie mussten ihre Handlungen nicht nach den Pflichten ausrichten, die sie ihren Familien oder ihrem Stand gegenüber hatten, wie die Beamten der englischen Oberschicht des 18. Jahrhunderts. Die Beamten waren Männer des Kaisers; sie durften kein Land in der Provinz besitzen, in der sie dienten, in ihrer Heimatprovinz nicht eingesetzt werden oder Verwandte in demselben Zweig der Regierung haben. Sie waren keine Vertreter einer Klasse, sondern eine Auswahl daraus, eine unabhängige Elite, erneuert und gefördert durch Wettbewerb. Sie setzten die Idee des Staates in die Wirklichkeit um.

Das chinesische Kaiserreich hatte deswegen aber noch keine aristokratische Verfassung; die politische Macht vererbte sich nicht innerhalb einer Gruppe adliger Familien, auch wenn eine gute Herkunft wichtig war. Nur ein kleiner geschlossener Kreis am Hof hatte erblichen Zugang zu bestimmten Ämtern, die aber eher mit Ansehen, Titel und Rang verbunden waren, weniger mit Macht. Mit den kaiserlichen Ratgebern, die durch die gesamte Amtshierarchie bis zur höchsten Ebene aufgestiegen und mehr als Beamte geworden waren, konnten nur die Hofeunuchen konkurrie-

Dieses Detail aus einer Rolle (rote und schwarze Tinte auf Seide) aus dem 4. Jahrhundert zeigt zwei junge adlige Damen mit ihrem Lehrer. Die chinesische Gesellschaft war in zwei klar voneinander zu trennende Gruppen eingeteilt: Die herrschende Klasse, die aus den Adligen und den Beamten bestand, und die Bauern und Landarbeiter, die 90 Prozent der Bevölkerung ausmachten.

Der Buddhismus erreichte China während der späteren Han-Periode und verbreitete sich allmählich im ganzen Land. Die Ch'an-Schule des chinesischen Buddhismus kam im späten 6. Jahrhundert auf und wurde verbunden mit einer Periode hoher künstlerischer Kreativität während der T'ang-Dynastie. Diese gigantische Ch'an-Skulptur des Buddha von Leshan in Sichuan stammt aus der Zeit um 713–722.

ren. Die Kaiser statteten letztere oft mit großen Vollmachten aus, weil sie keine Familien gründen konnten. Daher waren sie die einzigen politischen Kräfte, die der strengen Beamtenwelt entfliehen konnten.

Konfuzianismus, Taoismus und Buddhismus

Der chinesische Staat entwickelte wenig Sinn für eine Trennung von Staat und Gesellschaft wie in Europa. Gewöhnlich besaß jeder mehrere Rollen, man war Beamter, Gelehrter und Mann von Stand in einem, während in Europa zunehmend zwischen Regierungskräften und Autoritäten der Gesellschaft unterschieden wurde.

Die Gesellschaft war in China stärker als anderswo von ideologischen Werten durchdrungen, außer vielleicht im Islam. Dabei war die Bewahrung der konfuzianischen Werte weder eine einfache Angelegenheit noch durch ein bloßes Lippenbekenntnis zu befriedigen. Die Beamtenschaft behauptete diese Werte, indem sie die moralische Oberherrschaft ausübte – eine Aufgabe, die im Westen die Kirche übernahm.

Die gesellschaftsphilosophischen Ideen hinter diesem System waren absolut konservativ, denn man sah es als erste Pflicht an, die bestehende Ordnung zu erhalten.

Die chinesische Regierung überwachte, erhielt und erneuerte den Staat, indem sie groß angelegte öffentliche Arbeiten durchführen ließ. Ihre vorrangigen Ziele waren der Erhalt der Ordnung und die Behauptung der allge-

Die bekanntesten Figuren der taoistischen Mythologie sind die acht Unsterblichen, die auf diesem Bild dargestellt sind.

meinen Regeln in einem riesigen und vielgestaltigen Imperium, wo viele Distriktmagistrate sich von den Einheimischen sogar durch die Sprache unterschieden. Im Bewahren ihrer konservativen Ziele war die Beamtenschaft unglaublich erfolgreich, und ihr Ethos überlebte alle dynastischen Krisen.

Neben dem Konfuzianismus der Beamten und der Oberschicht waren noch andere ethisch-religiöse Glaubensbekenntnisse von Bedeutung. Sogar Höhergestellte wandten sich dem Taoismus oder Buddhismus zu, der sich nach dem Zusammenbruch der Han sehr erfolgreich in China ausbreiten konnte. In seiner *Mahayana*-Variante bedrohte er China mehr als irgendeine andere ideologische Kraft vor dem Christentum, denn, anders als der Konfuzianismus, setzte er die Ablehnung weltlicher Werte voraus. Er konnte nie ganz ausgerottet werden, trotz der Verfolgung unter den T'ang, die mehr aus finanziellen und weniger aus ideologischen Gründen durchgeführt wurde.

Anders als das Römische Reich verfolgte der chinesische Staat nicht so sehr die religiösen Abweichungen als vielmehr Angriffe auf seinen Besitzstand. Zu den grimmigsten Verfolgern des Buddhismus und Taoismus zählte ein Kaiser, von dem gesagt wird, er sei ein Taoist gewesen. Unter ihm wurden über 4000 Klöster aufgelöst und über eine Viertel Million Mönche und Nonnen daraus vertrieben. Trotz solcher Vernichtungswellen musste der Konfuzianismus langfristig mit dem Buddhismus auskommen. Bis zum Marxismus im 20. Jahrhundert beeinflusste keine andere Religion oder Ideologie Chinas Herrscher in vergleichbarer Weise.

Bauernrevolten

Der Taoismus entwickelte sich zu einem mystischen Kult, sowohl für diejenigen, die persönliche Unsterblichkeit anstrebten, als auch für jene, die Entspannung von der wachsenden Komplexität des chinesischen Lebens suchten. In dieser Funktion erlangte er dauerhafte Bedeutung. Seine Entdeckung der Subjektivität des menschlichen Gedankens gibt ihm ein demütiges Erscheinungsbild, das einige Völker in verschiedenen Kulturen mit selbstbewussteren intellektuellen Traditionen auch heute noch attraktiv finden. Solche religiösen und philosophischen Richtungen berührten das Leben der Bauern kaum mehr als der Konfuzianismus, außer in vereinfachten Formen. Vor Krieg, Hunger und bedrückenden Lebensumständen flüchteten sich die Bauern in Magie und Aberglaube.

Unter der Han-Dynastie kam es zu Bauernrevolten, die von da an fast so regelmäßig auftraten wie das Aussterben der Dynastien. Unterdrückt von den Beamten, die entweder zu Gunsten einer kaiserlichen Regierung oder im eigenen Interesse als Getreidespekulanten Steuern eintrieben, wandten sich die Bauern immer wieder Geheimgesellschaften zu. Ihre Revolten nahmen oft religiöse Formen an, immer eine Welt voraussetzend, die dualistisch in Gut und Böse eingeteilt war, in Gerechte und Dämonen. Manchmal bedrohte dies die Sozialstruktur, aber die Bauern waren damit selten über längere Zeit erfolgreich.

Die chinesische Gesellschaft veränderte sich nur sehr langsam. Trotz einiger wichtiger kultureller und administrativer Neuerungen blieb der Lebensstil der meisten Chinesen Jahrhunderte lang der gleiche. Das Kommen und Gehen der Dynastien erklärte man sich mit der Idee des Himmelsmandats.

Obwohl große intellektuelle Leistungen vollbracht wurden, blieb Chinas Zivilisation unbeweglich. Keine Neuerung berührte die Fundamente dieser Gesellschaft, die stärker mit den Regierungsstrukturen verwoben war als irgendeine im Westen. Veränderungen wurden integriert, ohne die traditionellen Formen zu zerstören.

Das Steuersystem

Eine wichtige sichtbare Veränderung war das stetige Wachstum von Handel und Städten, die es leichter machten, Fronarbeit durch Steuern zu ersetzen. Solche neuen Einnahmequellen nutzten die Regierenden, um ein größeres Gebiet wirkungsvoller zu beherrschen und eine Reihe von großartigen Bauwerken zu fördern. Sie gestatteten es schon den Ch'in die Große Mauer zu vervollständigen, die spätere Dynastien noch erweiterten. Diese gigantische Mauer übertrifft die Wälle von Hadrian und Antoninus bei weitem. Kurz vor Regierungsantritt der T'ang wurde ein großartiges System von Kanälen fertig gebaut, das das Yangtse-Tal mit dem Tal des Gelben Flusses im Norden und mit dem Hang-chou im Süden verband. Millionen von Arbeitern waren mit diesem und weiteren Bewässerungssystemen beschäftigt. Solche Leistungen sind vergleichbar mit dem Bau der Pyramiden und übertreffen sogar die großen Kathedralen des mittelalterlichen Europa. Wegen der großen Verluste gab es allerdings Revolten gegen die Einberufung zu Bau- und Wachpflichten.

Bevölkerungsexplosion

Ein Staat mit großen Möglichkeiten und eine Zivilisation mit beeindruckenden Leistungen trat 618 in die Reifephase ein. Wie in den vergangenen 800 Jahren blieb Chinas Entwicklung auch in den nächsten 1000 Jahren mit dem Kommen und Gehen der Dynastien verbunden, die für die chronologische Struktur sorgten (T'ang 618–907; Sung 960–1126, Vorherrschaft der Mongolen 1234–1368, Ming 1368–1644, Mandschu oder Ch'ing 1644–1912). Viele historische Ereignisse

Diese Illustration auf einer Rolle der Ch'ing-Zeit zeigt Arbeiter beim Bau eines Deiches.

überschnitten sich mit dieser Einteilung. Während der T'ang-Periode verlagerte sich die Bevölkerungsdichte nach Süden; fortan lebten die meisten Chinesen im Yangtse-Tal und weniger in der alten Ebene des Gelben Flusses. Die Zerstörung der südlichen Wälder und die Ausbeutung von Neuland für den Reisanbau versorgte sie; dazu kamen auch neue Feldfrüchte. Alles zusammen machte ein Bevölkerungswachstum möglich, dass sich unter den Mongolen und den Ming noch beschleunigte. Schätzungen ergaben, dass die Bevölkerung von vielleicht 80 Millionen im 14. Jahrhundert sich in den nächsten beiden Jahrhunderten verdoppelte, so dass um 1600 ungefähr 160 Millionen Menschen im Reich der Mitte lebten. Dies war eine riesige Anzahl im Vergleich zur Bevölkerung anderer Länder, und sie wuchs immer weiter.

Dieses Detail einer Illustration auf einer Vase aus der Ming-Zeit zeigt Teepflücker während der Trocknung der Teeblätter, um sie zu konservieren.

Der bevölkerungspolitische Bedeutungszuwachs war beträchtlich. Allerdings rückt dabei auch die chinesische Kultur und die kaiserliche Macht ins Blickfeld, die sich auf dem Rücken einer riesigen Masse hoffnungslos armer, ungebildeter Bauern entwickelte. Den größten Teil ihres Lebens waren sie auf ihr Dorf beschränkt; nur wenige konnten hoffen, daraus zu entkommen. Bestenfalls erlangten sie durch bescheidenen Landbesitz etwas Sicherheit, was in Anbetracht der stetig steigenden Bevölkerungszahl zunehmend schwieriger wurde. Man baute mehr und intensiver auf immer kleineren Parzellen an. Der einzige Weg aus der Falle des Hungers war die Rebellion. Wenn sie erfolgreich war, wurde sie von der Oberschicht und den Beamten unterstützt; dann war das Ende einer Dynastie nicht mehr fern, denn Konfuzius' Prinzipien lehrten, dass eine Rebellion falsch sei, wenn der wahre König regierte. Eine Regierung jedoch, die eine Rebellion provoziere und sie nicht unter Kontrolle habe, solle ersetzt werden, da sie illegitim sei. Am Ende dieser Straße lag der Erfolg der chinesischen Revolution des 20. Jahrhunderts, die sich ebenfalls auf die Bauern stützte.

Der Niedergang der T'ang

Viele Jahrhunderte lang spürten die Autoritäten Chinas, anders als ihre heutigen Vertreter, den Bevölkerungsdruck nur indirekt, zum Beispiel dann, wenn der Hunger die Menschen zu einer Rebellion trieb. Eine weitaus offensichtlichere Bedrohung kam von außen. Im Grunde genommen war es ein ähnliches Problem, wie es Rom hatte: die überlange Grenze, hinter der die Barbaren wohnten. Der Einfluss der T'ang wurde geschwächt, als Zentralasien dem Islam erlag. Wie ihre römischen Vorgänger auch fanden die T'ang-Kaiser, dass es gefährlich werden könnte, auf Soldaten zu vertrauen. Es gab Hunderte von militärischen Aufständen unter der Führung lokaler Kriegsherren unter den T'ang. Jeder Erfolg einer Rebellion, auch die kurzlebigen, hatten weitreichende Folgen, da die Regierung zerschlagen und die Bewässerungssysteme, von denen die Nahrungsproduktion und der innere Frieden abhingen, zerstört wurden. Ein Staat, den Byzanz als möglichen Verbündeten im Kampf gegen die Araber ansah, und der Gesandte von Harun al-Rashid empfing, stellte ohne Zweifel eine bedeutende Weltmacht dar. Am Ende gingen die T'ang im 10. Jahrhundert unter, weil sie nicht in der Lage waren, ihre Grenzen wirksam zu schützen, und China brach wieder im politischen Chaos zusammen. Die Sung, die daraus hervorgingen, sahen sich durch die Mongolen noch vor ernsthaftere Probleme von außen gestellt; diese barbarische Dynastie vertrieb sie aus dem Norden Chinas. Die Sung gingen unter, nachdem die Mongolen selbst von den Kriegern Tschingis Khans verschlungen worden waren.

Das chinesische Beamtentum und die Verwaltung

Während der ganzen Zeit hielten die dauerhafte und staatstragende Macht der Bürokratie und die fundamentalen Institutionen der Gesellschaft China am Leben. Nach jedem Dynastienwechsel wandten sich die Erben der Macht, auch die von außerhalb, einer relativ kleinen Anzahl von Beamten zu. Eine Schätzung für das 18. Jahrhundert gibt weniger als 30 000 zivile und militärische Beamte an. Sie brachten die unveränderlichen Werte des konfuzianischen Systems mit in den Dienst einer jeden neuen Regierung ein, die dadurch stabilisiert wurde. Nur wenige entscheidende Aufgaben blieben dem Amtsbereich der kaiser-

Der auf dieser Zeichnung dargestellte Li Po (701–762) war einer der wichtigsten Dichter der T'ang-Zeit, das oft als goldenes Zeitalter der klassischen chinesischen Dichtung bezeichnet wird. Seine Gedichte über die zentralen Themen Wein, Musik oder Frauen waren für ihre Schönheit berühmt.

lichen Regierung vorbehalten. Die Lehre des Konfuzius unterstützte die Trennung der Handlungsebenen und machte es einer Dynastie leicht abzutreten, ohne die fundamentalen Werte und die Gesellschaftsordnung zu schwächen. Eine neue Dynastie musste sich wiederum in Verwaltungs- und Regierungsangelegenheiten an die Beamten wenden und an deren Führungsschicht, denn die meisten der Beamten konnten bestimmte Aufgaben nur mit Billigung ihrer Leitung ausführen.

Die T'ang-Kultur

Auch die immer wiederkehrende Uneinigkeit konnte Chinas Herrscher, Weise und Handwerker nicht davon abhalten, die chinesische Kultur in den 1000 Jahren seit dem Aufstieg der T'ang zu ihrem Höhepunkt zu führen. Einige Historiker haben das klassische Zeitalter im 7. oder 8. Jahrhundert angesetzt, unter den T'ang, während andere es in der Sung-Periode sehen. Solche Urteile beruhen gewöhnlich auf der untersuchten Kunst. Die künstlerischen Leistungen der Sung-Zeit waren in jedem Fall der Höhepunkt einer Entwicklung, die bereits unter den T'ang begonnen hatte. Zwischen ihnen und den Han ist der Bruch der Stile wesentlich offensichtlicher. Dieser Stilwechsel war der wichtigste in der chinesischen Kunst bis zum 20. Jahrhundert.

Die T'ang-Kultur spiegelt auf beispiellose Weise die Kontakte mit der Außenwelt, insbesonders mit Zentralasien, wider. Die Hauptstadt war zu dieser Zeit Ch'ang-an in Shensi, einer Provinz im Westen. Ihr Name bedeutete „lang andauernder Frieden". In diese Stadt am Ende der Seidenstraße kamen Perser, Araber und Zentralasiaten, die sie so zu einer der kosmopolitischsten Städte der Welt machten. Man fand dort nestorianische Kirchen, zoroastrianische Tempel und arabische Moscheen. Sie dürfte die herrlichste und luxuriöseste Stadt dieser Zeit gewesen sein, wie uns überlieferte Kunstwerke zeigen. Viele von ihnen verdeutlichen das chinesische Bewusstsein für Stile, die anders waren als ihre eigenen – die Imitation von iranischer Silberware zum Beispiel. Der Geschmack einer Handelsniederlassung beispielsweise zeigt sich in den Figuren der Reiter und beladenen Kamele auf den Töpferwaren. Sie dokumentieren das Leben des zentralasiatischen Gewühls in den Straßen von Ch'ang-an. Diese Figuren wurden oft mit der neuen vielfarbigen Glasur überzogen, die man bei den T'ang-Töpfern erhielt; ihr Stil wurde an weit entfernten Orten, etwa in Japan und Mesopotamien, imitiert. Die Gegenwart des Hofes war für die Anregung solcher handwerklichen Gegenstände genauso wichtig wie die Besuche ausländischer Händler.

Unter den T'ang (und den Sung) erreichte China eine kulturelle Blüte, zu der auch vielfältige Einflüsse von außen beitrugen. Diese Einflüsse gelangten vor allem über die Hauptstadt Ch'ang-an am Ende der Seidenstraße ins Land.

Auch auf den Grabmalereien ist einiges über das Leben der Hofaristokratie zu sehen. Die Männer entspannten sich beim Jagen, begleitet von Gefolgsleuten aus Zentralasien; die Frauen, mit leerem Gesichtsausdruck, waren luxuriös gekleidet. Dienerinnen tragen auf den Bildern Fächer, Kosmetikdosen und andere Toilettenutensilien. Auch Frauen hohen Standes bevorzugten die zentralasiatische Mode, die sie von ihren Hausangestellten übernahmen.

Frauen und Bauern

Die Welt der Frauen zeigt eine andere Seite Chinas. Sie lag durch die Betonung der offiziellen Geschichte immer im Dunkeln. Wir hören wenig über sie, sogar in der Literatur, außer in traurigen Gedichten und Liebesgeschichten. Doch vermutlich haben sie etwa die Hälfte der Bevölkerung ausgemacht oder vielleicht etwas weniger, denn in schweren Zeiten wurden die neugeborenen Töchter armer Familien ausgesetzt. Diese Tatsache charakterisiert treffend die soziale Stellung, die Frauen in China bis vor kurzem hatten, vielleicht sogar noch besser als die Praxis des Füße-

Diese Illustration aus *Die dreizehn Kaiser* zeigt den T'ang-Kaiser Yen Li-Pen des *7.* Jahrhunderts.

Der Bau der Chinesischen Mauer

„In alten Zeiten befahl Chou dem Nan Zhong, in der nördlichen Region eine Mauer zu bauen, und Prinz Ling Wu und Ch'in Shih-Huang ti bauten die Große Mauer und Kaiser Han Wu Ti imitierte eifrig diese alten Meisterleistungen ... Der Grund, warum der heldenhafte Herrscher diese schwierige Aufgabe annahm, war nicht ein Mangel an taktischem Vermögen und politischer Intelligenz, auch nicht militärische Schwäche, sondern mehr durch das Prinzip beeinflusst, dass es äußerst wichtig sei, sich gegen die Barbaren zu schützen. Darum wurde damals die Große Mauer erbaut ... als ein Schutz gegen die Barbaren aus dem Norden. Obwohl man für einige Zeit große Anstrengungen unternehmen musste, um die Mauer zu errichten, war man danach in der Lage, sich einer langen Friedensperiode zu erfreuen."

Ein Auszug aus der *Geschichte der Nördlichen Dynastien.*

bindens, das groteske Deformationen hervorrief und eine Frau aus gutem Haus fast gehunfähig machte. Ein anderes China, das ebenfalls von der offiziellen Geschichtsschreibung ausgeschlossen ist, zeigt das Leben der Bauern. Sie werden nur als Nummern in den Steuerlisten geführt und bei der Aufzeichnung von Revolten kaum sichtbar. Außer auf den Gefäßen der Han-Periode kommen sie, anders als in der europäischen Kunst seit dem Mittelalter, in der chinesischen Kunst nicht vor.

Städte und Handel

Die offizielle Kultur schloss auch etwa ein Zehntel der chinesischen Bevölkerung, die in den Städten wohnten, aus. Einige dieser Städte wuchsen mit der Zeit zu den größten der Welt heran. Von Ch'ang-an wird behauptet, es habe als Hauptstadt der T'ang-Zeit zwei Millionen Einwohner gehabt. Keine europäische Stadt des 18. Jahrhunderts war so groß

Die erhaltenen Schriftstücke der klassischen Zeit Chinas handeln in erster Linie von der offiziellen Kultur und vernachlässigen dabei die Aspekte des Alltags, die uns einen Einblick in das Leben der Frauen hätten geben können. Diese Wandmalerei aus dem Grab einer T'ang-Prinzessin mit Namen Yongtai zeigt einige ihrer Hofdamen.

wie Kanton oder Peking. Solch riesige Städte beherbergten eine Stadtkultur von wachsender Komplexität. Ihre Entwicklung führte zu einer neuen Handelswelt; das erste chinesische Papiergeld wurde 650 n. Chr. ausgegeben. Der Wohlstand schuf eine neue umgangssprachliche Literatur für diejenigen, die weniger gebildet waren als die traditionell erzogenen Chinesen. Das Stadtleben entwickelte auf diese Weise allmählich eine literarische Alternative außerhalb der öffentlichen Kultur. Über diese Literatur erhalten wir Zugang zum inoffiziellen China. Zwei überaus wichtige Erfindungen führten zu einer Volksliteratur: Die des Papiers im 2. Jahrhundert v. Chr. und die des Buchdrucks vor 700 n. Chr. Letztere leitet sich vom Steindruckverfahren unter den Han ab. Das Drucken mit Holzblöcken begann unter den T'ang, die beweglichen Typen wurden im 11. Jahrhundert n. Chr. erfunden. Bald danach wurde eine große Anzahl von Büchern in China herausgegeben, lange bevor es anderswo Bücher gab. Auch in den Städten blühten die Volksdichtung und die Musik, die beide die klassischen Traditionen ignorierten.

Die Kultur von Ch'ang-an erholte sich niemals von ihrer Unterbrechung durch die Rebellion im Jahr 756, nur zwei Jahre nach der Gründung der Reichsakademie für Literatur, über 900 Jahre bevor es ähnliche Akademien in Europa gab. Danach begann der Niedergang der Dynastie. Mit dem Aufstieg der Sung wurden mehr Töpferwaren hergestellt; die früheste, nördliche Phase der Sung war noch durch Arbeiten in der farbigen, gemusterten Tradition gekennzeichnet, während die Handwerker im Süden einfarbige, einfache Produkte bevorzugten. Bezeichnenderweise knüpften sie an eine andere Tradition an: die Formen, die sich durch die großartigen Bronzeräder im frühen China entwickelt hatten. Trotz all der Schönheit ihrer Keramik sind in der Zeit der Sung einige der höchsten Errungenschaften in der chinesischen Malerei bemerkenswerter, deren Hauptthemen vor allem Landschaften waren. In die Sung-Ära fallen auch folgenschwere Entwicklungen in der Wirtschaft.

Die „Industrialisierung" in der Sung-Zeit

Obwohl technische Neuerungen wie das Schießpulver, die beweglichen Lettern und die Achtersteven an Schiffen alle in der Sung-Ära eingeführt wurden, konnte sich die beginnende „Industrialisierung" auch auf frühere

Die Ursprünge der chinesischen Buchdruckkunst

Zu Beginn des 8. Jahrhunderts v. Chr. erschienen die ersten Bronzetafeln mit eingravierten chinesischen Schriftzeichen neben den Zeichnungen. Untersuchungen haben jedoch ergeben, dass die Schriftzeichen separat mit Schablonen angebracht wurden.

Eine andere Drucktechnik, die von den Chinesen während des 2. Jahrhunderts n. Chr. benutzt wurde, war der Gebrauch von gravierten Steinen, die mit Tinte gestempelt wurden. Später kam das Vervielfältigungsverfahren mit feinen Löchern, die in Papier gestanzt wurden. Dieses System war bei den Buddhisten sehr verbreitet.

Die Druckpresse kam erst im klassischen China im 7. Jahrhundert in Gebrauch, lange bevor man sie in Europa benutzte. Texte wurden mit Hilfe von polierten hölzernen Platten reproduziert, indem man in das Holz die Schriftzeichen einschnitzte, so dass schließlich die Inschrift als Relief zurückblieb. Diese Druckplatte wurde dann mit Tinte bedeckt und auf ein Blatt Reispapier gepresst. Die Verwendung von gravierten Platten mit beweglichen Schriftzeichen seit dem 11. Jahrhundert war ein enormer Fortschritt.

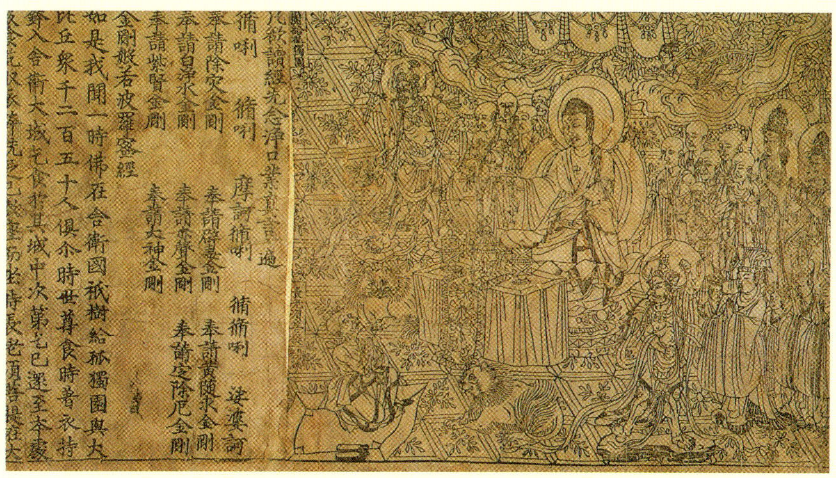

Das früheste bekannte gedruckte Buch ist das Diamant Sutra von 858, eine Rolle von 5 Meter Länge und 27 Zentimeter Breite. Die hier abgebildete Umschlagzeichnung zeigt Buddha im Gespräch mit seinem Schüler Subhuti.

Die technischen Fortschritte im chinesischen Kaiserreich offenbaren sich in vielen Facetten des produktiven Lebens – wie zum Beispiel im Spinnen. Diese Illustration aus dem 12. oder 13. Jahrhundert zeigt die verschiedenen Stadien des Spinnens und Hanfwebens.

technische Errungenschaften stützen. Technische Erfindungen können sowohl eine Begleiterscheinung als auch eine Ursache der gesteigerten wirtschaftlichen Aktivität zwischen dem 10. und dem 13. Jahrhundert gewesen sein, die vielen Chinesen trotz des weiteren Bevölkerungswachstums eine echte Einkommenssteigerung brachte. Zum ersten Mal in der vormodernen Welt scheint das Wirtschaftswachstum für längere Zeit die Bevölkerungszahlen überholt zu haben. Eine Veränderung, die dies ermöglichte, war sicherlich die Entdeckung und Einführung einer Reisart, die auf einem gut bewässerten Feld zweimal im Jahr geerntet und zudem auf hügeligem, nur im Frühling bewässerten Gelände angebaut werden konnte. Für diese Produktionssteigerung berechnete ein Gelehrter Folgendes: In einem Zeitraum von wenigen Jahren wurde in China fast so viel Eisen produziert wie sechs Jahrhunderte später im gleichen Zeitraum in ganz Europa. Auch die Stoffherstellung entwickelte sich rasant auf Grund der Einführung der wasserbetriebenen Spinnmaschine.

Es ist nicht völlig geklärt, warum es zu diesem bemerkenswerten Wachstum kam. Die Regierung setzte jedenfalls auf öffentliche Arbeit und Kommunikation. Auch längere Friedenszeiten, in denen es weder Invasionen von außen noch einheimische Unruhen gab, begünstigten das Wirtschaftswachstum. Die Ausdehnung des Marktes und das Aufkommen der Geldwirtschaft, die wichtigsten Gründe für das Wirtschaftswachstum, beruhten vor allem auf der beträchtlichen Erweiterung der landwirtschaftlichen Produktion. Solange diese größer war als das Bevölkerungswachstum, war alles in Ordnung. Kapital für die Einstellung von mehr Arbeitern und für Investitionen in Maschinen war vorhanden. Das Realeinkommen stieg.

Eine konservative Gesellschaft

Es ist schwer zu sagen, warum das Wirtschaftswachstum, das den steigenden Verbrauch durch eine größere Bevölkerungszahl erst möglich gemacht hatte, aufhörte und sich nicht wieder erholte. In den nächsten fünf Jahrhunderten stabilisierten sich die Einkommen in China und die Produktion hielt mit dem Bevölkerungswachstum Schritt. Nach dieser Zeit sanken die Einkommen – bis hinein ins frühe 20. Jahrhundert, als den chinesischen Bauern das Wasser gleichsam bis zum Hals stand. Der wirtschaftliche Rückgang nach der Sung-Zeit ist nicht der einzige Faktor, den man berücksichtigen muss, um zu erklären, warum sich in China keine dynamische und fortschrittliche Gesellschaft entwickelte. Trotz des Buchdrucks blieben die meisten Chinesen bis ins 20. Jahrhundert Analphabeten. Chinas Großstädte erreichten trotz ihres Wachstums und ihrer wirtschaftlichen Lebendigkeit weder die Freiheit und Rechtssicherheit, die in Europa Menschen und Ideen schützten, noch das kulturelle und intellektuelle Leben, das schließlich die europäische Zivilisation revolutionierte. Auch gab es zu keiner Zeit ein eigentliches Infragestellen der etablierten Ordnung. Sogar in der Technologie, die in China so früh so viel erreicht hatte, gab es eine ähnlich seltsame Kluft zwischen der intellektuellen Fruchtbarkeit und der revolutionären Veränderung. Die Chinesen waren zu Erfindungen fähig, und sie hatten einen weitaus besseren Antrieb als andere Kulturen. Doch kaum waren die Zeiten der Chou vorüber, steigerte die Nutzung von neuem Land und die Einführung neuer Feldfrüchte vor allem die Produktion, weniger den technischen Wandel. Andere Beispiele für die geringe Menge an Erfindungen sind noch augenfälliger. Die chinesischen Seefahrer kannten schon zu Zeiten der Sung den magnetischen Kompass. Sie sandten im 15. Jahrhundert während der Ming-Zeit Schiffsexpeditionen nach Indonesien, in den Persischen Golf, nach Aden und nach Südafrika, um Macht zu demonstrieren und nicht um Informationen und Erfahrungen für weitere Forschungs- und Entdeckungsreisen zu sammeln. Im 2. Jahrtausend v. Chr. entstanden meisterhafte Gegenstände aus Bronze und die Chinesen wussten 15 Jahrhunderte vor den Europäern, wie man Eisen bearbeitete, doch dieses technische Potenzial der Metallurgie wurde auch dann nicht ausgeschöpft, als die Eisenproduktion auffallend anstieg. Was Marco Polo als „eine Art schwarzen Stein" bezeichnete, der in China brannte, war Kohle, aber es gab keine chinesische Dampfmaschine.

Diese Liste könnte beliebig verlängert werden. Vielleicht liegt die Erklärung darin, dass die chinesische Zivilisation andere Ziele verfolgte, indem sie Beständigkeit anstrebte und grundlegende Veränderungen ablehnte. Weder die Beamtenschaft noch das Gesellschaftssystem mochten Neuerungen. Mehr noch, der Stolz der konfuzianischen Tradition und die Zufriedenheit, die sich auf Grund des Wohlstands und der Unbeweglichkeit entwickelte, machten es schwierig, von anderen Völkern zu lernen.

Dabei waren die Chinesen tolerant. Juden, Nestorianer, Christen, zoroastrianische Perser und muslimische Araber übten ihre Religion seit langem frei aus. Letztere bekehrten sogar manche Chinesen und schufen so eine dauerhafte islamische Minderheit. Die Kontakte mit dem Westen nahmen später unter den Mongolen zu. Doch eine „neo-konfuzianische" Bewegung hatte zu der Zeit bereits eine abweisende Haltung gegenüber anderen Kulturen gefördert, und die formale Toleranz führte nie zu einer hohen Aufnahmefähigkeit der chinesischen Kultur.

DAS MONGOLISCHE CHINA

Die Invasion der Mongolen zeigt Chinas fortdauernde Anziehungskraft auf Eroberer. Am Ende des 13. Jahrhunderts war China ganz von den Mongolen eingenommen worden – und dies hat das Land etwa 30 Millionen Menschenleben gekostet, also etwa ein Viertel der Gesamtbevölkerung um das Jahr

1200. Der Mittelpunkt des mongolischen Reiches hatte sich aus der Steppe nach Peking verlagert, in die Hauptstadt Kublai Khans. Sein Enkel Tschingis war der letzte der Großkhane, nach seiner Zeit kann das mongolische China als chinesisch, nicht mehr als mongolisch betrachtet werden. Kublai übernahm 1271 die dynastische Einteilung der mongolischen Ära, etwa die Yüan. China wirkte mehr auf die Mongolen ein als umgekehrt, und das Ergebnis war die Pracht, von der Marco Polo bewundernd berichtete. Kublai brach mit dem alten Konservativismus der Steppe, dem Misstrauen gegenüber der Zivilisation und ihren Leistungen; seine Nachfolger erlagen der chinesischen Kultur, obwohl sie der gelehrten Beamtenstruktur anfangs skeptisch gegenüberstanden. Die mongolischen Herrscher bildeten eine winzige Minderheit in einem Ozean von chinesischen Bürgern; sie brauchten Unterstützung, um zu überleben. Kublai verbrachte fast sein ganzes Leben in China, auch wenn sein Wissen über China armselig blieb.

Die Beziehungen zwischen Mongolen und Chinesen waren lange unklar. Wie die Briten in Indien im 19. Jahrhundert die sozialen Gepflogenheiten bestimmten, um ihre Integration in die indische Bevölkerung zu verhindern, versuchten auch die Mongolen, sich abzugrenzen. Den Chinesen war es nicht erlaubt, die mongolische Sprache zu lernen oder Mongolen zu heiraten. Sie durften auch keine Waffen tragen. In der Regierung wurden, wenn möglich, mehr Fremde als Chinesen beschäftigt, ein Mittel, das seine Parallelen in den westlichen Khanaten des mongolischen Reiches hat: Marco Polo war drei Jahre lang ein Beamter des großen Khans; ein Nestorianer hatte den Vorsitz über das Reichsbüro für Astronomie; Muslime aus Transoxanien verwalteten Yunnan. Für einige Jahre wurde auch das traditionelle Prüfungssystem der Beamten abgeschafft. Teilweise lässt sich so die hartnäckige chinesische Feindschaft gegenüber den Mongolen erklären, vor allem im Süden. Als die Mongolenherrschaft in China 70 Jahre nach Kublais Tod zusammenbrach, kam es zu

Dieses Porträt des Kaisers Kublai Khan (1259–1294) stammt aus einer Sammlung mit dem Titel *Porträts berühmter chinesischer Personen* aus dem 18. Jahrhundert.

geradezu übertriebenem Respekt vor den Traditionen und zu neuem Misstrauen gegenüber Fremden in der herrschenden Klasse.

Errungenschaften unter den Mongolen

Die kurzfristigen Leistungen der Mongolen beeindrucken im Rückblick. Die Einheit des Landes wurde wieder hergestellt, aus China wurde eine wichtige militärische und diplomatische Macht. Die Eroberung des Südens, der unter der Herrschaft der Sung stand, gestaltete sich schwierig, aber sobald sie im Jahr 1279 vollbracht war, hatten Kublais Gebiete und seine Militärmacht sich mit einem Mal mehr als verdoppelt. Er verfügte jetzt auch über eine Flotte und begann, die chinesische Einflusssphäre in Asien wieder aufzubauen. Nur in Japan war er völlig erfolglos. Im Süden eroberte er Vietnam; Hanoi wurde dreimal eingenommen. Nach dem Tod Kublais besetzten die Chinesen einige Zeit lang Birma. Diese Eroberungen waren aber nicht von langer Dauer, sie dienten der Eintreibung von Tributzahlungen und nicht der langfristigen Besetzung. Auch in Java war den Chinesen Erfolg beschieden; sie landeten dort und nahmen die Hauptstadt im Jahre 1292 ein, aber es erwies sich als unmöglich, sie zu halten. Der Seehandel mit Indien, Arabien und dem Persischen Golf, der unter den Sung begonnen hatte, wurde nicht weiter ausgebaut.

Die Tatsache ihres Niedergangs spricht zwar gegen den dauerhaften Erfolg der mongolischen Regierung, doch viel von dem, was sie in den 100 Jahren ihrer Herrschaft erreichte, hatte einen positiven Effekt. Der Handel mit dem Ausland blühte wie nie zuvor. Marco Polo berichtete, dass die Armen in Peking mit Spenden des Großkhans ernährt würden – und Peking war eine große Stadt. Auch moderne Augen finden manches am Umgang der Mon-

Aus dem Buch *Die Wunder der Welt* von Marco Polo (1254–1324). Diese italienische Buchmalerei zeigt Kublai Khans Steuereintreiber bei der Arbeit. Einige der höchsten mongolischen Steuern lagen auf Salz, Zucker und Kohle.

Die Verbotene Stadt in Peking wurde von dem Ming-Kaiser Yung-lo (1403 – 1424) gegründet.

golen mit den verschiedenen Religionen attraktiv. Zwar verbot man den Muslimen ihre Gottesdienste, doch Taoismus und Buddhismus wurden unterstützt, etwa durch Steuerbefreiungen für buddhistische Klöster. Dies bedeutete natürlich höhere Belastungen für andere Bevölkerungsgruppen: Wie in jedem Staat wurde die Unterstützung der Religion zur Pflicht gemacht, und die Bauern bezahlten letztlich für die religiöse Erleuchtung.

Eine Revolte und die Ming-Dynastie

Im 14. Jahrhundert kam es durch Naturkatastrophen kombiniert mit übermäßigen Steuerforderungen der Mongolen-Herrscher zu einer neue Welle von Bauernrevolten – deutliche Symptome einer im Niedergang begriffenen Dynastie. Solche Revolten wären wahrscheinlich durch mongolischen Zugeständnisse an die chinesische Oberschicht noch angeheizt worden, denn ein Regime, das Gutsherren größere Rechte über ihre Bauern zugesteht, gewinnt kaum die Sympathien der Bevölkerung. Geheimgesellschaften tauchten auf. Eine von ihnen, die „Roten Turbane", erhielten Unterstützung durch Oberschicht und Beamte. Einer ihrer Anführer, der Mönch Chu Yüan-chang, griff 1356 Nanking an. Zwölf Jahre später vertrieb er die Mongolen aus Peking, und die Ming-Ära begann. Nun wurde Chu Yüan-chang wie viele andere chinesische Revolutionsführer allmählich zum Bewahrer der traditionellen Ordnung. Die von ihm gegründete Dynastie bestätigte Chinas Konservativismus und Isolation, obwohl sie zu einer großen kulturellen Blüte führte und die politische Einheit Chinas behaupten konnte, die von der Mongolenzeit bis zum 20. Jahrhundert Bestand hatte.

Mitte des 14. Jahrhunderts begann mit der Vertreibung der Mongolen aus Peking die Ming-Ära. Der von dieser Dynastie geförderte Konservativismus und die Isolation des Landes bewahrten sich bis zum 20. Jahrhundert.

Im frühen 15. Jahrhundert endeten auch die großen Flottenexpeditionen. Ein kaiserliches Dekret verbot chinesischen Schiffen, jenseits der Küstengewässer zu fahren oder einzelnen Bürgern ins Ausland zu reisen. Bald verloren die chinesischen Schiffswerften die Kapazitäten, um große seetaugliche Dschunken zu bauen; sie erhielten auch keine Patente mehr. Die großen Reisen des Eunuchen Cheng Ho, eines chinesischen Vasco da Gama, gerieten fast in Vergessenheit. Zur gleichen Zeit wurden die Kaufleute unter Druck gesetzt, die unter den Mongolen zu Wohlstand gekommen waren.

Eine Reihe von Ming-Kaisern, die praktisch auf ihre Paläste beschränkt waren, während sich Günstlinge und Prinzen um den kaiserlichen Besitz stritten, zeigt den Niedergang an. Außer in Korea, wo die Japaner gegen Ende des 16. Jahrhunderts abgewehrt wurden, konnten die Ming die Randzonen des chinesischen Reiches nicht behaupten. Indochina entglitt ihrem Einfluss, über Tibet verloren sie die Kontrolle, und 1544 brannten die Mongolen die Vorstädte von Peking nieder.

Unter den Ming kamen auch die ersten Europäer, die mehr waren als Handels- oder Entdeckungsreisende. Im Jahr 1557 setzten sich die Portugiesen in Macao fest. Sie hatten außer Silber wenig für China zu bieten. Missionare folgten, denen die Toleranz der konfuzianischen Tradition Gelegenheit zur Bekehrung gab, die sie erfolgreich ausnutzten. Sie wurden sehr einflussreich am Hof der Ming, doch im frühen 17. Jahrhundert waren die chinesischen Beamten doch alarmiert. Die Portugiesen wurden nach Macao zurückbeordert. Inzwischen begannen sich die chinesischen Intellektuellen nicht nur für die mechanischen Spielzeuge und Uhren zu interessieren, die die Missionare für die kaiserlichen Sammlungen beisteuerten, sondern auch für ihre wissenschaftlichen und kosmographischen Erkenntnisse. Die Korrektur des chinesischen Kalenders, die ein Jesuit durchführte, war von großer Bedeutung, denn die Gültigkeit der vom Kaiser durchzuführenden Opfer hing vom genauen Datum ab. Von den Jesuiten lernten die Chinesen auch den Einsatz schwerer Kanonen, eine weitere nützliche Kenntnis.

DIE EROBERUNG CHINAS DURCH DIE MANDSCHU

Im frühen 17. Jahrhundert waren die Ming auf jeden militärischen Vorteil angewiesen, der sich ihnen bot. Im Norden wurden sie von

Dieses Bild aus der Ch'ing-Zeit zeigt eine Szene von der Reise Kaiser K'ang-hsis nach Kiang-Han im Jahr 1699. Man sieht die kaiserlichen Truppen, wie sie, von den Stadtbürgern beobachtet, durch das Stadttor einmarschieren.

Diese Seidenmalerei zeigt Yang Kuang aus der Sui-Dynastie (1605 – 1617), mit dem Kaisernamen Yang-ti, auf einem Boot auf dem großen Kanal. Yang Kuang war verantwortlich für die ehrgeizigen Bauarbeiten, die die Verstärkung der Großen Mauer, das Vertiefen der Kanäle und den Bau eines riesigen Palastes umfassten. Tausende von chinesischen Arbeitern starben bei der Durchführung seiner ehrgeizigen Projekte.

einem Volk aus der Mandschurei bedroht, das später als Mandschu bekannt wurde. Der Weg nach China öffnete sich ihnen im Jahr 1640 durch eine Bauernrevolte und durch den Umsturzversuch eines kaiserlicher Generals, der den Beistand der Mandschu erbat. Sie kamen durch die Mauer, doch nur um 1644 ihre eigene Dynastie, die Ch'ing, auf den Thron zu setzen – und nebenbei löschten sie die Familie des Generals aus. Wie andere Barbaren und Halb-Barbaren waren die Mandschu von der Kultur, die sie bedrohten, fasziniert. Bereits vor ihrer Ankunft in China waren sie von chinesischen Verhaltensweisen beeinflusst, quasi „chinesisiert". Das chinesische Regierungssystem war ihnen vertraut, das sie in ihrer eigenen Hauptstadt Mukden (Shen-yang) imitiert hatten, und sie planten, mit der konfuzianischen Oberschicht zusammenzuarbeiten. Unter den Mandschu-Beamten erhielt die Verwaltung zwar neue Impulse, insgesamt änderte sie sich jedoch kaum. Nur trugen die Beamten, der Mandschu-Praxis gehorchend, jetzt Zöpfe, eine Gepflogenheit, die später bei den Europäern als angebliches Überbleibsel des chinesischen Lebens Aufmerksamkeit erregte.

Kaiser K'ang-hsi

Die Kosten der Eroberung des Landes durch die Mandschu waren hoch, etwa 25 Millionen Menschen starben dabei, doch das Land erholte sich schnell. Chinas neue Macht offenbarte sich schon unter Kaiser K'ang-hsi sehr eindrucksvoll, der von 1662 bis 1722 regierte. Auf der anderen Seite des Globus' herrschte zur selben Zeit Ludwig XIV. von Frankreich, dessen Prachtliebe und Machtentfaltung zwar andere Formen annahmen, jedoch ansonsten auffällige Parallelen mit China zeigen. K'ang-hsi neigte allerdings zu persönlicher Gewalt, die sich der Sonnenkönig niemals erlaubt hätte: Einmal griff er zwei seiner Söhne mit einem Dolch an. In der Art ihrer Regierung gab es aber Ähnlichkeiten. Jesuitische Beobachter sprachen von K'ang-hsis „Adel der Seele", und dahinter scheint mehr zu stehen als Schmeichelei und der Wunsch nach seiner Unterstützung. Er arbeitete sehr hart, untersuchte mit scharfem Blick die Details einer Angelegenheit und ihrer Ausführung, genauso wie er äußerst sorgfältig jede mangelhafte Kalligraphie in den Denkschriften korrigierte, die man ihm vorlegte. Wie Ludwig XIV. entspannte er sich bei der Jagd.

Obwohl K'ang-hsi anders als seine Vorgänger europäische Leistungen bewunderte und beispielsweise die Jesuiten wegen ihrer wissenschaftlichen Kenntnisse unterstützte, blieb seine Herrschaft fest in der chinesischen Tradition verankert. Er selbst identifizierte sich mit dem unveränderlichen China. Er baute Peking wieder auf, das während der Mandschu-Invasion zerstört wurde, und ließ die Bauwerke und Skulpturen aus der Ming-Zeit behutsam wiederherstellen. Es war so, als ob Versailles im gotischen Stil errichtet worden wäre oder London nach dem großen Feuer in der englischen Spätgotik wieder aufgebaut worden wäre. K'ang-hsis Prinzipien waren konfuzianisch, und er hat klassische Werke in die Sprache der Mandschu übersetzt. Er respektierte die alten Traditionen und bestätigte die überlieferten Rechte der chinesischen Bürger, die weiterhin in die hohen Ämter des Staatsdienstes aufsteigen konnten, anstatt sie für die Mandschu zu öffnen. K'ang-hsi ernannte chinesische Generäle zu Vizekönigen. Der persönliche Lebensstil des Kaisers war maßvoll, beinahe asketisch. Er mochte das harte Leben in der Armee und teilte auf den Feldzügen das einfache Soldatenleben; in Peking wurden die Vergnügungen im Palast bewusst eingeschränkt: Der Kaiser entspannte sich von den Bürden des Staates in einem Harem von nur mehr 300 Frauen.

China und Russland

Unter K'ang-hsi kam es zur Besetzung Tibets, dem endgültigen Sieg über die Mongolen und einem Angriff auf russisches Grenzgebiet, der mit dem fünfsprachigen Vertrag von Nertschinsk endete.

K'ang-hsi dehnte seine kaiserliche Macht bis nach Formosa aus, besetzte Tibet und besiegte die Mongolen, die er zu Vasallen machte. Es trat eine historische Wende ein: Seit dieser Zeit wichen die Nomaden Zentralasiens allmählich vor den Siedlern zurück. Weiter im Norden, im Amur-Tal, wurde ein anderes neues Kapitel in der Geschichte eröffnet, als 1685 eine chinesische Armee einen russischen Posten in Albazin angriff. Verhandlungen führten zum Rückzug der Russen, ihre Festungen wurden geschliffen. Der Vertrag von Nertschinsk, der die Angelegenheit regelte, enthielt unter anderem eine Klausel, die festlegte, dass die Grenzposten mit Vorschriften versehen werden sollten, die nicht nur auf Russisch, sondern auch auf Mandschu, Chinesisch, Mongolisch und auch in Latein abgefasst waren. Dieser Vorschlag kam von einem französischen Jesuiten, der ein Mitglied der chinesischen Delegation war, wie auch die Festlegung

Dieser Holzschnitt aus dem Jahre 1696 ist ein Teil einer Serie, die Kaiser K'ang-hsi in Auftrag gab. Er zeigt Bauern beim Reisanbau.

der Grenzlinie überhaupt ein Symptom der neuen chinesischen Beziehungen nach außen war; Beziehungen, die sich vielleicht schneller entwickelten, als die Chinesen ahnten. Der Vertrag zog zwar keinen Schlussstrich unter das gespannte Verhältnis zwischen China und Russland, der einzigen europäischen Macht, mit der es eine Landesgrenze teilte, aber er beruhigte die Lage für einige Zeit. An anderen Orten entfaltete sich die Eroberungswelle der Mandschu weiter; im 18. Jahrhundert wurde Tibet erneut eingenommen und der Vasallenstatus von Korea, Indochina und Birma mit Waffengewalt wiederhergestellt.

Die Herrschaft K'ang-hsis brachte dem Land neben Eroberungen auch eine kulturelle Blüte. Vor allem die Schriftkultur wurde unterstützt: Unter anderem veröffentlichte man eine 5000 Seiten starke Enzyklopädie.

DIE MANDSCHU-KULTUR

Frieden und Wohlstand kennzeichneten die letzten Jahre der Mandschu-Herrschaft. In diesem silbernen Zeitalter der hohen klassischen Zivilisation, die, wie einige Forscher glauben, ihren Höhepunkt in der späten Ming-Zeit hatte, gab es noch immer Schönheit und Gelehrsamkeit. Große Sammelwerke und textkritische Schriften entstanden, die K'ang-hsi selbst anregte. Es begann ein Jahrhundert der Kopistentätigkeit und der Veröffentlichungen, das nicht nur solche Riesenwerke wie eine 5000 Seiten umfassende Enzyklopädie hervorbrachte, sondern auch eine Sammlung klassischer Schriften, die nun ihre endgültige Form erhielten. Zu K'ang-hsis Zeit stellten die kaiserlichen Brennöfen technisch hoch entwickelte Emailkunst sowie hervorragende Glasuren her.

Im China der Mandschu wurde die Kultur, wie schon unter ihren Vorgängern, von einer Elite getragen. Obwohl zur gleichen Zeit die Volkskultur große Energie entwickelte, war die chinesische Kultur, die den Europäern so sehr auffiel, ein Werk der herrschenden Schicht, wie sie es immer gewesen war – eine Verbindung aus Kunst, Gelehrsamkeit und staatlichen Aktivitäten. Ihr Bezug zur Regierung war prägend. Sie blieb zutiefst konservativ, nicht nur in sozialer und politischer Hinsicht, sondern auch bezüglich ihrer Ästhetik. Die Kunst scheint Neuerungen und Originalität misstraut zu haben; sie strebte danach, das Beste aus der Vergangenheit zu imitieren und ihm nachzueifern. Die traditionellen Meisterstücke wiesen ihr den Weg. Kunst wurde nicht als autonomer Ausdruck und ästhetische Betätigung angesehen. Moralische Gesichtspunkte bestimmten die Bewertung der künstlerischen Arbeit, und diese Kriterien spiegelten selbstverständlich die konfuzianischen Werte. Zurückhaltung, Disziplin, Läuterung und Respekt vor den großen Meistern – solche Qualitäten bewunderte der gelehrte Beamte, der auch ein Künstler und Mäzen war.

Kunst

Der Eindruck täuscht, dass die chinesische Kunst besonders ausgeprägt das alltägliche Leben und seine Erscheinungen aussparte. Jede andere Kultur vor der europäischen des 19. Jahrhunderts tat dies ebenso. Das zeigte sich auch in der traditionellen Begeisterung für die Amateure und in der Missbilligung, die man gegenüber den professionellen Künstlern an den Tag legte. Am meisten geschätzt wurde der Beamte oder Gutsbesitzer, der mit sicherer Hand und ohne Anstrengung Werke der Malerei, Kalligraphie und Literatur schuf. Hervorragende Dilletanten wurden besonders bewundert. In ihren Arbeiten trat die chinesische Kunst aus ihrer Anonymität heraus, denn oft kennen wir die Namen solcher Künstler. Auf der anderen Seite wurden die schönen Keramiken und Textilien häufig von Handwerkern hergestellt, deren Namen verloren gegangen sind, und die oft unter der Leitung von Beamten arbeiteten. Künstler wurden nicht wegen ihrer Originalität geschätzt; Handwerker sollten ihre Fertigkeiten zur Perfektion entwickeln, ohne Neuerungen einzuführen. Die großen Kunsthandwerker in der Umgebung des kaiserlichen Palastes zwangen allen Künsten den Stempel des traditionellen Stils auf. Sogar die brillante technische Beherrschung der kaiserlichen Brennöfen während der Regierung K'ang-hsis drückte sich immer noch im traditionellen Kanon der Zurückhaltung und Einfachheit aus.

Dieser Wasserbüffel um etwa 1400 wurde in der frühen Ming-Zeit aus grüner Jade geschnitzt. Die Form des Tieres zeigt, dass so wenig von dem Stein verschwendet wurde wie möglich.

Die Grenzen des chinesischen Erfolges

Im 18. Jahrhundert tritt ein Widerspruch überdeutlich zu Tage: Trotz aller technologischen Fortschritte erreichte China niemals die notwendigen Fähigkeiten, die es in die Lage versetzt hätten, den westlichen Einflüssen Widerstand zu leisten. Das Schießpulver ist hierfür das beste Beispiel. Die Chinesen kannten es vor allen anderen, aber weder konnten sie so gute Gewehre herstellen wie die Europäer, noch waren sie in der Lage, mit denen, die europäische Handwerker für sie bauten, wirksam umzugehen. Chinesische Seefahrer benutzten den Kompass schon lange und verfügten über die ersten Landkarten, aber als Entdecker traten sie nur kurzzeitig hervor. Weder überquerten sie den Pazifik wie die weitaus primitiveren Melanesier, noch kartographierten sie andere Länder wie später die Europäer. Etwa 600 Jahre vor den Europäern entwickelten die Chinesen die mechanische Uhr mit passender Hemmung, den Schlüssel für eine funktionierende Zeitmessung, doch die Jesuiten brachten im 16. Jahrhundert eine Uhrmachertechnik mit, die der chinesischen weit überlegen war. Die Liste der nicht gefeierten Triumphe könnte beliebig erweitert werden, z. B. durch die wichtigen chinesischen Neuerungen in der

Der *Atlas von China*, der von dem Mönch Martin Martini 1655 hergestellt wurde, basiert auf chinesischen Landkarten.

Hydraulik. Die Tendenz ist klar: Das mangelnde Interesse für die Nützlichkeit von Erfindungen liegt im konfuzianischen sozialen System begründet; anders als in Europa gab es keine ehrenhafte Verbindung zwischen dem Mann von Stand und dem Techniker.

Neue Bedrohungen Chinas

Der Stolz auf eine große kulturelle Tradition machte es sehr schwer, ihre Unzulänglichkeiten zu erkennen. Deshalb war es auch nicht einfach, von Fremden – die in den Augen der Chinesen alle Barbaren waren – zu lernen. Noch schlimmer war, dass die chinesische Werteskala die Geringschätzung der Soldaten und des militärischen Könnens vorschrieb. In einer Zeit, als sich die Bedrohungen von außen mehrten, war China daher gefährlich gehemmt, was mögliche Gegenmaßnahmen anbelangte. Schon unter K'ang-hsi gab es Anzeichen für neue Herausforderungen. Im hohen Alter musste er die Mandschu-Macht in Tibet wieder herstellen, nachdem die Mongolen es besetzt hatten. Die Russen richteten sich um 1700 in Kamtschatka ein, dehnten ihren Handel auf die Karawanenstraßen aus und rückten bald in die Region jenseits des Kaspischen Meeres vor.

Sogar Frieden und Wohlstand hatten ihren Preis, denn sie führten zu schnellerem Bevölkerungswachstum. Hier lag ein unerkanntes und vielleicht unlösbares Problem, das die Ordnung, die durch das Mandat des Himmels gewährleistet wurde, erschütterte. Um 1800 gab es über 300, vielleicht sogar 400 Millionen Chinesen, und die ersten Folgen dieses Bevölkerungsanstiegs zeigten sich nun.

Während der Ming-Zeit erschienen die ersten europäischen Kaufleute in China. Dieses Detail aus einer Scheibe des 17. Jahrhunderts von der Südostküste Vorderindiens zeigt die Ankunft eines holländischen Handelsschiffs an der chinesischen Küste.

3 JAPAN

Es gab eine Zeit, in der die Engländer Japan als das Großbritannien des Pazifik betrachteten. Mehr oder weniger überzeugende Parallelen gab es auf mehreren Ebenen, doch unbestritten verband beide Länder eine ähnliche geographische Lage. Beide waren Inselkönigreiche, deren Schicksal von der See bestimmt war. Sie lagen in der Nähe des Festlandes, dessen Einfluss jedoch nicht tiefgreifend war.

Die Straße von Tsushima, die Korea von Japan trennt, ist zwar etwa fünf Mal so breit wie der Kanal von Dover, und Japan konnte sich weit besser vom asiatischen Festland fernhalten als England von Europa, und doch sind beide Länder vergleichbar. Dies beweist die Unruhe, die in Japan immer dann aufkam, wenn sich eine starke Macht in Korea einrichtete, während die Briten vor der Gefahr zitterten, dass die Niederlande in feindliche Hände geraten könnten.

Die Wurzeln Japans

Schon bevor Japan im 8. Jahrhundert in den historischen Quellen erscheint, gab es ein japanisches Territorium auf der koreanischen Halbinsel. Damals war Japan unter vielen Klans aufgeteilt und wurde von einem Kaiser mit einer wenig greifbaren Vormachtstellung und einer Abstammung, die man auf die Sonnengöttin zurückführte, regiert. Die Japaner besetzten nicht das ganze Territorium des heutigen Japan, sondern sie lebten hauptsächlich im Süden und im Zentrum der Inseln. Hier war das Klima am mildesten und die Voraussetzungen für die Landwirtschaft am günstigsten. Bereits in vorgeschichtlicher Zeit war es

Dieses japanische Triptychon aus dem 19. Jahrhundert zeigt die Sonnengöttin Amaterasu, wie sie aus ihrer Höhle hervorkommt, um die Welt wieder in Sonnenlicht zu baden. Die Szene wurde interpretiert als Wiederkehr des Frühlings nach dem Winter. Sie kann auch durch eine Sonnenfinsternis inspiriert worden sein.

In der japanischen Mythologie tauchen Izanagi („das göttlich Männliche") und seine Schwester Izanami („das göttlich Weibliche"), wie sie auf diesem Druck aus dem 19. Jahrhundert zu sehen sind, einen mit Juwelen besetzten Speer in die Wasser der hohen Ebenen des Himmels. Aus den Tropfen, die fallen, wenn sie den Speer zurückziehen, wird die Insel Onogoro – das erste Festland.

in diesem bergigen Land durch die Einführung des Reisanbaus und durch Ausnutzung der Fischgründe der japanischen Gewässer möglich gewesen, eine ungewöhnlich große Bevölkerung zu ernähren. Dabei war der Druck auf das Land eine Konstante in der japanischen Geschichte.

Im Jahr 645 n. Chr. brachte eine politische Krise dem dominierenden Klan den Niedergang und ein neuer Klan schaffte den Aufstieg: die Fujiwara. Lange Zeit bestimmten sie die japanische Kultur und beherrschten die Kaiser. Dieser Wechsel war mehr als nur ein politisches Zeichen. Er kennzeichnet auch den bewussten Versuch, das Leben der Japaner auf einen Weg der Erneuerung und der Reformen zu führen. Der Anstoß dazu konnte nur vom chinesischen Kaiserreich ausgehen, dem Inbegriff von Kultur und Macht, den sich die Japaner überhaupt vorstellen konnten. Es war damals das erlesenste der Welt. Gleichzeitig wirkte es auch bedrohlich durch seine Ausdehnung und Machtfülle.

Japan und China

Die ständige und oft wechselhafte Beziehung zu China ist ein weiteres zentrales Thema der japanischen Geschichte. Beide Völker waren mongolischer Herkunft, auch wenn Angehörige eines Kaukasusvolkes, das nur schwer zu fassen ist, ebenfalls Anteil an der japanischen Bevölkerung hatten. Diese Ainu lebten vor allem im Nordosten. In vorgeschichtlicher Zeit orientierte sich Japan an der Zivilisation des Festlandes; Bronzekunstwerke beispielsweise erscheinen auf der Insel erst im 1. Jahrhundert v. Chr. Solche Neuerungen im letzten Jahrtausend v. Chr. weisen auf Einwanderer hin, die von den Chinesen bei ihrem Zug nach Süden vertrieben worden waren. Die ersten Hinweise auf Japan in den chinesischen Quellen

Das Verhältnis von China und Japan ist geprägt von gegenseitiger kultureller, religiöser und technischer Faszination und Abhängigkeit.

Der Ankunft des Buddhismus in Japan folgte die Einführung der chinesischen T'ang-Kultur, die Japans Kunst und Wissenschaft bereicherte. Die Architektur der Nara-Periode (710 – 784) imitierte zum Beispiel T'ang-Modelle, wie man sie in der Buddha-Halle des Todaiji-Schreins in Nara sehen kann. Der Bau stammt aus der Mitte des 8. Jahrhunderts und wurde 1709 zum größten Teil wieder aufgebaut.

aus dem 3. Jahrhundert n. Chr. zeigen ein Land, das von den Ereignissen auf dem Festland unbeeindruckt blieb und in dem der chinesische Einfluss in den folgenden Jahrhunderten bis zum Zusammenbruch der Han-Dynastie unbedeutend war. Dann scheint Japans Eindringen in Korea den Weg für engere Kontakte frei gemacht zu haben, die noch durch buddhistische Gelehrte gefördert wurden. Sowohl der Konfuzianismus und der Buddhismus als auch die Technik der Eisenverarbeitung kamen aus China nach Japan. Es gab auch Versuche, die Verwaltung nach chinesischem Vorbild zu organisieren. Vor allem aber brachten die Chinesen die Schrift nach Japan; die Schriftzeichen wurden für eine einheimische Schriftsprache verwendet. Diese kulturelle Faszination und Abhängigkeit bedeutete jedoch keine politische Unterwerfung.

Diese japanische Rolle aus dem 18. Jahrhundert zeigt den Tod des Buddha, eine Szene, die in Japan als *nehanzu* oder *parinirvana* bekannt ist. Der sterbende Buddha liegt auf der rechten Seite, das Gesicht nach Norden gerichtet.

Shintoismus

Der Shintoismus hat seinen Ursprung im animistischen Glauben des frühen Japan. Das Herz der Shinto-Religion bilden die Kulte der Götter, die Naturphänomene personifizieren, Menschen eingeschlossen, und die *kami* genannt werden. Unter diesen sind die Sonnengöttin (Amaterasu Omikami), der Mondgott (Tsuki-yomi) und der Gott des Sturms (Susa-no-o).

Die primitiven Shinto-Zeremonien umfassten Absolutions- und Reinigungsrituale. Durch die Ankunft des Buddhismus kam es zu einer gegenseitigen Beeinflussung, die beide Religionen wesentlich veränderten; das Ergebnis war eine Vermischung, die als Ryobu-Shinto bezeichnet wurde (doppelter Shinto). Einige Shintogötter wie Hachiman, der Kriegsgott, auch Bosatsu (Bodhisattva) genannt, wurden auch zu buddhistischen Göttern. Andere wichtige Shintogötter waren Amida, Kannon sowie Jizo, der in enger Verbindung zu Kindern, den Seelen der Toten und Schmerzleidenden stand.

Der Zeremonieneingang (torii) beim Miyajima-Shinto-Heiligtum, das den drei Töchtern des Susa-no-o gewidmet ist.

Die Bedeutung des Klans

Die japanische Zentralverwaltung war bereits am Anfang der Einigungsperiode gut ausgebaut, größere Reformversuche gab es im 7. und 8. Jahrhundert. Doch am Ende entwickelte Japan sich nicht in Richtung einer zentralisierten Monarchie, sondern zu etwas, das man, dem Westen vergleichbar, als „feudale Anarchie“ bezeichnen kann. Fast 900 Jahre lang ist es schwierig, eine politische Linie in der japanischen Geschichte zu finden. Die soziale Kontinuität ist hingegen deutlicher. Seit dem Beginn der historischen Zeit, sogar bis heute, waren die Familie und die religiösen Traditionen der Schlüssel zu Dauerhaftigkeit und Stärke der japanischen Gesellschaft. Der Klan war eine vergrößerte Familie und die Nation die größte Familie überhaupt. Auf patriarchalische Weise hatte der Kaiser den Vorsitz in der nationalen Familie, so wie der Klanführer über seinen Klan und sogar der kleine Bauer über seine Familie bestimmte. Der Mittelpunkt des Familien- und des Klanlebens war die Teilnahme an den traditionellen Riten, der Religion des Shinto, die in der Hauptsache die An-

Zeitleiste (646 – 1867)

646 Die Taika-Reformen haben das Ziel, einen zentralisierten Staat auf der Basis des chinesischen Sui- und T'ang-Modells zu schaffen

1185 – 1338
Kamakura-Zeit des militärischen Feudalismus. Glanzzeit des Shintoismus

1603 – 1867
Tokugawa-Shogunat

500 — 1000 — 1500 — 2000

794 – 1185
Heian-Zeit, charakterisiert durch den Einfluss des Buddhismus und der chinesischen Kultur

1274 und 1281
Mongolische Versuche, Japan zu erobern

Der Shogun Yoritomo (1147–1199) machte die Stadt Kamakura, die in einer Bucht im Süden des heutigen Tokio liegt, zur japanischen Hauptstadt. Kamakura ist für seine große Buddha-Statue aus dem 12. Jahrhundert bekannt, die eine Höhe von 14 Meter hat.

Nachdem das Kaisertum seit dem 8. Jahrhundert ständig an Macht verlor, spielte die Hauptstadt nur noch eine Rolle als Kaiserstadt. Das eigentliche Machtzentrum lag immer in dem Gebiet des jeweils herrschenden Klans.

betung bestimmter Götter zur richtigen Zeit umfasste. Als der Buddhismus nach Japan kam, war er leicht mit den Traditionen zu verbinden.

Der Niedergang des Kaisertums

Der institutionelle Zusammenhalt des alten Japan war weniger durch seine soziale Einheit als durch die Person des Kaisers gekennzeichnet. Seit Anfang des 8. Jahrhunderts verlor der Kaiser jedoch mehr und mehr an Macht. Obwohl einzelne Herrscher dem entschieden entgegensteuerten, blieb dies bis zum 19. Jahrhundert so. Zu diesem Niedergang kam es teilweise durch die Aktivitäten von Pseudo-Reformern des 7. Jahrhunderts; einer von ihnen war der Gründer des mächtigen Fujiwara-Klans. In den nächsten 100 Jahren band sich seine Familie durch Heirat an das Kaiserhaus. Da die Kinder normalerweise in der Familie der Mutter aufwuchsen, konnte der Klan quasi von Kindesbeinen an entscheidenden Einfluss auf die zukünftigen Kaiser ausüben. Im 9. Jahrhundert stieg das Oberhaupt der Fujiwara zum Regent des Kaisers auf – der inzwischen erwachsen war. In der Heian-Zeit von 794 bis 1185 – der Name kommt von der Hauptstadt, dem heutigen Kyoto – übte der Klan dank Heiratsallianzen und Hofdiensten wirksame Kontrolle über die Zentralverwaltung aus, seine Führer handelten im Namen des Kaisers. Die Macht der Fujiwara verbarg den Niedergang der kaiserlichen Autorität. Der herrschende Klan wurde allmählich zu einem unter vielen, die im Schatten der Fujiwara existierten und ihr eigenes Territorium mehr oder weniger unabhängig regierten.

Die Kamakura-Zeit

Die Entmachtung des Kaisers zeigte sich nach dem Dahinschwinden der Macht der Fujiwara immer offensichtlicher. Die Kamakura-Zeit (1185–1338) wurde nach einem Klan benannt, dessen Besitztümer im gleichnamigen Gebiet lagen. Während der kaiserliche Hof in Heian blieb, ging die Macht auf die Kamakura über. In der frühen Kamakura-Zeit erschien der erste einer Reihe von Militärdiktatoren, die den Titel *Shogun* trugen. Sie regierten im Namen des Kaisers, genossen aber faktisch große Unabhängigkeit. Der Kaiser lebte von den Einkünften seines eigenen Besitzes. Solange er sich den Absichten des Shoguns fügte, hatte er dessen militärische Macht hinter sich; wenn nicht, wurde er abgesetzt.

Das Ende der Zentralgewalt

Der Niedergang der kaiserlichen Macht unterschied sich in Japan sehr von den Ereignissen in China. Es war eine sehr komplexe Angelegenheit. Jahrhunderte lang wurde die Gewalt im Namen des Kaisers von Regenten ausgeübt, bis praktisch jede Zentralgewalt verschwunden war. Ein Grund war sicherlich die traditionelle Einteilung der japanischen Gesellschaft in Klans, denen sich die Mitglieder mehr als dem Staat verbunden fühlten. Die Topographie Japans sprach ebenfalls gegen jegliche Zentralgewalt; in weit entfernten Tälern übten Großgrundbesitzer ihre Macht aus, ohne dass auf sie Einfluss genommen wurde.

Eine genauere Erklärung ergibt sich auch aus der Art und Weise, in der die Landreformen des 7. Jahrhunderts, die der Schlüssel zu politischen Veränderungen waren, durch den Einfluss der Klans am kaiserlichen Hof allmählich wieder rückgängig gemacht wurden. Einige der Klans forderten individuelle Privilegien und Befreiungen, ebenso machten es manche der Land besitzenden religiösen Institutionen. Das beste Beispiel für diesen Missbrauch war die Steuerfreiheit für die Adligen, die kaiserliche Hofbeamte waren, sich für die Erfüllung ihrer Pflichten aber nochmals bezahlen ließen. Die Fujiwara stellten diese Praxis nicht infrage. Auf einer niedrigeren Ebene der gesellschaftlichen Rangordnung versuchten die Besitzer kleiner Ländereien, sich einem machtvollen Klan zu empfehlen, um ihre Ansprüche im Austausch gegen eine Pacht und Pflichtdienste abzusichern. Das doppelte Ergebnis solcher Entwicklungen war eine solide Basis für lokale Machthaber, während die zentrale Verwaltungsstruktur von den Steuereinnahmen kaum profitierte. Steuern in der Form von Naturalabgaben gingen nicht an die kaiserliche Regierung, sondern an die Gutsbesitzer.

Regierung und Verwaltung

Der Staatsdienst Japans war, anders als in China, streng auf die Aristokratie begrenzt. Beamte wurden nicht wie in China durch Wettbewerb ausgewählt, so dass sich keine gesellschaftliche Gruppe bilden konnte, deren Interessen im Gegensatz mit denen des erblichen Adels konkurrierten. In den Provinzen gingen die höheren Posten grundsätzlich an die lokalen Adligen, während nur die ranghöchsten Ämter geeigneten Staatsbeamten vorbehalten waren.

Allmählich ging auch die Militärmacht auf die Aristokratie über, die in den Grenzgebieten gegen das immer noch nicht bezwungene Volk der Ainu vorging. Durch ihren guten Ruf gewannen diese Krieger-Klans das Vertrauen der Bevölkerung, die in den nun anbrechenden unsicheren Zeiten bei ihnen Schutz suchte. Im 10. Jahrhundert kam es zu Streitigkeiten in den Provinzen. Im 11. Jahrhundert entstand eine klar erkennbare Klasse von Grund besitzenden Offizieren auf den großen Gütern. Sie

Sowohl die wichtigen politischen als auch die hohen militärischen Ämter lagen in Japan in der Hand des Adels.

Yoritomo, der hier in einer Statue des 12. Jahrhunderts dargestellt ist, war das Oberhaupt des Minamoto-Klans. 1192 hatte er sich selbst zum lebenslangen erblichen Oberhaupt aller Armeen ernannt, was praktisch bedeutete, dass er der absolute Herrscher Japans wurde. Mit ihm beginnt die *Shogun*-Periode.

beherrschten und nutzten ein Land, das nur mehr formal dem Kaiser unterstand, und fühlten sich den Krieger-Klans durch ein elementares Band von Dienst und Loyalität verpflichtet. In dieser Situation erreichte der Minamoto-Klan eine Vorherrschaft, die die zentrale Macht in der frühen Kamakura-Zeit wieder herstellte.

Isolation und Sicherheit

Die Japaner konnten sich Machtkämpfe als einen gewissen Luxus erlauben, weil sie in einem Inselstaat lebten, den keine fremden Eindringlinge dauerhaft bedrohten. Es gab daher auch keine nationale Armee, die die Klans unter Kontrolle hätte halten können. Japan wurde nie erfolgreich erobert, auch 1945 nicht, eine Tatsache, die viel zum nationalem Selbstverständnis beigetragen hat. Die Konsolidierung des Territoriums war im 9. Jahrhundert in den meisten Gebieten erreicht, als man die Völker des Nordens beherrschte. Danach war Japan keiner ernsthaften Gefährdung seiner nationalen Integrität von außen mehr ausgesetzt, auch wenn seine Beziehungen mit anderen Ländern viele Veränderungen erlebten.

Die Beziehung zu China und den Mongolen

Im 7. Jahrhundert wurden die Japaner aus Korea vertrieben, wo sie viele Jahrhunderte lang nicht mehr sesshaft werden sollten. Damit begann die kulturelle Unterwerfung unter China, dem sich Japan auch auf dem Festland nicht widersetzen konnte. Japanische Botschafter wurden zuletzt in der ersten Hälfte des 9. Jahrhunderts im Interesse des Handels, der guten Beziehungen und der kulturellen Kontakte nach China gesandt. Im Jahr 894 weigerte sich ein Gesandter, nach China zu gehen, mit der Begründung, dass China so viele interne Probleme habe, dass ein Japaner dort nichts mehr lernen könne; dies markierte einen epochalen Wendepunkt. Die offiziellen Beziehungen wurden erst in der Kamakura-Zeit wieder aufgenommen.

Im 13. Jahrhundert konnte die Ausweitung des ungesetzlichen und privaten Handels mit dem Festland in Formen, die Freibeuterei und

Die grausamen Armeen des Kublai Khan erlitten beide Male, als sie versuchten Japan zu erobern, eine Niederlage. Diese Illustration aus der *Bildrolle der mongolischen Invasion* um 1293 zeigt ein kleines japanisches Boot, das ein großes mongolisches Schiff während der zweiten Invasion angreift.

Piraterie ähnelten, nicht mehr verhindert werden. Vielleicht hängen die beiden Versuche einer mongolischen Invasion in den Jahren 1274 und 1281 damit zusammen. Beide Male traten die Mongolen verwirrt den Rückzug an, beim zweiten Mal nach schmerzlichen Verlusten im Sturm – der *Kamikaze* oder „Götterwind", ein sehr einschneidendes Erlebnis für Japan. Dieser Vorfall stärkte den Glauben der Japaner an ihre eigene Unbesiegbarkeit und nationale Größe. Ein Grund für den Angriff der Mongolen lag in der Weigerung der Japaner, den Anspruch der Mongolen auf das Erbe des chinesischen Kaiserreichs anzuerkennen und ihnen Tribut zu zahlen. Dieser Konflikt zerstörte die erst kurz zuvor wieder belebten Beziehungen zu China, sie wurden bis zur Herrschaft der Ming nicht wieder aufgenommen. Währenddessen galten die Japaner als Piraten. Sie fuhren weit über das asiatische Meer und genossen dabei die Unterstützung vieler Feudalherren des Südens. Den *Shoguns* gelang es nicht, sie zu kontrollieren, auch wenn sie es im Interesse besserer Beziehungen zu China gerne getan hätten.

DIE JAPANISCHE KULTUR

Der Zusammenbruch der Kamakura-Shogunate im Jahr 1338 führte zu einem unwirksamen Versuch, die Macht des Kaisers wiederherzustellen. Er endete mit einem Zusammenstoß mit den realen militärischen Kräften der Klans. In der folgenden Zeit erfreuten sich weder die Shogune noch der Kaiser eines sicheren Machtstatus'. Die Zeit bis zum Ende des 16. Jahrhunderts prägten ständige Bürgerkriege. Diese Turbulenzen beeinträchtigten die kulturellen Errungenschaften der Japaner nicht, die bis ins Industriezeitalter fortwirkten. Die japanische Kultur ist berühmt für ihre Kraft, sich von anderen Kulturen etwas zu leihen oder ganz zu übernehmen, ohne die eigene Identität dabei aufzugeben.

Eines der bekanntesten Symbole der japanischen Landschaft und Kultur ist der Berg Fuji, der zahllose Künstler inspiriert hat. Dieses Gemälde schuf Soami, einer der besten Künstler des *Suibokuga*-Stils, der von 1472 bis 1525 praktiziert wurde.

Selbst am Anfang der historischen Zeit, als die T'ang-Kunst Japan beeinflusste, handelte es sich nicht nur um die passive Nachahmung eines fremden Stils. Schon in der ersten großen Periode der hohen japanischen Kultur, im 8. Jahrhundert, wurde dies in der japanischen Malerei und der bereits auf Japanisch verfassten Dichtung deutlich, auch wenn poetische und wissenschaftliche Werke noch Jahrhunderte lang auf Chinesisch geschrieben wurden.

Die Kamakura-Kunst verherrlichte häufig die militärische Klasse, die den alten Adel ersetzt hatte. Diese Illustration aus dem 14. Jahrhundert zeigt die Seeschlacht von Dan-no-ura 1185, bei der die Minamoto den rivalisierenden Taira-Klan vernichteten.

Diese Sprache hatte ungefähr den Status des Lateinischen in Europa. Zu dieser Zeit und mehr noch während der Vorherrschaft der Fujiwara war die japanische Kunst höfisch, geformt durch den Hof selbst und durch die Leistungen sowie zum Vergnügen eines relativ kleinen Kreises. Arbeitsmaterialien, Themen und Regeln schlossen sie hermetisch von der Welt des gewöhnlichen Japan aus. Die meisten Japaner bekamen die Erzeugnisse dieses ersten kulturellen Höhepunkts ihres Landes niemals zu Gesicht. Die Landbevölkerung wob mit Hanf und Baumwolle; ihre Frauen durften wahrscheinlich niemals die feine Seide berühren, deren delikate Farbabstufungen die Gestalt bestimmten, die auf dem traditionellen Kleide der Hofdamen zur Schau gestellt wurde. Sie haben wohl auch niemals die psychologischen Feinheiten des Romans *Geschichte vom Prinzen Genji* der Hofdame Murasaki Shikibu gelesen – eine Studie, die genauso überzeugend ist wie Prousts Werke und ebenso lang. Diese Kunst war das Werk einer Elite, die isoliert von der Gesellschaft im kaiserlichen Palast lebte. Sie war wunderschön, kunstvoll, verfeinert und manchmal spröde, unwirklich und frivol, aber sie hatte bereits Akzente gesetzt, die zur japanischen Tradition wurden: Dazu gehörten Einfachheit, Disziplin, guter Geschmack und Liebe zur Natur. Die Kultur des Heian-Hofes forderte die Kritik der Klanführer in den Provinzen heraus, die darin einen schwächenden und verderbenden Einfluss sahen, der die Unabhängigkeit der Hofadligen und ihre Loyalität zum eigenen Klan untergraben würde.

Sowohl in der Malerei als auch in der Literatur der Kamakura-Zeit wird der Krieger zum zentralen Thema. Im Lauf der Jahrhunderte wich die feindliche Einstellung gegenüber der traditionellen Kunst einer respektvollen Haltung. Während der wirren Jahrhunderte förderten die kriegerischen Magnaten die Kunst, so dass die zentralen Themen der japanischen Kultur bewahrt wurden. Sie wurde zudem durch die Insellage und ein kulturelles Überlegenheitsgefühl geschützt, das durch das Scheitern der mongolischen Invasion noch bestätigt wurde. Auch ein neues militärisches Element kam während der Jahrhunderte der Kriege hinzu, das teilweise die offensichtlich geschwächten Hofzirkel kritisierte, sich dann aber mit ihren Traditionen vermischte. Es wurde durch das Ideal der Treue und des aufopfernden Dienstes genährt, durch das Ideal der Krieger von Disziplin und Strenge und durch die damit verbundene Ästhetik. Ihren charakteristischsten Ausdruck fand sie in einem Ableger des Buddhismus, dem Zen-Buddhismus.

Allmählich kam es zur gegenseitigen Befruchtung und Durchdringung der Stile des hohen Adels mit den strengen Werten der *samurai*-Krieger, die bis zum heutigen Tag im japanischen Leben zu finden sind. Der Buddhismus hat auch in Form von Tempeln und den großen Buddhastatuen Spuren in der japanischen Landschaft hinterlassen. Im Allgemeinen war die Anarchie die kreativste Periode der japanischen Kultur, denn in dieser Zeit entstanden die großartigen Landschaftsmalereien, die Höhepunkte der Landschaftsgärtnerei und der Kunst des Blumenarrangements sowie das No-Drama.

Die Wirtschaft

In bestimmten Gebieten richtete die Gesetzlosigkeit dieser Jahrhunderte großen sozialen und wirtschaftlichen Schaden an. Lange Zeit waren die meisten Japaner Bauern: Sie litten sehr unter ihren tyrannischen Herren, dem Banditenwesen und den Streifzügen der Gefolgsleute gegnerischer Lehnsherren. Diese Schäden hatten aber offenbar keine Bedeutung für das Land als Gesamtheit.

Im 16. Jahrhundert bezeugt eine geradezu explosionsartige Vermehrung von Burgen die Verfügbarkeit, wenn nicht gar den Überfluss wichtiger Ressourcen, Kupfermünzen kamen immer weiter in Umlauf, und der japanische Export – vor allem die herausragenden Erzeugnisse der Schwertschmiede – dehnte sich allmählich auf Märkte in China und Südostasien aus.

Um 1600 hatte Japan etwa 18 Millionen Einwohner. Sowohl das langsame Wachstum (in 500 Jahren hatte sich die Bevölkerung lediglich verdreifacht) als auch die Stadtentwicklung beruhten auf ständigen Verbesserungen in der Landwirtschaft, die in der Lage war, die Kosten des Unfriedens und der Gesetzeslosigkeit zu tragen. Japan hatte eine gesunde wirtschaftliche Basis.

Kontakte mit Europa

Früher oder später kamen die Europäer, um mehr über die geheimnisvollen Inseln, die so schöne Dinge produzierten, herauszufinden. Die ersten waren die Portugiesen, die wahrscheinlich 1543 von chinesischen Schiffen aus an Land gingen. Abgesandte anderer Länder folgten in den nächsten Jahren. Es war eine viel versprechende Situation. Japan verfügte über keine zentrale Regierung, die den Umgang mit den Fremden hätte kontrollieren können, und viele Grundherren im Süden waren selbst am Handel mit ihnen interessiert. Nagasaki, zu der Zeit ein kleines Dorf, wurde 1570 durch einen Adligen für die Neuankömmlinge geöffnet. Er war ein eifriger Christ, der dort bereits eine Kirche erbaut hatte. 1549 war der erste christliche Missionar angekommen, der hl. Francisco de Xavier. Fast 40 Jahre später hatte sich die Lage drastisch verändert und portugiesische Missionare wurden abgewiesen, doch das Verbot wurde nicht strikt eingehalten. Unter anderem brachten die Portugiesen neue Nahrungsmittel aus Amerika nach Japan – Süßkartoffeln, Mais und Zuckerrohr. Auch Musketen führten sie ein. Bald lernten die Japaner, sie selbst herzustellen. Diese neuen Waffen spielten eine wichtige Rolle bei der Beendigung der Kriege der Adligen im „feudalen" Japan. Wie im mittelalterlichen Europa tauchte eine neue entscheidende Macht auf, im Falle Japans mit dem glänzenden, aus bescheidenen Verhältnissen stammenden Feldherrn Hideyoshi. Sein Nachfolger Ieyasu war einer seiner Gefolgsleute, ein Mitglied der Tokugawa-Familie. Im Jahr 1603 führte er den Titel *Shogun* wieder ein und eröffnete damit einen Abschnitt in der japanischen Geschichte, der als „Großer Frieden" bekannt ist. Er dauerte bis zu den revolutionären Veränderungen des Jahres 1868 an und war eine überaus kreative Zeit, in der sich Japan auffallend veränderte.

Krüge wie dieser aus den Muromachi-Shogunaten des 15. Jahrhunderts wurden in Zentraljapan gefunden. Oft dienten sie als Gefäße für *Sake*, andere wurden als Graburnen benutzt.

Der hl. Francisco de Xavier, ein Jesuit, wurde von König Johann III. als Missionar in die portugiesischen Ostkolonien gesandt. Im Jahr 1549 kam er in Japan an, wo er weit herumreiste und eine Mission gründete, die 100 Jahre Bestand hatte. Auf der rechten Seite dieser Illustration sind zwei Jesuitenpriester der frühen japanischen Mission abgebildet.

Das Tokugawa-Shogunat

Während des zweieinhalb Jahrhunderte dauernden Tokugawa-Shogunats wurde das Amt des Kaisers immer stärker und dauerhaft in den Hintergrund der japanischen Politik gedrängt. Der Hof wich dem „Zeltlager", denn das Shogunat ruhte auf einer militärischen Oberherrschaft. Am Anfang waren die Shogune außergewöhnlich wichtige adlige Herren, dann wurden sie Prinzen, deren Macht sich vererbte, und Oberhäupter eines aus verschiedenen Schichten bestehenden Gesellschaftssystems, über das sie im Namen des Kaisers und zu dessen Vorteil vizekönigliche Macht ausübten. Diese Herrschaft wurde *bakufu* genannt – die Herrschaft des Lagers. Das *quid pro quo*, das, was als Gegenleistung von Ieyasu, dem ersten Tokugawa-Shogun, zur Verfügung gestellt wurde, waren Ordnung und die Sicherung der finanziellen Versorgung des Kaisers.

Der Schlüssel zu dieser Struktur war die Macht des Tokugawa-Hauses selbst. Ieyasu kam aus ziemlich bescheidenen Verhältnissen, doch in der Mitte des 17. Jahrhunderts scheint sein Klan bereits über ein Viertel von Japans Reisanbaufläche unter seine Kontrolle gebracht zu haben. Feudale Grundherren wurden zu Vasallen der Tokugawa, die mit dem Klan auf verschiedene Art und Weise in einem System des „zentralisierten Feudalismus" verbunden waren. Einige Feudalherren oder *daimyo* waren durch erbliche Familienbindung an die Tokugawa direkt von ihnen abhängig, andere standen durch Heirat, Patronatsrecht oder Geschäfte mit ihnen in Beziehung. Weitere, weniger zuverlässige und entferntere Bindungen bestanden zu Familien, die sich nur langsam der Shogun-Macht fügten. Alle Strukturen wurden sorgfältig überwacht. Die Feudalherren lebten abwechselnd am Hof des *Shoguns* und auf ihrem Besitz; wenn sie auf ihren Höfen weilten, wohnten ihre Familien als potenzielle Geiseln des *Shoguns* in seiner Hauptstadt Edo, dem modernen Tokio.

Die japanische Gesellschaft

Unterhalb der Schicht der Feudalherren war die japanische Gesellschaft streng und gesetzmäßig in erbliche Klassen gegliedert. Die Erhaltung dieser Struktur war das Hauptziel des Regimes. Die adligen *Samurai* – Herren und Gefolgsleute – waren Kriegsherren, die die Gesellschaft dominierten und ihre Werte bestimmten, wie dies die obersten Bürokraten in China auch machten. Sie folgten einem spartanischen, militärischen Ideal, das durch ihre beiden Schwerter symbolisiert wurde. Wenn sich ein Bürger der Respektlosigkeit schuldig machte, durfte ein *Samurai* sein Schwert auch nutzen. *Bushido*, ihr Glaubensbekenntnis, unterstrich die absolute Ergebenheit, die sie ihrem Herrn schuldeten. Die ursprünglichen Verbindungen der Gefolgsmänner zum Land waren im 17. Jahrhundert praktisch ganz verloren gegangen, sie lebten in den Stadtburgen ihrer Herren. Andere Klassen waren die der Bauern, Handwerker und Händler, die auf Grund ihres nicht-produktiven Charakters zur untersten sozialen Kategorie zählten. Das selbstbewusste Ethos europäischer Kaufleute war in Japan undenkbar, trotz des Eifers, mit dem die Japaner Handel betrieben. Da die Stabilität des Systems oberstes Ziel war, wurde nachdrücklich darauf geachtet, dass jeder den Pflichten seines Standes treu blieb. Hideyoshi hat selbst eine große Schwerterjagd beaufsichtigt, deren Ziel es war, denen die Waffen wegzunehmen, die sie nicht haben sollten – der unteren Klasse. Alle Maßnahmen sollten die alte Ordnung bewahren. Japan suchte Stabilität. Die Gesellschaft vergewisserte sich dementsprechend der Dinge, derer sie sich sicher sein konnte; dazu gehörten: der Platz in der Gesellschaft, Disziplin, Ordnung, gewissenhafte Arbeit und stoische Ausdauer. Lauter Werte, die im besten Falle zu den eindrucksvollsten sozialen Errungenschaften der Menschheit gehören.

Die Selbstisolation Japans

Das japanische Staatssystem teilte eine bestimmte Schwäche mit dem chinesischen: Es leistete sich eine vollkommene Isolierung von äußeren Einflüssen, die verändernd hätten wirken können. Lange Zeit drohte Japan in eine innere Anarchie zurückzufallen, denn es gab im 17. Jahrhundert viele unzufriedene *Daimyo* und ruhelose Krieger. Dann kam eine direkte äußere Gefahr von den Europäern, die bereits Güter nach Japan gebracht hatten, die eine tief greifende Veränderung nach sich zogen. Die wichtigsten Importe aus Europa waren die Feuerwaffen, deren starke zerstörende

Dieses Detail eines zusammenklappbaren Wandschirms zeigt *Samurai*-Krieger bei der Belagerung von Osaka im Jahr 1615.

Wirkung über das Ziel, das sie treffen sollten, hinausging, und das Christentum. Dieser Glaube wurde zuerst toleriert und sogar begrüßt, weil er Händler von außerhalb anzog. Im frühen 17. Jahrhundert stieg der Anteil an Christen in der japanischen Gesellschaft höher als jemals zuvor. Bald schätzte man ihn auf etwa eine halbe Million. Trotzdem dauerte dieser Zustand nicht lange an. Das Christentum hatte immer ein subversives Potenzial. Sobald die japanischen Herrscher die Lage erkannt hatten, begann eine grausame Verfolgung. Sie kostete nicht nur Tausende von japanischen Märtyrern das Leben, die oft einen fürchterlichen Tod erlitten, sondern sie brachte auch den Handel mit Europa fast ganz zum Erliegen. Die Engländer verließen das Land, und die Spanier wurden in den 20er Jahren des 17. Jahrhunderts vertrieben. Nachdem die Portugiesen ebenfalls ausgewiesen worden waren, sandten sie 1640 unbedacht eine Gesandtschaft, um gegen den Hinauswurf zu protestieren; fast alle Mitglieder wurden getötet. Den Japanern war es verboten, ins Ausland zu gehen oder dorthin zurückzukehren, und der Bau von großen Schiffen wurde vollkommen untersagt. Nur die Holländer, die ver-

Aus einem zusammenklappbaren Wandschirm des 17. Jahrhunderts ist dieses Detail, das portugiesische Seefahrer beim Löschen ihrer Ladung in einem japanischen Hafen zeigt.

sprachen, nicht zu missionieren und die bereit waren, das Kreuz mit Füßen zu treten, hielten seitdem Japans geringe Kontakte mit Europa aufrecht. Sie durften eine Handelsstation auf einer kleinen Insel im Hafen von Nagasaki behalten.

Nach diesen Ereignissen bestand keine wirkliche Gefahr mehr, dass Ausländer die innenpolitischen Wirren ausnutzten. Aber es gab andere Schwierigkeiten. Aufgrund der im „Großen Frieden" festgesetzten Bedingungen nahmen die militärischen Fähigkeiten ab. Die Gefolgsmänner der *Samurai* saßen auf den Stadtburgen ihrer Herren. Ihre Langeweile wurde nur durch kleine feierliche Paraden mit veralteten Waffen unterbrochen, wenn sie ihren Herrn nach Edo begleiteten. Als die Europäer im 19. Jahrhundert mit den neuesten Waffen ausgestattet zurückkehrten, waren die Streitkräfte Japans nicht in der Lage, sich ihnen wirksam zu widersetzen.

Die wachsende Bedeutung in der Wirtschaft

Die äußere militärische Bedrohung hätte man ebenso wenig voraussehen können wie ein anderes Resultat des allgemeinen Friedens, die blühende Wirtschaft, die immer stärker vom Geld abhängig wurde. Alte Beziehungen verblassten dadurch, neue soziale Herausforderungen entstanden. Die Barzahlung zwang die Feudalherren, den meisten Steuerreis zu verkaufen. Dies war die Grundlage für ihre Besuche in der Hauptstadt. Zur gleichen Zeit wurde der Markt zu einer nationalen Angelegenheit. Und die Händler wirtschafteten gut: Bald hatten einige von ihnen genug Vermögen, um ihren Herren Geld zu leihen. So entstand allmählich eine Abhängigkeit der Krieger von den Bankiers. Neben der ständigen Geldknappheit empfanden die Feudalherren auch ihre Unfähigkeit, mit den wirtschaftlichen Veränderungen und ihren sozialen Auswirkungen umzugehen. Wenn man Gefolgsleute in Münzen bezahlte, konnten sie leicht ihre Loyalität auf andere Zahlmeister übertragen. Auch die Städte wurden größer. Um 1700 hatten Osaka und Kyoto jeweils mehr als 300 000 Einwohner, während in Edo wahrscheinlich etwa 800 000 Einwohner lebten. Andere Veränderungen gingen mit diesem Wachstum einher. Die Preisschwankungen auf dem Reismarkt der Städte verschärften die Feindschaft gegenüber den reichen Händlern.

Wirtschaftswachstum

In der sich ändernden Wirtschaft im Japan der Tokugawa tat sich eine Kluft auf. Während es den Herrschenden immer weniger gelang, die neuen Herausforderungen mit den alten Traditionen in Einklang zu bringen, wurden gerade diese Veränderungen, die sich aus dem wirtschaftlichen Wachstum ableiteten, zum bestimmenden Thema der Zeit. Unter den Tokugawa entwickelte sich Japan sehr schnell. Zwischen 1600 und 1850 verdoppelte sich die landwirtschaftliche Produktion fast, während die Bevölkerung um weniger als die Hälfte anstieg. Seitdem das Regime nicht mehr in der Lage war, den neuen Reichtum für sich selbst abzuschöpfen, blieb das Geld in der Gesellschaft und wurde von einigen für Investitionen genutzt, während es allgemein einen höheren Lebensstandard für viele Japaner ermöglichte.

Die Gründe, wie es zu einem solchen, nur noch mit Europa vergleichbaren wirtschaftlichen Wachstum kommen konnte, sind umstritten. Einige sind klar und wurden bereits erwähnt: Die Insellage Japans hielt Eindringlinge wie die in den Steppen geborenen Nomaden fern. Der „Große Frieden" des Shogunats beendete die Kriege der Feudalherren und stellte einen weiteren Vorteil dar. Dann gab es umfangreiche Verbesserungen in der Landwirtschaft, die das Ergebnis einer intensiven Bebauung, der Investition in Bewässerungssysteme und der Kultivierung neuer Nahrungsmittel war, die die Portugiesen ursprünglich aus Amerika mitgebracht hatten. Aber an diesem Punkt zeigt sich bereits ein Gegeneffekt: Die Verbesserungen in der Landwirtschaft waren möglich geworden, weil sie den Produzenten wirtschaftlichen Gewinn brachten, den die sozialen und verwaltungsmäßigen Bedingungen erst ermöglichten. Die erzwungene Residenz der Adligen und ihrer Familien in Edo brachte nicht nur Reis auf den Markt, weil die Gefolgsleute Geld brauchten, sondern sie schufen auch einen neuen städtischen Markt in der Hauptstadt, der sowohl Arbeit erzeugte als auch Güter benötigte, weshalb es immer rentabler wurde zu produzieren. Die regionale Spezialisierung – auf Textilmanufakturen zum Bei-

Innerhalb von 250 Jahren gelang es Japan, seine landwirtschaftliche Produktion zu verdoppeln, so dass der allgemeine Lebensstandard um 1800 mit dem europäischen vergleichbar war.

Auf diesem Holzschnitt aus dem 19. Jahrhundert aus Kuwana sind zwei japanische Fähren zu sehen, die ihre Segel einholen.

spiel – entstand auf Grund der unterschiedlichen Möglichkeiten des Nahrungsmittelanbaus: Ein Großteil der japanischen Manufakturen und der handwerklichen Produktion war, wie im frühen industriellen Europa, in den ländlichen Gegenden zu finden. Die Regierung unterstützte diese Entwicklung. In den frühen Jahren des Shogunats wurde das Bewässerungssystem gezielt verbessert, die Gewichte und die Währung vereinheitlicht. Um ihr eigentliches Ziel, die Erhaltung der Gesellschaftsordnung, zu erreichen, bevorzugte die Regierung des *bakufu* am Ende wahrscheinlich das Wirtschaftswachstum, weil es ihr an politischer Macht fehlte. Statt einer absoluten Monarchie kam es zu einem ihr ähnlichen Gleichgewicht der Kräfte zwischen den großen Adligen, das sich behaupten konnte, solange es kein fremder Eindringling störte. Das Wirtschaftswachstum gedieh dadurch ungehindert, das Gewerbe konnte auf einer guten Basis produzieren. Die wirtschaftlich gesehen beinahe parasitären *Samurai* trugen immer weniger zum nationalen Einkommen bei, während die Anteile der Erzeuger von Waren anstiegen. Vermutlich entsprachen um 1800 das Pro-Kopf-Einkommen und die Lebenserwartung der Japaner den europäischen Verhältnissen.

Folgen der Isolation

Viele Entwicklungen wurden vom oberflächlichen Erscheinungsbild der Tokugawa-Zeit verdeckt. Der neue Wohlstand der Städte führte auch zu einer kulturellen Blüte: Gedruckte Bücher und farbige Holzschnitte, die später die Bewunderung europäischer Künstler hervorriefen, kamen jetzt vermehrt in Umlauf und das neue *Kabuki*-Theater fand mehr und mehr Zuschauer. Doch so glänzend und erfolgreich diese Epoche phasenweise auch war, das Tokugawa-System hätte wohl auch ohne die neue Bedrohung aus dem Westen im 19. Jahrhundert nicht viel länger überleben können. Gegen Ende dieser Zeit gab es bereits erste Anzeichen von Schwäche. Die Intellektuellen Japans erkannten allmählich, dass ihre Isolation sie zwar vor Europa geschützt, aber auch von Asien abgeschnitten hatte. Japan vollzog seine eigene historische Entwicklung, und das bedeutete, dass es dem Westen ganz anders begegnete als die Untertanen der Mandschu oder Moghuln.

In der Edo-Periode entstand als Antwort auf die traditionelle elitäre Malerei eine neue künstlerische Bewegung, die Holzschnitte mit sehr reinem volkstümlichen Charakter hervorbrachte. Auf diesen Bildern werden die Frauen als Kurtisanen (*Yujo*-Frauen) dargestellt und nicht als Geishas wie in der traditionellen Kunst. Dieses Blatt aus dem 18. Jahrhundert stellt drei Mädchen in einem Fluss stehend dar.

4 AFRIKA UND AMERIKA

Afrikas und Amerikas Wege in die Zivilisation unterschieden sich sehr von denen anderer Kontinente. Dies gilt vor allem für Amerika, das abgesehen von ein paar flüchtigen Kontakten lange durch den Ozean vom Rest der Welt abgeschnitten war. Die Afrikaner hingegen lebten auf einem Kontinent, der nach und nach islamisiert wurde, und sie hatten lange Zeit zumindest oberflächlichen Kontakt mit arabischen und später europäischen Händlern. Die Bedeutung dieser Beziehungen wurde zwar immer größer, doch erst am Ende des 19. Jahrhunderts reichten sie aus, um Afrika in die Hauptströmung der Weltgeschichte aufzunehmen. Diese Jahrhunderte lange Isolation sowie das fast völlige Fehlen von Quellen macht die Rekonstruktion der Geschichte beider Kontinente zu einem schwierigen Unterfangen, denn die Historiker sind fast ausschließlich auf archäologische Funde angewiesen.

Diese Illustration, die die Ankunft von äthiopischen Abgesandten im alten Rom zeigt, wo sie um Frieden bitten wollten, gibt einen Eindruck davon, wie die Europäer des 15. Jahrhunderts sich die Afrikaner vorstellten.

AFRIKA

Die afrikanische Geschichte war vor dem Aufkommen des Handels und der Erforschung des Kontinents durch die Europäer von einer inneren Dynamik bestimmt, die wir auf Grund der Quellenlage kaum erschließen können. Volksbewegungen spielten darin eine große Rolle. Viele Legenden berichten von Wanderungen aus dem Norden in den Süden und Westen. In jedem einzelnen Fall müssen Wissenschaftler die Legenden in ihrem Kontext bewerten und mit Hilfe von Hinweisen aus ägyptischen Berichten, Reiseerzählungen und archäologischen Funden deuten, doch die generelle Entwicklung ist klar: Die afrikanische Kultur bildete sich zuerst im Norden aus und verbreitete sich erst viel später nach Süden hin.

Eisenverarbeitung

Das Königreich von Kusch, das Verbindungen mit dem alten Ägypten unterhielt, eignet sich gut, um die Geschichte der kulturellen Entwicklungen zu beschreiben. Im 5. Jahrhundert v. Chr. hatten die Kuschiten die Kontrolle über Ägypten verloren und zogen sich wieder einmal nach Meroe, der Hauptstadt im Süden zurück. Aus Ägypten brachten sie wahrscheinlich die Hieroglyphen mit. Ihr Wissen gaben sie in den Süden und Westen, in den Sudan und nach Nubien weiter, zwei Länder, die später für ihre metallverarbeitenden Fertigkeiten berühmt wurden. In den letzten Jahrhunderten v. Chr. taucht die Eisenverarbeitung im Süden der Sahara, in Zentralnigeria, auf. Ihre Bedeutung zeigt sich darin, dass sie ein gut gehütetes Geheimnis der Könige blieb. Trotzdem gelangte diese so wertvolle Fertigkeit langsam in den Süden. Etwa im 12. Jahrhundert n. Chr. hatte sie den Südosten durchdrungen, und nur die Pygmäen sowie die San-Stämme des Südens, die früher als Buschmänner bekannt waren, lebten noch in der Steinzeit.

Landwirtschaft

Der wahrscheinlich größte Unterschied, der sich durch die Ausbreitung der Eisenverarbeitung ergab, betraf die Landwirtschaft. Es wurde möglich, durch Rodungen weiter in die Wälder einzudringen, und das Bestellen der Felder ging leichter, was vermutlich auch mit den neuen Feldfrüchten, die zu Beginn der christlichen Zeitrechnung aus Asien kamen, in Verbindung stand. Dies führte zu erneuten Wanderungsbewegungen und einem Anwachsen der Bevölkerung. Jagd- und Sammelgebiete wurden mit dem Aufkommen der Hirten- und Bauernvölker aufgegeben, die schon etwa um 500 n. Chr. in großen Teilen Südostafrikas, dem modernen Simbabwe und Transvaal nachweisbar sind. Doch einen Pflug hatten die Afrikaner vermutlich noch nicht. Ein möglicher Grund liegt vor allem südlich von Ägypten im Mangel an Tieren, die stark genug für die Arbeit mit einem Pflug waren. In Äthiopien gab es Pflüge, und dort züchtete man auch mit Erfolg die entsprechenden Tiere, wie Pferde, in der südlichen Sahara nutzte man sie dagegen als Reitpferde.

Die Natur spielte in Afrika eine überaus wichtige Rolle. Ein Großteil der Geschichte dieses Kontinents ist als Antwort auf Einflüsse von außen zu verstehen – Eisenverarbeitung und neue Feldfrüchte aus dem Nahen Osten, aus Asien, Indonesien und aus Amerika; Dampfmaschinen und Medikamente aus dem Europa des 19. Jahrhunderts. Sie machten es möglich, allmählich die afrikanische Natur in den Griff zu bekommen. Das Afrika südlich der Sahara blieb unter dem großen Druck, der auf Grund der geographischen Lage, des Klimas und der Krankheiten auf ihm lastete, wenig entwicklungsfähig. Es war, von einigen Ausnahmen abgesehen, zum großen Teil an eine Landwirtschaft gebunden, die nie sehr intensiv betrieben werden konnte. Das Land konnte nicht viel mehr als eine langsam wachsende Bevölkerung verkraften. Auch der Süden Afrikas unterschied sich in dieser Hinsicht nicht vom übrigen Land und so lag es im Transport- und Mühlenwesen und in der Töpferei zurück.

Christentum und Islam

Afrikas Geschichte verlief nördlich des Äquators anders als im Süden. Vieles aus der Zeit der Kuschiten wartet noch darauf, entdeckt zu werden, denn nur wenige der bedeutenderen Städte sind bis jetzt ausgegraben worden. Man

Vom 11. bis zum 14. Jahrhundert wurde die nigerianische Ife-Kultur von einem Yoruba-Stamm geschaffen, dem dieser bronzene Königskopf zugeschrieben wird. Die hervorragende Terrakotta und die Bronzeskulpturen, die die Yoruba herstellten, sind Meilensteine der afrikanischen Kulturgeschichte.

Zeitleiste (500 v. Chr. – 900 n. Chr.)

Afrika:	500 v. Chr. Anfang der Nok-Kultur im nördlichen Nigeria	um 300 n. Chr. Das Kush-Königreich wird von Äthiopiern vernichtet	700 n. Chr. Das Reich Gana erfreut sich großer wirtschaftlicher Entwicklungen und eines wachsenden Handels	um 900 n. Chr. Die Haussa lassen sich im Königreich Daura in Nordnigeria nieder
	500 v. Chr.	0	500 n. Chr.	1000 n. Chr.
Amerika:	um 400 v. Chr. Der Niedergang der Olmeken-Kultur	um 300 n. Chr. Die Teotihuacan-Kultur	600 n. Chr. Der Höhepunkt der Maya-Kultur in Mittelamerika	

Timbuktu wurde um 1100 n. Chr. von den Tuareg gegründet und im späten 13. Jahrhundert in das Reich Mali aufgenommen, wo es zu einem Haupthandelszentrum in Afrika wurde. Kaiser Mansa Mussa, der berühmteste aller Mali-Herrscher, regierte im frühen 14. Jahrhundert. Er baute Paläste und Moscheen, die bekannteste unter ihnen ist die große Moschee (Djingereyber) aus Lehm- und Bruchgestein, die mit Ton bedeckt ist.

weiß, dass Kush um 300 v. Chr. von Äthiopiern vernichtet wurde. Zu der Zeit verstanden sie sich noch nicht als das einzigartige Volk, dessen König den Anspruch erhob, von Salomo abzustammen. Erst im 4. Jahrhundert wurden sie von den ägyptischen Kopten zum Christentum bekehrt; zu dieser Zeit hatten sie noch Kontakt zur klassischen Mittelmeerwelt. Dann sorgte die islamische Invasion Ägyptens für eine Isolation, die in den nächsten Jahrhunderten nicht mehr durchbrochen werden konnte. Praktisch abgetrennt von Rom und Byzanz – kämpften sie ums Überleben gegen die Heiden und Muslime. Sie sprachen amharisch und kannten als einzige Nichtmuslime Afrikas eine Schrift.

Das Christentum hatte sich lediglich im Norden Afrikas, das eine Provinz des Römischen Reiches gewesen war, etabliert, und zwar als mächtiger Kult einer Minderheit. Doch Meinungsverschiedenheiten und die Verfolgung der Donatisten als Häretiker führten zu einer Schwächung, die es der arabischen Invasion und der damit einhergehenden Islamisierung leicht machte. Überall außer in Ägypten verschwand das Christentum, während der Islam in Afrika äußerst erfolgreich blieb. Seit der arabischen Invasion verbreitete er sich im 11. Jahrhundert bis zum Niger und in ganz Westafrika. Die arabischen Quellen liefern daher unsere Hauptinformationen über die illiterate, also der Schrift unkundige afrikanische Gesellschaft, die sich nach dem Niedergang der Kush über den Sudan und die Sahara erstreckte. Diese Regionen lebten vom Handel und bildeten eine Art Stadtstaaten, deren bedeutendster Timbuktu war. Zu der Zeit, als die Europäer schließlich dort ankamen, war er völlig verarmt – noch im 15. Jahrhundert war Timbuktu aber der Sitz einer islamischen Universität. Politik und Wirtschaft waren in Afrika enger miteinander verwoben als in irgendeinem anderen Teil der Welt. Es überrascht daher nicht, dass die frühen Königreiche Schwarzafrikas am Ende der wichtigen Handelsstraßen, wo der Reichtum am größten war, entstanden und blühten. Denn auch die Kaufleute schätzten Stabilität.

Gana

Der Name des frühesten afrikanischen Staates, von dem die Araber berichten, wurde später zum Namen einer ganzen modernen Nation: Ghana. Seine Ursprünge liegen im Dunkeln. Wahrscheinlich wurde er in der späteren vorchristlichen Zeit von einem Volk gegründet, das über Eisenwaffen und Pferde verfügte. Als Gana in das Blickfeld arabischer Chronisten und Geographen des 8. Jahrhunderts rückte, war es bereits ein bedeutender Staat. Zur Zeit seiner größten Ausdehnung umfasste Gana ein Gebiet von über 800 Kilo-

Das Christentum war in Ägypten schon mehr als 100 Jahre verbreitet, als dieser koptische Teppich aus dem 5. Jahrhundert entstand, der eindeutig von der Kunst des Oströmischen Reichs beeinflusst ist. Im 7. Jahrhundert wurde Ägypten von den Arabern erobert. Anfangs wurden die Christen von ihren neuen Herren beschützt, dann aber bis weit ins 19. Jahrhundert unterdrückt.

metern quer durch die Region, die im Süden durch den oberen Einflussbereich von Niger und Senegal eingerahmt und im Norden durch die Sahara geschützt war. Die Araber sprachen vom „Land des Goldes“. Das Gold kam aus dem oberen Senegal und dem Aschanti und wurde von den arabischen Händlern über die Straßen jenseits der Sahara oder durch Ägypten zu den Mittelmeerländern transportiert. Die wichtigsten anderen Handelsgüter in der Sahara waren Salz und Sklaven. Der Staat Gana brach während des 12. und 13. Jahrhunderts zusammen.

Mali

Nach dem Untergang Ganas triumphierte Mali, ein Königreich, das eine Sensation auslöste, als sein Herrscher 1307 eine Pilgerreise nach Mekka unternahm. Den Namen Mali trägt noch heute ein afrikanischer Staat. Mali war noch größer als Gana, am Anfang des 14. Jahrhunderts umfasste es das ganze Becken des Senegal und verlief noch etwa 1600 Kilometer von der Küste ins Land. Vom Herrscher von Mali heißt es, er hätte 10 000 Pferde in seinen Ställen gehabt. Dieses Reich zer-

Zwar soll es an einigen Mali-Höfen Gelehrte gegeben haben, doch sind uns Berichte über dieses Volk nur in arabischen Schriften überliefert.

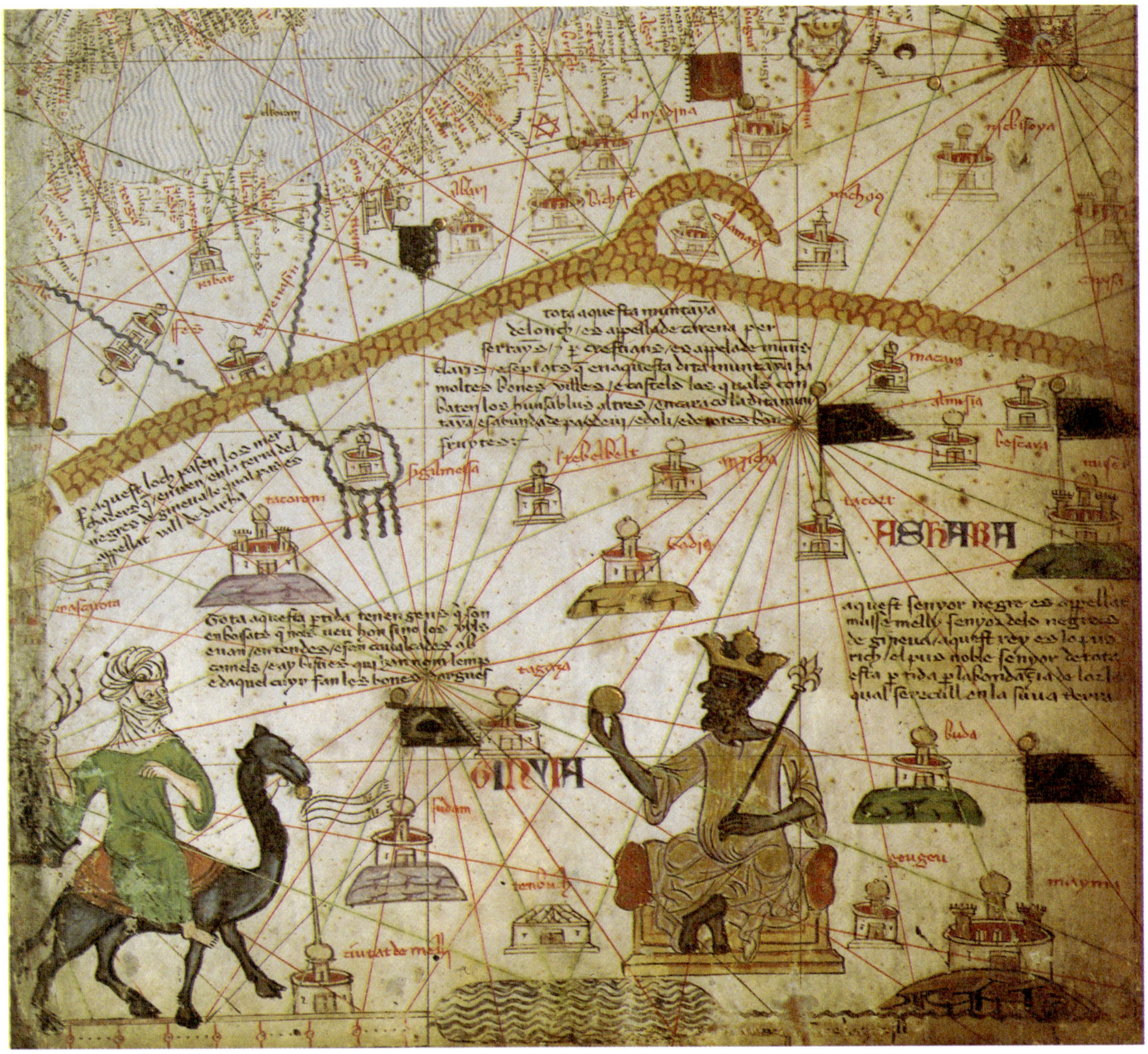

Malis enormes wirtschaftliches Wachstum war das Ergebnis des Handels mit den Arabern, die seit dem Ende des 12. Jahrhunderts das afrikanische Gold abbauten. Die Legende besagt, dass Kaiser Mansa Mussa auf seiner Reise nach Mekka durch Ägypten zog und dabei so viel Gold verschenkte, dass sein Wert in Kairo um 12 Prozent fiel. Mussas Ruhm erreichte bald die westliche Welt, wie der hier abgebildete große katalanische Atlas von 1375 zeigt.

brach im 16. Jahrhundert nach dem Sieg der Marokkaner. Während die Araber in einigen Quellen von afrikanischen Höfen erzählen, an denen es Gelehrte gab, gibt es keine einheimischen Berichte über diese Völker. Arabischen Überlieferungen zufolge war der Islam auf die Herrscher im Sudan und in der Sahara beschränkt, während das Volk in der heidnischen Vergangenheit verwurzelt war – ungefähr so wie im frühen Christentum in Europa. Auch gesellschaftliche Gewohnheiten ließen sich nicht so einfach an den Islam anpassen: Die arabischen Schreiber drückten zum Beispiel ihre Missbilligung über die öffentliche Nacktheit von Mädchen aus Mali deutlich aus.

Der Süden Afrikas

Das Afrika südlich der Sahara ist noch schwieriger in den Blick zu bekommen. Am Anfang seiner Geschichte stand eine Völkerwanderung der negroiden Völker, die Dialekte der Bantu-Gruppe sprachen. Diese Bezeichnung, in etwa vergleichbar mit „indoeuropäisch“, bezieht sich auf sprachliche Charakteristiken, nicht auf solche der Herkunft. Der genaue Weg dieser Wanderung liegt weitgehend im Dunkeln. Seine Wurzeln liegen in Ostnigeria, wo sehr früh Bantu gesprochen wurde. Von dort nahmen diese Völker ihre Sprache und ihre landwirtschaftlichen Kenntnisse mit in den Süden, zuerst in das Kongobecken. Von dort folgte dann etwa zu Beginn der christlichen Zeitrechnung eine schnelle Ausbreitung über den größten Teil Südafrikas. Der Grundstein für die Verteilung der Stämme im modernen Afrika wurde damals gelegt.

Einige Stämme, die „Suaheli" sprachen, was vom arabischen Ausdruck für „von der Küste weg" kommt, ließen sich an den ostafrikanischen Küsten nieder, wo sie Kontakt zu den geheimnisvollen Königreichen im Innern des Landes aufnahmen. Im 8. Jahrhundert n. Chr. ließen sich dann die Araber in deren Städten nieder und verwandelten sie in Hafenstädte. Die Araber nannten die Region „das Land der Sandsch" – wovon später der Name Sansibar abgeleitet wurde – und behaupteten, dass seine Völker Eisen höher schätzten als Gold. Wahrscheinlich unterhielten die Afrikaner bereits in vorarabischer Zeit wirtschaftliche Beziehungen zu Asien; als mögliche Vermittler für den Handel kommen die Indonesier in Frage, die in Madagaskar siedelten. Sie besaßen das für den Kauf von Luxusgütern benötigte Gold und Eisen. Bald bauten sie neue Feldfrüchte aus Asien wie Gewürznelken und Bananen an.

Regierung und Verwaltung

Vom inneren Aufbau der afrikanischen Staaten erhält man – wenn überhaupt – nur ein sehr undeutliches Bild. Sie waren zumeist keine Monarchien, die Bindungen an die Sippe scheinen das wichtigste gemeinsame Charakteristikum der schwarzafrikanischen Herrschaften gewesen zu sein. Die Herrschaftsform musste die Bedürfnisse einer bestimmten Umgebung und die Möglichkeiten, die sich durch die entsprechenden Ressourcen boten, berücksichtigen. Dennoch war auch das Königsamt weit verbreitet. Wieder finden sich die frühesten Anzeichen dafür im Norden, in Nigeria und Benin. Im 15. Jahrhundert gab es im Gebiet der großen Osterseen Könige, und wir hören von Königen im Kongo, am Ufer des unteren Kongoflusses. Die afrikanischen Staaten hatten lange Zeit weder eine bürokratische Verwaltung noch ein stehendes Heer. Die Macht der Könige war insgesamt begrenzt. Nicht nur der Respekt vor alten Bräuchen und regionalen Traditionen, sondern auch die hohe Bedeutung von Verwandtschaftsbanden verhinderten, dass die Könige die Menschen fest an sich binden konnten. Ohne Zweifel trug dies zu der schnell vergänglichen Natur vieler afrikanischer Staaten bei. Äthiopien war in dieser Hinsicht ein untypisches Land.

Die Staaten Afrikas kannten keine Zentralregierungen: Zwar war das Amt des Königs in Afrika sehr verbreitet, doch aufgrund fehlender Verwaltungsstrukturen lag die tatsächliche Macht bei den einzelnen Familien.

Simbabwe

Einige bemerkenswerte Spuren hinterließen jedoch frühere Königreiche. Die hohe Kulturstufe des östlichen Zentralafrikas im 12. Jahr-

Im späteren 15. Jahrhundert bauten die Portugiesen Geschäftsbeziehungen mit Benin in Westafrika auf. Ihre Zusammenarbeit war für beide Königreiche sehr profitabel. Afrikanische Handwerker fingen an, für die Portugiesen zu arbeiten, und kombinierten Motive beider Kulturen in ihren Arbeiten. Diese Salzschale aus Elfenbein ist ein Beispiel für die Mischung der Stile.

Die Beninbronze war „königliche Kunst“: Nur der *oba* (König) durfte sie besitzen. Handwerker waren ihm direkt unterstellt und konnten hingerichtet werden, wenn er entdeckte, dass sie eine Skulptur für jemand anderen herstellten. Diese bronzene Büste aus dem 16. Jahrhundert zeigt India, die Mutter von Osa Esigie.

hundert zeigt sich etwa in den erhaltenen Bergwerken, Straßen, Felsmalereien, Kanälen und Brunnen, alle das Ergebnis einer Technologie, die die Archäologen „Azanian“ nennen und einer fortgeschrittenen eisenzeitlichen Kultur zurechnen. Landwirtschaft gab es in dieser Region seit dem Beginn der christlichen Zeitrechnung. Auf dieser Basis war es möglich, Arbeiter für den Abbau des dort vorhandenen Goldes zu unterhalten. Zuerst benötigte man nur einfache Techniken, denn große Mengen Goldes konnte man schon durch die Bearbeitung der Erdoberfläche gewinnen. Das zog Händler in das Gebiet – zuerst Araber, später Portugiesen, aber auch Angehörige anderer afrikanischer Stämme. Als die zugänglichsten Vorkommen erschöpft waren, wurde das Gold in der Tiefe abgebaut. Reiche Funde sicherten den „Staat“ 400 Jahre lang. Dort entstanden auch die einzigen bedeutenden Steingebäude Südafrikas, an Hunderten von Plätzen im modernen Simbabwe zeugen heute noch Relikte davon. Der berühmteste Ort trägt selbst den Namen Simbabwe, was „Steinhäuser“ bedeutet. Seit ungefähr 1400 n. Chr. bis zur Plünderung durch andere afrikanische Völker um 1830 war dies die königliche Hauptstadt, die Begräbnisstätte der Könige und ein heiliger Ort der Verehrung. Die Portugiesen hatten bereits im 16. Jahrhundert von großartigen Festungen berichtet, deren Mauerwerk aus Bruchsteinen bestand, aber erst seit dem 19. Jahrhundert wissen wir aus Berichten von Europäern etwas über die Lage dieser Bauten. Sie staunten vor allem über die massiven Mauern und Türme, konnten aber kaum glauben, dass die Afrikaner so etwas Beeindruckendes hergestellt haben könnten. Einige vermuteten, dass es ein Verdienst der Phöniker sei, und ein paar Romantiker machten die Baumeister der Königin von Saba für sie verantwortlich. Heute, in einer Zeit, in der man mehr über die Völker des eisenzeitlichen Europas und die amerikanischen Kulturen weiß, haben solche Hypothesen keine Bedeutung mehr. Die Ruinen von Simbabwe können eindeutig den Afrikanern des 15. Jahrhunderts zugeschrieben werden.

Afrikanische Kultur

Auch wenn Ostafrikas Kultur sehr fortschrittlich war, waren seine Völker nicht in der Lage, sich eine eigene Schrift zu schaffen; wie die frühen Europäer erhielten sie diese von anderen Kulturen. Das Fehlen einer Schriftkultur stellte ein Hindernis für den Informationsaustausch und die Konsolidierung einer Verwaltung dar. Es bedeutete aber auch eine kulturelle Verarmung: Afrika hatte keine einheimische Tradition von gelehrten Weisen, die Wissenschaft und Philosophie hätten pflegen können. Wie die Kunst von Simbabwe oder die Bronzen von Benin, die die Europäer so fesselten, zeigen, war Afrika andererseits kulturell weit fortgeschritten.

DER AMERIKANISCHE KONTINENT

In Afrika hatte der Islam bereits fast 800 Jahre gewirkt (und davor gab es Einflüsse aus dem Nachbarland Ägypten), als die Europäer in Amerika ankamen, um eine Kultur zu entdecken, die höher stand als die afrikanische und anscheinend nicht von außen angestoßen wurde. Viel Zeit wurde darauf verwendet, mögliche Einflüsse von außen, etwa durch Reisende, nachzuweisen. Alle diese Ansätze sind aber letztlich wenig überzeugend. Wenn es in fernen Zeiten einen solchen Kontakt gegeben hätte, wären dessen Folgen inzwischen längst abgeklungen. Es gibt keine eindeutigen Spuren einer Verbindung zwischen Amerika und irgendeinem anderen Kontinent zwischen der Zeit, als die ersten Amerikaner die Beringstraße durchquerten, und der Landung der Wikinger. Danach hat es keine weiteren Ankömmlinge mehr gegeben, bis die Spanier Ende des 15. Jahrhunderts landeten. Amerika war vermutlich für einen längeren Zeitraum und viel nachhaltiger vom Rest der Welt abgeschnitten als Afrika.

Diese bemerkenswerte Bronzeplatte aus Benin zeigt einen König. Das Königreich von Benin, das im 12. Jahrhundert gegründet wurde, erreichte seinen Höhepunkt im 15. Jahrhundert, als Lagos (heute die Hauptstadt von Nigeria) gegründet wurde. Viele solcher Platten wurden 1897 von Mitgliedern einer britischen Expedition nach England gebracht.

Nordamerikanische Völker

Für eine solche Isolation spricht die Tatsache, dass sogar im 19. Jahrhundert noch Völker in Nordamerika lebten, die keine Landwirtschaft

Das vorimperialistische Amerika

Diese Karte zeigt die Reiche in den beiden Amerikas vor der Ankunft der spanischen Entdecker und Konquistadoren.

betrieben. In den östlichen Ebenen der modernen Vereinigten Staaten gab es „Indianer", wie die Europäer sie später nannten, die schon vor der Ankunft der Europäer die Landwirtschaft kannten, aber weiter westlich lebten noch Jäger- und Sammlergemeinschaften. Dies änderte sich anfangs auch dann nicht, als die Europäer Pferde und Metall mitbrachten und Feuerwaffen einführten. An der Westküste bildeten das Fischen und Sammeln noch immer die Lebensgrundlage der Stämme. Weit im Norden überlebten die Eskimos durch extreme Spezialisierung in einer unwirtlichen Umwelt, wie sie es im Wesentlichen heute noch tun.

Obwohl die nordamerikanischen Indianerkulturen ansehnliche Leistungen in der Bewältigung ihrer Umwelt erbrachten, kann man sie noch nicht als eine Zivilisation bezeichnen. Um etwas über frühe kulturelle Errungenschaften Amerikas zu erfahren, ist es notwendig, sich dem Gebiet südlich des Rio Grande zuzuwenden. Hier hat es eine Reihe von Hochkulturen gegeben, die alle vom Maisanbau abhängig waren und ein Pantheon von Naturgöttern verehrten.

MESOAMERIKANISCHE KULTUREN

In Mesoamerika gehört die Olmeken-Kultur zu den bedeutsamsten. Man kennt heute ihre Kalender und Schriftzeichen sowie ihre großen, für Zeremonien und Feste geeigneten Plätze; auch die Götter Mesoamerikas stammen schon aus der Zeit der Olmeken. Zwischen dem Anfang ihrer Kultur und dem 4. Jahrhundert n. Chr. bauten die Nachfahren der Olmeken die erste große amerikanische Stadt Teotihuacán, das heutige Mexiko-Stadt. Für zwei bis drei Jahrhunderte war sie ein Haupthandelszentrum. Wahrscheinlich war sie auch von einer außergewöhnlichen religiösen Bedeutung, denn sie besaß einen weiten

Komplex mit Pyramiden und großen öffentlichen Gebäuden. Ungefähr im 7. Jahrhundert wurde die Stadt auf mysteriöse Weise zerstört, vielleicht durch mehrere Einwanderungswellen, die nach Süden in das Tal von Zentralmexiko zogen. Es begann eine Zeit der Wanderungen und der Kriege, die bis zur Ankunft der Spanier andauerte und die viele hervorragende regionale Gesellschaften entstehen ließ.

DIE MAYA

Die bemerkenswerteste mesoamerikanische Gesellschaft war jedoch die Maya-Kultur von Yukatan, Guatemala und dem nördlichen Honduras. Die landschaftliche Umgebung dort war einzigartig und ist es noch heute. Praktisch alle großen Plätze der Maya liegen im tropischen Regenwald, der wegen seiner Tiere und Insekten, dem Klima und der Krankheiten nur schwer von der Landwirtschaft genutzt werden konnte. Doch die Maya ernährten nicht nur mit einfachster landwirtschaftlicher Technologie über mehrere Jahrhunderte hinweg eine große Bevölkerung (sie hatten weder Pflüge noch Metallwerkzeuge und waren lange auf Brandrodung angewiesen, um Land für einige Zeit urbar zu machen, bevor sie weiterzogen), sondern sie errichteten auch Steingebäude, vergleichbar mit denen des antiken Ägyptens.

Viele Maya-Orte liegen vermutlich immer noch unentdeckt im Dschungel, doch die bisherigen Funde reichen aus, um die Geschichte und die Gesellschaft der Maya zu rekonstruieren. Beide waren komplexer, als man bisher dachte. Die frühesten Spuren der Maya-Kultur stammen aus dem 3. und 4. Jahrhundert v. Chr.; ihre Blütezeit erreichte sie zwischen dem 6. und 9. Jahrhundert n. Chr., als die schönsten Gebäude, Skulpturen und Töpferwaren entstanden. Die Maya-Städte dieser Zeit wiesen große Baukomplexe für Zeremonien auf, bestehend aus Tempeln, Pyramiden, Grabstätten und Ritual-Höfen, die oft mit einer hieroglyphischen Bilderschrift geschmückt waren. Die Religion spielte eine wichtige Rolle in dieser Kultur, denn die dynastischen Herrscher der Städte wurden in Zeremonien bestätigt, die durch Blutvergießen und Opfer charakterisiert sind.

Teotihuacán

Eines der beeindruckendsten antiken religiösen Zentren in Lateinamerika ist ohne Zweifel Teotihuacán, die Stadt der Götter, die in einem Tal nahe des heutigen Mexiko liegt. Der Mythologie zufolge versammelten sich die Götter an diesem Ort, um die Welt zum fünften Mal zu erschaffen. Die berühmtesten Gebäude der Stadt sind die Pyramiden der Sonne und des Mondes, die um 100 n. Chr. errichtet wurden. Viele Tempel, Plätze und Häuser wurden um sie herum erbaut – von den Häusern glaubt man, dass sie Unterkünfte für die Priester waren, die die wichtigste soziale Klasse bildeten.

Zwischen der Mitte des 4. Jahrhunderts und dem Ende des 5. Jahrhunderts n. Chr. erreichte die Stadt ihren Höhepunkt: Die Straße der Toten, eine Durchgangsstraße mit Ruinen von mehr als 75 Tempeln, stammt aus dieser Zeit. In ihrer Nähe steht der Tempel des Quetzalcoatl, dessen Außenseite mit prächtigen Köpfen geflügelter Schlangen geschmückt ist.

Diese ganze Pracht hatten vermutlich Verbesserungen in der landwirtschaftlichen Technologie ermöglicht. Das Ergebnis einer reicheren Ernte führte zum Bevölkerungswachstum und zur Ausdehnung der Wirtschaft. Dies schuf dann wiederum die Möglichkeit, neue Geschäftsbeziehungen aufzubauen und neue Rohstoffe zu entdecken.

Die Straße der Toten von der Pyramide der Sonne aus gesehen führt zu der kleineren Pyramide des Mondes.

Der Maya-Kalender

Die religiösen Praktiken der Maya setzten sich aus regelmäßigen Handlungen der Fürbitte und der Anbetung zusammen, die mit Hilfe eines Kalenders in einem bestimmten Zyklus abgehalten wurden. Dieser Kalender beruhte auf genauen astronomischen Beobachtungen und Berechnungen. Viele Forscher meinen, dass dies die einzige Errungenschaft der Maya sei, die einem Vergleich mit ihren Bauwerken standhält – und in der Tat, diese Kalender waren Meisterleistungen der Mathematik. Mit Hilfe des Kalenders kann man auch das Denken der Maya gut erfassen. Die religiösen Führer dieses Volkes wussten mehr von der Zeit als andere Kulturen: Sie berechneten ein Altertum von Hunderttausenden von Jahren; wahrscheinlich erkannten sie sogar, dass die Zeit keinen Anfang hat.

Die Steinhieroglyphen und drei erhaltene Bücher erzählen uns etwas über diesen Kalender und die Chronologie der Maya-Dynastien. Die Maya der klassischen Zeit stellten normalerweise alle 20 Jahre datierte Monumente auf, um die vergangene Zeit festzuhalten; das letzte von ihnen ist auf 928 datiert. Zu dieser Zeit war der Höhepunkt der Maya-Kultur längst überschritten. Die Fähigkeit der Baumeister und Handwerker, mit Jade und Obsidian zu arbeiten, hatte ihre Grenzen erreicht. Die Erbauer der großartigen Tempel schafften es niemals, einen Bogen oder eine Wölbung zu errichten, außerdem kannten sie keine Wagen für ihre Arbeiten, denn dafür fehlte ihnen das Rad. Ihre religiöse Welt, in deren Schatten sie lebten, war bewohnt von zweiköpfigen Drachen, Jaguaren und grinsenden Schädeln. In politischer Hinsicht gründete sich die Gesellschaft der Maya lange auf Allianzen, die die verschiedenen Städte miteinander verbanden. So entstanden zwei Dynastien, deren Geschichte in Hieroglyphen auf den Steinmonumenten festgehalten ist. Während ihrer Blütezeit hatten die Städte der Maya jeweils mehr als 40 000 Einwohner und darüber hinaus eine abhängige Landbevölkerung, die weit größer war, als die des heutigen Maya-Gebiets in Amerika.

Der Untergang der Maya

Die Kultur der Maya war hoch spezialisiert. Wie auch bei den Ägyptern zog das eine große Anzahl von Gebäuden nach sich, die keinen

Die Schriftstücke der Maya

Die Schriftstücke der Maya sind ein zentraler Bestandteil ihrer brillanten Kunst. Diese Dokumente bestehen aus gefalteten Papierbögen, die aus Baumrinde mit Tünche hergestellt wurden. Sie enthalten Zeichnungen der Götter, der Herrscher und Hieroglyphen. Viele Schriften verschwanden mit der Ankunft der Spanier. Der erste Bischof von Yukatan beispielsweise, Diego de Landa, gab den Befehl, die Dokumente der Maya systematisch zu zerstören.

Nur vier Schriftstücke aus der Zeit vor der Eroberung haben sich bis heute erhalten, drei von ihnen sind nach den Städten, in denen sie heute aufbewahrt werden, benannt. Der *Dresdener Codex* aus dem 13. Jahrhundert enthält Artikel über Astronomie und Astrologie. Der *Pariser Codex*, der nur ein Fragment ist, enthält Informationen über Weissagungen und zeremonielle Rituale. *Der Madrider Codex*, auch als Trocortesianer Codex bekannt, wurde in zwei Fragmenten gefunden. Er besteht aus 56 Blättern, auf denen verschiedene Rituale beschrieben sind, die die Maya-Priester ausführten, um die Zukunft vorherzusagen.

Der Madrider Codex, *aus dem diese Detailabbildung stammt, zeigt eine große Anzahl von Göttern, Priestern und adligen Maya.*

produktiven Zweck hatten. Vielleicht waren die Maya schon sehr früh damit überfordert. Bald nach dem Beginn ihrer Zivilisation griff ein Volk aus dem Tal von Mexiko, vielleicht Tolteken, Chichén Itzá, die größte Maya-Niederlassung an. In dieser Zeit wurden auch die Dschungelmetropolen im Süden verlassen. Die Eroberer brachten Metall mit und den mexikanischen Brauch, Kriegsgefangene zu opfern. Ihre Götter wurden nun auf den Skulpturen der Maya abgebildet. Es scheint auch einen Machtwechsel von den Priestern hin zu weltlichen Herrschern gegeben zu haben. Gleichzeitig kam es zu einem kulturellen Rückgang, der durch rohe Töpferwaren und Skulpturen gekennzeichnet ist, sowie zu einem Niedergang in der Qualität der Hieroglyphen. Am Ende des 11. Jahrhunderts war die politische Ordnung der Maya zerbrochen, auch wenn einige Städte noch zwei Jahrhunderte auf einer niedrigeren kulturellen und materiellen Ebene existierten. Chichén Itzá wurde im 13. Jahrhundert ganz verlassen, und das Zentrum der Maya-Kultur verlagerte sich an einen anderen Ort, wo es nach einem Bauernaufstand um 1460 geplündert wurde. Danach bleibt die Geschichte der Maya im Dunkeln. Im 16. Jahrhundert gelangte Yukatan in die Hände der Spanier, auch wenn die letzte Maya-Festung erst 1699 fiel.

Die Spanier waren nur vordergründig die Zerstörer der Maya-Kultur, diese war schon vor deren Ankunft untergegangen. Eine Erklärung für den Niedergang ist nicht einfach zu finden. Die Maya-Kultur war die Antwort auf eine große Herausforderung, die auch eine Zeit lang bewältigt werden konnte. Die politische Struktur war jedoch so unsicher und instabil, dass sie auf jeden Einfluss von außen reagierte. Bereits vor der Invasion der Fremden hatte es politische Zersplitterungen gegeben. Die Bewässerungssysteme beispielsweise gerieten schon vorher in Vergessenheit und verfielen, wie Archäologen nachweisen konnten. Der Niedergang der Maya war also umfassender als anderswo in Amerika. Ihre Kultur hinterließ keinen Lebensstil, keine Schrift, keine Literatur, keine bedeutenden politischen oder religiösen Institutionen. Nur die Sprache der Landbevölkerung der Maya überdauerte die Vergangenheit. Alles, was von den Maya übrig blieb, waren wunderbare Ruinen, die die Nachwelt lange Zeit zugleich verwirrten und faszinierten.

Die Maya benutzten zwei Kalender. Einer war ein ritueller Kalender und bestand aus einer Kombination von 13 Zahlen und 20 benannten Tagen, die Zyklen von 260 Tagen ergaben. Der Sonnenkalender gründete sich auf 365 Tage, die in 18 Monate zu 20 Tagen eingeteilt wurden, am Ende fügte man dann noch fünf Tage hinzu. Alle 52 Sonnenjahre trafen sich die beiden Kalender an einem bestimmten Tag. Dieses Flachrelief aus der Stadt Palenque trägt Hieroglyphen, die auf eine Zeiteinheit hinweisen, die aus 7200 Tagen besteht.

DIE AZTEKEN

Während die Maya-Zivilisation im Endstadium ihres Verfalls war, kam eines der letzten wandernden Völker ins Tal von Mexiko und sicherte sich dort eine derart starke Vorherrschaft, die sogar die Spanier später noch überraschte. Die Azteken tauchten dort um 1350 n. Chr. auf, unterwarfen die Tolteken und übernahmen die Oberherrschaft. Sie ließen sich in zwei Dörfern auf sumpfigem Gebiet am Texcoco-See nieder; eines wurde Tenochtitlan genannt, es wurde die Hauptstadt eines aztekischen Reichs, das sich

Die Azteken ließen sich um 1350 n. Chr. in einigen Tälern Mexikos nieder. Ihre Hauptstadt, von der man Beschreibungen spanischer Kolonisten hat, hatte im 16. Jahrhundert vermutlich 100 000 Einwohner.

Diese Illustration aus dem *Codex Axcatitlan* zeigt die lange Reise der Azteken von ihren nomadischen Ursprüngen bis zu ihrer endgültigen Niederlassung in Tenochtitlan, der Stadt, von der aus sie ihr riesiges Reich regierten.

in weniger als 200 Jahren über fast ganz Zentralmexiko ausdehnte. Aztekische Expeditionen gingen sehr weit nach Süden, bis in das Gebiet der späteren Republik von Panama, aber sie ließen sich dort nicht nieder. Die Azteken waren vor allem Krieger und zogen es vor, von Tributen zu leben: Ihre Armee garantierte ihnen die Oberherrschaft über 30 oder mehr Stämme bzw. Staaten, die sie bei regelmäßiger Zahlung mehr oder weniger sich selbst überließen. Die Götter dieser Völker wurden – was als Kompliment galt – in den Pantheon der Azteken aufgenommen.

Tenochtitlan, die Hauptstadt am Texcoco-See, bestand aus einer Inselgruppe, die mit den Ufern des Sees durch Dämme verbunden waren. Diese Dämme waren acht Kilometer lang und acht Reiter konnten sie nebeneinander passieren. Die Spanier hinterließen aufregende Beschreibungen von der Stadt: Ihre Großartigkeit, berichtet eine Quelle, erreiche die von Rom oder Konstantinopel. Sie hatte wahrscheinlich am Anfang des 16. Jahrhunderts etwa 100 000 Einwohner. Im Vergleich mit europäischen Städten war Tenochtitlan ein erstaunlicher Ort, mit einer Vielzahl von Tempeln und beherrscht von riesigen künstlichen Pyramiden. Deren Pracht war wahrscheinlich nicht eigentlich aztekischen Ursprungs, sondern ging auf die von den Azteken unterworfenen Völker zurück. Nicht eine einzige bedeutende Erfindung oder Neuerung der mexikanischen Kultur kann eindeutig der Zeit nach den Tolteken zugeschrieben werden. Die Azteken entwickelten die Kulturen, die sie vorfanden, weiter und beuteten sie aus.

Die Kultur der Azteken

Im frühen 16. Jahrhundert dehnte sich das Reich der Azteken immer noch weiter aus. Nicht alle Bewohner waren vollständig unterworfen, aber die Herrschaft der Azteken reichte von Küste zu Küste. An ihrer Spitze stand ein halbgöttlicher, aber gewählter Herrscher aus der königlichen Familie. Er regierte eine streng gegliederte und zentralisierte Gesellschaft und stellte hohe Anforderungen an die arbeitende Bevölkerung und den Militärdienst. Aber er versorgte sie auch mit dem, was sie das Jahr über zum Leben brauchten. Es war eine Kultur, deren Schrift aus Bildzeichen bestand, die ferner hohe Fähigkeiten in der Landwirtschaft und im Umgang mit Gold besaß, aber die weder Pflüge, noch Eisenwerkzeuge, noch das Rad kannte. In den zentralen Ritualen – die die Spanier zutiefst schockierten – gab es auch Menschenopfer; nicht weniger als 20 000 Opfer wurden bei der Einweihung der großen Pyramide von Tenochtitlan dargebracht. Solche Massenmorde sollten die Wiederaufführung eines kosmischen Dramas in Szene setzen, das das Herzstück der Mythologie der Azteken ausmachte; es lehrte, dass die Götter dazu gezwungen gewesen waren, sich selbst zu opfern, um der Sonne das Blut als Nahrung zu geben.

Religion und Opferritus

Die Religion der Azteken erschütterte die Europäer durch ihre abstoßenden Details – das Herausreißen des Herzens bei den Opfern, das Häuten und die feierliche Enthauptung –, aber diese bizarren und schrecklichen Begleiterscheinungen waren weniger einflussreich als die tief greifenden politischen und sozialen Implikationen. Die Wichtigkeit der Opfer bedeutete, dass ständig neue Opfer benötigt wurden. Dieser Bedarf wurde normalerweise mit Kriegsgefangenen gedeckt. Weil der Tod in einer Schlacht die Krieger dem Mythos nach in das Sonnenparadies führte, war eine Friedenszeit für das Aztekenreich aus religiöser Sicht katastrophal. Daher kümmerte es die Azteken auch nicht sehr, dass es bei den von ihnen Abhängigen auf Grund der schwachen Kontrollen ständig neue Aufstände gab. Die unterworfenen Stämme hatten eigene Herrscher und eigene Regierungen, gegen die beim geringsten Anlass Strafangriffe durchgeführt werden konnten. Die Religion lieferte also noch andere Gründe, auf die Bedrohung durch die Europäer zu reagieren. Die Azteken machten Gefangene für das Opfer und töteten ihre Feinde nicht in der Schlacht. Außerdem glaubten sie daran, dass eines Tages ihr großer Gott Quetzalcoatl, hellhäutig und mit Bart, aus dem Osten zurückkäme, wohin er gegangen war, nachdem er sein Volk in den Künsten unterwiesen hatte.

Insgesamt erscheint die Kultur der Azteken trotz ihrer ästhetischen Ausdruckskraft und ihrer gewaltigen sozialen Wirksamkeit als grausam, brutal und abstoßend. Nur wenige Zivilisationen, von denen wir wissen, haben so harte Anforderungen an ihre Mitglieder gestellt. Die Azteken lebten scheinbar immer in einem Status der Spannung, in einer pessimistischen Kultur, die dem Untergang geweiht war.

PERU

Im Süden von Mexiko und Yukatan gab es noch einige andere Kulturen mit sehr unterschiedlichen Zivilisationsstufen, aber keine von ihnen war so bemerkenswert wie die entfernteste, die Andenkultur von Peru. Noch immer lebten die mexikanischen Völker größtenteils in der Steinzeit, während in den Anden bereits ein Staat mit komplexen Strukturen entstanden war. Die Maya zeichneten sich unter den amerikanischen Kulturen lediglich durch ihre sehr genauen Kalenderberechnungen aus. Die Vorstellung der Spanier wurde entsprechend mehr von Peru als von Mexiko beeinflusst. Neben dem immensen und offensichtlichen Reichtum an Edelmetallen fanden viele Europäer besonders das sehr

Der „Sonnen-Stein" zeigt den Sonnenkalender der Azteken. Im zentralen Kreis ist das Gesicht des Sonnengottes abgebildet. Der zweite Kreis zeigt die fünfte Sonne und die Klauen des Sonnengottes. Der dritte Kreis enthält 20 Hieroglyphen, die die Tage repräsentieren. Acht Sonnenstrahlen wechseln sich ab mit acht Hieroglyphen in Form von stilisierten Federn und „kostbarem Wasser", das Blut repräsentierend, um in 40 Blöcken den nächsten Kreis zu vollenden. Der äußere Ring ist die Sonnenscheibe, umgeben von zwei riesigen Schlangen.

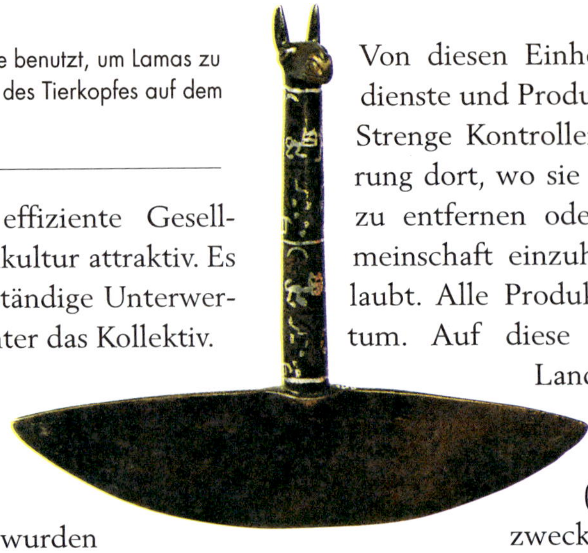

Dieses Zeremonienmesser wurde benutzt, um Lamas zu opfern, worauf die Abbildung des Tierkopfes auf dem oberen Teil des Griffs hinweist.

komplexe, aber auch effiziente Gesellschaftssystem der Andenkultur attraktiv. Es erforderte eine fast vollständige Unterwerfung des Individuums unter das Kollektiv.

Die Herrschaft der Inkas

Die Andengesellschaft wurden von den Inkas beherrscht. Im 12. Jahrhundert dehnte dieses Volk aus Cuzco seine Kontrolle über die frühen Zentren der Kulturen in Peru aus. Wie die Azteken begannen sie als Nachbarn von Stämmen, die schon länger zivilisiert waren als sie selbst. Die Inkas waren ursprünglich Barbaren, die die Errungenschaften und die Früchte der höheren Kulturen von anderen übernahmen. Am Ende des 15. Jahrhunderts beherrschten sie ein Reich, das sich von Ecuador bis Zentralchile erstreckte; die Küstengebiete eroberten sie zuletzt. Dies war ein erstaunliches Meisterwerk, denn sie mussten auch die natürlichen Hindernisse der Anden bewältigen.

Der Inka-Staat war von einem über 16 000 Kilometer langen Straßennetz überzogen, das bei jedem Wetter für Boten passierbar war, die schriftliche oder mündliche Nachrichten in *quipu* – einem Knoten-Kode in farbigen Kordeln – überbrachten. Mit diesem Mittel wurden genaue Berichte festgehalten. Obwohl es die Schrift nicht kannte, griff das Andenreich umfassend organisatorisch in das Leben seiner Bürger ein. Die Inkas stellten die herrschende Kaste des Reiches, ihr Oberhaupt war der *Sapa Inka* – der „einzige Inka". Seine Herrschaft war despotisch und gründete sich auf der Kontrolle der Arbeit. Die Bevölkerung wurde in Einheiten unterteilt, die kleinste von ihnen umfasste zehn Familienoberhäupter. Von diesen Einheiten wurden Arbeitsdienste und Produktion genau festgelegt. Strenge Kontrollen hielten die Bevölkerung dort, wo sie gebraucht wurde. Sich zu entfernen oder in eine andere Gemeinschaft einzuheiraten, war nicht erlaubt. Alle Produkte waren Staatseigentum. Auf diese Weise ernährten die Landwirte die Hirten und Handwerker und erhielten dafür Stoffe (das Lama war das Allzweck-Tier der Andenkultur, es war sowohl Transportmittel als auch Woll-, Milch- und Fleischlieferant). Es gab keinen Handel. Die abgebauten Edelmetalle und das Kupfer verwendete man für die hervorragende Ausstattung von Cuzco. Spannungen innerhalb des Systems begegnete man nicht nur mit Stärke, sondern auch mit der Wiederansiedlung von loyalen Bevölkerungsteilen in dem jeweiligen Gebiet. Außerdem wurde das Erziehungs- und Bildungswesen einer strengen Kontrolle unterzogen.

Das Reich der Inkas umfasste Ende des 15. Jahrhunderts das Gebiet von Ecuador bis Zentralchile. Ein gut ausgebautes Straßen-, Verwaltungs- und Kommunikationssystem sorgte für den Zusammenhalt des Riesenreichs.

Die Kultur der Inkas

Die Inka waren wie die Azteken organisiert, sie beuteten ebenfalls die kulturellen Leistungen anderer aus, wenn auch weniger brutal. Ihr Ziel war die Integration, weniger die Unterwerfung, und sie tolerierten die Kulte der unterworfenen Völker. Ihr eigener Gott war die Sonne.

Das Fehlen der Schrift macht es schwierig, den Geist dieser Zivilisation zu erfassen. Zumindest kann man bei den Peruanern, wenn auch etwas anders gefärbt, eine ähnliche Einstellung zum Tod wie bei den Azteken feststellen. Vergleichbar mit Ägypten unterstützten klimatische Bedingungen einen Totenkult, der auf Riten der Mumifizierung zurückgriff; die trockene Luft der hohen Anden war ein ebenso gutes Konservierungsmittel wie der

Auf einem hohen Bergrücken, etwa 70 Kilometer nordwestlich von Cuzco, liegen die Ruinen der Inkastadt Machu Picchu. Ein großer rechteckiger Platz, der von kleinen Steinhäusern umgeben ist, bildet das Herz der Anlage. Terrassen längs der Berge, die für den landwirtschaftlichen Anbau genutzt wurden, erstrecken sich bis zum Ufer des Urubambaflusses, der etwa 600 Meter hinter der Stadt durch das Tal fließt.

Wüstensand. Darüber hinaus ist es nicht leicht zu sagen, wie sich die Unterschiede zwischen den besiegten Völkern aufrechterhielten und wie sie in Stammeskulturen ihren Ausdruck fanden.

Als die Europäer auf dem amerikanischen Kontinent erschienen, wurde deutlich, dass die Inkaherrschaft die Unzufriedenheit unter ihren Bürgern trotz aller unbestreitbaren Erfolge nicht beseitigt hatte.

Der Untergang der amerikanischen Kulturen

Alle Indianerkulturen Altamerikas unterschieden sich in sehr wichtiger und eindeutiger Weise von den Zivilisationen Asiens oder Europas. Sie alle kamen vollständig ohne Schrift aus, obwohl die Inkas ein sehr gut entwickeltes Nachrichtensystem hatten, um komplexe Verwaltungsstrukturen aufzubauen. Ihre Technologie war nicht so hoch entwickelt wie andernorts. Auch wenn diese mächtigen Hochkulturen zahlreiche und beeindruckende Spuren hinterließen, trugen sie nur relativ wenig für die Zukunft der Welt bei.

Amerikas Beitrag begann ja bereits in früherer Zeit, in den nicht dokumentierten Entdeckungen der einfachen Bauern, die die Vorläufer von Tomate, Mais, Kartoffel und Kürbis kultivierten. Damit leisteten sie – unabsichtlich – sehr viel für die Ressourcen der Menschheit.

Die prächtigen Kulturen Amerikas blieben am Ende nicht mehr als eine schöne Kuriosität am Rande der Weltgeschichte, die ansonsten folgenlos blieb.

5 EUROPA: DIE ERSTE „REVOLUTION“

Wenige Begriffe führen so in die Irre wie das Wort „Mittelalter“, das sich lediglich auf Europa bezieht und in anderen Kontinenten unbekannt ist. Diese Bezeichnung steht für die Vorstellung, dass manche Jahrhunderte einzig und allein auf Grund ihrer zeitlichen Position interessant seien. Erst in der Renaissance des 15. und 16. Jahrhunderts, der es um die Wiederbelebung der lange bedeutungslosen klassischen Antike ging, wurde der Begriff geprägt. Ihre Vertreter hielten die Leistungen der Antike sowie ihre eigenen für großartig. Doch zwischen diesen beiden schöpferischen Perioden klaffte eine Lücke – *Medio Evo, Media Aetas*, das Mittelalter – definiert nur durch seine Position zwischen zwei anderen Zeitaltern.

Die Kirche versuchte das ökonomische, soziale und ideologische Vakuum zu füllen, welches durch den Zerfall des Römischen Reiches in Europa entstanden war. Papst Urban VI. (1378 – 1389), der hier abgebildet ist, war eine Schlüsselfigur in einem der bedeutendsten religiösen Konflikte des Mittelalters, dem Großen Schisma.

Der Begriff „Mittelalter“

Bald erkannte man aber, dass diese 1000 Jahre umfassende Zeitspanne mehr war als nur eine Lücke. Der Weg zu dieser Erkenntnis führte über die Suche nach der Herkunft des eigenen Wissens. Im 17. Jahrhundert erzählten sich die Engländer von einem „Normannischen Joch“, unter dem ihre Vorfahren gelebt hätten, und im 18. Jahrhundert idealisierten die Franzosen ihre Aristokratie, indem sie sich auf deren Ursprünge in der fränkischen Landnahme beriefen. Solche Reflexionen waren selektiv und oft auch abwertend. Das Mittelalter als Ganzes wurde selbst vor 200 Jahren nur mit einer gewissen Verachtung erwähnt. Dann aber trat plötzlich eine große Veränderung ein: Im 19. Jahrhundert idealisierte man diese verlorenen Jahrhunderte genauso stark, wie sie vor-

Zeitleiste (718 – 1453)

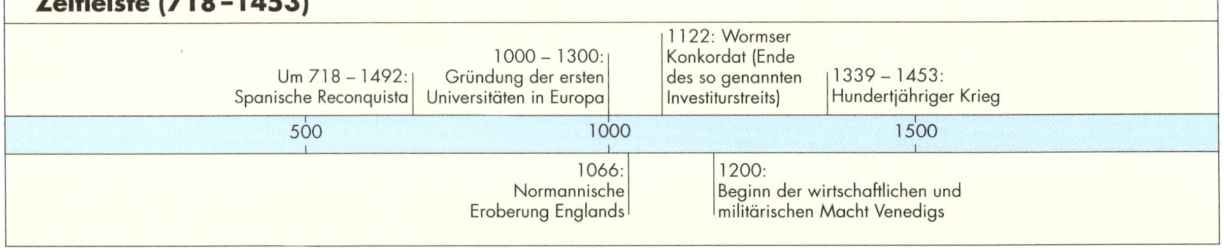

her ignoriert worden waren. Die Europäer füllten ihr Bild der Vergangenheit mit Geschichten über Ritterlichkeit aus und bauten Burgen, die von Baumwollspinnern und Effektenhändlern bewohnt waren. Die historische Forschung beschäftigte sich nun mit dem Mittelalter. Dies war ein Fortschritt, aber es gab auch Missverständnisse, die sich bis heute gehalten haben. Die Einheit der mittelalterlichen christlichen Zivilisation und die scheinbare Stabilität des Lebens wurden überbetont, die Unterschiede dagegen verwischt.

Vom Mittelalter zur Neuzeit

Das europäische Mittelalter ist eine historisch schwer zu durchdringende Epoche. Die Jahrhunderte zwischen dem Ende der Antike und dem Jahr 1000 legten das Fundament für die europäische Geschichte, obwohl der Wechsel langsam vor sich ging und die Machtverhältnisse noch unsicher waren. Im 11. Jahrhundert änderte sich die Geschwindigkeit, neue Entwicklungen wurden sichtbar, bis die europäische Geschichte schließlich in der Neuzeit mit der Weltgeschichte verschmolz.

Es ist schwer zu sagen, wann das Mittelalter endete. In vielen Teilen Europas und Nordamerikas machte es sich noch bis zum Ende des 18. Jahrhunderts bemerkbar. Millionen von Europäern und Amerikanern glaubten noch – wie die Männer und Frauen des Mittelalters 500 Jahre zuvor – an übernatürliche Phänomene, wie sie von traditionellen religiösen Sichtweisen vermittelt wurden. Viele Europäer lebten noch unter den gleichen materiel-

Der europäische Kontinent wurde in griechischen Mythen als junge, schöne Frau personifiziert, die Zeus in Gestalt eines Stieres raubt und über das Meer bringt – François Boucher malte den *Raub der Europa* 1747.

len Bedingungen wie ihre mittelalterlichen Vorfahren. Trotzdem war das Mittelalter in einigen Ländern in jeder Hinsicht bereits seit langem vorbei. Alte Institutionen änderten sich oder lösten sich auf, was zum Verschwinden von ehemals bestimmenden Traditionen führte.

Unaufhaltsam entstand an vielen Orten eine moderne Welt: Europa bildete sich zum zweiten Mal heraus und erlebte dabei zum ersten Mal ein Zeitalter der Revolution.

DIE KIRCHE

Die Geschichte der Kirche ist ein guter Einstieg, um die Umbrüche in Europa im Mittelalter zu schildern. Unter der Kirche als einer irdischen Institution verstehen die Christen den Gesamtkörper der Gläubigen, also Laien und Kleriker gleichermaßen. In diesem Sinn wurde die Kirche im Mittelalter mit der abendländischen Gesellschaft quasi gleichgesetzt.

Leo IX. wurde auf dem Konzil zu Worms 1048 zum Papst ernannt. Sein Pontifikat war durch den entschlossenen Versuch gekennzeichnet, die Kirche zu reformieren. Leos Bemühungen, sich gegenüber Byzanz zu behaupten, schlugen fehl und führten zur Exkommunikation des Kerullarios, des Patriarchen von Konstantinopel; beide sind porträtiert in dieser Handschriftenillustration aus dem 15. Jahrhundert.

Um 1500 standen nur Juden, Ausländer und Sklaven außerhalb dieser riesigen Gemeinschaft von Menschen, die (zumindest formal) den gleichen christlichen Glauben teilten. Zwischen den atlantischen Küsten Spaniens und den östlichen Grenzen Polens verschwand das Heidentum von der Landkarte: Europa war christlich, ein gewaltiger qualitativer und quantitativer Wechsel war vollzogen. Der christliche Glaube war die tiefste Quelle einer Kultur, die seit Jahrhunderten heranreifte und noch nicht durch Teilungen oder andersartige Glaubenslehren bedroht worden war. Das Christentum bestimmte Europa und gab ihm ein überirdisches Ziel. Dies war auch der Grund, warum die Europäer sich als Mitglieder einer auserwählten Gesellschaft betrachteten.

Heutzutage bezeichnet das Wort Kirche formale Strukturen, Institutionen und Organisationen, die die Liturgie und die Disziplin der Gläubigen überwachen. In diesem Sinn hat auch die Kirche seit 1500 einen langen Weg zurückgelegt. Ihre Erfolge waren zweifellos enorm; ihre Misserfolge aber vielleicht ebenso groß.

Es gab jedoch auch innerhalb der Kirche immer genügend reformwillige Männer, die sie wieder zur Ordnung rufen konnten. Die römische Kirche, die in der Spätantike noch unbedeutend war, erreichte lange vor dem Fall von Konstantinopel im Jahre 1453 beispiellose Macht und Einfluss. Sie hatte nicht nur neue Unabhängigkeit und Bedeutung erlangt, sondern sie hatte auch dem christlichen Leben seit dem 11. Jahrhundert ein neues Aussehen und eine neue Richtung verliehen. Das Christentum wurde disziplinierter, aggressiver und strenger: Viele bis in unsere Zeit wirkenden Lehren und liturgische Praktiken sind mindestens 1000 Jahre alt.

Kirchliche Reformen

Die wichtigsten revolutionären Veränderungen fanden etwa von 1000 bis 1250 statt. Ihre Anfänge liegen in der cluniazensischen Bewegung. Vier der ersten acht Äbte des burgundischen Klosters Cluny wurden später heilig gesprochen. Sie berieten Päpste, handelten als Legaten oder dienten Kaisern als Botschafter. Die gelehrten Männer waren oft von adliger Herkunft, entstammten den wichtigsten Familien Burgunds und Westfrankens – eine Tatsache, die half, den Einfluss Clunys auszuweiten. Ihre ganze Macht setzten sie für die moralische und geistliche Reform der Kirche ein. Leo IX., der Papst, mit dem die päpstlichen Reformen tatsächlich begannen, unterstützte die cluniazensischen Ideen eifrig. Er verbrachte nur sechs Monate seines fünfjährigen Pontifikats in Rom. In der übrigen Zeit besuchte er Synoden in Frankreich und Deutschland, berichtigte regionale Abweichungen, untersuchte Einmischungen durch weltliche Amtsträger, bestrafte klerikale Unzulänglichkeit und verbesserte die innerkirchliche Disziplin. Die Vereinheitlichung der Liturgie war eines der ersten Resultate. Die Kirche wurde damit homogener.

Ein anderes Ergebnis war die Gründung des zweiten großen Mönchsordens der Zisterzienser, so genannt nach dem ersten Kloster bei Cîteaux. Mönche, die mit Cluny unzufrieden waren, strebten danach, zur ursprünglichen Strenge der Benediktiner-Regel zurückzukehren. Wichtig war ihnen die praktische, manuelle Arbeit, die in Cluny abgeschafft worden war. Ein Zisterziensermönch, der hl. Bernhard, avancierte im 12. Jahrhundert zum bedeutendsten Führer und Prediger der christlichen Reform sowie des Kreuzzuges. Seine Regeln hatten weit reichenden Einfluss auf die monastische Disziplin und die kirchliche Architektur. Auch das führte die Kirche zu größerer Einheit und Regelgebundenheit.

Der Investiturstreit

Der erste Erfolg der Reform zeigte sich in der Inbrunst und der moralischen Verzückung der Kreuzzugsbewegung, also in einer volkstümlichen Manifestation von Religion. Neue Wege forderten jedoch ebenfalls Widerstände heraus, auch unter den Kirchenmännern selbst. Bischöfe verbaten sich die päpstliche Einmischung in ihre Amtsgeschäfte, engstirnige Kleriker wollten althergebrachte Praktiken, die ihre Gemeinden akzeptierten, nicht ändern, beispielsweise die Heirat von Klerikern. Der spektakulärste Widerstand gegen kirchliche Reformen erwuchs einem Konflikt zwischen weltlicher und geistlicher Gewalt, der als Investiturstreit in die Geschichte einging und möglicherweise von der Historiographie etwas überbewertet wurde.

Mitte des 11. Jahrhunderts verschärfte sich der Konflikt zwischen Kaiser und Papst um die jeweilige Zuständigkeit in weltlichen und religiösen Angelegenheiten.

Die wichtigste Phase des Investiturstreits lag in der zweiten Hälfte des 11. Jahrhunderts. Eine ausdrückliche Trennung von Kirche und Staat, wie sie in der Auseinandersetzung mitklingt, gab es im modernen Sinn nicht. Sie war

Darstellung Papst Urbans II. bei der Weihe einer der Kirchen Clunys in einer Miniatur des 12. Jahrhunderts.

für den mittelalterlichen Menschen auch undenkbar. Die strittigen Punkte zwischen Papsttum und Kaisertum wurden bald in einem Abkommen beigelegt, wobei sich viele Kleriker ihren weltlichen Herrn gegenüber loyaler erwiesen als dem römischen Papst. Es ging im Kern um materielle Fragen. Man stritt über die Teilung von Macht und Reichtum, also über die kaiserlichen wie kirchlichen Herrschaftsrechte in Deutschland und Italien, den Ländern des Heiligen Römischen Reichs. Andere Länder waren ebenfalls von solchen Auseinandersetzungen betroffen – Frankreich im späten 11. Jahrhundert und England im frühen 12. Jahrhundert –, weil ein übergeordnetes, theoretisches Problem im Raum stand, das sich lange nicht lösen ließ. Die Frage war: Wie sollten sich weltliche und kirchliche Autorität zueinander verhalten?

Heinrich IV. in Gesellschaft von Abt Hugo von Cluny, wie er die Gräfin Mathilde von Tuszien anfleht, sich zu seinen Gunsten bei Papst Gregor VII. einzusetzen.

Papst Gregor VII.

Der bekannteste Kampf des Investiturstreits wurde kurz nach der Wahl Papst Gregors VII. im Jahr 1073 ausgefochten. Hildebrand, wie Gregor vor seiner Wahl hieß, war keine besonders anziehende Persönlichkeit, aber ein Papst von großem persönlichen und moralischen Mut. Er war einer der Berater Leos IX. gewesen und hatte sein ganzes Leben für die Unabhängigkeit und die Vorherrschaft des Papsttums innerhalb der westlichen Christenheit gekämpft. Er war Italiener, aber kein Römer. Dies erklärt vielleicht, warum er die Übertragung der Papstwahl auf das Kardinalskollegium entschieden förderte und damit den stadtrömischen weltlichen Adel ausschloss. Als die Reformen zu einer Angelegenheit von Politik und Gesetz und weniger von moralischem Verhalten geworden waren, provozierte Hildebrand lieber einen Konflikt anstatt ihn zu vermeiden. Er liebte entschlossenes Handeln, ohne auf eventuelle Konsequenzen Rücksicht zu nehmen.

Den Kern der Reform durch Leo IX. und seine Nachfolger bildete das Ideal einer unabhängigen Kirche. Sie konnte ihre Angelegenheiten nur dann selbst ordnen, wenn sie frei von weltlicher Einmischung und Gewalt blieb. Die Lebensführung des Klerus sollte sich grundsätzlich vom Leben der Laien unterscheiden, und der Klerus sollte eine getrennte Gesellschaft innerhalb des Christentums bilden. Aus diesem Ideal heraus entstanden die Angriffe gegen die Simonie – den Kauf von höheren geistlichen Ämtern –, die Kampagne gegen die Priesterehe und ein grimmiger Kampf um die bis dahin unbestrittene Einmischung von Laien in die Berufung und Einsetzung von Bischöfen und Äbten. Diese Laieninvestitur gab dem langen Streit seinen Namen: Wer berief rechtmäßig einen neuen Bischof, der weltliche oder der kirchliche Herrscher? Dieses Recht wurde symbolisiert im

Akt der Übergabe von Ring und Stab an den neuen Bischof.

Weiteres Konfliktpotenzial lag in eher weltlichen Bereichen. In Deutschland hatte die karolingische Tradition die Kirche unter kaiserlichen Schutz gestellt, der sich leicht zur Dominanz ausweiten konnte. Das Reich hatte in Italien Verbündete, Gefolgsleute und Interessen zu vertreten. Seit dem 10. Jahrhundert zeichnete sich ein Niedergang sowohl der Kontrolle über das Papsttum als auch der formalen Macht der Kaiser ab. Der neue Weg der Papstwahl beließ dem Kaiser ein theoretisches Vetorecht, aber nicht mehr. Die Beziehungen hatten sich zudem verschlechtert, als sich einige Päpste die Unterstützung kaiserlicher, aber nicht immer treuer Vasallen sicherten.

Der Konflikt mit Heinrich IV.

Gregors VII. Leidenschaftlichkeit wurde in dieser schwierigen Situation nicht gebremst. Sobald er gewählt war, bestieg er den päpstlichen Thron ohne kaiserliche Zustimmung, er informierte Kaiser Heinrich IV. lediglich darüber. Zwei Jahre später verabschiedete er ein Dekret über die Laieninvestitur. Obwohl es nicht erhalten ist, kennt man seinen wesentlichen Inhalt: Gregor verbot jedem Laien, einen Kleriker als Bischof oder in ein anderes kirchliches Amt einzusetzen. Außerdem exkommunizierte er einige kaiserliche Räte, die sich der Simonie in Form des Ämterkaufs schuldig gemacht hatten. Als Krönung forderte Gregor den Kaiser des Heiligen Römischen Reiches, Heinrich IV., auf, in Rom vor ihm zu erscheinen und sich selbst wegen Amtsmissbrauchs zu verantworten.

Heinrich antwortete zuerst mit Hilfe der Kirche. Er erklärte Gregor auf einer Reichssynode für abgesetzt. Dies brachte ihm die Exkommunikation ein, die folgenlos geblieben wäre, wenn er nicht mächtige Feinde im Reich gehabt hätte, die nun vom Papst unterstützt

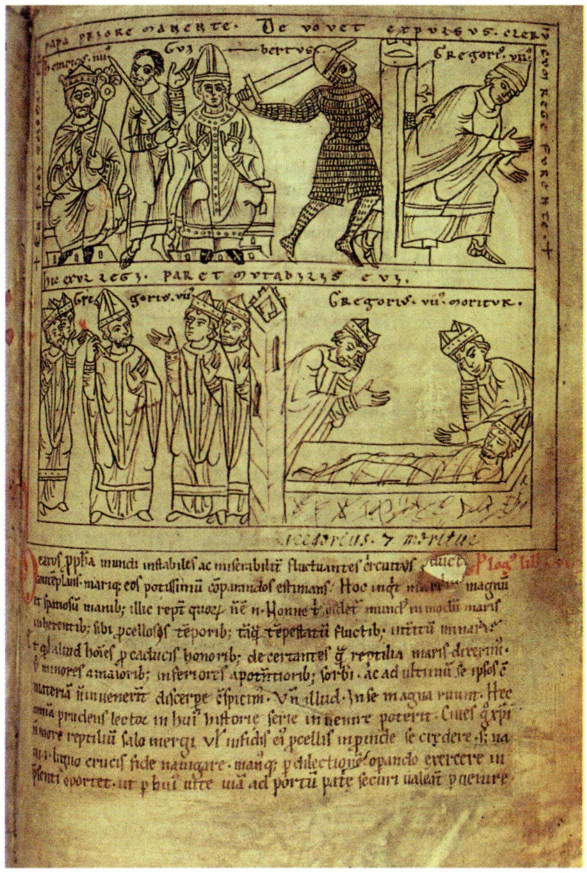

Szenen aus dem Leben Papst Gregors VII., der um 1020 in Italien in der Toskana geboren wurde. Nach mehr als 20 Jahren in päpstlichen Diensten, vor allem als päpstlicher Legat in Frankreich und Deutschland, wurde er am 22. April 1073 zum Papst gewählt.

wurden. Heinrich musste also nachgeben. Um einen Prozess vor den deutschen Bischöfen unter Vorsitz Gregors, der schon auf dem Weg nach Deutschland war, zu vermeiden, kam Heinrich demütig nach Canossa. Barfuß wartete er im Schnee, bis Gregor seine Buße angenommen hatte. Damit ging eine der dramatischsten Konfrontationen zwischen weltlicher und geistlicher Autorität zu Ende. Aber Gregor hatte nicht wirklich gewonnen. Canossa erregte in seiner Zeit kein großes Aufsehen. Die Position des Papstes war zu extrem: Er ging über das kanonische Recht hinaus, um eine revolutionäre Doktrin durchzusetzen, nämlich, dass Könige nur Diener seien, die abgesetzt werden könnten, wenn der Papst sie für unfähig oder unwürdig hielt. Dies erschien den meisten Menschen geradezu undenkbar, denn ihr moralischer Horizont war geprägt von der Heiligkeit des Treueschwurs gegenüber der Obrigkeit. Spätere Konfrontationen

In ihrem Konflikt setzten Papst Gregor VII. und Kaiser Heinrich IV. ihre stärksten Mittel ein: Auf seine Absetzung durch den Kaiser antwortete der Papst mit der Exkommunikation des Herrschers.

Diese Illustration verdeutlicht die Konfrontation zwischen Papst und Kaiser. Sie zeigt Gott, wie er dem Papst die Schlüssel des hl. Petrus, das Symbol der geistlichen Macht, und dem Kaiser ein Schwert, das Symbol der weltlichen Macht, übergibt.

mit dem Papsttum warfen hier ihre Schatten voraus, denn dieser päpstliche Primatanspruch war für keinen König akzeptabel.

In den nächsten 50 Jahren stellte die Investitur das beherrschende Thema dar. Gregor verlor die Sympathie der deutschen Fürsten wieder, die er durch Heinrichs theokratischen Regierungsstil gewonnen hatte. Erst 1122 war wieder ein Kaiser bereit, einem Konkordat zuzustimmen, was als päpstlicher Sieg anzusehen war – wenngleich dieser eher diplomatischer Art war. Dennoch war Gregor ein Pionier: Er hat Kleriker und Laien wie nie zuvor voneinander geschieden und eine einzigartige Vorrangstellung der päpstlichen Macht gefordert. In den nächsten 200 Jahren setzte sich die Reformarbeit fort. Obwohl seine direkten Nachfolger weniger konsequent handelten als er, gelang es ihnen doch, die päpstliche Position zu stärken. Urban II. benutzte den ersten

Kreuzzug, um Europas weltliche Herrscher diplomatisch anzuführen; sie blickten nach Rom, nicht auf das Reich. Urban baute auch den Verwaltungsapparat der Kirche auf; unter ihm entstand die *curia*, eine römische Bürokratie, die mit den Verwaltungen der englischen und französischen Könige vergleichbar war. Durch diese wurde auch die päpstliche Macht über die Kirche selbst gestärkt. 1123, ein historisches Datum, wurde das erste ökumenische Konzil im Westen abgehalten und seine Dekrete im Namen des Papstes erlassen. Und die ganze Zeit über arbeitete die päpstliche Gesetzgebung und Rechtsprechung; mehr und mehr fanden rechtliche Auseinandersetzungen ihren Weg von lokalen, kirchlichen Gerichten zu päpstlichen Richtern, ob sie nun in Rom residierten oder vor Ort waren.

Der hl. Thomas Becket (1118 – 1170) wurde 1154 von König Heinrich II. zum Lordkanzler von England ernannt. 1162 wurde er zum Erzbischof von Canterbury gewählt, nachdem er einen Tag vorher zum Priester geweiht worden war. Wegen seiner Verteidigung der kirchlichen Unabhängigkeit musste Becket 1164 nach Frankreich ins Exil gehen, von wo aus er dem englischen König mit der Exkommunikation drohte. 1170 kehrte Becket nach England zurück. In der Kathedrale von Canterbury ermordeten ihn Ritter des Königs, wie die Handschriften-Illustration aus dem 14. Jahrhundert zeigt.

Die Macht der Päpste

Ansehen, Dogma, politische Fertigkeiten, administrativer Druck, gesetzliche Praxis und die Kontrolle über immer mehr weltliche Güter stützten die neue Herrschaft des Papsttums in der Kirche. Um 1100 war das Fundament für eine päpstliche Monarchie gelegt. Als der Investiturstreit zu Ende ging, waren die weltlichen Fürsten Rom überwiegend wohlgesonnen, und es stellte sich heraus, dass das Papsttum kaum an Boden verloren hatte. In England wurde eine spektakuläre Auseinandersetzung zur Frage der Privilegien und der Immunität des Klerus von der weltlichen Gerichtsbarkeit zum beherrschenden Thema. Eine direkte Folge war die Ermordung und anschließende Heiligsprechung Thomas Beckets, des Erzbischofs von Canterbury. Im Großen und Ganzen änderte sich die weit reichende gesetzliche Immunität des Klerus jedoch nicht.

Unter Innozenz III. erreichten die Ansprüche des Papsttums auf königliche Autorität einen neuen theoretischen Höhepunkt. Freilich ging Innozenz nicht so weit wie Gregor. Er forderte nicht die absolute Fülle der weltlichen Gewalt über die gesamte westliche Christenheit, aber er erklärte, dass das Papsttum allein durch seine Autorität das Römische Reich von Byzanz auf die Franken übertragen hätte. Damit erhob er zumindest gewisse Machtansprüche über das Heilige Römische Reich. Innerhalb der Kirche wurde seine Macht durch die Unzulänglichkeiten der Bürokratie, auf die er bei seinem Handeln angewiesen war, etwas begrenzt. Dennoch vergrößerte sich die päpstliche Macht noch durch die Unterstützung von Reformideen. Der Zölibat der Kleriker verbreitete sich mehr und mehr und wurde zur allgemeinen Regel. Die Beichte, die im 13. Jahrhundert eingeführt wurde, erwies sich als machtvolles Kontrollinstrument in einer religiösen, von Angst beherrschten Gesellschaft. Seit dem 13. Jahrhundert wurde die Transsubstantiationslehre gefördert, die besagt, dass Brot und Wein in der Kommunion tatsächlich zu Leib und Blut Christi verwandelt wurden.

Gotische Kathedralen

Im Hochmittelalter verbanden sich monastisches Reformstreben und päpstliche Macht mit intellektueller Leistung und Reichtum zu einer Architektur, die einen Höhepunkt in der christlichen Geschichte und Baukunst darstellt. Ideen und Spiritualität manifestierten sich in der Baukunst der Gotik. Es entstand die typische europäische Landschaft, beherrscht von Kirchtürmen, die sich selbst noch über die kleinsten Städtchen erheben. Bis zum 12. Jahrhundert waren Klöster die größten Gebäude der Kirche. Nun begann man vor allem in Nordfrankreich und England mit dem Bau von Kathedralen, die auch heute noch zu den eindrucksvollsten Kunstwerken Europas

Gotische Architektur

Die Bezeichnung Gotik, zuerst vom Florentiner Renaissance-Autor Giorgio Vasari benutzt, definiert einen Architekturstil, der sich am Anfang des 12. Jahrhunderts in Europa entwickelte und bis zum Ende des 15. Jahrhunderts andauerte. Er hat seinen Ursprung in Frankreich, wo während des 12. und 13. Jahrhunderts die bedeutendsten Kathedralen geschaffen wurden. Dazu gehören Chartres (gebaut auf dem Platz einer alten romanischen Kirche), Amiens, Paris (das wahre Zentrum der gotischen Kultur) und Reims.

Die Kathedrale von Chartres wurde zwischen 1195 und 1240 errichtet. Sie ist die Inkarnation mittelalterlicher Ideen. Mit ihren 10 000 gemalten und gemeißelten Figuren repräsentiert sie eine der größten Kunstwerke, die jemals im Namen der christlichen Bildung durchgeführt wurde.

Der gotische Stil kündigte eine architektonische und künstlerische Revolution an. Seine Merkmale waren Spitzbögen, das Verschwinden von tragenden Mauern, unterteilte Fenster und geschwungene Steindekorationen, Spitztürmchen auf Strebepfeilern und Kreuzblumen auf Türmen und Turmspitzen.

Die gotische Kunst breitete sich über ganz Europa aus. Sie besaß klar zu unterscheidende Phasen: Die klassische Gotik, deren beste Beispiele in Frankreich zu finden sind; die Spätgotik, die sich im 14. Jahrhundert entwickelte und eine letzte, so genannte „flamboyante" Periode.

Der Chorumgang der Kathedrale von Chartres.

Auf dieser gotischen Wandmalerei aus dem 14. Jahrhundert in der Cerco-Kirche in Artajona im nordöstlichen Spanien sind verschiedene Szenen aus dem Leben des hl. Saturninus dargestellt. Der Heilige war der erste Bischof der französischen Stadt Toulouse im 3. Jahrhundert.

gehören. Neben den Burgen bildeten sie die bedeutendste Architektur des Mittelalters. Die Begeisterung für diese gewaltigen Anstrengungen war im Volk anscheinend sehr groß, auch wenn es heute schwierig ist, die geistigen Hintergründe zu verstehen. Die enthusiastischen Gefühle des 20. Jahrhunderts für die Raumfahrt waren vielleicht ähnlich, doch dieser Vergleich vernachlässigt die übernatürliche Dimension dieser großartigen Gebäude. Sie entstanden zur Ehre Gottes, waren Vermittler des Glaubens und des Evangeliums und Erziehungsinstrument. Durch die riesigen Schiffe und Seitengänge bewegten sich Reliquienprozessionen und Scharen von Pilgern, die teils weite und beschwerliche Reisen auf sich nahmen, um die berühmten und heiligen Bauwerke zu sehen. Ihre Fenster schmückten biblische Geschichten, die den Kern der europäischen Kultur bildeten. Ihre Fassaden bedeckten lehrreiche Abbildungen des Schicksals, das Gerechte und Ungerechte nach dem Tod erwartete. Das Christentum erreichte damit eine breite Öffentlichkeit und förderte ein neues Gemeinschaftsgefühl. Den Eindruck, den diese großartigen Kirchen auf das Bewusstsein des mittelalterlichen Europäers machten, kann nur verstehen, wer sich den Kontrast ihrer Pracht gegenüber der armseligen Realität des alltäglichen Lebens vergegenwärtigt.

Die Franziskaner

Neue religiöse Orden stärkten die Macht und Verbreitung des Christentums. Zwei dieser Orden waren beispiellos: die bettelnden Franziskaner und die Dominikaner mit ihren grauschwarzen Kutten. Die Franziskaner waren echte Revolutionäre: Ihr Gründer, der hl. Franz von Assisi, verließ seine Familie, um ein Leben in Armut mit Kranken, Bedürftigen und Leprösen zu führen. Seine Anhänger, die sich bald zahlreich um ihn versammelten, nahmen dieses Leben in der Nachfolge Christi in Armut und Demut begierig auf sich. Es gab zuerst keine formale Organisation, Franz war niemals Priester. Papst Innozenz III. jedoch stellte bald die franziskanische Bewegung, die eine unkalkulierbare soziale Sprengkraft in sich barg, unter seinen Schutz. Um sie unter Kontrolle zu halten, bat er die Franziskaner, einen Ordensoberen zu wählen. Durch ihn war die neue Bruderschaft dem Heiligen Stuhl zu absolutem Gehorsam verpflichtet. Die Franziskaner bildeten ein Gegengewicht zur lokalen bischöflichen Autorität, denn sie durften ohne bischöfliche Erlaubnis in der Diözese

Auch wenn sie mit der Zeit eine feste Verwaltungsstruktur aufbauten, blieben die Franziskaner immer ein Bettel- und Wanderorden, für den der Dienst an den Armen und die Mission im Vordergrund stand.

Der hl. Franz von Assisi

Der hl. Franz von Assisi wurde 1181 als Sohn einer adligen Familie geboren. 1206 wurde er für die päpstliche Armee angeworben, die gegen den Kaiser kämpfte. Bevor er in den Kampf zog, hatte er eine Vision, auf Grund derer er sofort die Armee verließ und sich Gebet und Wohltätigkeit widmete. Nachdem er zwei Jahre als Einsiedler gelebt hatte, scharten sich Schüler um ihn. 1210 billigte der Papst die Lebensweise der Franziskaner.

Das Schlüsselelement der neuen Regel war das Armutsideal in der Nachfolge Christi, wie es im Neuen Testament beschrieben wird. 1212 gründete Franz zusammen mit seiner Jugendfreundin Klara von Assisi ein Nonnenkloster des Ordens, später bekannt als Klarissenorden. Zwischen 1213 und 1214, nach einer gescheiterten Reise ins Heilige Land, ließ sich der hl. Franz in Spanien nieder, wo er versuchte, die Muslime zu bekehren. 1219 unternahm er eine Reise nach Palästina und Ägypten, um den Sultan zum Übertritt zum Christentum zu bewegen. 1221 wurde in Zusammenarbeit mit Kardinal Ugolino von Conti die erste schriftliche Franziskaner-Regel zusammengestellt.

Infolge einer Krankheit, die er sich auf seiner Reise in den Osten zugezogen hatte, starb Franz am 3. Oktober 1226. 1980 wurde er zum Patron der Ökologie ernannt.

Giotto (1266–1336) malte drei große Freskenzyklen, die das Leben des hl. Franz von Assisi zeigen. Dieses Wandgemälde in Santa Croce in Florenz zeigt, wie der hl. Franz den ägyptischen Sultan zu bekehren versucht.

predigen. Die älteren Mönchsorden erblickten in ihnen eine Gefahr und opponierten gegen sie, doch die Bruderschaft blühte trotz interner Auseinandersetzungen auf. Zuletzt erhielten sie eine stabile Verwaltungsstruktur, aber immer blieben sie zuallererst Wanderprediger für die Armen und sahen die Mission als eine ihrer Hauptaufgaben an.

Die Dominikaner und die Ketzerverfolgung

Dominikus, der Gründer der Dominikaner, war ein Priester aus Kastilien, der ins Languedoc ging, um vor den ketzerischen Albigensern zu predigen. Aus seiner Anhängerschaft entwickelte sich ein neuer Predigerorden. Als Dominikus 1221 starb, umfasste seine Gemeinschaft 500 Brüder. Wie die Franziskaner waren sie Bettelmönche, die sich zur Armut verpflichtet hatten, und engagierten sich in der Missionsarbeit; im Unterschied zu ihnen waren die Dominikaner jedoch Priester. Ihr Einfluss war zunächst intellektueller Art. Sie wurden zu einer wichtigen Macht in einer neuen, bedeutenden Institution, die gerade erste Formen annahm: die ersten abendländischen Universitäten. Die Dominikaner wirkten außerdem in der Inquisition, einer Organisation zur Ketzerbekämpfung, die im frühen 13. Jahrhundert entstand. Seit dem 4. Jahrhundert hatten Mitglieder der Kirche auf die Verfolgung von Häretikern gedrängt. Erst 1184 unter Innozenz III. wurde die Ketzerverfolgung eine Pflicht der katholischen Könige. Die Albigenser müssen nicht notwendig als Ketzer angesehen werden. Ihr Glaube spiegelt vor allem manichäische Grundsätze wider. Sie waren Dualisten, einige von ihnen wiesen jede materielle Schöpfung als etwas Böses zurück. Wie bei vielen späteren Häretikern bediente sich der Heilige Stuhl religiöser Argumente, um ihnen Abweichungen von sozialen und moralischen Regeln zu unterstellen. Innozenz III. scheint sich nach der Ermordung eines päpstlichen Legaten im Languedoc zur Verfolgung der Albigenser entschlossen zu haben und ging 1209 in einem Kreuzzug gegen sie vor. Dies zog viele Laien vor allem aus Nordfrankreich an, die auf die Besitztümer der Albigenser hofften. Der Albigenser-Kreuzzug zeigt eine neue Entwicklung an: Staat und Kirche verbündeten sich, um Häretiker zu vernichten, die sie beide in Gefahr bringen konnten.

Auf diesem Bild des spanischen Künstlers Pedro Berruguete (1450–1504) ist der hl. Dominikus zu sehen, wie er das Verbrennen von Büchern der Albigenser beaufsichtigt, ein Schicksal, das nur der Heiligen Bibel erspart blieb.

Um Theorie und Praxis der mittelalterlichen Intoleranz zu beurteilen, muss man sich die Gefahr für die Gesellschaft vergegenwärtigen, die nach damaligem Verständnis durch die Ketzerei drohte: Ihre Anhänger erwartete ewige Höllenqual. Trotz Verfolgung konnten neue Ketzerbewegungen in den folgenden drei

Jahrhunderten nicht verhindert werden, denn sie drückten echte Bedürfnisse aus. Sie machten die innere Leere deutlich, in die die Kirche durch ihren spektakulären äußeren Erfolg geraten war. Die Ketzer lebten ihre Unzufriedenheit mit der Kirche sichtbar aus. Der päpstliche Anspruch auf weltliche Herrschaft provozierte ihren Widerspruch. Es gab Stimmen, die der Kirche ein klar abgestecktes Betätigungsfeld zuwiesen, das sich nicht in weltliche Belange ausdehnen sollte. Als die Menschen sich mehr und mehr nationaler Gemeinsamkeiten bewusst wurden, wurde diese Ansicht immer drängender. Das Aufkommen mystischer Richtungen führte ebenfalls zum Ausbruch aus der kirchlichen Struktur. In Bewegungen wie den Brüdern vom Gemeinsamen Leben, die den mystischen Lehren des Thomas von Kempen folgten, schufen Laien religiöse Praktiken und Andachtsformen, die oft außerhalb der kirchlichen Kontrolle standen.

Die Verweltlichung der mittelalterlichen Kirche

Mystische religiöse Bewegungen waren Ausdruck eines Widerspruchs innerhalb der mittelalterlichen Kirche. Die Kirche hatte den Höhepunkt ihrer Macht und ihres Reichtums erreicht. Sie betrieb Landwirtschaft und erfand den Zehnt und die päpstliche Steuer, um mit den Gewinnen eine Pracht nach außen zu demonstrieren, die die weltliche Größe der Herrlichkeit Gottes widerspiegeln sollte. Verschwenderische Kathedralen, Klosterkirchen, glänzende Liturgien, gelehrte Schulen und Bibliotheken verkörperten die Hingabe und

Die Kathedrale von Lincoln, England, wurde zwischen 1123 und 1233 errichtet. Dieser Blick ins Hauptschiff gibt einen Eindruck von Größe und Aussehen gotischer Kathedralen in Europa.

Opferbereitschaft der Gläubigen. Trotz dieser enormen Konzentration von Macht und Erhabenheit wurde ein Glaube gepredigt, dessen Kern in der Verherrlichung von Armut und Demut und in spirituellen Inhalten lag.

Die Verweltlichung der Kirche rief zunehmend Kritik hervor – nicht nur die Privilegien und Pfründe ihrer Würdenträger, die ihre Gemeinden vernachlässigten, sondern auch die schleichende Korruption. Gleichzeitig wurde die Institution der Kirche zunehmend von Bürokratie und rechtlichen Fragen bestimmt. Diese Entwicklung hatte bereits in den Tagen des hl. Bernhard begonnen, und schon damals beanstandete man die große Zahl kirchlicher Juristen. Mitte des 13. Jahrhunderts wurde das Rechtswesen anmaßend und kritisierte sogar das Papsttum. Beim Tod Innozenz' III. im Jahre 1216 verbarg sich die Kirche, ihrem ursprünglichen Selbstverständnis nach eine Kirche des Trostes und der Sakramente, bereits hinter der undurchdringlichen Fassade einer Zentralmacht. Die Ansprüche der Religion vermischten sich mit den Herrschaftsbestrebungen des Kirchenstaats. Die Verwaltung der Kirche oblag nur selten Männern mit geistlicher Gesinnung. Verwaltung und Rechtssystem wurden gebraucht, um eine Maschinerie in Gang zu halten, die mehr und mehr ihre eigenen Ziele verfolgte.

Papst Bonifaz VIII.

Als Cölestin V. im Jahr 1294 zum Papst gewählt wurde, setzte man große Hoffnungen in ihn, die sich aber nicht erfüllten. Er musste nach wenigen Wochen abdanken, weil er die Reformwünsche der Kurie nicht durchsetzen konnte. Sein Nachfolger Bonifaz VIII. verkörperte alle politischen und elitären Ansprüche des Papsttums. Der Jurist war kein Mann der Geistlichkeit. Er stritt heftig mit den Königen von England und Frankreich. Bei den Feiern zum Jahrhundertwechsel von 1300 trug er zwei Schwerter vor sich her, die seine weltliche und geistliche Macht symbolisierten. Zwei Jahre später behauptete er, dass der Glaube an die Souveränität des Papstes nötig sei, um das ewige Seelenheil zu erlangen. Unter ihm fand der lange Kampf mit den Königen seinen Höhepunkt.

Fast 100 Jahre zuvor hatte der Papst über England das Interdikt verhängt. Es verbot das Spenden der Sakramente. Solange König Johann ohne Land reuelos und unversöhnlich blieb, wurden keine Kinder getauft oder Absolutionen für die Sünden in der Beichte erteilt, und dies waren furchtbare Entbehrungen in einem durch den Glauben bestimmten Zeitalter. Der König musste schließlich nachgeben.

Ein Jahrhundert später hatte sich die Lage geändert: Auch die Bischöfe und ihr Klerus hatten sich von Rom entfremdet, da es ihre

Die Forderung nach päpstlicher Hoheit

„Der Glaube befiehlt uns, nur eine heilige Kirche anzuerkennen, die nur einen Körper und einen Kopf hat: Beide Schwerter, sowohl das geistliche und als das weltliche, sind unter der Macht der Kirche und müssen zu Gunsten der Kirche benützt werden; eines für die Priester, das andere für die Könige und Krieger, aber entsprechend der Befehle des Priesters (...).

Er (der Papst) repräsentiert die geistliche Macht, die zur Erde gesandt wurde, um den Menschen zu unterrichten und ihn zu verbessern, wenn er nicht gut war. Daher sollte die irdische Macht, wenn sie vom rechten Weg abkommt, von der geistlichen Macht wieder auf den rechten Weg gebracht werden, wie auch die geistliche Macht die Oberherrschaft über die irdische haben sollte, aber die oberste Macht kann nur durch Gott gerichtet werden, nicht durch den Menschen. Daher stellt sich derjenige, der sich gegen die von Gott etablierte Macht stellt, auch gegen Gott selbst."

Ein Auszug aus der Bulle *Unam Sanctam* von Papst Bonifaz VIII. vom November 1302.

Bonifaz VIII. war einer der durchsetzungsstärksten Päpste des Mittelalters. Die päpstlichen Ansprüche schrieb er in der Bulle *Unam Sanctam* fest.

Dieses Porträt aus dem 16. Jahrhundert zeigt den italienischen Dichter Francesco Petrarca (1304–1374), der einen großen Teil seines Lebens im päpstlichen Avignon verbrachte.

Autorität untergrub. Sie sympathisierten allmählich mit den aufkommenden nationalen Interessen der einzelnen Länder und wandten sich gegen ein Papsttum, dessen Ansprüche unter Bonifaz ihren Höhepunkt erreicht hatten. Als die Könige von Frankreich und England die päpstliche Autorität ablehnten, fanden sie Unterstützung durch ihre eigenen Kirchenleute. Sie konnten sogar grollende italienische Adlige hinter sich bringen, die für sie kämpften. 1303 folgten von Frankreich bezahlte Italiener dem Papst in seine Geburtsstadt, inhaftierten ihn und unterzogen ihn einer unwürdigen Behandlung, wie Quellen berichten. Seine Mitbürger befreiten Bonifaz. Er musste nicht wie Cölestin in Haft sterben – aber er starb einige Wochen später in Folge des Schocks.

Damit begann eine schwere Zeit für das Papsttum und die Kirche. Mehr als vier Jahrhunderte lang war sie einer umfassenden Gegnerschaft ausgesetzt, der sie sich oft heldenhaft stellte. Es endete schließlich damit, dass sich das Christentum selbst in Frage stellte. Bereits am Ende des Pontifikats Bonifaz' VIII. waren die Forderungen, die er aufgestellt hatte, strittig; niemand drängte sich danach, ihn zu rächen. Das Papsttum sah sich von nun an dazu verurteilt, den Weg für Reformen zu ebnen, anstatt immer mehr Macht von den Königen zu fordern. Lange Zeit jedoch waren dem Christentum Schranken gesetzt. Die Vorstellung einer autonomen, in sich selbst gerechtfertigten Kritik war im Mittelalter undenkbar. Die Kirchenmänner wurden nur für Verfehlungen innerhalb ihrer religiösen Aufgaben zur Rechenschaft gezogen.

Die Päpste in Avignon

Im Jahr 1309 brachte ein französischer Papst die Kurie nach Avignon, einer Stadt, die dem König von Neapel gehörte, aber unter dem Einfluss des französischen Königs stand, dessen Länder sie umschlossen. Während des so genannten Babylonischen Exils der Päpste in Avignon bis 1377 gab es dort eine Mehrheit von französischen Kardinälen. Engländer und Deutsche sahen den Papst bald als ein Werkzeug des französischen Königs und strebten die Unabhängigkeit der Kirche in ihren eigenen Territorien an. Die Kurfürsten im Heiligen Römischen Reich verweigerten zum Beispiel die Bestätigung ihrer Kaiserwahlen durch den Papst und leiteten die kaiserliche Macht von Gott allein ab.

In Avignon lebte der Papst nach eigener, selbstherrlicher Entscheidung in einem riesigen Palast, dessen Luxus die zunehmende Verweltlichung anzeigte. Der päpstliche Hof war von beispielloser Größe, geführt von einer Schar von Dienern und Verwaltern, die von kirchlichen Steuern und unterschlagenen Geldern bezahlt wurden.

Unglücklicherweise war das 14. Jahrhundert eine Zeit des wirtschaftlichen Niedergangs; eine erheblich geringere Bevölkerung

Das Große Schisma von Avignon

1309 hatte Clemens V. auf Wunsch Philipps des Schönen seine Residenz in Avignon genommen. Die Gründe für den päpstlichen Auszug aus Rom waren vielfältig. Die Rolle des Papstes als sichtbares Oberhaupt der Christen und als Schiedsrichter in Konflikten zwischen verschiedenen Monarchen war im Niedergang begriffen. Die sich entwickelnden nationalen Monarchien und gesellschaftliche Umstände machten es dem Papst unmöglich, Europas Politik zu kontrollieren.

1377 zog Papst Gregor XI. mit seinem Hof zurück nach Rom, wo er starb. Als man einen Nachfolger suchte, wurden zwei Fraktionen sichtbar, eine proitalienische und eine profranzösische. Urban VI. wurde gewählt, aber bald von den französischen Kardinälen zurückgewiesen. Am 20. September 1378 wurde Robert von Genf einstimmig als Papst Clemens VII. gewählt. Damit begann das Große Schisma von Avignon.

Diese imposante Festung war der Hauptsitz des Papstes während der Jahre in Avignon. Ihre Errichtung begann unter Benedikt XII. (1333–1342), sie wurde von Clemens VI. fortgesetzt und in der Zeit Innozenz' IV. (1352–1366) vollendet.

sollte für ein immer teureres, extravagantes Papsttum aufkommen. Die Zentralisierung zog außerdem Korruption nach sich – der Missbrauch mit dem päpstlichen Recht der Ämtervergabe wurde offensichtlich. Simonie-Beschuldigungen wurden laut, abweichlerische Ideen nahmen zu. Die persönliche Lebensführung des hohen Klerus ließ sich ebenfalls nicht mehr mit den apostolischen Idealen vereinbaren.

Eine Krise erwuchs sogar unter den Franziskanern: Die „Spiritualen" bestanden auf der Armutsregel des Ordensgründers, während weniger regelstrenge Mitbrüder es ablehnten, ihren Privatbesitz dem Orden zu überlassen. Durch diesen Disput wurden zentrale theologische Themen berührt. Bald schon predigten die Franziskaner, dass Avignon mit Babylon, der scharlachroten Hure der Apokalypse, gleichzusetzen sei und der Sturz des Papsttums kurz bevorstehe. Der Papst erklärte seinerseits, dass Christus zwar die Armut respektiert, das Ideal der apostolischen Armut jedoch verdammt habe, und ließ die Inquisition gegen die „Spiritualen" vorgehen. Sie wurden für ihre Predigten auf Scheiterhaufen verbrannt, doch sie hatten Gehör gefunden.

Das Große Schisma

Das Exil der Päpste in Avignon nährte eine weit verbreitete Ablehnung von Klerus und Papst unter der Bevölkerung. Diese unterschied sich wesentlich von der Haltung der Könige, die lediglich gegen die Priester vorgingen, die ihre weltliche Rechtsprechung nicht akzeptierten. Aber auch viele Kleriker fühlten, dass die reichen Abteien und die

1378 kam es nach dem Tod Gregors VII. zur Wahl zweier Päpste, acht Jahre später gab es einen dritten Kandidaten. Diese Zeit der Uneinigkeit wird als „Großes Schisma" bezeichnet.

Zunächst beendeten die Konzile von Pisa und Konstanz das Schisma, dann berief der neue Papst Martin V. das Konzil von Basel ein, um die päpstliche Autorität wiederherzustellen.

in einem aufwändigen Stil lebenden Bischöfe ein Zeichen der Verweltlichung der Kirche waren, die das Vermächtnis Gregors VII. befleckte. Die Kritiker, darunter Katharina von Siena, erreichten 1377 die Rückkehr des Papstes nach Rom.

Doch der größte Skandal der Kirchengeschichte folgte bald: das Große Schisma. Das Kardinalskollegium aus 20 bis 30 von den Landesherren beeinflussten Kardinälen wählte zwei Päpste. Urban VI. sah sich 1378 mit dem Gegenpapst Clemens VII. konfrontiert, der durch die französischen Kardinäle gewählt worden war. 30 Jahre lang forderten Päpste in Avignon und in Rom gleichzeitig die Oberherrschaft über die Kirche. Acht Jahre später gab es sogar noch einen dritten Mitstreiter. Als das Schisma fortdauerte, richtete sich die Kritik direkt gegen das Papsttum und wurde immer heftiger. Der „Antichrist" war eine beliebte Bezeichnung für den Papst, der das Patrimonium Petri missbrauchte. Die Lage wurde noch komplizierter durch die Einmischung weltlicher Rivalen. Dem Papst in Avignon standen Frankreich, Schottland, Aragon und Mailand als Mitstreiter zur Seite, der römische Papst wurde von England, dem deutschen Kaiser, Neapel und Flandern unterstützt.

Die Konzilsbewegung

Für kurze Zeit versprach das Schisma Erneuerung und Reformen durch ein ökumenisches oder allgemeines Konzil der Kirche. Die Besinnung auf die Zeit der Apostel und Kirchenväter erschien vielen Katholiken als eine sehr gute Lösung, um das Haus des Papstes in Ordnung zu bringen.

Vier Konzilien wurden abgehalten, ein Erfolg blieb allerdings aus. Das Konzil von Pisa von 1409 griff hart durch, indem es beide Päpste für abgesetzt erklärte und einen anderen wählte. Nun beanspruchten drei Päpste den Stuhl des hl. Petrus. Der dritte Papst, Alexander V. starb nach wenigen Monaten und ein weiterer wurde gewählt, dessen Ernennung, so behauptete man, auf Simonie beruhte. Der zuerst gewählte Johannes XXIII. wird inzwischen nicht mehr als Papst anerkannt. Das Konzil von Konstanz (1414–1418) setzte Johannes ab, zwang einen seiner Mitbewerber zur Abdankung und setzte schließlich auch den dritten Amtsanwärter ab. Endlich gab es einen Neuanfang, das Schisma war überwunden. 1417 wurde ein neuer Papst gewählt, Martin V. Dies war ein Erfolg, aber manche hatten sich mehr erhofft; sie wünschten sich Reformen, und das Konzil hatte sich davon letztlich distanziert. Nachdem das Konzil von Siena (1423–1424) von Martin V. aufgelöst worden war, trat das Konzil von Basel (1431–1449) zusammen. Die Kirchenreform profitierte nicht davon.

Die Konzilsbewegung hatte die gewünschten Reformen nicht erreicht, aber die päpstliche Macht war wiederhergestellt. Ein Konzil als Autorität innerhalb der Kirche wurde in Rom schon immer mit großem Misstrauen betrachtet. Innerhalb weniger Jahre galt es als Ketzerei.

Schwächung der päpstlichen Autorität

Die Kirche hatte den Höhepunkt ihrer Krise noch nicht erreicht. Zwar hatte das Papsttum seine Überlegenheit behauptet, aber dies war allenfalls ein Teilsieg. Dank der antipäpstlichen Stimmung hatten die weltlichen Herrscher mehr Freiheiten in den nationalen Kirchen durchgesetzt. Die moralische Autorität der Kurie wurde nicht wieder hergestellt – als Folge konnte ein Dreivierteljahrhundert später Luthers Reformbewegung entstehen. Das Papsttum wurde nun vor allem italienisch beeinflusst. Die schwachen Päpste der nächsten 200 Jahre brachten der Kirche insgesamt weniger Schaden als die Entwicklung des Heiligen Stuhls zu einem eigenständigen Staat.

Wyclif und Hus

Diese Zeichnung des 15. Jahrhunderts stellt die Hinrichtung des der Ketzerei beschuldigten Johannes Hus dar. Während er durch die Straßen von Konstanz geführt wurde, trug er einen Hut mit zwei Teufeln, die darum stritten, wer von ihnen seine Seele bekäme. Seine letzten Worte waren: „Ich will heute im Licht der Wahrheit des Evangeliums sterben, das ich gepredigt und gelehrt habe.“

Die Ketzerei schwelte schon lange. Während der Konzilsperiode hatte sie sich in eine eifrige Reformbewegung verwandelt. Zwei außergewöhnliche Männer, John Wyclif und Jan Hus, bündelten die Unzufriedenheit, die durch das Schisma entstanden war. Sie waren zuerst und vor allem Reformer, obwohl der Engländer Wyclif mehr Lehrer und Denker als ein Mann der Tat war. Hus, ein Böhme, wurde Anführer einer Bewegung, die sowohl nationale als auch kirchliche Themen vereinnahmte. Er übte einen sehr großen Einfluss als Prediger in Prag aus. Auf dem Konzil von Konstanz wurde er für seine ketzerischen Ansichten über die Prädestination und den Reichtum verurteilt und 1415 verbrannt.

Die bedeutenden Impulse, die Wyclif und Hus gaben, ließen nur in dem Maße nach, wie die Ursachen ihrer Kritik eingedämmt wurden. Sie hatten den Nerv der nationalen antipäpstlichen Strömungen getroffen, die sich schließlich als destruktiv für die Einheit der westlichen Kirche erwiesen. Katholiken und Hussiten kämpften noch 20 Jahre nach Hus' Tod in erbitterten Bürgerkriegen gegeneinander. Währenddessen hatte das Papsttum den weltlichen Herrschern des 15. Jahrhunderts Zugeständnisse gemacht.

Volksreligion und Volksprediger

Der religiöse Eifer des 15. Jahrhunderts entfernte sich mehr und mehr von der Kirche. Er zeigte sich in einem kontinuierlichen Strom von mystischen Schriften und einer neuen Art der Volksgläubigkeit. Der Wunsch, die Qualen der Passion Christi nachzuempfinden, spiegelte sich beispielsweise in der Kunst wider; neue Stiftungen zu Ehren Heiliger, der Hang zur Selbstgeißelung, Ausbrüche in ekstatische Tänze – all das wies auf eine erhöhte Empfindsamkeit hin. Ein hervorragendes Beispiel für die Hingabe und die Kraft eines Volkspredigers war der Italiener Savonarola, ein Dominikaner, dessen immenser Erfolg ihn in den 90er Jahren des 15. Jahrhunderts eine Zeit lang zum „moralischen Diktator“ von Florenz machte.

Religiöser Eifer entzog sich oft den formalen kirchlichen Strukturen. Die Volksreligiosität des 14. und 15. Jahrhunderts war gekennzeichnet durch Individualität und Kontemplation. Die Innerlichkeit im Gegensatz zur Institution Kirche drückte sich auch in der Vernachlässigung der Missionsarbeit außerhalb Europas aus.

Die Bedeutung der Kultur

Alles in allem wird im 15. Jahrhundert ein Gefühl des individuellen Rückzugs spürbar, während die großen Reformleistungen der letzten zwei Jahrhunderte langsam abebbten. Doch dieser Eindruck ist trügerisch: Die Gesellschaft war durch die Religion so tief geprägt, wie wir es uns heute kaum mehr vorstellen können. Europa war noch immer mit der Christenheit gleichzusetzen und wurde

Die zentrale Tafel des *Jüngsten Gerichts*, ein Triptychon des deutschen Künstlers Stephan Lochner. Es wurde zwischen 1435 und 1440 für den Altar der Kirche St. Lorenz in Köln gemalt.

sich dessen nach 1453 sogar noch bewusster, als Konstantinopel von den Osmanen erobert wurde. Die Religion bestimmte fast das ganze Leben. Die Kirche war für die meisten Männer und Frauen der einzige Chronist und Zeuge der größten Momente ihres Lebens – ihrer Heirat, der Geburten und Taufen ihrer Kinder und ihres Todes. Im Vergleich zu heute ging ein höherer Anteil der Bevölkerung ins Kloster. Was sie zurückließen, war aber keine säkulare Welt wie die unsere, die sich ganz und gar vom klösterlichen Leben unterschied. Bildung, Wohltätigkeit, Verwaltung, Recht und riesige Kräfte des Wirtschaftslebens fielen in den Bereich und unter die Vorschriften der Religion. Selbst die Kritik am Klerus vollzog sich nach den Maßstäben, die die Kirche ihren Mitglieder selbst beigebracht hatte. Der religiöse Glaube umfasste also das Leben eines jeden. Er definierte das menschliche Wollen in den Begriffen eines transzendenten Guten. Außerhalb der Kirche, der Gemeinschaft aller Gläubigen, gab es nur Heiden. Der Teufel – in einer sehr materiellen Form begriffen – wartete auf solche, die vom Pfad der Gnade abwichen. Menschliche Schwäche war nicht mit religiösen Lebensansichten zu vereinbaren. Gottes Gerechtigkeit würde sich beim Jüngsten Gericht zeigen, wenn alles endet, und er die Spreu vom Weizen trennt.

STÄRKUNG DER ZENTRALGEWALT

Die meisten Menschen der Gegenwart sind an die Existenz des Staates, seine Idee und seine Einrichtung gewöhnt. Für sie ist es eine Selbstverständlichkeit, dass das gesellschaftliche Leben von diesen unpersönlichen, autoritären Organisationen, die von Beamten verwaltet werden, geprägt ist. Oft werden Staaten sogar als eine Art Repräsentanten für Menschen oder Völker gesehen. Sie stellen die Grundeinheiten dar, aus denen sich die moderne Welt zusammensetzt.

Für einen Europäer um 1000 wäre dagegen der Begriff Staat völlig unverständlich gewesen. Die Entwicklung des modernen Staats, die um 1500 noch längst nicht beendet war, ist

Europa im Mittelalter

Diese politische Landkarte zeigt die Aufteilung Europas zwischen dem 13. und 14. Jahrhundert.

Diese Miniatur aus dem 16. Jahrhundert zeigt einen Angriff auf eine Burg. Mittelalterliche Burgen waren nicht nur militärische Stützpunkte. Sie dienten auch als Zentren politischer Macht und sozialer Organisation und sie waren oft entscheidend für die lokale Wirtschaft.

eines der Kennzeichen der Neuzeit. Vor den theoretischen Prinzipien und Ideen stand zuerst die Realität. Seit dem 13. Jahrhundert konnten zahlreiche Könige aus den verschiedensten Gründen ihren Machtbereich noch weiter vergrößern.

Ein Grund war der Besitz von großen Armeen, die mit den effektivsten Waffen ausgerüstet waren. Eisenkanonen wurden im frühen 14. Jahrhundert erfunden; Bronzeverarbeitung in größerem Umfang folgte, und im darauffolgenden Jahrhundert waren stattliche gusseiserne Kanonen verfügbar. Seit ihrer Entwicklung konnten Angriffe nicht länger durch die massiven Mauern einer Burg abgewehrt werden.

Eine weitere Innovation stellten stählerne Armbrüste dar, die durch ihre große Reichweite für einen großen Vorteil im Kampf sorgten. Etliche Herrscher übten um 1500 innerhalb ihres Reiches ein Monopol über die bewaffneten Armeen aus. Das Heer setzte sich aus Rekruten, die allen Bevölkerungsschichten entstammten, zusammen. Mit Hilfe des Heerwesens konnten die Regenten eine bessere Überwachung ihrer Grenzen gewährleisten.

Dieser Vorgang bedeutete viel mehr als eine reine Verbesserung der Beobachtungstechnik. Er kennzeichnete eine Akzentverschiebung innerhalb der staatlichen Gewalt, die sich vom Anspruch, Lehensleute eines Herrn zu kontrollieren, zu einer Herrschaft über Menschen wandelte, die in einem bestimmten Gebiet lebten. Die territoriale Abhängigkeit ersetzte die personalen Bindungen.

Mit der Herrschaft über die Armeen konnte der König seine Macht erheblich ausbauen. Die Einflussmöglichkeiten einzelner Territorialfürsten gingen dagegen zurück. In früheren Zeiten hatten sie oftmals mit Hilfe eigener Armeen versucht, ihre Interessen im Land und beim König durchzusetzen. Dieser komplexe Prozess hatte auch Auswirkungen auf die staatliche Organisation und das Zugehörigkeitsgefühl der Menschen.

Königliche Bürokratie

Der territoriale Streubesitz der Könige wurde zunehmend durch Beamte verwaltet, die für ihre Dienste bezahlt werden mussten. Das Vasallentum bereitete den Weg: Vasallen übernahmen zur Zeit der Lehnsherrschaft einen Großteil der Amtsgeschäfte des Königs und unterstützten ihn auf dem Schlachtfeld; dafür erhielten sie seine Gunst. Später wurde die königliche Herrschaft von Angestellten getragen, die aus den Steuereinnamen bezahlt wurden, deren Erhöhung gleichzeitig eine ihrer wichtigsten Aufgaben war. Mit den Urkunden und Gesetzeslisten des 16. Jahrhunderts begann, was in der modernen Bürokratie zu einer Aktenflut wurde.

Andere wichtige und komplizierte Veränderungen in allen Lebensbereichen setzten ein: in der Religion und ihren Herrschaftsstrukturen, in der Wirtschaft und den sozialen Möglichkeiten, die sie eröffnete, in der Welt der Ideen und dem Druck, den sie auf die noch verformbaren Institutionen ausüben konnten.

Um 1500 begann Europa, sich selbst zu organisieren und von dem Europa der Karolinger und Ottonen zu unterscheiden. Trotzdem blieben im größten Teil Europas personale und lokale Bindungen noch für Jahrhunderte dominant.

Die Gesellschaft wurde seit der Zeit der Stammesorganisationen auf verschiedene Art und Weise institutionalisiert. Die Beziehung von Lehnsherr und Vasall, mit den vagen Machtansprüchen von Papst und Kaiser im Hintergrund, wurde von der Idee einer fürstlichen Macht über alle Bewohner abgelöst. Im Extremfall unterstand der König, wie Heinrich VIII. von England es für sich beanspruchte, keiner höheren Macht außer Gott.

Die Macht der Könige

Natürlich fanden die Veränderungen im politischen Denken weder überall auf die gleiche Weise noch im gleichen Tempo statt. Um 1800 waren England und Frankreich bereits seit Jahrhunderten geeint, während Deutschland und Italien die nationale Einheit noch nicht erreicht hatten. Im Zentrum des Einigungsprozesses stand normalerweise die stetige Machtvergrößerung der Königsfamilien. Könige erfreuten sich bedeutender Vorteile. Wenn sie planvoll und fähig agierten, hatten sie in ihren oft umfangreichen Kronländern eine solidere Machtbasis als die Adligen in ihren kleineren Besitztümern. Das Amt des Königs umgab zudem eine geheimnisvolle Aura, das sich in den Feierlichkeiten von Krönung und Salbung widerspiegelte. Königliche Gerichte und Gesetze bürgten für eine unabhängigere und kostengünstigere Justiz als die der lokalen Feudalherren. Neben den alten feudalen Strukturen konnten die Könige sich aber auch auf neue Kräfte berufen. Eine dieser Kräfte, deren wachsende Bedeutung sich langsam enthüllte, war der Sinn für die nationale Souveränität.

Im wieder erstarkten Königtum unterschieden sich die Institutionen der mittelalterlichen Gesellschaft stark von denen zur Zeit der Stammesloyalitäten. Diese Illustration einer Handschrift um 1460 zeigt die Richter der „Königlichen Bank", Englands höchstem Gericht, das ursprünglich nur in Gegenwart des Königs tagte.

Die Ursprünge des Nationalstaats

Die Idee der Nationalstaatlichkeit entstammt der Moderne. Kein mittelalterlicher Staat war national in unserem Sinn. Trotzdem konnten sich um 1500 die Untertanen der Könige von England und Frankreich mit ihren Ländern identifizieren, obwohl sie die Menschen, die im nächsten Dorf lebten, als Fremde betrachteten. Bereits 200 Jahre früher gab es eine Unterscheidung zwischen im Reich und außerhalb des Reiches Geborenen. Insgesamt stieg das Gemeinschaftsgefühl der Einheimischen in dieser Zeit stetig an. Ein Symptom dafür war der Glaube an Nationalheilige: Im 14. Jahrhundert trugen z.B. englische Soldaten das rote Kreuz auf weißem Grund des hl. Georg als eine Art Erkennungszeichen und sorgten so für die Entdeckung des Heiligen als offiziellen Schutzpatron. Während der Zeit der

Das Mittelalter kannte keine Nationalstaaten in unserem Sinn, doch erzeugten in vielen Ländern Nationalheilige oder Nationalhelden eine Art Gemeinschaftsgefühl.

Die dreiteilige *Göttliche Komödie* ist das bekannteste Werk des Dichters Dante Alighieri (1265–1321). Diese Illustration zeigt eine Szene, die im 33. Vers im ersten Teil des Gedichts, dem *Inferno*, beschrieben ist.

angelsächsischen Könige waren vor ihm nur Kirchen geweiht worden. Seine Tat, die Drachentötung, wurde ihm erst im 12. Jahrhundert zugeschrieben – vielleicht auf Grund einer Vermischung mit dem legendären griechischen Helden Perseus. Andere Symptome dieser Bewegung waren das Verfassen von Nationalgeschichten, wie sie sich bereits in den frühmittelalterlichen Epen über die Germanen ankündigten, und die Entdeckung nationaler Helden. Im 12. Jahrhundert erfand ein Waliser die mythologische Figur des Königs Artus, während ein irischer Chronist derselben Periode einen Mythos über den Großkönig Brian Boru und seine Verteidigung des christlichen Irlands gegen die Wikinger schuf. Die volkssprachliche Literatur blühte, zuerst in Spanien und Italien, dann in Frankreich und England. Das *Rolandslied* verklärte die Niederlage Karls des Großen gegen Bergbewohner in den Pyrenäen zum ruhmreichen Widerstand seiner Nachhut gegen die Araber. Das *Heldenlied vom Cid* ist das Epos eines spanischen Nationalhelden. Im 14. Jahrhundert folgten dann Dante, Langland und Chaucer sowie die Entstehung der modernen Sprachen.

Die Bedeutung der Städte

Der keimende Nationalgedanke darf nicht überschätzt werden. Für einige Jahrhunderte bildeten noch die Familie, die lokale Gemeinschaft, die Religion oder der Handel die Fixpunkte der sozialen Bindungen. Die entstehenden nationalen Institutionen brachten die Menschen nicht dazu, ihre althergebrachten Beziehungen aufzugeben. An manchen Orten wurden diese neuen Bezüge nur von den königlichen Richtern und Steuereintreibern verkörpert – und sogar in England, dem am stärksten national ausgerichteten Land im Spätmittelalter, wurden sie von vielen Menschen niemals wahrgenommen. Die ländlichen Pfarrgemeinden und kleinen Städte des Mittelalters stellten hingegen wirkliche Gemeinschaften dar, und in gewöhnlichen Zeiten trafen sie ausreichend Vorsorge, um soziale Verantwortung übernehmen zu können. Nationalismus ist also nicht das richtige Wort, um die Impulse zu beschreiben, die einen mittelalterlichen Menschen gelegentlich berührten oder zu einem Ausbruch der Gewalt gegen Fremde führten. Auch der mittelalterliche

Antisemitismus hatte andere Wurzeln. Und doch führten solche nationalen Gefühle zur langsamen Konsolidierung neuer Staaten in Westeuropa.

Die Normannen

Die ersten westeuropäischen Länder, deren Territorien ungefähr den heutigen Staaten entsprachen, waren England und Frankreich. Einige tausend Normannen aus dem benachbarten Frankreich lösten nach der Invasion von 1066 in England die Angelsachsen als herrschende Klasse ab.

Ihr Anführer, Wilhelm der Eroberer, gab seinen Gefolgsleuten eigenes Land, behielt aber mehr für sich selbst: Die königlichen Ländereien waren nun größer als die seiner angelsächsischen Vorgänger. Er forderte unbeschränkte Herrschaft über das Land und seine Bewohner; alles was sie hatten, bekamen sie direkt oder indirekt von ihm. Er hatte das Prestige und die Verfassung der alten englischen Monarchie geerbt. Die bedeutendsten seiner Waffenbrüder wurden Grafen und Barone, die Geringeren unter ihnen Ritter, die England von Burgen im ganzen Land aus regierten.

Die Normannen hatten eine der fortschrittlichsten Gesellschaften Europas erobert, die unter den neuen Königen eine ungewöhnliche Energie entfaltete. Einige Jahre nach der Eroberung führte die englische Regierung einen der bemerkenswertesten Verwaltungsakte des Mittelalters durch, die Erstellung des Domesday Book.

Diese umfassende Datensammlung diente zur Steuererhebung durch den König. Die Vermögensaufzeichnungen wurden von Richtern in allen Grafschaften und Bezirken gesammelt. Ihre Genauigkeit beeindruckte die angelsächsischen Chronisten sehr. Sie bemerkten, dass kein Tier und kein Mensch den Notizen von Wilhelms Männern entgangen sei.

Die Legende von König Artus, die keltischen Traditionen folgt, tauchte erstmals im 12. Jahrhundert in *Die Geschichte der Könige von England* von Geoffrey von Monmouth auf. Eine Szene der Legende zeigt diese Illustration aus der Handschrift die *Suche nach dem heiligen Gral* aus dem 14. Jahrhundert: Während König Artus stirbt, schleudert Sir Bedivere das Schwert des Königs, Excalibur, ins Wasser, wo es von der Herrin des Sees aufgefangen wird.

Chaucers *Canterbury Tales*

Ein Ritter war da, ein verdienter Mann,
Der seit der Zeit, als er den Kampf begann,
Stets über alles liebte Rittertum,
Die Wahrheit, Ehre, Freiheit, Form und Ruhm.
Sehr tapfer kämpfte er für seinen Herrn,
Geritten war wohl niemand je so fern
Wie er in Christenland und Heidenschaft,
Und stets war er berühmt durch Mut und Kraft.
Bei der Eroberung (sic) Alexandrias
War er dabei, und an der Tafel saß
Er oft vor allen anderen in Preußen.
Es war gereist in Litauen und Reußen
Kein Christenmensch so oft von seinem Stand.
In Granada auch hatte er berannt
Algeciras, ritt dann nach Benmarin,
Nach Ayas und Attalaia musst er ziehn,
Als man sie einnahm, und im Mittelmeer
Gehörte er zu manchem stolzen Heer.

Ein Auszug aus dem "Allgemeinen Prolog" der *Canterbury Tales* (1387–1400) von Geoffrey Chaucer, übertragen und herausgegeben von Martin Lehnert. Frankfurt am Main 1981, S. 30.

Wilhelm der Eroberer gab das Domesday Book 1085 in Auftrag, drei Jahre später war es fertig. Das Buch, von dem hier zwei Folioseiten zu sehen sind, listet das zu besteuernde Vermögen und die Einnahmequellen sehr detailliert auf.

Im folgenden Jahrhundert kam es zu einer rapiden, ja sogar spektakulären Ausweitung der gerichtlichen Macht der Krone. Trotz mancher Zugeständnisse an Magnaten und Minderheiten durch schwache Könige blieb der Bestand der Monarchie in seinem Kern unangetastet. Die konstitutionelle Geschichte Englands ist 500 Jahre lang gleichbedeutend mit der Geschichte der Autorität der Krone, vor allem, weil England, mit Ausnahme des Nordens, durch Wasser von möglichen Feinden getrennt war. Es war schwer für Fremde, in die einheimische Politik einzugreifen, die Normannen blieben die letzten erfolgreichen Eroberer.

Die Normannen waren weit mehr als Könige eines Inselstaates, sie waren die Erben eines komplexen Lehnsgebiets, das sich bis in den Südwesten Frankreichs erstreckte. Sie sprachen ebenso wie ihre Nachfolger nur normannisch gefärbtes Französisch. Der Verlust des größten Teils ihres „angevinischen" Erbes – der Name kommt von der Stadt Anjou – am Anfang des 12. Jahrhunderts war sowohl für Frankreich als auch für England entscheidend. Beide Länder besaßen einen ausgeprägten Sinn für nationale Eigenständigkeit und pflegten diesen bei ihren Streitigkeiten.

Die Kapetinger

Die Kapetinger hielten erbittert an der französischen Krone fest. Vom 10. bis zum 14. Jahrhundert stellten sie ohne Unterbrechung der Erbfolge die Könige. Sie schufen die territoriale Basis für die königliche Macht und hatten selbst reiche Ländereien im Herzen des modernen Frankreichs. Die Île-de-France rund um Paris mit ihren Getreidefeldern war der einzige Teil des Landes, der mit seinem Namen an das alte Franzien erinnerte, das einmal Teil des alten Fränkischen Reichs gewesen war. Die Gebiete der Kapetinger waren von westkarolingischen Territorien wie Burgund getrennt. Um 1300 hatten ihre energischen Nachfolger die „Francia" ausgedehnt und ihr Bourges, Tours, Gisors und Amiens einverleibt. Inzwischen forderten die französischen Könige auch die Normandie und andere Gebiete von der englischen Krone.

Der Hundertjährige Krieg

Das Frankreich des 14. Jahrhunderts erlaubt es nicht, vom kapetingischen Königtum als einer monolithischen Einheit zu sprechen, denn große Lehnsgüter und feudale Fürstentümer bestimmten das Land. Dennoch war es ein Personenverbandsstaat, ein Staat also, der auf persönlichen Verbindungen beruhte. Während des 14. Jahrhunderts wurde die Einheit durch die Auseinandersetzungen mit England – die man unter dem irreführenden Namen Hundertjähriger Krieg kennt – sehr gestärkt. Tatsächlich befanden sich England und Frankreich in der Zeit von 1339 bis 1453 nur gelegentlich im Krieg. Es war schwierig, einen lang andauernden Kriegszustand aufrechtzuerhalten – er war zu teuer. Formal stand die Behauptung der territorialen und lehnsrechtlichen Ansprüche der Könige von England auf der französischen Seite des Kanals auf dem Spiel. 1350 hatte Edward III. hier mit seinen Armeen neben denen Frankreichs Quartier bezogen. So wurden immer wieder neue Kämpfe entfacht. Die Gelegenheiten, Beute zu machen und Lösegeld zu fordern, machten den Krieg zu einer plausiblen Investition für viele englische Adlige.

Für England lieferten diese Auseinandersetzungen neue Elemente für eine noch in den Kinderschuhen steckende Sage vom Nationalstaat – vor allem die Siege bei Crécy und Azincourt trugen dazu bei. Sie erzeugten außerdem ein langlebiges Misstrauen auf Seiten der Franzosen. Der Hundertjährige Krieg war für die französische Monarchie von Bedeutung, weil er die lehnsrechtliche Zersplitterung in den Hintergrund drängte und die Schranken zwischen Picardiern und Gascognern, Normannen und Franzosen aufhob. Auf lange Sicht wurde auch die Mythologie eines französischen Nationalstaats begünstigt. Den bedeutendsten Beitrag bildete die Geschichte der Jeanne d'Arc, deren erstaunliche Karriere die Wende im Gleichgewicht des langen Kampfes gegen die Engländer herbeiführte. Sie wurde grundlegend für einen nationalen Mythos, obwohl nur wenige Zeitgenossen von der Jungfrau von Orléans wussten. Die beiden langfristigsten und wichtigsten Ergebnisse des Krieges bestanden darin, dass auf den Sieg bei Crécy die englische Eroberung von Calais folgte, und dass England am Ende der Verlierer war. Calais wurde von den Engländern zwar 200 Jahre lang gehalten und sicherte den englischen Handel mit Wolle und Tuch nach Flandern. Englands Niederlage bedeutete aber das Ende aller anderen territorialen Verbindungen mit Frankreich um 1500, obwohl Georg III. noch im 18. Jahrhundert den Titel

1429 führte Jeanne d'Arc (1412–1431) die französischen Armeen bei Orléans zum Sieg gegen England. Im darauf folgenden Jahr fiel Jeanne in die Hände der Engländer, die sie der Ketzerei beschuldigten und auf dem Scheiterhaufen verbrannten, wie diese Illustration aus dem 15. Jahrhundert zeigt. „La Pucelle", wie sie liebevoll genannt wurde, wurde 1920 heilig gesprochen.

Die Hauptereignisse des Hundertjährigen Krieges

Der Name wird normalerweise für eine Zeit von periodisch auftretenden englisch-französischen Kämpfen infolge der englischen Ansprüche auf die französische Krone verwendet. Nachdem er für seine Ländereien in Aquitanien dem König von Frankreich gehuldigt hatte, stritt der englische König Edward III. mit seinem Lehnsherrn, was zu den offenen Auseinandersetzungen führte.

1337 Edward III. erklärt sich selbst zum König von Frankreich (auf Grund seiner Erbansprüche mütterlicherseits); 1339 erster Feldzug in die Picardie.

1340 – 47 Die Engländer siegen bei Sluis (zur See, 1340) und Crécy (1346); Calais wird eingenommen (1347).

1355 – 56 Angriffe des Schwarzen Prinzen (Kronprinz Edward von England) auf Frankreich von Südwesten her; die Franzosen werden bei Poitiers besiegt.

1360 Der Vertrag von Brétigny beendet die erste Phase des Krieges. Edward erhält ein vergrößertes, souveränes Herzogtum Aquitanien.

1369 – 72 Die Franzosen eröffnen den Konflikt wieder, die englische Flotte wird bei La Rochelle geschlagen (1372). Der Verlust von Aquitanien bildet den Anfang des stetigen Niedergangs der englischen Position.

1399 Die Absetzung Richards II., der 1396 mit einer Tochter Karls VI. von Frankreich verheiratet worden war, erneuert die französische Feindschaft.

1405 – 06 Die Franzosen erreichen Wales und greifen englische Ländereien in Guyenne an.

1407 Der Ausbruch des Bürgerkriegs in Frankreich wird von den Engländern ausgenutzt.

1415 – 19 Heinrich V. erneuert seine Ansprüche auf den französischen Thron. Der Allianz mit Burgund und dem Sieg über die Franzosen bei Azincourt folgt die englische Wiedereroberung der Normandie (1417–19).

1420 Der Vertrag von Troyes bestätigt die Eroberung der Normandie. Heinrich VI. kommt auf den englischen Thron; der Krieg wird von den Engländern mit burgundischer Hilfe erfolgreich fortgeführt.

1429 Die Intervention der Jeanne d'Arc rettet Orléans; Karl VII. wird in Reims gekrönt.

1436 Die Engländer verlieren Paris nach dem Zusammenbruch der englisch-burgundischen Allianz.

1444 Der Vertrag von Tours: England verzichtet auf das Herzogtum Maine.

1449 Der Vertrag von Tours wird von den Engländern gebrochen, die Folge ist der Zusammenbruch des englischen Widerstands unter vereintem französischen Druck.

1453 Die Niederlage der Engländer bei Castillon setzt ihrem Versuch, die Gascogne wieder zu erobern, ein Ende. Die Engländer besitzen nur noch Calais und die Kanalinseln; der Kampf endet mit den ergebnislosen Feldzügen von 1474 und 1492.

1558 Calais geht an Frankreich verloren, doch die Engländer halten an dem Titel König von Frankreich bis zu Georg III. fest. Das französische Wappen ist bis 1932 ein Teil des Wappenbildes der Zeitung *The Times*.

König von Frankreich trug. England war wieder ein Inselreich. Nach 1453 konnten die französischen Könige die Konsolidierung ihres Staates ungestört durch Ansprüche englischer Könige vorwärts treiben. Sie konnten ihre Souveränität nach Belieben gegenüber den rebellierenden Adligen des Reiches sichern. In beiden Ländern hatte der Krieg die Monarchie langfristig sogar gestärkt.

Spanien

Auch in Spanien gab es Fortschritte in der nationalen Konsolidierung. Am Ende des 15. Jahrhunderts erreichte es ein großes Maß an Einheit, das durch die Reconquista einen mythologischen Anstrich erhielt. Der lange Kampf gegen den Islam gab Spaniens nationaler Souveränität von Anfang an den Beige-

Eine Darstellung der Schlacht von Crécy, dem wichtigsten der frühen englischen Siege im Hundertjährigen Krieg.

schmack einer engen Verbindung zum christlichen Glauben. Die Reconquista war ein Kreuzzug, der Männer unterschiedlicher Herkunft vereinte. In der Mitte des 12. Jahrhunderts war Toledo wieder eine christliche Hauptstadt. Hundert Jahre später gehörte Sevilla zum Königreich Kastilien, und Aragon herrschte über die große arabische Stadt Valencia. 1340, als die letzte große Offensive der Araber niedergeschlagen worden war, drohte der Erfolg sich in Anarchie umzukehren: Der kastilische Adel versuchte, selbst die Macht zu erlangen. Die Monarchie ging eine Allianz mit den Bürgern der Städte ein. Dem

Ferdinand II. von Aragon und Isabella I. von Kastilien, deren Heirat die beiden Königreiche geeint hatte, unterstützten den großen Genueser Entdecker Christoph Kolumbus. Drei Szenen der Reise, auf der Kolumbus Amerika entdeckte, sind auf diesem Teppich dargestellt. Auf der linken Seite ist Königin Isabella zu sehen, wie sie dem Seefahrer ihre Juwelen als finanzielle Hilfe für die Reise gibt. Auf der rechten Seite ist Kolumbus beim Setzen der Segel auf der *Santa Maria* abgebildet. Die Mitte des Teppichs zeigt Kolumbus am spanischen Hof, nachdem er von der Reise zurückkehrte.

Erlass von strengeren Gesetzen folgte 1479 die Union der Kronen von Aragon und Kastilien durch die Heirat der „Katholischen Majestäten" Ferdinand von Aragon mit Isabella von Kastilien, *Los Reyes Católicos*. Die endgültige Vertreibung der Mauren und die Gründung einer Nation wurde dadurch einfacher, auch wenn die beiden Königreiche lange formal getrennt blieben. Nur Portugal lag außerhalb der Grenzen des neuen Spaniens; es hielt an seiner Unabhängigkeit fest, die aber oft durch den mächtigen Nachbarn bedroht wurde.

Deutschland

Wenig Anzeichen für die Ausbildung einer zukünftigen Nation zeigten sich dagegen in Italien und Deutschland. Die Ansprüche der römisch-deutschen Kaiser bildeten eine sehr breite Basis für die politische Macht. Schon nach 1300 hatte dieser Titel aber an Ansehen verloren. Das ganze 13. Jahrhundert hindurch rivalisierten verschiedene Kaiser miteinander, die ihre Autorität in den verschiedenen Herrschaftsgebieten nicht durchzusetzen vermochten.

In Deutschland waren die Territorien der einzelnen kaiserlichen Familien normalerweise verstreut und voneinander getrennt. Die Kaiserwahl lag in den Händen der großen Reichsfürsten. Einmal gewählt, hatte der Kaiser keine bestimmte Hauptstadt, die das Zentrum für eine werdende deutsche Nation hätte bilden können. Die politischen Umstände führten im Lauf der Zeit dazu, dass die Kaiser ihre Macht mehr und mehr auf andere übertrugen. Die Reichsstädte übten z. B. kaiserliche Macht innerhalb ihrer Territorien aus. 1356 nennt ein Dokument, das traditionell als Meilenstein in der deutschen Verfassungsgeschichte angesehen wird (obwohl es nur eine Festschreibung bereits existierender Verhältnisse war), die

Goldene Bulle, sieben wahlberechtigte Kurfürsten, die die Ausübung fast aller kaiserlichen Rechte in ihren eigenen Territorien erwarben. Die Rechtsprechung war fortan unabhängig; es gab keine Anrufung des Kaisers durch die Gerichte. Von der schwachen Macht des Kaisers blieb nur die mythologische Kraft, die noch immer eine gewisse Anziehung auf die mächtigen Kurfürsten ausübte.

Das österreichische Haus Habsburg gelangte schließlich auf den Kaiserthron. Die Habsburger stellten fast ohne Unterbrechung vom Amtsantritt Friedrichs III., der 1452 Kaiser wurde, bis zum Ende des Reiches 1806 die Souveräne. Mit Friedrichs Sohn Maximilian I. begann die bedeutendste Zeit der Habsburger, nach 1806 regierten sie nur mehr als Herrscher über Österreich-Ungarn. Sie begannen ihre Zeit als deutsche Kaiser mit einem wichtigen Pluspunkt: Sie waren reich. Eine Heirat brachte ihnen das Herzogtum Burgund ein, das wohlhabendste aller Länder im 15. Jahrhundert, zu dem auch ein großer Teil der Niederlande gehörte. Andere Erbschaften und Heiraten fügten ihrem Besitz Ungarn und Böhmen hinzu. Das erste Mal seit dem 13. Jahrhundert schien es möglich, in Deutschland und Mitteleuropa eine politische Einheit zu erreichen. Das Interesse der Habsburger, die zerstreuten dynastischen Territorien zu vereinigen, war zu einem Instrument kaiserlicher Machtausübung geworden.

Deutsche Ostexpansion

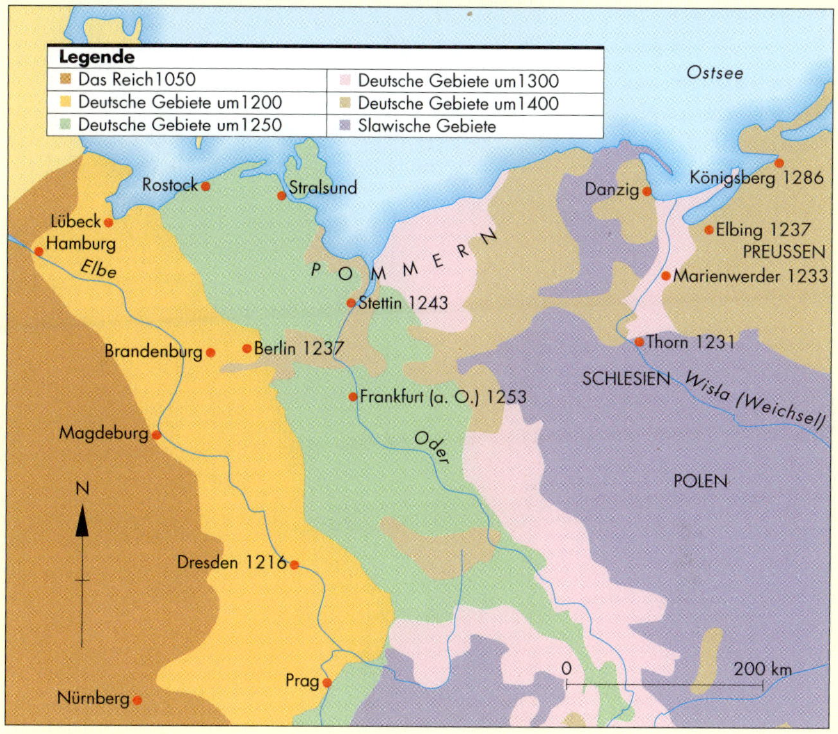

Vom 12. bis zum 15. Jahrhundert dehnten sich die deutschen Territorien nach Osten aus. Die Grenzen berührten schließlich Frankreich im Westen, Burgund, Italien und den Kirchenstaat im Süden sowie Polen und Ungarn im Osten.

Italien

Im 15. Jahrhundert hatte das Heilige Römische Reich kaum noch Einfluss in Italien. Der Kampf um die Macht hatte lange die italienische Politik durcheinander gebracht: Die streitenden Parteien, die Italiens Städte belasteten, bezeichneten sich selbst als Guelfen und Ghibellinen. Diese Namen drückten die Treue zum Papst einerseits und zum Kaiser andererseits aus. Nach dem 14. Jahrhundert gab es in Italien keinen kaiserlichen Besitz mehr, und die Kaiser hielten sich nicht mehr dort auf, außer wenn sie mit der lombardischen Krone gekrönt wurden. Die Autorität wurde statt dessen auf Vikare übertragen, die aus ihren Vikariaten fast so unabhängige Gebiete machten wie die Kurfürsten in Deutschland. Die Vikare erhielten Titel, die bis ins 19. Jahrhundert galten; der Herzog von Mailand war einer der ersten. Außer dem normannischen Süden gab es in Italien noch verschiedene städtische Republiken, von denen Venedig, Genua und Florenz die größten waren.

Diese Stadtrepubliken waren das Ergebnis zweier bedeutender Entwicklungen, die eng mit der frühen italienischen Geschichte ver-

Im Mittelalter wurden die italienischen Städte blühende Handels- und Gewerbezentren. Viele Banken, wie die auf dieser Illustration des 14. Jahrhunderts abgebildete, erfreuten sich eines großen Wohlstands.

woben waren: die so genannte „städtische" Bewegung und der Reichtum durch Handel. Im 10. und 11. Jahrhundert regierten vor allem in norditalienischen Städten allgemeine Versammlungen der Bürger über die Gemeinwesen. Sie nannten sich manchmal selbst *parliamenta* oder Stadtversammlungen und repräsentierten die städtischen Oligarchien, die von dem seit 1100 wiedererstarkten Handel profitierten. Im 12. Jahrhundert stellten sich die lombardischen Städte gegen den Kaiser und bezwangen ihn. Danach kümmerten sie sich selbst um ihre internen Angelegenheiten.

Venedig

Der größte Nutznießer des wieder belebten Handels nach 1100 war Venedig, das gleichzeitig auch viel dazu beitrug. Formal abhängig von Byzanz, konnte es sich dank seiner günstigen Lage auf einer Hand voll Inseln in einer seichten Lagune lange Zeit von den Problemen des europäischen Festlandes distanzieren. Nur Flüchtlinge aus der Lombardei waren schon in die Stadt gekommen. Die geographische Lage bot nicht nur Sicherheit, sondern sie bestimmte auch insgesamt das Schicksal der Stadtrepublik. Venedig war – wie sich seine Bewohner später gerne erinnerten – mit dem Meer verheiratet. Bei einem großen Fest der Republik wurde alljährlich in einem symbolischen Akt ein Ring ins Wasser der Adria geworfen. Venezianischen Bürgern war es übrigens verboten, Besitz auf dem Festland zu erwerben; stattdessen richteten sie ihre gesamte Energie auf das überseeische Wirtschaftsimperium. Venedig wurde so die erste westeuropäische Stadt, die allein vom Handel lebte. Bei der Plünderung des Oströmischen Reiches gehörte sie zu den Erfolgreichsten, und gegen Genua gewann sie einen langen Kampf um die wirtschaftliche Vorherrschaft im Osten. Es hatte sich ein bedeutender Wirtschaftsraum entwickelt: Genua, Pisa und die katalanischen Häfen erblühten durch den wieder belebten mediterranen Handel mit dem Osten.

Grenzen der königliche Macht

Ein großer Teil der politischen Landkarte des modernen Europas existierte bereits um 1500. Portugal, Spanien, Frankreich und England waren bereits in ihrer modernen Form erkennbar. In Italien und Deutschland, wo die Landessprache die nationale Zugehörigkeit bestimmte, gab es keine Deckungsgleichheit zwischen Nation und Staat. Auch die staatlichen Institutionen besaßen bei weitem noch nicht ihre später erreichte Stabilität. Verschiedene Titel symbolisierten unterschiedliche rechtliche und praktische Machtverhältnisse in verschiedenen Provinzen. Die Könige von Frankreich waren z. B. nicht Könige, sondern nur Herzöge der Normandie. Es gab viele solcher komplizierten fortbestehenden Verhältnisse: Konstitutionelle Relikte mit Anspruch auf monarchische Souveränität, und sie konnten deshalb jederzeit als Vorwand für Rebellionen dienen. Eine Erklärung für den Erfolg Heinrichs VII., des ersten Tudors, waren die klugen Heiraten, die für viel böses Blut bei den großen Familien sorgten und die englische Krone in den Rosenkriegen im 15. Jahrhundert belasteten.

Die Entstehung von Parlamenten

Die Einschränkung der königlichen Macht hatte zum Teil schon ein modernes Gesicht. Im 14. und 15. Jahrhundert findet man die ersten Beispiele von Abgeordnetenversammlungen, parlamentarische Gremien also, die für den Staat der Neuzeit so charakteristisch sind. Das bekannteste von allen, das englische Parlament, war schon um 1500 weit entwickelt. Die Ursprünge sind komplex und wurden viel diskutiert. Eine Wurzel ist die germanische Tradition des Stammesrats, in dem der Herrscher den Rat seiner großen Männer einholen musste und verpflichtet wurde, danach zu handeln. Auch die Kirche war ein früher Verfechter der repräsentativen Idee, sie benutzte sie unter anderem für die Durchsetzung der

Dieser Stich zeigt das englische Parlament mit den Abgeordneten des House of Commons in Westminster am 13. April 1640. Den Vorsitz der Versammlung führte damals König Karl I.

päpstlichen Steuer. Es war eine Einrichtung, die auch Städte und Könige miteinander verband: Im 12. Jahrhundert wurden die Bevollmächtigten der italienischen Städte zum Reichstag des Heiligen Römischen Reiches einberufen. Am Ende des 13. Jahrhunderts hatten die meisten Länder Ständeversammlungen erlebt, die mit voller Macht ausgestattet waren und von Fürsten einberufen wurden, meistens um neue Wege der Steuererhebung zu finden.

Das war der springende Punkt: Der neue (und teurere) Staat musste immer wieder Einnahmequellen für seine umfangreichen Ausgaben erschließen. Schnell merkten die Fürsten, dass die repräsentativen Organe noch andere Vorteile hatten. Sie ermöglichten es, andere Stimmen als nur die des Adels zu hören, sie sorgten für lokale Informationen und besaßen darüber hinaus propagandistischen Wert. Die frühen Parlamente Europas (wenn wir sie so nennen möchten) hatten mitunter eine starke Position: Sie machten Steuererhebungen von ihrer Zustimmung abhängig und erhoben erstmalig den Anspruch, dass auch andere Stimmen als die des Adels zu Fragen über die Regierung des Reiches gehört werden sollten.

WIRTSCHAFT UND GESELLSCHAFT

Etwa seit dem Jahr 1000 war eine weitere fundamentale Veränderung in Europa im Gange: Es wurde wohlhabender. Als Folge erhielten immer mehr Europäer eine Freiheit in ihrer Lebensgestaltung, wie sie in früheren Zeiten fast unbekannt war; gleichzeitig wurde die Gesellschaft vielfältiger und komplizierter. So langsam dies auch vor sich ging, es war doch eine Revolution; der Reichtum begann in manchen Regionen schneller zu wachsen als die Bevölkerung. Ein heftiger Rückschlag unterbrach diese Tendenz im 14. Jahrhundert kurzfristig, doch das wirtschaftliche Wachstum hielt in Europa bis heute kontinuierlich an.

Bevölkerungswachstum

Einen groben, aber keineswegs irreführenden Index für Veränderungen stellt das Bevölkerungswachstum dar. Es können zwar nur annähernde Schätzungen gemacht werden, aber diese basieren auf verlässlicheren Daten als in früheren Perioden. Trotzdem können statistische Fehler die Ergebnisse gelegentlich

Detail aus einer Wandmalerei von Ambrogio Lorenzetti in Sienas Palazzo Pubblico von 1338. Sie zeigt die Allegorie von der guten Regierung einer Stadt und setzt Siena als friedliche, blühende und wohlhabende Stadt voller glücklicher Menschen ins Bild.

stark verzerren. Die Schätzungen der Historiker gehen davon aus, dass die Bevölkerung Europas von 40 Millionen um das Jahr 1000 auf etwa 60 Millionen in den nächsten zwei Jahrhunderten anstieg. Das Wachstum erreichte um 1300 einen weiteren Höhepunkt, danach gibt es klare Belege für den Niedergang. Die Gesamtbevölkerung sank um 1360 auf etwa 50 Millionen und erholte sich erst im 15. Jahrhundert wieder.

Natürlich variierte die Wachstumsrate von Dorf zu Dorf. Die Mittelmeer- und die Balkanländer erreichten kaum das Doppelte ihrer Bevölkerung in fünf Jahrhunderten, und um 1450 waren sie auf einen Stand zurückgefallen, der nur etwas über dem des Jahres 1000 lag. Dasselbe scheint auch für Russland, Polen und Ungarn zu gelten. Doch Frankreich, England, Deutschland und Skandinavien verdreifachten ihre Bevölkerung vor 1300 und besaßen selbst nach Rückschlägen in den nächsten 100 Jahren immer noch eine doppelt so hohe Bevölkerungszahl wie im Jahr 1000. Innerhalb der Länder gab es ebenso Unterschiede in der Entwicklung wie zwischen Gebieten, die nahe beieinander lagen. Die allgemeine Tendenz ist deutlich: Die Bevölkerung wuchs überall wie nie zuvor, aber im Norden und Westen war das Wachstum ungleich stärker als in den Mittelmeerländern, auf dem Balkan und in Osteuropa.

Landwirtschaftliche Entwicklung

Die Erklärung für das Bevölkerungswachstum liegt im veränderten Nahrungsangebot und damit in der Landwirtschaft, die lange Zeit die einzige bedeutende Quelle für neuen Wohlstand darstellte. Mehr Nahrung erreichte man durch vermehrte Urbarmachung von Land und durch die Erhöhung der Produktivität. So begann die bis heute andauernde Steigerung der Nahrungsmittelproduktion. Europa hatte vor allem klimatische Vorteile durch seine ausgeglichenen Temperaturen und den ergiebigen Regen; seine großen Ebenen eigneten sich zur Kultivierung produktiver landwirtschaftlicher Flächen. Riesige Gebiete, die um 1000 noch verwildert und bewaldet waren, wurden in den nächsten Jahrhunderten urbar gemacht.

Es gab genug Land im mittelalterlichen Europa, die wachsende Bevölkerung sorgte gleichzeitig für Arbeitskräfte, um es zu roden und zu bebauen. So veränderte sich die Landschaft ganz allmählich. Die ausgedehnten Wälder wurden abgeholzt und wichen Feldern. Landesherren und Herrscher gründeten neue Siedlungen. Aus Klöstern an entlegenen Orten entwickelten sich Dörfer. Auch aus dem Meer oder dem Marschland wurde neues Land gewonnen. In der ersten deutschen Kolonisierungswelle wurde der Osten kultiviert. Seine Besiedlung wurde bewusst gefördert, vergleichbar mit der nordamerikanischen Kolonisierung, die das elisabethanische England durchführte.

Die Landgewinnung verlangsamte sich um 1300. Es gab sogar Anzeichen von Überbevölkerung. Die Urbarmachung von Land ging zurück, während die Produktivität anstieg und sich an manchen Orten sogar verdoppelte. Teilweise war es das Ergebnis des erweiterten Anbaus, des regelmäßigen Wechsels von Brachland und bewirtschaftetem Land und einer Verbesserung des Bodens. Es wurden aber auch neue Feldfrüchte angebaut. Obwohl in Nordeuropa der Getreideanbau noch überwog, gelangte seit dem 10. Jahrhundert durch den Anbau von verschiedenen Sorten von Bohnen und Erbsen mehr Stickstoff in den Boden und verbesserte so seine Qualität. Ursache und Wirkung sind für die Wirtschaftsgeschichte schwierig zu beantworten.

Im 13. Jahrhundert erschienen die ersten Handbücher über die landwirtschaftliche Praxis, und die landwirtschaftliche Buchhaltung wurde von den Klöstern eingeführt. Spe-

Eine Erklärung für das seit etwa 1000 n. Chr. kontinuierliche Bevölkerungswachstum liegt in der sich steigernden landwirtschaftlichen Produktivität. Während man diese bis 1300 vorwiegend durch Urbarmachung von mehr Land erreichte, läßt sie sich danach vor allem auf vermehrten Fruchtwechsel und den bewussten Anbau von Erbsen und Bohnen zurückführen.

Diese Illustration aus einem französischen Stundenbuch des 15. Jahrhunderts zeigt die Feldarbeit im März. Ein Bauer benutzt einen symmetrischen Pflug, der den Ertrag steigerte, indem er tiefer grub.

zialisierte Anbaumethoden machten es möglich, Lohnarbeiter statt Leibeigene zu beschäftigen. Um 1300 waren beispielsweise die meisten englischen Hausbediensteten vermutlich bezahlte Angestellte. Das galt wahrscheinlich auch für ein Drittel der Bauern. Die Fesseln der Sklaverei lockerten sich also, und die Geldwirtschaft breitete sich langsam auf dem Land aus.

Die Ausbeutung der Bauern

Einige Bauern profitierten vom Aufkommen der Geldwirtschaft, aber normalerweise ging der gesteigerte Ertrag an den Grundherrn, der dann die meisten Einnahmen für sich behielt. Die Mehrheit der Bauern führte noch ein Leben in Armut, sie aßen grobes Brot und verschiedene Getreidebreie, gewürzt mit Gemüse, und nur gelegentlich Fisch oder Fleisch. Laut Berechnungen nahm jeder Bauer täglich 2000 Kilokalorien zu sich, die er für die harte Arbeit auch benötigte. Wenn die Bauern Weizen anbauten, aßen sie das Mehl nicht selbst, sondern verkauften es an Wohlhabende, sie selbst ernährten sich von Gerste oder Roggen. Sie hatten außerdem wenig Möglichkeiten, um ihre Lebensumstände zu verbessern. Selbst wenn die Fronarbeit gelockert wurde, der Grundherr besaß noch das Monopol auf Mühlen und Karren, die der Bauer für seine Feldarbeit benötigte. Zölle oder Schutzsteuern wurden ohne Unterscheidung bei Grundeigentümern und Pächtern erhoben, und man konnte sich ihnen kaum widersetzen.

Wachstum der Städte

Der größere Bargeldumlauf der wachsenden Märkte formte allmählich die sich selbst versorgenden Rittergüter in eine Einheit von Produktion und Verkauf um. In den Städten, die zwischen 1100 und 1300 stetig wuchsen, gab es Märkte zum Warenumschlag; auch die städtische Bevölkerung stieg insgesamt schneller an als die bäuerliche. Das Stadtleben war zum Teil durch eine Wiederbelebung der alten Strukturen auf Grund des intensivierten Handels gekennzeichnet. Es stellt andererseits aber auch ein Spiegelbild der wachsenden Bevölkerung dar. Einige neue Städte entstanden rund um eine Burg oder ein Kloster, vor allem in Deutschland kam es zu zahlreichen Neugründungen. Die älteren Städte wuchsen – Paris hatte 1340 etwa 80 000 Einwohner, und Venedig, Florenz und Genua waren wahrscheinlich ebenso groß. Im Deutschland des 15. Jahrhunderts gab es dagegen nur 15 Städte mit mehr als 10 000 Einwohnern, und London war mit 35 000 Einwohnern schon die bei weitem größte Stadt Englands. Von den großen mittelalterlichen Städten gingen nur die im Süden gelegenen auf bedeutende römische Zentren zurück, aber viele Städte im Norden wie beispielsweise London besaßen zumindest einen römischen Kern. Neu gegründete Städte boten in der Regel besonders gute Märkte, da sie an großen Handelswegen oder Flüssen wie Mosel und Rhein lagen oder eine spezialisierte Produktion besaßen wie in der Toskana oder Flandern, wo sich schon im späten 12. Jahrhundert Ypern, Arras und Gent, die bedeutendsten Tuchstädte, befanden. Wein gehörte zu den ersten landwirtschaftlichen Produkten, die im internationalen Handel Bedeutung erlangten, wie die Stadt Bordeaux belegt. Häfen wie Genua und Brügge wurden Handelszentren an den Küsten.

Auf diesem Bild des 14. Jahrhunderts sind Getreidehändler dargestellt, die ihre Waren in Florenz verkaufen.

Handel

Die wirtschaftliche Wiederbelebung fiel in Italien am deutlichsten auf. Der Außenhandel wurde wieder aufgenommen, vor allem in Venedig. In diesem großen wirtschaftlichen Zentrum trennte sich das Bankwesen zum ersten Mal vom Geldwechsel. In der Mitte des 12. Jahrhunderts pflegten die Europäer, unabhängig von der aktuellen politischen Lage, einen kontinuierlichen Handel mit Byzanz und den arabischen Mittelmeerländern. Doch hinter diesen Grenzen hörte die Handelswelt nicht auf. Im frühen 14. Jahrhundert bereicherte Gold aus Mali das an Edelmetallen arme Europa. Zu dieser Zeit waren italienische Kaufleute schon lange in Zentralasien und China aktiv. Sie verkauften Sklaven aus Deutschland und Zentraleuropa an die Araber in Afrika und der Levante. Sie kauften flämische und englische Tuche und nahmen sie mit nach Konstantinopel und ans Schwarze Meer. Im 13. Jahrhundert fand die erste Seereise von Italien nach Brügge statt; vorher benutzte man den Rhein, die Rhône und Landwege. Straßen erschlossen die Alpenpässe. Nordeuropäische Messen zogen Kaufleute aus dem Nordwesten an. Die deutschen Hansestädte, die Liga, kon-

Bevölkerungswachstum, landwirtschaftliche Produktivität, florierender Handel und neue Technologien führten zu einer regen Bautätigkeit, die bis heute in Kathedralen, Bürgerhäusern und Gildehallen zu bewundern ist.

Europäischer Handel im 13. Jahrhundert

Diese Karte zeigt die wichtigsten Handelsrouten und Messeplätze im Europa des 13. Jahrhunderts.

trollierten die Ostsee, sie beschafften Textilien aus dem Westen und Gewürze aus dem Osten.

Technologie

Durch die Expansion des Handels wurde die ökonomische Landkarte in Europa verändert. In Flandern und den Niederlanden sorgten wirtschaftliche Wiederbelebung und landwirtschaftliche Verbesserungen für einen Bevölkerungszuwachs, der eine Grundlage für weitere Fortschritte in diesen Bereichen war. Überall erfreuten sich die Städte, die nicht mehr durch die zuvor bestehenden Zunftmonopole gehemmt wurden, einer neuen Blüte. Ein sichtbares Ergebnis zeigte sich in der Fülle von neuen Bauwerken. In den Städten, die zu neuem Wohlstand gekommen waren, entstanden nicht nur Häuser und Gildehallen; auch großartige Kathedralen und prächtige Pfarrkirchen wurden errichtet.

An der regen Bautätigkeit lässt sich die mittelalterliche Technologie am besten ablesen. Der Bau von großen Kathedralen erforderte die Lösung komplexer technischer Probleme, aus Handwerkern wurden Ingenieure. Mittelalterliche Technologie basierte nicht im modernen Sinn auf Wissenschaft, sondern auf Erfahrung und Reflexion. Eine ihrer wichtigsten Leistungen bestand in der Nutzung von Energieformen, die die Muskelkraft ersetzten. Kurbeln, Flaschenzüge und schiefe Ebenen zum Beispiel erleichterten das Heben von schweren Lasten.

Am offensichtlichsten war der Fortschritt in der Landwirtschaft, wo Metallwerkzeuge seit dem 10. Jahrhundert in Gebrauch kamen. Der Eisenpflug erleichterte die Bearbeitung der Erde; da Ochsen als Zugtiere gebraucht wurden, folgte die Entwicklung eines effektiveren Jochs. Ortscheit und Schulterkragen für das Pferd ermöglichten dann die schwerere Beladung von Fuhrwerken. Alle diese Neuerungen brachten auch andere Anforderungen mit sich. Der Einsatz von Pferden ging beispielsweise mit einer Steigerung des Getreidebedarfs einher, der zu ihrer Versorgung benötigt wurde. Das führte dann wiederum zu einem neuen Erntekreislauf.

Eine weitere Innovation waren die Mühlen: Wind- und Wassermühlen wurden in Asien entwickelt, und seit etwa 1000 verbreiteten sie sich in ganz Europa. Der Wind ersetzte die Muskelkraft beim Getreidemahlen, ebenso wie er bereits zur Entwicklung besserer Schiffe beigetragen hatte. Wasser nutzte man ebenfalls als Antrieb für Maschinen, zum Beispiel Hämmer zum Walken von Tuch wie auch zum Schmieden; hier war die Erfindung der Kurbel von größter Bedeutung. Wassergetriebene Hämmer wurden vor allem für die Papierherstellung genutzt. Die Metallindustrie prosperierte im 15. Jahrhundert. Dies lässt sich in erster Linie durch den wachsenden Bedarf an technischer Ausrüstung für das Militär erklären, allem voran der neu entstandenen Artillerie.

Die Erfindung des Buchdrucks erreichte eine überragende Bedeutung, die sogar die Metallindustrie in Deutschland und Flandern überflügelte. Druck und Papier besaßen ein

Der Fernhandel wurde seit dem 12. Jahrhundert zunehmend üblich. Diese Miniatur aus dem 15. Jahrhundert zeigt das Löschen der Ladung eines Handelsschiffes in einem europäischen Hafen.

Leonardo da Vinci

Leonardo da Vinci war nicht nur einer der großartigsten Künstler seiner Zeit, sondern auch der Begründer des modernen wissenschaftlichen Denkens – er löste viele wichtige technische Probleme. Leonardos Entwürfe von einer fliegenden Maschine bis hin zu einem frühen Konzept für Automobile sind uns in Tausenden von Zeichnungen, Notizen und Skizzen auf losen Blättern und in Notizbüchern erhalten. Leonardo ist der Vertreter eines neuen Empirismus: Er wurde in der Werkstatt eines Kunsthandwerkers ausgebildet und lernte nie Latein, die offizielle Schriftsprache.

Eine Zeichnung Leonardo da Vincis von einer Maschine zur Herstellung von Feilen für Metall- und Holzarbeiten.

Dieser Ausschnitt eines Altars des 15. Jahrhunderts aus der Kirche St. Michael in Avila in der spanischen Region Altkastilien stellt den Bau einer Kirche dar.

eigenes revolutionäres Potenzial, weil Bücher die Verbreitung von Wissen in der wachsenden Gemeinschaft der Handwerker und Künstler schneller und leichter machten. Einige technische Neuerungen wurden auch von anderen Kulturen übernommen: Das Spinnrad kam aus Indien ins mittelalterliche Europa, während die Verwendung von Pedalen als Fußantrieb vermutlich eine europäische Erfindung des 16. Jahrhunderts gewesen ist.

Frühes Bankwesen

Um 1500 war die technische Entwicklung so weit fortgeschritten, dass sie bereits hohe Investitionen nötig machte etwa für die Begründung von Manufakturen. Kapital war nun schneller und umfangreicher verfügbar, außerdem sorgten neue Geschäftsmethoden für Veränderungen. Die Italiener erfanden im Mittelalter einen Großteil der modernen Buchführung ebenso wie neue Kreditinstrumente für die Finanzierung des internationalen Handels. Der Wechsel kommt im 13. Jahrhundert auf, und mit ihm die ersten Bankiers im heutigen Sinn: Europa ist auf dem Weg zum modernen Kapitalismus. Die beschränkte Haftung wurde 1408 in Florenz eingeführt. Obwohl solche Veränderungen einschneidend waren, muss man sie doch im Verhältnis sehen. Sogar das reiche Venedig – seine großartigen Paläste belegen dies – hätte alle Güter, die von dort aus in einem Jahr verschifft wurden, ohne Probleme in einem modernen Schiff unterbringen können.

Wirtschaftskrisen

Jahrhundertelang war das wirtschaftliche Leben labil, immer vom Zusammenbruch bedroht. Trotz mancher Fortschritte blieb die mittelalterliche Landwirtschaft ineffizient, denn sie beutete das Land nur aus. Als es schwieriger wurde, neues Land zu erschließen, wurden die Familienbesitze kleiner. Wahrscheinlich bewirtschafteten um 1300 die meisten europäischen Haushalte weniger als 2,5 Hektar Land. Nur in einzelnen Gegenden, etwa in der Poebene, wurde investiert, z. B. in Bewässerungsanlagen. Darüber hinaus war die Landwirtschaft vom Wetter abhängig: Zwei schlechte Ernten hintereinander reduzierten im frühen 14. Jahrhundert die Bevölkerung von Ypern um ein Zehntel. Lokale Hungersnöte konnten nur selten durch Importe ausgeglichen werden. Die Straßen waren seit der Römerzeit stark reparaturbedürftig und für Karren untauglich, daher mussten die Waren zum großen Teil von Packpferden und Maultieren befördert werden. Der Transport auf

Blühender Handel sorgte für den großen Reichtum mittelalterlicher Städte wie Bristol, London, Brügge und vor allem Venedig und Genua. Genueser Bankleute und Geldwechsler werden auf dieser Miniatur aus dem 14. Jahrhundert bei der Arbeit gezeigt.

Die Beerdigung von Pestopfern in Tournai 1349 ist auf dieser Illustration einer Handschrift zu sehen.

dem Wasserweg war zwar billiger und schneller, aber unzureichend. Politische Turbulenzen hemmten den Handel: So brachte der Angriff der Osmanen eine teilweise Rezession im Osthandel im 15. Jahrhundert. Geringe Schwankungen in der Nachfrage wirkten sich sofort auf das Schicksal der Städte aus. Die Tuchproduktion in Florenz und Ypern ging so z. B. im 14. Jahrhundert um zwei Drittel zurück.

Die Pest

Schlechte Ernten zu Anfang des 14. Jahrhunderts und die Pest 1348 sorgten für einen starken Bevölkerungsrückgang. Insgesamt brachten allein Pest, Typhus, Pocken und Grippe 40 Millionen Menschen den Tod.

Es ist schwer, über die Bevölkerungsentwicklung im Mittelalter allgemeine Aussagen zu treffen. Eines jedoch ist sicher: Das 14. Jahrhundert wurde fast überall von einer großen andauernden Krisensituation überschattet. Die Todesrate stieg vielerorts dramatisch an, besonders nach einer Serie von schlechten Ernten um 1320. Damit begann die langsame Dezimierung der Bevölkerung, die mit dem Beginn der Epidemien katastrophal wurde. Der „Schwarze Tod" wütete von 1348 bis 1350. Die Beulenpest war die schwerste Seuche, ihr folgten andere tödliche Krankheiten. Die Europäer starben auch massenhaft an Typhus, Grippe und den Pocken. Dies löste eine demographische Katastrophe aus: In einigen Gebieten reduzierte sich die Bevölkerung um ein Drittel bis die Hälfte; für ganz Europa wurde der Gesamtverlust auf ein Viertel geschätzt. Eine päpstliche Untersuchung kam auf über 40 Millionen Tote. In Toulouse, 1335 eine Stadt mit 30 000 Einwohnern, lebten ein Jahrhundert später noch 8000 Menschen; in Avignon starben innerhalb von drei Tagen 1400 Personen.

Europa litt unter diesen Schicksalsschlägen. In extremen Fällen brach eine Art kollektiver Wahnsinn aus. Pogrome gegen die Juden waren ein Ausdruck der Suche nach Sündenböcken, Hexen- und Ketzerverbrennungen ein weiterer. Kunst und Literatur drückten in Bildern des Todes und der Verdammung die psychische Befindlichkeit Europas aus, die für den Rest der mittelalterlichen Zeit eine Narbe tragen sollte. Die Balance zwischen Nahrungsangebot und Bevölkerungszahlen war bedroht. Wenn zu viele starben, brach die landwirtschaftliche Produktion zusammen; dann verhungerten die Bewohner einer Stadt, sofern sie nicht schon an der Plage gestorben waren. Um 1300 erreichte die wirtschaftliche Produktivität zwar ihren Höhepunkt, doch selbst damals war der Bevölkerungsdruck schon so hoch, dass die Nahrungsmittel nicht für alle reichten. Dann setzte der Rückschlag des 14. Jahrhunderts ein; ihm folgte eine langsame Erholung im 15. Jahrhundert.

Bauernunruhen und Schwächung der Grundherren

Es überrascht kaum, dass eine solche Zeit der Katastrophen und Veränderungen auch von gewaltsamen sozialen Konflikten begleitet war. Überall gab es im Europa des 14. und 15. Jahrhunderts Bauernaufstände. Die französische *Jacquerie* von 1358, die 30 000 Menschen den Tod brachte, und die englische Bauernrevolte von 1381, während der London eine Zeit lang besetzt wurde, sind besonders hervorzuheben. Die Wurzeln der Rebellion lagen in den überhöhten Pachtforderungen der

Diese Miniatur zeigt eine Strafprozession holländischer Flagellanten von Doonik 1349. Sie waren eine von vielen fanatischen Gruppen, die sich infolge der Schrecken der Pestepidemien herausgebildet hatten.

Grundherren, die sich ihrerseits von den königlichen Steuereintreibern unter Druck gesetzt sahen. Zusammen mit Hunger, Seuchen und Krieg machten sie das ohnehin schon karge Dasein der Bauern unerträglich. „Wir sind Menschen, geschaffen nach dem Abbild Christi, aber ihr behandelt uns wie wilde Tiere", war die Beschwerde der englischen Bauern, die 1381 rebellierten. Bezeichnenderweise appellierten sie an die christlichen Werte ihrer Gesellschaft. Die Forderungen der mittelalterlichen Bauern waren oft gut formuliert und wirkungsvoll, aber es wäre anachronistisch, in ihnen den entstehenden Sozialismus zu sehen.

Eine Bevölkerungskatastrophe solchen Ausmaßes machte paradoxerweise die Lage für einige der Armen besser. Dem Mangel an Arbeitskräften folgte ein Anstieg der Reallöhne. Der Lebensstandard der Armen stieg leicht an, denn gleichzeitig fielen die Getreidepreise. Die Tendenz der Wirtschaft, sich ganz auf die Geldwirtschaft zu konzentrieren, beschleunigte den Arbeitskräftemangel noch, auch auf dem Land. Im 16. Jahrhundert ging die Zahl der Leibeigenen vor allem in England sehr zurück. Dies schwächte die Besitzenden und die feudale Struktur. Grundherren wurden plötzlich mit verminderten Pachteinkünften konfrontiert. In den beiden vorangegangenen Jahrhunderten waren die Konsumgewohnheiten der Wohlhabenden immer luxuriöser geworden. Nun stagnierte der Reichtum. Einige Grundherren passten sich der Entwicklung an. Sie tauschten zum Beispiel arbeitsintensiven Getreideanbau mit Schafzucht, für die man nur wenig Arbeitskräfte benötigte. Viele andere bauten auf ihrem Land einfach nichts mehr an. Nur in Spanien gab es noch Grundbesitz, von dem man leben konnte: Maurisches Land ging als Lohn an die Soldaten der Reconquista.

Adelsstand

Die mittelalterliche Gesellschaft veränderte sich zwischen dem 10. und 16. Jahrhundert dramatisch. Von der Moderne war sie jedoch

Hohe Pacht und Steuern sowie Folgen von Krieg und Krankheiten machten das Leben der Bauern immer beschwerlicher. Im 14. Jahrhundert entlud sich der Unmut der englischen und französischen Bauern in Unruhen.

selbst am Ende noch immer weit entfernt: Die geradezu obsessive Fixierung auf gesellschaftlichen Status und die Hierarchie gibt einen Hinweis darauf. Die Männer und Frauen des europäischen Mittelalters waren durch ihren rechtlichen Stand bestimmt. Sie handelten nicht als Individuen, sondern in ihnen verkörperten sich soziale Gegebenheiten, beispielsweise die der Geburt. Dies drückte sich natürlich am deutlichsten in der Vorstellung des Adelsstands aus. Die adlige Gesellschaft, die an einigen Orten bis zum 20. Jahrhundert Realität blieb, bildete sich in ihren wesentlichen Grundzügen schon im 13. Jahrhundert heraus. Aus Rittern wurden nach und nach Grundbesitzer. Die Abstammung wurde daher wichtig, denn es gab Besitztümer zu erben, um die man kämpfen musste. Ein Anzeichen dafür war der Bedeutungszuwachs von Heraldik und Genealogie. Neue Titel dienten der Unterscheidung: Die ersten englischen Herzöge wollten sich von einfachen Peers absetzen. Symbolische Fragen des Vorrangs erregten großes Interesse. Ungleiche Heirat oder minderwertige Arbeit konnten zum Verlust des Standes führen. Für Jahrhunderte galt, dass ein Adliger im nördlichen Europa sich nur mit Waffen, der Kirche oder seinem Besitz beschäftigen durfte. Der Handel war ihm verschlossen, nur durch Agenten konnte er dort tätig werden. Obwohl diese Einstellung im Laufe der Jahrhunderte verschwand, so gehörte die Verachtung für den Handel zu den letzten Dingen, die aus dem Standesdenken verschwanden: Als der französische König im 16. Jahrhundert seinen portugiesischen Cousin einen „Händlerkönig" nannte, stellte das eine Beleidigung dar.

Ritterliche Werte

Die Werte der Adligen waren militärisch beeinflusst: Ehre, Treue und Selbstaufopferung. Das Ideal der Ritterlichkeit milderte die Härte der militärischen Realität. In der religiösen Zeremonie des Ritterschlages drückten sich Würde und christliche Pflichten des Ritters aus. Der sagenhafte englische König Artus ver-

Jagen war eine der beliebtesten Beschäftigungen der europäischen Adligen und Grundherrn. Dieses Ölgemälde von 1529 trägt den Titel *Kurfürst Friedrichs des Weisen Hirschjagd.* Unter den Figuren im Vordergrund sind Kurfürst Friedrich III. von Sachsen, der Kaiser des Hl. Römischen Reiches, Maximilian I. von Habsburg, und Kurfürst Johann der Beständige von Sachsen.

körperte diese Idee aufs Beste, sein Kult breitete sich in vielen Ländern aus. Natürlich stimmten Ideal und Realität nicht überein: Den Ritter der Tafelrunde gab es nur in der großartigen Artusdichtung.

Auch die Theorie des Lehnswesens gestaltete sich in der Wirklichkeit anders. Krieg und wirtschaftlicher Druck höhlten die sozialen Verpflichtungen gegenüber den Lehnsleuten aus. Der Niedergang der gesellschaftlichen Vorstellung von Herr und Vasall begünstigte die königliche Macht. Die aufkommende Geldwirtschaft erhöhte die Bedeutung der Pachtzinsen zu Ungunsten der Frondienste. Die Lehnsstruktur war den gesellschaftlichen Realitäten bald nicht mehr angemessen.

Händler und Kaufleute

Die europäische Gesellschaft erzeugte neue Arten von Reichtum und Macht, die keinen Platz mehr in den alten Hierarchien hatten und sie deshalb herausforderten. In einigen Ländern versuchten sich die regierenden Schichten nach unten abzuschließen. Nur in England nahm der mittelalterliche Adel auf Grund einer größeren sozialen Offenheit Aufsteiger in seine Reihen auf. Doch im Laufe der Zeit war dies immer seltener möglich.

Die reichen Kaufleute erwarben Land – eine Gewinn bringende Investition, mit der ihr gesellschaftlicher Aufstieg einherging, denn noch immer war Landbesitz von höchstem sozialen Prestige. In Italien wurden die Kaufleute zum Adel der Handels- und Industriestädte in einer Gesellschaftsordnung, die eigentlich keinen Platz für sie hatte. Bald schon entwickelten sie ihre eigenen sozialen Formen, die ihre Rolle neu definierten.

Entwicklung der Städte

Der Aufstieg der Kaufmannsschicht hing mit dem Wachstum der Städte zusammen; die Kaufleute erwiesen sich schließlich als das dynamischste Element der europäischen Zivilisation. Parallel zur Entwicklung italienischer Städte entstand in Nordeuropa beispielsweise der mächtige Verband der Hanse, zu der mehr als 150 Städte gehörten. Die flämischen Städte erfreuten sich ebenfalls großer Freiheiten, während französische und englische Metropolen stärker eingeschränkt waren.

Sowohl der Adel suchte die Unterstützung der Städte gegen die Könige, als auch die Könige, die sich mit Hilfe der Städte gegen den übermächtigen Adel zu behaupten versuchten. Dadurch erhielten die Städte Rechte und Privilegien. Die mittelalterlichen Stadtmauern waren Symbol und Garantie für deren Immunität. Die Forderungen der Grundbesitzer betrafen sie nicht, Leibeigene konnten vielfach ihre Freiheit erlangen, wenn sie dort ein Jahr und einen Tag lebten. „Stadtluft macht

Diese Illustration aus dem 14. Jahrhundert zeigt die Belehnung eines mittelalterlichen Ritters.

Städtisches Wachstum führte zu einem Anstieg der Zahl der privaten Geschäfte im mittelalterlichen Europa. Eine Metzgerei ist in dieser italienischen Handschrift aus dem 14. Jahrhundert dargestellt.

frei", sagt ein deutsches Sprichwort. Die Kommunen mit ihren Gilden – den Gemeinschaften freier Männer – waren für lange Zeit in einer Welt von Unfreien isoliert. Der Bürger – der *bourgeois*, der Bewohner in *bourg* oder *borough* – war ein Mann, der für sich selbst einstand in einem Universum von Abhängigkeiten.

Städte und Bürger als Basis des europäischen Erfolgs

Mit der Entstehung der Städte und einer reichen Kaufmannsschicht rückt das Bürgertum ins Blickfeld. In frühesten Zeiten war ein Händler kaum mehr als ein Hausierer mit exotischen Waren und Luxusgütern, die den mittelalterlichen Landgütern fehlten. Der einfache Tauschhandel benötigte lange Zeit keinen Mittelsmann: Handwerker verkauften ihre eigenen Waren und Bauern ihre Erzeugnisse. Nun tauchten in den Städten vermittelnde Händler auf, etwas später benutzten ihre Nachfolger schon angesammeltes Kapital, um den Markt und seine Produktionsmechanismen zu bestimmen.

Die Blüte des städtischen Lebens unterscheidet die europäische Geschichte von der anderer Kontinente. Weder in der antiken Welt (außer vielleicht im klassischen Griechenland) noch in Asien oder Amerika entwickelten die Städte eine derartige politische und soziale Macht, wie sie sich in Europa ausbildete. Ein Grund bestand in dem Ausbleiben von zerstörerischen Invasionen von außen, die jeden Fortschritt zunichte ge-

Die Entwicklung der Städte

Viele Städte an Rhein und Donau gehen auf provinziale Siedlungen zurück, die sich an Römerlager anschlossen. Andere Stadtgründungen lehnten sich an vorhandene herrschaftliche Einrichtungen an, wie beispielsweise Bischofspfalzen, Klosterkirchen oder Burgen. Die guten Absatzmöglichkeiten zogen viele Gewerbe und Handel treibende an. Nach einem Rückgang im Mittelalter durch Abwanderung, Kriege und Seuchen stieg die Zahl der Stadtbewohner im 15. Jahrhundert wieder.

Kaufleute ließen sich dauerhaft in einer bestimmten Stadt nieder, Handwerker organisierten sich in berufsspezifischen Bruderschaften, und städtische Freiheiten sorgten für eine Rechtsgleichheit der Bürger. Diese wurden zunehmend an der Selbstverwaltung der Stadt beteiligt.

Erst solche Entwicklungen brachten das typische städtische Leben hervor: Nachbarschaft in engen Hausparzellen, Ansammlung bestimmter Berufsgruppen beziehungsweise Schichten in einzelnen Vierteln und einen regen Betrieb auf den Wochenmärkten. Die Bevölkerungskonzentration und das Treiben in der Stadt förderten zudem die Zunahme von Dienstleistungsberufen. Für den wachsenden Reiseverkehr wurden Gasthäuser errichtet. Es gab jedoch auch große Probleme in den expandierenden Städten. Dazu gehörten vor allem die Wasserversorgung und die Abfallbeseitigung.

Die Hanse

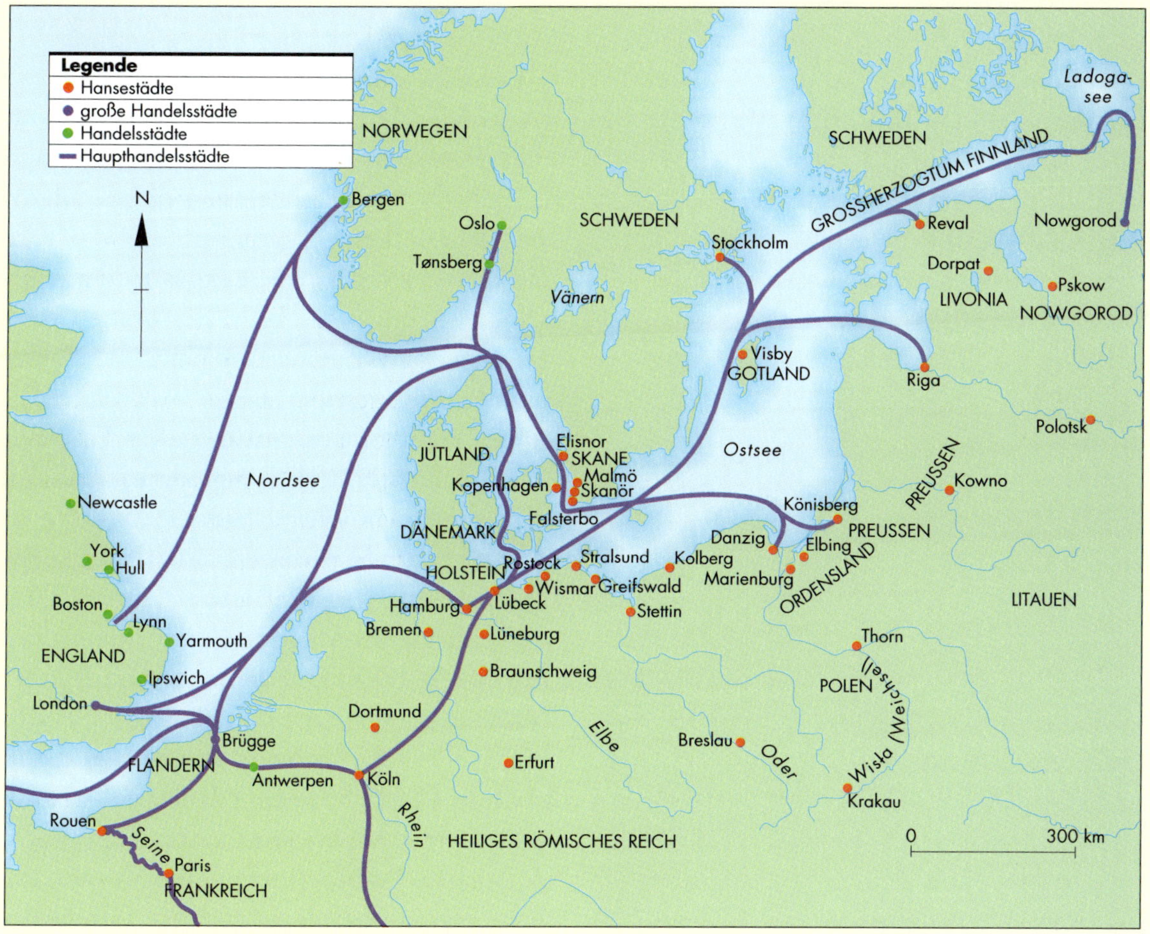

Die Wirtschaftsgemeinschaft der Hanse entstand in der Mitte des 14. Jahrhunderts, obwohl ihre Wurzeln bis ins 11. Jahrhundert zurückgehen. Der Dänenkönig Waldemar IV. (1340–1375) versuchte den Handel im Baltikum zu monopolisieren. Als Reaktion darauf schlossen sich mehrere Städte in einer Gruppe zusammen und vollzogen somit die Gründung der Hanse. 1375 erkannte Kaiser Karl IV. die Monopolstellung der Hanse in den Küstenregionen des Baltikums an. Lübeck wurde die „Hauptstadt" der Hanse und der Großmeister des Deutschen Ordens ihr alleiniger „Fürst". Die Hanse der 17 Städte (eine Organisation, gebildet aus verschiedenen Händlern der Niederlande und Nordfrankreichs) besaß ähnliche Strukturen, genauso wie die Hanse von London.

macht hätten. Die Plünderung einer Stadt war eine Ausnahme im europäischen Mittelalter, während sie in Asien ein normales politisches Mittel darstellte. Europas andauernde politische Zersplitterung machte die Herrscher außerdem vorsichtig und zurückhaltend in ihren Erwartungen. In sozialer Hinsicht bot das Ständesystem im Vergleich zum indischen Kastensystem und der autoritären Herrschaft in China weitaus mehr Freiraum. Der Händler, der Handwerker, der Rechtsanwalt und der Arzt hatten ihre Rolle in Europa, die sie zu einem wichtigen Glied einer dynamischen Gesellschaft machte. Stadtbewohner waren gleichberechtigt und frei, auch wenn es Unterschiede gab.

Nonnen kamen normalerweise aus besseren Familien – die arbeitende Klasse konnte sich die hohe Aussteuer, die beim Eintritt in ein Kloster verlangt wurde, nicht leisten. Auf dieser Tafel eines Flügelaltars des 15. Jahrhunderts ist die Gesegnete Demut porträtiert, die im Refektorium des Klosters laut aus der Bibel vorliest.

Die Stellung der Frauen

Frauen verfügten über geringere gesetzliche und persönliche Freiheiten als Männer, egal, ob sie dem Adel oder den unteren Ständen entstammten. Ihre Erbrechte waren oft begrenzt; sie konnten beispielsweise ein Lehen erben, aber sie konnten nicht die persönliche Herrschaft darüber ausüben und mussten einen Mann bestimmen, der die damit verbundenen Verpflichtungen wahrnahm. In allen Klassen, außer der obersten, mussten die Frauen harte Arbeit verrichten. Bis zum 20. Jahrhundert arbeitete die Bäuerin genauso auf dem Land wie die Frauen heute noch in Afrika und Asien.

Die Kirche leistete einen großen Beitrag zur Unterdrückung der Frauen, vor allem durch ihre feindliche Haltung zur Sexualität. Da Frauen als Verursacherinnen des Sündenfalls angesehen wurden, unterstützte die Kirche die Vorherrschaft des Mannes in der Gesellschaft. Sie bot andererseits den Frauen die einzige anerkannte Alternative zur Häuslichkeit bis in unsere modernen Zeiten. Die Klöster füllten sich mit hervorragenden Frauen der Gelehrsamkeit und Spiritualität. Außerdem verbesserte sich wenigstens die Stellung einer Minderheit vornehmer Frauen durch deren Idealisierung im Rittertum des 13. und 14. Jahrhunderts. Doch solche Ideen hatten nur wenig Einfluss. Frauen starben früher als Männer, auch wegen der häufigen Geburten. Mittelalterliche Geburtshilfe wurzelte immer noch in den Lehren der Antike, in Aristoteles und Galen, da es noch nichts Besseres gab. Aber auch Männer erreichten durchschnittlich kein hohes Lebensalter. Thomas von Aquin wurde nur 47 Jahre alt; wegen der hohen Kindersterblichkeit lag die durchschnittliche Lebenserwartung bei nur 33 Jahren.

Die übliche Lebensaufgabe von Frauen bestand in der Versorgung der Familie. Grundlage dieser Familie bildete die Ehe. Vor allem in adeligen Familien wurde der Partner der Frau durch den Vater ausgewählt. Die Eheschließung diente vor allem in den Oberschichten als Mittel des sozialen Aufstiegs und wurde mitunter fast zu einer politischen Angelegenheit. Doch auch bei den Unterschichten gab es bestimmte Heiratsregeln. Liebesheiraten kamen nicht allzu häufig vor. Erst im Lauf der Zeit wurde die Einwilligung der Braut für die Eheschließung notwendig. Mit der Heirat ging die Frau aus der Obhut der Eltern in die des Ehemanns über.

Gegenüber dem Mann war die Frau in verschiedener Hinsicht erheblich benachteiligt. Frauen waren aus weiten Bereichen des öffentlichen Lebens ausgeschlossen und damit auf die private Sphäre der Familie verwiesen. Diese Rollentrennung wurde jedoch als vollkommen natürlich empfunden, da man von einer prinzipiellen Andersartigkeit der Frauen von Natur aus ausging. Die Bindung der Frau an das Haus bedeutete allerdings nicht, dass sie in erster Linie den Mann zu umsorgen hatte. Das setzte sich erst allmählich im reichen Bürgertum des späten Mittelalters durch.

Die Frau war je nach der beruflichen Tätigkeit des Mannes auf ganz verschiedene Weise in den familiären Wirtschaftsbetrieb integriert, sie übernahm beispielsweise neben der Hausarbeit und Vorratshaltung vor allem Textilarbeiten, versorgte das Vieh und war für die Kindererziehung sowie die Krankenpflege verantwortlich. In beschränktem Maße nahmen Frauen aber auch am öffentlichen Leben teil. Vor allem Königinnen standen der gesamten Hofverwaltung vor und konnten nicht zuletzt als Stellvertreterinnen ihres Mannes durchaus politische Funktionen übernehmen. Besonders selbstständig konnten auch Witwen handeln, zumal wenn sie noch unmündige Kinder hatten. Von der Gesellschaft waren sie in besonderem Maße anerkannt. Literatur und Dichtung entwarfen darüber hinaus ein durchweg positives und idealisiertes Bild der Frau als Verkörperung von Schönheit und Anstand.

Die Integration der Frau in den täglichen Arbeitsprozess führte letztlich jedoch noch nicht zu ihrer Emanzipation. Es scheint charakteristisch für diese Zeit, dass die gesellschaftliche Anerkennung einerseits und die Vorstellung einer naturbedingt schwachen, schutzbedürftigen und verhältnismäßig rechtlosen Frau andererseits eng miteinander verschränkt waren.

Frauen halfen ihren Männern bei der Arbeit; viele führten ihre eigenen Geschäfte. Unverheiratete Frauen machten normalerweise dieselbe Arbeit wie Männer. Diese Illustration aus dem 7. Jahrhundert zeigt Männer und Frauen bei der Feldarbeit.

Amtliche Daten als wichtige Quellen

Aus den Jahrhunderten des Mittelalters stammen die ersten Volkszählungen. Diese stellten eine der letzten wichtigen Neuerungen jenes Zeitalters dar. Als die Beamten Wilhelms des Eroberers 1085 durch England ritten, die Bewohner befragten und ihre Besitztümer erfassten, ebneten sie unabsichtlich den Weg in ein neues Zeitalter. Andere Erhebungen, in der Regel vor allem für Steuerzwecke, folgten in den nächsten Jahrhunderten. Einige sind erhalten geblieben, zusammen mit den ersten Rechnungen, die den Umfang der Landwirt-

Der *Triumph des Todes* von einem anonymen sizilianischen Künstler des 15. Jahrhunderts. Der Tod war dem mittelalterlichen Europäer stets nah, denn Krankheiten drohten ständig.

schaft und der Wirtschaft in Zahlen übersetzen. Dank dieses neuen Quellentyps kann der Historiker verlässlichere Aussagen über die mittelalterliche Gesellschaft und ihre verschiedenen Lebensformen treffen als über irgendeine andere frühere Zeit.

Auf diesem Bild von 1434 porträtiert Jan van Eyck den reichen italienischen Händler Arnolfini und seine Verlobte, beides Repräsentanten eines wachsenden städtischen Bürgertums.

6 NEUE GRENZEN, NEUE HORIZONTE

Im Nahen Osten wurden die Europäer noch lange Zeit als „Franken" bezeichnet, ein Begriff, den man zuerst in Byzanz für westliche Christen benutzte. Er verbreitete sich überall und wurde noch 1000 Jahre später in den verschiedensten Verdrehungen und falschen Aussprachen vom Persischen Golf bis China verwendet. Dies ist mehr als eine historische Kuriosität; es ist eine hilfreiche Erinnerung daran, dass Nichteuropäer bereits lange vor den Europäern an eine Einheit des europäischen Kontinents glaubten.

SINKENDE BEDROHUNG VON AUSSEN

Die Wurzeln der Einheit sind bereits in den fernen Anfängen Europas zu erkennen, als der Druck auf seine Grenzen im Osten und Norden nach langer Zeit endlich nachließ. Etwa um 1000 n. Chr. wurden die „Barbaren" aufgehalten, dann begann man sie zu christianisieren. Innerhalb kurzer Zeit hatten Polen, Ungarn, Dänemark und Norwegen einen christlichen König. Eine letzte große Bedrohung, der Angriff der Mongolen, erwartete sie noch, aber dies zeichnete sich zu dieser Zeit noch nicht ab. Außerdem hatte schon im 11. Jahrhundert das Zurückdrängen des Islams begonnen. Der islamische Druck auf Südeuropa verminderte sich auf Grund des Niedergangs der abbasidischen Kalifate im 8. und 9. Jahrhundert.

DIE KREUZZÜGE

Der Kampf mit dem Islam dauerte unvermindert bis zum 15. Jahrhundert an. Geschlossenheit und Eifer wurden vom Christentum bestimmt, der tiefsten Quelle des europäischen Selbstbewusstseins. Das Chris-

Die Teilnehmer des Kreuzzuges brechen nach Jerusalem auf, vorne die Armeen des Ersten Kreuzzuges 1096. Sie wurden von den Seldschuken in Anatolien niedergemetzelt, wie diese zeitgenössische Illustration zeigt.

tentum verband die Menschen zu einer großen spirituellen Gemeinschaft. Aber das war nur die eine Seite der Medaille. Es rechtfertigte auch den ungezügelten Drang der Ritterschaft nach Eroberungen. Sie durften die Heiden mit gutem Gewissen ausplündern. Die Normannen bildeten die Vorhut, sie kämpften gegen die Araber in Süditalien und Sizilien, eine Aufgabe, die um 1100 endgültig erledigt war. Fast zufällig annektierten sie auch noch den letzten byzantinischen Besitz im Westen. Zu den großen Kämpfen der Europäer gegen den Islam zählte auch das bedeutendste Ereignis der spanischen Geschichte, die Reconquista, deren Endpunkt erst 1492 erreicht war, als Granada, die letzte islamische Stadt in Spanien, den Armeen der Katholischen Könige zufiel.

Die Spanier betrachteten die Reconquista immer als religiöse Angelegenheit, und als solche zog sie seit ihrem Beginn im 11. Jahrhundert Krieger aus ganz Europa an. Sie profitierte von der gleichen religiösen Erneuerung und Energie, die auch im Erfolg der großen Unternehmungen in Palästina und Syrien zum Ausdruck kamen. Die Kreuzzüge, wie sie genannt wurden, dauerten mehr als zwei Jahrhunderte. Obwohl sie ihr Ziel, die Befreiung des Heiligen Landes vom Islam, nicht erreichten, hinterließen sie deutliche Spuren. Die ersten vier Kreuzzüge waren die bedeutendsten. Der früheste und erfolgreichste begann 1096. Innerhalb von drei Jahren eroberten die Kreuzfahrer Jerusalem zurück: Den Sieg des Glaubens feierten sie mit einem schrecklichen Massaker an ihren Gefangenen, Frauen und Kinder inbegriffen. Der Zweite Kreuzzug (1147–1149) begann mit dem Massaker an den Juden im Rheinland und wurde – trotz der größeren Bedeutung durch die Anwesenheit eines Kaisers und des Königs von Frankreich – zum Desaster. Die Wiedergewinnung Edessas, der Stadt, deren Verlust der Hauptgrund für diesen Kreuzzug gewesen war, gelang nicht – sehr zum Missfallen seiner eifrigsten Befürworter. 1187 eroberte Saladin Jerusalem für den Islam zurück. Der folgende Dritte Kreuzzug (1189–1192) war einer der spektakulärsten. Der deutsche Kaiser Friedrich I. Barbarossa, der während des Kreuzzugs ertrank, nahm daran

Richard Löwenherz war einer der Hauptakteure des Dritten Kreuzzugs, zusammen mit Philipp II. von Frankreich und Kaiser Friedrich I. Barbarossa. Eine der wichtigsten Leistungen war die Einnahme von Akkon 1191 (die Illustration zeigt eine Szene der Belagerung), auch wenn Jerusalem, das eigentliche Ziel der Kreuzfahrer, in den Händen Saladins blieb.

Zeitleiste (1095 - 1498)

1095	Urban II. proklamiert den Ersten Kreuzzug auf der Synode von Clermont
1120	Der Templer-Orden wird gegründet
1309	Die Residenz des Papstes wird nach Avignon verlegt
1453	Konstantinopel fällt in die Hände der Türken
1492	Kolumbus überquert den Atlantik und entdeckt die Neue Welt
1498	Vasco da Gama umsegelt das Kap der Guten Hoffnung und erreicht Indien

(Skala: 1000 – 1200 – 1400 – 1600)

Die Kreuzzüge

Ursprünglich waren die Kreuzzüge Expeditionen, die aus der christlichen Welt des Westens in das Heilige Land führten, mit dem Ziel, die heiligen Stätten von den islamischen Herrschern zu befreien. Den Teilnehmern wurden kraft päpstlicher Autorität gewisse Belohnungen wie Ablass (Erlass von Sündenstrafen im Fegefeuer nach dem Tod) und der Status als Märtyrer im Todesfall, versprochen. Die ersten vier Kreuzzüge waren die wichtigsten.

1095 Urban II. ruft auf der Synode von Clermont zum Kreuzzug auf.

1099 Eroberung von Jerusalem und Gründung eines Königreiches.

1144 Die türkischen Seldschuken erobern die (christliche) Stadt Edessa, deren Fall veranlasst den hl. Bernhard dazu, einen neuen Kreuzzug zu predigen.

1147–1149 Der Zweite Kreuzzug scheitert. Seine einzige herausragende Episode ist die Eroberung von Lissabon durch eine englische Flotte und ihre Übergabe an den König von Portugal.

1187 Saladin erobert Jerusalem für den Islam zurück.

1189 Beginn des Dritten Kreuzzuges, die Wiedereroberung Jerusalems scheitert.

1192 Saladin erlaubt Pilgern den Zugang zum Heiligen Grab.

1202 Der Vierte Kreuzzug findet in der Eroberung und Plünderung Konstantinopels durch die Kreuzfahrer und der anschließenden Gründung eines „Lateinischen Kaiserreiches" seinen Höhepunkt (1204).

1212 „Kinderkreuzzug".

1219 Der Fünfte Kreuzzug erobert Damiette in Ägypten, das bald wieder verloren geht.

1228–1229 Der exkommunizierte Kaiser Friedrich II. unternimmt einen Kreuzzug, erobert Jerusalem zurück und krönt sich selbst zum König.

1239–1240 Die Kreuzzüge Theobalds von der Champagne und Richards von Cornwall.

1244 Jerusalem wird für den Islam zurückerobert.

1248–1254 Ludwig IX. von Frankreich leitet einen Kreuzzug nach Ägypten, wo er gefangen genommen wird; wieder losgekauft geht er auf Pilgerfahrt nach Jerusalem.

1270 Ludwigs IX. zweiter Kreuzzug gegen Tunis.

1281 Akkon, die letzte christliche Basis in der Levante, fällt in die Hände des Islams.

Es gab viele andere Expeditionen, die man ebenfalls als „Kreuzzug" bezeichnete. Einige richteten sich gegen Nichtchristen (Mauren in Spanien und Slawen), andere gegen Häretiker (wie die Albigenser), wieder andere gegen Monarchen, die sich gegen das Papsttum gestellt hatten. Es wurden auch weitere vergebliche Expeditionen in den Nahen Osten unternommen. 1464 schaffte es Papst Pius II. nicht, Unterstützung für einen letzten Kreuzzug in diese Region zu erhalten.

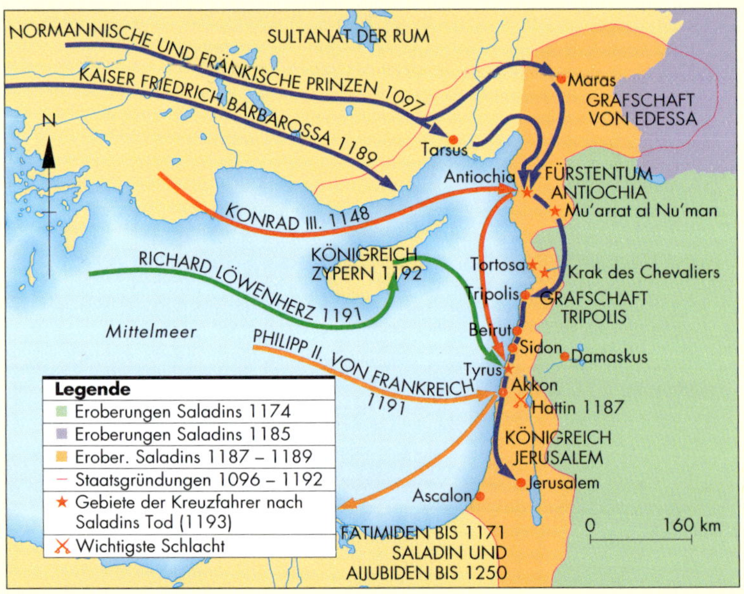

Diese Karte zeigt die Routen der ersten vier Kreuzzüge.

ebenso teil wie die Könige von England und Frankreich, Richard Löwenherz und Philipp II. Weil sie sich stritten, verfehlten die Kreuzfahrer ihr Ziel, Jerusalem wiederzuerobern. Kein großer Monarch antwortete dagegen auf Papst Innozenz' III. Aufruf zum nächsten Kreuzzug, doch viele landhungrige Adlige folgten ihm. Die Venezianer finanzierten die Expedition, die 1202 begann. Sie war von Anfang an bestimmt durch die Einmischung in dynastische Probleme in Byzanz. Das kam den Venezianern gelegen; sie halfen, Konstantinopel für einen abgesetzten Kaiser zurückzuerobern. Anschließend kam es zu der schrecklichen Plünderung der Stadt im Jahre 1204; das war das Ende des Vierten Kreuzzuges, dessen Denkmal die Errichtung eines „Lateinischen Kaiserreiches" in Konstantinopel war, das aber nur ein halbes Jahrhundert überlebte.

Eines der bedeutendsten Besitztümer der Kreuzfahrer war Krak des Chevaliers, eine Burg in Syrien nahe Tripolis, die als Überwachungszentrum genutzt wurde. Seit 1142 gehörte die Burg den Johannitern, die es schafften, bis 1271 dem Angriff der Muslime zu widerstehen. Dann wurde sie von Sultan Baibar I. eingenommen.

Die Kreuzfahrer und die außereuropäische Welt

Einige weitere Kreuzzüge wurden im 13. Jahrhundert begonnen. Obwohl sie mithalfen, die Gefahren, denen Byzanz ausgesetzt war, ein wenig länger fernzuhalten, war ein Kreuzzug ins Heilige Land nicht mehr möglich. Seine religiösen Impulse konnten zwar immer noch Menschen bewegen, aber die ersten vier Kreuzzüge hatten zu oft das hässliche Gesicht

Die Kreuzfahrer nehmen Jerusalem ein

„Einmal in die Stadt gelangt, verfolgten und töteten unsere Pilger die Sarazenen bis zum Tempel des Salomon, wo sie sich wieder versammelten und von wo aus sie sich unseren Leuten in dem heftigsten Kampf des Tages widersetzten, bis der ganze Tempel von ihrem Blut glänzte. Nachdem sie alle Heiden vernichtet hatten, nahmen unsere Leute auch die Frauen und Kinder in dem Tempel in Besitz, die sie nach Lust und Laune töteten oder am Leben ließen. Auf der oberen Ebene des Tempels hatte eine große Gruppe von Heiden beiderlei Geschlechts Zuflucht gefunden, denen Tankred und Gaston de Barn versprochen hatten, sie am Leben zu lassen. Die Kreuzfahrer zerstreuten sich in der ganzen Stadt, plünderten die mit Reichtümern angefüllten Häuser und machten sich schließlich mit Gold, Silber, Pferden und Eseln davon. Nach einem ekstatischen Freudengeheule gingen sie zum Gottesdienst am Grab unseres Erlösers Jesus und beichteten ihm ihre Sünden. Am nächsten Morgen kletterten unsere Leute auf das Dach des Tempels und griffen die Sarazenen an, sowohl Männer als auch Frauen, und zogen ihre Schwerter und köpften sie. Einige von ihnen stürzten sich vom Tempeldach. Als er dieses Schauspiel sah, wurde Tankred sehr ungehalten."

Eine anonyme Chronik erzählt die Einnahme von Jerusalem während des Ersten Kreuzzuges am 15. Juli 1099 nach.

Diese Illustration zeigt den französischen König Ludwig IX. (1215–1270), wie er zu seinem verhängnisvollen letzten Kreuzzug aufbricht, der in der Kapitulation seiner Truppen gipfelte. Die gefangenen Kreuzfahrer wurden nach Kairo gebracht. In dem dort ausgehandelten Friedensvertrag mussten die Christen auf Damiette verzichten.

der Habgier gezeigt. Sie können als die ersten Beispiele eines europäischen überseeischen Eroberungsstrebens betrachtet werden, sowohl in ihrer charakteristischen Mischung von noblen und schändlichen Zielen als auch in ihrer gescheiterten Siedlungspolitik. Während die Europäer die Besiedlung in Spanien und in den heidnischen Grenzgebieten im Osten erfolgreich vorantrieben, versuchten sie in Syrien und Palästina vergeblich, westliche Institutionen in einer fernen und fremden Umgebung zu etablieren und so Grund und Boden zu erkämpfen. Sie taten es mit gutem Gewissen, weil ihre Gegner Ungläubige waren, die sich im heiligen Zentrum des Christentums, Jerusalem, festgesetzt hatten. „Christen haben Recht, Heiden haben Unrecht", sagte das Rolandslied, und das wäre wahrscheinlich auch die Antwort der meisten Kreuzfahrer auf Bedenken über ihr Tun gewesen.

Die Kreuzfahrer

Seinen kurzzeitigen Erfolg verdankte der Erste Kreuzzug vor allem einer Phase der Schwäche und der Anarchie in der islamischen Welt; die zarten Triebe der Kreuzfahrerstaaten des Oströmischen Kaiserreichs von Konstantinopel zerbrachen bald. Aber es gab auch wichtige und dauerhafte Ergebnisse. Die Kreuzzüge hatten die Trennung von westlichem und östlichem Christentum noch weiter verstärkt: Denn die ersten Krieger, die Konstantinopel plünderten, waren Kreuzfahrer. So hatten die Kreuzfahrer den Sinn für die unüberbrückbare religiöse Trennung zwischen Islam und Christentum geschärft. Die Kreuzzüge drückten den besonderen Charakter des westlichen Christentums aus und verstärkten ihn noch. Der nun vorherrschende militante Ton und die Aggressivität gaben der zukünftigen Missionsarbeit Kraft, zumal sie von der militärischen Oberherrschaft unterstützt wurde. Gleichzeitig wurde sie aber auch unbarmherziger. Darin lagen die Wurzeln für die Idee der kulturellen Überlegenheit und der Welteroberung. Die Reconquista war noch nicht beendet, als die Spanier schon in Amerika nach Schlachtfeldern für neue christliche Eroberungszüge Ausschau hielten.

Europa blieb nicht ganz unberührt vom islamischen Einfluss, was zu neuen Sitten und Institutionen führte. Wo auch immer die Westeuropäer mit dem Islam zusammenstießen, fanden sie bewundernswerte Errungenschaften vor. Das betraf unter anderem

Die frühen Ritterorden und die Templer

Seit der Zeit des hl. Augustinus hat die katholische Kirche die Idee des Waffengebrauchs zur Verteidigung unterstützt. Hunderte von Rittern aus ganz Europa nahmen an der spanischen Reconquista teil, viele führten später die christlichen Armeen auf dem Weg in den Nahen Osten mit dem Ziel an, das Heilige Land zu befreien. In diesem Zusammenhang entstanden auch die Ritterorden. Sie vereinigten den religiösen Geist der Mönchsorden mit dem Kriegerideal der ritterlichen Orden.

Viele Mittelalterforscher sind der Ansicht, dass der Ursprung der Ritterorden in der islamischen Welt liegt, in den berühmten *ribats* – Grenzburgen, in denen die Gläubigen zeitweilig ihren Militärdienst leisteten. Einige Fachleute stützen sich darauf, dass es Parallelen zwischen der christlichen Idee des Heiligen Krieges und dem islamischen *Dschihad* gebe. Andere Gelehrte weisen diese Theorien zurück, mit dem Hinweis, dass die Ritterorden lateinischen Ursprungs sind, und dass sie sich aus Veränderungen innerhalb der katholischen Kirche in dieser Zeit entwickelten.

Die ersten Ritterorden – die Johanniter und die Templer – wurden Anfang des 12. Jahrhunderts gegründet. Der Orden der Ritter vom Tempel oder Templer wurde 1120 von Hugo von Payens, einem französischen Ritter, ins Leben gerufen, der lange von einem neuen religiösen Ritterorden geträumt hatte, um die Pilger zu beschützen. Seit der Gründung ihres Ordens bekamen die Templer umfangreiche Stiftungen, die sie zu einem der wohlhabendsten Orden des Christentums machten. Die Templerregel wurde 1129 auf dem Konzil von Troyes bestätigt, äußerst enthusiastisch verteidigt von Bernhard von Clairvaux.

Dieses Bild des spanischen Malers Casado de Alisal zeigt Papst Alexander III., wie er 1170 die Gründung des Ordens von Santiago bestätigt.

neue Luxusgüter wie seidene Tücher, den Gebrauch von Parfüm und neue Nahrungsmittel. Auch das häufigere Baden wurde von manchem Kreuzfahrer übernommen, obwohl es noch mit dem Makel des religiösen Unglaubens verbunden war. Die Einrichtung von öffentlichen Badehäusern widersprach zutiefst den Vorstellungen der christlichen Sexualmoral. Reinlichkeit hatte noch nicht ihre spätere Verbindung mit Gottgefälligkeit erreicht.

Ritterorden

Zu den Institutionen, die dem militanten Christentum des Mittelalters eine feste Form gaben, gehörten die Ritterorden. Sie setzten sich aus Soldaten zusammen, die einen Eid als Mitglieder eines religiösen Ordens geleistet hatten und für den Glauben kämpften. Einige dieser Orden wurden sehr reich, sie besaßen Stiftungen in vielen Ländern. Die Ritter von St. Johannes in Jerusalem (die als Johanniter heute noch existieren) standen Jahrhunderte lang an der vordersten Front im Kampf gegen den Islam. Die Tempelritter erreichten so viel Macht und Wohlstand, dass sie von einem französischen König, der sie fürchtete, vernichtet wurden. Die spanischen Ritterorden führten die Reconquista an.

Andere Orden gab es weiter nördlich: Der Deutsche Ritterorden bildete z. B. die Speerspitze der deutschen Eroberung in den baltischen und slawischen Ländern. Auch dort war missionarischer Eifer mit Habgier gepaart. Sie veränderte sowohl die Landkarte als auch die Kultur einer ganzen Region. Die Kolonisierung, die im Nahen Osten gescheitert war, hatte im Norden dauerhaften Erfolg. Die deutsche Ostexpansion war eine große Volksbewegung, ein ganzes Jahrhundert lang rodeten Männer und Frauen Wälder, errichteten Gehöfte und Dörfer, gründeten Städte, Klöster und Kirchen und bauten Festungen, um in ihnen Schutz zu suchen. Auch als die Angriffe der Mongolen endgültig zurückgeschlagen worden waren, waren sich die Europäer weiterhin der Gefahr bewusst und setzten ihre Bewegung Richtung Osten fort. In den preußischen und polnischen Marken boten Ritter, unter anderem die Ritter des Deutschen Ordens, den Einheimischen ihren militärischen Schutz an. Dies war der Anfang ei-

Dieses Gemälde von 1600 zeigt einen Kampf aus dem 13. Jahrhundert zwischen türkischen Truppen und dem Deutschen Orden. Einer der Deutschordensritter im Vordergrund trägt eine Flagge mit dem Emblem der Deutschen, dem schwarzen Kreuz auf weißem Grund.

nes kulturellen Konflikts zwischen Slawen und Deutschen, der bis ins 20. Jahrhundert andauerte. Das letzte Mal, als sich der Westen in einen Kampf um slawisches Land begab, war 1941, als Hitler einen Angriff auf Russland unternahm. Im 13. Jahrhundert schlug ein russischer Fürst, Alexander Newskij, Großherzog von Nowgorod, den Deutschen Ritterorden zurück.

Die Entstehung Russlands

Während die große Expansion des deutschen Ostens zwischen 1100 und 1400 eine neue ökonomische, kulturelle und ethnische Landkarte schuf, errichtete sie auch zusätzliche Barrieren zwischen den beiden christlichen Traditionen. Die päpstliche Oberherrschaft im Westen machte den Katholizismus des Spätmittelalters gegenüber der orthodoxen Kirche noch weniger kompromissbereit als zuvor.

Seit dem 12. Jahrhundert entfernte sich Russland auf Grund eigener Traditionen und historischer Erfahrungen mehr und mehr von Westeuropa. Die Einnahme von Kiew durch die Mongolen 1240 war ein genauso heftiger Schlag für das Christentum im Osten wie die Plünderung Konstantinopels 1204. Auch das Fürstentum Moskau wurde zerstört. Mit dem Niedergang von Byzanz und mit den Deutschen und Schweden im Rücken zahlten die Russen Jahrhunderte lang Tribute an die Mongolen und ihre tatarischen Nachfolger, die „Goldene Horde". Diese lange Herrschaft von Nomadenvölkern war eine weitere historische Erfahrung, die Russland vom Westen trennte.

Die Oberherrschaft der Tataren beeinflusste die russischen Fürstentümer dort am meisten, wo mongolische Armeen gewesen waren. Innerhalb Russlands stellte sich eine neue Konstellation ein: Nowgorod und Moskau erreichten nach dem Niedergang von Kiew stärkere Bedeutung, obwohl beide an die Tataren Tribute in Form von Silber, Rekruten und Arbeit zahlten. Ihre Abgesandten zogen zusammen mit anderen russischen Fürsten in die tatarische Hauptstadt Sarai an der Wolga, um eigene Vereinbarungen mit den Eroberern zu treffen. Was die Frage der Nachfolge im russischen Staat anging, herrschte eine Periode des Chaos. Sowohl die Politik der Tataren als auch die ständigen Überlebenskämpfe gegen sie förderten despotische Regierungsformen.

Neben der Erfahrung mit den Tataren wurde das russische Selbstverständnis durch das Erbe der byzantinischen Kaiseridee bestimmt. Nach und nach bildete sich Moskau als neues Zentrum heraus. Dieser Prozess hatte seine Wurzeln schon in der Regierungszeit von Alexander Newskijs Sohn, dem Fürsten von Moskau. Seine Nachfolger genossen die Unterstützung der Tataren, die sie als effiziente Steuereintreiber einsetzten. Auch die Kirche zeigte keinen Widerstand gegen diese Entwicklung und verlegte das Erzbistum von Wladimir im 14. Jahrhundert nach Moskau.

Währenddessen entstand im Westen eine neue Herausforderung für das orthodoxe Christentum. Ein römisch-katholischer, halbslawischer Staat war entstanden, der Kiew drei Jahrhunderte lang besetzt hielt: das mittelalterliche Herzogtum Litauen, das 1386 durch Heirat als Union gegründet wurde. Es umfasste unter anderem das polnische Königreich, Teile des heutigen Polen, die baltischen Länder, die Ukraine und Moldawien. Zum Glück für die Russen kämpften auch die Litauer gegen die Deutschen; sie besiegten den Deutschen Ritterorden 1410 bei Tannenberg.

Der Fall von Konstantinopel brachte für Russland wichtige Veränderungen; die Orthodoxie des Ostens fand nun ihr Zentrum in Russland und nicht mehr in Byzanz. Russische Kirchenleute glaubten darin die gerechte Bestrafung für den „Verrat" zu sehen, den Byzanz mit seiner Kompromissbereitschaft auf dem Konzil von Florenz begangen habe. „Konstan-

Im 13. Jahrhundert konnte sich Moskau als politisches Zentrum etablieren, im 14. Jahrhundert ersetzte es Wladimir als Erzbistum. Eine erste echte Machtbasis entstand mit dem Aufbau eines effizienten Steuersystems.

Iwan IV., bekannt als Iwan der Schreckliche, herrschte von 1533 bis 1584 über Russland. Er vernichtete rücksichtslos seine Feinde und machte vollen Gebrauch von seiner despotischen Macht, mit der sein Großvater, Iwan der Große, die russische Monarchie aufgebaut hatte.

tinopel ist gefallen", schrieb der Metropolit von Moskau, „weil es den wahren orthodoxen Glauben verraten hat." Einige Jahrzehnte später, zu Beginn des 16. Jahrhunderts, verfasste ein unbekannter Mönch einen Brief an den Herrscher von Moskau: „Zwei Roms sind gefallen, aber das Dritte steht und ein Viertes wird es nicht geben. Sie sind der einzige christliche Souverän der Welt, der Herr aller Gläubigen."

Iwan der Große

Das Ende von Byzanz ging mit der Erholung Russlands von den verwirrten Zuständen unter der Tatarenherrschaft einher. Die Goldene Horde wurde im 15. Jahrhundert von Meinungsverschiedenheiten zerrissen. Zur gleichen Zeit bröckelte der litauische Staat. 1462 kam ein Herrscher auf den Thron von Moskau, der in der Lage war, diese günstigen Bedingungen auszunutzen. Iwan der Große (Iwan III.) vermittelte Russland ähnliche Einsichten und Einstellungen, wie sie England und Frankreich seit dem 12. Jahrhundert gewonnen hatten. Einige Historiker sehen ihn als den ersten nationalen Herrscher Russlands. Territoriale Konsolidierung war das Fundament seiner Arbeit. Als sich Moskau die Republiken von Pskow und Nowgorod einverleibt hatte, dehnte sich seine Oberhoheit – wenigstens theoretisch – bis zum Ural aus. Die Oligarchen, die sie beherrscht hatten, wurden ausgewiesen und durch Männer ersetzt, die als Lohn für ihre Dienste Land von Iwan dem Großen erhielten. Auch die deutschen Hansekaufleute, die den Handel in diesen Republiken beherrscht hatten, wurden vertrieben.

Unter Iwan dem Großen begann die Konsolidierung und Ausdehnung Russlands: Er selbst eroberte Teile Weißrusslands und Kleinrusslands, sein Nachfolger dann Smolensk.

1481 griffen die Tataren Moskau erneut an, aber sie wurden geschlagen. Durch zwei Invasionen nach Litauen gewann Iwan 1503 einen Großteil von Weißrussland und Kleinrussland zu seinem Reich hinzu. Sein Nachfolger nahm 1514 noch Smolensk ein.

Iwan der Große war der erste russische Herrscher, der den Titel „Zar" trug. Er beschwor bewusst die kaiserliche Vergangenheit, den Anspruch an das Erbe des römischen Cäsars; dieses Wort war auch der Ursprung des Wortes „Zar". 1472 heiratete Iwan eine Nichte des letzten griechisch-byzantischen Kaisers. Er wurde „Großfürst von Gottes Gnaden". Während seiner Regierung führte man auch den doppelköpfigen Adler ein, der bis 1917 ein Teil der Insignien der russischen Herrscher blieb. Die russische Monarchie und Geschichte erhielt dadurch eine byzantinische Färbung, durch die sie sich noch weiter vom übrigen Europa entfernte. Um 1500 beobachteten die Westeuropäer eine andere Art der Monarchie in Russland: Basilius, Iwans Nachfolger, übte eine despotische Macht über seine Bürger aus, die mit anderen christlichen Herrschern nicht vergleichbar war.

EUROPÄISCHE SEEFAHRT

Um 1500 war Europas zukünftige Entwicklung in Grundzügen bereits angelegt. Alle Gebiete waren nun von verschiedenen Staaten besetzt. Im Osten wurden weitere Landgewinne durch die Konsolidierung des christlichen Russlands blockiert, auf dem Balkan durch das Osmanische Reich. Die erste Welle der überseeischen Expansion setzte um 1250 ein. Ein Angriff der Osmanen im 15. Jahrhundert zwang Europa im östlichen Mittelmeer und auf dem Balkan wieder in die Defensive. Staaten mit ungeschützten Territorien im Osten wie Venedig mussten retten, was zu retten war. Unterdessen blickten andere Länder mit Hilfe der Seefahrt über ihren bisherigen Horizont hinaus. Westeuropa trat nun mit der Welt in neue Beziehungen ein.

Um 1400 betrachtete man Jerusalem als Zentrum der Welt. Obwohl die Wikinger den Atlantik durchquert hatten, stellten sich die Europäer eine kugelförmige Welt aus drei

Kontinenten vor, nämlich Europa, Asien und Afrika, die von den Wassern des Mittelmeeres umgeben waren. Eine große Revolution sorgte für eine radikale Änderung dieser Ansichten. Der Weg zu dieser Erkenntnis lag jenseits des Ozeans, denn jede andere Richtung war versperrt. Europas erste Kontakte mit dem Osten fanden auf dem Landweg statt. Die Karawanen brachten Güter von Zentralasien nach Westen, wo sie am Schwarzen Meer oder in den Häfen der Levante verschifft wurden. Bis ins 15. Jahrhundert wagten sich die Schiffe kaum weiter vor als südlich von Marokko. Dann setzte eine Welle von seefahrerischen Expeditionen ein, mit denen Europas Rolle in der Weltgeschichte ihren Anfang nahm.

Fortschritte in der Schifffahrtstechnik

Eine Erklärung für den Aufschwung der Seefahrt liegt im Aufkommen neuer Werkzeuge und Fähigkeiten. Zur Fahrt auf den Meeren wurden spezielle Schiffe und ausgefeilte Navigationstechniken benötigt, wie sie seit dem 14. Jahrhundert verfügbar waren; mit ihrer Hilfe gelangen die großen Leistungen, die aus dem 15. Jahrhundert das „Zeitalter der Entdeckungen" machten. Im Schiffsbau gab es zwei entscheidende Neuerungen. Wann das Hinterstevenruder erfunden wurde, wissen wir nicht genau; einige Schiffe hatten es bereits um 1300. Die gesamte Ausrüstung wurde jedenfalls nach und nach verbessert, was eine Vergrößerung der Schiffe ermöglichte. Der aufstrebende Seehandel spornte solche Entwicklungen noch an. Um 1500 hatte sich die wannenartige mittelalterliche Kogge der Nordeuropäer, deren Takelage aus einem quadratischen Quersegel und einem Mast bestand, zu einem dreimastigen Schiff mit verschiedenen Segeln entwickelt. Am Großmast hingen weiterhin quadratische Quersegel; der Kreuzmast war mit einem großen dreieckigen Lateinsegel ausgestattet, das auf Vorbildern aus dem Mittelmeerraum beruhte; der Fockmast trug ein weiteres quadratisches Segel oder das neu entwickelte Dreiecksegel, das mit dem Bugspriet verbunden war. Zusammen mit dem Lateinsegel hinten machten diese Hauptsegel die Schiffe manövrierfähiger; so dass besser am Wind gesegelt werden konnte.

Die portugiesischen Galeonen und Karavellen, wie sie in diesem Manuskript gezeigt werden, waren im 16. Jahrhundert in Gebrauch.

Nachdem sich diese Neuerungen durchgesetzt hatten, blieb der Schiffsbau im Wesentlichen bis zum Aufkommen des Dampfantriebs unverändert, wenn er auch in Details vervollkommnet wurde. Abgesehen von der Größe hätte ein Kapitän des 19. Jahrhunderts Kolumbus' Schiffe keineswegs altmodisch gefunden, und noch Lord Nelson wäre gut mit einem Kanonen tragenden Schiff des 15. Jahrhunderts zurechtgekommen.

Verbesserte Navigation

Forschungen und Erfindungen in der Navigationstechnik förderten die Entdeckungsfahrten des 16. Jahrhunderts. Aber auch die moderne Geographie hat in der Kartografie dieser Zeit ihren Ursprung.

Um 1500 fanden außerdem einige entscheidende Entwicklungen in der Navigation statt. Die Wikinger hatten vorgemacht, wie man über den Ozean segelte. Sie benutzten bessere Schiffe und zeigten größeres Geschick in der Navigation als irgendjemand vorher im Westen. Sie orientierten sich am Polarstern und der Sonne, deren Höhen über dem Horizont in nördlicher Breite zur Mittagszeit im 10. Jahrhundert von einem irischen Astronom in nördlichen Längen berechnet und in Tabellen niedergeschrieben worden waren. Den Atlantik konnten sie überqueren, indem sie an einem der Längengrade vorbeifuhren. Im 13. Jahrhundert gab es zwei weitere große Neuerungen. Zu dieser Zeit war der Kompass im Mittelmeer allgemein in Gebrauch – in China existierte er schon lange, der Weg der Übertragung von Asien in den Westen ist unbekannt. 1270 erschien der erste Hinweis auf einer Karte, die auf einem Schiff während eines Kreuzzugsunternehmens benutzt worden war.

Prinz Heinrich von Portugal (1394–1460), der auf diesem Detail eines Triptychons porträtiert ist, war als „der Seefahrer" bekannt. Einer seiner Hauptbeiträge zur Seefahrt war die Errichtung einer Niederlassung bei Sagres, wo er sich mit Mathematikern, Schiffsbauern und Kartografen traf. In dieser nautischen Expertenversammlung wurden Dank der Kombination von klassischem und arabischem Wissen bedeutende Fortschritte im Schiffsbau erzielt.

In den nächsten zwei Jahrhunderten wurde der Grundstein für die moderne Geographie gelegt. Angetrieben von der Aussicht auf kommerzielle Gewinne, von missionarischem Eifer erfüllt und in Anbetracht der diplomatischen Möglichkeiten begannen einige Fürsten die Forschung zu unterstützen. Im 15. Jahrhundert beschäftigten sie ihre eigenen Kartographen und Hydrographen. Führend war der Bruder des Königs von Portugal, Heinrich „der Seefahrer", wie ihn englische Wissenschaftler später unpassenderweise nannten, denn er fuhr niemals zur See.

Portugiesische Entdeckungen

Portugal besaß eine lange Atlantikküste, auf dem Festland grenzte es an Spanien. Durch den großen Erfahrungsvorsprung Italiens und wegen der bewaffneten Streitmacht, mit der es seinen Handel bewachte, war Portugal praktisch vom Mittelmeerhandel ausgeschlossen. Die Portugiesen waren daher fast gezwungen, in den Atlantik vorzustoßen. Sie hatten bereits die nördlichen Gewässer erkundet, als Prinz Heinrich eine Reihe von See-Expeditionen ausstattete. Seine Initiative war entscheidend. Aus den verschiedensten Gründen schickte er seine Landsleute nach Süden. Gold und Pfeffer – das wusste man – gab es in der Sahara. Vielleicht fand sich dort auch eine Möglichkeit, einen Verbündeten gegen die Türken zu finden, etwa den legendären Priesterkönig Johannes. Anhänger, Ruhm und Land für das Christentum waren auf jeden Fall zu gewinnen. Heinrich, der Europa zu einer großen Expansion verhalf, die die Weltkarte veränderte und eine neue Welt hervorbrachte, war von Kopf bis Fuß ein Mann des Mittelalters. Vorsichtshalber versicherte er sich der päpstlichen Autorität und Zustimmung für seine Expedition. Ein Kreuzzug führte ihn nach Nordafrika, wobei er eine Kreuzreliquie mit sich führte. Dies war der Anfang des Zeitalters der Entdeckungen. Diese in ihrem Kern systematische, von Regierungen unterstützte Forschung hatte ihre Wurzeln in der Welt der Ritter und Kreuzzüge, die auch Heinrichs Denken bestimmte. Er war ein Mann, der mehr erreichte, als ihm selbst bewusst war.

Die Portugiesen zogen beständig Richtung Süden, an der afrikanischen Küste entlang. Einige der kühnsten Seefahrer unter ihnen erreichten die Insel Madeira und ließen sich um 1420 dort nieder. Im Jahre 1434 passierte einer ihrer Kapitäne das Kap Bojador, ein wichtiges psychologisches Hindernis, dessen Überwindung Heinrichs erster großer Triumph war. Zehn Jahre später umrundeten sie Kap Verde und setzten sich in den Azoren fest. Zu der Zeit hatten sie die Karavellen perfektioniert, einen Schiffstyp, der eine neue Art der Takelage benutzte, um mit Gegenwinden und den entgegengesetzten Strömungen auf der Heimreise fertig zu werden. Sie segelten direkt über den Atlantik und kehrten auf einem halbkreisähnlichen, westlich ausholenden Kurs heim.

1445 erreichten sie den Senegal. Ihre erste Niederlassung wurde bald danach gebaut. Heinrich starb 1460, als seine Landsleute bereits weiter nach Süden gelangt waren. 1473 überquerten sie den Äquator, und 1487 waren sie am Kap der Guten Hoffnung angekommen. Vor ihnen lag nun die schier endlose

Der spanische Kartograf Juan de Cosa zeichnete seine erste Karte der Neuen Welt um 1500.

Weite des Indischen Ozeans. Die Araber hatten lange auf dem Indischen Ozean Handel getrieben, so dass die Portugiesen sie als Führer gewinnen konnten. Im Jahre 1498 warf Vasco da Gama schließlich den Anker in indischen Gewässern.

Kolumbus und die neue Welt

Zur gleichen Zeit wie Vasco da Gama hatte ein anderer Seefahrer, der Genuese Christopher Kolumbus, den Atlantik durchquert, um, dem Weltbild des Ptolemäus vertrauend, nach Asien zu suchen. Er scheiterte und entdeckte stattdessen Amerika für die Katholischen Könige von Spanien. Der Name „Westindien" auf modernen Karten erinnert daran, dass er weiterhin daran glaubte, die Inseln vor der Küste Asiens entdeckt zu haben. Seine waghalsige Fahrt unterschied sich vom vorsichtigen, aber mutigen Vorwärtskommen der Portugiesen nach Osten um Afrika herum. Kolumbus entdeckte auf diese Weise unabsichtlich einen ganzen Kontinent, obwohl er auf der noch besser ausgestatteten Reise von 1493 nur die vorgelagerten Inseln erreichte. Die Portugiesen hatten lediglich einen bereits bekannten Kontinent über einen neuen Seeweg erreicht. Obwohl Kolumbus nach zwei weiteren Reisen und Entdeckungen auf dem Festland bis zu seinem Tod weiterhin daran festhielt, in Asien gelandet zu sein, setzte sich allmählich eine andere Meinung durch.

1494 wurde im Westen zum ersten Mal die Bezeichnung „Neue Welt" für die von ihm entdeckten Gebiete gebraucht. Erst 1726 erkannte man, dass Amerika und Asien nicht im Gebiet der Beringstraße miteinander verbunden waren.

Die Bedeutung des Atlantiks

Die beiden Nationen, die die Atlantikexpeditionen anführten, versuchten zu einer Einigung über ihre jeweiligen Interessen in einer Welt zu kommen, in der sich der Horizont ständig erweiterte. Der erste europäische Vertrag über den Handel außerhalb Europas wurde 1479 von Portugal und Spanien geschlossen; nun versuchten sie, ihre Einflusssphären abzugrenzen. Der Papst verfügte eine Teilung entlang einer Linie von 100 Seemeilen westlich der Azoren, aber diese Festlegung wurde durch den Vertrag von Tordesillas aus dem Jahre 1494 ersetzt, der Portugal das ganze Gebiet östlich einer Linie eines Längengrads, der sich 370 Seemeilen westlich von Kap Verde befand, zusprach. Spanien sollte das Land westlich davon erhalten.

Im Jahre 1500 fuhr ein portugiesisches Geschwader auf seinem Weg zum Indischen Ozean weit hinaus auf den Atlantik, um Gegenwinde zu umfahren. Zu ihrer Überra-

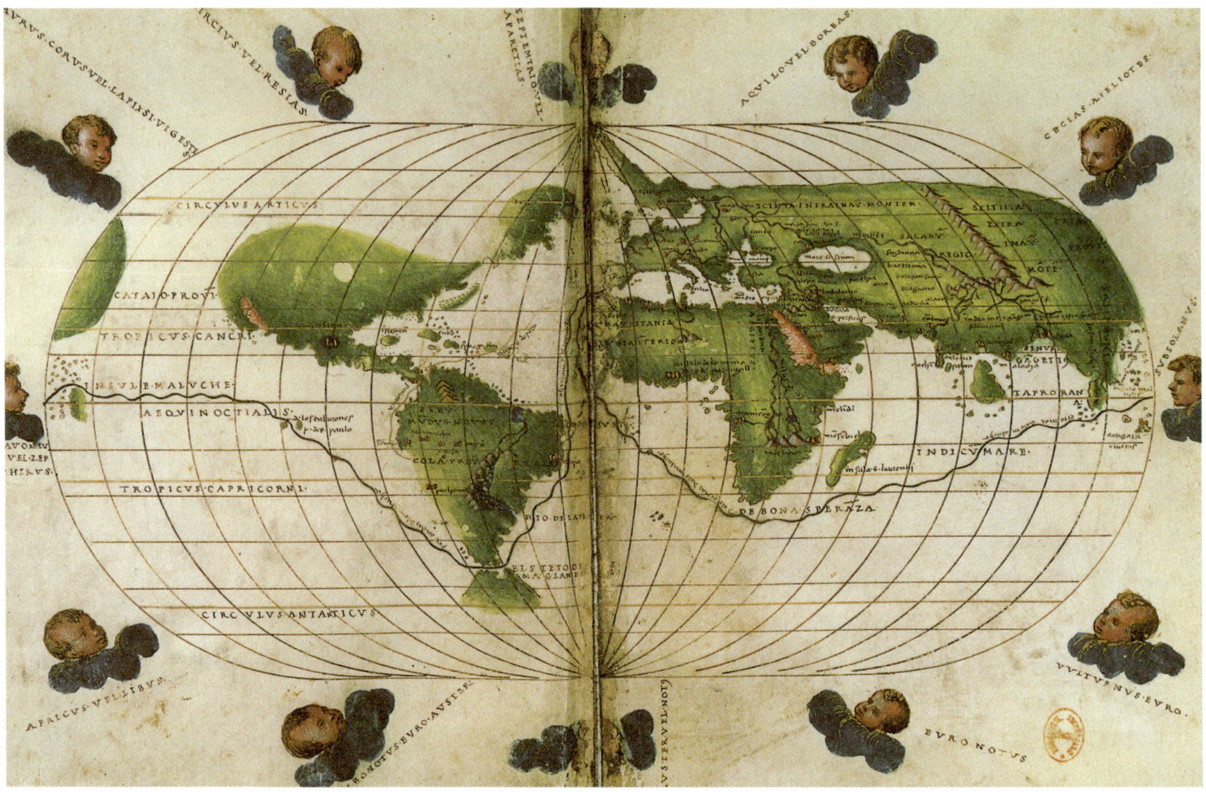

Diese Weltkarte, gezeichnet 1540 von Battista Agnese, zeigt die Route, des Magalhães (Magellan) bei seiner ersten Weltumsegelung folgte.

schung entdeckten sie Land, das westlich der Vertragslinie lag und nicht zu Afrika gehörte. Es war Brasilien. Seitdem verfügte Portugal sowohl über eine atlantische als auch über eine asiatische Einflusssphäre. Obwohl die Hauptaktivitäten der Portugiesen immer noch im Osten lagen, fuhr ein Italiener in portugiesischen Diensten, Amerigo Vespucci, kurz danach weit genug nach Süden, um zu zeigen, dass nicht nur Inseln, sondern ein vollständiger neuer Kontinent auf dem westlichen Seeweg zwischen Europa und Asien lag. Nicht lange danach wurde dieser nach ihm benannt: Amerika war der Name des südlichen Kontinents, der später durch die Entdeckung eines nördlichen erweitert wurde.

Die erste Weltumsegelung

1522, 30 Jahre nach Kolumbus' Landgang auf den Bahamas, umsegelte ein Schiff in spanischen Diensten zum ersten Mal die Welt. Sein Kapitän hieß Magellan, ein Portugiese, der bis zu den Philippinen kam und dort getötet wurde. Er hatte die Meerengen, die später nach ihm benannt wurden, entdeckt und durchfahren. Mit dieser Reise und dem Beweis, dass die großen Ozeane miteinander verbunden waren, endete das Vorspiel zum europäischen Zeitalter. Etwas mehr als ein Jahrhundert nach den Entdeckungen und Erforschungen hatten sich die Gestalt der Welt und der Gang der Geschichte geändert. Seit dieser Zeit sagten sich die Nationen mit Zugang zum Atlantik von den Kontinentalmächten in Zentraleuropa und dem Mittelmeer los. Zunächst traf dies nur auf Spanien und Portugal zu, aber sie wurden schon bald von Frankreich, Holland und England übertroffen. Bald gab es dort eine Vielzahl von Häfen, die günstig im Zentrum der neuen Hemisphäre lagen. Jeder von ihnen war leicht über das flache Hinterland zu erreichen und lag an den großen europäischen Seewegen der kommenden 200 Jahre.

Die Reisen der italienischen, portugiesischen und spanischen Segler während des 15. Jahrhunderts brachten große Verbesserungen im Kartenzeichnen, wie diese *Mappa mundi* (Weltkarte) von Fra Mauro aus dem Jahre 1459 zeigt.

Fortschritte in der Kartografie

Verbesserte Fähigkeiten der Seeleute und die Erweiterung des geographischen Wissens ermöglichten diese Veränderungen. Im Mittelpunkt standen professionelle Entdecker und Seefahrer. Viele von ihnen, auch Kolumbus, waren Italiener. Erweitertes Wissen bildete nicht nur die Basis dieser Reisen und ihrer erfolgreichen technischen Ausführung, sondern es erlaubte den Europäern auch, ihr Verhältnis zu ihrer Außenwelt auf neue Art und Weise zu betrachten. Jerusalem hatte seine Rolle als Zentrum der Welt verloren; die Karten, die man nun zeichnete, waren bei aller Unzulänglichkeit Weltkarten.

1400 hatte ein Florentiner aus Konstantinopel eine Kopie der Karte der ptolemäischen Geographie mitgebracht. Die Welt, die sie zeigte, war beinahe 1000 Jahre lang in Vergessenheit geraten. Im 2. Jahrhundert n. Chr. umfasste Ptolemäus' Welt schon die Kanaren,

Island und Sri Lanka, allerdings beinhaltete sie auch das Missverständnis, dass der Indische Ozean völlig von Land umgeben sei. Die Übersetzung seines Textes, weitere Abschriften und Drucke – es gab sechs Auflagen zwischen dem Erstdruck 1477 und 1500 – trugen viel zu verbesserten Karten bei. Der Atlas, eine Sammlung von gestochenen und gedruckten Karten, die als Buch gebunden wurden, wurde im 16. Jahrhundert erfunden. Mehr Europäer als jemals zuvor konnten sich nun ein Bild von ihrer Welt machen. Bessere Pläne erleichterten auch die Navigation. Hier ist vor allem ein Holländer, Gerhard Kremer, zu nennen, den man unter dem Namen Mercator kennt. Er war der Erste, der das Wort „Amerika" auf eine Karte druckte. Er erfand auch die Weltkarte, die heute noch am weitesten verbreitet ist – ein aufgerollter Zylinder mit Europa im Mittelpunkt. Diese Karte ermöglichte, Richtungen und Kurse ohne Verzerrungen auf einer flachen Oberfläche zu lesen, wenn sie auch Probleme mit der Berechnung der Distanzen nach sich zog. Die Griechen des 4. Jahrhunderts v. Chr. wussten bereits, dass die Welt eine Kugel war. Mercator stellte 1541 den ersten Globus her.

Allegorie auf Amerigo Vespuccis berühmte Reise, die er im Dienst des portugiesischen Königs machte. Vespucci entdeckte zuerst die Bucht von Rio de Janeiro; als er Patagonien erreichte, merkte er, dass er nicht an der Küste von Südasien entlang gesegelt war, wie er gedacht hatte, sondern an den Ufern eines neuen Kontinents – Amerika.

Beginn des europäischen Zeitalters

Die eindrucksvollste Seite dieses Fortschritts ist seine Wissens vermehrende und systematische Natur. Die europäische Expansion wurde in der nächsten Phase der Weltgeschichte bewusst wie nie zuvor durchgeführt. Die Europäer hatten lange nach Land und Gold gestrebt: Die Habgier, die diesen Unternehmen zugrunde lag, war nicht neu, ebenso wenig der religiöse Eifer, der sie gelegentlich antrieb und manchmal selbst vor den Akteuren die Beweggründe ihres Handelns verhüllte. Neu war dagegen die wachsende Zuversicht, die aus dem Wissen und dem Erfolg resultierten. Die Europäer standen um 1500 am Anfang eines Zeitalters, in dem ihre Energie und ihre Zuversicht scheinbar grenzenlos zu wachsen schienen. Die Welt kam nicht zu ihnen, sie gingen hinaus und nahmen sie sich.

Das Ausmaß eines solchen Bruches mit der Vergangenheit war nicht sofort zu erkennen. In den Mittelmeerländern und auf dem Balkan fühlten sich die Europäer noch bedroht und in der Defensive. Navigation und Seefahrt mussten weiter verbessert werden – bis zum 18. Jahrhundert gab es zum Beispiel noch keinen verlässlichen Zeitmesser für genaues Segeln. Aber der Weg war offen für neue Verbindungen zwischen Europa und dem Rest der Welt und zwischen den europäischen Ländern selbst.

Auf die Entdeckung folgte die Eroberung. Ein Gleichgewicht, das 1000 Jahre bestanden hatte, löste sich nun auf. In den nächsten 200 Jahren verließen Tausende von Schiffen Jahr für Jahr und Tag für Tag Lissabon, Sevilla, London, Bristol, Nantes, Antwerpen und viele andere europäische Häfen auf der Suche nach Handelskontakten und Profit auf anderen Kontinenten. Sie segelten nach Kalikut, Kanton und Nagasaki. Nach einiger Zeit kamen Boston und Philadelphia, Batavia und Macao hinzu – alles Orte, an denen sich die Europäer

Dieses imaginäre Porträt des griechisch-ägyptischen Astronomen und Geographen Ptolemäus wurde im 15. Jahrhundert von Justus von Gent gemalt.

Dieses Porträt aus dem 16. Jahrhundert zeigt Francisco de Almeida (1450–1510), der ein Soldat und Entdecker sowie der erste Vizekönig des portugiesischen Indiens war.

in Übersee niedergelassen hatten. Und während der ganzen Zeit gab es keine Anstrengungen in entgegengesetzter Richtung: Erst 1848 wurde eine chinesische Dschunke an der Themse gesichtet, und 1867 überquerte ein japanisches Schiff den Pazifik nach San Francisco, also lange nachdem die großen Seewege von den Europäern erschlossen worden waren.

BILDUNG UND KULTUR

Um 1500 ist Europa klar als Zentrum einer neuen Kultur erkennbar. Ihr Kern war immer noch die Religion. Die damit verbundenen Folgen wurden bereits erwähnt: Die Kirche lenkte und beherrschte die Gesellschaft, wie stark ihre zentrale Stellung auch Wandlungen ausgesetzt sein mochte. Sie bewahrte die Kultur Europas und war ihr jahrhundertelang Lehrerin und Antrieb.

Die ersten Universitäten

Seit dem 13. Jahrhundert verteilte sich die Aufgabe der Bildung, die so lange von Mönchen getragen wurde, auf neue Orden und, was noch wichtiger war, auf neue Institutionen: die Universitäten, in denen die Ordensmitglieder zum Teil eine große Rolle spielten. Bologna, Paris und Oxford waren die ersten Universitäten; um 1400 gab es 53 weitere. Sie boten sowohl neue Möglichkeiten der geistigen Aktivität als auch der Bildung und Erziehung. Ein Ergebnis war das Wiederaufleben der Priesterausbildung. Schon in der Mitte des 14. Jahrhunderts trug die Hälfte der englischen Bischöfe einen akademischen Titel. Universitäten errichtete man noch aus einem anderen Grund. Kaiser Friedrich II. gründete die Universität von Neapel, um Verwaltungsbeamte für sein süditalienisches Königreich auszubilden, und als 1264 Walter de Merton, ein englischer Bischof und königlicher Diener das erste College in Oxford gründete, ging es ihm auch darum, für die Ausbildung zukünftiger Bediensteter der Krone zu sorgen.

Die Bedeutung der Universitäten für die Zukunft Europas war größer, als damals abgeschätzt werden konnte. Laien wurden durch eine Institution ausgebildet und geformt, die unter der Kontrolle der Kirche stand und von der Religion bestimmt wurde. Darüber hinaus hatten die Universitäten eine großartige einigende, kosmopolitische Kraft. Der Unterricht wurde auf Latein gehalten, die Sprache der Kirche und die *lingua franca* der Gebildeten bis zum 20. Jahrhundert. An ihre frühere überragende Bedeutung erinnern immer noch

Diese Illustration aus dem 16. Jahrhundert stellt Studenten bei einer Vorlesung an der Sorbonne dar. Die „Maison de la Sorbonne" wurde 1257 von Robert de Sorbon als theologisches Kolleg gegründet und entwickelte sich bald zur zentralen Institution der Universität von Paris.

Mittelalterliche Universitäten

Diese Karte zeigt Europas bedeutendste mittelalterliche Universitäten und das Jahr ihrer Gründung.

Die Dominikaner Albertus Magnus und Thomas von Aquin sicherten dem antiken Erbe das Überleben, indem sie es in die christliche Tradition eingliederten.

das bisschen Latein der universitären Zeremonien und die akademischen Titel.

Das Erbe der Antike

Recht, Medizin, Theologie und Philosophie profitierten von den neuen Institutionen. Die Philosophie war fast vollständig zu einem Teil der frühmittelalterlichen Theologie geworden. Nur ein bedeutender Mann, Johannes Scotus Eriugena, ein irischer Denker und Gelehrter des 9. Jahrhunderts, ging einen anderen Weg. Als im 12. Jahrhundert griechische Texte ins Lateinische übersetzt wurden, begannen die europäischen Gelehrten die Werke der klassischen Philosophen zu lesen, die durch arabische Quellen überliefert worden waren. Aristoteles' und Hippokrates' Schriften betrachtete man etwa bis ins 13. Jahrhundert mit Misstrauen. Allmählich strebte man aber eine Annäherung zwischen den klassischen und den christlichen Vorstellungen von der Welt an. Vor allem die Arbeit zweier Dominikaner, Albertus Magnus' und seines Schülers Thomas von Aquin, ermöglichte eine Versöhnung und Synthese. Das klassische Erbe wurde in Westeuropa wieder aufgenommen und in die christliche Tradition eingegliedert. Anstatt für einen kritischen Zugang zum Christentum zu sorgen, integrierte sich die Antike in die christliche Kultur. Die klassische Welt sah man deshalb als Vorläufer der christlichen an. Einige Jahrhunderte lang wandte man sich bei Fragen nach der Autorität an die Religion oder die Antike, unter deren Gelehrten Aristoteles das höchste Ansehen genoss.

Eine unmittelbare Folge waren die bemerkenswerten systematischen und rationalen Leistungen der mittelalterlichen Scholastik, mit denen die christliche Lehre intellektuell durchdrungen war. Die Stärke der Scholastik lag in ihrer Allumfassenheit, die nirgendwo brillanter vorgeführt wurde als in der *Summa Theologica* des Thomas von Aquin, die krönende Leistung und Synthese der Scholastik. Ihre Schwäche war Abneigung gegenüber Beobachtung und Experiment. Das Christentum gab dem mittelalterlichen Geist eine gewaltige Übungsmöglichkeit im logischen Denken, aber nur wenige wagten es, den Autoritäten zu widersprechen und experimentelle Methoden zu entwickeln.

Der Islam und Europa

Innerhalb der christlichen Kultur wurden die ersten Anzeichen der Befreiung aus der abgeschlossenen Welt des frühen Mittelalters trotz allem erkennbar. Paradoxerweise verdankt das Christentum sie dem Islam, obwohl die meisten Menschen lange Zeit tiefes Misstrauen und Furcht gegenüber der arabischen Kultur empfanden. Bis 1143 war keine lateinische Übersetzung des Korans verfügbar. Unkomplizierte und tolerante Beziehungen zwischen den Gläubigen und den Ungläubigen, wobei sich beide Seiten gegenseitig für letzteres hielten, waren nur an einigen wenigen Orten möglich. Vor allem in Sizilien und Spanien tra-

Der hl. Thomas von Aquin

Der Lehrer und Theologe Thomas von Aquin wurde um 1225 als Sohn einer adligen Familie in Roccasecca bei Aquino geboren. Mit sechs Jahren wurde er als Oblate in das berühmte Kloster Montecassino gesandt. Später ging er zum Studium nach Neapel und trat 1243 gegen den Willen seiner Familie in den Dominikanerorden ein. Thomas von Aquin erlangte seinen Magistergrad 1257 in Paris. Zur gleichen Zeit begann er, seine Arbeiten zu veröffentlichen; das wichtigste Werk dieser frühen Jahre war das erste Buch der *Summa Contra Gentiles*. Im Vatikan arbeitete er seit 1266 an seiner berühmtesten Abhandlung, der *Summa Theologica*, die durch seinen Tod im Jahre 1274 unvollendet blieb.

Thomas von Aquins Werke, dessen Lehre als „Thomismus" bezeichnet wird, adaptierten Aristoteles' Schriften und versöhnten sie mit dem christlichen Denken. Er benutzte Argumente, die sich sowohl auf Beweisführung als auch auf den Glauben gründeten. Die *Summa Theologica* enthält „fünf Wege", um die Existenz Gottes zu beweisen. Obwohl seine Schriften zu Kontroversen innerhalb der Kirche führten – die Dominikaner unterstützten seine Theorien, während die Franziskaner sie ablehnten –, wurde die Philosophie des Thomas von Aquin – allerdings erst nach und nach – die offizielle Lehrmeinung der katholischen Kirche.

Dieses Fresko aus dem 14. Jahrhundert in der Kirche Sta. Maria Novella in Florenz zeigt den Triumph des hl. Thomas von Aquin.

fen die beiden Kulturen aufeinander. Dort entstanden auch die großartigen Übersetzungen des 12. und 13. Jahrhunderts. Kaiser Friedrich II. wurde mit großer Skepsis betrachtet, weil er, obwohl er Häretiker verfolgte, mit Juden und Sarazenen an seinem Hof in Palermo verkehrte. Toledo, die alte Hauptstadt der Westgoten, war ein weiteres wichtiges Zentrum. An solchen Plätzen kopierten Schreiber immer wieder die lateinischen Texte, die auch in den nächsten sechs Jahrhunderten „Bestseller“ bleiben sollten. Euklids Werke machten Karriere. Zunächst wurden sie immer wieder abgeschrieben, später sogar gedruckt. Bis zum 20. Jahrhundert hatte ihre Auflage jedes andere Buch außer der Bibel in den Schatten gestellt. Sie bildeten die Grundlage der mathematischen Lehre in Westeuropa bis zum 19. Jahrhundert. Auf solchen Wegen durchdrang die antike griechische Welt wieder das westliche Denken.

Während der Regierungszeit Alfons' X. erfreute sich die Iberische Halbinsel einer Zeit der fruchtbaren Zusammenarbeit zwischen der christlichen, islamischen und jüdischen Kultur, die hier nebeneinander existierten. In einem Manuskript mit dem Titel *Buch über Schach, Würfel und Brettspiele*, vom König selbst geschrieben, zeigt eine Abbildung einen Christen und einen Muslim beim Schachspiel.

Arabische Wissenschaft als Vorbild

Die Vermittlung der Antike durch den Islam begann mit der Astrologie, Astronomie und Mathematik, lauter Themengebieten, die in enger Verbindung untereinander standen. Ptolemäus' Astronomie erreichte den Westen auf diesem Weg und stellte eine wichtige Voraussetzung für Kosmologie und Navigation bis zum 16. Jahrhundert dar. Die arabische Kartografie war im Mittelalter weiter entwickelt als die europäische, und arabische Segler benutzten Magneten für die Navigation lange vor ihren europäischen Mitstreitern. Das Astrolabium (Sternenhöhenmesser) war eine griechische Erfindung, die im Westen durch arabische Schriften bekannt wurde. Als Chaucer eine Abhandlung über dessen Gebrauch verfasste, nahm er einen arabischen Traktat zum Vorbild. Arabische Quellen vermittelten eine neue Zählweise und das Dezimalsystem, beide indischen Ursprungs. Die Nützlichkeit des Letzteren in der Vereinfachung von Berechnungen kann man leicht nachvollziehen, wenn man versucht, Summen in römischen Zahlen aufzuschreiben.

Eine weitere wichtige Wissenschaft, die von den Arabern an den Westen weitergegeben wurde, war die Medizin. Abgesehen davon, dass arabische Autoren für den Zugang zu den medizinischen Werken von Aristoteles, Galen und anderen sorgten, brachten sie auch ein großes Maß an therapeutischem, anatomischem und pharmazeutischem Wissen in die europäische praktische Medizin ein, das von arabischen Ärzten gesammelt und erforscht worden war. Die direkte Übersetzung der Schriften des Hippokrates aus dem Griechischen wurde allerdings erst nach 1100 begonnen. Das Prestige des arabischen Wissens und der Wissenschaft erleichterte die Akzeptanz von gefährlicheren und subversiveren Ideen; bald studierte man arabische Philosophie und Theologie in Europa. Am Ende beeinflusste der Islam vermutlich sogar die europäische Kunst, denn die Erfindung der Perspektive, die für wichtige Veränderungen in der Malerei sorgte, dürfte aus dem arabischen Spanien des 13. Jahrhunderts gekommen sein. Europa konnte im Gegenzug wenig bieten, außer vielleicht Kriegsgeschütze.

Keine andere Kultur beeinflusste Europa im Mittelalter so stark wie der Islam. Denn alle Aufsehen erregenden Unternehmen wie die Reisen des Marco Polo oder die Missionsreisen von Ordensbrüdern in Zentralasien sorgten im Westen kaum für eine Veränderung. Noch um 1500 tauschte man nur wenige Güter mit anderen Ländern der Welt aus. Was technische Fortschritte betraf, verdankte Europa dem Fernen Osten das Seidespinnen – eine Kunst, die über Byzanz nach Europa kam – und die Papierherstellung. Obwohl Papier bereits seit dem 2. Jahrhundert v. Chr. in China hergestellt wurde, dauerte seine Einführung in Europa bis zum 13. Jahrhundert, wiederum vermittelt durch das arabische Spanien. Ideen aus Asien erreichten Europa nur, wenn sie wie die indische Mathematik im arabischen Schmelztiegel verfeinert wurden. Angesichts der Durchlässigkeit der arabischen Kultur scheint es wenig wahrscheinlich, dass der Islam Asien von Europa fernhielt. Vielmehr konnten China und Indien ihren Einfluss auf die antike und später die christliche Zivilisation wegen der so großen Entfernungen nicht geltend machen.

Dante und Erasmus

Die Wiedereingliederung von klassischem Gedankengut ins Christentum war von Thomas von Aquin in seinen Werken vollzogen worden. In Dantes *Göttlicher Komödie*, die manche für *das* Hauptwerk der mittelalterlichen Literatur schlechthin halten, wird bereits die Bedeutung der Wiederanknüpfung der Welt des Christentums an seine Vorgänger erkannt. Dante beschreibt seine Reise durch Hölle, Fegefeuer und Paradies, das Universum des christlichen Glaubens. Doch sein Führer ist kein Christ, sondern ein Heide, der klassische Dichter Vergil. Diese Rolle ist mehr als nur Beiwerk; Vergil ist ein glaubwürdiger Führer zur Wahrheit, denn schon bevor Christus auf Erden wirkte, kündete er von ihm. Der klassische Dichter wurde zu einem Propheten, der neben denen des Alten Testaments stand. Obwohl die Idee einer Verbindung mit der Antike niemals ganz abgerissen war, wie die Werke einiger Chronisten zeigen, die aus Franken oder Briten Nachkommen der Trojaner machten, markiert Dantes Einstellung eine Zäsur. Die klassische Welt der Antike wird in das Christentum integriert. Jenseits der scholastischen Lehren entstand eine Basis, die eine weit radikalere Wende ermöglichte: die Wiederbelebung der Antike in der humanistischen Wissenschaft und Literatur des 15. und 16. Jahrhunderts.

Als zentrale Figur in dieser Phase der Geschichte tritt Erasmus von Rotterdam hervor,

Große Fortschritte machte man im Mittelalter im Bereich der Astronomie und der Medizin, hauptsächlich dank des Wissens, das man von den Arabern erhalten hatte. Diese Illustration aus dem 13. Jahrhundert zeigt eine Szene in einer arabischen Apotheke.

Erasmus von Rotterdam

„Das Betragen der Fürsten hat schon seit langem Päpste, Kardinäle und Bischöfe zu unermüdeten Nacheiferern; und bald haben diese jenen den Vorzug abgelaufen. Was bedeutet das schneeweiße Gewand? Ein durchgehend schuldloses Leben. (...) Was der Hirtenstab? Die ratsame Besorgung der anvertrauten Herde. (...) Aber herrlich haben sie die Sache eingerichtet: sie weiden sich selbst. Die Sorge für die Schafe empfehlen sie Christo, oder überlassen sie ihren Stellvertretern. Nicht einmal an ihren Titel denken sie; er würde sie an die Arbeit, Sorge, Bekümmernis eines Bischofs erinnern. Ja, wenn es um Geldsammeln zu tun ist, dann erinnern sie sich, Bischof bedeutet einen Aufseher, und sie haben die Augen ganz offen.

Die Kardinäle sollten freilich denken: Wir sind an die Stelle der Aposteln gekommen, was sie taten, wird auch von uns gefordert; wir sind nicht die Herren der geistlichen Gaben, sondern nur die Verwalter derselben; in kurzem werden wir darüber die genaueste Rechenschaft abzulegen haben."

Ein Auszug aus *Lob der Narrheit* von Erasmus von Rotterdam. Anonyme Übersetzung von 1781. Zürich 1987.

ein ehemaliger Mönch und führender Verfechter der klassischen Studien, der mit den meisten großen Humanisten seiner Zeit korrespondierte. Er sah in den antiken Klassikern die Vorstufe zu den höheren Studien der Heiligen Schrift. Sein wichtigstes Werk war eine Edition des griechischen Neuen Testaments. Dass man nun über einen guten Bibeltext verfügte, hatte revolutionäre Auswirkungen. Erasmus wollte jedoch keineswegs die religiöse Ordnung umstürzen, trotz der Energie und des Witzes, mit dem er aufgeblasene Kleriker verspottete und ärgerte, und trotz der Provokation des unabhängigen Denkens, für die seine Bücher und Briefe sorgten. Die Wurzeln seines Denkens lagen in der Frömmigkeit der mystischen Bewegung des 15. Jahrhunderts, nicht in der heidnischen Antike.

DIE RENAISSANCE IN EUROPA

Einige Gelehrte, die das Studium der klassischen Autoren pflegten und explizit den heidnischen klassischen Idealen nacheiferten, erfanden die Idee des Mittelalters, um ihren Sinn für Neuerungen hervorzuheben. Sie sprachen von sich als den Vertretern einer „Wiedergeburt" einer verlorenen Tradition, einer „Renaissance" der klassischen Antike. Dennoch waren auch sie geprägt von einer sich seit dem 12. Jahrhundert stark verändernden christlichen Welt. Der Begriff Renaissance ist hilfreich, sofern man seine Grenzen mitbedenkt. Es hieße die Geschichte verfälschen, wenn wir ihn für die Betonung eines radikalen Bruchs mit der christlichen Kultur benutzen würden. Die Renaissance ist und war eine bedeutende Epoche der Ideengeschichte. Dank ihres Horizonts konnten die Menschen ihre eigenen Grenzen wahrnehmen und daher wirkungsvoller handeln. Es gibt keine klare Linie in der europäischen Geschichte, die die Renaissance vom Mittelalter trennt.

Dennoch ist eine Akzentverschiebung zu bemerken. Sie zeigt sich vor allem in der Beziehung zur Vergangenheit. Künstler des 13. Jahrhunderts porträtierten – wie die des 16. Jahrhunderts – große Gestalten der Antike in den Gewändern ihrer eigenen Zeit. Alexander der Große sieht aus wie ein mittelalterlicher König; später trägt Shakespeares Cäsar keine Toga, sondern Wams und Strumpfhose. Es gab damals also weder einen historischen Sinn noch ein Bewusstsein für die immensen Unterschiede zwischen den Menschen der Gegenwart und der Vergangenheit. Geschichte betrachtete man bestenfalls als einen

Fundus von Beispielen. Die Antike wurde im Mittelalter auch als Teil eines göttlichen Plans untersucht, dessen Ergebnis als Beweis für die Lehren der Kirche gehalten wurde. Dies war das Vermächtnis des hl. Augustinus, und Dante akzeptierte es. Um 1500 begann man, noch andere Aspekte aus der Vergangenheit wahrzunehmen. Der Blick auf die Antike war zwar ahistorisch, aber man erkannte, dass damit das gegenwärtige Zeitalter und seine schwierige Lage besser erklärt werden konnten. Man verstand den Geist der Antike, auch wenn er heidnisch war und sich vom Christentum unterschied.

Kunst und Literatur der Renaissance

Die Idee der Renaissance ist besonders eng mit der Erneuerung der Kunst verbunden. Das mittelalterliche Europa hatte seit dem 12. Jahrhundert eine reichhaltige und lebendige Kunst hervorgebracht. Musik, Drama und Dichtung entwickelten Formen und Stile, die uns auch heute noch bestimmen. Im 15. Jahrhundert stand die Kunst nicht mehr nur im Dienst der Religion, sie wurde unabhängig. So revolutionär die mittelalterliche Kunst mit ihren stilistischen Neuerungen auch war, von der Renaissance wurde sie bei weitem übertroffen. Die Einbindung in das Christentum lockerte sich, das kirchliche Kulturmonopol wurde aufgebrochen. Daraus folgte auch die allmähliche Trennung von klassischer Mythologie und christlicher Religion, ebenso wie in der Literatur die Differenzierung in Literaturgattungen der Romanzen und der provenzalischen Liebesdichtung, die dem arabischen Einfluss sehr viel verdankte. Im gotischen Stil

Eines der repräsentativsten und bekanntesten Werke der Renaissance ist *Die Geburt der Venus* von Sandro Botticelli (1444–1510). Als Modell für die Figur der Venus diente die schöne Ehefrau des Giulio de Medici, Simonetta Cattaneo.

errichtete man weltliche Gebäude, wie die großartigen Gildehallen in den neuen Städten, während sich die volkssprachliche Literatur für den gebildeten Laien immer stärker ausformte – Chaucers *Canterbury Tales* sind ein Beispiel dafür.

Solche umfassenden Veränderungen sind nicht leicht zu datieren, weil Neuerungen nicht überall sofort eingeführt wurden. Literarische Werke fanden nur begrenzt Verbreitung, denn die Texte mussten mühsam abgeschrieben werden. Erst im 16. Jahrhundert wurden die ersten Ausgaben von Chaucers Gesamtwerk gedruckt. Bis dahin hatte eine Revolution des Denkens in vielen Bereichen stattgefunden, die nur durch den Buchdruck möglich geworden war. Sogar ein volkssprachlicher Text wie die *Canterbury Tales* erreichte erst dann ein breites Publikum, als er durch die Drucktechnik in einer großen Anzahl von Exemplaren leicht erhältlich war. Die Wirkung aller literarischer Genres wurde dadurch ungeheuer groß, sei es Dichtung, Geschichte, Philosophie und vor allem die der Bibel. Die größte Revolution seit der Erfindung der Schrift war die Folge.

Arbeiter in einer mittelalterlichen Druckerei; man sieht unter anderem den Korrektor und neben ihm den Drucker.

Der Buchdruck

Die Drucktechnik geht nicht auf Einflüsse aus China zurück, wo sie bereits in anderer Form angewendet wurde. Seit dem 14. Jahrhundert stellte man in Europa qualitativ hochwertiges Papier aus Lumpen her, ein wichtiges Element, das zur Revolution des Buchdrucks beitrug. In Italien druckte man bereits seit dem 12. Jahrhundert Bilder auf Textilien, dadurch verfügte man über die Technik des Drucks. Der Gebrauch von Metall statt Holz für die Buchstaben (den Holzschnitt benutzte man bereits, um Blöcke für Spielkarten, Kalender und religiöse Bilder herzustellen), die Verwendung von Tinte auf der Basis von Öl und die wichtigste Erfindung, die beweglichen Lettern, bildeten weitere entscheidende Faktoren. Johannes Gutenberg, ein Diamantschleifer aus Mainz, führte um 1450 mit seinen Kollegen das Wissen des modernen Buchdrucks zusammen. Im Jahr 1455 erschien die erste gedruckte Bibel in Europa, die Gutenberg-Bibel.

Gutenbergs eigene Karriere war allerdings ein Fehlschlag; wahrscheinlich besaß er zu wenig Kapital – kein gutes Vorzeichen für das neue kommerzielle Zeitalter. Die Beschaffung der Werkstattausstattung und der Lettern war teuer, und ein Kollege, von dem er sich Geld lieh, brachte ihn wegen Diebstahls vor Gericht. Durch einen Richterspruch verlor Gutenberg seine Druckerpresse, so dass die Bibel nach ihrem Erscheinen nicht mehr ihm gehörte. Glücklicherweise ist das nicht das Ende der Geschichte; der Erzbischof von Mainz ernannte Gutenberg schließlich auf Grund der Bedeutung seiner Erfindung zum Hofmann.

Er hatte tatsächlich eine Revolution in Gang gesetzt. Bis 1500 waren bereits etwa 35 000 verschiedene Bücher gedruckt worden – die *Incunabula* (Wiegendrucke). Dies bedeutete zwischen 15 und 20 Millionen Nachdrucke; zu dieser Zeit dürften schon weltweit weniger Handschriften existiert haben. Im darauf folgenden Jahrhundert gab es etwa 200 000 verschiedene Publikationen und vielleicht zehnmal so viel Nachdrucke. Auf diese quantitative Veränderung folgte eine qualitative; die Kultur, die sich nach dem Aufkommen des Buchdrucks mit beweglichen Lettern entwickelte, unterschied sich von jeder früheren und sogar von unserer, für die Radio und Fernsehen eine Selbstverständlichkeit sind.

Die Verbreitung der gedruckten Bibel

Die ersten gedruckten europäischen Bücher waren selbstverständlich Bibeln, denn die Heilige Schrift war der Kern der mittelalterlichen Kultur. Durch den Buchdruck wurde Wissen wie nie zuvor verbreitet, allerdings auch mit unkalkulierbaren Konsequenzen. Um 1450 besaß ein Gemeindepriester normalerweise keine eigene Bibel und er hatte nicht einmal immer leichten Zugang zur Heiligen Schrift. Ein Jahrhundert später war er selbst wahrscheinlich im Besitz von einer, und 1650 wäre es merkwürdig gewesen, wenn er keine gehabt hätte. Die erste deutsche Bibel wurde 1466 gedruckt; italienische und französische Übersetzungen folgten bis zum Ende des Jahrhunderts, nur die Engländer mussten bis 1526 warten, bis das Neue Testament in ihrer Sprache gedruckt wurde. In die Verbreitung christlicher Texte – von denen die Bibel der wichtigste war – investierten sowohl fromme Laien als auch Kleriker Geld; sogar in den Klöstern wurden Druckerpressen aufgestellt. Hinzu kamen allmählich die Schriften der Humanisten: gedruckte Grammatiken, Geschichtsbücher und vor allem die Werke klassischer Autoren. Eine weitere Neuerung kam aus Italien, nämlich die Einführung leichterer, klarerer Schrifttypen, geschaffen nach dem Vorbild der Handschriften florentinischer Gelehrter, die wiederum die karolingische Minuskel kopierten.

Die Ausweitung der europäischen Vorherrschaft konnte mit Hilfe gedruckter Schriften gefördert werden. Mit einiger Voraussicht schlug der Papst 1501 den Bischöfen vor, die Kontrolle über Druckerzeugnisse als Schlüssel zum Erhalt der Reinheit des Glaubens zu gewinnen. Aber es ging um mehr als um eine di-

Nur 300 Exemplare der ersten Ausgabe der Gutenberg-Bibel wurden gedruckt. Etwa 50 sind bis heute erhalten – eine Seite aus einer von ihnen ist hier zu sehen.

Die Erfindung des Buchdrucks mit beweglichen Lettern förderte die Verbreitung des wichtigsten Buches, der Bibel, ebenso wie ihre Übersetzung in die verschiedenen Volkssprachen.

rekte Bedrohung der kirchlichen Lehre, das Wesen des Buches selbst begann sich zu verändern. Während es vorher ein seltenes Kunstwerk war, zu dessen mysteriösem Wissen nur einige wenige Zugang erhielten, wurde das Buch nun zu einem Gegenstand für viele. Der Druck bot Regierungen neue Kanäle der Kommunikation und Künstlern ein neues Medium. Der Stil der Malerei und Architektur des 16. Jahrhunderts verbreitete sich auf Grund der wachsenden Verfügbarkeit von Drucken wesentlich schneller. Dadurch wurde auch die Nachfrage nach Literatur und Bildung angeregt. Keine Erfindung kennzeichnet so deutlich das Ende einer Ära und den Beginn einer neuen Zeit wie der Buchdruck.

Am Ende des 14. Jahrhunderts trat die Wissenschaft in eine Phase der Spezialisierung ein. Technische Fortschritte bedeuteten nicht, dass die Religion weniger allgegenwärtig gewesen wäre: Die große Glocke, die auf dieser Illustration in einer Handschrift aus dem 14. Jahrhundert geweiht wird, ist mit einem Kruzifix bekrönt.

Morgendämmerung der Moderne

Es ist schwer zu sagen, wie solche Veränderungen Europas Rolle in der Weltgeschichte beeinflussten. Wer um 1500 darüber nachdachte, fand sicherlich Vieles, aus dem Zuversicht geschöpft werden konnte. Die Wurzeln der europäischen Kultur lagen für die Menschen dieser Zeit in einer Religion, die lehrte, dass das Leben von Unwägbarkeiten bestimmt sei. Das Nachsinnen über Geschichte und gemeinsame Ziele machte die Zukunft ein wenig verständlicher und vielleicht auch weniger Angst erregend. Es gab kontinuierliche Veränderung in eine bestimmten Richtung, also Fortschritt. Aus der bloßen Akzeptanz von Veränderungen entwickelte sich nach und nach die Fähigkeit, mit wechselnden Umständen zu leben – was eine Eigenheit des modernen Menschen werden sollte. In verweltlichter Form und weit entfernt von ihren religiösen Ursprüngen wurden solche Ideen sehr wichtig, wie der Fortschritt der Wissenschaften beweist.

Aber das christliche Erbe war auch in einem anderen Sinn maßgeblich, denn die Europäer glaubten, dass sie es nach dem Fall von Byzanz alleine verwalteten. Dies stellte eine wichtige Ermutigung für diejenigen dar, die an der Schwelle des Zeitalters der sich entfaltenden Staaten, Entdeckungen und Eroberungen standen. Sogar angesichts der Osmanen war Europa um 1500 nicht länger die belagerte Festung des finsteren Mittelalters, sondern ein Bollwerk, von dem aus sich die Menschen zum Gegenangriff anschickten. Jerusalem war den Ungläubigen überlassen worden, Byzanz war gefallen. Wo sollte das neue Zentrum der Welt sein?

Die Menschen des Mittelalters sind mehr schlecht als recht den Herausforderungen ihrer Zeit begegnet und bauten aus den Trümmern der Vergangenheit eine christliche Welt auf. Um 1500 war noch nicht erkennbar, dass die Zukunft den Europäern gehören sollte. Kontakte mit anderen Völkern bewiesen keinesfalls die klare Überlegenheit des europäischen Weges. In Westafrika beuteten die Portugiesen die Afrikaner zwar aus und raubten Gold und Sklaven, doch in Persien und Indien standen sie vor großen Reichen, deren Anblick sie blenden musste. Europa war um 1500 weit entfernt von der Moderne. Wir könnten seine Sprachen heute nur mit Mühe verstehen, und selbst das allgemein gültige Latein hatte Untertöne und Assoziationen, die uns fremd geworden sind; es war nicht nur die Sprache der gebildeten Männer (und einiger weniger Frauen), sondern auch die der Religion.

Die Allgegenwart der Religion

In der Dämmerung der beginnenden Moderne bleibt das Gewicht der Religion der beste Schlüssel zur Realität der ersten europäischen Zivilisation. Religion war eine der beeindruckendsten Konstanten einer Kultur, die hier fast ganz aus der wichtigen, aber anachronistischen Perspektive von Wandlungen betrachtet wurde. Die meisten Veränderungen waren nämlich den Europäern selbst im 15. Jahrhundert gar nicht bewusst. Die Struktur ihres Lebens war für alle noch der langsame, sich ständig wiederholende Ablauf der Jahreszeiten, ein Rhythmus, der Arbeit und Freizeit, Armut und Reichtum, Alltag, Handwerk und Studium bestimmte. Englische Richter und Lehrer arbeiten heute noch nach einem Kalender, den ursprünglich die Erntezeiten vorgaben. Auf diesem Rhythmus baute auch die Religion auf. Wenn die Ernte eingebracht war, segnete die Kirche sie, und der Kalender des christlichen Jahres enthielt einen genauen Zeitplan, nach dem man lebte. Einiges davon war sehr alt, sogar vorchristlich; das Leben war schon immer so gewesen und man konnte es sich kaum anders vorstellen. Die Kirche bestimmte sogar den Tagesablauf der Menschen, denn alle drei Stunden wurden in Tausenden von Klöstern und Konventen die Glocken geläutet, die Mönche und Nonnen zum Gebet riefen. Danach richteten sich auch die Laien. Vor der Einführung der Turmuhren mit Schlagwerk kannte man nur die Glocke der Gemeindekirchen, der Kathedralen oder Klöster, die die Sonne oder brennende Kerzen als Maßstab der vergehenden Zeit ergänzten, indem sie die Stunde des nächsten Gottesdienstes anschlugen.

Christlicher Dualismus

Mit dem zeitlichen Abstand, den wir heute haben, können wir von Jahrhunderten sprechen, in denen die „revolutionären" Neuerungen immer weiter gingen. Einschneidende Veränderungen wie das Wachstum einer Stadt, die Pest, die Ablösung einer adligen Familie

Die im galizischen Portugiesisch geschriebenen *Lieder der Jungfrau Maria* werden Alfons X. zugeschrieben. Man glaubt, dass sie auf verschiedene Handschriften zurückgehen, die Ludwig XI. von Frankreich an Alfons sandte. Hier spielt ein Musiker eines der Lieder, begleitet von einer jungen Frau, die zwei Idiophone, eine Art Kastagnetten, spielt.

durch eine andere, der Bau einer Kathedrale oder die Zerstörung einer Burg geschahen in einer bemerkenswert stabilen Umgebung. Die Umrisse der Felder, die z. B. von Bauern in England um 1500 beackert wurden, waren oft noch dieselben, die von den Landvermessern 400 Jahre zuvor in das *Domesday Book* eingetragen worden waren. Als um 1530 das Nonnenkloster von Lacock aufgelöst wurde, bemerkten die damit Beauftragten zu ihrem Erstaunen, dass diese aristokratischen Damen immer noch das normannische Französisch sprachen, das vor Jahrhunderten in den adligen Familien gesprochen worden war.

Dieses immense Trägheitsmoment darf man bei der Betrachtung nicht vernachlässigen; alle Leistungen des Mittelalters erscheinen dann noch beeindruckender und mächtiger. Ganz tief im Zentrum dieser Gesellschaft entwickelte sich die Zukunft. Eine Verbindung zur Vergangenheit war der fundamentale christliche Dualismus des irdischen Lebens und des Jenseits, der Erde und des Himmels. Dies erwies sich als stimulierendes Moment von großem Wert, als ein neues kritisches Instrument, das in seiner verweltlichten Form vorbildlich und zukunftsweisend war. Im Christentum verbarg sich ein Zug, der gegen sich selbst verwendet werden konnte, denn schließlich führte eine unabhängige kritische Haltung zum vollständigen Bruch mit der Welt, wie sie Thomas von Aquin und Erasmus gekannt hatten. Die Idee einer unabhängigen Kritik entwickelte sich erst nach und nach; sie kann bis in die Zeit zwischen 1300 und 1700 zurückverfolgt werden. Einmal mehr verdeutlicht dieses Beispiel, dass die scharfen Trennlinien zwischen dem Mittelalter und der Moderne auf Übereinkunft der Geschichtswissenschaftler beruhen und nicht der historischen Realität entspringen.

Auf diesem Gemälde des Bonifacio de Pitati (1487–1553) erscheint Gott als „Ewiger Vater", der die Stadt Venedig vor den heranziehenden bedrohlichen Gewitterwolken beschützt.

III. DAS EUROPÄISCHE ZEITALTER

Zu Beginn des 16. Jahrhunderts wird ein neues Kapitel der Weltgeschichte aufgeschlagen. Von manchen dieser Ereignisse wurde schon berichtet, wie der Entdeckung des amerikanischen Kontinents und den ersten Schüssen europäischer Eroberer in Asien. Die Weltgeschichte wird zunehmend von der europäischen Kultur bestimmt. Was in einem Land geschieht, ist immer enger mit den Ereignissen in anderen Staaten verbunden. Europa avancierte zur Weltmacht und fügte – manchmal ohne es zu wissen – die Welt zu einem Ganzen zusammen. Dies führte unter anderem dazu, dass aus der Geschichte einzelner Länder und Kontinente innerhalb von zwei- bis dreihundert Jahren nach und nach eine Einheit wurde.

Der englische Historiker Macaulay berichtet zum Beispiel, dass ein europäischer König eine von ihm begehrte Provinz des Nachbarreiches erobern konnte, weil sich die Indianer an den Ufern der Großen Seen bekämpften, anstatt ihr Land zu verteidigen. Einem bemerkenswerten Aspekt der Geschichte werden wir jetzt unsere Aufmerksamkeit schenken: Begrenzte Auseinandersetzungen uferten immer öfter in größere Kriege aus und doch blieben politische Strategien, die Ausdehnung der Weltreiche und militärischen Übergriffe, nur ein Teil der Ereignisse. Die wirtschaftliche Einigung der Welt und die zunehmende Verbreitung von allgemein gültigen Ideen und Ansichten sind ebenso Teil der Geschichte. Das Ergebnis war bald die „Eine Welt" – wie wir es heute nennen würden. Das Zeitalter selbstständiger Kulturen war zu Ende.

Zwischen den Menschen verschiedener Länder und zwischen den einzelnen Nationen gab es jedoch noch so viel Trennendes, dass dies auf den ersten Blick wie eine gewaltige, irreführende Übertreibung erscheint. Nationale, kulturelle und ethnische Unterschiede verursachten immer wieder entsetzliche Konflikte – die Geschichte der letzten 500 Jahre kann in der Historiographie als eine Zeit ständiger Kriege und blutiger Kämpfe beschrieben werden, und die Menschen verschiedener Nationen schienen nicht viel mehr miteinander gemein zu haben als noch Jahrhunderte zuvor. Und doch waren sie sich viel ähnlicher als etwa ihre Vorfahren im 10. Jahrhundert. Sie zeigen es auf hundertfache Weise – angefangen von Äußerlichkeiten wie der Kleidung bis hin zu der Art und Weise, wie sie ihren Lebensunterhalt verdienen und die Gesellschaft, in der sie leben, einrichten und gestalten. Ursprünge, Ausmaße und Grenzen dieser Veränderungen sind der Stoff unserer Geschichte. Wir bezeichnen diesen historischen Prozess als „Modernisierung". Seit Jahrhunderten sind in ihrem Namen große Anstrengungen unternommen worden, um die Gräben zwischen den Kulturen aufzufüllen. Modernisierung ist der stärkste und fundamentalste Ausdruck für die Menschheitsgeschichte als Ganzes. Man kann diese Entwicklung auch als Europäisierung der Welt bezeichnen, denn Modernisierung ist vor allem die Umsetzung von Ideen und Methoden, die ihren Ursprung in Europa haben. Ob jedoch Modernisierung mit Europäisierung gleichgesetzt werden kann, mag an anderer Stelle diskutiert werden; vielleicht ist es auch nur eine Frage der Definition. Chronologisch betrachtet fällt vor allem auf, dass erst mit der Modernisierung Europas eine einheitlich verlaufende Weltgeschichte begonnen hat. Ein großer Umschwung auf dem europäischen Kontinent war der Ausgangspunkt der Geschichte der Neuzeit.

Europa auf einem Thron sitzend – auf der Umschlagseite des *Theatrum Orbis Terrarum*, einem im Jahre 1572 in Antwerpen gedrucktem Buch: In der einen Hand hält die Figur ein Zepter als Zeichen ihrer Weltherrschaft. An ihrer linken Seite lehnt die Weltkugel, das darauf stehende Kruzifix steht für das Christentum. Europa ist die eindeutige Herrscherin über die drei anderen weiblichen Gestalten zu ihren Füßen: Asien, in einem kunstvoll verschlungenen Gewand, Afrika fast nackt und Amerika als eine Figur, die völlig unbekleidet ist und einen Menschenkopf in der linken Hand hält – Symbol für den Kannibalismus, der im 16. Jahrhundert in Brasilien und anderswo anzutreffen war.

THEA
TRVM
ORBIS
TERRA
RVM

1 EINE NEUE GESELLSCHAFT – EUROPA IN DER FRÜHEN NEUZEIT

Unsere Einteilung der Geschichte in Antike, Mittelalter und Neuzeit entwickelte sich im 17. Jahrhundert. Erst in dieser Zeit führte man den Begriff des „Mittelalters“ ein, bis dahin hatte man keine genaue Bezeichnung für die Zeit nach der Antike.

Inzwischen unterteilen die Historiker die Neuzeit noch weiter in Geschichte der Frühen Neuzeit, Neuere sowie Neueste Geschichte.

Wir haben es mit einem Prozess zu tun, in dessen Verlauf eine Welt entstand, die bis nach Übersee reichte, und die in der Begrenztheit des westlichen mittelalterlichen Christentums – des Abendlandes, das alten Traditionen verhaftet, agrarisch geprägt und abergläubisch war – ihren Anfang genommen hatte. Dieser Wandel vollzog sich nicht überall gleichzeitig. In England verlief er sehr schnell, in Spanien war er um 1800 noch längst nicht beendet, und in den meisten osteuropäischen Ländern spürte man sogar Anfang des 20. Jahrhunderts kaum etwas davon. Realität und Bedeutung des Prozesses stehen außer Frage – mit welchen Schwankungen er auch immer verlaufen sein mag, denn er legte den Grundstein zur europäischen Weltherrschaft.

Dabei darf man jedoch nicht vergessen, dass die meisten Menschen nur selten aktiven Einfluss auf ihre Lebensumstände – Wohnsituation und Nahrungsbeschaffung – nehmen konnten. Erst seit kurzem versetzen sie die wirtschaftlichen Veränderungen, die in der Frühen Neuzeit begannen, in die Lage, mehr über sich selbst zu bestimmen.

EIN ZEITALTER DER STATISTIKEN

Nur wirtschaftliche Veränderungen aus späterer Zeit können wir – dank zahlreicher und kontinuierlich ausgewerteter Daten – nachvollziehen. In einer wichtigen Hinsicht erhöhte sich der Informationswert des historischen Zahlenmaterials in den letzten vier oder fünf Jahrhunderten: Die Quellen enthalten mehr Zahlenmaterial, so dass man ein-

Diese Rechenmaschine aus Metall wurde von dem französischen Mathematiker, Physiker, Schriftsteller und Theologen Blaise Pascal (1623–1662) gebaut und 1647 patentiert. Pascal erfand die Maschine, um seinem Vater besser bei der Buchhaltung helfen zu können.

facher Berechnungen anstellen konnte. Die Urheber solcher neuen statistischen Erhebungen waren oft die Regierungen, die aus vielerlei Gründen mehr und mehr über die Ressourcen beziehungsweise möglichen Ressourcen, die ihnen zur Verfügung standen, wissen wollten. Aber auch private Aufzeichnungen – hauptsächlich von Geschäftsleuten – lieferten ab 1500 entschieden mehr Zahlenmaterial. Die Erfindung des Buchdruckes und andere Methoden der Vervielfältigung erhöhten zusätzlich die Überlieferungschancen dieser Aufzeichnungen. Neu aufkommende Handelsformen wie etwa der Transport von Waren auf Schiffen oder die Preisankündigungen machten es notwendig, entsprechende Daten zu erfassen und miteinander zu vergleichen. Die Verfeinerung ihrer Methoden hat es Historikern überdies ermöglicht, sogar ungenaue und lückenhafte Quellen erfolgreicher auszuwerten.

Dieses Gemälde des holländischen Künstlers Hieronymus Bosch (1453–1516) – *Das Steinschneiden* – karikiert Aberglaube, Glaube, Wissen und primitive Operationsmethoden als Phänomene, die in der Gesellschaft des 15. Jahrhunderts nebeneinander existiert haben.

Die Grenzen der Statistik

All diese Daten haben uns Kenntnisse über das Ausmaß und die Art der Veränderungen im Europa der Neuzeit vermittelt. Wir müssen jedoch vorsichtig sein und dürfen weder die Genauigkeit dieser Angaben noch die Schlüsse, die wir aus ihnen ziehen können, überbewerten. Für die meisten Zeiträume ist es äußerst schwierig, gute Statistiken zu erhalten. Aufgeklärte Monarchen des 18. Jahrhunderts begnügten sich mit einer akkuraten Landvermessung und -registrierung ihres Gebiets oder mit Flurberichten, mit deren Hilfe sie herausfinden wollten, wie viele Untertanen sie hatten. Doch erst 1801 wurde in Großbritannien die erste Volkszählung durchgeführt; in Frankreich fand sie erstmals im Jahre 1876 statt, und das Russische Reich führte seine erste und einzige Zählung 1897 durch. Derlei Verspätungen überraschen nicht. Volkszählungen oder ähnliche Erhebungen erfordern einen komplexen und verlässlichen Verwaltungsapparat, der in den absolutistischen Staaten meist vorhanden war. Für England galt das allerdings nicht und Russland stellte insgesamt einen Sonderfall dar. Volkszählungen waren überdies vielfach Anlass zu Widerstand: Wenn sich Regierungen diese Informationen beschafften, hieß das meistens, dass sie die Steuern erhöhen wollten. Die Schwierigkeiten steigerten sich noch um ein Vielfaches, da der Großteil der Bevölkerung nicht lesen und schreiben konnte, wie es in weiten Teilen des neuzeitlichen Europa der Fall war.

Neues statistisches Material kann zudem ebenso viele Probleme aufwerfen wie lösen. Es enthüllt sich eine verwirrende Zahl einzelner Phänomene der jeweiligen Epoche, was eine Verallgemeinerung oft erschwert. Es ist viel komplizierter geworden, überhaupt etwas über die französischen Bauern des 18. Jahrhunderts zu sagen, seit die Forschung die Vielfältigkeit zeitgenössischer Lebensformen auf-

Bevölkerungswachstum in Europa

Da es verlässliche Volkszählungen zu dieser Zeit nicht gab – die wenigen Übersichten aus dem Anfang des 18. Jahrhunderts waren Schätzungen, die wirtschaftlichen oder militärischen Zwecken dienten – stützten sich Historiker bei ihrer Suche nach Beweismitteln im Wesentlichen auf die Geburts- und Sterberegister der Kirchengemeinden. Es zeigt sich, dass im 16. und 17. Jahrhundert die Bevölkerung ungleich und nur mäßig wuchs. Trotz niedrigerer Lebenserwartung, später Heirat und hoher Kindersterblichkeit schritt seit der zweiten Hälfte des 18. Jahrhunderts die Bevölkerungsentwicklung schneller voran. Dies lässt sich auf verschiedene Faktoren zurückführen: Mitte des 18. Jahrhunderts hatte sich die Ernährungslage der Bevölkerung durch Fortschritte in Ackerbau und Viehzucht verbessert, so dass weniger Menschen verhungerten. Die Transportmittel, die eine wichtige Rolle bei der Getreideverteilung spielten, waren ebenfalls besser geworden.

Außerdem erschienen seit der Mitte des 16. Jahrhunderts zahlreiche illustrierte Bücher. Diese oft anatomisch genau gestalteten Abbildungen erhöhten das medizinische Wissen. Ende des 17. Jahrhunderts gab es dann klare Beschreibungen der Symptome von Krankheiten wie Rachitis, Diabetes, Gicht und Tuberkulose. Damals entdeckte man den Blutkreislauf. Es hatten jedoch nur sehr wenige Menschen die Möglichkeit, sich von einem ausgebildeten Arzt behandeln zu lassen. Die Mehrheit der ländlichen Bevölkerung verließ sich auch weiterhin auf „Quacksalber" oder Wanderärzte.

Die letzte große Epidemie brach 1713 aus; seitdem blieben Seuchen auf bestimmte Regionen beschränkt. Man sammelte zunehmend Erfahrung mit Präventivmaßnahmen (Hafenkontrollen, Quarantäne und Trennung von sanitären Anlagen) und vermied so Ansteckungen. Doch Typhus, Pocken, Tuberkulose, Diphterie und Malaria bedrohten weiterhin die Menschen.

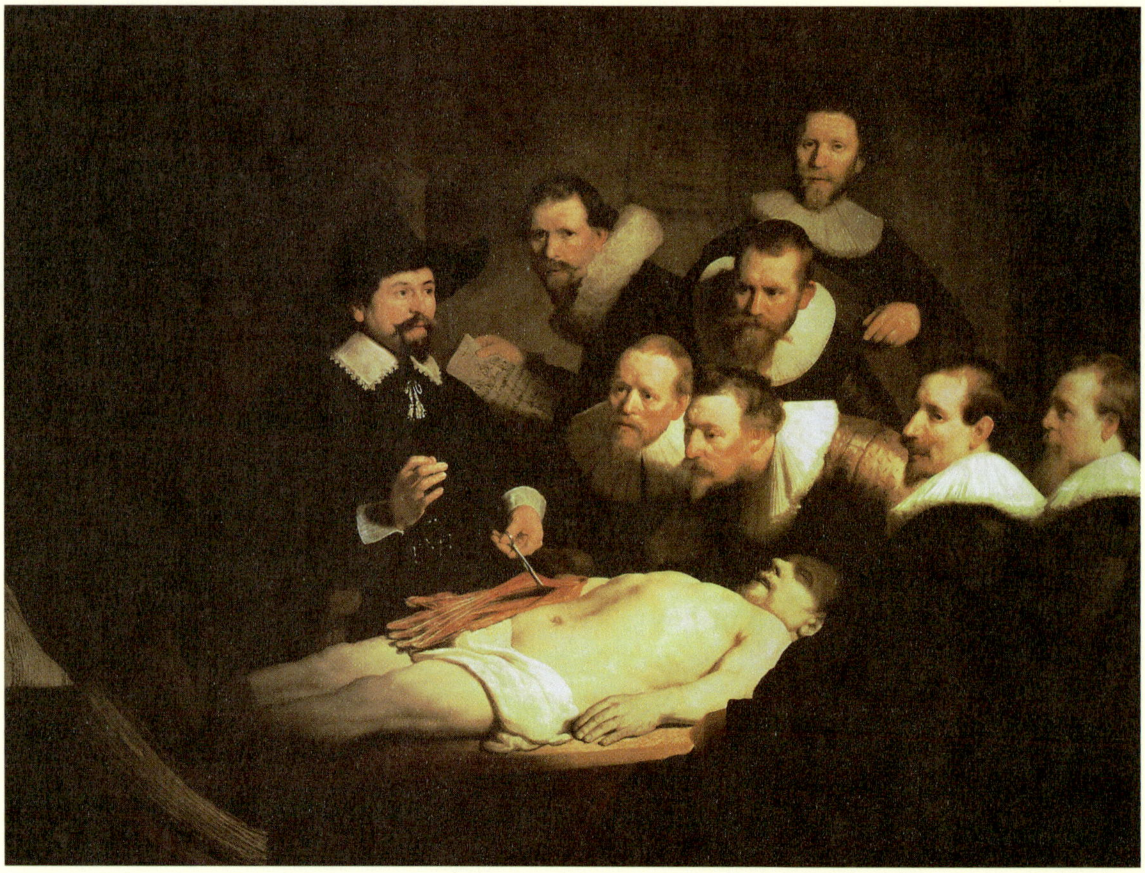

Anatomische Vorlesung des Dr. Tulp, *ein Gemälde des holländischen Künstlers Rembrandt (1606–1669) aus dem Jahre 1632. Die medizinischen Fortschritte erhöhten die Lebenserwartung der Menschen in Europa.*

Der französische Künstler Louis Le Nain (1593–1648) und seine Brüder Antoine (1588–1648) und Matthieu (1607–1677) malten viele Szenen aus dem bäuerlichen Leben. Gemälde wie die *Bauernfamilie* gewähren einen Einblick in die Lebensverhältnisse der Landarbeiter im Europa des 17. Jahrhunderts.

zeigte, die sich hinter diesem einfachen Begriff verbarg: So wird vor allem deutlich, dass es *den* französischen Bauern gar nicht gab, sondern, dass dieser Stand weiter zu differenzieren ist. Zwar können Statistiken die Tatsachen erhellen, doch die Ursachen lassen sie außer Acht. Dennoch befinden wir uns nach 1500 mehr und mehr in einem Zeitalter statistischer Erhebungen. Mit ihrer Hilfe ist es im Allgemeinen leichter geworden, differenzierte Erklärungen zu bestimmten Ereignissen abzugeben.

BEVÖLKERUNGSENTWICKLUNG IN EUROPA

Am Beispiel der Bevölkerungspolitik können wir die Geschichte auf Grund relativ gesicherter Daten recht gut verfolgen. Gegen Ende des 15. Jahrhunderts beginnt die europäische Bevölkerung stetig zuzunehmen. Bis zur Mitte des 18. Jahrhunderts wuchs sie zwar langsam, aber kontinuierlich, wenn man von auffälligen zeitlichen und örtlichen Einbrüchen in dieser Entwicklung einmal absieht.

Die Bevölkerung Europas 1500–1800

Zwischen 1500 und 1700 betrug das Bevölkerungswachstum in Europa ungefähr 40 Prozent – unter Berücksichtigung gegenläufiger Entwicklungen in Spanien, Süditalien und Deutschland im 17. Jahrhundert auf Grund des Dreißigjährigen Kriegs. Diese Wachstumsrate war nicht einmal halb so groß wie die des 18. Jahrhunderts. Zur Bevölkerungszahl verschiedener europäischer Länder (in Millionen) in dieser Zeit vergleiche die letzte Spalte der Tabelle.

	1500	1600	1700	1800
Spanien und Portugal	9,3	11,3	10	14,6
Italien	10,5	13,3	13,3	18,1
Frankreich (einschließlich Lothringen und Savoyen)	16,4	18,5	21	26,9
Beneluxstaaten	1,9	2,9	3,4	5,2
Britische Inseln	4,4	6,8	9,3	15,9
Skandinavische Länder	1,5	2,4	2,8	3,2
Deutschland	12	15	15	24,5
Schweiz	0,8	1	1,2	1,8
Russland	9	15,5	17,5	
Europa insgesamt	65,8	86,7	92,5	110,2 (ohne Russland)

In einer zweiten Phase beschleunigte sich das Wachstum deutlich. Dies führte zu gewaltigen Veränderungen der Lebensumstände der Menschen. Die beschriebene Bevölkerungsentwicklung ist eines der Merkmale der Frühen Neuzeit. Besonders die erste Phase soll uns hier beschäftigen, weil sich in ihr die Gestaltung des neuen Europas vollzog. Die Tendenzen der Zeit sind klar erkennbar: Auch wenn die Zahlen oft nur auf Schätzungen beruhen, stehen sie doch auf einer besseren Grundlage als die früherer Zeiten. Diese Entwicklung beruht auf einem stärkeren Interesse an demographischen Informationen.

Gegen Ende des 17. Jahrhunderts entwickelte sich die neue Wissenschaft der Statistik, die man damals als politische Arithmetik bezeichnete und deren Begründer hauptsächlich Engländer waren. Auf Grund ihrer Leistungen entsteht ein recht klares Bild: Um 1500 hatte Europa ungefähr 80 Millionen Einwohner, 200 Jahre später waren es nicht ganz 150 Millionen und 1800 knapp unter 200 Millionen. Bis 1750 stieg die Bevölkerungzahl Europas fast gleichmäßig an, so dass sie bis 1700 oder etwas länger ungefähr einem Fünftel der Weltbevölkerung entsprach. Zu Beginn des 19. Jahrhunderts war schließlich fast jeder Vierte ein Europäer.

Diagramm nach Mallet und Malthus

Forschungen des Genfer Arztes E. Mallet und des englischen Ökonomen Thomas Malthus – zur Lebenserwartung seit der Mitte des 16. Jahrhunderts bis zum Ende des 18. Jahrhunderts – erbrachten nur wenig voneinander abweichende Daten.

Die geringe Lebenserwartung steht im Zusammenhang mit der hohen Sterblichkeitsrate bei Frauen und Kindern in Folge schlechter hygienischer und sanitärer Bedingungen, unzureichender Ernährung sowie Naturkatastrophen.

Durchschnittliche Lebensdauer

	Mallet	Malthus
Mitte 16. Jahrhundert	21 Jahre, 2 Monate	18 Jahre, 6 Monate
17. Jahrhundert	25 Jahre, 8 Monate	23 Jahre, 4 Monate
18. Jahrhundert	32 Jahre, 9 Monate	32 Jahre, 3 Monate

Lebenserwartung bei der Geburt

	Mallet	Malthus
Mitte des 16. Jahrhunderts	8 Jahre, 7 Monate	4 Jahre, 10 Monate
17. Jahrhundert	13 Jahre, 3 Monate	11 Jahre, 7 Monate
18. Jahrhundert	27 Jahre, 9 Monate	27 Jahre, 2 Monate

Geburtenrate und Lebenserwartung

Lange Zeit glichen sich die Bevölkerungsentwicklungen in den europäischen und außereuropäischen Ländern. Erst um 1800 verliefen diese unterschiedlich: Das Durchschnittsalter lag weit unter dem heutigen, so hatte ein französischer Bauer im 18. Jahrhundert eine Lebenserwartung von ungefähr 22 Jahren und nur eine Chance von zirka 1:4, nicht schon als Kind zu sterben. Dies entsprach etwa der Prognose eines indischen Bauern um 1950 oder eines Italieners im römischen Kaiserreich. Vergleichsweise wenige Menschen erlebten ihr 40. Lebensjahr, und auf Grund der schlechten Ernährung wirkten sie vergleichsweise alt und waren natürlich längst nicht so gesund wie ein 40-Jähriger heutzutage. Wie im Mittelalter starben die Frauen häufig eher als die Männer; dies hatte zur Folge, dass viele Männer zwei- oder dreimal heirateten. Das europäische Ehepaar lebte daher im Durchschnittt nicht sehr lange Zeit zusammen. Westlich einer gedachten Linie, die ungefähr von der Ostsee bis zur Adria verläuft, waren die Menschen kürzer miteinander verheiratet als östlich davon. Das hing allerdings auch mit dem wesentlich höheren Heiratsalter in Westeuropa zusammen, ein Unterschied, der lange die Bevölkerungsmodelle kennzeichnete.

Im Allgemeinen konnten sich jedoch nur wohlhabende Europäer eine große Familie leisten, während die Armen nur wenig Kinder hatten. Im 17. Jahrhundert gab es bereits verschiedene Methoden der Geburtenkontrolle, die die Menschen einsetzten; dazu gehörten nicht nur Abtreibung und Kindsmord. Nach wie vor gehört dieser Bereich zu den unerforschten, denn das Analphabetentum der damaligen Gesellschaft verhindert Erkenntnisse über die tatsächliche Geburtenkontrolle in der Frühen Neuzeit. Noch weniger ist über ihre Auswirkungen und über die Art und Weise, wie die Europäer der Frühen Neuzeit über sich selbst und ihr Leben dachten, bekannt.

STÄDTE UND GROSSSTÄDTE

Die große Bedeutung der Landwirtschaft lässt sich an den bevölkerungspolitischen Daten gut ablesen. Lange Zeit hindurch lagen die Erträge nur wenig über dem tatsächlich Benötigten und konnten nur eine langsam wachsende Bevölkerung ernähren. Im Jahre 1500 war Europa noch größtenteils ländlich geprägt, in den Dörfern lebten die Menschen auf einem ziemlich niedrigen Existenzniveau. Im Vergleich zu heute sah es auf dem Kontinent recht leer aus. Sogar das am dichtesten besiedelte England zählte im Jahre 1800 nur etwa ein Fünftel seiner heutigen Bevölkerung. In Osteuropa gab es weite, menschenleere Gebiete, die die jeweiligen Herrscher eifrig zu bevölkern versuchte, weshalb sie jede Art von Einwanderung förderten, während die kleineren und größeren Städte ihre Entwicklung selbst in die Hand nahmen. Einige wenige Städte wuchsen auf spektakuläre Weise sogar noch schneller als die Gesamtbevölkerung. Amsterdam erreichte im 18. Jahrhundert eine Bevölkerungszahl von etwa 200 000. Von Paris nimmt man an, dass es seine Einwohnerzahl zwischen 1500 und 1700 verdoppelte und so auf etwas weniger als eine halbe Million erhöhte. London übertraf Paris sogar, indem es sich im gleichen Zeitraum von ungefähr 120 000 auf fast 700 000 Einwohner vergrößerte. Bei der wesentlich geringeren Bevölkerungzahl, die England hatte, war der Wandel vom Land- hin zum Stadtleben gravierend. Ein neues Wort kam dafür in Gebrauch: Sub-

Die Verstädterung in Europa

Das Wachstum der europäischen Städte hatte seine Ursachen zum einen im Ausbau der traditionellen Strukturen und zum anderen darin, dass die Städte ganz neue Funktionen übernahmen. Städte entwickelten sich um Häfen, Märkte, Manufakturen und Bergwerke und/oder weil sich die Regierung oder der Sitz eines kirchlichen Würdenträgers dort befand. Nach 1600 zogen jedoch auch Handels- und Bankzentren eine ständig wachsende Bevölkerung an. Kur- und Badeorte, größere befestigte Städte und neue Marinestützpunkte entstanden. Die Größe der Stadtzentren entsprach jedoch nicht den heutigen. Um 1600 wohnten nur etwa fünf Prozent der Gesamtbevölkerung in Städten mit mehr als 20 000 – 30 000 Einwohnern. Insgesamt 70 Prozent der Europäer auf dem Land und 20 Prozent in kleinen Städten.

Die Verteilung der städtischen Ballungszentren auf der europäischen Landkarte ist sehr unausgewogen. Die meisten Städte gab es in den Küstengebieten der Nordsee.

Vor allem Kriege, Krankheiten und Hungersnöte waren für die unterschiedlichen Entwicklungen in den europäischen Ländern verantwortlich.

urbs, von lat. *suburbium*, einem Begriff aus Antike und Mittelalter. Die Situation in den mittleren und kleineren Städten lässt sich nicht verallgemeinern, viele von ihnen waren in der Tat sehr klein und hatten noch um 1700 weniger als 20000 Einwohner. Zu den neun europäischen Städten, die um 1500 mehr als 100000 Bewohner zählten, waren 200 Jahre später mindestens drei hinzugekommen. Europa spielte zu dieser Zeit noch keine Vorreiterrolle bei der Gründung und Entwicklung von Städten, denn auch in anderen Erdteilen gab es viele Metropolen. Die Stadt Mexiko, etwa übertraf mit einer Einwohnerzahl von 300000 alle europäischen Städte des 16. Jahrhunderts.

Regionale Unterschiede in Europa

Weder Städte noch Bevölkerung entwickelten sich gleichmäßig. Frankreich war zu dieser Zeit weiterhin das größte westeuropäische Land: 1700 hatte es ungefähr 21 Millionen Einwohner, während England und Wales insgesamt nur zirka sechs Millionen zählte. Vergleiche zwischen den verschiedenen Ländern und Regionen sind schwer zu ziehen. Für manche Gebiete existieren verlässliche Schätzungen, doch bei weitem nicht für alle. Auf Grund von Grenzveränderungen sind die Ausmaße der Regionen schwer zu bestimmen. Als eine Welle von Katastrophen über das Europa des 17. Jahrhunderts hereinbrach, stagnierte das Bevölkerungswachstum in manchen Gebieten oder war sogar rückläufig. Um 1630 brachen sowohl in Spanien als auch in Italien und Deutschland furchtbare Epidemien aus. Weitere wegen ihrer verheerenden Folgen berüchtigte Ereignisse wie die Große Pest von 1665 in London folgten und dezimierten die Einwohnerzahl großer Gebiete empfindlich. Hungersnöte verursachten ebenfalls sporadische Einbrüche in der Bevölkerungsentwicklung eines Gebietes. Sogar Kannibalismus soll es Mitte des 17. Jahrhunderts in Deutschland gegeben haben. Die schlechte Ernährung und die schwachen Abwehrkräfte der Menschen gegen Krankheiten führten schnell zur Katastrophe, wenn eine zerrüttete Wirtschaft – oft die Folge einer Missernte – hinzukam. In Kriegszeiten, die in Mitteleuropa nicht gerade selten waren – man denke nur an den Dreißigjährigen Krieg – war die Situation besonders verheerend. Hunger und Krankheit im Gefolge durchziehender Truppen konnten ein kleineres Gebiet binnen kurzer Zeit entvöl-

Am dynamischsten im ganzen Mittelmeerraum entwickelten sich im 16. Jahrhundert die italienischen Stadtstaaten. Sie waren blühende Handels- und Wirtschaftszentren und hatten Verbindungen zum Nahen Osten und nach Westeuropa. Diese Darstellung der Innenstadt von Florenz stammt aus der Zeit zwischen 1480 und 1482 und ist als *Carta della Catena* bekannt geworden.

Die großen religiösen Feste und die saisonbedingten Aufgaben in der Landwirtschaft mit ihren zyklischen Rhythmen waren für die meisten Europäer des 16. Jahrhunderts ein Hinweis darauf, dass wieder ein Jahr vergangen war. Eine der wichtigsten Arbeiten ist in dem Gemälde *Heuernte im Juli* von Pieter Brueghel d. Ä. (1528/30–1569) dargestellt.

kern. All dies spiegelt zum Teil wider, bis zu welchem Grad das wirtschaftliche Leben noch auf einen lokalen Rahmen beschränkt war. Manchmal blieb eine einzige Stadt unversehrt von Belagerung und Plünderung – selbst wenn sie mitten in einem Kampfgebiet lag, während eine andere Stadt ein paar Kilometer entfernt verwüstet wurde. Nie war die Situation stabil – bis die Produktivität das Bevölkerungswachstum eingeholt hatte.

FORTSCHRITTE IN DER LANDWIRTSCHAFT

Was die Produktivität betrifft, so hat – wie in manch anderer Hinsicht auch – jedes Land seine eigene Geschichte. Mitte des 15. Jahrhunderts bekam die Landwirtschaft neuen Auftrieb. Dies zeigte sich u. a. in der Rekultivierung von Landstrichen, die seit dem 14. Jahrhundert entvölkert und verwüstet

Getreideernte im August, dargestellt in einem Holzschnitt aus einem französischen Stundenbuch (um 1520). Zur Erntezeit wurden Schulden beglichen, Waren auf Märkten und Messen getauscht, Steuern bezahlt und Vorbereitungen für den Winter getroffen. Auf eine Missernte folgte jedoch unausweichlich die Katastrophe.

waren. Vielerorts blieb der Fortschritt aber aus, auch wenn man bereits durch technische Verbesserungen, hauptsächlich durch einen größeren Einsatz von Arbeitskräften, das Land intensiver bebauen und somit seine Erträge steigern konnte. In vielen Gebieten herrschten noch mittelalterliche Verhältnisse. Die wieder aufkommende Geldwirtschaft setzte sich bei einigen Dorfgemeinschaften, die fast ausschließlich Selbstversorger waren, nur langsam durch. In Osteuropa wurde die Leibeigenschaft noch intensiviert, während sie anderswo schon im Rückgang begriffen war. Dennoch war die Landwirtschaft in Gesamteuropa und insbesondere in einigen fortschrittlichen Ländern Ende des 17. Jahrhunderts ein Wirtschaftszweig, in dem Innovationen am deutlichsten zu spüren waren; der andere Zweig war der Handel. Dies alles waren gute Voraussetzungen für die kontinuierliche Bevölkerungsentwicklung in Europa.

Das Europa dieser Zeit war ein dörflich anmutender Kontinent – die Mehrzahl der Menschen lebte auf dem Land, und die meisten wirtschaftlichen Aktivitäten waren Arbeiten in der Landwirtschaft. Hier sieht man Landarbeiter bei der Weizenernte; einige von ihnen ruhen sich gerade aus. Bei der Abbildung handelt es sich um die Vorlage für eine Illustration aus dem 16. Jahrhundert.

Der landwirtschaftliche Fortschritt war zunehmend marktorientiert, und er setzte auf technische Innovation. Wenn an einem Ort viele Menschen lebten, bedeutete das gleichzeitig einen Absatzmarkt für das Umland – also einen Anreiz, die Erträge zu steigern. Schon im 15. Jahrhundert waren die Bewohner der Küstenregionen in der intensiven Landnutzung führend. In Flandern wurde das Bewässerungssystem verbessert und in Norditalien hatte man neue Getreidearten aus Asien eingeführt. Reis zum Beispiel, eine wichtige Ergänzung des europäischen Speisezettels, wurde in den Ebenen von Po und Arno im 15. Jahrhundert erstmals angebaut. Andererseits war nicht allen neu eingeführten Feldfrüchten sofortiger Erfolg beschieden. Bei der Kartoffel, die von Amerika nach Europa kam, dauerte es ungefähr 200 Jahre, bis man sie als ein alltägliches Nahrungsmittel in England, Deutschland und Frankreich akzeptierte – und dies trotz ihres hohen Nährwerts und des einfachen Anbaus.

Die Landwirtschaft in England

Aus den Niederlanden kamen die verbesserten landwirtschaftlichen Methoden im 16. Jahrhundert auch nach Ostengland, wo man sie nach und nach weiterentwickelte. Seit dem 17. Jahrhundert verließen Getreideschiffe den Londoner Hafen. Im folgenden Jahrhundert kamen Menschen aus anderen europäischen Staaten nach England, um die dortige Landwirtschaft zu studieren. Im 18. Jahrhundert kam es zu weiteren Fortschritten in Ackerbau und Viehzucht, die wiederum zu guten Ernteerträgen und einer Fleischqualität führte, die heute selbstverständlich sein mag, aber noch damals bemerkenswert war. Landschaft und Menschen hatten sich verändert. Die europäische Landwirtschaft lieferte den ersten Beweis, wie viel eine noch junge Wissenschaft mit ihren neuen Methoden, bestehend aus Versuch, Beobachtung und Aufzeichnung er-

Dieses Porträt mit dem Titel *Robert Andrews und seine Frau Mary in einer Landschaft* malte Thomas Gainsborough (1727–1788) im Jahre 1748. Es spiegelt die soziale Stellung und den Reichtum dieses britischen Landbesitzers und seiner Gemahlin wider. Im Hintergrund sieht man sauber abgeteilte Felder – ein Ergebnis ständiger Veränderungen der landwirtschaftlichen Methoden in England.

reichen konnte. Fortschritte in der Landwirtschaft wurden hauptsächlich durch die Neugliederung der Landverteilung in größeren Höfen, die Verminderung der Zahl der Kleinbauern, die Beschäftigung von Lohnarbeitern und durch hohe Kapitalinvestitionen in Gebäude, Trockenlegungsmaßnahmen und erste Maschinen erreicht. Ein Hinweis, dass sich in England tatsächlich etwas bewegte, war das Tempo der „Einzäunungen", mit denen frei liegende Felder und Gemeindeland in Eigenbewirtschaftung überführt wurden. Erst gegen Ende des 18. Jahrhunderts beziehungsweise zu Beginn des 19. Jahrhunderts begann das Parlament damit, diese Praxis verstärkt durch Gesetze zu legalisieren. Noch bis zum 19. Jahrhundert sollte es dauern, bis die Landwirtschaft vollständig in die Marktwirtschaft einbezogen war und man Boden wie jedes andere Gebrauchsgut behandelte – selbst in England, das bis zur Öffnung der Landwirtschaftsmärkte in Übersee auf dem Agrarsektor weltweit führend gewesen war. Im 18. Jahrhundert zeichnete sich schon eine Entwicklung in diese Richtung ab.

Rückgang von Hungersnöten

Der allgemeine Wandel in der Landwirtschaft führte dazu, dass die immer wiederkehrenden Hungersnöte seltener wurden und schließlich ganz verschwanden. Europas Bevölkerung musste wahrscheinlich zum letzten Mal gegen Ende des 16. Jahrhunderts alle seine Reserven einsetzen, um eine Katastrophe abzuwenden, die mit der des 14. Jahrhunderts vergleichbar ist. In der Leidenszeit, die sich Mitte des 17. Jahrhunderts über mehrere Jahrzehnte lang hinzog, blieb England und den Niederlanden das Schlimmste erspart. In Deutschland brachte der Dreißigjährige Krieg eine große Not über die Bevölkerung. Danach blieben Hungersnöte und Zeiten großen Mangels nur noch auf bestimmte Gebiete oder Länder begrenzt. Allmählich glich dann der zunehmende Import von Getreide Mangelsituationen aus. Missernten während des Spanischen Erbfolgekriegs verwandelten Frankreich in den Jahren 1708 und 1709 in ein „einziges großes Krankenhaus". Um ausreichend Mehl zu haben, waren einige Mittelmeerländer in

Im Laufe der Zeit wurde es möglich, allzu katastrophale Hungersnöte durch die Einfuhr von Getreide etwas zu mildern.

Ein üppiges Mahl, wie es dieses Gemälde des flämischen Malers Pieter Brueghel d. Ä. (1528/30–1569) mit dem Titel *Bauernhochzeit* darstellt, war ein seltenes Vergnügen im Alltag der meisten europäischen Bauern.

späteren Jahren des gleichen Jahrhunderts von Getreidelieferungen aus dem Baltikum abhängig. Es sollte noch lange dauern, bis man sich auf Importe verlassen konnte – oft kamen sie nicht früh genug, besonders, wenn der Transport auf dem Landweg erfolgte. In einigen Gebieten Frankreichs und Deutschlands litten die Menschen sogar noch im 19. Jahrhundert großen Mangel an Nahrungsmitteln – im 18. Jahrhundert wuchs die französische Bevölkerung schneller als die Produktion, so dass der Lebensstandard vieler Franzosen zu jener Zeit merklich sank. Nicht alle europäischen Länder waren von den rasanten Entwicklungen in Ackerbau und Viehzucht gleichermaßen betroffen.

Auswanderung in die Neue Welt

Im späten 16. Jahrhundert versuchten die Regierungen auf den Bevölkerungsdruck zu reagieren, indem sie die Auswanderung nach Westen propagierten. Bis 1800 hatten die Europäer einen großen Beitrag zur Bevölkerung der Neuen Welt geleistet. Wenn die Zahl der Emigranten auch längst nicht so hoch war wie die späterer Jahre, so spielte sie doch in der Bevölkerungsentwicklung der Länder jenseits des Ozeans eine wesentliche Rolle. Ein Amerikaner errechnete, dass Nordamerika im Jahre 1751 eine Million Einwohner britischer Herkunft hatte – neuere Berechnungen ergaben, dass sich im 17. Jahrhundert etwa 250 000 Emigranten aus Großbritannien in die Neue Welt aufmachten – eineinhalb Millionen waren es im folgenden Jahrhundert. Auch deutsche Auswanderer gab es bereits (ungefähr 200 000), ebenso wie Emigranten aus Frankreich, die nach Kanada zogen. Nach plausiblen Schätzungen lebten Ende des 17. Jahrhunderts zwei Millionen Menschen aus Europa nördlich des Rio Grande in Amerika. Südlich des Flusses hatten sich etwa 10 000 Spanier und Portugiesen angesiedelt.

DIE NEUE WELT DES HANDELS

Die Angst, im eigenen Land hungern zu müssen, trug zu riesigen Auswanderungsströmen bei und spiegelt die fortdauernde Bedeutung der Landwirtschaft im wirtschaftlichen Denken der Menschen wider. Noch um 1800 war (nicht anders als um 1500) die Landwirtschaft der führende Sektor. Nur ein geringer Teil der Bevölkerung arbeitete ausschließlich in der Industrie oder im Handwerk. Bierbrauer, Weber oder Färber – sie alle waren abhängig von der Landwirtschaft, während viele Landwirte gleichzeitig sponnen, webten oder Handel trieben. Ansonsten konnte man nur noch im Handel derartig radikale Veränderungen beobachten, dessen Tempo sich Mitte des 15. Jahrhunderts deutlich beschleunigte. Europa war auf dem besten Weg, wieder eine Handelsmacht zu werden. Sichtbar wurde diese Entwicklung in Ausmaß, Methode und Ausrichtung des Wirtschaftslebens. Auch hier bestand ein Zusammenhang mit dem Städtewachstum. Sie brauchten Spezialisten und boten ihnen dafür gute Verdienstmöglichkeiten. Die großen Messen und Märkte des Mittelalters gab es nach wie vor, und auch die mittelalterlichen Gesetze zur Bekämpfung von Wucher und restriktive Praktiken der Handwerksgilden behielten ihre Gültigkeit. Doch noch ehe das 18. Jahrhundert anbrach, war eine ganz neue Art des Handels entstanden.

Die Anfänge konnte man bereits im 16. Jahrhundert erkennen, als der Welthandel sich auszudehnen begann. Zunächst hatte sich der Schwerpunkt des Handels vom Mittelmeer zum Atlantik verlagert. Lokal begrenzte politische Unruhen und Kriege trugen zu dieser Entwicklung bei, etwa im frühen 16. Jahrhundert in Italien. Aber auch die Judenverfolgung durch die Portugiesen hatten ihren Anteil daran. Als viele von ihnen Portugal in Richtung Norden verließen, nahmen sie auch ihre Handelserfahrungen mit. Die große wirtschaftliche Erfolgsgeschichte des 16. Jahrhunderts schrieb Antwerpen, doch auch hier folgte

Entdeckungen und Kolonisationen hatten eine Ausweitung des Handels und letztlich die Entstehung des Welthandels zur Folge.

In England und Frankreich gab die arme Bevölkerung im 17. Jahrhundert bis zu 80 Prozent ihres Einkommens für Frischwaren aus. Obgleich das Tauschgeschäft in einigen ländlichen Gebieten noch überwog, wurde leicht verderbliche Ware zunehmend auf Wochenmärkten verkauft. Diese Szene, die einen Markt in der Pariser Quai des Grands-Augustins unter freiem Himmel darstellt, stammt aus dem Jahre 1660.

Im 16. Jahrhundert spielte Geld bei den verschiedensten Transaktionen eine immer größere Rolle. Ebenso nahm der Handel auf Kreditbasis zu, nachdem auch die Tratte, das Akkreditiv und der Wechsel als Zahlungsmittel akzeptiert wurden. Viele Kaufleute, die sich auf Geldgeschäfte spezialisiert hatten wie dieser auf dem Gemälde von Marinus van Reymerswaele oder Roemerswaele aus dem Jahre 1539 – *Der Steuereinnehmer und seine Frau* –, gelangten zu Reichtum, während Spekulation und Betrug blühten.

einige Jahrzehnte später der politische und ökonomische Zusammenbruch. Im 17. Jahrhundert wurde die Stadt wirtschaftlich von Amsterdam und London überrundet. In jedem Fall sorgte ein kräftiger Handel, der sich auf ein dicht bevölkertes Hinterland stützte, für Gewinne und die Aufspaltung in produzierendes Gewerbe, Dienstleistungen und Bankwesen kamen ihm zugute. Die Überlegenheit der italienischen städtischen Banken im Mittelalter ging im 16. Jahrhundert zunächst auf die Banken Flanderns und Deutschlands über und schließlich auf die holländischen und englischen. Bereits im 17. Jahrhundert waren die Banken von Amsterdam und England einflussreiche Faktoren der internationalen Wirtschaft. Neben ihnen gab es eine große Anzahl weiterer Banken und Handelshäuser, die Finanz- und Kreditgeschäfte abwickelten. Die Zinsen waren zu dieser Zeit niedrig. Der Wechsel, eine Erfindung des Mittelalters, wurde als Zahlungsmittel immer beliebter und nahm als Finanzinstrument den höchsten Rang im internationalen Handel ein.

Das System des modernen Kapitalismus

Durch die wachsende Bedeutung des Wechsels wurden die bis dahin üblichen Edelmetallbarren zunehmend durch Zahlungsmittel aus Papier ersetzt. Im 18. Jahrhundert druckte man in Europa die ersten Geldscheine. Die Erfindung des Schecks fiel ebenfalls in diese Zeit. Firmen schlossen sich zu Aktiengesellschaften zusammen und verkauften Anteile ihrer Unternehmen – die Aktien. Sie waren eine weitere Form übertragbarer Sicherheiten und wurden zunächst in den so genannten Londoner Coffee Houses ausgegeben. Später übernahm die neu gegründete Londoner Börse diese Aufgabe. Um 1800 existierten ähnliche Institutionen auch in vielen anderen Ländern. Neue Systeme von Kapitaleinsatz und -investition verbreiteten sich in den Großstädten Amsterdam, London und Paris. Lotterien und ein privater Rentenmarkt in Ansätzen – die so genannten Tontinen – waren damals in Mode, doch investierte man mit der gleichen Begeisterung auch in Spekulationen, die nicht selten in einer Katastrophe endeten. Die Welt gewöhnte sich mehr und mehr an den Gedanken, mit Geld wiederum Geld zu verdienen und schaffte die Grundlagen für das System des modernen Kapitalismus.

Dass Wirtschaftsfragen immer wichtiger wurden, war ab dem späten 17. Jahrhundert auch auf dem Gebiet der Diplomatie nicht mehr zu übersehen. Die Bereitschaft, aus diesem Grund auch militärisch gegeneinander vorzugehen, wuchs, und 1652 kam es zum Handelskrieg zwischen England und Holland. Damit begann eine lange Zeit kriegerischer Auseinandersetzungen zwischen diesen beiden Ländern, aber auch zwischen Frankreich und Spanien, bei denen Handelsfragen eine wichtige, wenn nicht gar eine zentrale Rolle spielten.

Die Regierungen setzten sich nicht nur für ihre Kaufleute ein, indem sie Kriege führten, sie griffen auch anderweitig in Handel und Wirtschaft ein. Vergünstigungen waren unter anderem die Gewährung von Monopolstellungen. Diese machten es den Gesellschaften leichter, an Kapital zu kommen, da sie Sicherheiten für die spätere Rückzahlung der Darlehen bieten konnten. Später erkannte man, dass die privilegierten Handelsgesellschaften nicht der beste Weg waren, sich wirtschaftliche Vorteile zu sichern.

Die ersten Lebensversicherungen

Manchmal scheinen Wechselwirkungen zwischen kommerziellen Interessen und Gesellschaft auf Veränderungen hinzuweisen. Dies geschah etwa im 17. Jahrhundert, als ein englischer Finanzier der Öffentlichkeit zum ersten Mal eine Lebensversicherung anbot. Bisher hatte es schon verschiedentlich private Verkäufe von Rentenpapieren auf Jahresbasis

Nachdem sich der Anteil des Großhandels am Gesamthandel erhöht hatte und die Abläufe komplexer wurden, schaltete man immer öfter Vertreter und Vermittler ein. Ihr guter Ruf hing mit ihrem umfangreichen und detaillierten Wissen über die Region, in der sie tätig waren beziehungsweise über die Firma, für die sie arbeiteten, zusammen. Das Porträt *Der Kaufmann Georg Gisze* malte Hans Holbein d. J. (1497–1543).

gegeben, die bestimmte Lebensbereiche Einzelner absichern sollten. Neu war, dass die Berechnung derartiger Leistungen nun auf eine wissenschaftliche Grundlage gestellt werden sollte – unter Verwendung der neu verfügbaren Statistiken, der „politischen Arithmetik". Man entwickelte immer genauere Methoden, um den Menschen gegen Bezahlung Schutz vor vielerlei Unheil zu bieten. Nebenher erwies sich dieses Geschäft auch als eine weitere, segensreiche Erfindung, um größere Geldmittel für spätere Investitionen in Umlauf zu setzen. Die Erfindung der Lebensversicherung gerade zu jener Zeit, als das so genannte „Zeitalter der Vernunft" anbrach, zeigt, dass die Dimensionen eines ökonomischen Wandels in der Tat manchmal sehr weitreichend sein können. Die Lebensversicherung war ein winzig kleiner Anfang der bevorstehenden Säkularisierung der Welt.

INTERNATIONALE HANDELSBEZIEHUNGEN

Das eindrucksvollste an den sich entwickelnden Wirtschaftsstrukturen Europas war die neue Bedeutung, die der Handel mit den Ländern in Übersee von der zweiten Hälfte des 17. Jahrhunderts an erlangte. Wenn auch die engen Handelsbeziehungen Spaniens und Portugals mit ihren transatlantischen Kolonien im späten 17. Jahrhundert eine wichtige Rolle spielten, waren es doch die Holländer und später die Engländer, die im Handel mit Übersee das Sagen hatten. Die Holländer besaßen besondere Schiffe, die „Fluits" oder „Flöten" die sich für den Transport von unverpackter Ware eigneten. Sie waren zwar nicht besonders groß, dafür aber relativ schnell. Mit ihrer Hilfe beherrschten sie den wichtigen Handel mit den Ostseeländern und hatten schließlich die Oberhoheit über die Transportflotte Europas.

Im späten 17. Jahrhundert wurden sie allmählich von den Engländern verdrängt, wenn sie auch die vielen Siedlungsgebiete und Handelsstationen hauptsächlich im Fernen Osten behielten. Der Atlantik wiederum war die Basis für die Seeherrschaft der Engländer. Der Fischfang spielte dabei gleichfalls eine bedeutende Rolle. Die Engländer fingen den nährstoffreichen und deshalb wertvollen Kabeljau in den küstennahen Gewässern Neufundlands, trockneten ihn und salzten ihn noch auf dem Schiff ein. Sie verkauften ihn dann in den Mittelmeerländern, in denen wegen der Tradition des Freitagsfastens große Nachfrage an Fisch bestand. *Bacalão*, ein Fischgericht, das in Portugal und Südspanien Tradition hat, kann man noch heute in diesen Ländern fernab der Tou-

Die atlantischen Seehäfen konnten sich in Bezug auf Vielfalt und Intensität des Warenverkehrs mit denen des Baltikums und des Mittelmeerraums messen. Sie waren ferner Ausgangspunkt für den Überseehandel – den spektakulärsten der damaligen Zeit. Das Gemälde aus dem 16. Jahrhundert zeigt den Hafen von Lissabon.

Neben dem Hafen von Lissabon spielte auch der von Sevilla eine entscheidende Rolle als Bindeglied zwischen der Alten und der Neuen Welt. Sevilla war ferner Umschlagplatz für wertvolle Metalle, die von hier aus die Reise in andere europäische Länder und rund um die Welt antraten.

ristenstrände bekommen. Sowohl die Holländer als auch die Engländer vergrößerten und erweiterten ihren Transporthandel und wurden selbst zu Kaufleuten. Auch Frankreich stand nicht abseits: Sein Überseehandel verdoppelte sich in der ersten Hälfte des 17. Jahrhunderts.

Steigende Bevölkerungszahlen und relativ sichere Transportmöglichkeiten, verlagerten den weltweiten Getreidehandel schon bald auf das Wasser. Pech, Flachs oder Bauholz erlangten zunächst im Handel mit dem Baltikum Bedeutung und spielten später in der Wirtschaft Nordamerikas eine große Rolle. Alles stand im Zusammenhang mit der Errichtung von Kolonialreichen im großen Stil. Am Ende des 18. Jahrhunderts befand man sich bereits mitten in einem weltweit geknüpften Handelsnetz, in dem Geschäfte abgewickelt, Kämpfe ausgetragen und Intrigen gesponnen wurden – dies alles rund um den Erdball.

SKLAVENHANDEL MIT SCHWARZEN

In der neu enstehenden globalen Wirtschaft spielten Sklaven eine wichtige Rolle. Die meisten von ihnen waren Schwarze aus Afrika; die Ersten, die man im Jahre 1444 nach Europa brachte, wurden in Lissabon verkauft. In Europa selbst war die Sklaverei zu diesem Zeitpunkt bereits im Rückgang begriffen, auch wenn es noch vorkam, dass Europäer versklavt und anschließend an Araber oder Türken verkauft wurden. In der Folgezeit breitete sich der Sklavenhandel auf andere Kontinente aus. Innerhalb von zwei oder drei Jahren verkauften die Portugiesen, die bald einen ständigen Stützpunkt für den Sklavenhandel in Westafrika errichtet hatten, mehr als tausend Sklaven. Die Brutalität dieses Geschäfts war offenkundig: Die Portugiesen merkten schnell, dass sich die Eltern willig gefangen nehmen ließen, wenn man ihnen die Kinder entriss und noch vor ihnen versklavte. Afrikaner machten sich zu Mittätern, als sich die Sklavenjagd immer mehr ins Landesinnere verlagerte: Dort trieben lokale Herrscher die Gefangenen wie Vieh zusammen und verschacherten sie als „Großhandelsware".

Lange Zeit hindurch nahmen die portugiesischen und spanischen Siedlungen auf den Atlantikinseln fast alle Sklaven, die aus Westafrika kamen, auf. Ab Mitte des 16. Jahrhunderts verschiffte man die afrikanischen Sklaven über den Atlantik nach Brasilien, in die Karibik und zum nordamerikanischen Festland. Nicht nur die Sklaven aus Afrika spielten

Die wirtschaftlichen Erfolge der Plantagen beruhten vor allem auf der Arbeitskraft der Sklaven, die vorwiegend aus Afrika geholt und auf speziellen Märkten verkauft wurden.

Dieses Gemälde aus dem 17. Jahrhundert mit dem Titel *Der Tanz der Negersklaven* zeigt schwarze Sklavenarbeiter auf einer brasilianischen Plantage.

in der Neuzeit eine Rolle, und die Europäer waren auch nicht die einzigen Sklavenhändler. Portugiesen, Engländer, Holländer und Franzosen kauften Schwarze von anderen Schwarzen und lieferten sie an andere Europäer in Nord- und Südamerika weiter, ein Phänomen, dessen Auswirkungen tief greifender waren als die Versklavung von Europäern durch die Osmanen oder von Afrikanern durch die Araber. Ein Großteil der Arbeit, die das Bestehen und die Wirtschaftlichkeit der Kolonien in Amerika erst ermöglichte und am Leben erhielt, wurde von schwarzen Sklaven geleistet, wenn auch ihr Anteil auf Grund klimatischer Bedingungen nicht überall gleich hoch war. Die meisten Sklaven arbeiteten in der Landwirtschaft oder als Hausangestellte: Handwerkssklaven oder – in späteren Zeiten – Sklaven in Manufakturen waren sehr selten.

Sklavenarbeit

Der Sklavenhandel war auch kommerziell gesehen ein sehr einträgliches Geschäft. Die Händler machten riesige Gewinne, was zum Teil erklärt, weshalb die Sklavenschiffe, in die die menschliche Fracht eingesperrt wurde, völlig überladen und Brutstätten von Seuchen waren. Die Todesrate lag selten unter 10 Prozent, und manchmal starben noch wesentlich mehr Menschen auf diesen Schiffen einen qualvollen Tod. Der zu erwartende Handelsprofit machte die Sklaven zu einer großartigen und heiß umkämpften Beute. Zwei Jahrhunderte lang wurden heftige diplomatische Debatten und sogar Kriege um den Sklavenhandel geführt. All dies beweist, wie wichtig der Handel den damaligen Regierungen war, ob er nun ökonomisch gerechtfertigt war oder nicht.

Technische Neuerungen beim Maschinenbau

Bisher hatte man allgemein angenommen, die Gewinne, die der Sklavenhandel abwarf, seien das Kapital, mit dem Europa seine Industrialisierung finanzierte, doch dies erscheint nicht mehr länger plausibel. Industrialisierung ist ein Prozess, der sich langsam entwickelte. Wenn es auch Beispiele industrieller Konzentration in einigen europäischen Ländern gegeben hat, so bedeutete Wachstum sowohl in der Rohstoffindustrie als auch bei den Manufakturen bis zum 18. Jahrhundert noch immer, dass kleine Handwerksbetriebe mehr produzierten und ihre Techniken verfeinerten und weniger, dass grundlegend neue Methoden und Strukturen eingeführt wurden. Um 1500 gab es in Europa geschickte und erfahrene Handwerker in großer Zahl – eine Quelle, aus der man schöpfen konnte, um neue Verfahren und Methoden zu untersuchen und zu entwickeln. Zwei Jahrhunderte der Waffenproduktion hatten Bergbau und Verhüttung auf einen hohen Stand gebracht. Wissenschaftliche Instrumente und mechanische Uhren zeugten von der weit verbreiteten Fähigkeit bei der Herstellung präzise funktionierender Apparate und Gerätschaften.

Die traditionellen Handelsbeziehungen zwischen Europa und Asien kehrten sich allmählich um. Jahrhunderte lang hatten die Handwerker aus dem Orient die Europäer mit ihrer großen Kunstfertigkeit und der hohen Qualität ihrer Arbeit in Erstaunen versetzt. Später jedoch – im 14. und 15. Jahrhundert – waren einige europäische Handwerkszweige bald mehr gefragt als asiatische – besonders auf dem Gebiet des Maschinenbaus und im Ingenieurwesen. Asiatische Herrscher engagierten Europäer, die ihnen zeigen sollten, wie man wirksame Schusswaffen herstellt. Sie sammelten sogar mechanisches Spielzeug – eigentlich nichts Besonderes auf europäischen Messen. Ein Rollentausch wie dieser hatte seine Ursachen in höheren Fertigkeiten der Europäer bei den traditionellen Berufen und deren Fortentwicklung in neue Bereiche. Oft reisten Handwerker von einer Stadt in die nächste, um dort präsent zu sein, wo gerade Nachfrage bestand. Die Leidenschaft für das Konstruieren von Maschinen kennzeichnet die Renaissancezeit ebenso wie die Arbeit der Architekten und Goldschmiede. Dieses Phänomen blieb allerdings auf Europa beschränkt.

INDUSTRIELLES WACHSTUM

Die frühen Industriegebiete entwickelten sich oft im Umkreis traditioneller Handwerksbetriebe, die von landwirtschaftlichen Erzeugnissen abhängig waren. Diese Konstellation blieb lange Zeit erhalten. Die alten Handwerksbetriebe hatten sich ein Netz von Hilfsgewerben geschaffen, die sich in ihrer Nähe konzentrierten. Durch das große Eingangstor des Hafens von Antwerpen gelangte englisches Tuch nach Europa. Nähereien und Färbereien ließen sich in der Nähe des Hafens nieder, um die eintreffenden Waren weiterzuverarbeiten. In den ländlichen Gegenden Englands prägten Wollhändler den Beginn einer industriellen Entwicklung. Auch in Gegenden, wo es Bodenschätze gab, siedelte sich eine lokale Industrie an: Der Bergbau und das Hüttenwesen waren die bedeutendsten Wirtschaftsbereiche, die unabhängig von der Landwirtschaft produzierten. Industrien stagnierten aber auch und brachen im schlimmsten Fall zusammen, wie etwa in Italien. Im 16. Jahrhundert schwand sein Vorsprung auf industriellem Gebiet, der noch aus dem Mittelalter stammte.

Dieses Flachrelief, das ein dänischer Holzkünstler um 1600 schnitzte, stellt Uhrmacher bei der Konstruktion einer mechanischen Uhr dar.

Das Gemälde aus dem Jahre 1801 zeigt das englische Eisenhüttenwerk in Coalbrookdale bei Nacht. Das Werk wurde von einem Pionier der Eisenverarbeitung – Abraham Darby (1678–1717) – gegründet, dem es als Erstem gelang, mit Hilfe von Koks Eisen zu schmelzen. Sein Enkel, der ebenfalls Abraham Darby hieß und von 1750 bis 1791 lebte, entwarf die erste gusseiserne Brücke, die er dann 1779 in der Gießerei der Coalbrookdale-Werke produzieren ließ.

Die flämischen Küstenstaaten, aber auch Süd- und Westdeutschland, konnten ihn noch etwas länger als ein Jahrhundert halten. Dann waren England, der holländische Teil der Niederlande und Schweden die neuen Vorreiter der Industrie. Im 18. Jahrhundert kam Russland wegen seiner Rohstoffindustrie als viertes Land in die Gruppe. Zu dieser Zeit trugen auch noch andere Faktoren zum Ausgleich der ökonomischen Entwicklung bei, da die systematischen Wissenschaften inzwischen die Weiterentwicklung der industriellen Prozesse bestimmten. Auch die Politik der Regierungen hatte Einfluss auf die Industrie.

Inflation

Inflationen sind keine Erfindungen des 20. Jahrhunderts. Auch um 1500 kam es zu starken Preisschwankungen, meist ausgelöst durch schlechte Ernten und deren weit reichende Folgen.

Das lange Zeit aufrechterhaltene Bild allgemeiner Expansion und ungebremsten Wachstums muss stark modifiziert werden. Noch im 19. Jahrhundert konnte die Wirtschaft leicht aus den Fugen geraten, wenn eine schlechte Ernte zu einem Ansturm auf die Banken führte und die Nachfrage nach Manufakturwaren so weit zurückging, dass man ohne weiteres von einem Konjunktursturz sprechen konnte. Dies zeigt, wie komplex die Wirtschaft damals bereits war, und wie entscheidend sie schon das Leben der Menschen prägte. Neue Formen von Verelendung tauchten auf. Nicht lange nach 1500 schossen die Preise mit beispielloser Geschwindigkeit in die Höhe. In manchen Regionen traf dies die Menschen besonders hart, da sich ihre Lebenshaltungskosten binnen eines Jahres verdoppelten. Weil jedoch eine solche Entwicklung nirgendwo über einen längeren Zeitraum anhielt, geht man allgemein davon aus, dass sich die Preise in Europa innerhalb eines Jahrhunders vervierfachten. Angesichts heutiger Inflationsraten erscheint diese Zahl nicht besonders schockierend, doch für die Menschen damals war es eine neue Erfahrung. Die Inflation hatte für sie sehr ernste und oft unübersehbare Folgen. Einige Gutsbesitzer hoben den Pachtzins an und versuchten, die Abgaben, die ihre Feudalrechte brachten, so weit wie möglich zu steigern. Manche mussten ihren Besitz verkaufen.

In diesem Sinn führte Inflation zur sozialen Mobilität – ein häufiges Phänomen. Für die Armen waren die Auswirkungen meist besonders hart, denn die Preise für landwirtschaftliche Produkte gingen in die Höhe, nicht aber ihre Löhne. Mit anderen Worten: Das Realeinkommen sank. Die Situation verschlimmerte sich manchmal durch lokale Faktoren noch zusätzlich. In England etwa ließen sich die Gutsherren manchmal vom hohen Wollpreis dazu verleiten, Gemeindeland einzuzäunen und Schafe darauf zu züchten. Die Bauern, die dies Land deswegen nicht nutzen durften, hungerten.

Im zweiten Drittel des Jahrhunderts gab daher es überall Volksaufstände und Unruhen, ein Zeichen für den Ernst der Lage. Überall waren es die beiden Extreme der Gesellschaft, die den scharfen Wind der Inflation am deutlichsten spürten: Die Armen hatten Hunger, und die Könige und Reichen traf es, weil sie mehr ausgeben mussten als alle anderen.

Die Forschung sucht seit langem nach weiteren Erklärungen für die fortwährende Inflation, die ein ganzes Jahrhundert prägte. Mit den alten Erklärungsmustern jener Tage, die Inflation sei im Wesentlichen durch die Erhöhung der Goldvorräte ausgelöst worden, nachdem die Spanier in der Neuen Welt Goldminen entdeckt hätten, gibt man sich heute nicht mehr zufrieden.

Die Inflation war schon vor dem Eintreffen des amerikanischen Goldes in vollem Gang – wenn es auch die Situation noch zusätzlich verschlimmerte. Vielleicht entstand der elementare Druck auch durch ein relativ hohes Bevölkerungswachstum, als die großen Fortschritte in der Produktivität noch in weiter Ferne lagen.

Der Preisanstieg dauerte noch bis zum Beginn des 17. Jahrhunderts an. Danach machten sich sogar gelegentlich Zeichen eines Preisverfalls bemerkbar, bis die Preise um 1700 wieder langsam stiegen.

Das Gemälde *Bauern in der Schänke* aus der zweiten Hälfte des 17. Jahrhunderts stammt von dem flämischen Maler David Teniers d. J. (1610–1690). Nicht jedermann hatte Zugang zu den Nahrungsmitteln, die in Folge des internationalen Handels mehr und mehr verfügbar waren. Die Ernährung der Bauern war eingeschränkt und einseitig – Fleisch gab es im Allgemeinen nicht. Oft trank man Wein, Bier, Apfelwein oder Likör, um die Langeweile zu vertreiben und den leeren Magen zu füllen.

Die Wahrsagerin, ein Gemälde von Caravaggio (1573–1610), gemalt im Jahre 1594. Obwohl die Menschen mehr von der Welt wussten, ihre Vernunft sich weiter entwickelt und die Wissenschaft Fortschritte gemacht hatte, war für die Europäer des 16. Jahrhunderts ein starker Hang zum Aberglauben weiterhin eine normale Erscheinung.

EINE NEUE SOZIALORDNUNG

Das 20. Jahrhundert ist ein einprägsames Beispiel dafür, dass ökonomische Veränderungen unmittelbare soziale Folgen haben können. Vor 300 Jahren glaubten die Menschen, die sozialen Systeme und Strukturen seien gottgegeben und unveränderlich. Diese Ansicht führte dazu, dass die Ursache der Veränderung sozialer Verhältnisse durch das zähe Überleben alter Formen verschleiert und verdeckt wurde. An der Oberfläche und dem Namen nach blieb vieles in der europäischen Gesellschaft zwischen etwa 1500 und 1800 unverändert. Und doch wandelte sich die wirtschaftliche Situation grundlegend.

In einigen Ländern spiegelte die Situation auf dem Land schon vor 1500 die ersten Anfänge dieser Entwicklung wider. Da die Produktion landwirtschaftlicher Güter zunehmend zu einem einträglichen Geschäft wurde (doch keineswegs nur deshalb), war die traditionell geprägte Landbevölkerung gezwungen, sich dem anzupassen. Die äußeren Formen blieben dabei meist erhalten. Der französische Landadel von 1780 stellte vor allem eine wirtschaftliche Einheit dar. Die Pächter ihres Landes sorgten mit ihrer Arbeit für den Gewinn des Adels. Eine rechtlich-soziale Verknüpfung bestand allerdings nicht mehr.

Im östlichen Europa blieb der Feudalismus auch weiterhin eine Realität. Dies zeigte sich u. a. an den Bündnissen, die die jeweiligen Herrscher mit den Adligen eingingen, um aus dem neuen Markt für Getreide und Nutzholz, der durch die wachsende Bevölkerungszahl in West- und Südeuropa entstand, gemeinsam Nutzen zu ziehen. Sie banden die Bauern ans Land und verlangten von ihnen immer schwereren Frondienst. In Russland bildete die Leibeigenschaft die zentrale Basis der Gesellschaft.

Die englische Aristokratie

In England war selbst der kommerzialisierte „Feudalismus“ französischer Prägung schon lange vor dem Ende des 17. Jahrhunderts verschwunden: Ein englischer Aristokrat zu sein, bedeutete nicht gleichzeitig, rechtliche Privilegien zu haben – abgesehen von dem Recht, vor das Parlament geladen zu werden (den Adligen war es – wie den meisten anderen Untertanen König Georgs III. – allerdings nicht erlaubt, bei der Parlamentswahl ihre Stimme abzugeben). In der englischen Gesellschaft umfasste die Aristokratie nur eine verschwindend kleine Gruppe – bis Ende des 18. Jahrhunderts waren im Oberhaus nicht einmal 200 Lords aus dem Erbadel – einer Form des Adelsstandes, bei nur der direkte Erbe des Vaters dessen Titel tragen durfte – vertreten. Eine breite Schicht adliger Frauen und Männer mit weit reichenden rechtlichen Privilegien gab es in England nicht. In Frankreich dagegen lebten am Vorabend der Revolution rund 250000 Adlige. Sie alle erfreuten sich bedeutender Rechte. Anders dagegen der entsprechende englische Adelsstand, seine Privilegien waren entsprechend weniger eindrucksvoll.

Andererseits war der Reichtum und soziale Einfluss des englischen Landadels immens. Auf der nächstniederen Stufe nach dem Adel stand die unklar definierte Gruppe der englischen „Gentlemen“. Deren Spitzengruppe war mit dem Hochadel verknüpft, die unteren Ränge verschwinden in der Gruppe der wohlhabenden Landwirte und Kaufleute. Auch sie waren hoch angesehen, obwohl adlig. Die Durchlässigkeit dieser Schicht war von unschätzbarem Wert, denn als Bindeglied sorgte sie sowohl für den Zusammenhalt als auch für die Mobilität der Gesellschaft. In den Rang eines Gentleman stieg man entweder durch Anhäufung von Reichtum, berufliche Auszeichnung oder persönliche Verdienste auf. Ein Gentleman zu sein bedeutete im Wesentlichen, bestimmte gesellschaftliche Normen zu erfüllen. Dieser Verhaltenskodex spiegelte noch den aristokratischen Ehrbegriff wider, doch ohne die alte Exklusivität, die früheren Unsitten und die Begünstigung durch das Gesetz. Der Gentleman des 17. und 18. Jahrhunderts beeinflusste und prägte die englische Geschichte entscheidend.

Dieser Kupferstich aus dem 16. Jahrhundert zeigt Königin Elisabeth I. von England bei der Leitung einer Parlamentssitzung. Abgeordnete des Unterhauses griffen zu der Zeit bereits die von der Krone und ihren aristokratischen Beratern vertretene Politik an.

Der venezianische Doge war eine Art Herzog, der zum Regenten der Republik Venedig ernannt wurde. Er hatte sich gegenüber dem Rat der Zehn zu verantworten – einem Gremium von Aristokraten, das enge Verbindungen zum Handel und zur Industrie hatte. Dieses Gemälde aus dem 17. Jahrhundert trägt den Titel *Die Einschiffung des Dogen von Venedig*.

Neue Ordnungsmodelle und Herrschaftsstrukturen

Dass sich die Hierarchien von Land zu Land unterschieden, ist allgemein bekannt. Die Gegensätze verliefen quer durch Europa. Bis zum Ende des 17. Jahrhunderts hatte sich in vielen Ländern ein breiter Trend in Richtung sozialen Wandels entwickelt, der die alten Institutionen auf eine harte Belastungsprobe stellte. In den am weitesten entwickelten Ländern des Kontinents dachte man ganz neu über den Begriff des Status nach und darüber, in welcher Form er respektiert werden sollte. Eine Tendenz zeichnete sich ab, die sich von persönlichen Bindungen entfernte und auf die Stellung des Einzelnen innerhalb des Marktgefüges abzielte, in deren Rahmen er sich verwirklichen konnte. Die Vision von der Gesellschaft als Gemeinschaft verblasste und eine neue – die der individualistischen – trat an ihre Stelle. Dies war besonders in den niederländischen Generalstaaten – dem Staatenbund, der sich in dieser Zeit im holländisch sprechenden Teil der Niederlande gegründet hatte – zu spüren. Die Republik wurde im Prinzip von Kaufleuten regiert, die hauptsächlich aus Amsterdam, der Hauptstadt Hollands, kamen. Holland war die reichste der sieben Provinzen des Bundes. Der Landadel hatte hier niemals eine solch große Bedeutung erlangt wie die Kaufleute und Oligarchen der Städte.

Der Respekt vor dem Adel

Bis 1789 waren die sozialen Veränderungen in keinem europäischen Land so einschneidend wie in Großbritannien und den Generalstaaten. Anderswo hatte man den traditionellen Statusbegriff bisher kaum in Frage gestellt. Figaro, ein Kammerdiener und Held einer besonders erfolgreichen französischen Komödie des 18. Jahrhunderts, sträubte sich dagegen, dass sein adliger Herr nichts für seine Privilegien getan hatte, außer sich die Mühe gemacht zu haben, zur Welt zu kommen. Zu jener Zeit war dies eine gefährliche und subversive Meinung, dennoch sorgte sie kaum für Aufruhr.

Europa war noch ganz in der Vorstellungswelt der Aristokratie gefangen – die Unterscheidung zwischen Adel und Bürgertum blieb das entscheidende Kriterium. Ein König hätte sich nie und nimmer mit einem Nichtadligen gegen die Aristokratie verbündet – nicht einmal in letzter Konsequenz, obwohl solche Vorwürfe aus argwöhnischen Adelskreisen kamen. Könige waren ja selbst Adlige – von Berufs wegen, wie sich einer von ihnen einst ausdrückte. In Frankreich änderte sich das grundlegend mit der Revolution, doch von all diesen Neuerungen blieben die übrigen Länder Europas bis zum Ende des Jahrhunderts nahezu unberührt. Als das 19. Jahrhundert anbrach, respektierten die meisten Europäer den Adel weiterhin.

Das 16. Jahrhundert war für Frankreich eine Zeit voller Verzweiflung. Die Regierung war bankrott, es herrschte galoppierende Inflation, und das Schreckgespenst eines wegen Religionsstreitigkeiten geführten, grausamen Bürgerkriegs hielt das Volk in Atem. Trotz allem veranstaltete das französische Königshaus weiterhin seine übertriebenen Rituale. Das Gemälde aus dem Jahr 1581 zeigt einen Ball am Hof König Heinrichs III.

So wie die Menschen langsam ahnten, dass die Gesellschaft nach den alten Ordnungen von Recht und Gesetz nicht mehr der Realität entsprach, glaubten sie auch immer weniger, dass die Religion soziale Normen setzen und somit eine bestimmte Hierarchie aufrechterhalten könne. Ein bestimmtes Denkmuster war jedoch noch lange in ihren Köpfen verhaftet. Eine irische Dichterin des 19. Jahrhunderts drückte es so aus:

In seinem Schloss sitzt der Reiche,
vor sein Tor ist der Arme verbannt,
oben und unten – dies alles ist Gottes Wille,
so ordnete Er ihren Stand.

Stattdessen machte sich ein Nützlichkeitsdenken im Hinblick auf staatliche Einrichtungen mehr und mehr breit.

Fortschrittliche und konservative Staaten

Die alten Hierarchien gerieten dort am meisten unter Druck, wo sie Spannungen ausgesetzt waren, die einerseits durch größere ökonomische Mobilität entstanden, durch erstarkende Städte, neue marktwirtschaftliche Strukturen und neue Möglichkeiten im Handel und andererseits durch höhere Bildung und ein wacheres Bewusstsein.

Doch war die Lage in den Ländern Europas durchaus verschieden: Im Osten, also in Russland, Polen, Ostpreußen und Ungarn war die Agrargesellschaft von den neuen Entwicklungen noch so unberührt, dass die traditionelle soziale Struktur Ende des 18. Jahrhunderts noch intakt war. In diesen Ländern, die keinen oder nur unzulänglichen Zugang zum Meer hatten, konnten die traditionell herrschenden

Londons Rolle als Zentrum nationalen und internationalen Handels war für die Stadt Quelle beträchtlichen Reichtums. Dieses Gemälde des englischen Künstlers William Marlow (1740–1813) zeigt einen belebten Kai nahe der London Bridge.

Klassen ihre Position nicht nur bewahren, sondern ihre Privilegien sogar noch ausbauen. In einer zweiten Region gab es genügend Konfliktpotenzial zwischen der sich neu etablierenden wirtschaftlichen und gesellschaftlichen Welt und der bestehenden Ordnung. Frankreich war diesbezüglich das herausragende Beispiel, aber auch in einigen deutschen Staaten, in Belgien und teilweise in Italien bestanden ähnliche Spannungen. Die dritte Ländergruppe wie Großbritannien, die Niederlande und die britische Kolonie Nordamerika war für Neues relativ aufgeschlossen. Gesetzlich garantierte Rechte gab es hier für viele Bürger, die wirtschaftlichen Möglichkeiten boten große Chancen, und viele Menschen waren von Lohnarbeit abhängig. Bereits im 16. Jahrhundert schienen die Grenzen in der englischen Gesellschaft sehr viel fließender zu sein als in den Kontinentalstaaten. Und in der Tat – als sich die Nordamerikaner im 18. Jahrhundert eine eigene Verfassung gaben, verboten sie darin bewusst die Verleihung von erblichen Titeln.

Grenzen des Fortschritts

Man macht es sich zu einfach, wenn man in einer allgemeinen Beschreibung wie dieser allzu strenge Kategorien und Definitionen aufstellt. Selbst die hier vorgeschlagene grobe Dreiteilung ist noch zu ungenau. Innerhalb dieser Gruppen gab es überraschende Gegensätze, die wir falsch interpretierten, gingen wir von der Homogenität der genannten Staatengruppen aus. Auch in den fortschrittlichen Ländern gab es noch vieles, was uns heute seltsam, ja sogar vorsintflutlich erscheint. Die Städte Englands, Frankreichs und Deutschlands waren größtenteils von einem beschaulichen Provinzialismus geprägt und wurde von einer peniblen kaufmännischen Oligarchie regiert; erfolgreiche Handwerksgilden und Domkapitel vervollständigten das Bild. Chartres, zufrieden ruhend und fest verwachsen mit seiner mittelalterlichen Umgebung und den Gebräuchen jener Zeit, war mit einer Einwohnerzahl, die im 18. Jahrhundert nicht höher lag als 500 Jahre zuvor, ebenso ein Teil Frankreichs wie Nantes und Bordeaux – zwei blühende, geschäftige Hafenstädte, von denen es im Land noch weitere gab. Selbst im 19. Jahrhundert schätzte man seine unmittelbaren Vorfahren nicht als fortschrittlich ein. Es soll uns deshalb fern liegen zu behaupten, in irgendeinem europäischen Land habe eine entwickelte und klar definierte individualistisch-kapitalistische Gesellschaft als solche existiert, die sich dessen auch völlig bewusst war. Was jene „fortschrittlichen" Länder kennzeichnete, war eine Tendenz, sich schneller und umfassender zu entwickeln als die meisten übrigen Staaten der Welt.

Dieses Bestreben nötigte so genannten Reformern zeitweise einige Bewunderung ab. Ein großer Herausforderer des Status quo – Voltaire – war sehr beeindruckt, dass im England des 18. Jahrhunderts ein einflussreicher Kaufmann genauso viel Wertschätzung und Respekt erhielt wie ein Adliger.

Vielleicht hat er die Situation ein wenig überbewertet und ganz sicher dabei einige wichtige Feinheiten verwischt. Es ist jedoch bemerkenswert, dass die herrschende, politische Klasse des 18. Jahrhunderts, die ursprünglich dem Landadel entstammte und leidenschaftlich dessen Werte vertrat, dennoch stets darauf achtete, die wirtschaftlichen Interessen ihres Vaterlandes zu verteidigen und sich übrigens in diesem Punkt von den in London lebenden Intellektuellen führen und leiten ließ. Wenn auch nach wie vor zwischen „Geldinteressen" und „Landadelinteressen" in der Politik unterschieden wurde, der Landadel weiterhin um Machtpositionen stritt und Traditionen sich widersprachen, konnten sich doch die unterschiedlichen Interessen, die anderswo zum Konflikt geführt hätten, entfalten, ohne sich dabei gegenseitig zu entfremden. Hier ist eine komplexe Erklärung vonnöten. Einige der Ursachen für diese Entwicklung, wie zum Beispiel die Kommerzialisierung der britischen Landwirtschaft, sind in der Vergangenheit – Ende des 17. Jahrhunderts – zu suchen; andere wiederum, wie zum Beispiel die Schaffung von neuen Möglichkeiten für private Investitionen, waren noch viel jünger.

Die Dominanz der nordwestlichen Staaten Europas

Die fortschrittliche gesellschaftliche Entwicklung führte in den Niederlanden und in Großbritannien zum Aufblühen von Wirtschaft und Handel. Einst schrieb man dies haupt-

Markt- und Waschtag in Flandern, gemalt von Joost de Momper und Jan Bruegel d. Ä. um 1621. Der Erfolg der jährlichen Antwerpener Feste und Märkte hatte der aufblühenden Stadt neuen Wohlstand gebracht und Menschen angezogen, die sich in ihr niederließen.

sächlich der Religion der beiden Länder zu: Infolge großer Umbrüche, die das Christentum erlebte, wurden beide nun nicht mehr von der katholische Kirche dominiert. Im 18. Jahrhundert versuchten Antiklerikale, im 20. Jahrhundert dann Soziologen, dieses Phänomen zu untersuchen und auszuwerten. Der Protestantismus, so hieß es, fördere mit seiner Ethik den Kapitalismus. Diese Erklärung war wohl nicht sehr lange aufrechtzuerhalten. Zum einen gab es zu viele erfolgreiche Kapitalisten katholischen Glaubens. Frankreich und Spanien waren im 18. Jahrhundert noch wichtige Handelsnationen: Frankreich erzielte wahrscheinlich lange Zeit ungefähr die gleichen wirtschaftlichen Wachstumsraten wie Großbritannien. Beide Länder haben Zugang zum Atlantik – ein weiterer Grund für das anhaltende Wirtschaftswachstum gerade dieser Staaten seit dem 16. Jahrhundert. Doch dies erklärt bei weitem nicht alles. Schottland – nördlich, protestantisch und an der Atlantikküste gelegen – war lange Zeit rückständig, arm und vom Feudalismus geprägt. Mehr als nur die geographische Lage trennte die Mittelmeerländer und Osteuropa von den nord- und westeuropäischen Staaten, und es gab verschiedene Gründe, weshalb die Modernisierung in einem Land schnell voranschritt und in einem anderen nicht. Die Fortschritte, die beispielsweise die englische und niederländische Landwirtschaft verzeichneten, hatten mehr mit den knappen Landressourcen dieser beiden Länder zu tun als mit anderen Ursachen.

Dieses Gemälde von Jan Vermeer van Delft (1632–1675) mit dem Titel *Das Glas Wein* zeigt zwei typische Angehörige der etablierten und ordnungsliebenden Mittelklasse der Niederlande des 17. Jahrhunderts. Die meisten Holländer dieser Gesellschaftsschicht bevorzugten Kleidung aus feinen Stoffen, Kunstwerke und elegante Möbelstücke, bewahrten aber dennoch ihren Sinn für den spirituellen Wert der Einfachheit.

Osteuropa

Der europäische Osten war nach wie vor rückständig. Die soziale und wirtschaftliche Struktur änderte sich bis ins 19. Jahrhundert kaum. Es gab viele tief schürfende Erklärungen dafür – etwa, dass die Wachstumsperiode dort kürzer sei und weniger fruchtbare Böden zur Verfügung stünden als weiter westlich und sich demnach das Saatgut von Anfang an nicht so gut entwickeln könnte. Deshalb sei der europäische Osten ökonomisch gesehen in den entscheidenden ersten Stadien der landwirtschaftlichen Entwicklung benachteiligt gewesen. Doch es gab weitere Nachteile. Eine kontinuierliche Ansiedlung wurde über einen langen Zeitraum durch Nomaden aus Zentralasien behindert, während an der Südostgrenze der Balkan und die Türkei lagen – Jahrhunderte lang Schauplätze von Kriegen, Überfällen und Banditentum. In einigen Gebieten (etwa in Ungarn) waren die Folgen osmanischer Herrschaft so gravierend, dass es zur Entvölkerung des Landes kam. Nachdem Ungarn für Europa zurückgewonnen worden war, versuchte man, die Bauernschaft an das Land zu binden. Auch in Russland, das sich bereits im 14. Jahrhundert aus dem Großfürstentum Moskau entwickelt hatte, wuchs die Zahl der Leibeigenen im Verhältnis schneller als die der Gesamtbevölkerung. Härtere Gesetze erlaubten es den Gutsherren, die Bauern

Der berühmte Schriftsteller Voltaire liest 1775 im Gesellschaftszimmer beziehungsweise *Salon* von Madame Geoffrin aus einem von ihm verfassten Drama. Französische Frauen des Adels und der gehobenen Bourgeoisie organisierten Zusammenkünfte, Konzerte und wissenschaftliche Experimente, die die Salons manchmal in vornehme Akademien verwandelten.

schärfer zu kontrollieren. In anderen osteuropäischen Ländern (unter anderem auch in Preußen) verstärkte sich die Macht der Gutsbesitzer über die Abhängigen noch. Dies war mehr als nur ein Entgegenkommen eines Königs gegenüber der Aristokratie, bei der die Gefahr bestand, dass sie sich – wenn man sie nicht beschwichtigte – gegen die königliche Autorität wandte. Hier handelte es sich auch um ein Mittel zur Beschleunigung wirtschaftlicher Entwicklung. Nicht zum ersten Mal – aber auch nicht zum letzten Mal – ging wirtschaftlicher Fortschritt mit sozialer Ungerechtigkeit einher: Leibeigene wurden benutzt, um das Land zu kultivieren, so wie es zu fast allen Zeiten und in vielen Ländern üblich war.

Eine der teilweise heute noch sichtbaren Auswirkungen der unterschiedlichen Entwicklung ist die Zweiteilung Europas ungefähr entlang der Elbe. Auf der westlichen Seite befanden sich Staaten, die um 1800 langsam eine offenere Gesellschaftsform annahmen. Im Osten regierten Autokratien über Agrargesellschaften, in denen eine kleine Gruppe Großgrundbesitzer die meist leibeigenen Bauern in ihrer Gewalt hatte. In diesen Gebieten gab es nur wenig florierende Städt wie seit Jahrhunderten westlich der Elbe. Unfähig, die Arbeitskräfte, die sie benötigten, wegen der herrschenden Leibeigenschaft anzuziehen, waren die Städte im Osten meist mit Steuern überladene Inseln in einem Meer rückständigen Agrarlandes. In weiten Gebieten Polens und Russlands gab es größtenteils nicht einmal die Geldwirtschaft. Viele Ereignisse der nachfolgenden europäischen Geschichte haben ihre Wurzeln in den unterschiedlichen Entwicklungen im Ost- und Westeuropa jener Zeit.

Frauen in Europa

Die Aufteilung Europas in Ost und West war anhand der gesellschaftlichen Sitten nachvollziehbar, etwa in der Art und Weise, wie man mit Frauen umging. Hier fand noch eine weitere Unterteilung statt, nämlich die zwischen dem Mittelmeerraum und dem Norden Europas. Ähnliche Unterschiede beobachtete man

Zumindest in den fortschrittlicheren Ländern Europas wurde die Stellung der Frau etwas unabhängiger. In so genannten Salons organisierten sie ihr Gesellschaftsleben vermehrt selbst.

bald schon zwischen Nord- und Südamerika. Formale und gesetzliche Änderungen gab es im Verlauf dieser Jahrhunderte kaum. Der rechtliche Status der Frauen blieb überall unverändert. Erst ganz am Ende dieser Periode wurde er in Frage gestellt. Dennoch scheinen die Frauen – insbesondere jene der Oberschicht – in den fortschrittlicheren Ländern Mitteleuropas mit der Zeit unabhängiger geworden zu sein.

Das 18. Jahrhundert eröffnete den besseren Kreisen neue Lebensformen – und gesellschaftliche Versammlungsmöglichkeiten, die sich von denen des königlichen Hofes unterschieden und bald mit religiösen und familiären Ritualen kaum noch etwas gemein hatten. Es wird von Männern berichtet, die gegen Ende des 17. Jahrhunderts in Londoner Coffee Houses zusammenkamen. Aus diesen Treffen entstanden die späteren Clubs.

Bald schon begegnete man sich zum ersten Mal im *Salon*. Diese Form gesellschaftlichen Lebens war eine französische Erfindung, ein zwangloses Treffen von Freunden und Bekannten im Empfangszimmer einer Dame. Aus einigen der *Salons* des 18. Jahrhunderts entwickelten sich wichtige intellektuelle Zentren, die Ausdruck dessen waren, dass es angemessen war und sogar elegant wirkte, wenn eine Frau an geistvollen Gesprächen interessiert war, die über das Thema Religion hinausgingen. Auf einem dieser Salonabende ließ sich Madame de Pompadour, die Geliebte Louis' XV., mit Montesquieus soziologischer Abhandlung *De l'esprit de lois* in der Hand malen.

Selbst wenn die Frauen keine Ambitionen hatten, zu den Blaustrümpfen zu gehören, erlaubte ihnen doch der *Salon* und eine Gesellschaft, die frei war von höfischem Zeremoniell, eine – wenn auch begrenzte – Flucht aus den Beschränkungen der Familie. Neben den religiösen und beruflich bedingten Zusammenkünften bot das Familienleben bis dahin praktisch die einzige Ablenkung und Zerstreuung, auch für die Männer dieser Zeit.

Die Stabilität der europäischen Gesellschaft

Mit dem Ende des 18. Jahrhunderts begann die Ära der Künstlerinnen und Schriftstellerinnen. Eine Frau, die nicht verheiratet war, musste nicht mehr unbedingt in ein Kloster eintreten. Die Ursache solcher Veränderungen ist nicht so leicht nachzuvollziehen. Festzuhalten ist jedenfalls, dass es im 18. Jahrhundert eine deutliche Präsenz von Frauen mit großem politischen Einfluss gab – eine englische Königin und vier Kaiserinnen (eine österreichische und drei russische) regierten ihre Reiche mit einigem Erfolg.

Da die frühe Geschichte der weiblichen Emanzipation noch nicht ausreichend erforscht ist, lassen sich die Gründe allerdings bisher nicht genau analysieren.

Letztlich berührte aber nichts des bisher Gesagten das Leben der überwiegenden Mehrheit der europäischen Frauen in der Frühen Neuzeit – nicht einmal in den fortschrittlichsten Ländern. Die Massenbeschäftigung in Industriebetrieben als erste große Herausforderung beider Geschlechter in einer bisher nicht hinterfragten, traditionellen Ordnung kannte man noch nicht. Am deutlichsten waren die alten Überzeugungen in den rückständigen Dörfern Polens und im südlichen Spanien zu spüren, wo maurische Einflüsse die Unterordnung und Isolierung der Frauen, die überall um 1800 noch vorherrschend war, zusätzlich förderten.

Madame de Pompadour (1721–1764) ist auf diesem Porträt des berühmten französischen Malers François Boucher (1703–1770) dargestellt. Die einflussreiche Geliebte Ludwigs XV. nahm sich des Malers an und spielte eine wichtige Rolle in seiner Karierre. Sie gab zahllose Gemälde bei ihm in Auftrag. Als Gegenleistung malte er sie bei verschiedenen Anlässen.

2 AUFBEGEHREN GEGEN DIE ALTE ORDNUNG

Um 1800 hatten viele Europäer noch ähnliche Vorstellungen von sozialen und politischen Strukturen wie ungefähr 400 Jahre zuvor. Das „Mittelalter" ging in dieser Hinsicht ebenso langsam zu Ende wie in vielen anderen Bereichen. Das, was man sich unter einer Regierung beziehungsweise unter der Gesellschaft vorstellte, und auf das die Bezeichnung „mittelalterlich" passte, stellte sich in vielen Ländern als sehr beständig heraus. Dies bedeutete, dass das korporative System, nach dem die mittelalterliche Gesellschaft funktionierte und in dem sich die Menschen als Teil einer Körperschaft verstanden, im 18. Jahrhundert des kontinentalen Europas noch immer Bestand hatte. Die Korporation schützte ihre Mitglieder, definierte ihren Status und stattete sie mit rechtlichen Privilegien aus.

In weiten Teilen Mittel- und Osteuropas gab es nach wie vor Leibeigene. Ihre Zahl war bis zur Mitte des Jahrhunderts sogar noch gestiegen, und sie lebten unter härteren Bedingungen als je zuvor. Politische Strukturen waren oftmals erhalten geblieben. Das Heilige Römische Reich existierte um 1800 genauso wie im Jahre 1500, und auch an der weltlichen Herrschaft des Papstes hatte sich nichts geändert. Ein Abkömmling der Kapetinger war noch König von Frankreich, wenn er auch aus einer anderen Linie stammte wie jener des Jahres 1500 und inzwischen im Exil lebte. Selbst in England ritt noch im Jahre 1820 ein königlicher Krieger in voller Bewaffnung in die Westminster Hall ein, um allen Ankommenden den Titel des Monarchen entgegenzuhalten. In den meisten Ländern war es noch selbstverständlich, dass der Staat eine konfessionelle Einrichtung war. Re-

Auf diesem italienischen Gemälde aus dem 15. Jahrhundert wird der Herrscher noch als Anführer seiner Truppe bei der direkten Konfrontation mit einer feindlichen Partei dargestellt. Von da an war es jedoch mehr und mehr üblich, dass Könige oder Fürsten Generäle zu Anführern ihrer Armee ernannten.

Machiavelli über die Macht

„Hier fragt's sich also, ob es besser sei, geliebt oder gefürchtet zu werden. Ich glaube, beides wäre allerdings zu wünschen, aber da dies sehr schwer ist und daher eine Wahl getroffen werden muß, so ist letzteres vorzuziehen. (...) Liebe wird bloß durch das Band des Anstandes erhalten, welches die Menschen, da sie schlecht sind, jedesmal zerreißen, wenn sie ihren Vorteil anderwärts finden; Furcht aber gründet sich auf die Vorstellung eines zu erwartenden Übels, und diese hört niemals auf."

„Doch muß eine solche Furcht, welche ein Fürst sich verschafft, von der Art sein, daß man ihn, wenn auch nicht liebt, so doch auch nicht haßt. Beides verträgt sich sehr wohl zusammen, und er wird es erzielen, wenn er seiner Untertanen Vermögen und Weiber unangetastet läßt. Wird er auch hier und da in die Notwendigkeit versetzt, jemand das Leben zu nehmen, so darf dieses doch nicht eher geschehen, als bis ein hinreichender Grund und offenkundiger Rechtsfall vorliegt, und darf er das Vermögen dieser Opfer angreifen; denn leichter vergißt der Mensch die Ermordung des Vaters, als er den Raub und Verlust seines Erbteils verzeiht."

Ein Auszug aus *Der Fürst* von Nicolò Machiavelli (1469–1527), hrsg. von Herfried Münkler. Politische Schriften. Frankfurt am Main 1990, S.94–95.

In dem italienischen Staatsmann und Schriftsteller Nicolò Machiavelli, dem ehemaligen Berater der mächtigen Herrscher der Florentiner Dynastie der Medici, sehen viele den Urheber des pragmatischen und brutalen politischen Ethos, das besagt, dass der Zweck die Mittel heilige.

ligion und Staat waren untrennbar miteinander verbunden und die Autorität der jeweiligen Kirche zum Gesetz erhoben. Wenn auch solche Vorstellungen bald stark in Zweifel gezogen wurden, hatten sie in den meisten Ländern bis um 1800 Bestand.

Die Staatsgewalt

Trotz ihrer Kontinuität tendierte die europäische Geschichte zwischen 1500 und 1800 dazu, bestehende soziale und politische Fesseln, die für die Herrschaftsformen des Mittelalters charakteristisch waren, zu lösen oder wenigstens zu lockern. Macht und Autorität gingen nach und nach auf den zentralistischen Staat über und entfernten sich langsam vom Feudalismus mit seinen personengebundenen Abhängigkeiten. Der Begriff „feudales System" war eine Erfindung des 17. Jahrhunderts, er definierte das Lehnssystem der früheren Zeit, das nun im Rückzug begriffen war. Das Christentum verlor in dieser Zeit seine politische Wirksamkeit, auch wenn es emotional und im Bewusstsein der Menschen noch eine große Rolle spielte. Die päpstliche Autorität büßte im Gefolge nationaler Gefühle im Zeitalter des Schismas und der Reformationen das Gewicht früherer Tage ein, und auch die Macht des Kaisers des Heiligen Römischen Reiches verminderte sich seit dem 14. Jahrhundert nach und nach. Die Bedrohung durch das Osmanische

Europäische Beamte, die offizielle oder private Dokumente ausschrieben und beglaubigten, benötigten eine gute Ausbildung in Rechts- und Staatskunde. Diese Handzeichnung aus dem 16. Jahrhundert zeigt einen Raum des Kollegiums der öffentlichen Rechtsanwälte.

Reich avancierte zum Prüfstein für die Einheit der christlichen Staaten. Die christlichen Fürsten, die muslimischen Angriffen ausgesetzt waren, konnten zwar noch immer ihre Nachbarn um Hilfe bitten und die Päpste konnten Kreuzzüge verkünden, doch die Realität sah anders aus: Wenn es sich als notwendig erwies, verfolgten die Staaten des christlichen Abendlands eigennützige Interessen und schlossen im Bedarfsfall sogar Bündnisse mit den so genannten Ungläubigen. Dies war die Ära der *Realpolitik* – der bewussten Unterordnung von Ehre und Prinzipien unter eine Abschätzung der Vorteile und Interessen des Staates.

Die Europäer kamen mehr und mehr zu der Überzeugung, sich kulturell von anderen Zivilisationen zu unterscheiden. Gleichzeitig missachteten sie überlieferte Strukturen, die ihre Einheit demonstriert hätten, geschweige denn, dass sie neue schufen. Nur die Philosophen wiesen gelegentlich auf die Notwendigkeit hin, den Staat zu transzendieren. Vielleicht liegen die Gründe für dieses Verhalten in einem neuen Bewusstsein kultureller Überlegenheit. Europa war in ein Zeitalter triumphaler Expansion eingetreten und brauchte keine gemeinsamen Institutionen, die dies bestätigten. Die Autorität des Staates erhöhte sich in dieser Zeit, die Macht der Regierungen nahm beständig zu. Die allgemeine Tendenz ging dahin, die legislative Souveränität des Staates anzuerkennen. Der Gesetzgebung sollten keine Grenzen gesetzt werden, vorausgesetzt, die Macht wurde auf rechtmäßiger Grundlage ausgeübt.

Neue Rechtsbegriffe

Dies war ein gewaltiger Bruch mit vergangenem Denken: Für einen Europäer des Mittelalters wäre es unvorstellbar gewesen, keine allgemein anerkannten fundamentalen Rechte oder göttliche Gesetze mehr zu haben. Dass Rechte und Ordnungen jeder persönlichen Einmischung standhielten und es Fälle von Immunität vor dem Gesetz sowie konzessionierte Freiheiten geben sollte, die auch vor späteren Gesetzgebern Bestand hätten, war sowohl in sozialer als auch in juristischer und theologischer Hinsicht undenkbar und völlig absurd. Im 17. Jahrhundert stritten sich in England die Rechtsgelehrten darüber, was die fundamentalen Rechte des Landes seien. Einige Zeit später geschah das Gleiche in Frankreich. Trotzdem akzeptierten schließlich beide Länder (und auch die meisten anderen Staaten), dass eine uneingeschränkte Gesetz gebende Gewalt das Hauptkennzeichen des Staates sei. Doch der Weg dorthin war noch weit. In der europäischen Geschichte der Neuzeit wurde die Entwicklung des modernen souveränen Staates vor allem durch die am weitesten verbreitete Regierungsform, die Monarchie, eingeschränkt.

Die europäische Geschichte jener Zeit war von den Machtkämpfen der Herrschenden bestimmt. Die Ansprüche der Könige und Königinnen konnte man aus zweierlei Gründen infrage stellen: zum einen wegen der uneingeschränkten Macht der Monarchen, die von keiner Regierung reklamiert werden könne (dies entspräche der mittelalterlichen oder konservativen Verteidigung der Freiheit). Zum anderen aber hieß es, eine derartige Machtkonzentration könne zwar bestehen, doch sei die derzeitige Regierung dafür die falsche Instanz (dies wäre die moderne oder liberale Verteidigung der Freiheit). In der Praxis verwoben sich beiden Haltungen oft untrennbar miteinander. So ist schon die Verwicklung an sich bezeichnend für die Veränderungen, die vor sich gingen.

Das Gemälde zeigt König Ludwig XIV. von Frankreich (1638–1715) bei einem Besuch der Königlich-Wissenschaftlichen Akademie im Jahre 1667. Er betrachtete sich selbst als das Vorbild der europäischen absolutistischen Monarchien. „L'Etat, c'est moi," sagte er einmal, – „ich bin der Staat".

Der Aufstieg der absoluten Monarchie

Nachdem der Staat in einigen Ländern weitgehende Rechte erwarb, konnten die Monarchen ihren Willen mehr und mehr durchsetzen. Ein Indikator dieser Entwicklung war im 16. und 17. Jahrhundert der allgemeine Niedergang parlamentarischer Vertretungen, die im späten Mittelalter in vielen Ländern entstanden waren. 1789 – im Jahr der Französischen Revolution – wurde ein Großteil Westeuropas (und auch Mittel- und Osteuropas) von Monarchen regiert, die kaum von einem parlamentarischen Gremium behindert wurden. Die einzige Ausnahme war Großbritannien. Seit dem 16. Jahrhundert erfreuten sich die Monarchen zunehmend einer Macht, die Adel und Bürgern des Mittelalters höchst ungewöhnlich erschienen wäre. In der Geschichtsschreibung wird dieses Phänomen als Herausbildung der absoluten Monarchie bezeichnet. Wenn wir die Möglichkeiten der Monarchen nicht überbewerten, hat dieser Begriff durchaus seine Berechtigung. Theoretisch gab es nämlich eine Vielzahl von Kontrollen, die den Herrscher im Prinzip ebenso einschränkten wie die mittelalterliche Immunität oder ein Parlament. Seit dem 16. Jahrhundert erstarkte die Macht der Monarchie fast überall. Neu erschlossene finanzielle Ressourcen erlaubten den Einsatz eines stehenden Heeres mit einer gut ausgerüsteten Artillerie, falls es zum Kampf gegen vornehme Adlige kommen sollte, die sich ein solches Heer nicht leisten konnten.

In vielen europäischen Ländern war die Geburt des „Renaissancestaats" mit einer Neuorganisierung der Armee, des Rechtswesens und der Wirtschaft verbunden. Diese Miniatur aus dem 16. Jahrhundert stellt eine Sitzung der Pariser Schatzkammer dar – einer Institution, die geschaffen wurde, um das französische Finanzsystem zu überwachen.

Manchmal gelang es der Monarchie sogar, das Volk, dessen Bewusstsein für die Idee der Nation langsam wuchs, für sich zu gewinnen, wenn es darum ging, die Übermächtigen zur Räson zu zwingen.

Im späten 15. Jahrhundert akzeptierte man monarchische Regierungen bereitwillig, wenn diese im Land für Frieden und Ordnung sorgten. Fast überall erhoben sich die Monarchen noch weiter über den höchsten Adelsstand hinaus und unterstrichen ihre neuen Macht- und Autoritätsansprüche mit der Auferlegung von Steuern und dem Einsatz von Kanonen. Die verschiedenen Institutionen des Staates, die de facto und manchmal auch de jure beratenden Status und politischen Einfluss besaßen, verloren ihre Bedeutung für die Monarchen weitgehend. Der Geheime Rat *(Privy Council)* der Tudors bestand beispielsweise aus Adligen und Großgrundbesitzern.

Der „Renaissancestaat"

Der Wandel, der sich im 16. und frühen 17. Jahrhundert innerhalb der europäischen Monarchien vollzog, führte zum „Renaissancestaat", eine etwas zu großartige Bezeichnung für die aufgeblasene königliche Beamtenbürokratie, die den Zentralstaat anstrebte. Doch der Begriff ist eindeutig genug, wenn wir das Gegenbild dieses Phänomens vor Augen haben: das Königtum des Mittelalters, das seine Regierungsaufgaben oft und in großem Umfang an Lehnsnehmer beziehungsweise persönliche Ministeriale oder an Körperschaften weitergab, von denen die Kirche die größte war.

Einen plötzlichen Übergang zum modernen „Staat" gab es nicht – dieser Prozess dauerte mehrere Jahrhunderte, und oft blieben alte Formen erhalten. Das englische Königshaus der Tudor-Dynastie verließ sich auf die schon bestehenden Institutionen der königlichen Friedensrichter, die als Vertrauensmänner der Krone zur Wahrung des Friedens beitrugen und die lokalen Herrscher fest mit dem System der königlichen Regierung verschweißten. Dies erwies sich als ein weiterer Schritt der Unterminierung feudalherrschaftlicher Autorität, die in England wie in anderen Staaten ein wichtiges politisches Ziel war. Doch selbst dort musste man den Adel auf lange Zeit mit Sorgfalt behandeln, wollte man ihn sich nicht zum tödlichen Widersacher machen. Rebellionen waren für den Staatsmann des 16. Jahrhunderts nicht die Ausnahme, sondern die Regel. Wenn auch die königlichen Truppen am Ende siegten, wollte sich doch kein Monarch allein auf seine Waffen verlassen. „Die Artillerie ist das letzte Argument des Königs", lautete damals ein bekannter Wahlspruch, der sich immer wieder bewahrheitete: Die Turbulenzen des französischen Adels bis in die Mitte des 17. Jahrhunderts hinein, die Folgen der widerstreitenden lokalpolitischen Interessen in England im gleichen Zeitraum und die Versuche

der Habsburger, ihre Territorien auf Kosten des Hochadels zu zentralisieren, zeigen dies. Die letzte Auseinandersetzung mit dem Adel fand in Großbritannien im Jahre 1745 statt, in anderen Ländern dauerten die Zwistigkeiten noch etwas länger an.

Besteuerung

Die ständige Gefahr einer Rebellion und die Unzulänglichkeiten der Verwaltung verhinderten den notwendigen Druck bei der Steuereintreibung. Beamte und Armee mussten jedoch

In der Zeit der Renaissance bildete sich die neue Berufsgruppe der Diplomaten heraus. Diese französischen Botschafter malte Hans Holbein d. J. (1497–1543).

Die Steuereintreibung, deren Erträge fast immer schon im Voraus ausgegeben wurden, war gewöhnlich die Aufgabe der Geldverleiher und Bankiers. Diese wiederum schickten ihre Mittelsmänner, die das Geld vor Ort eintrieben. Das Gemälde aus dem 16. Jahrhundert, das zwei Steuereinnehmer darstellt, stammt von Marinus van Reymerswaele.

bezahlt werden. Daher war es den Beamten erlaubt, Gebühren für ihre Dienste zu erheben oder Sondervergütungen zu verlangen. Im allgemeinen wurden lediglich auf Grund und Boden sowie auf Verbrauchsgüter Steuern erhoben – durch indirekte Besteuerung wie Zölle und Akzise oder durch die Besteuerung des Umsatzes beziehungsweise die Vergabe von Lizenzen und die Erteilung von Ermächtigungen für den Handel. Diese Steuern lasteten unverhältnismäßig schwer auf den Armen, die einen größeren Teil ihres geringen Einkommens für das Lebensnotwendige ausgaben als die Reichen. Einem Landbesitzer zu verbieten, seine Steuerlast dem aufzubürden, der sich in der Einkommenspyramide auf der untersten Stufe befand, erwies sich als schwierig. Die Besteuerung wurde insbesondere durch die mittelalterliche Vorstellung von der Immunität gegenüber dem Gesetz behindert.

Im Jahre 1500 herrschte darüber Einigkeit, dass es bestimmte Gebiete, Personen oder Tätigkeitsbereiche gab, die besonderen Schutz vor den Übergriffen des Staates genossen. Dieser Schutz bestand beispielsweise aus unwiderruflichen, königlichen Konzessionen. Dazu gehörten auch bestimmte Privilegien für Städte – vertraglich festgelegte Vereinbarungen wie die englische Magna Carta, uraltes Gewohnheitsrecht und schließlich die göttlichen Gesetze und Gebote. Die Kirche genoss einen besonderen Schutz. Ihr Besitz unterlag normalerweise nicht der Besteuerung, und sie hatte eine eigene Rechtsprechung. Darüber hinaus kontrollierte sie wichtige wirtschaftliche und soziale Institutionen wie zum Beispiel die Ehe. Doch auch eine bestimmte Provinz, ein Berufsstand oder die Familie besaß mitunter Immunität und war von der königlichen Rechtsprechung oder Besteuerung befreit. Selbst ein Monarch hatte nicht überall den gleichen Stand – der französische König war in der Bretagne nur ein Herzog und deshalb nicht berechtigt, seine königlichen Rechte in diesem Gebiet wahrzunehmen. Dem Renaissancestaat blieb weiter nichts übrig, als überkommene Traditionen zu akzeptieren, auch wenn seine Zukunft in den Händen der königlichen Bürokraten lag.

HUMANISMUS UND KIRCHENKRITIK

Die Reformation, eine ernste Krise, die das abendländische Christentum im frühen 16. Jahrhundert erschütterte und die die alte Glaubenseinheit des Mittelalters für immer zerstörte, beschleunigte andererseits in hohem Maße die Konsolidierung der monarchischen Macht. Am Anfang war die Reformation nur

Dieses Gemälde aus der Schule Hans Holbeins d. J. zeigt Sir Thomas More (1478–1535), den englischen Humanisten katholischen Glaubens, Staatsmann und Autor von *Utopia* (1516). More sympathisierte mit Erasmus von Rotterdams Vorschlägen, die Kirche zu reformieren.

eine weitere Debatte über die Autorität der Kirche – ein Infragestellen der Ansprüche des Papsttums, das als formales und theoretisches Konstrukt schon viele Herausforderungen überstanden hatte. Zumindest seinem Ursprung nach war es also ein durch und durch mittelalterliches Phänomen. Doch so wichtig es ist, dies zu wissen, so wichtig ist es auch sich klarzumachen, dass die Reformation zudem andere Aspekte berührte und ihre politische Relevanz viel bedeutender war. Angesichts der Tatsache, dass sie auch eine kulturelle Revolution auslöste, steht ihr der Platz am Anfang der Neuzeit ohne Frage zu.

Erasmus von Rotterdam

Der Ruf nach einer Reformation war keineswegs neu. Die Aussage, dass Papsttum und *curia* nicht notwendigerweise den Interessen aller Christen dienten, war um das Jahr 1500 bereits wohlbegründet. Einige Kritiker entfernten sich von der bestehenden Lehrmeinung. Aus einem Gefühl der tiefen Frömigkeit, aber auch der Unsicherheit heraus, versuchten die Gelehrten neue Antworten auf spirituelle Fragen zu finden. Die Bereitschaft wuchs, außerhalb der von der kirchlichen Autorität abgesteckten Grenzen nach diesen Antworten zu suchen. Ketzerei hatte man bisher nicht ausmerzen, sondern lediglich eindämmen können. Schon seit langem wurde der Klerus in weiten Teilen Europas öffentlich angegriffen. Im 15. Jahrhundert konnte man eine weitere religiöse Strömung beobachten. Sie war möglicherweise noch viel subversiver als die der Häresie, da ihr im Gegensatz zur Ketzerei Kräfte innewohnten, die schließlich an die Wurzeln der traditionell-religiösen Auffassungen gingen: Es handelte sich um die wissenschaftliche, humanistische, rationale und skeptisch-intellektuelle Denkrichtung, die wir in Ermangelung einer besseren Bezeichnung nach dem Mann nennen, der diese Ideale in

Hans Holbein d. J. (1497–1543) malte Erasmus von Rotterdam (1467–1536) an seinem Schreibpult.

Dieses Bildnis des deutschen Theologen Martin Luther (1483–1546), der führenden Persönlichkeit der Reformation, stammt aus der ersten Hälfte des 16. Jahrhunderts.

Martin Luthers Thesen

5. Der Papst will und kann niemandem eine Strafe erlassen, weder in seinem eigenen Namen noch durch das kanonische Recht.
21. Somit irren die Ablassprediger, die sagen, dass durch Ablässe des Papstes der Mensch von aller Strafe befreit und gerettet werde.
32. Verdammt in Ewigkeit werden mit ihren Lehrern diejenigen sein, die durch Ablassbriefe ihres Heils gewiss zu sein glauben.
82. Zum Beispiel: Warum leert der Papst nicht das Fegefeuer aus heiligster Barmherzigkeit und tiefstem seelischen Drange als gerechtestem Grunde nämlich der schrecklichsten Notlage dieser Seelen – dem gerechtesten aller Motive, wenn er unzählige Seelen befreit um schnöden Geldes willen, gegeben zum Bau einer Kirche, also aus sehr leicht wiegendem Grunde?

Auszüge aus Martin Luthers 95 Thesen gegen den Ablass (*Disputatio pro declarationes virtutis indulgentiarum*), 1517.

den Augen seiner Zeitgenossen am deutlichsten verkörperte: Erasmus von Rotterdam. Er war mit seinem Glauben in tiefer Loyalität verbunden, und als Christ war ihm von Anfang an klar, dass er sich nicht von seiner Kirche lossagen würde. Von dieser Kirche jedoch hatte er ein Ideal und eine Vision, die eine Reformation nicht ausschlossen. Was er suchte, war eine schlichtere Frömmigkeit und ein unverfälschtes kirchliches Amt. Wenn er auch die Autorität der Kirche und des Papstes nicht angriff, so forderte er doch auf subtile Weise die Autorität als solche heraus. Seine wissenschaftlichen Arbeiten hatten eine beinahe revolutionäre Wirkung und ebenso die Briefe, die er an Kollegen in ganz Europa schrieb. Sie lernten von ihm, Logik und Glaubenslehre von der scholastischen Erstarrung der aristotelisch geprägten Philosophie zu befreien. Mit seinem griechischen Neuen Testament lieferte er eine sichere Ausgangsbasis für das Streitgespräch über die richtige Lehre.

Erasmus und andere, ähnlich denkende Gelehrte griffen den Klerus nicht frontal an. Sie machten auch geistliche Dinge nicht zu weltlichen. Sie waren gute Katholiken. In Gestalt des Humanismus und der Häresie lag zu Beginn des 16. Jahrhunderts etwas in der Luft – Unzufriedenheit mit den Verhalten des Klerus und Empörung über die Habgier der Fürsten – das, wie vieles andere auch, schon lange auf eine Gelegenheit und einen Menschen wartete, der den religiösen Umsturz beginnen würde. Dieser Mann war Martin Luther. Kein anderer Begriff als der der Revolution könnte geeigneter sein, um das zu beschreiben, was auf die unabsichtliche Tat dieses deutschen Mönchs folgte. Im Jahre 1517 begann mit ihm eine Bewegung, die mit der Spaltung der christlichen Einheit enden sollte.

Martin Luther

Im Gegensatz zum weltläufigen Erasmus verbrachte Luther sein ganzes Leben – von Zeiten kurzer Abwesenheit abgesehen – in der kleinen Stadt Wittenberg an der Elbe. Als Augustinermönch kannte er sich ausgezeichnet in der Theologie aus. Oft quälten ihn Fragen, doch war er zu dem Schluss gekommen, dass Gott nicht der Strafende, sondern der Vergebende sei und dass er deshalb die Heilige Schrift anders auslegen müsse als bisher. Das bedeutete nicht, dass er zum Revolutionär werden musste: An der Rechtgläubigkeit seiner Sichtweise gab es so lange keinen Zweifel, bis er es auf eine Auseinandersetzung mit dem Papst ankommen ließ. Luther reiste nach Rom, doch was er dort sah, enttäuschte ihn, denn im Vatikan ging es recht weltlich zu. Der hohe Klerus verhielt sich bestenfalls durchschnittlich. So war es nicht verwunderlich, dass er einem in Sachsen umherziehenden Dominikanermönch, der weiter nichts als seinen Ablasshandel betrieb, nicht eben wohlgesonnen war. Mit einem Ablasszettel bescheinigte der Papst dem Besitzer, dass dieser nach Bezahlung eines bestimmten Betrags (der in den Bau des großartigen, neuen St. Petersdoms in Rom einfließen sollte) einen Teil des Strafmaßes, das er in der zukünftigen Welt für seine irdischen Sünden verdient hat, erlassen bekäme. Einige Bauern, die Ablassscheine gekauft hatten, erzählten Luther, was der Händler gesagt hatte. Nachforschungen ergaben, dass dieser die Bauern nicht nur in die Irre geführt, sondern auch frevelhaft behandelt hatte. Die Geschmacklosigkeit, mit der der Prediger sein Geschäft betrieb, zeigte den Katholizismus des Mittelalters von einer seiner finstersten Seiten. Er fasste seinen Protest gegen diese und andere Praktiken des Papstes in den 95 Thesen zusammen, in denen er seine Sichtweise ausdrückte. Der Tradition des wissenschaftlichen Streitgesprächs gemäß heftete Luther sie am 31. Oktober 1517 an die Tür der Schlosskirche zu Wittenberg. Er sandte sie auch dem Erzbischof von Mainz, dem damaligen Oberhaupt der katholischen Kirche Deutschlands. Dieser leitete sie mit der Bitte nach Rom weiter, der Papst möge Luther verbieten, über dieses Thema zu predigen. Tatsächlich war die Grundlage des päpstlichen Verfahrens eine Anzeige der Dominikaner. Inzwischen waren die Thesen auch auf Deutsch erschienen. Dank der Erfindung des Buchdrucks fanden sie sehr schnelle Verbreitung. So bekam Luther das Streitgespräch, das er suchte. Sein Leben geriet nur deshalb nicht in Gefahr, weil sein Landesherr, Friedrich der Weise, Kurfürst von Sachsen, sich weigerte, ihn auszuliefern. Luther wurde aus seinem Orden entlassen, doch in der Universität durfte er weiterhin lehren. Schon bald sah sich das Papsttum mit einer nationalen Bewegung in Deutschland konfrontiert, die ihre *gravamina (Beschwerden)* gegen Rom vorbrachte. Luther war ein literarisches Genie von erstaunlicher Redegewandtheit und Produktivität. Er belebte die Bewegung und hielt sie in Gang, und er hatte es als Erster geschafft, die ungeahnten Möglichkeiten der gedruckten Streitschrift zu nutzen.

Martin Luther, der deutsche Reformator, löste mit seinen 95 Thesen ungewollt die Reformation und die Teilung der Kirche aus.

DIE REFORMATION

Innerhalb von zwei Jahren galt Luther als Ketzer wie der Böhme Jan Hus, der 1415 in Konstanz wegen seiner Lehre verbrannt worden war. Die Reformation wurde Teil der deutschen Politik. Schon im Mittelalter hatten angehende Reformer weltliche Herrscher um Hilfe gebeten, was nicht notwendigerweise bedeutete, dass sie planten, den Schoß des rechten Glaubens zu verlassen: Der große spanische Kirchenmann Ximenes versuchte, die katholischen Monarchen einzuschalten, um die Probleme zu lösen, denen sich die spanische Kirche gegenübergestellt sah. Die Monarchen waren den Ketzern meist nicht

Die Reformation gab den deutschen Fürsten die Gelegenheit, in Kirchenangelegenheiten ihrer Territorien einzugreifen. Für die Bevölkerung hatte die Reformation unter anderem zur Folge, dass nun in Deutsch und nicht mehr in Latein gepredigt wurde.

Die Entwicklung des Buchdrucks

Das gedruckte Buch spielte in der Bildung eine herausragende Rolle. Im 17. Jahrhundert waren Bücher in den Häusern der Reichen nichts Ungewöhnliches. Eine private Bibliothek war eines ihrer Statussymbole.

Die meisten frühen Bücher behandelten religiöse Themen: Reformation und Gegenreformation sowie die Kontroversen, die es zwischen Katholiken und Protestanten gab, lieferten eine Unmenge an Stoff und regten die Buchproduktion an. Bibeln, Gebetsbücher und dogmatische Schriften wurden lange Zeit am häufigsten gedruckt. Nur allmählich bahnten sich auch weltliche Bücher ihren Weg. Humanistische Schriften – die des Erasmus und der klassischen Philosophen ausgenommen – erreichten nur selten ein größeres Publikum.

Zunehmende Verbreitung hingegen fanden wissenschaftliche Abhandlungen und komprimierte Gesetzeswerke. Das Studium des geltenden Rechts betrachtete man zunehmend als einen wesentlichen Bestandteil vornehmer Erziehung. Politische Schriften gewannen an Beliebtheit, ebenso bebilderte wissenschaftliche Aufsätze über Hüttenwesen, Bergbau, Maschinen und mechanische Vorrichtungen sowie chemische Vorgänge, Darstellungen aus der Landwirtschaft, der Architektur, der Städteplanung und dem Bau von Dämmen und Kanälen. Ebenso gut verkauften sich Bücher, die Wirtschaftsmathematik, Buchhaltung und anderes Fachwissen der verschiedensten Berufe zum Inhalt hatten.

Im ersten Jahrhundert seiner Entwicklung waren die Buchdrucker Schriftsetzer, Drucker, Herausgeber und Buchhändler zugleich. Sie reisten gewöhnlich von Stadt zu Stadt – immer auf der Suche nach reichen Kunden und einem Publikum, das an den Inhalten ihrer Bücher interessiert war. Seit dem 16. Jahrhundert fand die Produktion von Büchern zunehmend in größeren Werkstätten statt, und die einzelnen Arbeitsschritte waren mehr und mehr Angelegenheit von Spezialisten. Die Autoren stellten die Seiten zusammen, um den Schriftsatz kümmerten sich Werkstätten. Der Eigentümer einer Werkstatt beschränkte sich auf das Korrekturlesen, auf Verwaltung und Vertrieb, und den Druck überließ man qualifizierten und starken Arbeitern, die zu Beginn des 18. Jahrhunderts in der Lage waren, 3000 Seiten pro Tag zu drucken.

Dieser Holzschnitt aus dem 17. Jahrhundert zeigt eine Druckerei in Nürnberg.

wohlgesonnen; ihre Pflicht war es schließlich, den wahren Glauben zu vertreten.

Dennoch konnte ein Gesuch an eine weltliche Autorität den Weg zu Veränderungen ebnen, was bei Luther der Fall zu sein schien. Seine Argumente hatten ihn schnell über die praktischen Forderungen zur Reform hinaus zum grundsätzlichen Infragestellen der päpstlichen Autorität und schließlich der Glaubenslehre gebracht. Die Kernpunkte seines Widerspruchs waren anfangs nicht theologischer Natur. Zentrum seines Glaubensverständnisses war aber, dass die Menschheit gerechtfertigt, das heißt für die Erlösung bestimmt sei – nicht nur durch die Einhaltung der Sakramente (durch die „Werke“, wie man es nannte), sondern allein durch den Glauben („sola fide“). Dies war ganz klar eine stark individualistisch geprägte Sicht. Sie rührte an die Wurzeln der traditionellen Lehre – einer Lehre, die außerhalb der Kirche keine Möglichkeit der Erlösung sah.

Im Jahre 1520 wurde Luther exkommuniziert. Vor einem staunenden Publikum verbrannte er die Bulle der Exkommunikation zusammen mit den Büchern des Kanonischen Rechtes. Er hörte nicht auf zu predigen und zu schreiben. Als er vor den Reichstag zu Worms geladen wurde, um seinen Standpunkt zu erläutern, weigerte er sich, seine Ansichten zu widerrufen. Es schien, als stünde Deutschland am Rande eines Bürgerkriegs. Nachdem Luther den Reichstag unter Geleitschutz verlassen hatte, verschwand er unter dem Schutz des ihm wohlgesonnenen Friedrich des Weisen auf die Wartburg. Im Jahre 1521 stellte Karl V. Luther unter den kaiserlichen Bann – von nun an war er vogelfrei. Luthers Lehre, mit der er außerdem Beichte und Absolution sowie den Zölibat angriff, hatte inzwischen bei vielen

Dieser Kupferstich aus dem Jahre 1555 zeigt den Augsburger Reichstag, der am 3. Juni 1548 stattfand. Die deutschen Fürsten trafen sich in Gegenwart von Kaiser Karl V. Der sich anschließende Konfessionsstreit zwischen Katholiken und Protestanten dauerte bis zum Augsburger Religionsfrieden im Jahre 1555.

Das Gemälde zeigt den Priester Huldreich Zwingli (1484–1531), mit dem die Reformation in der Schweiz begann. Der Optimismus und Gleichberechtigungsgedanke von Zwinglis christlichem Humanismus stand im Gegensatz zu Calvins Überzeugung, die Menschen seien Sünder und hätten die Allmacht Gottes zu fürchten.

Deutschen Anklang gefunden. Das Luthertum war auch ein politisches Faktum: Die deutschen Fürsten beriefen sich auf Luther, um ihre komplizierten Beziehungen zum Kaiser zu definieren. Schließlich kam es zur offenen Auseinandersetzung: „Protestanten" nannte man nun die Anhänger dieser neuen Lehre. Im Jahre 1555 war Deutschland endgültig in katholische und protestantische Staaten aufgeteilt. Auf dem Reichstag zu Augsburg wurde beschlossen, dass die Untertanen die Religion ihres jeweiligen Herrschers annehmen sollten. Dies war die erste Institutionalisierung des religiösen Pluralismus und ein Zugeständnis des Kaisers, der den universellen Katholizismus repräsentierte. Doch um sich die Loyalität seiner Fürsten zu erhalten, musste er diesen Schritt gehen. Sowohl im katholischen als auch im protestantischen Deutschland war die Religion nun etwas, das politische Herrscher verteidigen mussten.

Calvinismus

Um 1555 hatte der Protestantismus bereits neue Formen entwickelt, von denen manche zu sozialen Unruhen führten. Eine radikale Gruppe waren die Wiedertäufer, die von katholischen und protestantischen Herrschern gleichermaßen verfolgt wurden. Als sich ihre Führer 1534 in Münster zum gemeinsamen Eigentum und zur Polygamie bekannten, fühlten sich die Gegner in ihren Ängsten bestätigt, und die Wiedertäufer wurden aufs Grausamste unterdrückt. Unter den anderen Richtungen innerhalb des Protestantismus war der Calvinismus besonders wichtig. Er sollte der bedeutendste Beitrag der Schweiz zur Reformation werden, auch wenn Johannes Calvin kein Schweizer, sondern ein französischer Theologe war. Der Kern seiner Lehre war, dass der Mensch seit dem Sündenfall Adams verdorben sei und nicht auf Erlösung hoffen könne – es sei denn, er gehöre zu den wenigen von Gott Erwählten. Während Martin Luther,

Johannes Calvin d. J. (1509–1564) war ebenso wie andere religiöse Führer davon überzeugt, dass sein eigener Glaube richtig und der seiner Gegner falsch sei.

Die illustrierte Titelseite von Luthers deutscher Übersetzung der Bibel aus dem Jahre 1534, gedruckt von Hans Lufft. Laut Inschrift wurde sie mit Erlaubnis des Kurfürsten von Sachsen herausgegeben. Luthers Bibel trug wesentlich zur Verbreitung des Protestantismus bei.

der Augustinermönch, die Lehren des Apostels Paulus predigte, beschwor Johannes Calvin den Geist des Kirchenvaters Augustinus herauf.

Doch nicht nur die Geschichte des „Genfer Gottesstaats“, sondern auch die Glaubensgeschichte Frankreichs, Englands, Schottlands, des holländischen Teils der Niederlande und des britischen Nordamerikas bezeugten die breit gestreute Wirksamkeit des Calvinismus’. Der entscheidende Punkt der calvinistischen Lehre bestand in der Überzeugung, zu den Auserwählten zu gehören. Dafür genügte schon die Einhaltung der Zehn Gebote und die regelmäßige Teilnahme an den Sakramenten – es war also letztlich gar nicht so schwierig.

Unter Calvin war Genf kein Ort, an dem man ein unbeschwertes Leben führen konnte. Er hatte einen theokratischen Staat geschaffen, dessen Verfassung den Rahmen für das außergewöhnliche Vorhaben einer rigiden städtischen Herrschaft lieferte. Blasphemie und Hexerei wurden mit dem Tod bestraft, was jedoch damalige Zeitgenossen nicht weiter überrascht haben dürfte. Auch Ehebruch war in den meisten europäischen Ländern ein Verbrechen, und die Täter kamen vor ein kirchliches Gericht. Das Genf des Johannes Calvin jedoch nahm diese Straftat noch viel ernster und ahndete sie noch rigoroser: Auf Ehebruch stand die Todesstrafe. Die Frauen, die Ehebruch begangen hatten, wurden ertränkt, während man männliche Ehebrecher köpfte (eine offensichtliche Umkehrung des normalen Strafverfahrens in einem von Männern beherrschten Europa, in dem Frauen als moralisch und intellektuell schwächer galten und man ihnen ein milderes Strafmaß gewährte als Männern). Die schwersten Strafen jedoch hatten Ketzer zu erwarten.

Aus dem schweizerischen Genf kommend, wo ihre Pastoren ausgebildet wurden, fasste die neue Konfession auch im benachbarten Frankreich Fuß. Dort traten vor allem Adlige über. Im Jahre 1561 gab es in Frankreich bereits mehr als 2000 calvinistische Glaubensgemeinschaften.

Besonders in Nordeuropa – etwa in den Niederlanden, in England, Schottland und schließlich auch in Deutschland – forderte der Calvinismus das Luthertum heraus und breitete sich im Osten bis nach Polen, Böhmen und Ungarn aus. Er zeigte sich in seinem ersten Jahrhundert von einer beachtlichen Stärke im Gegensatz zum Luthertum, das – außer in Skandinavien – außerhalb Deutschlands kaum starke Wurzeln schlagen konnte; nur in Böhmen gab es mehr Lutheraner als Calvinisten.

Heinrich VIII. von England (1491–1547) – hier auf einem Gemälde von Hans Holbein d. J. – verzichtete darauf, sich der römisch-katholischen Kirche zu unterwerfen. Sein Ziel war es, Oberhaupt der Kirche von England zu werden. Bald schon hatte er diese völlig unter seine Kontrolle gebracht. Selbst wenn die protestantischen Reformatoren auch anderen europäischen Souveränen dazu verhalfen, einen ähnlichen Bruch mit Rom zu vollziehen, dürfte das Schicksal der Einheitskirche des Mittelalters bereits vor der Reformation besiegelt gewesen sein.

Die Reformation brachte ein verändertes Kirchenverständnis mit sich. Außerdem wurde Religion nun auch als Privatsache angesehen. Die Menschen wurden deshalb dazu angehalten, die Bibel selbst zu lesen.

Die Folgen der Reformation

Die Auswirkungen der protestantischen Reformation waren vielfältig und weit reichend. In Europa und Amerika entwickelte sich ein neues Verständnis von Kirche, das sich auf das Studium der Bibel und die Predigt gründete. Der Protestantismus wurde zu einer Konfession, die Millionen von Menschen dazu erzog, sich einer ganz neuen und intensiven Prüfung ihres Privatlebens und Gewissens zu unterziehen (etwas, das die katholische Kirche – Ironie des Schicksals – lange Zeit versucht hatte), und die einen Klerus ohne Zwang zum Zölibat wieder zuließ. Der Protestantismus hatte jedoch auch seine Schattenseite: Er stellte alle

Dieses anonyme Bildnis der Katharina von Aragón (1485–1536) stammt aus dem Jahre 1530. Heinrich VIII. versuchte bereits seit drei Jahren, die Ehe mit ihr für ungültig erklären zu lassen. Er heiratete im Jahre 1533 erneut, doch Katharina weigerte sich, die Sukzessionsakte, die ihre gemeinsame Tochter für illegitim erklärte, anzuerkennen.

bestehenden kirchlichen Institutionen in Frage und ließ gleichzeitig zu, dass die Fürsten die neue Kirche für ihre eigenen Zwecke missbrauchten – oft gegen die Päpste, denen sie sich ebenbürtig sahen.

DIE KIRCHE VON ENGLAND

Nicht nur das Luthertum und der Calvinismus lehnten die päpstliche Autorität ab, auch in England hatte inzwischen ein religiöser Wandel eingesetzt: Der zweite König aus dem Hause Tudor, Heinrich VIII., hatte sich in eine Auseinandersetzung mit dem Papst verstrickt. Sein Wunsch war es, seine Ehe (der weitere fünf folgen sollten) aufzulösen und noch einmal zu heiraten, da ihm bisher ein Thronfolger versagt geblieben war. Nachdem der Papst ihm seinen Wunsch abgeschlagen hatte, kam es zum ungewöhnlichsten Anspruch eines weltlichen Herrschers: mit Unterstützung des Parlaments ernannte sich Heinrich VIII. selbst zum Oberhaupt der Kirche von England. In Bezug auf die Lehre hatte er nicht vor, mit der Vergangenheit zu brechen. Doch mit dem Anspruch königlicher Oberherrschaft war die Trennung von Rom vollzogen. Der König hatte ein persönliches Interesse am Eigentum der katholischen Kirche: Er löste viele Klöster und andere kirchliche Einrichtungen auf und verkaufte das Kircheneigentum an den Adel und an die Oberschicht.

Die anglikanische Kirche und die Politik

Mitglieder der Kirche von England versuchten, diese unter den nächsten Herrschern der protestantischen Dogmatik des Kontinents anzunähern. Die Reaktion des Volkes war

Maria I. (Mary Tudor), die als Königin von England von 1553 bis 1558 regierte, war die Tochter von Katharina von Aragón und Heinrich VIII. sowie die Ehefrau des spanischen Königs Philipp II. Sie versuchte, ihr Volk wieder zum römisch-katholischen Glauben zurückzubringen und löste – wenn auch vielleicht unbeabsichtigt – eine schreckliche Verfolgungskampagne gegen die Protestanten aus. Marias früher Tod hat England möglicherweise vor einem Bürgerkrieg bewahrt.

zwiespältig. Einige empfanden Genugtuung dabei, die alte englische Tradition des Dissens mit Rom wieder aufleben zu sehen; andere wiederum lehnten Neuerungen ab. Aus wenig erhellenden Debatten und einer ebenso unklaren Politik gingen ein literarisches Meisterwerk – das *Book of Common Prayer* – sowie eine Anzahl katholischer und protestantischer Märtyrer hervor. Letztere mussten für ihren Glauben als Erste leiden, nachdem die „Bloody Mary", die vierte der Tudors und Englands unglückselige und vielleicht tragischste Königin, die päpstliche Ordnung erneut und mit Gewalt aufrichtete und die protestantischen Ketzer verbrennen ließ. In jener Zeit war die Religion vollkommen mit nationalen Interessen und außenpolitischen Zielen verstrickt, denn die europäischen Staaten hatten sich auf Grund religiöser Fragen mehr und mehr voneinander entfernt.

Die Reformation und das englische Parlament

Die englische Reformation war auch aus anderen Gründen ein historisches Ereignis: Sie wurde kraft Parlamentsbeschluss durchgeführt. Eine Frage drängte sich auf: Unterliegt die Gesetzeshohheit irgendwelchen Beschränkungen? Als Marias Halbschwester Elisabeth I. den Thron bestieg, bestand sie darauf, im Wesentlichen die Position ihres Vaters Heinrich VIII. beizubehalten: Die anglikanische Kirche oder Kirche von England, wie man sie fortan nannte, behielt die katholische Lehre grundsätzlich bei, doch stützte sie sich auf die Oberherrschaft der Königin. Die Bedeutung der religiösen Hohheit der englischen Monarchin, die noch dazu gesetzlich legitimiert war, zeigt sich in der baldigen Kriegserklärung des katholischen Königs von Spanien an England. Der König war dafür bekannt, in allen Ländern, die er unterjocht hatte, die Ketzerei mit aller Entschiedenheit auszurotten. Der Protestantismus ließ sich so mit der nationalen Idee verbinden, die im Übrigen ganz konkrete kolonial- und machtpolitische Hintergründe hatte.

Die Reformation half dem Parlament zu überleben, während andere noch aus dem Mittelalter stammende Institutionen, vor der neuen Macht der Monarchie kapitulierten. Dies ist bei weitem nicht die ganze Geschichte. Das erste vereinigte Königreich seit der Zeit der Angelsachsen ohne rivalisierende, provinzielle Regierungen und Besitzungen war für das Parlament die beste Voraussetzung, nationale Politik auf eine Weise auf sich zu ziehen, mit der derartige Gremien anderswo überfordert gewesen wären. Ein königlicher „Kunstfehler" brachte dem Adel ebenfalls Vorteile: Heinrich VIII. hatte eine großartige Gelegenheit zur Stabilisierung der absoluten Monarchie verschenkt, indem er einen Großteil des Kircheneigentums – etwa ein Fünftel des Grund und Bodens des gesamten Königreiches – kurzerhand liquidierte und zum Verkauf freigab. Er hatte dies für die Konsequenz der Kirchenspaltung gehalten. Die Tatsache, dass Heinrich den Weg der parlamentarischen Billigung seiner Ziele wählte, war wohl eines der bedeutendsten Ereignisse in der Geschichte des englischen Parlamentarismus.

Dieses Gemälde aus dem 16. Jahrhundert zeigt das Massaker der Bartholomäusnacht, das vom 23. zum 24. August 1572 nicht nur in Paris wütete. Die Ermordung der protestantischen Hugenotten durch die Katholiken ließ viele Menschen am Wert eines Glaubens zweifeln, der ein solches Blutbad anrichtete.

Unter Elisabeth I. starben katholische Märtyrer nicht als Ketzer, sondern als Verräter, doch die Religion hatte England weniger stark gespalten als Deutschland und Frankreich.

Die französischen Religionskriege

Das Frankreich des 16. Jahrhunderts war zwischen katholischen und calvinistischen Interessen hin- und hergerissen. Diese wurden im Wesentlichen von den Adelsbünden vertreten, die sich in den neun Religionskriegen zwischen 1562 und 1598 bekämpften. Durch die Kämpfe litt die französische Krone zeitweise unter schweren Autoritätskrisen: Der französische Adel war nahe daran, den Kampf gegen den zentralistischen Staat zu gewinnen. Doch letztlich profitierte die Krone von dessen Zerstrittenheit, indem sie eine Partei gegen die andere ausspielte.

Die unglückselige Bevölkerung Frankreichs musste nun die Hauptlast – nämlich die Unordnung und Zerstörung – tragen, bis der Abkömmling einer jüngeren Linie der Herrscherfamilie, König Heinrich von Navarra, im Jahre 1589 den Thron bestieg (nachdem man seinen Vorgänger ermordet hatte). Als König Heinrich IV. von Frankreich begründete er die Dynastie der Bourbonen, deren Nachkommen noch heute Thronansprüche in Frankreich anmelden. Er war Hugenotte, akzeptierte aber den Katholizismus als Bedingung für seine Thronbesteigung. Die Protestanten erhielten dafür besondere Zusicherungen, wodurch sie zum Staat im Staate und Eigentümer befestigter Städte wurden, vor deren Toren der Einflussbereich des Königs endete. Durch die Schaffung neuer Immunitäten wurden sie in der Ausübung ihrer Religion geschützt. Heinrich und seine Nachfolger konnten sich nun der Wiedererlangung ihrer königlichen Autorität zuwenden, die durch Morde und Intrigen schwer erschüttert worden war. Der französische Adel war noch lange nicht gezähmt.

Reformation und Gegenreformation in Europa

In der zweiten Hälfte des 16. Jahrhunderts war von einer Aussöhnung der Religionen untereinander nichts mehr zu spüren. Alte Konflikte lebten wieder auf und neue entstanden, in denen sich reformierte und Römisch-Katholische Katholiken bekämpften. In den einzelnen Ländern begannen sich die politischen Unterschiede entsprechend der religiösen Neigungen der jeweiligen Partei zu polarisieren – die Spaltungen übersprangen Klassenschranken und erfassten alle Gesellschaftsschichten. Die politischen Kämpfe arteten nach und nach in Bürgerkriege aus. Mit dem Ausbruch der französischen Religionskriege im Jahre 1562 begann, was einige Zeitgenossen das „eiserne Jahrhundert" nannten. Die Landkarte der Zeit um 1600 zeigt, in welchen Teilen Europas vorwiegend Protestanten und in welchen hauptsächlich Katholiken wohnten.

DIE GEGENREFORMATION

Lange vor der Regierungszeit Heinrichs IV. von Frankreich hatten sich die Glaubenskämpfe erneut entzündet. Eine Gegenreformation hatte eingesetzt, die auf Wiederher-

Dieses Gemälde der venezianischen Schule des 16. Jahrhunderts stellt eine der Sitzungen des Konzils von Trient, einer Hauptversammlung der römisch-katholischen Kirche, dar. Die Hoffnungen auf einen für alle Christen akzeptablen Kompromiss waren jedoch bald schon dahin.

stellung der alten Glaubenseinheit und die Erneuerung der römisch-katholischen Kirche abzielte.

Ihr sichtbarer Ausdruck war ein allgemeines Konzil, das Konzil von Trient, das im Jahre 1545 einberufen wurde und insgesamt dreimal innerhalb der folgenden 18 Jahre zusammentraf. Es wurde von den italienischen und spanischen Bischöfen beherrscht, denn die Reformer hatten in Italien kaum und in Spanien überhaupt nicht Fuß fassen können. Das Konzil endete, indem es die Unnachgiebigkeit der römisch-katholischen Lehrmeinung bekräftigte.

Die Ergebnisse wurden nicht nur zum Prüfstein der Orthodoxie in Lehre und Gehorsam bis in das 19. Jahrhundert, sondern sie leiteten auch zahlreiche grundlegende Veränderungen der innerkirchlichen Institutionen ein. Die Bischöfe erhielten mehr Macht, und die christlichen Gemeinden gewannen an Bedeutung. Seit dem Konzil von Trient war das Oberhaupt des katholischen Europas eindeutig der Papst. Wie die Reformation ging auch die Gegenformation über die Erneuerung von Formen und rechtlichen Grundsätzen hinaus. Die Teilnahme an der wöchentlichen Messe wurde seit Trient zur Pflicht, Taufe und Ehe unterlagen fortan strengeren Regeln. Das Konzil beendete darüber hinaus den Ablassmissbrauch durch die so genannten Ablasshändler – jene Praxis, die zuvor Auslöser des lutherischen Protestantismus gewesen war.

Die Jesuiten

Die Macht des Papstes war nicht der einzige ausschlaggebende Grund für die Reform der katholischen Kirche, und die Gegenreformation war nicht einfach nur eine Antwort auf die Herausforderung durch den Protestantismus. Spiritualität und spontaner Eifer der Gläubigen des 15. Jahrhunderts steckten ebenfalls dahinter.

Die neue Frömmigkeit fand ihren stärksten Ausdruck unter anderem in einer Institution, die der spanische Offizier Ignatius von Loyola ins Leben rief. Sie besteht noch heute. Zusammen mit sechs Gefährten gelobte er im Jahre 1534, missionarische Arbeit zu leisten, und während sie sich auf diesen Dienst vorbereiteten, entwarf Ignatius von Loyola die Regeln für einen neuen religiösen Orden.

Dieser wurde 1540 vom Papst als „Gesellschaft Jesu" anerkannt. Die Jesuiten, wie sie bald schon hießen, sollten in der Kirchengeschichte eine ähnliche Bedeutung erlangen wie die frühen Benediktiner im 6. und die Franziskaner im 13. Jahrhundert. Für Loyola, den ehemaligen Soldaten, war der Orden die Speerspitze der Kirche, straff organisiert und durch seinen General, der in Rom lebte, vollkommen der Autorität des Papstes unterstellt.

Die Jesuiten reformierten das katholische Bildungswesen und wirkten vorbildlich in einer neuen Welle der Heidenmission, die sie bis in die letzten Winkel der Erde führte. Auf Grund ihrer intellektuellen und politischen Fähigkeiten stiegen sie an den verschiedenen Königshöfen in ranghohe Ämter auf.

Der spanische Soldat Ignacio de Loyola gründete die Gesellschaft Jesu, die zur effektivsten Waffe der katholischen Kirche gegen die Protestanten wurde. Die Jesuiten wurden Universitätsprofessoren, Ratgeber der Päpste und Beichtväter von Fürsten und Missionaren.

Dieses Fresko in der Kathedrale von Toledo in Spanien zeigt Kardinal Francisco Ximenez de Cisneros (1436–1517). Mit Unterstützung des katholischen Monarchen reformierte er schon frühzeitig die Ausbildung und die Bräuche des spanischen Klerus – allerdings mit mäßigem Erfolg.

DAS RÖMISCH-KATHOLISCHE SPANIEN

Die Gegenreformation stärkte nicht nur die Macht des Papstes, sondern auch (ähnlich wie bei der Reformation) die der weltlichen Herrscher über ihre Untertanen. Am offensichtlichsten war dies in den spanischen Königreichen. Hier hatten sich zwei Kräfte zusammengeschlossen, um eine unantastbare katholische Monarchie zu errichten – lange vor der Einberufung des Konzils von Trient. Die Rückeroberung der Iberischen Halbinsel, die einem Kreuzzug gleichkam, war gerade erst erfolgreich beendet, und der Titel des katholischen Monarchen verkündete, dass es einen engen Zusammenhang zwischen politischen Vorgängen und ideologischen Kämp-

Philipp I. (1527–1598), der von 1556 an König von Spanien war, förderte den orthodoxen Katholizismus und benutzte die spanische Inquisition als ein Werkzeug gegen Reformer und Protestanten. Durch seine gewalttätigen Kämpfe gegen die religiöse Ketzerei hinterließ er bei seinem Tod ein völlig zerstrittenes spanisches Reich.

fen gebe. Darüber hinaus bestand für die spanische Monarchie das Problem, plötzlich eine große Zahl Nichtchristen in ihr Reich integrieren zu müssen – hauptsächlich Muslime und Juden, die man als potenzielle Störfaktoren fürchtete. Die Methode, die man gegen sie anwandte, war neu: Die spanische Inquisition begann mit ihren Verfolgungen im Jahre 1480 in Kastilien, nachdem eine päpstliche Bulle im Jahre 1478 den Befehl dazu erteilt hatte. Bald kamen dem Papst die ersten Bedenken, denn in Katalonien leisteten Laien und kirchliche Würdenträger gleichermaßen Widerstand, wenn auch vergeblich. Als im Jahre 1516 Kaiser Karl V. König von Aragón und Kastilien wurde, war die Inquisition die einzige Einrichtung die, überwacht von einem königlichen Rat, in allen spanischen Herrschaftsgebieten gleichermaßen wirkte, in Amerika, Sizilien und Sardinien ebenso wie in Kastilien und Aragón. Ihre Entschlossenheit zeigte sich bereits bei der Vertreibung der Juden aus diesen Gebieten sowie einer harten Regelung gegenüber Morisken beziehungsweise konvertierten Mauren.

All dies verhalf Spanien zu einer religiösen Einheit, der auch eine Hand voll Lutheraner, mit denen die Inquisition leichtes Spiel hatte, nichts anhaben konnte. Der Preis jedoch, den Spanien am Ende zahlen musste, war hoch. Bereits unter Karl, einem leidenschaftlichen Katholiken, strebte Spanien sowohl hinsichtlich seiner Religion als auch im Weltlichen eine neue Form der absoluten, zentralistischen Monarchie an – den Renaissancestaat par excellence. Die Überreste des formalen Konstitutionalismus auf der Iberischen Halbinsel spielten dabei so gut wie keine Rolle. Spanien war das Vorbild für alle Staaten, in denen eine Gegenreformation stattgefunden hatte – ein Modell, das ihnen mit oder ohne Gewaltanwendung in dem Jahrhundert nach 1556, dem Todesjahr Karls V., aufgezwungen wurde.

Philipp II. von Spanien

Von allen europäischen Monarchen, die sich mit der Idee der Gegenreformation identifizierten und sich selbst als die Vernichter der Ketzerei betrachteten, war keiner entschlossener (und fanatischer) als der Sohn und Nachfolger Karls V., König Philipp II. von Spanien, der Witwer Maria Tudors. Ihm fiel die Hälfte des Reiches seines Vaters zu: Spanien, die Inseln Mittelamerikas, Sizilien und der spanische Teil der Niederlande. Im Jahre 1580/81 vereinigte er kraft Erbrechtes Spanien und Portugal, das bis 1640 in spanischer Hand blieb. Die Auswirkungen seiner Politik der religiösen Reinigung Spaniens sind verschieden interpretiert worden. Unstreitig ist das Ergebnis in den spanischen Niederlanden, wo es zum Entstehen des ersten Staates der Welt beitrug, der sich von den alten Herrschaftsformen der Monarchie und des Landadels befreite.

DER NIEDERLÄNDISCHE FREIHEITSKRIEG

Was einige als „Niederländischen Freiheitskrieg" und die Holländer als „Achtzigjährigen Krieg" bezeichnen, war wie viele andere Ereignisse der Nationenbildung eine unerschöpfliche Quelle nationaler Mythen. Die Probleme der Niederlande entstanden vor einer mittelalterlichen Kulisse – dem alten Burgund, dem Herzogtum, das durch Heirat dem Haus Habsburg zugefallen war. Zu Burgund gehörten die reichsten Staaten im nördlichen Europa. Die unter spanischer Herrschaft stehenden Niederlande – 17 sehr unterschiedliche Provinzen – waren ein Teil davon. Die südlichen Provinzen, in denen viele Einwohner Französisch sprachen, umfassten das Gebiet Europas mit den meisten Städten, u. a. die berühmte flämische Handelsmetropole Antwerpen. Im späten 15. Jahrhundert scheinen die flämischen Städte versucht zu haben, unabhängige Stadtstaaten zu werden. Die nördlichen Provinzen waren mehr von der Landwirtschaft und der Nähe zum Meer geprägt. Ihre Einwohner waren mit ihrem Land auf besondere Weise verbunden – vielleicht auch deshalb, weil sie es seit dem 12. Jahrhundert praktisch dem Meer abgerungen und durch Deiche geschützt hatten.

Aus den Nordprovinzen wurden später die Niederlande, und aus den Südprovinzen entstand Belgien; doch dies war im Jahre 1554 noch unvorstellbar. Ebenso konnte man sich keine Trennung der beiden Provinzen aus Glaubensgründen vorstellen; auch wenn sich die katholische Mehrheit im Süden noch etwas vergrößerte, weil viele Protestanten in die

Mit dieser Allegorie auf die Tyrannei des spanischen Herzogs von Alba (um 1600) rechtfertigte man den Aufstand der Holländer gegen die Herrschaft Spaniens. Sie zeigt Alba mit sieben gefesselten Personen (die für die holländischen Provinzen stehen), als er vom Teufel gekrönt wird, während draußen die Exekution der Grafen Egmont und Hoorn, die Alba zum Tode verurteilt hat, vollzogen wird.

Nordprovinzen auswanderten, waren doch die beiden Konfessionen zu beiden Seiten der zukünftigen Grenze vermischt. Das Europa des frühen 16. Jahrhunderts war gegenüber religiösen Spaltungen viel toleranter als das der Gegenreformation.

Philipps Entschlossenheit, den niederländischen Provinzen die Dekrete des Konzils von Trient aufzuzwingen, erklärt einige spätere Ereignisse, doch die Ursachen des Problems liegen viel weiter in der Vergangenheit. Als Spanien die Beziehungen zwischen der Zentralregierung und den Provinzial-Statthaltern der Niederlande neu ordnete, gerieten die spanischen Gesandten mit dem Adelsstand der Südprovinzen in Streit. Reizbar und empfindlich wie andere Adlige jener Zeit, wenn es um die Verteidigung ihrer „Libertäten"– das heißt um ihre Privilegien und Immunitäten – ging, fühlten sie sich von dem neuen Monarchen bedroht, auch wenn er der Sohn des großen Karls war. Von Kaiser Karl V. hatten sie sich verstanden gefühlt – er sprach wie sie Französisch. Der spanische Statthalter, Herzog von Alba, hingegen verletzte unaufhörlich ihre althergebrachten Rechte und mischte sich mit seiner Ketzerverfolgung in die lokale Rechtsprechung ein. Wenn sie auch Katholiken waren, so hatten sie doch ein Interesse am Wohlstand der flämischen Städte, in denen sich auch Protestanten niedergelassen hatten, und sie fürchteten ihre Verfolgung durch die spanische Inquisition. Wie andere Edelleute ihrer Zeit machten auch sie sich wegen der drückenden Inflation große Sorgen.

Wilhelm der Stille, Herzog von Oranien

Der Widerstand gegen die spanische Regentschaft begann im spanischen Herrschaftsgebiet Brabant. Einige Jahre lang vereinte sich der Adel unter Wilhelm, dem Herzog von Oranien, gegen den rechtmäßigen Herrscher und die Brutalität seiner Armee. Wilhelm trug den Spitznamen „der Stille", weil er sich vor unkontrollierten Wutausbrüchen hütete, als er erfuhr, dass der Herrscher entschlossen war, seine ketzerischen Untertanen gefügig zu machen. Doch die potenzielle Möglichkeit einer Spaltung zwischen Adel und calvinistischen Stadtbewohnern hatte es schon immer gegeben. Die besseren politischen Taktiken der spanischen Statthalter und die Siege der spanischen Armee genügten schließlich, den Graben zwischen Adel und Bürgertum zu vertiefen. Der Adel schwenkte wieder um, und ohne es zu wissen, legte die spanische Armee die Grenzen des modernen Belgiens fest. In den Nordprovinzen hielten die Kämpfe noch an, in denen Wilhelm von Oranien bis zu seiner Ermordung im Jahre 1584 als Statthalter fungierte.

Die holländische Nation

Bei den Holländern (wie wir sie jetzt nennen wollen) stand viel auf dem Spiel. Sie waren nicht – wie ihre Glaubensgenossen in den Südprovinzen – von der Unzufriedenheit des Adels belastet, jedoch waren sie untereinander zerstritten. Andererseits konnten sie den Ruf nach religiöser Freiheit und ihre große Toleranz benutzen, um von ihren Spaltungen abzulenken. Darüber hinaus profitierten sie von den gewaltigen Kapitalflüssen und dem Zustrom an Begabten aus Flandern. Die spanische Armee war zwar bedrohlich, doch konnte sie nicht so leicht mit einem Feind fertig werden, der hinter den Stadtmauern in Stellung lag und die Spanier unter Wasser setzte, indem er die Deiche öffnete. Die Holländer konzentrierten ihre Anstrengungen auf den Seekrieg, wo sie den Spaniern als nahezu ebenbürtige Gegner viel Schaden zufügen konnten. Die Schiffswege zwischen Spanien und den Niederlanden waren von den Aufständischen blockiert, was die Verbindung erschwerte, und der lange Anmarschweg von Italien machte es kostspielig, in Belgien ein großes Heer zu stationieren.

Die Gegenreformation hatte den ideologischen Kampf als neues Thema in die internationale Politik getragen. Angesichts seines Interesses an einem Gleichgewicht der Kräfte auf dem Kontinent und an der Verhinderung des vollständigen Sieges der Spanier schaltete sich England zunächst diplomatisch, später dann auch militärisch (zu Land und zur See) in die Kämpfe gegen Spanien ein und wurde so für die Holländer zum Verbündeten.

Wilhelm der Stille, Herzog von Oranien (1533–1584), Statthalter von Holland, Seeland und Utrecht, hier 1579 gemalt von Adriaen Thomasz.

Als Folge des Krieges entstand fast zufällig und nebenher eine außergewöhnliche neue Gesellschaft – die lose Föderation von sieben kleinen Republiken mit einer schwachen Zentralregierung: die Republik der Vereinigten Niederlande. Bald schon entdeckten die Menschen dort ihre nationale Vergangenheit (wie es auch im 20. Jahrhundert die Völker Afrikas taten, als sie sich von der Kolonialisierung befreit hatten). Sie feierten die Heldentaten und Tugenden der germanischen Stammesangehörigen, von denen in den römischen Berichten über die Germanenaufstände nur verhalten die Rede war. Die Besonderheit dieser neuen Nation, die sich ganz bewusst etablierte, ist für uns heute von größerem Interesse als die historische Propaganda. Nachdem sich die Republik der Vereinigten Niederlande als Staat etabliert hatte, erfreuten sich ihre Bewohner eines religiösen Pluralismus und ungeahnt vieler bürgerlicher Freiheiten. Ihre Provinzen wa-

Die englische Königin Elisabeth I. regierte in einer Zeit, als ihr Land zur Weltmacht aufstieg. Mit viel Klugheit und Geschick sorgte sie für den Zusammenhalt des Vereinigten Königreiches angesichts der Angriffe der spanischen Armada und der Bedrohung ihres eigenen Lebens durch die Katholiken seitens der Unterstützer ihrer Cousine Maria Stuart. Ihre Hofmaler hielten ihr Image als „Virgin Queen" („Jungfräuliche Königin") sorgfältig aufrecht und stellten sie während ihrer langen Regierungszeit stets auf schmeichelhafte Weise dar.

ren nun unabhängig, und die Holländer ließen auch nicht zu, dass calvinistische Einflüsse die Regierung beherrschten.

England unter Elisabeth I.

Spätere Generationen glaubten, in England eine ähnliche Verbindung religiöser und bürgerlicher Freiheiten sehen zu können. Das war jedoch anachronistisch, wenn auch angesichts der Veränderungen unter Elisabeth I. im Verlauf eines knappen Jahrhunderts verständlich. Die legislative Macht des Staats wurde derart verstärkt und Ende des 17. Jahrhunderts waren die Privilegien so stark beschnitten, dass man dies auf dem Kontinent mit Erstaunen und Verwunderung zur Kenntnis nahm. Elisabeth verhalf der Monarchie zu ungeahntem Glanz. Im Jahre 1603 stand sie bereits 45 Jahre im Mittelpunkt eines nationalen Kults, dem sie mit dem Instinkt der Tudors, die Interessen der Dynastie mit dem Patriotismus des Volkes zu vereinen, neue Nahrung gab: durch die Veröffentlichung englischer Literatur, durch weltliche Unternehmungen wie häufige Reisen (die die Kosten des Hofes drückten, da sie beim Adel logierte), bei denen sie sich dem Volk zeigte, und durch ihre erstaunlichen Fähigkeiten im Umgang mit dem Parlament. Auch verfolgte sie niemanden aus Glaubensgründen, weil sie die Seelen der Menschen – wie sie es ausdrückte – „nicht mit Fenstern versehen wollte“. Es überrascht kaum, dass der Tag der Thronbesteigung der „Good Queen Bess“ zu einem Fest patriotischer Opposition gegen ihre Nachfolger wurde. Unglücklicherweise hatte Elisabeth keine Nachkommen und hinterließ ein verschuldetes Königreich.

Ein solches Erbe war nicht gerade eine gute Ausgangsposition für ihren Nachfolger, den ersten König der schottischen Dynastie der Stuarts, Jakob I. Vier schlechte Könige gaben die Stuarts England hintereinander. Jakob I. war jedoch nicht so töricht wie sein Sohn und auch nicht so skrupellos wie sein Enkel. Vielleicht lag seine unglückliche Regierung nur an seinem fehlenden Taktgefühl und an seiner Persönlichkeit und weniger an ernsthaften Schwächen.

Zur Verteidigung der Stuarts ist zu sagen, dass sie nicht die einzigen Monarchen waren, deren Politik unter keinem guten Stern stand. Im 17. Jahrhundert litten die Königshäuser verschiedener Länder fast zeitgleich unter einer Autoritätskrise, die parallel zu einer europaweiten, ökonomischen Krise verlief. Beide Phänomene könnten sich aufeinander bezogen haben. Diese Machtkämpfe fielen mit der letzten Phase einer Reihe von Religionskriegen zusammen, die mit der Gegenreformation eröffnet wurden. Zumindest ist anzunehmen,

Jakob VI. (1566–1625) – ab 1567 König von Schottland und ab 1603 (als Jakob I.) König von Großbritannien – war von finanziellen Krisen und Glaubenskämpfen zwischen Protestanten, Puritanern und Katholiken in beiden Königreichen schwer geschlagen. Hinzu kamen harte Konfrontationen mit seinem Parlament.

Karl I. (1600–1649), König von Großbritannien und Irland, ist auf diesem Gemälde nach Anthonis van Dyck, dem flämischen Maler, den Karl I. zum Ritter schlug, dargestellt. Karl I. wurde wegen Hochverrat verurteilt, nachdem seine Armee in der zweiten Phase des englischen Bürgerkrieges im Jahre 1648 besiegt worden war. Er verzichtete auf eine Verteidigung, da er dem Gericht die Legitimation absprach. Er wurde zum Tod durch Enthauptung verurteilt. In Erinnerung blieb, wie tapfer und würdevoll er starb.

dass der gleichzeitige Zusammenbruch des politischen Lebens in England, Frankreich und Spanien mit der angespannten Lage der dortigen Regierungen zu tun hatte, die diese Religionskriege führten.

Der englische Bürgerkrieg

Mit dem Ausbruch des Bürgerkrieges hatte die Krise in England ihren Höhepunkt erreicht. Der König wurde hingerichtet und die einzige Republik in der englischen Geschichte ausgerufen. Die Historiker streiten sich noch immer, woran sich der Konflikt entzündete, und wann eine bewaffnete Auseinandersetzung zwischen Karl I. und seinem Parlament unausweichlich geworden war. Entscheidend war der Moment im Jahre 1640, als sich der König einer ihm feindlich gesinnten schottischen Armee gegenübersah (er war König von England und Schottland zugleich) und er sein Parlament um Hilfe bitten musste. Ohne die Freigabe neuer Steuermittel konnte England keinen Krieg gegen Schottland führen. Doch einige Parlamentarier waren überzeugt, dass ein königlicher Plan hinter diesem Ansinnen steckte. Sie vermuteten eine gewaltsame Auflösung des Parlaments (wie bereits 1629) kraft einer kirchlichen Verfügung und die Wiedereinsetzung der päpstlichen Autorität über England. Das Parlament griff die Diener des Königs wiederholt an und ließ die beiden wichtigsten hinrichten. Im Jahre 1642 entschied sich Karl I. für eine gewaltsame Lösung der Krise. So begann der Bürgerkrieg, der mit der Niederlage der königlichen Armee endete. Doch Parlament und Volk waren vollkommen verunsichert. Wo würde es enden, wenn man sich außerhalb der traditionellen Struktur aus König, Ober- und Unterhaus, bewegte? Karl I. verspielte jedoch alles, als er um militärische Hilfe von außen bat und sich damit an Schottland wandte: Er wurde vor Gericht gestellt und anschließend enthauptet. Sein Sohn floh ins Exil.

DIE ENGLISCHE REPUBLIK

Nach der Hinrichtung Karls I. war die englische Thronfolge vorerst unterbrochen. Der führende Kopf jener Zeit war Oliver Cromwell, eine der herausragendsten Figuren der englischen Geschichte. Cromwell († 1658), war ein Angehöriger des niederen Landadels. Seiner Begabung als Kriegsmann war es zu verdanken, dass er in der Ratsversammlung des Parlaments hohes Ansehen genoss. Er verfügte über eine gewisse Macht und konnte auch ohne Politiker auskommen – vorausgesetzt, seine Armee stand hinter ihm. Das schränkte jedoch seine Handlungsfähigkeit ein, denn er konnte nicht riskieren, dass die Armee ihm die Unterstützung verweigerte. Am Ende stand eine Republik, die erstaunlich erfinderisch in der Entwicklung neuer konstitutioneller Formen war: der Commonwealth.

Puritanismus

Die Intoleranz mancher Parlamentarier hatte ihren Grund in einer vielschichtigen protestantischen Glaubensrichtung, die in England (aber auch in Amerika) seit der Zeit Elisabeths I. immer mehr erstarkte, dem so genannten Puritanismus. Seine Vertreter hatten ursprünglich lediglich nach einer besonders genauen und strengen Interpretation des Glaubens und der Riten gesucht. Innerhalb der anglikanischen Kirche und unter ihren Kritikern gab es Gelehrte, die meinten, es sei zuviel aus der katholischen Vergangenheit übernommen worden. Diese Strömung ist meistens gemeint, wenn man von Puritanern spricht. Im 17. Jahrhundert verband man mit dem Puritanismus neben einer starren Dogmatik und der Missbilligung von Ritualen außerdem die Reformierung von Sitten und Gebräuchen in einem streng calvinistischen Sinn. Während der Zeit der Republik wollten viele, die im Bürgerkrieg auf der Seite des Parlaments gestanden hatten, die Lehrmeinung des Puritanismus nicht nur für konservative und monarchietreue Anglikaner per Gesetz eingeführt wissen, sondern auch für nonkonformistische religiöse Minderheiten. Dazu gehörten Kongregationalisten, Baptisten und Unitarier, alles Formen so genannter Freikirchen, die inzwischen im Commonwealth vertreten waren. Der Puritanismus war keine demokratische Bewegung, er war weder politisch noch religiös. Die Erwählten durften zwar ihre Ältesten frei bestimmen, und die Gemeinden konnten als selbst verwaltete Einheiten handeln, doch der selbst ernannte Kreis der Geretteten agierte als Oligarchie. Diese kleine Minderheit innerhalb des vorherrschenden protestantischen Establishments warf die demokratischen und auf Gleichheit beruhenden Idealvorstellungen über Bord und trug da-

Innerhalb der anglikanischen Kirche bildete sich eine eigene Glaubensrichtung heraus, der Puritanismus. Seine Anhänger nahmen eine härtere Position gegenüber den verbliebenen katholischen Traditionen ein und orientierten sich mehr am Calvinismus.

Das Gemälde aus dem 17. Jahrhundert zeigt Oliver Cromwell (1599–1658), der England nach der Abschaffung der Monarchie und des *House of Lords*, der Entmachtung der Bischöfe und schließlich der Auflösung des *House of Commons* (1653) als *Lord Protector* des Commonwealth regierte.

Karl II. wurde im Jahre 1651 zum König von Schottland gekrönt und verbrachte nach dem Bürgerkrieg neun Jahre im Exil. Seine Rückkehr nach England 1660 – dem Jahr der Wiederherstellung der Monarchie – glich einem Triumph.

mit entscheidend zu den großen Auseinandersetzungen in den Jahren der Republik bei.

Die Wiederherstellung der Monarchie

Allein die Veröffentlichung von mehr als 20 000 Büchern und Schriften zu politischen und religiösen Themen machte die Zeit von Bürgerkrieg und Commonwealth zu einer großartigen Epoche für die politische Bildung Englands. Unglücklicherweise fand man jedoch nach dem Tod Cromwells heraus, dass der republikanische Staat bankrott war. Eine Mehrheit für die neue Verfassung ließ sich nicht finden, und wie sich zeigte, waren die meisten Engländer für die Restauration der alten Monarchie. So endete die Geschichte des Commonwealth mit der Wiedereinsetzung der Stuarts im Jahre 1660. Karl II. kehrte heim, weil ihn das Parlament unter bestimmten Bedingungen zurückholte. Er selbst sah sich als Verteidiger der anglikanischen Kirche. Die Gegenreformation des Katholizismus hatte den Engländern ebenso Angst gemacht wie der revolutionäre Puritanismus. Der Machtkampf zwischen Parlament und Monarchie ging weiter, wenn auch die Krone nie wieder absolut herrschte und sich von nun an in der Defensive befand.

Lange und gründlich haben Historiker darüber debattiert, welche Bedeutung die so genannte englische Revolution wohl hatte. Die Religion spielte natürlich eine große Rolle. Der radikale Protestantismus bekam die einmalige Chance, Einfluss auf das politische Leben Englands auszuüben, was ihm die tiefe Abneigung der Kirche von England einbrachte. Die Politik blieb über Jahrhunderte antiklerikal. Doch die Religion war nicht bedeutsamer als der Streit um die konstitutionelle Monarchie. Manche haben im Bürgerkrieg einen Klassenkampf vermutet. Eine Auseinandersetzung zwischen dem angewachsenen „Hof" – einer Verstrickung von Bürokraten, Höflingen und Politikern, die alle finanziell vom System abhängig waren – und dem „Land" – den lokalen, einflussreichen Persönlichkeiten, die den Hof bezahlen mussten, wurde als weiterer Grund für den Konflikt angeführt. Doch gab es auch vor Ort genügend Uneinigkeit: Es war eine der Tragödien des englischen Bürgerkrieges, dass er sogar Familien spaltete. Es ist nach wie vor leichter, sich über die Resultate der englischen Revolution Klarheit zu verschaffen, als ihre Ursprünge und Bedeutung zu verstehen.

Frankreich unter Kardinal Richelieu

Die meisten Staaten auf dem europäischen Festland waren über die Verurteilung und Hinrichtung Karls I. entsetzt, doch sie waren in ihre eigenen blutigen Kriege verstrickt. Eine Zeit der bewussten Verteidigung der königlichen Macht in Frankreich durch Kardinal Richelieu schmälerte nicht nur die Privilegien der Hugenotten (wie die Calvinisten Frankreichs genannt wurden), sondern führte auch zur Einsetzung königlicher Beamter in den Provinzen als direkte Vertreter der monarchischen Macht, der so genannten Intendanten. Die Verwaltungsreform verschlimmerte die ohnehin fast beständigen Leiden der französischen Bevölkerung in den 1630er und 1640er Jahren. In der noch überwiegend agrarisch geprägten Wirtschaft des Landes schmerzten die

Maßnahmen Richelieus zwangsläufig am meisten. Die Steuern und Abgaben der Bauern verdoppelten und verdreifachten sich innerhalb weniger Jahre. Volksaufstände brachen aus, die erbarmungslos unterdrückt und niedergeschlagen wurden. Einige Regionen Frankreichs wurden überdies durch Feldzüge im Dreißigjährigen Krieg verwüstet, als es zum habsburgisch-bourbonischen Konflikt kam. In Lothringen, Burgund und dem größte Teil Ostfrankreichs standen nur noch Ruinen, und die Bevölkerung einiger Gebiete verringerte sich um ein Viertel beziehungsweise ein Drittel.

Die Forderung der französischen Monarchie nach Einführung neuer und, wie einige sagten, verfassungswidriger Steuern löste schließlich eine politische Krise unter Richelieus Nachfolgern aus. Die Verteidigung der traditionellen Konstitution übernahmen spezielle Interessengruppen, hauptsächlich das Parlament von Paris und die Vereinigung der Advokaten, die in erster königlicher Instanz plädieren durften. 1648 führten sie in Paris einen Aufstand an, der bald die Fronde genannt wurde. Nach einer kurzen Zeit des Kompromisses folgte eine zweite, gefährlichere Fronde – diesmal angeführt von hohen Adligen. Wenn auch das Pariser Parlament die gemeinsame Front mit ihnen nicht lange aufrechterhielt, so konnten doch die antizentralistischen Gefühle des Landadels geschürt werden, wie regionale Aufstände zeigten. Doch die Krone überlebte. Im Jahre 1660 war die absolute Monarchie Frankreichs im Wesentlichen intakt.

Kardinal Richelieu (1585–1642), der regierende Minister König Ludwigs XIII. von Frankreich, war ein großer Förderer der absoluten Autorität des Staats und Begründer einer eigenständigen französischen Außenpolitik. Hier gemalt von Dechampaigne 1635.

Bürgerunruhen in den Staaten der Renaissance

In Spanien rief die Besteuerung ebenfalls politische Unruhen hervor. Gegen den Versuch eines Ministers, das Provinzialistische in der formell föderalen Struktur des spanischen Staates zu überwinden, rebellierten manche Provinzen. In Portugal, das inzwischen zu Spanien gehörte und dem Philipp II. die Anerkennung seiner Freiheiten versprach, sowie im Baskenland, in Katalonien und dem spanischen Königreich von Neapel kam es zu Aufständen. In Katalonien dauerte es zwölf Jahre, bis man den Aufstand niederschlagen konnte.

Regierungsdaten der Könige und Königinnen von Großbritannien und Irland (1485–1820)

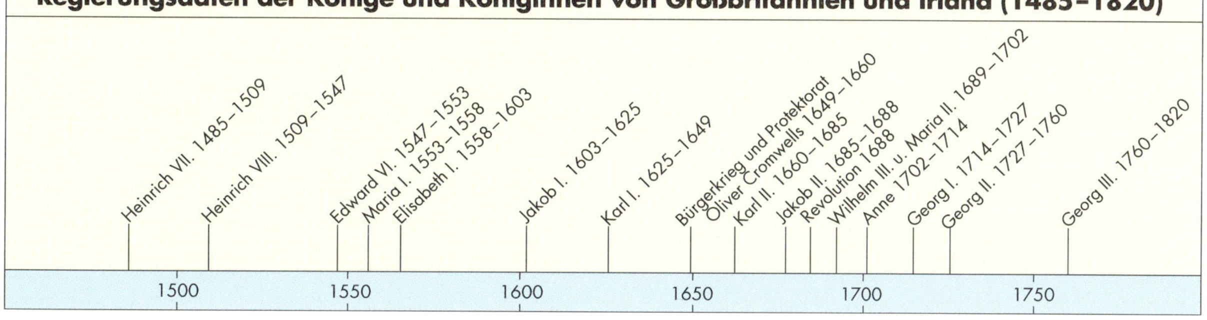

An die Opfer der Fronde wird vor den Toren eines Pariser Klosters kostenlos Essen verteilt. Das Aquarell aus dem 18. Jahrhundert stammt aus der französischen Schule.

Bei all diesen Beispielen bürgerlicher Unruhen waren es vor allem die ständigen Steuererhöhungen, die Widerstand hervorriefen. In finanzieller Hinsicht war der Renaissancestaat alles andere als erfolgreich. Stehende Heere in den meisten Staaten des 17. Jahrhunderts waren nicht das einzige Zeichen der militärischen Revolution – der Krieg verschlang auch eine Menge an Steuergeldern.

Das Jahr 1660, in dem Ludwig XIV. die Macht an sich gerissen hatte und Karl II. nach England zurückgekehrt war, war ein Wendepunkt. Frankreich erwies sich bis zum Jahre 1789 wieder als regierbar und zeigte ein halbes Jahrhundert lang militärische und diplomatische Stärke. In England gab es Verfassungsprobleme und die neuerliche Absetzung eines Königs. Diese letzte Rebellion fand statt, als ein ungeeigneter König in die Flucht geschlagen wurde. Einige tausend Bauern, die ihn im Jahre 1685 ahnungslos verteidigten, waren keine wirkliche Gefahr für den Staat, der seit 1660 über ein stehendes Heer verfügte. Umso erstaunlicher war es, dass sich die Engländer so schwer taten, die Realität der Krone anzuerkennen. Sie feierten die Verteidigung ihrer Freiheit, die in verschiedenen Neufassungen ihrer Grundrechte, den *Bill of Rights*, festgeschrieben wurde. Doch auch im Jahre 1689 konnte das, was ein König im Parlament erreicht hatte, durch seinen Nachfolger wieder annulliert werden. In Frankreich war die absolute Macht des Königs allgemein anerkannt, wenn auch die Rechtsgelehrten weiterhin darauf bestanden, dass das Gesetz dem König nicht alle Handlungen gestattete.

Hobbes

Der bedeutendste englische politische Philosoph, Thomas Hobbes, zeigte in seinen Büchern –, und besonders im *Leviathan*, den er 1651 schrieb, – dass er die Gesetze, nach denen die Gesellschaft funktioniert, erkannt hatte. Hobbes behauptete, dass die Nachteile und Unsicherheiten, die entstehen, weil man sich nicht darauf einigen kann, dass es eine letzte Instanz geben muss, weit größer seien, als die Gefahr des Machtmissbrauchs durch einen Tyrannen. Die Probleme seiner Zeit beeindruckten Hobbes tief, und es verlangte ihn danach, die wahre Autorität zu finden. Selbst wenn Unruhen nicht permanent auftreten, so sind sie doch latent immer vorhanden und niemand weiß, wann sie ausbrechen. Sein größter Beitrag zur politischen Philosophie, die sogenannte Vertragstheorie, ist die Anerkennung des souveränen Staates, bei dem die uneingeschränkte Gesetz gebende Gewalt liegt. Wäre dies nicht so, dann bestünde die Gefahr der Anarchie. Die Autorität des Staats dürfe weder durch göttliche Gesetze noch durch Sitten, Gebräuche und Privilegien eingeschränkt werden. Doch Hobbes erhielt erst im 19. Jahrhundert die ihm gebührende Anerkennung.

Englands monarchische Verfassung

Das konstitutionelle England funktionierte als einer der ersten Staaten nach Hobbes'

Hobbes' *Leviathan*

Die endgültige Bestimmung, der Zweck und das Ziel des Menschen (der von Natur aus seine Freiheit liebt, jedoch versucht, seinen Mitmenschen zu beherrschen), der sich jene Zwänge auferlegt (wie wir sie in den Commonwealths sehen) ist, für die Erhaltung seiner Art zu sorgen (...) das heißt, sich aus jenem unglücklichen Zustand des Krieges herauszuhalten, was notwendigerweise konsequent ist (...) und sich seinen angeborenen Leidenschaften hinzugeben, gäbe es nicht eine sichtbare Macht, die ihm Respekt einflößt, und ihn bei Androhung von Strafe an die Einhaltung sowohl seiner eigenen Gesetze als auch an die der Natur bindet (...). Denn die Naturgesetze (wie *Gerechtigkeit, Gleichheit, Bescheidenheit, Barmherzigkeit* und – mit einem Wort *nicht dem anderen etwas tun, was man selbst nicht angetan haben möchte*) als solche – ohne den Schrecken einer Macht, die ihn zwingt, sie einzuhalten – stehen im Gegensatz zu unseren natürlichen Leidenschaften und Begierden, die uns zu Vorurteilen, Stolz, Rache (...) verleiten."

Ein Auszug aus Kap. 17, Teil II („Vom Commonwealth") des *Leviathan* von Thomas Hobbes aus dem Jahre 1651.

Theorie. Zu Beginn des 18. Jahrhunderts akzeptierten die Engländer im Prinzip den uneingeschränkten Anwendungsbereich des staatlichen Gesetzes. Die Schotten brauchten dafür noch einige Zeit, auch wenn sie auf Grund des *Act of Union* von 1707 schon von Westminster aus regiert wurden. Wenngleich diese Staatstheorie bis ins viktorianische Zeitalter hinein kritisiert wurde, war sie bereits praktische Politik, als das britische Parlament im Jahre 1688 die Thronbesteigung des direkten männlichen Nachkommen von Jakob II. insofern verhinderte, als es Jakob II. fortjagte und seine Tochter zusammen mit ihrem Ehemann – unter bestimmten Bedingungen – zum Königspaar krönte. Mit einer Monarchie auf der Basis eines Vertrags brach England endgültig mit seinem *ancien régime* und wurde eine konstitutionelle Monarchie. Der Staat bestand aus einem zentralistischen Machtgefüge, an dem das *House of Commons* den größten Anteil hatte. Dieses Unterhaus beziehungsweise Parlament vertrat die wichtigste soziale Gruppierung, die der Landbesitzer. Der König war auch weiterhin sehr mächtig, doch stellte sich bald heraus, dass seine Berater das Vertrauen des *House of Commons* besitzen mussten. Die *Crown in Parliament*, wie der gesetzmäßige Herrscher auch genannt wurde, konnte einiges

Dies ist die Titelseite der ersten Auflage des *Leviathan*, der 1651 erschien und von dem englischen Philosophen Thomas Hobbes (1588–1679) verfasst wurde.

auf dem Verordnungsweg erreichen. Gesetzlich festgeschriebene Privilegien jedoch, wie in anderen Ländern auf dem europäischen Festland, gab es in England fortan nicht mehr. Die englische Antwort auf die Gefahr der Machtkonzentration war sicherzustellen – wenn nötig durch eine Revolution –, dass die Staatsmacht nur in Übereinstimmung mit den Wünschen der einflussreichsten gesellschaftlichen Kräfte agierte.

Die glorreiche Revolution von 1688

Das Jahr 1688 bescherte England einen holländischen König – den Ehemann von Königin Maria II., Wilhelm III. Unter seiner Regentschaft verbündete sich England mit einigen kleineren Staaten des Kontinents gegen die französische Hegemonie, die die Unabhängigkeit der Vereinigten Republik der Niederlande bedrohte. Die Rollen, die das Heilige Römische Reich Deutscher Nation, Spanien und zahlreiche deutsche Fürstentümer in den sich verschiebenden antifranzösischen Koalitionen des darauf folgenden Vierteljahrhunderts gespielt haben, hätten jede peinlich genau festgelegte politische Position der beiden Kontrahenten ad absurdum geführt. Dennoch fiel manchen Zeitgenossen ein ideologisches Element in den Kämpfen auf: England und Holland waren offenere Gesellschaften als das Frankreich unter Ludwig XIV. und erlaubten und schützten die Religionsfreiheit. Es gab keine Pressezensur – man überließ sie der „Zensur" durch das Gesetz, welches die Bürger und den Staat gleichermaßen vor Diffamierung schützte. Sie wurden beide von Oligarchien regiert, die die einflussreichsten gesellschaftlichen und ökonomischen Kräfte vertraten. Frankreich war dazu der Gegenpol.

Dieser Kupferstich aus dem 17. Jahrhundert zeigt die Krönung von Wilhelm III. und Maria II. im Jahre 1689.

LUDWIG XIV.

Unter Ludwig XIV. erreichte die absolute Monarchie in Frankreich ihren Höhepunkt. Die Ambitionen des Königs lassen sich nicht auf gewohnte Kategorien festlegen. Für ihn gab es zwischen persönlicher, dynastischer und nationaler Größe kaum einen Unterschied. Vielleicht ließ ihn diese Haltung zum Vorbild für alle anderen europäischen Herrscher werden. Politik bestand für ihn im Prinzip lediglich aus Administration; die königlichen Berater und die Vertreter in den Provinzen – die Intendanten und Militärgouverneure – kümmerten sich um gesellschaftliche Probleme wie die Belange des Adels und die Wahrung lokaler Privilegien. Die Regentschaft des Königs wirkte sich verheerend auf die Unabhängigkeit der politischen Kräfte aus, die bisher in Frankreich so mächtig gewesen waren. Der König herrschte von nun an uneingeschränkt im ganzen Land. Der Rahmen, den Richelieu in der zweiten Hälfte des Jahrhunderts entworfen hatte, wurde nun mit administrativen Inhalten ausgefüllt. Ludwig XIV. machte die Aristokraten gefügig, indem er ihnen erlaubte, am glanzvollsten Königshof Europas zu leben: Sein Gespür für soziale Hierarchien veranlasste ihn, den Adligen mit Ehren und Geldzuwendungen zu schmeicheln. Niemals aber vergaß er die Fronde, und er kontrollierte die Noblen in gleicher Weise, wie Richelieu es getan hatte. Der König entfernte alle seine Verwandten aus seinem Beraterstab, so dass dieser nun aus Nichtadligen bestand, auf die er sich verlassen konnte. Die *Parlamente* wurden auf ihre richterliche Rolle reduziert und die Unabhängigkeit der französischen Kirche ausdrücklich bestätigt, doch nur, um diese umso sicherer in die Obhut des Allerchristlichsten Königs (wie einer von Ludwigs Titeln lautete) zu bringen. Was die Hugenotten betraf, war Ludwig XIV. entschlossen, kein König von Häretikern zu sein: Diejenigen, die noch nicht aus dem Land verbannt worden waren, sollten gezwungen werden, zum Katholizismus überzutreten.

Absolute Monarchie in Perfektion

Die großartigen kulturellen Leistungen Frankreichs unter Ludwig XIV. verdecken sein hartherziges Regiment. Der König regierte eine hierarchische, korporative und theokratische Gesellschaft, die sich an der Vergangenheit orientierte, auch wenn die Art und Weise, wie sie funktionierte, modern anmutete. Ludwig machte sich sogar Hoffnungen, Kaiser des Heiligen Römischen Reichs Deutscher Nation zu werden. Er erlaubte für Descartes, den Verteidiger des Glaubens, in Frankreich kein christliches Begräbnis, weil er dessen Ideen für gefährlich hielt.

Trotz allem waren die meisten Franzosen viele Jahre lang mit dem Regierungsstil Ludwigs XIV. zufrieden. Eine effektive Politik konnte brutal sein, das hatten die Hugenotten, die Ludwig XIV. zur Konversion zwang, indem er Soldaten bei ihnen einquartierte, am eigenen Leib erfahren. Bauern, die ihre Steuern nicht bezahlten, mussten auf königlichen Befehl für einen Monat oder länger eine Reitertruppe aufnehmen. Trotz einiger außergewöhnlich harter Jahre erschien das Leben den Menschen dennoch besser als noch ein paar Jahrzehnte zuvor. Die Regentschaft Ludwigs XIV. war das Ende des Chaos und nicht sein Beginn. Frankreich war praktisch frei von fremden Übergriffen, und die Bodenpreise blieben bis weit in das 18. Jahrhundert niedrig. Dies alles waren handfeste Fakten, um die glitzernde Fassade eines Zeitalters, das später einmal *Grand Siècle* genannt werden sollte, aufrechtzuerhalten.

Ludwig XIV. sicherte sich seine Position in Europa hauptsächlich durch erfolgreich geführte Kriege (gegen Ende seiner Regierungszeit musste er jedoch herbe Niederlagen in Kauf nehmen), doch es zählten nicht nur seine Armeen und seine Diplomaten. Er führte Frankreichs Ansehen zu einer ungeahnten

Die Härte seines Regierungsstils und seine erfolgreichen Kriegszüge hinderten die Zeitgenossen und spätere Generationen nicht daran, den Sonnenkönig als Vorbild für einen absoluten Monarchen zu bewundern.

Regierungsdaten der französischen Könige (1515–1793)

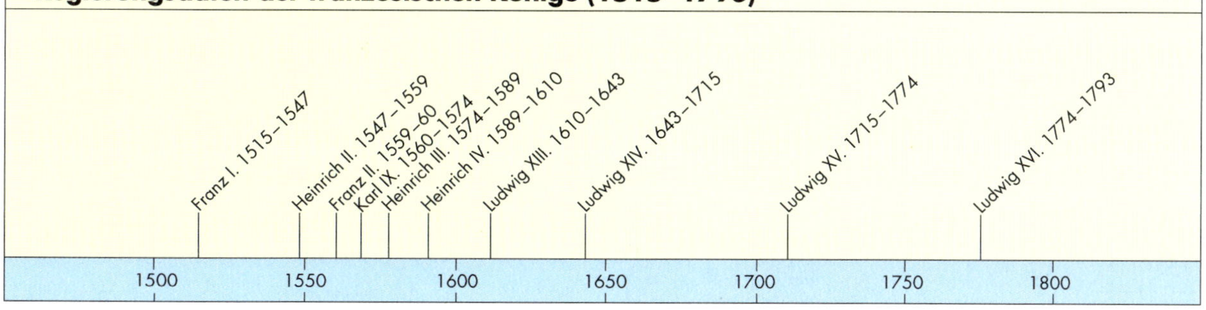

Dieser Wandteppich stellt die Zeremonie der Vermählung Ludwigs XIV. von Frankreich mit der Infantin Maria Theresa, der Tochter Philipps IV. von Spanien, im Jahre 1660 dar.

Größe, denn er war der perfekte absolute Monarch. Das Denkmal seiner Ära war Versailles. Nur wenige Bauten wurden so oft nachgebildet wie dieses riesengroße Schloss.

DER AUFGEKLÄRTE ABSOLUTISMUS

Zwischen 1715 und 1740 gab es keine nennenswerten internationalen Spannungen, die zu innenpolitischen Umwälzungen in einzelnen Staaten geführt hätten. Größere ideologische Spaltungen wie jene des 17. Jahrhunderts fehlten ebenso wie rasch aufeinander folgende ökonomische und gesellschaftliche Veränderungen mit den sich daraus ergebenden Belastungen. Auch in den Regierungen bewegte sich wenig, und die Gesellschaft als solche schien nach einem Jahrhundert voller Turbulenzen zur Ruhe zu kommen. Außer in Großbritannien, der Vereinigten Republik der Niederlande, den Schweizer Kantonen und den erstarrten italienischen Republiken blieb die absolute Monarchie bis ins 18. Jahrhundert die beherrschende Staatsform, manchmal in der Form, des „aufgeklärten Absolutismus". Dieser Begriff ist ebenso unscharf wie die heutigen politischen Bezeichnungen „links" oder „rechts". Er implizierte den Wunsch einiger Herrscher, praktische Reformen in ihrem Land durchzuführen. Ab etwa 1750 kam es auch tatsächlich zu Neuerungen, die von den Monarchen angestoßen und den fortschrittlichen Gedanken der Gegenwart beeinflusst wurden. Wenn auch die Politik der „aufgeklärten Herrscher" manchmal recht menschenfreundlich war, so war sie doch nicht unbedingt politisch liberal. Modern an ihr war, dass sie traditionelle gesellschaftliche und religiöse Autoritäten untergrub, allgemein anerkannte Vorstellungen von sozialer Hierarchie und legalen Rechten tilgte und die Gesetz gebende Gewalt in den Händen des Staates konzentrierte. Die absolute Monarchie behauptete weiterhin ihre unangefochtene Macht über die Untertanen aber sie behandelte sie zunehmend als eine Gesamtheit von Individuen.

Kaum ein Staat entspricht in der Praxis dieser allgemeinen Beschreibung vollständig. Genauso unmöglich ist es, den modernen „demokratischen" Staat oder den „faschistischen" der 1930er Jahre umfassend zu definieren. Im Süden Europas und im Mittelmeerraum gab es Länder wie Neapel, Spanien, Portugal und einige weitere italienische Staaten (und sogar zeitweise der Kirchenstaat), in denen Minister ökonomische Reformen durchzuführen versuchten. Manche dieser Länder fühlten sich von neuartigen Regierungsformen angezogen, andere, zum Beispiel Portugal und Spanien, wandten sich dem aufgeklärten Absolutismus zu. Einige griffen nach der Macht der Kirche. Fast alle diese Länder dienten Herrschergeschlechtern, die mit der Dynastie der Bourbonen verbunden waren. Als Parma, einer der kleinsten Staaten, in einen Konflikt mit dem Papsttum verwickelt wurde, kam es überall zu einem Großangriff auf den rechten Arm des gegenreformatorischen Papsttums, die Gesellschaft Jesu. Im Jahre 1773 brachte man den Papst dazu, die Gesellschaft Jesu aufzulösen. Diese gewaltige, symbolische Niederlage hatte eine große Tragweite – einerseits, weil sie die Stärke der fortschrittlichen antiklerikalen Kräfte demonstrierte, andererseits angesichts ihrer praktischen Konsequenzen.

Der Absolutismus in Mittel- und Osteuropa

Von all diesen Staaten beanspruchte höchstens Spanien den Status einer Großmacht, doch das Land befand sich im Niedergang. In Mittel- und Osteuropa stiegen Staaten des aufgeklärten Absolutismus zu großer Macht auf. Der Verlierer war Polen – das Königreich, in dem die Reform der „aufgeklärten" Dynastien am Widerstand der Verfassung scheiterte. Zwar funktionierte die Aufklärung, nicht aber der Absolutismus, der sie umsetzen sollte. Erfolgreicher waren Preußen, Habsburg und Russland, wo es gelang, nach außen hin die aufgeklärte Monarchie zu demonstrieren, während man im Innern die absolute Staatsmacht stärkte. Wieder einmal war der Schlüssel zur Veränderung der Krieg, der weit mehr kostete als der Bau des verschwenderischsten Klein-Versailles. In Russland ging die Modernisierung des Staats auf die ersten Jahre des Jahrhunderts zurück, als Peter der Große versuchte, die Zukunft des Landes als einer Großmacht durch gezielte strukturelle und institutionelle Veränderungen zu sichern. In der zweiten Hälfte des 18. Jahrhunderts erntete die Zarin Katharina II. viele der Vorteile der Regierungspolitik ihres Vorgängers. Sie versah ihre Regentschaft mit einem Schimmer kurzlebiger Ideen, als sie bei jeder Gelegenheit ihre Unterstützung der Bildung und der Menschlichkeit hervorhob. Doch das alles war nur oberflächlich – die herkömmliche Gesellschaftsordnung blieb unverändert. Russland war ein konservatives, despotisches System, dessen Politik sich hauptsächlich um Machtkämpfe adliger

Als Länder des aufgeklärten Absolutismus galten Preußen, das Habsburgerreich und Russland, während Polen an inneren Auseinandersetzungen scheiterte.

König Philipp V. von Spanien (1683–1746) sah sich selbst als einen aufgeklärten Monarchen. Auf diesem Gemälde aus dem 18. Jahrhundert ist er im Kreise seiner Familie dargestellt.

Dieses Porträt des französischen Künstlers Jean-Marc Nattier (1685–1766) zeigt Peter I. (1672–1725). Bekannt unter dem Namen Peter der Große erklärte er die Verwestlichung und Modernisierung Russlands zu seinem Hauptziel.

Gruppierungen und Familien drehte. Auch in Preußen, wo es eine gut gepflegte Tradition effizienter, zentralistischer und wirtschaftlich orientierter Regierungspolitik gab, die Reformfreudige anderswo vergeblich suchten, änderte die Aufklärung wenig. Preußen erfreute sich bereits religiöser Freiheiten, und die Monarchie der Hohenzollern regierte eine sehr traditionsbewusste Gesellschaft, die im 18. Jahrhundert praktisch immer die gleiche blieb. Der preußische König nahm bereitwillig zur Kenntnis, dass seine Macht von der stillschweigenden Zustimmung seiner Edelleute abhing, deren rechtliche und soziale Privilegien er sorgfältig schützte. Friedrich II. verlieh den Offiziersrang nur an Edelleute. Am Ende seiner Regierungszeit gab es in den preußischen Gebieten mehr Leibeigene als zu Beginn.

DAS HABSBURGERREICH

Die Rivalität mit Preußen war ein entscheidender Ansporn, um die habsburgischen Länder zu reformieren, doch diesem Vorhaben stellten sich gewaltige Hindernisse in den Weg. In den Territorien der Dynastie gab es große Unterschiede hinsichtlich Sprache, Kultur und institutioneller Verwaltung: Der Monarch war gleichzeitig König von Ungarn und Böhmen, Herzog von Mailand und Erzherzog von Österreich – um nur einige seiner zahlreichen Titel zu nennen. Zentralisierung und größere administrative Geschlossenheit waren nötig, wenn dieses vielgestaltige Reich seinen angemessenen Einfluss in Europa geltend machen wollte. Ein weiteres Problem bestand darin, dass das Habsburgerreich – ebenso wie die Staaten der Dynastie der Bourbonen, doch im Gegensatz zu Russland und Preußen – fest an die römisch-katholische

Am Hofe Katharinas II. von Russland (1729–1796), die hier auf einem Kupferstich des 18. Jahrhunderts zu sehen ist, musste Französisch gesprochen werden. Auch die höfischen Sitten und Gebräuche sowie die neueste Mode wurden aus Frankreich importiert.

Kirche gebunden war. Sie hatte sich im ganzen Reich etabliert, denn außerhalb Spaniens gehörten auch fast alle anderen Länder, in denen die Gegenreformation erfolgreich verlaufen war, zur Habsburger Monarchie. Die Kirche verfügte außerdem über unermessliches Eigentum, das überall durch Traditionen, kanonisches Recht und die Politik des Vatikans geschützt war. Und die Kirche hatte das Monopol in der Erziehung. Schließlich stellten die Habsburger in jenen Jahrhunderten fast ohne Unterbrechung die Herrscher des Heiligen Römischen Reiches Deutscher Nation. Daher ergaben sich für sie auch besondere Verpflichtungen gegenüber Deutschland.

Die habsburgische Reformpolitik

Dieser Hintergrund gab den Modernisierungen in den habsburgischen Ländern einen „aufgeklärten" Anschein, obwohl die Mächtigen in Kirche und Staat an der praktischen Durchführung der Reform nicht unbedingt interessiert waren. Kaiserin Maria Theresia stand einer Reform keinesfalls wohlwollend gegenüber, doch als es nach 1740 offensichtlich wurde, dass die Habsburger Monarchie mit Preußen um die Vormachtstellung im Reich würde kämpfen müssen, konnten ihre Berater sie von deren Notwendigkeit überzeugen. Nachdem der Weg zur Finanzreform und infolgedessen zur Reformierung des administrativen Apparats beschritten war, führte er unweigerlich in einen Konflikt zwischen Kirche und Staat. Dieser erreichte seinen Höhepunkt während der Regentschaft von Maria Theresias Sohn und Nachfolger, Joseph II. – einem Mann, der die Frömmigkeit seiner Mutter nicht teilte und modernere Ansichten vertrat. Seine Reformen waren unter anderem mit Säkularisierungsmaßnahmen verbunden: Klöster verloren ihr Eigentum, religiöse Absprachen wurden unterlaufen, das Allerheiligste fortgeschafft und Ausbildung und Erziehung der Verantwortung der Kirche entzogen. All dies rief starken Widerstand hervor, doch spielte es eine geringere Rolle als die Tatsache, dass Joseph im Jahre 1790 den offenen Streit mit den Adligen Brabants, Ungarns und Böhmens suchte. Die mächtigen politischen Institutionen – Landtage und Gesetz gebende Ständeversammlung –, mit denen diese Länder seiner Politik entgegentraten, lähmte die Regierungsfähigkeit Josephs II. am Ende seiner Herrschaftszeit in vielen Teilen seines Reichs.

Friedrich II. von Preußen (1712–1786) – bekannt unter dem Namen Friedrich der Große – nannte sich selbst „erster Diener des Staats" – eine Bezeichnung, die von anderen königlichen Kreisen sehr bald übernommen wurde.

Im Rahmen der Auseinandersetzungen mit Preußen stimmte Kaiserin Maria Theresia Reformen des Finanzwesens und der Verwaltung sowie Säkularisierungsmaßnahmen in ihrem Land zu.

Widerstand gegen die französische Reform

Unterschiedliche Situationen, verschiedene Vorstellungen von „Aufklärung" und der Grad des Erfolgs bei der Anwendung der „aufgeklärten" Ideen zeigt, wie irreführend die Vorstellung eines „typischen" aufgeklärten Absolutismus ist. Dies zeigt auch das Beispiel Frankreich, wo eindeutige Reformbestrebungen und reformpolitische Maßnahmen unternommen wurden. Die Hindernisse, die sich Veränderungen gegenüber aufbauten, wuchsen nach dem Tod Ludwigs XIV. Unter seinem Nachfolger gewannen die Privilegierten an Einfluss. In den *parlements* wurde zunehmend Kritik an Gesetzen laut, die spezielle Interessen und historische Sonderrechte einschränkten. Es regte sich Widerstand gegenüber der Vorstellung, die uneingeschränkte Souveränität der Gesetzgebung läge bei der Krone. Im Lauf des Jahrhunderts bürdete Frankreichs Außenpolitik dem Land immer schwerere finanzielle Lasten auf, und das Thema der Reform konzentrierte sich auf das Aufspüren neuer Steuerquellen, was zwangsläufig zu Konflikten führen musste. So scheiterten die meisten Reformvorschläge innerhalb der französischen Monarchie.

So paradox es klingen mag: Frankreich war 1789 das Land mit den fortschrittlichsten Ideen, aber auch eines, in denen sie am schwierigsten in die Praxis umzusetzen waren. Doch am Ende des 18. Jahrhunderts war dieses Phänomen in allen traditionellen Monarchien Europas zu beobachten. Jedem Reform- und Modernisierungsversuch stellten sich berechtigte historische Interessen und traditionelle soziale Strukturen in den Weg. Letzten Endes erwies sich der monarchische Absolutismus als ungeeignetes Instrument. Er konnte den historisch gewachsenen Autoritäten nicht allzu nahe treten, da er sich ja selbst auf sie berief. Noch im 18. Jahrhundert stellte eine unbeschränkte Gesetz gebende Gewalt zu vieles in Frage. Wenn historische Rechte verletzt wurden, weshalb dann nicht auch das Recht auf Eigentum? Dies war eine berechtigte Frage.

Das Erstarken der Zentralgewalt

Die erstarkende Staatsmacht im aufgeklärten Absolutismus erwies sich als Kernstück der komplexen politischen Entwicklung vieler europäischer Länder innerhalb dreier Jahrhunderte. Die gelegentlichen Erfolge konservativer Kräfte waren fast immer zeitlich begrenzt. Selbst die entschlossensten Reformer und fähigsten Regierenden hatten jedoch mit einem Staatsapparat zu kämpfen, der jedem Staatsbeamten unserer Tage hoffnungslos unzulänglich erscheint.

Die Kommunikationsmöglichkeiten waren zu Beginn des 19. Jahrhunderts genauso wie zu Beginn der Neuzeit eine Frage menschlicher und natürlicher Kräfte. Der „Telegraf" oder „Fernschreiber", der um 1790 in Gebrauch kam, war nichts weiter als ein Signalsystem, das man mittels Seilen in Gang setzte. Truppen bewegten sich nur wenig schneller vorwärts als dreihundert Jahre zuvor, und die Waffen waren auch nur geringfügig verbessert worden. Polizei, wie wir sie heute kennen, existierte damals noch nirgends, und die Einkommensteuer war auch noch nicht erfunden. Die Staatsmacht erstarkte – nicht auf Grund neuer Technologien, sondern weil sich neue Ideen entwickelten, die das bestehende System effizienter machten. Bis 1789 verstanden nicht einmal alle Staatsbürger die Sprache der Regierenden. Keine Regierung verteidigte ihre Bürger gegen Übergriffe anderer Staaten, sie erwehrte sich vielmehr oft ihrer eigenen Bevölkerung.

Kaiserin Maria Theresia (1717–1780), Tochter Kaiser Karls VI., war ab 1740 Erzherzogin von Österreich und Königin von Ungarn und Böhmen. Ihr Ehemann, Franz I., wurde im Jahre 1745 Heiliger Römischer Kaiser. Ihr ältester Sohn, Joseph II., folgte ihm als Mitregent seiner Mutter im Jahre 1765 nach. Eine ihrer Töchter, Marie Antoinette, heiratete im Jahre 1770 den späteren französischen König Ludwig XVI.

3 DIE NEUE WELT DER GROSSMÄCHTE

Eine Institution, die sich im 15. und 16. Jahrhundert im Wesentlichen so herausbildete, wie wir sie heute noch kennen, ist die Diplomatie. Auch damals standen die Herrscher in Kontakt miteinander, der über unterschiedliche Nachrichtensysteme aufrechterhalten wurde. Die Chinesen zum Beispiel hatten die Vorstellung, ihr Kaiser sei der Herrscher der ganzen Welt, und alle Botschafter kämen als Bittsteller zu ihm beziehungsweise huldigten ihm als seine Untertanen. Die Könige des Mittelalters schickten einander Boten, um die sich spezielle Zeremonien rankten und die durch besondere Regeln und Gesetze geschützt waren. Gelegentlich hatten auch Botschafter bestimmte Missionen zu erfüllen.

Nach 1500 wurde es nach und nach gängige Praxis, in Zeiten des Friedens ständige Botschaften – vergleichbar den modernen – einzurichten. Der Botschafter war für alle laufenden politischen Geschäfte – zumindest in ihrer Anfangsphase – verantwortlich und hatte die Aufgabe, den Herrscher seines eigenen Staats über alle Vorgänge in dem Land, in dem er akkreditiert war, auf dem Laufenden zu halten.

Das neue System der Diplomatie

Die ersten Botschafter kamen aus Venedig. Es ist nicht verwunderlich, dass eine Republik, die so sehr vom Handel und der Aufrechterhaltung regelmäßiger Beziehungen abhängig war, als erstes Land ständige, professionelle Diplomaten einsetzte. Sie erhielten einen besonderen Status sowie Privilegien und Immunitäten zuerkannt, um ihre Aufgabe sicherer zu machen. Verträge und andere diplomatische Vorgänge wurden immer präziser formuliert und enger gefasst, Verfahren mehr und mehr standardisiert; alle diese Veränderungen geschahen langsam.

Diese Gemälde aus dem 15. Jahrhundert zeigt Kaiser Maximilian (1459–1519) und seine Familie. Diplomatie und Heiratspolitik machten aus dem österreichischen Herrscherhaus eine europäische Großmacht und führten schließlich zur Teilung der Dynastie in zwei Linien – die spanische und die österreichische Linie der Habsburger.

In den meisten europäischen Ländern gab es jedoch bis 1800 keine Diplomaten im heutigen Sinn. Das Amt als Botschafter hatten damals in der Regel Edelleute inne, die es sich leisten konnten, eine repräsentative Rolle einzunehmen. Und doch hatte eine gewisse Professionalisierung der Diplomatie eingesetzt. Ab etwa 1500 löste ein neues System von Beziehungen zwischen souveränen Herrschern die alten feudalen Bindungen und die nicht weiter definierte Vorherrschaft von Papst und Kaiser ab.

Die Vorstellung vom souveränen Staat entwickelte sich nach und nach. Die Menschen des 16. Jahrhunderts sahen in Europa ganz gewiss nicht eine Sammlung unabhängiger Staaten, die jeder von einem eigenen Herrscher regiert wurde. Noch weniger konnte man sich damals ein Land – von einigen Ausnahmen abgesehen – als „Nation“ vorstellen. Das hatte nicht nur mit Relikten wie dem Heiligen Römischen Reich zu tun, sondern auch damit, dass das dominierende Prinzip der Diplomatie im Europa der Frühen Neuzeit die Dynastie war.

Dynastien

Im 16. und 17. Jahrhundert war die politische Einheit in Europa weniger der Staat, sondern vielmehr das Territorium, das über einen längeren oder kürzeren Zeitraum durch Krieg, Raub, Heirat oder Erbschaft zusammengetragen worden war. Die Ergebnisse sah man dann auf den Landkarten an den Grenzen, die sich ständig veränderten, nachdem das eine oder andere Erbteil von einem Herrscher an den nächsten weitergereicht worden war. Die Menschen, die dort wohnten, wurden nicht nach ihrer Meinung gefragt. Das dynastische System erklärt das Bemühen um Verhandlungen und Vertragsunterzeichnungen über mögliche Heiraten. Die Sicherung der Dynastie rechtfertigte die sorgfältige Erstellung und Überprüfung von Thronfolgeordnungen. Neben ihrer Sorge um den Erhalt des Herrschergeschlechts stritten und kämpften die Regenten um die richtige Religion und zunehmend auch um Handelsfragen und Vermögen, einige von ihnen erwarben Kolonialbesitz in Übersee. Dennoch – im Großen und Ganzen fühlten sich die meisten Herrscher des 16. und 17. Jahrhunderts als Hüter ihrer ererbten Interessen und Rechte.

Um 1500 kam es zu größeren Veränderungen innerhalb der europäischen Dynastien. In den folgenden zweihundert Jahren stritten sich zwei große Familien – die österreichischen Habsburger und das Herrscherhaus von Frankreich, das zunächst von den Valois und nach der Thronbesteigung von Heinrich IV. 1579 von den Bourbonen regiert wurde – um Gebiete in Europa, wobei zunächst Italien im Mittelpunkt stand. Beide Herrscherfamilien versuchten, ihre dynastischen Interessen mittels Heiratspolitik durchzusetzen. Zu Beginn des 16. Jahrhunderts wurde dann das Burgundische Erbe zu ihrem Hauptstreitpunkt. Kei-

Eine starke Herrscherdynastie bedeutete immer auch viel Macht in der Hand einer Familie. Gelegentlich erstreckte sich ihr Einfluss sogar auf verschiedene Länder.

Herrschaft der Kaiser aus den Häusern Habsburg und Habsburg-Lothringen

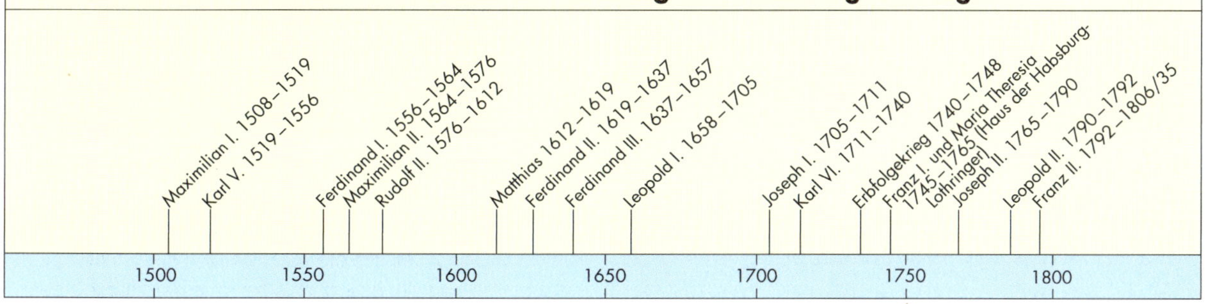

Die katholischen spanischen Monarchen erweiterten ihre Macht durch Eheschließungen – wie die meisten anderen europäischen Dynastien auch. Isabella von Kastilien und Ferdinand II. von Aragón arrangierten eine Doppelhochzeit mit den Österreichern: Johann heiratete Marguerite, und die Infantin Johanna „die Wahnsinnige" wurde mit Philipp I., der unter dem Namen „der Schöne" bekannt war, vermählt. Letzteres Paar – hier zu sehen auf einer Täfelung aus dem 16. Jahrhundert – hatte zwei Söhne, die beiden späteren Kaiser Karl V. und Ferdinand I., die ein riesiges Weltreich erbten.

ner von ihnen spielte zu dieser Zeit eine größere Rolle in Europa; noch hatten ihre Dynastien nicht die Bedeutung späterer Jahrhunderte erlangt. Habsburger und Bourbonen können als Aufsteiger der Frühen Neuzeit angesehen werden, in ihrer Bedeutung unterschied sie nichts im Vergleich zu den aus Wales stammenden Tudors, die altem englischen Adel angehörten und deren erster Herrscher, Heinrich VII., den Thron von England im Jahre 1485 bestieg.

Auf dem Weg zum Nationalstaat

Nationalen Zusammenhalt und ein Nationalgefühl, das in der Lage war, auch die politische Einheit aufrechtzuerhalten, gab es nur in England, Frankreich und Spanien. England, damals ein relativ unbedeutender Staat, ist dafür ein gutes Beispiel: Als Inselstaat hatte es keine feindlichen Übergriffe zu fürchten, und nachdem es seit 1453 keinen Landbesitz in Europa mehr hatte – außer den Seehäfen von Calais, die es erst im Jahre 1559 endgültig verlor –, gab es eine ungewöhnlich starke Machtkonzentration im Hause Tudor. Ängstlich darauf bedacht, die Einheit des Königreiches nach vielen Jahren des Bürgerkrieges der „Rosenkriege", zu stabilisieren, verband es die nationalen Interessen bewusst mit denen der Dynastie. Shakespeare verwendete später ganz selbstverständlich die Sprache des Patriotismus (sagte aber wenig über religiöse Streitigkeiten).

Auch Frankreich war auf dem Weg zu einer einheitlichen Nation schon weit gekommen. Die Valois bzw. die Bourbonen hatten jedoch größere Probleme als die Tudors, denn auf ihrem Territorium bestanden noch Immunitäten und privilgierte Enklaven, über die sie als Könige von Frankreich nicht souverän regieren konnten. Einige ihrer Untertanen sprachen nicht einmal Französisch. Dennoch war Frankreich auf dem Weg zum Nationalstaat.

DIE VORMACHTSTELLUNG DES HAUSES HABSBURG

Auch Spanien wurde Nationalstaat. Seine beiden Königshäuser schlossen sich jedoch erst zusammen, als der Enkel des katholischen Monarchs, Karl von Habsburg, im Jahre 1516 als Karl I. Mitregent seiner geisteskranken Mutter Johanna wurde. Er hatte die Rechte Kastiliens von denen Aragóns noch sorgfältig zu unterscheiden. Während seiner Regierungszeit wurden sich die Spanier ihres Nationalgefühls stärker bewusst, denn Karl, der anfangs noch ziemlich beliebt gewesen war, wertete später die spanische Identität immer stärker ab und opferte de facto die spanischen Interessen seinen dynastischen Zielen und Triumphen. Den größten Erfolg seiner Diplomatie feierte er in der ersten Hälfte des Jahrhunderts, als er 1519 als Karl V. zum Kaiser gekrönt wurde. Er folgte seinem Großvater Maximilian, der die Wahl seines Enkels betrieben hatte, auf dem Thron. Sorgfältig ausgewählte Eheschließungen früherer Zeiten hatten ihn bereits zum Herrscher über den ausgedehntesten Territorialstaat, den die Welt bisher gesehen hatte, gemacht – in dieser Hinsicht rechtfertigte sich der Titel eines Imperators. Von seiner Mutter erbte er die spanischen Königreiche, Sizilien und das erst vor kurzer Zeit entdeckte Amerika, von seinem Vater,

Diese Miniatur – ein Ausschnitt aus seinem Stundenbuch – zeigt Ferdinand I. von Habsburg (1503–1564). Er wurde 1531 zum römischen König gekrönt, als er bereits die habsburgischen Erblande regierte. Kaiser des Heiligen Römischen Reiches Deutscher Nation wurde er 1558.

Durch eine bewusste Heiratspolitik gelang es den Habsburgern, sich ein Territorium zu schaffen, das neben Österreich und Tirol noch Spanien, die Niederlande, sowie das Elsass und einige Teile Italiens umfasste.

Karl I. von Spanien und Karl V. von Deutschland (1500–1558) ist hier auf einem von Tiziano Vecellio gemalten Porträt zu sehen.

dem Sohn Maximilians, erhielt er die Niederlande, die zum Herzogtum Burgund gehörten, und von seinem Großvater die Habsburgergebiete Österreich und Tirol mit der Franche-Comté, weiterhin das Elsass und einige kleinere Länder in Italien. Keine Dynastie verfügte in diesem Zeitalter über mehr Besitz.

Ferdinand, der seinem Bruder Karl auf dem Kaiserthron nachfolgte, war außerdem König der habsburgischen Erblande Ungarn und Böhmen und Erzherzog der Steiermark.

Mit der politische Überlegenheit Habsburgs musste sich die europäische Politik fast im ganzen 16. Jahrhundert auseinander setzen. Die realen, aber auch die irrealen Ansprüche des Reiches verdeutlicht die lange Liste der Titel des neuen römischen Kaisers: „Römischer König, Erwählter Römischer Kaiser, immer Augustus, König von Spanien, Sizilien, Jerusalem, der Balearen, der Kanarischen Inseln und der Inseln Mittelamerikas sowie des Festlandes jenseits des Ozeans, Erzherzog von Österreich, Herzog von Burgund, Brabant, Kärnten, Krain, Luxemburg, Limburg, Athen und Patras, Graf von Habsburg, Flandern, Tirol, Pfalzgraf von Burgund, Hennegau, Pfirt, Roussillon, Landgraf im Elsass, Graf in Schwaben, Edler in Asien und Afrika."

Die kaiserlichen Ambitionen Karls I.

Ein Nationalstaat war das Konglomerat, das Karl I. regierte, nicht. Aus praktischen Gründen zerfiel das Reich in zwei Hauptblöcke: in die spanischen Erblande, die durch den Erwerb der Niederlande zu Reichtum gekommen waren und außerdem von den immer umfangreicher werdenden Goldlieferungen aus Amerika profitierten, und in das alte Habsburgerreich, das eine aktive Rolle in Deutschland forderte, um die Vorherrschaft der Familie aufrechtzuerhalten. Doch von seinem kaiserlichen Thron herab blickte Karl noch viel weiter. Bezeichnenderweise nannte er sich gern „Gottes Standartenträger", und in der Tat kämpfte er wie ein christlicher Kreuzritter gegen die Türken in Afrika und entlang des Mittelmeeres. Aus seiner Sicht war er noch immer ein Kaiser des Mittelalters und viel mehr als nur ein Herrscher unter vielen: Er war der Führer der Christenheit und nur Gott allein für die ihm anvertraute Aufgabe rechenschaftspflichtig. Bis zu einem gewissen Grad opferte Karl in dieser Rolle alle dynastischen Interessen, die er an seinen Ländern Deutschland, Spanien und Habsburg hatte. Doch das, wonach er strebte, war Illusion. Die Verwirklichung des Traumes vom universalen Reich ging angesichts der Spannungen, die durch die Reformation entstanden waren, der unzulänglichen Verkehrswege sowie der ungeeigneten Verwaltungsstrukturen des 16. Jahrhunderts über die Kraft eines einzelnen Menschen hinaus. Noch dazu strebte der Kaiser eine persönliche Herrschaftsform an und war deshalb unaufhörlich auf Reisen, um diesem Ziel näher zu kommen: Doch kein einziges Land (mit Ausnahme der Niederlande) fühlte sich mit seinem Haus verbunden. Seine Ambitionen zeigen, wie sehr das Mittelalter noch immer präsent war, aber auch dessen Anachronismus. Das Heilige Römische Reich Deutscher Nation war selbstverständlich klar vom Eigenbesitz der Habsburger getrennt. Es war lebendiges Mittelalter, das dem Verfall bestimmt war. Deutschland, das größte Einzugsgebiet des Reiches, war in einem chaotischen Zustand und nur scheinbar unter dem Kaiser und den Ständen, dem kaiserlichen Reichstag, vereint. Die sieben Kurfürsten herrschten nicht erst seit der Goldenen Bulle souverän in ihren Territorien. Außerdem gab es noch ungefähr 100 kleinere Fürstentümer und mehr als 50 Reichsstädte, die alle unabhängig waren. Zirka 300 Kleinstaaten und kaiserliche Vasallen vervollständigten das Flickwerk, das von dem frühen mittelalterlichen Reich übrig geblieben war. Der Versuch, der Anfang des 16. Jahrhunderts unternommmen wurde, um diese Verwirrung zu beenden und Deutschland eine nationale Einheit zu geben, schlug fast völlig fehl, wenn auch die Verwaltung verbessert wurde; kleinere Fürsten und die Städte wurden dadurch gestärkt. Karls Kaiserkrönung im Jahre 1519 war keinesfalls eine Selbstverständlichkeit, denn die Deutschen fürchteten, dass ihre Interessen in den riesigen habsburgischen Herrschaftsgebieten untergehen könnten oder zumindest vernachlässigt würden. Große Summen an Bestechungsgeldern mussten deshalb an die Kurfürsten gezahlt werden, damit Karl die Oberhand über den König von Frankreich – den anderen ernsthaften Kandidaten – behielt.

Die „italienischen" Kriege

Italien, eine der beeindruckendsten geographischen Einheiten Europas, war gleichfalls in un-

Dieses Porträt zeigt Franz I. von Frankreich (1494–1547); es wird dem flämisch-französischen Künstler Jean Clouet (um 1485–1541) zugeschrieben. Franz I. war der Gegenspieler Karls V. in den Streitigkeiten um Burgund, Mailand, Genua und Neapel. Beide waren sich bekriegende Monarchen, die sich höchstpersönlich an den Kämpfen beteiligten.

Auf diesem Kupferstich aus dem 16. Jahrhundert sieht man Kaiser Karl V., wie er in Tunis einreitet. Durch seine Expansion bedrohte das türkische Reich auch Italien. Die Eroberung von Tunis durch Kaiser Karl im Jahre 1535 führte zu einer kurzen Unterbrechung der Flottenangriffe der Barbareskenfürsten, die von den Türken Schützenhilfe erhielten.

abhängige Staaten zersplittert. Die meisten von ihnen wurden von despotischen Fürsten regiert, einige gehörten zu ausländischen Herrschaftsgebieten. Im Kirchenstaat regierte der Papst als weltlicher Monarch. Ein Abkömmling des Hauses Aragón regierte das Land Neapel, und Sizilien gehörte seinen spanischen Verwandten. Venedig, Genua und Lucca waren Republiken und Mailand ein großes Herzogtum, das von der Familie Sforza regiert wurde. Florenz war theoretisch Republik, doch ab 1512 praktisch eine von den Medici, ursprünglichen einer Bankiersfamilie, geführte Monarchie. Piemont im Norden Italiens beherrschten die Herzöge von Savoyen von der anderen Seite der Alpen aus, wo sich ihre angestammten Ländereien befanden.

Die Zersplitterung ließ Italien zu einer begehrten Beute werden. In der ersten Hälfte des 16. Jahrhunderts machten die Rivalitäten zwischen den Häusern Habsburg und Bourbon den Hauptinhalt der europäischen Diplomatie aus, die sich hauptsächlich in Italien abspielte, wo ihre größten Siegestrophäen winkten.

Eine Serie von Kriegen, die die Habsburger und Valois in Italien führten, begann im Jahre 1494 mit der Invasion Frankreichs: Die Kriege dauerten insgesamt 65 Jahre und endeten im Jahre 1559. Die Besteigung des kaiserlichen Throns durch Karl V. und die damit verbundene Niederlage des französischen Königs Franz bei der Kaiserwahl brachten die Konkurrenz der Dynastien klar zum Vorschein. Insgesamt erlebte die italienische Halbinsel sechs Kriege, die folgenreicher waren, als es zunächst erschien. Für Karl in seiner Eigenschaft als Kaiser waren sie eine verhängnisvolle Ablenkung von den Problemen der Reformation, und für Karl als König von Spanien begann mit ihnen die Aufzehrung der Kräfte seines Landes. Den Franzosen brachten sie Verarmung und die Invasion feindlicher Truppen und ihren Königen am Ende nur Frustration, denn Spanien war nun die dominierende Kraft in Italien. Seine Bewohner erlebten auf Grund der Kriege eine Vielzahl von Katastrophen. Zum ersten Mal seit dem Einfall der Goten in der Spätantike war Rom wieder Opfer von Plünderungen – im Jahre 1527 durch die meuternde kaiserliche Armee im Sacco di Roma. Die spanische Hegemonie beendete die großartige Zeit der Stadtrepubliken. Viele qualifizierte Handwerker verließen daraufhin Italien. Die italienische Küste war Angriffen französischer und türkischer Kriegsschiffe ausgesetzt: Das formelle Bündnis des französischen Königs mit dem Sultan offenbarte die Verlogenheit des „einigen“ Christentums.

Die Osmanen erlebten in jenen Jahren ihre große Zeit. Venedig, das die meiste Zeit den Türken allein ausgesetzt war, musste mitansehen, wie sein Reich am östlichen Mittelmeer bröckelte. Sowohl Karl V. als auch sein Sohn erlitten bei ihren Eroberungsfeldzügen in Afrika eine Niederlage. Ihr Sieg bei Lepanto im Jahre 1571 bedeutete für die Türken nur einen zeitweiligen Rückschlag – drei Jahre später eroberten sie Tunis von den Spaniern zurück. Die Kämpfe gegen die Osmanen und die Unterstützung bei der Verteidigung der habsburgischen Interessen in Italien hatten inzwischen Spaniens Silberlieferungen aus Amerika, auf die es zu Hause unbedingt angewiesen war, fast völlig aufgebraucht. Karl war tief verschuldet.

Die Abdankung Karls V.

Karl V. verließ den Kaiserthron im Jahre 1556, kurz nachdem im Augsburger Religionsfrieden eine erste Einigung in dem in Deutschland ausgetragenen Religionsstreit erzielt worden war. Sein Bruder Ferdinand, der das österreichische Erbe angetreten hatte, folgte ihm als Kaiser nach, während sein in Spanien geborener und erzogener Sohn Philipp II. ihn als König von Spanien ablöste. Da Karl in den Niederlanden geboren war, fand die Abdankungsfeier dort in der Halle des Goldenen Vlieses statt. Die Aufteilung des habsburgischen Erbes markierte einen Wendepunkt in den europäischen Angelegenheiten ab der Mitte des 16. Jahrhunderts.

Die folgende Zeit war geprägt von der militärischen Überlegenheit Spaniens, den ideologischen Konflikten der Gegenreformation, der Lähmung Deutschlands und – lange Zeit hindurch auch – der Lähmung Frankreichs infolge interner religiöser Konflikte. Außerdem entstanden in England, dem holländischen Teil der Niederlande und Schweden neue Machtzentren, die die Schatten der überseeischen Konflikte in den nächsten zwei Jahrhunderten vorauswarfen. Erst am Ende dieser von so vielen Auseinandersetzungen geprägten Zeit war Spaniens Vormachtstellung auf dem Kontinent soweit geschwächt, dass sie von Frankreich übernommen werden konnte.

Der Aufstand der Niederländer

Will man die Lage Europas zu Beginn des 17. Jahrhunderts richtig beurteilen, so ist der Aufstand der Niederlande dafür der beste Ausgangspunkt. Ideologische, politische, strategische und ökonomische Streitfragen ver-

Philipp II. von Spanien (1527–1598), der Sohn Karls I., bekannt unter dem Namen „Verteidiger des Glaubens“, zögerte – ebenso wie sein Vater – nicht, sich in eine Auseinandersetzung mit dem Papsttum zu begeben, wofür ihn der Papst exkommunizierte.

mischten sich. Frankreich konnte sich aus dem Konflikt nicht mehr heraushalten, nachdem spanische Truppen von Spanien, Italien und Flandern aus ins Land eingefallen waren.

England beteiligte sich auf andere Weise: Der protestantische Glaube Elisabeths I. war für Philipp noch kein Grund, um offen mit ihr zu brechen. Er hoffte, seine Ansprüche an England, die er einst durch die Vermählung mit Maria Tudor gewonnen hatte, erneut behaupten zu können, indem er noch einmal eine englische Königin heiratete. Darüber hinaus beunruhigten ihn die Türkenkriege. Die nationalen und religiösen Gefühle der Engländer entzündeten sich schließlich an der Antwort Spaniens auf die englische Piraterie auf Kosten des spanischen Reiches: Die englisch-spanischen Beziehungen verschlechterten sich im letzten Drittel des 16. Jahrhunderts rapide. Vor aller Augen und manchmal auch heimlich half Elisabeth den Holländern.

Versehen mit dem Einverständnis des Papstes zur Entmachtung der ketzerischen Königin, belagerten die Spanier schließlich im Jahre 1588 mit einer großen Flotte die englische Küste. „Gott kam im Sturm und sie wurden zerstreut", stand auf einer englischen Erinnerungsmedaille aus jener Zeit. Ungünstige Witterungsverhältnisse verhalfen der englischen Seemannskunst und Artillerie zu einem Sieg über die die spanische Armada. Der Krieg mit Spanien ging noch weiter, als die zerstörten Überreste der spanischen Schiffe schon lange wieder in die Häfen zurückgeschleppt worden waren. Doch eine große Gefahr war gebannt und die große englische Seestreitmacht begründet.

Der Dreißigjährige Krieg

Jakob I. von England bemühte sich bewusst, die Konflikte mit Spanien nicht wieder aufle-

Der Westfälische Friedenskongress in Münster vom 15. Mai 1648 (das Gemälde aus dem 17. Jahrhundert zeigt eine Verhandlungsszene) war eine der beiden parallel verlaufenden Konferenzen, mit denen der Friedensprozess in Europa begann. An der Konferenz nahmen Repräsentanten der katholischen Staaten teil, während sich die Abgesandten der protestantischen Staaten in Osnabrück trafen.

Frankreich und Spanien setzten ihre Kämpfe auch nach der Unterzeichnung des Westfälischen Friedensvertrages (1648) fort. Die Feindseligkeiten zwischen ihnen endeten erst 1659, als die Überlegenheit Frankreichs in Westeuropa feststand. Dieser Kupferstich zeigt den Handschlag zwischen Ludwig XIV. von Frankreich und Navarra und Philipp IV. von Spanien im Jahre 1659 nach der Ratifizierung des Pyrenäenfriedens, der den Kämpfen ein Ende setzte.

ben zu lassen und hatte damit auch Erfolg – trotz der antispanischen Haltung seiner Untertanen. England ließ sich auch weiterhin nicht in die Konflikte auf dem Kontinent hineinziehen, als der Aufstand der Niederlande, der nach zwölf Jahren Waffenstillstand erneut aufflammte, in einen viel größeren Konflikt mündete – den Dreißigjährigen Krieg. In seinem Mittelpunkt stand der Versuch Habsburgs, aufs Neue die kaiserliche Macht in Deutschland zu errichten, indem es seine Bemühungen mit den großen Erfolgen der Gegenreformation in Verbindung brachte. Dies zog den Augsburger Religionsfrieden und die Tatsache eines in religiöser Hinsicht pluralistischen Deutschlands wieder in Zweifel. Unter der Führung Kardinal Richelieus verbündete sich Frankreich – die „älteste Tochter der Kirche", die sie zu sein behauptete – mit den holländischen Calvinisten und den schwedischen Lutheranern, um die Rechte der deutschen Fürsten zu verteidigen. Indessen mussten die unglücklichen Bewohner des größten Teils von Mitteleuropa die Launen und das habgierige Verhalten der quasi unabhängigen Söldnerheere erdulden. Mehr als jeder andere profilierte sich Kardinal Richelieu als Schöpfer einer Politik, die auf der anderen Seite des Rheins für Unruhen sorgte, die Frankreich noch weit über ein Jahrhundert lang von Nutzen sein sollten. Mit ihm war das Zeitalter der *Realpolitik*, der *raison d'état* (Staatsräson) – dieser einfachen und prinzipienlosen Behauptung der Interessen des souveränen Staates in allen Bereichen – ganz offensichtlich angebrochen.

Der Westfälische Friede, der im Jahre 1648 den Dreißigjährigen Krieg beendete, war Abschluss einer Epoche und ein Dokument des Wandels. Er ermöglichte sowohl eine Rückschau als auch einen Blick in die Zukunft. Mit ihm war das Zeitalter der Religionskriege in Europa beendet. Er war auch das Ende der spanischen Militärvorherrschaft, des so genannten Spanischen Zeitalters und des Traumes von der Wiederherstellung des Reiches Karls V. Und er beendete ein Kapitel der Geschichte des Hauses Habsburg. Im deutschen Kurfürstentum Brandenburg erhob sich eine neue Macht, ge-

Europa zur Zeit des Westfälischen Friedens von 1648

Der Westfälische Friede brachte das Ende der habsburgischen Dominanz in Europa – speziell ihres spanischen Zweiges. Selbst wenn man nun zum ersten Mal von einem „europäischen Gleichgewicht" sprechen konnte, war nicht zu übersehen, dass zwei neue Großmächte entstanden waren, Frankreich und Schweden. Der erste Schritt war die Hinwendung zu einer Politik der religiösen Toleranz: Das Reich war in eine Konföderation unabhängiger Staaten aufgeteilt, in denen die jeweiligen Fürsten viel mehr Macht hatten als der Kaiser. Diese Verträge brachten jedoch nicht allen Regionen Europas Frieden. Das baltische Problem war noch immer nicht gelöst, und der Krieg zwischen Spanien und Frankreich dauerte an.

gen die Habsburg später zu kämpfen hatte. Doch die Pläne der Monarchie im Hinblick auf Deutschland waren von Schweden und Franzosen durchkreuzt worden. Dies war der deutlichste Hinweis auf ein Zeitalter, das gerade anbrach: das Zeitalter französischer Überlegenheit in Europa westlich der Elbe.

Das wachsende Interesse an Kolonien

150 Jahre nach Kolumbus, als Spanien, Portugal, England, Frankreich und Holland bereits bedeutende überseeische Territorien besaßen, hatte dies für die Verfasser des westfälischen Friedensvertrages offenbar keine Bedeutung. England war noch nicht einmal auf einem der beiden Verhandlungsorte vertreten und hatte wenig Interesse an den Themen, die nach Beendigung der ersten Kriegsphase zur Debatte standen. Von den innenpolitischen Querelen stark in Anspruch genommen und geplagt von seinen schottischen Nachbarn, richtete sich die Außenpolitik des Landes mehr auf außereuropäische Probleme als auf jene des Konti-

Der Kupferstich zeigt den Hafen von Rotterdam, nahe Delft in Holland. Rotterdam war einer der florierenden Handelshäfen Hollands im 16. und 17. Jahrhundert.

nents, wenn es auch gerade diese Art von Politik war, die England dazu veranlasste, gegen die Holländer zu kämpfen (1652–1654). Auch wenn Cromwell den Frieden schnell wieder herstellte, indem er den Holländern ebenfalls einen Anteil am Welthandel zubilligte, zeigte der Konflikt, dass wirtschaftliche und koloniale Interessen an Bedeutung gewonnen hatten.

FRANKREICH UNTER LUDWIG XIV.

Frankreich war das am dichtesten besiedelte Land Westeuropas. Bis ins 19. Jahrhundert hinein war dies die Basis seiner militärischen Stärke. Daher waren die anderen Großmächte stets gezwungen, sich zusammenschließen, um Frankreich in die Schranken zu weisen. Auch wenn die Bevölkerung Frankreichs sehr arm war, verfügte das Land doch über große wirtschaftliche Ressourcen. Während der Herrschaft Ludwigs XIV. erlebte es eine Blütezeit seiner Macht und seines Ansehens. Die Regierungszeit Ludwigs XIV. begann formell im Jahre 1643, doch faktisch herrschte er erst ab 1661. Ludwig XIV. war der vollkommenste und der professionellste Repräsentant des Königtums, der je gelebt hat. Seine Außenpolitik darf nicht von anderen Aspekten seiner Regentschaft ablenken. Mit dem Bau des Versailler Schlosses verwirklichte er nicht nur seine persönlichen Ideen, er schuf auch das Musterbeispiel eines Prestigegebäudes, das eine ähnliche Wirkung erzielte wie die königliche Diplomatie. Seine Außen- und Innenpolitik waren eng miteinander und letztlich auch mit seiner Staatsauffassung verflochten, auch wenn manche Historiker versuchen, das zu trennen. Ludwig wünschte zwar die strategischen Bedingungen an seiner nordwestlichen Grenze zu verbessern, doch verachtete er die Holländer als Kaufleute (auch wenn sie höchstwahrscheinlich jedes Jahr Millionen von Tulpenzwiebeln nach Versailles brachten).

Ludwig XIV. wusste die menschlichen und wirtschaftlichen Ressourcen seines Landes sehr gekonnt auszunutzen. Das Schloss von Versailles wurde zum Inbegriff absoluter Macht, Repräsentation und Architektur seiner Zeit.

Der Kupferstich aus dem 18. Jahrhundert zeigt das Schloss von Versailles. Ludwig XIV., der „Sonnenkönig", wollte mit den Palastanlagen die französische Monarchie verherrlichen. Er sammelte Kunstwerke in riesiger Zahl. In aller Welt wurden sein Hof und die Pariser Salons imitiert. In Deutschland, Polen und Russland wurde Französisch die zweite, wenn nicht sogar die erste Sprache der gebildeten Gesellschaft.

Er missbilligte ihre Republik und hasste sie, weil sie Protestanten waren. Doch damit nicht genug. Ludwig war ein Mann des Staates, wie es ein König sein sollte. Eine Legende war geschaffen, auf die die Franzosen immer noch mit nostalgischen Gefühlen zurückblicken.

Französische Expansion

Ludwigs vordringliches Ziel war die Ausdehnung der Grenzen seines Reiches. Dies bedeutete Streit mit Spanien, das noch im Besitz der spanischen Niederlande und der Franche-Comté war. Der Sieg über Spanien führte auf direktem Weg zum Krieg mit Holland. Die Holländer behaupteten sich dort zwar, doch er endete im Jahre 1678 mit einem Friedensvertrag in Nimwegen, der die Errungenschaften Ludwigs XIV. in der Außenpolitik krönte. Er wandte sich nun Deutschland zu. Neben Landgewinnen strebte er nach der kaiserlichen Krone und war bereit, sich dafür mit den Türken zu verbünden. Einen Wendepunkt brachte das Jahr 1688, als Wilhelm von Oranien, der Statthalter der Niederlande, mit seiner Gemahlin, Maria Stuart, der Tochter Jakobs II., auf den englischen Thron gelangte. Nun hatte Ludwig einen neuen beständigen Feind auf der anderen Seite des Ärmelkanals. Wilhelm von Oranien konnte sich die Wirtschaftskraft der führenden protestantischen Nation nutzbar machen, und zum ersten Mal seit den Tagen Oliver Cromwells setzte England auf dem Kontinent eine Armee ein, um der Allianz der europäischen Staaten gegen Ludwig XIV. beizustehen, der sogar der Papst heimlich beigetreten war. Der Krieg König Wilhelms III. (Krieg der Augsburger Allianz) vereinte Spanien und Österreich, aber auch die protestantischen Staaten Europas, um die anmaßenden Absichten des französischen Königs zu durchkreuzen. Der nachfolgende Friede verpflichtete Ludwig XIV. erstmals zu Zugeständnissen.

Der Spanische Erbfolgekrieg

Karl II. von Spanien starb 1700 kinderlos. Seinen Tod erwartete man in Europa schon lange, denn Karl war ein kränklicher und schwachsinniger Mann. Für den Fall seines Ablebens waren bereits zuvor enorme diplomatische Vorbereitungen getroffen worden. Der habsburgische Kaiser und Ludwig XIV. verhandelten über das Erbe seiner Dynastie. Das Interesse am Ergebnis dieser Verhandlungen war groß. Die Engländer wollten wissen, was aus den Handelsbeziehungen mit Spanisch-Amerika werden würde, und die Holländer interessierte das Schicksal der spanischen Niederlande.Die Erinnerung an das Reich Karls V. wurde wieder lebendig, und deshalb schloss man nun Teilungsverträge ab. Doch der letzte Wille Karls II. verfügte, dass das gesamte spanische Erbe an Ludwigs Enkel ging. Ludwig nahm das Erbe an und distanzierte sich somit von den Vereinbarungen. Er verärgerte darüber hinaus die Engländer, indem er den im Exil lebenden Thronbewerber der Stuarts als Jakob III. von England anerkannte. Bald bildete sich eine große Allianz, der unter anderem der Kaiser, die Vereinigte Republik der Niederlande und England beitraten. So begann der zwölf Jahre dauernde Spanische Erbfolgekrieg, der Ludwig schließlich zur Annahme der Bedingungen des Friedensschlusses zwang. Im 1713 unterzeichneten Frieden von Utrecht und im Frieden von Rastatt und Baden vom Jahr 1714 wurden den Königreichen Spanien und Frankreich für alle Zeit das Recht abgesprochen, sich zu vereinigen. Der erste König des Bourbonengeschlechts, Philipp V., bestieg den spanischen Thron und erhielt mit Spanien zwar die Inseln Mittelamerikas, doch nicht die Niederlande, die dem Kaiser zugesprochen wurden. Österreich gewann zudem Territorien in Italien. Frankreich machte überseeische Zugeständnisse an Großbritannien, wie der Inselstaat nach der Vereinigung von England und Schottland im Jahre 1707 genannt wurde. Jakob III. wurde aus Frankreich ausgewiesen und Ludwig erkannte die protestantische Thronfolge in England an.

Auf diesem Gemälde mit dem Titel *Die Anbetung der Geweihten Hostie durch Karl II.* sieht man den spanischen Monarchen bei der Teilnahme an einer Messe.

Die hier dargestellte Schlacht von Almansa im Südosten Spaniens stellte einen Wendepunkt im Krieg um die spanische Erbfolge dar. Der Sieg der Bourbonen im April 1707 festigte die Herrschaft Philipp V. als König von Spanien. Doch die Niederlagen Frankreichs, die dann folgten, sorgten dafür, dass Philipp nicht alle spanischen Besitztümer behalten konnte, und dass es auch nicht zu einer Vereinigung der spanischen und französischen Krone kam.

Stabile Grenzen in Westeuropa

Der Friede von Utrecht garantierte die Stabilität der Grenzen des kontinentalen Westeuropas praktisch bis zur Französischen Revolution 75 Jahre später. Nicht jeder konnte ihn gutheißen. Der Kaiser etwa weigerte sich, das Ende seines Anspruchs auf die spanische Krone anzuerkennen.

Die Grenzen der Hauptgebiete Westeuropas nördlich der Alpen sind in einem erstaunlich hohen Grad bis heute so geblieben, wie sie der Friede von Utrecht 1713 festgeschrieben hatte. Österreich okkupierte den größten Teil des Territoriums des späteren Staates Belgien, die Vereinigten Provinzen entsprachen den heutigen Niederlanden. Frankreich behielt die Franche-Comté und blieb außer zwischen 1871 und 1918 auch im Besitz von Elsass und Lothringen – den Kriegsgewinnen Ludwigs XIV. Spanien und Portugal waren auch nach 1714 getrennte Staaten innerhalb ihrer heutigen Grenzen. Großbritannien, die neue Großmacht in Westeuropa, war seit 1707

Regierungsdaten der Könige von Spanien (1516–1833)

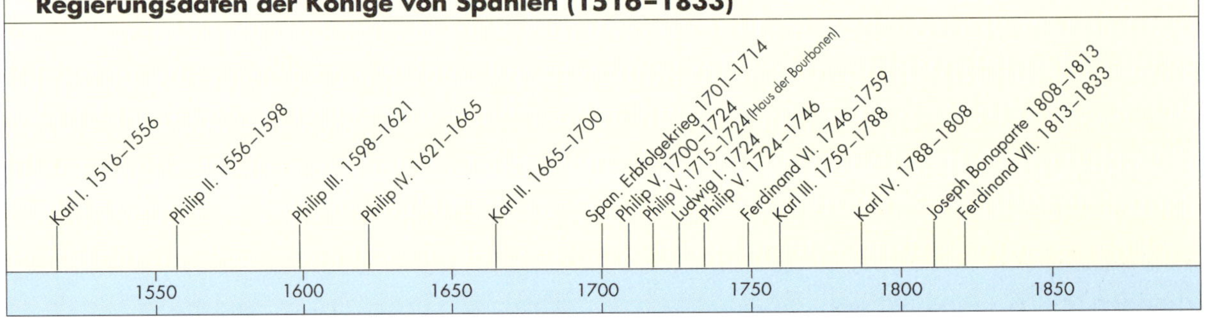

keinen Bedrohungen aus dem Norden mehr ausgesetzt. Mit dem Kontinent war es durch zahlreiche dynastische Beziehungen verbunden, denn nach 1714 waren die englischen Könige gleichzeitig auch Kurfürsten von Hannover. Es folgte eine längere Phase des Friedens.

Südlich der Alpen sah die Lage unsicherer aus: Ein nicht vereintes Italien erlebte noch rund 30 Jahre der Unsicherheit, denn Abkömmlinge verschiedener europäischer Herrscherhäuser versuchten, sich die Stadtstaaten einzuverleiben. Nach 1748 war auf der Halbinsel nur ein einziges bedeutendes nationales Herrschergeschlecht geblieben: Die Savoyer regierten im Piemont südlich der Alpen und in Sardinien. Der Kirchenstaat war seit dem 15. Jahrhundert eine italienische Monarchie des Papstes, in der zeitweise auch das dynastische Prinzip der Erbfolge galt. Die im Verfall begriffenen Republiken Venedig, Genua und Lucca konnten ihre Unabhängigkeit bewahren, während in den anderen Staaten fremde Herrscher eingesetzt wurden.

Das Zeitalter der Nationalstaaten

Die politische Landkarte Westeuropas war nun für lange Zeit festgelegt, nicht zuletzt deshalb, weil die Regierenden einen Konflikt wie den Spanischen Erbfolgekrieg auf lange Sicht vermeiden wollten. Im 1713 abgeschlossenen Vertrag von Utrecht erklärten sich die Unterzeichnenden bereit, den Frieden durch ein Gleichgewicht der Kräfte zu sichern. Ein derart nüchternes Ziel war im politischen Denken der Zeit eine einschneidende Neuerung. Für diese Art von Pragmatismus gab es gewichtige Gründe: Kriege waren teurer als je zuvor, und sogar Großbritannien und Frankreich, die einzigen Staaten des 18. Jahrhunderts, die es sich leisten konnten, einen Krieg ohne fremde Unterstützung zu führen, waren an die Grenzen ihrer Belastbarkeit gestoßen. Doch das Ende des Spanischen Erbfolgekrieges legte noch andere Probleme bei.

Die politische Landkarte des 20. Jahrhunderts war – außer in Italien – in Westeuropa bereits weithin erkennbar. Dynastische Prinzi-

Seit dem Ende des Spanischen Erbfolgekrieges bemühte man sich um ein Gleichgewicht der Kräfte in Europa, nicht weil man kriegsmüde war, sondern weil Kriege einfach zu teuer wurden.

Während der langen Herrschaft des Sultans Süleyman des Prächtigen (1520–1566) bedrohte das türkische Reich Europa von Osten her. Nach der Schlacht von Mohács (1526), in der König Ludwig II. umkam, besetzten die Türken Ungarn und schlossen 1529 zum ersten Mal Wien ein. Kaiser Karl V. musste im Jahre 1532 alle Kräfte aufbieten, um die Belagerung der Stadt zu beenden, was dieser Kupferstich eindrucksvoll zeigt.

pien waren in der Außenpolitik zweitrangig. Das Zeitalter einer national definierten Politik hatte zumindest für einige der Monarchen begonnen. Östlich des Rheins (und besonders östlich der Elbe) traf dies jedoch nicht zu. Es hatte bereits große Veränderungen gegeben, viele weitere folgten bis zum Eintritt ins 19. Jahrhundert. Die Ursachen hierfür reichen bis zum Anfang des 16. Jahrhunderts zurück. Zu jener Zeit wurden die östlichen Grenzen Europas durch die habsburgisch-österreichischen und die polnisch-litauischen Gebiete gesichert, in Letzterem regierte die Dynastie der Jagiellonen. Beide Reiche teilten sich mit Venedig die Last des Widerstands gegen die Osmanen, die zu diesem Zeitpunkt die osteuropäische Politik bestimmten. Die Türken errangen zwar noch mehrere Siege und machten verschiedene Eroberungen, doch spätestens im 18. Jahrhundert waren ihre Kräfte aufgebraucht. Dennoch bestimmten sie noch zwei Jahrhunderte nach der Einnahme von Konstantinopel die Diplomatie und Strategie der Länder Osteuropas.

Sultan Mohammed II., (der „Eroberer") (1429–1481) ist auf diesem Gemälde von Gentile Bellini (1429–1517) dargestellt. Mohammed II. errichtete in Istanbul die Hauptstadt des Osmanischen Reiches, das er bis zum Balkan und nach Venedig ausdehnte.

DIE BEDROHUNG DURCH DIE OSMANEN

Der Einnahme von Konstantinopel folgten ein mehr als 100 Jahre dauernder Seekrieg und die Expansion der Türken in Richtung Westen. Am meisten hatte Venedig unter dieser Bedrohung zu leiden. Die Türken besetzten 1479 die Ionischen Inseln und erhoben eine jährliche Gebühr für die Überfahrt von Handelsschiffen über das Schwarze Meer. 1481 konnte Venedig die Insel Zypern erobern und in einen militärischen Hauptstützpunkt verwandeln, verlor die Insel jedoch 1571 erneut an das Türkenreich. Wenn Venedig auch um 1600 (dank seiner Manufakturen) noch ein wohlhabender Staat war, hatte es doch seine wirtschaftliche Führungsrolle eingebüßt. Auf dem Gebiet des Handels konnte sich Venedig nicht mehr mit der Vereinigten Republik der Niederlande oder gar mit England messen. Im frühen 17. Jahrhundert war die Erfolgsserie der Türken eine Zeit lang unterbrochen, doch im Jahre 1669 mussten die Venezianer den Verlust Kretas hinnehmen, während die Türken in Ungarn einfielen. Es war die letzte Eroberung eines europäischen Königreiches, auch wenn sich bald die Ukrainer mit der türkischen Oberherrschaft abfinden und die Polen Podolien aufgeben mussten. 1683 lagen die Türken vor Wien, und Europa schien sich in der gefährlichsten Situation seit über 200 Jahren zu befinden. Doch in Wirklichkeit war die große Zeit der Osmanen vorüber: Es sollte die letzte Belagerung Wiens werden.

Der Niedergang des Osmanischen Reiches

Schon lange hatten die Osmanen mit Schwierigkeiten zu kämpfen, denn ihre Armee entsprach nicht mehr der neuesten Militärtechnik: Es fehlte eine Feldartillerie, der entscheidendsten Waffe auf den Schlachtfeldern des 17. Jahrhunderts. Im Seekrieg hielten die Türken noch an der Taktik der alten Galeeren fest, andere Schiffe zu rammen und sie dann zu entern. Damit waren sie immer erfolgloser gegenüber der Technik der Atlantik erfahrenen Staaten, die das Schiff in ein schwimmendes Artilleriebataillon verwandelte. (Unglücklicherweise waren auch die Venezianer in dieser Hinsicht konservativ, was sich sehr nachteilig für sie auswirkte.) Die Kraftreserven der Türken erreichten in jedem Fall ihre Grenzen, sowohl in Asien, wo die Osmanen im Jahre 1639 durch die Bezwingung des Irak fast die ganze arabisch-islamische Welt unter ihre Kontrolle brachten, als auch in Europa und Afrika. Ein Großwesir hatte Mitte des Jahrhunderts alle Kräfte versammelt, um eine letzte Offensive zu wagen. Doch er konnte die Schwächen, denen er sich gegenübersah, nicht korrigieren, denn sie lagen in der Natur des Reiches selbst.

Da das Osmanische Reich eher eine militärisch besetzte Zone als eine politische Einheit war, barg seine Abhängigkeit von Untertanen eine reale Gefahr. Die Osmanen respektierten normalerweise die Gewohnheiten und Einrichtungen anderer Religionsgemeinschaften, etwa Griechisch-Orthodoxe, Armenier und Juden, die nach dem Millet-System (Millet = Religionsgemeinschaft) durch ihre eigenen Oberen verwaltet wurden. Für jede Einzelne von ihnen gab es eine spezielle Regelung: Die griechischen Christen mussten zum Beispiel eine bestimmte Kopfsteuer zahlen, wurden aber im Prinzip von ihrem Patriarchen in Konstantinopel regiert. Auf niedrigerer Verwaltungsebene einigten sich die Osmanen mit den Vorstehern der lokalen Gemeinschaften, beispielsweise wenn es um die Unterstützung des Militärapparats ging. Doch damit zog man sich schließlich übermächtige „Untertanen" heran – Paschas, die in einer Welt der Widersprüche und Unfähigkeit ihre Schäfchen ins Trockene zu bringen versuchten. Mit einer solchen Politik war keine Identifikation der Untertanen mit der Herrschaft des Sultans zu erreichen. Stattdessen wuchs die Entfremdung zwischen Herrscher und Beherrschten, während die osmanischen Gebiete in Europa immer mehr verarmten.

Der Rückzug der Osmanen aus Europa

Das Jahr 1683 war symbolträchtig, weil sich Europa in seiner alten Bastion zum letzten Mal in der Defensive gegenüber dem Islam befand, bevor es zum Angriff überging. Die türkische

Der osmanische Sultan Selim I. (1467–1520), der in dieser Handzeichnung an Bord eines Segelschiffes dargestellt ist, eroberte Syrien, Arabien und Ägypten und befahl die Belagerung Wiens durch die Türken, die allerdings sein Nachfolger Süleyman durchführte.

Sultan Mustafa II. regierte das Osmanische Reich von 1695 bis 1703. Seine Regentschaft stand im Zeichen der Konfrontationen mit einer christlichen Allianz, (bestehend aus Österreich, Venedig, Polen und Russland), mit der er den Friedensvertrag von Karlowitz im Jahre 1699 abschloss. Von da an schwand die Macht des Osmanischen Reiches.

Macht schwand nach und nach bis zum Jahr 1918, als das Türkische Reich unmittelbar auf das Hinterland von Konstantinopel und das alte osmanische Kernland von Anatolien beschränkt wurde. Der Entsetzung Wiens durch den polnischen König Jan Sobieski und einer Reihe von Verbündeten folgte die Wiedereingliederung Ungarns ins Habsburgerreich. Auch wenn man im Jahre 1687 einen erfolglosen Sultan entthronte und in einen Käfig einsperrte, war die Schwächung des Reiches nicht mehr aufzuhalten. 1699 wurde Ungarn, das sich in einem schrecklichen Zustand befand, wieder Erbland. Im darauf folgenden Jahrhundert wurden auch Transsilvanien, die Bukowina und der größte Teil der Schwarzmeerküste der osmanischen Herrschaft entzogen. Um 1800 stellten die Russen alle christlichen Untertanen des Osmanischen Reiches unter ihren besonderen Schutz. Schon vorher hatten sie versucht, unter ihnen eine Rebellion auszulö-

Die Belagerung Wiens durch die Türken wurde 1683 durch eine multinationale Armee unter der Führung des Königs von Polen, Jan Sobieskis, aufgehoben. Seit ihrer Niederlage (dieses Gemälde aus dem 17. Jahrhundert zeigt eine der Kampfszenen) gerieten die Türken in die Defensive, wenngleich ihr Niedergang langsam vonstatten ging.

sen. Im 18. Jahrhundert schwand auch der Einfluss der Osmanen in Afrika und Asien, und als sich das Jahrhundert seinem Ende neigte, ähnelte das osmanische Kalifat in gewisser Weise dem der Abbasiden zur Zeit ihres Verfalls.

Marokko, Algerien, Tunis, Ägypten, Syrien, Mesopotamien und Arabien waren alle mehr oder weniger unabhängig.

POLEN

Weder die einst so mächtige Union Polen-Litauen noch die Habsburger traten das Erbe des Omanischen Reiches an. Statt dessen neigte sich auch Polens Epoche als eine unabhängige Nation ihrem Ende zu. Pläne für einen Zusammenschluss von Polen und Litauen und einer damit verbundenen Umwand-

Der beginnende Rückzug der Osmanen aus Europa

Mitte des 16. Jahrhunderts hatte das türkische Imperium praktisch die gleiche Größe wie das Byzantinische Reich unter Kaiser Justinian und wurde vom prächtigen Istanbul aus regiert. Die großen Stützen des Osmanischen Reiches waren eine disziplinierte und sehr gut ausgebildete Armee, menschliche und natürliche Ressourcen in großer Zahl und eine stabile Führung, die praktisch von den Institutionen der Dynastie und der Regierung übernommen wurde. Als jedoch die Expansion zum Erliegen kam und im 18. Jahrhundert in einen Rückzug umschlug, brachen diese Stützen auseinander – ein Prozess des Verfalls begann, begleitet von Elend und Unterdrückung. Das Osmanische Reich wurde zur Zielscheibe der europäischen Monarchen. Der im Jahre 1699 unterzeichnete Vertrag von Karlowitz beendete den „Wiener Konflikt" und zwang die Osmanen, Ländereien an Polen, Österreich und Venedig abzutreten. 1718 erhielt der österreichische Kaiser durch den in Passarowitz abgeschlossenen Vertrag weitere osmanische Gebiete. Im Jahre 1739 wurde Österreich durch den Vertrag von Belgrad gezwungen, einen Teil dieser Ländereien an das Osmanische Reich zurückzugeben.

Königin Christine von Schweden (1626–1689) mit ihrem Hofstaat auf einem Gemälde aus dem 17. Jahrhundert. Sie beendete Schwedens militärischen Vormarsch nach Europa während des Dreißigjährigen Krieges, indem sie den Westfälischen Frieden von 1648 unterzeichnete.

lung der Personalunion in ein einziges Land kamen zu spät. Als der letzte König aus der Linie der Jagiellonen 1572 kinderlos starb, wurde die Monarchie zu einem Wahlkönigtum. Nachfolger war der Franzose Heinrich von Valois, und im folgenden Jahrhundert stritten sich polnische Magnaten und ausländische Monarchen bei jeder neuen Wahl um den nächsten König, während Türken, Russen und Schweden das Land ständig unter Druck setzten. Polen konnte sich nur dann entfalten, wenn seine Feinde selbst angegriffen wurden. Die Schweden fielen während des Dreißigjährigen Krieges in den nördlichen Gebieten Polens ein. Man schrieb das Jahr 1660, als das Land seinen letzten Küstenstreifen an Schweden abtreten musste.

Die polnische Gesellschaft

Der heldenhafte Jan Sobieski war der letzte polnische König, der nicht durch die Machenschaften ausländischer Herrscher an die Macht gekommen war. Er hatte wichtige Siege errungen und war imstande, über die dezentralisierte Verfassung Polens das Regiment zu führen. Die gewählten Könige hatten gegenüber den Landadligen nur sehr begrenzte Macht. Sie besaßen kein stehendes Heer und konnten sich nur auf ihre Leibgarde verlassen, wenn sich Splittergruppen des Adels oder der Magnaten zu „Konföderationen“ zusammenschlossen und mit Waffengewalt ihre Forderungen durchsetzten. Im Parlament, dem Sejm – dem zentralen Entscheidungsgremium des

Königreiches – stand die Forderung nach Einstimmigkeit bei Beschlüssen jeder Reform im Weg. Eine Reform jedoch war bitter nötig, wenn Polen mit seinen unklaren Grenzen, seinen religiösen Spaltungen und dem engstirnig-selbstsüchtigen Landadel überleben wollte. Polen bildete eine mittelalterliche Gesellschaft in einer auf Modernisierung drängenden Welt. Auch Jan Sobieski konnte an all dem nichts ändern. Polens Gesellschaftsstruktur erwies sich Reformen gegenüber als äußerst resistent. Der Adel wurde von einigen wenigen einflussreichen Familien von unermesslichem Reichtum beherrscht. Die Radziwills nannten einen Landbesitz ihr eigen, der halb so groß wie Irland war, und unterhielten einen Hof, der den königlichen in Warschau in den Schatten stellte. Die Landgüter der Potockis umfassten ein Gebiet von 17000 Quadratkilometern (das war ungefähr die Hälfte der Holländischen Republik). Die kleineren Landbesitzer konnten sich mit solchen Magnaten nicht messen. Ihr Besitz erstreckte sich um 1700 auf weniger als ein Zehntel des polnischen Territoriums. Der niedere Landadel (man schätzt seine Zahl auf etwas mehr als eine Million) – die rechtmäßige polnische „Nation" – war größtenteils arm und hatte sich deshalb den Magnaten unterzuordnen, die nicht gewillt waren, auf die Konföderation mit Litauen oder die Manipulation des Sejm zu verzichten. Am unteren Ende der Pyramide befanden sich die Bauern, deren Schicksal zu dem traurigsten in ganz Europa gehörte. Sie waren in endlose Auseinandersetzungen mit ihren Grundherren über die Höhe der Feudalabgaben verwickelt. Die Herren hatten noch um 1700 das Recht, über Leben und Tod ihrer Untergebenen zu entscheiden. Die Städte waren machtlos – die Zahl ihrer Gesamtbevölkerung nur halb so groß wie die des Adels, und die Kriege des 17. Jahrhunderts hatten große Verwüstungen in ihnen hinterlassen. Preußen und Russland stützten sich ebenfalls auf eine rückständige, agrarische und feudale Infrastruktur – und überdauerten dennoch. Polen geriet als einziges dieser drei osteuropäischen Länder

Dieses Gemälde gehört zu einer Serie von 24 Ansichten Warschaus, die der italienische Maler Bernardo Bellotto (genannt Canaletto), malte, der seit 1767 bis zu seinem Tod im Jahre 1780 in der polnischen Hauptstadt lebte.

Jan III. (1624–1696), bekannt als Jan Sobieski, der im Jahre 1674 zum König von Polen gewählt wurde, ist auf diesem Gemälde aus dem 17. Jahrhundert dargestellt. Er war ein ausgezeichneter Kriegsmann. Als im Jahre 1683 neben Polen auch mehrere Fürstentümer Deutschlands Truppen entsandten, um Wien gegen die Türken zu verteidigen, führte er die Armee siegreich aus dem Kampf.

Die misstrauische Wachsamkeit des russischen Zaren Iwan IV. (1530–1584), dargestellt auf diesem Ikonenbild, wirkte sich nicht nur auf die staatlichen Strukturen aus, sondern auch auf die russisch-orthodoxe Kirche, in der er den orthodoxen Kalender und das kanonische Recht einführte. Iwan „der Schreckliche" verfolgte, deportierte und ermordete Tausende Bojaren.

unter Druck. Das Prinzip der Königswahl blockierte den Aufstieg eines polnischen Herrschergeschlechts, das in der Lage gewesen wäre, seine dynastischen Machtinteresssen mit denen der Nation in Einklang zu bringen. Polen überschritt die Schwelle zum 18. Jahrhundert mit einem ausländischen König. Der Kurfürst von Sachsen folgte Sobieski im Jahre 1697 auf dem Thron, um dann alsbald von den Schweden wieder abgelöst und von Russland erneut eingesetzt zu werden.

Russlands Aufstieg und Iwan der Schreckliche

Für Westeuropa völlig überraschend erschien Russland plötzlich als ein ernst zu nehmender Akteur auf der internationalen Bühne, während man in Polen und Schweden schon mit diesem zukünftig mächtigen Staat gerechnet hatte. Zu Beginn des europäischen Zeitalters, als Iwan der Große den Grundriss der russischen Zukunft entwarf, schien eine solche Entwicklung unvorstellbar. Sein Enkel Iwan IV., der Schreckliche, der 1547 den Zarenthron bestieg, erhielt als erster formell den Titel „Zar aller Russen". Damit herrschte der Großfürst von Moskau nun über viele Völker, doch in der europäischen Politik spielte er keine wesentliche Rolle. Noch im folgenden Jahrhundert war Russland so wenig bekannt, dass ein französischer König einem Zaren ein Schreiben schickte, der schon zehn Jahre zuvor gestorben war. Selbst nach Iwan dem Großen waren Russlands Grenzen noch unklar und feindlichen Angriffen schutzlos ausgeliefert. Die Türken waren nach Südosteuropa vorgedrungen. Zwischen ihnen und den Moskowitern lag die Ukraine, das Land der Kosaken, die es einfach hatten, ihre Unabhängigkeit aufs Heftigste zu verteidigen, solange sie keine mächtigen Nachbarn zu fürchten hatten. Nach Osten hin stellte der Ural zwar eine theoretische, jedoch kaum eine reale Grenze dar.

Russlands Herrscher sahen sich also von Feindesland umgeben. Fast instinktiv suchten sie sich natürliche Grenzen an ihren Randgebieten oder errichteten eine Schutzzone aus abhängigen Völkern.

Zunächst einmal galt es jedoch, die Gewinne Iwans des Großen, nämlich das russische Kerngebiet, zu sichern. Dann erst konnte man in die Wildnis des Nordens vordringen. Als Iwan der Schreckliche den Thron bestieg, besaß Russland einen kleinen Küstenstreifen an der Ostsee und ein riesiges Territorium, das sich bis zum Weißen Meer erstreckte. Dieses schwach besiedelte Gebiet ermöglichte jedoch eine direkte Verbindung nach Westeuropa: 1584 entstand der Hafen von Archangelsk. An der Ostseeküste konnte Iwan allerdings nur wenig ausrichten – um so erfolgreicher wandte er sich gegen die Tataren,

Die Basiliuskathedrale wurde zwischen 1554 und 1560 nach dem Sieg Iwans IV. über die Tataren aus Kasan und Astrachan (Mongolen) gebaut und befindet sich in Moskau außerhalb des Kremls.

nachdem sie 1571 zum wiederholten Male Moskau in Brand gesteckt hatten. Er vertrieb sie aus Kasan und Astrachan, brachte im Anschluss den gesamten Flusslauf der Wolga unter seine Kontrolle und erweiterte auf diese Weise den Machtbereich des Moskauer Staates bis ans Kaspische Meer.

Die Ausdehnung bis nach Asien unter Iwan dem Schrecklichen

Als Nächstes wagte Iwan den Durchbruch durch den Ural. Sein Ziel war nicht so sehr die Eroberung, sondern vielmehr die Besiedelung Sibiriens. Selbst heute noch befinden sich die

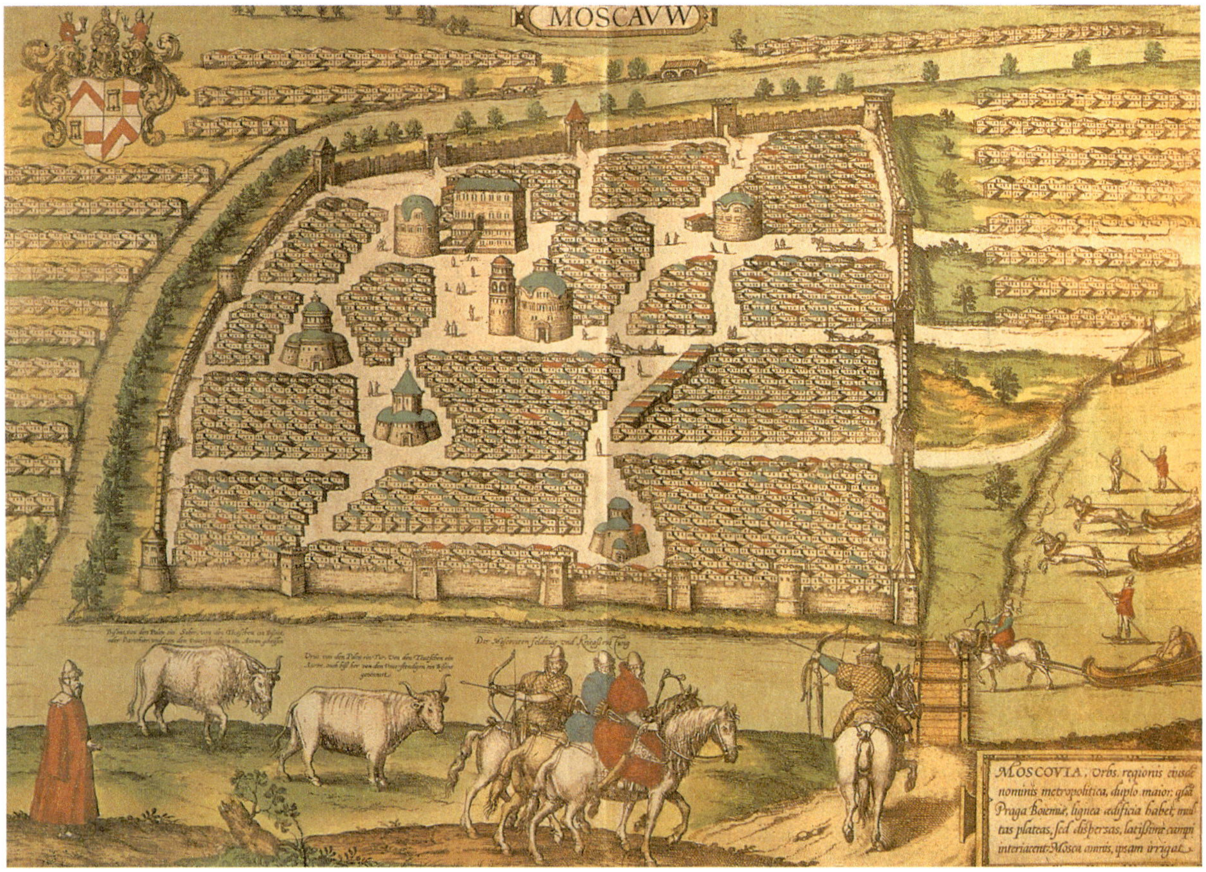

Während der Herrschaft Iwans III., bekannt als Iwan der Große, war Moskau (hier auf einer Illustration aus dem 16. Jahrhundert) ein Handelszentrum, das Getreide, Leinen und Trockenfutter exportierte. Durch die Gründung der English Muscovy Company geriet die Stadt später verstärkt unter westlichen Einfluss. Im 17. Jahrhundert lebten die europäischen Kaufleute vorwiegend im Stadtteil Sloboda.

meisten russischen Republiken in Asien. Fast 200 Jahre lang beherrschten die Zaren nicht nur ein europäisches Großreich, sondern ein Weltreich. Die ersten russischen Siedler jenseits des Urals waren höchstwahrscheinlich politische Flüchtlinge aus Nowgorod. Ihnen folgten unter anderen entlaufene Leibeigene (in Sibirien gab es keine Leibeigenschaft) sowie abtrünnige Kosaken. Um 1600 gab es russische Siedlungen, die mehr als 900 Kilometer jenseits des Urals lagen. Sie wurden von einer effizienten Bürokratie, die vor allem für die Eintreibung der Abgaben in Form von Pelzen verantwortlich war, streng überwacht.

Die Flüsse nahmen in diesen Regionen eine Schlüsselstellung ein. Innerhalb von 50 Jahren war es möglich geworden, per Schiff von Tobolsk, das knapp 500 Kilometer östlich des Urals lag, nach Ochotsk zu reisen. Von hier aus waren es nur noch zirka 650 Kilometer auf dem Seeweg nach Sachalin, der nördlichsten der Inseln Japans. Um 1700 gab es östlich des Urals ungefähr 200000 Siedler. Schon damals wäre es möglich gewesen, gemeinsam mit den Chinesen den Vertrag von Nertschinsk zu unterzeichnen.

Russland und Westeuropa

Die Bewegung nach Osten blieb von den Aufständen, die auf Iwans Tod folgten, nahezu unberührt. Im Westen verlor Russland zeitweise den Zugang zur Ostsee, während Moskau und Nowgorod von Litauern und Polen besetzt wurden. Russland war im frühen 17. Jahrhundert noch kein ernst zu nehmender europäischer Staat. Außerdem bedrohte das erstarkende Schweden nun das Land, und erst nach dem großen Krieg der Jahre 1654 bis1667 eroberte der Zar Smolensk und Klein-Russland, die östliche Ukraine, zurück, die 1812 für kurze Zeit noch einmal abgetreten werden musste. Verträge legten Russlands Territorium im Westen fest. Um 1700 hatte es noch immer keinen Zugang zum Schwarzen Meer, doch verlief der größte Teil seiner Grenze im Südwesten bereits westlich des Dnjepr und schloss die berühmte historische Stadt Kiew und das Kosakenreich, das sich östlich des Flusses erstreckte, mit ein. Die Kosaken hatten sich an den Zar gewandt und ihn um Schutz vor den Polen gebeten. Er traf mit ihnen eine spezielle Vereinbarung, durch die sie Teilautonomie erhielten – ein Status, der bis in die sowjetische Zeit erhalten blieb. Viele Landgewinne der Russen gingen auf Kosten Polens, das schon seit langem im Kampf gegen Türken und Schweden stand. Doch 1687, im türkisch-russischen Krieg, bildeten die Russen mit den Polen eine Allianz.

Russland konstituierte sich überwiegend durch einen politischen Akt. Die Monarchie war Zentrum und Motor der Entwicklung. Das Land war keine ethnische Einheit, und die Grenzen seines Territoriums waren unklar. Ebenso konnte die orthodoxe Religion keine Einheit stiftende Rolle übernehmen, da auch andere Slawen dieser Kirche angehörten; außerdem war das Land multireligiös geprägt. Die zunehmende Macht und der größere Landbesitz der Zaren verhalf Russland schließlich zu einem nationalen Status. Iwan der Schreckliche reformierte die Verwaltung. Unter seiner Herrschaft mussten die Adligen zum ersten Mal eine Gegenleistung für ihren Landbesitz erbringen, indem sie in der Armee des Zaren dienten. Diese Praxis gab es schon im Moskowiter Großfürstentum, das auf diese Weise Soldaten gegen die Tataren einsetzen konnte. Russland schaffte sich so eine starke Armee, über die der polnische König sagte, sie werde unschlagbar sein, sobald sie sich das technische Wissen der Westeuropäer aneignet habe.

Die Romanows und die Einbindung der Kirche

Von Zeit zu Zeit musste Russland Rückschläge hinnehmen, doch insgesamt betrachtet stand das Überleben des Staates niemals ernsthaft auf dem Spiel. Der letzte Zar des Herrscherhauses der Rurik starb im Jahre 1598. Unrechtmäßige Thronbesteigung und Machtansprüche adliger Familien sowie polnische Interventionen bestimmten das Schicksal des Landes, bis 1613 Michael Romanow, der erste Zar eines neuen Hauses, den Thron bestieg. Obgleich er ein schwacher Herrscher war, der im Schatten seines dominanten Vaters stand, war er doch der Begründer einer Dynastie, die Russland 300 Jahre lang bis zum Zusammenbruch des Zarentums regierte – die Romanows. Seine unmittelbaren Nachfolger bekämpften die rivalisierenden Aristokraten und demütigten die Vornehmsten unter ihnen, die Bojaren, die versucht hatten, ihre von Iwan dem Schrecklichen beschnittene Macht wiederherzustellen. Außerhalb ihrer Kreise war die Kirche die einzige potenzielle innen-

Die Bojaren – reiche Landbesitzer – bildeten den Hochadel Russlands. Das Bild zeigt eine Gruppe, die 1576 zum Hof des Kaisers des Heiligen Römischen Reiches, Maximillian II. gesandt wurde, um ihm Geschenke aus Russland zu bringen, darunter auch Pelze.

politische Rivalin des Zaren, die jedoch im 17. Jahrhundert durch die Kirchenspaltung geschwächt war. Die Absetzung des Patriarchen nach einem Streit mit dem Zar im Jahre 1667 war ein einschneidendes Ereignis in der russischen Geschichte. Einen Investiturstreit sollte es hier aber nicht geben.

Die russische Kirche war nun rechtlich und strukturell einem Laien unterstellt. Unter den Gläubigen gab es allerdings überall Widerstand gegen diese Art von Orthodoxie, vor allem bezüglich ihrer Lehre und Moral. So begann die lange und kulturell sehr bedeutsame Bewegung der im Untergrund arbeitenden Altgläubigen, des *raskol*, die schließlich auch die politische Opposition stärkte. Doch in Russland gab es niemals einen Konflikt zwischen Kirche und Staat, wie er in Westeuropa stattgefunden hatte, ebenso wenig natürlich eine Reformation.

Die Herrschaft der Zaren

Die Unterwerfung der russischen Kirche unter eine monarchische Gewalt führte schließlich zu der Regierungsform, die von Dauer sein sollte – die zaristische Herrschaft. Sie war gekennzeichnet von der Personifizierung einer fast heiligen Autorität in Gestalt des Zaren, der sich jeder Kontrolle durch das geschriebene Gesetz entzog. Betont wurde dabei der Dienst, den ihm alle Untertanen – auch die Landbesitzer – schuldeten. Das Zarentum basierte auf der Vorstellung, dass sich alles im Staat, mit Ausnahme der Kirche, vom Herrscher ableite und nicht im eigenen Namen sprechen könne. Eine Gewaltenteilung fehlte, die Bürokratie wurde aufgebläht und militärischen Bedürfnissen der Vorrang eingeräumt. Nicht alle diese Elemente waren von Anfang an präsent und nicht überall gleich wirksam. Doch durch sie unterschied sich das Zarentum von den Monarchien des christlichen Abendlandes, wo sich im frühen Mittelalter Städte, bestimmte Gebiete innerhalb des Reiches, Gilden und Stände und viele andere Körperschaften ihre Privilegien und Freiheiten sicherten. Im alten Moskauer Reich trug der höchste Beamte einen Titel, der nichts anderes als „Sklave“ oder „Diener“ bedeutete zu einer Zeit, als sich sein Nachbar in Polen-Litauen „Bürger“ nannte.

Noch stärker als der französische König setzten die russischen Zaren ihre absolute Herrschaft durch. Außer der Kirche war alles und jeder in Russland vom Zaren abhängig.

Selbst der französische König Ludwig XIV., der ebenfalls an sein Gottesgnadentum glaubte und nach absoluter Macht strebte, begriff diese immer im Rahmen von Gesetz, Religion und göttlicher Vorsehung. Auch wenn er seine Untertanen als absoluter Monarch regierte, wussten diese doch gleichzeitig, dass er kein Despot war. In England entwickelte sich dagegen zu dieser Zeit eine völlig andere Art von Monarchie – eine, die sich der Kontrolle durch das Parlament unterzog. So sehr sich auch die französische und englische Monarchie in der Praxis unterschieden, beide akzeptierten sie theoretische und praktische Grenzen, was im Zarismus – da er nicht aus der Tradition des westlichen Europas hervorgegangen war – unvorstellbar war. Während seiner gesamten Epoche benutzte man im Westen für die russische Autokratie auch das Wort Despotismus.

Soziologen, die sich mit dem 18. Jahrhundert beschäftigten, wiesen – natürlich stark vereinfachend – darauf hin, dass Länder mit einer großen territorialen Ausdehnung tendenziell den Despotismus als Staatsform bevorzugten. In Ländern von der Größe Russlands mit einer derartigen geographischen Vielfalt und mit so vielen unterschiedlich geprägten Menschen treten also zwangsläufig auseinander strebende Richtungen auf. Der Titel „Zar aller Russen“ macht dies ebenfalls deutlich, und bis zum heutigen Tag haben die Ereignisse die Besonderheit Russlands bestätigt. Russland wurde immer durch sein Zentrum zusammengehalten, wenn Feinde an den Grenzen standen.

Russlands Aristokratie

Die russische Aristokratie geriet immer mehr in die Abhängigkeit des Zaren. Grund für diese enge Verbindung zum russischen Machthaber war die Art der Entlohnung in Form von Landzuteilungen oder Leibeigenen. In einer „Rangtabelle" aus dem Jahre 1722 finden sich die Bedingungen des Hofdienstes, die zu erfüllen waren, wollte man – rangmäßig gesehen – zu den Landbesitzern gehören. Auf Grund dieses Prinzips verschmolzen die ursprünglich verschiedenen Klassen des Adels zu einer einzigen. Die Verpflichtungen, die einem Edelmann in dieser „Rangliste" auferlegt wurden, waren sehr hoch und währten oft sein ganzes Leben lang. Im Laufe des 18. Jahrhunderts jedoch wurden sie nach und nach reduziert und schließlich ganz aufgehoben. Dennoch blieb der Hofdienst der einzige Weg, der – gleichsam automatisch – in den Adelsstand führte. Auf diese Weise konnte sich die russische Aristokratie niemals von ihrem Monarchen unabhängig machen, so wie die Adligen anderer Länder. Sie erhielten zwar neue Privilegien, doch eine wirklich nach unten abgeschlossene Gesellschaft entstand dadurch nicht. Statt dessen wuchs die Zahl der Adligen durch neue Ernennungen und eine größere Nachkommenschaft. Einige Aristokraten waren sehr arm, denn in Russland gab es weder das Recht der Erstgeburt noch unveräußerliche Erbgüter, und so wurde das Eigentum unter Umständen unter drei oder vier Generationen aufgeteilt. Gegen Ende des 18. Jahrhunderts besaßen die meisten Adligen weniger als 100 Leibeigene.

PETER DER GROSSE

Von allen zaristischen Herrschern Russlands lebte Peter der Große die Autokratie am vollkommensten aus und gab ihr eine unverwechselbare Gestalt. Er bestieg den Thron schon als Kind im Alter von zehn Jahren und hinterließ in Russland unauslöschliche Spuren. Als Monarch seiner Zeit konzentrierte er sich darauf, Kriege zu gewinnen (Russland erlebte während seiner gesamten Regierungszeit nur ein einziges Friedensjahr), und er unterstützte Modernisierung und Angleichung an den Westen. Sein Streben nach einem Zugang zur Ostsee war die treibende Kraft hinter den Reformen. Vermutlich spielten Einflüsse aus seiner Kindheit eine nicht unbedeutende Rolle: Er war in der „deutschen" Siedlung Moskaus aufgewachsen, wo ausländische Kaufleute lebten. Seine Reise nach Westeuropa in den Jahren 1697 bis 1698 zeigt, dass er ein echtes Interesse an der Technik hatte. Wahrscheinlich konnte er jedoch nicht klar zwischen seinem Wunsch, Russland zu modernisieren, und dem Verlangen, sein Land für immer von der Angst vor seinen Nachbarn zu befreien, unterscheiden. Seine Reformen waren ein ideologischer Prüfstein – alle nachfolgenden Generationen blickten ehrfürchtig und nachdenklich auf das, was Peter der Große in der Vergangenheit für Russland getan hatte und welche Bedeutung diese Taten für das Land gehabt hatten.

Der wohl bekannteste russische Zar war Peter der Große. Durch die Kolonie deutscher Siedler in Moskau stark beeinflusst, strebte er nach einer Modernisierung seines Landes.

Diese Statue, bekannt unter dem Namen *Der bronzene Reiter*, stammt aus dem Jahre 1782 und stellt Peter den Großen (1672–1725) dar. Der Zar blickt auf St. Petersburg – jene Stadt, die er als seine Hauptstadt erbauen ließ und die sein Bestreben, Russland dem Westen zu öffnen, symbolisierte.

Graf Golowkin – hier porträtiert im Jahre 1720 – begleitete Zar Peter I. auf seiner Reise nach Westeuropa. Der Graf war ab 1706 für die Außenpolitik verantwortlich. Drei Jahre später ernannte ihn Peter I. zum Staatskanzler Russlands.

Expansion unter Peter dem Großen

Am einfachsten ist es, die territorialen Errungenschaften Peters des Großen einzuschätzen. Auch wenn er Expeditionen und Kriegszüge nach Kamtschatka und in die Oasen von Buchara sandte und aufhörte, den Tataren den Tribut zu zahlen, der seinen Vorgängern auferlegt worden war, so war es doch sein ehrgeiziges Ziel, das Meer im Westen Russlands zu erreichen. Eine Zeit lang unterhielt er eine Schwarzmeerflotte und annektierte Asow, doch musste er sich später wieder zurückziehen, weil ihn andere Herausforderungen – vor allem aus Schweden, aber auch seitens der Polen – davon ablenkten. Die Kriege mit Schweden um den Zugang zur Ostsee waren für Russland eine Frage von Leben und Tod. Der Große Nordische Krieg dauerte von 1700 bis 1721. Die Welt registrierte, dass etwas Entscheidendes geschehen war, als 1709 die Armee des schwedischen Königs bei Poltawa in der Ukraine, wo ihr Heerführer versucht hatte, unter den Kosaken Verbündete zu finden, vernichtet wurde. In seiner restlichen Regierungszeit machte Peter sein Vorhaben wahr: Mit dem Friedensvertrag erhielt Russland von Livland, Estland und von der Landenge Kareliens aus einen sicheren Zugang zur Ostsee. Die Ära Schwedens als Großmacht war vorüber, es war das erste Opfer eines neuen Imperiums. Ein paar Jahre zuvor hatte der französische *Almanach Royale* die Romanows zum ersten Mal als eine der Herrscherfamilien Europas genannt. Die Siege Peters des Großen bereiteten den Weg für weitere Kontakte mit Westeuropa. Als er 1703 auf ehemals schwedischem Gebiet begann, St. Petersburg zu bauen, nahm er

Dieser Kupferstich zeigt die Innenstadt von Stockholm während der Regierungszeit Karls XII., des Königs von Schweden (1697–1718). Auch wenn er ein großer Kriegskönig war, wurden doch seine hartnäckigen Bestrebungen, die Ostsee unter schwedische Kontrolle zu bringen, von Peter dem Großen von Russland vereitelt.

Die Expansion Russlands zwischen 1500 und 1812

Im 16. Jahrhundert konnte Russland durch seine territoriale Ausdehnung in Richtung Osten sowohl die Wolgaebene bis zum Kaspischen Meer als auch die Handelswege nach Mittelasien auf Kosten der Mongolen unter seine Kontrolle bringen. Dann begann die Eroberung Sibiriens: Bis zum Ende des 17. Jahrhunderts hatten die Russen den Pazifik erreicht. Russlands Ausdehnung nach Süden gestaltete sich schwieriger, da man auf den Widerstand der Armeen des Osmanischen Reiches und die ungemein erfahrenen Kosakenkrieger stieß. Westwärts war es noch komplizierter, denn die gut organisierten Kriegsflotten der Baltischen Staaten waren den russischen Streitkräften noch immer überlegen. Dennoch expandierte Russland von der Regierungszeit Peter des Großen bis zum Ende des 18. Jahrhunderts sowohl nach Süden als auch nach Westen. Es bestätigte sich, was einer der polnischen Könige im 16. Jahrhundert an Elisabeth I. von England schrieb: „... insofern Sie ihnen (den Russen) nicht nur Handelsgüter schicken, sondern auch Waffen, die sie bis jetzt noch nicht kannten, und sie in die Geheimnisse der Waffenkunst einweihen, womit sie ihre Macht vergrößern, um danach alle anderen zu besiegen ... in dieser Hinsicht kennen wir sie besser, denn sie sind ja unsere Nachbarn. Deshalb werden wir die anderen christlichen Herrscher rechtzeitig warnen, weder ihre eigene Würde, ihre Freiheit und ihr Leben noch die ihrer Untertanen einem solchen grausamen und barbarischen Feind zu überantworten."

Zitiert aus H. G. Koenigsberger in *The Modern World 1500–1789.*

Diese Karte zeigt die Expansion Russlands zwischen 1500 und 1689 (oben) und zwischen 1689 und 1812 (unten).

einen Teil des Friedensvertrags bereits vorweg: Die herrliche neue Stadt blieb zwei Jahrhunderte lang die Hauptstadt Russlands. Der politische und kulturelle Schwerpunkt verlagerte sich somit vom isolierten Moskau in ein Randgebiet Russlands – dorthin, wo das Land den entwickelten Städten Westeuropas am nächsten war. Nun konnte die Annäherung an den Westen leichter und schneller vorangehen. Der Bruch mit der Vergangenheit war Russlands erklärtes Ziel.

Orientierung an Westeuropa

Selbst der Moskauer Staat war niemals völlig von Europa isoliert. Bei der Eheschließung Iwans des Großen hatte der damalige Papst mitgewirkt, weil er hoffte, der Zar würde sich der abendländischen Kirche zuwenden. Kontakt zum Nachbarland, dem römisch-katholischen Polen, hatte es schon immer gegeben, und englische Kaufleute unter Elisabeth I. waren bis nach Moskau gelangt, wie die Ausstel-

Im Jahre 1698 befahl Peter der Große, dass alle Bojaren, Edelmänner und Kaufleute ihre langen Bärte kürzen lassen. Die Bestürzung, die die Anweisung hervorrief, fing diese zeitgenössische Karikatur ein.

lung der Arbeiten englischer Silberschmiede im Moskauer Kreml noch heute belegt. Der Handel blühte, und gelegentlich tauchten in Russland ausländische Facharbeiter aus Westeuropa auf. Im 17. Jahrhundert richteten die europäischen Monarchen ihre ersten ständigen Vertretungen dort ein. Doch die Russen reagierten auf Ausländer schon immer mit Vorsicht und Misstrauen. Später war man dann sogar bestrebt, die fremden Bewohner von der übrigen Bevölkerung abzusondern. Der Zar brauchte Fachleute – Schiffsbauer, Kanonengießer, Lehrer, Schreiber, Soldaten – und stattete sie mit den entsprechenden Privilegien aus. In der Verwaltung brach er mit der alten Sitte der vererbbaren Ämter und versuchte stattdessen eine Bürokratie zu errichten, die Beamten nach ihren Leistungen auswählte. Er richtete Schulen ein, in denen technisches Wissen und Fähigkeiten vermittelt wurden, und er gründete die Akademie der Wissenschaften. Auf diese Weise kam die wissenschaftliche Forschung und Lehre nach Russland, wo bisher die Kirche alle Gelehrsamkeit und alles Wissen beansprucht hatte. Wie viele andere große Reformer legte auch Peter der Große viel Wert auf Dinge, die nur

Sankt Petersburg wurde 1703 von Peter dem Großen gegründet. Seine neue Hauptstadt war bald eine blühende Kultur- und Wirtschaftsmetropole. Dieser kolorierte Kupferstich mit dem Titel *Blick auf die Newa, den Hafen und die Fähre von St. Petersburg* stammt aus dem Jahre 1815.

Oberflächlichkeiten zu sein schienen. Den Hofstaat wies er an, europäische Kleidung zu tragen, die altmodischen langen Bärte ließ er stutzen, und die Frauen sollten sich in der Öffentlichkeit nach deutscher Mode kleiden. Letztlich stand Peter der Große in allem, was er tat, allein und konnte nicht auf Verbündete zählen. Was er erreichte, gelang ihm durch seine Macht als Zar. Die alte Duma, in der einst die Bojaren saßen, wurde abgeschafft; ein neuer Senat, in den der Zar Männer seiner Wahl berief, trat nun an ihre Stelle. Alle, die sich seiner Politik widersetzten, wurden unbarmherzig zugrunde gerichtet. Die konservative Geisteshaltung abzuschaffen war jedoch für Peter den Großen weniger leicht – zu seiner Verfügung standen ein eher rückständiger administrativer Apparat sowie wenig entwickelte Transport- und Kommunikationsmittel. Das sichtbarste Zeichen der erfolgreichen Modernisierung war Russlands neue Militärmacht. Die Erzichungsreformen, die nur technisch Begabte und einige wenige Ausnahmen der gehobenen Mittelklasse erreichten, gingen dagegen an der großen Mehrheit der russischen Bevölkerung vorbei. Das Resultat dieser Politik war ein stark westlich orientierter Hochadel, der sich auf St. Petersburg konzentrierte. Um 1800 sprach die Mehrheit seiner Angehörigen Französisch und war von westeuropäischen Strömungen und Tendenzen beeinflusst. Für die provinzielle Oberschicht waren diese Leute oft ein Ärgernis, und so bildeten sie eine kulturelle Insel in einer rückständigen Nation. Lange Zeit hindurch konnten die meisten Adligen nicht von den neuen Schulen und Akademien profitieren. Auf niedrigeren gesellschaftlichen Stufen war das Analphabetentum die Regel; wer lesen konnte, kam meist nicht über die Elementarstufe hinaus. Ein Russland, in dem alle lesen und schreiben konnten, gab es erst im 20. Jahrhundert.

Leibeigenschaft in Russland

Auch die soziale Struktur Russlands unterschied sich mehr und mehr von der anderer Staaten. Russland war das letzte europäische Land, das die Leibeigenschaft abschaffte – von den christlichen Nationen währte nur in den USA und in Äthiopien die Sklaverei länger als in Russland. Während jede Art von Knecht-

Dieser Kupferstich aus dem Jahre 1815 zeigt eine Militärparade, die vor dem kaiserlichen Palast in St. Petersburg stattfand. Man erkennt, dass sowohl die Truppen als auch die aus der Oberschicht stammenden Zivilisten, die der Parade zusehen, nach westlicher Mode gekleidet sind.

Der russische Künstler Michael Schibanow stammte aus einer serbischen Familie. Er spezialisierte sich auf die Darstellung bäuerlichen Lebens. Das Gemälde *Die Verlobung* zeigt eine Szene der Feier anlässlich der Unterzeichnung eines Ehevertrags. Schibanow malte das Bild 1789.

schaft im 18. Jahrhundert fast überall zurückging, breitete sie sich in Russland noch aus. Dies lag zum großen Teil daran, dass Arbeitskräfte stets knapper waren als Land. Es verwundert daher nicht, dass man den Wert eines Besitztums gewöhnlich nicht nach seiner Größe beurteilte, sondern danach, wie viele „Seelen“, das heißt Leibeigene es an sich band. Ihre Zahl stieg im 17. Jahrhundert zum ersten Mal an, als die Zaren die Adligen mit Land beschenkten. Oft lebten dort bereits freie Bauern. Viele von ihnen verschuldeten sich bei den neuen Grundherren und gerieten in Schuldknechtschaft, sie also mussten so lange auf dem Anwesen ihres Herrn arbeiten, bis ihre Schuld abbezahlt war. Unterdessen beschnitt

Regierungsdaten der russischen Zaren und Zarinnen (1462–1825)

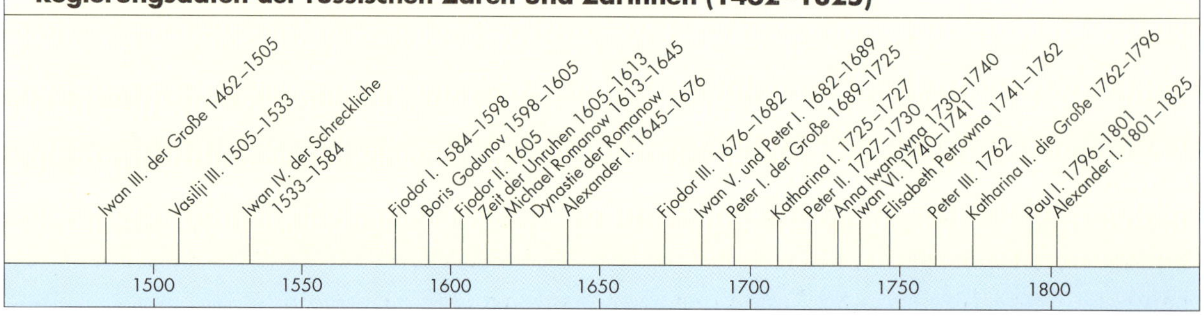

das Gesetz mehr und mehr die Rechte der Leibeigenen und gab dem Staat größeren Spielraum, sich in die Wirtschaft einzuschalten. Wichtigste Aufgabe für die Landbesitzer war das Eintreiben der Kopfsteuer und das Ausheben von Soldaten. Auf diese Weise waren Wirtschaft und staatliche Verwaltung viel enger aneinander gekettet als in irgendeinem anderen Land Europas. Allmählich wurde der Staatsdienst zu einem vererbbaren Anrecht des russischen Adels. Formal gab es Ende des 18. Jahrhunderts wenig, was ein Herr nicht mit seinem Knecht tun durfte. Wenn ein Leibeigener nicht zum Frondienst verpflichtet war, so musste er Geldabgaben leisten, deren Höhe fast immer willkürlich festgesetzt wurde. Die Anzahl derjenigen, die flüchteten, war hoch – sie schlugen sich bis nach Sibirien durch und boten sich sogar freiwillig als Ruderer auf den Galeeren an. Um 1800 musste ungefähr die Hälfte aller Menschen in Russland ein derart abhängiges Leben fristen. Ein großer Teil der restlichen Bevölkerung war der Krone zu ähnlichen Diensten verpflichtet, wobei immer die Gefahr bestand, von ihr in den Frondienst eines Adligen verpfändet zu werden.

Am Ende des Jahrhunderts lag das größte Problem, das Russland in den nächsten 100 Jahren haben würde, bereits auf der Hand: Was sollte geschehen, wenn wirtschaftliche und politische Gründe die Leibeigenschaft unakzeptabel machten, die riesige Zahl der davon Betroffenen jede Reformbemühung aber vor kolossale Probleme stellte?

Bevölkerung und Wirtschaft

Knechtschaft war zum Rückgrat der Wirtschaft geworden. Außer im „Gebiet der schwarzen Erde", das erst im 18. Jahrhundert landwirtschaftlich genutzt wurde, ist Russlands Boden keineswegs fruchtbar. Im 18. Jahrhundert verdoppelte sich die Bevölkerung nahezu – ungefähr sieben Millionen der über 36 Millionen Einwohner am Ende des Jahrhunderts waren durch die Eroberung neuer Territorien hinzugekommen. Diese Wachstumsrate war höher als jede andere in Europa. Nur jeder 25. Einwohner lebte in der Stadt. Die russische Wirtschaft verzeichnete in diesem Jahrhundert erstaunliche Fortschritte und nutzte die Leibeigenschaft auf einzigartige Weise zur Industrialisierung. Hier zahlten sich die Maßnahmen Peters I. eindeutig aus: Auch wenn die ersten beiden Romanows mit der Modernisierung Russlands begonnen hatten, so war er es, der sie als eine vom Staat gelenkte Maßnahme eingeführt hatte. Die Resultate wurden nicht sofort sichtbar.

Eine russische Bäuerin in Festtracht ist auf diesem Porträt aus dem Jahre 1784 dargestellt.

Auch wenn die Getreideproduktion anstieg, und man es im 18. Jahrhundert exportierte (später wurde es zu einem Hauptexportartikel), geschah der Anbau noch immer nach den alten Methoden, indem man zur Ertragssteigerung mehr Land unter den Pflug brachte. Wahrscheinlich wirtschafteten die Gutsherren und Steuereinnehmer sehr viel in ihre eigenen Taschen; der Anteil, den die Bauern für sich selbst behalten konnten, nahm beständig ab. So verhielt es sich fast während der gesamten Zarenherrschaft. Die Lage der Bauern wurde immer unerträglicher: Man schätzt, dass sie unter Peter I. 60 Prozent ihres Ernteertrags als Steuer abliefern mussten. Die vorhandene Technik wurde nicht angewendet, um die Produktivität zu erhöhen, und die zunehmende Starre des Systems erstickte alles Neue im Keim ersticken. Noch in der zweiten Hälfte des 19. Jahrhunderts verschwendete der typische russische Bauer seine ohnehin knapp bemessene Zeit nach der Arbeit für seinen Herrn damit, auf den weit verstreuten Landstreifen zu wirtschaften, die ihm frei oder gegen Pacht gehörten. Oft hatte er nicht einmal einen Pflug und musste die Feldfrüchte auf dem oberflächlich aufgekratzten Boden anbauen.

Dieses Porträt eines Mitglieds der russischen Familie Demidow wurde 1773 gemalt. Der Reichtum der Demidows stammt aus Bergwerksgesellschaften und Metallbetrieben, die sie im Ural und in Sibirien besaßen.

Dennoch war diese landwirtschaftliche Grundlage ausreichend, um sowohl die militärischen Anstrengungen, die Russland zu einer Großmacht werden ließen, als auch die erste Phase der Industrialisierung zu tragen. Um 1800 produzierte Russland mehr Roheisen und exportierte größere Mengen an Eisenerz als jedes andere Land der Welt. Peter I. hatte wie kein Zweiter die Voraussetzungen für diese Steigerung geschaffen. Er hatte verstanden, wie wichtig die Bodenschätze Russlands waren und schuf einen Verwaltungsapparat, um Förderung, Verarbeitung und Vermarktung in den Griff zu bekommen und professionell durchzuführen. Er organisierte Inspektionen und ließ Bergleute von weit her kommen, die er in den Minen arbeiten ließ. Um dem weiteren Nachdruck zu verleihen, ordnete er die Todesstrafe für diejenigen Landbesitzer an, die Erzvorkommen auf ihren Landgütern geheim hielten oder versuchten, deren Ausbeutung zu verhindern. Die Verkehrsverbindungen wurden erheblich verbessert, um den Zugang zu den Ressourcen zu ermöglichen, und langsam verlagerte sich der Schwerpunkt der russischen Industrie in den Ural. Den Flüssen kam dabei eine zentrale Bedeutung zu: Nur wenige Jahre nach Peters Tod war die Ostsee mit dem Kaspischen Meer durch Wasserstraßen verbunden.

Als Kaiserin von Russland setzte die Tochter von Peter dem Großen und Katharina I., Elisabeth Petrowna (1709–1762) die Politik der ökonomischen Reformen ihrer Eltern fort. Sie führte Krieg gegen Schweden und Preußen. Dieses Porträt der Kaiserin zu Pferde wurde 1743 gemalt.

Industrialisierung

Produktionsbetriebe und Manufakturen entstanden rings um die Zentren der Erzförderung oder des Holzeinschlags. Diese beiden Industriezweige sicherten Russland während des gesamten Jahrhunderts eine positive Handelsbilanz. Die Zahl der Fabriken, die in der Zeit Peters I. weniger als 100 betrug, stieg bis 1800 auf mehr als 3000 an. Als nach 1754 die Binnenzölle abgeschafft wurden, avancierte Russland zur größten Freihandelszone der Welt. Damit – aber auch durch die Beibehaltung der Leibeigenschaft und durch die Gewährung von Monopolen – setzte der Staat den Ausbau der russischen Wirtschaft fort: Russlands Industrie ging nicht aus einem freien Unternehmertum hervor, sondern war das Ergebnis der Regulierung durch den Staat – und dies musste so sein, denn die Industrialisierung lief den alten sozialen Mustern praktisch entgegen. Es gab zwar keine internen Zollschranken mehr, doch Binnenhandel über größere Entfernungen existierte ohnehin kaum. Um 1800 lebten die meisten Russen in autarken, lokalen Gemeinschaften. Kaum jemand war bisher jemals mit Geldwirtschaft in Berührung gekommen. Die „Fabriken“, die es gab, waren wahrscheinlich nicht viel mehr als eine Anhäufung einzelner Handwerksbetriebe. Der Handel mit fremden Ländern war noch vorwiegend eine Angelegenheit ausländischer Kaufleute. Staatliche Zuschüsse und die Zuteilung von Leibeigenen mussten die Besitzer von Bergwerken erst dazu motivieren, ihre Bodenschätze abzubauen.

Peters Nachfolger

Nach dem Tod Peters des Großen verebbten die staatlichen Reformen. Der Schwung jener Jahre ließ sich nicht aufrechterhalten, weil es nicht genügend gebildete Menschen gab, die es der Bürokratie ermöglicht hätten, weiterhin Druck auszuüben. Peter I. hatte keinen Nachfolger benannt (seinen eigenen Sohn hatte er

Während der Regierungszeit der Elisabeth Petrowna wurde der italienische Architekt Bartolomeo Rastrelli mit dem Bau des Winterpalasts in St. Petersburg beauftragt. Die Arbeiten dauerten von 1754 bis 1762. Den fertigen Bau sieht man auf diesem Kupferstich aus dem Jahre 1891.

Dieses aus dem 18. Jahrhundert stammende Porträt von Katharina der Großen (1729–1796) zeigt die Kaiserin in traditioneller russischer Kleidung.

zu Tode foltern lassen). Jene, die nach ihm kamen, sahen sich der erneuten Gefahr eines feindlich gesinnten Hochadels ausgesetzt, ohne jedoch die Charakterstärke ihres Vorgängers zu besitzen und ohne jene Furcht auslösen zu können, die er verbreitete. Als Peters Enkel 1730 starb, war die direkte Linie unterbrochen. Potenzielle Monarchen nutzen oft Streitigkeiten innerhalb der Herrscherfamilie zu ihrem Vorteil aus. Die Thronbesteigung seiner Nichte Anna war praktisch eine Wiedergewinnung der Krone. Wenn sie auch durch die Macht der Aristokraten auf den Thron gekommen war, die ihren Vorgänger beherrscht hatten, so zügelte sie diese doch bald. In einem symbolischen Akt kehrte das Königshaus aus Moskau, wohin es nach dem Tod Peters (sehr zur Freude der Konservativen) gegangen war, wieder nach St. Petersburg zurück. Anna suchte bei Ministern ausländischer Herkunft, vor allem Deutschen, Unterstützung für ihre Politik, was sich bis zu ihrem Tod im Jahre 1740 als praktikabel erwies. Ihren Nachfolger – ein Großneffe, der noch ein Kind war – räumte man innerhalb eines Jahres aus dem Weg (er wurde ins Gefängnis geworfen und über 20 Jahre später ermordet) und machte so der Tochter Peters des Großen, Elisabeth, Platz. Diese verließ sich auf den Schutz ihrer Wachregimente und auf die Unterstützung ausländerfeindlicher Russen. Ihr folgte 1762 Peter III., einer ihrer Neffen, auf den Thron, der knapp sechs Monate regierte, bevor er zum Abdanken gezwungen und anschließend auf Geheiß seiner Gattin ermordet wurde. Die neue Zarin und Witwe des entthronten Opfers – eine deutsche Prinzessin – regierte Russland als Katharina II. „die Große".

KATHARINA DIE GROSSE

Der Glanz, mit dem Katharina die Große sich umgab, verdeckte eine Menge und beeindruckte viele ihrer Zeitgenossen. Unter den Dingen, die man beinahe nicht mehr wahrnahm, war der blutige und fragwürdige Beginn ihrer Thronfolge. Es mag stimmen, dass wahrscheinlich sie das Opfer gewesen wäre anstelle ihres Ehegatten, hätte sie nicht als Erste die Initiative ergriffen und ihn töten lassen. Wie es auch immer gewesen sein mag – die Umstände, die ihre Thronbesteigung und die ihrer Vorgänger begleiteten sie und zeigten, wie sehr das Zarentum seit Peter I. geschwächt war. Die erste Zeit ihrer Herrschaft war heikel – mächtige Gegner hatten sich formiert, die nur darauf warteten, dass sie einen Fehler beging. Obgleich sie sich mit ihrer neuen Heimat identifizierte (sie hatte sich vom lutherischen

Glauben losgesagt, um eine Orthodoxe zu werden), blieb sie dennoch eine Ausländerin. „Ich werde sterben oder regieren", sagte sie einmal. Und sie regierte in der Tat – energisch und mit großem Erfolg. Wenn auch ihre Regentschaft Aufsehen erregend war – an die Reformkräfte, die Peter der Große besaß, reichten die ihren nicht heran. Auch sie gründete Schulen und förderte Wissenschaft und Kunst. Der Unterschied bestand darin, dass sich Peter der Große darum kümmerte, wie Neuerungen in die Praxis umgesetzt werden konnten, während es Katharina mehr darum ging, sich bei Hofe und in ihrer Gesetzgebung mit dem Prestige aufgeklärter Denker zu schmücken. Die Formen wirkten oft fortschrittlich, während die Inhalte reaktionär waren. Aufmerksame Beobachter ließen sich von der Rhetorik, die das Erlassen von Gesetzen begleitete, nicht täuschen, sondern sahen die Realität. Das führte zum Beispiel zum Landesverweis des jungen Radischow, weil dieser sich erlaubt hatte, das Regime zu kritisieren. Der junge Mann wird als Russlands erster intellektueller Dissident eingeschätzt. Die reformerischen Impulse der Zarin ließen im Verlauf ihrer Regierungszeit zusehends nach, je mehr sie mit außenpolitischen Angelegenheiten beschäftigt war. Die vorsichtige Grundhaltung ihrer Politik zeigte sich besonders darin, dass sie sich weigerte, die Machtbefugnisse und Privilegien des Adels anzutasten. Sie war die Zarin der Grundherren, was sie dadurch bewies, dass sie ihnen mehr Macht über die lokale Gerichtsbarkeit zugestand und den Leibeigenen das Recht aberkannte, gegen ihre Herren ein Gesuch einzureichen. In nur 20 Fällen wies Katharina während ihrer 34-jährigen Regentschaft Gutsbesitzer in die Schranken, als diese die Macht, die sie über ihre Leibeigenen hatten, missbrauchten. Bedeutsamer war noch, dass die Zarin 1762 die Verpflichtung abschaffte, nach der der Adel für die Krone einen bestimmten Dienst erbringen musste. Einige Zeit später (1767) trat das Neue Gesetzbuch in Kraft, das ein halbes Jahrhundert antiaristokratischer Politik beendete und diejenige Peters I. fortsetzte. Der niedere Adel wurde von der Kopfsteuer sowie von körperlicher Strafe und Zwangseinquartierung befreit, konnte nur noch von seinesgleichen vor Gericht gestellt (und seines Ranges enthoben) werden und erhielt das ausschließliche Recht, Fabriken und Bergwerke zu betreiben. In gewisser Hinsicht war nun der Landbesitzer Partner der Autokratie.

Der Kosake Jemelian Pugaschtschew war der Anführer eines Aufstands im südlichen Ural. Er behauptete, Peter III., der ermordete Ehemann Katharinas der Großen, zu sein. Pugaschtschew wurde schließlich gefangen genommen und hingerichtet.

Soziale Verhärtung

Auf lange Sicht war die enge Verbindung zwischen Aristokratie und Autokratie schädlich. Unter Katharina wurde Russland fester in das Korsett seiner gesellschaftlichen Strukturen gepresst, während andere Länder anfingen, das ihre zu lockern. Diese Art Einschnürung nahm Russland die Kraft, sich den Herausforderungen und Veränderungen, die die kommenden 50 Jahre bringen sollten, zu stellen.

Zu den Besorgnis erregenden Zeichen gehörte die gestiegene Zahl der Aufstände von Leibeigenen. Begonnen hatten sie bereits im 17. Jahrhundert, doch die beängstigendste und gefährlichste Krise entstand 1773 durch eine Revolte bäuerlicher Kosaken unter Jemelian Pugaschtschew. Große regionale Aufstände prägten die Geschichte des Agrarlandes Russland bis zum Beginn des 19. Jahrhunderts. Bessere Überwachungsmöglichkeiten, die man später hatte, bedeuteten, dass die Rebellionen

Zum größten Problem Russlands gehörte das Auseinanderstreben zwischen technischer Modernisierung und dem Erhalt der alten gesellschaftlichen Strukturen. Ständige Erhebungen und Aufstände waren die Folge.

gewöhnlich regional begrenzt und kontrollierbar blieben. Dennoch waren sie ein ständiger Begleiter, solange es in Russland Zaren gab. Ihr Wiederaufflammen ist kaum verwunderlich, denn die schwere Fronarbeit, die die Bauern im „Gebiet der schwarzen Erde" ohnehin zu leisten hatten, wurde unter Katharina noch unerträglicher. Bald wurden unter der gebildeten Bevölkerung kritische Stimmen laut, die die Situation der Bauern zu einem ihrer Hauptthemen machten.

Damit tauchte schon frühzeitig ein Widerspruch auf, der in den folgenden zwei Jahrhunderten in vielen auf schnelle Entwicklung bedachten Ländern zu Tage trat. Es wurde immer klarer, dass Modernisierung mehr war als nur eine Sache der Technik. Wenn man westliche Ansichten und Vorstellungen übernahm, konnte man nicht zur gleichen Zeit ihre Wirkung begrenzen. Auch erste Kritiker von Orthodoxie und Zarentum verschafften sich Gehör. Doch das Bedürfnis, ein verknöchertes soziales System am Leben zu erhalten, war schließlich stärker und brachte die bereits begonnene Entwicklung des Landes wieder zum Stillstand.

Friedrich Wilhelm von Preußen (1620–1688), der auf diesem Porträt aus dem 18. Jahrhundert dargestellt ist, ging siegreich aus dem Dreißigjährigen Krieg hervor, er erstritt Magdeburg und Pommern und schuf einen zentralistischen Staat mit engen Verbindungen zur Armee und zum Landadel (den „Junkern").

Das Vermächtnis Katharinas der Großen

Als Katharina 1796 starb, war Russlands Position in der Tat beeindruckend. Der feste und solide Grund, auf dem ihr Prestige ruhte, waren ihre Armeen und ihr diplomatisches Geschick. Sieben Millionen Menschen hatte Katharina dem Reich hinzugefügt. Sie sagte, dass Russland, in das sie als ein „armes Mädchen, das höchstens drei oder vier Kleider besaß", gekommen war, es gut mit ihr gemeint habe, doch dass sie dem Land mit Asow am Schwarzen Meer, der Krim und der Ukraine alles zurückgezahlt habe. Sie hatte das Werk ihrer Vorgänger fortgeführt. Auch in Zeiten, als Russlands Monarchie schwach war, trieb die Schwungkraft Peters I., die auf seine Nachfolger weiterwirkte, die Außenpolitik in zwei Hauptstoßrichtungen vorwärts: nach Polen und in die Türkei. Dass Russlands potenzielle Gegner sich während nahezu des gesamten 18. Jahrhunderts mit zunehmenden Schwierigkeiten herumzuschlagen hatten, war dem nur förderlich. Nachdem Schweden keine Konkurrenz mehr war, blieben nur noch Preußen und Habsburg als Gegengewicht. Da diese beiden Reiche zerstritten waren, konnte Russland gewöhnlich tun, was ihm gefiel – sowohl mit dem labilen Polen als auch mit dem zerfallenden Osmanischen Reich.

PREUSSEN

Mit Einverständnis des Kaisers krönte sich der Kurfürst von Brandenburg im Jahre 1701 zum König in Preußen. Dieses Königreich bestand bis 1918. Seit 1415 hatte die Dynastie der Hohenzollern in einer ununterbrochenen Linie die Kurfürsten gestellt. Preußen, das damals ein Herzogtum war, hatte sich im 16. Jahrhundert mit Brandenburg zusammengeschlossen. Die Hohenzollern tolerierten in ihrem Herrschaftsgebiet alle Glaubensbekenntnisse. Eines ihrer Probleme war

Dieses Gemälde aus dem 18. Jahrhundert zeigt Friedrich den Großen von Preußen (1712–1786), wie er in Begleitung des Marquise von Argens die Baustelle des Schlosses Sanssouci in Potsdam besichtigt.

ihr ausgedehnter Streubesitz, der sich von Ostpreußen bis ans Westufer des Rheins erstreckte. Die Schweden lieferten dann in der zweiten Hälfte des 17. Jahrhunderts hierfür das Füllmaterial. Doch auch Friedrich Wilhelm, der „Große Kurfürst", musste Niederlagen hinnehmen. Das von ihm geschaffene stehende Heer und seine Siege über Schweden waren die Grundlage für die dauerhafteste militärische Tradition in der Geschichte der europäischen Neuzeit. Waffen und Diplomatie brachten seinen Nachfolger dem ersehnten Ziel, der königlichen Krone, Stück für Stück näher. In der Großen Allianz gegen Ludwig XIV. war er einer der Bündnispartner. Schon diese Tatsache machte Preußen zu einer beachtlichen europäischen Größe. All dies kostete aber Unmengen an Geld, doch ein gut organisierter Haushalt hatte erneut dafür gesorgt, dass Preußen die beste Armee und die am reichsten gefüllte Staatskasse besaß, als Friedrich II. 1740 den Thron bestieg.

Auf diesem Stich aus dem 18. Jahrhundert sieht man das Stadtzentrum von Wien, der Hauptstadt Österreichs.

Friedrich II.

Friedrich II. sollte unter dem Namen „der Große“ bekannt werden. Er verstand es, den Reichtum Preußens und seine großartige Armee auf geschickte Weise einzusetzen – hauptsächlich auf Kosten der Habsburger und des Königreichs Polen. Auch sein eigenes Volk hatte unter ihm zu leiden: Ständig höhere Steuern und immer wieder neue Kriege lasteten auf ihm. Es ist schwer zu sagen, wer beim Volk beliebter war – er oder sein brutaler Vater (den er hasste) –, denn Friedrich II. war heimtückisch, nachtragend, rachsüchtig und vollkommen skrupellos, doch andererseits hochintelligent und viel kultivierter als sein Vater. Er komponierte Flötenmusik, spielte selbst Flöte und liebte geistvolle Diskurse. Den Interessen seiner Dynastie, die für ihn in der Ausdehnung ihrer Territorien und in der Erhöhung ihres Prestiges bestanden, ordnete er sich vollkommen unter. Friedrich gab einige Ländereien auf, die zu abgelegen waren, als dass sie wirklich in den Staat hätten einbezogen werden können und fügte andere, wertvollere Gebiete hinzu. Die Gelegenheit, Schlesien zu erobern, kam, als Kaiser Karl VI. im Jahre 1740 starb. Er hinterließ eine Tochter, deren Erbansprüche auf den Thron er zu sichern versucht hatte, doch deren Aussichten ungewiss waren – Maria Theresia. Bis zu ihrem Tod im Jahre 1780 blieb sie Friedrichs unversöhnlichste Gegenspielerin, und der tiefe persönliche Hass, den sie ihm entgegenbrachte, beruhte auf Gegenseitigkeit. Der europaweit ausgetragene Österreichische Erbfolgekrieg endete mit der Übernahme Schlesiens durch Preußen. Spätere Kriege um Schlesien bestätigten diesen Gewinn. Im letzten Jahr seiner Herrschaft schloss Friedrich die deutschen Fürsten zum Deutschen Fürstenbund zusammen, um die Versuche des Sohnes und Nachfolgers Maria Theresias, Josephs II., zu vereiteln, mit ihm über den Erwerb Bayerns als Entschädigung für das Habsburgererbe zu verhandeln. Diese Episode hatte mehr Bedeutung für die europäische Geschichte als Ganzes, als man von einem Streit um eine Provinz – so reich sie auch war – und um die Vorherrschaft unter den deutschen Fürsten hätte erwarten können. Wie lebendig noch im 18. Jahrhundert die Beschäftigung der Dynastie mit der Vergangenheit war, zeigt ein noch wichtigeres, 100 Jahre lang präsentes Thema, das für Europa einschneidende Konsequenzen hatte. Friedrich begann die Auseinandersetzung zwischen Habsburg und Hohenzollern um den Anspruch auf die Vormacht in Deutschland – ein Streit, der erst 1866 entschieden werden sollte. Dies zeigt, wie sehr sich die Hohenzollern mit den patriotischen Gefühlen der Deutschen gegenüber dem Kaiser, dessen Hauptinteressen sich in der Regel nicht auf Deutschland bezogen, in Zukunft identifizierte würden.

Die Politik des aufgeklärten und hochintelligenten Preußenkönigs stand vor allem unter der Devise, das Reich nur mit Gebieten zu vergrößern, die dessen Wirtschaftskraft mehren würden.

Kampf um die Krim

Die Nachteile, die sich aus den verschiedenen Interessen Maria Theresias ergaben, wurden während ihrer Herrschaft mehr als deutlich. Der österreichische Teil der Niederlande war wegen des hohen Verwaltungsaufwands eher ein Ärgernis als ein strategischer Vorteil, doch die Ablenkung von den Problemen in Deutschland kam aus dem Osten. In der zweiten Hälfte des Jahrhunderts wurde dies immer drängender, als zunehmend klar wurde, dass höchstwahrscheinlich eine lange und dauerhafte Konfrontation mit Russland über das Schicksal des Osmanischen Reiches bevorstand. Seit zirka 30 Jahren hatten die russisch-türkischen Beziehungen vor sich hingeschlummert und nur gelegentliche, kleinere Streitigkeiten um die Einrichtung eines Militärstützpunktes oder die von Krimtataren (eines der Völker, die teilweise zur „Goldenen Horde" gehört hatten und noch unter der Oberherrschaft der Türken standen) verübten Überfälle störten die Ruhe. Zwischen 1768 und 1774 führte Katharina dann jedoch ihren erfolgreichsten Krieg. Der mit den Osmanen in dem unbedeutenden bulgarischen Dorf Kütschük-Kaynarca abgeschlossene Friedensvertrag war einer der bedeutendsten des ganzen Jahrhunderts. Die Türken gaben ihre Oberhoheit über die Krimtataren auf. (Dies war sowohl physisch aufgrund des militärischen Potenzials als auch moralisch ein herber Verlust, denn die dort ansässigen Tataren waren das erste islamische Volk, über das die Türken von nun an keine Kontrolle mehr hatten.) Russland übernahm das Gebiet zwischen Bug und Dnjepr. Der Vertrag erhielt außerdem Schadensersatzleistungen und das Recht ungehinderten Schiffsverkehrs auf dem Schwarzen Meer und durch die Meerengen des Bosporus. In verschiedener Hinsicht bestand jedoch die viel versprechendste Festlegung des Vertrags darin, dass Russland gemeinsam mit den Türken die Interessen der „Kirche, die in Konstantinopel entstehen sollte, sowie jener, die ihr dienten" wahrnehmen sollte. Dies bedeutete, dass die russische Regierung von nun an die neuen Rechte, die den griechischen Untertanen des Sultans – also den Christen – zustanden, garantieren und schützen würde. Diese Abmachung sollte sich als ein Blankoscheck erweisen, mit dem sich die Russen in türkische Angelegenheiten mischen konnten. Kaum war die Tinte auf dem Vertrag getrocknet, zeigte sich, dass er für einen Anfang stand und nicht für ein Ende. 1783 annektierte Katharina die Krim, und nach einem weiteren Krieg mit der Türkei zogen ihre Heere die Frontlinie weiter bis zum Lauf des Dnjestr. Die nächstmögliche Grenzlinie war der Pruth, der etwas mehr als 160 Kilometer vom Schwarzen Meer entfernt in die Donau fließt. Die Möglichkeit, dass sich die Russen an der Donaumündung festsetzen könnten, blieb für Österreich ein ständiger Albtraum. Doch noch vorher zeichnete sich im Osten die Gefahr ab, dass Russland Polen schlucken könnte. Nach dem Niedergang Schwedens konnte es im Prinzip mit Warschau tun, was es wollte, und sah seine Interessen von einem willfährigen polnischen König gewahrt. Die Splittergruppen der Magnaten mit ihren Streitereien versperrten den Weg zu Reformen, doch ohne Reformen war die Unabhängigkeit Polens bloße Fiktion, weil ein wirksamer Widerstand gegenüber Russland unmöglich wurde. Reformversuche machten die Russen durch geschickte Ausnutzung religiöser Spaltungen zunichte, indem sie auf die Bildung von Bündnissen hinarbeiteten, die Polen auf schnellstem Weg in den Bürgerkrieg führten.

Die Teilungen Polens

Die letzte Phase der Unabhängigkeit Polens begann 1768 mit der Kriegserklärung der Türkei an Russland. Diese begründete ihren Schritt mit der Verteidigung der polnischen Freiheit. Vier Jahre später – 1772 – erfolgte die erste „Teilung" Polens, bei der Russland, Preußen und Österreich ungefähr ein Drittel des polnischen Territoriums und die Hälfte seiner Einwohner unter sich aufteilten. Das alte internationale System, das Polen mehr

Innere Auseinandersetzungen verhinderten ein vereintes starkes Polen. Auf Grund dieser Schwäche konnten Russland, Preußen und Österreich es unter sich aufteilen. Erst 1918 sollte es wieder einen unabhängigen polnischen Staat geben.

oder weniger künstlich am Leben gehalten hatte, gab es nicht mehr. Nach zwei weiteren Teilungen hatte Russland am meisten vereinnahmt – ungefähr 470 000 Quadratkilometer hatte es in sein Reich integriert (und sich damit anhaltenden polnischen Widerstand eingehandelt). Doch auch Preußen brauchte sich nicht zu beklagen: Nachdem die Beute aufgeteilt war, hatte es mehr slawische Untertanen als deutsche. Trotz alledem war der riesige Gewinn auch gleichzeitig das Ende der russischen Erfolge. Die Umgestaltung Osteuropas, die seit 1500 angedauert hatte, war nun abgeschlossen, und die Voraussetzungen für das 19. Jahrhundert waren geschaffen. In ihm würde es keine Kriegsbeute mehr geben, die Österreich und Russland von dem Problem des osmanischen Erbes ablenken könnte. In der Zwischenzeit verschwand das freie Polen für 125 Jahre in der Versenkung.

Das neue europäische Staatensystem

Katharina behauptete zu Recht, viel für Russland getan zu haben, doch hatte sie nur auf ein Fundament gebaut, das schon vorher gelegt war. Bereits in den 1730er Jahren hatte eine russische Armee den Neckar erreicht; 1760 kam eine andere bis Berlin. Um 1770 kreuzte eine russische Flotte im Mittelmeer, und einige Jahre später gab es einen Feldzug russischer Truppen in die Schweiz. 20 Jahre später marschierte ein Heer in Paris ein. Das Paradoxe an dieser offenkundigen militärischen Stärke war, dass sie in einer rückständigen sozialen und ökonomischen Struktur verwurzelt war. Der russische Staat gründete sich seit Peter I. auf eine Gesellschaft, zu der er völlig im Widerspruch stand. Natürlich bedeutete dies nicht, dass die Uhr zurückgedreht werden konnte. Das Osmanische Reich würde nie mehr ein ernst zu nehmender Machtkonkurrent sein, während gleichzeitig der Aufstieg Preußens und Russlands ein neues Zeitalter ankündigte. Welch großen internationalen Einfluss die Vereinigte Republik der Niederlande und Schweden in Zukunft einmal haben würden, konnte sich um 1500 noch niemand vorstellen – aber auch ihr Gewicht war gestiegen und bis 1800 wieder gesunken. Als das 19. Jahrhundert begann, waren sie einflussreiche Staaten, aber nur noch zweitrangig. Im Zeitalter der Nationalstaaten konnte Frankreich auch weiterhin seine Erstrangigkeit bewahren – ähnlich wie in der Zeit dynastischer Rivalitäten im 16. Jahrhundert. Es hatte sogar an relativer Stärke gewonnen, und der Höhepunkt seiner Vorherrschaft in Westeuropa sollte noch kommen. Doch auch Frankreich sah sich mit einem neuen Herausforderer konfrontiert – einem, der es schon einmal besiegt hatte: Aus dem um 1500 noch kleinen englischen Königtum, das auf eine der europäischen Küste vorgelagerte Insel begrenzt war und von einer Dynastie von Emporkömmlingen regiert wurde, war die Weltmacht Großbritannien geworden. Dieser Wandel war fast ebenso überraschend und plötzlich erfolgt wie derjenige in Russland. Er überwand die alten Denkmuster der europäischen Diplomatie ebenso dramatisch. Innerhalb von 300 Jahren hatten sich die Hauptkonfliktzonen und Hauptstreitobjekte Europas von den alten Schlachtfeldern Italiens, des Rheinlandes und der Niederlande nach Mittel- und Ostdeutschland, in die Donauebene, nach Polen, in die Karpaten und in den Ostseeraum verlagert – ja sogar bis nach Übersee. Ein neues Zeitalter war nun endgültig angebrochen. Nicht nur die Neugestaltung Osteuropas, sondern auch die Kriege Ludwig XIV. – die ersten Weltkriege der Neuzeit, weil sie sich auf die Imperien sowohl in Europa als auch in Übersee erstreckten – waren deren äußere Zeichen.

Mit Kriegen, die gleichzeitig in Europa und in Übersee stattfanden, begann ein neues, globales Zeitalter.

Ein zeitgenössischer Druck zeigt die erste Teilung Polens. Die osteuropäischen Monarchen sind damit beschäftigt, die Beute unter sich aufzuteilen.

4 KOLONIALISMUS UND IMPERIALISMUS

Der Wandel, der sich nach 1500 in der Weltgeschichte vollzog, ist einmalig. Nie zuvor hat es eine einzige Kultur geschafft, sich über den ganzen Erdball zu verbreiten. Seit der Vorgeschichte ging die Tendenz immer in Richtung einer Ausdifferenzierung. Nun war die Welle dieser kulturellen Entwicklung im Begriff zu kippen. Die Grundzüge des Wandels konnte man bereits am Ende des 18. Jahrhunderts erkennen. Die europäischen Nationen – einschließlich Russlands – erhoben damals schon Anspruch auf mehr als die Hälfte der Erdoberfläche und hatten rund ein Drittel der Erde unter ihrer Kontrolle. Zu diesem Zeitpunkt hatten sich bereits so viele europäische Siedler in der westlichen Hemisphäre niedergelassen, dass man von neuen Zivilisationszentren sprechen konnte. Aus den ehemaligen britischen Kolonien in Nordamerika war eine neue Nation entstanden, und im Süden des Kontinents hatten die Spanier zwei hoch entwickelte Zivilisationen zerstört, um ihre eigene so fest wie möglich zu verwurzeln. In Richtung Osten verlief die Entwicklung ganz anders, doch nicht weniger beeindruckend. Wäre ein Engländer um 1800 auf einem „Ostindienschiff" am Kap der Guten Hoffnung (wo etwa 20000 Holländer lebten) vorbeigesegelt, so hätte er keine europäischen Kolonien wie die in Amerika entdeckt – es sei denn, er hätte sich bis ins entfernte Australien gewandt, wo gerade die ersten Siedler angekommen waren. In Ostafrika, Persien, Indien und Indonesien jedoch hätte er mit Sicherheit Europäer angetroffen, die hier ihre Geschäfte tätigten und über kurz oder lang planten, nach Hause zurückzukehren, um ihre Profite zu genießen. Man fand sie sogar in Kanton im Süden Chinas und vereinzelt auf den abgeschotteten Inseln

Geographen wie jener, den Diego Velázqeuz zwischen 1624 und 1626 porträtierte, standen im 16. und 17. Jahrhundert in hohem Ansehen.

Kalikut in Südindien war der erste indische Hafen, der von einem Portugiesen angefahren wurde. Vasco da Gama landete hier im Jahre 1498. Dieser Kupferstich zeigt Kalikut, wie es 1572 aussah.

des Königreiches Japan. Nur das Innere Afrikas mit seinem unerträglichen Klima und seinen Krankheiten schien undurchdringlich.

Europas Blick über seine Grenzen

Der ungewöhnliche Wandel, den die Weltgeschichte erlebte, begann mit der Errichtung der ersten europäischen Kolonien und war hauptsächlich eine Einbahnstraße: Europäer gingen hinaus in die Welt, doch abgesehen von den Arabern betrat kaum ein Nichteuropäer den Kontinent, es sei denn als Sklave. Dabei waren beispielsweise die Chinesen keineswegs unerfahrene Seeleute. Sie hatten Ozeanfahrten unternommen, und auch die Inselbewohner des Pazifiks begaben sich auf lange Kreuzfahrten. Doch die Schiffe, die um das Horn von Afrika oder durch die Straße von Gibraltar fuhren, um Häfen am Atlantik anzusteuern, waren europäische, die sich auf der Heimreise befanden, keine asiatischen. Diese revolutionäre Veränderung weltweiter Kontakte hatten die Europäer eingeläutet. Sie machten Entdeckungen, tätigten Geschäfte, nutzten die Vorzüge der Technik und setzten ihre Regierungen als Schirmherren ein. Keine Zivilisation breitete sich jemals so dramatisch, so schnell und so ungehindert aus wie die europäische – von gelegentlichen Rückschlägen abgesehen.

Unterschiedliche Motive europäischer Expansion

Einer der Vorteile der Europäer war ihre starke Motivation, eine Sache erfolgreich zu Ende zu bringen. Hinter den Triebkräften des Zeitalters der Entdeckungen verbarg sich der Wunsch nach einem leichteren und direkteren Zugang zum Fernen Osten, denn dort gab es Dinge, die die Europäer unbedingt besitzen wollten, während sie selbst nichts als Gegenleistung zu bieten hatten. Als Vasco da Gama den Bewohnern von Kalikut seine Geschenke für den König zeigte, lachten sie ihn aus, denn arabische Händler hatten bereits unvergleichlich Besseres aus anderen Teilen Asiens nach Indien gebracht. Einzig und allein die inzwischen bekannte Überlegenheit des Orients an Kulturgütern spornte die Europäer dazu an, regelmäßige Reisen – auf sichereren Routen als auf der willkürlich von Marco Polo gewählten – in den Osten zu unternehmen. China, Indien und

Wirtschaftliche und religiöse Motive sowie der Glaube an ihre absolute Überlegenheit veranlassten die Europäer im 16. Jahrhundert zur Expansion und Kolonisation in Übersee.

Dieses Gemälde aus dem Jahre 1520 zeigt eine Flotte großer bewaffneter portugiesischer Handelsschiffe, die Galeonen, die man im 15. und 16. Jahrhundert auf dem Mittelmeer einsetzte.

Japan befanden sich im 16. und 17. Jahrhundert auf einer kulturell sehr hohen Stufe. Die Landblockade Europas durch die Türken machte jene Länder noch attraktiver als bisher. Riesige Profite standen in Aussicht, so dass es sich lohnte, große Anstrengungen in Kauf zu nehmen. Um 1500 konnten neue Unternehmungen auf der Basis der früheren Expeditionen in Ruhe vorbereitet werden. Jede Reise vergrößerte das vorhandene Wissen und die Erkenntnis, dass man noch mehr erreichen konnte. Die Unternehmungen warfen bald Gewinne ab, mit denen man die weitere Expansion finanzieren konnte.

Bald nach dem Entstehen der ersten Siedlungen begann man mit Missionsfahrten. Auch als kultureller Faktor war das Christentum stets präsent: Es gab den Europäern das sichere Gefühl, den Menschen, mit denen sie zum ersten Mal in Berührung kamen, überlegen zu sein. In den folgenden 400 Jahren hatte dies oft katastrophale Folgen. Überzeugt von der Richtigkeit ihres Glaubens, blickten die Europäer verächtlich auf die Kultur anderer Völker und ihre Werte. Nicht nur, dass sie das Leben dieser Menschen zerstörten – sie gingen auch auf brutale Weise gegen sie vor. Religiöser Eifer konnte leicht weniger ehrenwerte Motive verdunkeln, so wie es der bedeutendste spanische Geschichtsforscher der Eroberung Amerikas einmal ausdrückte, als er beschrieb, weshalb er und seine Mitstreiter zu den Westindischen Inseln aufgebrochen waren: „Wir wollten Gott und Seiner Majestät dienen, um ein Licht für jene anzuzünden, die im Dunkeln sitzen, und wir selbst wollten reich werden – etwas, nach dem alle Menschen streben." Doch es war Gier, die schon bald zu Machtmissbrauch, zu Dominanz und gewaltsamer Ausbeutung führte. Zuletzt wurden schwere Verbrechen teils sogar in gutem Glauben verübt. Ganze Gesellschaften wurden von den Europäern vernichtet: Dies war die verheerendste Auswirkung ihrer Entschlossenheit, von Anfang an eine dominierende Rolle in der Welt zu spielen. Die ersten Abenteurer, die die Küste Indiens erreichten, verwickelten schon bald die Schiffe asiatischer Händler in Enterkämpfe, folterten und ermordeten Passagiere und Besatzung, raubten ihre Fracht und steckten danach die verwüsteten Schiffe in Brand. Meistens erzwangen die Europäer alles aufgrund ihrer technischen Überlegenheit. Einige Jahrhunderte lang verlagerte sich das Gleichgewicht der Mächte weg von den großen historischen Ballungszentren.

Schiffe und Kanonen

Der portugiesische Seefahrer, der nach Vasco da Gama Indien erreichte, beschoss Kalikut mit Kanonen. Als die Portugiesen einige Zeit später, im Jahre 1517, Kanton erreichten, feuerten sie zur Begrüßung mehrere Salutschüsse als Zeichen von Respekt und Freundschaft ab. Doch der Lärm ihrer Kanonen erschreckte die Chinesen (die sie zu Anfang *folangki* nannten – eine exotische Verfälschung von „Franken"). Die Waffen dieser Fremden waren beeindruckender als alles, was man bisher in China kannte. Die Asiaten verwendeten Geschütze schon länger in ihren Armeen, und die Chinesen kannten Schießpulver bereits Jahrhunderte vor den Europäern, doch hatte sich ihre Artillerietechnik nicht weiterentwickelt. Das handwerkliche Können der Europäer und die Hüttenindustrie machten im 15. Jahrhundert große Fortschritte, ihre Waffen waren die besten in der Welt. Innovativ waren vor allem die Schiffstechnik und die Leistungen in der Seefahrt: Mit der Verbindung von Ballistik und Schiffsbau gelang den Europäern die Herstellung jenes Kriegsgeräts, mit der sich ihnen die Tore der Welt öffneten: das mit Kanonen bestückte Segelschiff. Doch auch hier war die Entwicklung im Jahre 1517 noch längst nicht abgeschlossen, als die Portugiesen die von den Türken geführten Flottenverbände aus dem Indischen Ozean vertrieben. Die Türken waren auf dem Roten Meer erfolgreicher, denn in diesen Gewässern konnten die Rudergaleeren, die ihre Feinde rammten und enterten, besser operieren. Doch selbst dort gelang es den Portugiesen, bis zur Landenge von Suez vorzudringen. Die chinesischen Kriegsdschunken waren auch nicht erfolgreicher als die Ruder-

Eine Karte aus der *Gallery of Maps*. Die Illustration wurde von Papst Gregor XIII. in Auftrag gegeben und zwischen 1580 und 1583 angefertigt. Sie zeigt eine Galeone aus dem 16. Jahrhundert. Diese Segelschiffe mit ihren feinen Segeltüchern, hohen Vorderdecks und Achtersteven waren die ersten mit Heckgeschützen, das sind Kanonen, mit denen man in Längsrichtung schoss und die gleichzeitig Geschütze trugen, die wie bisher an der Breitseite angebracht waren.

galeeren. Nachdem die Europäer diese abgeschafft und an ihren Breitseiten eine große Zahl Kanonen angebracht hatten, erhöhte sich die Schlagkraft ihrer Kriegsschiffe trotz der relativ geringen Besatzung gewaltig. Die Europäer wollten ihren immensen Vorsprung in der Kriegstechnik wahren. Schon im Jahre 1481 verbot der Papst die Ausfuhr von Waffen nach Afrika. Im 17. Jahrhundert waren die Holländer sehr darauf bedacht, dass niemand erfuhr – am wenigsten die Asiaten –, auf welche Weise sie Kanonen gossen. Sie fanden es dennoch heraus. Türkische Artilleristen brachten im 15. Jahrhundert die Kunst der Waffenschmiede nach Indien; auf ihrem Weg nach China versorgten die Portugiesen die Perser mit Kanonen und lehrten sie, wie sie noch mehr davon gießen konnten. Im 17. Jahrhundert verschafften sich die Jesuitenpater durch ihre Kenntnisse in Waffenherstellung und Geschützwesen das Wohlwollen der chinesischen Regierung.

Europäisches Selbstvertrauen

Obgleich die Kenntnisse moderner Waffenproduktion bis zu den Ländern des Orients drang, wie die Holländer befürchtet hatten, konnte dies den Vorteil der Europäer nicht schmälern. Der Geschützbau der Chinesen entwickelte sich trotz der Ausbildung durch die Jesuiten nicht nennenswert weiter, was nicht mit den Fertigungskenntnissen zusammenhing. Einer der Vorzüge der Europäer war

Handelsplätze und Besitzungen der Europäer in Afrika und Asien um 1750

Im 17. Jahrhundert begann sowohl für die Perser als auch für das Osmanische Reich die Zeit des Niedergangs. Holländer, Engländer und Franzosen lösten die Portugiesen als Beherrscher sowohl des Indischen Ozeans als auch Asiens, wo die Kolonialmächte ihre wirtschaftliche Ausbeutung verstärkt hatten, allmählich ab. Spanien und Portugal setzten inzwischen die Kolonialisierung und Ausbeutung von Mittel- und Südamerika fort, während Franzosen, Engländer und Holländer sich auf den Westindischen Inseln und an der Küste Nordamerikas langsam festsetzten.

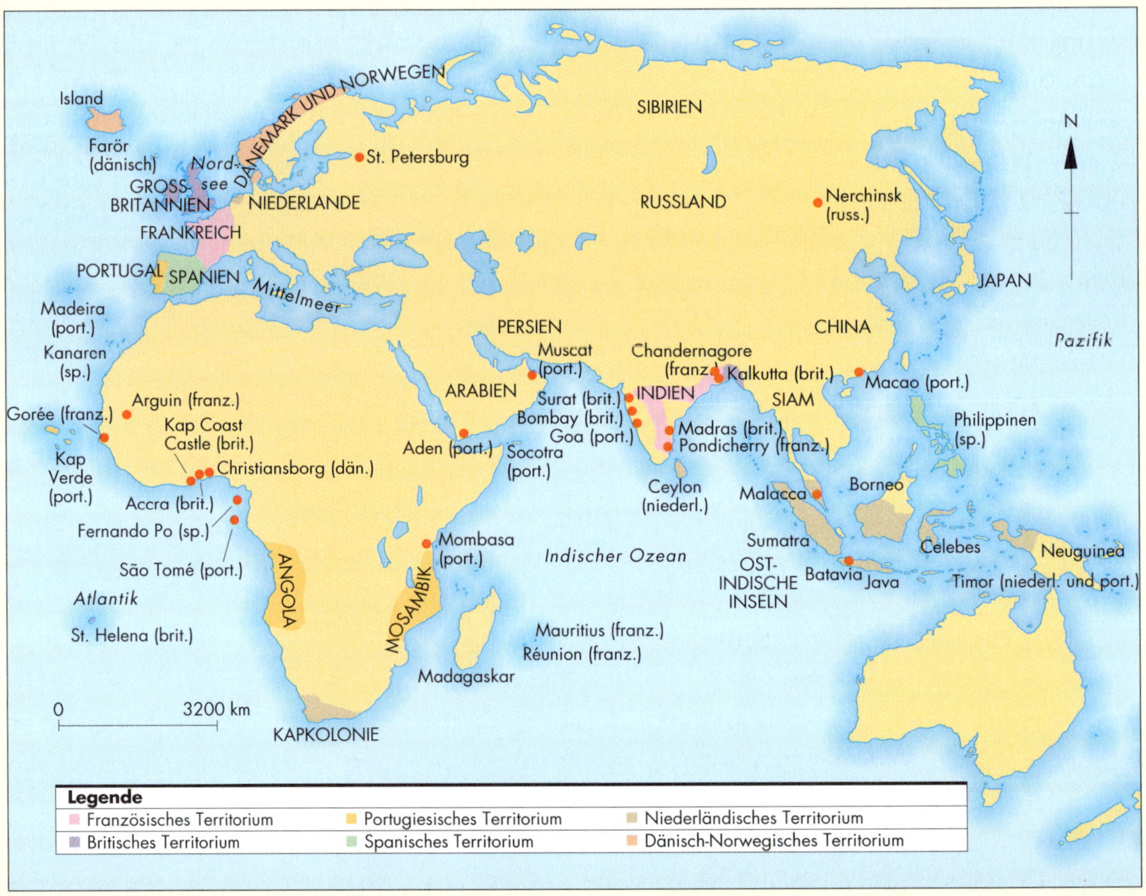

von Anfang an neben dem Wissen die besondere Einstellung dazu. Sie waren bereit, die Kenntnisse praktisch umzusetzen und hatten ein Gefühl für den technischen Nutzen. Hier zeigte sich eine weitere psychologische Besonderheit der Europäer: das Vertrauen in die Kraft, etwas verändern zu können. Vielleicht war dies der grundlegendste Unterschied zu außereuropäischen Ländern: Europa war offen für alles, was die Zukunft an Möglichkeiten bereithielt.

PORTUGIESISCHER IMPERIALISMUS

Afrika und Asien waren die ersten Ziele, gegen die sich der europäische Unternehmergeist richtete. Auf diesen Kontinenten waren die Portugiesen länger als ein Jahrhundert führend. Sie spielten eine so überragende Rolle und waren so erfolgreich in der Entdeckung neuer Seerouten nach Osten, dass sich ihr König (mit Zustimmung des Papstes) „Herr der Eroberung, der Navigation und des Handels in Indien, Äthiopien, Arabien und Persien“ nennen durfte. Der Titel war jedoch in Bezug auf Äthiopien irreführend, da Portugal mit dem afrikanischen Land nur wenig in Berührung kam. Nach Afrika vorzudringen war nur in ganz geringem Umfang möglich und mit großen Risiken verbunden. Die Portugiesen schlossen daraus, dass Gott bewusst vor das Landesinnere Afrikas eine Schranke gesetzt habe, wegen dessen rätselhafter und gefährlicher Krankheiten (die die Europäer bis Ende des 19. Jahrhunderts von Zentralafrika fern hielten). Selbst die Stützpunkte an der afrikanischen Westküste waren Orte, an denen Krankheiten grassierten und die deshalb nur wegen ihrer Bedeutung für den Sklavenhandel und als Zwischenstationen an ausgedehnten Handelswegen aufrechterhalten wurden. Die Niederlassungen in Ostafrika waren weniger von Krankheiten heimgesucht,

Dieser Kupferstich aus dem 19. Jahrhundert ist eine Kopie der aus dem 16. Jahrhundert stammenden Abbildung der *Hl. Katharina des Berges Sinai*, dem Flaggschiff des Geschwaders Vasco da Gamas.

doch auch sie waren nicht als Ausgangspunkt für Reisen ins Landesinnere interessant, sondern weil sie Teil eines von den Arabern geschaffenen Handelsnetzes waren. Die Portugiesen beuteten sie aus, indem sie zum Beispiel die Preise für Gewürze, die über das Rote Meer und den Nahen Osten zu den venezianischen Kaufleuten des östlichen Mittelmeergebiets gebracht wurden, heraufsetzten. Die Nachfolger der Portugiesen ließen Zentralafrika ebenfalls unbehelligt. Nur in den Randgebieten kamen seine Bewohner mit den Europäern in Kontakt – was für sie zwar oft interessant, doch gleichzeitig auch schädlich war. In der ersten Phase des europäischen Vordringens nach Asien war zunächst keine der beteiligten Mächte daran interessiert, größere Gebiete zu besiedeln oder ihre Bewohner zu

Afrika in der Frühen Neuzeit

Nachdem die Portugiesen Anfang des 15. Jahrhunderts verschiedene neu entdeckte Länder christianisiert und profitträchtige Handelsrouten unter ihre Kontrolle gebracht hatten, begannen sie mit der Erforschung und Kolonialisierung Madeiras und der Azoren. Ermutigt von Prinz Heinrich dem Seefahrer, riskierten die Portugiesen eine Fahrt zur noch unerforschten westafrikanischen Küste, denn sie suchten einen Seeweg nach Osten – dorthin, wo sie Gewürze finden und all die Wunder sehen würden, von denen Marco Polo berichtet hatte. Spanische Seefahrer folgten dem Beispiel der Portugiesen. Beide Länder legten kleinere Siedlungen entlang der afrikanischen Küste an – sichere Häfen, in denen ihre Schiffsbesatzungen lange Fahrten unterbrechen konnten. Bis zum Ende des 15. Jahrhunderts hatten sich viele zu wichtigen Handelsplätzen und Machtzentren der Europäer entwickelt. Auch Franzosen, Engländer und Holländer verfolgten in dieser Region wirtschaftliche Interessen.

unterwerfen. In der Hauptsache lag den Europäern bis ins 18. Jahrhundert hinein an Handelsstützpunkten, staatlichen Konzessionen für die Hafenanlagen, Schutzbauten und befestigten Standorten entlang der Küste. Dank solcher Voraussetzungen gedieh dort ein ungestörter und überaus Gewinn bringender Handel.

Das portugiesische Handelsmonopol

Im 16. Jahrhundert beherrschten die Portugiesen den Handel mit Asien; ihre Kanonen sorgten für ungestörte Fahrten auf den Weltmeeren. In kurzer Zeit errichteten sie eine Kette von Stützpunkten und Handelsplätzen. Zwölf Jahre nach der Landung Vasco da Gamas in Kalikut gründeten sie ihren wichtigsten Handelsstützpunkt an der westindischen Küste – Goa. Der Ort entwickelte sich sowohl zu einem missionarischen als auch zu einem wirtschaftlichen Zentrum. Außerdem unternahmen die Portugiesen sofort nach ihrer Ansiedlung große Anstrengungen, ihren Glauben zu verbreiten. Im Jahre 1513 legten die ersten portugiesischen Schiffe an der Küste der Molukken, den legendären Gewürzinseln, an. Damit begann die Eroberung Indonesiens, Südostasiens und der Inseln im äußersten Süden des Stillen Ozeans bis nach Timor. Vier Jahre später landete das erste portugiesische Schiff an der Küste Chinas – eine direkte Handelsverbindung zwischen Europa und dem Kaiserreich war geschaffen. Zehn Jahre später erlaubte man den Portugiesen einen Aufenthalt in Macao, und 1557 durften sie sich dort dauerhaft niederlassen.

Nachdem ihnen Karl V. seine Rechte an der Insel, die Spanien im Zusammenhang mit der Erforschung der Molukken beanspruchte, abgetreten hatte, nur noch die Philippinen im Fernen Osten behielt und auf jegliche Ansprüche im Indischen Ozean verzichtete, hatten die Portugiesen im Reich des Ostens ein halbes Jahrhundert lang eine Monopolstellung inne. Doch sie beherrschten nicht nur den Handel zwischen Asien und Europa. Als Besitzer von Handelsschiffen übernahmen sie auch einen großen Teil der Frachtschifffahrt zwischen den asiatischen Ländern selbst – sie brachten Teppiche von Persien nach Indien, Gewürznelken von den Molukken nach China, Kupfer und Silber von Japan nach China und indische Stoffe nach Siam, dem heutigen Thailand. Sowohl für die Portugiesen als auch für ihre Nachfolger war der Frachtverkehr eine profitable Einnahmequelle, die ihre ungünstige Handelsbilanz mit Asien auszugleichen half. Lange Zeit war Silber das einzige Handelsgut, das sie in Asien verkaufen konnten. Die einzigen ernsthaften Konkurrenten zur See waren die Araber. Sie wurden jedoch durch portugiesische Geschwader von deren afrikanischen Stützpunkten an der Mündung des Roten Meeres – von Socotra, wo sie sich im Jahre 1507 niedergelassen hatten – ebenso von Hormus an der Maskatküste – der Einfahrt zum Persischen Golf – und von Goa aus

Durch gleichzeitige Fortschritte in der Waffen- und der Schiffstechnik gelang es den Europäern, Anfang des 16. Jahrhunderts ein mit Kanonen bestücktes Segelschiff zu bauen. Solche Schiffe wurden zum Begleitschutz portugiesischer Handelsschiffe eingesetzt.

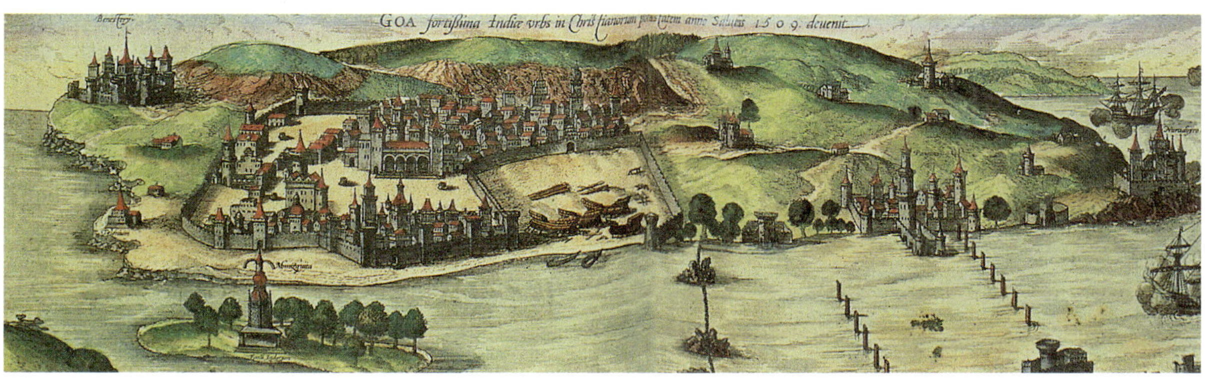

Dieser holländische Stich aus dem 16. Jahrhundert zeigt eine Stadt bei Goa. Die Hafenstadt war 1510 von Affonso d'Albuquerque besetzt worden und gehörte bis zur Angliederung an die Indische Union im Jahre 1961 zu Portugiesisch-Indien.

Portugiesische Händler beauftragten oft afrikanische Kunsthandwerker mit der Herstellung von Luxusartikeln. Dieser Salzstreuer wurde im 16. Jahrhundert im Beninstil aus Elfenbein gefertigt. Figuren portugiesischer Krieger bilden den Sockel; der Deckel wird von der Miniatur einer portugiesischen Karavelle geschmückt.

scharf kontrolliert. Von diesen Orten aus expandierte der portugiesische Handel weiter, so dass es schließlich gelang, das Rote Meer bis nach Massawa zu durchfahren und bis zur nördlichsten Spitze des Persischen Golfes nach Basra vorzudringen. Handelskonzessionen erhielten die Portugiesen auch in Birma und Siam, und sie waren die Ersten, die in den 1540er Jahren Japan erreichten. Dieses Netzwerk von Handelsplätzen und Konzessionen wurde von einer Diplomatie, die aus Gesprächen und Vereinbarungen mit lokalen Herrschern bestand, aber auch durch die Schlagkraft ihrer Schiffskanonen zusammengehalten. Auch wenn die Portugiesen es gewollt hätten – auf dem europäischen Festland hätten sie diese Stärke niemals entwickeln können.

Das Ende des portugiesischen Reiches

Portugals Vormachtstellung verdeckte seine fundamentalsten Schwächen: Es verfügte über zu wenig Menschen und eine unsichere finanzielle Basis. Ende des 16. Jahrhunderts übernahmen die Holländer die Führung. Sie waren eine imperialistische Handelsnation *par excellence*. Ihre große Chance war gekommen, als sich die Königreiche Portugal und Spanien zusammenschlossen. Durch die sich daraus ergebenden Veränderungen drohten die holländischen Seeleute vom Weiterverkauf orientalischer Waren von Lissabon nach Nordeuropa abgeschlossen zu werden. Der Hintergrund des 80-jährigen Krieges mit Spanien war ein zusätzlicher Anreiz für die Holländer, Gebiete zu betreten, die ihnen Gewinne auf Kosten der Spanier versprachen. Mit weniger als zwei Millionen Menschen hing ihr Überleben von einer schmalen Grundlage ab, und wirtschaftliche Erfolge waren für sie existenziell. Sie genossen sowohl durch ihr Potenzial an Seeleuten als auch durch die Stärke ihrer Flotte entscheidende Vorteile. Schützenhilfe erhielten die Holländer von den ebenfalls wieder aufstrebenden Arabern, die die ostafrikanischen Stützpunkte nördlich von Sansibar zurückerobert hatten.

Die ersten Jahrzehnte des 17. Jahrhunderts brachten den Zusammenbruch des größten Teils des portugiesischen Reiches im Osten und seine Übernahme durch die Holländer. Das Hauptziel der Holländer aber waren die Molukken. Eine kurze Periode von Einzelexpeditionen (65 in sieben Jahren, davon einige durch die Magellanstraße, andere um das Kap der Guten Hoffnung) endete, als 1602 auf Initiative der Generalstaaten – also der Regierung der Vereinigten Niederländischen Provinzen – die Vereinigte Niederländische Ostindische Kompanie gegründet wurde. Sie sollte sich als das entscheidende Instrument holländischer Vorherrschaft im Osten erweisen. Wie ihre Vorgänger, die Portugiesen, bedienten sich auch die Mitarbeiter dieser Gesellschaft diplomatischer Mittel, indem sie mit den Herrschern der Eingeborenen verhandelten und auf diese Weise etwaige Konkurrenten ausschalteten. Und wie die Portugiesen unterhielten auch die Holländer ein Netz von Handelsstützpunkten. Wie unangenehm die Holländer mit Rivalen umspringen konnten, zeigte sich 1623, als sie zehn Engländer in der Nähe von Amboina ermordeten. Damit endeten alle Versuche Englands, sich direkt in den Gewürzhandel einzuschalten. Amboina war einer der ersten Stützpunkte, der den Portugiesen in einer schnellen Aktion entrissen wurde. Doch erst im Jahre 1609, nachdem ein Generalstatthalter als ständiger Vertreter in den Osten entsandt wurde, konnten die Holländer die wichtigsten befestigten Stützpunkte der Portugiesen einnehmen. Das Zentrum, von dem aus sie operierten, war ihr Hauptquartier in Jakarta (wieder umbenannt in Batavia) auf Java. Es entwickelte sich zum Mittelpunkt eines Siedlungsgebiets, in dem holländische Plantagenbesitzer ihre Arbeiter brutal behan-

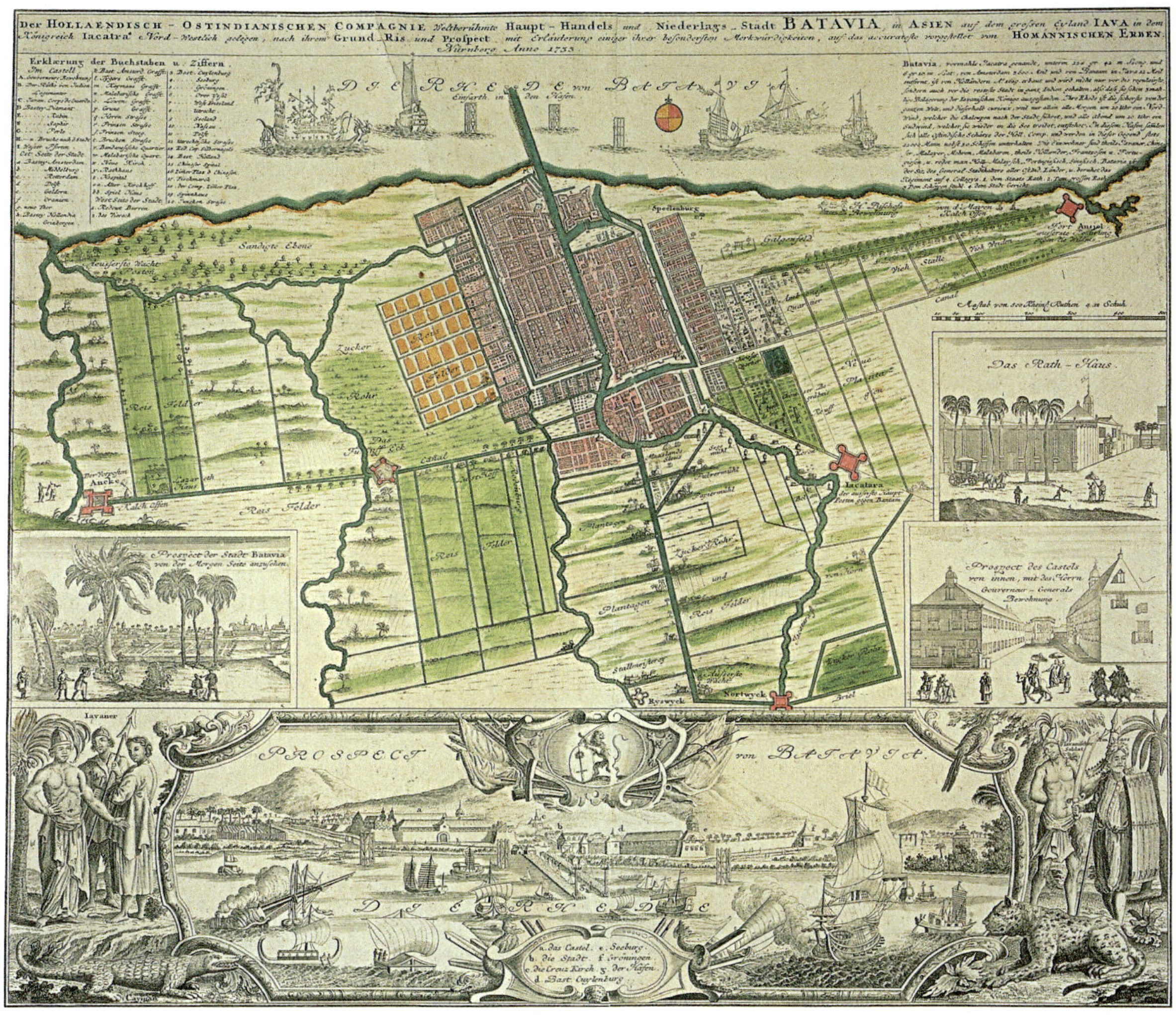

Dieser Stich aus dem 18. Jahrhundert zeigt Batavia (Jakarta). Batavia war die Hauptstadt der holländischen Kolonie und Residenz des Hauptquartiers der Holländischen Ostindischen Kompanie auf Java, einer der indonesischen Inseln.

delten. Dabei konnten sie sich auf die Unterstützung durch die Ostindische Kompanie verlassen. Die frühe Geschichte der holländischen Kolonien ist grausam – Aufstände, Deportationen, Sklaverei und Ausrottung waren an der Tagesordnung. Der Handel der lokalen Schiffsunternehmen – auch der der Chinesen – wurde absichtlich zerstört, um alle Profitquellen in holländische Kanäle zu leiten.

Der Handel der Holländer

Die Ausfuhr von Gewürzen nach Europa stand im Mittelpunkt des holländischen Interesses – ein lohnendes Geschäft. Der Gewürzhandel belief sich nahezu konstant auf über zwei Drittel des gesamten Warenverkehrs, der innerhalb eines Jahrhunderts nach Amsterdam lief. Die Holländer schlossen die Portugiesen zunehmend aus dem wertvollen Handelsgeschäft mit Ostasien aus. Es gelang ihnen zwar nicht, sie aus Macao zu vertreiben, obwohl sie Militärexpeditionen in dieses Gebiet sandten, doch konnten sie in Formosa Stützpunkte einrichten, von denen aus sie eine indirekte Handelsverbindung mit dem chinesischen Festland aufbauten. 1638 wurden die Portugiesen aus Japan vertrieben, und auch hier nahmen die Holländer ihren Platz ein. In den folgenden zwei Jahrzehnten setzten sie sich auch auf Ceylon an die Stelle der Portugiesen. Das erfolgreich ausgehandelte Monopol in Siam wurde ihnen von Frankreich abgenommen. Diese Kollision mit Frankreich kam zustande, als 1660 drei französische Missionare zufällig in die siamesische Hauptstadt gelangten. Dem Umstand, dass sie ein Missionszentrum gründeten und ein griechischer Berater am siamesischen Hof wirkte, ist es zu verdanken, dass Frankreich im Jahre 1685 eine Botschaft sowie eine Militärmission errichten konnte. Doch dieser viel versprechende Anfang scheiterte im Bürgerkrieg. Siam verschwand für weitere 200 Jahre aus dem Blickfeld und Einflussbereich der Europäer. Dennoch übte Holland im frühen 18. Jahrhundert eine Vorherrschaft im Indischen Ozean und in Indonesien aus, und das Chinesische Meer war eine wichtige Interessenssphäre. Der Mittelpunkt holländischer Macht war die Straße von Malakka. Von dort breitete sie sich nach Malaysia, Indonesien und Formosa aus, erfasste die Handelsverbindungen mit China und Japan und griff nach Südwesten auf die wichtigen Molukkeninseln über. Das gesamte Gebiet verfügte über einen beachtlichen Binnenhandel, der sich nahezu selbst finanzierte – Gold- und Silberbarren aus Japan und China statt wie früher aus Europa

Ein zeitgenössisches Ölbild zeigt die Flotte der Holländischen Ostindischen Kompanie im frühen 17. Jahrhundert auf ihrer Heimfahrt nach Amsterdam. Die Schiffe haben Gewürze und andere wertvolle Güter aus dem Fernen Osten geladen.

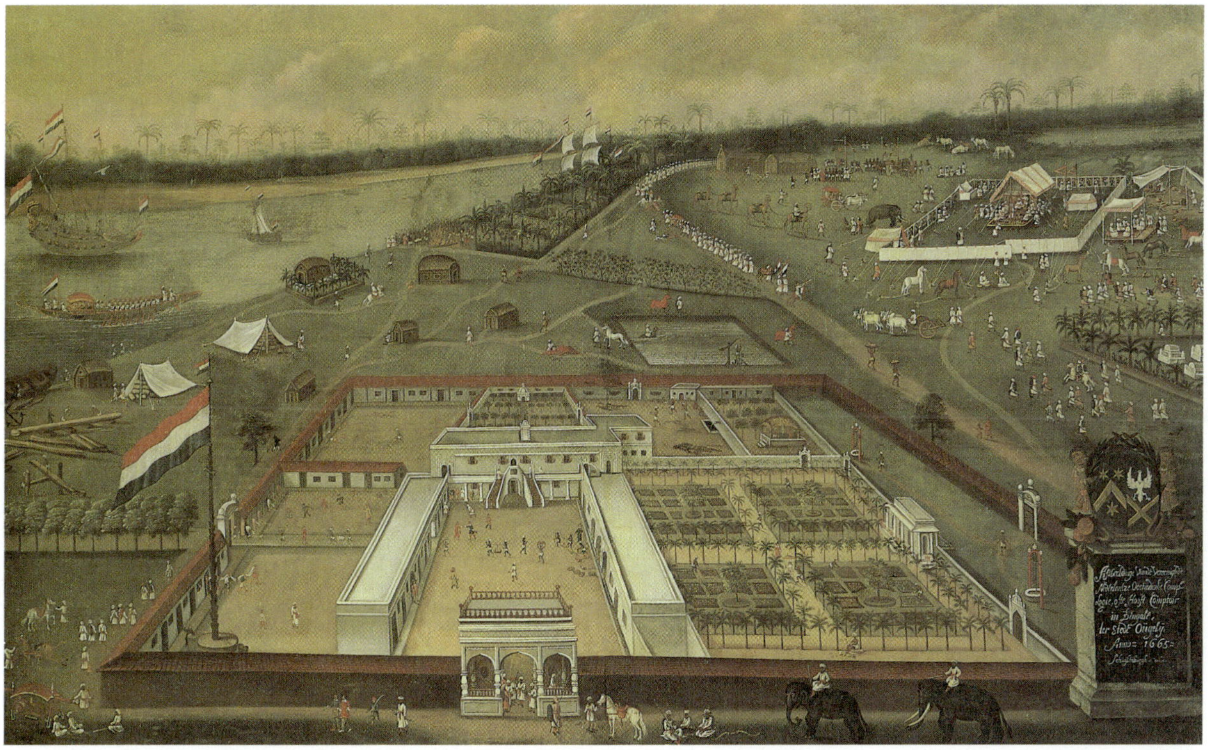

Das Gemälde aus dem 17. Jahrhundert zeigt den Besuch einer Delegation der Holländischen Vereinigten Ostindischen Kompanie von Hooghly-Chinsurah in Bengalen.

sicherten den Geldfluss. Auch weiter westlich – in Kalikut, Ceylon und am Kap der Guten Hoffnung – waren die Holländer präsent. Batavia war eine große Küstenstadt, in der die Holländer sogar Plantagen unterhielten, doch von diesem isolierten Handelsimperium aus konnten sie das Festland nicht kontrollieren. Letztlich basierte ihre Macht auf der Überlegenheit ihrer Flotte.

DIE ENGLÄNDER IN INDIEN

Gegen Ende des 17. Jahrhunderts schwand die Überlegenheit der holländischen Flotte zusehends. Der ungleiche Herausforderer im Indischen Ozean hieß England. Schon frühzeitig hatten die Engländer versucht, in den Gewürzhandel einzusteigen. Bereits unter Jakob I. gab es eine Ostindische Kompanie, doch ihre Mitstreiter holten sich sowohl bei dem Versuch, mit den Holländern zusammenzuarbeiten, als auch gegen sie zu kämpfen, eine blutige Abfuhr. Die Engländer ignorierten deshalb um 1700 die Gebiete östlich der Malakkastraße. Wie schon die Holländer im Jahre 1580 mussten auch sie ihre Strategie ändern. Dies führte zu dem wohl bedeutsamsten Ereignis in der britischen Geschichte – der Übernahme der Oberherrschaft über Indien. Die Hauptrivalen der Engländer auf dem Subkontinent waren nicht die Portugiesen oder Holländer, sondern die Franzosen.

Worum es dabei wirklich ging, wurde lange Zeit nicht deutlich, denn der Aufbau der britischen Vormachstellung in Indien geschah ganz allmählich. Nach der Gründung von Fort St. George bei Madras und dem Erwerb Bombays von den Portugiesen als ein Teil der Mitgift der Gemahlin Karls II. gab es bis zum Ende des Jahrhunderts in Indien keine weiteren Vorstöße der Engländer. Von ihren ersten Stützpunkten aus (Bombay war das einzige Gebiet, über das sie volle Souveränität besaßen), führten die Engländer Kaffee und Stoffe aus Indien aus. Der Handel war nicht so beeindruckend wie der Gewürzhandel der Holländer, doch entwickelte er sich stetig und gewann an Größe und Bedeutung. Er veränderte darüber

In Indien konkurrierten zunächst Holland, später Frankreich und England um die wirtschaftliche Vormachtstellung, die England schließlich gewann. Haupthandelsgüter waren Kaffee, Stoffe und Gewürze.

Auf dieser zeitgenössischen Illustration sieht man Akbar, den indischen Großmoghul, beim Durchqueren des Ganges. Als Akbar 1605 starb, war sein riesiges Reich nicht nur von internen religiösen Streitigkeiten, sondern auch durch die wachsende Konfrontation mit den europäischen Handelsmächten bedroht.

hinaus die Lebensgewohnheiten der Engländer und damit auch ihre Gesellschaft, was man an der Eröffnung zahlreicher Kaffeehäuser in London erkennen konnte. Bald schickte man Schiffe von Indien nach China, um Tee zu laden – um 1700 hatten die Engländer ihr Nationalgetränk entdeckt: „Ein Getränk, das vergnüglich stimmt, aber nicht betrunken macht" – so beschrieb es ein Dichter.

Der Zusammenbruch des Moghulreiches

Wie die Niederlage der Truppen der Ostindischen Kompanie im Jahre 1689 zeigte, war es schwierig, in Indien eine militärische Vorherrschaft zu errichten. Sie war für den wirtschaftlichen Erfolg auch gar nicht nötig. Während Fort William bei Kalkutta am Ende des Jahrhunderts in den Besitz der Kompanie überging, wiesen die Direktoren des Unternehmens die Idee, neue Territorien oder Plantagenkolonien in Indien zu erwerben, als unrealistisch zurück. Alle Vorbehalte wurden jedoch noch einmal gründlich überdacht, als das Moghulreich nach dem Tod von Aurangzeb im Jahre 1707 zusammenbrach. Indien zerfiel in verschiedene autonome Staaten ohne Zentralgewalt. Schon vor 1707 hatte das Moghulreich unter den Maharadschas zu leiden. Die auseinander strebenden Tendenzen des Reiches hatten stets auch die Nawabs und Provinzgouverneure begünstigt, die sich immer offenkundiger die Macht mit den Maharadschas teilten. Die Sikhs schließlich waren eine dritte Kraft. Im 16. Jahrhundert als eine Sekte aus dem Hinduismus hervorgegangen, wandten sie sich nun gegen die Moghuln und hatten sich gleichzeitig vom orthodoxen Hinduismus abgewandt, um neben ihm und dem Islam eine dritte Religion zu bilden. Die Sikhs schlossen sich zu einer militärischen Bruderschaft zusammen. Bei ihnen gab es kein Kastenwesen, und sie waren in der Lage, in einer Zeit der Zwietracht ihre eigenen Interessen zu verfolgen. Schließlich etablierte sich im Nordwesten Indiens ihr Reich. Es bestand bis 1849. Mittlerweile mehrten sich die Zeichen wachsender Polarität zwischen Hindus und Muslimen. Die Hindus zogen sich ab dem 18. Jahrhundert verstärkt in ihre Gemeinschaften zurück, um ihre religiösen Praktiken auszuüben und die Muslime taten das Gleiche. Die wachsende Entfremdung, die sich unter der militärischen und zivilen Verwaltung der Moghuln entwickelte, wurde durch die Invasion der Perser in den 1730er Jahren und die nachfolgenden territorialen Verluste noch weiter verschlimmert.

Rivalität zwischen Großbritannien und Frankreich

In der Auflösung des Moghulreiches lag für das Ausland die große Verlockung, sich in die indischen Angelegenheiten einzumischen. Rückblickend erscheint es außergewöhnlich, dass sowohl Großbritannien als auch Frankreich so lange brauchten, bis sie ihren Vorteil ausnutzten, und noch in den 1740er Jahren war die Britische Ostindische Kompanie längst nicht so reich und mächtig wie die holländische. Als die Engländer schließlich doch Militär einsetzten – hauptsächlich aus Feindseligkeit gegenüber den Franzosen und aus Angst vor deren unkalkulierbaren Handlungen, hatten sie verschiedene Vorteile. Von ihrem Stützpunkt in Kalkutta aus hatten sie Zugang zum reichsten Teil Indiens – zu Bengalen und der unteren Ebene des Ganges. Ihre Seestreitkräfte garantierten ihnen sichere Routen nach Europa, und die Minister ihrer Regierung hörten auf die nach London zurückgekehrten Kaufleute aus Ostindien. Die Franzosen waren die gefährlichsten potenziellen Konkurrenten, doch war ihre Regierung ständig durch Verpflichtungen in Europa abgelenkt. Den Briten jedoch fehlte der missionarische Eifer – im engeren Sinne, weil sich der Anstoß zu einer protestantischen Mission in Asien erst spä-

Während England zunächst nur am Handel interessiert war, wollten die Franzosen den Subkontinent auch missionieren.

Diese Gemälde stellt die Begegnung zwischen Robert Clive und dem Nawab (Fürsten) des bengalischen Generals Mir Jafar nach der Schlacht von Plassey im Jahre 1757 dar. Jafar hatte den Briten heimlich zu ihrem Sieg verholfen, so dass diese in den Besitz von Bengalen kamen. Sie belohnten ihn, indem sie ihn anstelle des besiegten Nawab auf den Thron setzten.

ter ergab als für eine katholische, und im weiteren Sinne, weil sie sich nicht in lokale Sitten und Gebräuche einmischen wollten. Ähnlich wie die Moghuln wollten sie lediglich eine neutrale Machtstruktur schaffen, die es den Indern ermöglichte, ihr Leben wie bisher weiterzuführen, während der Handel, von dem die Kompanie profitierte, friedlich florierte.

Kämpfe an der Küste Südost-Indiens

Der Weg zu einem künftigen Imperium führte nicht an der Innenpolitik Indiens vorbei. Die Unterstützung für rivalisierende indische Herrscher resultierte in einem, wenn auch nur indirekten Konflikt zwischen Franzosen und Briten. In der südöstlichen Küstenregion Indiens, Karnatak (der Gegend um das heutige Madras im Bundesstaat Tamil Nadu), kam es 1744 zur ersten bewaffneten Auseinandersetzung zwischen französischen und britischen Truppen. Indien geriet unweigerlich in den Sog weltweiter Konflikte zwischen Großbritannien und Frankreich. Erst der Siebenjährige Krieg brachte die Entscheidung. Die Kämpfe in Indien ließen jedoch nicht nach – auch nachdem Frankreich und England 1748 offiziell Frieden geschlossen hatten. Die Interessen Frankreichs wurden von Dupleix, dem brillanten Gouverneur des Karnatak, ausgezeichnet vertreten, der die lokalen Fürsten durch geschickte Diplomatie und mit Hilfe des Militärs unter französische Kontrolle brachte. Doch seine Regierung berief ihn nach Frankreich zurück, und die französische Ostindische Kompanie erhielt nicht die Unterstützung, die sie gebraucht hätte, um sich zu einer neuen Großmacht zu entwickeln. Als 1756 der Krieg ausbrach, griff

Erst mit ihrem Sieg über den Nawab war der Weg für die Herrschaft der Engländer über Bengalen und die dortigen Ressourcen frei.

der Nawab von Bengalen Kalkutta an und nahm es ein. Die Behandlung der englischen Gefangenen – viele von ihnen ließ er in dem bald schon legendären „schwarzen Loch" ersticken – gab zusätzlich Anlass zu großer Empörung. General Robert Clive, ein Angestellter der Britischen Ostindischen Kompanie, nahm ihm mit seiner Armee die Stadt wieder ab; er ernannte sich zum Befehlshaber über den französischen Stützpunkt bei Chandernagore und siegte später – am 22. Juni 1757 – über die Armeen des Nawab, die viel größer waren als seine eigenen, bei Plassey, am Flusslauf des Hooghly, ungefähr 160 Kilometer nördlich von Kalkutta.

Obwohl der Kampf nicht sehr blutig war (die Armee des Nawabs war bestochen worden), erwies er sich doch als wichtig. Der Sieg der Briten über den Nawab machte ihnen den Weg zur Herrschaft über Bengalen und seine Ressourcen frei. Er war außerdem die Voraussetzung für die Zerschlagung französischer Macht in der Küstenregion im äußersten Südosten, was schließlich zum Erwerb weiterer Gebiete führte. Die zukünftige Monopolstellung der Briten in Indien war nun nicht mehr aufzuhalten. Die britische Regierung hatte begriffen, dass über kurz oder lang eine ernsthafte Bedrohung ihres Handels mit Indien auf dem Spiel stand. Sie schickte ein Bataillon regulärer Truppen, um der Kompanie beizustehen. Diese Geste ist in zweierlei Hinsicht aufschlussreich: erstens, weil sie zeigt, dass die Interessen der Kompanie auch die der Nation waren, und zweitens wegen des geringen Aufwands der militärischen Aktion. Eine kleine Anzahl europäischer Truppen – ausgerüstet mit der entsprechenden Feldartillerie – konnte Entscheidendes leisten.

Die Anfänge der britischen Herrschaft in Indien

Im Jahre 1764 wurde die Ostindische Kompanie zur formalen Herrscherin von Bengalen. Dies war keineswegs von den Direktoren beabsichtigt worden, denn sie waren ja als Händler nach Indien gekommen und nicht, um zu regieren. Doch wenn Bengalen die Kosten für eine solche Regierung trug, konnten sie die Aufgabe übernehmen. Französische Stützpunkte gab es nur noch wenige. Der 1763 geschlossene Friedensvertrag von Paris legte fest, dass fünf von ihnen unbefestigt bestehen bleiben durften. 1769 erfolgte die Auflösung der französische *Compagnie des Indes*. Bald darauf eroberten die Briten von den Holländern Ceylon, und somit war die Bühne frei für einen einzigartigen Imperialismus, wenn dieser Weg anfangs auch nur zögernd beschritten wurde.

Die Ostindische Kompanie dehnte das eigene Herrschaftsgebiet aus. Dass sie ihre wichtigste Aufgabe, nämlich die der wirtschaftlichen Präsenz, in den Hintergrund rückte, war geschäftsschädigend und gab ihren Angestellten Gelegenheit, ihre eigenen Schäfchen ins Trockene zu bringen. Dies wiederum ließ die Politiker in London aufhorchen. Zunächst grenzten sie den Einflussbereich der Direktoren ein. Sie unterstellten die Kompanie schließlich ganz der Krone, indem sie 1784 ein System der „Doppelkontrolle" erfanden, das bis 1858 erhalten blieb. Das gleiche Gesetz untersagte weitere Einmischungen in die internen Angelegenheiten Indiens. Die britische Regierung hoffte nach diesen Maßnahmen nicht noch mehr in die Rolle einer Imperialmacht gedrängt zu werden. Genau dies jedoch geschah in den folgenden fünfzig Jahren, nachdem England weitere Gebiete Indiens erworben hatte. Der Weg zum aufgeklärten Absolutismus – der Regierungsform des *Raj* im 19. Jahrhunderts – war frei. Indien ähnelte den anderen Kolonien und Schutzgebieten europäischer Staaten wenig. Millionen neuer Untertanen wurden dem britischen Empire eingegliedert, ohne dass sie zu einem anderen Glauben konvertieren oder sich auf andere Weise hätten anpassen müssen. Der Charakter

Nachdem sie die Herrschaft in Bengalen übernommen hatte, dehnte die Ostindische Kompanie ihre Herrschaft weiter aus. Ceylon gehörte zu den letzten fremden Stützpunkten, die sie eroberte.

Die Ausbreitung der britischen Herrschaft in Indien

Der Niedergang des Moghulreiches und die blutigen Kämpfe zwischen Muslimen und Hindus kamen der Einrichtung neuer europäischer Handelsstützpunkte zugute. Die 1664 gegründete französische Ostindische Kompanie stand mit der britischen bis 1746 in einem Konkurrenzkampf. Diese Handelsstreitigkeiten konnten auf diplomatischem Weg bis 1744 nach und nach gelöst werden. Die Auseinandersetzungen eskalierten jedoch, als sich die beiden Mächte im Jahre 1754 in Nordamerika, auf den Westindischen Inseln, in Westafrika, aber auch in Indien erneut bekriegten. Der Sieg über den Nawab von Bengalen in der Schlacht von Plassey 1757 sicherte die englische Vormachtstellung in Indien und beendete gleichzeitig die französische Expansion.

der imperialen Struktur Großbritanniens einschließlich seiner politischen und militärischen Strategien, aber auch die Diplomatie, der internationale Handel und selbst das Erscheinungsbild Großbritanniens wurden dadurch grundlegend verändert.

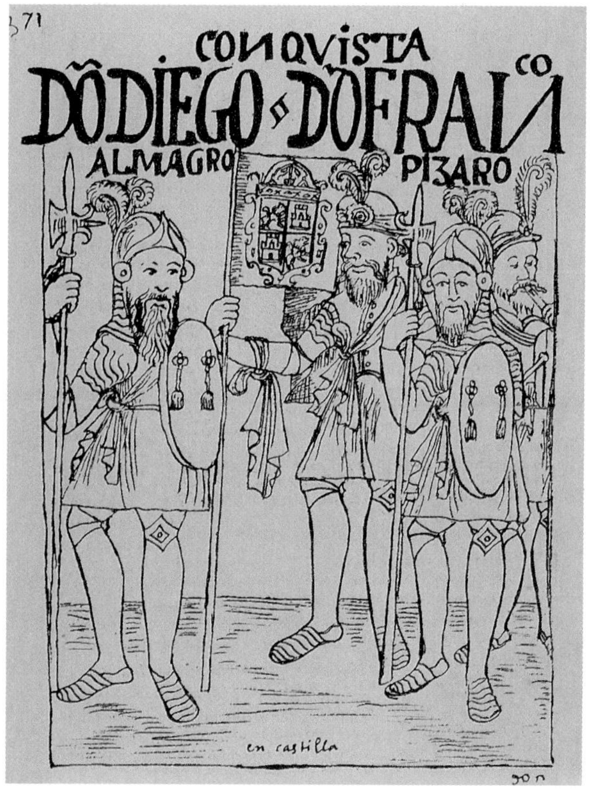

Zwischen 1531 und 1535 eroberten die spanischen Conquistadores Diego de Almagro (1475–1538) und Francisco Pizarro (1475–1541) das Inkareich. Mit ihnen begann die Kolonialisierung Perus durch die Spanier. Anschließend – zwischen 1535 und 1536 – setzten Almagro und seine Leute ihre Eroberungszüge in Bolivien und Chile fort. Als sie anschließend nach Peru zurückkehrten und Pizzaros Besetzung der Stadt Cuzco in Frage stellten, lösten sie einen Bürgerkrieg zwischen den rivalisierenden spanischen Truppen aus.

DIE SPANISCHEN CONQUISTADORES IN AMERIKA

Keine territoriale Eroberung jener Jahrhunderte im Osten – abgesehen von Indien und Holländisch-Indonesien – lässt sich mit der riesigen Landnahme der Europäer in Amerika vergleichen. Kurze Zeit nach der Landung von Christoph Kolumbus erfolgte die intensive Erforschung der wichtigsten Inseln Mittelamerikas, der „Westindischen Inseln“. Bald schon stellte sich heraus, dass die Eroberung der Länder Amerikas sehr viel einfacher sein würde als die aufreibenden Kämpfe gegen die Mauren um Nordafrika. Die Besiedlung schritt schnell voran, insbesondere auf den Inseln Hispaniola und Kuba. Im Jahre 1523 war der Grundstein für die erste Kathedrale in Amerika gelegt. 1538 gründeten sie eine Universität – in Santo Domingo, wo sie auch die Bischofskirche errichtet hatten. Die Siedler hielten zunächst Ausschau nach Land, während die Spekulanten auf der Suche nach Gold waren. Konkurrenten hatten sie keine zu befürchten: Mit Ausnahme Brasiliens war die Geschichte Mittel- und Südamerikas bis zum Ende des 16. Jahrhunderts eine spanische. Die ersten Siedler stammten meist aus kastilischem Kleinadel – arme, aber zähe und ehrgeizige Leute. Als sie sich auf das amerikanische Festland begaben, hatten sie vor, reiche Beute zu machen, sprachen aber auch von der Botschaft des Kreuzes und der Verherrlichung der Krone Kastiliens. 1499 fand die erste Inlandsexpedition auf dem amerikanischen Kontinent statt – sie drang in das Landesinnere des heutigen Venezuela vor. 1513 fuhr Balboa durch die Meerenge von Panama, und zum ersten Mal sah ein Europäer den Stillen Ozean – das Zeitalter der Conquistadores hatte begonnen. Einer von ihnen war Hernando Cortez.

Cortez und Pizarro

Gegen Ende des Jahres 1518 verließ Cortez mit einigen hundert Begleitern Kuba. Er missachtete absichtlich die Autorität seines Befehlshabers und rechtfertigte im Nachhinein seine Taten durch die Beute, die er der Krone überreichte. Nachdem er im Februar 1519 an der Küste von Vera Cruz gelandet war, zündete er alle Schiffe an, so dass niemand zurückfahren konnte. Dann zogen sie zum zentralen Hochland Mexikos.

Die Eroberung des Aztekenreiches, welches das Zentralplateau der Sierra Madre beherrschte, mit einer so geringen Zahl von Männern grenzte an eine Heldentat. Die Menschen, denen sie sich näherten, befanden sich technisch auf einer niedrigen Stufe und ließen

Königliche Räte wie dieser auf der Illustration aus dem 17. Jahrhundert, nahmen ihre Amtsgeschäfte in Spanisch-Amerika auf. Sie bestanden aus Rechtsgelehrten und königlichen Beratern; mit den Vizekönigen waren sie die Hauptstützen der spanischen Kolonialverwaltung.

sich von Schießpulver und Pferden der Conquistadores schnell beeindrucken. Sie leisteten wenig Widerstand, weil sie befürchteten, Cortez sei die Inkarnation ihres Gottes. Zudem waren die Azteken sehr anfällig gegenüber unbekannten Krankheiten. Sie waren jedoch auch selbst ein grausames, andere ausbeutendes Volk, und so hofften ihre indianischen Untertanen inständig, die neuen Eroberer würden sie befreien oder zumindest neue und bessere Herren sein. All diese Umstände wirkten sich äußerst günstig auf die Vorhaben der Spanier aus. Dennoch war es am Ende ihre eigene Zähheit, Kühnheit und Brutalität, die über ihren Erfolg entschied. Im Jahre 1531 begab sich Pizarro auf einen Eroberungszug nach Peru. Diese Leistung war noch beeindruckender als die Eroberung Mexikos. In den 1540er Jahren entstanden die ersten Siedlungen der Spanier, und fast zur gleichen Zeit entdeckte man das größte Vorkommen an Bodenschätzen, das es in der Geschichte gab – den Silberberg bei Potosí. Er versorgte Europa in den nächsten drei Jahrhunderten mit riesigen Mengen an Silberbarren.

Dieses Gemälde stammt von 1716 und trägt den Titel *Einzug des Vizekönigs von Peru, Nicholas Caracciolo, in Lima.* Bis zu den Reformen Karls III. im Jahre 1776 waren die Vizekönige der spanischen Kolonialgebiete in Mittel- und Südamerika außerordentlich mächtig. Sie amtierten als Präsidenten des königlichen Stadtrates, Oberbefehlshaber der Armee, oberste Schatzmeister der Regierung und stellvertretende Schirmherren der Kirche.

DAS SPANISCHE REICH

Um 1700 umfasste das offizielle spanische Reich ein riesiges Gebiet, das vom modernen Neu-Mexiko bis zum Rio de la Plata reichte. Von Panama und Acapulco aus bestand eine Seeverbindung zu den spanischen Gebieten auf den Philippinen. Doch die riesige Ausdehnung, die man auf der Landkarte sieht, ist irreführend. Die kalifornischen, texanischen und neu-mexikanischen Ländereien nördlich des Rio Grande waren sehr dünn besiedelt – ihre Besetzung bedeutete in der Hauptsache einige wenige Militärstützpunkte, ein paar Handelsplätze und viele Missionsstationen. Chile weiter südlich war ebenfalls kaum bevölkert. Die wichtigsten und am dichtesten besiedelten Regionen waren Neu-Spanien (Mexiko), Peru und einige der größeren karibischen Inseln. Landstriche, die sich für eine Besiedlung durch die Spanier nicht eigneten, wurden von der Regierung lange Zeit vernachlässigt. Die Westindischen Inseln regierten Vizekönige in Mexiko und Lima. Sie waren Schwesternreiche Kastiliens und Aragons, unterstanden der kastilischen Krone und hatten einen eigenen Königlichen Rat, durch den der spanische König direkte Gewalt ausübte. Theoretisch bedeutete das ein hohes Maß an Zentralisierung, doch die Praxis führte diesen Anspruch ad absurdum, da sowohl die geographischen Entfernungen als auch die topographischen Bedingungen eine solche Zentralgewalt gar nicht zuließen. Die Vizekönige und Generäle erfreuten sich in ihren täglichen Geschäften einer nahezu vollkommenen Unabhängigkeit. Doch die Beibehaltung der Zentralregierung hatte einen entscheidenden finanziellen Vorteil: Spaniern und Portugiesen gelang es, die eroberten Länder Amerikas finanziell auf eigene Füße zu stellen und einen Nettogewinn für die Metropole zu erwirtschaften. Hauptsächlich waren es Edelmetalle, die den Reichtum in die Hauptstadt brachten. Das nach 1540 eintreffende Silber kam – sehr zum Nachteil der Spanier – nur über den Atlantik, um in den Kriegen Karls V. und Philipps II. verschwendet zu werden. Bis 1650 wurden 16000 Tonnen Silber nach Europa verschifft – ganz zu schweigen von dem Gold, das es auf ein Gesamtgewicht von 180 Tonnen brachte.

Die Entdeckung Amerikas

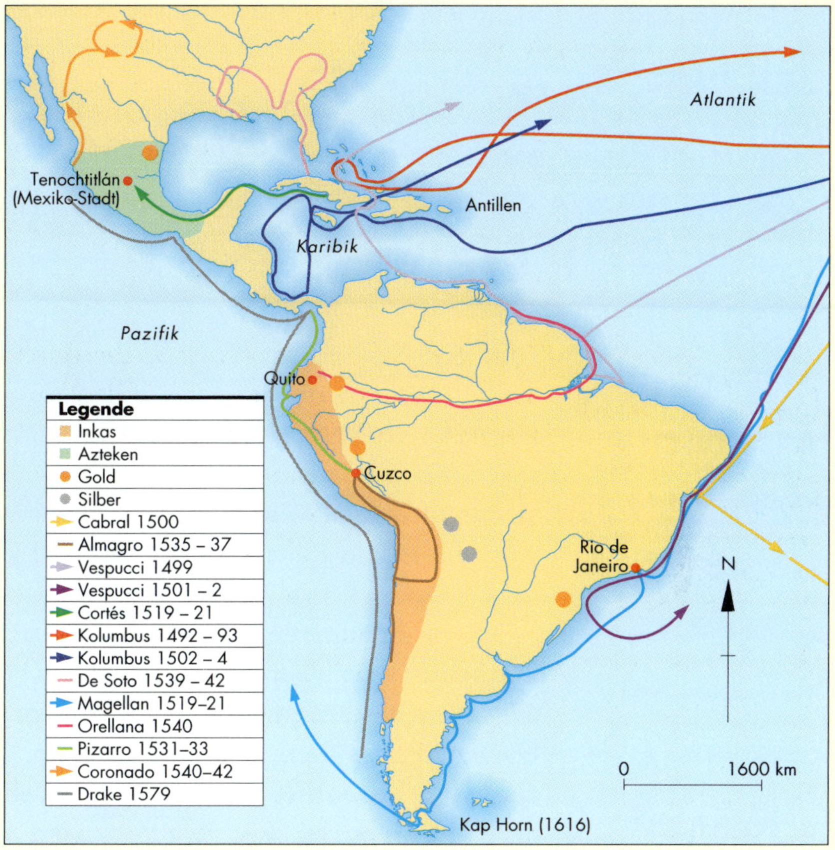

Nachdem bekannt war, dass die Erde eine Kugel ist, begann man mit der Suche nach einem Seeweg in den Orient. Dabei entdeckte Christoph Kolumbus 1498 das amerikanische Festland. Während des 17. Jahrhunderts erhöhte sich der Einfluss Europas enorm, da der Besitz riesiger Reiche auf diesem Kontinent aus Spanien und Portugal Großmächte machte. Die Kolonialisierung Nord- und Mittelamerikas führte zu einer Ausdehnung des weltweiten Handels und zu einer Neugestaltung der Landwirtschaft. Kostbare Metalle traten ihre Reise nach Europa an; riesige Menschenströme ergossen sich auf den amerikanischen Kontinent und verschmolzen mit der dortigen Bevölkerung. Viele Jahrhunderte lang war Amerika nicht nur eine großartige Möglichkeit für Investitionen, sondern auch das Land der Wünsche und Hoffnungen vieler Europäer.

Auf ihren Eroberungszügen durch Mexiko behandelten Hernando Cortez und seine Begleiter die Einheimischen oft sehr brutal. Als die Angehörigen des Stammes der Cholula sich weigerten, die spanischen Expeditionsteilnehmer mit Nahrungsmitteln zu versorgen, wurden sie des Landesverrats beschuldigt. Ihre Versuche, hier in einer zeitgenössischen Zeitschrift dargestellt, den bewaffneten Eroberern aus Spanien Widerstand zu leisten waren vergebens – die Cholula wurden von den Spaniern erbarmungslos und grausam ausgerottet.

Die Wirtschaft des Weltreichs

Ob Spanien noch weitere wirtschaftliche Vorteile von seinen Kolonien hatte als die Lieferung von Gold- und Silberbarren, ist schwer zu sagen. Mit anderen Kolonialmächten seiner Zeit teilte es die Überzeugung, dass man Handel auf ein bestimmtes Maß begrenzen müsse. Daraus folgerte die spanische Regierung, dass der Handel mit ihren Kolonien nur ihr allein durch Anwendung von Regulierungen und durch Waffengewalt vorbehalten sein dürfe. Darüber hinaus schloss sie sich noch einer weiteren Grundüberzeugung ökonomischer kolonialer Theorien der Frühen Neuzeit an, nämlich der Meinung, dass es den Kolonien nicht erlaubt sein sollte, Industriezweige zu entwickeln, die die Marktchancen des Mutterlandes einschränken könnten. Leider konnte Spanien nicht so erfolgreich wie andere Länder von dieser Überzeugung profitieren. Obgleich es die Entwicklung einer anderen als der Bergwerksindustrie und des Handwerks in ihren amerikanischen Kolonien erfolgreich verhinderte, gelang es den spanischen Regierungsbehörden immer weniger, ausländische Händler (wilde Händler, wie man sie nannte) von ihren Territorien fern zu halten. Bald forderten die spanischen Plantagenbesitzer, was Madrid ihnen nicht liefern konnte – Sklaven. Abgesehen von den Bergwerken bestand die Wirtschaft Neu-Spaniens und der Westindischen Inseln vorwiegend in der Landwirtschaft. Bald schon waren die Inseln auf die Arbeit schwarzer Sklaven angewiesen. Die spanische Regierung erklärte sich jedoch nicht bereit, die Versklavung der eroberten Völker des amerikanischen Festlandes zu unterstützen und ersann andere Möglichkeiten, Arbeitskräfte zu beschaffen. Die erste Maßnahme, die zunächst auf den Inselstaaten eingeführt und dann auf Mexiko übertragen wurde, war eine Art Feudalherrschaft: Ein Spanier übte über eine *encomienda* – eine mehr oder weniger große Anzahl von Dörfern – eine Schutzfunktion aus. Als Gegenleistung standen ihm eine bestimmte Anzahl Arbeitskräfte zu.

Kolonialmächte und Eingeborene

Der Kolonialismus Süd- und Mittelamerikas unterschied sich vom nordamerikanischen sowohl durch die Art, wie er mit den Eingeborenen umging, als auch durch die relativ hohe Zahl von Menschen, die schon vor dem Eintreffen der Spanier dort gelebt hatten. Die jahrhundertelange Okkupation durch die Mauren hatte die Spanier und Portugiesen an die Vorstellung einer multiethnischen und multikulturellen Gesellschaft gewöhnt. Auch in Lateinamerika entstand eine Bevölkerung, in der sich die Völker vermischten. In Brasilien, das die Portugiesen in einem dreißigjährigen Kampf den Holländern abrangen, gab es bald schon viele Mischlinge. Es waren Nachkommen schwarzer Sklaven aus Afrika. Auch in Afrika selbst kümmerte die Portugiesen die Vermischung der Hautfarben nicht – das Fehlen jeglicher Rassenschranken war schon immer ein mildernder Umstand bei der Bewertung des portugiesischen Imperialismus. Auch wenn die ethnische Vermischung innerhalb eines riesigen Territoriums zu den bleibenden Vermächtnissen der spanischen und portugiesischen Kolonialreiche gehört, waren diese Gesellschaften dennoch nicht homogen. Die herrschende Klasse bildeten stets die Spanier bzw. Kreolen – Europäer, die in den Kolonien zur Welt gekommen waren. Mit der Zeit hatten die Kreolen das Gefühl, dass die gebürtigen Spanier, die auch *peninsulares* genannt wurden, sie von wichtigen Posten ausschlossen und sie behinderten. Die ärmste und am meisten unterdrückte Bevölkerungsgruppe waren eingeborene Indianer. Obgleich viele ihrer Sprachen überlebten, wurde doch Spanisch, die Sprache der Conquistadores, zur Hauptsprache auf dem amerikanischen Kontinent – nicht zuletzt dank eifriger Bemühungen spanischer Missionare. Dies war der größte Einfluss, den die Spanier auf die kulturelle Einheit des Kontinents hatten.

Man nimmt an, dass es sich bei der Person, die auf diesem Porträtgemälde aus dem 19. Jahrhundert dargestellt ist, um den spanischen Priester Bartolomé de las Casas handelt, der sich dafür einsetzte, die Rechte der Ureinwohner in Spanisch-Amerika zu schützen.

KATHOLIZISMUS IN DER NEUEN WELT

Eine weitere Auswirkung der Kolonisation war die Beherrschung des gesamten Kontinents durch die römisch-katholische Kirche. Gleich zu Beginn hatten die Missionare der Bettelorden – hauptsächlich Franziskaner – die Führung übernommen. Ihre Nachfolger versuchten drei Jahrhunderte lang, die Kultur der Eingeborenen zu zerstören. Sie verschleppten Indianer aus ihren Stämmen und Dörfern, unterwiesen sie im Christentum und lehrten sie die lateinische Sprache (die ersten Mönche hielten sie oftmals davon ab, Spanisch zu lernen, um sie vor Korrumpierung durch die Siedler zu bewahren), steckten sie in lange Hosen und schickten sie dann zurück zu ihren Stammesgenossen, um auch ihnen das Licht des Evangeliums zu bringen. Die Missionsstationen an den Grenzen bestimmten bereits die Gestalt jener Länder, die erst Jahrhunderte später entstehen sollten.

Erst Jahrhunderte später zeigten sich die Auswirkungen schließlich daran, dass sich der demographische Schwerpunkt der römisch-katholischen Religionsgemeinschaft stark verschoben hatte, doch waren andere Begleiterscheinungen dieser Entwicklung schon viel früher zu spüren. 1511 prangerte in Santo Domingo zum ersten Mal ein Dominikanermönch die Art und Weise an, wie die Spanier ihre neuen Untergebenen behandelten. Von Anfang an glaubte die spanische Monarchie, sie hätte in der Neuen Welt einen moralischen Anspruch und müsse eine christliche Mission erfüllen. Sie erließ Gesetze zum Schutz der Indianer, ließ sich von Geistlichen über ihre Rechte informieren und fragte sie, was getan werden könnte, um diese Rechte zu schützen. Doch Amerika war weit weg und die Durchsetzung von Recht und Gesetz schwierig. Noch schwieriger war es jedoch, die Ureinwohner zu schützen, als ihre Zahl durch eine Epidemie dezimiert wurde, was zu einem Arbeitskräftemangel führte. Die ersten Siedler hatten die Pocken in die Karibik eingeschleppt (die Krankheit stammte wahrscheinlich aus Afrika) und einer von Cortez' Männern hatte sie mit aufs Festland gebracht. Die Pocken waren vermutlich die Hauptursache des Bevöl-

Mit der Kolonisierung Südamerikas ging die Bekehrung zum Christentum einher: Schon bald waren selbst die kleinsten Dörfer missioniert.

Der englische Seefahrer Sir Francis Drake (1540–1596) war der Anführer einer Gruppe von Piraten, die spanische und portugiesische Schiffe überfielen, um das Handelsmonopol der beiden Länder zu brechen.

kerungsschwunds, der das spanische Kolonialreich heimsuchte. Die Kirche versuchte während all der Jahre unermüdlich und beinahe ohne Unterbrechung, die Eingeborenen zum katholischen Glauben zu bekehren (zwei Franziskaner tauften an einem einzigen Tag etwa 15 000 Indianer von Stamm der Xocomilcho) und sie dann mit dem schützenden Mantel der Missionsstationen und Kirchengemeinden zu umgeben.

Ein Name sollte hier unbedingt genannt werden – der des Dominikaners Bartolomé de las Casas. Er kam als Siedler, um dann zum ersten Priester Lateinamerikas geweiht zu werden. Als Theologe und Bischof verbrachte er sein Leben damit, die Regierung Karls V. relativ erfolgreich zu beeinflussen. Er setzte sich für die Rechte der indianischen Bevölkerung ein. Gegen seine Kontrahenten argumentierte de las Casas in mittelalterlichen Denkschemata. Wie Aristoteles glaubte auch er, dass manche Menschen „von Natur aus" Sklaven seien (er hatte selbst schwarze Sklaven), doch bestritt er, dass die Indianer dazugehörten. Er ging in die Geschichte ein, weil er als einer der ersten den Kolonialismus kritisierte. Das Bekanntwerden von de las Casas' Lebenswerk ist hauptsächlich einem Publizisten der Aufklärung zu verdanken.

Das Monopol des Katholizismus

Für einen Bauern waren die Predigt und die christlichen Rituale praktisch die einzige Möglichkeit, Zugang zur europäischen Kultur zu erhalten. Einen ähnlichen Bildungsstand zu erreichen wie in Europa, war nur wenigen Menschen in der Neuen Welt vergönnt – Mexiko hatte bis zum 17. Jahrhundert keinen einheimischen Bischof, und Bildung bedeutete für einen Bauern das, was im Katechismus stand. Die Priesterschaft bildete dabei eine Ausnahme. Trotz der hingebungsvollen Arbeit vieler ihrer Geistlichen blieb die Kirche eine importierte Kolonialkirche. Die Versuche von Priestern und Mönchen, die konvertierten Christen zu schützen (indem sie ihnen zum Beispiel kein Spanisch beibrachten), isolierten sie und verweigerten ihnen die Integration in die machthabende Gesellschaftsgruppe. Das Monopol der katholischen Kirche in Spanisch- und Portugiesisch-Amerika bedeutete zwangsläufig eine starke Identifikation der Kirche mit dem politischen System: Sie stärkte den schwach entwickelten, spärlichen Verwaltungsapparat.

Bald gab es in Neu-Spanien auch die Inquisition. Die Kirche der Gegenreformation prägte den Katholizismus südlich des Rio Grande. Die Konsequenzen zeigten sich erst viel später: Wenn auch einige Priester eine bedeutende Rolle in den Revolutionen und Befreiungsbewegungen Südamerikas spielten, so war doch die Kirche als Organisation stets konservativ. Auf lange Sicht hieß das, dass der Klerikalismus in der Politik des unabhängigen Lateinamerikas eine wichtige Rolle spielte. All dies stand in starkem Kontrast zu der religiöspluralistischen Gesellschaft, die zur gleichen Zeit in Britisch-Nordamerika entstand.

Landwirtschaft in der Karibik

Trotz der spektakulären Einfuhren von Gold- und Silberbarren aus den Festlandskolonien hing die ökonomische Bedeutung der Neuen Welt in der Frühen Neuzeit hauptsächlich vom Zuckerrohr und anderen landwirtschaftlichen Erzeugnissen der Karibischen Inseln ab. Die Araber brachten den Zucker nach Sizilien und Spanien. Die Europäer führten ihn dann auf Madeira und den Kanarischen Inseln ein und später in der Neuen Welt. Die Menschen des Mittelalters hatten ihre Nahrung mit Honig gesüßt, doch schon um 1700 gehörte Zucker, auch wenn er teuer war, in Europa zum Grundbedarf. Neben Tabak, Hartholz und Kaffee war er das Haupterzeugnis der Inseln.

Diese vier Exportprodukte sorgten dafür, dass die Plantagenbesitzer in den Angelegenheiten ihrer Kolonialstaaten eine wichtige Rolle spielten. Die Geschichte der Plantagenwirtschaft in der Karibik begann mit der Ankunft der spanischen Siedler, die schon nach kurzer Zeit die ersten Früchte anbauten und Vieh züchteten. Nachdem sie Reis und Zucker eingeführt hatten, war die Arbeit lange nur eingeschränkt möglich, denn es standen nicht genügend Arbeitskräfte zur Verfügung: Die Ureinwohner der Insel waren der schlechten Behandlung durch die Europäer und eingeschleppten Krankheiten zum Opfer gefallen. Die nächste ökonomische Phase umfasste Piraterie und Schmuggel. Die Spanier okkupierten die Großen Antillen, und ließen viele kleinere Inseln, meist an der atlantischen Randzone, unberührt. Dies zog die Aufmerksamkeit englischer, französischer und holländischer Kapitäne auf sich, die sich die Inseln als Ausgangsbasis für Überfälle auf spanische Schiffe einrichteten. Die Inseln waren auch Stützpunkte für Schmuggelgeschäfte. Europäische Siedlungen entstanden auch an der Küste Venezuelas, wo man Salz abbaute, um damit Fleisch zu konservieren. Wo Einzelne den Anfang machten, folgten Regierungseinrichtungen – Konzessionsunternehmen der britischen Krone oder die Holländische Westindische Kompanie – im 17. Jahrhundert nach.

Auf diesem Stich aus dem 18. Jahrhundert sieht man schwarze Sklaven bei der Verarbeitung von Tabak. Die Plantagen, auf denen sie arbeiteten, befanden sich in Santo Domingo, der heutigen Hauptstadt der Dominikanischen Republik und der früheren spanischen Kolonie Hispaniola.

Besiedlung durch die Engländer

Im frühen 17. Jahrhundert gründeten die Engländer Siedlungskolonien – oder „Plantagen“ wie man damals sagte – zuerst auf dem nordamerikanischen Festland. In den 1620er Jahren kamen erste Kolonien auf den mittelamerikanischen Inseln hinzu – auf San Christoph, einer der Leeward-Inseln (Inseln über dem Winde) und Barbados. Beide entwickelten sich prächtig, um 1630 lebten auf San Christoph ungefähr 3000 Menschen und auf Barbados etwa 2000. Der Erfolg der Inseln basierte auf dem Anbau von Tabak – jener Droge, mit der sich die Neue Welt neben der Syphilis (die in Europa 1493 in Cadiz zum ersten Mal auftrat) für die Zerstörung durch die Alte Welt rächte. Diese Tabakkolonien hatten schon bald für England eine zentrale Bedeutung. Sie brachten dem Staat nicht nur Zolleinnahmen, sondern verschafften ihm auch Möglichkeiten, sich in die Handelsbeziehungen des spanischen Imperiums einzumischen. Außerdem regte das steigende Bevölkerungswachstum auf den Karibischen Inseln die Nachfrage nach Exportprodukten an. Schon kurze Zeit später interessierten sich auch die Franzosen dafür – sie okkupierten die Windward-Inseln (Inseln unter dem Winde), während England den Rest der Leeward-Inseln besetzte. Um 1640 lebten ungefähr 7000 Franzosen und über 50 000 Engländer auf den Westindischen Inseln.

Zucker und Sklaven

In der Mitte des 17. Jahrhunderts zog sich die Welle englischer Auswanderer nach Nordamerika und zu den Westindischen Inseln zurück. Das lag zum Teil daran, dass neben Tabak nun auch Zucker als ein Hauptprodukt angebaut wurde. Tabak lässt sich wirtschaftlich auch in kleineren Mengen anbauen. Der Anteil kleiner Landgüter vervielfachte sich daher, und die Zahl weißer Emigranten stieg

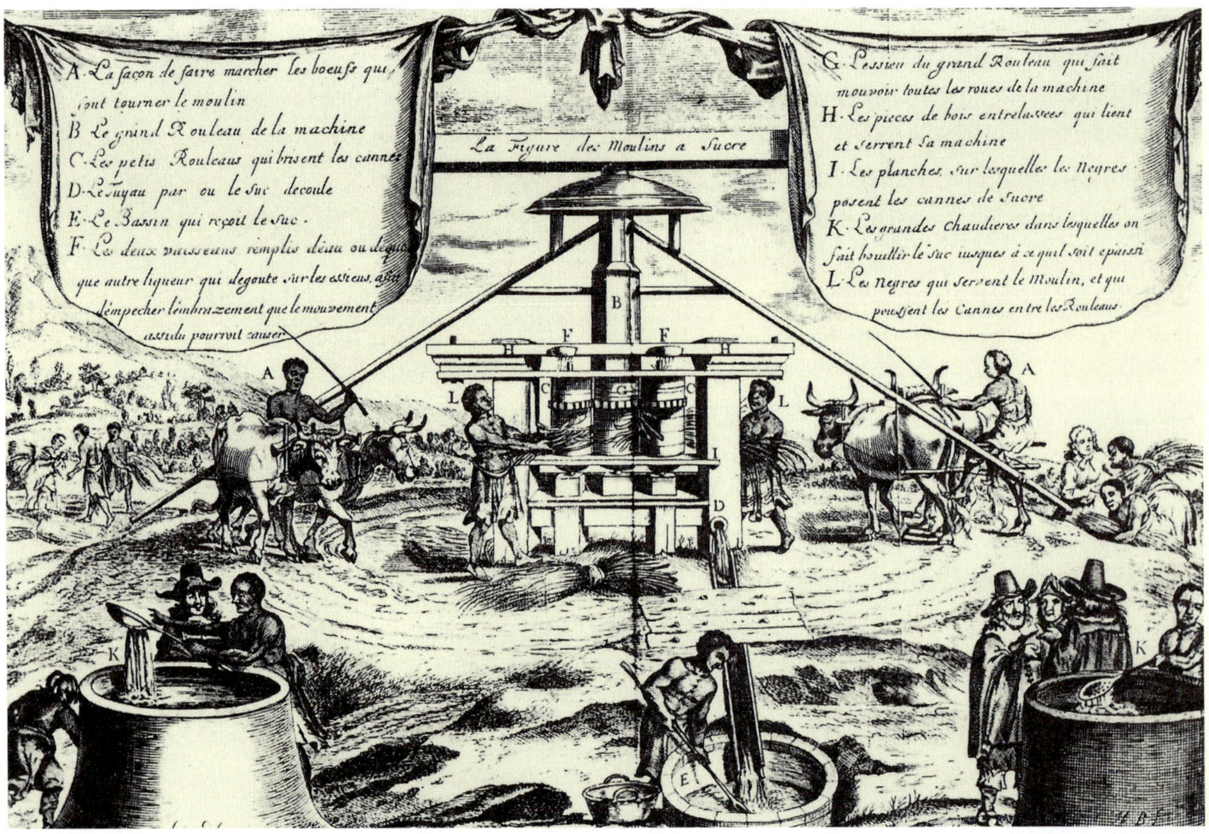

Rohrzucker war eines der rentabelsten Produkte, die von der Neuen in die Alte Welt gebracht wurden. Im 17. Jahrhundert wurde er zu einer erschwinglichen Ware und zwischen Zuckerproduzenten und Importeuren kam es zu harten Kämpfen um das begehrte Gut. Dieser Stich aus dem 17. Jahrhundert zeigt eine Zuckerpresse auf einer karibischen Insel.

Der Handel der Briten auf dem Atlantik in den 1770er Jahren: das Sklavendreieck

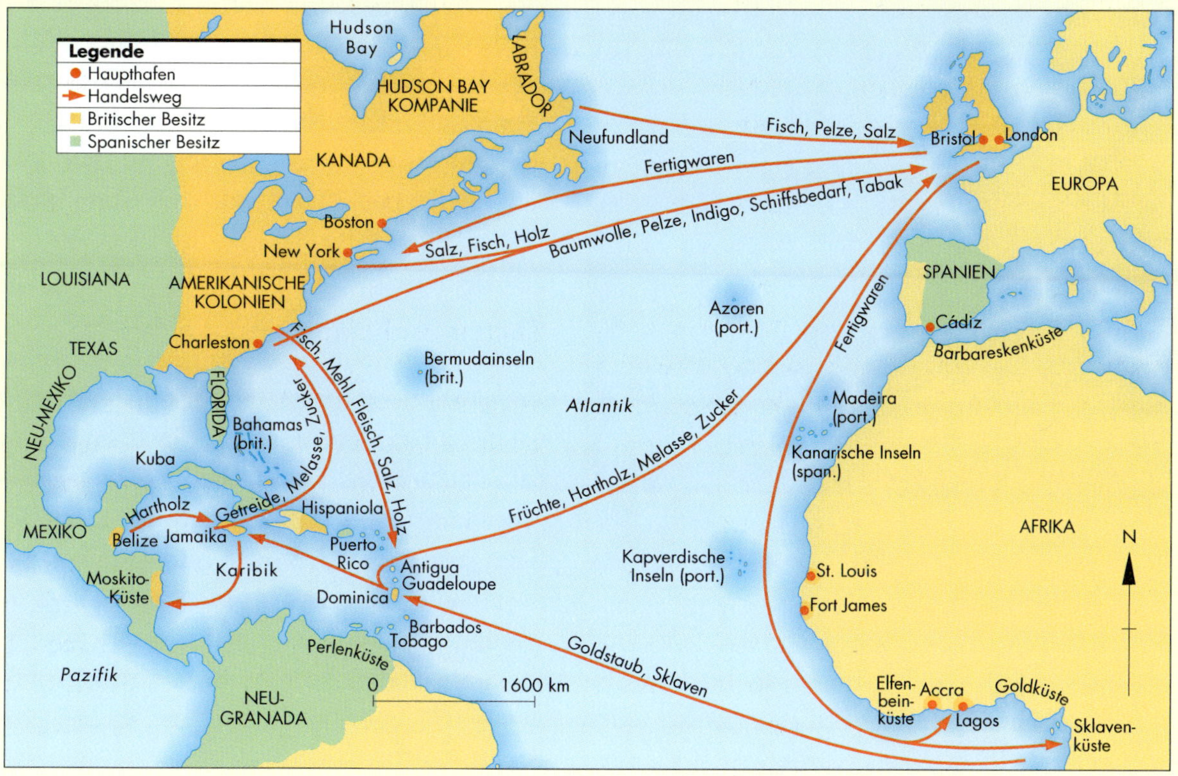

Im 18. Jahrhundert war Großbritannien der größte Sklavenhändler. Die typische Reise verlief folgendermaßen: Ein britisches Schiff, beladen mit Schusswaffen, Handwerkserzeugnissen und alkoholischen Getränken steuerte die Westküste Afrikas an. Dort verhandelte die Besatzung mit einem der lokalen Häuptlinge und tauschte ihre Waren gegen Sklaven. Anschließend wurden die Sklaven noch vor Ort an Plantagenbesitzer in der Karibik versteigert. Schließlich kehrte das Schiff mit Zucker, Tabak und andere wertvollen Gütern nach Großbritannien zurück.

stark an. Der Zuckerrohranbau wiederum ließ sich am wirtschaftlichsten auf großen Flächen betreiben, und dies kam der Plantagenwirtschaft im großen Stil entgegen. Auf den Feldern setzte man hauptsächlich schwarze Sklaven ein. Holländer, die in der westlichen Hemisphäre ein ähnliches, allgemeines Handelsmonopol anstrebten wie im Fernen Osten, brachten sie zu den Inseln. Ihr Stützpunkt lag an der Mündung des Hudson River und trug den Namen Neu-Amsterdam. Die Bevölkerungsstruktur auf den Karibikinseln änderte sich drastisch: Im Jahre 1643 hatte Barbados 37000 weiße Einwohner und nur 6000 schwarze Sklaven, während um 1660 mehr als 50000 Sklaven auf der Insel lebten. Mit dem Beginn des Zuckerrohranbaus erlangten auch die französischen Kolonien Guadeloupe und Martinique eine neue Bedeutung. Auch sie brauchten Sklaven. Ein komplexer Wachstumsprozess hatte eingesetzt. Der riesige und ständig wachsende karibische Markt für Sklaven und importierte Güter aus Europa ergänzte den bereits bestehenden des spanischen Imperiums, das immer unfähiger wurde, sein Wirtschaftsmonopol zu verteidigen. Bis ins 18. Jahrhundert hinein spielten die Westindischen Inseln in den Beziehungen der Großmächte eine Rolle. Unruhen und Aufruhr herrschten in der Karibik, in der die Kolonialmächte aufeinander prallten, während es nur unzureichende Kontrollen und Überwachungsmöglichkeiten gab. Die Karibikinseln wurden die klassischen, legendären Jagdgründe für Piraten, deren Glanzzeit das letzte Viertel des 17. Jahrhunderts war. Allmählich mussten die Großmächte untereinander akzeptable Abmachungen treffen, doch bis da-

Auf diesem Stich aus dem 16. Jahrhundert sieht man Handelsschiffe, die sich auf ihre Abfahrt aus Lissabon vorbereiten, um sich auf die Reise zu den Westindischen Inseln, nach Nordamerika und nach Brasilien zu begeben.

hin sollte noch viel Zeit vergehen. Während des gesamten 18. Jahrhunderts blieben die Westindischen Inseln ein einziger, großer Sklavenmarkt. Mit der Zeit wurden sie Teil eines weiteren Marktes, der zu Europa, Afrika und Neu-Spanien hinzukam, nämlich der Markt von Nordamerika.

DIE BESIEDELUNG NORDAMERIKAS

Die Besiedlung Nordamerikas hatte, im Gegensatz zum Süden, wo eindeutig wirtschaftliche und missionarische Interessen im Vordergrund standen, viele Ursprünge. Die wirtschaftlichen und sozialen Verhältnisse in Europa, die zu einer massiven Auswanderung nach Nordamerika beitrugen, beschleunigten die Besiedlung.

Orientiert man sich an den klassischen Kolonialtheorien, so war die Besiedlung Nordamerikas lange Zeit hindurch weit weniger attraktiv als die Lateinamerikas oder der Karibik. Man fand keine Edelmetalle, und abgesehen von den Pelztieren, die es im Norden gab, hatte diese Region für Europa wenig zu bieten. Angesichts des spanischen Monopols im Süden des Kontinents gab es allerdings kaum Möglichkeiten, auf andere Gebiete als die im Norden auszuweichen. Das Gebiet nördlich des Rio Grande spielte bei der Expansion Spaniens nur eine untergeordnete Rolle. Die strategische Bedeutung Spanisch-Floridas war jedoch groß, da es den spanischen Schiffen auf dem Weg nach Europa Schutz bot. Die Besiedlung der Atlantikküste zog auch andere Europäer an. Es gab sogar kurzzeitig ein Neu-Schweden, das seinen Platz neben den Neu-Niederlanden, Neu-England und Neu-Frankreich einnahm. Die Motive der nordamerikanischen Siedler unterschieden sich nicht von denen anderer Kolonialisten. Fast das gesamte 16. Jahrhundert hindurch glaubten die Engländer, die den größten Anteil an der Erforschung Nordamerikas hatten, dass sie dort vielleicht Minen wie auf den Spanisch-Westindischen Inseln entdecken würden. Ein gewisser Bevölkerungsdruck in Europa veranlasste viele Menschen dazu, nach Amerika auszuwandern. Weite Landstriche in gemäßigten Klimazonen wurden nach und nach erkundet, in denen es – anders als in Mexiko – nur sehr wenige Ureinwohner gab. Auch die Verlockung, vielleicht den nordwestlichen Seeweg nach Asien zu finden, zog viele in ihren Bann.

Europäische Siedler

Um 1600 begaben sich viele auf Entdeckungsreisen, doch nur eine einzige Siedlung entstand – nördlich von Florida bei Roanoke in Virginia. Sie bestand jedoch nicht lange, und man nannte sie die „verlorene Kolonie“. Die Engländer waren zu schwach und die Franzosen zu sehr mit anderen Dingen beschäftigt, um sich wirklich in Amerika zu engagieren.

Doch mit dem 17. Jahrhundert begannen auch besser organisierte und finanzierte Unternehmungen. Man begann, einige wichtige Produkte auf dem neu besiedelten Festland anzubauen. Veränderungen in der englischen Politik führten teils zu verstärktem Emigrationsdruck, während gleichzeitig Unterstützungsmaßnahmen für Auswanderer beschlossen wurden. Die aufstrebende Seemacht des Landes förderte englische Siedlungen in Amerika. Die Atlantikküste änderte sich auf revolutionäre Weise. Wo es um 1600 nur Wildnis gegeben hatte, in der ein paar Indianer lebten, war 100 Jahre später ein bedeutendes Zivilisationszentrum entstanden.

Englische Siedler wagten sich mittlerweile bis zum Allegheny-Gebirge vor, und die Franzosen hatten in den Flusstälern des St. Lorenz-Stroms und im Gebiet der Großen Seen Stellungen und Stützpunkte errichtet. Auf dieser riesigen Fläche lebten ungefähr eine halbe Million Menschen – hauptsächlich britischer und französischer Herkunft. Spanien hatte schon einmal auf ganz Nordamerika Anspruch erhoben, doch dies war von den Engländern mit der Begründung zurückgewiesen worden, dass „ein Anspruch ohne tatsächlichen Besitz nichts wert sei". Die Abenteurer unter Königin Elisabeth hatten die meisten küstennahen Gebiete erforscht. Sie gaben dem Land nördlich des 30. Breitengrads den Namen „Virginia", um damit ihre Königin zu ehren. Im Jahre 1606 erteilte Jakob I. einer in Virginia ansässigen Gesellschaft die Erlaubnis, Kolonien zu gründen, doch zunächst einmal musste die Struktur dieser Gesellschaft verbessert werden. Unrentable Vorschläge gab es viele. Trotz alledem entstand bereits 1607 die erste englische Siedlung auf amerikanischem Boden, die dann tatsächlich Bestand hatte: Jamestown im heutigen amerikanischen Bundesstaat Virginia. Nur mit Mühe überlebten die Menschen in Jamestown die Strapazen der ersten Zeit. Doch Anfang der 1620er Jahre waren die „Hungerjahre" schon Vergangenheit und die Stadt blühte.

Ein Jahr nach der Gründung von Jamestown – 1608 – errichtete der französische Forschungsreisende Samuel de Champlain einen kleinen Handelsposten in Quebec. Diese französische Kolonie war in der darauf folgenden Zeit so instabil, dass sogar Nahrungsmittel aus Frankreich herbeigeschafft werden mussten. Die Besiedlung Kanadas hatte begonnen. Ein Jahr darauf schickten die Holländer einen Forscher, den Engländer Henry Hudson, auf die Suche nach einem Seeweg auf der nordöstlichen Route von Holland nach Asien. Als er sein Scheitern erkannte, wendete er sein Schiff und segelte genau in die entgegengesetzte Richtung über den Atlantik, um eine nordwestliche Route nach Asien zu finden. Statt dessen entdeckte er jenen Fluss, der später seinen Namen trug, und erhob einen vorläufigen Anspruch Hollands auf das Flussgebiet. Innerhalb weniger Jahre entstanden entlang des Hudson River holländische Siedlungen in Manhattan und Long Island.

Zu Beginn des 18. Jahrhunderts befanden sich alle wichtigen britischen Verwaltungsbehörden Nordamerikas auf einem schmalen Küstenstreifen und waren teilweise von nicht kolonisierten Gebieten umgeben. Dieser Stich aus dem 18. Jahrhundert zeigt die Küste der britischen Kolonie New York.

In den 1630er Jahren wanderten etwa 20 000 Engländer nach Nordamerika aus.

Die Engländer in Nordamerika

Die Engländer blieben in Nordamerika die führende Nation. Ihr Wohlstand beruhte auf zwei neuen Grundlagen. Immer mehr Menschen emigrierten von England nach Übersee und gründeten landwirtschaftliche Kolonien, wobei sie selbst das Land bearbeiteten. Bald schon waren sie wirtschaftlich von ihrem Mutterland unabhängig. Dazu kam die Entdeckung des Tabakanbaus. Tabak wurde zu einem der Haupterzeugnisse der Landwirtschaft zuerst in Virginia und später auch in Maryland – einer Kolonie, deren Besiedlung im Jahr 1634 begann. Weiter nördlich garantierte das zur Verfügung stehende Land, das sich auf europäische Art kultivieren ließ, das Überleben der Kolonien. Am Anfang hatte die Aussicht auf Pelzhandel und Fischfang das Interesse an diesem Gebiet geweckt, doch schon bald erwirtschaftete man einen kleinen Überschuss an Getreide, der sogar exportiert werden konnte. Amerika war somit attraktiv für die landhungrigen Engländer geworden, deren Inselstaat im 17. Jahrhundert überbevölkert war. Etwa 20 000 Siedlungswillige wanderten in den 1630er Jahren nach Neu-England aus.

Eine weitere Besonderheit, durch die sich die Kolonien Neu-Englands von anderen unterschieden, war ihr religiöser Nonkonformismus und der sehr verbreitete calvinistische Protestantismus. Neben den üblichen ökonomischen Beweggründen wirkten daher noch andere Kräfte: Führungspersönlichkeiten, die dem puritanischen Flügel des englischen Protestantismus angehörten, kamen in den 1630er Jahren nach Massachusetts und wirkten in verschiedenen weiteren Kolonien. Die Strukturen dort reichten von theokratischer Oligarchie bis zur Demokratie. Wenn diese politischen Initiativen auch oft von der Oberschicht ausgingen und angeführt wurden, so legten doch

Der Siebenjährige Krieg um die Kontrolle der von Frankreich beanspruchten Gebiete um Quebec endete mit dem Sieg der Briten in der Schlacht von Quebec im Jahre 1759. Unter General James Wolfe fuhren die Schiffe der britischen Flotte den St.-Lorenz-Strom hinauf. Danach erklomm die Besatzung die steilen Klippen, um die französischen Bataillone von dort aus zu bekämpfen. Dieser zeitgenössische Stich zeigt die Ankunft der Briten und die anschließende Besetzung der Küste.

jene Kolonien ihre Hemmungen wegen des radikalen Abweichens von der in England üblichen sozialen und politischen Praxis viel schneller ab als jene, die weiter südlich lagen. Ihr religiöser Nonkonformismus sowie der unter den neuen Bedingungen geführte Überlebenskampf trugen zu einer radikalen Abkehr von der in England üblichen sozialen und politischen Praxis bei. Als es Mitte des Jahrhunderts zwischen Krone und Parlament verstärkt zu Auseinandersetzungen um den konstitutionellen Charakter der Monarchie kam, schien es sogar kurzzeitig so, als würden sich die Kolonien völlig der Kontrolle durch den englischen Staat entziehen.

Auf dieser Illustration von 1587 sieht man eine Episode aus einer der ersten Expeditionen, die die Engländer in die Arktis unternahmen: Die Inuits versuchen, sich gegen die Geschütze der Europäer zu wehren, indem sie ihre Angreifer mit Pfeilen beschießen.

Die Entstehung Kanadas

Nachdem die Engländer die holländischen Siedlungen des späteren Staates New York – des ehemaligen Neu-Amsterdam – geschluckt hatten, teilte man um 1700 das nordamerikanische Küstengebiet von Florida im Süden bis zum Kennebec River im Norden in zwölf Kolonien ein (eine dreizehnte, Georgia, kam 1732 dazu). In diesem englischen Gebiet lebten rund 400 000 Weiße und etwa 40 000 schwarze Sklaven.

Das Land, das sich nach Norden anschloss, war noch strittig, doch die noch weiter nördlich gelegenen, sehr viel dünner besiedelten Regionen gehörten zu Frankreich. In Nordamerika lebten insgesamt höchstens 15 000 Franzosen, und die neuen Siedlungen konnten auch nicht vom Zustrom ganzer Gemeinschaften profitieren wie die englischen. Viele der französischen Kolonisten waren Jäger und Pelztierfänger, Missionare oder Forscher. Sie lebten entlang des St.-Lorenz-Stroms, verstreut in den Regionen rund um die Großen Seen und sogar noch darüber hinaus. Auf der Landkarte war Neu-Frankreich ein riesiges Gebiet. Tatsächlich bestanden aber die Ansiedlungen außerhalb des St.-Lorenz-Strom-Tals und Quebecs lediglich aus verstreuten, wenn auch strategisch und ökonomisch bedeutenden militärischen Stützpunkten und Handelsstationen. Neu-Frankreich wurde von Paris aus streng überwacht. Nach 1663 gab man die Strukturen der unabhängigen Gesellschaften zugunsten einer direkten Herrschaft der Krone auf. Kanada wurde nun von einem französischen Gouverneur regiert, der von einem Intendanten beraten wurde – ganz ähnlich wie in den französischen Provinzen. Es gab auch keine Glaubensfreiheit, denn die missionseifrige kanadische Kirche beanspruchte in Glaubensfragen das Monopol. Ihre Geschichte ist voll von glorreichen Beispielen mutiger Taten und von Märtyrern, doch sie zeichnet sich auch durch starre Kompromisslosigkeit aus. Die Bauernhöfe der Siedler waren in *seigneuries*, so genannte Gutsherrschaften, gruppiert – eine Methode, die einige Vorteile bei der Durchsetzung einer dezentralen Verwaltung hatte. Gesellschaftliche Formen und Normen der Alten reproduzierten sich damit auch in der Neuen Welt, und selbst eine Aristokratie mit kanadischen Adelstiteln entstand.

Während die englischen Kolonien relativ schnell eine gewisse Unabhängigkeit vom Mutterland England erreichten, standen die französischen Kolonien weiterhin unter strenger Aufsicht Frankreichs.

Das Leben in den ersten Kolonien

Die englischen Kolonien, aus denen die zukünftigen Vereinigten Staaten hervorgehen sollten, waren sehr unterschiedlich. Ihr Klima, ihre wirtschaftlichen Verhältnisse und die Topographie variierten beträchtlich. Die unterschiedliche Herkunft der Menschen zeigte sich darin, wie sie die Gründungen in Angriff nahmen. Als in den Jahren nach 1688 auch viele schottische, irische, deutsche, Schweizer und französische Emigranten in Neu-England eintrafen, begann sich die ethnische Zusammensetzung rasch zu ändern. Doch lange Zeit noch sorgte das Vorherrschen der englischen Sprache und der relativ geringe Anteil jener, die nicht Englisch sprachen, dafür, dass die Kultur der Menschen überwiegend angelsächsisch geprägt war. Noch um 1700 tolerierte man fast alle Glaubensrichtungen, wenn auch einige Kolonien stark von bestimmten religiösen Gruppen geprägt waren. Der religiöse Pluralismus erschwerte es den Kolonien, sich insgesamt als eine Gesellschaft zu empfinden. Sie hatten in Amerika nichts, woran sie sich orientieren konnten. Das gemeinschaftliche Leben der Kolonien konzentrierte sich auf die Krone und die Heimat.

Die amerikanischen Kolonien waren in jeder Hinsicht etwas Besonderes, denn sie boten dem Einzelnen Entwicklungsmöglichkeiten, die er weder in der viel straffer regulierten und enger an das Mutterland angeschlossenen kanadischen Gesellschaft noch zu Hause in Europa gehabt hätte.

Bereits um 1700 zeigten einigen Kolonien die Tendenz, sich so weit und auf so vielen Gebieten wie möglich von der königlichen Autorität unabhängig zu machen. Der Geist der Unabhängigkeit, der später eine so große Rolle in der Tradition dieses Volkes spielen sollte, zeigte sich bereits in Ansätzen, doch die Vorgeschichte der Vereinigten Staaten von Amerika kann nicht allein unter diesem Vorzeichen gedeutet werden. Die „Pilgrim Fathers", die im Jahre 1620 am Kap Cod landeten, erhielten erst gegen Ende des 18. Jahrhunderts ihren angemessenen Platz in der nationalen Geschichte. Für Unabhängigkeit und Einheit grundlegend wurde die langsam erstarkende parlamentarische Tradition, deren Wurzeln wir bis in das erste Jahrhundert der Besiedlung zurückverfolgen können. Trotz aller anfänglichen Unterschiede konzentrierte sich ab dem frühen 18. Jahrhundert jede Kolonie auf die Einrichtung gewisser parlamentarischer Versammlungen, die die Interessen der Siedler bei einem in London ernannten königlichen Gouverneur zur Sprache brachten. Einige Kolonien schlossen sich in der Anfangszeit zusammen, um sich gegen die Indianer zu verteidigen. Im Krieg gegen Frankreich war man ebenfalls zu Zusammenarbeit gezwungen. Als die Franzosen ihre Verbündeten, die Indianer vom Stamm der Huronen gegen die britischen Kolonisten einsetzten, löste dies ein Gefühl der Zusammengehörigkeit zwischen den verschiedenen britischen Kolonien aus (und ermunterte die Briten darüber hinaus, ihrerseits die Irokesen anzuwerben, die angestammten Feinde der Huronen).

Die englische Wirtschaftspolitik

Auf Grund der wirtschaftlichen Verschiedenartigkeit entstand eine Wechselbeziehung zwischen den einzelnen Kolonialgebieten. Die mittleren und südlichen Kolonien lieferten typische Plantagenerzeugnisse wie Reis, Tabak, Indigo und Nutzholz. Neu-England fertigte Schiffe, verfeinerte und destillierte Melasse und stellte Korndestillate her, baute Getreide an und betrieb Fischfang. Es wurde immer offensichtlicher, dass die Amerikaner ihre Angelegenheiten – einschließlich die der Westindischen Inseln – allein besser wahrnehmen konnten als im Interesse des Mutterlandes. Der ökonomische Fortschritt veränderte die Haltung einiger englischer Einwanderer. Die nördlichen Kolonien des amerikanischen Festlandes – Neu-England – wurden zu Hause in England insgesamt unterschätzt und wenig geliebt. Sie konkurrierten mit den Daheimgebliebenen im Schiffbau und – wenn auch illegal – mit britischen Händlern in der Karibik. Im Gegensatz zu den Plantagenkolonien produzierten sie nichts, was man zu Hause hätte brauchen können. Darüber hinaus waren sie religiöse Abweichler. Im 18. Jahrhundert stieg der Wohlstand, und eine eigene Kultur entwickelte sich in Britisch Amerika. Mitte des Jahrhunderts lebten dort weit über eine Million Menschen. Um 1760 waren die Kolonien auf dem Festland auf dem besten Weg, die Westindischen Inseln in ihrer Bedeutung für Großbritannien noch weit zu übertreffen. Philadelphia konnte, was Eleganz und kulturelles Niveau anbelangte, mit vielen europäischen Städten Schritt halten. 1763 wurde ein großer Unsicherheitsfaktor beseitigt – die Briten eroberten Kanada. Der im gleichen Jahr ausgehandelte Friedensvertrag von Paris erklärte Kanada, neben anderen Gebieten, zum britischen Besitz. Viele Amerikaner zogen den Schutz, den ihnen das Empire gewährte, in Zweifel.

Eine weitere Ausdehnung nach Westen erschien vielen möglich. Farmer, die bisher hauptsächlich in den Küstenregionen gelebt hatten, durchbrachen die natürliche Grenze der Bergregion, um sich in den jenseitigen Flusstälern und schließlich am Oberlauf des Ohio, ja sogar noch weiter nordwestlich niederzulassen. Die Gefahr, dadurch mit den Franzosen in Konflikt zu geraten, bestand nicht mehr, doch war dies nicht das Einzige, was die britische Regierung zu bedenken hatte, als sie 1763 beschloss, die Angelegenheit in die Hand zu nehmen. Die Rechte der Indianer z. B. und deren mögliche Reaktionen mussten berücksichtigt werden. Sie zu bekämpfen bedeutete, sich unweigerlich in Gefahr zu begeben. Um Auseinandersetzungen mit ihnen aus dem Weg zu gehen, mussten die Kolonisten davon abgehalten werden, in ihre Gebiete vorzudringen, was die Überwachung der kritischen Gebietsgrenzen durch britisches Militär erforderte. Das Ergebnis all dieser Überlegungen war, dass die Regierung in London eine Verfügung für den Westen durchsetzte, nach der eine weitere Expansion begrenzt wurde. Steuern deckten die Kosten für das eingesetzte Militär, und das Handelssystem wurde schärferen Bestimmungen unterworfen, die Übertretungen nicht mehr länger duldeten. Während sich die Dinge in jenen Jahren zuspitzten, hingen die Kolonialpolitiker in London noch immer den alten Vorstellungen von der Ökonomie der abhängigen Kolonien und den Beziehungen zum Mutterland nach.

Die Konsequenzen der Kolonialisierung Amerikas

Ende des 18. Jahrhunderts waren bereits 250 Jahre vergangen, seit europäische Siedler in die Neue Welt aufgebrochen waren. Die allgemeinen Auswirkungen dieser Expansion auf die Geschichte Europas waren immens. Alle an der Eroberung Amerikas beteiligten Kolo-

Der Genuss von Tee, Kaffee und Schokolade aus den Kolonien galt in vielen Ländern Europas als vornehm, wie dieses Gemälde aus dem 18. Jahrhundert zeigt. Das erste Schokoladengeschäft in London gehörte einem Franzosen und wurde 1657 eröffnet.

nialmächte waren in der Lage, wirtschaftliche Gewinne aus ihren Kolonien zu ziehen. Jeder Staat profitierte auf seine Weise – die Silberströme nach Spanien waren sicher am spektakulärsten, doch hatten sie auch Auswirkungen auf die europäische Wirtschaft als Ganzes – selbst Asien blieb daran nicht unbeteiligt. Steigende Einwohnerzahlen in den Kolonialgebieten stimulierten die europäischen Exporte und kurbelten die Produktion in Europa an. In diesem Zusammenhang spielten die englischen Kolonien die wohl bedeutendste Rolle, denn sie waren wegweisend für einen noch stärkeren Zustrom von Emigranten aus Europa, der seinen Höhepunkt mit der letzten größeren Auswanderungswelle im 19. und frühen 20. Jahrhundert erreichen sollte.

Mit der kolonialen Expansion stehen auch die enormen Fortschritte der Europäer in der Schifffahrt und im Schiffsbau im engen Zusammenhang. Ob Sklavenhandel, Schmuggelgeschäft, legaler Import und Export zwischen Metropolen und Kolonien oder Fischfang – Schiffsbauer, Reeder, Spediteure und Kapitäne profitierten in jedem Fall. Eine Gesamtbilanz aller Auswirkungen der Eroberung und Kolonialisierung Amerikas auf die imperialistischen Mächte ist schwer zu ziehen. Das Wachstum wurde zwar gefördert, aber zeitweise blieben ökonomische Rückschläge bis hin zum Zusammenbruch der Finanz- und frühen Aktienmärkte nicht aus.

Überzeugender lassen sich die politischen und kulturellen Auswirkungen der Kolonialisierung darstellen. Die westliche Hemisphäre wurde weitgehend nach europäischen Grundsätzen gestaltet. Politisch gesehen bedeutete dies, dass Amerika – vom Hudson River bis nach Feuerland – in eine Reihe souveräner Staaten aufgeteilt wurde, deren Gesetzgebung und staatliche Verwaltung sich an europäischen Prinzipien orientierten, sofern nicht ohnehin die direkte Abhängigkeit von der Kolonialmacht bestehen blieb. Amerika war ein christliches Land – Hinduismus und Islam wurden nie zu wirklichen Rivalen der von Grund auf christlichen Kultur, sondern blieben immer nur Religionen kleiner Minderheiten.

Das englische Erbe

Die größte politische Bedeutung dieser Ära liegt in der unterschiedlichen Entwicklung zwischen Süd und Nord. Parallelen einer solchen Entwicklung gab es bereits im Altertum. Die städtischen Kolonien der alten Griechen waren Ableger der Muttergemeinden, ganz ähnlich den britischen Kolonien an der nordamerikanischen Atlantikküste. Nach ihrer Gründung begannen sie jeweils, eine eigene, selbstbewusste Identität zu entfalten. Das spanische Imperium könnte man mit Rom vergleichen, dessenen Provinzen ähnlich den spanischen Kolonien von einer Zentralmacht verwaltet wurden.

Die Grundformen, nach denen sich Britisch-Nordamerika ausrichtete, trugen bereits die Kernelemente einer zukünftigen Weltmacht in sich. Eine Entwicklung setzte ein, die nicht nur die amerikanische Geschichte, sondern auch die Weltgeschichte prägte. Zwei wesentliche Faktoren wirkten sich bei der Gestaltung der künftigen Weltmacht Nordamerika aus: die Verschiedenartigkeit der Landschaft, die erst offenbar wurde, als der Kontinent mehr und mehr in Richtung Westen bevölkert wurde, und die unerwartet hohe Zahl nicht angelsächsischer Einwanderer. Doch die englische Kultur hatte dem Land bereits ihren Stempel aufgedrückt und bestimmte das Gesicht der zukünftigen Vereinigten Staaten ebenso, wie Byzanz Russland prägte. Ein großer deutscher Staatsmann des 19. Jahrhunderts bemerkte einmal, dass das wichtigste internationale Faktum jenes vergangenen Jahrhunderts die gemeinsame Sprache von Großbritannien und den Vereinigten Staaten von Amerika gewesen sei.

Die wirtschaftlichen Ressourcen der britisch-amerikanischen Kolonien im 18. Jahrhundert

Die Karte zeigt die wichtigsten Güter und Industrien in den britischen Kolonien.

Im 18. Jahrhundert erlaubten Bevölkerungswachstum und hohe Geburtenraten (1763 waren es rund zwei Millionen Einwohner), die Kolonisierung großer Gebiete Nordamerikas, die wiederum die wirtschaftliche Entwicklung vorantrieb. Zu Beginn des Jahrhunderts stützte sich die nordamerikanische Wirtschaft auf den Ackerbau, der vorwiegend der Eigenversorgung diente. Um 1750 jedoch baute man bereits auf größeren Flächen des Siedlungslandes Feldfrüchte an, die für den Export auf dem Weltmarkt bestimmt waren. Zwar war Weizen in allen 13 Kolonien das Haupterzeugnis, doch entwickelte sich daneben auch eine für die jeweilige Region typische Wirtschaft. Die Wälder und Flüsse der Kolonien Neu-Englands eigneten sich besonders für die Holzproduktion und die Pelztierzucht. Erstere entwickelte sich – nicht zuletzt auf Grund der natürlichen Häfen in dieser Region – zu einer bedeutenden Schiffsbauindustrie. Fisch- und Walfang erreichten ebenfalls große Bedeutung. Gegen Ende des 18. Jahrhunderts war Pennsylvania eine der reichsten Kolonien – hauptsächlich infolge der vielen Einwanderer, die in das fruchtbare Delaware-Tal kamen. Die mittleren Kolonien produzierten Getreide und Mehl für den Export, während in den südlichen Siedlungsgebieten große Plantagen gewöhnlich von Sklaven bestellt wurden. Eine Ausnahme bildete North Carolina, das wegen seiner zerklüfteten Küste nicht von fremden Schiffen angefahren werden konnte und in dem kleinere Farmen überwogen. Diese Kolonie war besonders wichtig als Lieferant von Schiffsbedarf aller Art. Die Küste von South Carolina eignete sich besser für die Handelsschifffahrt. England und die Westindischen Inseln waren die Haupthandelspartner dieser Kolonie, die Reis und seit 1742 Indigo für Importeure aus aller Welt produzierte (Plantagenbesitzer in Georgia und in North und South Carolina versuchten sich im Seidenanbau, hatten aber keinen Erfolg damit). Die Wirtschaft der beiden Kolonien Virginia und Maryland war fast vollständig von der Tabakproduktion abhängig, mit der man im frühen 17. Jahrhundert begonnen hatte. Beide Kolonien traf es hart, als die 1760 in Kraft gesetzte britische Navigationsakte festlegte, dass Tabak von nun an nur noch nach Großbritannien exportiert werden durfte. 1770 betrug der Gesamtwert der Exporte aus den nordamerikanischen Kolonien nach Großbritannien mehr als 1 000 000 £ – das war fast die vierfache Menge der Gesamtausfuhren von 1710.

5 EIN NEUER KURS IN DER WELTGESCHICHTE

Im Jahre 1776 begann in Amerika eine Zeit kolonialer Aufstände, die jahrzehntelang anhalten sollten. Abgesehen davon, dass diese Unruhen eine bestimmte Epoche in der Geschichte des amerikanischen Kontinents kennzeichnen, bieten sie auch einen guten Ausgangspunkt zur Betrachtung der europäischen Hegemonie. Auch in anderen Teilen der Welt gab es bedeutsame Veränderungen, wie etwa die Entdeckung des letzten für eine Besiedlung geeigneten Kontinents – Südasien.

Europäische Imperialstaaten im Kampf um Amerika

Zwischen dem 16. und 18. Jahrhundert gehörten Eroberung und anschließende Besetzung eines Landes zum Hauptmerkmal europäischer Hegemonie. Europa kam zu Reichtum, den es zum Auf- und Ausbau seiner relativen Überlegenheit gegenüber anderen Kulturen nutzte.

Auf Grund ihrer geographischen Nähe zur Neuen Welt eröffneten sich den atlantischen Staaten im Zeitalter der Entdeckungen Möglichkeiten, die anderen europäischen Staaten versagt blieben. Spanien und Portugal ergriffen als erste ihre Chance – sie blieben die einzigen großen Kolonialmächte des 16. Jahrhunderts.

Als im Jahre 1763 der Friede von Paris unterzeichnet wurde, der den Siebenjährigen Krieg um die Kolonien beendete, hatten beide Länder ihren Zenit längst überschritten. Dieser Vertrag zeigt den Beginn einer neuen Weltordnung an, in der Spanien und Portugal bereits eine unbedeutendere Rolle spielten. Die Überlegenheit Großbritanniens in der fast

Im Jahre 1503 nahm das „Haus der Verträge" in Sevilla, dem Zentrum des spanischen Edelmetallhandels, seine Arbeit auf. Beamte kümmerten sich dort um den Handel und den Schiffsverkehr zwischen Spanien, Afrika, dem Nahen und Fernen Osten. Sie kontrollierten praktisch jeden Aspekt einschließlich der kaufmännischen Details des Warenverkehrs, der Organisierung der Flottenverbände, der Beaufsichtigung der Zahlung von Hafengebühren sowie der Ausbildung der Seeleute. Diese Angestellten traten auch als Vermittler bei Handelsstreitigkeiten auf.

Dieser Stich mit dem Titel *Die Entdeckungen der Kapitäne Cook und de la Pérouse* stammt von etwa 1798. Nach Cooks Tod leitete de la Pérouse 1785 eine französische Forschungsexpedition. Die britische Vancouver-Expedition, die in den 1790er Jahren nach Neuseeland, Australien, Ozeanien und zur Pazifikküste von Nordamerika aufbrach, hatte den Auftrag, Cooks Arbeit – das Anfertigen von Seekarten – zu beenden.

75 Jahre dauernden Rivalität mit Frankreich war nun nicht mehr zu übersehen. Das Duell war zwar bisher nicht zu Ende und Frankreich konnte noch hoffen, verloren gegangenes Terrain wiederzugewinnen. Dennoch war Großbritannien die imperiale Großmacht der Zukunft. Beide Nationen hatten die Holländer überflügelt, die ihr Imperium ebenfalls im 17. Jahrhundert, der Zeit des Niedergangs der Kolonialmächte Spanien und Portugal, errichtet hatten. Alle diese im Niedergang begriffenen Mächte besaßen noch immer bedeutende Kolonien und hatten dauerhafte Spuren auf der Weltkarte hinterlassen.

Die Kolonien als Gegenstand diplomatischer Verhandlungen

Im 18. Jahrhundert unterschieden sich die fünf großen europäischen Kolonialmächte sowohl von den Ländern in Zentraleuropa, die keinen Zugang zum Meer hatten, als auch von den in früheren Jahrhunderten so bedeutsamen Mittelmeerländern durch ihre Erfahrungen, die sie beim Überqueren der Ozeane gesammelt hatten. Ihr besonderes Interesse an der Errichtung von Kolonien und am Handel mit Übersee lieferte auch ihren Diplomaten neue Themen und Streitfragen.

Die meisten europäischen Staaten hatten erst spät die Bedeutung der Länder in Übersee erkannt oder blieben in europäische Händel verstrickt. Spanien kämpfte lange Zeit erbittert um die Vorherrschaft Habsburgs in Italien, später gegen die Osmanen und schließlich um die Vorherrschaft in Europa im Dreißigjährigen Krieg. Dafür verschleuderte man die Schätze Westindiens. Während des langen Duells zwischen Frankreich und Großbritannien in Übersee setzte Frankreich seine Ressourcen auch für europäische Ziele ein.

Anfangs nahm man in der Diplomatie kaum wahr, dass außereuropäische Fragen wesentlich mit europäischen Interessen verflochten waren. Sobald Spanier und Portugiesen ihre Ansprüche zufriedenstellend geltend gemacht hatten, waren die anderen europäischen Völker daran kaum mehr wirklich interessiert. Das Schicksal einer französischen Hugenottensiedlung in Florida oder die Missachtung der vagen Ansprüche Spaniens, die den britischen Aufbruch zu den Roanoke-Inseln vor der Küste Virginias begleitete, beunruhigten die europäischen Diplomaten kaum. Die Lage änderte sich, als englische Piraten und Abenteurer, unterstützt und ermutigt von Elisabeth I., den spanischen Flotten und Kolonien ernsthaften Schaden zufügten. Bald beteiligten sich auch die Holländer an der Piraterie, und von da an gab es in der Diplomatie für das folgende Jahrhundert ein weiteres großes Thema, von dem ein französischer Diplomat unter Ludwig XIV. einmal treffend schrieb: „Handel ist die Ursache immerwährender Kämpfe zwischen den Völkern Europas sowohl im Krieg als auch im Frieden."

Eine goldene Gedenkmünze mit der Büste Elisabeths I., der Königin von England, zur Erinnerung an den Sieg Großbritanniens über die spanische Armada im Jahre 1588.

Die Welt hatte sich innerhalb von zwei Jahrhunderten stark verändert. Die Herrscher waren natürlich schon immer darauf bedacht gewesen, Reichtum zu erlangen und zu mehren. Lange Zeit hatte Venedig seinen Handel mit den Mitteln der Diplomatie verteidigt, und England schützte den Tuchexport nach Flandern durch Verträge. Damals war man in weiten Kreisen davon überzeugt, dass nur eine bestimmte Höhe an Gewinn zu erzielen sei und dass ein Land immer nur auf Kosten anderer profitieren könne. Man brauchte lange, um zu erkennen, dass Reichtum auch außerhalb Europas zu finden war. Konflikte in Übersee sollten keine Folgen für die Menschen Europas haben: Im Jahre 1559 einigten sich Franzosen und Spanier darauf, dass das, was sich ihre Kapitäne „außerhalb der Route" (womit damals das Gebiet westlich der Azoren und südlich des Wendekreises des Krebses gemeint war) zufügten, keine Gründe für Feindseligkeiten zwischen beiden Staaten innerhalb Europas liefern sollte.

HANDELSKRIEGE

Der Sinneswandel in der Diplomatie begann, als es zu Handelsstreitigkeiten mit dem spanischen Imperium kam. Im Denken der damaligen Zeit war es selbstverständlich, dass in einer kolonialen Beziehung die Interessen der Metropole immer Vorrang hatten. Es war die Aufgabe der Siedlungskolonien, Gewinne zu erzielen – entweder durch den Abbau von Bodenschätzen und die Ausbeutung natürlicher Ressourcen oder durch eine günstige Handelsbilanz mit dem Mutterland. Damit strebte man einerseits einen Nettogewinn für die Metropole an und andererseits die Autarkie der Kolonie, während die Handelsstützpunkte die Kontrolle über gewisse Gebiete des internationalen Warenverkehrs garantierten.

Um 1600 legte man Streitigkeiten in der Regel durch den Einsatz von Seestreitkräften bei. Nach der Niederlage der Armada hatte die spanische Flotte ihren Schrecken verloren. Philipp befand sich in einem Dilemma: Einerseits erschöpften die Kämpfe in Europa gegen die Dynastie der Valois und gegen Elisabeth, der Aufstand der Niederlande und die Gegenreformation seine gesamten Einnahmequellen, andererseits sorgten auf den Westindischen Inseln nur die Spanische Flotte und die Unterstützung der Kolonisten für genügend Sicherheit. Ein möglicher Ausweg bestand darin, das Kolonialreich aufrechtzuerhalten, es aber gleichzeitig zu Zahlungen für die europäische Politik heranzuziehen. Damit unterschätzte man jedoch die Schwierigkeiten, die sich bei der Kontrolle eines so riesigen Imperiums ergaben. Spanien versuchte, sich den Reichtum der Westindischen Inseln zu sichern, indem es ein kompliziertes System regelmäßiger Segelkonvois aufbaute, den Kolonialhandel auf einige wenige, lizensierte Häfen beschränkte und Küstenschutzstaffeln einrichtete.

Die Holländer kämpften als Erste um einen Anteil an diesem Reichtum, deshalb konzentrierten sich ihre Diplomaten auf die Angelegenheiten außerhalb Europas und sie setzten ihre ganzen Fähigkeiten ein, um ein Handelsmonopol zu errichten. Große Flottenverbände fuhren um die Ostindischen Inseln, in der Karibik und vor Brasilien auf, um die spanisch-portugiesische Verteidigung der weltgrößten Zuckerproduzenten herauszufordern. Dies führte zur einzigen ernsthaften Niederlage der Holländer, da es 1654 den Portugiesen gelang, die holländischen Garnisonen zu vertreiben.

Die angloholländischen Handelskriege

Das Streben nach wirtschaftlichem Wohlstand deckte sich im 17. Jahrhundert mit den Wünschen der meist protestantischen Regierungen Englands. Noch im 16. Jahrhundert war England ein Verbündeter der holländischen Rebellen gewesen, und Cromwell hätte nichts lieber getan, als in einer protestantischen Allianz gegen das katholische Spanien die Führung zu übernehmen. Statt dessen sah er sich in einen Krieg mit Holland verwickelt, dem noch zwei weitere folgen sollten.

Dieser erste Krieg (1652–1654) war eindeutig ein Handelskrieg. Der Anlass war die Entscheidung der Londoner Regierung, den Transport von Importgütern nach England nur noch auf englischen Schiffen und auf Schiffen der Exportländer zuzulassen, um die englische Handelsschifffahrt zu stärken. Das Commonwealth hatte eine gut ausgebildete Marine und gewann den Krieg. 1665 provozierte England durch die Einnahme von Neu-Amsterdam die Holländer ein zweites Mal. In diesem Krieg hatten die Holländer die Franzosen und Dänen als Verbündete auf ihrer Seite und nur die besten Schiffe im Einsatz. So gelang es ihnen, als Ergebnis des Friedensschlusses eine Lockerung der von England auferlegten Importbeschränkungen zu erreichen, auch wenn sie Neu-Amsterdam aufgeben mussten und dafür von den Engländern einen Ausläufer der Insel Barbados nahe Surinam erhielten. Dies stand im Vertrag von Breda (1667), dem ersten multilateralen Friedensabkommen, das sowohl europäische als auch außereuropäische Interessen berührte. In ihm verzichtete Frankreich

Im späten 17. Jahrhundert war Amsterdam das Zentrum, von dem aus die Güter in Europa verteilt wurden. Die meisten holländischen Städte wurden von sehr reichen Kaufleuten oder von Nachkommen großer Kaufmannsfamilien regiert. Dieses Bildnis, gemalt im Jahre 1669 von Bartholomeus van der Helst (etwa 1613–1670), zeigt den holländischen Kaufmann Daniel Bernhard.

1626 kaufte der Direktor der Holländischen Westindischen Kompanie, Peter Minuit, von den Indianern die Insel Manhattan und gründete die Kolonie Neu-Amsterdam. Dieser Stich zeigt einen Teil der Stadt. Im Jahre 1664 ging Neu-Amsterdam in britischen Besitz über.

zugunsten Englands auf die Westindischen Inseln und erhielt dafür die Anerkennung seiner Besitzrechte auf das unbewohnte und wenig verlockende, jedoch strategisch bedeutsame Gebiet von Acadia. Die Engländer hatten ein gutes Geschäft gemacht: Mit der Übernahme der neuen Besitztümer in der Karibik folgten sie einer Tradition, die im Commonwealth begann, als England den Spaniern Jamaika wegnahm, um es seinen Plantagenkolonien anzugliedern.

Cromwells Vorgehen betrachtete man als Hinwendung zu einer bewussten imperialen Politik, doch das dürfte zu weit gehen. Tatsächlich schützte auch der aus dem Exil zurückkehrende Stuart Karl II. die Routen der Handelsschiffe und insbesondere den Kolonialhandel. Er hielt außerdem an Jamaika fest und wusste die Bedeutung der Westindischen Inseln weiterhin zu schätzen. Karl II. erteilte einer neuen Kompanie, die nach der Hudson Bay benannt wurde, eine Konzession, mit deren Hilfe sie mit den Franzosen um den Pelzhandel im Norden und Westen Amerikas konkurrieren konnte. Er und sein Nachfolger Jakob II. hielten die englische Flotte trotz einiger Niederlagen aufrecht, so dass Wilhelm von Oranien sie in seinen Kriegen gegen Ludwig XIV. einsetzen konnte.

Die Kämpfe zwischen Franzosen und Engländern

Die kurzen Kriege zwischen Holland und England blieben ohne ernsthafte Konsequenzen, im Gegensatz zu den lang anhaltenden Rivalitäten zwischen England und Frankreich, die die Epoche prägten. Im Krieg der Augsburger Allianz (oder dem Krieg Wilhelms, wie er in Amerika genannt wurde) gab es zwar viele koloniale Kämpfe, doch wenig entscheidende Veränderungen. Der Spanische Erbfolgekrieg hatte hingegen größere Bedeutung: Diesen Krieg kann man ohne weiteres als den ersten Weltkrieg der Neuzeit betrachten: Es stand das Schicksal des spanischen Imperiums und die Macht der französischen Monarchie auf dem Spiel. Als er 1713/14 zu Ende ging, hatten die Briten nicht nur Acadia (das von nun an Neuschottland hieß) und andere Gebiete in der westlichen Hemisphäre von den Franzosen erworben, sondern auch das ausschließliche Recht, Sklaven an die spanischen Kolonien zu verkaufen und jährlich ein Schiff mit Handelsware nach Süd- und Mittelamerika zu senden.

Der weltweite Kriegszustand

Nach dem Spanischen Erbfolgekrieg nahmen die Probleme in Übersee in der britischen Außenpolitik einen immer breiteren Raum ein. Europäische Fragen waren weniger interessant, auch dann nicht, als 1714 mit dem Kurfürst von Hannover eine neue Dynastie die Macht auf dem ersten gesamtbritischen Thron übernahm. Es gab zwar einige unangenehme Situationen in der britischen Europa-Politik, doch insgesamt betrachtet war sie der Kolonialpolitik untergeordnet. Großbritannien orientierte sich stets aufs Neue an den alten Zielen, nämlich die Wirtschaft und seine Handelsbeziehungen zu anderen Ländern zu fördern, zu erhalten und auszubauen. Diese Ziele erreichte man am besten durch allgemeine Friedenswahrung.

Manchmal war diplomatischer Druck auf die entsprechenden Verhandlungspartner nötig, etwa als man die Habsburger überredete, den Plan zur Gründung einer so genannten Ostende-Kompanie, die den Handel mit Asien organisieren sollte, zurückzuziehen. Gelegentlich griff man zu den Waffen, um sich Privilegien oder strategische Vorteile zu sichern. Der erste Krieg, den zwei Großmächte jemals in einem nichteuropäischen Streitfall führten, begann, als die britische Regierung im Jahre 1739 Spanien das Recht aberkannte, in der Karibik auf Schiffen Kontrollen durchzuführen. Mit solchen Durchsuchungen versuchten die Spanier ihr Imperium gegen den Missbrauch von Handelsprivilegien aus dem Jahre 1713 zu schützen. Man nannte den Streit auch den „Krieg um Jenkins Ohr" – nach dem Körperteil, den sein Besitzer in Salzlake gelegt dem britischen Unterhaus präsentiert hatte. Dieser Konflikt trug u. a. zu dem Österreichischen Erbfolgekrieg bei und entwickelte sich dann zu einer anglofranzösischen Auseinandersetzung.

Der Frieden von 1748 änderte nicht viel an den jeweiligen Territorien der beiden Rivalen, genauso wenig wie er die Kämpfe in Nordamerika beendete, wo die Franzosen gerade im Begriff waren, die britischen Siedlungen durch eine Kette befestigter Stellungen für immer vom amerikanischen Westen abzuschneiden. Die britische Regierung sandte ihre ersten regulären Truppenkontingente nach Amerika, um dieser Gefahr zu begegnen, doch ohne Erfolg – erst im sieben Jahre dauernden Kolonialkrieg erkannte ein britischer Minister die Chance, eine endgültige Entscheidung in diesem langen Zweikampf herbeizuführen, weil sich Frankreich als Verbündeter Österreichs in Europa engagierte. Nachdem die Briten ihren Einsatz verstärkt hatten, konnten sie Siege in Amerika, Indien und in der Karibik erringen – einige davon auf Kosten der Spanier. Sogar die Philippinen wurden von einer britischen Kriegsflotte eingenommen. Dieser Kolonialkrieg war ohne Zweifel ebenfalls ein Weltkrieg.

DAS ERSTE BRITISCHE EMPIRE

Der Friede von 1763 lähmte Frankreich und Spanien nicht so stark, wie viele Briten es sich gewünscht hätten. Doch er beseitigte mehr oder weniger die Konkurrenz der Franzosen in Nordamerika und Indien. Als es um die Frage ging, ob Großbritannien Kanada oder Guadeloupe, eine Zucker produzierende

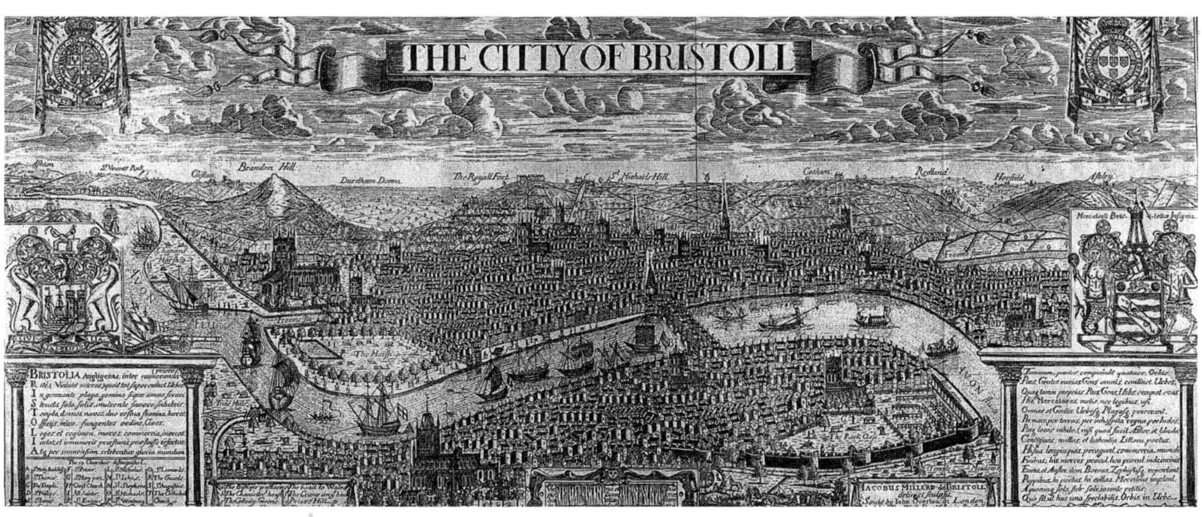

Die englische Stadt Bristol, deren Hafen seit dem 13. Jahrhundert eine wichtige Rolle spielte, ist auf diesem Stich aus dem 17. Jahrhundert dargestellt.

Englands zahlreiche befestigte Häfen spielten eine Schlüsselrolle bei der wirtschaftlichen Entwicklung des Landes. Dieses Gemälde aus dem 18. Jahrhundert zeigt die belebten Docks und den Kai des Hafens von Bristol.

Insel, erhalten solle, war eines der Motive, sich für Kanada zu entscheiden, dass die karibischen Plantagenbesitzer, die bereits unter britischer Flagge standen, die Konkurrenz, die von einer verstärkten Zuckerproduktion innerhalb des Imperiums ausging, fürchteten. Als Ergebnis dieser Entscheidung entstand das Großreich des britischen Empire. Im Jahre 1763 gehörte der gesamte Osten Nordamerikas bis zur Mündung des Mississippi im Golf von Mexiko zur britischen Krone. Die Beseitigung von Französisch-Kanada hatte der Bedrohung oder – aus französischer Sicht – der Hoffnung auf ein französisches Imperium im Tal des Mississippi vom St.-Lorenz-Strom bis nach New Orleans ein Ende gesetzt. Vor der mittelamerikanischen Küste lagen die Bahamas als nördlichster Teil einer Inselkette, die sich über die Kleinen Antillen bis nach Tobago erstreckte und nur die Karibik ausschloss. In diesem Gebiet waren Jamaika, Honduras und die Küste von Belize in britischer Hand. Im Frieden von 1713 erzwangen sich die Briten ein begrenztes, vertraglich festgelegtes Recht, innerhalb des spanischen Reiches Sklavenhandel zu treiben, das sie sehr bald schon weit über die vorgesehenen Beschränkungen hinaus ausdehnten. An der Goldküste Afrikas gab es zwar nur wenige britische Stützpunkte, doch sie dienten als Ausgangspunkt für den Handel mit afrikanischen Sklaven, der inzwischen immense Ausmaße angenommen hatte. Dank der direkten Regierungsgewalt, die Großbritannien über Bengalen ausübte, vergrößerte sich Großbritanniens Territorium in Indien.

Die Handelsmarine

Die imperiale Macht Großbritanniens stützte sich auf seine Seestreitkräfte, denen Heinrich VIII. als Erster zu beachtlicher Stärke verhalf. Seine Kriegsschiffe gehörten zu den größten jener Zeit (die *Harry Grâce à Dieu* besaß 186 Kanonen). Seine Nachfolger kümmerten sich wenig um dieses Erbe. Die Kapitäne unter Elisabeth I. jedoch ließen bessere Schiffe bauen und begründeten damit die englische Seemacht. Die Gelder dafür bezogen sie hauptsächlich aus der Beute, die sie bei den Kämpfen gegen die Spanier gemacht hatten.

Unter den frühen Stuarts ließen jedoch Interesse und Anstregungen erneut nach. Die königliche Verwaltung konnte sich aus finanziellen Gründen keine Schiffe mehr leisten (der Bau neuer Schiffe war einer der Gründe, weshalb es im Parlament zu harten Auseinandersetzungen über neue Steuergesetze kam). Ironischerweise erwachte erst im Commonwealth Oliver Cromwells erneut ein ernsthaftes und dauerhaftes Interesse an der britischen Seemacht, deren Basis die Royal Navy bildete. Man hatte den Zusammenhang zwischen der Seehoheit Hollands auf dem Gebiet der Handelsschifffahrt und der Stärke seiner Kriegsmarine erkannt. Das Ergebnis war die Navigationsakte, die den ersten angloholländischen Krieg auslöste.

Die Handelsmarine sorgte sowohl für die Ausbildung von Matrosen der Kriegsmarine als auch für die entsprechenden Handelsströme, auf die der Staat Steuern in Form von Zollgebühren erhob, um damit wiederum die Unterhaltskosten besonderer Kriegsschiffe zu tragen. Die Handelsflotte konnte nur dann erstarken, wenn sie auch Güter zwischen anderen Staaten beförderte. England setzte sich der Konkurrenz mit diesen Staaten aus – falls erforderlich durch den Einsatz ihrer Streitkräfte – und versuchte in den spanisch-amerikanischen Handel einzubrechen.

Schiffstechnik

Zwischen dem 15. und 19. Jahrhundert wurden die Schiffe, die man für die Seekriege um Handelsvorteile entwickelt hatte, ständig verbessert und spezialisiert. Revolutionäre Veränderungen in der Schiffstechnik gab es jedoch in dieser langen Zeit nicht. Nachdem man sich für die Volltakelung der Schiffe entschieden hatte und die Kanonen an den Breitseiten befestigte, war ihr Aussehen im Prinzip festgelegt, doch konnte die individuelle Gestaltung wesentlich zur Überlegenheit auf See beitragen. Unter englischem Einfluss baute man ab dem 16. Jahrhundert Schiffe, die im Verhältnis zum Deckbalken länger waren als bisher. Sowohl die relative Höhe des Vordecks als auch die des Achterdecks nahmen mehr und mehr ab. Kanonen aus Bronze erreichten bereits im frühen 17. Jahrhundert einen hohen Entwicklungsstand; in der Folgezeit verbesserte man die Geschütze lediglich hinsichtlich ihrer Form, Treffsicherheit und Durchschlagskraft.

Im 18. Jahrhundert schließlich gab es zwei entscheidende Neuerungen: die Eisenkanone mit großem Kaliber und kurzer Reichweite, die die Schusskraft selbst kleiner Schiffe we-

In der Meerenge von Plymouth Sound baute man im 16. Jahrhundert einen Güterumschlagshafen. Am Ende des 17. Jahrhunderts kam noch der Militärstützpunkt Devonport hinzu, und im 18. Jahrhundert errichtete man eine große Werft für Kriegsschiffe, die auf diesem zeitgenössischen Gemälde zu sehen ist.

sentlich erhöhte, sowie ein Schussmechanismus, der die präzisere Steuerung der Kanonen ermöglichte. Zwischen Kriegs- und Handelsschiffen wurde hinsichtlich Form und Funktion Mitte des 17. Jahrhunderts allgemein unterschieden, allerdings fuhren auch noch Schiffe älterer Bauart, und Freibeuter hielten sich nicht an derartige Regeln.

Die Dienste solcher Piraten in Anspruch zu nehmen, hieß, eine Kriegsflotte billig und bequem zu vergrößern. In Kriegszeiten beauftragten Regierungen einzelne, unabhängige Piratenkapitäne oder deren Auftraggeber, Jagd auf feindliche Schiffe zu machen. Geregelte Piraterie könnte man dies nennen, und die englischen, holländischen und französischen Freibeuter operierten in verschiedenen Zeiträumen sehr erfolgreich gegen die feindlichen Handelsschiffe. Andere Neuerungen des 17. Jahrhunderts waren taktischer und administrativer Art: Signale wurden vereinheitlicht und die Royal Navy erhielt ihre ersten Kampfanweisungen von der Regierung. Die Anwerbung von Seeleuten wurde immer üblicher: In England gab es die so genannten Presspatrouillen, während sich die Franzosen in küstennahen Gebieten durch die Zwangsaushebung mit zukünftigen Matrosen versorgten, denn letztlich entschied die zahlenmäßige Stärke einer Besatzung über den Ausgang der Schlacht.

Börsenplätze entstanden während des 17. Jahrhunderts in Amsterdam, London, Paris, Hamburg und Frankfurt. Dieses Gemälde von Emmanuel de Witte (ca. 1617–1692) zeigt die Börse von Amsterdam.

Die britische Seemacht

Die zukunftsweisende Entwicklung seit dem 17. Jahrhundert führte zu einer Überlegenheit der britischen Seestreitkräfte, die über zwei Jahrhunderte andauern und auf die sich die weltweit operierende *Pax Britannica* stützen konnte. Die holländische Konkurrenz schwand, denn auf der Republik lastete die erdrückende Aufgabe, die Unabhängigkeit des Landes gegen Frankreich zu verteidigen. Der einzige ernst zu nehmende Rivale der englischen Flotte war Frankreich. Gegen Ende der Regierungszeit Wilhelms II. waren die Würfel bereits gefallen: Die schwierige Entscheidung, mächtiger zu Land oder zu Wasser zu sein, hatten die Franzosen zugunsten der Territorialmacht gefällt; die Überlegenheit ihrer Seestreitkräfte war dahin, wenngleich französische Schiffsbauer und Kapitäne aufgrund ihrer Fähigkeiten und ihres Mutes noch immer Siege errangen. Die Engländer ließen sich nicht so leicht von ihrer Konzentration auf die Seestreitkraft ablenken – sie benötigten lediglich starke Verbündete für den Fall eines Landkrieges und weniger eine eigene, große Armee. Die Briten entwickelten eine Strategie, die sich stark von der anderer Kriegsflotten unterschied. Nach der überwältigenden Niederlage, die die Engländer der Kriegsmarine Frankreichs im Jahre 1692 zugefügt hatten, gerieten die französischen Admirale innenpolitisch ins

Abseits, was sich als äußerst nachteilig für die Flotte Ludwigs XIV. erwies. Dieser erste Sieg der englischen Flotte zeigte, dass die Überlegenheit einer Flotte letztlich davon abhing, ob sie den Seeraum so weit beherrschte, dass Schiffe, denen sie wohlgesonnen war, sicher passieren konnten, feindliche hingegen nicht. Um dieses Ziel zu erreichen, musste man die Flotte des Feindes neutralisieren. Die frühzeitige Zerschlagung der feindlichen Flotte in einem Kampf wurde somit ein Jahrhundert lang zum obersten Gebot der britischen Seestreitkräfte.

Auf diese Weise bescherten sie der Royal Navy eine Vormachtstellung auf den Weltmeeren und eine Furcht einflößende Reihe von Angriffskriegen.

Das System des Flotteneinsatzes diente den imperialen Zielen, es machte aber die Einrichtung von immer mehr Stützpunkten notwendig, von denen aus die Geschwader operieren konnten. Dies war besonders wichtig, wenn das Empire weiter expandieren wollte. Doch im späten 18. Jahrhundert büßte es viele seiner Siedlungsgebiete wieder ein. Dies zeigte erneut, dass die europäische Hegemonie noch um 1800 hauptsächlich auf Handelsstützpunkten, Inselplantagen, Militärbasen sowie der Kontrolle des Handels auf den Weltmeeren beruhte und nicht so sehr auf der Annektion und dem Besitz großer Territorien.

Es bestand eine große Nachfrage nach wertvollen Metallen, die in peruanischen Bergwerken wie in jenem, das diese Abbildung aus dem 18. Jahrhundert zeigt, abgebaut wurden und die schon bald die europäische Wirtschaft beeinflussten. Andere Erzeugnisse wie Nahrungsmittel, Schlachttiere, Pflanzen und Minerale hielten nur langsam und mit unterschiedlichem Erfolg in der Wirtschaft des Europa der Frühen Neuzeit Einzug.

Die Entstehung der Weltwirtschaft

Weniger als drei Jahrhunderte einer noch unvollkommenen und eingeschränkten Form von Imperialismus revolutionierten die Weltwirtschaft. Vor 1500 gab es Hunderte mehr

Diese Abbildung zeigt das Kochen von Bambussprossen in China während des 16. Jahrhunderts. Als Endprodukt entstand Papierleim, der für den Export nach Europa bestimmt war. Das Ziel des Asienhandels war nicht die Suche nach Absatzmärkten für europäische Waren, sondern die Versorgung Europas mit Luxusgütern. Außer Waffen und Munition war Silber die einzige Exportware aus Europa.

In Europa wurde zu Beginn des 16. Jahrhunderts Tabak in Heilkräutergärten angebaut. Später importierte man ihn vor allem aus Nordamerika. Dieser Stich stammt aus dem 18. Jahrhundert und zeigt eine Tabakpflanze.

oder weniger autarke, voneinander unabhängige Wirtschaftssysteme, von denen einige Handelsverbindungen miteinander aufrechterhielten. Afrika und Amerika waren in Europa nahezu unbekannt, von Australien und Ozeanien hatte man überhaupt noch nichts gehört. Die Kommunikation innerhalb dieser Kontinente war im Verhältnis zu ihrer riesigen Ausdehnung minimal. Einzige Ausnahme war ein geringer Warenstrom mit Luxusartikeln von Asien nach Europa.

Doch bis 1800 hatte man ein weltweites Netz von Handelsbeziehungen geknüpft, selbst Japan war Teil davon. Zentralafrika – wenn es auch noch immer geheimnisvoll und unbekannt blieb – war über den Sklavenhandel und die Araber mit ihm verbunden. Die Umleitung des Asienhandels mit Europa auf die Seewege, die durch die Portugiesen beherrscht wurden, und die Gold- und Silberlieferungen aus Amerika gaben einen Vorgeschmack auf die künftige Entwicklung. Ohne die Gold- und Silbervorkommen wäre ein Handel mit Asien kaum zustande gekommen, denn Europa produzierte fast nichts, was Asien brauchte. Hierin lag wohl die größte Bedeutung der Silberlieferungen aus Amerika, deren Umfang gegen Ende des 16. und in den ersten Jahrzehnten des 17. Jahrhunderts ihren Höhepunkt erreichten.

Auch wenn der neue Reichtum an wertvollen Metallen die erste und wohl drastischste wirtschaftliche Auswirkung des gerade erst begonnenen Austausches zwischen Europa und Amerika sowie Asien war, spielte er doch eine weniger bedeutende Rolle als die Ausweitung des Handels insgesamt, von dem Sklavenlieferungen aus Afrika in die Karibik und nach Brasilien ein Teil waren. Die Sklavenschiffe traten gewöhnlich ihre Heimreise von Amerika nach Europa vollbepackt mit

Die holländische Ostindische Kompanie exportierte 1609 als erste Tee von China nach Europa. Im Jahre 1649 begann die Britische Ostindische Kompanie mit dem Teeimport. Das erste Einzelhandelsgeschäft für Tee, das 1713 in London eröffnete, war höchstwahrscheinlich Twinings. Dieses Gemälde aus dem Jahre 1764 zeigt eine Gruppe von Aristokraten im Palais du Temple in Paris beim Teetrinken auf englische Art.

Kolonialwaren an, die mehr und mehr zu den Grundbedürfnissen der Europäer zählten. Die Hafenstädte Amsterdam und später London übertrafen Antwerpen in seiner Bedeutung als Tor zur Welt, bedingt durch die Einfuhr großer Mengen von Kolonialwaren. Im Umfeld dieser zentralen Warenströme bildeten sich Zweige und Nebenzweige, die zu weiteren Spezialisierungen führten. Schiffsbau, Textilherstellung und -verarbeitung und später auch die Finanzdienstleistungen, z. B. Versicherungen, florierten und entwickelten sich gleichzeitig und parallel zueinander. Sie alle profitierten von der Steigerung des Handelsvolumens. In der zweiten Hälfte des 18. Jahrhunderts betrug der Handel mit Fernost ein Viertel des gesamten holländischen Außenhandels. Im gleichen Jahrhundert erhöhte sich die Zahl der aus London auslaufenden Schiffe der Ostindischen Kompanie um das Dreifache. Diese Schiffe benötigten darüber hinaus dank ihrer verbesserten Ausrüstung eine kleinere Besatzung als frühere Schiffe und konnten außerdem mehr Güter befördern.

Der neue Lebensstil in Europa

Die Auswirkungen der neuen und immer enger werdenden Beziehungen Europas zu anderen Teilen der Welt liegen auf der Hand und sie sind sehr viel einfacher zu beurteilen als einige ihrer Begleiterscheinungen. Die Europäer ernährten sich seit dem Beginn der Frühen Neuzeit vielseitiger als andere Völker. Tabak, Kaffee, Tee und Zucker veränderten Geschmack und Lebensgewohnheiten sowie die Art der Haushaltsführung. In vielen Ländern konnten mit Kartoffeln eine weit größere Zahl von Menschen ernährt werden als in früheren Zeiten. Sehr viele Heilstoffe, vornehmlich aus Asien, wurden zu anerkannten Arzneimitteln.

Die positiven Auswirkungen des entstandenen Welthandels zeigten sich deutlich in einer vielseitigeren Ernährung in Europa als in den Jahrhunderten zuvor.

Interesse an fremden Kulturen

Die zunehmende Zahl von Büchern, in denen es um Entdeckungsreisen sowohl in östliche als auch in westliche Länder ging, ist vielleicht ein Hinweis darauf, dass sich bereits im Europa

Das im Jahre 1793 gemalte Aquarell zeigt den chinesischen Kaiser Ts'ien-lung und sein Gefolge bei der Empfangszeremonie für den ersten Botschafter Großbritanniens in China, Lord Macartney.

des 16. Jahrhunderts die Denkweisen zu ändern begannen. Die Anfänge der Orientalistik als Wissenschaft gehen höchstwahrscheinlich auf das 17. Jahrhundert zurück, wenn auch die Auswirkungen des anthropologischen Wissens über andere Völker erst gegen Ende des Jahrhunderts wirklich spürbar wurden. Die Folgen solcher Entwicklungen intensivierten sich schließlich noch durch den Buchdruck, der es erlaubte, die Ideen und das Wissen schnell zu verbreiten.

Im frühen 18. Jahrhundert gab es jedoch Anzeichen eines nicht unbedeutenden intellektuellen Einflusses. Idyllische Erzählungen über Wilde, die auch ohne das Christentum eine hohe Moral hatten, ließen die Menschen nachdenklich werden. Der englische Philosoph John Locke zeigte anhand des Wissens über fremde Kontinente, dass nicht alle Menschen die gleichen, von Gott gegebenen, angeborenen Vorstellungen vom Leben haben. Besonders die chinesische Kultur ließ die Menschen an der Allgemeingültigkeit der traditionellen gesellschaftlichen Werte zweifeln. Die intensive Beschäftigung mit der chinesischen Literatur (zu der die Studien der Jesuiten einen bedeutenden Beitrag leisteten) enthüllte eine neue Chronologie der Weltgeschichte, die viel weiter zurückging als die in der Bibel beschriebene Sintflut als zweiter Beginn der Menschheitsgeschichte.

Im 18. Jahrhundert kamen Möbel, Porzellan und Kleidung im ostasiatischen Stil in Europa in Mode, nachdem derartige Güter immer einfacher zu beschaffen waren. Das Wissen über Zivilisationen, in denen andere Maßstäbe galten, musste etwas Beunruhigendes haben, weil es möglicherweise bedeutete, dass Europa in seiner Einstellung anderen Religionen gegenüber weniger zu bieten hatte als beispielsweise China. Heldentaten wie die der Conquistadoren zum Beispiel nährten andererseits die Vorstellung der Europäer, sie seien anderen Kontinenten überlegen.

DER EUROPÄISCHE EINFLUSS AUF DIE WELT

Es ist erschreckend, dass fast nirgendwo in der Welt die Bewohner nichteuropäischer Länder von der ersten Phase der europäischen Expansion profitierten. Ganz im Gegenteil, sie hatten sogar oft grausam unter den Europäern zu leiden. Doch nicht immer konnte man den Europäern direkt die Schuld daran geben, außer man will ihnen vorwerfen, dass sie sich überhaupt in fremde Kontinente aufgemacht hatten. In einem Zeitalter, in dem man kaum etwas über Infektionskrankheiten wusste, konnte niemand ahnen, welch verheerende Folgen die Pocken und andere Krankheiten, die nach Amerika eingeschleppt wurden, haben könnten. Man hat berechnet, dass die Bevölkerungszahl Mexikos im 16. Jahrhundert um drei Viertel zurückging; einige Inseln der Karibik wurden sogar ganz entvölkert. Dass die Überlebenden, deren Arbeitskraft nach dem Desaster des Bevölkerungsschwunds um so vieles wertvoller geworden war, brutal ausgebeutet wurden, ist ein anderes Thema. Hier zeigt sich jenes *Leitmotiv* von Unterwerfung, Versklavung und Beherrschung, das sich beinahe durch alle Beziehungen Europas mit dem Rest der Welt zog. Unterschiedliche koloniale Verhältnisse und Gebräuche der jeweiligen Kolonialstaaten sorgten dafür, dass sich Ausbeutung und Unterdrückung nicht überall gleich stark auswirkten; vorhanden waren sie aber immer. Auch der Wohlstand der Vereinigten Republik der Niederlande des 17. Jahrhunderts mit seiner prächtigen und beeindruckenden Kultur gründete auf derartiger Ausbeutung. Lange bevor die Kolonisten die Alleghenies überquerten und den Westen Amerikas bevölkerten, waren die anfangs guten Beziehungen zwischen den ersten Siedlern Virginias und den nordamerikanischen Indianern verdorben. Es war zu Vertreibungen und zur teilweisen Ausrottung der Ureinwohner gekommen. Wenn auch der Staat die Einwohner Spanisch-Amerikas in gewisser Hinsicht vor den schlimmsten Missbräuchen des *encomienda*-Systems schützte, hatte man die meisten von ihnen schon in die Leibeigenschaft gepresst, während mit aller Entschlossenheit versucht wurde, ihre Kultur zu zerstören. Das Schicksal der Hottentotten in Südafrika und der Aborigines in Australien lehrt uns erneut, dass die europäische Kultur vernichtend für andere Völker sein kann – es sei denn, eine alte und entwickelte Kultur wie diejenige Indiens oder Chinas bot ausreichend Schutz. Doch selbst dort wurde sehr viel Schaden angerichtet, und alle Versuche, sich den Europäern zu widersetzen, scheiterten, wenn diese erst einmal militärische Mittel einsetzten. Am deutlichsten zeigte sich das Muster der Unterdrückung in den Siedlungskolonien.

DER WIRTSCHAFTLICHE ASPEKT DER SKLAVEREI

Der Wohlstand vieler europäischer Kolonien war lange Zeit abhängig vom Handel mit afrikanischen Sklaven. Seit dem 18. Jahrhundert beschäftigte er Kritiker, die darin die brutalste Form der Unmenschlichkeit sahen, ganz gleich, ob sie von Weißen an Schwarzen, von Europäern an Nichteuropäern oder von Kapitalisten an Arbeitern verübt wurde. Die Sklaverei prägte die Geschichte sowohl der europäischen Expansion als auch der amerikanischen Zivilisation entscheidend. Die Absatzmärkte für Sklaven in den Siedlungskolonien der Neuen Welt beherrschten die Handelsrichtung, bis zur Abschaffung der Sklaverei im 19. Jahrhundert. Die Sklavenhändler fanden ihre zuverlässigsten Abnehmer zunächst auf den Inseln der Karibik und später auf dem amerikanischen Festland. Die Portugiesen, die in der ersten Zeit den Sklavenhandel dominierten, wurden schon bald von den Holländern und später von den Engländern

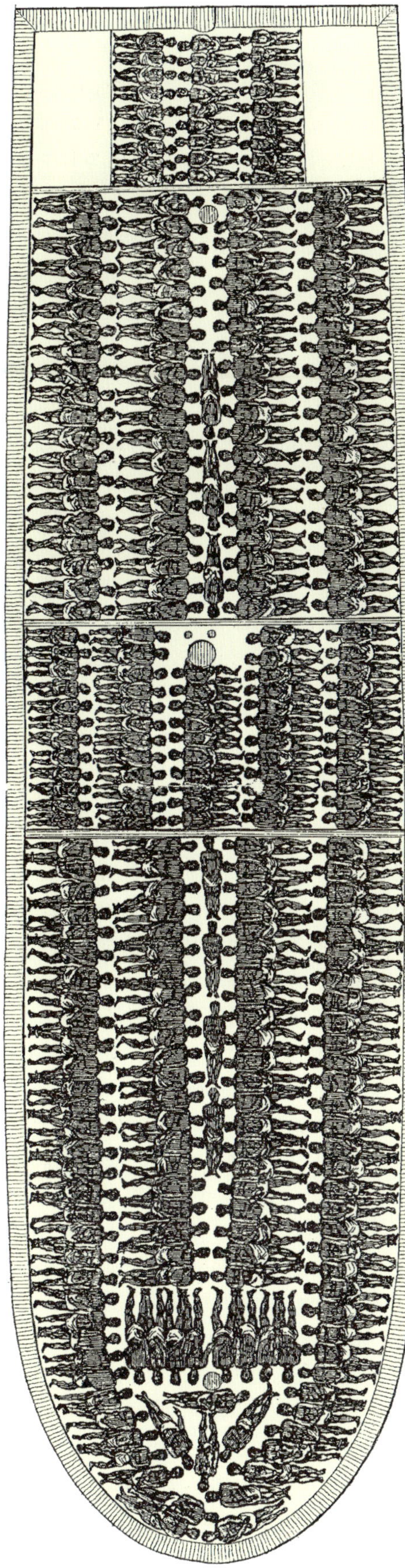

Dieser Plan eines Sklavenschiffes des 18. Jahrhunderts zeigt, wie eng die Sklaven in den Schiffsraum gezwängt wurden, um so viele wie möglich auf einer Fahrt zu befördern. Die Bedingungen, die während der langen Überfahrt auf den Schiffen für die Sklaven herrschten, waren entsetzlich, und eine Sterberate von 40 Prozent war keine Seltenheit.

Die Abbildung aus dem Jahre 1796 zeigt Sklavenhändler bei ihren Verhandlungen über den Verkauf zweier Sklaven aus Schwarzafrika in Gorée, Senegal.

unter Elisabeth I. verdrängt. Im Verlauf des 16. Jahrhunderts verlagerten die portugiesischen Kapitäne den Sklavenhandel nach Brasilien. Die Holländer gründeten im frühen 17. Jahrhundert eine Kompanie, die regelmäßige Sklaventransporte zu den Westindischen Inseln durchführte, doch die Führung übernahmen um 1700 französische und englische Sklavenhändler, die nun ihre eigenen Stützpunkte an der „Sklavenküste" Afrikas errichteten. Insgesamt wurden neun bis zehn Millionen schwarze Sklaven zur westlichen Hemisphäre transportiert – 80 Prozent davon nach 1700. Das 18. Jahrhundert war die Blütezeit des Sklavenhandels – ungefähr sechs Millionen Sklaven wurden verschifft. Neues Land wurde erschlossen, das erst durch die Arbeit schwarzer Sklaven bebaut werden konnte. Der großflächige Anbau neuer Pflanzen veränderte in Europa Nachfrage, Herstellungsprozesse und Handel. Auch im Hinblick auf die Zusammensetzung seiner Bevölkerung lebt Europa noch mit den Folgen der Sklaverei.

Grausamkeit und Zerstörung

Wir werden das Ausmaß der menschlichen Tragödien dieser Zeit nie emessen können. Die physische Folge war auf jeden Fall eine stark verkürzte Lebenserwartung: Ein Schwarzer hat wahrscheinlich nur noch einige wenige Jahre auf einer Plantage der Westindischen Inseln gelebt, selbst wenn er stark genug war, die entsetzlichen Bedingungen der Überfahrt zu überstehen. Auch psychisch und emotional war diese riesige Deportation eine schreckliche Katastrophe. Die Historiker streiten sich immer noch darüber, ob die Sklaverei die Schwarzen „zivilisierte", indem man sie in Amerika in Kontakt mit „höheren" Zivilisationen brachte, oder ob sie diese in einen Zustand quasi kindlicher Abhängigkeit zurückversetzte. Diese Frage ist unlösbar und die verübten Grausamkeiten sind nicht zu zählen – auf der einen Seite gab es Fußfesseln und Prügelbock, auf der anderen Seite die Überlegung, dass diese Dinge ja auch im Leben der Europäer keine Seltenheit waren und dass von Anfang an ein gewisses Eigeninteresse die Plantagenbesitzer dazu veranlasst haben müsste, sorgsam mit dem von ihnen erworbenen Gut umzugehen. Wie hoch der in Afrika angerichtete Schaden, über den es so gut wie keine Aufzeichnungen gibt, tatsächlich war, lässt sich nicht einmal annähernd beziffern, zumal die Schätzungen fast nur auf Hypothesen und Vermutungen beruhen. Der offenkundige „demographische Verlust" in Afrika soll durch die Einführung neuer Nahrungsmittel aus Amerika ausgeglichen worden sein. Es ist vorstellbar, dass solche Begleiterscheinungen europäischer Kontakte, deren ursprüngliches Ziel es war, Menschen zu beschaffen, auf der anderen Seite wirklich zu einem Anwachsen der Bevölkerung Afrikas geführt haben, doch kann diese Theorie wegen der gleichfalls unermesslichen Folgen eingeschleppter Krankheiten nicht weiter ins Gewicht fallen.

Sklavengesetz

Art. 16: Wir verbieten Sklaven, die verschiedenen Herren gehören, bei Androhung von körperlicher Züchtigung nicht unter Auspeitschen oder einem fleur-de-lis (Brandmal auf dem Rücken) sich zu versammeln – weder bei Tag noch bei Nacht –; und im Falle einer häufigen Wiederholung der Straftat und anderer verschlimmernder Umstände kann der Sklave zum Tode verurteilt werden, was wir dem Ermessen der Richter überlassen. Wir betrauen alle unsere Untergebenen – auch wenn sie keine Beamten sind und auch wenn kein Haftbefehl vorliegt – mit der Verfolgung jener, die das Gesetz verletzen, mit ihrer Festnahme und anschließenden Einsperrung im Gefängnis.

Art. 33: Jeder Sklave, der seinen Herrn, die Gattin seines Herrn, seine Geliebte oder deren Ehemann oder eines der Kinder in der Weise schlägt, dass er oder sie blutet oder andere körperliche Verletzungen davonträgt, wird mit dem Tode bestraft.

Art. 38: Einem flüchtigen Sklaven, der länger als einen Monat von dem Tag an, an dem sein Fehlen von seinem Herrn dem Gericht gemeldet worden ist, auf der Flucht ist, sollen die Ohren abgeschnitten werden und er soll ein Brandmal auf seiner Schulter erhalten, und wenn er die Straftat, vom Tag an nachdem sie dem Gericht gemeldet ist, wiederholt, so soll er einen Schnitt in seine Kniekehlen erhalten und er soll mit einem Brandmal an der anderen Schulter gezeichnet werden; beim dritten Mal soll man ihn töten.

Art. 44: Wir erklären, dass Sklaven Gebrauchsgegenstände sind und als solche werden sie zum Eigentum und können infolge dessen nicht vermietet werden; ferner dass sie zu gleichen Teilen unter ihre Miterben aufgeteilt werden ohne Vorrechte oder das Recht der Erstgeburt, dass sie weder Anspruch auf die übliche Witwenrente noch auf eine Rente, wie sie Leibeigenen oder anderen Untergebenen zusteht, haben, dass sie überhaupt keine der Rechte der Leibeigenen haben, dass Erlasse oder Urteile keine Gültigkeit für sie haben, auch nicht die Reduzierung auf die vier Fünftel im Falle einer Festlegung durch irgendein Testament oder einen letzten Willen.

Auszüge aus dem Gesetzbuch über die Inselpolitik für den Archipelagus (Inselmeer), Versaille, März 1685. Aus *Recueil général des anciennes lois françaises* von Isambert.

Keine Kritik der Europäer am Sklavenhandel

Es ist bemerkenswert, dass der afrikanische Sklavenhandel lange Zeit keinerlei Befürchtungen erweckte, wie etwa bei den spanischen Geistlichen, die die Rechte der amerikanischen Indianer verteidigten. Die Argumente, die sogar einige Christen gegen mögliche Beschränkungen des Sklavenhandels vorbrachten, lassen noch immer das kalte Grauen aufkommen. Gefühle von Schuld und Verantwortung regten sich erst im 18. Jahrhundert hauptsächlich in Frankreich und England. Ihr Ausdruck war etwa die Übernahme einer weiteren Kolonie im Jahre 1787 – Sierra Leone. Gegner des Sklavenhandels richteten sie als Zufluchtsstätte für ehemalige Sklaven ein, die in England befreit worden waren. Das Zusammentreffen günstiger politischer und wirtschaftlicher Umstände und die aus humanitären Erwägungen geleistete Überzeugungsarbeit machten ein Umdenken in der Bevölkerung möglich. Das System des Sklavenhandels wurde zerschlagen, und die Sklaverei zumindest in Europa abgeschafft. Doch das gehört in einen anderen Zusammenhang.

Für die Entfaltung der Weltmacht Europas war die Sklaverei ein gewaltiger sozialer und ökonomischer Faktor. Sie wurde darüber hinaus zu einem Mythos, der die Völker auf grausamste Weise lehrt, dass Gewalt und Gier so stark sein können, dass sie über die Menschlichkeit triumphieren. Die Sklaverei im Kern ein extremer Ausdruck der gewaltsam durchgesetzten Vorherrschaft der entwickelteren Gesellschaften über die schwächeren.

Katholische Missionare

Einige Europäer erkannten die Unmenschlichkeit des Sklavenhandels, glaubten aber, dass das Geschenk des Christentums alles

Missionarische Aktivitäten der Christen in den europäischen Kolonien

Zu Beginn des 19. Jahrhunderts waren katholische Missionsstationen feste Einrichtungen in den meisten französischen, spanischen und portugiesischen Kolonien in Asien und Afrika. Protestantische Aktivitäten begannen erst ab dem Zeitpunkt, als man protestantische Missionare als eine Folge der kolonialen Expansion (und aufgrund des evangelischen Erweckungseifers) in jedem Teil des britischen Empires fand. Der Erfolg europäischen Missionseifers war in den einzelnen Kolonien sehr unterschiedlich. Islam, Hinduismus, Buddhismus und Konfuzianismus erwiesen sich – anders als viele afrikanische Religionen – gegenüber dem Christentum als resistent.

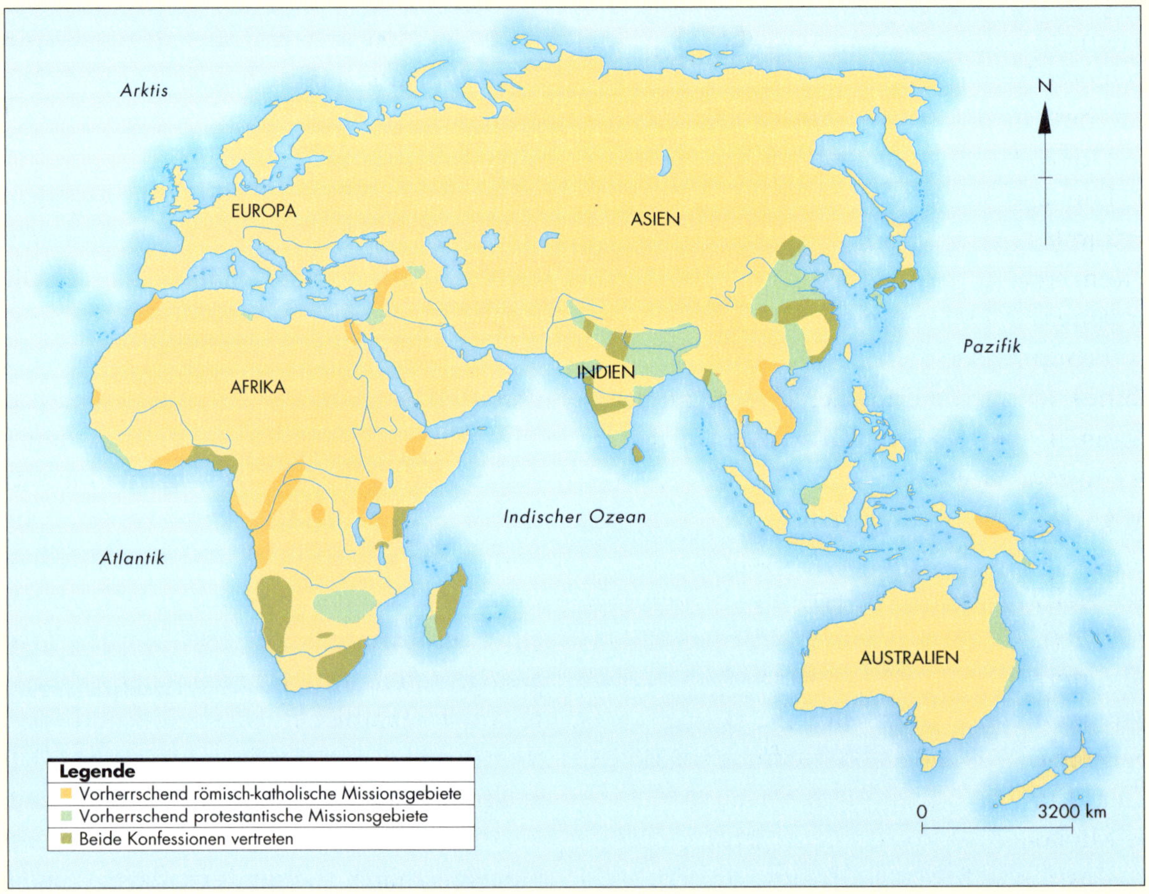

Diese Karte zeigt Kolonialstaaten, die während des 19. Jahrhunderts missionarisch aktiv waren.

Schlechte überwog. In einer Bulle Pauls III. – jenes Papstes, der das Konzil von Trient einberufen hatte – stand zu lesen: „Die Indianer sind wahrhaft Menschen und … sind nicht nur in der Lage, den katholischen Glauben zu verstehen, sondern haben – nach allem, was wir über sie gehört haben – den überaus starken Wunsch, ihn auch anzunehmen." Ein solcher Optimismus war nicht nur Ausdruck des Geistes der Gegenreformation – den missionarischen Impuls gab es in den spanischen und portugiesischen Besitzungen schon von Anfang an. Die Missionstätigkeit der Jesuiten begann 1542 in Goa und breitete sich von dort über den gesamten Indischen Ozean bis nach Südostasien und Japan aus. Wie andere Kolonialmächte legte auch Frankreich großen Wert auf missionarische Arbeit – sogar in Gebieten, in denen es ökonomisch oder politisch selbst gar nicht aktiv war. Vor allem auf Grund der Gegenreformation, die sich belebend auf den Katholizismus auswirkte, wurden die Missionsreisen im 16. und 17. Jahrhundert mit neuem Nachdruck fortgesetzt. Formell nahm die Römisch-Katholische Kirche im 16. Jahrhundert mehr Bekehrte, aber auch größere Gebiete unter ihre Obhut als je zuvor. Den sowieso geringen Schutz der Eingeborenen übernahm oft nur die katholische Kirche. Deren Theologen vertraten als einzige die Idee einer Schutzherrschaft und Interessenvertretung für die unterworfenen Völker.

Protestantische Missionare

Die Protestanten kümmerten sich viel weniger um die Eingeborenen, die in ihren Kolonialgebieten lebten, als die Katholiken und sie betrieben auch weit weniger Missionsarbeit. Die Holländer waren fast überhaupt nicht aktiv. Die englisch-amerikanischen Kolonisten versäumten es nicht nur, die Indianer zu bekehren, sondern versklavten sogar einige ihrer nordamerikanischen Nachbarn (die Quäker aus Pennsylvania waren eine löbliche Ausnahme). Erst gegen Ende des 17. Jahrhunderts begannen die großen Missionsbewegungen der Angelsachsen in Übersee. Wie alles andere, war auch die Frohe Botschaft etwas aus Europa Importiertes, das ein enorm zerstörerisches Potenzial in sich trug, indem es traditionelle Strukturen und Vorstellungen in Frage stellte und unterhöhlte, gesellschaftliche Autoritäten sowie rechtliche und moralische Normen anzweifelte und eine Bedrohung für die traditionellen Familien- und Eheformen darstellte. Die Missionare wurden – oft gegen ihren Willen – Instrumente dieses Prozesses der Beherrschung und Unterwerfung, der die gesamte Geschichte des Umgangs Europas mit dem Rest der Welt durchzog.

Pflanzenimporte aus Europa

Wahrscheinlich gab es nichts, was die Europäer mitbrachten, das sich nicht am Ende als bedrohlich oder zumindest zweischneidig erwies. Die Pflanzen, die die Portugiesen im 16. Jahrhundert von Amerika nach Afrika verschifften – darunter Maniok, Süßkartoffeln und Mais – haben möglicherweise die afrikanische Ernährung verbessert, doch führten sie vielleicht auch zu jenem Bevölkerungswachstum, das soziale Spaltungen und Unruhen provozierte. Pflanzen, die nach Amerika gebracht wurden, ließen andererseits neue Industrien entstehen, für die man Sklaven benötigte – Kaffee und Zucker etwa waren solche Erzeugnisse. Für den Weizenanbau der britischen Siedler, die weiter nördlich wohnten, waren zwar keine Sklaven nötig, doch dafür erhöhte sich der Bedarf an Land, was die Siedler wiederum zwang, in die angestammten Jagdgebiete der Indianer vorzudringen, die man auf brutalste Weise vertrieb. Aus Europa eingeführte Pflanzen beeinflussten auch das Leben künftiger Generationen. Dabei ist es hilfreich, in größeren Zeitdimensionen zu denken als nur bis zum Jahr 1800. Weizen sollte letztlich den westlichen Teil der Welt zur Kornkammer der europäischen Großstädte machen. Im letzten Jahrhundert haben selbst Russland und einige asiatische Länder noch davon profitiert. Der immer noch florierende Weinanbau wurde im 16. Jahrhundert von den Spaniern auf Madeira und in Amerika begonnen. Nachdem auf Jamaika Bananen angebaut wurden und man auf Java Kaffee und in Ceylon Tee erntete, war damit der Grund-

Nicht nur Europa profitierte von neuen Nahrungsmitteln, es gab auch einen regen Austausch zwischen Afrika und Amerika. Diese Umverteilung hat jedoch nichts an der Spezialisierung bestimmter Gebiete auf gewisse Produkte geändert.

Am Kap der Guten Hoffnung verhinderte die Holländische Ostindische Kompanie Exportgeschäfte. Sie betrachtete die Region vor allem als strategischen Stützpunkt und Posten zur Versorgung ihrer Handelsschiffe mit Nahrungsmitteln. Dieses Gemälde zeigt das Wohnhaus einer Burenfamilie.

Ein Blick auf Kanton im Süden Chinas im 18. Jahrhundert. Die im europäischen Stil errichteten Gebäude zeugen von der Präsenz einiger Handelsgesellschaften aus Frankreich, Nordamerika, England und Holland.

stein zukünftiger Politik gelegt. Dieser Wandel wurde darüber hinaus im 19. Jahrhundert nochmals komplizierter, weil sich die Nachfrage immer wieder veränderte: Durch die Industrialisierung erhöhte sich der Bedarf an bereits bekannten Rohstoffen, z.B. Baumwolle (1760 führte England Rohbaumwolle im Gewicht von über 113000 Kilogramm ein – 1837 waren es über 16 Millionen Kilogramm), und manchmal entstanden ganz neue Märkte: Eine der Folgen der Industrialisierung war, dass die Gummiproduktion mit großem Erfolg von Südamerika nach Malaya verlagert wurde – eine Veränderung von großer strategischer Bedeutung für die Zukunft.

Ökologische Veränderungen

Vieles in dieser Zeit geschah zufällig und war oft nicht vorhersehbar. Individuelle Entscheidungen von relativ wenigen Menschen verschmolzen zu einem möglicherweise folgenreichen Ergebnis. Selbst die harmlosesten Innovationen konnten gewaltige und unvorhersehbare Konsequenzen haben. Der Import von ein paar Dutzend Kaninchen nach Aus-

tralien im Jahre 1859 führte innerhalb weniger Jahrzehnte zur Verwüstung der meisten ländlichen Gebiete, als sich ihre Zahl auf mehrere Millionen erhöhte. Auf ähnliche Weise suchten englische Kröten die Bermudas heim. Ganz bewusst geplante Tierimporte aus Europa waren sogar noch bedeutsamer. Als erste Reaktion auf die Kaninchenplage in Australien wurden dort Hermeline und Wiesel aus England eingeführt; eine bessere Lösung war die Myxomatose, eine Schleimpflanze, die sich später ausbreitete. Fast die gesamte Bandbreite gezähmter europäischer Tiere war bis 1800 in Nord- bzw. Südamerika angesiedelt worden. Als das Kühlschiff erfunden war, machten Rinder und Pferde Südamerika zu einem bedeutenden Fleischexporteur, ebenso wie Australien und Ozeanien nach der Einführung von Schafen.

Natürlich veränderten auch die Menschen aus Europa die Strukturen der besiedelten Länder. So wie die Briten in Amerika vermieden es auch die Holländer lange Zeit, sich mit anderen Völkern zu verschmelzen, während die Folgen der Bevölkerungsvermischung in Lateinamerika, Goa und Portugiesisch-Afrika

Der englische Forscher James Cook ist auf diesem Gemälde aus dem 18. Jahrhundert dargestellt. Auf seiner ersten Reise (1768–1771) segelte er von Tahiti aus rund um Neuseeland und fertigte eine Landkarte von Ostaustralien an. Auf seiner zweiten Reise (1772–1775) überquerte er in Begleitung von vier Forschungsschiffen unterhalb des 60. Grads südlicher Breite den Atlantischen und Pazifischen Ozean. Seine dritte Reise (1776–1779) diente dazu, die Ozeankarten von der Beringstraße bis nach Kalifornien zu vervollständigen. Auf dieser letzten Fahrt war Cook entschlossen, die schwer bestimmbare Nordwest-Passage nach Asien (einen seit langem gesuchten Seeweg entlang der nördlichen Küste von Nordamerika) zu finden, doch er wurde 1779 auf Hawaii getötet.

tief greifend waren. In Britisch-Nordamerika kam die Heirat zweier Menschen unterschiedlicher Hautfarbe zwar nicht häufig vor, doch die Tatsache, dass eine dunklere Hautfarbe fast immer mit einem niedrigeren rechtlichen Status verbunden war, enthielt ein enormes Potenzial an zukünftigen politischen, wirtschaftlichen, sozialen und kulturellen Problemen.

Das Verhältnis zwischen Mutterland und Kolonien

Die dicht bevölkerten Kolonialgebiete mit Menschen unterschiedlicher Herkunft prägten nicht nur die Gestaltung zukünftiger Landkarten, sondern machten auch das Regieren zu einem Problem. Die britischen Kolonien besaßen fast immer repräsentative Institutionen, die die Tradition und Praxis des Parlamentarismus widerspiegelten, während Frankreich, Portugal und Spanien jeweils klassisch-autoritäre, monarchische Systeme errichteten. Keiner dieser Staaten gestand seinen Kolonisten eine gewisse Unabhängigkeit zu oder verteidigte deren Interessen gegenüber denen des Mutter-

Die letzten Entdeckungen

Die Entdeckung neuer Länder war auch im 17. und 18. Jahrhundert eines der Hauptanliegen der europäischen Großmächte; die Anzahl der Forschungsexpeditionen erhöhte sich um ein Vielfaches, und aufregende neue Entdeckungen wurden gemacht. Wenn auch die Suche nach Macht und Reichtum neben dem missionarischen Eifer weiterhin eine große Rolle spielte, gab es bald schon konkretere Gründe für Entdeckungsreisen wie den Ausbau des Handels oder wissenschaftliche Forschungsarbeiten. Die Forscher jener Zeit hatten für ihre Reisen außerdem auch bessere technische, nautische und finanzielle Voraussetzungen. Im Jahre 1605 begab sich der portugiesische Seefahrer Pedro Fernández de Quirós auf eine Reise zum Pazifik, die ihn bis zu den Neuen Hebriden führen sollte. Die Spanier Diego de Prados und Luis Vaez de Torres stießen auf das australische Festland bei Kap York. 1642 segelte eine holländische Schiffsexpedition unter Leitung von Abel Tasman um die australische Küste und entdeckte Tasmanien und Neuseeland. Ein anderer Holländer, Jacob Roggeveen, stieß auf einer Weltreise, zu der er 1721 von Brasilien aufgebrochen war, erstmals auf die Osterinseln. Im späten 18. Jahrhundert schickte England zwei Forscherteams nach Australien, um die Seefahrtskarten zu verbessern: John Byron (1764–1766), Samuel Wallis und Philip Carteret (1766–1768) zeichneten die Positionen mehrerer Inseln ein.

Diese Illustration zeigt Königin Oberea von Tahiti im Gespräch mit dem soeben eingetroffenen Kapitän Samuel Wallis (1728–1795). Er entdeckte während einer Weltumsegelung in den Jahren 1766 bis 1768 Tahiti und die Wallis-Inseln.

landes. Dies führte schließlich zu Unruhen und Verärgerung seitens der Siedler und spätestens im Jahre 1763 gab es zumindest in den von Briten besiedelten, nordamerikanischen Kolonien ähnliche Probleme wie im England des 17. Jahrhunderts, als Parlament und Krone miteinander im Streit lagen. Wenn es zu Auseinandersetzungen zwischen Kolonisten verschiedener Länder kam, vertrat die jeweilige Seite stets deutlich ihre Interessen – auch dann, wenn die Regierungen nicht offiziell Krieg gegeneinander führten. Selbst als Holland und England formelle Verbündete gegen Frankreich waren, bekämpften sich ihre Kriegs- und Handelsschiffe „außerhalb der offiziellen Linie".

Territorriale Konflikte zwischen den europäischen Großmächten spielten sich fast immer in der westlichen Hemisphäre ab – dort, wohin sich die Siedler aufgemacht hatten. In anderen Teilen der Welt und sogar in Indien war Handel um 1800 wichtiger als Landbesitz, und viele Interessensgebiete bekamen den europäischen Einfluss in vollem Ausmaß zu spüren. Noch im Jahre 1789 durfte die Ostindische Kompanie nur 21 Schiffe jährlich nach Kanton auslaufen lassen – den Holländern waren gerade einmal zwei Schiffe pro Jahr nach Japan erlaubt. Zentralasien erreichte man zum damaligen Zeitpunkt nur über die langen Landwege, die auch schon Tschingis Khan benutzt hatte, und Russland war noch weit davon entfernt, sein Hinterland auf wirksame Weise zu beeinflussen. Afrika war durch sein Klima und seine Krankheiten geschützt. Forschungsreisende und Entdecker mussten die Landkarte dieses Kontinents erst noch vervollständigen, damit die Vorherrschaft Europas auch dort Realität werden konnte.

Die Europäer in Australien

Im Pazifik und in der „Südsee" kam man schneller voran. Dampiers Fahrt von 1699 eröffnete ein Jahrhundert der Erkundungen und Entdeckungen, das Australien und Ozeanien – der letzte unbekannte Kontinent und seine Inselwelt – seinen Platz auf der Weltkarte sicherte. Die Beringstraße im hohen Norden wurde 1730 gefunden. Die Reisen von Bougainville und Cook in den 1760er und 1770er Jahren fügten noch Tahiti, Samoa, Ostaustralien, Hawaii, Tonga, Melanesien und Neuseeland zu dieser Neuen Welt hinzu, die sich den Europäern nun erschloss. Cook überquerte sogar den südlichen Polarkreis. Im Jahre 1788 brachte man die erste Schiffsladung mit 717 Strafgefangenen nach Neu-Südwales. Die Richter Großbritanniens verfügten nun über eine neue Strafkolonie, denn die amerikanischen Kolonien standen für die Aussetzung unerwünschter Engländer nicht mehr zur Verfügung. Ganz beiläufig entstand daraus eine neue Nation. Ein noch wichtigeres Ereignis war wenige Jahre danach das Eintreffen der ersten Schafe – der Beginn einer Branche, die die Zukunft dieser neuen Nation sichern sollte. Mit den Tieren, den Abenteurern und den Sträflingen kam auch das Evangelium auf die Inselwelt und das Festland des Südpazifiks. 1797 erlebte Tahiti die Ankunft der ersten Missionare. Mit ihnen schienen die Segnungen der Zivilisation – zumindest in einer noch unterentwickelten Form – nun endlich jeden Winkel der bewohnbaren Erde erreicht zu haben.

Diese Anschlagtafel, auf der Schwarze und Weiße, die alle gleiche Rechte haben, dargestellt sind, wandte sich an die Aborigines von Tasmanien in Australien und stammt ca. aus dem Jahr 1828. Trotz solcher Zusicherungen versuchte der britische Gouverneur der Insel, Sir George Arthur (1785–1854), die Aborigines auf der im Südosten gelegenen Halbinsel hinter einer „schwarzen Linie" anzusiedeln, was ihm aber nicht gelang. In der 2. Hälfte des 19. Jahrhunderts war das Volk der Aborigines praktisch ausgelöscht.

Zeittafel (100–1500)

100 | 150 | 200

117
Hadrian wird als Kaiser von Rom ausgerufen

170
Claudius Ptolemaios (100–170) legt sein Weltbild dar, nach dem die Erde das Zentrum der Welt ist

320 bis um 550
Gupta-Dynastie in Indien

300 | 350 | 400

300
Teotihuacán-Kultur im Hochland von Mexiko

330
Der römische Kaiser Konstantin gründet Konstantinopel

363
Der römische Kaiser Julian, Nachfolger Konstantins, fällt beim Feldzug gegen die Perser

527–565
Justinian Kaiser von Byzanz

570
Mohammed wird in Mekka geboren

500 | 550 | 600

Der Felsendom in Jerusalem

Der Felsendom wurde während des Kalifats von Abd-ar-Malik (685–705) in Jerusalem erbaut. Dieses große islamische Heiligtum wurde bald zu einem zentralen Kultort für muslimische Pilger.

732
Die Franken besiegen die Muslime bei Poitiers

Bildstein der Wikinger

Im Jahre 793 begannen die Wikinger mit Überfällen auf die englische Küste. Sie weiteten ihre Übergriffe auch auf andere europäische Länder, darunter Irland, Frankreich und Spanien aus. Dieses Detail auf einem nordischen Bildstein aus dem 8. Jahrhundert zeigt ein Langboot der Wikinger.

700 | 750 | 800

711
Die Muslime erobern die Iberische Halbinsel von den Goten

um 711–1492
Spanische Reconquista

726–843
Zeit des byzantinischen Ikonoklasmus

771–814
Karl der Große, Alleinherrscher des Frankenreichs

794–1185
Heian-Periode in Japan

909
Beginn der Herrschaft der Fatimiden
Das Ende der T'ang-Dynastie in China

962
Krönung Ottos I. zum Kaiser des Heiligen Römischen Reiches

987–1328
Dynastie der Kapetinger in Frankreich

900 | 950 | 1000

910
Gründung der Abtei von Cluny

1096–1099
Der Erste Kreuzzug

1122
Wormser Konkordat

1171
Saladin stürzt das Kalifat der Fatimiden

1189–1192
Dritter Kreuzzug

1100 | 1150 | 1200

Die „Jungfrau von Wladimir"

Mit Beginn des 12. Jahrhunderts wurden in Russland Malschulen für die Herstellung von Ikonen gegründet. Die bekannteste russische Ikone, die „Jungfrau von Wladimir", wurde jedoch in der byzantinischen Hauptstadt Konstantinopel hergestellt.

1197
Das Inkareich wird gegründet

1338–1573
Ashikaga- Shogunat in Japan

1300 | 1350 | 1400

1309–1377
Päpstliches Exil in Avignon

1339–1453
Hundertjähriger Krieg zwischen England und Frankreich

1368–1644
Ming-Dynastie in China

220
Das Ende der Späteren Han-Dynastie

200 — 250 — 300

224
Ardashir gründet das Sassanidenreich

Niederlage Valerians I.

Ein Schmuckstein, der die Niederlage des römischen Kaisers Valerian (links) gegen den sassanidischen Herrscher Shapur I. im Jahre 260 darstellt.

ab 413
Der Kirchenlehrer Augustinus verfaßt sein Werk *De civitate Dei* (dt. *Gottesstaat*)

400 — 450 — 500

um 500
Artus, König der Briten und Bretonen, kämpft gegen die um 450 in Britannien eingedrungenen Angelsachsen

Porträt eines T´ang-Kaisers

Diese Illustration zeigt Yen Li-Pen, den T'ang-Kaiser aus dem 7. Jahrhundert. Seine Hauptstadt in der Provinz Shensi war eine der kosmopolitischsten Städte der damaligen Welt.

615
Die sassanidische Armee plündert Jerusalem

661–750
Kalifat der Umaiyaden

600 — 650 — 700

618–906
T'ang-Dynastie

632
Tod Mohammeds

Detail eines Maya-Gesetzescodex

Die Maya-Kultur in Mittelamerika erreichte ihren Höhepunkt zwischen 600 und 900 n. Chr. Dieses Detail aus dem Madrider Codex zeigt Maya-Götter, Priester und Adlige.

843
Das karolingische Reich wird geteilt

800 — 850 — 900

um 900
Die Haussa lassen sich im Königreich Daura in Nordnigeria nieder

Der Teppich von Bayeux

Auf dem Teppich von Bayeux sind Ereignisse aus der Schlacht von Hastings (1066) und der normannischen Eroberung Englands dargestellt. In der Abbildung ist eine Kampfszene zu sehen.

1000–1300
Die ersten europäischen Universitäten werden gegründet

1000 — 1050 — 1100

1071
Die Seldschuken besiegen die Byzantiner in Kleinasien

1258
Die Mongolen stürzen das Kalifat der Abassiden

um 1200
Der Niedergang des Mayareiches beginnt

1206–1227
Tschingis Khan mongolischer Kaiser

1200 — 1250 — 1300

Die Venezianer monopolisieren den Handel zwischen dem Byzantinischen Reich und Europa

Marco Polo am Hofe des Kublai Khan

Der Venezianer Marco Polo bereiste zwischen 1271 und 1295 den Fernen Osten. Auf dieser Abbildung kniet er vor einem Diener des Moghul-Herrschers Kublai Khan, in dessen Diensten er lange Jahre stand.

1498
Vasco da Gama umsegelt Afrika und entdeckt den Seeweg nach Indien

Dieses Relief aus dem 15. Jahrhundert, das als „Sonnenstein" bekannt ist, zeigt den Sonnenkalender der Azteken aus Mexiko. Im Mittelkreis befindet sich das Gesicht des Sonnengottes.

Aztekischer „Sonnenstein"

1400 — 1450 — 1500

1453
Konstantinopel wird von den Osmanen erobert

1492
Erste Reise des Christoph Kolumbus; Entdeckung Amerikas

Zeittafel (1500–1775)

1500

König Heinrich VIII.

Heinrich VIII. von England (1491–1547) lehnte es ab, sich der römisch-katholischen Kirche zu unterwerfen. Er gründete daraufhin die anglikanische Kirche und wurde ihr Oberhaupt.

1510

1512
Laterankonzil

1519
Karl V. wird Kaiser

1520

1521
Reichstag zu Worms, Martin Luther wird exkommuniziert

Königin Elisabeth I. von England

Elisabeth I., Königin von England (1558–1603) bewahrte die Einheit ihres Reiches trotz der Angriffe der Spanier. Auch ihr eigenes Leben war in Gefahr. Eine ihrer Hauptgegnerinnen war ihre Cousine Maria Stuart und deren katholische Unterstützer.

1555
Augsburger Religionsfriede

1556–1605
Herrschaft Akbars des Moghul-Kaisers in Indien

1550

1560

1570

Basiliuskathedrale in Moskau

Die Basiliuskathedrale wurde zwischen 1554 und 1560 außerhalb des Kremls errichtet. Sie wurde nach dem Sieg von Kasan erbaut, der die Herrschaft der Mongolen in Russland beendete.

1563
Letzte Zusammenkunft des Trienter Konzils

1572
Bartholomäusnacht in Frankreich

1613
Die Ständeversammlung wählt Michail Romanow (1598–1645) zum russischen Zaren

1600

1610

1620

1602
Die holländische Ostindische Kompanie wird gegründet

1608
Quebec wird gegründet

1618
Beginn des Dreißigjährigen Krieges

Tâj Mahal in Indien

Das Tâj Mahal – eines der schönsten Gebäude der Welt – wurde von dem trauernden Shah Jahan in Erinnerung an seine verstorbene Frau Mumtâz Mahal (Juwel des Palastes) errichtet (fertiggestellt um 1648).

1658–1707
Herrschaft Aurangzebs, letzter bedeutender Großmogul in Indien

1661
Die britische Ostindische Handelskompanie kauft Bombay

1666
Die Académie des Sciences wird in Paris gegründet

1650

1660

1670

1660
Die Wiedereinsetzung von Karl II. beendet die Puritanerherrschaft und die Republik in England

1669
Großmogul Aurangzeb verbietet den Hinduismus

1713
Friede von Utrecht beendet den Spanischen Erbfolgekrieg

1700

1710

1720

1701
Beginn des Spanischen Erbfolgekrieges

1707
Tod Aurangzebs und Niedergang des Moghulreiches in Indien

Robert Clive in Indien

Dieses Gemälde zeigt die Begegnung zwischen Robert Clive, von der britischen Ostindischen Gesellschaft, und Mir Jafar, dem General des Nabob von Bengalen, im Jahre 1757. Durch Clives´ Sieg in der Schlacht von Plassey, erlangten die Briten die Herrschaft über Bengalen – sie setzten Jafar auf den Thron des besiegten Nabob.

1750

1755

1760

1750
Der Vertrag von Madrid legt die Grenzen zwischen den Gebieten Spaniens und Portugals in Südamerika fest

1757–1763
Siebenjähriger Krieg zwischen England und Frankreich

1762–1796
Katharina die Große, Kaiserin von Russland

1526–1858
Moghulreich in Indien

1540
Der Jesuiten-Orden (Gesellschaft Jesu) wird von Papst Paul III. offiziell anerkannt

1530 | 1540 | 1550

1531
Pizarro erobert das Reich der Inka in Peru

1547–1584
Herrschaft Iwan des Schrecklichen in Russland

Bronzebüste aus Benin

Diese Figur aus Benin durften nur die Könige (oba) besitzen. Sie stammt aus dem 16. Jahrhundert und zeigt Idia, die Mutter des Oba Esigie. Ihr Haar ist mit einer Perlen geschmückten Korallenkappe bedeckt.

1580 | 1590 | 1600

1580
Nach dem Tod des portugiesischen Königs Heinrich annektiert Spanien das Land und setzt den Herzog von Alba als Statthalter ein

1588
England besiegt die spanische Armada

1598
Edikt von Nantes

Ludwig XIV. von Frankreich

König Ludwig XIV. (1638–1715) war Vorbild für absolutistische Herrscher in ganz Europa. Sein Wahlspruch lautete: „L'état c'est moi," („ich bin der Staat").

1626
Die Holländer gründen Neu-Amsterdam, das spätere New York

1644–1912
Ch'ing-Dynastie in China

1630 | 1640 | 1650

1630
Die Engländer gründen Boston

Standbild Peters des Großen

Dieses Reiterstandbild stammt aus dem Jahre 1782 und stellt Peter den Großen (1672–1725) dar. Der Zar blickt auf St. Petersburg – jene Stadt, die er als seine Hauptstadt erbauen ließ und die sein Streben, Russland zu modernisieren, symbolisierte.

Westfälischer Friede

Dieses Gemälde zeigt den Kongress von Münster am 15. Mai 1648. Dargestellt wird eine Verhandlungsszene aus den Konferenzen, die mit dem westfälischen Frieden den Dreißigjährigen Krieg beendeten.

1680 | 1690 | 1700

1683
König Jan Sobieski von Polen besiegt die Türken am Kahlenberg bei Wien

1688
„Glorreiche Revolution" in England

1738
Der Vertrag von Wien beendet den Polnischen Erbfolgekrieg

1740–1786
Friedrich II. von Preußen

1748
Vertrag von Aachen beendet den Österreichischen Erbfolgekrieg

1730 | 1740 | 1750

1732
Die britische Kolonie Georgia wird gegründet

Die erste Teilung Polens

Ein zeitgenössischer Druck zeigt die erste Teilung Polens im Jahre 1772. Die Herrscher Russlands, Preußens und Österreichs, von denen jeder ein Drittel des polnischen Territoriums erhielt, sind damit beschäftigt, die Beute unter sich aufzuteilen.

1768
Erste Seereise von James Cook

1765 | 1770 | 1775

1764
Hargreaves erfindet die „Spinning Jenny" (Feinspinnmaschine)

1769
Watt erhält das Patent auf seine Dampfmaschine

1773
Pugatschew ist der Anführer eines Kosaken- und Bauernaufstandes in Russland

1774–1793
Ludwig XVI. von Frankreich

LITERATURHINWEISE

1. Überblick

Gombrich, Ernst H.: Die Geschichte der Kunst. © Belser Verlag. Stuttgart 1986

Kinder, Hermann und Hilgemann, Werner: Atlas zur Weltgeschichte. Von den Anfängen bis zur Gegenwart. © Piper Verlag. München 1982

Putzger, Friedrich Wilhelm: Historischer Weltatlas. © Cornelsen Verlag. Berlin/ Bielefeld 1992

2. Islam, der Nahe Osten und die arabischen Reiche

Ben-Sasson, Haim Hillel (Hrsg): Geschichte des jüdischen Volkes. © Verlag C.H. Beck. München 1995

Franke, Herbert und Jedin, Hubert: Die Epoche des Mongolensturms. Die Formation Europas. Die neuen islamischen Reiche. © Verlag Herder. Freiburg 1970

Gabrieli, Francesco: Die Kreuzzüge aus arabischer Sicht. © Deutscher Taschenbuch Verlag. München 1975

Haarmann, Ulrich (Hrsg.): Geschichte der arabischen Welt. © Verlag C.H. Beck. München 2001

Ratchnevsky, Paul: Cinggis-Khan. Sein Leben und Wirken. © Steiner Verlag. Wiesbaden 1983

Taube, Manfred (Hrsg.): Geheime Geschichte der Mongolen. © Gustav Kiepenheuer Verlag. Leipzig 1989

3. Byzanz und Osmanisches Reich

Beck, Hans-Georg: Das byzantinische Jahrtausend. © Verlag C.H. Beck. München 1994

Ducellier, Alain: Byzanz. Das Reich und die Stadt. © Campus Verlag. Frankfurt 1990

Faroqh, Suraiya: Kultur und Alltag im Osmanischen Reich. Vom Mittelalter bis zum Anfang des 20. Jahrhunderts. © Verlag C.H. Beck. München 1995

Majer, Hans Georg: Die Staaten Südosteuropas und die Osmanen. © Verlag Südosteuropa Geschichte. München 1989

Matuz, Josef: Das Osmanische Reich. Grundlinien seiner Geschichte. © Wissenschaftliche Buchgesellschaft. Darmstadt 1996

4. Europa im Mittelalter

Anderson, Perry: Von der Antike zum Feudalismus. © Suhrkamp Verlag. Frankfurt 1978

Angenendt, Arnold: Das Frühmittelalter. Die abendländische Christenheit von 400 bis 900. © Kohlhammer Verlag. Stuttgart 1995

Blumenthal, Uta-Renate: Der Investiturstreit. © Kohlhammer Verlag. Stuttgart 1982

Boockmann, Hartmut: Wege ins Mittelalter. © Verlag C.H. Beck. München 2000

Borst, Arno: Lebensformen im Mittelalter. © Propyläen Verlag. Berlin 1995

Brown, Peter: Die Entstehung des christlichen Europa. © Verlag C.H. Beck. München 1996

Ehlers, Joachim: Geschichte Frankreichs im Mittelalter. © Kohlhammer Verlag. Stuttgart 1987

Elias, Norbert: Die höfische Gesellschaft. © Suhrkamp Verlag. Frankfurt 1969

Ennen, Edith: Die europäische Stadt des Mittelalters. © Vandenhoeck & Ruprecht. Göttingen 1987

Ennen, Edith: Frauen im Mittelalter. © Verlag C.H. Beck. München 1994

Favier, Jean: Gold und Gewürze. Der Aufstieg des Kaufmanns im Mittelalter. © Junius Verlag. Hamburg 1992

Lambert, Malcolm: Häresie im Mittelalter. © Primus Verlag. Darmstadt 2001

Mayer, Hans Eberhard: Geschichte der Kreuzzüge. © Kohlhammer Verlag. Stuttgart 1995

Riley-Smith, Jonathan (Hrsg.): Großer Bildatlas der Kreuzzüge. © Verlag Herder. Freiburg 1992

Roesdahl, Else: Wikinger, Waräger, Normannen. Die Skandinavier und Europa 800-1200. Austellungskatalog Paris. © Verlag Philipp von Zabern. Mainz 1992

Schimmelpfennig, Bernhard: Das Papsttum. Von der Antike bis zur Renaissance. © Wissenschaftliche Buchgesellschaft. Darmstadt 1996

Seibt, Ferdinand: Glanz und Elend des Mittelalters. © Orbis Verlag. München 1999

Strayer, Joseph R.: Die mittelalterlichen Grundlagen des modernen Staates. © Böhlau Verlag. Köln 1975

Vones, Ludwig: Geschichte der Iberischen Halbinsel im Mittelalter (711-1480). © Jan Thorbecke Verlag. Ostfildern 1993

5. Deutschland und Österreich im Mittelalter

Abulafia, David: Friedrich II. von Hohenstaufen. Herrscher zwischen den Kulturen. © Goldmann Verlag. München 1994

Hödl, Günther: Habsburg und Österreich 1273-1493. Gestalten und Gestalt des österreichischen Spätmittelalter. © Böhlau Verlag. Wien 1988

Prinz, Friedrich: Von Konstantin zu Karl dem Großen. © Artemis & Winkler. Düsseldorf 2000

Schulze, Hans K.: Vom Reich der Franken zum Land der Deutschen. Merowinger und Karolinger. © Siedler Verlag. Berlin 1987

Seibt, Ferdinand: Karl IV., ein Kaiser in Europa 1346-1378. © Deutscher Taschenbuch Verlag. München 2000

Thomas, Heinz: Deutsche Geschichte des Spätmittelalters 1250-1500. © Kohlhammer Verlag. Stuttgart 1983

Wiesflecker, Hermann: Kaiser Maximilian I. © Oldenbourg Verlag. München 1991

Wolfram, Herwig: Das Reich und die Deutschen. Zwischen Antike und Mittelalter. © Siedler Verlag. Berlin 1990

6. Der Ferne Osten

Villiers, John: Südostasien vor der Kolonialzeit (Fischer Weltgeschichte, Bd. 18). © Weltbild Verlag. Augsburg 2000

Indien

Embree, Ainslie, T. und Wilhelm, Friedrich: Indien. Geschichte des Subkontinents von der Induskultur bis zum Beginn der englischen Herrschaft (Fischer Weltgeschichte, Bd.17). © Weltbild Verlag. Augsburg 2000

Kulke, Hermann und Rothermund, Dietmar: Geschichte Indiens. © Verlag C.H. Beck. München 1998

China

Fitzgerald, Charles P.: China. Von der Vorgeschichte bis zum 19. Jahrhundert. © Magnus Verlag. Essen 1975

Franke, Herbert und Trauzettel, Rolf: Das chinesische Kaiserreich (Fischer Weltgeschichte Bd. 19). © Weltbild Verlag. Augsburg 2000

Loewe, Michael: Das China der Kaiser. © Neff Verlag. Wien 1966

Reichert, Folker E.: Begegnungen mit China. Die Entdeckung Ostasiens im Mittelalter. © Jan Thorbecke Verlag. Ostfildern 1992

Japan

Dettmer, Hans Adalbert: Grundzüge der Geschichte Japans. © Wissenschaftliche Buchgesellschaft. Darmstadt 1970

Hall, John Whitney: Das japanische Kaiserreich (Fischer Weltgeschichte, Bd. 20). © Weltbild Verlag. Augsburg 2000

Ladstätter, Otto und Linhart, Sepp: China und Japan. Die Kulturen Ostasiens. © Ueberreuter Verlag. Wien 1983

7. Nord- und Osteuropa in der Frühen Neuzeit

Bogay, Thomas, von: Grundzüge der Geschichte Ungarns. © Wissenschaftliche Buchgesellschaft. Darmstadt 1990

Findeisen, Jörg-Peter: Das Ringen um die Ostseeherrschaft. © Duncker & Humblot. Berlin 1992

Hösch, Edgar: Geschichte der Balkanländer von der Frühzeit bis zur Gegenwart. © Verlag C.H. Beck. München 1999

Imhof, Arthur Erwin: Grundzüge der nordischen Geschichte. © Wissenschaftliche Buchgesellschaft. Darmstadt 1985

Schmidt, Alexander: Geschichte des Baltikums. Von den alten Göttern bis zur Gegenwart. © Piper Verlag. München 1993

Russland

Donnert, Erich: Das alte Moskau. Kultur und Gesellschaft zwischen Großfürstentum und Zarenkrone. © Tusch Verlag. Wien 1976

Hösch, Edgar: Geschichte Rußlands. Vom Kiever Reich bis zum Zerfall des Sowjetimperiums. © Kohlhammer Verlag. Stuttgart 1996

Kappeler, Andreas: Rußland als Vielvölkerreich. Entstehung, Geschichte, Zerfall. © Verlag C.H. Beck. München 1993

Lincoln, Bruce W.: Die Eroberung Sibiriens. © Piper Verlag. München 1996

Polen

Hoensch, Jörg K.: Geschichte Polens. © UTB Verlag. Stuttgart 1998

Meyer, Enno: Grundzüge der Geschichte Polens. © Wissenschaftliche Buchgesellschaft. Damstadt 1990

Schweden

Berner, Felix: Gustav Adolf, der Löwe aus Mitternacht. © Heyne Verlag. München 1985

Weibull, Jörgen: Schwedische Geschichte. © Verlag Das schwedische Institut. Stockholm 1994

8. Westeuropa in der Frühen Neuzeit

Benevolo, Leonardo: Die Stadt in der europäischen Geschichte. © Verlag C.H. Beck. München 1998

Burckhardt, Carl Jacob: Richelieu. © Verlag Georg D.W. Callwey. München 1988

Dickens, Arthur G. (Hrsg.): Europäische Fürstenhöfe. Herrscher, Politiker und Mäzene 1400-1800. © Edition Kaleidoskop. Graz 1978

Dülmen, Richard, van: Entstehung des frühneuzeitlichen Europa. (Fischer Weltgeschichte, Bd. 24). © Weltbild Verlag. Augsburg 2000

Gall, Lothar (Hrsg.): Vom alten zum neuen Bürgertum. © Oldenbourg Verlag. München 1991

Ginzburg, Carlo: Der Käse und die Würmer. Die Welt eines Müllers um 1600. © Verlag Klaus Wagenbach. Berlin 1990

Heine, Hartmut: Geschichte Spaniens in der frühen Neuzeit. 1400-1800. © Verlag C.H. Beck. München 1984

Kriedte, Peter: Spätfeudalismus und Handelskapital. Grundlinien der europäischen Wirtschaftsgeschichte vom 16. bis zum Ausgang des 18. Jahrhunderts. © Vandenhoeck & Ruprecht. Göttingen 1980

Prinz, Friedrich: Sacco di Roma. © Verlag Bayerischer Rundfunk. München 1989
Trimborn, Hermann (Hrsg.): Weltkulturen – Renaissance in Europa. © Propyläen Verlag. Berlin 1964

England

Appel, Sabine: Elisabeth I. von England. Die Biographie. © Bechtle Verlag. München 1996

Elton, Geoffrey R.: England unter den Tudors. © Verlag Georg D.W. Callwey. München 1983

Kluxen, Kurt: Geschichte Englands. Von den Anfängen bis zur Gegenwart. © Alfred Kröner Verlag. Stuttgart 1991

Schulin, Ernst: Handelsstaat England. Das politische Interesse der Nation am Außenhandel vom 16. bis ins frühe 18. Jahrhundert. © Franz Steiner Verlag. Stuttgart 1969

Deutschland und Österreich

Augstein, Rudolf: Preußens Friedrich und die Deutschen. © Greno Verlag. Nördlingen 1986

Barudio, Günter: Der teutsche Krieg. © Siedler Verlag. Berlin 1998

Berenger, Jean: Die Geschichte des Habsburgerreiches 1273-1918. © Böhlau Verlag. Wien 1990

Heer, Friedrich: Der König und die Kaiserin. Friedrich und Maria Theresia, ein deutscher Konflikt. © Paul List Verlag. München 1981

Lahnstein, Peter: Auf den Spuren von Karl V. © Paul List Verlag. München 1993

Lutz, Heinrich: Das Ringen um deutsche Einheit und kirchliche Erneuerung. Von Maximilian I. bis zum Westfälischen Frieden 1490 bis 1648. © Propyläen Verlag. Berlin 1983

Möller, Horst: Fürstenstaat oder Bürgernation. Deutschland 1763-1815. © Siedler Verlag. Berlin 1989

Press, Volker: Kriege und Krisen. Deutschland 1600-1715. © Verlag C.H. Beck. München 1991

Schilling, Heinz: Aufbruch und Krise. Deutschland 1517-1648. © Siedler Verlag. Berlin 1988

Schilling, Heinz: Höfe und Allianzen. Deutschland 1648-1763. © Siedler Verlag. Berlin 1989

Schulze, Winfried: Deutsche Geschichte im 16. Jahrhundert 1500-1618. © Suhrkamp Verlag. Frankfurt 1996

Wandruszka, Adam: Das Haus Habsburg. © Verlag Herder. Wien 1989

9. Reformation und Glaubenskriege

Blickle, Peter: Die Reformation im Reich. © UTB Verlag. Stuttgart 1992

Blickle, Peter: Zwingli und Europa. © Vandenhoeck & Ruprecht. Zürich 1985

Bott, Gerhard (Hrsg.): Matin Luther und die Reformation in Deutschland. Ausstellung zum 500. Geburtstag Martin Luthers. Ausstellungskatalog Germanisches Nationalmuseum Nürnberg. © Germanisches Nationalmuseum Nürnberg. Frankfurt 1983

Elton, Geoffrey R.: Europa im Zeitalter der Reformation (1517-1559). © Verlag C.H. Beck. München 1982

Hilsch, Peter: Johannes Hus (um 1370-1415). © Verlag Friedrich Pustet. Regensburg 1999

Mann, Golo: Wallenstein. Sein Leben. © S. Fischer Verlag. Frankfurt 1994

Moeller, Bernd: Die Reformation und das Mittelalter. © Vandenhoeck & Ruprecht. Göttingen 1991

Schormann, Gerhard: Der Dreißigjährige Krieg. © Vandenhoeck & Ruprecht. Göttingen 1993

Wehler, Hans Ulrich: Scheidewege der deutschen Geschichte von der Reformation bis zur Wende 1517-1989. © Verlag C.H. Beck. München 1995

Zeeden, Ernst Walter: Das Zeitalter der Glaubenskämpfe 1555-1648. Deutscher Taschenbuch Verlag. München 1999

10. Absolutismus und Revolutionen

Bott, Gerhard (Hrsg.): Freiheit – Gleichheit – Brüderlichkeit. 200 Jahre Französische Revolution in Deutschland. Ausstellungskatalog Germanisches Nationalmuseum Nürnberg. © Germanisches Nationalmuseum Nürnberg. Nürnberg 1989

Diwald, Helmut: Anspruch auf Mündigkeit um 1400-1555. © Propyläen Verlag. Berlin 1998

Duchhardt, Heinz: Das Zeitalter des Absolutismus. © Oldenbourg Verlag. München 1998

Greyerz, Kaspar, von: England im Jahrhundert der Revolutionen 1603-1714. © UTB Verlag. Stuttgart 1994

Imhof, Ulrich: Das Europa der Aufklärung. © Verlag C.H. Beck. München 1995

Parker, Geoffrey: Der Aufstand der Niederlande. Von der Herrschaft der Spanier zur Gründung der Niederländischen Republik 1549-1609. © Verlag Georg D.W. Callwey. München 1979

Schulin, Ernst: Die französische Revolution. © Verlag C.H. Beck. München 1990

Stone, Lawrence: Ursachen der englischen Revolution 1529-1642. © Ullstein Verlag. Berlin 1983

Tilly, Charles: Die europäischen Revolutionen. © Verlag C.H. Beck. München 1993

Vierhaus, Rudolf: Deutschland im Zeitalter des Absolutismus 1648-1763. © Vandenhoeck & Ruprecht. Göttingen 1984

Weigl, Engelhard: Schauplätze der deutschen Aufklärung. Ein Städterundgang. © Rowohlt Verlag. Reinbek 1997

Zeeden, Ernst Walter: Europa im Zeitalter des Absolutismus und der Aufklärung. © Klett Verlag. Stuttgart 1981

11. Kolonien

Augustin, Siegfried: Die Geschichte der Indiander. Von Pocahontas bis Geronimo 1600-1900. © Droemer Verlag. München 1995

Bitterli, Urs: Die Entdeckung Amerikas. Von Kolumbus bis Alexander von Humboldt. © Verlag C.H. Beck. München 1999

Bitterli, Urs: Die „Wilden" und die „Zivilisierten". © Verlag C.H. Beck. München 1991

Cortes, Hernán: Die Eroberung Mexikos. © Heyne Verlag. Frankfurt 1980

Gama, Vasco, da: Die Entdeckung des Seewegs nach Indien. © Heyne Verlag. München 1981

Granzow, Uwe: Quadrant, Kompaß und Chronometer. Technische Implikationen des euro-asiatischen Seehandels von 1500 bis 1800. © Franz Steiner Verlag. Stuttgart 1986

Herkenhoff, Michael: Der dunkle Kontinent. Das Afrikabild im Mittelalter bis zum 12. Jahrhundert. © Centaurus Verlags-Gesellschaft. Pfaffenweiler 1990

Konetzke, Richard: Die Indianerkulturen Altamerikas und die spanisch-portugiesische Kolonialherrschaft (Fischer Weltgeschichte, Bd. 22). © Weltbild Verlag. Augsburg 2000

Parry, John H.: Europäische Kolonialreiche. Welthandel und Weltherrschaft im 18. Jahrhundert. © Kindler Verlag. München 1983

Puhle, Hans-Jürgen (Hrsg.): Sklaverei in der modernen Geschichte. © Vandenhoeck & Ruprecht. Göttingen 1990

Rosner, Enrique: Missionare und Musketen. 500 Jahre lateinamerikanische Passion. © Verlag Josef Knecht. Frankfurt 1992

Salentiny, Fernand: Die Gewürzroute. Die Entdeckung des Seewegs nach Asien. © DuMont Verlag. Köln 1991

Sautter, Udo: Geschichte der Vereinigten Staaten von Amerika. © Alfred Kröner Verlag. Stuttgart 1994

Schmitz, Siegfried: Große Entdecker und Forschungsreisende. Eine Geschichte der Weltentdeckung von der Antike bis zum 20. Jahrhundert in Biographien. © Deutscher Bücherbund. Düsseldorf 1983

Todorov, Tzvetan: Die Eroberung Amerikas. © Suhrkamp Verlag. Frankfurt 1993

Voigt, Johannes H.: Geschichte Australiens. © Alfred Kröner Verlag. Stuttgart 1988

Westphal, Wilfried: Die Maya. © Gondrom Verlag. Bindlach 1991

Wolf, Eric R.: Die Völker ohne Geschichte. Europa und die andere Welt seit 1400. © Campus Verlag. Frankfurt 1991

REGISTER

Zur schnellen Orientierung umfassen die Register der Bände 1 und 2 nur Begriffe aus dem jeweils vorliegenden Band. Eine bandübergreifende Stichwortsuche ermöglicht das Gesamtregister in Band 3, das auf Begriffe aller drei Bände der Illustrierten Weltgeschichte verweist.

Die kursiv gesetzten Seitenzahlen verweisen auf Abbildungen.

A

B

C

D

E

F

G

H

I

L

M

N

O

P

Q

R

S

T

U

VERZEICHNIS UND NACHWEIS DER ABBILDUNGEN

Der Verlag dankt allen nachfolgend angeführten Personen und Institutionen für die freundliche Genehmigung, ihre Abbildungen in diesem Buch abzudrucken:

SCHLÜSSEL

u unten; m Mitte; o oben; l links; r rechts
AAA Ancient Art & Architecture Collection, London
ADO Agence Dagli Orti, Paris
AGE A.G.E. Fotostock, London
AISA Archivo Iconografico S.A., Barcelona
AKG AKG, London
BAL Bridgeman Art Library, London
BL British Library, London
BM British Museum, London
BN Bibliothèque Nationale, Paris
BNM Biblioteca Nacional, Madrid
BPK: Bildarchiv Preussischer Kulturbesitz, Berlin
DBP: Duncan Baird Publishers
ET e.t. Archive, London
KM Kunsthistorisches Museum, Wien
MAN Museo Arqueologico Nacional, Madrid
MP: Museo del Prado, Madrid
NG: National Gallery, London
NMI: National Museum of India, Neu Delhi
NMM: National Maritime Museum, London
NPG: National Portrait Gallery. London
ON Österreichische Nationalbibliothek, Wien
RHPL Robert Harding Picture Library, London
RMN Réunion des Musées Nationaux, Paris
SHM Statens Historiska Museum, Stockholm
SHMM: State Hiatorical Museum, Moskau
SMPK: Staatliches Museum zu Berlin-Preussischer Kulturbesitz
V&A: By courtesy of the board of trustees of the Victoria & Albert Museum, London
WFA Werner Forman Archive, London

11 AKG / Real Monasterio, El Escorial
12 AISA
14o RMN / Chuzeville / Louvre, Paris
14u AISA
15u Giraudon / Bibliothèque Sainte-Geneviève, Paris
16 BN
17o MAN
17u RHPL
18 AAA
19 Römisch-Germanisches Museum, Köln
20 Alinari-Giraudon / Pina Coteca Vaticana, Vatikan
21 ET / Sucevita Monastery, Moldovita, Rumänien
22 Topkapi Palace Museum, Istanbul (Ms.H.1221)
23 BAL / Fitzwilliam Museum, Cambridge
25 Topkapi Palace Museum, Istanbul (Ms.1222)
26 Giraudon-Index / Museé Condé, Chantilly
27 Spencer Collection / The New York Public Library (Astor, Lenox and Tilden Foundations)
28 Reproduced by kind permission of the Trustees of the Chester Beatty Library, Dublin
31 BN (Ar.5847, f.94v)
32 Oronoz / BN
33 Oronoz
34 ADO
35 MAN
37 Corbis / Nik Wheeler
38o MAN
38u MAN
39 AISA / BN
40 Giraudon-Dost Yayinlari / University Central Library, Istanbul
41 AISA / BN
42 WFA
43 AISA
44 AISA
46 Corbis / Sheldan Collins
47 MAN
48 BN (Ar.5847, f.125)
51 AISA / BN
52 Oronoz / Topkapi Palace Museum, Istanbul
53 AISA / Ravenna
54 AISA / Ravenna
55 Oronoz
56 AISA
58 MAN
59 1997 Dumbarton Oaks, Trustees of Harvard University, Washington DC
60 BNM (Vit.26.2, f.34v)
61 Index / Biblioteca Apostolica, Vatikan
62 Scala / S Apollinare Nuovo, Ravenna
64 Oronoz / Colección Duques de Alba, Madrid
66 WFA / Biblioteca Nazionale Marcuana, Venedig (Gr.Z17)
67 MAN
68 Lauros-Giraudon / Basilica San Marco, Venedig
69o Biblioteca Vaticana (Gr.372-43v)
69u MAN
70 Scala / S Francesca Romana, Rom
71 S Vitale, Ravenna / Scala / Art Resource, New York
72 BAL / Richardson & Kailas Icons, London
73 Scala / Galleria Fresaka, Belgrad
74o MAN
74u MAN
75 BN (Gr.510, f.438v)
76o MAN
76u BNM (Vit.26.2, f.97v)
77 Oronoz
79 AISA
80 BAL / Giraudon / Louvre, Paris
82 WFA / BNM (f.217r)
83 Biblioteca Apostolica Vaticana (Vat. Slavo 2, f.145v)
84 Scala / San Clemente, Rom
85 National Archaeological Museum, Sofia
86 Michael Holford / SHM
87 Nationalmuseum, Stockholm
88 BAL / Kremlin Museum, Moskau
89o AKG / Erich Lessing / Academy of Science, St. Petersburg
89u Marco Polo / J de Vergara
90 Scala / State Tretyakov Gallery, Moskau
91 AGE
92 AISA
94 Lauros-Giraudon / National Art Gallery, Sofia
95 CM Dixon
96 AKG / Erich Lessing
97 Corbis / Dean Conger / Santa Sofia, Kiew
99 RHPL / State Tretyakov Gallery, Moskau
100 MAN
101 AAA / B Norman
102 BL (Add.18866, f.140r)
103 Fiorepress-Firo Foto
104 Metropolitan Museum of Art, New York (Francis M Weld Fund, 1950)
105 AGE
106 Corpus Christi College, Cambridge (Ms.26, f.279)
107 BL (Cot. Faust B, f.72v)
108 BN (Per.1113, f.44v)
109 AAA / Ronald Sheridan
111 BN
112 BN
113 BN (Pers.1113, f.107v)
114 Oronoz
115 AISA / BN
117 Corbis / Roger Wood
119 BN (Grec.2144, f.11)
120 AISA / Kariye Camii, Istanbul
122 The John Work Garrett Library, Johns Hopkins University, Baltimore
123 Sonia Halliday Photographs, Weston Turville
125 ON (Cod.8.626, f.63)
127 AISA
128 BAL / Hagia Sophia, Istanbul
129 MAN
130o AISA
130u Spencer Collection / The New York Public Library (Astor, Lenox and Tilden Foundations)
131 MAN
133 Giraudon-Dost Yanyinlari / Topkapi, Palace Museum, Istanbul
134 MAN
135o MAN
135u Imagen Mas / Museo Arqueológico, Oviedo
136 BN (Lat.8878, f.145v)
137 BN (Lat.8878, f.193)
139 Bibliothèque Municipale, Castres, Frankreich
140 Giraudon / Museé Condé, Chantilly
141 Bibliothèque Municipale, Castres, Frankreich
142 RMN / Willi / Louvre, Paris
144o BAL / Giraudon / BN
144u BAL / Giraudon / BN
145 AKG /Schatzkammer, Aachen
146o Index / Biblioteca Nazionale, Turin
146u Oronoz
147 BAL / KM
148 BN (Lat.1, f.423)
149 BON (Cod.908, f.3v)
150 Bibliothèque Municipale d'Arras (Ms.1045, f.8)
151 Bayerische Staatsbibliothek, München (Nr.335, Css.4452, f.152v)
152 Scala / Castello Sforzesco, Mailand
154 BNM (Ms.413, f.16r)
155o AISA
155u Scala
156 BM
157 BAL / SHM
158 National Museum of Ireland, Dublin
159l BL Cott Nero
159r BM
160 SHM
161l SHM
161r BAL / BL
162o AISA / Archivo de la Corona de Aragón, Barcelona
162u Oronoz
163 BM
165 KM
166 Scala / Pinoteca Vaticana
167 BM
169 Imagen Mas
170 BAL / BN (Lat., f.386v)
172 Oronoz / San Isidoro, León
173 AISA
174 BNM
176 Oronoz / San Isidoro, León
178 Oronoz / Archivo de la Corona de Aragón, Barcelona
179 BN (Esp.36, f.72v)
180 BAL / Lambeth Palace Library, London
182o Giraudon / Musée Bayeux
182u Michael Holford / Musée Bayeux
183 Corpus Christi College, Cambridge (Ms.20, f.68r)
185 Oronoz / Archivo Municipal, Burgos
186 Corbis / Charles and Janette Lenars
187 MAN
189 Oronoz
190 AISA
191 AAA / Ronald Sheridan
192 MAN
193 V&A
194 BAL / NMI
195 Angelo Hornak / NMI
196 Sam Fogg
197 WFA / Philip Goldman Collection
199 BAL / NMI
200 Museum für Indische Kunst, SMPK, Berlin / Jürgen Liepe (I10198)
201 Museum für Indische Kunst, SMPK, Berlin / Iris Papadollos (I10148)
202 AISA
203 BAL / BL (Add. 22703, f.52v)
204 V&A
205 BAL / V&A
206 V&A
207 V&A
209 Mary Evans Picture Library
211 ET / V&A
212 AISA
213 BL (J.2.2)
214 BN (Fr.2810, f.84)
215 Index / H.A. Rayner-TCL
216 Metropolitan Museum of Art, New York
217 Index / Freston-TPS
218 Museum für Völkerkunde, SMPK, Berlin
220 RHPL / FL Kennett
221 National Palace Museum, Taipei
222 Museum für Völkerkunde, SMPK, Berlin
223 CM Dixon
224 AISA / BM
225o Index / C Milne-Masterfile
225u Museo Oriental, Valladolid
227 ET / Musée Guimet, Paris
228 AISA / Golestan Palace, Teheran
229 University of California, Berkeley Art Museum / Benjamin Blackwell
231 Museum of Fine Arts, Boston / Denman Waldo Ross Collection
232 AISA
233 BL (Or8210 / P2)
234 National Palace Museum, Taipeh
236 BN (Fr.2810, f.54)
237 BN (Fr. 2810, f.69)
238 WFA
239 BAL / BL
240 ET / BN
242 Gutenberg-Museum, Mainz / Studio Popp
243o BAL / Fitzwilliam Museum, University of Cambridge
243u Herzog August Bibliothek, Wolfenbüttell (1.2.2. Geogr. 2°)
245 WFA / Christies's
246 Japanese Gallery, London
247 Japanese Gallery, London
248o AGE
248u Michael Holford
249 Index / Massonori
250 Index / PA Thompson
251 Tokyo National Museum
252 Museum of Imperial Collections, Sannomaru Shozokan / International Society for Education and Information, Tokio
253 Tokyo Fuji Art Museum
254 AISA / Museo d'Arte Orientale, Eduardo

Chissone, Genua
255 Idetmitsu Museum of Arts, Tokio
256 WFA / MH de Young Memorial Museum, San Francisco
257 WFA / Kuroda Collection, Japan
258 AISA / Museo dos Reis, Porto
259 AAA
261 BAL/ Private Collection
262 Giraudon / Musée Condé, Chantilly
263 BM
264 Index
265 Giraudon / Musée Historique des Tissus, Lyons
266 BN (Esp. 30, f.5v)
267 National Museum of Denmark / Kitt Wess
268 WFA / BM
269 BM
271 AISA
272 Museo de América, Madrid
273 Museo de América, Madrid
274 BN (Mex. 59–64, f.1)
275 Index / Museo Nácional de Antropología, Mexiko
276 Museo de América, Madrid
277 AISA
278 AISA / BNM
279 RMN / Louvre, Paris
280 Biblioteca Centrale della Regione Siciliana, Palermo (Ms. I.E.8, c.8r)
281 BN (Latin 17716, f. 91)
282 AISA / Biblioteca Apostolica Vaticana, Rom
283 Thüringer Universitäts und Landesbibliotek, Jena (Ms. Boc. q6, f.79r)
284 BN (Ms. Latin 3893, f.1)
285 BL (Harl.5102, f.32)
286 Firo-Foto / R de Seynes
287 Museo de Navarra, Pamplona / Luis Prieto Saenz de Tejada
288 Scala / Santa Croce, Florenz
289 Museo del Prado, Madrid
290 AKG / Erich Lessing
292 Lauros-Giraudon
293 Firo-Foto
295 AISA / Národní knihovna, Prag
296 Rheinisches Bildarchiv / Wallraf-Richartz-Museum, Köln
298 Oronoz / Coleccion Duques de Alba, Madrid
299 ET / Honourable Society of Inner Temple
300 Scala / Biblioteca Nazionale Centrale, Florenz
301 Index / BAL / BL
302 Public Record Office, London
303 BN (Fr.5054, f.71)
305 BN (Fr 87, f.117)
306 FotoBox / Rafael Sámano
308 BL (Add.27695, f.8)
309 ET
310 Index / Fabbri
312 AAA
313 AISA / Biblioteca Medicea-Laurenziana, Florenz
315o The Bodleian Library, Oxford (Ms. Douce 208, f. 120v)
315u Oronoz / BNM
316 Oronoz / Museo de la Catedral, Avila
317 BL (Add.27695, f.8)
318 Bibliothèque Royale Albert 1e, Brussels (Ms 13076-77, f.24v)
319 AKG / Bibliothèque Royale Albert 1e, Brüssel
320 AKG / Erich Lessing / Kunsthistorisches Museum, Wien
321 AISA
322 S. Fiore-Firo Foto / Biblioteca Nazionale Universitaria, Turin
324 Scala / Galleria degli Uffizi, Florenz
325 Rheinisches Landesmuseum, Bonn
326 Lauros-Giraudon / Galleria Regionale della Sicilia, Palermo
327 National Gallery, London
328 BN (Fr. 2829, f.39v)
329 BL (Egerton 1500, f.45v)
331 AISA
332 BL (Royal 16b vi, fol.404v)
333 Oronoz
334 AKG / Stadtmuseum, Sterzing
336 AAA
337 ET / Academia das Ciências, Lissabon
338 Giraudon / Museu Nacional de Arte Antiga, Lisbon (Inv. 1361)
339 Museo Naval, Madrid
340 BN (Pl.12)
341 Oronoz / Biblioteca Nazionale Marciana, Venedig
342 Oronoz / Museo Naval, Madrid
343 RMN / Louvre, Paris / Arnaudet
344 ET / Museu Etnográfico da Sociedade de Geografia, Lissabon
345 ET / BN
347 Scala / S Maria Novella, Florenz
348 Oronoz / Biblioteca del Monasterio de El Escorial
349 The Metropolitan Museum of Art, New York. Cora Timken Burnett Collection of Persian Miniatures and other Persian art objects, bequest of Cora Timken Burnett, 1956 / Schecter Lee
351 Scala / Galleria degli Uffizi, Florenz
352 BN (Fr.1537, f.29v)
353 Staatsbibliotek zu Berlin – Preussischer Kulturbesitz, Abteilung, Jahr und Urheber (Inc. 1511 Bd 1, c.84r)
354 BN (Fr. 455, f. 9)
355 Oronoz / Biblioteca del Monasterio de El Escorial
357 Scala / Accademia, Venedig
359 Royal Geographic Society, London (Mr.264 H.9)
360 BAL / Lauros-Giraudon / Musée du Ranquet, Clermont-Ferrand
361 MP
362 BAL / Koninklijk Kabinet von Schilderijen Mauritshuis, The Hague
363 BAL / Giraudon / Louvre, Paris
366 Scala / Museo di Firenze com'era, Florenz
367o BAL / Národní Galerie, Prag
367u BAL / BL (Add.24098, f.25v)
368 ET / Bibliothèque de L'Ecouen
369 NG
370 KM
371 AISA / Musée Carnavalet, Paris
372 MP
373 BPK / Jörg P. Anders / Staatliche Museen zu Berlin
374 Oronoz / BNM
375 Museo de América, Madrid
376 AKG London / Staatliche Kupferstich-Kabinett, Dresden
377 ET / Frederiksborg Castle, Dänemark
378 BAL / Science Museum, London
379 Scala / Pushkin Museum, Moskau
380 RMN / Gérard Blot / Louvre, Paris
381 BM
382 MP
383 RMN / Louvre, Paris
384 BAL / Guildhall Art Library, Corporation of London
385 MP
386 BPK / SMPK / Gemäldegalerie, Berlin
387 Oronoz / Musée des Beaux Arts, Rouen
389 BAL / Wallace Collection, London
390 RMN / Louvre, Paris
391 Scala / Palazzo Vecchio, Florenz
392 Giraudon / Bibliothèque de L'Arsenal, Paris
393 ET / Musée de Versailles
394 Lauros-Giraudon / Archives Nationales, Paris
395 NG
396 NG
397o Scala / Galleria degli Uffizi, Florenz
397u RMN / Louvre, Paris
398 Scala / Galleria degli Uffizi, Florenz
400 BAL / Giraudon / BN
401 BN
402o BAL / National Gallery of Scotland, Edinburgh
402u Oronoz / Musée de l'Histoire, Genf
403 BAL / Bible Society, London
404 Scala / Galleria Nazionale d'Arte Antica, Rom
405o NPG
405u MP
406 Oronoz
408 RMN / Jean Schormans / Louvre, Paris
409o Oronoz / Catedral de Toledo
409u Oronoz / Coleccion Uria, Azcoitia, Guipuzcoa
410 BAL / Index / Museo Lazaro Galdiano, Madrid
412 BAL / Roy Miles Gallery, London
413 AKG / London, Erich Lessing
414 NPG
415 BM
416 BAL / The Trustees of the Weston Park Foundation
417 BAL / Giraudon / Château de Versailles
418 BAL / Philip Mould Historical Portraits Ltd, London
419 NG
420 RMN / Musée des Granges de Port Royal
421 AKG
422 BM
424 Oronoz / Embajada Francesa, Madrid
425 MP
426o ET / SHMM
426u AISA
427 Oronoz
429 AISA
430 Oronoz / Academia de Bellas Artes de San Fernando, Madrid
432 Musées Royaux des Beaux-Arts de Belgique, Brüssel
433 ON (Cod. 1875, f.41v)
434 MP
435 RMN / Hervé Lewandowski / Louvre, Paris
436 BAL / KM
437 Oronoz / Biblioteca del Monasterio de El Escorial, Madrid
438 NG
439 BN
441 ET / BN
442 AISA / Musée de Versailles
443 Oronoz / Biblioteca del Monasterio de El Escorial, Madrid
444 MP
445 BAL / BL (Add.33733, f.9)
446 Giraudon / BAL / NG
447 BN (Turk. 524, f.218v)
448o BAL / Stapleton Collection, London
448u AISA / Historisches Museum der Stadt, Wien
450 AISA / Musée de Versailles
451o AISA / Muzeum Narodowe, Warschau
451u AISA / Gallerie degli Uffizi, Florenz
452 National Museum, Copenhagen / Niels Elswing
453 AISA
454 AISA / BN
455 V&A
457 TRIP / M. Jenkin
458o BAL / Tretyakov Gallery, Moskau
458u BN
460o Novosti, London
460u BAL / Stapleton Collection, London
461 BAL / Private Collection
462 AISA / Tretyakov Gallery, Moskau
463 AISA / Tretyakov Gallery, Moskau
464 John Massey Stewart / Tretyakov Gallery, Moskau
465o ET / SHMM
465u AISA
466 AISA / SHMM
467 Novosti, London
468 AISA
469 Lauros-Giraudon
470 OM
473 AKG
474 Oronoz / Musée des Beaux-Arts, Rouen
475 BN
476 BAL / NMM
477 BAL / Musei e Gallerie Pontificie, Vatikan
479 AKG
481 Oronoz / BNM
482 WFA / BM
483 AKG
484 BAL / Johnny Van Haeften Gallery, London
485 Rijksmuseum, Amsterdam
486 BAL / V&A
488 NPG
491 BNM (Ms 50, f.371)
492o BNM (Ms 50, f.484)
492u Museo de América, Madrid
494 Oronoz / BNM
495 Oronoz / Archivo General de las Indias, Sevilla
496 NPG
497 BN
498 DBP
500 AISA / BNM
501 North Wind Picture Archives
502 BM
503 BM
505 ET
508 Museo Municipal, Madrid
509 BAL / National Library of Australia, Canberra
510 Michael Holford / BM
511 Museum Boymans-Van Beuningen, Rotterdam
512 North Wind Picture Archives
513 BAL / City of Bristol Museum and Art Gallery
514 BAL / City of Bristol Museum and Art Gallery
515 NMM
516 Museum Boymans-Van Beuningen, Rotterdam / Willem van der Vorm Foundation
517o Oronoz / Biblioteca del Palacio Real, Madrid
517u BN
518o Oronoz / Biblioteca del Palacio Real, Madrid
518u RMN / Gérard Blot / Musée de Versailles
519 BM
521 North Wind Picture Archives
522 AISA / Union des Arts Décoratifs, Paris
525 BM
526-27 Maritiem Museum, Rotterdam
528 NMM
529 BAL / BM
531 Tasmanian Museum & Art Gallery, Hobart

LANDKARTEN

Landkarten copyright © 1998 Debate und Helicon/Debate Seiten 13, 24, 29, 47, 49, 65,81, 93, 110, 126, 137, 143, 153, 164, 177, 188, 198, 208, 270, 297, 307, 314, 323, 330, 346, 365, 407, 440, 449, 459, 478, 480, 490, 493, 499, 507, 524

TEXTNACHWEIS

Der Verlag dankt allen nachfolgend aufgeführten Personen und Institutionen für die freundliche Genehmigung, ihre Übersetzungen und Zitate in diesem Buch abzudrucken. Trotz größter Sorgfalt konnten die Urheber nicht in allen Fällen ermittelt werden. Es wird gegebenenfalls um Mitteilung gebeten.

S. 187 Strabo: Erdbeschreibungen, übersetzt und durch Anmerkungen erläutert von Albert Forbiger, © Langenscheidt Verlag, Berlin-Schöneberg o.J., S. 208-209.
S. 301 Geoffrey Chaucer, aus: Die Canterbury-Tales, übersetzt von Martin Lehnert, © Insel Verlag, Frankfurt 1981, S. 30.
S. 350 Erasmus von Rotterdam: Lob der Narrheit, anonyme Übersetzung von 1781, © Diogenes, Zürich 1987, S. 152-153.
S. 391 Nicolò Machiavelli, Politische Schriften, hrsg. von Herfried Münkler, © Fischer Taschenbuch Verlag GmbH, Frankfurt am Main 1990, S. 94-95.
S. 398 Thesen Martin Luthers. Martin Luthers ausgewählte Schriften, © Magnus Verlag, o.O. o.J.

ILLUSTRIERTE WELTGESCHICHTE

Die Neuzeit

John M. Roberts

KNAURS ILLUSTRIERTE WELTGESCHICHTE

Die Neuzeit

Von der Französischen Revolution
bis heute

Weltbild

Erstmals erschienen 1999 in Großbritannien bei Duncan Baird Publishers Ltd
Sixth floor, Castle House, 75-76 Wells Street, London W1P 3RE
unter dem Titel *The Illustrated History of the World*

Lektorat und Redaktion der englischen Ausgabe Duncan Baird Publishers: Joane Levêque, Georgina Harris (Ass.)
Lektorat/Bildredaktion Editorial Debate: Isabel Belmonte Martínez, Feliciano Novoa Portela,
Ruth Betegón Díez, Dolores Redondo, Ana Lucía Vila
Gestaltung: Steven Painter, Anita Schnable (Ass.)
Bildredaktion: Julia Ruxton
Landkarten: Russell Bell
Grafik: Gillie Newman, Stephen Conlin, Lorraine Harrison
Koordination und Bearbeitung der deutschen Ausgabe: twinbooks, München
Übertragung ins Deutsche: Ines Bergfort, Nikolaus Bertheau, Ilona Borszik, Olaf Brodacki,
Wolfgang F. Drescher, Dr. Annette Hempel, Dr. Christa Kordt, Alexander Molter, Julia Nunes, Dr. Andrea Rottloff,
Dr. Christian Rochow, Karen B. Tegtmeier, Ralf Vogel, Marco Vogts
Fachliche Beratung: Apl. Prof. Dr. phil Roland Pauler
Projektassistenz und Koordination: Dr. Silke Möller

Fachliche Mitarbeit: Valeska D. Becker, Matthias Erdbauer, Christiane Fritsche,
Gisela Kaben, Dr. Bettina Marquis, Rudolf Schichler, Tillman Tegeler
Lektorat und Redaktion der deutschen Ausgabe: Juliane von Åckerman, Dr. Margit Brand, Michaela Didyk,
Matthias Erdbauer, Christiane Fritsche, Melanie Gutschker, Willi Haas, Edigna Hackelsberger,
Dr. Annette Hempel, Karen M. Jahns, Tobias Kies, Heike Köpp-Waffender, Stephan Kraft, Birgit Krapf,
Woffgang Kreth, Julia Nunes, Thomas M. Paul, Anette Pehrsson, Rita Steininger, Tillman Tegeler
Umschlaggestaltung: Studio Höpfner-Thoma, München
Umschlagmotive: AKG, Berlin
Gesamtherstellung: S.T.I.G.E. S.p.A., San Mauro T.se

Printed in Italy

ISBN 3-8289-0543-9

Haftungsauschluss
Die Inhalte dieses Buches sind sorgfältig recherchiert und erarbeitet worden.
Dennoch kann weder der Autor noch der Verlag für die Angaben in diesem Buch eine Haftung übernehmen.

2007 2006 2005 2004 2003
Die letzte Jahreszahl gibt die aktuelle Lizenzausgabe an.

INHALT

Band 3

DAS MODERNE EUROPA UND DIE WELT

IV. EIN NEUES GLOBALES ZEITALTER 532

EINFÜHRUNG

Ein Geschichtswerk hat heutzutage eines in Rechnung zu stellen: Visuelle Information wird zur lebendigen Darstellung historischen Geschehens immer wichtiger. Daher enthält auch der dritte Band der Illustrierten Weltgeschichte – er umfaßt den Zeitraum vom 19. Jahrhundert bis zur Gegenwart – viele hundert Abbildungen aus allen Lebensbereichen. Darüber hinaus nimmt das Werk sprachlich Rücksicht auf heutige Gewohnheiten, um einem breiten Kreis Interessierter Geschehnisse und Zustände der Vergangenheit nahe zu bringen: Im Jahr 1800, mit dem der Band einsetzt, stand Europa ganz im Zeichen des aufsteigenden Sterns Napoleons. Nachdem der General in den Wirren der Französischen Revolution an die Spitze seines Landes gelangt war, eroberte Napoleon halb Europa und krönte sich selbst zum Kaiser. Nach seinem Sturz wurde auf dem Wiener Kongress von 1814/15 die Wiederherstellung des monarchistischen Systems in Europa beschlossen.

So waren fast alle Staaten Europas im 19. Jahrhundert Monarchien, nach wie vor beherrscht von einer adligen Oberschicht. Die Ideen der Aufklärung und die Französische Revolution hatten indes zum unaufhaltsamen sozialen und politischen Aufstieg der bürgerlichen Schichten, der Träger des immensen wirtschaftlichen und wissenschaftlichen Fortschritts, beigetragen. Bezeichnenderweise war

England mit seinem parlamentarischen System und seiner von Handelsinteressen gelenkten Politik dieser Jahrzehnte das reichste und am weitesten industrialisierte Land der Welt. Zudem baute das britische Empire sein Kolonialreich mit dem „Kronjuwel" Indien immer weiter aus und sicherte sich damit ungehinderten Zugriff auf wichtige Rohstoffe für den Ausbau seiner Industrie. Bis zum Ende des 19. Jahrhunderts hatte sich Großbritannien zudem einen Großteil Afrikas einverleibt. Den überwiegenden Rest beanspruchte Frankreich. Am Ende des Jahrhunderts kamen als verspätete Kolonialmächte Belgien, Deutschland und Italien hinzu.

Auch die Amerikaner „eroberten" von der Ostküste ausgehend den nordamerikanischen Kontinent und löschten dabei ganze Stämme indianischer Ureinwohner aus. Das russische Zarenreich drang in jener Zeit bis an den Pazifik und weit in den Kaukasus vor. Gleichzeitig streckten die europäischen Großmächte ihre Hände begehrlich aus nach den kränkelnden Riesenreichen des chinesischen Kaisers und des osmanischen Sultans.

Im Zeichen von Kolonialismus und Imperialismus erreichte die europäische Vorherrschaft in der Welt im 19. Jahrhundert ihren Höhepunkt.

Erst die Schwächung des alten Kontinents durch die beiden Weltkriege in der ersten Hälfte des 20. Jahrhunderts und der Verlust der politischen und wirtschaftlichen Vormachtstellung machten dem europäischen Kolonialismus ein Ende. Durch die Verheerungen des Zweiten Weltkriegs geschwächt, mussten die europäischen Kolonialmächte nach 1945 ihre überseeischen Besitzungen in die Unabhängigkeit entlassen.

Nach dem Zweiten Weltkrieg waren die Vereinigten Staaten von Amerika endgültig eine politische und wirtschaftliche Weltmacht. Zu ihrem weltpolitischen Konkurrenten wurde im Anschluss an den Sieg über Hitler-Deutschland die Sowjetunion.

Gemeinsam teilten diese beiden Europa und die Welt in Interessensphären auf, den demokratisch-kapitalistischen Westen und den kommunistischen Osten. Der Kalte Krieg zwischen den ehemaligen Verbündeten äußerte sich in einem ruinösen Wettrüsten im Kampf der politischen Systeme. Beide Supermächte versuchten, in ihren Einflussgebieten ihre jeweilige politische Ordnung durchzusetzen. Erst der Zusammenbruch des Kommunismus, der im Fall der Berliner Mauer im Jahr 1989 seinen symbolischen Höhepunkt fand, machte der Trennung der Welt in Ost und West ein Ende.

Durch die Globalisierung und internationale Verflechtung der Wirtschaft ist am Beginn des 21. Jahrhunderts eine ausschließlich auf die eigenen Interessen fixierte Großmachtpolitik alten Stils nicht mehr möglich. Während die Industrienationen die großen Gewinner der Globalisierung zu sein scheinen, ist deren Bedeutung für die noch immer von Armut, Hunger, Kriegen und Seuchen heimgesuchte Dritte Welt bislang nicht abzusehen.

I. DAS ZEITALTER DER REVOLUTIONEN

In der Zeit von 1500 bis 1800 veränderte sich die gesellschaftliche Perspektive der gebildeten Europäer gewaltig. Wichtige wissenschaftliche Entdeckungen wurden gemacht, und die Aufklärung trug dazu bei, dass sich die Vernunft und ein neues Verantwortungsgefühl verbreiteten. Dessen ungeachtet konnten die Menschen in Europa und anderswo Mitte des 18. Jahrhunderts immer noch berechtigterweise davon ausgehen, die Geschichte werde in gewohnter Weise weitergehen. Bisherige Ideen und Strukturen wirkten nachhaltig und bremsten jegliche Entwicklung. Die wenigen Erneuerungsversuche, die es in Europa gab, wurden in den vorhergehenden Bänden bereits angesprochen. Einzelne Menschen anderer Kulturen begannen zwar im Kontakt mit den Europäern ihre Lebensweise zu verändern, im Großen und Ganzen blieben jedoch die bestehenden Traditionen noch unberührt.

In den nächsten 150 Jahren allerdings setzten sich unübersehbare Veränderungen mit Nachdruck durch. Bis 1900 zeigte sich deutlich, dass in Europa und in der europäisch besiedelten Welt ein Wandel stattgefunden hatte, der alte Traditionen unwiederbringlich über Bord warf. Mehr noch, Impulse aus Nordeuropa und der Welt jenseits des Atlantiks bewirkten, dass sowohl das Verhältnis Europas zur übrigen Welt als auch die Lebensgrundlagen vieler europäischer Völker verändert worden waren, so sehr dies die Menschen auch bedauerten und sich dagegen wehrten. Etwa gegen Ende des 19. Jahrhunderts fand sich eine ehemals durch die Tradition geregelte Welt auf neuem Kurs wieder. Sie war dazu bestimmt, den Wandel fortzusetzen und ihn voranzutreiben, wobei das Zweite ebenso wichtig war wie das Erste. Ein Mensch, der um 1800 zur Welt kam und 70 Jahre alt wurde, hätte erlebt, wie sich im Verlauf seines Lebens mehr veränderte, als dies in den vorangegangenen 1000 Jahren der Fall gewesen war.

Europa trachtete unaufhaltsam danach, seine Vorherrschaft in der Welt zu festigen. Bis 1900 hatte sich die europäische Kultur als die erfolgreichste weltweit erwiesen. Sie brachte unbestreitbar einen unvergleichlichen Wohlstand hervor und übte Macht und Einfluss über die restliche Welt aus. Europäer (oder ihre Nachfahren auf den anderen Kontinenten) regierten die Welt. Sie beherrschten die Politik und übten unmittelbare Herrschaft aus. Menschen europäischer Abstammung bevölkerten weite Teile der Erde. Die nicht-europäischen Länder, die formal und politisch gesehen noch unabhängig geblieben waren, hatten sich häufig in der Realität den Europäern unterzuordnen und deren Einmischung in ihre Angelegenheiten hinzunehmen. Nur wenige eingeborene Völker konnten ihren Widerstand aufrechterhalten. In den Fällen, in denen es gelang, trug Europa eine besondere Form des „Sieges“ davon, da ein erfolgreicher Widerstand nur durch die Übernahme europäischer Errungenschaften möglich war. Die Europäisierung vollzog sich also auch hier: Die Form war lediglich eine andere.

Leonardo da Vinci (1452–1519), dessen *Proportionsschema der menschlichen Gestalt* hier zu sehen ist, war Architekt, Bildhauer, Schriftsteller, Ingenieur, Wissenschaftler und Erfinder – kurzum der Idealtypus des umfassend gebildeten „Renaissancemenschen“. Die Vorstellungen der Renaissance und der ausgeprägte Forscherdrang dieser Zeit haben die Entwicklung Europas nachhaltig beeinflusst.

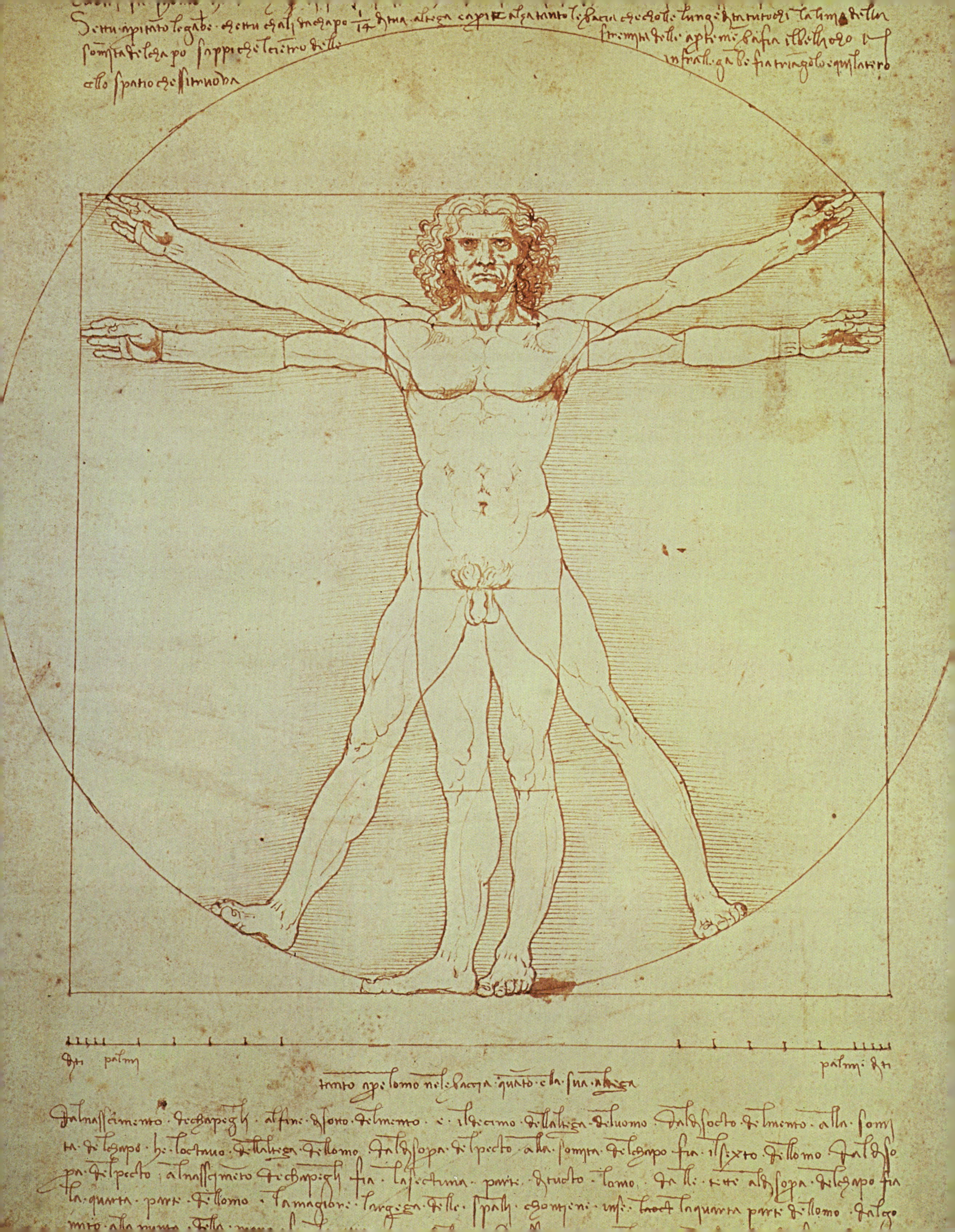

1 ALTE UND NEUE IDEEN

Im Wesentlichen beruhte die Kultur und Zivilisation, die Europa zwischen 1500 und 1800 in der übrigen Welt verbreitete, auf Ideen. Diese schränkten einerseits ein, eröffneten aber andrerseits zugleich eine Vielzahl neuer Möglichkeiten. Sie prägten den Rahmen, in dem sich unsere Kultur entwickelte und teils bis heute vollzieht. Denn wir orientieren uns in unserer Lebensweise noch immer an Leitideen, die die Europäer jener Zeit entwarfen, auch wenn diese Ideen heute nur noch geringe Wirkung zeigen. Die europäische Kultur erhielt damals ein weltliches Fundament, der Einfluss der Kirche löste sich auf. Von nun an setzte sich verstärkt ein Bewusstsein durch, dass sich die historische Entwicklung auf einen Höhepunkt hin bewege, den die Europäer für sich selbst schon erreicht zu haben glaubten. Man setzte außerdem immer größeres Vertrauen in die Wissenschaften. Diese sollten, nach Kriterien der Nützlichkeit betrieben, einen grenzenlosen Fortschritt ermöglichen. Mit diesem Aufbruch zur Intellektualität war die alte mittelalterliche Gesellschaft und Kultur an ihrem Endpunkt angelangt. Der selbstgewisse, selbstständig denkende Mensch nimmt nun sein Schicksal selbst in die Hand.

Dieser als „Tempietto“ bekannte Rundtempel im Innenhof der Kirche San Pietro in Montorio, Rom, wurde von Ferdinand und Isabella von Spanien in Auftrag gegeben und um 1502 von Donato Bramante (ca. 1444–1514) gebaut. Während der Renaissance und der Aufklärung präsentierte sich die römisch-katholische Kirche – die einzige christliche Kirche mit eigenem Territorialstaat – bewusst als solide, monumentale Institution. Das spiegelte sich auch in der Architektur wider.

Die Last der Vergangenheit

Geschichtliche Ereignisse verlaufen selten übersichtlich und genau abgegrenzt. Nur wenige Europäer haben wohl schon um 1800 eine Veränderung im allgemeinen Bewusstsein bemerkt. Zu dieser Zeit beherrschten die traditionellen Institutionen der Monarchie, die Frage der Erbfolge, die traditionelle Gesellschaftsform und die Religion noch immer den größten Teil Europas. Nirgendwo hatte es hier nur 100 Jahre zuvor die bürgerliche Ehe gegeben, und in den meisten Ländern gab es sie auch jetzt noch nicht. Noch 1780 etwa war in Polen der letzte Ketzer verbrannt worden, und selbst in England ließ sich ein Herrscher des 18. Jahrhunderts, genau wie die Könige im Mittelalter, noch immer gegen Skrofulose die Hand auflegen. Tatsächlich war im 17. Jahrhundert sogar ein Rückschritt erfolgt. In Europa und in Nordamerika verbreitete sich epidemieartig die Jagd auf Hexen, und das in weit größerem Ausmaß als im Mittelalter. Auch das Ende des Aberglaubens war noch lange nicht in Sicht. Der letzte englische Hexenmeister starb weit nach 1700, und ein Schweizer Protestant wurde 1782 von seinen Landsleuten

Der holländische Künstler Gaspar van Wittel (1653 – 1736) hat diese Ansicht von St. Peter in Rom gemalt.

wegen Zauberei rechtskräftig verurteilt und hingerichtet. Der Strafvollzug war noch immer barbarisch. Manche Verbrechen hielt man für so grauenhaft, dass man eine ebenso grausame Bestrafung für gerechtfertigt hielt. Der Attentäter Heinrichs IV. von Frankreich wurde genauso wie der Mann, der des versuchten Attentats auf Ludwig XV. angeklagt war, als Vatermörder verurteilt. Beide mussten entsetzliche Qualen leiden. Letzterer starb 1757 unter der Folter, nur wenige Jahre bevor das einflussreichste Plädoyer für eine Strafrechtsreform veröffentlicht wurde. Der Glanz der vermeintlichen Neuzeitlichkeit des 18. Jahrhunderts täuscht also. Selbst in Gesellschaften, die Kunstwerke von auffallender Kultiviertheit und herausragende Beispiele an Ritterlichkeit und Ehrbewusstsein hervorbrachten, stand bei öffentlichen Vergnügungen immer noch der Reiz der Bärenhatz oder des Hahnenkampfs im Mittelpunkt.

Die Religion

Die Kultur eines Volkes zeigt die Last der Vergangenheit oft besonders deutlich. Der formelle und institutionelle Apparat, der in der Vergangenheit die Gesellschaft strukturiert

Viele Europäer waren noch lange von Aberglauben, Wahrsagerei und Zauberei fasziniert. Das spanische Gemälde mit dem Titel *Hexensabbat* stammt von Francisco de Goya (1746–1828).

In einer auf etwa 1532 datierten Handschrift ist Franz I., König von Frankreich und Förderer der Kunst und der Literatur, dargestellt, während ihm eine Übersetzung von Werken Diodors von Sizilien überreicht wird.

hatte, blieb während der nächsten drei Jahrhunderte in Europa weitgehend intakt. Die Vormachtstellung, die die institutionalisierte Religion im 18. Jahrhundert noch fast überall inne hatte, fällt dabei am meisten auf. In sämtlichen Ländern gingen Katholiken, Protestanten, Orthodoxe und selbst Kirchenreformer davon aus, dass die Religion durch das Gesetz und den Vollzug des Staates gestützt und geschützt werden sollte. Nur wenige fortschrittliche Denker stellten dies in Frage. In weiten Teilen Europas wurden Ansichten, die von denen der Amtskirche abwichen, immer noch nicht toleriert. Der Eid, den ein französischer König bei der Krönung ablegte, verpflichtete ihn, die Häresie auszurotten. Erst 1787 erhielten Nicht-Katholiken in Frankreich einen halbwegs anerkannten staatsbürgerlichen Status und damit das Recht, ihre Kinder durch eine vor dem Gesetz geschlossene Ehe zu legitimieren. In katholischen Ländern wurde immer noch Zensur ausgeübt. Wenngleich sie häufig kaum wirksam war, verhinderte sie doch immer wieder die Verbreitung von Schriften, die eine feindselige Haltung gegenüber dem christlichen Glauben und der Autorität der Kirche vertraten. Obwohl die Gegenreformation abgeebbt war und der Jesuitenorden sich aufgelöst hatte, blieben der Index verbotener Bücher und die Inquisition, die ihn eingeführt hatte, bestehen. Überall waren die Universitäten in der Hand des Klerus; selbst in England blieben Oxford und Cambridge den Nonkonformisten, die die Staatskirche ablehnten, und den Gläubigen der römisch-katholischen Kirche verschlossen. Die Religion bestimmte weitgehend die Lehrinhalte der Universitäten und die Ausrichtung ihrer Studien.

Das Aufkommen neuer Institutionen

Im institutionellen Gefüge der Gesellschaft zeigten sich aber auch Neuerungen. Die Universitäten verloren in jenen Jahrhunderten an Bedeutung, weil sie nicht mehr länger das Monopol auf das intellektuelle Leben in Europa besaßen. Mitte des 17. Jahrhunderts kamen in vielen Ländern, häufig unter der Schirmherrschaft höchster Vertreter der Gesellschaft, Akademien und gelehrte Gesellschaften auf, wie die English Royal Society, die 1662 ihre Gründungsurkunde erhielt, oder die vier Jahre

Freimaurer versammeln sich, um über das Aufdecken eines Betrugs in ihren Reihen zu beraten. Dieses Treffen fand 1786 in einer Londoner Freimaurerloge statt, zu einer Zeit, als die Mitgliederzahl der Freimaurer stark anstieg.

später gegründete französische Académie des Sciences. Im 18. Jahrhundert vermehrten sich derartige Zusammenschlüsse. Sie drangen auch in die kleineren Städte vor, wo sie häufig mit geringeren Mitteln und spezieller Zielrichtung – etwa um die Landwirtschaft zu fördern – gegründet wurden. Freiwillig Vereine zu bilden oder ihnen beizutreten, gehörte in ganz Westeuropa, mit England und Frankreich an der Spitze, zur neuen Lebensform. Die verschiedenen Clubs und Gesellschaften waren das Kennzeichen der Zeit. Die Menschen gaben sich nicht mehr damit zufrieden, ihre Ideen und Kräfte an alte Institutionen zu verschwenden, und mitunter gelang es ihnen sogar, die Aufmerksamkeit der Regierung auf sich zu ziehen. Manche gaben sich erst gar nicht den Anschein, an der Bildung oder an wissenschaftlichen und landwirtschaftlichen Aktivitäten interessiert zu sein. Die Mitglieder trafen sich vielmehr, um über allgemeine Ideen zu debattieren. Auf diese Weise trugen sie dazu bei, neue Gedanken in Umlauf zu bringen. Die bemerkenswerteste Gesellschaft dieser Art war die Bruderschaft der Freimaurer. Sie kam in den 20er Jahren des 18. Jahrhunderts aus England auf den europäischen Kontinent und erstarkte innerhalb eines halben Jahrhunderts so sehr, dass es 1789 annähernd eine Viertelmillion Freimaurer gab. Bald wurden sie zum Ziel falscher Anschuldigungen. Das Gerücht ging um, sie hegten revolutionäre Absichten. Doch dies traf allenfalls auf einzelne Mitglieder zu. Behauptungen dieser Art sind leicht nachzuvollziehen, da die Freimaurerlogen, ebenso wie andere Gemeinschaften, neue Ideen diskutierten und bekannt machten und insofern dazu beitrugen, Traditionen und Konventionen aufzubrechen.

Die Gründung von Akademien und Bruderschaften war ein Phänomen des vorrevolutionären Europas.

LESEN UND SCHREIBEN

Ideen und Informationen wurden nicht nur bei den Versammlungen in den Clubs und Gesellschaften verbreitet, sondern zunehmend auch als gedrucktes Wort. Zu den wesentlichsten Veränderungen in Europa nach 1500 gehört, dass mehr Menschen lesen und schreiben konnten als je zuvor. Man hat diesen Wandel häufig als Verlagerung von einer auf das Bild ausgerichteten Kultur auf eine, die sich auf das Wort konzentriert, zusammengefasst. Das Schreiben und vor allem das Lesen waren zwar nicht allen geläufig, aber doch weit verbreitet. Es stellte nicht mehr das Privileg einer kleinen Elite dar und war auch nicht länger mit geheimnisvollen religiösen Riten verbunden.

Dieses Gemälde aus dem Jahre 1649 zeigt eine Abschlussfeier an der Universität Leiden. Zu dieser Zeit machte der soziale Aufstieg, den man durch Wissen erreichen konnte, eine gute Ausbildung zu einem geschätzten Wert.

Um diesen Kulturwandel besser einzuschätzen, sollten wir unsere Vorstellungen mit nachprüfbaren Angaben belegen. Es zeigt sich dann, dass Europa – dem riesigen Analphabetentum, das es 1800 noch gab, zum Trotz und anders als noch im 15. Jahrhundert – eine Bevölkerung besaß, die durchaus lesen und schreiben konnte. Diese Feststellung reicht allein aber noch nicht aus, da sich das Lese- und Schreibvermögen qualitativ gesehen vielfach abstufen lässt. Dennoch, gleich wie wir diese Begriffe auch definieren, gilt, dass in Europa und seinen Kolonien vermutlich die meisten lese- und schreibkundigen Menschen auf der Welt lebten. Dementsprechend war der Anteil der Gebildeten höher als in anderen Kulturen. Und genau dies macht den historischen Wandel aus.

Europa war in diesem Stadium schon ganz in das Zeitalter des Buchdrucks eingetreten. Der gedruckte Text löste für die meisten Gebildeten das gesprochene Wort und die Bilder ab, die bislang als Hauptmedium der Belehrung und Unterweisung dienten – jedenfalls so lange, bis das 20. Jahrhundert der mündlichen und visuellen Vermittlung durch Radio, Kino und Fernsehen wieder den Vorrang gab.

Verschiedene Grade der Lese- und Schreibfähigkeit

Bis Mitte des 19. Jahrhunderts ist die Quellenlage wenig geeignet, die Lese- und Schreibfähigkeit zu beurteilen. Zu dieser Zeit konnte schätzungsweise etwa die Hälfte aller Europäer weder lesen noch schreiben. Doch alle Quellen vermerken seit 1500 einen verstärkten, wenn auch ungleichmäßigen Fortschritt. Es gab große Unterschiede zwischen den Ländern, innerhalb der einzelnen Länder und in den verschiedenen Epochen; dann wiederum zwischen Stadt und Land, zwischen den Geschlechtern und zwischen den einzelnen Berufen. Daraus lassen sich bestimmte Tendenzen ableiten. Die ersten Bestrebungen, das Lesen und Schreiben zu fördern, sind schon vor der Erfindung des Buchdrucks festzustellen. Sie gehen mit dem Aufblühen und Erstarken des städtischen Lebens zwischen dem 12. und 13. Jahrhundert einher. Hinweise darauf, dass Lehrer eingesetzt und Schulräume bereitgestellt wurden, kommen aus den italienischen Städten, die zu dieser Zeit die Vorreiter der europäischen Kultur waren. In Italien wuchs die Wertschätzung der Lese- und Schreibkenntnis, da man sie als wesentliche Qualifikation für bestimmte Ämter erkannte. Wir finden z. B. Vorschriften, dass Richter lesen können müssen. Die frühe Führungsposition der italienischen Städte hatte bis zum 17. Jahrhundert derjenigen Englands und der Niederlande den Weg geebnet (beides Länder mit einem hohen Grad an Urbanisierung für dieses Zeitalter). Sie galten dann um 1700 als die europäischen Länder mit dem höchsten Bildungsgrad. Die Übertragung der Vorrangstellung auf diese beiden macht deutlich, wie sprunghaft die Geschichte der zunehmenden Alphabetisierung geographisch gesehen verläuft. Die meisten Veröffentlichungen des 18. Jahrhunderts waren Französisch, der damals vorherrschenden Publikationssprache, verfasst.

Allgemein gültige Aussagen zur Lese- und Schreibfähigkeit sind kaum möglich: Im Allgemeinen war sie in Städten höher als auf dem Land.

Buchdruck und Reformation

Der wachsende Lesehunger ist nicht zuletzt eine Folge der raschen Verbreitung des Buchdrucks. Im 17. Jahrhundert gab es bereits einen festen Bestand volkstümlicher Veröffentlichungen, der Märchen, Erzählungen von wahrer und unerwiderter Liebe, Almanache und Astrologiebücher sowie Heiligenlegenden umfasste. Die Existenz dieser Texte lässt auf eine entsprechende Nachfrage schließen. Mit dem Buchdruck bekamen Lesen und Schreiben eine neue Dimension. Denn das Studium der Handschriften war durch ihre schlechte Zugänglichkeit schwierig und zeitaufwändig. Nun konnte über den Druck auch technisches oder fachliches Wissen sehr schnell zugänglich

Öffentliche Unterhaltungen wie das Theater wurden durch den Anstieg der Bildung und die Verbreitung gedruckter Texte gefördert. Auf diesem Stich von 1673 ist eine Aufführung von Molières *Der eingebildete Kranke* abgebildet.

Die erste bekannte Ausgabe von *El ingenioso hidalgo don Quijote de la Mancha*, deren Umschlagseite hier zu sehen ist, wurde 1605 in Madrid von Juan de la Cueva gedruckt. Dieses Werk eines damals wenig bekannten Schriftstellers namens Miguel de Cervantes (1547–1616) brachte seinem Autor zwar dauerhaften Ruhm, aber keinen Wohlstand ein.

gemacht werden, und das hieß, dass Spezialisten ein Interesse daran hatten, lesen zu können, um das Wissen in ihrem Handwerk auf dem neuesten Stand zu halten.

Vor allem die Reformation verbesserte die allgemeine Lese- und Schreibfähigkeit; es war wichtig geworden, die Bibel selber lesen zu können.

Eine weitere Kraft, die das Lesen förderte, war die Reformation. Fast ausnahmslos betonten die Reformatoren, wie wichtig es sei, die Gläubigen das Lesen zu lehren. Es ist kein Zufall, dass Deutschland und Skandinavien einen höheren Bildungsstand erreichten als viele katholische Länder im 19. Jahrhundert. Durch die Reformation war es wichtig geworden, die Bibel zu lesen, und zwar in der Landessprache, in der sie binnen kürzester Zeit erhältlich war. Die Landessprachen, aber auch die Umgangssprachen, wurden durch die Verbreitung und Vereinheitlichung, die der Druck mit sich brachte, ihrerseits vereinheitlicht und angepasst. Die Lektüre der Heiligen Schrift gab, losgelöst von vielleicht durchaus strittigen Aussagen, einen wichtigen Anstoß für die Aufklärung. Die Bibel regte außerdem die geistige Aktivität an. In England und Deutschland entwickelte sich auf diese Art und Weise eine volksnahe Alltagskultur, in deren Rahmen hervorragende Bibelübersetzungen geschaffen wurden.

Bildung und Veröffentlichungen

Wie das Beispiel der Reformatoren zeigt, stand die Obrigkeit dem Lesenlernen durchaus positiv gegenüber. Doch dies war nicht nur auf die protestantischen Länder beschränkt. Denn auch in den Monarchien, die auf Neuerungen bedacht waren, bemühten sich im 18. Jahrhundert die Gesetzgeber – und zwar von Grund auf –, die Bildung zu fördern. Österreich und Preußen traten in dieser Hinsicht besonders hervor. Auf der anderen Seite des Atlantiks hatte die puritanische Tradition von Anfang an den Gemeinden in Neuengland die Verpflichtung auferlegt, für eine Schulausbildung zu sorgen. In den übrigen Ländern blieb die Ausbildung dem inoffiziellen und ungeregelten Vorgehen privater Initiativen, der Wohlfahrtspflege (wie in England) oder der Kirche überlassen. Mit dem 16. Jahrhundert traten einzelne religiöse Orden hervor, die sich – vor allem in Frankreich – der Schule und dem Unterricht widmeten.

Unweigerlich war das Aufkommen einer periodisch erscheinenden Presse Folge, Antrieb und Begleiterscheinung der zunehmenden Lesefähigkeit. Aus Flugblättern und sporadisch gedruckten Rundschreiben entwickelten sich bis zum 18. Jahrhundert regelmäßig erscheinende Journale. Sie erfüllten die verschiedensten Bedürfnisse. Zeitungen kamen in Deutschland im Laufe des 17. Jahrhunderts auf, eine tägliche Ausgabe gab es in London seit 1702. Schon Mitte des Jahrhunderts war eine wichtige regionale Presse entstanden. In der Folge wurden jedes Jahr Millionen von

Zeitungen gedruckt. In England begannen in der ersten Hälfte des 18. Jahrhunderts Magazine und Wochenjournale zu erscheinen und das wichtigste von ihnen, der *Spectator*, wurde durch sein bewusstes Bemühen, Geschmack und Benehmen zu bilden, zum Vorbild für den Journalismus insgesamt.

In allen anderen europäischen Ländern mit ihren verschiedenen Graden der Lesefähigkeit herrschte noch eine mehr oder weniger wirksame Zensur. Gelehrte und literarische Journale erschienen zwar in steigender Auflage, aber politische Berichterstattung und Kommentare waren kaum erhältlich. Selbst im Frankreich des 18. Jahrhunderts war es bei den Verfassern von fortschrittlichen Werken noch üblich, diese nur handschriftlich weiterzugeben. Frankreich, diese Hochburg kritischen Denkens, unterlag noch immer einer willkürlichen Schreibkontrolle, die im Verlauf des Jahrhunderts jedoch immer mehr an Wirksamkeit verlor.

Die Lesefähigkeit und ihre „Gefahren"

Vielleicht wuchs die Erkenntnis, dass der Journalismus gefährliche Sprengkraft enthalten könnte. Denn die offizielle Haltung zur Bildung schlug plötzlich um. Bis zum 18. Jahrhundert wurde Bildung und Lesefähigkeit noch nicht als gefährlich angesehen. Obwohl die Zensur immer auf mögliche Risiken hinwies, die sich aus der Kenntnis des Lesens und Schreibens ergeben könnten, achtete man vor allem darauf, dass der religiöse Kontext gewahrt blieb. Es oblag dabei der Inquisition, die Wirksamkeit des Index aufrechtzuerhalten. Im Rückblick zeigt sich, dass die Lesefähigkeit und der Druck eher kritisches Denken und das Infragestellen von Autoritäten förderten als den Umsturz der Religion. Doch darin lag nicht die einzige Bedeutung.

Das Verbreiten technischen Fachwissens beschleunigte auch andere Arten sozialer Veränderung. Ohne eine stärkere Alphabetisierung wäre die Industrialisierung wohl kaum möglich gewesen, und ein Teil dessen, was man im 17. Jahrhundert eine „wissenschaftliche Revolution" nannte, muss der einfachen Tatsache zugeschrieben werden, dass sich weit verbreitete Informationen schneller und umfassender sammeln und zusammentragen ließen.

DIE WISSENSCHAFTLICHE REVOLUTION

Die Ursachen der „wissenschaftlichen Revolution" liegen tiefer als in der zunehmenden Verfügbarkeit von Informationen. Vielmehr gab die Veränderung der intellektuellen Haltung den Ausschlag. Das Verhältnis

Dieses Gemälde des niederländischen Künstlers Adriaen van Ostade (1610–1685) zeigt einen Dorfschulmeister und seine Schüler.

Der Alchimist wurde von David Teniers dem Älteren (1582–1649) porträtiert. Die Alchimie kam zuerst im alten China, in Indien und Griechenland auf und fand im mittelalterlichen Europa weite Verbreitung. Die alchimistische Wissenschaft – die mehr war als nur die Suche nach einem Mittel, einfaches Metall in Gold zu verwandeln (wenn sie auch in dieser reduzierten Form bekannt wurde) – war der Vorläufer der Chemie. Die Alchimisten machten einige wichtige Funde, darunter die Entdeckung der mineralischen Säuren und des Alkohols.

zwischen Mensch und Natur hatte sich verändert. Anstatt in staunender Ehrfurcht die Natur als Geheimnis Gottes anzusehen, ging der Mensch dazu über, bewusst nach Mitteln und Wegen zu suchen, um in die natürliche Ordnung einzugreifen. Wenn die Arbeit mittelalterlicher Gelehrter auch ganz und gar nicht so primitiv gewesen war, wie man bisweilen glaubte, so krankte sie doch an zwei entscheidenden Einschränkungen. Zum einen konnte sie nur sehr wenig Wissen bereitstellen, das von praktischem Nutzen war; zum anderen stand die wissenschaftliche Arbeit auf einem schwachen theoretischen Fundament. Obgleich die mittelalterliche Gelehrsamkeit durch arabisches Gedankengut beeinflusst war und in manchen Wissensgebieten mit angemessenen Begriffsbestimmungen und Untersuchungsmethoden vorging, basierte sie doch auf unbewiesenen Annahmen. Teilweise lag dies daran, dass die Hilfsmittel zu ihrer Überprüfung nicht greifbar waren, und teilweise fehlte der Wunsch oder die Absicht an sich, sie zu überprüfen. Die dogmatische Theorie, die vier Elemente Feuer, Luft, Erde und Wasser seien die Grundbestandteile aller Dinge, blieb zum Beispiel – ohne jeglichen Versuch – unwiderlegt. Wenn auch die experimentelle Arbeit innerhalb der alchimistischen und hermetischen Traditionen kontinuierlich verfolgt wurde, so war sie doch immer noch von mystischen und intuitiven Vorstellungen geleitet.

Die mittelalterliche Wissenschaft war sehr theoretisch orientiert und hatte kaum Bezug zur Praxis.

Wissenschaftliche Studien

Die Neigung, sich auf die gelehrten Annahmen des Mittelalters zu verlassen, hielt bis zum 17. Jahrhundert an. Die Renaissance hatte zwar ihre eigenen wissenschaftlichen Erkenntnisse, doch sie fanden gewöhnlich ihren Ausdruck in beschreibenden Studien und in der Lösung praktischer Probleme in der Kunst oder im mechanischen Handwerk. Ein Zweig dieser deskriptiven und klassifikatorischen Arbeit versuchte, das neue geographische Wissen, das die Entdecker und Kosmographen bekannt gemacht hatten, in einen Zusammenhang zu bringen. In der Geographie, so sagte ein französischer Mediziner des frühen 16. Jahrhunderts, „und in dem, was zur Astronomie gehört, haben Platon, Aristoteles und die großen Philosophen Fortschritte gemacht, und Ptolemäus hat noch einiges mehr dazu beigetragen. Doch würde einer von ihnen heute zurückkehren, wäre die Geographie für ihn so verändert, dass er sie kaum mehr wiedererkennen würde". Hier lag einer der Anreize, die Natur mit ihren Erscheinungen auf neue Art intellektuell zu erfassen.

Eine kleine Minderheit gelehrter Männer hatte schon um 1600 ihre Schwierigkeiten, das konventionelle Weltbild, dem die große mittelalterliche Synthese aus Aristoteles und der Bibel zu Grunde lag, zu akzeptieren. Einigen fehlte der Zusammenhang. Die mittel-

Nur etwa ein Jahrhundert nachdem Raffael (1483–1520) *Schule von Athen (Die Philosophie)* im Vatikan malte, erwies sich das klassische Weltbild in dem Maße als unangemessen, in dem das Wissen zunehmend auf rationalen, bewiesenen Wahrheiten gründete.

alterliche Auffassung scheiterte für sie an mangelnden Bezügen und Ungenauigkeit. Doch für die meisten Gelehrten, die sich überhaupt mit dieser Materie beschäftigten, war immer noch das alte Bild maßgebend, nach dem die Erde nach wie vor das Zentrum des gesamten Universums bildete und das Leben auf der Erde sich auf den Menschen als das einzige verstandesbegabte Wesen konzentrierte. Die größte intellektuelle Leistung des folgenden Jahrhunderts war es, dass diese Art von Denken von gebildeten Menschen nicht mehr akzeptiert würde. Dieser Schritt war so bedeutend, dass man darin die wesentliche Veränderung von der mittelalterlichen zur modernen Welt sah.

Ein anonymes Porträt des englischen Staatsmanns und Philosophen Francis Bacon (1561–1626) aus dem 17. Jahrhundert.

Francis Bacon

Bereits im frühen 17. Jahrhundert kündigte sich in der Wissenschaft etwas Neues an. In Europa kam eine neue, zutiefst auf Nützlichkeit ausgerichtete Haltung auf, die die Neugierigen dazu ermutigte, Zeit, Kraft und Ressourcen zu investieren, um die Natur systematisch zu erforschen und zu beherrschen. Als man später daran ging, nach den Pionieren dieser Geisteshaltung zu suchen, entdeckte man einen herausragenden Vertreter in Francis Bacon, der einige Zeit Lordkanzler von England gewesen war und den spätere Bewunderer sogar für den Autor der Stücke Shakespeares hielten. Er war ein herausragender Intellektueller, besaß aber auch viele unangenehme Charakterzüge. Seine Werke scheinen allerdings zu seiner Zeit nur wenig oder gar keinen Einfluss gehabt zu haben. Doch sie zogen das Interesse der Nachwelt auf sich, weil sie eine geradezu prophetische Zurückweisung der Autorität der Vergangenheit andeuten. Bacon sprach sich für ein Studium der Natur auf der Grundlage von Beobachtung und Induktion aus, das darauf ausgerichtet sein sollte, diese für menschliche Zwecke nutzbar zu machen. „Der wahre und rechtmäßige Zweck der Wissenschaften ist es“, schrieb er, „das Leben der Menschen durch neue Entdeckungen und Kräfte zu bereichern.“ Mit Hilfe der Wissenschaften sei es möglich, eine „Wiederherstellung und ein Wiederaufleben [zum großen Teil] des Menschen zu der Macht und Herrschaft (...), wie er sie im ersten Zustand der Schöpfung besaß,“ zu erreichen. Dies war in der Tat ein ehrgeiziges Ziel. Bacon war sicher, dass dies möglich sei, wenn man die wissenschaftliche Forschung effizient organisiere. Auch dies belegt seine prophetischen Fähigkeiten.

Später wurde die Modernität Bacons häufig überschätzt, und andere Männer – besonders seine Zeitgenossen Kepler und Galilei – hatten einiges mehr zu sagen, das für den Fortschritt der Wissenschaft wichtig war. Außerdem hielten sich seine Nachfolger nicht so eng, wie er es gewünscht hätte, an das Programm einer praktischen Entdeckung „neuer Künste, Begabungen und Einrichtungen zur Verbesserung des menschlichen Lebens". Dennoch erreichte er in gewisser Weise tatsächlich den Status einer mythischen Figur, weil er für Beobachtung und Experiment anstelle der Deduktion (von a priori gesetzten Prinzipien) eintrat. 40 Jahre später waren seine wichtigsten Ideen Allgemeingut des wissenschaftlichen Diskurses. „Das Führen dieser großen Weltmaschine", sagte ein englischer Wissenschaftler in den 60er Jahren des 17. Jahrhunderts, „kann nur von den experimentell und mechanisch orientierten Philosophen erklärt werden." Das sind Vorstellungen, die noch heute eine zentrale Bedeutung haben. Seit dem 17. Jahrhundert ist es ein Merkmal des Wissenschaftlers, dass er Fragen mit Hilfe von Experimenten beantwortet. Über das Konstruieren von theoretischen Systemen versucht er zu verstehen, was durch die Experimente offenbart wurde.

Mikroskope wie dieses Modell aus dem späten 18. Jahrhundert ermöglichten es, neue Felder der Wissenschaft zu studieren. So entstand mit der Entdeckung der „Animalculen" – unendlich kleiner Lebewesen, die man später Bakterien nannte – die Mikrobiologie.

Das Spiegelteleskop wurde zuerst 1671 von Isaac Newton gebaut. Dieses Instrument, das später Wilhelm Herschel (1738–1822) perfektionierte, produzierte große Bilder und reflektierte viel Licht, so dass der Benutzer entfernte Himmelskörper untersuchen konnte.

Die experimentelle Methode

Der Einsatz von Experimenten führte zunächst zu einer Konzentration auf die physikalischen Phänomene, die anhand der verfügbaren Technik am besten beobachtet und gemessen werden konnten. Die technische Erneuerung war aus den Fertigkeiten erwachsen, die europäische Handwerker über die Jahrhunderte hinweg langsam angesammelt hatten. Diese Geschicklichkeit konnte nun für die Lösung von Problemen verwendet werden, die wiederum die Lösung anderer, intellektueller Probleme erlauben würde. Die Erfindung von Logarithmen und der Infinitesimalrechnung war Teil eines Instrumentariums, dessen weitere Komponenten genauere Uhren und optische Instrumente waren. Als die Uhrmacherkunst mit der Einführung des Pendels im 17. Jahrhundert einen großen Fortschritt verbuchte, vereinfachte dies wiederum die Zeitmessung durch Präzisionsinstrumente und darüber hinaus die Astronomie. Mit dem Aufkommen des Teleskops gab es neue Möglichkeiten, den Himmel zu untersuchen. Harvey entdeckte als Ergebnis einer theoretischen Untersuchung per Experiment den Blutkreis-

Die Chemie

Die Chemie war eine praktisch ausgerichtete Disziplin, die die Verwendung der Metalle und ihrer Legierungen, der Farbstoffe, der Keramik, des Schießpulvers, der Salze und vieler anderer Substanzen perfektionierte. Auf dem Gebiet der Alchimie begann die Untersuchung dieser Fragestellungen. Die moderne Chemie nahm im 17. Jahrhundert ihren Anfang, zusammen mit neuen Methoden, neuem Wissen und neuen Definitionen, die von Wissenschaftlern wie Robert Boyle, Johann Glauber, Jean-Baptiste van Helmont, Friedrich Hoffmann, Wilhelm Homberg, Johan Kunckel, Nicolas Lémery und Jean Rey dargelegt wurden. Dank der Arbeiten Antoine Lavoisiers entstand im 18. Jahrhundert die Theorie der Chemie und grundlegende Gesetze wurden verständlich.

Der Stich aus Diderots Enzyklopädie *zeigt ein Chemielabor aus dem 18. Jahrhundert.*

lauf, doch *wie* man sich diesen Kreislauf vorzustellen hatte, wurde erst verständlich, als das Mikroskop es ermöglichte, selbst winzige Blutgefäße zu betrachten. Teleskopische und mikroskopische Beobachtungen sorgten im Weiteren nicht nur wesentlich für die Entdeckungen, die die wissenschaftliche Revolution ausmachten, sondern ermöglichten auch dem Laien eine neue, fortschrittlichere Weltsicht.

Die „wissenschaftliche Gemeinschaft"

Die Fortschritte, die die Wissenschaft dieser Zeit erzielte, beruhten vor allem auf der guten Kommunikation der Wissenschaftler untereinander.

Lange Zeit gelang es nicht, eine Grenze zwischen Wissenschaftlern und Philosophen zu ziehen, wie wir sie heute kennen. Es war eine neue Welt der Wissenschaft entstanden, eine echte „wissenschaftliche Gemeinschaft", die außerdem eine internationale war. Hier kommen wir auf den Buchdruck zurück. Die rasche Verbreitung des neuen Wissens besaß eine hohe Bedeutung. Die Publikation wissenschaftlicher Bücher war nicht die einzige Form, in der dies geschah; auch die *Philosophical Transactions* der englischen Royal Society wurden z. B. veröffentlicht und zunehmend auch die Aufzeichnungen und Tätigkeitsberichte anderer gebildeter Kreise. Darüber hinaus pflegten die Wissenschaftler einen umfangreichen privaten Briefwechsel untereinander. Ein großer Teil der Fragen, die sie in ihren Briefen diskutierten, gehört zu den wertvollsten Hinweisen darauf, wie die wissenschaftliche Revolution tatsächlich vor sich ging.

Ein Merkmal der wissenschaftlichen Revolution, das dem modernen Betrachter auffällt, ist, dass enthusiastische Laien daran großen Anteil hatten. Eine wichtige Erklärung, warum die Wissenschaft in Europa derartige

Fortschritte machte, während selbst herausragende technische Errungenschaften in China in ihrer Entwicklung stecken blieben, könnte darin liegen, dass die Wissenschaft in Europa mit dem Sozialprestige des dilletierenden Ehrenmanns im Zusammenhang stand. Zu den Mitgliedern der gelehrten Gesellschaften, die um die Mitte des 17. Jahrhunderts allmählich aufkamen, gehörten viele angesehene Männer, die man auch mit viel Fantasie nicht als professionelle Wissenschaftler bezeichnen konnte. Aber sie liehen diesen Kreisen ihren Status und ihr Ansehen, ohne sich unbedingt beim Experimentieren die Hände schmutzig zu machen.

Einschränkungen

Bereits um 1700 gab es eine Spezialisierung in den verschiedenen Hauptzweigen der Wissenschaften. Überdies war die Wissenschaft damals noch nicht so zeitraubend wie heute; Wissenschaftler konnten auch dann noch an ihren Studien arbeiten, wenn sie theologische Bücher schrieben oder in einer Kanzlei arbeiteten. Dies weist schon auf einige Einschränkungen hin, die die Revolution im 17. Jahrhundert erfuhr. Sie konnte die Grenzen der verfügbaren Methoden nicht überschreiten, und während diese auf manchen Gebieten große Fortschritte zuließen, hemmten sie auf anderen eine weitere Entwicklung. Die Chemie z. B. machte nur recht geringe Fortschritte (auch wenn nur noch wenige Wissenschaftler das aristotelische Schema von den vier Elementen akzeptierten, das noch 1600 bestimmend gewesen war), während die Physik und die Kosmologie sich rasch weiterentwickelten. Beide erreichten einen Standard, der einen weniger spektakulären, aber dafür anhaltenden Fortschritt noch bis ins 19. Jahrhundert möglich machte. Neue theoretische Ansätze verhalfen ihnen danach zu einer weiteren Blüte.

Der englische Künstler Joseph Wright (1734–1797) hatte sich auf wissenschaftliche Themen spezialisiert. Auf diesem Gemälde mit dem Titel *Ein Experiment mit Vogel in der Luftpumpe* stellt er einen Physiker beim Herstellen eines Vakuums dar. Wrights Werk veranschaulicht, wie wissenschaftliche Vorführungen in elitären Zirkeln zur Mode wurden.

Gott und die Wissenschaft

Insgesamt waren die wissenschaftlichen Leistungen des 17. Jahrhunderts beachtlich. Zunächst und vor allem widersprach die Wissenschaft allen Theorien, die die beobachteten Phänomene als das direkte und oft unvorhersehbare Walten göttlicher Macht ansahen. Das neue Konzept begriff die Erscheinungen als Mechanismus, dem gemäß alle Veränderungen bestimmten Gesetzmäßigkeiten unterlagen. Das ließ sich mit dem Glauben an Gott noch einigermaßen vereinbaren. Vielleicht zeigte sich seine Größe nicht im täglichen direkten Eingreifen, sondern darin, dass er eine große Maschinerie geschaffen hatte: Gott als großer Uhrmacher. Weder der typische Student der Naturwissenschaften noch die wissenschaftliche Weltsicht des 17. Jahrhunderts waren demnach antireligiös oder antitheozentrisch.

Die neuen Ansichten der Astronomie verbannten indessen den Menschen aus dem Zentrum des Universums und stellten damit seine Einzigartigkeit in Frage (1686 erschien ein Buch, das die Meinung vertrat, es könne mehr als nur eine bewohnte Welt geben). Obwohl diese Umwertung grundlegend war, gab es für diejenigen, welche die kosmologische Revolution vorantrieben, wichtigere Themen. Für sie war es ein Zufall, dass die Autorität der Kirche darauf bestand, dass die Sonne sich um die Erde bewege. Die jüngsten Ergebnisse, zu denen sie gelangten, bestätigten ihrer Meinung nach nur die Größe und Unergründlichkeit der Wege Gottes. Die Forscher gingen davon aus, dass sich diese Zusammenhänge und Gesetze genauso „christianisieren" ließen, wie es auch bei Aristoteles und seinen Erkenntnissen im Mittelalter der Fall gewesen war.

Auf diesem Stich aus dem Jahre 1586 ist Tycho Brahe (1546–1601) dargestellt, der dänische Astronom, für den Friedrich II. ein eigenes Observatorium bauen ließ.

Das kopernikanische Weltbild

An der Spitze der großen kosmologischen Revolution stand der Name Kopernikus', ein Astronom und Rechtsgelehrter, dessen Schrift *De revolutionibus orbium coelestium* (Über die Umläufe der Himmelskörper) 1543 veröffentlicht wurde. Es handelt sich um dasselbe Jahr, in dem auch Vesalius' großes Werk zur Anatomie erschien. Kopernikus war eher ein Humanist der Renaissance als ein Wissenschaftler. Er stieß teils aus philosophischen und teils aus ästhetischen Gründen auf die Vorstellung von einem Universum, in dem die Planeten sich um die Sonne bewegen. Er erklärte ihren Umlauf als ein System aus Kreisen und Epizykloiden. Das war in gewisser Weise brillant erraten, denn er hatte keine Möglichkeit, diese Hypothese zu überprüfen.

Der Theologe, Astronom und Mathematiker Nikolaus Kopernikus (1473–1543) löste mit seiner Behauptung, die Erde drehe sich einmal im Jahr um die Sonne und einmal am Tag um die eigene Achse, einen großen Skandal aus.

Der Däne Tycho Brahe lieferte die ersten wissenschaftlichen Daten, die das heliozentrische Weltbild stützten, ohne dass er es selbst anerkannte. Er begann zunächst damit, die Planetenbewegungen mit elementaren Instrumenten aufzuzeichnen, verfügte später aber, dank eines großzügigen Königs, über das am besten ausgestattete Observatorium seiner Zeit. Das Ergebnis stellte die erste systematische Sammlung astronomischer Daten dar, die seit dem alexandrinischen Zeitalter innerhalb der westlichen Welt angelegt wurde. Kepler, der erste große protestantische Wissenschaftler, wurde von Brahe eingeladen, ihm zu assistieren. Er stellte dabei noch eigene, sorgfältigere Beobachtungen an und erreichte einen zweiten wesentlichen theoretischen Fortschritt. Er zeigte, dass die Planetenbewegungen sich als regelmäßig erklären lassen, wenn ihre Laufbahnen Ellipsen mit unregelmäßiger Geschwindigkeit folgten, und lieferte so die Grundlage für die Erklärung des Planetenverlaufs bis ins 20. Jahrhundert hinein. Diese Erkenntnis vollzog endgültig den Bruch mit dem Ptolemäischen System, in das die Kosmologie bislang eingezwängt gewesen war.

Dann kam Galileo Galilei. Er arbeitete mit dem Teleskop, einem Instrument, das ungefähr um 1600 erfunden worden war. Galilei war Akademiker, Professor in Padua für zwei Fächer, die in der frühen Wissenschaft auf charakteristische Weise miteinander verbunden waren: Physik und Militärtechnik. Sein Einsatz des Teleskops ließ endgültig das aristotelische Schema zusammenbrechen; die kopernikanische Astronomie war sichtbar gemacht. In den nächsten 200 Jahren ging es darum, auf die Sterne zu übertragen, was man über die Beschaffenheit der Planeten wusste.

Galileo Galilei

Galileis Hauptwerk bestand nicht in Beobachtungen, sondern in der Theorie. Er beschrieb als Erster die physikalischen Zusammenhänge, die ein kopernikanisches Weltbild möglich machten, indem er eine mathematische Beschreibung der Bewegungen der Körper lieferte. Durch sein Werk ließen die Mechaniker die Welt des Handwerkerwissens hinter sich und traten in die Welt der Wissenschaft ein. Hinzu kommt, dass Galilei über systematisches Experimentieren zu seinen Schlussfolgerungen kam. Darauf begründete er Statik und Dynamik, die er als „zwei neue Wissenschaften" einführte. Die Ergebnisse veröffentlichte er 1632 in einem Buch, *Dialog über die beiden hauptsächlichen Weltsysteme* (das des Ptolemaios und das des Kopernikus), in dem man die erste Darlegung der Revolution des wissenschaftlichen Denkens gesehen hat. Weniger bemerkenswert als sein Inhalt, aber dennoch interessant, ist die Tatsache, dass es nicht lateinisch geschrieben ist, sondern italienisch. Es ist dem Papst gewidmet; ohne Zweifel war Galilei ein guter Katholik. Doch das Buch provozierte einen Aufruhr, und zwar zu Recht, da es das Ende des christlich-aristotelischen Weltbildes markierte. Man stellte Galilei vor Gericht. Er wurde verurteilt und widerrief, doch das minderte nicht den Einfluss seines Buches. Von diesem Zeitpunkt an beherrschten die kopernikanischen Ansichten das wissenschaftliche Denken.

Dieses zeitgenössische Gemälde zeigt den italienischen Astronom und Physiker Galileo Galilei (1564–1642), den die Inquisition unter Androhung von Folter zwang, seine „häretischen" Ansichten öffentlich zu widerrufen.

Das 1702 gemalte Porträt stellt Isaac Newton (1642–1727) dar.

Newtons Gesetz veränderte die Weltsicht: Die dynamische Vorstellung des Universums löste die ältere statische ab.

Isaac Newton

In dem Jahr, in dem Galilei starb, wurde Newton geboren. Sein Verdienst war es, die physikalische Erklärung des kopernikanischen Weltbilds zu liefern. Er zeigte, dass dieselben mechanischen Gesetze sowohl Keplers als auch Galileis Aussagen erklären und dass sie im Kosmos genauso wie auf der Erde gelten. Er wandte eine neue Mathematik an, die „Fluxusmethode" oder, in der späteren Terminologie, die Infinitesimalrechnung, um die Positionen bewegter Körper zu berechnen. Seine Schlussfolgerungen wurden in einem Buch zusammengefasst, das das wichtigste und einflussreichste wissenschaftliche Werk seit dem des Euklid war: die *Principia*, wie es kurz genannt wird (oder *Philosophia naturalis principia mathematica*, Mathematische Prinzipien der Naturlehre). Die kulturellen Konsequenzen dieser Entdeckung waren vielleicht sogar noch bedeutender. Dass ein einzelnes, durch Beobachtung und Berechnung entdecktes Gesetz so vieles erklären konnte, war für die Zeitgenossen ein erstaunlicher Beleg für die Möglichkeiten des neuen wissenschaftlichen Denkens. Pope ist schon im Übermaß zitiert worden, doch sein Epigramm fasst den Einfluss, den Newtons Werk auf die gebildete Gesellschaft hatte, immer noch am besten zusammen:

Nature and Nature's laws lay hid in night:
God said, „Let Newton be!" and all was light.

Natur und Naturgesetze lagen in dunkler Nacht:
Gott sprach, „Newton werde!", und es ward Licht.

So wurde Newton neben Bacon der zweite „kanonisierte Heilige" einer neuen Bildung. In Newtons Fall war das gar nicht so übertrieben, denn er war ein Mann mit einem universalen wissenschaftlichen Interesse. Was er auch in Angriff nahm, gelang ihm. Doch die größte Bedeutung von Newtons Erkenntnissen lag darin, dass er sie dem Nicht-Wissenschaftler verständlich machte. Er schloss die Revolution, die mit Kopernikus begonnen hatte, endgültig ab. Eine dynamische Vorstellung vom Universum hatte die statische ersetzt.

DER KONFLIKT ZWISCHEN WISSENSCHAFT UND RELIGION

Was Newton und seine Vorläufer nicht voraussehen konnten, war, dass ihr Werk einen unlösbaren Konflikt zwischen Wissenschaft und Religion erzeugen würde. Newton schien tatsächlich erfreut über die Feststellung, dass die Gravitationsgesetze nicht abschließend die These belegten, das Universum sei ein sich selbst regulierendes System, das, einmal geschaffen, in sich abgeschlossen war. War das Universum nicht einfach eine Uhr, so konnte sein Schöpfer mehr tun, als es nur erfinden, aufbauen, aufziehen und dann zurückzutreten. Er war froh über den logischen Zwischenraum, den er ausfüllen konnte, indem er göttliches Eingreifen postulierte, denn er war ein leidenschaftlicher protestantischer Apologet.

Dennoch war es für die Kirche, insbesondere die katholische, nicht so einfach, die neuen wissenschaftlichen Erkenntnisse anzuerkennen. Im Mittelalter hatten die Geistlichen wichtige Beiträge zur Wissenschaft geleistet, doch vom 17. bis zur Mitte des 19. Jahrhunderts kamen nur noch wenige bedeutende Arbeiten von Kirchenvertretern. Dies traf natürlich noch stärker auf die Länder zu, in denen die Gegenreformation gesiegt hatte. Im 17. Jahrhundert tat sich dann ein Spalt zwischen der offiziellen Religion und der Wissenschaft auf.

Die Verteidiger des Glaubens und die Kirche

Im 17. Jahrhundert war für Wissenschaftler und Philosophen noch nicht viel von einem Gegensatz zwischen Fortschritt und Religion zu spüren. Newton, der viel zu biblischen und theologischen Themen schrieb, riet seinen Lesern, sich nicht nur „vor Philosophie und eitler Täuschung zu hüten und vor den Oppositionen einer fälschlich so bezeichneten Wissenschaft", sondern sich auch dem Alten Testament zuzuwenden. Der französische Philosoph Descartes formulierte seine Gedanken so, dass sie zur philosophischen Verteidigung des Glaubens und der christlichen Wahrheit eingesetzt werden konnten und gleichzeitig mit seinem formalen Ansatz im Einklang waren. Dies bewahrte ihn (oder die philosophische Bewegung des Cartesianismus, die ihren Namen von ihm erhielt) nicht davor, die Feindschaft der Kirche auf sich zu ziehen. Die traditionellen Verfechter des Glaubens erkannten richtig, dass es hier nicht nur um die Schlussfolgerungen ging, sondern auch um den Weg dorthin. Eine rational begründete Annahme der christlichen Religion, die von den Prinzipien des Zweifels ausging und zeigte, dass diese hinreichend überwunden werden konnten, war ein schwacher Verbündeter für eine Kirche, die lehrte, Wahrheit werde kraft der Autorität verkündet. Die Kirche handelte folgerichtig, indem sie Descartes' Frömmigkeit als nebensächlich betrachtete und alle seine Werke auf den Index setzte.

Die Argumentation auf der Grundlage der Autorität wurde von einem französischen protestantischen Geistlichen des späten 17. Jahrhunderts, Pierre Bayle, aufgegriffen. Er wies darauf hin, dass darin eine unbefriedigende Unsicherheit steckte. Welcher Autorität war

Dieses Gemälde von Joseph Wright aus dem 18. Jahrhundert zeigt, wie mitunter wissenschaftliches Experiment, Religion und Aberglaube nebeneinander bestehen konnten. Es trägt den Titel *Der Alchimist entdeckt auf der Suche nach dem Stein der Weisen den Phosphor und betet, wie es bei den alten Chemikern üblich war, um einen erfolgreichen Abschluss seiner Durchführung.*

Diese Lithographie des 18. Jahrhunderts stellt den deutschen Philosophen Immanuel Kant dar.

die Autorität verpflichtet? Im Grunde sei es eine Ansichtsfrage. Jedes Dogma des traditionellen Christentums, so deutete er an, könne widerlegt werden, wenn es sich nicht mit der natürlichen Vernunft vereinbaren lasse. Mit solchen Ideen kündigte sich eine neue Phase in der europäischen Geistesgeschichte an. Sie wurde als Aufklärung bezeichnet.

DIE AUFKLÄRUNG

Das Wort Aufklärung wurde im 18. Jahrhundert in den meisten europäischen Sprachen verwendet, um die Art des Denkens zu charakterisieren, die nach Ansicht der Europäer das Besondere ihres eigenen Zeitalters ausmachte, und die sich von dem absetzte, was vorangegangen war. Im Englischen spricht man von „Enlightenment“: Das Licht vertreibt die Finsternis. Der deutsche Philosoph Immanuel Kant gab in seinem berühmten Essay *Was ist Aufklärung?* zur Antwort: die Befreiung aus selbst verschuldeter Unmündigkeit. Im Zentrum stand ein Infragestellen von Autorität. Das große Erbe, das die Aufklärung hinter sich lassen musste, bestand in der Verallgemeinerung der kritischen Haltung. Überkommene Vorstellungen wurden nun einer kritischen Überprüfung unterzogen und alles wurde zum Gegenstand der Analyse.

Eine kritischere Haltung gegenüber Autoritäten und Religionen ist charakteristisch für das Zeitalter der Aufklärung.

Einige hatten den Eindruck – und er sollte sich auf lange Sicht bestätigen –, dass nun nichts mehr heilig war, doch dies ist nicht ganz zutreffend. Die Aufklärung hatte ihre eigene Autorität und ihre eigenen Dogmen; die kritische Haltung selbst wurde zum Beispiel lange Zeit nicht hinterfragt. Darüber hinaus setzte sich die Aufklärung gleichermaßen aus einer Ansammlung von unterschiedlichen Haltungen und Ideen zusammen. Viele Strömungen mündeten in dasselbe Ergebnis, doch sie kamen keinesfalls aus derselben Richtung. Die Wurzeln der Aufklärung sind genauso verworren wie ihre Entwicklung, die immer mehr einer fortlaufenden, luftig und kontrovers geführten Debatte statt einer uniformen Bewegung ähnelte.

Descartes hatte die Menschen gelehrt, systematisches Zweifeln sei der Beginn sicheren Wissens. 50 Jahre später lieferte der englische Philosoph John Locke eine Darstellung der Psychologie des Wissens. Es gründe im Wesentlichen auf Eindrücken, die von den Sinnen an das Bewusstsein übermittelt wurden, und es bestehe nicht, so argumentierte er gegen Descartes, aus der menschlichen Natur innewohnenden Ideen. Das Bewusstsein enthalte nur Sinnesdaten und die Verbindung, die es zwischen ihnen hergestellt habe. Dies musste

Kants *Was ist Aufklärung?*

„Zu dieser Aufklärung aber wird nichts erfordert als *Freiheit* (...): von seiner Vernunft in allen Stücken *öffentlichen Gebrauch* zu machen. Nun höre ich aber von allen Seiten rufen: *Räsonniert nicht!* Der Offizier sagt: Räsonniert nicht, sondern exerziert! Der Finanzrat: Räsonniert nicht, sondern bezahlt! (...) Hier ist überall Einschränkung der Freiheit. (...) Ich verstehe aber unter dem öffentlichen Gebrauche seiner eigenen Vernunft denjenigen, den jemand als *Gelehrter* von ihr vor dem ganzen Publikum der *Leserwelt* macht. (...) So würde es sehr verderblich sein, wenn ein Offizier, dem von seinen Oberen etwas anbefohlen wird, im Dienste über die Zweckmäßigkeit oder Nützlichkeit dieses Befehls laut vernünfteln wollte; (...). Es kann ihm aber billigermaßen nicht verwehrt werden, als Gelehrter über die Fehler im Kriegsdienste Anmerkungen zu machen (...). Der Bürger kann sich nicht weigern, die ihm auferlegte Abgabe zu leisten; sogar kann ein vorwitziger Tadel solcher Auflagen (...) bestraft werden. Ebenderselbe handelt demohngeachtet der Pflicht eines Bürgers nicht entgegen, wenn er als Gelehrter wider die Unschicklichkeit oder auch Ungerechtigkeit solcher Ausschreibungen öffentlich seine Gedanken äußert.“

Auszug aus *Eine Anwort auf die Frage: „Was ist Aufklärung?“* von Immanuel Kant (1724–1804).

Descartes' *Abhandlung über die Methode*

„... so glaubte ich, (...) an den folgenden vier [Regeln] genug zu haben, unter der Bedingung, dass ich den festen und beharrlichen Entschluss fasste, sie stets zu befolgen. Die *erste* war: niemals eine Sache als wahr anzunehmen, die ich nicht als sicher und einleuchtend erkennen (...) würde, das heißt sorgfältig die Übereilung und das Vorurteil zu vermeiden und in meinen Urteilen nur so viel zu begreifen, wie sich meinem Geist so klar und deutlich (...) darstellen würde, dass ich gar keine Möglichkeit hätte, daran zu zweifeln. Die *zweite*: jede der Schwierigkeiten, die ich untersuchen würde, in so viele Teile zu zerlegen (...) als möglich und zur besseren Lösung wünschenswert wäre. Die *dritte*: meine Gedanken zu ordnen; zu beginnen mit den einfachsten und fasslichsten Objekten und aufzusteigen allmählich und gleichsam stufenweise bis zur Erkenntnis der kompliziertesten, und selbst solche Dinge irgendwie für geordnet zu halten, von denen natürlicherweise nicht die einen den anderen vorausgehen. Und die *letzte*: überall so vollständige Aufzählungen und so umfassende Übersichten zu machen, dass ich sicher wäre, nichts auszulassen."

Auszug aus *Abhandlung über die Methode des richtigen Vernunftgebrauchs* (1637) von René Descartes (1596–1650), übersetzt von Kuno Fischer.

natürlich beinhalten, dass der Mensch keine festen Vorstellungen von Richtig oder Falsch habe. Moralische Werte, so lehrte Locke, erwuchsen daraus, dass das Bewusstsein Leid und Freude erfahre. Von dieser Denkrichtung gingen viele Impulse für die Zukunft aus.

Dazu gehörten zum Beispiel Ideen zur Erziehung oder auch zur Gesellschaft als Ganzes: Wie sollte man diese verpflichten, die materiellen Dinge zu ordnen und zu regulieren? Wie sollte man die Einflüsse aus der Umwelt verstehen? Hinter diesem Denken stand aber eine gewaltige Vergangenheit: der Dualismus, den Descartes und auch Locke in ihrer Unterscheidung von Körper und Geist physisch und moralisch zum Ausdruck brachten. Er hat seine Wurzeln bei Platon und in der christlichen Metaphysik. Doch was an dieser Stelle vielleicht am meisten auffällt, ist, dass es Locke gelang, seine Vorstellungen immer noch in den traditionellen Rahmen des christlichen Glaubens einzufügen.

Ein optimistisches Credo

Das neue Ansehen der Wissenschaft schien zu verheißen, dass die Sinneswahrnehmung tatsächlich der Weg zum Wissen sei. Man glaubte, die neuen Methoden seien in der Lage, die Geheimnisse der Natur zu erschließen und ihre logischen, rationalen Grundlagen in den Gesetzen der Physik und der Chemie zu offenbaren.

Dies fungierte lange Zeit als ein optimistisches Glaubensbekenntnis (das Wort *optimistie* gelangte im 17. Jahrhundert in die französische Sprache). Die Welt verbesserte sich

Der deutsche Mathematiker, Philosoph und Logiker Gottfried Leibniz (1646–1716) betrachtete das Böse als Konsequenz einer Reihe von „Missverständnissen". Voltaire prägte den Ausdruck *optimistie* zur Beschreibung Leibniz', der glaubte, wenn solche „Missverständnisse" erst beseitigt seien, werde allgemeiner Frieden herrschen.

zusehends und man erwartete, dass sie sich auch weiterhin so entwickeln würde. Um 1600 war das noch ganz anders gewesen. Die rückwärts gewendete Verehrung der Antike in der Zeit der Renaissance, zusammen mit den ständigen Kriegswirren sowie einer stets latenten Überzeugung der religiösen Menschen, das Ende der Welt könne nicht mehr lange auf sich warten lassen, führte zu einer pessimistischen Stimmung.

In einer großen literarischen Debatte darüber, ob die Leistungen der alten diejenigen der modernen Zeiten überträfen, bekannten sich die Autoren des späten 17. Jahrhunderts zur Idee des Fortschritts, die in der Aufklärung gründete. Dieses Credo beschränkte sich allerdings nicht nur auf die führenden Denker. Im 18. Jahrhundert war es für einen gebildeten Menschen noch immer möglich, zumindest in den Grundzügen die Logik und die Implikationen verschiedener Studien zu verstehen. Voltaire, als Dichter und Stückeschreiber berühmt, schrieb auch ausgiebig über die Geschichte (er war eine Zeit lang königlicher französischer Geschichtsschreiber) und brachte seinen Zeitgenossen die Newtonsche Physik nahe. Adam Smith war als Moralphilosoph bekannt, bevor er die Welt mit seinem *Wohlstand der Nationen* in Erstaunen versetzte, einem Buch, von dem man mit Fug und Recht behaupten kann, dass es die moderne Wirtschaftswissenschaft begründet hat.

D'Alembert und die Philosophie des Zeitalters der Aufklärung

„Unsere Zeit nennt sich gern selbst ‚das Zeitalter der Philosophie'. Und tatsächlich, wenn wir unseren aktuellen Wissensstand vorurteilslos untersuchen, können wir nicht leugnen, dass die Philosophie bei uns große Fortschritte gemacht hat. Die Wissenschaft von der Natur gewinnt täglich neue Reiche hinzu, die Geometrie weitet ihre Grenzen aus und trägt ihr Licht in die Gebiete der Physik, die ihr am nächsten liegen; schließlich wird das wahre System der Welt offenbart, entwickelt und perfektioniert sein. (...) Die Entdeckung und der Einsatz einer neuen Methode der Philosophie hat, durch die Begeisterung, die alle großen Entdeckungen begleitet, eine allgemeine Zunahme der Ideen ausgelöst. Alle diese Ursachen haben dazu beigetragen, ein lebendiges Sprudeln sämtlicher Geister hervorzubringen. Dieses Sprudeln, das überall hervorbricht, greift alles, was sich ihm in den Weg stellt, heftig an (...). Alles ist diskutiert, analysiert, aufgewühlt worden, von den Prinzipien der Wissenschaft bis zu den Grundlagen der Religion, von den Problemen der Metaphysik bis hin zu denen des Geschmacks, von der Musik bis zur Moral, von theologischen Fragen bis zu denen der Wirtschaft und des Handels, von der Politik bis zu den Bürgerrechten. Die Frucht dieses allgemeinen Überschäumens der Geister ist, dass auf viele Gegenstände ein neues Licht geworfen worden ist und gleichzeitig deckt eine neue Dunkelheit sie zu, so wie durch Ebbe und Flut die Gezeiten unerwartete Dinge an den Strand spülen und andere mit sich forttragen."

Der Stich aus dem 18. Jahrhundert zeigt den französischen Philosophen und Physiker D'Alembert (1717–1783).

Auszug aus *Essai sur les éléments de philosophie* von Jean le Rond d'Alembert, 1759, übersetzt von Christa Kordt.

Diese Allegorie der französischen Aufklärung, um 1780 von einem anonymen Künstler gemalt, zeigt die Vertreter der großen Religionen in der Diskussion. Um sie herum gibt es Hinweise auf die Verbreitung von Büchern und Zeitschriften.

Die Religion und die Aufklärung

In einem derartigen Eklektizismus fand auch die Religion ihren Platz, doch (wie Gibbon es ausdrückt) „klebt in der modernen Zeit selbst an der frömmsten Grundhaltung ein latenter und sogar unfreiwilliger Skeptizismus“. In „aufgeklärten“ Gedanken schien es nur wenig Raum für das Göttliche und die Theologie zu geben.

Die Europäer hatten nicht nur das Gefühl überwunden, um sie herum tue sich die Hölle auf, die Welt wurde auch weniger geheimnisvoll und schicksalhaft. Immer mehr Schwierigkeiten schienen nicht mehr untrennbar mit dem Dasein verbunden, sondern vom Menschen selbst geschaffen zu sein. Ein großes Problem stellten noch die furchtbaren Naturkatastrophen dar. Doch wenn es von den meisten Übeln Erlösung gab und wenn es, wie es ein Denker ausdrückte, „die rechtmäßige Aufgabe des Menschen sei, nach Glück zu streben und das Elend zu meiden“, welche Bedeutung hatten dann noch Dogmen wie das von Heil und Verdammung? Gott kam in der Vorstellung der Philosophen vom Universum als „erste Ursache“ vor, die das Ganze in Bewegung versetzt hatte und als „große Maschine“, die die Regeln, nach denen sie lief, vorschrieb. Doch gab es innerhalb dieser Vorstellungen noch einen Ort für sein späteres Eingreifen in sein Werk, sei es direkt durch Inkarnation oder indirekt über seine Kirche und die von ihr gespendeten Sakramente? Die Aufklärung brachte unausweichlich die Auflehnung gegen die Kirche, die oberste Anwärterin auf die intellektuelle und moralische Autorität, mit sich.

Eine der offensichtlichsten Folgen der Aufklärung stellte die allmähliche Abwendung von der Religion dar. Damit eng verbunden war die Suche nach rationalen Erklärungen für bestimmte Ereignisse oder Dinge.

Denis Diderot (1713–1784), hier in einer Abbildung von 1784, war damit beauftragt worden, die Entstehung der *Encyclopédie* (1751–1776) zu leiten, eine Demonstration des Triumphs des rationalistischen Geistes.

Die Autorität der Vergangenheit und ihre Ablehnung

Hier kam es zu einem grundlegenden Konflikt. Die Ablehnung der Autorität durch die Intellektuellen im 17. und 18. Jahrhundert war noch nicht vollständig, denn in den Lehren von Wissenschaft und Vernunft suchte und fand man eine neue Autorität. Doch immer begeisterter wurden die richtungsweisenden Instanzen der Vergangenheit abgelehnt. So wie die literarische Kontroverse über die alte und neue Kultur in der Zerstörung der klassischen Lehre voranschritt, so hatte auch die Reformation die Autorität der katholischen Kirche gesprengt, den anderen Eckpfeiler der traditionellen europäischen Kultur.

Das Vertrauen in die Aufklärung

Es dauerte einige Zeit, bis die Zusammenhänge der Aufklärung hervortraten, trotz der Bedenken der Kirchenvertreter. Die Kennzeichen fortschrittlichen Denkens im 18. Jahrhundert waren häufig recht praktische und alltägliche Empfehlungen, die in gewissem Maße ihre Tendenz verschleierten. Sie lassen sich vielleicht am besten anhand der grundlegenden Annahmen zusammenfassen, auf denen sie basierten.

Das Fundament bildete ein neues Vertrauen auf die Kraft des Geistes; so bewunderten die Aufklärer z. B. Bacon sehr, der dieses Vertrauen mit ihnen teilte. Doch selbst die großen schöpferischen Geister der Renaissance hatten nicht so viel dazu beigetragen, den Europäern eine Vorstellung von der Macht des Intellekts zu vermitteln, wie dies im 18. Jahrhundert geschah. Darauf gründete sich die Überzeugung, ein beinahe unbegrenzter Fortschritt sei möglich. Voller Zuversicht blickten sie auf die künftigen Verbesserungen für die ganze Menschheit, wenn die Natur beherrscht und die Wahrheiten, die die Vernunft ihnen eröffnet hatte, erschlossen wären.

Dieser Optimismus war letztlich nur durch die Erkenntnis begründet, dass große praktische Hindernisse zu überwinden waren. Das erste bestand schlicht in der Unwissenheit der Menschen. Vielleicht war es gar nicht möglich, ein Wissen um die „letzten Ursachen" zu erlangen (und auch die Wissenschaft schien zu diesem Schluss zu gelangen, indem sie die Komplexität in der Natur mehr und mehr offenbarte), doch es war nicht diese Art der Unwissenheit, die den Aufklärern Sorge bereitete. Sie dachten eher an alltägliche Erfahrungen, und die Verbindung von Vernunft und Wissen ließ sie darauf vertrauen, dass diese Unwissenheit beseitigt werden könne. Der umfangreichste literarische Text der Aufklärung besaß genau diese Absicht: Die große *Enzyklopädie* von Diderot und D'Alembert ist eine riesige Zusammenstellung von Wissen in 21 Bänden, die zwischen 1751 und 1765 erschienen.

Die Werte der Aufklärung, so nahm man an, galten für alle zivilisierten Völker. Sie waren universal. Niemals zuvor, außer vielleicht im Mittelalter, ist die europäische intellektuelle Elite kosmopolitischer und gleichzeitig einmütiger gewesen. Ihr Weltbürgertum wurde noch durch das Wissen über andere Gesellschaften gesteigert, für das die Aufklärung ein außergewöhnliches Interesse zeigte. Dies ging auf verschiedene Reisen und Entdeckungen zurück.

Mehr als alles andere zog das angeblich humane und aufgeklärte China die Fantasie der

Diese Erstausgaben der von Denis Diderot und Jean le Rond d'Alembert zusammengestellten *Enzyklopädie* waren einst Bestandteil der Privatsammlung von Ludwig XVI.

Jovellanos über den Wert der Erziehung

„Ist es nicht die Erziehung, die die Geisteskräfte entwickelt und die körperliche Kraft des Menschen zunehmen lässt? Ohne sie ist der Geist des Menschen eine erloschene Fackel; mit ihrer Hilfe aber erleuchtet er alle Königreiche der Natur, entdeckt dabei die tiefsten, verborgenen Höhlen und unterwirft sie seinem Willen. Berechnungen eines unwissenden Mannes von nicht erleuchteter Geistesstärke werden wenig Ergebnisse hervorbringen (...) Das ist es, wodurch die Erziehung den Menschen verbessert, das einzige Wesen, das sie verbessern kann, das einzige, das mit der Fähigkeit zur Perfektion begabt ist. Das ist die größte Begabung, die der Mensch von seinem unaussprechlichen Schöpfer erhalten hat. Die Erziehung bereitet ihn vor, verleiht ihm die Mittel für Wohlstand und Bequemlichkeit und ist schließlich auch der tiefste Ursprung persönlichen Glücks. Sie ist auch die Wurzel des allgemeinen Wohlstands, der nur als das Gesamtergebnis aus dem Glück Einzelner verstanden werden kann, die das Ganze der Gesellschaft bilden."

Auszug aus *A Thesis on Public Education* von Gaspar de Jovellanos, 1802, übersetzt von Christa Kordt.

Europäer des 18. Jahrhunderts in seinen Bann, eine Tatsache, die darauf hinweist, wie oberflächlich ihre Bekanntschaft mit den realen Verhältnissen dort war.

Die Institutionalisierung der Kritik

Die wissenschaftlich beweisbaren Naturgesetze standen bei den Aufklärern im Vordergrund: Alle Dinge und Ereignisse wurden sorgfältig einer an diesen Gesetzen orientierten Kritik unterzogen.

Wären Unwissenheit, Intoleranz und Engstirnigkeit erst einmal beseitigt, so nahm man an, werde das ungehinderte Wirken der Naturgesetze, die die Vernunft entdeckt hatte, die Reform der Gesellschaft in jedermanns Interesse fördern. Ausgeschlossen blieben diejenigen, die auf Grund ihrer Blindheit oder ihres Genusses ungerechtfertigter Privilegien der Vergangenheit verhaftet geblieben waren. Mit den *Perserbriefen (Lettres persanes)* des französischen Autors Montesquieu begann die Denktradition, dass die Institutionen bestehender Gesellschaften – in diesem Fall die Gesetze Frankreichs – verbessert werden könnten, indem man sie mit den Gesetzen der Natur verglich. Mit der Formulierung eines solchen Programms ernannten sich die Männer der Aufklärung selbst zur Priesterschaft einer neuen Gesellschaftsordnung. In ihrer Vision der eigenen Rolle als Kritiker und Reformer trat dort zum ersten Mal ein gesellschaftliches Ideal auf, das uns seitdem immer begleitet hat, das Ideal des Intellektuellen. Moralisten, Philosophen, Gelehrte, Wissenschaftler gab es bereits; ihr charakteristisches Merkmal lag in ihrer spezialisierten Kompetenz. Was die Aufklärung nun erfand, war das Ideal des allgemein gebildeten, kritischen Intellekts. Die autonome, rationale, fortwährende und universale Kritik wurde wie niemals zuvor institutionalisiert. Das Ergebnis ist der moderne Intellektuelle.

Die Philosophen

Das 18. Jahrhundert gebrauchte den Begriff des Philosophen nicht. Es kannte zwar den Typus, aber nannte seine Vertreter einfach „Philosophierende". Darin lag eine interessante Adaption und Ausweitung einer bereits vertrauten Welt. Der Begriff wurde zu einer Bezeichnung, die nicht das spezialisierte geistige Streben in philosophischen Studien meinte, sondern die Annahme einer allgemeinen Sichtweise und eine kritische Haltung. Es war ein Ausdruck mit moralischen und wertenden Untertönen, der von Freund und Feind in vertrauter Weise auch genutzt wurde, um auf den Eifer hinzuweisen, mit dem man die von der kritischen Einsicht aufgedeckten Wahrheiten einem großen, aus Laien bestehenden Publikum vermitteln wollte. Vorbild dafür war eine Gruppe französischer Schriftsteller, die ungeachtet der Unterschiede zwischen ihnen bald über einen Kamm geschoren und als *philosophes* bezeichnet wurden. Ihre Vielzahl und Berühmtheit gibt die Vorrangstellung Frankreichs in der Hauptphase aufgeklärten Denkens angemessen wieder. Berühmte Vertreter der frühen Aufklärung unter den Engländern waren Newton und Locke. Bentham wies die ausgeprägteste Entwicklung von Idealen und Methoden der Aufklärung auf, David Hume gilt als einer der scharfsinnigsten formalen Denker dieser Zeit. Der Wirtschaftswissenschaftler Adam Smith reiht sich in diese Gruppe mit seinen Schriften zur Neuzeit ein. Unter den romanischen Ländern war Italien neben Frankreich in seinem Beitrag zur Aufklärung am produktivsten, trotz der dortigen Dominanz der römisch-katholischen Kirche. Der italienischen Aufklärung wäre selbst dann eine besondere Stellung sicher gewesen, wenn sie nur Beccara hervorgebracht hätte, den Verfasser eines Buches, das die Strafrechtsreform und die Kritik am Strafvollzug begründete.

Er brachte eines der bedeutendsten Schlagworte der Geschichte in Umlauf und forderte „die größtmögliche Glückseligkeit für die größtmögliche Anzahl von Menschen". Die deutsche Aufklärung verlief langsamer und brachte weniger Persönlichkeiten hervor, die allgemeine Anerkennung fanden (möglicherweise aus sprachlichen Gründen). Sie hatte aber in Kant einen Denker, der, wenn er auch bewusst versucht hatte, über die Aufklärung hinauszugehen, dennoch in seinen moralischen Empfehlungen vieles von dem in Worte gekleidet hatte, wofür diese Epoche stand. Allein Spanien schien auffallend zurückzubleiben. Dies soll nicht die Verdienste einzelner aufgeklärter Staatsmänner schmälern. Die spanischen Universitäten des 18. Jahrhunderts weigerten sich aber beispielsweise immer noch, Newton anzuerkennen.

Montesquieus *Vom Geist der Gesetze*

„Wenn in derselben Person oder der gleichen obrigkeitlichen Körperschaft die gesetzgebende Gewalt mit der vollziehenden vereinigt ist, gibt es keine Freiheit; denn es steht zu befürchten, daß derselbe Monarch oder derselbe Senat tyrannische Gesetze macht, um sie tyrannisch zu vollziehen.
Es gibt ferner keine Freiheit, wenn die richterliche Gewalt nicht von der gesetzgebenden und vollziehenden getrennt ist. Ist sie mit der gesetzgebenden Gewalt verbunden, so wäre die Macht über Leben und Freiheit der Bürger willkürlich, weil der Richter Gesetzgeber wäre. Wäre sie mit der vollziehenden Gewalt verknüpft, so würde der Richter die Macht eines Unterdrückers haben."

Auszug aus *Vom Geist der Gesetze* von Montesquieu, 1748, übersetzt von Ernst Forsthoff.

Porträt des französischen Autors und *philosophe* Voltaire aus dem 18. Jahrhundert.

Auf diesem Bild aus dem Jahre 1772 ist Kaiserin Maria Theresia von Österreich (1717–1780) mit ihrer Französisch sprechenden Familie dargestellt. Französisch war während der Aufklärung die gemeinsame Sprache des intellektuellen Europas.

Die kulturelle Vorherrschaft Frankreichs

Wie wichtig auch das Werk anderer Nationen für die Entwicklung der europäischen Kultur war, so prägte doch das der Franzosen die Zeitgenossen am stärksten. Dafür gab es viele Gründe: Ein einfacher ist, dass Macht die Menschen schon immer fasziniert hat, und Frankreich unter Ludwig XIV. ein auf lange Zeit bestehendes Ansehen erreicht hatte. Ein weiterer Grund ist das wunderbare Instrument zur Verbreitung der französischen Kultur, das mit der französischen Sprache gegeben war. Sie war im 18. Jahrhundert gleichermaßen die Lingua franca der Intellektuellen Europas und seiner modernen Gesellschaft. Maria Theresia und ihre Kinder gebrauchten diese Sprache für ihren familiären Briefwechsel und Friedrich II. schrieb (schlechte) französische Verse. Jedem in dieser Sprache geschriebenen Buch war ein europäisches Publikum sicher, und es scheint, als habe ihr Erfolg in der Tat den kulturellen Fortschritt der deutschen Sprache verhindert.

Frankreich dominierte Europa in kultureller Hinsicht. Die französische Sprache bildete die *Lingua franca*, die auf dem ganzen Kontinent gesprochen wurde.

Eine gemeinsame Sprache ermöglichte prinzipiell Propaganda, Diskussion und kritischen Kommentar, doch was tatsächlich in dieser kurzen Zeit über praktische Reformen in den verschiedenen Ländern Europas erreicht wurde, hing von den jeweiligen politischen Umständen ab. Einige Staatsmänner versuchten „aufgeklärte“ Ideen in die Praxis umzusetzen, weil die Interessen des Staates sich mit den Absichten der Philosophen deckten. Besonders auffällig war dies, wenn die „aufgeklärte Herrschermacht“ sich plötzlich in krassem Gegensatz zu verbrieften Interessen und Konservatismus befand. Derartige Konflikte kamen etwa bei der Förderung der Bildungsreform auf Kosten der Kirche im Herrschaftsgebiet der Habsburger auf oder auch bei Voltaires Angriffen auf das *parlement* von Paris – er schickte sie zur Kenntnisnahme an einen königlichen Minister –, das einer Steuerreform im Wege stand. Einige Herrscher, wie Katharina die Große in Russland, stellten sogar ostentativ den Einfluss zur Schau, den die auf-

Dieses Gemälde, auf 1850 datiert, ruft die Erinnerung an Friedrich II. von Preußen (1712–1786), in der Mitte, bei einem Mittagessen in seinem Schloss Sanssouci, wach. Unter seinen Gästen sind berühmte Künstler und Philosophen dargestellt; rechts außen ist Voltaire.

klärerischen Ideen auf ihre Gesetzgebung ausübten. Am nachhaltigsten wirkte dieses Gedankengut, neben dem utilitaristischer Reformen, immer im Erziehungs- und Wirtschaftsbereich. Zumindest in Frankreich drückten die ökonomischen Empfehlungen aufgeklärter Denker der Verwaltung ihren Stempel auf.

Angriffe auf die Kirche

Religiöse Fragen zogen unausweichlich die Aufmerksamkeit der *philosophes* auf sich. Die Auslegungen der kirchlichen Lehre waren natürlich untrennbar mit sämtlichen Aspekten des Lebens verbunden. Die Kirche beanspruchte zwar nicht umfassende Autorität,

Auf diesem auf 1767 datierten Bild ist Jean Calas, der protestantische Kaufmann, der 1762 wegen Ketzerei in Toulouse hingerichtet wurde, beim Abschied von seiner Familie dargestellt.

aber als großer Zusammenschluss von gemeinsamen gesellschaftlichen und wirtschaftlichen Interessen war sie allgegenwärtig. Sie war mehr oder weniger an jedem Bereich der Gesellschaft beteiligt, auf den sich die Aufmerksamkeit der Reformer richten konnte. Ob es darum ging, dass klerikale Privilegien oder ihr Missbrauch einer Gesetzesreform im Wege stand, unveräußerlicher Besitz den wirtschaftlichen Fortschritt aufhielt oder ein geistliches Schulmonopol die Ausbildung von Verwaltungsleuten erschwerte – überall schien die Kirche mit dem Fortschritt im Widerstreit.

Doch das war noch nicht alles, was das Feuer der *philosophes* entfachte. Die Religion könne, so meinten sie, auch zu Verbrechen Anlass geben. Einer der letzten großen Skandale des Zeitalters religiöser Prozesse war die Hinrichtung eines Protestanten in Toulouse im Jahre 1762. Man hatte ihn beschuldigt, Katholiken zur Ketzerei anzustacheln. Dafür wurde er gefoltert, vor Gericht gestellt, verurteilt und hingerichtet. Voltaire machte daraus in seiner Darstellung einen Aufsehen erregenden Prozess. Sein Einsatz änderte zwar nicht das Gesetz, doch es war danach – ungeachtet aller nach wie vor bestehenden Rivalitäten zwischen Katholiken und Protestanten in Südfrankreich – unvorstellbar, einen derartigen Justizmord jemals zu wiederholen. Dabei waren die Protestanten in Frankreich bis 1787 nicht einmal gesetzlich geduldet. Den Juden fehlte selbst danach noch jede Anerkennung. Joseph II. von Österreich hatte dagegen auf seinen katholischen Territorien bereits die religiöse Toleranz eingeführt.

Das Vermächtnis der Aufklärung

Die andauernde Macht der Kirche schränkte die Erfolge der Aufklärung stark ein. Trotz ihrer revolutionären Kraft mussten die Aufklärer innerhalb der restriktiven institutionellen und moralischen Rahmenbedingungen des *Ancien Régime* operieren. Ihr Verhältnis zum Despotismus war zweideutig. Auch wenn sie gegen die Zensur oder gegen religiöse Intoleranz in einer absolutistischen Monarchie kämpften, so konnten sie doch bei der Durchführung von Reformen gleichzeitig von einer despotischen Macht abhängig sein. Die Ideen der Aufklärung waren nicht der einzige Anreiz für den Fortschritt. Die englischen Institutionen, die Voltaire bewunderte, stammten nicht aus dieser philosophischen Bewegung. Viele Veränderungen im England des 18. Jahrhunderts entsprangen dem Einfluss der Religion.

Die größte politische Bedeutung der Aufklärung lag in ihrem Vermächtnis für die Zukunft. Sie begründete und formulierte viele wichtige Forderungen des Liberalismus, obwohl auch hier ihre Hinterlassenschaft doppeldeutig war. Die Menschen der Aufklärung erstrebten nämlich die Freiheit nicht um ihrer selbst willen, sondern wegen der Konsequenzen, die sie sich daraus erhofften. Die Möglichkeit, dazu beizutragen, dass die Menschen auf Erden glücklich würden, war die wichtigste neue Vorstellung des 18. Jahrhunderts. Man kann von dieser Zeit nicht nur sagen, dass sie das irdische Glück als erreichbares Ziel erfunden hat, sondern auch die Vorstellung, dass es messbar sei (Bentham verfasste eine „Glücksberechnung“) und durch den Einsatz der Vernunft gefördert werden könne. Diese Vorstellungen hatten tief gehende politische Implikationen.

Antiklerikalismus

Das Konzept irdischen Glücks zu erkennen und zu formulieren war die eine Leistung des Zeitalters. In erster Linie aber begründete es für die Zukunft die liberale Tradition Europas: Die Aufklärung schuf den klassischen Antiklerikalismus. Die Kritik am Verhalten der Kirche unterstützte die Angriffe des Staates auf die kirchliche Autorität und Organisation. Die Kämpfe zwischen Kirche und Staat waren tief verwurzelt und nicht nur philosophischer Natur. Sie stellten sich immer als Teil des fortwährenden Krieges von Aufklärung und Rationalität gegen Aberglauben und Bigotterie dar. Insbesondere das Papsttum rief Kritik hervor – aber auch Verachtung. Voltaire glaubte offenbar zunächst, es würde tatsächlich noch vor Ende des Jahrhunderts aufgelöst sein. Der größte Erfolg der *philosophes* war aus Sicht ihrer Feinde die Abschaffung des Jesuitenordens durch den Papst.

Manche *philosophes* weiteten ihren Angriff gegen die Institution der Kirche auf den Glauben selbst aus. Der absolute Atheismus prägte sich (gemeinsam mit dem deterministischen

Joseph II. von Österreich (1741–1790), dessen Krönungsbankett 1765 in Frankfurt hier dargestellt ist, beschränkte die Macht der Kirche, setzte sich für religiöse Toleranz ein und hob die Leibeigenschaft auf.

Obwohl die Aufklärer die Kirche als Institution scharf angriffen, glaubten sie dennoch an einen Gott.

Materialismus) erstmals im 18. Jahrhundert ernsthaft aus.
Doch dies blieb vorerst die Ausnahme. Denn wer im Zeitalter der Aufklärung über solche Dinge nachdachte, war zwar meistens skeptisch gegenüber den Dogmen der Kirche eingestellt, hielt aber einen unbestimmten Gottesglauben aufrecht. Man glaubte an die Bedeutung der Religion als gesellschaftliche Kraft und brauchte „die Religion", wie Voltaire sagt, „zum Wohle des Volkes". Voltaire jedenfalls hielt während seines ganzen Lebens, ähnlich wie Newton, an der Annahme fest, dass es einen Gott gibt, und starb im offiziellen Frieden mit der Kirche 1778 in Paris.

Jean Jacques Rousseau

Die nicht-intellektuelle und nicht-rationale Seite der menschlichen Natur geriet immer wieder in die Gefahr, aus dem Blickfeld der Aufklärer zu verschwinden. Der Genfer Jean Jacques Rousseau, eine in dieser Hinsicht fast prophetische Persönlichkeit, stritt erbittert mit vielen führenden „Aufgeklärten" und den *philosophes*. In der Ideengeschichte gewinnt er durch seine leidenschaftlichen Appelle Bedeutung, in denen er Gefühl und moralisches Empfinden betont, da beide durch die Rationalität zu verschwinden drohten. Die Menschen seiner Zeit, so glaubte er, seien zu verkümmerten Geschöpfen geworden. Sie seien einseitige, korrupte Wesen, deformiert durch den Einfluss einer Gesellschaft, die das Emotionale und Moralische immer mehr auslösche.

In seinem *Contrat social* (Gesellschaftsvertrag) von 1762 legte der in der Schweiz geborene Philosoph Jean Jacques Rousseau (1712–1778) viele Ideen zur Demokratie und Regierung dar, die später die Grundlage der Französischen Revolution bildeten. In diesem auf das Jahr seines Todes datierten Stich ist er beim Kräutersammeln in Ermeonville dargestellt.

Die europäische Kultur hat Rousseaus Visionen – auch wenn sich die Auswirkungen seiner Ideen oft als schädlich erwiesen – viel zu verdanken. In seinen Schriften findet sich eine veränderte Einstellung zur Religion (die auf ihre Wiederbelebung zielt), eine neue psychologische Obsession für das Individuum, die in die Kunst und die Literatur einfloss, sowie eine Empfindsamkeit gegenüber der Natur und ihrer Schönheit. Er begründete die neuzeitliche Doktrin des Nationalismus, richtete seine Pädagogik auf das Kind selbst, propagierte einen säkularisierten Puritanismus, verwurzelt in einer mythischen Sicht des alten Sparta. All diese Vorstellungen hatten ambivalente Wirkungen; Rousseau wurde so zu einer Schlüsselfigur der aufkommenden Romantik. In mehrfacher Hinsicht war er ein – oft genialer – Erneuerer. Sein Abscheu gegenüber dem Verlust von „Gemeinschaft" durch die Aufklärung sowie seine Ansicht, alle Menschen stünden wie Geschwister zueinander und gehörten einem gesellschaftlichen und moralischen Ganzen an, war ebenso geistreich von dem Iren Edmund Burke ausgedrückt worden, der dennoch völlig andere Schlüsse zog. Rousseau brachte Ansichten zum Ausdruck, die von anderen aufgenommen wurden, als das Zeitalter der Aufklärung seinen Zenit schon überschritten hatte. Die Bedeutung dieses Reformers liegt daher in dem Einfluss, den er auf die Romantik ausübt.

Die Romantik

„Romantik“ ist ein ebenso häufig wie falsch gebrauchtes Wort. Es lässt sich nämlich in zwei Richtungen interpretieren, die einander entgegengesetzt sind. Einige Menschen werteten um 1800 die Vergangenheit ab und warfen mit aller Leidenschaft ihr Erbe ähnlich den Vertretern der Aufklärung über Bord, andere verteidigten dagegen hartnäckig die

Der Wanderer über dem Nebelmeer wurde 1818 von Caspar David Friedrich (1774–1840), einem der frühen romantischen Künstler in Europa, gemalt.

überlieferten Institutionen. Beide Gruppen wurden der Romantik zugerechnet, weil in beiden Fällen moralische Leidenschaft mehr zählte als die Analyse des Intellekts. Die deutlichste Verbindung zwischen derartigen Antithesen lag in der neuen Betonung des Gefühls, der Intuition, und vor allem des Natürlichen. Die Romantik, deren Ausdruck so verschiedenartig war, ging von der Ablehnung des aufgeklärten Denkens aus. Sie zweifelte einerseits daran, dass die Wissenschaft alle Fragen beantworten könne. Andererseits verabscheute sie das rationale Eigeninteresse. Die Romantiker bejahten die Absicht der Reformation, die viele traditionelle Werte durch den höchsten Wert der Aufrichtigkeit ersetzt hatte. Es war also nicht falsch, die romantische Bewegung, wie manche katholische Kritiker es taten, als säkularisierten Protestantismus zu betrachten, da sie vor allem nach Authentizität, Selbstverwirklichung, Ehrlichkeit und moralischer Begeisterung strebte. Ihre Auswirkungen waren das gesamte 19. Jahrhundert hindurch – oft problematisch – zu spüren.

Der Untergang des Reiches von Karthago von dem englischen Maler Joseph Turner (1775–1851) wurde 1817 erstmalig ausgestellt. Es ist eines der Meisterwerke der Romantik.

2 LANGFRISTIGE VERÄNDERUNGEN

1798 veröffentlichte der englische Geistliche Thomas Malthus seinen grundlegenden *Essay on Population* (Essay zu Fragen der Bevölkerung), in dem er die Gesetze des Bevölkerungswachstums beschrieb. Über diese spezielle wissenschaftliche Aufgabenstellung hinaus wirkte sich sein Buch aber auch auf die allgemeine Wirtschaftstheorie und die Biologie aus. Malthus' Beitrag zu den demographischen Studien war bedeutend, denn das Buch zeigt symptomatisch, wie sich im Denken Veränderungen hinsichtlich der Bevölkerungsfragen abzeichneten.

Europäische Staatsmänner und Wirtschaftsexperten waren sich bis dahin zwei Jahrhunderte lang darüber einig gewesen, dass ein Anstieg der Bevölkerung dauerhaft ein Garant des Wohlstands sei. Nicht nur, weil es dadurch mehr Steuerzahler und Soldaten gebe, sondern weil eine größere Bevölkerung auf verschiedene Weise die Wirtschaft ankurbeln könne. Diese Ansicht vertrat – als die größte Autorität seiner Zeit – vor allem Adam Smith. 1776 hatte er in seiner einflussreichen Abhandlung *Der Wohlstand der Nationen* dargelegt, der Anstieg der Bevölkerung eigne sich hervorragend dazu, den wirtschaftlichen Wohlstand eines Landes einzuschätzen. Die Quelle des nationalen Reichtums lag für Smith nämlich nicht in der Menge des Geldvorrates eines Staates, sondern im Umfang der von der Bevölkerung geleisteten Arbeit.

Dieses Bild, das einen geschäftigen Marktplatz in Louth, im englischen Lincolnshire zeigt, stammt aus der Zeit, in der Thomas Malthus (1766–1834) über das Bevölkerungswachstum schrieb.

Thomas Malthus

Malthus brach nun mit der Ansicht, das Bevölkerungswachstum sei ein Zeichen von Wohlstand, und argumentierte, dass es für das, was die Erde hervorbringen könne, feste Grenzen gebe. Die Menge an Land, die für den Anbau von Nahrungsmitteln zur Verfügung stehe, sei dafür ausschlaggebend. Auf diese Weise, so Malthus, seien auch der Bevölkerung Grenzen gesetzt. Durch ihre Neigung, sich stetig zu vermehren, vermindere diese aber ihrem Wachstum entsprechend gleichzeitig auch die Ressourcen. Am Ende folge eine Hungersnot, durch die die Bevölkerung wieder auf das Maß reduziert werde, das der möglichen Nahrungsmenge entspreche. Dieser Mechanismus sei nur zu verhindern, wenn Männer und Frauen ohne Kinder blieben (und der gesunde Menschenverstand solle sie, wenn sie die Konsequenzen bedachten, zu einer möglichst späten Heirat bewegen), oder aber wenn Seuchen und Kriege reduzierend einwirkten.

Diese düstere These löste heftige Kontroversen aus. Wahr oder falsch, eine Theorie, die derartige Aufmerksamkeit erregt, kann uns viel über ihre Zeit sagen. Das stete Anwachsen der Bevölkerung sorgte tatsächlich schon bei den Zeitgenossen für Beunruhigung. Die Menschen waren sich ihrer Vermehrung und der Geschwindigkeit dieses Vorgangs bewusst geworden wie niemals zuvor. Dies bereitete den Weg für die große Aufmerksamkeit, die Malthus' Werk erhielt. Seiner scharfsinnigen Diagnose zum Trotz kam es im 19. Jahrhundert phasenweise zu Bevölkerungsexplosionen, die in früheren Zeiten unvorstellbar gewesen waren.

Der schottische Wirtschaftswissenschaftler Adam Smith (1723–1790), dessen Porträt dieses Medaillon von 1787 ziert, war fest davon überzeugt, dass wirtschaftliche Freiheit der Gesellschaft zugute komme.

BEVÖLKERUNGSWACHSTUM

Eine derartige Veränderung lässt sich nur auf lange Sicht einschätzen. Es ist wenig gewonnen, wenn man sich nur mit einzelnen Daten befasst. Die allgemeinen Tendenzen hielten bis weit ins 20. Jahrhundert hinein an. Wenn wir Russland mit einbeziehen (dessen Bevölkerungszahlen noch bis vor kurzem anhand äußerst dürftiger Statistiken eingeschätzt werden mussten), dann wuchs die europäische Bevölkerung von ungefähr 190 Millionen Menschen im Jahr 1800 in den folgenden 100 Jahren auf etwa 420 Millionen an. Da sich die Bevölkerung der restlichen Welt im Verhältnis sehr viel langsamer vermehrte, stellte dies einen Anstieg des europäischen Anteils an der Weltbevölkerung von etwa einem Fünftel auf ein Viertel dar. Damit war die zahlenmäßige Benachteiligung Europas im Vergleich zu den großen asiatischen Bevölkerungsgruppen vorübergehend reduziert (den Europäern kam nach wie vor ihre Überlegenheit in technischer und psychologischer Hinsicht zugute).

Zu dieser Zeit setzte zudem in Europa eine große Auswanderungswelle ein. In den 40er Jahren des 19. Jahrhunderts überstieg die Anzahl der Europäer, die nach Übersee auswanderten, zum ersten Mal 100 000 Menschen jährlich. 1913 waren es mehr als eineinhalb Millionen. Zwischen 1840 und 1930 verließen 50 Millionen Menschen Europa, wobei es die meisten in den Westen zog. Sie alle einschließlich ihrer Nachfahren sind zur Gesamtsumme hinzuzuzählen, wollte man erfassen, wie stark das Bevölkerungswachstum dieser Jahre war. Ungleichmäßig über die Länder verteilt, wirkte der Anstieg auch auf das Gefüge und Gleichgewicht der Großmächte ein. Deren Stärke wurde in der Regel anhand ihres militärischen Potenzials eingeschätzt. Als Deutschland in der zweiten Hälfte des 19. Jahrhunderts Frankreich als bevölkerungsreichsten Staat westlich von Russland überflügelte, bedeutete dies eine entscheidende Veränderung. In England war bereits zu beobachten gewesen, dass die Bevölkerung bis zur Mitte des Jahrhunderts von etwa acht Millionen (zur Zeit Malthus') auf 22 Millionen angestiegen war. 1914 erreichte sie 36 Millionen Menschen.

Auch die jeweilige Größe der wichtigsten Streitkräfte, gemessen an der Bevölkerung Europas, lässt interessante Schlüsse zu. Zwischen 1800 und 1900 steigerte Russland den Anteil seines Militärs im Verhältnis zur Gesamtbevölkerung von 21 auf 24 Prozent und Deutschland von 13 auf 14 Prozent, während Frankreichs Anteil von 15 auf 10 Prozent und der Österreichs von 15 auf 12 Prozent fiel.

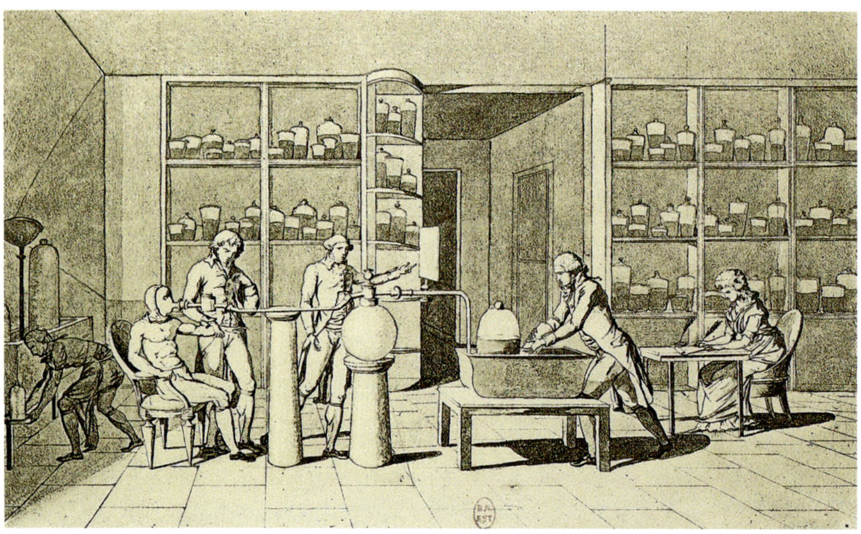

Die Arbeit von Wissenschaftlern wie Antoine Lavoisier (1743–1794) ermöglichte den medizinischen Fortschritt, der die Lebenserwartung steigen ließ. Hier, auf einer Zeichnung seiner Ehefrau, sieht man Lavoisier in seinem Labor bei Untersuchungen zum menschlichen Atmungssystem.

Sinkende Sterblichkeitsraten

Überall, wenn auch in unterschiedlichem Maße und zu unterschiedlichen Zeiten, nahm die Bevölkerung zu. Die ärmsten Agrarregionen Osteuropas wiesen zum Beispiel ihre höchsten Wachstumsraten nur in den 20er und 30er Jahren des 20. Jahrhunderts auf. Als Grund dafür gilt, dass der Mechanismus des Bevölkerungsanstiegs aus dem Sinken der Sterblichkeitsrate resultiert. Noch nie zuvor in der Geschichte ist die Sterblichkeitsrate so spektakulär gesunken wie in den letzten 150 Jahren. Im 19. Jahrhundert offenbarte es sich zunächst in den weiter entwickelten Ländern. Die meisten verzeichneten vor 1850 leicht höhere Geburtenraten als Sterberaten. Das zeigt, wie wenig bis zu diesem Zeitpunkt die grundlegenden Lebensbedingungen in einer immer noch überwiegend ländlichen Gesellschaft beeinflusst worden waren. Nach 1880 änderte sich das schlagartig. In den entwickelten Ländern Europas sank die Sterberate von etwa 35 Sterbefällen pro 1000 Einwohner jährlich auf etwa 28 bis zum Jahre 1900. 50 Jahre später betrug sie nur noch ungefähr 18 Tote. Weniger entwickelte Länder wiesen zwischen 1850 und 1900 immer noch Raten von 38 und bis 1950 von 32 Sterbefällen pro 1000 Einwohner auf. Das führte zu einem auffälligen Ungleichgewicht in Europa. Im reicheren Teil war die Lebenserwartung wesentlich höher. Im Westen des Kontinents bedeutete dies (wenn man Spanien, ein armes Land mit hoher Sterblichkeit, ausklammerte) eine Verstärkung der früheren Trennung zwischen Ost und West bzw. der imaginären Trennlinie, die vom Baltikum bis zur Adria verlief.

Ansteigende Lebenserwartung

Neben der gesunkenen Sterblichkeit waren auch noch andere Faktoren maßgeblich. In der ersten Phase der Expansion kamen, als die wirtschaftlichen Möglichkeiten zunahmen, frühere Eheschließungen und eine ansteigende Geburtenrate hinzu. Beides erhielt größeres Gewicht, da seit dem 19. Jahrhundert die Kinder aus diesen Ehen bessere Aussichten hatten zu überleben. Zu verdanken war dies größeren humanitären Bemühungen, billigeren Nahrungsmitteln sowie dem medizinischen und technischen Fortschritt.

Die medizinische Forschung und Versorgung beeinflusste die Bevölkerungsentwicklung entscheidend. Etwa von 1870 an bekamen die Ärzte allmählich die tödlichen Seuchen in den Griff, die bis dahin vor allem an der hohen Kindersterblichkeit schuld gewesen waren: Diphterie, Scharlach, Keuchhusten, Typhus, Pocken. Die Säuglingssterblichkeit konnte so erheblich reduziert werden, und die Lebenserwartung nahm bedeutend zu. Vorher schon hatten Sozialreformer und Ingenieure viel unternommen, um das Auftreten dieser und anderer Krankheiten zu reduzieren, indem sie eine bessere Kanalisation bauten und effizientere Reinigungseinrichtungen für die sich ausdehnenden Städte zur Verfügung stellten. Die Cholera war 1900 in den Industrieländern ausgerottet, während sie 60 Jahre zuvor in London und Paris noch verheerende Auswirkungen gehabt hatte. In keinem westeuropäischen Land gab es nach 1899 noch einen bedeutenden Ausbruch einer großen Seuche.

Indem sich derartige Verbesserungen in immer mehr Ländern auswirkten, stieg das durchschnittliche Sterbealter überall an. Schon im zweiten Viertel des 20. Jahrhunderts hatten die Menschen in Nordamerika sowie im industriellen Europa eine zwei- oder dreimal so hohe Lebenserwartung wie ihre mittelalterlichen Vorfahren. Das hatte gewaltige Auswirkungen.

Beschränkung der Familiengröße

Nach der ersten Phase des Bevölkerungsanstiegs verlangsamte sich in den wirtschaftlich weiter entwickelten Ländern jedoch das Wachstum wieder. Die abnehmenden Geburtenzahlen begannen sich auszuwirken, auch wenn sie lange Zeit verborgen blieben, weil das Sinken der Sterblichkeitsrate noch schneller voranschritt. In allen Gesellschaften manifestierte sich die neue Entwicklung in erster Linie unter den Wohlhabenden, und auch heute noch gilt die Faustregel, dass sich die Fruchtbarkeit gegenläufig zum Einkommen verhält. In einigen Ländern (in Westeuropa mehr als im Osten) wurde außerdem die Heirat auf einen immer späteren Zeitpunkt hinausgezögert, so dass den Frauen in ihrer Ehe ein immer kürzerer Fruchtbarkeitszeitraum blieb. Zudem entschieden sich viele Paare bewusst – und dank wirksamer Verhütungsmethoden auch erfolgreich –, weniger Kinder zu bekommen. Sicherlich hatte man schon seit langem von derartigen Methoden gewusst. Im 19. Jahrhundert wurden sie nun verbessert (vor allem durch den wissenschaftlichen und technischen Fortschritt) und das Wissen immer weiter verbreitet. Letzteres hing natürlich auch mit der Erweiterung der Lesefähigkeit und mit steigenden Erwartungen an die Lebensqualität zusammen. Während die Menschen allmählich immer wohlhabender wurden, stellten sie immer höhere Ansprüche an ihre Lebensbedingungen und damit veränderte sich auch die gewollte Familiengröße. Ob sie Berechnungen anstellten

Unter dem Titel *Der Ursprung des Impfens* karikiert diese zeitgenössische Zeichnung Edward Jenner (1749–1823), den Wegbereiter der Schutzimpfung. Jenner hatte bemerkt, dass Menschen, die an Kuhpocken erkrankt waren, nicht die Pocken, eine wesentlich schwerere Krankheit, bekamen. Diese Beobachtung brachte ihn dazu, Patienten bewusst mit Kuhpocken zu infizieren, um sie so gegen Pocken zu schützen.

und den Zeitpunkt der Eheschließung hinauszögerten (wie die französischen und irischen Bauern), oder ob sie Verhütungsmethoden einführten (wie es vermutlich die englische und französische Mittelklasse tat), war nur eine Frage der jeweiligen Kultur.

Die Auswirkungen des Bevölkerungswachstums

Veränderungen des Familienlebens formten die gesellschaftlichen Strukturen um. In den westlichen Ländern gab es im 19. und 20. Jahrhundert insgesamt mehr junge Leute, eine Zeit lang sogar einen größeren Anteil als jemals zuvor – möglicherweise ein Grund für die große Offenheit, Schwungkraft und Energie Europas im 19. Jahrhundert. Andererseits stellten die weiter entwickelten Gesellschaften zunehmend fest, dass wesentlich mehr Menschen ein hohes Alter erreichten als je zuvor. Diese Tatsache setzte zunehmend den sozialen Mechanismus außer Kraft, der in früheren Jahrhunderten die Alten und nicht Arbeitsfähigen versorgt hatte. Die Situation verschärfte sich, als der Wettbewerb um gewerbliche Arbeitsplätze zunahm. Schon 1914 machte man sich in beinahe jedem Land Europas oder Nordamerikas Gedanken darüber, wie man Problemen von Armut und Abhängigkeit begegnen könne, selbst wenn die entsprechenden Maßnahmen jeweils unterschiedlich ausfielen.

Das starke Bevölkerungswachstum ermöglichte die rasche Verstädterung und Industrialisierung des 19. und 20. Jahrhunderts.

Entwicklungen dieser Art zeigten sich in Osteuropa erst nach 1918, als sie in den weiter entwickelten westlichen Ländern schon fest etabliert waren. Lange Zeit fiel auch die Sterberate in den fortschrittlichen Teilen des Kontinents sehr viel stärker als die Geburtenrate, so dass die Bevölkerung in Europa und in der europäisch beherrschten Welt bis heute weiter angewachsen ist.

Das Bevölkerungswachstum ist eng verknüpft mit anderen Entwicklungssträngen. Die materiellen Folgen lassen sich z. B. in der beispiellosen Verstädterung und dem Aufkommen riesiger Märkte für die herstellende Industrie beobachten. Die Konsequenzen in gesellschaftlicher Hinsicht reichen von Konflikten und Unruhen bis hin zur Veränderung der Institutionen, die sich damit auseinander setzten. International bezogen die Staatsmänner die Bevölkerungszahlen jetzt mit ein, sobald es darum ging, über Risiken zu entscheiden. Wie weit konnten sie gehen, und was mussten sie beachten? Hinzu kam die wachsende Sorge um die Folgen der Überbevölkerung. Angesichts der steigenden Zahl von Armen und Arbeitslosen stieg im 19. Jahrhundert die Bereitschaft auszuwandern. Die Regierungen reagierten darauf sehr unterschiedlich. Die Deutschen versuchten die Emigration zu verhindern, denn sie fürchteten den Verlust militärischen Potenzials, während die Franzosen und Belgier aus dem gleichen Grund eine Art Kindergeld einführten.

Malthus scheint widerlegt

Angesichts der Maßnahmen, die die Bevölkerungszahl beeinflussen konnten, gerieten die düsteren Voraussagen Malthus' im Laufe der Jahre in Vergessenheit, zumal die von ihm befürchteten Katastrophen nicht eintrafen. Dennoch geriet Europa im 19. Jahrhundert in Bedrängnis. In Irland und Russland gab es große Hungersnöte, die allerdings insgesamt seltener wurden. Mit der Beseitigung von Not und Armut in den fortschrittlicheren Ländern verloren auch die Krankheiten ihre verheerenden Wirkungen. Europa nördlich des Balkans erfreute sich inzwischen bereits zwei langer Perioden nahezu ungestörten Friedens – von 1815 bis 1848 und von 1871 bis 1914. Der Krieg, ein weiterer bei Malthus erwähnter Kontrollmechanismus, verlor so ebenfalls seinen Schrecken. Insgesamt schien schließlich Malthus' Prognose widerlegt, da die Zunahme der Bevölkerung tatsächlich mit einem höheren Lebensstandard einherging. Der Anstieg des durchschnittlichen Sterbealters zeigte dies jedenfalls. Nur Pessimisten betonten – vernünftigerweise –, dass Malthus keineswegs widerlegt sei. Es habe sich lediglich herausgestellt, dass bisher sehr viel mehr Nahrung verfügbar gewesen sei als angenommen. Daraus folge aber nicht, dass die Versorgung auf Dauer unbegrenzt sei.

EINE REVOLUTION IN DER NAHRUNGSMITTEL-PRODUKTION

Eine weitere außergewöhnliche Veränderung ging in der Nahrungsmittelproduktion vor sich. Auch sie veränderte die Lebensbedingungen entscheidend. Zu Recht stuft man sie in der Wissenschaft als Revolution ein. Ihre Anfänge haben wir bereits skizziert. Im 18. Jahrhundert waren die europäischen Bauern im Vergleich zu ihren mittelalterlichen Vorfahren in der Lage, etwa zweimal so viel Ertrag zu erwirtschaften. Etwa seit 1800 wuchs die landwirtschaftliche Produktivität Europas Berechnungen zufolge um annähernd ein Prozent pro Jahr und übertraf dauerhaft jede frühere Entwicklung. Mit der Zeit machten Industrie und Handel in Europa es möglich, riesige Nahrungsressourcen in anderen Teilen der Welt zu erschließen.

Beide Veränderungen waren das Ergebnis steigender Investitionen in die Produktionskapazitäten. Schon 1870 machten sie Europa und Nordamerika eindeutig zum größten Zentrum des Wohlstands auf der Erdoberfläche. Die Agrarwirtschaft schuf die Grundlage dafür. Man sprach bereits von einer „landwirtschaftlichen Revolution", und wenn man dabei nicht an eine schnelle Veränderung denkt, ist dies durchaus eine akzeptable Bezeichnung. Ein weniger starker Ausdruck könnte den gewaltigen Aufschwung, der zwischen 1750 und 1870 weltweit erreicht wurde, nicht beschreiben. Dieses agrarische Wachstum lässt sich auf einen äußerst komplexen Prozess zurückführen, der sich aus verschiedenen Quellen speiste und der untrennbar mit den anderen Wirtschaftsbereichen verbunden war. Er war eine Facette des weltweiten wirtschaftlichen Wandels, der schließlich nicht nur das kontinentale Europa, sondern auch Amerika und den Südwestpazifik einbezog.

Diese Abbildung aus Diderots *Enzyklopädie* (1751–1776) zeigt traditionelle landwirtschaftliche Arbeiten und Werkzeuge.

Bis zur zweiten Hälfte des 19. Jahrhunderts war Getreide die ausnahmslos wichtigste Nahrungsquelle in den meisten Teilen Europas, was sich in zahllosen Gemälden widerspiegelt. Der englische Künstler John Constable (1776–1837) malte 1826 *Das Kornfeld.*

Die englische Landwirtschaft

Eine hundertjährige Friedensperiode und die direkte Einbindung in die Marktwirtschaft waren die wichtigsten Voraussetzungen für große Fortschritte in der englischen Landwirtschaft.

1750 stand die englische Landwirtschaft weltweit an der Spitze. Die fortschrittlichsten Methoden wurden eingesetzt, und die Integration der Landwirtschaft in eine auf Handel gegründete Marktwirtschaft war weit fortgeschritten. Diese Vorrangstellung behielt England über 100 Jahre hinweg. Europäische Bauern kamen ins Land, um sich Rat zu holen. In der Zwischenzeit profitierten die englischen Bauern davon, dass es nach 1650 keine größeren und dauerhaften militärischen Aktionen gab, und von einer wachsenden Bevölkerung, die ihre Produkte abnahm. Dadurch erzielten sie Gewinne, die Kapital für weitere Verbesserungen zur Verfügung stellten. Ihre hohe Investitionsbereitschaft resultierte aus der optimistischen Einschätzung der zu erwartenden wirtschaftlichen Entwicklung, sie sagt aber noch mehr über das Wesen der englischen Gesellschaft aus. Die Erträge einer verbesserten Landwirtschaft flossen in England Einzelnen zu, die eigenes Land besaßen oder es als langfristige Pächter zu marktüblichen Konditionen hielten. Die englische Landwirtschaft war Teil einer kapitalistischen Marktwirtschaft, innerhalb derer Landbesitz bereits im 18. Jahrhundert beinahe wie jede andere Ware behandelt wurde. Nutzungsbeschränkungen, wie sie in anderen europäischen Ländern üblich waren, verschwanden nach der Zwangsverwaltung kirchlichen Eigentums durch Heinrich VIII. rasch.

Ende des 18. Jahrhunderts setzte die letzte Phase dieser Umstrukturierung mit einer Reihe von Einhegungs-Verordnungen *(enclosure acts)* ein (in deutlichem Zusammenhang mit hohen Getreidepreisen), die die traditionellen Rechte des englischen Landwirts auf Weideland, Brennstoff oder andere wirtschaftliche Vergünstigungen für den privaten Profit stärkten. Zu den auffälligsten Unterschieden zwischen England und dem übrigen Europa gehörte im frühen 19. Jahrhundert, dass die traditionelle englische Landwirtschaft unter allen Umständen fortbestand. England hatte Landarbeiter und Kleinbauern; es gab weder die riesige Masse der kontinentalen Landbevölkerung noch die Vielzahl winziger Parzellen mit Schollengebundenheit.

Der Wandel in den englischen Anbaumethoden

Innerhalb der Rahmenbedingungen, die in England durch den Wohlstand und die sozialen Einrichtungen geschaffen wurden, hielt der technische Fortschritt weiter an. Lange Zeit waren viele Erfolge mehr oder weniger dem Zufall zu verdanken. Die ersten Züchter kräftiger Tiersorten hatten nicht auf Grund ihrer Kenntnisse der Chemie, die noch in den Kinderschuhen steckte, oder der noch nicht existierenden Gentechnik Erfolg, sondern weil sie ihrem Gespür folgten. Dennoch waren die Ergebnisse beachtlich. Das Aussehen des Viehbestands änderte sich; die dürren mittelalterlichen Schafe, deren Rücken manchmal sehr an die gotischen Bögen in den Klöstern erinnerten, in denen sie gezüchtet wurden, wichen dem fetten, stämmigen, zufrieden dreinblickenden Tier, wie wir es heute kennen. „Gut gedecktes Ebenmaß" hieß der Spruch der Bauern im 18. Jahrhundert.

Mit dem Fortschritt im Bau der Kanalisation und bei den Flurbegrenzungen veränderten sich die Höfe. Die großen, offenen Felder des Mittelalters mit ihren engen Streifen, die jeweils von verschiedenen Bauern bestellt worden waren, wichen eingezäunten Feldern, die abwechselnd bebaut wurden und die englische Landschaft in einen riesigen Flickenteppich verwandelten. Auf einigen Feldern wurden schon 1750 Maschinen eingesetzt, die laufend verbessert wurden, doch bis nach 1800 schien dies die Erträge nicht entscheidend zu beeinflussen. Danach standen immer größere Felder zur Verfügung, so dass die

Die Entwicklungen in der englischen Landwirtschaft führten zu einer Steigerung der Erträge und zu besseren Zuchtergebnissen.

Dieser Stich aus dem 19. Jahrhundert zeigt eine dampfbetriebene Dreschmaschine. Die meisten landwirtschaftlichen Arbeiten wurden jedoch bis ins späte 19. Jahrhundert noch mit der Hand ausgeführt.

Die harten Arbeitsbedingungen der Bauern auf dem Land sind auf diesem Gemälde des italienischen Künstlers Arnaldo Ferraguti (1850–1924) mit dem Titel *Arbeit auf dem Feld* dargestellt. Bis heute werden in einigen traditionelleren Gebieten Europas jahrhundertealte landwirtschaftliche Verfahren eingesetzt, zu denen auch die Ernterotation im Dreijahresrhythmus und das System des brachliegenden Feldes gehören.

Geräte im Verhältnis zu den Kosten immer produktiver eingesetzt werden konnten. Es dauerte nicht mehr lange, bis Dampfmaschinen die Dreschvorrichtungen antrieben. Damit war der Weg zur Landwirtschaft des 20. Jahrhunderts geebnet, in der die Muskelkraft fast vollständig durch Maschinenkraft ersetzt wurde.

DER WANDEL AUF DEM LAND IM KONTINENTALEN EUROPA

Die Abschaffung der Leibeigenschaft und die Aufhebung des Feudalsystems prägten Frankreich im 18. Jahrhundert.

Fortschritte und Verbesserungen in der Landwirtschaft breiteten sich, *mutatis mutandis* und mit zeitlicher Verzögerung, auch auf das europäische Festland aus. Ansonsten ging der Fortschritt nur noch zögerlich voran. In Kalabrien oder Andalusien war er über 100 Jahre lang mehr oder weniger nicht zu spüren gewesen.

Der Kampf gegen die mangelnde Flexibilität in der Nahrungsmittelverteilung indessen glückte dank zahlreicher Teilsiege über festgelegte Fruchtwechsel, überholte steuerliche Regelungen, niedrige Bestellungs- und Haushaltsstandards und pure Unwissenheit. Zu den neuen Errungenschaften zählten bessere Vorratshaltung, wirksamere Kontrolle, um verdorbene Ernten und Tierseuchen zu verhindern, die Einführung völlig neuer Arten und vieles mehr. Solche Veränderungen hatten allerdings häufig gegen gesellschaftliche und politische Widerstände anzukämpfen.

Dieses Gemälde von Francisco de Goya (1746–1828) trägt den Titel *Weinlese*. In Teilen des nördlichen Europas existierte um 1800 schon die intensive Landwirtschaft, aber in den meisten Regionen des Mittelmeeres gab es weiterhin traditionelles Getreide und traditionelle Anbaumethoden.

Das Bild *Die Kornsieberinnen* malte Gustave Courbet 1853. Die harten Lebens- und Arbeitsbedingungen vieler europäischer Bauern, Arbeiter, Kleinbauern, Farmpächter und Mietbauern brachten während des 19. Jahrhunderts viele dazu, in die Städte oder auf andere Kontinente auszuwandern.

Frankreich

Die Franzosen schafften die Leibeigenschaft offiziell 1789 ab. Das hatte in der Realität keine großen Auswirkungen, weil es zu dieser Zeit in Frankreich nicht viele Leibeigene gab. Die Aufhebung des „Feudalsystems" im selben Jahr war wesentlich bedeutsamer. Mit dieser allgemeinen und ungenauen Bezeichnung war die Zerstörung vieler traditioneller und gesetzlich verankerter Gewohnheiten oder Rechte gemeint, die nur verhinderten, dass Einzelne das Land nutzten und dabei vorgingen wie bei jeder anderen Investition. Viele Bauern, die zunächst diese Veränderungen begrüßt hatten, stellten fest, dass ihnen die neue Praxis nicht zusagte. Einerseits bewerteten sie die Abschaffung der üblichen Abgaben an den Gutsherrn als positiv, aber der Verlust eingebürgerter Rechte auf das Gemeindeland bedeutete einen entscheidenden Nachteil. Da zur gleichen Zeit eine große Umverteilung des Eigentums stattfand, erwies sich die gesamte Umstellung als noch verwirrender und schwerwiegender. Viel Land, das zuvor der Kirche gehört hatte, war innerhalb weniger Jahre an einzelne Privatleute verkauft worden. Obwohl die Anzahl der rechtmäßigen Landbesitzer und die durchschnittliche Größe des jeweiligen Eigentums dadurch zunahmen, führte dies in Frankreich – anders als in England – zu keinem großen landwirtschaftlichen Erfolg. Der Fortschritt ließ noch auf sich warten.

Die deutschen Länder

Allgemeine Aussagen über Tempo und Gleichförmigkeit der historischen Ereignisse

Die Entwicklung Deutschlands von einem mittelalterlichen Agrarstaat zu einem modernen Industriestaat wurde zwar durch einige Veränderungen unter Napoleon beschleunigt, doch insgesamt verliefen die Entwicklungen je nach Landesteil sehr unterschiedlich.

sind immer mit Vorsicht zu genießen und müssen sorgfältig geprüft werden. Trotz der Begeisterung, die die Deutschen in den 40er Jahren des 19. Jahrhunderts für Wanderausstellungen landwirtschaftlicher Maschinen zeigten, war ihr Land nicht nur riesig, sondern auch – neben Frankreich – dadurch charakterisiert, dass „keine umfassende und durchgängige Verbesserung des bäuerlichen Lebens vor dem Eisenbahnzeitalter festgestellt werden kann“, wie es ein gelehrter Wirtschaftshistoriker auf den Punkt brachte. Die Aufhebung der mittelalterlichen Institutionen, die den landwirtschaftlichen Aufschwung niederhielten, hatte aber bereits begonnen und stellte die Weichen für den Fortschritt. Dieser wurde unter napoleonischer Herrschaft beschleunigt und dann von anderen Faktoren fortgesetzt.

Bereits 1850 gab es keine Bauern mehr, die an ihre Scholle gebunden waren, und die gängige Fronarbeit war in den meisten Teilen Europas ebenfalls nicht mehr zu finden. Das bedeutete allerdings nicht, dass die Ansichten des *Ancien Régime* keine Gültigkeit mehr hatten, wenn auch die dazugehörigen Institutionen verschwunden waren. Preußische, ungarische und polnische Grundbesitzer hielten ohne die früheren rechtlichen Grundlagen ihre patriarchalische Autorität innerhalb des Gutes weiterhin aufrecht, dies oftmals sogar noch bis 1914. So wurde der Erhalt der konservativen aristokratischen Werte gewährleistet, die in diesen Gebieten stärker und konzentrierter waren als in Westeuropa. Der preußische Junker akzeptierte zwar die Gegebenheiten des Marktes, wenn es um die Verwaltung seines Gutes ging, gegenüber seinen Pächtern aber sprach er in einem anderen Ton.

Leibeigene und Sklaverei

Am längsten hielt der Widerstand gegen die Veränderung in den traditionellen landwirtschaftlichen Rechtsformen Russlands. Dort hatte z. B. die Leibeigenschaft bis ins Jahr 1861 noch Bestand. Ihre Abschaffung setzte zwar nicht sofort die individualistischen und marktwirtschaftlichen Prinzipien frei, doch in Europa wurde damit eine Ära beendet. Vom Uralgebirge bis nach Corunna führte niemand mehr Landarbeiten auf der Basis von Leibeigenschaft aus, und die Bauern waren nicht länger bis an ihr Lebensende oder sogar über Generationen hinaus an die Gutsbesitzer gebunden. Das war das Ende eines Systems, das im Zeitalter der barbarischen Invasionen aus der Antike ins westliche Christentum übergegangen war und über Jahrhunderte die Grundlage der europäischen Gesellschaft gebildet hatte. Nach 1861 arbeitete das ländliche Proletariat in Europa überall für Lohn oder für Kost und Logis. Diese Grundstruktur, die sich mit der Landwirtschaftskrise im 14. Jahrhundert in England und Frankreich herauskristallisiert hatte, war fester Bestand geworden.

Offiziell am längsten hielt sich die Sklavenarbeit in einigen amerikanischen Kolonien. Die Sklaverei war in einigen Staaten Amerikas legal und in diesen Ländern die wichtigste Beschäftigungsform. Erst zum Ende des Bürgerkrieges 1865 wurde ihre Abschaffung (obwohl von der siegreichen Regierung der Nordstaaten Jahre zuvor bereits verkündet) in der gesamten Republik wirksam. Der Krieg hatte aber auch die äußerst schnelle wirtschaftliche Entwicklung des Landes aufgehalten. Nun wurde sie wieder aufgenommen und wirkte sich umgehend auf Europa aus. Der Anbau von Baumwolle hatte schon vor dem Krieg verdeutlicht, dass die Neue Welt die europäische Landwirtschaft ergänzte und von daher nahezu unentbehrlich war. Nach dem Krieg öffnete sich der Weg für die Lieferungen nach Europa wieder. Nicht nur die Baumwolle, die nicht ohne weiteres in der Alten Welt angebaut werden konnte, sondern auch andere Nahrungsmittel wurden exportiert.

Dieses Gemälde von Claude-Joseph Vernet (1714–1789) zeigt, wie durch eine bergige Landschaft in Frankreich eine Straße gebaut wird. Bessere Verbindungen erwiesen sich als ein wesentlicher Faktor für die Umgestaltung der europäischen Landschaft.

Fortschritte in der Verteilung der Nahrungsmittel

Die Vereinigten Staaten – und ebenso Kanada, Australien und Neuseeland, Argentinien und Uruguay – zeigten bald, dass sie Nahrungsmittel sehr viel günstiger anbieten konnten als Europa. Zwei Dinge machten dies möglich. Das eine waren die gewaltigen natürlichen Ressourcen in diesen Ländern. Die amerikanischen Plains, die riesigen Flächen mit Weideland in den südamerikanischen Pampas und die milden Regionen Ozeaniens boten riesige Gebiete zum Anbau von Getreide und zur Aufzucht von Vieh. Hinzu kam die Revolutionierung des Transportwesens. Mit Dampfmaschinen betriebene Eisenbahnen und Schiffe wurden von den 60er Jahren des 19. Jahrhunderts an in steigender Anzahl eingesetzt. Sie senkten die Transportkosten schnell.

In kleinerem Ausmaß war dieses Phänomen auch innerhalb Europas wirksam. Seit den 1870er Jahren erkannten die osteuropäischen und deutschen Bauern, dass sie durch russisches Getreide eine Konkurrenz bekommen hatten. Jene konnten nun die wachsenden Städte dank der neuen Eisenbahnen in Polen und Westrussland sowie der Dampfschiffe auf dem Schwarzen Meer sehr viel günstiger erreichen. Schon 1900 arbeiteten die europäischen Bauern bewusst oder unbewusst innerhalb eines Verbundes, der die ganze Welt umfasste. Der Preis für chilenischen Guanodünger oder neuseeländisches Lamm konnte

Hier sieht man, wie der Zug von Manchester nach Liverpool im Jahr 1831 Rinder, Schafe und Schweine durch Nordengland transportiert.

Die Spinning Jenny, eine Maschine, die spann und das Garn auf Spindeln aufwickelte, war 1764 von James Hargreaves erfunden worden. Sie veränderte die britische Baumwoll- und Wollindustrie grundlegend.

so die Angebote auf den regionalen Märkten bestimmen.

Selbst ein derartig kurzer Abriss offenbart schon die Sprengkraft der agrarwirtschaftlichen Entwicklung. Nachdem die Landwirtschaft überhaupt die ersten zivilisierten Gesellschaften entstehen ließ und dann über Tausende von Jahren dem Fortschritt eine Grenze gesetzt hatte, wurde sie plötzlich zu einer treibenden Kraft. Innerhalb eines Jahrhunderts zeigte sie plötzlich, dass sie viel mehr Menschen ernähren konnte als je zuvor. Der Bedarf der wachsenden Städte, das Aufkommen der Eisenbahnen, die Verfügbarkeit von Kapital, all dies weist auf die untrennbare Verbindung der Landwirtschaft mit allen anderen Bereichen einer wachsenden „globalen" Wirtschaft zwischen 1750 und 1870 hin. Trotz ihrer bisherigen Vorherrschaft und ihrer immensen Bedeutung, Investitionskapital hervorzubringen, ist die Geschichte der Landwirtschaft in dieser Periode dennoch zur besseren Darstellung getrennt von der des allgemeinen Wachstums geschildert worden.

Neugierige versammeln sich 1825 um George Stephensons Lokomotive, die *Rocket* (Rakete). Wagen und Schienen sind seit alter Zeit im Bergbau benutzt worden, doch die Kombination von Schienen, Wagen und Lokomotive brachten etwas völlig Neues hervor: die Eisenbahn.

DIE INDUSTRIALISIERUNG

Die Industrialisierung ist ein höchst gewichtiges Thema. Es ist nicht leicht zu erkennen, wie bedeutsam und umfassend sie tatsächlich ist. Die Industrialisierung brachte den deutlichsten Umbruch in der europäischen Geschichte seit der Invasion der Barbaren hervor. Manche hielten sie sogar für die größte Veränderung in der Geschichte der Menschheit seit dem Aufkommen der Landwirtschaft, des Eisens oder des Rades. Innerhalb eines relativ kurzen Zeitraumes – etwa eineinhalb Jahrhunderte lang – verwandelten sich Gesellschaften mit Bauern und Handwerkern in Gesellschaften mit Arbeitern und Angestellten. Die Industrialisierung erzeugte außerdem nach der jahrtausendelangen Herausbildung kultureller Differenzierungen erstmals wieder eine Ebene der gemeinsamen Erfahrungen.

Selbst eine Begriffsdefinition der Industrialisierung ist nicht einfach, obwohl ihre Kernprozesse überall um uns herum sichtbar sind. Zunächst wurde die Arbeit von Mensch und Tier durch Maschinen ersetzt. Ferner wurde die Produktion in sehr viel größeren Einheiten organisiert, und schließlich wurde die Herstellung zunehmend spezialisiert. Doch auch wenn sie zahllose bewusste Entscheidungen unzähliger Unternehmer und Kunden voraussetzte, wirkte die Industrialisierung doch gleichzeitig wie eine blinde Macht, die über das gesellschaftliche Leben mit großer Energie hinwegrollte, eine „unbewusste Triebkraft“ für umfassende Veränderungen. Industrialisierung bedeutete neue Städte, erforderte andere Schulen und Formen der höheren Bildung. Selbst neue Formen des Alltags und des Zusammenlebens gingen mit ihr einher.

Ursprünge der Industrialisierung

Die Wurzeln reichen in die frühe Neuzeit und teilweise noch weiter zurück. Das Kapital für Investitionen war über viele Jahrhunderte landwirtschaftlicher und wirtschaftlicher Erneuerung hinweg angesammelt worden. Auch umfangreiche Wissensbestände wurden aufgebaut. Kanäle stellten zu Beginn der Industrialisierung das erste Verbindungssystem für schwere und große Transporte her, im 18. Jahrhundert wurde ihr Ausbau noch stärker forciert als jemals zuvor. Schon die Männer Karls des Großen hatten gewusst, wie man Kanäle anlegt, viele technische Neuerungen waren also schon in der Vergangenheit bekannt gewesen. Die Menschen des Zeitalters der „Industriellen Revolution“ (wie ein Franzose des frühen 19. Jahrhunderts die große Umwälzung dieser Zeit nannte) stützten sich auf zahllose Handwerker sowie Strategen aus vorindustriellen Zeiten und deren entwickelte Fähigkeiten. Die Rheinländer des 14. Jahrhunderts fanden heraus, wie man Gusseisen herstellt. Um 1600 begann die allmähliche Verbreitung des Hochofens die Einschränkungen zu beseitigen, die bis dahin der Verwendung des noch sehr teuren Eisens im Wege gestanden hatten. Im 18. Jahrhundert kam es dann zu den Erfindungen, die die Verwendung von Kohle anstatt von Holz als Brennstoff möglich machten. Billiger produziertes Eisen führte dazu, dass man mit neuen Einsatzmöglichkeiten experimentierte. Die gestiegene Nachfrage bedeutete auch, dass die Erschließung erzreicher Gebiete wichtig wurde. Als neue Techniken bei der Schmelze den Einsatz von mineralischem statt pflanzlichem Öl erlaubten, begannen die Kohle- und Eisenvorkommen die spätere industrielle Geographie Europas und Nordamerikas zu prägen. In der nördlichen Hemisphäre liegt ein großer Teil der uns bekannten Kohlevorkommen der Erde.

Das Gemälde von William Powell Frith (1819–1909) zeigt, wie sich die Menge im Jahr 1862 an der Londoner Paddington Station drängt, zu einer Zeit, als die Eisenbahnen eine rasche Expansion erlebten.

Diese frühe Dampfmaschine wurde 1767 gebaut. 1774 verbesserten James Watt und Matthew Boulton die Dampfmaschine und reduzierten ihre Größe, so dass man sie in andere Geräte einsetzen konnte. Die ersten dampfbetriebenen Maschinen waren so groß gewesen, dass sie vor Ort, das heißt dort, wo sie betrieben werden sollten, gebaut werden mussten.

DAMPF UND METALLURGIE

Hochwertigere Metalle und reichhaltigere Brennstoffe trugen zu der Erfindung einer neuen Energiequelle bei, der Dampfmaschine, und leisteten damit einen entscheidenden Beitrag zur frühen Industrialisierung. Auch hier reichen die Ursprünge sehr weit zurück. Dass die Dampfkraft dazu eingesetzt werden konnte, Bewegung zu produzieren, war schon im hellenistischen Alexandria bekannt gewesen. Selbst wenn es (wie manche glauben) bereits die notwendige Technik gegeben hätte, um dieses Wissen weiterzuentwickeln, so ließ doch das zeitgenössische wirtschaftliche Leben es damals nicht lohnend erscheinen, sich darum zu bemühen. Das 18. Jahrhundert brachte mit einer Reihe von Verbesserungen und dank umfangreicher Investitionen die entscheidende Wende. Das Ergebnis war eine Energiequelle, deren revolutionäre Bedeutung rasch erkannt wurde. Die neuen Dampfmaschinen verbrauchten Kohle und Eisen in großen Mengen. Indirekt kurbelten diese Maschinen auch andere Produktionen an, die wiederum zu einer erhöhten Nachfrage nach Rohstoffen führten. Der offensichtlichste und spektakulärste war der Eisenbahnbau. Er machte riesige Mengen Roheisen erforderlich und außerdem Stahl für die Schienen und die Fahrzeuge. Doch er ermöglichte auch eine enorme Senkung der Transportkosten. Die neuen Züge beförderten ihrerseits unter anderem wiederum Kohle und Erz auch weit entfernt von den Orten, an denen sie gefunden und gefördert wurden. Neue industrielle Gebiete entstanden entlang der Linien, von denen aus die Eisenbahn die Güter zu entfernteren Märkten brachte.

Diese Ansicht von einer großen französischen Textilfabrik in Orléans stammt aus dem Jahre 1874.

Das Aufkommen der überseeischen Dampfschifffahrt

Die Eisenbahn war nicht die einzige Veränderung, die der Dampfbetrieb im Transportbereich mit sich brachte. Das erste Dampfschiff stach 1809 in See. Schon 1870 waren regelmäßige Ozeanüberfahrten auf „Steamers“ üblich, auch wenn es immer noch viele Segelschiffe gab und die Marine nach wie vor Kampfschiffe mit voller Segelbreite baute. Die wirtschaftlichen Auswirkungen waren dramatisch. Die Grundkosten für den Transport über den Ozean betrugen im Jahr 1900 nur ein Siebentel dessen, was sie 100 Jahre zuvor gekostet hatten. Die sinkenden Kosten und die verkürzte Überfahrtszeit, die durch Dampfschiffe und Eisenbahnen möglich wurden, warfen die herkömmlichen Vorstellungen um. Seit der Zähmung des Pferdes und der Erfindung des Rades waren die Geschwindigkeiten, mit denen Menschen und Güter befördert wurden, zwar unterschiedlich gewesen, doch das maximal Mögliche lag bei etwa acht Kilometern pro Stunde über eine größere Entfernung. Doch erst im 19. Jahrhundert erlebte der Mensch den Unterschied zwischen Reisen auf dem Pferderücken oder in einem Zug, der in der Lage war, selbst über lange Zeit 60 oder 80 Kilometer pro Stunde zurückzulegen.

Die Entstehung von Fabriken

Einer der schönsten Anblicke der Zeit der Industrialisierung ist heute verschwunden – die lange, aus dem Schornstein einer fahrenden Lokomotive puffende Dampfwolke, die ein paar Sekunden lang vor der grünen Landschaft in der Luft hing, bevor sie verschwand. Sie machte großen Eindruck auf jene, die sie zum ersten Mal sahen. Daneben gibt es andere, weniger angenehme sichtbare Aspekte des industriellen Wandels. Zu den fürchterlichsten gehörte die industrialisierte Stadt, deren Ansicht von Fabriken mit rauchigen Schornsteinen dominiert wurde, statt des vorindustriellen Panoramas einer Stadt mit Kirchtürmen. Die Fabrik war allerdings keineswegs ein typischer Ausdruck der frühen Stadien der Industrialisierung. Selbst Mitte des 19. Jahrhunderts arbeiteten die meisten englischen Industriearbeiter in Manufakturen, die weniger als 50 Leute beschäftigten. Lange Zeit konnte man große Ballungen von Arbeitsplätzen nur in der Textilbranche finden. Die riesigen Baumwollspinnereien in Lancashire, die als Erste der Gegend einen sichtbaren und städtischen Charakter verliehen, waren einzigartig. Doch schon 1850 wurde deutlich, dass in immer mehr Herstellungsprozessen der Trend hin zur Zentralisierung unter einem Dach ging, die durch die Wirtschaftlichkeit des Transports, die Spezialisierung der Funktion, den Einsatz stärkerer Maschinen und das Auferlegen einer wirksamen Arbeitsdisziplin attraktiv wurde.

Hintergrund für die Entstehung von Fabriken war die wirtschaftliche Notwendigkeit zu Zentralisierung und Spezialisierung der Produktion.

Die zeitgenössische Darstellung zeigt den Einsatz einer dampfbetriebenen Maschine in einer Mine des frühen 19. Jahrhunderts.

Dieses Gemälde aus dem 19. Jahrhundert trägt den Titel *Conference of Engineers at Britannia Bridge, c. 1850* (Konferenz der Ingenieure an der Britannia Bridge, um 1850) und zeigt eine Zeit, zu der die britischen Industriellen und Ingenieure von Optimismus und Stolz auf die technische Revolution ihres Landes erfüllt und mit ihren Fertigkeiten und ihrem Spezialwissen führend in der Welt waren.

Das industrialisierte Großbritannien im 19. Jahrhundert

Mitte des 19. Jahrhunderts hatten diese Veränderungen lediglich in Großbritannien eine entwickelte industrielle Gesellschaft geschaffen. Vorausgegangen war eine lange Phase der unbewussten Vorbereitung. Der Frieden und geringere Steuern als auf dem Kontinent hatten das notwendige Vertrauen für Investitionen geschaffen. Die Landwirtschaft hatte zudem für neue Überschüsse gesorgt. Es gab Mineralienvorkommen, die die Benutzung von neuen technischen Geräten ermöglichten. Ein expandierender Überseehandel brachte weitere Gewinne mit sich, die für Investitionen eingesetzt werden konnten, und darüber hinaus sorgte ein ausgebautes Bank- und Finanzwesen noch vor der Industrialisierung für gute Rahmenbedingungen.

Auch die Gesellschaft war bereits psychologisch auf einen Wandel vorbereitet. Beobachter haben im England des 18. Jahrhunderts eine außergewöhnliche Sensibilität für die Chancen von Wirtschaft und Vermögen festgestellt. Eine sich rapide vermehrende Bevölkerung stellte die Arbeitskräfte zur Verfügung und erzeugte eine steigende Nachfrage nach den hergestellten Gütern. All diese Kräfte flossen zusammen und brachten ein nicht gekanntes, anhaltendes Wachstum der Industrie mit sich, das erstmals im zweiten Viertel des 19. Jahrhunderts als eine vollkommen neue und unumkehrbare Entwicklung auftrat.

Schon 1870 hatten sich Deutschland, Frankreich, die Schweiz, Belgien und die Vereinigten Staaten Großbritannien angeschlossen und selbstständig die Kapazitäten für ein Wirtschaftswachstum erbracht. Doch im Hinblick auf die Größe der Industrieanlagen und die historische Vorherrschaft war England gegenüber diesen Ländern immer noch führend. Die Einwohner der „Weltwerkstatt", als die die Briten sich gern betrachteten, hatten ihre Freude daran, mit Zahlen ihren Wohlstand und ihre Macht als Folge der Industrialisierung zu demonstrieren. 1850 besaß Großbritannien die Hälfte aller Schiffe, die weltweit die Ozeane befuhren, und durch das Land verlief die Hälfte aller Eisenbahnstrecken der Welt. Auf diesen Strecken fuhren die Züge mit einer Pünktlichkeit, Regelmäßigkeit und auch mit einer Geschwindigkeit, die selbst 100 Jahre später noch keine große Steigerung erfahren hatten. Der Zugverkehr wurde über neu eingeführte „Fahrpläne" geregelt, die mit Hilfe eines elektrischen Telegrafen betrieben wurden. Die Passagiere dieser Züge hatten noch ein paar Jahre zuvor nur Postkutschen oder Fuhrwerke benutzt. Im Jahr 1851, als die Weltausstellung in London die neue Vormachtstellung Großbritanniens präsentierte, besaß das Land einen Produktionsumfang von zweieinhalb Millionen Tonnen Eisen. Das war fünfmal so viel wie in den Vereinigten Staaten von Amerika und das Zehnfache der in Deutschland bearbeiteten Menge. Zu diesem Zeitpunkt waren britische Dampfmaschinen in der Lage, über 1,2 Millionen – mehr als die Hälfte aller in ganz Europa produzierten – Pferdestärken hervorzubringen.

Die Etappen der Industrialisierung

Bereits 1870 zeichnete sich eine Veränderung ab. Zwar lag Großbritannien nach wie vor vorne, allerdings nicht mehr so deutlich. Seine Position kam ins Wanken. Es produzierte noch immer mehr Pferdestärken per Dampfkraft als jedes andere europäische Land, doch die Vereinigten Staaten (die bereits 1850 mehr hergestellt hatten) lagen nun in Führung. Außerdem holte Deutschland schnell auf. In den 50er Jahren des 19. Jahrhunderts waren Deutschland und Frankreich, wie zuvor Großbritannien, dazu übergegangen, Eisen anstatt mit Kohle überwiegend mit mineralischen Brennstoffen zu schmelzen. Obwohl die briti-

Die Minen- und Bauindustrie sowie die Gießereien und Schiffswerften wurden größer als jemals zuvor und beschäftigten Arbeiter in großer Zahl. Diese Ansicht einer französischen Tagebaumine wurde 1854 gemalt.

Sheffield in Yorkshire war der wichtigste Stahlhersteller Großbritanniens. Diese Stadtansicht entstand um das Jahr 1885.

sche Überlegenheit bei der Eisenherstellung noch bestehen blieb und die Fördermenge von Roheisen weiter gestiegen war, betrug sie jetzt nur noch dreieinhalb Mal so viel wie in den Vereinigten Staaten und viermal so viel wie in Deutschland.

Die Industriestädte waren im Vergleich zu ihren Entwicklungsmöglichkeiten zu diesem Zeitpunkt noch recht unansehnliche Gebilde. Nur in Großbritannien und Belgien lebte Mitte des 19. Jahrhunderts eine deutliche Mehrheit der Bevölkerung in städtischen Gebieten. Allerdings stellte noch im Jahre 1851 die Landwirtschaft den größten Arbeitgeber unter den britischen Industrien dar (nur das Hauspersonal stand in Konkurrenz dazu). Gleichzeitig belegen in diesen Ländern die wachsenden Zahlen von Arbeitern in der herstellenden Industrie, das Aufkommen neuer Konzentrationen wirtschaftlichen Wohlstands und ein nicht gekanntes Ausmaß an Urbanisierung den hier stattfindenden Wandlungsprozess.

URBANISIERUNG

Die Städte wuchsen im 19. Jahrhundert in einem ungeahnten Ausmaß. Besonders in der zweiten Hälfte entstanden große Zentren, die Keimzellen späterer „Ballungsräume“. Zum ersten Mal waren einige Städte Europas für ihr Wachstum nicht mehr auf ländlichen Zuzug angewiesen. Der Prozess der Urbanisierung formte sich in den verschiedenen Ländern jeweils unterschiedlich aus. Die Hauptlinien der Entwicklung sind jedoch klar erkennbar. Im Jahr 1800 hatten London, Paris und Berlin jeweils etwa 900 000, 600 000 und 170 000 Einwohner. 1900 erreichten die entsprechenden Ziffern eine Höhe von 4,7 Millionen, 3,6 Millionen und 2,7 Millionen. Im gleichen Jahr lebten auch in Glasgow, Moskau, St. Petersburg und Wien jeweils mehr als eine Million Einwohner. Darauf folgten 16 weitere europäische Städte mit Zahlen von 500 000.

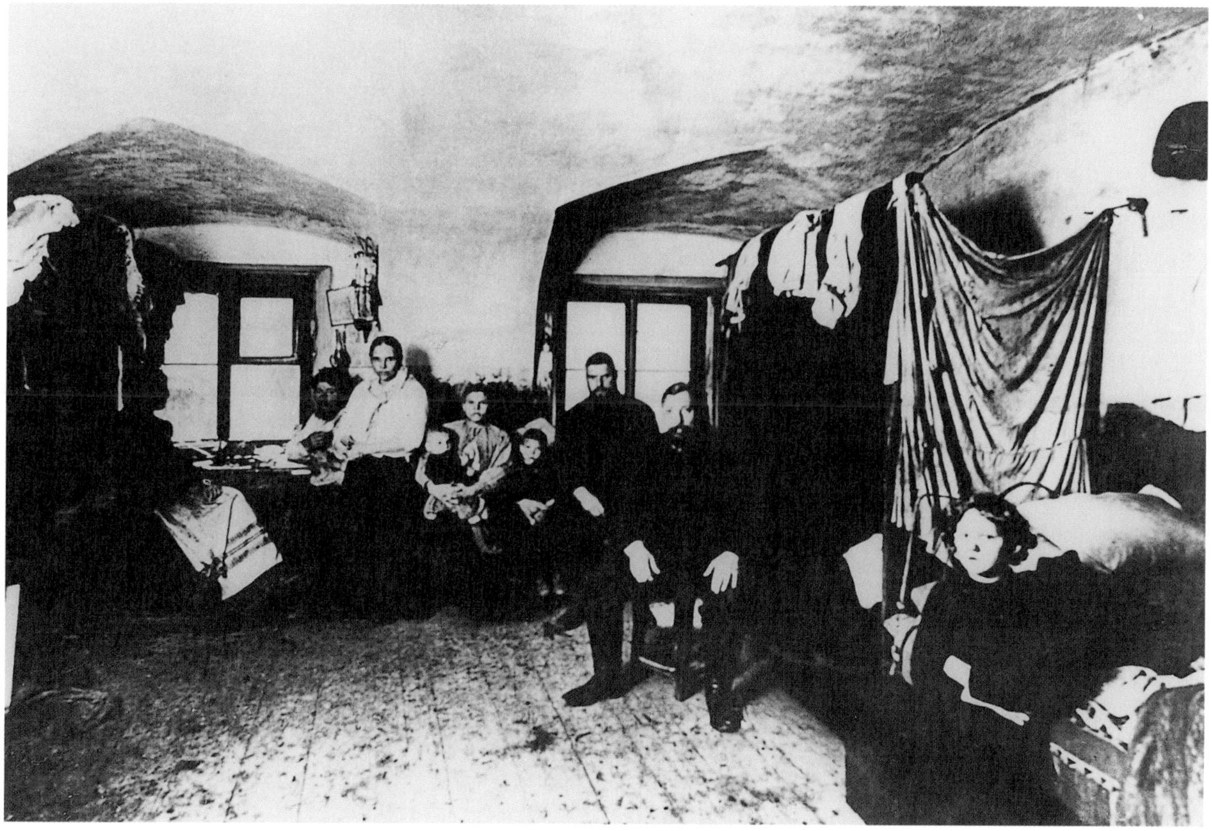

Im Russland des späten 19. Jahrhunderts war das Leben in den schnell expandierenden Industriestädten besonders hart. Das Zuhause dieser Arbeiterfamilie, die in den 90er Jahren des 19. Jahrhunderts in St. Petersburg fotografiert wurde, war eine gemietete Raumecke.

Diese Tendenz zur Urbanisierung spiegelte sich vor allem in den Ländern wider, in denen die Industrialisierung im Vormarsch war. Die Arbeiter ließen sich von dem von der Industrie geschaffenen Wohlstand und der Aussicht auf eine Anstellung anlocken. Von den 23 Städten mit mehr als einer halben Million Einwohner im Jahr 1900 lagen 13 in nur vier Ländern, nämlich in Großbritannien (sechs), Deutschland (drei), Frankreich (drei) und Belgien (eine).

Das Leben in den neuen Städten

Die Meinungen über die Städte fielen unterschiedlich aus. Als das 18. Jahrhundert zu Ende ging, vollzog sich gerade eine Art romantische Wiederentdeckung des Landlebens, die zeitgleich mit der ersten Phase der Industrialisierung verlief. Das 19. Jahrhundert begann mit einer Flut ästhetischer und moralischer Kommentare, die sich gegen das Stadtleben richteten. Dass die Urbanisierung von vielen als eine unwillkommene, ja sogar ungesunde Veränderung angesehen wurde, lässt sich auf die revolutionären Ausmaße dieser Entwicklung zurückführen. Die Konservativen waren den Städten gegenüber misstrauisch eingestellt und fürchteten sie. Obwohl europäische Regierungen schon ihre Kontrollmacht über städtische Unruhen demonstriert hatten, betrachtete man die Städte noch immer als revolutionäre Brutstätten. Die Lebensbedingungen in vielen neuen Wohnzentren der Hauptstädte waren für die Armen hart und entbehrungsreich. Das Londoner East End bot jedem, der freiwillig bis in seine Slums vordrang, einen schockierenden Beweis für Armut, Schmutz, Krankheit und Entbehrung. Ein junger deutscher Geschäftsmann namens Friedrich Engels schrieb 1844 mit seiner Studie *Die Lage der arbeitenden Klasse in England*, in der er die miserablen Lebensbedingungen der Armen Manchesters darstellte, eines der einflussreichsten Bücher des Jahrhunderts.

Mit der Industrialisierung und der Landflucht entstanden städtische Ballungsräume, die auch in wirtschaftlichen Blütezeiten vor allem durch Elend und Armut gekennzeichnet waren.

Viele englischstämmige Autoren wurden von ähnlichen Themen angezogen. In Frankreich bildete das Phänomen der „gefährlichen Klassen“ (wie die Armen von Paris genannt wurden) in der ersten Hälfte des Jahrhunderts das Hauptthema der Regierungen. Das Elend entfesselte zwischen 1789 und 1871 eine Serie revolutionärer Ausbrüche. In der Tat war die Furcht nicht unbegründet, die wachsenden Städte könnten Hass und Ressentiments gegenüber den führenden Gesellschaftsschichten und den Nutznießern der bestehenden sozialen Ordnung hervorbringen und daraus eine revolutionäre Kraft entstehen lassen.

Der Einfluss der Religion in den neuen Städten

Auch die Prognose, die Städte befänden sich auf dem Weg zu einer ideologischen Umwälzung, war begründet. Dieser Gesinnungswandel zerstörte in großem Maße die traditionellen Verhaltensmuster im Europa des 19. Jahrhunderts. Er bildete einen Schmelztiegel neuer Umgangsformen und Ideen, ein riesiges, anonymes Dickicht, in dem Männer und Frauen leicht der Aufmerksamkeit des Priesters, des Gutsherrn oder der Nachbarn – als den gewohnten Regulatoren aus den ländlichen Gemeinschaften – entkommen konnten. Mit dieser Verschiebung (und insbesondere, weil die Lesefähigkeit immer weiter in die unteren Gesellschaftsschichten vordrang) wurden neue Ideen geboren.

Eine Illustration aus dem Jahr 1881, die einen Gottesdienst im Hauptquartier der Heilsarmee in der Whitechapel Road in London zeigt. Die Heilsarmee wurde 1878 als Institution für die Evangelisierung und für Sozialarbeit von William Booth (1829–1912) gegründet und breitete sich schnell über die ganze Welt aus.

Insbesondere die Europäer der Oberklasse wurden im 19. Jahrhundert in den Städten von der Neigung zu Atheismus und Abwendung von der Religion erfasst. Man nahm wahr, dass mehr auf dem Spiel stand als die religiöse Wahrheit und eine solide Lehre (Abweichungen hatte die Oberschicht schon lange aus Bequemlichkeit geduldet). Die Religion war die große Stütze der Moral und der etablierten Gesellschaftsordnung. Religion sei „Opium für das Volk“, spottete ein revolutionärer Autor. Die besitzenden Klassen würden es kaum mit diesen Worten ausgedrückt haben, aber sie erkannten die Bedeutung der Religion als gesellschaftlichen Kitt an. Folglich versuchte man in katholischen und in protestantischen Ländern kontinuierlich, einen Weg zu finden, die Städte für das Christentum zurückzugewinnen. Doch die Kirchen konnten nur schwer in den städtischen Gebieten Fuß fassen, denn die traditionellen Gemeindestrukturen und religiösen Institutionen der alten Städte und Dörfer waren längst aufgelöst. Mit dem Bau neuer Kirchen in industriellen Vororten bis hin zur Einrichtung von Missionen, die in ihrer Kombination von Evangelisation und Sozialarbeit den Kirchenvertretern die Realität des modernen städtischen Lebens nahe brachten, wurden Versuche unternommen, neue Strukturen zu etablieren. Bis zum Ende des Jahrhunderts waren sich religiöse Menschen durchaus der Herausforderung ihrer Zeit bewusst. Ein großer englischer Prediger setzte in dem Titel

eines seiner Bücher bewusst die Worte *Darkest England* (Dunkelstes England) ein, um eine Parallele zur Missionsarbeit in den heidnischen Überseeländern zu ziehen. Seine Antwort bestand in der Entwicklung eines neuen Instruments religiöser Verkündigung, der Heilsarmee, die eine veränderte Bevölkerung ansprach und speziell die Übel der verstädterten Gesellschaft bekämpfte.

Die Bevölkerung in den Städten

Der revolutionäre Einfluss, den die Industrialisierung mit sich brachte, reichte weit über das materielle Leben hinaus. Es ist sehr schwer auszumachen, wie die moderne Gesellschaft, die sich wohl als erste ohne religiöse Glaubensstruktur organisierte, entstanden ist. Möglicherweise war es die spezifische Rolle der Stadt, die – ähnlich der Wissenschaft und Philosophie – die Gebildeten ihres Glaubens beraubte, indem sie die überlieferten Verhaltensmuster und Kontrollsysteme aufbrach. Doch eine neue Zukunft zeichnete sich bereits im Jahr 1870 für die industrialisierte Bevölkerung Europas ab, die zum großen Teil gebildet, der traditionellen Autorität entfremdet und weltlich eingestellt war. Sie begann sich ihrer selbst als einer Gesamtheit bewusst zu werden. Damit besaß sie eine völlig neue Ausgangsposition.

Das neue Lebenstempo

Es mag voreilig sein, schon hier von einer neuen Grundlage für die Gesellschaft und ihre Kultur zu sprechen, dennoch ist es berechtigt, da einmal mehr deutlich wird, wie schnell und tief sich der Einfluss der Industrialisierung auf alle Bereiche des Lebens auswirkte. Sogar der

Von 1840 an stieg die Anzahl der in Minen, Steinbrüchen, der Stahl- und Eisenindustrie und in der Maschinen- und Marineindustrie beschäftigten Arbeiter unkontrolliert an. Auch wenn die Löhne in diesen Industriezweigen meistens höher waren, ließ doch die Fluktuation in der Nachfrage nach Produkten, wie denen, die in dieser Berliner Laminier-Werkstatt 1875 hergestellt wurden, die Arbeitslosigkeit zu einer ständigen Bedrohung werden.

Lebensrhythmus veränderte sich. In der gesamten früheren Geschichte wurde das wirtschaftliche Verhalten der meisten Menschen grundlegend vom Rhythmus der Natur bestimmt. In einer landwirtschaftlich geprägten Gesellschaft war die Arbeit durch die Jahreszeiten vorgegeben. Innerhalb dieses Rahmens wirkten als untergeordnete Faktoren Licht und Dunkelheit sowie gutes und schlechtes Wetter. Die Menschen waren abhängig von ihren Werkzeugen, ihren Tieren und Feldern, auf denen sie ihr Brot verdienten. Selbst die recht wenigen in der Stadt Ansässigen führten ein Leben, das in weiten Teilen von den Kräften der Natur bestimmt wurde; in Großbritannien und Frankreich konnte eine schlechte Ernte auch nach 1850 noch die gesamte Wirtschaft ruinieren. Doch zu diesem Zeitpunkt wurde der Lebensrhythmus für die meisten Menschen schon von völlig anderen Faktoren bestimmt, nämlich vor allem von den Produktionsmitteln und ihren Anforderungen – durch die Notwendigkeit, die Maschinen wirtschaftlich auszulasten, durch den hohen oder niedrigen Preis von Investitionskapital und durch die Verfügbarkeit von Arbeitskraft. Das Symbol dafür bildete die Fabrik mit Maschinen, deren Arbeitsablauf einem zeitlich eng abgesteckten Muster folgte. Durch die Fabrikarbeit begannen Männer und Frauen die Zeit völlig neu wahrzunehmen.

Neben der Einführung neuer Rhythmen verband die Industrialisierung die Arbeiter auch auf eine andere Art und Weise mit ihrer Arbeit. Es ist schwer, aber dennoch wichtig, auf eine allzu sentimentale Betrachtung der Vergangenheit zu verzichten. Auf den ersten Blick rechtfertigt die Unzufriedenheit der Fabrikarbeiter und -arbeiterinnen natürlich Standpunkte, die entweder das Verschwinden des Handwerks bedauern oder die Entfremdung des Arbeiters von seinem Produkt analysieren. Denn der monotone Ablauf machte den persönlichen Bezug zur Arbeit völlig zunichte und der Arbeiter schuftete letztlich für den Profit eines anderen. Doch das Leben des mittelalterlichen Bauern war ebenfalls eintönig, und der Gewinn der Arbeit ging zu einem großen Teil an andere Leute. Ihre strenge Routine war weder angenehmer, weil sie statt von einem Arbeitgeber von Sonnenaufgang und Sonnenuntergang diktiert wurde, noch erträglicher, weil Dürre und Sturm statt Hoch und Tief der Wirtschaft sie vorgaben. Dennoch bedeuteten die neuen Arbeitsbedingungen einen revolutionären Wandel. Die Art, wie die Menschen nun ihren Lebensunterhalt verdienten, war neu, ganz gleich, wie wir das Resultat im Verhältnis zu früheren Zeiten bewerten.

Auf dieser Abbildung sieht man Kinder als Arbeiter in einer Londoner Fabrik des Jahres 1848 und einen Aufseher, der sie misshandelt.

KINDERARBEIT

Seit der frühen Industrialisierung gang und gäbe, ist der Missbrauch der kindlichen Arbeitskraft ein negatives Beispiel für den grundlegenden Wandel in der Arbeitswelt. Wenngleich sich – gerade auch durch die Aufhebung der Sklaverei in Übersee – allmählich ein entsprechendes Problembewusstsein ausprägte, stellte die brutale Ausbeutung von Kindern in den Fabriken nur einen Teil der veränderten Strukturen der Arbeitswelt dar. Der Einsatz kindlicher Arbeitskraft als solcher war durchaus nicht neu. Schon seit Jahrhunderten arbeiteten Kinder in Europa als Schweinehirten, Vogelscheuchen, Ährenleser, Mädchen für alles, Straßenkehrer, Prostituierte und Packesel (und tun es in den meisten nicht-europäischen Gesellschaften noch heute). Das schreckliche Bild, das Victor Hugos großer Roman *Les Misérables (Die Elenden)* 1862 von einer Gruppe schutzloser Kinder zeichnet, ist das Abbild ihres Lebens in einer vorindustriellen Gesellschaft. Während der Zeit der Industrialisierung bestand der Unterschied darin, dass ihre Ausbeutung nun geregelt war und durch die institutionalisierten Formen der Fabrik eine neue Härte erhalten hatte. Während die Kinderarbeit sich in einer landwirtschaftlich geprägten Gesellschaft durch die geringere Körperkraft der Kinder notgedrungen von der Arbeit der Erwachsenen abhob, gab es beim Bedienen der Maschinen eine ganze Reihe von Aktivitäten, bei denen die Arbeitskraft der Kinder direkt mit der der Erwachsenen verglichen werden konnte. Auf einem in der Regel übersättigten Arbeitsmarkt hieß das, dass auf die Eltern ein unwiderstehlicher Druck ausgeübt wurde, ein Kind so schnell wie möglich – manchmal schon mit fünf oder sechs Jahren – in die Fabrik zu schicken, damit es einen Beitrag zum Familieneinkommen leisten konnte. Die Folgen waren häufig nicht nur für die Opfer furchtbar. Vielmehr korrumpierten sie das Verhältnis zwischen Kind und Gesellschaft sowie die Familienstruktur insgesamt.

Die frühen Arbeiterschutzgesetze

Die Probleme, die die Industrialisierung geschaffen hatte, waren zu schwerwiegend, um unbeachtet zu bleiben. Schnell begannen Reformer, die offensichtlichsten Übel in Angriff zu nehmen. Schon 1850 hatte die englische Gesetzgebung begonnen, zum Schutz der Frauen und Kinder in den Minen und Fabriken

Auf diesem Stich nach einer Zeichnung von Thomas Rowlandson ist das Handelsparkett der neuen Börse der City of London im Jahre 1809 zu sehen.

einzuschreiten. Bei dem unvergleichlichen Ausmaß und Tempo, in dem die gesellschaftlichen Prozesse stattfanden, kann man den Einwohnern des frühen industrialisierten Europa in ihren geregelten und bequemen Lebensverhältnissen aber nicht einfach vorwerfen, nicht schneller die Übel bekämpft zu haben, deren Umrisse sie nur unscharf erkannten. Der Glaube an die positive Kraft der Wirtschaft, die nach zeitgenössischen Vorstellungen gewaltigen Reichtum gerade durch die Liberalisierung des Marktes hervorbringen sollte, war so stark, dass im Frühstadium der englischen Industrialisierung, als die sozialen Nachteile und Opfer am schwersten wogen, keine Maßnahmen ergriffen wurden.

DIE VORSTELLUNGEN DER WIRTSCHAFT

Es lassen sich allerdings kaum Wirtschaftstheoretiker und Publizisten in der Frühzeit der Industrialisierung finden, die sich für

Dieses Wandgemälde von William Bell Scott (1811–1890) zeigt die Docks im nordenglischen Newcastle und ist auf 1843–1850 datiert. Es feiert den industriellen Aufschwung in der Region.

Die Grundsatzfrage, ob sich der Markt selbst nach Angebot und Nachfrage reguliert, beherrschte die theoretischen Überlegungen zur Wirtschaft.

den völligen Verzicht auf Eingriffe in die Wirtschaft aussprachen. Doch es gab die weit verbreitete und immer wieder hartnäckig vorgetragene Meinung, es werde viel Gutes dabei herauskommen, wenn man die Marktwirtschaft ohne Hilfe oder Einschränkung durch Politiker und Staatsvertreter arbeiten ließe. In diese Richtung wirkte die Lehre, die in dem von einer Gruppe Franzosen berühmt gemachten Ausdruck zusammengefasst wird: *Laissez Faire.* Die Wirtschaftsexperten nach Adam Smith hatten fast übereinstimmend behauptet, der Wohlstand werde sich schneller realisieren und das allgemeine Wohlergehen werde zunehmen, wenn der Einsatz wirtschaftlicher Ressourcen den „natürlichen" Forderungen des Marktes folge. Hinzu kam verstärkend der Individualismus mit seiner Annahme, jeder Einzelne kenne sein eigenes Geschäft am besten. Die Gesellschaft entwickelte ihr Interesse für die Rechte und Anliegen des Einzelnen und begann sich mit der

Absicht zu organisieren, genau dieses Privatrecht in Zukunft zu wahren.

Freihandel in Großbritannien

Individualismus und Laissez Faire waren die Quellen der lang anhaltenden Verbindung zwischen Industrialisierung und Liberalismus. Sie wurden von den Konservativen bedauert, die einer hierarchischen, bäuerlichen Ordnung gegenseitiger Verpflichtungen und Schuldigkeiten, feststehender Vorstellungen und religiöser Werte nachhingen. Doch die Liberalen, die das neue Zeitalter begrüßten, argumentierten keinesfalls auf einer nur negativen und egoistischen Grundlage. Das Glaubensbekenntnis von „Manchester", wie es wegen der symbolischen Bedeutung dieser Stadt in der industriellen und wirtschaftlichen Entwicklung Englands genannt wurde, war für seine führenden Vertreter sehr viel mehr als nur eine Sache der Selbstbereicherung.

In der Kampagne der „Corn Laws", einem Tarifsystem, das ursprünglich eingeführt worden war, um den britischen Bauern Schutz vor dem Import billigeren ausländischen Getreides zu gewähren, wurde der ideologische Hintergrund offenbar. Eine weltweite Ausdehnung des freien Handels, unbehelligt von der Einmischung merkantilistischer Regierungen, führte – in der Meinung der Liberalen – zu internationalem Fortschritt in materieller und geistiger Hinsicht. Der Handel bringe die Völker zusammen, tausche und vervielfache die Segnungen der Zivilisation und vermehre die Macht in jedem Land, das fortschrittliche Kräfte zeige. Selbst die Auffassung, dass freier Handel der Ausdruck des göttlichen Willens sei, war in liberalen Kreisen nicht ungewöhnlich.

Immer mehr englische Liberale waren der Ansicht, dass freier Handel nur Positives zur wirtschaftlichen Entwicklung und zur Völkerverständigung beitragen könne.

Die Aufhebung der „Corn Laws"

Zum Thema Freihandel in Großbritannien (in dessen Mittelpunkt die Diskussion um die

Eine Abbildung von 1851, die Frauen bei der Arbeit in einer britischen Textilmühle zeigt.

„Corn Laws" stand) gehörte sehr viel mehr als eine kurze Zusammenfassung wiedergeben kann. Mit der Industrialisierung gingen kreative, positive Ideologien einher, die soziale und politische Herausforderungen gegenüber der Vergangenheit mit sich brachten. Aus diesem Grund sollte man keine einfachen moralischen Urteile über sie fällen, auch wenn Konservative und Liberale das von Zeit zu Zeit gerne machten. Man konnte sich gegen eine Gesetzgebung zum Schutz der Arbeiter gegen lange Arbeitszeiten stellen und sich gleichzeitig als vorbildlicher Arbeitgeber erweisen, der aktiv die Erziehungs- und die politische Reform unterstützte und gegen die Korruption öffentlicher Interessen durch mit der Geburt erworbene Privilegien kämpfte. Sein Gegner mochte sich vielleicht mühen, die in den Fabriken arbeitenden Kinder zu schützen und als vorbildlicher Gutsherr zu handeln, während er gleichzeitig der Ausdehnung des Wahlrechts und jeder Art von Verringerung des politischen Einflusses der Grundbesitzer erbitterten Widerstand entgegensetzte. Es gab keine geschlossenen politischen Lager. Im Zusammenhang mit den „Corn Laws" wurde schließlich der konservative Premierminister Sir Robert Peel von den Argumenten der Gegner der Gesetze überzeugt. Als sich eine geeignete Gelegenheit ergab, die ihm einen guten Vorwand für seine Positionsänderung lieferte, brachte er das Parlament 1846 dazu, die Gesetzesänderung vorzunehmen. Einige Männer seiner Partei haben ihm das niemals verziehen. Trotzdem war dies der Höhepunkt der politischen Karriere von Sir Robert Peel, seine liberalen Gegner verehrten ihn dafür. Kurz danach wurde er von seinen eigenen Anhängern der Macht enthoben.

Freihandel und der europäische Optimismus

Nur in England wurde der Kampf um den Freihandel mit einem so klaren bejahenden Ergebnis beendet. In anderen Ländern erwiesen sich die Protektionisten als die stärkeren Kräfte. Erst zur Mitte des Jahrhunderts, einer

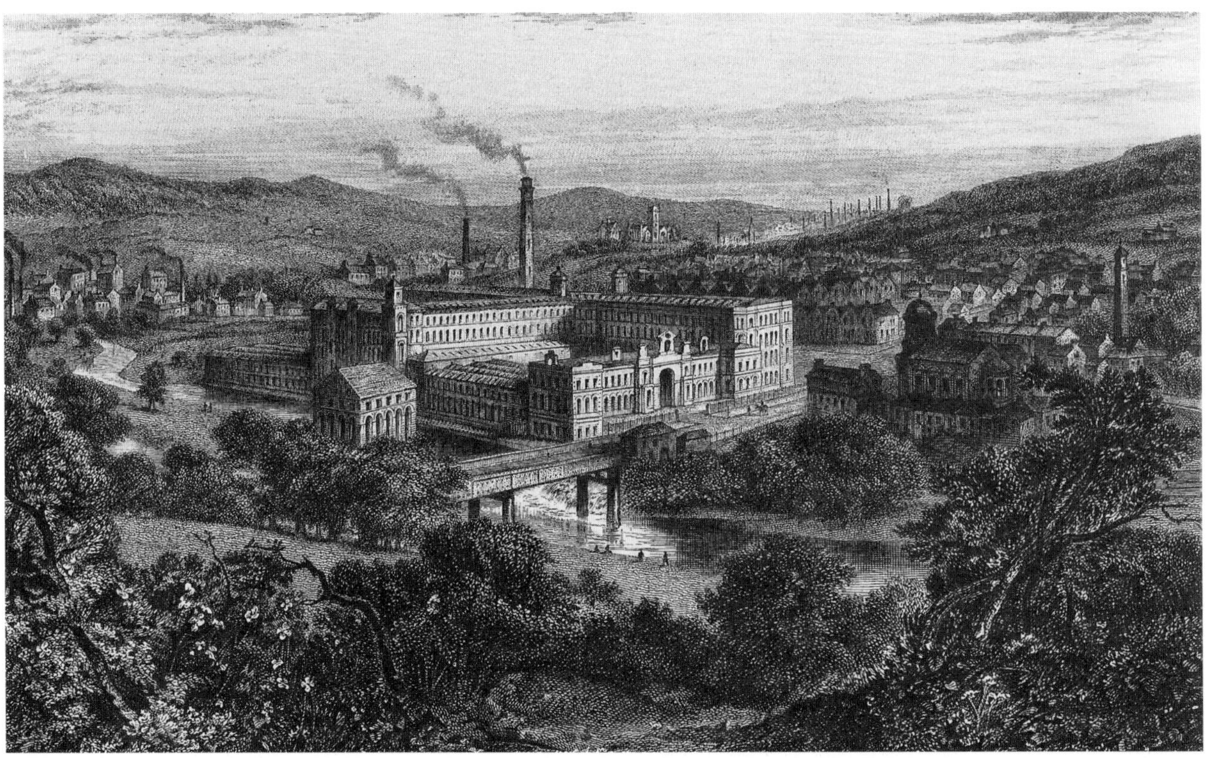

Diese Ansicht von Saltaire, in der Nähe von Bradford in Yorkshire, stammt etwa von 1860. Der Komplex der Wollspinnereien wurde von dem englischen Industriellen und liberalen Politiker Sir Titus Salt (1803–1876) an den Ufern des Leeds- und Liverpool-Kanals errichtet. 1853 baute er im Tal ein Musterdorf für seine Angestellten, das zu den frühesten Beispielen seiner Art gehört.

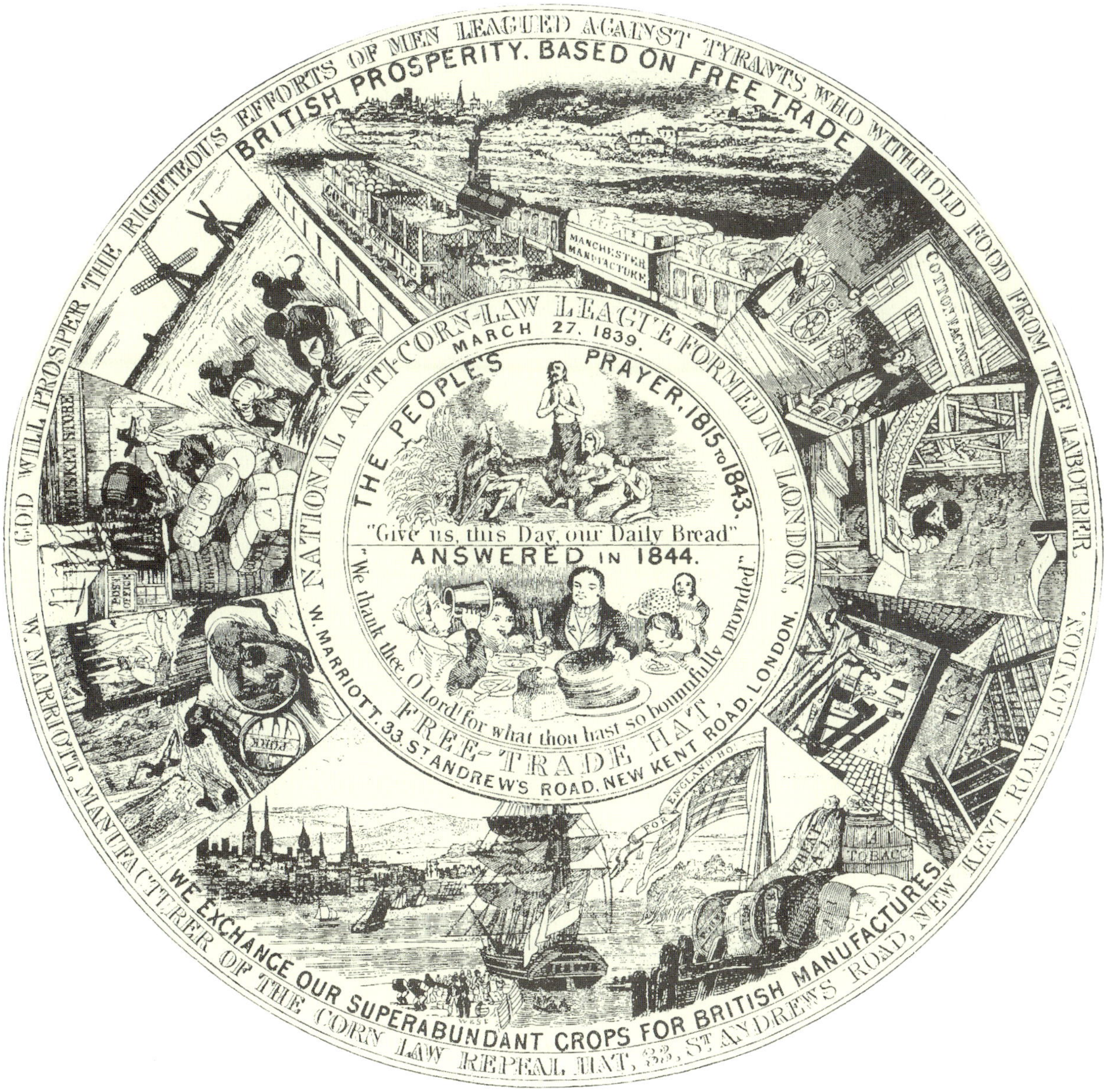

Die Innenseite dieses „Corn Law Repeal Hat" („Hut zur Aufhebung der Corn Laws") ist mit graphischen Darstellungen geschmückt, die zeigen, worin die Verfechter die wichtigsten Vorteile sahen, die der freie Handel Großbritannien einbringen würde.

Phase der Expansion und des Wohlstands, vor allem für die britische Wirtschaft, erhielten die Freihandelsideen viel Unterstützung auch außerhalb des Vereinigten Königreichs. Der Wohlstand Englands wurde von den Befürwortern des Freihandels als Beweis für die Richtigkeit ihrer Ansichten angesehen und beschwichtigte sogar ihre Gegner. Der Freihandel entwickelte sich zu einem britischen politischen Dogma, das noch bis ins 20. Jahrhundert hinein unantastbar blieb. Im Glaubensbekenntnis der Wirtschaftsliberalen kam der Höhepunkt eines Fortschrittsglaubens zum Ausdruck, der sich noch aus der Aufklärung ableitete und dem zufolge das Potenzial des menschlichen Wesens im Individuum lag. Die wahren Gründe für diesen Optimismus lassen sich heutzutage allzu leicht übersehen. Wägt man den Einfluss der Industrialisierung ab, so unterliegen wir der Gefahr, nur eine – eher die sozial bedrückende – Seite der Medaille zu sehen. Denn trotz aller Armut und trotz der Slums (und auch hier war das Schlimmste zu dieser Zeit bereits überwunden) konsumierten die Menschen, die in den großen Städten von 1900 lebten, mehr. Dies hatte zur Folge, dass sie älter wurden als ihre Vorfahren. Das bedeutete zwar nicht, dass sie, an späteren Standards gemessen, ein erträgliches Leben führten oder zufrieden waren. Doch häufig und vielleicht sogar überwiegend waren sie in materieller Hinsicht besser gestellt als ihre Vorfahren oder die meisten ihrer Zeitgenossen außerhalb Europas. So verwunderlich es auch erscheinen mag, sie waren Teil einer privilegierten Minderheit unter den Menschen. Dass sie länger lebten, war der beste Beweis dafür.

Ein Plakat aus dem Jahr 1886 zeigt den Eiffelturm, wie er nach seiner Fertigstellung aussehen soll, und erklärt, er werde die „Hauptattraktion auf der Weltausstellung in Paris 1889" sein. Für viele symbolisierte der Turm den in dieser Zeit vorherrschenden großen Fortschrittsoptimismus.

3 POLITISCHER WANDEL IM ZEITALTER DER REVOLUTIONEN

Im 18. Jahrhundert erhielt das Wort „Revolution“ eine völlig neue Bedeutung. Im traditionellen Wortgebrauch war damit eine Veränderung in der Zusammensetzung der Regierungsgewalt gemeint, die nicht notwendigerweise auch mit Gewalt einhergehen musste, beispielsweise wenn ein Minister durch einen anderen ersetzt wurde. Nach 1789 änderte sich das. Dieses Jahr galt bald als der Beginn einer neuen Art von Revolution. Unter diesem Begriff verstand man nun einen echten Bruch mit der Vergangenheit, gekennzeichnet von Gewalt und unbegrenzten grundlegenden Umwälzungen in gesellschaftlicher, politischer und wirtschaftlicher Hinsicht. Es kam außerdem die Meinung auf, dass dieses neue Phänomen nationale Grenzen überschreiten könne und von universaler Natur sei. Vor allem die Vertreter der alten Ordnung, die Monarchien, befürchteten eine europaweite Ausbreitung der Revolutionen. Denn selbst ihre Gegner konnten ihr Vorhandensein und ihren Einfluss auf die politischen Entwicklungen ihres Zeitalters nicht mehr anzweifeln.

Britische Herrschaft in Nordamerika

Im 18. Jahrhundert genossen die Untertanen der englischen Kolonien in Nordamerika sehr viel mehr Unabhängigkeit und Mitspracherecht bei Entscheidungen als die Bürger der meisten europäischen Länder. Die Kolonisten konnten über Verbesserungen in den Städten entscheiden, öffentlich ihre Meinung äußern, jede Art von Religion ausüben, ein beliebiges Geschäft eröffnen und Versammlungen anmelden und öffentlich abhalten. Sie waren sich ihrer Würde als Menschen bewusst und trafen gemeinschaftliche Entscheidungen.

Doch die Präsenz der britischen Regierung war zu spüren. Zum Beispiel erlaubte diese den Kolonien nicht, sich zu ihrer Verteidigung zusammenzuschließen. Das britische Parlament behielt sich die Kontrolle allgemeiner gesetzlicher Angelegenheiten vor, und seine gelegentlichen Eingriffe in den Handel führten regelmäßig zu Auseinandersetzungen.

In der zweiten Hälfte des 18. Jahrhunderts wuchsen die Bevölkerung, die Größe und der Wohlstand der amerikanischen Kolonien rasch an. Probleme entstanden dort, wo die britische Regierung darauf bestand, die Angelegenheiten fest in ihrer Hand zu behalten. Von 1763 an wurde eine Reihe von strengen Gesetzen erlassen, die schließlich zur Unabhängigkeitserklärung Nordamerikas führten.

König Georg III. von Großbritannien (1738–1820) unterstützte seine Minister in ihrer strengen Haltung gegenüber den Einwohnern der nordamerikanischen Kolonien. Jene, die ihre Unabhängigkeit erklärten, waren für ihn nichts als Rebellen.

Politik und Revolution

Der Versuch, alle politischen Veränderungen dieses Zeitabschnitts unter der Rubrik „Revolution“ gemäß der oben skizzierten Bedeutung zu erfassen, wäre irreführend. Aber in zweierlei Hinsicht ist es hilfreich, von einem „Zeitalter der Revolutionen“ zu sprechen. Zum Ersten gab es in der Tat im Laufe von ungefähr 100 Jahren wesentlich mehr Umstürze als je zuvor. Im weitesten Sinn konnte man dabei von Revolutionen sprechen, auch wenn viele scheiterten oder zu Ergebnissen führten, die hinter den ursprünglichen Zielen und Erwartungen zurückblieben. Gebraucht man den Begriff flexibler und wendet ihn auf beschleunigte Ereignisse von grundsätzlich politischer Natur an – damit ist mehr als der bloße Austausch von Regierenden gemeint –, dann lassen sich auch Veränderungen fassen, die zwar weniger dramatisch ablaufen, aber gerade in ihren Auswirkungen zutiefst revolutionär sind. Das beste Beispiel hierfür ist die Auflösung der britischen Kolonialherrschaft in Nordamerika, deren Hauptphase später unter der Bezeichnung „Amerikanische Revolution“ bekannt wurde.

Der Holzschnitt aus dem 18. Jahrhundert zeigt Sklaven im Staat Virginia, die offenbar einen wohlhabenden Plantagenbesitzer und seine Familie begrüßen.

DIE BRITISCHEN KOLONIEN IN NORDAMERIKA

1763 erreichte die imperiale Macht der Briten in Nordamerika ihren Höhepunkt. Kanada war den Franzosen abgenommen worden. Die alte Furcht, diese könnten das Tal des Mississippi mit einem Festungsring um die 13 Kolonien herum abriegeln, war zerstreut worden. Damit schienen alle Grundlagen für zukünftige Bedrohungen beseitigt zu sein. Doch manch aufmerksamer Beobachter hatte noch vor der französischen Niederlage prophezeit, der Abzug der Franzosen könne für den britischen Zugriff auf Nordamerika nicht unbedingt nur eine Stärkung, sondern auch eine Schwächung bedeuten. Schließlich gab es in den britischen Kolonien bereits mehr Kolonisten als Untertanen in vielen souveränen Staaten Europas. Viele waren weder englischer Herkunft noch war Englisch ihre Muttersprache. Sie hatten vor allem wirtschaftliche Interessen, die nicht notwendigerweise mit denen der Imperialmacht übereinstimmten. Der Griff der britischen Regierung lockerte sich zwangsweise schon wegen der riesigen Entfernung, die London von den Kolonien trennte.

Zeitleiste (1765–1814)

1750 … 1800

- 1765 Steuermarkengesetz („Stamp Act“)
- 1767 Townshend Acts
- 1773 „Boston Tea Party“
- 1774 Erster Kontinentalkongress in Philadelphia
- 1775 Ausbruch des Unabhängigkeitskrieges
- 1783 Ende des Unabhängigkeitskrieges
- 1787 Verfassung der Vereinigten Staaten von Amerika
- 1803 – Kauf Louisianas („Louisiana Purchase“)
- 1812–14 Krieg gegen Großbritannien und Kanada

Als die Bedrohung durch die Franzosen (und durch die nordamerikanischen Ureinwohner, deren Länder an die der Franzosen angrenzten) verschwunden war, konnte man die Zügel weiter lockern.

Die Voraussetzungen für die Unabhängigkeit Amerikas

Die Neuorganisation des Westens nach der Vertreibung der Franzosen, die Rebellion des Häuptlings Pontiac und eine falsche britische Politik erforderten ein eigenständiges Handeln der nordamerikanischen Kolonien.

Fast unmittelbar nach der Vertreibung der Franzosen traten Schwierigkeiten auf. Wie war das neue Gebiet im Westen zu organisieren? In welchem Verhältnis sollte es zu den bestehenden Kolonien stehen? Wie sollten die neuen kanadischen Untertanen der Krone behandelt werden? Diese Probleme erhielten durch den Aufstand des Häuptlings Pontiac zusätzliche Dringlichkeit. Die Rebellion nordamerikanischer Ureinwohner, 1763 im Ohiotal ausgebrochen, stellte die Antwort auf den Druck der Kolonisten dar, die den Westen als ihre rechtmäßige Domäne, frei zur Besiedelung und für den Handel, betrachteten. Die königliche Regierung ließ das Gebiet westlich der Appalachen sofort sperren. Sie rief damit aber den Unmut vieler Kolonisten hervor, die schon auf die Nutzung dieser Region warteten. Weitere Unstimmigkeiten folgten, als britische Verwaltungsbeamte mit den Indianern Nordamerikas Verträge aushandelten und eine garnisonsgeschützte Grenze vereinbarten, die die Kolonisten und die Ureinwohner voneinander trennen und gegenseitig schützen sollte.

Benjamin Franklin (1706–1790), der Philosoph, Physiker und nordamerikanische Staatsmann, wurde damit beauftragt, den amerikanischen Protest gegen das Steuermarkengesetz nach London zu übermitteln. Als die britische Regierung seine Forderungen abwies, kehrte Franklin, der zuvor geglaubt hatte, es sei möglich, dass Amerika sich innerhalb des britischen Empire frei entwickle, 1775 nach Nordamerika zurück, um aktiv an der Debatte teilzunehmen, die im darauf folgenden Jahr zur Unabhängigkeitserklärung führte.

In den folgenden zehn Jahren wurde der Boden für die amerikanische Unabhängigkeit bereitet. Die Situation spitzte sich immer mehr zu. Der Missmut über Unzulänglichkeiten verwandelte sich erst in Widerstand und dann in Rebellion. Nach und nach benutzten die kolonialen Politiker die provokante britische Gesetzgebung zur Radikalisierung der amerikanischen Politik, indem sie die Kolonisten glauben machten, die praktizierte Freiheit, die sie bereits genossen, sei in Gefahr. Das Tempo wurde durchweg von den britischen Initiativen bestimmt. Paradoxerweise waren in Großbritannien genau zu diesem Zeitpunkt durchaus Minister an der Regierung, die sich um Reformen in kolonialen Angelegenheiten bemühten. Ihre wohlmeinenden Absichten trugen aber eher dazu bei, einen Status quo zu zerstören, der sich bewährt hatte. Diese falsch eingeschätzte Reformpolitik bestimmte die folgenden Jahrzehnte.

Besteuerung der Kolonien

London hielt an einem Prinzip besonders entschlossen fest, nämlich den Amerikanern einen angemessenen Anteil der Steuern aufzuerlegen, die für ihre Verteidigung und zum allgemeinen Nutzen des Empires verwendet wurden. Es gab zwei entschiedene Versuche, dies sicherzustellen. Zunächst belegten die Engländer von 1764 bis 1765 Zucker, der in die Kolonien importiert wurde, mit Zöllen, und ferner führten sie das Steuermarkengesetz („Stamp Act") für amtliche Wertzeichen ein, mit denen verschiedene offizielle Dokumente versehen werden sollten. Dabei ging es in den folgenden Konflikten nicht so sehr um das Geld selbst und nicht einmal um die Neuerung, dass die internationalen Transaktionen der Kolonien nun mit Steuern belegt wurden (was man sehr ausführlich diskutierte). Es war vielmehr von Bedeutung, dass es sich dabei aus der Sicht sowohl der britischen Politiker als auch der amerikanischen Steuerzahler um einseitige Gesetzgebungen durch das imperiale Parlament handelte. Den üblichen Weg, koloniale Angelegenheiten zu regeln und Steuern zu erheben, bildete bis dahin die Aushandelung in eigenen Versammlungen. Was nun zur Debatte stand, war bisher kaum auch nur als Frage formuliert: Darf die unangefochtene gesetzgebende Souveränität des Parlaments des Vereinigten Königreiches sich auf seine Kolonien erstrecken?

Es schlossen sich Aufstände, schnell wieder bedeutungslos werdende Vereinbarungen und wütender Protest an. Die unglücklichen Beamten, die für die Dokumentenstempel zuständig waren, arbeiteten unter erschwerten Bedingungen. Schließlich nahmen Vertreter aus neun Kolonien als Zeichen ihres Protests an einem Kongress über das Steuermarkengesetz teil. Der „Stamp Act" wurde daraufhin von London wieder zurückgezogen.

In einer zweiten Besteuerungsinitiative schlug die Regierung des Vereinigten Königreiches dann einen anderen Weg ein. Sie wandte sich den Einfuhrzöllen für Farbe, Papier, Glas und Tee zu. Da die königliche Regierung schon immer den Handel geregelt hatte, schienen diese Abgaben vielversprechender zu sein. Doch auch das stellte sich als Illusion heraus. Inzwischen vermittelten radikale amerikanische Politiker ihren Zuhörern die Einstellung, ihnen dürfe überhaupt keine Besteuerung von einer Gesetzgebung auferlegt werden, in der sie nicht vertreten waren. Georg III. erkannte, dass dies nicht ein Angriff auf die Krone, sondern auf das Parlament war. Weitere Aufstände und Boykotts folgten. Als 1770 fünf Aufständische getötet wurden, ging dieser Vorfall, einem Mythos nicht unähnlich, als „Massaker von Boston" in die Geschichte ein. Es war eine der ersten in einer Reihe von Auseinandersetzungen, die den künftigen Verlauf der Entkolonialisierung bestimmten.

Ein zeitgenössischer Stich zeigt das Massaker von Boston vom 5. März 1770 – den ersten überlieferten blutigen Zwischenfall während der amerikanischen Revolution –, bei dem fünf Menschen getötet wurden. Von den neun britischen Soldaten, die später wegen Mordes vor Gericht gestellt wurden, ließ man sieben frei und befand zwei wegen Totschlags für schuldig.

Radikale Kolonialpolitiker

Einmal mehr gab die Regierung in der alten Heimat nach. Sie zog drei Zölle zurück, nur diejenigen für Tee blieben bestehen. Die ganze Angelegenheit ging, nach Ansicht der britischen Regierung, inzwischen weit über die Frage nach der Besteuerung hinaus. Die Kontroverse befasste sich jetzt eingehender mit der grundlegenden Frage, ob das königliche Parlament Gesetze erlassen und in den Kolonien durchsetzen könne oder nicht. Wie Georg III. es wenig später ausdrückte: „Wir müssen sie entweder bezwingen oder ganz in Ruhe

Der Boykott wegen der von den Briten erhobenen Zölle verstärkte sich, und die allgemeine Unruhe in den Kolonien Nordamerikas führte zur Bildung von Komitees. Die Frauen von Edenton in North Carolina, die auf diesem Stich aus dem 18. Jahrhundert dargestellt sind, schworen, nicht eher wieder Tee zu trinken, bis ihr Land seine Freiheit erhalten habe.

lassen." Der Konflikt konzentrierte sich zwar in erster Linie auf einen Ort, strahlte aber überall in die Kolonien aus. Schon 1773, nach der Versenkung einer Ladung Tee im Hafenbecken durch Radikale („Boston Tea Party"), lautete die entscheidende Frage für die britische Regierung: Ist Massachusetts regierbar?

Es gab keine weiteren Rückzieher mehr. Georg III., seine Minister und die Mehrheit des House of Commons (Unterhaus), waren darin übereingekommen, eine Reihe von Zwangserlassen zu verabschieden, um Boston gefügig zu machen. Den Radikalen aus Neuengland gehörten unterdessen die Sympathien in den nordamerikanischen Kolonien, weil ein humanes und vernünftiges Mittel zur Regelung der Zukunft Kanadas, das Quebec-Gesetz („Quebec Act") von 1774, auch anderswo heftige Emotionen hervorrief. Manchen gefiel z. B. die privilegierte Stellung nicht, die der römische Katholizismus darin erhielt (man beabsichtigte, die Frankokanadier durch den Regierungswechsel so wenig wie möglich in ihrer Lebensweise zu beeinträchtigen), während andere die darin vorgesehene Ausdehnung der kanadischen Grenzen im Süden bis zum Ohio als eine weitere Blockade für die Expansion nach Westen ansahen. Im September desselben Jahres trafen sich Delegierte, die aus den Kolonien nach Philadelphia kamen, zu einem Kontinentalkongress. Er tagte über die Handelsbeziehungen mit dem Vereinigten Königreich und forderte die Aufhebung eines Großteils der bestehenden Gesetzgebung, einschließlich des

Dieser Stich von 1774 zeigt den ersten Pankolonialen Kongress in Philadelphia, an dem Gesandte aus den 13 Kolonien teilnahmen. Sie kamen darin überein, den Handel mit Großbritannien so lange auszusetzen, bis die Rechte, die die Kolonien vor 1763 genossen hatten, wieder anerkannt und die gesamte Gesetzgebung seit dieser Zeit aufgehoben wurde. Außerdem wurden Resolutionen erlassen, keine Steuern an Großbritannien zu zahlen und sich darauf vorzubereiten, die Kolonien zu verteidigen, wenn britische Truppen sie angreifen würden.

Die Amerikanische Unabhängigkeitserklärung vom 4. Juli 1776

„Folgende Wahrheiten bedürfen für uns keines Beweises: Dass alle Menschen gleich geschaffen sind; dass sie von ihrem Schöpfer mit gewissen unveräußerlichen Rechten ausgestattet sind, dass dazu Leben, Freiheit und das Streben nach Glück gehören; dass zur Sicherung dieser Rechte Regierungen unter den Menschen eingesetzt werden, die ihre rechtmäßige Autorität aus der Zustimmung der Regierten herleiten (...)."

„(...) dass, wenn immer irgendeine Regierungsform diesen Zielen abträglich wird, das Volk berechtigt ist, sie zu ändern oder abzuschaffen und eine neue Regierung einzusetzen und diese auf solchen Prinzipien zu errichten (...), wie es ihm zur Gewährleistung seiner Sicherheit und seines Glücks am ratsamsten erscheint."

„Die Regierungszeit des jetzigen Königs von Großbritannien ist voll wiederholt begangenen Unrechts und ständiger Übergriffe, die alle unmittelbar auf die Errichtung einer unumschränkten Tyrannei über unsere Staaten abzielen."

„Daher tun wir, die in gemeinsamem Kongress versammelten Vertreter der Vereinigten Staaten von Amerika (...) feierlich kund, dass diese Vereinigten Kolonien freie und unabhängige Staaten sind und rechtens sein sollen; dass sie (...) als freie und unabhängige Staaten das uneingeschränkte Recht haben, Krieg zu führen, Frieden zu schließen, Bündnisse einzugehen, Handel zu treiben und alle sonstigen Handlungen vorzunehmen (...), zu denen unabhängige Staaten rechtens befugt sind."

Auszug aus der Unabhängigkeitserklärung; deutsche Übersetzung aus: Udo Sautter, Die Vereinigten Staaten. Tübingen und Basel 2000, S. 149 und 151.

Der erste bewaffnete Konflikt des Amerikanischen Unabhängigkeitskrieges fand am 18. April 1775 statt. Dieser Stich zeigt die Kapitulation des britischen Generals Burgoyne vor dem amerikanischen Führer General Gates in Saratoga Springs am 17. Oktober 1777.

Quebec-Gesetzes. Diesmal schien Gewalt unvermeidlich. Die radikalen kolonialen Politiker hatten die praktische Notwendigkeit der Unabhängigkeit offen zur Sprache gebracht, die viele Amerikaner bereits in greifbare Nähe gerückt sahen. Doch es war undenkbar, dass irgendeine imperiale Regierung des 18. Jahrhunderts dies zugestanden hätte. Tatsächlich war die Kolonialregierung in ihrer Reaktion sogar sehr zurückhaltend. Sie vertraute lange Zeit auf ihre Übermacht. Doch der Aufruhr einerseits und die Einschüchterung der gesetzestreuen und besonneneren Kolonisten andererseits steigerten sich immer mehr. Trotz allem stellte die Regierung klar, dass sie sich nicht bereitwillig den Prinzipien der Souveränität beugen würde.

Die Unabhängigkeitserklärung

Der Weg zur endgültigen Unabhängigkeit der USA zog sich bis 1783 hin: Der Unabhängigkeitserklärung im Juli 1776 folgte 1781 eine militärische Auseinandersetzung.

In Massachusetts bewaffnete man sich. Im April 1775 kämpfte eine Abteilung britischer Soldaten, die nach Lexington geschickt worden waren, um dort einzugreifen, im ersten Gefecht der amerikanischen Revolution. Es sollte allerdings noch über ein Jahr dauern, bis die Kolonistenführer endgültig davon überzeugt waren, nur die vollkommene Unabhängigkeit von Großbritannien könne einen wirksamen Widerstand gegen den Einfluss von außen aufbringen. Das Ergebnis war die Unabhängigkeitserklärung vom Juli 1776. Die Debatte verlagerte sich nun auf das Schlachtfeld.

Die Briten verloren den folgenden Krieg. Ausschlaggebend dafür waren regionale Konflikte. Es gelang den amerikanischen Generälen, den überlegenen britischen Streitkräften lange Zeit auszuweichen und sich dadurch eine ausreichend starke Armee zu erhalten. Bei der Schlacht von Saratoga bestimmten sie schließlich 1777 gegenüber den Briten die Rahmenbedingungen, zumal die Franzosen – Revanche nehmend für die Niederlage von 1763 – und auch die Spanier unterstützend in den Krieg eingetreten waren. Das Gleichgewicht der Flotten war dadurch gekippt. Die englischen Soldaten hatten noch einen weiteren Nachteil. Sie wagten keinen Krieg zu führen, der den Sieg auf Kosten der amerikanischen Bevölkerung brachte. Denn Terror hätte jene, die unter der britischen Flagge bleiben wollten, ermutigt, den Engländern die Versorgungswege abzuschneiden und ihre Bewegungsfreiheit, die auch die Armee von General Washington genoss, einzuschränken. Das übergeordnete Ziel der Briten bestand jedoch darin, den Weg zum Frieden offen zu halten, indem sie die Einigung mit den Kolonisten suchten, die bereit waren, wieder die britische Herrschaft zu akzeptieren. Unter diesen Umständen stellte die amerikanisch-französische Koalition eine Gefahr dar. Die militärische Entscheidung fiel 1781, als ein britisches Truppenkontingent in Yorktown zwischen den Amerikanern zu Lande und einer französischen Schwadron auf dem Meer eingekesselt wurde. Es waren nur etwa 7000 Mann daran beteiligt, doch diese Niederlage bedeutete eine der schwersten Demütigungen für die britischen Streitkräfte und das Ende einer Ära kolonialer Herrschaft.

General George Washington (1732–1799), der designierter Oberbefehlshaber der amerikanischen Streitkräfte war, musste sich mit den britischen Truppen, den gegenüber den Briten loyal gebliebenen amerikanischen Truppen und den Kriegern der amerikanischen Indianerstämme, die sich mit dem Feind der separatistischen Kolonisten verbündet hatten, auseinander setzen. Washington wurde später erster Präsident der Vereinigten Staaten.

John Paul Jones (ein Marineoffizier), Benjamin Franklin und George Washington betreten während der konstituierenden Versammlung von 1787 die Independence Hall in Philadelphia.

Schon bald begannen die Friedensverhandlungen, und zwei Jahre später unterzeichneten beide Parteien in Paris einen Vertrag, in dem Großbritannien die Unabhängigkeit der Vereinigten Staaten von Amerika anerkannte. Deren Territorium reichte nun bis zum Mississippi – dies war ein Zugeständnis der Engländer. Damit wurden die entscheidenden Voraussetzungen für die Bildung einer neuen Nation geschaffen. Die Franzosen, die das

Land im Mississippi-Tal beanspruchten, waren enttäuscht. Nordamerika sollte offensichtlich unter den Aufständischen sowie Spanien und Großbritannien aufgeteilt werden.

EINE NEUE NATION

Trotz aller offenen Probleme, die noch zu lösen waren, und einer Reihe von Grenzauseinandersetzungen, die sich über Jahrzehnte hinschleppten, bildete die Gründung eines neuen Staates mit bedeutenden Ressourcen in der westlichen Hemisphäre eine revolutionäre Veränderung. Ausländischen Beobachtern fiel das zunächst nicht auf, da die Schwachpunkte der neuen Nation zu dieser Zeit deutlicher hervortraten als ihr kreatives Potenzial. Es war noch nicht wirklich zu erkennen, dass eine neue Nation entstanden war.

Die Kolonien zeichneten sich durch Schwäche und Fragmentierung aus, und viele rechneten damit, dass sie Streitigkeiten und Uneinigkeit zum Opfer fallen würden. Der große Vorteil lag indessen in der weit entfernten Lage. Unbehelligt von ausländischen Interventionen konnten sich die neu gegründeten Vereinigten Staaten nun ihren eigenen Problemen zuwenden. Auf den Sieg folgten kritische Jahre, in denen eine kleine Gruppe amerikanischer Politiker durch ihre Beschlüsse die zukünftige Weltgeschichte mitgestaltete. Wie in vielen anderen Bürger- und Unabhängigkeitskriegen auch waren Spannungen innerhalb der Bevölkerung aufgetreten, die die politische Schwäche verstärkten. Die Kluft zwischen Loyalisten und Aufständischen stellte trotz aller Bitterkeit vielleicht die unwichtigste dar. Dieses Problem hatte sich jedoch durch die Emigration der Besiegten fast von allein gelöst. 80000 Loyalisten verließen die aufständischen Kolonien aus den verschiedensten Motiven, die von Abneigung gegen Einschüchterung und Terror bis hin zu aufrichtiger Loyalität gegenüber der Krone reichten. Andere Unterschiede kamen von jetzt an weit mehr zum tragen. Klassen- und wirtschaftliche Interessen trennten Farmer, Kaufleute und Plantagenbesitzer. Weitere Differenzen entstanden zwischen den neuen Staaten, die aus den früheren Kolonien hervorgegangen waren, und den Landstrichen, die sich jetzt rapide entwickelten – unter ihnen die Südstaaten, die durch die Ausbeutung schwarzer Sklaven große wirtschaftliche Bedeutung erlangten.

Letztlich aber besaßen die Amerikaner die besten Voraussetzungen für den Aufbau ihrer Nation. Auf ihrem Weg in die Zukunft behinderte sie keine große Zahl analphabetischer und rückständiger Landbewohner, die in vielen anderen Ländern, die ein demokratisches System entwickelten, zur Realität gehörten. Es gab genug Grund und Boden und große wirtschaftliche Ressourcen (auch wenn sie noch nicht bekannt waren), selbst in den besetzten Gebieten. Und schließlich baute dieser neue Staatenbund in seiner Kultur auf der europäischen Gesellschaft auf, die allerdings den Bedingungen des neu besiedelten, aber in weiten Teilen noch nahezu unberührten Kontinents angepasst werden musste.

Diese Darstellung zeigt die Unterzeichnung der Verfassung der Vereinigten Staaten im Jahr 1787 und wurde 1940 von Howard Chandler Christy für die Hall of Representatives in Washington, D.C. gemalt.

Nach der Unabhängigkeitserklärung musste sich die Nation, die zunächst nur aus einzelnen Kolonien bestand, erst konsolidieren. – Die Vereinigten Staaten von Amerika mussten sich in ihrer Gesamtheit politisch noch bewähren.

In der amerikanischen Verfassung von 1781 erschien zum ersten Mal der vollständige Name der neuen Nation: Vereinigte Staaten von Amerika.

Die amerikanische Verfassung

Der Krieg gegen die Briten hatte Ordnung geschaffen. Zwischen den früheren Kolonien waren 1781 verschiedene Verträge vereinbart worden, die die Zusammenarbeit untereinander regelten. In ihnen erschien auch der Name der neuen Nation: Vereinigte Staaten von Amerika. In Friedenszeiten reichten diese Vereinbarungen indessen nicht mehr aus. Besonders zwei Bereiche gerieten in die Kritik. Aus Uneinigkeit über die innenpolitischen Ziele, die die Revolution vorgegeben hatte, entstanden zum einen neue Unruhen. Die Bundesregierung erschien vielen Amerikanern zu schwach, um diese Unzufriedenheit und Unordnung eindämmen zu können. Zum anderen herrschte in den Nachkriegsjahren eine wirtschaftliche Depression, von der hauptsächlich der Außenhandel betroffen war; aber auch Währungsprobleme, die die Unabhängigkeit einzelner Staaten mit sich brachten, bereiteten Probleme. Erneut geriet die Regierung unter Beschuss. Man warf ihr vor, im Kontakt mit anderen Ländern die wirtschaftlichen Interessen Amerikas zu vernachlässigen. 1787 kamen die Delegierten aus allen Staaten in Philadelphia zu einer konstituierenden Versammlung zusammen. Nach viermonatiger Arbeit unterzeichneten sie einen Verfassungsentwurf, der den einzelnen Staaten zur Ratifizierung vorgelegt wurde. Mit der Zustimmung von neun Staaten trat die Verfassung im Sommer des Jahres 1788 in Kraft. Im April 1789 legte George Washington, der ehemalige Befehlshaber der amerikanischen Streitkräfte im Krieg gegen die Briten, den Amtseid als erster Präsident der neuen Republik ab. Die Abfolge der Präsidentschaften, die er begründete, wird bis heute ungebrochen fortgesetzt.

Die Institutionen sollten einfach und die Prinzipien in ihrer Zielsetzung klar sein. Obwohl bei der Konzeption der Verfassung beabsichtigt war, ein Dokument zu erstellen, das keine Neuinterpretation zuließ, gelang dies (glücklicherweise) nicht. So erwies sich die Verfassung der Vereinigten Staaten als eine ge-

Die hier dargestellte Amtseinführung von Präsident George Washington fand am 30. April 1789 in der New Yorker Old City Hall statt. Washington wurde auch 1793 als Präsident wieder gewählt und blieb bis 1797 im Amt.

Das Zentrum des politischen Lebens Amerikas sollte das Capitol werden, das hier im letzten Baustadium abgebildet ist. George Washington, der 1792 den Grundstein legte, beteiligte sich auch an der Planung der Bundeshauptstadt, die seinen Namen trägt. Der Kongress zog 1800 in das Capitolsgebäude in Washington, D.C.

eignete Klammer für eine ganze Epoche, in der sich aus den zersplitterten und vorwiegend landwirtschaftlichen Gesellschaften eine riesige industrialisierte Weltmacht entwickelte. Das lag gewiss zum Teil daran, dass bewusste Nachbesserungen von vornherein vorgesehen waren, mehr noch aber an der Tatsache, dass sich die in der Verfassung enthaltenen Grundsätze unterschiedlich deuten und auslegen lassen. So ist mancher Artikel, obzwar mitunter heftig diskutiert, bis heute unverändert in der Verfassung bestehen geblieben.

Der Republikanismus

Eines ist offenkundig: Die Verfassung war republikanisch. Das war im 18. Jahrhundert weder üblich noch selbstverständlich. Einige Amerikaner hielten den Republikanismus für so ungeheuerlich und riskant, dass sie sogar die Verfassung ablehnten, weil sie glaubten, diese (und insbesondere ein Präsident als Oberhaupt der Exekutive) sei „mit dem Blick auf die Monarchie“ entstanden. Schon die antiken Republiken waren bei den klassisch gebildeten Europäern für ihre Neigung zur Verderbtheit und Klüngelei genauso bekannt wie für ihre legendären Moralvorstellungen. Die italienischen Republiken z. B. konnten, wie ihre Geschichte belegt, kaum als Vorbild dienen, und auch die wenigen Republiken im Europa des 18. Jahrhunderts gediehen schlecht. Aber vielleicht konnte die weite Entfernung Amerikas vom konservativen Europa die republikanischen Formen schützen, die anderswo eher zum Zusammenbruch eines großen Staates führten

Für den späteren Erfolg der Vereinigten Staaten erwies sich die Hinwendung zum Republikanismus als von immenser Bedeutung. Sehr bald zogen seine Überlebensfähigkeit, seine Werte und sein Liberalismus die weltweite Aufmerksamkeit von Kritikern der traditionellen Regierungen auf sich. Das amerikanische Modell breitete sich überdies auf dem amerikanischen Kontinent selbst nach Süden hin aus.

Das anfängliche Misstrauen der europäischen Mächte gegenüber der republikanisch geprägten Verfassung schwand mit den zunehmenden Erfolgen der USA.

Darstellung des morgendlichen geschäftigen Treibens in den Straßen von New York am Tag der Amtseinführung des amerikanischen Präsidenten im Jahr 1789.

Der britische Einfluss

Das zweite grundlegend wichtige Merkmal der neuen Verfassung war ihr Aufbau auf den Erfahrungen britischer Politik. Das englische Gesetz mit seinen Prinzipien des Common Law floss in die Rechtsprechung des neuen Staates ein, und auch die Organisation der Regierung orientierte sich an britischer Tradition. Die Gründungsväter waren im britischen Kolonialsystem groß geworden, in dem in gewählten Versammlungen mit Gouverneuren, die einem Monarchen ähnliche Funktionen besaßen, über die öffentlichen Interessen debattiert worden war. Sie setzten eine Zweikammer-Legislative (Kongress) nach englischem Modell ein (schlossen aber jegliche Erbfolge aus), die das Gegengewicht zu einem Präsidenten bildete. Indem sie einen Herrscher, wenn auch einen gewählten, an die Spitze der Exekutive setzten, folgten sie der englischen Verfassungstheorie. Tatsächlich funktionierte die britische Verfassung des 18. Jahrhunderts in der Praxis nicht so, aber die Staatengründer kamen der ihr zu Grunde liegenden Theorie sehr nahe. In der Tat griffen sie auf die damals beste bekannte Verfassung zurück, befreiten sie von ihren Schwächen (soweit man sie erkannt hatte) und passte sie den politischen und gesellschaftlichen Verhältnissen Amerikas an. Die Gründungsväter eiferten in keiner Weise einem monarchischen Absolutismus, dem alternativen Regierungsprinzip, das im zeitgenössischen Europa zur Verfügung stand, nach, auch nicht in seiner aufgeklärten Form. Die Amerikaner entwarfen eine Verfassung für freie Bürger, weil ihrer Ansicht nach die Briten bereits unter einer solchen lebten. Sie glaubten, die britische Verfassung habe nur insoweit versagt, als sie zu Unrecht dazu eingesetzt worden war, den Amerikanern die Rechte vorzuenthalten, die ihnen genau nach dieser Verfassung zugestanden hätten.

Föderalismus

In einem Punkt unterschieden sich die Vereinigten Staaten radikal von den meisten anderen Staaten und wichen bewusst von dem britischen Verfassungsmodell ab. Sie hielten am Prinzip des Föderalismus fest. Dies war grundlegend, da erst die großen Zugeständnisse an die Unabhängigkeit einzelner Staaten die neue Union entstehen ließen. Die ehemaligen Kolonien hatten kein Interesse daran, eine neue zentrale Regierung aufzustellen, die sie ähnlich tyrannisieren würde wie diejenige König Georgs. Die föderale Struktur bot eine Lösung für das Problem der Verschiedenartigkeit – *e pluribus unum* (aus mehreren eines), und sie bestimmte für die nächsten 80 Jahre in besonderem Maße die Form und den Inhalt der amerikanischen Politik. Jede Frage wirtschaftlichen, gesellschaftlichen oder ideologischen Inhalts verfing sich in einer anhaltenden Debatte über das richtige Verhältnis zwischen der Zentralregierung und den einzelnen Staaten. Fast wäre darüber die Union gescheitert. Als wesentliche Neuerung ließ der Föderalismus den Obersten Gerichtshof entstehen – ein neues Instrument richterlicher Revision. Außerhalb der Union wirkte sich im 19. Jahrhundert der Reiz des Föderalismus auf viele andere Länder aus, die von den Errungenschaften der Amerikaner beeindruckt waren. Die europäischen Liberalen werteten den Föderalismus als bedeutendes Mittel, um Einheit und Freiheit zu gewährleisten.

Demokratie

Besonders beachtenswert sind die Eröffnungsworte der Verfassung der Vereinigten Staaten: „Wir, das Volk…" In einigen amerikanischen Staaten war das politische System noch 1789 in keiner Weise demokratisch, doch das Prinzip der Volkssouveränität wurde von Beginn an deutlich artikuliert. Das heißt, der Wille des Volkes war und blieb die letzte politische Instanz für die Amerikaner.

Die amerikanische Variante einer demokratischen Theorie, nach der alle Regierungen ihre rechtmäßige Macht durch die Zustimmung der Regierten erhalten, wie es bereits in der Unabhängigkeitserklärung formuliert stand, wurde epochemachend. Doch sie löste keinesfalls auf einen Schlag die Probleme der politischen Autorität. Viele Amerikaner fürchteten die Konsequenzen der Demokratie und versuchten, von Anfang an das Element der Mitsprache durch das Volk im politischen System einzuschränken. Auch die Grundrechte, die in den ersten zehn Zusätzen zur Verfassung Ende 1789 aufgestellt wurden, bargen Schwierigkeiten. Sie waren genauso offen für Änderungen durch die Volkssouveränität wie jeder andere Teil der Verfassung. Hier lagen die Wurzeln künftiger Uneinigkeit. Immer wieder gab es Irritationen, ob demokratische Prinzipien bedeuteten, den Wünschen der Mehrheit zu folgen oder bestimmte Grundrechte hochzuhalten. Dennoch war die Übernahme des demokratischen Prinzips im Jahr 1787 von weit reichender Bedeutung und rechtfertigt es, die Verfassung als Meilenstein der Weltgeschichte zu werten. Den meisten, die irgendwo in der Welt nach Freiheit strebten, wurden die neuen Vereinigten Staaten – um es mit den Worten eines Amerikaners zu sagen – „die letzte, die beste Hoffnung für die Welt". Das demokratische Ideal, dessen Hüter und Beispiel dieses Land über so lange Zeit war, behält in vielen Ländern seine Leuchtkraft, auch wenn Amerika selbst inzwischen eine mächtige konservative Nation geworden ist.

FRANKREICH IM ZEITALTER DER REVOLUTIONEN

Paris bildete das Zentrum der gesellschaftlichen und politischen Diskussionen in Europa. Dorthin kehrten französische Soldaten zurück, die die junge amerikanische Republik auf ihrem Gründungsweg unterstützt hatten. Es überrascht daher wenig, dass Frankreich die Revolution in Übersee auf besondere Weise wahrnahm. Das Beispiel Amerikas und die Hoffnungen, die es weckte, leisteten einen (wenn auch untergeordneten) Beitrag zur

Diese antiroyalistische Karikatur aus der Zeit der Französischen Revolution trägt den Titel *La Chasse aux Aristocrates* (Die Aristokratenjagd). Auf den Bildern dieser turbulenten Phase sieht man häufig Darstellungen von Adeligen und Klerikern, die von Revolutionären gejagt und lächerlich gemacht werden.

Der unglückselige König Ludwig XVI. (1754–1793) musste während seiner Regierungszeit erleben, wie die französische Monarchie durch eine Republik ersetzt wurde.

Entfesselung der gewaltigen Kräfte, die schließlich zu *der* Französischen Revolution führten.

Politiker und Gelehrte lieferten eine Reihe von Deutungsversuchen darüber, welche Ziele die Revolution im Kern verfolgte. Uneinigkeit herrscht über ihre Dauer, ihre Ergebnisse und sogar darüber, wann genau sie begann. In einem einzigen Punkt stimmten jedoch alle überein, nämlich darin, dass den Ereignissen, die 1789 ins Rollen kamen, etwas Umwälzen-

Der Bankier Jacques Necker (1732–1804) war seit 1777 Generaldirektor des französischen Finanzwesens. Seine Reformprogramme entflammten den Zorn der Königin und führten 1781 zu seiner Suspendierung. Necker wurde 1788 wieder in den Dienst berufen und riet zur Einberufung der Generalstände.

des und Wichtiges innewohnte. Sie veränderten binnen kurzer Zeit dramatisch den Begriff Revolution. Die französische Gesellschaft kochte förmlich über. Den Inhalt dieses brodelnden Kessels bildete eine kunterbunte Mischung aus konservativen und innovativen Elementen. Am Ende stand eine völlig neue Gesellschaftsordnung mit einer veränderten Wahrnehmung individueller Rechte.

Finanzielle Probleme

Die Missstände im wirtschaftlichen und politischen System Frankreichs sorgten für eine Zeit der Wirren. Frankreich war die größte Macht in Europa, und die Regierenden des Landes konnten und wollten diese weltweite Position nicht preisgeben. Die amerikanische Revolution gab Frankreich zunächst die Gelegenheit zur Revanche. Yorktown konnte als Vergeltung für die Niederlage durch die Briten im Siebenjährigen Krieg interpretiert werden, und das Vorenthalten der 13 Kolonien war in gewisser Weise ein Ausgleich für den französischen Verlust Indiens und Kanadas. Doch der Preis war hoch. Frankreich vergrößerte für einen Gewinn, der nicht wesentlich über die Demütigung des Gegners hinausging, den riesigen Schuldenberg, den es seit den 30er Jahren des 17. Jahrhunderts durch sein Bestreben, die Vorherrschaft in Europa auszubauen, in Kauf genommen hatte. Mehrere Minister unter Ludwig XVI., dem jungen, etwas dümmlichen, doch äußerst prinzipientreuen und gutmütigen König, der 1774 den Thron bestieg, hatten versucht, diese Schulden abzutragen. Sie wollten die Monarchie von ihrer drückenden Last befreien (nach 1783 wurde deutlich, wie sehr die außenpolitische Unabhängigkeit Frankreichs durch diese Schuldenlast eingeschränkt wurde). Es gelang weder, das Anwachsen der Schulden zum Stillstand zu bringen, und noch weniger, sie zu reduzieren. Im Gegenteil, gerade durch dieses Bemühen gelangte die kritische finanzielle Situation an die Öffentlichkeit. Das Defizit ließ sich nun beziffern, und die Zahlen wurden veröffentlicht, was noch unter Ludwig XIV. unvorstellbar gewesen wäre. Wenn es ein Schreckgespenst gab, das Frankreich in den 80er Jahren des 18. Jahrhunderts heimsuchte, so war es nicht das der Revolution, sondern das des Staatsbankrotts.

Die gesamte gesellschaftliche und politische Struktur in Frankreich – und dies war das grundlegende Problem – verhinderte, den Reichtum der Wohlhabenden anzutasten. Der einzig sichere Weg aus der finanziellen Sack-

Zeitleiste (1789–1815)

1750 – 1850

- 1789 Nationalversammlung
- 1791 Verfassung; 1. Gesetzgebende Versammlung
- 1792 Der Konvent ruft die Republik aus
- 1799 Das Konsulat
- 1804 Napoleon wird Kaiser
- 1814 Pariser Frieden, Ludwig XVIII. wird König von Frankreich
- 1815 Schlacht von Waterloo, Napoleon wird nach St. Helena verbannt

gasse war dadurch verbaut. Schon seit Ludwig XIV. hatte es sich als unmöglich erwiesen, den Reichen mit ihren Privilegien und speziellen Immunitäten und ohne Gewaltanwendung eine angemessene Steuerlast aufzuerlegen.

Die Widersprüchlichkeit der Regierungen im 18. Jahrhundert zeigte sich in Frankreich am deutlichsten. Eine in der Theorie absolute Monarchie konnte die Freiheiten und Rechte, aus denen die im Prinzip noch mittelalterliche Verfassung des Landes bestand, nicht verletzen, ohne ihre eigenen Grundlagen zu gefährden. Die Monarchie selbst war auf Vorschriften gegründet.

Polarisation

Immer mehr Franzosen glaubten, dass Frankreich die Grundlagen der Regierungs- und Verfassungsstruktur ändern müsse, um seine Schwierigkeiten zu bewältigen. Mehr noch, einige sahen in der Unfähigkeit der Regierung, die Steuerschulden gleichmäßig zwischen den Klassen aufzuteilen, ein extremes Beispiel für eine Vielzahl von Missständen, die eine Reform erforderlich machten. Die Positionen wurden immer extremer; sie schwankten zwischen Vernunft und Aberglauben, Freiheit und Sklaverei, Menschlichkeit und Gier. Die symbolische Frage nach den gesetzlichen Privilegien rückte mehr und mehr in den Mittelpunkt. Der angestaute Zorn richtete sich damit vor allem gegen den Adel, eine äußerst vielschichtige und sehr große Gruppe (1789 gab es in Frankreich vermutlich 200000 bis 250000 männliche Adelige), die sich in kultureller, wirtschaftlicher oder gesellschaftlicher Hinsicht unmöglich auf einen Nenner bringen ließ. Allen gemeinsam jedoch war der gesetzliche Status, der ihnen eine Reihe von Privilegien zusicherte.

Die Generalstände

Obwohl der extreme finanzielle Engpass die französische Regierung immer mehr in den Konflikt mit der Oberschicht trieb, lehnten die königlichen Ratgeber – meist selbst Ade-

Der Stich nach einer zeitgenössischen Originalzeichnung eines Hofmalers zeigt die Eröffnung der Ständeversammlung am 5. Mai 1789 in Versailles.

lige – und der König jegliche Zwangsmaßnahmen ab, es sei denn auf der Basis einer Übereinkunft. Nach mehreren Fehlschlägen versuchten sie 1788 durch eine Einberufung der Generalstände, die angespannte Situation zu entschärfen. Diese Vertretung von Repräsentanten aus Adel, Klerus und Bürgertum war seit 1614 nicht mehr zusammengetroffen. Man hoffte, sie werde genügend moralische Autorität aufbringen, um den steuerlich Privilegierten eine Zustimmung zur Zahlung höherer Steuern abzuringen. Es handelte sich um einen untadeligen verfassungsmäßigen Schritt, der jedoch den Nachteil hatte, dass er große Erwartungen weckte. Es war nach dem Gesetz völlig unklar, welche Kompetenzen die Ständeversammlung wirklich besaß. Manche meinten, die Generalstände könnten für die Nation Gesetze erlassen, selbst wenn es um historische und zweifellos rechtmäßige Privilegien (und ihre Abschaffung) ging.

Soziale Spannungen

Diese komplizierte politische Krise erreichte zu einer Zeit ihren Höhepunkt, als Frankreich noch anderen Spannungen ausgesetzt war. Hinter allem stand die wachsende Bevölkerung. Seit dem zweiten Viertel des Jahrhunderts war diese in einem Ausmaß angestiegen, dass sie die Nahrungsmittelproduktion bald überholte. Es folgte eine dauerhafte Inflation der Lebensmittelpreise, die am empfindlichsten die Armen belastete, also die große Mehrheit der Kleinbauern mit wenig oder keinem eigenen Land. Die neuen Steuerforderungen der Regierung zögerten die Finanzkrise für einige Zeit hinaus, allerdings wiederum zum Nachteil der Nicht-Privilegierten, da diese von der Anhebung der direkten und indirekten Steuern am härtesten betroffen waren. Die Bemühungen der Gutsbesitzer, sich in solch inflationären Zeiten selbst zu schützen, indem sie die Löhne niedrig hielten und die Mieten und Abgaben heraufsetzten, erschwerten das Leben der Armen in Frankreich während des ganzen Jahrhunderts noch zusätzlich.

Unter dem Titel *Der Bauer, zu harter Arbeit geboren* versucht dieser französische Stich aus dem 18. Jahrhundert die bedrückenden Bedingungen zu zeigen, unter denen die Landbevölkerung arbeitete, und beklagt die Tatsache, dass ein Großteil ihres mageren Einkommens den Miet- und Steuereintreibern zufloss.

Schlechte Ernten, Viehseuchen und Rezession, die die Gegenden hart trafen, in denen die Bauernfamilien zur Aufbesserung ihres Einkommens Textilien herstellten, griffen außerdem in den 80er Jahren des 18. Jahrhunderts die schon angeschlagene Wirtschaft an. Das alles führte dazu, dass die Wahlen zu den Generalständen 1789 in einer aufgeregten und verbitterten Atmosphäre stattfanden. Millionen von Franzosen suchten verzweifelt nach einem Weg aus ihren Schwierigkeiten, waren eifrig bemüht, Sündenböcke zu finden und besaßen unrealistische und überzogene

Schlechte Ernten, Viehseuchen und wirtschaftliche Rezession führten zu starken sozialen Spannungen, die sich bald in einer Revolution entladen sollten. Eine schwache Regierung war nicht in der Lage, die Situation zu entschärfen.

Vorstellungen von dem, was der König, dem sie vertrauten, für sie tun könne.

So führte ein komplexes Zusammenspiel von Regierungsschwäche, sozialer Ungerechtigkeit, wirtschaftlichen Schwierigkeiten und Reformversuchen zur Französischen Revolution. Doch bevor diese Komplexität in den nachfolgenden politischen Kämpfen mit ihren vereinfachenden Schlagworten aus dem Blick gerät, muss betont werden, dass so gut wie niemand diesen Ausgang voraussah oder gar wünschte. Es gab viel soziale Ungerechtigkeit in Frankreich, aber sie ging nicht über das Maß hinaus, mit dem man in anderen Staaten des 18. Jahrhunderts meinte, leben zu können. Es gab eine Unmenge hoffnungsvoller Befürworter bestimmter Reformen, die von der Abschaffung der Zensur bis zum Verbot unmoralischer und antireligiöser Literatur reichten, und niemand zweifelte daran, dass solche Veränderungen leicht vom König durchgeführt werden könnten, wenn er erst einmal über die Wünsche und Bedürfnisse seines Volkes informiert war. Es existierte allerdings noch keine Revolutionspartei, die etwa einer reaktionären Partei gegenübergestanden hätte.

Das Jahrzehnt der Revolution

Parteien wurden erst gegründet, als die Generalstände zusammengekommen waren. Daher ist der 5. Mai 1789 (eine Woche nach der Amtseinführung George Washingtons) ein wichtiges Datum der Weltgeschichte. Mit diesem Tag begann eine Zeit, in der es in den meisten Ländern des Kontinents zur zentralen politischen Frage wurde, ob man für oder gegen die Revolution war. Dies belastete sogar die sehr unterschiedliche Politik Großbritanniens und der Vereinigten Staaten. Was in Frankreich passierte, erlangte weit über die Grenzen des Landes hinaus Bedeutung.

Dies lag zunächst daran, dass Frankreich die größte europäische Macht darstellte. Die Ge-

Am 20. Juni 1789 traf die neue Nationalversammlung im Ballhaus von Versailles zusammen (da sie von ihrem üblichen Treffpunkt ausgeschlossen worden war) und schwor, „sich niemals wieder zu trennen (...), bis die Verfassung des Königreichs auf ein festes Fundament aufgebaut ist". Der Ballhausschwur, als der dieses Ereignis bekannt wurde, ist auf dem Gemälde von Jacques-Louis David (1748–1825) aus dem Jahr 1791 dargestellt.

Im Hochsommer des Jahres 1789 war der Hass des Volkes auf die Krone weit verbreitet und Gerüchte, die Truppen des Königs seien angewiesen worden, die Hauptstadt zu stürmen, machten die Runde. In den Straßen von Paris brachen in der Nacht vom 12. auf den 13. Juli Unruhen aus, wie sie auf dieser Abbildung dargestellt sind, die am 14. Juli in der Stürmung der Bastille ihren Höhepunkt fanden.

neralstände würden das Land entweder lähmen (was viele ausländische Diplomaten hofften) oder von seinen Schwierigkeiten befreien und ihm wieder eine machtvolle Position ermöglichen. Darüber hinaus war Frankreich kultureller Mittelpunkt Europas. Was französische Schriftsteller und Politiker sagten und taten, war wegen der großen Verbreitung der französischen Sprache für die Menschen anderswo zugänglich und wurde mit respektvoller Aufmerksamkeit aufgenommen, weil man gewöhnlich nach Paris blickte, wenn es um den geistigen Führungsanspruch ging.

Die neue Nationalversammlung

Im Sommer 1789 formierten sich die Generalstände zur Nationalversammlung um, die nun Anspruch auf Souveränität erhob. Da die Nationalversammlung nicht mehr die Stände der mittelalterlichen Gesellschaft vertrat, behauptete die Mehrheit ihrer Mitglieder, sie repräsentiere alle Franzosen gleichermaßen. Diesen revolutionären Schritt konnten sie deshalb vollziehen, weil die Turbulenzen in Frankreich die Regierung und die in die Versammlung geschickten Vertreter, die gegen eine derartige Veränderung waren, einschüchterten. Die Revolte auf dem Land und der Aufstand in Paris schreckten die Minister auf, die nicht mehr sicher waren, ob sie sich auf die Armee verlassen konnten. Die Monarchie musste sich auf unfreiwillige sowie unbequeme Konzessionen, die die Politiker von der neuen Nationalversammlung forderten, einlassen. Gleichzeitig bewirkten diese Zugeständnisse eine scharfe Trennung zwischen den Befürwortern und Gegnern der Revolution. Einem neuen Sprachgebrauch folgend, der um die Welt ging, wurden sie bald die Linken und die Rechten genannt (entsprechend ihren Plätzen in der Versammlung).

Die Nationalversammlung hatte es sich zu ihrer Hauptaufgabe gemacht, eine Verfassung zu erarbeiten. Im Verlauf der Beratungen veränderte sie die gesamte institutionelle

In der Nacht des 4. August 1789 schaffte die Nationalversammlung bei dem hier abgebildeten Zusammentreffen die Feudalrechte ab. Am 26. August erhielt die Erklärung der Menschen- und Bürgerrechte die Zustimmung der Versammlung.

Am 14. Juli 1789 stürmte das Volk von Paris das Staatsgefängnis, die Bastille, wie es auf diesem Stich zu sehen ist. Lafayette übernahm die Aufsicht über die neu geschaffene Nationalgarde. In den Provinzen revoltierten die Bauern, und es wurden revolutionäre Stadträte eingesetzt.

Struktur Frankreichs. Bevor die Nationalversammlung 1791 zerfiel, hatte sie den Landbesitz der Kirche verstaatlicht, das, was sie als „das Feudalsystem" bezeichnete, abgeschafft, die Zensur beseitigt, das System einer zentralistischen, repräsentativen Regierung geschaffen, die alten provinziellen und örtlichen Teilungen aufgehoben und sie durch Regierungsbezirke, so genannte *départements* ersetzt, in denen die Franzosen heute noch leben. Sie hatte die Gleichheit vor dem Gesetz institutionalisiert und die Exekutive von der Legislative getrennt. Ihre Misserfolge überdecken häufig zu Unrecht ihre enormen Leistungen. Die Nationalversammlung beseitigte die gesetzlichen und institutionellen Hindernisse für die Modernisierung Frankreichs. Volkssouveränität, Zentralisierung der Verwaltung und Gleichheit des Einzelnen vor dem Gesetz waren seit dieser Zeit die Grundlagen, auf die sich die staatliche Ordnung mit ihren Einrichtungen immer wieder bezog. In Frankreich gab es auch viele Kritiker und entschiedene Gegner der Reformen. 1791 hatte

1791 wurden Streiks in Pariser Cafés organisiert, so wie in diesem auf dem Boulevard du Temple.

Maximilien de Robespierre (1758–1794), Abgeordneter des Dritten Standes in den Generalständen, vertrat in seinen demokratischen Überzeugungen die extreme Linke und wurde ein Anführer der radikalen Jakobiner. Nachdem er 1793 in den so genannten Wohlfahrtsausschuss gewählt worden war, verlor er bereits im folgenden Jahr dessen Unterstützung und wurde von Mitgliedern des Ausschusses wegen seiner Rolle während der Schreckensherrschaft auf die Guillotine geschickt.

der König seine Befürchtungen bereits klar zum Ausdruck gebracht. Das Wohlwollen, das ihn noch während der Anfänge der Revolution gestützt hatte, war nun verschwunden, und man verdächtigte ihn, ein Revolutionsgegner zu sein. Die Emigration vieler Adliger, allen voran zweier Brüder des Königs, verstärkte die missliche Lage des Königshauses. Ein Großteil der Franzosen wandte sich gegen die Revolution, als der Papst die Regelung der kirchlichen Angelegenheiten durch die Nationalversammlung in Frage stellte. Pius VI. hatte in einer geheimen Erklärung bereits die Menschenrechte verurteilt, 1791 sprach er sich gegen die französische Zivilverfassung aus. Viele Franzosen, darunter auch Kirchenvertreter, hatten einem Großteil der Neuerungen zugestimmt, doch mit der Ablehnung des Papstes war die Frage nach der letzten und höchsten Autorität aufgeworfen. Die französischen Katholiken mussten entscheiden, ob sie der Autorität des kirchlichen Oberhauptes oder der der französischen Verfassung Folge leisten wollten. Die daraus resultierende Spaltung verschärfte die revolutionäre Politik dramatisch.

Die Menschen- und Bürgerrechte

Art. 1: Die Menschen werden frei und gleich an Rechten geboren und bleiben es für immer. Standesunterschiede dürfen nur im allgemeinen Nutzen begründet sein.
Art. 2: Das Ziel jeder politischen Vereinigung ist die Erhaltung der natürlichen und unveräußerlichen Rechte des Menschen. Diese Rechte sind Freiheit, Eigentum, Sicherheit und Widerstand gegen Unterdrückung.
Art. 3: Der Ursprung jeder Souveränität liegt wesentlich in der Nation. Keine Körperschaft, kein Individuum kann eine Gewalt ausüben, die nicht ausdrücklich von ihr ausgeht.
Art. 9: Da jeder Mensch so lange für unschuldig gehalten wird, bis er schuldig gesprochen worden ist, soll (...) jede Härte, die nicht unabdingbar ist, um sich seiner Person zu versichern, durch das Gesetz streng unterdrückt werden.
Art. 10: Niemand darf wegen seiner Meinung, selbst in religiösen Fragen, behelligt werden, solange ihre Äußerung nicht die durch das Gesetz festgelegte öffentliche Ordnung stört.
Art. 11: Der freie Austausch der Gedanken und Meinungen ist eines der kostbarsten Menschenrechte. Jeder Bürger kann also frei reden, schreiben, drucken, mit der Einschränkung, daß er die Verantwortung für den Missbrauch dieser Freiheit in den durch das Gesetz bestimmten Fällen übernehmen muss.

Auszug aus der Erklärung der Menschen- und Bürgerrechte vom 26. August 1789, übersetzt und kommentiert von Chris E. Paschold und Albert Gier.

Das Ende der französischen Monarchie

1792 kam es zu einer großen Krise. Frankreich führte Anfang des Jahres Krieg gegen Österreich und bald danach gegen Preußen. Auch wenn die Angelegenheit recht kompliziert war, glaubten doch viele Franzosen, die ausländischen Kräfte wollten eingreifen, um die Revolution zu beenden und die Uhr auf 1788 zurückzudrehen. Im Sommer, als die Lage sich verschlechterte, und Mangel und Misstrauen

Die Demonstration des Volkes in Paris am 10. August 1792 überzeugte Robespierre davon, dass das einzige Recht das des Volkes war. Diese Zeichnungen aus der Revolutionszeit zeigen Pariser Sansculottes, die so genannt wurden, weil die Männer lange Hosen trugen statt der Kniehosen des Adels unter dem alten Regime.

im eigenen Land wuchsen, war der König diskreditiert. Ein Aufstand in Paris stürzte schließlich die Monarchie und führte zur Einberufung einer neuen Versammlung, um eine neue, und diesmal republikanische, Verfassung zu erarbeiten. Diese Einrichtung, die Konvent genannt wurde, stellte bis 1796 das Machtzentrum der französischen Politik dar. Trotz des Bürgerkriegs, des gleichzeitigen Krieges gegen das Ausland und der wirtschaftlichen und ideologischen Krise gelang es dieser neuen Regierung, die Revolution am Leben zu erhalten. Die meisten Mitglieder waren in ihren politischen Ansichten nicht sehr viel fortschrittlicher als ihre Vorgänger. Sie glaubten an das Individuum und an die Unantastbarkeit des Eigentums (sie schrieben die Todesstrafe für jeden vor, der ein Gesetz zur Einführung des Agrarkommunismus propagierte). Sie waren überzeugt, dass es immer Arme geben werde. Einigen von ihnen räumten sie ein geringes Mitspracherecht ein, indem sie das direkte allgemeine Wahlrecht für männliche Erwachsene befürworteten. Was sie von ihren Vorgängern unterschied, war, dass sie bei der Beseitigung der Notstände größere Zugeständnisse eingingen als frühere französische Versammlungen (besonders als sie eine Niederlage befürchteten). Paris wurde lange Zeit von extremeren Politikern beeinflusst, die in ihm das Zentrum des politischen Geschehens erblickten. Dieser Einfluss trieb den Konvent zu viel radikaleren Mitteln, als es seiner Überzeugung entsprach, und zur Verwendung einer sehr demokratischen Sprache. Entsprechend versetzte der Konvent Europa weitaus mehr in Schrecken als seine Vorgänger.

Nach der Absetzung des Königs lag die Macht beim so genannten Nationalkonvent.

Die Schreckensherrschaft

Der symbolische Bruch des Konvents mit der Vergangenheit war vollzogen, als er im Januar 1793 für die Hinrichtung des Königs stimmte.

Die Herrschaft Ludwigs XVI. endete im September 1792, als eine von einem Nationalkonvent regierte Republik ausgerufen wurde. Ihr jakobinischer Flügel beschuldigte den König der landesverräterischen Verschwörung zum Umsturz der Republik. Seine Hinrichtung fand am 21. Januar 1793 statt.

Mit dem Todesurteil gegen den König hatte der Konvent endgültig mit der Vergangenheit gebrochen. Die nächsten Jahre waren gekennzeichnet von der Schreckensherrschaft der Jakobiner.

Bis dahin war der Justizmord an Königen als eine Verirrung der Engländer angesehen worden. Nun zeigten sich die Engländer genauso schockiert wie das übrige Europa. Sie traten nun ebenfalls in den Krieg gegen Frankreich ein, weil sie einen französischen Sieg über die Österreicher in den Niederlanden mit allen seinen strategischen und wirtschaftlichen Konsequenzen fürchteten. Doch der Krieg wurde mehr und mehr zum ideologischen Gefecht, und um dieses zu gewinnen, erwies sich die französische Regierung in ihrem eigenen Land zunehmend als blutrünstig. Ein neues Instrument zur Hinrichtung von Menschen, die Guillotine (ein typisches Produkt der vorrevolutionären Aufklärung, das den Opfern einen raschen, sicheren Tod gewährte), wurde zum Symbol der Schreckensherrschaft. So bezeichnete man bald die Phase, in der der Konvent die Feinde im eigenen Land einschüchterte und damit die Fortsetzung der Revolution gewährleistete. Ein Teil des Terrors bestand indessen nur in Rhetorik, mit der die Politiker sich selbst Mut machten und ihre Gegner das Fürchten lehren wollten. In der Praxis spiegelte er ein Durcheinander aus Patriotismus, praktischer Notwendigkeit, konfusem Idealismus, Eigeninteresse und kleingeistiger Rachsucht wider, da im Namen der Republik auch alte Rechnungen beglichen wurden. Viele Menschen – über 35 000 – starben oder emigrierten, um der Todesgefahr zu entrinnen. Doch die Guillotine war nur für den kleineren Teil dieser Opfer verantwortlich; die meisten Menschen starben in den Provinzen, in denen zum Teil Bürgerkriegsbedingungen herrschten. In etwa 18 Monaten töteten die Franzosen, in den Augen ihrer Zeitgenossen bereits Bestien, ungefähr genauso viele Landsleute, wie während der zehntägigen Straßenkämpfe und des Exekutionskommandos 1871 in Paris umgekommen waren. Das Blutvergießen verschärfte die Spaltung der französischen Bevölkerung.

Dennoch bleibt festzuhalten: Der gesamte Adel hatte zwar durch die Revolution an Privilegien und anderem verloren, aber nur eine Minderheit hielt es für notwendig zu emigrieren. Vielleicht hatte der Klerus mehr durchzustehen, zumindest flohen viele Priester ins Ausland. Dennoch gab es während der Revolution weniger Auswanderer aus Frankreich als nach 1783 aus den amerikanischen Kolonien. Die Amerikaner, die sich durch die Revolution in ihrem Land zu sehr eingeschüchtert oder abgestoßen fühlten, um nach der Unabhängigkeit noch in den Vereinigten Staaten zu leben, übertrafen zahlenmäßig die Franzosen, die nach der Schreckensherrschaft nicht mehr in ihrer Heimat leben wollten.

Änderung der Revolutionspolitik

Der Konvent errang Siege und schlug die Aufstände im eigenen Land nieder. 1797 hatte nur Großbritannien noch nicht mit Frankreich Frieden geschlossen. Die Zeit des *terreur* war vorüber, und die Republik besaß eine Regierung, die nun viel eher einem parlamentarischen Regime mit einer Verfassung glich. 1795 war die Ära des Konvents beendet. Die Revolution hatte sich letztendlich durchgesetzt, auch wenn es häufig nicht danach aussah. Im Ausland bemühten sich die Royalisten, Verbündete zu finden, mit deren Hilfe sie zurückkehren konnten, und intrigierten gleichzeitig mit denen, die innerhalb Frankreichs unzufrieden waren. Eine Wiederherstellung der alten Ordnung befürworteten je-

Auf den Staatsstreich vom 9. November 1799 folgend, fand am 25. Dezember die Einsetzung eines Staatsrats mit Napoleon Bonaparte als Erstem Konsul statt. Dieses Ereignis, das für ganz Europa große Bedeutung hatte, ist hier auf einem der vielen späteren, nicht zeitgenössischen Bilder dargestellt, die verschiedene Episoden dessen, was im Nachhinein zur napoleonischen Legende wurde, glorifizierten.

doch nur wenige in Frankreich. Auf der anderen Seite gab es Stimmen, die eine Stärkung der Demokratie forderten. Es gebe immer noch zu große Unterschiede zwischen Arm und Reich, und das sei genauso unannehmbar wie früher die Diskrepanzen zwischen Privilegierten und Nicht-Privilegierten. Die Pariser Radikalen sollten daher mehr Mitspracherecht in allen Angelegenheiten erhalten. Die Nutznießer der Revolution und diejenigen, die weiteres Blutvergießen vermeiden wollten, waren darüber ebenso beunruhigt wie über die Möglichkeit einer Restauration. Derart von Rechts und Links bedrängt, befand sich das Direktorium (wie das neue Regime genannt wurde) nicht einmal in der schlechtesten Position, auch wenn viele den (zickzackförmigen) *Mittelweg*, den es eingeschlagen hatte, unannehmbar fanden. 1799 führten schließlich einige Politiker gemeinsam mit Soldaten einen Staatsstreich herbei und ersetzten das alte Direktorium durch eine neue Regierung.

Der bekannte Sansculotte Pierre Chaumette (1763–1794) enthüllt im November 1793 den Altar der Vernunft in der Kathedrale von Notre-Dame.

DAS NACHREVOLUTIONÄRE FRANKREICH

1799, zehn Jahre nach der Versammlung der Generalstände, war für die meisten Beobachter klar, dass Frankreich für alle Zeiten mit der feudalistischen Vergangenheit gebrochen hatte. Dem Gesetz nach vollzog sich das recht schnell. Fast alle großen Reformen wurden wenigstens vom Grundsatz her 1789 als Gesetz erlassen. Die formale Abschaffung des Feudalismus, gesetzlicher Privilegien und des theokratischen Absolutismus sowie die Organisation der Gesellschaft auf einem individualistischen und säkularen Fundament bildeten den Kern der Ideen von1789. In konzentrierter Form waren diese in die Erklärung der Menschen- und Bürgerrechte eingegangen und waren der Verfassung von 1791 vorangestellt. Gleichheit vor dem Gesetz und der garantierte Schutz der Rechte Einzelner, die Trennung von Kirche und Staat und religiöse Toleranz waren Ausdruck davon. Die Staatsgewalt leitete sich aus der Volkssouveränität ab, die durch die vereinigte Nationalversammlung verkörpert wurde und vor deren Gesetzgebung kein Privileg eines Ortes oder einer Gruppe bestehen konnte. Damit war das Fundament für die Rechtsprechung gelegt. Weit schlimmere finanzielle Probleme als jene, denen der frühere Monarch nicht gewachsen gewesen war, ließen sich damit bewältigen (darunter ein nationaler Bankrott und ein Währungszusammenbruch). Auch in der Verwaltung wurden Umstrukturierungen vorgenommen, von denen der aufgeklärte Absolutismus nur hatte träumen können. Die Europäer beobachteten entgeistert, wie diese

Entweihung einer Kirche während der Französischen Revolution. In Paris wurden viele wichtige christliche Bilder aus den Kirchen entfernt oder von Bildhauern oder Malern in revolutionäre Bilder verwandelt. Dazu gehörte auch die Umgestaltung der steinernen Bibeln in den Händen der Heiligenstatuen zu Kopien der Menschenrechtserklärung.

mächtige Gesetzgebungsmaschine es fertig brachte, Institutionen in jedem Lebensbereich der Franzosen zu stürzen und neu aufzubauen. Die Souveränität in der Gesetzgebung war – das wussten bereits die aufgeklärten Absolutisten – ein bedeutendes Reforminstrument. Die Folter als gerichtliches Mittel wurde ebenso abgeschafft wie der Titularadel, die juristische Ungleichheit und die alten körperschaftlich organisierten Handwerkergilden. Die Gesetzgebung verhinderte gleich zu Beginn eine Gewerkschaftsbildung, indem sie den Zusammenschluss von Arbeitern und Arbeitgebern zu kollektiven wirtschaftlichen Zwecken verbot. Im Rückblick erscheinen diese Stoppschilder für die marktwirtschaftliche Gesellschaft recht einfach. Selbst die alte Währung, die noch auf den Einheiten aus den karolingischen Verhältnissen von 1:20:12 (*livres, sous* und *deniers*) basierte, wich einem Dezimalsystem mit *francs* und *centimes*. Die alten Maße und Gewichte wurden durch ein metrisches System ersetzt, das später nahezu überall auf der Welt in Gebrauch kam.

Die Revolution und die Kirche

Derart bedeutende Veränderungen mussten entzweiend wirken. Das Bewusstsein der Menschen veränderte sich schließlich sehr viel langsamer als die Gesetze. Die Bauern, die die Abschaffung der Feudalabgaben eifrig begrüßten, zeigten sich weniger glücklich über das Verschwinden gewohnter Vergünstigungen, die ebenfalls Teil der „feudalen" Ordnung gewesen waren. Besonders in religiösen Fragen lässt sich dieser Konservatismus nur schwer erklären, spielte dort aber eine wichtige Rolle. Die Heilige Schale, die in Reims aufbewahrt wurde und aus der die Könige von Frankreich seit dem Mittelalter gesalbt worden waren, war während der Schreckensherrschaft von den Autoritäten öffentlich zerstört worden. Ein „Altar der Vernunft" sollte den christlichen

Auch wenn die Revolutionäre die alte feudale Ordnung abschafften, gelang es ihnen nicht, die katholische Kirche zu entmachten. Die Einführung von „Ersatzgöttern" scheiterte.

Altar in der Kathedrale von Notre-Dame ersetzen, und viele Priester wurden verfolgt. Es war klar, dass dieses Frankreich nicht mehr christlich im traditionellen Sinne war. Die meisten Franzosen trauerten der abgeschafften absolutistischen Monarchie kaum nach. Doch gerade der Umgang mit der Kirche ließ im Volk eine nie gekannte Opposition gegen die Revolution aufkommen. Die Verehrung von Ersatzgottheiten wie der Vernunft und dem Höchsten Wesen, die einige Revolutionäre einführten, scheiterte. Viele Franzosen befürworteten die offizielle Wiedererrichtung der Katholischen Kirche. De facto war sie in den Gemeinden längst durch spontane Aktionen der Bevölkerung wieder eingesetzt worden.

Eine neue Debatte

Die Polarisierungen, die der revolutionäre Wandel mit sich gebracht hatte, verbreiteten sich ähnlich den Ideen von 1789 über die Grenzen hinaus. Diese Ideen hatten, zumindest bis die französische Regierung begann,

Der Baum der Freiheit mit dem Teufel, der John Bull in Versuchung führt wurde von dem britischen Cartoonisten James Gillray (1757–1815) gezeichnet, um das Scheitern vermuteter Versuche englischer Politiker, die Revolution bis nach England auszubreiten, zu illustrieren.

ihre Grundsätze durch Propaganda und Krieg zu exportieren, im Ausland viel Bewunderung geerntet und waren kaum auf Ablehnung oder Misstrauen gestoßen. Die Veränderungen in Frankreich lösten bald eine Debatte darüber aus, was nun in anderen Ländern geschehen sollte. Auf diese Weise durchdrang Frankreichs Politik weite Teile Europas, und dies ist die zweite bedeutende Tatsache des Jahrzehnts der Revolution. Es ist der Ausgangspunkt der modernen europäischen Politik, und die Begriffe „Rechte" und „Linke" sind uns seitdem geläufig. Die Vorstellung von Liberal und Konservativ bildete sich heraus (auch wenn es noch ungefähr zehn Jahre dauerte, bis diese Terminologien angewendet wurden), und die Französische Revolution wurde zum Prüfstein und Vorbild für verschiedene politische Standpunkte. Auf der einen Seite standen Republikanismus, ein weit reichendes Wahlrecht, Rechte des Einzelnen, Redefreiheit und das Recht auf freie Meinungsäußerung; auf der anderen standen Ordnung, Disziplin und Betonung der Pflichten statt der Rechte, die Anerkennung der gesellschaftlichen Funktion von Hierarchie und der Wunsch, die Kräfte des Marktes zu regulieren.

Die Auswirkungen der Revolution außerhalb Frankreichs

In Frankreich herrschte die Meinung vor, die Französische Revolution habe universelle Bedeutung. In der Sprache des aufgeklärten Denkens setzten die Franzosen sich dafür ein, dass auch andere Nationen ihrem Vorbild folgten, um die eigenen Probleme zu lösen. Das zeugte nicht unbedingt von Arroganz. Die Gesellschaften im vorindustriellen und traditionellen Europa hatten immer noch viele Wesenszüge gemeinsam; alle konnten von Frankreich etwas lernen. In diesem Sinne wurden die europäischen Kräfte, die den französischen Einfluss förderten, durch bewusste Propa-

Diese zeitgenössische Abbildung mit dem Titel *Die Pflanzung des Freiheitsbaumes* zeigt eine typische symbolische Interpretation der Französischen Revolution, die häufig von Enthusiasten bemüht wurde.

ganda und missionarische Bemühungen weiter verstärkt.

Dass die Revolution eine weit reichende Bedeutung hatte, davon waren nicht nur ihre Bewunderer und Förderer überzeugt, sondern dieser Ansicht folgte man auch im europäischen Konservatismus. Tatsächlich gingen lange vor 1789 viele konstituierende Elemente des modernen konservativen Denkens zurück auf Misstrauen gegenüber Reformmaßnahmen des aufgeklärten Absolutismus, die Ablehnung von Ansehen und Auswirkungen „fortschrittlicher" Ideen durch den Klerus und auf die emotionale Abwehr des modischen und bewussten Rationalen, das den Kern der Romantik ausmachte. Vor allem in Deutschland waren solche Kräfte vorherrschend, doch die bedeutendste Darlegung der konservativen, antirevolutionären Argumentation sollte zuerst in England erscheinen. Es waren die *Reflections on the Revolution in France*, die Edmund Burke 1790 veröffentlichte. Wie sich leicht aus seiner früheren Rolle als Verteidiger der Rechte der amerikanischen Kolonisten schließen lässt, war dieses Buch weit entfernt von einer unüberlegten Verteidigung von Privilegien. In diesem Werk drückte sich der konservative Standpunkt anhand einer Gesellschaftstheorie aus, in der es um mehr ging als um Wille und Vernunft sowie die Verkörperung der Moral. Im Kontrast dazu wurde die Revolution als Ausdruck der intellektuellen Arroganz verurteilt, als Ausdruck eines unfruchtbaren Rationalismus und der Überheblichkeit.

Die ideologischen Gegensätze, die durch die Revolution in der europäischen Politik entstanden, schufen auch eine neue Vorstellung von der Revolution selbst. Unter Revolution verstand man fortan nicht mehr eine Veränderung der Umstände innerhalb eines festen Rahmens, sondern einen radikalen, umfassenden Umsturz, der keine Institution unberührt ließ und keine Grenzen kannte, ja nicht einmal vor solch grundlegenden Einrichtungen wie Familie und Besitz Halt machte. Je nachdem, ob man sich von diesem Standpunkt an-

Dieses anonyme Ölgemälde zeigt den jungen Napoleon Bonaparte in Arcole (in der Nähe von Verona), wo er im November 1796 die österreichische Armee schlug.

gezogen oder abgestoßen fühlte, sympathisierte man mit der Revolution oder missbilligte sie. Im 19. Jahrhundert sprach man von *der* Revolution als einer universalen, allgegenwärtigen Kraft. Diese konträren Meinungen existieren auch heute noch. Entweder man glaubte, sämtliche aufrührerischen und subversiven Bewegungen sollten prinzipiell gutgeheißen werden oder im Gegenteil vehement verurteilt werden, ohne Rücksicht auf die besonderen Umstände des Einzelfalls. Dies hat viel Leid hervorgebracht. Erst musste sich Europa und anschließend die Welt, die von Europa beeinflusst war, mit solchen Emotionen auseinander setzen, so wie frühere Generationen mit den Problemen religiöser Konflikte leben mussten. Dass es solche Standpunkte nach wie vor gibt, zeigt, dass der Einfluss der Französischen Revolution immer noch besteht.

NAPOLEON BONAPARTE

Viele Ereignisse lassen sich zur Markierung des „Beginns" der Französischen Revolution heranziehen; ein spezielles Datum für ihr „Ende" festzusetzen wäre sinnlos. Dennoch stellte das Jahr 1799 einen Wendepunkt in ihrem Verlauf dar. Der Staatsstreich, der das

Napoleon und seine Frau Joséphine werden hier bei einem Besuch der Fabrik der Gebrüder Sévane in Rouen im November 1802 gezeigt.

Die Darstellung der Krönung Napoleon Bonapartes (1769–1821) in Notre-Dame stammt von Jacques-Louis David.

Direktorium beseitigte, verschaffte einem Mann die Führung, der binnen kurzem eine „Diktatur" etablierte, die bis 1814 andauerte und die internationalen Beziehungen von Grund auf veränderte. Dieser Mann war Napoleon Bonaparte, ehemals General der Republik, nun Erster Konsul des neuen Regimes und bald schon erster Kaiser Frankreichs. Wie die meisten führenden Persönlichkeiten seines Zeitalters kam auch er als relativ junger Mann an die Macht. Er hatte bereits außergewöhnliche Brillanz und Rücksichtslosigkeit als Soldat bewiesen. Seine Siege, in Verbindung mit einem scharfen politischen Verstand und der Bereitschaft, auf unorthodoxe Weise zu handeln, verhalfen ihm zu großem Erfolg. In vielerlei Hinsicht erscheint er heute als Verkörperung für den Typ des „Abenteurers" im 18. Jahrhundert. 1799 besaß er hohe Anerkennung und große Popularität. Niemand außer den von ihm abgesetzten Politikern bedauerte es sehr, als er die Führung an sich riss. Er legitimierte seine Position sogleich, indem er die Österreicher besiegte (die wieder einmal in einen Krieg gegen Frankreich eingetreten waren) und einen ruhmvollen Frieden für Frankreich aushandelte, wie bereits bei seinen vorherigen militärischen Erfolgen.

Dies beseitigte endgültig den äußeren Druck auf die Revolution; niemand zweifelte mehr daran, dass Bonaparte sich deren Prinzipien verpflichtet fühlte. Sie zu festigen, kann als eine seiner herausragenden Leistungen bezeichnet werden.

Die Herrschaft Napoleons

Napoleons Monarchie war kein Rückfall in die Vergangenheit, sie basierte auf den Errungenschaften der Revolution.

Obwohl Napoleon (wie er nach 1804, als er das Kaiserreich ausrief, offiziell genannt wurde), die Monarchie in Frankreich wieder einsetzte, war dies doch keine Restauration im üblichen Sinne. Im Gegenteil, er bemühte sich, die im Exil lebende Bourbonenfamilie so zu beleidigen, dass eine Versöhnung mit ihr unmöglich wurde. In einem Plebiszit erhielt er die Zustimmung für die Wiederherstellung des Kaiserreiches. So entstand also eine von den Franzosen gewählte Monarchie; sie beruhte auf der

Dieses 1801 von Jacques-Louis David gemalte heroische Porträt zeigt Napoleon beim Überqueren der Alpen im April 1797, wobei er dem Pfad folgte, den Hannibal beinahe 2000 Jahre zuvor entlang gezogen war. Napoleon, der sich der Bedeutung seines Bildes in der Öffentlichkeit immer sehr bewusst war, hatte den bekannten Künstler angewiesen, ihn als ruhige, starke Figur, auf einem wilden Pferd sitzend, darzustellen.

Souveränität des Volkes, das heißt letztlich auf der Revolution. Sie setzte die Konsolidierung der Revolution voraus, mit der das Konsulat bereits begonnen hatte. Alle großen institutionellen Reformen der 90er Jahre des 18. Jahrhunderts wurden bestätigt oder blieben zumindest unangetastet. Es gab keine Einmischungen bei den Landverkäufen, die auf die Konfiszierung des Eigentums der Kirche gefolgt waren, keine Erneuerung der alten Korporationen, kein Infragestellen des Prinzips der Gleichheit vor dem Gesetz. Einige Maßnahmen wurden sogar noch weiter geführt. Jedes Departement bekam ein Verwaltungsoberhaupt, den Präfekten, der nach seinen Befugnissen einem Aushilfsemissär aus der Zeit der Schreckensherrschaft entsprach (viele ehemalige Revolutionäre wurden Präfekten). Eine derartige Zentralisierung der administrativen Struktur hätte natürlich auch die Zustimmung von aufgeklärten Monarchen gefunden. Beim tatsächlichen Vorgehen der Regierung wurde allerdings häufig gegen die Prinzipien der Revolution verstoßen. Wie alle seine Vorgänger seit 1793 kontrollierte Napoleon über eine strenge Zensur die Presse, warf Menschen ohne Gerichtsverhandlung ins Gefängnis und machte auch, soweit es um die bürgerlichen Freiheiten ging, mit den Menschenrechten kurzen Prozess. Repräsentative Körperschaften existierten zwar unter dem Konsulat und im Kaiserreich, doch man schenkte ihnen nicht viel Beachtung. Diese ganzen Maßnahmen erfuhren durchgehend die Unterstützung der Franzosen. Sie bewunderten Napoleons scharfen Realitätssinn, der sich auch in einem Konkordat mit dem Papst zeigte, das die Katholiken mit dem Regime versöhnte, indem es den Status, den die Kirche in Frankreich wieder eingenommen hatte, gesetzlich anerkannte.

Alles in allem lief Napoleons Herrschaft auf eine Konsolidierung der Revolution hinaus, die im eigenen Land durch eine starke Regierung und im Ausland durch militärische und diplomatische Stärke gesichert wurde. Beide sollten schließlich durch den militärischen Ehrgeiz Napoleons erschüttert werden. Eine Zeit lang brachte dieser Frankreich die Vorherrschaft in Europa ein; die französischen Armeen kämpften sich im Osten bis nach Moskau und im Westen bis nach Portugal vor und besetzten die Atlantik- und Ostseeküste von La Coruna bis nach Stettin. Doch selbst die rücksichtslose Ausbeutung der besetzten Länder reichte Frankreich nicht , um seine Hegemonie uneingeschränkt gegen die Koalition seiner Gegner durchzusetzen, die der Machtanspruch Napoleons auf den Plan gerufen

Auf diesem Gemälde ist der Sieg Preußens über die Armee Napoleons an der Katzbach am 26. August 1813 dargestellt.

hatte. Als er 1812 in Russland einmarschierte und die größte Armee, die er je geführt hatte, im winterlichen Schnee und im Kampf aufgerieben wurde, war er geschlagen, sofern sich seine Feinde nicht zerstreiten sollten. Sie taten es (diesmal) nicht. Napoleon gab in erster Linie den Briten die Schuld, die gegen ihn (und vor ihm gegen die Revolution) mit nur kurzer Unterbrechung seit 1792 Krieg geführt hatten. Darin lag etwas Wahres; der englisch-französische Krieg stellte die letzte und wichtigste Runde in der Jahrhunderte währenden Rivalität dar. Es handelte sich außerdem um den Krieg einer konstitutionellen Monarchie gegen eine „militärische Diktatur". Bei dieser Auseinandersetzung verwies Großbritannien seinen alten Gegner Frankreich 1798 bei Aboukir und 1805 bei Trafalgar in die Schranken.

NAPOLEONS ERBE

Bis zum Beginn des Jahres 1814 beschränkten sich die Anstrengungen Napoleons darauf, Frankreich zu halten. Auch wenn ihm dies bestens gelang, standen ihm doch nicht die entsprechenden Ressourcen zur Verfügung, um gegen die russischen, preußischen und österreichischen Armeen im Osten und eine britische Invasion im Südwesten zu kämpfen.

Symbole der napoleonischen Macht zeigt diese Illustration aus dem 19. Jahrhundert, die nun in der Biblioteca Nazionale in Turin, Italien, beheimatet ist.

Schließlich gelang es seinen Generälen und Ministern, ihn zu übergehen und ohne Proteste der Bevölkerung Frieden zu schließen, auch wenn dies die Rückkehr der Bourbonen zur Folge hatte. Doch zu diesem Zeitpunkt war keine Umkehr zu den alten Verhältnissen vor 1789 mehr möglich. Das Konkordat, das System der Departements, die Gleichheit vor dem Gesetz und das repräsentative System – alles blieb bestehen; die Revolution war tatsächlich zu einem Bestandteil der etablierten Ordnung in Frankreich geworden. Napoleon hatte die günstigen Rahmenbedingungen, den sozialen Frieden und die erforderlichen Institutionen geschaffen. Von der Revolution blieb, was durch ihn konsolidiert worden war.

Alles dies unterscheidet ihn erheblich von einem Monarchen herkömmlicher Prägung, selbst von denjenigen, die sehr viele Modernisierungen vorgenommen haben. Napoleon verfolgte sogar häufig eine sehr konservative Politik und misstraute Innovationen. Er war im Kern ein populistischer Despot, dessen Autorität aus dem Volk kam, im formalen Sinne eines Plebiszits wie auch in dem allgemeineren Sinne, dass er das Wohlwollen des Volkes brauchte (und auch gewinnen konnte), um die Armeen auf dem Schlachtfeld zu halten. In dieser Hinsicht ähnelt er im Stil eher den Herrschern des 20. Jahrhunderts als Ludwig XIV. Doch mit diesem Monarchen verbindet ihn das Verdienst, die Macht Frankreichs international in unvergleichliche Höhen geführt zu haben. Dafür war beiden die Bewunderung ihrer Landsleute sicher. Auch hier gibt es allerdings einen wichtigen, zweifachen Unterschied: Napoleon beherrschte nicht nur Europa in einer Weise, wie es Ludwig XIV. niemals

Europa zur Zeit Napoleons und der Zusammenbruch des Französischen Kaiserreiches

1812 hatte das napoleonische Reich seine größte Ausdehnung erreicht, doch das Nationalgefühl lehnte sich, sowohl im Namen des *Ancien Régime* als auch im Namen der Freiheit und Gleichheit dagegen auf. Im Inland konnte das Reich weder über die alte französische Aristokratie noch über die Republikaner siegen, die sich an eine Zeit größerer Freiheit erinnern konnten.

Die napoleonische Bürokratie war nicht in der Lage, Schmuggel und Korruption zu kontrollieren, die als Folge der Kontinentalsperre durch die Briten aufgekommen waren. Auch konnte sie nicht verhindern, dass die Preise anstiegen und ihr von Seiten der Bankiers eine wachsende, Opposition entgegenschlug. Diese spaltenden Kräfte wurden durch den Beginn des Russlandfeldzugs unterstützt, der 1813 die Bildung einer neuen Koalition (der sechsten) zwischen Russland, Großbritannien und Preußen förderte. Zu Beginn des folgenden Jahres marschierten die vereinigten Armeen Großbritanniens, Russlands, Preußens, Österreichs und Schwedens in Frankreich ein, wobei es ihnen bis zum März gelang, Paris zu besetzen. Napoleon dankte ab und wurde von den Siegern auf die Insel Elba ins Exil geschickt.

getan hatte, sondern seine Hegemonie repräsentierte auf Grund der Revolution weit mehr als eine nationale Überlegenheit. Der Napoleon, den man für einen Befreier und einen großen Europäer hielt, ist das Produkt späterer Legendenbildung. Das offenkundigste Zeugnis seines Wirkens zwischen 1800 und 1814 in Europa zeigte sich in dem Blutvergießen und dem Aufruhr, den er verbreitete, häufig als Folge von Größenwahn und persönlicher Eitelkeit. Aber selbst die Nebeneffekte trugen dazu bei, die Prinzipien der Französischen Revolution wirksam weiterzuverbreiten.

Die Neuorganisation Deutschlands

Einen deutlichen Ausdruck fand Napoleons Herrschaft auf der Landkarte. Der Flickenteppich des europäischen Staatensystems von 1789 wurde schon, bevor Napoleon die Macht übernahm, einer gewissen Revision unterzogen, als die französischen Armeen in Italien, der Schweiz und den Vereinigten Provinzen neue Satellitenrepubliken gründeten. Doch diese hatten sich, nach dem Abzug der französischen Unterstützung nicht als lebensfähig erwiesen. Erst als die französische Vorherrschaft unter dem Konsulat wieder aufgebaut wurde, kam dort eine neue Organisation zu Stande, die in einigen Teilen Europas nachhaltige Konsequenzen hatte. Die wichtigsten zeigten sich im Westen Deutschlands, wo die politische Struktur grundlegend umgewandelt und mittelalterliche Fundamente beseitigt wurden. Die deutschen Gebiete am linken Rheinufer wurden während der Jahre 1801 bis 1814 von Frankreich annektiert, und damit war auch die gesamte traditionelle deutsche Politik infrage gestellt. Jenseits des Rheins setzte Frankreich nun eine Reform durch, die die kirchlichen Staaten säkularisierte und nahezu alle freien Reichsstädte abschaffte.

Auf diesem Gemälde aus dem 19. Jahrhundert sagt ein österreichischer Soldat seiner Familie Lebewohl und zieht – während der österreichischen Rebellion von 1813–1815 gegen die französische Herrschaft – in den Kampf gegen die napoleonische Armee.

Preußen, Hannover, Bayern und Baden erhielten zusätzliche Gebiete, um sie für ihre Verluste an anderer Stelle zu entschädigen. Der alteingesessene Reichsadel wurde aufgelöst. Faktisch hatte dies zur Folge, dass der Einfluss der Katholiken und Habsburgs in Deutschland abnahm, während derjenige der großen Fürstentümer (insbesondere Preußens) gestärkt wurde. Die Verfassung des Heiligen Römischen Reichs wurde überarbeitet, um diesen Machtverschiebungen Rechnung zu tragen.

In seiner neuen Form bestand Deutschland nur bis 1806, als eine weitere Niederlage der Österreicher zu weiteren Veränderungen und schließlich zur Aufhebung des Reiches führte. So fand eine institutionelle Struktur ein Ende, die, so unzulänglich sie auch gewesen sein mag, Deutschland eine politische Einheit verliehen hatte, die es seit dem Ottonischen Zeitalter nicht mehr besessen hatte. Der Rheinbund, mit Hilfe Napoleons begründet, stellte eine dritte Kraft bereit, die ein Gegengewicht zu Preußen und Österreich schuf. Auf diese Weise wurden die nationalen Interessen Frankreichs in einem Werk der Zerstörung triumphal durchgesetzt. Richelieu und Ludwig XIV. hätten ihre Freude bei der Betrachtung

Nationalistische Gefühle kochten unter der französischen Besetzung in den europäischen Ländern hoch. Eines der berühmtesten Bilder des großen spanischen Künstlers Francisco de Goya (1746–1828) hat den bekannten Aufstand in Madrid gegen die französische Besatzung im Jahr 1808 zum Gegenstand.

einer französischen Grenze am Rhein gehabt, mit einem geteilten Deutschland dahinter, in dem beide führenden Mächte sich gegenseitig kontrollierten.

Aber hier gab es noch eine andere Seite. Die alte Struktur des Reiches hatte die Konsolidierung Deutschlands behindert. Niemand würde in der Zukunft daran denken, diese wieder herzustellen. Als die Mächte nach dem Sieg über Napoleon Europa neu verteilten, sahen sie einen Deutschen Bund als Lösung vor. Er unterschied sich aber von dem Modell Napoleons. Preußen und Österreich waren nur mit ihren deutschen Territorien Mitglieder des Bundes, man ging also nicht bis zur Konsolidierung des Reiches zurück. Eine komplizierte Struktur aus über 300 politischen Einheiten mit unterschiedlichen Organisationsprinzipien, wie sie 1789 bestanden hatte, wurde 1815 auf 38 Staaten reduziert.

Die Neuorganisation Italiens und anderer Staaten

In Italien verlief die Neuordnung weniger dramatisch und revolutionär. Das napoleonische System richtete im Norden und im Süden der Halbinsel zwei große territoriale und politische Einheiten ein, die offiziell unabhängig voneinander waren, während ein großer Teil von ihnen (einschließlich der päpstlichen Staaten) formal zu Frankreich gehörte und in Departements organisiert war. Keines von diesen Gebilden blieb bei der Neuordnung Europas 1815 bestehen, aber auch hier gab es keine komplette Restauration des alten Regimes. Besonders die Republiken Genua und Venedig, von den französischen Armeen und dem Direktorium aufgelöst, wurden von größeren Staaten geschluckt: Genua von Sardinien, Venedig von Österreich.

Napoleon teilte Italien in zwei unabhängige Gebiete; diese Neuordnung bestand allerdings nur bis 1815.

Zeitgenössische Abbildung, die Napoleon im Februar 1815, nach seiner Flucht aus dem Exil auf Elba, bei der Landung an der französischen Küste zeigt.

Im restlichen Europa hatte Frankreich auf dem Höhepunkt der Macht einen riesigen Territorialblock annektiert und direkt regiert, der von den Pyrenäen bis nach Dänemark und von Katalonien fast ohne Unterbrechung bis zur Grenze zwischen Rom und Neapel verlief. Abgetrennt davon lag ein großes Gebiet des späteren Jugoslawien. Satellitenstaaten und Vasallen mit gewissen Freiheiten, von denen einige von Mitgliedern der Familie Bonaparte regiert wurden, teilten den Rest Italiens, die Schweiz und Deutschland westlich der Elbe unter sich auf. Ein weiterer Satellit lag isoliert im Osten, das „Großherzogtum" Warschau, das aus ehemaligem russischen Territorium geschaffen worden war.

Das Französische Kaiserreich

In den meisten dieser Länder sorgten ähnliche administrative Praktiken und Institutionen für ein großes Maß an gleicher Erfahrung. Diese Institutionen und Vorstellungen gingen in vielerlei Hinsicht auf die Grundsätze der Revolution zurück. Sie breiteten sich etwa bis unterhalb der Elbe aus, abgesehen von einem kurzen Intermezzo in Polen. Die Französische Revolution machte also auch hier ihren formenden Einfluss geltend, der unter anderem dazu beitrug, Ost- und Westeuropa zu trennen. Innerhalb des Französischen Reiches wurden Deutsche, Italiener, Illyrer, Belgier wie Holländer von napoleonischen Gesetzen regiert. Ihre effektive Ausgestaltung und Umsetzung waren das Ergebnis von Napoleons Initiative und Beharrungsvermögen. Zum Teil gingen sie aber auch noch auf die Entwürfe der revolutionären Gesetzgeber der 1790er Jahre zurück.

Die Reform des Rechts brachte neue Vorstellungen von Familie, Eigentum, dem Individuum oder öffentlicher Macht und verbreitete sie in Europa. Manchmal ersetzten und manchmal ergänzten sie ein Konglomerat aus lokalem, gewohnheitsmäßigem, römischem und kirchlichem Recht. Das Departementsystem des Reiches führte zu einer gemeinsamen administrativen Praxis, die in den angegliederten Staaten auch den Dienst in den französischen Armeen vorschrieb. Zudem ersetzten die französischen Maße und Gewichte auf der Basis des Dezimalsystems örtliche Maßeinheiten. Diese Neuerungen besaßen einen Einfluss, der über die tatsächlichen Grenzen französischer Herrschaft hinausging, indem sie Modelle und Anregungen für Reformer in anderen Ländern bereitstellten. Es war einfach, sich an diese Vorgaben zu halten, da einerseits französische Beamte und Techniker in den Satellitenstaaten arbeiteten, andererseits Bürger nichtfranzösischer Nationalitäten im Dienste Napoleons standen.

Der Zerfall revolutionärer Ideale

Es dauerte lange, bis sich die Veränderungen im Französischen Reich durchsetzten, aber die Wirkung ging tief und war revolutionär. Frankreich war allerdings keinesfalls liberal; selbst wenn die Menschenrechte von der französischen Armee auf ihre Fahnen geschrieben wurde, brachte die Revolution auch Napoleons Geheimpolizei, die Quartiermeister und die Zollbeamten hervor. Eine subtilere Revolution, die durch den Einfluss Napoleons entstanden war, lag in der Reaktion und dem Widerstand, den sie hervorrief. Indem die Franzosen die Prinzipien der Revolution verbreiteten, bürdeten sie sich eine schwere Last auf. Den Kern bildete die Volkssouveränität, die wiederum aufs Engste mit dem Nationalismus verbunden war. Die französischen Grundsätze besagten nämlich, dass die Völker sich selbst regieren sollten und dass der angemessene Rahmen, in dem sie dies tun sollten, die Nation war. Die Revolutionäre hatten aus diesem Grund ihre eigene Republik als „eins und unteilbar" ausgerufen. Viele ihrer ausländischen Bewunderer wandten nun dieses Prinzip auf ihre eigenen Länder an. Tatsächlich lebten aber Italiener und Deutsche nicht in Nationalstaaten.

Doch dies war nur die eine Seite der Medaille. Das französisch besetzte Europa wurde

Die Schlacht bei Waterloo – aus der auf dieser zeitgenössischen Abbildung eine Szene dargestellt ist – brach schließlich die Macht der Armee Napoleons. Die Franzosen verloren 25 000 Soldaten und die Alliierten fast ebenso viele.

letztlich zum Nutzen Frankreichs regiert und lehnte auf diese Weise die nationalen Rechte anderer Europäer ab. Ihre Landwirtschaft und ihr Handel wurden der französischen Wirtschaftspolitik geopfert, sie dienten in den französischen Armeen oder hatten aus der Hand Napoleons französische (oder kollaborierende) Herrscher und Vizekönige anzunehmen. Da selbst die Befürworter der Revolution diese Auflagen als Ärgernis empfanden, überrascht es wenig, dass die Gegner schnell an nationalen Widerstand dachten.

Durch die napoleonische Ära erhielt der Nationalismus in Europa großen Auftrieb, selbst wenn die Regierungen ihm misstrauten und ihre Unterstützung zurückhielten. Die Deutschen betrachteten sich allmählich nicht mehr nur als Westfalen oder Bayern, und auch die Italiener fingen an zu glauben, sie seien mehr als nur Römer oder Mailänder, weil sie ein gemeinsames Interesse gegen Frankreich erkannten. In Spanien und Russland war patriotischer Widerstand mit denjenigen gegen die Revolution nahezu identisch.

Die Schlacht bei Waterloo kennzeichnet das endgültige Ende der Herrschaft Napoleons.

Die Schlacht bei Waterloo

Obwohl sich sowohl die Dynastie, die Napoleon zu gründen hoffte, als auch das Reich, das er aufgebaut hatte, als sehr anfällig erwiesen, war sein Werk einflussreich. So wie die Revolution in Frankreich mächtige Energien freigesetzt hatte, weckte Napoleon dies auch in anderen Ländern. Solche Kräfte ließen sich, einmal in Bewegung gesetzt, nicht einfach wieder bremsen. Napoleons große Leistung bestand darin, dass er das Vermächtnis der Revolution sicherte und zu größtmöglicher Wirkung brachte.

Seine Abdankung 1814 stellte noch nicht ganz das Ende der Geschichte dar. Nach nur einem Jahr kehrte der Kaiser von Elba, wo er, mit einem Ruhegehalt versorgt, im Exil gelebt hatte, nach Frankreich zurück, und die erneuerte Herrschaft der Bourbonen fiel wie ein Kartenhaus zusammen. Die Alliierten mussten ihn ein weiteres Mal bezwingen, um seine Dominanz zu brechen. Napoleons Versuch, dem Zusammenschluss dieser Übermacht gegen ihn zuvorzukommen, scheiterte am 18. Juni 1815 in Waterloo, wo die Bedrohung durch ein wiederbelebtes Französisches Kaiserreich von den anglo-belgischen und preußischen Armeen beendet wurde. Diesmal schickten die Sieger den ehemaligen Kaiser von Frankreich nach St. Helena, Tausende von Kilometern entfernt im Südatlantik gelegen, wo er 1821 starb.

Der durch Napoleons überraschende Rückkehr ausgelöste Schrecken stärkte die europäischen Mächte in ihrer Entschlossenheit, einen Frieden zu vereinbaren, der jede Gefahr beseitigte, diesen nahezu ein Vierteljahrhundert währenden Krieg zu wiederholen. Napoleon formte indirekt also noch immer die Landkarte Europas.

Dieser Ausschnitt eines französischen Gemäldes des 19. Jahrhunderts zeigt eine Fantasieszene, in der Napoleon bei der Rückkehr von Elba im Februar 1815 von seinen Soldaten begrüßt wird.

4 EIN NEUES EUROPA

Worauf auch immer konservative Staatsmänner 1815 gehofft haben mögen, das unbequeme und turbulente Zeitalter hatte gerade erst begonnen. Am einfachsten ist das daran ablesbar, wie sich die Landkarte Europas in den folgenden 60 Jahren veränderte. Um 1871, als ein wieder vereintes Deutschland seinen Platz unter den Großmächten einnahm, war der größte Teil Europas westlich einer imaginären Linie von der Adria bis zum Baltikum in Staaten organisiert, die nach dem Nationalstaatsprinzip zusammenfanden, auch wenn ethnische Minderheiten dort lebten. Selbst östlich dieser imaginären Grenze gab es einige Länder, die als Nationen galten.

Der Nationalismus

Dieser wurde die bestimmende Richtung der sich nun herausbildenden Politik und knüpfte an Vorläufer an. In Großbritannien und in manchen kleineren europäischen Staaten gab es Vorbilder. Seine großen Triumphe feierte der Nationalismus nach 1815. In seinem Kern vertrat er die Idee, dass es ein öffentliches Interesse gibt, das mehr wiegt als das einzelner Herrscher oder mit Privilegien ausgestatteter Hierarchien. Man setzte dabei voraus, dass Wettbewerb legitim war, um dieses Interesse zu definieren und zu schützen. Spezielle neue Institutionen wurden hierzu notwendig, denn die alten rechtlichen oder höfischen Formen

Eine zeitgenössische Darstellung zeigt den Wiener Kongress von 1815, der auf die Niederlage des napoleonischen Kaiserreiches folgte. Jede wichtige Entscheidung auf dem Kongress wurde von den Siegern gefällt, auch wenn man Frankreich erlaubte, anwesend zu sein. Preußen wurden neue Provinzen im Rheinland zugestanden, deren Bodenschätze ihm später dazu verhalfen, die stärkste Macht in Deutschland zu werden.

reichten nicht länger zur Regelung der politischen Fragen aus.

Doch die Einrichtung solcher Institutionen brauchte in den einzelnen Ländern unterschiedlich viel Zeit. Selbst in den fortschrittlichen ging dies nicht von heute auf morgen, sondern der Wandel vollzog sich, in den verschiedenen Staaten mit unterschiedlichen Ausprägungen, sehr langsam. Der Nationalismus widersprach den meisten älteren Prinzipien – zum Beispiel dem der Dynastien. In der Politik des 19. Jahrhunderts war allgemein anerkannt, dass die Interessen einer „historischen" Nation von den Regierungen geschützt und gefördert werden sollten. Man stritt erbittert und anhaltend darüber, welche Nationen historisch, wie ihre Interessen zu definieren und in welchem Ausmaß sie bei den Entscheidungen der Staatsmänner zu berücksichtigen seien.

Für die politische Freiheit im postnapoleonischen Europa setzte sich der englische Dichter Lord Byron ein, der hier auf einem Porträt zu sehen ist, das seine romantische Ausstrahlung einfängt. Er starb mit 36 Jahren an Malaria, als er versuchte, den griechischen Kampf um die Befreiung von der türkischen Herrschaft zu unterstützen.

Die wachsende Macht des Staates

Doch neben dem Nationalismus kamen andere Grundsätze zum Tragen. Begriffe wie Demokratie und Liberalismus sind Schlagworte, die neu auftauchen. In den meisten Ländern gab es die Tendenz, durch repräsentative Institutionen mehr und mehr Menschen (wenn auch nur formal) an der Regierung teilhaben zu lassen. Liberale und Demokraten verlangten fast immer, man solle einem größeren Personenkreis das Wahlrecht verleihen und eine bessere Vertretung der Wählerschaft einrichten. In den wirtschaftlich entwickelten Ländern wurde das Individuum verstärkt zum Ausgangspunkt politischer und gesellschaftlicher Organisation. Die Mitgliedschaft des Einzelnen in kommunalen, religiösen, beruflichen und familiären Verbänden verlor die das ganze Leben prägende Verbindlichkeit. In mancherlei Hinsicht führte das zu größerer Freiheit, andererseits schränkte es sie aber auch wieder ein. Der Staat wurde im Verhältnis zu seinen Untertanen im 19. Jahrhun-

Zeitleiste (1789–1870)

1789 Französische Revolution
1848 Revolutionen in ganz Europa
1853–1856 Krimkrieg
1861 Abschaffung der Leibeigenschaft in Russland, Sezessionskrieg in Amerika
1870 Deutsch-Französischer Krieg, Dritte Republik in Frankreich

1800 — 1900

1815 Waterloo, Wiener Kongress: Restauration
1830 Pariser Julirevolution
1852 Zweites Kaiserreich in Frankreich
1859 Beginn der Einigung Italiens
1863 Polnischer Aufstand
1866 Preußisch-Österreichischer Krieg

Die Entwicklungen von Liberalismus und Nationalismus gehen unter anderem auf Einflüsse zurück, die sich aus der Französischen Revolution ableiten lassen.

dert mächtiger denn je. Indem er seinen Apparat technisch verbesserte, übte er auch umfassenderen Zwang aus.

Der Einfluss der Französischen Revolution

Derartige Veränderungen wurden vor allem von der Französischen Revolution ausgelöst. Daneben wirkte sie dauerhaft als Beispiel und Mythos weiter. Obwohl viele hofften, dass die Revolution 1815 beendet werde, begann sich ihr Einfluss zu diesem Zeitpunkt erst europaweit auszudehnen. In vielen Ländern gerieten Institutionen, die in Frankreich bereits beseitigt waren, in die Kritik. Wirtschaftliche und soziale Faktoren, die ebenfalls für ihre Auflösung sprachen, verstärkten die Debatten noch. Auf diese Weise bekamen revolutionäre Vorstellungen wie auch Traditionen neue Chancen. Ganz Europa schien im Zeichen einer herannahenden Revolution zu stehen. Das ermutigte die Verfechter und die Kritiker der bestehenden Ordnung gleichermaßen, die politische Situation zu verschärfen und sie den beiden Prinzipien von 1789, Nationalismus und Liberalismus anzugleichen. Im Großen und Ganzen bestimmten diese Ideen bis 1870 die Geschichte Europas und brachten Bewegung in die Politik. Nicht alles, was Nationale und Liberale erhofften, setzte sich durch. Oft standen politische Rahmenbedingungen und Vorbehalte im Wege. Dennoch bleiben diese Ideen nützliche Leitlinien durch die reiche

Europa im Jahr 1815

In Wien wurde Europa neu aufgeteilt und Frankreich verlor einen großen Teil des zwischen 1792 und 1814 von ihm besetzten Territoriums. Preußen, Österreich und Russland erweiterten ihr Territorium; das spätere Belgien und die Niederlande schlossen sich zu den Vereinigten Niederlanden zusammen und Norwegen und Schweden wurden vereinigt. Das Großherzogtum Warschau verschwand. Ein neuer Deutscher Bund aus 38 souveränen Staaten, davon fünf Königreiche, entstand. England erhielt Malta und die Ionischen Inseln zurück.

und turbulente Geschichte Europas im 19. Jahrhundert. Europa bildete ein politisches Versuchsfeld, dessen Experimente, Ereignisse und Entdeckungen die Geschichte der restlichen Welt veränderten.

Das Vertragswerk von Wien

Der Einfluss von Nationalismus und Liberalismus war bereits in den Verhandlungen zu beobachten, die den Gründungsakt für die internationale Ordnung des 19. Jahrhunderts vorbereiteten: das Wiener Vertragswerk von 1815, das das Zeitalter der französischen Kriege zum Abschluss brachte und eine Wiederholung dieser Kriege verhindern sollte. Die Friedensstifter wollten eine Beschränkung Frankreichs erreichen, um eine erneute Revolution zu vermeiden. Sie führten als Hauptargument den Grundsatz der Rechtmäßigkeit – das ideologische Herzstück des konservativen Europa – an und trafen territoriale Vorkehrungen gegen zukünftige französische Angriffe. So wurden Preußen weite Gebiete am Rhein zugesprochen; unter einem holländischen König, der Belgien und die Niederlande regierte, entstand ein Staat nördlich von Frankreich. Das Königreich Sardinien erhielt Genua. Österreich gewann nicht nur seine früheren italienischen Besitztümer zurück, sondern es war ihm auch nahezu freigestellt, über die übrigen italienischen Staaten zu verfügen. In den meisten Fällen hatte sich die Rechtmäßigkeit der Ansprüche dem Zweckdenken zu beugen; jene, die von den Revolutionären oder von Napoleon beraubt worden waren, erhielten keine Wiedergutmachung. Dennoch berücksichtigten die Mächte ebenfalls rechtmäßige Ansprüche und waren (als die Regelungen erst einmal getroffen waren) sogar recht erfolgreich damit. Die Wiener Vereinbarung schuf für fast 40 Jahre einen Rahmen, in dem Dispute ohne Krieg beigelegt werden konnten. Die meisten im Jahr 1815 eingerichteten Regierungen blieben bestehen, auch wenn einige im Verlauf der vier Jahrzehnte an Glanz und Farbe verloren. Die Furcht vor einer Revolution hatte stabilisierend gewirkt. In allen wichtigen Staaten des Kontinents war das Zeitalter der Restauration (wie die Jahre nach 1815 genannt wurden) die große Zeit der Polizei und der Verschwörer. Geheimgesellschaften breiteten sich aus und ließen sich durch zahlreiche Fehlschläge nicht entmutigen. Andererseits zeigte die Bilanz, dass man alle subversiven Bedrohungen leicht in den Griff bekam. Die österreichischen Truppen befassten sich mit Putschversuchen im Piemont und in Neapel, französische Soldaten stellten die Macht eines reaktionären spanischen Königs wieder her, der von einer liberalen Verfassung in die Schranken gewiesen wurde. Das Russische Reich überlebte eine militärische Verschwörung und eine polnische Revolte. Die österreichische Vorherrschaft in Deutschland war, außer durch Preußen, in keiner Weise bedroht, und auch die Habsburger Monarchie selbst schien vor 1848 keinen grundlegenden Gefahren ausgesetzt. Die russische und die österreichische Macht – die Erstere eher in der Reserve, die Zweite als größte Macht in Mitteleuropa von 1815 bis 1848 – waren die Säulen, auf denen das Wiener System ruhte.

Ein satirischer französischer Cartoon zeigt die wichtigsten Protagonisten des Wiener Kongresses. Der britische Auslandssekretär Robert Castlereagh (zweiter von links) kämpfte für die Einrichtung der vierfachen Allianz von Großbritannien, Österreich, Preußen und Russland. Vertreter dieser vier Länder sollten regelmäßig zusammentreffen, um „den Erhalt des Friedens in Europa" zu garantieren.

Fälschlicherweise hielt man Liberalismus und Nationalismus für untrennbar miteinander verbunden. Vor 1848 gab es immer wieder Bestrebungen, Europa durch eine Revolution zu verändern, indem die politischen Grundsätze der Französischen Revolution – repräsentative Regierung, Volkssouveränität, Freiheit des Einzelnen und der Presse – mit denen der Nationalität verbunden werden sollten. Viele verwechselten diese Prinzipien miteinander, darunter Mazzini, ein junger Italiener. Er versuchte mit Hilfe einer Verschwörung die Einheit Italiens herbeizuführen, die die meisten seiner Landsleute aber noch nicht wollten. Mehr als ein Jahrhundert lang inspirierte er Nationalisten und Demokraten auf allen Kontinenten und wurde zu ihrem Vorbild, ein erstes Idol dieses neuen radikalen Trends. Mit seinen Ideen war er allerdings seiner Zeit noch um einiges voraus.

Die Restauration in Frankreich

Westlich des Rheins, wo die Heilige Allianz (wie die Gruppe aus den drei konservativen Mächten Russland, Österreich und Preußen genannt wurde) keine Verfügungsgewalt mehr besaß, war die Situation eine andere. Dort sollte der Legitimismus nicht lange anhalten. Gerade die Restauration der Bourbonen-Dynastie war 1814 ein Kompromiss auf der Basis des Prinzips der Legitimität gewesen. Ludwig XVIII. – sein nomineller Vorgänger Ludwig XVII. war 1795 in einem Pariser Gefängnis gestorben – besaß lediglich eine beschränkte Macht, da jeder wusste, dass er mit Hilfe der alliierten Armeen, die Napoleon besiegt hatten, auf den Thron gekommen war. Er regierte nur zu den Bedingungen, die für die politischen und militärischen Eliten der napoleonischen Zeit akzeptabel waren. Das wieder-

Diese heroische Darstellung der Julirevolution in Frankreich von 1830, *Die Freiheit führt das Volk auf die Barrikaden*, wurde von Eugène Delacroix (1798–1863) gemalt.

Das englische Gemälde stellt Ludwig XVIII. dar, als er 1814 nach 23 Jahren im Exil nach Frankreich zurückkehrte. Seine zehnjährige Regierungszeit war von Mäßigung und Respekt gegenüber den Institutionen der Revolution und dem napoleonischen Gesetz gekennzeichnet.

eingesetzte Regime wurde über eine neue Verfassung geregelt, die eine konstitutionelle Monarchie schuf, von einem eingeschränkten Wahlrecht einmal abgesehen. Die Rechte des Einzelnen wurden garantiert und die Verteilung des Landes, das aus den Konfiszierungen und Verkäufen der Revolution stammte, wurde nicht in Frage gestellt; es sollte keine Rückkehr zu 1789 geben.

Trotzdem war die Zukunft ungewiss. Der Streit zwischen Rechts und Links begann mit Auseinandersetzungen über die Verfassung: War sie ein Vertrag zwischen König und Volk oder ein Resultat königlichen Wohlwollens, das daher genauso leicht beseitigt werden konnte, wie es erlassen worden war? Außerdem wurde über zahlreiche weitere Themen gestritten, die eine Reihe grundlegender Fragen über die Errungenschaften der Revolution aufwarfen.

Karl X. wird entthront

Es stellt sich in der Tat die Frage, was die Revolution denn nun erreicht hatte. Man könnte es so darstellen: Die darum gekämpft hatten, in der Regierung Frankreichs unter dem *Ancien Régime* eine Stimme zu haben, hatten gesiegt. Das politische Ansehen und Gewicht der „Notabeln", wie man sie auch nannte, war gesichert. Sie waren die wirklichen Herrscher Frankreichs, ob sie nun aus dem alten französischen Adel stammten oder zu denen gehörten, die während der Revolution aufgestiegen waren, Napoleons Günstlinge oder einfach namhafte Landbesitzer und Geschäftsleute waren. Eine weitere wichtige Veränderung war die Herausbildung einer Nation. Keine Person oder Körperschaft lag außerhalb des Einflussbereichs der nationalen Regierung Frankreichs. Die Revolution hatte das politische Denken in Frankreich also grundlegend verändert. Die öffentlichen Angelegenheiten wurden nach neuen Regeln diskutiert. Wo immer man auch die Grenze zwischen den Rechten und den Linken, den Konservativen und den Liberalen ziehen wollte, bei ihnen konzentrierte sich die politische Debatte. Sie bezogen ihr Selbstverständnis daraus und

Der Versuch Karls X., seinen verfassungsmäßig beschränkten politischen Einfluss auszuweiten, endete mit seiner Absetzung. Damit wurde die Herrschaft der Bourbonen in Frankreich beendet.

nicht mehr aus dem Privileg, einen Monarchen von Gottes Gnaden zu beraten. Eben diese veränderte Situation aber sah der letzte König in der direkten Abstammung der Bourbonen, Karl X., nicht. Durch einen regelrechten Staatsstreich versuchte er aus den verfassungsmäßigen Grenzen, die seinen Einfluss begrenzten, auszubrechen. In der „Julirevolution" von 1830 erhob sich dann Paris gegen ihn. Liberale Politiker stellten sich selbst an die Spitze der Bewegung und sorgten zum Verdruss der Republikaner dafür, dass Karl durch einen neuen König ersetzt wurde.

Louis Philippe

Louis Philippe war das Oberhaupt des jüngeren Zweiges des französischen Königshauses, der Familie Orléans. Für viele konservative Betrachter verkörperte er die Revolution. Sein Vater hatte für die Hinrichtung Ludwigs XVI. gestimmt (und stieg kurz danach selbst aufs Schafott), während der neue König selbst als Offizier in der Armee der Republikaner gekämpft hatte. Er war sogar Mitglied des berüchtigten Jakobinerclubs gewesen, der eine Brutstätte für die prominentesten Revolutionsführer gewesen war. Für die Liberalen war Louis Philippe aus genau diesen Gründen attraktiv. Er verband die Revolution wieder mit einer durch die Monarchie gewährleisteten Stabilität, auch wenn die Linken enttäuscht waren.

Das Regime, dem er 18 Jahre lang vorstand, erwies sich als absolut verfassungstreu und be-

Diese Szene stammt aus den „glorreichen Tagen" der französischen „Julirevolution" von 1830. Rezession und Arbeitslosigkeit waren weit verbreitet und führten dazu, dass mehr als 25 Prozent der Einwohner von Paris staatliche Hilfe beanspruchen mussten. Zu dieser Zeit verstärkte sich die Abneigung des Volkes gegen Karl X.

Die Restauration

„Nach Napoleons Tod waren die göttlichen und menschlichen Mächte zwar wiederhergestellt worden, aber der Glaube an sie war verschwunden. (...)

Wenn ein Aristokrat oder ein Priester oder ein Herrscher vorüberging, da begannen die Bauern, die den Krieg mitgemacht hatten, den Kopf zu schütteln und zu sagen: „Ah, der da, den haben wir schon einmal dann und dann und da und da gesehen, nur daß er damals anders aussah!" Und wenn man von Thron und Altar sprach, dann antworteten sie: „Das sind vier Holzbohlen; wir haben sie zusammengenagelt und wieder auseinandergeschlagen!" Und wenn man ihnen sagte: „Volk, du hast deine Irrtümer aufgegeben, in die du dich verstrickt hattest; du hast deine Könige und Priester gerufen", so antworteten sie: „Nicht wir waren es, sondern diese Schwätzer da." Und wenn man ihnen sagte: „Volk, vergiß die Vergangenheit, arbeite und gehorche!" – dann reckten sie sich auf ihren Sitzen empor, und man hörte ein dumpfes Geräusch. Es war ein verrosteter und schartiger Säbel, der sich in einem Winkel der Hütte gerührt hatte. Flugs fügte man hinzu: „Bleib doch wenigstens ruhig; wenn man dir nicht schadet, so suche du selbst auch nicht zu schaden." Ach, sie gaben sich damit zufrieden. (...)

Die ganze Krankheit unserer Zeit entspringt aus zwei Ursachen; das Volk, das das Jahr 1793 und das Jahr 1814 durchgemacht hat, trägt im Herzen zwei Wunden. Was war, das ist nicht mehr; was sein wird, das ist noch nicht. Hier und nur hier ist das Geheimnis unserer Leiden zu suchen."

Auszug aus *Bekenntnisse eines Kindes seiner Zeit* (1835) von Alfred de Musset (1810–1857), übersetzt von Mario Spiro. München 1980.

Louis Philippe d'Orléans (1773–1850) und seine fünf Söhne sind auf diesem Bild des französischen Malers Horace Vernet (1789–1863) zu sehen. Sie verlassen Versailles nach einer Militärparade.

wahrte die wesentlichen politischen Freiheiten. Es schützte allerdings vor allem die Interessen der Wohlhabenden, städtische Unruhen (die die Armut in den 30er Jahren des 19. Jahrhunderts immer wieder hervorrief) wurden unterdrückt; das machte es bei den Linken unbeliebt. Ein prominenter Politiker riet seinen Landsleuten, reich zu werden – eine Empfehlung, über die sich viele lustig machten. Dabei wollte er ihnen nur zeigen, dass der Weg zum Wahlrecht über ein hohes Einkommen führte.

Die Julimonarchie gründete sich theoretisch allerdings auf die Volkssouveränität, den revolutionären Grundsatz von 1789.

Das Europa der 30er Jahre

In den 30er Jahren des 19. Jahrhunderts gab es auffallende Unterschiede zwischen den konstitutionellen Staaten – Großbritannien, Frankreich, Spanien, Portugal – und den Legitimisten, den dynastischen Staaten des Ostens mit ihren italienischen und deutschen Satellitenstaaten. Die konservativen Regierungen waren gegen die Julirevolution eingestellt. Als die Belgier 1830 gegen ihren holländischen König rebellierten, löste das unter ihnen große Besorgnis aus. Sie konnten ihm aber nicht zu Hilfe kommen, da die Briten und Franzosen auf Seiten der Belgier standen und

Eugène Delacroix malte diese Personifikation Griechenlands. Sie repräsentiert den Fall Missolunghis unter den Türken im Jahr 1826. Um die Griechen in ihrem Freiheitskampf zu unterstützen, schickten Großbritannien, Frankreich und Russland 1827 eine Marineeinheit.

Russland eine polnische Rebellion niederzuschlagen hatte. Die Gründung eines unabhängigen Belgiens dauerte noch bis 1839. Bis 1848 stellte dies die einzige bedeutende Veränderung des Staatensystems dar, wenngleich die inneren Schwierigkeiten Spaniens und Portugals ebenfalls hohe Wellen schlugen und der gesamten europäischen Diplomatie zu schaffen machten.

Die Orientalische Frage

In Südosteuropa brach ein neues revolutionäres Zeitalter an, gerade zu dem Zeitpunkt, als sich die Umbruchsituation im westlichen Europa auf ihren Höhepunkt zu bewegte. 1804 hatte ein wohlhabender serbischer Schweinehändler einen Aufstand seiner Landsleute gegen die undisziplinierte türkische Besatzungsmacht in Belgrad angezettelt. Die osmanische Regierung duldete dies, um die eigenen rebellischen Soldaten im Zaum zu halten. Die Folge war 1817 ein autonomes Fürstentum Serbien. Die Türken hatten bereits Bessarabien an Russland abgetreten und mussten anerkennen, dass auch ihr Anspruch auf einen großen Teil Griechenlands und Albaniens kaum mehr als eine Formsache war, während die tatsächliche Macht in den Händen der örtlichen Paschas lag.

Damit stellte sich – wenn auch noch sehr vage – erstmals die Orientalische Frage des 19. Jahrhunderts: Wer sollte die Teile des zerfallenden Osmanischen Reichs erben? Mehr als 100 Jahre und einen Weltkrieg lang dauerte es, bis Europa diese Frage für sich löste. In den ehemaligen asiatischen Provinzen des Reiches werden noch heute Kriege um die osmanische Nachfolge geführt. Von Anfang an waren ethnische, religiöse, ideologische und diplomatische Aspekte miteinander verquickt. Gemäß

Zu den ersten türkischen Reaktionen auf die griechische Unabhängigkeitserklärung gehörte 1822 das Massaker von Chios. Eugène Delacroix schuf bewegende Gemälde des Massakers – wie auch dieses Beispiel der romantischen Malschule.

der Wiener Vereinbarung gehörten die osmanischen Territorien nicht zu den Bereichen, die durch die Garantien der Großmächte geschützt waren. Als 1821 eine „Revolution“ der „Griechen“ (das heißt christlich-orthodoxer Untertanen des Sultans, darunter viele Banditen und Piraten) gegen die Türken begann, stellte sich Russland auf die Seite der Rebellen. Dies war ein Schlag gegen die konservativen Grundsätze. Doch die Religion und der alte russische Hang zu imperialistischer Expansion im Südosten Europas machten es für die Heilige Allianz unmöglich, den Sultan zu unterstützen. Russland trat in den Krieg gegen die Osmanen ein und besiegte sie. Offenbar machte der Nationalismus die Orientalische Frage noch komplexer und schwieriger, denn man befürchtete, das 1832 ausgerufene Königreich Griechenland werde auch andere Balkanvölker auf umstürzlerische Ideen bringen.

DIE REVOLUTION VON 1848

Als es 1848 zu einer erneuten revolutionären Explosion kam, schienen sämtliche Vereinbarungen von 1815 in Gefahr. Die 40er Jahre des 19. Jahrhunderts waren vielerorts eine Phase der wirtschaftlichen Not, der Nahrungsmittelknappheit und des Elends gewesen. Irland war mit seiner großen Hungersnot von 1846 besonders betroffen. 1847 traf es Mitteleuropa und Frankreich, wo eine Wirtschaftskrise die Städte gleichsam aushungerte. Arbeitslosigkeit war weit verbreitet. Dies rief Gewalt hervor, die den radikalen Bewegungen überall eine neue Schärfe verlieh. Eine Unruhe löste die nächste ab. Das schwächte die Kapazität des internationalen Sicherheitssystems, weitere Ausbrüche in den Griff zu bekommen. Der Stein kam endgültig im Februar in Paris ins Rollen, wo Louis Philippe ab-

Wirtschaftliche, soziale und politische Ursachen führten 1848 in vielen Ländern Europas zu einer Reihe von Aufständen der Bevölkerung gegen ihre Regierungen.

Die Tschechen, Kroaten, Slowaken, Polen, Ungarn, Italiener und selbst Österreicher erhoben sich 1848 und forderten Unabhängigkeit von der österreichischen Regierung und die Anerkennung ihrer nationalen Selbstbestimmung. Dieses Gemälde von 1848 zeigt, wie Truppen versuchen, die Ordnung in den Straßen von Wien wieder herzustellen.

1849 wird in Italien die Republik ausgerufen. Von Guiseppe Mazzini angeführt, zwang die Römische Republik Papst Pius IX. zur Flucht, 1850 jedoch schlugen französische Truppen den Aufstand nieder. Mazzinis Einfluss schwand, auch wenn er spätere italienische Patrioten inspirierte.

dankte, nachdem ihm die Mittelschicht wegen seines fortwährenden Widerstandes gegen die Ausweitung des Wahlrechts die Unterstützung entzog. Bis zur Mitte des Jahres waren die Regierungen in allen wichtigen Großstädten Europas – abgesehen von London und St. Petersburg – verdrängt worden oder befanden sich bestenfalls in der Defensive. Als Frankreich nach der Februarrevolution zur Republik wurde, fassten die revolutionären und politischen Exilanten in Europa Mut. Die *Grande Nation* würde wieder in Bewegung geraten und die Armeen der Großen Revolution könnten noch einmal marschieren, um ihre Grundsätze zu verbreiten. Ihre Hoffnungen wurden enttäuscht. In der Realität machte Frankreich lediglich eine diplomatische Verbeugung vor dem unterdrückten Polen. Die einzigen militärischen Einsätze galten der Verteidigung des Papstes, unbestreitbar eine konservative Angelegenheit. Die Revolutionäre von 1848 wurden von sehr unterschiedlichen Motiven angetrieben und verfolgten daher entsprechend verschiedene Ziele.

In fast ganz Italien und in Mitteleuropa rebellierten sie gegen die Regierungen, die sie für tyrannisch hielten, weil sie unliberal waren. Im Mittelpunkt standen Forderungen an die Verfassung, grundsätzliche Freiheiten zu gewährleisten. Als eine solche Revolution in Wien selbst auftrat, floh Kanzler Metternich, der Architekt der konservativen Ordnung von 1815, ins Exil. Eine erfolgreiche Revolution in Wien, das bedeutete Lähmung und Orientierungslosigkeit in ganz Mitteleuropa. In vielen deutschen Staaten kam es nun, ohne Furcht vor einer österreichischen Intervention zur Unterstützung der konservativen Regierungen, zu verschiedenen revolutionären Erhebungen. Auch die anderen Völker innerhalb des österreichischen Herrschaftsgebiets nutzten diese Freiheit; die Italiener wandten sich (angeführt von einem ehrgeizigen, aber ängstlich konservativen König von Sardinien) gegen die österreichischen Armeen in der Lombardei und in Venetien, die Ungarn revoltierten in Budapest und die Tschechen in Prag. Viele dieser Revolutionäre strebten eher die nationale Unabhängigkeit als einen Konstitutionalismus an, auch wenn eine Verfassung, die die dynastische Autokratie angriff, eine Zeit lang als der Weg zur Unabhängigkeit erschien.

Die Niederlagen von 1848

In allen Hauptstädten Mitteleuropas und Italiens war die Einrichtung von konstitutionellen Regierungen eng mit der nationalen Frage verknüpft. Im Falle einer nationalen Befreiung der Slawen hätten Preußen und Österreich große Teile ihres Territoriums verloren, insbesondere in Polen und Böhmen. Die deutschen Liberalen stolperten 1848 plötzlich über dieses Problem und zogen rasch die Konsequenzen; sie wählten den Nationalismus. (Die Italiener mussten noch 100 Jahre später in Südtirol mit ihrer eigenen Version des Dilemmas zurechtkommen.) Die deutschen Revolutionen von 1848 scheiterten im Wesentlichen deshalb, weil die Liberalen zu dem Schluss gelangten, der Nationalismus erfordere die Erhaltung der

Ostgebiete. Daher brauchten sie ein starkes Preußen und mussten seine Bedingungen für die Zukunft Deutschlands akzeptieren.

Es gab noch andere Hinweise, dass sich das Blatt vor Ende des Jahres 1848 gewendet hatte. Die österreichische Armee hatte die italienischen Aufständischen besiegt. In Paris war im Juni der Versuch, die Revolution in Richtung Demokratie zu bewegen, mit großem Blutvergießen vereitelt worden. 1849 kam schließlich das Ende. Die Österreicher besiegten die sardische Armee, die den einzigen Schutz der italienischen Revolution darstellte. Daraufhin begannen die Monarchen auf der Halbinsel, ihre konstitutionellen Zugeständnisse zurückzuziehen. Das Gleiche taten auch die deutschen Herrscher, angeführt vom preußischen König. Im Reich der Habsburger hielt allerdings der Druck der Kroaten und Ungarn an. Doch die russische Armee kam ihrem Verbündeten zur Hilfe.

Der Völkerfrühling

Für die Liberalen war 1848 ein „Völkerfrühling" – allerdings einer, dessen Triebe rasch wieder welkten. Gegen Ende des Jahres 1849 war die formale Struktur Europas – trotz wichtiger Veränderungen innerhalb einiger Länder – größtenteils wieder auf den Stand von 1847 gebracht worden. Der Nationalismus hatte sich zwar 1848 als eine populäre Idee erwiesen, doch es war auch deutlich geworden, dass er noch nicht stark genug für einen dauerhaften Umbruch war. Sein Scheitern zeigt auch, dass der Vorwurf, einige Staatsmänner von 1815 hätten es versäumt, ihm die angemessene Aufmerksamkeit zu zollen, falsch ist. 1848 entstand keine neue Nation, weil die Zeit noch nicht reif war. Der Nationalismus war in den meisten Teilen Europas eine abstrakte Idee für die Massen, nur ganz wenige, vor allem Angehörige der gebildeten Schichten, gehörten

Der hier abgebildete italienische Nationalistenführer Guiseppe Mazzini (1805–1872) agitierte, nachdem das Land als Monarchie vereinigt war, weiter für eine italienische Republik.

Annähernd 600 Delegierte nahmen 1848 in Frankfurt an der Zusammenkunft der deutschen Nationalversammlung teil.

Hohe Arbeitslosigkeit und rasche Inflation führten 1845–1847 zu einer Hungersnot, die Aufstände in den Städten auslöste. Dieses zeitgenössische Gemälde zeigt eine wütende Menge, die die öffentliche Bäckerei auf dem Markt von Breslau stürmt.

zu seinen Trägern. Gelegentlich gab es wirkungsvolle Aktionen Einzelner, die sich durch Sprache, Tradition oder Religion in einer gemeinsamen Identität verbunden fühlten, aber dies führte nicht zur Errichtung neuer Nationalstaaten. Die ruthenischen Bauern Galiziens hatten z.B. 1847 ihre polnischen Grundbesitzer ermordet, während die habsburgische Verwaltung es geduldet hatte. Derart zufrieden gestellt, blieben sie 1848 den Habsburgern gegenüber loyal.

Volksaufstände

Es gab 1848 einige echte Volksaufstände. In Italien handelte es sich eher um Revolten der Städter als der Landbevölkerung. In der Lombardei begrüßte Letztere sogar die österreichische Armee bei ihrer Rückkehr mit Beifall, weil sie keine Chancen für sich in einer von Aristokraten (ihre Grundbesitzer gehörten schließlich dieser Gruppe an) geführten Revolution sah.

In einigen Teilen Deutschlands, in denen die traditionellen Strukturen einer ländlichen Gesellschaft mit Grundbesitz dominierten, agierte die Landbevölkerung ähnlich wie ihre Vorgänger 1789 in Frankreich. Sie brannten die Häuser ihrer Grundbesitzer nieder, um die gehassten und gefürchteten Aufzeichnungen ihrer Renten und Abgaben sowie ihrer Arbeitsleistungen zu zerstören. Diese Ausbrüche versetzten die städtischen Liberalen ebenso in Furcht, wie der Pariser Juniaufstand die Mittelklasse in Frankreich erschreckte. Da die französischen Kleinbauern seit 1789 eher konservativ eingestellt waren, konnte sich die Regierung aber der Unterstützung der Provinzen bei der Überwältigung der Armen von Paris sicher sein. Ihrem Radikalismus war dadurch nur ein kurzzeitiger Erfolg beschieden.

Auch in den revolutionären Bewegungen gab es konservative Strömungen. Der Aufruhr in der deutschen Arbeiterklasse beunruhigte die Wohlhabenderen; manche Arbeiterführer sprachen zwar von „Sozialismus", wollten jedoch in Wirklichkeit zur Vergangenheit zurückkehren. Sie dachten an die sichere Welt der Zünfte, fürchteten die Maschinen in den Fabriken, die Rheindampfer, die den Bootsleuten ihre Arbeit wegnahmen, den unbeschränkten Zugang zum Handel – kurz, die deutlichen Anzeichen der aufkommenden marktwirtschaftlich geprägten Gesellschaft. Fast immer bewiesen die Volksaufstände von 1848, dass die Massen den Liberalismus nicht unterstützten.

Die Auswirkungen von 1848

Die Revolutionen von 1848 haben die ländliche Gesellschaft Mittel- und Osteuropas am stärksten verändert. Liberale Grundsätze und die Furcht vor einem Volksaufstand brachten die Grundbesitzer dazu, Veränderungen zu akzeptieren. Wo immer Frondienst und Schollenbindung noch Bestand hatten, wurden sie 1848 abgeschafft – mit Ausnahme Russlands. Die gesellschaftliche Revolution auf dem Lande, die 60 Jahre zuvor in Frankreich ausgelöst worden war, kam somit in Mitteleuropa und dem größten Teil Osteuropas zu dieser Zeit zum Abschluss. Der Weg zum Wiederaufbau des bäuerlichen Lebens nach den Richtlinien des Individualismus und des Marktes war in Deutschland und im Donautal frei. Auch wenn sich viele Praktiken und Denkgewohnheiten noch länger hielten, bedeutete es das Ende der Feudalgesellschaft in Europa. Die Verwirklichung der anderen politischen Vorstellungen der Französischen Revolution sollte noch auf sich warten lassen.

Zu den Erfolgen der Aufstände von 1848 gehört die Beseitigung bestimmter feudaler Gesellschaftsstrukturen in Europa. So wurden in den meisten europäischen Ländern die Frondienste und Schollenbindung der Bauern abgeschafft.

Die Republik Venedig wird am 22. März 1848 auf dem St.-Markus-Platz ausgerufen. Venedig ist dadurch von österreichischer Herrschaft befreit.

Der Krimkrieg

Im Falle des Nationalismus dauerte das nicht mehr sehr lange. Eine Auseinandersetzung über den russischen Einfluss im Nahen Osten, wo die Macht der Türken sichtbar abnahm, setzte 1854 der langen Friedenszeit zwischen den Großmächten ein Ende. Der Krimkrieg, in dem die Franzosen und die Briten als Alliierte der Türken gegen die Russen kämpften, war in vieler Hinsicht bemerkenswert. Die Gefechte fanden im Baltikum statt, im Süden Russlands und auf der Krim, wobei der letzte Schauplatz die meiste Aufmerksamkeit beanspruchte. Dort hatten sich die Alliierten vorgenommen, die Hafenstadt Sewastopol einzunehmen, die der Schlüssel zur Macht Russlands am Schwarzen Meer war. Die britische Armee kämpfte ebenso tapfer wie ihre Gegner und Verbündeten, doch sie wurde durch administrative Fehler im Heimatland behindert. Der so ausgelöste Skandal hatte eine Reihe radikaler Reformen zur Folge. Nebenbei begründete der Krieg auch das Ansehen eines neuen Frauenberufs, dem der Krankenschwester, denn der Zusammenbruch der medizinischen Versorgung der britischen Soldaten war besonders gravierend gewesen. Durch das Engagement von Florence Nightingale wurden die Arbeitsmöglichkeiten für Frauen aus den Mittel- und Oberschichten deutlich erweitert.

Eine Montage, die die Verteidigung Sewastopols zeigt. Die Russen mussten den Hafen auf der Krim im September 1855 nach einem langen Kampf aufgeben. Eine hohe Zahl von Verlusten – es waren mehr als in jedem anderen europäischen Krieg zwischen 1815 und 1914 – kennzeichnet diesen Krieg. Von den 675 000 Opfern des Krimkriegs waren mehr als 80 Prozent Krankheiten oder Wundinfektionen erlegen.

Die Folgen des Krimkriegs

1853 brach der Krimkrieg aus. Im folgenden Jahr eskalierte der Konflikt. Das russische Interesse an den türkischen Meerengen, die einen Durchgang zum Mittelmeer ermöglichten, brachte die Russen in direkten Konflikt mit den Briten, die forderten, die Meerengen müssten für den internationalen Schiffsverkehr offen gehalten werden (für ein Land wie Großbritannien ein lebenswichtiger Standpunkt, da die Briten ihre Stärke aus der Kontrolle der Meere und aus ihrer Flotte bezogen).

Um 1855 kämpften die russischen Truppen auf verlorenem Posten gegen die alliierten Streitkräfte der Türken, Briten und Franzosen. Als Zar Nikolaus I. in diesem Jahr starb, erkannte sein Nachfolger, Alexander II., dass er keine andere Wahl hatte, als um Frieden zu bitten.

Die Unterzeichner des Friedensvertrages von Paris einigten sich 1856 darauf, „die Integrität des türkischen Reichs" aufrechtzuerhalten. Russland trat das linke Ufer der Donaumündung an Moldawien ab. Moldawien, die Walachei (die 1859 zu Rumänien vereinigt wurden) und Serbien wurden als Fürstentümer mit eigener Regierung unter dem Protektorat der europäischen Mächte anerkannt. Russland hatte nun nicht mehr das Recht, am Schwarzen Meer Krieg zu führen, und die Donau sollte für die Handelsschifffahrt aller Nationen offen sein.

Auf diesem Stich ist eine britische Stellung im Krimkrieg dargestellt, die auf den Osten Sewastopols hin ausgerichtet ist.

Der Krieg wies auch in anderer Hinsicht Merkmale der modernen Zeit auf: Es war der erste Krieg zwischen Großmächten, bei dem Dampfschiffe und Eisenbahnen eingesetzt wurden.

Doch diese technischen Neuerungen, so ungeheuerlich sie auch gewesen sein mögen, waren kurzfristig für die internationalen Beziehungen weniger wichtig. Bedeutender war, dass Russland besiegt worden war und damit die Bedrohung des Osmanischen Reiches von dieser Seite zurückgedrängt wurde. Die Gründung einer weiteren christlichen Nation, Rumäniens, wurde 1861 vollzogen. Einmal mehr triumphierte nationales Denken in den ehemals türkischen Gebieten. Aber die entscheidende Auswirkung des Krieges bestand darin, dass die Heilige Allianz aufgelöst worden war. Die alte, aus dem 18. Jahrhundert stammende Rivalität zwischen Österreich und Russland war wieder ausgebrochen: Was sollte mit dem türkischen Erbe auf dem Balkan geschehen? Österreich hatte Russland während des Krieges davor gewarnt, die Donaufürstentümer zu besetzen (wie man das zukünftige Rumänien zu dieser Zeit nannte), genau dies dann aber selbst getan.

Fünf Jahre zuvor hatte Russland für den Wiederaufbau der Macht Habsburgs interveniert und die ungarische Revolution niedergeschlagen. Es war das Ende der Freundschaft zwischen den beiden Mächten. Der nächsten Bedrohung würde sich Österreich stellen müssen, ohne Russland als Polizei des konservativen Europas an seiner Seite zu haben.

Napoleon III. (1808–1873), eigentlich Charles Louis Napoleon Bonaparte, war Präsident der französischen Republik und erklärte sich 1852 selbst zum Herrscher des Zweiten Kaiserreichs.

Napoleon III.

Als 1856 Frieden geschlossen wurde, konnten nur wenige voraussehen, wie schnell Österreich die nächsten Konflikte bevorstehen würden. Innerhalb von zehn Jahren verlor Österreich in zwei kurzen, aber heftigen Kriegen seine Vorherrschaft in Italien und in Deutschland. Beide Länder wurden in Nationalstaaten umgewandelt Der Nationalismus hatte tatsächlich triumphiert, und zwar auf Kosten der Habsburger, wie es wenige schon 1848 prophezeit hatten. Allerdings geschah dies nicht durch eine Revolution, sondern durch die Bestrebungen zweier traditionell expansiver monarchischer Staaten. Sardinien und Preußen hatten nämlich ihre Positionen im europäischen Staatengefüge auf Kosten Österreichs verbessert, das zu diesem Zeitpunkt vollständig isoliert war. Es hatte nicht nur die russische Allianz geopfert, auch Frankreich wurde nach 1852 von einem Kaiser regiert, der wieder den Namen Napoleon trug (er war der Neffe des ersten Napoleon). Er war zum Präsidenten der Zweiten Republik gewählt worden, deren Verfassung er durch einen Staatsstreich beiseite schob. Der Name Napoleon stellte an sich schon eine Bedrohung dar. Er ließ an ein Programm internationaler Restauration denken – oder an Revolution. Napoleon III. (der zweite war eine juristische Fiktion, ein Sohn Napoleons I., der niemals regiert hatte) setzte sich für die Aufhebung des antifranzösischen Abkommens von 1815 ein. Er beseitigte damit die österreichische Vorherrschaft, die diesen Vertrag in Italien und Deutschland stützte. Napoleon III. trat mit weniger Zurückhaltung als die meisten Herr-

scher und offenbar mit Überzeugung für den Nationalismus ein. Mit Waffengewalt und Verhandlungen trieb er das Werk zweier großer Diplomaten, Cavours und Bismarcks, voran, der jeweiligen Ministerpräsidenten von Sardinien und Preußen.

Einheit in Italien und Deutschland

1859 kämpften Sardinien und Frankreich gegen Österreich. Nach einem kurzen Krieg hatten die Österreicher in Italien nur noch Venetien behalten. Cavour begann nun damit, andere italienische Städte Sardinien einzugliedern. Zum Ausgleich gab er das sardische Savoyen an Frankreich ab. Cavour starb 1861, und bis heute diskutiert man darüber, wie weit seine Pläne wirklich gingen. Bis 1871 hatte sein Nachfolger Italien unter dem früheren König von Sardinien vereint. Auch Deutschland wurde in diesem Jahr geeint. Bismarck hatte 1864 die liberalen Strömungen in Deutschland im Sinne Preußens für einen Krieg gegen Dänemark gewonnen. Zwei Jahre später besiegte Preußen Österreich durch einen Blitzfeldzug in Böhmen und beendete damit den Streit zwischen Habsburgern und Hohenzollern um die Vorherrschaft in Deutschland. Der Krieg bestätigte eine bereits entschiedene Situation, denn seit 1848 war die Position Österreichs in der Deutschlandpolitik sehr geschwächt. Die deutschen Liberalen hatten damals nicht dem österreichischen Kaiser, sondern dem König von Preußen die deutsche Krone angeboten. Einige deutsche Mittelstaaten blickten allerdings immer noch nach Wien, wenn es um Führung und Schutz ging. Nun standen sie der preußischen Bedrohung ganz auf sich gestellt gegenüber. Nach 1866 konzentrierte das Habsburgerreich seine Außenpolitik auf Südosteuropa und den Balkan. Österreich hatte sich 1815 aus den Niederlanden zurückgezogen, Venetien war 1866 von Preußen für die Italiener erobert worden, und nun überließ es auch Deutschland seinen eigenen Plänen. Unmit-

Ein zeitgenössisches Gemälde zeigt den triumphalen Einzug Viktor Emmanuels II. von Sardinien, Piemont und Savoyen und Napoleons III. in Mailand am 8. Juni 1859. Der Einfluss des Grafen Cavour auf die Plebiszite von 1860 führte dazu, dass Parma, Modena, die Romagna und die Toskana unter der Krone Viktor Emmanuels II. in das Vereinigte Italien eingegliedert wurden.

Giuseppe Garibaldi (1807–1882), der Befreier Siziliens und Neapels, war einer der Helden der italienischen Nationalistenbewegung Risorgimento. Sein triumphaler Einzug in Neapel 1860, der hier dargestellt ist, hatte Cavours stillschweigende Unterstützung.

telbar nach Friedensschluss ergriffen die Ungarn die Gelegenheit, der gedemütigten Monarchie einen weiteren Schlag zu versetzen, indem sie sich eine faktische Autonomie in dem Teil der Habsburger Monarchie verschafften, der aus den Gebieten der ungarischen Krone gebildet worden war. Auf diese Weise wurde 1867 aus dem Reich die österreichisch-ungarische (k. u. k.) Monarchie. Die Dynastie und eine gemeinsame Außenpolitik waren mehr oder weniger alles, was sie zusammenhielt.

Das deutsche Kaiserreich im nachrevolutionären Europa

Um es vom Heiligen Römischen Reich Deutscher Nation zu unterscheiden, sprach man im Falle des 1871 gegründeten Reiches vom zweiten Deutschen Reich.

Die Einigung Deutschlands machte einen weiteren Schritt erforderlich. Der preußische Anspruch auf die Gebiete jenseits des Rheins konnte nicht im Interesse Frankreichs sein. Statt einem zerstrittenen Nachbarn sah es sich nun einem Deutschland gegenüber, das von einer einzigen, wichtigen Militärmacht beherrscht war. Bismarck nutzte die Schwäche Napoleons III. im eigenen Land und die internationale Isolation, um Frankreich 1870 zu einer unüberlegten Kriegserklärung zu provozieren. Der Sieg in diesem Krieg stellte die Krönung für das neue Gebäude der deutschen Nation dar. Preußen hatte bei der „Verteidigung" Deutschlands gegen Frankreich die Führung übernommen – und es lebten immer noch Deutsche, die sich daran erinnern konnten, was französische Armeen in Deutschland früher angerichtet hatten. Die preußische Armee zerstörte das Zweite Kaiserreich in Frankreich und schuf das Deutsche Kaiserreich, das zweite Kaiserreich, wie man es nannte, um es vom „Heiligen Römischen Reich Deutscher Nation" zu unterscheiden. Obwohl es in der Praxis eine preußische Herrschaft unter dem Deckmantel föderalistischer Formen war, stellte es als deutscher Nationalstaat viele deutsche Liberale zufrieden. Bei der Gründungsfeier 1871 in Versailles nahm der König von Preußen die Krone des vereinten Deutschland (die sein Vorgänger 1848 aus der Hand deutscher Liberaler abgelehnt hatte) von den übrigen Fürsten in Empfang.

Die Revolutionen der letzten 50 Jahre hatten das europäische System völlig verändert. Dies blieb sowohl für die ganze Welt als auch für die europäische Geschichte nicht ohne Konsequenzen. Wie Frankreich im 17. Jahrhundert Spanien, so hatte Deutschland nun Frankreich als dominante Kontinentalmacht in Europa abgelöst. Diese Tatsache überschattete lange die Beziehungen der europäischen Staaten untereinander. Erst durch das allmähliche Verschwinden territorialen Anspruchsdenkens fanden sie zu neuen Gemeinsamkeiten. Der Machtwechsel lässt sich nur zu einem geringen Teil auf die revolutionäre Politik im strengen Sinne zurückführen. Die überzeugten Revolutionäre des 19. Jahrhunderts hatten nichts erreicht, was mit dem Werk Cavours, Bismarcks oder Napoleons III. (er hatte sich dabei fast selbst vernichtet) vergleichbar gewesen wäre.

Wilhelm I. (1797–1888), der König von Preußen, wird am 18. Januar 1871 in Versailles zum deutschen Kaiser erklärt.

Dies ist angesichts der Erwartungen und Ängste, die man damals gegenüber der Revolution hegte, erstaunlich. Die Revolution hatte wenig bewirkt und zeigte bereits erste Anzeichen der Ermüdung. Bis 1848 hatte es eine Vielzahl von Revolutionen gegeben, abgesehen von Komplotten, Verschwörungen und *pronunciamientos*, die dieser Bezeichnung kaum würdig waren. Nach 1848 kam es kaum noch zu derartigen Ereignissen, abgesehen von einer Revolution 1863 in Polen, die aber der einzige bedeutende Ausbruch in den Gebieten der Großmächte bis 1871 blieb.

Ein Abebben revolutionärer Bestrebungen zu diesem Zeitpunkt ist verständlich. Revolutionen schienen außerhalb Frankreichs wenig erreicht zu haben und hatten dort zu Enttäuschung und Diktatur geführt. Einige wichtige Ziele waren auf andere Weise erreicht worden. Cavour und seine Anhänger schufen sehr zum Verdruss Mazzinis ein vereintes Italien, das nur schwer die Zustimmung der Revolutionäre fand. Bismarck erfüllte, indem er Deutschland – ohne Frage eine Großmacht – aufbaute, die Hoffnungen vieler deutscher Liberaler von 1848.

Durch wirtschaftlichen Fortschritt realisierten sich weitere Pläne und Ziele. Das Europa des 19. Jahrhunderts wurde stetig reicher und ermöglichte immer mehr Völkern einen größeren Anteil am Wohlstand, wenn auch das Problem der Armut nicht verschwand. Zudem wirkten kurzfristige Faktoren mit. Auf das Jahr 1848 folgten die großen Goldfunde in Kalifornien, die zu einem erhöhten Rohgoldfluss führten, der die Weltwirtschaft in den 50er und 60er Jahren des 19. Jahrhunderts ankurbelte. Das Vertrauen wuchs und die Arbeitslosigkeit sank in diesen Jahrzehnten, was sich zu Gunsten eines sozialen Friedens auswirkte.

Die wachsende Macht der Zentralregierung

Revolutionen wurden seltener, da sie schwieriger durchzuführen waren. Die Regierungen

Der Einigungsprozess im Deutschland des 19. Jahrhunderts: einige Meilensteine

1806 Schaffung des Rheinbundes (12. Juli) durch 16 Fürsten unter französischer Vorherrschaft. Franz II. gibt den Titel eines Kaisers des Heiligen Römischen Reichs ab (6. August).

1815 Einrichtung des Deutschen Bundes aus 38 souveränen Mächten durch das Wiener Vertragswerk.

1819 Preußen richtet gleiche Steuern für alle seine Territorien ein und unterzeichnet ein Steuerabkommen mit Schwarzburg-Sondershausen (Oktober). Beginn des Zollvereins (Gründung 1834).

1844 Der Zollverein umfasst nun die meisten Staaten des Deutschen Bundes, nicht aber Österreich.

1848 Im Zuge der revolutionären „Märztage" verspricht der König von Preußen, Preußen solle „mit Deutschland verschmolzen" werden. Die Frankfurter Nationalversammlung, das erste rein deutsche Parlament, das in demokratischer Abstimmung gewählt wurde, tritt am 18. Mai zusammen.

1849 Die Frankfurter Nationalversammlung verabschiedet eine Verfassung und wählt den König von Preußen zum „Kaiser der Deutschen" (28. März), doch er nimmt die Krone nicht an.

1850 Der alte Deutsche Bund ist wieder eingerichtet.

1853 Hannover, Braunschweig und Mecklenburg schließen sich dem Zollverein an (nun sind alle nichtösterreichischen deutschen Staaten Mitglieder).

1863–1865 Aus einer Krise wegen des dänischen Anspruchs auf Schleswig-Holstein geht Preußen, nicht Österreich, als Mittelpunkt der nationalistischen Hoffnungen in Deutschland hervor.

1866 Preußen zettelt einen Krieg gegen Österreich an und erklärt den Deutschen Bund für beendet. Nach dem Sieg bei Königgrätz (Sadowa, 3. Juli) wird Frieden geschlossen (Prager Friede, 23. August).

1867 Verträge zwischen Preußen und den deutschen Staaten nördlich des Mains führen zum Norddeutschen Bund, einer föderalen Struktur unter der Herrschaft Preußens. Das Zollparlament wird am 8. Juli eingerichtet und enthält auch Vertretungen der vier süddeutschen Staaten.

1870 Frankreich erklärt den Krieg gegen Preußen (19. Juli), das die Unterstützung der süddeutschen Staaten erhält. Entscheidender Sieg über Frankreich bei Sedan (2. September).

1871 Wilhelm I. von Preußen wird nach Verhandlungen mit allen deutschen Staaten im Norden und im Süden in Versailles zum deutschen Kaiser erklärt. Das neue föderale Kaiserreich besteht aus 25 Staaten mit einem gemeinsamen Reichstag.

konnten sie vor allem mit technischen Mitteln immer besser unterbinden. Das 19. Jahrhundert schuf die modernen Polizeieinheiten. Eine durch Schiene und Telegraf verbesserte Kommunikation verlieh der Zentralregierung außerdem neue Möglichkeiten im Umgang mit räumlich entfernten Revolten. Die technische Überlegenheit des Militärs nahm zu. Während der langen Friedenszeit von 1815 bis 1848 wandelten sich viele europäische Armeen tatsächlich in Sicherheitskräfte, die häufiger gegen die eigene Bevölkerung vorgingen als gegen die Feinde im Ausland.

Nur Defizite in einigen wichtigen Abteilungen der Streitkräfte ließen 1830 und 1848 eine erfolgreiche Revolution in Paris zu. Mit vollständiger Truppenkraft konnten dagegen Kämpfe, wie jene in den Junitagen von 1848 (die ein Beobachter den größten Sklavenkrieg der Geschichte nannte), nur mit der Niederlage der Rebellen enden. Von diesem Jahr an glückte keine Revolution des Volkes gegen die Regierung eines wichtigen europäischen Landes mehr, außer wenn ihre Kontrolle über die Streitkräfte durch Kriegsniederlage oder Subversion erschüttert war.

Diese französische Zeichnung mit dem Titel *Le Mur des Fédéres* zeigt die Hinrichtung von Kommunarden am 28. Mai 1871, dem Tag nach dem Fall der Pariser Kommune.

Die Pariser Kommune

Die Macht einer starken Armee wurde 1871 auf anschauliche und blutige Weise demonstriert, als ein erneuter Aufstand in Paris in weniger als einer Woche von Seiten der Regierung niedergeschlagen wurde. Der Tribut an Menschenleben war genauso hoch wie der unter der Schreckensherrschaft 1793–94. Eine Volksregierung, die ein breites Spektrum von Radikalen und Reformern anzog, hatte sich in der Hauptstadt als die „Pariser Kommune" formiert. Sie hatte sich einen Namen gegeben, der an die Traditionen kommunaler Unabhängigkeit erinnerte, die bis ins Mittelalter zurückreichten und, wichtiger noch, der die Ereignisse von 1793 wachrief, als die Kommune (oder der Stadtrat) von Paris das Zentrum revolutionären Geistes gewesen war. Die „Kommune" von 1871 konnte die Macht übernehmen, weil die französische Regierung im Anschluss an die Niederlage durch die Deutschen die Bevölkerung von Paris nicht entwaffnen wollte, mit deren Hilfe der Belagerung durch die feindlichen Truppen standgehalten worden war. Zudem hatte die Niederlage viele Pariser gegen die Regierung aufgebracht, da sie sich von ihr im Stich gelassen glaubten. Während ihres kurzen Bestehens (es gab ein paar Wochen Ruhe, während die französische Regierung ihren Gegenschlag vorbereitete) handelte die Kommune kaum, verfasste jedoch eine Menge linksgerichteter Reden und Parolen, so dass man sie bald als die Verkörperung der sozialen Revolution betrachtete. Umso erbitterter versuchte man sie zu bekämpfen. Als die Regierung ihre Truppen durch heimgekehrte Kriegsgefangene so weit verstärkt hatte, dass sie Paris zurückerobern konnte, verwandelte sie die Stadt in den Schauplatz einer kurzen, aber blutigen Straßenschlacht. Die geordneten Streitkräfte überwanden die Arbeiter und Ladenbesitzer, die hastig improvisierte Barrikaden aufgestellt hatten.

Im Jahr 1871 führte die so genannte Pariser Kommune einen neuen Aufstand in Frankreich an; er wurde blutig niedergeschlagen.

Diese Darstellung einer Bahnreise in der Frühzeit der Eisenbahn von dem französischen Künstler Honoré Daumier (1808–1879) trägt den Titel *Waggon dritter Klasse.*

Wenn es etwas gab, das den Mythos der Revolution vernichten konnte, dann das entsetzliche Scheitern der Pariser Kommune. Doch ihr Mythos wurde dadurch noch stärker.

DER SOZIALISMUS

Die Konservativen griffen gerne auf das Beispiel der Kommune zurück, wenn es darum ging, die Gefahren zu beschwören, die unter der Oberfläche der Gesellschaft lauerten. Die Revolutionäre dagegen fügten ihrer fast apostolischen Reihe von Gesinnungsgenossen aus den Jahren 1789–1848 ein neues Kapitel des Helden- und Märtyrertums hinzu.

Um 1830 entstanden in Frankreich die ersten modernen sozialistischen Ideen. Sie richteten sich vor allem gegen die Wirtschaftspolitik des Laissez faire, die nach ihrer Einschätzung die Wohlhabenden begünstige.

Die Kommune belebte die revolutionäre Mythologie mit einem neuen Faktor, dem Sozialismus, dessen Wichtigkeit Linke und Rechte erkannt hatten. Sozialismus (wie auch der dazugehörige Begriff „Sozialist") hat viele Bedeutungen. Um 1830 bezeichneten die beiden Begriffe in Frankreich zunächst die Theorien bzw. deren Verfechter, die sich strikt gegen eine auf Marktprinzipien aufgebaute Gesellschaft und eine Wirtschaft, die nach den Richtlinien des Laissez faire funktioniert, wandten. Von Letzterer nämlich – so meinten sie – profitierten vor allem die Wohlhabenden. Wirtschaftliche und gesellschaftliche Gleichheit lagen der Idee des Sozialismus zu Grunde. Dem stimmten die meisten Sozialisten zu. Sie gingen davon aus, dass es in einer Gesellschaft keine Klassen geben dürfe, die andere auf Grund ihrer Besitzverhältnisse unterdrückten. Besitz und Eigentum waren ihnen nicht heilig und einige von ihnen – Kommunisten genannt – wollten sie ganz abschaffen. „Eigentum ist Diebstahl" lautete eine ihrer erfolgreichen Parolen.

Das sozialistische Denken

Derartige Ideen mögen bedrohlich gewesen sein, neu waren sie nicht. Egalitäre Ideen haben die Menschen von jeher fasziniert und den

Die wohlhabenderen Passagiere genossen in den neuen Zügen einen beachtlichen Luxus, wie dieses englische Gemälde aus dem 19. Jahrhundert mit dem Titel *Reisen in der ersten Klasse* zeigt.

christlichen Herrschern Europas war es ohne Schwierigkeiten gelungen, soziale Einrichtungen, die auf großen Gegensätzen im Besitz basierten, mit einer Religion in Einklang zu bringen, die Gott preist, weil er die Hungrigen mit guten Gaben beschenkt und die Reichen leer ausgehen lässt. Im frühen 19. Jahrhundert schienen diese Ideen gefährlicher zu werden und gleichzeitig weiter verbreitet zu sein.

Wie der Erfolg der liberalen politischen Reformen zeigte, war Gleichheit vor dem Gesetz nicht genug, wenn sie durch die Abhängigkeit von der wirtschaftlichen Macht anderer unterhöhlt oder durch Armut und sie begleitende mangelnde Bildung unwirksam gemacht wurde. Ferner hatten schon Philosophen im 18. Jahrhundert darauf bestanden, die Welt so einzurichten, dass das Beste für die größtmögliche Anzahl von Menschen getan werden könne. In der Französischen Revolution verfochten manche Denker und Agitatoren bereits Ziele, in denen spätere Generationen sozialistische Ideen wiederfanden. Egalitäre Vorstellungen mündeten allerdings nur dann in einem modernen Sozialismus, wenn sie sich mit den Problemen des wirtschaftlichen und sozialen Wandels, insbesondere durch die Industrialisierung, beschäftigten.

Häufig erforderte dies einen ausgeprägten Scharfblick, da diese Veränderungen außerhalb Großbritanniens und Belgiens, den beiden fortschrittlichen Industrienationen dieser Zeit, nur langsam um sich griffen. Doch gerade, weil sie in einem so ausgeprägten Widerspruch zur traditionellen Gesellschaft standen, wurden selbst die kleinsten Anfänge in der Konzentration des kapitalistischen Finanz- und Fabrikwesens kommentiert.

Neu an den Gleichheitsideen des 19. Jahrhunderts war ihre Erweiterung auf den Bereich der Wirtschaft. Durch die industrielle Revolution waren völlig andere gesellschaftliche Probleme entstanden bzw. hatten sich verschärft.

Zu den Ersten, die diese Anzeichen und ihre Bedeutung für die Gesellschaft erfassten, gehörte der französische Adlige Claude Saint-Simon. Sein zukunftsträchtiger Beitrag zum sozialistischen Gedankengut bestand darin, dass er den Einfluss des technischen und wissenschaftlichen Fortschritts auf die Gesellschaft untersuchte. Saint-Simon war der Ansicht, dass nicht nur eine geplante Organisation der Wirtschaft erforderlich sei, sondern dass die traditionell herrschenden Klassen, aristokratisch und ländlich wie sie waren, durch Eliten ersetzt werden müssten, die die neuen wirtschaftlichen und intellektuellen Kräfte repräsentierten. Solche Ideen beeinflussten viele Denker (meistens Franzosen), die sich in den 30er Jahren des 19. Jahrhunderts für mehr Gleichheit einsetzten. Sie machten deutlich, dass aus rationalen ebenso wie aus ethischen Gründen ein Wandel wünschenswert war. Ihre Doktrinen waren einflussreich genug, um die besitzenden Klassen Frankreichs 1848 in Angst zu versetzen, die in den Junitagen eine „sozialistische" Revolution zu erkennen glaubten. Die Sozialisten reihten sich selbst in die Tradition der Französischen Revolution ein und stellten sich die Verwirklichung ihrer Ideale als deren nächste Phase vor.

Der sozialistische Denker Graf Claude de Saint-Simon (1760–1825) wird oft als Begründer des französischen Sozialismus zitiert.

Karl Marx (1818–1883) ist auf dieser Zeichnung aus dem 19. Jahrhundert in seinem Studierzimmer dargestellt.

„Das kommunistische Manifest"

Zu diesem kritischen Zeitpunkt erschien 1848 eine Streitschrift, die das wichtigste Dokument in der Geschichte des Sozialismus darstellt. Sie ist allgemein als *Das kommunistische Manifest* bekannt (obwohl das nicht der Titel war, unter dem sie erschien). Die Schrift war zum großen Teil das Werk eines jungen deutschen konvertierten Juden, Karl Marx. Marx erklärte seinen vollständigen Bruch mit dem, was er den „utopischen Sozialismus" seiner Vorgänger nannte. Die utopischen Sozialisten griffen den industriellen Kapitalismus an, weil sie ihn für ungerecht hielten; für Marx war das nicht der entscheidende Punkt. Von einer Argumentation, die die Menschen davon überzeugen sollte, eine Veränderung sei moralisch wünschenswert, war nach Marx nichts zu erwarten. Alles hinge von dem Weg ab, den die Geschichte gehe, hin zu der tatsächlichen und unausweichlichen Schaffung einer neuen Arbeiterklasse durch die industrielle Gesellschaft, einer Klasse von wurzellosen Lohnempfängern in den neuen Industriestädten, die er das industrielle Proletariat nannte. Diese Klasse war nach seiner Meinung dazu bestimmt, revolutionär zu handeln. Die Geschichte wirke auf sie ein und bringe so Kapazitäten und ein Bewusstsein für die Revolution hervor. Sie würde schließlich die Rahmenbedingungen für die Revolution schaffen, die unter den gegebenen Voraussetzungen zu einem garantierten Erfolg würde. Worauf es ankam, war nicht, dass der Kapitalismus moralisch falsch war, sondern dass er bereits überholt und daher historisch gesehen dem Untergang geweiht war. Marx behauptete, jede Gesellschaft habe ein eigenes System von Eigentumsrechten und Klassenbeziehungen, und diese formten entsprechend ihre politischen Institutionen. Die Politik war dazu bestimmt, die wirtschaftlichen Kräfte zum Ausdruck zu bringen. Die wirtschaftlichen Entwicklungen stellten für ihn den entscheidenden Motor für Veränderungen dar. Sie wirkten auf die Organisation der Gesellschaft zurück, und daher werde die Revolution früher oder später (und Marx vermutete eher früher) die kapitalistische Gesellschaft und ihre Ausformungen beseitigen, so wie die kapitalistische Gesellschaft bereits die feudale Gesellschaft abgelöst habe.

Eine säkulare Religion

Bei Marx geht es um sehr viel mehr als nur um die Theorie der historischen Unausweichlichkeit, doch dies war eine markante und ermutigende Botschaft, die ihm die führende Rolle in der internationalen sozialistischen Bewegung sicherte, die in den nächsten 20 Jahren aufkam. Die Überzeugung, dass die Geschichte auf ihrer Seite sei und dass die Sache, für die sie aus unterschiedlichen Motiven, sei es aus einem Gefühl des Unrechts, sei es aus Neid, eintraten, zum Sieg bestimmt war, beflügelte die Revolutionäre ähnlich wie ein religiöser Glaube. Trotz all seiner intellektuellen Möglichkeiten als analytisches Instrument wurde der Marxismus vor allem eine populäre Mythologie. Sie beruhte auf einer historischen Sicht, die besagte, dass die Menschen bestimmten Zwängen unterlägen, weil ihre Institutionen durch die aufkommenden Produktionsmethoden vorgegeben seien. Sie baute außerdem auf dem Glauben auf, dass die Arbeiterklasse dazu bestimmt sei, eine gerechte Gesellschaft herbeizuführen, in der das eherne Gesetz der historischen Notwendigkeit nicht mehr funktionieren würde. Die sozialistischen Revolutionäre konnten sich auf diese Weise ihrer wissenschaftlich unwiderlegbaren Argumente sicher sein, die für einen unaufhaltsamen Fortschritt auf das sozialistische Zeitalter hin sprechen. Trotzdem verfolgten sie weiter ihren revolutionären Aktivismus, obwohl der Fortschritt ihn unnötig zu machen schien. Marx selbst folgte seiner Lehre differenzierter, denn er wandte sie nur auf die allgemeinen, umfassenden Veränderungen in der Geschichte an und nicht darauf, wie diese Entwicklungen sich im Einzelnen gestalteten. Vielleicht ist es deshalb nicht überraschend, dass er, wie viele Lehrer, nicht alle seine Schüler schätzte: Später protestierte er sogar dagegen, als Marxist bezeichnet zu werden.

Marxistische Bewegungen

Diese neue „Religion" war eine Inspiration für die Organisation der Arbeiterklasse. Gewerk-

Bakunin *versus* Marx

„Marx ist ein autoritärer, zentralistischer Kommunist. Er will, was auch wir wollen: den Triumph wirtschaftlicher und sozialer Gleichheit, doch dies über den Staat und durch die Macht des Staates; durch die Diktatur einer mächtigen und, so kann man sagen, despotischen provisorischen Regierung, das heißt, indem er die Freiheit leugnet. Sein ökonomisches Ideal ist das eines Staates, der zum einzigen Besitzer des gesamten Landes und des gesamten Kapitals gemacht wird, der ersteres über landwirtschaftliche Vereinigungen bestellt, die von seinen bürgerlichen Ingenieuren gut entlohnt und geleitet werden, und indem er letzteres in industriellen und kaufmännischen Vereinigungen kollektiviert.

Wir wollen denselben Triumph wirtschaftlicher und sozialer Gleichheit über die Abschaffung des Staates herbeiführen, was in unserer Sicht die permanente Negierung der Menschenrechte ist. Wir wollen die Gesellschaft neu aufbauen und eine menschliche Einheit gründen, nicht von oben nach unten mit der Hilfe von Autoritäten, sondern von unten nach oben."

Auszug aus einem 1872 von Michail Bakunin (1814–1876) geschriebenen Brief, übersetzt von Christa Kordt.

schaften und Kooperativen gab es bereits in einigen Ländern. Die Internationale Arbeiterassoziation („Erste Internationale") stellte 1863 die Frühform der organisierten Arbeiterbewegung dar. Auch wenn viele dazugehörten, die Marx' Ansichten nicht teilten (unter anderem Anarchisten), besaß er persönlich als Sekretär der Vereinigung einen großen Einfluss. Ihr Name rief erneut Befürchtungen bei den Konservativen hervor. Wie auch immer, ihr Gefühl trog sie nicht. Nach 1848 übernahm der Sozialismus die revolutionäre Tradition von den Liberalen. Sie wiesen der industriellen Arbeiterklasse, die außerhalb Englands noch kaum sichtbar war (geschweige denn in den meisten Ländern vorherrschend) eine historische Rolle in ihrem revolutionären Streben zu. In der Französischen Revolution entwickelte Formen des politischen Denkens wurden von ihnen auf Gesellschaften übertragen, für die sie sich zunehmend als unpassend erwiesen. Wie einfach solch eine Übertragung sich vollziehen konnte, zeigte die Art, wie Marx das Drama und die mythische Überstei-

Byron über den russischen Zaren

Als der russische Zar in den Kampf der Griechen um ihre Unabhängigkeit vom Osmanischen Reich eingriff, schrieb Byron:

„Beistand verschleppt, um frischen Mut zu lähmen,
Die Zeit versäumt, um teil am Raub zu nehmen –
Und dies bezeugt, daß der grimme Feind
So schlimm nicht war wie jener falsche Freund.
Gut – Griechenland befrei der Griechen allein,
Nicht der Barbar mit Friedensheuchelein.
Unmöglich, daß der Zar der Sklaverei
Ein Fürst der Knecht' und Volksbefreier sei!
Viel lieber beugt dem Muselman den Nacken,
Statt Dienst zu tun mit diebischen Kosaken;
Schwitzt lieber für den türk'schen Herrn, als für
Leibeigene, vor Russen Tür,
Schockweise numeriert, lebend'ges Geld,
Ein Menschenacker, der sich selbst bestellt,
Verschenkt bei Tausenden als Lohn und Sold
Dem Höfling, dem der Kaiser Freundschaft zollt;
Und selbst ihr Herr genießt den Schlummer kaum,
Sibiriens Wüsten schrecken ihn im Traum:
Viel besser in Verzweiflung sich verzehren,
Kamele treiben, als Dienst tun bei Bären."

Auszug aus *Das bronzene Zeitalter* von Lord Byron, 1823, übersetzt von Otto Gildemeister.

Die Innenpolitik Nikolaus I. (1796–1855), der hier dargestellt ist, spiegelte die seiner Vorfahren wider: Despotismus, gestützt durch militärische Macht. Sein Panslawismus – er hatte die Absicht, alle Völker seines Reiches zu russifizieren – führte dazu, dass die Katholiken und die Protestanten sich ermutigt fühlten, Teil der russisch-orthodoxen Kirche zu werden.

gerung der Pariser Kommune für den Sozialismus benutzte.

In einer eindringlichen Abhandlung eignete er sich dies für seine eigenen Theorien an, obwohl es tatsächlich das Produkt vieler komplizierter und unterschiedlicher Kräfte war und nur schlecht zu seinem Egalitarismus oder gar zum „wissenschaftlichen" Sozialismus passte. Die Pariser Kommune hatte sich außerdem in einer Stadt etabliert, die trotz ihrer Größe nicht zu den Industriezentren gehörte, in denen nach seiner Voraussage die proletarische Revolution reifen sollte. In jenen blieb es dagegen hartnäckig ruhig. Die Kommune war tatsächlich das letzte und größte Beispiel eines

Moskau, hier dargestellt von Fjodor Alexejew im Jahr 1811, während der Regierungszeit von Zar Alexander I. (1777–1825).

revolutionären und traditionellen Pariser Radikalismus. Sie war allerdings ein großer Fehlschlag (und auch der Sozialismus litt, auf Grund der damit verbundenen repressiven Maßnahmen, darunter), doch Marx stellte sie ins Zentrum der sozialistischen Mythologie.

NIKOLAUS I. VON RUSSLAND

Russland schien, außer in seinen polnischen Gebieten, gegen die Unruhen, die die anderen kontinentalen Großmächte beschäftigten, immun zu sein.

Die Französische Revolution formte Westeuropa genauso entscheidend wie der Feudalismus, die Renaissance oder die Reformation, Russland wurde aber dabei übergangen. Obwohl Alexander I., der Zar, unter dem Russland die Invasion von 1812 erlebte, sich liberalen Ideen gegenüber öffnete und sogar über eine Verfassung nachgedacht hatte, wurde nichts davon in die Realität umgesetzt. Eine formale Liberalisierung der russischen Institutionen sollte nicht vor den 60er Jahren des 19. Jahrhunderts beginnen, und selbst dann besaß sie keinen revolutionären Ursprung. Es trifft jedoch zu, dass Liberalismus und revolutionäre Ideologien Russland nicht völlig unberührt gelassen hatten. Die Regierungszeit Alexanders hatte eine Art Öffnung der Büchse der Pandora erlebt. Eine kleine Gruppe von Regimekritikern entstand, die ihre Vorbilder aus Westeuropa bezogen. Einige russische Offiziere, die mit der Armee bei der Verfolgung Napoleons nach Paris gekommen waren, stellten nach ihrer Rückkehr unvorteilhafte

Der russische Adel wurde während des 19. Jahrhunderts immer stärker europäisiert. Die Intelligenzia begann, sich mit dem deutschen Idealismus, dem utopischen französischen Sozialismus und der Romantik zu identifizieren. Hier sieht man Intellektuelle beim Tee in einem St. Petersburger Salon im Jahr 1830.

Vergleiche mit den Zuständen in ihrem Heimatland an. Das war der Beginn der politischen Opposition in Russland.

In einem autokratischen System musste Opposition immer gleich Verschwörung bedeuten. Einige beteiligten sich an der Einrichtung von Geheimgesellschaften, die einen Putschversuch unternahmen. Dieser wurde der „Dekabristen"-Aufstand genannt. Er scheiterte, hatte aber Nikolaus I. in Schrecken versetzt. Dieser Zar beeinflusste das Schicksal Russlands entscheidend in negativer Hinsicht, indem er rücksichtslos auf den politischen Liberalismus losging und versuchte, ihn zu zerschlagen. Zum Teil wegen der Unbeweglichkeit, in die er das Land versetzte, wirkte seine Regierung auf Russland stärker ein als jede andere seit Peter dem Großen. Da er unbeirrt an die Autokratie glaubte, bestärkte er die russische Tradition autoritärer Bürokratie, die Reglementierung des kulturellen Lebens und die Herrschaft der Geheimpolizei zu einem Zeitpunkt, an dem die anderen großen konservativen Mächte, wenn auch unfreiwillig, begannen, sich in die entgegengesetzte Richtung zu bewegen. Natürlich hatten die Vermächtnisse der Vergangenheit schon für einen entscheidenden Unterschied zwischen der russischen Autokratie und den Monarchien westeuropäischer Prägung gesorgt.

Große Herausforderungen waren zu bestehen, und die Regierung Nikolaus' war eine Antwort darauf, nämlich ein Aufgreifen der alten Methoden des Despotismus durch einen Mann, der entschlossen war, sie jederzeit einzusetzen.

Die offizielle Ideologie

Die ethnische, sprachliche und geographische Verschiedenartigkeit des Zarenreichs warf Probleme auf, die die Möglichkeiten Moskaus, sie zu bewältigen, bei weitem überstieg. Die Bevölkerung Russlands hatte sich in den 40 Jahren nach 1770 mehr als verdoppelt. Diese sich immer weiter vervielfältigende Gesellschaft blieb dennoch überaus rückständig. Ihre wenigen Städte lagen verloren in den unendlichen Weiten des Landes und erschienen häufig eher wie riesige provisorische Zeltlager, denn als etablierte Zentren der Zivilisation.

Die größte Ausdehnung hatte in Richtung Süden und Südosten stattgefunden; hier mussten neue Eliten in die imperiale Struktur eingegliedert werden, am einfachsten gelang dies über die Betonung der religiösen Bindungen der orthodoxen Kirche. Der Konflikt mit Napoleon sorgte für eine Ablehnung alles Französischen und der ebenfalls mit Frankreich verbundenen kritischen Ideen der Aufklärung. Bei der Entwicklung einer neuen ideologischen Basis für das russische Reich unter Nikolaus legte man deshalb einen neuen Schwerpunkt auf die Religion. Die „offizielle Nationalität", wie man sie nannte, war slawophil und religiös in ihrer Lehre, bürokratisch in der Form und verlieh Russland eine ideologische Einheit, die es beim Hinauswachsen über sein historisches Zentrum in Moskau schrittweise verloren hatte.

Die Bedeutung der offiziellen Ideologie stand von diesem Zeitpunkt an zwischen Russland und Westeuropa. Bis zum letzten Jahrzehnt des 20. Jahrhunderts gaben die rus-

Puschkin beschreibt St. Petersburg

„Ich lieb dich, Peters Werk, vor allen,
Ich lieb dein Bild so streng und schlank,
Der Newa majestätisch Wallen
Durch den granitnen Uferhang,
Der erznen Gitter finstres Funkeln
In deinen Nächten seltsam wach,
Mondloses Licht, durchsichtges Dunkeln,
Wenn lesend ich in dem Gemach
Verweil und keine Lampe brenne
Und klar die Riesenflucht erkenne
Der Straßen – und die Nadel spät
Noch glänzt der Admiralität,
Wenn ohne nächtiges Finster immer
An eines goldnen Himmels Hang
Ein Dämmern weicht dem neuen Schimmer
In einer Nacht halbstundenlang.
Ich liebe deiner Winter Strenge,
Die Luft so regungslos und kalt,
Auf breitem Strom der Schlitten Menge,
Mädchengesichter, rosig bald, (...)
Ich lieb soldatisches Exerzieren,
Des Marsfelds lustige Melodie,
Der Reiter und Infanterie
Gleichmäßig reizvolles Marschieren,
Wenn aus der straff geschulten Schar
Siegreicher Fahnen Fetzen flimmern
Und viele Messinghelme schimmern
In Schlacht durchlöchert und Gefahr.
Ich lieb der Hauptstadt kriegrisch Wesen,
Wenn ihr Kanonendonner kracht,
Ist wieder eines Sohns genesen
Die Kaiserin der Mitternacht,
Wenn einem Feind des Sieges Macht
Erneut der Russe abgewonnen,
Und wenn ihr blaues Eis zersprengt
Die Newa ab zum Meere drängt
Im Vorgefühl von Frühlingswonnen.
Gedeih, Stadt Peters, und halt stand
Wie Rußland selber unvernichtbar,
Der Elemente Widerstand
Sei untertänig dir und richtbar;
Es mögen alten Hasses Brand
Vergessen Finnlands rauhe Wellen
Und nicht mehr nutzlos zornig gellen
Und stören Peters ewigen Schlaf!"

Auszug aus *Der eherne Reiter* von Alexander Puschkin, 1833, übersetzt von Johannes von Guenther.

sischen Regierungen niemals ihren Glauben an eine offizielle Ideologie als einigende Kraft auf. Doch das tägliche Leben unterschied sich für die gebildeten Schichten oder für die Masse der Bevölkerung des Hinterlandes kaum von dem in anderen Teilen Ost- und Mitteleuropas. Die russischen Intellektuellen diskutierten darüber, ob Russland ein europäisches Land sei oder nicht. Russlands kulturelle Wurzeln unterschieden sich von denen weiter westlich gelegener Länder. Hinzu kommt, dass unter Nikolaus' Regierung von Beginn an Möglichkeiten zur Veränderung, die in anderen dynastischen Staaten in der ersten Hälfte des 19. Jahrhunderts zumindest spürbar waren, strikt abgelehnt wurden. Es war das Land der Zensur und der Polizei *par excellence*. Kurzfristig war diese Politik sehr erfolgreich. Russland durchlief das gesamte 19. Jahrhundert ohne Revolution; Aufstände im russischen Polen 1830 und 1862–63 wurden rücksichtslos unterdrückt.

Die Expansion Russlands

Die andere Seite der Medaille war die Gewalttätigkeit und Unordnung einer archaischen und unterentwickelten ländlichen Gesellschaft. Die Zahl gewalttätiger Verschwörungen nahm ständig zu, die Russland noch weiter von einer „moderaten" Politik und den gemeinsamen europäischen Voraussetzungen entfernten.

Kritiker stellten die Regierung Nikolaus' verschiedentlich als eine Eiszeit oder ein Gefängnis dar, doch der Erhalt eines harten und unnachgiebigen Despotismus im Inland stellte sich als durchaus vereinbar mit einer starken internationalen Position heraus – ein Phänomen, das nicht zum letzten Mal in der Geschichte Russlands auftreten sollte. Diese äußere Stärke beruhte auf der riesigen militärischen Überlegenheit Russlands. Wenn die Armeen mit Vorderladern kämpften und keine großen technologischen Unterschiede

Auf dieser englischen Abbildung ist die Eisenbahn in Balaklava dargestellt. Die Russen verloren diesen Hafen im Krimkrieg.

Die orthodoxe Kirche spielte für die große Mehrheit der russischen Landbevölkerung eine zentrale Rolle. Hier zeigt ein Gemälde von 1878 die Ankunft einer Ikone in einem russischen Dorf.

sie mehr voneinander trennten, kam ihrer Größe entscheidende Bedeutung zu. Auf Russlands militärischer Stärke beruhte letztlich das antirevolutionäre internationale Sicherheitssystem, wie sich 1849 zeigte.

Doch die russische Auslandspolizei konnte auch andere Erfolge vorweisen. Beständig wurde der Druck auf die zentralen asiatischen Khanate und auf China aufrechterhalten. Das linke Ufer des Amur wurde russisch, 1860 wurde Wladiwostok gegründet. Man sicherte sich zudem große Zugeständnisse von Seiten Persiens. Während des 19. Jahrhunderts verleibte sich Russland außerdem Georgien und einen Teil Armeniens ein. Eine Zeit lang versuchte man sogar, die russische Expansion nach Nordamerika weiterzutreiben, wo es bis zu den 40er Jahren des 19. Jahrhunderts Forts in Alaska und Niederlassungen in Nordkalifornien gab.

Das Hauptbestreben der russischen Außenpolitik richtete sich jedoch auf den Südwesten, auf das Osmanische Reich. Kriege verschoben 1806–12 und 1828 die russische Grenze durch Bessarabien bis zum Pruth und an die Donaumündung. Zu diesem Zeitpunkt war klar, dass die Teilung des Osmanischen Reichs in Europa genauso zentral für die Diplomatie des 19. Jahrhunderts sein würde, wie die Teilung Polens es für das 18. Jahrhundert gewesen war, doch es gab einen wichtigen Unterschied: Dieses Mal waren die Interessen mehrerer Mächte einbezogen und der problematische Faktor des Nationalgefühls bei den Völkern, die dem Osmanischen Reich angehörten, machte ein gemeinsam vereinbartes Ergebnis sehr viel schwerer. Das Osmanische Reich bestand schließlich wesentlich länger, als man erwartet hatte, und die Orientfrage beschäftigt die Politiker bis heute.

Eine Szene von 1820–30, die russische Bauern beim Ausbringen der Saat im Frühjahr zeigt.

Veränderungen im imperialistischen Russland

Die Orientfrage führte zum Krimkrieg, der mit der russischen Besetzung der osmanischen Provinzen an der unteren Donau begann. Für die Innenpolitik Russlands hatte der Krieg eine größere Bedeutung als für die irgendeines anderen Landes. Er machte deutlich, dass die militärische Großmacht der Restauration von 1815 nicht mehr unangreifbar war. Russland hatte auf seinem eigenen Territorium eine deutliche Niederlage erlitten und war gezwungen worden, einen Frieden zu akzeptieren, der für die nahe Zukunft den Verzicht auf die traditionellen Ziele in der Umgebung des Schwarzen Meeres mit sich brachte.

Zar Nikolaus I. war mitten im Krieg gestorben. Die militärische Niederlage bedeutete zudem, dass es innere Veränderungen geben musste. Das vereinfachte die Probleme für seinen Nachfolger. Eine Modernisierung der russischen Institutionen war unvermeidlich, wenn Russland erneut eine Macht hervorbringen wollte, die seinem riesigen Pozential entsprach. Innerhalb des traditionellen Gefüges konnte dies nicht mehr verwirklicht werden.

Als der Krimkrieg ausbrach, gab es noch keine russische Eisenbahn südlich von Moskau. Der einst bedeutende Beitrag Russlands zur industriellen Produktion Europas war seit 1800 kaum weiter gediehen und wurde nun von anderen bei weitem übertroffen. Die Landwirtschaft blieb eine der am wenigsten produktiven der Welt und doch wuchs die Bevölkerung stetig an und übte immer stärkeren Druck auf die Ressourcen des Landes aus.

Russische Kanalarbeiter schleppen in einer Szene des großen russischen naturalistischen Malers Ilja Repin (1844–1930) in den 70er Jahren des 19. Jahrhunderts Barkassen die Wolga entlang.

Eine religiöse Prozession in der Provinz Kursk um 1880, dargestellt von Ilja Repin.

Diese Umstände führten dazu, dass sich Russland schließlich radikalen Veränderungen unterzog. Wenn sie auch weniger dramatisch verliefen als viele Aufstände im restlichen Europa, handelte es sich doch hier eher um eine Revolution als bei vielem, das anderswo diesen Namen trug. Denn die Leibeigenschaft z. B., die abgeschafft wurde, bildete eine Institution, die direkt an die Wurzeln des russischen Lebens rührte.

Die Bauernbefreiung

Die Ausdehnung dieser Institution war das bestimmende Merkmal der russischen Sozialgeschichte seit dem 17. Jahrhundert gewesen. Selbst Nikolaus hatte zugegeben, sie sei das zentrale Übel der russischen Gesellschaft. Seine Regierungszeit wurde zunehmend von Aufständen Leibeigener, Angriffen auf Gutsbesitzer, Verbrennen der Ernten und Viehverstümmelungen geprägt. Die Verweigerung der Abgaben stellte noch die harmloseste Form des Volkswiderstandes dar. Die Beseitigung des Missstandes erwies sich als schwierig. Die große Mehrheit der Russen waren Leibeigene. Sie konnten nicht über Nacht allein durch Gesetzesänderungen zu Lohnarbeitern oder Kleinbauern gemacht werden. Auf der anderen Seite war auch der Staat mit der administrativen Bewältigung überfordert. Die im Rahmen des herrschaftlichen Systems ausgeführten Dienste mussten zudem in irgendeiner Weise ersetzt werden. Nikolaus hatte nicht gewagt, weitere Schritte zu unternehmen, Alexander II. aber handelte. Nach jahrelangen Studien, wie und mit welchen Vor- oder Nachteilen die Aufhebung dieser Abhängigkeit möglich sei, erließ der Zar 1861 das Dekret, das in der russischen Geschichte

Auch Russland blieb von Volksaufständen nicht verschont: Eine Folge stellte auch hier, allerdings um einiges später als in Europa, die Abschaffung der Leibeigenschaft dar.

Epoche machend war und ihm den Titel des „Zar-Befreiers“ einbrachte. Die einzige Karte, die die russische Regierung noch ausspielen konnte, war die unanfechtbare Autorität der Autokratie und sie wurde nun zu Gunsten eines positiven Ergebnisses eingesetzt.

Das Dekret gewährte den Leibeigenen persönliche Freiheit und beendete die Knechtschaft. Es gab ihnen auch eigene Landparzellen, für die allerdings Rückkaufgebühren bezahlt werden mussten, deren Zweck darin lag, die Veränderung für die Landbesitzer zumutbar zu machen. Um die Rückzahlungen zu sichern und die Gefahren einer plötzlichen Einführung eines freien Arbeitsmarktes abzuwenden, blieben die Bauern in einem beträchtlichen Maß der Autorität ihrer Dorfgemeinde unterworfen, der es oblag, die Landparzellen auf Familien zu verteilen.

Diese Lösung hatte zweifellos Mängel, doch im Rückblick erscheint sie als beachtliche Leistung. Ein paar Jahre später gaben die Vereinigten Staaten ihren schwarzen Sklaven die Freiheit. Im Verhältnis zu den russischen Bauern waren sie zahlenmäßig weniger und lebten in einem Land mit weit größeren wirtschaftlichen Möglichkeiten. Doch als man die ehemaligen Sklaven auf dem Arbeitsmarkt einfach sich selbst überließ, der reinen Theorie des wirtschaftlichen Laissez-faire-Liberalismus ausgesetzt, verschärfte man das Problem, mit dessen letzten Auswirkungen die Vereinigten Staaten auch heute noch zu kämpfen haben. In Russland verlief dieser weit reichende soziale Umbau ohne vergleichbare Störungen und machte so den Weg frei, ein riesiges Machtpotenzial zu modernisieren. Es war der erste Schritt, die Bauern nach verfügbarer industrieller Beschäftigung außerhalb des Grundbesitzes Ausschau halten zu lassen.

Reformen

Kurzfristig leitete die Befreiung eine Ära der Reform ein. Es folgten Maßnahmen, die Russland bis 1870 das repräsentative System einer Gemeindeverwaltung und eine reformierte Rechtsprechung verschafften. Als die Russen 1871 den deutsch-französischen Krieg nutzten, um einige (der 1856 auferlegten) Einschränkungen ihrer Freiheit am Schwarzen Meer zu kündigen, lag darin geradezu eine symbolische Warnung an Europa. Nachdem es seine größten Probleme in Angriff genommen und damit begonnen hatte, seine Institutionen zu modernisieren, gab Russland bekannt, dass es wieder Herr im eigenen Haus sein werde. Die Wiederaufnahme der beständigsten und ausdauerndsten Expansionspolitik in der modernen Geschichte war nur eine Frage der Zeit.

Diese etwas rührselige Abbildung eines russischen Adeligen mit einigen Leibeigenen stammt aus einer französischen Publikation aus dem Jahr 1861.

5 DIE ANGELSÄCHSISCHE WELT

Das von Ford Madox Brown 1852–1855 gemalte Bild *Der letzte Blick auf England* vermittelt etwas von der Traurigkeit und gleichzeitig der Hoffnung der Emigranten, die Europa verlassen und in die Neue Welt aufbrechen.

Keine Nation Europas hat so erfolgreich ihr eigenes Volk über die ganze Welt verteilt wie Großbritannien mit seinem Vereinigten Königreich. Bis Ende des 19. Jahrhunderts hatte es eine angelsächsische Welt geschaffen, die zwar ein erkennbarer Bestandteil der europäischen Kultur und Gesellschaft war, aber mit einem historischen Schicksal, das von dem des europäischen Kontinents abwich. Zum Königreich gehörten wachsende britische Gemeinden in Kanada, Australien, Neuseeland und Südafrika (wobei die Erst- und die Letztgenannten noch weitere bedeutende andere nationale Elemente enthielten). Im Zentrum dieser Welt standen zwei große atlantische Nationen, eine war die größte Weltmacht des 19. Jahrhunderts, die andere die des darauf folgenden 20. Jahrhunderts.

GROSSBRITANNIEN UND DIE VEREINIGTEN STAATEN: ÜBEREINSTIMMUNGEN

Auf den ersten Blick waren die beiden atlantischen Nationen derart verschieden, dass man leicht übersehen kann, wie viel Großbritannien und die noch jungen Vereinigten Staaten von Amerika im 19. Jahrhundert gemeinsam hatten. Obwohl die eine ein Königreich und die andere eine Republik war, entgingen beide Länder zunächst den absolutistischen und dann den revolutionären Strömungen des kontinentalen Europas. Die angelsächsische Politik wandelte sich ähnlich grundlegend wie die anderer Länder im 19. Jahrhundert. Doch es waren andere politische Kräfte und es geschah auf andere Weise.

Großbritannien und die Vereinigten Staaten waren sich in vielem ähnlicher, als beide Länder zugaben. Einen Aspekt ihrer ambivalenten Beziehungen stellt die Tatsache dar, dass die Vereinigten Staaten immer noch, ohne darin einen Widerspruch zu sehen, England das Mutterland nennen konnten. Die englische Sprache und Kultur herrschte lange Zeit in den Vereinigten Staaten vor. Die Immigration aus anderen europäischen Ländern überlagerte sie erst in der 2. Hälfte des 19. Jahrhunderts. Obwohl bis zur Mitte des Jahrhunderts viele Amerikaner bereits das Blut anderer

Auf einem anonymen Stich von 1840 ist der Broadway in New York zu sehen. Zu diesem Zeitpunkt war New York der am meisten bevölkerte Staat in den USA und seine Hauptstadt war zum wichtigsten Handels-, Transport- und Industriezentrum der Nation geworden.

europäischer Nationen in ihren Adern trugen, wurde der gesellschaftliche Ton doch lange von den Britischstämmigen angegeben. Vor 1837 gab es keinen Präsidenten, der nicht einen englischen, schottischen oder irischen Nachnamen gehabt hätte.

Handel und gegenseitige Faszination

Die postkolonialen Probleme sorgten, wie auch in späterer Zeit, für emotionale, manchmal gewalttätige und immer komplexe Beziehungen zwischen den Vereinigten Staaten und dem Vereinigten Königreich. Aber auch wirtschaftliche Verbindungen spielten eine wichtige Rolle. Anstatt nach der Unabhängigkeit eingestellt zu werden (wie man befürchtet hatte), nahm der Handel zwischen den beiden Ländern noch zu. Englische Unternehmer sahen die Vereinigten Staaten als einen attraktiven Ort für Investitionen an, trotz wiederholt schlechter Erfahrungen mit den Anleihen verschuldeter Länder. Britisches Geld wurde verstärkt in amerikanische Eisenbahnstrecken, amerikanisches Bankwesen und in Versicherungen angelegt.

Inzwischen waren die herrschenden Eliten beider Länder voneinander gleichermaßen fasziniert und abgestoßen. Die Engländer gaben bissige Kommentare über die Gewöhnlichkeit und Rohheit des amerikanischen Lebensstils ab, erwärmten sich aber für seine Energie, seinen Optimismus und seine Möglichkeiten. Die Amerikaner kamen andererseits schlecht mit der Monarchie und der Vererbung von Titeln zurecht, bemühten sich aber, in die faszinierenden Gepflogenheiten der englischen Kultur und Gesellschaft einzudringen.

Geographische Lage und Isolation

Weitaus auffälliger als diese Unterschiede waren die Gemeinsamkeiten beider Staaten, wenn man sie vom Standpunkt des kontinentalen Europas aus betrachtet. Beide Nationen

Der Übersee-Handel war entscheidend für das Wachstum der Wirtschaft der Vereinigten Staaten. Hier sieht man das transatlantische Dampfschiff *Great Western* 1850 von Bristol auf Rhode Island abfahren.

waren in der Lage, liberale und demokratische Politik mit spektakulären Fortschritten in Wohlstand und Macht zu verbinden. Dies taten sie unter sehr unterschiedlichen Bedingungen, doch die Isolation war ihnen gemeinsam. Großbritannien war durch den Kanal von Europa getrennt, die Vereinigten Staaten durch den Atlantik. Diese geographische Abgeschiedenheit verbarg vor den Europäern lange Zeit das internationale Potenzial der jungen Republik und die riesigen Möglichkeiten, die im Westen lagen. Beim Frieden von 1783 hatten die Briten die Grenzinteressen der Amerikaner dermaßen unterstützt, dass beste Voraussetzungen für eine Phase der Expansion vor den Vereinigten Staaten lag. Unklar blieb allerdings, wie weit diese führen oder welche anderen Kräfte dabei einbezogen werden konnten. Dies resultierte zum Teil aus der mangelnden Kenntnis der Geographie. Keiner wusste genau, was die westliche Hälfte des neuen Kontinents barg. Im Jahr 1800 lagen die Vereinigten Staaten sowohl in ihrer Wahrnehmung als auch in der Realität immer noch zwischen der Atlantikküste und dem Ohio-Tal.

Die diplomatische Isolation Amerikas

Die politischen Grenzen der Vereinigten Staaten waren noch nicht endgültig festgelegt. Sie zwangen Amerika zu Beziehungen mit Frankreich, Spanien und Großbritannien. Waren die territorialen Fragen aber einmal geklärt, konnte man sich abgrenzen. Die einzigen Interessen, die Amerika mit den Angelegenheiten anderer Länder verbanden, bildeten der Handel, der Schutz seiner Staatsangehörigen sowie ausländische Interventionen in die Belange der Vereinigten Staaten. Durch die Französische Revolution schien sich eine solche Einmischung anzubahnen. Größtenteils blieben es jedoch die Grenzen und der Handel, die die amerikanische Diplomatie in der jungen Republik vordringlich beschäftigten. Beide Bereiche entwickelten auch in der Innenpolitik starke spaltende Kräfte. Das Bemühen Amerikas, nicht in die Angelegenheiten der übrigen Welt hineingezogen zu werden, war bereits 1793 deutlich geworden, als die Probleme des französischen Revolutionskrieges zu einer Neutralitätserklärung führten. Sie setzte amerikanische Bürger der Anklage vor amerikanischen Gerichten aus, wenn sie am anglofranzösischen Krieg teilnahmen. Die Zurückhaltung der amerikanischen Politik erhielt 1796 ihre klassische Formulierung. Als Präsident Washington zum Ende seiner zweiten Amtszeit eine Ansprache an seine „Freunde und Mitbürger" hielt, ging er auf die grundlegenden Ziele und Methoden einer erfolgreichen republikanischen Außenpolitik ein und begründete damit die Selbstisolation Amerikas. Er wählte Worte, die spätere amerikanische Staatsmänner und die Einstellung der Bevölkerung insgesamt stark beeinflussten. Im Rückblick fällt besonders der vorherrschende negative und passive Ton auf. „Die wichtigste Verhaltensregel für uns", so begann er, „im Hinblick auf andere Nationen ist es, bei der Ausweitung unserer Handelsbeziehungen so wenig politische Verbindung wie möglich mit ihnen zu haben. (…) Europa hat ein Spektrum primärer Interessen, die keine oder nur eine sehr entfernte Beziehung zu uns haben (…). Unsere distanzierte und räumlich entfernte Lage gibt uns die Möglichkeit, einen anderen Kurs zu verfolgen (…). Es ist unsere eigentliche Politik, uns von dauerhaften Allianzen mit irgendeinem Teil der ausländischen Welt freizuhalten." Darüber hinaus warnte der Präsident vor der Aufnahme einer Feindschaft oder Freundschaft mit irgendeiner anderen Nation. In all dem gab es noch keinen Hinweis auf Amerikas zukünftige Bestimmung als Weltmacht (Washington dachte noch nicht einmal über die Beziehungen zu Europa hinaus); Amerikas zukünftige Rolle im Pazifik und in Asien war 1796 noch unvorstellbar.

Krieg mit Großbritannien

Im Großen und Ganzen wurde der pragmatische Weg in der Außenpolitik auch von Washingtons Nachfolger im Präsidentenamt verfolgt. Es gab nur einen Krieg mit einer anderen Großmacht, den Krieg zwischen den Vereinigten Staaten und Großbritannien im Jahr 1812. Diese Auseinandersetzung stärkte das Nationalgefühl der neuen Staaten und brachte dabei Uncle Sam als karikierte Verkörperung der Nation sowie die Flagge, das „Sternenbanner" hervor. Wichtiger war indes, dass sie ein wichtiges Stadium in den sich ausbildenden Beziehungen der beiden Länder markierte. Offiziell hatte die britische Einmischung in die Handelsangelegenheiten zum Zeitpunkt der napoleonischen Kontinentalsperre die amerikanische Kriegserklärung ausgelöst. Einige Amerikaner erhofften sich aber zugleich auch die Eroberung Kanadas. Das Scheitern dieses militärischen Expansionswunsches trug maßgeblich zu der Entscheidung bei, zukünftige Grenzprobleme mit den Briten in friedlichen Verhandlungen zu lösen. Obwohl durch den Krieg die Anglophobie in den Vereinigten Staaten wieder geweckt worden war, bereinigte der Kampf die Situation. Bei neuen Grenzstreitigkeiten bestand beider-

Weil die Nachricht vom Genter Friedensvertrag, der am 28. Dezember 1814 unterzeichnet worden war, das Schlachtfeld nur langsam erreichte, übernahm General Jackson die britische Armee am 8. Januar 1815 in New Orleans. Jacksons Einsatz von Erdwällen und Baumwollballen als Barrikaden war so wirkungsvoll, dass der Kampf nur eine halbe Stunde dauerte. Die besiegte britische Armee erlitt einen Verlust von mehr als 2000 Mann und Jackson wurde zum Nationalhelden.

seits stillschweigendes Einvernehmen, auf Kriegshandlungen zu verzichten, ausgenommen bei extremer Provokation. Vor diesem Hintergrund war man sich schnell einig, die nördliche Grenze der Vereinigten Staaten westwärts bis zu den „Stony Mountains" (wie die Rocky Mountains damals genannt wurden) zu ziehen. 1845 wurde sie weiter nach Westen bis ans Meer gezogen und schließlich hatte man sich auch auf die umstrittene Grenze von Maine geeinigt.

Der Erwerb Louisianas

Der Erwerb Louisianas ging als größter Landkauf in die Geschichte ein. Die Vereinigten Staaten von Amerika besaßen nun Zugang zum Gebiet jenseits des Mississippi.

Mit dem Erwerb Louisianas veränderte sich das abgesteckte amerikanische Territorium grundlegend. „Louisiana" umfasste das Gebiet zwischen dem Mississippi und den Rocky Mountains. 1803 gehörte es, wenngleich nur auf dem Papier, den Franzosen, denen die Spanier Teile davon 1800 abgetreten hatten. Dieser Wechsel hatte die amerikanischen Interessen auf den Plan gerufen. Wenn das napoleonische Frankreich ein Wiederaufleben des französischen Kaiserreichs in Amerika beabsichtigte, konnte New Orleans von entscheidender Bedeutung sein. Diese Stadt kontrollierte die Mündung des Flusses, auf dem bereits ein erheblicher Teil des amerikanischen Handels betrieben wurde. Um die Freiheit der Schifffahrt auf dem Mississippi zu kaufen, führten die Vereinigten Staaten nun Verhandlungen, die mit dem Erwerb eines Landstrichs endeten, der größer war als das Gesamtgebiet der Republik. Auf der modernen Landkarte umfasste es Louisiana, Arkansas, Iowa, Nebraska, beide Dakotas, Minnesota westlich des Mississippi, den größten Teil von Kansas, Oklahoma, Montana, Wyoming und ein großes Stück von Colorado. Der Preis dafür betrug 11 250 000 Dollar.

Das war der größte Landverkauf aller Zeiten und entsprechend weit reichend waren seine Konsequenzen. Er veränderte die Geschichte Amerikas. Die Öffnung des Weges in den Westen jenseits des Mississippi führte zu einer Verschiebung im demographischen und politischen Gleichgewicht, ein fast revolutionärer Umbruch in der Politik der jungen Republik.

Ein zeitgenössischer Stich zeigt den Hafen von New Orleans Mitte des 19. Jahrhunderts. Die riesigen Exporte des Südens an Rohbaumwolle, Tabak und Reis spielten für die Nationalökonomie der Vereinigten Staaten eine wesentliche Rolle.

Der Einsatz von Dampfschiffen entlang des Mississippi und seiner Nebenflüsse gewährleistete seit 1811 einen sicheren, regelmäßigen Verkehr, der die landwirtschaftlichen Gebiete des Westens und die südlichen Plantagen mit den Märkten in New Orleans verband. Nach dem Bürgerkrieg wurde der Transport über den Wasserweg zum großen Teil vom Schienenverkehr abgelöst.

Diese Verschiebung zeigte sich bereits in der zweiten Dekade des Jahrhunderts, als die westlich der Allegheny Mountains lebende Bevölkerung sich mehr als verdoppelte. Nach der Übernahme Floridas aus der Hand der Spanier besaßen die Vereinigten Staaten um 1819 die rechtmäßige Souveränität über ein Territorium, das sich von der Atlantik- und Golfküste Maines bis zum Sabine River, zwischen dem Red River und dem Arkansas, der kontinentalen Wasserscheide und dem Verlauf des 49. Breitengrads ausdehnte.

Die Monroe-Doktrin

Die Vereinigten Staaten stellten nun den wichtigsten Staat auf dem amerikanischen Kontinent dar. Obwohl es immer noch anderen europäischen Kolonialbesitz gab, war die Vorrangstellung, wie die Briten im Krieg feststellten, unanfechtbar. Die Furcht vor einer möglichen europäischen Intervention in Lateinamerika und die russischen Aktivitäten im pazifischen Nordwesten veranlassten die Amerikaner zur Erklärung, die Republik sei entschlossen, in der westlichen Hemisphäre ihre Führungsposition auszubauen. Die „Monroe-Doktrin“ von 1823 besagte, dass künftig keine europäische Kolonisation in diesem Teil

James Monroe (1758–1831) diente zwischen 1817 und 1825 als fünfter Präsident der USA. Seine als Monroe-Doktrin bekannte Erklärung, eine weitere europäische Kolonialisierung des amerikanischen Kontinents sei als direkte Bedrohung der Vereinigten Staaten anzusehen, griff ein Thema der Abschiedsrede Washingtons von 1796 auf.

Die Entstehung und Konsolidierung der USA

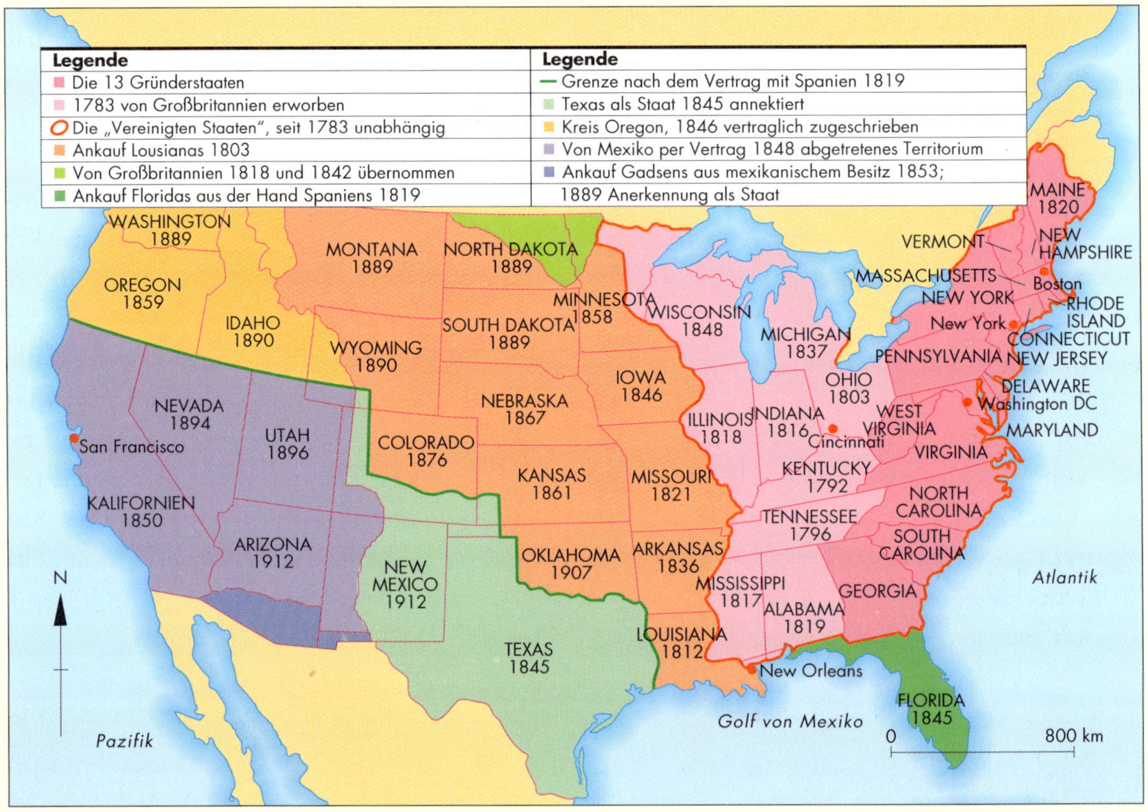

Zwischen 1820 und 1860 stieg die Anzahl der Staaten von 23 auf 33, gleichzeitig wuchs die Bevölkerung der Vereinigten Staaten um 9,6 Millionen auf 31,3 Millionen Einwohner an. Während dieser Zeit dauerte die Expansion in westliche Richtung an. Die französischen Territorien im Mississippi-Tal wurden 1803 erworben. Die spanischen Territorien, während des Floridafeldzugs 1819 gewaltsam in die Vereinigten Staaten eingegliedert, waren als Kauf getarnt. Der Oregon-Kompromiss aus dem Jahr 1846 legte den 49. Breitengrad als unteres Limit für die Grenze zu Kanada fest. Texas, das seine Unabhängigkeit von Mexiko erklärt hatte, wurde 1845 annektiert. Nach einem siegreichen Krieg (1846–1848) übernahmen die Vereinigten Staaten von Mexiko New Mexico und Kalifornien. Über verschiedene Verträge kamen große Territorien von den Ureinwohnern Nordamerikas hinzu.

Wenn genügend dafür stimmten, wurde eine Neuerwerbung zum Territorium ernannt; überstieg die Anzahl der Stimmen 60 000, dann war die offizielle Anerkennung als Staat und die Zulassung zur Union möglich.

der Welt mehr möglich sei. Eine Intervention der europäischen Mächte werde in diesem Sinne als Affront gegen die Vereinigten Staaten ausgelegt. Da dies den britischen Interessen entgegenkam, wurde die Monroe-Doktrin mühelos durchgesetzt. Sie besaß also die stille Zustimmung der Royal Navy, und es war kaum vorstellbar, dass eine europäische Macht in Amerika operierte, wenn die britische Seemacht drohte, dagegen vorzugehen.

Die Monroe-Doktrin bildet noch heute die Grundlage der Diplomatie auf dem amerikanischen Kontinent.

Zu ihren Konsequenzen gehörte, dass auch andere amerikanische Nationen nicht auf europäische Unterstützung zurückgreifen konnten, um ihre eigene Unabhängigkeit gegenüber den Vereinigten Staaten zu verteidigen. Vor 1860 litt Mexiko am meisten darunter. Im Land rebellierten amerikanische

Siedler und gründeten eine unabhängige texanische Republik. Die Vereinigten Staaten annektierten dieses Gebiet. Im sich anschließenden Krieg konnte Mexiko sich kaum behaupten und verlor beim Frieden von 1848 Land, das heute Utah, Nevada, Kalifornien und zum Großteil Arizona entspricht. Mit dieser Annexion war im Kern 1853 das Territorium der modernen Vereinigten Staaten entstanden.

Besiedelung des Westens

Seit dem Frieden von Paris hatte sich innerhalb von 70 Jahren die Republik so vergrößert, dass sie die Hälfte des nördlichen Kontinentteils füllte. Aus beinahe vier Millionen Menschen im Jahr 1790 waren bis 1850 fast 24 Millionen geworden. Die meisten lebten tatsächlich noch immer östlich des Mississippi, und die einzigen Städte mit mehr als 100 000 Einwohnern waren die großen Atlantikhäfen von Boston, New York und Philadelphia. In der amerikanischen Gesellschaft blieben jedoch lange Zeit die wirtschaftlichen und kulturellen Eliten der Ostküste führend. Dennoch verlagerte sich allmählich der Schwerpunkt der Nation nach Westen. Seit das Ohio-Tal besiedelt worden war, wuchs das Interesse an diesem Gebiet der Vereinigten Staaten. George Washington hatte in seiner Abschiedsrede die Bedeutung der amerikanischen Westküste bereits erkannt. Der Westen bestimmte zunehmend die Politik der kommenden 70 Jahre, bis die größte Krise in der Geschichte der Vereinigten Staaten, die auch ihr Schicksal als Weltmacht besiegelte, ihren Höhepunkt erreichte.

Trotz eines Bevölkerungsanstiegs von vier auf 24 Millionen innerhalb von 60 Jahren ließen sich Einwanderer bevorzugt an der Ostküste nieder; erst allmählich wurde auch die Westküste besiedelt.

Das berühmte Gemälde von Edgar Degas hat den Baumwollhandel in New Orleans 1873 zum Thema. Etwa zu dieser Zeit begannen die sinkenden Baumwollpreise zunehmend Armut im Süden zu verursachen.

Die Nord- und Südstaaten Amerikas divergierten – das lässt sich vor allem auf ihre unterschiedlichen Wirtschaftsstrukturen zurückführen – besonders in ihrer Einstellung zur Sklaverei.

DIE SKLAVEREI IN DEN VEREINIGTEN STAATEN

Die territoriale und wirtschaftliche Expansion formte Amerikas Geschichte grundlegend und die demokratische Linie seiner politischen Institutionen. Die Sklaverei ist das herausragende Beispiel dafür. Als Washington seine Präsidentschaft antrat, gab es rund 700000 schwarze Sklaven innerhalb der Territorien der Union. Trotz dieser hohen Zahl maßen ihr die Verfassungsgründer keine besondere Bedeutung bei, außer wenn es das politische Gleichgewicht zwischen den verschiedenen Staaten erforderte. Man hatte entschieden, dass ein Sklave drei Fünftel eines freien Mannes zählen sollte, wenn es darum ging, die Vertreter jedes Staates zu bestimmen.

Innerhalb des nächsten halben Jahrhunderts kehrten drei Faktoren diesen Zustand völlig um. Zunächst weitete sich die Sklaverei ungeheuer aus. Triebfeder war der rapide Anstieg des weltweiten Baumwollbedarfs (vor allem die Nachfrage durch die Webereien in England). Die Verdoppelung der amerikanischen Ernte in den 20er Jahren des 19. Jahrhunderts und eine weitere in den 30er Jahren waren die Folge. Bis 1860 stellte die Baumwolle zwei Drittel des Gesamtwertes aller Exporte der Vereinigten Staaten. Für diese gewaltige Steigerung wurde vor allem neues Land bestellt, und neue Plantagen bedeuteten mehr Arbeit. Um 1820 gab es bereits eineinhalb Millionen schwarze Sklaven, um 1860 etwa vier Millionen. In den Südstaaten war die Sklaverei zur Grundlage des Wirtschaftssystems geworden.

Der französische politische Beobachter Alexis de Tocqueville (1809–1859) veröffentlichte 1835 eine wichtige Studie über die jungen Vereinigten Staaten mit dem Titel *Über die Demokratie in Amerika.*

Die Gesellschaft im Süden wurde sich im Laufe dieser Zeit darüber klar, dass sie sich von der handelsorientierten und städtischen Mentalität der Nordstaaten mehr und mehr unterschied, und betrachtete ihre „spezielle Institution", wie sie die Sklaverei nannte, allmählich als Wesenskern einer besonderen Kultur. Um 1860 fühlten sich viele Südstaatler einer Nation zugehörig, deren Lebensweise sie idealisierten und die sie durch störende Einmischung von außen bedroht sahen. Ausdruck und Symbol dieser Bedrohung war ihrer Ansicht nach die wachsende Ablehnung der Sklaverei durch das Parlament der Vereinigten Staaten, den Kongress.

Die Entwicklung der amerikanischen Politik

Dass die Sklaverei zu einer politischen Angelegenheit wurde, veränderte ihre Rolle im amerikanischen Leben. Sie war allerdings Teil einer allgemeinen Entwicklung, die sich auch in anderen Bereichen bemerkbar machte. Die Politik in der frühen Phase der Republik hatte, wie Washingtons Abschiedsrede zeigte, die „sektionalen Interessen" reflektiert. Das brachte politische Parteien hervor, die auf der einen Seite die merkantilen und geschäftlichen Interessen widerspiegelten; deren Anhänger riefen nach einer starken, föderalen

Über die Demokratie in Amerika

„Ich glaube, in keinem Lande der Welt gibt es im Verhältnis zur Bevölkerungszahl so wenig Unwissende und so wenig Gelehrte wie in Amerika.

Die Volksschule ist jedem, der höhere Unterricht fast niemandem zugänglich.

(...) Die Amerikaner können daher bloß die frühen Lebensjahre auf die allgemeine Geistesbildung verwenden; mit 15 Jahren beginnt ihre berufliche Laufbahn; so endet ihre Erziehung meistens in einem Zeitpunkt, wo die unsere beginnt. Wird sie weiter fortgesetzt, richtet sie sich nur noch auf ein besonderes und einträgliches Fach; man studiert eine Wissenschaft, wie man einen Beruf ergreift; und man beschränkt sich auf deren anerkannte, sofortige nützliche Anwendung. Die meisten Reichen haben in Amerika arm angefangen; fast alle, die der Muße pflegen, haben in ihrer Jugend gearbeitet; solange einer Lust zum Studium hatte, hatte er keine Zeit dazu; und er hat sich die Zeit dafür erspart, ist ihm die Lust dazu vergangen. (...)

So trifft man eine gewaltige Masse von Menschen, die alle in Dingen der Religion, Geschichte, Naturwissenschaften, Volkswirtschaft, Gesetzgebung und Regierung ungefähr die gleichen Kenntnisse besitzen."

Auszug aus dem 1. Teil von Alexis de Tocquevilles *Über die Demokratie in Amerika*, 1835, übersetzt von Hans Zbinden. München 1976.

Regierung und wünschten eine protektionistische Gesetzgebung. Auf der anderen Seite gab es die Vertreter der Agrar- und Konsumenteninteressen, die häufig auf das Recht auf individuelle Staaten und eine vorteilhafte Finanzpolitik verwiesen. In diesem Stadium war die Sklaverei noch keine politische Frage, wenn auch die meisten führenden Politiker sie als ein Übel angesehen haben, das sich mit der Zeit von selbst erledigen würde (wenn auch niemand genau wusste wie). Diese politische Welt wich allmählich einer moderneren, die sich teils aus der Art der amerikanischen Institutionen selbst, teils auf Grund des gesellschaftlichen Wandels entwickelte. Die rechtlichen Auslegungen verliehen der amerikanischen Verfassung einen stark nationalen und föderalen Schwerpunkt.

Gleichzeitig mit der Stärkung des gesetzgebenden Organs des Kongresses repräsentierten dessen Mitglieder immer deutlicher die amerikanische Demokratie. In diesem Zusammenhang kam der Präsidentschaft Andrew Jacksons eine besondere Bedeutung zu.

Die wachsende Demokratisierung der Politik spiegelte auch andere Veränderungen wider. Die Vereinigten Staaten hatten kein Proletariat, das vom Land in die Städte gezogen war, weil in der Weite des Westens immer noch genügend Platz für die Realisation des Traumes von der Unabhängigkeit existierte. Das gesellschaftliche Ideal des unabhängigen Kleinbauern konnte als Mittelpunkt der amerikanischen Tradition bestehen bleiben. Die Öffnung des westlichen Hinterlandes durch den Ankauf Louisianas war wichtig, um sowohl den Wohlstand, aber auch die Bevölkerung grundlegend neu zu verteilen. Dieses gleichsam revolutionäre Moment einer grundlegenden Veränderung prägte ebenso wie das wirtschaftliche und industrielle Wachstum im Norden die amerikanische Politik.

Die Debatte über die Sklaverei wird ausgeweitet

Die Öffnung des Westens stellte die Sklavenfrage neu. Es boten sich verschiedene Gelegenheiten, die Bedingungen, zu denen die hinzugewonnenen Territorien mit der Union verbunden werden sollten, zu erörtern. Nach dem Ankauf Louisianas und den von Mexiko übernommenen Gebieten war zu klären, ob in diesen neuen Ländern die Sklaverei zuzulassen sei. Im Norden hatte sich eine starke Bewegung gegen die Sklaverei formiert. Sie rückte ihren Standpunkt so eindringlich in den Vordergrund der amerikanischen Politik,

Im Verlauf der Besiedlung der Westküste und der Aufnahme neuer Staaten in die Vereinigten Staaten von Amerika kam die Diskussion der Sklaverei erneut in Gang. Während der Norden die Abschaffung forderte, wollten die Südstaaten unbedingt daran festhalten.

dass es jede andere Frage überschattete. Ihre Kampagne für die Beendigung des Sklavenhandels und die Befreiung der schwarzen Sklaven wurde von ähnlichen Kräften angetrieben, die Ende des 18. Jahrhunderts auch in anderen Ländern solche Forderungen aufgebracht hatten.

Doch die amerikanische Bewegung war anders. Zunächst erlebte man eine *Zunahme* der Sklaverei zu einer Zeit, als diese in der europäischen Welt gerade verschwand, so dass die allgemeine Entwicklung hier verzögert, wenn nicht sogar umgekehrt war. Zweitens brachte sie eine große Zahl verfassungsmäßiger Fragen mit sich. Denn in welchem Maße konnte man in den Staaten, die die Sklaverei durch Gesetze schützten, eingreifen oder in Gebieten, die noch keine rechtliche Anerkennung hatten, privates Eigentum in dieser Form verbieten? Politiker, die die Sklaverei ablehnten, trafen sogar den Kern der Verfassung – und auch den der europäischen Politik –, wenn sie fragten, wer das letzte Wort haben solle. Die Völker waren souverän. Doch war „das Volk“ die Mehrheit seiner Repräsentanten im Kongress oder die Bevölkerung einzelner Staaten, die durch die Gesetzgebung ihres Staates handelte und die Unanfechtbarkeit ihrer Rechte selbst durch den Kongress voraussetzte? Auf diese Weise wurde die Sklaverei um die Mitte des Jahrhunderts zum Mittelpunkt jeder Debatte in der amerikanischen Politik.

Der Missouri-Kompromiss

Die großen Themen, die die Sklaverei aufgeworfen hatte, blieben aktuell, solange das Kräfteverhältnis zwischen den Nord- und Südstaaten ungefähr gleich blieb. Auch wenn der Norden einen leichten zahlenmäßigen Vorsprung besaß, wurde die entscheidende Gleichheit im Senat aufrechterhalten (in dem jeder Staat zwei Senatoren hatte, ohne Rücksicht auf seine Bevölkerung oder seine Größe). Bis 1819 waren neue Staaten nach einem alternierenden System zur Union zugelassen, jeweils einer mit Sklaverei und ein freier im Wechsel; es gab von jedem elf. Die

Schwarze Sklaven, wie die hier beim Löschen der Ladung eines Mississippidampfers dargestellten, machten etwa ein Drittel der Bevölkerung des Südens aus und stellten die Arbeitskräfte auf den Plantagen. In der Mitte des 19. Jahrhunderts hatten 80 Prozent der weißen Bevölkerung im Süden keine Sklaven und nur um die 3000 Pflanzer besaßen mehr als 100 Sklaven. Trotzdem bestand der Süden nahezu unbeeindruckt auf seinem Recht, die Sklaverei aufrechtzuerhalten.

Die Vereinigten Staaten und die Sklavenfrage

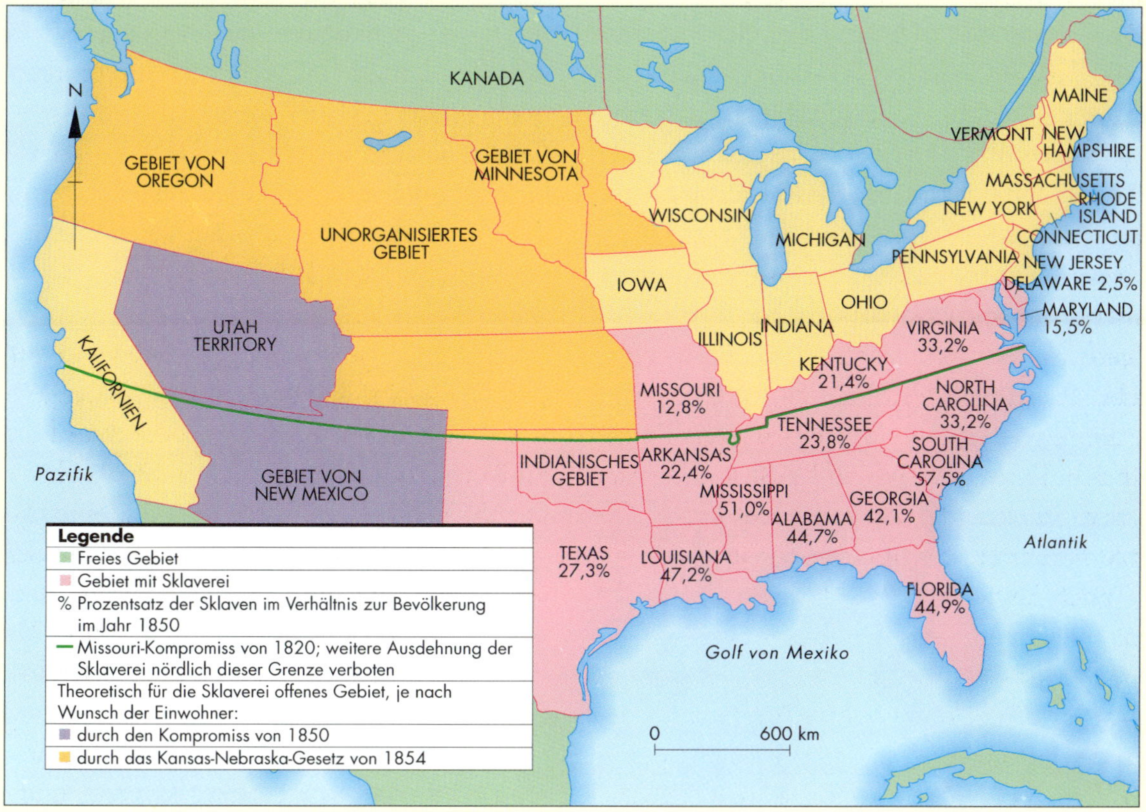

Im Jahr 1815 machten jene, die südlich der Grenze zwischen Maryland und Pennsylvania lebten, die Hälfte der Gesamtbevölkerung der Vereinigten Staaten aus. Kentucky war 1792 ein Staat geworden, Tennessee 1796, Mississippi 1817, Alabama 1819 und Missouri 1821, Arkansas 1836 und Florida und Texas 1845. Im Westen und Norden waren durch den Ankauf Louisianas neun neue Staaten hinzugekommen. Darüber hinaus siedelten sich immer mehr Einwanderer in den freien Staaten des Nordens an. Das hieß, dass der Missouri-Kompromiss von 1820, der die Sklaverei aus dem Gebiet nördlich des Breitengrads 36° 30′ verbannte und ein Gleichgewicht zwischen Norden und Süden garantierte, überholt war. 1850 brach das politische Gleichgewicht zusammen. Als in Kalifornien der Goldrausch ausbrach, ersuchte Kalifornien um die Zulassung als freier Staat, ohne zuvor als Territorium anerkannt worden zu sein, und wurde zur Union zugelassen. Auch wenn die Interessen des Nordens im Kongress großes Gewicht hatten, war das Verhältnis zwischen Norden und Süden im Senat relativ ausgewogen, bis 1859 die Aufnahme von Kansas das Gleichgewicht zu Gunsten des Nordens veränderte.

erste Krise offenbarte sich bei der Zulassung des Staates Missouri. In den Tagen vor dem Erwerb Louisianas erlaubten das französische und das spanische Gesetz dort die Sklaverei. Die Siedler gingen davon aus, dass diese bestehen bleiben würde.

Sie waren, wie auch die Repräsentanten der Südstaaten, empört, als ein Kongressabgeordneter aus dem Norden Einschränkungen der Sklaverei in der Verfassung des neuen Staates vorschlug. Ein großer öffentlicher Aufruhr folgte und eine Debatte über die Bevorzugung einzelner Distrikte. Sogar von einem Rückzug aus der Union war die Rede, so stark waren die Empfindungen einiger Südstaatler. Doch über das Thema Moral wurde geschwiegen. Mit Hilfe des „Missouri-Kompromisses“ wurde eine Lösung gefunden, indem Missouri als

Das Buch *Onkel Toms Hütte* von der Abolitionistin Harriet Beecher-Stowe, das 1852 veröffentlicht wurde, hatte einen gewaltigen Einfluss auf die öffentliche Meinung. Diese Zeichnung aus der Originalausgabe des Buches zeigt einen Sklavenbesitzer, der den Titelhelden attackiert.

„Sklavenstaat“ zugelassen wurde, man aber ein Gleichgewicht dadurch schuf, gleichzeitig auch Maine aufzunehmen und jede weitere Ausdehnung der Sklaverei auf dem Territorium der Vereinigten Staaten nördlich des Breitengrades 36° 30’ zu verbieten. Dies bestätigte das Recht des Kongresses, die Sklaverei aus den neuen Gebieten herauszuhalten, wenn er dies wolle. Lange Zeit gab es jedoch keinen Grund zu glauben, dass diese Frage wieder aufkommen würde.

Tatsächlich dauerte es nur bis in die nächste Generation. Doch einige hatten schon die sich darin abzeichnende Zukunft erkannt: Thomas Jefferson, ein früherer Präsident und der Mann, der die Unabhängigkeitserklärung vorangetrieben hatte, schrieb, dass er „es sofort als das Grabgeläute der Union betrachtete“, und ein anderer (zukünftiger) Präsident schrieb in sein Tagebuch, die Missourifrage sei „nur ein Vorspann – die Titelseite eines großen, tragischen Bandes“.

Die Kampagne der Abolitionisten

40 Jahre lang blieb die Tragödie ohne Höhepunkt. Teils mussten sich die Amerikaner mit vielen anderen Problemen auseinander setzen – vor allem mit der territorialen Expansion –, teils standen bis in die 40er Jahre des 19. Jahrhunderts hinein keine weiteren Gebiete zur Eingliederung an, die sich zum Anpflanzen von Baumwolle eigneten und daher Sklavenarbeit erforderten. Allerdings entstanden neue Kräfte, die auf die öffentliche Meinung Einfluss nahmen. 1831 wurde in Boston eine Zeitung gegründet, die sich für die bedingungslose Befreiung schwarzer Sklaven einsetzte. Die Kampagne der „Abolitionisten“ begann mit zunehmend erbitterter Propaganda, durch die Wähler Druck auf die Politiker im Norden auszuüben. Die Bewegung bot Hilfe für geflohene Sklaven an und unterstützte ihren Widerstand, nicht zu ihrem Besitzer zurückzukehren, wenn man sie wieder eingefangen hatte. Sie beharrten selbst dann auf ihrem Standpunkt, wenn die Gerichtshöfe entschieden hatten, dass die Sklaven zurückgeschickt werden mussten. Vor diesem Hintergrund flammte in den 40er Jahren des 19. Jahrhunderts erneut ein Kampf um die Bedingungen auf, unter denen das Territorium, das man von Mexiko errungen hatte, zugelassen werden sollte. Er endete 1850 mit einem neuerlichen Kompromiss, der jedoch nicht lange währte.

Von diesem Zeitpunkt an stand die Politik unter dem Druck, dass die führenden Persönlichkeiten der Südstaaten sich zunehmend verfolgt und zum Opfer gemacht fühlten. Sie reagierten mit wachsender Arroganz, wenn es um die Verteidigung der Lebensweise in ihren Staaten ging. Die Treue zur nationalen Partei war bereits durch das Thema Sklaverei beeinträchtigt worden; die Demokraten bezogen ihren Standpunkt aus der Unwiderrufbarkeit der Vereinbarung von 1850.

Weg in die Katastrophe

Die 50er Jahre des 19. Jahrhunderts brachten schließlich die Katastrophe. Die Beziehungen zwischen Nord- und Südamerika bzw. zwischen Gegnern und Anhängern der Sklaverei verschlechterten sich zusehends. Die Notwendigkeit, Kansas zu organisieren, hob die Waffenruhe des Kompromisses von 1850 auf und führte zu einem ersten Blutvergießen, als Abolitionisten das für die Sklaverei votierende Kansas zwingen wollten, ihre Ansichten zu akzeptieren. Während des Protestes gegen den Vorschlag, dass die Leute des betroffenen Gebietes entscheiden sollten, ob es in Kansas Sklaverei geben sollte oder nicht, kam es zur Gründung der republikanischen Partei. Die Wut der Sklaverei-Gegner stieg, wann immer das Recht die Sklavenbesitzer unterstützte, wie es in einer bemerkenswerten Entscheidung des Obersten Gerichtshofs von 1857 der Fall war (im Fall „Dred Scott"), durch die ein Sklave an seinen Herrn zurückgegeben wurde. Andererseits wertete der Süden derartige Proteste als Aufwiegelung der Schwarzen und als Maßnahme, das Wahlsystem gegen die Freiheiten des Südens einzusetzen – eine Ansicht, die durchaus ihre Berechtigung hatte. Die Gegner der Sklaverei waren selbst dann nicht bereit, Kompromisse einzugehen, wenn sie ohne Unterstützung der republikanischen Partei blieben. Deren Präsidentschaftskandidat setzte sich bei der Wahl von 1860 für ein Programm ein, das hinsichtlich der Sklaverei nur vorsah, diese zwar in zukünftigen, nicht aber in bestehenden Gebieten der Union auszuschließen.

Die Abschaffung der Sklaverei hatte für die Freigelassenen nicht nur positive Seiten: Ihre Hautfarbe und ihre fehlende Ausbildung stürzten sie meistens in neues Elend.

Zwei geflohene Sklaven sollen in die Sklaverei zurückgebracht werden und werden durch die Straßen von Boston zu einem Dampfschiff geleitet, das auf dem Weg nach South Carolina war, als sie geflohen waren. Einige Gegner der Sklaverei weinen, als die gefesselten Sklaven vorbeigeführt werden.

Der Amerikanische Bürgerkrieg von 1861–1865 und die Beitritte zur Union

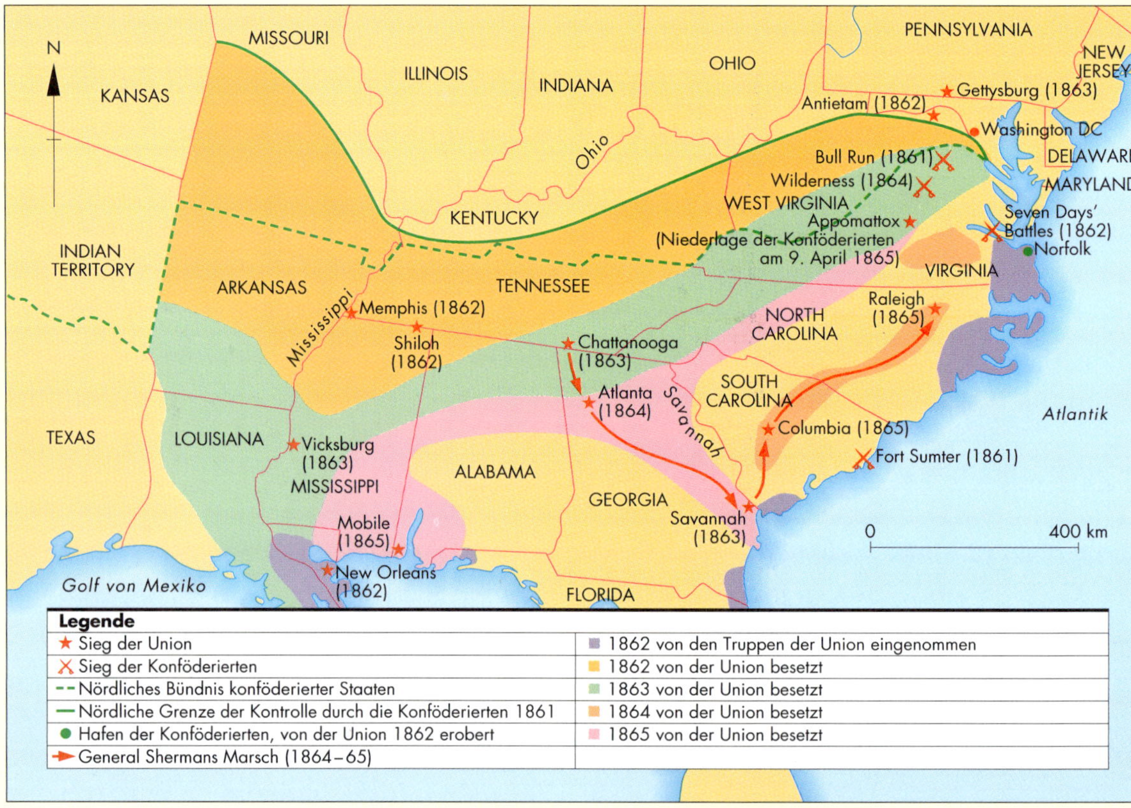

1860 wurde Abraham Lincoln, der Kandidat der republikanischen Partei, die wenige Jahre zuvor gegründet worden war, zum Präsidenten gewählt. Er hatte versprochen, die Zölle zu erhöhen und zu verhindern, dass die Sklaverei in den neuen westlichen Staaten eingeführt würde. Im Februar 1861 einigten sich sieben Sklavenstaaten auf die Sezession und bildeten die Konföderierten Staaten von Amerika. Als die föderale Regierung Schritte unternahm, um die Garnisonen im Süden wieder zu verstärken, löste der Angriff der Südstaatler auf Fort Sumter den Bürgerkrieg aus. Zuerst schienen die Konföderierten im Krieg die Oberhand zu haben, doch als die Kämpfe weiter anhielten, trat die industrielle und demographische Überlegenheit des Nordens in den Vordergrund.

DER AMERIKANISCHE BÜRGERKRIEG

Vielen Südstaatlern missfiel bereits das Programm der Wahlen. Obwohl sich die Demokraten geteilt hatten, stimmte das Land 1860 streng nach den entsprechenden Gebietsanteilen ab. Der Kandidat der Republikaner, Abraham Lincoln, wurde von den Nordstaaten und den zwei Staaten an der Pazifikküste gewählt. Aus Protest gegen die Wahl setzte sich South Carolina offiziell von der Union ab. Im Februar 1861 schlossen sich sechs weitere Staaten an. Sie bildeten die Konföderierten Staaten von Amerika und bestimmten einen Präsidenten, der einen Monat, bevor Präsident Lincoln in Washington sein Amt übernahm, eingesetzt wurde.

Beide Seiten warfen einander revolutionäre Absichten und Verhaltensweisen vor. Beides ist richtig. Die Position des Nordens unter Lincoln forderte, die Demokratie müsse bestehen bleiben. Damit war revolutionären Ideen viel Raum gegeben, am Ende erreichte der Norden damit in der Tat eine soziale Revolution für den Süden. Andererseits beanspruchte der Süden 1861 (und drei weitere Staaten schlossen sich der Konföderation an, nachdem die ersten Schüsse abgegeben worden waren) das Recht auf Selbstbestimmung, wenn es darum ging, seine Institutionen, das heißt auch die Sklaverei, zu verteidigen.

Es ist schwer auszumachen, wo genau die Grenzen verliefen, an denen die Republik sich während dieser Krise teilte. Sie gingen durch Familien, Städte und Dörfer, Religionen und umfassten manchmal Gruppen unterschiedlicher Hautfarbe. Dies macht die Tragödie aller Bürgerkriege aus.

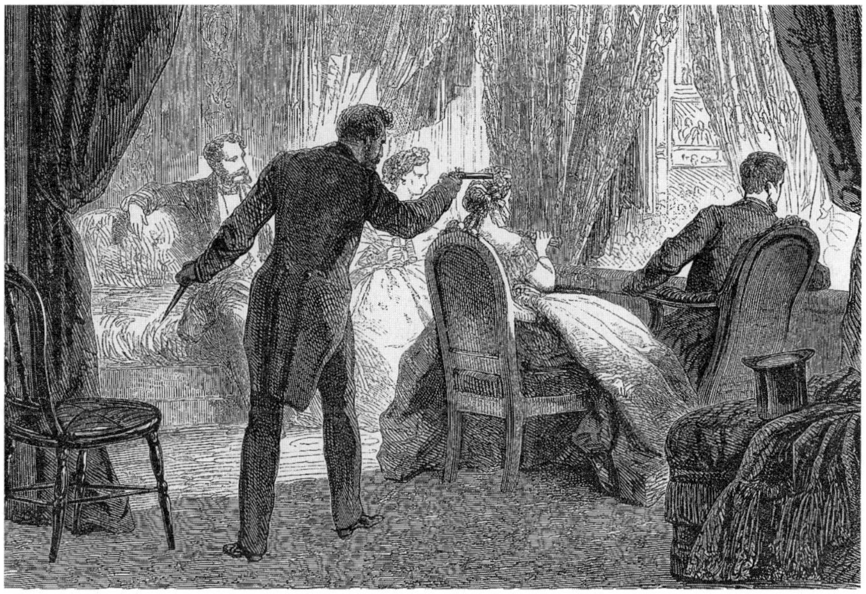

Lincoln wird von einem Fanatiker aus dem Süden, John Wilks Booth, im Theater erschossen.

Lincolns Politik

Ein großer Teil der Auswirkungen dessen, was eine Seite „die Rebellion“ und die andere Seite „den Krieg zwischen den Staaten“ nannte, erwuchs aus den Erfordernissen des Krieges. Die Streitkräfte der Union brauchten vier Jahre, um die Konföderierten zu schlagen, und in

Soldaten der Unionisten posieren mit einer ihrer Kanonen während des Petersburger Feldzugs gegen die Konföderierten in Virginia, der von Juni 1864 bis April 1865 dauerte.

Das Kabinett, das für die Erklärung der Befreiung verantwortlich ist, ist hier auf einer Zeichnung von 1864 dargestellt. Lincoln, sitzend, ist der Dritte von links.

dieser Zeit hatte es bei den Zielen Lincolns eine wichtige Veränderung gegeben. Zu Beginn des Krieges hatte er nur davon gesprochen, die richtige Ordnung der Angelegenheiten wieder herzustellen. In den Südstaaten passierten Dinge, sagte er, die „zu stark sind, um durch den üblichen Ablauf des juristischen Vorgehens niedergehalten zu werden". Sie machten ein militärisches Vorgehen notwendig. Diese Ansichten führten zu der beständigen Wiederholung, dass es im Krieg grundsätzlich darum gehe, die Union zu erhalten. Lincolns Absicht war es, die Staaten wieder zu vereinigen. Die Frage nach der Abschaffung der Sklaverei trat angesichts dieser grundsätzlichen Probleme für einige Zeit in den Hintergrund, zur Enttäuschung der Abolitionisten. Doch am Ende erreichte Lincoln auch dieses Ziel. 1862 konnte er in einem Brief an die Öffentlichkeit noch sagen:

„Wenn ich die Union retten könnte, ohne einen Sklaven zu befreien, würde ich es tun; und wenn ich sie retten könnte, indem ich alle Sklaven befreie, würde ich es tun; und wenn ich sie retten könnte, indem ich einige rette und andere sich selbst überlasse, würde ich auch das tun."

Zu diesem Zeitpunkt hatte er sich allerdings schon dafür entschieden, die Befreiung der Sklaven in den rebellierenden Staaten zu proklamieren. Sie trat am Neujahrstag 1863 in Kraft. So war der Alptraum der Südstaatenpolitiker schließlich Wirklichkeit geworden, wenn auch nur wegen des Krieges, den sie heraufbeschworen hatten. Er veränderte die Art des Kampfes, wenn auch nicht offensichtlich. 1865 wurde der letzte Schritt in einem Zusatz zur Verfassung vollzogen, der die Sklaverei überall in den Vereinigten Staaten verbot. Die Konföderation war militärisch besiegt, Lincoln ermordet worden und die Sache, die er auf unvergängliche Weise als „Regierung des Volkes, durch das Volk, für das Volk“ zusammengefasst hatte, gesichert.

Der Sieg des Nordens

Im Zuge ihres militärischen Sieges konnte Lincolns Sache kaum allen Amerikanern als edel und gerecht erscheinen, doch ihr Triumph barg eine große Bedeutung, nicht nur für Amerika, sondern für die Menschen insgesamt. Es war das einzige politische Ereignis des Jahrhunderts, dessen Implikationen ähnlich weit reichend waren wie etwa die der industriellen Revolution. Der Krieg bestimmte die Zukunft des Kontinents; eine Großmacht würde weiterhin Amerika beherrschen und die Ressourcen der reichsten unerschlossenen Gebiete nutzen. Die Armeen der Union entschieden auch, dass das System, das in der amerikanischen Politik vorherrschen sollte, ein demokratisches sein würde; das traf vielleicht nicht immer im Sinne der Worte Lincolns zu, doch die politischen Institutionen waren von diesem Zeitpunkt an vor direktem Angriff sicher. Dies führte zu dem Nebeneffekt, dass Demokratie und materieller Wohlstand im Bewusstsein der Amerikaner eng miteinander verbunden sind. Der industrielle Kapitalismus in den Vereinigten Staaten konnte auf ein großes Reservoir an Befürwortern zurückgreifen, wenn es darum ging, späteren Kritikern zu begegnen.

Die gesellschaftlichen Konsequenzen der Befreiung

Es gab auch noch andere innenpolitische Konsequenzen der Befreiung. Zu den offensichtlichsten gehörte das Problem der Hautfarbe. Es hatte keine offenen Konflikte wegen der Hautfarbe gegeben, während die Sklave-

Die Befreiung garantierte den Sklaven nicht den Zugang zur Rechtsprechung Amerikas. Auf diesem auf 1911 datierten Stich lyncht ein Mob weißer Südstaatler einen ehemaligen Sklaven, der des Mordes an einer weißen Frau angeklagt ist.

rei existierte. Der Sklavenstatus bildete die Barriere, die die überwältigende Mehrheit der Schwarzen (unter ihnen hatte es immer ein paar Freie gegeben) von den Weißen trennte, und sie wurde durch gesetzliche Sanktionen aufrechterhalten. Die Sklavenbefreiung beseitigte den Rahmen gesetzlicher Unterlegenheit und ersetzte ihn durch demokratische Gleichheit, alles zu einem Zeitpunkt, als nur sehr wenige Amerikaner bereit waren, dies auch gesellschaftliche Wirklichkeit werden zu lassen.

Millionen von Schwarzen in den Südstaaten waren plötzlich frei. Sie waren zum größten Teil ungebildet, ungelernt – außer für die Feldarbeit – und praktisch führungslos. Für kurze Zeit wandten sie sich in den Südstaaten an die Besatzungsarmeen der Union, um von ihnen Unterstützung zu erhalten. Als diese ausblieb, verschwanden die Schwarzen aus den Versammlungen und öffentlichen Ämtern der Südstaaten, in die sie für kurze Zeit gedrängt hatten. In einigen Gegenden hielten sie sich sogar von den Wahlurnen fern. Die fehlende gesetzliche Handhabe wurde durch eine Herrschaft gesellschaftlicher und physischer

Zwänge ersetzt, die manchmal härter als das alte Regime der Sklaverei war. Sklaven hatten wenigstens als Kapitalanlage einen Wert für ihren Herrn gehabt; sie wurden wie anderer Besitz geschützt, und es wurde ihnen in der Regel ein Minimum an Sicherheit und Versorgung zugestanden. Der Wettbewerb auf einem freien Arbeitsmarkt zur Zeit einer großen Wirtschaftskrise nach dem Krieg im Süden, während auch verarmte Weiße ums Überleben kämpften, erwies sich für die Schwarzen als katastrophal. Gegen Ende des Jahrhunderts waren sie von einer armen weißen Bevölkerung, die durch die Niederlage und die Befreiung mit bitterem Hass erfüllt war, in gesellschaftliche Randpositionen und Armut gedrängt worden. Daraus resultierten im 20. Jahrhundert die Emigration in den Norden und die Rassenprobleme unserer Zeit.

Die Gewinnung des fernen Westens

Die Entwicklung der nordamerikanischen Wirtschaft in den letzten 30 Jahren des 19. Jahrhunderts war spektakulär. Für sehr viele Europäer, die in Armut lebten, wurden die Vereinigten Staaten mehr denn je zum gelobten Land. Transkontinentale Eisenbahnen verstärkten die nationale Einheit, die auf dem Schlachtfeld errungen worden war. 1869 wurde die erste Bahnlinie von Küste zu Küste fertig gestellt und um 1900 gab es drei weitere, die die Besiedlung des Westens sehr viel einfacher machten. Die Eisenbahn war auch ein Symbol für die endgültige Niederlage der nordamerikanischen Indianer.

Das Zwei-Parteien-System

Als weitere Folge des Krieges behielten die Vereinigten Staaten ein Zwei-Parteien-System bei. Zwischen den Republikanern und den Demokraten sind bis zum heutigen Tage die Präsidentschaften verteilt worden, wenn auch manchmal bedroht durch dritte Parteien. Vor 1861 gab es viele Parteien, die kamen und gingen und die verschiedenen Bewegungen in der amerikanischen Gesellschaft widerspiegelten. Der Krieg verband die demokratische Partei mit den Belangen des Südens, die zuerst von Nachteil waren, weil sie das Stigma der Illoyalität trugen (bis 1885 war kein Demokrat jemals Präsident). Entsprechend wurden die Republikaner von den Staaten im Norden unterstützt. Sogar die dortigen Radikalen sahen in ihnen die Retter der Union und der Demokratie sowie die Befreier der Sklaven.

Bevor die Unangemessenheit dieser Stereotypen deutlich wurde, waren die Parteien so tief in den verschiedenen Staaten verankert, dass ihre Vorherrschaft unangreifbar war. In der amerikanischen Politik des 20. Jahrhunderts vollzog sich dann die innere Transformation der zwei großen Parteien, die jedoch noch lange ihre Herkunft erkennen ließen.

1865 besaßen die Republikaner die Macht, alles auf ihre Weise zu regeln. Vielleicht hätten sie einen Weg finden können, den Süden zu versöhnen, wenn Lincoln noch gelebt hätte. So allerdings machte ihr Einfluss in der Politik die Jahre des „Wiederaufbaus“ für den besiegten und verwüsteten Süden zu bitteren Jahren. Viele Republikaner bemühten sich, ihre Macht einzusetzen, um den Schwarzen ihre demokratischen Rechte zu sichern. Damit festigten sie gleichzeitig die zukünftige Vorherrschaft der Demokraten im Süden. Schon bald kam es insgesamt zu einem unvergleichlichen wirtschaftlichen Aufschwung, der vom Krieg nur kurz unterbrochen worden war.

Eine wachsende Wirtschaft

Die amerikanische Expansion hatte sich seit 70 Jahren stetig fortgesetzt und dabei beachtliche Ausmaße angenommen. Am auffallendsten hatte sie sich im Zuwachs der Territorien verwirklicht. Nun setzte das wirtschaftliche Wachstum ein. Die Phase des amerikanischen Fortschritts bis zu dem Punkt, an dem seine Einwohner das höchste Pro-Kopf-Einkommen auf der Welt haben würden, begann gerade in den 70er Jahren des 19. Jahrhunderts. In der Euphorie dieser Blütezeit, geprägt von Selbstsicherheit und Erwartung, schienen alle politischen Probleme für eine Weile gelöst. Unter republikanischer Führung stellte Amerika, nicht zum letzten Mal, klar, dass nicht die politische Debatte, sondern der ökonomische Fortschritt die Aufgabe sei. Der Süden blieb zum großen Teil unberührt vom neuen Wohlstand und fiel noch weiter hinter den Norden zurück; er hatte keinen politischen Einfluss, bis ein Thema aufkam, das den Demokraten in anderen Bereichen Unterstützung bringen konnte.

Die Anziehungskraft der Vereinigten Staaten

Inzwischen konnten der Norden und der Westen der Vereinigten Staaten zuversichtlich auf die erstaunlichen Veränderungen der letzten 70 Jahre zurückblicken, die für die Zukunft

Ein Plakat der „Union Pacific Railroad“ von 1869 wirbt für die Eröffnung der ersten transkontinentalen Eisenbahnstrecke der USA. „Jetzt ist die Zeit, sein Glück zu machen …“, verkündet das Plakat, das auch die „luxuriösen Wagen und Gasthäuser“ anpreist, die die Bahnstrecke zu bieten hat.

Das „Peterloo Massaker", das auf diesem Gemälde aus dem 19. Jahrhundert zu sehen ist, fand 1819 im englischen Manchester statt, als örtliche Magistraten die britische Miliz (die Kavallerie) nach St. Peter's Fields schickte, um sie dort eine friedliche öffentliche Versammlung von Anhängern einer politischen Reform überwachen zu lassen. Elf Menschen wurden in der folgenden Panik getötet und Hunderte verletzt. Im Anschluss an dieses Ereignis forderten die Whigs eine parlamentarische Reform.

noch bessere Zeiten verhießen. Das war auch im Ausland spürbar. So kamen von dort Menschen in wachsender Zahl in die USA – zweieinhalb Millionen allein in den 50er Jahren des 19. Jahrhunderts. Sie trugen zu einer Bevölkerungszahl bei, die von knapp über $5^1/_4$ Millionen im Jahr 1800 auf beinahe 40 Millionen im Jahr 1870 angewachsen war. Zu dieser Zeit lebte etwa die Hälfte davon westlich der Allegheny Mountains und die überwältigende Mehrheit in ländlichen Gebieten. Der Ausbau von Eisenbahnstrecken bedeutete eine Öffnung der Great Plains für die Besiedlung und Nutzung. 1869 wurde der goldene Bolzen eingedreht, der die Fertigstellung der ersten transkontinentalen Eisenbahnverbindung markierte.

Im neuen Westen befanden sich die größten landwirtschaftlich genutzten Gebiete der Vereinigten Staaten. In den Kriegsjahren mangelte es dort an Arbeitskräften, so dass Maschinen bereits in einem Umfang genutzt wurden, der auf eine ganz neue Dimension in der Landwirtschaft verwies. Die Mechanisierung leitete weltweit eine neue Phase der landwirtschaftlichen Revolution ein, die Nordamerika zur Kornkammer für Europa machte. Es gab eine Viertelmillion mechanischer Mähmaschinen, die allein gegen Ende des Krieges im Einsatz waren.

Auch im Hinblick auf die Industrie standen reiche Jahre bevor. Die Vereinigten Staaten waren zwar noch keine Industriemacht, vergleichbar etwa mit Großbritannien (1870 gab es immer noch weniger als zwei Millionen Amerikaner, die in der Herstellung beschäftigt waren), doch die Basis war geschaffen. Der immer stärker wachsende und prosperierende Binnenmarkt sorgte für glänzende Aussichten.

Zu Beginn der erfolgreichsten Ära ihres Landes hatten es die Amerikaner nicht nötig, sich allzu lange mit den Verlierern aufzuhalten. Das amerikanische System funktionierte. Die Schwarzen und die armen Weißen des Südens taten sich nun mit den Eingeborenen Nordamerikas zusammen, die zweieinhalb Jahrhunderte lang immer die Benachteiligten gewesen waren. Die neuen Armen in den wachsenden Städten des Nordens waren im Vergleich dazu um einiges besser gestellt. Es ging ihnen vermutlich auch wesentlich besser als den Armen in Manchester oder Neapel. Deren Bereitschaft, in die Vereinigten Staaten zu kommen, zeigt, dass das Land bereits eine starke Anziehungskraft besaß. 1873 kamen fast 460 000 Emigranten, die meisten von ihnen stammten aus Großbritannien, den skandinavischen Ländern und Deutschland. Für die Auswanderer gab es nicht nur finanzielle Gründe, neben den „armen Verstoßenen" gab es auch die „Massen derer, die sich beengt fühlten und danach lechzten, frei atmen zu können". Für politische Radikale aus aller Welt stellten die Vereinigten Staaten 1870 immer noch eine politische Inspiration dar. Mit der eigenen politischen Praxis übte Amerika dagegen besonders auf Großbritannien größeren Einfluss aus als auf das europäische Festland, da die Menschen (im positiven oder negativen Sinne) die Demokratie mit der „Amerikanisierung" der britischen Politik verknüpften.

DIE DEMOKRATISIERUNG DER BRITISCHEN POLITIK

Die verschiedenen transatlantischen Einflüsse und Verbindungen gehören zu den eigentümlichen, unbeständigen und doch spannungsreichen Beziehungen zwischen den beiden angelsächsischen Ländern. Beide durchliefen eine ähnliche revolutionäre Veränderung, und hier ist vielleicht die Leistung Großbritanniens im frühen 19. Jahrhundert noch bemerkenswerter als die Umwandlung der Vereinigten Staaten. Zu einer besonders unruhigen Zeit, als das Land innerhalb nur einer Generation zu der ersten industrialisierten und verstädterten Gesellschaft der modernen Zeit wurde, gelang es Großbritannien, eine erstaunliche verfassungsmäßige und politische Kontinuität aufrechtzuerhalten. Gleichzeitig agierte es als Weltmacht und Macht in Europa und regierte ein großes koloniales Reich. Vor diesem Hintergrund begann das Land mit der Demokratisierung seiner Institutionen und konnte dabei seine Stützen der individuellen Freiheit größtenteils erhalten.

Gesellschaftlich betrachtet war das Vereinigte Königreich weit weniger demokratisch als die Vereinigten Staaten 1870 (wenn man die Schwarzen als Spezialfall ausklammert). Die gesellschaftliche Hierarchie (in der man durch Geburt oder Landbesitz, manchmal auch durch Geld, seine Position erhielt) strukturierte das Vereinigte Königreich. Jeder Beobachter wunderte sich über die feste Überzeugung der englischen herrschenden Klassen, sie seien dazu bestimmt zu regieren. Hier gab es keinen amerikanischen Westen, der traditioneller Ehrerbietung die frische Brise der Grenzdemokratie entgegengesetzt hätte. Kanada und Australien zogen ruhelose Emigranten aus Großbritannien an und entlasteten so die englische Gesellschaft und bewahrten sie vor Veränderungen. Die politische

Das Viktorianische Zeitalter war gekennzeichnet durch eine Reihe von Reformen: Rückkehr zum Freihandel, Reform der Gemeindeverwaltung und ein neues Armenrecht gehören zu den wichtigsten Veränderungen.

Diese zeitgenössische Satire trägt den Titel *Die Attacke der Reformer auf den alten morschen Baum.* Das Reformgesetz von 1832, das gleichzeitig das Wahlrecht ausweitete und viele „verkommene Stadtgemeinden" beseitigte, wird oft allgemein als entscheidender Faktor angesehen, der eine britische Revolution verhinderte.

Demokratie entwickelte sich andererseits schneller als die gesellschaftliche, auch wenn das allgemeine Wahlrecht erwachsener Männer, das in den Vereinigten Staaten schon lange eingerichtet war, in England nicht vor 1918 eingeführt wurde. Die Demokratisierung der englischen Politik hatte um 1870 bereits den Punkt überschritten, von dem aus es kein Zurück mehr gab.

Die Ausweitung des Wahlrechts

Die Demokratisierung der englischen Politik hatte innerhalb weniger Jahrzehnte stattgefunden. Auch wenn sie zutiefst liberale Strukturen besaß – Gleichheit vor dem Gesetz, tatsächliche persönliche Freiheit, ein repräsentatives System –, beruhte die englische Verfassung von 1800 noch nicht auf demokratischen Prinzipien. Ihre Basis bildete die Repräsentation bestimmter individueller und historischer Rechte und die Souveränität der Krone im Parlament. Erst 1832 kam es nach verschiedenen Störungen zu einem Zugeständnis beim Wahlrecht. Damit entstand eine nach zeitgenössischen europäischen Maßstäben riesige Wählerschaft. Das Wort „demokratisch" klang allerdings immer noch abwertend und nur wenige hielten es für ein erstrebenswertes Ziel. Für die meisten Engländer bedeutete Demokratie Französische Revolution und militärischer Despotismus. Dennoch wurde 1832 der wichtigste Schritt zur Demokratie in der englischen politischen Geschichte des Jahrhunderts gemacht. Es war der Erlass eines Reformgesetzes. Dieses war nicht in sich demokratisch und hatte für viele, die es unterstützten, vielmehr den Zweck, als Barriere gegen die Demokratie zu fungieren. Damit wurde eine große Revision des repräsentativen Systems durchgeführt, bei der Anormalitäten beseitigt wurden (wie die win-

Das Bild *Ein Sommertag im Hyde Park* wurde 1858 von John Ritchie gemalt. Ein neues Ausmaß des Wohlstands in der Mittelklasse war ein Zeichen der gesellschaftlichen Veränderungen um die Mitte der Viktorianischen Zeit.

zigen Wahlkreise, die wirksam von führenden lokalen Persönlichkeiten kontrolliert werden konnten), um für parlamentarische Wahlkreise zu sorgen, die die Bedürfnisse eines Landes mit wachsenden Industriestädten besser repräsentierten. Dabei wurde das Wahlrecht verändert und besser geregelt. Es war örtlich auf unterschiedliche Prinzipien gegründet gewesen; nun waren die Wahlberechtigten in der Hauptsache freie Grundbesitzer in den ländlichen Gegenden bzw. Stadtbewohner, die Häuser oder Wohnungen auf mittlerem Niveau besaßen oder gemietet hatten. Der Idealwähler war ein Mann mit einem Anwesen auf dem Land, auch wenn noch einige Absonderlichkeiten bestehen blieben. Das war eine Wählerschaft von etwa 650 000 Personen und ein Unterhaus, das sich nicht sehr von seinem Vorläufer unterschied. Obwohl es immer noch von der Aristokratie beherrscht wurde, markierte es doch den Beginn der nahezu ein Jahrhundert währenden Demokratisierung der britischen Politik. Denn nachdem die Verfassung einmal auf diese Weise verändert worden war, wurden die nächsten Reformen leichter durchsetzbar. Auch das Unterhaus nutzte immer stärker sein Mitspracherecht. 1867 entstand durch ein neues Gesetz eine Wählerschaft von etwa zwei Millionen Männern, und 1872 folgte in einem bedeutenden Schritt die Entscheidung für geheime Wahlen.

Peel und der Konservatismus

Der Demokratisierungsprozess in der englischen Politik sollte nicht vor dem 20. Jahrhundert abgeschlossen sein, doch er brachte bald andere Veränderungen im Wesen der britischen Politik mit sich. Langsam und etwas widerwillig begann die traditionelle politische Klasse zu registrieren, dass Parteien eingerichtet werden mussten, die über Familienzusammenschlüsse oder persönliche Cliquen von Mitgliedern des Parlaments hinausgingen. Dies wurde nach der Entstehung einer wirklich großen Wählerschaft 1867 sehr viel deutlicher. Gleichzeitig bestand nun die Notwendigkeit, die öffentliche Meinung zu hofieren, die mehr war als nur die der altbekannten Klasse der Grundbesitzer.

Die bedeutendsten parlamentarischen Führungspersönlichkeiten Englands im 19. Jahrhundert waren durchweg Männer, deren Erfolg auf ihrer Fähigkeit beruhte, nicht nur im Unterhaus Gehör zu finden, sondern auch bei wichtigen Teilen der Gesellschaft außerhalb des Unterhauses. Das erste und vielleicht bedeutendste Beispiel war Sir Robert Peel, der

Diese auf 1858 datierte Innenansicht des Unterhauses in den neuen Londoner Parlamentshäusern wurde von Joseph Nash (1802–1878) gemalt.

Die Regierungen und die Mittelklasse liebten den Fortschritt und zeigten es. Der Kristallpalast in London, der auf dieser zeitgenössischen Abbildung dargestellt ist, war der Schauplatz der ersten Weltausstellung, die am 1. Mai 1851 eröffnet wurde.

den englischen Konservatismus begründete. Indem er das Urteil der öffentlichen Meinung akzeptierte, verlieh er dem Konservatismus eine Flexibilität, die ihm verschiedene Kompromisse ermöglichte.

Die große politische Krise um die Aufhebung der Corn Laws machte das deutlich. Es ging nicht nur um Wirtschaftspolitik; es ging auch darum, wer das Land regieren sollte, und in mancher Hinsicht war der Kampf jenem vor 1832 um die Parlamentsreform vergleichbar. Um die Mitte der 30er Jahre des 19. Jahrhunderts waren die Konservativen von Peel dazu gebracht worden, die Konsequenzen aus 1832 zu akzeptieren. Im Jahr 1846 war er gerade in der Lage, sie dazu zu bewegen, mit den protektionistischen Corn Laws ebenso zu verfahren. Ihre Abschaffung zeigte, dass die Grundbesitzer in der Gesellschaft nicht mehr länger das letzte Wort hatten. Voller Rachsucht stürzte sich seine Partei, eine Bastion des Landadels, bald darauf auf Peel und zwang ihn zum Rücktritt. Sie lagen richtig mit dem Eindruck, dass die Zielsetzung seiner Politik sich auf den Siegeszug der Prinzipien des freien Handels gerichtet hatte, die für sie mit den Fabrikanten der Mittelklasse verbunden waren.

Ihre Entscheidung entzweite die Partei und verurteilte sie für 20 Jahre zur Erstarrung. Nach ihrer Wiedervereinigung zeigte sie sich jedoch als moderne Partei, was sie letztlich Peel zu verdanken hatte. Sie bemühte sich nun um das Wohlwollen der gesamten Wählerschaft und fühlte sich nicht mehr an die Verteidigung wirtschaftlicher Gruppeninteressen gebunden.

Leistungen des Viktorianischen Zeitalters

Die Rückkehr der britischen Zoll- und Steuerpolitik zum Freihandel bildete nur ein Element einer allgemeinen Ausrichtung der britischen Politik auf Reform und Liberalisierung im entscheidenden Drittel des Jahrhunderts. Die Reform der Gemeindeverwaltung machte den Anfang (bezeichnenderweise in den Städten, nicht auf dem Land, wo immer noch das Interesse der Landbesitzer ausschlaggebend war). Ein neues Armenrecht wurde eingeführt, eine Gesetzgebung für Fabriken und Minen verabschiedet sowie durch Kontrollen wirksam überwacht. Die Überprüfung der Rechtsprechung hob Benachteiligungen anderer Glaubensgemeinschaften auf, das kirchliche Monopol auf das Eherecht, das auf die Zeit der Angelsachsen zurückging, fiel, ein Postsystem wurde eingerichtet, das für andere Nationen ein Vorbild war, und es wurde sogar damit begonnen, die skandalöse Vernachlässigung staatlicher Erziehung in Angriff zu nehmen.

Dies alles wurde von einem wachsenden Wohlstand begleitet, dessen selbstbewusstes Symbol 1851 die Veranstaltung der großen Weltausstellung in London war, für die Königin Viktoria die Schirmherrschaft übernahm. Dennoch wies das Vereinigte Königreich weiterhin extreme Unterschiede zwischen Reich und Arm auf, die ebenso groß waren wie in anderen Ländern.

Die Reformen brachten jedoch auch die Furcht vor einer schleichenden Zentralisation mit sich. Die Souveränität des Parlaments in der Gesetzgebung führte dazu, dass die Bürokratie in immer mehr Bereichen Einzug hielt, die zuvor in der Praxis immun gegen ein Eingreifen der Regierung gewesen waren. Das England des 19. Jahrhunderts war weit davon entfernt, die Macht in seinem Staatsapparat bis zu dem Grad zu konzentrieren, wie er in allen Ländern üblich geworden war. Dennoch hegten manche die Befürchtung, es könne den Weg Frankreichs beschreiten, dessen hochgradig zentralisierte Verwaltung man als Grund dafür ansah, dass der Versuch, die Freiheit zu erlangen, gescheitert war.

Königin Viktoria, deren Krönung hier dargestellt ist, regierte von 1837 bis zu ihrem Tod im Jahr 1901. Ihre lange Regierungszeit wurde zum Symbol einer Ära des britischen Fortschritts, der Sicherheit, der Eroberung und des Wohlstands.

Das Vermeiden der Revolution

Einige Ausländer bewunderten das politische System der Briten. Die meisten fragten sich, wie das Vereinigte Königreich, trotz der entsetzlichen Bedingungen in seinen Fabrikstädten, Unruhen vermeiden konnte, die sich in anderen Ländern als fatal für eine geordnete Regierung erwiesen hatten. Großbritannien hatte freiwillig in großem Umfang Umbauten in seinen Institutionen unternommen, zu einer Zeit, als die Gefahr einer Revolution anderswo deutlich auftrat. Es hatte seine Macht und seinen Wohlstand erweitert und die Grundsätze des Liberalismus in seiner Politik sogar noch deutlich verstärkt. Seine Staatsmänner und Historiker wiederholten mit Begeisterung in einer berühmten Wendung, die Essenz des Lebens einer Nation sei die Freiheit, „die sich von Präzedenzfall zu Präzedenzfall immer weiter nach unten erweitere“. Das Land besaß zudem nicht den Vorteil nahezu unbegrenzter Gebiete, wie ihn die Vereinigten Staaten genossen – und selbst die Vereinigten Staaten hatten einen der blutigsten Kriege der Menschheitsgeschichte, den eine Revolution mit sich brachte, gekämpft. Wie also hatte Großbritannien das erreicht?

Fast alle Länder Europas hatten Revolutionen erlebt, nur England konnte durch frühzeitige, gezielte, wenn auch nicht sehr umfassende Reformen solche Erhebungen vermeiden.

Vielleicht gab es in dieser sich rapide verändernden Gesellschaft niemals eine potenziell revolutionäre Bedrohung. Viele Veränderungen, die die Französische Revolution nach Europa brachte, hatten in Großbritannien bereits seit Jahrhunderten existiert. Die grundlegenden Institutionen, so verstaubt sie gewesen sein mögen, boten große Möglichkeiten. Selbst in den Zeiten vor der Reform waren das Unterhaus und das Oberhaus nicht solche geschlossenen, körperschaftlichen Institutionen, wie man sie sonst in vielen europäischen Staaten fand. Schon vor 1832 hatten sie ihre Fähigkeit gezeigt, neuen Bedürfnissen nachzukommen, wenn auch langsam und etwas verspätet; das erste Fabrikgesetz war bereits 1801 erlassen worden. Nach 1832 war das Parlament gestärkt. Es gab keine gesetzliche Beschränkung seiner Macht. Und selbst die wichtigste Volksbewegung, das in dem so genannten „Chartismus“ zusammengeschlossene große Spektrum von Protestanten, plädierte in ihrem Maßnahmenprogramm nicht für die Aufhebung dieser Macht.

Die traditionellen Verhaltensmuster

Im Großen und Ganzen waren die großen Reformen des viktorianischen England für die Mittelklasse ebenso interessant wie für die Massen. Die englische Mittelklasse hatte schon früh Anteil an der politischen Macht, zu der es keine Entsprechung auf dem Kontinent gab. Sie konnte diese daher einsetzen, um Veränderungen zu erreichen, und war weniger versucht, eine Revolution anzustreben. Aber auch die englischen Massen erwiesen sich nicht als besonders revolutionär. Zeitgenössischen Besuchern fiel auf, dass in England die traditionellen Verhaltensmuster nur langsam verschwanden. Es blieb lange Zeit ein Land mit einer starken Beachtung der hierarchischen Gesellschaftsstrukturen, die für Ausländer, insbesondere für Amerikaner, sehr auffällig war. Darüber hinaus gab es Organisationen der Arbeiterklasse, die Alternativen zur Revolution boten. Häufig waren sie „viktorianisch" in ihrer Betonung von Selbsthilfe, Vorsicht, Vernunft und Klarheit. Die meisten Bestandteile der großen englischen Labour-Bewegung existierten schon früh, nur die politische Partei, die diesen Namen trägt, kam erst in den 1840er Jahren auf. Kooperative Zusammenschlüsse und vor allem die Gewerkschaften boten wirksame Kanäle, sich für soziale Verbesserungen und die Interessen der Arbeiter zu engagieren.

Eine gezähmte Monarchie

Die wichtigsten Symbole für die große Kontinuität Großbritanniens bildeten das Parlament und die Krone. Als der Westminsterpalast abgebrannt und ein neuer gebaut wurde, entschied man sich für einen mittelalterlich aussehenden Entwurf, um das hohe Alter der Mutter aller Parlamente zu betonen. Gewohnheitsrecht und Tradition standen weiterhin im Vordergrund und die Monarchie blieb bestehen. Schon als Viktoria den Thron bestieg, konnte unter den politischen Institutionen Europas nur das Papsttum auf eine längere Geschichte zurückschauen als die englische Monarchie. Allerdings war sie durch den Nachfolger Georgs III., den schlechtesten aller englischen Könige, sehr im öffentlichen Ansehen gesunken. Erst Viktoria und ihr Gemahl machten sie wieder über jeden Zweifel erhaben. Die Königin war es auch, die der Monarchie einen häuslich-familiären Charakter verlieh; zum ersten Mal seit den Tagen des jungen Georg III. verwies der Ausdruck „die königliche Familie" auf eine sichtbare Realität. Nicht nur in dieser Hinsicht stand der Königin auch ihr deutscher Ehemann, Prinz Albert, zur Seite, der jedoch von der undankbaren englischen Öffentlichkeit wenig Anerkennung erfuhr.

Das Scheitern in Irland

In Irland schien die britische Fähigkeit, Veränderung ohne größere Konflikte herbeizuführen, zu versagen. Hier drohte in der Tat revolutionäre Gefahr, und England musste bereits 1798 eine Rebellion niederschlagen. Die Ruhe der 50er und 60er Jahre des 19. Jahrhunderts lag in einer Katastrophe begründet, die Irland Mitte der 40er Jahre überrollt hatte. Missernten, Hungersnot und Krankheit reduzierten die Bevölkerung gemäß der Prognosen Malthus'. Für den Moment war die Forderung nach einer Aufhebung der Unionsakte, die Irland 1800 mit Großbritannien verbunden hatte, verstummt. Die Abneigung der vorwiegend katholischen Bevölkerung gegen eine

Während der Unruhen, die auf die Suspendierung der Habeas-Corpus-Akte im Jahr 1882 folgten, fanden antibritische Demonstrationen im Dubliner Phoenix Park statt. Angesichts der Inhaftierung antibritischer Aktivisten in Irland wurden in Dublin zwei britische Minister ermordet.

fremde und etablierte protestantische Kirche war in der Schwebe, und es gab keine ernsthaften Bedrohungen durch die ländliche Bevölkerung, die keine Loyalität gegenüber den abwesenden englischen Landadeligen empfand. Dennoch blieben die Probleme bestehen und die liberale Regierung, die 1868 ins Amt kam, wandte sich vor allem anderen diesen zu. Alles, was dabei herauskam, war eine neue irische nationalistische Bewegung, die ihr Programm „Home Rule“ (Herrschaft im eigenen Land) verfocht. Ihre Forderung ließ den britischen Liberalismus schließlich mit seinen Lösungsvorschlägen scheitern und verfolgte die britische Politik für den Rest des Jahrhunderts. Das Anliegen der Selbstbestimmung verlieh Irland nach über 1000 Jahren wieder eine Machtposition. Durch die große irische Auswanderungswelle in die Vereinigten Staaten etwa um die gleiche Zeit machte sich noch ein weiterer, wenn auch kaum direkt spürbarer Einfluss bemerkbar.

Vertriebene Bewohner in County Kerry in Irland müssen zusehen, wie ihre Häuser niedergebrannt werden. Während des irischen Landkrieges von 1879–1881 kämpften Pachtbauern gegen die steigenden Mieten und die Vertreibungen, die auf eine landwirtschaftliche Depression folgten, und brachten schließlich den britischen Premierminister William Gladstone dazu, im irischen Landgesetz (Irish Land Act) von 1881 ihren Forderungen nachzukommen.

II. DIE EUROPÄISCHEN REICHE

Geschichtlicher Erfolg verleitet manchmal zu verengten Betrachtungsweisen und vorschnellen Urteilen. Als die Europäer zu Beginn des 20. Jahrhunderts die Welt weitgehend beherrschten, übersahen sie dabei, dass ihre Vormachtstellung erst seit kurzer Zeit bestand und entsprechend jung war. Sie konnten sich kaum vorstellen, dass ihre Herrschaftsinteressen, die Europa als Minderheit über die gewaltige Mehrheit der Weltbevölkerung ausübte, anfechtbar waren. Nur wenige Europäer waren sich bewusst, dass die Verbreitung ihrer Vorstellungen, Institutionen und Technologien zugleich die eigene Vorrangstellung schwächte, selbst wenn dies nur die politische Dimension betraf. Wie kurzlebig und flüchtig die europäische Hegemonie deshalb letztlich war (historisch gesehen übertraf sie zwar in ihrer Ausdehnung das Römische Reich, hielt aber nicht so lange), blieb lange dadurch verdeckt, dass sie so umfassend und mannigfach ihren Einfluss geltend machte und funktionierte. Europas führende Stellung in der Welt bedeutete stets mehr als nur eine politische oder militärische Dominanz, so wichtig und sichtbar diese auch waren. In der Vielschichtigkeit lag vielmehr die eigentliche Stärke. Entsprechend müssen daher auch die Gründe für die Auflösung der europäischen Hegemonie in zahlreichen unterschiedlichen Ereignissen gesucht werden und nicht nur in einem einfachen Machtwechsel. Eine Kultur, die oft zersplittert war und sich selbst in Frage zu stellen schien, Europas verheerende Kriege auf dem eigenen Kontinent oder die Verschiebung der wirtschaftlichen Macht auf neue Zentren, all dies spielte eine entscheidende Rolle – und war für scharfsinnige Beobachter ansatzweise schon zu erkennen, lange bevor das 20. Jahrhundert begann.

Ende des 19. Jahrhunderts war das Britische Empire das größte europäische Kolonialreich der Welt, und Indien galt als sein „Kronjuwel". Lord Curzon (1859–1925), hier 1903 mit seiner Frau als Anführer eines königlichen Durbar (formelle Versammlung), war von 1898 bis 1905 Vizekönig von Indien. Wie viele europäische Kolonialisten seiner Generation war auch Curzon überzeugt davon, zu wissen, was das beste für Indien war und zeigte der Indischen Kongresspartei und dem wachsenden indischen Nationalbewusstsein gegenüber nur tiefe Verachtung. Um 1918 wurden die europäischen Kolonialreiche rund um den Erdball jedoch von immer lauter werdenden Forderungen nach Unabhängigkeit bedroht.

1 DIE EUROPÄISCHE VORHERRSCHAFT IN DER WELT

Französische Beamte und einheimische algerische Anführer vor einer Polizeistation in Boghari im französisch beherrschten Algerien. Zum Zeitpunkt der Aufnahme dieser Fotografie (ca. 1900) hatte der europäische Einfluss in der Welt seinen Höhepunkt erreicht, und ausgedehnte Gebiete in Asien, Afrika und Ozeanien befanden sich unter direkter europäischer Kontrolle.

Um 1900 beherrschten die Völker Europas bzw. diejenigen in Übersee, die europäischer Herkunft waren, die Welt. Dies geschah entweder deutlich sichtbar oder auch verborgen, wobei die Abstufungen weniger bedeutsam sind als die Tatsache der Führung an sich. Die Völker auf dem Erdball übernahmen nicht nur europäische Initiativen, sondern passten sich zunehmend auch den europäischen Vorgaben an. Die Einzigartigkeit dieser weltgeschichtlichen Entwicklung wird dabei leicht übersehen. Denn zum ersten Mal etablierte sich eine Kultur als weltweit führend. Es ist daher nur konsequent, wenn im Folgenden immer mehr eine einzige globale Geschichte in den Vordergrund der Darstellung rückt.

Es ist zunächst wichtig, nicht nur die direkte und offiziell geltende Herrschaft Europas in Augenschein zu nehmen (der Begriff „westliche Welt“ stellt eine unnötige Differenzierung dar, da der amerikanische Kontinent und seine Antipoden von europäischer und nicht von einer asiatischen oder afrikanischen Kultur geprägt wurden. Außerdem könnte diese Formulierung, die neuerdings in einem engen politischen Sinne gebraucht wird, zu Überinterpretationen Anlass geben). Betrachtet werden muss auch die ökonomische und kulturelle Hegemonie, die sich sowohl in bloßer Einflussnahme als auch in offensichtlicher Kontrolle zeigte. Die entscheidende Trennlinie bei der Darstellung verläuft aber zwischen den europäischen Vorstellungen mit ihrem aggressiven, gestaltenden und manipulierenden Potenzial einerseits und den einheimischen Kulturen und Völkern andererseits. Letztere waren nur selten fähig, dauerhaft zu widerstehen, in der Regel unterlagen sie und passten

Zeittafel (1818–1888)

1834 Die Sklaverei wird in den britischen Kolonien abgeschafft		1842 China öffnet sich dem Westen		1868 In Japan beginnt die Meiji-Revolution		1884–1885 Berliner Konferenz über Afrika	
1800		1850				1900	
	1818 Indien kommt unter britische Herrschaft		1839 Die Franzosen schließen die Eroberung Algeriens ab		1869 Der Suezkanal wird eröffnet		1888 In Brasilien wird die Sklaverei abgeschafft

Das Britische Empire (und seine Protektorate) 1815–1914

Im Verlauf des 19. Jahrhunderts bauten die Briten die bis dahin vor allem in Kanada und Indien erworbenen Territorien zum bedeutendsten europäischen Kolonialreich aus. Auf dem Höhepunkt des imperialistischen Zeitalters wurde oft (wie früher im Bezug auf das Reich Karls V.) die Redewendung gebraucht, dass die Sonne im Britischen Empire niemals untergehe, da seine Ausdehnung so groß sei.

sich den Anschauungen der Europäer an. Dies brachte jedoch nicht nur Nachteile für sie mit sich. Mitunter taten sie dies bereitwillig, wenn sie von den fortschrittlichen europäischen Ideen überzeugt waren, oder, viel subtiler, wenn sie eine Erwartungshaltung einnahmen, die durch die Bildung oder durch das Vorbild Europas geprägt wurde.

SPHÄREN DES EUROPÄISCHEN EINFLUSSES

Die Welt der Europäer um 1900 läßt sich am besten mit dem Bild konzentrischer Kreise beschreiben. Im innersten Ring lag Europa selbst, das die eigenen und dann die Weltressourcen immer besser zu nutzen verstand und dadurch seinen Wohlstand und seine Bevölkerung über drei Jahrhunderte hinweg mehrte. Wesentlich umfangreicher als andere Menschen beanspruchten und verbrauchten die Europäer zunehmend mehr Güter. Bereits im 19. Jahrhundert erreichten die Europäer einen beträchtlichen Vermögensvorsprung, den sie im weiteren Verlauf noch steigerten. Die Industrialisierung fungierte bei der Erschließung neuer Ressourcen praktisch als Selbststeuerungssystem. Darüber hinaus ermöglichte die finanzielle Stärke den Europäern, sich den Reichtum anderer Teile der Welt zugänglich zu machen. Profite, die der Gummi aus dem Kongo, Teakholz aus Burma oder Öl aus Persien einbrachten, wurden üblicherweise für lange Zeit nicht in den Herkunftsländern wieder angelegt. Arme Europäer und Amerikaner kamen so ebenfalls in den Genuss niedriger Rohstoffpreise. Die sinkenden Sterblichkeitsraten sprechen insgesamt für die Fähigkeit Europas, als industrielle Gesellschaft seiner Bevölkerung einen hohen Lebensstandard zu ermöglichen. Selbst der europäische Bauer konnte billige vorgefertigte

Kleidung und Werkzeuge kaufen, während seine Zeitgenossen in Afrika und Indien noch wie in der Steinzeit lebten.

An diesem Wohlstand hatten auch die nach Übersee verpflanzten europäischen Kulturen im zweiten konzentrischen Kreis teil. An erster Stelle standen hier die Vereinigten Staaten, dann folgten Kanada, Australien, Neuseeland, Südafrika und die Länder Südamerikas. Sie hatten nicht alle dasselbe Verhältnis zur Alten Welt, aber gemeinsam mit Europa bildeten sie „die westliche Welt" – ein vager Begriff, sind doch diese Länder über den ganzen Erdball verstreut. Dennoch zeigt dieser Ausdruck deutlich, dass die Staaten auf der Grundlage ähnlicher Vorstellungen und Institutionen errichtet wurden. Sie bekannten sich z. B. offiziell zum Christentum – bis ins 20. Jahrhundert besiedelte niemand im Namen des Atheismus neue Länder –, regelten ihre Angelegenheiten nach europäischen Rechtssystemen und hatten Zugang zu den großen Kulturen Europas, mit denen sie durch gemeinsame Sprachen verbunden waren.

Die Durchsetzung europäischer Werte

Um 1900 wurde die europäisierte Welt als „zivilisiert" bezeichnet, da sie auf gemeinsamen kulturellen Grundlagen aufbaute. Diejenigen, die den Ausdruck voller Überzeugung gebrauchten, übersahen aber, dass es auf der Welt noch viel mehr gab, das die Bezeichnung „Zivilisation" und „Kultur" verdiente. Sie glaubten, jenseits ihrer eigenen Welt nur Ungläubige und Zurückgebliebene anzutreffen. Diese Haltung war grundlegend für die europäische Erfolgsgeschichte. Die als selbstverständlich angenommene Überlegenheit der europäischen Vorstellungen und Werte spornte dazu an, die Welt immer aufs Neue zu erobern und bestätigte, gleichsam auf der Kehrseite der Medaille, wiederum die vorgefassten Meinungen und Fehlurteile.

Der Fortschritt des 18. Jahrhunderts bot neue Argumente für den Vorrang und verstärkte jene Überzeugungen, die ursprünglich der Religion entstammten. Um 1800 hatten die Europäer fast all ihren Respekt, den sie

Das Königreich Tonga im Pazifischen Ozean war von 1900 bis 1970 britisches Protektorat. Dieses Foto, entstanden um 1900, zeigt einen britischen Missionar vor einer katholischen Missionsstation neben einer Gruppe einheimischer Mädchen, die nach europäischer Art gekleidet sind.

Die Mehrzahl der lateinamerikanischen Staaten hatte bis 1830 den Sklavenhandel verboten, obwohl die Sklaverei selbst noch einige Jahrzehnte fortgesetzt wurde. Dieses Gemälde aus dem 19. Jahrhundert erinnert an die Abschaffung der Sklaverei in Argentinien durch Juan Manuel de Rosas, Diktator 1835 – 1852.

früher durchaus besaßen, gegenüber anderen Kulturen verloren. Ihre eigene gesellschaftliche Praxis schien der anderswo vorgefundenen unbegreiflichen Barbarei offenkundig überlegen zu sein. Das Eintreten für die Rechte des Einzelnen, die Pressefreiheit, das allgemeine Wahlrecht, der Schutz von Frauen und Kindern (und sogar Tieren) vor Ausbeutung waren Ideale, die bis in unsere Tage noch von Europäern und Amerikanern auch in anderen Ländern verfolgt werden, oft ohne Bewusstsein dafür, dass sie dort vielleicht unangemessen sein könnten. Selbst fortschrittliche Denker glaubten lange Zeit daran, die Werte der eigenen Kultur weltweit verbreiten zu müssen. Auch die Wissenschaft unterstützte diese Ansichten, indem sie z. B. Aberglauben offenlegte und zerstörte, sich für die Verbreitung rationaler Ressourcenverwertung einsetzte oder die allgemeine Bildung sowie die Unterdrückung rückständiger gesellschaftlicher Sitten forderte. Während des Kolonialzeitalters galt die nahezu generelle Annahme, dass die Werte der europäischen Kultur besser seien als die der einheimischen Völker. Die problematischen Folgen dieses Überlegenheitsanspruches wurden allerdings völlig übersehen.

Die unterworfenen Völker

Allgemein war man zu dieser Zeit der Meinung, dass es ein Glück für die „unterentwickelten" Länder sei, von Europäern oder Menschen europäischer Abstammung regiert zu werden. Diese unterworfenen Völker bildeten den dritten konzentrischen Kreis der europäischen Kultur und Zivilisation.

In vielen Kolonien bemühten sich aufgeklärte Verwalter, die Vorteile von Eisenbahn, westlicher Bildung, Krankenhäusern sowie Recht und Ordnung jenen Menschen nahe zu bringen, deren eigene Institutionen versagt hatten (als Beweis ihres Scheiterns wurde angeführt, dass sie es nicht vermocht hatten, der Herausforderung durch eine überlegene Kultur zu begegnen und dem Wettbewerb mit ihr standzuhalten). Selbst wenn einheimische Einrichtungen geschützt und erhalten wurden, geschah dies in der Annahme der tatsächlichen kulturellen Überlegenheit der Kolonialmacht.

Im Glauben an die Überlegenheit der eigenen Kultur zwangen die Europäer die Kolonien zur Annahme der europäischen Errungenschaften.

Abschaffung der Sklaverei

Ein solches Bewusstsein wird heute weder bewundert noch für zulässig erachtet. In einer Hinsicht brachte es jedoch ein Ergebnis hervor, das selbst von den schärfsten Kritikern des Kolonialismus gewürdigt wird, auch wenn sie die Motive dahinter anzweifeln. Die Abschaffung der Sklaverei in der europäischen Welt und die Anwendung von Gewalt und Diplomatie zu ihrer Bekämpfung, selbst in jenen Ländern, die nicht von Europäern beherrscht wurden, wird allgemein positiv vermerkt. Die entscheidenden Schritte erfolgten 1807 und 1834, als das britische Parlament zunächst den Sklavenhandel abschaffte und dann die Sklaverei innerhalb des Britischen Empire selbst. Dieser Schritt der führenden See-, Kolonial- und Handelsmacht war ausschlaggebend: Andere europäische Mächte erließen daraufhin ähnliche Maßnahmen. In den USA endete die Sklaverei 1865. Die Sklavenbefreiung in Brasilien erfolgte 1888 und stellte damit den Abschluss dieser Entwicklung dar.

Außerdem versuchten die Kolonialregierungen und die damals die Weltmeere beherrschende britische Flotte die Geschäfte arabischer Sklavenhändler auf dem afrikanischen Kontinent und im Indischen Ozean zu unterbinden. Zahlreiche intellektuelle, religiöse, ökonomische und politische Anstrengungen der Europäer trugen schließlich dazu bei, die Sklaverei, wenngleich erst nach 300 Jahren ausgedehnter Praxis, auszurotten. Als sie im 20. Jahrhundert für kurze Zeit nach Europa zurückkehrte, konnte sie nur durch Gewalt und unter anderer Bezeichnung aufrechterhalten werden: Zwangsarbeitslager wurden von Menschen geführt, die mit Hilfe moralischer Heuchelei – indem sie ihre „Sklaven" als Subjekte der Umerziehung oder der Bestrafung darstellten – ihr Tun rechtfertigten.

JENSEITS DES EUROPÄISCHEN EINFLUSSBEREICHES

Jenseits dieses äußersten Kreises der direkt beherrschten Territorien lag der „Rest der Welt". Europa prägte auch diese Völker. Manchmal brachte der bloße Kontakt deren Werte und Institutionen ins Wanken – wie im

Die Abbildung zeigt den Meiji-Kaiser Mitsuhito und seine Frau bei der Eröffnung der Industriemesse in Tokio im Jahr 1904. Unter Mitsuhitos Regentschaft (1868–1912) wurde Japans Wirtschaft durch die Übernahme westlicher Ideen und Technologien reformiert.

Fall des Chinesischen und des Osmanischen Reiches – und führte zu einem indirekten europäischen Einfluss, der die traditionelle Autorität schwächte. Manchmal wurden diese Länder durch solche Kontakte angeregt und nutzten sie auch: Japan handelte dabei als einzige größere Nation mit Erfolg. Insgesamt gesehen führte kein Weg an Europa vorbei. Dafür sorgte schon das umtriebige Wirken der europäischen Händler.

Tatsächlich belegen jene Gebiete, die nicht der direkten Herrschaft der Europäer unterworfen waren, ihre Vorherrschaft am eindrucksvollsten. Besitzstreben, Gier und Neid begleiteten die Verbreitung des europäischen Lebensstils, und nur die äußerste geographische Abgelegenheit bot Schutz (die Briten besetzten 1904 sogar Tibet). Äthiopien blieb als einziges Land mit Erfolg unabhängig. Es überstand im 19. Jahrhundert die britische und die italienische Besatzung, da es – ein wichtiger moralischer Vorteil – für sich beanspruchen konnte, zwar kein westliches, aber zumindest (abgesehen von einigen Unterbrechungen) seit etwa 14 Jahrhunderten ein christliches Land zu sein.

Die missionarische Tätigkeit

Mit die wichtigste treibende Kraft bei der Verbreitung der europäischen Kultur und Zivilisation in der übrigen Welt war stets das Christentum, weil es sich nahezu unbegrenzt für alle menschlichen Belange interessierte. Die räumliche Ausdehnung der etablierten Kirchen und der Zuwachs ihrer offiziellen Mitglieder machten das 19. Jahrhundert zur bedeutendsten Phase christlicher Expansion seit der Zeit der Apostel. Zum großen Teil ging dies auf eine neue Welle missionarischer Tätigkeit zurück: Katholiken gründeten neue Orden und in protestantischen Ländern kamen neue Vereine auf, die sich die Unterstützung der überseeischen Mission zur Aufgabe machten. Paradoxerweise verstärkte sich gleichzeitig die europäische Auslegung des Glaubenssystems, das ursprünglich „für alle Arten und Zustände des Menschen" stehen sollte. Deshalb wurde das Christentum lange Zeit eher als ein Aspekt der europäischen Kultur betrachtet denn als geistliche Botschaft. Ein bezeichnendes, wenn auch triviales Beispiel ist die Sorge der Missionare um die Kleidung. Hatten die Jesuiten im China des 17. Jahrhunderts noch stillschweigend die Tracht ihrer Gastgeber übernommen, verwandten ihre Nachfolger im 19. Jahrhundert großen Eifer darauf, die Bantu oder die Bewohner der Salomoninseln in europäische Gewänder zu stecken, was oft grotesk wirkte. So verbreiteten die christlichen Missionare mehr als nur ihre religiöse Botschaft. Häufig brachten sie außerdem wichtige Güter oder technische Hilfsmittel – das reichte von Nahrungsmitteln in Hungerperioden über landwirtschaftliche Methoden bis zu Krankenhäusern und Schulen –, die sich mitunter aber auch nachteilig auswirkten.

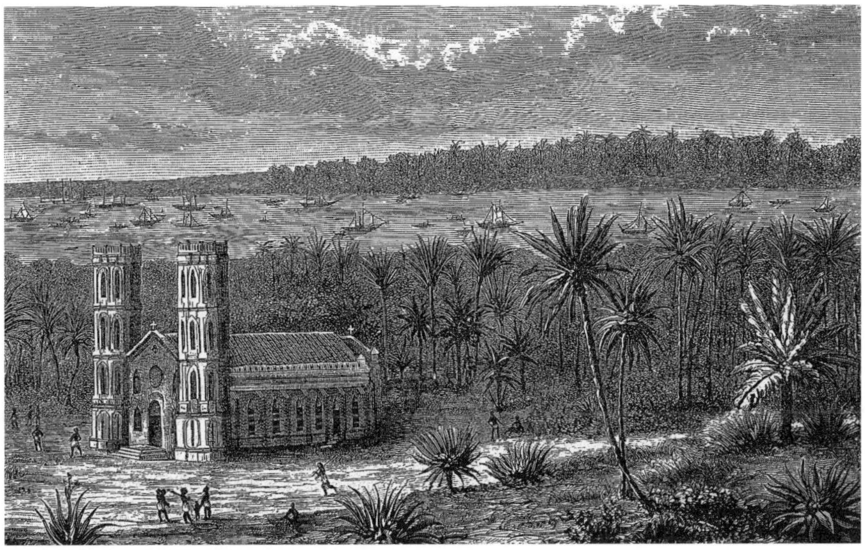

Dieser Stich von 1882 zeigt den Hafen des afrikanischen Lagos. Obwohl der Hafen von zahlreichen europäischen Schiffen angelaufen wurde, scheint seine Umgebung auch im späten 19. Jahrhundert von westlichen Einflüssen noch unberührt. Lagos ist heute die Hauptstadt von Nigeria und eine der größten Städte in Afrika.

Die militärische Überlegenheit

Die Europäer, Missionare und Nicht-Missionare, konnten ihre ideologische Zuversicht

Die Kolonialarmeen wurden hauptsächlich aus einheimischen Soldaten gebildet, die von europäischen Offizieren befehligt wurden, wie man diesem Stich entnehmen kann, der einen französischen Grenzposten in Afrika im Jahr 1891 zeigt.

letztlich auf das Bewusstsein stützen, dass sie auch in nicht-kolonialisierten Ländern ihren Einfluss geltend machen konnten. Überall auf der Welt, so schien es, konnten sich die Europäer mit Hilfe ihrer militärischen Macht durchsetzen. Die Entwicklung der Waffentechnik während des 19. Jahrhunderts verschaffte den Europäern einen weiteren Vorteil. Dieser war sogar noch größer als der, der durch die Erfindung der ersten „Breitseite" erzielt worden war, einer Gefechtsmethode, bei der alle Geschütze auf einer Schiffsseite auf einmal gezündet wurden.

Im 19. Jahrhundert erreichten koloniale Ausdehnung und militärische Macht Europas ihren Höhepunkt.

Selbst wenn andere Völker über vergleichbar fortgeschrittene Techniken verfügten, konnten sie diese nur selten wirksam anwenden. In der Schlacht von Omdurman im Sudan feuerte 1898 ein britisches Regiment über eine Entfernung von mehr als 1800 Metern auf seine Gegner, und zwar mit dem damals üblichen Gewehr der britischen Armee. Kurz darauf wurden die Truppen der Mahdi-Armee, die die feindliche Linie noch nicht einmal erreicht hatten, von Schrapnellgeschossen und Maschinengewehren in Stücke gerissen. Am Ende der Schlacht standen einem Verlust von 48 britischen und ägyptischen Soldaten 10 000 Tote auf der anderen Seite gegenüber. Keineswegs war das ausschließlich auf den Waffenvorsprung der europäischen Seite zurückzuführen, denn auch der Kalif von Omdurman besaß in seinem Arsenal Maschinengewehre. Er verfügte ebenso über Telegraphenapparate, um mit seinen Streitkräften zu kommunizieren, und über elektrische Minen, um die britischen Kanonenboote auf dem Nil in die Luft zu sprengen. Aber keines dieser Mittel wurde richtig eingesetzt. Es bedurfte nicht nur einer technischen, sondern auch einer neuen geistigen Einstellung, bevor die außereuropäischen Kulturen die technischen Mittel der Europäer gegen diese selbst wenden konnten.

Mit der „Pax Britannica" baute die europäische Kultur auf weitaus nützlichere und weniger zweifelhafte Weise ihre Macht aus. Während des gesamten 19. Jahrhunderts bewahrte diese Regelung die europäischen Nationen vor einer kriegerischen Auseinandersetzung um die Vorherrschaft im nichteuropäischen Teil der Welt. Obwohl sich gerade in dieser Zeit die größte Ausdehnung direkter Kolonialherrschaft in der Neuzeit vollzog, kam es nicht zu einer Neuauflage der Kolonialkriege des 17. und 18. Jahrhunderts. Händler aller Nationen konnten somit nahezu ungehindert und ohne Genehmigung die Weltmeere befahren.

WELTWEITE WIRTSCHAFT

Die britische Seeherrschaft sicherte vor allem die internationalen Handelsbeziehungen, die um 1900 ihr Zentrum in Europa hatten. Der spärliche Warenhandel, der bisher

Entscheidend für die rasche Expansion der europäischen Reiche war ihre militärische Überlegenheit. Dieser Stich zeigt englisch-ägyptische Truppen beim Einmarsch in die sudanesische Stadt Omudurman.

in den Händen einiger Kaufleute und unternehmerisch tätiger Kapitäne gelegen hatte, war seit dem 17. Jahrhundert nach und nach durch ein komplexes System gegenseitiger Abhängigkeiten ersetzt worden, die auf einer umfassenden Rollenverteilung zwischen industrialisierten und nicht-industrialisierten Ländern beruhten. Letzteren kam dabei eher die Rolle des Produzenten von Rohmaterialien zu, der dem Bedarf einer zunehmend urbanisierten Bevölkerung in den industrialisierten Ländern gerecht werden musste.

Doch diese grobe Unterscheidung muss differenziert werden: So waren die Vereinigten Staaten zum Beispiel 1914 gleichzeitig ein bedeutender Rohstofflieferant und die weltweit führende Industrienation, deren Produktionsvolumen größer war als das Großbritanniens, Frankreichs und Deutschlands zusammen. Ebenso verlief die Grenze nicht exakt zwischen den Nationen europäischer und denen nicht-europäischer Kultur. Sowohl Russland als auch Japan erreichten 1914 ein höheres Tempo der Industrialisierung als China oder Indien; doch kann Russland, obgleich es ein europäisches, christliches und imperialistisches Land war, nicht als entwickelte Nation betrachtet werden, und die meisten Japaner waren (ebenso wie die Russen) immer noch Bauern. Auch auf dem Balkan, also mitten in Europa, gab es keine entwickelte Industrie.

Man kann also lediglich festhalten, dass 1914 ein Kern fortgeschrittener Länder bestand, deren soziale und ökonomische Strukturen sich erheblich von denen traditioneller Gesellschaften unterschieden. Diese Staaten bildeten das Herzstück einer atlantischen Gruppe von Nationen, die zunehmend weltweit zum Hauptproduzenten und -verbraucher wurde.

Die Vorreiterrolle Großbritanniens

Ein Mittelpunkt der Weltwirtschaft lag in London, wo die Finanzdienstleistungen, die die Welthandelsströme ermöglichten, konzentriert waren. Ein enormer Teil der weltweit getätigten Geschäfte wurde auf der Grundlage von Sterling-Wechselnoten abgewickelt; diese wiederum waren gebunden an den internationalen Goldstandard, der die beruhigende Sicherheit bot, dass die Hauptwährungen in relativ stabilem Wechselkurs zueinander stan-

Um die Europäer zu bekämpfen, musste man sich ihrer Waffen bedienen. Dieser Stich von 1884 zeigt sudanesische Soldaten der Mahdi-Armee mit europäischen Gewehren. Ohne die Taktik und Disziplin der westlichen Armeen brachten solche Waffen jedoch nur kurzfristig Erfolg.

Das Gebäude der Königlichen Börse, hier eine Abbildung aus dem späten 19. Jahrhundert, war das Herz der Londoner Börse.

den. Alle wichtigen Länder besaßen Goldwährungen, und Reisen in alle Welt waren möglich mit einem Säckchen goldener Sovereigns, Fünf-Dollar-Münzen, Goldfranken oder einer der anderen wichtigen Währungen.

Auch in anderer Beziehung stellte London das Zentrum der Weltwirtschaft dar: Der Löwenanteil des weltweiten Schiffs- und Frachthandels lag in britischer Hand. Es war die wichtigste Import- und Exportnation und die einzige, die mehr Erzeugnisse in nichteuropäische Länder exportierte als in europäische. Großbritannien war außerdem der größte Kapitalexporteur und bezog riesige Einkünfte aus seinen überseeischen Investitionen, besonders in den Vereinigten Staaten und Südafrika. Diese Rolle lässt sich durch ein Dreiecksmodell des internationalen Handels beschreiben. Die Briten kauften verarbeitete und andere Güter in Europa und bezahlten dafür mit ihren eigenen Erzeugnissen, Bargeld und Produkten aus Übersee. In die übrige Welt exportierten sie Fertigwaren, Kapital und Dienstleistungen und nahmen im Gegenzug Nahrungsmittel, Rohstoffe und Bargeld. Dieses komplexe System illustriert, wie wenig die Beziehung zwischen Europa und dem Rest der Welt im einfachen Austausch von Fertigwaren gegen Rohstoffe bestand. Und es gab natürlich stets den einzigartigen Fall der Vereinigten Staaten, die zwar kaum exportierten, aber Schritt für Schritt ihren Anteil an Fertigwaren auf dem eigenen Markt vergrößerten und dabei doch Kapitalimporteur blieben.

Freihandel

Den Wohlstand, den diese Wirtschaftssystem Europa ermöglichte, hielten die meisten britischen Ökonomen 1914 für den Beweis, dass die Freihandelslehre richtig sei. Der Lebensstandard ihres eigenen Landes hatte in der Blütezeit dieser Idee rapide zugenommen. Adam Smith hatte wachsende Prosperität vorhergesagt, falls das geschlossene Kolonialsystem, das dem Mutterland den Handel vorbehielt, aufgegeben würde. Im Falle Amerikas hatte sich dies als zutreffend erwiesen, denn der anglo-amerikanische Handel war binnen weniger Jahre nach dem Frieden von 1783 erheblich ausgeweitet worden. Schon um 1800, als die längste Wachstumsperiode des Handels in Indien und Ostasien noch bevorstand, ging die Mehrzahl der britischen Exporte in Gebiete außerhalb Europas. Die britische Kolonialpolitik war nicht auf den potentiell risikoreichen Zugewinn neuer Kolonien gerichtet, sondern auf die Erschließung bisher dem Handel unzugänglicher Regionen, wo Gewinnzuwachs vermutet wurde. Ein herausragendes Beispiel bildete der Opiumkrieg zwischen 1839 und 1842. Das Ergebnis war die Öffnung von fünf chinesischen Häfen für die europäische Wirtschaft sowie die faktische Abtretung Hongkongs an Großbritannien.

Bis zur Mitte des 19. Jahrhunderts erlebten die Ideen des Freihandels eine mehrere Jahrzehnte anhaltende Blütezeit, denn mehr Re-

Dieses Foto wurde um 1900 in einer chinesischen Opiumhöhle aufgenommen. Obwohl der Opiumhandel seit 1800 verboten war, gab es Schätzungen, dass 1830 dennoch zehn Millionen Chinesen abhängig waren. Das brachte den britischen Kaufleuten, die die Droge aus Indien, wo sie eigens angebaut wurde, nach China importierten, enorme Profite.

gierungen als jemals vorher oder nachher waren bereit, sie zur Grundlage ihres Handelns zu machen. In dieser Phase wurden Zollgrenzen niedergerissen und damit der Wettbewerbsvorteil der Briten, die die erste der Handels- und Erzeugernationen bildeten, vergrößert. Aber diese Ära ging in den 70er und 80er Jahren des 19. Jahrhunderts zu Ende. Der Beginn einer weltweiten Rezession und fallende Preise brachten es mit sich, dass Großbritannien um 1900 wieder die einzige wichtige Nation ohne Schutzzölle war; und selbst in diesem Land wurden die alten Grundsätze des Freihandels vernehmlich in Frage gestellt, als die Konkurrenz aus Deutschland stärker und bedrohlicher wurde.

Die Ökonomische Integration

Die Wirtschaftswelt von 1914 war, verglichen mit der heutigen, von erstaunlicher Freiheit und Zuversicht geprägt. Ein langer europäischer Frieden bereitete den Boden, auf dem die Handelsbeziehungen gedeihen konnten.

Dieses Gemälde mit dem Titel *Das Tal des Ölbachs* 1871 zeigt Gerüste zur Rohölförderung in Pennsylvania in den USA. In Pennsylvania sprudelte die erste Ölquelle im Jahr 1857, und es war weltweit die erste Region, in der die Ölförderung in großem Maßstab betrieben wurde.

Stabile Währungen verschafften dem weltweiten Preissystem erhebliche Flexibilität. Nirgendwo auf der Welt gab es Handelskontrollen, und Russland sowie China waren genau so vollständig in diesen Markt integriert wie andere Länder. Die Fracht- und Versicherungstarife sanken stetig, die Nahrungsmittelpreise fielen über lange Zeit kontinuierlich, die Löhne dagegen stiegen, Zinssätze und Steuern blieben auf niedrigem Niveau. Es schien, als stehe der Eintritt in ein kapitalistisches Paradies bevor.

Während dieses System sich Asien und Afrika einverleibte, diente es gleichzeitig der Verbreitung von ursprünglich europäischen und bald in anderen Ländern adaptierten Vorstellungen und Technologien. Aktiengesellschaften, Banken, Waren- und Finanzbörsen, die sich durch Zwang oder Nachahmung verbreiteten, fingen an, traditionelle Handelsstrukturen zu verdrängen. Der Bau von Häfen und Eisenbahnen, der Infrastruktur des Welthandels, begann in Verbindung mit einsetzender industrieller Beschäftigung mancherorts Bauern in ein Industrieproletariat zu verwandeln. Manchmal waren die Auswirkungen auf die lokale Wirtschaft nachteilig; in Indien zum Beispiel brach der Indigoanbau mehr oder weniger zusammen, sobald in Deutschland und Großbritannien synthetische Färbemittel verfügbar wurden. Die zunächst durch Entdecker, Missionare und Soldaten nur angetastete Isolation wurde durch die Einführung des Telegrafen und die Inbetriebnahme der Eisenbahn ganz zerstört, ein Prozess, der sich im 20. Jahrhundert durch die Entwicklung des Automobils fortsetzte. Der 1869 in Suez eröffnete Kanal prägte nicht nur den Handel und die Strategie Großbritanniens, sondern verlieh dem Mittelmeer eine neue Bedeutung.

Von der Mitte des 19. Jahrhunderts an bauten die Briten in Indien ein ausgedehntes Schienennetz. Dieses Foto aus dem frühen 20. Jahrhundert zeigt die Einfahrt des Tunnels von Barogh auf der Strecke von Kalka nach Simla, nördlich von Delhi. Die 1903 fertiggestellte Schmalspurbahn verband die Stadt Kalka mit der Berggarnison in Simla, wo sich die britische Regierung von Indien zwischen 1865 und 1939 jeden Sommer aufhielt.

Der Suezkanal

Der ägyptische König Necho II. unternahm im 7. Jahrhundert v. Chr. als erster Herrscher den vergeblichen Versuch, das Rote Meer mit dem Mittelmeer zu verbinden. Im Jahr 522 v. Chr. wurde der Kanal durch den persischen König Darius I. erneuert und vollendet und damit die entscheidende Seeverbindung zwischen Ägypten und Persien geschaffen. Trotz Verbesserungen in der römischen Zeit versandete der Kanal nach und nach, bis er unpassierbar war und aufgegeben wurde.

Der französische Diplomat Ferdinand de Lesseps erhielt 1854 durch den Vizekönig des Osmanischen Reiches, Mohammed Said Pascha, die Erlaubnis, die Arbeit an einem Kanal aufzunehmen, der eine direkte Verbindung zwischen Suez und dem Mittelmeer bilden sollte. Die Arbeiten mit Unterstützung französischer Kapitalgeber begannen 1859, trotz Versuchen der britischen Regierung, eine Fortführung des Projekts zu verhindern. Nachdem anfänglich Strafgefangene für die Grabungsarbeiten herangezogen worden waren, ersetzte man diese bald durch mechanische Bagger. Insgesamt wurden etwa drei Millionen Kubikmeter Sand ausgehoben.

Im November 1869 war der Suezkanal schließlich fertiggestellt. An der Eröffnungsfeier nahmen 6000 Gäste teil, darunter die französische Kaiserin Eugénie und andere wichtige Persönlichkeiten der europäischen Monarchien. Der vollendete Kanal war 169 Kilometer lang, hatte eine Breite von 58 Metern an der Oberfläche und von 22 Metern am Grund sowie eine durchschnittliche Tiefe von acht Metern. Er ermöglichte den direkten Seeweg vom Roten Meer ins Mittelmeer und verkürzte damit die Entfernung zwischen den Häfen in Europa und Asien um mehr als 7000 Kilometer. Großbritannien erwarb 1875 die Mehrheit an der Betreibergesellschaft und behielt sie, bis der ägyptische Präsident Nasser den Kanal 1956 verstaatlichte. In jüngerer Vergangenheit, während des Junikrieges zwischen Ägypten und Israel im Jahr 1967, wurde der Kanal durch gesunkene Schiffe blockiert und blieb bis 1975 geschlossen.

Die ersten Schiffe segelten bei der Eröffnung am 17. November 1869 durch den Suezkanal. Da er die Distanz zwischen Europa und Asien enorm verkürzte, wurde er zur Hauptroute des europäischen Handels und zur zentralen Achse des Britischen Empires.

Die Abbildung (ca. 1875) zeigt Angehörige der japanischen Armee mit ihren deutschen Militärberatern. Die japanischen Soldaten tragen Uniformen europäischer Art, die dem deutschen Vorbild nachempfunden sind. Viele Japaner betrachteten die Übernahme europäischer Kleidung als Zeichen von Fortschritt.

Die europäischen Sprachen, die in den Kolonien fast immer auch Amtssprache waren, wurden zum kulturellen Verbindungsglied zwischen Kolonialherren und der einheimischen Bevölkerung.

Das kulturelle Ungleichgewicht

Ökonomische Integration und institutioneller Wandel waren von kulturellem Einfluss nicht zu trennen. Die offiziellen Instrumente von christlicher Mission, Bildungseinrichtungen und Regierungspolitik machten nur einen winzigen Teil dieses Vorgangs aus.

Die europäischen Sprachen wurden als Amtssprachen verwendet und transportierten so auch die entsprechenden Überzeugungen und Vorstellungen. Sie erschlossen damit den gut ausgebildeten Eliten in nicht-europäischen Ländern nicht nur das Erbe einer christlichen, sondern auch der säkularen und „aufgeklärten" europäischen Kultur.

Aus der Sicht des 20. Jahrhunderts waren die meisten der dauerhaften Einflüsse Europas auf die Welt nicht beabsichtigt. Allem voran stand der einfache Hang der Ureinwohner zur Nachahmung, ob er in der Adaption europäischer Kleidung zum Ausdruck kam oder, wesentlich bedeutender, in der Schlussfolgerung, dass auch der Widerstand gegen die Hegemonie Europas die Anpassung an europäische Verhaltensweisen voraussetzte. Fast überall wurde der Prozess der Europäisierung von Radikalen und Reformern befürwortet. Die Ideen von 1776, 1789 und 1848 sind in Asien und Afrika immer noch wirksam. Die Welt verständigte sich über ihre Zukunft in europäischen Begrifflichkeiten.

Dieses Phänomen wird allzu oft übersehen. Zu seiner Entschlüsselung bietet das Jahr 1900 einige Einsichten, aber damit war noch nicht das Ende dieses Vorgangs erreicht. Die Japaner sind ein begabtes Volk, das herausragende künstlerische Traditionen hervorgebracht hat, und doch hat Japan nicht nur – verständlicherweise – die westliche Industrialisierung übernommen, sondern schließlich auch westliche Kunstformen und Kleidung sowie sogar die Getränke des Westens den eigenen vorgezogen. Obwohl die Japaner Whisky und Rotwein schick finden, werden Europa oder die Vereinigten Staaten im Gegenzug nicht von Sake überschwemmt. Von den Chinesen wird offiziell Karl Marx verehrt, der deutsche Philosoph, dessen Gedankengebäude sein Fundament im deutschen Idealismus des 19. Jahrhunderts und in den sozialen und ökonomischen Zuständen in England hatte. Marx sprach von Asien, wenn überhaupt, nur mit Verachtung und bewegte sich Zeit seines Lebens (zumindest in Richtung Osten) nicht über die Grenze Preußens hinaus. Die Bilanz der kulturellen Beeinflussung fällt damit erdrückend einseitig aus. Die Welt verursachte in Europa vorübergehende Moden, aber keine Idee oder Institution sorgte für einen vergleichbarem Effekt wie jene, die Europa der Welt gab. Die Marxistische Lehre stellte das 20. Jahrhundert hindurch in Asien eine Macht dar. Der letzte Nicht-Europäer, dessen Wort in Europa vergleichbare Autorität gehabt hatte, war Jesus Christus gewesen.

DIE GROSSE AUSWANDERUNG

Einen Kulturtransfer in anderer, „materieller" Form bildete die Auswanderung der Europäer in fremde Kontinente. Die beiden größten europäischen Emigrantengemeinschaften außerhalb der Vereinigten Staaten befanden sich (wie auch heute noch) in Südamerika und den früheren britischen Kolonien weißer Siedler. Letztere Gebiete stellten tatsächlich eine Mischform dar und waren weder unabhängige Staaten noch Kolonien im eigentlichen Sinn, obwohl sie fast das gesamte 19. Jahrhundert offiziell der direkten Kontrolle Londons unterstanden. Diese beiden Emigrantenverbände erhielten ebenso wie die Vereinigten Staaten das ganze 19. Jahrhundert hindurch großen Zulauf aus Europa, so dass die Bezeichnung dieser Phase als „große Um-

Am Ende des 19. Jahrhunderts verbanden viele Europäer mit der Auswanderung nach Amerika die Hoffnung auf Chancen, die es in der Alten Welt nicht gab. Dieser Stich von 1878 zeigt Auswanderer in Hamburg beim Betreten eines Transatlantik-Linienschiffes mit dem Ziel USA.

siedlung" zu Recht besteht. Von den britischen Inseln abgesehen, gab es vor 1800 nur eine geringe Auswanderung aus Europa. Ab diesem Zeitpunkt gingen dann etwa 60 Millionen Europäer nach Übersee, und vor allem nach 1830 schwoll der Strom der Emigranten stark an. Nordamerika zog im 19. Jahrhundert die meisten Europäer an, gefolgt von Südamerika (hier vor allem Argentinien und Brasilien), Australien und Südafrika. Zur selben Zeit vollzog sich versteckt eine europäische Emigration quer über das Russische Reich, das sich über ein Sechstel der Erdoberfläche erstreckte und dessen riesige Weiten in Sibirien für Migranten attraktiv waren. Ihren Höhepunkt erreichte die Auswanderung nach Übersee am unmittelbaren Vorabend des Ersten Weltkrieges, im Jahr 1913, als mehr als eineinhalb Millionen Menschen Europa verließen, mehr als ein Drittel davon Italiener, fast 400 000 Briten und 200 000 Spanier. 50 Jahre zuvor machten die Italiener noch eine Minderheit aus, wesentlich zahlreicher waren damals Deutsche und Skandinavier. Während der gesamten Zeit trugen die britischen Inseln einen kontinuierlichen Strom dazu bei: Zwischen 1880 und 1910 gingen achteinhalb Millionen Briten nach Übersee (gegenüber etwas mehr als sechs Millionen italienischen Auswanderern in diesem Zeitraum). Der überwiegende Teil der britischen Emigranten ging in die Vereinigten Staaten.

Die große Zahl von Einwanderern, die in der zweiten Hälfte des 19. Jahrhunderts in die USA kamen, provozierte fremdenfeindliche Reaktionen. In dieser Karikatur von 1888 wird der „letzte echte Yankee" auf der Straße von Einwanderern verschiedener Herkunft begafft, während die aus dem Ausland stammenden Besitzer der Geschäfte im Hintergrund mit besonders amerikanischen Waren werben. Trotz Vorurteilen verlief die Integration von Menschen unterschiedlicher Herkunft in die amerikanische Kultur weitgehend erfolgreich.

Ursachen der europäischen und asiatischen Abwanderungen

Erklärungen für die demographische Entwicklung, die durch die Migrationsströme verursacht wurde, sind schnell gefunden. Zum Teil ließen politische Entwicklungen die Anzahl der Auswanderer ansteigen, so etwa nach 1848. Stets wurden die wirtschaftlichen Entfaltungsmöglichkeiten in Europa durch Bevölkerungszuwächse eingeschränkt, wie es das plötzliche Auftauchen des Phänomens „Arbeitslosigkeit" veranschaulichte. Während der letzten Jahrzehnte des 19. Jahrhunderts, als die Zahl der Auswanderer am schnellsten anstieg, litten die Bauern Europas zudem unter der überseeischen Konkurrenz.

Vor allem aber zeigte sich zum ersten Mal in der Geschichte, dass es in anderen Ländern, wo ein Bedarf an Arbeitskräften bestand, ganz offenkundig Entfaltungsmöglichkeiten gab, die nun plötzlich einfacher und billiger erreicht werden konnten. Das Dampfschiff und die Eisenbahn veränderten die Bevölkerungsgeschichte nachdrücklich, und ihre durchschlagende Wirkung setzte nach 1880 ein. Beide Verkehrsmittel gestatteten eine wesentlich größere Mobilität und erleichterten für die Menschen eine an den Arbeitsmöglichkeiten orientierte Wanderung. Aus Großbritannien beispielsweise kamen irische Bauern, walisische Bergarbeiter und Stahlkocher oder englische Farmer, während es selbst gegen Ende des 19. Jahrhunderts einen Zustrom aus den jüdischen Gemeinden Osteuropas aufnahm, die mit der Zeit eine wichtige Gruppe innerhalb der britischen Gesellschaft wurden. Zur saisonalen Arbeitsabwanderung, die Grenzregionen wie etwa Südfrankreich schon immer geprägt hatte, kamen jetzt längerfristige Bewegungen hinzu. So kamen Polen für Arbeiten im Bergbau nach Frankreich und italienische Kellner und Eisverkäufer wechselten in andere Länder. Nachdem die Küste Nordafrikas nach dem Wandel der politischen Verhältnissen ebenfalls zugänglich geworden war, zog es Italiener, Spanier und Franzosen hierher, um sich in den Küstenstädten niederzulassen oder Handel zu treiben. Sie bildeten eine neue Gesellschaft, deren Interessen sich sowohl von denen ihrer Herkunftsländer unterschieden als auch von jenen der angestammten Einwohnerschaft.

Bessere Verkehrsmittel erleichterten jedoch nicht nur die europäische Völkerwanderung. Die chinesische und japanische Besiedlung der Pazifikküste Nordamerikas war bereits um 1900 weit fortgeschritten. Chinesische Migranten wechselten nach Südostasien, Japaner nach Lateinamerika. Die Australier reagierten auf die Migrationswellen besorgt, da sie ein „weißes" Australien zu erhalten versuchten, indem sie die Einwanderung nach ethnischen Kriterien begrenzten. Auch die Inder nutzen den weit gesteckten Raum des Britischen Empire, sich in aller Welt niederzulassen. Doch alle diese Bewegungen, so bedeutsam sie erscheinen, bleiben vor dem Hauptereignis des 19. Jahrhunderts zweitrangig: die große europäische *Völkerwanderung*, die für den Geschichtsverlauf genauso entscheidend wurde wie einst die Invasion der Barbaren.

DAS SPANISCHE AMERIKA

In „Lateinamerika" (der Begriff wurde Mitte des 19. Jahrhunderts geprägt), das hauptsächlich Italiener und Spanier anzog, fanden die Südeuropäer viel Vertrautes vor. Der Katholizismus bildete den Rahmen des kulturellen und sozialen Lebens, die Sprache und die sozialen Gebräuche waren romanischen Ursprungs. Auch die politischen und rechtlichen Bedingungen spiegelten die koloniale Vergangenheit wider. Einige alte Institutionen hatten die Phase politischer Unruhen am Beginn des 19. Jahrhunderts überdauert, mit der die spanische und portugiesische Kolonialherrschaft auf dem Festland zu Ende gegangen war. Ereignisse in Europa hatten damals zu einer Krise geführt und die Schwächen der alten Kolonialreiche überdeutlich offenbart.

Dabei hatte es nicht an gutem Willen gefehlt. Die Zentralregierung Spaniens hatte im 18. Jahrhundert z. B. umfassende Reformen durchgeführt. Obwohl es einige Jahrzehnte brauchte, bis dies zu erkennen war, wurde 1701 mit der Ablösung des letzten Habsburgers auf dem spanischen Thron durch die Bourbonen eine neue Ära in der Entwicklung des spanischen Reiches eingeleitet. Der Wandel führte zunächst zu einer Umstrukturierung, dann zu einer Reform im Zeichen der „Aufklärung". Aus den zwei Vizekönigtümern

Für arme Auswanderer des 19. Jahrhunderts, wie diese irischen Familien, fand die lange Überfahrt nach Amerika oft unter furchtbaren Bedingungen statt.

von 1700 wurden vier, zwei weitere wurden mit Neu-Granada (Panama und das Gebiet von Ecuador, Kolumbien und Venezuela) und La Plata gegründet, das sich von der Mündung des Rio de la Plata quer über den südamerikanischen Kontinent bis an die peruanische Grenze erstreckte. Auf diese strukturellen Umformungen folgten Lockerungen des Handelssystems zwischen Lateinamerika und Europa, die zunächst widerstrebend gewährt, später aber bewusst vorangetrieben wurden. Daraus resultierte eine wirtschaftliche Belebung sowohl der Kolonien als auch einiger Gebiete Spaniens, namentlich der Mittelmeerküste, die nunmehr vom Ende des kolonialen Handelsmonopols profitierten, das bisher der Hafen Sevilla besaß.

Die tiefste Kluft innerhalb der spanischen Kolonialgesellschaft bestand zwischen den Indios und den Kolonisten spanischer Herkunft. Doch der Gegensatz zwischen Kreolen und den spanischen Siedlern besaß eine unmittelbarere politische Bedeutung, zumal sich der Konflikt im Lauf der Zeit noch verschärfte. Verbittert darüber, von hohen Ämtern ausgeschlossen zu sein, nahmen die Kreolen die erfolgreiche Selbstbefreiung der britischen Kolonisten in Nordamerika aus der Abhängigkeit wahr. Auch die Französische Revolution erschien ihnen zunächst eher als Vorbild denn als abschreckendes Beispiel.

Dieses Aquarell feiert die Proklamation von Agustín de Iturbide zum Kaiser des soeben unabhängig gewordenen Mexiko (1822). Zwei Jahre später wurde Iturbide durch einen republikanischen Aufstand entthront. Lange Zeit blieben politische Instabilität und zivile Unruhen bestimmend für das Leben in den neuen lateinamerikanischen Staaten.

Die Unabhängigkeitskriege

Zu den Aufständen in den Kolonien kamen für die spanische Regierung noch andere Schwierigkeiten hinzu. Spanien musste seinen Souveränitätsanspruch, den es für ganz Amerika erhob, nach einem Konflikt mit Großbritannien 1790 aufgeben. Es musste außerdem zugestehen, dass das Recht, ein Handels- oder Siedlungsverbot im Umkreis einer spanischen Niederlassung zu verhängen, sich nur auf eine Zone von 50 Kilometern erstrecken durfte. Danach folgten Kriege gegen Frankreich, zweimal gegen Großbritannien und schließlich, während der napoleonischen Besetzung, erneut gegen Frankreich. Diese Kriege kosteten Spanien nicht nur die Gebiete von Santo Domingo, Trinidad und Louisiana, sondern auch seine Dynastie, die 1808 von Napoleon zur Abdankung gezwungen wurde. Das Ende der spanischen Seemacht war bereits bei Trafalgar gekommen.

In diesem Zustand der Unordnung und Schwäche, in dem Spanien selbst durch Frankreich besetzt wurde, entschlossen sich die Kreolen zu einem Befreiungsschlag. Mit Erhebungen in Neu-Granada, La Plata und Neu-Spanien begannen 1810 die Unabhängigkeitskriege. Die Kreolen blieben zunächst erfolglos und fanden sich in Mexiko sogar in einen ethnischen Krieg verwickelt, nachdem die Indios die Gelegenheit genutzt hatten, sich gegen alle Weißen zu wenden. Doch die spanische Regierung war weder in der Lage, die Aufständischen zu besiegen, noch konnte sie die erforderlichen Kräfte aufbieten, um weitere Rebellionen zu ersticken. Die britische Seemacht verhinderte unterdessen, dass eine konservative europäische Macht Spanien zu Hilfe kam. So entstand in der Folge aus den Über-

Der Sklavenarbeit kam in der Wirtschaft des kolonialen Brasilien eine wichtige Rolle zu. Dieser Stich aus dem 18. Jahrhundert zeigt Sklaven unter Aufsicht Peitschen schwingender weißer Vorarbeiter bei der Arbeit in einer Diamantmine.

bleibseln des ehemaligen spanischen Reiches eine Reihe von Republiken, in denen mehrheitlich das Militär die Regierungsgeschäfte übernahm.

Im portugiesischen Brasilien verlief die Entwicklung anders. Denn obwohl die französische Besetzung Portugals im Jahr 1807 eine Abspaltung Brasiliens vom Mutterland ausgelöst

Das postkoloniale Südamerika

Zwischen 1810 und 1822 erklärte ganz Südamerika, mit Ausnahme der drei Territorien Guayanas, seine nationale Unabhängigkeit. Die neuen Grenzen, oft durch nahezu unbewohnte Gebiete gezogen, waren lange Zeit umstritten und boten reichen Konfliktstoff. Von besonderer Bedeutung waren dabei im 19. Jahrhundert der Krieg der Tripel-Allianz (1864–1870), in dem Argentinien, Brasilien und Uruguay Paraguay besiegten, sowie der Pazifikkrieg (1878–1883), in dem Peru und Bolivien gegen Chile unterlagen.

Nach seinen Siegen gegen Spanien wurde Simón Bolívar (1783–1830) im Jahr 1819 zum Präsidenten der Republik Kolumbien (dem Gebiet der heutigen Staaten Venezuela, Kolumbien und Ecuador) ausgerufen. Das obere Peru erhielt ihm zu Ehren den Namen Bolivien.

hatte, gab es hier einen Unterschied zum spanischen Reich. Der portugiesische Prinzregent hatte seine Residenz von Lissabon nach Rio de Janeiro verlegt, das damit die faktische Hauptstadt des portugiesischen Reiches wurde. Als er 1820 als König in die alte Heimat zurückkehrte, ließ er seinen Sohn zurück, der schließlich den Widerstand Brasiliens gegen den Versuch einer erneuten Kontrollübernahme durch die portugiesische Regierung anführte. 1822 wurde dieser, nach nur leichten Gefechten, Kaiser eines unabhängigen Brasilien.

Südamerika nach der Unabhängigkeit

Ein Blick auf die Karte des heutigen Südamerika zeigt den wesentlichen Unterschied zwischen der Revolution von 1776 in Nordamerika und den lateinamerikanischen Unabhängigkeitskriegen ab 1810: Aus letzteren gingen nämlich nicht die Vereinigten Staaten von Südamerika hervor. Die Ursachen hierfür lagen auf der Hand. Die 13 britischen Kolonien hatten nach ihrem Sieg, trotz aller Unterschiede und der noch zu bewältigenden Schwierigkeiten, auf dem Seeweg relativ günstige Verbindung zueinander und auf dem Landweg nur wenige unüberwindbare Hindernisse. Sie verfügten außerdem über einige Erfahrung in der Zusammenarbeit und sogar in der Regelung ihrer eigenen Angelegenheiten aus der Zeit der Kolonialherrschaft. Selbst in Anbetracht dieser Vorteile blieben die Unterschiede zwischen ihnen bedeutend genug, um die nationale Regierung in der Verfassung nur mit sehr eingeschränkter Machtfülle auszustatten.

Möglicherweise war das Fehlen verbindender Faktoren nicht von Nachteil, denn die Lateinamerikaner des frühen 19. Jahrhunderts sahen sich vor keine Herausforderung gestellt, die die Einheit wünschenswert hätte erscheinen lassen. Gegen die Außenwelt waren sie durch Großbritannien und die Vereinigten Staaten abgeschirmt. Im Inneren dagegen gestalteten sich die Probleme der postkolonialen Entwicklung erheblich schwieriger als erwartet. Eine künstlich geschaffene Einheit bot sich jedoch nicht als Lösung an. Tatsächlich offenbarte erst die Beseitigung der Kolonialregierung, dass die geographischen und gesellschaftlichen Gegebenheiten nicht immer zu den politischen Einheiten passten, die die frühere Verwaltung geschaffen hatte. Die riesigen, dünn besiedelten Staaten, die aus den Unabhängigkeitskriegen hervorgegangen waren, liefen ständig Gefahr, in kleine Teile zu zerfallen. Ebenso gab es ethnische Konflikte, und die sozialen Ungleichgewichte, die daraus erwuchsen, wurden keineswegs durch die Unabhängigkeit aufgehoben, sondern in den einzelnen Ländern unterschiedlich gelöst. In Argentinien löschte die Armee z. B. den verbliebenen relativ kleinen indianischen Bevölkerungsanteil nahezu aus. Gegen Ende des 19. Jahrhunderts galt das Land hinsichtlich seiner Einwohner als Europa sehr ähnlich. Das andere Extrem stellte Brasilien mit seiner mehrheitlich schwarzen Bevölkerung dar, deren Angehörige zum Zeitpunkt der Unabhängigkeit vielfach noch Sklaven gewesen waren. Ehen verschiedener Hautfarbe wurden hier nicht verboten. Das Ergebnis ist ein Volk, das sehr wahrscheinlich die gelungenste Integra-

Benito Juárez, ein Mexikaner indianischer Abstammung, war einer der Architekten der fortschrittlichen mexikanischen Verfassung von 1857 und wurde 1861 zum Präsidenten gewählt. Juárez kämpfte gegen die französische Besetzung, die vorübergehend Maximilian von Österreich zum Kaiser Mexikos machte. Nach dem Sieg über Maximilian 1870 übernahm Juárez erneut die Präsidentschaft, die er bis zu seinem Tod im Jahr 1872 innehatte.

Die politischen Auseinandersetzungen in Lateinamerika wurden oft mit militärischen Mitteln entschieden. Diese Szene aus dem kurzen chilenischen Bürgerkrieg von 1891 zeigt die Beschießung des Hafens von Valparaiso zur Unterstützung eines konservativen Kongresses gegen den reformorientierten Präsidenten José Manuel Balmaceda.

tion verschiedener Ethnien in der heutigen Welt repräsentiert.

Politische Schwierigkeiten

Die neuen Staaten Lateinamerikas konnten bei der Lösung ihrer zahlreichen Probleme auf keinerlei Traditionen der Selbstverwaltung zurückgreifen, denn die Kolonialverwaltungen waren absolutistisch organisiert gewesen und hatten keine repräsentativen Institutionen hervorgebracht. Auf der Suche nach praktikablen politischen Grundsätzen blickten die Führer der neuen Republiken hauptsächlich auf die Französische Revolution, doch waren dies sehr anspruchsvolle Ideen für Staaten, deren Eliten nicht einmal in ihren Ansichten über allgemein anzuerkennende Regeln übereinstimmten. Noch nachteiliger wirkte sich aus, dass die revolutionären Prinzipien die Kirche auf den Plan riefen, die mit ihrem riesigen Landbesitz großen öffentlichen Einfluss und Macht besaß. Sie mischte sich massiv in die Politik ein und erzeugte so starke antiklerikale Stimmungen, die auch in Zukunft großes Gewicht in Lateinamerika haben sollten.

Die einander überschneidenden Entwicklungen der Bürgerkriege sowie der Kriege der neuen Staaten untereinander ergaben schließlich bis 1900 eine Landkarte, die im wesentlichen heute noch gilt. Mexiko, die nördlichste der früheren spanischen Kolonien, verlor im Norden Land an die USA. Vier Republiken wurden auf dem zentralamerikanischen Festland gegründet, dazu zwei Inselstaaten, die Dominikanische Republik und Haiti. Kuba stand unmittelbar vor der Unabhängigkeit. Weiter südlich gab es zehn Staaten in Südamerika.

Insgesamt waren diese Länder Republiken; Brasilien hatte die Monarchie 1889 abgeschafft. Obwohl alle die Erfahrung schwerwiegender gesellschaftlicher Unruhen verband, unterschieden sie sich in ihrer Stabilität und ihren Verfassungsentwicklungen erheblich. In Mexiko war in den 60er Jahren des 19. Jahrhunderts unter großem Aufsehen tatsächlich ein Indio Präsident geworden, dennoch bestanden überall die sozialen Unterschiede zwischen den indianischen Abkömmlingen und den Mestizen (Mischlingen) einerseits und den Nachfahren europäischer Einwanderer andererseits (die nach 1870 noch erheblich Zuwachs bekamen) fort. Im Jahr 1800 hatten in den lateinamerikanischen Ländern etwa 19 Millionen Menschen gelebt; ein Jahrhundert später waren es bereits 63 Millionen.

Lateinamerikanischer Wohlstand

Diese zeitgenössische Abbildung zeigt eine Straße in Rio de Janeiro im Jahr 1827. Die elegante Livree der Sklaven repräsentierte den großen Wohlstand der Familien der europäisierten städtischen Elite.

Eine hohe Einwanderungsquote ist immer auch ein Zeichen für die Zunahme des Wohlstands. Die meisten lateinamerikanischen Länder verfügten über wichtige natürliche Ressourcen. Nachdem diese günstige Ausgangslage mit der zunehmenden Industrialisierung in Europa und den Vereinigten Staaten noch wertvoller geworden war, kam es gelegentlich zu Konflikten. Argentinien bot genügend Raum und beste Weidegründe, so dass es nach der Einführung von Kühlschiffen in den 80er Jahren des 19. Jahrhunderts bald zum größten Fleischlieferanten europäischer Staaten wurde und später auch zu ihrer Kornkammer. Gegen Ende des Jahrhunderts war Argentinien das reichste lateinamerikanische Land. Chile verfügte über Salpeter (die Gegenden mit dem Vorkommen hatte es sich im Pazifikkrieg 1879–1883 von Bolivien und Peru angeeignet), Venezuela über Erdöl, was beides im 20. Jahrhundert an Bedeutung gewann. Auch Mexiko besaß Erdölvorkommen, während Brasilien vor allem Kaffee und Zucker in Fülle bieten konnte. Setzte man diese Aufzählung fort, würde sie belegen, dass der zunehmende Wohlstand Lateinamerikas vor allem auf Rohstoffvorkommen beruhte. Das Kapital, das zur Erschließung notwendig war, kam aus Europa und den USA, wodurch zwischen den europäisch geprägten Nationen in Übersee und denen in Europa neue Verbindungen geknüpft wurden.

Gleichwohl war dieser Zuwachs an Wohlstand mit zwei Nachteilen verbunden. Zum einen trug er wenig zur Verringerung der so-

Dieser Stich, datiert auf das Jahr 1854, zeigt den Platz der Unabhängigkeit in Santiago de Chile. Er ist gesäumt von imposanten Gebäuden in europäischem Stil.

zialen Unterschiede in diesen Ländern bei, möglicherweise nahmen die Differenzen sogar eher noch zu und die sozialen und ethnischen Spannungen blieben weitgehend ungelöst. Eine scheinbar europäisierte Elite führte ein vollkommen anderes Leben als die Masse der Indios und Mestizen. Dieser Zustand wurde durch die Abhängigkeit Lateinamerikas von ausländischem Kapital noch mehr gefestigt. Verständlicherweise suchten ausländische Investoren Sicherheit, so dass sie in der Regel die bestehenden sozialen und politischen Autoritäten unterstützten, die auf diese Weise ihren Wohlstand noch weiter ausbauten. Es dauerte bis zum Beginn des 20. Jahrhunderts, bis die aus diesen Verhältnissen resultierenden Zustände in Mexiko eine soziale Revolution entfachten.

Die Beziehungen zu den USA

Der Zorn und die Enttäuschung ausländischer Investoren, die sich vergeblich um die Eintreibung fälliger Kredite bemühten, beschworen gelegentlich diplomatische Konflikte und sogar militärische Interventionen herauf. Die Schulden einzutreiben wurde nicht als Rückfall in den Kolonialismus betrachtet, und die europäischen Regierungen sandten scharfe Aufforderungen, denen sie verschiedentlich militärisch Nachdruck verliehen. Als Deutschland, Großbritannien und Italien im Jahr 1902 eine gemeinsame Seeblockade über Venezuela verhängten, um im Interesse ihrer durch revolutionäre Unruhen geschädigten Staatsangehörigen auf die Rückzahlung der ausstehenden Gelder zu drängen, forderten sie damit die USA heraus, über die Politik der Monroe-Doktrin hinauszugehen.

Seit der Zeit der texanischen Republik bis heute waren die Beziehungen der Vereinigten Staaten zu ihren Nachbarn nie einfach. Zu viele erschwerende Faktoren waren mit im Spiel. In der Monroe-Doktrin war das grundlegende Interesse der USA formuliert worden, die eigene Hemisphäre klar von Europa getrennt zu halten. Einen weiteren Schritt in diese Richtung leiteten die USA ein, als sie den ersten Panamerikanischen Kongress im Jahr 1889 ausrichteten. Genauso allerdings wie die Revolution von 1776 die Verbindungen zwischen den USA und Großbritannien nicht durchtrennt hatte, nahmen die wirtschaftlichen Verbindungen mit Europa auch trotz dieser neuerlichen Abgrenzungen weiter zu (zu den Investoren in Südamerika zählten außerdem auch Nordamerikaner, die bald ihre ganz eigenen Ansprüche an ihre Regierung stellten). Überdies wurde gegen Ende des Jahrhunderts unübersehbar, dass sich die strategische Situation geändert hatte. Die Einführung des Dampfschiffs sowie die Herausbildung US-amerikanischer Interessen in Fernost und im Pazifik bildeten die wesentlichen Ursachen für diesen Wandel. Dies schärfte die Aufmerksamkeit der Vereinigten Staaten besonders für die Vorgänge in Zentralamerika und in der Karibik, wo der Bau eines Kanals durch die Landenge immer vordringlicher wurde.

Diese Ansicht von Mexiko-Stadt aus dem 19. Jahrhundert, im Vordergrund das Lager einer Bauernfamilie, illustriert den Kontrast zwischen den wachsenden urbanen Zentren und der traditionellen Lebensweise auf dem Land.

Die Intervention der Vereinigten Staaten in Lateinamerika

Als Ergebnis der gewandelten strategischen Lage traten die Vereinigten Staaten ihren Nachbarn im frühen 20. Jahrhundert mit größerer Härte gegenüber. Nachdem die USA in einem kurzen Krieg mit Spanien für Kuba die Unabhängigkeit errungen hatten, wurden in der kubanischen Verfassung besondere Einschränkungen formuliert, um sicherzustellen, dass die Insel Nordamerika verbunden bleibe. Außerdem nahmen die USA Spanien Puerto Rico ab. Das Territorium des Panamakanals wurde durch die Einmischung in die Angelegenheiten Kolumbiens gesichert.

Auf die Kreditauseinandersetzung um Venezuela folgte eine noch eindrucksvollere Demonstration US-amerikanischer Stärke: Die Vereinigten Staaten kündigten an, dass sie vom Recht Gebrauch machen würden, in die Angelegenheiten jedes Staates der westlichen Hemisphäre einzugreifen, dessen innere Ordnung instabil genug war, um eine Intervention Europas zu rechtfertigen. Auf dieser Grundlage entsandte 1912 ein amerikanischer Präsident die Elitetruppe der Marines nach Nicaragua, ein weiterer ließ 1914 den Hafen Vera Cruz besetzen, um damit Druck auf die mexikanische Regierung auszuüben. 1915 wurde ein Protektorat über Haiti errichtet, das mehr als 40 Jahre Bestand hatte.

Dieser kurze Einblick in die angespannten Beziehungen der Vereinigten Staaten zu ihren Nachbarn verweist symptomatisch auf das gespaltene Verhältnis der lateinamerikanischen Staaten zu Europa. In seiner Kultur verwurzelt, wirtschaftlich eng mit ihm verbunden, waren jene Staaten auf dem südamerikanischen Kontinent nichtsdestotrotz politisch gezwungen, den Kontakt zu Europa zu vermeiden. Vor dem Hintergrund der immer tiefer werdenden Kluft zwischen den Menschen innerhalb und außerhalb des Bereichs der europäischen Kultur, bedeutete dies nicht, dass sie, sofern Europäer betroffen waren, nicht auf der Seite der „Weißen" standen. Die Europäer, die an „Lateinamerikaner" dachten, hatten auf jeden Fall Menschen europäischer Herkunft, nämlich die urbane, gebildete und privilegierte Minderheit vor Augen, nicht jedoch die indianische und schwarze Masse.

Diese Karikatur, erschienen in der britischen Zeitschrift *Punch* vom 21. Februar 1885, zeigt das personifizierte Dominion Kanada, wie es Britannia das loyale Angebot macht, für sie zu kämpfen.

DER BRITISCHE KOLONIALISMUS

Der Zerfall des spanischen Reiches so kurz nach der Lossagung der 13 Kolonien löste die Erwartung aus, dass die Siedlerkolonien des Britischen Empire bald ebenfalls die Londoner Herrschaft abschütteln würden. In gewisser Weise geschah dies auch, wenngleich nicht wie erwartet. Ende des 19. Jahrhunderts druckte die britische Zeitschrift *Punch* eine patriotische Zeichnung ab, in der der britische Löwe zufrieden auf Reihen bewaffneter und uniformierter kleiner Löwenjungen hinunter blickt, die die überseeischen Kolonien repräsentierten. Sie trugen die Sol-

Das britische Kolonialreich zerfiel nicht wie erwartet, Freiwilligenkorps aus Soldaten der Kolonien halfen sogar, die britische Macht in Afrika weiter zu stärken.

In Montreal im britischen Dominion Kanada überquert im Jahr 1880 ein Zug den zugefrorenen Sankt-Lorenz-Strom. Mächtige Balken sind zur Stützung der Schwellen über das Eis gelegt worden. Eine bemerkenswerte technische Leistung für jenes Zeitalter.

datenuniformen zu Recht, denn die Freiwilligenkontingente aus den Kolonien, die für die Briten im damals geführten Krieg in Südafrika kämpften, besaßen eine große Bedeutung. Ein Jahrhundert zuvor war das noch undenkbar. Die Erfahrungen mit Nordamerika im Jahr 1783 hatten sich tief ins Gedächtnis britischer Staatsmänner eingeprägt. Kolonien, so glaubten sie gelernt zu haben, waren eine trügerische Angelegenheit, kosteten Geld, brachten wenig ein und verstrickten das Heimatland in nutzlose Streitereien mit anderen Mächten und eingeborenen Völkern, um am Ende meist nach der Hand, die sie gefüttert hatte, zu schnappen. Das aus derartigen Ansichten gespeiste Misstrauen gegen koloniale Verwicklungen trug dazu bei, dass sich das britische Expansionsinteresse Ende des 18. Jahrhunderts wegen der Chancen des Asienhandels Richtung Osten wandte. Dort gab es zudem keine europäischen Siedler, die für Komplikationen sorgen konnten.

Die selbstverwalteten Schutzgebiete ursprünglich britischer Kolonien

Die Zurückhaltung gegenüber potentiell problematischen Kolonien während des gesamten 19. Jahrhunderts stellte in britischen offiziellen Kreisen die vorherrschende Einstellung dar. Sie war durch das Bemühen gekennzeichnet, die komplizierten Angelegenheiten jeder einzelnen Kolonie vor allem möglichst ökonomisch und unter Vermeidung von Ärger anzugehen. 1867 wurde Kanada britisches „Dominion" mit Selbstverwaltung, 1901 gefolgt vom Commonwealth von Australien. In beiden Fällen war der Vereinigung die Gewährung von Regierungsverantwortung an die ursprünglichen Kolonien vorausgegangen, und in beiden Fällen waren besondere Schwierigkeiten aufgetreten. In Kanada lagen diese vor allem in der Existenz einer franko-kanadischen Gemeinschaft in der Provinz Quebec, in Australien betrafen sie die Interessengegensätze zwischen Siedlern und Strafgefangenen, von denen 1867 der letzte Transport angekommen war. Bei beiden handelte es sich außerdem um riesige, aber kaum bevölkerte Länder, in denen erst in einem langwierigen Prozess ein Nationalbewusstsein geschaffen werden musste. Erst 1885 wurde der letzte Schienennagel in die transkontinentale Eisenbahnstrecke der Canadian Pacific Railway geschlagen, und in Australien verzögerte sich die Fertigstellung einer transkontinentalen Strecke sehr lange, weil in verschiedenen Bundesstaaten unterschiedliche Spurbreiten verwendet wurden. Das Nationalgefühl wurde schließlich durch mögliche äußere Bedrohungen – der ökonomischen Stärke der USA hier, der Einwanderung aus Asien dort – gestärkt; Streitigkeiten mit Großbritannien kamen hinzu.

Neuseeland erlangte ebenfalls die eigene Regierungsverantwortung, allerdings, dem sehr viel kleineren Land angepasst, weniger dezentralisiert. Die Europäer, die seit den 90er Jahren des 18. Jahrhunderts eintrafen, stießen hier auf das Volk der Maori, die über eine fortgeschrittene und komplexe Kultur verfügten und von den Neuankömmlingen bestochen wurden. Es folgten Missionare, die alles taten, um Siedler und Händler fern zu halten, damit aber keinen Erfolg hatten. Als ein französischer Unternehmer sich anschickte, einen Anspruch Frankreichs zu etablieren, gab die britische Regierung schließlich widerstrebend dem von Missionaren und einigen Siedlern ausgeübten Druck nach und erklärte 1840 die britische Souveränität über Neuseeland. Im Jahr 1856 erhielt die Kolonie Regierungsverantwortung, und zum Ende des Jahrhunderts bewies die neuseeländische Regierung die Unabhängigkeit ihrer Politik, die sie auf ein fortschrittliches Sozialsystem ausgerichtet hatte, und erlangte im Jahr 1907 die volle Selbstverwaltung.

Ein Jahr zuvor hatte eine Kolonialkonferenz in London beschlossen, allen selbstverwalteten Schutzgebieten – das hieß allen Kolonien mit weißer Besiedelung – den Titel „Dominion“ zu geben. Bis 1914 erhielt auch noch die 1910 gegründete Union von Südafrika diesen Status.

Südafrika

Erst seit 1814 ließen sich britische Siedler in Südafrika nieder, nachdem Großbritannien die frühere niederländische Kolonie am Kap der guten Hoffnung aus strategischen Gründen wieder übernommen hatte. In diese Region, „Kapkolonie“ genannt, zogen bald mehrere tausend britische Siedler, deren Zahl zwar von den Niederländern übertroffen wurde, die jedoch die Unterstützung der britischen Regierung bei der Einführung britischer Sitten und Gesetze besaßen. Damit begann eine Phase, in der die Privilegien der Buren, so die Bezeichnung der niederländischen Bauern, beschnitten wurden. Besonders erregte und verärgerte sie die Einschränkung ihres Rechts, mit den eingeborenen Afrikanern nach eigenem Gutdünken zu verfahren. Als bei der generellen Abschaffung der Sklaverei auf britischem Gebiet auch 35 000 schwarze Sklaven

Seit 1814 besiedelten auch Briten Südafrika: mit den zahlenmäßig überlegenen, dort ansässigen niederländischen Buren gab es häufig Konflikte.

Nach dem Sieg über die Zulus in Südafrika schloss die britische Regierung ein Abkommen mit ihnen. Der Zulu-König Zetewajo wurde 1883 wieder auf den Thron gehoben. Auf dieser Abbildung der Krönungszeremonie ist Zetewajo von seinen Untertanen durch seine europäische Kleidung zu unterscheiden.

in der Kapkolonie befreit wurden, reagierten sie entrüstet, zumal sie sich nur unzureichend entschädigt fühlten. Überzeugt, dass die Briten nicht von der die eingeborenen Afrikaner begünstigenden Politik abweichen würden, zogen die Buren 1835 aus diesen Gebieten ab. Ihr großer Treck Richtung Norden über den Oranje-Fluss hatte grundlegende Bedeutung für die Herausbildung eines „Afrikaaner"-Bewusstseins und stand am Beginn einer langen Periode von Auseinandersetzungen zwischen Angelsachsen und Buren. Sie lebten teils getrennt, teils nebeneinander, niemals aber ohne Konflikt, und ihre jeweiligen Entscheidungen waren auch für das Schicksal der schwarzen Afrikaner ausschlaggebend.

Dieser zeitgenössische Stich zeigt Paul Krüger, von 1883 bis 1900 Präsident der Burenrepublik von Transvaal. Krüger führte die Buren in den Krieg gegen Großbritannien (1899–1902).

Die Ausdehnung des britischen Territoriums

Eine Burenrepublik in Natal wurde bald zur britischen Kolonie gemacht, vorgeblich, um die Afrikaner vor der Ausbeutung als Sklaven zu schützen und um die Anlage eines niederländischen Hafens zu verhindern, der zu einer Bedrohung der britischen Verbindungen nach Fernost hätte werden können. Ein weiterer Auszug der Buren war die Folge, diesmal in das Gebiet nördlich des Flusses Vaal. Diese erste Ausdehnung des britischen Territoriums verlief nach einem Muster, das sich später immer wiederholte. Neben humanitären Motiven wurden die britische Regierung und die britischen Kolonisten vor Ort von der Notwendigkeit geleitet, gute Beziehungen zu den afrikanischen Völkern aufzubauen, die sonst zu einem andauernden Sicherheitsproblem werden konnten. Mitte des 19. Jahrhunderts gab es zwei Burenrepubliken im Norden (den Oranje-Freistaat und Transvaal), während in der Kapkolonie und Natal, die britischer Verwaltung unterstanden, einige wenige Schwarze, die die wirtschaftlichen Voraussetzungen erfüllten, sich an der Wahl der Selbstverwaltungsgremien beteiligen konnten. Auch die Staaten der Eingeborenen unterstanden britischer Autorität. In einem davon, Basutoland, hatte das zur Folge, dass Buren schwarzer Rechtsprechung unterworfen waren, was sie als schwere Form der Unterdrückung empfanden.

Unter diesen Umständen kam es häufig zu Meinungsverschiedenheiten zwischen den britischen Regierungen und den Kolonisten am Kap, die seit 1872 die Selbstverwaltung innehatten. Neue Faktoren kamen hinzu. Die Entdeckung von Diamantenvorkommen veranlasste die Briten zur Annexion eines weiteren Territoriums, was den Zorn der Buren hervorrief, weil das Gebiet nördlich des Oranje-Flusses lag. Außerdem missfiel den

Britische Soldaten im Kampf in Transvaal im ersten Jahr des Burenkrieges.

Buren, dass die Briten die Basutos unterstützten. Als schließlich der Gouverneur der Kapkolonie die Transvaal-Republik annektierte und die britischen Streitkräfte nach einer erfolgreichen Burenerhebung eine schwere Niederlage erlitten, gab die britische Regierung nach und erteilte der Republik 1881 wieder ihre Unabhängigkeit. Doch das Misstrauen der Buren gegen die britische Südafrikapolitik war seit diesem Ereignis unüberwindbar geworden.

Der Burenkrieg

20 Jahre nach Wiederherstellung der Unabhängigkeit mündeten die Spannungen zwischen Buren und Briten durch zwei weitere unvorhergesehene Entwicklungen in einen Krieg. Zum einen hatte es in Transvaal nach den Goldfunden des Jahres 1886 eine kleine industrielle Revolution gegeben. Zahlreiche Goldgräber und Spekulanten strömten nach Südafrika, das in den Mittelpunkt finanzieller Interessen rückte. Der Burenstaat erhielt so genügend Freiraum, um sich aus der widerwillig hingenommenen britischen Oberherrschaft zu befreien. Das Ausmaß der Veränderungen lässt sich an der Entwicklung Johannesburgs ablesen, das binnen weniger Jahre zu einer Stadt von mehr als 100 000 Einwohnern wurde, der einzigen in Afrika südlich des Sambesi. Da der afrikanische Kontinent in den 80er und 90er Jahren des Jahrhunderts durch andere europäische Mächte förmlich verschlungen wurde, behauptete die britische Regierung entschlossen ihre Präsenz am Kap. Diese Region besaß für die Kontrolle des Seewegs nach Osten eine herausragende Bedeutung und der Verkehr von und nach Transvaal erbrachte beträchtliche Einkünfte. Den be-

Bodenschätze, vor allem Goldvorkommen, stärkten die Finanzkraft Transvaals so sehr, dass es sich von der britischen Oberherrschaft befreien konnte. Der Burenkrieg war die letzte große Auseinandersetzung zwischen Buren und Engländern in Südafrika.

Dieser zeitgenössische Stich zeigt die Beschießung eines gepanzerten britischen Zuges durch burische Truppen im Jahr 1899.

sonderen Argwohn der britischen Regierung erregte die Möglichkeit, dass Transvaal einen eigenen Zugang zum Indischen Ozean bekommen könnte. Das machte die Regierung anfällig für die Agitation eines seltsamen Bündnisses aus idealistischen Imperialisten, Politikern vom Kap, englischen Demagogen und zwielichtigen Finanziers, das 1899 eine Auseinandersetzung mit den Buren provozierte. Nach einem Ultimatum Paul Krügers, des Präsidenten Transvaals, der als Kind noch am großen Treck nach Norden teilgenommen hatte, kam es zum Burenkrieg.

Der britische Sieg und die Zugeständnisse an die Buren

Die britische Armee in der viktorianischen Ära war bekannt für ihre Schwächen, und auch im Burenkrieg wurden sie offensichtlich: Ungeschicklichkeiten und Inkompetenz einiger höherer Kommandeure und der Militärverwaltung einerseits, und die Tapferkeit der Regimentsoffiziere und ihrer Soldaten angesichts eines mutigen und gut ausgerüsteten Feindes andererseits. Dennoch gelang der Sieg, denn der Kriegsschauplatz Südafrika war durch die britische Seestreitmacht isoliert und keine andere europäische Nation konnte die Buren unterstützen. So war es nur eine Frage der Zeit, bis diese der personellen wie technischen Übermacht unterlagen. Die britische Regierung, im eigenen Land wegen der hohen Kriegskosten heftig angegriffen und auch im Ansehen beschädigt, da die Buren als unterdrücktes Volk galten, bot im Jahr 1902 zur Beendigung des Krieges ein großzügiges Abkommen an. So verfügte Transvaal ab 1906 über eine gewählte Selbstverwaltung, die, obwohl der Bergbau einen großen nicht-burischen Bevölkerungsanteil anzog, von den Buren kontrolliert wurde. Einmal an der Regierung, erließen sie Gesetze gegen asiatische Einwanderer, vor allem gegen Inder. (Für sie trat der junge Rechtsanwalt Mohandas Gandhi zu dieser Zeit als Fürsprecher seiner

Volksgruppe in die Politik ein.) Ein Verfassungsentwurf für eine Südafrikanische Union, auf den man sich 1909 einigte, bestimmte die gleichberechtigte Verwendung des niederländischen Afrikaans und der englischen Sprache, und vor allem sah er vor, dass die regierende Wahlversammlung gemäß den in den Einzelprovinzen geltenden Wahlbestimmungen gebildet werden sollte. In den burischen Provinzen war dabei das Wahlrecht weißen Männern vorbehalten.

Zu jener Zeit sprach viel für die gefundene Regelung. Wer damals die „ethnische Frage" in Südafrika ansprach, bezog sich auf das schwierige Verhältnis von Briten und Buren, das dringend einer Versöhnung bedurfte. Die Nachteile der Vereinbarung kamen erst viel später zum Vorschein. Hier zeigte sich dann, wie hartnäckig das historische Bewusstsein der Buren war. Im Zuge der industriellen Transformation der südafrikanischen Gesellschaft, die sich unaufhaltsam fortsetzte, wurden zwangsläufig die Schwarzen zum Thema gemacht.

Rohstoffe in den britischen Dominions

Südafrikas weitere wirtschaftliche Entwicklung wurde, ebenso wie die aller anderen britischen Herrschaftsgebiete, entscheidend durch seine Verflechtung mit der Weltwirtschaft geprägt. Kanada war wie die Vereinigten Staaten infolge des Eisenbahnbaus durch die großen Ebenen zu einer der wichtigsten Kornkammern Europas geworden. Australien und Neuseeland nutzten ihre ausgedehnten Weideflächen zunächst, um die stetig wachsende Nachfrage europäischer Fabriken nach Wolle zu befriedigen, dann, nach der Einführung des Kühlschiffs, verlegten sie sich auf die Fleischerzeugung und, was Neuseeland betrifft, auf Milchprodukte. So entwickelten diese neuen Nationen eine Wirtschaft, die auf Rohstoffen aufbaute und wesentlich bedeutender war als die Plantagenwirtschaften des 17. Jahrhunderts mit den Produkten Tabak und Indigo. In Südafrika lagen die Verhältnisse insofern anders, als das Land sich erst schrittweise (wie sehr viel später auch Australien) zum Produzenten von Mineralien entwickelte. Den Anfang dieser Entwicklung machte zwar die Diamantenindustrie, den großen Sprung nach vorne brachten jedoch erst die Goldfunde der 80er Jahre des 19. Jahrhunderts. Die anschließende Ausbeutung zog Kapital und Sachverstand ins Land, wodurch schließlich auch der Abbau anderer Mineralien ermöglicht wurde. Die Gegenleistung Südafrikas bestand nicht nur in Profiten für europäische Unternehmen und Anteilseigner, sondern auch in einer Erhöhung des weltweiten Goldaufkommens, durch die der europäische Handel in ähnlicher Weise belebt wurde wie durch die kalifornischen Goldfunde von 1849.

Die Abbildung (19. Jh.) eines Diamantfeldes in der britischen Kapkolonie in Südafrika zeigt Schürfer am Flussufer beim Auswaschen des Bodens.

DIE BEHANDLUNG DER INDIGENEN BEVÖLKERUNG

Ein gewachsenes humanitäres und missionarisches Bewusstsein sowie das Misstrauen der Kolonialverwaltung gegenüber den

Dieser Stich aus der Mitte des 19. Jahrhunderts zeigt einen Maori-Häuptling mit seiner Frau. Die Maori in Neuseeland, ein Volk polynesischer Abstammung, waren anpassungsfähiger, technologisch fortschrittlicher und kriegerischer als die australischen Aborigines.

Forderungen der Siedler verhinderten, dass die Belange der indigenen Bevölkerungen in den weißen Dominions ähnlich übergangen wurden wie von den Amerikanern, als sie die Indianer aus den großen Ebenen vertrieben. Allerdings traf in den britischen Kolonien die Moderne nicht auf alte Hochkulturen, sondern auf primitive Gesellschaften, einige davon tatsächlich noch auf sehr niedriger Entwicklungsstufe, jung- oder sogar altsteinzeitlich. Die kanadischen Indianer und Eskimos waren gering an der Zahl und setzten der Erschließung des Westens und Nordwestens keinen solchen Widerstand entgegen wie die um ihre Jagdgründe kämpfenden Indianer.

Die Entwicklung in Australien verlief wesentlich blutiger. Die Jäger- und Sammlerkultur der Aborigines wurde durch die Besiedlung zerstört, ihre Stämme gegeneinander aufgebracht und durch die rücksichtslose Brutalität der weißen Australier zur Gewalt getrieben. Zudem wurde ihre Zahl durch neuartige Krankheiten rasch dezimiert. In den frühen Jahrzehnten der australischen Kolonie wurden die Aborigines getötet, in späteren Jahren missachtete man die Überlebenden, tyrannisierte sie und beutete sie aus. Dennoch erlitt vermutlich keine andere Bevölkerung auf dem Gebiet der ehemaligen britischen Territorien ein Schicksal, das mit dem der amerikanischen Indianer vergleichbar wäre.

In Neuseeland brachte die Ankunft der ersten Weißen den Maori Gewehre, die sie, mit zerstörerischen Folgen für ihre Kultur, gegeneinander richteten. Später folgten Kriege mit der Regierung, die ihre Ursache in der Vertreibung der Maori von ihrem Land durch die Siedler hatten. Danach ergriff die Regierung zwar Maßnahmen, um die übelsten Formen der Landnahme zu ächten, doch führte die Anwendung des individuellen Eigentumsrechts englischer Prägung schließlich zur Auflösung der Stammesbesitzungen und bis zum Ende des Jahrhunderts praktisch zum vollständigen Verlust ihres Landes. Die Zahl der Maori ging ebenfalls zurück, wenn auch nicht so gewaltsam und unumkehrbar wie bei den australischen Aborigines. Heute gibt es wesentlich mehr Maori als im Jahr 1900, und ihre Zahl wächst schneller als die der Neuseeländer europäischer Abstammung.

In Südafrika verlief die Entwicklung komplexer. Einige der dortigen Völker konnten unter britischem Schutz bis ins 20. Jahrhundert auf ihrem angestammten Land ein nur wenig verändertes Leben führen. Andere wurden vertrieben oder umgebracht. Ihr Überleben war abhängig von den jeweils vor Ort herrschenden Verhältnissen, von Interesse

Diese Szene aus der Mitte des 19. Jahrhunderts zeigt australische Aborigines bei einem zeremoniellen Tanz. Als die Briten Australien erreichten, lebten dort noch mehrere hunderttausend Aborigines als Jäger und Sammler. Bis zum Beginn des 20. Jahrhunderts war ihre Zahl auf 50 000 reduziert worden.

und Wohlwollen der Regierung, von Bedürfnissen und Traditionen der Siedler, von wirtschaftlichen Möglichkeiten und Erfordernissen. Auch wenn sie kurzfristig ernsthafte militärische Probleme aufwerfen konnten (wie die Zulus unter Zetewajo oder der Guerillakrieg der Maori), waren sie mit ihren eigenen Mitteln auf lange Sicht ebenso wenig fähig zu effektivem Widerstand wie einst die Azteken gegen Cortez.

Den Preis für die Gründung neuer europäischer Nationen in Übersee zahlten aber am Ende immer die Ureinwohner, und oft wurden sie dabei bis an ihre Grenzen gefordert.

Die europäische Überheblichkeit

Das Unrecht, welches den eingeborenen Völkern unter europäischer Herrschaft angetan wurde, soll die Betrachtung des Kolonialismus nicht abschließen. Es bleibt noch das Problem der Überheblichkeit anzusprechen: Europäer wurden Zeugen der Auflösung und oft sogar der Zerstörung der angestammten Kulturen und unternahmen doch nichts, um diese aufzuhalten. Es wäre eine zu simple Erklärung zu sagen, sie seien alle schlechte, habgierige Menschen gewesen (jedenfalls wird auch das vernichtendste Urteil relativiert durch die humanitäre Arbeit weniger Beteiligter). Die Antwort muss in der Mentalität gesucht werden. Viele Europäer konnten zwar erkennen, dass die angestammten Bevölkerungen Schaden davon trugen, selbst dann, wenn der Kontaktaufnahme durch die Weißen nur gute Absichten zu Grunde lagen. Was sie jedoch nicht vorhersahen, war die zerstörerische Wirkung ihrer Kultur auf die vorhandenen Strukturen. Dies setzt anthropologisches Wissen und Erkenntnisse voraus, die Europa erst noch erwerben musste. Umso schwieriger erwiesen sich die Bedingungen, wenn das Fremde und scheinbar Rohe der eingeborenen Kultur auf das ausgeprägte missionarische Selbstvertrauen der Europäer stieß. Letztere wussten, dass sie auf dem Boden von Fortschritt und

Europäische Überheblichkeit, aber auch fehlendes kulturelles Verständnis gegenüber der Urbevölkerung führten zur weitgehenden Zerstörung der vorhandenen Zivilisationen in den unterworfenen Kolonialgebieten.

Verbesserung standen, und viele glaubten sich zudem im Recht des universellen Glaubens. Von diesem Bewusstsein wurde jede Art der europäischen Expansion durchzogen, die Kolonien weißer Siedler, die Besitzungen unter direkter Herrschaft oder die Vereinbarungen mit abhängigen Gesellschaften. Das Selbstvertrauen, einer höher entwickelten Zivilisation anzugehören, führte nicht nur, wie früher schon das Christentum, zu räuberischen Verhaltensweisen, sondern ermutigte auch zu einer Haltung, die der von Kreuzrittern ähnelte. Die Gewissheit, dass sie etwas Besseres mitbrachten, machte die Europäer allzu oft blind für die tatsächlichen und materiellen Folgen ihrer Kolonialmacht.

Dieser der englischen Zeitschrift *Illustrated London News* entnommene Stich zeigt Königin Viktoria (1819–1901) beim Besuch des Ausstellungsbereichs von Südaustralien auf der Kolonial- und Indienausstellung im Mai 1886.

2 EUROPÄISCHER IMPERIALISMUS UND KOLONIALHERRSCHAFT

Ihre Herrschaft über fremde Völker und andere Länder war der treffendste Beweis für die Macht der Europäer. Da das Phänomen des Imperialismus immer noch nicht vollständig und zufriedenstellend erklärt werden kann, ist es sinnvoll, den Begriff zunächst auf die direkte und formelle Oberherrschaft zu beschränken, auch wenn die Grenzen zu anderen Formen der Machtausübung über die außereuropäische Welt fließend sind. Immer kamen verschiedene und wechselnde Ursachen und Motive zum Tragen. Imperialismus war weder das Merkmal einer bestimmten Epoche, noch beschränkte er sich auf das Verhältnis Europas zur außereuropäischen Welt in Übersee. Gleichwohl konzentrierte sich die Bedeutung des Begriffs im 19. und 20. Jahrhundert, während die Dominanz der Europäer über die übrige Welt offensichtlicher wurde als jemals vorher, auf die europäische Expansion. Obwohl die Ereignisse auf dem amerikanischen Kontinent seit Beginn des 19. Jahrhunderts den Anschein erweckten, die über drei Jahrhunderte zuvor errichteten europäischen Reiche befänden sich im Niedergang, setzte sich der europäische Imperialismus in den folgenden 100 Jahren weiter fort. Dabei lässt sich die Entwicklung in zwei Phasen unterteilen, deren erste bis etwa 1870 reichte und im Folgenden betrachtet werden soll. In diesem Zeitraum gelang es einigen der alten imperialistischen Mächte, wie Russland, Frankreich und Großbritannien, ihre Reiche beträchtlich zu vergrößern. Andere, wie die der Niederlande, Spanien und Portugal, stagnierten oder mussten Verluste hinnehmen.

Eine französische Expedition überquert 1884 das Tonkingebirge in Indochina. Der bewaffnete Geleitschutz besteht ausschließlich aus Einheimischen.

Die russische Expansion

Die russische Expansion weist auf den ersten Blick Gemeinsamkeiten sowohl mit der Entwicklung in Nordamerika – Erschließung eines dünn besiedelten Kontinents und Beherrschung unterlegener Nachbarvölker – als auch mit der britischen Herrschaft in Indien auf. Tatsächlich jedoch handelte es sich hier um einen ganz eigenen Fall. Nach Westen hin sah sich Russland reifen, etablierten Staaten gegenüber und konnte sich kaum Hoffnungen machen, in dieser Richtung Gebietsgewinne zu erzielen. Das galt fast in selbem Maß für eine Expansion in die türkische Donauregion, wo sich Russland andere Mächte in den Weg stellten.

Handlungsspielraum gab es hauptsächlich nach Süden und Osten. Ein siegreich beendeter Krieg gegen Persien (1826–1828) ermöglichte die Stationierung der russischen Marine

Imperialismus

Der Imperialismus – die häufig aus bewaffneter Eroberung hervorgehende Herrschaft eines Volkes über andere – existierte seit dem Aufkommen der ersten Zivilisationen und in allen Teilen der Welt. Der Begriff Imperialismus wird jedoch erst seit der zweiten Hälfte des 19. Jahrhunderts zur Beschreibung der damals sich vollziehenden großen kolonialen Expansion Europas verwendet. Im Verlauf der noch anhaltenden Diskussion über die Ursachen des Imperialismus wurden von manchen Historikern politische Deutungen vorgeschlagen, etwa das Bedürfnis, von inneren Problemen abzulenken und internationales Prestige zu gewinnen. Andere ziehen ökonomische Erklärungsmuster vor. Wieder andere führen die psychologischen und sozialen Motive der Imperialisten ins Feld. Die Begründer der Kolonialreiche beriefen sich oft auf den Sozialdarwinismus, die damals populäre Theorie, dass die Europäer anderen Ethnien von Natur aus überlegen seien und daher die Pflicht hätten, diese zu beherrschen.

Truppenabnahme der Einheimischen-Kavallerie in Französisch-Indochina im August 1903. Meist wurde die Ordnung in den Kolonien von Truppen aus Ureinwohnern aufrechterhalten, die in militärischen Einheiten nach europäischem Vorbild zusammengefasst waren und von europäischen Offizieren befehligt wurden.

auf dem Kaspischen Meer und Geländegewinne in Armenien. In Zentralasien gipfelte die nahezu kontinuierliche Ausdehnung nach Turkestan und in Richtung der zentralen Oasen Buchara und Chiwa 1881 in der vollständigen Eingliederung von Transkaspien. Auf die aggressive Expansion in Sibirien folgte die Einnahme des bisher zu China gehörenden linken Amurufers bis zur Küste sowie die Gründung von Wladiwostok, der Hauptstadt des russischen Fernen Ostens, im Jahr 1860. Bald darauf entledigte sich Russland durch den Verkauf Alaskas an die Vereinigten Staaten seiner Verpflichtungen in Amerika, was die Absicht auszudrücken schien, seinen Machtanspruch auf den asiatischen und pazifischen Raum zu beschränken.

Die Ära der britischen Seeherrschaft

Die wichtigsten imperialistischen Mächte neben Russland, nämlich Frankreich und Großbritannien, expandierten nach Übersee. Allerdings erzielte Großbritannien viele seiner Gebietsgewinne auf Kosten Frankreichs. In dieser Hinsicht bildeten die Revolutions- und die napoleonischen Kriege den Abschluss des großen englisch-französischen Kolonialwettkampfs des 18. Jahrhunderts. Wie schon 1714 und 1763, dienten viele der Neuerwerbungen Großbritanniens auch nach dem siegreichen Friedensschluss von 1815 der Stärkung seiner Flotte, und daher wurden Malta, St. Lucia, die ionischen Inseln, das Kap der Guten Hoffnung, Mauritius und Trinkomali einbehalten. Nachdem die Royal Navy mit Dampfschiffen ausgerüstet worden war, spielte für die Marinestützpunkte auch die Kohleversorgung eine Rolle, was man gelegentlich zum Anlass für Neuerwerbungen nahm. Innere Unruhen im Osmanischen Reich nutzten die Briten 1839 zur Einnahme des für die Indienroute strategisch wichtigen Stützpunktes Aden, dem noch weitere folgten. Nach Trafalgar wurde

Die Abbildung von 1880 zeigt die englische Königin Viktoria zusammen mit ihrer Tochter, Prinzessin Beatrice. Unter Viktorias langer Regentschaft (1837–1901) entfaltete das britische Kolonialreich seine größte Macht. 1876 wurde sie zur Kaiserin von Indien gekrönt.

dieses britische Vorgehen von keiner anderen Macht in Frage gestellt. Es wäre zwar andernorts nicht unmöglich gewesen, unter Einsatz der vorhandenen Ressourcen eine schlagkräftige Flotte aufzubauen und Großbritannien die Seeherrschaft zu entreißen, doch hätte es dazu riesiger Anstrengungen bedurft. Keine andere Nation gebot über eine vergleichbar große Flotte oder besaß die Stützpunkte, die zu einer aussichtsreichen Herausforderung der britischen Seemacht erforderlich gewesen wären. Dass die größte Handelsmacht der Welt die Meere kontrollierte, hatte für andere Nationen sogar Vorteile.

Die Seeherrschaft sicherte den Warenverkehr mit den britischen Kolonien, die dadurch in das am schnellsten wachsende Handelssystem des Zeitalters eingebunden waren. Bereits vor der amerikanischen Revolution hatte die britische Politik stärker als die spanische oder französische die Entfaltung privater Handelsunternehmen begünstigt. Was den ehemaligen Kolonien zu Reichtum und Wohlstand verholfen hatte, davon profitierten sie auch als Gebiete des Commonwealth. Andererseits betrachtete London die Siedlerkolonien nach der amerikanischen Revolution im wesentlichen als Unruheherd und Kostenfaktor. Dennoch schickte Großbritannien als einziges europäisches Land zu Beginn des 19. Jahrhunderts neue Siedler in die bestehenden Kolonien, die in der Folge ihr Heimatland mitunter zu weiterer räumlicher Ausdehnung seiner Herrschaft über fremde Länder trieben.

DIE BRITISCHE KOLONIALHERRSCHAFT IN INDIEN

Einige der britischen Neuerwerbungen (vor allem Südafrika) wurden durch die zunehmende Sorge um die Verbindung nach Asien motiviert. Ohne Zweifel wurde die Attraktivität der westlichen Halbkugel als Expansionsgebiet durch die amerikanische Unabhängigkeit und die Monroe-Doktrin geschmälert, aber schon vor 1783 zeichnete sich die Verlagerung der britischen Interessen nach Osten durch die Aufnahme des Handels im Südpazifik und die Zunahme des Asienhandels ab. Der Krieg mit den Niederlanden, zu jenem Zeitpunkt ein Satellit Frankreichs, führte in der Folge zu einem neuerlichen Engagement Großbritanniens in Malaysia und Indonesien, vor allem aber hatten sich die britischen Beziehungen zu Indien kontinuierlich vertieft. Seine Bedeutung hatte den Handel mit diesem Land bis 1800 bereits zu einer festen Größe in der Handels- und Kolonialpolitik Großbritanniens werden lassen. Es drängt sich die Vermutung auf, dass die nachfolgenden, bis 1850 gemachten Neuerwerbungen durch die strategischen Interessen bezüglich Indiens bestimmend waren. Bis dahin dehnte sich die britische Kontrolle auf den gesamten indischen Subkontinent aus. Er war und blieb das Herzstück des britischen Imperialismus.

Die Erfahrung der amerikanischen Unabhängigkeitsbewegung hatte die Ansicht bestärkt, dass es ratsam sei, zusätzliche koloniale Verpflichtungen zu vermeiden. Problematisch blieb allerdings, dass die Ostindische Kompanie – mit Bedacht auf ihre Einnahmen – zwangsläufig an einer engen Verbindung zu Politik und Verwaltung interessiert sein musste. Langsam verbreitete sich die Ansicht, dass die Frage nach der Qualität der Regierung Indiens das Parlament nicht nur deshalb interessieren solle, weil man eines Tages deren Unterstützung brauchen könnte, sondern auch deshalb, weil die Regierung in London für eine gute Regierung der Inder verantwortlich sei. Hierin artikulierte sich eine treuhänderische Einstellung. Es mag auch kaum überraschen, dass die im Lauf des Jahrhunderts in Europa gewachsene Vorstellung, eine Regierung habe dem Wohl der Regierten zu dienen, früher oder später auch zum Prinzip der Herrschaft über Kolonialvölker erhoben wurde. Mitte des 18. Jahrhunderts übertrug Abbé Raynal in einem vielbeachteten und -gelesenen Buch (innerhalb von 20 Jahren erschienen 30 Auflagen und zahlreiche Übersetzungen) die kirchliche Kritik in die säkularen Begriffe eines aufgeklärten Humanismus. Vor diesem Hintergrund formulierte Edmund Burke 1783 in einer Debatte des Unterhauses über Indien das Prinzip, „alle politische Macht, die auf Menschen ausgeübt wird ... sollte auf die eine oder andere Weise deren Wohl zum Ziele haben“.

Diese Straßenszene aus Mandalai im Oberen Burma von 1887 belegt bereits den Einfluss der britischen Kolonisierung.

Dieser Stich aus dem Jahr 1886 zeigt Soldaten eines bengalischen Infanterieregiments beim Sturm auf die Stadt Minhla in Burma. Im selben Jahr annektierten die Briten das Obere Burma und schlossen damit die Eroberung des gesamten Landes ab.

Warren Hastings, von 1773 bis 1784 Generalgouverneur von Indien, musste sich nach seinem Rücktritt einer Untersuchung des Oberhauses wegen Korruption unterziehen. Unter den britischen Beamten in Indien war Korruption damals weit verbreitet, allerdings wurde Hastings selbst schließlich von der Anklage freigesprochen.

Die neue Einstellung zu Indien

Der Hintergrund, vor dem man Indien betrachtete, veränderte sich. Hatte der Hof des Moghuls den ersten in Indien eintreffenden Händlern noch Staunen und Ehrfurcht eingeflößt, war dieser Eindruck binnen 200 Jahren der Verachtung dafür gewichen, was man als Rückständigkeit, Aberglauben und Minderwertigkeit zu erkennen glaubte. Doch nun zeichnete sich ein neuerlicher Wandel ab. Während Clive, der Sieger der Schlacht von Plassey, sich in keiner indischen Sprache ausreichend hatte verständigen können, bemühte sich Warren Hastings, der erste Generalgouverneur von Indien, um die Einrichtung eines Lehrstuhls für Persisch in Oxford und förderte die Einführung der ersten Druckerpresse in Indien. Es gab noch weitere Kennzeichen für eine breitere Anerkennung der indischen Kultur. Seit 1789 erschien in Kalkutta die erste Zeitschrift für orientalische Studien, *Asiatick Researches*. Auf Regierungsebene waren zur selben Zeit die Richter der Ostindischen Kompanie angehalten, bei Familienangelegenheiten mit muslimischer Beteiligung nach islamischem Recht zu entscheiden. Ab 1806 lehrte man an der Hochschule der Kompanie in Haileybury indische Sprachen.

Die wiederholten Reformen des Rechtsstatuts der Ostindischen Kompanie vollzogen sich unter veränderten Bedingungen des britisch-indischen Verhältnisses. Unterdessen nahm die Verantwortung der Regierung zu. Die Reform von 1813 stärkte den Einfluss Londons und machte dem Monopol der Kompanie über den Handel mit Indien ein Ende. Bis zu diesem Zeitpunkt hatten die Kriege gegen Frankreich bereits zur Ausdehnung der Macht Großbritanniens auf Südindien geführt, entweder durch Annexion oder durch die von einheimischen Herrschern vertraglich zugesicherte Kontrolle über deren Außenpolitik. Nach einer neuen Reform 1833 wurde der Nordwesten als einziges zusammenhängendes Gebiet nicht direkt oder indirekt von der Kompanie beherrscht. Die Annexion des Panjab und von Sind folgte in den 40er Jahren des 19. Jahrhunderts, mit der Errichtung ihrer Oberhoheit in Kaschmir beherrschten die Briten praktisch den gesamten Subkontinent.

Die Ostindische Kompanie regiert

Die Ostindische Kompanie war nicht länger eine Handelsorganisation. Die Reformgesetze von 1833 hoben ihre Handelsaufgaben in Indien und ihr Handelsmonopol für China auf. Den zeitgenössischen Theorien entsprechend vollzog sich der Asienhandel seitdem auf Freihandelsbasis, die Kompanie beschränkte sich auf eine administrative Rolle. Damit war der Weg für den Abschluss eines Prozesses vieler tatsächlicher und symbolischer Brüche mit Indiens Vergangenheit frei; der Subkontinent war nunmehr vollständig in die moderne Welt integriert. Ein Zeichen dafür war, dass der Name des Moghuls nicht mehr auf den Münzen erschien. Mehr noch als ein Symbol aber war das Ende des Persischen als offizielle Amts- und Gerichtssprache. Dies zeigte nicht nur die Verbreitung des Englischen als offizielle Sprache (und damit der englisch geprägten Bildung), sondern störte auch die Machtbalance der religiösen Gruppen Indiens. Die stärker anglifizierten Hindus hatten gegenüber den weniger anpassungsbereiten Muslimen Vorteile. Der Übernahme des Englischen als Verwaltungssprache auf dem von so vielen Unterschieden geprägten Subkontinent entsprach die wichtige Entscheidung, Englisch als Unterrichtssprache in den Grundschulen zu verwenden. Gleichzeitig zog der aufgeklärte Despotismus einer Reihe von Generalgouverneuren materielle und institutionelle Fortschritte nach sich. Man legte Straßen und Kanäle an, die erste Eisenbahnstrecke folgte 1853. Grundgesetze wurden erlassen, und die für den Dienst in der Kompanie vorgesehenen Beamten erhielten eine besondere Ausbildung an der eigens zu diesem Zweck eingerichteten Hochschule. Die drei im Jahr 1857 gegründeten ersten Universitäten Indiens gingen aus etablierten Vorläuferinstitutionen hervor. Ab 1813 brachte die Ankunft der Missionare (die bis dahin von der Kompanie ferngehalten worden waren) den Einfluss einer weiteren Gruppe mit sich, die für die britische Gesellschaft festigend auf die Vorgänge in Indien einwirkten und nicht selten das offizielle Indien dadurch verärgerten. Tatsächlich konkurrierten zwei Denkweisen um den Einfluss auf die Entscheidungen der Regierung: Der Utilitarismus strebte nach Verbreitung des Glücks, das evangelische Christentum nach Erlösung der Seelen. Beide waren überzeugt zu wissen, was für Indien das Beste sei, und ihre Urteile über das Land waren gleichermaßen arrogant. Im Lauf der Zeit veränderten beide auf subtile Weise die britische Einstellung.

Die Abbildung zeigt den muslimischen Fürsten von Mysore, Hider Ali-Khan, beim Empfang des französischen Admirals Pierre de Suffren im Jahr 1782. Dass sie den Kampf gegen Hastings' britische Truppen gemeinsam führten, bewahrte sie nicht vor der Niederlage.

Auswanderung

Durch die Einführung des Dampfschiffs verkürzte sich die Entfernung nach Indien beträchtlich. Eine wachsende Zahl von Engländern und Schotten lebte in Indien, machte dort Karriere und veränderte damit schrittweise den Charakter der britischen Präsenz. Die vergleichsweise wenigen Offiziere der Kompanie im 18. Jahrhundert hatten sich damit beschieden, das Leben von Exilanten zu führen, Nutzen aus ihrer Handelstätigkeit zu ziehen und Entspannung in einem sozialen Alltagsleben zu suchen, das gelegentlich eng mit jenem der Inder verflochten war. Oft ähnelte ihre Lebensweise der hochgestellter indischer Persönlichkeiten, manche übernahmen indische Kleidung und Essgewohnheiten, manche hatten indische Frauen oder Konkubinen. Reformorientierte Beamte, die auf die Verdrängung des Rückständigen und Barbarischen aus der einheimischen Kultur bedacht waren – sie waren zu Recht besorgt über Praktiken wie die Tötung von Töchtern

Diese indische Miniatur aus dem 18. Jahrhundert zeigt den auch als „Löwen von Punjab" bekannten Maharadscha Ranjit Singh (1780–1839), der 1792 in der Nachfolge seines Vaters Führer der Sikh-Minderheit wurde. Gestützt auf eine von westlichen Soldaten ausgebildete Armee (der Maharadscha war ein treuer Verbündeter der Briten) nahm Ranjit Singh 1799 Lahore ein und gründete im Punjab einen sehr mächtigen unabhängigen Sikh-Staat.

Englische Beamte mit ihren Ehefrauen bei einem Tennisturnier im Indien des 19. Jahrhunderts. Bei den meisten der hier abgebildeten Inder handelt es sich eher um Diener als um Gäste. Die Kleidung der Engländer, die Möbel und die Art der Veranstaltung selbst belegen die Absicht der Kolonialherren, an der britischen Lebensweise festzuhalten.

und Witwen –, Missionare, die eifrig das predigten, was auf die Gesamtstruktur der Gesellschaft von Hindus und Muslimen zersetzend wirkte und englische Frauen, die ihre Ehemänner nach Indien begleitet hatten und hier ihren Haushalt führten, sie alle veränderten den Charakter der britischen Gesellschaft in Indien.

Die Briten wohnten immer öfter von den Einheimischen getrennt und entfremdeten sich den von ihnen Beherrschten immer mehr. Ein Brite schrieb seinen Landsleuten die Aufgabe zu, „ein dicht bevölkertes, überaus ungebildetes, in götzendienerischem Aberglauben versunkenes, untätiges, fatalistisches und den meisten von uns als Übel des Lebens angesehenen Dingen gegenüber gleichgültiges Land mit den wesentlichen Elementen der europäischen Zivilisation vertraut zu machen, indem wir die Mühe auf uns nehmen, jenen Übeln zu begegnen und sie zu beseitigen versuchen". Diese Überzeugung unterschied sich erheblich von jener der Engländer des vorangegangenen Jahrhunderts, die vor allem wegen des Geldverdienens nach Indien gekommen waren. Während jetzt neue Gesetze gegen fundamentale Interessen der Einheimischen verstießen, gab es zwischen den Anhängern jener Überzeugung und den Indern immer weniger Kontakt. Auch gebildeten Indern gewährte man bald nur noch Zugang zu den niederen Verwaltungsrängen und zog sich in seinen abgeschirmten, aber deutlich privilegierten Lebensbereich zurück. Frühere Eroberer waren von der indischen Gesellschaft mehr oder weniger absorbiert worden. Dank moderner Technik, die den kontinuierlichen Austausch mit dem Heimatland erlaubte und das Vertrauen in die geistige und religiöse Überlegenheit wach hielt, blieben die viktorianischen Briten immun gegen äußere Einflüsse und gingen, anders als frühere Eroberer, zunehmend auf Distanz. Den Einfluss Indiens konnten sie zwar nicht gänzlich verhindern, wovon die zahlreichen Spuren in der englischen Sprache und in der englischen Küche bis heute Zeugnis geben, aber sie schufen eine Kultur, die keine indische und doch auch keine vollends englische war. Als „anglo-indisch" bezeichnete man im 19. Jahrhundert keine Person gemischter Abstammung, sondern einen Engländer, der in Indien Karriere gemacht hatte, und man kennzeichnete damit einen kulturellen und sozialen Unterschied.

Hatten die ersten Kolonisten noch indische Sitten angenommen, distanzierten sich spätere Siedler bewusst von der ihnen angeblich „kulturell unterlegenen Bevölkerung".

Dieser Stich aus dem 19. Jahrhundert spiegelt in der Darstellung einer Schlacht zwischen britischen und indischen Truppen den Mythos des „Großen Aufstands" wider.

DER GROSSE AUFSTAND IN INDIEN

Praktisch vollendet wurde die Trennung zwischen anglo-indischer Gesellschaft und Indien selbst durch den schrecklichen Schaden, den das Vertrauen der Briten im Zuge der als „Großer Aufstand" bezeichneten Rebellion von 1857 nahm. Im Grunde handelte es sich um eine Kettenreaktion von Aufständen, ausgelöst durch eine Meuterei von Hindusoldaten, die den Einsatz einer neuartigen, mit Tierfett geschmierten Patrone als Entweihung betrachteten. Verstärkend wirkte sich die Verbitterung einheimischer Anführer, Muslime wie Hindus, aus, die den eingebüßten Privilegien nachtrauerten und die Gelegenheit gekommen sahen, ihre Unabhängigkeit zurückzugewinnen. Zwar waren die Briten zahlenmäßig unterlegen, doch ihre Antwort erfolgte prompt. Nach einigen Massakern an britischen Gefangenen und nachdem eine britische Armee mehrere Monate lang in Lucknow, auf Rebellengebiet, belagert worden war, wurden die Rebellionen mit Unterstützung loyaler indischer Soldaten niedergeschlagen.

Die Spannungen zwischen Briten und Indern entluden sich 1857 im „Großen Aufstand". Ausgelöst wurden die Unruhen durch das Nicht-Beachten einer der wesentlichsten Sitten des Landes, der besonderen Stellung von Tieren im öffentlichen Leben, durch die Engländer.

Die mythische Bedeutung des Aufstands

Der Aufstand und seine Niederschlagung bedeuteten wenn auch nicht die völlige Vernichtung, so doch eine schwere Niederlage für das britische Indien. Die formelle Auflösung des Moghulreiches durch die Briten hatte dagegen keine große Bedeutung mehr (die Aufständischen in Delhi hatten den letzten Kaiser zu ihrem Anführer ausgerufen). Ebenso hatte, wie von indischen Nationalisten später behauptet, keine Zerschlagung einer nationalen Befreiungsbewegung stattgefunden, deren Ende für Indien eine Tragödie darstellte. Seine Bedeutung erhielt der Aufstand, wie man es bei zahlreichen Nationen beobachten kann, als Mythos und Vorbild. Das Bild, das man sich später von ihm machte, war wichtiger als der Aufstand selbst. Seine niederschmetterndste Wirkung bestand in dem Vertrauensverlust der Briten gegenüber Indien. Was auch immer die erklärten Ziele britischer Politik waren, das Bewusstsein der Briten war seitdem von der Erinnerung an diese Ereignisse geprägt, daran, dass Inder es gewagt hatten, sich gegen sie aufzulehnen. Mit der Zeit wuchs die mythische Bedeutung des Aufstands unter den in Indien lebenden Briten wie unter den Indern selbst. Unmittelbar und institutionell machte der Aufstand Epoche, indem er die Regierungsgewalt der Ostindienkompanie beendete. Der Generalgouverneur wurde nun ein Vizekönig Queen Viktorias, der einem britischen Minister verantwortlich war.

Das britische Indien

Nach der Niederschlagung der Rebellionen des indischen Aufstands im Jahr 1858 löste man die britische Ostindische Kompanie auf, Indien wurde der britischen Krone direkt unterstellt. Die unabhängigen, vom jeweiligen Fürsten regierten indischen Fürstentümer überdauerten allerdings bis zum Ende des Kolonialzeitalters, wenn auch nur als Protektorate Großbritanniens.

Handel

Der Aufstand beschleunigte bereits vorhandene Tendenzen schlagartig. Die aufblühenden Wirtschaftsbeziehungen zu Großbritannien im 19. Jahrhundert waren ein weiterer, für Indien gleichermaßen revolutionärer Faktor, der sich aber erst allmählich auswirkte. Der Handel war die Wurzel der britischen Präsenz auf dem Subkontinent und bestimmte deren weiteres Schicksal. Der erste Entwicklungsschub setzte ein, als Indien zur Hauptbasis des Chinahandels wurde. Die größte Ausweitung des Handels erfolgte in den 30er und 40er Jahren des 19. Jahrhunderts, als der Zugang nach China aus verschiedenen Gründen wesentlich erleichtert wurde. Ungefähr zur selben Zeit vollzog sich der erste rapide Zuwachs der britischen Exporte, vor allem von Textilien, nach Indien. Der Handel mit Indien wurde von wesentlich mehr Engländern und englischen Handelshäusern getragen als zur Zeit der Kompanie.

Die Entwicklung des anglo-indischen Handels war nunmehr fester Bestandteil der generellen Ausweitung der britischen Wirtschaft und des britischen Welthandels. Mit der Eröffnung des Suezkanals waren die Kosten für Schiffstransporte nach Asien um ein Vielfaches gesunken. Bis zum Ende des Jahrhunderts hatte sich das Volumen des britischen Handels mit Indien mehr als vervierfacht. Die Folgen dieser Entwicklung waren in beiden Ländern spürbar. Entscheidende Bedeutung hatten sie in Indien, wo der Prozess der Industrialisierung, der ohne die Konkurrenz Großbritanniens möglicherweise rascher verlaufen wäre, gebremst wurde.

DER FRANZÖSISCHE IMPERIALISMUS

Keine andere Nation vergrößerte ihren Kolonialbesitz im frühen 19. Jahrhundert so stark wie Großbritannien. Doch auch die Franzosen hatten dem Reich, das ihnen 1815 geblieben war, bedeutende Neuerwerbungen hinzugefügt. Obwohl die französischen Interessen andernorts (zum Beispiel in Westafrika und im Südpazifik) durchschienen, wurde das erste deutliche Zeichen eines wiedererstarkenden französischen Imperialismus in Algerien gesetzt. Der gesamte nordafrikanische Raum stand nach dem Verfall der formalen Oberherrschaft des osmanischen Sultans offen für die koloniale Expansion der räuberischen europäischen Mächte. An den Küsten des südlichen und östlichen Mittelmeers drohte dem türkischen Reich seine Aufteilung. Frankreich hatte an dieser Region ein natürliches Interesse: Es knüpfte damit an die im 18. Jahrhundert vollzogene große Ausdehnung seines levantinischen Handels sowie an Napoleons Feldzug nach Ägypten im Jahr 1798 an.

Die Eroberung Algeriens begann 1830 eher beiläufig. Der Großteil des Landes wurde, nach einer Reihe von Kriegen gegen seine Bewohner und den Sultan von Marokko, bis 1870 unterworfen. Dies leitete eine neue Expansionsphase ein, denn das Augenmerk der Franzosen richtete sich nun auf Tunis, welches 1881 unter das Protektorat Frankreichs kam. Diese beiden ehemals osmanischen Besitztümer wurden nun die Ziele eines anhaltenden Zustroms europäischer Einwanderer aus Frankreich, Italien und Spanien. Daraus gingen in einigen Städten Siedlerkolonien von beträchtlicher Größe hervor, die für die französische Herrschaft zu Komplikationen führten. Der Zeitpunkt, zu dem die afrikanischen Algerier, wie die Azteken, die amerikanischen Indianer oder die australischen Aborigines,

Dieses Gemälde wurde 1834 von dem französischen Maler Horace Vernet geschaffen. Unter dem Titel *Beratung der arabischen Anführer* zeigt es eine Szene aus der französischen Eroberung Algeriens.

ausgelöscht oder beinahe ausgerottet werden konnten, war bereits vorüber. Ihre Gesellschaft, hervorgegangen aus dem Schmelztiegel der islamischen Kultur, die sich einst mit Europa so erfolgreich gemessen hatte, war in jedem Fall widerstandsfähiger. Nichtsdestotrotz litten sie vor allem unter der Einführung des Grundeigentums, das ihre traditionelle gemeinschaftliche Art der Landnutzung zerstörte und die Bauern verarmen ließ.

Ägypten

In Ägypten, am östlichen Ende der afrikanischen Küstenlinie, führte eine Nationalbewegung zum Aufstieg von Mohammed Ali, Pascha von Ägypten, der als der erste große Modernisierer unter den Nationalistenführern außerhalb Europas in die Geschichte einging. Ein Bewunderer Europas, versuchte er dessen Vorstellungen und Techniken zu übernehmen, bestand jedoch auf seiner Unabhängigkeit vom Sultan. Nachdem er später vom Sultan um Unterstützung im Kampf gegen die griechische Revolution gebeten worden war, versuchte Mohammed Ali, sich als Belohnung Syrien einzuverleiben. Diese Bedrohung des Osmanischen Reichs beschwor in den 30er Jahren des 19. Jahrhunderts eine schwere internationale Krise herauf, in deren Verlauf die Franzosen sich auf die türkische Seite stellten. Ihnen war zwar kein direkter Erfolg beschieden, aber der Einfluss der französischen Politik in der Levante und in Syrien hielt sich bis ins 20. Jahrhundert.

Die kolonialen Ausläufer

Ohne Zweifel war der Eindruck, dass Großbritannien und Frankreich im frühen 19. Jahrhundert die ihnen gegebenen Möglichkeiten gut ausgenutzt hatten, ein Grund, warum andere Mächte seit 1870 versuchten, es ihnen nachzumachen. Nachahmung aus Neid erklärt allerdings nur unvollständig die außergewöhnliche Heftigkeit und Intensität der manchmal als „imperialistischen Welle" des späten 19. Jahrhunderts bezeichneten Ereignisse. Von Antarktis und Arktis abgesehen, befand sich 1914 weniger als ein Fünftel der Landfläche der Erde nicht unter der Flagge eines europäischen Landes oder eines Landes mit europäisch dominierter Bevölkerung, und in dieser kleinen Gruppe von Ländern waren lediglich Japan, Äthiopien und Siam wirklich autonom.

Die Ursachen dieser Entwicklung sind umstritten. Zum Teil geht sie offensichtlich auf den bloßen Impuls angestauter Kräfte zurück. Je mehr die europäische Hegemonie auf ihre eigene Stärke bauen konnte, desto schwerer war dem Widerstand entgegenzusetzen. Theorie und Ideologie des Imperialismus waren bis zu einem gewissen Grad bloße Rationalisierungen der immensen Macht, die die europäische Welt plötzlich in ihren Händen hielt. So wurde es beispielsweise leichter, dauerhafte Stützpunkte in Afrika zu errichten und ins Innere des Kontinents vorzudringen, nachdem Tropenkrankheiten durch die Medizin kontrollierbar geworden waren und schnellerer Transport durch dampfgetriebene Fahrzeuge

Die französische Infanterie beschießt im November 1836 eine zurückweichende algerische Reiterstaffel. Trotz ihrer vermeintlichen militärischen Überlegenheit war der Feldzug von 1836 für die Franzosen eine Katastrophe.

gewährleistet werden konnte. Der Schwarze Kontinent hatte schon lange die Interessen auf sich gezogen, seine Ausbeutung rückte aber erstmals in den 70er Jahren des 19. Jahrhunderts in greifbare Nähe. Technische Entwicklungen machten die Ausdehnung europäischer Herrschaft, durch die Handel und Investitionen gefördert und geschützt zu werden vermochten, denkbar und attraktiv. Die an diese Möglichkeiten geknüpften Hoffnungen waren oft überzogen und wurden für gewöhnlich enttäuscht. Welcher Reiz auch immer von noch „unentwickelten Besitztümern" in Afrika oder vom angeblich riesigen Absatzmarkt für Konsumgüter ausgehen mochte, den Millionen besitzloser Chinesen bildeten, die besten Kunden und Handelspartner der Industrieländer waren noch immer die anderen Industrieländer. Die ehemaligen oder bestehenden Kolonien zogen eher als die neuen den Großteil der Kapitalinvestitionen aus Übersee an. Bei weitem der größte Teil des im Ausland investierten britischen Kapitals ging in die USA und nach Südamerika, französische Investoren zogen Russland oder Afrika vor und deutsches Geld floss in die Türkei.

Koloniale Rivalität

Die Hoffnung auf wirtschaftlichen Erfolg trieb viele Menschen an. Dadurch erhielt die koloniale Expansion ein Moment der Zufälligkeit, das Generalisierungen erschwert. Häufig hatte das Vorgehen von Entdeckern, Händlern und Abenteurern zur Folge, dass einige Länder ihre Kolonisationsbestrebungen noch ausdehnten. Die aktivste Phase des europäischen Imperialismus ging damit einher, dass sich die Bevölkerung an den öffentlichen Angelegenheiten beteiligte. Als Zeitungsleser, Wähler oder als jubelnde Menge auf den Straßen waren die Massen mehr und mehr in die Politik involviert, und diese Politik betonte als Ausdruck der nationalen Rivalität, neben anderem, den Wettlauf um die Kolonien. Die neuartige Boulevardpresse heizte dies durch die dramatisierende Darstellungen von Entdeckungen und Kolonialkriegen zusätzlich an.

Aber Zynismus ist als Erklärung ebenso unzureichend wie Profitstreben. Der Idealismus, von dem mancher Imperialist erfüllt war, diente vielen anderen zur Beruhigung ihres Gewissens. Wer sich als Angehöriger der wahren Zivilisation fühlte, musste es als seine

Die „Bürde" des Kolonialismus

Der englische Schriftsteller Rudyard Kipling (1865–1936) verfasste eine bekannte Würdigung des Kolonialismus. Er stellte ihn als Bürde dar, den die Kolonisten zum Nutzen der Kolonisierten auf sich nahmen. Sein Gedicht sollte die USA ermahnen, sich ihrer Verantwortung auf den Philippinen zu stellen. Hier der Anfang:

„Ergreift die Bürde des Weißen Mannes – / schickt die Besten aus, die ihr erzieht – / bannt eure Söhne ins Exil,/ den Bedürfnissen eurer Gefangenen zu dienen; / in schwerem Geschirre aufzuwarten / verschreckten wilden Leuten – / euren neugefangenen verdrossenen Völkern, / halb Teufel und halb Kind.

Ergreift die Bürde des Weißen Mannes – / geduldig auszuharren / um Schreckensdrohung zu verhüllen / und anmaßenden Stolz zu zügeln; / durch offenes und schlichtes Reden, / hundert Mal klar dargelegt, / eines anderen Vorteil zu suchen / und eines anderen Gewinn zu bewirken.

Ergreift die Bürde des weißen Mannes – / die wüsten Kriege des Friedens – / füllt den Mund des Hungers / und gebietet der Krankheit Einhalt; / und wenn euer Ziel ganz nah ist, / das Ziel, das ihr für andere erstrebt habt, / seht zu, wie Trägheit und heidnischer Wahn / all eure Hoffnung zunichte machen."

Die ersten drei Strophen aus *„Die Bürde des Weißen Mannes"* von Rudyard Kipling, 1899, übersetzt von Gisbert Haefs.

Pflicht ansehen, über andere zu deren Nutzen zu herrschen. Kiplings berühmtes Gedicht drängte die Amerikaner nicht zur Annahme der Beute des weißen Mannes, sondern seiner Bürde.

All diese Elemente waren nach 1870 mehr als je zuvor miteinander verflochten. Sie fügten sich in einen Kontext gewandelter internationaler Beziehungen, der der Kolonialpolitik ihre eigene Logik gab. Die Entwicklung ist im wesentlichen durch zwei Merkmale gekennzeichnet. Erstens führte z. B. Großbritannien die meisten Kriege mit anderen Staaten um Kolonien. Das britische Hauptaugenmerk galt aber mehr als je zuvor Indien. Dies belegen die Landnahmen in Afrika zur Sicherung des Seewegs auf der Kaproute und der neuen Route über Suez genauso wie die britische Alarmbereitschaft bei Vorfällen in den Ländern, die den indischen Schutzschild bildeten. Die einzigen Krisen um außereuropäische Belange zwischen 1870 und 1914, die einen Krieg zwischen Großbritannien und einer anderen Großmacht möglich erscheinen ließen, entzündeten sich an der russischen Afghanistanpolitik und am Versuch Frankreichs, sich eine Kolonie am oberen Nil zu sichern.

Der Imperialismus und die europäischen Beziehungen

Die internationalen Auseinandersetzungen über die Kolonialpolitik weisen auf das zweite Leitmotiv hin. Obwohl die Staaten Europas etwa 40 Jahre lang um das, was in Übersee geschah, stritten, und obwohl die USA mit Spanien Krieg geführt hatten, vollzog sich die Aufteilung der außereuropäischen Welt verblüffend friedlich. Als 1914 der Erste Weltkrieg ausbrach, standen Großbritannien, Russland und Frankreich, die miteinander die heftigsten Auseinandersetzungen um Kolonialangelegenheiten geführt hatten, auf derselben Seite, weil der Konflikt nicht koloniale Interessen in Übersee berührte. Nur in Marokko beschwor nach 1900 eine Auseinandersetzung zweier europäischer Großmächte um außereuropäische Gebiete eine echte Kriegsgefahr herauf, und hier ging es nicht eigentlich um koloniale Rivalität, sondern darum, ob Deutschland Frankreich provozieren konnte, ohne dessen Unterstützung durch andere befürchten zu müssen. Die Streitigkeiten um außereuropäische Angelegenheiten vor 1914 scheinen tatsächlich eine Ablenkung von der gefährlicheren Rivalität in Europa selbst gewesen zu sein, und wahrscheinlich haben sie sogar dazu beigetragen, den Frieden in Europa zu erhalten.

Afrika 1880

1880 beschränkte sich die europäische Präsenz auf schmale Küstenstreifen. Ausnahmen bildeten Algerien, der Senegal sowie die Besitzungen der Briten und Buren in Südafrika. Die türkische Herrschaft hatte einen eher formellen Charakter. Im Lauf von etwas mehr als zehn Jahren änderte sich das Bild dramatisch, und der Großteil des Kontinents kam unter europäische Herrschaft.

Afrika 1914

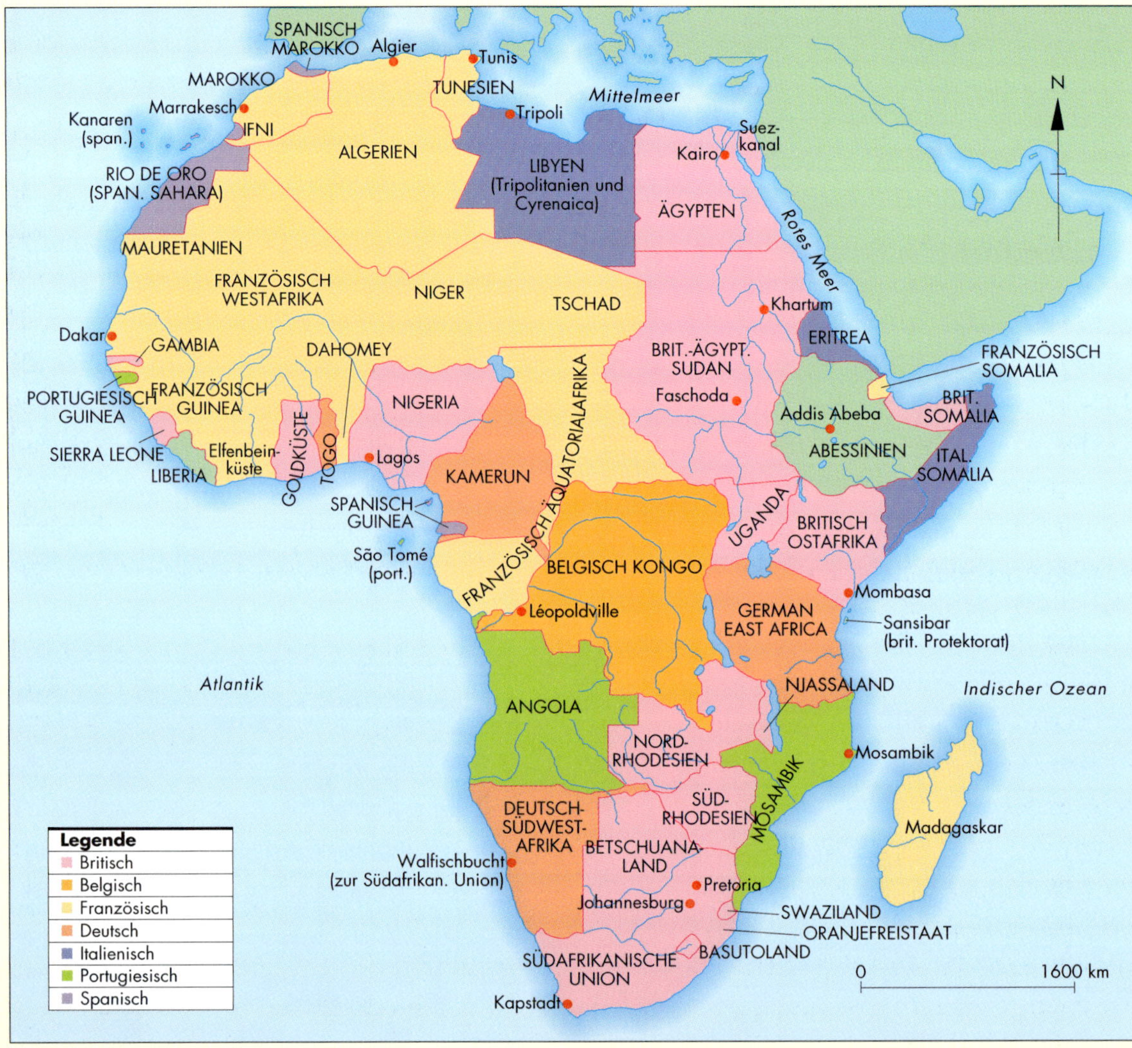

Bis 1914 geriet Afrika unter europäische Herrschaft. Ausnahmen bildeten nur Liberia, das 1816 von einer amerikanischen Gesellschaft als Staat für befreite Sklaven gegründet worden war, und Abessinien (Äthiopien), das zwar 1896 einen italienischen Invasionsversuch abgewehrt hatte, einem zweiten (1936) aber unterlag.

DER KAMPF UM AFRIKA

Die koloniale Rivalität hatte ihre eigene Dynamik. Wenn eine der Mächte sich eine neue Konzession oder eine Kolonie sicherte, war dies den anderen fast immer Ansporn, sie noch zu übertreffen. Jahrhunderte des Handels an den afrikanischen Küsten hatten gezeigt, dass das Innere des Kontinents wertvolle Güter bereithielt. Am Kap stießen die Weißen bereits weiter ins Landesinnere vor (oft, weil die Buren die britische Oberherrschaft ablehnten). Unter diesen Umständen entstand eine spannungsgeladene Situation, die im Jahr 1881 aufbrach, als britische Truppen nach Ägypten entsandt wurden, um die Regierung des Landes vor einer nationalistischen Revolution zu schützen, deren Erfolg, so die Befürchtung, die Sicherheit des Schiffsverkehrs im Suezkanal bedroht hätte. Die zerstörerische Kraft der europäischen Kultur – und aus dieser gingen die Vorstellungen der ägyptischen Nationalisten hervor – leitete damit eine weitere Stufe des Niedergangs des Osmanischen Reiches ein, zu dem Ägypten formell noch gehörte, und löste den „Kampf um Afrika" aus.

Die Aufteilung Afrikas

Die Briten hatten gehofft, ihre Soldaten rasch wieder aus Ägypten abziehen zu können; 1914 waren sie immer noch dort. Die Verwaltung des Landes lag zu diesem Zeitpunkt in den Händen britischer Beamter, während nach Süden hin die anglo-ägyptische Herrschaft weit in den Sudan hinein ausgedehnt worden war. Unterdessen hatten die Italiener die westlichen Provinzen des Osmanischen Reiches, Libyen und Tripolitanien eingenommen, Algerien war an Frankreich gefallen und die Franzosen hatten fast freie Hand in Marokko, abgesehen von den Besitzungen der Spanier. Zwischen Marokko und dem Kap der Guten Hoffnung im Süden war die gesamte Küste, mit Ausnahme der isolierten schwarzen Republik Liberia, unter Briten, Franzosen, Deutschen, Spaniern, Portugiesen und Belgiern aufgeteilt. Die Wüsten der Sahara zählten zum französischen Besitz, ebenso das Becken des Senegalflusses und ein Großteil des nördlichen Kongoufers. Die Belgier hielten dessen übrige Gebiete besetzt, die sich bald als eine der mineralreichsten Regionen Afrikas erwiesen. Weiter östlich erstreckte sich das britische Territorium vom Kap aufwärts nach Rhodesien und bis an die Grenze des Kongo. Von der Ostküste waren sie durch Tanganjika (das deutsch war) und Portugiesisch Ostafrika abgeschnitten. Von Mombasa, dem Hafen Kenias, reichte ein Gürtel britischer Territorien über Uganda bis an die Grenzen des Sudan und den Oberlauf des Nil. Somalia und Eritrea (die sich in britischem, italienischem und französischem Besitz befanden) isolierten Äthiopien, das in Afrika allein (außer Liberia) frei von europäischer Herrschaft geblieben war. Der Herrscher dieses alten, christlichen Staatswesens war der einzige nicht-europäische Herrscher des 19. Jahrhunderts, der durch einen militärischen Erfolg, die Vernichtung einer italienischen Armee bei Adua im Jahr 1896, die drohende Kolonialisierung abzuwenden vermochte. Andere Afrikaner hatten nicht die Kraft zu erfolgreichem Widerstand; dies zeigte sowohl die französische Unterdrückung des algerischen Aufstands von 1871, die (nach anfänglichen Schwierigkeiten gelungene) portugiesische Niederschlagung des Aufstands in Angola 1902 und, erneut 1907, der Sieg der Briten über die Zulu und Matabele sowie im selben Jahr noch das schlimme Massaker der Deutschen an den Herero in Südwestafrika.

Der auf das Jahr 1884 datierte Stich zeigt eine ägyptische Garnison, die sich darauf vorbereitet, eine sudanesische Festung vor den anrückenden Truppen des Mahdi zu verteidigen. Zwei Jahre zuvor war Ägypten britisches Protektorat geworden. Zu jener Zeit wurde die ägyptische Herrschaft über den Sudan, ein Vermächtnis aus der osmanischen Zeit, durch einen von einem religiösen Führer, dem Mahdi, angeführten Aufstand bedroht. Er starb 1885, und sein Nachfolger wurde 1898 durch die Briten besiegt.

Die Auswirkungen des Kolonialismus

Die gewaltige Ausdehnung der europäischen Macht nach 1881 veränderte die afrikanische Geschichte grundlegend. Die Angebote euro-

Dieses Foto von Adjiki-Toffia, dem König von Dahomey, wurde 1908 aufgenommen. Der König, ihm zu Füßen seine Untertanen, trägt eine europäische Uniform – sein Königreich war 1892 von den Franzosen erobert worden.

Bessere medizinische Versorgung und Fortschritte in der Nahrungsversorgung sowie das Unterbinden von Stammesfehden ebneten Afrika den Weg ins 20. Jahrhundert.

päischer Unterhändler, die zufälligen Entdeckungen und die Bequemlichkeit der Kolonialverwaltungen ebneten der Modernisierung den Weg nach Afrika. Durch die Unterdrückung von Stammeskriegen und die Einführung einer, wenn auch nur elementaren, medizinischen Versorgung setzte in einigen Regionen ein Bevölkerungszuwachs ein. Wie Jahrhunderte zuvor in Amerika, ermöglichte die Einführung neuer Getreidesorten die Ernährung einer größeren Anzahl von Menschen. Allerdings übten die verschiedenen Kolonialregime unterschiedliche kulturelle und ökonomische Einflüsse aus. Noch lange nach Abzug der Kolonialherren bestanden erhebliche Unterschiede zwischen den Ländern, in denen entweder die französische Verwaltung oder das britische Rechtssystem vorherrschend gewesen waren. Auf dem ganzen Kontinent fanden die Afrikaner neue Formen der Beschäftigung, übernahmen durch ihre Ausbildung in europäischen Schulen oder den Dienst in Kolonialregimentern etwas von der europäischen Lebensweise. Selbst wenn sie großen Wert auf die Erhaltung traditioneller gesellschaftlicher Institutionen legten, mussten sie von nun doch in einem neuen Umfeld arbeiten. Die Macht der Stämme und lokalen Einheiten blieb zwar erhalten, aber als Vermächtnis eines unabhängigen Afrika geriet sie dabei mehr und mehr in Gegensatz zu neuen, vom Kolonialismus hervorgebrachten Strukturen. Sprachen, christliche Monogamie, Unternehmergeist, neues Wissen, all dies führte schließlich zu neuem Selbstbewusstsein und verstärkten Individualismus und brachte die Afrikaner des 20. Jahrhunderts hervor.

Afrikas Einfluss auf Europa

Im Gegensatz dazu wurde Europa durch sein afrikanisches Abenteuer kaum verändert. Von Bedeutung war sicherlich, dass die Europäer hier noch einfacher Reichtümer und Rohstoffe ausbeuten konnten, wenngleich nur Belgien aus Afrika Ressourcen in einem Umfang abzog, der für die Zukunft des Landes einen wirklichen Unterschied ausmachte. Zudem forderte die Ausbeutung Afrikas in europäischen Ländern auch politische Opposition heraus, da sich manche Abenteurer des späten 19. Jahrhunderts den früheren Konquistadoren sehr ähnlich verhielten. Berüchtigte Beispiele dafür waren die Verwaltung des Kongo durch den belgischen König Leopold und die Zwangsarbeit im portugiesischen Afrika. Auch andernorts wurden die natürlichen Ressourcen des Kontinents von Europäern rücksichtslos ausgebeutet oder geplündert, so dass bald eine antikoloniale Bewegung entstand. Einige Nationen rekrutierten afrikanische Soldaten, obgleich nicht für den Dienst in Europa, wo lediglich Frankreich die Hoffnung hegte, durch ihre Verpflichtung die zahlenmäßige Überlegenheit der Deutschen überwinden zu können. In anderen Ländern wiederum hoffte man, der Emigration ein neues Ziel bieten und damit die sozialen Probleme lindern zu können, aber die Aussichten, die sich europäischen Siedlern in Afrika boten, waren unterschiedlich gut. Im Süden bestanden zwei große Siedlungsgebiete, und die Briten gaben Kenia und Rhodesien, wo für weiße Farmer geeignetes Land vorhanden war, zur Besiedlung frei. Daneben existierten einige Städte im französischen Nordafrika sowie eine wachsende portugiesische Gemeinschaft in Angola. Hingegen wurde die Hoffnung enttäuscht, Afrika werde ein Ziel für italienische Auswanderer, und auch die deutsche Emigration blieb ein vorübergehendes Phänomen.

Der Imperialismus in Asien und im Pazifik

Die Geschichte des Imperialismus im 19. Jahrhundert berührt nicht nur Afrika. Die Aufteilung des pazifischen Raums vollzog sich weniger dramatisch, dennoch überlebte keine der von seinen Inselvölkern gebildeten unabhängigen politischen Einheiten. Auch Asien wurde kolonisiert. Die Franzosen setzten sich in Indochina fest, die Briten in Malaysia und Burma, die ihnen als Schutzriegel für Indien dienten. Siam bewahrte seine Unabhängigkeit deshalb, weil es den beiden Großmächten als

Einige Elemente der traditionellen afrikanischen Lebensweise blieben unter der Kolonialherrschaft unverändert. Diese nubischen Kinder, dargestellt bei der Verteidigung ihrer Ernte vor Vögeln, wurden vom französischen Maler Maurice Berchère abgebildet.

Pufferzone zwischen ihren Gebieten gelegen kam. Die Briten brachten ihre Überlegenheit außerdem durch einen Feldzug nach Tibet zum Ausdruck, wobei wiederum die Absicherung Indiens das Motiv bildete. Die meisten dieser Gebiete unterstanden, ebenso wie die meisten russischen Eroberungen, formell chinesischer Oberherrschaft. Ihre Geschichte gehört daher mit zu der des Zerfalls des chinesischen Reiches, einer Geschichte, die sich parallel zur Auflösung anderer Reiche, etwa des osmanischen, marokkanischen oder des persischen vollzog und durch europäischen Einfluss in Gang gesetzt wurde. Für einige Zeit schien es, als könnte der Aufteilung Afrikas ein Kampf um China folgen. Hier soll die Feststellung genügen, dass die imperialistische Welle in der chinesischen Sphäre wie im Pazifik sich erheblich von der in Afrika unterschied, weil hier die USA mit eingriffen.

Der amerikanische Imperialismus

Stets hatten die Amerikaner koloniale Unternehmungen jenseits des Kontinents, den sie als ihnen von Gott gegeben ansahen, mit Unbehagen und Misstrauen verfolgt. Selbst den Arrogantesten gegenüber sprach man in der Republik vom Imperialismus nur auf getarnte, verhüllte und gedämpfte Weise. Die USA waren unmittelbar aus einer erfolgreichen Erhebung gegen eine imperialistische Macht hervorgegangen. Die Verfassung enthielt keinerlei Bestimmungen, wie die Herrschaft über koloniale Besitzungen zu gestalten sei, und deshalb blieb die Position von Territorien, die keine Aussicht hatten, dereinst vollgültige Bundesstaaten zu werden, stets schwer bestimmbar, ganz zu schweigen von der Position der Nicht-Amerikaner unter amerikanischer Herrschaft. Andererseits wies die territoriale

Die Inseln des Pazifik wurden im 19. Jahrhundert zum Ziel vieler Europäer auf der Suche nach einem neuen Leben abseits der „Zivilisation“. Der französische spätimpressionistische Maler Paul Gauguin (1848–1903), hier seine *Frauen von Tahiti am Strand*, ließ sich 1891 in Tahiti und blieb dort nahezu die gesamte Zeit seines weiteren Lebens.

Abbildung des Hafens von Pago-Pago, des Hauptortes von Amerikanisch-Samoa, aus dem Jahr 1886.

Expansion der USA im 19. Jahrhundert viele imperialistische Merkmale auf, wenngleich sie diese als Begleiterscheinungen ihrer „gottgewollten Bestimmung" betrachteten.

In den 90er Jahren des 19. Jahrhunderts war die Expansion der USA quer über den Kontinent abgeschlossen. Man verkündete, dass die stets gesetzte Siedlungsgrenze im eigenen Land nicht länger existierte. Zu dieser Zeit hatten geschäftliche Interessen infolge des Wirtschaftswachstums bedeutenden Einfluss auf die amerikanische Regierung gewonnen, was sich in ökonomischem Nationalismus und hohen Schutzzöllen äußerte. Durch diese Interessen wurde die Aufmerksamkeit der amerikanischen Öffentlichkeit vorzugsweise auf das Ausland, besonders nach Asien, gelenkt. In manchen Kreisen war man der Meinung, die USA seien in Gefahr, durch die europäischen Mächte vom Handel in dieser Region ausgeschlossen zu werden. Man konnte dabei, nachdem mit dem raschen Bevölkerungszuwachs in Kalifornien eine neue Ära des Interesses für den pazifischen Raum angebrochen war, an eine alte Verbindung anknüpfen, als die ersten amerikanischen Schwadronen nämlich in den 20er Jahren des 19. Jahrhunderts nach Fernost entsandt worden waren. Außerdem war am Ende des Jahrhunderts die seit 50 Jahren anhaltende Debatte über einen Kanal durch Mittelamerika auf ihrem Höhepunkt angelangt, und diese Aussicht bildete die Grundlage für die Forderung von Strategen, dass die USA zur Sicherung der Monroe-Doktrin einen ozeanischen Schutzgürtel im Pazifik errichten sollten.

Rasche Expansion

Alle geschilderten Entwicklungen führten zu einer Expansion, die bis heute ein einzigartiges Beispiel für den überseeischen amerikanischen Imperialismus ist, weil hier für einige Zeit die traditionelle Zurückhaltung gegenüber neuen Landnahmen in Übersee aufgegeben wurde. Ihren Beginn hatte diese Entwicklung in der zunehmenden Öffnung Chinas und Japans für den amerikanischen Handel in den 50er und 60er Jahren des 19. Jahrhunderts und in der gemeinsam mit Briten und Deutschen betriebenen Verwaltung Samoas (wo ein 1878 errichteter Flottenstützpunkt noch in amerikanischem Besitz ist). Darauf folgten zwei Jahrzehnte zunehmender Einmischung in die Angelegenheiten des Königreichs Hawaii, das seit den 40er Jahren desselben Jahrhunderts dem Schutz der USA unterstand und wo sich zahlreiche amerikanische Händler und Missionare niedergelassen hatten. In den 90er Jahren ging der wohlwol-

Nach der vollständigen Eroberung des amerikanischen Kontinents drangen amerikanische Siedler auf die hawaianische Inselgruppe vor, die 1898 endgültig von den USA annektiert wurde.

lende Schutz für die Hawaiianer in den Versuch über, die Inselgruppe zu annektieren. Washington unterhielt bereits einen Flottenstützpunkt in Pearl Harbor, sah sich jedoch durch den Ausbruch einer Revolution auf Hawaii zur Entsendung von Marines gezwungen. Die Inselregierung musste sich den Truppen, die die Interessen der amerikanischen Siedler stützten, beugen, und die kurzlebige Republik Hawaii wurde 1898 als amerikanisches Territorium vereinnahmt.

Die spanischen Kolonien fallen an Amerika

1898 wurde der amerikanische Kreuzer *USS Maine* im Hafen von Havanna durch eine mysteriöse Explosion zerstört; dies führte zum Krieg gegen Spanien. Den Hintergrund bildete die seit langem anhaltende Unfähigkeit Spaniens, der Aufstände auf Kuba Herr zu werden, die die dortigen amerikanischen Geschäftsinteressen störten. Zudem wurde man sich auch der Bedeutung des karibischen Raums für einen zukünftigen Kanal durch die Landenge bewusster. In Asien unterstützten die Amerikaner auf den Philippinen eine weitere Aufstandsbewegung gegen die Spanier. Nachdem der spanischen Herrschaft die amerikanische folgte, wandten sich die Rebellen gegen ihre früheren Alliierten, und ein Guerillakrieg setzte ein. Dies war die erste Phase des langen und schwierigen Prozesses der Ablösung der USA von ihrer ersten asiatischen Kolonie. Angesichts des bevorstehenden Zusammenbruchs des chinesischen Reichs schien es in Washington das Beste zu sein, die Truppen nicht abzuziehen. In der Karibik dagegen fand die lange Geschichte der spanischen Herrschaft auf dem amerikanischen Kontinent ihren Abschluss. Puerto Rico ging an die USA, und Kuba errang die Unabhängigkeit unter Bedingungen, die es dennoch an die USA band. Dies bildete die Grundlage für die Besetzungen der Insel durch amerikanische Truppen zwischen 1906 und 1909 sowie erneut 1917.

Dieses Foto aus dem Jahr 1900 zeigt amerikanische Soldaten und einheimische Muslime auf der philippinischen Insel Mindanao. Nachdem sie Spanien als Kolonialmacht verdrängt hatten, sahen sich die USA denselben Guerillas gegenüber, die schon die Spanier bekämpft hatten.

Der Panamakanal

Das Ende der spanischen Herrschaft in der Karibik war der Auftakt zur letzten wichtigen Entwicklung dieser Welle des amerikanischen Imperialismus. Der Bau eines Kanals durch die Landenge, der seit der Mitte des 19. Jahrhunderts erwogen worden war, erhielt durch die Fertigstellung des Suezkanals neuen Ansporn. Der amerikanischen Diplomatie gelang es, auf dem Verhandlungswege das Hindernis einer möglichen britischen Beteiligung zu umgehen. Als bereits alles klar zu sein schien, errichteten die Kolumbianer eine neue Hürde, als sie einen Vertrag ablehnten, der die Überlassung einer Kanalzone durch sie vorsah. Daraufhin kam es in Panama zu einer Revolution. Die USA verhinderten deren Niederschlagung durch die kolumbianische Regierung, und es entstand eine neue panamaische Republik, die den USA dankbar das benötigte Territorium überließ und ihnen ein Interventionsrecht zur Sicherung der staatlichen Ordnung einräumte. Somit konnte der Bau begonnen werden, und 1914 wurde der Kanal eröffnet. Die Möglichkeit, Schiffe rasch von einem Ozean zum anderen zu befördern, bewirkte eine erhebliche Veränderung der ame-

Der Panamakanal

Der portugiesische Seefahrer Antonio Galvao hatte als erster in einem von ihm 1550 verfassten Buch die Idee entwickelt, einen Kanal durch die Landenge von Darién in Panama zu bauen. Wie beim Suezkanal erhielt eine Gruppe französischer Investoren die Konzession zum Bau eines Kanals, der Colón an der Atlantikküste mit Panama am Pazifik verbinden sollte. Der französische Diplomat Ferdinand de Lesseps, Leiter des Projekts von Suez, gründete 1879 die Compagnie Universelle du Canal Interocéanique. Im Jahr darauf begannen die Arbeiten am Kanal, mussten aber, nachdem sie 287 Millionen Dollar und mehr als 20 000 Menschenleben gekostet hatten, 1889 abgebrochen werden, da die Gesellschaft Bankrott ging.

Im Jahr 1903 unterstützten die USA die Unabhängigkeit Panamas und erhielten im Tausch dafür die Erlaubnis zum Bau des Kanals. Der Chefingenieur der US Isthmian Canal Commission, John F. Stevens, stellte 1906 die abschließenden Pläne fertig. Er zog einen Hochkanal einem Kanal auf Meereshöhe vor, deshalb wurden ein System von miteinander verbundenen Seen und sechs Paare gewaltiger Schleusentore gebaut, um Schiffen die Durchfahrt über einen Höhenunterschied von 26 Metern zwischen dem Meer und dem Gatunsee, dem höchstgelegenen der Seen, zu ermöglichen.

Während den Arbeitern Krankheiten wie Malaria und Gelbfieber, die wie ein Fluch über dem französischen Projekt gelegen hatten, im Wesentlichen erspart blieben, setzten dem Bau technische Probleme heftig zu. Der Durchstich von Gaillard gestaltete sich am schwierigsten, wo eine zwölf Kilometer lange künstliche Schlucht durch den Berg gegraben werden musste. Die ausgehobenen Erdmassen wurden durch inneren Druck nach oben gepresst und verursachten Erdrutsche an den Wänden der Schlucht. Aus dem ursprünglich geplanten schmalen Durchbruch wurde so ein breites Tal mit sanft abfallenden Hängen. Der Kanal wurde seit seiner offiziellen Eröffnung im Jahr 1914 von den USA kontrolliert. Gemäß dem 1977 geschlossenen Vertrag von Panama ging die Souveränität über den Kanal im Jahr 2000 an die Republik Panama über.

Die SS Ancon nähert sich am 15. August 1914 der Cucaracha Slide. Die Ancon war das erste Schiff, das den Panamakanal passierte.

rikanischen Seestrategie. Ebenso bildete sie den Hintergrund für den von Präsident Theodore Roosevelt vorgeschlagenen Zusatz zur Monroe-Doktrin: Nachdem die Kanalzone zum Schlüssel für die Seeverteidigung der westlichen Halbkugel geworden war, wurde es wichtiger denn je, durch eine stabile Regierung und die amerikanische Vorherrschaft über die Staaten der Karibik ihre Sicherheit zu gewährleisten. Die zunehmende Intensität, mit der die USA sich in die Belange dieser Staaten einmischten, wurde bald darauf sichtbar.

Die koloniale Welt

1914 war die Welt unter den mächtigsten Kolonialländern aufgeteilt, neue Siedlungsgebiete waren nur noch in zerfallenden Reichen zu erschließen.

Obwohl Motive und Vorgehensweisen andere waren – vor allem gab es keine dauerhafte amerikanische Besiedlung der neuen Besitzungen –, gehören die Aktionen der USA zum letzten Griff nach neuen Territorien, den die europäischen Völker und ihre Abkömmlinge unternahmen. Mit Ausnahme der Südamerikaner hatten sich fast alle daran beteiligt, selbst die Bewohner von Queensland hatten einen Versuch unternommen, sich Neuguinea einzuverleiben. Im Jahr 1914 wehten über einem Drittel der Erdoberfläche zwei Flaggen, die von Großbritannien und die von Russland (obwohl zu erörtern wäre, wie viel vom russischen Territorium als Kolonialbesitz anzusehen ist). Um einen Maßstab unter Ausschluss Russlands zu erhalten: Im Jahr 1914 herrschte das Vereinigte Königreich über 400 Millionen Menschen außerhalb seiner Landesgrenzen, Frankreich über 50 Millionen und Deutschland und Italien über jeweils etwa 14 Millionen.

Allerdings gab es zu diesem Zeitpunkt bereits Anzeichen für eine Schwächung des Imperialismus in Übersee. China hatte sich als Enttäuschung erwiesen, und es blieb nur noch wenig übrig, das verteilt werden konnte, obgleich Deutschland und Großbritannien die Möglichkeit der Aufteilung des portugiesischen Reichs erwogen, welches dem spanischen bald in den Untergang zu folgen schien. Die für eine Fortsetzung des europäischen Imperialismus aussichtsreichste Region war das im Zerfall begriffene Osmanische Reich, dessen Auflösung unmittelbar bevorstand, nachdem die Italiener 1912 Tripolis eingenommen hatten und im Jahr darauf eine gegen die Türkei gebildete Balkankoalition dem Reich fast alles abnahm, was ihm noch an europäischem Territorium verblieben war. Es war allerdings nicht zu erwarten, dass die Realisierung dieses Ziels zwischen den Großmächten so konfliktfrei verlaufen würde wie die Aufteilung Afrikas, denn hier würden für sie viel entscheidendere Dinge auf dem Spiel stehen.

Der britische König Georg V. und Königin Mary zeigen sich anlässlich der Krönungsfeierlichkeiten 1911 auf der Brüstung der Roten Festung in Delhi. Mit diesem ersten Besuch eines regierenden britischen Monarchen verband man die Hoffnung, dass die Loyalität der indischen Untertanen zur Krone neu belebt werde. Das Ereignis konnte die bereits entstehende indische Unabhängigkeitsbewegung allerdings nicht eindämmen.

3 ASIENS ANTWORT AUF EINE EUROPÄISIERTE WELT

Die Abbildung zeigt einen Ch'ing-Kaiser im Garten seines Harems. Die Ch'ing- oder Mandschu-Dynastie beherrschte China von 1644 bis 1912.

Für einen aufmerksamen chinesischen Beobachter war die Ungnade, in die die Jesuiten am Hofe K'ang-hsis fielen, durchaus bemerkbar. Mehr als ein Jahrhundert lang hatten es diese fähigen Männer verstanden, durch weises und diskretes Vorgehen das Vertrauen ihrer Gastgeber zu gewinnen. Sie hatten das Thema Religion nicht einmal angeschnitten, sondern sich mit dem Studium der chinesischen Sprache begnügt. Sie kleideten sich sogar wie die Einheimischen, was Berichten zufolge einen sehr guten Eindruck machte. Dies alles trug zum großen Erfolg der Jesuiten bei. Doch dann kam ihre wirkungsvolle Mission plötzlich zum Stillstand. Das Verständnis, das sie den chinesischen Riten und religiösen Überzeugungen entgegenbrachten, und die Anpassung der christlichen Lehre an chinesische Verhältnisse führten zur Entsendung zweier päpstlicher Emissäre, um diese unangemessene Form der Bekehrung zu überprüfen. Auffallend dabei war, dass die Europäer, anders als alle anderen Eroberer Chinas, offenbar nicht bereit waren, der kulturellen Anziehungskraft des Landes einfach nachzugeben. Vielmehr wurde mit der Aktion ganz Asien kundgetan, dass Europa keine kulturellen Kompromisse eingehe. Diese unnachgiebige Haltung war für alles, was sich in Asien in absehbarer Zeit ereignete oder schon geschah, von großer Tragweite – mehr noch als die Technologie der Neuankömmlinge. Das Beharren auf der europäischen Kultur war zudem entscheidender als eine augenblickliche Schwäche der fernöstlichen Reiche, wie Chinas eigene Geschichte bald bewies. Die Herrschaft der Mandschu hatte mit den unmittelbaren Nachfolgern K'ang-hsis ihren Höhepunkt bereits überschritten. Ihr langsamer unausweichlicher Niedergang wäre, für sich selbst genommen, angesichts des zyklisch wiederkehrenden Aufstiegs und Verfalls von Dynastien in der Vergangenheit nicht überraschend gewesen. Das Schicksal der Ch'ing-Dynastie unterschied sich aber von dem ihrer Vorgänger. Denn sie blieb lange genug an der Macht, um eine für China gänzlich neue Bedrohung zu erleben. Es gab plötzlich eine von außen hereinbrechende, innovative Kultur, die stärker war als die des traditionellen China.

Das chinesische Selbstvertrauen

Im 18. Jahrhundert sah noch kein chinesischer Beamter voraus, dass das Mandschureich seiner Auflösung entgegenging. Als Lord Macartney 1793 eintraf und sich um die Aufnahme gleichberechtigter diplomatischer Beziehungen und um einen freien Handelsverkehr bemühte, war die jahrhundertealte chinesische Selbstsicherheit noch intakt. Die ersten Versuche des Westens, in China einzudringen, waren erfolgreich zurückgeschlagen worden. So nahmen die Abgesandten nur die höflichen, aber unnachgiebigen Ablehnungsbescheide des chinesischen Kaisers mit nach Europa.

Die Vorstellung kultureller und moralischer Überlegenheit gehörte ebenso zur Mentalität gebildeter Chinesen wie im darauffolgenden Jahrhundert zu europäischen und amerikanischen Missionaren und Philanthropen. Der höflich umschreibende Sprachgebrauch der kaiserlichen Botschaften entsprach der chinesischen Anschauung, dass alle Völker dem gottgesandten Herrscher ihre Hochachtung zu bezeugen hatten, da China bereits über alle Mittel und Voraussetzungen einer höchstentwickelten Kultur verfüge. China verschwende, entsprechend dieser Weltsicht, nur Zeit und Kraft, wenn es sich auf Beziehungen zu Europa einließe, die über den in Kanton geduldeten Handel (wo um 1800 wohl etwa 1000 Europäer lebten) hinausgingen. Diese Ansicht war durchaus nicht unbegründet. In fast 300 Jahren Handel war es den Europäern nicht gelungen, ihre Waren den Chinesen schmackhaft zu machen, ausgenommen mechanischem

Dieser Stich aus dem 19. Jahrhundert zeigt die Hochzeitsvorbereitungen in einem luxuriösen chinesischen Herrenhaus. Obwohl westliche Einflüsse zu jener Zeit in weiten Teilen Chinas verbreitet waren, hatten sie die traditionelle chinesische Lebensweise kaum verändert.

Spielzeug und Uhren, Konsumgüter also, die durch ihren Unterhaltungswert gefielen. Der Warenaustausch mit China bestand im Export von Silber oder anderen asiatischen Produkten. Ein westlicher Kaufmann brachte es Mitte des 18. Jahrhunderts auf einen klaren Nenner: Der „Ostindienhandel (...) führt unser Silber aus, setzt nur wenige unserer Güter oder Erzeugnisse ab und bringt uns perfekt hergestellte Gegenstände zurück, die wiederum den Absatz unserer eigenen Produkte behindern".

Überbevölkerung und Inflation

Mitte des 18. Jahrhunderts vertraute das offizielle China zwar noch auf seine innere Macht

Zeitleiste (1839–1912)

1839–1842	Der erste Opiumkrieg
1850–1864	Taiping-Aufstand in China
1868	Meiji-Revolution in Japan
1885	Der indische Nationalkongress wird gegründet
1894–1895	Chinesisch-japanischer Krieg
1900	Boxeraufstand in China
1904–1905	Russisch-japanischer Krieg
1911–1912	Republikanische Revolution der Jungchinesen in China

(Zeitachse: 1800 – 1850 – 1900)

und kulturelle Überlegenheit, doch lassen sich rückblickend schon Anzeichen künftiger Probleme erkennen. Die Geheimgesellschaften, die in ihren Kulten den schwelenden nationalen Hass auf die eigentlich landfremde Mandschu-Dynastie und die Zentralregierung schürten, hielten sich nicht nur am Leben, sondern breiteten sich sogar weiter aus. Neuen Zulauf bekamen sie durch eine rasch anwachsende Bevölkerung, die sich innerhalb eines Jahrhunderts nahezu verdoppelte. Im Jahr 1850 war die Zahl von etwa 430 Millionen Chinesen erreicht. Die landwirtschaftliche Nutzfläche ließ sich kaum noch vergrößern. Die Lebensbedingungen wurden immer härter, und die Masse der Bauern verarmte zusehends. In den 70er und 80er Jahren des 18. Jahrhunderts hatte es warnende Hinweise gegeben, als große Aufstände ein Jahrhundert des inneren Friedens beendeten – unübersehbare Anzeichen für den Niedergang der Dynastie. Zu Beginn des folgenden Jahrhunderts nahmen die Unruhen an Anzahl und Heftigkeit zu. Zusätzlich verschlechterte die Inflation des Silberpreises – die Steuern mussten in diesem Edelmetall gezahlt werden – die wirtschaftliche Lage. Der alltägliche Zahlungsverkehr, einschließlich der Lohnzahlungen, wurde überwiegend in Kupfer abgewickelt, so dass zu den erdrückenden Lasten, unter denen die Armen zu leiden hatten, eine weitere hinzukam. Dennoch wirkte nichts davon wirklich bedrohlich – es sei denn für die Dynastie –, da sich die Gegebenheiten noch in das traditionelle philosophische Muster eines geschichtlichen Kreislaufs einordnen ließen. Wichtig war, dass der Beamtenadel loyal blieb. Und selbst wenn diese Voraussetzung fehlte und die Regierung zusammenbrach, so konnte – wie häufig in der Geschichte geschehen – eine andere Dynastie antreten und die Geschichte des immer gleichbleibenden chinesischen Reiches fortschreiben.

Ein britisches Schiff, die *HMS Leopard* Mitte des 19. Jahrhunderts im Dock in Shanghai. Als China gezwungen wurde, sich dem internationalen Handel zu öffnen, geriet das Gebiet des Jangtsekiang unter britischen Einfluss.

Der Opiumkrieg

Die stete Dynastienabfolge fand schließlich durch den gewaltigen Ansturm der Barbaren im 19. Jahrhundert ihr Ende. Die Inflation war das Ergebnis der gewandelten Beziehungen Chinas zum Ausland, die binnen weniger Jahrzehnte die Haltung, mit der man noch Macartney empfangen hatte, ad absurdum führten. Vor 1800 war außer Silber nur wenig von dem, was der Westen anzubieten hatte, auf das Interesse Chinas gestoßen, aber in den ersten drei Jahrzehnten des 19. Jahrhunderts änderte sich dies. Britische Händler hatten im Opium eine Ware gefunden, die die Chinesen erwerben wollten und die Indien liefern konnte. Durch den Einsatz der britischen Kriegsmarine wurden die Chinesen (wenn auch zunächst mit gewissen Einschränkungen) gezwungen, ihr Land für den Verkauf dieser Droge zu öffnen. Der 1839 begonnene „Opiumkrieg" endete 1842 mit einem Vertrag, der deutlich aufzeigte, wie grundlegend sich die Beziehungen Chinas zum Westen gewandelt hatten. Das Monopol von Kanton, als einziger chinesischer Hafen Ausländern zugänglich zu sein, und deren Tributpflicht wurden abgeschafft. Das Tor für den Westhandel stand offen.

Dieser zeitgenössische Stich zeigt, welch reger Betrieb in den 50er Jahren des 19. Jahrhunderts im Zollhafen von Shanghai herrschte.

Aufruhr und Zerstörung

Mit den 40er Jahren des 19. Jahrhunderts brach eine Periode des Aufruhrs an, die erst gut 100 Jahre später zu ihrem Ende kam. Die Chinesische Revolution wurde dabei immer stärker als doppelte Zurückweisung, nämlich der Ausländer wie auch vieler Teile der eigenen Vergangenheit, erkennbar. Dies kam in einem zunehmend nationalistischen Auftreten und Sprachgebrauch zum Ausdruck, ähnlich dem der progressiven europäischen Welt. Weil derartige ideologische Strömungen aber die traditionellen Strukturen sprengten, mussten diese sich auflösen, als die Chinesen sich anschickten, die Hindernisse auf dem Weg zur Modernisierung und nationalstaatlichen Macht zu beseitigen. Mehr als ein Jahrhundert nach dem Opiumkrieg zertrümmerte die Chinesische Revolution für immer ein Gesellschaftssystem, das für Tausende von Jahren das Lebensfundament in China gebildet hatte; vieles war damals bereits verschwunden.

Feindseligkeiten gegen westliche Ausländer

Der zunehmende europäische Einfluss in China zeitigte nur langsam Folgen. Anfänglich rief das Vordringen des Westens nur einfach Feindseligkeit gegen die Fremden hervor, lange Zeit empfanden nur sehr wenige Chinesen Besorgnis über die Ankunft der Ausländer. Ganz im Gegenteil, einige waren (vor allem die am Handel mit dem Ausland beteiligten Kaufleute in Kanton) sogar um ein nachbarschaftliches Verhältnis zu ihnen bemüht. Die feindselige Gesinnung beschränkte sich auf die breite Masse in den Städten und die ländliche Oberschicht. Die offizielle Seite betrachtete das Problem überwiegend hinsichtlich der Drogenpolitik, da immer mehr Untertanen des Reiches abhängig wurden. Als besonders entwürdigend empfand man nicht nur die Schwächen des eigenen Volkes, sondern auch die Nachlässigkeit und Korruption der Verwaltung, die beim Opiumhandel zu Tage traten.

Die zunehmenden Missionierungsanstrengungen und die Entfremdung der Konvertiten von der eigenen Kultur (unter Hinwendung zu christlichen Werten) ließen Ausländer in den Augen vieler Chinesen zu einer Gefahr werden.

China in der Mandschu-Zeit 1644–1912

1644 beendete der Einmarsch der Mandschu nach China die Ming-Dynastie. Die Besatzer gründeten die Ch'ing-Dynastie, die das riesige Land zweieinhalb Jahrhunderte lang beherrschte. Bereits nach kurzer Zeit sahen sich die Ch'ing-Kaiser mit der Bedrohung der chinesischen Nordgrenze durch Russland konfrontiert. Der Druck, der von der übrigen westlichen Welt ausging und der zur Mitte des 19. Jahrhunderts deutlich zunahm, stellte jedoch für die politische Stabilität des Mandschureiches eine viel größere Gefahr dar.

Dass die gesamte staatliche Ordnung in Frage gestellt werden oder eine kulturelle Bedrohung heraufziehen könnte, nahm man zunächst kaum wahr.

Der erste Hinweis auf eine größere Gefahr zeigte sich in den 40er Jahren des 19. Jahrhunderts, als die Reichsregierung missionarische Tätigkeiten zulassen musste, obwohl sie offensichtlich einen schädlichen Einfluss auf die Tradition hatten. Konfuzianische Beamte, die die auflösenden Auswirkungen spürten, stachelten die Stimmung gegen die Missionare an, so dass es in den 50er und 60er Jahren zu ersten aufrührerischen Aktionen kam. Derartige Demonstrationen verschlechterten die Lage. Unter dem jeweils anschließenden Austausch von Entschuldigungen und der Bestrafung der Missetäter litt das Ansehen der chinesischen Regierung. Gleichzeitig untergruben die Missionare weiter die traditionellen Gesellschaftsstrukturen, indem sie nicht nur Individualismus und Gleichheit verkündigten, Werte, die der alten chinesischen Kultur fremd waren, sondern auch indem sie Konvertiten ökonomische und soziale Vorteile boten.

Bauernaufstände

Die Unterminierung Chinas wurde durch militärische Mittel vorangetrieben, und ihr Einsatz führte zu weiteren erzwungenen Zugeständnissen. Die Reaktionen Chinas wurden dabei zunehmend unklarer. Die Autoritäten lehnten die Ankunft der Ausländer nicht in jedem Fall ab. So waren zunächst die Oberschicht der unmittelbar betroffenen Gebiete sowie die Regierung von Peking (Beijing) durchaus der Ansicht, dass die Anwesenheit ausländischer Soldaten dem Regime nützlich sei. Die sozialen Unruhen nahmen zu, und da sie nicht ausschließlich gegen die Ausländer kanalisiert werden konnten, bedrohten sie auch die gesellschaftlichen Einrichtungen. In China setzte eine Folge von Bauernaufständen ein, die im Vergleich zu anderen in der ganzen Menschheitsgeschichte kaum zu übertreffen waren. In den mittleren Jahrzehnten des Jahrhunderts traten die bekannten Symptome – Banditenunwesen und Geheimgesellschaften – gehäuft auf, und während der 50er Jahren konnten die „Roten Turbane" nur mit großer Mühe niedergerungen werden. Durch derartige Unruhen in Angst versetzt, blieb der in die Defensive geratenen führenden Gesellschaftsschicht nur wenig Spielraum, dem beständigen Drängen des Westens zu widerstehen. Auffällig und mit am bedeutsamsten unter diesen Aufständen, die hauptsächlich durch die Landknappheit ausbrachen, war der von 1850 bis 1864 dauernde Taiping-Aufstand oder, durchaus angemessen, auch bezeichnet als Taiping-Revolution.

DER TAIPING-AUFSTAND

Im Kern war dieser Umsturz, der mehr Menschenleben kostete als der Erste Weltkrieg, ein traditioneller Bauernaufstand. Begünstigt wurde seine Entstehung durch die soziale Not und eine Abfolge von Naturkatastrophen. Landknappheit, der Hass auf die Steuereintreiber, soziale Missgunst und nationaler Zorn auf die Mandschu (obwohl die praktische Bedeutung dieses Faktors nicht genau zu bestimmen ist, waren doch die meisten Verwaltungsbeamten des Reiches Chinesen) kamen noch hinzu. Anfangs handelte es sich um eine regionale Erhebung, die vom Süden des Landes ausging und selbst dort lediglich von einer isolierten Minderheit von Siedlern, die aus dem Norden stammten, vorangetrieben wurde. Sowohl für die Chinesen als auch für die Europäer war der Einfluss des Christentums auf den Anführer Hung Hsiu-ch'uan schwer einzuschätzen. Seine Begegnung mit dem amerikanischen Protestantismus brachte ihn dazu, die Anbetung anderer Götter zu verdammen, sakrale Gegenstände (einschließlich der konfuzianischen Ahnentafeln) zu zerstören und die Errichtung des göttlichen Reiches auf Erden zu verkünden. In seiner eigenen Gesellschaft war er zurückgewiesen worden, weil er die Prüfungen, durch die sich Chinesen von niederer Geburt einen Status erwerben konnten, nicht bestanden hatte. Vor dem Hintergrund der periodisch wiederkehrenden Bauernaufstände bedeutete dies, dass eine neue Ideologie Boden gewann, die auf die Unterwanderung der traditionellen Kultur und des Staates ausgerichtet war. Einige ihrer Gegner begriffen dies sofort und sahen die Taiping-Bewegung als ideologische wie auch als soziale Herausforderung an. Diese Revolution steht deshalb für eine Epoche, während der der Westen die Zerstörung Chinas einleitete und förderte.

Der Taiping-Aufstand war eine der längsten und blutigsten Auseinandersetzungen des 19. Jahrhunderts. Er dauerte von 1850 bis 1864 und forderte mehr Menschenleben als der Erste Weltkrieg.

Die Taiping-Ideologie

Zunächst errang die Taiping-Armee eine Reihe spektakulärer Erfolge. Bis 1853 nahm sie Nanking ein und installierte dort den Hof von Hung Hsiu-ch'uan, der zum „Himmlischen König" ausgerufen wurde. Doch war

Das Himmlische Königreich der Taiping

Der Taiping-Aufstand, eine seltsame Mischung chinesischer Traditionen und christlich-protestantischer Einflüsse, führte zu den blutigsten inneren Auseinandersetzungen der chinesischen Geschichte. Der Anführer der Taiping-Bewegung, Hung Hsiu-ch'uan, war nach der Lektüre christlicher Texte und durch Visionen, die er während einer Krankheit hatte, überzeugt davon, der jüngere Bruder Jesu Christi zu sein. Er glaubte sich von seinem göttlichen Vater beauftragt, das chinesische Volk von der teuflischen Mandschu-Herrschaft zu befreien. Er solle ihm dann den Weg zu einem Leben weisen, das mit dem Großen Frieden, dem himmlischem Plan Gottes, übereinstimme.

Hung Hsiu-ch'uan rekrutierte eine große Armee aus unzufriedenen Bauern und Arbeitern, die im Erz- und Kohlebergwerksdistrikt von Zentral-Kuangsi zu Hause waren, und eroberte 1853 die bedeutende Stadt Nanking.

Unter seinen Offizieren brachen jedoch bald darauf Kämpfe aus, und die Popularität der Bewegung schwand dahin: Die Menschen vor Ort befremdete das antikonfuzianische Verhalten, und die Anhänger der armen und sozial schwachen Schichten waren über das Scheitern der Landreformpläne enttäuscht. Im Jahr 1864 nahmen die kaiserlichen Truppen, ausgerüstet mit westlichen Waffen und zum Teil unter dem Kommando ausländischer Generäle, Nanking ein und schlugen den Austand nieder.

Dieses zeitgenössische Gemälde zeigt die chinesischen Truppen bei ihrer Attacke auf die Taiping-Rebellen in Tai. Die zahlenmäßig unterlegenen und schlecht ausgerüsteten Rebellen werden auf dem hastigen Rückzug dargestellt.

hier, trotz der Unruhen weiter nördlich, ihrem Vormarsch zunächst ein Ende gesetzt. Obwohl die Revolution nach 1856 in die Defensive geriet, entfaltete sie beträchtliche ideologische Stoßkraft. Der Gesellschaft von Taiping lagen „kommunistische" Vorstellungen zugrunde: Es gab kein Privateigentum, sondern eine gemeinschaftliche Versorgung für den allgemeinen Bedarf. Der Theorie nach wurde das landwirtschaftlich genutzte Gebiet entsprechend seiner jeweiligen Qualität in gleichwertige Parzellen unterteilt, um eine gerechte Verteilung der Erträge zu sichern. Im höchsten Sinn revolutionär war, dass die Gleichheit von Bildungs- und Sozialrechten auch auf die Frauen ausgedehnt wurde. Das traditionelle Abbinden ihrer Füße wurde verboten, doch drückte auch eine Verordnung zu sexueller Enthaltsamkeit den Hang der revolutionären Bewegung zu ideologischer Verstiegenheit aus.

Die Zugeständnisse Chinas an Europa

Die Taiping-Bewegung profitierte zunächst von der Demoralisierung der Mandschutruppen, die die Niederlagen durch die Europäer auslöste und von der in China üblichen Schwäche der Zentralregierung in einer fernen abgelegenen Region. Als aber die Truppen mit der Zeit fähigere Kommandeure bekamen, erwiesen sich die Bogen und Speere der Taiping als unzureichend. Auch von den Ausländern wurde die Bewegung schließlich als Bedrohung angesehen, aber sie übten, während die kaiserliche Regierung mit den Taiping rang, weiterhin Druck aus. Verträge mit Frankreich und den USA, die jenem mit Großbritannien folgten, garantierten die Duldung christlicher Missionare und setzten einen Prozess in Gang, in dessen Ergebnis die Rechtsprechung über Ausländer konsularischen und gemischten Gerichten vorbehalten blieb. Die von der Taiping-Revolution ausgehende Gefahr brachte weitere Zugeständnisse: Neuerliche Gefechte führten zur Öffnung von noch mehr chinesischen Häfen für den Handel mit dem Ausland, zur Einsetzung ausländischer Vorgesetzter in der chinesischen Zollverwaltung, zur Legalisierung des Opiumverkaufs und zur Abtretung jener Provinz an Russland, in der später Wladiwostok gegründet wurde. Es überrascht daher kaum, dass die Chinesen 1861 entschieden, erstmals eine nur für die äußeren Angelegenheiten zuständige neue Regierungsbehörde einzurichten. Der alte Mythos, dass die ganze Welt das von Gott gegebene Mandat anerkenne und dem kaiserlichen Hof Tribut zu zollen habe, war tot.

Schließlich reihten sich die Ausländer in den Kampf gegen die Taiping ein. Es ist schwer zu sagen, ob ihre Hilfe nötig war, sicher ist jedoch, dass sich die Taiping-Bewegung bereits im Niedergang befand. 1864 starb Hung, und kurz darauf fiel Nanking an die Mandschu. Dies war ein Sieg für das traditionelle China: Die Herrschaft des bürokratischen Adels hatte einen weiteren Angriff von unten überstanden. Gleichwohl war ein bedeutender Wendepunkt erreicht worden. Das radikale Programm einer Rebellion kündete von der neuartigen Gefahr, dass die alte Herausforde-

Dieser Stich von 1882 zeigt eine katholische Missionsschule in Peking. Die Abbildung Christi ist von chinesischen Schriftzeichen umgeben.

Dieser auf 1879 datierte Stich zeigt einen chinesischen Markt. Auch im späten 19. Jahrhundert gab es in den meisten Gebieten Chinas praktisch keinerlei westliche Präsenz.

rung des Bauernaufstands durch eine von außen kommende und für das konfuzianische China zerstörerische Ideologie verstärkt werden könnte.

EINE ART KOLONIALISMUS

Der Taiping-Aufstand hatte China gegenüber den Europäern weiter geschwächt. Im Verlauf der Kämpfe waren riesige Gebiete verwüstet worden, das Militär hatte die Regierung übernommen und setzte die Kontrolle der Bürokratie außer Kraft. Falls der hohe Verlust an Menschenleben den Druck, der auf dem Land lastete, überhaupt etwas verringert hatte, dann wurde diese Minderung sogleich durch den Verfall des Ansehens und der Autorität der Dynastie ausgeglichen. In dieser Situation musste man den westlichen Mächten Zugeständnisse machen. Zudem wurden zwischen 1856 und 1860 britische und französische Truppen gegen China eingesetzt. Ein 1861 geschlossener Vertrag ließ die Zahl der „Vertragshäfen", die westlichen Kaufleuten zugänglich waren, auf 19 steigen und sah die Einrichtung einer ständigen britischen Botschaft in Peking vor. Währenddessen nutzten die Russen die englisch-französischen Erfolge zur Öffnung der Grenze nach China für den Handel. Die Chinesen erfuhren, dass die Methoden, mit denen sie die Bedrohung durch ihre nomadischen Angreifer zu bannen vermochten, gegen selbstbewusste Europäer, deren ideologische Festigkeit und zunehmende technologische Überlegenheit sie gegen die Einvernahme durch die chinesische Kultur schützte, wenig ausrichten konnten. Als römisch-katholische Missionare das Recht erhielten, Land zu kaufen und Gebäude zu errichten, ging das Christentum mit einem wirtschaftlichen Durchbruch einher und schon bald führte der Wunsch, Konvertiten zu schützen, zur Einmischung in die inneren Angelegenheiten der öffentlichen Ordnung und Polizei. Es war unmöglich, die langsame Zersetzung der chinesischen Souveränität aufzuhalten.

Im Laufe des Jahrhunderts kam es zu Gebietsverlusten, als Russland in den 70er Jahren des 19. Jahrhunderts das Ilital einnahm (später aber einen Großteil davon zurückgab) und die Franzosen ein Protektorat in Annam errichteten. Die nur schwach verankerten, aber alten chinesischen Lehnsherrschaften lösten sich auf. Die Franzosen begannen mit der Eroberung Indochinas, die Briten annektierten 1886 Burma. Den schwersten Schlag versetzte ein anderer asiatischer Staat: Im Krieg von 1894/95 nahmen die Japaner Formosa und die Pescadoren-Inseln ein, während China die Unabhängigkeit Koreas anerkennen musste, das seit dem 17. Jahrhundert tributpflichtig war. In der Folge des japanischen Sieges kam es zu weiteren Gebietsabtretungen an andere Mächte. Von den Russen, die sich Port Arthur gesichert hatten, provoziert, erzwangen Deutschland, England und Frankreich am Ende des Jahrhunderts jeweils langfristige Pachtverträge für die Häfen. Zuvor hatten die

Die europäischen Mächte nutzten die Schwäche der chinesischen Regierung nach dem Aufstand und erlangten bessere Handelsbedingungen und Missionierungsmöglichkeiten als bereits vorher.

Portugiesen, die früherer als alle anderen Europäer in China gewesen waren, ihren Anspruch auf Macao in eine direkte Inbesitznahme umgewandelt. Selbst die Italiener beteiligten sich an der Konkurrenz, gingen jedoch am Ende leer aus. Bereits lange zuvor hatten die westlichen Mächte Konzessionen, Anleihen und Übereinkünfte diktiert, durch die sie ihre eigenen ökonomischen und finanziellen Interessen schützen und vorantreiben wollten. Als am Ende des Jahrhunderts die Nationen in zwei Klassen, eine „lebende und eine sterbende", eingeteilt wurden, galt China als herausragendes Beispiel für die letztere.

Reformversuche

Noch vor dem Ende des 19. Jahrhunderts war es für viele chinesische Intellektuelle und Staatsbedienstete klar, dass die traditionelle Ordnung den neuen Eroberern nicht widerstehen könnte. Die Orientierung an den alten Mustern war gescheitert, und neue Tendenzen begannen sich abzuzeichnen. Eine „Gesellschaft zum Studium der Eigenstärkung" wurde mit dem Ziel gegründet, die Ideen und Erfindungen des Westens auf ihre Nützlichkeit hin zu prüfen. Als Vorbilder ihrer Anführer dienten die Errungenschaften von Peter dem Großen und die der zeitgenössischen japanischen Reformer, was ein umso aussagekräftigeres Beispiel war, als der Krieg von 1895 die Überlegenheit der Japaner über China gezeigt hatte. Doch noch hofften die angehenden Reformer, dass sie an die konfuzianische Tradition würden anknüpfen können. Als Angehörige des Adels verschafften sie sich schließlich Gehör beim Kaiser. So bewegten sie sich im traditionellen Rahmen und Machtgefüge, um administrative und technologische Neuerungen durchzusetzen, ohne dabei die Grundlagen der chinesischen Kultur und Ideologie zu gefährden. Unglücklicherweise hatte dies zur Konsequenz, dass die so genannten „Hundert Tage der Reform" von 1898 beinahe sofort in jene höfischen Intrigen verwickelt wurden, die aus der Rivalität zwischen dem Kaiser und der Kaiserinwitwe entsprangen, ganz abgesehen vom Antagonismus zwischen Chinesen und Mandschu. Es erging zwar eine Flut von Reformerlassen, aber sie wurden rasch überholt durch den Staatsstreich der Kaiserin, die ihren kaiserlichen Widersacher einsperren ließ. Die eigentliche Ursache für das Scheitern der Reformer lag in ihrem unangemessenen politischen Verhalten. Dennoch waren ihre Veränderungsversuche wichtig, da sie bedeutende Anstöße gaben, über Chinas weitere Zukunft nachzudenken.

Dieser französische Stich von 1879 hält eine Straßenszene an der Stadtmauer von Peking fest.

Mit einer Vielzahl von Reformen versuchte man den Einfluss der Europäer einzudämmen.

Der Boxeraufstand

Für den Moment schien China sich wieder auf ältere Methoden zu besinnen, um mit der äußeren Bedrohung umzugehen. Die dramatische Episode des Boxeraufstands weist zu-

Deutsche Matrosen kämpfen gegen die Boxer, wie es die Illustration aus einer zeitgenössischen französischen Zeitschrift zeigt.

mindest in diese Richtung. Von der Kaiserin ausgenutzt, handelte es sich dabei wesentlich um eine rückwärts gewandte und fremdenfeindliche Erhebung, die von offizieller Seite Zuspruch erfuhr. In ihrem Verlauf wurden Missionare und Konvertiten ermordet, ein deutscher Gesandter getötet sowie die ausländischen Gesandtschaften in Peking belagert. Aber die Boxer hatten der westlichen Kampfkraft nichts entgegenzusetzen. Sie offenbarten aufs Neue den Hass auf Ausländer, der sich bereitwillig ausnutzen ließ, zeigten aber zugleich, wie wenig von der alten Ordnung noch zu erwarten war. Der Aufstand wurde durch eine militärische Intervention niedergeschlagen: Es ist historisch einzigartig, dass die bewaffneten Truppen aller Großmächte unter demselben Kommandeur (einem Deutschen) vorgingen. Die Folge war eine weitere diplomatische Erniedrigung für China: Durch die Zölle, die fortan unter ausländischer Aufsicht standen, wurde eine gewaltige Entschädigung eingetrieben.

SUN YAT-SEN

Nach dem Boxeraufstand war China noch instabiler als zuvor. Die Reform von 1898 war gescheitert, und auch die Reaktion hatte keinen Erfolg; nur eine Revolution konnte noch eine Lösung bringen. Die Offiziere jener Truppenteile, die nach dem Vorbild westlicher Armeen umstrukturiert und ausgebildet worden waren, bezogen diese Möglichkeit in ihre Überlegungen ein. Studenten im Exil – vor allem in Tokio – hatten bereits begonnen, sich zu versammeln und über die Zu-

Die Verteidigung der Westorientierung

Einer der Verteidiger der neuen Reformbewegung in China, der sich für die Übernahme der westlichen Innovationen aussprach, war der Gelehrte Yen Fu (1854–1921), Übersetzer der Werke von Adam Smith und John Stuart Mill. Er schrieb: „Wir haben keine Zeit uns zu fragen, ob das Wissen aus China oder aus dem Westen stammt, oder ob es alt oder neu ist. Wenn wir vor einem Weg stehen, der uns in die Unwissenheit und damit in Armut und Schwäche führt, sollten wir ihn nicht beschreiten, auch, wenn es der ist, den unsere Vorfahren gegangen sind, oder er auf der Autorität unserer Regierenden und Meister beruht. Wenn ein anderer Weg die Unwissenheit wirksam überwindet und uns damit aus unserer Armut und Schwäche herausführt, sollten wir ihm folgen, auch wenn ihn die Barbaren geebnet haben (...)."

Ein Auszug aus den Schriften Yen Fus, 1900.

Ein bekannter chinesischer Druck aus dem Jahr 1891 ruft das Volk zum Kampf gegen ausländischen Einfluss auf.

kunft ihres Landes zu diskutieren. Die Japaner ermunterten bereitwillig subversive Bewegungen, die zur Schwächung des Nachbarlandes führen konnten. Sie genossen bei den jungen chinesischen Radikalen hohes Ansehen, da sie als Asiaten der Falle der traditionellen Rückwärtsgewandtheit, die Indiens Schicksal besiegelt hatte und in der nun China unterzugehen drohte, entkommen waren. Japan konnte mit dem Westen Schritt halten. Andere Studenten bemühten sich um Unterstützung, etwa von den zählebigen Geheimgesellschaften. Einer von ihnen war ein junger Mann namens Sun Yat-sen. Seine Leistungen sind zwar oft übertrieben dargestellt worden, dennoch unternahm er nicht weniger als zehn Revolutionsversuche. In den 90er Jahren des 19. Jahrhunderts verlangten er und andere lediglich die Einführung der konstitutionellen Monarchie, eine für die damalige Zeit äußerst radikale Forderung.

Unzufriedene Exilanten bemühten sich um Hilfe durch die zahlreichen chinesischen Geschäftsleute im Ausland. Sie unterstützten Sun Yat-sen 1905 in Japan eine revolutionäre Allianz zu bilden, die auf die Vertreibung der Mandschu, die Einsetzung einer chinesischen Regierung, eine republikanische Verfassung und auf eine Landreform gerichtet war. Man bemühte sich um Aussöhnung mit den Ausländern, was in dieser Phase ein geschickter taktischer Zug war. Das neue Programm zeigte außerdem den Einfluss westlicher Denker (besonders des englischen Radikalen John Stuart Mill und des amerikanischen Wirtschaftsreformers Henry George).

Ein anderes Ereignis im selben Jahr war jedoch wichtiger als deren Formierung: Das traditionelle Prüfungssystem wurde abgeschafft. Mehr als jede andere Institution hatte es den Zusammenhalt der chinesischen Kultur und Gesellschaft gewährleistet, indem es die innere Homogenität und Bindung der Bürokratie, deren Rekrutierung es diente, sicherstellte. Während diese Gepflogenheiten zwar nur allmählich verschwanden, war nunmehr doch der Unterschied zwischen der Masse der chinesischen Untertanen und der privilegierten herrschenden Klasse aufgehoben. Währenddessen entfalteten aus dem Ausland zurückkehrende Studenten, die mit den vorgefundenen Zuständen unzufrieden und nicht mehr

1894 gründete Sun Yat-sen (1866–1925) die Vereinigung zur Erneuerung Chinas, eine Revolutionsbewegung, deren grundsätzliche Bestrebungen die nationale Unabhängigkeit, eine Agrarreform und die Bildung einer Republik waren.

Bei seinen zahlreichen Aufständen wurde Sun-Yat-sen von Anhängern aus Japan und chinesischen Geschäftsleuten aus dem Ausland unterstützt.

Das Ende des kaiserlichen China

Die weit verbreitete Unzufriedenheit in China zu Beginn des 20. Jahrhunderts ermöglichte es den republikanischen Idealen (die von der wachsenden Gruppe im Ausland ausgebildeter junger Chinesen getragen wurden) schließlich, über die Mandschu-Dynastie zu triumphieren. Die Revolution brach 1911 beinahe zufällig aus, als eine Gruppe von Offizieren, die zuvor in Revolutionsvorbereitungen verwickelt gewesen war, zu den Waffen griff. Rasch schlossen sich zahlreiche Städte der Erhebung an, und das Überlaufen einiger hochrangiger Offiziere führte zum Zusammenbruch der Dynastie.

Die republikanische Demokratie konnte in China nur sehr schwer Fuß fassen – es mangelte dem Land nicht nur an der Tradition einer repräsentativen Regierung, sondern auch an einer Zivilgerichtsbarkeit, die mehr war als ein Bestrafungssystem. Mit dem Tod Yüan Shih-kais im Jahr 1916 geriet China erneut in Unruhe.

Yüan Shih-kai (1859–1916) war nach Sun Yat-sen der zweite Präsident Chinas.

der Notwendigkeit unterworfen waren, sich im Zuge des Prüfungssystems daran anzupassen, wenn sie in den Regierungsdienst eintreten wollten, einen zutiefst umwälzenden Einfluss. Sie steigerten die Geschwindigkeit erheblich, mit der westliche Vorstellungen die chinesische Gesellschaft zu durchdringen begannen. Gemeinsam mit den Soldaten der modernisierten Armee betrachteten viele von ihnen die Revolution als Weg in die Zukunft.

Die Republik China

Es gab eine Reihe von Aufständen (einige von Sun Yat-sen mit französischer Duldung von Indochina ausgeführt), bevor die Kaiserin und ihr Marionettenkaiser an zwei aufeinander folgenden Tagen im Jahr 1908 starben. Dieses Ereignis ließ neue Hoffnungen keimen, aber die Mandschuregierung fuhr fort, Reformen abzuwehren. Einerseits machte sie bedeutende prinzipielle Zugeständnisse und förderte das Studium im Ausland, andererseits bewies sie ihre Unfähigkeit, einen entscheidenden Bruch mit der Vergangenheit zu vollziehen oder auf die kaiserlichen Privilegien der Mandschu zu verzichten: Bis 1911 hatte sich die Lage erheblich verschlechtert. Im Oktober wurde in Hankow ein revolutionäres Hauptquartier entdeckt. Früher im Jahr hatte es bereits mehr oder weniger beherrschbare Aufstände gegeben und der nun herbeigeführte entwickelte sich schließlich zu einer erfolgreichen Revolution. Sun Yat-sen, in dessen Namen die frühen Aufständischen kämpften, hielt sich zu diesem Zeitpunkt in den USA auf und wurde von den Ereignissen überrascht. Die Revolution wurde durch das Überlaufen der Militärbefehlshaber des Regimes entschieden. Der bedeutendste unter ihnen war Yüan Shih-k'ai und als er sich gegen die Mandschu wandte, war die Dynastie verloren. Das gottgegebene Mandat wurde entzogen, als am 12. Februar 1912 der letzte, sechs Jahre alte Mandschukaiser abdankte. Zuvor war bereits die Republik ausgerufen worden, mit Sun Yat-sen als ihrem Präsidenten, hinter dem sich bald darauf eine neue nationalistische Partei formierte. Im März gab er das Präsidentenamt an Yüan Shih-k'ai weiter. Dies war das Eingeständnis, wer in der neuen Republik wirklich die Macht hatte. Eine neue Phase der Herrschaft über China begann, in der ein machtloses konstitutionelles Regime in Peking bestritt, dass die tatsächliche Regierungsgewalt in China in den Händen von Kriegsherren lag. Schon daraus ging hervor, dass China noch einen weiten Weg vor sich hatte, bis es ein moderner Nationalstaat sein würde.

JAPAN

Zu Beginn des 19. Jahrhunderts gab es bei oberflächlicher Betrachtung kaum Anzeichen, dass Japan den vom Westen gestellten Herausforderungen besser gewachsen wäre als China. Allem Anschein nach war es ein zutiefst konservatives Land. Und doch hatte sich seit der Einrichtung des Schogunats bereits vieles gewandelt, und einiges wies darauf hin, dass die Veränderungen im Lauf der Zeit noch tiefgreifender und schneller erfolgen würden. Paradox daran war, dass dies dem Erfolg der Tokugawa-Ära selbst zuzuschreiben ist. Sie hatte Frieden gebracht. Die offenkundige Folge war eine zunehmende Ineffizienz des japanischen Militärsystems. Die Samurai waren eine offensichtlich nicht mehr zeitgemäße Klasse. Als Krieger gab es für sie nichts mehr zu tun als sich in den Residenzen ihrer Gebieter aufzuhalten, ohne Beschäftigung stellten sie ein soziales und ökonomisches Problem dar. Der anhaltende Frieden führte, als tiefgreifendste Konsequenz der Tokugawa-Ära, zu mehr Wachstum. Japan war bereits eine halb entwickelte, zunehmend arbeitsteilige Gesellschaft mit einer Geldwirtschaft und Ansätzen einer quasi-kapitalistischen Struktur in der Landwirtschaft, die die alten Feudalbeziehungen auflöste. Die städtische Bevölkerung wuchs. Osaka, das wichtigste Handels-

Ein Druck aus dem 18. Jahrhundert zeigt eine japanische Dame mit ihrer Magd. Dank der damaligen Beliebtheit solcher Alltagsdarstellungen gibt es eine Fülle grafischer Dokumente aus der Tokugawa-Ära.

zentrum, hatte in den letzten Jahren des Schogunats zwischen 300 000 und 400 000 Einwohner, Edo dürfte etwa eine Million gehabt haben. Diese großen Konsumzentren wurden durch Finanz- und Handelsbeziehungen erhalten, deren Ausmaß und Komplexität seit dem 17. Jahrhundert enorm gewachsen war, und sie spotteten der überkommenen Anschauung der Minderwertigkeit des Kaufmannsstands. Ihre Verkaufsmethoden waren modern: Das im 18. Jahrhundert begründete Handelshaus Mitsui verteilte kostenlose, mit seinem Geschäftszeichen versehene Regenschirme an jene Kunden, die in seinen Läden vom Regen überrascht wurden.

Politische und ökonomische Instabilität

Viele Veränderungen in Japan waren Ausdruck eines neuen Wohlstands, von dem das Schogunat selbst nicht profitiert hatte, hauptsächlich, weil es nicht in der Lage war, ihn in einem Umfang zu nutzen, der mit dem Anwachsen des eigenen Bedarfs Schritt hielt. Die Haupteinnahmequelle war die durch den Adel eingezogene Reissteuer, und der jeweilige Steuersatz war seit der Festlegung im 17. Jahrhundert unverändert geblieben. Daher schöpfte die Steuer nichts von dem durch verbesserte Anbaumethoden und gesteigerte Bodenerträge erzielten Reichtum ab. Dieser blieb in den Händen der reicheren Bauern und Dorfführer und verschärfte die Gegensätze auf dem Land. Die ärmeren Bauern waren oft gezwungen, sich auf den Arbeitsmärkten der Städte anzubieten. Dies war ein weiteres Anzeichen für den Zerfall der Feudalgesellschaft. In den Städten, die unter einer von der Münzentwertung des Shogunats noch verschlimmerten Inflation litten, schienen nur die Kaufleute zu prosperieren. Ein letzter Versuch zu Wirtschaftsreformen scheiterte in den 40er Jahren des 19. Jahrhunderts. Der Adel verarmte, und sein Gefolge verlor das Vertrauen. Vor dem Ende der Tokugawa-Ära unternahmen einige Samurai erfolglose Versuche, sich im Handel zu engagieren. Ihr Anteil an den Steuereinkünften ihrer adligen Herren war nicht größer als der ihrer Vorgänger im 17. Jahrhundert, und überall stieß man auf verarmte, politisch unzufriedene Schwertkämpfer sowie verbitterte große Adelshäuser, die sich an die Zeiten erinnerten, in denen sie den Tokugawa ebenbürtig gewesen waren.

Dieser Druck stammt von Ando Hiroshige (1797–1858), der für seine Fähigkeit bekannt ist, beliebte Ansichten künstlerisch umzusetzen. Ende des 19. Jahrhunderts übten japanische Holzschnitte einen bedeutenden Einfluss auf die europäische Malerei aus.

Offenheit für westliche Einflüsse

Die offensichtliche Gefahr der drohenden Instabilität Japans war umso größer, als die Abschottung gegen westliche Vorstellungen schon seit längerer Zeit nicht mehr vollkommen war. Einige gelehrte Männer hatten sich über den Hollandhandel Zugang zu Büchern verschafft. Für technische Dinge war Japan viel empfänglicher als China. „Die Japaner sind scharfsinnig und begreifen rasch alles, was sie sehen", sagte ein Holländer des 16. Jahrhunderts. Sie kopierten die europäischen Uhren, die die Chinesen als Spielzeug betrachteten. Sie lernten eifrig von den Europäern, von ihren Traditonen so wenig behindert, wie die Chinesen an die ihren gefesselt waren. Auf den großen Lehnsgütern gab es beachtliche Schulen und Forschungszentren für „Hollandstudien". Das Schogunat selbst hatte die Übersetzung ausländischer Bücher zugelassen, was für eine derartig lesekundige Gesellschaft einen wichtigen Schritt darstellte, war doch das Bildungssystem im Japan der Tokugawa-Ära beinahe zu erfolgreich gewesen: Sogar junge Samurai begannen, sich mit westlichen Vorstellungen zu befassen. Wegen der vergleichsweise geringen Größe der Inseln und der guten Verkehrswege fanden neue Ideen schnell Verbreitung. Deshalb war die Ausgangslage Japans, als es sich plötzlich einer neuen und noch nicht dagewesenen Herausforderung seitens des Westens gegenüber sah, weniger nachteilig als diejenige Chinas.

Die erste Periode westlicher Kontakte mit Japan war im 17. Jahrhundert damit beendet worden, dass man bis auf einige wenige Holländer, denen der Handel von einer vor Nagasaki liegenden Insel erlaubt wurde, alle des Landes verwies. Das Schicksal Chinas rief bei einigen japanischen Herrschern wachsende Besorgnis hervor. Europäer und Nordamerikaner schienen neues Interesse am Asienhandel gefunden zu haben und auch die Kraft, dieses durchzusetzen. Der niederländische König warnte den Schogun, dass die Politik der Abschottung unrealistisch geworden sei. Unter den japanischen Herrschern ließ sich jedoch keine Übereinkunft erzielen, ob es besser sei, Widerstand zu leisten oder Zugeständnisse zu machen. Im Jahr 1851 beauftragte schließlich der Präsident der USA einen Marineoffizier, Admiral Perry, die Verbindung nach Japan zu erzwingen. Unter seinem Befehl erreichte im Jahr 1853 das erste ausländische Segelgeschwader, das in japanische Gewässer vordrang, die Bucht von Edo. Dies wiederholte sich im Jahr darauf, und das Schogunat schloss den ersten einer Reihe von Verträgen mit ausländischen Mächten.

Vor allem die Faszination, mit der Japaner allem Neuen begegneten, machte es westlichen Einflüssen leicht, sich im Land auszubreiten.

Das Ende des Schogunats

Die Ankunft Perrys konnte in konfuzianischen Begriffen als Omen gedeutet werden, dass das Ende des Schogunats nicht mehr fern war, und ohne Zweifel wurde es von manchen Japanern so gesehen. Doch vergingen bis dahin noch einige Jahre, die von einer unentschlossenen

Dieser Stich von 1860 zeigt die Unterzeichnung des Handelsabkommens zwischen Frankreich und Japan.

Reaktion auf die neue Bedrohung gekennzeichnet waren. Zu einer aufrichtigen Politik der Zugeständnisse konnten sich Japans Herrscher nicht sofort durchringen (es gab sogar einen weiteren Versuch, Ausländer gewaltsam außer Landes zu schaffen), also wurde die Richtung, in der sich Japan entwickelte, nicht vor der Mitte der 60er Jahre des 19. Jahrhunderts festgelegt. Gleichwohl fand der Erfolg des Westens binnen weniger Jahre Ausdruck und Symbol in einer Reihe von so genannten „ungleichen Verträgen“. Die wesentlichen Zugeständnisse, die die USA, Großbritannien, Frankreich, Russland und die Niederlande erringen konnten, bestanden in Handelsprivilegien, der Exterritorialität für westliche Staatsbürger, der Einrichtung diplomatischer Vertretungen sowie der Einschränkung des japanischen Opiumexports. Bald darauf kam das Schogunat an sein Ende. Seine Unfähigkeit, den Eroberern zu widerstehen, war dafür ein wesentlicher Faktor, ein anderer die Bedrohung seitens zweier großer feudaler Machtblöcke, die in der Absicht, die Tokugawaherrschaft durch ein effizienteres und stärker zentralisiertes System unter ihrer Kontrolle zu ersetzen, bereits mit der Übernahme westlicher Militärtechnik begonnen hatten. Es kam zu Kämpfen zwischen den Tokugawa und ihren Widersachern, die aber nicht mit dem Rückfall in Unordnung und Anarchie endeten. Vielmehr erlangten 1868 der Hof und die Regierung des Kaisers im Verlauf der sogenannten „Meiji- Restauration“ die Macht zurück.

Dieser englische Stich stellt die Eröffnung des japanischen Parlaments durch den Kaiser am 29. November 1890 dar. Den Mitgliedern der neuen Legislative und der japanischen Öffentlichkeit war verdeutlicht worden, dass die Verfassung von 1899 vom Willen des Kaisers ausging und auch nur von ihm verändert werden konnte.

Die Meiji-Restauration

Das Wiedererstarken des Kaisers und die breite Akzeptanz, auf die die nachfolgende revolutionäre Erneuerung stieß, sind vor allem dem sehnlichen Wunsch der meisten gebildeten Japaner zuzuschreiben, der „schändlichen Unterlegenheit“ gegenüber dem Westen zu entkommen, die ihnen ein ähnliches Schicksal wie den Chinesen und Indern hätte bescheren können. Im Verlauf der 60er Jahre des 19. Jahrhunderts hatte sowohl der *bakufu* als auch einige Einzelclans mehrere Missionen nach Europa entsandt. Die ausländerfeindliche Agitation wurde fallen gelassen, um vom Westen die Geheimnisse seiner Stärke zu lernen.

Die Verlegung des Hofes nach Edo war die symbolische Einleitung der Meiji-Restauration und der Erneuerung Japans. Ihre unverzichtbare erste Stufe war die Abschaffung des Feudalismus. Diese potentiell schwierige und blutige Angelegenheit wurde durch die freiwillige Unterwerfung ihrer Ländereien unter die Macht des Kaisers durch die vier größten Clans erleichtert, die ihre Motive in einem an den Kaiser gerichteten Memorandum erläuterten. Sie gäben dem Kaiser zurück, was ursprünglich ihm gehört habe, sagten sie, „damit eine einheitliche Regierung über das Reich herrschen möge. Dies erlaubt dem Land, den anderen Nationen auf der Welt ebenbürtig zu sein“. Hier kommt in bündiger Form der patriotische Geist zum Ausdruck, der Japans Regierende im nächsten halben Jahrhundert erfüllte und der weit verbreitet war in einem Land, dessen hoher Bildungsstand den lokalen Autoritäten die Vermittlung nationaler Ziele in einem Maß erlaubte, das anderswo unerreichbar war. Gewiss waren derartige Äußerungen auch in anderen Ländern nicht ungewöhnlich. Das Besondere an Japan waren der Nachdruck, den die Programmatik durch die Beobachtung des Schicksals von China erhielt und die emotionale Unterstützung, die die Idee aus der sozialen und moralischen Tradition Japans heraus erfuhr. Ebenso dienlich war auch der Umstand, dass mit dem Kaiserthron im Rahmen der etablierten Strukturen eine Quelle moralischer Autorität zur Verfügung stand, die nicht nur der Fortschreibung des Vergangenen verpflichtet war.

Die „Verwestlichung" Japans

Im Zuge der Meiji-Restauration übernahm Japan rasch eine Vielzahl von Institutionen der westlichen Regierungen und Gesellschaft. Innerhalb der ersten fünf Jahre wurden ein präfektorales Verwaltungssystem, Postämter, eine Tageszeitung, ein Bildungsministerium, Wehrpflicht, die erste Eisenbahn, Religionsfreiheit und der Gregorianische Kalender eingeführt. 1879 wurde ein System repräsentativer Kommunalregierungen eingesetzt und zehn Jahre später eine Verfassung verabschiedet, die die Einrichtung eines Zweikammerparlamentes enthielt. Tatsächlich war dies, betrachtet man die deutlichen autoritären Züge des Dokuments, etwas weniger revolutionär, als es erscheinen mag. Etwa zur selben Zeit begann auch der Erneuerungseifer nachzulassen. Die Zeiten, in denen alles Westliche groß in Mode war, waren vorbei, und erst in der zweiten Hälfte des 20. Jahrhunderts stellte sich wieder ein ähnlicher Enthusiasmus ein. Ein kaiserlicher Bildungserlass des Jahres 1890, der in der Folgezeit Generationen von japanischen Schulkindern anlässlich bedeutender Feiertage vorgelesen werden sollte, schrieb die Beachtung der traditionellen konfuzianischen Gebote der Achtung und des Gehorsams gegenüber den Eltern sowie der Selbstaufopferung für den Staat vor, wenn dies nötig sein sollte.

Japanische gegen westliche Kultur

Die konservative Sicht auf den Unterschied zwischen dynamischer westlicher und unbeweglicher östlicher Kultur kommt in diesem Absatz aus einem berühmten japanischen Roman zum Ausdruck:

„Die Monarchie ist unbequem, deshalb versucht man es mit dem Parlamentarismus, der aber auch enttäuschend ist, und man geht zum nächsten Versuch über. Gibt ein Fluss Anlass zum Ärger, so baut man eine Brücke; ist ein Berg lästig, so bohrt man einen Tunnel hindurch. Wenn die Verkehrswege schlecht sind, baut man eine Eisenbahn. Doch niemals wird man vollkommen zufrieden sein. Wie weit kann der Mensch seinen Willen in guter Weise durchsetzen? Die Kultur des Westens kann gut und fortschrittlich sein, aber letztlich ist es eine Kultur, die von Menschen geschaffen wurde, die niemals zufrieden sind. Die japanische Kultur sucht die Zufriedenheit nicht in der Veränderung der Dinge, sondern im Menschen selbst. Sie unterscheidet sich vom Westen zutiefst dadurch, dass sie von der großartigen Erkenntnis ausgeht, dass grundsätzliche Veränderungen unserer Umgebung unnötig sind. Wenn das Verhältnis zwischen Eltern und Kindern nicht das beste ist, versucht unsere Kultur, anders als die Europäer, nicht, durch Veränderung dieses Verhältnisses Harmonie herzustellen. Beziehungen werden als unveränderlich gedacht, und zur Wiedererlangung der Gelassenheit wird ein Mittel innerhalb dieser selbst gesucht."

Ein Auszug aus *Ich bin eine Katze* von Natsume Soseki (1906), übersetzt von Marco Vogts.

Vieles – und vielleicht der wichtigste Teil – vom alten Japan überdauerte die Meiji-Revolution ganz offensichtlich. Darin liegt zum Teil das Geheimnis des modernen Japan. Aber vieles verschwand auch. Der Feudalismus konnte nie wieder hergestellt werden, wenn der Adel auch durch seine Regierungsbeteiligung großzügig abgefunden wurde. Ein weiterer deutlicher Ausdruck der neuen Richtung war die Abschaffung des Klassensystems alter Ordnung. Besonderes Augenmerk galt dabei der Aufhebung der Samurai-Privilegien. Manche dieser Kriegerkaste wurden durch die Betätigungsfelder entschädigt, die sich ihnen in der neuen Bürokratie, im Geschäftsleben (das ihnen nun offenstand) sowie in der modernisierten Armee und Marine boten. Für diese Bereiche bemühte man sich um ausländische Anleitung, denn die Japaner strebten nach außergewöhnlicher Qualität. Nach und nach entließen sie nach dem deutsch-französischen Krieg ihre französischen Militärberater und gingen dazu über, Deutsche anzustellen; die Briten stellten Berater für die Marine zur Verfügung. Junge Japaner wurden ins Ausland geschickt, um die Geheimnisse der erstaunlichen und bedrohlichen Stärke des Westens aus erster Hand zu erfahren. Noch heute kann man sich der Bewunderung für die Begeisterung dieser jungen Männer und ihrer Vorgänger kaum entziehen, und es ist unmöglich, von ihren Leistungen, die weit über Japan und ihre eigene Zeit hinaus wirkten, nicht beeindruckt zu sein. Die *shishi* (wie einige der leidenschaftlichsten und engagiertesten Reformaktivisten genannt wurden) inspirierten später die Anführer nationaler Bewegungen in ganz Asien, von Indien bis China.

Der wirtschaftliche Wandel

Die banalsten, doch zugleich deutlichsten Beweise für den Erfolg der Reformer lieferte die wirtschaftliche Entwicklung. Sie baute auf den ökonomischen Vorteilen des Friedens der Tokugawa-Ära auf. Es waren nicht nur die im Westen gemachten Anleihen in Technologie und Sachverstand, die Japan ein von keinem anderen nicht-westlichen Land erreichtes Wachstum verschafften. Das Land hatte den Vorteil, dass es bereits über zahlreiche Unternehmer verfügte, denen das Profitstreben eine Selbstverständlichkeit war, und es war ohne Zweifel reicher als China. Japans große Fort-

Diese Ansicht der japanischen Stadt Osaka wurde 1891 in einer englischen Zeitung veröffentlicht.

schritte sind zum Teil auf die Überwindung der Inflation zurückzuführen. Außerdem wurden die feudalistischen Hindernisse beseitigt, die die Ausschöpfung des gesamten in Japan vorhandenen Potentials erschwert hatten. Das erste Anzeichen des Wandels war ein weiterer Anstieg der landwirtschaftlichen Produktion, wenngleich die Bauern, die 1868 vier Fünftel der Bevölkerung stellten, nur wenig davon profitierten. Es gelang Japan im 19. Jahrhundert, eine wachsende Bevölkerung zu ernähren, indem die Anbaufläche für Reis vergrößert und die bestehenden Felder intensiver bestellt wurden. Obwohl die Abhängigkeit von der Grundsteuer abnahm, je mehr sich die Staatseinkünfte auch aus anderen Quellen speisten, waren es immer noch die Bauern, die den Löwenanteil der Kosten für das neue Japan zu tragen hatten. Noch 1941 sahen die japanischen Bauern nur wenig vom Gewinn der Modernisierung. Im Vergleich waren sie zurückgefallen: Während ihre Vorfahren ein Jahrhundert zuvor eine Lebenserwartung und ein Einkommen hatten, das annähernd dem ihrer britischen Kollegen entsprach, waren die Nachfahren sogar um 1900 weit davon entfernt. Nicht-agrarische Ressourcen gab es nur wenige. Investitionen wurden durch die zunehmend einträgliche Grundsteuer aufgebracht. Der Konsum blieb auf niedrigem Niveau, wenn es auch keine Not gab, die der des späteren Industrialisierungsprozesses im Russland der Stalinzeit vergleichbar gewesen wäre. Eine hohe Sparquote (zwölf Prozent im Jahr 1900) bewahrte Japan zwar vor der Abhängigkeit von Auslandskrediten, schränkte aber wiederum den Konsum ein. Dies war die Kehrseite einer Wachstumsbilanz, deren Guthaben klar auf der Hand lagen: Die Infrastruktur eines modernen Staates, eine einheimische Waffenindustrie, eine hohe Kreditwürdigkeit im Ansehen ausländischer Investoren und eine große Zunahme in der Produktion von Baumwolle und anderer Textilien bis 1914.

Prinz Ito Hirobumi (1841–1909) saß der japanischen Verfassungskommission vor, die nach Europa reiste, um die Demokratiemodelle des Westens zu studieren. Er war eine Schlüsselfigur für die Verwestlichung Japans und bekleidete zwischen 1886 und 1901 mit Unterbrechungen mehrfach das Amt des Premierministers.

Sozialer Aufruhr

Für diese Erfolge musste schließlich ein hoher Preis bezahlt werden. Sogar, als es vom Westen zu lernen bestrebt war, kehrte Japan sich nach innen. Die „fremden“ religiösen Einflüsse des Konfuzianismus und zunächst selbst des Buddhismus wurden von den Anhängern des shintoistischen Staatskultes kritisiert, die sogar unter dem Schogunat damit begonnen hatten, die Rolle des Kaisers als Verkörperung des Göttlichen zu betonen und hervorzuheben. Die Forderung, dass die Treue zum Kaiser im Mittelpunkt der Nation stehen müsse, setzte sich gegen jene in der neuen Verfassung verkörperten Grundsätze durch, die in einem anderen kulturellen Umfeld möglicherweise in eine liberale Richtung weiterentwickelt worden wären. Die Wesensart der Regierung selbst kam nicht in solchen Institutionen zum Ausdruck, sondern im repressiven Vorgehen der kaiserlichen Polizei, und die Modernisierung der Wirtschaft beruhte nicht auf Planung

Durch rigides Vorgehen der Regierung in wirtschaftlichen Fragen und beim Erhalt der öffentlichen Ordnung gelang es schrittweise, Modernisierung und die alten traditionellen Werte in Japan miteinander zu vereinen.

Die japanische Expansion 1895–1942

Ein halbes Jahrhundert lang verfolgte Japan eine aggressive Expansionspolitik. Die Kriege gegen China (1894–1895) und Russland (1904–1905) ermöglichten Japan die Besetzung Formosas und Koreas. 1931 annektierten die Japaner die Mandschurei von China, sechs Jahre darauf griffen sie China selbst an. 1941, als Deutschland den Zweiten Weltkrieg zu gewinnen schien, trat Japan gegen die USA und Großbritannien in den Krieg ein und unternahm den Versuch, ganz Ostasien unter japanische Herrschaft zu bringen.

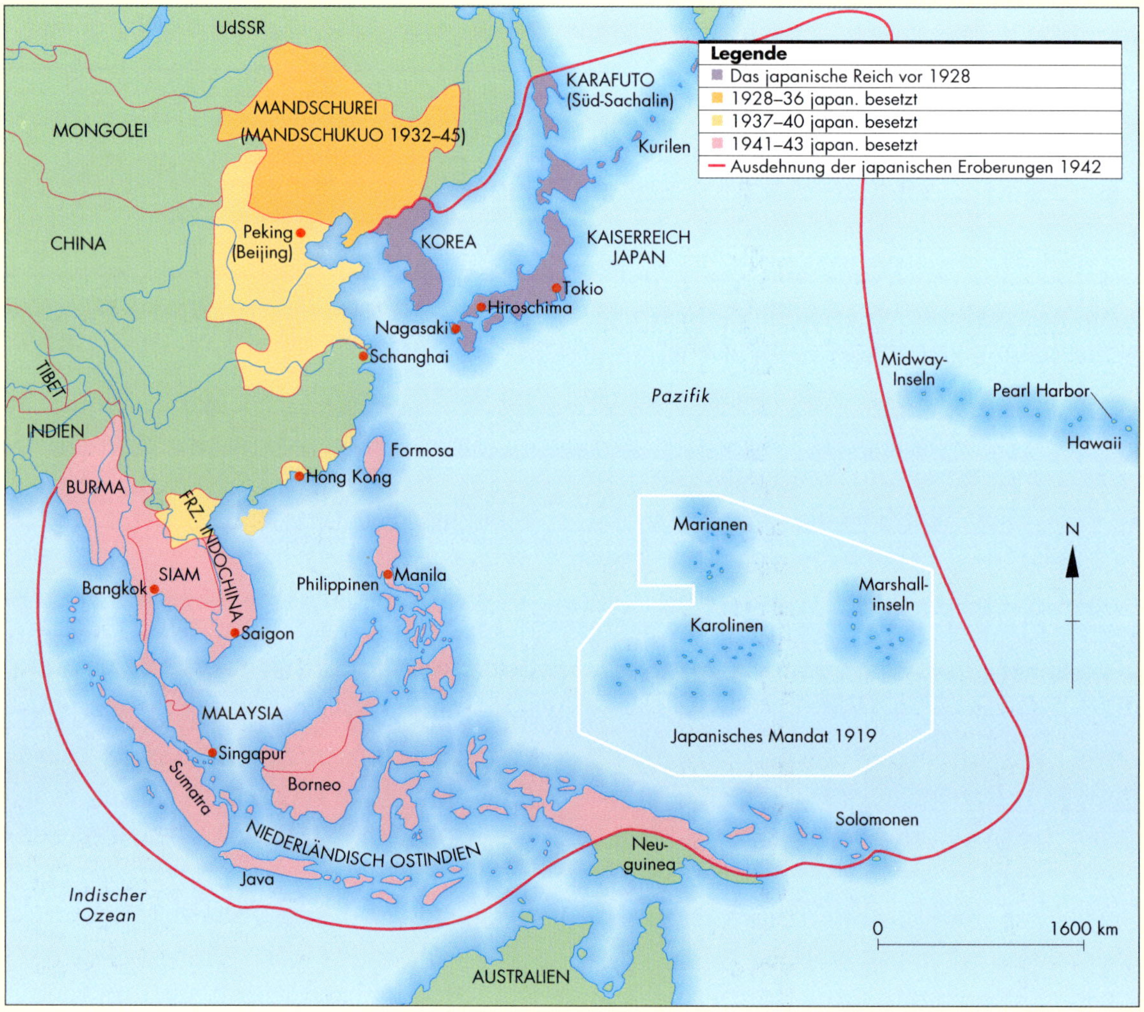

im modernen Verständnis, sondern auf strikten Vorgaben der Regierung und einer unnachsichtigen Finanzpolitik. Das andere Problem war die öffentliche Ordnung. Schon einmal hatte sich die kaiserliche Herrschaft wegen ihrer Unfähigkeit verfinstert, der von dieser Seite ausgehenden Bedrohung zu begegnen, und nun zog eine neue Gefahr herauf: Eine Quelle der Unruhe waren unzufriedene *ronin*, entwurzelte Samurai ohne Gebieter. Eine andere war das Elend der Bauern. Im ersten Jahrzehnt der Meiji-Ära gab es Anzeichen von Bauernaufständen. Im Satsuma-Aufstand von 1877 bewies die neue Wehrpflichtigenarmee der Regierung, dass sie dem konservativen Widerstand gewachsen war.

Die Energie der unzufriedenen Samurai wurde nach und nach in den Dienst des neuen Staates eingebunden, aber das bedeutete nicht, dass sich daraus für Japan nur positive Folgen ergaben. In bestimmten Schlüsselsektoren des staatlichen Lebens wurde dadurch ein auftrumpfender Nationalismus verstärkt, der schließlich zur Aggression gegen das Ausland führte. Diese konnte ihren unmittelbaren Ausdruck nicht nur im Zorn auf den Westen finden, sondern auch in einem auf das benachbarte asiatische Festland gerichteten Herrschaftsanspruch.

Das Verhältnis zu China und Korea

China war das prädestinierte Opfer für imperialistische Umtriebe, und es sollte von seinen asiatischen Nachbarn nicht anders behandelt werden als von irgendeinem der westlichen Staaten. Zunächst wurde es nur indirekt bedroht. Zur selben Zeit, da die Europäer die chinesische Oberherrschaft über die angrenzenden und von ihm abhängigen Gebiete in Tibet, Indochina und der Mandschurei in Frage stellten, wurde sie von den Japanern im alten koreanischen Reich bedroht, das lange Zeit ein Tributstaat Pekings gewesen war. Die dortigen Interessen Japans reichten weit zurück. Zum Teil hatte dies strategische Gründe, denn die Tsuschimastraße war die kürzeste Verbindung zum Festland. 1876 willigten die Koreaner – unter Androhung des Einsatzes von Armee und Flotte – auf eine Öffnung dreier ihrer Häfen für die Japaner ein und versprachen die Aufnahme diplomatischer Beziehungen. Manchen Japanern war das noch nicht genug. Sie erinnerten an frühere japanische Invasionen und die erfolgreiche Piraterie an der koreanischen Küste und wiesen auf den Reichtum Koreas an Bodenschätzen und Naturprodukten hin. Die Politiker der Meiji-Restauration gaben derartigem Druck zwar nicht sofort nach: Der in den 90er Jahren des 19. Jahrhunderts unternommene Schritt, der Japan in den ersten großen Krieg (gegen China) seit der Restauration führte, wurde ein Erfolg auf der ganzen Linie. Ihm folgte jedoch eine entsetzliche nationale Demütigung, als 1895 eine Gruppe westlicher Mächte Japan zwang, einen viel weniger vorteilhaften Friedensvertrag zu akzeptieren als jenen, den es (einschließlich der Unabhängigkeitserklärung Koreas) vorher China auferlegt hatte.

Diese japanische Illustration einer Szene aus dem Krieg gegen China (1894–1895) hebt die überwältigende Kampfkraft der japanischen Truppen hervor, deren moderne Uniformen zu der eher traditionellen Tracht der Chinesen in Kontrast stehen.

Japans Anerkennung durch den Westen

An diesem Punkt verband sich der Zorn auf den Westen mit der Begeisterung für die Expansion nach Asien. Die allgemeine Ablehnung der „ungleichen Verträge", die zuvor schon ein bestimmendes Thema gewesen war, erreichte mit der Enttäuschung von 1895 ihren Höhepunkt. Die japanische Regierung verfolgte mit der Unterstützung der chinesischen Revolutionsbewegungen ihre eigenen Interessen, und nun hatte sie ihnen ein Schlagwort zu bieten: „Asien den Asiaten". Auch den westlichen Mächten wurde nun klar, dass der

Anerkennung durch den Westen und Expansion nach Asien kennzeichnen Japans Politik am Ende des 19. Jahrhunderts.

Japanische Gebräuche gelangen nach Europa

1853 war es westlichen Reisenden zum ersten Mal seit mehr als 200 Jahren erlaubt, Japan zu besuchen. Die ersten Besucher aus dem Westen, die diese neue Offenheit nutzten, entdeckten mit Verblüffung eine äußerst feine japanische Kultur. Die Erinnerungsstücke, die diese Besucher mit nach Hause brachten, ließen die japanische Kultur in der zweiten Hälfte des 19. Jahrhunderts in Europa zur Mode werden. Europäische Damen trugen privat einen Kimono und Künstler wie van Gogh ließen sich von japanischen Holzschnitten inspirieren.

Einige japanische Traditionen wurden im Westen als typisch für dieses Land angesehen. Dazu gehörten die Teezeremonie mit ihren genau festgelegten Ritualen und der edlen Einfachheit der dabei benutzten Gegenstände, das Kabuki-Theater, die Eleganz der Geishas sowie die Kampfsportarten.

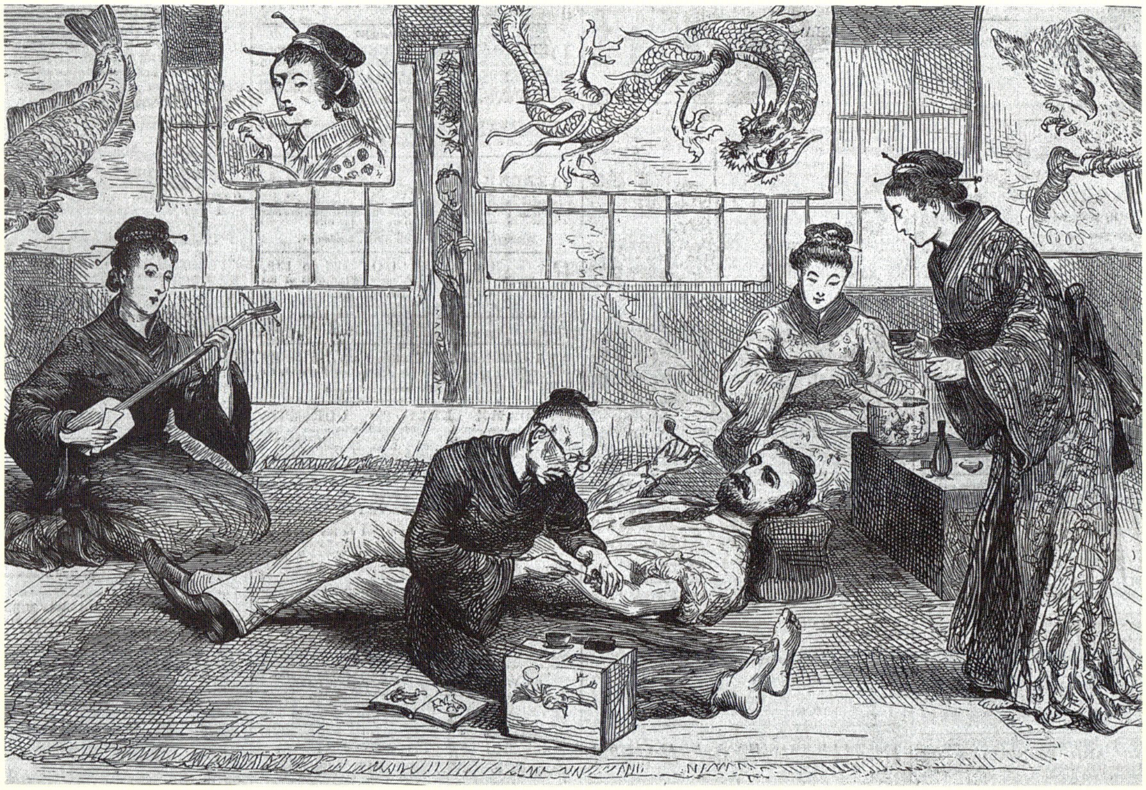

Ein Europäer lässt sich 1882 in Nagasaki tätowieren und wird dabei von mehreren Geishas bedient. Viele westliche Japanreisende im 19. Jahrhundert waren von den Gebräuchen des Landes fasziniert.

Umgang mit Japan eine Angelegenheit war, die sich sehr von der Schikanierung Chinas unterschied. Japan wurde zunehmend als „zivilisierter" Staat anerkannt, den man nicht wie andere nichteuropäische Nationen behandeln konnte. Ein Symbol des Wandels war die 1899 vollzogene Beendigung eines entwürdigenden Zeichens der europäischen Vorherrschaft, der Extraterritorialität. Darauf folgte im Jahr 1902 die deutlichste Bestätigung der ebenbürtigen Anerkennung Japans durch den Westen, ein anglo-japanisches Bündnis. Japan, so hieß es, war ein Teil Europas geworden.

Der Krieg gegen Russland

Zu Beginn des 20. Jahrhunderts war Russland die führende europäische Macht in Fernost. 1895 hatte es die entscheidende Rolle gespielt, das weitere russische Vorrücken brachte den Japanern zu Bewusstsein, dass Korea, die ersehnte Trophäe, ihnen bei weiterem Zögern entgleiten könnte. Der Eisenbahnbau, die Entwicklung Wladiwostoks und die russischen Handelsaktivitäten in Korea – wo die Politik beinahe ausschließlich vom Kampf zwischen prorussischen und projapanischen Gruppierungen bestimmt wurde – waren alarmierend. Am schwersten wog die Tatsache, dass die Russen von den geschwächten Chinesen den Marinestützpunkt in Port Arthur gepachtet hatten. Im Jahr 1904 schlugen die Japaner los. Das Ergebnis nach einem Jahr Krieg in der Mandschurei war eine demütigende Niederlage für die Russen. Damit war der Anspruch des Zaren auf Korea und die südliche Mandschurei, in denen fortan der Einfluss Japans dominierte, beendet, und andere Gebiete gingen in japanischen Besitz über, wo sie bis 1945 blieben. Aber der Sieg Japans bedeutete noch mehr: Zum ersten Mal seit dem Mittelalter hatten Nicht-Europäer eine europäische Macht in einem großen Krieg besiegt.

Ein Wendepunkt in Asien

Die formelle Annexion Koreas durch Japan im Jahr 1910 lässt sich rückblickend, zusammen mit der chinesischen Revolution und dem Ende des Mandschureiches im Jahr darauf, als Meilenstein der ersten Phase der Reaktion Asiens auf den Westen und auch als Wendepunkt betrachten. Wie unterschiedlich die asiatischen Länder auf die Herausforderungen des Westens reagierten, zeigen die beiden größten am deutlichsten: Während Japan sich recht schnell den Neuerungen näherte, verhielt sich China sehr distanziert.

In beiden Fällen hatte der Westen sowohl direkt wie indirekt Aufruhr gestiftet. Ebenso wurde in beiden Fällen das Schicksal der asiatischen Macht nicht nur von ihrer Reaktion selbst, sondern auch von den Beziehungen der westlichen Mächte untereinander bestimmt. Ihre Rivalitäten hatten den Machtkampf in China ausgelöst, der die Japaner so beunruhigt und verleitet hatte. Das anglo-japanische

Die Abbildung zeigt die japanische Flotte im Gefecht mit den Russen vor Port Arthur in der Mandschurei im Jahr 1904.

Bündnis gab ihnen die Sicherheit, gegen ihren großen Feind Russland loszuschlagen, ohne dass dieser Unterstützung von anderer Seite erfuhr. Es vergingen nur wenige Jahre, bis Japan und China formal gleichberechtigt an der Seite anderer Mächte in den Ersten Weltkrieg eintraten. Das Vorbild Japans, vor allem sein Sieg über Russland, stellte für andere Asiaten eine Inspiration dar und war der vorrangige Anlass für die Erwägung, ob ihr Los die europäische Herrschaft sein würde. Schon 1905 bezeichnete ein amerikanischer Gelehrter die Japaner als die „den westlichen Völkern Ebenbürtigen".

Überall in Asien setzten europäische Institutionen Veränderungen in Gang oder wirkten daran mit, sie zu initiieren. Mit sich brachten sie die Ideen des Nationalismus und des Humanismus, die von den christlichen Missionaren ausgehende Auflösung der angestammten sozialen und religiösen Bindungen. All dies trug dazu bei, einen politischen, ökonomischen und sozialen Wandel auszulösen. Primitive und fast blinde Reaktionen, wie der große indische Aufstand oder der Boxeraufstand, waren die ersten und offensichtlichsten Ergebnisse, aber es folgten weitere, deren Bedeutung zukünftig viel größer war. Auf Indien traf dies besonders zu.

Dieser Stich von 1889 zeigt einen Besuch des von 1888 bis 1893 amtierenden Vizekönigs Lord Lansdowne in Bombay.

DAS KOLONIALE INDIEN

Im Jahr 1877 war Königin Viktoria vom Parlament der Titel der „Kaiserin von Indien" verliehen worden. Über den Wert dieses Titels war man im Land selbst geteilter Meinung: Während die einen darüber lachten, missbilligten es andere, doch viele reagierten auch gleichgültig. Die Mehrheit hielt die britische Hegemonie dort für einen endgültigen oder zumindest dauerhaften Zustand und gab nicht viel auf einen Namen. Sie hätten ihrem Landsmann zugestimmt, der sagte „wir sind nicht in Indien, um nett zu sein", und betrachteten eine strenge und unbeugsame Regierung als Voraussetzung, einen neuen großen Aufstand zu verhindern. Andere hätten auch dem britischen Vizekönig zugestimmt, der bei Anbruch des 20. Jahrhunderts erklärte: „So lange wir über Indien herrschen, sind wir die größte Macht der Welt. Wenn wir es verlieren, werden wir geradewegs zu einer drittrangigen Macht herabsinken." Dieser Feststellung liegen zwei bedeutsame Wahrheiten zu Grunde. Zum einen bezahlte der indische Steuerzahler für die Verteidigung eines großen oder sogar des größten Teils des Britischen Empire. Zu seiner Unterstützung hatte man sich von Malta bis China indischer Truppen bedient, und auf dem Subkontinent selbst wurde stets eine strategische Reserve bereitgehalten. Zum anderen war die indische Zollpolitik den Realitäten von Handel und Industrie Großbritanniens untergeordnet.

Einflüsse der Rassentheorien

Die ökonomische und strategische Bedeutung von Britisch-Indien war eine Tatsache, deren Gewicht immer schwerer zu verkennen war.

Dennoch lässt sich die Geschichte der britischen Herrschaft in Indien nicht darauf reduzieren. Nicht nur Furcht, Habgier, Zynismus oder die Liebe zur Macht spielten eine Rolle. Viele Menschen tun sich schwer, ein kollektives Ziel zu verfolgen, wenn ihnen nicht eine Art Mythos die Rechtfertigung dafür bietet. Dies traf auch für die Briten in Indien zu. Manche von ihnen betrachteten sich als Erben der Römer, die zu bewundern eine klassische Bildung ihnen vorgab, stoisch die Bürde eines einsamen Lebens in einem fremden Land tragend, um den Kriegführenden Frieden und den Gesetzlosen das Gesetz zu bringen. Andere sahen im Christentum ein kostbares Geschenk, mit dem sie Götzen zerstören und üble Gebräuche austreiben mussten. Von manchen wurden diese Ansichten niemals so deutlich zum Ausdruck gebracht, aber sie waren einfach überzeugt, dass das, was sie mitbrachten, besser war als das, was sie vorfanden. Dies war ihnen Rechtfertigung genug zu glauben, dass ihr Tun deshalb gut war. All diesen Ansichten lag die Überzeugung der eigenen Überlegenheit zu Grunde, und daran ist nichts Überraschendes, denn von ihr war schon so mancher Imperialist erfüllt gewesen. Im späten 19. Jahrhundert aber wurde sie besonders verstärkt durch die sehr verbreiteten Rassentheorien, die eine biologische Auslese der

Die Selbstverständlichkeit, mit der die Briten über Indien herrschten, beruhte unter anderem auf der Überzeugung von ihrer rassischen Überlegenheit.

Imperiale Expansion in Südostasien (1850–1914)

Im Verlauf des 19. Jahrhunderts wurde Südostasien unter den westlichen Großmächten aufgeteilt. Die Niederländer, die sich im frühen 18. Jahrhundert auf Java festgesetzt hatten, vervollständigten ihre Herrschaft über das Gebiet des heutigen Indonesien. Die Briten übernahmen die Herrschaft über Burma, Malaya und den nördlichen Teil Borneos, während die Franzosen Indochina einnahmen. 1899 ersetzten die USA Spanien als Kolonialmacht auf den Philippinen. Einzig das Königreich Siam (heute Thailand) bewahrte seine Unabhängigkeit.

Gemalt in der moghulischen Tradition, stellt dieses Porträt aus dem 19. Jahrhundert den indischen Maharadscha Gulab Singh dar. Nach der Unterzeichnung eines Abkommens mit den Briten am Ende des Sikh-Krieges im Jahr 1846, wurde Singh der Herrscher über die vereinten Staaten Jammu und Kaschmir im Nordwesten Indiens. Kaschmir wurde wegen seines reichen Wildtierbestands zum beliebten Ziel britischer Jäger.

Tüchtigsten propagierten. Zwar wurden indische Gutsherren und einheimische Herrscher in gewisser Zahl durch Ernennung an der Gesetzgebung beteiligt, hingegen sollten erst ganz am Ende des Jahrhunderts auch gewählte Inder dazukommen. Darüber hinaus konnten sich Inder zwar um eine Aufnahme in den öffentlichen Dienst bewerben, aber es bestanden wichtige praktische Hindernisse, dass sie in die Ränge der Entscheidungsträger aufstiegen. Auch in der Armee waren den Indern die höheren Offiziersränge versperrt.

Das größte der britischen Truppenkontingente war stets in Indien stationiert, um dort durch seine sichere Verfügbarkeit und sein Artilleriemonopol, verbunden mit dem europäischen Kommando über die indischen Regimenter, eine Wiederholung des Großen Aufstands auszuschließen. Das Aufkommen der Eisenbahn, des Telegrafen und modernerer Waffen kam in Indien ebenso sehr der Regierung zugute wie in jedem europäischen Land. Aber die Selbstsicherheit der Briten beruhte gleichermaßen auf bewaffneten Truppen wie auf der Überzeugung ihrer biologischen Überlegenheit. Laut der Volkszählung von 1901 gab es beinahe 300 Millionen Inder. Diese wurden von etwa 900 weißen Beamten regiert. Auf ungefähr 4000 Inder kam ein britischer Soldat.

DIE VERWALTUNG BRITISCH-INDIENS

Die britische Herrschaft stützte sich auf eine sorgfältig geplante Politik. Dieser lag nach dem Großen Aufstand unter anderem die Anschauung zugrunde, dass die Kontakte zur indischen Gesellschaft auf das Nötigste zu beschränken seien. Die Tötung von Töchtern war verboten, aber es sollte kein Versuch unternommen werden, die Polygamie oder Kinderehen zu verbieten. Die Grenze des Gesetzes sollte diesseits dessen verlaufen, was gemäß der Hindureligion erlaubt war. Auch im gewandelten Verhalten gegenüber den einheimischen indischen Herrschern drückte sich dieser Konservatismus aus. Der Aufstand hatte gezeigt, dass sie sich für gewöhnlich loyal verhielten; jene, die sich gegen die Regierung gestellt hatten, waren dazu durch ihren Zorn auf die britische Annexion ihrer Gebiete provoziert worden. Nach dem Aufstand wurden ihre Rechte deshalb peinlichst respektiert; die Fürsten regierten ihre eigenen Staaten unabhängig und praktisch ohne rechenschaftspflichtig zu sein. Nur ihr Respekt vor den an ihren Höfen residierenden britischen Politoffizieren übte eine gewisse Kontrolle aus. Die einheimischen indischen Fürstentümer stellten mehr als ein Fünftel der Bevölkerung und wurden von den Briten gehegt. Dies war Bestandteil der Strategie, sich der Unterstützung von einflussreichen indischen Gruppen zu versichern, brachte die Briten aber oft dazu, sich auf diejenigen zu stützen, deren eigene Führungsposition durch den sozialen Wandel bereits geschwächt war.

Eine steigende Unzufriedenheit

Der britischen Herrschaft in Indien gelang es ebenso wenig wie jeder anderen imperialen Regierung, sich dem Wandel zu versperren. Gerade sein Erfolg sprach dagegen. Das Unterbinden kriegerischer Auseinandersetzungen begünstigte das Bevölkerungswachstum – und ein Ergebnis davon waren häufiger auftretende Hungersnöte. Auf eine andere Art seinen Lebensunterhalt zu verdienen als mit der Land-

Abgebildet ist die britische Armee bei Gefechtsübungen im Jahr 1891. Diese Armee war der Garant für die Sicherheit Indiens von der Zeit des fehlgeschlagenen Großen Aufstands bis zur Unabhängigkeit Indiens.

Diese 1902 in einer italienischen Zeitung erschienene Zeichnung zeigt die Verteilung von Essen in Indien während einer Dürre. Der gewaltige Bevölkerungszuwachs, der sich unter britischer Herrschaft in Indien vollzog, war wesentlich für die zunehmende Häufigkeit und Schwere von Hungerzeiten verantwortlich.

wirtschaft (was als Lösung des Problems ländlicher Überbevölkerung nahegelegen hätte), waren jedoch durch die Weise, in der die Industrialisierung Indiens verlief, erhebliche Hindernisse in den Weg gelegt. Zu einem Großteil rührten sie von einer Zollpolitik her, die auf die Interessen der britischen Produzenten abgestellt war. Die langsam entstehende Schicht indischer Industrieller stand also im Widerspruch zur Regierung. Zu ihnen gehörten auch viele Inder, die eine englische Ausbildung erhalten hatten und nun verärgert registrierten, dass ihre Vorgaben nicht mit der Praxis der britischen Gemeinschaft in Indien übereinstimmten. Manche, die in Oxford, Cambridge oder

an einer der vier Londoner Rechtsschulen studiert hatten, empfanden den Kontrast als besonders bitter: In England gab es im 19. Jahrhundert sogar indische Parlamentsabgeordnete, wohingegen ein indischer Akademiker in Indien von einem britischen Gefreiten mit Herablassung behandelt werden konnte.

Die Nationalbewegung der Hindus

Von Zorn erfüllt waren besonders die Hindus in Bengalen, dem historischen Zentrum der britischen Herrschaft: Kalkutta war die Hauptstadt von Indien. Im Jahr 1905 wurde diese Provinz zweigeteilt. Dieser Schnitt war ein bedeutender Markstein, weil er die britische Oberherrschaft zum ersten Mal in ernsthaften Konflikt mit etwas brachte, was es 1857 nicht gegeben hatte, nämlich mit der indischen Nationalbewegung.

In jeder Phase war diese Bewegung von nicht-indischer Seite genährt und angetrieben worden. Am Anfang des Jahrhunderts hatten britische Orientalisten mit der Wiederentdeckung der klassischen indischen Kultur begonnen, die sowohl für das Selbstbild des Hindu-Nationalismus als auch für die Überwindung der gewaltigen Spaltungen des Subkontinents wesentlich war. Unter europäischer Anleitung enthüllten indische Gelehrte die in den lange vergessenen Sanskritschriften verborgene Kultur und Religion. Dadurch konnten sie ein Konzept des Hinduismus entwickeln, das weit genug entfernt war von den reichen und fantastischen, aber auch abergläubischen Ausprägungen der verbreiteten Praxis. Diese Wiederentdeckung der arischen und vedischen Vergangenheit – das islamische Indien wurde praktisch ignoriert – war bis zum Ende des 19. Jahrhunderts genug vorangekommen, dass die Hindus den Vorwürfen christlicher Missionare selbstbewusst begegnen und zum kulturellen Gegenangriff ansetzen konnten. Als 1893 beim „Parlament der

Religionen" in Chicago ein Hindu auftrat, erwarb er sich nicht nur hohes persönliches Ansehen und ungeteilte Aufmerksamkeit für seine Feststellung, dass der Hinduismus eine großartige Religion sei, der das spirituelle Leben anderer Kulturen wiederzubeleben vermöge. Es gelang ihm sogar, einige Teilnehmer zur Konversion zu bringen.

Das Hindu-Nationalbewusstsein wurde, ebenso wie die von ihm verstärkte politische Aktivität, lange Zeit nur von wenigen getragen. Der Vorschlag, Hindi solle Indiens Sprache werden, erschien extrem unrealistisch angesichts hunderter Sprachen und Dialekte, durch die die indische Gesellschaft aufgeteilt wurde. Er konnte nur für eine Elite reizvoll sein, die ihre Verbindungen untereinander über einen Subkontinent hinweg stärken wollte. Die Zugehörigkeit zur gesellschaftlichen Elite bestimmte sich eher nach der Bildung als nach dem Wohlstand, und ihren Kern stellten jene oft aus Bengalen stammenden Hindus, die besonders darüber enttäuscht waren, dass die Ergebnisse ihrer Ausbildung ihnen keine angemessene Beteiligung an der Leitung Indiens verschafft hatten.

Die Kraft des Hindu-Glaubens

Einen französischen Reisenden, der Indien zwischen 1864 und 1868 bereiste, verblüffte die von den Hindus gezeigte religiöse Toleranz:

„In welchem Land sonst kann man sich das Geschehen denken, das sich an jenem Tage auf dem Platz in Benares [Varanasi] unserem Anblick bot: Zehn Schritte entfernt von allem, was den Indern in ihrer Religion das Heiligste ist, zwischen dem Brunnen der Weisheit und dem Abbild Schiwas, stand unter einem Baum ein protestantischer Missionar auf einem Stuhl und predigte in den Sprachen der Einheimischen über die christliche Religion und die Irrtümer des Heidentums. Ich hörte seine kreischende Stimme, als er zu der ihn respektvoll umgebenden Menge sprach: ‚Ihr seid Götzendiener! Jener Stein, den ihr anbetet, wurde aus einem Steinbruch gehauen, und er ist so unbelebt und kraftlos wie der Pfosten an meiner Straßenecke.' Teilnahmslos hörten sie dem Missionar zu, aber sie folgten doch seiner Rede, denn hin und wieder stellte einer von ihnen eine Frage. Vielleicht wäre der Mut des Missionars noch bewundernswerter, wenn man nicht so gut um die Toleranz der Inder wüsste. Einer von ihnen sagte einmal zu mir: ‚Unsere Arbeit ist nutzlos, denn niemand kann jemals einen Menschen bekehren, dessen Glaube so fest ist, dass er unseren Attacken darauf zuhören kann, ohne die Fassung zu verlieren.'"

Ein Auszug aus *Rajas' Reisen durch Indien* von Louis Rousselet, übersetzt von Marco Vogts.

Der indische Nationalkongress

Eine neue kulturelle Selbstachtung und ein wachsendes Gefühl der Verbitterung über Vergeltungen und Missachtungen bildeten den Hintergrund für die Entstehung des indischen Nationalkongresses. Der unmittelbare Auftakt war eine Welle der Erregung über Regierungsvorschläge, die Behandlung von Indern und Europäern vor Gericht gleichzustellen. Eine Modifizierung dieser Pläne kam, als sich die Europäer in Indien dagegen entrüsteten. Seine Enttäuschung bewog einen Engländer, einen ehemaligen Staatsbeamten, Schritte zu unternehmen, die zur Einberufung der ersten Konferenz des Indischen Nationalkongresses im Dezember 1885 in Bombay führten. Auch Aktivitäten des Vizekönigs trugen zu dieser Entwicklung bei, und an der Verwaltung des Kongresses blieben – auch durch Protektion und Beratung aus London – noch für lange Zeit Europäer entscheidend beteiligt.

Der Kongress verpflichtete sich bald durch seine Grundsatzerklärung zu nationaler Einheit und Erneuerung. Wie zuvor in Japan und später in China und vielen anderen Ländern war dies das klassische Ergebnis der Wirkung europäischer Vorstellungen. Zunächst strebte der Kongress nicht nach der Selbstverwaltung.

Der indische Nationalkongress

Die Organisation, die Indien 1947 in die Unabhängigkeit führte, wurde im Dezember 1885 in Bombay gegründet. Die 70 Delegierten, die den Indischen Nationalkongress etablierten, stellten die britische Herrschaft nicht in Frage. In den folgenden Jahren nahmen jedoch nationalistische indische Strömungen zu, und der Kongress wurde zum Sprachrohr der Opposition gegen die britische Politik in Indien. Zu Beginn des 20. Jahrhunderts wurde die politische Lage Indiens durch die zunehmenden Spannungen zwischen Hindus und Muslimen beträchtlich erschwert. Obwohl extreme Nationalisten sich für terroristische Aktionen aussprachen, blieb der Kongress lange Zeit gegenüber Großbritannien loyal.

Diese Aufnahme aus dem 19. Jahrhundert zeigt die Gründungsmitglieder des Indischen Nationalkongresses.

Er versuchte eher ein Vermittlungsinstrument für die Anschauungen der Inder zum Vizekönig zu sein und verkündete seine „unverbrüchliche Treue" zur britischen Krone. Erst nach 20 Jahren, in denen unter den Hindus viel extremere nationalistische Ansichten ihre Anhänger gefunden hatten, wurde im Kongress die Möglichkeit der Unabhängigkeit diskutiert. Während dieser Zeit hatte sich seine Haltung verhärtet, man war verbittert, da die britischen Einwohner ihn geschmäht hatten, er sei nicht repräsentativ, und da die Verwaltung gleichgültig derartige Ansichten billigte und es vorzog, mit traditionelleren und konservativeren gesellschaftlichen Kräften zusammenzuarbeiten. Die Extremisten wurden hartnäckiger. 1904 kamen die begeisternden Siege Japans über Russland. Den Anlass zur Konfrontation bot schließlich die Verwaltungsaufteilung von Bengalen im Jahr 1905.

Die Teilung Bengalens

Die Teilung verfolgte zweierlei Absichten: Sie erleichterte die Verwaltung und schwächte den bengalischen Nationalismus. Es entstanden einerseits Westbengalen mit einer Hindu-Mehrheit und andererseits Ostbengalen, in dem die Muslime größeres Gewicht hatten. Dies brachte einen lange unter Verschluss gehaltenen Sprengsatz zur Explosion. Im Kongress kam es sogleich zum Machtkampf. Die Spaltung wurde zunächst vermieden, indem man sich auf das Ziel des *swaraj* verständigte, der in der Praxis eine unabhängige Selbstverwaltung ähnlich den weißen Dominions bedeutete, deren Beispiel anregend wirkte. Die Extremisten fühlten sich durch Unruhen, die sich gegen die Teilung richteten, ermutigt. Mit dem Warenboykott kam eine neue Waffe gegen die Briten zum Einsatz, der, so die Hoffnung, weitere Formen des passiven Widerstands folgen würden, etwa die Verweigerung von Steuerzahlungen und die Befehlsverweigerung von Soldaten. 1908 wurden daher die Extremisten aus dem Kongress ausgeschlossen. Zu diesem Zeitpunkt zeigte sich als eine weitere Konsequenz, dass der Extremismus Terrorismus hervorbrachte. Wieder spielten ausländische Vorbilder eine Rolle. Zum Werk Mazzinis und dem Lebensweg Garibaldis, des heldenhaften Guerillaführers im italienischen Unabhängigkeitskrieg, trat nun der russische Terrorismus als prägender Einfluss auf das entstehende Indien hinzu. Die Extremisten argumentierten, dass politischer Mord kein gewöhnlicher Mord sei. Attentate und Bombenanschläge hatten besondere Repressionsmaßnahmen zur Folge. Die dritte und bedeutendste Folge der Teilung offenbarte die Spaltung zwischen Hindus und Muslimen.

Muslime und Hindus

Vor dem Großen Aufstand hatte die arabische Wahhabisekte, eine islamische Reformbewegung, das muslimische Indien unterwandert. Die indischen Muslime beriefen sich darauf und betrachteten sich als immer stärker von den Hindus unterschieden. Das Misstrauen, das ihnen die Briten wegen des 1857 unternommenen Versuchs der Wiederbelebung des Moghulreiches entgegenbrachten, erschwerte den Muslimen den Zugang zu Stellen in der Verwaltung und Justiz. Da zudem die Hindus eifriger die Ausbildungsmöglichkeiten, die die Briten anboten, nutzten, hatten sie größeres ökonomisches Gewicht und mehr Einfluss auf die Regierung. Doch auch die Muslime fanden unter den Briten Förderer. Diese gründeten zum einen eine neue islamische Hochschule, wo die für den Wettbewerb mit den Hindus erforderliche Englischausbildung vermittelt wurde, und unterstützten zum anderen die Entstehung muslimischer politischer Organisationen. Einige englische Staatsbeamte hatten erfasst, dass dies ein Mittel war, den Druck der Hindus auszugleichen. Die gleichzeitige Intensivierung der rituellen Praktiken der Hindus, wie sie etwa von der Bewegung zum Schutz der Kühe ausging, konnte kaum anderes bewirken, als die Trennung der beiden Religionsgemeinschaften noch zu vertiefen.

Eine Zeit vermochten die Briten das Verhältnis zwischen Hindus und Moslems in einer gewissen Balance zu halten. Anfang des 19. Jahrhunderts änderte sich dies.

Dennoch wurde die später fortbestehende Spaltung erst 1905 zu einer Grundkonstante in der Politik des Subkontinents. Die Teilungsgegner bedienten sich bei ihrer Kampagne demonstrativ der Symbole und Parolen der Hindus. Der britische Gouverneur von Ostbengalen zog Muslime Hindus vor und bemühte sich, ihnen in der neuen Provinz verbriefte Rechte zu verschaffen. Er wurde zwar entlassen, doch sein Vorschlag war auf fruchtbaren Boden gefallen und regte – zum verstärkten Zorn der gegnerischen Hindus – ein anglo-muslimisches Bündnis an. Verschärft wurde die Situation durch den extremen Preisanstieg zwischen 1906 und 1910, der alle Teuerungen seit dem Großen Aufstand überbot.

Kommunalpolitik

Ein Bündel mehrerer Reformen, 1909 zugestanden, bewirkte nur eine geringfügige Veränderung im Umgang mit jenen politischen

Ein der Hindu-Göttin Kali geweihter Tempel in Kalkutta ist in dieser Illustration von 1887 abgebildet. Die Verehrer der Göttin konnten die Stufen des Tempels hinabsteigen, um in den reinigenden Wassern des Flusses Hugli, einem Zulauf des Gangesdeltas, zu baden.

Kräften, die bis zum Ende der britischen Herrschaft die Geschichte Indiens prägten. Zum ersten Mal wurden Inder in die Versammlung berufen, die den für den Subkontinent verantwortlichen britischen Minister beriet.

1911 besuchte zum ersten und einzigen Mal ein regierender britischer Monarch Indien. In Delhi, dem alten Zentrum des Moghulreiches, wohin nun von Kalkutta die Hauptstadt von Britisch-Indien verlegt war, wurde ein Empfang abgehalten. Die indischen Fürsten machten ihre Huldigungsbesuche, und der Kongress stellte seine Verpflichtung gegenüber dem Thron nicht in Frage. Die im selben Jahr stattfindende Thronbesteigung Georgs V. war mit einigen Zugeständnissen realer und symbolischer Art verbunden worden, worunter die Wiedervereinigung Bengalens das Bemerkenswerteste war. Wenn es einen Augenblick gab, in dem sich die britische Macht in Indien auf dem Höhepunkt befand, dann war es zu diesem Zeitpunkt.

Die Unzufriedenheit der Muslime

Dennoch war Indien vom Zustand des Friedens weit entfernt, Terrorismus und Verbrechen gegen das Land gingen weiter. Die Politik der Bevorzugung der Muslime hatte den Zorn der Hindus anwachsen lassen, wohingegen die Muslime die Aufhebung der Teilung Bengalens als Beleg dafür auffassten, dass die Regierung die Bemühungen um eine Verständigung mit ihnen einstellte. Sie befürchteten die Wiederherstellung der Hindu-Vorherrschaft in der Provinz. Die Hindus ihrerseits nahmen das Zugeständnis als Beweis, dass sich ihr Widerstand ausgezahlt hatte und drängten auf die Abschaffung der von den Muslimen geschätzten kommunalen Wahlbestimmungen. Die Eliten der indischen Muslime, die die Kooperation mit den Briten bevorzugten, gerieten zunehmend unter den Druck ihrer Glaubensgenossen aus der Mittelschicht, die für die gewaltsame Tendenz einer panislamischen Bewegung anfällig waren. Die Panislamisten konnten auf die Tatsache verweisen, dass die Briten die Muslime in Bengalen hatten fallen lassen. Gleichwohl entging ihnen auch nicht, dass in Tripolis (1911 die Italiener), 1912 und 1913 auf dem Balkan „Christen" die Türkei angriffen und damit den Sitz des Kalifats, das die institutionelle Verkörperung der geistlichen Führung des Islam war, bekriegten. Unbestreitbar handelte es sich auch bei Großbritannien um eine christliche Macht. Die starke Anfälligkeit der indischen Muslime der unteren Klassen steigerte sich zu einer Art Hysterie, so dass selbst dann, wenn eine Moschee von Neuplanungen betroffen war und einer Straße weichen sollte, dies als Teil einer ausgetüftelten Strategie dargestellt wurde, den Islam in Bedrängnis zu bringen.

Als sich die Türkei 1914 entschied, auf Seiten Großbritanniens in den Krieg einzugreifen, verhielt sich zwar die Muslimliga loyal, einzelne indische Muslime begannen aber auf Grund der Oberherrschaft des Kalifats mit den Vorbereitungen einer Revolution gegen die britische Herrschaft im Land. Seit diesem Jahr bestimmten nicht mehr zwei, sondern drei Kräfte – Briten, Hindus und Muslime – die indische Politik. Darin zeichnete sich bereits die zukünftige Aufteilung der einzigen vollständigen politischen Einheit ab, die auf dem Subkontinent je ausgebildet worden war. Beides, Aufbau und Auflösung dieser Einheit, unterlag gleichermaßen dem Einfluss nichtindischer wie indischer Kräfte.

Die großen Religionen in Asien im frühen 20. Jahrhundert

Das religiöse Gefüge Asiens im frühen 20. Jahrhundert war das Ergebnis einer Jahrtausende alten Geschichte. Der in Indien vorherrschende Hinduismus verfügt über eine mehr als 3000 Jahre alte Tradition. Der Islam kam im 11. Jahrhundert nach Indien und im 13. Jahrhundert nach Indonesien. Aus den Predigten Buddhas in Indien vor 2500 Jahren gingen zwei Varianten des Buddhismus hervor, deren eine sich in Tibet, China, Korea und Japan verbreitete, die andere hingegen in Ceylon und Indochina. In China und Japan überdauerten die alten Traditionen des Konfuzianismus und Shintoismus jedoch das Aufkommen der neuen Glaubensbekenntnisse. Im 15. Jahrhundert wurde durch den Guru Nanak der Sikh begründet, der sich in der indischen Region Punjab verbreitete. Zuletzt gelangte im 16. Jahrhundert das Christentum auf die Philippinen.

SÜDOSTASIEN

Indien war hinsichtlich der Zahl nichteuropäischer Bewohner und auf die Fläche bezogen die größte Region Asiens, die sich unter europäischer Herrschaft befand. Zum indischen Kulturkreis gehörten auch Südostasien und Indonesien, wo es weitere koloniale Besitzungen gab. Angesichts der riesigen Ausdehnung des Gebiets und der Verschiedenheit der Völker und Religionen sind Verallgemeinerungen kaum möglich. Obwohl sich der Modernisierungsprozess überall auf die lokalen Traditionen zersetzend auszuwirken begann, fanden bis zum Jahr 1914 in keinem anderen europäischen Herrschaftsgebiet Asiens so tiefgreifende Veränderungen statt wie in Indien.

Verantwortlich waren jene Kräfte, die bereits an früherer Stelle benannt wurden: die europäische Aggression, das Vorbild Japans und die Ausbreitung der europäischen Kultur. Die europäischen Faktoren wurden allerdings, anders als in China und Indien, in der übrigen Region nur für einen kurzen Zeitraum vor 1914 wirksam. Im Jahr 1880 wurde der Großteil des südostasiatischen Festlands noch von einheimischen Fürsten regiert, die selbst dann, wenn „ungleiche Verträge" mit einer europäischen Macht sie zu gewissen Zugeständnissen zwangen, eine unabhängige Herrschaft ausübten. Dies änderte sich im darauf folgenden Jahrzehnt rapide, als Großbritannien Burma annektierte und Frankreich sich verstärkt in Indochina ausbreitete. Die Sultane von Malaya erhielten britische Hofgesandte, die über die einheimische Verwaltung die politischen Geschicke lenkten, während die „Straits Settlements" an der Malakkastraße, in Singapur, Malakka und Penang als unmittelbare Kolonie regiert wurden. Im Jahr 1900 hatte unter den Königreichen der Region nur mehr Siam seine Unabhängigkeit bewahrt.

Indische Truppen überqueren einen Fluss, nachdem sie in Manipur, nahe der Grenze zu Burma, gegen aufständische Stämme gekämpft haben. Das Obere Burma wurde 1886 zu einem Teil des Britischen Empire.

Französisch-Indochina

Die südostasiatischen Königreiche waren von kulturellen Einflüssen geprägt worden, die ihren Ursprung in Indien hatten. Nur Vietnam, jener Teil Indochinas, der in der frühen Phase der französischen Expansion in Asien unter dem Namen Annam bekannt war, hatte eine engere kulturelle Verbindung zu China. Vietnam verfügte über die längste Traditon nationaler Identität, und die Geschichte seiner nationalen Erhebungen hatte lange vor der europäischen Kolonialzeit begonnen.

Die französischen Interessen in der Region ließen sich bis zu christlichen Missionen des 17. Jahrhunderts zurückverfolgen. Die Christenverfolgung veranlasste die Franzosen in den 50er Jahren des 19. Jahrhunderts zur Intervention in Südvietnam, das damals als Kotschinchina bekannt war. Dies beschwor einen diplomatischen Konflikt mit China herauf, das die Souveränität über das Land beanspruchte. Der Kaiser von Annam trat 1863 unter Zwang einen Teil Kotschinchinas an Frankreich ab, und Kambodscha unterwarf sich dem französischen Protektorat. Dem folgten ein weiterer französischer Vormarsch und die Entstehung des indochinesischen Widerstands. In den 70er Jahren besetzten die Franzosen das Delta des Roten Flusses, und bald darauf kam es im Zuge weiterer Streitigkeiten zu einem Krieg gegen die Schutzmacht China, der die französische Umklammerung Indochinas festigte. 1887 setzte Frankreich eine indochinesische Union ein, ein System aus Protektoraten, hinter dem sich ein Zentralregime verbarg. Wenngleich dies das Festhalten an den einheimischen Herrschern (dem Kaiser von Annam und den Königen von Kambodscha und Laos) bedingte, zielte die französische Kolonialpolitik immer auf kulturelle Hegemonie. Den neuen französischen Untertanen sollte die französische Kultur nahe gebracht und die Eliten französisiert

Dieser europäische Stich aus dem 19. Jahrhundert zeigt die Enthauptung von Christen in Kotschinchina.

werden, denn dies hielt man für den sichersten Weg zu Modernisierung und Zivilisation.

Opposition gegen die französische Herrschaft

Die zentralistischen Tendenzen der französischen Verwaltung brachten bald zutage, dass die formale Struktur der einheimischen Regierung nur zum Schein bestand. Dadurch führten die Franzosen unwissentlich eine Schwächung der lokalen Institutionen herbei, ohne sie durch andere zu ersetzen, die die Loyalität des Volkes besaßen. Zudem warf das Konzept, dem gemäß Indochina ein vollgültiger Teil Frankreichs war, dessen Bewohner zu französischen Staatsbürgern gemacht wurden, ebenfalls Probleme auf. Die französische Verwaltung musste sich mit dem Paradox herumschlagen, dass der Zugang zu französischer Bildung zum Nachdenken über jenes begeisternde Motto verführen konnte, das die öffentlichen Gebäude und Dokumente der Dritten Republik zierte: „Freiheit, Gleichheit, Brüderlichkeit." Schließlich zerstörten französisches Recht und Eigentumsbegriff die Strukturen des dörflichen Grundbesitzes und spielten Geldgebern und Großgrundbesitzern in die Hände. Angesichts einer wachsenden Bevölkerung in den Reisanbaugebieten ließ dies ein revolutionäres Potenzial entstehen.

Japan und China wurden zu Katalysatoren des indochinesischen Grolls, und bald schon machte sich das Erbe des traditionellen vietnamesischen Nationalismus bemerkbar. Der japanische Sieg über Russland veranlasste mehrere junge Vietnamesen zu einem Besuch in Tokio, wo sie mit Sun Yat-sen und den japanischen Förderern der „Asien den Asiaten"-Bewegung zusammenkamen. Einer von ihnen gründete nach der chinesischen Revolution von 1911 eine Gesellschaft für eine

Die Opposition gegen die französische Herrschaft entstand nicht zuletzt aufgrund der von den Fremden ins Land gebrachten liberalen europäischen Ideale.

Im Königreich Tonking, das zu Französisch-Indochina gehörte, empfängt im frühen 20. Jahrhundert der regionale Kolonialkommandeur einheimische Antragsteller vor seiner Residenz.

Republik Vietnam. Die Franzosen, denen bis 1914 die Begrenzung oppositioneller Bestrebungen ohne Probleme gelang, ließen sich durch diese Vorgänge nicht sonderlich beunruhigen. Eine bemerkenswerte Parallele bildete aber die konservative Opposition aus der Schicht der vietnamesischen konfuzianischen Gelehrten. Eine 1907 von den Franzosen gegründete Universität musste fast sofort wieder geschlossen werden, und sie blieb es bis 1918, weil zu befürchten war, dass es unter den Intellektuellen zum Aufruhr kommen würde. Innerhalb von zwei Jahrzehnten seit ihrer Einrichtung war die französische Herrschaft jenem einflussreichen Teil der vietnamesischen Bevölkerung bereits zutiefst entfremdet.

INDONESIEN

Auch südlich von Indochina, in Indonesien, hatte die französische Geschichte schon eine indirekte Wirkung entfaltet. Gegen Ende des 19. Jahrhunderts gab es etwa 60 Millionen Indonesier. Der Bevölkerungsdruck hatte zwar noch nicht zu einer Spannung geführt, wie sie dereinst entstehen sollte, aber abgesehen von Indien wurden nirgendwo so viele Nichteuropäer von Europäern beherrscht wie hier. Ihre Vorfahren hatten die 200-jährige, zum Teil bittere Erfahrung der niederländischen Herrschaft gemacht, bevor die Französische Revolution die Invasion der Vereinigten Provinzen, die Errichtung einer Revolutionsrepublik im Jahr 1795 sowie die Auflösung der Niederländisch-Ostindischen Kompanie nach sich zog. Von ebenso großer Bedeutung war die britische Besetzung Javas. Im Zuge weitreichender Veränderungen des Systems der Staatseinnahmen verursachten die Briten einige Unruhe, daneben gab es aber auch andere Einflüsse, die Indonesien in Bewegung geraten ließen. Obwohl ursprünglich zur indischen Hindukultur gehörig, war Indonesien auch ein Teil der islamischen Welt, mit zahlreichen, zumindest nominellen Muslimen unter seinen Völkern und Handelsverbindungen nach Arabien, die unter den Gegebenheiten des frühen 19. Jahrhundert neue Bedeutung erhielten.

Auch in Indonesien kam es zu einer Konfrontation zwischen Hindus und Moslems. Moslemische Pilger brachten aus der Türkei westliche Reformideen mit.

Ressentiments gegen die Niederländer

Die instabile Lage in Indonesien zeigte sich, als die Niederländer zurückkehrten und ab 1825 gegen einen abtrünnigen Fürsten einen fünf Jahre dauernden „Javakrieg" führten. Die Insel wurde dadurch finanziell ruiniert, so dass die Niederländer zu weiteren Veränderungen gezwungen waren. Das Ergebnis war ein Agrarsystem, das den Anbau zugunsten der Regierung erzwang. Dies hatte eine schwerwiegende Ausbeutung der Bauern zur Folge, die im späteren 19. Jahrhundert unter den Niederländern ein Unbehagen über die Praxis ihrer Regierung aufkommen ließ. Auf dem Höhepunkt dieser Entwicklung wurde im Jahr 1901, als Zeichen einer vollkommen gewandelten Haltung, eine neue „Moralische Politik" verkündet, die ihren Ausdruck in einer Dezentralisierung sowie in einer Kampagne fand, mit Hilfe dörflicher Selbstverwaltung Verbesserungen zu erzielen. Aber auch dieses Programm erwies sich in der Praxis vielfach als dermaßen paternalistisch und interventionistisch, dass es feindselige Reaktionen hervorrief. Dies nutzten die ersten indonesischen Nationalisten, von denen sich manche die Inder zum Vorbild erkoren hatten, für ihre Zwecke aus. 1908 gründeten sie eine Organisation zur Förderung der Nationalerziehung. Drei Jahre später trat eine islamische Vereinigung in Erscheinung, deren frühe Aktivitäten sich ebenso gegen chinesische Händler wie gegen die Niederländer richteten. Schon 1916 verlangten sie die Selbstverwaltung im Rahmen einer Union mit den Niederlanden. Bereits zuvor, im Jahr 1912, hatte sich allerdings eine echte Un-

Nach fehlgeschlagenen Reformversuchen war die Macht der Niederländer so geschwächt, dass nationalistische Parteien gegründet wurden und gegen die Besatzer arbeiten konnten.

In dieser Illustration einer Straßenszene auf Java im Jahr 1886 ist der europäische Einfluss unübersehbar.

abhängigkeitspartei gegründet. Im Namen aller einheimischen Indonesier jeglicher ethnischer Zugehörigkeit opponierte sie gegen die niederländische Autorität. Im Jahr 1916 begannen die Niederländer, den Forderungen dieser Gruppierungen entgegenzukommen, indem sie der Einberufung eines indonesischen Parlaments zustimmten.

Das Erbe des Imperialismus in Asien

Obwohl in den ersten Jahren des 20. Jahrhunderts die europäischen Nationalstaatsideen in fast allen asiatischen Ländern wirksam wurden, traten sie aufgrund veschiedener Bedingungen in unterschiedlichen Ausprägungen auf. Nicht alle Kolonialregierungen verhielten sich gleich. Die Briten förderten burmanische Nationalisten, während die Amerikaner hartnäckig an einem wohlwollenden Paternalismus festhielten, nachdem sie den ursprünglich gegen ihre spanischen Vorgänger gerichteten Aufstand niedergeschlagen hatten. Eben jene Spanier hatten die Bekehrung zum Christentum energisch gefördert, wohingegen die britische Herrschaft in Indien sich nur sehr ungern in die einheimischen Religionsangelegenheiten verwickeln ließ. Die Geschichte prägte ferner die Zukunft des kolonialen Asien, weil die verschiedenen europäischen Regierungen ein je unterschiedliches Erbe hinterließen. Die Kräfte der historischen Möglichkeit und der historischen Trägheit zeigten sich vor allem in Japan und China, wo der direkte europäische Einfluss ebensolche dramatischen Folgen zeitigte wie in Indien oder Vietnam. In jedem Fall hatte der Kontext, in dem jener Einfluss wirksam wurde, entscheidende Bedeutung für die zukünftige Entwicklung. Nach dem Ende einiger Jahrhunderte europäischer Aktivität in Asien blieb vieles von diesem Kontext noch erhalten. Die europäische Expansion knüpfte in Asien an eine zu lange Geschichte an, als dass sie allein die Entwicklung des Kontinents im 20. Jahrhundert erklären könnte.

Die Einflussnahme der Kolonialstaaten auf die asiatischen Länder waren sehr unterschiedlich – ebenso verschieden waren daher auch die Auswirkungen der Kolonialzeit.

Albert Sarraut, der Gouverneur von Französisch-Indochina, präsentiert sich gemeinsam mit Kaiser Khai Dai von Annam dem Fotografen. Khai Dais Sohn Bao Dai (der 1913 geboren wurde) herrschte als letzter Kaiser von Annam von 1932 bis 1945, bis er abgesetzt und die Republik Vietnam ausgerufen wurde.

4 BELASTUNGEN DES SYSTEMS

In einem Pariser Entbindungskrankenhaus werden im Jahr 1884 frühe Brutkästen zur Pflege der Neugeborenen eingesetzt. Frühgeburten legte man in Holzkästen, die dann auf mit heißem Wasser gefüllte Metallbehälter gestellt wurden, um die Neugeborenen bei richtiger Temperatur zu halten. Der Gebrauch von Brutkästen trug zum Absinken der Säuglingssterblichkeitsrate in Europa im späten 19. und frühen 20. Jahrhundert bei.

Zu Beginn des 20. Jahrhunderts ist ein anhaltender Bevölkerungsanstieg in der europäischen Welt zu verzeichnen. Im Jahr 1900 hatte Europa etwa 400 Millionen Einwohner – ein Viertel davon in Russland –, die USA etwa 76 Millionen, und in den britischen Besitzungen in Übersee lebten insgesamt etwa 15 Millionen Menschen europäischer Herkunft. Der Anteil der führenden Zivilisation an der Weltbevölkerung war zwar immer noch hoch, doch begann das Wachstum in einigen Ländern nachzulassen. Am deutlichsten war dies in den Industrieländern Westeuropas, wo vor allem ein Rückgang der Sterblichkeitsrate den Anstieg verursacht hatte. Doch die Anwendung traditioneller und neuerer wirksamer Verhütungsmethoden wirkten dieser Entwicklung entgegen.

Die Furcht vor einer Überbevölkerung auf der Erde

In Osteuropa und im Mittelmeerraum hingegen lag ein großer Wandel der Bevölkerungsstruktur noch in weiter Ferne. Dort setzten die schweren Belastungen durch das rapide Wachstum gerade erst ein: Im 19. Jahrhundert hatte die Auswanderung als Regulativ gedient. War dieser Ausweg versperrt, konnte es zu ernsten Schwierigkeiten kommen. Zu noch pessimistischeren Erwartungen gelangte, wer die Konsequenzen bedachte, wenn die Einrichtungen, die in Europa die Sterblichkeit verringern halfen, auch in Afrika und Asien verbreitet wurden. In einer Weltgesellschaft, wie sie das 19. Jahrhundert geschaffen hatte, ließ sich das nicht verhindern. Der Erfolg, den Europa in der Ausdehnung seines Einflusses genoss, würde in diesem Fall zum sicheren Verlust des demographischen Vorteils führen, der zuletzt noch zur technischen Überlegenheit hinzugekommen war. Im schlimmsten Fall konnte sich am Ende die Malthus'sche Krisenprophezeiung wieder bewahrheiten, die einst so beklemmend war (aber verdrängt wurde, als das

Zeitleiste 1853–1903

- 1853–1856 Krimkrieg
- 1859 Charles Darwin, *Von der Entstehung der Arten*
- 1861 Vereinigung Italiens
- 1867 Karl Marx, *Das Kapital*
- 1870–1871 Deutsch-französischer Krieg
- 1876 Erfindung des Telefons
- 1877–1888 Krieg zwischen Russland und der Türkei
- 1886 Die ersten Automobile
- 1889 Zweite sozialistische Internationale
- 1903 Das Flugzeug der Brüder Wright

1850 — 1870 — 1900

ökonomische Wunder des 19. Jahrhunderts die Furcht vor der Überbevölkerung vertrieb).

Rasches Wirtschaftswachstum

Die Warnungen Malthus' hatten übergangen werden können, weil die Industrialisierung Europas im 19. Jahrhundert einen ungeheuren Wohlstand brachte. Die Mittel, die eine Fortsetzung des Wachstums sicherstellten, waren im Jahr 1900 keineswegs erschöpft. Produkte, die noch ein Jahrhundert zuvor in (relativ) geringer Menge erhältlich waren, wurden nun in großem Umfang und immer schneller gehandelt. Zudem hatte man ganze Warensortimente neu geschaffen: Neben Kohle, Holz, Wind und Wasser verbreiteten sich jetzt auch Öl und Elektrizität als Energieträger. Es existierte eine chemische Industrie, die sich im Jahr 1800 niemand hätte vorstellen können. Der Zuwachs von Macht und Reichtum war in die Ausnutzung scheinbar unerschöpflicher natürlicher Ressourcen in Landwirtschaft und Bergbau umgesetzt worden. Durch Eisenbahnen, elektrische Straßenbahnen, Dampfschiffe, Automobile und Fahrräder konnten Millionen Menschen in völlig neuer Form über ihre Umgebung verfügen. Wege von einem Ort zum anderen ließen sich jetzt schneller zurücklegen, und zum ersten Mal, seit vor Tausenden von Jahren Tiere vor Karren gespannt worden waren, vereinfachten sich die Transporte. Alles in allem führten die Veränderungen zu einer schneller steigenden Produktivität. In Deutschland beispielsweise war der Ausstoß von Roheisen zwischen 1870 und 1900 auf das Sechsfache gestiegen, die Bevölkerung aber wuchs nur um etwa ein Drittel. Was den Konsum, den Zugang zu Dienstleistungen oder die Gesundheit betraf, ging es selbst der Masse der Bevölkerung in den entwickelten Ländern viel besser als ihren Ahnen 100 Jahre zuvor. Davon ausgenommen waren noch die russischen oder andalusischen

Europäische Auswanderung im 19. Jahrhundert

Im 19. Jahrhundert richtete sich das Hauptinteresse der europäischen Auswanderer auf Amerika. In den dünn besiedelten Gebieten der USA und geringfügig in südamerikanischen Ländern wie Argentinien und Brasilien boten sich den Einwanderern hervorragende Möglichkeiten. Auch viele Japaner und Chinesen wanderten in die Vereinigten Staaten aus. Von einigen Ausnahmen wie Australien abgesehen, erschienen den europäischen Siedlern die Kolonien weniger anziehend. Die größte Bevölkerungsverschiebung innerhalb Europas ging auf die Juden zurück, die die feindselige Umgebung des zaristischen Russland verließen, um sich in den westeuropäischen Ländern niederzulassen.

Bauern. Dennoch erschien selbst ihnen die Zukunft vielversprechender, war doch ein Weg zum Wohlstand gefunden worden, den alle Länder beschreiten konnten.

Armut im industrialisierten Europa

Trotz guter Zukunftsperspektiven durch den wachsenden Wohlstand gab es auch Zweifel.

Diese Gemälde mit dem Titel *Die Esse* stammt aus dem Jahr 1893. Zu jener Zeit hatte die Eisen- und Stahlindustrie in Europa eine enorme Bedeutung: Ohne sie waren ökonomische und militärische Macht nicht zu gewinnen.

Die ungleiche Verteilung des neuen Wohlstands in den Städten hatte eine bis dahin unbekannte Erscheinung zur Folge: die Massenarbeitslosigkeit.

Der neue Wohlstand war mit hohen Kosten verbunden und zudem sozial ungerecht verteilt. Die meisten Menschen lebten auch in reichen Ländern in großer Armut, und gerade dort fiel die soziale Ungleichheit stärker auf als in früheren Zeiten.

Die Sorge, überhaupt eine Lebensgrundlage zu finden, veränderte zudem auch die Weise, in der die Europäer über ihre Lebensbedingungen nachdachten. Neu war nicht, dass Lohnabhängige ohne Arbeit sein konnten. Aber es war ungewohnt, dass durch Aufschwung und Niedergang plötzlich inmitten der großen Städte Millionen von Menschen ihre Arbeit verloren. Dies war die „Arbeitslosigkeit", ein neuartiges Phänomen, für das ein entsprechender Begriff erst gefunden werden musste. Manche Ökonomen vermuteten, dass sie eine unvermeidliche Begleiterscheinung des Kapitalismus sei. In den Städten selbst waren vielfach noch die üblen Zustände anzutreffen, die bereits zu Beginn der Industriegesellschaft Schrecken und Abscheu hervorriefen. Im Jahr 1900 lebte ein Großteil der Westeuropäer in Städten. 1914 gab es mehr als 140 Städte mit mehr als 100 000 Einwohnern. In einigen davon lebten Millionen Menschen auf engstem Platz, unzureichend mit Wohnraum, Schulen und Frischluft versorgt, ganz zu schweigen von anderen Unterhaltungsangeboten als denen, die sich auf der Straße fanden, und dies oft in Sichtweite des Reichtums, den die Gesellschaft hervorbrachte. „Slums" wurde als Ausdruck ebenfalls im 19. Jahrhundert geprägt.

Zwei ineinander verlaufende Reaktionsweisen ergaben sich aus dieser Situation: Mit Furcht und Besorgnis sahen viele Staatsmänner gegen Ende des 19. Jahrhunderts die Städte noch immer als Zentren der Revolutionsgefahr, Kriminalität und moralischen Verwahrlosung.

Unruhen und die Befürchtung einer Revolution

Soziale Unruhen nährten, selbst wenn ihre Bedeutung falsch eingeschätzt wurde, die Furcht vor einer Revolution. In Russland, dem Land, das, verglichen mit der übrigen Welt, zwar zu Europa gehörte, im Hinblick auf ökonomische und soziale Fortschritte jedoch nur wenig vorangekommen war, gab es neben der autokratischen Herrschaft, die sich kaum Reformen öffnete, eine anhaltende revolutionäre Bewegung. Diese reagierte mit Terror und anhaltenden Bauernunruhen. Die von der Landbevölkerung verübten Anschläge auf Großgrundbesitzer und deren Gutsverwalter erreichten in den ersten Jahren des 20. Jahrhunderts einen Höhepunkt. Nach der Niederlage im Krieg gegen Japan und der zeitweisen Schwächung der Regierung brach 1905 eine Revolution aus. Während man Russland zurecht als Sonderfall betrachten kann, werten manche Beobachter die Ereignisse in Italien 1898 und erneut 1914 als gerade noch vermiedene Revolutionen. Auch in Barcelona, einer der großen Städte Spaniens, brachen 1909 blutige Straßenkämpfe aus. In Ländern ohne revolutionäre Tradition konnten Streiks und Demonstrationen, wie Beispiele aus den USA und Großbritannien belegen, in Gewalt enden. Derartige Zusammenstöße und die vereinzelten Aktivitäten von Anarchisten, die auf die öffentliche Wahrnehmung einwirken wollten, hielten die Polizei und die ehrbaren Bürger in stetiger Anspannung. In den 90er Jahren erhielten die terroristischen Anschläge und Attentate erhebliche öffentliche Auf-

Anfang des 19. Jahrhunderts führten soziale Spannungen in vielen Ländern, unter anderem in Russland, den USA und Großbritannien zu Unruhen.

Der Roman im 19. Jahrhundert

Im 19. Jahrhundert erreichte der Roman als Genre eine herausragende Stellung. Die großen Romane aus dieser Zeit vermitteln ein vielschichtiges Bild der damaligen Gesellschaft. Der literarische Realismus, der die Lebensbedingungen unterschiedlicher sozialer Schichten erkundet, begann sich in den 30er Jahren des 19. Jahrhunderts durchzusetzen. Beginnend mit Honoré de Balzac in Frankreich und Charles Dickens in England, verbreitete sich der Trend später in der ganzen westlichen Welt. Zu den bedeutendsten Romanen des 19. Jahrhunderts zählen:

1813	Jane Austen: *Stolz und Vorurteil*
1814	Walter Scott: *Waverley*
1825–1827	Alessandro Manzoni: *Die Verlobten*
1830	Stendhal: *Rot und Schwarz*
1833	Honoré de Balzac: *Eugénie Grandet*
1835	Honoré de Balzac: *Vater Goriot*
1837	Charles Dickens: *Die Pickwickier*
1837–1839	Charles Dickens: *Oliver Twist*
1842	Nikolaj Gogol: *Die toten Seelen*
1847	Honoré de Balzac: *Tante Lisbeth*
1847	Emily Brontë: *Sturmhöhe*
1851	Herman Melville: *Moby Dick*
1852–1853	Charles Dickens: *Bleakhaus*
1857	Gustave Flaubert: *Madame Bovary*
1862	Ivan Turgenjev: *Väter und Söhne*
1865–1869	Leo Tolstoj: *Krieg und Frieden*
1866	Fjodor Dostojevski: *Schuld und Sühne*
1870	Gustave Flaubert: *Lehrjahre des Herzens*
1871–1872	George Eliot: *Middlemarch*
1875–1877	Leo Tolstoj: *Anna Karenina*
1875	Joaõ Maria Eça de Queiróz: *Das Verbrechen des Pater Amaro*
1879–1880	Fjodor Dostojevski: *Die Brüder Karamasow*
1880	Emile Zola: *Nana*
1881	Giovanni Verga: *Die Malavoglia*
1884–1885	Leopoldo Alas: *Die Präsidentin*
1885	Emile Zola: *Germinal*
1886	Henry James: *Die Damen aus Boston*
1886–1887	Benito Pérez Galdós: *Fortunata und Jacinta*
1895	Thomas Hardy: *Juda der Unberühmte*
1895	Stephen Crane: *Das Blutmal*
1895	Theodor Fontane: *Effi Briest*
1901	Thomas Mann: *Buddenbrooks*

Diese 1875 veröffentlichte Darstellung illustrierte einen Zeitschriftenartikel, der die elenden Bedingungen beklagte, in denen viele Arbeiter und ihre Familien lebten.

merksamkeit, die für die Bedeutung der Aktionen entscheidender war als die Frage von Erfolg oder Misserfolg. In der inzwischen gut entwickelten Presse ließ sich durch eine Bombe oder einen Dolchstoß leicht große Publizität herstellen. Anarchisten, die sich solcher Methoden bedienten, verfolgten nicht alle dieselben Ziele, aber sie waren Kinder ihrer Epoche: Sie begehrten nicht nur gegen die Regierung des Staates auf, sondern gegen die gesamte, von ihnen als ungerecht angesehene Gesellschaft.

DIE SOZIALISTISCHE BEWEGUNG

Der größte Beitrag zu jener Rhetorik, die die Furcht vor einer Revolution wach hielt, kam von den Sozialisten. Unter Sozialismus verstand man um 1900 fast immer Marxismus. Eine davon abweichende Tradition existierte nur in England, wo die frühe Herausbildung einer zahlenmäßig starken Gewerkschaftsbewegung und die Möglichkeit, sich in einer der großen etablierten politischen Parteien zu engagieren, einen nicht-revolutionären Radikalismus entstehen ließen. Die Vorherrschaft des Marxismus im kontinentaleuropäischen Sozialismus begann hingegen

Am Ende des 19. Jahrhunderts kam es in ganz Europa zu einer Welle anarchistischer Anschläge – hier die Hinterlassenschaften einer Explosion im Restaurant Véry in Paris am 25. April 1892. Dieser Anschlag führte zur Festnahme von Francois Ravachol, der später wegen mehrerer terroristischer Verbrechen hingerichtet wurde.

1896. Die „Zweite Internationale" – eine Bewegung der Arbeiterklasse, die sieben Jahre früher zur Koordinierung der sozialistischen Aktion in allen Ländern gegründet worden war – schloss zu diesem Zeitpunkt die Anarchisten aus ihren Reihen aus. Die traditionelle Feindschaft zwischen Anarchismus und Marxismus bestimmte zunehmend die sozialistischen Organisationen. Vier Jahre später eröffnete die Internationale in Brüssel ein ständiges Büro. Innerhalb dieser Bewegung kam der deutschen Sozialdemokratischen Partei auf Grund ihrer Mitgliederzahlen, ihres Reichtums und ihres theoretischen Beitrags eine Schlüsselstellung zu. Dank der raschen Industrialisierung Deutschlands hatte diese Partei trotz politischer Verfolgung großen Zulauf erfahren und war bis 1900, als deren erste wirkliche Massenorganisation, zu einem wichtigen Faktor in der deutschen Politik geworden. Allein auf Grund ihrer Mitgliederzahlen und ihres Reichtums wäre der Marxismus, die offizielle Doktrin der deutschen Partei, wahrscheinlich auch die der internationalen sozialistischen Bewegung geworden, selbst wenn der Marxismus nicht seine eigene intellektuelle und emotionale Anziehungskraft besessen hätte. Diese Attraktivität beruhte vor allem auf der Zuversicht, dass die Welt sich in der von den Sozialisten erhofften Weise entwickeln würde, und auf der emotionalen Genugtuung, die die Teilnahme am Klassenkampf verschaffte, der nach der beharrlichen Auffassung der Marxisten in einer gewaltsamen Revolution enden musste.

Revisionistische Marxisten

Die marxistische Ideologie bestärkte zwar die auf Seiten der etablierten Ordnung vorhandenen Befürchtungen, einigen führenden Marxisten war aber nicht entgangen, dass die Entwicklungen nach etwa 1880 keineswegs für deren Richtigkeit sprachen. Offenkundig hatten zahlreiche Menschen innerhalb des kapitalistischen Systems einen höheren Lebensstandard erreichen können. Die Entfaltung dieses Systems mündete, bei all seiner Vielschichtigkeit, nicht in einen schärferen Klassenkampf, wie Marx es vorhergesagt hatte. Darüber hinaus hatten die politischen Institutionen im Kapitalismus die Interessen der Arbeiterklasse durchaus zu nutzen vermocht. Dies war von großer Bedeutung: Vor allem in Deutschland, aber auch in England, hatten Sozialisten wesentliche Fortschritte erzielen können, indem sie sich der parlamentarischen Möglichkeiten bedienten. Das Stimmrecht stand ihnen als Waffe zur Verfügung, auf die sie nicht zu verzichten bereit waren, während sie auf die Revolution warteten. Diese so ge-

Eisenbahnarbeiter stimmen in ihrem Gewerkschaftshaus in Mailand im Jahr 1905 darüber ab, ob sie in den Streik treten werden. Zu dieser Zeit hatten sich bereits in mehreren Ländern Gewerkschaften gebildet. Viele waren gesetzlich anerkannt und verfügten über ihre eigenen Gebäude und eine eigene Presse.

Jean Jaurès (1859–1914), der Gründer der französischen Sozialistischen Partei, bei einer Rede vor der Kammer der Nationalversammlung in Paris. 1904 war Jaurès an der Gründung der sozialistischen Zeitung *L'Humanité* beteiligt, die er bis zu seiner Ermordung im Jahr 1914 herausgab.

nannten „Revisionisten" befürworteten einen friedlichen gesellschaftlichen Wandel durch den Sozialismus. Dieser theoretischen Position und dem durch sie ausgelösten Konflikt lag jedoch eine praktische Frage zu Grunde, deren Bedeutung am Ende des Jahrhunderts hervortrat: Konnten Sozialisten kapitalistischen Regierungen als Minister angehören oder nicht?

Spaltungen innerhalb des Sozialismus

Es dauerte Jahre, ehe sich die Auseinandersetzungen zwischen den verschiedenen Strömungen der sozialistischen Bewegung gelegt hatten. Am Ende stand die ausdrückliche Verurteilung des Revisionismus durch die Zweite Internationale, während die nationalen Parteien, vor allem die Deutschen, ihn als Handlungsgrundlage beibehielten und, ganz wie es die jeweilige Situation erforderte, Kompromisse mit dem bestehenden System eingingen. Die sozialistische Gruppierung, die die Mehrheit in der russischen Partei innehatte, fuhr energisch fort, den Revisionismus zu denunzieren und sich für die Anwendung von Gewalt auszusprechen. Dies war zweifellos bezeichnend für die besondere Situation in Russland, wo es zwar nur wenig Möglichkeiten für ein wirksames parlamentarisches Engagement, dafür aber eine lange Tradition von Revolutionen und Terror gab. Diese Gruppierung nannte man, nach dem russischen Wort für Mehrheit, die Bolschewiki.

Industrieller Konservatismus und die Eingriffe des Staates

Die Sozialisten beanspruchten für sich, die Massen zu vertreten. Unabhängig davon, ob dies der Fall war oder nicht, trieb um 1900 viele Konservative die Sorge um, dass sich Liberalismus und Demokratie, die im 19. Jahrhundert zu erheblichen Veränderungen geführt hatten, nur noch durch Gewalt würden eindämmen lassen. Die Mentalität mancher von ihnen entsprach eher noch dem späten 18. als dem späten 19. Jahrhundert. In weiten Teilen Osteuropas herrschten noch gleichsam patriarchalische Verhältnisse und die traditionelle Autorität des Großgrundbesitzers über seine Ländereien. Solchen gesellschaftlichen Strukturen entsprangen immer noch aristokratische Konservative, die nicht nur Ansprüche auf ihre materiellen Privilegien, sondern auch die Werte und Ansichten dessen, was „Marktwirtschaft" genannt werden sollte, aus voller Überzeugung ablehnten. Doch dieser Widerstand schwand immer mehr, und zum großen Teil neigte das konservative Denken dazu, sich auf die Verteidigung des Kapitals zurückzuziehen, was allerdings einem Standpunkt entsprach, der als individualistischer ein halbes Jahrhundert zuvor vielerorts noch als radikal liberal betrachtet worden wäre. Die neue Form des kapitalistischen, industriellen Konservatismus widersetzte sich immer energischer den staatlichen Ansprüchen auf seinen Reichtum, die sich kontinuierlich mehrten, je mehr der Staat die Funktion, die gesellschaftliche Ordnung zu regeln, übernahm. Über dieses Problem kam es in England zu einer Krise, die im Jahr 1911 zu einer revolutionären Veränderung dessen führte, was von der Verfassung von 1688 noch übrig geblieben war, indem die Macht des Oberhauses gegenüber der des Unterhauses beschnitten wurde. Im Hintergrund standen viele Themen, darunter eine höhere Besteuerung der Reichen zur Finanzierung sozialer Leistungen. Sogar in Frankreich hatte man sich bis 1914 auf das Prinzip der Einkommenssteuer geeinigt.

FRAUEN IN EINER SICH VERÄNDERNDEN GESELLSCHAFT

Die Logik der politischen Demokratisierung schlug sich bei fortgeschrittenen Gesellschaften in Verfassungsänderungen nieder. Im Jahr 1914 bestand ein allgemeines Wahlrecht für männliche Erwachsene in Frankreich, Deutschland und einigen kleineren europäischen Ländern, und in Großbritannien und Italien war der Kreis der Wahlberechtigten so groß, dass dieses Kriterium beinahe ebenfalls erfüllt wurde. Bald kam es zu Überlegungen über das Wahlrecht für Frauen. In der englischen Politik führte diese Frage sogar zu Tumulten. In Europa jedoch gehörten Frauen im Jahr 1914 nur in Norwe-

Telefonvermittlungsangestellte an ihrem Arbeitsplatz, um die Jahrhundertwende. Als immer mehr Berufe für Frauen offen standen und ihre traditionelle gesellschaftliche Rolle sich zu verändern begann, fand ihre Forderung nach dem Wahlrecht in vielen europäischen Ländern Unterstützung.

gen und Finnland zur wahlberechtigten Bevölkerung, obwohl darüber hinaus damals schon Neuseeland, zwei australische Bundesstaaten und einige in den USA das Frauenwahlrecht eingeführt hatten. In vielen Ländern blieb diese Frage allerdings noch weitere 30 Jahre offen.

Die frühe Frauenbewegung

In einer Gesellschaft, in der wie in allen großen Kulturen vorher die Interessen und Werte der Männer im Mittelpunkt standen, machten politische Rechte nur einen Teil des Problems der Frauenrechte aus. Die Diskussion über die gesellschaftliche Rolle der Frau hatte bereits im 18. Jahrhundert begonnen, und schon bald zeigte die Voreingenommenheit, in der die Gesellschaft so lange befangen war, erste Risse. Das Recht der Frauen auf Bildung, auf Berufsausübung, auf die Verfügung über ihr Eigentum, auf moralische Unabhängigkeit und auch auf das Tragen bequemerer Kleidung war im 19. Jahrhundert zunehmend

Feminismus

In fast jeder Kultur der westlichen Welt waren Frauen männlicher Vorherrschaft unterworfen. Lange Zeit sah man Haushalt und Familie als den natürlichen Platz der Frau in der Gesellschaft. Ihre Beteiligung an öffentlichen Angelegenheiten war bestenfalls begrenzt und ihre Handlungsfreiheit eingeschränkt, weil sie der Vormundschaft ihrer Väter und Ehemänner unterstanden. Kritik an dieser Ungleichheit entfaltete sich erstmals in der Atmosphäre des intellektuellen und sozialen Wandels im Zusammenhang mit der Französischen Revolution. Zu den ersten Publikationen, die sich für eine neue soziale Rolle der Frau aussprachen, gehörten *Über die Gewährung des Souveränitätsrechts an die Frauen* (1790) des Marquis de Condorcet, die *Erklärung der Frauen- und Bürgerrechte* (1791) von Olympe de Gouges sowie *Eine Begründung der Rechte der Frau* (1792) von Mary Wollstonecraft. Die Versammlungen im revolutionären Frankreich sorgten jedoch nicht für eine weitere Emanzipation der Frau, und die unter Napoleon erlassene Code Civil setzte die Diskriminierung fort.

Die Lage begann sich seit der Mitte des 19. und besonders im 20. Jahrhundert zu ändern. Zumindest in der westlichen Welt haben Frauen schrittweise die bürgerliche und politische Gleichberechtigung erreicht, den Zugang zu höherer Bildung und besser bezahlter Arbeit sowie eine größere persönliche Freiheit, wenn auch viele diesen Prozess noch nicht für abgeschlossen halten. Das Wahlrecht, ein wesentlicher Anspruch der frühen Feministinnen, wurde zuerst in einigen der jüngsten Staaten der Welt erreicht: Im nordamerikanischen Territorium Wyoming (1869), in den britischen Dominions Neuseeland (1893) und Australien (1903) und im damals gerade unabhängig gewordenen Norwegen (1913).

Le Petit Journal
Le Petit Journal
CHAQUE JOUR – 6 PAGES – 5 CENTIMES
Administration : 61, rue Lafayette
Les manuscrits ne sont pas rendus
5 CENTIMES SUPPLÉMENT ILLUSTRÉ 5 CENTIMES
Le Petit Journal agricole, 5 cent. ~~ La Mode du Petit Journal, 10 cent.
Le Petit Journal illustré de la Jeunesse, 10 cent.
On s'abonne sans frais dans tous les bureaux de poste
ABONNEMENTS
SEINE et SEINE-ET-OISE.. 2 fr. 3 fr. 50
DÉPARTEMENTS.......... 2 fr. 4 fr.
ÉTRANGER.............. 2 50 5 fr.
Dix-neuvième Année
DIMANCHE 17 MAI 1908
Numéro 913

L'ACTION FEMINISTE
Les « suffragettes » envahissent une section de vote et s'emparent de l'urne électorale

Die Titelseite einer Zeitschrift zeigt einen feministischen Protest in Frankreich im Jahr 1908. Französische Frauen erhielten das Wahlrecht erst nach Ende des Zweiten Weltkriegs.

diskutiert worden. Ibsens Stück *Nora. Ein Puppenheim* wurde als Fanfarenstoß für die Befreiung der Frau interpretiert statt, wie vom Autor beabsichtigt, als Verteidigung des Individuums. Der Fortschritt in diesem Bereich beinhaltete eine wahre Revolution. Die Ansprüche der Frauen in Europa und Nordamerika stellten Ansichten und Haltungen in Frage, die nicht erst seit Jahrhunderten, sondern seit Jahrtausenden institutionalisiert waren. Sie riefen komplexe emotionale Reaktionen hervor, denn sie berührten tief verwurzelte Vorstellungen über Familie und Sexualität. Dies war der Grund, warum sie für manche Menschen – Männer wie Frauen – eine tiefere Beunruhigung darstellten als eine soziale Revolution oder die politische Demokratie. Die Menschen betrachteten das Problem zu Recht in dieser Dimension. In der europäischen feministischen Bewegung war etwas angelegt, dessen explosives Potential noch größer sein würde, wenn (wie es bald geschah) es auf andere Kulturen und Zivilisationen übertragen wurde, die dem Übergreifen des westlichen Wertesystems ausgesetzt waren.

Neue Möglichkeiten für Frauen

Die Politisierung der Frauen und die Angriffe auf die von ihnen als Unterdrückung empfundenen rechtlichen und institutionellen Strukturen bewirkten für die Frauen wahrscheinlich weniger als einige andere Veränderungen. Drei von diesen hatten eine nur langsam wachsende, aber schließlich gewaltige Bedeutung für die Auflösung der Tradition. Die erste war die Steigerung der fortgeschrittenen kapitalistischen Wirtschaft. Bis 1914 wurden in einigen Ländern bereits zahlreiche neue Stellen – als Schreibkraft, Sekretärin, Telefonvermittlerin, Fabrikarbeiterin, Kaufhausangestellte und Lehrerin – für Frauen geschaffen. Fast keine dieser Beschäftigungen hatte es ein Jahrhundert zuvor überhaupt gegeben. Sie führten zu einer gewaltigen ökonomischen Machtverschiebung zu Gunsten der Frauen: Wenn sie selbstständig ihren Lebensunterhalt verdienen konnten, standen sie am Beginn einer Entwicklung, die schließlich die Familienstrukturen umwälzen würde. Bald schon beschleunigten auch die Erfordernisse der Kriegsführung diesen Fortschritt, indem der Arbeitskräftebedarf den Frauen noch weitere Beschäftigungsfelder eröffnete. Unterdessen hatte schon bis 1900 die Arbeit in Industrie oder Handel einer wachsenden Zahl von jungen Frauen die unmittelbare Chance geboten, der elterlichen Bevormundung und der Falle ehelicher Plackerei zu entgehen. Zwar profitierten die meisten Frauen im Jahr 1914 noch nicht auf diese Weise, aber der Prozess beschleunigte sich.

Die Verhütung als zweite große Transformationskraft entfaltete sogar erst weit nach 1914 ihr volles Potential zur Veränderung der

Neue Arbeitsmöglichkeiten, mehr Selbstbestimmung und die Vereinfachung der Hausarbeit durch Elektrizität und fließendes Wasser veränderten das Leben der Frau erheblich.

Diese Keramik einer Reiterin trägt den Titel *Freiheit* und stammt aus dem Jahr 1905. Die Dynamik der Figur spiegelt ein neues Frauenbild wider.

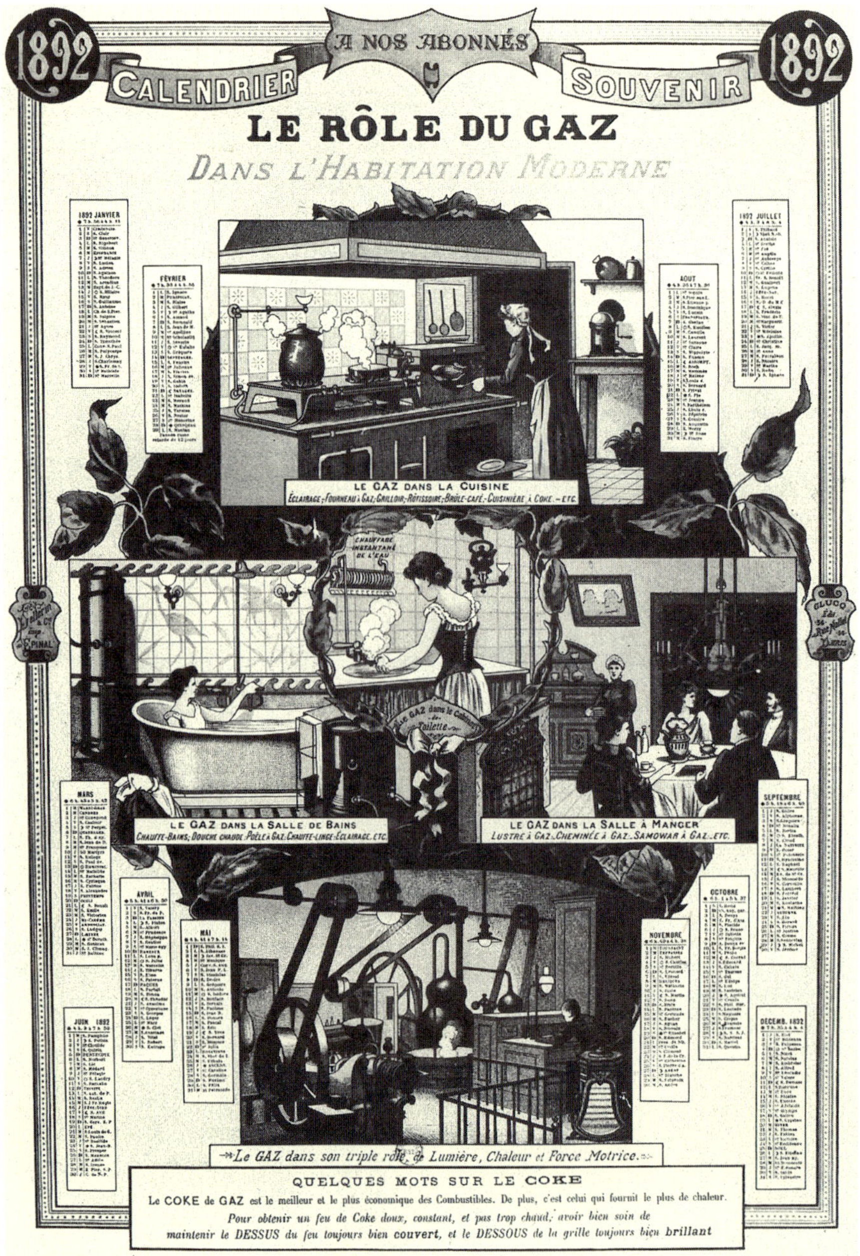

Ein Werbeplakat von 1892 zeigt die verschiedenen Verwendungsarten von Gas im modernen Haushalt. Der Gasverbrauch stieg: Es wurde zum Betrieb von Maschinen verwendet, als Licht- und Wärmequelle und zum Kochen.

Lage der Frau. Sie hatte sich demographisch bereits entscheidend ausgewirkt. Größere Veränderungen sollte jedoch die Durchsetzung der Vorstellungen der Frauen bringen, dass sie selbst die Belange von Geburt und Erziehung ihrer Kinder kontrollieren könnten, etwas, das schließlich in der Geschichte das Leben der meisten Frauen bestimmt hatte. Ein weiterer tiefgreifender Wandel war deren Bewusstwerdung, dass sie sexuelle Befriedigung suchen konnten, auch ohne dabei die Verpflichtung zu einer lebenslangen Ehe in Kauf nehmen zu müssen.

Technologie und Frauenemanzipation

Es ist sehr viel schwieriger, für die dritte große Strömung, die die Frauen unmerklich, aber unausweichlich zur Emanzipation von den überkommenen Lebenshaltungen und Einstellungen führte, eine klare Bezeichnung zu finden. Aber wenn es ein bestimmendes Prinzip gibt, ist es die Technologie. Es handelte sich um einen Prozess aus einer unüberschaubar großen Zahl von Innovationen, von denen einige bereits Jahrzehnte vor 1900 herangereift waren, und die die Tendenz verband, die ehernen Zeitpläne der häuslichen Routine und Plackerei in Frage zu stellen, wenn auch zunächst nur marginal. Zu den herausragenden Beispielen zählten die Einführung von fließendem Wasser, Gasheizungen und elektrischem Licht. Der saubere und vielseitige Einsatz, den die Elektrizität erlaubte, zeitigte später sogar noch deutlichere Effekte. Im besseren Angebot der Geschäfte fanden die großen Veränderungen der Warendistribution ihren Niederschlag, die nicht nur den weniger Wohlhabenden einen Begriff von Luxus vermittelten, sondern auch dem Haushaltsbedarf besser entsprachen. Importierte Nahrungsmittel und ihre verbesserte Verarbeitung und Haltbarkeit veränderten langsam die Essgewohnheiten der Familien, die zuvor – wie es in Indien oder Afrika oft heute noch der Fall ist – darauf beruhten, ein- oder zweimal am Tag den Markt aufzusuchen. Moderne Reinigungsmittel und pflegeleichte Kunstfasern waren im Jahr 1900 zwar noch Zukunftsmusik, aber Seife und Waschsoda waren bereits viel leichter und billiger erhältlich als ein Jahrhundert zuvor, indes schon die ersten Haushaltsgeräte – Gaskocher, Staubsauger, Waschmaschinen – wenigstens in den Haushalten der Wohlhabenden auftauchten.

Eine Suffragette wird 1914 von der Polizei festgenommen, nachdem sie sich an den Zaun des Buckingham-Palasts in London gekettet hatte. Die Kampagne für das Frauenwahlrecht rief in Großbritannien auf beiden Seiten der Auseinandersetzung unerwartet heftige Reaktionen hervor. Frauen ab einem Alter von 30 Jahren erhielten 1918 schließlich in Großbritannien das Wahlrecht.

Frauenwahlrecht

Zwar räumen Historiker sofort die Bedeutung der Einführung des Steigbügels oder der Drehbank ein, doch die revolutionäre Wirkung, die Instrumente wie diese erzeugen können, übersahen sie. Verständlich ist dagegen, dass ihre langfristigen Wirkungen zu Beginn des letzten Jahrhunderts weniger Menschen interessierten als das Gebaren der „Suffragetten“, wie man in England jene Frauen nannte, die das Wahlrecht forderten.

Diese zeitgenössische Zeitschriftenillustration zeigt Wahlkämpfer beim Anbringen von Wahlplakaten in Mailand im Jahr 1911. Durch die gestiegene Zahl von Wahlberechtigten und die größere Alphabetisierung gewannen die Techniken der politischen Werbung an Bedeutung.

Den unmittelbaren Anstoß zu ihrem Auftreten gab die Liberalisierung und Demokratisierung der politischen Institutionen, soweit es um die Männer ging. Dies war der Hintergrund, vor dem sich ihre Kampagne vollzog. Die Demokratie über die Geschlechtergrenzen hinweg auszudehnen, erschien nichts weniger als logisch, auch wenn dadurch die Zahl der Wahlberechtigten verdoppelt wurde.

Die neue Politik für die Massen

Es ist nicht nur durch die formale Struktur der Politik zu erklären, dass sie mehr und mehr „Massencharakter" annahm. Die Massen mussten organisiert werden. Bis 1900 hatte sich, diesem Zweck gemäß, die moderne politische Partei herausgebildet, mit ihren als klare Alternativen präsentierten thematischen Vereinfachungen, ihrem politischen Meinungsbildungsapparat und ihrer Vertretung von Sonderinteressen. Von Europa und den USA aus verbreitete sie sich um die Welt. Politiker alter Schule bedauerten das Aufkommen des neuen Parteientyps, und zwar keineswegs unaufrichtig, denn es war ein weiteres Zeichen für die Entstehung der Massengesellschaft, den Verfall der öffentlichen Debatte und die für die traditionellen Eliten entstehende Notwendigkeit, ihre Politik der Lebensweise des Mannes auf der Straße anzupassen.

Ein Bewusstsein dafür, wie wichtig die öffentliche Meinung war, hatte sich bereits in England im frühen 19. Jahrhundert entwickelt. Man betrachtete sie als entscheidenden Faktor in den Auseinandersetzungen um die Korn-Gesetze, mit denen die Getreideeinfuhr beschränkt worden war. Im Jahr 1870 sah sich der französische Kaiser gezwungen, sich der populären Begeisterung für einen Krieg zu beugen, den er selbst fürchtete und der mit einer Niederlage enden musste. Bismarck, der Inbegriff des konservativen Staatsmanns, sah sich genötigt, der öffentlichen Meinung nachzugeben und sich zum Fürsprecher der Kolonialinteressen Deutschlands zu machen. Auch die Manipulation der öffentlichen Meinung schien möglich geworden zu sein (jedenfalls waren viele Zeitungseigentümer und Politiker dieser Ansicht). Die zunehmende Alphabetisierung hatte zwei Seiten. Einerseits war man der Überzeugung gefolgt, dass der Ausbau der Volksbildung die Voraussetzung sei, die Massen zu zivilisieren und zum angemessenen Gebrauch ihres Wahlrechts zu befähigen. Andererseits schien die Folge der wachsenden Alphabetisierung zu sein, dass ein Markt für neue, billige Zeitungen entstand, die Stimmungen und Sensationsgier bedienten, sowie für die Verkäufer und Urheber von Werbekampagnen, einer anderen Errungenschaft des 19. Jahrhunderts.

NATIONALISMUS

Das politische Prinzip, das auf die Massen zweifellos immer noch die größte Anziehungskraft ausübte, war der Nationalismus. Darüber hinaus behielt er sein revolutionäres Potential, wie an manchem Ort deutlich wurde. Im europäischen Teil der Türkei waren Nationalisten, die die Osmanische Herrschaft bekämpften und neue Nationalstaaten ausriefen, seit dem Krimkrieg immer wieder erfolgreich. Bis 1870 hatten sich Serbien, Griechenland und Rumänien als gefestigte Staaten etabliert. Ihnen zur Seite getreten waren bis zum Ende des Jahrhunderts Bulgarien und Montenegro. Aus den letzten Kriegen der Balkanstaaten gegen die Türkei, bevor die türkische Frage in einem europäischen Konflikt unterging, entstand im Jahr 1913 Albanien, außerdem unterstand zu diesem Zeitpunkt das autonome Kreta bereits einem griechischen Gouverneur. Mehrmals waren größere Staaten in die Angelegenheiten dieser Nationalbewegungen verwickelt worden, die eine stete Gefährdung des Friedens darstellten.

Die Entstehung der modernen Türkei 1683–1923

Ab dem späten 17. Jahrhundert war die Fläche des Osmanischen Reichs verkleinert worden. Der serbische Aufstand von 1815–1817 leitete den Rückzug der Osmanen vom Balkan ein, der mit der Niederlage in den Kriegen 1912–1913 endete. Die nordafrikanischen Territorien des Osmanischen Reiches wurden von den europäischen Staaten besetzt, und am Ende des Ersten Weltkriegs verlor das Reich den Rest seiner arabischen Gebiete.

Die auf der Abbildung oben als verloren markierten Gebiete umfassen sowohl Tributstaaten, über die die Osmanen die Oberherrschaft beanspruchten, als auch direkter osmanischer Herrschaft unterstehende Gebiete.

Für das Gebiet des Russischen Reiches, wo sich Polen, Juden, Ukrainer und Litauer von den Russen unterdrückt fühlten, traf dies weniger zu. Sehr wohl aber schien als Folge der Spannungen in Österreich-Ungarn ein Krieg mög-

Eine Zeichnung von 1909 zeigt ein an Armeniern verübtes Massaker in der Türkei. Der Jungtürkenaufstand von 1908 war ein bedeutender Schritt zur Modernisierung der Türkei, aber die nationalistische Aufwallung hatte für die armenische Bevölkerung tragische Konsequenzen.

lich, denn in der ungarischen Hälfte der Monarchie ging vom Nationalismus eine ernsthafte Revolutionsgefahr aus. Die dort lebenden slawischen Minderheiten betrachteten das jenseits der Grenze liegende Serbien als Verbündeten gegen die ungarischen Unterdrücker.

Auch Großbritannien sah sich in Irland derartigen nationalen Problemen gegenüber. Die Briten hatten weitreichende Reformen und Zugeständnisse gewährt, wenn diese auch unter dem von der britischen liberalen Partei angestrebten Autonomiestatut der „Selbstregierung" („Home Rule") blieben. Agrarreform und bessere ökonomische Bedingungen hatten jedoch bis 1900 die irische Frage erheblich entspannt. Neu belebt wurde sie durch die Entstehung eines anderen irischen Nationalismus, dem der protestantischen Mehrheit in der Provinz Ulster, der sich so weit steigerte, dass mit einer Revolution gedroht wurde, sofern die Regierung in London den römisch-katholischen irischen Nationalisten die Autonomie zugestehe.

Kaiser Wilhelm II. im Jahr 1900. Wilhelm II., deutscher Kaiser von 1888 bis 1918, betrieb eine aggressive Außenpolitik, die mit zum Ausbruch des Ersten Weltkriegs führte.

Die deutsche Bedrohung

All jene, die den Nationalismus unterstützten, glaubten – mehr oder weniger zu Recht – im Interesse der Unterdrückten zu handeln. Aber der Nationalismus der Großmächte hatte auch eine zerstörerische Wirkung: Frankreich und Deutschland trennte ein tiefer psychologischer Graben wegen der Übereignung von Elsass und Lothringen an Deutschland im Jahr 1871. Französische Politiker pflegten mit Ausdauer und Eifer das Thema der Revanche. Der französische Nationalismus führte zu besonders erbitterten politischen Auseinandersetzungen, weil vor diesem Hintergrund schnell die Treue zu großen nationalen Institutionen in Frage stand.

Selbst die angeblich nüchternen Briten gerieten von Zeit zu Zeit über nationale Symbole in Erregung. Es gab eine kurzzeitige, aber tiefe Begeisterung für den Imperialismus und eine stets große Aufmerksamkeit für die Erhaltung der britischen Seeherrschaft. Diese schien immer stärker bedroht durch Deutschland, eine Macht, deren offenkundige wirtschaftliche Dynamik tiefe Besorgnis hervorrief, weil sie die britische Vorherrschaft im Welthandel gefährdete.

Es spielte keine Rolle, dass die beiden Länder jeweils der beste Kunde des anderen waren, wichtiger war, dass sie in vieler Hinsicht gegenläufige Interessen zu haben schienen. Zusätzlich verschärft wurde dieser Gegensatz durch den aggressiven deutschen Nationalismus unter der Regentschaft von Kaiser Wilhelm II. Er war sich der Stärke Deutschlands bewusst und bestrebt, ihr nicht nur symbolischen, sondern auch realen Ausdruck zu geben.

Eine Folge davon war seine Begeisterung für ein großes Flottenbauprogramm, worüber die Briten besonders verärgert waren, weil sie sich den Einsatz dieser Flotte nur gegen Großbritannien vorstellen konnten. Doch verbreitete

Die vor dem Krieg verbreitete Annahme, dass jeder Konflikt durch seine Kosten begrenzt würde, erwies sich als haltlos. Die europäische Industrie versorgte die Armeen mit einer nie dagewesenen Menge von Waffen. Dieses Bild aus einer britischen Rüstungsfabrik im Ersten Weltkrieg vermittelt einen Eindruck des immensen Ausstoßes. Zur selben Zeit wurden, bedingt durch den Kriegseinsatz von Millionen Männern, Frauen in Produktionssektoren eingebunden, in denen sie nie zuvor beschäftigt gewesen waren.

sich in Europa allgemein und nicht zu Unrecht zunehmend der Eindruck, dass die Deutschen geneigt waren, sich in unvernünftiger Weise in internationale Angelegenheiten zu stürzen.

„Zivilisierte Kriegführung"

Die Optimisten konnten auf den Rückgang der zwischenstaatlichen Gewalt im 19. Jahrhundert hinweisen: Seit 1876, als Russland und die Türkei ins Gefecht gezogen waren, hatte es keinen Krieg zwischen europäischen Großmächten mehr gegeben. Unglücklicherweise ignorierten die europäischen Militärs und Staatsmänner die Mahnung des Amerikanischen Bürgerkriegs, des ersten Krieges, in dem moderne, industriell produzierte Waffen eingesetzt wurden. Während man dies übersah, erzeugten die Aufrufe der Kongresse von 1899 und 1907 zur Einstellung des Rüstungswettlaufs einen gewissen Optimismus. Die Akzeptanz internationaler Vermittlungstätigkeit war gestiegen, und die Brutalität der Kriegführung war eingeschränkt worden. Der deutsche Kaiser bediente sich eines bemerkenswerten Ausdrucks, als er sein Kontingent zu den gegen die Boxer aufgestellten internationalen Truppen entsandte. Durch Berichte über von Chinesen an Europäern verübte Gräueltaten in Zorn geraten, drängte er seine Soldaten, „wie die Hunnen" aufzutreten. Obwohl man den Begriff damals für übertrieben hielt, ist er vor allem deshalb von Interesse, weil sie zeigt, dass der Kaiser eine solche Empfehlung überhaupt für erforderlich befunden hatte. Niemand hätte einer Armee im 17. Jahrhundert sagen müssen, dass sie sich „wie die

Hunnen" aufführen solle, ein solches Verhalten wurde damals für selbstverständlich angesehen. Im Jahr 1900 erwartete man von europäischen Truppen ein solches Verhalten nicht mehr, deshalb musste man ihnen die Anweisung dazu geben. So weit war die Humanisierung der Kriegführung vorangekommen. „Zivilisierte Kriegführung" war ein Konzept des 19. Jahrhunderts und alles andere als ein Widerspruch in sich selbst. Im Jahr 1899 war man, wenn auch nur für begrenzte Zeit, übereingekommen, die Verwendung von Giftgas, Dumdumgeschossen und sogar das Abwerfen von Bomben aus der Luft zu verbieten.

DER VERFALL DER KIRCHE

Abgesehen von der gewöhnlichen Revolutionsfurcht war freilich seit langem schon jedes Bewusstsein einer Einheit, das die europäischen Herrscher Zurückhaltung hätte walten lassen, gemeinsam mit der Idee des Christentums zusammengebrochen. Im 19. Jahrhundert diente die Religion nur zur Erleichterung oder Linderung internationaler Konflikte. Sie war eine nachgeordnete und indirekte Kraft, die sich in den aus anderen Quellen gespeisten Humanitarismus und Pazifismus hineinmischte. Das Christentum hatte sich als Gewalthindernis ebenso kraftlos erwiesen, wie es die Hoffnungen der Sozialisten später waren, dass die Arbeiter der Welt sich weigern würden, einander im Interesse ihrer Herren zu bekämpfen. Sicherlich sah man um 1900 mit großem Bedauern, dass ihre Kraft zur Beeinflussung des Verhaltens stark nachgelassen hatte. Der Grund hierfür war nicht, dass eine neue Religion den christlichen Kirchen Konkurrenz machte. Eher hatten sich jene Tendenzen fortgesetzt, die im 18. Jahrhundert erkennbar wurden und seit der Französischen Revolution sehr viel deutlicher spürbar waren. Fast alle christlichen Bekenntnisse schienen mehr und mehr vom schädlichen Einfluss des einen oder anderen intellektuellen und sozialen Fortschritts angegriffen, den das Zeitalter mit sich brachte.

Die gesellschaftlichen und politischen Entwicklungen des 19. Jahrhunderts verändern auch Stellung und Selbstverständnis der Kirche.

Pius IX. war Papst von 1846 bis 1878, in einer Zeit, als die Römische Kirche die neue liberale Kultur abzulehnen schien. In seinem Syllabus von 1864 verurteilte er den Liberalismus und verweigerte die Integration der päpstlichen Staaten in das neu vereinte Italien.

Das Papsttum verliert an Ansehen

Obwohl allen christlichen Bekenntnissen der Zeitgeist entgegenstand, war die römisch-katholische Kirche das offenkundigste Opfer, da besonders das Papsttum sowohl an Ansehen wie auch an Macht verlor. In politischer Hinsicht litt Rom unter dem langsamen Zerfall seiner weltlichen Macht seit den 90er Jahren des 18. Jahrhunderts, als die französischen Revolutionsarmeen umstürzlerische Grundsätze und territoriale Veränderungen nach Italien trugen. Spätere Verletzungen der päpstlichen Rechte wurden oft unter Berufung auf die

Leitideen der Epoche – Demokratie, Liberalismus, Nation – gerechtfertigt. 1870 verleibte sich das neue Königreich Italien schließlich das letzte noch außerhalb des Vatikans befindliche Gebiet der alten päpstlichen Staaten ein, so dass das Papsttum letztlich nur noch eine spirituelle und kirchliche Autorität war. Damit war das Ende einer weltlichen Macht gekommen, die bis in die Merowingerzeit zurückreichte.

Obohl sich dieses Ende in mancher Hinsicht als vorteilhaft erwies, bestätigte der Territorialraub sowohl die vom Papsttum bereits bekundete Feindschaft gegen die Kräfte des Jahrhunderts als auch den Hohn, mit dem viele fortschrittliche Denker ihm begegneten. Die Stimmung auf beiden Seiten erreichte einen neuen Höhepunkt, als 1870 die Unfehlbarkeit des Papstes, wenn er *ex cathedra* über Glaube und Moral spreche, zum Dogma erhoben wurde. Antiklerikalismus und Priesterhetze in Deutschland, Frankreich, Italien und Spanien erreichten einen nie dagewesenen politischen Stellenwert. Die Regierungen nutzten die antipäpstlichen Vorurteile aus, um ihre gesetzliche Macht über die Kirche auszubauen und drangen in bis dahin von der Kirche dominierte Bereiche wie das Schulwesen vor.

Die Verfolgung zeitigte Unbeugsamkeit. Wie man auch die abstrakte Eigenart der von der römischen Kirche verkündeten Lehren betrachten mochte, im Konflikt zeigte sich, dass sie noch immer auf eine beträchtliche Loyalität unter ihren Gläubigen bauen konnte. Darüber hinaus wurden immer noch neue Anhänger durch die Mission in Übersee gewonnen, und die demographische Entwicklung leistete bald einen noch größeren Beitrag. Obschon die Kirche kaum hoffen konnte, bei den neuen Stadtbewohnern Europas viel zu bewirken, die von einem unzeitgemäßen kirchlichen Apparat nicht mehr erreicht und von der allmählichen Prägung der säkularen Kultur, die sie umgab, zu Heiden gemacht

Diese antiklerikale französische Karikatur illustriert die Konfrontation zwischen der Kirche und ihren Widersachern, die im politischen und intellektuellen Leben des 19. und frühen 20. Jahrhunderts eine Schlüsselrolle spielte.

wurden, war sie doch weit davon entfernt, als politische und soziale Macht zu sterben. Tatsächlich fiel es den Katholiken leichter, dem Papsttum gegenüber ungebrochene Loyalität zu empfinden, seitdem es von seiner weltlichen Rolle befreit worden war.

Zweifel an der traditionellen Religiosität

Die römisch-katholische Kirche war unter den christlichen Religionsgemeinschaften die forderndste und stand im Kampf zwischen Religion und Zeitalter an vorderster Front. Die Behauptung der Offenbarung und die Autorität von Priestern und Geistlichkeit wurden jedoch überall in Zweifel gezogen. Dies war um so erstaunlicher, als viele Europäer und Amerikaner an einem einfachen und wörtlichen Verständnis der Dogmen ihrer Kirchen und der in der Bibel enthaltenen Geschichte festhielten. Es machte ihnen große Sorge, wenn solche Auffassungen in Frage gestellt wurden, doch geschah dies immer öfter. Die traditionelle Religionsauffassung wurde zunächst von einer intellektuellen Elite in Frage gestellt, wobei man sich bewusst auf Vorstellungen stützte, die aus der Aufklärung stammten: „Voltairesches Denken" war eine im 19. Jahrhundert verbreitete Wendung, um antireligiöse und skeptische Ansichten zu kennzeichnen. Bibelgelehrte, die wichtigsten von ihnen Deutsche, gewannen Einfluss, als sie seit den 40er Jahren des 19. Jahrhunderts nicht nur zahlreiche Annahmen über den Wert der Bibel als historische Quelle zerstörten, sondern auch einen psychologischen Wandel im gesamten Verhältnis zum biblischen Text auslösten. Denn dadurch konnte die Bibel fortan einfach als ein historischer Text wie jeder andere rezipiert werden, dem man sich kritisch zu nähern hatte. Das äußerst erfolgreiche (und einen Skandal provozierende) Buch *Das Leben Jesu*, 1863 veröffentlicht von dem französischen Gelehrten Ernest Renan, machte ein größeres Publikum als je vorher mit dieser Haltung vertraut. Die Bibel, seit dem Mittelalter der zentrale Text der europäischen Kultur, gewann ihre Stellung nie wieder zurück.

Was ist eine Nation?

Das liberale Konzept der Nation – die, als Gemeinschaft betrachtet, sich nicht auf Abstammung oder Sprache, sondern auf dem allgemeinen Willen von Menschen gründete, die auf ein gemeinsames Ziel hin zu arbeiten bereit sind – wurde in einer Rede von Ernest Renan dargelegt:
„Eine Nation ist eine große Solidargemeinschaft, getragen von dem Gefühl der Opfer, die man gebracht hat, und der Opfer, die man noch zu bringen gewillt ist. Sie setzt eine Vergangenheit voraus, aber trotzdem fasst sie sich in der Gegenwart in einem greifbaren Faktum zusammen: der Übereinkunft, dem deutlich ausgesprochenen Wunsch, das gemeinsame Leben fortzusetzen. Das Dasein einer Nation ist ein tägliches Plebiszit, wie das Dasein des einzelnen eine andauernde Behauptung des Lebens ist (...) Man wird einwenden, dass Spaltungen und schließlich der Zerfall der Nationen die Konsequenzen eines Systems sein werden, das diese alten Organismen auf Gedeih und Verderb einem Willen ausliefert, der oft wenig aufgeklärt ist. Es versteht sich, dass in solchen Dingen kein Prinzip bis zum Extrem getrieben werden darf. (...) Nationen sind nichts Ewiges. Sie hatten einen Anfang und sie werden wahrscheinlich ein Ende haben. Wahrscheinlich werden sie durch eine europäische Konföderation ersetzt werden. Doch das ist nicht das Gesetz des Jahrhunderts, in dem wir leben. Gegenwärtig ist die Existenz von Nationen gut und sogar notwendig."

Auszug aus *Was ist eine Nation?* von Ernest Renan, 1882.

DIE ROLLE DER WISSENSCHAFT

Die zweite Quelle der Ideen, die den traditionellen christlichen Glauben – und damit die Moral, Politik und Wirtschaft, die so lange Zeit in christlichen Sichtweisen wurzelten – beschädigten, fand sich in der Wissenschaft. Die Angriffe der Aufklärung auf die logische Folgewidrigkeit der kirchlichen Lehre nahmen zu, sobald die Wissenschaft empirische Beweise dafür vorbrachte, dass die in der Bibel berichteten Ereignisse mit den beobachtbaren Tatsachen nicht übereinstimmten. Den Ausgangspunkt bildete die Geologie, und Vorstellungen, die seit dem Ende des 18. Jahrhunderts kursierten, erhielten in den 30er Jahren des darauffolgenden Jahrhunderts eine wesentlich größere Aufmerksamkeit durch die Veröffentlichung der *Grundlagen der Geologie* des schottischen Forschers Charles Lyell. Dieses Buch beschrieb Landschaften und geologische Strukturen in den Begriffen fortwirkender Kräfte. Darüber hinaus wies Lyell darauf hin, dass, wenn seine Theorie zutreffe, das Vorhandensein von unterschiedlichen Fossilien gleicher Entwicklungsstufen in verschiedenen geologischen Schichten bedeute, dass sich die Erschaffung neuer Tiere in jeder Phase wieder-

Darwins Evolutionstheorie

„Es ist interessant, eine dichte Böschung zu betrachten, die von vielerlei Pflanzen vieler Arten bewachsen ist, wie die Vögel in den Büschen singen, unterschiedliche Insekten umherschwirren und Würmer durch den feuchten Erdboden kriechen, und sich vorzustellen, dass diese aufwendig gebauten Lebensformen, so sehr sie sich unterscheiden und so komplex ihre Abhängigkeit voneinander ist, sämtlich von uns umgebenden Gesetzen geschaffen worden sind. Diese Gesetze sind, im weitesten Sinne, Wachstum und Fortpflanzung; Vererbung, die beinahe selbstverständlich zur Fortpflanzung gehört; Variabilität infolge der indirekten und direkten Einwirkung der Lebensbedingungen, und durch Gebrauch und Nichtgebrauch: eine so hohe Steigerungsrate, dass es zu einem Kampf ums Dasein kommt, und als Konsequenz zur Natürlichen Auslese, die die Verschiedenheit der Eigenart hervorbringt und zur Auslöschung der weniger angepassten Formen führt. So folgt, aus dem Krieg der Natur, aus Hunger und Tod, das herrlichste Objekt welches wir uns vorzustellen vermögen, nämlich es folgt direkt die Hervorbringung der höher entwickelten Tiere. Herrlich ist dieser Blick auf das Leben, mit seinen verschiedenen Kräften, die vom Schöpfer ursprünglich in wenige oder eine Form gehaucht wurden; und während dieser Planet gemäß dem unverrückbaren Gesetz der Schwerkraft sich dreht, sind diesem so einfachen Anfang endlos viele allerschönste und wunderbarste Formen entsprungen und tun es weiterhin."

Ein Auszug aus dem Schlusskapitel von *Vom Ursprung der Arten* von Charles Darwin, 1876.

holt haben müsse. Sofern dies stimmte, befand sich die biblische Schöpfungstheorie in erheblichen Schwierigkeiten. Dass die biblische Zeitrechnung in Bezug auf den Menschen ganz einfach falsch war, darauf wiesen immer stärker die z. B. in britischen Höhlen gemachten Entdeckungen von Steinwerkzeugen neben den Knochen ausgestorbener Tiere hin. Die offizielle Anerkennung des Standpunkts, dass die menschliche Gattung viel älter sei als nach biblischer Zeitrechnung möglich, kann auf das Jahr 1859 datiert werden, als britische Gelehrtengesellschaften Vorträge hörten und veröffentlichten, die die Feststellung enthielten, dass „in einer Phase des Altertums, weit vor jeder, von welcher wir bisher Spuren gefunden", menschliche Wesen im Tal der Somme gelebt hatten.

Charles Darwin

Die Lösung dieser Fragen nur in dem im Jahr 1859 von dem englischen Wissenschaftler Charles Darwin veröffentlichten Werk *Vom Ursprung der Arten* zu sehen, ist eine zu starke Vereinfachung. Vieles darin hatte Darwin, ohne es zu erwähnen, anderen zu verdanken. Seine Abhandlung fiel in eine Zeit und in ein Land, wo es besonders wahrscheinlich war, dass es Aufsehen erregen würde. Denn die Frage lag in der Luft, ob die traditionelle Do-

Charles Darwin (1809–1882) revolutionierte die Vorstellungen über die Lebewesen. Seine 1859 erstmals veröffentlichte Evolutionstheorie wandte er 1871 spezifisch auf die menschliche Gattung an.

minanz der Religion (z. B. im Bildungswesen) noch gerechtfertigt sei. Der Begriff „Evolution", mit dem Darwins Name sich besonders eng verband, war damals schon geläufig, obwohl Darwin ihn zu benutzen vermied und ihn erst zehn Jahre später in der fünften Auflage des *Ursprungs der Arten* verwendete. Seine Schrift war das größte einzelne Plädoyer für die Evolutionsthese, die besagte, dass sich die Lebewesen im Zuge einer langen Evolution aus einfacheren Formen entwickelt hätten. Dies betraf natürlich auch die Entwicklung des Menschen, wie er 1871 in *Die Abstammung des Menschen* deutlich machte. Wie es zu dieser Evolution gekommen war, darüber gab es verschiedene Ansichten. Darwin, der von Malthus' Vision des mörderischen Kampfes der Menschheit um Nahrung beeindruckt war, vertrat die Ansicht, dass jene Eigenschaften, die in einer feindlichen Umgebung Aussicht auf Erfolg boten, die „natürliche Selektion" der sie tragenden Lebewesen sicherstellten. Diese Ansicht wurde auf den Gedanken vom „Überleben der Tüchtigsten" reduziert und als Schlagwort benutzt. Obwohl noch viele Aspekte seiner Arbeit weitere Forschungen anregten, versetzte Darwin der biblischen Schöpfungsgeschichte (genauso wie der Ansicht von der einzigartigen Stellung der menschlichen Gattung) einen entscheidenden Hieb. Sein Buch machte es, zusammen mit Bibelkritik und Geologie, jedem gewissenhaften und zum Nachdenken fähigen Leser unmöglich, die Bibel für wortwörtlich wahr zu halten.

Der britische Physiker Michael Faraday (1791–1867), hier in seinem Labor dargestellt, brachte mit seiner Entdeckung des Gesetzes der elektromagnetischen Induktion im Jahr 1831 die Erforschung der Elektrizität und ihrer möglichen praktischen Anwendungen beträchtlich voran.

Die neue Stellung der Wissenschaft

Indem sie die Autorität der biblischen Schrift untergrub, traf die Wissenschaft in direktester Form den christlichen Glauben. Doch ebenso wichtig war das neue, zwar noch diffuse, aber wachsende Ansehen, das der Wissenschaft aus einer breiten Öffentlichkeit erwuchs. Die Wissenschaft lieferte herausragende Instrumente, die Natur zu beeinflussen, deren Widerstandsfähigkeit man im Schwinden begriffen sah. Eine Wissenschaftseuphorie begann sich auszubilden. Hatten die großen wissenschaftlichen Leistungen des 17. Jahrhunderts nur selten das Leben der gewöhnlichen Menschen beeinflusst, so änderte sich dies nun. Menschen, die nicht ein Wort von dem verstanden hätten, was Joseph Lister schrieb, der die Notwendigkeit (und den Gebrauch) von Antiseptika in die Chirurgie einführte, oder von Michael Faraday, der mehr als jeder andere die Erzeugung von Elektrizität ermöglichte, wussten dennoch, dass die Medizin im Jahr 1900 eine andere war als zur Zeit ihrer Großeltern, und oft hatten sie bei der Arbeit oder zu Hause mit Elektrizität zu tun. Schon 1914 konnten Radiowellen über den Atlantik gesendet werden, Fluggeräte, die nicht auf das Mitführen von Ballons angewiesen waren, in denen sich Gas befand, das leichter als Luft war, waren allgemein verbreitet. Aspirin war leicht erhältlich, und ein amerikanischer Fabrikant verkaufte das erste billige Automobil aus Massenproduktion. Die objektiven Leistungen der Wissenschaft wären durch diese Tatsachen keineswegs angemessen beschrieben, aber es war der materielle Fortschritt solcher Art, der den durchschnittlichen Zeitgenossen beeindruckte und ihn einen neuen Tempel aufsuchen ließ.

Die allgemeine Aufmerksamkeit für die Wissenschaft wurde von der Technologie hervorgerufen, denn lange Zeit war dies das einzige Feld, auf dem die Wissenschaft einen positiven Einfluss auf das Leben der meisten Menschen hatte. Deshalb nahm der Respekt vor ihr für gewöhnlich proportional zu spektakulären Erfolgen im Ingenieurwesen oder in der Herstellung zu, und selbst heute überzeugt uns die Wissenschaft, obwohl sie unser Leben genauso auf anderen Gebieten prägt, immer noch stark über industrielle Prozesse. Derartig eng mit der führenden Zivilisation der Welt verflochten und mit der Gesellschaft verwoben, bedeutete die Entwicklung der Wissenschaft dennoch mehr als nur ein Wachstum der schieren Macht. In den Jahren bis 1914 wurden die Fundamente für die zweite Jahrhunderthälfte gelegt, die verdeutlichte, wie sehr die Wissenschaft die Antriebsfeder einer Kultur war, die die Welt dominierte. Der Fortschritt auf diesem Gebiet verlief so rasant, dass die Wissenschaft bereits alle Bereiche des menschlichen Lebens durchzieht, während die Menschen immer noch bei dem Versuch sind, einiger ihrer elementarsten philosophischen Implikationen habhaft zu werden.

Wissenschaftliche und technologische Fortschritte 1815–1905

1815	Lichtwellentheorie, Augustin-Jean Fresnell
1818	Atomgewichtsbestimmung, Jöns Berzelius
1827	Ohmsches Gesetz der Elektrizitätsleitung, Georg Simon Ohm
1831	Gesetz der elektromagnetischen Induktion, Michael Faraday
1835	Elektrischer Telegraf, Samuel Morse
1839	Fotografie, Louis-Jacques Daguerre
1846	Äthernarkose, William Morton
1847	Rotationsdruckerpresse, Richard Hoe
1856	Erste Synthetikfaser, Sir William Perkin
1859	Evolutionstheorie, Charles Darwin
1860–1865	Elektromagnetismus, James Clerk Maxwell
1865	Vererbungsgesetze, Gregor Mendel
1865	Antisepsis, Joseph Lister
1866	Dynamo, Werner von Siemens
1869	Periodensystem der Elemente, Dimitri Mendelejew
1870er	Statistische Mechanik und Thermodynamik, Ludwig Boltzmann
1876	Telefon, Alexander Graham Bell
1878	Elektrische Glühlampe, Thomas Alva Edison
1882	Tuberkulose-Bazillus, Robert Koch
1885	Tollwut-Impfstoff, Louis Pasteur
1885	Automobil, Gottlieb Daimler und Carl Benz
1885–1889	Elektrische Wellen, Heinrich Hertz
1895	Kinematograph, Auguste und Louis Lumière
1896	Radiotelegraphie, Guglielmo Marconi
1897	Elektron, Sir Joseph Thompson
1898	Isolierung von Radium, Marie und Pierre Curie
1900	Quantentheorie, Max Planck
1901	Mutationstheorie, Hugo de Vries
1902	Radioaktivität, Ernest Rutherford
1903	Flugzeug, Wilbur und Orville Wright
1905	Spezielle Relativitätstheorie, Albert Einstein

Wissenschaftliche Institutionen

Die veränderte Rolle der Wissenschaft lässt sich am einfachsten dort beobachten, wo sich ihre Stellung als soziale und materielle Erscheinung eigenen Rechts zeigt. Nach den ersten großen Fortschritten der Physik im 17. Jahrhundert wurden Institutionen gegründet, in denen Forscher gemeinsam die Natur in einer Weise studierten, die man später als Wissenschaft bezeichnen würde. Schon damals wurden Gelehrte von Herrschern angestellt, um ihr Fachwissen auf spezifische Probleme anzuwenden. Man stellte fest, dass in den nützlichen Künsten – und man sprach eher von Künsten denn von Wissenschaften – wie zum Beispiel Navigation oder Landwirtschaft die Versuche derjenigen, die nicht als praktische Techniker arbeiteten, wertvolle Beiträge liefern konnten. Ein terminologischer Aspekt aber bringt dieses Zeitalter in das richtige Verhältnis und lässt ermessen, wie weit entfernt es vom 19. Jahrhundert und der folgenden Zeit war: Damals nannte man Wissenschaftler noch „Naturphilosophen". Die Bezeichnung

Die modernen Wissenschaften bestimmten das 19. Jahrhundert. Man unterschied nun zwischen den philosophisch-philologisch ausgerichteten Geisteswissenschaften und den technisch-experimentellen Naturwissenschaften.

„Wissenschaftler" wurde erst nach etwa einem Drittel des 19. Jahrhunderts erfunden, als das Bedürfnis entstand, die experimentelle und beobachtende Erforschung der Natur von der Spekulation des ungebundenen Verstandes zu unterscheiden. Doch selbst dann noch war für die meisten Menschen kaum der Unterschied zu erkennen zwischen jemandem, der eine solche Untersuchung ausführte oder einem Vertreter der angewandten Wissenschaft oder schließlich einem Techniker. Letzterer war gerade in einem Zeitalter, das Ingenieurwesen, Bergbau und Fabriken in einem nie dagewesenen Ausmaß erlebte, der weitaus wichtigste Repräsentant der Wissenschaft.

Das 19. Jahrhundert war nichtsdestotrotz das erste, in dem Wissenschaft bei den Gebildeten hohes Ansehen als Gebiet besonderer Studien genoss. Der höhere Status der Wissenschaft war gekennzeichnet durch eine größere Bedeutung in der Ausbildung: An den Universitäten richtete man neue Fakultäten ein und zusätzlich, besonders in Frankreich und Deutschland, spezielle wissenschaftliche und technische Institutionen. Auch in der Berufsausbildung wurden wissenschaftliche Ergebnisse stärker berücksichtigt. Solche Entwicklungen beschleunigten sich, und die Auswirkungen der Wissenschaft auf das soziale und ökonomische Leben wurden zunehmend sichtbarer.

Seit etwa 1700 gab es einen steten und beispielhaften Anstieg der weltweiten Anzahl von Wissenschaftlern: Die Zahl verdoppelte sich etwa alle 15 Jahre. Für das 19. Jahrhundert lassen sich andere Maßstäbe für den Ausbau der Wissenschaft heranziehen (zum Beispiel die Einrichtung von astronomischen Observatorien), und auch diese zeigen außerordentliche Steigerungen.

Die praktische Anwendung wissenschaftlicher Entdeckungen

Die stetig steigende Zahl der Wissenschaftler, das war auch für den Laien leicht erkennbar, bildete die Grundlage für die wachsende Naturbeherrschung und den besseren Lebensstandard. Aus diesem Grund wurde Wissenschaft im 19. Jahrhundert zum ersten Mal ein Objekt religiöser Verehrung, wenn nicht sogar Vergötterung. Bereits 1914 war für gebildete Europäer und Amerikaner die Narkose ebenso selbstverständlich wie das Automobil, die

Der französische Flugpionier Louis Blériot (1872–1936) flog im Jahr 1909 als erster Mensch über den Ärmelkanal.

Dampfturbine, härtere und spezielle Stahlsorten, das Flugzeug, das Telefon, der Funk und viele weitere Wunderwerke, die es ein Jahrhundert zuvor nicht gegeben hatte. Ihre Wirkungen waren bereits beträchtlich. Die vielleicht weitreichendsten Folgen hatte die Verfügbarkeit preiswerter elektrischer Energie. Sie prägte schon die Städte, indem sie den Vorortbewohnern elektrische Straßenbahnen und Züge bereitstellte, die Arbeit in den Fabriken durch Elektromotoren und das häusliche Leben durch elektrisches Licht bereicherte.

Die praktische Anwendung wissenschaftlicher Erkenntnisse war natürlich keineswegs neu. Seit dem 17. Jahrhundert zog man stetig technologischen Nutzen aus wissenschaftlichen Tätigkeiten, obgleich festzustellen ist, dass sich dies hauptsächlich auf Ballistik, Navigation und Kartographie, Landwirtschaft und einige wenige elementare industrielle Prozesse beschränkte. Erst im 19. Jahrhundert begann die Wissenschaft, für Erhalt und Veränderung der Gesellschaft eine wichtige Rolle zu spielen. Die Farbstoffchemie beispielsweise war ein riesiges Feld, auf dem die Forschung des 19. Jahrhunderts zu umfassenden Innovationen führte, die auch die Herstellung von Medikamenten, Sprengstoffen und Antiseptika anregten – um nur einiges zu nennen. Dies hatte humanitäre, soziale wie auch ökonomische Rückwirkungen. Von den neuen, schnell wirkenden Farbstoffen waren Millionen Menschen betroffen. Der unglückliche indische Indigo-Anbauer musste mit ansehen, wie sein Markt verschwand, und die Industriearbeiter des Westens stellten fest, dass sie etwas weniger trostlose Kleidung bekommen konnten und machten sich so langsam auf den Weg, an dessen Ende die Methoden der Massenproduktion und Kunstfasern dafür gesorgt haben, dass sichtbare Unterschiede zwischen den Bekleidungen einzelner sozialer Klassen verschwunden sind.

Medizinische Fortschritte

Die größten Fortschritte in der Wissenschaft erzielte man beispielsweise in der Medizin. Der theoretischen Erforschung folgte die praktische Anwendung neuer Heilmethoden und Medikamente.

Damit haben wir bereits die Grenze zwischen Erhaltung und Verbesserung des Lebens überschritten – die Grundlagenforschung veränderte die Gesellschaft weiter. Vor allem Entwicklungen in der Medizin waren schnell messbar. 1914 waren, verglichen mit der Situation 100 Jahre zuvor, gewaltige Fortschritte erzielt geworden. In der theoretischen Erforschung wie in der Kontrolle der Infektionen war man einen großen Schritt weiter gekommen, die Antisepsis, erst in den 60er Jahren des 19. Jahrhunderts von Lister eingeführt, zählte wenige Jahrzehnte später zu den Selbstverständlichkeiten. Zudem legten er und sein Freund Louis Pasteur, der berühmte und großartige französische Chemiker, die Grundlagen der Bakteriologie. Queen Viktoria selbst z. B. hatte bei der Bekanntmachung neuer medizinischer Methoden Pionierdienste geleistet: Die Anwendung der Narkose bei

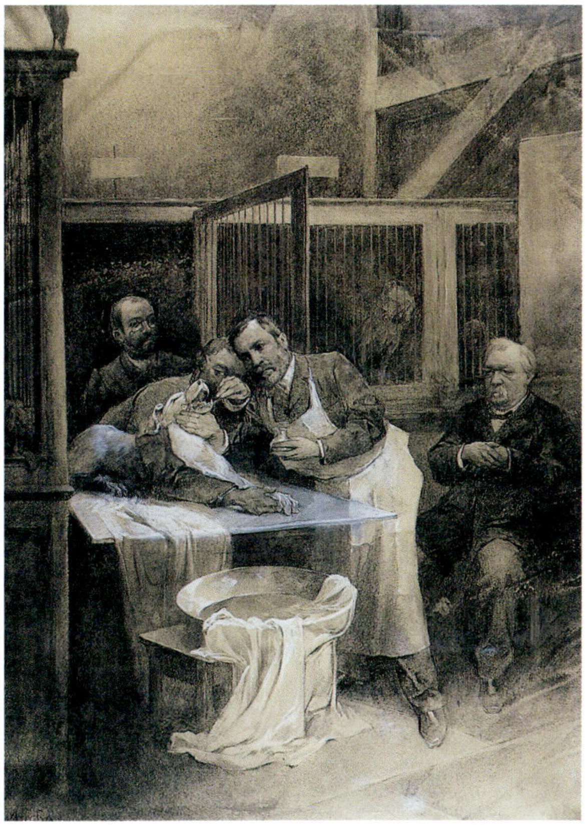

Louis Pasteur (1822–1895) bei der Ausführung eines immunologischen Experiments an einem Hund. Pasteur entdeckte die anaeroben Bakterien und leistete wichtige Beiträge zum Kampf gegen ansteckende Krankheiten, darunter die Tollwut, gegen die er im Jahr 1885 einen Impfstoff entwickelte.

der Geburt eines Prinzen oder einer Prinzessin trug erheblich dazu bei, Techniken, die in den 40er Jahren noch in ihren Kinderschuhen steckten, rasch soziale Akzeptanz zu verschaffen. Ohne diese Unterstützung wäre wahrscheinlich weniger Menschen die Bedeutung so mancher medizinischer Entdeckungen und Erfindungen bewusst geworden: Das im Jahr 1909 entdeckte Salvarsan war ein Meilenstein in der Entwicklung der Infektionsbehandlung; nicht geringere Bedeutung hatten die Identifizierung des Malariaüberträgers und die Entdeckung der Röntgenstrahlen.

Die Mythologie der Wissenschaft

Noch vor 1914 waren von der Wissenschaft so viele Wirkungen ausgegangen, dass sie bereits ihre eigene Mythologie hervorbrachte. Die Bezeichnung „Mythologie" hat in diesem Kontext keinen Beiklang von Fiktion oder Irreführung. Sie erlaubt hingegen den angemessenen Hinweis auf die Tatsache, dass die Wissenschaft, war die übergroße Menge ihrer Erkenntnisse auch ohne Zweifel durch Experimente überprüft und deshalb „wahr", auch die Art und Weise, wie wir die Welt betrachten, genauso beeinflusst hat wie zu früheren Zeiten die großen Religionen. Das heißt, ihre Bedeutung geht darüber hinaus, eine Methode zur Erforschung und Beherrschung der Natur zu sein. Man erwartete von ihr auch, Orientierung in metaphysischen Fragen zu bieten, welche Ziele die Menschen verfolgen, welche Verhaltensmaßstäbe sie anlegen sollten. Vor allem entfaltete sie durchdringenden Einfluss bei der Prägung allgemeiner Verhaltensweisen. Dies alles hängt natürlich nicht immanent

Diese Automobile und Omnibusse wurden 1911 auf der Oxford Street in London aufgenommen. Zu diesem Zeitpunkt waren zwar Pferdekutschen in fast jeder Stadt auf der Welt noch das Hauptverkehrsmittel, in den USA hatte aber bereits die Massenfertigung preiswerter Autos begonnen.

Wissenschaft und Fortschrittsgedanke

Das 19. Jahrhundert erlebte einen gewaltigen Zuwachs der Fähigkeit der Wissenschaft, die physikalische und biologische Welt zu erklären. Dies führte in der gesamten westlichen Welt und später auch in Japan, Indien und China, zum weit verbreiteten Vertrauen, dass viele menschliche Probleme durch wissenschaftliches Denken und Experimentieren gelöst werden könnten.

Denker wie Jeremy Bentham (1748–1832), Auguste Comte (1798–1857), Karl Marx (1818–1883) und Herbert Spencer (1820–1903) verteidigten die Notwendigkeit der wissenschaftlichen Beobachtung des menschlichen Verhaltens und der Gesellschaft selbst. Bentham versuchte, die Prinzipien gesellschaftlicher Organisation auf der Grundlage einer an Vergnügen und Schmerz orientierten Messung des menschlichen Verhaltens zu definieren. Marx errichtete ein System um den Kern eines deterministischen Materialismus. Comte legte die Grundlagen des Positivismus und definierte die Soziologie als Wissenschaft. Spencer versuchte eine wissenschaftliche Begründung des Kapitalismus, indem er dem Wettbewerb dieselbe Rolle beim Fortschritt des Menschen zuschrieb wie der natürlichen Auslese in der Evolution der Arten. Einige sprachen sich gegen derartige Vorstellungen aus. Obgleich einer der führenden Darwinisten, vertrat Thomas Huxley (1825–1895) dennoch den Standpunkt, dass die menschliche Gesellschaft auf völlig anderen Regeln aufbauen sollte als auf der brutalen natürlichen Auslese.

oder notwendigerweise mit Wissenschaft als Gegenstand von Wissenschaftlern zusammen. Im Ergebnis aber stand schließlich eine Kultur, deren Eliten, von verkümmerten Überresten abgesehen, keine leitenden religiösen Überzeugungen oder transzendenten Ideale hatten. Es war und ist eine Kultur, deren Kern, ob dies oft ausgedrückt wird oder nicht, im Glauben an das Versprechen der Naturbeherrschung liegt. Im Prinzip vertraut sie darauf, dass es kein als unlösbar anzusehendes Problem gibt, sofern nur ausreichende intellektuelle und finanzielle Ressourcen zur Verfügung stehen; sie gibt dem Obskuren Raum, nicht aber dem grundsätzlich Mysteriösen. Viele Wissenschaftler sind vor dieser Schlussfolgerung zurückgewichen. Ihre Implikationen sind bei Weitem noch nicht erfasst worden. Und doch ist es die Grundannahme, auf der eine dominierende Weltsicht heute basiert, und im Wesentlichen hat sie sich bereits vor 1914 entwickelt.

Die Geburt der Soziologie

Die roheste Form der Wissenschaftsgläubigkeit ist „Szientismus" genannt worden, aber wahrscheinlich hingen ihr selbst auf ihrem Höhepunkt im späten 19. Jahrhundert nur sehr wenige Menschen ausdrücklich und ohne Einschränkungen an. Ein ebenso deutlicher Beweis für das Ansehen, das die wissenschaftliche Methode genoss, ist hingegen der von Intellektuellen gehegte Wunsch, sie auf Bereiche jenseits der Naturwissenschaften anzuwenden. Eines der frühesten Beispiele dafür äußert sich in dem Wunsch nach Begründung „sozialer Wissenschaften", den die utilitaristischen Anhänger des englischen Reformers und Intellektuellen Jeremy Bentham hegten. Dieser hatte die Vorstellung, die Gesellschaft über den kalkulierten Einsatz des Prinzips steuern zu können, dass Menschen auf Vergnügen und Schmerz reagierten. Das Vergnügen solle dabei maximiert und der Schmerz minimiert werden, wobei vorausgesetzt war, dass die Empfindungen entsprechend ihrer größten Zahl und Intensität in Betracht gezogen wurden. Später im 19. Jahrhundert erläuterte auch Marx den Wunsch, eine Wissenschaft der Gesellschaft zu gründen. Einen Namen dafür lieferte der französische Philosoph Auguste Comte: Soziologie. Diese und viele weitere Versuche, den Naturwissenschaften nachzueifern, vollzogen sich auf der Grundlage einer Suche nach allgemein gültigen, gleichsam „mechanischen“ Gesetzen. Dass die Naturwissenschaften zu jener Zeit die Suche nach solchen Gesetzen gerade aufgaben, ist hier nicht von Belang.

Alte Werte neu betrachtet

Die neuen Erfolge der Wissenschaften zerstörten aber auch den Glauben an die alten, hergebrachten Werte.

Paradoxerweise trug auch die Wissenschaft um 1914 zu einem diffusen Krisengefühl in der europäischen Kultur bei. Am deutlichsten zeigte sich dies zweifellos in den Problemen, mit denen die traditionelle Religion zu kämpfen hatte; aber sie wirkte auch auf verborgeneren Wegen: In Form jener Determinismen, die viele aus der Beschäftigung mit Darwin ableiteten, oder durch den von der Anthropologie oder der Bewusstseinsforschung nahe gelegten Relativismus untergrub die Wissenschaft selbst das Vertrauen in die Werte von Objektivität und Rationalität, die für sie seit dem 18. Jahrhundert so wichtig gewesen waren. 1914 gab es Anzeichen, dass das liberale, rationale, aufgeklärte Europa ebenso unter Druck stand wie das traditionelle, religiöse und konservative Europa.

Wechselseitige Beziehungen in Europa

Doch darf der Zweifel nicht zu stark werden. Obwohl viele Europäer mit Skepsis oder Furcht in die Zukunft gesehen haben mögen, ist die hervorstechendste Eigenschaft Europas im frühen 20. Jahrhundert, dass fast nie der Gedanke nach einem Ende der Weltherrschaft aufkam. Man glaubte, man sei auf immer und ewig das Zentrum der Weltpolitik, die weltweit größte Zusammenballung politischer Macht und der wahre Lenker der Geschichte. Die europäischen Staatsmänner konnten in diplomatischer und politischer Hinsicht die übrige Welt in allen wichtigen Belangen ignorieren, mit Ausnahme der westlichen Hemisphäre, wo es mit den USA eine ebenbürtige Nation mit europäischen Wurzeln gab, sowie dem Fernen Osten, wo Japan an Bedeutung gewann und die USA Interessen hatten, deren Respektierung sie von anderen einfordern mochten. Dennoch waren es ihre Beziehungen untereinander, die die europäischen Staatsmänner im Jahre 1900 fesselten. Den meisten von ihnen erschien damals nichts anderes wichtig genug, um sich darüber Sorgen zu machen.

Diese politische Karikatur verspottet die deutsche Dominanz in der europäischen Diplomatie. Sie erschien 1908 in einer Ausgabe des britischen Magazins *Punch*. Unter dem Titel *Eine Konkurrenzattraktion* zeigt die Karikatur eine nicht beachtete Künstlerin (die die europäische Konzertina spielt), die sich darüber beklagt, dass sie nie ihre Chance zum Auftritt bekommen wird, „weil dieser Berliner Tanzbär einfach kein Ende findet!".

5 DIE ÄRA DES ERSTEN WELTKRIEGS

Kaiser Franz Joseph besucht Anfang des 20. Jahrhunderts einen Ball in Wien. Während der Regentschaft Franz Josephs (1848–1916) hatte Österreich (aus dem 1867 die Doppelmonarchie Österreich-Ungarn wurde) mit schwerwiegenden Nationalitätenkonflikten zu kämpfen.

Der Tatsache, dass die europäischen Staaten seit 1870 große Kriege abgewendet hatten, standen im Jahr 1900 politische Anzeichen für die zunehmend bedrohliche Instabilität der internationalen Lage gegenüber. Einige Staaten hatten massive innere Probleme: Die erst seit einigen Jahrzehnten bestehenden Staaten Deutschland und Italien waren besonders empfindlich gegen spaltende Kräfte im Inneren und ihre Herrscher daher bereit, chauvinistische Stimmungen zu fördern. Einige Führer Italiens unternahmen katastrophale Kolonialabenteuer, schürten Misstrauen gegen Österreich-Ungarn. Das Land war zwar formell ein Verbündeter Italiens, herrschte aber immer noch über Gebiete, die von den Italienern als „nicht erlöst" betrachtet wurden. 1911 schließlich stürzten italienische Machthaber das Land in einen Krieg gegen die Türkei. Deutschland hatte den Vorteil industrieller und ökonomischer Prosperität auf seiner Seite, aber nachdem der vorsichtige Bismarck zum Rücktritt gedrängt worden war, folgte die deutsche Außenpolitik immer stärker dem Verlangen, die kaum fassbaren und vergänglichen Trophäen von Respekt und Prestige zu erringen, um – wie es hieß – einen „Platz an der Sonne" zu erhalten. Auch mit den Folgen der Industrialisierung sah sich Deutschland konfrontiert: Die von ihr hervorgebrachten neuen wirtschaftlichen und sozialen Kräfte waren immer weniger leicht mit dem konservativen Charakter seiner Verfassung in Einklang zu bringen, durch die eine halbfeudale Agrararistokratie so großen Einfluss auf die Reichsregierung nehmen konnte.

Probleme in Russland

Doch nicht nur in den neuen Staaten gab es innere Spannungen, auch die beiden großen

Zeitleiste (1867–1922)

- 1867 Österreich-ungarische k. u. k. Monarchie begründet
- 1879 Zweibund zwischen Deutschland und Österreich-Ungarn
- 1894 Französisch-russisches Bündnis
- 1914 Beginn des Ersten Weltkriegs
- 1917 Russische Revolution
- 1918 Ende des Ersten Weltkriegs
- 1922 Sieg des Faschismus in Italien

(Zeitachse: 1850 – 1900 – 1950)

Kaiserreiche Russland und Österreich-Ungarn hatten mit schwerwiegenden internen Problemen zu kämpfen. Mehr als auf jeden anderen Staat traf auf sie noch die aus der Ära der Heiligen Allianz stammende Ansicht zu, dass Regierungen und ihre Untertanen in erster Linie Gegner seien. Ungeachtet der scheinbaren Kontinuität hatten beide Reiche tief greifende Veränderungen durchlaufen. Die neue k.u.k.-Monarchie der Habsburger war selbst aus der erfolgreichen Nationalbewegung der Ungarn hervorgegangen. Anfang des 20. Jahrhunderts gab es erste Anzeichen der zukünftigen Schwierigkeiten, die zwei Hälften der Monarchie zusammenzuhalten, ohne dabei andere auf ihrem Gebiet lebende nationale Minderheiten über Gebühr zu provozieren. Darüber hinaus traten auch hier (in Böhmen und Österreich) durch die Industrialisierung verursachte neue Spannungen neben die alten. Russland stürzte, wie bereits gezeigt, 1905 tatsächlich in eine politische Revolution und machte einen beachtlichen Wandel durch. Die liberalen Verheißungen der Reformen Alexanders II. wurden zwar zwischen Autokratie und Terrorismus zerrieben, aber das gegen Ende des Jahrhunderts einsetzende schnellere industrielle Wachstum verhinderten sie nicht. Damit begann eine ökonomische Veränderung, zu der die große Emanzipation die unumgängliche Vorstufe gewesen war. Durch eine Politik, die die Bauern zu Getreidelieferungen verpflichtete, verschaffte man sich ein Exportgut, mit dem ausländische Kredite bezahlt werden konnten. Zu Beginn des 20. Jahrhundert hatte auch Russland gewaltige wirtschaftliche Fortschritt zu verzeichnen. Das Gesamtvolumen war zwar immer noch gering – im

Das Bild zeigt das russische Geschwader im französischen Mittelmeerhafen Toulon im Jahr 1893. Im Jahr darauf führte das Misstrauen beider Länder gegen Deutschland zur Bildung der französisch-russischen Allianz.

Eine Zusammenkunft von Bauern im ländlichen Russland im Jahr 1910. Der Mann auf der linken Bildseite scheint lesen zu können, was in der Agrarbevölkerung zu jener Zeit extrem selten war.

Jahr 1910 hatte Russland weniger als ein Drittel der Roheisenproduktion von Großbritannien und nur etwa ein Viertel der Stahlproduktion Deutschlands –, aber es war durch sehr hohe Steigerungsraten erzielt worden. Von wahrscheinlich noch größerer Bedeutung war, dass die russische Landwirtschaft in der Lage war, bei der Getreideernte mit dem Bevölkerungswachstum Schritt zu halten. Ein Minister unternahm den Versuch, die Entstehung einer Schicht freier Bauern, in der sich Eigennutz und Produktivitätssteigerung verbanden, in Russland zu fördern, indem er die letzten, auf die Gesetze zur Abschaffung der Leibeigenschaft zurückgehenden Beschränkungen beseitigte. Doch noch immer war das Land sehr rückständig. 1914 lebten weniger als zehn Prozent der Russen in Städten, und von einer Gesamtbevölkerung von mehr als 150 Millionen Menschen arbeiteten nur etwa drei Millionen in der Industrie. In den ausländischen Einschätzungen zum Fortschritt Russlands überwog das Soll, dass das Land aber in der Politik bald eine große Rolle spielen würde, war unübersehbar. Die Autokratie regierte schlecht, erließ Reformen nur widerstrebend und widersetzte sich jeglichem Wandel (obwohl sie 1905 konstitutionelle Zugeständniss machen musste). Das kulturelle Niveau war niedrig, und die Industrialisierung setzte einen höheren Bildungsstand voraus – auch hier entstanden Spannungen. Es gab keine liberale, aber starke autokratischen Traditionen.

Frankreich

Einen Großteil seines Kapitals erhielt Russland von seinem Bündnispartner Frankreich. Gemeinsam mit Großbritannien und Italien stand die Dritte Republik unter den europäischen Großmächten für liberale und konstitutionelle Grundsätze. Das sozial-konservative Frankreich befand sich in einem deutlich wahrnehmbaren Zustand der Schwächung. Zum Teil war die oberflächliche Instabilität auf erbittert geführte Auseinandersetzungen zwischen seinen Politikern zurückzuführen, zum Teil war sie jenen zuzuschreiben, die die revolutionäre Tradition und Rhetorik lebendig zu halten versuchten. Dennoch war die Arbeiterbewegung schwach entwickelt, und nur langsam vollzog sich in Frankreich die Industrialisierung. Zudem hatte das Jahr 1870 die militärische Unterlegenheit der französischen Armee offenbart. Das Arbeitskräftepotential Frankreichs war noch weiter hinter das Deutschlands zurückgefallen, und auch in der wirtschaftlichen Entwicklung erschien Frankreich neben seinem Nachbarn wie ein Zwerg. Die Franzosen wussten, dass sie Verbündete brauchten, sollte es zu einer Neuauflage von 1870 kommen.

Großbritannien im Jahr 1900

Jenseits des Ärmelkanals brauchte sich Frankreich im Jahr 1900 nicht nach einem Verbündeten umzusehen. Die Ursache hierfür lag in der Kolonialpolitik: Frankreich geriet (ebenso wie Russland) mit Großbritannien an zahlreichen Orten auf der ganzen Welt wegen der dort vorherrschenden britischen Interessen ständig in Konflikt. Lange Zeit hatte Großbritannien frei von europäischer Einmischung agieren können. Dies war zwar ein Vorteil, aber auch die Briten hatten zu Hause Probleme. In der ersten Industrienation war zugleich die Agitation der Arbeiterklasse am einflussreichsten, und sie wurde zunehmend von Unsicherheit über ihre relative Stärke befallen. Im Jahr 1900 war manchem britischen Geschäftsmann klar, dass Deutschland zu einem Hauptrivalen geworden war. Es gab zahlreiche Anzeichen, dass die deutsche Industrie der britischen technologisch und arbeitsorganisatorisch weit überlegen war. Die alten Sicherheiten schwanden dahin, und der Freihandel wurde in Frage gestellt. Die Gewalt von Nordiren und Suffragetten und die erbitterten, mit dem auf Interessenwahrung der Wohlhabenden bedachten Oberhaus geführten, Kämpfe um die Sozialgesetzgebung, schienen sogar den Parlamentarismus selbst zu gefährden. Das Gespür für den Grundkonsens, der die Politik der mittleren Viktorianischen Epoche bestimmt hatte, war abhanden gekommen. Dennoch besaßen die Institutionen und die politische Kultur Großbritanniens beträchtliche Standfestigkeit. Die parlamentarische Monarchie hatte seit 1832 ihre Fähigkeit bewiesen, tief greifende Veränderungen zu überstehen, und es gab wenig Grund zu der Annahme, dass ihr dies in Zukunft nicht mehr gelingen sollte.

Die wachsende Macht der USA

Nur aus der Perspektive Japans und der USA, die freilich den zeitgenössischen Briten schwer akzeptabel schien, enthüllte sich der

Für Großbritannien ging eine Ära zu Ende, als Königin Viktoria, deren Regentschaft fast 64 Jahre gedauert hatte, 1901 starb. Das Foto zeigt ihren Beerdigungszug auf dem Weg durch Cowes auf der Isle of Wight.

Auch nach der Jahrhundertwende strömten weiterhin die Einwanderer in die USA. Die hier abgebildeten warten vor der Geldwechselstelle auf Ellis Island in New York.

Die Vormacht der USA beruhte vor allem auf dem technischen Fortschritt, der dem Land eine boomende Wirtschaft und entsprechenden Wohlstand brachte.

fundamentale Wandel der britischen Stellung in der internationalen Politik des vergangenen halben Jahrhunderts. Japans Sieg über Russland ließ dessen zukünftige Bedeutung ebenso erahnen wie den bevorstehenden Aufstieg der USA zu einer Weltmacht. Die Expansion dieser Länder im 19. Jahrhundert hatte ihren Höhepunkt in der Etablierung ihrer Vorherrschaft in der jeweils eigenen Hemisphäre. Der Krieg gegen Spanien und der Bau des Panamakanals hatten diesen Prozess abgerundet. Nachdem einmal die große Krise Mitte des Jahrhunderts überwunden war, erlaubten es die inneren, sozialen und wirtschaftlichen Verhältnisse dem politischen System, mit den Problemen, vor die es sich gestellt sah, leicht fertig zu werden. Unter diesen rührten die schwersten von der Industrialisierung her. Das Vertrauen darauf, dass alles gut gehen würde, wenn nur die wirtschaftlich Stärksten die Gelegenheit hätten, alle anderen zu verdrängen, geriet gegen Ende des 19. Jahrhunderts erstmals in Zweifel. Zu diesem Zeitpunkt aber war bereits eine industrielle Maschinerie von gewaltigen Ausmaßen herangereift. Sie bildete den Grundstein der zukünftigen Macht Amerikas. 1914 war die amerikanische Produktion von Roheisen und Stahl mehr als doppelt so groß wie die von Großbritannien und Deutschland zusammen; auch die Kohleförderung dieser beiden Länder wurde von jener der USA beinahe übertroffen. Gleichzeitig wirkte der Lebensstandard ihrer Bürger weiterhin wie ein Magnet auf Einwanderer. Ihre natürlichen Ressourcen und der Zustrom billiger, hoch motivierter Arbeitskräfte waren zwei Quellen der ökonomischen Stärke Amerikas. Die andere war ausländisches Kapital. Die USA waren die größte Schuldnernation.

Obwohl ihre politische Verfassung älter war als die jedes großen europäischen Landes mit

Ausnahme von Großbritannien und Russland, verlieh die Ankunft neuer Amerikaner den USA über lange Zeit die Eigenschaften und die Mentalität einer neuen Nation. Die Notwendigkeit, die Neubürger zu integrieren, ließ oft nationalistische Gefühle hervorbrechen. Doch aus geographischen Gründen, wegen der traditionellen Ablehnung Europas und der anhaltenden Dominanz der Eliten in Regierung und Wirtschaft, die der angelsächsischen Tradition folgten, nahmen sie außerhalb der westlichen Hemisphäre keine gewaltsamen Formen an.

DIE BEIDEN WELTKRIEGE

1914 begann als Folge der inneren Konflikte Europas ein Krieg. Obwohl weder der blutigste noch der längste und auch nicht, wenn man es genau nimmt, der „erste" Weltkrieg, wie er später genannt wurde, war er der am intensivsten und mit der größten geographischen Ausdehnung geführte Krieg der Geschichte. Beteiligt waren Nationen von allen Kontinenten. Er verursachte nicht nur nie dagewesene Kosten als jeder frühere Krieg, sondern verbrauchte auch ebenso viele Ressourcen. Zudem war er der erste Krieg, in dem Maschinen eine herausragende Rolle spielten: Auch wenn man sich über die korrekte Bezeichnung streiten kann – von denen, die in ihm kämpften erhielt er den Namen *Großer Krieg* – wird hier dennoch an der traditionellen Bezeichnung *Erster Weltkrieg* festgehalten.

Am Ende beider Kriege war Deutschlands Vormachtstellung endgültig eingedämmt. Aber der von ihnen verursachte Schaden bedeutete auch das Ende der politischen, ökonomischen und militärischen Vorherrschaft Europas überhaupt. Jeder dieser Konflikte entzündete sich an spezifisch europäischen Streitgegenständen, und stets hatte der Krieg einen überwiegend europäischen Charakter; doch ebenso wie der nächste von Deutschland ausgelöste große Krieg zog er andere Konflikte in sich hinein und warf eine lange Liste von Streitpunkten durcheinander. Doch stand Europa im Zentrum des Geschehens, und der selbst zugefügte Schaden ließ es die Welthegemonie verlieren. Dies geschah noch nicht 1918, als der Erste Weltkrieg zu Ende ging (obwohl schon damals ein irreparabler Schaden angerichtet worden war), 1945 aber, mit dem Ende des Zweiten Weltkriegs, wurde es offenbar. Zurück blieb ein Kontinent, dessen bis 1914 bestehende Strukturen verschwunden waren. Manche Historiker sprachen deshalb von der gesamten Ära zwischen 1914 und 1945 als Einheit, als einem europäischen „Bürgerkrieg" – kein schlechtes Bild, sofern man sich bewusst macht, dass es eben ein Bild ist, denn Europa war niemals über längere Zeit frei von Kriegen. Zudem bestand Europa niemals als Nation, auch deshalb sollte die Bezeichnung Bürgerkrieg vorsichtig verwendet werden. Doch es war der Ursprung und der Sitz einer einheitlichen Zivilisation. Die Sicht der Europäer untereinander hatte mehr Gemeinsamkeiten als die anderer Völker. Da-

Dieses Bild zeigt einen Panzer vom Typ Mk V beim Einsatz im Ersten Weltkrieg. Die nicht durch Stacheldraht und Maschinengewehrfeuer aufzuhaltenden Panzer wurden von den Briten entwickelt und erstmals 1916 an der Westfront eingesetzt.

rüber hinaus war Europa ein Machtsystem, das 1914 eine ökonomische Einheit darstellte und soeben seine längste Periode inneren Friedens erlebt hatte. Diese Tatsachen, die allesamt 1945 verschwanden, lassen das Bild des Bürgerkriegs lebendig und annehmbar erscheinen. In ihm kommt der selbstzerstörerische Wahn einer Kultur und Zivilisation zum Ausdruck.

Ein empfindlicher Frieden

Eine europäische Gleichgewichtspolitk hatte über mehr als 40 Jahre den Frieden zwischen den führenden Staaten erhalten. 1914 war dieser empfindlich gestört. Zu viele Menschen waren zu der Ansicht gelangt, dass ihnen ein Krieg größere Chancen bieten würde als ein fortgesetzter Frieden. Dies galt besonders für die herrschenden Kreise in Deutschland, Österreich-Ungarn und Russland. Bis sich dieses Empfinden verbreitet hatte, bestand bereits ein kompliziertes Geflecht aus zwischenstaatlichen Verbindungen, Verpflichtungen und Interessen, durch das sie dermaßen miteinander verwoben waren, dass sich ein Konflikt wahrscheinlich nicht auf zwei oder auch nur auf wenige Staaten würde begrenzen lassen. Eine weitere Quelle der Instabilität war die Existenz kleiner Länder, die sich besonderer Beziehungen zu größeren erfreuten.

Durch dieses Plakat wurden britische Frauen aufgerufen, ihre Männer und Söhne zum Kampf im Ersten Weltkrieg zu ermuntern. Die breit angelegte britische Propagandakampagne scheint bis 1916 fast überflüssig gewesen zu sein, so groß war ohnehin die öffentliche Kriegsbegeisterung. Für junge Männer war es zum Beispiel nichts Ungewöhnliches, bei der Angabe ihres Alters zu lügen, um als Kriegsfreiwillige angenommen zu werden. Von denen, die in den Krieg zogen, kamen jedoch mehr als je zuvor nicht zurück; auf beiden Seiten war die Zahl der Toten enorm.

Europa ergibt sich der Gefahr

Die empfindliche Lage Europas im Jahr 1914 war umso gefährlicher angesichts der psychologischen Atmosphäre, in der die Staatsmänner damals agierten. Es war ein Zeitalter, in dem sich die Gefühle der Menschen besonders durch nationalistische und patriotische Anstachelung leicht erregen ließen. Die Gefahren eines Krieges wurden weithin ignoriert, weil außer einer winzigen Minderheit niemand einen Krieg voraussah, der anders verlaufen würde als der im Jahr 1870. Man erinnerte sich an das Frankreich jenes Jahres, vergaß jedoch, dass nur wenige Jahre zuvor in Virginia und Tennessee zum ersten Mal der moderne Krieg sein Gesicht gezeigt hatte: lange Gemetzel und gewaltige Opfer. Jedermann wusste, dass Kriege zerstörerisch und gewalttätig sein konnten, aber ebenso glaubte man, dass sie im 20. Jahrhundert schnell vorüber sein würden. Gerade die Kosten der Bewaffnung machten es unvorstellbar, dass zivilisierte Staaten einen fortdauernden Kampf wie jenen gegen das napoleonische Frankreich durchhalten konnten. Die komplexe Weltwirtschaft und der Steuerzahler, so hieß es, würden ihn nicht überleben. Vielleicht minderte dies die Besorgnis über das Schüren der Gefahr. Von Revolutionären wurde ein internationaler Konflikt begrüßt, weil sie mit ihm die Erwartung neuer Möglichkeiten verban-

Dieser zeitgenössische Stich zeigt die wichtigsten Teilnehmer des Berliner Kongresses von 1878. Den Vordergrund beherrscht die große Gestalt des deutschen Kanzlers, Fürst von Bismarck, der hier dem russischen Abgesandten, Graf Schuwalow, die Hand schüttelt. Zur Linken, auf seinen Stock gestützt, der britische Premierminister Benjamin Disraeli mit Kaiser Franz Joseph von Österreich-Ungarn.

den. Schließlich stellte der lang währende Erfolg der Diplomaten in der friedlichen Beilegung schwerer Krisen selbst eine Gefahr dar. Ihr Apparat hatte so oft funktioniert, dass, sobald er im Juli 1914 mit mehr als nur widerspenstigen Tatsachen konfrontiert war, deren Bedeutung den Vielen, die damit umgehen mussten, scheinbar für eine gewisse Zeit entging. Noch unmittelbar am Vorabend des Konflikts konnten die Staatsmänner sich nur schwer vorstellen, dass eine weitere Botschafterkonferenz oder sogar eine europäische Konferenz sie nicht ihrer Probleme enthob.

Revolutionärer Nationalismus

Die Vorgeschichte zu einem der Konflikte, die 1914 zur Entscheidung reiften, war die alte Rivalität zwischen Österreich-Ungarn und Russland in Südosteuropa. Zwar lagen deren Wurzeln im 18. Jahrhundert, doch wurde sie in seiner letzten Phase bestimmt vom beschleunigten Zusammenbruch der Macht des Osmanischen Reichs in Europa seit dem Krimkrieg. Daher lässt sich der Erste Weltkrieg auch als ein Krieg um das Erbe der Osmanen betrachten. Nachdem der Berliner Kongress von 1878 Europa aus einer Gefahrenzone herauslaviert hatte, führte die Politik der Habsburger und Romanows in den 90er Jahren des 19. Jahrhunderts zu einer Art Verständigung. Zu diesem Zeitpunkt erhielt die Politik Österreich-Ungarns auch durch Ereignisse außerhalb der Habsburger Monarchie und des Türkischen Reiches eine neue Aggressivität.

Diesen lag ein revolutionärer Nationalismus zu Grunde. Für eine Weile schien es, als könnte eine Reformbewegung das Osmanische Reich wieder zusammenführen, was einerseits die Balkannationen zu dem Versuch provozierte, den von den Großmächten etablierten Status quo aufzuheben, und andererseits die Österreicher dazu animierte, in einer wieder in Bewegung geratenen Lage ihre eigenen Interessen zu verfolgen. Sie brachten die Russen durch eine schlecht vorbereitete Annexion der türkischen Provinz Bosnien im Jahr 1909 gegen sich auf, denn den Russen war im Gegenzug kein gleichwertiger Zugewinn angeboten worden. Eine Folge der Einverleibung Bosniens war auch, dass der Doppelmonarchie weitere slawische Untertanen zugeführt wurden. Unter den unterworfenen Völkern der Monarchie herrschte bereits Unzufriedenheit, besonders bei den unter ungarischer Herrschaft lebenden Slawen. Immer stärker unter dem Druck der Interessen Ungarns stehend, geriet die Regierung in Wien in Feindschaft gegen Serbien, eine Nation, von der sich jene slawischen Untertanen Unterstützung erhoffen durften. Manche von ihnen betrachteten Serbien als Kern eines zukünftigen, alle Südslawen umfassenden Staates. Aus der Geschichte werden oft unglückselige Lehren gezogen: Allzu bereit war die Regierung in Wien, Serbien im Donautal die Rolle zuzuschreiben, die Sardinien bei der Einigung Italiens gespielt hatte. Wenn es nicht gelang, die Gefahr im Keim zu ersticken, würde das Habsburgerreich erneute Gebietsverluste hinnehmen müssen. Von Deutschland durch Preußen und von Italien durch Sardinien ausgeschlossen, erschien manchem Berater der Habsburger ein zukünftiges Jugoslawien als Bedrohung der Interessen des Reichs im unteren Donautal. Dies würde sein Ende als Großmacht und auch das Ende der ungarischen Vorherrschaft in Ungarn bedeuten, denn ein südslawisches Reich würde darauf bestehen, dass die auf ungarischem Gebiet verbleibenden Slawen eine gerechtere Behandlung erfuhren.

Diese französische Illustration zeigt das Attentat auf Alexander I., König von Serbien, und seine Frau im Jahr 1903. Eingefügt ist das Porträt von Alexanders Nachfolger, Peter I. Innerstaatliche und internationale Auseinandersetzungen machten den Balkan zur instabilsten Region in Europa.

Die europäischen Mächte werden in den Konflikt hineingezogen

Durch ihre Interessen, ihre freie Entscheidung, durch Stimmungen und durch die formelle Diplomatie wurden die übrigen Mächte in diese komplizierte Situation verwickelt. Die letzte der genannten Ursachen war möglicherweise weniger bedeutend, als man einst dachte. Bismarcks Bemühungen der 70er und 80er Jahre des 19. Jahrhunderts, die Isolierung Frankreichs und die Vormachtstellung Deutschlands sicherzustellen, hatten ein für Friedenszeiten einzigartiges System von Bündnissen hervorgebracht. Sie hatten die Eigenschaft gemein, dass sie Bedingungen festlegten, unter denen Länder zur Unterstützung eines anderen in den Krieg eintreten mussten, und dieser Umstand schien die Diplomatie einzuschränken. Aber am Ende funktionierten sie nicht wie vorgesehen. Das bedeutet nicht, dass sie nicht zum Ausbruch des Krieges beigetragen hätten, sondern lediglich, dass formelle Vereinbarungen ihre Wirkung nur dann entfalten, wenn die Menschen es wollen, und darüber entschieden 1914 andere Faktoren.

Allem zu Grunde lag die 1871 durch Deutschland unternommene Abtrennung Elsass-Lothringens von Frankreich und die darauf zurückgehenden französischen Rachegelüste. Bismarck erwehrte sich dessen zuerst, indem er Deutschland, Russland und Österreich-Ungarn auf der gemeinsamen Grundlage des Widerstands der Dynastien gegen revolutionäre und oppositionelle Strömungen zusammenführte, für deren Repräsentanten man Frankreich, die einzige Republik unter den großen Staaten, immer noch hielt. Dort lebten im Jahr 1871 noch Menschen, die vor 1789 geboren waren, und viele andere, die sich an die Berichte jener erinnern konnten, die die Jahre der großen Revolution miterlebt hatten, während der Aufstand der Pariser Kommune all die alten Ängste vor innerer Unterwanderung wieder aufleben ließ. Dennoch verfiel das konservative Bündnis in den 80er Jahren, vor allem, weil Bismarck der Auffassung war, dass er in letzter Konsequenz Österreich-Ungarn unterstützen musste, sollte ein Krieg zwischen dem Nachbarn und Russland unvermeidlich werden. Deutschland und Österreich trat dann Italien zur Seite: So entstand 1882 der Dreibund. Bismarck aber hielt noch an einem separaten „Rückversicherungsvertrag" mit Russland fest, obwohl er die Aussichten, Russland und Österreich-Ungarn auf diese Weise im Frieden zu halten, scheinbar für gering hielt.

Zwei Lager in Europa

Ein Konflikt zwischen Russland und Österreich-Ungarn schien in der Zeit vor 1909 nicht wahrscheinlich. Bismarcks Nachfolger hatten unterdessen den Rückversicherungsvertrag verfallen lassen, und Russland war im Jahr 1892 ein Verbündeter Frankreichs geworden. Seit diesem Zeitpunkt führte die Entwicklung weg vom Europa Bismarcks, in dem alles durch Deutschlands zentrale Rolle im Gleichgewicht gehalten wurde, hin zu einem Europa, das in zwei Lager gespalten war. Dieser Zustand wurde durch die deutsche Politik noch verschärft. In einer Reihe von Krisen zeigte sich ihre Absicht, unter Berufung auf ihr Missfallen andere Staaten einzuschüchtern und sich selbst Achtung zu verschaffen. Die deutsche Militärplanung ging bereits seit 1900 davon aus, dass ein Krieg, wenn nötig, an zwei Fronten geführt werden musste, und sah für diesen Fall die rasche Niederwerfung Frankreichs vor, während die russischen Truppen nur langsam mobilisiert würden.

Bei Anbruch des 20. Jahrhunderts war es daher höchst wahrscheinlich, dass in einen österreichisch-russischen Krieg auch Deutschland und Frankreich eingreifen würden. Darüber hinaus hatten die Deutschen dieses Risiko binnen weniger Jahre zusätzlich erhöht, indem sie als Schutzmacht der Türkei auftraten. Dies führte auf Seiten Russlands zu viel größerer Beunruhigung, als es früher der Fall gewesen wäre, weil ein wachsender Anteil seiner Getreideexporte von den russischen Schwarzmeerhäfen aus die türkischen Meerengen passieren musste. Die Russen begannen damit, ihre Kampfkraft zu erhöhen. Ein wesentlicher Beitrag dazu war die Fertigstellung eines Eisenbahnnetzes, das es ermöglichte, die riesigen Armeen Russlands zu mobilisieren und zu den Schlachtfeldern in Osteuropa zu bringen.

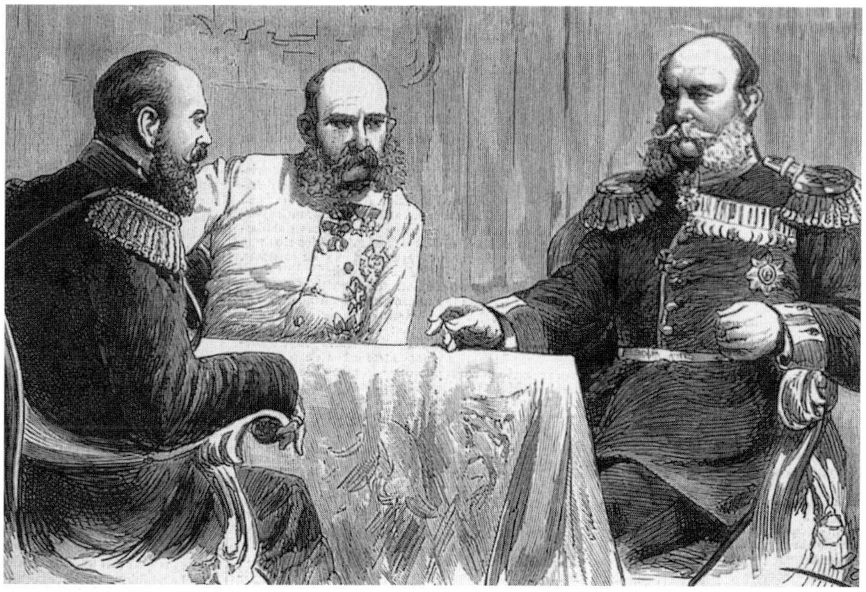

Zar Alexander III. von Russland, Kaiser Franz Joseph von Österreich-Ungarn und der deutsche Kaiser Wilhelm I. treffen bei der Warschauer Konferenz 1884 zusammen. Fürst Bismarck, der damalige deutsche Reichskanzler, bemühte sich auf der Konferenz sehr um eine Fortsetzung des Bündnisses mit Russland, das Wilhelm II. später aufkündigte.

Die Verwicklung Großbritanniens in den Konflikt

Es hätte keinen unmittelbaren Anlass für die Einmischung Großbritanniens in eine mögliche österreichisch-russische Auseinandersetzung gegeben, wenn das Land nicht wiederum durch die deutsche Politik zum Feind erklärt worden wäre. Gegen Ende des 19. Jahrhunderts richteten sich fast alle britischen Streitigkeiten gegen Frankreich und Russland. Sie entzündeten sich an widerstreitenden Kolonialansprüchen in Afrika, Zentral- und Südostasien. Die englisch-deutschen Beziehungen gestalteten sich hingegen einfacher, wenn auch nicht ganz reibungslos. Bei seinem Eintritt in das neue Jahrhundert war Großbritannien noch mit dem Empire, nicht aber mit Europa beschäftigt. Sein erstes Bündnis in Friedenszeiten seit dem 18. Jahrhundert schloss es mit Japan, um seine Interessen in Fernost zu wahren. Darauf folgte 1904 ein erst nach langwierigen Auseinandersetzungen erzieltes Abkommen mit Frankreich. Dieses betraf zwar im Wesentlichen Afrika, wo Frankreich freie Hand in Marokko erhalten sollte und Großbritannien im Gegenzug in Ägypten – ein Verfahren zur Regelung der Nachfolge des Osmanischen Reichs –, das aber zugleich noch andere, über die ganze Welt verteilte Kolonialkonflikte beilegte. Einige von diesen gingen bis auf den Frieden von Utrecht zurück. Aus dem englisch-französischen Abkommen aber wurde viel mehr als nur eine Beseitigung von Konfliktursachen. Es wurde daraus, was man eine Entente oder ein besonderes Verhältnis nannte.

Diese im März 1906 im britischen Magazin *Punch* erschienene Karikatur mit der Überschrift *Auf die Pelle gerückt* verspottet den Versuch Deutschlands, den französischen Einfluss in Marokko zu begrenzen.

Dies war die Tat Deutschlands. Durch das englisch-französische Abkommen gereizt, entschied sich die deutsche Regierung, Frankreich zu zeigen, dass sie im Falle Marokkos auf ihrem Mitspracherecht bei einer internationalen Konferenz beharren würde. Dies wurde ihr zwar zugestanden, aber die Angriffe gegen Frankreich schweißten die Entente nur fester zusammen; den Briten begann klar zu werden, dass sie sich zum ersten Mal seit Jahrzehnten wieder um das innereuropäische Gleichgewicht kümmern mussten. Wenn sie dies unterließen, würde Europa von Deutschland dominiert werden. Am Ende dieser Entwicklung stand, dass die Briten eine Rolle als große Landstreitmacht akzeptierten und damit jene Auffassungen revidierten, die ihrer Strategie seit den Tagen Ludwigs XIV. und Marlboroughs zu Grunde lagen, dem Zeitalter, in dem das Land zum letzten Mal sein ganzes Gewicht in ein länger anhaltendes Engagement auf dem Kontinent eingebracht hatte. In geheimen militärischen Unterredungen mit Frankreich wurde ausgelotet, wie die französische Armee gegen eine mögliche deutsche Invasion durch Belgien unterstützt werden konnte. Sie führten nicht sehr weit, aber dann vergab Deutschland die Gelegenheit, die öffentliche Meinung in Großbritannien zu beruhigen, indem es das Vorhaben zum Bau einer großen Flotte rasch vorantrieb. Die Folge

Erzherzog Franz Ferdinand, Thronfolger von Österreich-Ungarn, mit seiner Frau in Sarajewo am 28. Juni 1914. Kurz nach dieser Aufnahme wurden beide durch das Attentat eines Terroristen getötet. Die auf dieses Ereignis folgenden Reaktionen führten schließlich zum Ausbruch des Ersten Weltkriegs.

war ein Marinewettrüsten, das die meisten Briten zu gewinnen entschlossen waren, und das deshalb die allgemeine Stimmung noch zusätzlich reizte. Im Jahr 1911 brach die deutsche Diplomatie eine weitere Krise um Marokko vom Zaun. Großbritannien war nun bereit in den Krieg zu ziehen, um Frankreich zu schützen.

Der Ausbruch des Ersten Weltkrieges

Der Krieg brach schließlich in den südslawischen Gebieten aus. Serbien war in den Balkankriegen der Jahre 1912–13 erfolgreich, in deren Verlauf die jungen Balkanstaaten zunächst von der Türkei die meisten der ihr noch verbliebenen europäischen Gebiete erbeuteten und sich dann wegen der Gebiete zerstritten. Aber Serbien hätte vielleicht mehr davon bekommen, wenn die Österreicher nicht dagegen gewesen wären. Hinter Serbien stand Russland, das das Programm zum Umbau und zur Vergrößerung seiner Truppen ins Werk gesetzt hatte, welches erst nach Ablauf von drei oder vier Jahren Früchte tragen würde. Wollte man den Südslawen zeigen, dass die Doppelmonarchie Serbien demütigen konnte und sie deshalb nicht auf dessen Unterstützung hoffen durften, musste dies eher früher als später geschehen. Deutschland wiederum würde als Verbündeter der Doppelmonarchie einen Kampf gegen Russland kaum zu vermeiden suchen, solange man noch von einem sicheren Sieg ausgehen konnte. Die Krise begann, als im Juni 1914 der österreichische Thronfolger Erzherzog Franz Ferdinand in Sarajewo von einem bosnischen Terroristen ermordet wurde. Die Österreicher entschieden, dass der Moment gekommen war, Serbien eine Lektion zu erteilen, und die Deutschen unterstützten sie dabei. Am 28. Juli erklärten die Österreicher Serbien den Krieg. Eine Woche später befanden sich alle Großmächte im Krieg: Allerdings bestand ironischerweise zwischen Österreich-Ungarn und Russland noch Frieden; erst am 6. August erklärte schließlich die Doppel-

Auslöser des Krieges war die Ermordung des österreichischen Thronfolgers. Nach nur einer Woche befanden sich alle europäischen Großmächte im Kriegszustand.

Der Erste Weltkrieg 1914–1918

Zu Beginn des Krieges befanden sich Österreich-Ungarn und Deutschland im Krieg gegen Serbien, Russland, Frankreich, Belgien und Großbritannien. Nach einem anfänglichen deutschen Vormarsch entwickelte sich bald eine starre Westfront, während es an der Ostfront Österreich-Ungarn und Deutschland gelang, Serbien, Rumänien und einige Provinzen des Russischen Reichs zu besetzen. Nach der Russischen Revolution von 1917, in deren Folge die Bolschewiken im Frühjahr 1918 um Friedensschluss nachsuchten, verlegten die Deutschen den Großteil ihrer Truppen an die Westfront, wo sich der Ausgang des Krieges schließlich entschied.

monarchie ihrem alten Rivalen den Krieg. Bis zu diesem Tag aber wurde der Verlauf der Ereignisse durch die strategischen Planungen Deutschlands bestimmt. Die grundsätzliche Entscheidung, Frankreich vor Russland anzugreifen, war schon Jahre zuvor gefällt worden. Die deutschen Strategien sahen einen Angriff über Belgien vor, dessen Neutralität unter anderem die Briten garantiert hatten. Die nachfolgenden Ereignisse waren aufgrund der Bündnissysteme voraussehbar: Als Russland mobil machte, um zum Schutz Serbiens Druck auf Österreich-Ungarn auszuüben, erklärten die Deutschen Russland den Krieg. Nun mussten sie auch die Franzosen angreifen und erklärten ihnen unter einem Vorwand formell den Krieg. Auf diese Weise kam das französisch-russische Bündnis niemals zum Zuge. Die britische Regierung erhielt durch die deutsche Verletzung der belgischen Neutralität einen Anlass, das Land geschlossen hinter sich zu bringen und es am 4. August in den Krieg gegen Deutschland zu führen.

Der Kriegsschauplatz

Neben Dauer und Intensität übertraf dieser Krieg auch bezüglich seiner geographischen

Ausdehnung alles vorher Dagewesene. Bald nach seinem Ausbruch griffen Japan auf Seiten der Alliierten (Frankreich, Großbritannien und Russland) und das Osmanische Reich auf Seiten der Mittelmächte (Deutschland und Österreich-Ungarn) in den Krieg ein. Italien trat den Alliierten 1915 bei, nachdem ihm österreichische Territorien zugesagt worden waren. Im Zuge der Bemühungen, weitere Unterstützer zu gewinnen, gab man Kriegsanleihen aus, die nach einem siegreichen Friedensschluss ausgezahlt werden sollten. Bulgarien trat den Mittelmächten im September 1915 bei, Rumänien den Alliierten im Jahr darauf. 1917 unterstützte Griechenland die Alliierten. Die Regierung Portugals, die 1914 in den Krieg einzutreten versuchte, durch interne Streitigkeiten aber daran gehindert wurde, sah sich schließlich 1916 mit der deutschen Kriegserklärung konfrontiert.

Am Ende jenes Jahres waren so die ursprünglichen Kriegsursachen, die Rivalität zwischen Frankreich und Deutschland sowie zwischen Österreich und Russland, mit anderen Auseinandersetzungen gründlich vermengt worden. Die Balkanstaaten führten in Europa einen dritten Balkankrieg um die Nachfolge der Osmanen, die Briten einen Krieg gegen die deutsche Flotten- und Handelsstärke, die Italiener den letzten Krieg des Risorgimento – sie spekulierten auf Gebietsgewinne auch in Deutsch-Österreich.

Eine neue Art der Kriegführung

Ein Grund für die 1915 und 1916 einsetzenden Bemühungen um Alliierte war, dass der Krieg zu diesem Zeitpunkt allem Anschein nach in einer von niemandem erwarteten Hängepartie feststeckte. Der Kriegsverlauf war für fast alle eine Überraschung gewesen. Er hatte mit dem deutschen Durchmarsch nach Nordfrankreich begonnen und endete zwar nicht mit dem beabsichtigten Blitzsieg, brachte aber die Deutschen in den Besitz von ganz Belgien mit Ausnahme eines winzigen Streifens sowie von ausgedehnten französischen Gebieten. Im Osten waren die russischen Offensiven von Deutschen und Österreichern gestoppt worden. Danach verfestigten sich die Frontlinien, wenn auch im Westen stärker ausgeprägt als im Osten. Der Krieg erreichte ein nie zuvor erlebtes Ausmaß. Dies hatte zwei Ursachen: Zum einen die gewaltige Vernichtungskraft moderner Waffen. Magazingewehre, Maschinengewehre und Stacheldraht konnten jede Infanterieattacke aufhalten, der nicht ein alles pulverisierendes Bombardement vorausge-

Kaiser Wilhelm II. bei der Lagebesprechung mit den wichtigsten Strategen Deutschlands, Hindenburg (links) und Ludendorff, im Hauptquartier während des Ersten Weltkriegs.

Der französische Präsident Georges Clemenceau (1841–1929) beim Besuch im Schützengraben. Clemenceaus persönlicher Einsatz trug dazu bei, dass die Kampfmoral der Franzosen trotz der Schrecken des Krieges erhalten blieb.

gangen war. Dieser Grundsatz wurde eindrucksvoll belegt durch die schier endlosen Listen von Getöteten und Verwundeten. Am Ende des Jahres 1915 hatte allein die französische Armee 300 000 Tote zu beklagen. Schon dies war schlimm genug, aber eine siebenmonatige Schlacht vor Verdun im Jahr 1916 fügte der Gesamtzahl weitere 315 000 hinzu. In derselben Schlacht starben 280 000 Deutsche. Derartige Zahlen sprachen den überzeugten Vorhersagen Hohn, dass die Kosten des modernen Krieges dafür sorgen würden, seine Dauer zu begrenzen. Darin spiegelte sich die zweite Überraschung, nämlich die Offenbarung der enormen Möglichkeit der Kriegführung der Industriegesellschaften. Am Ende des Jahres 1916 waren viele Menschen kriegsmüde, aber bis dahin hatten die Krieg führenden Staaten ihre zuvor weniger groß eingeschätzte Fähigkeit bereits hinreichend demonstriert, ihre Bevölkerungen wie niemals vorher in der Geschichte heranzuziehen und zu organisieren und Material in nie da gewesener Menge zu produzieren.

Globaler Konflikt

Da es nicht gelang, den Gegner auf dem Schlachtfeld in die Niederlage zu zwingen, beschleunigte sich die strategische und technische Entwicklung der Kämpfe. Aus diesem Grund waren die Diplomaten auf der Suche nach neuen Verbündeten und die Generäle nach neuen Fronten. Im Jahr 1915 griffen die Alliierten bei den Dardanellen die Türkei an, in der – vergeblichen – Hoffnung, das Land aus dem Krieg zu drängen und über das Schwarze Meer eine Verbindung zu Russland herzustellen. Die gleiche Suche nach einer Umgehung des Patts in Frankreich ließ später

Während der Schlacht von Cambrai im November 1917 zieht ein britischer Panzer eine dem Feind abgenommene Kanone zu den britischen Stellungen.

eine neue Front bei Saloniki entstehen; sie ersetzte diejenige, die zusammengebrochen war, als Serbien überrannt wurde. Auch die Kolonialbesitzungen sorgten von Anfang an dafür, dass die Gefechte sich über die ganze Welt ausbreiteten, wenn auch in einem kleineren Maßstab. Die wichtigsten und umfangreichsten außereuropäischen Operationen fanden allerdings im östlichen und südlichen Teil des Osmanischen Reiches statt. Eine britisch-indische Armee drang in Mesopotamien ein, eine weitere rückte vom Suezkanal aus nach Palästina vor. In der arabischen Wüste sorgte ein Aufstand der Araber gegen die Türken für einige der wenigen romantischen Episoden innerhalb des brutalen Elends eines industriellen Krieges.

Ein Krieg in neuen Dimensionen

Die technische Expansion des Krieges äußerte sich vor allem in ihrer Auswirkung auf die Industrie und durch die Verrohung der Kriegführung. Der amerikanische Bürgerkrieg ein halbes Jahrhundert zuvor hatte auch für Ersteres das Beispiel gegeben und gezeigt, welche wirtschaftlichen Erfordernisse der Krieg im demokratischen Zeitalter aufwarf. Die Werkstätten, Fabriken, Minen und Hochöfen Europas hatten mehr zu tun als jemals vorher, ebenso die in den USA und Japan, wobei Erstere den Alliierten zur Verfügung standen, wegen der britischen Seeherrschaft aber nicht den Mittelmächten. Die Versorgung von Millionen Männern im Feld erforderte nicht nur Waffen und Munition, sondern auch Verpflegung, Kleidung, medizinische Versorgung und Maschinen in gewaltigem Umfang. Zahlreiche Statistiken belegten das neue Ausmaß des Krieges, ein Beispiel soll hier genügen: Im Jahr 1914 gab es laut offiziellen Berichten im gesamten Britischen Empire etwa 18 000 Krankenhausbetten, vier Jahre später waren es dagegen bereits 630 000.

Der britische Soldat und Agent Thomas Edward Lawrence (1888–1935), berühmt geworden als Lawrence von Arabien, spielte eine entscheidende Rolle beim Aufstand der Araber gegen das Osmanische Reich während des Ersten Weltkriegs. Dieses Porträt von Lawrence von Arabien in arabischer Kleidung entstand 1918 in Damaskus.

Um diese gewaltige Nachfrage zu stillen, ergriff man in allen Ländern unterschiedliche Maßnahmen, um der Regierung die Kontrolle über die Wirtschaft zu erhalten: Arbeitsdienste wurden eingeführt, die Beschäftigung von Frauen revolutioniert und neue Gesundheits- und Wohlfahrtsdienste geschaffen. Bis nach Übersee verbreiteten sich die Auswirkungen. Die USA hörten auf, ein Kreditempfänger zu sein: Die Alliierten liquidierten ihre dortigen Investitionen, bezahlten damit die von ihnen benötigten Waren und wurden ihrerseits zu

Schuldnern. Die Viehzüchter und Landwirte in Argentinien und den britischen Hoheitsgebieten erlebten Zeiten des Aufschwungs. Letztere trugen die militärische Last mit, schickten Soldaten nach Europa und kämpften gegen die Deutschen in deren Kolonien.

Ein neues Kriegsbewusstsein

Durch die technische Expansion nahm der Krieg schrecklichere Formen an, und das nicht nur, weil Maschinengewehre und hochexplosive Sprengstoffe furchtbare Gemetzel anrichteten. Auch neue Waffen wie Giftgas, Flammenwerfer und Panzer, die zum Einsatz kamen, als Soldaten im festgefahrenen Stellungskrieg nichts mehr ausrichten konnten, waren nicht der einzige Grund. Vielmehr entwickelte sich durch die Tatsache, dass ganze Gesellschaften am Krieg beteiligt waren, ein anderes Kriegsbewusstsein: Moral, Gesundheit und Leistungsfähigkeit von Arbeitern und Wählern anzugreifen, erschien als erstrebenswertes Ziel. Auf die britische Anklage, dass die Deutschen, die ihre Bombenangriffe auf London richteten, Kindsmörder seien, antworteten die Deutschen prompt, dass dies ebenso für die britischen Matrosen gelte, die mit ihren Schiffen den Seeweg nach Deutschland blockierten: Die steigende Kindersterblichkeit in Deutschland sprach dafür.

Bei Ypern unternahmen die Deutschen 1915 den ersten Versuch, die Pattsituation des Stellungskrieges durch Einsatz von Giftgas zu überwinden. Die Abbildung zeigt deutsche Soldaten, die zur Vorbereitung auf einen Angriff den Umgang mit der Gasmaske üben.

Blockaden und die Erfindung des U-Boots

1914 griff das deutsche Oberkommando auf ein Waffensystem zurück, dessen Wirksamkeit bis dahin unterschätzt worden war, das U-Boot. Diese Maßnahme war einerseits eine Folge des Erfolgs der britischen Seeblockade, andererseits war man in Deutschland nicht bereit, die Flotte, deren Bau schon in der Vorkriegszeit zu Missstimmung zwischen den beiden Ländern geführt hatte, aufs Spiel zu setzen. Seinen Einsatz fand das U-Boot gegen alliierte Schiffe und gegen neutrale, die die Alliierten belieferten. Oft erfolgten die Angriffe ohne Vorwarnung und auf unbewaffnete Schiffe. Dies geschah zum ersten Mal Anfang 1915, wenn auch die ersten U-Boote nur wenig Schaden anrichteten. Als im selben Jahr ein großes britisches Linienschiff, die *Lusitania*, torpediert wurde und 1200 Menschen, darunter viele Amerikaner, umkamen, gab es einen solchen Aufschrei, dass Deutschland das uneingeschränkte Versenken einstellte. 1917 nahm man diese Taktik wieder auf, als klar wurde, dass die britische Seeblockade das Land aushungern würde, wenn man nichts unternähme. Im Winter desselben Jahres kam es in den Balkanländern zu Hungersnöten, und in den Vororten von Wien verhungerten die Menschen. Bis zu diesem Zeitpunkt hatten die Franzosen Verluste von 3350000 Mann erlitten, die Briten mehr als eine Million, die Deutschen hatten Verluste von fast zweieinhalb Millionen und kämpften immer noch einen Zweifrontenkrieg. Hungerunruhen und Streiks nahmen zu, die Kinder-

Diese britischen Soldaten in Frankreich, während der deutschen Offensive im April 1918 durch Gas erblindet, warten in einer Schlange auf medizinische Behandlung.

sterblichkeit lag um 50 Prozent höher als im Jahr 1915. Es gab keinen Grund für die Annahme, dass die deutsche Armee, auf zwei Fronten verteilt, einem Sieg näher war als Briten oder Franzosen, und in jedem Fall war es das Sicherste, vorerst die Stellung zu halten. Vor diesem Hintergrund entschied sich der deutsche Generalstab, den uneingeschränkten U-Boot-Krieg wieder aufzunehmen, was zur ersten bedeutenden Situationsänderung im Jahr 1917 führte, weil die USA in den Krieg eingriffen. In Deutschland hatte man dies zwar vorausgesehen, spekulierte aber darauf, Großbritannien – und damit Frankreich – in die Knie zu zwingen, bevor sich das Gewicht der Amerikaner entscheidend auswirken konnte.

Der Kriegseintritt der USA

Die anfangs neutrale öffentliche Meinung in den USA hatte sich völlig geändert: Die Propaganda der Alliierten und deren Geschäfte mit den USA hatten dazu ebenso beigetragen wie die deutschen U-Boot-Angriffe während der ersten Kriegsphase. Als die Regierungen der Alliierten bei der Festlegung ihrer Kriegsziele die Wahrung nationaler Interessen zu Grunde legten, blieb dies nicht ohne Wirkung. Entscheidend war die Wiederaufnahme des U-Boot-Kriegs, den man als direkten Angriff auf die Interessen der USA und die Sicherheit ihrer Bürger ansah. Der Zorn, den die U-Boote heraufbeschworen, erfuhr zusätzliche Rechtfertigung, als die amerikanische Regierung

Einige der 1,2 Millionen amerikanischen Soldaten, die im Ersten Weltkrieg kämpften, bei der Überfahrt nach Europa. Das Eingreifen der USA hatte entscheidende Bedeutung für den Sieg der Alliierten.

Kenntnis von der Absicht der Deutschen erhielt, ein gegen die USA gerichtetes Bündnis mit Mexiko und Japan auszuhandeln. Bald schon wurde ein amerikanisches Schiff ohne Vorwarnung versenkt, und kurz darauf erklärten die USA Deutschland den Krieg.

Die Schrecken von 1917

Mit dem Kriegseintritt der USA wurde der Krieg zugunsten der Alliierten entschieden. Die letzten deutschen Niederlagen waren mehr oder weniger nur noch eine Konsequenz dieser Entwicklung.

So wurde, weil sich das Patt in Europa scheinbar nur mit den Mitteln des totalen Krieges aufheben ließ, die Neue Welt in die Kämpfe der Alten hinein gezogen; der Sieg der Alliierten war damit sichergestellt.

Zunächst aber stand ihnen ein bedrückendes Jahr bevor. Für Großbritannien und Frankreich war 1917 ein noch schwärzeres Jahr als 1916. Es dauerte nicht nur Monate, bis die U-Boote abgewehrt werden konnten, dem britischen Selbstvertrauen wurde auch durch eine Reihe furchtbarer Schlachten in Frankreich unglaublicher Schaden zugefügt, denn für einen Geländegewinn von rund acht Kilometern gaben weitere 400 000 Männer ihr Leben. In der von den Anstrengungen des Jahres 1916 erschöpften französischen Armee kam es indessen zu einer Reihe von Meutereien. Am schlimmsten für die Alliierten aber war der Zusammenbruch des Russischen Reiches.

DIE REVOLUTION DER BOLSCHEWIKI

Der russische Staat war vom Krieg zerstört. Damit nahm auch die revolutionäre Umgestaltung von Mittel- und Osteuropa ihren Anfang. Auslöser der russischen Februarrevolution von 1917 waren die Kämpfe mit deutschen Truppen, die schließlich den Willen der sonst so duldsamen russischen Soldaten brachen: Weil das Transportsystem zusammengebrochen war und die Regierung aus unfähigen und korrupten Männern bestand, die Verfassungsstaat und Liberalismus ebenso sehr fürchteten wie die militärische Niederlage, kam es in den Städten zu schweren Hungersnöten. Den Hungerunruhen folgte ein Aufstand, und die Machtlosigkeit der Autokratie trat offen zu Tage. Liberale und Sozialisten bildeten eine provisorische Regierung, und der Zar dankte ab. Die neue Regierung scheiterte jedoch selbst, hauptsächlich deshalb, weil sie versuchte, den Krieg fortzusetzen. Die Bevölkerung aber wollte Frieden und Brot, wie Lenin, der Führer der Bolschewiki, erkannte. Seine Entschlossenheit, der gemäßigten provisorischen Regierung die Macht zu entwinden, war der zweite Grund für ihr Scheitern. An der Spitze eines Landes, das ebenso wie Verwaltung und Armee in Auflösung begriffen war, und nach wie vor mit dem ungelösten Problem des Elends in den Städten kämpfte, wurde die provisorische Regierung selbst von einer zweiten Veränderung hinweggefegt. Dieser Staatsstreich, bekannt als Oktoberrevolution, markierte zusammen mit dem Kriegseintritt der USA das Jahr 1917 als Epochenwende in der europäischen Geschichte. Bisher hatte Europa seine Angelegenheiten allein geregelt, nun redeten die USA ein gewichtiges Wort mit. Außerdem war im Osten ein Staat entstanden, der durch die Überzeugungen seiner Gründer der Zerstörung der gesamten europäischen Ordnung der Vorkriegszeit verpflichtet war, ein wahrhaft und gewollt revolutionäres Zentrum der Weltpolitik.

Russland lässt den Krieg hinter sich zurück

Als unmittelbare und offensichtliche Folge der Entstehung der Union der sozialistischen Sowjetrepubliken (UdSSR) ergab sich eine neue strategische Lage. Die Bolschewiki konsolidierten ihren Staatsstreich, indem sie das Parlament auflösten und sich durch Versprechungen von Land und Frieden die Unterstützung der Bauern zu verschaffen versuchten. Für ihr Überleben war dies von entscheidender Bedeutung. Das Rückgrat jener Partei, die nun ihre Macht über die neue Sowjetunion zu sichern bestrebt war, bildete die sehr kleine Schicht von Industriearbeitern in wenigen Städten. Nur der Frieden konnte für ein siche-

Dieses zeitgenössische Gemälde zeigt Wladimir Iljitsch Lenin (1870–1924) bei einer Rede in Petrograd 1920. Die Entschlossenheit und Energie des Bolschewikenführers war von zentraler Bedeutung für den Machterhalt seiner Partei während des auf die Revolution folgenden Chaos. Weite Teile der Sowjetunion waren durch den Krieg verwüstet worden.

Deutsche und sowjetische Abgesandte bei den vorbereitenden Friedensverhandlungen in Brest-Litowsk im Dezember 1917. Trotzki verzögerte die Verhandlungen absichtlich, weil er ein Überspringen der proletarischen Revolution auf Europa erhoffte. Da diese Revolution ausblieb und die deutschen Truppen im nächsten Februar weiter auf sowjetisches Gebiet vorzudringen vermochten, musste die Sowjetunion die harten Bedingungen der Deutschen schließlich akzeptieren.

Leo Trotzki (1879–1940) war seit Anfang 1918 sowjetischer Kriegskommissar und gründete die Rote Armee. Hier sieht man ihn bei einer beschwörenden Rede vor seiner Truppe während des von 1918–1921 dauernden Bürgerkriegs.

reres und breiteres Fundament sorgen. Zuerst erschienen die von den Deutschen verlangten Bedingungen so unannehmbar, dass die Sowjets die Verhandlungen abbrachen; im Frieden von Brest-Litowsk vom März 1918 mussten sie dann jedoch eine noch größere Niederlage hinnehmen.

Feindseligkeit der Alliierten gegen die neue Sowjetunion

Die Alliierten, die das Vorgehen der Bolschewiki als verräterisches Überlaufen betrachteten, waren zutiefst erzürnt. Die kompromisslos revolutionäre Propaganda, mit der das neue Regime die Bürger der eigenen Staaten bedachte, war ebenfalls nicht geeignet, die Regierungen milde zu stimmen. Die sowjetischen Führer erwarteten eine Revolution der Arbeiterklasse in allen fortgeschrittenen kapitalistischen Ländern. Unter diesem Aspekt erhielt eine Reihe militärischer Interventionen in die Angelegenheiten der UdSSR durch die Alliierten eine zusätzliche Bedeutung. Während sie ursprünglich einem strategischen Zweck dienten und die Deutschen daran hindern sollten, ohne weiteres ihre Ostfront aufzugeben, wurden sie von vielen Menschen in den kapitalistischen Ländern und von allen Bolschewiki recht bald als antikommunistische Kreuzzüge aufgefasst. Noch schlimmer war, dass sie im Zusammenhang eines Bürgerkrieges stattfanden, der das neue Regime unter Umständen zerstören konnte. Sobald sie erst einmal im Rahmen der marxistischen Begrifflichkeit interpretiert waren, schienen sie eine grundsätzliche und unversöhnliche Feindschaft zu belegen. Die Erinnerung daran hat die sowjetische Haltung seither stets negativ beeinflusst. Außerdem wurde damit zum Teil das Versinken der Russischen Revolution in autoritärer Herrschaft legitimiert. Die Furcht vor einem Besatzer, der die alte Ordnung wiederherstellen und die Großgrundbesitzer wieder zu alter Macht bringen würde, verhinderte, in Verbindung mit den russischen Traditionen der Autokratie und des Polizeiterrors, jede Liberalisierung des Regimes.

Die Ausnutzung des Nationalgefühls

Die Erwartung der sowjetischen Kommunisten, dass die Revolution in Mittel- und Westeuropa unmittelbar bevorstehe, erwies sich in gewisser Hinsicht als zutreffend, allerdings in ganz anderer Bedeutung: Dass der Krieg revolutionäres Potential barg, trat in seinem letzten Jahr deutlich zu Tage, jedoch nicht bezogen auf Klassen, sondern auf Nationen. Die Alliierten sahen sich ihrerseits (zum Teil auf die Bolschewiki zurückgehend) zu einer revolutionären Strategie genötigt. Ende 1917 war ihre militärische Lage Besorgnis erregend, denn für den Frühling war ein deutscher Angriff in Frankreich zu erwarten. Nachdem die sowjetische Armee nicht mehr bereit stand, die Feinde teilweise zu binden und es noch geraume Zeit dauern würde, bis amerikanische Truppen in nennenswerter Zahl zur Unterstützung in Frankreich eintreffen würden, griff man zur letzten Möglichkeit, die Waffe der Revolution einzusetzen und die Völker Österreich-Ungarns gegen die Zentralregierung auszuspielen. Diese Strategie bot den zusätzlichen Vorteil, dass – aus amerikanischer Sicht – die ideologische Berechtigung der alliierten Sache stärker betont werden konnte, weil sie nicht mehr durch das Bündnis mit dem Zarentum belastet war. Dementsprechend setzte man 1918 die österreichisch-ungarischen Armeen subversiver Propaganda aus und unterstützte im Exil lebende Tschechen und Südslawen. Noch bevor Deutschland aufgab, befand sich die Doppelmonarchie, der kombinierten Wirkung von wieder erwachtem Nationalismus und einem schließlich Früchte tragenden Balkanfeldzug ausgesetzt, bereits in Auflösung. Dies war der zweite große Schlag, der dem alten Europa

General Kornilow, der kosakische Oberbefehlshaber der russischen Armee, bei der Truppenabnahme. Er führte im Sommer einen gescheiterten Staatsstreich an und war später der wichtigste Organisator der ersten Weißen Armee, die gegen die Bolschewiki kämpfte. Er starb zu Beginn des Bürgerkriegs im Gefecht.

Im Endstadium des Krieges setzte man nicht nur auf militärische Erfolge, sondern auch auf die spaltende Wirkung nationalistischer Propaganda im österreichisch-ungarischen Vielvölkerstaat.

versetzt wurde. Die politischen Strukturen der gesamten Region zwischen Ural, Baltikum und Donauebene standen nun zur Disposition. Es gab sogar eine polnische Armee. Sie wurde von den Deutschen als Waffe gegen die UdSSR protegiert, während der amerikanische Präsident ankündigte, dass ein unabhängiges Polen zu den wesentlichen Kriegszielen der Alliierten zählte.

Der Preis des Krieges

Die Entscheidungsschlachten wurden vor einem zunehmend revolutionären Hintergrund ausgefochten. Im Sommer gelang es den Alliierten, die letzte große deutsche Offensive aufzuhalten. Sie hatte zwar gewaltige Gebietsgewinne erbracht, ihr Ziel aber letztlich verfehlt. Als die alliierten Armeen ihrerseits siegreich vorzurücken begannen, suchten die deutschen Anführer ein Ende zu machen: Auch in ihrem Land schien sich ein revolutionärer Zusammenbruch anzukündigen. Mit der Abdankung des Herrschers brach nach dem russischen Zarentum und dem Rücktritt des Habsburgers das dritte Kaiserhaus zusammen. Eine neue deutsche Regierung bat um einen Waffenstillstand, und die Kämpfe gingen zu Ende.

Neben den enormen finanziellen Auswirkungen hatte der Krieg vor allem politische Folgen: Innerhalb kürzester Zeit brachen die traditionellen Monarchien Russlands, Österreichs und Deutschlands zusammen.

Die Kosten dieser gewaltigen Auseinandersetzung sind kaum genau zu bestimmen. Ihr Umfang aber lässt sich am Beispiel der Toten ermessen: Etwa zehn Millionen Männer kamen im Verlauf direkter militärischer Handlungen zu Tode. Doch allein auf dem Balkan starb wahrscheinlich eine weitere Million an Typhus. Aber selbst erschreckende Zahlen wie diese vermögen nicht wiederzugeben, welche physischen Kosten durch Verstümmelung, Erblindung und den Verlust von Vätern und Ehemännern für die Familien, welche ideelle Verwüstung durch die Zerstörung von Idealen, Zuversicht und gutem Willen entstanden war. Auch der wirtschaftliche Schaden war beträchtlich: In weiten Teilen Europas litten die Menschen Hunger, und noch ein Jahr nach dem Krieg lag die Produktion der Fabriken immer noch um fast ein Viertel unter der von 1914.

DER FRIEDEN

Ende 1918 kamen die Delegierten einer Friedenskonferenz zusammen. Eine Zeit lang war es üblich, ihr Scheitern hervorzuheben, aber mit größerem Abstand und unter Beachtung der gewaltigen Aufgaben, vor denen sie standen, kann man ihnen für ihre Leistung einen gewissen Respekt nicht versagen. Es war das umfangreichste Abkommen seit dem Jahr 1815, und seine Verfasser mussten große Erwartungen und unumstößliche Tatsachen überein bringen. Die Macht, wichtige Entscheidungen zu treffen, war auf einen bemerkenswert kleinen Kreis beschränkt: Der britische und der französische Premierminister sowie der amerikanische Präsident, Woodrow Wilson, dominierten die Verhandlungen. Diese wurden zwischen den Siegern geführt, dem besiegten Deutschland präsentierte man anschließend die Ergebnisse. Die zentrale Frage der europäischen Sicherheit entschied sich einerseits nach den Interessen Frankreichs, dem vor allem die Gefahr einer neuerlichen, dritten deutschen Aggression vor Augen stand, und andererseits den Forderungen der angelsächsischen Staaten, die keine derartigen Befürchtungen hegen mussten. Das Friedensabkommen musste ein Abkommen für die Welt sein. Von den 27 Staaten, deren Repräsentanten den Hauptvertrag unterzeichneten, lag die Mehrheit von 17 Stimmen auf anderen Kontinenten. Zusammen mit Japan, Großbritannien, Frankreich und Italien galten die Vereinigten Staaten als die eigentlichen Siegermächte. Für ein Weltabkommen war es dennoch ungünstig, dass die Sowjetunion als die einzige Großmacht mit sowohl europä-

Menschenmengen bei der Siegesparade in Paris 1919. Die Genugtuung über den Sieg hielt in Frankreich nicht lange vor, denn schon wenige Jahre später begann sich die Furcht vor möglichen deutschen Strafaktionen auszubreiten.

Von Posten bewachte deutsche Kriegsgefangene in einem französischen Lager am Ende des Ersten Weltkriegs.

ischen als auch asiatischen Grenzen keinen Vertreter entsandte.

Vertragstechnisch gesehen bestand das Friedensabkommen aus einer Reihe verschiedener Verträge, die nicht allein mit Deutschland geschlossen wurden, sondern auch mit Bulgarien, der Türkei sowie den auf das Gebiet der aufgeteilten Doppelmonarchie Anspruch erhebenden „Nachfolgestaaten“. Unter diesen nahmen ein wieder erstandenes Polen, ein vergrößertes, Jugoslawien genanntes, Serbien und eine gänzlich neu entstandene Tschechoslowakei als Alliierte an der Konferenz teil. Das stark verkleinerte Ungarn und Österreich wurden hingegen als besiegte Feinde betrachtet, mit denen Frieden geschlossen werden musste. All dies warf immense Probleme auf. Hauptgegenstand der Friedenskonferenz jedoch war das Abkommen mit Deutschland, der im Juni 1919 unterzeichnete Versailler Vertrag.

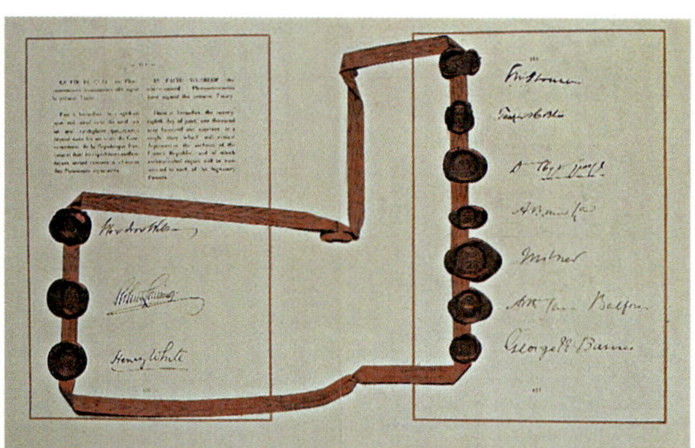

Die letzte Seite des Versailler Vertrags trägt Unterschriften und Siegel der Abgesandten der USA, angeführt von Präsident Wilson.

Der Versailler Vertrag

Der Vertrag von Versailles war ein Bestrafungsvertrag und gab den Deutschen ausdrücklich die Verantwortung für den Ausbruch des Krieges. Allerdings gingen die strengsten Auflagen nicht auf diese moralische Schuldzuweisung zurück, sondern auf den französischen Wunsch, Deutschland nach Möglichkeit so niederzuhalten, dass kein dritter deutscher Angriff möglich war. Dies war die Absicht der wirtschaftlichen Reparationen, die den unversöhnlichsten Teil des Abkommens ausmachten. Die Bestrafung war andererseits nicht von Vorkehrungen begleitet, die einen Versuch Deutschlands ausgeschlossen hätten, eines Tages die eben getroffenen Entscheidungen mit Waffengewalt zu revidieren. Wie selbstverständlich waren unter den deutschen Gebietsverlusten auch das Elsass und Lothringen; die im Osten an Polen abgetretenen Gebiete waren allerdings noch erheblich größer. Im Westen erhielt Frankreich an Sicherheiten kaum mehr als die Vereinbarung, dass die linksrheinischen Gebiete „demilitarisiert“ werden sollten.

Nationalitätenprobleme

Das zweite herausragende Merkmal des Friedens war der Versuch, wenn möglich, den Prinzipien des Selbstbestimmungsrechts der Völker zu folgen. Vielerorts bedeutete dies nur die Anerkennung gegebener Tatsachen: Polen und die Tschechoslowakei existierten

Dieses berühmte Gemälde von Sir William Orpen (1878–1931) zeigt die Unterzeichnung des Friedensvertrags im Spiegelsaal zu Versailles am 28. Juni 1919.

als Staaten bereits vor Beginn der Konferenz, Jugoslawien wurde um das Kernstück des früheren Serbien herum errichtet, und Ende des Jahres 1918 kam es auch in den früheren baltischen Provinzen des alten Russlands zu Staatsgründungen. Das Habsburgerreich war, nachdem es jahrhundertelang bestanden hatte, schließlich verschwunden, und an seiner Stelle entstanden Staaten, die für den Rest des Jahrhunderts – wenn auch mit Unterbrechungen – Bestand hatten. Dem Prinzip der Selbstbestimmung folgte auch die Regelung, dass die Bewohner bestimmter Grenzgebiete ihre nationale Zugehörigkeit

Die königliche rumänische Familie posiert 1922 für ein Foto in ihrer Residenz. Rumänien, das im Krieg auf der Seite der Alliierten gekämpft und die Besetzung weiter Teile seines Landes erlebt hatte, wurde durch den Pariser Friedensvertrag begünstigt. Es durfte das riesige und ethnisch gemischte Gebiet von Transsylvanien annektieren, das vorher zu Ungarn gehört hatte.

durch Volksabstimmungen selbst festlegen konnten. Unglücklicherweise ließ sich das Nationalstaatsprinzip nicht in jedem Fall anwenden. Geographische, historische, kulturelle und ökonomische Faktoren standen dem entgegen. Wo es sich trotzdem durchsetzte, waren die Folgen manchmal sehr nachteilig. Ost- und Mitteleuropa waren gespalten in nationale Minderheiten, die widerstrebend Bestandteile von Staaten wurden, zu denen sie keinerlei Verbundenheit empfanden. Ein Drittel der Bevölkerung Polens sprach kein Polnisch, mehr als ein Drittel der tschechoslowakischen Bevölkerung bestand aus polnischen, russischen, deutschen, ungarischen und ruthenischen Minderheiten, im größer gewordenen Rumänien lebten nun mehr als eine Million Ungarn. Mancherorts wurde ein Verstoß gegen das Prinzip als besonders grobe Ungerechtigkeit empfunden. Den Deutschen widerstrebte die Einrichtung eines „Korridors" durch deutsches Gebiet, durch den Polen einen Zugang zum Meer erhielt. Italien musste zusehen, wie man ihm die Beute an der Adria wieder abnahm, die ihm seine Verbündeten versprochen hatten, solange sie noch seiner Hilfe bedurften. Irland schließlich wartete immer noch auf die Selbstverwaltung.

Das Selbstbestimmungsrecht der Völker wurde nur teilweise berücksichtigt, in einigen Ländern scheiterte man an einer zu großen Bevölkerungsvielfalt.

Der Völkerbund

Das am weitesten vom europäischen Zusammenhang entfernte Problem war, wie mit den deutschen Kolonien verfahren werden sollte. Hier gab es eine bedeutende Neuerung: Die ehemals unter deutscher oder türkischer Herrschaft stehenden Völker außerhalb Europas wurden unter eine treuhänderische Schutzherrschaft gestellt. Den Siegermächten (die USA lehnten dies allerdings für sich selbst ab) wurden durch einen neu geschaffenen „Völkerbund" so genannte „Mandate" verliehen, die jeweiligen Territorien zu verwalten, während sie auf die staatliche Selbständigkeit vorbereitet werden sollten. Dies war die weitsichtigste Idee, die aus dem Friedensabkommen hervorging.

Der Völkerbund hatte viel dem Engagement des amerikanischen Präsidenten, Woodrow Wilson, zu verdanken, der dafür sorgte, dass dessen Konvention – seine Satzung – als erster Abschnitt dem Friedensvertrag vorangestellt wurde. Nur in diesem Teil ging das Abkommen nicht nur über das Konzept der Nationalitäten hinaus (selbst das Britische Empire wurde durch seine einzelnen Bestandteile repräsentiert, von denen eines bezeichnenderweise Indien war), sondern auch über das Europas: 26 der ursprünglich 42 Mitglieder des Völkerbunds lagen außerhalb Europas. Unglücklicherweise zählten die USA auf Grund innenpolitischer Differenzen, die Wilson unterschätzt hatte, nicht dazu. Dies war die gravierendste einer Reihe erheblicher Schwachstellen, die verhinderten, dass der Völkerbund die an ihn geknüpften Erwartungen erfüllte. Möglicherweise waren diese ohnehin allesamt schlichtweg utopisch, angesichts der tatsächlichen weltpolitischen Kräfteverhältnisse. Dennoch hatte der Völkerbund einigen Erfolg in der Bewältigung von Krisen, die ohne sein Eingreifen vielleicht neue Gefahren heraufbeschworen hätten. Dass man sich allzu großen Hoffnungen über seine Leistungsfähigkeit hingab, heißt nicht, dass er nicht eine ebenso pragmatische wie große und weitsichtige Idee verkörperte.

Der Völkerbund

Am 28. April 1919 unterzeichneten die Delegierten der Pariser Friedenskonferenz das Völkerbundabkommen, das im Januar 1920 in Kraft trat. Ziel des Völkerbunds war „die Förderung der internationalen Zusammenarbeit und die weltweite Herstellung von Frieden und Sicherheit". Von Beginn an war der Völkerbund durch das Fehlen der USA geschwächt. Die im Ersten Weltkrieg besiegten Länder und Sowjetrussland traten erst im Laufe der Zeit bei: Die Sowjetunion 1934 und Deutschland 1926. Allerdings löste Hitler die Mitgliedschaft 1933 wieder auf, ebenso wie Japan im gleichen Jahr. Mussolinis Italien folgte 1937. Einige wichtige Länder waren also nicht bzw. nicht dauerhaft Mitglied des Bundes.

Seinen Sitz hatte der Völkerbund in Genf. Er bestand aus der Generalversammlung, dem aus vier ständigen Mitgliedern (Großbritannien, Frankreich, Italien und Japan) sowie weiteren, für drei Jahre gewählten Mitgliedern bestehenden Rat und schließlich dem Sekretariat, das Tagungsordnungen vorbereitete und Berichte erstellte. Die Macht des Völkerbunds war begrenzt: Da er nicht über das Recht verfügte, militärische Interventionen auszulösen, konnte er zwischenstaatlicher Aggression nur mit wirtschaftlichen Sanktionen begegnen. Zu seinen nachgeordneten Einrichtungen zählte die Internationale Arbeitsorganisation (ILO), die bei den Regierungen dafür warb, Mindestlöhne und Arbeitszeitbeschränkungen gesetzlich festzulegen. Trotz seines begrenzten Einflusses gelang es dem Völkerbund gelegentlich, internationale Konflikte abzuwenden. Dass er allerdings nichts ausrichten konnte, als Japan 1931 die Mandschurei und Italien 1935 Äthiopien angriff, war der Grund, warum Großbritannien und Frankreich jene Vorschläge zurückwiesen, den Völkerbund gegen das nationalsozialistische Deutschland zu instrumentalisieren. Während des Zweiten Weltkriegs wurde die Debatte von der Idee bestimmt, den Völkerbund durch eine wirksamere Organisation zu ersetzen, was schließlich in die Entstehung der Vereinten Nationen mündete.

Treibende Kraft hinter dem Völkerbund war der Präsident der USA, James Woodrow Wilson (1856–1924).

Die politischen Veränderungen in der UdSSR führten zu deren Nicht-Teilnahme an der Versailler Friedenskonferenz.

Die Sowjetunion bleibt der Friedenskonferenz fern

Die Sowjetunion blieb dem Völkerbund genauso fern wie der Friedenskonferenz. Man machte sich also daran, die politischen Koordinaten, die über den Verlauf der nächsten Phase der europäischen Geschichte entscheiden würden, ohne eine sowjetische Beteiligung festzulegen, obwohl damit in Osteuropa Grenzziehungen verbunden waren, die die vitalen Interessen jeder Regierung in der UdSSR berührten. Der Vorwurf, die Anführer der Bolschewiki hätten alles in ihrer Macht stehende getan, um ihren Ausschluss von der Konferenz zu rechtfertigen, war zutreffend. Sie vergifteten die Beziehungen zu den Großmächten durch revolutionäre Propaganda, denn sie waren überzeugt, dass die kapitalistischen Länder entschlossen seien, sie zu stürzen. Tatsächlich waren der britische Premierminister, Lloyd George, und auch Wilson gegenüber der Sowjetunion gesprächsbereiter – oder sogar verständnisvoll – als viele ihrer Kollegen und Wähler. Ihr französischer Kollege Clemenceau andererseits war ein glühender Gegner der Bolschewiki und wurde darin von vielen französischen Ex-Soldaten und Investoren unterstützt. Versailles war der erste große europäische Friede, der von Mächten geschlossen wurde, die stets Rücksicht auf ihre demokratische Wählerschaft zu nehmen hatten. Wie immer man aber die Verantwortung dafür verteilte, so war es doch schließlich so, dass die UdSSR, die europäische Macht mit dem potentiell größten Gewicht in allen Angelegenheiten des Kontinents, bei der Erschaffung eines neuen Europa nicht zu Rate gezogen wurde. Umso schlimmer, dass seine Herrscher das Gesellschaftssystem verabscheuten, welches durch das Abkommen geschützt werden sollte.

Der neue Irische Freistaat wurde von einem Bürgerkrieg (1922–1923) zwischen der provisorischen Regierung und der radikalen Opposition erschüttert, die die Bedingungen des englisch-irischen Vertrages ablehnte. Angehörige der Irisch-Republikanischen Armee (dem bewaffneten Flügel der Vertragsgegner) ziehen auf diesem Foto während der Schlacht um Dublin im Juli 1922 durch die Straßen der Stadt.

Die Schwächen des Friedens

Die Friedensvereinbarung hatte zu gewaltigen Hoffnungen Anlass gegeben. Oft waren sie unrealistisch, aber der Friedensvertrag wurde trotz vieler guter Seiten oft verdammt. Die Ursachen für sein Scheitern lagen überwiegend außerhalb des von seinen Verfassern kontrollierten Bereichs. Zunächst waren die Tage der europäischen Welthegemonie in einem engen politischen Sinne vorüber. Die Friedensverträge des Jahres 1919 konnten in Bezug auf die Zukunftssicherung außerhalb Europas wenig ausrichten. Schließlich hatten nur die USA den Sieg über Deutschland herbeiführen können, nun aber tauchten sie ab in eine Phase künstlich geschaffener Isolation. Ebenso verspürte die Sowjetunion keinerlei Wunsch, zur Stabilisierung des Kontinents beizutragen. Die Isolation der einen und die ideologisch bedingte Neutralisierung der anderen Macht ließen Europa mit seinen eigenen unzureichenden Mitteln zurück. Als in Europa die Revolution ausblieb, zogen sich die Sowjets auf sich selbst zurück, und als Wilson den Amerikanern die Chance bot, am Erhalt des europäischen Friedens mitzuwirken, lehnten sie sie ab. Beide Entscheidungen sind nachvollziehbar, bewirkten aber, dass eine Illusion europäischer Autonomie aufrechterhalten wurde, die der Wirklichkeit nicht mehr entsprach und keinen geeigneten Rahmen mehr bot für die Lösung der Probleme. Die unmittelbare Schwäche des Abkommens lag schließlich in der ökonomischen Instabilität der von ihm gesetzten neuen Strukturen. Unter den Gegebenheiten nationaler Selbstbestimmung wurde die Wirtschaft oft zu einer Farce. Andererseits ist kaum zu erkennen, auf welcher Grundlage man auf das Prinzip der Selbstbestimmung hätte verzichten können. Die irische Frage ist acht Jahrzehnte nach der Entstehung eines Irischen Freistaats im Jahr 1922 immer noch ungelöst.

Illusorische Erfolge

Es war umso wahrscheinlicher, dass sich die Lage als instabil erweisen würde, als in Europa zahlreiche Illusionen fortlebten und neue sich bildeten. Der Sieg der Alliierten verleitete viele dazu zu glauben, sie hätten einen großen Triumph von Liberalismus und Demokratie erlebt. Schließlich waren soeben vier autokratische, anti-nationale und unfreiheitliche Reiche zusammengebrochen. Liberaler Optimismus schien auch durch die demonstrative Haltung gerechtfertigt, die Wilson während des Krieges eingenommen hatte. Er hatte alles getan, um den in seinen Augen grundlegend verschiedenen Charakter hervorzuheben, den die Kriegsteilnahme der USA gegenüber jener der übrigen Alliierten hatte, nämlich insofern er sich an hoch stehenden Idealen orientierte und an der Überzeugung, dass der Demokratie auf der Welt ein sicherer Ort geschaffen werden konnte, wenn nur andere Nationen von ihren alten Unsitten Abstand nähmen. Manche dachten, dass er bestätigt worden sei: Die neuen Staaten, allen voran Deutschland,

Diese britische Karikatur von 1927 verhöhnt die kommunistische Propaganda. Der Redner, der nicht so proletarisch aussieht wie sein spärliches Publikum, ist von Plakaten umgeben, auf denen Sprüche stehen wie „Gegen König und Vaterland!" und „Hoch die Roten!".

gaben sich liberale, parlamentarische Verfassungen und waren oft sogar Republiken. Schließlich gab es die Illusion des Völkerbunds – der Traum von einer neuen internationalen Autorität, die kein Weltreich war, schien sich endlich erfüllt zu haben.

EUROPAS FURCHT VOR EINER KOMMUNISTISCHEN REVOLUTION

Dass die Friedensvereinbarung als Triumph von Liberalismus und Demokratie wahrgenommen wurde, beruhte auf Irrtümern und falschen Prämissen. Vor allem aber ließ das Abkommen viele nationale Sehnsüchte ungestillt und schuf in Deutschland ein Klima erbitterter nationalistischer Empörung, was vielleicht unvermeidbar gewesen war, aber alles andere als Liberalismus gedeihen ließ. Zudem mussten sich die demokratischen Institutionen der neuen Staaten – und in dieser Hinsicht auch die der alten – in einer Welt bewähren, deren wirtschaftliche Strukturen erhebliche Schäden erlitten hatten. Überall wurden die politischen Auseinandersetzungen durch Armut, Leid und Arbeitslosigkeit verschärft, oft noch zusätzlich durch die Folgen der Rücksichtnahme auf nationale Selbstbestimmung. Der kriegsbedingte Verfall alter

Kommunismus

Bereits im Altertum gab es Entwürfe, die Gesellschaft auf der Grundlage kollektiven Eigentums zu organisieren. Im 4. Jahrhundert v. Chr. postulierte Plato, obwohl alles andere als ein kommunistischer Philosoph, dass in einem idealen Staat die Angehörigen der herrschenden Klasse weder Besitz noch Familie haben sollten. Im 16. Jahrhundert entwarf der Engländer Thomas Morus in seinem Buch *Utopia* zum ersten Mal eine Gesellschaft, in der nicht nur eine Minderheit, sondern alle Mitglieder Teilhaber des gemeinschaftlichen Eigentums waren. Während der Französischen Revolution schlug Gracchus Babeuf vor, durch eine revolutionäre Verschwörung einer kommunistischen Gesellschaft zum Durchbruch zu verhelfen.

Den Beginn des modernen Kommunismus markiert das *Kommunistische Manifest* (1848) von Karl Marx und Friedrich Engels. Marx zufolge führt die Geschichte unausweichlich zur Entwicklung einer kommunistischen Gesellschaft, in der die Menschen durch das Verschwinden von Privateigentum und staatlicher Ordnung in einem Zustand vollendeter Freiheit leben. Lenins Traum, eine Gesellschaft zu schaffen, in der er die Theorien von Marx in die Praxis umsetzen konnte, wurde Wirklichkeit, als die Bolschewiki in Russland 1917 die Macht ergriffen. Im Jahr darauf wurde aus der Partei der Bolschewiki die Kommunistische Partei, und 1919 wurde die Kommunistische Internationale, auch Komintern genannt, gegründet. Zum Zeitpunkt, da die Kommunistische Partei in der UdSSR ihre Macht einbüßte (1991), waren die kommunistisch regierten Länder allerdings eher durch einen riesigen Staatsapparat gekennzeichnet als durch das von Marx vorausgesehene „Absterben des Staates".

Wladimir Iljitsch Lenin (links), der Gründer der Sowjetunion und der internationalen kommunistischen Bewegung, auf einem Foto mit seinem Nachfolger Josef Stalin.

Handelsbeziehungen erschwerte auch die Lösung von Problemen wie Bauernverarmung und Arbeitslosigkeit. Die wirtschaftlichen Verbindungen zur UdSSR, einst die Kornkammer eines großen Teils von Westeuropa, waren nun abgeschnitten. Diese Zusammenhänge boten Revolutionären einen hervorragenden Aktionsrahmen, den die Kommunisten gern und bereitwillig ausfüllten, weil sie sich von der Geschichte für diese Rolle ausersehen wähnten. In einigen Ländern wurden ihre Bemühungen bald durch eine andere Spielart des Radikalismus beflügelt, den Faschismus.

Internationaler Kommunismus

Der Kommunismus bedrohte das neue Europa auf zweifache Weise: Im Inneren gab es in jedem Land bald eine revolutionäre kommunistische Partei. Die Sowjets hatten im März 1919 eine „Komintern", auch Dritte Internationale genannt, ausgerufen, die die internationale sozialistische Bewegung führen sollte. Diese könnte sich andernfalls, so die Befürchtung, wieder ihren früheren Anführern zuwenden, deren mangelnder Revolutionsbereitschaft es zuzuschreiben sei, dass die im Verlauf des Krieges sich bietenden Chancen ungenutzt verstrichen waren. Für Lenin erwies sich die Tauglichkeit sozialistischer Bewegungen an ihrer Gefolgschaft zur Komintern, deren Grundsätze, gemäß seinen Vorstellungen von einer schlagkräftigen revolutionären Partei, absichtlich starr, streng und kompromisslos formuliert waren. Dies führte in fast jedem Land dazu, dass sich die Sozialisten in zwei Lager spalteten. Einige schlossen sich der Komintern an und nannten sich Kommunisten, andere blieben, obwohl sie sich zum Teil weiterhin als Marxisten betrachteten, im Kern nationale Parteien und Bewegungen. Beide wetteiferten um die Gunst der Arbeiterklasse und lieferten einander erbitterte Kämpfe.

Russland im Ersten Weltkrieg

Als im März 1918 die sowjetische kommunistische Regierung in Brest-Litowsk den Friedensvertrag mit den Mittelmächten unterzeichnete, hielten diese ein riesiges Gebiet am westlichen Rand des alten Zarenreiches besetzt. Als Folge der Niederlage Deutschlands erhielten die Kommunisten die Ukraine und Weißrussland zurück, die 1922, zusammen mit Russland und Transkaukasien, die Union der sozialistischen Sowjetrepubliken bildeten. Finnland, die drei baltischen Staaten und Polen hingegen wurden unabhängig.

Die neue Revolutionsgefahr von links rief bei vielen Europäern umso größere Besorgnis hervor, als sich den Kommunisten zahlreiche Gelegenheiten für revolutionäre Erhebungen boten. Das auffälligste Beispiel war die Einsetzung einer bolschewistischen Regierung in Ungarn, aber vielleicht noch beängstigender waren Versuche kommunistischer Umstürze in Deutschland, von denen einige für kurze Zeit Erfolg hatten. In Deutschland wollte es die Ironie der Geschichte, dass die Regierung der nach der Kriegsniederlage entstandenen Republik mehrheitlich von Sozialisten gestellt wurde, die gezwungen waren, sich auf die Unterstützung konservativer Kräfte – namentlich die Berufssoldaten der früheren Armee – zu verlassen, um eine Revolution abzuwenden. Dies geschah sogar noch vor der Gründung der Komintern und riss einen besonders tiefen Graben zwischen den Fraktionen der deutschen Linken. Überall aber erschwerte die kommunistische Politik den gemeinsamen Widerstand gegen den Konservatismus, weil sie die Gemäßigten durch Revolutionsrhetorik und Geheimbündlertum abschreckte.

Diktatur des Proletariats

Lenin definierte die neue sowjetische Regierung als Diktatur des Proletariats, aber es stellte sich bald heraus, dass es sich nicht um eine Diktatur der Arbeiterklasse handelte, sondern um die einer zentralisierten und straff organisierten Partei.

„Diktatur des Proletariats heißt, dass die neue Klasse einen zutiefst entschlossenen und rücksichtslosen Kampf gegen einen stärkeren Feind führt, die Bourgeoisie, deren Widerstand sich im Augenblick ihres Sturzes (und geschehe er nur in einem einzelnen Land) verzehnfacht und deren Macht nicht nur auf der Stärke des internationalen Kapitals, der Stärke und Festigkeit internationaler Verbindungen beruht, sondern auch auf der Macht der Gewohnheit und auf der Stärke kleinteiliger Produktion. Unglücklicherweise ist kleinteilige Produktion auf der Welt immer noch weit verbreitet, und kleinteilige Produktion erzeugt Kapitalismus und Bourgeoisie, andauernd, täglich, stündlich, spontan und massenhaft. All dies begründet die Notwendigkeit der Diktatur des Proletariats, und der Sieg über die Bourgeoisie ist unmöglich ohne einen langen, hartnäckigen und verzweifelten Kampf auf Leben und Tod, der Zähigkeit, Disziplin und einen einigen, unumstößlichen Willen verlangt."

Ein Auszug aus dem 2. Kapitel von „Linksradikalismus: Eine Kinderkrankheit des Kommunismus" von Wladimir Iljitsch Lenin (1920).

Die Furcht vor der Sowjetunion in Osteuropa

Vor allem die Gefahr einer sich ausbreitenden kommunistischen Revolution schürte die Angst der osteuropäischen Länder vor der neuen Sowjetunion.

In Osteuropa wurde die Bedrohung der gesellschaftlichen Ordnung oft gleichgesetzt mit einer Bedrohung durch die Sowjetunion. Die Komintern unterlag als Instrument der sowjetischen Außenpolitik der Steuerung durch die Führer der Bolschewiki, was insofern nachvollziehbar war, als diese von der Prämisse ausgingen, dass die zukünftige Weltrevolution von der Bewahrung des ersten sozialistischen Staates als Bollwerk der internationalen Arbeiterklasse abhing.

In den frühen Jahren von Bürgerkrieg und langsamer Konsolidierung der Macht der Bolschewiki führte dies dazu, dass die im Ausland vorhandene Unzufriedenheit gezielt angestachelt wurde, um die kapitalistischen Regierungen zu beschäftigen. In Ost- und Mitteleuropa allerdings kam eine weitere Dimension hinzu, weil die territoriale Ordnung noch lange nach dem Versailler Vertrag unklar war. Der Erste Weltkrieg ging hier erst im März 1921 zu Ende, als die Sowjetunion und die neue polnische Republik sich in einem Friedensvertrag auf den Grenzverlauf einigten, der dann bis 1939 Bestand hatte. Polen war traditionell am heftigsten antirussisch eingestellt, aus religiösen Gründen stark antibolschewistisch. Zudem zeigte es unter den neuen Staaten den größten Ehrgeiz. Alle Länder aber fühlten sich durch die Wiederherstellung der Stärke Russlands als Sowjetunion bedroht, besonders da sie mit der Gefahr einer gesellschaftlichen Revolution verbunden war.

In der Zeit nach dem Ersten Weltkrieg, der Oktoberrevolution und dem Bürgerkrieg brachten Hungersnöte weiteres Elend über Millionen von Russen, so wie in diesem Fall einer hungernden Bauernfamilie.

DIE SOWJETUNION NACH DER REVOLUTION

Die Furcht vor einer kommunistischen Revolution in Ost- und Mitteleuropa war besonders virulent vor dem Hintergrund des wirtschaftlichen Zusammenbruchs und der Unsicherheit über den Ausgang des polnisch-russischen Krieges. 1921, als endlich Frieden herrschte und die UdSSR und Großbritannien offizielle Beziehungen aufnahmen, entspannte sich die Lage erheblich. Dies hing damit zusammen, dass die sowjetische Regierung selbst gerade eine Phase akuter Gefährdung während des Bürgerkriegs überstanden hatte. Ihr diplomatisches Gebaren besserte sich zwar kaum, und auch die revolutionäre Propaganda und die Denunziation der kapitalistischen Länder hörten keineswegs auf, aber die Bolschewiki konnten sich so dem Aufbau ihres eigenen zerstörten Landes zuwenden. Der Viehbestand war um mehr als ein Viertel geschrumpft, und die Getreideproduktion betrug weniger als zwei Fünftel jener von 1916. Die ohnehin am Boden liegende Wirtschaft wurde 1921 von einer Dürre im Süden des Landes betroffen. In der darauf folgenden Hungerperiode starben mehr als zwei Millionen Menschen.

Innenpolitische Auseinandersetzungen

Überlegungen zum Status und den Rechten der Bauern bestimmten die innenpolitischen Auseinandersetzungen anlässlich der Reform der Wirtschaft.

Eine wirtschaftliche Liberalisierung brachte die Wende. 1927 hatten die industrielle wie auch die landwirtschaftliche Produktion fast wieder das Vorkriegsniveau erreicht. In dieser Zeit war der Herrschaftsanspruch des Regimes ernsthaft in Frage gestellt. Dies hatte sich zwar bereits vor Lenins Tod im Jahr 1924 abgezeichnet, aber erst danach brach eine Phase der Neuformierung und Diskussion innerhalb der Spitze der kommunistischen Partei an. Der seit der Revolution von 1917 bestehende autokratische Charakter des Regimes stand dabei nicht zur Debatte, denn keiner seiner Protagonisten hielt eine politische Liberalisierung für wünschenswert oder glaubte, dass man angesichts einer Welt feindlicher kapitalistischer Staaten auf den Einsatz der Geheimpolizei oder auf die Einparteienherrschaft verzichten könne. Geteilte Ansichten gab es hingegen im Hinblick auf Wirtschaftspolitik und Taktik, zum Teil zusätzlich verschärft durch persönliche Rivalitäten.

Zwei Standpunkte lassen sich unterscheiden: Der eine betonte die Abhängigkeit der Revolution vom Wohlwollen der breiten Masse in der Sowjetunion, den Bauern. Ihnen hatte man zunächst zugestanden, das Land in Besitz zu nehmen, sich ihnen dann aber durch den Versuch entfremdet, die Städte auf ihre Kosten zu versorgen. Dem gefolgt war wiederum eine Annäherung im Zuge der wirtschaftlichen Liberalisierung, die unter der Bezeichnung „Neue Ökonomische Politik" erlassen und von Lenin als Mittel zum Zweck gebilligt worden war. Sie erlaubte es den Bauern, Gewinne auf eigene Rechnung zu machen, weshalb sie begannen, mehr Nahrungsmittel zu produzieren und sie an die Städte zu verkaufen. Der andere Standpunkt ordnete dieselben Tatsachen in eine längerfristige Perspektive ein. Eine zu große Rücksichtnahme auf die Bauern werde die Industrialisierung verlangsamen, die für das Überleben der Sowjetunion in einer feindlichen Welt unverzichtbar sei. Die Anhänger dieser Sichtweise forderten, dass sich die Partei auf die städtische Schicht überzeugter Revolutionäre stützen müsse. Dieser Strömung gehörte auch der Führer der Kommunisten, Trotzki, an.

Dieses Gemälde von Jurij Pimenow heißt *Das neue Moskau* und vermittelt einen ungewöhnlich freundlichen Eindruck vom Leben in der Sowjetunion unter Stalin. Tatsächlich wurden in den 30er Jahren des 20. Jahrhunderts, im Zuge der so genannten stalinistischen Säuberungen, Millionen sowjetische Bürger, darunter zahlreiche Kommunisten der ersten Stunde, eingesperrt oder hingerichtet.

Josef Stalin (vorn, 5. v. l.) unter den Delegierten des 8. Sowjetkongresses im Jahr 1936. Ganz links in der Vorderreihe Nikita Chruschtschow, der 20 Jahre später Stalins Verbrechen verurteilte. Am anderen Ende der Reihe sitzt Marschall Michail Tuchatschewskij, der 1937 ein Opfer der Säuberungen wurde.

Stalin und die Industrialisierung

Obwohl Trotzki erfolgreich verdrängt wurde, setzte sich seine Sichtweise durch. Aus den Verwicklungen der Politik stieg schließlich ein Parteifunktionär empor, Josef Stalin. Indem er sich nach und nach die Macht aneignete, sie gegen ehemalige Genossen und alte Bolschewiki ebenso entschlossen einsetzend wie gegen seine Feinde, vollendete er die wirkliche Russische Revolution.

Von 1928 an wurde ein Industrialisierungsprogramm in zwei „Fünfjahresplänen" durchgeführt. Die Grundlage dafür bildete die Kollektivierung der Landwirtschaft. Die Partei eroberte nun zum ersten Mal das Land. In einem neuerlichen Bürgerkrieg wurden Millionen von Bauern getötet oder deportiert, und Getreidesteuern verursachten wieder Hungersnöte. Die Städte aber wurden versorgt, obgleich der Polizeiapparat darüber wachte, dass der Konsum ein Minimum nicht überstieg. Die Reallöhne sanken. 1937 aber stammten 80 Prozent der russischen Industrieproduktion aus den seit 1928 errichteten Fabriken. Die Sowjetunion war eine Großmacht, und schon allein die Folgen dieser Entwicklung hätten Stalin einen Platz in der Geschichte gesichert.

Stalins Fünfjahrespläne förderten die Industrie und setzten die Bauern scharfen Kollektivierungsmaßnahmen aus.

Doch der Erfolg war teuer bezahlt: Nur mit brutalsten Mitteln, die alles in der Zarenzeit Erlebte weit in den Schatten stellten, ließ sich die Kollektivierung durchsetzen. Zudem verwandelte sie das alte Russland in den totalitären Staat der Sowjetunion, der weitaus schlagkräftiger war als die frühere Autokratie. Stalin erscheint, obwohl er selbst Georgier war, als vollkommen „russische" Figur, ein Despot, dessen rücksichtslose Machtausübung bei Iwan dem Schrecklichen und Peter dem Großen ihre Vorbilder findet. Er pflegte zudem einen recht eigenartigen Umgang mit der marxistischen Theorie, die doch lehrte, dass die Politik von den ökonomischen Strukturen einer Gesellschaft bestimmt werde. Stalin verkehrte dies ins genaue Gegenteil: Er bewies, dass, sofern der Wille vorhanden ist, von der politischen Macht Gebrauch zu machen, der ökonomische Unterbau sich gewaltsam revolutionieren ließ.

ITALIENISCHER FASCHISMUS

Die Kritiker der liberalen kapitalistischen Gesellschaft hielten dieser oft die Sowjetunion, von der sie ein recht rosiges Bild zeichneten, als Beispiel entgegen, wie eine Gesellschaft sich fortschrittlich entwickeln und das kulturelle und sittliche Leben sich erneuern könne. Aber dies war nicht der einzige Gegenentwurf: In den 20er Jahren des 20. Jahrhunderts bildete sich in Italien eine als Faschismus bezeichnete Bewegung. Sie lieh später einer Reihe anderer, nur lose miteinander verbundenen radikalen Bewegungen in anderen Ländern ihren Namen, die die Ablehnung des Liberalismus und ein starker Antimarxismus verband. Der Erste Weltkrieg hatte den italienischen Staat auf eine schwere Probe gestellt. Obwohl ärmer als andere 1914 als Großmächte betrachtete Länder, hatte Italien einen unverhältnismäßig großen Teil der Kriegslast zu tragen gehabt, zudem verliefen seine Schlachten oft erfolglos und fanden

Der Faschismus in Italien und Deutschland

Der Faschismus war eine politische Bewegung, die 1919 von Benito Mussolini in Italien begründet wurde. Er veränderte Europa in der Zwischenkriegszeit erheblich: Verschiedene, vom Vorbild der italienischen Faschisten beeinflusste Parteien entstanden, darunter die der deutschen Nationalsozialisten. Die italienischen Faschisten und ähnliche Parteien in anderen Ländern behaupteten, gegen alle damals bestehenden politischen Bewegungen zu sein. Sie waren antiliberal und antisozialistisch, zutiefst antikommunistisch und bis zu einem gewissen Grad antikonservativ, obwohl sie sich vielfach mit konservativen rechtsradikalen Gruppierungen verbündeten.

Das Ziel der italienischen und deutschen Faschisten war die Errichtung eines nationalistischen, autoritären Staates mit wirtschaftlicher, sozialer und kultureller Lenkung. Sie strebten territoriale Expansion durch Krieg an. Sie waren aggressiv und weltlich; sie verherrlichten Jugend, Männlichkeit und Krieg und huldigten charismatischen Führern durch sorgfältig inszenierten Personenkult.

Die Niederlage von Deutschland und Italien im Zweiten Weltkrieg sowie die Erinnerung an die durch ihre faschistischen Regime verübten Gräueltaten führten zu einer vollständigen Diskreditierung der Ideologie, die in der Zeit vor dem Krieg ein gewisses Ansehen gehabt hatte. In mehreren europäischen Ländern sind jedoch in jüngster Zeit neofaschistische Bewegungen entstanden, häufig als Folge steigender Jugendarbeitslosigkeit.

Die Abbildung zeigt Benito Mussolini (1883–1945) (links) mit dem Schriftsteller Gabriele d'Annunzio, der gegen Ende des Ersten Weltkriegs als aktiver Förderer ultranationalistischer Einstellungen in Erscheinung trat.

überwiegend auf italienischem Territorium statt. Die Ungleichheiten hatten im weiteren Kriegsverlauf zur Verschärfung sozialer Gegensätze geführt. Mit dem Frieden beschleunigte sich auch die Inflation. Eigentümer landwirtschaftlichen oder industriellen Besitzes und jene, die infolge des Arbeitskräftemangels höhere Löhne fordern konnten, waren besser dagegen gewappnet als die Mittelschicht und jene, die von Kapitaleinkünften oder festen Bezügen lebten. Diese jedoch waren im Allgemeinen die überzeugtesten Anhänger der 1870 vollzogenen Vereinigung des Landes gewesen. Sie unterstützten einen freiheitlichen Verfassungsstaat, während konservative römische Katholiken und revolutionäre Sozialisten dagegen gekämpft hatten. In ihren Augen war der Krieg, in den Italien 1915 eintrat, erstens eine Fortsetzung des Risorgimento, des Kampfes um die nationale Einheit während des 19. Jahrhunderts, und zweitens ein Kreuzzug, um Österreich vom letzten noch von ihm besetzten italienischen Boden zu vertreiben.

Der Frieden brachte den Italienern Enttäuschungen und Desillusionierung, viele nationale Träume wurden nicht verwirklicht. Darüber hinaus wuchs im Zuge der sich zuspitzenden Wirtschaftskrise der unmittelbaren Nachkriegszeit der Einfluss der Sozialisten im Parlament, was nun, da es mit der Sowjetunion einen sozialistischen Revolutionsstaat gab, noch besorgniserregender war. Enttäuscht und ängstlich, des Antinationalismus der Sozialisten überdrüssig, begannen sich viele Italiener vom liberalen Parlamentarismus abzulösen und sahen sich nach einem Ausweg aus den Enttäuschungen Italiens um. Sie sympathisierten mit Formen des kompromisslosen Nationalismus im Ausland und des gewaltsamen Antimarxismus im Inland. Letzterer war in einem römisch-katholischen Land naturgemäß anziehend, aber die neue Führerschaft gegen den Marxismus ging keineswegs nur auf die traditionell konservative Kirche zurück.

Diese verklärende Darstellung des „Marsches auf Rom" im Jahr 1922 zeigt Mussolini an der Spitze der faschistischen Milizen. In Wirklichkeit marschierte Mussolini überhaupt nicht nach Rom, sondern reiste bequem mit dem Zug an und erreichte so das Ziel vor seinen Anhängern.

Benito Mussolini

Im Jahr 1919 formierte Benito Mussolini, ein Journalist und früherer Soldat, der vor dem Krieg ein radikaler Sozialist gewesen war, den *fascio di combattimento*, was sich in etwa als „Kampfbund" übersetzen lässt. Er versuchte mit allen Mitteln an die Macht zu gelangen, darunter auch dem Einsatz von Gruppen junger Schläger, erst gegen Sozialisten und Arbeiterorganisationen, dann gegen gewählte Autoritäten. Die Bewegung gedieh. Es gelang der offiziellen Politik weder, sie einzudämmen, noch durch Zusammenarbeit zu zähmen. Bald erhielten die Faschisten, wie sie nun genannt wurden, vielfach offiziell oder halboffiziell Förderung und Schutz durch lokale Beamte oder Polizei. Das Bandenwesen wurde quasi institutionalisiert. Bis 1922 gelangen ihnen nicht nur wichtige Wahlerfolge, an manchen Orten verhinderten sie durch Terror gegen Kommunisten und Sozialisten praktisch jede ordentliche Regierung. In jenem Jahr betraute der König, nachdem bisher alle an der Her-

Nachdem es keine Regierung geschafft hatte, Mussolinis faschistische Bewegung einzudämmen, beauftragte ihn der König mit der Regierungsbildung.

ausforderung des Faschismus gescheitert waren, Mussolini mit der Regierungsbildung. Die Gewalt hörte auf. Dies nannte die faschistische Legende später den „Marsch auf Rom", aber es bedeutete noch nicht ganz das Ende des italienischen Verfassungsstaates. Mussolini verwandelte seine Position nur langsam in eine diktatorische Herrschaft. 1926 begann er auf der Basis von Dekreten zu regieren und setzte die Wahlen aus. Es erhob sich nur geringer Widerstand dagegen.

Das faschistische Regime Mussolinis

Obwohl das neue Regime fest im Terror verwurzelt war und ausdrücklich freiheitliche Ideale ablehnte, war Mussolinis Herrschaft weit weniger totalitär und brutal als die der von ihm bewunderten sowjetischen Kommunisten. Ohne Zweifel hatte er den Anspruch auf einen revolutionären Wandel, weit stärker noch viele seiner Anhänger, in der Praxis aber erwies sich die Revolution lediglich als propagandistische Behauptung. Das Motiv hierfür war sowohl Mussolinis ungeduldige Veranlagung gegenüber einer Gesellschaft, von der er sich ausgeschlossen fühlte, als auch ein tatsächlicher radikaler Druck innerhalb seiner Bewegung. Praxis und Theorie des italienischen Faschismus stimmten aber nur selten überein. Stattdessen spiegelte er mehr und mehr die Macht des italienischen Establishments wider. Sein größter innenpolitischer Erfolg war ein diplomatisches Abkommen mit dem Vatikan, der zum ersten Mal den italienischen Staat offiziell anerkannte. Ungeachtet aller faschistischen Revolutionsrhetorik waren die Lateranverträge von 1929, die dieses Abkommen festhielten, ein Zugeständnis an die wichtigste konservative Kraft in Italien. Ebenso wenig revolutionäre Folgen zeitigte die faschistische Kritik des freien Unternehmertums. Von der Unterordnung individueller

Mussolinis *Doktrin des Faschismus*

„Vor allem (...) glaubt der Faschismus nicht, dass immerwährender Friede möglich oder sinnvoll ist. Nur der Krieg bringt die ganze Energie des Menschen zu höchster Konzentration, und er adelt jene, die den Mut haben, sich ihm zu stellen." (...)
„Dieser Lebensbegriff setzt den Faschismus jener Doktrin völlig entgegen, die auf dem so genannten wissenschaftlichen und marxistischen Sozialismus beruht, der materialistischen Geschichtsauffassung. (...) Der Faschismus glaubt jetzt und für immer an Heiligkeit und Heldentum, soll heißen, an Handlungen, die nicht direkt oder mittelbar wirtschaftlichen Motiven folgen. (...) Der Faschismus leugnet die Gültigkeit der Gleichung Wohlstand gleich Glück, die den Menschen auf die Ebene von Tieren herabwürdigt." (...)
„Genau wie der Sozialismus bekämpft der Faschismus das komplexe System der demokratischen Ideologie. (...) Der Faschismus lehnt es ab zu akzeptieren, dass die Mehrheit, allein weil sie eine Mehrheit ist, über die Gesellschaft bestimmen kann (...) und er verkündet die unveränderliche, nützliche und vorteilhafte Ungleichheit unter den Menschen." (...)
„Die Grundlage des Faschismus ist sein Staatsbegriff. Der Faschismus betrachtet den Staat als ein Absolutum, demgegenüber Individuen und Gruppen relativ sind."

Ein Auszug aus *Doktrin des Faschismus* von Benito Mussolini, 1932.

Unter den Augen von Mussolini (rechts sitzend) unterzeichnet Kardinal Gasbarri 1929 die Lateranverträge.

Interessen unter den Staat blieb gerade einmal übrig, dass den Gewerkschaften das Recht genommen wurde, die Interessen ihrer Mitglieder zu vertreten. Die unternehmerische Freiheit wurde kaum eingeschränkt, und die Wirtschaftsplanung der Faschisten war eine Farce. Lediglich die landwirtschaftliche Produktion nahm merklich zu.

Die autoritären Regime des übrigen Europa

Dieselbe Differenz zwischen Gehabe und Ansprüchen einerseits und dem tatsächlich Erreichten andererseits trat auch bei weiteren als faschistisch bezeichneten Bewegungen auf. Obwohl sie in der Tat etwas Neues und Postliberales widerspiegelten – sie ließen sich nur als Ausdruck der Massengesellschaft begreifen –, machten derartige Bewegungen in der Praxis fast immer erhebliche Zugeständnisse an konservative Kräfte. Deshalb ist es kaum möglich, überhaupt mit Bestimmtheit von einem Phänomen des „Faschismus" zu sprechen. In zahlreichen Ländern gab es autoritäre, ihren Bestrebungen nach sogar totalitäre Regime, die zutiefst nationalistisch und antimarxistisch waren. Aber der Faschismus war nicht die einzige mögliche Quelle derartiger Vorstellungen. Regierungen, wie sie in Portugal und Spanien auftraten, stützten sich eher auf traditionelle und konservative Kräfte als auf jene, die dem neuartigen Phänomen der Massenpolitik entsprangen. Wirklich radikale Faschisten waren dort oft unzufrieden wegen der Zugeständnisse an die herrschende gesellschaftliche Ordnung. Nur in Deutschland setzte sich schließlich eine Bewegung, die manche als „faschistisch" bezeichneten, in einer den historischen Konservatismus überwindenden Revolution durch. Aus diesen Gründen ist das Etikett Faschismus manchmal eher irreführend, als dass es der Erklärung diente.

Mussolini in Begleitung seiner führenden militärischen Helfer. Die Entscheidung des Faschistenführers zur Teilnahme am Zweiten Weltkrieg erwies sich sowohl für ihn als auch für sein Regime als fatal.

Die verhinderte Demokratie

Für die Zwischenkriegszeit besonders bedeutsam ist das Auftreten von Ideologen und Aktivisten. Dies betraf auch stabile Demokratien wie Großbritannien und Frankreich. Sie bedienten sich der Sprache einer neuen, radikalen Politik und betonten die Bedeutung von Idealismus, Willensstärke und Opferbereitschaft. Zudem wollten sie Staat und Gesellschaft anhand dieser Vorgaben und ohne Rücksicht auf berechtigte Interessen oder Konzessionen an den Materialismus umbauen. Derartige Strö-

Admiral Nikolaus von Horthy (1868–1957) war ungarischer Staatschef von 1920 bis 1944, nachdem im Jahr 1919 die von ihm geführten Truppen das kommunistische Regime unter Béla Kun gestürzt hatten. Horthy war einer von zahlreichen konservativen Diktatoren im Europa der Zwischenkriegszeit.

Auch in England und Frankreich versuchten radikale Bewegungen die Massen durch ihre Ideologien zu beeinflussen, doch nur in Deutschland und Italien setzten sie sich gegen die bestehenden Regierungen durch.

mungen waren zwar weit verbreitet, setzten sich aber nur in Italien und Deutschland durch. In beiden Ländern ging der Erfolg auf wirtschaftlichen Zusammenbruch, gekränkten Nationalstolz und Antimarxismus zurück: Hier kann man von Faschismus sprechen. Im Falle wirtschaftlich rückständiger Länder, vor allem der Osteuropas, sollte man besser von autoritären als von faschistischen Regimen sprechen. Hier führte die Tatsache, dass die große Mehrheit der Bevölkerung noch in der Landwirtschaft arbeitete, zu Problemen, die sich durch den Friedensvertrag noch verschlimmerten. Manchmal schien auch der Staat durch fremde nationale Minderheiten bedroht. In vielen neuen Staaten waren die freiheitlichen Institutionen nur oberflächlich verwurzelt, traditionell konservative gesellschaftliche und religiöse Kräfte hingegen waren stark. Wie in Lateinamerika, wo ähnliche ökonomische Bedingungen herrschten, wich der scheinbare Konstitutionalismus früher oder später nur allzu leicht der Herrschaft von starken Männern und Militärs. Bis 1939 geschah dies in den neuen baltischen Staaten, Polen und allen Nachfolgestaaten der Doppelmonarchie mit Ausnahme der Tschechoslowakei, die in Mitteleuropa einschließlich des Balkans die einzige funktionierende Demokratie war. Der Rückgriff dieser Staaten auf solche Regime bewies, dass man sich 1918 über ihre politische Reife Illusionen gemacht hatte, und belegte die Furcht vor dem marxistischen Kommunismus, die an den Grenzen der Sowjetunion besonders ausgeprägt war. Einen derartigen Druck gab es – wenn auch weniger zwingend – ebenfalls in Spanien und Portugal. Der traditionelle Konservatismus hatte dort sogar einen noch stärkeren Einfluss, und die katholische Gesellschaftsauffassung widerstand der Versuchung des Faschismus.

General Miguel Primo de Rivera (1870–1930) führte 1923 in Spanien mit Unterstützung des Königs und der Armee einen Militärputsch an. Bis 1930 blieb er der Diktator des Landes, bevor er zurücktreten musste, weil die Armee ihm die Gefolgschaft aufkündigte.

General Carmona, zwischen 1928 und 1951 Präsident der Republik Portugal, wird 1941 von der Menge euphorisch begrüßt. Neben ihm steht Antonio de Oliveira Salazar, der Premierminister und eigentliche portugiesische Diktator von 1932 bis 1968.

Die Wirtschaft erholt sich

Die Demokratie erlitt in der Zwischenkriegszeit keineswegs nur Niederlagen. In den 20er Jahren des 20. Jahrhunderts folgte auf einen schlechten ökonomischen Beginn eine schrittweise Erholung des Wachstums, an der der größte Teil Europas partizipierte. Die Jahre zwischen 1925 und 1929 waren eine insgesamt florierende Zeit. Im Hinblick auf die politische Zukunft der neuen Demokratien rechtfertigte dies eine gewisse Zuversicht. Aus der schrecklichen Inflation der ersten Hälfte des Jahrzehnts gingen die Währungen neu gestärkt hervor, und die in vielen Ländern vollzogene Wiedereinführung des Goldstandards kennzeichnete die neu gewonnene Zuversicht, an die alten Tage vor 1914 anzuknüpfen. 1925 überstieg die Produktion von Nahrungsmitteln und Rohstoffen in Europa erstmals wieder den Wert von 1913, und auch die industrielle Produktion erholte sich wieder.

Die wirtschaftliche Schwäche Deutschlands

Doch auf den Boom der 20er Jahre folgte der Zusammenbruch, eine plötzliche Krise verursachte den Zusammenbruch des neuen Wohlstands. Bei dieser Weltwirtschaftskrise handelte es sich um das folgenschwerste Ereignis der Zwischenkriegszeit.

Das komplexe, aber bemerkenswert effiziente Wirtschaftssystem der Zeit bis 1914 war in der Tat irreparabel beschädigt worden. Die internationalen Handelsbeziehungen waren durch den unmittelbar nach dem Krieg einsetzenden Anstieg von Beschränkungen behindert worden, als neue Staaten ihre noch junge Wirtschaft durch Zölle und Handelskontrollen zu schützen versuchten und größere und ältere Staaten ihren entkräfteten Ökonomien eine Regenerationsphase verschaffen wollten. Der Versailler Vertrag verschlimmerte die Zustände noch, indem er

Ein französischer Soldat begleitet eine deutsche Koksladung nach Frankreich, Teil der Reparationsleistungen an den ehemaligen Feind, zu denen Deutschland am Ende des Ersten Weltkriegs gezwungen wurde.

Deutschland, dem wichtigsten europäischen Industrieland, unüberschaubar große materielle und finanzielle Reparationslasten aufbürdete. Dadurch wurden die Wirtschaft des Landes nicht nur zerrüttet und ihr Wiederaufbau verzögert, sondern es entfiel damit auch ein erheblicher Teil ihres ökonomischen Impulses. Im Osten war mit der Sowjetunion der potenziell größte Absatzmarkt Deutschlands beinahe vollständig durch eine Wirtschaftsgrenze abgeschnitten, über die hinweg nur wenig Handel stattfand. Die Donauebene und der Balkan, ebenfalls für den deutschen Außenhandel eine bedeutende Region, war aufgeteilt und verarmt. Diese Probleme wurden zeitweilig durch den Einsatz von amerikanischem Kapital überdeckt, das die Vereinigten Staaten bereitwillig zur Verfügung stellten. Daraus aber entstand eine gefährliche Abhängigkeit von der Wohlstandsentwicklung der USA.

Wirtschaftlicher Aufschwung und Börsensturz in den USA

In den 20er Jahren des 20. Jahrhunderts entfielen auf die USA fast 40 Prozent der weltweiten Kohleförderung und mehr als die Hälfte der weltweit produzierten Industrieerzeugnisse. Dieser Reichtum, der durch den Kriegsbedarf noch zugenommen hatte, veränderte das Leben vieler Amerikaner. Sie waren die erste Nation, für die der Besitz eines privaten Automobils eine Selbstverständlichkeit war. Unglücklicherweise hing die Welt von der wirtschaftlichen Prosperität der USA ab. Sie war die Basis für die Bereitschaft der Amerikaner, ihr Kapital im Ausland zu investieren. Deshalb konnte sich aus einem unruhigen Wirtschaftskreislauf eine weltwirtschaftliche Katastrophe entwickeln. Ab 1928 waren kurzfristige Kredite in den USA schwerer erhältlich. Ebenso gab es Anzeichen, dass das Ende des lang anhaltenden Aufschwungs näher rückte. Diese beiden Faktoren führten dazu, dass amerikanische Kredite aus Europa abgezogen wurden und europäische Schuldner bald in Schwierigkeiten gerieten. Indessen ließ die Kaufkraft in den USA selbst nach, weil die Menschen eine ernsthafte Krise befürchteten. In diesem Zusammenhang kam es im Oktober 1929 fast zufällig zu einem besonders plötzlichen und spektakulären Börsensturz. Es spielte keine Rolle mehr, dass es danach zeitweilig zu einem Ansturm auf die Börse kam und Großbanken Aktien aufkauften, um Vertrauen zurückzugewinnen. Das Ende der wirtschaftlichen Zuversicht in den USA und damit der Investitionen in Übersee war gekommen.

Nach der Meldung vom Börsenkrach kommt 1929 eine entsetzte Menge vor dem Gebäude des Schatzamts an der New Yorker Wall Street zusammen.

Die Weltwirtschaft bricht zusammen

Das Wirtschaftswachstum kam zum Erliegen, weil der Kapitalmarkt zusammenbrach, aber die katastrophale Entwicklung wurde bald noch durch einen weiteren Faktor beschleunigt. Im Versuch, ihre Finanzen auszugleichen, stoppten die Schuldnerstaaten ihre Importe. Die Folge war ein Fall der Weltmarktpreise, so dass die rohstoffproduzierenden Länder sich keine Einkäufe im Ausland

Die wirtschaftliche Verflechtung der Länder untereinander führte nach dem Börsenkrach von 1929 zu der Weltwirtschaftskrise.

Eine amerikanische Suppenküche bietet in der Zeit der Weltwirtschaftskrise kostenlose Armenspeisung an.

mehr leisten konnten. Im Zentrum des Geschehens gerieten derweil sowohl die USA als auch Europa in eine Finanzkrise. Die Länder kämpften vergeblich darum, den Kurs ihrer Währung in einem stabilen Verhältnis zum Goldpreis zu halten und machten mit dem Ziel der Finanzstabilität eine deflationäre Politik, die wiederum zu einem Rückgang der Nachfrage führte. 1933 waren alle großen Währungen außer der französischen nicht mehr goldgestützt. In dieser Entthronung eines der alten Leitbilder der freien Wirtschaft fand die Tragödie ihren symbolischen Ausdruck. Die reale Entsprechung war ein so drastischer Anstieg der Arbeitslosigkeit, dass in der industrialisierten Welt wahrscheinlich 30 Millionen Menschen von ihr betroffen wurden.

Die Folgen der wirtschaftlichen Depression breiteten sich gemäß einer grauenvollen und unausweichlichen Logik aus. Die sozialen Errungenschaften der 20er Jahre, die vielen Menschen einen höheren Lebensstandard gebracht hatten, waren fortgefegt. Kein Land fand auf die Arbeitslosigkeit eine Antwort, und obwohl sie in den USA und Deutschland am schlimmsten war, trat sie auf der ganzen Welt zumindest auf versteckte Weise auf, bis hinein in die Dörfer und auf die Felder der Grundstoffproduzenten. Das Bruttoinlandsprodukt der USA fiel zwischen 1929 und 1932 um 38 Prozent; das entsprach genau dem Preisrückgang bei Industrieerzeugnissen, allerdings fielen im selben Zeitraum die Rohstoffpreise um 56 Prozent und die Nahrungsmittelpreise um 48 Prozent. Überall waren deshalb vor allem auch die ärmeren Staaten und die ärmeren Sektoren der entwickelten Ökonomien überproportional stark betroffen.

Der Verfall der europäischen Hegemonie

Die Welt erholte sich vor dem Zweiten Weltkrieg nicht mehr. Die Staaten schotteten sich durch weitere Zölle ab und bemühten sich zum Teil, durch verstärkte staatliche Eingriffe im Wirtschaftsleben ökonomische Unabhängigkeit zu erreichen. Die Katastrophe war ein idealer Nährboden für die Kommunisten und Faschisten, die den Zusammenbruch der freiheitlichen Zivilisation erwarteten oder ihn herbeireden wollten. Das Ende des Goldstandards und der Glaube an die wirtschaftliche Entflechtung markierten den Zusammenbruch einer Weltordnung in ökonomischer Hinsicht ebenso deutlich, wie es in politischer Hinsicht der Aufstieg totalitärer Regime und die Konjunktur des Nationalismus bis hinauf zu seinem zerstörerischen Höhepunkt anzeigten. Die liberale Kultur hatte in erschreckender Weise ihre Kraft eingebüßt, die Ereignisse zu steuern. Viele Europäer erkannten dies kaum und träumten weiterhin von der Wiederkehr eines Zeitalters, in dem sie die uneingeschränkte Vorherrschaft besessen hatten. Sie übersahen, dass die Werte ihrer Kultur auf einer politischen und ökonomischen Hegemonie beruhten, die zwar einige Zeit funktioniert hatte, nun aber auf der ganzen Welt sichtbar verfiel.

Der Broadway in New York 1928 – ein Jahr, bevor die Seifenblase platzte. Die sorglosen 20er Jahre, die Amerika und Europa eine Periode relativen Wohlstands bescherten, waren fast vorbei. Derartig unbeschwerte Zeiten waren bald nur mehr eine ferne Erinnerung, während sich die Welt auf den nächsten verheerenden Weltkrieg zubewegte.

III. NEUE GROSSMÄCHTE

Im Jahr 1900 konnten die Europäer auf zwei, möglicherweise auch auf drei Jahrhunderte einer unglaublichen Entwicklung zurückschauen. Die meisten der damaligen Betrachter bewerteten diesen Prozess positiv im Sinne eines Fortschritts. Ob man geistige, wissenschaftliche, wirtschaftliche oder einfach materielle Kriterien heranzog – die Reflexion über die eigene Vergangenheit bestätigte die Ansicht, auf dem richtigen Vorwärtskurs zu sein. Der Fortschritt war weltweit und grenzenlos, denn die eigene Kultur war über den gesamten Globus verbreitet, und alle Möglichkeiten standen in Zukunft offen.

Andrerseits gab es auch kritische Stimmen. Sie zogen aus ihren Beobachtungen eher zurückhaltende Schlüsse. Obwohl die Optimisten den Pessimisten zahlenmäßig weit überlegen waren, zählten zu Letzteren gerade geistreiche und kompetente Persönlichkeiten von Rang und Namen. Einige glaubten, die europäische Kultur werde ihr ganzes selbstzerstörerisches Potenzial erst noch offenbaren, und der Zeitpunkt hierfür sei nicht mehr fern. Ohne religiöse oder ethische Bindungen strebe die gegenwärtige Gesellschaft auf einen reinen Materialismus und auf die Barbarei zu, womöglich auch auf einen völligen Niedergang.

Weder die Optimisten noch die Pessimisten behielten vollkommen Recht. Jede Gruppe war zu sehr auf das fixiert, was ihr als charakteristisches Merkmal der europäischen Kultur ins Auge stach. Sie schauten nur auf den eigenen Kulturraum, die Tendenzen oder Schwächen der einzelnen Kräfte darin, um dann Prognosen für die Zukunft zu stellen. Nur wenige jedoch beachteten den größeren Rahmen, wie Europa die übrige Welt veränderte, über die es die Vormacht errungen hatte, und dabei das Gleichgewicht zwischen den Kulturen verschob. Kaum einer blickte über den europäischen oder europäisch geprägten „Tellerrand" hinaus, abgesehen von einigen Schwarzsehern, die die „gelbe Gefahr", die von China drohte, beschworen. Doch schon im 19. Jahrhundert hatte Napoleon empfohlen, den schlafenden Riesen China in Ruhe zu lassen.

Aus unserer Perspektive scheint es, dass die Pessimisten mit ihrem kritischen Urteil Recht behielten. Aber das Wissen um die spätere Entwicklung kann für den Historiker auch von Nachteil sein. Wir können heute nur schwer nachvollziehen, warum sich die Optimisten von damals ihrer Einschätzung der Situation so sicher waren. Wir sollten jedoch versuchen, ihre Denkweise zu verstehen. Denn auch diese Menschen besaßen genug Sachverstand und kannten ihre Vision. Da ihr Optimismus jedoch für lange Zeit die Lösung bestimmter Probleme, die sich im 20. Jahrhundert stellten, behinderte, wird er für uns als geschichtlicher Faktor bedeutsam, den wir aus seinen eigenen Voraussetzungen verstehen müssen.

Auch die Pessimisten waren vielfach im Unrecht. Die schweren Katastrophen des 20. Jahrhunderts trafen Menschen und ganze Gesellschaften, die größere Widerstandskraft besaßen als jene, die in früheren Epochen von geringfügigeren Problemen erschüttert worden waren. Die Herausforderungen waren ganz andere, als man sie vor 100 Jahren noch befürchtet hatte. Im Jahre 1900 mussten sich Optimisten und Pessimisten gleichermaßen auf Daten stützen, die verschiedene Interpretationen zuließen. Es ist nicht sträflich, sondern eher tragisch, dass beide große Schwierigkeiten hatten, die Zukunft genauer zu erkennen.

Der Optimismus des 19. Jahrhunderts wurde 1914 durch den Ausbruch des Ersten Weltkrieges beendet. Dieses Foto von Verdun, Frankreich, vier Jahre später veranschaulicht die Verwüstungen, die französische Städte in dieser Zeit erlitten hatten. Mit ihren großen materiellen Schäden und einer beispiellos hohen Zahl an Opfern hinterließen die Jahre 1914–1918 für die Zwischenkriegszeit ein schweres Erbe.

1 EIN NEUES ASIEN ENTSTEHT

Das Wachstum der japanischen Industrie führte zu einer zunehmenden Verstopfung der Städte in den 20er Jahren. Verkehrschaos in Tokios Elendsbezirk Honjo.

Die Probleme Europas ließen sich nicht auf den eigenen Kontinent begrenzen. Die ersten Anzeichen zeigten sich in Asien. Aus weltgeschichtlicher Perspektive war die europäische Kolonialherrschaft über diesen Kontinent nur sehr kurze Zeit unangefochten. Im Jahre 1914 schloss Großbritannien bereits ein Bündnis mit Japan, um die eigenen Interessen im Fernen Osten zu schützen. Russland, ebenfalls europäische Großmacht, musste von Japan gerade eine Niederlage hinnehmen. Nach 20-jähriger Expansion in Richtung Gelbes Meer war Russland nun wieder gezwungen, sich auf Europa zu konzentrieren. Selbst der Druck auf China, der zur Zeit des Boxeraufstands den baldigen Zusammenbruch des Alten Reiches vermuten ließ, wich, und China verlor keine weiteren Territorien mehr an die europäischen „Imperialisten“. Als die Spannungen innerhalb Europas wuchsen und es sich ferner abzeichnete, dass die japanischen Machtbestrebungen auf Dauer nicht mehr zu unterdrücken waren, wurde den europäischen Staatsmännern klar, dass die Zeit vorbei war, um von neuen Territorien oder gar einer Aufteilung des chinesischen Reiches, des „kranken Mannes im Fernen Osten“, zu träumen. Für alle Seiten schien es ratsamer, zur „Politik der offenen Tür“ zurückzukehren, die allen Ländern das Streben nach wirtschaftlichen Vorteilen im Rahmen eines gemeinsamen freien Marktes gestattete. Dieser Gewinn fiel jedoch weit weniger spektakulär aus, als man es vom hoffnungsvollen letzten Jahrzehnt des 19. Jahrhunderts vermuten konnte.

Der Niedergang des Kolonialismus

Der europäische Einfluss auf Asien büßte seine Vehemenz nach 1914 ein, und die großen Erfolge gehörten der Vergangenheit an. Der Umbruch, dem Asien durch Kolonialismus, kulturellen Austausch und die Wirtschaftsmacht Europas ausgesetzt war, rief dort ernst zu nehmende Abwehrreaktionen hervor.

Am stärksten ausgeprägt war die Ablehnung in Japan, wo sie indirekt als Katalysator für die Modernisierung wirkte. Japan wurde die asiatische Nation, die in der 100-jährigen Auseinandersetzung zwischen Ost und West die nächsten Schritte bestimmte. Seine stürmische Entwicklung beherrschte die Geschichte Asiens in den ersten 40 Jahren des 20. Jahrhunderts. Die chinesische Revolution von 1911 hatte erst nach 1945 vergleichbare Auswirkungen. Zu diesem Zeitpunkt überrundete China Japan und wurde wieder zur vorrangigen Macht in Asien. Das Zeitalter der westlichen Vorherrschaft auf diesem Kontinent ging damit zu Ende.

Bild von einer japanischen Wahlkampfveranstaltung (1914): Ein westlich gekleideter Redner wendet sich an ein Publikum in überwiegend traditionell japanischen Gewändern.

JAPAN

Wirtschaftswachstum und aggressiv vertretene Gebietsansprüche prägten die dynamische Entwicklung Japans. Der erste Faktor stand lange Zeit im Vordergrund und gehörte zu einem Gesamtprozess, der sich als „Verwestlichung" bezeichnen lässt. Im Jahre 1925 wurde das allgemeine Wahlrecht eingeführt. Diese Maßnahme festigte die Hoffnung, Japan entwickle sich seit dem 19. Jahrhundert kontinuierlich zum Verfassungsstaat.

Das industrielle Wachstum in der Nachkriegszeit

Ausländer wie auch Japaner teilten dieses Vertrauen in die Weiterentwicklung der Verfassung. Der Erste Weltkrieg eröffnete große Chancen und weckte entsprechende Hoffnungen: Japan dominierte die Märkte (vornehmlich in Asien), die zuvor stark vom Westen umkämpft waren. Die Krieg führenden Mächte konnten nicht einmal die Nachfrage in ihren eigenen Ländern befriedigen. Die alliierten Regierungen vergaben große Aufträge an japanische Rüstungsfabriken, und der weltweite Engpass im Schiffbau verschaffte den neuen japanischen Werften die nötige Arbeit. Das japanische Bruttosozialprodukt wuchs in den Kriegsjahren um 40 Prozent. Trotz eines Einbruchs im Jahr 1920 hielt das industrielle Wachstum in den folgenden Jahren an. Obwohl letztlich nur ein Fünftel der Bevölkerung in der Industrie beschäftigt war, hatte sich 1929 die Stahlproduktion, verglichen mit 1909, fast verzehnfacht. Die Textilproduktion hatte sich im selben Zeitraum verdreifacht und die Kohlegewinnung verdoppelt. Die ja-

Zeitleiste (1911–1937)

1919
Versailler Vertrag

1937
Japanische Invasion Chinas

1900

1940

1911–1912
Chinesische Revolution

1926–1927
Vormarsch der KMT nach Nordchina

1934–1935
Der Lange Marsch

panische Wirtschaft dehnte ihren Einfluss außerdem auf andere asiatische Länder aus: Aus China und Malaysia wurde Eisenerz, aus der Mandschurei Kohle importiert. Verglichen mit der westlichen Konkurrenz war die japanische Fertigungsindustrie klein. Doch trotz der noch umfangreichen kleingewerblichen und handwerklichen Produktion trat in den 20er Jahren die neue industrielle Stärke Japans immer deutlicher in den Vordergrund. Das betraf insbesondere die Beziehungen zum asiatischen Festland.

Die chinesische Revolution von 1911 beendete die Herrschaft der Ch'ing-Dynastie. P'u-i (1906–1967), von 1908 bis 1912 letzter Kaiser Chinas, rechts im Bild neben seinem Vater Prinz Chun Tsai-feng und seinem jüngeren Bruder. P'u-i musste 1912 abdanken und regierte später unter dem Namen K'ang Te den japanischen Marionettenstaat Manchukuo (1934–1945).

CHINA NACH DER REVOLUTION VON 1911

Während Japan durch seine dynamische Entwicklung zur Großmacht wurde, setzte sich in China, der größten asiatischen Kontinentalmacht, der Niedergang fort. Die Revolution von 1911 konnte die Stagnation nicht beenden. Historisch betrachtet, bedeutete sie einen stärkeren Einschnitt in die Weltgeschichte als die Französische oder die Russische Revolution. Sie markierte das Ende einer mehr als 2000-jährigen Geschichte, in der die konfuzianische Staatsverwaltung China zusammengehalten und konfuzianische Ideale die chinesische Kultur und Gesellschaft beherrscht hatten. Der Konfuzianismus und die Rechtsordnung waren untrennbar miteinander verknüpft. Die Revolution von 1911 setzte diese Normen des traditionellen China außer Kraft. In zweierlei Hinsicht war diese Revolution jedoch begrenzt: Zunächst erwies sie sich als eher destruktiv. Die Monarchie bildete die Klammer, die das riesige, aus ganz unterschiedlichen Regionen bestehende Land zusammengehalten hatte. Ihrem Zusammenbruch folgte ein zentrifugal wirkender Regionalismus, der in der chinesischen Geschichte bereits häufiger aufgetreten war. Viele Revolutionäre beflügelte der Neid und ein tief sitzendes Misstrauen gegenüber Beijing (Peking). Geheimgesellschaften, Landadlige und Militärs standen bereit, in ihren jeweiligen Gebieten die Herrschaft an sich zu reißen. Diese Tendenzen blieben während der Präsidentschaft Yüan Shih-k'ais (bis 1916) zwar verborgen, doch anschließend brachen sie sich Bahn. Die Aufständischen waren gespalten: Die Gruppe um Sun Yat-sen bezeichnete sich als Chinesische Nationalpartei oder Kuomintang (KMT), die andere unterstützte die von Peking eingesetzte Zentralregierung. Suns Anhängerschaft setzte sich hauptsächlich aus kantonesischen Geschäftsleuten und hohen Militärs Südchinas zusammen. Diese besaßen die Verfügungsgewalt über gut bewaffnete Truppenverbände, während die Zentralregierung Schwäche zeigte. Zwischen 1912 und 1928 traten etwa 1300 dieser Machthaber auf, die bedeutende Gebiete beherrschten. Einige von ihnen führten Reformen durch, andere waren nichts weiter als Bandenführer. Manche genossen ein beträchtliches Prestige und galten als mögliche Anwärter auf die Regierung. Die Verhältnisse ähnelten ein wenig denen am Ende des Römischen Reiches. Die Macht des alten, gebildeten Beamtenapparates war zerstört, und die Militärs füllten diese Lücke. Yüan Shih-k'ai ist ein herausragendes Beispiel für diesen Typus.

Die chinesische Republik des Präsidenten Yüan Shih-k'ai (1859–1916), hier in Paradeuniform, war praktisch eine Diktatur. Die politische Macht lag von Anfang an in den Händen von Militärführern. Zwischen 1916 und 1919 kam es zu einer Reihe von bewaffneten Auseinandersetzungen zwischen Provinzgouverneuren und „Kriegsherren", die das Elend der in Armut lebenden Chinesen verschärften.

Die Reform der „Jungchinesen"

Die Revolution von 1911 stieß an ihre Grenzen, weil sie keine einheitliche Basis für einen weiteren Fortschritt bieten konnte. Sun Yat-sen erklärte, die Lösung der nationalen Frage

Die Kuomintang (KMT)

Chinas nationale Volkspartei, die „Kuomintang", stellte die führende Kraft der chinesischen nationalistischen Revolution von 1911 dar. Zu ihren Mitgliedern zählten Angehörige des Bürgertums, Arbeiter und Bauern. Besonders stark war die Partei in den industrialisierten Landesteilen an der Küste. Den Kommunisten überließ sie die ländlichen Gebiete für deren Agitation.

Zwischen 1927 und 1937 beherrschte die Kuomintang China. Sie einte das Land, bildete eine nationalistische Regierung und wurde zu einer autoritären Militärmacht, die mit westlichen neokolonialistischen Interessen verbunden war. Die Regierung erreichte einen ausgeglichenen Staatshaushalt und schaffte die Sonderrechte für Ausländer ab. Doch als die Japaner 1937 China überfielen, wurde die KMT der Lage militärisch nicht Herr. 1949 triumphierte die Kommunistische Partei Chinas über die Kuomintang, die in ihren Augen eine liberal-bürgerliche Partei war.

Mitglieder der Kuomintang auf einem Foto von 1927, kurz nach der Konferenz, die die beiden Flügel vereinte.

müsse den sozialen Aufgaben vorausgehen. Doch selbst über die Gestaltung einer nationalistischen Zukunft herrschte große Uneinigkeit. Die Absetzung der Dynastie beseitigte den gemeinsamen Feind, der verhindert hatte, dass diese Gegensätze zu Tage traten. Die ideologische Uneinigkeit unter den Aufständischen, die in der ersten Dekade der chinesischen Revolution herrschte, erwies sich zwar zuweilen als kreativ, erzeugte aber tiefe Spaltungen.

Ab 1916 wurde insbesondere die Pekinger Universität zum Zentrum einer Gruppe Kulturreformer. 1915 hatte einer von ihnen, Ch'en Tu-hsiu, die Zeitschrift „Neue Jugend" gegründet, die zum Sammelbecken angeregter Debatten wurde. Nach Überzeugung Ch'ens lag das Schicksal der Revolution in den

Händen der chinesischen Jugend. Ihr predigte er, die alte kulturelle Tradition Chinas komplett zu verwerfen. Wie andere Intellektuelle glaubte auch Ch'en immer noch, der Schlüssel zur Lösung der Probleme sei im Westen zu finden. Der Kampf um das Dasein im Sinne Darwins, der westliche Individualismus und Utilitarismus schienen Wege, die ein Vorankommen ermöglichten. Doch so wichtig diese Avantgarde war und wie enthusiastisch ihre Schüler auch sein mochten, eine Umerziehung Chinas nach westlichem Vorbild stellte ein Problem dar. Viele gebildete und patriotische Chinesen fühlten sich stark an ihre traditionelle Kultur gebunden. Zudem wurden die westlichen Ideen nur von einer Minderheit der chinesischen Gesellschaft begierig aufgenommen: bei den Kaufleuten der Küstenstädte und ihren häufig im Ausland studierenden Kindern. Die Masse der Chinesen hingegen konnte man mit solchen Ideen und Appellen kaum erreichen.

Die Armut der Landbevölkerung

Soweit die Chinesen nationalistische Gefühle hegten, wandten sie sich in der Regel gegen den westlichen Kapitalismus. In ihm sahen viele nur eine weitere Form der Ausbeutung. Überwiegend schienen die bäuerlichen Massen Chinas nach 1911 jedoch in Passivität zu verfallen. Sie folgten den Ereignissen gleichgültig und kümmerten sich nicht um die Agitation der aggressiven, verwestlichten jungen Männer. Allgemeine Aussagen über die wirtschaftliche Lage der Bauern sind problematisch, weil das Land zu groß und zu vielgestaltig war. Offenkundig aber wurde bei stetigem Bevölkerungswachstum nichts unternommen, um das elementare Bedürfnis der Bauern nach Land zu stillen. Stattdessen wuchs die Zahl der Verschuldeten und Landlosen. Häufig wurden die elenden Lebensbedingungen durch kriegerische Auseinandersetzungen und deren Begleiterscheinungen, Hungersnöte und Seuchen, noch weiter verschärft. Die chinesische Revolution konnte nur dann weiter erfolgreich wirken, wenn es gelang, diese Menschen zu aktivieren. Ihren mangelnden Willen, in der Politik die notwendigen praktischen Schritte einzuleiten, verbargen die Reformer hinter einem besonderen Interesse für die kulturellen Fragen.

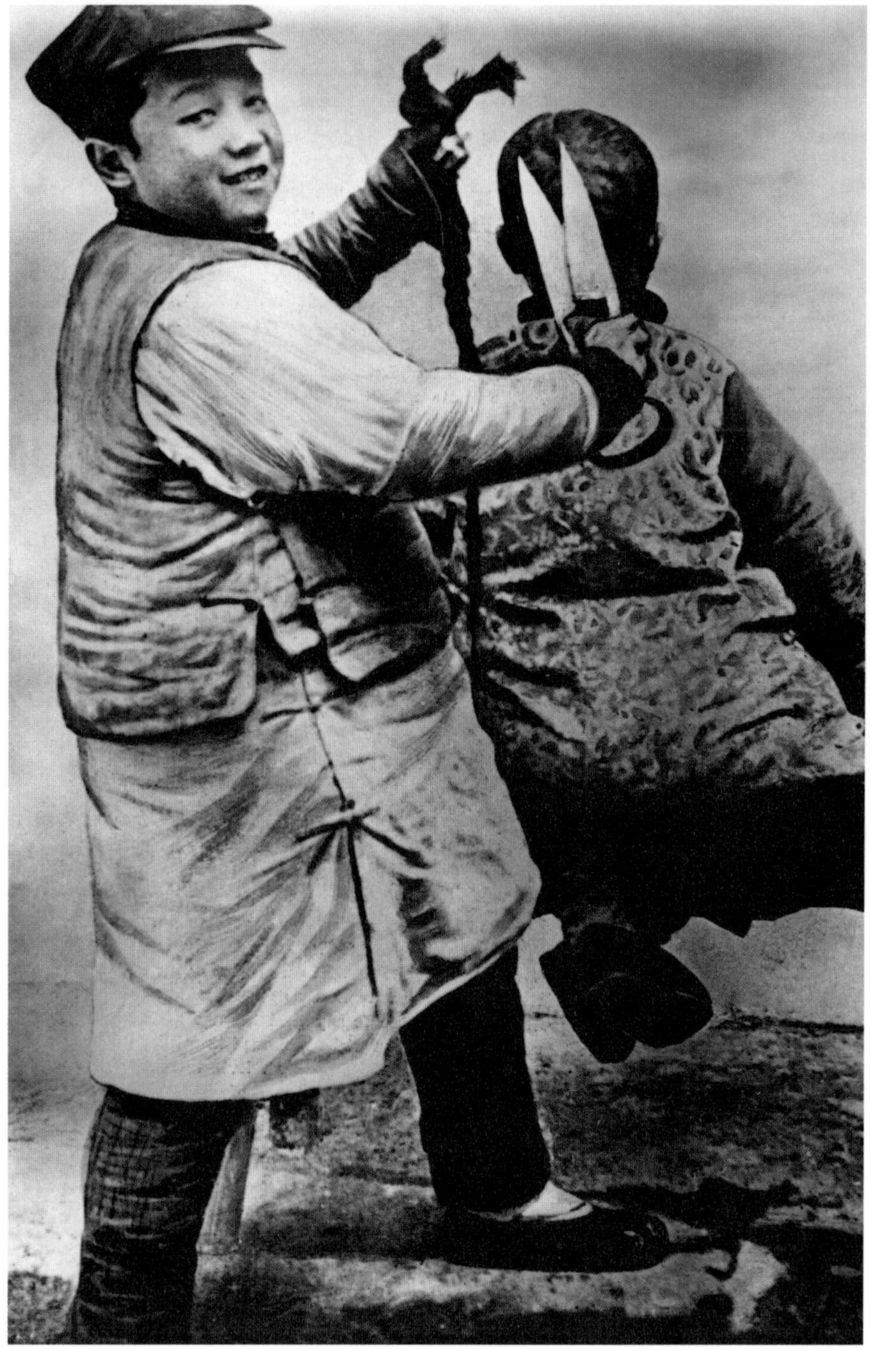

Durch die Revolution von 1911 entstand eine Klasse von Intellektuellen und Reformern. Zu der Kampagne gegen die traditionellen Symbole des alten kaiserlichen Regimes gehörte das Abschneiden der Manchu-Zöpfe.

Japans Forderungen an China

Chinas Schwäche war Japans Chance. Der Erste Weltkrieg schuf die Gelegenheit, die im 19. Jahrhundert entwickelte Politik voranzutreiben. Die Vorteile, die der Krieg zwischen den europäischen Mächten bot, ließen sich nutzen. Japans Verbündete konnten gegen dessen Besetzung der deutschen Häfen in China kaum etwas ausrichten; zu dringend benötigten sie japanische Schiffe und Erzeugnisse. Außerdem bestand die Hoffnung, dass Japan eigene Truppen nach Europa in den Krieg entsandte. Doch nichts dergleichen geschah. Vielmehr taktierten die Japaner und drohten mit einem möglichen Sonderfrieden mit dem Deutschen Reich. Zeitgleich trieben sie ihre Politik in China weiter voran.

1915 konnte Japan einige seiner 21 Forderungen gegenüber China durchsetzen, obwohl Amerika und England mit diplomatischen Schritte versuchten gegenzusteuern.

Zu Beginn des Jahres 1915 legte die japanische Regierung China eine Liste mit 21 Forderungen vor und stellte ein Ultimatum. De facto bedeuteten diese Ansprüche ein japanisches Protektorat in China. Dagegen leiteten Großbritannien und die Vereinigten Staaten diplomatische Schritte ein. Doch Japan setzte die meisten Ansprüche durch; darunter die Anerkennung seiner besonderen wirtschaftlichen Interessen und Pachtrechte in der Mandschurei. Die chinesischen Patrioten waren aufgebracht, angesichts des Chaos im Inneren jedoch handlungsunfähig.

Die Friedensvereinbarung

Die nächste japanische Intervention in China erfolgte 1916. Die Briten unterließen es auf japanischen Druck, Yüan Shih-k'ais Versuch zu unterstützen, durch Annahme des Kaisertitels die innere Ruhe wiederherzustellen. Im folgenden Jahr kam es zu einem weiteren Vertrag: China musste die japanischen Sonderinteressen bis weit in die Innere Mongolei anerkennen. Im August 1917 trat die chinesische Regierung in den Krieg mit Deutschland ein. Sie hoffte auf Wohlwollen und Unterstützung, die ihr bei den Friedensverhandlungen eine unabhängige Stimme sichern sollten. Aber nur wenige Monate später brachen die Vereinigten Staaten ihre Zusage, prinzipiell an der „Politik der offenen Tür" sowie an der chinesischen Integrität und Unabhängigkeit festzuhalten, und stimmten formell den japanischen Sonderinteressen in China zu. Den Chinesen gestanden die Alliierten lediglich das Ende der Exterritorialität von Deutschen und Österreichern sowie eine Stundung ihrer Entschädigungszahlungen aus dem Boxeraufstand zu. Japan hingegen sicherte sich in Geheimverhandlungen in den Jahren 1917 und 1918 weitere chinesische Konzessionen.

Der Friedensschluss erwies sich allerdings für beide künftigen asiatischen Großmächte als tiefe Enttäuschung. Japan war nun zweifellos eine Weltmacht; 1918 besaß das Land die drittgrößte Flotte der Welt. Auch erbrachte der Frieden große Zugewinne: Japan erhielt die (1917 von Briten und Franzosen zugesagten) früheren deutschen Rechte in Shantung und das Mandat für viele Südseeinseln, die zuvor zum deutschen Kolonialbesitz gehört hatten, sowie einen ständigen Sitz im Rat des Völkerbundes. Doch dieser Gewinn an Ansehen wurde in den Augen der Japaner dadurch geschmälert, dass in das Statut des Völkerbundes kein Bekenntnis zur Rassengleichheit aufgenommen wurde. Die Chinesen hatten weit mehr Grund zur Klage. Trotz (vor allem in den Vereinigten Staaten) weltweiter Sympathien für ihre Ablehnung der 21 japanischen Forderungen konnten sie keine Änderung in der Shantung-Entscheidung durchsetzen. Sie waren unzufrieden mit der diplomatischen Haltung der Amerikaner und durch die Spaltung der eigenen Delegation behindert: Die Vertreter der Pekinger Regierung und der Kuomintang in Kanton waren sich nicht einig; so verweigerten die Chinesen ihre Unterschrift unter das Friedensabkommen.

DIE VIERTE-MAI-BEWEGUNG

Fast unmittelbar auf die Friedensverhandlungen folgte 1919 die „Vierte-Mai-Bewegung“ in China. Manche Beobachter schreiben ihr eine ebenso große Bedeutung zu wie der Revolution von 1911. Der Name leitet sich von einer Studentendemonstration in Peking gegen den Friedensvertrag her. Sie war für den 7. Mai geplant, den Tag, an dem China im Jahr 1915 die Forderungen akzeptiert hatte. Um Aktionen der Behörden vorzugreifen, wurde sie jedoch vorverlegt. Die Demonstration eskalierte, wobei es zunächst nur zu kleineren Unruhen kam. Der Rektor der Universität trat zurück. Daraufhin konstituierte sich eine landesweite Studentenbewegung (als eine erste politische Folge der Hochschulgründungen nach 1911). Es folgten Streiks und ein Boykott japanischer Waren. Die Bewegung fand ihren Ausgangspunkt bei den Intellektuellen und ihren Schülern. Nun schloss sie auch andere städtische Schichten ein, insbesondere die Industriearbeiter und die neureichen Kriegsgewinnler.

Die Industrialisierung Chinas

Zum ersten Mal trat nun China als Industrieland in Erscheinung. Wie Japan hatte es während des Ersten Weltkrieges einen wirtschaftlichen Aufschwung erlebt. Der Rückgang europäischer Importe wurde zwar zum Teil durch verstärkte Einfuhren aus Japan und Amerika wettgemacht, doch war es für die chinesischen Unternehmer in den Hafenstädten durchaus profitabel, in die Produktion für den heimischen Markt zu investieren. Die ersten größeren Industriegebiete außerhalb der Mandschurei entstanden. Die Betriebe gehörten fortschrittlichen Industriellen. Diese sympathisierten umso mehr mit den revolutionären Ideen, wie die Rückkehr zum Frieden die erneute westliche Konkurrenz zur Folge hätte. Dies verband sie mit den Arbeitern, die um ihre Arbeitsplätze fürchteten. Viele von ihnen waren in erster Generation Stadtbewohner. Das Versprechen, Beschäftigung zu finden, hatte sie vom Land in die neuen Industriegebiete geführt. Die Verbundenheit mit bäuerlichen Traditionen war in China noch bedeutsamer als ein Jahrhundert zuvor in Europa. Die Bindungen an Familie und Dorfgemeinschaft waren besonders stark. Wer in die Stadt zog, brach mit der Struktur patriarchaler Autorität und mit den wechselseitigen Verpflichtungen der Selbstversorgereinheiten, dem Haushalt der Großfamilie. Dies bedeutete eine weitere Schwächung der uralten, vorrevolutionären Muster. Für die ideologische Beeinflussung eröffneten sich damit ganz neue Möglichkeiten.

Sun Yat-sen, der Gründer der Kuomintang, war eine stark vom Westen beeinflusste Führungspersönlichkeit Chinas. Anders als dieses Foto aus dem Jahr 1925 zeigen ihn die meisten Bilder in europäischer Kleidung.

Die Saat für weitere Revolutionen

Die Vierte-Mai-Bewegung schuf die erste chinesische Koalition für eine Revolution auf breiter Basis. Der fortschrittliche westliche Liberalismus hatte dies nicht geschafft, und das System der kapitalistischen westlichen Demokratie hatte sich bloßgestellt, als die chinesische Regierung angesichts der japanischen Forderungen ohne Hilfe blieb. Nun wurde die Regierung auch noch durch ihre eigenen Bürger gedemütigt. Der Boykott und die Demonstration zwangen sie, die verhafteten Studenten freizulassen. Die projapanisch eingestellten Minister mussten zurücktreten. Doch das war nicht die einzige wichtige Konsequenz der Vierte-Mai-Bewegung. Mit Hilfe der Studenten war es den Reformern, trotz ihres begrenzten politischen Einflusses, gelungen, im gesellschaftlichen Bereich aktiv zu werden. Das weckte ungeheuren Optimismus und erzeugte im Volk ein größeres politisches Bewusstsein. Deshalb lässt sich durchaus behaupten, dass die zeitgenössische chinesische Geschichte erst 1919 und nicht schon 1911 beginnt.

Letzten Endes aber wurde der Aufbruch in die Moderne durch das Einwirken einer asiatischen Macht hervorgerufen, nämlich durch den Herrschaftsanspruch Japans. Das Eingreifen dieses Nachbarn und Rivalen war für China zwar nicht neu, traf im Jahr 1919 aber auf ein Land, dessen kulturelle Traditionen sich schnell auflösten. Das Ende des Systems der Staatsprüfungen, die Rückkehr der Exilanten aus dem Westen sowie die großen literarischen und kulturellen Debatten der Kriegsjahre ließen eine Rückkehr zu dem alten, fest gefügten Zustand nicht mehr zu. Die Kriegsherren boten keine Autorität zur Identifikation und zur Aufrechterhaltung der überkommenen Formen mehr. Und nun stand sogar der große Rivale der konfuzianischen Vergangenheit, der westliche Liberalismus

In dieser Szene aus Shanghai im April 1919 tragen Kulis Gepäck zu den Kais. Die Ausländer warten auf ihre Abfahrt, in Sorge über die zunehmenden politischen Unruhen.

unter Druck, hing er doch mit den ausländischen Ausbeutern zusammen. Der westliche Liberalismus hatte niemals auf die Massen gewirkt. Nun ließ auch sein Reiz auf die Intellektuellen nach, als eine neue rivalisierende ideologische Kraft aus dem Westen auf die politische Bühne drängte. Die bolschewistische Revolution gab dem Marxismus eine Heimat, aus der seine Anhänger im Ausland sich Inspiration, Anleitung, Führung und manchmal auch materielle Hilfe holen konnten. Dieser wichtige neue Faktor beschleunigte das Ende einer sich bereits auflösenden historischen Epoche.

DER MARXISMUS IN CHINA

Die russische Februarrevolution von 1917 und die Machtübernahme der Bolschewiken wurden von einem Mitarbeiter der „Neuen Jugend" sehr wohlwollend aufgenommen: Li Ta-chao war seit 1918 Bibliothekar an der Pekinger Universität. Bald betrachtete er den Marxismus als die treibende Kraft der Weltrevolution und als Mittel, um die chinesische Bauernschaft zu aktivieren. Angesichts der Enttäuschung über den Westen war Russland bei den chinesischen Studenten sehr beliebt. Es schien, als hätten die Nachfolger des Zaren den alten imperialistischen Kern beseitigt. Eine der ersten Maßnahmen der neuen sowjetischen Regierung war der formelle Verzicht auf alle exterritorialen Rechte und Vorteile, die der zaristische Staat in China besessen hatte. In den Augen der chinesischen Nationalisten hatte Russlands neue Regierung saubere Hände. Außerdem erfolgte die Revolution dort in einer Gesellschaft mit großem bäuerlichen Anteil. Sie stützte sich auf eine Lehre, die auch auf China anwendbar sein könnte. An der Pekinger Universität konstituierte sich 1918 eine marxistische Studentengruppe. Zu ihren Mitgliedern zählte ein Assistent der Universitätsbibliothek namens Mao Tse-tung. 1920 wurde eine der Studentenzeitschriften zu einem Forum marxistischer Ideen. Sie formulierte die Hoffnungen und Ziele jener Bewegung. Es hatte auch schon die ersten erfolgreichen Versuche gegeben, Streiks zu organisieren und dabei marxistische und leninistische Prinzipien anzuwenden.

Der Marxismus führte zu Spaltungen unter den Reformern. Ch'en Tu-hsiu wandte sich ihm 1920 zu, weil er ihn als die Lösung für Chinas Probleme betrachtete. Er setzte seine ganze Energie ein, die entstehende chinesische Linke auf der Grundlage des Marxismus zu organisieren. Die Liberalen gerieten ins Hintertreffen. Die Komintern (Kommunistische Internationale) entsandte 1919 einen ersten Vertreter nach China, der Ch'en und Li Ta-chao unterstützen sollte. Das Unternehmen war nicht sehr erfolgreich, es gab Streitigkeiten. Gleichwohl wurde 1921 unter noch immer ungeklärten Umständen von Delegierten aus verschiedenen Teilen Chinas, darunter auch Mao Tse-tung, in Shanghai die Kommunistische Partei Chinas (KPCh) gegründet.

Die Kommunistische Partei Chinas wurde im Juni 1921 gegründet. Zu ihren Gründungsmitgliedern zählte Mao Tsetung (1893–1976; Foto von 1967). Die Anfänge der KPCh waren äußerst bescheiden: Sie hatte nur sehr wenig Mitglieder, keine landesweite Organisation, keine Geldmittel und keine politische Erfahrung. Viele Einzelheiten über die Gründung der Partei liegen nach wie vor im Dunkeln.

Der chinesische Kommunismus

Mit der Gründung der Kommunistischen Partei Chinas begann das letzte Stadium der chinesischen Revolution und die nächste Wendung jener merkwürdigen Dialektik, welche die europäisch-asiatischen Beziehungen geprägt hatte. Mit dem Marxismus wurde wieder einmal eine fremde Idee aus dem Westen von einem Volk Asiens aufgegriffen, obwohl sie sich auf Aussagen stützte, deren Ursprünge in der jüdisch-christlich-abendländischen Kultur verwurzelt waren. Der Marxismus wurde nun nicht mehr nur gegen die traditionellen Ursachen der Stagnation in China eingesetzt. Er sollte auch die durchaus westlichen Ziele der Modernisierung, der Effizienz, der universellen Menschenwürde und der Gleichheit fördern. Zugleich sollte er auch gegen die Welt schützen, aus der er selber stammte, nämlich gegen das kapitalistische Europa.

Der chinesische Kommunismus profitierte sehr davon, dass sich der Kapitalismus als das einheitliche und verbindende Prinzip hinter der ausländischen Ausbeutung und Aggression darstellen ließ. Zwar stimmten die neun Großmächte mit ihren Interessen in Asien überein, die territoriale Integrität Chinas zu garantieren, und auch Japan hatte zugestimmt, die ehemals von Deutschland beherrschten, im Krieg besetzten Gebiete wieder unter chinesische Souveränität zu stellen. Doch jeder wusste, dass die Garantien für China nur etwas wert waren, wenn die Amerikaner sie verteidigten. Die Briten waren vertraglich verpflichtet worden, keinen Marinestützpunkt in Hongkong zu errichten. Inzwischen verwalteten Ausländer weiterhin die Zoll- und Steuereinkünfte, die die Pekinger Regierung des „unabhängigen" China benötigte. Die ausländischen Handelsvertreter und Geschäftsleute verhandelten direkt mit den

Shanghai im späten 19. Jahrhundert. Auffällig die Gebäude europäischen Stils, Sitze von Botschaften und ausländischen Unternehmen.

Kriegsherren, wenn das für sie von Vorteil war. Obgleich die amerikanische Politik die europäische Position in Asien insgesamt weiter geschwächt hatte, wirkte sich das in China noch nicht aus.

Die Annäherung der KMT an den Marxismus

Die permanente Einmischung der „ausländischen Teufel" in die Verhältnisse Chinas war einer der Gründe für die Attraktivität des Marxismus für die Intellektuellen weit über die Grenzen der formellen kommunistischen Partei Chinas hinaus. Sun Yat-sen grenzte sich zwar dogmatisch vom Kommunismus ab, vertrat aber Ansichten, die die KMT vom konventionellen Liberalismus in Richtung des Marxismus weiterführten. Nach seiner Weltanschauung besaßen Russland, Deutschland und Asien als ausgebeutete Länder gemeinsame Interessen gegenüber den vier imperialistischen Großmächten (Deutschland genoss Ansehen, nachdem 1921 die deutsch-chinesischen Beziehungen auf der Grundlage der Gleichberechtigung neu gestaltet worden waren). Sun prägte den neuen Begriff „Hypo-Kolonie" für den Zustand, in dem China ausgebeutet wurde, ohne sich formell in politischer Abhängigkeit zu befinden. Seine Schlussfolgerung war der Kollektivismus: „Keinesfalls dürfen wir dem Individuum größere Freiheit einräumen", schrieb er, „wir müssen vielmehr die Freiheit der Nation sichern." Diese Aussage billigte das Fehlen individueller Freiheiten, das die klassische chinesische Lebensweise und Tradition stets geprägt hatte. Die Ansprüche von Familie, Klan und Staat waren immer ausschlaggebend gewesen. Sun Yat-sen ging von einer Zeit der Einparteienherrschaft aus, in der mit Hilfe von Massenindoktrination die Haltung neu gefestigt werden konnte, die in der Gefahr schwebte, von westlichen Ideen korrumpiert zu werden.

Als dieses Foto aufgenommen wurde, war der links im Vordergrund stehende Tschiang-Kaishek (1887–1975) noch nicht mehr als ein hochrangiger Offizier des neuen Regimes.

Die Zusammenarbeit zwischen KPCh und KMT

Es gab damals also keine schwer wiegenden Hindernisse für eine Zusammenarbeit zwischen der Kommunistischen Partei Chinas und der Kuomintang. Die Westmächte sowie die Kriegsherren waren der gemeinsame Feind; die russisch-sowjetische Regierung half, beide Parteien zusammenzubringen. Die Kooperation mit der antiimperialistischen Macht, mit der China die längste gemeinsame Landgrenze teilte, schien allemal klug und nicht sehr riskant. Die Politik der Komintern befürwortete die Zusammenarbeit mit der KMT. Ziel war, die russischen Interessen in der Mongolei zu schützen und zugleich die Japaner auf Abstand zu halten. Russland war bei den Washingtoner Verhandlungen übergangen worden, obgleich keine andere Macht größere territoriale Interessen im Fernen Osten besaß. Schon deshalb schien die Kooperation mit den wahrscheinlichen Siegern in China geboten, auch wenn dies nicht unbedingt der marxistischen Doktrin entsprach. Unter russischer Förderung arbeitete die KPCh ab 1924 mit der Kuomintang zusammen. Als Einzelpersonen, aber nicht als Partei, gehörten manche Kommunisten zugleich der Kuomintang an. Sun Yat-sens fähiger junger Truppenführer Tschiang-Kai-shek wurde zur weiteren Ausbildung nach Moskau geschickt. In China wurde eine Militärakademie gegründet, um die eigenen Kadetten politisch und militärisch zu schulen.

Die Erfolge der Kuomintang

Auch nach Sun Yat-sens Tod blieb die Volksfront aus Anhängern der KPCh und den Kuomintang zunächst stabil.

Im Jahre 1925 starb Sun Yat-sen. Er hatte es den Kommunisten leichter gemacht, mit seinen Anhängern zusammenzuarbeiten, und die Volksfront hielt noch. In Sun Yat-sens Testament (das die chinesischen Schulkinder auswendig lernten) hieß es, die Revolution sei noch nicht vollendet. In bestimmten Provinzen erzielten die Kommunisten wichtige Fortschritte, um die Unterstützung der Bauern für die Revolution zu gewinnen. Unterdessen ging die neue Revolutionsarmee gegen die Kriegsherren vor. 1927 schien es, als sei die Einheit des Landes unter der Führung der KMT wiederhergestellt. Eine antiimperialistische Stimmung unterstützte einen erfolgreichen Boykott britischer Waren; das bewog die britische Regierung, die zudem über den wachsenden russischen Einfluss in China besorgt war, auf ihre Konzessionen in Hankou und Kiukiang zu verzichten. Bereits 1922 hatte sie versprochen, Shantung an China zurückzugeben; die Vereinigten Staaten hatten auf ihren Anteil an den Entschädigungszahlungen für den Boxeraufstand verzichtet. Neben solchen Erfolgen gab es Anzeichen, dass China endlich seinen eigenen Weg eingeschlagen hatte.

Die Revolution auf dem Land

Ein wichtiger Aspekt der chinesischen Revolution blieb lange unbeachtet. Die marxistische Theorie betonte die unverzichtbare Funktion des Industrieproletariats für die kommunistische Revolution. Die chinesischen Kommunisten waren stolz auf ihre Erfolge bei der Politisierung der neuen städtischen Arbeiterschaft; doch die Masse der Chinesen waren Bauern. Immer noch gefangen in der malthusianischen Falle von wachsender Bevölkerungszahl und knapper werdendem Boden, hatten sich ihre Leiden durch den Zusammenbruch der Zentralregierung während der Herrschaft der Kriegsherren weiter verschärft. Manche chinesischen Kommunisten sahen in den Bauern ein revolutionäres Potenzial, das, wenn es auch nicht einfach mit der herrschenden marxistisch-orthodoxen Lehre in Einklang zu bringen war, eben doch die chinesische Realität verkörperte. Einer dieser Kommunisten war Mao Tse-tung. Er und seine Anhänger wandten ihre Aufmerksamkeit in den frühen 20er Jahren von den Städten ab und dem Land zu. Sie unternahmen enorme Anstrengungen, um die bäuerlichen Massen für den Kommunismus zu gewinnen. Paradoxerweise schien Mao die Zusammenarbeit mit der Kuomintang länger als andere chinesische Kommunisten fortgesetzt zu haben, weil diese der Bauernschaft aufgeschlossener gegenüberstand als seine eigene Partei.

Diese Politik hatte großen Erfolg, vor allem in Hunan. Insgesamt bekannten sich 1927 etwa zehn Millionen Bauern und ihre Familien zum Kommunismus. „In einigen wenigen Monaten“, schrieb Mao, „haben die Bauern das verwirklicht, was Dr. Sun Yat-sen anstrebte, aber in den 40 Jahren, die er der nationalen Revolution widmete, nicht erreichte." Die Organisation ermöglichte die Beseitigung vieler Übel, unter denen die Bauern litten. Die Landeigentümer wurden zwar nicht enteignet, aber häufig wurden die Pachtsummen herabgesetzt. Die Wucherzinsen wurden auf ein erträgliches Maß gebracht. Die Revolution auf dem Land war bei allen vorherigen progressiven Bewegungen Chinas misslungen. Daran war, nach Maos Ansicht, letztlich auch die Revolution von 1911 gescheitert. Der kommunistische Erfolg beruhte auf der Strategie, das in der Bauernschaft bereits vorhandene revolutionäre Potenzial zu nutzen. Dies hatte enorme Bedeutung für die Zukunft, weil es neue Möglichkeiten der geschichtlichen Entwicklung überall in Asien implizierte. Mao erkannte die Lage und bewertete die städtische Revolution entsprechend neu. „Wenn wir zehn Punkte für die demokratische Revolution zuteilen", schrieb er, „dann zählen die Leistungen der Stadtbewohner und der militärischen Einheiten bloß drei Punkte, während die verbleibenden sieben Punkte an die Bauern in ihrem revolutionären Kampf gehen." In einem Gleichnis, das er in einem Bericht über die revolutionäre Bewegung in Hunan zweimal wiederholte, verglich er die Bauern mit einer Naturgewalt: „Der Angriff wirkt wie ein Sturm oder ein Orkan; wer sich ihm unterwirft, überlebt, wer sich ihm widersetzt, geht zu Grunde." Schon das Bild ist bedeutsam; hier lag etwas, das tief in der chinesischen Tradition und dem Kampf gegen Grundbesitzer und Banditen verwurzelt war. Auch wenn die Kommunisten in dem langen Kampf gegen Aberglauben und Familienautorität die Tradition hinwegfegen wollten, waren sie dennoch auf sie angewiesen und stützten sich auf sie.

Die Konzentration Mao Tse-tungs auf die chinesische Bauernschaft zeitigte bald Erfolge: Bereits 1927 hatte er zehn Millionen Anhänger für die Kommunistische Partei auf dem Land gewonnen.

Tschiang-Kai-shek

Als junger Mann war Tschiang-Kai-shek an Militärakademien in Peking und Tokio ausgebildet worden. Nach seinem Scheitern als Geschäftsmann in Shanghai schloss er sich Sun Yat-sen an, den er während seines zweijährigen Japanaufenthalts kennen gelernt hatte, und wurde zu einem herausragenden Offizier innerhalb der Kuomintang. Nach Suns Tod wurde er 1925 Vorsitzender der Partei und betrieb mit einem Vormarsch gegen die Kriegsherren in Nordchina die Wiedervereinigung des Landes. Als Repräsentant kapitalistischer Interessen beendete er das Bündnis mit der KPCh und mit dem linken Flügel seiner eigenen Partei und begann mit einer brutalen Kommunistenverfolgung. Im Bürgerkrieg (1945–1949) geschlagen, setzte er sich mit seinen Anhängern auf Formosa (heute Taiwan) fest, wo er eine nationalchinesische Regierung einsetzte. Als gewählter Präsident schaffte er von 1950 bis zu seinem Tod die Bedingungen, durch die Taiwan zu einem modernen Industriestaat wurde.

Tschiang-Kai-shek (1887–1975) auf einem Foto von 1949.

Eine britische Marineeinheit paradiert auf der Nanking Road im internationalen Teil Shanghais (1927). Marinesoldaten gehörten zuweilen zu den Streitkräften, die in Shanghai in der Zeit der Unruhen zum Schutz europäischer und US-amerikanischer Geschäftsinteressen stationiert waren. Diese Parade war eine Demonstration der Stärke.

Die „Rechten" der KMT wenden sich gegen die Kommunisten

Die ländliche Verwurzelung des Kommunismus sicherte sein Überleben in der Krise nach dem Tod Sun Yat-sens. Suns Tod führte zu einer Spaltung in einen „linken" und „rechten" Flügel innerhalb der KMT. Der junge Tschiang, der als fortschrittlich galt, entpuppte sich als der militärische Repräsentant der „Rechten", die im Wesentlichen die Interessen der Kapitalisten und, indirekt, auch die der Landbesitzer widerspiegelte. Die strategisch-ideologischen Differenzen innerhalb der KMT wurden gelöst, als Tschiang seinen Truppen befahl, die linken Gruppierungen und die Parteiorganisation der Kommunisten in den Städten zu zerschlagen. Unter großem Blutvergießen und unter den Augen europäischer und amerikanischer Militärtruppen, die in China die Konzessionen schützen sollten, wurde dieses Ziel 1927 in Shanghai und Nanking durchgesetzt. Die KPCh wurde verboten. Das war allerdings nicht das völlige Ende der Zusammenarbeit mit der KMT, die sich in einigen Gebieten noch mehrere Monate fortsetzte, hauptsächlich, weil die Russen nicht mit Tschiang brechen wollten. Die russische Politik hatte die Vernichtung des städtischen Kommunismus erleichtert; die Komintern verfolgte das, was sie durch die Brille des dogmatischen Marxismus betrachtet für russische Interessen hielt. Diese Interessen waren für Stalin in erster Linie auf das eigene Land gerichtet; außenpolitisch lag ihm an einer chinesischen Regierung, die sich den Briten, der größten imperialistischen Weltmacht, widersetzen konnte, und die Kuomintang schien für diese Aufgabe am besten geeignet. Die Theorie stimmte mit dieser Wahl überein: Nach orthodoxer marxistischer Lehre musste die bürgerliche der proletarischen Revolution vorausgehen. Nachdem der Sieg der KMT klar war, zogen die Russen ihre Berater von der KPCh ab; die Kommunisten formierten sich nun als subversive Untergrundorganisation.

Der Tod ihres Gründers führte zur Spaltung der KMT in einen rechten antikommunistischen und einen linken Flügel.

Der chinesische Nationalismus hatte von der russischen Hilfe profitiert, wenn auch nicht die KPCh. Trotzdem befand sich die KMT in großen Schwierigkeiten und einem Bürgerkrieg. Die Spaltung innerhalb der Revolutionäre war ein Rückschlag, der es unmöglich machte, das Problem der Kriegsherren endgültig zu lösen, und die Front gegen ausländische Interventionen schwächte. Nach einer zeitweiligen Entspannung und der Rückgabe von Kiao-chou hatte sich der japanische Druck in den 20er Jahren fortgesetzt. Neue Entwicklungen in der japanischen Innenpolitik veränderten seine Ausrichtung.

Die japanische Wirtschaftskrise

Als der ökonomische Aufschwung der Kriegszeit in Japan 1920 zu Ende ging, folgten schwere Zeiten mit wachsenden sozialen Spannungen. Sie begannen schon vor dem Einsetzen der Weltwirtschaftskrise. Im Jahr 1931 stand die Hälfte aller japanischen Fabriken still. Der Zusammenbruch der europäischen Kolonialmärkte und die Errichtung neuer Zollschranken verringerten die Exporte japanischer Industriewaren um zwei Drittel. Damit kam den japanischen Vorposten auf dem asiatischen Festland große Bedeutung zu. Auch die Lage der japanischen Bauern verschlechterte sich: Millionen wurden ruiniert oder mussten, um zu überleben, ihre Töchter in die Prostitution verkaufen. Schon bald zeigten sich ernste politische Konsequenzen, allerdings weniger in einer Intensivierung der Auseinandersetzung der gesellschaftlichen Klassen, sondern vielmehr im Erstarken eines nationalistischen Extremismus.

Das Stichwort zum Handeln

Die Lage schien günstig für weitere japanische Aggressionen gegenüber dem asiatischen Festland. Die westlichen Kolonialmächte waren klar in der Defensive, wenn nicht sogar auf dem Rückzug. Auf Java und Sumatra kam es in den 20er Jahren zu Aufständen gegen die Niederländer, im Jahr 1930 zu einer Rebellion der Vietnamesen gegen die französische Herrschaft. Bedeutsam daran war, dass an beiden Orten die nationalistischen Rebellen erstmals von Kommunisten unterstützt wurden. In China hatten die Briten schon in den 20er Jahren gezeigt, dass es ihnen genügte, sich friedlich mit einer nationalistischen Regierung zu verständigen, solange es zu keinem allzu großen Gesichtsverlust käme. Die britische Fernostpolitik wirkte nach dem wirtschaftlichen Kollaps, der auch dem amerikanischen Widerstand gegen Japan ein Ende setzte, noch schwächer als je zuvor. Selbst die russische Machtstellung schien nach den Versuchen, die Vorgänge in China zu beeinflussen, im Rückgang begriffen. Andererseits hatte der chinesische Nationalismus bemerkenswerte Erfolge errungen und zeigte keine Anzeichen des Zurückweichens. Es war zu befürchten, dass er die seit langem bestehende Präsenz der Japaner in der Mandschurei bedrohte. Alle diese Faktoren spielten in den Überlegungen der japanischen Politiker mit.

Im postrevolutionären China herrschte das Chaos. Zu politischen und sozialen Problemen gesellten sich Naturkatastrophen, wie diese Überflutung des Yangtse im Jahr 1931. Das Bild zeigt Hankou, wo die gesamte Bevölkerung gezwungen war, ihre Habe auf improvisierten Flößen in Sicherheit zu bringen.

Der japanische Imperialismus

Imperialistische Tendenzen traten in Japan schon in der Zeit zwischen den beiden Weltkriegen auf. Seit dem Sieg gegen Russland (1905) hatte sich Japan zu einer großen Industrienation entwickelt, die stark auf den Außenhandel angewiesen war. Ideologische Werte, die von traditionellen religiösen Einstellungen, von Militarismus und extrem rechtem Nationalismus beeinflusst waren, dazu das innenpolitische Versagen der Mehrparteienregierung schufen günstige Voraussetzungen für das Aufkommen eines japanischen Imperialismus.

In Ostasien nahm Japan eine vorherrschende Stellung ein, obwohl zeitweilig auf gegen China gerichtete Pläne verzichtet wurde. Dies war hauptsächlich auf die gemäßigte Haltung des Außenministers Kijuro Shidehara zurückzuführen, der während seiner Amtszeiten (1924–1927 und 1929–1931) auf ökonomische statt militärische Expansion setzte. In den späten 20er Jahren waren die Japaner dann aber bedacht, ihre Rechte über Port Arthur, Darien und den Süden der Mandschurei zu wahren. Sie entsandten deshalb 1927 Truppen nach Tsingtao, jene Hafenstadt Shantungs, auf die sie 1922 verzichtet hatten. 1931 begann die japanische Invasion in Nordchina.

Zu jener Zeit zeigte das internationale Friedenssystem weltweit Risse. Das japanische Militär war stets eine mächtige Gruppe mit bestimmten politischen Interessen. Die Enttäuschung über das Mehrparteiensystem wuchs vor allem unter den jungen Offizieren, die ihre Aktivitäten in Geheimbünden und der Kwantung-Expeditionsarmee in der Mandschurei konzentrierten. Zu Beginn der 30er Jahre wurde in Japan ein autoritäres Regime errichtet, das zu einer aggressiven Außenpolitik wechselte. Besonders hinsichtlich der Mandschurei wichen die bürgerlich-liberalen Parteien vor den wachsenden nationalistischen Kräften des militärischen Oberkommandos und der patriotischen Geheimgesellschaften zurück.

Japan besetzte 1931 die Mandschurei, benannte sie in Manchukuo um und setzte ein Marionettenregime ein. Das Bild zeigt eine Szene aus der Okkupationszeit.

Die mandschurische Krise

Die Mandschurei war der entscheidende Schauplatz. Die japanische Präsenz in diesem Gebiet reichte bis in das Jahr 1905 zurück. Hohe Investitionen fanden in der Folge statt. Zunächst fanden sich die Chinesen damit ab, doch in den 20er Jahren missfiel ihnen die Lage. Sie erhielten Unterstützung von den Russen, die eine Gefahr darin sahen, dass die Japaner ihren Einfluss bis in die Innere Mongolei ausweiten könnten. Zwar kam es 1929 zu einem chinesisch-russischen Konflikt um die Kontrolle über die Eisenbahnlinie nach Wladiwostok, doch konnte das die Japaner nur auf die neue Stärke Chinas aufmerksam machen: Die nationalistische Kuomintang beabsichtigte, die Herrschaft über die alten Provinzen des chinesischen Reiches zurückzugewinnen. 1928 gab es bewaffnete Auseinandersetzungen, als die Japaner versuchten, Kuomintang-Truppen an Operationen gegen nordchinesische Kriegsherren zu hindern, die sich japanischen Schutzes erfreuten. Überdies konnte von einer Herrschaft der japanischen Regierung über das Gebiet nicht die Rede sein. Die eigentliche Macht über die Mandschurei lag in den Händen der dort eingesetzten japanischen Truppenführer. Als diese 1931 in der Nähe von Mukden einen Zwischenfall inszenierten und zum Vorwand nahmen, die gesamte Provinz zu annektieren, konnten die gemäßigten Tokioter Politiker sie nicht bremsen.

Es folgten die Errichtung des neuen Marionettenstaates Manchukuo, ein empörter Aufschrei gegen die japanische Aggression im Völkerbund, Attentate in Tokio, die Bildung einer unter stärkerem Einfluss der Militärs stehenden japanischen Regierung und die Ausweitung der Auseinandersetzungen mit China. 1932 reagierten die Japaner auf einen chinesischen Boykott gegen japanische Waren mit der Entsendung von Streitkräften nach Shanghai; im folgenden Jahr drangen sie über die Große Mauer hinaus nach Süden vor, um den Chinesen einen Friedensschluss aufzuzwingen, der Japan im Besitz eines Teils des historischen chinesischen Kerngebiets lassen sollte.

P'u-i (jetzt K'ang Te genannt) als Kaiser des Marionettenstaats Manchukuo, von dem aus die Japaner ihre Angriffe gegen chinesisches Territorium fortsetzten und entlang der Küste bis zu den Außenbezirken Pekings vordrangen. Die japanischen Truppen überrannten auch die fünf nördlichen Provinzen, die die japanische Industrie bis 1937 mit Eisen und Kohle belieferten.

Die organisierte Bauernschaft

Die Kuomintang-Regierung erwies sich letzten Endes als unfähig, der imperialistischen Aggression Japans Widerstand zu bieten. Dennoch schien sie von der neuen Hauptstadt Nanking aus, abgesehen von einigen Randprovinzen, erfolgreich das gesamte Land zu beherrschen. Sie beseitigte nach und nach die „ungleichen Verträge“. Dabei kam ihr der Umstand zu Hilfe, dass die Westmächte in ihr einen Verbündeten gegen das Vordringen des Kommunismus in Asien erblickten und deshalb größeres Entgegenkommen zeigten. So beträchtlich diese Erfolge auch sein mochten, sie verdeckten große Schwächen, welche die

Die Regierung der Kuomintang scheiterte schließlich an den Auseinandersetzungen mit Japan. Im so genannten „Langen Marsch“ schaffte sich nun die KPCh eine Machtgrundlage.

China 1918–1949

Bis 1937 kontrollierte die Kuomintang hauptsächlich die Gebiete an der Ostküste des Landes. Die KPCh hatte in verschiedenen, über das gesamte Land verteilten Gebieten eine starke Stellung inne. Ein wichtiger Schritt war die durch Mao Tse-tung aus Sicherheitsgründen erfolgte Verlegung des Kiangsi-Sowjets im mittleren Süden in den fernen Norden des Landes. Die Teilnehmer des „Langen Marsches" legten mehr als 9650 Kilometer zu Fuß zurück, bis sie in der Gebirgsregion Shansi anlangten, die sich besser für den Guerillakampf eignete.

innenpolitische Macht der KMT beeinträchtigten. Die Crux bestand darin, dass sich die politische Revolution fortsetzen ließ, während die soziale ihr Ende erreicht hatte. Die Intellektuellen entzogen ihre moralische Unterstützung einer Regierung, die keine Reformen, vor allem nicht die besonders dringende Landreform, in Angriff nahm. Die Bauern hatten der Kuomintang nie die Loyalität gezeigt, die einige jedoch den Kommunisten entgegengebracht hatten. Zum Schaden seines Regimes griff Tschiang an diesem Punkt immer mehr auf das Mittel der Direktverwaltung durch seine Offiziere zurück und wurde immer konservativer, während die traditionelle Kultur inzwischen unrettbar zerrüttet war. Das öffentliche Finanzwesen war bis in die Spitzen der Regierung hinauf von Korruption geprägt. Die Grundlagen des neuen China konnten wahrlich nicht als gefestigt gelten. Und schon stand ein neuer Gegner bereit.

DER LANGE MARSCH

Die zentrale Führung der KPCh hoffte noch einige Zeit auf Aufstände in den Städten; in den Provinzen hingegen arbeiteten einzelne kommunistische Führer weiter nach den Vorgaben, die Mao in Hunan entwickelt hatte. Sie enteigneten abwesende Landbesitzer und organisierten örtliche „Sowjets" (Räte), womit sie sich klug die traditionelle Feindschaft der Bauern gegen die Zentralregierung zu Nutze machten. 1930 hatte man bereits mehr erreicht: In Kiangsi, wo eine chinesische Sowjetrepublik über 50 Millionen Menschen herrschte, oder zu herrschen behauptete, wurde eine Armee aufgestellt. Im Jahre 1932 verließ die Führung der KPCh Shanghai und schloss sich Mao in seinem Versteck an. Die KMT richtete alle Anstrengungen darauf, die kommunistische Armee zu zerschlagen, doch erfolglos. In einer Zeit stärksten Drucks durch die Japaner war eine zweite Front entstanden.

Japanische Truppen beim Einmarsch in Pekings Verbotene Stadt (1937). Am Ende des folgenden Jahres kontrollierte Japan alle ökonomisch wichtigen Landesteile und herrschte über 42 Prozent der chinesischen Gesamtbevölkerung.

Der letzte große Angriff der KMT brachte allerdings einen Teilerfolg: Die Kommunisten mussten ihre Stellungen aufgeben und den „Langen Marsch" nach Shansi antreten, der 1934 begann. Dort fanden die 7000 Überlebenden die Unterstützung einheimischer Kommunisten, durften sich aber kaum als sicher betrachten. Denn nur der dringend gebotene Widerstand gegen die Japaner hinderte die Kuomintang an einem weiteren Vorgehen.

Der japanische Angriff auf China

Das Wissen um die außenpolitische Gefahr erklärt, warum es in den späteren 30er Jahren wieder zaghafte Versuche einer Zusammenarbeit zwischen KPCh und KMT gab. Ein weiterer Grund lag in der geänderten Politik der Komintern: Es war die Zeit des Aufbaus von „Volksfronten", in der die Kommunisten die Zusammenarbeit mit anderen Parteien suchten. Die KMT sah sich genötigt, ihre antiwestliche Linie aufzugeben, was ihr Sympathien in Großbritannien, vor allem aber auch in den Vereinigten Staaten eintrug. Doch weder die Zusammenarbeit mit den Kommunisten noch die Sympathien der Liberalen im Westen konnten verhindern, dass das nationalistische Regime in die Defensive geriet, als die Japaner 1937 ihren Angriff starteten.

Der „chinesische Vorfall", wie ihn die Japaner beschönigend bezeichneten, bedeutete acht Jahre Krieg, der China schwere Schäden zufügte. Er wurde auch als der Beginn des Zweiten Weltkriegs gesehen. Ende 1937 verlegte die chinesische Regierung aus Sicherheitsgründen ihren Sitz in das weit im Westen gelegene Chungking, während die Japaner alle wichtigen chinesischen Gebiete im Norden und an der Küste besetzten. Kommunisten und Nationalisten wussten beide, dass die nationale Revolution auf dem Spiel stand. Das

Noch einmal fanden sich KPCh und KMT unter dem Druck von außen zu einer Zusammenarbeit bereit. Die neue prowestliche Strategie der Kommunisten konnte jedoch den Angriff Japans auf China nicht verhindern.

war auch die Ansicht der Japaner, weshalb sie in den besetzten Gebieten die Wiedereinführung des Konfuzianismus begünstigten. Unterdessen demonstrierten die Westmächte ihre klägliche Unfähigkeit zu Interventionen. Ihre Proteste, selbst die zu Gunsten ihrer eigenen Staatsbürger, wurden von den Japanern beiseite geschoben. Die britische und französische Schwäche erklärt sich leicht: Ihre Kräfte waren durch den Krieg in Europa gebunden. Der mangelnde Einsatz der Amerikaner hatte tiefere Wurzeln; er ging auf die seit langem bestehende Einstellung zurück, zwar über die Verhältnisse auf dem asiatischen Festland zu verhandeln, dort aber nicht kämpfend einzugreifen. Als die Japaner ein amerikanisches Kanonenboot bei Nanking versenkten, drohte und grollte das amerikanische Außenministerium zwar, schluckte aber schließlich die japanischen „Erklärungen". Allerdings unterstützten die Amerikaner Tschiang-Kai-shek mit Hilfslieferungen.

Das gedemütigte China

Im Jahr 1941 war China fast vollständig von der Außenwelt abgeschnitten, doch die Rettung nahte. Bis zu diesem Zeitpunkt hatte China bereits schweren Schaden genommen. In der langen Auseinandersetzung zwischen den beiden potenziellen Rivalen in Asien war Japan bislang stets eindeutig der Sieger. Auf der Sollseite der japanischen Rechnung standen allerdings die ökonomischen Kosten des Krieges und die wachsenden Schwierigkeiten, auf die die japanischen Besatzungstruppen in China stießen. Andererseits schien Japans internationale Stellung stärker denn je: Die in China wohnenden Ausländer aus dem Westen wurden gedemütigt; Großbritannien wurde

Ein weinendes Kind nach einem japanischen Luftangriff auf Shanghai. Die Stadt wurde von den Japanern während des Chinesisch-japanischen Krieges (1937–1945) intensiv bombardiert, weil die Japaner die dortigen ausländischen Niederlassungen zerstören wollten.

Der japanische Soldat mit dem Sonnenbanner auf der historischen Stadtmauer von Nanking (1938) soll die Eroberung Chinas symbolisieren. Der Krieg hatte jedoch auch schwere Rückwirkungen auf Japan: Der „chinesische Vorfall" führte zu einer allgemeinen militärischen Mobilisierung und zu einer zentralistischen Wirtschaftsplanung.

1940 gezwungen, die Straße von Birma zu schließen, über die China auf dem Seeweg Nachschub erhielt; die Franzosen mussten eine japanische Besatzungsarmee in Indochina akzeptieren. In diesen Erfolgen lag die Versuchung zu weiteren gewagten Vorstößen, und es war unwahrscheinlich, dass sie auf Widerstand stießen, solange das Ansehen der Militärs und ihr Einfluss auf die Regierung so stark blieben, wie sie es seit Mitte der 30er Jahre waren.

Der Beginn der Entkolonialisierung

Die militärischen Erfolge Japans hatten auch eine negative Seite. Die Aggression machte es für Japan zwingend, die ökonomischen Ressourcen Südostasiens und Indonesiens in die Hand zu bekommen. Damit aber wurden die Amerikaner psychologisch langsam darauf vorbereitet, die eigenen Interessen mit der Waffe zu verteidigen. 1941 war klar, dass sich die Vereinigten Staaten binnen kurzem zu entscheiden hatten, ob und in welcher Hinsicht sie in Asien eingreifen würden. Im Hintergrund aber stand eine noch wichtigere Frage. Trotz aller Aggressionen gegen China ging Japan mit dem eingängigen Schlagwort „Asien den Asiaten" gegen die abbröckelnden Positionen der Westmächte in Asien vor. Ebenso wie der Sieg von 1905 über Russland läutete auch die Unabhängigkeit und Machtstellung, die Japan zwischen 1938 und 1941 entfaltete, eine neue Epoche in den Beziehungen zwischen Europa und Asien ein. Trotz der anschließenden Niederlage gegen die Westmächte signalisierte die japanische Politik den Beginn der Ära der Entkolonialisierung, eingeleitet von der einzigen asiatischen Macht, der zu jener Zeit eine erfolgreiche „Verwestlichung" gelungen war.

2 DAS OSMANISCHE ERBE UND DIE WESTLICHEN LÄNDER DER ISLAMISCHEN WELT

Im Verlauf des 19. Jahrhunderts musste sich das Osmanische Reich nahezu vollständig aus Europa und Afrika zurückziehen. Ursachen dafür waren die zersetzende Wirkung des Nationalismus sowie die Expansions- und Beutepolitik der europäischen Mächte. Die serbische Revolte von 1804 und Mehemet Alis Übernahme der Regierungsgewalt über Ägypten im Jahre 1805 bezeichneten den Beginn der letzten Etappe des türkischen Niedergangs. Der griechische Aufstand war in Europa der nächste Schritt. 1914 war das östliche Thrakien die einzige europäische Region unter türkischer Herrschaft. Im islamischen Nordafrika war der Verfall der osmanischen Macht sogar noch weiter fortgeschritten. Bereits zu Beginn des 19. Jahrhunderts war ein großer Teil dieses Gebiets praktisch unabhängig von der Herrschaft des Sultans.

Ägypten unter Mehemet Ali

Ein Ergebnis des Niedergangs der osmanischen Macht in der Region war, dass sich der

Kampf im Namen eines untergehenden Reiches: junge türkische Rekruten in Istanbul 1914. Mit der Niederlage im Ersten Weltkrieg verlor das Osmanische Reich alle nichttürkischen Landesteile.

Nationalismus im islamischen Afrika stärker gegen die Europäer als gegen die Osmanen richtete. Er war zugleich eine kulturrevolutionäre Kraft. Seine Geschichte beginnt mit Mehemet Ali. Obwohl dieser niemals über seinen Geburtsort Kavalla hinaus nach Westen reiste, bewunderte er die europäische Kultur und glaubte, Ägypten könne von dieser lernen. Er rief technische Berater ins Land, beschäftigte Ausländer in der Leitung des Gesundheitswesens und von sanitären Maßnahmen, ließ Übersetzungen von europäischen Büchern und Artikeln zu technischen Fragen drucken und schickte Jugendliche zur Ausbildung nach Frankreich und England. Die Ergebnisse waren jedoch zwiespältig und enttäuschten ihn, auch wenn er Ägypten in bislang unerhörtem Ausmaß dem europäischen (vor allem französischen) Einfluss öffnete. Französisch wurde bald zur zweiten Sprache der gebildeten Ägypter. In Alexandria, einer der großen kosmopolitischen Städte des Mittelmeerraums, entstand eine große französische Gemeinde.

Der Panarabismus

Nur wenige auf Modernisierung bedachte Politiker der nichteuropäischen Welt waren in der Lage, die Einflüsse aus dem Westen auf technisches Wissen zu beschränken. Schon bald griffen die jungen Ägypter auch die neuen politischen Ideen auf, die in Frankreich weit verbreitet waren. Ein Nährboden entstand, der die europäisch-ägyptischen Beziehungen grundlegend veränderte. Die Ägypter lernten die gleiche Lektion wie Inder, Japaner und Chinesen. Man musste die europäische Krankheit der Liberalisierung und Modernisierung durchmachen, um die nötigen Antikörper gegen sie zu entwickeln. So kam es zu einer unauflöslichen Verbindung von Modernisierung und Nationalismus. Diese Mischung begründete die anhaltende Schwäche des vorderasiatischen Nationalismus, der lange ausschließlich das Credo fortschrittlicher Eliten war. Diese waren von ihrer Gesellschaft abgeschnitten und abgehoben. Die Masse des Volkes dagegen lebte in einer von westlichen Ideen noch kaum berührten islamischen Kultur. Paradoxerweise waren die Nationalisten bis weit in das 20. Jahrhundert hinein zumeist bei den am stärksten europäisierten Mitgliedern, den Gesellschaften Ägyptens, Syriens und des Libanon, zu finden. Ihre Vorstellungen erfuhren allmählich größere Resonanz, und die Idee des Panarabismus oder arabischen Nationalismus (im Gegensatz zu einem ägyptischen, syrischen oder sonstigen Nationalismus) scheint zuerst unter den christlichen Arabern Syriens aufgekommen zu sein. Sie besagte, dass alle Araber, gleichgültig, wo sie lebten, eine Nation bilden sollten. Diese Ansicht unterschied sich deutlich von der der islamischen Gemeinschaft, die nicht nur Millionen von Nichtarabern umfasste, sondern auch viele nichtmuslimische Araber ausschloss. Die möglichen Probleme, die sich daraus für alle Versuche ergaben, eine arabische Nation tatsächlich Gestalt werden zu lassen, wurden erst im Verlauf des 20. Jahrhunderts deutlich.

Unter dem Einfluss westlicher liberaler und moderner Ideen entwickelte sich in den Oberschichten Ägyptens und Syriens eine eigene panarabische Nationalbewegung.

Zeitleiste (1869–1935)

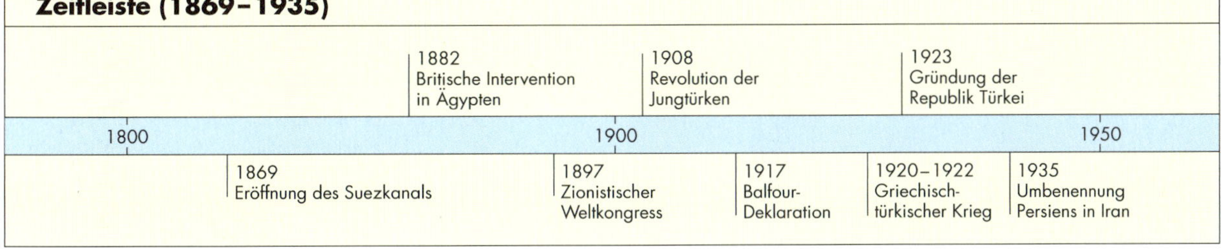

Ägypten unter Ismail

Ein weiterer Wendepunkt in der Geschichte der früheren osmanischen Länder war die Eröffnung des Suezkanals im Jahre 1869. Dieses Ereignis bereitete (allerdings indirekt) die Intervention in Ägypten vor und schürte demzufolge auch die Aggression gegen die Ausländer. Allerdings war der Kanal nicht die unmittelbare Ursache für den Beginn europäischer Einmischungen in die Regierung Ägyptens im 19. Jahrhundert. Sie ging mehr auf die Handlungsweise Ismails zurück, der vom Sultan den Titel des Khediven in Anerkennung der faktischen Unabhängigkeit Ägyptens erhalten hatte. Der in Frankreich erzogene Ismail schätzte die Franzosen und ihre fortschrittlichen Ideen. Er hatte Europa ausführlich bereist und pflegte einen extravaganten Lebensstil. Als er 1863 Herrscher wurde, erzielte Baumwolle, Ägyptens wichtigster Exportartikel, auf Grund des amerikanischen Bürgerkrieges hohe Preise. Ismails finanzielle Aussichten schienen entsprechend gut. Zu allem Unglück war seine Finanzverwaltung allerdings höchst chaotisch. Das Ergebnis schlug sich in der ägyptischen Staatsverschuldung nieder, die sich nur 13 Jahre später auf fast 100 Millionen belief. Die jährliche Zinslast war auf fünf Millionen Pfund gestiegen, damals eine astronomische Summe. Im Jahr 1876 erklärte die ägyptische Regierung den Bankrott und stellte die Rückzahlungen ein; ausländische Verwalter wurden eingesetzt. Ein britischer und ein französischer Kontrolleur sollten sicherstellen, dass Ägypten von Ismails Sohn regiert würde und er der Sanierung des Haushalts und der Rückzahlung der Schulden Priorität einräumte. Die europäischen Beamten waren in den Augen der Nationalisten nichts weiter als Agenten des ausländischen Imperialismus. Die Ablehnung der privilegierten rechtlichen Stellung der vielen in Ägypten lebenden Ausländer nahm zu.

Dieser Holzstich von 1882, dem Jahr, als die britische Armee zur Niederschlagung einer Revolution in Ägypten intervenierte, zeigt englische Soldaten, die in Alexandria Araber, auf der Suche nach versteckten Waffen, einer Leibesvisitation unterziehen.

Die britische Intervention in Ägypten

Der Unmut über die europäischen Beamten führte zu nationalistischen Verschwörungen und schließlich zu einer Revolution. Genauso wie die Gruppe der verwestlichten Fremdenfeinde begannen nun auch andere auf eine Reform des Islam, die Einheit der muslimischen Welt und eine dem modernen Leben angemessene panislamische Bewegung hinzuarbeiten. Manche erbitterte auch das Übergewicht der Türken am Hof des Khediven. Doch vor allem die britische Intervention brachte 1882 die Revolution zum Scheitern. Diese erfolgte nicht aus finanziellen Gründen. Die Briten wollten, sogar unter einem liberalen Premierminister, der in anderen Teilen des Osmanischen Reichs nationalistische Bewegungen begünstigte, einfach vermeiden, dass die Kanalverbindung nach Indien von einer unfreundlich gesonnenen Regierung in Kairo bedroht würde. Damals noch unvorstellbar, blieben die Briten bis 1955 in der Kanalzone, weil sie sich an den strategischen Grundsatz, die Wasserwege zu sichern, banden.

Nach 1882 wurden die Briten zum Hauptziel des nationalistischen Hasses in Ägypten, denn diese übernahmen immer weitere Bereiche der ägyptischen Verwaltung. Nach 1900 nahmen die Unruhen und gewalttätigen Auseinandersetzungen zu. Die Briten und die ägyptische Marionettenregierung gingen scharf gegen die Unruhestifter vor und suchten mittels Verwaltungsreformen nach Auswegen. Diese führten 1913 zu einer neuen Verfassung, die repräsentative Wahlen zu einer gesetzgebenden Versammlung mit größeren Kompetenzen vorsah. Dieses Parlament tagte nur wenige Monate: Die ägyptische Regierung wurde in den Krieg mit der Türkei gedrängt, der Khedive, den man antibritischer Umtriebe verdächtigte, durch einen anderen ersetzt. Ende 1914 erklärten die Briten Ägypten zum Protektorat; der Khedive nahm den Sultanstitel an.

1875 kaufte der britische Premierminister Benjamin Disraeli (1804–1881) Anteile der Suezkanalaktien vom ägyptischen Khediven. Nachdem die Kontrolle über diese strategisch wichtige Wasserstraße gesichert war, gab es für Großbritannien mehr Gründe denn je, sich in die politischen Angelegenheiten Ägyptens einzumischen.

DIE BEWEGUNG DER „JUNGTÜRKEN“

Als der Krieg ausbrach, hatte das Osmanische Reich bereits Tripolitanien an Italien verloren. Die Invasion des Jahres 1911 erfolgte zum Teil wegen des Auftretens einer weiteren nationalistischen Reformbewegung, diesmal im türkischen Mutterland selbst. 1907 hatten die „Jungtürken“ eine erfolgreiche Rebellion angezettelt. Diese Gruppe hatte eine komplizierte Vorgeschichte, aber ein klares Ziel, das ein Jungtürke in die Worte fasste: „Wir folgen dem Weg Europas (...) auch darin, dass wir keine ausländische Intervention akzeptieren.“ Der erste Teil dieser Aussage bezog sich auf den Wunsch, die despotische Herrschaft Abdul Hamids II. zu beenden und zu der 1876 eingeführten, dann aber wieder aufgehobenen liberalen Verfassung zurückzukehren. Dies sollte zu einer Erneuerung und Reform des Reiches beitragen, eine Modernisierung ermöglichen und den fortschreitenden Niedergang beenden. Die Jungtürken nutzten Tarnorganisationen als Deckmantel ihrer Tätigkeit und organisierten Geheimgesellschaften. Gleichzeitig lehnten sie die wachsende Einmischung der Europäer in innere Angelegenheiten rigoros ab. Wie in Ägypten hatte auch im Osmanischen Reich der garantierte Zinssatz (für ausländische Anleihen zur inneren wirtschaftlichen Entwicklung) zu einem Verlust an Unabhängigkeit geführt. Nach Ansicht der Jungtürken war die europäische Einschüchterung die Ursache für den langwierigen und demütigenden Rückzug der osmanischen Regierung aus dem Donautal und dem Balkan.

Dieser Holzstich aus dem Jahr 1879 zeigt das traditionelle Bewässerungssystem an den Ufern des Nils in Oberägypten.

Der Staatsstreich und die Reformen

Nach einer Reihe von Rebellionen und Revolten bekannte sich der Sultan 1908 zur Verfassung. Die Liberalen des Auslands zeigten sich erfreut über die konstitutionelle Türkei; die Misswirtschaft schien zu Ende zu sein. Doch eine versuchte Konterrevolution führte zu einem jungtürkischen Staatsstreich, der Absetzung Abdul Hamids II. und der faktischen Errichtung einer Diktatur. Von 1909 bis 1914 regierten die Revolutionäre mit immer mehr diktatorischen Maßnahmen hinter der Fassade einer konstitutionellen Monarchie. Bezeichnenderweise erklärte einer von ihnen: „Es gibt keine Bulgaren, Griechen, Rumänen, Juden, Muslime mehr (…), wir sind stolz darauf, Osmanen zu sein.“ Diese Erklärung war etwas völlig Neues: sie kündigte den Beginn eines neuen multinationalen Reiches an.

Heutzutage betrachtet wirkt die Politik der Jungtürken verständlicher als zu ihrer Zeit. Sie standen vor Problemen, die viele Modernisierer in nichteuropäischen Ländern hatten. Sie

Die Jungtürken

Die Jungtürken waren die erste Gruppe, der es gelang, das politische System des Osmanischen Reiches zu modernisieren. Unter der Führung eines Ministers und eines hochrangigen Armeeoffiziers nutzten sie die schwierige innen- und außenpolitische Lage, um Sultan Abdul Hamid II. zu überzeugen, die 1876 eingesetzte und dann wieder aufgehobene Verfassung aufs Neue in Kraft zu setzen. Dies führte zur Bildung eines Parlaments sowie einer diesem verantwortlichen Regierung (allerdings hatte das erste gewählte Parlament nur ein Jahr Bestand).

Die jüngere Generation in der Türkei wurde zunehmend von europäischen Ideen beeinflusst. Sie zweifelte an der Legitimität der traditionellen osmanischen Institutionen, ja spielte sogar mit dem Gedanken, den höchsten Repräsentanten dieses Systems, den Sultan, abzusetzen. 1908 kam es zu einem Aufstand von jungtürkischen, in Mazedonien stationierten Armeeoffizieren, der sich schnell ausbreitete, weil sich die zu seiner Niederschlagung entsandten Truppen ihm anschlossen.

Obwohl die Verfassung von 1876 wieder eingeführt und der Sultan abgesetzt wurde, gelang es der jungtürkischen Regierung nicht, die Einmischung der Armee in die Politik zu verhindern, wie sich insbesondere beim Ausbruch des Balkankrieges (1912) zeigte. Fraktionsinterne Kämpfe führten im Januar 1913 zur Ausstoßung des konservativeren Parteiflügels und zur Errichtung einer jungtürkischen Diktatur.

Die Jungtürken schwankten zu Beginn des Ersten Weltkriegs zwischen Neutralität und einem Bündnis mit Deutschland. Kriegsminister Enver Pascha (früher Enver Bey) im Gespräch mit dem Militärattaché der britischen Botschaft.

ließen sich (unter Hinzuziehung vieler europäischer Berater) auf die Reform aller Bereiche der Regierung ein. Zum Beispiel war es eine einschneidende Maßnahme, in einer islamischen Gesellschaft die Ausbildung von Mädchen zu verbessern. Doch sie kamen an die Macht inmitten einer nicht abreißenden Kette diplomatischer Demütigungen, was ihre Attraktivität schwächte und weshalb sie zunehmend zur Gewalt griffen. Nach der Annexion Bosniens durch Österreich-Ungarn erreichte der bulgarische Zar die Anerkennung seiner Unabhängigkeit, und Kreta erklärte den Anschluss an Griechenland. Nach kurzer Pause folgten der italienische Angriff auf Tripolis und der Balkankrieg.

Im Januar 1913 stürmten jungtürkische Offiziere unter Leitung von Oberst Enver Pascha die Hohe Pforte in Konstantinopel (zeitgenössische Darstellung) und erklärten die im Vorjahr von einer anderen Fraktion innerhalb der Armee eingesetzte türkische Regierung für abgesetzt.

Die Despotie der Reformer

Unter solchem Druck zeigte sich schnell, dass die Harmonie unter den Völkern nach vollzogener Reform, auf welche die Liberalen gehofft hatten, eine Chimäre war. Unterschiedliche Religionen, Sprachen, Sitten und Nationalitäten zersetzten auch den Rest, der vom Reich geblieben war. Die Jungtürken sahen sich immer mehr gedrängt, sich zu einem der Nationalismen, und zwar dem osmanischen, zu bekennen. Das führte wiederum zur Aggression bei den Angehörigen anderer Volksgruppen. Das Ergebnis waren einmal mehr Massaker, tyrannische Maßnahmen und Mordanschläge, die altgewohnten Instrumente der Herrschaftsausübung in Konstantinopel, wie sie zum Teil aber auch von anderen imperialen Mächten angewendet wurden. Ab 1913 war dafür die kollektive Diktatur eines jungtürkischen Triumvirats verantwortlich, das bis zum Ausbruch des Ersten Weltkriegs regierte.
Obwohl diese Männer viele ihrer Anhänger enttäuscht hatten, war die Zukunft auf ihrer Seite. Sie repräsentierten die Ideen, die eines Tages das Osmanische Reich umgestalten sollten: den Nationalismus und die Modernisierung. Nolens volens hatten sie sogar dadurch zu dieser Neuerung beigetragen, da unter ihrer Herrschaft der kleine Rest Europas verloren ging, den das Osmanische Reich noch besessen hatte. Dieser Verlust war tatsächlich eine Entlastung. Doch 1914 war das osmanische Erbe noch übermächtig. Ein besseres Hilfsmittel als der Nationalismus stand den Jungtürken zur Umsetzung von Reformen nicht zur Verfügung. Wie wenig die Idee des Panislamismus galt, zeigte sich 1914 im Geschehen in den überwiegend muslimischen nahöstlichen Provinzen, dem größten verbliebenen Territorium des Osmanischen Reiches.

Das Osmanische Reich scheiterte an der Verschiedenheit seiner Völker. Reformen ließen sich nur in einigen Gebieten und in begrenztem Umfang durchführen. Die nationalistischen Bewegungen stellten inzwischen einen wichtigen Machtfaktor dar.

DIE MUSLIMISCHEN PROVINZEN DES NAHEN OSTENS

Im Jahr 1914 umfassten die muslimischen Provinzen des Nahen Ostens ein großes, strategisch äußerst wichtiges Gebiet. Vom Kaukasus hinab verlief die gemeinsame Grenze mit Persien bis hinunter nach Basra an

Theodor Herzl (1860–1904) war der Begründer des politischen Zionismus, der Bewegung zur Schaffung einer jüdischen Heimstätte. In seiner Schrift *Der Judenstaat* (1896) forderte er einen Völkerrat zur politischen Lösung der jüdischen Frage.

der Mündung des Tigris in den Persischen Golf. Am Südufer des Golfs reichte das osmanische Gebiet bis nach Qatar (unter Ausschluss Kuwaits, das von einem unter britischem Schutz stehenden unabhängigen Scheich regiert wurde). Die weiteren arabischen Küstengebiete bis hin zum Roten Meer standen auf die eine oder andere Art unter britischem Einfluss, doch das arabische Binnenland und die Küste des Roten Meers waren osmanisches Herrschaftsgebiet. Auf britischen Druck war der Sinai einige Jahre zuvor an Ägypten abgetreten worden, aber die antiken Staaten Palästina, Syrien und Irak gehörten noch zum Osmanischen Reich. Dies war das Kernland des historischen Islam, und der türkische Sultan war als Kalif zugleich immer noch dessen religiöses Oberhaupt.

Angesichts der Strategien und politischen Maßnahmen während des Weltkriegs brach dieses Erbe zusammen. Schon vor 1914 gab es selbst im historischen Kernland des Islam Anzeichen für die Wirksamkeit der neuen nationalistischen Kräfte. Zum einen beruhten sie auf den seit langem bestehenden kulturellen Strömungen aus Europa, die in Syrien und dem Libanon wesentlich stärker waren als in Ägypten. Neben dem französischen Einfluss gab es in diesen Ländern eine amerikanische Missionstätigkeit und neu gegründete Schulen und Ausbildungsstätten, die von muslimischen und christlichen jungen Arabern aus allen Ländern der arabischen Welt besucht wurden. Die östlichen Mittelmeerländer waren kulturell fortgeschritten, die Lese- und Schreibfähigkeit war weit verbreitet.

Wachsende Meinungsverschiedenheiten

Auf den Triumph der Jungtürken und ihrer osmanisierenden Politik folgten wichtige Zusammenschlüsse. Von im Exil lebenden Arabern, namentlich in Paris und Kairo, wurden Geheimgesellschaften, aber auch in der Öffentlichkeit operierende politische Gruppen gegründet. Im Hintergrund existierte eine weitere Unbekannte: die Herrscher der arabischen Halbinsel, deren Loyalität zum Sultan zweifelhaft war. Der wichtigste von ihnen war Hussein, der Scherif von Mekka, dem die türkische Regierung im Jahre 1914 kein Vertrauen mehr entgegenbrachte. Im Vorjahr hatte es ein Treffen von Arabern in Persien gegeben, bei dem über die Unabhängigkeit des Irak beraten wurde. Die Türken konnten nur hoffen, dass die verschiedenen Interessen der Araber eine Bewahrung des Status quo ermöglichten.

Der Zionismus

Als letzte Volksgruppe wurden die Juden zum Nationalismus bekehrt. Ihre Geschichte erfuhr eine neue Wendung, als im Jahre 1897 ein Zionistischer Weltkongress zusammentrat, dessen Ziel die Errichtung einer nationalen Heimstätte war. In der langen Geschichte des Judentums wurde damit die Integration, die ausgehend vom Emanzipationszeitalter der Französischen Revolution in vielen europäischen Ländern kaum verwirklicht war, durch das Ideal eines territorialen Nationalismus ersetzt. Wo die Heimstätte geschaffen werden sollte, war nicht von Anfang an klar: Argentinien oder Uganda waren im Gespräch, doch um 1900 hatten sich die Zionisten endgültig für Palästina entschieden. Die jüdische Einwanderung hatte begonnen; allerdings noch in kleinem Ausmaß. Der Erste Weltkrieg verschob die Gewichtung, und die jüdische Frage gewann an Bedeutung.

DER ERSTE WELTKRIEG

Im Jahre 1914 gab es merkwürdige Parallelen zwischen dem Osmanischen Reich und Österreich-Ungarn. Beide Reiche wollten den Krieg, weil sie ihn zum Teil als eine Lösung ihrer jeweiligen Probleme ansahen. Beide aber

Die Anlehnung der jungtürkischen Regierung an das Deutsche Reich war unverkennbar, als die Aufrüstung und Verstärkung der türkischen Armee begann. Obgleich das Osmanische Reich noch vom Balkankrieg geschwächt war, bestand Enver Pascha auf dem Kriegseintritt auf Seiten der Deutschen. Diese Ankündigung führte zu Antikriegs-Kundgebungen in den Straßen Konstantinopels. Bild vom Oktober 1914.

litten besonders darunter, dass es zu viele Beteiligte innerhalb und außerhalb der Staatsgrenzen gab, die den Krieg als günstige Gelegenheit sahen, auf Kosten dieser Länder zu profitieren. Am Ende gingen beide Reiche durch den Krieg zu Grunde. Schon zu Beginn schien sich Russland, dem historischen Erbfeind, durch den türkischen Kriegseintritt die Chance zu bieten, endlich die zaristische Herrschaft in Konstantinopel durchzusetzen, gegen die sich Briten und Franzosen lange gewehrt hatten. Die Franzosen wiederum wollten ihre Interessen im Nahen Osten wahren. Obwohl sich ihr Ärger über die britische Präsenz in Ägypten durch die Schaffung der Entente sowie durch die britische Duldung der französischen Marokkopolitik etwas gelegt hatte, gab es die Tradition der französischen Sonderrolle im östlichen Mittelmeerraum. Frankreich hatte 100 Jahre lang eine besondere Schutzfunktion für die katholischen Christen innerhalb des Osmanischen Reiches innegehabt. Insbesondere galt das für Syrien, wohin Napoleon III. schon in den 60er Jahren des 19. Jahrhunderts eine Armee entsandt hatte. Außerdem gab es ein kulturelles Übergewicht Frankreichs. Dies zeigte sich in der weiten Verbreitung der Sprache innerhalb der gebildeten Klasse der Levante und hohe französische Investitionen in diesem Gebiet.

Trotzdem war es 1914 offensichtlich, dass die militärischen Hauptgegner der Türkei die Russen (im Kaukasus) und die Briten (am Suezkanal) sein würden. Die Verteidigung des Kanals war das Zentrum der strategischen Planungen der Briten in dieser Region, doch schon bald erwiesen sich ihre Befürchtungen als unbegründet. Es kam zu Ereignissen, die schließlich die Verhältnisse im Nahen und Mittleren Osten grundlegend umkehrten.

Ende 1914 landete eine indisch-britische Armee in Basra, um den Ölnachschub aus Persien zu sichern. Das war der Beginn der Verknüpfung der Ölfrage mit politischen Interessen. Sie bestimmte das historische Geschick der Region in der Zukunft, auch wenn sich dies erst nach dem Ende des Osmanischen Reiches deutlicher zeigte. Auf der anderen Seite führte ein diplomatischer Vorstoß des britischen Gouverneurs in Ägypten bei Hussein Ibn Ali (im Oktober 1914) zu schnellen Erfolgen. Hier wurde erstmals die Waffe des arabischen Nationalismus eingesetzt.

Die arabische Allianz

Der Anreiz, einen Schlag gegen Deutschlands Alliierte zu führen, wuchs, weil sich die Kämpfe in Europa unter großen Menschenverlusten fortsetzten, ohne dass eine Entscheidung fiel. Ein Versuch der Briten, sich 1915 mit vereinten See- und Landoperationen den Zugang in die Meerenge bei den Dardanellen und damit nach Konstantinopel zu erzwingen, kam ins Stocken. Zu diesem Zeitpunkt hatte der europäische Krieg bereits Kräfte freigesetzt, die sich später gegen Europa selbst wandten. Die Angebote, die man den arabischen Verbündeten unterbreiten wollte, waren jedoch begrenzt. Erst zu Beginn des Jahres 1916 kam es zu einer Vereinbarung mit Hussein Ibn Ali. Er forderte die Unabhängigkeit aller arabischen Länder südlich des 37. Breitengrads. Hussein forderte also das gesamte Osmanische Reich, abgesehen von der Türkei und Kurdistan. Das war viel mehr, als die Briten im Alleingang gewähren konnten. Die Franzosen mussten wegen ihrer Sonder-

Britische Truppen in einer behelfsmäßigen Stellung während des schrecklichen Dardanellenfeldzugs von 1915, bei dem die Alliierten zwar auf der Halbinsel Gallipoli landeten, aber daran scheiterten, die Nordseite der Dardanellen zu besetzen und nach Istanbul vorzustoßen. Die Verluste allein der Truppen des Commonwealth beliefen sich auf mehr als 214 000 Mann. Winston Churchill trat wegen dieser Niederlage vom Amt des Ersten Lords der Admiralität zurück.

interessen in Syrien konsultiert werden. Als Briten und Franzosen eine Abmachung über ihre Interessensphären in dem künftigen aufgeteilten Osmanischen Reich erzielt hatten, blieben viele Fragen für die Zukunft offen, darunter der Status des Irak. Aber das politische Programm eines arabischen Nationalismus war Realität geworden.

Der arabische Aufstand

Die Zukunft eines solchen Programms war jedoch bald in Frage gestellt. Der arabische Aufstand begann im Juni 1916 mit einem Angriff auf die türkische Garnison in Medina. Er sollte nie mehr sein als eine Ablenkung von den wesentlichen Kriegsschauplätzen, doch er breitete sich aus und wurde zur Legende. Bald begriffen die Briten, dass sie die Araber ernster nehmen mussten; Hussein Ibn Ali wurde als König des Hedschas anerkannt. Die eigenen Truppen drangen 1917 in Palästina vor und eroberten Jerusalem. 1918 marschierten sie gemeinsam mit den Arabern in Damaskus ein. Zuvor jedoch hatten zwei weitere Ereignisse die Lage erschwert: Amerika war in den Krieg eingetreten. In einer Erklärung seiner Kriegsziele hatte sich Präsident Wilson für eine „völlig unbehinderte Möglichkeit der Entwicklung" für die nichttürkischen Völker des Osmanischen Reiches ausgesprochen. Zudem veröffentlichte die bolschewistische Regierung die zaristische Geheimdiplomatie, was die britisch-französischen Pläne für die jeweiligen Interessensphären im Mittleren Osten enthüllte. Ein Teil dieser Vereinbarungen sah eine internationale Verwaltung Palästinas vor. Für weiteren Zündstoff sorgte die Erklärung der Briten, dass sie die Errichtung einer nationalen Heimstätte für das jüdische Volk in Palästina begrüßten. Die Balfour-Deklaration

Edmund Allenby (1861–1936), der britische Oberkommandierende der gegen die Türken eingesetzten ägyptischen Expeditionsstreitkräfte, leitete 1917 die Offensive zur Eroberung Jerusalems. Beim Einmarsch in die Stadt wurde er von der dortigen jüdischen Gemeinde herzlich empfangen.

Die Balfour-Deklaration

„Zu meiner großen Genugtuung übermittle ich Ihnen namens S. M. Regierung folgende Sympathie-Erklärung mit den jüdisch-zionistischen Bestrebungen, die vom Kabinett geprüft und gebilligt worden ist:

Seiner Majestät Regierung betrachtet die Schaffung einer nationalen Heimstätte in Palästina für das jüdische Volk mit Wohlwollen und wird die größten Anstrengungen machen, um die Erreichung dieses Zieles zu erleichtern, wobei klar verstanden werde, daß nichts getan werden soll, was die bürgerlichen und religiösen Rechte bestehender nichtjüdischer Gemeinschaften in Palästina oder die Rechte und die politische Stellung der Juden in irgendeinem anderen Lande beeinträchtigen könnte.

Ich bitte Sie, diese Erklärung zur Kenntnis der zionistischen Föderation zu bringen."

Brief des britischen Außenministers Arthur James Balfour an Lord Rothschild vom 2. November 1917. Zitiert nach Ernst Marcus: Palästina – ein werdender Staat. Frankfurter Abhandlungen zum modernen Völkerrecht. Heft 16. Leipzig 1929, S. 261.

Lawrence von Arabien

Als die Briten 1916 in den Sinai vordrangen, um den Suezkanal zu sichern, startete Hussein Ibn Ali, der Scherif des Hedschas, seinen Aufstand gegen die Türken. Zu seiner Unterstützung schickten die Briten zwei Arabienspezialisten: Ronald Storrs und Thomas Edward Lawrence. Letzterer, ein Hauptmann der britischen Armee, wurde zu einem entschiedenen Verfechter der politischen Interessen von Husseins Sohn Faisal.

Lawrence überredete Faisal, die Belagerung Medinas aufzugeben und stattdessen den türkischen Nachschub, der über die Eisenbahnlinie nach Damaskus lief, abzuschneiden. Gemeinsam eroberten sie Akaba und drangen in Palästina ein; mit seinen heroischen Leistungen errang sich der britische Hauptmann den Spitznamen „Lawrence von Arabien". Am Ende des Krieges wirkte Lawrence als Berater der arabischen Delegation bei der Pariser Friedenskonferenz mit, doch gelang es ihm nicht, Faisals Hoffnungen auf einen panarabischen, den gesamten Mittleren Osten umfassenden Staat durchzusetzen. Lawrence starb 1935 bei einem Motorradunfall.

T. E. Lawrence (1888–1935) in Arabien.

war der bislang größte Erfolg des Zionismus. Sie richtete sich dennoch nicht völlig gegen das, was man den Arabern versprochen hatte, und Präsident Wilson hatte dafür gesorgt, Vorbehalte zu Gunsten nichtjüdischer Einwohner Palästinas einzufügen.

Die Mandatsgebiete im Nahen und Mittleren Osten

Erst das Eingreifen des Völkerbundes, der England und Frankreich in verschiedenen Gebieten zu Mandatsmächten machte, sorgte wieder für Ruhe im Nahen und Mittleren Osten.

Nach der türkischen Niederlage wurde Hussein von Großbritannien als König der arabischen Völker anerkannt. Während der unklaren Verhältnisse der folgenden Dekade gerieten Briten und Franzosen in Konflikt mit den Arabern, die sie selbst auf die Bühne der Weltpolitik gebracht hatten; auch die arabischen Führer waren zerstritten. Die islamische Einheit zerbrach einmal mehr, doch verschwand zugleich (wenn auch nur auf kurze Zeit) die russische Bedrohung. So waren nur zwei Weltmächte in die nahöstliche Politik verwickelt. Sie misstrauten einander zwar, konnten sich aber weitgehend darauf einigen, dass die Briten im Irak und die Franzosen in Syrien freie Hand bekamen. Diese Trennung wurde anschließend vom Völkerbund durch die Festlegung der Mandatsgebiete in den arabischen Ländern legitimiert. Palästina, Transjordanien und der Irak gingen an Großbritannien, Syrien an Frankreich. Die Franzosen regierten von Anfang an sehr selbstherrlich: Sie mussten sich mit Gewalt durchsetzen, nachdem eine arabische Nationalversammlung die Unabhängigkeit oder ein britisches oder amerikanisches Mandat gefordert hatte. Hussein Ibn Alis Sohn, der von den Arabern zum König gewählt worden war, wurde vertrieben, woraufhin es zu einem großen Aufstand kam. Noch in den 30er Jahren behaupteten die Franzosen ihre Stellung mit Gewalt, doch gab es damals erste Anzeichen für ihre Bereitschaft, die Nationalisten an der Macht zu beteiligen. Zu allem Unglück zeigte die Lage in Syrien auch noch die desintegrierende Kraft des Nationalismus: Die Kurden in Nordsyrien rebellierten bei der Aussicht, in einem arabischen Staat aufzugehen, und stellten die westlichen Diplomaten vor ein weiteres, langwieriges nahöstliches Problem.

Die Unabhängigkeit der Staaten der arabischen Halbinsel

Unterdessen litt die arabische Halbinsel unter dem Kampf zwischen Hussein Ibn Ali und einem anderen König, mit dem die Briten einen Vertrag ausgehandelt hatten (dessen Anhänger waren Mitglieder einer besonders sittenstrengen islamischen Sekte, was den Konflikt neben den dynastischen und Stammes-Aspekten noch um religiöse Auseinandersetzungen erweiterte). Hussein wurde vertrieben, und 1932 ging das Königreich Saudi-Arabien aus dem Hedschas hervor. Daraus erwuchsen neue Probleme, weil zu dieser Zeit Hussein Ibn Alis Söhne Könige des Irak beziehungsweise Transjordaniens geworden waren. Durch schwere Kämpfe vor weiteren Schwierigkeiten gewarnt, leiteten die Briten das Ende der Mandatsherrschaft über den Irak ein und versuchten nur durch die Beibehaltung einer Heeres- und Luftwaffentruppe ihre strategischen Interessen zu wahren. 1932 wurde der Irak als unabhängiger und souveräner Staat Mitglied des Völkerbundes. Schon 1928 hatten die Briten, wiederum mit bestimmten militärischen und finanziellen Vorbehalten, die Unabhängigkeit Transjordaniens anerkannt.

Das palästinensische Problem

Die Lage in Palästina war weitaus komplizierter. Ab 1921 gab es antijüdische Unruhen von Arabern, die die jüdische Einwanderung und der Ankauf arabischer Ländereien durch Juden alarmiert hatte. Seither kam das Land kaum mehr zur Ruhe. Hier stand mehr auf dem Spiel als religiöse oder nationale Gefühle. Die jüdische Einwanderung bedeutete den Einbruch einer neuen westlichen, modernisierenden Kraft, die die ökonomischen Verhältnisse änderte und die traditionelle Gesellschaft vor neue Aufgaben stellte. Die britische Mandatsmacht hatte mit der Empörung der Araber zu rechnen, wenn sie die jüdische Einwanderung nicht regulierte, und mit jener der Juden, wenn sie es tat. Doch jetzt mussten auch die arabischen Regierungen einbezogen werden, die Länder beherrschten, die von ökonomischer und strategischer Bedeutung für die britische Sicherheit waren. Auch spielte die Weltmeinung eine Rolle. Die Frage wurde drängender, als 1933 in Deutschland ein Regime an die Macht kam, das die Juden verfolgte und ihnen schrittweise die Rechte und gesellschaftlichen Errungenschaften raubte, die sie seit der Französischen Revolution erkämpft hatten. Im Jahre 1937 gab es bereits hitzige Kämpfe zwischen Juden und Arabern in Palästina. Bald danach musste eine britische Armee mühsam einen arabischen Aufstand unterdrücken.

In Palästina kam es durch Gebietsankäufe und erste Siedlungen europäischer Juden zu neuen Unruhen. Die Mandatsmacht England musste die Folgen eventueller Eingriffe genau kalkulieren.

Die ökonomischen Interessen Großbritanniens

Auf den Zusammenbruch der Zentralgewalt in den arabischen Ländern folgte in der Vergangenheit häufig eine Zeit der Unordnung. Unklar war dieses Mal, ob sich dieser Unordnung die Errichtung einer neuen imperialen Hegemonie anschließen würde. Die Briten wollten diese Rolle nicht. Es ging ihnen lediglich darum, die wichtigsten Interessen in der Region zu sichern: die Herrschaft über den Suezkanal und den ungehinderten Fluss des Öls aus dem Iran und Irak. Zwischen 1918 und 1934 wurde eine große Pipeline gebaut, die aus dem Nordirak über Transjordanien und Palästina nach Haifa führte. Der Ölverbrauch

England besaß starke wirtschaftliche Interessen im Nahen Osten, es engagierte sich zunehmend in der Ölförderung und dem Transport dieses Rohstoffs nach Europa.

Die Drusen (Angehörige dieser Gruppe hier im Bild) rebellierten 1926 gegen die Franzosen. Der Aufstand erreichte Damaskus und setzte sich den Sommer hindurch fort, kam aber nach mehreren Bombardements auf Damaskus im folgenden Sommer zum Erliegen.

Europas war noch nicht so groß, dass von einer allgemeinen Abhängigkeit vom Öl gesprochen werden konnte; zudem standen noch die Entdeckungen der großen Erdölvorkommen aus, die die politische Lage in den 50er Jahren veränderte. Doch machte sich die Bedeutung dieses Energieträgers bereits bemerkbar.

Das unabhängige Ägypten

Die Briten glaubten, der Suezkanal sei am besten durch Truppen in Ägypten zu schützen. Doch diese Politik führte zu wachsenden Problemen. Der Krieg hatte das ägyptische Nationalgefühl verstärkt. Als die Preise kriegsbedingt stiegen, schob man die Schuld den Ausländern zu. Die Führer des ägyptischen

Nationalismus versuchten 1919, ihr Anliegen auf der Pariser Friedenskonferenz vorzutragen, wurden aber daran gehindert. Ein Aufstand gegen die Briten folgte, der schnell niedergeschlagen wurde. Doch die Briten waren auf dem Rückzug. In der Hoffnung, die nationalistischen Gefühle zu befriedigen, wurde 1922 das Protektorat beendet. Im neuen Königreich Ägypten stellten jedoch die Nationalisten immer wieder die Parlamentsmehrheit, so dass es den ägyptischen Regierungen unmöglich war, die britischen Interessen in einer Weise zu garantieren, die für eine britische Regierung akzeptabel gewesen wäre. Das Ergebnis waren eine lang anhaltende Verfassungskrise und zwischenzeitliche Unruhen, bis sich schließlich die Briten 1936 damit zufrieden gaben, in der Kanalzone für einen begrenzten Zeitraum eine Garnison unterhalten zu können. Auch die rechtlichen Privilegien der Ausländer wurden aufgehoben.

Die Zunahme der panarabischen Stimmung

Diese Konzessionen waren das sichtbare Zeichen, dass sich die Briten, wie 1918 auch anderswo, vom Empire verabschiedeten. Sie waren zum Teil auch ein Reflex der Überlastung von Machtmitteln und Ressourcen, da die britische Außenpolitik immer stärker von anderen Herausforderungen beansprucht wurde. Die Veränderungen der Weltlage fern vom Nahen Osten trugen insoweit zu den Entwicklungen in den nachosmanischen islamischen Ländern bei. Ein weiterer neuer Faktor war der marxistische Kommunismus. Während der gesamten Zwischenkriegszeit unterstützten russische Radiosendungen in den arabischen Ländern die ersten „einheimischen" Kommunisten. Doch trotz aller Besorgnisse, die er weckte, gab es keine Anzeichen dafür, dass der Kommunismus fähig sein könnte, die stärkste revolutionäre Kraft in der Region zu

Türkische Nationalisten feiern die Rückgewinnung der Stadt Smyrna (heute Izmir) von Griechenland im Verlauf des griechisch-türkischen Krieges von 1921 bis 1922.

verdrängen, den arabischen Nationalismus, der sich 1938 eindeutig auf Palästina konzentriert hatte. In jenem Jahr fand ein Kongress in Syrien statt, der die Sache der palästinischen Araber unterstützte. Auch die arabische Ablehnung der brutalen Herrschaft der Franzosen über Syrien war evident, ebenso die arabische Anteilnahme an der Empörung der ägyptischen Nationalisten über die Briten. Im Panarabismus lag eine Kraft, von der manche glaubten, sie könne schließlich die Trennung der Hascheimiten-Königreiche überwinden.

Die Europäer in der Türkei nach dem Ende des Weltkriegs

Alliierte Vereinbarungen aus der Kriegszeit gestalteten auch die Geschichte des osmanischen Kernlands, der Türkei (wie der Staat bald heißen sollte), komplizierter. Briten, Franzosen, Griechen und Italiener hatten sich über ihre Anteile an der Beute verständigt. Die einzige Vereinfachung, die der Krieg mit sich gebracht hatte, war die Beseitigung der russischen Ansprüche auf Konstantinopel und die Meerengen. Angesichts griechischer und italienischer Invasionen unterzeichnete der Sultan einen demütigenden Frieden. Griechenland erhielt große Zugeständnisse, Armenien wurde ein unabhängiger Staat, die übrige Türkei in britische, französische und italienische Gebiete aufgeteilt. Das war reiner Imperialismus. Außerdem wurde die Kontrolle der Europäer über das türkische Finanzwesen wiederhergestellt.

DAS ENDE DES OSMANISCHEN REICHES

Diese geplante Aufteilung der historischen Türkei führte zu der ersten erfolgreichen Revision eines Teils der Friedensvereinbarungen. Das war hauptsächlich die Leistung eines Mannes, eines früheren Jungtürken und herausragenden Militärs: Mustafa Kemal. Nacheinander trieb er Franzosen und Griechen aus dem Land, nachdem die Italiener seinen Dro-

Am Ende des Ersten Weltkrieges erwartete die Türkei ein ähnliches Schicksal wie den Nahen Osten. Sie verlor ihre Eigenständigkeit und wurde unter drei europäischen Staaten aufgeteilt.

hungen gewichen waren. Mit bolschewistischer Hilfe bekämpfte er die Armenier in einem der ersten großen Völkermorde. Die Briten entschlossen sich zu Verhandlungen, und so wurde 1923 ein zweiter Friedensvertrag mit der Türkei geschlossen. Dieser war ein Triumph des Nationalismus über die Pariser Entscheidungen und der einzige Teil des Friedensvertrags, der zwischen Gleichgestellten ausgehandelt und nicht den Besiegten aufgezwungen wurde. Es war auch der einzige, an dem russische Vermittler beteiligt waren. Die Türkei gab ihre Ansprüche auf die arabischen Länder, die Inseln in der Ägäis, Zypern, Rhodos und den Dodekanes auf. Es folgte ein großer Austausch von griechischer und türkischer Bevölkerung, der dem wechselseitigen Hass beider Völker neue Nahrung gab. Das Osmanische Reich außerhalb der Türkei war nach 600 Jahren nicht mehr existent. 1923 entstand eine neue Republik als Nationalstaat unter der Führung eines Diktators, der sich schnell als einer der erfolgreichsten Modernisierer erwies. Das Kalifat ging den Weg des Reiches; 1924 wurde es abgeschafft. Das war das Ende der osmanischen Geschichte und der Neuanfang der Geschichte der Türkei.

Der osmanische Sultan Mehmed VI. (Mitte) im Gebet zu Allah am Grab Mehmeds II. in Istanbul. Als der Sultan verbannt und anschließend das Kalifat abgeschafft wurde, kam es in der gesamten Türkei zu Aufruhr und zu Protesten der muslimischen Gemeinden.

Die Modernisierung der Türkei durch Atatürk

Kemal, wie er sich selbst zu nennen pflegte (der Name bedeutet „Vollkommenheit"), war eine Art Peter der Große (allerdings nach der erfolgreichen Revision des Friedensvertrages an territorialer Expansion desinteressiert) und ein eher aufgeklärter Despot. Das Recht wurde (nach dem Vorbild des Code Napoléon) säkularisiert, der islamische Kalender abgeschafft, und 1928 wurde aus der Verfassung der Passus gestrichen, dass die Türkei ein islamischer Staat sei. Die Polygamie wurde untersagt. 1935 wurde der gesetzliche Ruhetag vom Freitag, dem heiligen Tag des Islam, auf den Sonntag verlegt. Ein neues Wort gelangte ins Türkische: vikend (der Zeitraum von Sonnabend 13 Uhr bis Sonntag 24 Uhr). In den Schulen gab es keinen Religionsunterricht mehr. Der Fez war zwar aus Europa übernommen worden, galt aber inzwischen als typisch muslimisches Kleidungsstück: Er wurde verboten. Kemal war sich des radikalen Charakters der von ihm angestrebten Modernisierung bewusst, deshalb schenkte er derartigen Symbolen Beachtung. Sie waren zwar nur Zeichen, aber brachten etwas sehr Wichtiges zum Ausdruck: die Ersetzung einer traditionell islamischen Gesellschaft durch eine europäische. Ein islamischer Ideologe forderte seine Landsleute auf: „Seid Angehörige der türkischen Nation, der muslimischen Religion und der europäischen Zivilisation", und erblickte darin offenbar keine unüberwindlichen Schwierigkeiten. Das lateinische Alphabet wurde eingeführt mit prägenden Auswirkungen auf die Erziehung; ebenso die Grundschulpflicht. Die nationale Vergangenheit wurde für die Schulbücher umgeschrieben; nun hieß es, Adam sei Türke gewesen.

Kemal, dem die Nationalversammlung den Namen Atatürk, „Vater der Türken", verlieh, war eine bedeutende Persönlichkeit. Er ver-

Mustafa Kemal

Mustafa Kemal machte zweimal Geschichte. Er siegte in der entscheidenden Schlacht des Dardanellenfeldzugs, und nach dem Krieg brachte er seine türkischsprachigen muslimischen Landsleute dazu, sich als Bürger einer Republik und Angehörige einer neuen türkischen Nation zu begreifen.

Kemals Landung in Samsun im Jahr 1919, nach der griechischen Invasion, gilt allgemein als Beginn der türkischen Revolution. 1920 war er Oberhaupt der Regierung der in Ankara residierenden Nationalversammlung und zugleich Oberkommandierender der Armee, die im Jahr 1921 den erfolgreichen Gegenangriff gegen die Griechen in der Schlacht am Sakaria durchführte.

Als Präsident der Republikanischen Volkspartei rief Kemal am 29. Oktober 1923 die Republik Türkei offiziell aus und wurde deren erster Präsident. Er glaubte fest an Fortschritt und Wissenschaft, war sich aber der Einwirkung historischer, ethnischer und kultureller Kräfte auf die Gesellschaft bewusst. Trotz seiner großen persönlichen Machtbefugnisse konnte er auf breite Unterstützung in der Nationalversammlung der Republik bauen.

Mustafa Kemal (1880–1938) als Oberkommandierender der türkischen Armee im Jahr 1922.

wirklichte, was vielleicht schon Mehemet Ali wollte: die erste Umwandlung eines islamischen Staates durch Modernisierung. Seine Leistung beeindruckte. Bis zu seinem Tod im Jahr 1938 schien er fest entschlossen zu erreichen, dass seine Revolution nicht der Erstarrung anheim fiel. Das Ergebnis war die Schaffung eines Staates, der in mancher Hinsicht weltweit zu den fortschrittlichsten seiner Zeit gehörte. Für die Türkei bedeutete es einen weit größeren Bruch mit der Vergangenheit als in Europa, den Frauen eine neue Rolle zuzuweisen, doch 1934 erhielten auch sie das Wahlrecht und wurden ermutigt, Berufe zu ergreifen.

PERSIEN

Das wichtigste islamische Land, das niemals vor 1914 unter direkter imperialer Herrschaft der Europäer oder Osmanen gestanden hatte, war Persien. Briten und Russen hatten sich in die inneren Angelegenheiten des Landes zwar eingemischt, nachdem sie sich 1907 über die Einflusssphären geeinigt hatten, aber die russische Macht war mit der bolschewistischen Revolution zusammengebrochen. Britische Truppen hingegen operierten bis zum Ende des Ersten Weltkriegs weiterhin auf persischem Territorium. Groll gegen die Briten kam auf, als es einer persischen Delegation nicht ermöglicht wurde, ihre Anliegen auf der Friedenskonferenz vorzutragen. Es war eine von Konfusion geprägte Zeit, während der sich die Briten bemühten, Mittel für einen Widerstand gegen die Bolschewiken zu finden, der auch nach ihrem Truppenabzug fortgesetzt würde. Persien mit Waffengewalt zu beherrschen, war angesichts der Überforderung der britischen Streitkräfte unmöglich. Mehr durch einen Zufall hatte ein britischer General bereits den Mann entdeckt, der diese Aufgabe übernehmen sollte, allerdings ganz anders als ursprünglich gedacht.

Die Reformen Reza Khans

Die Zeit Schah Reza Khans war gekennzeichnet durch vorsichtige Säkularisierungsversuche und die Förderung der Industrialisierung im Land.

Der Offizier Reza Khan führte 1921 einen Staatsstreich durch und nutzte sogleich die Furcht der Briten vor den Bolschewisten, um einen Vertrag zu erlangen, in dem alle russischen Rechte und Vermögenswerte in Persien aufgegeben und die russischen Streitkräfte zum Rückzug verpflichtet wurden. Danach setzte er sich gegen Separatisten durch, die von den Briten unterstützt wurden. 1925 übertrug ihm die Nationalversammlung diktatorische Vollmachten, und wenige Monate später wurde er zum Schah ausgerufen. Er beherrschte Persien bis 1941 (als ihn Briten und Russen gemeinsam vom Thron stießen) ein wenig in der Art eines iranischen Kemal. Die Abschaffung des Schleiers und der religiösen Schulen zeigte eine säkularisierende Zielrichtung, die allerdings nicht so weit ging wie in der Türkei. 1928 wurden die Kapitulationen widerrufen – ein wichtiger symbolischer Schritt. Unterdessen trieb man die Industrialisierung und den Ausbau der Verkehrswege voran. Persien pflegte enge Beziehungen zur Türkei. Schließlich errang der starke Mann Persiens 1933 den ersten wichtigen Erfolg in der neuen Kunst der Öldiplomatie, als er nämlich die Konzession der Anglo-Persian Oil Company kassierte. Als die britische Regierung die Frage vor den Völkerbund brachte, kam es zu einer neuen und noch günstigeren Konzession: Das war Schah Rezas größter Sieg und ein Beweis für die persische Unabhängigkeit. Am Golf hatte ein neues Zeitalter begonnen, was 1935 auch in einer Änderung des Staatsnamens zum Ausdruck kam: Aus Persien wurde der Iran.

Reza Khan (1878–1944), der Schah des Iran, bewunderte Mustafa Kemal und folgte in vielem den Methoden, die Kemal zur Modernisierung der Türkei angewendet hatte.

3 DER ZWEITE WELTKRIEG

Ein neuer Weltkrieg war das Ende der Hegemonie Europas. Wie schon der Erste Weltkrieg begann auch der Zweite 1939 zunächst als europäische Auseinandersetzung und weitete sich dann zu einem ganzen Knäuel von Konflikten aus. Mehr noch als der Erste Weltkrieg hatte er unerhörte Auswirkungen und nichts blieb unberührt, unverändert oder auch nur gleichgültig. Es war in der Tat ein „totaler Krieg“.

Die wirtschaftliche Krise

Schon vor 1939 gab es viele Anzeichen für das Ende einer historischen Epoche. Obwohl der Frieden von 1919 einigen Kolonialmächten einen letzten Zugewinn für ihr Herrschaftsgebiet gebracht hatte, verdeutlichte die Politik Großbritanniens, dass der Imperialismus zumindest in die Defensive geriet. In seiner Stärke machte Japan Europa die Vorrangstellung im internationalen Mächtesystem streitig. Und schon 1921 erklärte ein weitblickender südafrikanischer Staatsmann: „Das Schauspiel hat sich von Europa in den Fernen Osten und den pazifischen Raum verlagert.“ Obwohl seine Prognose heute zutreffend erscheint, stammt sie aus einer Zeit, als man China noch kaum eine politische Macht zuerkannte. Zehn Jahre danach waren die wirtschaftlichen Grundlagen der westlichen Mächte vielleicht noch tiefer erschüttert wor-

Französische Flüchtlinge beim Bombenangriff auf Dünkirchen in Nordfrankreich 1940. Als die Stadt 1945 befreit wurde, stand nur noch ein Viertel ihrer Gebäude.

den als die politischen. In den Vereinigten Staaten, dem größten Industrieland, gab es immer noch zehn Millionen Arbeitslose. Obwohl sich keines der europäischen Industrieländer in einer vergleichbar großen Notlage befand, war das Vertrauen in ein gesundes Wirtschaftssystem auf immer verloren. Zwar gab es bei einzelnen Nationen einen industriellen Aufschwung – die Aufrüstungsprogramme wirkten sich aus –, aber die Versuche, die politische Situation durch internationale Zusammenarbeit insgesamt zu entspannen, scheiterten 1933 auf der einberufenen Weltwirtschaftskonferenz. Im Anschluss ging jeder Staat seinen eigenen Weg; selbst Großbritannien nahm Abstand vom internationalen Freihandel. Das Prinzip des Laissez faire war tot: In den folgenden Jahren bis 1939 intervenierten die Regierungen auf wirtschaftlichem Gebiet in einem Ausmaß, wie sie es seit den Hochzeiten des Merkantilismus nicht mehr getan hatten.

Die „Goldenen Zwanziger" waren eine Epoche wirtschaftlichen Aufschwungs, in der sich viele Menschen nach den Schrecken und Entbehrungen des Weltkriegs einem freieren Lebensstil hingaben. Sehr beliebt waren Nachtclubs wie der Charleston Contest Parody Club (Bild von 1926).

NEUE INTELLEKTUELLE STRÖMUNGEN UND ETHISCHE EINSTELLUNGEN

Die Anschauungen, die das 19. Jahrhundert geprägt hatten, waren nicht nur in den Bereichen der Politik und Wirtschaft überholt. Obwohl viele Menschen an den alten Geboten und Verboten noch festhielten, waren für die intellektuellen und meinungsbildenden Eliten die früheren Grundlagen nicht mehr tragbar. Es gab noch genug Gläubige, aber selbst in katholischen Ländern besuchte nur mehr eine Minderheit die Gottesdienste. Die großen Massen der Industriestädte lebten in einer nachchristlichen Welt, in der es keinen Unterschied für das Alltagsleben bedeutete, wenn die religiösen Institutionen und Symbole plötzlich verschwanden. Auch für die Intellektuellen traf dies zu. Sie hatten noch mehr als nur ihre religiöse Bindung verloren. Viele liberale Ideen, die seit dem 18. Jahrhundert das Christentum unterhöhlt hatten, galten nun als deplatziert. In den 20er und 30er Jahren schwand die Gewissheit, dass das Individuum autonom sei. Es gab keine objektiven Kriterien für Moral und Ethik mehr; Rationalität oder elterliche Autorität standen genauso auf dem Prüfstand wie der Glaube an den freien Welthandel.

Zeitleiste (1919–1945)

1931 Japanische Invasion der Mandschurei

1933 Regierungsantritt Hitlers; Roosevelts Politik des New Deal

1939 Unterzeichnung des deutsch-sowjetischen Nichtangriffspakts; Aufteilung Polens Beginn des Zweiten Weltkriegs

1900 — 1950

1919–1920 Friedensverträge der Pariser Friedenskonferenz; Errichtung der Weimarer Republik

1929 Börsenkrach an der Wall Street

1936–1939 Spanischer Bürgerkrieg; „Anschluss" Österreichs; deutsche Besetzung Tschechiens

1941 Japanischer Angriff auf Pearl Harbor

1945 Atombombenabwürfe auf Hiroshima und Nagasaki; Ende des Zweiten Weltkriegs Gründung der Vereinten Nationen

Die Kunst und der Wertewandel

Zu Beginn des 20. Jahrhunderts sprengten neue Erkenntnisse und wissenschaftliche Theorien die fest gefügten akademischen und kulturellen Grundfesten des vergangenen Jahrhunderts. Bisher ungeahnte Möglichkeiten und Ideen, etwa die Folgerungen aus der Darwinschen Evolutionstheorie oder die Entdeckung des Unterbewussten durch Sigmund Freud hatten weit reichende Folgen. Die Formulierung relativistischer Theorien veränderte die vorherrschenden Einstellungen. Die Menschheit nahm keine Ausnahmestellung mehr gegenüber anderen Lebensformen ein und sie erschien nicht mehr ausschließlich von rationalen Kräften beherrscht. Selbst die Beziehung zum Universum änderte sich mit der Erkenntnis, dass Zeit und Raum keine absoluten Größen sind.

Philosophen des späten 19. Jahrhunderts, insbesondere Arthur Schopenhauer und Friedrich Nietzsche, übten einen großen Einfluss auf Literatur und Musik aus. Die Künstler wandten sich, dem Geist der Zeit gemäß, vom Naturalismus ab und der Darstellung der inneren Welten zu. Schriftsteller wie Virginia Woolf, James Joyce oder Franz Kafka untersuchten das menschliche Ich und schufen die Grundlagen für die Erzählkunst des 20. Jahrhunderts. Mit der von Arnold Schönberg erfundenen Zwölftontechnik entwickelte sich eine Alternative zur herkömmlichen Harmonielehre. In der Malerei folgten Kubismus, Dadaismus und Surrealismus auf den impressionistischen Stil. Auch in den Bildenden Künsten ging es nicht mehr darum, die Umwelt möglichst wirlichkeitsgetreu darzustellen. Seit der Jahrhundertwende wurden die Bilder immer abstrakter, Miró beispielsweise reduzierte Menschen und Tiere auf rein geometrische Formen.

Joan Miró (1893–1983), Komposition mit Tieren. *Miró war einer der führenden Vertreter des abstrakten Surrealismus.*

Die Künste

Am offensichtlichsten vollzog sich der Wandel in der Kunst. Seit dem Zeitalter des Humanismus waren die Europäer fast 400 Jahre lang der Überzeugung, dass Kunstwerke visionäre Vorstellungen, Einsichten oder Vergnügen vermittelten. Also Werte, die prinzipiell allen Menschen zugänglich waren, selbst wenn sie äußerst raffiniert und kunstfertig dargestellt waren. Grundsätzlich konnte jedes gebildete Individuum bei ausreichender Muße und Kenntnis über die Kunst seiner Zeit Geschmacksurteile fällen. Die Werke waren Ausdruck einer gemeinsamen Kultur und Teil eines allgemein verbindlichen Normenkanons. Diese Anschauung wurde seit dem 18. Jahrhundert, spätestens jedoch mit der romantischen Bewegung des 19. Jahrhunderts aufgeweicht. Künstler – Beethoven, Goethe oder

Hölderlin sind bekannte Beispiele – wurden zu Genies idealisiert. Um die Jahrhundertwende wurde der Begriff der Avantgarde geprägt, und die Künstler übernahmen die „Vorreiterrolle" im Umbruch der Zeit. Zu Beginn des 20. Jahrhunderts war es selbst für geübte Kunstbetrachter und Musikhörer schwierig geworden, Arbeiten zeitgenössischer Künstler und Komponisten als Kunstwerke anzuerkennen. Das deutlichste Symbol dieser Entwicklung war das Verschwinden des Figürlichen und Realistischen aus der Malerei. Wenngleich auch in der Negation immer ein Rest Anbindung an die Tradition bestehen blieb, war dies doch dem durchschnittlich „Gebildeten" (wenn es einen solchen noch gab) längst nicht mehr deutlich. In den Jahren nach 1918 erreichte die Auflösung der Formen ihren ersten Höhepunkt. Im Surrealismus (beispielhaft in den Gemälden Dalis) zerfloss im wahrsten Sinn die gegenständliche Vorstellung, und der Künstler ließ in der Darstellung gleichsam die leeren Hüllen zurück. Dieses „Auslaufen" der Bilder und die damit verbundene Geisteshaltung steht, so ein Surrealist, für „ein Denken, das frei von aller Kontrolle durch die Vernunft, jenseits aller ästhetischen und moralischen Vorlieben auftritt". Mit Zufallsentscheidungen, Symbolen, Schockeffekten, Suggestion und Gewalt wollten die Maler die Schranken des Bewusstseins durchbrechen, nicht anders als viele Schriftsteller und Komponisten dieser Zeit.

Die ungeheuer vielfältigen Erscheinungen der neuen Kunst belegten den Niedergang der aufklärerischen liberalen Kultur, die Ausdruck einer europäischen Blütezeit war. Bezeichnenderweise waren die meisten dieser Auflösungstendenzen mit dem Gefühl verbunden, die traditionelle Kultur sei zu einschränkend, weil sie die im Unbewussten liegenden Quellen der Emotion und der Erfahrung ausschließe. Vermutlich kannten nur wenige Künstler, die diese Ansicht vertraten, die Arbeiten jenes Mannes, der dem 20. Jahrhundert eine Sprache für die Erforschung des Unbewussten schenkte und den Glauben vermittelte, dass hier die Geheimnisse des Lebens zu finden seien.

Sigmund Freud

Sigmund Freud war der Begründer der Psychoanalyse. In der Geschichte der Kultur verdient er einen Platz neben Newton und Darwin, weil er das Selbstverständnis der gebildeten Menschen grundlegend veränderte. Er führte mehrere neue Begriffe in die Alltagssprache ein. Wenn wir heute von „Komplex", „dem Unbewussten" und „Obsession" sprechen oder auch vom „Freudschen Versprecher" und der „Libido", so bezeugt dies die Wirkung seiner Lehren. Sie setzten sich schnell in der Literatur, in privaten Beziehungen, in der Erziehung oder Politik durch. Seine

Die Forschungen, die Sigmund Freud (1856–1939) in Wien betrieb, veränderten weltweit die Vorstellungen vom menschlichen Bewusstsein. Da Freud Jude war, gehörten seine Bücher zu den ersten, die die Nationalsozialisten nach der Annexion Österreichs verbrannten.

Botschaft wurde, wie es bei vielen „Propheten“ geschah, häufig verzerrt. Die Interpretationen seiner Lehre waren oft wirksamer als die spezifischen Fallstudien, die sein eigentlicher Beitrag in der Wissenschaft waren. Wie bei Newton und Darwin lag seine Bedeutung jenseits von Lehre und Forschung. Seine Rolle bestand vielmehr darin, ein neues Glaubens- und Wertesystem zur Verfügung zu stellen, das die gängigen Vorstellungen von Grund auf umgestaltete.

Freuds Forschungen werden von manchen Menschen dahingehend zusammengefasst, dass das Unbewusste die eigentliche Quelle grundlegender Verhaltensweisen sei. Moralische Urteile und Haltungen leiteten sich als Projektionen aus den Einflüssen ab, die das Unbewusste gestaltet habe, und folglich sei die Idee der Verantwortlichkeit ein Mythos. Sogar die Rationalität sei letztlich nur eine Illusion. Es schien nicht zu stören, dass Freuds eigene Aussagen widerlegt und unsinnig waren, wenn diese Interpretation seiner Theorie stimmen sollte. Diese Vorstellungen stellten das Fundament jeder vernunftbegründeten und auf Freiheit bedachten Kultur in Frage, indem sie die Idee des rationalen, verantwortlich und bewusst handelnden Individuums verwerfen, und darin lag ihre eigentliche Bedeutung.

Seine Lehre war nicht die einzige intellektuelle Kraft, die zum Verlust von Sicherheit beitrug und das Gefühl bestärkte, die Menschheit lebe auf schwankendem Boden. Aber sie prägte das intellektuelle Leben der Zwischenkriegszeit am stärksten. Menschen, die sich mit Freuds Einsichten, mit den radikalen Brüchen in der Kunst oder auch mit der Unfassbarkeit einer Welt, wie sie die Wissenschaft darstellte, auseinander gesetzt hatten, in der Laplace und Newton plötzlich nichts mehr zu gelten schienen, machten sich verunsichert auf die Suche nach neuen Glaubenssystemen, die Gewissheit versprachen. In der Politik begünstigte die Hinwendung zum Faschismus, zum Marxismus und zu den verstärkt irrationalen Formen der althergebrachten Weltanschauungen, wie dem extremen Nationalismus. Toleranz, Demokratie und die alten Freiheitsrechte des Individuums verloren ihren Stellenwert.

Abreise der deutschen Delegation unter Führung von Dr. Gustav Stresemann aus Berlin zu den Verhandlungen mit den Repräsentanten anderer europäischer Länder, die zum Abschluss des Vertrags von Locarno führten (1925). Dieser Vertrag war ein Höhepunkt in dem Bemühen, internationale Konflikte auf diplomatischen Wegen friedlich beizulegen.

DAS HEGEMONIESTREBEN DEUTSCHLANDS

Die Abwendung von den alten liberalen Anschauungen erschwerte es, der um sich greifenden Verunsicherung Herr zu werden und die düsteren Vorzeichen, die die internationalen Beziehungen in den 30er Jahren überschatteten, angemessen zu deuten. Das Zentrum dieser Bedrohung lag mitten in Europa im Großmachtstreben Deutschlands, das noch gefährlichere Umbrüche befürchten ließ als Japan. Deutschland war 1918 nicht vernichtet worden, und es lag in der Logik der Sache, dass dieses Land eines Tages seinen Einfluss wieder zurückgewinnen würde. Die geographische Lage, die Größe der Bevölkerung sowie die Wirtschaftskraft sprachen eindeutig dafür, dass ein geeintes Deutschland Mittel-

Friedrich Ebert (1871–1925), der erste Präsident der Weimarer Republik, bei einer Rede in der Nationalversammlung im März 1919.

europa beherrschen und Frankreich in den Schatten stellen würde. Die Frage lautete im Grunde, ob sich diese Entwicklung ohne Krieg vollzog.

Schon bald wurden in Deutschland Forderungen nach einer Revision des Versailler Vertrages laut. Diese Strömungen waren schließlich nicht mehr zu kontrollieren, obwohl in den 20er Jahren Anstrengungen unternommen wurden, sie in den Griff zu bekommen. Die belastenden Reparationszahlungen wurden schrittweise zurückgestuft. Der Vertrag von Locarno galt als ein beachtlicher Erfolg, weil mit ihm Deutschland der Festlegung seiner Westgrenze zustimmte. Aber er ließ die Frage nach der Revision der Grenze im Osten offen und fand keine Lösung für das größere Problem, wie ein Land dieser potenziellen Machtfülle angesichts seiner spezifischen historischen und kulturellen Erfahrungen friedlich und maßvoll mit seinen Nachbarn zusammenleben könne.

Die schwache Republik von Weimar

Die meisten hofften, das Problem sei durch die Schaffung einer demokratischen rechtsstaatlichen Republik in Deutschland gelöst. Tatsächlich war die Verfassung der Weimarer Republik (benannt nach der Stadt, in der die verfassungsgebende Nationalversammlung getagt hatte) äußerst liberal; doch gar zu viele Deutsche misstrauten ihr von Anfang an. Dass die Weimarer Republik das deutsche Problem lösen könne, erwies sich als Illusion, als die Wirtschaftskrise die schmale Grundlage erschütterte, auf der die deutsche Republik ruhte, und die zerstörerischen nationalistischen und sozialen Kräfte freisetzte, die im Hintergrund schlummerten.

Damit wurde die Kontrolle Deutschlands erneut zu einer internationalen Aufgabe. Doch die Existenz der neuen osteuropäischen Staaten erschwerte es doppelt, Russland, das wieder zu einer unbestreitbaren (aber schwer

Die Wirtschaftskrise der 1920er Jahre belastete die Weimarer Republik stark. Sie machte fast alle Erfolge wieder zunichte und trug entscheidend zu ihrer Instabilität bei.

Der New Yorker Börsenkrach von 1929

In den 20er Jahren waren die Vereinigten Staaten zu einer Industrienation herangewachsen. In den Nachkriegsjahren des wirtschaftlichen Aufschwungs herrschten Optimismus und ein großes Vertrauen in die finanzielle Sicherheit des Landes. Viele Anleger hielten die Zeit gekommen, durch Investitionen an der Wall Street ein Vermögen zu machen. Selbst für jene, die sich mit dem Börsengeschäft nicht auskannten, war es profitabler, am Aktienmarkt auf höhere Kurse zu spekulieren, als darauf zu warten, dass ein Unternehmen Dividenden ausschüttete.

Im Frühjahr 1928 stieg der New Yorker Börsenindex auf Grund sehr optimistischer Voraussagen von Führungspersönlichkeiten aus Industrie und Landwirtschaft um 25 Punkte. Im Januar 1929 trieben Aktienspekulationen den Index um weitere 30 Punkte hoch. Während des folgenden Sommers investierten Millionen von Menschen in Aktien. Oft spekulierten sie mit geliehenem Geld, in der Hoffnung, später zu höheren Kursen zu verkaufen. Im Oktober jedoch kam die Krise. Die Anleger begannen, ihre Aktien zu verkaufen, und die Kurse stürzten ab. Der Höhepunkt war am 29. Oktober erreicht, als der Index um 43 Punkte fiel. 16 Millionen Aktien wurden an diesem Tag zu einem Bruchteil des Einkaufswerts in Panikverkäufen auf den Markt geworfen. Am 13. November betrug der Index der Industriewerte nur mehr die Hälfte als zwei Monate zuvor.

Der Börsenkrach hatte gravierende Folgen. Viele Banken konnten die Darlehen nicht abdecken, die sie ihren inzwischen ruinierten Kunden gegeben hatten. 1929 schlossen 642 Banken, 1930 waren es 1945 und 1931 sogar 2298. In Europa kam es zu ähnlich katastrophalen Auswirkungen, weil dort viele Banken über Kriegsanleihen und Kredite für den Wiederaufbau eng mit dem nordamerikanischen Finanzsystem verknüpft waren. Als das amerikanische Kapital abgezogen wurde, breitete sich die Krise auch in Europa aus.

Nach dem Börsenkrach mussten jene, die während des Booms Aktien auf Kredit gekauft hatten, ihre verlorenen Anteile in bar bezahlen. Viele Spekulanten, so dieser New Yorker im Oktober 1929, sahen sich gezwungen, ihre Habe zu veräußern. Die Zeitungen waren voll von Berichten von Zusammenbrüchen scheinbar unerschütterlicher Vermögen. Es lag bittere Wahrheit in dem Witz des Komikers Will Rogers, er müsse Schlange stehen, um ein Hotelfenster zu finden, um hinauszuspringen: Elf Börsenmakler nahmen sich allein am „Schwarzen Freitag" das Leben. Die erschütternden Bilder der Wirtschaftskrise, lange Schlangen von Arbeitslosen vor Suppenküchen in amerikanischen Städten und Verhungernde in den ländlichen Gebieten, gingen um die Welt.

einzuschätzenden) Großmacht geworden war, an einer Beschränkung Deutschlands zu beteiligen. Schon die ideologische Ausrichtung schuf Probleme für eine Zusammenarbeit mit Großbritannien und Frankreich, zudem lag Russland strategisch abseits. Keine sowjetische Armee konnte Mitteleuropa erreichen, ohne durch die Gebiete eines oder mehrerer Staaten Osteuropas zu marschieren, deren Existenz von der Furcht vor Russland und dem Kommunismus geprägt war: Rumänien, Polen und die baltischen Staaten lagen schließlich in Gebieten, die früher zum Russischen Reich gehört hatten.

Amerika in der Zwischenkriegszeit

Genauso wenig konnten die USA als verlässlicher Partner zur Eindämmung Deutschlands gelten. Seit Präsident Wilson seine Landsleute vergeblich von der Mitgliedschaft im Völkerbund überzeugen wollte, ging der Trend der amerikanischen Politik in Richtung einer selbstbezogenen Isolation, die den traditionellen historischen Vorstellungen entsprach. Die Amerikaner, die in Europa als Soldaten gekämpft hatten, wünschten keine Wiederholung dieser Erfahrung. Hatte sich die Isolation scheinbar durch den Boom der 20er Jahre als richtig erwiesen, wurde sie durch die Wirtschaftskrise der 30er Jahre paradoxerweise verfestigt. Fälschlicherweise gaben die Amerikaner sogar Europa die Schuld für ihre Schwierigkeiten. Die Frage der Schulden aus der Kriegszeit zeigte nachhaltige psychologische Wirkung, weil man annahm, sie hinge mit den internationalen Finanzproblemen zusammen. So hegten sie zumindest Misstrauen gegenüber einem weiteren Engagement. Allerdings war auch nach der Depression noch genügend Geld vorhanden. Mit der Wahl eines demokratischen Präsidenten (1932) standen die USA am Beginn einer Ära wichtiger Veränderungen, die schließlich auch diese Grundstimmung beseitigten. Doch war dies zu jenem Zeitpunkt noch nicht absehbar.

Präsident Franklin D. Roosevelt (1882–1945) (rechts) an Bord seines Wahlkampfzugs im Jahr 1932. Seine Gegner von der Republikanischen Partei brauchten 20 Jahre, um sich von dem Glaubwürdigkeitsverlust zu erholen, den ihnen die Wirtschaftskrise bereitet hatte.

Franklin D. Roosevelt

Die nächste Phase in der US-amerikanischen Geschichte wurde fünf Wahlperioden lang von den Demokraten bestimmt. Ein Mann gewann vier Wahlkämpfe hintereinander: Franklin D. Roosevelt. Dass ein Präsidentschaftskandidat so oft in Folge aufgestellt wurde, war fast ohne Beispiel. Dazu noch die absolute Mehrheit der Wählerstimmen zu erringen, kam einer Revolution gleich. Roosevelt war ein reicher Mann, einem Patriarchen nicht unähnlich. Dies ließ es umso erstaunlicher erscheinen, dass er zu einer der größten demokratischen politischen Führungspersönlichkeiten in der ersten Hälfte des 20. Jahrhunderts wurde. Sein Wahlkampf war in erster Linie gegen die Verzweiflung, auf Hoffnung ausgerichtet. Er weckte Vertrauen und versprach, durch energisches Handeln die Wirtschaftskrise zu bewältigen. Seinem Sieg folgte eine politische Umstrukturierung, indem er die demokratische Vormacht ausbaute und sich dabei auf eine Koalition vernachlässigter Wählerschichten – des Südens, der Armen, der Farmer, der Afroamerikaner und der progressiven liberalen Intellektuellen – stützte, die dank sichtbarer Resultate weitere Schichten anzog.

Die Wahlerfolge des viermaligen Präsidenten Roosevelt beruhten vor allem auf seiner Hinwendung zu der breiten Wählerschicht des Südens, die bisher meist vernachlässigt worden war.

Der New Deal

Roosevelts Erfolge waren in mancher Hinsicht nur eine Illusion. Der „New Deal“, den die Regierung Roosevelt in Gang setzte, war der Wirtschaftskrise bis zum Jahr 1939 noch keineswegs Herr geworden. Gleichwohl veränderte er die Ausrichtung und Funktionsweise des amerikanischen Kapitalismus und dessen Beziehungen zur Regierung. Ein großes Programm zur Arbeitslosenunterstützung und Sozialversicherung wurde gestartet, Millionen erhielten durch öffentliche Beschäftigungsmaßnahmen Arbeit, neue Regelungen wurden auf dem Finanzsektor eingeführt und mit einem Wasserkraftwerk im Tennessee-Valley konnte erstmals das System öffentlicher Eigentümerschaft getestet werden. Damit wurde der Kapitalismus, innerhalb neuer Rahmenbedingungen von Regierungsseite, neu belebt. Der New Deal führte zur größten Machtausweitung der Bundesbehörden in der amerikanischen Gesellschaft und in den Bundesstaaten, die es jemals zu Friedenszeiten gegeben hatte, und diese Entwicklung erwies sich als unumkehrbar. Darin spiegelte sich in der amerikanischen Politik die gleiche kollektivistische Tendenz wider, die auch in anderen Ländern während des 20. Jahrhunderts auftrat. In dieser Hinsicht war die Roosevelt-Ära historisch von entscheidender Bedeutung. Sie veränderte den Verlauf der amerikanischen Politik und der Verfassungsgeschichte stärker als jede andere seit der Zeit des Bürgerkriegs. Sie bot nebenbei der Welt mit ihrer liberalen Version einer stark in die Wirtschaft intervenierenden Regierung eine Alternative zu Faschismus und Kommunismus.

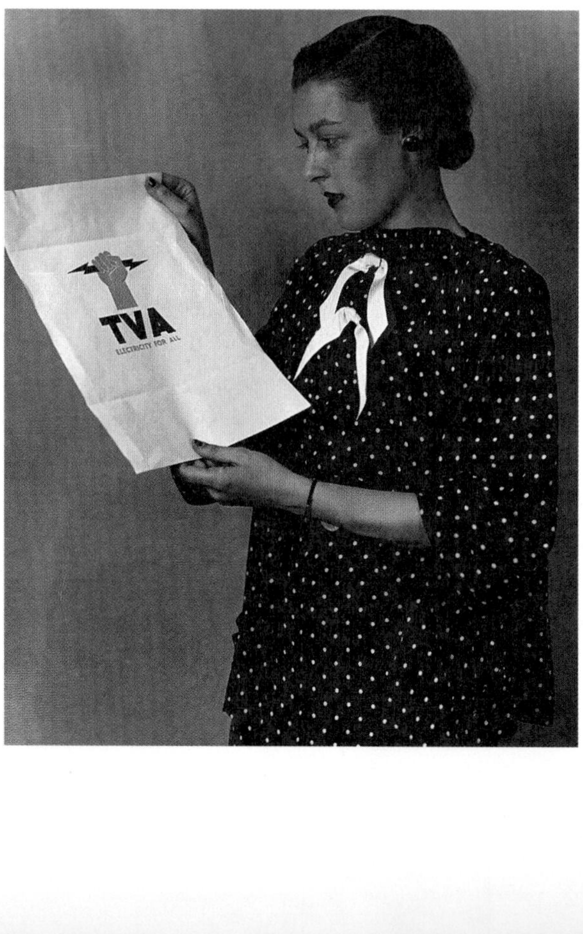

Präsentation des Emblems der Tennessee Valley Authority im Jahr 1934, kurz nach der Billigung durch Präsident Roosevelt. Das ehrgeizige Regierungsvorhaben zur Erschließung der großen Wassermassen des Tennessee schuf Tausende von Arbeitsplätzen und führte zu einer beträchtlichen Steigerung der nationalen Elektrizitätsproduktion.

Diplomatische Probleme in Europa

Da sich Amerika und die Sowjetunion nicht engagierten, traten als Einzige die westeuropäischen Großmächte einem wieder erstarkten Deutschland entgegen. Doch Großbritannien und Frankreich waren als „Polizisten“ Europas denkbar ungeeignet. In beiden Ländern erinnerte man sich noch gut an die Schwierigkeiten im Umgang mit Deutschland selbst zu der Zeit, als sie Russland auf ihrer Seite hatten. Außerdem war es nach 1918 auch untereinander zu Konflikten gekommen, und beide

Italienische Truppen fielen im Oktober 1935 in das alte afrikanische Kaiserreich Äthiopien (damals Abessinien) ein. Auf diesem Foto eines italienischen Soldaten grüßen Eingeborene einer besetzten Provinz ein Bild Mussolinis, des so genannten „großen weißen Vaters". Im Mai 1936 war die Annexion Äthiopiens abgeschlossen. Bis 1941 war das Land ein Bestandteil von Italienisch-Ostafrika.

Länder waren militärisch schwach. Frankreich wusste um seine Unterlegenheit im Falle einer Wiederbewaffnung Deutschlands. Es investierte deshalb in ein System befestigter Verteidigungsanlagen, die so genannte „Maginot-Linie", die zwar eindrucksvoll aussahen, aber einem Angriff kaum Stand halten konnten. Die britische Marine war nicht länger vorherrschend und auch nicht so stark wie 1914. Die britischen Regierungen setzten lange die Politik der Ausgabenkürzungen für die Streitkräfte fort, auch als diese durch ihr weltweites Engagement zunehmend belastet wurden. Die Wirtschaftskrise verstärkte diese Tendenz. Viele britische Wähler hielten zudem die deutschen Beschwerden für berechtigt. Sie waren dem deutschen Nationalismus und der deutschen Entschlossenheit gegenüber zu Konzessionen, ja selbst zur Rückgabe von Kolonien bereit. Briten und Franzosen beunruhigte außerdem ein Joker im europäischen Kräftespiel: das faschistische Italien.

Der italienische Einmarsch in Äthiopien

Die Erkenntnis, dass sich Mussolini nicht mit Großbritannien und Frankreich verbünden würde, reifte, als Italien einen verspäteten Versuch unternahm, sich an dem Wettbewerb um Kolonialgebiete in Afrika zu beteiligen: 1935 marschierten italienische Truppen in Äthiopien ein. Dies war ein deutlicher Verstoß gegen die Bestimmungen des Völkerbunds. Frankreich und Großbritannien befanden sich in einer ungünstigen Position. Als im Mittelmeerraum und in Afrika engagierte Kolonial- und Großmächte oblag es ihnen, im Völkerbund die Führung gegen Italien zu übernehmen. Sie taten dies jedoch nur zaghaft und halbherzig, weil ihnen nicht an einer Verschlechterung der Beziehungen zu Italien gelegen war, das sie ja als Bundesgenossen gegen Deutschland gewinnen wollten. So nahmen die Dinge die unvorteilhafteste Wendung. Dem Völkerbund gelang es nicht, die Aggression zu vereiteln, und Italien entfremdete sich von den westeuropäischen Großmächten.

Der Einfluss moderner Ideologien auf die internationalen Beziehungen

Das Scheitern des Völkerbundes bei dem Versuch, Italien an der Besetzung Äthiopiens zu hindern, war einer jener Momente, die im Nachhinein als weit reichende Fehler bezeichnet werden können. Doch ist es unmöglich, genau festzustellen, in welchem Augenblick die geschaffene Lage tatsächlich unkontrollierbar wurde. Zweifellos war der eigentliche Wendepunkt die Etablierung eines äußerst radikalen und entschlossenen Regimes in Deutschland. Doch die Weltwirtschaftskrise hatte Hitlers Machtübernahme erleichtert. Der ökonomische Zusammenbruch hatte eine weitere wichtige Folge: Er ließ eine ideologische Interpretation der Ereignisse der 30er Jahre plausibel erscheinen, was das Klima zusätzlich vergiftete. Politiker interpretierten die Entwicklung der internationalen Beziehungen als Auseinandersetzung zwischen Faschismus und Kommunismus, manchmal auch als Auseinandersetzung zwischen Rechts und Links oder zwischen Demokratie und Diktatur. Solche Auslegungen wurden dadurch erleichtert, dass Mussolini, verärgert über die britischen und französischen Reaktionen auf seine Invasion in Äthiopien, Italien in ein Bündnis mit Deutschland führte und einen antikommunistischen Kreuzzug predigte. Alle ideologischen Deutungen der internationalen Beziehungen in den 30er Jahren hatten die Tendenz, die zentrale Stellung des deutschen Problems zu verschleiern und machten es folglich schwieriger, es zu lösen.

Russland in der Zwischenkriegszeit

Auch die russische Propaganda war ein wichtiger Faktor. In den 30er Jahren war die innere Lage der Sowjetunion prekär. Das Industrialisierungsprogramm forderte große Anstrengungen und Millionen Menschenopfer. Diese Aufgabe wurde gelöst – vielleicht aber auch erschwert – durch eine brutale Verschärfung der Diktatur. Sie zeigte sich nicht nur im Vorgehen gegen die Bauern während der Kollektivierung der Landwirtschaft, sondern ab 1934 auch in Terrormaßnahmen gegen Parteikader. Innerhalb von fünf Jahren wurden Millionen von Russen hingerichtet, ins Gefängnis gesteckt oder verbannt (oftmals in Zwangsarbeitslager). Bestürzt sah die Welt, wie ganze Gruppen von Angeklagten ihre grotesken „Geständnisse“ vor sowjetischen Gerichten stammelten. Neun Zehntel aller Generäle der Roten Armee waren betroffen und (nach

Als Stalin 1924 die Macht übernahm, machte sich Leo Trotzki mit ständiger Kritik an dem wachsenden undemokratischen Charakter der KPdSU viele Feinde. Im Jahre 1929 wurde er schließlich aus der Sowjetunion ausgewiesen. Im folgenden Jahrzehnt schickte das Regime Stalins Tausende Sowjetbürger wegen angeblich abweichender politischer Meinungen ins Exil, ins Gefängnis oder ermordete sie. Trotzki fiel im Jahr 1940 in Mexiko dem Attentat eines Agenten Stalins zum Opfer.

Wähler nach der Stimmabgabe in Paris, Saint-Denis, im Jahre 1936. Es siegte die linksliberale Koalitionsregierung der Volksfront unter Léon Blum, die bis 1938 im Amt blieb. Obwohl die KPF die Regierung Blums stützte, trat sie ihr nicht bei – die französischen Kommunisten wussten, dass weitere Unruhen in der französischen Arbeiterschaft ein Chaos erzeugen würden, welches das Land einer faschistischen Invasion gegenüber wehrlos gemacht hätte.

Schätzungen) die Hälfte des höheren Offizierskorps. In jenen Jahren ersetzte eine neue kommunistische Elite die alte. Mehr als die Hälfte aller Delegierten, die am Parteitag des Jahres 1934 teilgenommen hatten, waren bis 1939 verhaftet worden.

Die Vorgänge in Russland beeinflussten die internationale Lage durch die begleitende Propaganda unmittelbar. Die Gewohnheit, in den Kategorien „wir" und „die anderen" zu denken, beruhend auf dem marxistischen Dogma und den Erfahrungen der Interventionen in den Jahren 1918 bis 1922, verstärkte sich in den 30er Jahren. Während dieses Denken im Innern wirksam wurde, machte sich nach außen die Predigt der Doktrin des internationalen Klassenkampfs durch die Komintern (Kommunistische Internationale) geltend, was wiederum Reaktionen provozierte: Überall wuchsen die Befürchtungen der Konservativen. Damit wurde es möglich, jede kleine Konzession gegenüber linken oder auch nur mäßig fortschrittlich eingestellten politischen Kräften als einen Sieg für die Bolschewiken zu interpretieren. Während sich so die Position der Rechten verhärtete, erhielten die Kommunisten neue Beweise für ihre These des unvermeidlichen Klassenkampfs und der notwendigen Weltrevolution.

Die Ablehnung des Kommunismus in Europa

Trotz der Hoffnungen kommunistischer Kreise kam es nirgendwo zu einer erfolgreichen linksgerichteten Revolution. Die Gefahr einer kommunistischen Weltrevolution war schon in der unmittelbaren Nachkriegszeit schnell gebannt. In den 20er Jahren wurde Großbritannien friedlich und ohne Höhen und Tiefen von Regierungen der Labour Party geführt. Die zweite Labour-Regierung endete 1931 mit einem finanziellen Zusammenbruch und wurde von konservativen Koalitionen abgelöst, die einen überwältigenden Wahlerfolg erzielten. Sie hielten mit bemerkenswerter Treue an der Tradition schrittweiser sozialer

Entgegen den Erwartungen der Kommunisten kam es in Europa nicht zum „unvermeidlichen Klassenkampf" und damit auch nicht zur Machtübernahme durch die Kommunisten.

und administrativer Reformen fest, die Großbritanniens Weg in den Wohlfahrtsstaat kennzeichneten. In den skandinavischen Ländern wurde diese noch konsequenter verfolgt. Sie wurden häufig wegen ihrer Verbindung von politischer Demokratie und praktischem Sozialismus bewundert und als ein Gegenbeispiel zum Kommunismus betrachtet. Selbst in Frankreich, wo eine große und aktive kommunistische Partei existierte, gab es nicht einmal nach der Weltwirtschaftskrise Anzeichen, dass ihre Ziele für die Mehrheit der Wähler akzeptabel seien. In Deutschland hatte die KPD (Kommunistische Partei Deutschlands) vor 1933 zwar an Wählerzuspruch gewonnen, war aber weit davon entfernt, der SPD die Führung in der Arbeiterbewegung zu entreißen. In Spanien mussten sich die Kommunisten mit Sozialisten und Anarchisten auseinandersetzen. Die spanischen Konservativen beargwöhnten sie und befürchteten zugleich, nach der Gründung der spanischen Republik (1931) in eine sozialistische Revolution abzugleiten. Doch hatten sie gute Gründe, die spanischen Kommunisten nicht als die Hauptgefahr zu sehen.

Hitlers *Mein Kampf*

„Um die Masse der nationalen Erhebung zu gewinnen, ist kein soziales Opfer zu schwer. Was auch immer unseren Arbeitnehmern heute für wirtschaftliche Konzessionen gemacht werden, so stehen diese in keinem Verhältnis zum Gewinne der gesamten Nation, wenn sie mithelfen, die breiten Schichten wieder ihrem Volkstume zu schenken. Nur kurzsichtige Borniertheit, wie man sie leider häufig in unseren Unternehmerkreisen findet, kann verkennen, daß es auf die Dauer keinen wirtschaftlichen Nutzen mehr hat, wenn die innere völkische Solidarität unserer Nation nicht wiederhergestellt wird.

Hätten die deutschen Gewerkschaften im Kriege die Interessen der Arbeiterschaft auf das rücksichtsloseste gewahrt, hätten sie selbst während des Krieges dem damaligen dividendenhungrigen Unternehmertum tausendmal durch Streik die Bewilligung der Forderungen der von ihnen vertretenen Arbeiter abgepreßt, hätten sie aber in den Belangen der nationalen Verteidigung sich ebenso fanatisch zu ihrem Deutschtum bekannt, und hätten sie mit gleicher Rücksichtslosigkeit dem Vaterlande gegeben, was des Vaterlandes ist, so wäre der Krieg nicht verlorengegangen."

Ein Auszug aus Adolf Hitlers *Mein Kampf*. München 1935, (1. Auflage Band I 1925), S. 369–370.

Rede Adolf Hitlers (1889–1945) anlässlich der Eröffnung der neuen „Volkswagen"-Fabrik in Fallersleben, 1936.

ADOLF HITLER

Ideologische Interpretationen waren damals sehr verbreitet, auch bei vielen Nichtkommunisten. Diese Tendenz verstärkte sich noch, als in Deutschland mit Adolf Hitler ein neuer Mann an die Regierung kam. Obwohl er Ziele verfolgte, die an seinem Verstand zweifeln ließen, konnte man ihm auf Grund seiner Erfolge kaum politisches Genie absprechen. Zu Beginn der 20er Jahre war er nur ein erfolgloser politischer Agitator, der bei dem Versuch gescheitert war, 1923 einen Staatsstreich gegen die bayerische Regierung auszuführen.

Während der Olympischen Spiele von 1936 jubeln die Massen dem „Führer" zu. Das Naziregime wollte die Wettkämpfe zu einer Werbung für Hitler-Deutschland machen. Die teilnehmenden deutschen Athleten wurden unter starken Druck gesetzt, möglichst viele Medaillen zu gewinnen und so aller Welt die Überlegenheit der „arischen Rasse" zu beweisen. Daraus wurde nichts, weil der afroamerikanische Sportler Jesse Owens (1913–1980), sehr zu Hitlers Unwillen, vier Goldmedaillen gewann und zum „Sportler der Olympischen Spiele" gekürt wurde.

Nun verbreitete er seinen maßlosen Nationalismus und Antisemitismus nicht nur in demagogischen Reden, sondern auch in einem langen, formlosen, halb autobiographischen Buch, das nur wenige lasen. 1933 war die von ihm geführte „Nationalsozialistische Deutsche Arbeiterpartei" (NSDAP) stark genug, dass er zum Kanzler der deutschen Republik berufen werden konnte. In politischer Hinsicht war dies die vielleicht folgenreichste Entscheidung des Jahrhunderts: Sie bedeutete eine innere Umstrukturierung Deutschlands und die Rückkehr des Landes zu einer aggressiven Außenpolitik, die schließlich zur Zerstörung des alten Europa und Deutschlands sowie zum Beginn einer neuen Epoche führte.

Obwohl Hitlers Botschaften einfach waren, war sein Anliegen komplex. Er verkündete, dass Deutschlands Probleme identifizierbare Ursachen hätten. Eine davon sei der Versailler Vertrag, eine andere der internationale Kapitalismus. Eine weitere Ursache sah er im Internationalismus der deutschen Marxisten und der Juden. Hitler erklärte, die Beseitigung der politischen Fehler in Deutschland müsse mit einer Erneuerung der deutschen Gesellschaft und Kultur einhergehen, wofür es einer „Säuberung" der biologischen Grundlagen des deutschen Volkes, nämlich der Ausmerzung „nichtarischer" Elemente bedürfe.

Die „Machtergreifung" der Nationalsozialisten

1922 konnte Hitler mit seiner Botschaft noch wenige Anhänger mobilisieren. 1930 gewann die NS-Partei 107 Sitze im Deutschen Reichstag, und damit mehr als die Kommunisten (77). Die Nationalsozialisten profitierten bereits damals von der Wirtschaftskrise, aber es sollte noch schlimmer kommen. Es gibt mehrere Gründe, warum die Nazis die politischen

Innerhalb von zehn Jahren gelang es den Nationalsozialisten, allmählich zahlreiche Wähler für sich zu gewinnen. Als Hitler 1933 zum Reichskanzler berufen wurde, stand ihrer absoluten Macht nichts mehr im Wege.

Der Reichstagsbrand vom 27. Februar 1933. Später wurde der geistesgestörte holländische Exkommunist Marinus van der Lubbe angeklagt, den Brand gelegt zu haben. Die Nationalsozialisten behaupteten, die Brandstiftung sollte das Signal für eine kommunistische Revolution sein. Am 28. Februar überredete Kanzler Hitler den Präsidenten Hindenburg, einen zeitweiligen Notstand auszurufen (der dann bis 1945 bestehen blieb). Über die wahre Ursache des Reichstagsbrands streiten die Historiker noch heute. Manche glauben, die SS habe die Brandstiftung angeregt und dann van der Lubbe absichtlich zum Mittäter gemacht. Andere meinen, dass van der Lubbe, der in dem Prozess für schuldig befunden und später hingerichtet wurde, das Verbrechen allein begangen habe und dass sich die Nationalsozialisten nur die günstige Gelegenheit nicht entgehen ließen, ihre Diktatur zu errichten.

Früchte der Krise ernteten. Einer der wichtigsten war, dass die Kommunisten sehr viel Energie darauf verwandten, die SPD zu bekämpfen. Das hatte die deutsche Linke schon während der gesamten 20er Jahre empfindlich geschwächt. Zudem hatte sich unter dem Deckmantel der demokratischen Republik eine antisemitische Stimmung breit gemacht. Auch diese verschärfte sich durch die Wirtschaftskrise. Der Antisemitismus bot wie der Nationalismus eine klassenübergreifend attraktive Erklärung für die Probleme Deutschlands. Zwar sprach die gleichfalls einfache marxistische These vom Klassenkampf auch etliche an (so hofften jedenfalls die Kommunisten), machte andere aber notwendigerweise zu Feinden.

1930 zeigten die Nationalsozialisten, dass sie ein Machtfaktor in Deutschland waren. Sie gewannen die Unterstützung jener Leute, die in den Schlägerbanden der Nationalsozialisten eine antikommunistische Schutztruppe sahen, von Nationalisten, die eine Wiederbewaffnung und eine Revision des Versailler Vertrags anstrebten, sowie von konservativen Politikern, die Hitler für einen Parteiführer hielten, den sie für ihre eigenen Ziele einspannen konnten. Es kam zu komplizierten politischen Winkelzügen, doch 1932 besaß die NS-Partei die stärkste Reichstagsfraktion; allerdings keine Parlamentsmehrheit. Im Januar 1933 wurde Hitler auf verfassungsmäßigem Wege vom Staatspräsidenten zum Kanzler berufen. Es folgten Neuwahlen, bei denen die Nationalsozialisten, obwohl sie den Rundfunk beherrschten und die Wähler einschüchterten, ohne Mehrheit der Sitze blieben. Dazu verhalfen ihnen nur andere rechte Politiker, die ebenfalls für das „Ermächtigungsgesetz" stimmten. Es ermöglichte den Nationalsozialisten, mit Notverordnungen zu regieren. Das war das Ende des Reichstags und des parlamentarischen Systems. Mit diesen Vollmachten ausgestattet, begannen die Nationalsozialisten mit der Demontage der demokratischen Institutionen. 1939 gab es praktisch keinen Bereich der deutschen Gesellschaft mehr, den sie nicht beherrschten oder einschüchterten. Auch die Konservativen waren ausgeschaltet: Sie mussten nur zu bald erkennen, dass die Nationalsozialisten nicht gewillt waren, die Unabhängigkeit traditioneller Autoritäten zu dulden.

SA-Männer bei der von der Regierung befohlenen Boykottaktion gegen jüdische Geschäfte. Die Nürnberger Gesetze von 1935 beraubten die deutschen Juden (dazu wurde jeder gezählt, der zumindest einen jüdischen Großelternteil besaß) der bürgerlichen Rechte, schlossen sie von der Ausübung ihrer Berufe aus, isolierten sie sozial und verboten „Mischehen". Sie waren der erste Schritt Hitlers auf dem Weg zur „Endlösung", dem Versuch, alle Juden Europas zu ermorden.

Die Umsetzung von Hitlers Zielen

Wie Stalins Herrschaft in Russland beruhte auch das NS-Regime zu großen Teilen auf einem rücksichtslosen Einsatz terroristischer Mittel gegenüber seinen Gegnern. Mit Terror wurden auch die Juden drangsaliert. Ein erstauntes Europa erlebte in einer seiner fortschrittlichsten Gesellschaften die Wiederkehr der Pogrome des europäischen Mittelalters oder des zaristischen Russland. Diese Vorkommnisse waren in der Tat so unglaublich, dass sie von vielen Menschen außerhalb Deutschlands bezweifelt wurden. Die Verwirrung über den Charakter des neuen Regimes machte den Umgang mit ihm umso schwieriger. Manche hielten Hitler einfach für einen nationalistischen Politiker, dem es, Atatürk vergleichbar, um die Erneuerung seines Landes und um die Durchsetzung berechtigter Ansprüche ging. Andere betrachteten ihn als einen Kreuzzügler gegen den Bolschewismus. Da ihn sogar einige als nützliches Bollwerk gegen die Bolschewisten ansahen, stieg die Wahrscheinlichkeit, dass die Linken in ihm ein Werkzeug des Kapitalismus erblickten. Doch keine simple Formel vermag Hitler und seine

Ziele zu erfassen. Wahrscheinlich kommt man der Wahrheit am nächsten, wenn man ihn als die negativste und destruktivste Verkörperung der Ressentiments und der verzweifelten Wut der deutschen Gesellschaft bezeichnet. Als die Wirtschaftskrise, politischer Zynismus und eine günstige außenpolitische Lage ihn an die Macht brachten, konnte er seine negativen Ziele auf Kosten aller Europäer verwirklichen, langfristig auch der Deutschen.

Der spanische Bürgerkrieg

Der Weg zum erneuten Krieg Deutschlands mit der Welt ist kompliziert. Auch heute noch wird diskutiert, wann und ob der Ausbruch des Krieges zu verhindern gewesen wäre. Ein wesentlicher Zeitpunkt war zweifellos, als Mussolini zu Hitlers Verbündetem wurde. Nachdem ihm England und Frankreich wegen seines abenteuerlichen Vorgehens in Äthio-

Deutsche Bomber führten auf Geheiß des Generals Franco im April 1937 einen fürchterlichen Luftangriff auf die baskische Kleinstadt Guernica aus. Der Ausschnitt aus Picassos Bild *Guernica* zeigt die emotionale Reaktion des Künstlers auf dieses Verbrechen und sein Entsetzen angesichts der Menschenopfer, die der Krieg forderte (verglichen mit den Gemetzeln, die bald folgten, waren sie noch gering).

pien die politische Unterstützung versagten, brach in Spanien ein Bürgerkrieg aus, als eine Gruppe von Generälen gegen die linksgerichtete Republik putschte. Hitler und Mussolini entsandten Kontingente zur Unterstützung des Rebellenführers General Franco. Hitler, Mussolini und Franco galten nun gleichermaßen als „Faschisten". Die russische Außenpolitik begann, die Unterstützung für die spanische Republik in den westlichen Ländern zu koordinieren, indem sie die kommunistischen Parteien dieser Länder anwies, ihre Attacken auf die anderen Linksparteien einzustellen und stattdessen eine Volksfrontpolitik zu betreiben. Der spanische Bürgerkrieg wurde so letztlich als Auseinandersetzung zwischen Rechts und Links in reinster Form angesehen. Dies war zwar eine etwas verzerrte Darstellung, half aber, den Menschen vor Augen zu führen, dass Europa in zwei Lager gespalten war.

Treffen zwischen Hitler und Mussolini im Jahr 1940. Die Allianz der beiden Diktatoren hatte nachhaltige Auswirkungen auf die Weltlage.

Die erneute deutsche Aggressionspolitik

Die Regierungen Großbritanniens und Frankreichs hatten inzwischen die sich verschärfende politische Lage Deutschlands erkannt. Schon 1935 hatte Hitler den Beginn der (nach dem Versailler Vertrag verbotenen) Wiederaufrüstung verkündet. Die Schwäche der Westmächte zeigte sich, als deutsche Truppen in die, nach den Bestimmungen des Versailler Vertrags, „entmilitarisierte" Zone des Rheinlands einmarschierten. Diese Maßnahme wurde widerstandslos hingenommen. Als der spanische Bürgerkrieg für eine weitere Spaltung der öffentlichen Meinung in Großbritannien und Frankreich sorgte, bemächtigte sich Hitler Österreichs (1938). Die Bestimmungen des Versailler Vertrags, die den Zusammenschluss Deutschlands und Österreichs untersagten, ließen sich auf den ersten Blick nur schwer rechtfertigen. Den französischen und britischen Wählern ließ sich der Eindruck vermitteln, es handele sich bei diesem „Anschluss" um einen Akt des zu Recht aufgebrachten deutschen Nationalismus. Die Republik Österreich hatte zudem seit langem unter innenpolitischen Problemen gelitten. Im Herbst 1938 folgte der nächste aggressive Schritt Deutschlands: die Besetzung des Sudetenlandes, eines Teils der Tschechoslowakei. Auch dies wurde mit dem Hinweis auf das Selbstbestimmungsrecht legitimiert, denn es

Im Sudetenland, einem überwiegend von Deutschen bewohnten Teil der Tschechoslowakei, erreichte die pronazistische Stimmung im Jahr 1938 ihren Höhepunkt, insbesondere nach dem „Anschluss" Österreichs. Sudetendeutsche Frauen grüßen die einmarschierenden deutschen Truppen am 12. Oktober 1938.

handelte sich um Regionen mit einem großen deutschen Bevölkerungsanteil. Ein Jahr später wurde das Memelland „heim ins Reich geholt". Schrittweise verwirklichte Hitler den alten Traum.

Die Zerstückelung der Tschechoslowakei war ein Wendepunkt. Sie erfolgte durch eine Reihe von Vereinbarungen, das so genannte „Münchner Abkommen", dessen Hauptbeteiligte im September 1938 Deutschland und Großbritannien waren. Es handelte sich um die letzte große Initiative der britischen Außenpolitik in ihrem Bemühen, Hitler zu beschwichtigen. Der britische Premierminister traute dem Stand der eigenen Rüstungsanstrengungen zu wenig, um Widerstand zu leisten. Außerdem hoffte er, dass Hitler, nachdem die letzte größere deutsche Bevölkerungsgruppe unter deutsche Herrschaft zurückgekehrt war, vielleicht auf die Forderung nach weiteren Revisionen des Versailler Vertrags verzichten würde. Dieser war zu jener Zeit ohnehin schon weitgehend außer Kraft gesetzt.

Der Krieg um Polen

Die Zerstückelung der Tschechoslowakei befriedigte Hitler keineswegs, vielmehr richtete er die Aggression gegen die slawischen Länder. Der erste Schritt war im März 1939 die Besetzung des tschechischen Rumpfstaats. Als Nächstes ging es um die Frage der deutsch-polnischen Grenzregelung von 1919. Hitler wollte die Beseitigung des „polnischen Korridors", der Ostpreußen vom Reich trennte und zu dem auch die alte deutsche Stadt Danzig gehörte. An diesem Punkt änderte die britische Regierung, wenn auch zögerlich, ihre Haltung und bot Polen und anderen osteuropäischen Ländern eine Garantie gegen die Aggression an. Zugleich begannen auch zögerliche Verhandlungen mit Russland.

Der deutsch-sowjetische Nichtangriffspakt

Im Frühjahr 1939 zog Stalin den Schluss, dass Frankreich und Großbritannien kaum gegen Deutschland vorgehen würden und dass ihre Zusammenarbeit mit der Sowjetunion nur darauf abzielte, diese in einen Krieg mit Deutschland zu verwickeln, dem sie sich selbst fern halten wollten. Sowjetische Diplomaten begannen daraufhin, getrennt mit beiden Seiten zu verhandeln, um die Lage zu überschauen: Die Westmächte bauten weiterhin auf die sowjetische Unterstützung, Deutschland hingegen auf die Neutralität Russlands.

Im August 1939 bekundete Hitler großes Interesse an einem sofortigen Abkommen mit der UdSSR. Der plötzliche Eifer der deutschen Seite überzeugte Stalin, dass der Angriff unmittelbar bevorstand. Er wusste, dass sein eigenes Land nicht direkt bedroht war: Es besaß keine gemeinsamen Grenzen mit Deutschland, und für einen Einmarsch der Deutschen nach Russland war das Jahr zu weit fortgeschritten. Tatsächlich plante Deutschland einen militärischen Überfall auf Polen. Stalin traf am 23. August mit Hitlers Außenminister Joachim von Ribbentrop zur Unterzeichnung des deutsch-sowjetischen Nichtangriffspakts zusammen. Ein geheimes Zusatzprotokoll legte fest, dass Finnland, die baltischen Staaten, ein großer Teil Polens und Bessarabien russische Einflussgebiete werden sollten. Das war der Preis, den Deutschland bezahlte, um Russland neutral zu halten. Er gab Hitler freie Hand zu seinem Angriff auf Polen.

Unterzeichnung des deutsch-sowjetischen Nichtangriffspakts durch den sowjetischen Außenminister Molotow. In der Mitte stehend Ribbentrop, rechts neben ihm Stalin.

Deutsche Truppenparade auf dem Pariser Champs Elysées vor dem Arc de Triomphe im August 1940, zwei Monate nach der Niederlage Frankreichs.

Die russische Politik blieb schwer durchschaubar. Es scheint, dass Stalin den spanischen Bürgerkrieg durch militärische und politische Hilfe für die Republik zumindest so lang in Gang zu halten suchte, wie er die Aufmerksamkeit Deutschlands beanspruchen konnte. Dann aber hielt er nach anderen Möglichkeiten Ausschau, Zeit für den Angriff aus dem Westen zu gewinnen, den er stets fürchtete. Für ihn schien es wahrscheinlich, dass Großbritannien und Frankreich einen deutschen Angriff auf Russland begrüßen und erleichtert zusehen würden, wenn sich der von ihnen so lange befürchtete Krieg gegen den Arbeiterstaat richtete. Und diese Einschätzung war zweifellos richtig. Zudem gab es kaum Chancen für eine Zusammenarbeit mit den Briten und Franzosen gegen Hitler, weil der einzige Weg der Russen nach Deutschland durch Polen führte und Polen einem Durchmarsch der Roten Armee durch sein Gebiet niemals zustimmen würde. So schlossen Deutschland und die Sowjetunion im August 1939 ein Abkommen, welches die gegenseitige Aufteilung Polens vorsah. Mit dieser Rückendeckung ausgestattet, überfiel Hitler am 1. September 1939 Polen. Zwei Tage später erfüllten Frankreich und Großbritannien ihre Garantieversprechen der territorialen Integrität Polens gegenüber und erklärten Deutschland den Krieg.

Das Zögern der Briten und Franzosen

Die Regierungen Großbritanniens und Frankreichs zögerten, den Krieg zu erklären, denn eine wirksame Hilfe für Polen war unwahrscheinlich. Polen verschwand einmal mehr von der Landkarte und wurde innerhalb eines Monats vollständig von deutschen beziehungsweise sowjetischen Truppen besetzt. Nicht zu intervenieren, hätte für die Westmächte allerdings bedeutet, sich mit der deutschen Herrschaft über Europa abzufinden, denn keine andere Nation hätte dann mehr auf ihre Unterstützung vertraut. Die beiden einzigen parlamentarischen Demokratien unter den Großmächten Europas traten also mit unbehaglichen Gefühlen und ohne die Begeisterung von 1914 dem nationalsozialistischen

Europa während des Zweiten Weltkriegs 1939 – 1945

Die Unterzeichnung des deutsch-sowjetischen Nichtangriffspakts war der letzte Schritt auf dem Weg in den Krieg. Er brach aus, als der deutsche Überfall auf Polen Großbritannien und Frankreich zwang, zu kämpfen. Die einzigen Länder des Kontinents, die schließlich neutral blieben, waren Spanien, Portugal, Schweden und die Schweiz. Der europäische Krieg wurde nicht nur zum Weltkrieg, weil die Vereinigten Staaten und die Sowjetunion von Japan und Deutschland angegriffen wurden, sondern weil sich die Kämpfe auch auf die Kolonialgebiete der europäischen Mächte erstreckten.

Regime entgegen. Auf Grund des Niedergangs von Liberalismus und Demokratie nach 1918 befanden sie sich in einer weit schwächeren Position als 1914, aber die Erbitterung über die Vielzahl der Aggressionen und gebrochenen Versprechungen Hitlers war groß. Es war kaum abzusehen, wie ein sicherer Friede aussehen könnte. Die eigentliche Ursache des Krieges war, wie im Jahr 1914, der deutsche Nationalismus. Doch während damals die Deutschen in den Krieg zogen, weil sie sich bedroht fühlten, reagierten nun Großbritannien und Frankreich auf die Gefahr, die von der deutschen Expansion ausging. Dieses Mal fühlten sie sich bedroht.

Die Isolation Großbritanniens

Zur Überraschung vieler Beobachter und zur Erleichterung mancher verliefen die ersten sechs Monate des Krieges fast ereignislos, nachdem der kurze Polenfeldzug vorüber war. Es wurde schnell klar, dass motorisierte Truppen sowie die Luftwaffe eine weit stärkere Rolle spielen würden als im Ersten Weltkrieg. Die Erinnerungen an die Gemetzel an der Somme und vor Verdun waren zu frisch, als dass Briten und Franzosen anders als mit einer wirtschaftlichen Blockade hätten in die Offensive gehen können: Sie hofften, dass dieses Mittel sich als effektiver erweisen würde. Hit-

Mitte des Jahres 1940 hatten Hitlers Armeen fast alle europäischen Staaten eingenommen oder sich mit ihnen verbündet – England war isoliert.

Besetzung der dänischen Stadt Horsens durch deutsche Truppen im Mai 1940.

ler wiederum wollte sie nicht angreifen, da ihm an einem schnellen Friedensschluss gelegen war. Dieser Stillstand wurde erst beendet, als die Briten die Blockade in den skandinavischen Gewässern verstärken wollten. Diese Maßnahme fiel mit der deutschen Offensive zur Sicherung des Erznachschubs zusammen, die zur Besetzung Norwegens und Dänemarks führte. Ihr Beginn am 9. April 1940 leitete eine Phase heftiger Kämpfe ein. Nur einen Monat später begann die siegreiche deutsche Invasion zunächst in den Niederlanden und dann in Frankreich. Unter dem Schutz einer starken Streitmacht erfolgte der Vormarsch durch die Ardennen, der den Weg zur Trennung der alliierten Armeen in Belgien und Nordfrankreich und zur Eroberung von Paris ebnete. Am 22. Juni musste Frankreich einen Waffenstillstand mit Deutschland unterzeichnen. Am Ende des Monats befand sich die gesamte europäische Küstenlinie von den Pyrenäen bis zum Nordkap in deutschen Händen. Italien hatte sich der deutschen Seite zehn Tage vor der Kapitulation Frankreichs angeschlossen. Die neue französische Regierung in Vichy brach die Beziehungen zu Großbritannien ab. Die Dritte Republik endete, als ein Marschall und Held des Ersten Weltkriegs als Präsident Frankreichs eingesetzt wurde. Ohne irgendeinen Verbündeten auf dem Kontinent befand sich Großbritannien nun in einer schlechteren strategischen Lage als seinerzeit im Kampf gegen Napoleon.

Die antideutschen Kräfte sammeln sich

Auf den französischen Waffenstillstand folgte die Kapitulation. Großbritannien stand aber nicht ganz allein. Es gab die Mitgliedsländer des Commonwealth, die alle auf britischer Seite in den Krieg zogen, und eine Reihe von Exilregierungen aus den überrannten Ländern Europas. Manche davon verfügten über eigene Streitkräfte, und Norweger, Dänen, Niederländer, Belgier, Tschechen und Polen kämpften in den folgenden Jahren tapfer und äußerst wirksam an alliierter Seite. Die wichtigsten Kontingente im Exil waren die französischen, die zu diesem Zeitpunkt jedoch nur eine Fraktion innerhalb Frankreichs repräsentierten, nicht aber die legale französische Regierung. Angeführt wurden sie von einem General, der Frankreich vor dem Waffenstillstand verlassen hatte und in Abwesenheit zum Tode verurteilt worden war: Charles de Gaulle. Er wurde von den Briten als „Führer des freien Frankreich" anerkannt, betrachtete sich als Erbe der Dritten Republik und als Schützer der Interessen Frankreichs und seiner Ehre. De Gaulle gelang es, in Teilen des französischen Kolonialgebietes Sympathisanten zu finden, die wie er den Krieg fortsetzen wollten, der sich geographisch ausweitete. Auch der Eintritt Italiens in den Krieg wirkte in diese Richtung, weil dadurch Italiens Kolonien in Afrika und die Seeverbindungen des Mittelmeers zu Operationsgebieten wurden. Die Besetzung der Häfen der Atlantikküste und Skandinaviens bedeutete eine Verschärfung der „Schlacht um den Atlantik", in der die Deutschen versuchten, die britischen Überseeverbindungslinien zu unterbrechen.

Die von General Charles de Gaulle (1890–1970) gegründeten Freien Französischen Streitkräfte bestanden anfangs aus 7000 im Exil lebenden Freiwilligen, die von Großbritannien finanziert wurden. 1942 besaß die Organisation der „Kämpfenden Franzosen" dank hinzugekommener Soldaten aus den französischen Kolonien bereits 400 000 Mann. Im Bild die triumphale Rückkehr de Gaulles in sein Heimatland nach der Befreiung im Juni 1944.

Winston Churchill

Die wachsende deutsche Aggression im Atlantik bedeutete, dass auch ein direkter Angriff auf die Britischen Inseln bevorstand. Winston Churchill war nach einer langen und vielseitigen politischen Laufbahn Premierminister geworden, als der Norwegenfeldzug scheiterte. Er fand als Einziger bei allen Parteien des Unterhauses Unterstützung und war, anders als seine Vorgänger, ein starker Führer der von ihm gebildeten Koalitionsregierung. In seinen berühmt gewordenen Rundfunkansprachen wandte er sich an die Bevölkerung und rief sie zum Durchhalten auf: Nur eine militärische Niederlage nach einem direkten Angriff auf das eigene Land könne Großbritannien zum Frieden zwingen. Der britische Sieg in der Luftschlacht über Südengland im September machte eine deutsche Invasion von See her (deren erfolgreiche Durchführung ohnehin stets als unwahrscheinlich galt) unmöglich. Er bewies zudem, dass Großbritannien nicht allein durch Luftangriffe zu besiegen war. Noch waren Großbritanniens Zukunftsaussichten zwar düster, aber der Sieg änderte vorerst die Marschroute des Krieges. Deutschland wandte seine Aufmerksamkeit nun auf Grund einer Vielzahl von Einflüssen in eine andere Richtung. Im Dezember 1940 begannen die Planungen für den Überfall auf die Sowjetunion.

Während des Zweiten Weltkrieges wurde Winston Churchill zum führenden Politiker in England. Mit seinen Durchhalteparolen während der deutschen Luftangriffe und seinem beispiellosen Einsatz machte er den Engländern Mut.

Der britische Premierminister Winston Churchill (1874–1965) bei einem Besuch in den Vereinigten Staaten (1946) mit der typischen Geste: V für Victory („Sieg"). Während des Zweiten Weltkriegs verkörperte Churchill die Entschlossenheit der Briten, Hitler bis zu dessen vollständiger Niederlage zu bekämpfen.

DER DEUTSCHE ÜBERFALL AUF DIE SOWJETUNION

Ende 1940 hatte Russland weitere Geländegewinne im Westen erzielt, offensichtlich in dem Bestreben, sich einen Schutzwall gegen einen zukünftigen deutschen Angriff zu sichern. Im Krieg gegen Finnland wurden strategisch wichtige Gebiete erobert. Zwischen Sommer und Herbst 1940 verleibte sich die Sowjetunion die baltischen Staaten Estland, Lettland und Litauen ein. Bessarabien, das Rumänien 1918 von Russland erhalten hatte, ging wieder in russischen Besitz über, ebenso die nördliche Bukowina. In diesem Fall ging Stalin über die früheren zaristischen Grenzen hinaus. Die deutsche Entscheidung, Russland anzugreifen, hatte zum Teil das Ziel, die vermutete zukünftige Ausrichtung der russischen Expansion zu verhindern: Deutschland versuchte, Russland vom Balkan und von den Dardanellen fern zu halten. Zudem wollte Hitler Großbritannien durch eine schnelle Niederwerfung Russlands demonstrieren, dass eine Fortsetzung der britischen Kriegspolitik aussichtslos sei. Daneben aber spielte bei Hitlers Entscheidung auch ein persönliches Element eine große Rolle: Er hatte den Bolschewismus stets gehasst und forderte, dass die Slawen als eine „rassisch minderwertige" Gruppe den Deutschen „Lebensraum" und Rohstoffe in Osteuropa überlassen müssten. Diese Einstellung wurde zur Rechtfertigung größerer Gräueltaten benutzt, als sie jemals zuvor eine Kreuzzugsidee hervorgebracht hatte.

Das „Unternehmen Barbarossa"

In einem kurzen Frühjahrsfeldzug überrannten die Deutschen Jugoslawien und Griechenland, wo italienische Truppen seit Oktober 1940 erfolglos kämpften. Ein weiteres Mal wurden die Briten vom europäischen Festland vertrieben. In einem spektakulären Luftlandeunternehmen besetzten die Deutschen Kreta. Nun war alles für das „Unternehmen Barbarossa" vorbereitet, wie der Deckname des geplanten Überfalls auf Russland lautete.

Der Angriff begann am 22. Juni 1941 und brachte immense Anfangserfolge. Viele Russen gerieten in Kriegsgefangenschaft, und die russischen Armeen wurden Hunderte von Kilometern zurückgeworfen. Die deutsche Vorhut erreichte fast die Außenbezirke Moskaus. Doch die russische Hauptstadt hielt stand, und zu Weihnachten erwiesen erste erfolgreiche russische Gegenangriffe, dass das deutsche Heer festgefahren war. Die deutsche Strategie hatte ihre Schubkraft verloren. Wenn die Briten und Russen durchhielten und Verbündete blieben, würde angesichts des amerikanischen Nachschubs ihre militärische Stärke unaufhaltsam wachsen – sofern es nicht durch die Erfindung neuer Waffen zu einer radikalen Veränderung

Winston Churchill und Franklin D. Roosevelt an Bord des britischen Schlachtschiffs Prince of Wales am 14. August 1941, wo bei einem Treffen die Atlantik-Charta verabschiedet wurde. Die beiden Staatsmänner trafen während des Krieges neun Mal zusammen; die gegenseitige Bewunderung und die enge Freundschaft, die sich zwischen beiden entwickelte, hatten für den Verlauf der Ereignisse große Bedeutung, trotz aller tief reichenden Differenzen in wichtigen Fragen.

der Kriegsführung käme. Das bedeutete natürlich noch nicht, dass sie Deutschland vernichtend schlagen könnten, doch wären sie in der Lage, Verhandlungen zu erzwingen.

DER KRIEGSEINTRITT JAPANS UND DER VEREINIGTEN STAATEN

Der amerikanische Präsident war seit 1940 davon überzeugt, es sei im Interesse der USA, Großbritannien so weit zu unterstützen, wie das auf Grund der öffentlichen Meinung und innerhalb der Grenzen der Neutralität möglich sei. Zuweilen ging er darüber hinaus. Im Sommer 1941 wusste Hitler, dass er die Vereinigten Staaten als Feind zu betrachten hatte, auch wenn es noch keine Kriegserklärung gab. Im März dieses Jahres wurde das amerikanische Leih-Pacht-Gesetz eingeführt; es verschaffte den Alliierten Güter und Dienstleistungen ohne unmittelbare Bezahlung. Bald darauf weitete die amerikanische Marine ihre Patrouillen und den Schutz ihrer Schifffahrt im Atlantik weiter nach Osten bis auf die Höhe von Grönland aus. Nach dem Überfall auf Russland verkündeten Churchill und Roosevelt nach ihrem Treffen eine Erklärung gemeinsamer Prinzipien. In dieser Atlantik-Charta sprachen sie sich als Nationen – eine Krieg führend und eine, die sich formal im Friedenszustand befand – für eine Nachkriegsordnung aus, die „nach der endgültigen Vernichtung der Nazityrannei" notwendig sei. Damit hatte sich Amerika weit vom Isolationismus entfernt. Das war der Hintergrund für Hitlers zweite schicksalhafte und törichte Entscheidung im Jahr 1941: die (Ja-

Mit dem Eintritt Japans und der Vereinigten Staaten von Amerika wurde aus einem europäischen Krieg ein Weltkrieg.

Die brennenden amerikanischen Kriegsschiffe West Virginia und Tennessee in Pearl Harbor. Präsident Roosevelt bezeichnete später den Überraschungsangriff auf den amerikanischen Marinestützpunkt in Hawaii als einen „Tag der Schande". Im selben Monat eroberten die Japaner Hongkong, Guam, Luzon sowie Borneo und bedrohten die übrigen amerikanischen Garnisonen auf den Philippinen, die britischen Stützpunkte auf den Molukken und sogar Australien.

pan bereits zugesagte) Kriegserklärung an die USA am 11. Dezember 1941, nachdem Japan vier Tage zuvor britische und amerikanische Territorien angegriffen hatte. Der Krieg wurde zum Weltkrieg. Die britischen und amerikanischen Kriegserklärungen an Japan hatten die Chance offen gelassen, dass nur Großbritannien an zwei Fronten gekämpft hätte und sich die Operationen der Amerikaner auf den pazifischen Raum beschränkt hätten. Doch mit Hitlers Entschluss waren die USA nun auch in Europa seine Kriegsgegner. Wenige Einzelentscheidungen markierten so deutlich das Ende einer Epoche. Europas Zukunft wurde nun nicht mehr von innen heraus, sondern von den beiden Großmächten an seinen Flanken, von den Vereinigten Staaten und von der UdSSR, bestimmt.

Auch die japanische Entscheidung war übereilt, obwohl die Logik der japanischen Politik schon lange auf einen Konflikt mit den USA hinauslief. Japans Bündnis mit Deutschland und Italien war zwar für beide Seiten von gewissem propagandistischen Wert, bedeutete jedoch praktisch nicht viel. Entscheidend für die Frage, wann Japan politische Schritte unternahm, war die der Gefahr einer kriegerischen Auseinandersetzung mit den USA: Japan war zu einem erfolgreichen Abschluss seines Chinakrieges auf Öl angewiesen. Doch das konnte es nur erhalten, wenn die Vereinigten Staaten stillschweigend der Vernichtung Chinas zustimmten. Ganz im Gegenteil jedoch verhängte die amerikanische Regierung im Oktober 1941 ein umfassendes Handelsembargo gegen Japan.

Pearl Harbor

Der Entscheidung für ein Handelsembargo folgte die letzte Phase eines Entwicklungsprozesses, der mit dem Aufstieg reaktionärer und militanter Kreise im Japan der 30er Jahre begonnen hatte. Die Frage eines Kriegs mit den USA war für die Militärs in Japan zu diesem Zeitpunkt eine rein strategische und taktische geworden. Da sie die benötigten Ressourcen in Südostasien mit Gewalt beschaffen mussten, waren nur die Art und der Zeitpunkt des Kriegsbeginns zu bestimmen. Grundsätzlich war ein solcher Beschluss irrational, da die Erfolgsaussichten letztlich sehr gering waren. Doch sobald sich das Argument der nationalen Ehre durchgesetzt hatte, wurden die Berechnungen über den bestmöglichen Zeitpunkt und das günstigste Ziel sorgfältig durchgeführt. Man entschied, der amerikanischen Seemacht zu Beginn einen möglichst harten Schlag zu versetzen, um größtmögliche Bewegungsfreiheit im Pazifik und im Südchinesischen Meer zu gewinnen. Das Resultat war der Überfall am 7. Dezember, dessen Zentrum der Luftangriff auf die amerikanische Flotte in Pearl Harbor war. Trotz meisterhafter Planung und Durchführung vereitelte ein Zufall jedoch einen vollen Erfolg, da die Luftstützpunkte der Marine nicht zerstört wurden. Dennoch erlangten die Japaner auf Monate hinaus die strategische Freiheit, die sie hatten erreichen wollen. Es hätte indessen nur wenig passieren können, was die Amerikaner mehr zusammengeschweißt hätte als Pearl Harbor. Nach dem 8. Dezember musste Roosevelt auf keine isolationistische Stimmung mehr Rücksicht nehmen: Die Nation stand, anders als zu Wilsons Zeiten, voll hinter ihrem Präsidenten.

Durch den Angriff auf Pearl Harbor erhielt Japan zwar mehr strategische Freiheiten, doch sorgten sie letztlich auch für einen verstärkten Einsatz der Amerikaner.

Der globale Krieg

Als es Berichte vom Einschlag einiger japanischer Bomben auf eine amerikanische Insel gab, war offensichtlich, dass dieser Krieg weit mehr ein Weltkrieg war als der erste. Nach den deutschen Operationen auf dem Balkan gab es zur Zeit des Angriffs auf Pearl Harbor in Europa nur mehr vier neutrale Länder – Spanien, Portugal, Schweden und die Schweiz. In Nordafrika zog sich der Krieg bei unterschiedlichem

Amerikanische Matrosen, die in der Schlacht von Midway (1942) gefallen waren, werden auf See bestattet. Sie starben, als ein japanisches Kamikaze-Flugzeug in einer selbstmörderischen Aktion auf dem US-Flugzeugträger Lexington einschlug.

Japanische Panzerparade in den Straßen Tokios im April 1940: eine Demonstration der militärischen Stärke Japans.

Verlauf durch Libyen und Ägypten. Der Kriegsschauplatz weitete sich auch nach Syrien aus, wo eine deutsche Gesandtschaft agierte, und auf den Irak. Dort beseitigten die Briten mit Gewalt eine von deutschen Luftstreitkräften gestützte nationalistische Regierung. Den Iran hatten Briten und Russen im Jahr 1941 besetzt. In Afrika wurde Äthiopien befreit und das italienische Kolonialreich zerschlagen.

Mit der Eröffnung des Krieges in Fernost zerstörten die Japaner auch die dortigen Kolonialreiche. Innerhalb weniger Monate eroberten sie Indonesien, Indochina, Malaysia und die Philippinen. Sie stießen durch Birma an die indische Grenze vor und konnten schon bald von Neuguinea aus die nordaustralische Hafenstadt Darwin bombardieren. Unterdessen führten deutsche Schiffe, Unterseeboote und Marineflugzeuge den Seekrieg im gesamten Atlantik, im Arktischen Meer, im Mittelmeer und im Indischen Ozean. Nur eine winzige Zahl von Ländern blieb dem Krieg fern. Dieser Krieg stellte kolossale Anforderungen und mobilisierte die gesamte Gesellschaft der Länder in viel stärkerem Maße als der Erste Weltkrieg. Die entscheidende Rolle kam den USA zu. Ihre gewaltige Produktivkraft machte das materielle Übergewicht der „alliierten Mächte“ (wie das Bündnis gegen Deutschland, Italien und Japan seit Anfang 1942 hieß) zur unbestreitbaren Tatsache.

Der Wendepunkt für die „Alliierten Mächte“

Trotz der Vorteile für die „alliierten Mächte“ lag noch ein schwerer Weg vor ihnen. Die erste Hälfte des Jahres 1942 bot ein düsteres Bild. Vier große und ganz verschiedene Schlachten brachten den Wendepunkt. Im Juni wurde eine japanische Flotte, welche die Insel Midway angriff, in einer Schlacht vernichtet, die hauptsächlich von Flugzeugen entschieden wurde. Die japanischen Verluste

Die Invasion der Alliierten in der Normandie

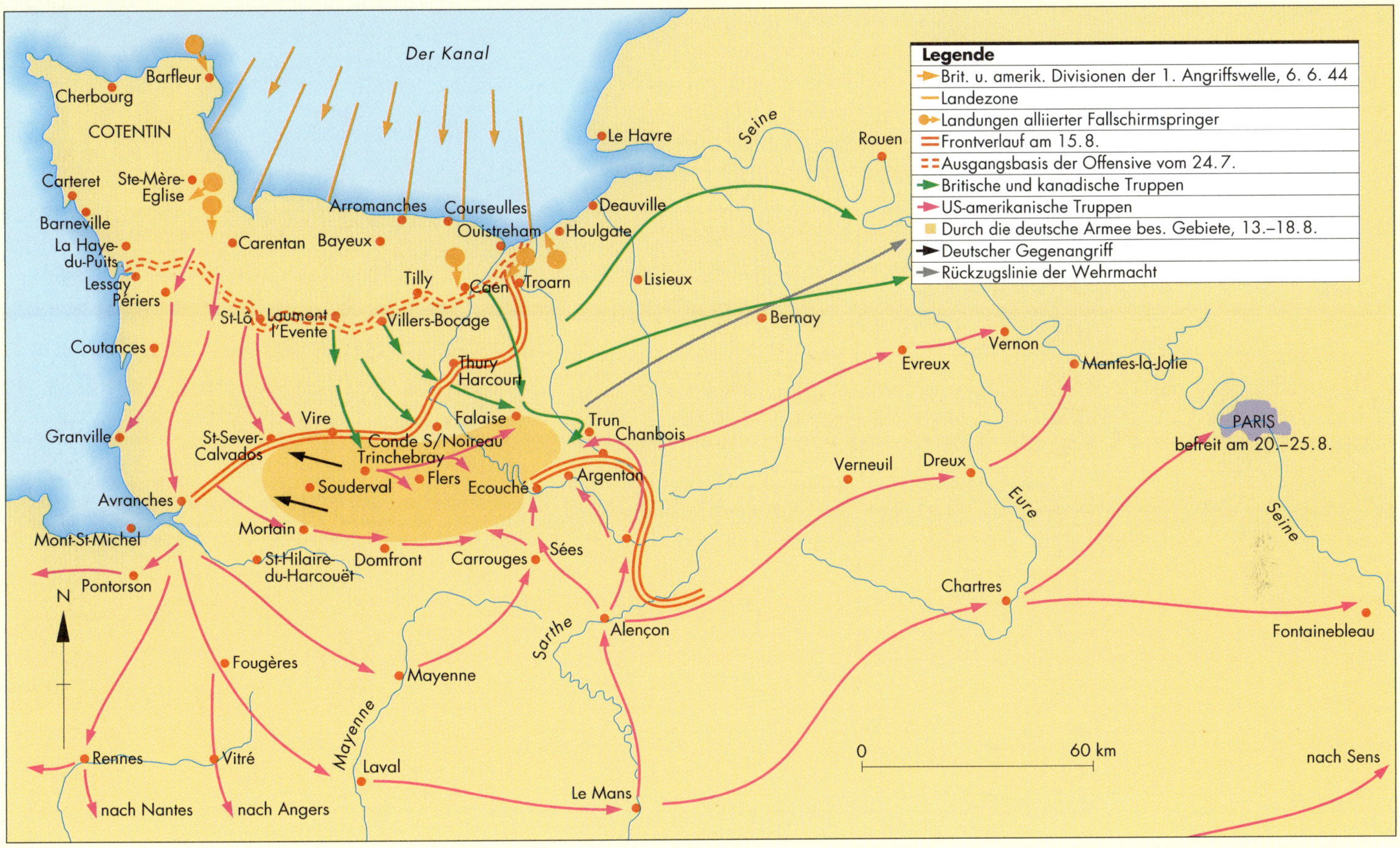

Der „D-Day", der am 6. Juni 1944 stattfand, war die größte militärische Operation in der Geschichte. Etwa drei Millionen alliierte Soldaten und große Mengen an Kampfflugzeugen, Schlachtschiffen, Panzern, Truppentransportern und Munition wurden in Großbritannien zusammengezogen. Die alliierte Luftwaffe führte starke Flächenangriffe in Nordfrankreich durch und zerstörte die Verbindungswege. Angriffe von der See her durchbrachen den so genannten Atlantikwall. Am Abend des Tages war die deutsche Verteidigung entscheidend geschwächt.

an Flugzeugträgern und Bomberpiloten waren so hoch, dass Japan nie wieder die strategische Initiative zurückerlangte. Der langwierige amerikanische Gegenangriff im Pazifik begann. Anfang November fügte die britische Armee in Ägypten den Deutschen und Italienern die entscheidende Niederlage bei El Alamein zu und begann mit dem Vormarsch nach Westen, der mit der Vertreibung der Achsenmächte aus Nordafrika endete. Die Schlacht von El Alamein fiel zeitlich mit der Landung angloamerikanischer Streitkräfte in Französisch-Nordafrika zusammen. Diese Truppen drangen ostwärts vor; im Mai 1943 war der Widerstand der Deutschen und Italiener auf diesem Kontinent zusammengebrochen. Sechs Monate zuvor, Ende 1942, hatte die Rote Armee in Stalingrad an der Wolga eine deutsche Armee eingekesselt, die Hitler leichtfertig zu weit hatte vorrücken lassen. Die kläglichen Reste mussten sich im Februar ergeben. Das war die bislang demoralisierendste Niederlage der Deutschen in Russland, aber nur ein Teil des großartigen drei Monate dauernden Winterfeldzugs, der die Wende des Kriegs an der Ostfront bedeutete.

Der Einsatz der Atombombe

Obwohl deutsche Wissenschaftler 1938 entdeckten, dass Atombomben möglich wären, war man der Ansicht, dass ihre Entwicklung zu viel Zeit erfordere und die Bomben zu schwer seien, um von Flugzeugen transportiert zu werden. Nach dem Ausbruch des Zweiten Weltkriegs erklärten zwei aus Deutschland vertriebene, in Großbritannien lebende Physiker in einem Bericht, der Bau transportabler Atombomben wäre in relativ kurzer Zeit möglich. In Großbritannien begannen die Forschungen. Nach ihrem Kriegseintritt im Dezember 1941 konzentrierten die USA im „Manhattan Project" alle ihre wissenschaftliche Kraft auf die Bombe. Der erste „Atombombentest" wurde am 16. Juli 1945 in Neumexiko durchgeführt, wo eine Plutoniumbombe zur Explosion gebracht wurde.

Am 6. August 1945 warf ein B-29-Bomber eine Uran-Atombombe auf die japanische Stadt Hiroshima. Die Explosion zerstörte die Stadt vollständig, tötete etwa 80 000 Menschen auf der Stelle und hinterließ 70 000 Verwundete. Tausende, die den Feuersturm überlebten, starben in den Folgetagen an Verbrennungen, inneren Verletzungen und radioaktiver Verstrahlung. Weitere starben noch Jahre später an Krebs oder anderen, von der Radioaktivität verursachten Krankheiten.

Drei Tage später wurde eine weitere Atombombe, dieses Mal eine Plutoniumbombe, abgeworfen. In Nagasaki starben 40 000 Menschen, 25 000 wurden verletzt. Angesichts der Verwüstungen durch die Atomkraft kapitulierte das japanische Kaiserreich.

Bodencrew und Pilot (Mitte) des amerikanischen Bombers, der die Atombombe auf Hiroshima abwarf.

Das Ende des Krieges in Europa

Der vierte große alliierte Sieg war der Sieg in der Atlantikschlacht, die ihren Höhepunkt in den ersten Monaten des Jahres 1942 erreichte. Im März gingen fast 850 000 Bruttoregistertonnen an Schiffen verloren und sechs U-Boote wurden versenkt. Ein halbes Jahr später betrugen die Verluste 560 000 Tonnen und elf U-Boote. Die Situation hatte sich gewendet, auch wenn noch harte Kämpfe folgten. Am Ende des Jahres betrugen die Einbußen fast acht Millionen Tonnen an Schiffen und 87 versenkte U-Boote. 1943 beliefen sich die Zahlen auf 3 250 000 Tonnen und 237 U-Boote. Für die „alliierten Mächte" war diese Schlacht die allerwichtigste, denn von ihrem Ausgang hing die Möglichkeit ab, die amerikanische Kriegsproduktion einsetzen zu können.

Die Seeherrschaft war die Voraussetzung für die Rückkehr auf den europäischen Kontinent. Roosevelt hatte zugestimmt, der Niederwerfung Deutschlands die Priorität zu geben. Aber eine Landung der Alliierten in Frankreich, die die russischen Armeen entlastet hätte, ließ sich erst 1944 durchführen. Das erboste Stalin. Als die angloamerikanische Invasion schließlich im Juni 1944 stattfand, war sie das größte militärische Landemanöver der Weltgeschichte. Zu jener Zeit war Mussolini bereits von seinen Landsleuten gestürzt, und der alliierte Vormarsch in Süditalien hatte begonnen. Deutschland kämpfte nunmehr an drei Fronten. Bald nach der Landung in der Normandie erreichten die russischen Armeen Polen. Obwohl sie schneller als ihre Verbündeten vorankamen, gelangten auch sie erst im April 1945 nach Berlin. Vom Westen her drangen alliierte Streitkräfte nach Mitteleuropa und aus den Niederlanden nach Norddeutschland vor. Unterdessen hatten starke Luftangriffe schreckliche Zerstörungen in den deutschen Städten angerichtet. Als der Mann, der diese Katastrophe verursacht hatte, am 30. April 1945 in seinem „Führerbunker" in den Ruinen Berlins Selbstmord beging, lag das alte Europa, im buchstäblichen und im übertragenen Sinne, in Schutt und Asche.

Die Kapitulation Japans

Der Krieg im Fernen Osten ging noch weiter. Anfang August 1945 war die Niederlage für Japan unabwendbar geworden. Viele Eroberungen waren bereits verloren gegangen, die Städte von amerikanischen Bombenangriffen verwüstet und die Seemacht, die den Nachschub und den Schutz vor einer Invasion sichern sollte, zerstört. Zu diesem Zeitpunkt warfen die Amerikaner zwei Nuklearbomben von unerhörter Zerstörungskraft auf zwei japanische Städte. Nach dem ersten Abwurf erklärten auch die Russen Japan den Krieg. Am 2. September gab die japanische Regierung ihren Plan eines selbstmörderischen letzten Versuchs auf und unterzeichnete die Kapitulation. Der Zweite Weltkrieg war zu Ende.

Die Enthüllung der Nazi-Gräuel

Unmittelbar nach Kriegsende war das ungeheure Ausmaß des Geschehenen noch nicht zu ermessen. Nur ein klarer und eindeutiger Vorteil zeigte sich sofort: die Beseitigung des NS-Regimes. Als die alliierten Armeen nach Europa vordrangen und die riesigen Gefangenenlager öffneten, enthüllten sie die tiefsten Abgründe eines Systems von Terror und Folter. Schlagartig wurde klar, dass Churchill die reine Wahrheit sprach, als er seinen Landsleuten sagte: „Wenn wir scheitern, wird die gesamte Welt, werden auch die Vereinigten Staaten, wird alles, was wir kennen und lieben, im Abgrund eines neuen dunklen Zeitalters versinken, das durch die Lichter einer pervertierten Wissenschaft nur noch finsterer und vielleicht länger werden wird." Die Realität dieser Gefahr zeigte sich in Bergen-Belsen, Buchenwald, Auschwitz und den vielen anderen Lagern. Die Grausamkeiten, die man politischen Gefangenen, „Sklavenarbeitern" aus anderen Ländern und manchen Kriegsgefangenen angetan hatte, ließen kaum Unterschiede erkennen. Doch am meisten war die Welt von dem Versuch erschüttert, die europäischen Juden systematisch zu ermorden. Diese vom NS-Regime gewollte „Endlösung" war weit genug gediehen, um die demographische Karte Europas zu verändern: Die polnischen Juden waren fast völlig ausgerottet und auch die holländischen Juden hatten einen sehr hohen Prozentsatz an Opfern zu beklagen. Vermutlich wird es niemals genaue Zahlen geben. Aber es muss als wahrscheinlich gelten, dass zwischen fünf und sechs Millionen Juden in den Gaskammern und Krematorien der Vernichtungslager in Ost- und Südosteuropa, durch willkürliche Erschießung und Vernichtung an Ort und Stelle oder durch Sklavenarbeit und Hunger ermordet wurden.

Die amerikanischen Soldaten, die 1945 das Konzentrationslager Buchenwald befreiten, waren schockiert, als sie Haufen von Leichen und mit verhungernden Gefangenen überfüllte Baracken vorfanden. Millionen Juden und weitere „Unerwünschte" waren zur Sklavenarbeit gezwungen, als Opfer makabrer medizinischer „Experimente" benutzt oder einfach in die Gaskammern von Todeslagern geschickt worden.

DIE BEDEUTUNG DES SIEGES

Nur wenige Menschen und kein Staat hatten sich am Krieg beteiligt, weil sie darin den Kampf gegen ein verbrecherisches Regime sahen. Doch zweifellos fühlten sich viele im Fortgang des Krieges bestärkt, als sie entdeckten, dass der Konflikt eine moralische Dimension besaß. Die Propaganda tat das ihre.

Vom 13. bis 15. Februar 1945 griffen 800 alliierte Kampfflugzeuge mit Bomben von einer Sprengkraft von mehr als 3500 Tonnen die Stadt Dresden an (Foto nach den Angriffen). Dabei und bei weiteren Angriffen in den nächsten beiden Monaten wurden Tausende von Zivilisten getötet und die einzigartigen barocken Bauten der Stadt vollständig zerstört. In militärischer Hinsicht war das Bombardement wenig sinnvoll.

Selbst als Großbritannien in Europa noch allein gegen Hitler um sein Überleben kämpfte, hatte die demokratische Gesellschaft in diesem Konflikt versucht, positive Ziele zu formulieren, die über das reine Weiterleben und die Vernichtung der NS-Herrschaft hinausgingen. Die Atlantik-Charta und die „alliierten Mächte" verkörperten die Hoffnungen auf eine neue Welt der Zusammenarbeit zwischen den Großmächten und des sozialen und wirtschaftlichen Wiederaufbaus. Ein sentimentales Wohlwollen gegenüber den Alliierten und eine tragische Verwischung der unterschiedlichen Interessen und sozialen Idealvorstellungen stützten diese Hoffnungen; sie traten nur allzu schnell wieder in Erscheinung. Vieles von der Kriegsrhetorik kehrte im Frieden in negativer Form wie ein Bumerang zurück. Als die Waffen schwiegen, setzte Desillusionierung ein. Trotz alledem aber bleibt der Zweite Weltkrieg eine moralische Auseinandersetzung, wie vielleicht kein Krieg zuvor. Dies ist ausdrücklich zu erwähnen, denn zu viel wurde über die bedauerlichen Konsequenzen des alliierten Sieges gesprochen, und man vergisst allzu leicht, dass er die übelste Gefahr bannte, die die liberale, aufklärerische Kultur jemals bedroht hat.

Das zerstörte Europa

Im antiliberalen Charakter des NS-Regimes ist eine deutliche Ironie zu erkennen. In vielerlei Hinsicht war Deutschland eines der fortschrittlichsten Länder Europas; in vielem eine Verkörperung der besten Eigenschaften einer Kultur. Dass Deutschland in solchem Ausmaß einem kollektiven Wahn zum Opfer fallen konnte, ließ den Schluss zu, dass etwas mit den Grundlagen dieser Gesellschaft und ihren Überzeugungen nicht stimmte. Die NS-Verbrechen waren nicht in einem barbarischen Siegesrausch verübt worden, sondern in einer systematischen, „wissenschaftlichen", kontrollierten und bürokratischen (wenn auch häufig ineffizienten) Weise, die, abgesehen von ihrem furchtbaren Ziel, wenig Irrationales an sich hatte. In dieser Hinsicht war der Krieg in Asien deutlich anders. Der japanische Imperialismus trat für kurze Zeit an die Stelle des alten westlichen Imperialismus, doch häufig bedauerten die unterjochten Völker diesen Wechsel nicht. Die Kriegspropaganda versuchte, den Begriff eines „japanischen Faschismus" in Umlauf zu bringen, aber dies war eine Verzerrung des ausgeprägt traditionellen Charakters dieser Gesellschaft. Nach einem japanischen Sieg wurden niemals solche Gräueltaten verübt, wie sie die europäischen Völker unter deutscher Herrschaft erdulden mussten.

Das zweite eindeutige Ergebnis des Krieges war eine Zerstörung von unvergleichlichem Ausmaß. Am deutlichsten zeigte sie sich in den verwüsteten Städten Deutschlands und Japans. Dort hatten alliierte Flächenbombardements, eine der wichtigen Neuerungen der Kriegsführung, weit mehr Menschen getötet und Gebäude in Schutt und Asche gelegt als die Bombenangriffe im spanischen Bürgerkrieg. Doch überzeugten schon die dortigen Anfänge viele Beobachter, dass derartige Angriffe allein ein Land nicht in die Knie zwingen könnten. Die alliierte Luftoffensive gegen

Deutschland brachte bis zuletzt keine entscheidenden Resultate. Auch die Verwüstung der japanischen Städte blieb an strategischer Bedeutung hinter der Zerschlagung der japanischen Seemacht zurück.

Ost und West

Nicht nur Städte waren zerstört. Das Wirtschaftsleben Mitteleuropas und seine Infrastruktur waren ebenfalls gravierend in Mitleidenschaft gezogen. 1945 zogen Millionen von Flüchtlingen auf der Suche nach einer Heimat durch den Kontinent. Auf Grund der schlechten Versorgungslage bestand die Gefahr von Hungersnöten und Epidemien. Auf Europa lasteten dieselben Probleme wie 1918, aber dieses Mal waren die Völker durch Niederlage oder Besatzung demoralisiert. Diesem Schicksal waren nur Großbritannien und die Neutralen entgangen. Unzählige Waffen gelangten in die Hände von Zivilisten, revolutionäre Unruhen waren zu befürchten. Dieselben Bedingungen herrschten auch in Asien, nur waren dort die Zerstörungen geringer und die Aussichten auf eine Erholung besser.

In Europa waren die revolutionären politischen Auswirkungen des Krieges unübersehbar. Die Machtstruktur, die bis 1914 Realität war und in der Zwischenkriegszeit ein Scheinleben fristete, war ab 1941 zum Untergang verurteilt. Zwei große Randmächte bestimmten die Politik und standen mit ihren Truppen im Zentrum Europas. Das wurde bei dem Treffen der alliierten Führer in Jalta deutlich, wo im Februar 1945 die Grundlage für eine Übereinkunft geschaffen wurde, die auf Jahrzehnte hinaus die größte Annäherung an eine

Nach dem Ende des Zweiten Weltkrieges wurde die Teilung Europas in einen kommunistischen Osten und einen demokratischen Westen endgültig vollzogen.

Die „Großen Drei", Churchill (links), der todkranke Roosevelt (Mitte) und Stalin (rechts), stellen sich auf der Konferenz von Jalta am 9. Februar 1945 den Kameras.

Die Konferenz von Jalta

„Die Vereinigten Staaten von Amerika, das Vereinigte Königreich und die Union der Sozialistischen Sowjetrepubliken erhalten höchste Autorität in bezug auf Deutschland. In Ausübung solcher Autorität werden sie alle Schritte einschließlich der vollständigen Entwaffnung und Demilitarisierung Deutschlands unternehmen, wie sie von ihnen für zukünftigen Frieden und Sicherheit für erforderlich erachtet werden."

Auszug aus *Die Aufteilung Deutschlands*, Zusatz a zu Artikel 12 der Kapitulationsbedingungen für Deutschland der Konferenz von Jalta, 11.–14. Februar 1945. In: Die Konferenzen von Malta und Jalta. Düsseldorf o. J. (1957), S. 110 f.

formale Friedensregelung blieb. Das Ergebnis war, dass das alte Mitteleuropa verschwand. Europa zerfiel fortan in eine westliche und eine östliche Hälfte. Wieder einmal verlief eine Trennlinie von Triest bis zur Ostsee, aber nun traten noch neue Unterschiede zu den alten. Ende 1945 regierten in allen Ländern östlich dieser Linie, mit Ausnahme Griechenlands, die Kommunisten oder waren Kommunisten an der Regierung beteiligt. Die Rote Armee, die diese Länder erobert hatte, erwies sich als ein weit geeigneteres Mittel zum internationalen Export des Kommunismus, als es die Revolution je gewesen war. Die baltischen Republiken blieben Bestandteil der Sowjetunion, die außerdem Teile Deutschlands, Polens und Rumäniens annektierte.

Die neue Gewichtsverteilung in der Weltwirtschaft

Deutschland, das Zentrum der alten europäischen Machtstruktur, hörte praktisch auf zu existieren. Die von ihm dominierte Phase der europäischen Geschichte war beendet, und Bismarcks Reich wurde in Besatzungszonen der Russen, Amerikaner, Briten und Franzosen aufgeteilt. Die anderen westeuropäischen Staaten waren nach Besatzung und Niederlage neu entstanden, aber sie blieben schwach. In Italien, das nach der Absetzung Mussolinis (1943) die Seiten gewechselt hatte, gab es, wie in Frankreich, eine gewachsene und gestärkte kommunistische Partei, die, was nicht vergessen werden darf, immer noch dem Ziel der revolutionären Zerschlagung des Kapitalismus verpflichtet war. Nur Großbritannien hatte in den Augen der Welt seinen Vorkriegsstatus verteidigt; durch sein Standhalten in den Jahren 1940 und 1941 stieg seine Geltung sogar für kurze Zeit. Das Vereinigte Königreich galt einige Zeit als gleichrangiger Partner Russlands und der Vereinigten Staaten – ein Status, den Frankreich und China nur formal hatten. Doch Großbritanniens Glanzzeit war endgültig vorüber. Ähnlich wie Russland hatte es schnell seine Ressourcen und seine Gesellschaft mobilisiert und so seine Stellung behaupten können. Aber Großbritannien war aus dem strategischen Stillstand nur durch den deutschen Angriff auf die Sowjetunion herausgekommen und nur durch das amerikanische Leih-Pacht-Gesetz handlungsfähig geblieben. Die Hilfe hatte allerdings ihren Preis: Die Amerikaner hatten auf den Verkauf britischer Besitztümer in Übersee zur Bezahlung der Rechnungen bestanden, bevor das Gesetz eingeführt wurde. Die Geltung des Pfund Sterling blieb nicht mehr unangefochten. Amerikanisches Kapital überschwemmte die Gebiete des Commonwealth. Jene Länder hatten vieles aus ihrer eigenen Stärke und, paradoxerweise, aus ihrer Schwäche gelernt, insoweit sie sich zu ihrer Verteidigung auf die Hilfe des Mutterlandes verlassen hatten. Nach 1945 handelten sie eigenständiger und begaben sich auf den Weg in die vollständige Unabhängigkeit.

Parade der „Wüstenratten", einer in Nordafrika eingesetzten Einheit der britischen Armee, im eroberten Berlin (Juli 1945).

Das Ende einer Epoche

Innerhalb weniger Jahre zeichnete sich die starke Veränderung der Stellung Großbritanniens als der größten der alten imperialen Weltmächte ab. Es hatte symbolische Bedeutung, dass die letzte große Militäraktion der Briten in Europa, der Feldzug des Jahres 1944, von einem amerikanischen General befehligt wurde. Obwohl noch einige Monate danach ein Gleichgewicht zwischen britischen und amerikanischen Soldaten bestand, waren am Ende mehr Amerikaner im Einsatz. Auch im Fernen Osten, obwohl die Briten Birma befreiten, sah man die Niederlage Japans als Sieg der amerikanischen Luftwaffe und Marine. Trotz aller Anstrengungen Churchills verhandelte Roosevelt am Ende des Krieges über seinen Kopf hinweg mit Stalin, unter anderem auch über die Auflösung des britischen Empire. Zwar hatte Großbritannien 1940 allein standgehalten und damit hohes moralisches Prestige gewonnen, doch von den Erschütterungen, die der Krieg der politischen Struktur Europas zufügte, war es vielleicht, abgesehen von Deutschland, am stärksten betroffen.

Der Niedergang der europäischen Vorherrschaft zeigte sich auch außerhalb Europas. Britische Truppen sicherten niederländische und französische Territorien in Asien, um sie diesen Kolonialmächten zurückzugeben und die Machtübernahme antikolonialistischer Regime zu verhindern. Doch fast sofort brachen Kämpfe mit Rebellen aus: Der Krieg hatte die Revolution auch in Kolonien der Imperien angefacht. Sachte und plötzlich verschob sich das Zentrum der Autorität, und dieser Prozess war bei Kriegsende noch nicht abgeschlossen. Insofern ist das Jahr 1945 kein Ruhepunkt; die Realität war damals teilweise verhüllt, und viele Europäer mussten erst noch schmerzlich entdecken, dass auch das imperiale Zeitalter Europas ein Ende gefunden hatte.

Das Ende des Krieges bedeutete auch das Ende der Kolonialzeit, wenn sich auch die Selbstständigkeit der meisten Kolonien noch eine Weile hinauszögerte.

4 DIE ENTSTEHUNG EINER NEUEN WELT

Luftaufnahme der UNO-Zentrale in New York aus dem Jahr 1950, als die Vereinten Nationen noch die Nachkriegshoffnungen auf einen dauerhaften Frieden verkörperten.

Nach dem Ersten Weltkrieg konnte man noch der Illusion nachhängen, die alte Ordnung sei wiederherzustellen. Nach dem Zweiten Weltkrieg war dies keinem der Verantwortlichen mehr möglich. Das war der bedeutende Unterschied zwischen diesen beiden großen Ereignissen des 20. Jahrhunderts, als es darum ging, die Beziehungen der Nationen untereinander neu zu ordnen. Die Arbeit nach dem Sieg konnte allerdings nicht von einem Nullpunkt aus geplant werden. Viele Wege waren durch die Ereignisse verbaut, und schon während des Krieges fielen wichtige Entscheidungen, teils auch durch Übereinkunft, was nach dem Sieg werden solle. Wesentlich war der Beschluss, eine internationale Organisation zu gründen, um den Frieden dauerhaft aufrechtzuerhalten. Dass die Großmächte den Zweck dieser Gemeinschaft verschieden auslegten – die Amerikaner als den Beginn einer völkerrechtlichen Regulierung der internationalen Verbindungen, die Russen als eine Fortführung der Allianz aus Kriegszeiten –, hinderte beide nicht, auf ihre Einführung zu drängen. Im Jahre 1945 wurde in San Francisco die Organisation der Vereinten Nationen (UNO) ins Leben gerufen.

DIE VEREINTEN NATIONEN

Anders als bei der Konstituierung des Völkerbundes wurde 1945 einer der großen Geburtsfehler vermieden: Die USA und die

Zeitleiste (1945–1948)

1945
Konferenzen von Jalta und Potsdam;
Bedingungslose Kapitulation Deutschlands und Japans;
Unabhängigkeitserklärung Vietnams

1948 Ermordung Gandhis;
Gründung des Staates Israel;
Erster israelisch-arabischer Krieg

1900 — 1950

1946
Beginn der entscheidenden Phase des Bürgerkriegs in China

1947
Unabhängigkeit Indiens und Pakistans; Verkündung des Marshall-Plans

Die Vereinten Nationen

Bei den Treffen der Führer der Weltmächte im Landsitz Dumbarton Oaks in Washington, D.C. (1944) und in Jalta (1945) wurde vereinbart, eine Organisation zum Schutz des internationalen Gleichgewichts und des Friedens zu gründen. Die 51 Staaten, die 1945 in San Francisco die Charta der Vereinten Nationen unterzeichneten, bildeten die erste Vollversammlung der UNO. Die erste Sitzungsperiode wurde zunächst im Februar 1946 in London, danach, im November und Dezember desselben Jahres, in New York abgehalten.

Die UNO besteht aus der Vollversammlung (UNVV), dem Sicherheitsrat (UNSR), dem Wirtschafts- und Sozialrat (ECOSOC/UNWSR), dem Sekretariat, dem Internationalen Gerichtshof und weiteren Unterorganisationen, die ein Netzwerk von Kommissionen, Konferenzen, Komitees und Ausschüssen bilden. Die Generalversammlung umfasst die Repräsentanten aller Mitgliedsländer und ist das höchste Entscheidungsorgan der UNO. Sie ist ein Forum der Debatten und Diskussionen, das zugleich die Suche nach Verfahren zu einer verbesserten internationalen Zusammenarbeit auf politischer Ebene fördern soll. Der Sicherheitsrat hat mittlerweile 15 Mitglieder, davon fünf ständige mit Vetorecht. Seine Befugnisse beschränken sich auf friedenserhaltende Maßnahmen und internationale Sicherheitsfragen. Der Wirtschafts- und Sozialrat ist eine beratende Körperschaft, die von der Generalversammlung abhängt und die Aufgabe hat, Berichte und Untersuchungen zu wirtschaftlichen, sozialen und kulturellen Themen auszuarbeiten. Die Generalversammlung kann internationale Konferenzen zu bestimmten Fragen einberufen. Der Internationale Gerichtshof hat seinen Sitz in Den Haag; seine Richter werden unabhängig von ihrer nationalen Zugehörigkeit gewählt. Seine Hauptaufgaben sind die Entscheidung bei Konflikten zwischen Staaten, wobei beide Seiten mit der Behandlung des Falles vor diesem Gericht einverstanden sein müssen, sowie die Beratung in Völkerrechtsfragen.

Rede des Vertreters der Niederlande in einem Komitee der Konferenz von San Francisco (1945).

UdSSR gehörten der neuen Organisation als Gründungsmitglieder an. Davon abgesehen ähnelten die Grundstrukturen der UNO denen des Völkerbunds. Die beiden wichtigsten Organe waren der Sicherheitsrat und die Vollversammlung (auch Generalversammlung). In Letzterer sollten Repräsentanten aller Mitgliedsstaaten einen ständigen Sitz haben. Der Sicherheitsrat hatte zunächst elf Mitglieder (mittlerweile sind es 15), davon fünf ständige. Dies waren die Vertreter der Vereinigten Staaten, der Sowjetunion, Großbritanniens, Frankreichs (auf Drängen Churchills) und Chinas. Der Sicherheitsrat erhielt, hauptsächlich auf die Initiative der Russen hin, größere Vollmachten als der alte Rat des Völkerbundes. Sie argwöhnten, dass sie in der Vollversammlung, in der damals 51 Staaten vertreten waren, immer überstimmt würden, weil die Vereinigten Staaten nicht nur auf die Stimmen ihrer Verbündeten, sondern auch auf die ihrer lateinamerikanischen Satelliten zählen konnten. Naturgemäß waren eine Reihe kleinerer Staaten mit dieser Regelung nicht zufrieden. Sie misstrauten einer von den Großmächten dominierten Körperschaft, die das letzte Wort haben sollte und in der sie nicht ständig vertreten waren. Nichtsdestotrotz wurde die von den Großmächten geforderte Struktur eingeführt, weil nur diese die Arbeitsfähigkeit der neuen Organisation gewährleisten konnte.

Ein neues Zeitalter der internationalen Politik

Auch in der UNO, dem neu eingerichteten Weltsicherheitsrat, bestimmten die Gegensätze von Ost und West bald das Geschehen.

Das zweite verfassungsmäßige Hauptproblem, das bei der Gründung der UNO für großen Streit sorgte, war das den ständigen Mitgliedern des Sicherheitsrats eingeräumte Vetorecht. Dieses war notwendig, damit die Großmächte die Organisation akzeptierten. Allerdings wurde das Vetorecht schließlich eingeschränkt: So darf ein ständiges Mitglied nicht gegen die Untersuchung und Diskussion von Problemen, die es besonders betreffen, sein Veto einlegen, außer wenn daraus Handlungen resultieren, die die Interessen dieses Landes schädigen können.

Theoretisch besaß der Sicherheitsrat große Vollmachten, aber ihre Umsetzung musste notwendigerweise die politische Realität widerspiegeln. In den ersten Jahrzehnten der UNO erwies sich, dass ihre Bedeutung weniger in der Fähigkeit zum Eingreifen lag als in ihrer Eigenschaft als Diskussionsforum. Zum ersten Mal wurden einem Weltpublikum durch Radio, Film und später auch durch Fernsehen Debatten in den Generalversammlungen über die Aktionen souveräner Staaten öffentlich präsentiert. In dieser bislang neuen Form gaben die Vereinten Nationen der internationalen Politik von Anfang an eine neue Dimension. Hingegen brauchte es mehr Zeit, effektive Handlungsinstrumentarien auszuarbeiten. Gelegentlich vermittelte die neue Öffentlichkeit der internationalen Diskussionen auch den Eindruck von Sterilität, wenn Argumente verbittert und unnachsichtig gegeneinander gestellt wurden, die keine Einstellung veränderten. Trotzdem hatte das Forum einen erzieherischen Wert. Wichtig war auch, dass sehr schnell New York zum ständigen Sitz der Generalversammlung bestimmt wurde. So war das Interesse Amerikas für die UNO geweckt und die historische Neigung zum Isolationismus gebannt.

Sitzung des Sicherheitsrats der UNO (1990).

Die erste Tagung der Generalversammlung der UNO fand jedoch in London statt (1946). Sofort brachen heftige Streitigkeiten aus: Den Russen wurde die fortdauernde Präsenz sowjetischer Soldaten in dem während des Krieges besetzten iranischen Teil Aserbeidschans vorgeworfen. Die Russen reagierten prompt mit einem Angriff auf die Anwesenheit britischer Truppen in Griechenland. Nach wenigen Tagen legte die sowjetische Delegation ihr erstes Veto ein, dem eine Reihe weiterer folgten. Das Instrument, welches Amerikaner und Briten nur im Ausnahmefall zum Schutz besonderer Interessen angewendet sehen wollten und auch so handhabten, war bald vertrauter Bestandteil der Sowjetdiplomatie. Schon 1946 waren die Vereinten Nationen eine Arena, in der die Sowjetunion mit einem westlichen Block rang, der sich immer stärker herausformte und zu dessen Festigung die russische Politik massiv beitrug.

DIE RUSSISCHE UND AMERIKANISCHE WELTMACHT

Die Ursprünge des Konflikts zwischen den Vereinigten Staaten und der Sowjetunion liegen weit zurück. In den späteren Jahren des Kriegs gewann die britische Regierung dennoch den Eindruck, die Amerikaner machten der UdSSR zu viele Konzessionen und pflegten einen übermäßig freundlichen Umgang. Ohne das grundsätzliche Misstrauen gegenüber den kapitalistischen Staaten hätten die Russen sich nach 1945 gegenüber ihren ehemaligen Alliierten wohl anders verhalten. Genauso steht fest, dass auch einige Amerikaner ihre Vorbehalte bezüglich der Sowjetunion nie abgelegt hatten und sie als revolutionäre Bedrohung sahen. Dies hatte jedoch keine besonderen Auswirkungen auf die praktische amerikanische Politik. Der amerikanische Vorbehalt gegenüber den Absichten der Russen war anfangs weit weniger ausgeprägt; von Argwohn und Vorsicht war eher die sowjetische Seite bestimmt.

Zu diesem Zeitpunkt existierten keine anderen Weltmächte mehr. Die britischen Kräfte waren überbeansprucht, Frankreich hatte sich kaum von den Schrecken der Besatzungszeit erholt und war zudem innenpolitisch gespalten (eine starke kommunistische Partei bedrohte die Stabilität), und in Italien waren neue Streitigkeiten zu alten hinzugekommen. Deutschland war ein zerstörtes und besetztes Land. Japan war ebenfalls okkupiert und militärisch machtlos, China hatte in der Moderne seinen Status als Großmacht noch nicht erlangt. Amerikaner und Russen waren somit potenziellen Kontrahenten überlegen. Sie waren die einzigen Gewinner, die im Krieg Vorteile erzielt hatten. Alle anderen Siegerstaaten hatten bestenfalls ihre Existenz und ihr Weiterbestehen gesichert. Die USA und die UdSSR konnten hingegen ihre Einflussbereiche vergrößern.

Nach zweimonatigen Sitzungen wurde 1945 in San Francisco die Charta der Vereinten Nationen einstimmig verabschiedet und von allen Delegationen unterzeichnet. Unterzeichnung der Charta durch den Earl of Halifax, den britischen Botschafter in den USA, während einer Zeremonie im Veterans' War Memorial Building am 26. Juni 1945.

Die USA und die Weltwirtschaft der Nachkriegszeit

Als der Zweite Weltkrieg zu Ende war, konzentrierten sich die Amerikaner auf die Schaffung einer Weltwirtschaftsordnung, deren Zentrum die eigene Volkswirtschaft werden sollte. Diese Haltung lag für die US-Regierung in der Logik der Sache: Die Amerikaner verfügten über 59 Prozent der Ölreserven und stellten einen Anteil von 46 Prozent an der globalen Industrieproduktion, während die meisten Länder angesichts fehlender Nahrungsmittel, Kohle, Maschinen und Industriegüter für ihr Überleben auf amerikanische Hilfe angewiesen waren.

Die Sowjetunion im Jahr 1945

Wenngleich der neue Herrschaftsanspruch der Sowjetunion mit ungeheuren Kosten erkauft war, besaß Russland nun größere Macht als je zuvor. Die Truppen dominierten einen riesigen vorgelagerten Bereich in Europa, dessen größerer Teil direktes sowjetisches Hoheitsgebiet war. Den Rest bildeten Staaten, die bis 1948 in jeder Hinsicht zu Satelliten geworden waren und zu denen auch Ostdeutschland mit seiner bedeutenden Industrie gehörte. Außerhalb dieses Korridors lagen Albanien und Jugoslawien, die einzigen kommunistischen Staaten, die nach dem Krieg ohne die Hilfe russischer Besatzungstruppen entstanden waren. 1945 erweckten beide noch den Eindruck, als seien sie sichere Verbündete Moskaus. Das entstandene strategische Übergewicht der Russen in Mitteleuropa schüchterte umso mehr ein, als die traditionellen Dämme gegenüber der russischen Macht nicht mehr existierten: 1918 war das Habsburgerreich, 1945 das vereinigte Deutschland von der Landkarte verschwunden. Das erschöpfte Vereinigte Königreich und das sich langsam erholende Frankreich konnten kein Gegengewicht zur Roten Armee bilden, wenn die Amerikaner aus Europa abzogen.

Russische Armeen standen 1945 auch an den Grenzen der Türkei und Griechenlands und hielten den Norden des Iran besetzt. Im Fernen Osten beherrschten sie ein großes Gebiet Sinkiangs, die Mongolei, das nördliche Korea und den Flottenstützpunkt Port Arthur. Sie befreiten auch den Rest der Mandschurei. Von Japan annektierten sie nach dem Krieg aber lediglich den Südteil der Insel Sachalin sowie die Inselgruppe der Kurilen. Alle übrigen Geländegewinne waren auf Kosten Chinas erzielt worden. Dort aber zeichnete sich bereits gegen Ende des Zweiten Weltkriegs der Umriss der künftigen Volksrepublik ab, die gute Beziehungen zu Moskau erwarten ließ. Stalin mochte zwar früher auf das falsche Pferd gesetzt haben, die chinesischen Kommunisten aber konnten von nirgendwoher sonst so hohe ideologische und materielle Unterstützung erwarten. Es schien demnach möglich, dass in Ostasien ein neuer russischer Satellitenstaat entstehen würde.

Die Vereinigten Staaten im Jahr 1945

Die neue Weltmachtrolle der USA beruhte weniger als bei der UdSSR auf einem Zugewinn an Territorien. Auch die USA unterhielten nach Kriegsende Truppen im Zentrum Europas, aber die amerikanischen Wähler hatten sich 1945 für deren schnellen Abzug ausgesprochen. Die amerikanischen Marine- und Luftwaffenstützpunkte, die einen großen Teil der eurasischen Festlandsmasse einschlossen, waren jedoch nicht mit einbezogen. Der Pazifik ähnelte nach der Ausschaltung der japanischen Seemacht einem amerikanischen Binnenmeer. Vor allem die Abwürfe von Atombomben über Hiroshima und Nagasaki hatten die Macht der USA, die als Einzige über diese Waffe verfügten, demonstriert. Doch die eigentliche Quelle des amerikanischen Imperiums war seine Wirtschaftskraft. Abgesehen von den Truppen der Roten Armee war die überwältigende industrielle Stärke der USA der entscheidende Faktor des alliierten Sieges gewesen. Die Amerikaner hatten nicht nur ihre eigenen starken Streitkräfte ausgerüstet, sondern auch die ihrer Verbündeten. Außerdem hatte sie der Sieg vergleichsweise wenig gekostet. Die Amerikaner hatten weniger Tote zu beklagen, die Zahl der britischen Kriegstoten lag höher, ganz zu schweigen von denen der Sowjetunion. Die Vereinigten Staaten selbst waren vom Kriegsgeschehen nicht berührt worden. Es gab keinerlei Kriegsschäden, die Ressourcen waren größer denn je. Der Lebensstandard der Amerikaner hatte sich in der Kriegszeit sogar verbessert, die Rüstungsproduktion hatte die Depression beendet, die selbst Roosevelts New Deal nicht überwinden konnte. Die USA waren ein starkes Geldgeberland, das Kapital in einer Welt investieren konnte, in der niemand sonst als Kreditgeber zur Verfügung stand. Amerikas frühere wirtschaftliche und politische Konkurrenten litten unter den Nachwirkungen des Krieges. So erfuhr die amerikanische Macht indirekt einen weltweiten Aufschwung, dessen Anfänge schon vor Kriegsende sichtbar wurden.

Die sowjetisch-amerikanischen Beziehungen

Bereits vor dem Ende der Kämpfe in Europa war die zukünftige Bedeutung dieser Machtpolarisation zu erahnen. So wurden die Russen von der Besetzung Italiens und der Aufteilung des italienischen Kolonialbesitzes ausgeschlossen, während Briten und Amerikaner auf keine Lösung der polnischen Frage hoffen durften, die nicht Stalins Wünschen entsprach. Dennoch (und trotz ihrer einschlägigen Erfahrungen in der eigenen Hemisphäre) war den Amerikanern nicht an aus-

Das Foto zeigt die Trümmer der Stadt Hiroshima nach dem Atombombenangriff vom 6. August 1945. Hunderttausende starben an diesem Ort an jenem Tag und noch Wochen, Monate und Jahre danach an den Spätfolgen der Explosion. Die Amerikaner waren über die schreckliche Zerstörung, die die Bombe angerichtet hatte, entsetzt. Trotzdem glaubten sie, ihr Einsatz sei notwendig gewesen, um ein schnelles Kriegsende herbeizuführen.

drücklichen Einflusssphären gelegen. Die Russen waren weit eher bereit, sie zur Ausgangsbasis ihrer Politik zu machen. Es gab keine Veranlassung, diese Unterschiede schon damals als grundsätzliches Konfliktpotenzial zu betrachten. Trotz aller Macht, die die Vereinigten Staaten im Jahr 1945 besaßen, mangelte es am politischen Willen, sie einzusetzen. Die Hauptsorge des amerikanischen Militärs nach dem Sieg war eine möglichst schnelle Demobilisierung. Die Leih- und Pacht-Vereinbarungen mit den Alliierten waren schon vor der japanischen Kapitulation abgeschafft worden. Dies wirkte sich schädlich auf die indirekte Machtstellung der USA aus, weil es die befreundeten Staaten schwächte, die vor schweren Wiederaufbauproblemen standen. Denn sie allein konnten kein neues Sicherheitssystem schaffen, das die amerikanische Militärmacht ersetzt hätte. Und die Atombombe war auf Grund ihrer gewaltigen Zerstörungskraft nur als allerletzte Konsequenz einsetzbar.

Die UdSSR wird zur Atommacht

Es ist schwierig, die Vorgänge im stalinistischen Russland nach dem Krieg zu beschreiben. Die Völker der Sowjetunion hatten unter dem Krieg schrecklich gelitten, mehr noch als die Deutschen. Genaue Zahlen gibt es nicht, doch verlässliche Schätzungen sprechen von 20 Millionen Toten unter der sowjetischen Bevölkerung. Stalin war sich nach dem Krieg vielleicht eher der russischen Schwäche bewusst als seiner Stärke. Freilich stand er auf Grund seiner Regierungsmethoden, anders als die westlichen Länder, nicht vor der Notwendigkeit der Demobilisierung seiner gewaltigen Landstreitkräfte, die ihm seine Vormachtstellung in Europa sicherten. Aber die UdSSR besaß weder Atombomben noch eine bedeutende strategische Bomberflotte. Stalins Entscheidung, Nuklearwaffen zu entwickeln, stellte die Wirtschaft des Sowjetreichs vor eine neuerliche Belastung; und dies zu einer Zeit, als ein wirtschaftlicher Wiederaufbau

Russische Flüchtlinge bei der Rückkehr in ihre Heimatstadt, die von deutschen Bombern dem Erdboden gleichgemacht worden war (1944).

Nach der Befreiung Frankreichs wurden Personen, die mit den Nazis kollaboriert hatten, öffentlich gedemütigt. Hunderte von Frauen, die man beschuldigte, sich mit deutschen Soldaten eingelassen zu haben, wurden mit geschorenen Köpfen durch die Straßen französischer Städte geführt.

dringend erforderlich war. Die unmittelbaren Nachkriegsjahre wurden so hart wie jene der industriellen Aufholjagd in den 30er Jahren. Doch im September 1949 gelang Russland der erste „Atomtest". Im folgenden März wurde offiziell verlautbart, dass auch die UdSSR über Nuklearwaffen verfüge.

Das verwüstete Europa

Bis zum Jahr 1949 hatten sich die Beziehungen zwischen den beiden Weltmächten sehr verschlechtert. Ursache dafür waren insbesondere die Ereignisse in Europa. Die ganze Region bedurfte 1945 besonders weit blickender, koordinierter Wiederaufbaumaßnahmen. Die Kosten der Kriegszerstörungen auf diesem Kontinent wurden nie genau beziffert. In Europa gab es, unter Ausschluss Russlands, allein etwa 14 250 000 Todesopfer. In den Ländern, die am schwersten betroffen waren, vegetierten die Überlebenden in Ruinen. Nach einer Schätzung waren in Deutschland und Russland siebeneinhalb Millionen Wohnungen zerstört. Schwer zerstört waren auch die Fabriken und Verkehrswege. Europa konnte die erforderlichen Importe nicht bezahlen, die Währungen waren zusammengebrochen. Die alliierten Soldaten stellten fest, dass Zigaretten oder Rindfleisch in Dosen begehrter waren als Bargeld. Die zivilisierte Gesellschaft war ausgelöscht. Lügen, Betrügen und Stehlen waren unter der Besatzungsregierung nicht nur überlebenswichtig, sie konnten auch als Akte des „Widerstands" glorifiziert werden. Die Kämpfe gegen die deutschen Besatzer ließen auch neue Gräben aufbrechen. Als die besetzten Länder von den vorrückenden alliierten Streitkräften befreit wurden, beglichen bewaffnete Gruppen alte Rechnungen. Es hieß, dass in Frankreich mehr Menschen den „Säuberungsaktionen" in der Befreiungszeit zum Opfer gefallen waren als während des *terreur* zur Zeit der Revolution im Jahr 1793.

Vor allem aber war die wirtschaftliche Struktur viel grundlegender zerstört als 1918. Die deutsche Industrie war früher das Schwungrad für einen großen Teil des europäischen Wirtschaftslebens. Doch selbst wenn die Transporteinrichtungen und die Produktionskapazität zum Wiederaufbau der Maschinen vorhanden gewesen wären: Die Alliierten wollten zunächst die deutsche Industrieproduktion niedrig halten, um ein Wiedererstarken des Landes zu verhindern. Außerdem war Deutschland geteilt. Die Russen hatten von Beginn an Geräte und Maschinen als „Reparationen" aus dem von ihnen besetzten östlichen Teil abtransportiert, um sie für den notdürftigen Wiederaufbau ihres eigenen verwüsteten Landes zu nutzen. Schließlich hatten die Deutschen allein über 60 000 Schienenkilometer an Eisenbahngleisen bei ihrem Rückzug aus Russland zerstört. Insgesamt verlor die Sowjetunion wohl ein Viertel ihrer gesamten Bruttoinlandsinvestitionen.

Erklärung zum befreiten Europa

„Der Ministerpräsident der Union der Sozialistischen Sowjetrepubliken, der Premierminister des Vereinigten Königreichs und der Präsident der Vereinigten Staaten von Amerika haben miteinander die gemeinsamen Interessen der Völker ihrer Länder und der Länder des befreiten Europas beraten. Gemeinsam erklären sie ihre wechselseitige Übereinstimmung, in der gegenwärtigen Periode der Instabilität im befreiten Europa die Politik ihrer drei Regierungen abzustimmen, um den Völkern, die von der Herrschaft Nazideutschlands befreit sind, sowie den Völkern der Länder der früheren Satellitenstaaten der Achsenmächte zu helfen, ihre drängenden politischen und wirtschaftlichen Probleme auf demokratische Weise zu lösen."

Konferenz von Jalta, 11.–14. Februar 1945.

DIE OST-WEST-SPALTUNG

Die politische Spaltung zwischen Ost- und Westeuropa zeichnete sich bereits vor Kriegsende ab. Insbesondere die Briten waren über die Vorgänge in Polen beunruhigt. Dort schien sich zu zeigen, dass die Russen nur bereit waren, ihnen genehme Regierungen zu dulden. Das entsprach zwar kaum den amerikanischen Vorstellungen, doch bis zum Kriegsende sorgten sich amerikanische Regierung und Öffentlichkeit wenig um diese Frage. Die Bevölkerung war überzeugt, dass es möglich sei, mit den Russen vernünftige Vereinbarungen zu treffen. Roosevelt war sich sogar sicher, mit der UdSSR einig zu werden, denn schließlich gab es auch Gemeinsamkeiten: das Interesse, kein Wiedererstarken der deutschen Macht zuzulassen, sowie die Unterstützung des Antikolonialismus. Weder der Präsident noch die amerikanische Öffentlichkeit nahmen in irgendeiner Weise die historischen Tendenzen der russischen Politik zur Kenntnis. Sie missbilligten entschieden die britische Intervention in Griechenland gegen die kommunistische Guerilla, die versuchte, nach dem deutschen Rückzug die Monarchie zu stürzen. (Stalin hingegen hatte keine Einwände: Er war mit Churchill einig, dass Großbritannien in Griechenland praktisch freie Hand bekommen sollte und er dafür im Gegenzug in Rumänien.)

Das geteilte Deutschland

Präsident Truman (er wurde nach dem Tod Roosevelts im April 1945 dessen Nachfolger) und seine Berater änderten die amerikanische Politik. Zunächst hielten sich die Russen genau an die Vereinbarung, britische und amerikanische (später auch französische) Streit-

Im November 1944 stand die Aufteilung Deutschlands in vier Besatzungszonen fest, die von der UdSSR, den USA, Großbritannien und Frankreich verwaltet werden sollten. Das Bild aus dem besetzten Berlin vermittelt einen Eindruck vom Zustand der zerstörten Stadt bei Kriegsende.

kräfte nach Berlin zu lassen und die besetzte Stadt gemeinsam zu verwalten. Alles sprach dafür, dass sie die einheitliche Verwaltung Deutschlands wünschten (wie von den Siegern im Juli 1945 in Potsdam vereinbart). So wäre ihnen auch der Zugriff auf das Ruhrgebiet gelungen, das reiche Reservoir für mögliche Reparationen. Doch über die deutsche Wirtschaft kam es bald zu Reibereien zwischen Ost und West. Die russischen Bemühungen, sich gegen ein deutsches Wiedererstarken zu schützen, führten zu einer immer stärkeren Abschottung ihrer Besatzungszone gegen die der drei anderen Alliierten. Wahrscheinlich wollten sie damit zunächst nichts weiter als einen soliden und verlässlichen (das heißt kommunistischen) Kern eines vereinigten Deutschlands sichern. Am Ende jedoch wurde das deutsche Problem durch eine Teilung gelöst, die niemand vorausgesehen hatte. Zuerst wurden die drei Westzonen aus ökonomischen Gründen zusammengeschlossen, unter Ausschluss der Sowjetzone. Unterdessen weckte die russische Besatzungspolitik zunehmendes Misstrauen. 1945 gab es kommunistische Mehrheiten nur in Bulgarien und Jugoslawien, in allen übrigen osteuropäischen Ländern waren die Kommunisten lediglich an Koalitionsregierungen beteiligt. Nichtsdestoweniger sah es immer mehr danach aus, dass diese Regierungen nur als Marionetten der Sowjets agieren durften. Schon 1946 zeichnete sich eine Blockbildung in Osteuropa ab.

Die sowjetische Außenpolitik der Nachkriegszeit

Die Außenpolitik Stalins in der Nachkriegszeit war bestimmt von der Neuordnung Ostdeutschlands, der Unterstützung der KMT in China und der Ausnutzung des Vetorechts in der UNO.

Dogmatische Urteile über die Motive der Sowjetunion sind hier fehl am Platz. Stalin fürchtete offensichtlich jede Wiedervereinigung Deutschlands unter einer Regierung, die er nicht kontrollieren konnte. Russland erinnerte sich an zu viele Angriffe aus dem Westen, um einem geeinten Deutschland Vertrauen entgegenzubringen. Für diese Bewertung der Lage spielte die ideologische Ausrichtung der russischen Regierung keine Rolle; dass ein geeintes Deutschland kapitalistisch werden könnte, machte die Lage für die Sowjetunion jedoch gewiss nicht angenehmer. Anderswo zeigte die sowjetische Politik allerdings größere Flexibilität. Während die UdSSR Ostdeutschland sorgsam nach sowjetischem Vorbild organisierte und langsam die Trennlinie durch Europa sichtbar wurde, unterstützte sie in China offiziell immer noch die KMT. Im Iran hingegen zögerte sie, den vereinbarten Truppenrückzug durchzuführen. Auch nachdem die russischen Truppen endlich aus dem Land abgezogen waren, hinterließen sie in Aserbeidschan eine kommunistische Satellitenrepublik, die 1947 mit militärischer Hilfe der Amerikaner von den Iranern beseitigt wurde. Im Sicherheitsrat der UNO wurde das sowjetische Veto immer öfter gegen die übrigen Alliierten eingesetzt, und es war deutlich, dass die kommunistischen Parteien Westeuropas den russischen Interessen dienten. Doch welche Berechnungen Stalin anstellte, bleibt zweifelhaft. Vielleicht wartete oder vertraute er auf einen wirtschaftlichen Zusammenbruch der kapitalistischen Welt.

Der Eiserne Vorhang

Die früheren Alliierten brachten der Sowjetunion immer noch viel guten Willen entgegen. Als Winston Churchill 1946 den Begriff „Eiserner Vorhang“ prägte, sprach er keineswegs für alle seine Landsleute oder gar für die Öffentlichkeit in Amerika; einige verurteilten ihn sogar dafür. Doch wenn die 1945 gewählte britische Labour-Regierung anfangs noch glaubte, „Links“ könne sich mit „Links“ verständigen, wurde sie bald skeptischer. Als im Jahr 1946 klar wurde, dass die britische Intervention in Griechenland freie Wahlen ermöglicht hatte, und als amerikanische Offizielle die Ziele der sowjetischen Politik genauer erkannten, näherte sich die Politik von Briten und Amerikanern einander an. Präsident Trumans Einstellung den Russen gegenüber war skeptisch und die Briten bereiteten ihren Rückzug aus Indien vor, wie die offizielle Meinung in Amerika forderte.

Der Marshall-Plan

Am 5. Juni 1947 erklärte der amerikanische Außenminister General George Marshall, es sei an der Zeit, dass die Länder Europas Wiederaufbaupläne ausarbeiteten. Die USA seien zu großzügiger Unterstützung bereit.

Während die Sowjetunion und ihre Satelliten die Beteiligung an dem Plan verweigerten, schlossen sich Belgien, Dänemark, Frankreich, Griechenland, Großbritannien, Irland, Island, Italien, Luxemburg, die Niederlande, Norwegen, Österreich, Portugal, Schweden, die Schweiz und die Türkei dem Vorhaben an. Um den Marshall-Plan umzusetzen, wurde die Organisation für europäische wirtschaftliche Zusammenarbeit (OEEC) gegründet. In der Zeit vom 15. September 1947 bis zum 1. April 1948 wurde das Europäische Wiederaufbauprogramm ausgearbeitet, wie der Marshall-Plan offiziell hieß.

George Marshall (1880–1959) wurde 1953 mit dem Friedensnobelpreis ausgezeichnet.

Die Truman-Doktrin

Die britische Wirtschaft war durch die gewaltigen Kriegsanstrengungen schwer geschädigt. Investitionen im Mutterland waren dringend erforderlich. Auch die ersten Schritte der Entkolonialisierung kosteten viel. Infolgedessen konnte Großbritannien 1947 seine Zahlungsfähigkeit nur bewahren, wenn es seine Truppen aus Griechenland abzog. Präsident Truman entschied umgehend, dass die Amerikaner die entstehende Lücke zu schließen hatten. Griechenland und die Türkei erhielten finanzielle Hilfen, um dem sowjetischen Druck standzuhalten. Truman machte die Implikationen dieser Entscheidung deutlich: Es ging um wesentlich mehr als um finanzielle Hilfen für zwei Länder. Obwohl einstweilen nur die Türkei und Griechenland Unterstützung erhielten, bot der Präsident allen „freien Völkern" der Welt Amerikas Führung an, um mit dessen Hilfe „einer versuchten Unterjochung durch bewaffnete Minderheiten oder Druck von außen" zu widerstehen. Dies war eine Kehrtwendung gegenüber der angestrebten Rückkehr zu einer Isolationspolitik bezüglich Europas, die die USA 1945 scheinbar verfolgt hatten, sowie ein tiefer Bruch mit den historischen Traditionen der amerikanischen Außenpolitik. Die Entscheidung, die russische Macht „einzudämmen" (wie es damals hieß), war vielleicht die wichtigste der amerikanischen Diplomatie seit dem Ankauf von Florida im Jahre 1819. Letztlich führte dies aber auch zu einer unrealistischen Einschätzung der tatsächlichen Grenzen der amerikanischen Macht und, wie Kritiker sagten, zu einem amerikanischen Imperialismus, als diese Politik über Europa hinaus ausgeweitet wurde. Aber eine solche Entwicklung war zu diesem Zeitpunkt nicht vorhersehbar. Die Entscheidung wurde vielmehr vom russischen Verhalten und der Furcht vor Stalins Politik der letzten 18 Monate sowie von der Schwäche Großbritanniens bestimmt.

Bewaffnete Einheiten von Arbeitern zogen 1948 über die Prager Karlsbrücke. Sie wollten mit dieser Massendemonstration ihre Stärke und ihre Unterstützung für den Kommunismus bekunden. Der kommunistische Staatsstreich war sorgfältig geplant, die Behörden, die Polizei und die Armee der Tschechoslowakei wurden im Vorhinein ausgeschaltet. Der Präsident, der einen Bürgerkrieg verhindern wollte, akzeptierte die Bildung einer kommunistischen Regierung.

Der Marshall-Plan

Wenige Monate nach dem Angebot der Unterstützung für die „freien Völker" der Welt wurde die „Truman-Doktrin" durch einen weiteren wichtigen Schritt komplettiert: Es erging ein Angebot an die europäischen Nationen, mit amerikanischer Wirtschaftshilfe den Wiederaufbau voranzutreiben. Es handelte sich um den so genannten „Marshall-Plan", benannt nach dem amerikanischen Außenminister, der ihn verkündete. Sein Ziel war eine nichtmilitärische, friedliche Form der Eindämmung. Der britische Außenminister Ernest Bevin setzte sich mit den Franzosen für die Annahme des Plans durch die Westeuropäer ein. Der Plan galt eigentlich für ganz Europa, auch für die komunistischen Länder. Aber die Russen verweigerten ihre Zustimmung und griffen den Vorschlag heftig an. Sie hielten auch ihre Satelliten von einem Beitritt ab. Als die tschechoslowakische Koalitionsregierung mit offenkundigem Bedauern die Zustimmung ablehnte, war deutlich geworden, dass auch dieses Land, das als einziges in Osteuropa keine ausschließlich kommunistische

Regierung hatte und nicht als russischer Satellit galt, sich der sowjetischen Linie beugen musste. Der letzte Hoffnungsschimmer für eine Unabhängigkeit der Tschechoslowakei wurde durch den kommunistischen Staatsstreich vom Februar 1948 beseitigt. Ein weiteres Zeichen der russischen Unnachgiebigkeit war die Wiederbelebung der Komintern, des alten Propagandainstruments aus Vorkriegszeiten, in der Gestalt des Kommunistischen Informationsbüros (Kominform) im Jahre 1947. Umgehend starteten die Angriffe gegen den „offen räuberischen und expansionistischen Kurs", dessen Ziel nach Ansicht der Kominform die „Durchsetzung der weltweiten Vorherrschaft des amerikanischen Imperialismus" war. Als Westeuropa zur Umsetzung des Marshall-Plans die Organisation für Wirtschaftliche Zusammenarbeit in Europa (OEEC) gründete, antworteten die Russen mit der Schaffung des Rates für Gegenseitige Wirtschaftshilfe (RGW, Comecon).

BEGINN DES KALTEN KRIEGES

Mit dem Jahr 1947 hatte der (später so bezeichnete) „Kalte Krieg" begonnen. Die erste Periode der europäischen Nachkriegsgeschichte war vorüber. Die nächste dauerte bis weit in die 60er Jahre. Sie wurde bestimmt durch die zwei Staatengruppen unter Führung der Vereinigten Staaten und der Sowjetunion, die über eine Reihe von Krisen hinweg versuchten, ihre Sicherheit mit allen Mitteln – außer einem Krieg zwischen den beiden übergeordneten Kontrahenten – zu gewährleisten. Vieles wurde ideologisch verbrämt. In einigen Ländern des künftigen Westblocks erschien der Kalte Krieg deswegen zugleich wie ein Bürgerkrieg, wie ein drohender „heißer Krieg" oder auch als moralische Auseinandersetzung über Werte wie Freiheit, soziale Gerechtigkeit und Individualismus. Der Kalte Krieg fand teilweise auf Nebenschauplätzen statt, be-

Am 23. Oktober 1956 kam es in Budapest zu einem Aufstand gegen das kommunistische Regime. Ein Dissident, der aus der ungarischen KP ausgeschlossen worden war, stellte sich an die Spitze der neuen Regierung und forderte den Abzug der russischen Truppen aus der Stadt und die Auflösung des Warschauer Vertrags. Die Sowjetunion reagierte schnell: Panzer fuhren in Budapest auf (Foto), die Rebellion wurde innerhalb von 24 Stunden niedergeschlagen.

diente sich propagandistischer, subversiver Mittel oder operierte mit Guerillabewegungen. Glücklicherweise machten alle diese Auseinandersetzungen vor dem Punkt Halt, an dem der Einsatz von Atombomben drohte, deren wachsende Vernichtungskraft einen Sieg, für welche Seite auch immer, zunehmend unrealistisch machte. Der Kalte Krieg war zugleich auch ein ökonomischer Wettbewerb. Beide Seiten unterstrichen die Vorbildlichkeit ihres Systems und unterbreiteten blockfreien oder Satellitenstaaten Hilfsangebote. Im Lauf der Zeit wurde die doktrinäre Strenge durch Opportunismus aufgeweicht – ein Problem, das mehr als 30 Jahre lang eine ständige Quelle von Verbrechen, Korruption und Leid war.

Die Auswirkungen des Kalten Krieges

Im Rückblick ähnelt der Kalte Krieg, bei aller Brutalität seiner Sprache, ein wenig den komplexen religiösen Auseinandersetzungen im Europa des 16. und 17. Jahrhunderts. Auch hier rief die Ideologie zwar Gewaltausbrüche, Leidenschaften und unterschiedliche Überzeugungen hervor, wurde aber niemals mit der Komplexität des Konflikts und den Gegenströmungen fertig. Vor allem konnte sie nicht jene Anschauungen eindämmen, die aus nationalen Interessen erwuchsen.

Das erste wichtige Hemmnis, das sich dem Kalten Krieg in den Weg stellte, war die Entstehung einer wachsenden Gruppe von Staaten, die sich keiner Seite verpflichtet fühlten. Innerhalb weniger Jahre entstanden nach 1945 im Gefolge der Entkolonialisierung neue Staaten. Das führte in der internationalen Politik zu einem ebenso starken Umbruch wie der Kalte Krieg. Die Generalversammlung der Vereinten Nationen war weit mehr ein Forum des Antikolonialismus als der Propaganda des Kalten Krieges (obwohl gelegentlich beides durcheinander geriet).

Diese sowjetische Karikatur aus dem Jahr 1953, ein Dokument der Propaganda des Kalten Kriegs, spottet über die Washingtoner „Friedenstaube". In der amerikanischen Presse gab es ähnliche Karikaturen, freilich antisowjetischer Tendenz.

ASIEN IN DER NACHKRIEGSZEIT

Es gab zwar viele regionale und zeitliche Unterschiede, aber allgemein war den nationalistischen Bewegungen Asiens der Erfolg sicher, als der Krieg das Kartenhaus des europäischen Imperialismus zum Einsturz brachte. Zuerst zeigte sich dies in Südostasien und Indonesien, wo die japanische Expansionspolitik die Europäer zunehmend verdrängte. Aber auch in anderen Gebieten wie beispielsweise in Indien, kam es zu großen Veränderungen. Die Kapitulation von 60 000 Soldaten aus Großbritannien, Indien und dem Commonwealth, zu der es 1942 in Singapur kam, machte deutlich, dass das Zeitalter der europäischen Reiche in Asien zu Ende ging. Dieser Gesichtsverlust untergrub das Vertrauen und das Ansehen aller Europäer im Fernen Osten. Dass die Japaner sich häufig gegenüber den Eroberten unfreundlich verhielten, änderte daran nichts. Wenn man den früheren Untertanen mit Fallschirmabwürfen Waffen schickte, um den neuen Eroberern Widerstand zu leisten, stieg damit nur die Wahrscheinlichkeit, dass sie diese auch gegen die ehemaligen Herrscher in London, Paris oder

Das Ende des europäischen Imperialismus wurde zuerst in Südostasien und Indonesien sichtbar – bald gab es in Asien keine europäischen Kolonien mehr.

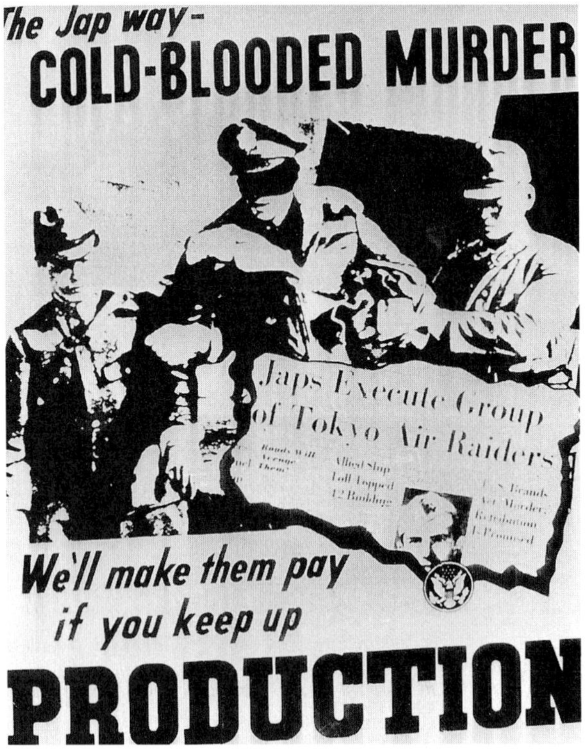

Japanische Brutalitäten gegenüber Kriegsgefangenen sorgten in Großbritannien und den USA für starke Empörung, die Propaganda-Plakate (Bild) ausnutzten, um zu Kriegsanstrengungen anzuspornen. In den asiatischen Kolonien übernahmen Angehörige der lokalen Eliten Verwaltungs- und Wirtschaftsposten, weil die Europäer, die diese Funktionen innegehabt hatten, geflohen waren oder zu Kriegsgefangenen wurden.

Den Haag einsetzen würden. Obwohl das Leben in den meisten asiatischen Dörfern, jedenfalls verglichen mit den Umbrüchen, die Bombenangriffe, Kämpfe, Zwangsarbeit, Hunger und Seuchen in Europa verursachten, ungestört weiterging, gab es dennoch weitere Auswirkungen, so dass 1945 im Fernen Osten alle Zeichen auf Veränderung standen.

Im Ergebnis verschwanden alle früheren europäischen Kolonialreiche innerhalb von wenigen Jahren fast vollständig von der asiatischen Landkarte. Aber nicht nur die Territorialherrschaft stand auf dem Spiel. Während die russischen und amerikanischen Einflusssphären in Europa (vielleicht mit Ausnahme Berlins) 1948 schon recht klar abgegrenzt waren und 40 Jahre unverändert blieben, zog sich die Regelung der Großmachtbeziehungen im Fernen Osten viel länger hin.

Indien

Einige Beobachter waren schon immer davon überzeugt, dass Indien eine dominierende asiatische Macht werde, sobald das Land seine Selbstständigkeit erlange. Schon vor 1939 zeichnete sich ein Ende der bisherigen Kolonialherrschaft ab. Diskutiert wurden lediglich noch der Zeitplan und die Form des politischen Wechsels. Die Briten, die sich für die indische Unabhängigkeit aussprachen, hofften, das Land im „British Commonwealth of Nations" halten zu können – so wurde das alte Kolonialreich seit der Empire-Konferenz von 1926 meist bezeichnet. Hier war die erste offizielle Definition des „Dominion-Status" gegeben worden: Man verstand darunter eine freiwillige Anbindung an das Commonwealth mit zunehmender Souveränität in der Außenpolitik. Für Indien war dies ein vorstellbares Ziel, allerdings keines, welches die britische Regierung vor 1940 in naher Zukunft sah. Doch schon vorher (wenn auch mit Hindernissen) gelangen Fortschritte, die zum Teil erklären, warum es in Indien, anders als in China, nicht zu einem starken Ausbruch antiwestlicher Stimmungen kam.

Indien zwischen den Kriegen

Die indischen Politiker waren nach dem Ersten Weltkrieg tief enttäuscht. Sie hatten sich zumeist loyal um die Krone geschart, Indien hatte die Kriegsanstrengungen des Empire mit einer großen Zahl an Soldaten und Geld unterstützt. Selbst Gandhi, der später als Vater der indischen Nation angesehen wurde, gehörte zu den Förderern dieser Haltung, die glaubten, dieser Hilfe folge ein gerechter Lohn. 1917 erklärte die britische Regierung, sie setze sich für eine Politik stetigen Fortschritts ein, so dass Indien eine verantwortliche Regierung innerhalb des Empire bilden könne. Dies allerdings wäre eine innere Selbstverwaltung Indiens gewesen, die hinter dem Dominion-Status zurückgeblieben wäre, den einige Inder bereits forderten. Die 1918 durchgeführten Reformen waren nicht sehr wirkungsvoll, befriedigten nur einige Gemäßigte, und selbst die wenigen Verbesserungen, die sie brachten, schwanden schnell. Als sich die internationalen Handelsbeziehungen verschlechterten, standen wirtschaftliche Fragen im Mittelpunkt. Schon in den 20er Jahren unterstützte die einheimische Regierung indische Forderungen nach einem Ende wirtschaftlicher und finanzieller Regelungen, die das Vereinigte Königreich begünstigten, und bald verlangte sie, dass die Regierung des Empire einen angemessenen Anteil für Indiens Beiträge zur Verteidigung des Reichs zahlen solle.

Gandhi und der indische Nationalismus

Ein wichtiger Faktor, der Fortschritte behinderte, war die Isolation der britischen Gemeinde in Indien. Überzeugt, der indische Nationalismus sei nur die Sache einiger weniger ehrgeiziger Intellektueller, forderten die indischen Briten lediglich scharfe Maßnahmen gegen Verschwörungen. Gegen die Wünsche aller indischen Mitglieder des Legislativrates wurden dazu die üblichen rechtlichen Schutzbestimmungen angesetzt. Diese Maßnahme löste Gandhis erste Kampagne von Streiks und Aktionen des zivilen Ungehorsams aus. Trotz seiner Bemühungen, Gewalttätigkeiten zu verhindern, kam es dabei zu Unruhen. Nachdem einige Engländer getötet und andere angegriffen worden waren, entschied ein törichter General, zum Beweis für die Entschlossenheit seiner Landsleute, einen Menschenauflauf in Amritsar im Panjab mit Gewalt aufzulösen (1919). Als der Beschuss eingestellt wurde, waren fast 400 Inder getötet und mehr als 1000 verwundet. Dieser irreparable Schlag für das britische Ansehen wurde noch verschärft, als britische Bewohner Indiens und einige Mitglieder des britischen Parlaments dieser Tat lauten Beifall zollten.

Spaltungen innerhalb der Nationalisten

Eine Zeit des Boykotts und bürgerlicher Unruhen schloss sich dem Massaker von Amritsar an. Der Kongress übernahm Gandhis Programm. Obwohl Gandhi betonte, dass seine Kampagne gewaltlos sei, sorgte sie doch für Störungen des öffentlichen Lebens. Im Jahre 1927 bewegte sich die britische Politik ein wenig vorwärts: Eine Kommission wurde nach Indien entsandt, um die Auswirkungen der letzten Verfassungsänderungen zu studieren. Die Begeisterung, die die Einheit unter den

Im Jahre 1930 griff Gandhi das Steuer- und Produktionsmonopol der britischen Regierung auf Salz an, ein Thema, das die Armen Indiens bewegte. Er unternahm eine 385 km lange Wanderung von Satarmati bis zum Meer bei Dandhi (Foto); dort kochte er Salz aus Meerwasser. Später wurde Gandhi für diesen Gesetzesverstoß verhaftet.

Ein Bild der Verwüstung nach Unruhen zwischen Hindus und Muslimen in Kanpur, Indien (1931). Rechts die Ruinen des Wohnhauses eines reichen hinduistischen Bankiers, das von Muslimen geplündert und zerstört wurde.

Nationalisten aufrechterhalten hatte, war allerdings mittlerweile abgeklungen. Es bestand die Gefahr einer Spaltung zwischen jenen, die an der Forderung nach vollständiger Unabhängigkeit festhielten, und jenen, die auf den Status eines Dominion hinarbeiteten. Außerdem vertiefte sich die bedenkliche Spaltung zwischen Hindus und Muslimen. Die Führer der beiden Gemeinschaften sahen, wie sich die Beziehungen zwischen ihren jeweiligen Gefolgsleuten in den 20er Jahren schnell verschlechterten, bis hin zu Blutvergießen und öffentlichen Unruhen. Schon 1930 forderte der Präsident der Muslim-Liga, dass die zukünftige konstitutionelle Gestaltung Indiens die Errichtung eines separaten Muslim-Staats im Nordwesten einschließen sollte.

Die Rolle der Kongresspartei

1930 war ein von Gewalt geprägtes Jahr. Der britische Vizekönig von Indien hatte erklärt, es solle eine Konferenz stattfinden, deren Ziel die Erlangung des Dominion-Status sei, doch Widerstände in Großbritannien machten dieses Unterfangen aussichtslos. Gandhi wollte deshalb nicht teilnehmen. Als eine zweite Konferenz an der Frage der Vertretung der Minderheiten scheiterte, wurde der zivile Ungehorsam wieder praktiziert. Die Bewegung verstärkte sich, als sich im Gefolge der Weltwirtschaftskrise die Lage verschärfte. Die Massen in den ländlichen Regionen waren nun eher bereit, sich von nationalistischen Appellen mobilisieren zu lassen, und Gandhi konnte sich nun als erster Politiker auf eine Anhängerschaft in ganz Indien stützen.

Langsam wendete sich das Blatt, als das Indien-Büro die Ergebnisse der Diskussionen sowie der Kommission von 1927 zur Kenntnis nahm. Eine wirkliche Übertragung von Macht und Einfluss erfolgte 1935: Der „Government of India Act" wurde verabschiedet, ein Gesetz, das die Einrichtung von repräsentativen und verantwortlichen Regierungsstellen vorsah. In der alleinigen Kontrolle des Vizekönigs verblieben danach nur noch Aufgaben wie die Landesverteidigung und die Außenpolitik. Obwohl die Übertragung der Regierungsgewalt nicht vollständig umgesetzt wurde, war der Kulminationspunkt der Gesetzgebung durch die Briten erreicht. Sie hatten nun einen effektiven Rahmen für die nationale Politik geschaffen. Es wurde immer deutlicher, dass die entscheidenden Auseinandersetzungen

Die Schlüsselfiguren im Kampf um die indische Unabhängigkeit, Mahatma Gandhi (1869–1948) und Jawaharlal Nehru (1889–1964), im Gespräch bei einer Tagung der Indischen Kongresspartei (Bombay, 1946).

unter den Indern innerhalb der Kongresspartei ausgetragen wurden, die aber bereits unter starken Spannungen stand. Das Gesetz von 1935 bestätigte erneut das Prinzip getrennter kommunaler Vertretungen, und seine Umsetzung führte fast sofort zu weiteren Feindseligkeiten zwischen Hindus und Muslimen. Der Kongress war mittlerweile in jeder Hinsicht eine Organisation der Hindus, hatte aber auch interne Probleme: Er war in jene gespalten, die immer noch auf Unabhängigkeit drangen, und in jene (darunter einige, die über die wachsende japanische Aggressivität besorgt waren), die in den neuen Institutionen mit der Regierung des Empire zusammenarbeiten wollten. Dass die Briten tatsächlich zur Übertragung von Macht bereit waren, erwies sich als spaltender Faktor. Die unterschiedlichen Interessengruppen versuchten, sich gegen eine ungewisse Zukunft abzusichern.

Die britische Reaktion

Unter der Oberfläche hatte sich bis 1941 vieles schnell verändert. Fast zwei Jahrzehnte der Repräsentation in den lokalen Regierungen und die fortschreitende Besetzung des höheren Verwaltungsdienstes mit Indern hatten ein Land entstehen lassen, das ohne die ausdrückliche Zustimmung seiner Eliten nicht mehr regiert werden konnte und das zudem auf Selbstverwaltung und Demokratie vorbereitet war. Da die Briten, als der Krieg nahte, genau wussten, wie nötig sie die indische Armee brauchten, verzichteten sie darauf, den Indern die Kosten der Armeemodernisierung aufzuerlegen und trugen die Last ab 1941 selbst. Dann setzte der japanische Angriff die britische Regierung unter Zugzwang. Sie bot den Nationalisten für die Zeit nach dem Krieg die Autonomie und das Recht auf Austritt aus

Zu Beginn der 40er Jahre brachen in Indien erneut Unruhen aus. Die Briten griffen ein und verhafteten die Anführer der Nationalisten. Doch die USA und die UdSSR führten bereits Geheimgespräche zur Unabhängigkeit Indiens.

Gandhi im Gespräch mit Lord Mountbatten (1900–1979), dem letzten Vizekönig Indiens, und dessen Ehefrau (1947).

dem Commonwealth. Doch nun war es zu spät: Die Nationalisten forderten die sofortige Unabhängigkeit. Ihre Führer wurden verhaftet, die britische Herrschaft ging weiter. Eine Rebellion wurde 1942 zwar viel schneller niedergeschlagen als der große Aufstand fast 100 Jahre zuvor, aber die Zeit lief, wenn die Briten noch im Frieden scheiden wollten. Ein neuer Faktor war der Druck aus den Vereinigten Staaten. Präsident Roosevelt führte mit Stalin vertrauliche Gespräche über notwendige Schritte zur Vorbereitung der Unabhängigkeit Indiens (und weiterer asiatischer Länder, außerdem über die Notwendigkeit einer Treuhandverwaltung für Französisch-Indochina). Die Einmischung der Vereinigten Staaten bedeutete eine revolutionäre Veränderung gegenüber der amerikanischen Außenpolitik im Jahre 1917.

Die Teilung

1945 übernahm die Labour-Partei, auf deren Programm seit langem die Unabhängigkeit Indiens und Birmas stand, die Regierungsgeschäfte in Westminster. Am 14. März 1946, während Indien von Auseinandersetzungen zwischen Muslimen und Hindus zerrissen wurde und die indischen Politiker über die Zukunft stritten, sprach sich die britische Regierung für die vollständige Unabhängigkeit aus. Fast ein Jahr später setzte Großbritannien das gespaltene Indien unter Druck, indem es erklärte, spätestens im Juni 1948 die Regierungsmacht zu übergeben. Damit wurde der gordische Knoten örtlich beschränkter Rivalitäten zerschnitten. Es folgte die Aufteilung des Subkontinents. Am 15. August gab es offiziell die beiden Dominions Pakistan und Indien. Pakistan war muslimisch und bestand aus zwei Gebieten an den Rändern Nordindiens; das zweite Dominion Indien war dem Status nach säkularistisch, aber in seinem Aufbau und Geist hinduistisch geprägt.

Vielleicht war die Teilung unvermeidlich. Indien war niemals als Einheit verwaltet worden, auch nicht von den Briten, und Hindus und Muslime hatten sich seit dem großen Aufstand immer mehr entfremdet. Aber der Preis der Teilung war hoch. Die seelische Wunde, die sie vielen Nationalisten schlug, kam in der Ermordung Gandhis zum Ausdruck, der das Opfer eines Hindu-Fanatikers wurde. In Gebieten mit Minderheiten kam es zu gewaltigen Massakern. Ungefähr zwei Millionen Menschen flohen in Gebiete, die von ihren Glaubensgenossen beherrscht wurden. Fast der einzige wirkliche Gewinn, der mit der Unabhängigkeit erzielt wurde, war eine, allerdings blutige, Lösung der regionalen Konflikte für die unmittelbare Zukunft. Davon abgesehen waren die einzigen Aktiva der neuen Staaten der (aus unterschiedlichen Motiven gespeiste) gute Wille der Großmächte, das Erbe einer bereits vor der Unabhängigkeit weitgehend von Indern getragenen Zivilverwaltung sowie eine bedeutende Infrastruktur an Institutionen und öffentlichem Dienst. Dieses Erbe wurde jedoch nicht gleichmäßig geteilt, denn Indien erhielt den Löwenanteil.

Das Bevölkerungswachstum

Trotz dieser Vorteile konnten die neuen Staaten wenig gegen die schwer wiegenden Probleme der ökonomischen und sozialen Rückständigkeit des Subkontinents tun. Das schlimmste Problem war das demographische. Das stetige Bevölkerungswachstum hatte schon unter britischer Herrschaft begonnen. Manchmal kam es durch Katastrophen zu kurzen Einbrüchen, wie sie Malthus prophezeit hatte, etwa die große Grippeepidemie am Ende des Ersten Weltkriegs, an der fünf Millionen Menschen starben, oder eine Hungersnot in Bengalen während des Zweiten Weltkriegs, der ebenfalls Millionen zum Opfer fielen. Doch 1951 gab es schon wieder Hungersnöte in Indien und 1953 in Pakistan. Und sie drohten weiter, bis in die 70er Jahre hinein.

Die Industrialisierung des Subkontinents im 20. Jahrhundert konnte diese Gefahr nicht bannen. Obwohl das neue Indien über den größten Teil der vorhandenen Industrien verfügte, waren seine Probleme größer als die Pakistans. Außerhalb der großen Städte lebten die meisten Inder als landlose Bauern in Dörfern, in denen, trotz aller Egalitätsbestrebungen, die Ungleichheit so groß war wie eh und je. Die Großgrundbesitzer, die die Kongresspartei finanzierten und deren Gremien beherrschten, standen jeder Landreform, die an diesen Verhältnissen etwas geändert hätte, im Weg. In vielerlei Hinsicht lastete die Vergangenheit schwer auf dem neuen Staat und hemmte die Entwicklung und Reformen. Nichtsdestotrotz wurden in der jungen Republik die westlichen Ideale der Demokratie, des Nationalismus, des Säkularismus und des materiellen Fortschritts proklamiert.

Sein größtes Problem, das anhaltend starke Bevölkerungswachstum, hatte Indien mit in die Unabhängigkeit genommen.

Gandhi unter den Teilnehmern der Indien-Konferenz in London (1947), auf der die Bedingungen der indischen Unabhängigkeit formuliert wurden.

CHINA

China war lange mit dem Kampf gegen einen anderen Imperialismus beschäftigt. Aber der Zweite Weltkrieg machte den Sieg über die Japaner und die Vollendung der langen Revolution möglich. Die politische Phase dieser Entwicklung begann 1941, als der chinesisch-japanische Krieg im Zweiten Weltkrieg aufging. Damit gewann China mächtige Verbündete und ein neues internationales Gewicht. Bezeichnenderweise wurden in dieser Zeit die letzten Reste der „ungleichen Verträge“ mit Großbritannien, Frankreich und den Vereinigten Staaten beseitigt. Dieser Schritt war wichtiger als die militärische Hilfe, die die Alliierten geben konnten.

China hatte auf die japanischen Angriffe zunächst mit einer Haltung nationaler Einheit reagiert, die lange ersehnt, aber bisher nirgendwo, außer vielleicht in der Vierte-Mai-Bewegung, verwirklicht werden konnte. Trotz aller Spannungen zwischen Kommunisten und Nationalisten, die manchmal in offene Konflikte mündeten, hielt diese Einheit im Wesentlichen bis 1941. Danach begann sich unter dem Eindruck der Tatsache, dass nun die USA der Hauptfeind Japans waren und am Ende siegen würden, die Haltung der nationalistischen Regierung insgeheim zu ändern. Da der endgültige Sieg sicher war, schien es keinen Grund mehr zu geben, Männer und Material im Krieg gegen die Japaner zu verschleißen, die man noch für den Kampf mit den Kommunisten nach dem Friedensschluss brauchte. Einige Mitglieder gingen weiter, und schon bald nahm die KMT den Kampf mit den Kommunisten wieder auf.

Das nationalistische und das kommunistische China

Zwei „Chinas“ wurden sichtbar. Das nationalistische China erstarrte immer mehr zu einem Bild von Lethargie, Selbstsucht und Korruption – Eigenschaften, die schon seit den

Ein chinesischer Polizist exekutiert im Mai 1949 in Shanghai unter den Augen nationalistischer Truppen auf offener Straße Kommunisten. Bald darauf fiel die Stadt in kommunistische Hand.

frühen 30er Jahren ein Makel der KMT gewesen waren und mit den Eigenheiten ihrer Anhängerschaft zusammenhingen. Das Regime war repressiv und ließ keine Kritik zu. Die Intellektuellen wurden in die Opposition gedrängt. Die Soldaten waren zuweilen undiszipliniert und schlecht geführt. Sie terrorisierten die Bauern und unterschieden sich darin nicht von den Japanern. Das kommunistische China war anders. In großen, von den Kommunisten kontrollierten Gebieten wurde bewusst der Versuch unternommen, durch moderate, aber deutliche Reformen und diszipliniertes Verhalten die Unterstützung eines möglichst großen Teils der Bevölkerung zu gewinnen. Direkte Angriffe auf die Landbesitzer wurden in der Regel vermieden, durch die Erzwingung niedrigerer Pachten und die Abschaffung des Wuchers sicherten sich die Kommunisten jedoch die Unterstützung der Bauern. Unterdessen veröffentlichte Mao eine Reihe theoretischer Schriften, die die neuen kommunistischen Kader auf die vor ihnen liegenden Aufgaben vorbereiten sollten. Mit dem stetigen Wachstum von Partei und Volksarmee entstand die Notwendigkeit politischer Schulung. Als Japan 1945 zusammenbrach, besaß die KPCh etwa eine Million Soldaten.

Der plötzliche Sieg war der zweite Faktor, der die letzte Stufe der chinesischen Revolution prägte. Große Gebiete Chinas mussten auf einen Schlag von den Nationalchinesen besetzt und dem chinesischen Staat wieder eingegliedert werden. Doch viele davon standen bereits vor 1945 unter kommunistischer Herrschaft, und als die letzte militärische Phase der Revolution begann, hielten die Kommunisten bereits mehr Territorien als je zuvor, und zwar hauptsächlich mit Unterstützung der Bevölkerung, die festgestellt hatte, dass die kommunistische Herrschaft keineswegs so schlecht war, wie man ihr erzählt hatte.

Tschiang-Kai-shek, der Präsident der „Republik China" bis 1974, unter einem Porträt Sun Yat-sens, als dessen natürlichen Erben er sich betrachtete.

Das Ende der KMT

Ganz gegen ihre Absicht hatten die Japaner mit ihrem Angriff auf die Kuomintang-Regierung den Triumph der chinesischen Revolution herbeigeführt, den sie eigentlich hatten verhindern wollen. Es ist durchaus möglich, dass die Nationalisten, ohne die Ablenkung durch die japanische Invasion und die Bewältigung der Folgeschäden, die chinesischen Kommunisten zumindest eine Zeit lang hätten bezwingen können. Im Jahre 1937 konnte sich die KMT noch stark auf die patriotische Einstellung stützen. Viele Chinesen hielten diese Partei für den wahren Träger der Revolution. Der Krieg zerstörte die Chance, diese Lage zu nutzen. Er ermöglichte es China aber zugleich, den langen Weg zur Weltmacht, der zuerst von den Europäern und dann von Japan unterbrochen worden war, endlich wieder aufzunehmen. Die lange Phase vereitelter Hoffnungen des chinesischen Nationalismus ging zu Ende und die Nutznießer waren die Kommunisten.

Das Ende des Krieges bedeutete auch das Ende der nationalistischen KMT – 1949 kam es zur endgültigen Machtübernahme durch die Kommunisten in China.

Die Niederlage der KMT zog sich über drei Jahre hin. Obschon die Japaner in der Regel versuchten, sich der KMT oder den Amerikanern zu ergeben, erlangten die Kommunisten die Herrschaft in weiteren Gebieten und konnten sich oft auch den Besitz großer japanischer Waffenarsenale sichern. Die Russen, die in den letzten Tagen vor der japanischen Kapitulation in die Mandschurei einmarschiert waren, halfen ihren Gesinnungsbrüdern, indem sie die dort erbeuteten japanischen Waffen übergaben. Mao gab bewusst gemäßigte politische Erklärungen ab und trieb unterdessen die Landreform voran. Das brachte den Kommunisten im Bürgerkrieg, der bis 1949 dauerte, weitere Vorteile.

Die Volksrepublik China

Angesichts der zu Tage tretenden Unfähigkeit und Korruption der Regierung Tschiang-Kaisheks schwanden die Illusionen der Amerikaner. Sie zogen im Jahr 1947 ihre Streitkräfte aus China ab und stellten ihre Versuche ein, zwischen den beiden Chinas zu vermitteln. Im folgenden Jahr, als der größte Teil Nordchinas schon in den Händen der Kommunisten war, kürzten die USA ihre Mittel für finanzielle und militärische Hilfe an die KMT. Von diesem Zeitpunkt an ging es mit der nationalistischen Regierung militärisch und politisch bergab. Diese Entwicklung war unübersehbar, und immer mehr Regierungsbeamte und lokale Machthaber versuchten, sich mit den Kommunisten zu verständigen, solange das für sie noch möglich war. Die Überzeugung verbreitete sich, dass ein neues Zeitalter anbrach. Anfang Dezember gab es keine intakten nationalistischen Streitkräfte von nennenswerter Bedeutung mehr auf dem chinesischen Festland, und Tschiang zog sich nach Formosa (Taiwan) zurück. Während dieses Rückzugs stellten die Amerikaner ihre Hilfe ein und machten die Unfähigkeit der nationalistischen Regierung für das Debakel verantwortlich. Unterdessen wurde am 1. Oktober 1949 in Peking die Volksrepublik China ausgerufen. Der bevölkerungsmäßig größte kommunistische Staat der Welt war entstanden.

Gegen Ende des Zweiten Weltkriegs rückten Chinas kommunistische Truppen vor, um die Bevölkerung der Provinz Guanxi von den Japanern zu befreien.

SÜDOSTASIEN UND INDONESIEN

Auch in Südostasien und Indonesien war der Zweite Weltkrieg für das Ende der Kolonialherrschaft entscheidend. Es vollzog sich aber in den niederländischen und französischen Kolonialgebieten schneller als in den britischen. Dass die Niederländer vor 1939 den Indonesiern Institutionen zu ihrer Vertretung zugestanden hatten, konnte das Anwachsen der nationalistischen Partei nicht eindämmen; es gab auch bereits eine wachsende kommunistische Bewegung. Einige nationalistische Führer, unter ihnen Achmet Sukarno, kollaborierten mit den Japanern, als diese 1942 die Inseln besetzten. Als die Japaner kapitulierten, war die Gelegenheit für die Machtübernahme günstig und sie riefen eine unabhängige indonesische Republik aus, bevor die Niederländer zurückkehren konnten. Fast zwei Jahre Kämpfe und Verhandlungen folgten, bis es möglich war, eine Vereinbarung zu erzielen, die eine indonesische Republik unter der Herrschaft der niederländischen

Krone vorsah, aber diese Vereinbarung hielt nicht. Die Kämpfe gingen weiter: Vergeblich versuchten die Niederländer mit ihren „Polizeioperationen" die Lage unter Kontrolle zu bringen. Doch Indien und Australien (dem an einer Verständigung mit einem unabhängigen Indonesien gelegen war) brachten die Frage vor den Sicherheitsrat. Schließlich gaben die Niederländer nach. Die geschichtliche Epoche, die mit dem Erscheinen der East Indian Company vor dreieinhalb Jahrhunderten begonnen hatte, endete 1949 mit der Schaffung der Vereinigten Staaten von Indonesien, eines Landes mit mehr als 100 Millionen, auf Hunderten von Inseln lebenden Einwohnern höchst unterschiedlicher ethnischer und religiöser Zugehörigkeit.

Ho Chi Minh (1892–1969) im ersten Jahr seiner Amtszeit als Präsident Nordvietnams (1954). Ho Chi Minh wurde 1960 wiedergewählt und spielte im anschließenden Jahrzehnt eine führende Rolle im Krieg mit Südvietnam und den Vereinigten Staaten.

Ho Chi Minh und die vietnamesische Republik

Eine Zeit lang schienen sich die Franzosen in Indochina besser zu behaupten als die Niederländer in Indonesien. Die Geschichte dieses Gebiets hatte sich in der Kriegszeit anders als die Malaysias oder Indonesiens entwickelt. Zwar übten die Japaner die volle militärische Kontrolle aus, aber formell ließen sie die französische Souveränität bis Anfang 1945 bestehen. Die Japaner hatten Annam (Hauptstadt Huê), Kotschinchina (Hauptstadt Saigon), und Tonking (Hauptstadt Hanoi) zu einem neuen Staat Vietnam unter der Führung des Kaisers von Annam vereint. Unmittelbar nach der japanischen Kapitulation bemächtigte sich der Chef der örtlichen Kommunistischen Partei, der Viet Minh, des Verwaltungssitzes in Hanoi und rief die Vietnamesische Republik aus. Dieser Ho Chi Minh war ein Mann mit einer langen Parteikarriere und fundierten Kenntnissen Europas. Die revolutionäre Bewegung breitete sich rasch aus. Ein großes Expeditionsheer wurde nach Indochina entsandt; außerdem machten die Franzosen der Republik Vietnam das Zugeständnis, sie als autonomen Staat innerhalb der französischen Union anzuerkennen. Aber an der Frage eines separaten Status für Kotschinchina scheiterten alle Einigungsversuche. Hanoi wurde von französischen Truppen besetzt, und Ho Chi Minh floh.

Das von den Japanern aus Annam, Kotschinchina und Tonking geschaffene Staatsgebilde Vietnam geriet in die Auseinandersetzungen zwischen Kommunisten, Kolonialmächten und Nationalisten.

Der Krieg

Mit der Flucht Ho Chi Minhs begann ein Krieg, in dem die Kommunisten hauptsächlich für das nationalistische Ziel eines vereinten Landes kämpften. Die Franzosen hingegen wollten ein verkleinertes Vietnam, das wie die anderen indochinesischen Staaten Teil der französischen Union bleiben sollte. 1949 waren sie so weit, Kotschinchina mit Vietnam zu vereinen und Kambodscha und Laos den Status „assoziierter Staaten" einzuräumen. Doch nun begannen sich weitere Außenstehende für das Problem zu interessieren. Moskau und Peking erkannten die Regierung Ho Chi Minhs an, Briten und Franzosen die des von den Franzosen als Herrscher eingesetzten Kaisers von Annam. Auf diese Weise wurde die Entkolonialisierung Asiens schnell zu einem wesentlich komplizierteren Problem als von Roosevelt angenommen. Die Schwierigkeiten nahmen zu, als die Briten ihr zurückerobertes koloniales Erbe auflösten. Birma und Ceylon wurden 1947 unabhängig. Im folgenden Jahr brach in Malaysia ein von Kommunisten unterstützter Guerillakrieg aus. Er blieb zwar erfolglos und hielt den stetigen Weg hin zur Unabhängigkeit (1957) nicht auf, war aber doch eine der ersten postkolonialen Auseinandersetzungen, mit denen sich die amerikanische Außenpolitik in den nächsten Jahrzehnten zu befassen hatte. Der wachsende Gegensatz zur kommunistischen Welt brachte bald Verwirrung in das einfache Bild des Antikolonialismus.

DER NAHE OSTEN

Nur im Nahen Osten schienen für die USA im Jahr 1948 die Verhältnisse noch klar überschaubar. Im Mai des Jahres wurde in Palästina ein neuer Staat gegründet: Israel. Dieses Ereignis markierte das Ende jener 40 Jahre, in denen nur die Einigung zweier Großmächte erforderlich war, um das Gebiet zu regieren. 1939 besaßen die Franzosen noch die Mandatsgebiete Syrien und Libanon, während die Briten Palästina verwalteten. Anderswo in der arabischen Welt besaßen die Briten Einfluss und Macht in dem Umfang, wie ihn die Verhandlungen mit den neuen Herrschern der einzelnen Gebiete ergeben hatten. Die wichtigsten Einflussgebiete waren der Irak, wo eine kleine britische Truppe, bestehend hauptsächlich aus Luftwaffeneinheiten, weiter stationiert war, sowie Ägypten, wo eine starke Garnison immer noch den Suezkanal schützte. Diese gewann in den 30er Jahren immer mehr an Bedeutung wegen der zunehmend feindseligen Haltung Italiens gegenüber Großbritannien.

Ein französischer kolonialistischer Militärstützpunkt, der im Rahmen des „Song Thao"-Feldzugs von der vietnamesischen Volksarmee überrannt wurde (1949).

Die antikolonialistische Stimmung

Der Krieg, der 1939 ausbrach, sorgte auch im Nahen Osten für Veränderungen, die allerdings nicht sofort erkennbar waren. Nach Italiens Kriegseintritt wurde die Kanalzone zu einem lebenswichtigen Punkt der britischen Strategie, und im westlichen Ägypten stand die Front. Ägypten blieb fast bis zum Kriegsende neutral, war aber tatsächlich kaum mehr als eine britische Basis. Der Krieg machte es außerdem erforderlich, den Ölnachschub vom Golf und insbesondere aus dem Irak zu sichern. Als der Irak nach einem weiteren nationalistischen Staatsstreich im Jahr 1941 ins deutschfreundliche Lager überzuwechseln drohte, erfolgte eine Intervention. Eine Invasion von britischen Truppen und Streitkräften des freien Frankreich, die die Deutschen aus Syrien fern halten sollte, führte 1941 zu einem unabhängigen Syrien. Kurz darauf erklärte auch der Libanon seine Unabhängigkeit. Die Franzosen versuchten am Ende des Krieges, ihre Herrschaft wiederherzustellen, doch ohne Erfolg. Ende 1946 zogen die letzten ausländischen Garnisonen aus beiden Ländern ab. Auch im Westen stießen die Franzosen auf

Jüdische Flüchtlinge zusammengedrängt auf dem Deck eines Schiffs im Hafen von Haifa in Nordwestisrael (1948). Während des Kriegs mit den arabischen Ländern, der der Gründung des Staates Israel folgte, war Haifa ein Brennpunkt der Kämpfe zwischen den Arabern und der jüdischen Selbstverteidigungsmiliz Hagana.

Schwierigkeiten: 1945 brachen in Algerien Kämpfe aus. Die algerischen Nationalisten forderten damals nur eine Autonomie im Verbund mit Frankreich, und die Franzosen kamen ihnen 1947 dabei auch ein wenig entgegen. Doch damit war der Konflikt noch keineswegs beigelegt.

In Ägypten und im Irak herrschte in den Nachkriegsjahren große Feindseligkeit gegenüber den britischen Besatzungstruppen. 1946 erklärten die Engländer ihre Bereitschaft zum Rückzug aus Ägypten. Die Verhandlungen auf der Grundlage eines neuen Vertrags scheiterten aber so gründlich, dass die Ägypter ihre Sache vor die UNO brachten. Zu dieser Zeit war die gesamte Zukunftsfrage der arabischen Länder durch die Entscheidung der Juden, gewaltsam einen Nationalstaat in Palästina zu schaffen, grundlegend verändert worden.

Die verschärfte Lage in Palästina

Die Palästina-Frage ist seit dieser Zeit virulent: Katalysator war die Machtübernahme durch die Nationalsozialisten in Deutschland. Zur Zeit der Balfour-Deklaration lebten 600 000 Araber und 80 000 Juden in Palästina und schon diese Zahl erschien den Arabern bedrohlich hoch. In den nächsten Jahren war die jüdische Emigration aus Palästina jedoch stärker als die Ankunft neuer jüdischer Einwanderer. Es gab Hoffnung, dass sich das Versprechen einer „nationalen Heimstätte“ für die Juden bei Respektierung der „bürgerlichen und religiösen Rechte der bestehenden nichtjüdischen Gemeinschaften in Palästina" (wie in der Balfour-Deklaration verkündet) einlösen ließ. Hitler machte diese Hoffnungen zunichte. Als Hitler die Judenverfolgung begann, stieg die Zahl derjenigen, die nach Palästina einwandern wollten. Als dann in den Kriegsjahren die Vernichtungsmaschinerie anlief, wurde die britische Politik unhaltbar, die einerseits für die Juden inakzeptabel die Einwanderung beschränken wollte und andererseits zum Missfallen der Araber auf eine Teilung Palästinas hinauslief. Das Thema drängte gleich nach Kriegsende in den Vordergrund, als der Zionistische Weltkongress das Recht auf sofortige Einwanderung für eine Million Juden forderte. Auch andere neue Faktoren wurden wirksam. 1945 hatten die Briten mit Wohlwollen die Formierung einer „Arabischen Liga" aus Ägypten, Syrien, dem Libanon, dem Irak, Saudi-Arabien, dem Jemen und Transjordanien beobachtet. Die britische Politik hegte stets die Illusion, dass der Panarabismus vielleicht der Weg sei, auf dem der Nahe Osten zur Ruhe komme, und dass die Koordination der Politik der arabischen Staaten vielleicht der Schlüssel zur Lösung der Probleme in der Region sei. Doch tatsächlich befasste sich die Arabische Liga sehr bald fast ausschließlich mit dem Palästina-Problem.

Unterstützung für die Zionisten

Der zweite neue Faktor war der Kalte Krieg. In der unmittelbaren Nachkriegszeit hegte Stalin offenbar immer noch die alte kommunistische Ansicht, Großbritannien sei die imperialistische Hauptstütze des internationalen

Die palästinensische Flüchtlingskrise von 1949

Mit der Gründung des Staates Israel (1948) kamen die in Palästina geborenen Araber in eine schlimme Lage. Die Juden kolonisierten nicht nur ihre Gebiete, sondern besetzten weitere in der direkten Folge des Krieges, den die arabischen Staaten gegen Israel begonnen hatten.

Dieser Krieg und die neue, 1948 einsetzende Welle jüdischer Immigration hinterließen mehr als eine halbe Million arabischer Flüchtlinge. Am Ende des Krieges im Jahr 1949 lebten nur mehr knapp 160000 Araber in den israelisch besetzten Gebieten des Landes, in denen sie zuvor die Mehrheit gebildet hatten. Das Gebiet, das die UNO den Palästinensern bei der Teilung des Landes zugesprochen hatte, war teils (insbesondere in der Wüste Negev) von Israel, teils von den arabischen Ländern annektiert worden, die an der Seite der Palästinenser gekämpft hatten. Ägypten besetzte den Gazastreifen, Jordanien das Westjordanland (Judäa und Samaria).

Das dringendste Problem für die Vertriebenen war die Suche nach einer Zuflucht. Palästinenser, die Familienangehörige im Westjordanland oder dem Gazastreifen hatten, zogen dorthin. Der Rest kam in improvisierte Flüchtlingslager, wo die Bedingungen so schrecklich waren, dass die UNO die Hilfs- und Wiedereingliederungsorganisation für arabische Flüchtlinge schuf, um den Palästinensern wenigstens das Überleben zu ermöglichen. Manchen Palästinensern gelang es, ihr Los zu verbessern, indem sie Arbeit in Jordanien, Ägypten, Syrien, dem Irak oder den Vereinigten Arabischen Emiraten fanden.

Um nicht als Nation zu verschwinden, verzichten die Palästinenser auf die Staatsangehörigkeit in irgendeinem anderen arabischen Land: Die palästinensische Nationalität wird von einer Flüchtlingsgeneration an die nächste weitergegeben. Viele aus der ständig wachsenden Zahl palästinensischer Flüchtlinge, so diese Gruppe, leben unter schlimmen Bedingungen in Flüchtlingslagern in Gaza (Bild von 1993).

kapitalistischen Systems. Deshalb gab es Angriffe auf seinen Einfluss. Im Nahen Osten entsprach dies der traditionellen russischen Interessenlage, obwohl die Sowjetregierung zwischen 1919 und 1939 kaum Interesse an dieser Region bekundet hatte. Am Bosporus wurden die Türken bedrängt, und der Zionismus, das stärkste zerstörerische Element, erhielt von den Sowjets auffällige Unterstützung. Es bedurfte keiner außerordentlichen politischen Weitsicht, um eine Wiederanknüpfung an die frühere russische Interessenpolitik in dieser ehemals osmanischen Region zu erkennen. Zur gleichen Zeit aber schwenkte auch die amerikanische Außenpolitik auf eine antibritische, besser prozionistische, Haltung ein. Das wäre kaum zu verhindern gewesen: Im Jahr 1946 fanden Nachwahlen zum Kongress statt, und die jüdischen Wählerstimmen waren wichtig. Seit Roosevelts Revolution in der Gestaltung der amerikanischen Innenpolitik konnte sich kaum ein demokratischer Präsident erlauben, eine antizionistische Stellung zu beziehen.

Israel 1948–1967 (links) und 1982–1993 (rechts)

Zwischen 1948 und 1967 konnte Israel seine Präsenz in der Region festigen und erlangte wichtige ausländische Unterstützung. Im „Sechstagekrieg“ von 1967 erfocht das Land große Siege über Ägypten, Jordanien und Syrien und besetzte neue Territorien. Während des Jom-Kippur-Kriegs von 1973 wurden weitere ägyptische und syrische Gebiete erobert. Nach der 6-jährigen Intifada der Palästinenser im Gazastreifen und dem Westjordanland gewährt bis heute (2001) ein Vertrag zwischen Israel und der PLO den Palästinensern in den besetzten Gebieten eine beschränkte Autonomie.

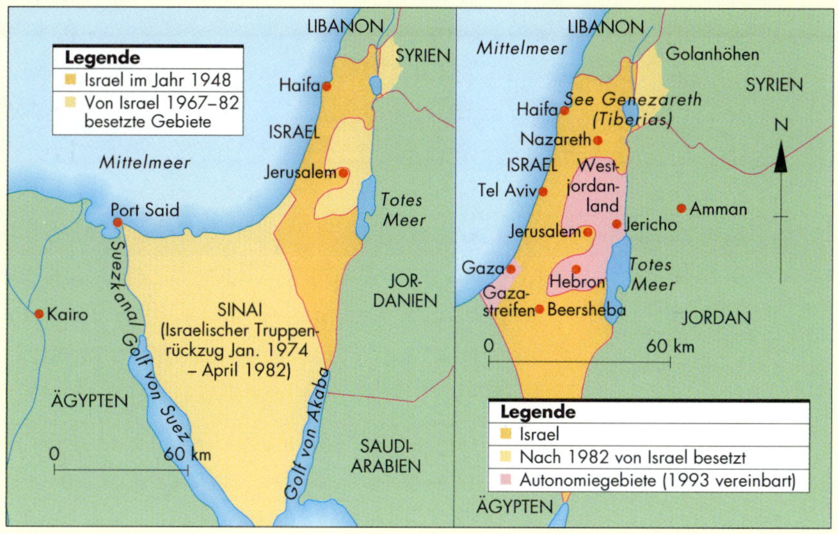

Die Gründung des Staates Israel

Die Briten versuchten, sich aus der Verwicklung in die Angelegenheiten des Heiligen Landes zu lösen. Seit 1945 mussten sie sich in Palästina mit arabischem und jüdischem Terrorismus und Guerillaaktivitäten auseinander setzen. Arabische, jüdische und britische Polizisten, die über das Verhalten ihrer Landsleute nicht glücklich waren, versuchten, einen Dammbruch zu verhindern, während die britische Regierung immer noch danach strebte, ihre Mandatsherrschaft in einer Weise zu beenden, die für beide Seiten akzeptabel war. Vergeblich bemühte sie sich um amerikanische Hilfe: Truman wünschte ein prozionistisches Ergebnis. Schließlich brachten die Briten die Angelegenheit vor die Vereinten Nationen. Die UNO empfahl die Teilung, die Araber aber lehnten diesen Plan ab. Die Kämpfe zwischen beiden Bevölkerungsgruppen wurden heftiger, und die Briten beschlossen, ohne weitere Umstände abzuziehen. An dem Tag, als sie das Land verließen, dem 14. Mai 1948, wurde der Staat Israel proklamiert. Er wurde sofort (16 Minuten nach der Gründungserklärung) von den Vereinigten Staaten sowie von der Sowjetunion anerkannt, eine der wenigen Übereinstimmungen, die es in den kommenden 25 Jahren der Nahostpolitik der beiden Weltmächte gab.

Israel wurde fast unmittelbar nach seiner Gründung von Ägypten angegriffen, dessen Armeen einen Teil Palästinas besetzten, den der UNO-Teilungsplan den Juden zugesprochen hatte. Jordanische und irakische Streitkräfte unterstützten die Palästinenser in den ihnen zugesprochenen Gebieten. Aber Israel

Israels erster Premierminister, David Ben-Gurion, wohnt dem Abzug britischer Truppen aus dem neu gegründeten Staat im Hafen von Haifa bei (1948).

schlug seine Feinde zurück; ein von der UNO überwachter Waffenstillstand schloss sich an (wobei der Vermittler der UNO von einem zionistischen Terroristen ermordet wurde). Im Jahre 1949 verlegte die israelische Regierung ihren Sitz nach Jerusalem, das damit zum ersten Mal seit römischer Zeit wieder zur Hauptstadt eines jüdischen Staatswesens wurde. Die eine Hälfte der Stadt war immer noch von jordanischen Truppen besetzt, aber das war fast noch das geringste der offenen Probleme. Mit diplomatischer Unterstützung der Amerikaner und Russen sowie privaten Hilfsgeldern aus Amerika hatten jüdische Energie und Initiative dort einen neuen Nationalstaat geschaffen, wo ein Vierteljahrhundert zuvor noch keinerlei Basis dafür existierte. Der Preis erwies sich jedoch als sehr hoch. Die Enttäuschung und Erniedrigung der arabischen Staaten ließ keinen Zweifel an deren fortgesetzter Feindschaft und damit auch an der Möglichkeit weiterer zukünftiger Interventionen der Großmächte. Außerdem führten die Vorgehensweise zionistischer Extremisten und das entschiedene Verhalten der israelischen Streitkräfte in den Jahren 1948 und 1949 zu einem großen Exodus arabischer Flüchtlinge. Bald drängten sich 750 000 Menschen in ägyptischen und jordanischen Flüchtlingslagern – ein wirtschaftliches und soziales Problem, eine Belastung für das Weltgewissen und eine potenzielle militärische und diplomatische Waffe in den Händen arabischer Nationalisten. Es wäre nicht überraschend, wenn es, wie einige Forscher behaupten, zuträfe, dass der erste Präsident Israels schon bald die Wissenschaftler seines Landes aufgefordert haben soll, Nuklearwaffen zu entwickeln.

Uralte Konflikte

Viele Strömungen kamen in widersprüchlicher Weise zusammen, um ein Gebiet, das immer schon ein Brennpunkt der Weltgeschichte gewesen war, ins Chaos zu stürzen. Die Juden, schon seit Jahrhunderten in der Opferrolle, wurden nun von den Arabern als Unterdrücker angesehen. Die Probleme, welche die Völker der Region plagten, wurden zusätzlich von den Kräften verschärft, die aus der Auflösung der jahrhundertelangen osmanischen Herrschaft sowie aus den Rivalitäten der nachfolgenden Imperialismen erwuchsen. Insbesondere war daran auch der Aufstieg der beiden neuen Supermächte beteiligt, vor denen die früheren Großmächte winzig erschienen. Maßgeblich dafür waren auch das Zusammenspiel des europäischen Nationalismus des 19. Jahrhunderts, die alten Religionen und schließlich die Ölimporte, von denen die entwickelten Staaten immer stärker abhängig wurden. Es gibt im 20. Jahrhundert wenige Ereignisse, die so geschichtsträchtig waren wie die Gründung Israels. Darum ist sie ein geeigneter Einschnitt, bevor wir uns der Geschichte der 2. Hälfte des 20. Jahrhunderts zuwenden.

Stimmabgabe bei den ersten allgemeinen Wahlen im neuen Staat Israel (Januar 1949). Einen Monat später beschloss die verfassungsgebende Versammlung, dass Israel ein Ein-Kammer-Parlament, die Knesset, als Legislativorgan erhalten solle.

5 BEVÖLKERUNGSPOLITIK, WIRTSCHAFT UND DER UMGANG MIT DER NATUR

Am 7. April 1984 setzte das Space-Shuttle Challenger einen Satelliten (Long Duration Exposure Facility Satellite; LDEF) im All ab, der die Langzeitwirkungen von Weltraumbedingungen auf elektronische Systeme testen sollte. Die in jüngster Zeit erfolgte Entwicklung von Nachrichtensatelliten hat die globale Kommunikation revolutioniert.

Es ist ziemlich gleichgültig, ob wir 1917 oder 1919 als Wendepunkt der Geschichte vorziehen. Ebenso kann man 1931, das Jahr der japanischen Aggression in der Mandschurei, oder 1939, das Jahr des Überfalls auf Polen, für den markanteren Einschnitt halten. Fest steht, dass im 20. Jahrhundert eine neue Epoche der Weltgeschichte einsetzte. Politisch gesehen könnten wir dieses Zeitalter als posteuropäisches bezeichnen, denn kaum jemand wird seit 1945 bestreiten, dass die weltweite Vorherrschaft der europäischen Großmächte vorbei ist. Und noch etwas wird deutlich: Die Welt ist näher zusammengerückt. Die Kommunikationsnetze verbinden die Menschen mit neuer Dichte und Geschwindigkeit, was die Gemeinsamkeiten unserer Kultur und die Herausbildung unseres allgemein üblichen Lebensstils erklärt.

WELTHEGEMONIE

Die globale Verflechtung ist eigentlich schon ein Gemeinplatz – und doch versetzt sie immer noch in Erstaunen. Die Autofahrer mögen sich inzwischen daran gewöhnt haben, dass bei einer Krise im Nahen Osten der Benzinpreis steigt. Aber bis vor kurzem war es unvorstellbar, dass die Regierung Chinas durch den israelisch-arabischen Krieg betroffen ist. Doch heute hat fast alles, was irgendwo auf der Erde geschieht, anderswo Auswirkungen. Die Verantwortlichen erkennen das, sei es aus politisch-ideologischen Gründen oder einfach aus Angst. Die wirtschaftliche und technologische Abhängigkeit hat zugenommen und auch der Informationsaustausch wird immer schneller. Zum Teil ergibt sich die neue Verbundenheit der Welt aus diesen beiden Faktoren.

Obwohl er noch nicht abgeschlossen ist, können wir bereits auf grundsätzlicherer Ebene einen weltweiten Wandel unserer Ansichten beobachten. Er steht für eine Umkehr der Einstellungen, die wir in den Jahrtausenden unserer Vorgeschichte und Geschichte entwickelten und mit denen sich dieses Buch bereits befasste. Sobald sich die Menschheit in

Gegenläufig zu den homogenisierenden Auswirkungen der globalen Massenmedien gibt es heute in vielen Ländern ein Wiederaufleben kultureller Traditionen. Die gegenwärtig in Japan wieder sehr populären Geishas sind ein gutes Beispiel für diese Erscheinung.

prähistorischer Zeit mit Hilfe ihrer ersten primitiven Technologien von den elementarsten und bedrohlichsten Bedingungen befreite, entwickelte sie sich über die langen Zeiträume hinweg in unterschiedlichen Bahnen, die sich immer weiter differenzierten. Vor wenigen Jahrhunderten, als in Europa der Prozess der Modernisierung einsetzte, begannen diese Wege langsam wieder aufeinander zu zu laufen. Seit 1945 scheint es, als sei die Modernisierung das beherrschende Thema der Weltgeschichte. Die spezifischen Bereiche sind aufs Neue miteinander verbunden, und die Menschen beginnen entsprechend zu handeln.

Modernisierung

Natürlich lassen sich über dieses Phänomen keine verallgemeinernden absoluten Aussagen treffen. Wir dürfen das Ausmaß der Veränderungen in vielen Teilen der Welt nicht überschätzen. Die reichsten und die ärmsten Gesellschaften unterscheiden sich heute mehr voneinander als früher. Große Kulturen oder Traditionen hielten oft lange an ihren Werten und Lebensweisen fest. Sie empfanden daher den Individualismus und Hedonismus, die beide – häufig in einen ansonsten wünschenswerten Wandel gekleidet – aus Europa kamen, als Bedrohung. Sie versuchten (oft mit Erfolg), ihre gesellschaftlichen Verhaltensregeln zu bewahren, die sie, so streng sie auch waren, immer noch als akzeptabel erachteten. Dennoch sind auf Grund der politischen Vormachtstellung Europas im 18. und 19. Jahrhundert, die mit einem technologischen Fortschritt – vor allem in der Kommunikation – einherging, bestimmte Erfahrungen und Einstellungen heute weiter verbreitet als früher.

Die Modernisierung war attraktiv, weil sie Wohlstand versprach. Der Optimismus, materielles Wachstum und Verbesserungen zu erzielen, hat seine Ursprünge im Europa des 18. Jahrhunderts. Dank eines goldenen Zeitalters, in dem Reichtum erwirtschaftet und angehäuft wurde, nahm dieses Vertrauen in die Zukunft während der letzten 200 Jahre weltweit zu. Die immense Steigerung, mit der Ressourcen ausgebeutet wurden, bot eindeutige Beweise für verbesserte Lebensbedingungen und Wohlstand. Nicht nur dass

Zeitleiste (1900–1969)

- 1900 Planck, Quantentheorie
- 1903 Erster Flug der Gebrüder Wright
- 1904 Pawlow erhält den Nobelpreis für Medizin bzw. Physiologie
- 1905 Einstein, Spezielle Relativitätstheorie
- 1916 Einstein, Allgemeine Relativitätstheorie
- 1938 Entdeckung der Kernspaltung
- 1953 Entdeckung der Struktur der DNS
- 1957 Die Russen schicken mit Sputnik 1 den 1. Satelliten ins All
- 1969 Erste bemannte Mondlandung

die Zahl der Menschen anstieg, den meisten war auch ein längeres Leben beschieden als früher. Trotz der verbliebenen (oder erst entstandenen) Elends- und Armutsgebiete schien die Menschheit das Leben auf unserem Planeten immer besser zu bewältigen. Erst seit einigen Jahrzehnten zeichnet sich eine kritische Haltung in der Gesellschaft ab und die Menschen zeigen sich besorgt über die Kehrseite: die gegenwärtigen wie auch die zukünftigen Kosten dieser Entwicklung.

Konflikte und Frieden in aller Welt

In den vergangenen 50 Jahren standen anders als heute weniger die ökologischen Themen im Brennpunkt des Interesses, als das Problem, wie der ständigen Gefährdung des Friedens begegnet werden kann. Seit 1945 vermieden es die Großmächte, so unwahrscheinlich dies zuweilen schien, einander offen zu bekriegen. Andererseits jedoch vermochten die Hoffnungen oder die Redeschlachten und Streitigkeiten, die sich mit der neu entstandenen UNO verbanden, nicht zu verhindern, dass viele Mitgliedsstaaten untereinander blutige Auseinandersetzungen führten. Eine Rückkehr zu den Verhältnissen des späten 19. Jahrhunderts, die im Nachhinein wie ein augusteisches Friedenszeitalter der Außenpolitik anmuten, gab es nicht. Nationalitäten, Ideologien, Religionen und ökonomische Interessen zerreißen die Welt nach wie vor.

Der Zweite Weltkrieg setzte viele Strömungen frei, die noch nicht zu voller Entfaltung gekommen sind. So war zum Beispiel der Nahostkrieg von 1973 in einer Perspektive nur ein weiterer unentschiedener Konflikt nach dem Zusammenbruch des Osmanischen Reiches. Unter einem anderen Aspekt offenbarte zum ersten Mal die Abhängigkeit von den Ölimporten das vertauschte wirtschaftliche Machtverhältniss zwischen einigen großen Industriegesellschaften und der islamischen Welt.

Seit dem Zweiten Weltkrieg arbeiten Wissenschaftler in aller Welt für die Regierungen an der Entwicklung immer stärkerer Waffen, die von immer komplizierteren Systemen gesteuert werden. Flugabwehrfeuer und Leuchtspurmunition erhellten den Nachthimmel über Bagdad während des Golfkriegs (1991). Während dieses Konflikts wurden amerikanische Geschosse mit einer zuvor nie erreichten Präzision auf spezifische Ziele abgefeuert.

Hungrige Kinder warten in Somalia auf die Verteilung von Lebensmitteln durch ausländische Hilfsorganisationen. In den 90er Jahren litten die sieben Millionen Menschen des Landes schwer unter Bürgerkrieg und Hungersnöten.

DAS WACHSTUM DER WELTBEVÖLKERUNG

1974 fand in Rumänien eine Weltbevölkerungskonferenz statt. Zum ersten Mal war die Menschheit bereit, angesichts einer beunruhigenden Zukunftsperspektive gemeinsam über demographische Fragen zu beraten. Die ungewollte, scheinbar unkontrollierbare und sich beschleunigende Zunahme der Weltbevölkerung in den letzten 200 Jahren ist heute als globales Problem erkannt, auch wenn ihre einzelnen Ursachen noch keineswegs genau feststehen.

Eine exakte Zählung der Menschheit ist immer noch nicht möglich, und entsprechende Schätzungen können eine Fehlerquote von 100 oder 200 Millionen Erdbewohnern aufweisen. Doch ist die Fehlerquote nicht so hoch, dass unsere Berechnungen die Realität unverhältnismäßig verzerren. Um 1750 lebten wohl ungefähr 720 Millionen Menschen auf der Erde. Bis 1900 hatte sich ihre Zahl mehr als verdoppelt und lag bei etwa 1600 Millionen. Das heißt, dass die Menschheit innerhalb von anderthalb Jahrhunderten um 850 Millionen gewachsen war. In den nächsten 50 Jahren stieg die Weltbevölkerung um mehr als 850 Millionen: 1950 gab es etwa 2500 Millionen Menschen. Doch schon Mitte der 60er Jahre, also in weniger als 20 Jahren, betrug der Anstieg nochmals 850 Millionen Menschen. Heute liegt die Zahl der Weltbevölkerung bei über sechs Milliarden Menschen. Während der Homo sapiens mindestens 50 000 Jahre benötigte, um die Anzahl von einer Milliarde Individuen zu erreichen (dies geschah um das Jahr 1840), benötigte er für die letzte Zunahme um eine Milliarde nur 15 Jahre. Obwohl die Geburtenrate in manchen Ländern seit den 60er Jahren rückläufig ist, sprechen gegenwärtige Schätzungen immer noch von

Nicht die Tatsache an sich, dass die Weltbevölkerung stetig wächst, ist beunruhigend, sondern die sich enorm steigernde Geschwindigkeit, mit der dies geschieht.

Propagandaplakat in Chengdu, China, zur Förderung der Familienplanung und zur Unterstützung des Regierungsprogramms der Ein-Kind-Familie, mit dem das chinesische Bevölkerungswachstum kontrolliert werden soll.

einer jährlichen Zunahme der Weltbevölkerung um 1,63 Prozent. Im neuen Jahrtausend muss die Erde bereits sechs Milliarden Menschen verkraften und die Zahl steigt weiter ungebremst an.

Versuche zur Begrenzung des Bevölkerungswachstums

Die gegenwärtige Rate der Bevölkerungszunahme ist alarmierend hoch. Glücklicherweise kann allerdings, wie Malthus selbst schrieb, „keine Einschätzung der zukünftigen Bevölkerungszunahme oder -abnahme, die von gleichgültig welcher gegenwärtigen Wachstums- oder Schrumpfungsrate abgeleitet ist, als verlässlich betrachtet werden“. Unsicher bleibt für uns, was die Beschleunigung verändert oder modifiziert. Manche Gesellschaften haben beispielsweise heute die Möglichkeit akzeptiert, ihre Form und Größe bewusst zu kontrollieren. Genau genommen ist das keine neue Idee; mancherorts waren Kindsmord und Abtreibung lange Zeit übliche Formen, die Nachfrage nach knappen Ressourcen niedrig zu halten. Im mittelalterlichen Japan wurden Neugeborene zum Sterben ausgesetzt; in Indien war vor 150 Jahren die Ermordung neugeborener Mädchen weit verbreitet. Ein ähnliches Verhalten zeigt sich in letzter Zeit wieder in China. Neu aber ist, dass in einigen Ländern die Regierungen ihre Autorität und ihre Ressourcen für menschenwürdigere Formen der Bevölkerungsplanung einsetzen. Auch das Ziel ist neu: Denn beabsichtigt sind allgemeine wirtschaftliche Verbesserungen und nicht nur die Vermeidung familiärer und persönlicher Nöte.

Unterschiedliche Geburtenraten

Nicht alle Regierungen unternehmen Anstrengungen zur Kontrolle des Bevölkerungswachstums, das zudem weltweit in unterschiedlicher Form und Auswirkung auftritt. Obwohl in vielen nichteuropäischen Ländern sich das europäische Entwicklungsmuster des 19. Jahrhunderts insoweit wiederholte, dass zunächst, ohne entsprechenden Rückgang der Geburtenrate, die Sterberate fiel, wäre es vorschnell gefolgert, dass diese Länder auch die nächste Phase in der Bevölkerungsgeschichte der entwickelten Länder wiederholen. Die Dynamik der Bevölkerungszunahme oder -abnahme ist ausgesprochen komplex. Hier spiegeln sich die Grenzen wider, die Unwissen sowie gesellschaftliche und persönliche Einstellungen setzen, die äußerst schwierig zu berechnen und noch schwerer zu verändern sind.

Im Augenblick spricht vieles dafür, dass die Entwicklung so weitergehen wird wie bisher. Einige arme Länder werden bis auf Weiteres kein demographisches Gleichgewicht erlangen. Die Geburtenrate fiel im letzten Jahrhundert erst, als durch den Wohlstand kleinere Familien attraktiv wurden. Die modernen schnell wachsenden Staaten haben diesen Punkt noch lange nicht erreicht: Kinderreichtum verspricht hier eher materiellen Wohlstand, da zahlreiche Nachkommen die Altersversorgung der Eltern garantieren. Fortschritte in der Ernährungslage und der medizinischen und sanitären Versorgung sind erst seit dem 19. Jahrhundert spürbar. Da diese Verbesserungen noch nicht alle Regionen erreicht und dort die Sterberate weniger gesenkt haben, als dies in Europa zwischen 1800 und 1900 geschah, wird die Entwicklung entsprechend zeitverzögert eintreffen und sich die Lage bis dahin weiter verschärfen.

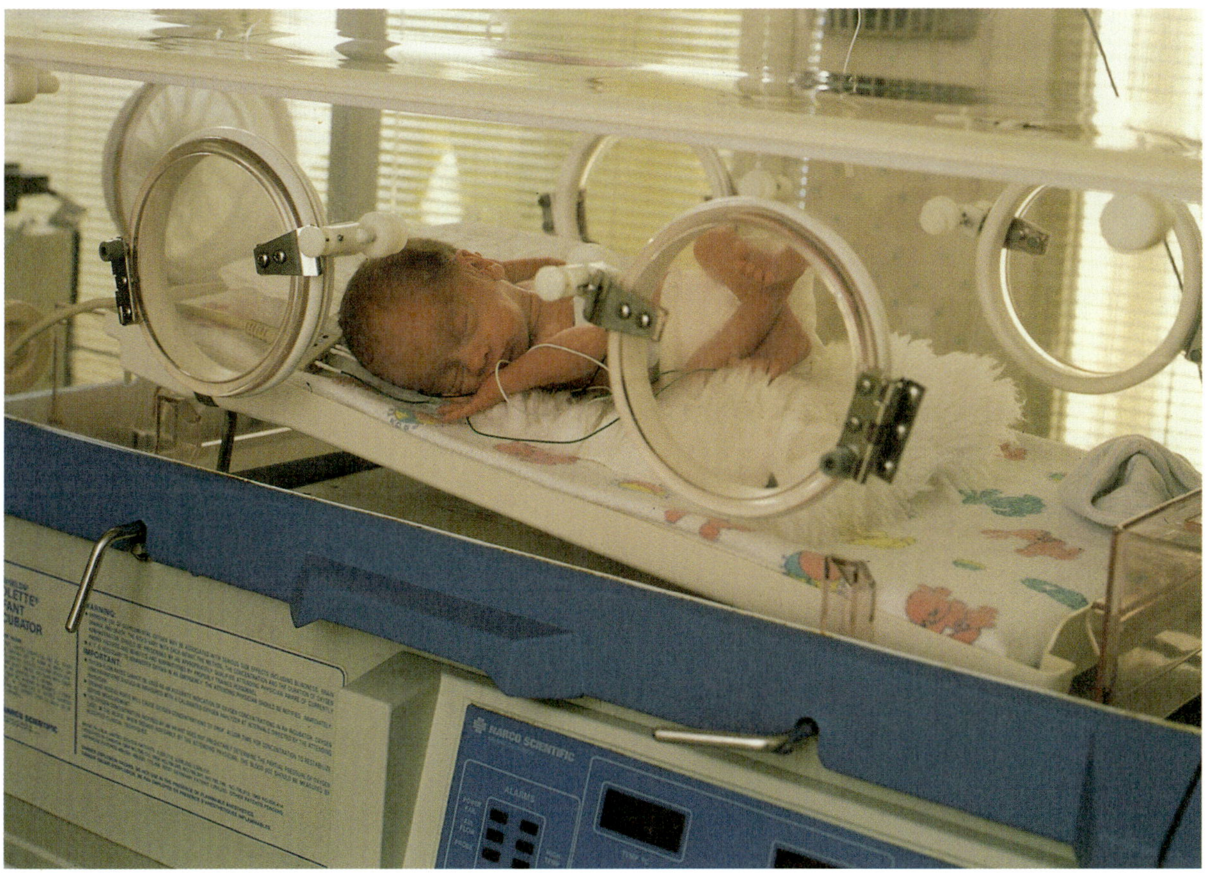

Technologische Fortschritte in der Behandlung von Neugeborenen haben in der entwickelten Welt zu einem Rückgang der Säuglingssterblichkeit geführt. Dieses Frühgeborene wird in einem Brutkasten am Leben erhalten. Zwischen fünf und zehn Prozent aller Neugeborenen in den entwickelten Ländern kommen heute nach einer Austragungszeit von weniger als 37 Wochen zur Welt. Von den Neugeborenen, die 28 Wochen ausgetragen wurden, überleben heute bei entsprechender Versorgung ungefähr 80 Prozent.

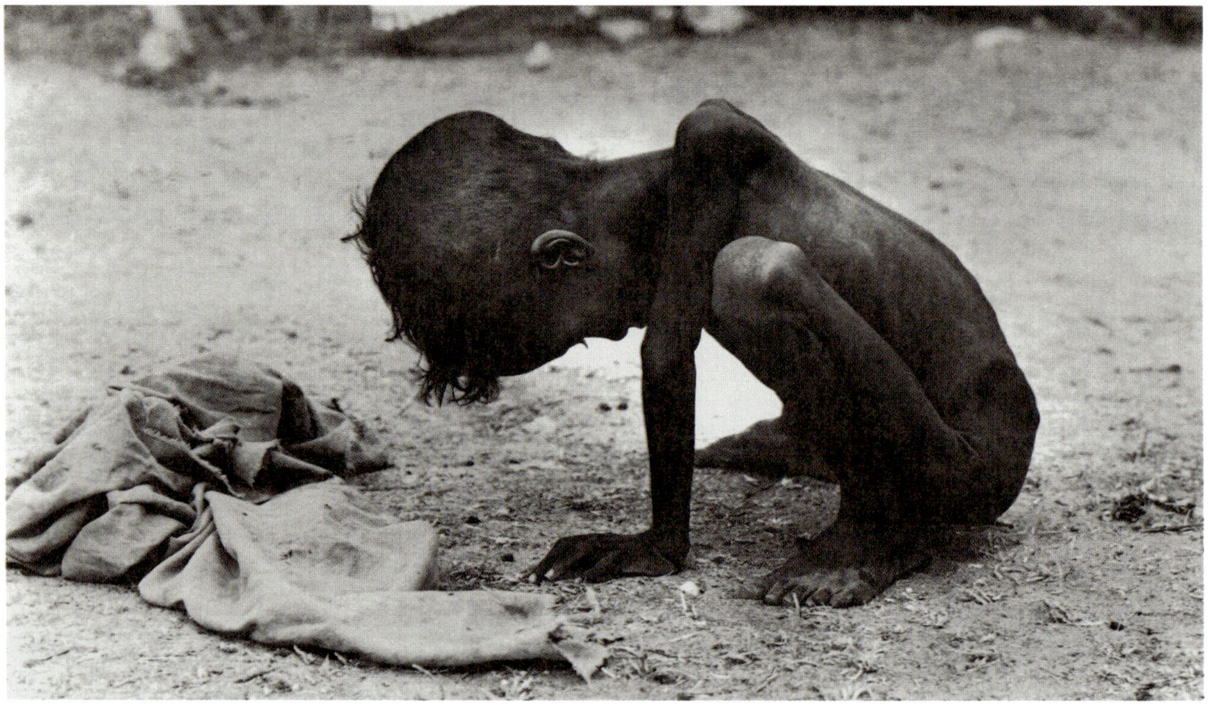

Die Kindersterblichkeit ist einer der deutlichsten Indikatoren für das sozioökonomische Niveau eines Landes. In den am wenigsten entwickelten Ländern, insbesondere Zentralafrikas, beträgt die Rate teilweise bis zu 12,6 Prozent. Dieses Kind, das an Dehydration leidet, wurde 1995 in einem Flüchtlingslager während einer Dürrekatastrophe in Somalia fotografiert.

Die Lebenserwartung

Einen Hinweis auf das Bevölkerungswachstum der Zukunft gibt die Rate der Kindersterblichkeit: Zwischen 1870 und 1970 fiel die Rate in den Industrieländern von durchschnittlich 22,5 Prozent auf unter zwei Prozent aller Lebendgeburten. Im Jahr 1988 lag diese Rate in Bangladesch bei 11,8 und in Japan bei fünf Prozent. Solche Unterschiede zwischen armen und reichen Ländern existieren weiterhin, sie haben sogar zugenommen.

Vergleichbare Unterschiede gibt es auch in der Lebenserwartung: In den Industrieländern stieg die durchschnittliche Lebenserwartung zwischen 1870 und 1970 von etwa 40 Jahren auf knapp über 70 Jahre. Hier zeigt sich inzwischen eine bemerkenswerte Ausgeglichenheit. Die Lebenserwartung in den USA, in Großbritannien und der UdSSR lag 1987 beispielsweise bei 76, 75 und 70 Jahren; diese Unterschiede sind gering verglichen mit Äthiopien (41) oder Indien (58). Doch auch die Zukunftsaussicht eines indischen Neugeborenen ist heutzutage entschieden besser als zu Beginn des 20. Jahrhunderts.

Im größten Zeitraum der bisherigen Menschheitsgeschichte glichen alle Gesellschaften einer Pyramide: Es gab sehr viele junge und wenige alte Menschen. Die Industriegesellschaften gleichen heute umstürzenden Säulen: Der Anteil der alten Menschen ist höher als in der Vergangenheit. In den Entwicklungsländern verhält es sich noch umgekehrt. Mehr als die Hälfte der Bevölkerung Kenias sind Kinder unter 15 Jahren, und zwei Drittel der chinesischen Bevölkerung sind

Die Verteilung der Weltbevölkerung

Im Jahr 1990 verteilte sich die Weltbevölkerung ungefähr wie folgt:

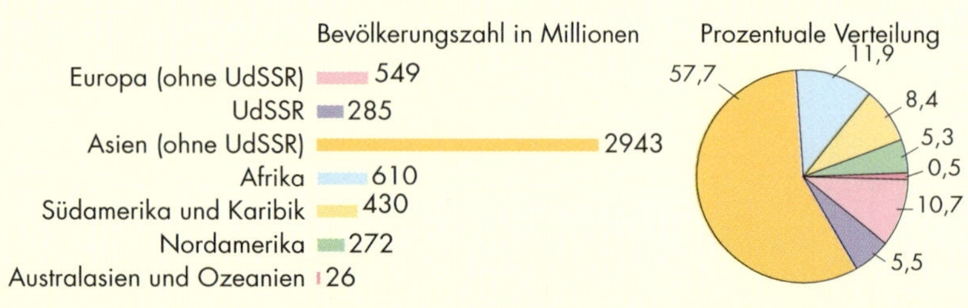

Menschen unter 33 Jahren. Was dies im Einzelnen bedeutet, kann hier auf Grund der Komplexität des Sachverhalts nicht ausgeführt werden. Jedenfalls führt der Begriff einer allgemein wachsenden Weltbevölkerung in die Irre, da das Wachstum in den einzelnen Kulturkreisen sehr stark differiert. Die Weltbevölkerung wird weiter wachsen, aber ihre Zunahme hat verschiedene Ursachen.

Die Verteilung der Weltbevölkerung

Zu den historischen Auswirkungen des Bevölkerungswachstums gehören die starken Verschiebungen in der Bevölkerungsverteilung. Besonders auffällig ist der Rückgang in Europa, wo Mitte des 19. Jahrhunderts ein Viertel der Weltbevölkerung lebte. Bis in die 20er Jahre des 20. Jahrhunderts wanderten immer noch viele Menschen aus Europa nach Übersee aus, insbesondere nach Nord- und Südamerika. Diese Emigration wurde in den 20er Jahren durch Einwanderungsbeschränkungen in die USA verringert, ging während der Weltwirtschaftskrise weiter zurück und hat seither niemals mehr ihre frühere Bedeutung erlangt. Andererseits ist in den letzten beiden Jahrzehnten die Einwanderung aus dem karibischen Raum, aus Mittel- und Südamerika sowie aus Asien in die USA stark gestiegen. Während seit den 50er Jahren Europa für Menschen aus Nordafrika, der Türkei, Asien und Westindien immer attraktiver wurde, verlassen weiterhin viele Europäer ihre Heimat.

Die Gebiete mit dem schnellsten Bevölkerungswachstum

Das gegenwärtige Muster der Bevölkerungsverteilung dürfte sich bald ändern. Die Hälfte der Menschheit lebt heute in Asien, ein Fünftel allein in China; doch so hoch die Wachstumsraten sind, die diese Bevölkerungszahlen hervorbrachten, werden sie doch von anderen Ländern in den Schatten gestellt. Die Zuwachsrate der Weltbevölkerung von jährlich 1,6 Prozent wurde zu Beginn der 60er Jahre beispielsweise von Brasilien um mehr als das Doppelte übertroffen. In anderen lateinamerikanischen Ländern setzen sich die hohen Wachstumsraten fort, obwohl Lebensstandard

Bevölkerungsdichte

Die weltweit höchste Bevölkerungsdichte herrscht auf den Inseln von Macao, Singapur und Hongkong. Die Lebenserwartung ist in den wohlhabenden industrialisierten Staaten am höchsten, dort liegt auch die geringste Kindersterblichkeit vor. Am geringsten ist die Lebenserwartung in den Entwicklungsländern, wo gleichzeitig die höchste Kindersterblichkeit auftritt.

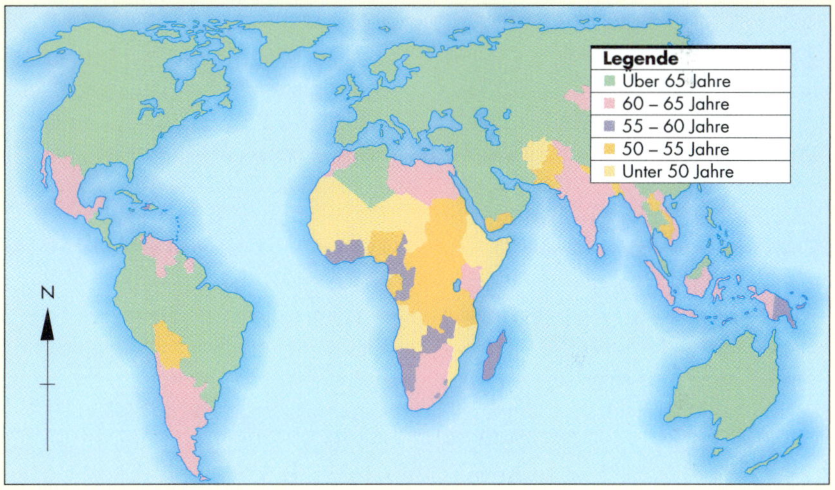

Weltweite Lebenserwartung 1900–1995 in Jahren.

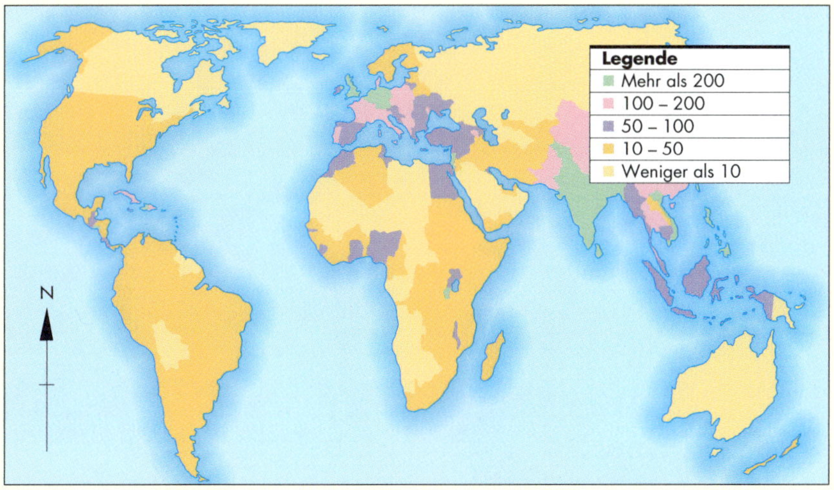

Weltweite Bevölkerungsdichte 1993: Anzahl der Menschen pro Quadratkilometer.

und Lebenserwartung dort kaum über dem Niveau liegen, das in Europa zu Beginn des 20. Jahrhunderts herrschte (hier waren damals ebenfalls hohe Geburtenraten üblich).

Die Geburtenraten sind gestiegen und vervielfachen die Auswirkungen eines auch nur geringen Rückgangs der Sterberate. Der lang anhaltende Widerstand der katholischen Kirche gegen Verhütungsmittel und Abtreibungen ist nicht die einzige Erklärung. Die bedrohlichsten Wachstumsraten finden sich in den islamischen Ländern: Jordaniens jährliche Wachstumsrate beträgt 3,9 Prozent, und gegenwärtige Hochrechnungen gehen von einer Bevölkerungsverdopplung innerhalb von 16 Jahren aus. Im Iran liegt die Rate bei 3,5 Prozent, in Saudi-Arabien sogar bei 5,6 Prozent.

Verhütung

Jahrhundertelang gab es für die Regierungen keine Notwendigkeit, die Geburtenrate durch künstliche Maßnahmen zu senken, da die Kindersterblichkeit generell groß war.

Als nach dem Zweiten Weltkrieg die Zahl der erwerbstätigen Frauen in der westlichen Welt stieg, ging die durchschnittliche Zahl der Kinder pro Familie zurück. Der medizinische Fortschritt hat seither neue Verhütungsmethoden entwickelt, vor allem für Frauen. Unter anderem erlaubten die Pille, Intrauterinpessare, Diaphragmen und Spermizide den Partnern, die Zahl ihrer Kinder zu planen. Der Einsatz dieser Methoden führte in mehreren Industrienationen zu einem deutlichen Rückgang der Geburtenrate. In einigen Entwicklungsländern, etwa in Indien und China, blieben die Geburtenraten trotz Regierungskampagnen zur Begrenzung der Kinderzahl und allen Versuchen, Familienplanung und Verhütungsmittel allgemein zugänglich zu machen, extrem hoch.

Dieses Mutterschaftsheim in Shanghai informiert die Frauen über Methoden zur Familienplanung.

Bevölkerungspolitik durch Verhütungsmittel

Wo Regierungen bewusste Versuche zur Eindämmung des Bevölkerungswachstums unternahmen, sind die Erfolge kaum (und vielleicht auch noch nicht) einzuschätzen. Lange Zeit waren die kommunistischen Staaten dem Gedanken einer Bevölkerungsstabilisierung oder -reduktion gegenüber nicht aufgeschlossen, doch sowohl die UdSSR als auch die Volksrepublik China begannen (aus sehr verschiedenen historischen Gründen) in den 60er Jahren mit dem Versuch, das Bevölkerungswachstum zu kontrollieren, indem sie die Menschen ermutigten, später zu heiraten und weniger Kinder zu bekommen. China hatte einige Erfolge mit den Mitteln gesetzlicher Vorschriften, mit Steueranreizen und der Ausübung sozialen Drucks. In manchen anderen ärmeren Ländern gab es Propaganda für Verhütungsmittel, die westliche Antwort auf die Überbevölkerung, doch aus den Ergebnissen lassen sich keine allgemeinen Schlüsse ziehen. In Indien wurden dafür große Summen eingesetzt, aber die Resultate waren offenbar dürftig. Indien erlebte weder eine Revolution durch Industrialisierung (wie Japan) noch durch einen politischen Angriff auf seine traditionellen Institutionen (wie China) und besitzt immer noch eine vorwiegend landwirtschaftlich geprägte Gesellschaft. Die britische und später auch die indische Regierung verhielten sich lange gegenüber den gesellschaftlichen Traditionen respektvoll zurückhaltend. Damit wurde ein ideeller und institutioneller Konservativismus geschützt, der die Bevölkerungspolitik sehr erschwert. Wäre die Einstellung zur Rolle der

Frau, die in Europa oder Nordamerika Selbstverständlichkeit ist, in Indien auch nur ein wenig stärker verbreitet, würde dort wahrscheinlich das durchschnittliche Heiratsalter der Frauen dramatisch ansteigen und damit die Kinderzahl der Familien zurückgehen. Doch eine solche Veränderung würde eine grundlegende und damit unwahrscheinliche Revolution der indischen Lebensweise voraussetzen: die Bereitstellung neuer Beschäftigungsmöglichkeiten und eine Umverteilung der Autorität innerhalb der Familien und Dorfgemeinschaften, die einen weit radikaleren Bruch mit der indischen Vergangenheit bedeuten würden als die Unabhängigkeit von 1947. Von keinem Land lässt sich erwarten, dass es so vieles in kurzer Zeit abzuschütteln vermag. Große kulturelle Traditionen können nicht schmerzlos abgelegt werden.

Vielleicht aber muss man die Zukunft auch nicht gar so düster sehen. Eine Lösung des Bevölkerungsproblems kann sich durchaus wie in den westlichen Ländern vollziehen, wo mit der Steigerung des ökonomischen Wohlstands die Sterberate und anschließend die Geburtenrate fiel. Indien hat seit der Unabhängigkeit noch keine große Verbesserung der wirtschaftlichen Verhältnisse seiner Bewohner erreicht, doch in Südamerika gibt es Beispiele, dass auf ökonomische Fortschritte ein leichter Rückgang der Geburtenrate folgte.

In der expandierenden, sich weiter entwickelnden Zivilisation europäischer Tradition steckt immer noch ein mächtiges revolutionäres Potenzial. Wie es auch im Einzelnen auftritt, es bleibt das stärkste Mittel zur Auflösung traditioneller Strukturen, das die Geschichte kennt. Eine Veränderung der Bevölkerungsstruktur in dieser oder jener Richtung scheint ein so unvermeidlicher Begleitumstand dieser Zivilisation zu sein wie die Schwächung der religiösen Kultur, die Errichtung von Fabriken oder die Befreiung der Frau – und diese Liste ließe sich lange erweitern.

In vielen Teilen des indischen Subkontinents hat sich an dem Status der Frauen praktisch seit Jahrhunderten nichts geändert. Uralte Traditionen bestimmen die Verhaltensnormen. Junge indische Tänzerin aus Jaipur.

Bevölkerung und Macht

Unterschiede in der Bevölkerungszahl und Veränderungen dieser Differenzen beeinflussen die vergleichbaren Stärken von Nationen. Obwohl eine hohe Bevölkerungszahl nicht automatisch große Macht bedeutet, hängen Bevölkerungsstärke und Macht zweifellos eng zusammen. Daneben haben Ressourcen und Kultur Einfluß auf die Stärke eines Staates.

Indien war in den späten 80er Jahren das zweitdichtest bevölkerte Land der Erde, und daran wird sich, nach Voraussage der UNO, bis in zum Beginn des 21. Jahrhunderts nichts ändern. Im Bild: Jedes Jahr pilgern mehrere Millionen Hindus zum Ganges und Yamuna, um ihre Seele durch ein Bad in den heiligen Flüssen zu reinigen.

Ende 1988 war Westdeutschland mit 61 Millionen Einwohnern das bevölkerungsreichste Land Europas. Die Liste mit den bevölkerungsreichsten Ländern der Welt enthielt zu dieser Zeit auch die drei mächtigsten Staaten der Welt. China, das nun wieder zum Teil einer Welt geworden ist, vor der es sich lange verschlossen hatte, kann schon allein auf Grund seiner Bevölkerungsstärke als Großmacht gelten, weil das Land militärisch gewissermaßen unbesiegbar ist. Die soziale Revolution Chinas hat zudem begonnen, den Wohlstand des Landes zu erhöhen, während einige andere stark bevölkerte Länder durch Armut an größerer Machtentfaltung gehindert werden. Diese scheinbar unüberwindliche Armut kann eine absolute sein, in dem Sinne, dass es einen Mangel natürlicher Ressourcen gibt (Bangladesch), oder auch eine relative, wo ein zu schnelles Bevölkerungswachstum die Ressourcen, ausländischen Hilfen und Gewinne aus verbesserten Technologien und Investitionen wieder verschlingt (Indien und bis vor kurzem auch Indonesien). Der neu geschaffene Reichtum wird sofort aufgebraucht. Es fällt jedoch nicht leicht, darüber generelle Aussagen zu machen. Zu Beginn der 70er Jahre glaubte man, Indien könnte in eine Phase der Selbstversorgung mit Lebensmitteln eintreten. Die landwirtschaftliche Produktion hatte sich zwischen 1948

Die bevölkerungsreichsten Staaten

Im Jahr 2000 betrug die geschätzte Bevölkerungszahl der zehn am stärksten bevölkerten Staaten:

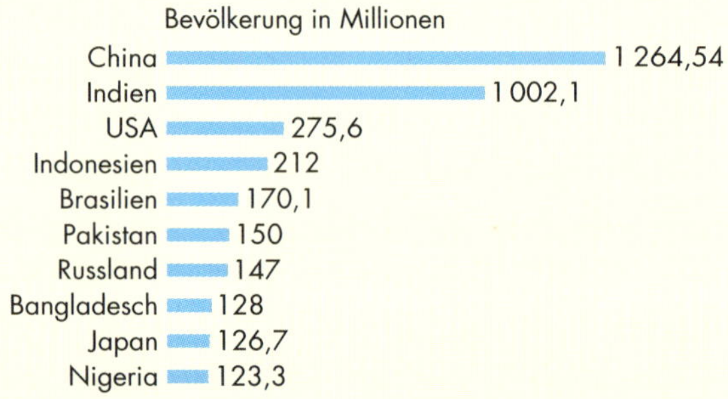

und 1973 verdoppelt. Doch diese Steigerung des Wohlstands konnte nur gerade einmal den Versorgungsstand für eine Bevölkerung halten, die pro Monat um eine Million wuchs.

Die Ressourcen der Welt

Das rapide Bevölkerungswachstum belegt eine weitere Tatsache: die gesteigerten Ressourcen der Welt. Die Gesamtproduktion an Nahrungsmitteln ist weltweit stark gestiegen. Obwohl viele Menschen verhungern, überleben auch mehr. Obwohl Millionen Menschen lokalen Hungersnöten zum Opfer fielen, hat es (bisher) keine weltweite Katastrophe gegeben. Wäre die Welt nicht in der Lage gewesen, eine wachsende Zahl von Menschen zu ernähren, wäre die Zahl der Menschen geringer geblieben. Ob dies auch in der Zukunft möglich sein wird, ist eine andere Frage. Die Experten sind jedenfalls zu dem Schluss gekommen, dass noch für einen beträchtlichen Zeitraum das Nahrungsmittelangebot für die wachsende Menschheit ausreichen wird. Einige hoffen, dass die bevölkerungspolitischen Maßnahmen zu einer Stabilisierung der Nachfrage in Höhe des produzierbaren Angebots an Nahrungsmitteln führen werden, solange dafür noch Zeit ist.

DAS WIRTSCHAFTLICHE WACHSTUM

Viele Leser dieses Buchs werden die Fernsehbilder von Hungersnöten und Elend kennen. Trotzdem hält man seit 1945, zumindest in den Industrieländern, wirtschaftliches Wachstum für etwas Selbstverständliches. Es ist dort, trotz gelegentlicher Probleme und Unterbrechungen, zur „Norm" geworden und schon eine Verringerung der Wachstumsrate sorgt heute für Aufregung. Wie das Bevölkerungswachstum belegt, gibt es aber auch in einem großen Teil der „unterentwickelten" Länder in absoluten Zahlen ein reales wirtschaftliches Wachstum. Vor dem Hintergrund der 30er Jahre betrachtet, kann man tatsächlich von einer Revolution sprechen. Die Jahrzehnte nach 1950 waren ein goldenes Zeitalter des wirtschaftlichen Wachstums; aber der angemessene Rahmen, um diese beispiellose Produktion an Reichtum, die bisher erfolgreich mit der Belastung durch die Zunahme der Weltbevölkerung Schritt gehalten hat, zu verstehen, umfasst das gesamte 20. Jahrhundert. Seit 1900 gab es eine Steigerung des weltweiten Wohlstands, die, nur kurz und lokal begrenzt, von den beiden Weltkriegen und von einem größeren weltweiten Rückschlag in der Zwischenkriegszeit, der Weltwirtschaftskrise der 30er Jahre, unterbrochen wurde. 1945 begann ein erneutes Wirtschaftswachstum, das seither fast stetig anhielt (wenn auch in einigen Ländern nach 1975 stark verlangsamt).

Weltweiter täglicher Kalorienverbrauch (1992)

Afrika und Südamerika sind die Kontinente mit den größten Flächen an anbaufähigem Land weltweit, doch liegt dort der Prozentsatz des Landes, das tatsächlich bestellt wird, am niedrigsten. Wenn in diesen Regionen bestehende ökonomische und sozio-politische Hindernisse beseitigt würden, könnte – bei Anwendung geeigneter Anbaumethoden – das Zehnfache der gegenwärtigen Weltbevölkerung mit 4000 bis 5000 Kalorien pro Person und Tag versorgt werden.

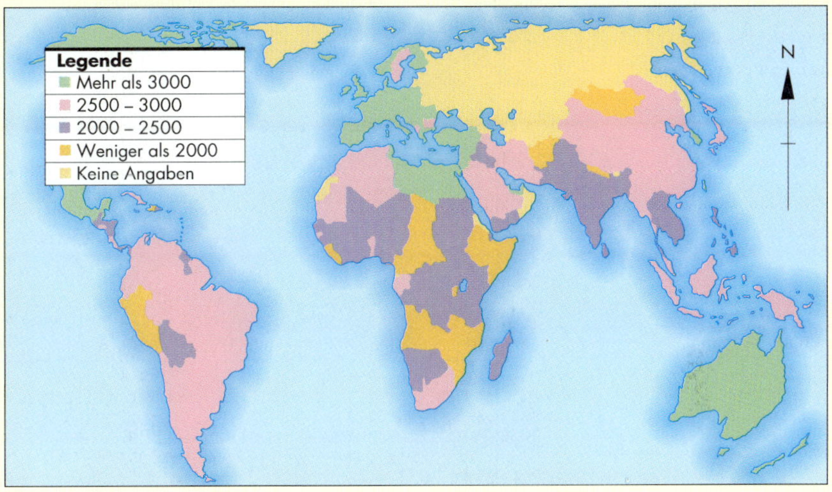

Die Karte zeigt den durchschnittlichen täglichen Kalorienverbrauch pro Person.

Gleichzeitig mit dem weltweiten Wirtschafts- und Bevölkerungswachstum nahmen auch die Unterschiede zwischen armen „Entwicklungsländern" und reichen Industrieländern immer stärker zu.

Das Wohlstandsgefälle

Trotz großer Ungleichheiten und Rückschläge, die einige Länder mehr als andere betrafen, nahmen die meisten am Wachstum teil. Fast überall ist das Bruttosozialprodukt seit 1960 gestiegen. Trotz der Unterschiede in der Schaffung und Verteilung neuen Wohlstands ist die Welt insgesamt reicher geworden; doch einige Länder leiden weiterhin unter furchtbarer Armut. In Afghanistan, Madagaskar, Laos, Tansania, Äthiopien, Kambodscha und Mozambique lag das durchschnittliche jährliche Pro-Kopf-Einkommen 1988 unter 150 US-Dollar.

Eine allgemeine Erklärung des wachsenden Überflusses ist nur vor dem Hintergrund der langen Friedenszeit zwischen den wichtigen Industrienationen möglich. Daran ändert auch nichts, dass die Jahrzehnte nach 1945 von kleineren oder schwelenden Konflikten durchzogen waren, dass Männer, Frauen und sogar Kinder praktisch täglich bei kriegerischen Handlungen zu Tode kamen, dass die Großmächte viele Stellvertreterkriege führten und es lang anhaltende internationale Spannungen gab. Zu einer Vernichtung von Menschenleben und einer Zerstörung materiellen Kapitals in den Industrieländern – wie in den Jahren 1914 bis 1918 und 1939 bis 1945 – kam es seither nicht mehr. Vielmehr unterstützte die internationale Rivalität in vielen Ländern wirtschaftliche Aktivitäten und löste sie in anderen sogar erst aus. Sie erzeugte technologische Nebenprodukte, führte zu politisch motivierten massiven Investitionen und Transfers von Kapital, die sehr häufig eine reale Steigerung des Wohlstands erbrachten.

Die Weltwirtschaftsordnung

Die ersten Kapitaltransfers gab es in den späten 40er Jahren, als dank amerikanischer Hilfe Europa zu einem Weltzentrum der industriellen Produktion wiederaufgebaut wurde. Ohne den Antrieb aus Übersee wäre diese Entwick-

In Ländern wie Somalia oder Ruanda kam es in Folge von Stammeskriegen zu Nahrungsmangel, zu Tausenden von Vertriebenen und einer Zerrüttung der ohnehin schwachen Volkswirtschaften. Dieses Flüchtlingskind aus Ruanda, hinter ihm seine toten Eltern, wurde 1994 in einem Flüchtlingslager im Nachbarstaat Zaire (heute Demokratische Republik Kongo) fotografiert.

lung nicht möglich gewesen. Die enorme Steigerung der amerikanischen Wirtschaftskraft in den Kriegsjahren, die das Land aus der Depression der Vorkriegszeit geführt hatte, und die praktische Unerreichbarkeit Amerikas für feindliche Waffen sicherten den Vereinigten Staaten nach dem Krieg eine starke Stellung.

Dass die amerikanische Wirtschaftskraft dem Nachkriegseuropa große Hilfestellung gewährte, hatte eine Reihe von Ursachen: Die bedeutendste ist sicher die internationale Lage, vor allem der sog. Kalte Krieg. Eine Unterstützung Europas stärkte Amerikas Position. Zudem handelte es sich um das Erkennen einer großen Chance durch amerikanische Politiker und Geschäftsleute. Drittens fehlten Europa lange Zeit eine alternative Kapitalquelle sowie die Kenntnisse Verantwortlicher aus vielen Nationen, die schon vor Kriegsende versucht hatten, Institutionen zur Zusammenarbeit bei der Regelung internationaler Wirtschaftsfragen zu gründen. Sie wollten eine Rückkehr zur ökonomischen Anarchie der 30er Jahre verhindern. Ihren Anstrengungen sind der Internationale Währungsfonds (IWF), die Weltbank und das Allgemeine Zoll- und Handelsabkommen (GATT) zu verdanken. Der erfolgreiche ökonomische Wiederaufbau der nicht-kommunistischen Welt (und deshalb auch das sich anschließende erstaunliche Wachstum) ist zu einem großen Teil Verdienst dieser Institutionen. Die ökonomische Stabilität, für die sie sorgten, war die Grundlage für zwei Jahrzehnte eines jährlich fast sieben Prozent betragenden realen Wachstums des Welthandels.

Das weltweite Bruttosozialprodukt

Das Bruttosozialprodukt ist der Marktwert der Endprodukte und Dienstleistungen einer Volkswirtschaft. Während Industriegüter mit 57 Prozent im Jahr 1992 immer noch den größten Anteil am Welthandel stellten, ist seit 1960 der am schnellsten wachsende Teil des BSP der Dienstleistungssektor (21 Prozent). Er erreicht fast den Wert des Handels mit Nahrungsmitteln und Rohstoffen (22 Prozent).

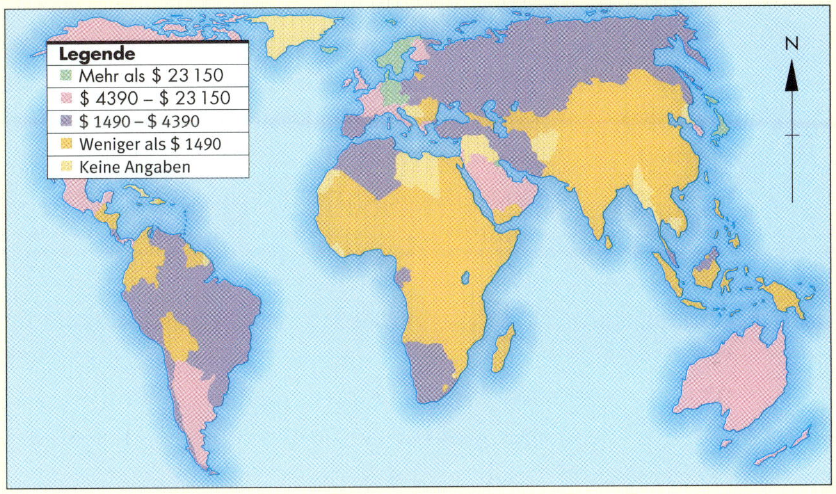

Weltweites jährliches Pro-Kopf-Einkommen in US-Dollar (Kaufkraft von 1993).

Die Steigerung des Bruttosozialprodukts im 20. Jahrhundert

Neueren Berechnungen sind die folgenden Beispiele für die Entwicklung des jährlichen Pro-Kopf-Einkommens im 20. Jahrhundert entnommen (die Werte entsprechen der Kaufkraft eines US-Dollars im Jahr 1988):

Die Symbole der Weltbank (oben) und des Internationalen Währungsfonds.

Zwischen 1945 und den 80er Jahren fiel der durchschnittliche Zoll auf Industriewaren von 40 auf 5 Prozent, und der Welthandel steigerte sich um mehr als das Fünffache. Diese Institutionen setzten einen bestimmten Grad von Steuerung und Regulierung an die Stelle, wo früher einerseits (vor 1914 als Grundlage der Wirtschaftsordnung) das Vertrauen auf eine „natürliche" ökonomische Harmonie gegeben war und andererseits (in den Jahren zwischen 1914 und 1945) faktisch jede Ordnung fehlte.

DER WISSENSCHAFTLICHE FORTSCHRITT

Ein weiterer entscheidender Beitrag menschlichen Handelns zum wirtschaftlichen Wachstum war vielfach weniger offensichtlich und erstreckte sich über eine wesentlich längere Zeit. Es war der Anteil der Wissenschaftler und Techniker. Die fortgesetzte Anwendung naturwissenschaftlichen Wissens und Technologien, die Verbesserung und Rationalisierung von Arbeitsprozessen und Systemen im Streben nach größerer Effizienz, waren schon vor 1939 sichtbar. Doch nach 1945 traten sie sehr stark in den Vordergrund und entfalteten einen ganz neuen Einfluss.

Fortschritte in der Landwirtschaft

Düngemittel, Herbizide und Pestizide verhalfen der Landwirtschaft zu beispiellosen Erträgen – die negativen Folgen für Mensch, Tier und Umwelt wurden dabei weitgehend ignoriert.

Die Landwirtschaft, deren Verbesserung schon lange vor der eigentlichen Industrialisierung begonnen hatte, ist das vielleicht beste Beispiel für die erfolgreiche Anwendung naturwissenschaftlicher Erkenntnisse. Tausende von Jahren steigerten die Bauern ihre Erträge fast ausschließlich durch Urbarmachung und Bestellen neuer Landflächen. Es gibt immer noch große Flächen, die, bei ausreichenden Investitionen, der Landwirtschaft erschlossen werden könnten. In dieser Hinsicht ist in den letzten 25 Jahren selbst in überbevölkerten Ländern wie Indien viel geschehen, allerdings mit entsprechenden Auswirkungen auf die Umwelt, wie die Abholzung des brasilianischen Regenwaldes deutlich macht. Doch der dramatische weltweite Anstieg der landwirtschaftlichen Erträge in den letzten Jahren ist nicht auf solche Maßnahmen zurückzuführen, sondern auf die Fortführung jener landwirtschaftlichen Revolution, die in Europa in der Frühen Neuzeit begann und spätestens seit dem 17. Jahrhundert sichtbare Resultate zeigte.

Schon lange vor 1939 wurde Weizen auf Land angebaut, auf dem er zuvor aus klimatischen Gründen nicht hatte wachsen können. Diese Entwicklung beruhte auf der Zucht neuer Getreidesorten – einem der ersten wissenschaftlichen Beiträge des 20. Jahrhunderts zur Landwirtschaft, dessen Wirkungen vergleichbar waren mit den über die Methode von Versuch und Irrtum eingeführten „Verbesserungen" früherer Zeiten. Die bestehenden Getreideflächen lieferten auch dank chemischer Düngung größere Beiträge zur Welternährung. Die beispiellose Erhöhung des Stickstoffanteils im Boden ist die Haupterklärung für die hohen Erträge, die in Ländern mit fortschrittlicher Landwirtschaft alltäglich geworden sind. Dies hat seinen Preis. Ein hoher Energieaufwand ist heute erforderlich, um die Produktivität der modernen westlichen Landwirtschaft zu erhalten, und manche ökologischen Folgen dieser Bodennutzung sind heute noch kaum absehbar.

Aber Düngemittel sind nur ein Thema in der Geschichte der Innovationen in der Landwirtschaft. Seit den 40er und 50er Jahren standen dem Markt wirksame Herbizide und Insektizide zur Verfügung. Zur selben Zeit nahm in den entwickelten Ländern die Mechanisierung der Landwirtschaft einen starken Aufschwung. 1939 war England das Land mit dem stärksten Einsatz von Maschinenkraft in der Landbestellung, doch verrichteten englische Bauern damals noch einen großen Teil der Arbeit mit Pferden, während Mähdrescher (anders als in den USA) selten waren. Arbeitspferde gibt es heute in Ländern mit fortgeschrittener Landwirtschaft nur noch als interessante Kuriosität – für bestimmte Arbeiten, wo der steigende Treibstoffpreis den Einsatz von Traktoren als Zuggeräten nicht rechtfertigt, werden sie allerdings heute in geringem Umfang wieder eingesetzt. Nicht nur die Landbestellung wurde mechanisiert. Mit der Einführung der Elektrizität kamen automatische Melkmaschinen, Vorrichtungen zum Trocknen und Dreschen des Getreides und die Heizung für die Viehställe im Winter. Der Einsatz von Computer- und Automationstechnologie verringert neuerdings zusätzlich die Abhängigkeit von menschlicher Arbeitskraft; sowohl in den Vereinigten Staaten als auch in Westeuropa geht die Zahl der in der Landwirtschaft Beschäftigten weiter zurück, während die Erträge pro Hektar steigen.

Ungleichheiten im Niveau der landwirtschaftlichen Produktion

Paradoxerweise gibt es heute weltweit wahrscheinlich mehr für die Selbstversorgung arbeitende Bauern als im Jahr 1900. Der Grund dafür liegt in der Zunahme der Bevölkerung: Der relative Anteil des einzelnen Bauern am bestellten Land ist gesunken, der Wert der Produkte ist gefallen. In Europa verschwinden bäuerliche Kleinbetriebe schnell, doch diese Veränderungen erfolgen ungleichmäßig und sind großen Schwankungen unterworfen. Örtlich beschränkte Katastrophen werden in Ländern mit großer, immer noch schnell wachsender Bevölkerung, in denen die landwirtschaftliche Selbstversorgung die Norm und die Produktivität gering sind, wahrscheinlich auch weiterhin zu finden sein. Schon unmittelbar vor dem Ersten Weltkrieg war der britische Hektarertrag der Weizenernte mehr

Luftaufnahme einer Farm in der Region Lancaster im Bundesstaat Pennsylvania, die die höchste landwirtschaftliche Produktivität in den Vereinigten Staaten besitzt. Die meisten landwirtschaftlichen Betriebe Nordamerikas sind hochgradig mechanisiert. Der Rückgriff auf verbesserte Bewässerungssysteme, Düngemittel, Fruchtwechsel und die Auswahl des Saatguts haben zu einer großen Ertragssteigerung geführt und gleichzeitig eine Erosion des Bodens verhindert.

Frauen der Aymara in Bolivien bei der Feldarbeit. Die Aymara leben in der Titicaca-Hochebene in den zentralen Anden. Der Boden ist arm, das Klima rau. Zur Erzeugung der Ernte von Tomaten, Mais, Bohnen und Weizen bedarf es harter körperlicher Arbeit unter schwierigen Bedingungen.

als das Zweieinhalbfache des indischen; 1968 war der Abstand auf das Fünffache gewachsen. Im selben Zeitraum steigerten die Amerikaner ihre Reiserträge von 10,5 auf fast 30 Tonnen pro Hektar, während in Birma, der „Reisschüssel Asiens", die Produktivität nur von 9,4 auf 10,4 Tonnen pro Hektar stieg. Eine andere Möglichkeit zur Bestimmung der Leistungsfähigkeit der Landwirtschaft bietet die Berechnung der Anzahl der Familien, die ein Arbeiter in der Landwirtschaft eines bestimmten Landes ernährt. In Ägypten lag dieser Wert im Jahr 1968 knapp über 1, in Neuseeland bei über 40.

Wassermangel ist eine der Hauptursachen für das Elend in vielen Entwicklungsländern, wo es auf Grund von Dürren beispielsweise schnell zu Hungersnöten kommen kann. Die Schaffung von Wasserversorgungssystemen kann das Leben in Dörfern wie diesem äthiopischen radikal verbessern.

Die fortgeschrittensten Methoden des Landbaus finden sich in Ländern, die auch in anderer Hinsicht weit entwickelt sind. Für Länder, die den größten Bedarf an einer Steigerung ihrer landwirtschaftlichen Produktivität haben und weder über besondere mineralische Rohstoffe (etwa Öl) noch über spezielle landwirtschaftliche Erzeugnisse verfügen, ist es häufig sehr schwer, Nahrungsmittel billiger zu produzieren als die führenden Industriestaaten. Paradoxe Situationen entstehen: Große Getreide- und Reisproduzenten wie Russland, Indien oder China importierten Weizen aus den USA und aus Kanada. Die Ungleichgewichte zwischen den Industrie- und den Entwicklungsländern haben sich in den vergangenen Jahren vervielfacht.

Der Einsatz der Ressourcen

Der eindrucksvollste Unterschied zwischen fortschrittlichen Nationen und Entwicklungsländern zeigt sich im Anteil am Weltverbrauch der Ressourcen. Ungefähr die Hälfte der Menschheit verbraucht sechs Siebentel der Gesamtproduktion; die andere Hälfte muss sich mit dem Rest begnügen. Doch selbst unter den wohlhabenden Nationen gibt es große Unterschiede: 1970 kamen weltweit ungefähr sechs Amerikaner auf 100 Menschen, doch sie verbrauchten 40 Prozent des in der Welt produzierten Öls. Jeder Amerikaner verbrauchte jährlich 220 Kilogramm Papier, jeder Chinese hingegen nur neun. Der gesamte chinesische Jahresverbrauch an elektrischer Energie hätte in den USA höchstens ausgereicht, die Klimaanlagen in Gang zu halten. Die Elektrizitätsproduktion ist besonders aussagekräftig, weil nur relativ wenig davon ins Ausland verkauft, der größte Teil hingegen in den Erzeugerländern verbraucht wird. Ende der 80er Jahre produzierten die USA pro Kopf der Bevölkerung 40-mal so viel Strom wie Indien, aber nur 1,3-mal so viel wie die Schweiz.

Diese Holz verarbeitende Fabrik in Port Angeles, USA, stellt aus Langhölzern Späne, Zellstoff und Papier her. Nordamerika ist einer der größten Konsumenten von Papier und Produkten der Holzverarbeitung. In den westlichen Ländern wächst seit einiger Zeit das Bewusstsein für die durch Abholzung verursachten Umweltschäden, weshalb umfassende Programme zum Papierrecycling initiiert wurden.

Die Reichen und die Armen

Weltweit nahm das Ungleichgewicht zwischen reichen und armen Nationen seit 1945 zu, und zwar überwiegend dadurch, dass die Reichen sehr viel reicher wurden (nicht durch größere Verarmung der Armen). Eine Ausnahme bildeten die (gemessen an dem „armen" Weltstandard) wohlhabenden Ökonomien der UdSSR und Osteuropas, wo schlechte Verwaltung und die Zwänge der Kommandowirtschaft das Wachstum einschränkten und damit die Lücke zwischen diesen Wirtschaften und denen ärmerer, aber sich entwickelnder Länder verringerten. Abgesehen von dieser Ausnahme haben selbst spektakuläre Steigerungen der Produktion die Position der armen gegenüber den reichen Ländern kaum verbessert, da gleichzeitig die Bevölkerung stark zunahm. (Prozentuale Steigerungsraten sind ohnehin nur bedingt aus-

Die asiatisch-afrikanische Konferenz 1955

„Die asiatisch-afrikanische Konferenz empfiehlt: die frühzeitige Schaffung eines UNO-Sonderfonds für wirtschaftliche Entwicklung; die Bereitstellung eines größeren Anteils der Mittel der Internationalen Bank für Wiederaufbau und Entwicklung an die Länder Asiens und Afrikas; die frühzeitige Schaffung einer Internationalen Finanzbehörde, zu deren Aufgaben Eigenkapitalinvestitionen und die Förderung von Gemeinschaftsunternehmen zwischen einzelnen asiatischen oder afrikanischen Ländern gehören sollten, insofern diese in deren gemeinsamem Interesse liegen."

Paragraph A3 des Schlusskommuniqués der asiatisch-afrikanischen Konferenz in Bandung, Indonesien, 18.–24. April 1955.

Die Rohstoffvorkommen der Welt

In 20 Ländern werden 80% der weltweit gewonnenen Rohstoffe abgebaut. Die wichtigsten Importeure sind Japan, die USA und Westeuropa. Die meisten Exportländer finden sich in Lateinamerika, Afrika, dem Nahen Osten und in Südostasien. Auch Russland gehört zu den großen Rohstoffexporteuren. Zu den ausgeführten Produkten gehören Rohöl, Eisen, Kupfer und Kohle.

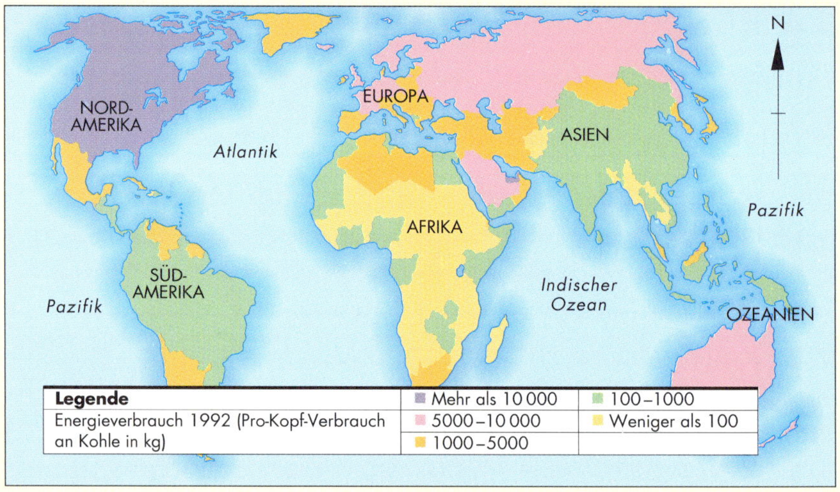

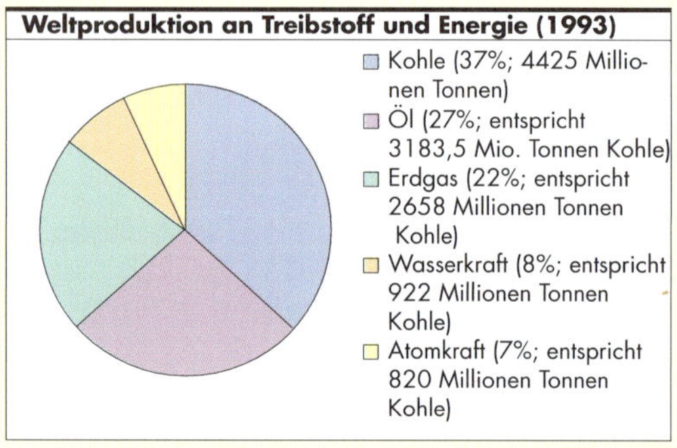

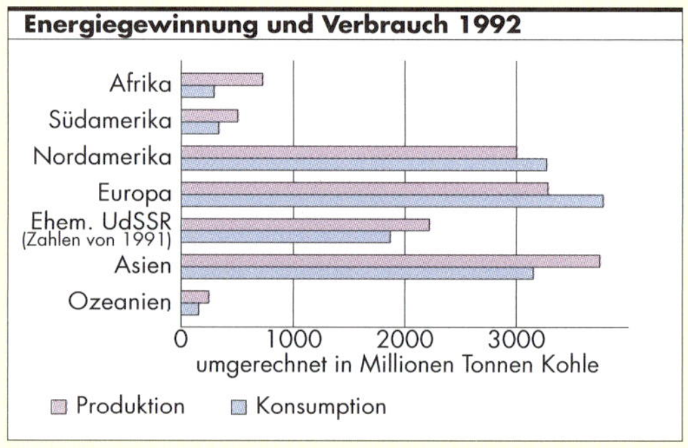

Die obige Karte zeigt den Einsatz der weltweiten Energieressourcen; das Kreisdiagramm (links) zeigt die Weltproduktion von Treibstoff und Energie; das Balkendiagramm (rechts) das Verhältnis zwischen Produktion und Verbrauch von Energien in den Weltregionen (umgerechnet in Millionen Tonnen Kohle).

sagekräftig, da ihnen bei den reichen Ländern natürlich ein sehr viel höherer Ausgangswert zu Grunde liegt.) Im Ergebnis haben jene Länder, die 1950 den höchsten Lebensstandard hatten, ihre Stellung gewahrt, abgesehen von kleineren Verschiebungen in der Rangfolge innerhalb dieser Ländergruppe. Aufholen konnte lediglich Japan. Diese Gruppe umfasst die wichtigsten Industrieländer. Bei der rapiden Steigerung der Produktion spielte die herstellende Industrie die Hauptrolle. Die Volkswirtschaften, deren Schwerpunkt die Warenproduktion ist, besitzen heute das höchste durchschnittliche Pro-Kopf-Einkommen, und dieses Beispiel spornt die ärmeren Länder an, ihr Heil in der Industrialisierung zu suchen. Im Jahr 1970 behaupteten die USA, Europa und Russland ihre Position als wichtige Industriestandorte, die sie schon 1939 innegehabt hatten. Japan war zu diesem Zeitpunkt als vierte Region hinzugekommen, war aber 1939 bereits die am stärksten industrialisierte Gesellschaft Asiens gewesen. Bis zum Jahr 1990 verschob sich das Bild ein wenig. Die UdSSR gehörte zwar noch zu den vier größten Industrienationen, war aber weit hinter die anderen zurückgefallen, sogar hinter die stärkste einzelne Industrienation Westeuropas, die Bundesrepublik Deutschland.

DIE VERÄNDERUNG DER INDUSTRIEGESELLSCHAFTEN

Vergleiche werden schwieriger: Die großen industriellen Volkswirtschaften ähneln kaum noch ihren Vorgängern im 19. Jahrhundert. Die alten Schwer- und verarbeitenden Industrien, die lange Zeit das Rückgrat der wirtschaftlichen Leistungsfähigkeit bildeten, sind kein zufrieden stellender Maßstab mehr. Die einstigen Hauptindustrien der führenden Länder haben an Bedeutung verloren. Von den drei wichtigsten Stahl produzierenden Ländern des Jahres 1900 gehörten die ersten beiden (die USA und Westdeutschland) 80 Jahre später immer noch zu den fünf größten Stahlproduzenten der Welt, allerdings auf dem dritten beziehungsweise fünften Platz. Das Vereinigte Königreich (1900 der drittgrößte Stahlproduzent) nahm 1980 nur noch den zehnten Platz ein, dicht gefolgt von Spanien, Rumänien und Brasilien. 1982 produzierte Polen mehr Stahl als die USA im Jahr 1900. Zudem gab es für einige neue Industriezweige in mehreren Entwicklungsländern bessere Wachstumschancen als in den alten Industrieländern. So kam es zum Anwachsen des Bruttosozialprodukts in Taiwan und Südkorea. Taiwan erzielte 1988 nahezu das 18fache durchschnittliche Pro-Kopf-Einkommen Indiens, Südkorea mehr als das 15fache.

Die modernen Industriegesellschaften können nicht als einfache technologische und strukturelle Fortschreibungen der Vergangenheit betrachtet werden. Ein großer Teil des Wirtschaftswachstums der reichen Länder wurde in Industriezweigen erzielt – beispielsweise Elektronik und Kunststoffe –, die noch 1945 kaum existierten. Die Kohle, die im 19. Jahrhundert fließendes Wasser und Holz als Hauptenergiequelle der Industrie abgelöst hatte, wurde schon lange vor 1939 durch Elektrizität aus Wasserkraftwerken, Öl und Erdgas ergänzt.

Die Autoindustrie

Das industrielle Wachstum steigerte den Lebensstandard, indem es billigere Energien und Rohstoffe für die Warenproduktion bereitstellte. Auch verbesserte Transportmöglichkeiten senkten indirekt die Produktionskosten. Das Ergebnis war eine enorme Zunahme der Produktion von Waren für den Endverbrau-

Kalifornisches Solarkraftwerk zur Stromerzeugung. Auch aus Wind und Wellen lässt sich heute elektrische Energie gewinnen.

Die Geschichte des Automobils

Im 20. Jahrhundert löste das Auto in den entwickelten Ländern die Eisenbahn als wichtigstes Transportmittel ab. Als der Explosionsmotor patentiert war, baute ihn Carl Friedrich Benz in ein Dreirad mit einer Spitzengeschwindigkeit von 15 km/h ein (1885). Bald folgten die ersten Vierrad-Fahrzeuge.

Bedeutung erlangten die Autos zuerst in den Vereinigten Staaten. Detroit wurde zum Standort der wichtigsten Automobilfabriken. Seit den frühen Modellen – etwa in den Vereinigten Staaten das Modell T von Ford – hat sich das Auto stark weiterentwickelt: Immer höhere Geschwindigkeiten und Bremsleistungen wurden erreicht; die große Vielfalt an Modellen, die heute angeboten werden, war zu Beginn des 20. Jahrhunderts völlig unvorstellbar.

Eine der wichtigsten Veränderungen im Automobilbau der jüngsten Zeit ist das wachsende Interesse an Sicherheitsvorrichtungen zum Schutz von Fahrern und Passagieren. Die Firmen versuchen heute, sich im Angebot an Airbags oder automatischen Bremssystemen zu überbieten. Bald werden Autos auf den Markt kommen, die dem Fahrer mit Hilfe von Nachtsichtgeräten in Verbindung mit neuesten Computertechnologien ein besseres Sehen bei Dunkelheit ermöglichen.

Ford verwirklichte erstmals das Prinzip der Fertigungsstraße. Foto von 1913.

cher. Oft waren die Auswirkungen gewaltig – ein Beispiel soll genügen: 1885 erschien das erste von einem Explosionsmotor getriebene Fahrzeug in Deutschland. (Beim Explosionsmotor wird die Wärmeenergie direkt zum Antrieb eines innerhalb des Motorzylinders angebrachten Kolbens genutzt und nicht mehr per Dampf von einer äußeren Flamme übertragen.) Neun Jahre später folgte ein vierrädriger Apparat, der ein erkennbarer Vorfahre des modernen Autos ist, der französische Panthard. Frankreich und Deutschland behielten in den folgenden zehn Jahren die Führung im Automobilbau. Als 1896 in London die erste Ausstellung von Motorfahrzeugen stattfand, waren die wenigen Autos noch Spielzeuge der Reichen. Die Geschichte der Automobilisierung begann in den Vereinigten Staaten, wo Henry Ford 1907 die automatisierte Fertigungsstraße für sein Modell T entwickelte. Ford plante bewusst für den Massenmarkt. Sein Auto wurde für den beispiellos niedrigen Preis von 950 Dollar angeboten. Die Nachfrage stieg so rasant, dass 1915 bereits eine Million Ford-Autos pro Jahr produziert wurden. Der Preis sank weiter; 1926 wurde das Modell T für weniger als 300 Dollar verkauft. Dieser großartige Erfolg brachte eine wichtige soziale Veränderung mit sich. Ford hatte den Massen einen Artikel zugänglich gemacht, der zuvor als Luxusgut galt. Dieser Zuwachs an Bequemlichkeit verbreitete sich um den gesamten Erdball.

Der weltweite Automobilbau

Die Einführung des Autos als Massenverkehrsmittel veränderte die Geschichte auch noch in anderer Hinsicht, was einiger Erläuterungen bedarf. In den 80er Jahren existierte eine weltweite Autoindustrie, bei der die Internationalisierung weit fortgeschritten war und die in einigen Ländern praktisch den Fertigungssektor dominierte. Drei Viertel aller Autos der Welt stammen heute von nur acht Großproduzenten. Japan verdankte seinen Aufstieg zur ökonomischen Weltmacht in den 60er und 70er Jahren zu großen Teilen der Autoindustrie, verringerte aber ab 1990 angesichts wachsender ausländischer Konkurrenz bewusst den Anteil seiner heimischen Autoproduktion. Die Autoindustrie regte Großinvestitionen in andere Industriezweige an: Die Hälfte aller weltweit eingesetzten Industrieroboter sind Schweißgeräte (und ein weiteres Viertel Lackiergeräte) in Autofabriken. Fords Popularisierung des Autos führte außerdem (über einen weit größeren Zeitraum) zu einer steigenden Nachfrage nach Öl, obgleich diese Steigerung schon vor 1914 sichtbar wurde, als die Zahl der mit Öl betriebenen Schiffe zunahm. Heute ist das Transportwesen nicht mehr der einzige wichtige Sektor für den Ölverbrauch. Viele Menschen fanden Beschäftigung in der Treibstofflieferung und in Dienstleistungen, die mit dem Auto zusammenhängen. Investitionen in den Straßenbau wurden zu einer wichtigen Aufgabe der Regierungen und hatten einen tief greifenden Einfluss auf das Bauwesen.

Die Geburt des Fließbandes

Schließlich kann man Ford eine soziale und technische Revolution zuschreiben. Er zeigte in seinen Fabriken, wie Massenproduktion möglich wurde. Wie viele andere bedeutende Revolutionäre machte er sich die Ideen anderer zu Nutze. Er erfand die Fertigungsstraße oder das Fließband, die charakteristische moderne Methode zur Herstellung von Gebrauchsgütern. Auf dem Fließband wird der herzustellende Gegenstand kontinuierlich von einem Arbeiter zum nächsten weiterbewegt. Ford erkannte durchaus, dass die Arbeit in einer solchen Fertigung sehr langweilig war und zahlte zum Ausgleich hohe Löhne. Die Einführung solcher Betriebsführungstechniken in der Automobilindustrie ist eine kulturelle Kraft von unberechenbarer Bedeutung bei der

Autos der Marke Modell T verlassen die Fertigungsstraße des Detroiter Fordwerks (1913). Das Modell T wurde bis 1927 produziert, als Ford es durch das Modell A ablöste.

Ausbildung neuer allgemeiner Haltungen, gleichgültig, ob man diese als positiv oder als negativ ansieht.

Das Computerzeitalter

Die Fließbandproduktion lässt sich heute von Robotern verrichten. Die wichtigste technologische Veränderung in den großen Industrieländern seit 1945 ereignete sich in der Informationstechnologie, der komplexen Wissenschaft von der Entwicklung und dem Einsatz elektronisch gesteuerter Maschinen zur Informationsverarbeitung. Nur wenige Innovationen setzten sich so schnell durch. Die Anwendungsbereiche dieser Innovationen, die überwiegend während des Zweiten Weltkriegs entwickelt wurden, erfassten in wenigen Jahrzehnten eine große Reihe von Dienstleistungen und industriellen Fertigungsprozessen. Der schnelle Zuwachs an Leistung und Geschwindigkeit, die Reduktion der Größe und die Verbesserung der visuellen Darstellungskapazität der Computer bedeuteten essenziell nichts anderes, als dass mehr Informationen geordnet und verarbeitet werden konnten als jemals zuvor. Die Computertechnologie ist jedoch auch ein bedeutendes Beispiel für den Umschlag von Quantität in Qualität. Berechnungen, die bis vor wenigen Jahren noch die Lebenszeit vieler Mathematiker erfordert hätten, lassen sich nun in wenigen Minuten durchführen. Damit sind nun technische Operationen möglich, die früher Jahrzehnte geplant werden mussten, weil sie derartig umfangreiche Berechnungen oder das Sammeln und Klassifizieren großer Datenmengen zur Voraussetzung hatten. Niemals zuvor wurde der intellektuelle Fortschritt dermaßen schnell beschleunigt. Parallel mit der revolutionären Steigerung der Computerleistung ermöglichte die Technologie, diese Leistung in immer kleineren Geräten unterzubringen. In nur 30 Jahren war ein Mikrochip von der Größe einer Kreditkarte zu Leistungen fähig, die zuvor eine Maschine von der Größe eines Wohnzimmers verrichtet hatte.

Der leitende Vizepräsident von Apple Computers stellt auf einer Pressekonferenz in New York das neue Produkt seiner Gesellschaft, den Power PC, vor (1994). Die Informationstechnologie ist ohne Zweifel der Bereich, in dem die Fortschritte der Elektronik am größten sind.

Verbesserte Kommunikation

Die Computer, die schon bald in der Lage waren, Geschäfte miteinander abzuwickeln, stehen am Ende einer langen Kette von Entwicklungen und Verbesserungen im Kommunikationswesen. Diese Entwicklung zeigte sich zuerst in der physischen und mechanischen Bewegung von Botschaften, Gütern und Personen. Die wichtigsten Neuerungen des 19. Jahrhunderts waren dabei zweifellos zunächst die Anwendung der Dampfmaschine für Transporte zu Lande und zu Wasser und die Erfindung des Explosionsmotors sowie der elektrischen Straßenbahn. Ballons gab es schon länger und „lenkbare Luftschiffe" existierten bereits vor 1900. 1903 wurde der erste erfolgreiche Flugversuch mit einem bemannten, von einem Motor getriebenen Flugzeug, das schwerer als Luft war, unternommen. 80 Jahre später übersteigt der Wert der über die Flughäfen importierten und exportierten Waren den der Im- und Exporte jedes größeren Seehafens; das Flugzeug ist heute das übliche Transportmittel für Langstreckenreisen. Das Fliegen führte zu einer Mobilität, wie man sie sich Anfang des 20. Jahrhunderts kaum vorstellen konnte.

Um 1900 war die Informationstechnologie schon so weit revolutioniert, dass es keines physischen Kontakts zwischen dem Sender und dem Empfänger der Mitteilung mehr bedurfte. Mitte des 19. Jahrhunderts waren die Leitungsmasten des elektrischen Telegrafen schon ein vertrauter Anblick; dem Italiener Marconi gelang es schon vor 1900, die elektromagnetische Theorie zur drahtlosen Übertragung von Nachrichten einzusetzen. Zwischen Sende- und Empfangsanlage war keine physische Verbindung mehr erforderlich. 1901 wurde die erste Radionachricht über den Atlantik gesandt, und diese Erfindung revolutionierte das kommende Jahrhundert. 1930 glaubten die meisten Menschen, die ein Radiogerät besaßen (und es waren bereits Millionen) nicht mehr, sie müssten die Fenster öffnen, um die Radiowellen hineinzulassen. In allen wichtigen Ländern gab es bereits große Rundfunkstationen.

Einige Jahre davor fanden die ersten Versuche statt, aus denen sich das Fernsehen entwickelte. 1936 nahmen die BBC und der Berliner Rundfunk während der Olympischen Spiele in Berlin die ersten Fernsehsendungen auf; 20 Jahre später war dieses Medium in den führenden Industriestaaten alltäglich geworden. Im gesamten 20. Jahrhundert vergrößerte sich die Geschwindigkeit der Informationsübertragung. Der unglaubliche Fortschritt neuer Industrien zum Einsatz elektronischer Kommunikationsverfahren ist vor diesem Hintergrund zu betrachten.

Fernsehgeräte wurden in den westlichen Ländern in den 50er Jahren zu einem vertrauten Möbelstück. Heutzutage spielt das Fernsehen in der entwickelten Welt eine wichtige Rolle bei der Widerspiegelung und Entstehung neuer gesellschaftlicher Trends.

DIE MANIPULATION DER NATUR

Der technische Fortschritt war lange Zeit fast die einzige Form, in der man von der Wissenschaft Kenntnis erhielt, und vielleicht ist es auch heute nicht anders. Bei manchen technischen Vorgängen ist die Grundlage klar ersichtlich, so zum Beispiel bei der Energieerzeugung aus der Kernspaltung oder beim Einsatz von Computern zur Kontrolle von Maschinen. Bei anderen bleiben den Laien die chemischen Grundlagen verborgen, wenngleich ihnen in diesem Fall durchaus die überragende Rolle der Wissenschaft einleuchtet. Schon 1950 hing die moderne Industrie in direkter oder indirekter Weise von den Naturwissenschaften ab. Die Umsetzung von Erkenntnissen der Forschung in industrielle Endprodukte wurde zunehmend schneller. Nachdem das Prinzip des Explosionsmotors erkannt worden war, vergingen nur 50 Jahre, bis das Auto als allgemeines Transportmittel überall verbreitet war. Die Zeitdifferenz zwischen dem ersten Einsatz von Penizillin und seiner Produktion im großen Maßstab betrug hingegen nur noch etwa zehn Jahre.

In den 50er Jahren kamen Produkte aus Plastik in Mode. Reklamen wie die hier abgebildete betonten die Vielseitigkeit, Buntheit und Verwendbarkeit dieses Materials.

Die Auswirkungen der Naturwissenschaften

Mit den Erfolgen der Naturwissenschaften im 20. Jahrhundert ging eine zunehmende Abhängigkeit von den Forschungsergebnissen der angewandten Wissenschaften in den Industrieländern einher.

Die Geschwindigkeit, mit der naturwissenschaftliche Erkenntnisse in technische Neuerungen umgesetzt werden, ist zum Teil durch die Ausbreitung des Prinzips der zweckgerichteten Forschung erklärbar, aber ebenso durch die Bereitschaft, Geld für diese aufzuwenden. Die meisten praktischen Resultate der Naturwissenschaft des 19. Jahrhunderts waren Nebenprodukte wissenschaftlicher Neugier, manchmal bloße Zufallsergebnisse.

Um das Jahr 1900 zeichnete sich eine Veränderung ab: Einige Wissenschaftler erkannten, dass eine bewusst auf ein bestimmtes Ziel ausgerichtete Forschung sinnvoll war. 20 Jahre später sahen große Firmen den Nutzen von Forschungsinvestitionen. Manch industrielle Forschungsabteilung wuchs, als Petrochemie, Kunststoffe, Elektronik und biochemische Arzneimittel Bedeutung erlangten, zu einer riesigen Einrichtung heran. Heute ist das Leben der Bürger der Industrienationen stark von der angewandten Wissenschaft abhängig. Deren Allgegenwart und die spektakulären Leistungen, die erbracht wurden, sorgten für das stetig wachsende Ansehen der Naturwissenschaften.

Geld dient auch hier als Gradmesser. So erhielt zum Beispiel das Cavendish Laboratory in Cambridge, in dem vor 1914 einige der grundlegenden Experimente der Nuklearphysik durchgeführt wurden, damals von der Universität jährlich ganze 300 Pfund. Als sich Briten und Amerikaner während des Zweiten Weltkriegs für die Entwicklung von Nuklearwaffen entschieden, entstand das „Manhattan Project", das nach Schätzungen so viel kostete wie die gesamte naturwissenschaftliche Forschung seit dem Beginn der Menschheitsgeschichte insgesamt.

Staatliche Investitionen

Der Einsatz großer Geldsummen – andere Projekte der Nachkriegszeit verschlangen noch mehr als das Manhattan Project – markiert eine weitere wichtige Veränderung, die gesteigerte Bedeutung der Forschung. Nachdem die Wissenschaft jahrhundertelang nur gelegentliche staatliche Förderung erhielt, ist dies nun zu einer bedeutenden politischen Aufgabe geworden. Für manche Projekte, die seit 1945 in Angriff genommen wurden, können nur die staatlichen Regierungen ausreichende Ressourcen zur Verfügung stellen. USA und UdSSR investierten zum großen Teil deshalb enorme Summen in die Wissenschaft, weil sie sich von ihr verbesserte Waffen versprachen. Die stärkere Beteiligung der Regierungen führte jedoch nicht zu einem zunehmenden Nationalismus der Wissenschaften, sondern sie behielt die Tradition des internationalen Austauschs zwischen den Wissenschaftlern, die eine der großen Errungenschaften der ersten Blüte der Naturwissenschaften im 17. Jahrhundert war, bei. Doch selbst ohne diese Tradition hätte die Naturwissenschaft aus theoretischen und praktischen Gründen die nationalen Grenzen sprengen müssen.

DIE NEUE PHYSIK

Schon vor 1914 zeichnete sich das allmähliche Verschwinden der Abgrenzung zwischen den einzelnen Wissenschaftsdisziplinen, die zum Teil seit dem 17. Jahrhundert als eigenständige Forschungsbereiche existiert hatten, ab. Die Auswirkungen dieser Entwicklung zeigten sich jedoch erst spät. Trotz der Leistungen der Chemiker und Biologen des

Einer der Bereiche wissenschaftlicher Forschung, der am stärksten von der staatlichen Finanzierung profitiert, ist das Sammeln von Daten über den Weltraum. Diese Radioteleskope sind ein Teil des Very Large Array (VLA; „Große Phalanx") in Neumexiko, USA. Die Anlage fungiert wie eine große Empfangsschüssel: Die Daten der 27 Teleskope mit einem Durchmesser von jeweils 25 Metern werden gebündelt und im nationalen radioastronomischen Observatorium zu einem Bild zusammengefügt.

Diese Tokioter Computertechnikerin führt Qualitätskontrollen von Disketten durch. Mit Hilfe staatlicher Industriesubventionen wurde Japan zu einem weltweit führenden Hersteller elektronischer Artikel.

19. Jahrhunderts gingen die wichtigsten wissenschaftlichen Leistungen des frühen 20. Jahrhunderts von der Physik aus. Newtons Physik hatte sich 150 Jahre lang als ein ausreichendes Paradigma bewährt, als James Clerk Maxwell, der erste Professor für Experimentalphysik an der Universität Cambridge, in den 70er Jahren des 19. Jahrhunderts seine Arbeiten über Elektromagnetismus veröffentlicht. Maxwells Theorien und seine Experimente veränderten die Newtonsche Weltsicht, nach der das Universum natürlichen, regelhaften Gesetzen, die sich entdecken ließen, gehorchte und im Wesentlichen aus unzerstörbarer Materie in vielfältigen Kombinationen und Gliederungen bestand. Nun musste diesem Bild eine neue Komponente hinzugefügt werden, die Existenz elektromagnetischer Felder, deren technologische Anwendungsmöglichkeiten schnell Laien und Wissenschaftler gleichermaßen faszinierten.

Die Atomspaltung

Die entscheidenden Entdeckungen, die sich dem Elektromagnetismus anschlossen und die Grundlage für die moderne theoretische Physik schufen, ereigneten sich zwischen 1895 und 1914: Röntgen entdeckte die nach ihm benannten Strahlen, Becquerel die Radioaktivität, Thomson bestimmte das Elektron, die Curies isolierten das Element Radium und Rutherford untersuchte die Struktur des Atoms. Durch diese Entdeckungen konnte die physische Welt auf eine neue Weise gesehen werden. Das Universum schien nicht mehr aus Materieklumpen, sondern aus Aggregaten von Atomen zu bestehen, winzigen, Sonnensystemen gleichenden Partikeln in bestimmter Anordnung. Diese Partikel verhielten sich offenkundig in einer Weise, die die Grenzziehung zwischen Materie und elektromagnetischen Feldern verwischte. Außerdem stand die Anordnung dieser Partikel nicht fest. Eine Ordnung konnte in der Natur in eine andere übergehen und damit ein Element zu einem anderen werden. Entscheidend war Rutherfords Behauptung, dass Atome auf Grund ihrer Partikelstruktur „aufzuspalten" seien und Materie selbst auf dieser fundamentalen Ebene Gegenstand menschlichen Eingreifens werden könne. (Noch 1935 war er jedoch der Ansicht, die Nuklearphysik werde praktisch nicht anwendbar sein, und niemand widersprach ihm.) Zwei der Atomteilchen wurden sehr bald bestimmt, das Proton und das Elektron; die übrigen erst nach 1932, als Chadwick das Neutron entdeckte. Doch Rutherford und Bohr lieferten der wissenschaftlichen Welt ein experimentell abgestütztes Bild der Atomstruktur als eines aus Partikeln bestehenden Systems. Seit dieser Zeit ist die Entdeckung neuer Elementarteilchen eine der Hauptentwicklungslinien der Physik.

Quantentheorie und Relativitätstheorie

Diese wichtigen experimentellen Arbeiten lieferten jedoch keine neue Theorie, die an die Stelle der Newtons treten konnte. Diese entwickelte sich in einem lang anhaltenden revolutionären Prozess, der sich von den letzten

Jahren des 19. Jahrhunderts bis in die 20er Jahre des 20. Jahrhunderts erstreckte. Er konzentrierte sich auf zwei verschiedene Fragestellungen, die mit den Namen Quanten- und Relativitätstheorie bezeichnet wurden. Ihre Pioniere waren Max Planck und Albert Einstein. Bis zum Jahr 1905 hatten sie experimentell und mathematisch nachgewiesen, dass die Bewegungsgesetze Newtons ein unzureichender Rahmen für die Erklärung einer nicht mehr zu bestreitenden Tatsache waren: Die Energieübertragung in der materiellen Welt erfolgt nicht gleichmäßig, sondern in unterscheidbaren Sprüngen, den so genannten Quanten. Planck zeigte, dass die Strahlungswärme (beispielsweise der Sonne) nicht kontinuierlich abgestrahlt wird; Planck behauptete, dass dies für jede Form von Energieübertragung gelte. Einstein postulierte, das Licht pflanze sich nicht kontinuierlich, sondern in Partikeln fort. Obwohl in den folgenden 20 Jahren weitere wichtige Arbeiten erschienen, blieb Plancks Beitrag von tief greifender Wirkung und erschütterte die Grundlagen.

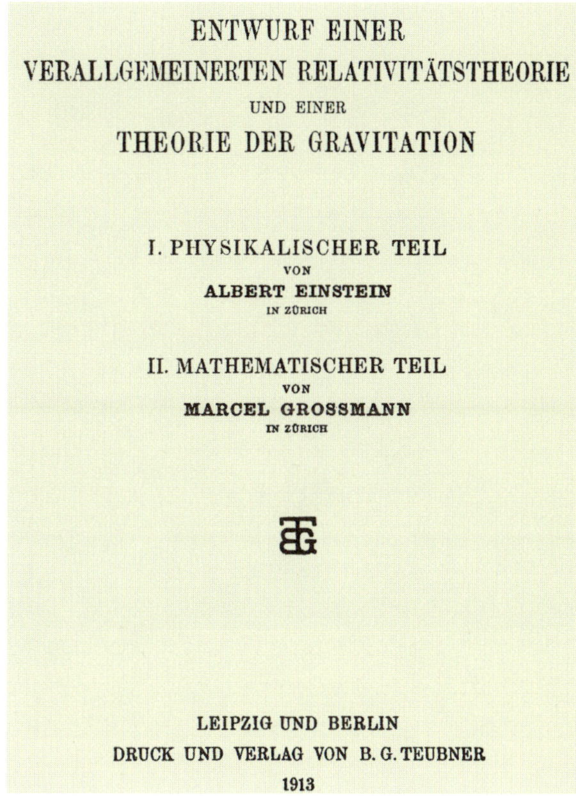
ENTWURF EINER
VERALLGEMEINERTEN RELATIVITÄTSTHEORIE
UND EINER
THEORIE DER GRAVITATION

I. PHYSIKALISCHER TEIL
VON
ALBERT EINSTEIN
IN ZÜRICH

II. MATHEMATISCHER TEIL
VON
MARCEL GROSSMANN
IN ZÜRICH

LEIPZIG UND BERLIN
DRUCK UND VERLAG VON B. G. TEUBNER
1913

Titelblatt einer frühen Ausgabe von Einsteins *Entwurf einer verallgemeinerten Relativitätstheorie.* 1915 weitete Einstein seinen Ansatz zu einer Allgemeinen Relativitätstheorie aus; das Originalmanuskript musste aus dem Berlin der Kriegszeit herausgeschmuggelt werden. Einstein war damals Direktor des Berliner Kaiser-Wilhelm-Instituts, trotz seiner antimilitaristischen Haltung.

Unterdessen hatte Einstein nach seiner Arbeit an den Quanten 1905 seine berühmteste Leistung vollbracht, die Formulierung der Relativitätstheorie. Im Kern besagte sie, dass die traditionellen Unterscheidungen zwischen Raum und Zeit, Masse und Energie nicht stimmig aufrechterhalten werden könnten. An die Stelle der dreidimensionalen Physik Newtons trat ein „Raum-Zeit-Kontinuum", in dessen Rahmen sich die Wechselbeziehung von Raum, Zeit und Bewegung verstehen ließ. Seine Aussagen wurden bald durch die astronomische Beobachtung von Tatsachen untermauert, für die die Newtonsche Kosmologie keine adäquate Erklärung lieferte, wohl aber die Einsteinsche. Eine seltsame und unerwartete Folgerung aus der Arbeit, auf der die Re-

Albert Einstein (1879–1955), Sohn deutsch-jüdischer Eltern und später Schweizer Staatsbürger, erhielt 1921 den Nobelpreis für Physik. Nach Hitlers Machtantritt trat er von seinem Berliner Amt zurück und arbeitete von 1933 bis zu seinem Tod am Institute for Advanced Study der Universität Princeton, USA.

Bei der Untersuchung der Energieverteilung in einer Blackbox formulierte Max Planck (1858–1947) die so genannte Quantentheorie (1900). Sie erwies sich als äußerst folgenreich für die Physik, und ihre Anwendung durch Albert Einstein und Nils Bohr erbrachte weitere wichtige Entdeckungen. Planck erhielt 1918 den Nobelpreis für Physik.

lativitätstheorie basierte, war die mathematische Gleichung zum Verhältnis von Masse und Energie: $E = mc^2$, wobei E für die Energie, m für die Masse und c für die Lichtgeschwindigkeit steht. Die Bedeutung und Richtigkeit dieses theoretischen Satzes erwies sich erst nach vielen weiteren Forschungen auf dem Gebiet der Nuklearphysik. Da zeigte sich, dass die Verhältnisse, die sich in der Umwandlung von Masse in Wärmeenergie bei der Kernspaltung beobachten ließen, den Voraussagen dieser Formel entsprachen.

Ein Durchbruch für die Nuklearphysik

1926 begann mit der Entdeckung der mathematischen Beweise die entscheidende Ausweitung der Nuklearphysik und der Quantenmechanik. Manche sprechen sogar von einem neuen Zeitalter der Physik.

Während diese Fortschritte verarbeitet wurden, gingen die Versuche weiter, die Nuklearphysik im Lichte der Planckschen Erkenntnisse neu zu schreiben. Doch ein wesentlicher theoretischer Durchbruch gelang erst 1926, als Schrödinger und Heisenberg den Beobachtungen Plancks und damit der Nuklearphysik eine mathematische Basis gaben. Die Leistung der beiden Forscher und ihrer Mitarbeiter schien so bahnbrechend, dass man eine Zeit lang glaubte, die Quantenmechanik besitze eine nahezu grenzenlose Erklärungsmöglichkeit für wissenschaftliche Sachverhalte. Nun ließ sich das Verhalten der Elementarteilchen im Atom erklären, das Rutherford und Bohr beobachtet hatten. Weiterentwicklungen ihrer Arbeiten führten zur Voraussage der Existenz neuer Kernteilchen, insbesondere des Positrons, das dann auch in den 30er Jahren gefunden wurde. Mit der Quantenmechanik schien ein neues Zeitalter der Physik begonnen zu haben.

Ein neues Bild des Universums

Mitte des 20. Jahrhunderts hatte die Wissenschaft mehr alte Erkenntnisse aufgegeben als nur einen einst akzeptierten Satz allgemein gültiger Gesetze. Zuerst in der Physik und danach auch in anderen Naturwissenschaften wurde der Begriff des allgemein gültigen Gesetzes durch das Konzept der statistischen Wahrscheinlichkeit als bestmöglicher Erkenntnisstufe abgelöst. Idee und Inhalt der Wissenschaft änderten sich. Unter dem Ansturm neuen Wissens, das aus neuen Theorien und neuen Instrumenten entstand, brachen die Abgrenzungen zwischen den Einzelwissenschaften zusammen. Kein einzelner Mensch konnte mehr auch nur die Erkenntnisse einer der alten Großdisziplinen der Naturwissenschaft erfassen. Das Einfließen von Erkenntnissen beispielsweise der theoretischen Physik in die Neurologie oder der Mathematik in die Biologie legten dem Traum des 19. Jahrhunderts, dem Ziel einer Synthese des Wissens, weitere Hindernisse in den Weg, ebenso auch die beispiellose Geschwindigkeit, mit der neue Erkenntnisse gewonnen wurden (manchmal war deren Menge so groß, dass sie nur mit den seit neuestem verfügbaren Computern verarbeitet werden konnten).

Die Wissenschaften vom Leben: Meilensteine der Biotechnologie und der Genetik

1865 Mendel veröffentlicht erste Berichte von seinen Experimenten mit Erbsen, die das Vorhandensein unabhängiger Faktoren („Gene") beweisen.

1909 Erstmalige Verwendung des Begriffs „Gen" in einem Buch von Johannsen.

1928 Fleming entdeckt das Penizillin – Veröffentlichung seines ersten Forschungsaufsatzes.

1941 Beginn der Massenproduktion von Antibiotika (Penizillin) in den USA.

1947 Erstmaliger Gebrauch des Begriffs „Biotechnology" (USA).

1953 Crick und Watson veröffentlichen ein Forschungspapier, in dem sie die Struktur der DNS beschreiben. Veröffentlichung der Struktur des Insulins (als erster bestimmter Proteinstruktur).

1973 Cohen und Boyer entdecken die rekombinierende Ribonukleinsäure (Boten-RNS) – die Basis für die Genmanipulation.

1975 Milstein publiziert die Resultate seiner Experimente zur Zellverschmelzung, die zur Entwicklung monoklonaler Antikörper führen.

1982 Kommerzielle Produktion des ersten genetisch bearbeiteten Wirkstoffs (Insulin).

1983 Erste Publikation zur genetischen Kartierung (Huntington's Disease).

1986 Jefferys veröffentlicht ein Verfahren zur Bestimmung des „genetischen Fingerabdrucks", das 1987 erstmals in der Gerichtsmedizin verwendet wird.

1989 Erste Isolierung (strukturelle Bestimmung) eines defekten Gens (Mukoviszidose).

1990 Goodfellow entdeckt die Struktur des geschlechtsbestimmenden Gens.

1991 Geburt des ersten Tiers mit genetisch verändertem Geschlecht (Maus).

1997 Das Schaf „Dolly" ist das erste aus der Zelle eines erwachsenen Tiers geklonte Säugetier.

2000 Vollständige Entschlüsselung des menschlichen Erbgutes.

Louis Pasteur (1822–1895) wies nach, dass der Gärungsprozess, der Milch in Käse verwandelt, von Bakterien verursacht wird. Später zeigte er, dass Bakterien auch für Infektionskrankheiten verantwortlich sind.

DIE BIOLOGIE

Die zunehmende Komplexität der wissenschaftlichen Forschung verminderte weder das Ansehen der Wissenschaftler noch den Glauben der Menschheit, dass von ihnen das Beste für ihre Zukunft zu hoffen sei. Wenn Zweifel aufkamen, dann speisten sie sich aus anderen Quellen als aus ihrer Unfähigkeit, ein umfassendes Theoriengebäude zu errichten, das dem Laien so verständlich gewesen wäre wie Newtons Gesetze. Währenddessen setzte sich der Strom neuer wissenschaftlicher Erkenntnisse fort, wobei die Führung nach 1945

Alexander Fleming (1881–1955) bei der Arbeit im Londoner St Mary's Hospital (1943). Er entdeckte 1928 die keimtötende Wirkung des Penizillins.

bis zu einem bestimmten Grad von der Physik auf die Biologie überging. Dank der Erfindung des Mikroskops im 17. Jahrhundert war bekannt, dass das Körpergewebe aus abgegrenzten Einheiten, den so genannten Zellen, besteht. Im 19. Jahrhundert wussten die Forscher bereits, dass sich Zellen teilen können und dass sie sich individuell entwickeln. Die Zelltheorie, wie sie um 1900 weithin akzeptiert war, legte nahe, dass das Studium einzelner Zellen ein guter Ansatz zum Studium des Lebens wäre. Die Anwendung der Chemie auf diesen Vorgang wurde zu einer der Hauptrichtungen der biologischen Forschung. Der andere Schwerpunkt der Biologie im 19. Jahrhundert war die neue Wissenschaft der Genetik, die sich mit dem Studium der Vererbung von Eigenschaften von der einen Generation auf die nächste beschäftigte. Darwin hatte das Prinzip der Vererbung als Mittel zur Verbreitung von Eigenschaften gelehrt, die von der natürlichen Selektion begünstigt würden. Die ersten Schritte zum Verständnis des Mechanismus, der dieses ermöglichte, unternahm der österreichische Mönch Gregor Mendel. Aus einer akribischen Reihe von Zuchtexperimenten mit Erbsenpflanzen zog Mendel den Schluss, dass es Vererbungseinheiten gibt, die die Weitergabe bestimmter Eigenschaften von einer Generation an die nächste bestimmen. 1909 bezeichnete der Däne Johannsen diese Elemente als „Gene".

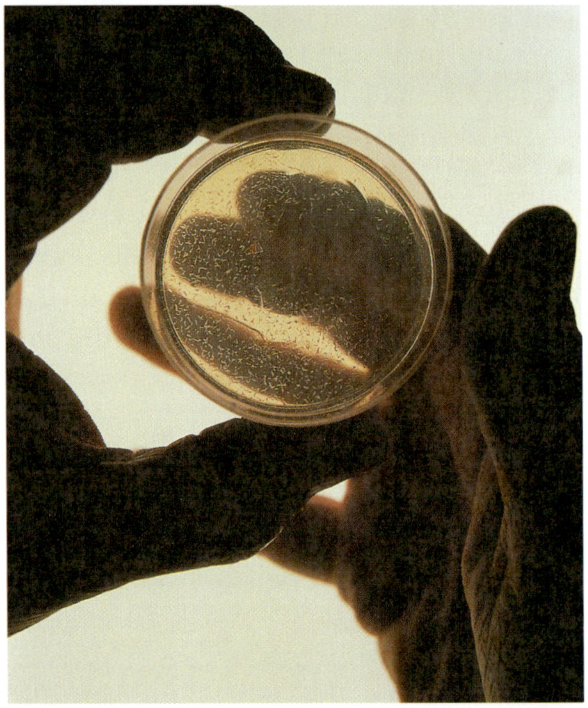

Manche Wissenschaftler betrachten das späte 20. Jahrhundert als die „Ära der Genetik". Die Fortschritte auf diesem Gebiet enthalten ein großes Potenzial für die Verbesserung menschlicher, tierischer und pflanzlicher Erbanlagen. Auf dieser Petrischale befindet sich eine Kolonie von *Caenorhabditis elegans* – winziger doppelgeschlechtlicher Fadenwürmer –, die als Objekte der Genforschung dienen.

Die Entdeckung der DNS

Nach und nach verstand man die Chemie der Zellen besser. Schon 1873 war bekannt, dass es im Zellkern eine Substanz gab, die möglicherweise die grundlegende Determinante aller lebenden Materie sein konnte. Spätere Experimente enthüllten, dass die Gene einen sichtbaren Ort in den Chromosomen besaßen. In den 40er Jahren wurde nachgewiesen, dass Gene die chemische Struktur des Proteins, des wichtigsten Bausteins der Zellen, entschieden. 1944 gab es die ersten Schritte zur Bestimmung des Wirkstoffs, der Veränderungen bei Bakterien und also bei der Kontrolle ihrer Proteinstruktur hervorrief. In den 50er Jahren wurde dieser Stoff schließlich als „DNS" identifiziert, dessen Struktur (die Doppelhelix) 1953 nachgewiesen wurde. Die entscheidende Bedeutung dieser Substanz, der Desoxyribonukleinsäure (DNS), besteht darin, dass sie der Träger der genetischen Information ist, die die Synthese der Proteinmoleküle an der Basis des Lebens bestimmt. Die chemischen Mechanismen, die der Vielfalt der Lebensformen zu Grunde liegen, waren nunmehr bekannt. In physiologischer, und vielleicht auch psychologischer Hinsicht bedeutete dies nach der allgemeinen Akzeptanz der Ideen Darwins im 19. Jahrhundert eine neue, beispiellose Veränderung der menschlichen Selbstwahrnehmung.

Die Anwendung der Genetik

Die Bestimmung und Analyse der Struktur der DNS war der wichtigste Einzelschritt in Richtung Manipulation der Natur zur Ausbildung von Lebensformen. Auch in diesem Fall schlossen sich nicht nur weitere Erkenntnisse, sondern auch neue Definitionen von Forschungsbereichen und neue Anwendungsmöglichkeiten an. „Molekularbiologie", „Biotechnologie" und „Genmanipulation" wurden schnell zu vertrauten Begriffen. Die Gene bestimmter Organismen ließen sich, wie bald gezeigt wurde, so verändern, dass diese Organismen neue, erwünschte Eigenschaften erhielten. Indem man ihre Wachstumsprozesse manipulierte, konnten Hefepilze oder andere Mikroorganismen dazu veranlasst werden, neuartige Substanzen, Enzyme oder andere Chemikalien zu erzeugen. Dies war eine der ersten Anwendungsmöglichkeiten der neuen Wissenschaft; die empirische Technologie, die auf unzähligen Experimenten bei der Zubereitung von Brot, Wein oder Käse gesammelten Kenntnissen beruhte, wurde nun wissenschaftlich überflügelt. Die genetische Modifikation von Bakterien lässt sich nun zielgerichtet zur Herstellung von Chemikalien oder Hormonen einsetzen. Ende der 80er Jahre war eine weltweite Forschungsanstrengung im Gang, das „Human Genome Project", dessen Ziel es war, das menschliche Erbgut dahingehend zu kartieren, dass die Position, Struktur und Funktion jedes menschlichen Gens bestimmt werden konnte. (Jede Zelle enthält zwischen 50000 und 100000 Gene, von denen jedes bis zu 30000 Paare der vier chemischen Grundeinheiten besitzt, die den genetischen Code bilden.) Die Entschlüsselung des menschlichen Erbguts, das Ziel dieses Projekts, wurde im Februar 2001 der Öffentlichkeit bekannt gegeben. Es ist bereits möglich, fehlerhafte Gene nicht nur aufzuspüren, sondern auch zu ersetzen; die medizinischen Folgen der Genforschungen sind gewaltig. In der Polizeiarbeit wird das Verfahren des „genetischen Fingerabdrucks" verwendet, mit dem es möglich ist, aus einer Blut- oder Samenprobe eine Person zu ermitteln. Unheimlich erscheint die Erteilung eines Patents für eine Maus, die genetisch zur Bildung von Krebsgeschwüren neigt.

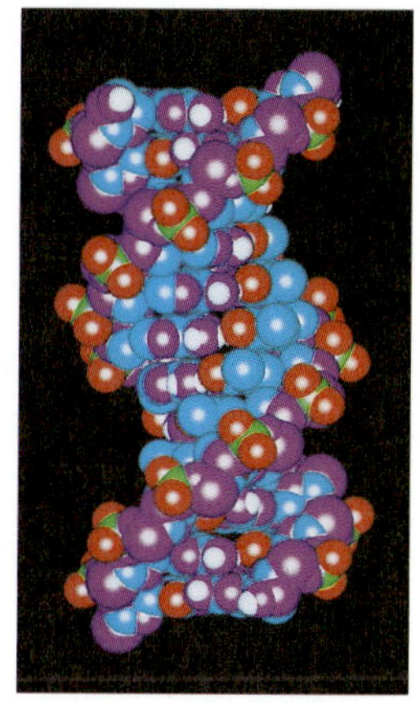

Dieses Computerbild stellt ein Segment eines DNS-Moleküls dar. Dieses besteht aus zwei Ketten verschiedener Atome (hier durch unterschiedliche Farben verdeutlicht). Da diese Ketten sehr lang sind, ist die Zahl der möglichen Kombinationen der Information des genetischen Codes entsprechend groß.

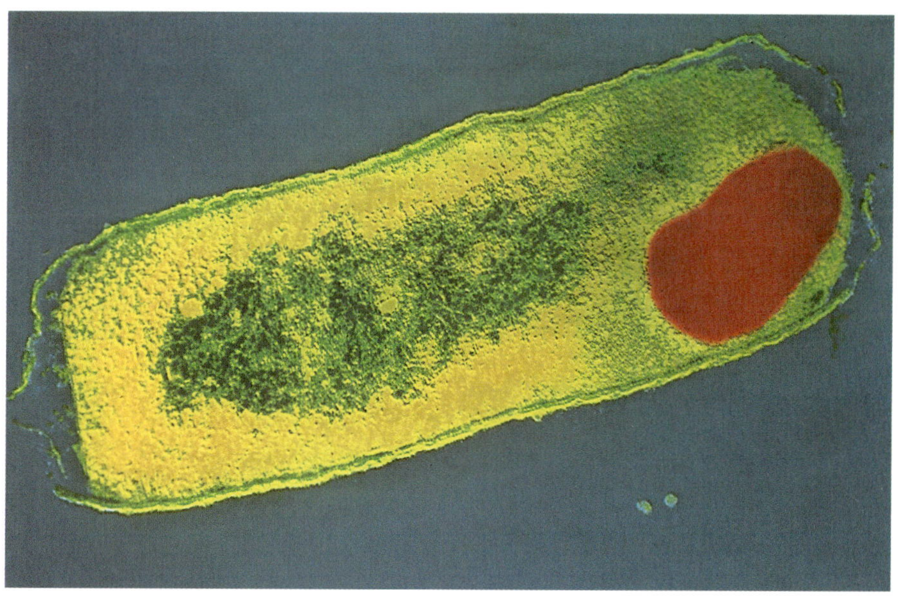

Dieses elektronenmikroskopische Bild zeigt einen genetisch manipulierten Stamm des Bakteriums *Escherichia coli*, der menschliches Interleukin-2 synthetisiert, ein Heilmittel gegen den Krebs. Diese Bakterienart wird in der Biotechnologie und in der Genforschung häufig eingesetzt.

Die Geschwindigkeit des Fortschritts

Der Fortschritt im Bereich der Genetik verlief verblüffend schnell, nicht zuletzt deshalb, weil Computer zur Verarbeitung großer Informationsmengen zur Verfügung stehen. Er ist ein bemerkenswertes Beispiel für die Beschleunigungstendenz im Bereich der Wissenschaften, die wiederum rascher zu weiteren Anwendungen und zum Ansturm neuer Ideen auf eine Welt fest gefügter Annahmen und Leitsätze führt. Was diese Entwicklung bedeutet, ist schwer abzuschätzen. Vielmehr stellt sich die alte Frage nach der Ebene, auf der Ideen kulturelle, soziale oder politische Auswirkungen haben.

Carl Sagan über unsere Kenntnis des Alls

„Wir besitzen nun erstmals die Mittel, um Kontakte mit Zivilisationen auf den Planeten anderer Sonnensysteme aufzunehmen. Es ist ein erstaunliches Faktum, dass das große, einen Durchmesser von 300 Metern besitzende Radioteleskop des National Astronomy and Ionosphere Center, das die Cornell University in Arecibo, Puerto Rico, betreibt, in der Lage wäre, mit einem gleich großen Gegenstück irgendwo im Bereich der Milchstraße zu kommunizieren. Wir können nicht nur über Entfernungen von Hunderten oder Tausenden, sondern von Zehntausenden von Lichtjahren kommunizieren, das heißt in einen Raum hinein, in dem sich Hunderte Milliarden Sterne befinden. Die Hypothese, dass auf den Planeten anderer Sterne fortgeschrittene technische Zivilisationen existieren, ist experimentellen Tests zugänglich geworden. Sie liegt nun nicht mehr im Bereich reiner Spekulation, sondern in dem der experimentellen Überprüfung."

Aus: Carl Sagan, The Cosmic Connection: An Extraterrestrial Perspective, Kap. 27.

Eines der ersten offiziellen Bilder des sowjetischen Erdsatelliten Sputnik 1. Der Start des Sputnik am 4. Oktober 1957 war eine Niederlage und Demütigung der Vereinigten Staaten beim „Wettlauf im All".

DAS ZEITALTER DER RAUMFAHRT

Für die meisten Menschen zeigt sich die Macht der Wissenschaft immer noch am deutlichsten in den von ihr erfundenen Technologien. Fast 20 Jahre lang betraf dies vor allem die spektakulären Leistungen bei der Erforschung des Weltraums. Die damit erreichte Ausweitung unserer physischen Umwelt könnte am Ende andere Ereignisse, die in diesem Buch mehr Raum erhalten haben, unbedeutender werden lassen. Die Raumfahrt erstreckte sich über einen großen Teil der Nachkriegsgeschichte. Sie war die aufregendste Leistung der modernen Technologie und lässt den Schluss zu, dass die Fähigkeit unserer Kultur, sich unvorhergesehenen Herausforderungen zu stellen, ungebrochen ist. Zudem ist sie die offensichtlichste Manifestation der Herrschaft des Menschen über die Natur. Die große psychologische Wirkung der Raumfahrt wurde im Oktober 1957 erkennbar. Für die meisten Menschen begann das Raumfahrtzeitalter mit der Erdumkreisung des unbemannten sowjetischen Satelliten Sputnik 1, der von einer Rakete ins All geschossen wurde, am Himmel sichtbar war und Radiosignale aussendete. Die politische Wirkung dieses Ereignisses war enorm: Es erschütterte den Glauben an den großen technologischen Rückstand der Sowjetunion gegenüber den

USA. Die wahre Bedeutung des Ereignisses machte man sich jedoch weniger bewusst, weil die meisten Beobachter über der Rivalität der Supermächte andere Überlegungen vergaßen. Tatsächlich ging das Zeitalter zu Ende, in dem man noch die Möglichkeit des Menschen, in den Weltraum zu reisen, in Frage stellen konnte. Fast unbemerkt ereignete sich ein Bruch in der historischen Kontinuität, dessen Bedeutung mit der Entdeckung Amerikas durch die Europäer oder mit der industriellen Revolution vergleichbar ist.

Die frühen Leistungen

Das Interesse an der Erforschung des Weltraums war alt. Visionen von Weltraumreisen fanden sich schon um die Jahrhundertwende, insbesondere in den sehr populären Werken von Jules Verne und H.G. Wells. Die Anfänge der Raumfahrttechnologie reichen fast in diese Zeiten zurück. Der russische Wissenschaftler K.E. Zolikowski entwarf lange vor 1914 mehrstufige Raketen und erfand viele der Grundprinzipien der Weltraumfahrt. Die erste sowjetische Flüssigbrennstoffrakete wurde 1933 gestartet; sie stieg fast fünf Kilometer hoch. Sechs Jahre später folgte eine zweistufige Rakete. Der Zweite Weltkrieg setzte auf deutscher Seite ein umfangreiches Raketenprogramm in Gang, auf dem die Amerikaner 1955 beim Start des ihren aufbauten. Es begann mit bescheideneren Mitteln als das sowjetische, welches bereits einen beachtlichen Vorsprung erreicht hatte. Der erste amerikanische Satellit wog nur 1,3 Kilogramm, während Sputnik 1 ein Gewicht von über 80 Kilogramm besaß. Ein viel beachteter Startversuch der Amerikaner fand im Dezember 1957 statt, aber die Rakete hob nicht ab, sondern fing Feuer, und nur ein trauriger Piepton verriet den Ort, wo der Satellit nahe der Abschussstelle abgestürzt war. Zwar verbesserten sich die Leistungen der Amerikaner, doch schon einen Monat nach Sputnik 1 hatten die Russen Sputnik 2 ins All geschossen, einen erstaunlichen Apparat, der eine halbe Tonne wog und den ersten Weltraumreisenden beförderte, die schwarzweiß gefleckte Mischlingshündin Laika. Fast sechs Monate lang umkreiste Sputnik 2 mit seiner Passagierin, die zum Entsetzen aller Hundefreunde im All sterben sollte, von der Erde aus sichtbar den Planeten.

Im April 1961 umkreiste der sowjetische Kosmonaut Juri Gagarin (1943–1968) in seiner Raumkapsel Wostok 1 als erster Mensch den Erdball. Diese Leistung bestätigte damals den sowjetischen Vorsprung im All.

Diese Zeitungsschlagzeilen des Jahres 1957 zeigen, welch große Aufmerksamkeit die Nachricht, dass die Sowjetunion einen „künstlichen Mond" in die Erdumlaufbahn geschickt hatte, bei der Weltpresse fand. Fast die gesamte Welt fieberte mit bei dem Wettrennen der Supermächte im All.

Der Wettlauf im All

Schon Anfang 1958 schlugen die russischen und amerikanischen Weltraumprogramme etwas divergierende Richtungen ein. Die Russen legten, ausgehend von ihren Vorkriegserfahrungen, großen Wert auf Größe und Stärke ihrer Raketen, die große Lasten tragen konnten; hier sollte auch in der Zukunft ihr Vorteil liegen. Das hatte militärische Implikationen, die deutlicher waren als die ebenfalls weit reichenden amerikanischen. Letztere konzentrierten sich mehr auf das Sammeln von Daten und auf die entsprechende instrumentelle Ausstattung, waren aber weniger spektakulär. Bald begann ein Wettkampf um Erfolge, und wenn man auch bald von einem „Wettlauf im All" sprach, strebten beide Seiten eigentlich unterschiedliche Ziele an. Der Unterschied war bereits sichtbar, als der erste amerikanische Satellit Vanguard nach dem Fehlstart im Dezember 1957 im folgenden März erfolgreich gestartet wurde. Dieser Satellit drang tiefer in den Weltraum ein als jedes menschliche Gerät zuvor und lieferte im Verhältnis zu seiner Größe mehr wertvolle wissenschaftliche Information als jeder andere Satellit. Er wird vermutlich noch mehrere 100 Jahre die Erde umkreisen.

Der Fortschritt gewann an Fahrt: Ende 1958 wurde der erste (amerikanische) Nachrichtensatellit erfolgreich gestartet. 1960 hatten die Amerikaner mit der ersten Bergung einer Kapsel nach ihrer Landung einen weiteren Erfolg zu verbuchen. Die Russen konterten mit der weichen Landung von Sputnik 5, einem Satelliten von viereinhalb Tonnen Gewicht und mit einer Besatzung von zwei Hunden, die damit als erste Lebewesen wohlbehalten von einer Weltraumreise zurückkehrten. Am 12. April 1961 trug eine sowjetische Rakete den ersten Menschen ins All, Juri Gagarin. Nach einer Erdumkreisung, die 108 Minuten dauerte, landete seine Raumkapsel wieder auf dem Heimatplaneten. Vier Jahre nach Sputnik 1 hatte die Eroberung des Alls durch den Menschen begonnen.

Das Mondfahrtprojekt des US-Präsidenten John F. Kennedy

Wahrscheinlich von dem Wunsch geleitet, die Öffentlichkeit von dem Desaster der amerikanisch-kubanischen Beziehungen abzulenken, erklärte Präsident Kennedy im Mai 1961, die USA sollten vor 1970 den Versuch einer bemannten Mondlandung verwirklichen. Kennedy erklärte, ein solches Projekt biete der Nation ein gutes Ziel; es sei prestigeträchtig und von großer Bedeutung für die Erforschung des Alls. Außerdem fügte er – etwas überraschend – hinzu, sei es ein beispiellos schwieriges und teures Unterfangen. Kennedy sprach weder vom wissenschaftlichen Fortschritt noch von wirtschaftlichen oder militärischen Vorteilen. Erstaunlicherweise stieß sein Vorschlag auf keinerlei Widerstand, und schon bald wurde das erste Geld für das teuerste technologische Abenteuer in der Menschheitsgeschichte angewiesen.

Zu Beginn der 60er Jahre gelangen den Russen weitere spektakuläre Fortschritte. 1964 startete eine Kapsel mit einer dreiköpfigen Besatzung und 1965 kam es zum ersten „Spaziergang im All", als ein Kosmonaut in der Umlaufbahn die Kapsel verließ und, nur durch eine Leine gesichert, im Weltraum schwebte. Auch danach erzielten die Russen wichtige Fortschritte: So glückten ihnen gezielte Rendezvous von Raumfahrzeugen und Andockmanöver; doch nach 1967 (damals starb als erstes Opfer der Raumfahrt ein russischer Kosmonaut beim Wiedereintritt in die Atmosphäre) wurden sie durch Erfolge der amerikanischen Raumfahrt eingeholt: 1968 gelang den Amerikanern der sensationelle Erfolg, eine Raumkapsel mit drei Besatzungsmitgliedern den Mond umkreisen und Fernsehbilder von dessen Oberfläche übertragen zu lassen.

Der amerikanische Astronaut Neil Armstrong (geb. 1930) im Raumanzug beim Training für den Epoche machenden Mondflug von 1969. Berühmt wurden seine Worte, als er als erster Mensch den Boden des Mondes betrat: „Ein kleiner Schritt für einen Menschen, ein großer für die Menschheit."

Die erste Mondlandung

Im Mai 1969 näherte sich die Kapsel Apollo 10 der Mondoberfläche bis auf zehn Kilometer, um die Technik für die letzte Stufe der Mondlandung zu erproben. Einige Wochen darauf, am 16. Juli, reiste eine neue Mannschaft ins Universum. Am Morgen des 21. Juli setzte Neil Armstrong, der Kommandant der Mission, als erster Mensch seinen Fuß auf den Mond. Präsident Kennedys Ziel war fristgerecht verwirklicht worden. Weitere Landeunternehmen schlossen sich an. In einem Jahrzehnt, das mit der Demütigung der USA bei der gescheiterten Invasion in Kuba begonnen hatte und in den Abgründen eines erfolglosen Krieges in Vietnam endete, war die Mondlandung eine triumphale Bestätigung für die Fähigkeiten Amerikas (und implizit auch seines kapitalistischen Systems). Sie war zugleich ein Zeichen für die größte Erschließung der Welt, die dem Homo sapiens jemals gelungen war – der Beginn einer neuen Phase seiner Geschichte, die er auf anderen Planeten erlebt.

Die Erforschung und Nutzung des Alls

Doch auch zu jener Zeit wurden Einwände gegen die Mondlandung laut. Die Kritiker monierten, dass sich die Mobilisierung der Ressourcen, die das Programm benötigte, nicht rechtfertigen ließ, weil es für die realen Probleme der Erde irrelevant war. Manchem erschien die Raumfahrt als eine den Pyramiden vergleichbare Leistung unserer Zivilisation – eine gewaltige Investition in etwas Nutzloses, während die Welt das Geld für Erziehung, Ernährung, medizinische Forschung und weitere dringliche Bedürfnisse gebraucht hätte. Man kann sich der Sympathie mit einem solchen Standpunkt nur schwer entziehen, trotzdem lässt er sich kaum aufrechterhalten. Zunächst einmal sind die wissenschaftlichen

Obwohl die erste Mondlandung von der Mehrheit der Menschen fasziniert verfolgt wurde, gab es auch kritische Stimmen: Sie waren der Meinung, dass die Probleme auf der Erde dringlicher seien.

Erstmals betrat am 21. Juli 1969 ein Mensch den Mond. Millionen Zuschauer in aller Welt folgten dem Geschehen fast zeitgleich am Fernsehschirm – ein Beweis, dass nicht nur die Weltraumtechnologie, sondern auch die Technologie audiovisueller Kommunikation gewaltige Fortschritte machte.

Die Erforschung und Nutzung des Weltraums: Bedeutende Schritte bis zum Jahr 1969

1903 Konstantin Zolikowski veröffentlicht einen Aufsatz über Weltraumreisen mit Flüssigbrennstoffraketen.

1. Mai 1933 Zolikowski sagt voraus, dass noch viele seiner sowjetischen Mitbürger die ersten Raumflüge miterleben würden.

20. Oktober 1942 Erster Eintritt einer V2-Rakete in die Stratosphäre.

1944 Deutsche V2-Raketen bombardieren London und Antwerpen.

1954 Präsident Eisenhower kündigt den Start eines kleinen Wissenschaftssatelliten, Vanguard, für 1957 oder 1958 an.

1. Oktober 1957 Start von Sputnik 1 (UdSSR); Gewicht: 83,46 kg.
3. November Start von Sputnik 2 (UdSSR), Gewicht: 508 kg; an Bord die Hündin Laika.

31. Januar 1958 Start des Explorer (USA), Entdeckung des Van-Allen-Strahlengürtels.
17. März Start von Vanguard 1 (USA); Gewicht: 1,47 kg. Der erste Satellit mit Solarbatterien.

13. September 1959 Luna 2 (UdSSR) schlägt als erstes von Menschen geschaffenes Objekt auf dem Mond auf.
10. Oktober Luna 3 (UdSSR) sendet Bilder von der erdabgewandten Seite des Mondes.

11. August 1960 Discoverer 13 (USA) gelingt als erstem Satelliten der sichere Wiedereintritt in die Atmosphäre.
19. August Sputnik 5 (UdSSR) landet nach einer Erdumkreisung mit zwei Hunden an Bord unbeschädigt auf der Erde.

12. April 1961 Major Juri Gagarin (UdSSR) umkreist als erster Mensch die Erde.
25. Mai Präsident Kennedy erklärt, die USA würden vor 1970 eine bemannte Mondlandung durchführen.
6. August Wostok 2 (UdSSR) umkreist die Erde 17-mal.

20. Februar 1962 Erster bemannter amerikanischer Raumflug.
10. Juli Start des Satelliten Telstar (USA); erstmals können Fernsehbilder über den Atlantik gesendet werden.

18. März 1965 Während der Wostschod-2-Mission (UdSSR) unternimmt Alexei Leonow einen zehnminütigen „Raumspaziergang".
2. Mai Early Bird (USA), der erste kommerzielle Satellit für Fernsehübertragungen.
15. Dezember Start von Gemini 7 (USA), das sich im All mit Gemini 6 treffen soll. Die beiden Raumkapseln nähern sich bis auf 30 cm einander an.

Juli–November 1966 Die Gemini-Missionen 10, 11 und 12 (USA) führen Andockmanöver mit dem Fahrzeug „Agena" durch.

1967 Erste Todesopfer des amerikanischen Raumfahrtprogramms.

21.–27. Dezember 1968 Apollo 8 (USA) führt die erste bemannte Mondumkreisung durch.

14.–17. Januar 1969 Sojus 4 und 5 (UdSSR) docken im Raum aneinander an und tauschen Passagiere aus.

20. Juli Apollo 11 (USA) landet mit zwei Menschen auf dem Mond.

und ökonomischen Auswirkungen der Raumfahrt kaum quantifizierbar (jedoch schon heute sehr groß). Das Wissen zur Herstellung miniaturisierter Steuerungssysteme griff beispielsweise auch auf Anwendungen von unbestreitbarem sozialen und wirtschaftlichen Nutzen über. Ohne die vorausgegangenen Investitionen in die Raumfahrt stünde dieses Wissen heute nicht zur Verfügung. Genauso wenig können wir sicher sein, dass die Ressourcen, die für die Raumfahrt aufgewendet wurden, sonst tatsächlich für irgendeinen anderen wichtigen wissenschaftlichen oder sozialen Zweck eingesetzt worden wären: Die sozialen Mechanismen in unserer Welt arbeiten anders.

Auch die mythische Bedeutung des Ereignisses muss berücksichtigt werden. Wie bedauerlich es auch sein mag, die modernen Gesellschaften sind kaum in der Lage, bei ihren Mitgliedern großes Interesse und Enthusiasmus für kollektive Vorhaben zu wecken, außer auf kurze Zeit oder im Falle eines Krieges. Die Aussicht, marginalen Mehrzuwachs beim Bruttosozialprodukt oder eine Verbesserung im System sozialer Dienstleistungen zu erreichen, spricht die Vorstellungskraft großer Menschenmengen nicht allzu sehr an. Wie

Start eines amerikanischen Space-Shuttles im Juni 1991. Obwohl die Space-Shuttles zum Flug ins All noch Trägerraketen benötigen, können sie bereits wie Flugzeuge auf einem Rollfeld landen.

wünschenswert diese Dinge an sich auch sein mögen, Kennedys Idee, der Nation ein Ziel vorzugeben, war ein geschickter Schachzug. In den schwierigen 60er Jahren waren die Amerikaner über viele Fragen uneins, aber nicht über die Raumfahrt.

Das Space-Shuttle

Aus dem Wettlauf der beiden Raumfahrer-Nationen USA und UdSSR entstand seit Mitte der 70er Jahre allmählich, zumindest auf bestimmten Gebieten, eine Zusammenarbeit.

Bedeutsam ist, dass die Erforschung des Weltraums im weiteren Verlauf mehr und mehr zu einem internationalen Unternehmen wurde. Bis in die 70er Jahre hatte es kaum eine Zusammenarbeit zwischen den beiden größten Raumfahrtnationen, den USA und der UdSSR, gegeben. Dieses Nebeneinander war zweifellos ineffektiv und verschwenderisch. Zehn Jahre bevor die Amerikaner auf dem Mond landeten und dort ihre Flagge aufstellten, hatte ein sowjetischer Satellit ein Leninbild auf den Erdtrabanten gebracht. Das schien ein schlechtes Vorzeichen: Dem technologischen Wettbewerb lag die nationale Rivalität zu Grunde, und der „Wettlauf im All" trug durchaus nationalistische Züge. Diese Gefahr wurde jedoch eingedämmt, als man sich einigte, dass Himmelskörper von keinem Staat der Erde allein in Besitz genommen werden dürften. Im Juli 1975 wurde die internationale Kooperation 250 Kilometer über dem Erdboden Wirklichkeit: Bei einem eindrucksvollen Experiment dockten amerikanische und russische Raumfahrzeuge aneinander an und die Besatzungen begrüßten sich. Trotz der Zweifel setzte sich die Forschung in einem relativ günstigen internationalen Umfeld fort. Ein unbemannter Satellit führte die visuelle Untersuchung des Weltraums über den Jupiter hinaus. 1976 landete ein unbemannter Satellit auf der Oberfläche des Mars. 1977 unternahm das Space-Shuttle, das erste wieder verwendbare Raumfahrzeug, seine Jungfernfahrt. Diese eindrucksvollen Leistungen wurden aber kaum noch registriert, weil mit der Gewöhnung an die Weltraumfahrt die Begeisterung bereits abzunehmen begann.

Man fand es kaum noch lächerlich, dass kommerzielle Veranstalter in den 80er Jahren Vorbestellungen für Reisen in den Weltraum, ja sogar für „Bestattungen im All“ anboten. Die letzte große Unternehmung der sowjetischen Raumfahrt fand 1988 statt, als ein Satellit zum Mars geschickt wurde, um einer künftigen bemannten Mission den Weg zu bahnen.

UMWELTPROBLEME

Zu jener Zeit war die Raumforschung bereits von Sorgen über den menschlichen Umgang mit der Natur überschattet. Obwohl das Weltraumabenteuer ein herausragendes Beispiel für die technologischen Möglichkeiten bei der Verwirklichung menschlicher Ziele und Wünsche war, mehrten sich schon wenige Jahre nach dem Start von Sputnik 1 die Zweifel an den Grundlagen eines auf Beherrschung ausgerichteten Verhältnisses zur Natur. Diese Vorbehalte stützten sich außerdem bald auf Fakten, die bisher nicht unter diesem Aspekt betrachtet worden waren. Die Wissenschaft selbst stellte die Instrumente zur Ermittlung der Besorgnis erregenden Daten bereit. Das Bewusstsein für die Schäden, die menschliche Eingriffe der Umwelt zufügten, wuchs. Umweltschäden waren kein neues Phänomen, nun aber wurden sie wahrgenommen. Schon vor Jahrhunderten hatten die Ausweitung der Besiedlung nach Süden und die Einführung von Feldfrüchten aus den amerikanischen

Mitglieder der Umweltgruppe Greenpeace seilen sich 1986 im Rahmen einer Aktion von einer Brücke in Westdeutschland ab.

Bereits im frühen Mittelalter und im 17. Jahrhundert hatte der Mensch durch sein Verhalten Umweltprobleme erzeugt, doch erst im 20. Jahrhundert war er in der Lage, sich selbst als Verursacher zu erkennen.

Trockenebenen zu einer Abholzung der großen Wälder Südchinas und in ihrem Gefolge zu einer Verschlammung des Bewässerungssystems des Yangtse geführt, wodurch wiederholt gewaltige Überschwemmungen ausgelöst wurden. Im frühen Mittelalter holzten die islamischen Eroberer die Wälder an der nordafrikanischen Küste ab und führten die Ziegenhaltung ein. Das fruchtbare Ackerland, das einst die Kornkammern Roms beliefert hatte, ging praktisch vollständig verloren. Derartig starke Veränderungen wurden in ihrer Zeit zwar durchaus wahrgenommen, aber man begriff ihre Ursachen nicht. Das änderte sich, als seit dem 17. Jahrhundert die Eingriffe der Europäer mit beispielloser Geschwindigkeit die Umwelt veränderten. In der 2. Hälfte des 20. Jahrhunderts mussten die Menschen die Gefahren erkennen, die aus einem unbedachten Einsatz der gewaltigen technologischen Möglichkeiten erwuchsen. Man begann, die Schäden gegen die Erfolge aufzurechnen, und Mitte der 70er Jahre verbreitete sich die Einsicht, dass das Epos von der fortschreitenden Beherrschung der Natur durch den Menschen durchaus ein tragisches Ende haben könne.

Demonstranten protestieren vor einem Chemiewerk in Louisiana, USA, gegen die giftigen Emissionen dieser Fabrik.

Skepsis

Zweifel an der Wissenschaft waren niemals ganz aus den Gesellschaften der westlichen Länder verschwunden. Sie beschränkten sich allerdings zumeist auf einige primitive oder reaktionäre Enklaven, während sich die Auswirkungen der im 17. Jahrhundert einsetzenden wissenschaftlichen Revolution großartig entfalteten.

Die Geschichte liefert viele Beispiele für ein Unbehagen gegenüber Eingriffen in die Natur und für Versuche, diese einzudämmen; doch bis vor kurzem beruhte diese Abneigung auf nichtrationalen Ursachen, wie etwa der Furcht vor Gottes Zorn oder Vergeltung. Im Verlauf der Zeit verschwand diese Zurückhaltung hinter den sichtbaren Vorteilen und Verbesserungen, die die Eingriffe in die Natur mit sich brachten, wozu vor allem neue Güter aller Art wie wirksamere Arzneimittel, praktischere Bekleidung oder Nahrungsmittel höherer Qualität gehörten. Doch in den 70er Jahren entwickelte sich eine neue Wissenschaftsskepsis, auch wenn diese zunächst nur eine Minderheit erfasste. Die Zweifel an dem wichtigsten Werkzeug des Menschen zur Veränderung seiner Umwelt waren allerdings nur in den Industrieländern ausgeprägt. Zyniker hätten behaupten können, weil dort die Dividenden des Fortschritts bereits eingestrichen worden waren. Rückhalt erhielt die skeptische Einstellung in den 80er Jahren, als „grüne" Parteien sich für eine Politik des Umweltschutzes auszusprechen begannen. Nachdem sie immer mehr Zulauf bekamen, griffen auch die etablierten politischen Parteien und Politiker „grüne" Themen auf. Umweltaktivisten profitierten von den modernen Kommunikationsmitteln, die beunruhigende Nachrichten selbst aus der wenig mitteilungsfreudigen UdSSR schnell in alle Welt verbreiteten. 1986 kam es in einem ukrainischen Atomkraftwerk zu einer Hava-

Explosion des amerikanischen Space-Shuttles Challenger unmittelbar nach dem Start in Cape Canaveral, Florida, am 28. Januar 1986. Das Shuttle-Programm wurde nach dieser Katastrophe, bei der alle sieben Besatzungsmitglieder umkamen, für fast drei Jahre ausgesetzt.

rie. Plötzlich wurde den Menschen aller Länder auf schreckliche Weise ihre gegenseitige Abhängigkeit bewusst. Das Gras, das die Lämmer in Wales fraßen, die Milch, die Polen und Jugoslawen tranken, die Luft, die man in Schweden atmete, waren atomar verseucht. Eine unbekannte Zahl von Sowjetbürgern würde im Verlauf der Jahre an den Spätfolgen der Verstrahlung sterben. Diese alarmierende Neuigkeit erreichte Millionen an den Fernsehschirmen nicht lange, nachdem sie die Szenen von der Explosion eines amerikanischen Space-Shuttle gesehen hatten, bei der die gesamte Besatzung ums Leben gekommen war. Tschernobyl und die Challenger führten unzähligen Menschen zum ersten Mal die Grenzen und die möglichen Gefahren einer technologisch so weit fortgeschrittenen Zivilisation sehr deutlich vor Augen.

Das Atomkraftwerk Tschernobyl, fünf Monate nachdem eine Explosion einen der Reaktoren zerstört hatte.

Fragen nach dem Nutzen des wissenschaftlichen Fortschritts

Diese Katastrophen und Unfälle stärkten das neue Umweltbewusstsein. Noch weitere Themen wurden in diesen vielschichtigen Komplex einbezogen. Manche meinten, unsere Zivilisation erzeuge zwar materiellen Wohlstand, doch mache das die Menschen nicht automatisch glücklicher. Dieser Gedanke war an sich nicht neu, doch gewann er eine neue Ausrichtung, weil er nun nicht mehr auf den einzelnen Menschen, sondern auf die Gesellschaft angewendet wurde. Man stellte heraus, dass Verbesserungen der gesellschaftlichen Zustände durchaus nicht alle Probleme beseitigten, sondern manche sogar noch verschärften. Die Umweltverschmutzung, die bedrückende Anonymität übervölkerter Städte und der Stress des modernen Arbeitslebens dämpften die Zufriedenheit über die materiellen Zugewinne.

Schon in den 60er Jahren entdeckte man in einer der schönsten Städte der Welt, dass die Verhältnisse problematisch wurden: Auf dem Pariser Place de l'Opéra wurde ein größerer Lärmpegel als an den Niagarafällen gemessen. Die Menge der in die Seine eingeleiteten Abwässer überstieg die der natürlichen Zuflüsse. Die Größe der Stadt selbst war kritisch geworden, und andere Probleme der modernen Großstadt sind vielleicht bereits unlösbar. Auch die beängstigende Überbevölkerung der Erde, der wachsende Druck auf die schwindenden Ressourcen und die Möglichkeit eines härteren Kampfes um diese in einer politisch instabilen Welt bereiten immer mehr Menschen große Sorge.

Die Vernichtung der tropischen Regenwälder

Die systematische Zerstörung der tropischen Regenwälder ist ein Symbol für die Verwüstungen, die die Menschen heute ihrer Umwelt zufügen. Die tropischen Regenwälder gehören zu den komplexesten, vielfältigsten und fragilsten ökologischen Systemen der Erde. Sie bedecken gerade einmal sechs Prozent der Erdoberfläche, während 60 Prozent aller Lebensformen in ihnen existieren. Man schätzt, dass heute pro Tag 170 dieser Lebensformen in den Regenwäldern aussterben. Nach einem Bericht der UNESCO sind bereits 60 Prozent aller Regenwälder abgeholzt worden; die Zerstörung schreitet fort: Pro Sekunde wird zur Zeit eine Fläche von der Größe eines Fußballfeldes vernichtet.

Bilder der Verwüstung kennzeichnen immer größere Gebiete des amazonischen Regenwalds in Brasilien.

Die Begrenztheit der Rohstoffe

Es lässt sich nicht bestreiten, dass der Umgang mit Energie und Rohstoffen heute so verschwenderisch und ungerecht ist, dass eine neue Variante der Malthusianischen Katastrophe droht. Zwar lässt sich unsere Nahrungsmittelproduktion zweifellos noch steigern, aber es ist sehr wahrscheinlich, dass der Menschheit zuerst andere Dinge fehlen werden. Eine unmögliche Situation entstünde, wenn die gesamte Menschheit andere Güter im selben Ausmaß konsumieren wollte wie heute die entwickelten Länder. Ein Mensch kann nur eine bestimmte Menge von Nahrungsmitteln zu sich nehmen, aber seine Kapazität im Verbrauch von Gütern, die ihm ein angenehmeres Leben, eine bessere medizinische Versorgung oder höhere Sozialleistungen versprechen, ist praktisch unbegrenzt. Die Lieferung derartiger Güter hängt aber letztlich von Energiequellen und Rohstoffen ab, deren Menge endlich ist. Die gesellschaftlichen und politischen Veränderungen, die aus dieser Tatsache folgen, werden noch kaum zur Kenntnis genommen. Die Menschheit steht vor der Schwierigkeit, dass sie zwar das Wissen und die Technologie besitzt, um jemanden auf den Mond zu schicken, aber nichts Vergleichbares, wenn es um die Lösung dieser drängenden Probleme geht.

Die Klimakatastrophe

Der schlimmste vom Menschen verursachte Schaden der Welt ist vermutlich der am Klima. Man kennt zwar inzwischen die genauen Ursachen, doch gemeinsame Gegenmaßnahmen zur Milderung der Probleme zu ergreifen, fällt den verantwortlichen Regierungen immer noch sehr schwer.

Seit den 70er Jahren geht ein neues Gespenst um: die Möglichkeit einer vom Menschen ausgelösten, irreversiblen Veränderung des Klimas. Das Jahr 1990 war das wärmste seit dem Beginn systematischer meteorologischer Aufzeichnungen. War dies vielleicht ein Zeichen für die „globale Erwärmung", den „Treibhauseffekt", den die immense Steigerung des Kohlendioxidanteils der Atmosphäre, verursacht durch die Abgase der gewaltigen Steigerung des Verbrauchs fossiler Brennstoffe, hervorruft? Noch andere Abgase, die eine Abgabe von Erdwärme verhindern, sammeln sich in der Atmosphäre: Methan, Lachgas und Fluorchlorkohlenwasserstoffe. Als ob die globale Erwärmung allein noch nicht ausreichte, schaffen saurer Regen, die Abnahme der Ozonschicht, die zu „Ozonlöchern" führt, und eine Abholzung der Regenwälder in beispiellosem Ausmaß weitere Ursachen für eine große Besorgnis über den Zustand unserer Umwelt.

Es ist leichter, sich das Ausmaß der Probleme und Gefahren vor Augen zu führen, als brauchbare Lösungen zu finden. Solange dies so bleibt, werden die Befürchtungen wegen der Eingriffe in die Natur nicht verschwinden. Beispielsweise schätzt man, dass der Kohlendioxidanteil der Atmosphäre heute um 25 Prozent höher liegt als vor Beginn der Industrialisierung. Das mag zutreffen (und da der Ausstoß dieses Gases heute weltweit sechs Milliarden Tonnen betragen soll, hat ein Laie keinen Grund, diese Zahl zu bezweifeln). Wenn sich dieser Trend jedoch fortsetzt und keine geeigneten Gegenmaßnahmen ergriffen werden, könnten die Folgen einschneidend sein: klimatische Veränderungen (die durchschnittliche Erdtemperatur könnte im Verlauf der folgenden 100 Jahre um ein bis vier Grad Celsius steigen), eine Versteppung landwirtschaftlicher Gebiete, ein Anstieg des Meeresspiegels (nach plausiblen Schätzungen um jährlich sechs Zentimeter) und größere Migrationsbewegungen. Im Jahr 1990 wurden die gemeinsamen Interessen der Supermächte deutlich, zu ihrer Verwirklichung müssten sie sich aber statt zur Konfrontation zur Kooperation entschließen und sich auf gemeinsame Maßnahmen einigen. Erste Anfänge machte man in der Begrenzung des Ausstoßes von Fluorchlorkohlenwasserstoff. Im Februar 1991 trafen Vertreter der neu geschaffenen Umweltministerien in Washington zusammen, um mit der Ausarbeitung eines Vertrags bezüglich der globalen Erwärmung zu beginnen.

Die Menschen begreifen immer mehr, dass die Industrialisierung ihren Preis fordert: die Schädigung der Umwelt. Schwarze Abgase verpesten die Luft im Umkreis dieses Stahlwerks im indischen Bihar. Szenen wie diese finden sich auf allen Kontinenten. Die Abgase von Fabriken und Autos sind wahrscheinlich mitverantwortlich für die Erderwärmung.

6 IDEEN, EINSTELLUNGEN, AUTORITÄTEN

Ein Historiker kann – wie bereits festgestellt – nur schwer gesicherte Aussagen über die Vorstellungen der Menschen machen und darüber, wie diese den Gang der historischen Ereignisse beeinflussen. Zweifellos haben neue oder veränderte Ideen aber eine Auswirkung auf unser kollektives Handeln. Das zeigen etwa die neueren politischen Reaktionen auf die Umweltproblematik. Dennoch lassen sich diese Folgen meist nur bei Gesellschaftsgruppen mit einem bestimmten Bildungsgrad und Kenntnisstand finden. So sind es immer noch Minderheiten, die sich um das Ozonloch sorgen. Zudem gibt es noch andere Faktoren, die weit schwieriger einzuschätzen sind. Dazu gehören Sitten und Gebräuche, jenes Gefüge tief sitzender, oft schwer erkennbarer Geisteshaltungen und Einstellungen. Es ist kaum in Frage zu stellen, dass allein der Gedanke an eine stetige Zunahme des Überflusses an Konsumgütern ein ganzes System fest gefügter Erwartungen von Millionen Menschen erschüttert hat. Dieses Phänomen ist heute nicht in den Industrienationen, sondern in den Entwicklungsländern am auffälligsten, wo billige Produkte, wie etwa Transistorradios, gewaltige soziale Veränderungen auslösen. Diese Konsumgüter verleihen Ansehen und bedeuten einen Anreiz, mehr verdienen zu wollen, um sie kaufen zu können (die Ausweitung der Geldwirtschaft ist ein weiterer Aspekt dieses Vorgangs). Häufig ist damit der Umzug in die Stadt und der Bruch mit den Traditionen geordneter, stabiler Gemeinschaften verbunden.

Sonntäglicher Markt in einem peruanischen Dorf in der Nähe der alten Inkastadt Cuzco. Trotz aller technologischen Fortschritte und der Ausbreitung der Konsumgesellschaft führen Millionen Menschen in aller Welt ökonomische Transaktionen heute auf derartigen Märkten noch genauso durch wie vor Jahrhunderten.

Der neue Optimismus

Der ungebremste Ansturm, den die Modernität der industrialisierten Gesellschaften mit sich bringt, hat noch weitere Ausdrucksformen und Wirkungen. Die beispiellosen Dramen und Katastrophen dieses Jahrhunderts haben viele Menschen zu der Ansicht gebracht, dass sich die Bedingungen der menschlichen Existenz auf der Erde – vielleicht sogar unbegrenzt – verbessern ließen und deshalb auch entsprechend verändert werden sollten. Für einen Großteil der Menschheit und in vielen Ländern sind diese Vorstellungen auch heute noch nicht selbstverständlich, und oft sind sie dort auch erst seit etwa 50 Jahren anzutreffen. Wenige wären in der Lage, sie klar und bewusst auf den Punkt zu bringen, selbst wenn man sie gezielt danach fragte. Dennoch prägen sie bereits überall das Verhalten.
Mit großer Sicherheit verbreitete sich die op-

timistische Grundeinstellung weniger durch bewusste Propagierung (obwohl es auch das in erheblichem Ausmaß gab) als durch die materiellen Veränderungen, die seit 1900 immer mehr Menschen erfassten. Für viele war das Wichtigste, dass Verbesserungen überhaupt stattfanden. Psychologisch gesehen bewirkten sie, dass Sitten und Gebräuche aufbrachen. Viele Gesellschaften wurden erstmals mit dem Gedanken vertraut, dass Veränderungen möglich sind und nicht alles so bleiben muss, wie es ist. Die Unterschiede zwischen einem modernen europäischen Industriearbeiter und einem indischen oder chinesischen Bauern sind gewaltig, und auf den Konsum bezogen sind diese Differenzen noch größer als jene, die ihre Ahnen vor 1000 Jahren trennten.

In jüngerer Zeit hat die Errichtung riesiger Einkaufszentren das Kaufverhalten in der westlichen Welt radikal verändert. In diesen „Konsumtempeln" finden die Menschen nicht nur Einkaufsmöglichkeiten, sondern auch Unterhaltung, mit dem Ergebnis, dass die kleinen Läden an der Ecke schrittweise vom Markt verdrängt werden.

Die Schwungkraft des Fortschritts

Der technische Fortschritt löste fast immer die tradierten Verhaltensmuster einer Gesellschaft auf. Das zeigt sich mitunter sehr direkt und offensichtlich. Radio und Fernsehen brachten beispielsweise eine qualitative Veränderung in der Geschichte der Kommunikation mit sich, die vermutlich weitaus größer war als die Einführung des Buchdrucks. Weniger direkt hat dagegen der technische Fortschritt die Mentalität beeinflusst, indem er Beweise für die scheinbar magische Gewalt der Naturwissenschaften über technologische Veränderungen der Lebensweisen erbrachte.

Auch in anderer Hinsicht sind die Vertrautheit mit der Wissenschaft und das Bewusstsein ihrer Bedeutung heute verbreiteter denn je. Es gibt mehr Wissenschaftler. Die Naturwissenschaft nimmt einen höheren Rang im Bildungswesen ein. Wissenschaftliche Informationen werden durch die Medien weiter verbreitet und sind dadurch leichter zugänglich geworden. Die meisten dieser Faktoren kamen erst 1918 zum Tragen, denn um diese Zeit nimmt der Einfluss der Wissenschaft deutlich zu. Parallel dazu vermindert sich das Erstaunen und die Verwunderung, die frühere Zeiten angesichts der wissenschaftlichen Möglichkeiten empfanden. Der Erfolg schmälerte den Respekt vor der Wissenschaft: Wenn sich mehr und mehr Dinge als machbar erweisen, verliert die neueste, noch ungewohnte Entdeckung an Faszination. Es treten sogar (ungerechtfertigte) Enttäuschungen und Irritationen auf, wenn sich ein Problem hartnäckig einer Lösung widersetzt.

Dennoch gewinnt die Leitidee unseres Zeitalters (sie wurde auch am weitesten verbreitet) immer noch an Gewicht. Die Vorstellung, dass die Natur bei Einsatz ausreichender Ressourcen zweckmäßig verändert werden kann, ist eine „europäische Idee" und die Wissenschaft, die heute um den gesamten Erdball geht, beruht gänzlich auf der europäischen „Erfahrung" des Experiments. Sie bringt weiterhin Thesen und Implikationen hervor, die traditionelle, theologisch zentrierte Weltanschauungen zersetzen. Der lange Prozess der Entthronung der Vorstellung vom Übernatürlichen ist in seine Hochphase eingetreten.

Glaube und Wissenschaft

In Entwicklungsländern beträgt die Analphabetenrate häufig nahezu 50 Prozent. In vielen Ländern versucht die UNESCO mit Alphabetisierungs- und Ausbildungsprogrammen Abhilfe zu schaffen.

Die nackten Tatsachen der neuen, von der Technologie geschaffenen ökonomischen Ordnung und der Respekt vor der Macht der Wissenschaft sowie die in sie gesetzten Erwartungen haben letztlich die Tendenz, bestehende Autoritäten zu untergraben. Obwohl selbst in den Industrieländern die meisten Laien keine klaren Vorstellungen von den wissenschaftlichen und technologischen Möglichkeiten besitzen und ein Großteil der Menschheit weiterhin traditionellen Glaubensvorstellungen christlicher, hinduistischer oder marxistischer Art in mehr oder weniger verwässerter Form anhängt, haben Lebensqualität, Wissenschaft und Technologie (selbst wenn sie nur in anfänglichen Verbesserungen zum Ausdruck kommen) ein Festhalten an etablierten Verhaltensweisen schwieriger gemacht. Das betrifft sowohl die Ebene der intellektuellen Eliten als auch die Bildung einer „öffentlichen Meinung“ und „Stimmungsmache“, der die meisten Menschen ausgesetzt sind. Diese profane Meinungsebene ist in der gegenwärtigen Geschichte wichtiger als früher, weil die zunehmende Alphabetisierung und die wachsende Geschwindigkeit der Kommunikation neue Ideen stärker in die Massenkultur eindringen lassen als je zuvor. Die Auswirkung naturwissenschaftlicher Ideen auf die Eliten ist freilich leichter zu erkennen. Im 18. Jahrhundert fand die Kosmologie Newtons durchaus zu einem Konsens mit der christlichen Religion und anderen theologisch zentrierten Denkweisen, ohne die an diese gebundenen sozialen und moralischen Glaubensvorstellungen zu gefährden. Später gestaltete sich jedoch die Verknüpfung der Wissenschaft mit einem fest gefügten Glaubenssystem immer schwieriger.

PSYCHOLOGIE

Ein sehr gutes Beispiel für die Spannungen zwischen Wissenschaft und Religion sind die wissenschaftlichen Versuche zur Erforschung des menschlichen Verhaltens, einem Thema, das besonders geeignet ist, traditionelle Haltungen in Frage zu stellen. Die wichtigsten dieser Untersuchungen wurden von einer neuen Disziplin durchgeführt, der Psychologie, die sich aus dem traditionellen Interesse an einer „Philosophie des Geistes“ ent-

Dieser buddhistische Mönch aus Punakna im Himalayakönigreich Bhutan hört zum ersten Mal Musik aus den Lautsprechern eines Walkman. Der Besitz westlicher Konsumgüter wie Computer oder Telefon beschränkt sich in Bhutan auf eine winzige Oberschicht, während 90 Prozent der überwiegend buddhistischen Einwohner von der Landwirtschaft leben. König Jigne Singye Wangchuk, das Oberhaupt von Staat und Regierung, versucht gegenwärtig, sein Land zu modernisieren, aber eine Zerstörung der kulturellen Traditionen zu verhindern.

Die Handlung von Alfred Hitchcocks Film *Spellbound* (1945) rankt sich um Motive der Psychoanalyse. In diesem Film gibt es eine Traumszene, deren Bilder bei dem surrealistischen Maler Salvador Dali (1904–1989) in Auftrag gegeben wurden, dessen Werk von der Rezeption Freuds geprägt ist.

wickelte. Nach 1900 spaltete sich die Psychologie tendenziell in zwei Richtungen. Die eine wurde, neben anderen, von Freud vertreten (auf die gesellschaftlichen Auswirkungen seines Werks wurde bereits eingegangen). Vereinfacht gesprochen, entwickelte sich diese Richtung aus der empirischen klinischen Beobachtung geistiger oder seelischer Störungen. Dies ist zweifellos ein deutliches Beispiel für eine Forschung von großer und weit reichender Wirkung, die der Laie – wenn auch keineswegs jeder Gelehrte – als „Wissenschaft" bezeichnet. Freuds Werk wurde vergleichsweise schnell berühmt, berüchtigt und einflussreich. Zunächst einmal untergrub es das Vertrauen in viele überkommene Grundannahmen. Seine Ideen (oder was man allgemein für seine Ideen hielt) und jene anderer Forscher verbreiteten sich in abgeleiteten Formen in den fortschrittlichen Gesellschaften. Das brachte neue Einstellungen zur Sexualität, zur menschlichen Verantwortlichkeit und damit auch zu Schuld und Strafe. Zum Zweiten stimulierten Freudsche Ideen vielerlei Arbeiten, die, ungeachtet ihres genauen Status und ihrer Methode, auf dem Glauben basierten, es sei möglich, Therapien durchzuführen und relevantes Material zu sammeln, wenn man die Subjekte nach ihren Wünschen, Gefühlen und Gedanken befragte und die gesammelten Daten gemäß einer angemessenen Theorie deutete. Dabei handelt es sich um den Beginn jener Tätigkeiten, die man unter dem Namen zusammenfassen kann, den Freud seiner Arbeit gab: Psychoanalyse. Sie inspirierte in der Folge viele Künstler, Schriftsteller, Akademiker und Werbefachleute.

Die Verhaltensforschung

Der andere bedeutende psychologische Ansatz des frühen 20. Jahrhunderts war mechanistischer und tiefer in der Vergangenheit verwurzelt als die Psychoanalyse. Der „Behaviorismus" (wie die Verhaltensforschung häufig, oft auch unter unpräziser Verwendung des Begriffs, genannt wird) erzeugte einen Bestand experimenteller Daten, der gewiss so eindrucksvoll war wie die Erfolge, welche die Psychoanalyse für sich in Anspruch nahm. Als herausragendster Verhaltensforscher gilt weiterhin der Russe Iwan P. Pawlow. Seine wichtigste Entdeckung war der sog. „bedingte Reflex". Im Kern war dies die Manipulation einer Größe aus einem Paar von Variablen in einem Experiment, wobei der „auslösende Reiz" eine vorhersagbare Reaktion auslöst. Das klassische Experiment, mit dem so genannten „Pawlowschen Hund", bestand darin, dass eine Glocke ertönte, bevor ein Hund Futter erhielt. Nach einiger Zeit erfolgte der Speichelfluss, den sonst das Futter auslöste, beim Erklingen der Glocke. Diese Verfahren wurden in der Folge weiter ausgebaut und verfeinert. Sie vermittelten neue Einsichten in die menschliche Psyche, die für vielerlei Zwecke ausgenutzt wurden. (Ein besonders trauriges Kapitel unseres Zeitalters ist ihr Einsatz für die Folter, doch erwiesen sich diese Methoden nicht unbedingt als erfolgreicher als die älte-

Das Studium des menschlichen Verhaltens

Um die Jahrhundertwende begann der russische Physiologe Pawlow eine lange Untersuchung über die Assoziation bei Tieren. Er entwickelte eine Technik, einen Reiz mit einem anderen zu verbinden und die Reaktion auf diese Reize zu messen. Ein Experiment war die Verbindung des Geräusches einer Glocke mit dem Reiz angebotenen Futters. Seine Experimente demonstrierten den „bedingten Reflex". Pawlow wendete seine Erkenntnisse auf die Interpretation menschlichen und tierischen Verhaltens an.

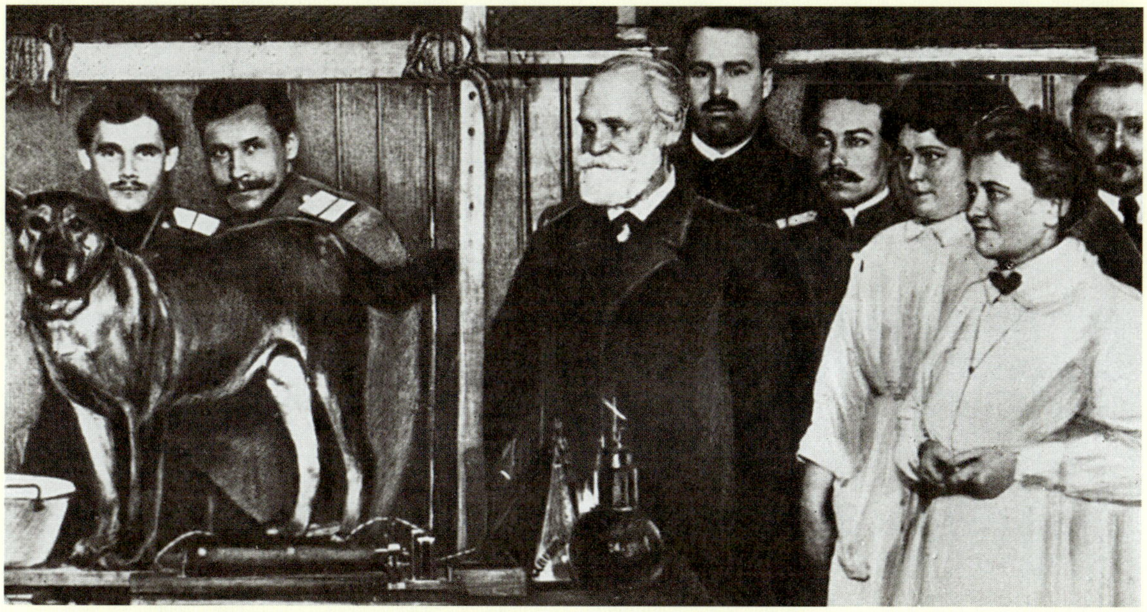

Der russische Physiologe Iwan Pawlow (1849–1936) bei der Vorführung des „bedingten Reflexes" (1904).

ren Praktiken der Tortur.) Aber auch einige nützliche Resultate wurden erzielt, insbesondere bei der Behandlung von Geisteskrankheiten und in der Verbesserung von Lehrmethoden. Doch wenn man versucht, die diffusen Wirkungen des Behaviorismus zu begreifen, nur wenige haben sich eingehend mit ihm befasst, zeigt sich eine Parallele zum Freudianismus. Wie dieser wendete sich der Behaviorismus gegen die Verantwortung des Einzelnen und damit gegen ein Kernstück der kulturellen Tradition Europas. Diese Tendenz wurde jedoch auch von mehr empirischen und experimentellen Ansätzen in der Psychologie vorangetrieben, vor allem wenn bei der Behandlung geistiger Störungen mit chemischen Mitteln, Elektrizität und anderen physischen Einwirkungen gearbeitet wurde.

DIE RELIGION

Man kann sich kaum dem Glauben verschließen, dass behavioristische und psychologische Studien, vergleichbar anderen Forschungen, zu einem Niedergang religiöser Überzeugungen beitrugen. Immer mehr Menschen wurden darauf aufmerksam, dass zuvor mysteriöse und unerklärliche Phänomene der Menschheit nun wissenschaftlich behandelt wurden. Doch wenn Menschen von der schwindenden Macht der Religion sprechen, meinen sie damit oft nur die formale und organisierte

Manche Religionen erfreuen sich eines wachsenden Zulaufs trotz des in der entwickelten Welt herrschenden Trends zum Rückgang der Massenfrömmigkeit. Die russische Orthodoxie gehört zu jenen, die vom Zusammenbruch der kommunistischen Herrschaft in der früheren Sowjetunion profitieren, wie die Zahl der Besucher dieses Gottesdiensts in einer ukrainischen Kathedrale belegt.

Autorität der christlichen Kirchen. Doch was die Menschen glauben und was sie tun, ist durchaus verschieden. Die letzte englische Herrscherin, die einen Astrologen wegen eines günstigen Tags für ihre Krönung konsultierte, war Elisabeth I. vor fast 450 Jahren. Doch in den 80er Jahren des 20. Jahrhunderts erfuhr eine amüsierte Welt, dass die Frau des amerikanischen Präsidenten Wahrsager aufsuchte, und 1947 wurde das Datum der indischen Unabhängigkeitsfeier erst nach astrologischer Konsultation festgelegt. Das mag vielleicht nur Aberglaube sein. Es gibt aber andere wichtige Faktoren, die berücksichtigt werden müssen, wenn man die Macht der Religion einschätzen will. Indien ist heute eine hinsichtlich ihrer Verfassung nichtkonfessionelle, säkulare Republik; soweit spiegelt sich darin die Übernahme westlicher Vorstellungen wider. Überhaupt sind heute außerhalb der muslimischen Welt und Israel konfessionelle Staaten und Staatsreligionen unüblich. Das bedeutet jedoch keineswegs, dass überall die Macht der Religion über ihre Anhänger zurückgegangen ist, selbst wenn dies für die regierenden Eliten gilt, die erfolgreich oder erfolglos versuchen, ihre Ansichten zu verbreiten. Die Gründer Pakistans waren von der westlichen Kultur stark beeinflusst, aber den Kampf, in den sie nach der Unabhängigkeit mit der konservativen Ulama gerieten, verloren sie. Pakistan wurde ein orthodoxer islamischer Staat und nicht eine säkulare Demokratie nach westlichem Muster, die den Islam nur als die Religion der Mehrheit der Bevölkerung respektiert hätte.

Die westliche Gesellschaft, die soziale Verschiebungen in Gang setzt, wird in der islamischen Gesellschaft häufig als der Feind betrachtet, was allerdings nicht zur Folge hat, dass keine Konflikte innerhalb der muslimischen Welt aufbrächen. Jubelnde irakische Soldaten während des iranisch-irakischen Kriegs vor einem mit Einschüssen übersäten Bild des iranischen Revolutionsführes Ayatollah Khomeini (1988).

Ein kleines iranisches Mädchen trägt eine Spruchtafel mit dem Gelübde, Salman Rushdie zu töten. Ayatollah Khomeini erließ eine Fatwa (einen Mordaufruf) gegen den Schriftsteller nach der Veröffentlichung des Buchs *Die satanischen Verse* (1988).

Das Zusammenspiel von Religion und Gesellschaft

Man kann es wohl kein Paradox nennen, dass heute mehr Menschen denn je die Worte religiöser Autoritäten beachten: Schließlich leben heute mehr Menschen auf der Erde als jemals zuvor. Viele Europäer erschraken in den 80er Jahren, als iranische Geistliche einen Schriftsteller als Verräter des Islam brandmarkten und gegen ihn ein Todesurteil aussprachen. Überrascht entdeckten sie, dass in einigen Teilen der Welt, von ihnen unbemerkt, noch – nach ihren Vorstellungen – mittelalterliche Gesetze herrschten. Noch mehr waren sie darüber entsetzt, dass selbst in Europa muslimische Mitbürger dieser Fatwa zustimmten. Allerdings glaubten manche von ihnen, die westliche Gesellschaft habe auch hier wie anderswo einen gangbaren Weg gezeigt, dem diese Gesellschaften irgendwann folgen würden, der konventionelle westliche Liberalismus sich letztlich durchsetzen werde. So scheint es fraglich, dass sich die islamischen Gesellschaften dem kulturellen Einfluss der Technologie und des Materialismus europäischer Tradition entziehen können, wenngleich sie sich bisher dem atheistischen Kommunismus als einer Spielart dieser Erblinie gegenüber als resistent erwiesen. Auf der anderen Seite ist der Islam immer noch eine expandierende und missionierende Religion, und die Vorstellung einer entsprechenden Einheit ist in den muslimischen Ländern durchaus noch lebendig. Die Ereignisse der jüngeren Vergangenheit belegen zudem nur allzu deutlich, dass der Islam seine Anhänger noch zu politischen Aktionen motivieren kann.

Doch es gibt noch andere Beispiele: Durch starke soziale und religiöse Spannungen kam es auf dem indischen Subkontinent sowohl während der Monate der Teilung des Landes im Jahre 1947 als auch in den Kämpfen von 1971, die zur Abspaltung Ostbengalens von Pakistan und der Errichtung des neuen Staates Bangladesch führten, zu Massakern. In Nordirland kleidet eine Minderheit britischer Bürger ihren Hass und ihre Zukunftsängste immer noch in die Sprache der europäischen Religionskriege des 17. Jahrhunderts. Obwohl die Hierarchien und Führer verschiedener Religionen es für angemessen halten, öffentlich Höflichkeiten auszutauschen und einer staunenden Welt gelegentlich solche Schauspiele zu bieten wie freundschaftliche Plaudereien zwischen tibetanischen Lamas und anglikanischen Bischöfen, hat die Religion ihre spaltende Kraft noch längst nicht verloren. Ebenso bedeutet es nur bedingt, dass das übernatürliche Element der Religion seine Bindungskraft verliert und die Zugehörigkeit zu einer bestimmten Glaubensrichtung heute nur mehr Vereinscharakter hat. Unbestreitbar haben jedoch in der ursprünglich christlichen Welt mit dem Rückgang konfessioneller Auseinandersetzungen auch die christlichen Überzeugungen sowie die Bereitschaft, diese zu vertreten, abgenommen. Die ökumenische Bewegung, auf die 1948 die Gründung des Weltkirchenrats (dem die katholische Kirche allerdings nicht beitrat) zurückgeht, hat ihren Ausgangspunkt bei Christen fortschrittlicher Länder, die der Ansicht sind, in einer ihrem Glauben feindlichen Umwelt zu leben. Die Unsicherheit darüber, was das Christentum ausmacht und worin sein Anspruch besteht, kommt als allgemein spürbares Element hinzu.

Der Katholizismus

Der Einfluss der katholischen Kirche ist ungebrochen, allerdings hat es bei ihrer Anhängerschaft Verschiebungen von Europa nach Südamerika gegeben.

Das einzig unzweideutige und hoffnungsvolle Zeichen für die ungebrochene Stärke des Christentums ist die (hauptsächlich durch die natürliche Vermehrung) zunehmende Zahl der Katholiken. Die meisten Anhänger der römischen Kirche leben heute nicht mehr in Europa, ein Wandel, der in den 60er Jahren mit den ersten päpstlichen Reisen nach Südamerika und Afrika stark ins Bewusstsein der Öffentlichkeit rückte. Schon 1980 lebten 40 Prozent aller Katholiken in Südamerika, und die Mehrheit der Kurienkardinäle stammte aus nichteuropäischen Ländern.

Die Position des Papstes innerhalb der katholischen Kirche schien in den 60er Jahren an Stärke zu verlieren, das ließen zumindest einige Entscheidungen des in diesen Jahren abgehaltenen Zweiten Vatikanischen Konzils vermuten. Doch im Drei-Päpste-Jahr 1978 bestieg Johannes Paul II. als erster polnischer Papst den Stuhl Petri. Er war der erste nicht-italienische Papst seit 450 Jahren und der

Die Religion dient immer noch der Rechtfertigung von Sozialneid und Gewalt. Nordirland ist ein Brennpunkt religiös gefärbter Konflikte. Demonstration nordirischer Katholiken vor britischen Soldaten in Belfast, 1972.

erste, dessen Investitur der anglikanische Erzbischof von Canterbury beiwohnte. In seinem Pontifikat zeigte er sich bald entschlossen, die historischen Möglichkeiten seines Amtes zu nutzen. Es wäre vorschnell, Entwicklungslinien in der Geschichte einer Institution ausmachen zu wollen, deren Stärke seit Jahrhunderten schwankt und von den Entwicklungen in der Gesellschaft beeinflußt wird. Man kann nur abwarten, ob die Praxis der Empfängnisverhütung – ein Thema, bei dem Wissenschaft und Technologie mitspielen – das Papsttum vielleicht zum ersten Mal damit konfrontiert, dass seine Autorität in den Augen von Millionen Katholiken in Frage gestellt ist.

DER STAAT

Die organisierte Religion und die häufig damit verbundenen Vorstellungen unveränderlicher moralischer Gesetze gehörten stets zu den eindrucksvollsten Verankerungen menschlicher Leistungen bei der sozialen Regulierung. Während diese beiden Faktoren in der jüngeren Zeit sehr an Stärke verloren, hat der Staat, der dritte bedeutende historische Garant der Sozialordnung, seine Funktion viel besser behauptet. Er wurde wahrscheinlich niemals zuvor so selbstverständlich als die normale Form der politischen Organisation akzeptiert. Es gibt heute mehr Staaten – anerkannte und geographisch definierte politische

Im Dezember 1964 begrüßten große Massen von Gläubigen Papst Paul VI. (1897–1978) in Bombay während des 38. Ökumenischen Kongresses. Paul VI. reiste stärker umher, als jeder Papst zuvor, und bemühte sich während seines Pontifikats sehr darum, die Einheit der Christenheit voranzubringen.

Im Jahr 1991 erklärte die Kaukasusregion Tschetschenien einseitig ihre Unabhängigkeit von der Russischen Föderation. Im Dezember 1994 wurden russische Truppen zur Eroberung der tschetschenischen Hauptstadt Grosny in Marsch gesetzt, eine Aktion, die auf beiden Seiten viele Todesopfer forderte. Tschetschenische Kämpfer schwingen ihre Flagge vor dem Präsidentenpalast in Grosny, nachdem sie im Juni 1995 die russische Armee erfolgreich zurückgeschlagen hatten.

Einheiten, die die gesetzgebende Souveränität und das Monopol auf den Einsatz von Gewalt innerhalb ihrer Grenzen beanspruchen – als jemals zuvor. Mehr Menschen denn je betrachten den Staat als ihre beste Chance für die Sicherstellung des Wohlstandes und nicht mehr als unvermeidlichen Feind.

Die Stärkung des Staates

Der Erfolg des Staates zeigt sich durch die wachsenden Befugnisse der Regierungen. Im 20. Jahrhundert erhielt er mehr und mehr Entscheidungs- und Handlungsmöglichkeiten. Die großen Kriege und die Spannungen in den Friedenszeiten wirkten in diese Richtung. In beiden Fällen war eine starke Mobilisierung der Ressourcen erforderlich; dies führte zu einer beispiellosen Ausweitung der Regierungsmacht. Hinzu kamen Forderungen, dass die Regierungen den Wohlstand ihrer Bürger durch die Bereitstellung von Dienstleistungen fördern sollten, die entweder zuvor nicht bekannt, Einzelpersonen oder solch „natürlichen“ Einheiten wie Familien und Dorfgemeinschaften überlassen worden waren. Außerdem gab es das Verlangen nach Modernisierung. Wenige Länder verwirklichten diese ohne eine Lenkung von oben. Die herausragenden Beispiele dieser Entwicklung im 20. Jahrhundert sind jedoch Russland und China, zwei große agrarisch geprägte Gesellschaften, in denen man versuchte, Modernisierungen mit Hilfe von staatlichem Zwang durchzusetzen. Als letzter Faktor ist die Technologie zu nennen. Bessere Kommunikationsmöglichkeiten, stärkere Waffen und umfassendere Informationssysteme sind im Großen und Ganzen für jene von Vorteil gewesen, die am meisten für sie ausgeben konnten: die Regierungen.

Bedeutung und Einflussmöglichkeiten des Staates nahmen im 20. Jahrhundert vor dem Hintergrund der Kriegs- und Krisenzeiten stark zu. Wie man diese nutzen kann, bewiesen vor allem China und Russland.

Die beständige Macht des Nationalismus

An dieser Stelle muss ein weiterer Faktor zur Erläuterung ins Spiel gebracht werden. Der

Der ausbrechende Nationalismus im ehemaligen Jugoslawien schockierte im letzten Jahrzehnt des 20. Jahrhunderts die Beobachter in aller Welt. Jugoslawien war ein künstliches Produkt des Versailler Vertrags von 1919 gewesen. Nach 1945 regierte Tito mit seiner Kommunistischen Partei; nach seinem Tod im Jahr 1980 traten ethnische Spannungen zwischen Serben, Kroaten, Bosniern, Slowenen, Mazedoniern und Montenegrinern zu Tage. Ein Bürgerkrieg brach aus. Einwohner der bosnischen Hauptstadt Sarajewo vor einem durch Granatenbeschuss zerstörten Haus (1992).

Staat hatte vor allem auch als Form und Instrument des Nationalismus Erfolg. Wo er mit dem Nationalismus in Konflikt geriet, geschah dies zu seinem Nachteil. Das galt sogar für die Fälle, in denen sich augenscheinlich gewaltige Macht im Staatsapparat konzentrierte. Obwohl die UdSSR und Jugoslawien nach dem Vorbild des kommunistischen Zentralismus aufgebaut worden waren, zerfielen sie in Nationalstaaten. Im Gegensatz dazu wurde durch den Nationalismus die Spaltung Deutschlands aufgehoben, wenn auch der wirtschaftliche Aspekt bei diesem Vorgang eine große Rolle spielte. Möglicherweise wird sich Québec von Kanada abspalten. Wenn es in diesem Buch um Spekulationen ginge, ließen sich andere Fälle von noch größerer Sprengkraft anführen; in all diesen Fällen bietet der Nationalismus die Erklärung. Wenn Nationalismus jedoch seinen Ausdruck in einem Staat fand, stärkte er die Macht und die Wirkungsmöglichkeiten der Regierungen. Deshalb arbeiten Politiker in vielen Ländern hart daran, ihn dort zu fördern, wo er noch nicht existiert.

Die liberalen Grundannahmen verlieren an Boden

Die Ausweitung des Staates – wenn wir das Phänomen so bezeichnen können – stieß lange nur auf wenig effektive Widerstände. Selbst in Ländern, wo traditionell eher Misstrauen gegenüber den Regierungen und Institutionen vorherrschte, die deren Macht begrenzten, stellen die Menschen fest, dass der staatliche Einfluss zunahm und inzwischen schwerer in Frage zu stellen ist. Die stärksten Schranken gegen einen Machtmissbrauch sind nach wie vor Gewohnheiten und Einstellungen. So lange Wähler in liberalen Staaten annehmen können, dass die Regierungen nicht allzu schnell auf den Einsatz von Gewalt zurückgreifen, bleiben sie relativ ruhig. Doch das Schicksal der liberalen Demokratie sieht im weltweiten Vegleich nicht allzu hoffnungsvoll aus. Es gibt heute mehr Diktatoren und autoritäre politische Regime auf der Erde als im Jahr 1939 (allerdings, dank der politischen Veränderungen der 70er Jahre in Griechenland, Portugal und Spanien und der 80er Jahre in den osteuropäischen Staaten, nur noch wenige in Europa). Wie die Unterminierung anderer liberaler Grundannahmen ist auch dies ein Zeichen dafür, dass die Grundlage dessen, was einst als der zukünftige Lauf der Entwicklung galt, sich dann aber scheinbar nur als Entwicklungslinie einiger weniger fortgeschrittener Gesellschaften des 19. Jahrhundert erwies, an Bedeutung verliert. Das heißt jedoch nicht, dass die Formen der liberalen Politik nicht überlebt hätten. In einer Hinsicht gediehen sie sogar gut: Die rhetorische Berufung auf Demokratie und Verfassungsstaat war niemals so weit verbreitet, und der Nationalismus ist stärker denn je. Die wesentlichen Freiheiten jedoch, die man oft mit diesen Ideen verbindet, sind häufig nicht vorhanden oder bedroht, während gleichzeitig das Fehlen einer Verbindung zwischen Nationalismus und Liberalismus immer deutlicher wird.

Die bedeutendste Veränderung im modernen Staat ist seine Berufung auf demokratische und moralische Autoritäten. In letzter Zeit finden allerdings erneut nationale Ideen und Ansprüche starken Zuspruch.

In Europa schreitet der formale Aufbau demokratischer Institutionen voran. Spanier bei der Stimmabgabe zur Europawahl von 1994.

Ein Grund dafür ist, dass diese Ideen in Kontexte eingebunden wurden, die ihnen feindlich sind. Es wäre unhistorisch, die Folgen zu beklagen. Wie Burke schon vor langer Zeit feststellte, nehmen politische Prinzipien die Farbe der Umstände an. Im letzten halben Jahrhundert war häufig zu beobachten, dass demokratische Formen in Gesellschaften, in denen es an soliden, bewährten Grundlagen fehlt oder starke anders gerichtete Einflüsse vorherrschen, nicht angemessen durchzusetzen sind. Unter solchen Bedingungen war die Einführung eines autoritären Regierungsstils oft das beste Mittel gegen die drohende gesellschaftliche Zersplitterung, nachdem die von der Kolonialmacht erzwungene Disziplin geschwunden war. Zweifellos bedeutete dies für die meisten entkolonialisierten Länder ein geringes Maß an Freiheit; ob dafür aber ein größeres Maß an Glück, mag bestritten werden.

Die Rolle, die der Drang nach Modernisierung bei der Stärkung des Staates spielte – wofür es außerhalb Europas mit Mehemet Ali und Mustafa Kemal schon frühere Beispiele gibt –, weist auf neue Quellen hin, auf die der Staat zunehmend seine moralische Autorität gründet. Statt sich auf die persönliche Loyalität gegenüber einer Dynastie oder auf eine übernatürliche Sanktion zu verlassen, stützte er sich zunehmend auf das demokratische Argument, er sei fähig, kollektive Bedürfnisse zu befriedigen. Meistens, aber durchaus nicht immer, ging es dabei um materielle Verbesserungen. Der Wert, der heute mehr als jeder andere staatliche Autorität legitimiert, ist der Nationalismus, der immer noch eine der wichtigsten Triebkräfte der Weltpolitik darstellt. Wie hartnäckig er ist, belegt dieses Buch auf allen Seiten. Dem Nationalismus gelingt es wie keiner anderen Kraft, Gefolgschaften für sich zu mobilisieren. Die Ideologien haben sich ihm

Der unbestreitbare Einfluss der Massenmedien hat zur Folge, dass in entwickelten Ländern Staatsstreiche selten erfolgreich sind, wenn es den Putschisten nicht gelingt, die Medien unter Kontrolle zu bringen. Anti-Jelzin-Demonstranten beim Angriff auf das russische Staatsfernsehen während des gescheiterten Putschs vom Oktober 1993.

Die Ausweitung des Wohlfahrtsstaates

Der Wohlfahrtsstaat ist Ergebnis eines Regierungskonzepts des 20. Jahrhunderts, wobei dem Staat eine Schlüsselrolle bei der Absicherung der sozialen und wirtschaftlichen Existenz seiner Bürger zukommt. Er ist heute ein Grundzug der meisten fortgeschrittenen Industrieländer. Eine Säule dieser Absicherung ist die Sozialversicherung, die in der Regel durch Zwangsbeiträge finanziert wird. Aus diesen Einkünften werden Arbeitslosen- und Krankengeld, Renten, die Gesundheitsversorgung, Wohnungsbauprogramme und, in manchen Ländern, Programme gegen Armut und Steuersubventionen bezahlt.

Die meisten modernen Versionen des Wohlfahrtsstaats beruhen auf Maßnahmen, wie sie z. B. Großbritannien nach dem Zweiten Weltkrieg (1948) einführte. Diese entsprachen den Vorschlägen, die Sir William Beveridge 1942 in seiner Denkschrift *Sozialversicherung und verwandte Dienstleistungen* vorgelegt hatte, in der er sich dafür aussprach, der Staat solle den Einzelnen „von der Wiege bis zum Grab" in seine Obhut nehmen. Trotz der inhärenten Schwierigkeiten beim Aufbau eines solchen „sozialen Netzes" – seine Finanzierung und die angemessene Festlegung der individuellen Hilfen in einer Höhe, dass ein Anreiz zur Arbeit bestehen blieb – entfaltete dieses sich bis in die 80er Jahre überall in Europa. Danach begannen die Regierungen, dieses System in Frage zu stellen oder abzubauen: so wurde beispielsweise in Großbritannien in den späten 90er Jahren die staatliche Rentenversicherung, ein Grundelement des Wohlfahrtsstaats, einer Revision unterzogen.

Mutter und Kinder vor ihrer neuen, im sozialen Wohnungsbau errichteten Wohnanlage in Liverpool 1954. Zu dieser Zeit war der Wohnungsmangel in Liverpool sehr groß.

gegenüber als wirkungslos erwiesen. Wenn es Gegenkräfte gibt, die auf eine politisch geeinte Welt hinwirken, dann sind dies die Wirtschaft, die Kommunikationsverbindungen und die Technologie, nicht aber moralische Ideen oder Weltanschauungen, auch wenn sie von vergleichbarer Stärke sind.

Die staatliche Macht

Selbstverständlich haben sich die rein technischen Machtmittel des Staates seit den Tagen, als selbst die größten europäischen Monarchien weder Volkszählungen durchführen noch die Hindernisse eines einheitlichen Binnenmarktes überwinden konnten, geradezu unabsehbar vermehrt. Auch die Zunahme des internationalen Terrorismus änderte nichts daran, dass ausschließlich der Staat die wichtigsten Mittel der physischen Kontrolle besitzt. Schon vor 100 Jahren boten ihm Polizei und Streitkräfte, solange sie nicht durch Kriege erschüttert oder von Korruption zersetzt waren, eine fast sichere Garantie für sein Weiterleben. Die verbesserte Technologie hat diese Unanfechtbarkeit noch erhöht. Neue Methoden der Repression und moderne Waffen sind zudem nur ein kleiner Teil der Geschichte machtvoller Obrigkeit. Staatliche Interventionen in der Wirtschaft geschehen dadurch, dass die Rollen des Staates als Konsument, Investor oder Planer gebündelt sind. Einen weiteren politischen Faktor macht die Zentralisierung der Massenkommunikationsmittel aus. All diese Verlagerungen traten keineswegs erst 1945 unvermittelt in Erscheinung. Deutschland und Großbritannien waren schon vor 1914 Wohlfahrtsstaaten. Hitler und Roosevelt bedienten sich (freilich mit ganz anderen Zielen) gezielt des Rundfunks. Und schließlich sind die Versuche, in das Wirtschaftsleben einzugreifen, so alt wie das Prinzip der Regierung selbst. Trotzdem waren das alles nur schwache Vorläufer des heutigen Leviathan. Als z. B. ein britischer Außenminister in den späten 40er Jahren dem Wunsch Ausdruck verlieh, er wolle ins Ausland reisen können, ohne sich um mehr kümmern zu müssen als um seine Fahrkarte, also ohne Pass, Visum oder ein anderes offiziell vorgeschriebenes Dokument, forderte er praktisch die Rückkehr zu einem Zustand, der noch 80 Jahre zuvor als selbstverständlich galt. Von diesem Zustand

Sitzung des europäischen Parlaments in Straßburg. Wegen der weit verbreiteten Skepsis gegenüber der Idee einer europäischen Zentralregierung legt die Europäische Union großen Wert auf den Ausbau ihrer demokratischen Institutionen, die als internationale Diskussionsforen fungieren.

Wasserwerfer beschießen die Ölplattform *Brent Spar*, nachdem ein Hubschrauber den Greenpeace-Aktivisten, die diese Bohrinsel in der Nordsee besetzt hielten, Nachschub gebracht hatte (1995).

sind wir heute durchaus noch entfernt – auch wenn er innerhalb Europas nach dem Schengener Abkommen teilweise wieder verwirklicht worden ist.

Beschränkungen der staatlichen Macht

Seit 1945 sind vier neue Faktoren ins Spiel gekommen, die jene Tendenz umzukehren scheinen, die seit dem 16. Jahrhundert in Europa ungebrochen die Zunahme staatlicher Macht förderte. Der erste ist die wirksamere internationale Organisation. Die Vereinten Nationen setzen sich aus souveränen Staaten zusammen. Trotzdem hat die UNO ihre Fähigkeit bewiesen, kollektive Aktionen gegen einzelne Mitgliedsländer in einem Ausmaß zu organisieren, wie dies dem Völkerbund und früheren, auch weniger umfangreichen Assoziationen oder Institutionen unmöglich war. In einem kleineren, aber immer noch großen Maßstab bewegen sich die europäischen Staaten auf ein institutionelles Rahmenwerk zu, das Tag für Tag stärker ihre Fähigkeit beschränkt, als unabhängige, souveräne Staaten zu agieren. Formelle Organisationen wie die UNO oder die Europäische Union bestimmen dabei nicht allein das Bild. Viele nichtökonomische Probleme der heutigen Welt werden in internationaler Zusammenarbeit behandelt, und diese Entwicklung dürfte sich angesichts der Sorge um die Umwelt auch fortsetzen.

Der zweite Faktor, der die Macht des Staates schmälert, ist die Fortdauer von übernationalen Kräften, die durch ihre Dynamik von Zeit zu Zeit die Handlungsfreiheit einzelner souveräner Staaten außer Kraft setzen. Der Islam ist mustergültig hierfür, denn der moderne Staat setzte sich im Nahen Osten weniger erfolgreich durch als anderswo. Auch der rassisch begründete Panafrikanismus oder die sog. *négritude* behindert Formen staatlichen Handelns. Als dritter Faktor „zügelt" die Re-

Supranationale Organisationen wie die EU und die UNO sowie das von ihnen verfolgte Prinzip der Rechtsstaatlichkeit sorgen in den Mitgliedsstaaten für Kontrolle und eine Beschränkung der Macht.

integration der Weltwirtschaft die Machtausübung des Staats. Institutionalisiert in internationalen Vereinbarungen oder als Ergebnis des organischen Wachstums großer Konzerne und beflügelt von steigenden Erwartungen, hat diese Tendenz oftmals die Hoffnungen von Staatsmännern durchkreuzt, die die Ökonomien ordnen wollten, über die sie die Herrschaft ausübten. Eng mit der vierten Einschränkung verbunden ist schließlich die Herausbildung von regionalen Staatengruppen, in denen eine einheitliche Handlungsweise erforderlich ist. Manche dieser Gruppierungen, beispielsweise die osteuropäische, sind in der Zwischenzeit wieder zerfallen. Andere, vor allem die Europäische Union, haben ihren Einfluss vertieft, auch wenn die Visionen einiger europäischer „Gründerväter" noch keineswegs Wirklichkeit geworden sind.

Die Auswirkung dieser Komponenten wird in den folgenden Kapiteln als Hintergrund des weiteren Geschichtsverlaufs nachvollziehbar sein. Vielleicht deuten sie auf das Ende der Suprematie des Staates als charakteristischer politischer Institution der Neuzeit hin. Wahrscheinlich werden sie jedoch nur eine gewisse Reduktion der staatlichen Macht bewirken, die Formen hingegen im Wesentlichen unangetastet lassen (während es vielleicht in anderen Bereichen neue Machtzuwächse geben wird). Diese Hypothese ist jedenfalls wahrscheinlicher, als dass radikale Kräfte Erfolg dabei haben werden, die staatliche Macht zu zerstören. Solche Kräfte existieren, und zuweilen ziehen sie aus neu auftretenden Themen Gewinn und Stärke: Die Ökologie, der Feminismus, die Ablehnung der Atomkraftnutzung und die sog. Friedensbewegung waren Beispiele dafür. Doch in den letzten 40 Jahren verzeichneten Aktivitäten, die sich auf solche Themen richteten, nur dann Erfolg, wenn es ihnen selbst gelang, rechtsstaatliche Mechanismen anzuwenden: Sie beeinflussten dann die Politik und bewegten sie dazu, Gesetze zu verändern und neue Institutionen zu schaffen. Die Vorstellung, wesentliche Verbesserungen ließen sich unter Umgehung der machtvollen Institution des Staates erreichen, scheint immer noch so realitätsfern wie zu Zeiten der anarchistischen und utopischen Bewegungen des 19. Jahrhunderts.

Rote Nelken von friedlichen Demonstranten im Gewehrlauf eines Sowjetsoldaten (Wilna, Litauen, 1991). Das Ausscheiden der baltischen Republiken aus dem sowjetischen Staatsverband vollzog sich nach ihrer einseitigen Unabhängigkeitserklärung vergleichsweise friedlich.

IV. EIN NEUES GLOBALES ZEITALTER

Die kontinuierliche Beschleunigung des historischen Wandels, der die letzten 500 Jahre charakterisierte, vollzog sich seit 1945 so auffallend wie nie zuvor. Für einige Völker und Gesellschaften war dieses Tempo buchstäblich unerträglich. Wir leben in einer Welt, die immer noch von einer globalen Revolution ihrer wirtschaftlichen und politischen Organisation verunsichert ist. Diese Umwälzungen begannen während des Zweiten Weltkriegs und haben sich bis in die Gegenwart fortgesetzt. Zweieinhalb Jahrzehnte, in denen die politische Weltordnung vom Kalten Krieg zwischen den USA und der Sowjetunion geprägt war, wurden in den 80er Jahren von einem erneut verschärften Tempo des Wandels abgelöst.

Am Ende waren viele Errungenschaften und Überzeugungen, die 30 oder mehr Jahre nicht in Frage gestellt worden waren, von der Bildfläche verschwunden. Andere, noch dominierendere wurden nun hinterfragt. Der gesamte Prozess ging so rasant vonstatten und verlief so kontinuierlich, dass die Gliederung der historischen Entwicklung ein wenig gewollt wirkt, doch es ist die Aufgabe eines Historikers, den Versuch einer Analyse zu unternehmen und die ihr zugrunde liegenden Strukturen aufzuzeigen.

Einige der Kräfte, die dieses Durcheinander bewirkt haben, sind sehr tief verwurzelt und überaus unterschiedlicher Natur. Manches lässt sich beispielsweise auf den steigenden Energiebedarf der industrialisierten Gesellschaften zurückführen, was bereits kurz angedeutet wurde. Andere können zweifellos noch viel weiter zurückverfolgt werden – teilweise bis auf politische Ideen, die erstmals während der Französischen Revolution aufkamen. Auch wenn eine möglichst fundierte historische Perspektive außerordentlich erstrebenswert ist, so vermögen die langfristigen Trends und Kräfte allein nicht zu erklären, was tatsächlich geschah. Ebenso wie andere tief greifende Veränderungen im Verlauf der Geschichte sind die, die während der zweiten Hälfte des 20. Jahrhunderts eingetreten sind, ein Produkt des Zufalls und lediglich von den Umständen oder sogar nur von einer bestimmten bedeutenden Persönlichkeit geprägt.

Seit 1985 waren in Europa außergewöhnliche Veränderungen mit einer Geschwindigkeit vonstatten gegangen, die viele Menschen kaum jemals für möglich gehalten hätten. Der Eiserne Vorhang, der einmal West- von Osteuropa getrennt hatte, verschwand innerhalb weniger Jahre und sollte Anlass für zahlreiche politische, wirtschaftliche, psychologische und militärische Unruhen sein. Mit Perestroika (Umbau) und Glasnost (Öffentlichkeit) in der Sowjetunion und dem Fall der Berliner Mauer wurden in Osteuropa die politischen und wirtschaftlichen Ziele ebenso wie die internationalen Beziehungen neu bestimmt. Hier sehen Bürger Ostberlins dabei zu, wie Ende 1989 ein Teil der Berliner Mauer niedergerissen wird. Viele behielten kleine Mauerteile als Andenken an diese „Mauer der Schande".

MERDA
MORT

1 DIE POLITIK EINER NEU GEORDNETEN WELT

Die anhaltenden und erbitterten Feindseligkeiten zwischen den Vereinigten Staaten von Amerika und der Sowjetunion prägten über Jahrzehnte hinweg die Weltgeschichte nach dem Zweiten Weltkrieg. Dieser so genannte Kalte Krieg legte die diplomatischen Beziehungen auf Eis, die sich seit 1917 zum dominierenden Faktor in der Weltpolitik entwickelt hatten. Nach der Oktoberrevolution und dem Sieg der Bolschewisten begann die Sowjetunion als zukünftige Großmacht neue und ungewohnt spannungsreiche Beziehungen mit der internationalen Gemeinschaft aufzubauen. Das sowjetische Russland betrachtete die Diplomatie nicht nur als ein geeignetes Instrument zur Förderung des weltweiten Handels, sondern vor allem auch als eine ideologische Waffe. Nach 1945 entstanden noch weitere kommunistische Staaten, deren Regierende zumindest dem Wortlaut dieses Programms zustimmten. So ergab sich eine Welt, die sich in zwei Lager aufteilte.

Wilhelm Pieck (1876–1960) nimmt die Glückwünsche zu seiner Wahl als Staatsoberhaupt der Deutschen Demokratischen Republik entgegen. Ostdeutschland wurde führender Satellitenstaat des Ostblocks.

DAS GETEILTE DEUTSCHLAND

Mit der kommunistischen Machtübernahme in Ungarn, Rumänien und Polen und dem Ausschluss aller Nichtkommunisten aus den Regierungen dieser Länder wurde der kommunistische Machtbereich in Europa 1947 stark ausgedehnt. Die Tschechoslowakei reihte sich 1948 ein. Als die Hilfsmaßnahmen des Marshallplans eingeleitet wurden, folgte die erste Auseinandersetzung des Kalten Krieges: Das Schicksal Berlins stand auf dem Spiel. Der Konflikt war von weit reichender Bedeutung und markierte den Punkt, an dem die Vereinigten Staaten bereit waren, in Europa zu intervenieren. Das amerikanische Einschreiten war jedoch kaum im Sinne der sowjetischen Seite. Dort versuchte man vielmehr, ein vereintes und wirtschaftlich mächtiges Deutschland, das sich seiner politischen und militärischen Kontrolle entziehen konnte, zu verhindern. Die Interessen der Westmächte waren dagegen anders gelagert. Sie strebten, vor allem in ihren eigenen Besatzungszonen, eine Wiederbelebung der deutschen Wirtschaft an und wollten dieses Ziel erreichen, bevor die politische Zukunft Deutschlands besiegelt war. Ihrer Meinung nach war nur ein wirtschaftlich stabiles Deutschland ein Garant für den Wiederaufbau des gesamten westeuropäischen Raumes.

1948 führten die Westmächte, ohne Zustimmung der Sowjets, eine Währungsreform in ihren Sektoren durch. Sie zeigte umgehend Wirkung und leitete den wirtschaftlichen Neubeginn im Westen Deutschlands ein. Diese auf den Marshallplan folgende Reform in den westlichen Besatzungszonen war mehr als jeder andere Schritt für die Teilung Deutschlands ausschlaggebend. Der Aufbau Ostdeutschlands war damit aus dem Aufbau Westeuropas ausgeschlossen, während sich Westdeutschland aus eigener Kraft entwickeln konnte.

Die Polizei in West-Berlin empfängt Berliner Bürgerinnen und Bürger, die 1953 in ihren Sektor zurückkehrten.

Zeitleiste (1948 – 1974)

1940 – 1960 – 1980

- 1948 Berlin-Krise und Luftbrücke
- 1950 Ausbruch des Korea-Krieges
- 1954 Gamal Abd el Nasser wird ägyptischer Präsident
- 1955 Konferenz von Bandung
- 1959 Fidel Castro setzt in Kuba ein kommunistisches Regime durch
- 1962 Kuba-Krise
- 1964 Ausbruch des Vietnam-Krieges
- 1967 Sechstagekrieg, 3. arabisch-israelischer Krieg
- 1974 „Nelkenrevolution" in Portugal

Ein amerikanisches Flugzeug mit Lebensmitteln an Bord erreicht West-Berlin. Während der Blockade hielten Briten und Amerikaner eine Luftbrücke aufrecht. Im Abstand von nur einer Minute startete oder landete ein Flugzeug, um die Stadt mit Vorräten zu versorgen.

Der Versuch der Sowjets, ganz Berlin durch eine Totalsperrung des Personen- und Güterverkehrs unter ihre Kontrolle zu bringen, misslang: Elf Monate lang wurde Berlin nur aus der Luft versorgt.

Die Berliner Luftbrücke

Als Antwort auf die von den Westmächten initiierte Währungsreform versuchten die Sowjets, die Verbindungen zwischen den westlichen Besatzungszonen in Deutschland und Berlin zu stören. Der Streit eskalierte. Man interpretierte das sowjetische Verhalten als „Blockade", zumal dieser Begriff auch gefallen war. Das Recht, dass sich die Truppeneinheiten der westlichen Alliierten frei zwischen ihren Westzonen und den jeweiligen Sektoren der Stadt bewegen konnten, war dabei auf drei Luftkorridore von Hamburg, Hannover und Frankfurt/Main aus begrenzt, die man Ende 1945 vereinbart hatte. Schwer wiegender war jedoch die Unterbrechung des für die West-Berliner Bevölkerung lebenswichtigen Güterverkehrs.

Um die Versorgung West-Berlins zu gewährleisten, organisierten Amerikaner und Briten jedoch eine Luftbrücke. Durch sie allein blieb das Leben in Berlin möglich. Ungeachtet der hohen Kosten, die eine derartige Bereitstellung von Lebensmitteln, Treibstoff und Medikamenten verursachte, kündigten die Alliierten an, diese Brücke auf unbestimmte Zeit einzurichten. Sie hätte nur mit Gewalt außer Kraft gesetzt werden können. Zum ersten Mal seit dem Ende des Zweiten Weltkriegs kehrten strategische Bomber der Vereinigten Staaten wieder auf ihre im Zweiten Weltkrieg eingerichteten Militärbasen in England zurück. Obwohl weder der Osten noch der Westen einen bewaffneten Konflikt wollte, zerschlugen sich doch alle Hoffnungen, auf der Basis des Viermächteabkommens in Deutschland zusammenzuarbeiten.

Die Gründung der NATO

Die Blockade Westberlins dauerte länger als ein Jahr, und ihre Umgehung stellte eine große technische Leistung dar. Auf Berlins einzigem Flughafen wurde täglich die Ladung von mehr als 1000 Flugzeugen gelöscht. Doch vor allem zählte die politische Bedeutung: Es konnten weder die Nachschublieferungen der Alliierten unterbrochen werden, noch gelang es, die Bevölkerung in West-Berlin einzuschüchtern. Die sowjetische Seite ging nach dieser Niederlage daran, die Teilung der Stadt voranzutreiben, und verwehrte dem Bürgermeister den Zugang zu seinem Amtssitz. Die Westmächte hatten sich inzwischen im April 1949 – wenige Wochen, bevor die Berlin-Blockade durch ein Abkommen aufgehoben wurde – zur NATO zusammengeschlossen. Dieses Nordatlantische Verteidigungsbündnis war während des Kalten Krieges die erste Einrichtung, die über die Grenzen Europas hinausreichte. Die Vereinigten Staaten und Kanada unterzeichneten ebenso als Partner wie die meisten westeuropäischen Staaten, nur Schweden, die Schweiz, Irland und Spanien traten nicht bei. Es handelte sich ausdrücklich um eine Verteidigungsallianz, die im Falle eines Angriffs auf einen Mitgliedstaat eine gemeinsame Abwehr vorsah. Die inzwischen bereits fast aufgegebene Tradition der US-Amerikaner, sich außenpolitisch zu isolieren, rückte mit dieser Gründung noch weiter in den Hintergrund. Aus den drei westlichen Besatzungszonen entstand im darauf folgenden Oktober die Bundesrepublik Deutschland, während im Osten die Deutsche Demokratische Republik gegründet wurde.

Der Nordatlantikvertrag 1949

„Die Vertragsstaaten vereinbaren, einen bewaffneten Angriff gegen einen oder mehrere von ihnen in Europa oder Nordamerika als einen Angriff gegen alle anzusehen. Jeder Vertragsstaat wird daher der angegriffenen Partei in Ausübung des Rechts der individuellen und kollektiven Selbstverteidigung Beistand leisten (Art. 51 SVN). Dies geschieht dadurch, dass jede Partei die Maßnahmen trifft, die sie für erforderlich erachtet, um die Sicherheit des nordatlantischen Gebiets wiederherzustellen oder zu erhalten. Diese Maßnahmen können die Anwendung von Waffengewalt einschließen. Jeder bewaffnete Angriff und die Gegenmaßnahmen sind dem Sicherheitsrat der Vereinten Nationen mitzuteilen. Die Maßnahmen sind einzustellen, sobald der Sicherheitsrat diejenigen Schritte unternommen hat, die notwendig sind, um den internationalen Frieden und die internationale Sicherheit wiederherzustellen und zu erhalten."

Auszug aus Artikel 5 des *Nordatlantikvertrags* von 1949

Der deutsche Bundeskanzler Adenauer (1876–1967, mittlere Reihe, 2. v. l.) befand sich unter den Mitgliedern des Ministerrats, die 1955 an der Sitzung des NATO-Rats teilnahmen. Während dieser Sitzung wurde Westdeutschland formell aufgenommen, und das Nordatlantische Verteidigungsbündnis erlangte seine endgültige Bedeutung als Verteidigungsmacht gegen den Kommunismus.

Das Zeitalter des Kalten Krieges

Nachdem die sowjetische Führung dem amerikanischen Marshallplan ihre Zustimmung verwehrt hatte, traten die Meinungsverschiedenheiten zwischen den Supermächten offen zu Tage. Die UdSSR gründete 1949 den Rat für gegenseitige Wirtschaftshilfe (RGW) und installierte das sowjetische System in den Staaten des Ostblocks.

Die überaus lange Periode des Kalten Krieges lässt sich in vier Phasen gliedern. Zu Beginn jedes Zeitabschnitts stiegen die Spannungen an, der Kontakt untereinander brach ab, und es folgte üblicherweise ein regional begrenzter Krieg. Anschließend setzte wieder eine deutliche Verbesserung der Beziehungen zwischen den Supermächten ein. Während des ersten Stadiums (1945–1953) prallten die Gegensätze der beiden Machtblöcke extrem aufeinander, und ein Dialog zwischen beiden Seiten war ausgeschlossen. Diese Konfrontation gipfelte im Korea-Krieg. Zwischen 1953 und 1962 signalisierte Chruschtschow seine Gesprächsbereitschaft, zuerst gegenüber Eisenhower und später gegenüber Kennedy. In Folge der Kuba-Krise 1962 hatten die USA und die UdSSR die Gefahr einer nuklearen Auseinandersetzung in Betracht zu ziehen. Während der dritten Phase (1962–1973), überschattet vom Vietnam-Krieg, sahen die beiden militärischen Supermächte schließlich eine Begrenzung ihrer strategischen Waffen vor, da das Wettrüsten ihre Volkswirtschaft zu ruinieren drohten. Zwischen 1973 und 1989 richtete sich die Aufmerksamkeit zunächst auf die Weltwirtschaftskrise. Der Krieg in Afghanistan trübte dann erneut die Beziehungen. Dieser Zeitabschnitt unterscheidet sich von den vorausgehenden Phasen, da nun anstelle der Ost-West-Konflikte Auseinandersetzungen auf der Nord-Süd-Achse auftraten. Mit dem Abzug der sowjetischen Truppen aus Afghanistan, Gorbatschows Abrüstungsvorschlägen und den demokratischen Veränderungen in Europa änderte sich die politische Landkarte 1989 radikal.

Der amerikanische Präsident John F. Kennedy und der sowjetische Partei- und Regierungschef Nikita Chruschtschow treffen sich 1961 zu Unterredungen in Wien. Auf dem Parkett der internationalen Beziehungen wechselte Chruschtschow wirkungsvoll zwischen Streitsucht und Kameraderie.

Der Korea-Krieg

Die Gründung der NATO erweckte den Eindruck, dass die Welt, ähnlich wie Europa, in zwei Einflusszonen getrennt sei. Dies wurde umso offensichtlicher, als der Kalte Krieg in Ostasien erneut ausbrach. 1945 war Korea entlang des 38. Breitengrads geteilt worden. Der industrialisierte Norden stand unter sowjetischer, der von Landwirtschaft geprägte

Süden unter amerikanischer Besatzung. Die Problematik der Wiedervereinigung wurde schließlich den Vereinten Nationen übertragen. Nachdem die Bemühungen, Wahlen für das gesamte Land auszurichten, gescheitert waren, erkannten die Vereinten Nationen nur die Regierung im Süden Koreas als einzig rechtmäßige Regierung Koreas an. Zu diesem Zeitpunkt hatte auch im nördlichen Teil des Landes eine Regierung ihre Arbeit aufgenommen. Sie beanspruchte die Souveränität für das gesamte Land. Nachdem sich sowohl die amerikanischen als auch die sowjetischen Truppen zurückgezogen hatten, marschierten nordkoreanische Streitkräfte im Juni 1950 im Süden ein. Binnen zweier Tage entsandte Präsident Truman seine Truppen, um diesen Vorstoß im Namen der Vereinten Nationen zu bekämpfen.

Auch wenn die UN-Truppen vorrangig aus amerikanischen Soldaten bestanden, entsandten auch andere Nationen Truppenkontingente. Innerhalb weniger Monate operierten die alliierten Streitkräfte eindeutig nördlich des 38. Breitengrads; ein Sieg über die nordkoreanischen Verbände schien wahrscheinlich. Als sich die Kämpfe bis in die Nähe der Grenze zur Mandschurei ausweiteten, intervenierten kommunistische Truppen der Chinesen und drängten die UN-Truppen zurück.

Die Umsicht Trumans verhinderte, dass die Vereinigten Staaten in einen Krieg auf dem asiatischen Festland verwickelt wurden. Die hartnäckigen und fortdauernden Kampfhandlungen zeigten, dass China, wenngleich es zwar nordkoreanisches Territorium behaupten konnte, nicht in der Lage war, die südkoreanische Regierung gegen amerikanische Interessen zu stürzen. So kam es zu Waffenstillstandsverhandlungen. 1953 nahm in den Vereinigten Staaten eine neue republikanisch gesinnte Regierung ihre Arbeit auf und ließ an ihrer antikommunistischen Einstellung keinen Zweifel. Die vorhergehende Regierung, dies war deutlich genug geworden, hatte bereits in ausreichendem Maß ihren Willen und ihre Bereitschaft demonstriert, ein unabhängiges Südkorea zu verteidigen. Bestätigt wurde auch die Auffassung der Vorgänger, dass sich das eigentliche Zentrum des Kalten Krieges nicht in Asien, sondern in Europa befand. Im Juli 1953 wurde ein Waffenstillstandsvertrag unterzeichnet. Den darauf folgenden Bemühungen, einen formalen Friedensvertrag auszuhandeln, ist bis heute kein Erfolg beschie-

Der Korea-Krieg

Im Jahr 1950 wurde während des Konflikts in Korea erstmals das Risiko eines Atomkriegs zwischen den Supermächten sichtbar. Die Gefahr eines weiteren Weltkriegs verminderte sich jedoch, da die Vereinigten Staaten über das Monopol für atomare Sprengköpfe verfügten. Als jedoch die Sowjetunion im August 1949 ihre ersten erfolgreichen Atomtests durchführte, wurde der Welt die Möglichkeit einer nuklearen Katastrophe bewusst. Die Angst steigerte sich, als die Supermächte in den Korea-Konflikt eingriffen, obwohl sie, wie aus der Karte ersichtlich wird, nicht direkt in gegenseitige Kampfhandlungen verwickelt waren.

Die wichtigsten strategischen Entwicklungen des Korea-Krieges.

den. So ist fast ein halbes Jahrhundert später das Verhältnis zwischen beiden koreanischen Staaten noch immer spannungsgeladen. Sowohl in Europa als auch im Fernen Osten gewannen die Vereinigten Staaten die ersten Auseinandersetzungen des Kalten Krieges. In Korea war es nicht nur beim ideologischen Schlagabtausch geblieben, sondern tatsächlich zum Kampf gekommen.

DIE UDSSR NACH STALIN

Kurz vor Unterzeichnung des Waffenstillstandsvertrags, der den Korea-Krieg beendete, starb Stalin. Die Folgen waren äußerst schwer abzusehen. Erst im Rückblick zeigt sich eine Unterbrechung in der Kontinuität sowjetischer Politik. Der US-amerikanische Präsident Eisenhower blieb den sowjetischen Absichten gegenüber misstrauisch, und Mitte der 50er Jahre war der Kalte Krieg ebenso gegenwärtig wie in der Zeit zuvor. Kurz nach Stalins Tod enthüllten seine Nachfolger, dass auch die Sowjetunion über die verbesserten Nuklearsprengköpfe verfügte, die unter dem Begriff Wasserstoffbomben bekannt wurden. Sie waren gleichsam Stalins letztes Vermächtnis und garantierten (wenn es je in Zweifel stand) den Status der UdSSR in der Welt. Stalin hatte die repressive Politik Lenins fortgesetzt, war in seinem Handeln jedoch über seinen Vorgänger hinausgegangen. Es gelang ihm, annähernd die Ausdehnung des Zarenreichs wiederherzustellen. Die Sowjetunion war eine Großmacht, doch in Anbetracht der Potenziale hätte dieses riesige Reich auch ohne den Kommunismus diesen Status erreicht. Seine Völker wurden für ihre Leiden mit nicht viel mehr belohnt als der Garantie, eine internationale Macht darzustellen. Das alltägliche Leben nach dem Krieg war schwerer als je zuvor; Verbrauchsgüter blieben über Jahre hinweg knapp, und sowohl die Propaganda als auch die Brutalität des polizeistaatlichen Systems, dem die Bürger der Sowjetunion ausgesetzt waren, wurden – nach einer Abschwächung während des Krieges – wieder intensiviert.

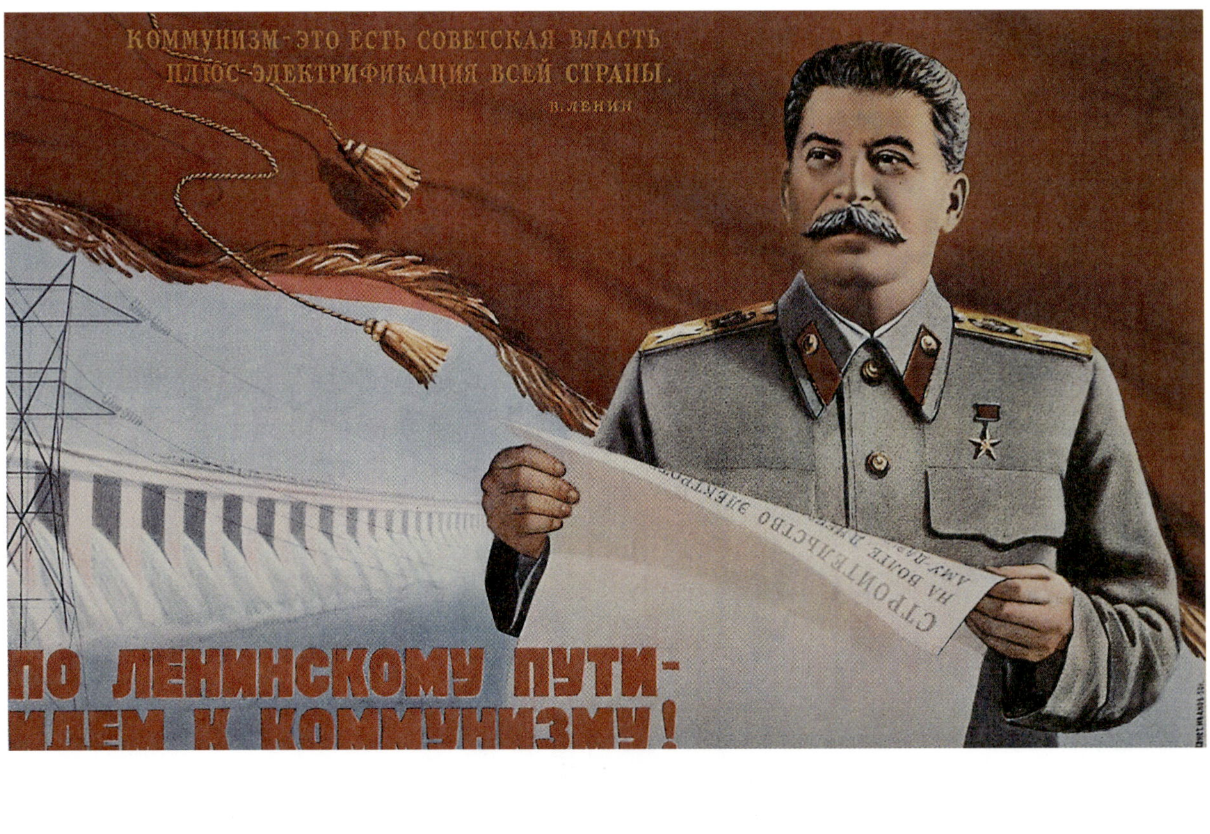

Ein sowjetisches Propagandaplakat aus dem Jahr 1950 zeigt Stalin, der den „leninistischen Weg zum Kommunismus" verkündet. Der Staudamm im Hintergrund sollte verdeutlichen, dass der Sowjetstaat in der Lage ist, die gesamte UdSSR mit Strom zu versorgen. Im Gegensatz zum Wohlstand und der Stärke, die nach außen getragen wurden, gehörten Armut und Leid für die meisten Sowjetbürger auch lange nach dem Krieg noch zum Alltag.

Der Warschauer Pakt

Mit der Trennung Europas setzte sich Stalin ein weiteres Denkmal. Dies wurde zum Zeitpunkt seines Todes besonders deutlich und bestätigte sich im Lauf der folgenden Jahre. Dank der wirtschaftlichen Unterstützung von amerikanischer Seite war im westlichen Teil Europas bis 1953 ein grundlegender Neuaufbau möglich geworden. Die Bundesrepublik und die Deutsche Demokratische Republik (DDR) entfernten sich immer weiter voneinander. An zwei aufeinander folgenden Tagen im März 1954 kündigte einerseits die sowjetische Seite an, dass die Staaten im Osten nun die volle Souveränität erlangt hätten, und andererseits unterzeichnete der deutsche Bundespräsident eine Ergänzung der Verfassung, die eine Wiederbewaffnung des Landes möglich machte. 1955 trat Westdeutschland der NATO bei, die UdSSR antwortete mit dem Warschauer Pakt als Zusammenschluss seiner Satellitenstaaten. Die Zukunft Berlins war zu diesem Zeitpunkt noch immer ungewiss. Es stand jedoch außer Zweifel, dass sich die NATO-Mächte gegen alle Veränderungen des Status Berlins, die nicht auf Vereinbarungen beruhten, zur Wehr setzen würden. Im Ostblock begrub die DDR alte Feindschaften, die Oder-Neiße-Linie wurde als Grenze zu Polen festgelegt. Hitlers Traum, das Großdeutschland der Nationalisten aus dem 19. Jahrhundert zu verwirklichen, endete mit der Auslöschung des unter Bismarck entstandenen Reiches. Revolutionäre Kommunisten regierten das historische Preußen, während eine föderale Struktur, antimilitaristische Haltung und Christ- sowie Sozialdemokraten, die zu Zeiten Bismarcks Staatsfeinde gewesen waren, das neue Westdeutschland prägten. Ohne Abschluss eines Friedensvertrags ließ sich so die Macht Deutschlands, das Europa in zwei Kriegen verwüstet hatte, für 35 Jahre unter Kontrolle halten.

Der Friedensvertrag mit Österreich wird 1955 unterzeichnet. In Kenntnis seiner verwundbaren Position zwischen Ost- und Westeuropa erklärte Österreich seine Neutralität.

Zwei neue Wirtschaftssysteme entstehen

Weder Stalin noch irgendeiner anderen Person kann man eine voranschreitende Ausweitung der Zweiteilung zuschreiben, die sich bereits über den gesamten Globus erstreckte, nachdem China zu einem kommunistischen Staat geworden war. Es war vielmehr die Ausrichtung auf die zwei gegensätzlichen Wirtschaftsformen des Kapitalismus und der Planwirtschaft. Die politischen Strategien Stalins trugen allerdings zweifellos zu einer weiteren Verschärfung dieses Gegensatzes bei. Schon seit der Oktoberrevolution waren die Handelsbeziehungen zwischen der Sowjetunion und anderen Ländern belastet. Es folgten die tief greifenden Störungen der Weltwirtschaft nach 1931, als die kapitalistischen Volkswirtschaften in eine tiefe Rezession verfielen und daraufhin ihr Heil im Protektionismus suchten oder sogar nach völliger Autarkie strebten. Nach 1945 wurden all diese bisherigen Ausdifferenzierungen des Welthandels noch übertroffen. Zwei unterschiedliche Methoden, mit deren Hilfe die Verteilung knapper Ressourcen organisiert wurde, spalteten die Welt in fortschrittliche Nationen und rückständige.

Der politischen Spaltung der Welt in einen kommunistischen und einen demokratischen Teil folgte die wirtschaftliche Teilung in Kapitalismus und Planwirtschaft.

Deutschland und Europa nach dem Krieg

Der Warschauer Pakt wurde als Reaktion auf den NATO-Beitritt des wiederbewaffneten Westdeutschlands gegründet. Am 11. Mai 1955 wurde die Warschauer Konferenz einberufen. An ihr nahmen Repräsentanten der UdSSR, Polens, Ungarns, der Tschechoslowakei, Ostdeutschlands, Rumäniens, Bulgariens und Albaniens teil. Am 14. Mai unterzeichneten diese Staaten den Vertrag über Freundschaft, Zusammenarbeit und gegenseitigen Beistand. In einem Anhang zu diesem Vertrag wurde ein einheitliches Oberkommando über ihre Truppen vereinbart.

Auf dieser Karte ist die Situation im Jahr 1955 festgehalten. Die drei Westzonen bilden die Bundesrepublik (Westdeutschland), während die russische Zone zur Deutschen Demokratischen Republik wird (Ostdeutschland). Beide Staaten wurden 1949 gegründet. Berlin behielt weiterhin den Viermächtestatus.

Innerhalb der kommunistisch kontrollierten Staatengruppe (ebenso wie für einige andere Nationen) sah sich die Regierung mit ihrem Machtapparat selbst als entscheidenden wirtschaftlichen Faktor an. Obgleich der Handel zwischen beiden Wirtschaftsformen nicht vollständig unterbunden war, war er doch erheblich eingeschränkt.

Keines dieser Systeme blieb auf Dauer unverändert, und im Laufe der Jahre intensivierten sich die Kontakte untereinander. Trotzdem stellten sie über einen langen Zeitraum alternative Modelle für wirtschaftliches Wachstum dar. Doch dieses Verhältnis blieb nicht statisch. Bald vertraten die Vereinigten Staaten ihr kapitalistisches System viel lockerer, als das noch 1950 der Fall war, und auch die Sowjetunion ließ von ihrem hartnäckigen Festhalten an der Planwirtschaft ein wenig los. Beide Mächte hatten, wenn auch in völlig unterschiedlichem Ausmaß, Anteil am wirtschaftlichen Wachstum der 50er und 60er Jahre. Erst als sich in späterer Zeit die marktwirtschaftlichen Systeme schneller entwickelten, veränderte sich die Gewichtung zwischen den beiden Staaten.

Der Anschluss Chinas an das so genannte sozialistische Wirtschaftssystem wurde anfangs dennoch fast uneingeschränkt aus der Perspektive des Kalten Krieges interpretiert und als Verschiebung des strategischen Gleichgewichts gedeutet. Seit Stalins Tod mehrten sich die Anzeichen, dass sich eine Prophezeiung des südafrikanischen Staatsmannes Smuts, die er mehr als 25 Jahre zuvor ausgesprochen hatte, bewahrheitete. Er hatte vorausgesagt, dass sich „der Ort der Handlung von Europa zum Fernen Osten und in Richtung Pazifik verschieben wird“. Auch wenn Deutschland weiterhin im Mittelpunkt des Kalten Krieges stand, war die Entwicklung in Korea das erste überaus deutliche Merkmal dafür, dass sich der Schwerpunkt der Weltgeschichte von Europa in Richtung Osten verlagerte.

Hindus nehmen am Kumba-Mela-Festival in Indien teil, das abwechselnd in den Heiligen Städten Hardwar, Allahabad, Ujjain und Nasik stattfindet. Millionen von Pilgern reisen Jahr für Jahr zu diesem Festival, ein Zeichen für die Bedeutung, die die alten Traditionen, unberührt von westlichem Einfluss, immer noch in Asien haben.

DIE ASIATISCHE REVOLUTION

Als die europäische Vormachtstellung in Asien zusammenbrach, schlossen sich weitere Umstrukturierungen und Wechsel an, sobald sich die neu gegründeten Staaten ihrer Interessen und ihrer Macht (oder deren Fehlen) bewusst wurden. Die Form und Einheit, die ihnen von ihren früheren Herren gegeben worden war, überdauerte die Reiche oft nicht lange. Der Subkontinent Indien verlor seine kurze politische Einheit exakt zum Zeitpunkt der Dekolonisierung. Malaysia und Indochina begannen bereits vor 1950, wichtige und nicht immer gern gesehene Veränderungen zu durchlaufen. Zudem bereiteten interne Spannungen einigen jungen Staaten Probleme. Aus heutiger Sicht ist daher das Ende der europäischen Herrschaft für viele dieser Staaten weit weniger ein Wendepunkt, als es damals schien. Die größten Neuerungen traten erst später ein.

Europa hatte diese Länder nur unvollständig und lückenhaft kontrolliert. Obwohl die Eroberer das Schicksal von Millionen Asiaten bestimmt und ihr Leben über Jahrhunderte hinweg geprägt hatten, erreichten sie mit ihrer Kultur und Gesellschaftsform nur die regierenden Eliten. In Asien musste sich die europäische Lebensart und Denkweise gegen tiefer verwurzelte und mächtigere Traditionen behaupten als irgendwo sonst auf der Welt. Anders als beispielsweise im präkolumbianischen Amerika konnten die asiatischen Kulturen unmöglich einfach ausgelöscht werden. Ähnlich wie in der arabisch-islamischen Welt wurden sowohl die offenkundigen Unternehmungen der Europäer als auch ihr indirektes Einwirken mit beträchtlichen Hindernissen konfrontiert. Die tiefsten Schichten im Denken und Verhalten blieben häufig selbst bei denjenigen unberührt, die behaupteten, sich von ihrer Vergangenheit emanzipiert zu haben. Noch immer wurden in den gebildeten Familien die traditionellen Riten durchgeführt, etwa bei der Geburt eines Kindes oder bei dem Abschluss eines Heiratsvertrags.

DIE ZWEI GESICHTER ASIENS

Um Asiens gegenwärtige Rolle in der Weltgeschichte zu verstehen, sind vor allem zwei Gebiete des asiatischen Kulturraums zu beachten, die seit Jahrhunderten unvermindert ihre Bedeutung und Einzigartigkeit herausstellen. Das eine liegt im Westen Asiens und wird durch die Gebirgszüge Nordindiens, die burmesischen und siamesischen Hochebenen und das riesige Archipel begrenzt, das größtenteils zu Indonesien gehört; das Zentrum ist der Indische Ozean. Im Laufe der Geschichte wirkten sich drei Geistesströmungen auf diese Gegend aus: die Hindukultur, die von Indien aus nach Südosten gelangte, der Islam, der sich ebenfalls in östlicher Richtung ausbreitete, und die europäischen Einflüsse. Letztere waren zunächst über einen langen Zeitraum im Handel und in missionarischen Bemühungen zu spüren, dann – viel kurzfristiger – während der Jahre der politischen Vormacht. Das andere Gebiet ist Ostasien, das von China beherrscht wird. Dies beruht zum einen auf der einfachen geographischen Tatsache, dass dieses Land über riesige Ausmaße verfügt. Zum anderen wirken sich jedoch auch die Anzahl der Völker, deren Bereitschaft zur Migration und nicht zuletzt der mehr oder weniger direkte Einfluss chinesischer Kultur auf die ostasiatische Peripherie aus. In dieser Zone kam die unmittelbare politische Herrschaft der Europäer niemals so weit oder so dauerhaft zum Tragen wie in der weiter westlich gelegenen Region.

Der Fakir – oder heilige Mann – bleibt eines der Symbole des traditionellen Indiens.

INDIEN

In den Wirren der Nachkriegsjahre nach 1945 war es leicht, die wichtigen und teilweise auch vom Verlauf der Geschichte erzwungenen Unterschiede zwischen dem östlichen und dem westlichen Asien aus den Augen zu verlieren. In beiden Teilen des Kontinents gab es Staaten, die den gleichen Weg zu gehen schienen. Der Westen wurde häufig nicht nur emotional vehement abgelehnt, sondern die Zurückweisung gelangte auch als Appell an die Weltöffentlichkeit. Im Namen eines unerbittlichen Nationalismus verleibte sich Indien innerhalb weniger Jahre die Fürstenstaaten ein, die die britische Oberherrschaft in Indien überlebt hatten, sowie die verbleibenden französischen und portugiesischen Enklaven des Subkontinents. Schon bald unterdrückten die indischen Sicherheitskräfte jegliche Gefährdung, die innerhalb der neuen Republik von regionalen Autonomiebestrebungen ausging. Die indische Unabhängigkeit zeigte sich zunächst als die Arbeit einer westlich gebildeten Elite, die die Idee des Nationalismus aus dem Westen importiert hatte, auch wenn sie selbst zunächst nur nach Gleichheit und Partnerschaft mit der britischen Oberherrschaft gestrebt hatte.

Probleme für Indiens neue Regierung

Die politische Führung des jungen unabhängigen Indiens hatte in einem oft übersehenen Ausmaß viele Ziele und Institutionen der britischen Herrschaft geerbt. Ministerielle Strukturen, konstitutionelle Konventionen, die Aufteilung der Macht zwischen Unions- und Provinzautoritäten sowie der Behörden- und Sicherheitsapparat wurden vollständig übernommen und mit republikanischen Insignien ausgestattet, so dass sie im Großen und Ganzen wie vor 1947 operierten. Die vorherrschende und ausdrückliche Ideologie der Regierung war ein gemäßigter und bürokratischer Sozialismus nach dem Vorbild der damaligen britischen Politik. Er unterschied sich nicht wesentlich von dem delegierten Despotismus in den letzten Jahren der britischen Herrschaft. Die Wirklichkeit, der sich Indiens Politiker gegenübersahen, schloss auch einen tiefen konservativen Widerstand der lokalen Würdenträger mit ein. Sie kontrollierten die Wahlen, um zu verhindern, dass die angestammten Privilegien unter das Niveau der früheren Prinzen absanken. Zudem war Indien mit schwer wiegenden Problemen konfrontiert: Die Bevölkerung vermehrte sich rasch, die Wirtschaft war rückständig, es herrschten Armut, Analphabetismus sowie soziale, ethnische und religiöse Spannungen. Die an die Unabhängigkeit gestellten Erwartungen waren hoch. Bedeutsame Veränderungen, dies war offensichtlich, waren dringend nötig.

Die Einführung der neuen Verfassung 1950 änderte nichts an den Gegebenheiten. Manches Problem wurde sogar erst im zweiten Jahrzehnt der indischen Unabhängigkeit in vollem Ausmaß sichtbar. Selbst gegen Ende des Jahrhunderts verlief das Leben im ländlichen Indien so wie schon seit Jahrhunderten.

Nehru (1889–1964) während der Feierlichkeiten zum zweiten Jahrestag der Unabhängigkeit.

In den Straßen der indischen Stadt Agra drängen sich Fahrradfahrer, Motorradfahrer und Fußgänger. Im Gegensatz zu stärker industrialisierten Ländern ist die landwirtschaftliche Revolution in Indien noch nicht vollzogen und kann deshalb kaum dazu beitragen, die sich rasant vermehrende Bevölkerung zu ernähren. Weil die Geburtenrate so hoch ist, hat das Wachstum der Städte nur zu einer minimalen Verringerung der Landbevölkerung geführt.

Die Spannungen zwischen Indien und Pakistan

Diese Schwächen und Unsicherheiten der „neuen Nation" wirkten sich auch negativ auf die Auseinandersetzungen Indiens mit dem Nachbarstaat Pakistan aus. Die Streitigkeiten wurden erstmals im Konflikt um Kaschmir deutlich, wo ein Hinduprinz über eine muslimische Bevölkerungsmehrheit regierte. Schon 1947 hatten die Kämpfe eingesetzt, als die Muslime versuchten, die Vereinigung mit Pakistan zu erzwingen. Der Maharadscha dagegen bat Indien um Hilfe und suchte den Anschluss an die indische Republik. Da die muslimischen Führer in Kaschmir selbst verschiedenen Lagern angehörten, gestaltete sich die Situation nochmals komplizierter. Indien weigerte sich, die Volksbefragung durchführen zu lassen, die der Sicherheitsrat der Vereinten Nationen empfohlen hatte. Zwei Drittel Kaschmirs blieben in indischer Hand und bildeten einen wunden Punkt in den Beziehungen beider Nachbarstaaten. 1949 zunächst beigelegt brachen die Kämpfe 1965 erneut aus. In den nächsten 30 Jahren blieb Kaschmir Gegenstand von Spannungen und gelegentlichen bewaffneten Konflikten. 1998 erregte die Region weltweit großes Aufsehen, als Indien Pakistan mit einem Atombombentest provozierte. Pakistan antwortete darauf mit einem eigenen Test. Schon 1971 war es zu Kämpfen gekommen, als Ostpakistan, eine Region mit muslimischer Bevölkerung, in dem jedoch Bengali gesprochen wird, beschloss, unter der Schirmherrschaft Indiens einen eigenen Staat namens Bangladesch zu gründen. Damit zeigte sich, dass religiöse Einheit allein nicht ausreicht, um eine lebendige Nation zu formen. Bangladesch hatte schon bald mit wirtschaftlichen Problemen zu kämpfen, die noch größer waren als diejenigen Indiens und Pakistans.

Politische Ausrichtung

In diesen unruhigen Zeiten zeigte die politische Führung Indiens weit gesteckte Ambitionen, die mitunter vielleicht darauf abzielten, den gesamten Subkontinent zu vereinigen, und legte gleichzeitig eine offenkundige Missachtung der Interessen anderer Völker an den Tag. Die dadurch hervorgerufenen Irritationen wurden durch den Kalten Krieg weiter verstärkt. Indiens Staatspräsident Nehru hatte durchgesetzt, dass Indien nicht Partei ergreifen würde. In den 50er Jahren bedeutete dies, dass Indien zur UdSSR und zu China bessere Beziehungen unterhielt als zu den Vereinigten Staaten. In der Tat schien Nehru jede Gelegenheit zur Kritik am Handeln der Amerikaner zu nutzen und erreichte damit, dass einige, die mit den Bekenntnissen der Inder sympathisierten, den Staat als progressive, friedliche und nicht angepasste Demokratie betrachteten. Umso größer war der Schock, sowohl für diese Personen als auch für die indische Öffentlichkeit, als 1959 bekannt wurde, dass Nehrus Regierung drei Jahre lang, ohne die

Die Probleme des jungen Staates Bangladesch wurden von einer Serie von Naturkatastrophen verschärft. Die Wirbelstürme, die das Land regelmäßig verwüsten, verursachen auch Überschwemmungen, wie hier im Jahr 1988.

Öffentlichkeit darüber zu informieren, mit den Chinesen Streitigkeiten um die Nordgrenze ausgetragen hatte. Ende 1962 entstand daraus ein bewaffneter Konflikt. Nehru entschied sich für den unerwarteten Schritt, die Amerikaner um Hilfe zu bitten. Diese wurde ihm, was noch unerwarteter war, gewährt. Gleichzeitig erhielt er auch von sowjetischer Seite (in Form von Flugzeugmotoren) Unterstützung.

Das junge Pakistan verfügte nicht über die gleichen Freunde wie Indien. Das Land war 1947 viel schwächer als der Nachbar und stellte nur eine winzige Beamtenschaft (Hindus waren in viel größerer Zahl in die alten indischen Behörden eingetreten, als Moslems es in Pakistan taten). Zudem war es geographisch zweigeteilt und hatte gleich zu Beginn seinen fähigsten Politiker – Jinnah – verloren. Selbst unter der britischen Herrschaft hatten muslimische Politiker (vielleicht aufgrund realistischer Einschätzungen) weniger Vertrauen in eine demokratische Verfassung gehabt als das

Von 1958 bis 1973 wurde Pakistan von Militärdiktaturen regiert, ein Ausdruck der dominanten muslimischen Oligarchie. Von 1973 bis 1977 versuchte Zufilkar Ali-Khan Bhutto, eine Zivilregierung zu etablieren, aber ein Putsch beendete seine Bestrebungen mit einer weiteren Militärdiktatur. 1988 wurde Benazir Bhutto, die Tochter Ali-Khan Bhuttos (geboren 1953), hier im Bild, die erste gewählte Premierministerin von Pakistan. Sie regierte bis 1990 erfolgreich auf der Basis einer Übereinkunft mit der Armee.

Parlament. Pakistan wurde vielmehr von autoritären Soldaten regiert, die sich militärisch gegenüber Indien zu behaupten versuchten und die wirtschaftliche Entwicklung einschließlich einer Landreform vorantreiben wollten. Vor allem aber war es ihr Ziel, die vom Islam vorgegebene Lebensweise zu sichern.

DIE DRITTE WELT

Zu den so genannten Dritte-Welt-Ländern gehören vor allem die von den europäisch-amerikanischen Errungenschaften ausgeschlossenen ehemaligen Kolonien in Asien und Afrika.

Während Indiens Freunde im Westen manchmal von der Politik, die der Unabhängigkeit folgte, enttäuscht waren, hatte man von Pakistan ohnehin weniger erwartet. Pakistan konnte sich als formal muslimischer Staat deutlich von Indien abgrenzen. Der Nachbar dagegen war laut Verfassung ein säkularer, nicht konfessioneller Staat, was auf den ersten Blick als „westliches“ Merkmal galt, jedoch mit der in Indien vorherrschenden synkretistischen und hinduistischen kulturellen Tradition nicht leicht zu vereinbaren war. Pakistan dagegen ging immer mehr dazu über, die internen Angelegenheiten auf Grundlage des islamischen Rechts zu regeln. Religiöse Unterschiede beeinträchtigten die auswärtigen Beziehungen Pakistans jedoch nicht so sehr wie der Kalte Krieg. Dieser trug zur weiteren Verwirrung in der asiatischen Politik bei, als sich 1955 Repräsentanten aus 29 afrikanischen und asiatischen Staaten in Bandung (Indonesien) trafen, um eine neue Gemeinschaft neutraler oder „blockfreier“ Nationen zu bilden. Abgesehen von der Delegation Chinas kamen die meisten Teilnehmer aus ehemaligen Kolonialgebieten. Aus Europa schloss sich Jugoslawien an. Es gab auch arme und bedürftige Staaten, die die Vereinigten Staaten stärker ablehnten als die UdSSR und sich eher zu China hingezogen fühlten als zu den anderen beiden Supermächten. Diese wurden bald „Dritte-Welt-Länder“ genannt, ein Begriff, der wahrscheinlich von einem französischen Journalisten geprägt wurde. Er nahm Bezug auf den gesetzlich unterprivilegierten „Dritten Stand“ von 1789, der sich als treibende Kraft

Die Bandung-Konferenz

An der Bandung-Konferenz, die 1955 in Indonesien stattfand, nahmen die Repräsentanten aus den 29 Staaten teil, die jüngst die Unabhängigkeit erlangten. Ihr Ziel war es, ihre gemeinsamen politischen, wirtschaftlichen und kulturellen Probleme zu analysieren. Am Ende der Konferenz wurden die folgenden Prinzipien festgelegt: die Unabhängigkeit und Gleichheit der afroasiatischen Staaten, die Verurteilung des Kolonialismus, der Respekt vor den Menschenrechten, eine Politik der Nichteinmischung in die inneren Angelegenheiten anderer Staaten, die Nichtteilnahme an gemeinsamen Übereinkünften, die die individuellen Interessen einer bestimmten Macht bevorzugen, das Recht jeder Nation, sich selbst zu verteidigen, sowie die Gründung der Bewegung blockfreier Staaten.

Die Strategie strikter Neutralität, die Tito forderte, war jedoch kaum umsetzbar. Die radikalen Staaten – zumeist von Kuba unterstützte afrikanische Staaten – verfolgten eine aggressive Vorgehensweise. Andererseits betonten die gemäßigten Staaten unter der Führung Indiens die Notwendigkeit, die Ost-West-Probleme zu lösen.

Ägyptens Präsident Nasser war eine der Schlüsselfiguren der Bandung-Konferenz.

Um das von Tito (hier während einer Rede anlässlich einer Parade in Skopje im Jahr 1953) entwickelte autarke Wirtschaftsmodell für Jugoslawien aufrechtzuerhalten, musste die jugoslawische Regierung den Westen um Hilfe bitten. Jugoslawien erhielt großzügige Kredite von den Vereinigten Staaten und aus dem Internationalen Währungsfonds (IWF), die jedoch die Spannungen zwischen Belgrad und den anderen Staaten des Ostblocks verschärften. Tito versuchte, eine Politik der Neutralität und Nichtanpassung in internationalen Angelegenheiten zu betreiben.

der Französischen Revolution erwiesen hatte. Der Begriff sollte zum Ausdruck bringen, dass die so bezeichneten Nationen von den Supermächten vernachlässigt und von den wirtschaftlichen Privilegien der entwickelten Länder ausgeschlossen waren. So plausibel dies auch klingen mag, der Ausdruck „Dritte Welt" verdeckte wichtige Unterschiede innerhalb dieser Gruppe und ihrer jeweiligen individuellen Beziehungen zur entwickelten Welt. Es überrascht daher nicht, dass sich die Geschlossenheit der Politik der Dritten Welt als wenig dauerhaft erwies. Seit 1955 wurden in diesen Ländern mehr Menschen in Kriegen und Bürgerkriegen getötet als in anderen Ländern der Welt.

Der Kalte Krieg in Asien

Zehn Jahre nach dem Ende des Zweiten Weltkriegs zwang die Konferenz von Bandung die Großmächte zu der Einsicht, dass schwache Staaten nur ihre Kräfte mobilisieren müssen, um einen Machtfaktor darzustellen. Diese Erkenntnis leitete sie, als sie nach Verbündeten im Kalten Krieg suchten. Spätestens 1960 war es offensichtlich, dass die sowjetischen und chinesischen Interessen auseinander liefen. Es zeigte sich, dass beide Mächte die Führung über die unterentwickelten und neutralen Länder zu erlangen suchten – zunächst versteckt, als unterschiedliche Einstellungen Jugoslawien gegenüber verschleiert wurden, schließlich aber als weltweiter Wettkampf. Eine frühe Folge war die paradoxe Entwicklung, dass sich Pakistan trotz eines Vertrags mit den USA im Laufe der Zeit China näherte, während Indien die Annäherung an die UdSSR suchte. Als die Vereinigten Staaten 1965 ablehnten, Pakistan während seines Krieges mit Indien mit Waffen zu beliefern, wandte sich Pakistan an China und bat um Unterstützung. Diese fiel zwar geringer aus als erhofft, dennoch war sie ein frühes Anzeichen für die neuen Einflüsse in den internationalen Beziehungsgeflechten der 60er Jahre.

Der Kalte Krieg führte zum Kampf von Ost und West um den Einfluss auf die Dritte-Welt-Länder. So erhielten diese Länder von ihren jeweiligen Verbündeten finanzielle und wirtschaftliche Hilfe.

Die Vereinigten Staaten konnten diese neuen Strömungen ebenso wenig ignorieren wie die UdSSR und China. Tatsächlich veränderte der Kalte Krieg Amerikas Rolle in Asien in einer Art und Weise, die einer gewissen Ironie nicht entbehrte. Einstmals Förderer des Antikolonialismus, der alles tat, um die Imperien seiner Verbündeten zu demontieren, erschienen die Vereinigten Staaten in manchen Regionen fast als deren Nachfolger. Sie richteten ihr Augenmerk jedoch eher auf Ostasien als auf die Gebiete des Indischen Ozeans, wo sie sich lange und mit wenig Gewinn bemühten, ein undankbares Indien zu besänftigen. Vor 1960 erhielt Indien mehr Wirtschaftshilfe von den Vereinigten Staaten als jedes andere Land.

UNABHÄNGIGES INDONESIEN

Indonesien lieferte ein Beispiel für die neuen Schwierigkeiten, mit denen die Supermächte konfrontiert waren. In dem riesigen Land leben bis heute viele Völker, deren Interessen häufig weit voneinander abweichen. Die Bewohner Sumatras und Javas sind meist Hindus, aber zumindest formal hat Indonesien weltweit auch die größte muslimische Bevölkerung unter einer Regierung versammelt. Arabische Händler brachten seit dem 13. Jahrhundert den Islam nach Indonesien. Schätzungsweise sind mehr als vier Fünftel der indonesischen Bevölkerung muslimisch, obwohl der traditionelle Animismus das Verhalten der Menschen wahrscheinlich genauso stark bestimmt. In Indonesien existiert außerdem eine eingeschworene chinesische Gemeinschaft, die während der Kolonialzeit den überwiegenden Teil an Besitz und Verwaltungsstellen innehatte. Der Abzug der Holländer führte zu einer Lösung der kommunalen Spannungen, die eine während der kolonialen Fremdherrschaft erzwungene Disziplin verursacht hatte. Doch gleich anschließend machten sich auch hier die üblichen nachkolonialen Probleme – Überbevölkerung, Armut, Inflation – bemerkbar.

Kommunistische Gefangene im berüchtigten Salembra-Gefängnis erhalten Politikunterricht als Teil ihrer „Umerziehung".

Sukarno wird abgesetzt

Diese Abbildung zeigt Indonesiens Präsident Sukarno (1901–1970).

In den 50er Jahren erfuhr die Zentralregierung der neuen Republik Indonesien zunehmende Ablehnung. Ab 1957 brachen bewaffnete Aufstände in Sumatra und Unruhen in anderen Regionen aus. Ein altes Muster, die Aufmerksamkeit der Opposition durch nationalistische Propaganda abzulenken, hatte ausgedient. Sukarno erlangte die breite Zustimmung des Volkes nicht wieder. Seine Regierung hatte sich von der liberalen Regierungsform aus den Anfängen des neuen Staates schon zu weit entfernt, und er verließ sich mehr und mehr auf sowjetische Unterstützung. Nach der Parlamentsauflösung 1960 wurde Sukarno 1963 zum Präsidenten auf Lebenszeit ernannt. Trotzdem hielten die Vereinigten Staaten lange zu ihm, weil sie fürchteten, er könne China um Hilfe bitten. Das ermöglichte ihm, sehr zum Ärger der Holländer, den Staat, der aus Westneuguinea entstand, zu schlucken. Dann wandte sich Sukarno gegen den 1957 aus den Überresten des britischen Weltreichs in Südostasien entstandenen neuen Malaiischen Staatenbund.

Malaysia konnte mit britischer Hilfe die Angriffe Indonesiens auf Borneo, Sarawak und das malaiische Festland abwehren. Obwohl Sukarno immer noch amerikanische Unterstützung erhielt, kann man diesen Rückschlag als Wendepunkt für Sukarno bezeichnen. Was genau passierte, blieb unklar, aber als Lebensmittelknappheit und Inflation außer Kontrolle gerieten, kam es zu einem Putschversuch, hinter dem laut Armeeführung die Kommunisten standen. Es ist zumindest denkbar, dass Mao beabsichtigte, Indonesien eine Hauptrolle im Revolutionsexport zuzugestehen. Sukarno versuchte, die kommunistische Partei, die damals vermutlich die drittgrößte der Welt war, gegen andere Politiker auszuspielen. Unabhängig davon, ob eine kommunistische Übernahme beabsichtigt war oder nicht, wurde die Situation von denjenigen ausgenutzt, die eine Wirtschaftskrise befürchteten. In den beliebten traditionellen indonesischen Schattentheatern wurden monatelang die Aufführungen der alten Hindu-Sagen mit politischen Anspielungen und Untertönen des bevorstehenden Wechsels gewürzt. Als der Sturm 1965 losbrach, und ein Massaker die Kommunisten, an die sich Sukarno hätte wenden können, aus dem Weg räumte, hielt sich die Armee demonstrativ zurück. Schätzungen über die Zahl der Opfer gehen von einer viertel bis zu einer halben Million Menschen aus. Sukarno selbst wurde im nächsten Jahr völlig kaltgestellt. Eine gefestigte antikommunistische Regierung übernahm die Macht und brach die diplomatischen Beziehungen zu China vollständig ab. Noch immer sitzen einige der Verlierer von 1965 im Gefängnis, und es werden immer wieder Gefangene hingerichtet, um zu beweisen, dass der Kampf gegen den Kommunismus weitergeht; zweifelsohne soll dies auch abschrecken. Seltsamerweise – und nahezu unverständlich angesichts der Probleme Indonesiens – war die amerikanische Unterstützung Sukarnos in der Überzeugung begründet, dass starke, wirtschaftlich florierende Nationalstaaten das beste Bollwerk gegen den Kommunismus seien. Man kann die Geschichte des Fernen Ostens während der letzten 40 Jahre als Unterordnung unter dieses Prinzip interpretieren.

DIE RÜCKKEHR CHINAS

Um 1960 erwies sich der Wiederaufbau der chinesischen Macht als dominierender strategischer Faktor östlich von Singapur. Südkorea und Japan hatten sich dem Kommunismus erfolgreich widersetzt, und gleichzeitig profitierten sie von der chinesischen Revolution. Sie war ihr Druckmittel gegenüber dem Westen. So wie sich die Ostasiaten im Gegensatz zu den Ländern des Indischen Ozeans erfolgreich die Europäer vom Leib gehalten hatten, bewiesen sie auch nach 1947 die Fähigkeit, ihre Unabhängigkeit in kommunistischen und nichtkommunistischen Formen zu wahren und sich direkter chinesischer Manipulation zu entziehen.

Es fällt schwer, das nicht voller Ironie mit dem tiefen und facettenreichen Konservatismus der Gesellschaften in Verbindung zu bringen, die seit Jahrhunderten dem chinesischen Beispiel nacheiferten. Mit ihrer Disziplin, ihrer Befähigung, sich konstruktiv in sozialen Belangen einzusetzen, mit ihrer Missachtung des Einzelnen, dem Respekt vor Autoritäten und Hierarchie sowie schließlich mit ihrem stark verwurzelten Bewusstsein, einer Kultur anzugehören, die stolz darauf ist, sich vom Westen zu unterscheiden, strebten die Ostasiaten Ziele an, die tiefer verankert waren als die chinesische Revolution. In der Tat ist die Revolution nur vor dem Hintergrund dieser Geisteshaltung verständlich.

Die ehemalige britische Kronkolonie Singapur erhielt 1959 eine neue, autonome Regierung. 1963 schloss sich Singapur dem Malaiischen Staatenbund an, schied aber bereits 1965 wieder als unabhängige Republik aus. Es ist heute eine aktive Handelsenklave mit einem der besten Kommunikationsnetzwerke Südostasiens und gehört zu den so genannten asiatischen „Tigerstaaten".

Der Wiederaufbau Chinas

Wir beginnen 1949 mit dem Sieg der chinesischen Revolution und der Konsolidierung der Macht. Peking (Beijing) wurde erneut Hauptstadt von China. Einige sahen das als Zeichen dafür, dass sich Chinas Führer des Drucks auf die Landesgrenzen im Norden wieder bewusster waren als der Bedrohung von See, die mehr als ein Jahrhundert vorgeherrscht hatte. Die Sowjetunion erkannte als erster Staat das neue China an, dicht gefolgt von Großbritannien, Indien und Burma. Da der Kalte Krieg die übrige Welt weit mehr beschäftigte und auch die Macht der Nationalisten im eigenen Land gebrochen war, sah sich das neue China tatsächlich keiner ernst zu nehmenden Gefahr von außen gegenüber. Das Hauptaugenmerk der neuen chinesischen Herrscher war auf den inneren Zustand ihres Staates gerichtet. Die Armut war allgegenwärtig, Krankheit und Unterernährung weit verbreitet. Der materielle und physische Aufbau und Wiederaufbau

Chinesische Kinder arbeiten 1949 auf einem Feld. Vor der Revolution waren 50 Prozent des Landbesitzes in der Hand von Großgrundbesitzern, die nur vier Prozent der Bevölkerung ausmachten. Sie waren mächtige Magnaten, bei denen die meisten Bauern anhaltend verschuldet waren.

waren überfällig. Der Druck durch die rasch wachsende Bevölkerung auf das Land war so gravierend wie immer.

Die Bauern bildeten den Ausgangspunkt, wobei das Jahr 1949 keine so entscheidende Rolle spielte. Seit den 20er Jahren nämlich wurde die Landreform in den von Kommunisten dominierten Gebieten weitgehend von den Bauern selbst durchgeführt. Bis 1956 wurden Chinas landwirtschaftliche Betriebe im Zuge einer sozialen Umstrukturierung der Dörfer kollektiviert. Das Ziel war, den Dorfbewohnern die Leitung der neu entstandenen

Eine landwirtschaftliche Kommune nahe Peking (Beijing). Viele solcher Kollektivbetriebe wurden nach Maos Landreform in den 50er Jahren errichtet.

Einheiten zu überlassen. Der entscheidende Umbruch vollzog sich, als die lokale Dorfführung und die Grundbesitzer – meist gewaltsam – gestürzt wurden. Diese Menschen machten einen erheblichen Teil der 800 000 Opfer aus, von denen Mao später berichtete, sie seien in den ersten fünf Jahren der Volksrepublik „liquidiert" worden. Gleichzeitig wurde die Industrialisierung mit sowjetischer Hilfe, der einzigen, auf die China zählen konnte, weiter vorangetrieben. Nach übernommenem Muster wurde 1953 ein Fünfjahresplan angekündigt und in Gang gesetzt. Ein beachtlicher Erfolg stellte sich ein.

Außenpolitik

1956 nahm China erneut die außenpolitische Tätigkeit auf, obgleich seine Unabhängigkeit durch die oberflächliche Einheit des kommunistischen Blocks lange verdeckt war und die Vereinigten Staaten hartnäckig darauf bestanden, dass China aus der UNO ausgeschlossen bliebe. Ein chinesisch-sowjetischer Vertrag von 1950 wurde – besonders von den USA – als Beweis dafür gewertet, dass China sich in den Kalten Krieg eingeschaltet habe. Das Regime war kommunistisch und sprach von Revolution und Antikolonialismus; zudem waren die Wahlmöglichkeiten durch die Vorgaben des Kalten Krieges zwangsläufig begrenzt. Aus einer weiteren Perspektive wird jedoch offensichtlich, dass die chinesische kommunistische Politik von Beginn an eher traditionelle Belange verfolgte. Sehr früh zeigte sich dabei das Bemühen, die Macht in den im Verlauf der Geschichte bereits einmal beherrschten Gebieten wieder zu etablieren.

Die Sicherheit der Mandschurei war Erklärung genug für die militärische Intervention Chinas in Korea. Die Halbinsel galt zudem sehr lange als Zankapfel zwischen dem imperialistischen China und Japan. Die chinesische Besetzung Tibets 1951 war ein weiterer feindlicher Einfall in ein Gebiet, das sich jahrhundertelang unter chinesischer Oberhoheit befunden hatte. Am lautesten war jedoch der Ruf nach Wiedererlangung der Macht über Taiwan, das von der Nationalen Volkspartei Kuomintang (unter Chiang Kaishek) regiert wurde. 1895 hatten die Japaner die Insel besetzt, und 1945 hatte sie nur kurzfristig noch einmal unter der Herrschaft des Festlands gestanden. 1955 setzte sich die Regierung der Vereinigten Staaten dafür ein, die Kuomintang-Regierung zu unterstützen. Dieser Konflikt und die unerklärbar schroffe Zurückweisung durch China, das lange von den wohl wollenden Bestrebungen Amerikas profitiert hatte, begründeten psychologisch das über ein Jahrzehnt gegenüber chinesischen Angelegenheiten währende Interesse der USA. Dem überaus starken Engagement der Vereinigten Staaten für Taiwan stand während der 50er Jahre die Unterstützung Indiens und der UdSSR für Peking gegenüber. Sie vertraten die Ansicht, dass es sich im Streit um die Insel um eine rein innerchinesische Angelegenheit handelte. Das Aufsehen war deshalb umso größer, als das nächste Jahrzehnt Kämpfe zwischen China und diesen beiden Ländern brachte.

Ein Stahlarbeiter in einer Fabrik in Wuhan. Der erste Fünfjahresplan führte China abrupt in den Sozialismus und zog die Verstaatlichung der Schwer- und Leichtindustrie nach sich.

In der gebirgigen Landschaft Tibets sind im Hintergrund der Mount Everest und im Vordergrund das Rongbukkloster zu sehen. Die chinesische Besetzung dieses dünn besiedelten Himalayalandes führte 1962 zu einem kurzen Krieg mit Indien.

China und Indien

Die chinesische Besetzung Tibets verursachte den Streit mit Indien. Als China 1959 seine Macht im Himalaya ausweitete, schien die indische Politik China gegenüber grundsätzlich noch freundlich zu sein. Einem Versuch der Tibeter, auf indischem Boden eine Exilregierung zu errichten, wurde Einhalt geboten. Territoriale Meinungsverschiedenheiten hatten jedoch inzwischen zu Zusammenstößen geführt. Die Chinesen verkündeten, die Grenzlinie zu Indien, die in britisch-tibetanischen Verhandlungen 1914 zwar festgelegt, aber formal nie von einer chinesischen Regierung bestätigt worden war, nicht anzuerkennen. Heftigere Kämpfe folgten im Herbst 1962, als Nehru einen chinesischen Rückzug aus der umstrittenen Zone forderte. Obwohl die Inder wenig erfolgreich waren, wurden die Kampfhandlungen auf Initiative der Chinesen gegen Ende des Jahres eingestellt.

China und die Sowjetunion

Anfang 1963 überraschten chinesische Kommunisten die Weltöffentlichkeit, indem sie die Sowjetunion anprangerten. Einerseits, so die Chinesen, hätte die UdSSR Indien unterstützt, während sie andererseits drei Jahre zuvor in einer feindlichen Geste die wirtschaftliche und militärische Hilfe für China gestoppt hätte. Die zweite Anschuldigung zeigte, dass die Ursachen für diesen Streit vielschichtig waren, sie traf aber keinesfalls den Kern der Sache. Einige chinesische Kommunisten (unter ihnen Mao) erinnerten sich schließlich sehr gut daran, was passiert war, als chinesische Interessen in den 20er Jahren den von Moskau interpretierten internationalen Interessen des Kommunismus untergeordnet worden waren. Seitdem hatte es in der chinesischen Parteiführung immer Spannungen zwischen sowjetfreundlich eingestellten und nationalistischen Kräften gegeben. Mao selbst

Das Verhältnis der kommunistischen Länder China und UdSSR war ambivalent. In ihrer kommunistischen Ausrichtung waren sie sich einig, doch gab es in China starke nationalistische Kräfte, die sich auf die Eigenständigkeit von Moskau beriefen.

Kollektivierung in China

Chinas landwirtschaftliche Entwicklung durchlief mehrere Stadien: 1955 entstehen die „halb sozialistischen Produktionskooperativen", die sich aus 30 bis 40 Familien zusammensetzen. 1956 fassen die „sozialistischen Kooperativen" Gruppen von 100 bis 300 Familien zusammen, die in Brigaden und Kolonnen unterteilt sind. Schließlich folgen die Volkskommunen.

Während des „Großen Sprungs" werden 740 000 sozialistische Kooperativen in 26 000 Kommunen miteinander verbunden, denen im Durchschnitt je 4634 Familien angehören. Diese Organisationsform hielt man seit 1962 für zu groß, um sie zu verwalten, und auch für ineffizient. So bildeten sich aus 26 000 Kommunen 74 000, von denen jede nur ein Drittel des Landbesitzes der alten Kommunen umfasste und nur ein Drittel der Arbeitskräfte beschäftigt.

Die kleinste Zelle innerhalb der Kommune ist die Arbeitsgruppe in der Produktion. Jede bestellt etwa 15 bis 20 Hektar Land und ergänzt ihre Arbeit durch Tierzucht und landwirtschaftliche Erzeugnisse, die auf privaten Parzellen angebaut werden.

Sieben oder acht Arbeitskolonnen bilden zusammen eine Produktionsbrigade, die so koordiniert wird, dass sie auch kommunale Arbeiten ausführt. Die Kommune selbst umfasst 12 oder 13 Brigaden. Die meisten Kommunen verfügen über ein wichtiges Zentrum für soziale Dienste, das für die Weiterbildung und medizinische Versorgung zuständig ist. Es ist außerdem für die Verwaltung der Steuereinnahmen, für die öffentliche Sicherheit, das Einwohnerverzeichnis und die Vermarktung der Überschussproduktion verantwortlich.

Trotz ihrer straffen Struktur sind die chinesischen Volkskommunen aufgrund der unterschiedlichen Umfelder, in denen sie sich befinden, und der unterschiedlichen Qualität ihrer Beziehungen zu den städtischen Märkten weit davon entfernt, einheitlich zu sein.

Die ersten chinesischen Kommunen bestanden aus sieben oder acht Familien, die Werkzeuge und Zugtiere gemeinsam benutzen. Später teilten sich diese „Arbeitsgruppen für gegenseitige Hilfe" Traktoren, wie den hier abgebildeten, der von den Männern der Gao-Kann-Kommune in Senyang gefahren wird.

repräsentierte Letztere. Der neuen Führung in der Sowjetunion, die zu dieser Zeit den Stalin-Mythos demontierte, standen Chinesen gegenüber, die ihre politischen Erklärungen geradezu streng stalinistisch formulierten, obwohl sie im Grunde eine andere Politik verfolgten.

1963 wäre es für nichtchinesische Beobachter nützlich gewesen, sich die noch weiter zurückliegende Vergangenheit der chinesisch-sowjetischen Beziehungen ins Gedächtnis zu rufen. Lange vor der Gründung der Kommunistischen Partei Chinas war die chinesische Revolution eine Bewegung der nationalen Erneuerung. Zu den vorrangigen Zielen zählte es unter anderem, sich von den ausländischen Einflüssen zu befreien. Eine besondere Rolle spielte dabei der Nachbarstaat. Russische Übergriffe reichten bis in die Zeit Peters des Großen zurück und setzten sich durch die gesamte zaristische bis in die sowjetische Ära fort. Der Zar errichtete 1914 ein Protektorat über Tannu Tuwa, die Sowjets aber annektierten das Gebiet 1944. Ein Jahr später fielen russische Armeen in die Mandschurei und in Nordchina ein und errichteten so wieder den zaristischen Fernen Osten, wie er 1900 bestanden hatte. Die Sowjets blieben bis 1949 in Sinkiang und bis 1955 in Port Arthur. In der Mongolei ließen sie mit der mongolischen Volksrepublik einen Satellitenstaat zurück, den sie in den 20er Jahren errichtet hatten. Die mehr als 7000 km lange gemeinsame Grenze (einschließlich der Mongolei) barg ausreichend Konfliktpotenzial.

Auch Mao Tse-tungs persönliche Erfahrungen spielten eine große Rolle. Obwohl seine spätere intellektuelle Ausrichtung marxistisch war, und er dessen Kategorien dankbar nutzte, um die Zwangslage seines Landes zu erklären, relativierte er sie immer mit einem gewissen Pragmatismus. Er entkam dem marxistischen Dogma der bolschewistischen Epoche, indem er auf die Praxis vertraute, und trat für einen „sinisierten" Marxismus ein. Dieser strebte eine Gesellschaft an, die weder der sowjetischen ähneln noch kapitalistisch geprägt sein sollte. Seine Einstellung zu Bildung und neuen Ideen war überwiegend zweckgerichtet und moralisch orientiert und folglich konform mit der chinesischen Tradition.

MAO TSE-TUNGS CHINA

Maos Beziehung zu seiner Partei war nicht immer frei von Spannungen. Die erste Gelegenheit, sich zu profilieren, hatte er nach dem Scheitern des städtischen Kommunismus, als er den Bauern mit seiner Politik eine neue Zukunft wies. Nach einem vorübergehenden Rückschlag Anfang der 30er Jahre verkörperte Mao von etwa 1935 an die Parteispitze. Die Einflüsse der Landwirtschaft waren bedeutend, so dass Maos Weg zur internationalen Mitbestimmung frei war. In anderen Ländern überzeugte der orthodoxe marxistische Glaube, dass industrielle Entwicklung notwendig sei, um ein revolutionäres Proletariat zu schaffen, nicht, und es bestanden gute Aussichten, den langwierigen revolutionären Kampf von den ländlichen Gegenden in die Städte zu tragen.

Der chinesisch-sowjetische Konflikt von 1963 verwirrte die gesamte kommunistische Welt. Er entbrannte durch Taktlosigkeit der Sowjets. Deren Führer schienen genauso unachtsam mit den Gefühlen ihrer asiatischen Verbündeten umzugehen wie die westlichen Imperialisten. Chruschtschow ließ während einer Reise durch China die Bemerkung fallen, er und andere Genossen „lachten über die primitiven Organisationsstrukturen". Als die Sowjets 1960 ihre Unterstützung für Wirtschaft und Technik einstellten, war dies ein schwer wiegender Affront, denn gerade zu diesem Zeitpunkt verschärften Naturkatastrophen (Hochwasser hatte nach offiziellen chinesischen Quellen mehr als 600 000 Quadratkilometer landwirtschaftliche Nutzfläche überschwemmt) die desolate Situation, die dem Zusammenbruch der wirtschaftlichen Offensive folgte. Mao hatte dieses Programm des „Großen Sprungs" 1958 mit dem Ziel ins Leben gerufen, die Wirtschaft in den mehr als 25 000 „Kommunen" zu dezentralisieren. Damit sollte nicht nur dem sowjetischen Modell der zentralistischen Planung mit seinen bürokratischen Gefahren eine Absage erteilt, sondern auch die direkte Beteiligung lokaler Größen, aus denen das Regime früher Nutzen gezogen hatte, aufgelöst werden. Maos Plan scheiterte jedoch völlig und schadete seinem Ansehen.

Der Bruch zwischen der sowjetischen und der chinesischen Kommunistischen Partei vollzog sich während des 23. Kongresses der KPdSU im Oktober 1961. Im Dezember 1962 griff Chruschtschow, hier im Bild, Peking öffentlich an, weil es die Existenz der imperialistischen Enklaven Macao und Hongkong auf chinesischem Territorium duldete. Im Verlauf des gesamten Jahres 1963 beschuldigten sich die beiden Parteien gegenseitig in offenen Briefen.

Ein neues Selbstvertrauen, das vor allem auf seiner enormen Bevölkerungszahl beruhte, und den Anschluss an die moderne Welt demonstrierte China 1964 mit dem Zünden einer Atombombe.

China gewinnt Selbstvertrauen

Maos Gegenspieler taten sich zusammen, um die Wirtschaft wieder auf Modernisierungskurs zu bringen. Mit dem Zünden einer chinesischen Atombombe im Jahr 1964 setzten sie demonstrativ ein Zeichen: eine kostspielige Eintrittskarte in einen äußerst exklusiven Club. Wichtiger war jedoch, dass das Regime zumindest kurzfristig lähmende Hungersnöte vermeiden und die Loyalität des Volkes aufrechterhalten konnte. Das Bevölkerungswachstum nahm, wenngleich nicht mehr in dem Maße vergangener Zeiten, stetig zu. Eine realistische Schätzung für 1950 geht von 590 Millionen Einwohnern aus. 25 Jahre später waren es bereits 835 Millionen. Auch wenn Chinas Anteil an der Weltbevölkerung in der Vergangenheit einmal größer gewesen sein mag – wahrscheinlich machte er vor dem Taiping-Aufstand fast 40 Prozent der Menschheit aus –, lebten in den 60er Jahren mehr Menschen in China als je zuvor.

Die Kulturrevolution

Die von oben verordnete Kulturrevolution hatte zum Ziel, die Bevölkerung Chinas erneut auf Mao Tse-tung und seine Führung einzuschwören.

Auch in den 60er Jahren hatte die Revolution dank der Bemühungen der Partei, sie am Leben zu halten, ihre Kraft noch nicht verloren. Zum Teil war diese Tatsache auf die Angst vor den Entwicklungen in der UdSSR zurückzuführen, wo auf den Tod Stalins ein Jahrzehnt grundlegender Entspannung und Veränderungen zu folgen schien. Erst später wurde bekannt, dass sich in dieser Zeit Korruption und Konservatismus in der Partei und in der Bürokratie ausbreiteten. Die Angst vor ähnlichen Entwicklungen in China bildete den Hintergrund der „Kulturrevolution“ von 1966–1969. Diese gewaltige durch Partei und Verwaltung fegende Umwälzung war ein Versuch, die Gefahr einer neuen herrschenden Klasse zu bannen. Außerdem war Maos Ansehen wieder gestiegen. Der Kult des Maoismus wurde für eine neue Generation wiederbelebt. Eine Auswirkung der Kulturrevolution war seltsamerweise die Schließung der Universitäten. Es wurde von allen Bürgern körperliche Arbeit verlangt, um die traditionelle Einstellung gegenüber Intellektuellen zu ändern. Der neue Schwerpunkt lag bei Selbstaufopferung und Gehorsam gegenüber Mao Tse-tung und seinen Vorstellungen. Bis 1968 war das Land von den jungen „Roten Garden“, die das tief verwurzelte Beamtentum bekämpften, auf den Kopf gestellt worden. Es deutete einiges darauf hin, dass selbst Mao der Meinung war, die Dinge seien zu weit gegangen. Nachdem die Armee die Ordnung wiederhergestellt und neue Kader eingesetzt hatte, wurde Maos Führung auf einem Parteikongress noch einmal bestätigt, aber er war wiederum an seinen Zielen gescheitert.

Der ethische Anspruch dieser umwälzenden und auch undurchsichtigen Phase ist schwer nachvollziehbar. Teilweise war es Maos Versuch (sein letzter, wie sich herausstellte), seine Ideen einer veränderten Zeit anzupassen. Sicher spürte Mao persönlich die Gefahr, dass die Revolution erstarren und den moralischen Schwung verlieren könnte, der sie so weit getragen hatte. Sie zu schützen, hieß daher in logischer Folge, alte Ideen zu opfern. Unter den großen Revolutionen der Weltgeschichte war die chinesische fraglos eine der umfassendsten, denn Gesellschaft, Regierung und Wirtschaft waren in China miteinander verstrickt und zu einem System verwoben wie nirgendwo sonst. Das traditionelle Ansehen von Intellektuellen und Studenten verkörperte immer noch die alte Ordnung, so wie es zuvor das staatliche Prüfungssystem getan hatte. Seine Abschaffung hatte gut 50 Jahre früher davon Kunde gegeben, dass eine echte Revolution und nicht nur ein Regierungswechsel in dieser bisher immer gleich bleibenden Gesellschaft vonstatten ging. Die „Degradierung“ der Intellektuellen wurde als unabdingbare Voraussetzung für die Errichtung des neuen Chinas propagiert. Aus dieser Perspektive betrachtet, heben sich die Leistung und die Richtung des chinesischen Kommunismus von dem rätselhaften Durcheinander der Ereignisse ab, das den ausländischen Beobachter verwirrte. Bewusste Angriffe auf die Autorität der Familie beispielsweise entstammten nicht nur den Versuchen eines misstrauischen Regimes, Spitzelei und Verleumdung zu fördern, sie waren vor allem ein Angriff auf die konservativste aller chinesischen Institutionen. Entsprechend hatte die proklamierte Gleichberechtigung der Frauen und die Propaganda gegen eine frühe Heirat Dimensionen erreicht, die über „progressive" feministische Ideen oder Geburtenkontrolle weit hinausgingen. Es waren Angriffe auf die Vergangenheit, wie keine andere Revolution sie durchführte. Die Rolle der Frau war im alten China viel stärker von Unterordnung bestimmt, als es jemals im vorrevolutionären Amerika, Frankreich oder Russland der Fall gewesen war.

Die Eigenheiten der chinesischen Revolution

Ablehnung ist nur die eine Seite der chinesischen Revolution. Genauso bedeutend ist die mehr als 2000 Jahre währende Kontinuität, die bis zur Ch'in-Dynastie (211–206 v. Chr.) und vielleicht sogar noch weiter zurückreicht. Das Verhältnis zur Autorität liefert einen Schlüssel zum Verständnis der Vorgänge. Trotz aller Opfer und Grausamkeiten war die Revolution in China ein heroisch angelegtes Unternehmen. In ihrem Ausmaß ist sie nur mit der Verbreitung des Islam oder mit Europas Eroberungszügen in der Welt der frühen Neuzeit vergleichbar. Dennoch unterscheidet sie sich von solchen Umbrüchen, weil sie zumindest von der Intention her zentral kontrolliert und gelenkt wurde. Es ist ein Paradoxon der chinesischen Revolution, dass sie sich auf den Eifer des Volkes stützt, aber unvorstellbar wäre ohne die bewusste Führung des Staates. Dieser hatte den gesamten geheimnisvollen Nimbus geerbt, der von alters her den Trägern des Himmelsmandates zustand. Die chinesische Tradition respektiert Autorität und gibt ihr eine moralische Billigung, die im Westen lange fehlte. Ähnlich anderen mächtigen Staaten konnte China seine Geschichte nicht abschütteln, und in der Folge hatte das kommu-

Eine bombastische Parade wird während der Kulturrevolution im August 1968 in Peking abgehalten.

Chinesen rezitieren Texte aus dem *Kleinen Roten Buch*, in dem Mao die Bedeutung der „permanenten" Revolution und die Notwendigkeit betont, die Unterschiede zwischen Stadt und Land zu verringern.

nistische Regime ein teils konservatives Erscheinungsbild. Keine andere nennenswerte Gesellschaft lehrte über einen so langen Zeitraum sein Volk die Lektion, dass das Individuum weniger zähle als das kollektive Ganze, dass Autorität rechtmäßig und um jeden Preis über die Arbeitskraft von Millionen Menschen verfügen kann, wenn es dem Wohl des Staates dient, und dass Autorität nicht in Frage gestellt wird, solange sie für das Allgemeinwohl eingesetzt wird. Die Vorstellung von Opposition ist den Chinesen zuwider, weil sie auf soziale Spaltungen schließen lässt. Daher wird zwar jene Art der Revolution abgelehnt, die den westlichen Individualismus befürwortet, nicht jedoch jene, die den kollektiven Radikalismus gutheißt.

Mao passte in diese chinesische Tradition. Das Regime, dem er vorstand, zog Vorteile aus der chinesischen Vergangenheit, während es sie gleichzeitig zerstörte. Die gängige Vorstellung von Autorität machte es Mao leicht. Er präsentierte sich als weiser Führer, der sowohl Lehrer als auch Politiker war. Westliche Kommentatoren waren amüsiert über den Stellenwert, der seinen Gedanken durch die Allgegenwärtigkeit des „Kleinen Roten Buches", der Mao-Bibel, eingeräumt wurde (im Westen wurde nach der protestantischen Reformation manchmal der Bibel ein ähnlicher, übertriebener Stellenwert zuteil), doch die Äußerungen großer Lehrer haben in China immer Respekt verlangt. Mao war das Sprachrohr für eine moralische Lehre, die als Grundlage der Gesellschaft galt, geradeso, wie es der Konfuzianismus gewesen war.

Krieg in Indochina

Die Last der Vergangenheit war auch in der chinesischen Außenpolitik offensichtlich. Obwohl China Revolutionen in der ganzen Welt unterstützte, war Chinas Hauptaugenmerk auf den Fernen Osten und insbesondere auf Indochina, ein traditionell tributpflichtiges Land, gerichtet. Hier wichen die sowjetische und die chinesische Politik voneinander ab. Nach dem Korea-Krieg begannen die Chinesen, Waffen an die kommunistischen Guerillakräfte in Vietnam zu liefern, weniger für den Kampf gegen den Kolonialismus – der war schon entschieden – als vielmehr für einen Kampf um das, was dem Kolonialismus folgte. 1953 hatten die Franzosen sowohl Kambodscha als auch Laos aufgegeben. 1954 verloren sie am Stützpunkt Dien Bien Phu eine Schlacht, die für das französische Ansehen und den Kriegswillen der französischen Wählerschaft entscheidend war. Nach dieser Niederlage vermochten sich die Franzosen nicht mehr im Mündungsgebiet des Roten Flusses zu behaupten. Eine Konferenz in Genf stimmte einer vorübergehenden Teilung in ein eigenständiges Südvietnam und ein mittlerweile von den Kommunisten beherrschtes Nordvietnam zu. Wahlen sollten das Land wieder vereinigen, fanden jedoch niemals statt. In Indochina trat vielmehr der asiatische Krieg, der 1941 gegen den Westen begonnen worden war, in seine heftigste Phase seit 1945 ein. Auf der westlichen Seite standen nicht länger die ehemaligen Kolonialmächte, son-

Bevölkerungsdichte und Wiederaufbau in Süd- und Ostasien

Obwohl sich die chinesische Kultur durch Jahrhunderte hindurch allmählich über das Gebiet, das die Karte hier zeigt, ausbreitete, prägte diese riesige Nation mit ihrer Politik große Teile Süd- und Ostasiens. Erst in den letzten 200 Jahren teilte sich die Region in Bereiche auf, die dem europäischen Einfluss unterlagen. Auch Japan, das nach der Meiji-Restauration im 19. Jahrhundert besonders stark war, wirkte auf diesen Raum.

Seit Ende des Zweiten Weltkriegs erlangten die meisten süd- und ostasiatischen Länder ihre Unabhängigkeit von den alten kolonialen Herrschern.

Bevölkerungsdichte (Einwohner pro Quadratkilometer)

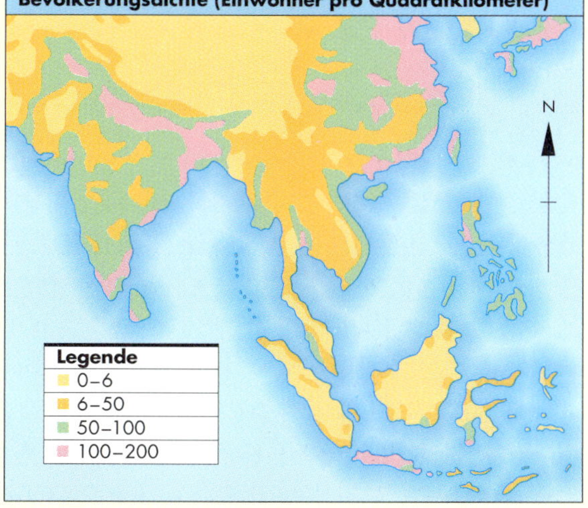

Bruttoinlandsprodukt pro Kopf 1992

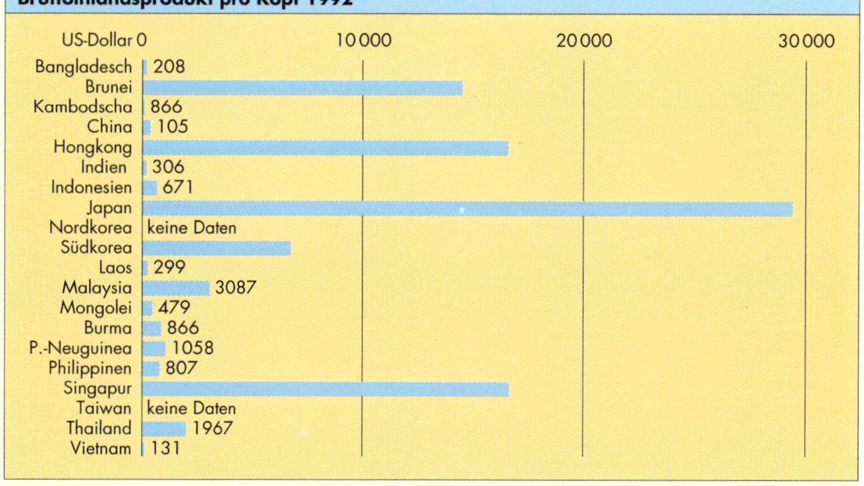

Die amerikanische Unterstützung für Südvietnam dehnte sich auf das benachbarte Kambodscha aus. Dort versuchte die Regierung, es mit der Grausamkeit der kommunistischen Guerilla-Organisation, den „Roten Khmer", aufzunehmen. Hier sieht man, wie die Köpfe von Guerillakriegern getragen werden.

dern die Amerikaner; auf der anderen Seite befand sich eine Mischung aus indo-chinesischen Kommunisten, Nationalisten und Reformern, unterstützt von den Chinesen und den Sowjets. Der amerikanische Antikolonialismus und die Ansicht, nationale Regierungen unterstützen zu müssen, veranlasste die Vereinigten Staaten, Südvietnam den Rücken zu stärken, wie sie es auch in Südkorea und auf den Philippinen getan hatten. Weder in Laos noch in Vietnam und Kambodscha etablierten sich jedoch Regierungen, die in den Augen der Bevölkerung legitim waren. Die amerikanische Protektion wurde vielmehr mit dem in Ostasien so unbeliebten westlichen Feind gleichgesetzt. Die Unterstützung der USA verringerte den Anreiz, Reformen durchzuführen, die das Volk hätte vereinigen können. Dies galt vor allem auch für Vietnam, wo die De-facto-Teilung keine gute oder stabile Regierung in der südlichen Hälfte hervorbrachte. Während Buddhisten und Katholiken erbittert stritten und die Bauern sich nach dem Scheitern der Landreform immer mehr von den Regierenden abwandten, überlebte eine offensichtlich korrupte Führungsklasse jeden Wechsel an der Staatsspitze. Die Kommunisten sahen dies als Vorteil und strebten nach einer Wiedervereinigung zu ihren eigenen Bedingungen. Sie erhielten vom Norden Unterstützung für den Vietcong, die kommunistische Untergrundbewegung im Süden.

Bis 1960 hatte der Vietcong die Kontrolle über weite Teile des Südens gewonnen. Vor diesem Hintergrund traf der amerikanische Präsident John F. Kennedy 1962 die folgenschwere Entscheidung, nicht nur finanzielle und materielle Hilfe zu bieten, sondern auch 4000 amerikanische „Berater" zu entsenden, die der südvietnamesischen Regierung beistehen sollten.

JAPAN 1945

Washingtons Antwort auf den Kalten Krieg in Asien war auch ein möglichst langer Schutz seiner Sonderstellung, die es aus der Besetzung Japans gewonnen hatte. Dieses Monopol, an dem sich die Streitkräfte des Commonwealth lediglich symbolisch beteiligten, war möglich geworden, da die Sowjets erst spät Japan den Krieg erklärt hatten, und Japan schnell kapitulierte. Stalin wurde davon überrascht. Als die Sowjets an der Besetzung teilhaben wollten (an deren Zustandekommen sie nicht mitgewirkt hatten), wiesen die Amerikaner dieses Ersuchen schroff zurück. Die Vereinigten Staaten gaben ein letztes großes Beispiel für einen westlichen Paternalismus in Asien, während die Japaner ihre erstaunlichen Fähigkeiten unter Beweis stellten: Sie lernten von anderen nur das, was sie lernen wollten, während sie gleichzeitig ihre eigene Gesellschaft vor Veränderungen, die sie aus dem Gleichgewicht bringen konnten, schützten.

Das Jahr 1945 zwang Japan in den Geist des 20. Jahrhunderts, den es technologisch schon angenommen hatte. Die Niederlage konfrontierte das Volk mit tiefen und beunruhigenden Fragen nach nationaler Identität und nationalen Zielen. Die Verwestlichung während der Meiji-Ära hatte den Japanern den Traum „Asien den Asiaten" beschert. Durch die Niederlage war diese Vision nun verloren. Sie glich einer Art japanischer Monroe-Doktrin, die von der im Fernen Osten typischen antiwestlichen Haltung und einem verschleierten Imperialismus untermauert war. Der Parole „Asien den Asiaten" wurde nach 1945, als der Kolonialismus beendet war, eine neue Bedeutung verliehen. Japan spielte hierbei vorerst keine entscheidende Rolle. Es war sogar eher unwahrscheinlich, dass das Land in absehbarer Zeit seine alte Macht zurückerlangen könnte. Die Erkenntnis, dass Japan durch den Krieg verwundbar war, wirkte wie ein Schock, denn ähnlich wie Großbritannien hatte sich Japan auf die Kontrolle der Meere gestützt, und dieser Verlust war, zusammen mit den anderen Folgen der Niederlage, Japans Vermächtnis: Die Sowjetunion erhielt die Insel Sachalin sowie die Kurilen, und die Amerikaner besetzten das Land. Material und Menschen waren im Übermaß zerstört und vernichtet worden und bedurften ausländischer Hilfe und Erneuerung.

Japans Wiederaufbau

Als Plus verfügten die Japaner 1945 noch über die unerschütterliche zentrale Institution der Monarchie, deren Ansehen ungetrübt war und die in der Tat die Kapitulation erst möglich gemacht hatte. Viele Japaner sahen in Kaiser Hirohito den Mann, der sie vor der Vernich-

Während ihres Feldzugs im Pazifik (1942–1945) überqueren amerikanische Truppen ein Korallenriff, um einen Strand zu erreichen. Die Seeschlacht um die Philippinen wurde eine Katastrophe für die Japaner. Amerikanische Soldaten und Marineinfanteristen waren entsetzt, als sie ins Landesinnere vorrückten und feststellten, dass sich Frauen, alte Männer und Kinder lieber von den Klippen stürzten, als sich der Niederlage zu stellen.

Der Showa-Kaiser, übersetzt etwa „Leuchtender Friede", Hirohito (1901–1989), der 124. Monarch der herrschenden Familie, wurde mit 20 Jahren Regent und 1926 zum Kaiser gekrönt. 1936 gewann die totalitäre und militaristische Taisei-Yokusankai-Partei die Wahlen und versuchte, den Kaiser von politischen Angelegenheiten fernzuhalten. Nachdem jedoch die Atombomben gefallen waren, kann Hirohito die Regierung dazu bringen, einer bedingungslosen Kapitulation zuzustimmen. Die Vereinigten Staaten überließen Hirohito als einzigem Garanten für die Befriedung und den schnellen Wiederaufbau des Landes den Thron. 1946 wurde er nach den Bedingungen der neuen Verfassung ein konstitutioneller Monarch.

tung bewahrt hatte. Der amerikanische Kommandeur im Pazifik, General MacArthur, wollte die Monarchie für eine friedliche Besetzung beibehalten. Er setzte sich dafür ein, dass eine neue japanische Verfassung eingeführt wurde, bevor sich republikanische Enthusiasten in den Vereinigten Staaten einmischen konnten. Er sah ein wirksames Argument für die wirtschaftliche Unterstützung Japans darin, die amerikanischen Steuerzahler möglichst schnell von dieser Last zu befreien. Japans Disziplin und sein sozialer Zusammenhalt erwiesen sich als große Hilfe, obwohl es eine Zeit lang so aussah, als ob die Amerikaner sie durch die Entschlossenheit, mit der sie dem Land demokratische Institutionen aufzwingen wollten, unterminieren würden. Eine umfassende Landreform, bei der etwa ein Drittel der Anbauflächen von den Großgrundbesitzern in den Besitz der Pflanzer überging, schwächte einige Probleme ab. 1951 wurde die demokratische Erziehung und vorsichtige Entmilitarisierung für ausreichend erachtet, um einen Friedensvertrag zwischen Japan und den meisten seiner ehemaligen Gegner, ausgenommen die Sowjets und Nationalchinesen (die Einigung mit ihnen folgte einige Jahre später), schließen zu können. Japan erhielt seine volle Souveränität zurück, einschließlich des Rechtes auf Bewaffnung zu Verteidigungszwecken, gab aber praktisch allen früheren Besitz in Übersee auf. So tauchten die Japaner aus der Nachkriegszeit auf und übernahmen wieder die Kontrolle über ihre eigenen Angelegenheiten. Eine Übereinkunft mit den Vereinigten Staaten sicherte den Verbleib amerikanischer Streitkräfte auf japanischem Boden. Beschränkt auf seine eigenen Inseln und konfrontiert mit einem China, das stärker und gefestigter war als während des gesamten letzten Jahrhunderts, war Japans Position nicht zwangsläufig benachteiligt. In weniger als 20 Jahren kehrte sich dieser reduzierte Status wieder um.

Der Kalte Krieg hatte die Auswirkungen der amerikanischen Besetzung bereits vor 1951 geändert. Japan war von den Sowjets und den Chinesen durch weniger als 20 beziehungsweise 800 km getrennt. Korea, das alte Gebiet imperialer Rivalität, war nur 240 km entfernt. Die Ausweitung des Kalten Krieges nach Asien garantierte Japan eine noch bessere Behandlung durch die Amerikaner, die bestrebt waren, ihre Taten als überzeugendes Beispiel für Demokratie und Kapitalismus darzustellen, und außerdem Japan den Schutz ihres nuklearen „Schirms“ gaben. Im Korea-Krieg fungierte Japan als Basis und brachte dadurch seine Wirtschaft rasch in Schwung. Der Index der industriellen Produktion erreichte schnell wieder das Niveau der 30er Jahre, und die Vereinigten Staaten förderten die japanischen Interessen im Ausland auf diplomatischem Weg. Zudem hatte Japan über lange Zeit keine Verteidigungskosten, da ihm bis 1951 eine bewaffnete Armee verboten war.

Die USA und die pazifischen Staaten

Japans enge Beziehung zu den Vereinigten Staaten, die Nähe zur kommunistischen Welt und seine fortschrittliche und stabile Wirtschaft und Gesellschaft führten dazu, dass das Land seinen Platz im Sicherheitssystem einnahm, welches die Vereinigten Staaten in Asien und im Pazifik aufbauten und in Verträgen mit Australien, Neuseeland und den 1946 unabhängig gewordenen Philippinen absicherten. Weitere Abmachungen folgten mit Pakistan und Thailand, den einzigen asiatischen Verbündeten außer Taiwan. Indonesien und, viel wichtiger, Indien blieben für sich. Diese Bündnisse reflektierten teilweise die neuen Bedingungen der pazifischen und asiatischen internationalen Beziehungen nach dem britischen Rückzug aus Indien. Eine Zeit lang waren britische Streitkräfte noch östlich von Suez präsent. Doch Australien und Neuseeland hatten während des Zweiten Weltkriegs festgestellt, dass das britische Königreich sie nicht verteidigen konnte, wohl aber die Vereinigten Staaten. Der Sturz von Singapur 1942 war entscheidend. Obwohl britische Kräfte in den 50er und 60er Jahren immer noch die Malaysier gegen die Indonesier unterstützten und ihre wichtige Kolonie in Hongkong überlebte, wussten sie, dass dies lediglich durch die Akzeptanz Chinas zu erklären war. Andererseits

1945 wurde der Südostasienpakt SEATO (South East Asia Treaty Organisation) geschlossen, um die Stabilität in Asien und im Pazifik zu erhalten. Am 8. November 1954 fand, zusammen mit dem japanischen Premierminister Shigeru Yoshida (1878–1967), hier bei einer Rede auf der Konferenz, ein Treffen in Washington statt, zu dem Vertreter der freien Staaten eingeladen waren. Yoshida rief die Vereinigten Staaten und andere freie Staaten dazu auf, vier Milliarden Dollar in Südostasien zu investieren, um das Risiko zu reduzieren, dass die Region in kommunistische Hände fällt.

stand außer Frage, dass die Komplexität im neuen Pazifikraum nur durch eine klare Aufteilung der Staaten in Fronten des Kalten Krieges zu bewältigen war. Der Friedensvertrag mit Japan verursachte große Schwierigkeiten, weil die Politik der Vereinigten Staaten Japan als potenzielle antikommunistische Macht ansah, während andere – vor allem Australien und Neuseeland – sich an 1941 erinnerten und ein Wiederaufleben der japanischen Macht fürchteten.

Die asiatische Ablehnung westlicher Dominanz

Die amerikanische Politik wurde nicht nur von Ideologie bestimmt. Dennoch war sie lange durch die vermeintliche Katastrophe des kommunistischen Erfolgs in China und durch die chinesische Protektion der Revolutionäre im fernen Afrika und Südamerika irregeführt worden. Chinas internationale Position hatte sich gewandelt und veränderte sich weiter. Als China als Macht mit eigenen Rechten wieder Einfluss gewann, stärkte es nicht das dualistische System des Kalten Krieges, sondern führte es ad absurdum. Obwohl sich sein Einfluss zunächst nur im chinesischen Umfeld auswirkte, brachte er zwangsläufig eine große Veränderung in den Machtverhältnissen mit sich. Das erste Anzeichen war in Korea zu erkennen, wo die Armee der Vereinten Nationen aufgehalten und eine Bombardierung Chinas in Erwägung gezogen wurde. Der Aufstieg Chinas war auch für die Sowjetunion von höchster Bedeutung. Nicht nur das Gleichgewicht der beiden Supermächte veränderte sich, die UdSSR verlor auch ihre unangefochtene Vormachtstellung in der Welt der revolutionären Bewegung. Und vielleicht war die tief greifende Bedeutung der chinesischen Revolution nur im Vergleich zur Sowjetunion so offensichtlich. Auch wenn es die bei weitem wichtigste Revolution gewesen sein mag, war die chinesische Revolution nur ein herausragendes Beispiel, wie sehr Asien die westliche Dominanz ablehnte. Paradoxerweise fand diese Zurückweisung in allen asiatischen Ländern ihren Ausdruck in dem Westen entliehenen Formen, Sprachen und Mythologien, unabhängig davon, ob dieser Westen kapitalistisch, nationalistisch oder marxistisch war.

Am 1. Juli 1997 wurde die britische Kronkolonie Hongkong an China zurückgegeben: Hier sind zwei Szenen der Abschiedsfeierlichkeiten zu sehen. Bei der Übergabezeremonie im Hongkonger Kongresszentrum (oben) sehen Würdenträger aus aller Welt zu, wie die chinesische Flagge aufgezogen wird, nachdem der britische Union Jack eingeholt ist. Später erleuchtet ein Feuerwerk den Hafen (unten).

2 DIE ERBEN IN DEN KOLONIEN DES ALTEN EUROPA

Nach 1948 veränderte sich die politische Situation im Nahen Osten von Grund auf. Drei Faktoren waren dafür ausschlaggebend: die Existenzsicherung des neu gegründeten Staates Israel, das Hereinbrechen des Kalten Krieges und nicht zuletzt die stark angestiegene Nachfrage nach Öl. Da die Araber ihre Ressentiments ungleich schärfer auf Israel richteten, als dies während des Protektorats gegenüber Großbritannien geschehen war, gewann die panarabische Idee unversehens an Überzeugungskraft. Die aussichtslose Lage der palästinensischen Flüchtlinge und die Verpflichtung der Großmächte, sich ihrer anzunehmen, war zentrales Anliegen. Die arabischen Führer fanden endlich zu der Einmütigkeit, die sie bisher hatten vermissen lassen.

Der Felsendom in Jerusalem gehört zu den wichtigen islamischen Heiligtümern. Vor der Staatsgründung Israels konzentrierte sich der Streit zwischen den Juden und den Arabern auf die Kontrolle Jerusalems; in der Stadt selbst sind die Viertel der verschiedenen Ethnien schon lange vermischt. In dem auf die Staatsgründung folgenden Krieg eroberten jordanische Truppen die Altstadt und versuchten, die Juden, die die neueren Stadtteile behaupteten, einzuschließen. Nach dem Waffenstillstand von 1949 blieb Jerusalem geteilt. Ein Korridor verband den Westteil der Stadt mit dem israelischen Kernland. Ab 1967 verfügte Israel auch über den Ostteil. Das vereinte Jerusalem ist nun die Hauptstadt Israels.

Der Nahe Osten nach dem Ende des Osmanischen Reiches

Während die Kolonialmächte nach dem Ende des Zweiten Weltkrieges in den muslimischen Ländern des Nahen Ostens zunächst eine Periode der Schwäche erleben, um sich dann vollständig zurückzuziehen, ist der arabische Wohlstand auf Grund des Öls in der Region rasch gestiegen. Allerdings war diese Zeit von Konflikten geprägt: Der israelischen Staatsgründung von 1948 folgten die arabisch-israelischen Kriege, 1956 kommt es zur Suez-Krise, 1979 marschierten sowjetische Truppen in Afghanistan ein und kämpften im anschließenden Bürgerkrieg bis 1989, während auch im Libanon von 1975 bis 1990/91 ein Bürgerkrieg wütete. Nach dem Krieg zwischen Iran und Irak von 1980 bis 1989 löste die Invasion des Irak in Kuwait 1990 den Golfkrieg aus.

ISRAEL UND DIE ARABISCHEN STAATEN

Nach der Niederlage von 1948/49 verzichteten die arabischen Staaten trotz ihrer jüngsten panarabischen Gesinnung einige Zeit auf offene Konfrontationen. Auch wenn der Kriegszustand formell weiter bestand, ergaben sich durch den Waffenstillstand mit Jordanien, Syrien und Ägypten neue Grenzen, die bis 1967 unverändert blieben.

In den frühen 50er Jahren kam es häufiger zu Grenzzwischenfällen. Von Ägypten und Syrien aus verübten Gruppen junger Guerillakämpfer, die sich aus den Flüchtlingslagern rekrutierten, immer wieder Überfälle auf israelisches Territorium. Dennoch festigte sich das neue Israel durch die Welle von Einwanderern, durch harte Arbeit und durch Geld aus den Vereinigten Staaten mehr und mehr.

Binnen weniger Jahre konnten sie beeindruckende Leistungen vorweisen, indem sie unfruchtbare Böden kultivierten und eine Industrie aufbauten. Dies hatte jedoch auch zur Folge, dass sich die Schere zwischen dem Pro-Kopf-Einkommen in Israel und den arabischen Staaten mit ihrer höheren Bevölkerungsdichte immer mehr öffnete.

Für die arabische Seite stellte das einen neuen Stein des Anstoßes dar, denn die in ihre Länder fließende Entwicklungshilfe brachte keine auch nur entfernt mit dem israelischen Aufbau vergleichbaren Ergebnisse hervor. Ägypten, das bevölkerungsreichste Land unter ihnen, kämpfte auf Grund seines hohen Bevölkerungswachstums mit schweren Problemen. Auch die Tatsache, dass die Öl produzierenden Länder von wachsenden Staatseinnahmen und einem steigenden Bruttosozialprodukt profitierten, führte nicht selten zu Spannungen und Zerwürfnissen. Die meisten Ölstaaten wurden von kleinen und reichen Eliten regiert, die teils traditionell und konservativ, teils nationalistisch und westlich orientiert waren, sich aber kaum für das Elend der Slumbewohner und Landarbeiter bei den ärmeren Nachbarn interessierten. Dieses Gefälle nutzte die Baath-Partei aus. Sie entstand während des Krieges auf arabischer Seite aus einer politischen Bewegung und versuchte in ihrem Programm Marxismus und Panarabismus zu verbinden. Der syrische und der irakische Flügel der Partei, die ihren größten Einfluss stets in diesen beiden Ländern ausübte, zerstritten sich allerdings schon rasch nach der Gründung.

Abd el Nasser (1918–1970) war einer der Anführer des Staatsstreichs, der 1952 zur Absetzung König Faruks führte. Danach wurde er Präsident des Revolutionsrats. Das Foto zeigt Nasser 1954 bei der Ernennung zum Staatsoberhaupt; zwei Jahre später wurde er Präsident Ägyptens. 1955 spielte Nasser eine wichtige Rolle in der afrikanisch-asiatischen Bandung-Konferenz, auf der unter anderem der Kolonialismus verurteilt wurde.

DAS ÄGYPTEN NASSERS

Wenn auch antiisraelische und antiwestliche Gefühle das vereinte Handeln stärkten, so musste der Panarabismus doch erst auch heftige Widerstände überwinden. Die Königreiche der Haschemiten, die arabischen Scheichtümer und die europäisch ausgerichteten Staaten in Nordafrika und der Levante mit ihrer städtischen Kultur hatten weit auseinander liegende Interessen oder Traditionen. Einige unter ihnen, etwa der Irak und Jordanien, waren künstlich geschaffen. Sie waren nach 1918 am grünen Tisch gemäß den Bedürfnissen und Wünschen der europäischen Großmächte festgelegt worden. Andere arabische Staaten schienen in sozialer wie politischer Hinsicht noch in der Vergangenheit beheimatet zu sein. Als einheitliches Verständigungsmittel diente die arabische Sprache vor allem innerhalb der Moscheen. Weite Teile der Bevölkerung benutzten diese Sprache, obwohl sie keine Muslime waren. Wenngleich der Islam viele Araber miteinander verband, stellte er lange Zeit keine spezielle Kraft dar. Noch 1950 betrachteten viele Muslime ihre Religion weder als militanten noch als aggressiven Glauben. Erst durch den Konflikt mit Israel fand sich ein gemeinsamer Feind, der durch die gemeinsame Ablehnung zumindest einen Integrationspunkt darstellen konnte.

So spürten die Araber in vielen Ländern, dass sich ganz neue Perspektiven eröffneten, als in Ägypten eine Revolution ausbrach, aus deren Wirren der junge Soldat Gamal Abd el Nasser als Hoffnungsträger hervortrat. Er schien zunächst nicht nur die arabische Welt gegen Israel einigen, sondern auch die allenthalben drängenden sozialen Reformen einleiten zu können. 1954 wurde er Chef der Militärjunta, die zwei Jahre zuvor den ägyptischen König Faruk zur Abdankung gezwungen hatte.

Europa reagiert auf Nasser

Auch außerhalb Ägyptens war die arabische Welt in den 50er Jahren von starken antiwestlichen Strömungen geprägt. 1951 war der König von Jordanien ermordet worden. Um dem gleichen Schicksal zu entgehen, hatte sein Nachfolger zwangsläufig die traditionell engen Beziehungen zu Großbritannien gekappt. Die Franzosen, die bald nach Kriegsende die vollständige Unabhängigkeit Marokkos und Tunesiens hatten anerkennen müssen, waren seit 1954 mit dem nationalen Aufstand in Algerien befasst, der sich zu einem Krieg auszuweiten begann. Keine französische Regierung konnte sich leichten Herzens den Rückzug aus einem Land erlauben, in dem mehr als eine Million Einwanderer europäischer Herkunft lebten. Hinzu kam, dass in der Sahara etwa zeitgleich Ölquellen entdeckt wurden. In dieser Atmosphäre fielen Nassers Reden von sozialer Reform und Nationalismus auf fruchtbaren Boden. Niemand bezweifelte die Ehrlichkeit seiner antiisraelischen Gefühle, und sein Erfolg, die Briten rasch zur Aufgabe ihrer Basen im Suez-Gebiet zu bewegen, brachte ihm erhebliches Ansehen ein. Selbst die Amerikaner, die sich des bedrohlich wachsenden sowjetischen Einflusses im Nahen Osten bewusst wurden, betrachteten Nasser wohlwollend als einen unzweifelhaften Antikolonialisten und möglichen Verbündeten.

Doch die ständig wiederkehrenden Guerilla-Angriffe von ägyptischem Territorium, vom Gaza-Streifen aus, wo die wichtigsten Flüchtlingslager der Palästinenser lagen, verstimmten Washington zunehmend. Bereits 1950 waren Großbritannien, Frankreich und die USA übereingekommen, keine Waffen in diese Region zu liefern. Die Zweifel an Nasser verstärkten sich, als er mit der Tschechoslowakei – die Baumwollernte in seinem Land als Sicherheit bietend – einen Vertrag über Waffenlieferungen abschloss, und noch mehr, als er das kommunistische China völkerrechtlich anerkannte. Als Ausdruck ihres Unmuts zogen die Amerikaner und Briten ihre Zusage zurück, den Assuan-Staudamm, ein Lieblingsprojekt der internationalen Entwicklungshilfe, zu finanzieren. Nasser verstaatlichte daraufhin den Besitz der Gesellschaft, die den Suezkanal betrieb, und füllte mit deren Gewinnen die Finanzlücke. Großbritannien, das ähnlich anderen traditionellen arabischen Staaten, Nasser als revolutionären Radikalen einzuschätzen begann, legte zusammen mit dem über die ägyptische Unterstützung des algerischen Aufstands verstimmten Frankreich förmlich Protest gegen die Besetzung des Kanalgebiets ein. Gemeinsam mit Israel arbeiteten sie Pläne aus, Nasser zu stürzen.

Die antiken Statuen von Abu Simbel in Ägypten werden versetzt, um Platz für den Assuan-Staudamm zu schaffen. Der 1971 eingeweihte Damm staut Wasser in einem gewaltigen, nach Nasser benannten See und hält die alljährlichen Nil-Überschwemmungen unter Kontrolle.

Die Suez-Krise

Im Oktober 1956 griffen die Israelis völlig überraschend Ägypten an, mit dem erklärten Ziel, die Stützpunkte zu zerstören, von denen aus immer wieder Überfälle auf ihre Siedlungen verübt wurden. Die britische und französische Regierung beanstandeten, dass die freie Durchfahrt des Suezkanals nicht mehr gewährleistet sei, und forderten einen Waffenstillstand. Als Nasser diesen zurückwies, griffen Einheiten beider Länder Ägypten zunächst aus der Luft an. Am 5. November 1956 folgte ein Angriff vom Meer aus. Obwohl Frankreich und Großbritannien jede Absprache mit Israel leugneten, wirkte ein derartiges Dementi unglaubwürdig. Spätestens durch die Landung in Alarmstufe versetzt, befürchteten die Amerikaner, dass dieser Rückfall in den Imperialismus nur der UdSSR Aufwind gebe. Auf Grund ihrer finanziellen Einflussmöglichkeiten veranlassten sie die Briten, einen Waffenstillstand anzunehmen, und beendeten das anglo-französische Abenteuer mit einem wenig ruhmreichen Rückzug.

Von der israelischen Offensive, die am späten Nachmittag des 29. Oktober 1956 begann, wurden die Ägypter völlig überrascht. Am 1. November setzten die Israelis ihren Vormarsch durch den Sinai weiter fort, einen Tag später besetzten sie Gaza. Hier lassen sich triumphierende israelische Soldaten mit einem erbeuteten ägyptischen Lastwagen fotografieren.

Die Suezaffäre war ein westliches Debakel, dessen Bedeutung langfristig vor allem im psychologischen Bereich lag. Die Briten büßten besonders im Commonwealth Sympathien ein. Die Araber wurden in ihrem Hass auf Israel bestärkt, und da der Verdacht bestätigt schien, Israel sei untrennbar mit dem Westen verbunden, wirkte die sowjetische Versuchung umso verlockender. In dieser Situation stieg Nassers Ansehen von Tag zu Tag.

Die Suez-Krise zieht Kreise

1958 versuchten Sympathisanten der Baath-Bewegung, Syrien und Ägypten in einer Vereinigten Arabischen Republik zu vereinigen, was 1961 kurzfristig gelang. In diesem Jahr wurde die prowestliche Regierung im Libanon gestürzt, und im Irak wurde in einer Revolution die Monarchie ausgelöscht. Doch die Divergenzen zwischen den arabischen Staaten gewannen wieder die Oberhand. Amerikanische Streitkräfte wurden in den Libanon gerufen und britische nach Jordanien, um deren Regierungen gegen Nasser-freundliche Kräfte zu stützen. Unterdessen kam es an der syrisch-israelischen Grenze immer wieder zu kleineren Gefechten, auch wenn die Guerilla-Kräfte hier in Schach gehalten werden konnten. Im Zeitraum von der Suez-Krise bis 1967 fanden die wichtigsten Entwicklungen innerhalb der arabischen Welt jedoch nicht in dieser Region statt, sondern in Algerien mit seiner Revolution. Die Unnachgiebigkeit der französischen Siedler und die Verbitterung vieler Soldaten, die das Gefühl hatten, man erwarte von ihnen die Lösung einer eigentlich unerfüllbaren Aufgabe, führte in Frankreich selbst beinahe zum Staatsstreich. Dennoch begann die Regierung

Seit 1954 kämpfte die Nationale Befreiungsfront für die politische Unabhängigkeit Algeriens. Am 12. Mai 1962 kommt es zum Waffenstillstand: Die Republik Algerien wird anerkannt; damit verbunden sind Zusagen zur Wahrung grundsätzlicher französischer Interessen im neuen Staat sowie Vereinbarungen über die zukünftige Zusammenarbeit. Auf dem Bild hält Ministerpräsident Mohammed Ahmed Ben Bella 1962 eine Rede in der neuen algerischen Nationalversammlung.

General de Gaulles schließlich Verhandlungen mit den algerischen Rebellen. Nach einem Referendum entließ Frankreich im Juli 1962 das neue Algerien förmlich in die Unabhängigkeit. Da Libyen bereits 1951 aus der treuhänderischen Verwaltung der Vereinten Nationen entlassen und selbstständig geworden war, gab es an der gesamten nordafrikanischen Küste mit Ausnahme der winzigen spanischen Enklaven keine Gebiete mehr unter europäischer Hoheit. Dennoch zeitigte der fremde Einfluss in den arabischen Ländern immer noch verhängnisvolle Folgen – so wie es seit der Jahrhunderte zurückliegenden Eroberung durch die Osmanen stets der Fall gewesen war. Nun geschah dies indirekt. Durch Hilfsleistungen und auf diplomatischem Weg versuchten die Vereinigten Staaten und die Sowjetunion, sich Freunde in der Region zu kaufen.

Die USA befanden sich freilich in einer Zwickmühle, denn weder der Präsident noch der Kongress durften Israel dauerhaft im Stich lassen; dazu war der jüdische Anteil in der amerikanischen Wählerschaft zu groß. Trotzdem war Präsident Eisenhower kühn genug gewesen, die jüdischen Interessen – und dies in einem Wahljahr – während der Suez-Krise zu brüskieren.

Auch wenn sich die Vereinigten Staaten sonst zurückgehalten hatten, blieb die ägyptische und syrische Politik doch von einem antiamerikanischen Grundzug bestimmt und führte zu Irritationen auf Seiten der Amerikaner. Die Sowjetunion hingegen hatte ihre ursprüngliche Unterstützung für Israel schon früh aufgegeben. Der neue Staat hatte seine Funktion im sowjetischen Kalkül, den Briten das Leben schwer zu machen, verloren. Die sowjetische Politik gestaltete sich durchweg proarabisch, und am Rande trug auch die Diskriminierung der eigenen jüdischen Bevölkerung noch zu der Sympathie bei, die die Araber den Sowjets entgegenbrachten.

Das Öl kommt ins Spiel

Dass der Nahe Osten schließlich doch in Bewegung geriet, lag am Öl. Zwei wesentliche Faktoren traten in den 50er Jahren zusammen: Zunächst wurde immer mehr Öl, besonders in den südlichen Küstenstreifen des Persischen Golfs, in den kleinen Scheichtümern und in Saudi-Arabien entdeckt und erschlossen. Daraufhin stieg der Energieverbrauch in den westlichen Staaten, am ausgeprägtesten in den USA. Hauptnutznießer dieses Ölbooms waren die großen Ölproduzenten wie Saudi-Arabien, Libyen, Kuwait. Diese beiden Neuerungen zogen wiederum zwei Konsequenzen nach sich: Staaten, die vom Öl aus dem Nahen Osten abhängig waren, mussten nun weitaus mehr Rücksicht auf die Interessen ihrer arabischen Öllieferanten nehmen als zuvor. Keiner der drei führenden Ölproduzenten hatte bislang auf internationaler Ebene eine bedeutsame Rolle gespielt.

Der Sechstagekrieg

In der letzten Nahostkrise der 60er Jahre trat allerdings der Faktor Öl noch nicht sehr deutlich in Erscheinung. Diese Krise begann, als in Syrien eine deutlich extremere Regierung mit sowjetischer Hilfe an die Macht kam. Der jordanische König geriet unter starken Druck, die palästinensischen Guerillakämpfer unterstützen zu müssen, die seit 1964 in der Palästinensischen Befreiungsorganisation (PLO) organisiert waren. Er bereitete seine Armee darauf vor, an der Seite Ägyptens und Syriens

Das Foto zeigt eine Ölraffinerie im saudi-arabischen Jiddah. Die Bereiche, die in den 50er und 60er Jahren in den industrialisierten Ländern für Wachstum sorgten, etwa der Automobilsektor, Stahl, Petrochemie, Elektronik- und Bauindustrie, hingen alle vom Öl ab. Diese Tatsache erlaubte unterentwickelten Ländern (insbesondere im Nahen Osten) mit Zugang zu großen Ölvorräten, unvermittelt einen bedeutenden Einfluss auf die Politik zu nehmen.

Der israelische Verteidigungsminister Moshe Dayan auf Frontbesuch in einem Bunker auf den Golan-Höhen während des Sechstagekriegs, der ein taktischer Sieg für die Israelis war. Es gelang ihnen, die ägyptische Dritte Armee einzuschließen, die so schwere Verluste erlitt, dass Präsident Nasser zeitweilig sogar sein Amt niederlegte.

gegen Israel zu kämpfen. Provoziert durch den Versuch, die Zufahrt nach Eilat zu blockieren, eröffneten die Israelis 1967 den Kampf. In einem Aufsehen erregenden Feldzug zerschlugen sie Ägyptens Luftwaffe sowie seine im Sinai stehenden Streitkräfte, warfen die Jordanier zurück und errangen so in einem sechstägigen Krieg neue Grenzlinien: am Suezkanal, am Jordan und auf den Golan-Höhen. Diese Gebietsgewinne stellten weitaus günstigere Ausgangsstellungen für Verteidigungsmaßnahmen dar, so dass die Israelis alles daran setzten, dort zu bleiben. Für Nasser bedeutete diese Niederlage den Wendepunkt seiner glanzvollen Laufbahn. Er war die erste Führungsgestalt mit einer Integrationskraft für die panarabische Idee gewesen, und seine Abhängigkeit von sowjetischer Unterstützung wurde jetzt offensichtlich. Die sowjetischen Seestreitkräfte trafen in Alexandria ein, als die israelische Vorhut den Suezkanal erreichte. Aber auch die Öl produzierenden Staaten nahmen Einfluss auf die Politik dieses großen arabischen Staatsmannes.

Spannungen in Israel

Der Sechstagekrieg von 1967 brachte keine Lösung. Stattdessen setzten sich nun neue Wellen palästinensischer Flüchtlinge in Bewegung. Als die Israelis begannen, Siedlungen in den neu gewonnenen Landstrichen anzulegen, wuchs die Erbitterung auf arabischer Seite erneut. In den Vereinten Nationen gelang es einer „Gruppe der 77“ – angeblich blockfreien Staaten –, Israel (wie auch Südafrika) von einigen internationalen Organisationen auszuschließen. Noch wichtiger aber war, dass ihnen auch die Annahme einer Resolution gelang, die die Annexion Jerusalems einstimmig verurteilte. Ein anderer Vorschlag forderte den Rückzug Israels aus den besetzten arabischen Gebieten im Austausch gegen die völkerrechtliche Anerkennung des Staates Israel durch seine Nachbarn. Unterdessen wandte sich die PLO dem Terrorismus auch außerhalb der umstrittenen Gebiete zu. Wie die Zionisten am Ende des 19. Jahrhunderts waren sie zu der Überzeugung gelangt, dass

Der Jom-Kippur-Krieg des Jahres 1973 symbolisiert einen ersten militärischen Höhepunkt der Spannungen zwischen Israel und seinen arabischen Nachbarn.

Golda Meir (1898–1978), Vertreterin der Zionisten gegenüber der britischen Mandatsmacht, war Mitunterzeichnerin der israelischen Unabhängigkeitsurkunde. Als Ministerpräsidentin von 1969 bis 1974 bemühte sie sich um den Frieden im Nahen Osten.

das westliche Konzept der Nationalität die beste Antwort auf ihre verzweifelte Lage bedeutete: Ein neuer Staat sollte ihr Nationalgefühl ausdrücken, und wie die militanten Juden in den 40er Jahren entschlossen sie sich, Morde und ungezielte Anschläge als Waffe einzusetzen. Schon jetzt konnte man erkennen, dass es in absehbarer Zeit erneut zum Krieg kommen musste. Da sich die Interessen der amerikanischen wie der sowjetischen Seite mit den beiden Konfliktparteien identifizieren ließen, bestand die Gefahr eines Weltkriegs, der wie 1914 unversehens durch einen lokalen Konflikt ausgelöst zu werden vermochte.

Greifbar wurde diese Bedrohung, als Ägypten und Syrien im Oktober 1973 am jüdischen Feiertag des Jom-Kippur-Festes Israel überfielen. Zum ersten Mal in ihrer Geschichte standen die Israelis am Rande der Niederlage gegenüber den deutlich kampfkräftigeren und mit sowjetischem Material ausgerüsteten Armeen ihrer Gegner. Dennoch siegten sie auch in diesem Krieg, allerdings erst, nachdem Berichte kursierten, die Sowjets hätten Nuklearwaffen nach Ägypten geschickt, woraufhin die Amerikaner ihre Verbände weltweit in Alarmzustand versetzten. Dieser erschreckende Hintergrund war jedoch für die Öffentlichkeit damals noch nicht vollständig erkennbar. Viel deutlicher waren hingegen die Auswirkungen dessen, was andere arabische Staaten unternahmen, allen voran Saudi-Arabien: Indem sie eine Kürzung der Öllieferungen nach Europa, Japan und in die Vereinigten Staaten ankündigten, eröffneten sie die Möglichkeit, dass Israel in der Zukunft vielleicht nicht mehr auf die diplomatische Unterstützung bauen durfte, die ihm bislang sicher gewesen war: Die Schuldgefühle wegen des Holocaust mochten nachlassen, ebenso die Sympathie oder Bewunderung für eine liberale Zivilgesellschaft in einer sonst rückständigen Region oder das Gewicht der jüdischen Wähler in den Vereinigten Staaten.

Die Ölkrise

Die neue Öldiplomatie machte sich unmittelbar bemerkbar, weil die Preise für Öl über Nacht in die Höhe schossen. Damit veränderte sich das gesamte Geflecht weltweiter Beziehungen. In den 50er und 60er Jahren war es Briten und Amerikanern gelungen, eine ebenso verlässliche wie preiswerte Versorgung mit Öl zu gewährleisten, indem sie hinter den Kulissen die Politik in den Golfstaaten, Saudi-Arabien und bis 1963 auch im Irak beeinflussten, als dort das Baath-Regime an die Macht kam. In den 70er Jahren aber hielt dieses System dem Druck nicht länger stand, der sich besonders durch den Israel-Konflikt erhöht hatte. Beinahe ohne Vorwarnung wurden Probleme akut, die bereits in den 60er Jahren das ökonomische Getriebe hatten knirschen lassen, aber noch erträglich geblieben waren. Nun aber brachte die Abhängigkeit von den Ölproduzenten die Balance in den Handelsbilanzen völlig durcheinander. Selbst die Vereinigten Staaten wurden schwer getroffen, während Japan und Europa rasch alle Anzeichen einer Rezession aufwiesen. Das Goldene Zeitalter ununterbrochenen Wirtschaftswachstums, das nach dem Ende des Krieges eingesetzt zu haben schien, fand sein Ende. Die ärmeren, von Ölimporten abhängigen Länder traf dies am schlimmsten.

Begeisterte Algerier feiern am 3. Juli 1962 die Erklärung der Unabhängigkeit ihres Landes von Frankreich.

Innerhalb von zwei Jahrzehnten entstanden aus den ehemaligen afrikanischen Kolonien 24 eigenständige Staaten.

SCHWARZAFRIKA

In den 50er und 60er Jahren fand in Afrika ein dramatischer Entkolonialisierungsprozess statt, der zahlreiche neue instabile Staaten hinterließ. Frankreich und Großbritannien waren die wichtigsten Kolonialmächte in einer Entwicklung, die lange Zeit als erstaunlich friedlicher Prozess betrachtet wurde. Nur in Algerien kostete es viel Blutvergießen, ein entkolonialisiertes Afrika zu verwirklichen. Obwohl Portugal erst 1974 nach einer Revolution im eigenen Land aufgab, wurde der Kolonialismus im übrigen Afrika noch vor diesem Datum einigermaßen ausgleichend abgewickelt. Sowohl französische als auch britische Politiker waren darum bemüht, einen gewissen Einfluss zu wahren, indem sie ein demonstrativ wohlwollendes Verhalten ihren früheren Untergebenen gegenüber an den Tag legten. Statt der imperialistischen Herrscher waren es eher die Siedler, die den Rückzug bremsten.

DAS VERMÄCHTNIS DES KOLONIALISMUS

Schwarzafrika geht in seiner gegenwärtigen Form hauptsächlich auf europäische Einflüsse des 19. Jahrhunderts zurück. Die neuen afrikanischen „Nationen" wurden üblicherweise über die Grenzen der früheren Kolonien definiert und fassten oftmals viele Völker unterschiedlicher Sprachen, Kulturen und Brauchtümer zusammen, über die die koloniale Verwaltung nur eine formale Einheit verordnet hatte. Da in Afrika der Zusammenhalt großer indigener Kulturen fehlte, der der kolonialen Zersplitterung des Kontinents entgegenwirkte, folgte auf den Rückzug der imperialen Mächte die „Balkanisierung". Die Doktrin des Nationalismus, die der westlich beeinflussten afrikanischen Elite entgegenkam, verfestigte die Aufteilung eines Kontinents und ignorierte Gegebenheiten, die der Kolonialismus unterdrückt oder manipuliert

Maputo, hier im Bild, ist Hauptstadt und größte Hafenstadt von Mosambik. Heute ist Mosambik ein Mehrparteienstaat, nachdem das Land 1975 nach einem 13-jährigen Krieg die Unabhängigkeit von Portugal erlangte. Das Land exportiert unter anderem Reis, Kautschuk, Jute und Edelsteine.

hatte. Von einigen neuen Herrschern stark befürwortet, war dieser Nationalismus oftmals eine Antwort auf die Gefahren der Zentrifugalkräfte im Land. Die Westafrikaner merzten – sozusagen – das historische Vermächtnis des alten Mali und Ghana aus, und die Ostafrikaner suchten in ihrer Vergangenheit, wie sie sich beispielsweise in den Ruinen von Simbabwe verbarg, um nationale Mythologien zu verfassen.

Wirtschaftliche Probleme

Die neue Aufteilung des Kontinents war nicht das einzige oder schwer wiegendste Problem Afrikas. Trotz des hohen ökonomischen Potenzials standen die wirtschaftlichen und sozialen Fundamente für eine wohlhabende Zukunft auf wackligen Beinen. Das imperiale Vermächtnis war bezeichnend: Die Kolonialregierungen hinterließen in Afrika schwächere kulturelle und wirtschaftliche Infrastrukturen als in Asien. Die Rate der Alphabetisierung war gering und das ausgebildete Verwaltungspersonal sowie die technischen Experten in der Minderheit. Die wichtigen wirtschaftlichen Ressourcen des Kontinents (vor allem Minerale) erforderten Erfahrungen im Bergbau, Kapital und Vermarktungsinstrumente, die in der näheren Zukunft nur von außen kommen konnten. Dazu kam, dass einige afrikanische Volkswirtschaften gerade erst auseinander gebrochen und für europäische Bedürfnisse und Interessen zweckentfremdet worden waren. Während des Zweiten Weltkriegs von 1939 bis 1945 war die Landwirtschaft in einigen britischen Kolonien auf den Anbau von Getreide umgestellt worden, das für den Export bestimmt war. Ob dies im langfristigen Interesse der Bauern lag, mag diskussionsfähig sein, aber es kann mit Sicherheit festgestellt werden, dass die Konsequenzen sich als tiefgreifend erwiesen. Eine war der Bargeldverkehr als Bezahlung für die Produkte, die die Briten und Amerikaner benötigten. Die Folge waren zwar zum Teil höhere Löhne, aber die Verankerung von Barmitteln in einer Volkswirtschaft wirkte sich wiederum vor Ort aus. Ein unvorhergesehenes Städtewachstum setzte ein. Viele afrikanische Länder waren damit an eine bestimmte Wachstumsstruktur gebunden, die in der Nachkriegszeit bald ihre Schwachpunkte und Grenzen zeigte. Selbst wohl meinende Absichten, die durch viele internationale Hilfsprogramme verfolgt wurden, führten unfreiwillig zu einer Abhängigkeit der afrikanischen Produzenten vom Weltmarkt. Unter diesen Umständen war es unvermeidlich, dass sich mit dem immer schneller werdenden Bevölkerungswachstum nach 1960 und mit der einsetzenden Enttäuschung darüber, wie die „Freiheit“ von den Kolonialmächten in Wirklichkeit aussah, Unzufriedenheit breit machte.

In Kenia werden nach dem Zweiten Weltkrieg offizielle Handelsagenturen gegründet, mit denen das Monopol europäischer Unternehmen über die Landwirtschaft endet. Hier wird das Pflücken von Baumwolle in Watamu gezeigt.

Entkolonialisierung in Afrika und Asien

Zu den einschneidenden Ereignissen der modernen Welt gehörte die Erlangung der Unabhängigkeit verschiedener Staaten, insbesondere in der südlichen Hemisphäre. Wie diese Karte zeigt, begann die Entkolonialisierung bereits 1947 mit der Unabhängigkeit Indiens und Pakistans und endete etwa Mitte der 70er Jahre. Eine Reihe von Staaten hat seither ihre Namen oder Staatsgrenzen verändert.

Das Ende der Kolonialherrschaft

Trotz der Schwierigkeiten, die sich im Laufe der Zeit einstellten, ging der Prozess der Entkolonialisierung in Schwarzafrika weiter. 1945 gab es neben Ägypten nur zwei völlig unabhängige Staaten in Afrika – Äthiopien und Liberia. Südafrika war per Gesetz ein autonomes Herrschaftsgebiet des britischen Commonwealth und ist deshalb nur formal aus dieser Kategorie ausgeschlossen (ein etwas unklarer Status verhüllte darüber hinaus die praktische Unabhängigkeit der britischen Kolonie Südrhodesien). 1961, als Südafrika zu einer vollständig unabhängigen Republik wurde und aus dem Commonwealth ausschied, waren 24 neue afrikanische Staaten entstanden. Heute existieren über 50. Zehn Jahre später war Portugal die einzige frühere Kolonialmacht, die immer noch an den afrikanischen Herrschaftsgebieten festhielt, bis auch sie sich 1975 schließlich zurückzog. Die Portugiesen, die Pioniere des europäischen Abenteuers der Kolonialherrschaft, waren fast die Letzten, die sie wieder aufgaben.

Afrikanische Politik

Als die Afrikaner den Kolonialismus abschafften, traten schnell die Gefahren dieser Entwicklung in den Vordergrund. Ghana war 1957 das erste afrikanische Land südlich der Sahara, das zuvor eine Kolonie gewesen war und nun zu einem unabhängigen Staat wurde. In den nächsten 27 Jahren wurden in Afrika 12 Kriege ausgetragen und 13 Staatsoberhäupter ermordet. Es gab zwei besonders heftige Konflikte. Im früheren Belgisch-Kongo

Kwame Nkrumah (1909–1972) war 1945 Sekretär des 5. Panafrikanischen Kongresses. Er wurde 1957 der erste Premierminister des unabhängigen Ghana; 1960 erklärte er Ghana zur Republik und regierte das Land als Präsident bis zu seinem Sturz 1966.

Als Führer der herrschenden KANU-Partei handelte Jomo Kenyatta (etwa 1891–1978) 1963 die Bedingungen der Unabhängigkeit Kenias von Großbritannien aus und wurde 1964 der erste Präsident der Republik Kenia. Zusammen mit anderen antikolonialistischen afrikanischen Führern nahm er an der Organisation des 5. Panafrikanischen Kongresses im Jahr 1945 teil.

Der Kaiser von Äthiopien, Haile Selassie (1892–1975), während seiner Krönung 1930. Haile Selassie wurde 1974 von einer provisorischen Militärregierung abgesetzt, die eine Demokratische Volksrepublik unter „proletarischer" Herrschaft ausrief.

provozierte der Versuch der an Bodenschätzen reichen Region Katanga, sich abzuspalten, einen Bürgerkrieg, in dem bald rivalisierende sowjetische und amerikanische Einflüsse aufeinander trafen, während sich die Vereinten Nationen bemühten, den Frieden wiederherzustellen. Ende der 60er Jahre kam es zu einem furchtbaren Bürgerkrieg in Nigeria, einem der bis dahin stabilsten und viel versprechendsten neuen afrikanischen Staaten, der erneut dazu führte, dass Nicht-Afrikaner sich einmischten.

In vielen der neuen Nationen hatte die (reale oder konstruierte) Notwendigkeit, Spaltungen zu vermeiden, offene Meinungsverschiedenheiten zu unterdrücken und eine zentrale Autorität zu stärken, zu autoritären Einparteienregierungen oder Militärregimes geführt (der Geschichte Südamerikas nach den Befreiungskriegen nicht unähnlich). Und auch die überlebenden Regierungen eines älteren unabhängigen Afrikas waren keineswegs verschwunden. Die Ungeduld gegenüber dem alten Regime, das offensichtlich unfähig war, friedliche politische und soziale Veränderungen in die Wege zu leiten, führte 1974 zur Revolution in Äthiopien. Die Befreiung von dem „Löwen des Juda" war fast beiläufig auch das Ende der ältesten christlichen Monarchie der Welt – und das Ende einer Königsdynastie, die nach einer Version äthiopischer Überlieferung bis auf einen Sohn Salomos und auf die Königin von Saba zurückzuverfolgen ist. Ein Jahr später schienen die Soldaten, die die Macht übernommen hatten, ebenso diskreditiert zu sein wie ihre Vorgänger. Ähnliche Veränderungen in anderen Teilen Afrikas führten manchmal zu despotischen politischen Führern, die die Europäer an frühere Diktatoren erinnerten, wenn auch dieser Vergleich irreführend sein könnte. Afrikaexperten haben vorsichtig vorgeschlagen, viele der „starken Männer" der neuen Nationen eher als Erben der vorkolonialen afrikanischen Könige zu betrachten, als sie mit europäischen Maßstäben zu messen.

Afrikanische Allianzen

Ihre eigenen Schwierigkeiten verringerten nicht die anhaltenden Irritationen, mit denen viele Afrikaner auf die Welt außerhalb ihres Kontinents reagierten. Einige Gründe für dieses Verhalten mögen zum Beispiel in dem Drama oder Mythos um den alten europäischen Sklavenhandel liegen. Er bestärkte viele Afrikaner darin, dieses Kapitel als deutlichste Ausprägung rassistischer Ausbeutung zu betrachten. Auch das Gefühl politischer

Unterlegenheit mag auf diesem Kontinent relativ machtloser Staaten (manche mit weniger als einer Million Einwohner) eine Rolle spielen. In politischer und militärischer Hinsicht hatte ein zersplittertes Afrika keine Aussicht, in internationalen Angelegenheiten mitzuwirken, und man versuchte daher, diese Schwäche zu überwinden. Der Ansatz, 1958 die Vereinigten Staaten von Afrika zu gründen, scheiterte zwar, eröffnete aber eine Phase, in der Allianzen und regionale Gruppierungen gebildet und Föderationen zumindest anvisiert wurden. Diese Entwicklung fand 1963 ihren Höhepunkt, als hauptsächlich auf Initiative des äthiopischen Kaisers Haile Selassie die Organization of African Unity (OAU) gegründet wurde.

In politischer Hinsicht hatte die OAU wenig Erfolg, obwohl es ihr 1975 gelungen war, Wirtschaftsverhandlungen mit den Europäern zum Vorteil der afrikanischen Produzenten abzuschließen. Über die politische Entwicklung des unabhängigen Afrikas enttäuscht, strebten einige Politiker eine wirtschaftliche Zusammenarbeit an, um den Fortschritt voranzutreiben. Sie stützten sich dabei auf ihre Beziehungen zu Europa. Die einstigen Kolonialmächte blieben Afrikas wichtigste Anlauf-

Die OAU (Organization of African Unity)

Die eben unabhängig gewordenen afrikanischen Staaten wollten die Ideale und Prinzipien des Panafrikanismus nicht als Grundlage für eine enge, absolutistisch geprägte politische Föderation aufrechterhalten, sondern als Basis einer kontinentalen Union, die der fundamentalen Identität der unabhängigen afrikanischen Völker Ausdruck verleiht.

Dieser Versuch, sich auf eine Einheit und auf eine gegenseitige Kooperation zuzubewegen, kristallisierte sich im Mai 1963 mit der Entstehung der Organization of African Unity während der Konferenz der Staats- und Regierungsoberhäupter in Addis Abeba (Äthiopien) heraus. Drei Faktoren führten zur Gründung der OAU: der Fortbestand des panafrikanischen Ideals der Einheit, die Radikalisierung des Kampfes um die vollständige Unabhängigkeit aller Staaten auf dem afrikanischen Kontinent und die Harmonisierung der bestehenden unterschiedlichen Strömungen in denjenigen Ländern, die bereits unabhängig sind.

Die Gründungsurkunde legte die Ziele und Prinzipien, die das unabhängige Afrika leiten sollen, sowie die Rechte und Verpflichtungen der Mitglieder dar. Zu den bemerkenswertesten Zielen zählte das gemeinsame Bestreben, den Lebensstandard der afrikanischen Völker zu verbessern, die Souveränität, die territoriale Integrität und die Unabhängigkeit der Mitgliedsländer zu wahren sowie einer an der Charta der Vereinten Nationen und an der Internationalen Erklärung der Menschenrechte orientierten internationalen Zusammenarbeit den Vorrang zu geben. Darüber hinaus sahen die Prinzipien der OAU vor, sich nicht in die internen Angelegenheiten der Mitgliedsländer einzumischen, durch Verhandlungen friedliche Lösungen für Konflikte zu finden, Vermittlung, Versöhnung und Schlichtung in die Wege zu leiten sowie Neutralität gegenüber den militärischen Blöcken zu wahren.

Kaiser Haile Selassie von Äthiopien (rechts) begrüßt Präsident Julius Nyerere aus Tansania, der in Addis Abeba eintrifft, um an den Feierlichkeiten zum zehnten Jahrestag der OAU teilzunehmen.

Der Begriff Apartheid wurde erstmals 1948 vom südafrikanischen Senator Hendrik Verwoerd verwendet, als er behauptete, es bestünde die Notwendigkeit, die weiße Vorherrschaft in Südafrika aufrechtzuerhalten. Eines der Apartheidgesetze, die *Reservation of Separate Amenities Act,* schrieb vor, dass die getrennte Benutzung aller öffentlichen Einrichtungen entweder durch Weiße oder durch Schwarze verbindlich geregelt sein müsse. Das betraf sogar, wie dieses Foto zeigt, öffentliche Toiletten.

stelle für Kapital, Know-how und Ratschläge. Die wirtschaftliche Entwicklung Schwarzafrikas verlief jedoch katastrophal. Unzureichende Programme ruinierten die Landwirtschaft. Der politische Kampf um die Wähler in den Städten, Korruption und prestigeträchtige Investitionen wirkten sich verheerend auf wirtschaftliche und industrielle Pläne aus. Der Beginn der weltweiten Rezession nach der Ölkrise von 1973 wirkte sich vernichtend auf Afrika aus und verschärfte durch wiederholte Dürren innerhalb weniger Jahre die Situation.

Vor diesem Hintergrund spitzte sich politischer Zynismus zu und brachte die Verantwortlichen im Zeitalter der Unabhängigkeit allzu häufig von ihrem Weg ab. Kaum zu einer konstruktiven Selbstkritik fähig, verliehen sie ihrer Enttäuschung Ausdruck, indem sie neue Feindseligkeiten schürten. Sie wurden teilweise auch noch durch Versuche von außen verschärft, die Afrikaner in den Kalten Krieg zu verwickeln. Neue Frustrationen waren vorprogrammiert. Die marxistische Revolution hatte wenig Erfolg. Ausgerechnet in Äthiopien jedoch, dem rückständigsten, monarchisch regierten Staat im unabhängigen Afrika sowie in den früheren portugiesischen Kolonien etablierten sich der Form nach marxistische Regime. Die ehemals französischen und britischen Kolonien waren davon kaum berührt.

SÜDAFRIKA UND RHODESIEN

Es war unvermeidlich, dass Sündenböcke gesucht wurden, denen die Schuld für Afrikas Probleme zugeschoben werden konnte. Betrachtet man das Ausmaß und die Geschwindigkeit der Entkolonialisierung Afrikas sowie die geographische Abgeschiedenheit weiter Teile des Kontinents, schien es auf der Hand zu liegen, wo die Ursachen lagen. Die Wut konzentrierte sich zunehmend auf die Rassentrennung zwischen Schwarzen und Weißen in Afrika selbst. Besonders eklatant waren die Zustände in Südafrika, dem mächtigsten afrikanischen Land.

Das Apartheid-System

Die Afrikaans sprechenden Buren, die 1945 Südafrika beherrschten, hegten Vorbehalte gegenüber den Briten, die dem Großen Treck ins Landesinnere folgten. Die Abneigung hatte sich mit der Niederlage im Burenkrieg verstärkt und nach dem Ersten Weltkrieg dazu geführt, die Verbindung zum Britischen Commonwealth zu lösen. Südafrika trat zwar 1939 an der Seite Großbritanniens in den Krieg ein und stellte wichtige Truppen, um auf der Seite der Alliierten zu kämpfen, doch selbst während dieser Zeit unterstützten unnachgiebige Buren, wie sie sich zunehmend selbst nannten, eine Bewegung, die die Kooperation mit den Nationalsozialisten zum Ziel hatte. Ihr Gründer Malau wurde 1948 Premierminister, nachdem er gegen Südafrikas Staatsmann Jan Smuts die Wahlen gewonnen hatte. Die Buren hatten ihre Macht in der Union und ihre wirtschaftliche Position im Industrie- und Finanzsektor beständig ausbauen können. Daher war die Aussicht, ihnen eine Politik aufzwingen zu können, die von ihren tiefen Vorurteilen abwich, bald in weite Ferne gerückt. Das Ergebnis war schließlich die Errichtung eines Systems der Rassentrennung: die Apartheid. Es sah die systematische Reduzierung der schwarzen Afrikaner auf ihren untergeordneten Status vor, der ihnen nach der Burenideologie zustand. Ziel war es, die Position der Weißen in einem Land zu sichern, in dem Industrialisierung und Marktwirtschaft viel dazu beigetragen hatten, die Regulierung und Versorgung der wachsenden schwarzen Bevölkerung durch alte Stammesunterteilungen abzuschaffen.

Rhodesien kündigt seine Mitgliedschaft im Commonwealth auf

Die Apartheid übte einen gewissen Reiz auf Weiße in ganz Afrika aus. Das einzige Land, in dem ein ähnliches Verhältnis von weißen zu schwarzen Einwohnern bestand und das über eine ähnliche Konzentration des Wohlstands verfügte wie Südafrika, war Rhodesien, das zum großen Unbehagen der britischen Regierung 1965 aus dem Commonwealth ausschied. Das Ziel der Sezessionisten war, so wurde befürchtet, sich auf eine Gesellschaft zuzubewegen, die mehr und mehr derjenigen Südafrikas ähnelte. Die britische Regierung zauderte und verpasste ihre Chance. Es gab nichts, was die schwarzafrikanischen Staaten gegen die Entwicklung in Rhodesien tun konnten, und auch die Vereinten Nationen waren weitgehend machtlos, auch wenn „Sanktionen" in Form eines Handelsembargos gegen die frühere Kolonie verhängt wurden. Viele afrikanische Staaten ignorierten das Embargo, und die britische Regierung sah geflissentlich über die Schritte hinweg, die große Ölkonzerne unternahmen, um sicherzustellen, dass ihr Produkt die Rebellen erreichte. In einer der peinlichsten Episoden in der Geschichte einer schwachen Regierung sanken die Sympathie-

Auf der Abbildung sind zwei Arbeiter in einer Goldmine nahe Johannesburg im Jahr 1948 zu sehen. Die Goldindustrie stellte zusammen mit der Diamantenindustrie die wichtigste Grundlage des südafrikanischen Wohlstands. Die Wirtschaft des Landes wuchs von 1960 bis 1970 mit der unglaublichen Zunahme des Bruttoinlandsprodukts von 113 Prozent, während die Bevölkerungszahl um 34 Prozent anstieg.

werte Großbritanniens in den Augen der Afrikaner. Sie sahen verständlicherweise nicht ein, warum eine britische Regierung nicht militärisch intervenieren konnte, um eine koloniale Rebellion zu unterdrücken, die so Himmel schreiend war wie die von 1776. Viele Briten glaubten, dass es gerade dieser frühere Fall war, der die Erfolgsaussichten einer Intervention durch eine weit entfernte und militärisch schwache Imperialmacht letztlich wenig ermutigend erscheinen ließ.

Obwohl Südafrika (der reichste und stärkste Staat in Afrika, der immer noch an Reichtum und Stärke gewann) gesichert zu sein schien, war es doch zusammen mit Rhodesien und den portugiesischen Kolonien gerade dieser Staat, auf den sich zu Beginn der 70er Jahre die zunehmende Wut der schwarzen Afrikaner richtete. Die Festlegung der Fronten des „Rassenkampfes" konnte durch die geringfügigen Zugeständnisse an die schwarze Bevölkerung Südafrikas und durch ihre wachsenden wirtschaftlichen Beziehungen zu einigen schwarzen Staaten kaum aufgewogen werden. Zudem bestand die Gefahr, dass der Konflikt bald auch externe Mächte miteinbezog. Nachdem die Portugiesen 1975 Angola verlassen hatten, übernahm dort ein marxistisches Regime die Macht. Als der Bürgerkrieg ausbrach, trafen kommunistische Soldaten aus dem Ausland ein, um die Regierung zu unterstützen, während die Südafrikaner schon bald den Rebellen ihre Unterstützung zukommen ließen.

Simbabwe

Die südafrikanische Regierung signalisierte bald, dass sie ihr Handeln überdenken wollte. Sie versuchte, sich aus der peinlichen Lage herauszuwinden, mit einem unnachgiebigen, unabhängigen Rhodesien verbündet zu sein (dessen Aussichten sich dramatisch verschlechtert hatten, als die portugiesische Herrschaft in Mosambik beendet und eine Guerilla gegen sie gegründet worden war).

Tausende von Flüchtlingen fliehen vor dem Krieg in Rhodesien. Diese Kinder wurden 1977 in Sambia fotografiert.

Schwarze Afrikaner reisen 1952 in einem Zug, der für Europäer reserviert ist, um gegen Südafrikas Apartheidgesetze zu protestieren.

Die amerikanische Regierung befürchtete, dass Rhodesien in der Hand schwarzer Nationalisten zusammenbrechen und von kommunistischer Hilfe abhängig sein würde. Sie übte Druck auf die Südafrikaner aus, die diesen wiederum an Rhodesien weitergaben. Im September 1976 teilte der rhodesische Premierminister Smith seiner Bevölkerung mit, dass sie das Prinzip der schwarzen Mehrheitsregierung akzeptieren müssten. Der letzte Versuch, einen afrikanischen Staat zu gründen, der von Weißen beherrscht wurde, war gescheitert. Es war ein weiterer Meilenstein im Rückzug der europäischen Mächte. Trotzdem dauerten die Guerillakriege an und intensivierten sich noch, als schwarze Nationalisten versuchten, eine bedingungslose Kapitulation zu erzwingen. 1980 war Rhodesien noch einmal für kurze Zeit unter britischer Herrschaft, bevor das Land seine Unabhängigkeit wiedererlangte, diesmal als neuer Staat mit dem Namen Simbabwe und einem schwarzen Premierminister.

Die zunehmende Opposition gegen die Apartheid

Mit der Entstehung Simbabwes blieb Südafrika als einziger von Weißen beherrschter Staat auf dem Kontinent übrig. Es war die reichste Volkswirtschaft Afrikas und Ziel der schwarzen (das heißt in diesem Kontext der nichtweißen) Ablehnung des ihn umgebenden Landes. Obwohl die OAU durch den Bürgerkrieg in Angola gespalten war, fanden die afrikanischen Politiker doch immer einen gemeinsamen Nenner, wenn es um Südafrika ging.

1974 verbot die Generalversammlung der Vereinten Nationen Südafrika wegen des Apartheid-Systems, an seinen Sitzungen teilzunehmen, und 1977 wich die UN-Kommission für Menschenrechte geschickt Forderungen nach der Untersuchung von Terrorakten aus, die Schwarze in Uganda gegen Schwarze verübt hatten, während Südafrika (sowie Israel und Chile) für ihre Untaten gegeißelt wurden. Aus Pretoria wirkte der Blick nord-

Südafrika wurde weiterhin von Weißen regiert und seine dunkelhäutige Bevölkerung diskriminiert. Auch die internationale Verurteilung des Apartheid-Regimes änderte an dieser Situation lange nichts.

Im April 1985 nahmen riesige Menschenmengen in Vitenhage an der Beerdigung von Opfern der eskalierenden Gewalt teil, in diesem Fall das Ergebnis eines Aufstands, den Mitglieder der United Democratic Front gegen die weiße Minderheitsregierung entfacht hatten. In dieser Periode zerstörten interne Konflikte auch die schwarzen Gemeinschaften. Im Juli hatte Präsident Botha in fast allen Städten des Landes den Ausnahmezustand ausgerufen.

Mit Premierminister Botha begann 1978 eine Zeit der Liberalisierung, die sein Nachfolger de Klerk mit Erfolg weiterführte.

wärts immer bedrohlicher. Das Eintreffen kubanischer Truppen in Angola war Anzeichen einer neuen Macht des strategischen Handelns gegen Südafrika von Seiten der UdSSR.

Wandel in Südafrika

Die internationale Verurteilung des Apartheid-Regimes, die Bedrohung aus dem Norden und Unruhen im eigenen Land gehörten ohne Zweifel zu den Faktoren, die die Position der südafrikanischen Regierung veränderten. Ein Wandel war in Sicht, als 1978 ein neuer Premierminister sein Amt antrat: P. W. Botha begann, eine Politik der Zugeständnisse einzuführen. Es dauerte jedoch nicht lange, bis sich seine Initiative verlangsamte. Anhaltende Vorbehalte gegenüber Südafrika in den Vereinten Nationen, eine zunehmend gefährliche und militärisch fordernde Situation an den nördlichen Grenzen in Namibia und ein zunehmendes Misstrauen gegenüber Botha von Seiten seiner burischen Anhänger – all das ließ ihn wieder zu einer von Repressalien gekennzeichneten Politik zurückkehren. Seine letzte Geste der Entspannung war eine neue Verfassung im Jahr 1983, die eine Vertretung für nichtweiße Südafrikaner vorsah, deren Unzulänglichkeiten schwarze Politiker entrüstete, während weiße Konservative sich angewidert abwandten, da sie das Prinzip der Vertretung Nichtweißer generell ablehnten.

In der Zwischenzeit wuchs der Druck dessen, was als „Sanktionen" anderer Staaten gegen Südafrika bezeichnet wurde. 1985 verhängten selbst die Vereinigten Staaten Sanktionen in einem beschränkten Ausmaß. Das internationale Vertrauen in die Wirtschaft Südafrikas schwand, und die Auswirkungen dieser Entwicklung waren im Land zu spüren. Dass sich die Meinung im Inland änderte, offenbarte sich nicht nur in der holländisch-reformierten Kirche, die bekundete, dass die Apartheid zumindest ein „Fehler" war und

Nelson Mandela am Tag seiner Amtseinführung als Präsident Südafrikas im Mai 1994 während eines Freundschaftsspiels der Fußballmannschaften von Sambia und Südafrika.

nicht (wie immer behauptet worden war) durch die Heilige Schrift gerechtfertigt werden könne, sondern auch durch die zunehmende Spaltung der burischen Politiker. Vielleicht half es auch, dass die militärische Intervention Südafrikas gegen die Bedrohung an der Nordgrenze trotz seiner zunehmenden Isolation erfolgreich war, auch wenn die angolanische Regierung selbst nicht besiegt werden konnte, solange dort kubanische Truppen stationiert waren. 1988 erlangte Namibia eine für Südafrika akzeptable Unabhängigkeit, und mit Angola wurde Frieden geschlossen.

Nelson Mandela in Freiheit

Vor diesem Hintergrund trat Botha (Präsident der Republik Südafrika seit 1984) 1989 widerwillig zurück. F. W. de Klerk trat seine Nachfolge an und machte deutlich, dass er die Politik der Liberalisierung fortsetzen und viel weiter gehen werde, als viele es für möglich hielten, selbst wenn das nicht das Ende der Apartheid in jeder Hinsicht bedeute. Der politischen Opposition und den Regimegegnern wurden wesentlich mehr Freiheiten eingeräumt. Versammlungen und Demonstrationen wurden erlaubt, inhaftierte schwarze Politiker freigelassen. 1990 erhielt Nelson Mandela, die Symbolfigur des schwarzafrikanischen Widerstandes und der Führer des ANC (African National Congress), nach langer Haft endlich seine Freiheit. Er wurde bald in Gespräche mit der Regierung über die Zukunft Südafrikas einbezogen. Trotz der Unnachgiebigkeit, die er in seinen Reden an den Tag legte, gab es hoffnungsvolle Anzeichen eines neuen Realismus.

Offensichtlichstes Zeichen der neuen Situation in Südafrika war die Freilassung Nelson Mandelas durch Premierminister de Klerk am 11. Februar 1990.

Bis Ende des Jahres 1990 hatte de Klerk einen weiten Weg zurückgelegt. Er hatte seine Anhänger weiter vorangebracht als Nelson Mandela die seinen. Er hatte sogar zugestanden, die *Land-legislation*-Gesetze aufzuheben, die zu den Grundpfeilern des Apartheid-Regimes gehörten. Schließlich wurden 1991 die übrigen Apartheid-Gesetze aufgehoben. Damit war der Weg frei für nachhaltigen Optimismus. Gleichzeitig wuchsen die Zweifel angesichts der zunehmenden Gewalt, als Forderungen nach weiteren Zugeständnissen an die schwarzen Südafrikaner laut wurden.

1993 steigerte sich die Gewalt. Die Sicherheitskräfte standen unter wachsendem Druck, aber noch vor Jahresende billigte das südafrikanische Parlament schließlich Verfassungsänderungen, mit denen der schwarzen Bevölkerung eine wirkliche Beteiligung an der politischen Macht eingeräumt wurde. Es akzeptierte die neue Interimsverfassung, unter der im darauf folgenden Jahr freie Wahlen stattfinden sollten. Dies war ein Riesenschritt seitens der verantwortlichen Politiker, und die Belohnung stellte sich im April 1994 ein, als die Wahl eines neuen Parlaments ohne Unregelmäßigkeiten stattfand und eine breite Beteiligung schwarzer Wähler sicherstellte. Als das neue Parlament am 9. Mai zusammentrat, wählte es Nelson Mandela zum ersten Präsidenten des neuen Südafrikas. Welche Schwierigkeiten auch immer zu erwarten waren – und das waren viele, besonders angesichts der Enttäuschungen der schwarzen und weißen Extremisten sowie vor dem Hintergrund der riesigen sozialen und wirtschaftlichen Bedürfnisse des neuen Staates –, war dies bei weitem eine der größten positiven politischen Errungenschaften des Jahrhunderts.

Anfang des 20. Jahrhunderts gab es in Mexiko große Probleme bei der Landverteilung: Einige Zahlen besagen, dass es bis zu 470 000 Landbesitzer und 14 Millionen landlose Bauern gab. 1910 kam es zu einem von revolutionären Bauernführern wie Emiliano Zapata und Pancho Villa unterstützten Aufstand gegen Präsident Porfirio Díaz. Villa, der hier mit seiner Brigade zu sehen ist, stellte ein Programm für eine Agrarrevolution auf, in der den Bauern Land zugewiesen werden sollte.

LATEINAMERIKA

Um 1900 kamen einige lateinamerikanische Länder langsam zur Ruhe. Sie erlebten nicht nur Stabilität, sondern auch Wohlstand. Neben den ursprünglich kolonialen Kultureinflüssen übte auch das Europa des 19. Jahrhunderts seine Wirkung aus. Besonders zu Frankreich fühlten sich die lateinamerikanischen Eliten in der postkolonialen Periode hingezogen. Den Nachkommen der Ureinwohner Amerikas wurde dabei jedoch kaum Beachtung geschenkt. Sie wurden in einigen Ländern so nachhaltig unterdrückt, dass dies einer Vernichtung gleichkam.

Lateinamerika bis 1914

Fast alle lateinamerikanischen Staaten waren Primärerzeuger, entweder von landwirtschaftlichen Produkten oder von Bodenschätzen. Trotz einer relativ starken Urbanisierung einiger dieser Staaten, blieb ihr Produktionssektor unerheblich, und lange Zeit schienen sie nicht von den sozialen und politischen Problemen berührt zu werden, die Europa im 19. Jahrhundert beschäftigten. In den Kontinent war viel Kapital geflossen, ein Geldstrom, der nur gelegentlich durch vorübergehende finanzielle Katastrophen und Ernüchterungen erschüttert worden war. Die einzige soziale Revolution in einem lateinamerikanischen Staat, die (im Gegensatz zu unzähligen Wechseln des Regierungspersonals) vor 1914 stattfand, führte 1911 zum Sturz des mexikanischen Diktators Porfirio Díaz. Es folgte ein fast zehn Jahre währender Bürgerkrieg, der Millionen von Menschen das Leben kostete. Die Hauptrolle spielte dabei jedoch nicht das industrielle Proletariat, sondern die Mittelschicht, die sich von den Gewinnen des Regimes ausgeschlossen fühlte. Der Klassenkonflikt des industriellen Europas des 19. Jahrhunderts trat trotz der starken Einwanderung in den lateinamerikani-

Getúlio Vargas, von 1930 bis 1945 und von 1951 bis 1954 Präsident von Brasilien, kommt im Dezember 1934 nach Rio de Janeiro, um eine Parade abzunehmen. Als Führer der Liberalen Allianz hatte Vargas die Opposition gegen Brasiliens oligarchische Republik angeführt und sich selbst zum Sprecher der bürgerlichen industriellen Mittelschicht gemacht. Sein Regime stellte den ersten Versuch einer volksnahen Regierung in Lateinamerika dar.

schen Ländern nicht auf, obwohl es in den ländlichen Gebieten reichlich sozialen Sprengstoff gab.

Instabilität zwischen den Kriegen

Die viel versprechenden lateinamerikanischen Gesellschaften überlebten den Ersten Weltkrieg im Wohlstand. Er brachte wichtige Veränderungen in ihren Beziehungen zu Europa und Nordamerika. Vor 1914 übten die USA – trotz ihrer politischen Vorherrschaft in der Karibik – keinen großen wirtschaftlichen Einfluss auf südamerikanische Angelegenheiten aus, doch bereits 1929 waren sie die größte Quelle für Investitionen in Südamerika, und von dort stammten etwa 40 Prozent des ausländischen Kapitals auf dem Kontinent. Dann kam die Weltwirtschaftskrise. Das Jahr 1929 kennzeichnete für die lateinamerikanischen Staaten den Eintritt in eine neue und unerfreuliche Ära, den wahren Beginn ihres 20. Jahrhunderts. Viele kamen ihren Zahlungsverpflichtungen an ausländische Investoren nicht nach. Es wurde fast unmöglich, weiteres Kapital im Ausland zu leihen. Der Zusammenbruch des Wohlstands führte zu einem wachsenden Nationalbewusstsein, das sich manchmal gegen andere lateinamerikanische Staaten, manchmal gegen Nordamerikaner und Europäer richtete. In Mexiko und Bolivien wurden ausländische Mineralölgesellschaften enteignet. Die traditionell europäisierten Oligarchien gerieten in Gefahr, weil es ihnen nicht gelang, sich den Problemen zu stellen, die durch das sinkende nationale Einkommen aufgeworfen wurden. Ab 1930 gab es außer in Mexiko in allen lateinamerikanischen Staaten militärische Staatsstreiche.

Industrialisierung

Das Jahr 1939 bescherte dem südamerikanischen Kontinent wieder einen größeren Wohl-

Juan Domingo Perón, argentinischer Präsident von 1946 bis 1955 und von 1973 bis 1974, grüßt 1952 die Menge in Buenos Aires, begleitet von seiner Frau Eva. Perón war nach dem Staatsstreich von 1943 zum Arbeitsminister ernannt worden. Sein Wahlprogramm von 1946 umfasste Agrarreformen und wirtschaftliche Unabhängigkeit.

stand, da die Warenpreise infolge der Kriegsnachfrage stiegen. Trotz der berüchtigten Bewunderung Argentiniens für die Herrscher im nationalsozialistischen Deutschland sympathisierten die meisten Staaten mit den Alliierten, von denen sie auch umworben wurden. Die meisten traten der Seite der Vereinten Nationen bei, bevor der Krieg zu Ende war. Die wichtigsten Auswirkungen des Krieges auf Lateinamerika waren jedoch wirtschaftlicher Natur. Ein starker Drang zur Industrialisierung gewann in mehreren Ländern an Schubkraft. Aus der städtischen Arbeiterschaft entstand eine neue Form der politischen Macht, die in der Nachkriegszeit mit dem Militär und den traditionellen Eliten konkurrierte. Autoritäre, halbfaschistische, aber populäre Massenbewegungen brachten eine neue Art starker Männer an die Macht. Perón in Argentinien war der berühmteste in Südamerika, aber in Kolumbien und Venezuela kamen 1953 und 1954 ähnliche Machthaber an die Spitze der jeweiligen Staaten. Der Kommunismus dagegen hatte bei der breiten Bevölkerung keinen derart sichtbaren Erfolg.

Belastungen des Kalten Krieges

Eine deutliche Veränderung (wenn auch nicht als Ergebnis des Krieges) zeigte sich auch in der Art, wie die Vereinigten Staaten das Übergewicht ihrer Macht in der Karibik nutzten. Zwanzigmal waren in den ersten 20 Jahren des Jahrhunderts amerikanische bewaffnete Streitkräfte direkt in benachbarte Staaten ein-

Lateinamerika in der Nachkriegszeit

Lateinamerika litt lange unter ernsten, immer wiederkehrenden wirtschaftlichen und landwirtschaftlichen Problemen sowie unter Analphabetismus und steigendem Bevölkerungswachstum. Diese Schwierigkeiten beeinflussten die Politik und machten sie anfällig für Populismus und Demagogie. Die meisten lateinamerikanischen Staaten erreichten mit ihrer politischen Eigenständigkeit noch keine wirtschaftliche Unabhängigkeit: Ihre Abhängigkeit vom Ausland wuchs immer weiter und prägte die heimische Politik. Die Kästchen auf dieser Karte zeigen die Höhe der wirtschaftlichen Hilfe (in Millionen US-Dollar), die lateinamerikanische Staaten zwischen 1961 und 1964 erhielten.

Frauen aus einem Dorf in der Nähe von Riobambas in den Anden Ecuadors sind auf diesem Foto von 1961 zu sehen. Sie tragen Wasser von einer mit amerikanischer Hilfe finanzierten Pumpe zu ihren Häusern in den Bergen zurück.

gedrungen, zweimal waren sie so weit gegangen, Protektorate zu errichten. Zwischen 1920 und 1939 gab es nur zwei solcher Interventionen, 1924 in Honduras und zwei Jahre später in Nicaragua. Auch der indirekte Druck ging zurück. Das war weitgehend eine vernünftige Anerkennung der veränderten Umstände. In den 30er Jahren ließ sich durch direkte Interventionen nichts erreichen, und Präsident Roosevelt machte daraus eine Tugend, indem er eine „Politik der guten Nachbarschaft" ausrief. Sie betonte den Stellenwert der Nichteinmischung in den gegenseitigen Beziehungen aller amerikanischen Staaten.

Dennoch gab es 1950 einen weiteren Wandel. Während die amerikanische Politik in der ersten Phase des Kalten Krieges von der Sorge um europäische Angelegenheiten dominiert wurde, begann sie sich nach dem Korea-Krieg langsam wieder dem Süden zuzuwenden. Washington war nicht übermäßig beunruhigt gewesen, als sich der lateinamerikanische Nationalismus zeigte, der gern die amerikanische Politik als Sündenbock hinstellte. Dagegen wuchs Washingtons Sorge, dass der Kontinent dem sowjetischen Einfluss Zugang gewähren würde. Der Kalte Krieg hatte begonnen, und die USA wurden wählerischer in ihren Aktionen, lateinamerikanische Regierungen und manchmal auch geheime Operationen zu forcieren. Letzteres taten sie zum Beispiel während des von den Kommunisten unterstützten Regierungssturzes 1954 in Guatemala.

Gleichzeitig bemühten sich die Politiker der Vereinigten Staaten darum, die Armut und Unzufriedenheit zu bekämpfen und so dem Kommunismus den Boden zu entziehen. Sie leisteten mehr Wirtschaftshilfe und lobten Regierungen, die soziale Reformen ankündigten. Doch im Großen und Ganzen neigte die amerikanische Regierung in Lateinamerika – wie auch in Asien – dazu, konservative Interessen zu fördern, wenn sie auch die Auswirkungen einzelner autoritärer Regime missbilligte, wie etwa in Kuba vor 1958. Das war nicht überall so. Einige Regierungen konnten Erfolge verzeichnen, besonders Bolivien, das 1952 eine Landreform durchführte. Aber insgesamt blieb es dabei, dass die sozial am stärksten benachteiligten Lateinamerikaner während des vergangenen Jahrhunderts kaum Gehör fanden. Das galt sowohl unter populistischen als auch unter konservativen Machthabern, weil diese ihre Aufmerksamkeit nur auf die Städte richteten. Den Bauern, die zumeist indianischer Abstammung waren, ging es somit natürlich am schlechtesten.

Revolution in Kuba

Gemessen an der großen Beunruhigung der Amerikaner erwiesen sich die tatsächlichen revolutionären Veränderungen in Lateinamerika als gering. Dies war eine der Lehren, die aus der einzigen gelungenen Revolution, von der damals so viel erhofft und befürchtet wurde, gezogen werden konnte. Sie hatte in Kuba stattgefunden. Das Land stellte in vielerlei Hinsicht eine große Ausnahme dar. Seine Lage als Insel in der Karibik, in relativ geringer Entfernung von den Vereinigten Staaten, verlieh ihm eine besondere Bedeutung. Der Zugang zur Kanalzone hatte sich für das strategische Denken der Amerikaner häufig als wichtiger erwiesen als der Suez-Kanal für die Briten. Zudem wurde Kuba besonders hart von der Depression getroffen. Es war praktisch von nur einem Erzeugnis abhängig, dem Zucker, und dieses Produkt hatte nur einen Absatzmarkt, die Vereinigten Staaten. Diese wirtschaftliche Fessel war darüber hinaus nur eine von mehreren, die Kuba in einer noch engeren und unangenehmeren „besonderen Beziehung" an die Vereinigten Staaten banden als irgendeinen anderen lateinamerikanischen Staat. Bis 1934 enthielt die kubanische Verfassung besondere Bestimmungen, die Kubas diplomatische Freiheit einschränkten. Die Amerikaner behielten einen Flottenstützpunkt auf der Insel, der bis heute besteht. In städtische Immobilien und Versorgungseinrichtungen flossen hohe amerikanische Investitionen, und Kubas Armut und die niedrigen Preise machten das Land zu einem attraktiven Feriendomizil für Amerikaner. Alles in allem überrascht es nicht, dass dort eine starke antiamerikanische nationalistische Bewegung mit großer Unterstützung der Bevölkerung entstand.

Fidel Castro (*1926) nimmt im Januar 1959 an einer Pressekonferenz in Havanna teil. Im April des gleichen Jahres verkündet Castro während einer Reise in die Vereinigten Staaten: „Wir sind keine Kommunisten." Wenige Wochen später werden die politischen Parteien Kubas verboten, die Wahlen verschoben und das Regime scheint kommunistische Tendenzen zu zeigen. Einige Historiker behaupten, dass der Druck aus den Vereinigten Staaten diesen offensichtlichen Wandel in der Politik verursacht hat.

Fidel Castro

Die Vereinigten Staaten wurden als der eigentliche Machtfaktor hinter dem konservativen Nachkriegsregime in Kuba betrachtet. Unter Diktator Batista, der 1952 an die Macht kam, endete dieser Einfluss jedoch. Das Außenministerium lehnte ihn ab und stellte seine Unterstützung 1957 ein. Zu dieser Zeit hatte ein junger nationalistischer Rechtsanwalt, Fidel Castro, schon einen Guerilla-Feldzug gegen seine Regierung begonnen. Innerhalb von zwei Jahren hatte er Erfolg. 1959, als Premierminister eines neuen revolutionären Kubas, beschrieb er sein Regime als humanistisch und betonte, dass es nicht kommunistisch sei.

Castros ursprüngliche Ziele sind noch immer nicht bekannt. Vielleicht war er sich selbst nicht im Klaren darüber, was er dachte. Von Beginn an arbeitete er mit einem breiten Spektrum von Menschen zusammen, die Batista entmachten wollten, von Liberalen bis zu Marxisten. Die öffentliche Meinung in Amerika idealisierte ihn als eine romantische Figur, und Bärte wurden unter amerikanischen Radikalen sehr modern. Die Beziehung verschlechterte sich schnell, als Castro amerikanischen Geschäftsinteressen in die Quere kam. Es begann mit einer Landreform und der Verstaatlichung der Zuckerkonzerne. Außerdem prangerte er öffentlich die amerikanisierten Teile der kubanischen Gesellschaft an, die das alte Regime unterstützt hatten. Antiamerikanismus war das logische – und vielleicht das einzige – Mittel, das Castro zur Verfügung stand, um die Kubaner für die Revolution zu gewinnen. Die Vereinigten Staaten brachen bald die diplomatischen Beziehungen zu Kuba ab und begannen, auf andere Art Druck auszuüben. Die amerikanische Regierung fürchtete, dass die Insel in die Hände der Kommunisten zu fallen drohte, auf die Castro immer mehr vertraute. Vergeblich warnte der sowjetische Regierungschef Chruschtschow die Vereinigten Staaten vor einem Vergeltungsschlag, falls sie militärisch gegen Kuba vorgehen und die Monroe-Doktrin für tot erklären sollten. Das amerikanische Außenministerium gab sofort bekannt, dass Berichte über das Ende der Monroe-Doktrin stark übertrieben seien. Schließlich entschloss sich die amerikanische Regierung dazu, Castros Sturz mit Gewalt herbeizuführen.

US-Präsident Kennedy und der sowjetische Partei- und Regierungschef Chruschtschow treffen sich im Juni 1961 in Wien, um die Spannungen um Berlin und die unterschiedlichen Ansichten über Kuba zu diskutieren.

Operation Schweinebucht

Man kam überein, dass Castro von Exilkubanern gestürzt werden sollte. Als Kennedy 1961 Präsident der USA wurde, setzte er diese Politik fort. Kubanische Emigranten wurden bereits mit amerikanischer Unterstützung in Guatemala trainiert, und die diplomatischen Beziehungen zu Kuba waren abgebrochen worden. Kennedy leitete diese Politik nicht ein, aber er war weder vorsichtig noch umsichtig genug, sie zu verhindern. Das war umso bedauerlicher, als die Haltung des neuen Präsidenten Lateinamerika gegenüber einige viel versprechende Züge trug. Nach Ansicht der Lateinamerikaner war es an der Zeit, dass die Vereinigten Staaten eine wohlwollendere Politik an den Tag legten. Doch die Möglichkeiten einer positiveren Annäherung wurden durch das Fiasko, das als Operation Schweinebucht bekannt wurde, ohnehin mit einem Schlag zerstört. Ein Feldzug von Exilkubanern, die mit Geld und Waffen aus Amerika unterstützt wurden, endete im April 1961 jämmerlich. Castro suchte nun ernsthaft die Nähe der Sowjetunion und erklärte sich Ende des Jahres zum Sozialisten marxistisch-leninistischer Prägung.

So setzte in der westlichen Hemisphäre eine neue und deutlichere Phase des Kalten Krieges ein. Für die Vereinigten Staaten begann sie schlecht. Die amerikanische Initiative rief allenthalben Missbilligung hervor, da sie einen Angriff auf ein populäres und solide gegründetes Regime darstellte. Von nun an wurde Kuba zu einem revolutionären Magneten in Lateinamerika. Castros Folterer lösten die Batistas ab, und seine Regierung setzte eine Politik fort, die zusammen mit dem amerikanischen Druck die Wirtschaft stark beschädigte, aber Gleichheit und soziale Reformen verkörperte. (In den 70er Jahren nahm Kuba für sich in Anspruch, die niedrigste Kindersterblichkeitsrate in Lateinamerika zu haben.)

Die Kuba-Krise

Fast beiläufig und wie ein Nebenprodukt der kubanischen Revolution entstand die gefährlichste Konfrontation des gesamten Kalten Krieges, die möglicherweise auch die Wende einleitete. Man weiß noch nicht, warum und wie die sowjetische Regierung sich entschied, auf Kuba Raketen zu stationieren, die jeden Punkt in den USA erreichen konnten. Die Zahl der amerikanischen Stützpunkte und Städte, die zu möglichen Zielen eines Angriffs wurden, hatte sich beinahe verdoppelt. Ebenso wenig weiß man, ob die Initiative von Havanna oder von Moskau ausging. Obwohl Castro die UdSSR um Waffen bat, scheint es doch wahrscheinlicher, dass Moskau hier seine Interessen durchsetzte. Welche Umstände auch immer zugrunde lagen, amerikanische Aufklärungsfotografien bewiesen im Oktober 1961, dass die Sowjets Raketenstützpunkte auf Kuba bauten. Präsident Kennedy wartete, bis dies als unbestreitbare Tatsache präsentiert werden konnte und verkündete dann, dass die Flotte der Vereinigten Staaten jedes Schiff stoppen werde, das weitere Raketen nach Kuba liefere, und dass die bereits auf Kuba stationierten Raketen abgezogen werden müssten. Nach einigen Tagen und dem Austausch einiger persönlicher Briefe zwischen Kennedy und Chruschtschow erklärte sich die sowjetische Führung bereit, die Raketen entfernen zu lassen.

Das Scheitern der Allianz für den Fortschritt

Die Kuba-Krise reichte weit über die Geschichte Lateinamerikas hinaus. Für Lateinamerika selbst hatte sie zur Folge, dass die Vereinigten Staaten trotz ihres Versprechens, nicht in Kuba einzumarschieren, weiterhin versuchten, Kuba so weit wie möglich von seinen Nachbarn zu isolieren. Die kubanische Revolution übte eine gewisse Anziehungskraft auf junge Menschen in anderen lateinamerikanischen Staaten aus. Dies führte jedoch nicht dazu, dass die Regierungen dieser Länder Sympathie für Castro entwickelten, besonders, als er damit begann, Kuba als Zentrum der Revolution, die auch den Rest des Kontinents erfassen sollte, darzustellen. Die Umstände in Kuba waren nicht mit denen im übrigen Lateinamerika vergleichbar. Die Hoffnungen, in anderen Regionen einen Bauernaufstand zu organisieren, erwiesen sich als illusorisch, die lokalen Kommunisten schienen Castros Anstrengungen sogar zu missbilligen. Obwohl es in einigen Ländern reichlich Anlass für Revolutionen gab, erwiesen sich diese eher als städtische denn als ländliche Revolutionen. Sie waren Aufsehen erregend und gefährlich und erfuhren breite Unterstützung seitens der Bevölkerung. Die Brutalität, mit der gekämpft wurde, führte allerdings zu einer Distanzierung der Mittelklasse von ihren autoritären Regierungen. Der heftige Antiamerikanismus blieb bestehen. Kennedys Hoffnungen auf eine neue amerikanische Initiative, eine auf soziale Reformen ge-

Bilder wie dieses aus dem Osten San Cristóbals, die der CIA 1962 von Raketenabschussrampen in Kuba anfertigte, überraschten und alarmierten die US-Regierung. Eingehende Untersuchungen dieses Bildes brachten 16 bis 32 Raketen zum Vorschein, die in weniger als einer Woche abschussbereit gemacht werden konnten.

Die Politik Havannas nach der Schweinebucht-Affäre wurde deutlich, als der Guerillaführer Che Guevara (1928–1967), der Minister in Castros Regierung geworden war, während eines Besuchs in Moskau mehr Hilfe von der Sowjetunion erbat. Die Hilfe, die Moskau bewilligte, heizte die öffentliche Meinung Amerikas gegen Kuba auf. Sie erregte außerdem Exilkubaner in den Vereinigten Staaten, die hier auf dem Bild im Oktober 1962 in New York nahe der sowjetischen Botschaft demonstrieren.

gründete „Allianz für den Fortschritt", wie er sie nannte, kam nicht gegen die Feindseligkeit an, die die Behandlung Kubas durch Amerika hervorgerufen hatte. Kennedys Initiative wurde nach der ersten Verkündung der Allianz nie wieder aufgegriffen. Schlimmer noch, zeigte sie 1965 bei einer Intervention in der Dominikanischen Republik ihre Ambivalenz. Dort hatten die Amerikaner vier Jahre zuvor den Sturz und die Ermordung eines korrupten und tyrannischen Diktators und seine Nachfolge durch eine reformfreudige demokratische Regierung unterstützt. Als diese Regierung von Soldaten gestürzt wurde, die die privilegierten Schichten verteidigten, welche sich durch die Reformen bedroht fühlten, stellten die Amerikaner jede Hilfe ein. Es sah ganz danach aus, als werde die Allianz für den Fortschritt nicht einheitlich umgesetzt. Die Förderung wurde jedoch wieder aufgenommen – wie auch im Falle anderer rechtsgerichteter Regime –, als Johnson an die Macht kam. Ein Aufstand gegen die Militärregierung im Jahr 1965 führte dazu, dass 20 000 amerikanische Soldaten eintrafen, um ihn niederzuschlagen.

Antiamerikanismus

Ende der 60er Jahre war die Allianz praktisch vergessen. Dafür waren die hartnäckigen Ängste vor dem Kommunismus verantwortlich, die die amerikanische Politik auf die Konservativen setzen ließ, ebenso aber auch die Tatsache, dass die Vereinigten Staaten mit einer Fülle weiterer drängender Probleme konfrontiert waren. Eine erste Konsequenz war eine neue Welle von Angriffen auf amerikanischen Besitz durch Regierungen, die keinen Verlust amerikanischer Unterstützung fürch-

Die Ausbeutung wird angeprangert

„Das ist der Hintergrund: Werte, die nicht zurückgegeben wurden, das heißt, Werte, die nicht in die großen Kupferminen nach Chile zurückkehrten (...). Zwischen 1930 und 1969 flossen 3700 Millionen Dollar über die Grenzen unseres Landes. Sie wurden verwendet, um Konzerne zu finanzieren, die auf internationaler Ebene Kupferfelder auf allen fünf Kontinenten kontrollieren. 1969 flossen 166 Millionen Dollar nicht zurück. Ich muss betonen, dass 3700 Millionen Dollar 40 % des gesamten chilenischen Vermögens ausmachen, durch die Anstrengung des chilenischen Volkes in 400 Jahren zusammengetragen. 40 % dieses Wohlstands haben das Land von 1930 bis 1969 verlassen, und diese Tatsache kann nicht vergessen werden. Chile weiß außerdem, dass insgesamt in etwa der gleichen Zeitspanne ebenso wie durch Kupfer auch durch Eisen, Salpeter, Elektrizität und Telefone ungefähr 9600 Millionen Dollar verschwunden sind, und diese Summe entspricht dem Gesamtwert des chilenischen Vermögens.

Auszug aus einer Rede des neu gewählten chilenischen Präsidenten Salvador Allende am 21. Dezember 1970.

ten mussten, solange die kommunistische Bedrohung anzudauern schien. Chile verstaatlichte das größte amerikanische Kupferunternehmen, die Bolivianer übernahmen Ölkonzerne, und die Peruaner enteigneten Plantagen, die sich zuvor in amerikanischem Besitz befunden hatten. 1969 fand ein Treffen lateinamerikanischer Regierungen statt, an dem kein Vertreter der Vereinigten Staaten teilnahm und in dem das Verhalten der *Yanqui* verurteilt wurde. Die Reise eines Vertreters des amerikanischen Präsidenten im selben Jahr rief Proteste, Aufruhr und Anschläge auf amerikanischen Besitz hervor und führte zu dem Ersuchen einiger Länder, sie nicht zu besuchen. Insgesamt hatte es 1970 den Anschein, als ob der lateinamerikanische Nationalismus in eine neue und heftigere Phase eintreten würde. Wenn durch die kubanische Revolution inspirierte Guerillakämpfer jemals eine Gefahr dargestellt hatten, so schien das jetzt definitiv nicht mehr der Fall zu sein. Als sie innenpolitisch nichts mehr zu befürchten hatten, gab es für die Regierungen kaum einen Grund mehr darauf zu verzichten, aus den antiamerikanischen Gefühlen Kapital zu schlagen.

Lateinamerika unter Druck

Die wirklichen Probleme Lateinamerikas blieben offen. In den 70er und – mehr noch – in den 80er Jahren kamen chronische wirtschaftliche Schwierigkeiten zum Vorschein, und ab 1985 kann man von einer offensichtlich unlösbaren Krise reden. Dafür gab es mehrere Ursachen. Die sozialen Unterschiede blieben bedrohlich. Selbst in den fortschrittlichsten Ländern Lateinamerikas zeigten sich große Unterschiede hinsichtlich des Lebensstandards und des Bildungsstands der Bevölkerung. Konstitutionelle und demokratische Prozesse schienen dort, wo sie existierten, immer weniger fähig, diese Probleme lösen zu können. In den 60er und 70er Jahren wurden Peru, Bolivien, Brasilien, Argentinien und Pa-

Salvador Allende (1908 –1973) wurde 1970 zum Präsidenten von Chile gewählt und sah sich sofort einer kritischen Situation gegenüber: Das Land hatte ein riesiges Haushaltsdefizit und enorme Auslandsschulden. Ein Militärputsch, angeführt von General Augusto Pinochet, stürzte Allendes sozialistische Regierung im September 1973. Allende, den das Bild kurz vor seinem Tod zeigt, wurde bei den Kämpfen um die Kontrolle über den Präsidentenpalast getötet.

Ein bedeutender Bevölkerungsanstieg und verschiedene diktatorische Regime, die die meisten der demokratischen Regierungen ablösten, führten Lateinamerika in bis heute ungelöste wirtschaftliche Krisen.

raguay über längere Zeit von Militärdiktaturen regiert, und einige Verteidiger dieser Regime glaubten zweifellos, dass nur autoritäre Strukturen die Veränderungen bewirken konnten, zu denen die bürgerlichen Regierungen unfähig gewesen waren.

Die Probleme Lateinamerikas kamen der Welt nicht nur durch Berichte über Folterungen und gewalttätige Unterdrückung in Ländern zu Bewusstsein, die bis dahin als zivilisierte Staaten mit einer Verfassung betrachtet worden waren – wie Argentinien, Brasilien und Uruguay. Die Öffentlichkeit wurde besonders aufmerksam, als Chile, das auf eine länger bestehende konstitutionelle Demokratie zurückblicken konnte als alle anderen lateinamerikanischen Länder, 1973 einen Militärputsch erlebte. Mit dem Putsch wurde eine Regierung gestürzt, die nach Ansicht vieler Chilenen von Kommunisten kontrolliert wurde. Die konterrevolutionäre Bewegung hatte die Billigung und wahrscheinlich auch die Unterstützung der Vereinigten Staaten, aber viele Chilenen fügten sich, weil sie die revolutionären Tendenzen des gestürzten gewählten Regimes fürchteten. So erfolgte die Einsetzung einer extrem autoritären Regierung. Sie schien lange nicht in der Lage, das Land aus der wirtschaftlichen Katastrophe herauszuführen, doch am Ende stellte sie die Wirtschaft wieder her, und in den späten 80er Jahren sah es sogar so aus, als ob sie in der Lage wäre, selbst eine Liberalisierung herbei zu führen.

Ökonomische und kulturelle Probleme

Südamerika war bereits ein unruhiger Kontinent, als 1970 in einem neuen Höhepunkt die Ölkrise wirksam wurde. Die Auslandsschulden der Öl importierenden Länder gerieten außer Kontrolle. Bis 1990 waren die meisten konventionellen Gegenmaßnahmen ausprobiert und hatten sich dabei als undurchführbar oder hinfällig erwiesen. Sie konnten der galoppierenden Inflation, den Zinszahlungen für verlängerte Kredite und einer unzureichenden Ressourcenverteilung nicht entgegenwirken, die aus der mangelhaften politischen Arbeit der früheren Regierungen und aus verwaltungstechnischen und kulturellen Unzulänglichkeiten erwuchsen. Bis heute ist unklar, wie die komplexe und anhaltende ökonomische Krise überwunden werden kann, und Lateinamerika ist noch immer ein explosiver und unruhiger Kontinent, dessen Staaten trotz ihrer gemeinsamen Wurzeln immer weniger gemeinsam haben als nur noch ihr Elend. Legt man das Pro-Kopf-Einkommen zugrunde, sind die meisten Lateinamerikaner heute ärmer als vor zehn Jahren. Selbst die Kultur erweist sich als Kraft, die die gesellschaftliche Entwicklung auseinander treibt. Die Gesellschaftsebenen, die durch die indianische Bevölkerung, durch Sklaven sowie durch koloniale und postkoloniale Gegebenheiten entstanden und im wirtschaftlichen Bereich entsprechend reflektiert sind, wurden nun um die Unterschiede erweitert, die die Errungenschaften entwickelter, hoch technisierter Gesellschaften in den 50er und 60er Jahren auslösten. Sie waren nur den Besserverdienenden zugänglich, nicht jedoch den Armen, die weiterhin die Zaungäste blieben. Obwohl die Welt erst zu begreifen beginnt, treten, wie in Asien, die durch den Einfluss der modernen Zivilisation auf eine historisch tief verwurzelte Gesellschaft entstandenen Spannungen deutlicher zu Tage als je zuvor. Lateinamerika war seit dem 16. Jahrhundert zahlreichen ähnlichen Belastungen ausgesetzt, doch heute zeigen sie sich zusätzlich in Form eines Terrorismus, der gleichermaßen durch radikale Revolutionäre wie durch reaktionäre Militärs verübt wird. Sie unterminieren weiterhin zivilgesellschaftliche und verfassungsrechtliche Standards, die bereits zum politischen Alltag gehörten.

Bei diesem Blick auf Rio de Janeiro kontrastiert die Armut der längst akzeptierten Elendsviertel im Vordergrund scharf mit den modernen Wolkenkratzern im Hintergrund, in denen Büroetagen eingerichtet sind oder wohlhabende brasilianische Familien wohnen.

3 NICHTS IST MEHR, WIE ES WAR

Der RGW, gegründet 1949, erkannte einen nationalistischen Weg zum Sozialismus an und verschrieb sich der wirtschaftlichen Kooperation mit den Ländern des Ostblocks. Hier werden Nikita Chruschtschow, Staats- und Parteichef von 1958–1964, und der ostdeutsche Politiker Walter Ulbricht 1958 von einer begeisterten Menge in Ostberlin empfangen.

Mitte der 70er Jahre beherrschten die beiden Supermächte die Welt, wie sie es seit 1945 gewohnt waren. Ihre Kategorien von Feind oder Verbündetem hatten noch volle Gültigkeit. Allerdings hatte sich die Art und Weise verändert, in der sie selbst von anderen wahrgenommen wurden. Die Vereinigten Staaten schienen ihre zuvor uneingeschränkte militärische Überlegenheit über die Sowjetunion eingebüßt zu haben. Jedes kleinste Anzeichen einer Instabilität führte sogleich zu einer Verunsicherung und schürte die Angst einer neuen Kuba-Krise. Andererseits beruhigte diese Entwicklung auch. Denn ein ausgewogeneres Gleichgewicht machte eine solche Krise unwahrscheinlicher. Neue Streitigkeiten ließen langsam die Grenzen zwischen den alten ideologischen Lagern verschwimmen, und interessanter noch, es gab Hinweise darauf, dass neue Kandidaten bereitstanden, die die Rolle einer Weltmacht übernehmen konnten.

DIE PROBLEME EINER SUPERMACHT

Die Gründe für diese Veränderungen waren, wie so häufig, nicht nachzuvollziehen. Obwohl Stalins Tod keine unmittelbaren Veränderungen der sowjetischen Außenpolitik erkennen ließ und ihre Interpretation kaum vereinfachte, wirkte er sich zwangsläufig auf die weitere Entwicklung aus. 1956 war Molotow, Stalins alter Weggefährte und Veteran der Diplomatie des Kalten Krieges, als Außenminister abgesetzt worden. Den Machtkampf entschied Nikita Chruschtschow zwei Jahre später für sich, nachdem er während einer Geheimsitzung des 20. Parteitages der KPdSU eine spektakuläre Rede gehalten hatte. Hier rechnete er mit den Gräueltaten der Stalin-Ära ab und erklärte eine friedliche Koexistenz zum Ziel der sowjetischen Außenpolitik. Nach der Ankündigung, das Waffenpotenzial zu vermindern, hätte schon 1956 als viel versprechendes Jahr für eine Verbesserung der internationalen Beziehungen gelten können, wäre die Atmosphäre nicht nahezu zeitgleich durch die französisch-britische Intervention in Suez und die Revolution in Ungarn angeheizt worden. Erstere führte zu Drohungen seitens der Sowjetunion gegen England und Frankreich. Mit der offenkundigen Unterstüt-

Ungarische Freiheitskämpfer demontieren wenige Tage nach der sowjetischen Invasion vom 4. November 1956 eine Stalin-Statue. Imre Nagy (1896–1958), ungarischer Ministerpräsident, der sich der sowjetischen Vorherrschaft widersetzt hatte, wurde des Amtes enthoben und später hingerichtet. Eine neue kommunistische Regierung wurde eingesetzt.

zung Ägyptens wollten sich die Sowjets auch weiterhin das Wohlwollen der arabischen Staaten sichern. Das zweite Ereignis hatte einen weiter reichenden Hintergrund. Seit 1948 war die sowjetische Politik besonders sensibel gegenüber selbst den kleinsten Abweichungen oder Unzufriedenheiten ihrer Satellitenstaaten. In diesem Jahr wurden auch die sowjetischen Berater aus Jugoslawien zurückberufen, das aus dem Kreis des Kominform ausgeschlossen worden war. Seine Verträge mit der UdSSR und anderen kommunistischen Staaten wurden von deren Seite aufgekündigt, und es folgten fünf Jahre voller hasserfüllter Attacken, die sich gegen den „Titoismus“ richteten. (Am Ende lenkte die sowjetische Seite ein und sprach sich für eine Wiederaufnahme der diplomatischen Beziehungen aus.)

Der Volksaufstand in Ungarn

Das Überleben Jugoslawiens als sozialistischer Staat außerhalb des Warschauer Paktes war „blamabel“ und schadete dem Ansehen der UdSSR, die äußerst wachsam jede Bewegung im östlichen Lager verfolgte. Antisowjetische Aufstände 1953 in Ostberlin und im Sommer 1956 in Polen schienen ein Indiz dafür zu sein, dass der Nationalismus immer noch überzeugender war als der Kommunismus. Unter die-

Zeitleiste 1950–1984

- 1950–1952 Schuman-Plan und die Gründung der Montanunion (EGKS)
- 1956 Sowjetische Invasion in Ungarn
- 1963 J. F. Kennedy fällt einem Attentat zum Opfer
- 1968 Ermordung Martin Luther Kings; Sowjetische Invasion in der Tschechoslowakei
- 1973 Die USA und Nordvietnam unterzeichnen einen Waffenstillstandsvertrag
- 1976 Mao Tse-tung stirbt
- 1979 Revolution im Iran; Saddam Hussein wird Präsident des Irak
- 1982 Falkland-Krieg
- 1984 Indira Gandhi fällt einem Attentat zum Opfer

1950 — 1980

Antisowjetische Demonstranten protestieren am 17. Juni 1953 in den Straßen Ost-Berlins. Das Regime leitet unverzüglich Maßnahmen zur Verbesserung der Lebensverhältnisse ein, verzichtet allerdings auf jegliche politische Reform.

sen Vorzeichen wuchsen die Aufstände im Oktober 1956 in Budapest zu einer nationalen Bewegung an. Diese war so stark, dass die sowjetischen Truppen aus der Stadt zurückgedrängt wurden und es zu einer neuen Regierung kam. Ebenso wurden freie Wahlen und ein Ende des Einparteiensystems in Aussicht gestellt. Die neue Regierung zog sich aus dem Warschauer Pakt zurück, erklärte Ungarn für neutral und forderte die Vereinten Nationen auf, sich des Landes und seiner Probleme anzunehmen. Auf dieses allzu forcierte Handeln kehrte die sowjetische Armee zurück und schlug den Volksaufstand in Ungarn nieder. Die UNO-Vollversammlung ächtete die Intervention zweimal, und die Standpunkte verhärteten sich auf beiden Seiten.

Die Gefahr eines wiederbewaffneten Westdeutschlands vor Augen war die Sowjetunion kaum bereit, ihren Satelliten, die Deutsche Demokratische Republik, zu stärken. Dass Westberlin in diesem Gebiet weiterexistierte, war ein empfindlicher Punkt. Die Grenzen in der Stadt waren offen und leicht zu passieren. Wohlstand und Freiheit im Westen ließen eine immer größere Anzahl von Menschen, vor allem qualifizierte Arbeitnehmer, von Ostdeutschland nach Westen abwandern. Das führte 1958 dazu, dass die Sowjets die Verträge, die den Status von Berlin seit 1948 regelten, für ungültig erklärten. Sie bekundeten, den eigenen Sektor unter die Hoheit der DDR zu stellen, wenn keine besseren Lösungen gefunden würden. Nach etwa zwei Jahren ausgedehnter diplomatischer Bemühungen ließ die ostdeutsche Seite unvermittelt eine Mauer errichten, die den sowjetischen Sektor von den westlichen Teilen trennte. Anlass war die stetig wachsende Zahl von Flüchtlingen, die auf Grund der Krisenstimmung in Berlin das Land verließen. 1959 gingen 140 000 Menschen über die Grenze, 1960 waren es 200 000 und 100 000 allein in den ersten sechs Monaten des Jahres 1961. Kurzfristig stiegen die Spannungen durch den Mauerbau, langfristig half dieser vermutlich, sie zu reduzieren. Der DDR war es gelungen, die Auswanderungswelle zu stoppen. Chruschtschow dagegen ließ seine extremen Forderungen fallen, als deutlich wurde, dass die Vereinigten Staaten den Status Berlins schützten, selbst wenn das Risiko eines Krieges bestand.

Die Kuba-Krise

Der Wechsel zwischen dem Anstieg der Spannungen und einer anschließenden Entspannungsphase wiederholte sich ein Jahr später in Kuba, auch wenn das Risiko einer Eskalation dort viel größer war. Die Verbündeten der Vereinigten Staaten waren in ihren Interessen weniger unmittelbar berührt, als dies bei einer veränderten Situation in Deutschland der Fall war, und auch die sowjetische Seite schien den kubanischen Interessen keine besondere Bedeutung beizumessen. Wäre es zu diesem Zeitpunkt zu einer direkten Konfrontation der beiden Großmächte gekommen, hätte die Sowjetunion, so schien es, einlenken müssen. Präsident Kennedy vermied provozierende Formulierungen oder Handlungen und be-

Im August 1961 wurde die Berliner Mauer entlang der Demarkationslinie zwischen den beiden Sektoren der Stadt errichtet. Damit wurde der Flucht und Abwanderung Tausender Ostdeutscher ein Ende gesetzt. Hier ist zu sehen, wie 1964 eine weitere Betonplatte auf die Mauer aufgesetzt wird.

schränkte seine Forderungen auf das Wesentliche, so dass seinem Gegner ein unverfänglicher Weg zum Rückzug offen blieb. Obwohl Kennedy keine offenen Zugeständnisse machte, erfolgte nach einiger Zeit ohne großes Aufsehen der Abzug der amerikanischen Raketen aus der Türkei. Chruschtschow hatte sich mit der Zusicherung zufrieden zu geben, dass die Vereinigten Staaten keine Invasion in Kuba planten.

Ein entscheidender historischer Wendepunkt war erreicht. Die Aussicht auf einen Atomkrieg als äußersten Preis der geographischen Ausweitung des Kalten Krieges war allzu realistisch und wurde für inakzeptabel befunden. Die Telefonate zwischen den Staatsoberhäuptern der beiden Staaten – der heiße Draht – kamen unter dem Eindruck zustande, dass Missverständnisse die Gefahr eines Konflikts verschärften und eine engere Beziehung als die der normalen Diplomatie

1962 nahmen in Genf Abordnungen aus den Vereinigten Staaten und der UdSSR an mehreren Abrüstungskonferenzen teil. Die Gespräche konzentrierten sich vor allem auf die Begrenzung der Zahl der Atommächte und auf die Vermeidung eines kostenintensiven Wettrüstens. Dennoch wurden – selbst im Laufe dieser Verhandlungen – Raketen mit austauschbaren Gefechtsköpfen und strategische Verteidigungsraketen (ABM) entwickelt.

erforderlich machten. Es war offensichtlich, dass die rüstungstechnische Überlegenheit der Vereinigten Staaten wie eh und je Bestand hatte, auch wenn dies von sowjetischer Seite wortgewaltig zurückgewiesen wurde. Die Interkontinentalraketen erwiesen sich als die neue Waffentechnik, die zum Gegenstand eines direkten Konflikts zwischen den beiden Großmächten wurde. Ende 1962 war die Überlegenheit der Amerikaner auf mehr als das Sechsfache gegenüber den Sowjets gestiegen, die ihrerseits daran arbeiteten, dieses Ungleichgewicht zu beseitigen. Inzwischen war, durchaus unter dem Eindruck der Kuba-Krise, der erste Vertrag zwischen Großbritannien, den Vereinigten Staaten und der UdSSR zur Begrenzung von Tests atomarer Gefechtskörper im Weltraum, in der Atmosphäre oder unter Wasser abgeschlossen. Auch wenn die Abrüstungsverhandlungen zunächst über viele Jahre ohne Erfolg blieben, war dies ein erstes positives Ergebnis, das in Verhandlungen über Atomwaffen erzielt wurde.

Chruschtschows Niederlage

1964 erfolgte die Absetzung Nikita Chruschtschows. Es gilt als wahrscheinlich, dass sein persönliches Engagement bei der Partei- und Regierungsführung die bis dahin vertretene Politik grundlegend revidierte. Das führte zu einer nachhaltigen „Entstalinisierung", zu massiven Fehlentscheidungen im Agrarsektor und zu einer Verschiebung der Präferenzen von den Streitkräften hin zur Entwicklung strategischer Raketen, denen eine besondere Bedeutung beigemessen wurde. Neben dem verhängnisvollen Abenteuer auf Kuba hatte Chruschtschow selbst außenpolitische Initiativen ergriffen. Darin lag vermutlich der Grund, ihn abzusetzen. Auch wenn es von ihm bekämpfte und gereizte Genossen waren, die ihn mit Hilfe der Armee entmachteten, wurde er weder getötet, inhaftiert noch im Sinne einer Verbannung in ein Kraftwerk in der Mongolei versetzt. Offenbar hatte die Sowjetunion die Art und Weise, politischen

Diese Aufnahme entstand 1962 während eines Empfangs in Moskau, von links nach rechts: der sowjetische Kosmonaut Juri Gagarin, der sowjetische Staats- und Parteichef Nikita Chruschtschow, der indonesische Präsident Achmed Sukarno und Leonid Breschnew, der Nikita Chruschtschow zwei Jahre später ablöste.

Wandel umzusetzen, verfeinert. Nach Stalins Tod war die politische Stimmung in der Sowjetunion entspannter geworden. Die Rede während des 20. Parteitags der KPdSU ließ sich nicht mehr ungeschehen machen, selbst unter dem Eindruck, dass sie diejenigen vor Kritik schützen sollte, die an den Verbrechen beteiligt waren, derer Stalin beschuldigt wurde. Als symbolischer Akt wurde Stalins Leichnam aus dem Lenin-Mausoleum entfernt. Im Lauf der nächsten Jahre fand nun statt, was von vielen Seiten als „Tauwetter" bezeichnet wurde. Doch das blieben sporadische Entwicklungen. Mehr Freiheiten wurden nur denjenigen gewährt, denen Chruschtschows wohlgesonnen war. Nach Stalins Tod und besonders während Chruschtschows Amtszeit bestimmte die KP wesentlich weniger die sowjetischen Belange. Die autoritäre Grundeinstellung der Regierung blieb davon – nicht ganz unerwartet – allerdings unberührt.

Negative und positive Entwicklungen in der sowjetischen Wirtschaft

Die sowjetischen Autoritätsverhältnisse lassen die Auffassung merkwürdig erscheinen, die Vereinigten Staaten und die Sowjetunion seien sich immer ähnlicher geworden, was die Politik der Sowjets weniger bedrohlich erscheinen lasse. Diese Gleichsetzung zeichnete, ohne an der Richtigkeit zu zweifeln, das – letztlich verzerrte – Bild, die Sowjetunion verfüge über ein hoch entwickeltes Wirtschaftssystem. Während der 60er Jahre entstand daher die Überzeugung, dass der Sozialismus ein gangbarer Weg für eine modernere Zukunft sei. Dabei wurde häufig übersehen, dass die sowjetische Wirtschaft ebenso ineffizient wie schief dargestellt war. Das industrielle Wachstum in der Sowjetunion, das zumindest in den 50er Jahren schneller anstieg als in den Vereinigten Staaten, war hauptsächlich von der Schwerindustrie bestimmt. Der

Chruschtschow versuchte, die Landwirtschaft in der Sowjetunion zu reformieren. 1954 setzte er das Ziel, die Ertragsmenge, die der Staat verbuchen konnte, um 40 Prozent zu steigern. Das war nur durch die Bewirtschaftung unerschlossener Flächen und unter widrigen Bedingungen in Sibirien und Kasachstan möglich. Dank Hunderttausender junger Menschen, die auf das Neuland geschickt wurden, konnten Kolchosen wie die auf dem Luftbild entstehen.

individuelle Verbraucher lebte in der Sowjetunion, verglichen mit den Vereinigten Staaten, in ärmlichen Verhältnissen, die auch die intensive Subventionspolitik nur oberflächlich kaschierte. Die Landwirtschaft, die einst die Städte Mitteleuropas versorgte und die Finanzierung der Industrialisierung im Zarenreich sicherte, war zu einem aussichtslosen Unternehmen verkommen, so dass die Sowjetunion mehrfach Getreide in den Vereinigten Staaten kaufen musste. Im offiziellen Programm der KPdSU von 1961 hieß es, dass die Sowjetunion 1970 die industrielle Produktion der Vereinigten Staaten übertreffe. Die sowjetischen Pläne scheiterten, während Präsident Kennedy ankündigte, einen Menschen auf den Mond zu schicken. Im Vergleich zu vielen unterentwickelten Ländern war die UdSSR zweifellos ein reiches Land. Trotz des augenfälligen Unterschieds, der zu Tage trat, wenn die Maßstäbe einer Konsumgesellschaft angelegt wurden, waren die Divergenzen zwischen den USA und der UdSSR für die wirklich Armen oftmals kaum zu erkennen. Auch

Im 12. Jahrhundert wurde der Kreml als Festungsanlage gebaut. Seine Nutzung als Regierungssitz ließ ihn zu einem Synonym für die sowjetische und nun auch wieder für die russische Regierung werden.

während der 60er Jahre sahen die Menschen der UdSSR viel eher den Kontrast zum Zustand ihres in den 40er Jahren geschundenen und verarmten Landes als den zum Leben in den Vereinigten Staaten. Auch kannte der Wettstreit zwischen den beiden Systemen nicht immer nur einen Gewinner. Die sowjetischen Investitionen in die Ausbildung waren so erfolgreich, dass die Alphabetisierungsrate ein Niveau wie in den Vereinigten Staaten erreichte oder es sogar zeitweise geringfügig überstieg. Solche Relationen, die dazu einluden, die Grenze von einer quantitativen zu einer qualitativen Beurteilung zu überschreiten, täuschten jedoch nicht darüber hinweg, dass das Bruttoinlandsprodukt der Sowjetunion auch noch während der 70er Jahre weit hinter dem der Vereinigten Staaten lag. Nicht nur, dass die Bürger der Sowjetunion erst 1956 in den Genuss von Altersrenten kamen (fast ein halbes Jahrhundert später als in England), sie mussten sich überdies mit einer immer weiter hinter den westlichen Standard zurückfallenden medizinischen Versorgung abfinden. Die Theorie von der Angleichung beider Großmächte war zu optimistisch.

Die sowjetische Raumfahrt

1970 befand sich das industrielle und wissenschaftliche Potenzial der Sowjetunion auf einem Stand, der sowohl quantitativ als auch qualitativ auf die Spitzenleistungen bezogen einem Vergleich mit den Vereinigten Staaten zweifellos standhielt. Am klarsten war dies am Weltraumprogramm abzulesen. Die Erkundung des Alls bot darüber hinaus auch die Möglichkeit, die Identität und den patriotischen Stolz der Sowjetbürger aufzubauen. Auch wenn die amerikanischen Erfolge nicht lange auf sich warten ließen, blieben die Errungenschaften der sowjetischen Raumfahrt als Leistungen erster Güte in Erinnerung. Die Raumfahrt schien etwas zu transportieren, was die Aufmerksamkeit von den Alltagsproblemen in der UdSSR ablenkte. Die Behauptung, dass die Revolution allein durch die Erfolge in der Raumfahrt für einige Bürger der Sowjetunion gerechtfertigt war, scheint kaum übertrieben. Das Land war in der Lage zu beweisen, dass es fast alles erreichen konnte, was auch andere Nationen hervorbringen konnten, vieles, wozu nur ein anderes Land in der Lage war, und darüber hinaus vielleicht ein oder zwei Dinge, die keine andere Nation bewerkstelligen konnte. Die Sowjetunion war dieser Argumentation gemäß ein großer moderner Staat.

Soziale Probleme in der UdSSR

Ob die Modernisierung der Sowjetunion zu einer allgemeinen Zufriedenheit im Land führte und zuversichtlichere Führungskräfte hervorbrachte, die die Welt weniger argwöhnisch betrachteten und denen die internationale Ruhe mehr am Herzen lag, stand auf einem anderen Blatt. Die sowjetischen Reaktionen auf ein Wiedererstarken Chinas waren kaum ermutigend, ein atomarer Präventivschlag an der chinesischen Grenze stand zur Debatte. Um 1970 war zu erkennen, dass die sowjetische Gesellschaft zunehmend unter Druck geriet. Dennoch blieb die Sowjetunion ein Polizeistaat, für den administrative Entscheidungen eines Riesenapparates einerseits und politische Gefangene andererseits kennzeichnend waren. Der Wesensunterschied zwischen der Sowjetunion und den Vereinigten Staaten ließ sich immer noch durch Auffälligkeiten charakterisieren: so beispielsweise durch den Aufwand, der betrieben wurde, um den Empfang ausländischer Rundfunk- oder Fernsehsender zu unterbinden.

Der sowjetische Dissident und Wissenschaftler Andrej Sacharow (1921–1989), hier auf einem Foto aus dem Jahr 1989, drei Jahre, nachdem Gorbatschow ihm die Rückkehr aus seinem Exil in Gorki ermöglichte. Dort hatte er sich seit 1980 aufhalten müssen. Viele Intellektuelle, Künstler und Schriftsteller wurden unter Hausarrest gestellt oder aus der UdSSR verbannt.

DIE AMERIKANISCHE GESELLSCHAFT

Die Veränderungen in den Vereinigten Staaten waren leichter zu beobachten als jene in der Sowjetunion. Gleichwohl war es oft nicht einfacher, die Gründe dieses Wandels festzustellen. Weder die immer größer werdende Macht der Vereinigten Staaten noch

Unter Breschnew war die UdSSR eine sehr konservative Gesellschaft. Der Staat nutzte Zensur, Unterdrückung und seine hoch effiziente Geheimpolizei, den KGB, dessen Hauptquartier in Moskau hier zu sehen ist. Bis auf wenige Ausnahmen vermochte der Staat alle Unruhen im Keim zu ersticken. Selbst geringfügige Störungen der öffentlichen Ordnung wurden rasch unter Anwendung von Gewalt behoben.

ihre Bedeutung für die Welt waren in Frage gestellt. Mitte der 50er Jahre lebten in den Vereinigten Staaten etwa sechs Prozent der Weltbevölkerung, aber das Land stellte mehr als die Hälfte der weltweit produzierten Waren her. 1968 überschritt die amerikanische Bevölkerung die 200-Millionen-Marke (1900 waren es 76 Millionen Einwohner). Mehr US-Amerikaner als jemals zuvor lebten in Städten oder ihren Vororten, und die Wahrscheinlichkeit, dass sie einem Krebsleiden erlagen, hatte sich seit 1900 verdreifacht. Dies war, so absurd es klingt, ein sicheres Indiz für die Verbesserung der medizinischen Versorgung, denn es sagte aus, dass andere Krankheiten zunehmend heilbar geworden waren.

Die amerikanische Wirtschaft

Die außergewöhnlich erfolgreiche industrielle Struktur der Vereinigten Staaten wurde 1970 von gigantischen Unternehmen beherrscht, von denen einige über Ressourcen und Werte verfügten, die größer waren als die manch an-

Das während der 50er Jahre erbaute Penn Center in Philadelphia – ein Komplex von Bürohochhäusern, Hotels und Einkaufszentren – symbolisiert die Entwicklung des städtischen Lebensraums, die sich während dieses Jahrzehnts vollzog. Während der 60er Jahre erfreute man sich überall in den Vereinigten Staaten an den positiven Auswirkungen des Wirtschaftswunders der Nachkriegszeit.

derer Nation. Immer wieder wurde angesichts der wirtschaftlichen Macht dieser Giganten die Sorge laut, ob die Interessen der Öffentlichkeit und der Verbraucher gewahrt werden könnten. Auch wenn sie, wie sich zeigte, nicht alle Anforderungen erfüllen konnte, war die Kraft der US-amerikanischen Industrie doch die große Konstante der Welt nach dem Zweiten Weltkrieg. Sie hielt das gewaltige militärische Potenzial aufrecht, das der Außenpolitik der Vereinigten Staaten zugrunde lag.

Der ökonomische Erfolg der Vereinigten Staaten förderte die Entstehung politischer Mythen. Die zweite Amtszeit Trumans und diejenige von Präsident Eisenhower wurden von einer lautstark geführten Debatte und Scheingefechten über die Gefahren staatlicher Einmischung in die freie Marktwirtschaft bestimmt. Doch diese Diskussion verfehlte das eigentliche Thema. Seit 1945 hatte die US-Bundesregierung ihre Bedeutung als vorrangiger Abnehmer der US-amerikanischen Wirtschaft stets bestätigt und noch gesteigert. Die Ausgaben der öffentlichen Hand waren das bedeutendste ökonomische Stimulationsinstrument und konstant das Ziel Hunderter von Interessengruppen. Daran scheiterte immer wieder die Hoffnung auf ausgewogene Budgets und eine kostengünstige und professionelle Verwaltung seitens des Staates, doch die Vereinigten Staaten waren eine Demokratie. Egal welche doktrinären Einwände dagegen erhoben wurden und welch mächtige Rhetorik gegen sie aufgefahren wurde, entwickelte sich der Wohlfahrtsstaat mit dem Einverständnis der Wähler weiter. Durch diese Entwicklung rückte das alte Ideal der freien Marktwirtschaft, in deren Mittelpunkt das vom Staat weder kontrollierte noch beeinflusste Unternehmen steht, in weitere Ferne, als es jemals in den 50er oder 60er Jahren gewesen war. Dies trug auch zu einer Verlängerung der demokratischen Koalition bei. Die republikanischen Präsidenten, die 1952 und 1968 gewählt wurden, profitierten in beiden Fällen von der Kriegsmüdigkeit der Bevölkerung, und keiner der beiden war in der Lage, die US-Amerikaner auch von den Vorteilen einer republikanischen Mehrheit im Kongress zu überzeugen. Andererseits geriet das demokratische Lager vor 1960 unter Druck – Eisenhower konnte viele Wähler aus den Südstaaten gewinnen –, und um 1970 war unter dem Banner der Republikaner eine eher nationalkonservative Partei entstanden, weil sich einige Südstaatler durch die von Demokraten verabschiedeten Gesetze im Interesse der schwarzen Bevölkerung vor den Kopf gestoßen fühlten. 20 Jahre später allerdings spielte auch das noch in den Zeiten des Bürgerkriegs entstandene und demokratisch orientierte Bündnis Solid South als politische Konstante keine Rolle mehr.

Die Wahl John F. Kennedys zum Präsidenten

Manchmal gelingt es Präsidenten, neue Schwerpunkte zu setzen. Die Eisenhower-Jahre vermittelten den Eindruck, dass im Laufe dieser Zeit innenpolitisch nur sehr wenig geschah. Es war nicht Teil seiner Vision als

Die Vereinigten Staaten, die enorme Mittel für die angewandte Wissenschaft und die Grundlagenforschung bereitstellten, standen an der Spitze der technologischen Revolution der 60er und 70er Jahre. Hier führen Ingenieure und Forscher ein Bohrungssystem vor, das nachhaltige Auswirkungen auf die Erforschung der Ozeane und die Erdölindustrie hatte.

Präsident, die Politik im eigenen Land in den Vordergrund zu stellen. Vielleicht konnte gerade deswegen Kennedys knapper Erfolg am Ende der Wahlen im Jahr 1960 das Gefühl einer gewaltigen Veränderung erzeugen. Mit ihm erschien ein neuer und zudem junger Mann auf dem politischen Parkett. Zweifellos wurden die oberflächlichen Aspekte dieser Tatsache zur damaligen Zeit überbetont, aber im Rückblick zeigt sich, dass die acht Jahre Regierung unter einer jungen und erneuerten Demokratischen Partei seit 1961 nachhaltige Veränderungen in den Vereinigten Staaten bewirkten.

DIE PROBLEME DER SCHWARZEN BEVÖLKERUNG IN DEN VEREINIGTEN STAATEN

Ein Problem, mit dem sich die amerikanische Politik schon 1960 auseinander zu setzen hatte, war die „Negerfrage". Ein Jahrhundert nach der Gleichstellung von schwarzen und weißen Amerikanern waren Erstere immer noch ärmer, häufiger krank und arbeitslos. Sie lebten in größerer Zahl von der Fürsorge und in schlechteren Wohnungen und Häusern. 30 Jahre später hatte sich diese Situation kaum gewandelt, ja eher noch weiter verschlechtert. Die Stellung der Schwarzen in der amerikanischen Gesellschaft schien plötzlich unerträglich zu sein und wurde aus drei Gründen zu einer großen politischen Frage. Zunächst ging es um die Migration. Sie machte aus einer regional begrenzten Thematik der Südstaaten ein Problem von nationaler Bedeutung. Zwischen 1940 und 1960 stieg die Zahl der schwarzen Bevölkerung in den nördlichen Staaten fast um das Dreifache. So waren die schwarzen US-Bürger nicht nur an neuen Orten, sondern auch auf eine neue Art und Weise präsent. Es stellte sich heraus, dass es nicht nur um ihre Bürgerrechte ging, sondern dass die Problematik weitaus komplexer war. Sie schloss auch den Entzug ökonomischer und kultureller Rechte ein. Der zweite Grund, der der Frage ein nationales Interesse verschaffte, lag außerhalb der Vereinigten Staaten. Viele der neuen Nationen, die schon bald die Mehrheit der Vereinten Nationen stellten, waren von einer vorwiegend farbigen Bevölkerung geprägt. Es brachte die Vereinigten Staaten ernsthaft in Verlegenheit, dass sie, wie die Notlage der schwarzen Bevölkerung dokumentierte, zu Hause die Ideale so unverhohlen ignorierten, für die sie außerhalb der eigenen Grenzen immer wieder eintraten. Schließlich vermochten die Aktionen der Schwarzen mit ihren eigenen Führern, von denen einige durch Gandhis Prinzip des gewaltlosen Widerstands inspiriert worden waren, viele weiße Amerikaner für ihre Sache zu gewinnen. Am Ende wurde die rechtliche und politische Stellung der Schwarzen in Amerika radikal verbessert. Bitterkeit und Groll allerdings blieben, denn immer noch stieg die Zahl der Menschen mit schwarzer Hautfarbe, die arm und unterprivilegiert blieben.

Unter den Beschimpfungen weißer Studenten, die die Rassentrennung befürworten, bahnt sich Elizabeth Eckford 1967 ihren Weg in die „weiße" High School in Little Rock in Arkansas durch ein Spalier von US-Nationalgardisten.

Martin Luther King

Martin Luther King (1929–1968) wurde in Alabama als Sohn eines baptistischen Geistlichen geboren. Während seines Studiums an der theologischen Fakultät der Boston University gründete er das Studentische Koordinationskomitee für gewaltlosen Widerstand SNCC (Students Non-violent Co-ordinating Committee). Er organisierte mit Unterstützung der Vereinigung zur Besserstellung der farbigen Bevölkerung NAACP (National Association for the Advancement of Coloured People) eine Serie von Boykottaktionen gegen die Rassentrennung auf öffentlichen Toiletten in Montgomery (Alabama), die ihm nationale Anerkennung verschafften.

King führte die gewaltfreie Bürgerrechtsbewegung mit ungeheurer Energie, die 1963 im großen Marsch auf Washington D.C. kulminierte. Dort hielt er vor einer Menge von fast 300 000 Menschen aller Hautfarben seine wohl berühmteste Rede: „Ich habe den Traum", verkündete er, „dass meine vier kleinen Kinder eines Tages in einer Nation leben, in der sie nicht nach ihrer Hautfarbe, sondern auf Grund ihrer Charaktereigenschaften beurteilt werden."

Als er 1963 vom Time Magazin zum Mann des Jahres nominiert wurde und 1964 den Friedensnobelpreis erhielt, organisierte Martin Luther King auch weiterhin Aktionen des Widerstands, um sicherzustellen, dass den Gesetzen zur Aufhebung der Rassentrennung entsprochen wurde. Er distanzierte sich deutlich von Organisationen, die Gewalt als einzig mögliches Mittel ansahen, um Veränderungen herbeizuführen. Ebenso wenig akzeptierte er den schwarzen Nationalismus von Malcolm X. 1968 stand Martin Luther King an der Spitze einer Reihe von friedlichen Demonstrationen in Memphis. Am 4. April wurde er in dieser Stadt ermordet, während er auf dem Balkon eines Hotels stand.

Martin Luther King hält seine I have a dream-*Rede auf den Stufen des Lincoln Memorial in Washington D.C.*

Die Bürgerrechtsbewegung

Bereits in der Startphase entwickelte sich die Kampagne zur Gleichberechtigung der Schwarzen in den Vereinigten Staaten zu einem Kampf für die „Bürgerrechte". Die ungehinderte Ausübung des Wahlrechts und die Gewähr von Gleichbehandlung auch in anderer Hinsicht waren die wichtigsten Forderungen. Die Entscheidungen des Obersten Gerichtshofs der Vereinigten Staaten von 1954 und 1955 brachten den ersten Erfolg. Der Prozess wurde nicht per Gesetz in Gang gesetzt, sondern durch juristische Interpretationen. Diese wichtigen Entscheidungen legten fest, dass die Rassentrennung innerhalb des öffentlichen Schulsystems verfassungswidrig war und dort, wo sie praktiziert wurde, innerhalb eines angemessenen Zeitraums beendet werden musste.

Bis nach 1961 spielten Gesetze keine wirklich bedeutende Rolle. Nach seiner Amtseinführung initiierte Kennedy auf Grund einer erfolgreichen Serie von „Sit-ins" schwarzer Führungspersönlichkeiten ein Programm, das über die alleinige Umsetzung des Wahlrechts hinausging und Rassentrennung sowie fehlende Gleichbehandlung vielfältiger Ausprägung ins Visier nahm. Sein Nachfolger fuhr damit fort. Armut, schlechte Wohnverhältnisse und ungenügende Schulen in heruntergekommenen Stadtvierteln waren bezeich-

Bereits in den 50er Jahren wurden vereinzelt Gesetze zur Gleichstellung der schwarzen amerikanischen Bevölkerung erlassen. Von wirklich gleichen Ausgangsvoraussetzungen kann man aber selbst heute nicht sprechen.

Kinder begutachten die Zerstörungen und Hinterlassenschaften der Rassenunruhen, die 1992 Los Angeles erschütterten. Die dreitägigen Unruhen waren auf die Nachricht hin ausgebrochen, dass vier weiße Polizisten der Los Angeles Police vom Verdacht freigesprochen wurden, den schwarzen Motorradfahrer Rodney King verprügelt zu haben, obwohl ihr Übergriff im Film festgehalten worden war.

Gegen die sozialen und ökonomischen Probleme, die aus der Situation der schwarzen Bevölkerung entstanden, konnten auch Gesetze nicht viel ausrichten.

nend für die großen Unzulänglichkeiten innerhalb der amerikanischen Gesellschaft. Der wachsende Wohlstand machte die Ungleichheit immer unerträglicher. Die Kennedy-Regierung appellierte an die Bürger der Vereinigten Staaten, dass in der Veränderung dieser Verhältnisse die große Herausforderung der „New Frontier" bestehe.

Soziale und ökonomische Schwierigkeiten

Johnson, der nach der Ermordung John F. Kennedys im November 1963 dessen Nachfolge antrat, schenkte den Gesetzen, mit deren Hilfe die Armut und ihre Begleiterscheinungen bekämpft werden sollten, noch größere Aufmerksamkeit. Doch diese Gesetze verfehlten ihre Wirkung. Die Wurzel des Problems schien außerhalb der gesetzlichen Reichweite in den Arealen der großen US-amerikanischen Städte zu liegen, die man bald als Ghetto zu bezeichnen begann. Auch hier ist die rückschauende Perspektive hilfreich. 1965, 100 Jahre, nachdem die Gleichberechtigung in ihrer Gültigkeit für die gesamten Vereinigten Staaten in die Verfassung aufgenommen wurde, waren an einem heftigen Gewaltausbruch, der in einem vorwiegend von Farbigen bewohnten Bezirk von Los Angeles stattfand, schätzungsweise 75 000 Menschen beteiligt. Als Ergebnis zeigte sich 25 Jahre später, dass die Bedingungen in Watts (dem damaligen Stadtteil von Los Angeles) noch schlechter geworden waren. Im nationalen Vergleich war die Wahrscheinlichkeit, Opfer eines Mordes zu werden, für junge schwarze Frauen siebenmal höher als für junge weiße Frauen. Für männliche Schwarze war es wahrscheinlicher eine Gefängnisstrafe absitzen zu müssen als eine Universität besuchen zu können. Zwei Drittel aller schwarzen Babys kamen zu diesem Zeitpunkt unehelich auf die Welt. Das

Problem war die wirtschaftliche Chancen(un)gleichheit. Die Dinge blieben unbewältigt und entfernten sich sogar immer weiter von einer möglichen Lösung. Die Folgen, die sich daraus ergaben, entluden sich in Gewalt. Das Gesundheitswesen brach in einigen schwarzen Gemeinden zusammen und machte viele Innenstädte unregierbar und zu Gegenden, die kein Polizist mehr zu betreten wagte. In der Kultur und Politik des weißen Amerikas entwickelte sich daraus eine geradezu neurotische Besessenheit gegenüber den Problemen, die Hautfarbe und Rasse betrafen.

Seine eigene Herkunft aus armen Verhältnissen in den Südstaaten hatte Johnson zu einem überzeugten und überzeugenden Verfechter der „Great Society" werden lassen, die für ihn die Zukunft Amerikas bedeutete. Gemessen an der Lösung der wirtschaftlichen Probleme der schwarzen Bevölkerung konnte er dieses Versprechen auch noch zu Lebzeiten einlösen. Johnson war mit Sicherheit einer der reformfreudigsten Präsidenten der Vereinigten Staaten. Doch trotz seines Engagements, seiner Erfahrung und seiner Fähigkeiten war seine Amtszeit von tragischen Rückschlägen und Fehlern gekennzeichnet. Seine konstruktive Reformpolitik war schnell vergessen und – es muss so deutlich formuliert werden – ad acta gelegt, als die Zeit seiner Präsidentschaft von einem Krieg in Asien überschattet wurde, der noch vor seinem Ende von manchen als Amerikas Sizilienfeldzug bezeichnet wurde.

DER VIETNAM-KRIEG

Die US-amerikanische Politik in Südostasien unter der Präsidentschaft Eisenhowers stützte sich auf den Grundsatz, dass ein nichtkommunistisches Südvietnam entscheidend zur Sicherheit beitrage. Ohne seine Zugehörigkeit zum westlichen Bündnis sei die Stabilität anderer Länder in diesem Teil der Welt ernsthaft gefährdet, so die Einschätzung.

1966 versuchen amerikanische Verbände, ländliche Gebiete, die von den Vietcong besetzt waren, durch Aufspür- und Vernichtungsmissionen im Flachland zu „befrieden". Während die Flüchtlinge in die Städte strömen, setzt die US-amerikanische Seite auch Chemikalien ein, um das Blattwerk zu zerstören, das den Rebellen im Dschungel Deckung gibt. Hier werden US-Truppen des 173. Bataillons von Helikoptern zum Ausgangspunkt einer Operation gebracht.

In diesem Sinne wurden die Vereinigten Staaten zum Geldgeber der konservativen Landesregierung. Präsident Kennedy zog diese Bewertung nie in Zweifel. Er begann, die amerikanische Militärhilfe durch „Berater" zu unterstützen. Zum Zeitpunkt seiner Ermordung befanden sich etwa 23 000 Berater vor Ort, und viele von ihnen waren schon zu diesem Zeitpunkt in Kampfhandlungen verstrickt. Auch Präsident Johnson, von der Auffassung geleitet, dass Zusicherungen anderen Nationen gegenüber erfüllt werden müssen, wich nicht von diesem bereits eingeschlagenen Kurs ab. In Saigon jedoch erwies sich eine Regierung nach der anderen als handlungsunfähig. Anfang 1965 wurde Johnson davon in Kenntnis gesetzt, dass Südvietnam kurz vor dem Zusammenbruch stehe. Der Kongress hatte ihm, nach nordvietnamesischen Attacken auf US-Schiffe im vorangegangenen Jahr, uneingeschränkte Handlungsautorität gewährt. Luftangriffe gegen Ziele in Nordvietnam setzten ein. Bald darauf wurden die ersten US-amerikanischen Kampfverbände in den Süden entsandt. Rasch geriet die US-amerikanische Beteiligung außer Kontrolle. 1968 waren mehr als 500 000 Militärangehörige in Vietnam stationiert; um Weihnachten dieses Jahres wurden Bomben über Nordvietnam abgeworfen, die die Sprengkraft aller Bomben überstieg, die während des gesamten Zweiten Weltkriegs über Japan und Deutschland zusammen abgeworfen worden waren.

Das Ergebnis war eine politische Katastrophe. Es war fast schon die geringste Sorge Johnsons, dass die Zahlungsfähigkeit der Vereinigten Staaten aufgrund der immensen Kriegskosten gefährdet war. Auch die notwendigen Mittel für die Reformprojekte in den Vereinigten Staaten selbst, die dringend auf den Weg gebracht werden mussten, fehlten.

Eine Gruppe von Demonstranten mit Protestplakaten, die sich 1967 vor dem Pentagon versammelt und ihrem Unmut über den Vietnam-Krieg Ausdruck verleiht.

Ernüchterung in den Vereinigten Staaten

Die durch den Vietnam-Krieg hervorgerufene Stimmung im Land war mehr als nur die Agitation junger Menschen oder der Gram der Konservativen. Während Erstere ihrer Wut und ihrem Misstrauen gegenüber der Regierung radikal Ausdruck verliehen, sahen Letztere durch rituelle Entweihungen patriotischer Symbole und Kriegsdienstverweigerungen ihre Ideale verraten. Durch den Vietnam-Krieg begannen die Menschen in den Vereinigten Staaten, die Welt außerhalb der eigenen Grenzen anders zu bewerten. Südostasien hatte dazu beigetragen, dass selbst der letzte Zweifler überzeugt sein musste, dass auch die Vereinigten Staaten nicht jedes Ziel erreichen konnten. Dabei verschwand nicht die Macht der Vereinigten Staaten am Horizont, sondern die Illusion, dass sie unbegrenzt und unerschütterlich sei. Den Amerikanern war es gelungen, die Nachkriegswelt mit Hilfe dieser

Illusion nahezu intakt zu halten. Stärke und Macht des Landes hatten schließlich zwei Weltkriege entschieden. Nichts in der Geschichte der Vereinigten Staaten war vollständig missglückt oder nicht wieder gutzumachen. Kaum etwas war als ultimative Fehlentscheidung zu werten, und es gab kaum Menschen in den Vereinigten Staaten, denen die Geschichte Schuldgefühle bereitete.

Das Ende des Vietnam-Kriegs

Diese Einschätzung änderte sich in den 50er Jahren allmählich. Die US-Amerikaner mussten sich mit einem weniger umfassenden Sieg in Korea zufrieden geben, als sie erhofft hatten. Daraufhin begannen 20 Jahre frustrierender Verhandlungen mit Nationen, die oftmals nicht einmal ein Zehntel der Stärke der Vereinigten Staaten geltend machen konnten, aber offenkundig in der Lage waren, ihre Ziele zu durchkreuzen. Schließlich waren durch die Niederlage in Vietnam die Grenzen der Macht und der finanziellen Belastbarkeit aufgezeigt. Im März 1968, während der Vorwahlen zum Präsidentschaftsamt, wurde deutlich, wie stark der Widerstand gegen den Krieg im eigenen Land war. Johnson, der bereits zu der Überzeugung gelangt war, dass die Vereinigten Staaten den Krieg nicht mehr würden gewinnen können, schränkte die Bombardierungen ein und bat den Norden um eine erneute Aufnahme der Verhandlungen. Er kündigte an, dass er nicht noch einmal als Kandidat für die Präsidentschaft zur Verfügung stünde. Ebenso wie der Korea-Krieg dazu geführt hatte, dass Eisenhower 1952 die Wahlen hatte gewinnen können, so verhalfen die Umstände des Vietnam-Krieges 1968 einem weiteren republikanischen Präsidenten zum Wahlsieg sowie zu seiner Wiederwahl im Jahr 1972: Richard Nixon. Vietnam war nicht der einzige Faktor, gehörte jedoch unzweifelhaft zu jenen, die das Bündnis der Demokraten aus den Angeln hoben.

Der Vietnam-Krieg machte Hunderttausende zu Flüchtlingen. Hierzu zählten auch diese euroasiatischen und afroasiatischen Waisenkinder, die von den Soldaten der sich zurückziehenden US-Truppen zurückgelassen wurden. Das Foto entstand 1972 in einem Waisenhaus in An-Loi.

Der neue Präsident Richard Nixon rief direkt nach seiner Amtseinführung die US-amerikanischen Bodentruppen aus Vietnam zurück. Der Friedensprozess dauerte drei Jahre. 1970 begannen die Verhandlungen zwischen Nordvietnam und den Vereinigten Staaten, begleitet von weiteren Rückzügen, aber auch von erneuten und heftigeren Bombardierungen des Nordens durch die Amerikaner. Die diplomatischen Verhandlungen gestalteten sich außerordentlich schwierig. Die Vereinigten Staaten konnten einer Aufgabe ihres Verbündeten nicht zustimmen, obwohl sie keine andere Wahl hatten. Und die nordvietnamesische Seite wollte sich nicht mit einem

US-Marines kesseln Anfang 1968, während der verlustreichen, aber mit Erfolg durchgeführten „Tet-Offensive" der Vietcong, Zivilisten in der Zitadelle von Hué ein. Dieser überraschende Angriff auf südvietnamesische Städte, für den bewusst der Zeitpunkt des vietnamesischen Neujahrsfests (Tet) gewählt wurde, war der Wendepunkt des Vietnam-Krieges. Nachdem über Monate nur positive Nachrichten aus Saigon gemeldet wurden, waren die Menschen in den Vereinigten Staaten bestürzt, hören zu müssen, dass die „besiegten" Vietcong sage und schreibe 103 Städte erobert hatten und bis in die Botschaft der Vereinigten Staaten in Saigon vorgedrungen waren. Auch wenn sie rasch wieder zurückgedrängt werden konnten, war die Wirkung auf die politischen Verantwortlichen in den Vereinigten Staaten entscheidend. Sie mussten lernen, dass die kommunistische Seite bereit war, für einen Sieg jedes Opfer zu bringen. Fast eine Million gefallener Soldaten waren der Preis, den Nordvietnam für den Sieg zahlte.

Ergebnis zufrieden geben, das ihnen nicht die Gewähr gab, das Regime im Süden durch ihre Anhänger dort ablösen zu können. Begleitet von beachtlichen öffentlichen Protesten wurden die Bombardierungen 1972 – zum letzten Mal – kurz wieder aufgenommen. Bald darauf, am 23. Januar 1973, wurde in Paris eine Waffenruhe vereinbart.

Henry Kissinger, US-Diplomat und Sicherheitsberater, und der nordvietnamesische Staatsmann Le Duc Tho verlassen das Internationale Konferenzzentrum in Paris nach ihren Friedensgesprächen über Vietnam im Oktober 1972. Im darauf folgenden Jahr erhalten beide Politiker den Friedensnobelpreis.

Die Auswirkungen des Waffenstillstands

Der Vietnam-Krieg hatte ungeheure Mittel verschlungen, und die Vereinigten Staaten beklagten 58 000 Opfer. Er hat dem Ansehen der Vereinigten Staaten schweren Schaden zugefügt, den Einfluss der US-Diplomatie untergraben, die Innenpolitik zerstört und Reformen verhindert.

Es war schließlich ein innenpolitischer Erfolg, den Karren der Vereinigten Staaten wieder aus dem Dreck zu ziehen, und Richard Nixon konnte die Früchte des Erfolgs ernten. Dem Abbruch der Operation waren bereits andere Anzeichen vorausgegangen, die dafür sprachen, dass er erkannt hatte, wie sehr sich die Welt seit der Kuba-Krise verändert hatte. Die überraschendste Wendung war die Normalisierung der Beziehungen zu China. Die Entwicklung erreichte mit dem Besuch des Präsidenten in China im Februar 1972 ihren Höhepunkt. Es war nicht nur der Versuch, etwas zu überwinden, was er als „16 000 Meilen und 22 Jahre der Feindschaft" bezeichnet hatte, sondern der erste Besuch eines amerikanischen Präsidenten auf dem asiatischen Festland. Die Aufnahme diplomatischer Beziehungen mit den Vereinigten Staaten gingen mit einem anderen Meilenstein der chinesischen Politik einher. Das Land trat den Vereinten Nationen bei und erhielt einen Sitz im Sicherheitsrat.

Nixons Chinareise folgte im Mai 1972 eine Reise nach Moskau, die er ebenfalls als erster Präsident der Vereinigten Staaten antrat. Dieser Besuch führte zu einer Interimsvereinbarung zur Rüstungsbegrenzung. Es war die Erste ihrer Art, und es hatte den Anschein, dass weit reichende Veränderungen bevorstünden. Die extrem polarisierenden Vereinfachungen des Kalten Krieges gehörten zweifellos der Vergangenheit an, egal wie ungewiss die Zukunft auch war. Kurz darauf wurde ein Waffenstillstand in Vietnam erreicht, und es ist kaum möglich, einen Zusammenhang zu leugnen. Moskau und Peking mussten im Falle eines Waffenstillstands einlenken. Chinas Haltung gegenüber der Auseinandersetzung in Vietnam war alles andere als einfach. Die potenzielle Gefahr, die von der sowjetischen Politik ausging, machte sie ebenso schwierig wie die Machtrolle, die die Vereinigten Staaten an anderer Stelle in Asien, vor allem in Taiwan und Japan, übernommen hatten. Hinzu kam der Nationalismus in Vietnam. Bei aller Hilfe, die China seinem Nachbarn gewährt hatte, dem kommunistischen Satellitenstaat in Indochina war nicht über den Weg zu trauen. Vietnam blickte auf eine Geschichte zurück,

Den Friedensvereinbarungen von 1972 waren Konsultationen und Gespräche des amerikanischen Präsidenten mit China und der Sowjetunion vorangegangen.

Ehemalige Offiziere des Regimes aus Saigon 1976 im Rahmen einer Umerziehungsmaßnahme in einem Arbeitslager im Süden Vietnams. Ein Offizier aus dem Norden sichert den Kriegsgefangenen per Lautsprecher die Wiedereingliederung in das neue Vietnam zu, wenn sie zustimmten, die Erklärungen auswendig zu lernen, die er ihnen hier vorhält. Für viele dieser Offiziere war die Freiheit noch Jahre entfernt.

die von Kämpfen gegen China ebenso geprägt war wie von Kämpfen gegen den französischen Imperialismus. Im direkten Anschluss an den Rückzug der US-Truppen wurde mehr und mehr deutlich, dass sich die anhaltenden Kampfhandlungen in Vietnam zu einem Bürgerkrieg entwickelt hatten.

Das Wiederaufleben der Auseinandersetzungen in Vietnam

In die wieder auflebenden Auseinandersetzungen in Vietnam griffen die USA nicht mehr ein.

Es dauerte nicht lange, bis die nordvietnamesische Seite die Kampfhandlungen wieder aufnahm. Für eine gewisse Zeit konnte die Regierung der Vereinigten Staaten diese Entwicklung ausblenden. Die Erleichterung im eigenen Land über die Preisgabe der Verpflichtungen in Asien war zu groß, als dass Vorbehalte gegenüber der Einhaltung der Eckpunkte der Friedensvereinbarungen, durch die ein Rückzug der Truppen erst möglich geworden war, hätten geäußert werden können. Als ein politischer Skandal Richard Nixon zum Rücktritt zwang, sah sich sein Nachfolger einem Kongress gegenüber, der alles, was er als gefährliches Abenteuer im Ausland einschätzte, fest entschlossen durchkreuzte. Das bedeutete, dass nicht mehr versucht wurde, die Friedensvereinbarungen von 1972, die eine Schutzgarantie für das südvietnamesische Regime umfassten, durchzusetzen.

Anfang 1975 wurde die US-amerikanische Hilfe für Saigon eingestellt. Die Regierung, die praktisch alle ihre zusätzlichen Gebiete verloren hatte, stand bei dem Versuch, die Hauptstadt und den unteren Mekong mit Hilfe einer demoralisierten und geschlagenen Armee zu halten, mit dem Rücken zur Wand. Gleichzeitig entmachteten kommunistische Kräfte in Kambodscha ein weiteres Regime, das zuvor von den Vereinigten Staaten gestützt worden war. Der Kongress verweigerte weitere militärische und finanzielle Hilfe. Die Verhaltensmuster aus dem Jahr 1947 in China wiederholten sich. Die Vereinigten Staaten versuchten, ihre Verluste auf Kosten derer einzugrenzen, die sich auf sie verlassen hatten. Ein solches Resultat entbehrte nicht einer gewissen Ironie. Erstens schien es sich zu bestätigen, dass die Hardliner in der Asienpolitik auf allen Ebenen Recht behalten hatten – nur die Gewissheit, dass die Vereinigten Staaten im Ernstfall darauf vorbereitet waren, für sie zu kämpfen, konnte die postkolonialen Regime gegen den Kommunismus schützen. Zweitens wurde die Rückkehr der Vereinigten Staaten zum Isolationismus durch die Niederlage und das Desaster betont und nicht abgeschwächt.

Widersprüchliche Anzeichen in den USA

Ende der 70er Jahre herrschten in den USA und bei ihren Verbündeten Verwirrung und Sorge. Objektiv betrachtet gab es zwar gute Gründe, beruhigt zu sein. Es gab keinerlei Anzeichen dafür, dass die amerikanische Demokratie scheitern könnte. Die Wirtschaft hatte es – erstaunlicherweise – jahrelang geschafft, einen enorm kostspieligen Krieg zu finanzieren. Sie war für ein Programm zur Erforschung des Weltraums aufgekommen, das schließlich zur ersten Mondlandung führte, und hatte Geld für den Unterhalt umfangreicher Garnisonen in der ganzen Welt bereitgestellt. Gleichzeitig verschlimmerte sich die verzweifelte Lage der schwarzen Amerikaner, und einige der größten Städte des Landes schienen vom Verfall bedroht zu sein. Außerdem hatten diejenigen, die bislang blind an die Tradition des amerikanischen Patriotismus geglaubt hatten, durch den Vietnam-Krieg eine tiefe psychologische Wunde erlitten. Aber weniger Amerikaner fanden diese Probleme so Besorgnis erregend wie die vermeintliche militärische Unterlegenheit ihres Heimatlands gegenüber der Sowjetunion. Diese Frage wurde 1980 auch Thema der Präsidentschaftswahlen. Das Unbehagen vergrößerte sich in den frühen 70er Jahren noch durch ein neues,

Pol Pot, hier mit einem Soldaten der Roten Khmer, führte von 1975 bis 1979 ein berüchtigt blutrünstiges prochinesisches Regime in Kambodscha. Der vietnamesische Einmarsch in Kambodscha 1978 hatte eine rapide Verschlechterung der Beziehungen zwischen Vietnam und China zur Folge, was schließlich in den Grenzkrieg im Februar/März 1979 mündete. Als die siegreichen Vietnamesen sein Regime stürzten, wurde Pol Pot zum Anführer der kommunistischen Widerstandsbewegung.

Richard Nixon (1913–1994) war sechs Jahre lang US-Präsident gewesen, als 1974 dieses Foto von ihm auf dem Höhepunkt der Watergate-Affäre entstand, die ihn seine politische Laufbahn kostete. Das Foto zeigt ihn in den letzten Minuten seiner Präsidentschaft, kurz vor seinem Rücktritt zugunsten Gerald Fords.

von den innenpolitischen Skandalen hervorgerufenes Misstrauen gegenüber der Exekutive. Es untergrub das Vertrauen in die traditionelle Führungsrolle des Präsidenten in außenpolitischen Angelegenheiten. Präsident Ford, der nach dem Rücktritt seines Vorgängers das Amt 1974 übernommen hatte, musste mit einem Kongress kooperieren, der nicht gewillt war, weitere Unterstützung für die Verbündeten in Indochina zu billigen. Als Kambodscha zusammenbrach – und Südvietnam bald darauf folgte –, wurden im In- und Ausland allmählich Fragen laut, wie weit diese Entwicklung, die wie ein weltweiter Rückzug der US-Macht aussah, noch gehen würde. Wenn die Vereinigten Staaten nicht länger um Indochina kämpften, würden sie es dann um Thailand tun? Noch alarmierender war die Frage, ob sie um Israel oder gar um Berlin kämpfen würden.

GETEILTES EUROPA

Europa war der Entstehungsort des Kalten Krieges und für lange Zeit sein Hauptschauplatz. Doch lange vor 1970 hatte es bereits Anzeichen dafür gegeben, dass die schrecklichen Pauschalisierungen in der NATO und (noch rigoroser) im Warschauer Pakt möglicherweise nicht die einzigen Entwicklungen sein würden, welche die Geschichte dort prägten. Die Heftigkeit, mit der Albanien, das kleinste der kommunistischen Länder Europas, die Sowjetunion verurteilte und China Beifall spendete, als die beiden sich in den 60er Jahren zerstritten hatten, musste von den Russen geduldet werden. Da Albanien keine Grenzen zu anderen Ländern des Warschauer Paktes hatte, war es unwahrscheinlich, dass Albanien die Rote Armee zu fürchten hatte. Diese Anzeichen wurden noch auffälliger, als die Rumänen – mit chinesischer Unterstützung – erfolgreich die Lenkung ihrer Wirtschaft durch den RGW in Frage stellten und das Recht beanspruchten, sie in ihrem eigenen Interesse zu entwickeln. Rumänien nahm sogar eine fast neutrale Position in Fragen der Außenpolitik ein, wenngleich das Land im Warschauer Pakt blieb. Rumänien grenzte, im Gegensatz zu Albanien, an kein NATO-Land, hatte aber eine 800 Kilometer lange Grenze zur Sowjetunion. Daher konnte man diesen Übermut tolerieren. Dass es allerdings auch klare Grenzen für die Erschütterung der alten monolithischen Einheit des Kommunismus gab, zeigte sich 1968. Als sich die kommunistische Regierung in der Tschechoslowakei anschickte, die innenpolitische Struktur zu liberalisieren und Handelsbeziehungen mit der Bundesrepublik Deutschland aufzubauen, gab es keine Toleranz. Nach einer Reihe von gescheiterten Versuchen, die Tschechoslowakei gefügig zu machen, marschierten im August 1968 Truppen des Warschauer Paktes in das Land ein. Um eine Wiederholung der Ereignisse in Ungarn 1956 zu vermeiden, leistete die tschechische Regierung keinen Widerstand.

Polyzentrismus

Die chinesisch-sowjetischen Spannungen und die Erschütterungen innerhalb des Ostblocks sowie das Unbehagen in den Vereinigten Staaten über ihre Beziehungen zu den lateinamerikanischen Ländern führten zu der Vermutung, dass die Welt die Zweipoligkeit zugunsten eines „Polyzentrismus", so die Bezeichnung eines italienischen Kommunisten, aufgab. Die polarisierenden Vereinfachungen des Kalten Krieges fallen zu lassen, war in der Tat überraschend. Inzwischen gab es auch in Westeuropa – der Region, in der die Evolution einer einheitlichen Weltgeschichte eigentlich begonnen hatte – eine Entwicklung, welche die Lage noch komplizierter machte. 1980 zeigte sich, dass eine der historischen Rollen, die die Völker in diesem Teil der Welt übernommen hatten, beendet war. Die Westeuropäer herrschten über kein größeres Gebiet als ihre Vorfahren 500 Jahre zuvor. Die imperiale Vergangenheit Europas war vorüber, und doch hatte Westeuropa bereits eine neue Aufgabe für sich gefunden. Schon 30 Jahre zuvor, in den 50er Jahren, hatte es in Westeuropa die ersten Anzeichen dafür gegeben, dass sich das menschliche Potenzial für eine Organisation im großen Rahmen möglicherweise gerade dort aus der Umklammerung des Nationalismus befreite, wo dieser entstanden war.

Dieses Bild zeigt eine der Massendemonstrationen, die im „Prager Frühling" 1968 in Prag stattfanden und die Liberalisierung des Regimes forderten. Als jedoch im August sowjetische Panzer einrollten, um die Unruhen niederzuschlagen, scheiterte der Versuch einer Demokratisierung.

DIE INTEGRATION EUROPAS

Historiker haben das Vermächtnis gemeinsamer, Westeuropa prägender Erfahrungen berechtigterweise bis zu den Karolingern zurückverfolgt. An dieser Stelle können wir uns damit begnügen, bis in das Jahr 1945 zurückzublicken. Von diesem Zeitpunkt an waren mehr als 40 Jahre lang die Folgen des Krieges und die sowjetische Politik die entscheidenden Determinanten. Sie lösten durch die Teilung des Landes das deutsche Problem, wodurch auch die alten Ängste der Franzosen vor ihren deutschen Nachbarn verschwanden. Die Wahrscheinlichkeit eines weiteren großen Krieges im Westen um die deutsche Frage hatte abgenommen und die westlichen Länder hatten auch auf Grund der sowjetischen Politik viele neue Gründe, enger zu kooperieren. So stellte sich heraus, dass der Marshall-Plan und die NATO nur die ersten beiden Schritte neben vielen anderen wichtigen waren, die zu einer Integration führten und den Kern für ein neues Europa bildeten, das sich immer weiter über die ursprünglich engen Grenzen ausdehnt.

Europa nach dem Krieg: wirtschaftliche und militärische Blöcke 1949–1991

Nach dem Ende des Zweiten Weltkriegs war die Teilung Europas offensichtlich. Auf der einen Seite stand die NATO, auf der anderen der Warschauer Pakt. Die Aufspaltung in der wirtschaftlichen Organisation der europäischen Länder war ebenfalls deutlich erkennbar: Westeuropa mit dem Marshall-Plan und später der EWG stand im krassen Gegensatz zu den Ostblockländern, die sich im RGW (Rat für gegenseitige Wirtschaftshilfe, von Stalin ins Leben gerufen) zusammengeschlossen hatten. Auch Kuba, die Mongolei und Vietnam waren Mitglieder des RGW, der 1991 aufgelöst wurde, als der Kommunismus in Europa zusammenbrach.

Neue europäische Institutionen

Die Integration Westeuropas hat mehrere Ausgangspunkte. Auf die Einführung des Marshall-Plans folgte 1948 die Gründung der Organisation für europäische wirtschaftliche Zusammenarbeit OEEC. Im folgenden Jahr, einen Monat nach Unterzeichnung des Vertrags zur Gründung der NATO, schlossen sich die ersten politischen Organe, welche zehn verschiedene europäische Staaten repräsentierten, in einem neuen Europarat zusammen. Die wirtschaftlichen Kräfte, die auf eine Integration zusteuerten, entwickelten sich noch schneller. Bereits 1948 hatten die Beneluxstaaten (Belgien, Niederlande und Luxemburg) und (in anderer Form) Frankreich und Italien Zollunionen geschaffen. Ein wichtiger erster Schritt für die europäische Integration ging jedoch aus dem französischen Vorschlag für eine Europäische Gemeinschaft für Kohle und Stahl (Montanunion) hervor. Diese wurde 1951 formal gegründet und umfasste Frankreich, Italien, die Beneluxstaaten und, am bedeutsamsten, die Bundesrepublik Deutschland. Wirtschaftliche Vereinbarungen bildeten das Mittel, die Bundesrepublik gleichzeitig im Zaum zu halten und wiederzubeleben, denn ein starkes Westdeutschland war – wie jetzt deutlich wurde – in einem von der sowjetischen Landmacht bedrohten Westeuropa dringend notwendig. Unter dem Einfluss der Ereignisse in Korea kam die offizielle Meinung der USA in den frühen 50er Jahren, sehr zur Bestürzung einiger Europäer, schnell zu der Ansicht, dass man Deutschland wieder aufrüsten müsse.

Das Entstehen der EWG (Europäische Wirtschaftsgemeinschaft)

Auch andere Faktoren halfen mit, den Weg zu einer staatsübergreifenden Organisation in Europa zu ebnen. Frankreich und Italien erholten sich vor allem durch den wirtschaftlichen Aufschwung in ihren Ländern von der politischen Schwäche, für die ihre kommunistischen Parteien kennzeichnend waren. Die Kommunisten waren bereits seit 1947 nicht mehr an den nationalen Regierungen beteiligt, und die Gefahr, dass Frankreich und Italien ein ähnliches Schicksal wie die Tschechoslowakei erleiden könnten, war spätestens 1950 gebannt. Eine antikommunistische Stimmung tendierte zur Bildung von Koalitionen durch Parteien, deren integrierende Kräfte entweder konservative oder sozialdemokratische Politiker waren, denen das Schicksal ihrer Gesinnungsgenossen in Osteuropa durchaus bewusst war. Allgemein gesprochen bedeuteten diese Veränderungen, dass die westeuropäischen Regierungen mit ihrer eher gemäßigten rechten Prägung während der 50er Jahre ähnliche Ziele anstrebten.

Die Ausweitung der Europäischen Union (1957–1995)

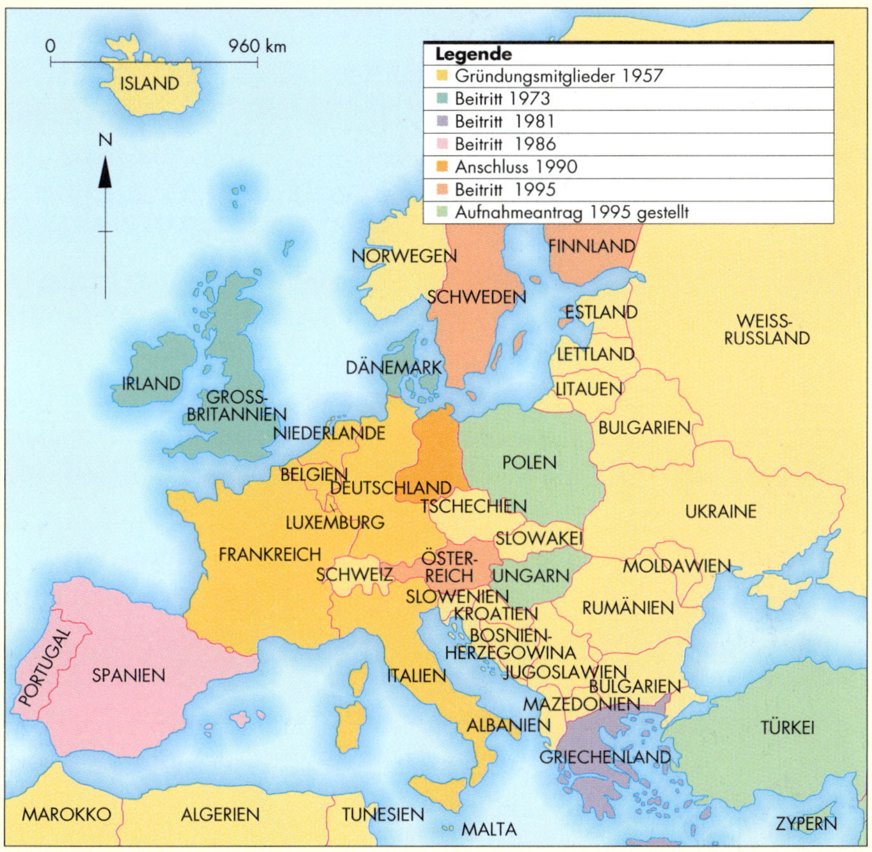

Die Europäische Wirtschaftsgemeinschaft (EWG) wurde 1993 in Europäische Union (EU) umbenannt. Ende 1995 – 38 Jahre nach ihrer Gründung durch sechs Staaten – waren 15 Länder der EU-Mitglieder. Die Karte zeigt die Mitgliedstaaten im Jahr 1995 und ihr jeweiliges Beitrittsdatum.

Weitere Institutionen entstanden. Eine Europäische Verteidigungsgemeinschaft (EVG) legte Westdeutschlands militärische Rolle fest, wurde dann jedoch von der Mitgliedschaft der Bundesrepublik Deutschland in der NATO abgelöst. Der größere Schub in Richtung Einheit ging – wie schon zuvor – von ökonomischen Zwängen aus. Der entscheidende Schritt wurde 1957 mit der Gründung der Europäischen Wirtschaftsgemeinschaft getan, als sich Frankreich, die Bundesrepublik Deutschland, Belgien, die Niederlande, Luxemburg und Italien zusammenfanden, um die „Römischen Verträge" zu unterzeichnen. Ländern, die nicht der EWG beigetreten waren, war dies ein Ansporn, bereits zweieinhalb Jahre später ihre eigene, eher lockere und eingeschränktere Freihandelszone (EFTA) aufzubauen. 1986 waren aus den ursprünglich sechs Mitgliedstaaten der EWG – inzwischen sprach man nur noch von der EG, das Wort „Wirtschaft" hatte man sinnvollerweise fallen gelassen – bereits zwölf geworden.

Westeuropas langsamer, aber sich dennoch beschleunigender Weg zu einer politischen Einheit demonstrierte das Vertrauen derer, die an diesem Prozess beteiligt waren. Sie wünschten, dass bewaffnete Auseinandersetzungen nie wieder eine Alternative zur Zusammenarbeit und Gesprächsbereitschaft zwischen ihren Länder sein dürften. Die Ära internationaler Kriege mit westeuropäischer Beteiligung war zu Ende. Obwohl sie diese Tatsache erkannte, ergriff die britische Regierung nicht die Chance, von Beginn an bei der institutionellen Ausformung dieses Prozesses mitzuwirken und trat der Gemeinschaft erst später – nachdem sie zwei Zurückweisungen hinnehmen musste – bei. Die Interessen der Gemeinschaft hatten sich in der Zwischenzeit zunehmend durch eine gemeinsame Agrarpolitik verfestigt.

General de Gaulle, hier 1963 bei der Begrüßung des deutschen Kanzlers Adenauer, war in erster Linie ein französischer Patriot, der die frühere Machtstellung seines Landes wiederherstellen wollte. Seine persönliche Vision für Europa war es, die amerikanische Hegemonie zu beenden und eine gemeinschaftliche Organisation aufzubauen, die die Souveränität ihrer einzelnen Mitglieder respektieren sollte.

Frankreich unter de Gaulle

Lange Zeit widersetzte sich Frankreich sowohl auf politischer als auch auf ökonomischer Ebene vehement allen weiteren Integrationsbemühungen. Dieser Widerstand wurde stark von General de Gaulle verkörpert, der 1958 mit der Übernahme der Präsidentschaft zu einem Zeitpunkt auf die politische Bühne zurückgekehrt war, zu dem die französische Republik wegen des Algerienkonflikts am Rande des Bürgerkriegs stand. De Gaulles erste Aufgabe bestand darin, diese drängenden Probleme durch wesentliche konstitutionelle Reformen zu lösen. 1961 hob er die Verpflichtung gegenüber Algerien auf, und die Armee kehrte, teils unzufrieden, nach Frankreich zurück. Dieser Schritt ebnete ihm und seinem Land den Weg zu einer aktiveren, zugleich aber fragwürdigeren internationalen Rolle.

De Gaulles Vision einer europäischen Einheit war auf die Zusammenarbeit zwischen unabhängigen Nationen begrenzt. Er sah die Rolle der EWG vor allem darin, Frankreichs wirtschaftliche Interessen zu schützen, und brüskierte mitunter die neue Organisation, um seinen eigenen Willen durchzusetzen. Die Erfahrungen der Kriegszeit hatten bei de

Gaulle ein tiefes Misstrauen gegenüber allem „Angelsächsischen“ hinterlassen sowie die – nicht ganz unbegründete – Überzeugung, dass die Engländer immer noch bevorzugt eine atlantische Gemeinschaft mit den USA anstrebten, statt ein Zusammengehen mit Kontinentaleuropa ins Auge zu fassen. 1964 stieß de Gaulle die Amerikaner vor den Kopf, indem er diplomatische Beziehungen zur Volksrepublik China aufnahm. Er bestand auch darauf, dass Frankreich ein eigenes Atomwaffen-Testprogramm entwickeln sollte, um nicht von amerikanischem Wohlwollen abhängig zu sein. Schließlich zog er sich ganz aus der NATO zurück.

Als de Gaulle 1969 nach einem verlorenen Referendum über eine Verfassungsänderung zurücktrat, verschwand mit ihm eine der politischen Kräfte in Frankreich, die für Instabilität in Westeuropa verantwortlich waren. Dennoch stellte sich Frankreichs Politik auch weiterhin konsequent gegen eine Entwicklung, die sowohl auf den Zusammenhalt eines wirklichen gemeinsamen Marktes, frei von internen Handelsbeschränkungen, als auch auf ein politisch vereintes Europa abzielte.

BRITISCHE ZWEIFEL

Großbritannien schloss sich der EWG 1973 endgültig an und erkannte als konservativste der europäischen Mächte letztendlich die Fakten an, die das 20. Jahrhundert geschaffen hatte. Die Entscheidung bestätigte den Rückzug vom Empire und trug der Tatsache Rechnung, dass seine strategische Grenze nicht länger am Rhein, sondern an der Elbe lag. Dies war der Höhepunkt – obwohl noch nicht das Ende – einer Ära der Ungewissheit, die etwa 1945 begonnen hatte.

Ein Vierteljahrhundert lang hatten alle britischen Regierungen vergeblich versucht, ökonomisches Wachstum, zunehmend steigende Sozialleistungen und eine hohe Beschäftigungsrate in Einklang zu bringen. Die Verwundbarkeit der britischen Wirtschaft, die traditionell eher auf einen globalen Handel ausgerichtet war, bedeutete ein Handicap. Problematisch waren auch die veralteten Hauptindustriezweige und die tief verwurzelte konservative Grundeinstellung der Bevölkerung. Obwohl Großbritannien immer reicher wurde – 1970 beispielsweise hatte kein Arbeiter Anspruch auf vier Wochen bezahlten Urlaub pro Jahr; zehn Jahre später galt dies für ein Drittel von ihnen –, fiel das Land mehr und mehr hinter andere entwickelte Staaten zurück. Die Briten hatten zwar den Verlust ihrer internationalen Stärke und den Prozess der sich rapide beschleunigenden Dekolonisierung ohne die anderenorts zu beobachtende Gewalt und einheimische Bitterkeit überstanden, aber es blieb dennoch ungewiss, ob sie ihre Vergangenheit auch auf anderen Gebieten abzuschütteln vermochten und sich einen zumindest moderaten Reichtum als zweitrangige Nation zu sichern.

Mit dem Anschluss an die EWG hatte Großbritannien seine koloniale Vergangenheit endgültig hinter sich gelassen.

Gewalt und Unruhe in Irland

Eine offensichtliche und zugleich symptomatische Herausforderung für ein geordnetes

Straßenkämpfe in Dublin während des Bürgerkrieges, der auf die Gründung der freien Republik Irland folgte.

und tolerantes Zusammenleben wurde in Nordirland sichtbar. Soweit es das britische Parlament in Westminster betraf, wurde das große Problem des 19. Jahrhunderts, die „Home Rule“ für Irland, zur Seite geschoben, als man 1921 einen Vertrag zwischen der britischen Regierung und der irischen Nationalistenpartei, der Sinn Fein, schloss. Darin wurde die Schaffung eines freien irischen Staates vereinbart, der unabhängig von Großbritannien sein sollte, obwohl er formell den Status eines Dominions innerhalb des Commonwealth besaß. Die neue Republik Irland (Eire) war von nun an Souverän über den größten Teil der Insel. Dieses Zugeständnis an die irischen Nationalisten und ihre fast ausschließlich römisch-katholischen Anhänger wurde durch Konzessionen an die überwiegend protestantische Bevölkerung in Ulster, den nördlichen sechs Provinzen, erreicht. Sie blieben Teil des Vereinigten Königreichs und wurden im britischen Parlament repräsentiert, erhielten praktisch jedoch eine weitgehende Autonomie, die sie nutzten, um in ihrem Landesteil die eigene Position zu festigen.

Diese Lösung war für überzeugte Nationalisten unbefriedigend und mündete in einen Bürgerkrieg zwischen den Befürworten und Gegnern des Abkommens. Um die Einheit der gesamten Insel unter einer Regierung in Dublin zu erreichen, setzten die Nationalisten ihre Agitation auch mit dem Mittel des Terrors fort, der sich ebenfalls auf das britische Mutterland erstreckte. 1931 erklärte die irische Regierung die IRA (die Irisch Republikanische Armee, der militante Arm der Sinn Fein) für illegal. Ihr Terrorismus trug zur Verhärtung der protestantischen Einstellung in Ulster bei. Deren geradezu sektiererisches Hegemoniestreben drückte sich wiederum in riesigen Wahlerfolgen und in der Diskriminierung – vor allem in der Beschäftigungspolitik – der katholischen Minderheit aus.

Nach 1945 wurde der Protest dieser Minorität immer lauter. Es gab deutliche Hinweise, dass der natürliche Bevölkerungszuwachs in

Maskierte IRA-Aktivisten tragen den Sarg des im Hungerstreik verstorbenen Martin Hurson (1972). Zu jener Zeit tötete die IRA Polizeioffiziere wie auch britische Soldaten und verübte in Belfast Bombenanschläge. Im August 1971 ordnete die britische Regierung die Internierung gefangener Terroristen auch ohne ordentliches Gerichtsverfahren an. Doch auch diese Maßnahme trug nur dazu bei, den Widerstand gegen die britische Oberhoheit zu verstärken.

angemessener Zeit die Umwandlung der bisherigen katholischen Minderheit in die Mehrheit bedeuten würde. Einzelne Zugeständnisse aus London brachten keine Lösung. Keine der Gruppen war zu einer Zusammenarbeit bereit. Blinder Nationalismus kostete in den 70er und 80er Jahren das Leben Tausender Menschen – Soldaten, Polizisten und Zivilpersonen, Protestanten wie Katholiken, Iren, Schotten und Engländer. Nach zahlreichen vergeblichen Versuchen schien es Mitte der 90er Jahre eine reale, wenn auch nur minimale Chance für ein Abkommen zu geben. Unionisten wie auch Nationalisten zeigten sich des Kampfes überdrüssig. Das beeinflusste auch die terroristischen Gruppierungen auf beiden Seiten. Trotz allem existierte der Grundkonflikt bezüglich verfassungsmäßiger Veränderungen gegen Ende des letzten Jahrhunderts immer noch; es gab keinen wirklichen Fortschritt.

Die politischen Parteien in Großbritannien stritten sich kaum noch über die irische Frage, wie das vor 1914 noch der Fall war. Die britische Wählerschaft außerhalb Ulsters befasste sich im Laufe der Jahre eher mit materiellen Problemen. Die Inflationsrate stieg auf eine vorher nie gekannte Höhe (sie betrug zwischen 1970 und 1980 über 13 Prozent jährlich) und führte vor allem während der Zeit der Ölkrise in der Industrie zu einer Verschärfung der Probleme. Das Land geriet in den Verdacht, „unregierbar" zu sein, als ein Streik der Bergarbeiter die Regierung zum Wanken brachte. Gleichzeitig schienen viele Meinungsmacher davon besessen, sich mit der sozialen Spaltung des Landes zu befassen. Sogar die Frage, ob Großbritannien in der EWG bleiben solle, wurde im Juni 1975 einem Wählerreferendum überlassen. Als sich die Mehrheit für eine Fortsetzung der britischen Mitgliedschaft aussprach, galt dies durchaus als Zeichen eines Gesinnungswandels. Möglicherweise war es ein Wendepunkt in der Geschichte Großbritanniens, das nun eine Reihe von Möglichkeiten aufgab, die unausweichlich in eine Bestätigung der alten insularen Rolle geführt hätten.

Margaret Thatcher war von 1979 bis 1990 britische Regierungschefin. Ihre neoliberale Wirtschaftspolitik wurde von vielen als Angriff auf den hoch entwickelten Sozialstaat, insbesondere auf das Gesundheitssystem, angesehen. Die „Eiserne Lady" gewann jedoch begeisterte Unterstützung wie auch erbitterten Widerstand, als sie die Macht der Gewerkschaften, die den Weg zu Reformen blockierten, brach.

Die Bedrohung durch die Inflation

Die nahe Zukunft sah wirtschaftlich immer schlechter aus. Die Inflation (1975, auf dem Höhepunkt der Ölkrise, lag die Rate bei 26,9 Prozent) stellte für die Regierung die entscheidende Bedrohung dar. Die Lohnforderungen der Gewerkschaften gingen von einem weiteren Anstieg der Inflationsrate aus, und die Zeit eines nicht hinterfragten Konsumwachstums schien vorüber. Ausgedehnte Erdölvorkommen waren unter dem Meeresboden der nordeuropäischen Küstenregionen entdeckt worden und machten Großbritannien 1976 zu einem Öl exportierenden Land. Noch ohne große Auswirkung musste im glei-

Seit Mitte der 70er Jahre machte vor allem eine heftige Inflation der britischen Wirtschaft zu schaffen. Dieser großen Aufgabe stellte sich ab 1979 die erste britische Regierungschefin Margaret Thatcher.

Argentinische Panzerbesatzungen bereiten sich auf die Schlacht mit ihren britischen Gegnern auf den Falkland-Inseln vor, die Argentinien zwei Monate zuvor besetzt hatte. Der Krieg kostete 254 britische und 712 argentinische Menschenleben.

Eine politische Folge des Falkland-Krieges war die Ablösung des Militärregimes in Argentinien durch eine gewählte Regierung.

chen Jahr eine Anleihe beim Internationalen Währungsfond aufgenommen werden.

Als Margaret Thatcher, die erste weibliche Regierungschefin des Landes (und Europas) und zugleich die erste Vorsitzende der großen konservativen Partei, 1979 ihr Amt antrat, hatte sie nur wenig zu verlieren. Ihre politischen Gegner hatten ihren Kredit verspielt. Das galt auch für die Anschauungen, die die britische Politik lange geprägt hatten, ohne jemals wirklich ernsthaft in Frage gestellt worden zu sein. Ein radikal neuer Aufbruch zeichnete sich ab.

Der Krieg um die Falkland-Inseln

Margaret Thatcher war noch nicht lange Premierministerin, als sie sich 1982 unerwartet in der Rolle wiederfand, den vermutlich letzten Kolonialkrieg Großbritanniens führen zu müssen. Argentinische Truppen waren im April desselben Jahres auf den, zu den britischen Kronkolonien gehörigen Falklandinseln (Islas Malvinas), gelandet und hatten die dort stationierten britischen Soldaten zur Kapitulation gezwungen. Nachdem der von der Londoner Regierung mit Nachdruck geforderte Rückzug der Argentinier ausblieb, entsandte Großbritannien einen zirka 5000 Mann starken Flottenverband zu der Inselgruppe.
Die Falkland-Inseln zählen zu den 13 verbliebenen britischen Kolonien, die Großbritannien nach der Entkolonisierung in der zweiten Hälfte des 20. Jahrhunderts verblieben.

Am 1. Mai 1982 begannen die Kampfhandlungen im Südatlantik. Dass die Rückeroberung der Inselgruppe infolge gleichsam zu einer nationalen Frage erhoben wurde, beruhte offenbar auf zweierlei Gründen: Zum einen versprach man sich durch den Militäreinsatz das Ansehen Großbritanniens im Ausland zu stärken. Zum anderen bot der Konflikt die Möglichkeit, von innenpolitischen Problemen abzulenken.

Die Wiedereroberung der Falkland-Inseln nach ihrer kurzfristigen Besetzung durch argentinische Streitkräfte war sowohl eine militärische Leistung als auch ein großer psychologischer und diplomatischer Erfolg.

Der Krieg kostete 256 britische und 712 argentinische Soldaten sowie drei Inselbewohner das Leben. Die Kosten dieser militärischen Aktion wurden von der britischen Regierung offiziell mit über 9 Milliarden DM angegeben.

Die Vereinigten Staaten sowie Chile leisteten wesentliche praktische Hilfe, teilweise im Geheimen. Die meisten EG-Staaten stimmten der Isolation Argentiniens in der UNO zu und unterstützten die Resolution, die die Handlungsweise dieses Landes verurteilte. Eine der erfreulichen politischen Konsequenzen war, dass das argentinische Militärregime, das seit 1976 das Land regiert hatte, Ende 1983 durch eine verfassungsgemäße und frei gewählte Regierung ersetzt wurde.

Margaret Thatchers Großbritannien

Um die Auswirkungen von Margaret Thatchers Innenpolitik richtig einschätzen zu können, muss noch geraume Zeit vergehen. Was heute schon verbindlich gesagt werden kann, ist, dass sie die Grundregeln der britischen Politik – und vielleicht auch der kulturellen und sozialen Auseinandersetzungen – umgeschrieben hat.

Dies – zusammen mit dem zweifellos vorhandenen Radikalismus, mit dem sie spezifische politische Probleme auf ihre ganz persönliche Art löste – hat begeisterte Zustimmung wie auch ungewöhnlich heftige Ablehnung hervorgerufen. Trotz all ihrer Versprechungen hat sie jedoch zwei ihrer wichtigsten Ziele verfehlt: die Reduzierung der öffentlichen Ausgaben und den weitest möglichen Rückzug der Zentralregierung von Aufgaben, die das Alltagsleben der Bürger betrafen. Obwohl frühere Ambitionen zur Wirtschaftslenkung schlussendlich aufgegeben wurden, spielte die Regierung zehn Jahre nach Amtsübernahme auf vielen Gebieten der Gesellschaft eher eine größere als die angestrebte kleinere Rolle. Die öffentlichen Ausgaben für das Gesundheitswesen und soziale Sicherheit etwa waren seit 1979 real um ein Drittel gestiegen (unglücklicherweise ohne die zunehmenden Anforderungen zu befriedigen).

1990 waren viele ihrer politischen Weggefährten davon überzeugt, dass sie die nächste, schon bald anstehende Wahl verlieren würde – obwohl sie die Konservativen in drei aufeinander folgenden Wahlen zum Sieg geführt hatte (ein einmaliger Vorgang in der britischen Politik). Sie sah sich mit einem Loyalitätsschwund und mangelnder Unterstützung konfrontiert und trat zurück. Ihr Nachfolger, John Major, galt als unbeschriebenes Blatt ohne große Erfahrung an der vordersten politischen Front. Es war jedoch zu vermuten, dass die britische Politik sich gegenüber der Europäischen Gemeinschaft und ihren Angelegenheiten nun weniger obstruktiv verhalten würde (was mit Sicherheit zumindest den Tonfall betraf).

Wirtschaftliche Unsicherheit und Angst vor der steigenden Arbeitslosigkeit führten in den 80er Jahren in Großbritannien zu zahlreichen Streiks. Diese Londoner Krankenpfleger verlangen bessere Arbeitsbedingungen und höhere Löhne.

Das Interesse an der EG nahm trotz wirtschaftlicher Probleme in den 70er Jahren stetig zu. In den 80er Jahren traten Griechenland, Spanien und Portugal der Gemeinschaft bei.

DER AUSBAU DER EG

Die 70er Jahre waren für alle Länder der Europäischen Gemeinschaft (EG), wie die frühere EWG nach ihrer Umbenennung hieß, schwierige Jahre. Die Wachstumsraten ebbten ab, und die Wirtschaft in den einzelnen Ländern geriet unter der Wucht der Ölkrise in Bedrängnis. Dies trug zu einem ständigen Streit (vor allem über ökonomische und finanzielle Angelegenheiten) bei, der die Europäer darauf aufmerksam machte, dass die Grenzen der Bipolarität noch immer zu überwinden waren. Diese Entwicklung setzte sich in den 80er Jahren fort und verband sich mit einem Gefühl des Unbehagens über die Erfolge des von Japan beherrschten fernöstlichen Wirtschaftsraums. Dazu kam die wachsende Erkenntnis, dass auch andere Staaten dem Zehnerklub beitreten wollten, und sich damit die Frage nach der Zukunft der Gemeinschaft immer drängender herauskristallisierte. Viele Europäer kamen zu der Ansicht, dass eine größere Einheit, eine selbstverständliche Kooperation und ein zunehmender Wohlstand die Grundpfeiler der politischen Unabhängigkeit des Kontinents sein sollten. Sie ahnten jedoch gleichzeitig, dass diese Unabhängigkeit bedeutungslos war, wenn Europa nicht selbst die Rolle einer Supermacht übernehmen wolle.

Zuversicht konnte aus dem fortschreitenden Prozess der Integration gezogen werden. 1979 fanden die ersten Direktwahlen zu einem europäischen Parlament statt. Griechenland (1981), Spanien und Portugal (beide 1986) schlossen sich der EG an. 1987 wurden die Grundlagen für ein gemeinsames Währungs- und Wechselkurssystem gelegt (dem Großbritannien nicht zustimmte), und es wurde das Jahr 1992 für die Einführung eines einheitlichen Marktes bestimmt. Über die na-

Der spanische Regierungschef Felipe Gonzalez (Bildmitte) unterzeichnet 1985 den Vertrag von Madrid, der den Beitritt seines Landes zur EG besiegelt. Spaniens Mitgliedschaft wird damit am ersten Tag des folgenden Jahres wirksam.

tionalen Grenzen hinweg sollten sich nun Menschen, Güter, Kapital und Dienstleistungsströme frei und ungehindert bewegen können. Die Mitglieder stimmten im Prinzip sogar der Idee einer politischen Union zu – obwohl Großbritannien und Frankreich beträchtliche Einwände vorbrachten.

Der Vertrag von Maastricht

Im Dezember 1991 wurde im niederländischen Maastricht ein nächster Schritt nach vorne getan. Die Mitglieder der EG einigten sich auf weitere Maßnahmen zur Integration der Gemeinschaft. Den eher abwartenden Briten wurden Vorbehalte und Sonderrechte zugestanden. Zu diesem Zeitpunkt war bereits ein gemeinsames Währungssystem in Kraft, das die Unabhängigkeit der einzelnen Mitgliedstaaten in Fragen der Auf- und Abwertung ihrer nationalen Wechselkurse beschränkte. Dies war ein Meilenstein in Richtung einer europäischen Einheitswährung. Wie fast immer in der Geschichte der EG verschwand die Zufriedenheit über das, was erreicht worden war, hinter einer Nebelwand von Streitigkeiten, Missgunst, Fehlinterpretationen und Doppeldeutigkeiten über das, was die Zukunft bringen sollte oder könnte. Zahlreiche andere europäische Staaten klopften jedoch an die Tür zur Gemeinschaft – letztendlich ein überzeugender Beweis, dass sie in einer Mitgliedschaft viele Vorteile erkannten.

Seit 1957 hatte Westeuropa einen langen Weg zurückgelegt. Mit dem Wandel der gemeinsamen Institutionen waren viele andere Übereinstimmungen erreicht worden: so in den politischen und sozialen Grundmustern, bei den Konsumgewohnheiten und bei der Entwicklung einheitlicher Werte und Ziele. Alte Ungleichheiten wirtschaftlicher Strukturen waren weitgehend verschwunden, wie etwa die rückläufige Zahl der Bauernhöfe bei

1997 protestieren deutsche Bauarbeiter gegen Arbeitslosigkeit und den – wie sie es sehen – Verrat ihrer Interessen durch Bundeskanzler Kohl auf der Maastrichter Konferenz.

gleichzeitigem Anstieg des Realeinkommens in Frankreich und Deutschland belegt. Auf der anderen Seite traten neue Probleme durch den Beitritt ärmerer und politisch weniger stabiler Länder auf. Nachdem die Zweifel und Unsicherheiten aus den Debatten von Maastricht hinter ihnen lagen, hätten die Mitglieder der EG mit der Realisierung ihrer Beschlüsse beginnen können. Doch 1992 geriet das europäische Währungssystem aus der Balance. Die britische Regierung unter John Major zog sich aus dem gemeinsamen Währungsverbund, der die Schwankungsbreite der Wechselkurse festlegte, zurück. Für die restliche Amtszeit folgte eine Periode zunehmender Uneinigkeit über dieses Thema. Nach den Wahlen 1997 trat eine Labour-Regierung unter Tony Blair mit einer komfortablen Mehrheit die Nachfolge an. Was immer man sich von dem wesentlich konzilianteren Ton ihrer neuen Führung gegenüber der EU erhofft haben mochte (im Vergleich zu dem

Mit dem Vertrag von Maastricht wurde der Ausbau der EG forciert. Oberstes Ziel war die Schaffung einer gemeinsamen Währungsunion.

ihrer konservativen Vorgänger), zeigte sich schon bald, dass auch sie aus sehr praktischen Gründen allen weitergehenden Integrationsvorschlägen gegenüber äußerste Distanz wahrte. Das galt insbesondere für das Vorhaben, 1999 eine gemeinsame europäische Währung einzuführen, das eine Mehrheit der Regierungen in der Europäischen Union (EU) unterstützte – wenn auch nicht immer mit der ausdrücklichen Zustimmung ihrer jeweiligen Wählerschaft. Zum 1. Januar 1999 wurde die neue europäische Währung „Euro“ formell zunächst parallel zu den nationalen Zahlungsmitteln eingeführt, obwohl sich nicht alle Mitgliedstaaten an diesem System beteiligten.

Bundeskanzler Helmut Kohl (*1930) und Frankreichs Präsident François Mitterand (1916–1996) beim europäischen Gipfeltreffen 1988 in Hannover. Beide Politiker pflegten eine enge, sachbezogene Partnerschaft und arbeiteten oft Hand in Hand, um die Integration Europas voranzutreiben.

4 DIE BIPOLARE WELT DES „KALTEN KRIEGES“ GERÄT INS WANKEN

Im Dezember 1975 besuchte Gerald Ford als zweiter US-Präsident China. Die Veränderung in den tief verwurzelten Einstellungen seines Landes gegenüber der kommunistischen Volksrepublik hatte damit begonnen, die Lektionen aus der Vietnam-Katastrophe Schritt für Schritt anzunehmen. Auf chinesischer Seite wurde der Wandel eher als Teil einer langfristigen Perspektive gesehen. Er galt der Übernahme einer international wie regional verantwortlichen Rolle, die der historischen Bedeutung sowie dem Potenzial des Landes entsprach. Dieser Prozess hatte bereits 1911 begonnen, sich aber erst 1949 verwirklicht. In den 70er Jahren kam er zu einem Abschluss. Erst danach war es möglich, normale Beziehungen zu den Vereinigten Staaten aufzubauen. Förderlich war, dass die Chinesen damals über die sowjetische Politik, die sie als expansiv und bedrohlich empfanden, beunruhigt waren. In einem chinesisch-amerikanischen Abkommen machten die USA das Zugeständnis, die Streitkräfte aus Taiwan zurückzuziehen und die offiziellen diplomatischen Beziehungen zur nationalchinesischen Regierung des Inselstaats abzubrechen.

Nach dem Tod von Mao Tse-tung begann für China ein neuer Abschnitt seiner Geschichte. Bevor Deng Xiao-ping die Führung der Kommunistischen Partei und des Landes übernehmen konnte, musste er sich zunächst den Herausforderungen des extremen linken Flügels stellen. Die „Viererbande“, seine wichtigsten Gegenspieler, wurde verhaftet und eingesperrt. Das Bild zeigt Maos Witwe Jiang Qing bei ihrem Prozess, in dem sie zum Tod verurteilt wurde.

CHINA NACH MAO

Mao Tse-tung war 1976 gestorben. Die Bedrohung durch die Machtübernahme einer „Viererbande“ seiner politischen Helfer (darunter seine Witwe), die eine aktive Rolle in der Kulturrevolution gespielt hatten, wurde schon bald durch ihre Verhaftung (und offensichtlich auch durch einen Prozess und ihre Bestrafung im Jahr 1981) abgewendet. Die neue Führung wurde von Parteiveteranen beherrscht, die schnell klar stellten, dass sie die Ausschreitungen der Kulturrevolution rückgängig machen wollten. 1977 trat Deng Xiaoping, der unter Mao zweimal in Ungnade gefallen war und als Befürworter eines gegensätzlichen Kurses galt, der Regierung als Vizepremier bei.

Individuellen Unternehmensinitiativen und Profitstreben wurde nun freie Hand gelassen, und es wurden Wirtschaftskontakte zu nicht kommunistischen Staaten gefördert. Ziel dieser Politik war es, technologische und industrielle Modernisierungsprozesse voranzutreiben. 1981 formulierte das Zentralkomitee der Kommunistischen Partei diesen neuen Kurs in einer Plenarsitzung. Es stellte sich auch der heiklen Aufgabe, die positiven Errungenschaften Mao Tse-tungs, eines „bedeutenden proletarischen Revolutionärs", abzugrenzen von seinen angeblichen „groben Fehlern", seiner persönlichen Verantwortung für die Rückschläge beim „großen Sprung nach vorn" und – wichtiger noch – von der Kulturrevolution.

Die Modernisierung des Landes

Trotz häufiger Wechsel in der KP-Führung, trotz undurchsichtiger Debatten und dem Austausch von Schlagworten, die auch weiterhin die politischen Realitäten vernebelten, und trotz der Tatsache, dass Deng und seine Verbündeten mit einer kollektiven Führung zusammenarbeiten mussten, die auch streng Konservative umfasste, wurden die 80er Jahre von der neuen Strömung erfasst. Sie entschied auch die Frage, die 30 Jahre lang das Herz der Partei – und damit auch den Kern des Landes – bewegt hatte: Die Modernisierung Chinas erhielt gegenüber dem Sozialismus marxistischer Prägung Vorrang. Dies durfte allerdings nicht offen zugegeben werden. Der Generalsekretär der Partei verkündete 1986 zwar überraschend: „Marx und Engels können unsere Probleme nicht lösen", und wurde kurz darauf abgelöst. Die marxistische Terminologie aber zog sich nach wie vor durch die Rhetorik der Regierenden. Einige behaupteten zwar, China habe den „kapitalistischen Weg" beschritten – doch auch dies blieb eher undeutlich. Es gab jedoch in der Partei wie auch in der Regierung eine klare Vorstellung über die Notwendigkeit einer sinnvollen Wirtschaftsplanung. Neu war die Anerkennung ihrer praktischen Grenzen und die Bereitschaft sorgfältiger Unterscheidung zwischen dem, was möglich war, und dem, was auch durch Regulierungsmaßnahmen nicht möglich war, um die wesentlichen Ziele – wirtschaftliche wie nationale Stärke und die Verbesserung des Lebensstandards auf einer

Deng Xiao-ping (1904–1997) trat 1925 der Kommunistischen Partei bei und nahm am „Langen Marsch" teil. Er trat von seinen Ämtern als stellvertretender Ministerpräsident (seit 1952) und Sekretär des Zentralkomitees der KPC 1967 zurück, als er während der Kulturrevolution persönlich angegriffen wurde. 1973 wurde er stellvertretender Vorsitzender der Partei und übernahm nach Maos Tod faktisch deren Führung.

möglichst breiten, gemeinsamen Stufe – zu erreichen. Eine dieser bemerkenswerten Änderungen bestand in der faktischen Privatisierung der Landwirtschaft während der nächsten Jahre. Die Bauern – obwohl sie nicht Eigentümer des von ihnen bearbeiteten Landes waren – sollten ihre Erzeugnisse frei auf den Märkten verkaufen können. Neue Schlagworte, etwa „Es ist herrlich, reich zu werden!", kamen in Umlauf, um die Entwicklung lokaler Industrieunternehmen und Handelsaktivitäten zu ermutigen. Einen weiteren praktischen Schritt in diese Richtung bezeichnete man als „Weg der vier Modernisierungen". Besondere Wirtschaftsregionen dienten als Freihandelsenklaven mit der kapitalistischen Welt. Die Erste entstand in Kanton, dem historischen Zentrum des chinesischen Handels mit dem Westen. Es war eine Politik, die ihren Preis forderte: Zunächst verringerte sich die Getreideproduktion, dann traten in den 80er Jahren inflationäre Tendenzen auf, und gleichzeitig stieg die Auslandsverschuldung.

Inoffiziell wurde seit den 80er Jahren in China die Modernisierung des Landes vorangetrieben, auf Kosten der Durchsetzung des Sozialismus.

Schüler einer weiterführenden Schule in der Provinz. 1949 betrug die Zahl der Analphabeten noch etwa 80 Prozent. Die immensen Anstrengungen der Regierung zeitigten jedoch große Erfolge: 93 Prozent der Bevölkerung hat inzwischen Zugang zu einer Hauptschulerziehung, und 51 Prozent besuchen weiterführende Schulen. 1987 hatte die Kombination der Schulreform mit Alphabetisierungskampagnen für Erwachsene die Zahl derjenigen, die nicht lesen konnten, auf 30,5 Prozent gesenkt.

Die wirtschaftliche Entwicklung

Die wirtschaftlichen Erfolge dieser Politik sind nicht zu bezweifeln. In den 80er Jahren zeigte sich, dass das chinesische Festland vielleicht das gleiche „Wirtschaftswunder" wie der Inselstaat Taiwan schaffen konnte. 1986 war das Land der zweitgrößte Kohleproduzent der Welt und der viertgrößte Stahlerzeuger. Das Pro-Kopf-Einkommen der Landbevölkerung verdreifachte sich nahezu, und 1988 schätzte man, dass eine Durchschnittsfamilie auf dem Land sechs Monatseinkommen als Rücklage bei der Bank gespart hatte. Bei einer langfristigeren Betrachtungsweise scheinen die Unterschiede sogar noch größer zu sein, wenn man die Schäden mit einbezieht, für die der „Große Sprung nach vorn" und die Kulturrevolution verantwortlich waren. Der Wert des Außenhandels stieg zwischen den 50er und der Mitte der 80er Jahre grob geschätzt um das 25-fache an. Die sozialen Errungenschaften, die diesen Wandel begleiteten, waren ebenso deutlich: eine zunehmende Versorgung mit Nahrungsmitteln und ein Anstieg der Lebenserwartung, das faktische Verschwinden vieler tödlicher Krankheiten sowie ein gewaltiger Rückgang des allgemeinen Analphabetentums. Chinas kontinuierliches Bevölkerungswachstum war zwar alarmierend und führte zu strengen staatlichen Eingriffen, aber es hatte die Früchte des Wirtschaftsaufschwungs – anders als in Indien – nicht wieder verschlungen.

Die internationalen Beziehungen

Der neue chinesische Kurs verband Modernisierung mit politischer Stärke. So reflektierte er zugleich die Ansprüche der Reformer der „Bewegung des 4. Mai" und diejenigen ihrer Vorgänger. Aber Chinas internationales Gewicht war schon in den 50er Jahren deutlich geworden. Jetzt wirkte es auf neue ungewohnte Weise auf die Weltpolitik ein.

Ein wichtiges Signal dafür war 1984 das Abkommen mit Großbritannien über die Wiedereingliederung Hongkongs, aus dem sich die Briten 1997 vereinbarungsgemäß zurückziehen sollten. Ein späterer Vertrag behandelte die Rückgabe Macaos durch die Portugiesen.

Ein Makel für die generelle Anerkennung der chinesischen Haltung war Vietnam, das in einem Umfeld nachbarschaftlich wohlgesonnener Staaten seine feindliche Einstellung gegenüber China bewahrte. Die Beziehungen Chinas zu Vietnam führten schließlich sogar zu kriegerischen Auseinandersetzungen, als beide um die Vormachtstellung in Kambodscha stritten. Die Taiwanesen dagegen waren einigermaßen durch das chinesische Versprechen beruhigt, dass eine Wiedereingliederung der Insel in die Volksrepublik zu gegebener Zeit nicht ihr ökonomisches System in Frage stellen würde. Die gleiche Zusicherung wurde Hongkong gegeben. Wie schon die Einrichtung besonderer Freihandelszonen im Mutterland belegten derartige Erklärungen die Bedeutung, die Chinas neue Herren dem Handel beimaßen. Allein schon die Größe Chinas gab einer derartigen politischen Richtung großes Gewicht. 1985 war ganz Ost- und Südostasien zu einem einzigen Wirtschaftsraum mit einem vorher nicht gekannten Potenzial verschmolzen.

Die asiatischen Tiger

Die vier so genannten asiatischen „Tiger“ – Taiwan, Südkorea, Hongkong und Singapur – erfreuten sich während der 70er Jahre hoher Wachstumsraten, die im krassen Gegensatz zu der Krise standen, welche die Industrie der entwickelten Länder erfasst hatte. Heute gehören diese Staaten zu den am höchsten industralisierten der Welt. Nach 1970 konnten sie von einer konstanten jährlichen Wachstumsrate um 7 Prozent ausgehen – trotz der Tatsache, dass sie Öl importieren müssen und nur über wenige eigene natürliche Ressourcen verfügen. Den augenscheinlichen Wandel ihrer Wirtschaftssysteme brachte der Export. Wurden 1964 nur 1,4 Prozent des Welthandels über diese Länder abgewickelt, waren es 1983 schon 5,7 und 1989 8,4 Prozent. In dem Jahr gehörten alle vier Länder bereits zu den Top-15-Exportnationen für Verarbeitungsgüter, besonders bei Schuhen, Bekleidungsartikeln und anderen Textilien, elektronischen Geräten, Plastikprodukten und Spielzeug. Das bemerkenswerte und rapide Wirtschaftswachstum der Tigerstaaten ist zum Teil durch kulturelle Faktoren erklärbar, aber auch durch die Verfügbarkeit einer großen und billigen Arbeitnehmerschaft.

Arbeiter bauen Fernsehgeräte in einer Fabrik in Taipei (Taiwan) zusammen.

JAPANS WIRTSCHAFT

Innerhalb der asiatischen Freihandelszone entstanden in den 80er Jahren so rasch neue Zentren wirtschaftlicher Aktivität, dass diese es allein schon rechtfertigen zu behaupten, die alte globale Balance ökonomischer Machtverteilung habe sich aufgelöst. Südkorea, Taiwan, Hongkong und Singapur hatten das Image unterentwickelter Wirtschaften abgeworfen. Malaysia, Thailand und Indonesien hatten um 1990 deutlich aufgeholt. Ihr Erfolg war Teil des gesamtostasiatischen Erfolgs und wäre ohne die Rolle Japans kaum möglich gewesen. Die Schnelligkeit, mit der Japan – wie auch China – seinen früheren Status als Machtfaktor wiedererlangte (und sogar noch übertraf), hatte selbstverständlich Auswirkungen auf das Gleichgewicht der Kräfte sowohl in Asien als auch in der Welt. 1970 erreichten die Japaner bereits das zweithöchste Bruttosozialprodukt in der nichtkommunistischen Welt. Sie hatten ihre industrielle Basis erneuert und gingen mit großem Erfolg einer neuen Ära der Manufaktur entgegen. Erst 1951 war auf einer japanischen Werft das erste für den Export bestimmte Schiff gebaut worden. 20 Jahre später hatte das Land bereits die größte Schiffbauindustrie der Welt errichtet. Zur gleichen Zeit nahm es eine Spitzenstellung in der Konsumgüterindustrie ein, wie etwa bei elektronischen Geräten oder Automobilen, von denen Japan mehr als jedes andere Land der Welt (ausgenommen die USA) produzierte. Bei den amerikanischen Herstellern rief dies deutliche Ressentiments hervor. 1979 wurde vereinbart, dass Autos „Made in Japan“ auch in England produziert werden konnten. Dies war der Anfang der Durchdringung des EWG-Marktes. Auf der Negativseite dieses Prozesses stand eine schnell wachsende Bevölkerung und – bedingt durch das Wirtschaftswachstum – die Zerstörung der Umwelt sowie negative Auswirkungen auf die Lebensbedingungen in den Städten.

Die Veränderung der japanischen Gesellschaft

Japan wurde lange von den Umständen begünstigt. Der Vietnam- wie auch schon der Korea-Krieg hatten sich vorteilhaft für das Land ausgewirkt. Auch der amerikanische Druck während der Besatzungszeit, eher zu investieren als zu konsumieren, war hilfreich gewesen. Aber Menschen müssen aktiv werden, um glückliche Umstände auszunutzen – und die Einstellung der Japaner war von entscheidender Bedeutung.

Das Japan der Nachkriegszeit konnte einen ungeheuerlichen Stolz und eine unübertroffene Bereitschaft zu kollektiver Arbeit aufbieten. Beides entsprang einem tiefen Zusammengehörigkeitsgefühl und der Fähigkeit des Einzelnen, sich gemeinschaftlichen Zielen unterzuordnen, wie es schon immer die japanische Gesellschaft ausgezeichnet hatte. Es mag noch zu früh sein, um zu beurteilen, inwieweit demokratische Institutionen in der japanischen Gesellschaft verankert sind. Aber nach 1951 tauchte schon bald ein unausgesprochener Konsens über die Herrschaft einer einzigen Partei auf. (Die Irritation darüber drückte sich dann aber schnell in dem Aufkommen extremerer Gruppierungen aus, von denen einige antiliberal waren.) Eine zunehmende Verunsicherung machte sich auch bei der Rolle der traditionellen Wertvorstellungen und Institutionen bemerkbar.

Die Auswirkungen der Überbevölkerung und der unaufhaltsam steigenden Grundstückspreise verdeutlicht dieser Blick auf Reihenhäuser, die unter einer Eisenbahnbrücke in Tokio gebaut wurden.

Japans neue internationale Rolle

Der wirtschaftliche Aufschwung trug ebenfalls zu einer Änderung der japanischen Außenpolitik bei. Seine ökonomische Stärke machte den Yen zu einem international wichtigen Zahlungsmittel und zog Japan in die europäische Währungsdiplomatie hinein. Sein Reichtum verstrickte das Land in die Angelegenheiten vieler Weltregionen. Im pazifischen Raum wurde Japan zu einem wichtigen Abnehmer für Primärprodukte, im Nahen Osten zum besten Kunden für Rohöl. Die Europäer empfanden die japanischen Beteiligungen als alarmierend, und die Importe ihrer Manufakturwaren bedrohten Europas Produzenten. Selbst die Versorgung mit Nahrungsmitteln führte zu internationalen Streitigkeiten: 90 Prozent des japanischen Proteinbedarfs wurde durch den Fischfang gedeckt, und dies warf die Frage auf, ob ein Überfischen wichtiger Fanggründe durch die Japaner zu befürchten sei. Diese und andere Probleme veränderten die Atmosphäre der Außenbeziehungen insbesondere im pazifischen Raum. Gerade diesen Ländern gegenüber nahm Japan in den 60er Jahren zunehmend eine Rolle ein, die derjenigen Deutschlands gegenüber seinen mittel- und osteuropäischen Nachbarn vor 1914 ähnelte. Japan war zum weltweit größten Importland für Rohstoffe geworden. Vor allem Neuseeland und Australien etwa sahen ihre Wirtschaft zunehmend an den japanischen Verbrauch gekoppelt, statt wie früher an den britischen Markt. Beide Nationen lieferten in erster Linie Fleisch, Australien dazu noch Rohstoffe, vor allem Kohle und Eisenerz.

Auf dem asiatischen Festland beklagten sich vor allem die Sowjetunion und Südkorea über die japanische Fischereipolitik und fügten so der langen Geschichte wirtschaftlicher Einmischung ein weiteres Kapitel zu. Südkorea war nach den USA Japans zweitgrößter Absatzmarkt, und die Japaner nahmen ihre Investitionsanstrengungen dort nach 1951 wieder auf. Dies belebte zunächst ein traditionelles Misstrauen in dem Land. Südkoreas Nationalismus war so bedrohlich antijapanisch, dass es sich der Präsident des Landes leisten konnte, seine Landsleute aufzurufen, sich „wie ein Mann" nicht etwa gegen die feindlichen Nachbarn im Norden, sondern gegen Japan zu vereinigen. Nur 20 Jahre später blickten die japanischen Autohersteller entsetzt auf ihre dynamischen Konkurrenten, die sie einst selbst erschaffen hatten. Zu diesen Problemen kam Japans Abhängigkeit von der Energieeinfuhr. Es versetzte dem Land also einen schlimmen Schock, als in den 70er Jahren die Rohölpreise in die Höhe schossen. Doch all diese Sorgen schienen das Wachstum nicht ernsthaft zu gefährden. Hatte der Wert der japanischen Ausfuhr in die USA 1971 noch einen Umfang von 6 Milliarden Dollar, so betrug er 1984 bereits das Zehnfache dieser Summe. Am Ende der 80er Jahre war Japan – gemessen am Bruttosozialprodukt – zur zweitstärksten Wirtschaftsmacht der Welt geworden. Als sich seine Industriellen dann der hoch spezialisierten Informationstechnologie und der Biotechnologie zuwandten, war es offensichtlich, dass das traditionsreiche Land seine Fähigkeit zur Selbstdisziplin und Anpassung nicht verloren hatte.

Die Industrie in Japan beschäftigt ein Drittel der arbeitsfähigen Bevölkerung. Sie besteht aus riesigen, hochmodernen Komplexen, die mit kleinen Familienbetrieben koexistieren. Die Autobranche (hier ein Bild aus den Nissan-Werken) ist eine der weltweit größten für Nutzfahrzeuge und nach derjenigen der USA die zweitgrößte für Personenwagen.

Die Außenpolitik

Größere Macht bedeutete schon immer größere Verantwortung. Das Aufheben der amerikanischen Richtlinienkompetenz wurde 1972 folgerichtig mit der Rückgabe von Okinawa abgeschlossen. Es war eine seiner ersten überseeischen Besitzungen, die Japan zurückerhielt. Offen blieben noch die Frage der Kurilen, die auch das neue Russland immer noch besetzt hält, und das Problem Taiwan, das in den Händen der Nationalchinesen vom kommunistischen Mutterland beansprucht wird. Die japanische Haltung in all diesen Fragen blieb reserviert.

All diese Probleme schienen nach dem Umbruch der asiatischen Szenerie durch die Wiederbelebung der chinesischen und japanischen Größe nach einer Revision zu verlangen. Der chinesisch-sowjetische Streit gab Japan dann noch mehr Freiheit, um sowohl gegenüber seiner östlichen Schutzmacht, den USA, als auch gegenüber China und der Sowjetunion politisch zu manövrieren. Das Dilemma, das eine zu enge Verbindung mit den Amerikanern mit sich bringen könnte, wurde mit dem Eskalieren der Kampfhandlungen in Vietnam deutlich. Der Handlungsspielraum war zusätzlich da-

Der Handlungsspielraum Japans war auf Grund der Bedrohung durch Nuklearwaffen stark eingeschränkt. Deren Wirkung das Land bereits leidvoll erfahren müssen.

durch eingeschränkt, dass 1970 alle drei Großmächte der Region im Besitz von Nuklearwaffen waren. Japan kannte – besser als alle anderen Staaten – deren Wirkung, aber es bestand kein Zweifel darüber, dass es sie ebenfalls innerhalb kürzester Zeit herstellen konnte, wenn es dies für notwendig erachtete.

Alles in allem barg Japans Position die Möglichkeit, verschiedene Richtungen einzuschlagen. 1978 besuchte der chinesische Vizepräsident Tokio. Im gleichen Jahr war der Umfang des chinesisch-japanischen Handels genauso groß wie der zwischen China und den USA und Westdeutschland zusammengenommen. Kein Zweifel: Japan war wieder eine Weltmacht.

DER INDISCHE SUBKONTINENT

Indiens Aufstieg zur Weltmacht ist wahrscheinlich eine der großen Überraschungen der zweiten Hälfte des 20. Jahrhunderts. Das Land startete mit vielen Vorteilen in die Unabhängigkeit, die so weder Japan, das erst mit seiner Niederlage fertig werden musste, noch andere ehemals von Europa abhängige Territorien genießen konnten. Das Land hatte 1947 eine funktionierende Verwaltung, gut ausgebildete und zuverlässige Streitkräfte, eine gebildete Führungsschicht, etwa 70 Universitäten, das Wohlwollen einer internationalen Öffentlichkeit und die eigene Bereitschaft, die Polarisierung der Welt im Zeichen des „Kalten Krieges“ für sich selbst auszunutzen. Indien sah sich zwar schon damals mit den Problemen der Armut, der Unterernährung und verheerender Epidemien konfrontiert, aber das Gleiche galt auch für China. Der Unterschied zwischen beiden Ländern war in den 80er Jahren jedoch gewaltig und für jeden sichtbar. Die Straßen der chinesischen Städte waren um 1970 voller zweckmäßig, wenn auch düster gekleideter, vor allem aber wohlgenährter Menschen. Diejenigen Indiens dagegen zeigten dem Beobachter erschreckende Beispiele von Elend und Krankheit.

Hindu-Fundamentalisten verbrennen Polizeiautos in Ayodhya während der religiösen Ausschreitungen, die Indien 1990 erschütterten.

Innere Zerrissenheit

Wenn man Indiens problematische Entwicklung betrachtet, ist es leicht, eine pessimistische Auswahl zu treffen. Es gab aber auch durchaus Bereiche eines substanziellen und beeindruckenden Wandels. Solche Errungenschaften wurden jedoch durch die Tatsache gemindert, dass das Wirtschaftswachstum fast von der Bevölkerungszunahme eingeholt wurde. Die meisten Inder blieben so arm oder waren nur graduell besser gestellt als jene, die 1947 die Unabhängigkeit des Landes begrüßt hatten.

Man sagt, dass es eine gewaltige Leistung gewesen sei, den indischen Bundesstaat zusammenzuhalten, insbesondere angesichts der zerklüfteten Natur des Landes und seiner latenten Uneinigkeit. Aber in den 80er Jahren zeigte sich, dass selbst dieser Erfolg seine Gültigkeit zu verlieren schien. Das Streben der Sikhs nach Eigenständigkeit wurde der Weltöffentlichkeit mit aller Deutlichkeit offenbar, als Extremisten 1984 die Regierungschefin Indira Gandhi ermordeten, nachdem zuvor die Armee einen Angriff auf einen Tempel der Sikhs, ihr höchstes Heiligtum, in Amritsar unternommen hatte. In den folgenden sieben Jahren wurden mehr als 10 000 militante Sikhs, unbeteiligte Opfer, aber auch Sicherheitskräfte getötet. Kämpfe mit Pakistan wegen der Kaschmir-Frage brachen gegen Ende des Jahrzehnts erneut aus, und 1990 wurde offiziell zugegeben, dass in diesem Jahr 890 Menschen bei den Auseinandersetzungen zwischen Hindus und Moslems, den schwersten seit 1947, umgekommen waren. Es galt als bedrohliches Signal, dass als Reaktion auf die Gefahr eines Auseinanderbrechens des Landes eine orthodoxe und in höchstem Maße konservative Hindu-Partei die Bühne der indischen Politik betrat und erstmals ernsthaft die Vormachtstellung der regierenden Kongresspartei herausforderte.

Indien wurde in den vergangenen Jahrzehnten durch Machtkämpfe zwischen der Kongress- und der Janata-Dal-Partei, durch Grenzkonflikte mit Pakistan und religiöse Streitigkeiten innerlich zerrissen. Ministerpräsidentin Indira Gandhi wurde 1984 Opfer eines Attentats. Hier ein Foto von ihr und ihrem Sohn Rajiv, der ebenfalls während des Wahlkampfs (1991) ermordet wurde.

Dynastische Politik

Die dominierende Rolle der Kongresspartei blieb trotz äußerer Bedrohungen ungebrochen. 40 Jahre nach der Unabhängigkeit war sie gegenwärtiger denn je, nicht so sehr im Sinne einer politischen Partei europäischen Zuschnitts, sondern vielmehr als landesweite Koalition aus Interessengruppen, Amtsinhabern und Mäzenen. Dies gab dem Kongress einen an sich eher konservativen Charakter. Nachdem die Briten abgezogen waren, verstand er es nie als seine Aufgabe, Veränderungen herbeizuführen, sondern eher sich ihnen anzupassen. In der dynastischen Struktur der indischen Regierung wurde dies deutlich symbolisiert. Auf Jawaharlal Nehru folgte – nach kurzer Übergangszeit – seine Tochter Indira Gandhi als Premierministerin und nach ihrer Ermordung ihr Sohn Rajiv Gandhi. Als auch er von einem Attentäter getötet wurde (er war zu der Zeit allerdings nicht Regierungschef),

In Indien etablierte sich nach dem Abzug der Briten eine Art Herrscherdynastie. Erst nach dem Tod von Indira Gandhis Sohn erhielten auch andere Politiker und Parteien die Chance zur Regierungsbildung.

Mehrere Monate lang besetzten bewaffnete Sikh-Extremisten den Goldenen Tempel in Amritsar. Die indische Armee eroberte das Gebäude schließlich in dreitägigen Kämpfen zurück, tötete die Anführer der Extremisten und hinterließ den mehr als 200 Jahre alten Tempel als Ruine.

versuchten einflussreiche Mitglieder des Kongresses in einer reflexartigen Handlung, seine Witwe zur Parteiführung zu überreden.
Dank demokratischer Wahlen gelang es kurzfristig jedoch auch anderen Parteien, die Regierungsverantwortung zu übernehmen. Indira Gandhi war 1977 von der Janata-Dal-Partei geschlagen worden, die Indien die erste Regierung, die nicht vom Kongress gestellt wurde, bescherte. 1980 fiel die Macht wieder an den Kongress unter Indira Gandhi zurück. Ihr Sohn erreichte 1984 einen überwältigenden Wahlsieg und festigte die Stellung seiner Partei bis zu den Wahlen von 1989, als er durch eine Minderheitskoalition der Janata-Dal-Partei mit linksgerichteten Gruppierungen abgelöst wurde. Auch dieser Regierung gehörten zwei Mitglieder der Nehru-Familie an.

Das Erbe aus Indiens Vergangenheit

Es ist schwer, nicht mit dem banalen Klischee zu argumentieren, dass das Gewicht seiner Vergangenheit schwer auf Indien lastete und keinerlei dynamische Kraft in Sicht war, das Land davon zu befreien.

Es war symptomatisch, dass der Augenblick der nationalen Unabhängigkeit auf das Jahr 1947 um Mitternacht festgesetzt wurde: Die Briten hatten keine Astrologen hinzugezogen, um einen bewusst verheißungsvollen Tag dafür zu bestimmen, deshalb war der Moment zwischen zwei Tagen als Geburtsstunde der neuen Nation gewählt worden.

Die Teilung des Landes hatte die Gemeinschaft zu einer eher hindudominierten Regierungsform geführt. 1980 ging der letzte noch von den Briten eingestellte Zivilbeamte in den Ruhestand.

Indien hat immer noch nicht den Punkt erreicht, an dem es sich seiner Modernisierungsanstrengungen sicher sein kann. Es lebt weiterhin im Bewusstsein des Widerspruchs zwischen dem aufgepfropften politischen System der westlichen Demokratien und seiner traditionellen Gesellschaftsstruktur. Trotz aller wichtigen Erfolge vieler seiner hingebungsvollen Führungspersönlichkeiten blockiert das fest verwurzelte Erbe mit all seinen Privilegien, Ungerechtigkeiten und seiner Ungleichheit immer noch den Weg des Landes. Vielleicht haben jene, die 1947 an seine Zukunft glaubten, einfach nicht erkannt, wie schwierig und schmerzvoll der grundlegende Wandel zu sein hatte.

DIE ISLAMISCHE WELT

Indiens Nachbar Pakistan wandte sich bewusst einem Aspekt der eigenen Tradition zu, dem Islam, und wurde so Mitglied einer Erneuerungsbewegung, die den Großteil der muslimischen Welt erfasst hatte. Nicht zum ersten Mal in den vergangenen Jahrzehnten hatten westliche Politiker somit die Gelegenheit, sich die Ausdehnung des islamischen Glaubensbekenntnisses zu verdeutlichen, das sich von Marokko im Westen bis nach China im Osten erstreckte.

Unter ihnen beherbergen Indonesien, das größte südostasiatische Land, Pakistan, Malaysia und Bangladesch nahezu die Hälfte aller Muslime weltweit. Neben diesen Ländern und der arabischen Welt sind große Teile der ehemaligen Sowjetunion und Nigerias, der bevölkerungsreichste Staat Afrikas, islamisch geprägt. (Bereits 1906 war die zaristische Regierung durch die Revolution in Persien und ihre möglicherweise aufrührerische Wirkung auf die muslimischen Bevölkerungsteile Russlands beunruhigt.)

Doch die neue Sichtweise der islamischen Welt brauchte Zeit, um in das westliche Bewusstsein zu dringen. Bis weit in die 70er Jahre hinein dachte man vor allem an die arabischen Staaten des Nahen Ostens und insbesondere an die wohlhabenden Ölstaaten unter ihnen, wenn vom Islam die Rede war.

Der „Kalte Krieg" und der Islam

Diese sehr beschränkte Wahrnehmung der islamischen Staaten – die Offenheit gegenüber ihren Problemen änderte sich schlagartig nach der Ölkrise von 1974 – war lange Zeit durch die Anschauungen des „Kalten Krieges" verdüstert und verwirrt. Die Umrisse dieses Konflikts schienen manchmal älteren Mustern zu folgen. Einige politische Beobachter sahen in dem Bestreben der Sowjetunion nach mehr Einfluss in dieser Region einen traditionellen Wunsch russischer Politik, der seiner Erfüllung noch nie so nahe gekommen war. Die UdSSR hatte 1970 eine weltweite Flottenpräsenz als Konterpart zu derjenigen der Amerikaner aufgebaut und sich selbst im Indischen Ozean, der einzigen maritimen Region, in der es noch nicht zu Zusammenstößen gekommen war, festgesetzt. Nach dem Abzug der Briten aus Aden im Jahr 1967 wurde die dortige Militärbasis mit dem Einverständnis der südjemenitischen Regierung von den Sowjets genutzt.

All dies geschah während einer Zeit, zu der die Amerikaner weiter südlich ernsthafte strategische Rückschläge erlitten. Das allmähliche Übergreifen des Kalten Krieges auf das Horn von Afrika und die ehemaligen portugiesischen Kolonien verlieh den Ereignissen, die weiter nördlich stattfanden, ein besonderes Gewicht.

Trotz des lange währenden westlichen Einflusses hat die indische Gesellschaft niemals ihre tief verwurzelten Traditionen aufgegeben. Heilige Kühe, wie hier in den Straßen von Bombay, sind immer noch ein alltäglicher Anblick.

Gläubige Anhänger versuchen Ayatollah Khomeini (1900–1989), den religiösen und revolutionären Führer des Iran, der nach 15 Jahren aus seinem Pariser Exil nach Teheran zurückkehrt, zu berühren (Februar 1979). Khomeini errichtete schon bald eine „Islamische Republik". Diejenigen, die in Opposition zum neuen Regime standen, wurden inhaftiert oder hingerichtet.

DER NAHE OSTEN

Langfristig hatte die Sowjetunion offensichtlich nicht von dem Durcheinander in der amerikanischen Politik, wie sie sich bis Mitte der 70er Jahre im Nahen Osten präsentierte, profitiert. Ägypten hatte inzwischen mit Syrien gebrochen und sich den Vereinigten Staaten zugewandt, in der Hoffnung, so ohne Gesichtsverlust zu einem Friedensschluss mit Israel zu gelangen. Als die Generalversammlung der Vereinten Nationen 1975 den Zionismus als eine Form des Rassismus verurteilte und der PLO einen Beobachterstatus in diesem Plenum zubilligte, war eine zunehmende Isolation Ägyptens durch die anderen arabischen Staaten die Konsequenz. Damals verübte die PLO nicht nur Anschläge auf Israel, sondern trieb nördlich seiner Grenzen auch den Libanon, einst das Aushängeschild westlicher Kultur, in den Ruin.

Obwohl die nichtislamische Welt Beifall spendete, als sich im folgenden Jahr die Regierungschefs Israels und Ägyptens, Begin und Sadat, in Washington trafen, um einem Friedensvertrag zuzustimmen, der den israelischen Rückzug von der Sinai-Halbinsel vorsah, musste Ägypten einen hohen Preis dafür zahlen. Drei Jahre später wurde Sadat von Fanatikern ermordet, die glaubten, er habe die palästinensische Sache verraten.

Dieses begrenzte Abkommen zwischen Israel und Ägypten war vor allem US-Präsident Carter zu verdanken, der die Wahlen von 1976 für die Demokraten gewonnen hatte. Amerikas Moral war zu jenem Zeitpunkt durch Rückschläge angekratzt, die allerdings nicht durch die Nahostpolitik verursacht waren. Der Vietnam-Krieg hatte einen Präsidenten in den Abgrund gerissen, und die Amtszeit seines Nachfolgers war auf den amerikanischen Rückzug aus Vietnam und das Waffenstillstandsabkommen von 1973 aufgebaut. Im Hintergrund existierte zusätzlich noch die Furcht vieler Amerikaner vor der wachsenden Stärke der sowjetischen ballistischen Interkontinentalraketen. All dies beeinflusste Amerikas Reaktion auf ein völlig unvorhergesehenes Ereignis im Jahr 1979, das den USA einen schweren Schlag versetzte. Es war dies der Sturz des Schahs im Iran.

Die Hinwendung Ägyptens zu den USA und die Versöhnung mit Israel schafften eine völlig neue Situation im Nahen Osten.

Die iranische Revolution

Lange Zeit war er als zuverlässiger Verbündeter der Günstling Amerikas gewesen, doch im Januar 1979 wurde der Schah von Persien, Mohammed Reza Pahlevi, von einer Koalition aus aufgebrachten Liberalen und islamischen Konservativen von seinem Thron und aus dem Land getrieben. Der Versuch, eine verfassungsmäßige Regierung zu bilden, scheiterte bald, als sich die öffentliche Meinung massenhaft hinter die islamische Gruppierung stellte. Irans traditionelle Pfade und soziale Strukturen waren durch die Politik einer Modernisierung um jeden Preis, die der Schah von seinem Vater übernommen und rücksichtslos fortgesetzt hatte, völlig aus dem Ruder gelaufen. Unmittelbar nach der Revolution entstand eine schiitische „Islamische Republik", geführt von alten, fanatischen Geistlichen unter Ruhollah Mussawi Khomeini.

Die USA beeilten sich, wenn auch vergeblich, das neue Regime anzuerkennen. Sie wurden als Förderer des alten Systems und als beispielhafte Verkörperung des Kapitalismus und westlichen Materialismus gebrandmarkt. Es war nur wenig beruhigend, dass sich die Sowjetunion den gleichen Schmähungen durch die iranischen Religionsführer ausgesetzt sah. Einige Amerikaner fühlten sich deshalb bestärkt, als das besonders aggressive Baath-Regime im Irak Front gegen die neue Führung des Iran machte. Angeheizt wurde dieser Konflikt zusätzlich durch die traditionelle Feindschaft zwischen mesopotamischen Sunniten und persischen Schiiten. Im Juli 1979 über-

Nach der Absetzung und Vertreibung Schah Reza Pahlewis wurde der Iran 1979 eine „Islamische Republik".

nahm Saddam Hussein die Präsidentschaft in Bagdad – sehr zur Freude des amerikanischen Außenministeriums: Wie es schien, würde er mit der iranischen Bedrohung der Golfregion fertig werden.

Antiwestliche Ressentiments

Die iranische Revolution bedeutete weit mehr als nur den Verlust eines einzelnen Partnerstaats. Obwohl es zunächst nur eine Koalition der Enttäuschten gewesen war, die den Sturz des Schahs möglich gemacht hatte, zeigte eine schnelle Rückkehr zu archaischen Traditionen (besonders überraschend in der Behandlung der Frauen), dass mehr als nur ein Herrscher abgelöst worden war. Die Islamische Republik war auch ein Ausdruck der weltweiten Wut vieler Muslime (besonders in den arabischen Ländern) über den Einbruch westlich geprägter Säkularisierungstendenzen und dem Versagen der Versprechungen einer modernen Welt. Im Nahen Osten – wie nirgendwo sonst – hatten der Nationalismus, der Kapitalismus und der Kommunismus bei der Lösung der regionalen Probleme oder zumindest bei der Erfüllung der Leidenschaften und Wünsche, die man geweckt hatte, versagt. Muslimische Fundamentalisten waren davon überzeugt, dass Atatürk wie der Schah und auch Nasser ihre Völker in eine Sackgasse geführt hatten. Islamische Gesellschaften hatten zwar erfolgreich dem Gift eines atheistischen Kommunismus widerstanden, aber vielen Muslimen erschien das Gift der Verwestlichung nun sogar noch bedrohlicher zu sein. Absurderweise verstärkte die im Westen wachsende Kritik am Kapitalismus diese Gefühle eher noch.

Eine der augenscheinlichsten Auswirkungen der islamischen Revolution betrifft die Kleidung der Frauen. Diese hier, auf dem Masala-Platz in Teheran, haben ihre westlichen Kleider gegen den traditionellen Schador getauscht.

Der islamische Fundamentalismus

Die Wurzeln des islamischen Fundamentalismus (um einen groben und lückenhaften Begriff zu benutzen) waren sehr unterschiedlich und reichten tief. Sie umfassten Jahrhunderte des Kampfes gegen das Christentum und wurden seit den 60er Jahren des 20. Jahrhunderts durch die offensichtlich wachsenden Schwierigkeiten der westlichen Nationen einschließlich der UdSSR verstärkt, im Nahen Osten und am Persischen Golf ihren Willen durchzusetzen. Für viele Araber wurde es immer deutlicher, dass das westliche Prinzip der Nationalstaaten, welches seit den 1880er Jahren propagiert worden war, um ein organisatorisches Auffangbecken für das sich auflösende Osmanische Reich zu schaffen, versagt hatte. 100 Jahre später war es nicht mehr zu übersehen, dass die Erbfolgekriege des alten türkischen Reiches noch lange nicht zu Ende waren. Eine eher erfreuliche Form, den unterschiedlichen Ärger zu verbinden, hatte die Macht des Öls und sein Einsatz als Druckmittel und

Waffe geschaffen. Aber es gab seit 1945 auch die wachsende Besorgnis frommer Muslime, dass der Handel und die Kommunikation mit dem Westen wie auch die Versuchungen durch den Westen, die sich den reichen Ölländern boten, eine größere Gefahr für den Islam darstellten als alle früheren Bedrohungen – ausgenommen jene militärischer Natur. Als die Erben Mehmed Alis ihre Söhne nach Harvard und Oxford schickten, befürchtete man, sie würden dort nicht nur akademische Lehren, sondern auch schlechte Gewohnheiten annehmen. Dies schuf innerhalb des Islams böses Blut.

Das jedoch war nicht das Einzige, was die Anhänger des Islams entzweite. Die Feindschaft zwischen Sunniten und Schiiten bestand schon seit Jahrhunderten. Die sozialistische Baath-Bewegung, die nach 1945 viele Moslems inspirierte und die nominell im Irak verankert war, war zu einem Anathema für die Muslimbruderschaft geworden, welche die „Gottlosigkeit" beider Seiten selbst im Streit um Palästina anprangerte. Volksherrschaft war ein politisches Ziel, das die Fundamentalisten ablehnten. Sie strebten vielmehr die Kontrolle der Gesellschaft in all ihren Bereichen durch die strikte Befolgung islamischer Grundsätze an. Schon bald begann sich die Welt daran zu gewöhnen, dass Pakistan gemischte Hockey-Teams verbot, dass Saudi-Arabien Kriminelle durch Steinigungen bis zum Tod und durch die Amputation von Gliedmaßen bestrafte, dass Oman eine Universität aufbaute, in der Männer und Frauen streng getrennt voneinander unterrichtet wurden und noch vieles mehr. Um 1980 waren die Fundamentalisten stark genug, ihre Ziele in einigen islamischen Ländern durchsetzen zu können. Selbst die Studenten in einem vergleichsweise „verwestlichten" Land wie Ägypten stimmten bei ihren Wahlen für die fundamentalistische Sache, und einige der Studentinnen weigerten sich, im Medizinstudium männliche Leichen zu sezieren und verlangten eine nach Geschlechtern getrennte Ausbildung.

1969 unternahmen junge Armeeoffiziere unter der Führung von Hauptmann Muammar al-Gaddhafi (auf dem Bild) einen Militärputsch in Libyen, entthronten König Idris und errichteten einen „Islamischen Staat", der sozialistische und nationalistische Tendenzen in sich aufnahm. Ghaddafi, der sich selbst den Rang eines Oberst verlieh, wird die weltweite Unterstützung terroristischer Vereinigungen nachgesagt. Das ölreiche Land beteiligte sich wiederholt an Anschlägen gegen den Westen.

Bei der Betrachtung islamischer Staaten versagen westliche Erklärungsmuster und sollten deshalb nicht Grundlage von vorschnellen Urteilen sein.

Radikale gegen den Staat

Um die so genannten „fundamentalistischen" Anschauungen (und es ist auf den ersten Blick für westliche Beobachter nur schwer zu erklären, warum beispielsweise studentische „Radikale" für derart eindeutig reaktionäre Dinge Partei ergriffen) in einer langfristigen Perspektive zu verstehen, ist es notwendig, sie ohne jegliche Staats- und Gesellschaftstheorie nur im Kontext des Islams zu begreifen. Selbst in orthodoxen Händen und selbst wenn er Gutes bewirken soll, ist der Staat als solcher kein offensichtlicher und legitimer Faktor im islamischen Denken. Dazu kommt noch, dass die Einführung staatlicher Strukturen in den arabischen Ländern seit dem 19. Jahrhundert eine bewusste oder auch unbewusste Nachahmung westlicher Modelle war. Jugendliche Radikale, die mit linksgerichteten Sozialismen experimentiert hatten (oder mit dem, was sie dafür hielten, und was in jedem Fall ein westlicher Import war), fühlten, dass Staaten oder Nationen keinen besonderen Wert per se besaßen. Um Autorität zu legitimieren – und das erklärt die Anstrengungen, die man deshalb zuerst in Libyen und dann im Iran unternahm –, musste man neue Wege einschlagen. Ob die uralte islamische Abneigung gegen staatliche Institutionen und die Hinwendung zum Stammesdenken und zur Bruderschaft des Islam überleben kann, bleibt abzuwarten.

Politische Gewaltausbrüche in vielen arabischen Staaten verdeutlichten häufig nur die grundlegende Polarisierung zwischen repressiver Autorität auf der einen Seite und einer fundamentalistischen Woge andererseits. In den 80er Jahren sahen sich sowohl Marokko als auch Algerien mit derartigen Problemen konfrontiert. Was diese Situation besonders gefährlich und explosiv machte, war die demographische Lage der Länder. Das Durchschnittsalter in den meisten islamischen Gesellschaften liegt zwischen 15 und 18 Jahren, und der Bevölkerungszuwachs ist rapide und enorm. Die jugendliche Energie und ihre Frustration über mangelnde Zukunftsperspektiven ist zu groß, um eine friedliche Entwicklung vorauszusagen.

Geiselnahme und ihre Folgen

Schon bald nach dem Ausbruch der iranischen Revolution ließen die Studenten in Teheran ihrer Wut freien Lauf, stürmten die amerikanische Botschaft und nahmen Diplomaten und Besucher als Geiseln. Eine geschockte Welt erkannte plötzlich, dass die iranische Regierung die Studenten unterstützte, die Bewachung der Geiseln übernahm und die studentischen Forderungen nach einer Rückkehr des Schahs, um ihm den Prozess zu machen, mittrug. US-Präsident Carter konnte in keine schwierigere Situation geraten – und das zu einem Zeitpunkt, als die amerikanische Politik in der islamischen Welt vor allem mit der sowjetischen Intervention in Afghanistan beschäftigt war.

Ein Abbruch der diplomatischen Beziehungen und Wirtschaftssanktionen waren die erste Reaktion. Dem folgte eine Rettungsaktion zur Befreiung der Geiseln, die aber kläglich scheiterte. Die bedauernswerten Geiseln wurden schließlich auf dem Verhandlungsweg freigelassen und de facto durch die Zahlung eines Lösegeldes: Die iranischen Konten in den USA, die zu Beginn der Revolution eingefroren worden waren, wurden wieder geöffnet. Die tiefe Demütigung der Amerikaner spielte bei weitem nicht die einzige oder wichtigste Rolle in dem Drama.

Unabhängig von dem politischen Nachspiel war die Einbehaltung der Geiseln ein Moment höchster Symbolik. Es war ein weltweiter Schock, der in der einstimmigen Verurteilung durch die Vereinten Nationen seinen Ausdruck fand, und ein Anschlag auf alle Konventionen, dass diplomatische Vertretungen unantastbar sein sollten, wie es zunächst in Europa und dann im Laufe von drei Jahrhunderten in der ganzen zivilisierten Welt üblich war. Das Verhalten der iranischen Regierung machte deutlich, dass das Land nicht bereit war, sich an die allgemein akzeptierten Regeln zu halten. Dies galt als eine glatte Zurückweisung westlicher Vorstellungen und ließ einige im Westen besorgt fragen, was die islamische Revolution noch alles bringen mochte.

Eine Konfetti-Parade zu Ehren der amerikanischen Geiseln im Iran, die schließlich nach 444-tägiger Gefangenschaft freigelassen wurden (New York 1981).

5 DAS ENDE EINER EPOCHE

Jassir Arafat, seit 1969 Führer der PLO, bei einer Rede vor der UN-Vollversammlung im Jahr 1974. Er sprach leidenschaftlich von dem Leid des palästinensischen Volkes und warnte: „Heute halte ich einen Ölzweig und das Gewehr eines Freiheitskämpfers in der Hand. Lassen Sie nicht zu, dass ich den Ölzweig fallen lassen muss ..."

Der Historiker hat die Aufgabe, seinen Bericht aus dem ununterbrochenen Fluss der Ereignisse herauszufiltern. Heute aber beeinflussen die Ereignisse einander weltweit viel stärker als jemals zuvor, wodurch es für den Historiker schwieriger wird, ihre Abfolge zu gliedern. Zudem gibt es zwar grundsätzlich eine stärkere und schnellere Interaktion der Ereignisse, aber ihr Strom fließt nicht gleichmäßig. An einigen Orten ist er langsamer oder wird gehemmt, an anderen ist er dagegen äußerst schnell. Der Verlauf eines Teils der Geschichte entspricht nicht immer dem der anderen Teile. Gleichwohl gibt es zuweilen starke Wellen der Veränderung; eine fast kaleidoskopartige Neuordnung lange akzeptierter Tatsachen und Annahmen, die äußerst wichtige Fragen und weite Gebiete des Lebens betreffen. Plötzlich scheinen neue geistige Koordinatensysteme erforderlich; wir sprechen von Wendepunkten und dem Beginn neuer Zeitalter. Für einen Augenblick scheint die Last der Vergangenheit überwunden oder etwas in ihr Liegendes in eine neue Richtung auszubrechen. In derartigen Erscheinungen liegt für die Historiker die Rechtfertigung, Einschnitten wie der Christianisierung des Römischen Reiches, dem Zerbrechen der Einheit des Christentums im 16. und 17. Jahrhundert oder der Verbreitung neuer politischer Ideen durch die Französische Revolution besondere Bedeutung zuzumessen. Heute scheint es, als seien die 80er Jahre des 20. Jahrhunderts der Beginn eines historischen Einschnitts von vergleichbarer Größenordnung gewesen. Wie diese Veränderungen umrissweise aussehen und was sie – zumindest für die uns vertraute Weltordnung – bedeuten, ist noch keineswegs klar. Zweifellos handelt es

Zeitleiste (1974-1990)

1970

1974–1975
Ende der Diktatur in Spanien und Portugal

1979
Sowjetischer Einmarsch in Afghanistan

1980
Beginn des iranisch-irakischen Krieges

1981
Jaruzelski Premierminister in Polen

1985
Gorbatschow Generalsekretär des ZK der KPdSU

1989
Demokratischer Umbruch in den Ländern Osteuropas; Massaker auf dem Platz des Himmlischen Friedens (Peking)

1990
Irakischer Einmarsch in Kuwait; Wiedervereinigung Deutschlands

1990

sich jedoch um einen globalen Wandel zumindest in den politischen Gliederungen und Grundannahmen. Sichtbar wurde dieser Wandel bereits deutlich ab 1985, und gegen Ende des Jahrzehnts nahm er dann dramatische Züge an.

Der islamische Nahe Osten

Wir können den Gang der geschichtlichen Ereignisse zu Beginn der 80er Jahre in einer Region aufgreifen, in der sich einschneidende Veränderungen ankündigten, die dann aber ausblieben. Wir sprechen vom Nahen Osten. Zwar war die Lage 1980 angespannt, aber diejenigen, die auf eine Überwindung der Sackgasse im arabisch-israelischen Konflikt hofften, sollten enttäuscht werden. Eine Zeit lang sah es so aus, als würde die iranische Revolution die Spielregeln grundlegend verändern. Zehn Jahre später war es immer noch schwer, einigermaßen unvoreingenommen festzustellen, was sich tatsächlich verändert hatte und was die eigentliche Bedeutung des islamischen Fundamentalismus war. Was einige Zeit lang wie ein vereintes Aufbegehren der muslimischen Welt erschien, wirkt vom heutigen Standpunkt aus, wenigstens in Teilen, nur wie eine der wiederkehrenden restaurativen Wellen, die von Alters her zu einer Erneuerung des Glaubens führten. Zweifellos hing dabei viel von den damaligen Umständen ab: Die israelische Besetzung Jerusalems, der dritt-heiligsten Stätte des Islams, hatte urplötzlich das Gefühl der islamischen Solidarität gesteigert. Die Rückwendung zur islamischen Vergangenheit brachte jedoch eigene Schwierigkeiten mit sich. Der irakische Angriff auf den Iran (1980) löste einen blutigen Krieg aus, der acht Jahre währte und eine Million Menschen das Leben kostete. Wieder einmal waren die Völker des Islams entlang alter Kampflinien gespalten: der Irak war sunnitisch, der Iran dagegen schiitisch.

Rückzug der Roten Armee aus Afghanistan (1989). Die UdSSR verlor 15 000 Mann in dem Krieg gegen die islamisch-fundamentalistischen Mudschahedin, der sich über neun Jahre hinzog. Drei Jahre nach dem Rückzug der sowjetischen Truppen wurde Afghanistans marxistisches Regime von den Islamisten gestürzt.

Bald wurde deutlich, dass der Iran die Supermächte zwar reizen und ihnen Sorge bereiten konnte (insbesondere der UdSSR mit ihrem muslimischen Bevölkerungsanteil), aber unfähig war, ihre Pläne zu durchkreuzen.

Die Macht der USA

Zwar hatte der Iran in der Geiselaffäre dem amerikanischen Adler die Schwanzfedern gezaust und die Vereinigten Staaten gedemütigt, doch aus heutiger Perspektive wirkt dieses Ereignis weniger bedeutsam als seinerzeit. Im Nachhinein erscheint Präsident Carters Erklärung von 1980 weit wichtiger, nach der die USA den Persischen Golf als eine Region von lebenswichtiger Bedeutung betrachteten. Diese Erklärung war ein frühes Zeichen für das Ende einer Stimmung des bedrohlich übertriebenen Selbstzweifels und Defätismus in den USA. Trotz aller dramatischen Veränderungen seit der Kuba-Krise waren die Vereinigten Staaten 1980 immer noch eine der beiden unangefochtenen Weltmächte, jener

Die Machtstellung der USA konnten auch die Krisen der 80er Jahren nicht untergraben – die musste auch die UdSSR erkennen.

Staaten also, „ohne deren Beteiligung kein einziges internationales Problem gelöst werden kann". Selbst die spektakuläre ökonomische Herausforderung durch den Fernen Osten und die Erpressung des Importstaates mit Erdölreserven konnten daran nichts ändern, und schon gar nicht der internationale Terrorismus.

Die Rüstung der UdSSR

Die Geschichte hält nicht lange an ihren Günstlingen fest. Wenn auch einige Amerikaner nach der Raketenkrise um Kuba voller Sorgen eine wachsende Stärke der Sowjetunion befürchteten, gab es doch schon in den frühen 70er Jahren viele Anzeichen dafür, dass die Machthaber im Kreml in Schwierigkeiten gerieten. Sie mussten sich mit einem Gemeinplatz auseinander setzen, den der Marxismus selbst verkündete: dass die materiellen Bedingungen das Bewusstsein bestimmen und verändern. Zu den Ergebnissen der realen, aber begrenzten Belohnungen, die die sowjetische Gesellschaft ihren Bürgern zu bieten hatte, gehörten zwei Haltungen: eine klare Dissidenz, die zwar nur wenige Menschen umfasste, aber deutlich machte, dass das Verlangen nach größerer geistiger Freiheit wuchs, und eine weniger deutlich fassbare, aber allgemeine Grundstimmung, dass weitere materielle Fortschritte kommen müssten. Trotzdem gab die Sowjetunion weiterhin kolossale Summen für die Rüstung aus (in den 80er Jahren ein Viertel des Bruttosozialprodukts). Doch diese Mittel reichten offensichtlich nicht mehr aus. Und selbst, um diese Belastung aufrechtzuerhalten, bedurfte es westlicher Technologie, westlicher Verwaltungstechniken und möglicherweise auch westlichen Kapitals. Man konnte im Zweifel sein, zu welchen Veränderungen es kommen würde, aber dass Veränderungen kommen würden, war sicher.

Die Rote Armee stellt ihre Atomraketen zur Schau. Die Sowjetunion nutzte die traditionelle Militärparade auf dem Roten Platz in Moskau anlässlich des 1. Mai sehr oft zu einer Demonstration ihrer Stärke.

Leonid Breschnew, seinerzeit Generalsekretär des ZK der KPdSU, und US-Präsident Richard Nixon symbolisierten die beginnende Wiederannäherung zwischen Ost und West. Szene von den Abrüstungsgesprächen im Juni 1973.

Die Fähigkeit zur gegenseitigen Vernichtung

Glücklicherweise war eine Verbindung zwischen den beiden Supermächten 1980 sogar noch stärker geworden. Trotz aller Anstrengungen, die der Sowjetunion ein atomares Übergewicht über die Vereinigten Staaten verschaffen sollten, stand fest, dass eine Überlegenheit angesichts der tatsächlichen Lage nur eine Auffassungssache war. Beide Länder hatten die Fähigkeit zur „Mutually Assured Destruction" – zur sicheren wechselseitigen Vernichtung. Genauer: Jeder der beiden möglichen Kriegsgegner besaß ein so großes Waffenpotenzial, dass selbst in dem Fall, dass ein Überraschungsangriff den größten Teil seines Potenzials vernichten sollte, der verbliebene Rest ausreichen würde, um einen Gegenschlag zu führen, der die Städte des Gegners in Schutt und Asche legen würde. Diese bizarre Situation war eine starke Kraft, die für die Beibehaltung der Lage sorgte. Obwohl gelegentlich (vereinfacht gesprochen) Verrückte an die Macht gelangen, trifft Samuel Johnsons Diktum, dass das Wissen darum, gehängt zu werden, zu einer wundervollen Anstrengung der Geisteskräfte führt, durchaus auch auf Kollektive zu, die sich von einer Katastrophe so ungeheuren Ausmaßes bedroht sehen. Das Wissen, dass ein Fehler die Vernichtung nach sich ziehen kann, ist ein starker Anreiz zu Vorsicht und Umsicht. Hierin liegt vielleicht die eigentliche Erklärung, warum es ab den 70er Jahren trotz einzelner Streitigkeiten zu einer Kooperation neuen Ausmaßes zwischen der UdSSR und den USA kam. Ein 1972 vereinbarter Vertrag zur Begrenzung der Raketenzahl war eines der ersten Ergebnisse; sein Zustandekommen beruhte auch auf der Gewissheit beider Seiten, Verstöße gegen den Vertrag dank neuer Techniken feststellen zu können. Im folgenden Jahr gab es eine Verhandlungsrunde, die Möglichkeiten für eine umfassende Sicherheitslösung in Europa erkundete.

Die neue Zusammenarbeit der beiden Supermächte kam zustande, weil sich beide bewusst waren, dass keiner von ihnen einen Krieg gewinnen würde, und sie sich dabei nur gegenseitig vernichten würden.

Ronald Reagan im Präsidentschaftswahlkampf von 1980. Nach seinem Sieg und seiner Wiederwahl erwies er sich in seiner Amtszeit von 1981 bis 1989 als durchsetzungsfähiger, als seine Kritiker vermutet hatten, und konnte noch die Wahl eines republikanischen Nachfolgers, seines Vizepräsidenten George Bush sichern.

Die Wiederannäherung zwischen Ost und West

Als Gegenleistung für die implizite Anerkennung der europäischen Nachkriegsgrenzen stimmte die sowjetische Delegation 1975 in Helsinki einer Vereinbarung zu, die neben stärkeren Wirtschaftsverbindungen zwischen Ost- und Westeuropa auch eine Garantie der Menschenrechte und politischen Freiheitsrechte enthielt. Letztere ließen sich freilich praktisch nicht durchsetzen. Dennoch war die abstrakte Anerkennung dieser Prinzipien vielleicht noch wichtiger als der symbolische Gewinn aus der Anerkennung der Grenzen, dem die sowjetischen Unterhändler besonders starke Bedeutung beimaßen. Der westliche Erfolg in der Frage der Menschenrechte erwies sich nicht nur als eine große Ermutigung für die Dissidenten in Osteuropa und der Sowjetunion, sondern beseitigte auch stillschweigend alte Einschränkungen in Bezug auf Sachverhalte, die die kommunistischen Staaten zuvor immer als Einmischung in ihre inneren Angelegenheiten betrachtet hatten. Öffentliche Kritik konnte sich, sehr langsam allerdings, Gehör verschaffen, was am Ende Veränderungen im kommunistischen Herrschaftssystem nach sich zog.

Ronald Reagan

Dennoch waren die Amerikaner 1980, als die Neuwahl des Präsidenten anstand, sehr besorgt über die Weltlage. 18 Jahre zuvor hatte die Kuba-Krise aller Welt bewiesen, dass die USA die Weltmacht Nummer eins waren. Sie hatten damals über die militärische Überlegenheit verfügt, über die (üblicherweise verlässliche) Unterstützung von Alliierten, Klientel- und Satellitenstaaten auf der ganzen Welt sowie über eine öffentliche Meinung, die gewillt war, die militärischen und diplomatischen Anstrengungen trotz gravierender innenpolitischer Probleme aufrechtzuerhalten. 1980 glaubten viele Amerikaner, die Welt habe sich verändert, und waren mit diesen Veränderungen unzufrieden. Als der neue republikanische Präsident Ronald Reagan 1981 sein Amt antrat, blickten viele seiner Anhänger auf ein Jahrzehnt zurück, das für sie von zunehmender amerikanischer Schwäche geprägt schien. Reagan erbte ein immenses Haushaltsdefizit, Enttäuschungen angesichts scheinbar erfolgreicher Initiativen der Russen in Afrika und Afghanistan sowie Befürchtun-

Der Angriff auf die US-Botschaft in Teheran durch Studenten Ende 1979 und die anschließende Geiselnahme demütigten die Vereinigten Staaten auf Monate hinaus. Massendemonstrationen wie diese, bei denen die antiamerikanischen Demonstranten das Sternenbanner vor der Botschaft verbrannten, schockierten die amerikanische Öffentlichkeit.

gen hinsichtlich eines Verlusts der Überlegenheit in der atomaren Bewaffnung, über die die USA in den 60er Jahren verfügt hatten.

In den anschließenden fünf Jahren sollte Reagan die Moral seiner Landsleute durch bemerkenswerte Beweise seiner Führungskraft wieder stärken. Es war ein symbolisches Zeichen, dass die Iraner die amerikanischen Geiseln am Tag seiner Amtseinführung freiließen, womit eine demütigende und quälende Episode zu Ende ging. Freilich endeten damit nicht die Probleme, vor denen die amerikanische Politik in Nahen Osten und am Persischen Golf stand. Zwei grundsätzliche Schwierigkeiten blieben: die Bedrohung für die internationale Ordnung in diesem Gebiet angesichts einer Einstellung, die noch vom Kalten Krieg geprägt war, und die israelische Frage. Viele Menschen betrachteten den Krieg zwischen dem Iran und dem Irak als einen Beweis für das Vorhandensein jener Gefahren. Schon bald wurde die gefährliche Instabilität einiger arabischer Staaten offensichtlicher. Im Libanon brach die Regierungsgewalt praktisch zusammen; anarchische Zustände herrschten, als Guerillaverbände, die von Israel, den Syrern und dem Iran unterstützt wurden, um die Vorherrschaft rangen. Dies gab dem revolutionären Flügel der PLO eine gute Ausgangsbasis für seine Operationen gegen Israel. Israel verstärkte deshalb die militärischen Operationen an seiner Nordgrenze. Die 80er Jahre waren von einem Anwachsen der Spannungen und der Brutalität im israelisch-palästinensischen Konflikt geprägt.

Die islamische Radikalisierung

Die Vereinigten Staaten waren nicht die einzige Großmacht, die von diesen fortdauernden Problemen beunruhigt war. Als die Sowjetunion 1979 ihre Truppen nach Afghanistan schickte, drohte der Zorn, den diese Politik im Iran und bei anderen Muslimen erregte, auf die Muslime innerhalb der Sowjetunion überzugreifen. Manche erblickten darin ein hoffnungsvolles Zeichen, weil sie glaubten, die wachsende Unruhe in der islamischen Welt werde die beiden Supermächte zu Vorsicht veranlassen und sie dazu bringen, ihre Satelliten und Alliierten in dieser Region nicht mehr so bedenkenlos zu unterstützen. Vor allem für Israel war das eine Lebensfrage. Unterdessen sah es eine Zeit lang so aus, als zeichnete sich ein wirklicher Konflikt der Zivilisationen ab. Der aggressive Fundamentalismus der iranischen Mullahs versetzte aber auch konservative Araber und die reichen Ölstaaten am Persischen Golf in Angst und Schrecken, vor allem das Königreich Saudi-Arabien.

Tatsächlich gab es zahlreiche Anzeichen, dass der radikale Konservativismus der iranischen Revolution in anderen islamischen Ländern wachsende Sympathie fand. 1981 ermordeten Fundamentalisten den ägyptischen Präsidenten. Die pakistanische Regierung sagte ihre Unterstützung für die muslimische Orthodoxie im eigenen Land zu, außerdem unterstützte sie die antikommunistischen islamischen Rebellen in Afghanistan. In Nordafrika zeigten sich im Verlauf des Jahrzehnts alarmierende Hinweise auf eine radikal-islamische Einstellung. Von geringerer Bedeutung waren dabei die bizarren Ausfälle und Erklärungen des exzentrischen libyschen Diktators Gaddhafi, der die anderen Öl produzierenden Staaten dazu aufrief, die USA nicht mehr zu beliefern, während weiterhin ein Drittel des libyschen Öls nach Amerika floss, und der 1980 sein Land kurzfristig mit dem von der Baath-Partei regierten Syrien „vereinigte“. Wichtiger waren die Entwicklungen in anderen Ländern der Region. Algerien hatte sich nach der Erlangung der Unabhängigkeit zunächst viel versprechend entwickelt, doch zu Beginn der 80er Jahre siechte seine Wirtschaft dahin. Der Konsens innerhalb der Unabhängigkeitsbewegung zerfiel. Bei den Wahlen im Jahr 1990 gewann, zum ersten Mal in einem muslimischen Land, in Algerien eine is-

Mitglieder der islamisch-fundamentalistischen Taliban-Milizen setzen gewaltsam durch, dass sich die Einwohner Kabuls an den Freitagsgebeten in der Moschee beteiligen (1990). In den von ihnen beherrschten Regionen Afghanistans versuchten die Taliban, die strengen Vorschriften des islamischen Gesetzes (der Sharia) durchzusetzen.

lamisch-fundamentalistische Partei die Mehrheit der Stimmen. Im Vorjahr hatte ein Staatsstreich eine militante, streng fundamentalistisch ausgerichtete Gruppe von Militärs im Sudan an die Macht gebracht, die sofort die wenigen noch verbliebenen Freiheitsrechte der Bewohner dieses unglücklichen Landes unterdrückte. Selbst in der auf Mustafa Kemals Prinzipien beruhenden säkularen Republik Türkei gab es Anzeichen für ein Erstarken des Islams in Kreisen von Oppositionspolitikern und sogar gelegentliche terroristische Anschläge.

Die Schwachstellen des Fundamentalismus

Trotz aller Attraktivität des radikalen Islams mehrten sich 1990 die Zeichen, dass sich die gemäßigteren und konservativeren arabischen Politiker gegen ihn wandten. Es war äußerst unwahrscheinlich, dass es den Revolutionären gelingen würde, ausreichende Unterstützung zu finden, selbst wenn man von den politischen Realitäten und grundsätzlicheren Fragen nach der Möglichkeit einer erfolgreichen islamischen Revolution absah. Schließlich wollten viele ihrer angeblichen Anhänger – zum Teil unbewusst – Ziele wie Machtzuwachs und Modernisierung verwirklichen, die mit den islamischen Lehren und Sitten systematisch gesehen unvereinbar waren. Libyen konnte andere afrikanische Staaten destabilisieren und irische Terroristen mit Waffen versorgen, das war aber auch schon fast alles. Auf Grund des vorrangigen Interesses an Veränderungen anderswo ließ sich auch der alte sowjetisch-amerikanische Gegensatz immer weniger ausnutzen. Den Fundamentalisten blieb nur der Blick auf zwei Länder mit großem Reichtum, den Iran und den Irak, doch diese beiden Staaten führten fast die gesamten 80er Jahre hindurch einen blutigen Krieg gegeneinander.

Saddam Hussein (* 1937) wurde 1979 Präsident des Irak. 1980 erklärte er dem Iran den Krieg mit dem Ziel, die iranische Revolution zu liquidieren. Der Krieg endete erst 1988. Während die abschließenden Friedensverhandlungen noch im Gang waren, ließ Saddam im August 1990 seine Truppen nach Kuwait einmarschieren. Dies war der Auslöser für den Golfkrieg, bei dem der Irak eine schnelle Niederlage gegen eine multinationale UN-Streitmacht erlitt.

Zudem wurde immer deutlicher, dass der von den Amerikanern protegierte Herrscher des Irak, der größte Unruhestifter im Nahen Osten, den militanten Islam nur aus pragmatischen und taktischen Gründen unterstützte. Saddam Hussein war zwar seiner Herkunft nach ein Muslim, stand aber an der Spitze der formell säkularen Baath-Partei, deren Regime auf Familien- und Vetternwirtschaft und den egoistischen Interessen der Militärs beruhte. Er strebte nach Macht und erblickte in der technologischen Modernisierung einen Weg, seine Macht zu vergrößern. Als er den Krieg gegen den Iran auslöste, und dieser sich lange hinzog und Unsummen verschlang, sahen dies die übrigen arabischen Staaten mit Erleichterung, schien der Krieg doch zugleich einen gefährlichen Banditen und die gefürchteten iranischen Revolutionäre zu binden. Als unerfreulich empfanden sie es jedoch, dass hierdurch die Aufmerksamkeit von der palästinensischen Frage abgelenkt wurde.

Die ungelöste Palästinenserfrage in Israel führte im Dezember 1987 zu einem anhaltenden, gewalttätigen Aufstand in den besetzten Gebieten, der Intifada.

Die palästinensische Intifada

Während der fast ein Jahrzehnt anhaltenden Kriegsereignisse am Golf, bei denen gelegentlich das Gespenst einer Unterbrechung des westlichen Ölnachschubs auftauchte und eine Ausweitung des bewaffneten Konflikts, insbesondere auf eine Auseinandersetzung zwischen dem Iran und den Vereinigten Staaten, zu drohen schien, verschärften Ereignisse in der Levante die dortige verfahrene Lage. Israel besetzte die Golanhöhen, drang in den Libanon vor und förderte eine verstärkte Zuwanderung der Juden. Das alles festigte seine Stellung für den Tag, an dem sich Israel wieder einmal vereinten arabischen Armeen gegenüber sehen sollte. Ende 1987 kam es zu ersten Ausbrüchen von Gewalt bei den Palästinensern in den israelisch besetzten Gebieten. Die Unruhen wurden zu einem andauernden Aufstand, der Intifada. Die PLO hatte zwar durch die offizielle Anerkennung Israels internationale Sympathien erlangt, befand sich aber 1988, als der iranisch-irakische Krieg endete, gleichwohl in einer ungünstigen Lage. Im folgenden Jahr starb der Ayatollah Khomeini, und einiges deutete darauf hin, dass seine Nachfolger sowohl die Palästinenser als auch den islamischen Fundamentalismus weniger stark unterstützen würden.

Krieg zwischen Iran und Irak

Während des iranisch-irakischen Krieges hatten die Vereinigten Staaten den Irak begünstigt, weil sie den Iran als eine Gefahr betrachteten. Das lag teilweise an einer übertriebenen Einschätzung der Bedrohung, die für die USA vom islamischen Fundamentalismus ausging. Als dann aber die Amerikaner tatsächlich eine direkte kriegerische Auseinandersetzung mit einem erklärten Feind am Golf auszutragen hatten, war dieser der Irak, nicht der Iran. Nachdem Saddam Hussein 1990 einen großzügigen Frieden mit den Iranern geschlossen hatte, wandte er seine Aufmerksamkeit einem

Trotz fortgesetzter Friedensbemühungen zwischen Israel unter Premierminister Ariel Scharon und der PLO (Palästinensische Autonomiebehörde) unter Palästinenserchef Jassir Arafat wird der Konflikt auch heute noch mit unverminderter Härte ausgetragen. Eine Einigung scheint nicht in Sicht.

alten Grenzkonflikt mit dem Scheichtum Kuwait zu. Gleichgültig, was dieser für Saddam symbolisch bedeutet haben mag, sein hauptsächliches Interesse bestand offenkundig einfach darin, sich des immensen Ölreichtums Kuwaits zu bemächtigen. Am 2. August 1990 fielen irakische Truppen in Kuwait ein und besetzten das Land innerhalb weniger Stunden. Daraufhin kam es zu einer bemerkenswerten Mobilisierung der Weltmeinung bei den Vereinten Nationen gegen den Irak. Saddam Hussein versuchte, die islamische und die arabische Karte zu spielen, indem er seine räuberischen Ambitionen mit dem arabischen Hass auf Israel vermengen wollte. Wenn man von Aufläufen in nahöstlichen Städten absieht, wo seine Anhänger zu seinen Gunsten demonstrierten, stachen diese Trümpfe aber praktisch nicht. Nur die PLO und Jordanien stellten sich auf seine Seite. Es war zweifellos ein Schock und eine Überraschung für ihn, dass, so unglaublich es schien, Saudi-Arabien, Syrien und Ägypten zu Partnern des Bündnisses wurden, das sich schnell gegen ihn formierte. Eine ähnlich große Überraschung dürfte es für Saddam gewesen sein, dass sich die UdSSR neutral verhielt. Am Ende, und das war die größte Überraschung, verabschiedete der UN-Sicherheitsrat mit überwältigenden Mehrheiten eine Reihe von Resolutionen, die die irakische Handlungsweise verurteilten und schließlich den Waffeneinsatz gegen den Irak mit dem Ziel billigten, die Freiheit Kuwaits wiederherzustellen. Wieder einmal blieb die stets befürchtete zweite Ölkrise aus.

Saddam Husseins Pläne, die er mit dem Krieg im Sommer 1990 verfolgte, schlugen unter anderem auf Grund der unerwartet gegnerischen oder neutralen Haltung einiger arabischer Staaten und der UdSSR fehl.

Der Nahe Osten nach dem Krieg

In Saudi-Arabien wurden starke Truppenverbände unter amerikanischem Oberbefehl zusammengezogen. Am 16. Januar 1991 nahmen sie die Kriegshandlungen auf. Nach einem Monat und beträchtlichen Verlusten musste der Irak nachgeben und zog sich aus Kuwait zurück. Es ist noch zu früh, um alle

Ein amerikanischer Soldat läuft an toten Irakis vorbei. Schon bald wurde klar, dass die irakische Armee gegen die ungefähr eine halbe Million zählende, aus mehreren Ländern stammende Streitmacht der UNO keine Siegeschance hatte.

Konsequenzen dieser Demütigung zu bewerten, offensichtlich aber gefährdete diese Niederlage Saddams Machterhalt nicht. Andererseits blieben auch alle Versuche des irakischen Diktators erfolglos, einen antiisraelischen islamischen Heiligen Krieg ins Leben zu rufen. Zu den größten Verlierern zählte die PLO, zu den größten Gewinnern Israel. Ein Sieg der Araber über Israel war für die nahe Zukunft nicht absehbar. Doch auch am Ende des Krieges blieb der israelisch-arabische Konflikt ungelöst. Syrien und der Iran hatten schon vor der Kuwait-Krise durchblicken lassen, dass sie aus verschiedenen Gründen eine vertragliche Regelung wollten. Für die Vereinigten Staaten hatte eine derartige Vereinbarung größere Priorität denn je, und das beflügelte die Hoffnungen, dass sich Israel letztlich weniger unnachgiebig zeigen könnte. Zumindest aber war das alarmierende Gespenst einer radikalen, fundamentalistischen panislamischen Bewegung verschwunden. Trotz aller Unruhe und aller Unzufriedenheiten, die der Westen in den islamischen Ländern ausmachen konnte, gab es keinerlei Anzeichen dafür, dass sich die Ressentiments zu einer wirksamen Kraft bündeln lassen könnten. Immer deutlicher wurde, dass die islamischen Länder nicht ohne die letztlich zersetzenden Mittel der Modernisierung zurechtkamen, die der Westen offerierte. Gleichsam beiläufig schien die Krise am Golf den Bedeutungsverlust der Ölwaffe gegenüber der entwickelten Welt zu offenbaren. Vor diesem Hintergrund gelang es der amerikanischen Diplomatie schließlich 1991, Araber und Juden zur Teilnahme an einer Nahostkonferenz zu gewinnen. Unter großen Anstrengungen entwickelten sich die vorbereitenden Kontakte zu informellen Gesprächen und dann zu Verhandlungen, die schließlich 1993 in Oslo zu grundsätzlichen Vereinbarungen zwischen der israelischen Regierung und der PLO führten. Eine Zeit lang schien es nun, als hätte die Idee eines Palästinenserstaats erstmals diplomatische Fortschritte gemacht; man hoffte, nunmehr würden durch schrittweise Maßnahmen über einen Zeitraum von fünf Jahren die Details einer endgültigen Regelung festgelegt werden. Unglücklicherweise vergiftete die fortdauernde Errichtung neuer jüdischer Siedlungen in den von Israel besetzten Gebieten schnell wieder die Atmosphäre. Auch innenpolitisch regten sich neue Spannungen in Israel.

1995 fiel der israelische Premierminister dem Mordanschlag eines zionistischen Fanatikers zum Opfer. Die Verhandlungen schleppten sich weiter, doch gegen Ende des Jahrtausends bereitete sich eine neue Intifada vor. Es wurde deutlich, dass selbst die Vereinigten Staaten seinen Alliierten nicht zu weiterer Nachgiebigkeit gegenüber den Forderungen der Palästinenser bewegen konnten.

In den 70er Jahren öffnete die Sowjetunion ihre Grenzen für ausländische Unternehmen. Bilder wie diese Warteschlange vor einer Moskauer McDonald's-Filiale (1990) wurden zu einer immer vertrauteren Erscheinung.

Michail Gorbatschow

Die großen Veränderungen der 80er Jahre zeitigten am Ende im Nahen Osten wenig Neues. Sie bezogen sich auf die Ereignisse in dieser Region nur insoweit, als sich das Verhalten der USA und der UdSSR dort änderte. Der amerikanische Präsidentschaftswahlkampf von 1979 und 1980 hatte sich stark auf die öffent-

Michail Gorbatschow

Michail Gorbatschow auf einer Tagung des sowjetischen Staatsrats im Jahr 1990, ein Jahr vor dem Ende seiner Amtszeit.
Im März 1985 wurde Michail Gorbatschow (*1931) Generalsekretär des ZK der KPdSU.
Auf dem 27. Parteitag im Februar 1987 kündigte er die Revision einiger der staatlichen Maßnahmen an, die von den Sowjetbürgern zunehmend in Frage gestellt wurden. Gorbatschow schien einen demokratischen Verfassungsstaat auf der Grundlage der Achtung der Gesetze und der Bürgerrechte errichten zu wollen. Das implizierte die Trennung von Partei und Staat und die Verlagerung der eigentlichen Regierungsgewalt von der Partei auf staatliche Stellen. Dies bedeutete wiederum das Ende der Einparteienherrschaft. In der Außenpolitik leitete Gorbatschow eine so genannte Entspannungsoffensive ein; Abrüstungsverträge wurden unterzeichnet, die die hohe Belastung der Sowjetwirtschaft durch die Rüstungsausgaben eindämmen sollten.

lichen Ängste vor der Sowjetunion gestützt. Auch bei den konservativen Führern der Sowjetunion regte sich neuer Argwohn hinsichtlich der Ausrichtung der amerikanischen Politik. Es schien wahrscheinlich, dass die viel versprechenden Schritte zu einer Abrüstung aufhören könnten, wenn nicht gar Schlimmeres. In der Folge aber erwies sich die amerikanische Regierung als bemerkenswert pragmatisch in ihrer Außenpolitik, während auf sowjetischer Seite die innenpolitischen Veränderungen den Weg zu neuer Flexibilität eröffneten. Im November 1982 starb Leonid Breschnew, Chruschtschows Nachfolger, der 18 Jahre an der Spitze der Partei gestanden hatte. Im Jahre 1985 wurde Michail Gorbatschow, das jüngste Mitglied des Politbüros, an die Spitze der Partei gewählt; er war damals 54 Jahre alt. Gorbatschow hatte praktisch seine gesamten politischen Erfahrungen erst in der Zeit nach Stalins Tod gesammelt. Was er für sein Land und die Weltgeschichte bedeutete, lässt sich heute noch nicht abschließend bewerten. Der KGB stellte sich ihm jedenfalls offenbar nicht in den Weg, und seine ersten Handlungen und Reden entsprachen der kommunistischen Orthodoxie. Doch bald schlug er einen neuen politischen Ton an. Er sprach in seinen Reden weniger vom Kommunismus und interpretierte den Sozialismus so, dass er Gleichmacherei ausschloss. (Von Zeit zu Zeit erinnerte er jedoch seine Gesprächspartner auch daran, dass er Kommunist wäre.) Da ein passenderer Begriff fehlte, betrachtete man sein Ziel als eine Liberalisierung. Das war eine inadäquate westliche Übersetzung für zwei russische Begriffe, die er häufig verwendete: Glasnost (Öffentlichkeit) und Perestrojka (Umbau). Dieser neue Kurs hatte tief greifende und dramatische Folgen. Bald wurde deutlich, dass er nicht glaubte, dass die sowjetische Wirtschaft gleichzeitig die bestehende militärische Stärke sichern, die Verpflichtungen gegenüber den ausländischen Verbündeten erfüllen, den heimischen Lebensstandard (wenn auch langsam) heben und eigenständige technologische Innovationen ohne radikale Modernisierungen bewältigen könnte. Die Implikationen, die diese Ansicht hatten, waren immens.

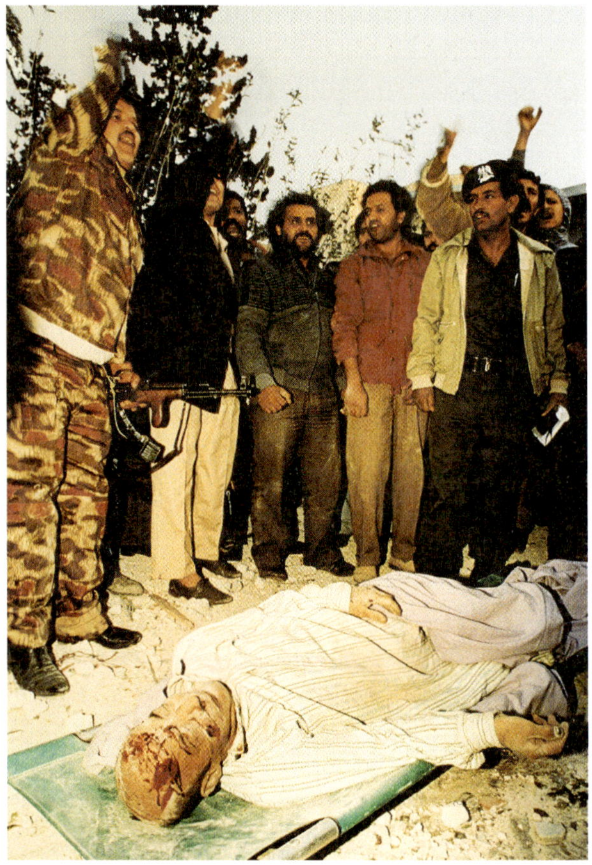

Amerikanische Bombenangriffe auf das libysche Tripolis führten 1986 nicht zum Sturz Gaddhafis, sondern töteten und verletzten zahlreiche Zivilisten. Libysche Soldaten vor der Leiche eines alten Mannes skandieren antiamerikanische Songs.

Abrüstungsgespräche

Ronald Reagan konnte die ersten Gewinne aus Gorbatschows Machtübernahme ziehen. In den gemeinsamen Treffen wurde der neue außenpolitische Kurs des Sowjetführers bald ersichtlich. Die Abrüstungsgespräche wurden wieder aufgenommen. Auch zu anderen Fragen wurden Vereinbarungen erzielt. Ein erleichternder Umstand war, dass sich die Sowjetführung 1989 entschloss, ihre Truppen aus Afghanistan abzuziehen. In Amerikas Innenpolitik gerieten das riesige Haushaltsdefizit und die dahinsiechende Wirtschaft, die unter den meisten anderen Präsidenten für größere Schwierigkeiten gesorgt hätten, angesichts der Euphorie über die deutliche Veränderung der internationalen Lage praktisch aus dem Blick. Optimismus und Selbstvertrauen wuchsen, als es in der UdSSR zunehmend Anzeichen für Spannungen und Schwierigkeiten bei den Reformversuchen gab. Darüber hinaus hatte die amerikanische Regierung ihren Bürgern neue, wirksame, im Weltraum zu stationierende Defensivwaffen versprochen. Obwohl Tausende von Wissenschaftlern dieses Projekt als unrealistisch betrachteten, konnte sich die Sowjetunion wegen der hohen Kosten auf einen neuen Rüstungswettlauf nicht einlassen. Genugtuung empfanden die Amerikaner, als 1986 von England aus ein Vergeltungsschlag gegen Libyen geführt wurde, dessen exzentrischer Diktator antiamerikanische Terroristen unterstützt hatte. Weniger erfolgreich war Präsident Reagan damit, seine Landsleute da-

Gorbatschow und Reagan unterzeichneten im Dezember 1988 den Washingtoner Vertrag, der die Zahl der Mittelstreckenraketen begrenzte. Dieser Vertrag leitete das Ende des Rüstungswettlaufs ein und trug auch zu der erfolgreichen Beilegung mehrerer regionaler Konflikte bei.

von zu überzeugen, dass ein stärkeres Auftreten der USA in Mittelamerika wirklich im Interesse ihres Landes läge.

1987 wurden die Früchte der Abrüstungsgespräche mit einem Abkommen zur Reduzierung von Mittelstreckenraketen geerntet. Trotz vieler Krisen und der Erosion durch das Auftreten neuer Machtzentren hatte das atomare Gleichgewicht der beiden Supermächte lange genug gehalten, um eine Rüstungspause einlegen zu können. Die Supermächte hatten gezeigt, dass sie schließlich immer noch ihre Konflikte regeln und die Weltkrisen bereinigen konnten, ohne dass es zu einem großen Krieg kam. Sie zumindest, und vielleicht auch andere nach Atomwaffen strebende Länder, schienen erkannt zu haben, dass ein möglicher Atomkrieg die Gefahr einer Vernichtung der Menschheit barg.

OSTEUROPA

Eine so weit reichende Veränderung in der internationalen Politik wie die Rüstungspause der Supermächte konnte nicht ohne Folgen für viele andere Länder bleiben. Man muss diese Folgen künstlich trennen, wenn man sie im Einzelnen betrachten will, aber keine Einzige wäre ohne die anderen möglich gewesen. Am Ende des Jahres 1980 gab es wenig Grund anzunehmen, dass für die Völker Osteuropas und der Sowjetunion eine neue Phase ihrer Geschichte anbrechen würde, dass das kommende Jahrzehnt Veränderungen bringen würde, wie es sie seit den 40er Jahren nicht gegeben hatte. Erkennbar war nur, dass die kommunistischen Länder Europas Schwierigkeiten haben würden, die erreichten bescheidenen Wachstumsraten zu halten. Im Vergleich zu den Marktwirtschaften der nichtkommunistischen Welt gerieten sie immer mehr ins Hintertreffen. Doch war deswegen keineswegs eine Abkehr von der Politik von 1953, 1956 und 1968 zu erwarten: 1980 schien die Sowjetmacht Osteuropa so stark wie eh und je im Griff zu haben.

Das Gebäude der Nationalen Textilindustrie in Sibernik in der ehemaligen Bundesrepublik Jugoslawien. Vor dem Ausbruch des Bürgerkriegs besaß das Land eine zentralisierte Planwirtschaft; ein Viertel aller Arbeitskräfte arbeitete in staatlichen Industriebetrieben.

Wirtschaftliche Stagnation

Verdeckt von dem Schild des Warschauer Paktes ereigneten sich soziale und politische Veränderungen, die seit 30 Jahren im Gang waren. Auf den ersten Blick war das Ergebnis des langjährigen Experiments mit einem bestimmten Entwicklungsmodell eine bemerkenswerte Uniformität. In jedem von Kommunisten beherrschten Land kam der Partei die führende Rolle zu; Karrieristen richteten ihr Leben auf sie aus, so wie sich in früheren Jahrhunderten soziale Aufsteiger um die Höfe und um Förderer gesammelt hatten. In allen Ländern (und vor allem in der Sowjetunion) gab es zudem eine Vergangenheit, die nicht erforscht und diskutiert, nicht betrauert und beklagt werden durfte. Ihr Gewicht lastete auf

Trotz immenser Bemühungen und Investitionen in die Schwerindustrie und den internationalen Handel stagnierte die Wirtschaft in den Ostblockländern.

Als Alexander Dubček (1921–1992) im Januar 1968 Erster Sekretär der tschechoslowakischen KP wurde, begann er sofort mit großer öffentlicher Unterstützung Reformen zur Liberalisierung umzusetzen. Die Beobachter in Moskau verloren aber schnell ihre Geduld angesichts des „Prager Frühlings"; im August wurden 650 000 Soldaten des Warschauer Paktes in die Tschechoslowakei geschickt, um das Land wieder auf die alte Linie zu bringen. Ein junger Mann steht hier auf einem der Panzer der einmarschierenden Truppen und schwenkt zum Zeichen des Widerstands die tschechische Flagge.

dem geistigen Leben und der politischen Diskussion (soweit es eine solche gab) und korrumpierte sie. Was die osteuropäischen Volkswirtschaften betraf, so hatten Investitionen in die Schwerindustrie und in Investitionsgüter zu einem frühen Aufschwung geführt. Dann wurde ein internationales System von Handelsvereinbarungen mit anderen kommunistischen Ländern aufgebaut, das von der UdSSR gelenkt wurde und unter dem Bestreben nach zentraler Planung erstarrte. Das wachsende Verlangen nach Konsumgütern konnte immer weniger gestillt werden; Waren, die in Westeuropa zur Selbstverständlichkeit geworden waren, blieben in den osteuropäischen Ländern Luxusgüter. Auf dem Land war der Privatbesitz an Grund und Boden Mitte der 50er Jahre stark zurückgedrängt worden und wurde meistens durch eine Mischung aus Kooperativen und Staatsbetrieben ersetzt. In Polen gab es beispielsweise bereits 1960 eine Rückkehr zu bäuerlichen Kleinbetrieben; schließlich kamen noch unter kommunistischer Herrschaft ungefähr vier Fünftel des polnischen Ackerlands in Privatbesitz zurück. Die Erträge blieben niedrig; in den meisten osteuropäischen Ländern beliefen sich die landwirtschaftlichen Erträge nur auf die Hälfte bis drei Viertel dessen, was in den Ländern der Europäischen Gemeinschaft erzielt wurde. In den 80er Jahren befanden sich alle Länder Osteuropas in unterschiedlichem Ausmaß in einer Wirtschaftskrise, mit Ausnahme vielleicht nur der DDR. Aber auch dort betrug das Pro-Kopf-Einkommen 1988 lediglich 9300 Dollar pro Jahr, verglichen mit 19 500 Dollar in der Bundesrepublik Deutschland.

Die Breschnew-Doktrin

Die später so genannte Breschnew-Doktrin besagte, dass Entwicklungen in den Ostblockländern – wie in jenem Jahr in der Tschechoslowakei – eine direkte Intervention erfordern könnten, um die Interessen der UdSSR und ihrer Verbündeten gegen Versuche zu einer

Rückkehr vom Sozialismus zum Kapitalismus zu schützen. Doch Breschnew war gleichzeitig an Entspannung interessiert. 1980 gab es nach den revolutionären Veränderungen in Spanien und Portugal keine Diktatur mehr westlich der Linie von Stettin nach Triest; überall triumphierte die Demokratie. In den letzten 30 Jahren hatte es Aufstände der Industriearbeiter gegen ihre politischen Herren nur in Ostdeutschland, Ungarn, Polen und der Tschechoslowakei gegeben – also nur in kommunistischen Staaten. (Als Paris 1968 einen Aufstand erlebte, und Studentenproteste das Ansehen der Regierung de Gaulles zerstörten, hatten sich die Pariser Arbeiter daran bezeichnenderweise kaum beteiligt.)

Nach 1970, und stärker noch nach den Vereinbarungen von Helsinki (1975) wuchs in Osteuropa das Bewusstsein um den Unterschied zu Westeuropa. Überall entstanden Dissidentengruppen, überlebten und bauten ihre Stellung trotz starker Unterdrückungsmaßnahmen aus. Schrittweise zeigten auch einige Offizielle, Wirtschaftsfachleute und sogar Parteimitglieder Skepsis hinsichtlich der Auswirkungen einer detaillierten zentralistischen Planung; es gab zunehmend Diskussionen über die Vorteile der Nutzung von Marktmechanismen. Den Schlüssel zur Stabilität in Osteuropa besaß jedoch die Sowjetarmee. Es gab keinen Grund, fundamentale Veränderungen in irgendeinem Land des Warschauer Paktes für möglich zu halten, solange die Breschnew-Doktrin bestehen blieb und weiterhin die von der Sowjetunion abhängigen Regierungen stützte.

Polen und die Gewerkschaft Solidarität

Das erste deutliche Zeichen, dass eine Veränderung im Sowjetblock möglich sein könnte, kam zu Beginn der 80er Jahre aus Polen. Die polnische Nation hatte sich in einem bemerkenswerten Maß (und nicht das erste Mal in ihrer Geschichte) ihre kollektive Integrität bewahrt, indem sie ihren Priestern, und nicht

Als Johannes Paul II. (*1920) – der erste nichtitalienische Papst seit 1523 – im Juni 1979 sein Heimatland Polen besuchte, bedeutete seine implizite Betonung des Gegensatzes von Kirche und kommunistischer Herrschaft eine große Stärkung für die polnische Gewerkschaftsbewegung. Szene vom Treffen des Pontifex mit Lech Walesa während eines Besuchs im Jahr 1991. Am Ende des Vorjahres war der Führer der Solidarität zum Präsidenten Polens gewählt worden.

Gewerkschaftsführer Lech Walesa bei einer Ansprache an die streikenden polnischen Arbeiter der Leninwerft in Danzig (1980).

ihren politischen Herrschern gefolgt war. Die katholische Kirche bestimmte die Herzen und Seelen der meisten Polen und galt ihnen als Verkörperung der Nation, die für sie sprechen konnte – dies umso überzeugender, seit ein polnischer Papst den Petersthron bestiegen hatte. Sie sprach zugunsten der Arbeiter, die in den 70er Jahren gegen die Wirtschaftspolitik protestierten, und verurteilte ihre schlechte Versorgung. Zusammen mit der Verschlechterung der Wirtschaftslage bildete dies den Hintergrund für die Ereignisse des Krisenjahrs 1980. Eine Serie von Streiks gipfelte in einem epischen Kampf um die Danziger Werft.

Dort entstand eine neue, spontan organisierte Gewerkschaftsbewegung, die *Solidarität* (Solidarność). Sie fügte den wirtschaftlichen Forderungen der Streitenden politische Ziele hinzu, darunter der Wunsch nach freien und unabhängigen Gewerkschaften. Anführer der *Solidarität* wurde der charismatische und häufig verhaftete Führer der Elektrikergewerkschaft Lech Walesa, ein frommer Katholik mit engen Verbindungen zum polnischen Episkopat. Die Tore der Werft wurden mit einem Bild des Papstes geschmückt, und die Streikenden veranstalteten Messen unter freiem Himmel.

Überrascht sah die Welt, wie eine ins Wanken geratene polnische Regierung, besorgt über die Ausweitung der Streiks, historische Konzessionen machte. Der entscheidende Schritt war, dass die *Solidarität* als eine unabhängige, selbstverwaltete Gewerkschaftsorganisation anerkannt wurde. Ein symbolisches Zugeständnis war die regelmäßige Übertragung der Sonntagsmesse im Rundfunk. Aber die Unruhe hörte nicht auf, und im Winter verschärfte sich das Krisengefühl. Nachbarn Polens drohten mit einer möglichen Intervention; 40 Sowjetdivisionen sollten in der DDR und an der russischen Grenze zum Einsatz bereitstehen. Doch die Rote Armee wurde von Breschnew nicht zum Eingreifen aufgefordert, genauso wenig auch von seinen Nachfolgern in den nächsten, turbulenten Jahren. Dies war das erste Anzeichen für Veränderungen in Moskau, die eine Vorbedingung für alles das waren, was sich in den nächsten zehn Jahren in Osteuropa ereignen sollte.

Lech Walesa

1981 nahmen die Spannungen in Polen weiter zu, die wirtschaftliche Lage verschlechterte sich. Beim letzten Besuch wandten sich radikale Mitglieder der *Solidarität* gegen Walesa und riefen zum Generalstreik für den Fall auf, dass die Regierung Notstandsmaßnahmen ergriffe. Am 13. Dezember wurde das Kriegsrecht verhängt, und scharfe Unterdrückungsmaßnahmen, die auf Seiten der Opposition möglicherweise Hunderte von Menschenleben forderten, schlossen sich an. Vielleicht wurde dank dieser Maßnahmen eine russische Intervention für überflüssig gehalten und blieb aus. Die *Solidarität* ging in den Untergrund und begann einen siebenjährigen Kampf, in dessen Verlauf immer deutlicher wurde, dass die Militärregierung weder den weiteren wirtschaftlichen Niedergang verhindern noch die Unterstützung des „wirklichen", dem Kommunismus entfremdeten Polen für das Regime gewinnen konnte. Eine moralische Revolution vollzog sich. Wie ein westlicher Beobachter feststellte, begannen sich die Polen so zu verhalten, „als lebten sie in einem freien Land"; Geheimorganisationen und Untergrundpublikationen, Streiks und Demonstrationen sowie wiederholte Verurteilungen des Regimes seitens der Kirche ließen die Lage nicht zur Ruhe kommen.

Obwohl die Regierung schon nach wenigen Monaten vorsichtig das formelle Kriegsrecht wieder aufhob, arbeitete sie weiter mit den Mitteln offener und heimlicher Repression. Unterdessen ging es mit der Wirtschaft weiter bergab, die westlichen Länder boten keine Hilfe an und zeigten wenig Sympathie, und schließlich zeitigten nach 1985 auch die Veränderungen in Moskau ihre Folgen. Doch der eigentliche Wendepunkt kam erst 1989 – für Polen, wie dank dem polnischen Vorbild auch für andere Länder, das größte Jahr der Geschichte seit 1945. Das Jahr begann mit dem Zugeständnis des Regimes, dass sich andere politische Parteien und Organisationen, darunter die *Solidarität*, am politischen Leben beteiligen könnten. Als erster Schritt zu einem wirklichen politischen Pluralismus fanden im Juni Wahlen statt, bei denen einige Sitze in freier Wahl vergeben wurden: Die *Solidarität* gewann sie alle. Bald darauf verurteilte das neue Parlament den deutsch-sowjetischen Nichtangriffspakt vom August 1939 sowie die Invasion in die Tschechoslowakei von 1968 und ordnete Untersuchungen wegen der politischen Morde an, die nach 1981 verübt worden waren.

Lech Walesa wurde zur Symbolfigur für den Widerstand der Polen gegen ihre verhasste sozialistische moskautreue Regierung.

Die Republik Polen

Im August 1989 erklärte Walesa, die *Solidarität* werde eine Koalitionsregierung unterstützen; Gorbatschow teilte einigen kommunistischen Falken mit, das sei durchaus vertretbar. (Zudem hatten einige sowjetische Truppenteile bereits das Land verlassen.) Im September kam eine von der *Solidarität* bestimmte

Lech Walesa besucht am Tag seiner Amtseinführung als Präsident der Republik Polen im Dezember 1990 die Warschauer Kathedrale.

Koalition an die Regierung, an deren Spitze der erste nichtkommunistische Premierminister seit 1945 stand. Der Westen versprach Polen schnelle wirtschaftliche Hilfe. Zum Weihnachtsfest 1989 gehörte die Volksrepublik Polen der Geschichte an, und die alte Republik Polen war wieder auferstanden.

Polen ebnete Osteuropas Weg in die Freiheit. Die Bedeutsamkeit der dortigen Ereignisse war schnell in anderen kommunistischen Staaten bemerkt worden, deren Führer sich sehr besorgt zeigten. Alle osteuropäischen Länder mussten zudem, wenn auch in unterschiedlichem Ausmaß, mit dem neuen Faktor des zunehmenden Stroms von Informationen über die nichtkommunistischen Länder rechnen, vor allem über das Fernsehen (das betraf insbesondere die DDR). Größere Bewegungsfreiheiten und besserer Zugang zu ausländischen Büchern und Zeitungen hatten in diesen Ländern wie in Polen unmerklich den Prozess der Kritik vorangebracht. Trotz einiger absurder Versuche, weiterhin die Informationen zu kontrollieren (in Rumänien mussten Schreibmaschinen nach wie vor staatlich registriert werden), zeichnete sich ein Bewusstseinswandel ab.

Im Winter 1990/91 war die sowjetische Wirtschaft zusammengebrochen. In den Städten kam es zu Nahrungsmittelengpässen. Das Bild zeigt Moskauer beim Schlangestehen für die wenigen verfügbaren Produkte in einem Moskauer Supermarkt, dessen Regale überwiegend leer sind. In einigen Gebieten wurden schließlich Lebensmittelkarten eingeführt, mussten aber wieder zurückgezogen werden, da kein Nachschub kam.

Der wirtschaftliche Niedergang in der Sowjetunion

Michail Gorbatschow war zu Beginn der Veränderungsprozesse in den kommunistischen Ländern an die Macht gekommen. Fünf Jahre später war klar geworden, dass seine Machtübernahme auch revolutionäre institutionelle Veränderungen in der Sowjetunion gebracht hatte: Die Partei verlor an Macht, die gebotenen Freiräume besetzten neu entstandene Oppositionskräfte, vor allem in den Unionsrepubliken, die nach einer mehr oder weniger umfassenden Autonomie strebten.

Paradoxer- und alarmierenderweise gestaltete sich die wirtschaftliche Lage immer schwieriger. Es wurde deutlich, dass der Übergang zu einer Marktwirtschaft, gleichgültig ob schnell oder langsam, vielen, vielleicht den meisten Sowjetbürgern weit größere Härten auferlegen würde, als man sich vorgestellt hatte. 1989 war unübersehbar, dass die sowjetische Wirtschaft vor dem Kollaps stand. Wie stets in der russischen Geschichte wurde die Modernisierung im Zentrum in Gang gesetzt und sollte sich über autoritäre Strukturen an die Peripherie ausbreiten. Aber genau dieses Verfahren konnte jetzt nicht funktionieren, einmal wegen des Widerstands der Nomenklatura und der zentralen Planungsbehörde, und andererseits wegen des sichtlichen und rapiden Machtverfalls des Zentrums.

1990 gab es in der Sowjetunion bereits viele offene Bekundungen der Volksmeinung, und dank Glasnost gab es ebenfalls schon Meinungsumfragen. Eine grobe Einschätzung war möglich: Das Misstrauen gegenüber Partei und Nomenklatur reichte tief, wenn auch 1990 noch nicht so tief wie in anderen Ländern des Warschauer Paktes. (Eine größere Überraschung war, dass sich die Russisch-Orthodoxe Kirche, die lange alles hingenommen hatte, offenbar ein enormes Ansehen und große Autorität bewahrt hatte.)

Als die sowjetische Wirtschaft zusammenbrach, erzeugte der Lebensmittelmangel in den Städten, vor allem während des Winters, eine verzweifelte Lage. Ein Rentner sucht auf einer Müllkippe am Moskauer Stadtrand nach Essbarem.

Die Sowjetunion und ihre Nachfolgestaaten

Die Sowjetunion machte ihre letzten Landgewinne während des Zweiten Weltkrieges, als sie Territorien an ihrer Westgrenze annektierte. Nach 1945 war die Integrität der 15 Republiken, die die UdSSR bildeten, nur von kleineren Grenzkonflikten mit der Volksrepublik China bedroht. Nach dem Zusammenbruch des Kommunismus im Jahr 1991 erklärten die früheren Sowjetrepubliken ihre Unabhängigkeit. Alle außer den baltischen Republiken sind heute Mitgliedsländer der Gemeinschaft Unabhängiger Staaten.

Trotz militärischer Stärke konnte Moskau sein Riesenreich nicht erhalten. Von den 15 Unionsrepubliken sagten sich einige, sobald sie die Möglichkeit dazu hatten, endgültig los.

Der Zusammenbruch der Sowjetunion

Es war klar, dass das ökonomische Scheitern wie eine Gewitterwolke über jedem Versuch einer politischen Liberalisierung hing. 1989 sprachen ausländische Beobachter von der Möglichkeit eines Bürgerkriegs. Als die eiserne Faust der Vergangenheit ihren Griff lockerte, zeigte sich die Macht nationalistischer Stimmungen, die von dem wirtschaftlichen Zusammenbruch und den neuen Möglichkeiten profitierten. Der 70 Jahre währende Versuch, den Sowjetmenschen zu schaffen, hatte nichts daran ändern können, dass die Sowjetunion von Völkern bewohnt wurde, die so unterschiedlich waren wie eh und je. Von den 15 Unionsrepubliken zeigten manche (vor allem die drei baltischen Republiken Lettland, Estland und Litauen) sehr schnell ihre Unzufriedenheit mit der Lage und übernahmen die Führung auf dem Weg zu einem politischen Wandel. Zwischen den Sowjetrepubliken Aserbeidschan und Armenien zeigten sich Probleme, die besonders kompliziert waren, weil sie von der muslimischen Unruhe überschattet wurden, die auch der gesamten Union zu schaffen machte. Alles wurde noch dadurch verschlimmert, dass manche an die Gefahr eines militärischen Staatsstreichs dachten; Truppenführer, die mit dem sowjetischen Scheitern in Afghanistan so unzufrieden waren wie einige amerikanische Soldaten mit dem Rückzug aus Vietnam wurden als mögliche Bonapartes gehandelt.

Die Zeichen des Zerfalls mehrten sich, obwohl es Michail Gorbatschow gelang, im Amt zu bleiben und sogar eine formelle Stärkung seiner nominellen Macht durchzusetzen. Im März 1990 erklärte eine Deklaration des litauischen Parlaments die Annexion des Landes von 1939 für ungültig und verkündete die Unabhängigkeit Litauens. Daraufhin folgten komplizierte Verhandlungen, um eine bewaffnete Unterdrückung der wieder zum Leben erwachten Republik durch sowjetische Streitkräfte zu verhindern. Auch Lettland und Estland forderten ihre Unabhängigkeit. Fazit war nicht das Rückgängigmachen der Sezession durch Gorbatschow, sondern die Durchsetzung von Vereinbarungen, die als Gegenleistung für die Unabhängigkeit den Fortbestand bestimmter Dienstleistungen der baltischen Republiken an die Sowjetunion garantieren sollten. Eine Periode hektischen Manövrierens zwischen Reformern und Konservativen, bei denen er sich mal den einen und dann, zum Ausgleich, wieder den anderen annäherte, führte 1990 wieder zu dem im Vorsommer erreichten Kompromiss. Die Parlamente in neun der Sowjetrepubliken hatten inzwischen bereits entweder ihre Souveränität erklärt oder eine beträchtliche Eigenständigkeit gegenüber der Unionsregierung gefordert. Einige hatten lokale Sprachen zur Regierungssprache erklärt; andere hatten sowjetische Ministerien und Wirtschaftsorgane unter ihre Kontrolle gestellt. Die Russische Föderation – die wichtigste Unionsrepublik – schickte sich an, ihre Wirtschaft separat von derjenigen der Union zu führen. Die Ukrainische Republik beschloss, eine eigene Armee aufzustellen. Im März führten die Wahlen Gorbatschow einmal mehr auf den Weg der Reformen und auf eine Suche nach einem neuen Unionsvertrag, der dem Staat einige Reste seiner zentralen Macht bewahren sollte. Die Welt schaute verwundert zu.

Der Fall der Berliner Mauer

Zu dem polnischen Beispiel trat nach 1986 die wachsende Einsicht, dass eine gespaltene und paralysierte UdSSR nicht intervenieren würde, um ihre Kreaturen in den kommunistischen Parteibürokratien der anderen Warschauer-Pakt-Staaten an der Macht zu halten

Ostberliner erklettern im November 1989 die funktionslos gewordene Berliner Mauer. Auf den Abriss der Mauer folgten das Ende der kommunistischen DDR und die deutsche Wiedervereinigung – Ereignisse, die noch wenige Jahre zuvor völlig utopisch erschienen waren.

und damit weiterhin einen bestimmenden Einfluss auszuüben. Ungarn hatte die Liberalisierung der Wirtschaft fast so schnell eingeleitet wie Polen, doch seinen wichtigsten Beitrag zur Auflösung des kommunistischen Europa leistete das Donauland im August 1989. Damals erhielten die Bürger der DDR das Recht zur freien Einreise als Touristen, obwohl bekannt war, dass sie in den Botschaften und Konsulaten der Bundesrepublik Deutschland Asyl suchen würden. Die volle Öffnung der ungarischen Grenzen folgte im September, bald darauf öffnete auch die Tschechoslowakei ihre Grenzen, und der Strom wurde zur Springflut. Innerhalb von drei Tagen reisten 12 000 Ostdeutsche über diese Länder in den Westen aus. Für die DDR war es der Anfang vom Ende. Am Vorabend der sorgfältig geplanten prahlerischen Feiern zum 40. Jahrestag des sozialistischen deutschen Staates und während eines Besuchs Michail Gorbatschows mussten sich die Sicherheitskräfte in den Straßen Ostberlins mit regierungsfeindlichen Demonstranten auseinander setzen. Der Generalsekretär und Vorsitzende des Staatsrats musste zurücktreten, aber diese Maßnahme reichte nicht mehr. Der November begann in vielen Städten mit Massendemonstrationen gegen ein Regime, dessen korrupter Zustand offensichtlich war. Am 9. November folgte der wichtigste symbolische Akt, die Öffnung der Berliner Mauer.

Freie Wahlen

Stärker als anderswo zeigten die Ereignisse in der DDR, dass sich selbst in den fortgeschrittensten kommunistischen Ländern die Volksmeinung massiv gegen das Regime wandte. Das Jahr 1989 bewies das eindeutig. In ganz Osteuropa, so wurde urplötzlich klar, besaßen die kommunistischen Regierungen in den

In der früheren Zentrale der kommunistischen Partei, nun dem Hauptquartier der Revolutionäre, gebietet im Dezember 1989 ein Mitglied des rumänischen revolutionären Komitees Schweigen: Die Fernsehübertragung des Prozesses gegen den früheren Diktator Nicolae Ceauşescu und seine Frau Elena beginnt. Beide wurden gleich nach dem Prozess erschossen.

Augen ihrer Bürger keine Legitimität: Diese erhoben sich gegen die Herrschenden oder wandten sich ab und sahen ihrem Untergang zu. Der institutionelle Ausdruck für diese Entfremdung war überall die Forderung nach freien Wahlen unter gleichberechtigter Beteiligung von Oppositionsparteien. In Polen waren auf die nur teilweise freien Wahlen, bei denen einige Sitze für Anhänger des bestehenden Regimes reserviert geblieben waren, Vorbereitungen für die Ausarbeitung einer neuen Verfassung gefolgt; 1990 wurde Lech Walesa zum Präsidenten gewählt. Einige Monate zuvor hatte Ungarn ein Parlament gewählt, das eine nichtkommunistische Regierung ins Amt brachte. Die sowjetische Armee begann mit dem Abzug aus diesem Land. Im Juni 1990 gab es freie Wahlen in der Tschechoslowakei. In keinem dieser Staaten erzielten die ehemaligen kommunistischen Regierungsparteien mehr als 16 Prozent der Wählerstimmen. Weniger einschneidend war das Wahlergebnis in Bulgarien; dort siegten ehemalige Kommunisten, die sich als Reformer ausgaben und sich als Sozialisten bezeichneten.

Die deutsche Wiedervereinigung

In zwei Ländern nahmen die Ereignisse einen anderen Verlauf. In Rumänien kam es nach einem Aufbegehren im Dezember 1989 zu einer gewalttätigen Revolution (an deren Ende der frühere Diktator Nicolae Ceauşescu hingerichtet wurde), doch zeigten sich Unsicherheiten hinsichtlich des einzuschlagenden Weges und innere Spannungen, die weitere Auseinandersetzungen befürchten ließen. Im Juni 1990 ging die Regierung, der manche nachsagten, sie stände noch unter dem starken Einfluss einstiger Kommunisten, gewaltsam gegen einige ihrer früheren Anhänger und jetzigen Kritiker vor und ließ mit Hilfe von Bergarbeitern Studentenproteste unterdrücken. Es

In Magdeburg versammelt sich die Menge, um eine Rede des Bundeskanzlers Helmut Kohl bei einem Wahlkampfauftritt in der DDR Anfang 1990 zu hören.

gab Tote und Kritik aus dem Ausland. Das zweite Land, in dem sich die Dinge anders entwickelten, war die DDR. Das war insofern nicht erstaunlich, als die Frage einer politischen Veränderung dort unauflöslich mit der Frage der deutschen Wiedervereinigung verknüpft war. Die Öffnung der Mauer hatte enthüllt, dass es nicht nur keine politische Unterstützung für den Kommunismus gab, sondern auch keinen Willen zur Weiterexistenz der DDR. Die Volkskammerwahlen vom März 1990 gaben einer Koalition, die von der CDU dominiert wurde, eine Mehrheit der Sitze (und 48 Prozent der Wählerstimmen). Am Ziel der Vereinigung konnte kein Zweifel mehr bestehen, nur der Weg dahin und der Zeitplan mussten noch endgültig festgelegt werden.

Im Juli schlossen die beiden Staaten in Deutschland eine Wirtschafts-, Währungs- und Sozialunion. Im Oktober traten die aus der DDR gebildeten deutschen Länder politisch als Bundesländer der Bundesrepublik Deutschland bei. Helmut Kohl wurde der erste Bundeskanzler eines vereinigten Deutschlands. Diese Veränderung ging tief, löste aber

Die Volkskammerwahlen in der DDR im März 1990 machten den Weg für eine Wiedervereinigung der beiden deutschen Staaten frei.

Soldaten eines britischen Bataillons der UN-Friedenstruppe auf Patrouille in Bosnien. Szene aus dem Bürgerkrieg im ehemaligen Jugoslawien.

keine ernsthaften Besorgnisse aus, auch nicht in Moskau. Michail Gorbatschows Stillhalten war der zweite große Dienst, den er der deutschen Nation erwies, denn es muss in der UdSSR Befürchtungen gegeben haben. Das neue Deutschland war die größte europäische Macht im Westen der UdSSR. Der russische Einfluss war so weit zurückgegangen, wie seit 1918 nicht mehr. Als Gegenleistung erhielt Gorbatschow einen Vertrag, in dem das neue Deutschland der Sowjetunion wirtschaftliche Hilfe für die Modernisierung zusagte. Zur Beruhigung derjenigen, die sich an die Jahre 1941 bis 1945 erinnerten, diente auch, dass der neue deutsche Staat nicht das wiederhergestellte alte Deutschland war. Deutschland hatte seine alten Ostgebiete verloren. Zu noch größerer Beruhigung (vor allem der Westeuropäer, die Vorbehalte hatten) diente, dass die Bundesrepublik Deutschland ein Bundes- und Verfassungsstaat mit ökonomischen Erfolgen war, der auf eine fast 40-jährige Erfahrung mit demokratischer Politik zurückblicken konnte und in die Strukturen der Europäischen Gemeinschaft sowie auch der NATO eingebunden war.

Die französisch-deutsche Zusammenarbeit blieb zentral für die Arbeit der Europäischen Union. Im Fortgang des Jahrzehnts wuchsen aber die Erwartungen, dass das Verhältnis durch das größere politische und ökonomische Gewicht des neuen Deutschlands und durch dessen dringliches Interesse an einer Aufnahme der früher kommunistischen osteuropäischen Länder in die EU starken Belastungen ausgesetzt werden könnte. 1998 kam eine rot-grüne Koalition unter dem Bundeskanzler Schröder, einem Sozialdemokraten, ins Amt; im Jahr darauf wurde der Regierungssitz von Bonn in die Bundeshauptstadt Berlin verlegt. Im gleichen Jahr beteiligten sich erstmals seit 1945 deutsche Streitkräfte, unter NATO-Oberbefehl im Kosovo, an Kriegshandlungen.

Der Zerfall Jugoslawiens

Als kommunistische Länder in früheren Jahren den Beitritt zur Europäischen Gemeinschaft beantragten (Polen, Tschechoslowakei, Ungarn) oder sich darauf vorbereiteten (Bulgarien), schien es Beobachtern, als sei ein größeres Ausmaß an Einheit in Europa möglich als je zuvor. Vorsichtiger äußerten sich jene, die bemerkten, dass sich neue – oder alte – nationale und ethnische Trennungen im neuen Osten Geltung verschafften. Außerdem sammelten sich über der gesamten Region die Unwetter des ökonomischen Scheiterns. Deshalb waren Zukunftsvoraussagen zweifellos voreilig.

Wie voreilig, zeigte sich 1991, als zwei Republiken Jugoslawiens ihre Entschlossenheit verkündeten, aus der Bundesrepublik auszutreten. Tief verwurzelte nationale Animositäten waren in der serbisch dominierten Föderation immer deutlicher geworden. Im August brachen vereinzelte Luft- und Bodenkämpfe zwischen serbischen und kroatischen Truppen aus. Die Präzedenzfälle für Einmischungen von außen sahen nicht viel versprechend aus – auch wenn verschiedene EG-Länder in dieser Frage unterschiedlicher Ansicht waren –, und die Vorstellung, eingreifen zu sollen, wurde noch unattraktiver, als die UdSSR im Juli eine Warnung vor den Gefahren aussprach, lokale Konflikte auf die internationale Ebene zu bringen. Bis zum Ende des Jahres war Mazedonien dem Vorbild Kroatiens und Sloweniens gefolgt, dem sich später auch Bosnien-Herzegowina anschloss, und hatte seine Unabhängigkeit von der Bundesrepublik Jugoslawien erklärt. Unglücklicherweise gab es in jener Region ein besonders vergiftetes Erbe alter ethnischer und religiöser Feindschaften und gleichzeitig ein so verwickeltes Siedlungsmuster der unterschiedlichen Gemeinschaften, dass eine Auflösung der alten Struktur nicht leicht und schnell herzustellen war.

Nach dem Austritt des Vielvölkerstaates aus dem sozialistischen Verband wurde seine Instabilität und die Unverträglichkeit seiner Völker offensichtlich.

Demonstranten beim Händeschütteln mit einem Panzerfahrer während des gescheiterten Staatsstreichs in Moskau im August 1991. Gorbatschows Gegner nutzten seine Abwesenheit von der Hauptstadt zur Durchführung ihres Putschversuchs. Sie glaubten, die Volksmassen würden ihre Tat als eine „Rückkehr zur Normalität" bejubeln, aber sie hatten die öffentliche Meinung ganz falsch eingeschätzt: Nur eine kleine Minderheit unterstützte den Staatsstreich.

Eine Zeit brutaler Kämpfe setzte ein, vor allem in Bosnien, geprägt von Vertreibungen, Massakern und Terror. Die Kämpfe wurden am Ende durch die offene Intervention von NATO-Truppen und das Aufzwingen eines Teilungsplans von außen her eingedämmt (1995). Der formelle Friedenszustand konnte aber nicht die Wahrscheinlichkeit überdecken, dass binnen kurzem andere ehrgeizige nationale Gruppen die Lage erneut in Unruhe bringen würden. 1998 brach ein Bürgerkrieg im Kosovo aus. Innerhalb eines Jahres suchten mehr als eine Million Menschen Zuflucht vor einer serbischen Offensive, die erst nach einer NATO-Intervention mit einem 78-tägigen Luftkrieg gegen Serbien endete.

Der Staatsstreich von 1991 in der Sowjetunion

Die sowjetische Warnung bezüglich Bosniens war der letzte diplomatische Schritt des Regimes. Bald stürzte es durch ein viel bedeutsameres Ereignis. Am 19. August versuchten die Konservativen, Gorbatschow durch einen Staatsstreich abzusetzen. Sie scheiterten, aber anschließend war seine Position nicht mehr die gleiche; zu lange hatte er an der Partei und der Union festgehalten. Die sowjetische Innenpolitik taumelte weiter auf die Auflösung zu. Die Umstände des Staatsstreichs boten Boris Jelzin, dem Präsidenten der Russischen Föderation, der größten Unionsrepublik, seine Chance. Er erschien nun als der starke Mann auf der sowjetischen Szene, der andere Unionsrepubliken einschüchtern könnte. Während sich die ausländischen Beobachter noch um ein Verständnis der Vorgänge bemühten, entwickelte sich die Beseitigung jener, die den Staatsstreich unterstützt hatten, zu einer Ersetzung der Sowjetoffiziellen auf allen Ebenen; die Funktion des KGB wurde neu definiert, die Kontrolle über ihn geregelt. Die durchschlagendste Veränderung aber war die Zerschlagung der KPdSU. Fast ohne Blutvergießen, jedenfalls zu Anfang, ging das riesige Gebilde, das aus dem bolschewistischen Staatsstreich von 1917 entstanden war, seinem Ende entgegen.

Die Gründung der Gemeinschaft Unabhängiger Staaten (GUS)

Die Tatsache, dass das Ende des Kommunismus Segen und Fluch bringen konnte, wurde deutlicher, als das Jahresende nahte. Mit der Entscheidung, die Preiskontrollen in Russland in naher Zukunft aufzuheben, schien es wahrscheinlich, dass schon bald Millionen Russen nicht nur mit einer Inflation, sondern vielleicht sogar mit dem Hungertod rechnen mussten. In Georgien waren bereits Kämpfe zwischen den Anhängern des ersten Präsidenten, der aus freien Wahlen hervorgegangen war, und der unzufriedenen Opposition ausgebrochen. Alle diese Fakten jedoch wurden klein vor dem Ende der großen Sowjetunion selber. Die gigantische Supermacht, die aus den blutigen Experimenten der bolschewistischen Revolution hervorgegangen und rund 70 Jahre lang, fast bis zu ihrem Ende, die Hoffnung der Revolutionäre in aller Welt gewesen war, ein Staat mit einer militärischen Streit-

Georgien, das Geburtsland Stalins, wurde am 9. April 1991 von der Sowjetunion unabhängig. In den 90er Jahren versuchten verschiedene ethnische Gruppen, die Abspaltung Abchasiens und Südossetiens von Georgien durchzusetzen; blutige Bürgerkriege waren die Folge. Auf dem Foto zeigen Frauen aus Südossetien Bilder ihrer Männer oder Söhne, die von georgischen Soldaten erschossen worden sein sollen.

macht, die die größten Landschlachten der Geschichte siegreich bestanden hatte, löste sich plötzlich und hilflos in eine Reihe von Nachfolgestaaten auf. Das letzte der großen europäischen multinationalen Reiche hörte auf zu bestehen. Am 8. Dezember 1991 trafen die Präsidenten Russlands, der Ukraine und Weißrusslands in Minsk zusammen, verkündeten das Ende der Sowjetunion und vereinbarten die Schaffung eines slawischen Dreibunds. Am 21. Dezember fand ein Treffen von Repräsentanten von elf der früheren Unionsrepubliken in Alma-Ata statt. Sie gründeten eine neue „Gemeinschaft unabhängiger Staaten“ und kamen überein, das formelle Erlöschen der Sowjetunion auf den letzten Tag des Jahres festzulegen. Fast unmittelbar danach trat Gorbatschow zurück.

CHINA

Die Politiker anderer Länder gerieten kaum je in die Versuchung, sich anders als äußerst vorsichtig über die Wendung der Ereignisse in den Jahren 1990 und 1991 zu äußern. Zu viele Ungewissheiten barg die Zukunft. Die früheren Freunde der UdSSR schwiegen. Einige wenige von ihnen hatten das Geschehen zu Anfang des Jahres so sehr beklagt, dass sie sich zu Beifalls- oder Ermutigungsbekundungen für den missglückten Staatsstreich vom August hatten hinreißen lassen. Verständlicherweise verhielten sich Libyen und die PLO in dieser Weise; jede Rückkehr zu einer Lagerbildung wie im Kalten Krieg musste ihre Hoffnung stärken, neue Handlungsfreiheit in der internationalen Arena zu gewinnen, die zuerst durch die Entspannung zwischen den USA und der UdSSR und später durch den zunehmenden Machtverlust Letzterer eingeschränkt worden war. Mit besonderem Interesse muss man die Ereignisse in China verfolgt haben. Chinas Herrscher hatten ihre eigenen Gründe, über den Verlauf des Geschehens, das sich nördlich ihrer längsten Landesgrenze nach dem Zusammenbruch des Kommunismus in Osteuropa abspielte, besorgt zu sein. Am Ende des Jahres

1991 waren sie die Herren des einzigen noch intakten multinationalen Imperiums. Dies war so, obwohl sich China fast die gesamten 80er Jahre hindurch in einem kontinuierlichen Prozess kontrollierter Modernisierung befunden hatte, dessen Grundlage eine substanzielle Liberalisierung des Wirtschaftslebens war. Dies bedeutete keine Schwächung des Machtwillens des Regimes. Ihm kam das Fortbestehen altchinesischer Soziallehren zugute, die Erleichterung von Millionen darüber, dass die Kulturrevolution vorbei war, und eine Politik, die (anders als die des bis 1980 in der Sowjetunion propagierten Kommunismus) wirtschaftliche Vorteile über das System an die Bauern weitergab. Diese erzeugten Kaufkraft auf dem Land und sorgten gleichzeitig dafür, dass dort die Lage ruhig blieb. Die Landkommunen verloren an Bedeutung, an manchen Orten verschwanden sie praktisch völlig aus dem öffentlichen Erscheinungsbild, und 1985 war der bäuerliche Familienbetrieb wieder die vorherrschende Form landwirtschaftlicher Produktion in weiten Teilen Chinas. Zur gleichen Zeit erkannten viele Chinesen, dass ihr Land im Ausland Ansehen und Respekt genoss; ein eindrucksvolles Zeichen dafür war paradoxerweise ein offizieller Staatsbesuch der britischen Königin Elisabeth II. im Jahr 1985.

König Juan Carlos von Spanien und Königin Sofia bei einem Besuch in China. Während der 80er Jahre, als sich die chinesische Regierung um eine Liberalisierung bemühte, fanden mehrere offizielle Besuche westlicher Staatsoberhäupter statt, deren Ziel es war, die Handelsbeziehungen auszubauen. China brauchte ausländisches Kapital, um seine Entwicklung zu beschleunigen; die übrige Welt wollte Zugang zu dem chinesischen Markt, der mit 1,2 Milliarden potenziellen Konsumenten lockte.

Der Druck für demokratische Reformen

Doch bald befand sich China gleichwohl in größeren Schwierigkeiten. Die Auslandsverschuldung war in die Höhe geschossen. Die Inflation erreichte Ende des Jahrzehnts eine Jahresquote von etwa 30 Prozent. Es regte sich Zorn über nachgewiesene Fälle von Korruption, und es war weithin bekannt, dass es Uneinigkeit innerhalb der Führung gab. (Zum Teil brachen sie während der Krankheit oder nach dem Tod einiger der Gerontokraten auf, die die Partei beherrschten.) Jene, die meinten, dass eine Verstärkung der politischen Kontrolle vonnöten wäre, gewannen an Boden, und es gab Anzeichen, dass sie versuchten, Deng Xiao-ping in ihr Lager zu ziehen. Doch westliche Beobachter und vielleicht auch einige Chinesen waren von der Politik der Wirtschaftsliberalisierung zu unrealistischen und übermäßig optimistischen Einschätzungen hinsichtlich der Möglichkeit einer politischen Entspannung verführt worden. Die aufregenden Veränderungen in Osteuropa steigerten diese Hoffnungen noch weiter. Aber sie sollten sich bald als Illusion erweisen.

In den ersten Monaten des Jahres 1989 verspürten die chinesischen Stadtbewohner den Druck der akuten Inflation und des Sparprogramms, mit dem die Regierung versuchte, diese zu bremsen. Dies war der Hintergrund einer neuen Welle studentischer Forderungen. Ermutigt durch das Vorhandensein von Mitgliedern in der Regierungsoligarchie, die mit der Liberalisierung sympathisierten, forderten sie Partei und Regierung auf, in einen Dialog mit dem neu gegründeten, inoffiziellen Studentenverband über die Korruption und notwendige Reformen zu treten. Bei Versammlungen wurden Spruchbänder gezeigt, die mehr „Demokratie" forderten. Die Führung des Regimes war beunruhigt; sie verweigerte die Anerkennung des Verbands, von dem sie befürchtete, er könnte der Vorbote einer

Ein Chinese sieht dem Tod ins Auge, während er vergeblich versucht, einen Panzer auf dem Tiananmen-Platz aufzuhalten, 5. Juni 1989. Mehr als 100 protestierende Studenten starben, als die Armee ihr Lager zerstörte. Die internationale Gemeinschaft verhängte daraufhin Sanktionen gegen die Volksrepublik China.

neuen Art Roter Garden sein. In vielen Städten gab es Demonstrationen, und als der 70. Jahrestag der „Vierte-Mai-Bewegung" nahte, beriefen sich die Studentenaktivisten in einer Form auf sie, dass erkennbar wurde, dass sie ihrer Kampagne eine stark patriotische Prägung zu geben beabsichtigten. Viel Unterstützung fanden sie auf dem Land und in den Städten des Südens zwar nicht, aber sie nahmen einen massenhaften Hungerstreik auf. In Peking (Beijing) wurde diese Kampagne von weiten Kreisen mit Sympathie und Zustimmung gesehen. Der Streik begann kurz vor dem Besuch Michail Gorbatschows in der chinesischen Hauptstadt; sein Staatsbesuch wurde nun nicht mehr als ein weiterer ermutigender Beweis für das internationale Ansehen Chinas gesehen, sondern erinnerte die Menschen an die Vorgänge in der UdSSR im Gefolge der Politik der Liberalisierung, und zwar in durchaus zwiespältiger Weise: Die Reformer wurden ermutigt, die Konservativen empfanden große Sorge. Zu dieser Zeit scheinen die meisten wichtigen Mitglieder des Staatsapparats, darunter Deng Xiao-ping, stark beunruhigt gewesen zu sein. Großflächige Unruhen waren zu befürchten; sie glaubten, China stünde eine große Krise bevor. Manche fürchteten eine neue Kulturrevolution, wenn die Lage außer Kontrolle geriete. Am 20. Mai wurde das Kriegsrecht verhängt.

China wollte sich den Protesten seiner Studenten nicht beugen und ging am 4. Juni mit Panzern gegen die Demonstranten auf dem Platz des Himmlischen Friedens vor.

Der Platz des Himmlischen Friedens

Einen Augenblick erschien es so, als wäre die Regierung nicht in der Lage, ihren Willen durchzusetzen, aber bald war klar, dass die Armee hinter ihr stand. Es folgte eine erbarmungslose Unterdrückung. Die Studentenführer hatten sich auf dem Platz des Himmlischen Friedens (Tiananmen-Platz) verschanzt, wo Mao 40 Jahre zuvor die Gründung der Volksrepublik China verkündet hatte. Am 2. Juni erreichten Militäreinheiten, die den Platz räumen sollten, die Vororte Beijings. Es gab einigen Widerstand mit improvisierten Waffen und Barrikaden, aber die Truppen kämpften sich ihren Weg frei. Am 4. Juni wurden die Studenten und die wenigen übrigen Sympathisanten mit Gewehrfeuer, Tränengas und vorrückenden, das Lager niederwalzenden Panzern brutal vom Platz vertrieben. Das Morden dauerte mehrere Tage, Massenverhaftungen (die vielleicht insgesamt 10 000 Menschen betrafen) folgten. Ein großer Teil der Vorgänge spielte sich vor den Augen der Weltöffentlichkeit ab, da Filmteams schon Tage zuvor die Bilder des Studentenlagers in alle Welt gesendet hatten. Fast die gesamte Welt verurteilte das Vorgehen der chinesischen Regierung.

Die Zukunft Chinas

Wie so häufig in der Geschichte Chinas, fällt es schwer zu erkennen, was wirklich während der Krise des Massakers vom Platz des Himmlischen Friedens geschah. Offensichtlich sahen sich die Führer des Landes einer schweren Bedrohung ausgesetzt. Wahrscheinlich ist auch, dass sie in einer Weise handelten, die von vielen ihrer Landsleute beklagt und abgelehnt wurde. Aber die ländlichen Massen empfanden keine Sympathie mit den Demonstranten; sie betrachteten sie als Gegner. Veränderungen innerhalb der herrschenden Hierarchie und Versuche zur Durchsetzung der politischen Orthodoxie folgten. Die wirtschaftliche Liberalisierung wurde angehalten. Erneut wurden neomarxistische Schlagworte verbreitet. China, so viel war klar, wollte den Weg nicht beschreiten, den Osteuropa und die UdSSR einschlugen. Aber was sollte in China geschehen? Die sicherste Schlussfolgerung, die sich zum jetzigen Zeitpunkt vielleicht treffen lässt, ist, dass China wieder seinem eigenen Rhythmus und seinen eigenen Vorstellungen folgte, die trotz aller Rhetorik von Seiten sowohl der Regierung als auch der Demonstranten nicht nach Kategorien interpretiert werden können, die westlichen Konzepten entstammen. Die Studenten auf dem Platz des Himmlischen Friedens traten den Panzern nicht nur damit entgegen, dass sie sich um die Ikone der Freiheitsgöttin scharten, sondern noch mit einer weiteren Geste, die ebenfalls nicht chinesisch, sondern westlich inspiriert war: Sie sangen die Internationale. Das mag ein Hinweis sein auf die Komplexität (ja Inkohärenz) der Oppositionsbewegung und auf ihre Entfremdung von dem, was in China immer noch einflussreich war. Noch 1987 erbrachte eine Meinungsumfrage, dass selbst unter den Chinesen, die in den Städten wohnten, als größtes moralisches Laster der „Ungehorsam gegenüber den Eltern“ betrachtet wurde. Obwohl sich so vieles in der Welt verändert hatte, verblüffte China in der Zeit nach dem Massaker auf dem Tiananmen-Platz die Beobachter und Zukunftsforscher dadurch, dass es offenbar weithin immun gegenüber den Strömungen außerhalb seiner Grenzen blieb. Eine der traditionellen Funktionen der Regierung war es stets gewesen, über die chinesischen Werte zu wachen. Falls sich am Ende irgendwo die Modernisierung nicht als „Verwestlichung“ entpuppen sollte, dann in China.

Noch weitere Ungewissheiten blieben bestehen. Nach dem Zusammenbruch der Sowjetunion blieb China als einzige kommunistische Weltmacht übrig. Doch die Führer des Landes setzten in den 90er Jahren, scheinbar pragmatisch, ihren Kurs auf Wirtschaftswachstum fort, der eine ökonomische Liberalisierung mit sich brachte. Gegen Ende des Jahrtausends schien es festzustehen, dass China über kurz oder lang der Welthandelsorganisation beitreten würde. Eines aber sollte sich nicht verändern: die entschiedene Weigerung des Regimes, in Worten oder Taten eine Schwächung ihrer innenpolitischen Macht oder einen Verzicht auf den Anspruch zur künftigen Zurückgewinnung Taiwans zuzulassen.

In der Nacht des 30. Mai 1989 errichteten die auf dem Tiananmen-Platz lagernden Studenten diese Gipsstatue der „Göttin der Freiheit“ auf der Spitze des Revolutionsmuseums. Sie blickte auf ein Porträt Maos über dem Tor zur Verbotenen Stadt.

6 EPILOG: IM LICHT DER GESCHICHTE

Zu Beginn des 21. Jahrhunderts war das Machtungleichgewicht zwischen den Vereinigten Staaten und dem Rest der Welt ausgeprägter denn je. Die lange Unsicherheit hinsichtlich der sowjetischen Macht existierte in den 90er Jahren nicht mehr, und Amerika erlebte fast die ganze Zeit hindurch einen wirtschaftlichen Aufschwung, der die Aufmerksamkeit von den bunten Wechselfällen einer glanzlosen Präsidentschaft (samt dem ersten Versuch, einen gewählten Präsidenten durch ein Impeachment-Verfahren abzusetzen) und von dem Ausbleiben außenpolitischer Erfolge, die die neue Machtstellung hätte mit sich bringen sollen, ablenkte. Die Präsidentschaftswahlen des Jahres 2000 zeigten aber, dass das Land tief in zwei praktisch gleich große Lager gespalten war. Nach vielem Hin und Her wurde George W. Bush schließlich zum Sieger erklärt. Er steht vor einer ungewissen Zukunft, zumal seine Stellung beim Regierungsantritt weit schwächer war als die seines Vaters bei dessen Amtseinführung im Jahr 1989. Selbst jenen seiner Landsleute, die den Zusammenbruch der UdSSR als das „Ende der Geschichte" bejubelt hatten, musste klar geworden sein, dass sich die Geschichte immer noch ungemütlich schnell weiterbewegte, insbesondere im Nahen Osten. Aber auch anderswo war dies der Fall, und es galt vielleicht nicht nur für die Politik, sondern auch für die Weltwirtschaft. Es steht zu vermuten, dass sich daran auch nichts ändern wird.

Die Weltbevölkerung wächst immer rasanter. Selbst die Gutsituierten haben unter der Überbevölkerung zu leiden: Ein Strand in Hongkong an einem Sommertag.

Arbeiter reparieren einen geborstenen Schutzdeich nach einer Sturmflut in der Nähe von Modesto in Kalifornien (1997). Viele Menschen machen die globale Erwärmung für die ungewöhnlich extremen Wetterbedingungen verantwortlich, die in den letzten Jahren in vielen Teilen der Welt herrschten. Obwohl sich ein Zusammenhang nur schwer beweisen lässt, steht fest, dass die Durchschnittstemperatur der Erde seit 1900 um 0,5° Celsius gestiegen ist und weiter steigt. Die mögliche Folge ist ein Anstieg des Meeresspiegels mit Flutkatastrophen, die einige der am dichtesten bevölkerten Regionen der Erde betreffen können.

Veränderte Perspektiven

Die heutigen Urteile über das, was wichtig ist, können schon in wenigen Monaten abwegig erscheinen, wenn die Geschwindigkeit der Veränderungen so groß bleibt wie in den letzten Jahren. Nach den gewaltigen politischen Umbrüchen des letzten Jahrzehnts haben wir alle gelernt, dass politische Ereignisse die Perspektiven mit unglaublicher Schnelligkeit verändern können. Andere, weniger offensichtliche Wandlungen, die vielleicht noch grundsätzlicherer Art sind, finden ebenfalls statt. Wenn, wie behauptet wurde, die erschreckende Zahl einer Weltgesamtbevölkerung von fünf Milliarden wahrscheinlich am ersten Montag des Jahres 1986 überschritten wurde und die Zahl von sechs Milliarden im Jahr 2000, welche Auswirkungen wird diese Entwicklung haben? Wie groß sind eigentlich die Schäden, die der Ozonschicht durch den enorm gewachsenen Ausstoß fossiler Brennstoffe seit 1945 zugefügt wurden? Angesichts derartiger Veränderungen und der Schwierigkeit, sie zu bewerten, sollte man sich mit einem historischen Fazit bescheiden. Zweifellos werden schon bald neue Überraschungen eintreten.

Die Rolle des Historikers

Auf jeden Fall sollte man sich nicht auf Prophezeiungen einlassen; das kommt einem Historiker nicht zu, selbst wenn er seine Zukunftsprognosen als Extrapolationen verbrämte. Derartige Prognosen können, zugegeben, ein didaktisches oder rhetorisches Mittel sein. Sie können das Bewusstsein schärfen und

Soldaten schließen sich den Feiern nach Sloweniens Unabhängigkeitserklärung von Jugoslawien an (1991). Dank seiner relativ homogenen ethnischen Zusammensetzung blieb Slowenien überwiegend von den Gewalttaten verschont, die ethnische und nationalistische Querelen in den meisten anderen Regionen des ehemaligen Jugoslawien zu dieser Zeit aufflammen ließen.

Entscheidungssituationen durch hypothetische Projektionen klären. Zuweilen können sie demonstrieren, dass sich Entwicklungen nicht fortsetzen können. (Wenn, beispielsweise, die Zuwachsrate von Menschen, die in der Wissenschaft arbeiten, so hoch geblieben wäre wie in den 200 Jahren vor 1960, würde die Weltbevölkerung binnen kurzem ausschließlich aus Wissenschaftlern bestehen.) Vermutungen sind auch dann legitim, wenn sie ein Licht auf die gegenwärtigen Fakten werfen. Den fossilen Brennstoffen wird es vielleicht genauso ergehen wie den Mammuts, als sie in Kontakt mit menschlichen Jägern kamen. Ein Nachdenken über diese Frage wirft zweifellos ein Licht auf die Ölkrise der 70er Jahre, die einige der größten Verbraucher mittels der sich im Preis ausdrückenden blinden Kräfte des Marktes zu einem vernünftigeren Umgang mit den Energiereserven bewegte. Trotzdem darf nie vergessen werden, dass das Thema des Historikers die Vergangenheit ist. Nur über sie hat der Historiker zu sprechen. In Bezug auf die unmittelbare Vergangenheit kann der Historiker versuchen, Übereinstimmungen beziehungsweise Nichtübereinstimmungen, Kontinuitäten und Diskontinuitäten festzustellen.

Das Fortdauern nationaler Konflikte

Wenn es überhaupt allgemeine Trends in der Geschichte gibt, so habe ich in diesem Buch ausgeführt, bestünden diese in zweierlei Aspekten: in der wachsenden Einheit der menschlichen Erfahrung und in der wachsenden Fähigkeit der Menschen, die Umwelt zu beherrschen. Aber das vertraute Gerede von der „einen Welt" bleibt oft nicht mehr als Gerede. Insoweit die Menschen, die diesen Begriff einführten, gehofft hatten, damit den Weg zu gemeinsamem politischen Handeln zu erleichtern, scheint er sich als Täuschung erwiesen zu haben. Es gibt nur zu viele Konflikte und Streitigkeiten in aller Welt. Seit 1931 vergingen kaum ein paar Wochen, in denen nicht irgendwo auf der Welt Menschen gegen Menschen kämpften. Aber auch politische Trennungen, die nicht zu offenen Gewalttätigkeiten führten, können teuer und gefährlich sein, wie der Kalte Krieg allzu deutlich machte. Obwohl nach dem alliierten Sieg von 1945 die internationale Institution der Vereinten Nationen geschaffen wurde, die gelegentlich auch die Fähigkeit zum kollektiven Handeln bewies, beruht sie ironischerweise auf der Theorie, dass die Erde in Territorien souveräner Staaten geteilt ist. Heute existieren fast 200 Staaten weltweit, und es ist sehr wahrscheinlich, dass ihre Zahl noch zunehmen wird. Bei dem Bürgerkrieg, der bis 1995 in dem früheren Jugoslawien tobte, ging es in den Augen vieler Beteiligter genau um diese Frage der staatlichen Eigenständigkeit. Das lässt sich nicht bestreiten, und noch viele weitere Beispiele ließen sich dafür anführen.

Diese Aussage entspricht aber nicht der bisher vorgestellten These. Sie ließe sich mit Hilfe einer ferner liegenden Epoche untermauern. Die Welt des Islams war während des europäischen Mittelalters von ständigen Auseinandersetzungen zwischen verschiedenen muslimischen Herrschern geprägt. Dennoch besaß der Islam eine kulturelle Einheit, wenn auch keine vollständige und homogene. Überall in der islamischen Welt kam diese in gleichförmigen oder ähnlichen Institutionen und Verhaltensweisen zum Ausdruck, wie es sie in dieser Form zwischen anderen Kulturen und Zivilisationen und den von ihnen bestimmten Gesellschaften nicht gab. Das trifft auch heute noch in einem beträchtlichen Umfang zu. Eine Behauptung dieses Buches ist, dass alle Konflikte in der modernen Welt mehr und mehr – jedoch keineswegs vollständig – Bürgerkriegen zwischen Gegnern ähneln, die einen gemeinsamen Hintergrund haben. Eine schleichende Einheit hat die Menschheit erfasst. Konflikte der Zivilisationen und Zusammenstöße der Kulturen gibt es seltener als in der Vergangenheit. Auf dieser Ebene lässt sich dieses Argument aber praktisch kaum vorbringen, ohne es zu übertreiben. Deutlicher wird es beim Blick auf alltäglichere Sachverhalte.

Die gemeinsame Erfahrungswelt

Seltsamerweise ist die globale Einheit auf der Ebene der persönlichen Erfahrung am ausgeprägtesten, obwohl das üblicherweise der Bereich ist, in dem die Menschen die Abweichungen voneinander am stärksten empfinden. In den Tagen, als die Einwohner benachbarter Dörfer in aller Welt deutlich unterschiedene Dialekte sprachen, wenn sie überhaupt der gleichen Sprachgemeinschaft angehörten, als sich die meisten Menschen während ihres gesamten Lebens selten auch nur 15 Kilometer von ihrem Wohnort entfernten, als selbst ihre Kleider und Werkzeuge in ihrer Machart erkennen ließen, dass es große Verschiedenheiten der Technologie, des Stils und der Gebräuche gab, war die menschliche Erfahrung in vielerlei wichtiger Hinsicht weitaus differenzierter als heutzutage. Die großen physischen, ethnischen und sprachlichen Grenzscheiden ließen sich in der Vergangenheit viel schwerer überwinden als

Ein Tourist fotografiert auf den Philippinen Menschen im traditionellen Kostüm. Vielen Regionen brachte der Tourismus zugleich Licht und Schatten. Während er oft traditionelle Lebensformen zerstört, kann er aber auch dazu beitragen, Dorfgemeinschaften und einige Aspekte des örtlichen kulturellen Erbes zu erhalten.

heutige Trennungen dank verbesserter Kommunikationsmittel, allgemein verfügbarer Grundausbildung, der Massenfertigung von Gebrauchsgütern und dergleichen. Die Ergebnisse kann jeder Reisende überall in der Welt feststellen. Obwohl wir in einigen Ländern noch exotische beziehungsweise unvertraute Kleidung sehen, ziehen sich die meisten Menschen auf dem Globus heute recht ähnlich an. Als Rousseau die Polen des 18. Jahrhunderts zu nationaler Selbstbesinnung aufforderte, mahnte er sie, eifersüchtig über ihre Nationaltrachten, ihre Spiele und ihre Vergnügungen zu wachen und ausländische Moden zu verschmähen. Manche Regime bekennen sich auch heute noch zu seiner Schule. In Uganda wurden Gesetze gegen den Minirock erlassen, die iranischen Revolutionäre zwangen Frauen wieder den Schador auf, weil empfunden wurde, dass die gemeinsame lebensweltliche Erfahrung, die von außen kam, die Tradition zersetzte. Aus genau entgegengesetzten Motiven, um die Tradition zu zerstören, verbot Atatürk den Türken das Tragen des Fez und steckte Peter der Große seine Höflinge in westeuropäische Kleidung. Es ging um mehr als nur um Mode.

Diese Kinder, die mit ihren Eltern in Kalkutta an den Schienen unter dem Bahnhof wohnen, warten auf die Vorbeifahrt eines Zuges. Wenigstens zwei Schienenanwohner werden täglich von Zügen überrollt. Ähnlich schockierende Szenen der Überbevölkerung und Armut – häufig sind Kinder die Hauptopfer – finden sich in Städten überall auf der Welt.

Geteilte Erfahrung

Die größere Basis einer Erfahrung, die heute von vielen Menschen geteilt wird, setzt selten ein derartiges bewusstes Engagement für die heutige Weltkultur voraus. Die Menschen, die in sich modernisierenden Gesellschaften leben, werden durch Elektrizität, Klimaanlagen und Arzneien zunehmend unabhängig von den Verschiedenheiten klimatischer Bedingungen. Die Wahrscheinlichkeit wächst, in den einen Ländern die gleichen Waren zu finden wie in den anderen; überall auf der Welt kann man (obwohl erst vor vergleichsweise kurzer Zeit erfunden) Zahnpasta kaufen. Arbeiter, die die Sprache ihres Nebenmanns nicht verstehen, bedienen die gleichen Maschinen und ziehen aus ihrer Benutzung die gleichen oder ähnliche Vor- und Nachteile. In aller Welt hat das Auto in geringerem oder stärkerem Ausmaß dieselben Anforderungen an das tägliche Leben gestellt und überall ähnlich unerträgliche Belastungs- und Stresssituationen geschaffen. Ländliche Regionen bleiben zwar immer noch von vielen dieser Segnungen verschont, aber die geteilte lebensweltliche Erfahrung bestimmt die Städte; in manchen der großen Weltstädte ist dies für Millionen eine Erfahrung des allgegenwärtigen Schmutzes, von wirtschaftlichem Elend

Die Wirkung des Kinos

Als die Franzosen Auguste und Louis Lumière 1895 ihren ersten Film *Arbeiter beim Verlassen des Lumière-Werks* auf die Leinwand projizierten, hatte die Geburtsstunde einer neuen Form des künstlerischen Ausdrucks, der Massenkommunikation, der Erziehung und der populären Unterhaltung geschlagen. Das Kino, das zu einer starken Industrie wuchs, übte während des gesamten 20. Jahrhunderts einen immensen Einfluss aus.

Schon in den frühen Tagen des Stummfilms standen die Filmemacher vor der doppelten Forderung nach einerseits künstlerischer Qualität beziehungsweise dokumentarischer Treue und andererseits nach kommerziellem Erfolg. Regisseure wie Georges Méliès (1861–1938) in Frankreich, D.W. Griffith (1875–1948), Erich von Stroheim (1886–1957) und Charles (Charlie) Chaplin (1889–1977) in den Vereinigten Staaten, F.W. Murnau (1888–1932) und Fritz Lang (1890–1976) in Deutschland oder Sergej Eisenstein (1898–1948) in Russland schufen die künstlerischen Maßstäbe für das Kino. Zur selben Zeit aber begriff man in Hollywood, dass der Film ein großes Geschäft zu werden versprach, und das Geldverdienen wurde zum Ziel von Studios, die zu Filmfabriken wuchsen.

Die Polarität zwischen Kommerz und Kunst blieb auch in der Ära des Tonfilms bestehen – bis 1945 handelte es sich meist um Schwarzweißfilme, obwohl Walt Disney (1901–1966) schon 1935 einen Film in Technicolor drehte. Zu den Autoren, die die Grenzen der Filmkunst erweiterten, gehören die Franzosen René Clair (1898–1981) und Jean Renoir (1894–1979) und der Amerikaner Orson Welles (1915–1985). Andere, wie der Deutsche Ernst Lubitsch (1892–1947) oder der Engländer Alfred Hitchcock (1899–1980) verstanden es, eine persönliche Handschrift durchzusetzen, obwohl sie in den großen Studios arbeiteten, deren am Kassenerfolg orientierte Produktionen die Einnahmen Hollywoods 1946 auf 1,7 Milliarden Dollar brachten.

Die politischen Themen des frühen sowjetischen Films, die Propagandafilme von Joseph Goebbels, aber auch die wesentlich humanistischere gesellschaftliche Botschaft der Filme des italienischen Nachkriegs-Neorealismus zeigten bereits die Macht, die der Film bei der Beeinflussung menschlicher Einstellungen und Verhaltensweisen hatte. Die Regisseure der französischen Nouvelle Vague der 60er Jahre benutzten zunehmend die Kamera, um Filme zu „schreiben", die die Grenzen zwischen Realität und Imagination verschwimmen ließen. Die neue Verbindung des Films mit Fernsehen und Video hat die Möglichkeit der Filmautoren, Lebensstile, Träume und Wünsche weltweit zu verbreiten, enorm vergrößert. Ob positiv oder negativ – kein anderes Medium hat die Entwicklung einer globalen Kultur im 20. Jahrhundert so stark gefördert.

Charlie Chaplin bei den Dreharbeiten zu seinem Film Der große Diktator *(1940), in dem er Adolf Hitler parodierte.*

Ein sudanesischer Polizist versucht, eine Ansammlung hungernder Menschen zurückzuhalten, die sich ihren Anteil an der Getreidelieferung einer ausländischen Hilfsorganisation sichern wollen (1985). Der Sudan gilt heute als eines der Länder der „Vierten Welt", in denen Nahrungsmittelknappheit, Wassermangel und Kriege regelmäßig Hungersnöte verursachen.

und Deprivation. Kairo, Kalkutta und Rio de Janeiro bieten häufig ähnliche Bilder des Elends, trotz aller wichtigen Unterschiede, die im muslimischen, hinduistischen beziehungsweise christlichen Hintergrund dieser Städte liegen.

Man kann sich diese Tatsache veranschaulichen, wenn man die historische Imagination anstrengt: Eine Reisender, der aus dem kaiserzeitlichen Rom nach Loyang, der Hauptstadt des chinesischen Han-Reiches gereist wäre, hätte über alles gestaunt, was er dort sah: andere Kleider aus anderen Materialien, andere Nahrungsmittel, andere Haustiere in den Straßen, Waffen und Rüstungen von anderer Form – alles wäre ihm neu und unvertraut erschienen; selbst die Schubkarren wären von einer ihm unbekannten Machart gewesen. Moderne Reisende aus Amerika oder Europa entdecken heute viel weniger, was sie überrascht. China ist vielleicht immer noch eine der Kulturen, die auswärtigen Trends gegenüber sehr resistent ist, doch auch wenn die chinesische Küche immer noch ihre Eigenart besitzt, gleicht ein chinesisches Verkehrsflugzeug doch allen übrigen. Aber vor wenigen Jahrhunderten noch waren Dschunken die einzigen seetüchtigen Schiffe Chinas, und sie sahen ganz anders aus, als die gleichzeitig in Europa üblichen Koggen oder Karavellen.

Die krassen Unterschiede zwischen Arm und Reich

Man kann behaupten, dass jene gemeinsame Erfahrungswelt das Leben der bäuerlichen Massen kaum berührt, die noch in Dörfern leben und, häufig mit traditionellen Werkzeugen und Methoden, versuchen, dem Boden ihren Lebensunterhalt abzugewinnen. Ebenfalls trifft zu, dass die nur zu sichtbaren Unterschiede zwischen dem Leben in reichen und armen Ländern weit über alle Unterschiede der Vergangenheit hinausgehen. Vor 1000 Jahren waren alle Gesellschaften, gemessen an modernen Vorstellungen, arm und standen sich folglich in ihrer Erfahrungswelt näher als heutzutage. Die Mühe, das tägliche Brot zu gewinnen, die Gefährdung des menschlichen Lebens angesichts von geheimnisvollen und unerbittlichen Gewalten, die den einzelnen dahinmähten wie Gras, waren Erfahrungen, die allen Menschen gemeinsam waren, gleichgültig, welche Sprache sie sprachen, oder zu welcher Religion sie sich bekannten. Heute aber lebt eine große Minderheit der Menschheit in Ländern mit einem durchschnittlichen jährlichen Pro-Kopf-Einkommen von über 3000 Dollar, Millionen andere Menschen jedoch in Ländern, wo dieser Wert weniger als ein Zehntel dieser Summe beträgt. Und selbst unter den armen Ländern gibt es immense Unterschiede: Seit Länder der Dritten Welt, die über begehrte natürliche Ressourcen verfügen, beginnen, sich aus eigenen Mitteln zu entwickeln, hat man sich angewöhnt, die wirklich armen, denen dergleichen praktisch unmöglich ist, als Länder der Vierten Welt zu bezeichnen.

Dies alles ist Teil der komplexen Realität unserer Welt und darf nicht übersehen werden. Gleichwohl lässt sich die Wichtigkeit solcher Gegensätze auch übertreiben. Sie sind, erst einmal, das Produkt einer relativ neuen und kurzen historischen Ära; wir sollten genauso wenig voraussetzen, dass sie Jahrhundertelang andauern, noch dass sie leicht und schnell verschwinden werden. Vielleicht werden sie in einer Welt, die immer einheitlicher wird, zurückgehen. Die führenden Klassen und Eliten selbst der ärmsten Länder halten fast immer und überall nach irgendeiner Form der Modernisierung als Ausweg aus ihren Schwierigkeiten Ausschau. Das heißt, sie blicken nach Westen. Auch ihre Gesellschaften, insofern sich in ihnen Vitalität und das Verlangen nach Veränderungen regt, sind damit ein Beweis für den alles durchdringenden Einfluss jener Zivilisation, die überall sonst so eindrucksvoll triumphierte.

Die Erklärung der Menschenrechte

„Artikel 10: Jeder hat das gleiche Recht auf eine faire und öffentliche Anhörung durch ein unabhängiges und unparteiisches Tribunal, wenn es um die Festlegung seiner Rechte und Pflichten oder um Beschuldigungen jeglicher Art gegen ihn geht.
Artikel 11 (1): Jedermann, dem ein Gesetzesverstoß zur Last gelegt wird, hat das Recht, so lange als unschuldig zu gelten, bis seine Schuld vor dem Gesetz in einem öffentlichen Verfahren, das ihm alle Mittel zu seiner Verteidigung bieten muss, nachgewiesen wurde.
(2) Niemand darf auf Grund einer Tat oder einer Unterlassung für schuldig befunden werden, wenn diese Tat oder Unterlassung zum Zeitpunkt ihrer Ausführung nicht nach nationalem oder internationalem Recht eine Straftat war. Es darf auch keine schwerere Strafe verhängt werden, als sie zu dem Zeitpunkt, als die Tat verübt wurde, für diese gesetzlich vorgesehen war."

Ein Auszug aus der 1948 verkündeten *Allgemeinen Erklärung der Menschenrechte.*

Europa als Weltgestalterin

Hier geht es nicht allein um Technologie. Es lässt sich leicht nachweisen, dass sich nicht nur materielle Dinge und Techniken, sondern auch Ideen und Institutionen allgemein verbreitet haben. Zwar hat unsere Welt solchen Dokumenten wie der UNO-Deklaration der Menschenrechte nur langsam praktische Beachtung gezollt, aber symptomatischerweise war das Interesse, derartige Dokumente abzufassen und zu unterzeichnen, sehr groß. Die zugrunde liegenden Prinzipien sind für gewöhnlich aus der europäischen zivilisatorischen Tradition abgeleitet (beispielsweise die weit verbreitete Akzeptanz des Konzepts einer „Erklärung der Menschenrechte"), und das ist nur ein jüngeres Beispiel für die in den letzten 300 Jahren feststellbare Tendenz der Ausbreitung dieser Zivilisation über die gesamte Welt. Wir bezeichnen diesen Einfluss heute

Besucher im Teheraner Lunapark, einem Rummelplatz im Westernstil. Manche Zeichen und Symbole breiten sich über die ganze Welt aus und machen vor religiösen oder kulturellen Grenzen nicht Halt.

manchmal als „westlich“, statt als europäisch, doch sein eigentlicher Ursprung und die Kernregion der Zivilisation, wo er entstand, ist immer noch Europa, auch wenn Nordamerika ihn heute wesentlich bestimmt. Das große Zeitalter der westlichen politischen Vorherrschaft ist vorbei, gleichwohl gibt es vernünftige Gründe, die westliche als die erste Weltzivilisation zu bezeichnen. Es liegt keine kulturelle Arroganz in der Feststellung, dass die Zivilisationen der Azteken oder Inka der spanischen nicht gewachsen waren und dass die Zivilisationen der Hindu und Chinesen sich etwas erfolgreicher gegen die „Franken“ behaupteten. Derartige Tatsachen sind entweder wahr oder falsch; sie sind aber weder bewunderungswürdig noch verabscheuenswert.

Wie dieses Buch in vielleicht von einigen Lesern als ungehörig empfundener Ausführlichkeit dargelegt hat, haben europäische Ideen und Institutionen keineswegs überall einheimische Traditionen verdrängt und ersetzt. Unsere Welt wird tatsächlich immer noch von vielen, sehr unterschiedlichen Traditionen bestimmt. Frauen werden – dabei spielt es keine Rolle, wie wir das bewerten – in islamisch oder christlich geprägten Gesellschaften verschieden behandelt. Die Inder greifen immer noch auf Astrologie zurück, um den Tag einer Hochzeit festzulegen, wohingegen Engländer Zugfahrpläne oder zweifelhafte Wettervorhersagen, die sie für „wissenschaftlich“ halten, als relevanter erachten mögen. Obgleich die altasiatische Philosophie (oder was als solche gilt) für eine Minderheit der Amerikaner kultartige Attraktivität besitzt, liegen die Wurzeln der amerikanischen Verhaltensweisen doch im Vertrauen auf die Aufklärung und in der Überzeugung, wie sie bereits viele der frühen puritanischen Siedler hatten, ein auserwähltes Volk zu sein, freie Menschen. Auch die Erwartungen und Hoffnungen späterer Emigranten, hier tatsächlich in einer neuen Welt angekommen zu sein, prägen auch heute noch die Einstellung vieler Amerikaner. Gegensätze der oben genannten Art könnte man beliebig weiter hinzufügen. Selbst Technologien und Ideen werden in unterschiedlichen Traditionen und Kulturen verschieden genutzt. Der japanische Kapitalismus funktioniert nicht in der gleichen Weise wie der britische; jede Erklärung dafür ist nur in der unterschiedlichen Geschichte der Völker zu finden. Dennoch bleibt es wahr, dass sich keine andere Tradition in fremden Zusammenhängen als so stark und attraktiv erwiesen hat wie die europäische: Es gibt nichts Vergleichbares.

Die Ausbreitung der Demokratie

Noch die schlimmsten Manifestationen der europäischen Tradition, beispielsweise ihre bis zum offenen Raub gehende materielle Besitzgier, zeigen die Macht ihres Einflusses. Gesellschaften, die einst fest in einer unveränderlichen Akzeptanz der nun einmal vorhandenen Gegebenheiten verwurzelt waren, haben die Ansicht aufgegriffen, dass unbegrenzte Verbesserungen des materiellen Wohlstands ein angemessenes Ziel für sie sind. Damit haben sie vieles von dem mentalen Erbe des expandierenden Europa übernommen. Allein die

Vorstellung, dass es möglich sei, Veränderungen zu wollen, ist in sich selbst zutiefst subversiv. Viele weitere derartige Ideen aus Europa haben sich in vielen Ländern als eine Schicht von (der Erfahrung des europäischen Liberalismus entstammender) Annahmen und Mythen über gesellschaftliche Institutionen von hohem Alter und großem Beharrungsvermögen gelegt. In aller Welt gibt es heute Republiken, und alle sprechen die Sprache der Demokratie und der Menschenrechte. Einer der Gründe, warum viele schwarze Menschen lautstark gegen eine von ihnen empfundene Vorherrschaft der Weißen demonstrieren, beruht auf der Tatsache, dass sie die Ideale der Menschenrechte und Menschenwürde verwirklicht sehen wollen, die die europäische Zivilisation ausgebildet hat. Zur gleichen Zeit wünschen andere eine Beteiligung an den Segnungen des wachsenden Wohlstands, den die Industrialisierung ermöglichte. Sie hoffen, die von ihr erzeugten Werte zu erlangen, selbst wenn sie die Verdienste der *Négritude* oder die ewige Wahrheit des Islams predigen.

Nur sehr wenige Kulturen haben sich als fähig erwiesen, der starken europäischen Tradition grundsätzlich zu widerstehen: Selbst China hat Karl Marx und der modernen Wissenschaft seine Reverenz erwiesen. Einige Kulturen leisteten erfolgreicher Widerstand als andere, doch fast überall wurde die Eigenart der anderen großen Zivilisationen bis zu einem bestimmten Grad aufgelöst. Wenn Modernisierer versuchten, dem dominierenden Lebensstil Europas einzelne Elemente zu entnehmen, aber andere nicht, mussten sie feststellen, wie schwierig dies war. Ist man einen bestimmten Preis zu zahlen bereit, lässt sich zwar eine selektive Modernisierung erzielen, doch üblicherweise kommt sie als ein Paket mit verschiedenen Inhalten, von denen einige unwillkommen sein mögen, wie laute Forderungen nach einer stärkeren Beachtung der Menschenrechte bei der 1991 durchgeführten Konferenz der Premierminister der Staaten des britischen Commonwealth unter Beweis stellten.

Der Vormarsch der Frauenemanzipation

Die Emanzipation der Frau setzt sich durch. Ihre Auswirkungen auf familiäre und Autoritätsstrukturen, auf das wirtschaftliche und kulturelle Leben und, darüber vermittelt, auf die Gefühle und Einstellung des Einzelnen würden sich in vielen Teilen der Welt auch dann schon als revolutionär erweisen, wenn sie nur bis zu dem Punkt durchgeführt würde, der von den Feministinnen in den fortge-

Die Fortschritte der Demokratie

Über das gesamte 20. Jahrhundert hin hat die Zahl der tatsächlich demokratischen Länder mit allgemeinem Wahlrecht zugenommen. Zwar erlitt die Demokratie in den 30er Jahren aufgrund der Ausbreitung des Faschismus Rückschläge, doch machte sie diese nach dem Zweiten Weltkrieg schnell wieder wett. Nach dem Zusammenbruch des Kommunismus 1989 führten auch viele Mitgliedsländer des ehemaligen Ostblocks demokratische Verfassungen ein.

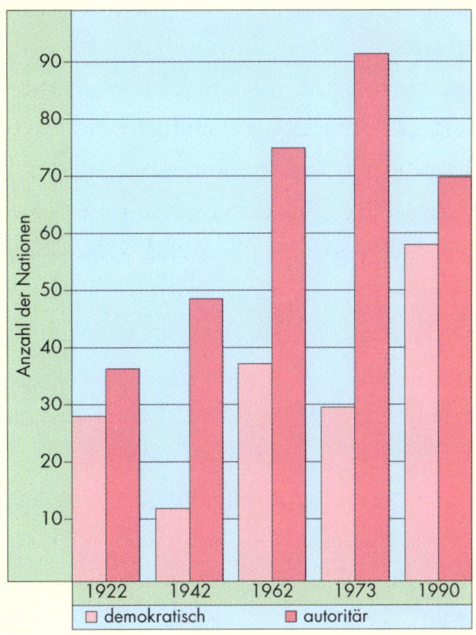

schrittenen westlichen Ländern so oft als unzureichend beklagt wird. Wenige nichteuropäische Länder haben mehr als nur teilweise Konzessionen an dieses Prinzip gemacht; in einigen arabischen Ländern besuchen junge Frauen zwar heute die Universitäten, sind aber in den Vorlesungssälen von ihren männlichen Kommilitonen getrennt; wenn sie die Universitäten verlassen, sollen sie ihren Platz in einer islamischen Welt einnehmen, in der die Beziehungen zwischen den Geschlechtern auf Traditionen beruhen. Was die Frauen ohne Ausbildung betrifft, so bleiben sie häufig ganz unberührt selbst von derartigen Neuerungen. Doch auch sie können direkte und praktische Vorteile für ihre Lebensumstände aus der aufkommenden Modernisierung ziehen, beispielsweise durch Pumpen zur Wassergewinnung oder durch die Einführung der Elektrizität in ihren Dörfern. Derartige Neuerungen haben die Kraft, weitere Veränderungen in Gang zu setzen.

Die Frauenbefreiung brauchte in der Tat lange Zeit, um selbst in den westlichen Ländern so weit zu kommen, wie sie heute ist. Das Christentum war von Beginn an grundsätzlich (wenn auch auf den ersten Blick kaum erkennbar) auf eine Verbesserung der Rolle der Frauen eingestellt. Dennoch mussten 1700 Jahre vergehen, bis die ersten Fürsprecher des Feminismus auftraten, und weitere 200, ehe die grundsätzliche rechtliche Gleichstellung zwischen Mann und Frau in der westlichen Welt weitgehend durchgesetzt war. Eine wichtige Voraussetzung dafür waren die Industrialisierung und ihre die Frauen ökonomisch befreienden Auswirkungen. Die technischen Veränderungen von fließendem Warmwasser über verbesserte Waschmittel, Kunstfaserprodukte bis zu Fertignahrung (um nur einige Beispiele zu nennen) tragen wahrscheinlich in vieler Hinsicht genauso viel zur Befreiung der Frau bei, wie die Einführung des Frauenstimmrechts.

Eines der unüblicheren Beispiele für die Gleichberechtigung von Mann und Frau: Weibliche israelische Wehrpflichtige beim Exerzieren. In Israel herrscht für Männer und Frauen gleichermaßen die Wehrpflicht.

Selektive Entlehnung

Die bewusste Zurückweisung mancher Bestandteile des Modernisierungspakets, das schiere Beharrungsvermögen gut verankerter kultureller Muster und die leichte Zugänglichkeit der materiellen, gegenüber den ethischen Errungenschaften der europäischen Tradition erklären zur Genüge, warum der Wandel durch Modernisierung zuweilen immer noch lediglich oberflächlich zu sein scheint. Darin gleicht er ein wenig der Hellenisierung des Nahen Ostens in den Jahrhunderten, die auf Alexander den Großen folgten. Den entlehnten Institutionen, Ideen und Stilen fehlt manchmal die Inspiration und der wahre Geist, so wie den Übernahmen griechischer Vorstellungen im Orient. Wie damals breiten sich heute die Auswirkungen materieller Leistungen aus, gleiche Formen der Regierung und Verwaltung, gleiche literarische und künstlerische Moden, ja gleiche ästhetische Vorstellungen. Englisch ist heute zur Lingua franca der Geschäftswelt und des geistigen Lebens geworden, so wie in hellenistischer Zeit das Griechische. Doch die Resultate sind doch irgendwie nicht mehr das Gleiche wie im ursprünglichen Zusammenhang.

Die Verlockungen des materiellen Erfolgs

Das Gefühl, dass diese Zivilisation heute so weit verbreitet ist, beruht auf Realität, nicht auf Trugbildern; doch ihre Übernahme erfolgt notwendigerweise selektiv, wenn auch nicht so, wie es manche Modernisierer gern vorschreiben würden. Diese Aussage widerspricht der Behauptung nicht, dass zum ersten Mal in der Menschheitsgeschichte die Vielfalt menschlicher Erfahrungen auf eine Einheit zustrebt, statt sich zu diversifizieren. Am deutlichsten wird dies bei dem, was überall in der Welt den größten Anreiz und die größte Verführung der europäischen Kultur darstellt. Wir meinen ihr Versprechen materiellen Erfolgs. Der wirkliche Triumph der europäischen Zivilisation setzte ein, als sie die Menschen anderer Kulturen davon zu überzeugen begann, der Weg zu sein, über den auch sie zum Erfolg gelangen könnten. Europäisierung wurde zum Synonym für Modernisierung. Aufgegriffen wurden damals nicht nur Techniken und Institutionen, nicht bloß Oberflächlichkeiten wie Kleiderstile und Frisuren, sondern auch Zielvorstellungen und Verhaltensmuster. Diese führten manchmal zu widersprüchlichen und unerwarteten Resultaten. Die Vorstellungen vom Fortschritt als

Ein Handwerkermarkt im ägyptischen Luxor. In den industrialisierten Ländern genießt das lokale Kunsthandwerk häufig besonderen Schutz, weil man kulturelle Traditionen bewahren will. In vielen Entwicklungsländern besitzt es hingegen auch heute noch eine bedeutende Rolle für die Volkswirtschaft, insbesondere in Gebieten, in denen der Tourismus ein wichtiger Faktor ist.

grenzenlose materielle Verbesserung, vom Recht der Einzelnen auf freie Entfaltung, vom Nationalismus als angemessene Grundlage der politischen Organisation haben allesamt Folgen gezeitigt, die weit über die Erwartungen derjenigen hinausgingen, die so selbstbewusst die Rezepte weitergaben, die nach ihrer Ansicht die Grundlage ihres Erfolgs darstellten. Hatte dieser Prozess erst einmal begonnen, erwies er sich als unumkehrbar. Sobald europäische Methoden und Ziele akzeptiert waren (wie sie mehr oder weniger umfassend, mehr oder weniger bewusst von den Eliten fast aller Länder akzeptiert wurden), hatte eine unkontrollierbare Entwicklung eingesetzt. Selbst bei den besonders stark gelenkten Modernisierungsversuchen brachen von Zeit zu Zeit unerwartete Bedürfnisse und Forderungen auf.

Die menschliche Manipulation der Natur

Die Revolution des menschlichen Geistes, die schon seit langer Zeit mit steigender Intensität im Gang war – die Akzeptanz der Vorstellung, dass beständige materielle Verbesserungen möglich seien –, war der Höhepunkt von Jahrhunderten wachsender Erfolge beim Eingreifen in die Umwelt. Ironischerweise schlug die Vorstellung fast genau zu der Zeit in aller Welt Wurzeln, als an ihrem Ausgangspunkt die ersten Zweifel aufkamen. Mancher ist deswegen zum Pessimisten geworden. Im Wesentlichen wird derzeit oft vorgebracht, dass der unbezweifelbare Erfolg der Menschheit bei der Manipulation der Umwelt heute von zwei beobachtbaren und zusammenhängenden Tendenzen bedroht sei. Einerseits schaffe jener Erfolg neue Probleme, und dies vielleicht

Im Bereich des Verkehrswesens herrscht eine generelle Tendenz zur Standardisierung, die in der Praxis üblicherweise Verwestlichung bedeutet. Hochgeschwindigkeitszüge wie das Tokioter „Shinkansen" befördern heute in vielen entwickelten Ländern Passagiere und Frachtgut.

Errichtung eines der Stauwehre für das Drei-Schluchten-Wasserkraftwerk am Yangtse in China in den späten 90er Jahren. Nach seiner Fertigstellung gehörte das Kraftwerk weltweit zu den größten seiner Art. Umweltschützer kritisierten, dass die Anlage das ökologische Gleichgewicht der Region stark beeinträchtige und zum Verlust weiter Flächen an Lebensraum für Wildtiere führe.

schneller, als Antworten gefunden werden könnten, bevor irreparable Schäden eingetreten seien. Deswegen stünden wir vor den Problemen erschöpfter natürlicher Ressourcen, gestörter Ökologien, der Entstehung neuer Stressfaktoren und Gefahren, wie sie etwa das Leben von Menschenmassen in riesigen Städten mit sich bringt. Die zweite Tendenz bestünde darin, dass die Leistungen der Wissenschaften unsere Fähigkeit überträfen, mit der aus diesen Leistungen erwachsenden Macht verantwortlich umzugehen. Beispiele dafür sind die Gefahren, die mit den bereits irreversiblen Umweltschäden zusammenhängen, die Verbreitung von Atombomben oder die Reduktion der Sterberaten durch medizinische Fortschritte, die zu dem rapiden Bevölkerungswachstum beitragen, die Eingriffe in das Erbgut durch Genmanipulationen oder die Bereitstellung von Massenkommunikationsmitteln ohne adäquate kulturelle Vorbereitungsmaßnahmen. Falls sich die bösen Ahnungen als berechtigt erweisen sollten, dann wird das gegenwärtige Zeitalter für unsere Nachfahren tatsächlich einen Bruch in der historischen Kontinuität markieren. Er könnte bedeuten, dass die fortschreitende Fähigkeit zur Beherrschung der Umwelt, welche die gesamte frühere Geschichte und die gesamte bekannte Vorgeschichte prägte, zu Ende gegangen sein wird.

Eine unbeherrschbare Entwicklung

Die zu vermutende Unfähigkeit des Menschen, seine Umwelt zu beherrschen, ist zweifellos eine Aussicht, die nicht auf die leichte Schulter genommen werden darf, aber wieder einmal müssen wir daran erinnern, wie wenig wir über die Zukunft wissen können. Es liegen keine Gründe vor auszuschließen, dass die Art und Weise, mit der man in der Vergangenheit Techniken zur Bewältigung auftretender Probleme entdeckte, nicht auch in der Zukunft er-

Experten sagen voraus, dass Mitte des 21. Jahrhunderts mehr als 80 Prozent der Erdbevölkerung in dichten, überfüllten Megastädten leben werden. Schon jetzt werden Pläne für diese nahe Zukunft entworfen; bei vielen Projekten, die gegenwärtig erwogen werden, kommt der Einsparung von Treibstoff hohe Priorität zu. Diese künstlerische Fantasie von einer Stadt der Zukunft beruht auf Plänen für eine „Geotropolis" – ein unterirdisches Tokio.

folgreich angewendet werden könnte. Es gibt weder logische noch empirische Gründe für die Annahme, dass sich die ständige Zunahme der Beherrschung der Natur, welche die gesamte Geschichte bis heute bestimmt hat, nicht fortsetzen wird. Der Faktor, der sich verändert hat, ist lediglich der Umfang und die Beschleunigungsrate des Wachstums. Aber dieses gilt für die Suche nach Lösungen nicht minder als für das Auftauchen von Problemen. Nichts im Charakter der Probleme, vor denen die Menschheit jetzt steht, spricht prinzipiell gegen ihre Lösbarkeit. Sie mögen drängender und die Schäden, die sie verursachen können, mögen größer sein; dies besagt jedoch nichts anderes, als dass für ihre Lösung schnellere und radikalere Methoden, drastischere politische und gesellschaftliche Veränderungen nötig, nicht aber, dass sie unlösbar sind. Vielleicht müssen wir uns dafür entscheiden, anders zu leben, aber wir müssen nicht voraussetzen, dass die Menschheit untergehen wird. Es gibt keinen Grund für den Schluss, dass die Menschheit der gegenwärtigen Testreihe nicht gewachsen sein wird, wenn sie früheren (beispielsweise dem Beginn der Eiszeit) gewachsen war, denen sie mit geringeren mentalen und technologischen Ressourcen begegnen musste. Aus der Vergangenheit besitzen wir viele Hinweise auf die Anpassungsfähigkeit des Menschen.

Die erste Mondlandung

Die größte Diskontinuität der jüngeren Vergangenheit war das erfolgreiche Vordringen in den Weltraum und die erste Landung auf dem Mond im Jahr 1969. Doch auch diese Leistung markierte nicht nur einen Bruch, sondern verkörperte auch starke Kontinuitäten. Die Mondlandung war die bislang vollständigste und eindrucksvollste Bestätigung der Überzeugung, dass die Menschen in einem Universum leben, auf das sie einwirken können. Die Instrumente für eine solche Einwirkung auf die Welt waren einst Magie und Gebet, heute sind es Wissenschaft und Technologie. Es gibt eine geschichtliche Kontinuität in der wachsenden Zuversicht der Menschen, ihre natürliche Welt beeinflussen zu können. Es lässt sich nicht behaupten, dass innerhalb jener Kontinuität die Mondlandung ein größeres oder unbedeutenderes Datum wäre als beispielsweise die Beherrschung des Feuers, die Erfindung des Ackerbaus oder die Entdeckung der Nuklearenergie. Ganz ohne Zweifel ist sie ein Ereignis von bedeutender Größe.

Die Mondlandung lässt sich angemessen mit dem großen Zeitalter der Erdentdeckung in der frühen Neuzeit vergleichen. Dabei differieren die Zeitmaße in interessanter Weise. Die Portugiesen benötigten fast 80 Jahre der Forschungen, um an Afrika vorbei nach Indien zu gelangen; zwischen dem ersten Weltraumflug eines Menschen und der Ankunft von Menschen auf dem Mond vergingen ganze acht Jahre. Das im Jahr 1961 gesetzte

Pathfinder erreicht den Mars

1877 bemerkte der italienische Astronom Giovanni Schiaparelli Linien auf der Oberfläche des Mars. Der Amerikaner Percival Lowell, der den Planeten 15 Jahre lang beobachtete, erklärte, es handele sich um „Bewässerungskanäle". Nun bemächtigte sich vor allem die Science Fiction des Planeten.

1976 landeten die Raumsonden *Viking I* und *Viking II* als Teil eines Projekts, das 2,3 Milliarden Dollar kostete, auf dem Roten Planeten. Danach vergingen 20 Jahre, ehe wieder eine Raumsonde auf dem Mars landete. Von Juli bis September 1997 erforschte die NASA-Marssonde *Pathfinder* den Planeten. Sie untersuchte Boden- und Felsproben und lieferte viele Daten, die darauf hinweisen, dass einst große Mengen von Wasser auf der Oberfläche des Mars vorhanden waren. Zum Sammeln der Daten befand sich an Bord der Sonde *Pathfinder* ein Forschungsfahrzeug namens *Sojourner*. Das Gerät von der Größe eines Mikrowellenherds bewegte sich mit einer Geschwindigkeit von etwas über 36 Meter in der Stunde, angetrieben wurde es von Solarenergie. Neben dem an Bord installierten Labor verfügte *Sojourner* über ein von Laserstrahlen gelenktes Antriebssystem, mit dem sich das Gefährt über das unebene Marsgelände bewegen konnte.

Ein Teil des Satelliten Pathfinder, *mit entleerten Luftkissen, kurz nach der Landung auf dem Mars.*

Ziel, bis 1970 den Mond zu erreichen, wurde um rund 18 Monate früher verwirklicht. Außerdem scheint die Erforschung des Weltraums wesentlich sicherer, als es die der Meere war. Lange Zeit gab es bei Weltraumexpeditionen keinerlei Todesfälle, und trotz einiger spektakulärer Katastrophen ist die Weltraumfahrt, betrachtet nur nach Todesfällen pro Transportkilometer, immer noch die sicherste dem Menschen bekannte Form des Reisens, während die Seefahrt des 15. Jahrhunderts ein höchst gefahrvolles Unternehmen war. Versicherungstechnisch war das Risiko einer Reise mit der *Santa Maria*, ja selbst später noch mit der *Mayflower*, wesentlich größer als jenes der Besatzung von *Apollo 11*.

Ein amerikanischer Astronaut testet bei einem „Weltraumspaziergang" während der Shuttle-Mission des Jahres 1994 einen Teil der Sicherheitsvorrichtungen.

Vorhersagbare Erfolge

Der Vergleich zwischen den Astronauten des 20. und den Seefahrern des 15. Jahrhunderts verweist auf ein weiteres Merkmal von Kontinuität. Das Zeitalter der Meeresentdeckungen wurde lange Zeit hauptsächlich von einem Volk bestimmt, den Portugiesen. Sie stützten sich auf ihr sich langsam aufbauendes Wissen. 500 Jahre später stützte sich Apollo auf eine weit größere Basis, auf nicht weniger als die gesamten naturwissenschaftlichen Erkenntnisse der Menschheit. Die Entfernung zum Mond war bereits bekannt; ebenso bekannt waren auch die Bedingungen, die den Menschen dort erwarteten. Zwar bestand die Möglichkeit, dass das Projekt scheitern konnte, aber daran glaubte man kaum. In ihren Eigenschaften der Vorhersagbarkeit und der Projektion von Hoffnungen und Erwartungen einer gesamten Nation ist die Weltraumforschung ein Musterbeispiel unserer auf Wissenschaft beruhenden Zivilisation.

Die Erforschung des Weltraums ist der letzte und größte Schritt in der Entwicklung zu einer immer größeren Beherrschung der Natur, die sich hauptsächlich in den letzten 7000 bis 8000 Jahren vollzog. Dieser Zeitraum ist vor dem Hintergrund der Hunderttausende von Jahren zu betrachten, in denen die prähistorische Technologie nur ganz langsam über die Entdeckungen hinausgelangte, dass man einen Faustkeil mit einer Schnittkante herstellen und dass man das Feuer zähmen konnte. Diese Erkenntnis war der wichtigste Schritt in der Entwicklung des Menschen, nachdem die Ausbildung seiner physischen Struktur mehr oder weniger schon den heutigen Stand erreicht hatte. Damit wurde die Nutzung von Erfahrungen möglich, und, darauf aufbauend, Experiment und Analyse. Wir haben keinen Grund zu der Annahme, dass sie uns nicht weiter mit Werkzeugen in einer Welt versorgen könnten, die sie gegenüber der Lebenswelt selbst unserer nahen Vorfahren so stark verändert haben.

Doch dürfen wir auch nicht einfach schließen, dass solche Werkzeuge mit Sicherheit gefunden und, wenn sie gefunden werden, auch sinnvoll genutzt würden. Der Pessimismus ist eine verständliche, vielleicht von der Empfindung her unvermeidliche Geisteshaltung.

Die Ausbreitung der Atomkraft

Eine Gefahr, die nicht mehr so bedrohlich wirkt wie noch vor wenigen Jahren, ist politischer Natur. Sie hängt nicht mehr nur von den Supermächten und ihrer Fähigkeit ab, ihre Beziehungen zu regeln, sondern auch von dem Kontext, in dem es gilt, das internationale Gleichgewicht zu bewahren. Die verantwortlichen Führer der Vereinigten Staaten und der Sowjetunion schienen selbst schon vor Jahrzehnten die Tatsache akzeptiert zu haben, dass sie nicht sicher sein konnten, der anderen Seite ihren Willen durch Kriegsdrohungen aufzwingen zu können. Sie wussten ebenfalls, dass es in einem großen Atomkrieg keinen Sieger im wirklichen Sinne des Wortes geben konnte. Beide Seiten begannen, nach Vereinbarungen zu streben, um ihre atomaren Arsenale zu begrenzen und zu verringern, und sie beschlossen schließlich im Jahr 1991, dank der zuvor erfolgten größeren politischen Veränderungen, eine umfassende Abrüstung. Man mag diese Entwicklung als eine Beruhigung ansehen. Andererseits müssen selbst die Supermächte in einer Welt existieren, die sich verändert und immer noch von Destabilisierung bedroht ist. Diese Gefahr mag nun, da sich die Giganten nicht länger auf einer ansonsten fast leeren Bühne gegenüberstehen, sogar noch gewachsen sein. Die Bühne füllt sich jedoch schnell, und die Darsteller der Nebenrollen möchten ihre eigenen Texte vortragen. Manche von ihnen haben lange gewartet und sind nun ungeduldig, andere sind verängstigt, was sie vielleicht noch gefährlicher macht. Mehrere Länder meinen, sie müssten

Dank der verheerenden Auswirkungen der Nuklearwaffen ist ihr Einsatz weit unwahrscheinlicher als ein konventioneller Krieg. Doch als Druckmittel der Supermächte gegeneinander sind sie wirkungsvolle, aber riskante Machtinstrumente.

1980 explodierte eine von Terroristen gelegte Bombe im Hauptbahnhof von Bologna. Seit dem Ende des Zweiten Weltkriegs versuchen terroristische Gruppen, mit Gewalttaten ihre Forderungen nach Unabhängigkeit, der Rückgabe von Gebieten oder der Freilassung inhaftierter Gesinnungsgenossen zu untermauern.

in den Besitz eigener Atomwaffen gelangen; andere sind aus der zusammengebrochenen Sowjetunion hervorgegangen und haben die Waffen faktisch als Erbe übernommen. Die Erkenntnis, dass ein Nuklearkrieg die Vernichtung der Menschheit bedeuten könnte, wird noch nicht von den Herrschern aller Staaten geteilt. Schon 1968 unterzeichneten Großbritannien, die Sowjetunion und die Vereinigten Staaten den Atomwaffensperrvertrag. Mehr als 140 weitere Staaten schlossen sich in der Folge diesem Abkommen an. Frankreich und die Volksrepublik China (damals schon im Besitz von Atomwaffen) taten dies nicht, und genauso wenig Israel, Südafrika, Indien (das als erstes „blockfreies" Land 1974 einen erfolgreichen Atombombentest durchführte), Pakistan, Argentinien und Brasilien. (Alle diese Länder entwickelten zumindest die Grundlagen für den Bau von Nuklearwaffen.) Ungewiss und bedrohlich ist die atomare Zukunft der Nachfolgestaaten der Sowjetunion. Darüber hinaus ist bekannt, dass der Irak und Nordkorea, obwohl Unterzeichnerstaaten des Atomwaffensperrvertrags, an der Entwicklung von Nuklearwaffen arbeiten.

Konflikt und Kooperation

Die Verbreitung von Atomwaffen gibt in einer Welt, die immer noch von schrecklicher Gewalt geprägt ist, wie der Tod zahlloser Männer, Frauen und Kinder auf Grund politischer oder quasipolitischer Konflikte seit 1945 bewiesen hat, Anlass zu ernüchternden Überlegungen. Immer noch liegt genug Zunder bereit, um neue Brände zu entfachen. Die ökonomischen Schäden, die die Unruhe in den unterentwickelten Ländern schüren und sie in Gärung halten, zeigen kaum Anzeichen einer Besserung. Manche meinen sogar, sie hätten sich durch die Globalisierung der ökonomischen Aktivitäten noch verschlimmert. Der Blick richtet sich dabei auf die praktisch vollstän-

Eine Gruppe von Cuicurus-Indianern bei einem traditionellen Tanz. In Kari Oka, westlich von Rio de Janeiro, wurde während des „Erdgipfels" von 1992 die Nachbildung eines traditionellen Dorfes der Amazonas-Indianer errichtet. Repräsentanten von Naturvölkern aus allen fünf Kontinenten präsentierten in Rio eine Erdcharta, worin sie unter anderem die Anerkennung ihrer Landrechte, Zugang zu den politischen Systemen ihrer Staaten und Selbstverwaltung forderten.

Einer der vielen überraschenden Augenblicke der jüngeren Vergangenheit: US-Präsident Bill Clinton schaut zu, während sich der israelische Ministerpräsident Jizhak Rabin und Palästinenserpräsident Yassir Arafat auf dem Rasen des Weißen Hauses in Washington im September 1993 die Hände schütteln. Nach 45 Jahren bewaffneter Auseinandersetzungen zwischen beiden Völkern hatten sie gerade einen Präliminarfriedensvertrag unterzeichnet, in dem den Palästinensern in den israelisch besetzten Gebieten der Übergang zur Selbstverwaltung zugesagt wurde. Die Friedensfeiern sollten sich als verfrüht erweisen.

dige Internationalisierung der Kapitalmärkte und der daraus folgenden Verlagerung riesiger Kapitalströme, die sich der Kontrolle der Einzelregierungen entziehen. Gefährliche soziale Spannungen liefern weiterhin Zündstoff für Demagogen. Regierungen bedienen sich immer noch verdeckter Mittel, der Subversion und des Terrorismus, um unstatthafte Ziele zu verfolgen, und der Nationalismus hat keineswegs die Macht verloren, sich die Unterschiede zwischen den Menschen dienstbar zu machen. Viele Gespenster der Geschichte, die nach Ansicht mancher längst zur Ruhe gekommen waren, wurden in den letzten Jahren in Ost- und Mitteleuropa wieder frei gesetzt und peinigen und beunruhigen uns aufs Neue.

Dennoch hat sich vieles zum Besseren gewandelt. Auf lange Sicht gerechnet werden in Fragen der Umweltschäden jetzt Probleme, die man bis vor kurzem völlig übersah, zumindest zur Kenntnis genommen; der Umriss einer gemeinsamen Umweltagenda kommt in Sicht. Ende 1990 fand in Genf eine UNO-Konferenz mit Repräsentanten von 137 Staaten statt, die zu dem Schluss kam, dass die globale Erwärmung als eine wirkliche Bedrohung für die Menschheit anzusehen sei. Dies weckte große Hoffnungen: Auf die Vorbereitungen folgte zwei Jahre später der so genannte Erdgipfel, eine Konferenz zu Umwelt- und Entwicklungsfragen in Rio de Janeiro, die angeblich das bislang größte Treffen von Regierungschefs aus aller Welt war. Was allerdings wirklich in Rio erreicht wurde, blieb äußerst kontrovers; manche erblickten allein schon im Stattfinden des Gipfels einen Triumph, andere sahen ihn als kompletten Fehlschlag an, weil er die lähmende Unwilligkeit vieler Regierungen offenbarte, sich bei so wichtigen Fragen wie der Nutzung fossiler Brennstoffe zu spezifischen Maßnahmen zu verpflichten. Nur einige wenige entwickelte Länder haben bisher Bereitschaft gezeigt, ihren Verbrauch fossiler Brennstoffe zu begrenzen.

Angesichts einer anderen Gefahr haben die Vereinten Nationen nun zumindest mit dem Versuch begonnen, den Frieden der internationalen Gemeinschaft durchzusetzen, ein Versuch, von dem manche Gründer dieser Organisation träumten und der dem Völkerbund niemals gelungen war. Im Fernen Osten und in Europa haben erstaunliche politische Veränderungen stattgefunden, die die Gefahr, das ein Krieg auf Grund lange bestehender Unstimmigkeiten ausbricht, wahrscheinlich vermindert haben.

Die Überraschungen der Geschichte

Noch einmal: Die Historiker dürfen (zu ihrem Glück) nicht die Zukunft vorhersagen. Wenn es für manche enttäuschend ist, dass die Geschichte immer zweideutige Aussagen darüber liefert, welche Ergebnisse ungewisse Situationen letztlich zeitigen werden, dann muss man ihnen vorhalten, dass sie zu viel erwarten. Der einzige Vorteil, den der Historiker oder die Historikerin am Ende durch das Nachdenken über Probleme der oben geschilderten Art hat, besteht darin, dass er oder sie vielleicht etwas weniger von den jeweiligen Ergebnissen überrascht wird als jene, die nicht über die diesen Ergebnissen zugrunde liegende Geschichte nachgedacht haben. Nur zwei allgemeine Wahrheiten entspringen aus dem Studium der Geschichte. Die eine lautet, dass sich die Dinge stärker und schneller verändern, als man glauben sollte. Die zweite lautet, dass sie sich weniger und langsamer verändern, als man glauben sollte. Die Vergangenheit bleibt länger am Leben und lässt sich, selbst durch bewusste Anstrengungen, nicht so leicht friedlich begraben, wie wir denken. Das sollte heute offensichtlich sein. Wir brauchen uns dafür nur an die vielen Hinweise aus dem Nahen Osten zu erinnern, wo die Kriege um die Nachfolge des Osmanischen Reiches, die in Südosteuropa bereits in der so lange zurückliegenden Zeit des frühen 19. Jahrhunderts begannen, auch heute noch nicht beendet sind. In jeder beliebigen historischen Situation finden sich Beispiele für Innovationen und für Beharrungsvermögen. Die erste Fassung des vorliegenden Buches schloss mit der Feststellung, dass uns, ob es uns gefällt oder nicht, alle zukünftigen Geschehnisse immer wieder ein wenig überraschen werden. Es gibt keinen Grund, an dieser Aussage etwas zu ändern.

Start des amerikanischen Spaceshuttles *Endeavour* im Jahr 1993 zu einer siebentägigen Mission, auf der ein Beobachtungs- und Datenübertragungssatellit abgesetzt werden sollte. Unser Wissen über den Weltraum wächst. Raumstationen, in denen Gruppen von Menschen auf längere Zeit leben können, sind keine Zukunftsvision mehr.

Zeittafel (1700–1900)

Spiegelteleskop

Das Spiegelteleskop, 1671 von Isaac Newton konstruiert und später von Wilhelm Herschel verbessert, ermöglicht die Vergrößerung und Beobachtung weit entfernter Himmelskörper.

1707
Union von England und Schottland unter dem Namen Großbritannien

1713
Friede von Utrecht

1717
Einführung der allgemeinen Schulpflicht in Preußen

1720
Savoyen erhält Sardinien im Austausch gegen Sizilien

1757–1763
Siebenjähriger Krieg

Am 18. April 1775 fand der erste bewaffnete Konflikt des Amerikanischen Unabhängigkeitskrieges (1775–1783) statt. Im Bild kapituliert der britische General Burgoyne 1777 vor dem amerikanischen General Gates bei Saratoga Springs.

Amerikanischer Unabhängigkeitskrieg

1776
Amerikanische Unabhängigkeitserklärung

1783
Großbritannien erkennt die Unabhängigkeit der Vereinigten Staaten an

1787
Verfassung der Vereinigten Staaten von Amerika

Napoleon Bonaparte

Das Portrait von 1801 zeigt Napoleon bei der Überquerung der Alpen. Napoleons Herrschaft als erster Konsul und später als Kaiser von Frankreich dauerte bis 1814.

1804
Napoleon wird Kaiser

1806
Der Rheinbund wird gebildet

1807
Großbritannien schafft den Sklavenhandel ab

1810–1822
Ende des spanisch-portugiesischen Kolonialreichs und Unabhängigkeitsproklamation der Staaten Lateinamerikas

1812
Napoleons Russlandfeldzug

1834
Abschaffung der Sklaverei in den britischen Kolonien

1837
Victoria wird Königin von England und Irland

Julirevolution in Frankreich

Das Gemälde „Die Freiheit führt das Volk an" von Eugène Delacroix (1798–1863), ist eine heroische Darstellung der französischen Julirevolution von 1830. In ihr erhob sich das Volk von Paris gegen Karl X. Ein neuer König, Louis Philippe, kam auf den Thron.

Arabische Stammesfürsten (Algerien)

Die Franzosen eroberten zwischen 1830 und 1839 Algerien. Diese Darstellung mit dem Titel „Rat arabischer Stammesfürsten" entstand 1834.

1853–1856
Krimkrieg

Charles Darwin

Charles Darwin (1809–1882) revolutionierte mit seiner Evolutionstheorie die Vorstellungen über die Entstehung des Lebens. In seinem Werk „Vom Ursprung der Arten" veröffentlichte er 1859 seine Theorie erstmals.

1861
Nationale Einigung Italiens

1861–1865
Amerikanischer Bürgerkrieg

1878
Edison erfindet die elektrische Kohlefadenlampe

1882
Koch entdeckt den Tuberkelbazillus

1735
Carl von Linnés *Systema naturae* erscheint, in dem er die Benennung der Tier- und Pflanzenwelt nach Art und Gattung einführt

1740–1748
Österreichischer Erbfolgekrieg

1730 | 1740 | 1750

1748
Friede von Aachen
Frankreich gibt die österreichischen Niederlande und die britischen Kolonialgebiete zurück

Feinspinnmaschine

1764 erfand James Hargreaves die Feinspinnmaschine („Spinning Jenny"), eine Maschine, die halbautomatisch Garn spann und auf Spindeln wickelte. Sie revolutionierte die britische Baumwoll- und Wollindustrie.

1772
Erste Teilung Polens

1765 | 1770 | 1775

1768
Erste Reise James Cooks

1772–1775
James Cook entdeckt auf seiner zweiten Weltreise die Antarktis

1799
Konsulat in Frankreich

1790 | 1795 | 1800

1789
Beginn der Französischen Revolution

Simón Bolívar

Im Anschluss an seine Siege gegen die Spanier 1819 wurde Simón Bolívar (1783–1830) Präsident der Republik Kolumbien.

1815
Schlacht von Waterloo und Wiener Kongress

1821–1829
Befreiungskampf in Griechenland

1823
Monroe-Doktrin

1815 | 1820 | 1825

1819
Karlsbader Beschlüsse gegen die nationale Opposition in Deutschland

1825
Erste Dampflokomotive

Dekabristenaufstand in St. Petersburg

1840–1842
Erster Opiumkrieg

1842
China öffnet sich dem Westen

1848
Revolutionen in Europa

1840 | 1845 | 1850

Der deutsche Sozialist Karl Marx (1818–1883) verfasst mit Friedrich Engels 1848 „Das Kommunistische Manifest". Seine Theorien hatten grundlegenden Einfluss auf die Entwicklung der internationalen sozialistischen Bewegung.

Karl Marx

1864
Erste Sozialistische Internationale

1868
Meiji-Restauration in Japan

1870/71
Deutsch-Französischer Krieg

1871
Die Pariser Kommune
Zweites Deutsches Kaiserreich

1865 | 1870 | 1875

1866
Deutscher Krieg

Suezkanal

Bei seiner Eröffnung am 17. November 1869 wird der Suezkanal von einem Segelschiff durchquert. Der Kanal, eine technische Pionierarbeit, ermöglichte eine verkürzte Fahrzeit auf dem Weg von Europa nach Asien.

1890 | 1895 | 1900

1893
In Neuseeland erhalten Frauen das Wahlrecht

1897
Zionistischer Weltkongress

1899–1902
Burenkrieg

Zeittafel (1900–2000)

1900
Planck entwickelt die Quantentheorie

1903
Erstes Flugzeug

1904–1905
Russisch-Japanischer Krieg

1905 veröffentlichte Albert Einstein (1879–1955) seine Spezielle Relativitätstheorie. 1915 formulierte er die Allgemeine Relativitätstheorie die ein Jahr später publiziert wird.

Albert Einstein

1911–1912
Republikanische Revolution in China (Jungchinesen)

1900 — 1905 — 1910

1929
Börsenkrach an der New Yorker Wall Street

Hitler (links) und Mussolini

Nach der Machtergreifung 1933 höhlte Adolf Hitlers Nationalsozialistische Deutsche Arbeiterpartei (NSDAP) Schritt für Schritt sämtliche demokratischen Institutionen des Landes aus. 1935 begann Hitler systematisch mit der deutschen Wiederaufrüstung.

1930 — 1932 — 1934

1941
Japanischer Überfall auf Pearl Harbor

Winston Churchill

Winston Churchill (1874–1965) verfolgte trotz des anfänglich erfolgreichen deutschen Überfalls auf die Sowjetunion (1941) konsequent sein Ziel, Hitler-Deutschland zu besiegen.

1942
NS-Führer beschließen die „Endlösung der Judenfrage"

1944
Alliierte Invasion in der Normandie

1945
Ende des Zweiten Weltkriegs

1940 — 1942 — 1944

1953 entstand das Doppel-Helix-Modell der Struktur der DNS. Diese Entdeckung ermöglichte die bewusste Manipulation der Gene und die Beeinflussung des Wachstumsprozesses von Organismen.

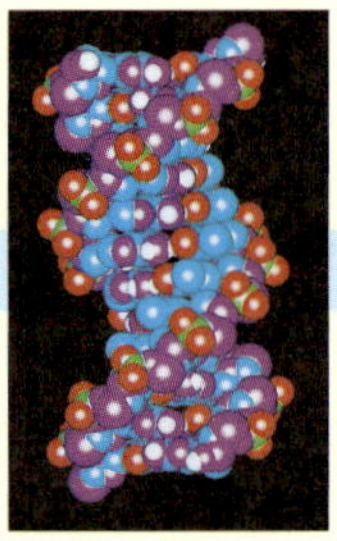

Abschnitt eines DNS-Moleküls

1955
Bandung-Konferenz

1954
Gama Abdel Nasser wird ägyptischer Präsident

1950 — 1952 — 1954

1961
Bau der Berliner Mauer

1962
Algerien erklärt seine Unabhängigkeit

1967
Erste Transplantation eines menschlichen Herzens

Arabisch-Israelischer Sechstage-krieg

1968
Martin Luther King fällt einem Attentat zum Opfer
Sowjetische Truppen marschieren in Prag ein und beenden den Prager Frühling

1961
Der sowjetische Kosmonaut Juri Gagarin ist der erste Mensch im Weltall

Erste Mondlandung

1961 kündigte Präsident John F. Kennedy einen bemannten Mondflug der USA noch vor Ablauf des Jahrzehnts an. Am 21. Juli 1969 betrat der amerikanische Astronaut Neil Armstrong als erster Mensch den Mond.

1960 — 1965 — 1970

1981
Papst Johannes Paul II. wird bei einem Attentat schwer verletzt

1982
Einmarsch Israels in den Libanon

1980 — 1982 — 1984

Itzhak Rabin (links), Bill Clinton (Mitte) und Jassir Arafat

Nach 45 Jahren bewaffneter Konflikte unterschreiben Israelis und Palästinenser 1993 einen von den USA vermittelten vorläufigen Friedensvertrag. Dieser soll den von Israel besetzten palästinensischen Gebieten Selbstverwaltung garantieren.

1991
Auflösung der Sowjetunion
Golfkrieg

1990 — 1992 — 1994

1992
Beginn des Bürgerkriegs in Jugoslawien

1994
Nelson Mandela wird südafrikanischer Präsident

1913
Zweiter Balkankrieg

1917
Revolution in Russland

1919
Unterzeichnung des Versailler Friedensvertrages

1915 1920 1925

Panzer im Ersten Weltkrieg

Ein Panzer vom Typ Mk V im Gefechtseinsatz während des Ersten Weltkriegs. Der Erste Weltkrieg (1914 bis 1918) brachte Zerstörungen und menschliche Verluste in bisher ungekannten Ausmaßen über die Menschen Europas.

1920
Gründung des Völkerbundes

1923–1930
General Primo de Rivera errichtet in Spanien eine Militärdiktatur

1936 1938 1940

1936–1939
Bürgerkrieg in Spanien

1938
Entdeckung der Kernspaltung

1939
Ausbruch des Zweiten Weltkriegs

1946
Churchill spricht vom „Eisernen Vorhang"

1947
Indien wird unabhängig
Entstehung Pakistans

1948
Ermordung Gandhis
Gründung des Staates Israel

1949
Die Bundesrepublik Deutschland und die Deutsche Demokratische Republik werden gegründet

1946 1948 1950

Gandhi und Nehru

Mahatma Gandhi und Jawarhal Nehru waren die Schlüsselfiguren im Kampf um die indische Unabhängigkeit. Dieses Foto zeigt sie 1946 während einer Sitzung der indischen Kongresspartei, als die Briten das Land in die Unabhängigkeit entlassen wollten.

Fidel Castro

Fidel Castro auf einer Pressekonferenz im Januar 1959. Kurze Zeit später werden die demokratischen Parteien in Kuba verboten, die Wahlen verschoben und ein „marxistisch-leninistisches Programm" verkündet.

1956 1958 1960

1956
Ungarischer Aufstand gegen das kommunistische Regime

1957
Die Europäische Wirtschaftsgemeinschaft (EWG) wird gegründet

Start des sowjetischen Satelliten Sputnik I

1972
US-Präsident Nixon besucht die UdSSR und China

1975
Tod Francos; Juan Carlos wird König von Spanien
Ende des Vietnam-Kriegs

1979–1990
Margaret Thatcher (geb. 1925) ist Premierministerin von Großbritannien und damit die erste Frau im Amt eines Premierministers in Europa

1970 1975 1980

Michail Gorbatschow

1973
Arabisch-Israelischer Oktober-Krieg
Militärputsch in Chile

Die Berliner Mauer wird abgerissen

Nach Massendemonstrationen in der DDR fiel am 9. November 1989 die Berliner Mauer. Damit begann das Ende der kommunistischen Diktaturen in Osteuropa. Polen, Ungarn, die Tschechoslowakei, Bulgarien und Rumänien wurden Demokratien.

1986 1988 1990

Michail Gorbatschow (geb. 1931) wurde 1985 sowjetischer Generalsekretär. Im darauffolgenden Jahr verkündete er „Perestroika" (Umbau) und „Glasnost" (Transparenz), die eine neue Liberalisierung der sowjetischen Politik bedeuteten.

1989
Massaker auf dem Platz des Himmlischen Friedens (Tiananmen-Platz) in Peking

1990
Wiedervereinigung Deutschlands

Einmarsch des Irak in Kuwait

2000
Dekodierung aller DNA-Bausteine des menschlichen Erbguts (Entschlüsselung zu 99 Prozent abgeschlossen)

1999
Kosovo-Krieg

1996 1998 2000

1995
Die NATO interveniert in Bosnien gegen die Serben

1997
Rückgabe Hongkongs an China

Einführung der europäischen Wirtschafts- und Währungsunion (EWU)

LITERATUR

1. Überblick

Alter, Peter (Hrsg.): Nationalismus. Dokumente zur Geschichte und Gegenwart eines Phänomens. © Piper Verlag. München 1994

Gombrich, Ernst H.: Die Geschichte der Kunst. © Belser Verlag. Stuttgart u. a. 1986

Putzger, Friedrich Wilhelm: Historischer Weltatlas. © Cornelsen Verlag. Berlin/ Bielefeld 1992

Walter, Rolf: Wirtschaftsgeschichte. Vom Merkantilismus bis zur Gegenwart. © Böhlau Verlag. Köln 1998

Wußing, Hans (Hrsg.): Geschichte der Naturwissenschaften. © Aulis Verlag. Köln 1987

2. Revolutionen

Bergeron, Louis (Hrsg.): Die europäischen Revolutionen 1780-1848 (Fischer Weltgeschichte, Bd. 26). © Weltbild Verlag. Augsburg 2000

Bott, Gerhard (Hrsg.): Freiheit – Gleichheit – Brüderlichkeit. 200 Jahre Französische Revolution in Deutschland. Ausstellungskatalog Germanisches Nationalmueseum Nürnberg. © Germanisches Nationalmuseum Nürnberg. Nürnberg 1983

Buchheim, Christoph: Industrielle Revolutionen. © Deutscher Taschenbuch Verlag. München 1994

Bruch, Rüdiger, von: Weder Kommunismus noch Kapitalismus. Bürgerliche Sozialreform in Deutschland vom Vormärz bis zur Ära Adenauer. © Verlag C.H. Beck. München 1985

Freitag, Sabine (Hrsg.): Die Achtundvierziger. Lebensbilder aus der deutschen Revolution 1848/49. © Verlag C.H. Beck. München 1998

Kiesewetter, Hubert: Das einzigartige Europa. Zufällige und notwendige Faktoren der Industrialisierung. © Vandenhoeck & Ruprecht. Göttingen 1996

Kocka, Jürgen: Arbeiter und Bürger im 19. Jahrhundert. © Oldenbourg Verlag. München 1986

Lüsebrink, Hans-Jürgen und Reichardt, Rolf: Die Bastille. Zur Symbolgeschichte von Herrschaft und Freiheit. © Fischer Taschenbuch Verlag. Frankfurt 1990

Seibt, Ferdinand: Revolution in Europa. Ursprung und Wege innerer Gewalt. Strukturen, Elemente, Exempel. © Süddeutscher Verlag. München 1984

Tilly, Charles: Die europäischen Revolutionen. © Verlag C.H. Beck. München 1993

Vester, Michael (Hrsg.): Die Frühsozialisten. 1789-1848. 2 Bd. © Rowohlt Verlag. Reinbek 1970-1971

Weis, Eberhard: Der Durchbruch des Bürgertums. 1776-1847. © Propyläen Verlag. Berlin 1981

3. Kolonialismus und Imperialismus

Ansprenger, Franz: Auflösung der Kolonialreiche. © Deutscher Taschenbuch Verlag. München 1981

Augustin, Siegfried: Die Geschichte der Indianer. Von Pocahontas bis Geronimo 1600-1900. © Droemer Verlag. München 1995

Baumgart, Winfried: Der Imperialismus. Idee und Wirklichkeit der englischen und französischen Kolonialexpansion 1880-1914. © Franz Steiner Verlag. Stuttgart 1975

Elvert, Jürgen: Staatenbildung in Übersee. © Franz Steiner Verlag. Stuttgart 1992

Hobsbawm, Eric J.: Nationen und Nationalismus. Mythos und Realität. Seit 1780. © Campus Verlag. Frankfurt 1991

Hoerder, Dirk und Knauf, Diethelm: Aufbruch in die Fremde. Auswanderung nach Übersee. © Edition Temmen. Bremen 1992

Mommsen, Wolfgang: Das Zeitalter des Imperialismus (Fischer Weltgeschichte, Bd. 28). © Weltbild Verlag. Augsburg 2000

Osterhammel, Jürgen: Kolonialismus. Geschichte – Formen – Folgen. © Verlag C.H. Beck. München 2001

Schöllgen, Gregor: Das Zeitalter des Imperialismus. © Oldenbourg Verlag. München 1994

4. Deutsches Kaiserreich und Österreich

Erb, Rainer und Bergmann, Werner: Die Nachtseite der Judenemanzipation. Der Widerstand gegen die Integration der Juden in Deutschland 1780-1860. © Metropol Verlag. Berlin 1989

Bérenger, Jean: Die Geschichte des Habsburgerreiches 1273-1918. © Böhlau Verlag. Wien 1990

Gall, Lothar: Bürgertum in Deutschland. © Orbis Verlag. München 1996

Glaser, Hermann: Maschinenwerk und Alltagsleben. Vom Biedermeier zur Postmoderne. © Krüger Verlag. Hamburg 1981

Haffner, Sebastian: Preußen ohne Legende. © Goldmann Verlag. München 1990

Hildebrand, Klaus: Das vergangene Reich. Deutsche Außenpolitik von Bismarck bis Hitler 1871-1945. © Deutsche Verlags-Anstalt. Stuttgart 1996

Kann, Robert A.: Geschichte des Habsburgerreiches 1526 bis 1918. © Böhlau Verlag. Wien 1993

Lutz, Heinrich: Zwischen Habsburg und Preußen. Deutschland 1815-1866 (Deutsche Geschichte, Bd.8). © Siedler Verlag. Berlin 1985

Mommsen, Wolfgang: Bürgerstolz und Weltmachtstreben. Deutschland unter Wilhelm II., 1890 bis 1918. © Propyläen Verlag. Berlin 1995

Mommsen, Wolfgang: Das Ringen um den nationalen Staat. Die Gründung und der innere Ausbau des Deutschen Reiches unter Otto von Bismarck, 1850 bis 1890. © Propyläen Verlag. Berlin 1993

Nipperdey, Thomas: Wie modern war das Kaiserreich? © Westdeutscher Verlag. Opladen 1986

Plessen, Marie-Lousie, von: Marianne und Germania 1789-1889. Frankreich und Deutschland. Ausstellungskatalog Martin-Gropius-Bau Berlin. © Martin-Gropius-Bau Berlin. Berlin 1996

Pulzer, Peter G.J.: Die Entstehung des politischen Antisemitismus in Deutschland und Österreich 1867 bis 1914. © Verlagshaus S. Mohn. Gütersloh 1966

Schöllgen, Gregor (Hrsg.): Flucht in den Krieg? Die Außenpolitik des kaiserlichen Deutschland. © Wissenschaftliche Buchgesellschaft. Darmstadt 1991

Siemann, Wolfram: Vom Staatenbund zum Nationalstaat. Deutschland 1806-1871. © Verlag C.H. Beck. München 1995

Stürmer, Michael: Das ruhelose Reich. Deutschland 1866-1918 (Deutsche Geschichte, Bd. 9). © Siedler Verlag. Berlin 1983

Wehler, Hans-Ulrich: Das deutsche Kaiserreich, 1871-1918. © Vandenhoeck & Ruprecht. Göttingen 1995

Wehler, Hans-Ulrich: Scheidewege der deutschen Geschichte von der Reformation bis zur Wende, 1517-1989. © Verlag C.H. Beck. München 1995

5. Asien

Draguhn, Werner und Schier, Peter (Hrsg.): Indochina, der permanente Konflikt? © Verlag des Instituts für Asienkunde. Hamburg 1987

Japan

Dettmer, Hans Adalbert: Grundzüge der Geschichte Japans. © Wissenschaftliche Buchgesellschaft. Darmstadt 1970

Hall, John Whitney: Das japanische Kaiserreich (Fischer Weltgeschichte, Bd. 20). © Weltbild Verlag. Augsburg 2000

Hartmann, Rudolf: Geschichte des modernen Japan. © Akademie Verlag. Berlin 1996

Ladstätter, Otto und Linhart, Sepp: China und Japan. Die Kulturen Ostasiens. © Ueberreuter Verlag. Wien 1983

China

Heberer, Thomas (Hrsg.): Mao Zedong – der unsterbliche Revolutionär? © Institut für Asienkunde. Hamburg 1995

Hoffmann, Rainer: Der Untergang des konfuzianischen China. © Verlag Harrassowitz. Wiesbaden 1980

Osterhammel, Jürgen: China und die Weltgesellschaft. Vom 18. Jahrhundert bis in unsere Zeit. © Verlag C.H. Beck. München 1989

Spence, Jonathan: Chinas Weg in die Moderne. © Carl Hanser Verlag. München 1995

Indien

Kulke, Hermann und Rothermund, Dietmar: Geschichte Indiens. © Verlag C.H. Beck. München 1998

Rothermund, Dietmar: Mahatma Gandhi. Eine politische Biographie. © Verlag C.H. Beck. München 1997

6. Südosteuropa

Adanir, Fikret: Geschichte der Republik Türkei. © BI Taschbuchverlag. Mannheim 1995

Bogay, Thomas, von: Grundzüge der Geschichte Ungarns. © Wissenschaftliche Buchgesellschaft. Darmstadt 1990

Hoensch, Jörg K.: Geschichte Polens. © UTB Verlag. Stuttgart 1998

Höpken, Wolfgang (Hrsg.): Öl ins Feuer? Schulbücher, ethnische Stereotypen und Gewalt in Südosteuropa. © Hahnsche Buchhandlung. Hannover 1996

Hösch, Edgar: Geschichte der Balkanländer von der Frühzeit bis zur Gegenwart. © Verlag C.H. Beck. München 1996

Majer, Hans Georg: Die Staaten Südosteuropas und die Osmanen. © Verlag Südosteuropageschichte. München 1989

Meier, Victor: Wie Jugoslawien verspielt wurde. © Verlag C.H. Beck. München 1999

Meyer, Enno: Grundzüge der Geschichte Polens. © Wissenschaftliche Buchgesellschaft. Darmstadt 1990

Schmidt, Alexander: Geschichte des Baltikums. Von den alten Göttern bis zur Gegenwart. © Piper Verlag. München 1993

7. Erster Weltkrieg und Weimarer Republik

Berghahn, Volker: Sarajewo, 28. Juni 1914. © Deutscher Taschenbuch Verlag. München 1997

Haffner, Sebastian: Zwischen den Kriegen. © Droemer Verlag. München 1999

Kruse, Wolfgang (Hrsg.): Eine Welt von Feinden. Der Große Krieg 1914-1918. © Fischer Taschenbuch Verlag. Frankfurt 1997

Möller, Horst: Europa zwischen den Weltkriegen. © Oldenbourg Verlag. München 1998

Mommsen, Hans: Die verspielte Freiheit. Der Weg der Republik von Weimar in den Untergang 1918 bis 1933. © Propyläen Verlag. Berlin 1989

Rothermund, Dietmar: Die Welt in der Wirtschaftskrise 1929-1939. © Lit Verlag. Münster 1993

8. Zweiter Weltkrieg und Holocaust

Aly, Götz: „Endlösung". Völkerverschiebung und Mord an den europäischen Juden. © S. Fischer Verlag. Frankfurt 1995

Benz, Wolfgang: Der Holocaust. © Verlag C.H. Beck. München 1997

Blinkhorn, Martin: Mussolini und das faschistische Italien. © Decaton Verlag. Mainz 1994

Fénelon, Fania: Das Mädchenorchester in Auschwitz. © Deutscher Taschenbuch Verlag. München 1988

Frei, Norbert und Kling, Hermann (Hrsg.): Der nationalsozialistische Krieg. © Campus Verlag. Frankfurt 1990

Haffner, Sebastian: Winston Churchill. © Rowohlt Verlag. Reinbek 1995

Herbert, Ulrich: Fremdarbeiter. Politik und Praxis des „Ausländer-Einsatzes" in der Kriegswirtschaft des Dritten Reiches. © J.H.W. Dietz Verlag. Bonn 1999

Herde, Peter: Pearl Harbor, 7. Dezember 1941. © Wissenschaftliche Buchgesellschaft. Darmstadt 1985

Hilberg, Raul: Die Vernichtung der europäischen Juden. 3 Bd. © Fischer Taschenbuch Verlag. Frankfurt 1990

Hillgruber, Andreas: Der Zweite Weltkrieg 1939-1945. © Kohlhammer Verlag. Stuttgart 1996

Jäckel, Eberhart: Das deutsche Jahrhundert. Eine historische Bilanz. © Wissenschaftliche Buchgesellschaft. Darmstadt 1996

Kogon, Eugen: Der SS-Staat. © Wilhelm Heyne Verlag. München 1988

Krockow, Christian, von: Das Leben Winston Churchills. © Deutscher Taschenbuch Verlag. München 2001

Münkler, Herfried: Der Partisan. Theorie, Strategie, Gestalt. © Westdeutscher Verlag. Opladen 1990

Paul, Gerhard und Mallmann, Klaus-Michael (Hrsg.) Die Gestapo im Zweiten Weltkrieg. © Wissenschaftliche Buchgesellschaft. Darmstadt 2000

Reich, Wilhelm: Die Massenpsychologie des Faschismus. © Fischer Taschenbuch Verlag. Frankfurt 1974

Schieder, Wolfgang: Faschismus und Faschismen im Vergleich. © SH-Verlag. Vierow 1998

Schönfeldt, Sybil (Hrsg.): Der Krieg ist aus – was nun? Sommer '45. Berichte, Erfahrungen, Bekenntnisse. © Deutscher Taschenbuch Verlag. München 1985

Überschär, Gerd R. und Bezymenskij, Lev A.(Hrsg): Der deutsche Angriff auf die Sowjetunion 1941. © Wissenschaftliche Buchgesellschaft. Darmstadt 1998

9. Ost-West-Konflikt und die Zeit nach dem 2. Weltkrieg

Loth, Wilfried: Die Teilung der Welt. Geschichte des Kalten Krieges 1941-1955. Deutscher Taschenbuch Verlag. München 2000

Rhodes, Richard: Die Atombombe oder die Geschichte des 8. Schöpfungstages. © Greno Verlag. Nördlingen 1988

Europa

Benz, Wolfgang: Das 20. Jahrhundert II. Europa nach dem Zweiten Weltkrieg 1945-1982 (Fischer Weltgeschichte, Bd. 35). © Weltbild Verlag. Augsburg 2000

Jutikkala, Eino: Geschichte Finnlands. © Alfred Kröner Verlag. Stuttgart 1976

Kluxen, Kurt: Geschichte Englands. Von den Anfängen bis zur Gegenwart. © Alfred Kröner Verlag. Stuttgart 1991

Loth, Wilfried: Der Weg nach Europa. Geschichte der europäischen Integration 1939-1957. © Vandenhoeck & Rupprecht. Göttingen 1996

Procacci, Giuliano: Geschichte Italiens und der Italiener. © Verlag C.H. Beck. München 1989

Schieder, Wofgang: Europäische Sozialgeschichte. © Duncker & Humblot. Berlin 2000

USA

Franklin, John Hope: Negro. Die Geschichte der Schwarzen in den USA. © Ullstein Verlag. Frankfurt 1983

Heideking, Jürgen: Die amerikanischen Präsidenten. © Verlag C.H. Beck. München 1997

Kahl, Martin: Abschreckung und Kriegführung. Amerikanische Nuklearstrategie, Waffenentwicklung und nukleare Rüstungskontrolle von Kennedy bis Bush. © Brockmeyer Verlag. Bochum 1994

Kissinger, Henry A.: Memoiren. © Goldmann Verlag. München 1982

Sowjetunion

Gorbatschow, Michail: Über mein Land. © Verlag C.H. Beck. München 2000

Hausleitner, Mariana: Die sowjetische Osteuropapolitik in den Jahren der Perestrojka. © Campus Verlag. Frankfurt u. a. 1994

Hösch, Edgar: Geschichte Rußlands. Vom Kiever Reich bis zum Zerfall des Sowjetimperiums. © Kohlhammer Verlag. Stuttgart 1996

Kappeler, Andreas: Rußland als Vielvölkerreich. Entstehung, Geschichte, Zerfall. © Verlag C.H. Beck. München 1993

Moynahan, Brian: Das Jahrhundert Rußlands 1894-1994. © Bertelsmann Verlag. München 1994

Rakowski, Mieczyslaw: Es begann in Polen. Der Anfang vom Ende des Ostblocks. © Verlag Hoffman und Campe. Hamburg 1995

Solschenizyn, Alexander: Der Archipel GULAG. © Rowohlt Verlag. Reinbek 1994

Subok, Wladislaw und Pleschakow, Konstantin: Der Kreml im Kalten Krieg. Von 1945 bis zur Kubakrise. © Claassen Verlag. Hildesheim 1997

Das geteilte Deutschland

Adenauer, Konrad: Erinnerungen. © Deutsche Verlags-Anstalt. Stuttgart 1965

Benz, Wolfgang: Die Gründung der Bundesrepublik. Von der Bizone zum souveränen Staat. Deutscher Taschenbuch Verlag. München 1999

Birke, Adolf: Nation ohne Haus. Deutschland 1945-1961 (Deutsche Geschichte, Bd. 12). © Siedler Verlag. Berlin 1989

Brandt, Willy: Begegnungen und Einsichten. Die Jahre 1960-1975. © Droemer Verlag. München 1978

Bögeholz, Hartwig: Wendepunkte – die Chronik der Republik. Der Weg der Deutschen in Ost und West. © Rowohlt Verlag. Reinbek 1999

Diekmann, Kai: Helmut Kohl - „Ich wollte Deutschlands Einheit". © Propyläen Verlag. Berlin 1996

Grosser, Alfred: Geschichte Deutschlands seit 1945. © Deutscher Taschenbuch Verlag. München 1991

Podewin, Norbert: Walter Ulbricht. © Karl Dietz Verlag. Berlin 1995

Schäuble, Wolfgang: Der Vertrag. © Droemer Verlag. München 1993

Sontheimer, Kurt: Die Adenauer-Ära. Grundlegung der Bundesrepublik. © Deutscher Taschenbuch Verlag. München 1991

Staritz, Dieter: Geschichte der DDR. © Suhrkamp Verlag. Frankfurt 1996

Weizsäcker, Richard, von: Vier Zeiten. Erinnerungen. © Siedler Verlag. Berlin 1997

Geschichte anderer Kontinente

Junker, Detlef u. a. (Hrsg.): Lateinamerika am Ende des 20. Jahrhunderts. © Verlag C.H. Beck. München 1994

Voigt, Johannes H.: Geschichte Australiens. © Alfred Kröner Verlag. Stuttgart 1988

Afrika

Ansprenger, Franz: Politische Geschichte Afrikas im 20. Jahrhundert. © Verlag C.H. Beck. München 1999

Fisch, Jörg: Geschichte Südafrikas. © Deutscher Taschenbuch Verlag. München 1991

Mandela, Nelson: Der lange Weg zur Freiheit. © S. Fischer Verlag. Frankfurt 1998

10. Herausforderungen der Globalisierung

UNO

Meyer, Georg-Maria (Hrsg.): Friedensengel im Kampfanzug? Zur Theorie und Praxis militärischer UN-Einsätze. © Westdeutscher Verlag. Opladen 1996

Opitz, Peter J.: Die Vereinten Nationen. © Oldenbourg Verlag. München 1996

Nord-Süd-Gefälle und Fundamentalismus

Dumoulin, Heinrich und Köhler, Oskar u.a.: Werdende Einheit und wachsende Widersprüchlichkeit. Die Weltreligionen. © Verlag Herder. Freiburg 1975

Elsenhans, Hartmut: Nord-Süd-Beziehungen. Geschichte – Politik – Wirtschaft. © Kohlhammer Verlag. Stuttgart 1987

Ende, Werner und Steinbach, Udo (Hrsg.): Der Islam in der Gegenwart. © Verlag C.H. Beck. München 1996

Marty, Martin E. und Appleby, R. Scott: Herausforderung Fundamentalismus. Radikale Christen, Moslems und Juden im Kampf gegen die Moderne. © Campus Verlag. Frankfurt 1996

Tibi, Bassam: Europa und der Islam. © Der Ausländerbeauftragte der Thüringer Landesregierung. Erfurt 2000

Nahost-Konflikt

Haarmann, Ulrich (Hrsg.): Geschichte der arabischen Welt. © Verlag C.H. Beck. München 2001

Ben-Sasson, Haim Hillel (Hrsg.): Geschichte des jüdischen Volkes. © Verlag C.H. Beck. München 1995

Hourani, Albert Habib: Die Geschichte der arabischen Völker. © Fischer Taschenbuch Verlag. Frankfurt 2000

Krupp, Michael: Zionismus und Staat Israel. Ein geschichtlicher Abriß. © Gütersloher Verlagshaus Mohn. Gütersloh 1992

Laqueur, Walter: Der Weg zum Staat Israel. Geschichte des Zionismus. © Europa Verlag. Wien 1975

Schulze, Reinhard: Geschichte der islamischen Welt im 20. Jahrhundert. © Verlag C.H. Beck. München 1994

Wolffsohn, Michael und Bokovoy, Douglas: Israel. Geschichte, Politik, Gesellschaft, Wirtschaft (1882-1996) . © Westdeutscher Verlag. Opladen. 1996

REGISTER

Zur schnellen Orientierung umfassen die Register der Bände 1 und 2 nur Begriffe aus dem jeweils vorliegenden Band. Eine bandübergreifende Stichwortsuche ermöglicht das Gesamtregister in Band 3, das auf Begriffe aller drei Bände der Illustrierten Weltgeschichte verweist.

Die kursiv gesetzten Seitenzahlen verweisen auf Abbildungen.
Römische Ziffern (I, II, III) geben den jeweiligen Band an, in dem sich der gesuchte Begriff befindet.

A

B

E

F

G

H

I

J

K

L

M

N

O

P

Q

R

S

T

U

V

W

X

Y

Z

ABBILDUNGSVERZEICHNIS

Der Verlag dankt allen nachfolgend aufgeführten Personen und Institutionen für die freundliche Genehmigung, ihre Abbildungen in diesem Buch abzudrucken:

SCHLÜSSEL

u unten; m Mitte; o oben; l links; r rechts
AGE: AGE Fotostock Barcelona
AISA: Archivo Iconográfico S.A., Barcelona
AKG: AKG, London
BAL: Bridgeman Art Library, London / New York
BL: British Library, London / New York
BLV: Bertelsmann Lexikon Verlag, Under Sublience of Bertelsmann Picture Pool, Gütersloh / München 1997
BM: British Museum, London
BN: Bibliothèque Nationale, Paris
CB: Corbis-Bettmann, Under Sublience of Bertelsmann Picture Pool, Gütersloh / München 1997
DBP: Duncan Baird Publishers, London
ET: e.t. Archive, London
FSP: Frank Spooner Pictures / Gamma
IWM: Imperial War Museum, London
JLC: Jean-Loup Charmet, Paris
MEPL: Mary Evans Picture Library, London
MNCV: Musée National du Château de Versailles, Paris
NPG: National Portrait Gallery, London
NWPA: North Wind Picture Archives, Alfred, Maine
REX: Rex Features LTD
RMN: Réunion des Musées Nationaux, Paris
SIPA: Sipa Press
SPL: Science Photo Library, London
UPI: United Press International
V&A: By courtesy of the board of trustees of the Victoria & Albert Museum, London

11 Oronoz / Galleria dell'Accademia, Venedig
12 Alinari-Giraudon
13o BAL / Rafael Valls Gallery, London
13u Museo del Prado, Madrid
14 BAL / Musée Condé, Chantilly
15 BAL / BM
16 Rijksmuseum, Amsterdam
17 AISA / Biblioteca Central de Cataluña, Barcelona
18 AISA / Biblioteca Central de Cataluña, Barcelona
19 BAL / Louvre, Paris
20 BAL / Christie's, London
21 Oronoz / Musei Vaticani, Vatikan
22 NPG
23o The Royal Society, London
23u Science & Society Picture Library / Science Museum, London
24 BN
25 ET / Tate Gallery, London
26o AISA
26u Muzeum Okregowew, Torunin
27 BAL / Biblioteca Marucelliana, Florenz
28 NPG
29 BAL / Derby Museum & Art Gallery
30 AISA
31 AISA / Galleria degli Uffizi, Florenz
32 BN
33 AKG / Erich Lessing / Musée des Beaux-Arts, Dijon
34 Musée Carnavalet, Paris / Habouzit
35 AKG / Erich Lessing / BN
37 AISA
38 AKG
39 Oronoz
40 AKG
41 Kunsthistorisches Museum, Wien
42 Musée Carnavalet, Paris
43 BAL / Kunsthalle, Hamburg
44 Tate Gallery, London
46 Hulton Getty Collection, London
47 Index-BAL / NPG
48 BN
49 BN
51 BN
52 National Gallery, London
53 BN
54o Scala / Museo del Passagio, Pallanza
54u Museo del Prado, Madrid
55 RMN / Musée des Beaux-Arts, Nantes
57o RMN / R. G. Ojeda / Louvre, Paris
57u MEPL
58o Oronoz
58u MEPL
59 BAL / Royal Holloway & Bedford New College, Surrey
60o Lauros-Giraudon / Musée National des Techniques, Paris
60u AISA
61 Walker Art Gallery, Liverpool / Board of Trustees of the National Museums and Galleries on Merseyside
62 BAL / Institute of Civil Engineers, London
63 JLC
64 Courtesy of Sheffield Art Galleries and Museums
65 Novosti, London
66 Peter Newark's Historical Pictures
67 Bildarchiv Preussischer Kulturbesitz, Berlin
68 JLC
69 BM
70 BAL / Wallington Hall, Northumberland
71 BAL / Private Collection
72 MEPL
73 MEPL
75 JLC / Musée Carnavalet, Paris
76 NPG, London
77 NWPA
78 RMN / MNCV
79 © The Metropolitan Museum of Art, New York
80 BN
80 BN
82 AISA / Biblioteca Nacional, Madrid
83 Oronoz / Academia de Bellas Artes de San Fernando, Madrid
84 Peter Newark's Historical Pictures
85 BAL / Hall of Representatives, Washington D. C.
86 Peter Newark's Historical Pictures
87 Oronoz
88 NWPA
89 BAL / Private Collection
90 BAL / MNCV
91 RMN / MNCV
92 BN
93 JLC
94 RMN / MNCV
95 BN
96 BN
97o BN
97u Musée Carnavalet, Paris / Andreani
98 BAL / Musée Carnavalet, Paris
99l & r BN
100 Musée Carnavalet, Paris / Berthier
101 AKG / Erich Lessing / MNCV
102 AKG
103 ET / Musée Carnavalet, Paris
104 BAL / New College, Oxford University, Oxford
105 Musée Carnavalet, Paris / Andreani
106o BAL / State Hermitage Museum, St. Petersburg
106u RMN / Gérard Blot / MNCV
107 RMN / Louvre, Paris
108 Oronoz / Musée National des Châteaux de Malmaison et de Bois-Préau, Rueil-Malmaison
109 Deutsches Historisches Museum, Berlin
110 BAL / Biblioteca Nazionale, Turin
112 AKG / Steiermärkisches Landesmuseum, Österreich
113 Museo del Prado, Madrid
114 ET / Fondation Thiers, Paris
115 Oronoz
117 Christie's Images, London
118 BAL / Lauros-Giraudon / Louvre, Paris
119 NPG
121 BAL / Lauros-Giraudon / Musée Carnavalet, Paris
122 RMN / Louvre, Paris
123 BAL / Wolverhampton Art Gallery
124 ET / Musée Carnavalet, Paris
125 RMN / MNCV
126o RMN / A. Danvers / Musée des Beaux-Arts, Bordeaux
126u RMN / Hervé Lewandowski / Louvre, Paris
127 Heeresgeschichtliches Museum, Wien
128 Index / Raccolte Bertarelli, Mailand
129o Oronoz
129u Historisches Museum, Frankfurt-am-Main
130 AKG / Museum Ostdeutsche Galerie, Regensburg
131 ET
132 Novosti, London
133 BN
134 BAL / Lauros-Giraudon / MNCV
135 Scala / Museo del Risorgimento, Mailand
136 Scala / Museo del Risorgimento, Rom
137 Index / JLC / Musée Carnavalet, Paris
139 JLC / Musée Carnavalet, Paris
140 BAL / Peter Willi Private Collection
141 Science & Society Picture Library / National Railway Museum, London
1342o BN
1342u Deutsches Historisches Museum, Berlin
144 ET / State Historical Museum, Moskau
145 Scala / State Tretyakov Gallery, Moskau
146 AISA / State Russian Museum, St. Petersburg
148 AKG
149 AISA / State Tretyakov Gallery, Moskau
150o Index-BAL / State Tretyakov Gallery, Moskau
150u Giraudon / State Russian Museum, St. Petersburg
151 AISA / State Tretyakov Gallery, Moskau
153 MEPL
154 Birmingham Museum & Art Gallery
155 AKG
156 ET
157 NWPA
158 BN
159o BAL / American Museum, Bath
159u BAL / Private Collection
161 Oronoz
162 BAL / Lauros-Giraudon
164 BN
166 DBP
167 NWPA
169o BN
169u AKG
170 MEPL
171 AISA
173 Peter Newark's Historical Pictures
174 Ardea London Ltd
175 ET
176 Museum of London
177 BAL / Houses of Parliament, Westminster, London
178 BAL / Victoria & Albert Museum, London
180 BAL / Bradford Art Galleries and Museums
181 Oronoz / BN
183 NWPA
185 BL / Oriental & India Office Collections. Mss Eurf.111/270 No.35
186 Hulton Getty
188 AKG
189 AISA
190 AISA
191 AISA
192 AISA
193o AGE
193u AISA
194 AGE
195o AISA / Bibliothèque des Arts Décoratifs, Paris
195u AISA

196 Popperfoto
197 Zardoya / Camera Press Ltd, London
198 Hulton Getty
199 AISA
200 AISA
201 AISA
202 AISA / Museo Nacional de Historia, Mexiko
203 AISA
204 AISA / Museo Municipal, Quito
205 AISA
206 AISA
207o AISA / Biblioteca de Ajuda, Lissabon
207u AISA
208 BAL / Private Collection
209 Punch Library, London
210 AISA
211 AISA
212 AISA
213 AISA
214 AISA
215 AGE
216 AGE
217 AGE
219 JLC
220 AISA
221 AISA
222 Zardoya / Camera Press Ltd, London / Bassano
223o AISA / Bibliothèque des Arts Décoratifs, Paris
223u AISA
224 AGE
225 AISA
226 AISA / V&A
227 Hulton Getty
228 AISA / BN
230 AISA / Musée Condé, Chantilly
231 AISA
235 AISA
236 AISA
237 AISA / Musée des Beaux-Arts, Orléans
238 AISA / Musée d'Orsay, Paris
239 AISA
240 AISA
241 Popperfoto
243 Hulton Getty
244 AISA / BN
245 AGE
246 AGE
247 AGE
250 ET / Private Collection
251 AISA
252 AISA
253 AISA
254 AISA
255o AISA
255u Zardoya
256 Popperfoto
257 AISA / Museo d'Arte Orientale "Edoardo Chiossonè", Genua
258 AISA / Museo d'Arte Orientale "Edoardo Chiossonè", Genua
259 AGE
260 AISA
262 AISA
263 Kyodo News, Tokio
265 AISA
266 AISA
267 AISA / Galerie de l'Imagerie, Paris
268 AISA
270 AISA / V&A
271 AISA
272 AISA
274 BL / Oriental & India Office Collections
276 AISA
278 AISA
279 AISA
280 Roger-Viollet
282 Roger-Viollet
283 Roger-Viollet / Branger
284 Zardoya / Camera Press Ltd, London
286 AISA / Musée d'Orsay, Paris
228o Zardoya / Camera Press Ltd, London
228u AISA
289 AISA
290 BAL / Giraudon / Bibliothèque de l'Assemblée Nationale, Paris
291 Roger-Viollet / Cap
292 AISA / BN
293 AISA
294 AISA
295 Popperfoto
296 AISA
297 AISA
298 AGE
299 Zardoya / Camera Press Ltd, London
300 AISA
301 AISA
303 Popperfoto
304 AISA / Biblioteca Nacional, Madrid
306 AISA
307 AGE / Science Photo Library / JLC
308 AGE
311 Punch Library, London
312 AISA
313 AISA / Musée National du Château de Versailles, Paris
314 ET
315 Popperfoto
316 Hulton Getty
317 ET / IWM
318 ET
319 AGE
320 JLC
321 AISA
322 Hulton Getty
323 Zardoya / Camera Press Ltd, London
325o AGE
325u AGE
326 Zardoya / Camera Press Ltd, London / IWM
327 ET
328 AGE
329 Zardoya / Camera Press Ltd, London / IWM
330 AGE
331 BAL / Novosti
332o Zardoya / Camera Press Ltd, London
332u AISA
333 AISA
335 ET / Syndication International (Daily Mirror), London
336o Archive Photos / Image Bank
336u AISA
337 ET / IWM
338 AISA
339 Popperfoto
340 Hulton Getty
341 AISA
342 AGE
345 Roger-Viollet / Harlingue
346 AISA / State Tretyakov Gallery, Moskau
349 Zardoya / Camera Press Ltd, London
348 AGE
349 AISA
350 Roger-Viollet
351 Zardoya / Camera Press Ltd, London
352o AGE
352u Popperfoto
353 AISA
354 Hulton Getty
355 Archive Photos / Image Bank
356 AGE
357 AGE
359 CB
360 AISA
361 Roger-Viollet / Harlingue
362 CB
363 CB
364 CB / UPI
365 CB
367 CB
368 Hulton Getty
369 CB
370 Popperfoto
371 Archives Ringart
373 CB / UPI
374 Hulton Getty
375 CB / UPI
376 Zardoya / Magnum Photos / Koyo Kageyama
377 CB / UPI
379 AGE
380 CB / UPI
381 CB / UPI
382 CB / UPI
384 AISA
385o Zardoya / Camera Press
385u AISA
386 AISA
387 AISA
388 CB / UPI
389 CB / UPI
390 Popperfoto
391 Zardoya
392 AGE
394 Roger-Viollet
395 Hulton Getty
396 CB
397 AGE
399 Hulton Getty
400 CB / UPI
401 CB
402 BAL / © VEGAP 1999
403 CB
404 CB
405 CB / UPI
406 CB / UPI
407 CB
408 CB
409 CB
410 CB / UPI
411 Zardoya / Magnum Photos / Robert Capa
412 CB
413 CB
414 CB / UPI
415 CB
416 Oronoz / Museo Reina Sofia, Madrid / © VEGAP 1999 / © Succession Picasso, Paris
418o CB / UPI
418u CB
419 AGE
420 CB / UPI
422 CB / UPI
423 CB / UPI
424 CB / UPI
425 CB / UPI
426 CB / UPI
427 Zardoya / Len Sirman Press
428 Zardoya / Magnum Photos / Koyo Kageyama
430 CB
431 CB
432 CB / UPI
433 CB / UPI
435 Hulton Getty / Fred Ramage
436 CB / UPI
437 United Nations
438 Zardoya / Camera Press
439 Rex Features / United Nations
440 Hulton Getty
441 AKG
442 David King Collection
443 Hulton Getty
445 AGE
446 CB / UPI
447 Zardoya / Camera Press
448 Zardoya / Camera Press
449 David King Collection
450 Zardoya / Camera Press
451 CB / UPI
452 Popperfoto
453 CB / UPI
454 AGE
455 CB
456 CB / UPI
457 Zardoya / Camera Press
458 AGE
459 CB / UPI
460 Image Bank / Archive Photos
461 CB / UPI
462 Zardoya / Magnum Photos / Paul Fusco
464 CB / UPI
465 Magnum Photos / Robert Capa
466 SPL / NASA
467 AGE
468 CB / Reuters
469 Zardoya
470 Panos Pictures / Alain le Garsmeur
471 SPL / Steve Grand
472 CB / UPI
474 Zardoya / Magnum Photos / Hiroji Kubota
475 AISA
476 CB
478 CB / Reuters
480o The World Bank, Washington D.C.
480u International Monetary Fund, Washington D.C.
481 AGE
482o AISA
482u AISA
483 SPL / Simon Fraser
485 AGE
486 CB
487 CB
488 CB
489 AGE
490 Advertising Archives
491 SPL / Jerrican / Galia
492 AGE
493o CB
493u CB / UPI
494 CB
495 RMN / Blot / Lewandowski
496o Popperfoto
496u AGE / SPL / James King-Holmes
497o AGE / SPL / Jon Wilson
497u SPL / J.C. Revy
498 CB / UPI
499 CB / UPI

500 CB / UPI
501 CB / UPI / NASA
502 BLV / NASA
504 AGE / NASA
505 CB / Reuters
506 Panos Pictures / Sam Kittner
507 CB / UPI
508 CB / Reuters
509 Rex Features / Sipa-Press
511 Panos Pictures / Paul Smith
512 AGE
513 Zardoya / Magnum Photos / Martin Parr
514 AGE
515 Panos Pictures / Alain le Garsmeur
516 Selznick / United Artists (courtesy Kobal Collection)
517 CB
518 Network
519 CB / Reuters
520 CB / Reuters
521 BLV
522 Popperfoto
523 Magnum Photos / Paul Lowe
524 Popperfoto
525 AISA
526 Network / Anthony Suau
527 Hulton Getty
528 Photo European Parliament
529 CB / Agence France Presse
531 Magnum Photos / Abbas
533 CB / A. Vonlintel
534 CB / UPI
535 CB / UPI
536 CB
537 CB / UPI
538 Magnum Photos / Cornell Capa
540 David King Collection, London
541 CB / UPI
543 REX / SIPA / Dieter Ludwig
544 AISA
545 CB / UPI
546 AISA
547o CB / AFP
547u AGE / Steve Rubin
548 CB / UPI
549 CB / UPI
550 Magnum Photos / Fred Mayer
551 CB / UPI
552 AISA
553o AISA
553u AISA
554 AISA
555 AGE
556 AISA
557 CB
559 David King Collection, London
560 AISA
562 CB / UPI
563 CB
564 CB
566 CB / UPI
567o Associated Press Ltd
567u REX / SIPA / Olivier Jobard
568 AISA
570 CB
571 CB / UPI
572 Bettmann / UPI
573 CB / UPI
574 AISA
575 CB / UPI
576 AISA
577 Magnum Photos / Marc Riboud
578 AISA
579 AISA
581o CB
581u CB / UPI
582 CB / UPI
583 Camera Press Ltd
584 Magnum Photos / Ian Berry
585 CB / UPI
586 Magnum Photos / Peter Marlow
587 CB / UPI
588 REX / SIPA / Durand
589 REX
590 CB
591 CB / UPI
592 CB / UPI
594 Magnum Photos / Constantine Manos
595 CB
596 CB / UPI
597 CB / UPI
598 CB / UPI
599 CB / UPI
601 REX / SIPA
602 CB / UPI
603 CB
604 CB / UPI
605o CB / UPI
605u CB / UPI
606 Magnum Photos / S. Raskin
607 AGE
608 AGE
609o CB
609u AGE / Mark Stephenson
610 AISA
611 CB / UPI
612 CB / UPI
613 Magnum Photos / Bob Adelman
614 Zardoya / Magnum Photos / Eli Reed
615 CB / UPI
616 CB / UPI
617 Magnum Photos / Ian Berry
618 Magnum Photos / Philip Jones Griffiths
619 CB / UPI
620 Magnum Photos / Marc Riboud
621 CB / UPI
622 CB / UPI
623 Magnum Photos / Josef Koudelka
626 CB
627 Hulton Getty
628 CB
629 CB
630 FSP / Gamma
631 Zardoya / Camera Press / Peter Francis
632 FSP
633 REX / SIPA / Adenis
635 REX / SIPA / Alix
636 CB / UPI
637 Zardoya / Magnum Photos / New China Picture Company
638 AGE
639 Network Photographers / Christopher Pillitz
640 FSP
641 Zardoya / Magnum Photos / Richard Kalvar
642 Network Photographers / Roger Hutchings
643 CB / UPI
644 FSP
645 AGE
646 CB / UPI
648 CB / Reuters
649 AGE
651 REX / SIPA
652 CB / UPI
653 CB / Reuters
654 REX / SIPA / Krpan
655 REX / SIPA
656 REX / SIPA
657 CB
658 Archive Photos / Reuters / Patrick de Noirmont
659 AGE / Network Photographers
660 akg-images / Clever
661 CB / Reuters
662 Zardoya / Camera Press / N. Blickov
663 REX / SIPA / Novosti
664o CB / Reuters
664u CB / Reuters
665 AISA
666 Magnum Photos / Josef Koudelka
667 Contifoto / Sygma / G. Dkeerle
668 Magnum Photos / Peter Marlow
669 Network Photographers / Witold Krassowski
670 FSP
671 Panos Pictures / Heidi Bradner
673 REX/ SIPA / Jaques Witt
674 Magnum Photos / Leonard Freed
675 Network Photographers / Anthony Suau
676 REX / Sunday Times
678 CB / Reuters
679 CB
680 Zardoya / Camera Press
681 Archive Photos / Reuters
683 FSP / Chip Hires
684 Sally & Richard Greenhill Photo Library
685 Archive Photos / Reuters / David Ake
686 CB / Reuters
687 Sally & Richard Greenhill Photo Library
688 Archive Photos / Reuters / Kamal Kishores
689 United Artists (courtesy Kobal Collection)
690 CB
692 Magnum Photos / Jean Gaumy
694 Network Photographers / Homer Sykes
695 AGE
696 CB
697 Network / Saba / Robert Wallis
698 Zardoya / Camera Press / Yung Kwan Chi
699 Archive Photos / Reuters / NASA
700 Science Photo Library / NASA
701 CB / UPI
702 FSP / Antonio Ribeiro
703 CB / Reuters
705 Science Photo Library / NASA

LANDARTEN

Landkarten copyright © 1998 Debate und Helicon/Debate Seiten 111, 120, 160, 165, 168, 172, 187, 204, 229, 233, 234, 248, 264, 269, 277, 285, 297, 324, 343, 421, 429, 463, 473, 477, 479, 484, 539, 542, 561, 569, 580, 593, 624, 625, 672

TEXTNACHWEIS

Der Verlag dankt allen nachfolgend aufgeführten Personen und Institutionen für die freundliche Genehmigung, ihre Übersetzungen und Zitate in diesem Buch abzudrucken. Trotz größter Sorgfalt konnten die Urheber nicht in allen Fällen ermittelt werden. Es wird gegebenenfalls um Mitteilung gebeten.

S. 30 Immanuel Kant: Eine Antwort auf die Frage: Was ist Aufklärung?, © Berlinische Monatsschrift. Dez.-Heft 1784; S. 481-494, S. 484-486.
S. 31 Descartes: Versuch über die Methode, übersetzt von Kuno Fischer. Universalbibliothek Nr. 3767, © Reclam Verlag, Stuttgart 2000 (zuerst 1961), S. 18 f.
S. 37 Montesquieu: Vom Geist der Gesetze, herausgeg. von Ernst Forsthoff. Rowohlt Monographie 50609, © Rowohlt Verlag, Reinbek 1951 (1992), S. 82.
S. 81 Udo Sautter, Die Vereinigten Staaten. Daten, Fakten, Dokumente, S. 149-151, © 2000 A. Francke Verlag Tübingen und Basel.
S. 98 Declaration of the Rights of Man, übersetzt von Chris E. Paschold, Albert Gier: Die Französische Revolution. Universalbibliothek Nr. 8535, © Reclam Verlag, Stuttgart 1989, S. 96-98.
S. 124 Alfred de Musset, Sämtliche Romane und Erzählungen, übersetzt von Mario Spiro, © 1980 Artemis & Winkler Verlag, Düsseldorf / Zürich..
S. 144 Lord Byron, Sämtliche Werke Bd.1, übersetzt von Otto Gildemeister, herausgeg. von Siegfried Schmitz, © 1977 Artemis & Winkler Verlag, Düsseldorf / Zürich.
S. 147 Alexander Puschkin: Gesammelte Werke, herausgegeben und übersetzt von Johannes von Guenther, © Verlag C. H. Beck, München 1966.
S. 163 Alexis de Tocqueville, Über die Demokratie in Amerika, übersetzt von Hans Zbinden, © 1976 Deutsche Verlags-Anstalt GmbH, Stuttgart.
S. 232 Rudyard Kipling, Die Ballade von Ost und West, ausgewählt und übersetzt von Gisbert Haefs, © 1992 by Haffmanns Verlag AG Zürich.
S. 391 Brief von Arthur Balfour an Lord Rothschild (2.11.17), zitiert nach Ernst Marcus: Palästina - ein werdender Staat. Frankfurter Abhandlungen zum modernen Völkerrecht, Heft 16, © Noske-Verlag, Leipzig 1929, S. 261.
S. 412 Adolf Hitler: Mein Kampf, © Eher Verlag, München 1935 (1925), S. 369-270
S. 434 The Dismemberment of Germany amended article S.12a. Surrender Terms for Germany, Jalta-Konferenz, zitiert nach: Die Konferenzen von Malta und Jalta., Dokumente vom 17.Juli 1944 bis 3. Juni 1945, Dept. of State, USA, © Verlag für politische Bildung, Düsseldorf 1967, S. 110f.

ILLUSTRIERTE WELTGESCHICHTE

Vorgeschichte und Antike

John M. Roberts

KNAURS ILLUSTRIERTE WELTGESCHICHTE

Vorgeschichte und Antike

Von den Ursprüngen der Menschheit
bis zum Untergang der römischen Welt

Weltbild

Erstmals erschienen 1999 in Großbritannien bei Duncan Baird Publishers Ltd
Sixth floor, Castle House, 75–76 Wells Street, London W1P 3RE
unter dem Titel: *The Illustrated History of the World*

Lektorat und Redaktion der englischen Ausgabe Duncan Baird Publishers: Joane Levêque, Georgina Harris (Ass.)
Lektorat/Bildredaktion Editorial Debate: Isabel Belmonte Martínez, Feliciano Novoa Portela,
Ruth Betegón Díez, Dolores Redondo, Ana Lucía Vila
Gestaltung: Steven Painter, Anita Schnable (Ass.)
Bildredaktion: Julia Ruxton
Landkarten: Russell Bell
Grafik: Gillie Newman, Stephen Conlin, Lorraine Harrison
Koordination und Bearbeitung der deutschen Ausgabe: twinbooks, München
Übertragung ins Deutsche: Ines Bergfort, Nikolaus Bertheau, Ilona Borszik, Olaf Brodacki,
Wolfgang F. Drescher, Dr. Annette Hempel, Dr. Christa Kordt, Alexander Molter, Julia Nunes, Dr. Andrea Rottloff,
Dr. Christian Rochow, Karen B. Tegtmeier, Ralf Vogel, Marco Vogts
Fachliche Beratung: Apl. Prof. Dr. phil Roland Pauler
Projektassistenz und Koordination: Dr. Silke Möller

Fachliche Mitarbeit: Valeska D. Becker, Matthias Erdbauer, Christiane Fritsche,
Gisela Kaben, Dr. Bettina Marquis, Rudolf Schichler, Tillman Tegeler
Lektorat und Redaktion der deutschen Ausgabe: Juliane von Åckerman, Dr. Margit Brand, Michaela Didyk,
Matthias Erdbauer, Christiane Fritsche, Melanie Gutschker, Willi Haas, Edigna Hackelsberger,
Dr. Annette Hempel, Karen M. Jahns, Tobias Kies, Heike Köpp-Waffender, Stephan Kraft, Birgit Krapf,
Wolfgang Kreth, Julia Nunes, Thomas M. Paul, Anette Pehrsson, Rita Steininger, Tillman Tegeler
Umschlaggestaltung: Studio Höpfner-Thoma, München
Umschlagmotive: AKG, Berlin
Gesamtherstellung: S.T.I.G.E. S.p.A., San Mauro T.se

Printed in Italy

ISBN 3-8289-0543-9

2007 2006 2005 2004 2003
Die letzte Jahreszahl gibt die aktuelle Lizenzausgabe an.

INHALT

Band 1

VORGESCHICHTE UND ANTIKE

VORWORT

Darüber, wie sich Geschichte abgespielt hat und welche Rolle dem Historiker bei ihrer Beschreibung zukommt, gehen die Ansichten ebenso auseinander, wie darüber, was eine Weltgeschichte enthalten sollte. Geschichtsschreibung bedeutet stets, eine Auswahl zu treffen, das gilt auch für das vorliegende Werk. Wollten wir unsere Vergangenheit in allen ihren Facetten erfassen, müssten wir sie noch einmal zum Leben erwecken, dies ist weder praktisch noch theoretisch möglich. Geschichtsschreibung ist also bestenfalls der Versuch einer jeden Generation, die ihr wichtigen Elemente der Vergangenheit festzuhalten und zu tradieren. Manchmal scheinen deren Schwerpunkte fest vorgezeichnet zu sein, in der Regel jedoch ist es der Historiker, der die Auswahl trifft.

Der besondere Blickwinkel, unter dem dieses Buch geschrieben wurde, resultiert aus einer bestimmten Vorstellung darüber, was historisch von bleibender Bedeutung sei. Der gewählte Ansatz kann in gewisser Hinsicht als ein höchst demokratischer gelten, denn ich habe versucht, Ereignisse, Entwicklungen, Umstände und Zusammenhänge herauszuarbeiten, die das Leben der Menschen besonders bestimmten. Mancher hätte andere Kriterien bevorzugt, ich jedoch habe mich entschlossen, diejenigen Faktoren zu benennen, die aus meiner Sicht langfristig den größten Einfluss auf menschliches Verhalten hatten. Daraus resul-

Dieses Gemälde aus dem 17. Jahrhundert mit dem Titel *Erzherzog Leopold Wilhelms Galerie in Brüssel* ist der Flämischen Schule zuzurechnen. Es zeigt vermutlich europäische Kunstexperten, Historiker und Gelehrte der damaligen Zeit, während die abgebildeten Gemälde, Instrumente und Kunstgegenstände der Fantasie des Künstlers entstammen.

tiert unter anderem meine Entscheidung, die Geschichte der großen Kulturen, die in den verschiedenen Teilen der Welt über Jahrhunderte hinweg das Fundament für die Überzeugungen und Institutionen der Menschheit legten, jeweils geschlossen wiederzugeben, anstatt (beispielsweise) alle Länder und deren Herrschende um ihrer selbst willen aufzuzählen. Derlei faktische Details gehören in eine Enzyklopädie oder ein geschichtliches Lexikon, nicht aber in ein erzählendes Geschichtswerk.

Das Wort „erzählend" stellt einen weiteren Schlüssel zu meinen Kriterien dar: Immer schon schien mir, die Chronologie bilde das Rückgrat jeder Geschichtsschreibung, und es sei die Aufgabe des Historikers, aus dem Wirrwarr der Fakten eine erzählbare Geschichte zu formen. Diese handelt nun von der Evolution des Menschen und seines Menschseins. Sie versucht, Zusammenhänge und Beziehungen zwischen örtlich und zeitlich teilweise weit entfernten Plätzen und Menschen aufzuzeigen, um ihren Beitrag zum Ganzen sichtbar zu machen.

Die Fähigkeit, einen Sinn im Vergangenen zu erkennen, lässt den Menschen sich über die Natur erheben. Heute wird häufig gesagt, das Experiment Mensch sei gescheitert, denn seine Geschichte sei eine Aneinanderreihung von Torheiten und Schlimmerem. Infolge dessen sei die Menschheit von Überbevölkerung, Zerstörung der natürlichen Umwelt und zügelloser Gewalt bedroht. Eine solche Sichtweise hat sicherlich eine gewisse Berechtigung, neigt aber allzu leicht zur Übertreibung. Zu Resignation und Pessimismus besteht wenig Anlass, wenn wir auf die gewaltigen Errungenschaften der Menschheit zurückblicken. Tatsächlich tritt im Lauf der Geschichte immer deutlicher eine erstaunliche Kraft zu Tage, Hindernisse zu überwinden und in bewusstem Handeln Veränderungen herbeizuführen (was nicht heißt, dass alle Veränderungen weise und wünschenswert gewesen wären). Diese Erfolgsgeschichte ist mindestens so eindrucksvoll wie jene der vielen Desaster, die diesen Weg säumen.

Der große Schweizer Historiker Burckhardt hat einmal darauf hingewiesen, dass wir niemals zu den Anfängen zurückfinden können. So handelt die Geschichte der Welt vom Menschen, aber wir wissen nicht, wann genau der erste Mensch gelebt hat.

Als geschichtliche Zeit bezeichnen wir üblicherweise die Phasen seit dem Augenblick, als der Mensch die Schrift erfand und begann, Dokumente zu hinterlassen, die uns heute als Quellen dienen. Doch wir müssen früher ansetzen und die so genannte „Vorgeschichte" miteinbeziehen. Immerhin spielte sich der größte Teil der Menschheitsgeschichte in prähistorischer Zeit ab. Sehr lange bevor Zivilisation möglich wurde, nutzten Menschen, die uns physisch ähnlich waren, die Erde für ihre Zwecke und begannen sie allmählich zu verändern. Wir müssen also notgedrungen sehr weit ausholen. Der Hauptteil der folgenden Darstellung behandelt jedoch die Geschichte der Kultur, einer einzigartigen, reichen und vielschichtigen Errungenschaft.

Als ich dieses Buch schrieb, ging es mir vor allem darum, die Geschichte der Kultur in einer Weise zu beleuchten, dass auch auf unsere eigene Situation und unsere heutigen Probleme ein Licht fällt. Mit Freuden ergreife ich nun die Gelegenheit, das vorliegende Werk einem erweiterten Publikum vorzustellen. Der ursprüngliche Text wurde gründlich überarbeitet, aktualisiert und um zahlreiche Abbildungen, Themenkästen, Zeittafeln und Karten ergänzt.

J. M. Roberts

EINFÜHRUNG

Ein Geschichtswerk hat heutzutage eines in Rechnung zu stellen: Visuelle Information wird zur lebendigen Darstellung historischen Geschehens immer wichtiger. Daher enthält auch der dritte Band der Illustrierten Weltgeschichte – er umfaßt den Zeitraum vom 19. Jahrhundert bis zur Gegenwart – viele hundert Abbildungen aus allen Lebensbereichen. Darüber hinaus nimmt das Werk sprachlich Rücksicht auf heutige Gewohnheiten, um einem breiten Kreis Interessierter Geschehnisse und Zustände der Vergangenheit nahe zu bringen: Der vorliegende Band nimmt seinen Ausgang in der Vorgeschichte, als etwa vor zwei Millionen Jahren die ersten Lebewesen mit aufrechtem Gang und menschenähnlicher Gestalt auftauchten. Es dauerte weitere 200 000 Jahre, bis unsere Vorfahren in der Lage waren, aus Steinen, Holz und Knochen erste Werkzeuge und Waffen herzustellen. Erst vor etwa 500 000 Jahren lernten sie das Feuer zu nutzen, und vor etwa 300 000 Jahren entwickelte sich die Sprache – eine Grundvoraussetzung jedweder Zivilisation.

Erst sehr viel später nähten sich die Menschen aus Tierfellen Kleidung. Sie verfügten bereits über bemerkenswerte künstlerische Fähigkeiten. Zahlreiche detailgetreue Felszeichnungen stellen dies noch heute eindrucksvoll unter Beweis.

Um das Jahr 10 000 vor Christus erfand der *homo sapiens* schließlich den Ackerbau. Somit war eine entscheidende Voraussetzung für die Entstehung früher Kulturen geschaffen.
Aus dem Zweistromland zwischen Euphrat und Tigris machten dessen Bewohner mit Hilfe raffiniert ausgeklügelter Bewässerungstechniken die fruchtbarste Gegend der damals bekannten Welt. Hier, in Mesopotamien, entstand die Hochkultur der Sumerer, die um 3000 v. Chr. die Keilschrift erfanden. Viele bedeutende Zivilisationen, unter anderem die der Akkader, Babylonier, Hethiter, Assyrer und Chaldäer entstammen diesem Kulturraum.

Zur gleichen Zeit wie in Mesopotamien entwickelte sich in Ägypten im fruchtbaren Schwemmland des Nils eine weitere frühe Hochkultur. Ihre eindrucksvollen Zeugen, Pyramiden und Tempelbauten von gigantischen Ausmaßen, haben sich bis heute erhalten und zeugen von der Macht ihrer Erbauer. Aber wie Mesopotamien war auch Ägypten immer wieder Ziel fremder Eroberer, vor allem aus Persien. Das im östlichen Mittelmeerraum beheimatete Seefahrer- und Handelsvolk der *Phönikier* drang weit nach Westen vor und entdeckte um 1110 v. Chr. die Straße von Gibraltar.

Besonders eine der frühen mediterane Hochkulturen beeinflusste die Nachwelt – diejenige im klassischen Griechenland. Sie verbreitete sich über einen Großteil des Mittelmeerraums und steht am Anfang der Geschichte Europas und seiner Zivilisation. Schon in archaischer Zeit (1100 – 500 v. Chr.) verschmolzen die griechischen Fürstentümer zu einer kulturellen Einheit. Wichtigstes Bindeglied hierbei war die um 750 v. Chr. aus dem *phönikischen* Alphabet entwickelte griechische Buchstabenschrift. In Mythen wie der „Ilias" und der „Odyssee" sowie im Glauben an eine vielfältige Götterwelt zeigt sich diese kulturelle Gemeinschaft, die überall im Mittelmeerraum Kolonien gegründete.
Durch seine politischen Errungenschaften, wie die Entwicklung der Demokratie, mit seiner Kultur, seiner Philosophie, Literatur und Architektur schuf das antike Griechenland die Grundlagen für eine gesamteuropäische Kultur späterer Zeiten.

Viele Errungenschaften der Griechen wurden von den Römern übernommen, die in ihrem Imperium den größten Teil der damals bekannten Welt vereinigten. Staatlich und militärisch beispielhaft organisiert, schuf Rom das größte Reich, das die Welt bis dahin gesehen hatte. Von seinem Zentrum aus drang die antike Zivilisation immer tiefer in den Westen und den bis dahin weitgehend unbekannten Norden des europäischen Kontinents vor. Ihre kulturellen und zivilisatorischen Errungenschaften trugen die Römer bis in die letzten Winkel ihres Imperiums. Zusammen mit der „Pax Romana" – dem Frieden, der innerhalb der Grenzen des Römischen Reiches herrschte – war es die Anziehungskraft der römischen Zivilisation, die viele der unterworfenen Völker lange Zeit stillhalten ließ.

Zu den von den Römern besiegten Völkern gehörten auch die Juden, die die erste große, noch heute existierende monotheistische Religion geschaffen hatten. Eine zweite, das sich bald im ganzen Römischen Reich verbreitende Christentum, entstand auf Grundlage des Judentums in Judäa. Es sollte einen Siegeszug um den Erdball antreten.

Etwa 625 n. Chr. begann der Prophet Mohammed seine Lehren im Koran niederzuschreiben. Damit begründete er die dritte monotheistische Weltreligion, den Islam. Während das Römische Reich innerlich und äußerlich zerfiel, erwuchs dem Orient in dieser Religion eine neue einigende Kraft mit enormer Dynamik.

I. VORGESCHICHTE

Wo und wann beginnt Geschichte? Man ist versucht zu antworten: „Am Anfang" – aber wie viele offensichtliche Antworten stellt sich auch diese als wenig hilfreich heraus. Das Besondere an der Geschichte, so sagte es einmal ein großer Schweizer Historiker, sei, dass wir nicht am Anfang beginnen könnten. Wir können die menschliche Abstammungskette bis zur Entstehung der Wirbelsäule oder sogar bis zur photosynthetischen Zelle und anderen Strukturen zurückverfolgen, die die Entstehung des Lebens selbst markieren. Wenn wir weiter zurückgehen, gelangen wir zu den Umwälzungen, aus denen unser Planet hervorgegangen ist, und schließlich sogar zu den Ursprüngen des Universums. Aber das ist nicht, was wir unter „Geschichte" verstehen.

Unserem Verständnis nach handelt Geschichte von der Menschheit, von ihren Taten, Erfolgen und Misserfolgen. Selbst wenn Historiker über natürliche Prozesse schreiben, wie die Klimaschwankungen oder die Ausbreitung von Krankheiten, tun sie dies nur, um zu erklären, warum die Menschen so und nicht anders lebten (und starben).

Daraus können wir schließen, dass es lediglich gilt, den Augenblick abzupassen, in dem der erste Mensch aus dem Schatten seiner fernen Vergangenheit tritt. Allerdings haben sich die meisten Versuche, das Wesen des Menschen anhand erkennbarer Charakteristika zu definieren, als zu willkürlich und wenig zweckmäßig erwiesen, wie der Streit über den „Affenmenschen" und das „Missing Link" zeigte. Physiologische Tests können hilfreich sein, um Daten zu klassifizieren, nicht aber, um zu erkennen, wodurch der Mensch zum Menschen wird. Dies ist eine Frage der Definition, die einen breiten Ermessensspielraum zulässt. Beispielsweise wurde die These aufgestellt, die Einzigartigkeit des Menschen läge in seiner Sprache begründet, tatsächlich aber gibt es andere Primaten, die ein ähnliches Artikulationswerkzeug besitzen wie wir. Wenn damit Töne erzeugt werden, die als Signale dienen, wie ist dann Sprache zu definieren?

Eine andere berühmte Definition begreift den Menschen als denjenigen, der in der Lage ist, selbst Werkzeug herzustellen, aber auch diesbezüglich gibt es Beobachtungen, die unsere Einzigartigkeit in Frage stellten.

Was den Menschen jedoch mit Sicherheit von jeder anderen Spezies unterscheidet, sind nicht seine besonderen Fähigkeiten oder physischen Merkmale an sich, sondern die aus ihrer Anwendung resultierenden Leistungen, mit anderen Worten: die Geschichte. Die herausragenden Errungenschaften des Menschen sind Aktivität und Kreativität sowie seine Fähigkeit, Veränderungen zu bewirken.

Der Mensch weiß seinen ständig sich erweiternden Erfahrungs- und Wissensschatz zu nutzen. So kann man in dem Augenblick von der Geschichte des Menschen sprechen, in dem die Beherrschung der Umwelt nicht länger eine Frage ererbter Gene und Verhaltensweisen war, sondern durch bewusstes Handeln erreicht wurde.

Natürlich kann der Mensch seine Geschichte immer nur innerhalb gewisser Grenzen gestalten. Diese sind heute weit gesteckt, aber es gab Zeiten, da waren sie so eng, dass sich unmöglich mit Bestimmtheit sagen lässt, wann die menschliche Evolution den ersten Schritt zur Befreiung von natürlicher Determinierung getan hat. Über einen langen Zeitraum haben wir nur geringe Kenntnisse von unserer Geschichte, dies liegt einerseits an der fragmentarischen Quellenlage und andererseits eben daran, dass wir nicht sicher wissen, wo wir ansetzen können.

Mitten in der Sahara gibt es Tausende auf Stein gemalter oder geritzter Bilder, auf denen eine verlorene Welt voller überquellender Flüsse und fruchtbarer Waldflächen dargestellt ist. Die eindrucksvollsten Beispiele prähistorischer Bildkunst aus der Zentralsahara datieren aus der Periode zwischen 6000 und 1500 v. Chr., als die viehzüchtenden Nomaden der Gegend Szenen wie diese auf die Felsen des Tassili N'Ajjer malten.

1 DIE ANFÄNGE

Die Ursprünge der Geschichte reichen bis weit in eine Zeit zurück, lange bevor der Mensch existierte. Diese nur schwer vorstellbare zeitliche Dimension ist am besten folgendermaßen nachzuvollziehen: Wenn wir uns ein Jahrhundert unseres heutigen Kalenders als eine Minute auf einer großen Uhr vorstellen, dann begann vor rund fünf Minuten die Besiedelung Amerikas durch die Europäer. Vor 20 Minuten entstand das Christentum und vor über einer Stunde wurde das südliche Mesopotamien besiedelt, wo sich die älteste uns bekannte Zivilisation herausbildete. Damit sind wir bereits jenseits der Grenze schriftlicher Aufzeichnungen, denn erst vor etwa einer Stunde begann der Mensch, schriftliche Zeugnisse zu hinterlassen. Fünf oder sechs Stunden zuvor erkennen wir unscharf die Umrisse des ersten, bereits in Westeuropa lebenden Menschen mit neuzeitlichen physiologischen Zügen. Vor zwei oder drei Wochen finden wir erste Spuren von Lebewesen mit menschenähnlichen Merkmalen, deren Zugehörigkeit zur direkten Abstammungslinie des Menschen aber noch nicht gesichert ist.

DER URSPRUNG DER MENSCHHEIT

Wie weit wir uns in die Vergangenheit zurückbegeben müssen, um zum Ursprung des Menschen vorzustoßen, ist fraglich, doch lohnt sich ein kurzer Blick in die Zeiten, in denen vieles geschah, das für die spätere Entwicklung bestimmend war, auch wenn wir wenig Genaues darüber wissen. Gewisse Potenziale und Grenzen des Menschen, deren Folgen in historischer Zeit sichtbar werden, wurden sehr früh angelegt, vermutlich sogar noch vor der relativ kurzen Periode von drei oder vier Millionen Jahren, in welcher bereits Lebewesen mit bestimmten menschlichen Eigenschaften gelebt haben. Wir wollen wenigstens versuchen zu verstehen, welche Vor- und Nachteile der Mensch mitbrachte, als er sich schließlich unter den Primaten als ein seine Umwelt gestaltendes und veränderndes Wesen hervortat.

Fast seine gesamte physische und größtenteils auch mentale Konstitution, wie sie uns heute selbstverständlich ist, war damals be-

Die Kontinente, die einst als so genannte Pangäa zusammenhingen, begannen vor rund 200 Millionen Jahren auseinander zu driften. Südamerika löste sich von Afrika, ebenso Indien, das gegen Asien driftete. Australien und die Antarktis rückten ebenfalls immer weiter voneinander ab.

Die Entwicklung der Hominiden

Die Entwicklung der Hominiden – der Oberfamilie, in der die Zoologen die Menschen und ihre engsten Verwandten (Schimpansen, Gorillas, Orang-Utans, Gibbons) zusammenfassen – setzte zu Beginn des Miozäns vor ungefähr 24 Millionen Jahren ein. Der erste bekannte Vertreter unserer Familie (der Hominiden) lebte vor vier Millionen Jahren und wird als *Australopithecus* bezeichnet. Der erste Vertreter unserer Gattung (des *Homo*) lebte vor zwei Millionen Jahren und trägt den Namen *Homo habilis*. Unsere eigene Spezies (*Homo sapiens*) entstand vor rund 200 000 Jahren. Während einige ihrer frühesten Vertreter wie der Neandertaler in bestimmten Merkmalen deutlich von uns abweichen, sind die Skelette unserer Vorfahren, die vor 30 000 Jahren in Cro-Magnon lebten, bereits kaum noch von dem unseren zu unterscheiden.

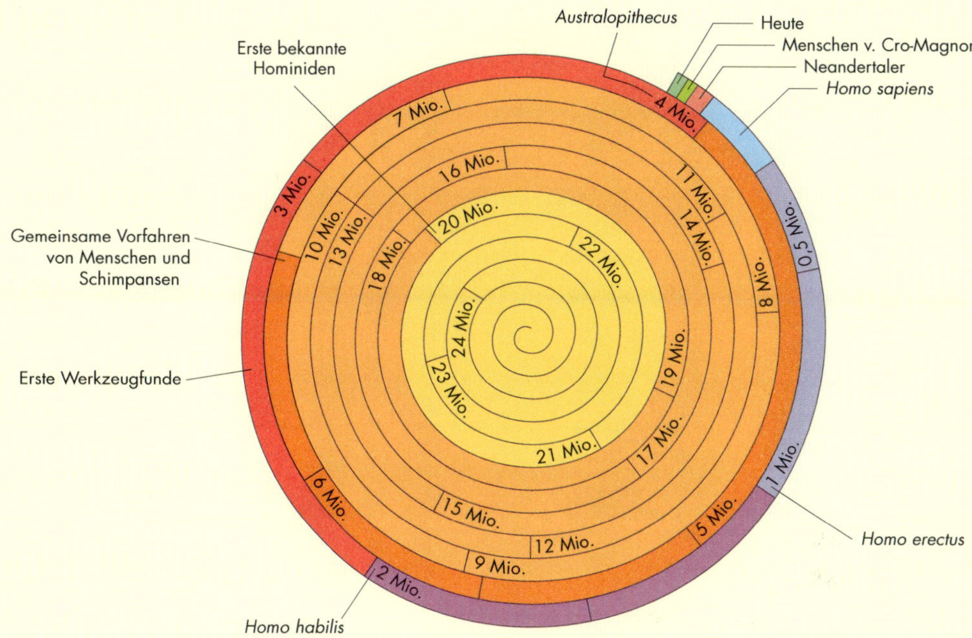

Die Entwicklung der Hominiden im Lauf der Jahrmillionen.

reits so weit festgelegt, als ihm gewisse Möglichkeiten offen standen und andere verstellt waren.

Ein entscheidender Moment in der Evolution ist die Entwicklung von menschenähnlichen Lebewesen als ein eigener Zweig unter den Primaten.

Genau diesen Entwicklungszweig wollen wir betrachten, wenn wir nach einem Anfang für die Geschichte suchen. Hier hoffen wir die ersten Anzeichen für diese positive, bewusste Einwirkung auf die Umwelt zu finden, die das erste Stadium menschlicher Leistung kennzeichnet.

Veränderungen der Welt

Grundlage unserer Geschichte ist die Erde selbst. Die in den Fossilien von Flora und Fauna, in geographischen Formen und geologischen Schichten festgehaltenen Veränderungen erzählen von einem Drama epischen Ausmaßes, das sich über Hunderte von Millionen Jahren hinweg abgespielt hat. Große Spalten öffneten und schlossen sich auf der Erdoberfläche, Küsten hoben und senkten sich, und zeitweise waren große Flächen mit einer heute längst verschwundenen Vegetation bedeckt. Viele Pflanzen- und Tierarten tauchten auf, verbreiteten sich und starben schließlich wieder aus.

Diese „dramatischen" Vorgänge spielten sich jedoch mit unvorstellbarer Langsamkeit ab: Einige dieser Entwicklungen erstreckten sich über Jahrmillionen und selbst die schnellsten umspannten Jahrhunderte.

Geologische Veränderungen und die Entwicklung der Pflanzen- und Tierwelt bestimmten für Hunderte von Millionen Jahren die Gestalt der Erde.

Die jeweiligen Lebewesen mögen davon nicht mehr gespürt haben als ein Schmetterling des 21. Jahrhunderts vom Rhythmus der Jahreszeiten während seines rund dreiwöchigen Lebens.

Die Erde bot genug Möglichkeiten für die unterschiedlichsten Überlebensstrategien ihrer Bewohner.

Die Entwicklung der Tiere

Die Wirbeltiere tauchten im Kambrium, der ersten Periode des Paläozoikums, des erdgeschichtlichen Altertums, auf. Es waren Wassertiere, aus denen sich später Amphibien entwickelten, die als erste Wirbeltiere den Schritt auf das trockene Land wagten. Viele Fisch- und Amphibienarten sind zum Ende des Perms ausgestorben. Danach begann das Mesozoikum, das erdgeschichtliche Mittelalter, das duch die Vorherrschaft der Reptilien, zu denen die Dinosaurier gehörten, charakterisiert war. In der Kreidezeit entwickelten sich aus den Dinosauriern die Vögel, die begannen, den Himmel zu bevölkern. Die Säugetiere verbreiteten sich erst im Känozoikum (Tertiär und Quartär).

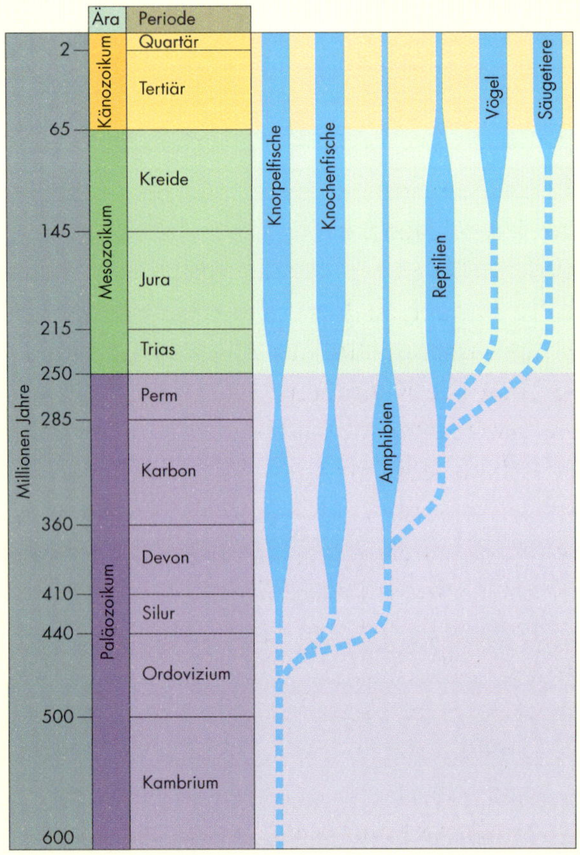

Die Entwicklung der Tiere vom Paläozoikum bis zum Känozoikum.

Klima-Veränderungen

Wichtigster Auslöser für Veränderungen war das Klima. Vor ungefähr vierzig Millionen Jahren – früh genug, um mit unserer Erzählung zu beginnen – neigte sich eine lange warme Klimaphase ihrem Ende zu. In ihr hatten sich vor allem große Reptilien entwickelt und die Antarktis hatte sich von Australien gelöst. Damals gab es nirgends auf dem Globus Eisflächen. Als die Erde sich abkühlte und die neuen klimatischen Bedingungen den Lebensraum der großen Reptilien vernichteten, starben diese aus (andere Theorien besagen, dass das Klima nicht ausschlaggebend war). Dagegen kamen die neuen Bedingungen anderen bereits vorhandenen Tierarten entgegen, darunter den Säugetieren, deren winzige Vorfahren rund hundert Millionen Jahre zuvor entstanden waren. Sie eroberten nun die Erde oder zumindest einen großen Teil. Begleitet von vielen zufälligen Auswahlprozessen entwickelten sich die Säugetiere, die heute unsere Welt bevölkern – und zu denen wir selbst gehören.

Im Großen und Ganzen wurden die Hauptlinien dieser Evolution vermutlich über Jahrmillionen von astronomischen Zyklen bestimmt. Änderungen in der Position der Erde zur Sonne führten zu einem Klimawandel. Wir erkennen einerseits ein grobes Muster periodischer Temperaturschwankungen, andererseits gelegentliche Extreme von Kälte und Dürre. Zu gewissen Zeiten erlaubten anhaltende günstige Klimabedingungen hier und dort bestimmten Arten, neue Lebensräume zu erobern. Der einzige größere Teilabschnitt dieses langen Prozesses, der uns hier interessiert, liegt „erst" (nach prähistorischen Maßstäben) vier Millionen Jahre zurück. Damals begann eine Periode klimatischer Veränderungen, die – wie wir annehmen – schneller und abrupter verliefen als alle vorhergehenden. „Schnell", das dürfen wir nicht vergessen, ist ein relativer Begriff, die beschriebenen Veränderungen erstreckten sich jeweils über Zehntausende von Jahren. Aber ein solcher Rhythmus unterscheidet sich deutlich von den Jahrmillionen, in denen ungleich konstantere Bedingungen geherrscht hatten.

DIE EISZEITEN

Die Forschung spricht seit langem von den „Eiszeiten", die jeweils zwischen fünfzig- und hunderttausend Jahre andauerten und während derer große Bereiche der nördlichen Hemisphäre (darunter weite Teile Europas und Amerikas bis zur Höhe des heutigen New York) mit Eisschichten, manchmal bis zu einer

Dicke von einem Kilometer und mehr, bedeckt waren. Man unterscheidet mittlerweile 17 bis 19 (über die genaue Zahl existieren unterschiedliche Ansichten) solcher „Vereisungen“ während der vergangenen drei Millionen Jahre. Wir leben heute in einer Warmperiode, nachdem die letzte Eiszeit vor rund 10 000 Jahren zu Ende ging. Belege für diese Eiszeiten und ihre Auswirkungen lassen sich in allen Ozeanen und auf allen Kontinenten finden, sie bilden das Rückgrat der prähistorischen Chronologie. Auch die Evolution des Menschen ist auf dieser – auf Basis der Eiszeiten erstellten – Skala einzuordnen.

Die Auswirkungen der Eiszeiten

Anhand der Eiszeiten lässt sich gut erkennen, wie das Klima in prähistorischen Zeiten Leben und Evolution bestimmte, doch sollte man seine direkten Auswirkungen nicht dramatisieren. Zweifelsohne war das langsame Vorrücken des Eises für alles, was auf seinem Weg lag, ein bestimmender und oft verheerender Faktor. Viele von uns leben heute in Gebieten, die durch das Abschmelzen des Eises vor Hunderttausenden von Jahren nachhaltig geprägt wurden. Die riesigen Wassermassen, die es zurückließ, vernichteten vielerorts die Lebensräume der an arktische Bedingungen angepassten Arten. Gleichzeitig aber eröffneten sich neue Möglichkeiten, denn nach jeder Eiszeit drangen neue Spezies in die vom Eis befreiten Gegenden vor. Über die direkt betroffenen Regionen hinaus wirkten sich die Eiszeiten aber auch auf die gesamte globale Evolutionsgeschichte aus. Noch in Gebieten, die Tausende Kilometer vom Eis entfernt lagen, veränderten Abkühlung und Erwärmung die Lebensbedingungen – mit einschneidenden Folgen für die Artenwelt. Die Entstehung von Trockenland und ausgedehnten Weideflächen eröffnete den bestehenden Arten neue Möglichkeiten der Ausbreitung. Einige dieser Spezies sind Teil der Evolutionsgeschichte des Menschen. Und fast alle bisher beobachteten Stadien dieser Entwicklung spielten sich weit weg vom Eis ab, in Afrika. Auch heute noch haben Klimaveränderungen einschneidende Auswirkungen, wie wir an den katastrophalen

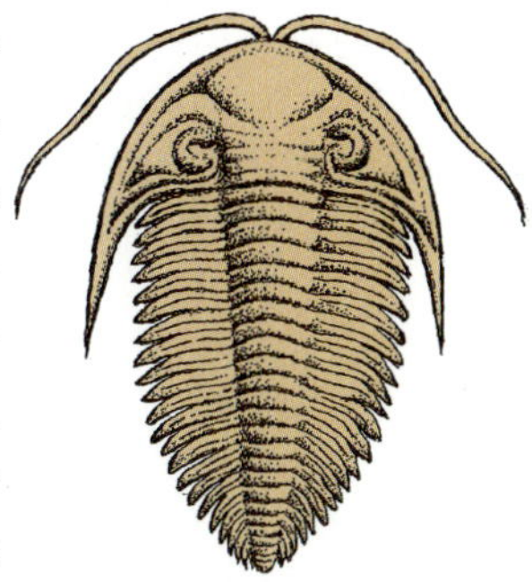

Viele Tierformen waren schon vor 550 Millionen Jahren angelegt, obwohl sich das Leben damals vollständig im Wasser abspielte. Die Trilobiten, eine Unterfamilie der maritimen Arthropoden, von denen mehr als 1000 Arten bekannt sind, sind ein Beispiel dafür.

Die Eiszeiten- und Zwischeneiszeitenfolge im Quartär

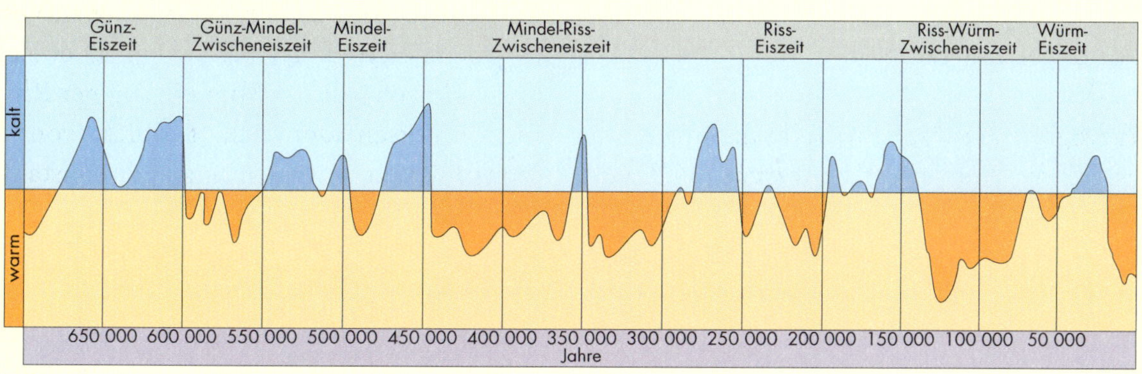

Zeitliche Abfolge der Eis- und Zwischeneiszeiten (Interglazialzeiten).

In einer Reihe von Studien gelang es, die Temperaturschwankungen im Quartär, dem letzten, vor zwei Millionen Jahren beginnenden Abschnitt des Känozoikums, zu bestimmen. Während der kältesten Phasen nahmen die Gletscher stark zu und bedeckten große Landstriche. Die Speicherung von Wasser in Form von Eis auf den Kontinenten bewirkte eine gleichzeitige Senkung des Meeresspiegels. Die letzten Eiszeiten, die in den Alpen auftraten, tragen die Namen Günz, Mindel, Riss und Würm. Jeder Eiszeit folgte eine als Zwischeneiszeit oder Interglazialzeit bezeichnete wärmere Periode. Die Eiszeiten und Zwischeneiszeiten lassen sich nur ungefähr datieren.

Auf Grund seiner Fähigkeiten, die ihm das Überleben auch unter ungünstigen Bedingungen sicherten, konnte sich der Mensch weitgehend aus seiner Abhängigkeit vom Klima befreien.

Folgen langer Dürreperioden beobachten können. Mögen auch Millionen von Menschen betroffen sein, die Auswirkungen sind nicht so fundamental wie diejenigen in prähistorischer Zeit, als der Klimawandel eine langsame Veränderung der Weltgeographie und des Nahrungsangebots bewirkte. Bis vor sehr kurzer Zeit bestimmte das Klima, wo und wie die Menschen lebten. Dabei kam (und kommt) es auf bestimmte Überlebensstrategien an: Entdeckte und beherrschte ein Zweig der frühen Menschenfamilie Techniken wie den Fischfang oder das Feuermachen, war er auch in der Lage, sich neue Lebensräume zu erobern. Auf Grund der unterschiedlichen Möglichkeiten der Nahrungsbeschaffung variierten auch die Essgewohnheiten, und so wurde mit der Zeit aus dem wandernden Sammler und Jäger schließlich der sesshafte Bauer. Lange vor den Eiszeiten und sogar noch vor Entstehung der Arten, aus denen sich später der Mensch entwickelte, machte das Klima bereits seinen Einfluss geltend und formte durch Auslese dessen genetisches Erbe.

HALBAFFEN UND PRIMATEN

Bevor wir uns den immer noch raren (wenn auch sich allmählich verdichtenden) Funden widmen, werfen wir einen Blick zurück auf die Anfänge der Entwicklung der Säugetiere. Vor ungefähr 55 Millionen Jahren gab es im Wesentlichen zwei Gruppen: Die einen, nagetierähnlichen, blieben am Boden, während die anderen die Bäume eroberten. Dies entschärfte den Wettbewerb um die Ressourcen, und es überlebten Vertreter beider Gruppen. Aus der letzteren entwickelten sich

Die Genealogie der Säugetiere

Die Säugetiere traten zu Beginn des Mesozoikums, im Trias, in Erscheinung, aber während der großen Zeit der Dinosaurier (Jura und Kreide) existierten nur relativ wenige dieser Tiere. Erst nach dem Aussterben der Dinosaurier vor rund 65 Millionen Jahren breiteten sich die Säugetiere aus. Während des Juras unterteilten sie sich in drei große Gruppen: Prototheria (Eierlegende Säugetiere wie etwa die heutigen Kloakentiere), Metatheria (ähnlich den heutigen Beuteltieren, deren Nachkommen sich nach der Geburt im Beutel der Mutter weiterentwickeln) und Eutheria (zu denen alle übrigen Klassen der heute lebenden Säugetiere gehören). Die ältesten Fossilien der meisten Klassen heutiger Säugetiere, darunter der Primaten, reichen bis an den Anfang des Tertiärs zurück.

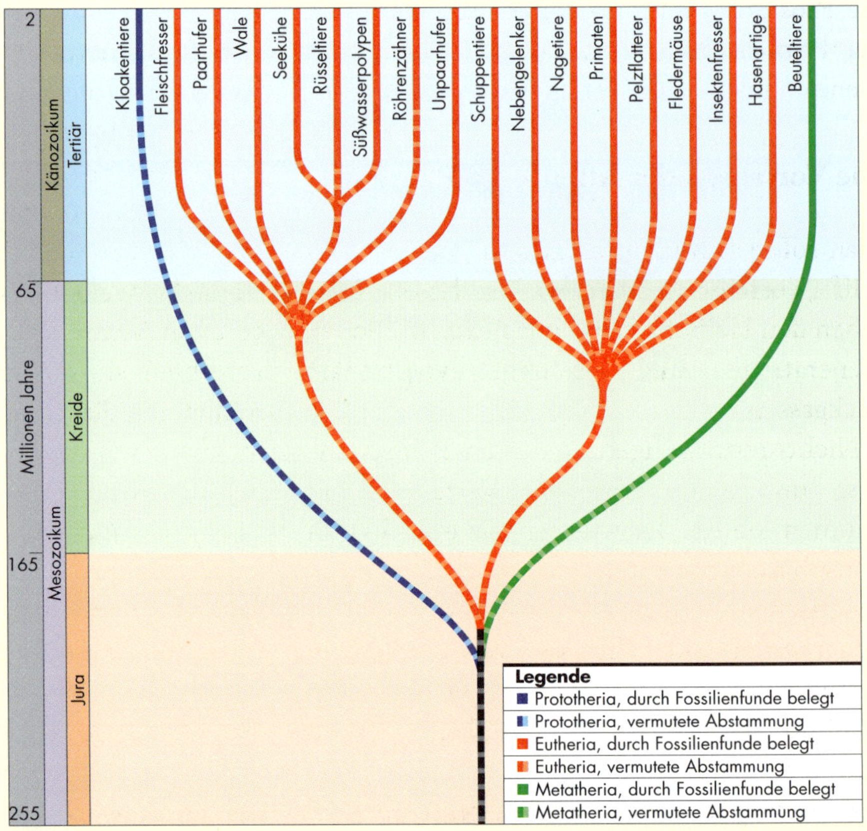

Die Einteilung der Säugetiere in drei Hauptgruppen.

Die Savanne, eine Landschaft mit überwiegend krautähnlichem Bewuchs, bedeckt weite Flächen des heutigen Afrika. Sie gehört zu den Umgebungen, in denen sich die ersten Hominiden entwickelten.

die Prosimiae oder Halbaffen, die Vorfahren der Primaten, von denen auch wir abstammen.

Die Vorfahren der Affen – die Prosimiae

Man sollte sich nicht allzu sehr von dem Begriff „Vorfahren" beeindrucken lassen. Zwischen den Halbaffen und uns liegen Millionen Generationen und unzählige evolutionäre Sackgassen.

Nichtsdestoweniger ist es von Bedeutung, dass unsere entferntesten Vorfahren auf Bäumen lebten, denn in der nächsten Evolutionsphase überlebten vor allem diejenigen genetischen Stränge, die den speziellen Unsicherheiten und Fährnissen des Waldes am besten gewachsen waren. Das Lebensumfeld belohnte die Arten mit der Fähigkeit zu lernen und sich anzupassen.

Zu den Überlebenden gehörten solche, die eine Greifhand mit Finger und Daumen entwickelten, andere Vorläufer der Affen zeigten bereits Ansätze zum dreidimensionalen Sehen, während im Gegenzug der Geruchssinn an Bedeutung verlor.

Die Prosimiae waren kleine Lebewesen. Es gibt bis heute die Spezies der Tupaja, die uns eine Idee von ihrem Aussehen vermitteln. Sie waren bei weitem noch keine Affen, geschweige denn Menschen. Aber über Jahrmillionen vererbten sie die Eigenschaften weiter, die schließlich die Entstehung des Menschen ermöglichten. Während dieser Zeit bestimmten vor allem geographische Gegebenheiten ihre Evolution, indem sie die Berührungspunkte zwischen den einzelnen Entwicklungslinien limitierten oder sie sogar vollkommen voneinander isolierten und so ihre Differenzierung förderten.

Die Veränderungen geschahen nicht plötzlich, vielmehr führte vermutlich die Unterteilung in verschiedene Lebensbereiche auf Grund geographischer Verwerfungen zur Ab-

Anfangs wurde die genetische Ausdifferenzierung der Säugetiere vor allem durch geographische Veränderungen hervorgerufen.

Je genauer wir die Schimpansen studieren, desto mehr Ähnlichkeiten entdecken wir zwischen diesen intelligenten Wesen und uns Menschen. Obwohl Schimpansen anatomisch mehr mit den Gorillas als mit den Menschen gemein haben, scheinen sie uns genetisch näher zu sein.

trennung bestimmter Regionen, in denen sich die erkennbaren Vorfahren vieler heute lebender Säugetiere allmählich herausbildeten. Zu diesen Lebewesen gehörten auch die Primaten und Affen. Ihre Ursprünge reichen jedoch nicht weiter als vielleicht 35 Millionen Jahre zurück.

Der Proconsul

Der 18 Millionen Jahre alte Proconsul ist einer der ersten bekannten Hominiden. Er gehört zur Familie des *Dryopithecus*, der aus Afrika stammt, und lebte vermutlich auf den Bäumen. Einige seiner Charakteristika wie etwa sein großer Schädel erinnern an heute lebende Hominiden wie Schimpansen und Gorillas.

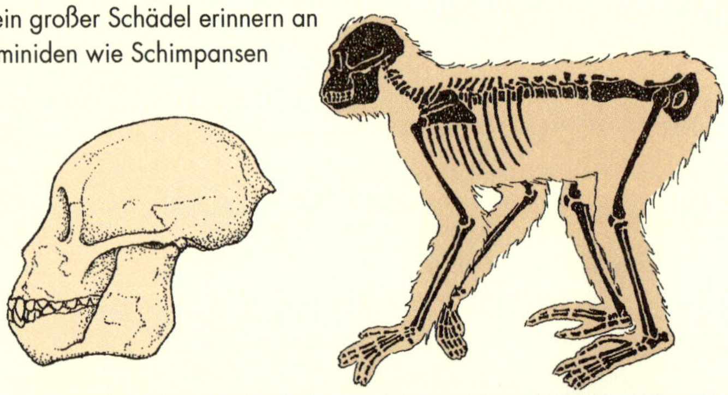

Schädel und Skelett des Proconsul.

Primaten und Menschenaffen

Primaten und Menschenaffen repräsentieren einen bedeutenden Evolutionsschritt, denn beide Familien waren viel geschickter als alle ihre Vorfahren. Unterarten mit verschiedenen Körpergrößen und akrobatischen Fähigkeiten begannen sich herauszubilden. Physiologische und psychologische Evolution lassen sich in solchen Fällen nicht voneinander trennen. Ebenso wie die Entwicklung einer besseren und stereoskopischen Sehfähigkeit scheint auch die zunehmende manipulative Befähigung mit einem wachsenden Bewusstsein einherzugehen. Möglicherweise konnten einige dieser Wesen bereits Farben unterscheiden. Die Gehirne der ersten Primaten waren komplexer und größer als die ihrer Vorfahren. Bei einigen waren Gehirn und physische Kräfte irgendwann so weit entwickelt, dass aus einer Welt undifferenzierter Eindrücke zumindest teilweise eine Welt von Objekten wurde. Wo immer dies geschah, war ein entscheidender

Die Evolution der Anthropoiden

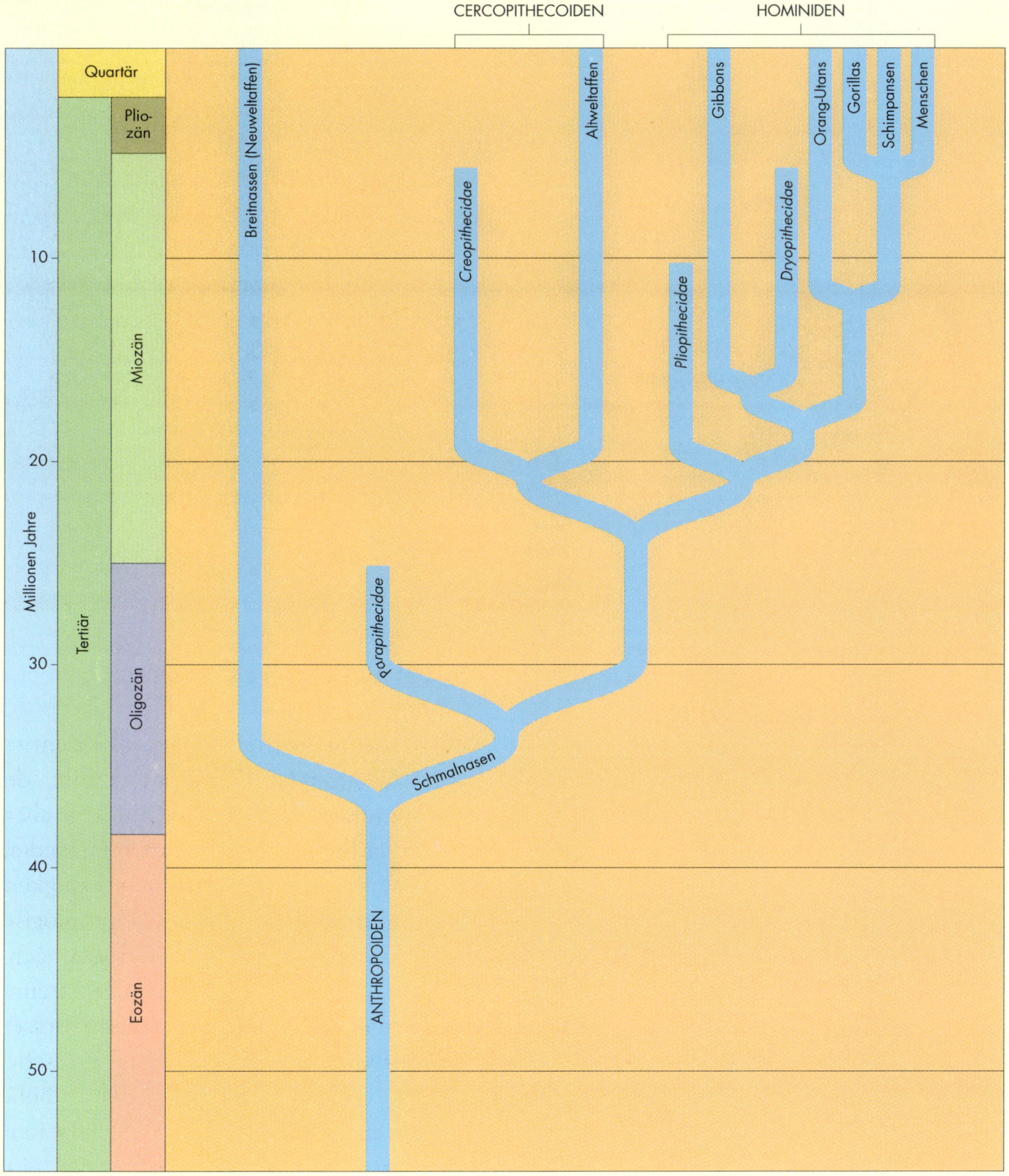

Die Anthropoiden oder Menschenaffen (ihr zoologischer Name lautet *Anthropoidea*) bilden eine Unterklasse der Primaten. Im Oligozän, dem zweiten Abschnitt des Känozoikums, teilten sie sich in zwei Stränge auf: Schmalnasenaffen oder Altweltaffen sowie Breitnasen oder Neuweltaffen. Zu Anfang des Miozäns spalteten sich die Schmalnasenaffen noch einmal in zwei Unterarten, die Cercopithecoiden und die Hominiden. Die erste identifizierte Ordnung in der Familie der Hominiden bildet der *Dryopithecus*, der zum Ende des Miozäns ausstarb. Heute gibt es vier verschiedene Hominiden-Familien: Hylobaten (Gibbon), Pongiden (Orang-Utan), Pan (Schimpanse und Gorilla) und Hominiden (Mensch). Die Spaltung zwischen den Vorfahren der Menschen und der Schimpansen wird vor fünf bis sieben Millionen Jahren vermutet.

1970 entdeckte ein französisch-amerikanisches Forscherteam im äthiopischen Hadar dieses beinahe vollständige Skelett eines weiblichen Hominiden, dem sie den Spitznamen „Lucy" gaben. Man nimmt an, dass Lucy vor 3,2 Millionen Jahren gelebt hat. Ihr Becken zeigt, dass sie aufrecht ging und stehend 1,20 m maß. Sie wird zur Spezies *Australopithecus afarensis* gerechnet.

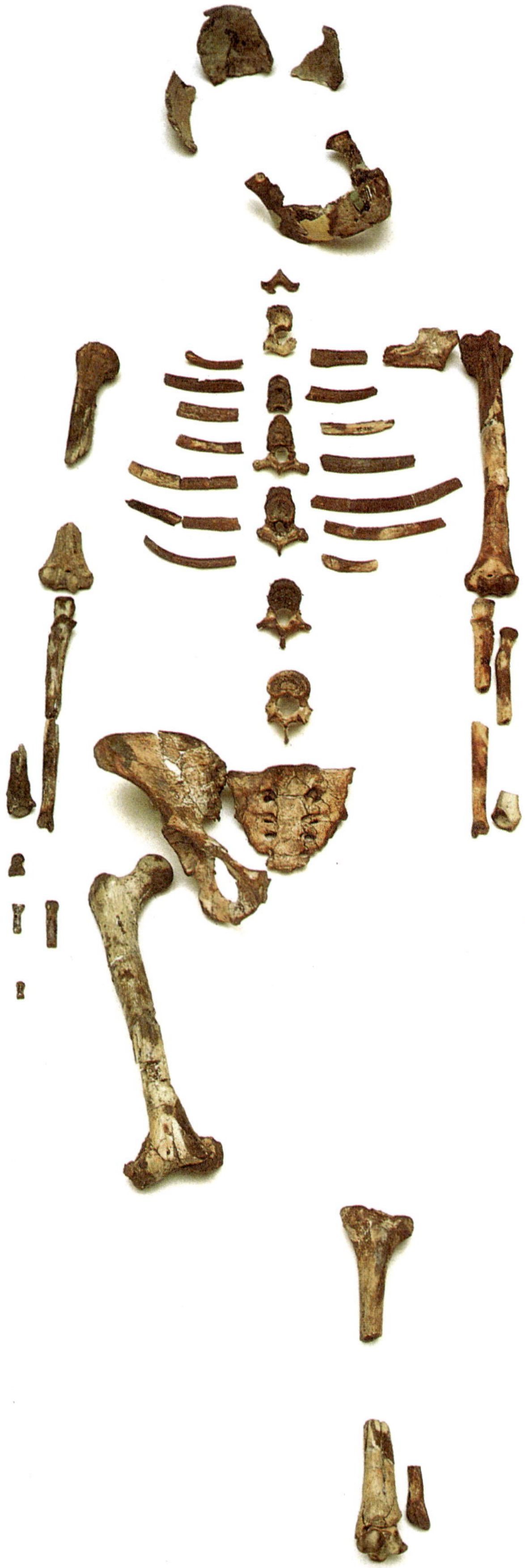

Schritt in Richtung der Beherrschung der Umwelt getan, auf die nun nicht mehr nur reagiert, sondern von der aktiver Gebrauch gemacht wurde.

Vor 25 oder 30 Millionen Jahren, als weite Waldflächen durch Austrocknung verschwanden, wurde der Wettbewerb um die Ressourcen härter. Wo Baumbestand und Grasland aneinander grenzten, ergaben sich neue Herausforderungen und Möglichkeiten. Einige Primaten, die aus ihren Waldgebieten vertrieben wurden, waren dank gewisser genetischer Qualitäten in der Lage, auf der Suche nach Nahrung in die Savanne vorzudringen, ihren Gefahren zu trotzen und von ihren Gegebenheiten zu profitieren. Wahrscheinlich ähnelten sie in Körperhaltung und Bewegungen bereits eher den Menschen als etwa Gorillas oder Schimpansen. Eine aufrechte Haltung und die Fähigkeit, sich auf zwei Füßen zu bewegen, ermöglichten das Tragen von Lasten. Somit konnten sie die gefahrvolle offene Savanne erkunden und ihre Nahrungsmittel in eine sicherere Heimstatt bringen. Die meisten Tiere konsumieren ihre Nahrung dort, wo sie sie finden – im Unterschied zum Menschen. Durch die Freiheit, die vorderen Gliedmaßen zu etwas anderem als zur Fortbewegung und zum Kämpfen zu verwenden, ergaben sich neue Möglichkeiten. Wir wissen nicht, welches die ersten „Werkzeuge" waren, können aber auch bei anderen Primaten beobachten, wie sie Objekte, die zufällig zur Hand sind, aufheben und zur Abschreckung hin und her schwenken, als Waffen benutzen oder untersuchen und auf ihre Verwendbarkeit bei der Nahrungsbeschaffung hin prüfen.

DIE HOMINIDEN

Als Nächstes werfen wir zum ersten Mal einen Blick auf ein Mitglied der biologischen Familie, zu der sowohl die Menschen als auch die großen Menschenaffen gehören. Die

Funde sind spärlich, lassen jedoch darauf schließen, dass vor rund 25 Millionen Jahren eine unter evolutionstheoretischen Gesichtspunkten erfolgreiche Spezies über ganz Afrika, Europa und Asien verbreitet war. Ihre Vertreter hausten vermutlich in Bäumen und waren nicht groß – sie wogen um die 20 Kilogramm. Leider sind sie, was die Funde betrifft, zeitlich isoliert. Wir kennen weder ihre unmittelbaren Vor- noch ihre Nachfahren. Wir wissen lediglich, dass es in der Evolution der Primaten zu einer Verzweigung kam, wobei eine Linie zu den großen Menschenaffen und Schimpansen führte, die andere zu den Hominiden. Das erste (in Kenia gefundene) Hominiden-Fossil datiert jedoch gerade einmal viereinhalb bis fünf Millionen Jahre zurück, so dass die Entwicklung für rund 20 Millionen Jahre im Dunkeln liegt, in denen geologische und geographische Veränderungen das Entstehen und Verschwinden von Evolutionsmustern bewirkten.

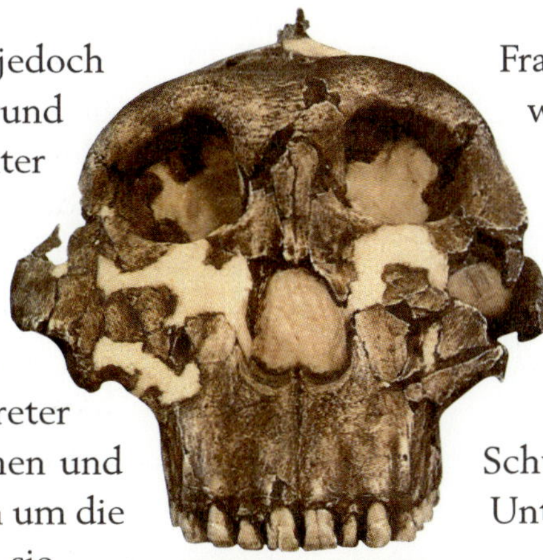

Der in der Olduvai-Schlucht entdeckte Schädel eines *Paranthropus boisei.*

Aus einer dieser Evolutionslinien – das erste Hominiden-Fossil gehört vermutlich nicht dazu – ging ein kleiner afrikanischer Hominide, der *Australopithecus* hervor. Das früheste mit dieser Gattung identifizierte Fossil ist mehr als vier Millionen Jahre alt und wurde in Äthiopien entdeckt. Andere Beispiele sind die als „Australopithecinen" bezeichneten Spezies, die an so entfernten Orten wie Kenia und dem Transvaal gefunden und auf verschiedene Perioden der darauf folgenden zwei Millionen Jahre datiert wurden. Sie haben das archäologische Denken entscheidend beeinflusst. Im letzten Vierteljahrhundert hat sich die Periode, in der wir nach den Ursprüngen des Menschen suchen, dank der Australopithecinen-Funde um drei Millionen Jahre erweitert. Zwar bestehen noch viele ungelöste Fragen und Zweifelsfälle, aber wenn die menschliche Spezies einen gemeinsamen Vorfahren hatte, so erscheint es als wahrscheinlich, dass er zu dieser Gattung gehörte. Beim *Australopithecus* und seinen „Zeitgenossen" treten die Schwierigkeiten einer konkreten Unterscheidung zwischen Menschenaffen, subhumanen Hominiden und anderen Wesen mit menschenähnlichen Eigenschaften zum ersten Mal in ihrer ganzen Komplexität zu Tage. Bisher gelang es nicht, ein geschlossenes Bild zu entwerfen, und mit jedem neuen Fund scheint eine Lösung der aufgeworfenen Fragen in weite Ferne zu rücken.

Verschiedene Gattungen

Zwar ist der *Australopithecus* am besten durch Funde belegt, doch existierten schon zu seiner

Die ersten Hominiden gab es bereits vor 25 Millionen Jahren. Die ältesten erhaltenen Fossilien dieser Spezies haben jedoch nur ein Alter von viereinhalb Millionen Jahren.

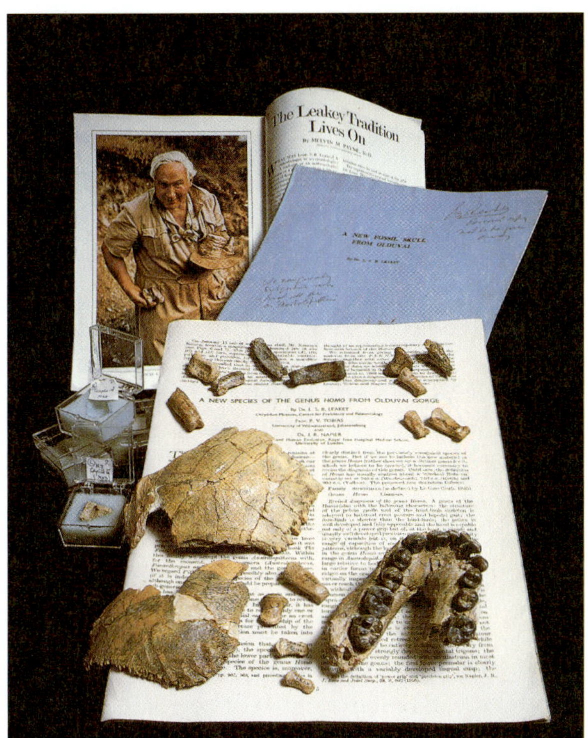

Der Paläontologe Louis Leakey (1903–1972) mit einer seiner wichtigsten Entdeckungen, den ersten Überresten der Spezies *Homo habilis*, die er 1960 in der Olduvai-Schlucht fand. Diese Knochenfragmente von Schädel, Kiefer und Fingern belegten erstmals, dass vor 1,7 Millionen Jahren neben dem *Paranthropus boisei* eine Spezies unserer eigenen Gattung gelebt hat.

Die ersten Hominiden

Die frühesten Überreste von Hominiden wurden im Osten und Süden Afrikas gefunden, woraus wir schließen können, dass die Evolution der Menschenfamilie hier ihren Anfang nahm. *Australopithecus afarensis* (die älteste Spezies) und *Paranthropus robustus* lebten im Osten Afrikas, *Australopithecus africanus* und *Paranthropus boisei* im Süden. Der *Homo habilis* hat nachweislich in beiden Regionen gelebt. Nach Ansicht einiger Experten reichen die oben genannten Spezies noch nicht aus, um alle in Afrika gefundenen fossilen Hominiden-Überreste zu klassifizieren. Auf der nebenstehenden Karte haben wir uns jedoch auf die eindeutig identifizierten Spezies beschränkt.

Zeit noch andere Wesen, die man zur Gattung des *Homo* rechnet. Beide Arten waren miteinander verwandt, doch sind sie schon vor rund zwei Millionen Jahren, wie afrikanische Fundstätten belegen, eindeutig zu unterscheiden. Überreste einer *Homo*-Spezies konnten auf anderthalb Millionen Jahre früher datiert werden. Zudem tauchten in letzter Zeit Überreste eines noch größeren Hominiden in Nordkenia auf. Er misst ungefähr 1,5 Meter mit einem Gehirn, das doppelt so groß ist wie das eines modernen Schimpansen, und er trägt nach der Katalognummer, unter der seine Überreste in einem kenianischen Museum aufbewahrt werden, den Namen „1470-Mensch". Sogar Spezialisten können sich nicht über die Einordnung der spärlichen Funde einigen (alles, was von den Hominiden aus zwei Millionen Jahren übrig ist, würde auf einem großen Tisch Platz haben). Dennoch können wir erkennen, dass sich einige charakteristische Eigenschaften des späteren Menschen bereits vor mehr als zwei Millionen Jahren herausgebildet haben. Wir wissen beispielsweise, dass die Australopithecinen, wenngleich sie kleiner als die modernen Menschen waren, Beinknochen und Füße hatten, die eher an Menschen als an Menschenaffen erinnern. Außerdem gingen sie aufrecht, konnten rennen und Lasten über lange Distanzen tragen. Ihre Hände wiesen zudem an den Fingerkuppen eine für Menschen charakteristische Abflachung auf. Das sind weit fortgeschrittene Stadien auf dem Weg zu einer menschlichen Gestalt, selbst wenn unsere Spezies möglicherweise von einem anderen Zweig der Hominiden abstammt.

Die ersten Werkzeuge

Die ersten Überreste von Werkzeugen verdanken wir Mitgliedern der Gattung *Homo* (die gelegentlich der Unterscheidung halber als *Homo habilis* bezeichnet werden). Der Gebrauch von Werkzeug ist nicht ausschließlich auf den Menschen beschränkt, aber das Herstellen von Werkzeug wurde lange Zeit als ein charakteristisches Merkmal des Menschen angesehen.

Die ältesten (rund zweieinhalb Millionen Jahre alten) Werkzeuge wurden in Äthiopien gefunden und bestehen aus groben Kieselsteinen, die man durch das Abschlagen von Splittern mit einer scharfen Kante versah. Auch scheint es, dass die Steine nicht an ihrem Fundort bearbeitet wurden. Damit hatte die bewusste Anfertigung von Hilfsmitteln für das tägliche Leben begonnen.

Steinbeile derselben Machart sind auf der ganzen Welt nachzuweisen: Vor rund einer Million Jahren beispielsweise waren sie im Jordantal in Gebrauch. In der Olduvai-Schlucht in Tansania fanden sich die frühesten Spuren eines Gebäudes, eines steinernen Windschutzes, dessen Alter auf 1,9 Millionen Jahre datiert wurde und dessen Bewohner sich augenscheinlich von Fleisch ernährten. Darauf weisen Knochen hin, die zertrümmert worden waren, um an Mark und Gehirn zu kommen. Insgesamt lässt sich in Afrika der größte zusammenhängende Fundschatz verorten, der uns Informationen zu Verbreitung und Kultur des prähistorischen Menschen und seiner Vorgänger liefert.

Die Funde von Olduvai

Die Funde aus Olduvai legen zudem folgende Vermutung nahe: Der Transport von Steinen und Fleisch zu einem bestimmten Ort lässt darauf schließen, dass sich die Kinder der frühen Hominiden während langer Streifzüge nicht so einfach an ihren Müttern festklammern konnten wie die Nachkommen anderer Primaten. Dies könnte der erste Hinweis auf einen festen Wohnplatz sein. Unter allen Primaten ist dies nur bei Menschen bekannt: Orte, wo sich Frauen und Kinder für gewöhnlich aufhalten, während die Männer Nahrung suchen und dorthin bringen. Eine solche Heimstatt lässt auch Umrisse einer Geschlechterspezifizierung nach ökonomischen Rollen erkennen. Möglicherweise kommt darin sogar ein gewisses Maß an Vorausschau und Planung zum Ausdruck, denn Nahrung wurde nicht mehr nur zur Befriedigung des unmittelbaren

Die Entdeckungen von Olduvai

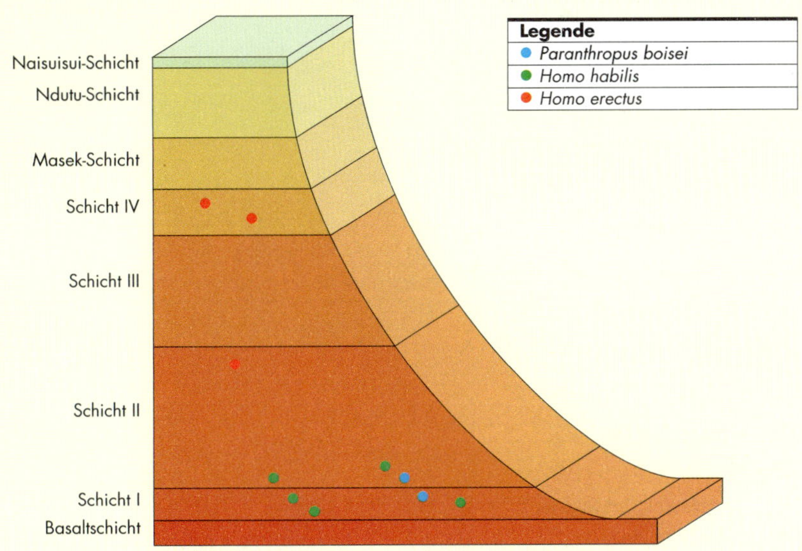

Die Olduvai-Schlucht hat uns viele Informationen über die Ursprünge des Menschen geliefert. Wie im Diagramm zu erkennen, wurden in den ältesten Schichten (am unteren Ende des Abhangs) Fossilien sowohl des *Paranthropus boisei* als auch des *Homo habilis* ausgegraben. Beide lebten vor ungefähr 1,5 – 2 Millionen Jahren. In den neueren Schichten (am oberen Ende des Abhangs) fanden sich hingegen Überreste des *Homo erectus*.

Appetits an der Fundstelle verschlungen, sondern aufgehoben und an einem anderen Ort von der Familie verzehrt. Fest steht zudem, dass in Olduvai sehr früh schon das Fleisch großer Tiere zur Nahrung zählte. Ob es sich dabei um Jagdbeute oder um Aas handelte, ist eine andere Frage.

Solche eindrucksvollen und aussagekräftigen Funde bilden jedoch nur winzige und isolierte Inseln harter Fakten im Meer der Ungewissheit. Wir können nicht davon ausgehen, dass die ostafrikanischen Schauplätze notwendigerweise typisch waren für die Entstehungsorte der Menschheit. Unser Wissen verdanken wir ausschließlich besonderen Umständen, denen zufolge die Überreste der frühen Hominiden dort erhalten blieben und in der Folge wiederentdeckt werden konnten. Ebenso wenig können wir sicher sein, dass es sich bei diesen Hominiden um unsere direkten Vorfahren handelt, mag auch noch so viel dafür sprechen. Möglicherweise waren sie alle lediglich Vorläufer des Menschen.

Was wir hingegen sagen können, ist, dass diese Lebewesen eine erstaunliche evolutionäre Effizienz jener kreativen Art an den Tag legten, die wir gemeinhin mit dem Menschen assoziieren. Kaum ein Experte würde heute noch unsere direkte Abstammung vom *Homo habilis*, der ersten Spezies, die nachgewiesenermaßen Werkzeuge verwendete, kategorisch verneinen.

Die Verbreitung des *Homo erectus* außerhalb Afrikas

Der *Homo erectus* ist die älteste Spezies, die eindeutig zur Gattung des *Homo* gehört. Die frühesten afrikanischen Überreste der Spezies sind vermutlich die bei Olduvai gefundenen, deren Alter 1,2 Millionen Jahre beträgt. (Einige Experten ordnen auch in Koobi Fora und Nariokotome nahe dem Turkanasee entdeckte, 1,6 Millionen Jahre alte Überreste derselben Spezies zu.) Der *Homo erectus* ist die erste Hominiden-Spezies, deren fossile Reste auch außerhalb Afrikas gefunden wurden. Lange ging man davon aus, dass sich der *Homo erectus* vor rund einer Million Jahren außerhalb Afrikas auszubreiten begann. 1989 wurde jedoch im georgischen Dmanisi ein Kiefer entdeckt, der 1,6 Millionen Jahre alt ist. Dieser Fund führte zu einer Wiederaufnahme der Forschungsdiskussion.

Die Verbreitung der Hominiden

Auch das biologische Überleben vereinfachte sich durch die Einführung fester Wohnplätze. Durch sie wurden kurze Perioden der Ruhe und Erholung von den Gefahren durch Krankheit und Unfall möglich. Der Prozess der Evolution durch physische Auslese verlor so ein wenig von seiner Unerbittlichkeit. Dies, zusammen mit den anderen Vorteilen der Gattung *Homo*, mag erklären, warum deren Vertreter in der Lage waren, während der folgenden rund eine Million Jahre fast überall in der Welt außerhalb Amerikas und Australiens Spuren zu hinterlassen. Wir können jedoch nicht mit Sicherheit sagen, ob dies durch die Verbreitung eines Stammes geschah, oder ob sich ähnliche Lebewesen an verschiedenen Orten entwickelten. Nach wissenschaftlichen Erkenntnissen dehnte sich der Gebrauch des Werkzeugs von Ostafrika nach Asien und Indien (und von hier aus möglicherweise nach Europa) aus. Dass diese Hominiden in der Lage waren, an den verschiedenen Orten zu siedeln und zu überleben, spricht für ihre Fähigkeit, sich an unterschiedliche Bedingungen anzupassen. Nur das ermöglichte ihre Verbreitung über Afrika und Asien. Keinem anderen Säugetier gelang es jemals, seinen Lebensraum so stark auszuweiten – eine einzigartige biologische Leistung.

HOMO ERECTUS

Die nächste Stufe in der menschlichen Evolution stellt eine physische Revolution dar. Nachdem sich vor vermutlich mehr als 20 Millionen Jahren die Entwicklung der Hominiden von derjenigen der affenähnlichen Lebewesen getrennt hatte, benötigten diese kaum zwei Millionen Jahre, um ihre Gehirngröße im Vergleich zu der des *Australopithecus* zu verdoppeln. Ein wichtiges Stadium in diesem Prozess war bereits mit einer Spezies namens *Homo erectus* erreicht, die vor einer Viertelmillion Jahren ihre größte Verbreitung fand. Damals existierte sie schon mindestens eine halbe Million Jahre (die ältesten bisher identifizierten Vertreter sind möglicherweise anderthalb Millionen Jahre alt). Diese Spezies gab es also viel länger als bis dahin den *Homo sapiens*. Auch in diesem Fall sprechen viele Indizien für einen afrikanischen Ursprung und eine Ausbreitung nach Europa und Asien (wo der *Homo sapiens* zuerst gefunden wurde). Abgesehen von Fossilien helfen uns spezielle Werkzeugfunde, die Verbreitung der neuen Spezies nachzuvollziehen. Es handelt sich dabei um das so genannte „Handbeil“ aus Stein, das offenbar hauptsächlich zum Häuten und Zerlegen großer Tiere gebraucht wurde (seine Verwendung als Beil erscheint zwar als unwahrscheinlich, dennoch hat sich der Name eingeführt). Über den Erfolg des *Homo erectus* auf Basis seiner genetischen Entwicklung kann kein Zweifel bestehen.

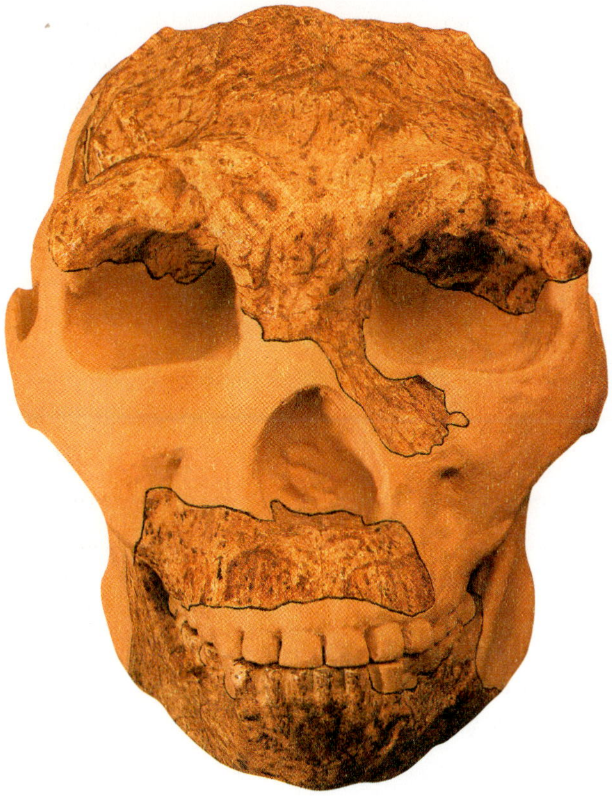

Die 1963 und 1964 in Lantian, China, ausgegrabenen Schädel- und Kieferknochenteile eines Menschenaffen-Männchens. Dieser Fund verdeutlicht die Ausbreitung des *Homo erectus* über Afrika hinaus.

Die Verdoppelung seines Gehirns gegenüber dem *Australopithecus* und die Nutzung spezieller Werkzeuge veranschaulichen deutlich die fortschreitende Entwicklung des *Homo erectus*.

Schädelgrößen

Zweifelsohne bestand ein wichtiger Meilenstein in der Evolution der Hominiden in der Vergrößerung des Schädels, um Platz zu schaffen für das außergewöhnliche menschliche Gehirn. Wie aus der Illustration ersichtlich, hatte der *Australopithecus* im Vergleich zu seiner Körpergröße einen größeren Schädel als Schimpansen und Gorillas. Auch an den archäologischen Überresten der Spezies *Homo habilis* und *Homo erectus* durchgeführte Untersuchungen belegen in dieser und anderer Hinsicht einen Fortschritt hin zur modernen Physiologie des Menschen.

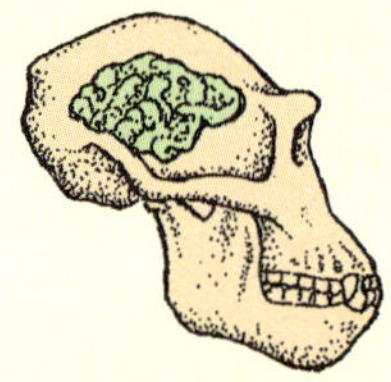

Schimpansenschädel

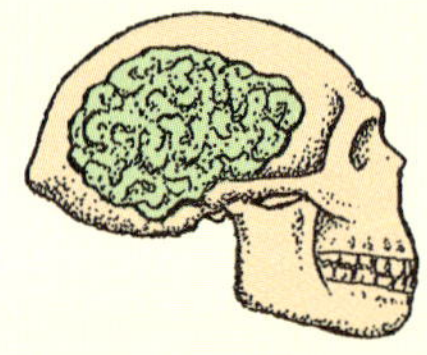

Schädel des *Australopithecus*

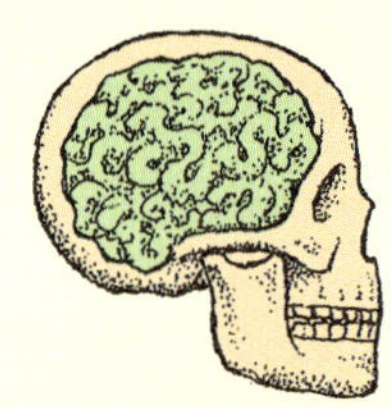

Schädel des modernen Menschen

Physiologischer Wandel

Das Ende des *Homo erectus* ist nicht präzise festzulegen (dies ist nirgends in der Vorgeschichte des Menschen möglich – eine Tatsache, die nur zu leicht übersehen oder vergessen wird). Auch in diesem Fall haben wir es mit einem Lebewesen zu tun, das sowohl den aufrechten Gang als auch ein dem modernen Menschen ähnlich großes Gehirn besitzt. Obwohl wir immer noch wenig über die Funktionalität des Gehirns wissen, können wir dennoch bei vergleichbarer Körpergröße von einem Zusammenhang zwischen Größe und Intelligenzleistung des Gehirns ausgehen. Daher ist es nur vernünftig, den Spezies mit größeren Gehirnen mehr Bedeutung beizumessen und in ihrer Entwicklung einen gewaltigen Fortschritt in der Geschichte der allmählichen Akkumulation menschlicher Charakteristika zu sehen.

Die verlängerte Kindheit – eigentlich eine biologische Entwicklung – brachte große Veränderungen für das soziale Gefüge der Familie mit sich. Diese betrafen vor allem die Rollenverteilung in der Familie und die Stellung des Individuums.

Soziales Verhalten

Größere Gehirne bedeuteten größere Schädel und weitere Veränderungen. Eine Zunahme der Größe vor der Geburt bedingt Veränderungen in der weiblichen Beckenform, damit der Nachwuchs mit größeren Köpfen den Mutterleib verlassen kann. Eine andere Konsequenz bildet die längere Wachstumsperiode nach der Geburt, denn die pränatale Entwicklung reicht nicht aus, um auch nur annähernd eine vorgeburtliche physische Reife zu ermöglichen. Die Kinder benötigen noch lange nach der Geburt mütterliche Fürsorge. Längere Kindheit und Unreife wiederum bedeutet eine größere Abhängigkeit: Es dauert längere Zeit, bis sich solche Kinder eigenständig ernähren können.

Der biologische Wandel bedeutete auch, dass Pflege und Ernährung des Nachwuchses für das Überleben der Art immer wichtiger wurden. Das implizierte eine ausgeprägtere Rollendifferenzierung zwischen den Geschlechtern. Die Frauen waren durch die Mutterschaft viel länger in Beschlag genommen, während gleichzeitig die Techniken der Nahrungssuche offenbar komplizierter wurden und ausgedehnte und anstrengende Gemeinschaftsaktionen der Männer erforderlich machten – vielleicht, weil größere Lebewesen mehr und bessere Nahrung brauchten. Auch psychologisch waren die Veränderungen signifikant. Die verlängerte Kindheit brachte eine neue Rolle des Individuums mit sich. Hinzu kam vermutlich eine soziale Situation, in der die Bedeutung des Lernens und Erinnerns zunahm, weil immer komplexere Fähigkeiten verlangt wurden. Allmählich wird es immer schwerer, die Rolle von Gesetzmäßigkeiten für die Entwicklung nachzuvollziehen. Bald wird die Überlieferung von Erlerntem die genetische Programmierung hinter sich lassen. Dies ist der Beginn des Übergangs von der natürlichen physischen Bedingtheit zu Tradition und Kultur und schließlich zu bewusster Gestaltung als Selektionsfaktoren der Evolution.

Der Verlust des Oestrus

Der Verlust des Brunststadiums (Oestrus: die Beschränkung der sexuellen Anziehungskraft und Empfänglichkeit auf begrenzte Brunstzeiten) bei weiblichen Hominiden stellte eine weitere physiologische Veränderung dar. Wann es dazu kam, wissen wir nicht, aber am Ende unterschied sich der weibliche Geschlechtsrhythmus entschieden von dem aller Tiere. Die Menschen sind die einzigen Lebewesen, in denen der Mechanismus des Oestrus vollständig verschwunden ist. Leicht lässt sich die kausale Verbindung zur Verlängerung der Kindheit erkennen: Wären die weiblichen Hominiden weiter durch den Oestrus periodischen Unterbrechungen der Alltagsroutine unterworfen gewesen, so hätte dies zu einer Vernachlässigung des Nachwuchses geführt und dessen Überleben unmöglich gemacht. Die Auswahl einer genetischen Entwicklungslinie, die ohne Oestrus auskam, war deshalb eine wichtige Voraussetzung für den Fortbestand der Spezies. Eine solche physische Möglichkeit war offensichtlich gegeben – auch wenn ihre Verwirklichung ein oder anderthalb Millionen Jahre in Anspruch genommen hat –, denn eine bewusste Verhaltensänderung ist ausgeschlossen.

Ein solcher Wandel zieht weit reichende Konsequenzen nach sich. Die Bedeutung der individuellen Wahl für die Paarbildung nimmt zu. Die Auswahl eines Partners ist nicht mehr allein vom natürlichen Rhythmus bestimmt.

Sorgsam angeordnete Steine und Löcher, um Stützen hineinzustellen, wurden 1959 an der Ausgrabungsstätte Terra Amata in Frankreich gefunden. Offenbar existierte an dieser Stelle vor 230 000 Jahren eine Hütte, wie wir sie in der Illustration sehen. Einige Experten bezweifeln jedoch, dass der *Homo erectus* zum Bau derartiger Behausungen fähig war.

Niederkunft

Der durch das größere Gehirn garantierte Evolutionsvorteil musste die Nachteile eines zunehmend schwierigeren Geburtsprozesses aufwiegen. Der Beckenring eines Schimpansenweibchens ist weit genug, damit der Kopf des Nachwuchses hindurchpasst. Beim Menschen geht dieser Prozess bis an die Grenzen des Möglichen, und das, obwohl beim Menschen die Geburt in einem viel früheren Entwicklungsstadium stattfindet als bei allen anderen Primaten.

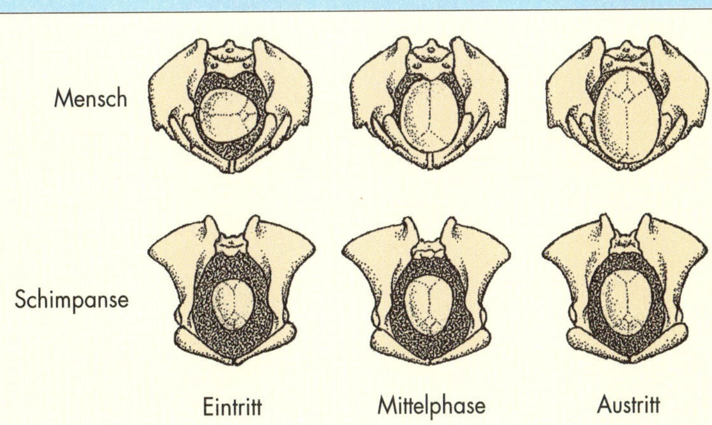

Faustkeile wie dieser wurden in vielen Gebieten Afrikas, Europas und Westasiens in dem langen Zeitraum von vor 1,5 Millionen Jahren bis vor 150 000 Jahren angefertigt. Wie dieses Exemplar waren viele Keile beidseitig behauen.

Gesprochene Sprache

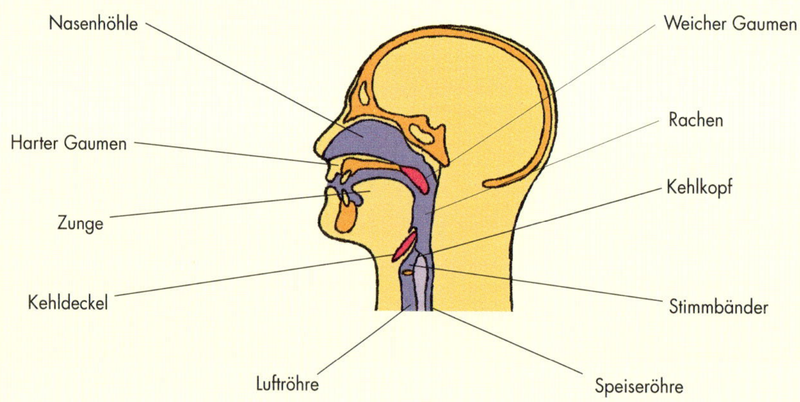

Die für die Klangerzeugung verantwortlichen Organe im Kopf- und Halsbereich des Menschen

Die Ausprägung der Struktur des Kehlkopfes war ein wichtiger Schritt im Zuge der menschlichen Evolution. Das ermöglichte eine Differenzierung zwischen Dutzenden von Lauten und damit die Entstehung von gesprochener Sprache. Der Mensch ist zur klanglichen Modulation fähig, weil der Kehlkopf von einer Resonanzkammer umgeben ist. Der Kehlkopf des Schimpansen erlaubt keine differenzierte Klangmodulation und kann deshalb nicht das für eine sprachliche Verständigung notwendige Klangspektrum hervorbringen.

Damit stehen wir am Beginn eines langen und verschwommenen Weges hin zum Prinzip der sexuellen Liebe. Zusammen mit der verlängerten Phase kindlicher Abhängigkeit weisen die neuen Möglichkeiten einer individuellen Wahl auch in Richtung einer festen familiären Einheit aus Vater, Mutter und Nachkommen, einer Institution, die nur der Mensch kennt. Es gibt Spekulationen, dass das Inzesttabu (das praktisch universell gültig ist, auch wenn die genaue Bestimmung der jeweils verbotenen Beziehungen variiert) in der Erkenntnis der Gefahren begründet liegt, die von sozial unreifen, aber sexuell erwachsenen jungen Männern ausgehen, die über lange Perioden eng mit Frauen zusammenleben.

Wichtige Errungenschaften des *Homo erectus*

In Fragen der Sexualität ist Vorsicht geboten. Die vorhandenen Belege erlauben kaum Rückschlüsse und sind noch dazu über eine sehr lange Zeitspanne verstreut. Beispiele des *Homo erectus* reichen mindestens anderthalb Millionen Jahre zurück und erstrecken sich über eine Million Jahre. Das ist genug Zeit für eine beträchtliche physische, psychologische und technologische Evolution. Die frühesten Formen des *Homo erectus* haben nicht allzu viel Ähnlichkeit mit den letzten Vertretern ihrer Art, die von manchen Wissenschaftlern bereits der nächsten Evolutionsstufe der Hominidenlinie zugerechnet werden.

Alle Überlegungen führen jedoch zu der Hypothese, dass die Veränderungen in der Phase des *Homo erectus* die entscheidenden Vorgaben für die spätere Menschheitsentwicklung festlegten. Der *Homo erectus* war in beispielloser Weise fähig, seine Umwelt zu formen. Außer den Handbeilen hinterließen spätere Formen des *Homo erectus* die frühesten Zeugnisse fester Behausungen (bis zu 15 Meter lange Hütten aus Zweigen mit Steinplatten oder Fellen als Fußboden) und die ältesten Beispiele von Holzbearbeitung (einen Speer

Werkzeuge

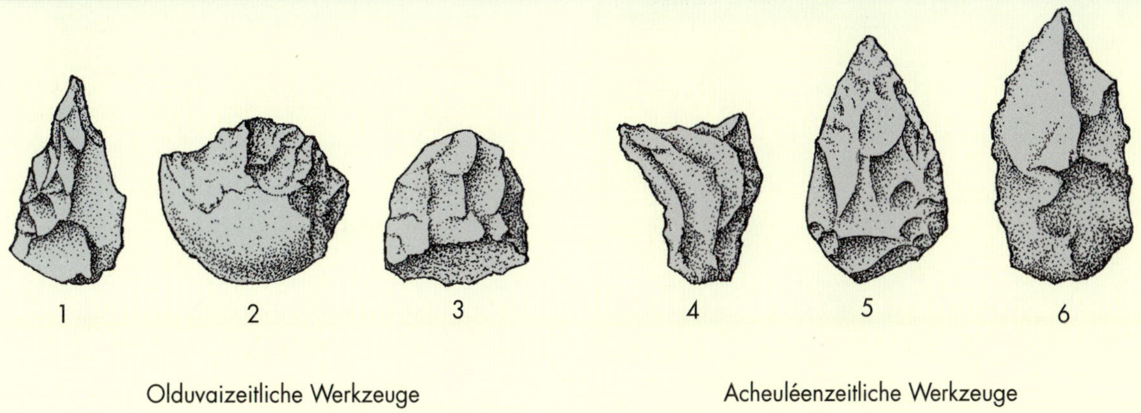

Auf diesen Zeichnungen sind frühe Steinwerkzeuge aus der olduvaizeitlichen und der acheuléenzeitlichen Kultur dargestellt, benannt nach den ersten Fundstellen dieser Werkzeuge in Afrika und Frankreich: (1) und (3) zeigen Steinbeile, die der *Homo habilis* benutzt haben mag; (2) einen olduvaizeitlichen Quartzschaber, datierbar auf 1,5 Millionen Jahre, der zusammen mit Überresten zerlegter Elefanten gefunden wurde; (4) einen acheuléenzeitlichen Keil aus einem Quarzitsplitter; (5) einen acheuléenzeitlichen Steinschaber, wie der *Homo erectus* ihn häufig verwendete; (6) einen acheuléenzeitlichen Steinsplitter.

und eine Schüssel). Eine schöpferische Aktivität dieser Größenordnung deutet auf ein Denkvermögen hin, das es erlaubt, sich ein noch nicht vorhandenes Objekt und möglicherweise den Herstellungsprozess vorzustellen. Einige Forscher gehen in ihren Überlegungen noch weiter: In der zahlreichen Steinwerkzeugen eigenen Wiederholung elementarer Formen wie Dreiecken, Ellipsen und Ovalen sehen sie ein starkes Bemühen um regelmäßige geometrische Figuren, das in keinem Verhältnis zu dem kleinen, damit erreichbaren Effizienzgewinn steht. Möglicherweise lassen sich darin erste Anzeichen eines ästhetischen Empfindens erkennen.

FEUER

Die größten prähistorischen technischen und kulturellen Fortschritte setzten mit dem kontrollierten Gebrauch des Feuers ein. Noch vor kurzem waren 300 000 bis 500 000 Jahre alte Funde aus China die frühesten Belege für die Verwendung des Feuers. Inzwischen aber entdeckte man im Transvaal in Südafrika, dass die Hominiden bereits viel früher als zuvor angenommen mit dem Gebrauch des Feuers vertraut waren. Es scheint festzustehen, dass der *Homo erectus* niemals lernte, selbst Feuer zu entfachen, und dass auch seine Nachfolger nicht dazu in der Lage waren. Die große Bedeutung des Feuerentfachens zeigt sich in den Überlieferungen vieler Völker, in denen fast ausnahmslos das Motiv einer heroischen Figur oder eines magischen Tieres wiederkehrt, welches ihnen das Feuer brachte. Damit verbunden ist eine Verletzung der übernatürlichen Ordnung: In der griechischen Legende stiehlt Prometheus das Feuer den Göttern. Dies könnte darauf hinweisen, dass das erste Feuer von natürlichen Gasausbrüchen oder Vulkanen gewonnen wurde.

Kulturell, ökonomisch, sozial und technologisch war das Feuer ein revolutionäres Instrument, wenngleich wir uns wieder vergegenwärtigen müssen, dass sich diese „Revolution“

Der Umgang mit dem Feuer ermöglichte die größten technisch-kulturellen Fortschritte in der Menschheitsgeschichte. Der Respekt vor diesem Element schlug sich noch lange in Legenden und Brauchtum nieder.

Die Entdeckung des Feuergebrauchs durch den *Homo erectus* war von großer Bedeutung für alle nachfolgenden menschlichen Gemeinschaften und bestimmte so auch wesentlich das Leben der Neandertaler, wie auf diesem Bild dargestellt.

über Jahrtausende hinzog: Die negativen Seiten des Lebens, Kälte und Dunkelheit erhielten eine ganz neue Qualität: Höhlen wurden bewohnbar, denn das Feuer spendete nicht nur Wärme und Licht, es hielt auch wilde Tiere fern. Eine weitere Konsequenz war die Fortentwicklung technischer Fertigkeiten: Speere ließen sich im Feuer härten, und mit der Möglichkeit des Kochens wurden aus unverdaulichen Samen und bitteren Pflanzen essbare Nahrungsmittel.

Feuer und menschliche Gemeinschaft

Das Feuer hatte auch direkten Einfluss auf das Denken. Es verstärkte die Tendenz zu bewusster Zurückhaltung und Beschränkung. Die zentrale Rolle des Kochfeuers als Licht- und Wärmequelle übte gleichzeitig eine tiefe psychologische Kraft aus. Nach Einbruch der Dunkelheit versammelte sich um die Feuerstelle eine Gemeinschaft, die sich ihrer selbst als solche bewusst war. Damit einher ging die wachsende Bedeutung von Sprache – wobei wir zur Sprachentstehung bis heute kaum Anhaltspunkte haben. Innerhalb der Gruppe bildeten sich neue soziale Strukturen heraus. Feuerträger und Feuerspezialisten traten in Erscheinung, die vermutlich eine ungeheure und geheimnisvolle Macht ausübten. Von ihnen hing Leben und Tod ab. Aber die einschneidenste Wirkung bestand in der Befreiung der frühen Menschen vom eisernen Diktat der Tages- und sogar der Jahreszeiten. Auf diese Weise verlor der übergeordnete natürliche Rhythmus seine Unausweichlichkeit.

Die Licht- und Wärmequelle „Feuer" war örtlich begrenzt und zwang die Menschen zu mehr Gemeinsinn – das Feuer beeinflusste somit auch das Sozialverhalten.

GROSSWILDJAGD

Die Großwildjagd gehört ebenfalls zu den Errungenschaften des *Homo erectus*. Ihre Ursprünge reichen vermutlich in die Zeit zurück, als die Hominiden Aas als Nahrungsmittel entdeckten und sich von Vegetariern zu Allesessern entwickelten. Fleisch lieferte konzentriertes Protein und reduzierte so die Notwendigkeit einer unablässigen Nahrungssuche. Auf diese Weise konnten Kräfte gespart werden. Die Nahrung wurde nicht mehr am gleichen Ort verschlungen, sondern heimgetragen, um anderntags gemeinsam verzehrt zu werden: ein erstes Zeichen bewusster Zurückhaltung. Zu den Tieren, deren Fleisch in Olduvai verzehrt wurde, gehörten archäologischen Funden zufolge Elefanten sowie Giraffen und Büffel, später fanden sich vor allem Knochen kleinerer Tiere.

Hier finden wir möglicherweise einen Schlüssel, um zu verstehen, wie die Ablösung des *Australopithecus* und seiner Verwandten durch den größeren und effizienteren *Homo erectus* vonstatten gegangen war. Eine neue Nahrungsquelle erweiterte den Vorrat, verlangte aber auch die Anpassung an neue Umgebungen, denn wenn Fleisch zu einem allgemeinen Bestandteil des Speiseplans wird,

Bei Torralba und Ambrona in Spanien, in Gegenden, in denen einst der *Homo erectus* zu Hause war, fanden sich zahlreiche Überreste von Elefanten. Möglicherweise haben die Hominiden Großwild gejagt; ebenfalls denkbar ist, dass sie Aas verspeisten.

entsteht die Notwendigkeit, dem Wild zu folgen. Je mehr sich die Hominiden zu Konsumenten anderer Spezies entwickelten, desto häufiger folgten sie den bevorzugten Aufenthaltsorten z. B. von Mammut oder Wollnashorn und besiedelten neue Gegenden. Techniken mussten bewahrt und überliefert werden, denn das Fangen, Töten und Zerlegen der großen Tiere der Urzeit erforderte besondere Fähigkeiten. Nur in Gemeinschaft und mit Hilfe von Kooperation ließen sich so komplexe Operationen ausführen wie die Jagd, bei der das Wild – vielleicht mittels Feuer – zu einem Ort getrieben wurde, an dem es leich-

Khoisaniden in der Kalahari in Botswana. Die Lebensbedingungen dieser Menschen ähneln denen ihrer Vorfahren, die Afrika vor 10 000 Jahren bewohnten.

Nur eine sorgfältige Ausgrabungsarbeit, deren Etappen sich über Jahre hinziehen, kann die in einer archäologischen Fundstätte enthaltenen Informationen vollständig zutage fördern. Diese Bilder zeigen Ausgrabungen in Atapuerca in Spanien, bei denen die außerordentlich wichtigen Überreste zahlreicher Hominiden entdeckt wurden.

Auch die Erfindung der Großwildjagd verstärkte die Solidarität innerhalb der Gruppe – solche Unternehmen waren im Alleingang nicht möglich.

ter erlegt werden konnte, einem Sumpf etwa, in dem die schweren Tiere einsanken, oder einer anderen Stelle, die für die Jäger vorteilhaft war. Abgesehen von natürlichen Fallen standen nur wenige Waffen zur Verfügung. Die erlegten Tiere mussten mit Holz, Stein und Flint (Feuerstein) zerlegt und heimgeschafft werden. Dort aber sorgten die frischen Fleischvorräte für „Ruhezeiten", denn sie enthoben die Mitglieder der Gemeinschaft für eine Weile der Nahrungssuche.

Kultur und Tradition

Auch wenn die geschilderten Veränderungen nach den Begriffen späterer Gesellschaften immer noch unvorstellbar langsam vor sich gingen – im Vergleich zu den zurückliegenden Jahrmillionen der Evolution hatte das Tempo deutlich zugenommen. Wir haben es zwar noch nicht mit dem modernen Menschen zu tun, aber die Ähnlichkeiten treten immer stärker hervor. Nicht nur in komplizierten gemeinschaftlichen Jagdunternehmungen, auch in der Wissensweitergabe von Generation zu Generation lassen sich die ersten Züge einer echten Gesellschaft erkennen. Allmählich werden genetische Mutation und natürliche Auslese durch Kultur und Tradition als primäre Veränderungsfaktoren abgelöst. Fortan gediehen diejenigen Gruppen am besten, die über den größten „Erinnerungsschatz" an effektiven Techniken verfügten. Erfahrung spielte eine große Rolle, denn auf ihr beruht das Wissen um die erfolgreichsten Methoden, nicht (wie in der modernen Gesellschaft) auf Experiment und Analyse.

Daraus resultierte eine stärkere Bedeutung, die die für damalige Verhältnisse alten Männer und Frauen in der Gemeinschaft errangen. Gemessen an der Lebenserwartung eines Menschen in unserer heutigen Zeit waren sie natürlich nicht sehr alt. Das Durchschnittsalter wird wohl kaum 40 Jahre überschritten haben. Sie wussten, was zu tun war, und kannten die bewährten Methoden, während die Großwildjagd gleichzeitig ihren Unterhalt durch die Gruppe erleichterte.

Das zunehmende Gemeinschaftsleben führte zur Entwicklung von Tradition und Kultur. Das Erlernte wurde jeweils bewusst an die nächste Generation weiter gegeben.

Frühe Sprache

Die natürliche Auswahl begünstigte diejenigen Gruppen, deren Mitglieder nicht nur ein gutes Gedächtnis, sondern auch die Fähigkeit besaßen, das Erinnerte mittels Sprache zu reflektieren. Wir wissen sehr wenig über die prähistorischen Wurzeln von Sprache. Sprache im eigentlichen Sinn hat sich wohl erst lange nach dem Aussterben des *Homo erectus* herausgebildet. Dennoch sind die Großwildjagden nicht ohne eine gewisse Form der Verständigung denkbar. Eine plausible Vermutung wäre jedoch, dass die frühen Menschen begannen, Laute in Einzelklänge aufzubrechen und frei zusammenzusetzen, um auf diese Weise unterschiedliche Botschaften zu artikulieren. Auch die Entwicklung einer Grammatik könnte hier ihren vagen Anfang genommen haben. Sicher ist, dass mit dem Auftauchen kooperativer Gruppen, die es verstanden, ihre Fähigkeiten zu verfeinern und Ideen in Sprache auszudrücken, eine deutliche Beschleunigung der Evolution einsetzte. Wieder einmal lassen sich die verschiedenen Prozesse nicht voneinander trennen: In den 100 000 Jahren, in denen sich das Sprachvermögen entwickelte, verbesserte sich gleichzeitig das Sehvermögen, d. h. die Disposition nahm zu, die Welt als eine Menge von Einzelobjekten wahrzunehmen. Außerdem vervielfachte sich die Zahl der Artefakte, die mit Werkzeugen hergestellt wurden. Insgesamt erweiterten sich damit die mentalen Fähigkeiten, die später den Übergang zum begrifflichen und abstrakten Denken ermöglichten.

War der *Homo erectus* ein Mensch?

Über die Verhaltensweisen der Hominiden ist nur wenig bekannt. Wir haben lediglich einige schemenhafte Eindrücke von Lebewesen, die dem Menschen teils mehr, teils weniger verwandt zu sein scheinen.

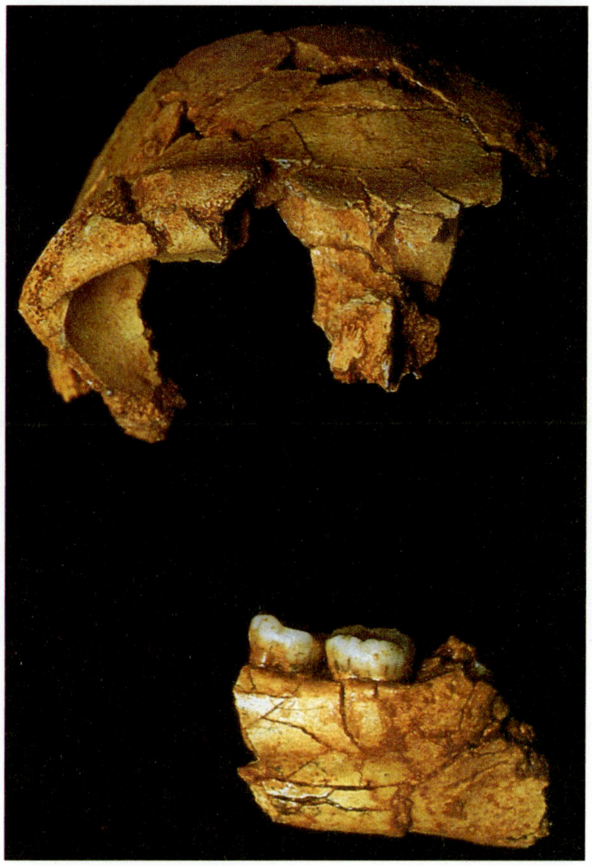

Diese Schädelfragmente stammen von einem 780 000 Jahre alten Hominiden, dem ältesten, der jemals in Europa gefunden wurde. Spanische Paläontologen entdeckten den Schädel in Atapuerca.

Es ist anzunehmen, dass sich ihr Gehirn von dem unseren als Instrument der Wahrnehmung kaum unterschied. Auch wenn wir die Eigenschaften des *Homo erectus* betrachten, fallen vor allem die menschlichen Eigenschaften auf. Er fertigte Werkzeuge an (und zwar in mehr als nur einer technischen Variante), errichtete Unterkünfte, nahm mit Hilfe des Feuers natürliche Unterschlüpfe in Besitz und unternahm komplizierte Operationen, um seine Nahrung zu jagen und zu sammeln. Dies geschah in kooperativen und disziplinierten Gruppen. Folglich scheint er über die Fähigkeit verfügt zu haben, Ideen mittels Sprache auszutauschen. Die elementaren biologischen Einheiten dieser Jagdgruppen ähnelten vermutlich der menschlichen Kernfamilie. Sogar eine soziale Struktur ist denkbar, da diejenigen, die sich um das Feuer kümmerten, und die Alten, deren Gedächtnis gewissermaßen die Datenbank der „Gesellschaft“ darstellte,

Ob man den *Homo erectus* schon als Mensch definiert, mag dahingestellt bleiben. Fest steht, dass er bereits wichtige menschliche Fähigkeiten besaß: Sprache und Gruppenverhalten.

Altersbestimmung

Zur Altersbestimmung archäologischer Funde gibt es verschiedene Techniken: Bei der stratigraphischen oder formationskundlichen Methode beispielsweise wird die Ordnung der Boden- und Gesteinsschichten in einer bestimmten Region analysiert. Zwar stehen den Forschern auch verschiedene physikalische und biologische Techniken zur Verfügung, vorrangig wird für die Datierung jedoch auf chemische Methoden zurückgegriffen, die sich die radioaktiven Eigenschaften von Elementen wie Kohlenstoff 14, Kalium und Uran zu Nutze machen. Die am häufigsten verwendete und zuverlässigste Methode ist die Datierung anhand des Kohlenstoffs. Das Element Kohlenstoff 14 wandelt sich mit einer konstanten, temperaturunabhängigen Geschwindigkeit in Stickstoff 14 um. Die entsprechende Halbwertzeit beträgt 5730 Jahre, und so erlaubt die Radiokarbonmethode eine relativ exakte Zeitmessung.

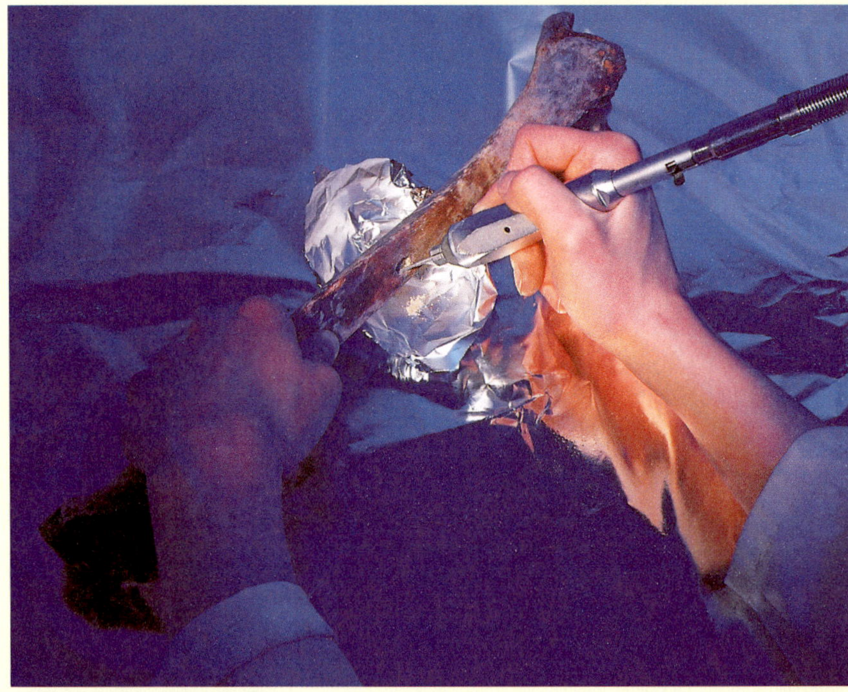

Ein Forscher entnimmt einem archäologischen Fund eine Probe, um nach der Radiokarbonmethode das Alter des Objekts zu bestimmen.

von der Arbeit der Übrigen ernährt werden konnten. Auch zur Verteilung der gemeinschaftlich beschafften Nahrung ist ein gewisser sozialer Organisationsgrad erforderlich.

Der genaue Zeitpunkt dieser Entwicklung ist nicht festzulegen. Wichtig ist jedoch vor allem die Erkenntnis, dass ohne diesen Evolutionsschritt die spätere Geschichte des Menschen nicht denkbar wäre. Als sich eine Unterart des *Homo erectus*, dessen Gehirn möglicherweise eine Spur größer und komplexer war als das anderer Unterarten, zum *Homo sapiens* entwickelte, brachte dieser bereits ein eindrucksvolles Erbe mit. Ob wir in ihm bereits den Menschen erkennen oder nicht, spielt am Ende keine Rolle.

Ein Archäologenteam bei Ausgrabungen an der Fundstätte La Brea in Los Angeles, USA. Hier wurden die umfangreichsten Fossilienfunde der Welt gemacht.

2 HOMO SAPIENS

Die Ursprünge des *Homo sapiens*, des ersten direkten Vorfahren des modernen Menschen, liegen vermutlich in Afrika. Die berühmtesten Funde sind der Swanscombe-Schädel und der Schädel des Steinheim-Menschen.

Der *Homo sapiens* ist der erste direkte Verwandte des modernen Menschen. Mit ihm endet der Prolog und beginnt das Hauptdrama; wir werden jedoch niemals erfahren, zu welchem Zeitpunkt sich dies genau abspielte. Wir haben es mit einem Prozess zu tun, der sich an verschiedenen Schauplätzen unterschiedlich schnell vollzieht. Zu seiner Datierung tragen lediglich die wenigen Überreste früher Menschen bei, die in ihrem Typus bereits erkennbar neuzeitliche Züge tragen. Einige von ihnen überschneiden sich möglicherweise um mehrere Tausend Jahre mit den letzten Vertretern früherer Hominiden und stellen damit im Sinne der Selektionstheorie als einem wesentlichen Evolutionsfaktor Irrwege und Sackgassen dar. Die Entwicklung beschleunigt sich im Vergleich zu früheren Zeiten, geht aber prinzipiell immer noch sehr langsam vonstatten: Wir haben es mit einem Zeitraum von vielleicht 200 000 bis 400 000 Jahren zu tun, in dem irgendwann unser erster direkter „Vorfahre" die (mit aller Wahrscheinlichkeit in Afrika zu suchende) Bühne betrat. Unklar ist auch, welche physiologischen, technischen und mentalen Fähigkeiten den *Homo erectus* kennzeichnen.

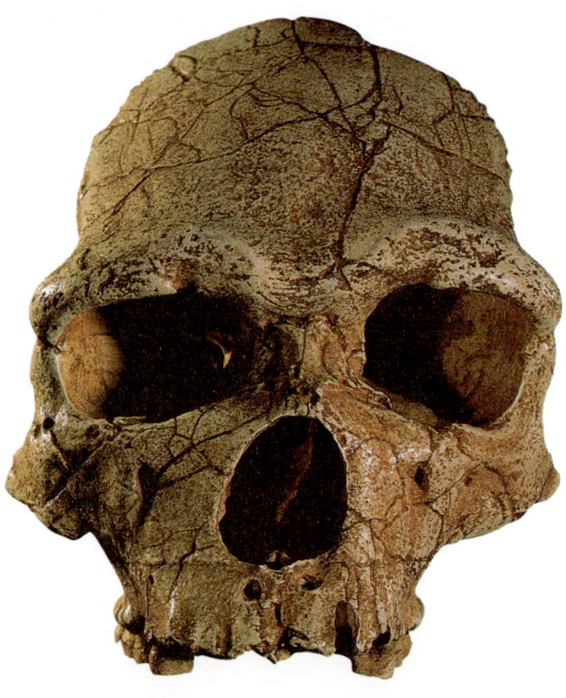

Dieser in den französischen Pyrenäen gefundene Schädel ist über 200 000 Jahre alt, er repräsentiert das Zwischenstadium zwischen *Homo erectus* und *Homo sapiens neanderthalensis.* Die Existenz von fossilen Zwischenformen untermauert die weit verbreitete Theorie, wonach sich der *Homo sapiens* aus Kolonien des *Homo erectus* entwickelt hat.

Funde menschlicher Überreste

Die wenigen menschlichen Fossilien gaben Anlass zu vielen Diskussionen. Zwei berühmte europäische Schädel gehören vermutlich in die Zwischeneiszeit vor ungefähr 250 000 bis 300 000 Jahren, als das Klima sich von dem unseren so sehr unterschied, dass Elefanten durch das subtropische Themsetal zogen und die Vorfahren der Löwen durch das spätere Yorkshire schlichen. Der nach seinem Fundort benannte Swanscombe-Schädel zeigt, dass seine Besitzerin zwar ein großes Gehirn (ungefähr 1300 cm^3), aber ansonsten wenig Ähnlichkeit mit dem modernen Menschen hatte. Wenn also der „Swanscombe-Mensch" ein *Homo sapiens* war, dann repräsentiert er eine sehr frühe Variante. Der andere Schädel vom Typ des „Steinheim-Menschen" hat eine vom *Homo sapiens* abweichende Form, fasste jedoch ebenfalls ein großes Gehirn. Beide sind als frühe Prototypen des *Homo sapiens* zu klassifizieren, auch wenn sie (wie ihre Werkzeuge zeigen) noch weitgehend nach Art des *Homo erectus* lebten.

Mit der nächsten Eiszeit fällt erneut der Vorhang. Als er sich rund 130 000 Jahre später zur nächsten Warmzeit wieder hebt, stoßen wir erneut auf menschliche Überreste. Auch wenn deren Bedeutung umstritten ist, herrscht doch Einigkeit darüber, dass die Evolution wieder einen großen Schritt nach vorne

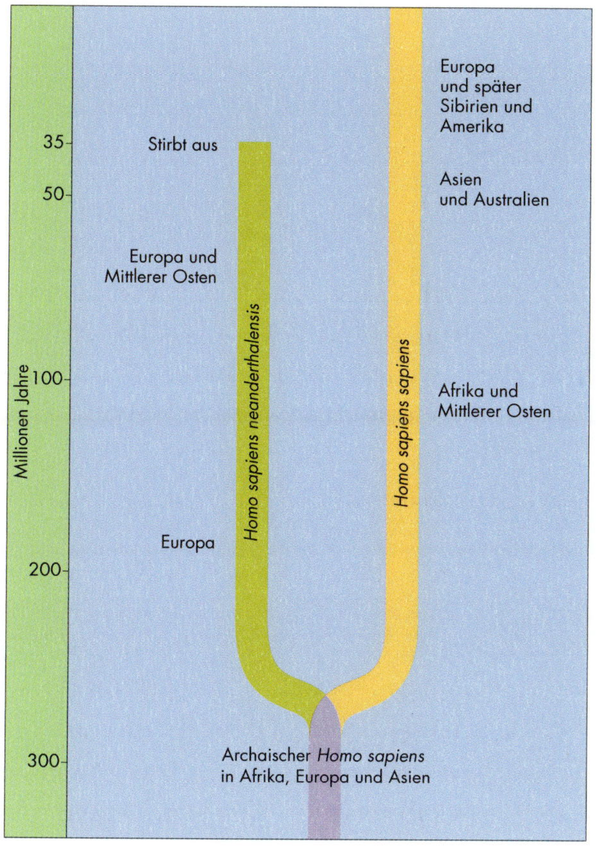

Die Ursprünge des *Homo sapiens neanderthalensis* und des *Homo sapiens sapiens.*

gemacht hatte. Für die nun folgende Periode sind die Quellen zwar zahlreich, aber nicht zusammenhängend. Wir beginnen mit ihrer Beschreibung in Europa.

Vor etwas über 100 000 Jahren lebten dort Primaten, die wir als Menschen bezeichnen müssen. In der Dordogne gibt es Höhlen, die über einen Zeitraum von rund 50 000 Jahren immer wieder bewohnt waren. Die Kulturen dieser Völker überdauerten demnach große klimatische Veränderungen. Sie hinterließen ihre Spuren in einer warmen Zwischeneiszeit und bis in die letzte Eiszeit. Diese Kontinuität steht im Gegensatz zu den Schwankungen, denen die Tier- und Pflanzenwelt in diesen Regionen ausgesetzt war. Um so lange überdauern zu können, müssen diese Kulturen Geschicklichkeit und Anpassungsfähigkeit besessen haben.

DIE NEANDERTALER

Bei all ihrer grundsätzlichen Ähnlichkeit sind die Völker, die die frühen Kulturen Europas schufen, physiologisch noch deutlich vom modernen Menschen zu unterscheiden. Die ersten Überreste einer ihrer Vertreter wurden im Neandertal in Deutschland entdeckt (weshalb wir bei diesem Menschentypus üblicherweise von Neandertalern sprechen). Auf Grund der Deformierungen glaubte man lange, den Schädel eines neuzeitlichen Behinderten gefunden zu haben. Die wissenschaftliche Analyse lässt bis heute viele Fragen offen, aber man nimmt inzwischen an, dass der *Homo sapiens neanderthalensis* (so seine wissenschaftliche Klassifikation) seinen Ursprung in einer frühen Ausbreitung fortgeschrittener afrikanischer Formen des *Homo erectus* hatte, zu der es möglicherweise vor 700 000 Jahren kam. Über viele genetische Zwischenstadien entwickelte sich eine Population von Prä-Neandertalern, aus der schließlich der extreme Typus hervorging, dessen eindrucksvolle Überreste in Europa (und bislang nirgends sonst) gefunden wurden. Diese

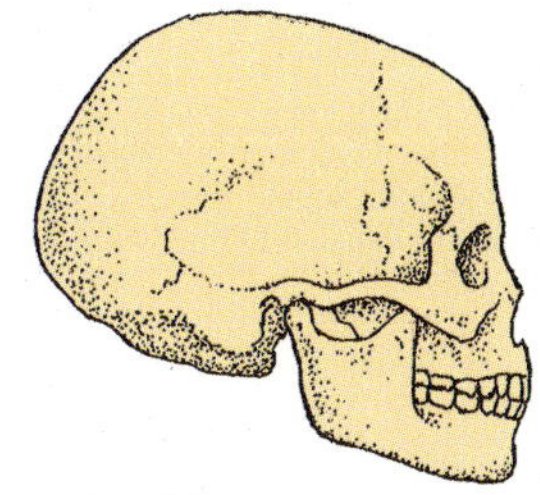

Homo sapiens

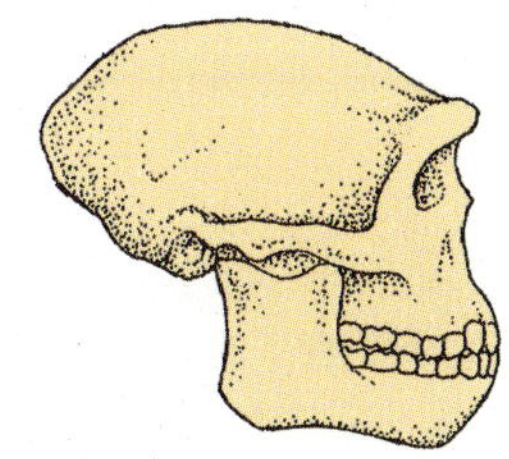

Homo erectus

An den hier dargestellten Schädeln eines *Homo erectus* von Java und eines späten paläolithischen *Homo sapiens* aus Europa lassen sich die Unterschiede zwischen den beiden Spezies erkennen. Der *Homo sapiens* hat einen größeren Schädel, eine höhere Stirn (ohne den ausgeprägten Überaugenwulst), einen kürzeren Kiefer, kleinere Zähne und ein markantes Kinn.

Zeitleiste (4 000 000 – 100 000 v. Chr.)

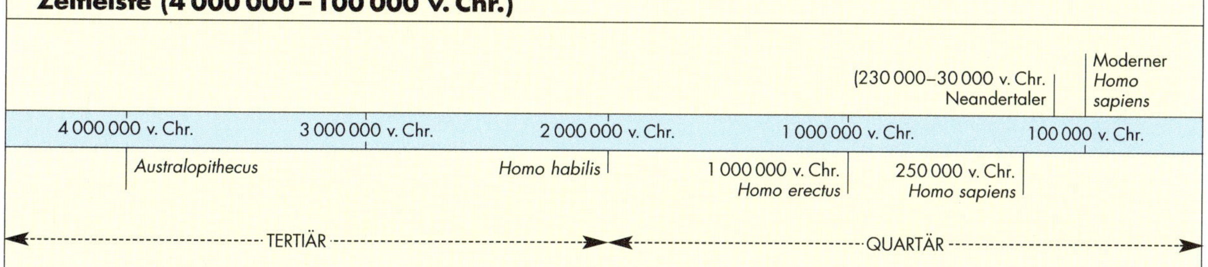

Fundstätten und Überreste der Neandertaler

Die von den Neandertalern aus Feuerstein hergestellten Werkzeuge werden nach der französischen Fundstätte Le Moustier, wo sie zuerst entdeckt wurden, als moustérienzeitliche Werkzeuge bezeichnet. Man hat sie in großer Zahl gefunden.

spezielle Entwicklungslinie wird von manchen als eine Unterart des Neandertalers interpretiert, die möglicherweise einst durch eine Eiszeit von der übrigen Entwicklung getrennt wurde. Überreste anderer Neandertaler wurden in Marokko, in der nördlichen Sahara, im Karmelgebirge in Palästina und andernorts im Nahen Osten sowie im Iran entdeckt. Spuren fanden sich auch in Zentralasien und in China, wo die ersten Vertreter vor ungefähr 200 000 Jahren gelebt haben. Ganz offensichtlich war diese Spezies über eine lange Zeit hinweg höchst anpassungs- und damit überlebensfähig.

Vor ungefähr 180 000 bis 200 000 Jahren waren Artefakte der Neandertaler, die sehr unterschiedliche Techniken und Formen aufweisen, in ganz Eurasien verbreitet. In Afrika aber wurden noch ältere Stücke entdeckt, die man mit einer anderen, aus dem *Homo erectus* hervorgegangenen Spezies in Verbindung bringt. Sie war sogar weiter verbreitet als die der Neandertaler. Die einstige Einheit war also bereits fragmentiert, und es bildeten sich verschiedene Traditionen heraus.

Die Neandertaler hatten ebenso wie andere, von Fachleuten als anatomisch modern angesehene Arten einen aufrechten Gang und ein großes Gehirn. Wenn sie auch in mancher Beziehung primitiver waren als der *Homo sapiens sapiens* (die Unterspezies, zu der wir gehören), repräsentieren sie doch einen großen evolutionären Fortschritt und zeigen bemerkenswerte geistige Fähigkeiten. So sind die für die Bearbeitung von Häuten und Fellen verwendeten Schaber ein Beleg dafür, dass die Neandertaler Kleidung trugen, von der sich allerdings keine Spur erhalten hat (die ältesten bekleideten Körper wurden in Russland gefunden; sie sind 35 000 Jahre alt).

Bestattungsrituale

Eines des erstaunlichsten Phänomene der Zeit der Neandertaler ist die Entstehung von Bestattungsriten. Grabfunde haben doppelte Bedeutung: Erstens enthalten sie interessante Artefakte vergangener Kulturen, und zweitens bieten sie erste eindeutige Hinweise auf Rituale oder Zeremonien.

Über deren mögliche Bedeutungen kann man nur spekulieren: Vielleicht lässt sich der Ring aus Hörnern, in dessen Mitte ein Neandertaler-Kind bei Samarkand begraben wurde, mit einem frühen Totemglauben erklären. Unklar bleibt auch das Ritual einer primitiven Gemeinschaft im nördlichen Irak, die ihre toten Gefährten auf gesammelte Blumen und Gräser bettete, um sie auf diese Weise zu ehren. Vielleicht war die sorgfältige Beerdigung Zeugnis einer neuen Aufmerksamkeit für das Individuum, die sich als Folge einer größeren Abhängigkeit voneinander während der wiederkehrenden Eiszeiten herausbildete. Vielleicht hatte sich auch ein stärkeres Verlustgefühl beim Tod eines Gruppenmitglieds entwickelt. Unter anderem fand man auch das Skelett eines Neandertalers, der seinen rechten Arm Jahre vor seinem Tod verloren hatte. Er war sicherlich in hohem Maße von anderen abhängig und wurde offensichtlich trotz seines Handikaps von der Gemeinschaft versorgt. Noch gewagter sind Spekulationen, in den ritualisierten Bestattungen käme die Vorstellung von einem Leben nach dem Tode zum Ausdruck. Träfe dies zu, so wäre es ein Beleg für eine gewaltige Abstraktionsfähigkeit der Hominiden.

Ebenso wie die Hinweise auf Tierrituale, wie sie in den Höhlen der Neandertaler zu finden sind, weist die sorgfältige Beerdigung möglicherweise auf den Versuch hin, die Natur zu beherrschen. Der menschliche Ver-

Das Skelett eines Neandertalers, das in der Höhle von Shanidar inmitten von Pollenspuren gefunden wurde. Man nimmt an, dass zusammen mit dem Körper des Mannes Blumen beerdigt wurden. Denkbar ist allerdings auch, dass die Decke über dem Körper einbrach und ihn mit pollenhaltiger Erde bedeckte.

Schädelgrößen im Vergleich

Zu den ersten Funden von Überresten des Neandertaler-Typus gehörte ein weiblicher Schädel, der 1848 in Gibraltar entdeckt wurde. Im Jahr 1856 gab ein Fund im Tal des Flusses Neander in Deutschland dieser Unterart des *Homo sapiens* ihren Namen. Die Paläontologen erkannten nicht sofort die Bedeutung ihrer Entdeckung. Die Funde in La Chapelle-aux-Saints (1908) und La Ferrassie (1909) bestätigten jedoch, dass die im Neandertal gefundenen Überreste nicht, wie von einigen gemutmaßt worden war, von einem missgebildeten Individuum, sondern von einem primitiven Menschentypus stammten. Bis heute wurden die Überreste von nahezu 500 Vertretern des Neandertalers gefunden. Wir wissen inzwischen, dass diese Rasse seit 260 000 bis vor 30 000 Jahren Europa und Westasien bevölkerte. Der Neandertaler war klein und stämmig – eine an das Leben in kaltem Klima angepasste Körperform.

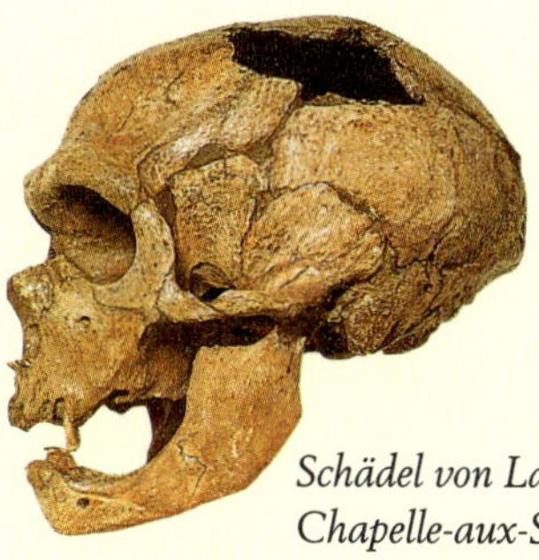

Schädel von La Chapelle-aux-Saints

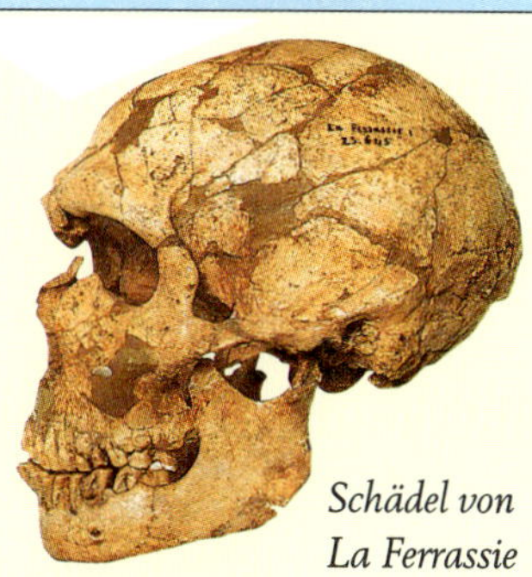

Schädel von La Ferrassie

Schon in dieser frühen Phase der Menschheitsentwicklung sind Beerdigungsrituale nachweisbar, die auch Rückschlüsse auf das Sozialverhalten zulassen.

stand muss schon damals in der Lage gewesen sein, Antworten auf ungeklärte Fragen in Form von Ritualen zu geben. Ganz langsam und vorsichtig beginnt sich der menschliche Geist zu regen.

Das Ende der Neandertaler

Auch eine andere wichtige Erscheinung ist bereits bei den Neandertalern belegt: die Kriegsführung. Möglicherweise entstand sie im Zusammenhang mit einer speziellen Form des Kannibalismus, der offensichtlich darauf ausgerichtet war, die Gehirne der Opfer zu verspeisen. Analogien mit späteren Gesellschaften legen nahe, dass wir es hier mit ersten Vorstellungen von einer Seele oder geistigen Kräften zu tun haben. Derartige Verhaltensweisen zielen darauf ab, sich der magischen oder spirituellen Kräfte der Besiegten zu bemächtigen.

Nachfolger des Neandertalers – so benannt nach einer Fundhöhle im Neandertal – war der *Homo sapiens sapiens;* von dieser Spezies stammt der moderne Mensch ab.

Wie groß auch immer ihr evolutionärer Schritt nach vorne war, am Ende scheiterte die Entwicklungslinie der Neandertaler. Nachdem sie sich lange erfolgreich ausgebreitet hatten, waren es schließlich doch andere, die die Erde in Besitz nahmen und die Grundlage für die Herausbildung des modernen Menschen schufen. Die Neandertaler wurden von der Entwicklungslinie des *Homo sapiens sapiens* „besiegt“, ohne dass wir die Gründe dafür kennen. Unklar ist auch, ob nicht möglicherweise durch die Vermischung der Stämme etwas vom genetischen Erbe der Neandertaler überlebte.

In den 30er Jahren des 20. Jahrhunderts wurden in der Höhle von Skhul im Karmel-Gebirge in Israel zahlreiche Überreste des *Homo sapiens* entdeckt. Auf dieser Abbildung sind der rekonstruierte Schädel und verschiedene Knochen eines erwachsenen Mannes zu sehen. Nach jüngsten Forschungen lebten die Bewohner der Höhle von Skhul vor 100 000 Jahren, womit sie dreimal so alt sind wie die von Cro-Magnon und ihre Zeitgenossen unter den klassischen Neandertalern. Dennoch sind diese Überreste anatomisch modern.

HOMO SAPIENS SAPIENS

Die Nachfolger des Neandertalers hatten kleinere Gesichter, leichtere Schädel und geradere Gliedmaßen. Das Hirnvolumen blieb dabei unverändert groß. Insgesamt unterschied sich die Außenseite des Schädels in ihren Einzelheiten nicht mehr stark von den Schädeln des heutigen Menschen. Es war der *Homo sapiens sapiens*, der sich in den folgenden 20 000 Jahren außergewöhnlich erfolgreich über die ganze Welt verbreiten sollte.

Fachleute vermuten seinen Ursprung in einer weiteren Ausbreitung, die vor 100 000 Jahren von Afrika ausging. Sie führte dazu, dass sich während der nächsten 50 000 Jahre überall in der Levante, dem Nahen Osten und Südosteuropa anatomisch dem heutigen Menschen verwandte Spezies ansiedelten. Warum die Expansion gerade in diese Gegenden erfolgte, ist nicht bekannt, aber man nimmt an, dass das gemäßigt warme Klima den Jägern erlaubte, ihre Techniken weiter zu perfektionieren, während die tropischen Konditionen im tieferen Süden Afrikas eher hinderlich waren. Als das Klima insgesamt allmählich trockener wurde, erwies sich jedenfalls der Küstenstreifen zwischen den Bergen und dem Meer im heutigen Israel und Libanon als besonders bedeutsam für die Entwicklung des modernen Menschen, wie diverse Funde in diesen Gebieten belegen.

Der moderne *Homo sapiens*

1868 wurden in Cro-Magnon die Überreste eines anatomisch modernen (heute auf ein Alter von 30 000 Jahren geschätzten) Mannes gefunden. Neuere Entdeckungen lassen den Schluss zu, dass der moderne *Homo sapiens* vor mehr als 100 000 Jahren wahrscheinlich in Afrika erstmalig in Erscheinung trat. Auf der Karte sind einige Orte verzeichnet, an denen früheste Vertreter des modernen *Homo sapiens* gefunden wurden, sowie ihre möglichen Verbreitungswege. Wenn diese Hypothese stimmt, sind die Neandertaler keine direkten Vorfahren des modernen Menschen, der aus Afrika stammt.

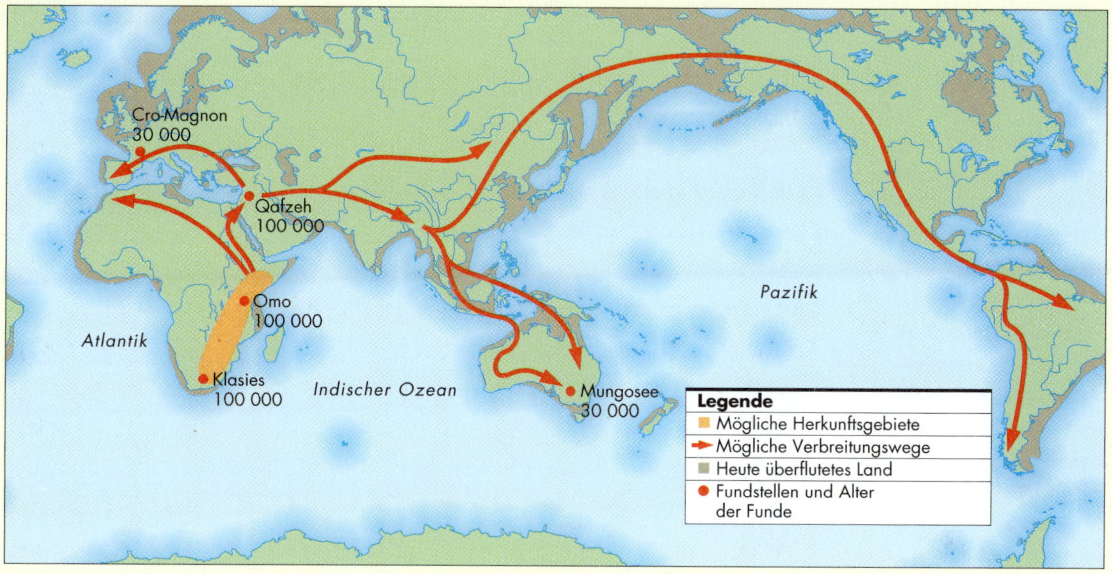

Fundstellen von Überresten des frühen modernen Homo sapiens.

Das Paläolithikum

Paläoanthropologen sind vorsichtig. Sie zögern, 35 000 Jahre alte fossile Überreste eindeutig dem *Homo sapiens sapiens* zuzuordnen. Trotzdem besteht kein Zweifel, dass wir aus der Zeit von vor rund 50 000 Jahren bis zum Ende der letzten Eiszeit etwa um 9000 v. Chr. zahlreiche Belege für die Existenz von Menschen neuzeitlicher Prägung haben. Diese Periode wird als das Altpaläolithikum bezeichnet, wobei der Ausdruck „Paläolithikum" griechischen Ursprungs ist und so viel wie „alte Steine" bedeutet. Er korrespondiert mehr oder weniger mit dem allgemein bekannten Begriff „Steinzeit", sollte aber wie andere prähistorische Termini mit größter Sorgfalt verwendet werden.

Im angelsächsischen Sprachraum wird darüber hinaus zwischen „unterem" und „oberem" Paläolithikum unterschieden: Da die obersten Schichten der geologischen Ablagerungen gleichzeitig die jüngsten sind, sind die darin gefundenen Fossilien und Artefakte späteren Datums als diejenigen in den tieferen Schichten. Das „untere" Paläolithikum bezeichnet demnach eine ältere Periode als das „obere" Paläolithikum. Die erhaltenen Artefakte des Paläolithikums sind fast alle aus Stein und niemals aus Metall. Dieses tritt erst später in Erscheinung. Dem römischen Dichter Lukrez folgend können wir die Perioden, die auf die Steinzeit folgen, als Bronze- und Eisenzeit bezeichnen.

Diese kulturellen und technischen Begriffe leiten sich von den Aktivitäten der Menschen ab. Tatsächlich wurden zunächst Werkzeuge und Waffen aus Stein, dann aus Bronze und schließlich aus Eisen gefertigt. Dennoch hat diese Begrifflichkeit Nachteile, denn die so genannte Steinzeit war auch eine Zeit der Hominiden, viele Steinwerkzeuge stammen also nicht von Menschen, sondern von ihren Vorfahren. Zudem wurde der Terminus Steinzeit ursprünglich von europäischen Archäologen geprägt, und Funde aus anderen Teilen der

Die ersten Perioden der Zeit des neuzeitlichen Menschen sind benannt nach dem Material, welches sie vorwiegend benutzten: Stein, Bronze und Eisen.

Die Besiedelung Amerikas

Viele Details der vorgeschichtlichen Besiedelung Amerikas bleiben unklar, jedoch spricht alles dafür, dass sie im Wesentlichen von Nordasien aus erfolgte. Eine erste Besiedelung fand vermutlich schon während der Eiszeiten statt, als die Absenkung des Meeresspiegels eine Landbrücke namens Beringia freilegte. Einige Gruppen drangen von Alaska aus weiter auf den Kontinent vor, entweder entlang der Küste oder entlang eines eisfreien Streifens zwischen zwei Gletschern. Verschiedene Funde in Südamerika deuten darauf hin, dass der *Homo sapiens* vor ungefähr 40 000 Jahren – und damit viel früher, als ursprünglich angenommen – in Amerika eintraf.

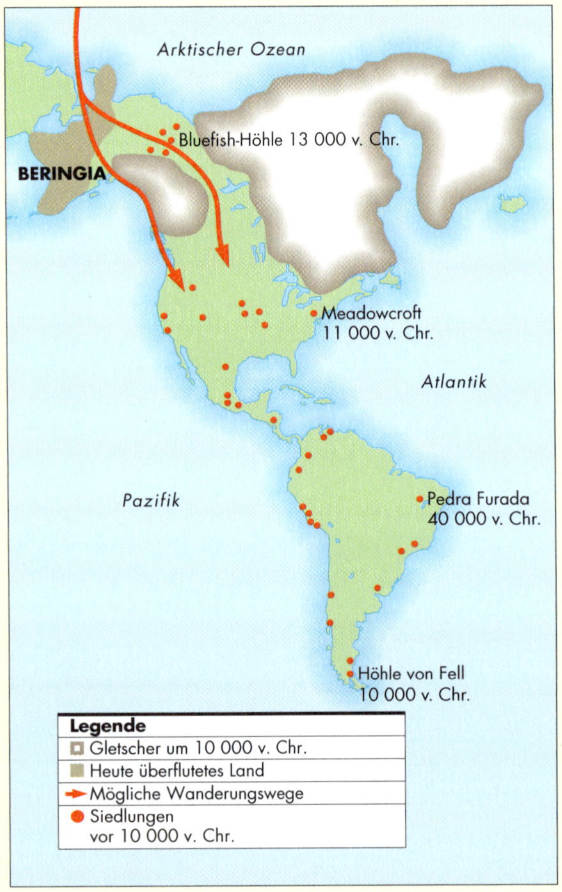

Klimatische Bedingungen trugen zur Ausbreitung des Menschen über die ganze Erde bei. Nur so konnten die Menschen vor 30 000 Jahren von Asien nach Amerika gelangen.

Welt passen nicht in deren Schema. Und selbst in Europa verwischt er wichtige Unterschiede innerhalb der erfassten Zeiträume. Daher unterscheiden Fachleute innerhalb der Steinzeit nach Alt-, Mittel- und Jungpaläolithikum sowie, daran anschließend, Mesolithikum und Neolithikum (Letzteres ersetzt den von den älteren Modellen implizierten harten Übergang zur aufkommenden Eisenherstellung). Der Zeitraum bis zum Ende der letzten Eiszeit in Europa wird manchmal auch Altsteinzeit genannt. Dies macht die Klassifizierung noch komplizierter, da hier zur Chronologie ein weiteres Kriterium, nämlich das der Geographie, hinzukommt.

Der *Homo sapiens sapiens* erscheint in Europa ungefähr zu Beginn des Jungpaläolithikums, vor etwa 40 000 Jahren, wenngleich anatomisch moderne Menschen, die sich nur unwesentlich von ihm unterschieden, bereits viel früher in Afrika gelebt hatten. Die meisten Skelettfunde wurden jedoch in Europa gemacht, weshalb sich die Einteilung in Spezies an ihnen orientiert.

Klimatische Schwankungen

Das Klima gestaltete sich in der Vorgeschichte des Menschen nicht konstant: In der Regel herrschte Kälte, doch es gab bedeutsame Schwankungen, wie z. B. einen plötzlichen Kälteeinbruch vor rund 20 000 Jahren. Solche klimatischen Ausschläge hatten starken Einfluss auf die Evolution des menschlichen Lebens. Vor vielleicht 30 000 Jahren ermöglichten sie es den Menschen zum ersten Mal, von Asien nach Amerika vorzudringen. In der Gegend der heutigen Beringstraße gingen sie entweder über das Eis oder über eine Landbrücke, denn der Meeresspiegel lag auf Grund des in den Eiskappen gespeicherten Wassers deutlich niedriger als heute. Sie bewegten sich während einiger Tausend Jahre langsam südwärts und folgten dem Wild, das sie auf den letzten bis dahin unbewohnten Kontinent gelockt hatte.

Aber das Eis zog sich anschließend wieder zurück, unter gewaltigen Auswirkungen auf Küstenlinien, Routen und Nahrungsquellen. Diesen Prozess hatte es schon häufig gegeben, aber diesmal bestand ein entscheidender Unterschied: Es gab den Menschen. Mit dem Erreichen einer neuen Bewusstseinsstufe war er in der Lage, auf die neuen und wachsenden Ressourcen zurückzugreifen und sich an eine veränderte Umwelt anzupassen. Schon bahnte sich der Übergang zu einer geschichtlichen Periode an, in der der Mensch immer effektivere Wege zur Beherrschung der Umwelt entwickelte und begann, seine eigene Zukunft zu gestalten.

Werkzeuge und Waffen

Auch wenn man die Kulturen Europas aus dieser Zeit bereits weitgehend anhand von Funden klassifiziert hat, kann von einem wirklichen Beginn von Geschichte noch nicht die Rede sein, betrachtet man die gefundenen Werkzeuge und Waffen sowie die Ressourcen, über welche die frühen Menschen demnach verfügten. Im Vergleich zu ihren Vorgängern weisen sie jedoch ein breiteres Spektrum von Fähigkeiten auf: Die Werkzeuge des *Homo sapiens* waren zwar überwiegend aus Stein, wurden aber durch sorgfältiges Abschlagen von Steinsplittern für speziellere Verwendungszwecke hergerichtet. Ihre Vielfalt und kunstfertige Ausführung sind ein weiteres Zeichen für den Fortschritt. Als Material für Werkzeuge und Waffen dienten seit dem Altpaläolithikum nicht mehr nur Holz und Feuerstein, sondern auch Knochen und Geweihe. So bedeutete die Knochennadel eine wichtige Neuerung in der Anfertigung von Kleidungsstücken. Mittels einer bestimmten Drucktechnik gelang es außerdem, die Feuersteinklingen zu schärfen. Das erste „künstliche" Material, eine Mischung aus Tonerde und zermahlenen Knochen, tauchte im Mittelpaläolithikum auf.

Vor allem aber wurden die Waffen verbessert: Kleine Gegenstände aus Feuerstein mit regelmäßigeren Formen, die sich gegen Ende des Altpaläolithikums häufiger finden, lassen auf Waffen mit wirkungsvolleren Spitzen schließen. Im Jungpaläolithikum kam es zur Erfindung und Verbreitung von Speerschleudern, Pfeil und Bogen sowie Harpunen mit Widerhaken, zunächst für die Jagd und später für den Fischfang. Diese Ausdehnung der Jagd auf das Wasser erweiterte die Nahrungsressourcen beträchtlich. Lange zuvor – vor vielleicht 600 000 Jahren – hatten z. B. die Hominiden in China Mollusken als Nahrung gesammelt. Mit Hilfe von Harpunen und möglicherweise weiteren, nicht erhaltenen Gerätschaften wie Netzen und Leinen konnten neue Gewässer genutzt werden (die teilweise erst infolge der Temperaturschwankungen der letzten Eiszeiten entstanden waren). Die Verbesserung der Jagdwaffen und die Vertiefung der Kenntnisse bezüglich des Verhaltens der Tiere ging nach dem Ende der Eiszeiten einher mit der Ausdehnung der Waldflächen.

Die Besiedelung Australiens

Vor rund 55 000 Jahren erreichte der *Homo sapiens* Australien, vermutlich nach einer Reise über das Banda-Meer. Die Überreste der Bewohner Australiens vor 30 000 Jahren gehören zu zwei Arten des *Homo sapiens*. Dieser Umstand verleitet einige Experten zu der Annahme, dass es zwei getrennte Besiedelungen des Kontinents gegeben hat. Es ist jedoch auch denkbar, dass sich die beiden unterschiedlichen Gruppen des *Homo sapiens* erst in Australien herausbildeten.

Die ersten Werkzeuge der Menschen bestanden aus Holz, Feuerstein, Knochen und Geweih. Die Knochennadel ermöglichte z. B. die Herstellung von Kleidung, die Erfindung der Harpune erweiterte den Speiseplan um Fisch.

Diese Werkzeuge sind kennzeichnend für das späte Paläolithikum. Die sorgsam behauene Feuersteinspitze (links) ist typisch für das Solutréen. Die Knochenharpune stammt aus dem Magdalénien.

FRÜHE KUNST

Das erstaunlichste und wundersamste Zeugnis, das wir von den Völkern des Jungpaläolithikums besitzen, ist ihre Kunst. Es handelt sich hierbei um die ersten sicher belegbaren Beispiele von Kunst. Auch in früheren Zeiten hatten Menschen vermutlich Muster in den Boden gekratzt, ihre Körper bemalt oder rhythmisch getanzt, aber nichts davon ist überliefert. Abgesehen von zwei Einkerbungen auf einem Grabstein der Neandertaler, die von einigen Forschern als Kunst interpretiert werden, tauchen die ersten umfangreichen und nachgewiesenen Beispiele in Europa erst um die Zeit vor 35 000 Jahren auf. Ihre Zahl nimmt stetig zu, bis sie den Status bewusster Aktivität erreicht. Diese Phase dauert viele Jahrtausende und endet plötzlich wieder, ohne Nachfolgendes zu hinterlassen.

Die räumliche und zeitliche Isoliertheit dieser Kunst gibt Anlass zu Spekulationen. In afrikanischen Höhlen existieren zahlreiche prähistorische Malereien und Ritzzeichnungen, die bis zu 27 000 Jahre zurückreichen. In Australien gibt es mindestens 20 000 Jahre alte Höhlenmalereien. Die paläolithische Kunst ist folglich nicht auf Europa beschränkt, doch vieles von dem, was andernorts entdeckt wurde, harrt noch einer eingehenden Erforschung. Von den meisten Höhlenmalereien in der Welt kennen wir bislang keine Entstehungszeit, und auch auf die Frage, warum sich gerade in Europa so viele Objekte erhalten haben, zu denen es möglicherweise auch in anderen Teilen der Welt Parallelen gibt, haben wir bislang keine Antwort. Genauso wenig wissen wir, was im Laufe der Zeit zerstört wurde. Über Gestik, Laute und andere vergängliche Ausdrucksweisen kann man ohnehin nur spekulieren. Fest steht lediglich, dass sich die Kunst des westlichen Europas während des Jungpaläolithikums durch eine kolossale und einzigartige Aussagekraft auszeichnete.

Werkzeuge aus Feuerstein (links) und Knochen aus der Aurignacien-Tradition des späten Paläolithikums.

Die leichtere Nahrungsbeschaffung ließ den Menschen Zeit, so etwas wie Kunst zu entwickeln. Die ältesten Malereien und Ritzzeichnungen entdeckte man in afrikanischen Höhlen.

KUNST UND KULT

Diese früheste Kunst wurde in vergleichsweise begrenzten Bereichen Südwestfrankreichs und Nordspaniens gefunden. Sie umfasst im Wesentlichen drei Formen: kleine Figuren aus Stein (vorwiegend Frauendarstellungen), Knochen oder gelegentlich Tonerde, verzierte Gegenstände (häufig Werkzeuge und Waffen) und schließlich die bemalten Höhlenwände und -decken. In den Höhlen und auf den verzierten Gegenständen überwiegen die Tierdarstellungen. Die Bedeutung dieser Zeichnungen, vor allem in den kunstvollen Sequenzen der Höhlenmalereien, stellt die Fachleute immer wieder vor Rätsel. Viele der so genau beobachteten Tiere waren offensichtlich von zentraler Bedeutung für ein Leben, das in erster Linie von der Jagd geprägt war. Zumindest in den französischen Höhlen meint man mittlerweile eine bewusste Ordnung in den dargestellten Sequenzen zu erkennen. Darüber hinaus lässt sich nur schwer Bestimmtes sagen. Natürlich hatte die Kunst zur Zeit des Jungpaläolithikums noch Aufgaben zu erfüllen, die später von der Schrift übernommen wurden, aber welche Botschaften in ihr verschlüsselt sind, ist bislang weitgehend ungeklärt. Vermutlich standen die Malereien mit religiösen oder magischen Praktiken in Beziehung: Bei afrikanischen Felsmalereien konnte z. B. ein Zusammenhang mit Magie und Schamanis-

Im Dezember 1994 wurde die Chauvet-Höhle im Ardèche-Tal entdeckt. In der Höhle fanden sich 300 gemalte und eingeritzte Tierabbildungen. Radiokarbontests ergaben, dass die Zeichnungen älter als 30 000 Jahre sind. Es handelt sich folglich um die ältesten bisher gefundenen Zeichnungen, die, wie diese wunderschönen Pferdeköpfe zeigen, erstaunlich kunstvoll ausgeführt sind.

Diese Statuette aus Lespugue in Frankreich ist 23 000 Jahre alt und weist die Charakteristika der paläolithischen Venusstatuetten auf. An ihrem Gesäß vermutet man einen so genannten Fettsteiß – eine Fettansammlung auf den Hüften, die während langer Perioden ohne Nahrung als Kalorienreserve diente.

Die ersten in Europa gefundenen Gegenstände, die man als Kunstobjekte bezeichnen kann, sind verzierte Knochen- und Elfenbeinstücke.

mus überzeugend nachgewiesen werden. Die Wahl entlegener und schwer zugänglicher Höhlen für die europäischen Malereien ist ein starkes Indiz dafür, dass in ihnen besondere Riten ausgeführt wurden.

Während wir bereits in den Bestattungsritualen der Neandertaler religiöse Elemente zu erkennen glaubten, treten diese in den Höhlenmalereien des Jungpaläolithikums umso stärker zu Tage – möglicherweise als früheste Zeugnisse einer verbindlichen rituellen Kulthandlung.

Die Entwicklung der frühen Kunst

Die Entfaltung der frühesten künstlerischen Errungenschaften der Menschheit in Europa dauerte etwa 30 000 Jahre. Ungefähr vor 35 000 Jahren tauchten die ersten verzierten und bemalten, häufig aus Knochen oder Elfenbein gefertigten Gegenstände auf. 15 Jahrtausende später kam es zur ersten figürlichen Kunst und kurz darauf zum Höhepunkt in der prähistorischen Kunst, den großartigen bemalten und geritzten „Höhlenheiligtümern" mit ihren Tierprozessionen und mysteriös wiederkehrenden Symbolen. Dieser Höhepunkt, der von einer erstaunlichen Konsistenz in Form und Inhalt geprägt war, umfasste einen Zeitraum von etwa 5000 Jahren. Dies verdeutlicht erneut die Langsamkeit, mit der sich Traditionen in früher Zeit veränderten, ebenso wie ihre Unempfänglichkeit gegenüber äußeren Einflüssen. Vielleicht ist dies auch ein Indiz für die geographische Isoliertheit prähistorischer Kulturen. Die letzte Phase dieser Kunst, soweit sich Zeugnisse erhalten haben, reichte bis etwa 9000 v. Chr. Als häufigste Abbildung trat der Hirsch an die Stelle anderer Tiere, vermutlich ein Beleg für das langsame Verschwinden von Rentier und Mammut infolge des zurückweichenden Eises; eine letzte Welle reich verzierter Werkzeuge und Waffen läutete das Ende der ersten künstlerischen Hochphase Europas ein. Die nachfolgende Zeit brachte nichts quantitativ oder qualitativ Vergleichbares hervor. Aus ihr blieben uns nur einige verzierte Kiesel erhalten. Bis zur nächsten großen Periode künstlerischer Betätigung sollten 4000 Jahre vergehen.

Das Ende der frühen Kunst

So großartig diese Kunst auch war, so wenig wissen wir über ihr Ende. Kaum Licht kommt ins Dunkel des Altpaläolithikum, und bald danach schon – das heißt hier einige Tausend Jahre später – herrscht völlige Finsternis. Der Unterschied zwischen dem, was vorher war, und dem, was danach kam, ist jedenfalls frappierend. Die Auslöschung einer Kultur in vergleichsweise kurzer Zeit erscheint als ein Mysterium. Wir verfügen weder über genaue Daten noch über eine zeitliche Abfolge. Es gab lediglich einen allmählichen Rückgang der künstlerischen Aktivitäten über einen langen Zeitraum hinweg. Einige Wissenschaftler sehen die Ursache in Veränderungen der klimatischen Verhältnisse. Das ganze Phänomen der Höhlenkunst habe mit Bemühungen zusammengehangen, die Bewegungen oder die Zahl der großen Wildherden, von denen die jagenden Völker abhängig waren, zu

Die paläolithischen Venusstatuetten

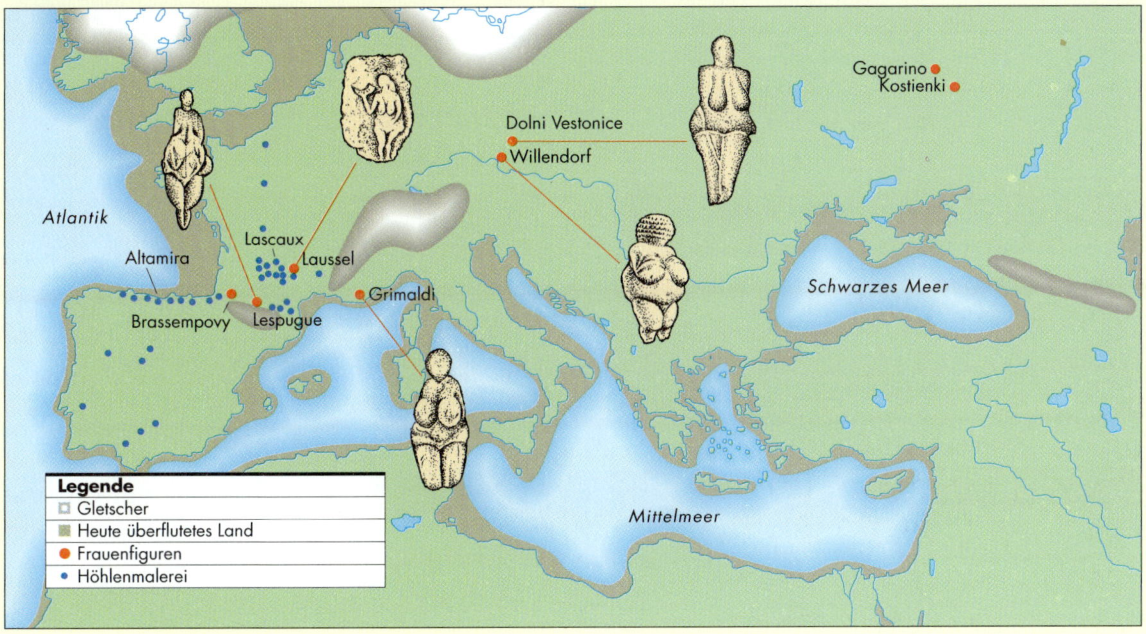

Diese kleinen Frauendarstellungen, die allgemein als paläolithische Venusstatuetten bekannt sind, wurden in ganz Europa, von den Pyrenäen bis nach Russland, gefunden und sind zwischen 21 000 und 29 000 Jahre alt. Sie stellen halbbekleidete oder nackte Frauen mit großen Brüsten und Hinterteilen dar, von denen einige möglicherweise schwanger sind. Die Köpfe und Glieder der Figuren sind nur angedeutet, als besäßen sie eine vergleichsweise nur untergeordnete Funktion. Die Darstellungen werden mit einem Fruchtbarkeitsritual in Zusammenhang gebracht. Ihre erstaunliche geographische Verbreitung zeigt, dass es sich um kulturelle Symbole handelte, die von den Menschen in weit voneinander entfernten Gebieten über Tausende von Jahren tradiert wurden.

beeinflussen. Als die letzte Eiszeit ausklang und sich das Rentier jedes Jahr weiter zurückzog, habe man nach neuen, magischen Techniken und Ritualen gesucht, um diesen Prozess umzukehren. Mit dem Eis sei auch die Umwelt verschwunden, an die sich die Menschen so erfolgreich angepasst hatten. Und damit verschwand ebenfalls die Hoffnung, Einfluss auf die Natur nehmen zu können.

Der *Homo sapiens* habe sich zwar auch auf die neue Situation einstellen können, aber zunächst habe sie eine kulturelle Verarmung, die Aufgabe der frühest erhaltenen Kunst der Vorgeschichte, zur Folge gehabt.

Es ist leicht, solche Spekulationen der Wissenschaft als zu gewagt abzutun. Angesichts der kunstvollen Errungenschaften der vorangehenden Epoche fällt es jedoch schwer, nicht in Begeisterung zu geraten. Die großen mit Malereien und geritzten Zeichnungen versehenen Höhlen wurden mitunter als „Kathedralen“ der paläolithischen Welt bezeichnet; diese Metapher verweist auf die erforderlichen Anstrengungen bei ihrer Herstellung, die immer im Zusammenhang mit der jeweiligen Zivilisationsstufe zu sehen ist. Mit dieser ersten Phase bedeutender Kunst lassen wir die Aktivitäten der Hominiden weit hinter uns zurück und haben stattdessen den ersten unstrittigen Beleg für die Macht des menschlichen Geistes und seine vielfältigen Gestaltungsmöglichkeiten.

Diese frühe Kunst entwickelte sich innerhalb von 30 000 Jahren; nach 5000 Jahren verschwand sie wieder – vermutlich infolge der Veränderungen im Wildwechsel am Ende einer Eiszeit. Bei den ersten Malereien handelt es sich vor allem um Tierdarstellungen.

Unsere Vorfahren

DNA-Analysen verschiedenster Menschengruppen lassen vermuten, dass die heutige Menschheit einer gemeinsamen Entwicklungslinie entstammt. Diese verzweigte sich ein erstes Mal vor rund 100 000 Jahren sowie weitere Male während des späten Paläolithikums (Quartär). Das Diagramm, das auf Studien von Luigi Luca Cavalli-Sforza und seinem Team zurückgeht, zeigt, wie sich durch die erste Teilung die Bewohner Afrikas vom Rest der Welt trennten.

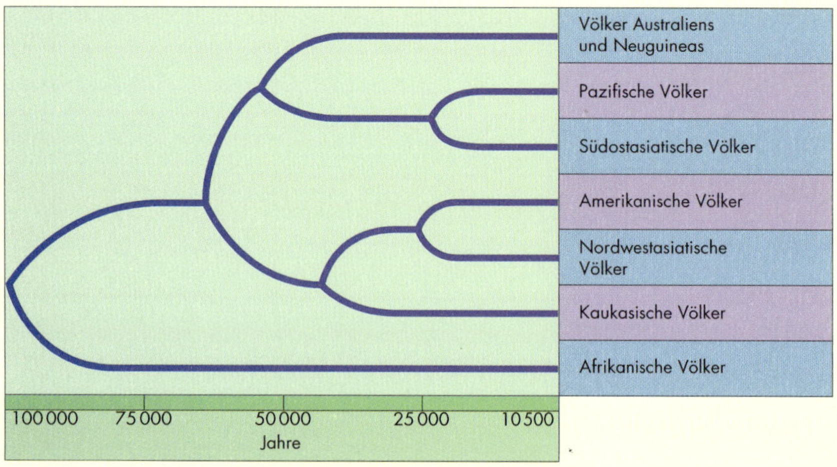

Morphologische Unterschiede

Vieles spricht dafür, dass im Jungpaläolithikum die wesentlichen genetischen Festlegungen bereits abgeschlossen waren, und dass die Evolution nun auf mentalen und sozialen Veränderungen beruhte. Die Aufteilung der Menschheit nach bestimmten morphologischen Kriterien war zum Ende des Jungpaläolithikums bereits im Wesentlichen angelegt. Geographische und klimatische Unterschiede hatten innerhalb der Spezies des *Homo sapiens* zu Spezialisierungen in Bezug auf Hautpigment, Haarbeschaffenheit, Schädelform und Knochenstruktur des Gesichts geführt. In den frühesten Überresten des *Homo sapiens* chinesischer Fundstätten lassen sich schon asiatische Merkmale erkennen. Um 10 000 v. Chr. bewohnten außerdem die wichtigsten Gruppen in etwa die Regionen, in denen sie bis zur großen kaukausischen Völkerwanderung – ohne die der Aufstieg der europäischen Zivilisation zur Weltdominanz seit 1500 n. Chr. nicht möglich gewesen wäre – beheimatet blieben.

Auch für die morphologischen Unterschiede der Menschen – wie Hautpigmente, Haarbeschaffenheit, Schädelformen und die Knochenstruktur des Gesichts – sind klimatische Bedingungen verantwortlich.

In der Steinzeit stieg die Bevölkerungsanzahl langsam an, und die Menschen drangen auf ihren Wanderungen schließlich auch in unberührte Kontinente vor. Zwischen 30 000 und 15 000 Jahre ist es her, dass asiatische Völker nach Amerika gelangten. Die älteste paläolithische Fundstätte in Australien wird auf ein Alter von rund 35 000 Jahren geschätzt, und vermutlich erreichte der *Homo sapiens* diesen Kontinent von Südostasien aus zu Wasser.

Populationsgröße

Während des Jungpaläolithikums war die Welt noch sehr dünn besiedelt. Man schätzt, dass zur Zeit der Neandertaler vor etwa 50 000 Jahren in Frankreich 20 000 Menschen lebten. Damals gab es auf der ganzen Erde vielleicht zehn Millionen Menschen. Sie war gewissermaßen „eine menschliche Wüste voll jagbaren Wildes", wie es ein Experte einmal ausdrückte. Doch Jäger und Sammler benötigten auch große Jagdgebiete, um sich und ihre Familien zu ernähren.

Der kulturelle Wandel erfolgte also weiterhin ziemlich langsam. Bis sich Gelerntes über geographische und soziale Grenzen hinweg verbreitete, dauerte es noch Jahrtausende. Es konnte vorkommen, dass ein Mensch sein Leben lang niemandem aus einer anderen Gruppe oder einem anderen Stamm begeg-

Viele Figuren, die an die paläolithischen Höhlenmalereien erinnern, fanden sich in Knochen, Horn oder Stein graviert. Dieses mit Ritzverzierung bedeckte Schulterblatt stammt z. B. aus der Höhle von Castillo in Cantabria, Spanien.

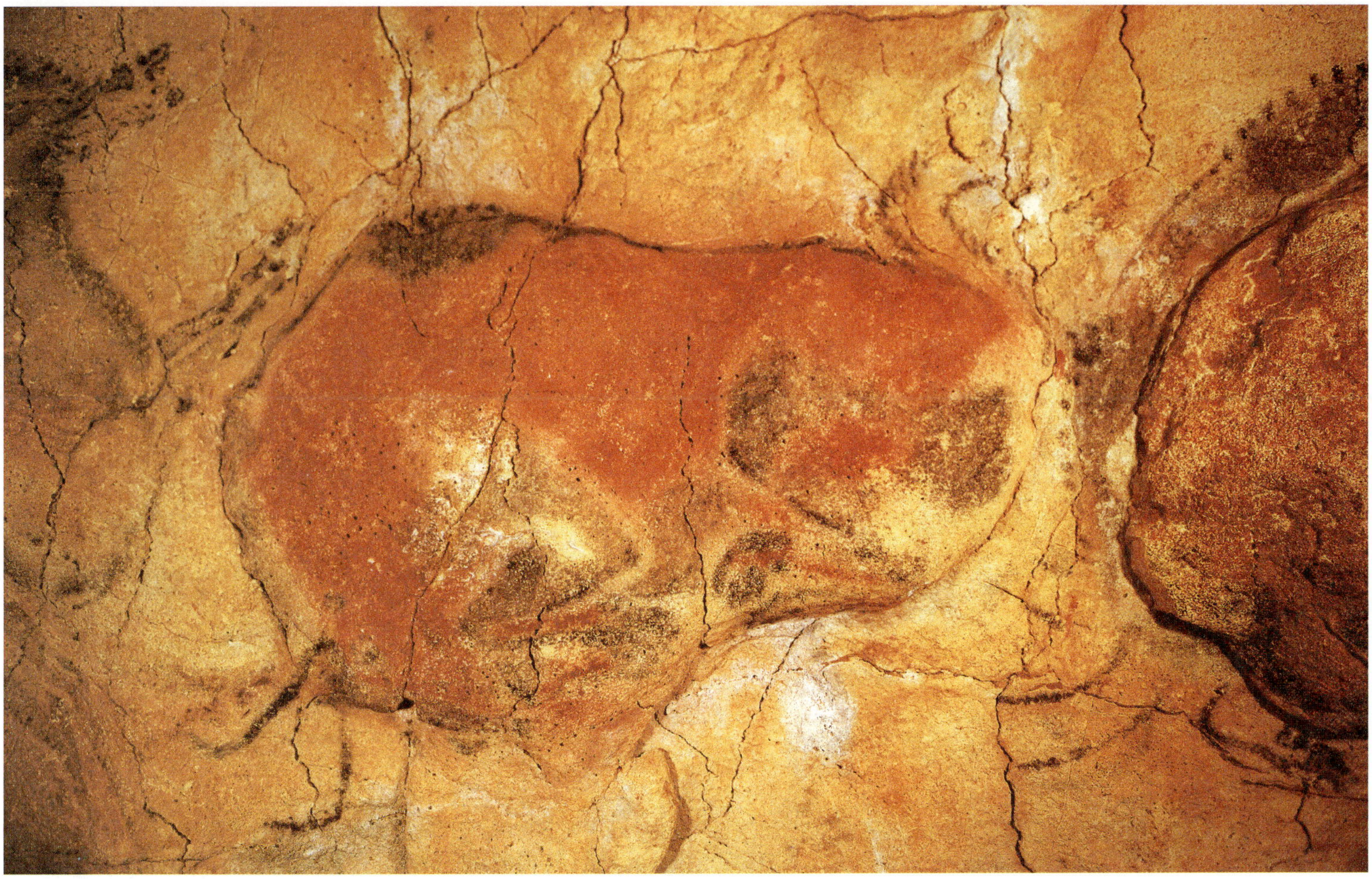

Lageplan der Malereien in der Höhle von Altamira.

Die ersten paläolithischen Höhlenmalereien wurden in der Höhle von Altamira in Cantabria, Spanien, gefunden. Jemand malte vor 12 000 Jahren beim flackernden Schein einer Fackel diesen herrlichen Bison, vermutlich im Rahmen eines Rituals.

nete. Man kann die Unterschiede, die bereits zwischen den verschiedenen Gruppen des *Homo sapiens* existierten, als den Anfang eines langen Prozesses der kulturellen Differenzierung bezeichnen oder gar der Isolierung verschiedener Gruppen mit der Folge, dass die menschliche Vielfalt stetig zunahm. Erst in allerjüngster Zeit scheint durch technische und politische Kräfte eine Umkehr dieses Prozesses in Gang gesetzt worden zu sein.

Über die Gemeinschaften des Jungpaläolithikums ist immer noch wenig bekannt. Fest steht jedoch, dass sie im Vergleich zu früheren Zeiten größer und ortsgebundener waren. Die frühesten Überreste von Behausungen stammen von Jägern des Altpaläolithikums, die auf dem Gebiet des heutigen Tschechien, der Slowakei und Südrusslands lebten. Um 10 000 v. Chr. existierten in Teilen Frankreichs Dörfer mit 400 bis 600 Menschen, was den archäologischen Funden nach zu urteilen aber die Ausnahme war. Immerhin muss es also eine Art Stammesgruppe gegeben haben, wobei wir über ihre Organisation und ihre Hierarchien so gut wie nichts sagen können. Sicher scheint, dass die geschlechtliche Differenzierung sich sozial fortsetzte, denn die Jagd wurde aufwendiger und technisch anspruchsvoller, während die Siedlungen den Frauen neue Möglichkeiten zur Vorratshaltung boten.

Am Fundort Princevent im Seine-Tal in Frankreich fand sich eine Anzahl von Kreisen im Boden. Sie liegen jeweils neben einem Feuerplatz und lassen vermuten, dass die Stätten von Rentierjägern bewohnt waren, die vor rund 10 000 Jahren lebten. Es gibt keine Spuren von Pfosten, was darauf schließen lässt, dass die Jäger leichte Zelte, ähnlich den in der Zeichnung dargestellten, errichteten. Wahrscheinlich wurden dabei Tierhäute über einen Rahmen aus Stangen gelegt.

Das Ende des Paläolithikums

Das Bild, das die Erde zum Ende der Altsteinzeit bietet, ist uns in vieler Hinsicht vertraut. Noch immer kommt es zu geologischen Veränderungen (der Ärmelkanal sollte beispielsweise erst um 7000 v. Chr. entstehen), aber insgesamt zeichnet sich diese Periode durch eine große topographische Stabilität aus, die die Erde seit circa 9000 v. Chr. bis heute bewahrt hat.

Diese Welt war bereits fest in den Händen der Menschen. Die Nachfahren der Primaten, die einst auf den Bäumen lebten, hatten gelernt, Werkzeuge herzustellen, aus natürlichen Materialien Behausungen zu errichten, mit Feuer umzugehen, zu jagen und Fisch zu fangen. Auf diese Weise errangen sie ein beträchtliches Maß an Unabhängigkeit vom Rhythmus der Natur.

Gleichzeitig entwickelten die Menschen der Vorgeschichte die notwendige soziale Disziplin, um gemeinsame Aufgaben zu bewältigen. Die komplexeren Lebensumstände verlangten zunehmend eine geschlechtsspezifische Aufgabenverteilung innerhalb der Gemeinschaft. Die Auseinandersetzung mit diesen und anderen materiellen Problemen förderte außerdem die Fähigkeit der sprachlichen Verständigung, die Entstehung ritueller Praktiken und Vorstellungen, die als erster Ausdruck von Religiosität verstanden werden können, sowie die Entfaltung einer großartigen Kunst. Manche Forscher vermuten, dass die Gesellschaften des Jungpaläolithikums sogar schon einen Mondkalender kannten.

Mit Ausgang der Vorgeschichte verfügten die Menschen bereits über einen zum konzeptionellen Denken und zur Abstraktion fähigen Verstand. In dieser neuen Stärke ist die Erklärung für den letzten und bedeutendsten Schritt der Vorgeschichte zu suchen, den Beginn des Ackerbaus.

Karte mit den Malereien der Höhle von Lascaux.

Bislang sind uns mehr als 200 Höhlen in Europa mit paläolithischen Malereien bekannt. Die meisten Bilder datieren aus der Zeit des Magdalénien, das von 17 000 bis 9 000 v. Chr. dauerte, und 90 Prozent von ihnen finden sich in Frankreich oder Spanien. Diese Abbildung zeigt eine der eindrucksvollsten jemals gefundenen Malereien aus der Höhle von Lascaux in der Dordogne, Frankreich.

3 GRUNDLAGEN EINER ZIVILISATION

Der *Homo sapiens* als Spezies existierte etwa zehn- bis zwanzigmal länger als die Zivilisation, die er geschaffen hat. Das Ende der letzten Eiszeit ermöglichte es ihm, den langen Weg in die Zivilisation endgültig zu beschreiten. Wir stehen am Beginn der Geschichte. Die folgenden 5000 oder 6000 Jahre sind von einer Reihe schwer wiegender Veränderungen geprägt, wobei der Zunahme des Nahrungsangebotes die größte Bedeutung zukommt. Nichts sollte später die menschliche Entwicklung noch einmal in vergleichbarer Weise beschleunigen oder ähnlich weitreichende Folgen zeitigen – mit Ausnahme der Umbrüche, die wir unter dem Begriff „industrielle Revolution" zusammenfassen.

DIE NEOLITHISCHE KULTUR

Analog dazu bezeichnete ein Experte die Wandlungen, die das Ende der Vorgeschichte markieren, als „neolithische Revolu-

Viele Höhlenmalereien des Mesolithikums wurden im östlichen Spanien gefunden. Diese Szene aus der Roca del Moros in Cogull stellt Menschen dar.

Diese Darstellung flüchtender Rehe wurde auf den Felsen der Gasullo-Schlucht in der Region Castellón entdeckt. Sie ist ein Beispiel für die vielen Tierdarstellungen, die in Ostspanien gefunden wurden.

tion". Allerdings ist die Terminologie nicht eindeutig: Archäologen lassen auf das Paläolithikum das Mesolithikum und schließlich das Neolithikum folgen (manche fügen noch das Chalkolithikum dazu, mit dem sie eine Phase bezeichnen, in der gleichzeitig Artefakte aus Stein und aus Kupfer in Gebrauch waren). Alle Begriffe bezeichnen jedoch kulturelle Sachverhalte, die von zunehmenden natürlichen Ressourcen und menschlichen Fähigkeiten zeugen.

Uns interessiert vor allem der Begriff „Neolithikum", der im engen Sinne eine Kultur bezeichnet, in der geschliffene oder polierte Steinwerkzeuge behauene ersetzten (wenngleich gelegentlich auch andere Kriterien hinzugezogen werden). Auch wenn diese Formulierung nicht vollkommen befriedigen kann, stellt sie jedoch den Versuch dar, auf den bedeutenden und komplexen Wandel hinzuweisen, der damals – mit vielen lokalen Unterschieden – stattgefunden hat.

Regionale Unterschiede

Neben regionalen Abweichungen weist das Neolithikum auch zeitliche Verschiebungen auf, Brüche von bis zu 1000 Jahren sind möglich. Zudem stand nicht allen Gesellschaften das gleiche Spektrum an Fähigkeiten und Ressourcen zur Verfügung. Die einen lernten, Tonwaren und polierte Steinwerkzeuge herzustellen, andere entwickelten die Tierhaltung und begannen, Getreidepflanzen anzubauen. Eine langsame Evolution ist die Regel, und nicht alle Gesellschaften befanden sich zur Zeit der Entstehung der Schriftkultur auf gleicher Stufe. Dennoch bildeten die neolithischen Kulturen den Nährboden und das Fundament der entstehenden Zivilisation, und ihr Beitrag beschränkte sich nicht auf die höchst kunstvollen Steinwerkzeuge, die der Zeit ihren Namen verliehen.

Zum besseren Verständnis dieses Wandels müssen wir auch den Begriff „Revolution" genauer definieren. Wir lassen die langsame Evolution des Pleistozäns hinter uns und treten in eine beschleunigte Phase ein. Eine klar definierte Trennlinie gibt es natürlich nicht, denn kaum eine Gesellschaft bricht vollkommen

Spanische Höhlenmalereien bilden die frühesten Belege für die Verwendung von Pfeil und Bogen.

Typisch für die Kulturen des Neolithikums sind polierte Steinwerkzeuge, die so lange gerieben wurden, bis sie eine glatte Oberfläche erhielten. Diese polierten neolithischen Axtköpfe dienten zum Fällen von Bäumen, um in den Wäldern Lichtungen freizulegen.

mit ihrer Vergangenheit. Stattdessen beobachten wir eine langsame und zugleich radikale Veränderung menschlicher Verhaltensweisen und Strukturen in den verschiedenen Teilen der Welt. Mehrere folgenreiche Neuerungen bilden zusammen die letzte Phase der Vorgeschichte, die sich uns im Rückblick als Einheit darstellt – welchen Namen wir ihr auch immer geben.

Physiologische Veränderungen

Zum Ende des Jungpaläolithikums hatten die Menschen im Wesentlichen die uns bekannte physische Gestalt. In Regionen mit guter Ernährungslage kam es später noch zu größerem Wuchs und höherer Lebenserwartung.

Dennoch erreichte ein Mensch der Altsteinzeit bestenfalls ein Alter von etwa 40 Jahren. Sein Leben war von Entbehrung geprägt; Krankheiten wie Arthritis, Rheumatismus und Karies sowie die Folgen von Unfällen ließen ihn vorzeitig altern.

Die Gestalt des menschlichen Antlitzes änderte sich allerdings in Abhängigkeit von der Ernährungsweise noch geringfügig. (Bei den Angelsachsen beispielsweise trat erst nach 1066 n. Chr., wohl infolge zunehmend stärke- und kohlenhydratereicher Nahrung, der Überbiss an die Stelle des vollständig schließenden Gebisses.)

Auch wenn sich die Menschen auf den verschiedenen Kontinenten äußerlich unterschieden, gibt es keine Veranlassung, Ähnliches in Bezug auf ihre Fähigkeiten anzunehmen. In allen Teilen der Welt bewies der *Homo sapiens sapiens* eine große Wandlungsfähigkeit, indem er seine ererbten Fähigkeiten an die klimatischen und geographischen Umbrüche der auslaufenden letzten Eiszeit anpasste. In den ersten größeren Siedlungen, in der Verfeinerung diverser Techniken sowie der Entwicklung von Sprache und künstlerischen Ausdrucksformen zeigten sich Ansätze zivilisatorischer Errungenschaften. Noch war man aber nicht in der Lage, wirtschaftlichen Überschuss zu erzeugen.

FRÜHER ACKERBAU

Erst mit der Einführung der Landwirtschaft im Neolithikum wurde Zivilisation überhaupt möglich. Begriffe wie „Agrarrevolution" oder „Ernährungsrevolution" sind wohl jedermann unmittelbar verständlich. Sogar die Kenntnisse der Metallverarbeitung, die sich in einigen Gesellschaften in dieser Phase ausbreitete, besaßen bei weitem nicht die Bedeutung des Ackerbaus. Dessen Erfindung revolutionierte die Bedingungen der menschlichen Existenz von Grund auf. Dies ist für die Bewertung des Neolithikums von großer Wichtigkeit, die im Übrigen von einem führenden Archäologen treffend auf den Punkt gebracht wurde: Das Neolithikum sei „keine zwischen zwei exakte Daten fallende Phase, sondern (...) eine Periode zwischen dem Ende der Jägergesellschaft und dem Beginn einer entwickelten Metall verarbeitenden Ökono-

Diese neolithische behauene Speerspitze stammt aus der Zeit zwischen 4400 und 3300 v. Chr.

mie, in der sich die Praxis der Agrarwirtschaft entwickelte und wie eine langsame Welle über weite Teile Europas, Asiens und Nordafrikas ausbreitete".

Bedingungen der Landwirtschaft

Landwirtschaft bestand in der Hauptsache aus Ackerbau und Viehzucht. Ort und Zeit ihrer Entstehung liegen im Dunkeln. Vor allem regionale, topographische und klimatische Bedingungen dürften dabei eine entscheidende Rolle gespielt haben: Während einige Völker weiterhin dem Wild durch die vom schmelzenden Eis freigelegten Ebenen folgten, vervollkommneten andere ihre Fähigkeiten zur Nutzung der neuen fruchtbaren Flusstäler und der fisch- und pflanzenreichen Meeresbuchten. Ähnliches gilt für den Anbau von Nutzpflanzen und Getreide sowie die Tierhaltung. Dabei war die Haustierhaltung in Afrika und Eurasien fortschrittlicher als in Amerika. So überrascht es wenig, dass sich die Landwirtschaft an mehreren Orten in unterschiedlichen Ausprägungen entwickelte. Die ersten Formen des Hirse- und Reisanbaus lassen sich um circa 10 000 v. Chr. im Nahen Osten nachweisen.

In der Westsahara, die vor einigen Jahrtausenden noch viel feuchter war als heute, fanden sich viele kleine, gravierte Steine mit diversen Tierdarstellungen. Sie belegen den allmählichen Übergang von der Jagd zur häuslichen Tierhaltung. Dieses Stück stammt aus der Region Saguia el-Hamra.

Landwirtschaft im Nahen Osten

Den Zufällen der historischen Überlieferung und dem Schwerpunkt der archäologischen Forschung ist es zu verdanken, dass wir über die frühe Landwirtschaft im Nahen Osten weit besser unterrichtet sind als über ihre möglichen Vorläufer im Fernen Osten. Besonders vorteilhafte Bedingungen sowohl für den Ackerbau als auch für archäologische Forschung charakterisieren insbesondere ein Gebiet, das später als „Fruchtbarer Halbmond" bezeichnet wurde und den ganzen Bogen von Ägypten über Palästina, die Levante und Anatolien bis zu den Bergen im Norden des Iran sowie die Flusstäler Mesopotamiens umfasst. Weite Bereiche davon erinnern heute kaum noch an die grünen Landschaften von vor 5000 Jahren, als dort ein sehr günstiges Klima herrschte. Damals wuchsen wilde Gerste und ein weizenähnliches Getreide in der südlichen Türkei und Emmer, wilder Weizen, im Jordantal. In Ägypten gab es genug Regen, und so konnten Menschen bis weit in historische Zeiten hinein Großwild jagen. In den syrischen Wäldern lebten noch um 1000 v. Chr. Elefanten.

Nach der Entdeckung des Feuers ist die Einführung des Ackerbaus der bedeutendste Schritt der Menschheit auf dem Weg zur modernen Zivilisation. Regionale, topographische und klimatische Faktoren beeinflussten diese Entwicklung.

Zeitleiste (10 000 – ca. 3500 v. Chr.)

10 000 v. Chr.	
10 000–5000 v. Chr.	Mesolithische Kulturen in Europa
8000 v. Chr.	Erste neolithische Skulpturen in Westasien
6000 v. Chr.	Erste neolithische Skulpturen in Europa
4000 v. Chr.	Beginn der Bronzezeit in Westasien
2000 v. Chr.	

Landwirtschaftliche Werkzeuge aus dem Neolithikum: ein Mahlstein (oben) und Feuersteinklingen (rechts), die möglicherweise bei der Ernte verwendet wurden.

Die ganze Region ist auch heute noch fruchtbar im Vergleich zu der sie umgebenden Wüste. In prähistorischen Zeiten aber war sie noch weitaus begünstigter.

Die ersten gezähmten und gezüchteten Tiere waren – je nach Landschaft – Schafe, Ziegen, Schweine und Kühe. Anfangs nutzte man die Tiere vor allem als Nahrungslieferanten, erst später wurden sie als Reit- und Arbeitstiere eingesetzt.

Der Getreideanbau

Die Getreidegräser, von denen unsere heutigen Getreidesorten abstammen, konnten in den oben genannten Ländern gut zurückverfolgt werden. Es existieren Belege dafür, dass wilde Gräser in Kleinasien bereits um 9500 v. Chr. geerntet, wenn auch möglicherweise nicht angebaut wurden. Auch hier scheint die Ausbreitung der Wälder nach dem Ende der letzten Eiszeit ein – wenn auch durchaus lösbares – Problem dargestellt zu haben.

Der wachsende Bevölkerungsdruck machte es erforderlich, neue Lebensgrundlagen durch Rodung und Ackerbau zu schaffen, da die Jäger- und Sammlerwirtschaft nicht mehr ausreichend Nahrung für alle Menschen lieferte. Von hier aus breiteten sich die neuen Ernährungsweisen und die Techniken des Säens und Erntens um 7000 v. Chr. vermutlich nach Europa aus.

Innerhalb der Region waren Kontakte natürlich einfacher als nach außen. Im Iran wurden klingenförmige Werkzeuge aus der Zeit um 8000 v. Chr. entdeckt, die aus einem Obsidian hergestellt waren, der aus Anatolien stammte. Eine Ausnahme bei der Verbreitung von neuen Techniken und anderen zivilisatorischen Errungenschaften stellte der amerikanische Kontinent dar. Hier entwickelte sich die Landwirtschaft später offenbar ohne jeden Einfluss von außen.

Die Tierhaltung

Auch wenn uns der Sprung vom Jäger und Sammler zum Ackerbauern größer erscheint als der von der Jagd zur Viehzucht, sollte man die Bedeutung der Domestikation von Tieren für die Weiterentwicklung der Kulturen nicht unterschätzen.

Die ersten Spuren einer systematischen Schafhaltung stammen aus dem Nordirak um 9000 v. Chr. Dort zogen seit Jahrtausenden die wilden Vorfahren der Kühe und Schweine bis auf gelegentliche Kontakte mit ihren Jägern ungestört durch die hügelige Graslandschaft. Schweine gab es überall in der Alten Welt, Schafe und Ziegen waren besonders in Kleinasien und dem asiatischen Hinterland zahlreich vertreten.

Die systematische Nutzung von Tieren hatte die Entstehung von Zuchttechniken sowie einige weitere wirtschaftliche und technische Innovationen zur Folge: Mit der Verwendung ihrer Häute und Wolle eröffneten sich neue Möglichkeiten für die Herstellung von Bekleidung und Werkzeug, und auch die Milch ließ sich verwerten. Der Einsatz von Tieren zum Reiten und zur Verrichtung der schweren Feldarbeit erfolgte aber erst zu einem späteren Zeitpunkt, ebenso wie die Federviehhaltung.

Die Anfänge des Ackerbaus

Pflanzenanbau und Tierhaltung, die beide das Leben der Menschen radikal veränderten, begannen nicht an einem Ort. Vieles deutet darauf hin, dass sich unterschiedliche Agrartraditionen zu verschiedenen Zeiten und von verschiedenen Orten aus entwickelten, von denen sich acht identifizieren lassen (siehe Karte rechts oben). Als Erstes entwickelte sich der Ackerbau offenbar im Nahen Osten, wo wir von Bauernsiedlungen wissen, die schon vor 10 000 Jahren existierten. Ackerbau und Tierhaltung breiteten sich von diesen frühen Zentren allmählich auch in andere Regionen aus. Die europäische Ackerbautradition beispielsweise gelangte vermutlich auf zwei Wegen vom Nahen Osten nach Europa: über den Balkan und entlang der Donau (seit ca. 6500 v. Chr.) sowie entlang der Mittelmeerküste (wo sie um 5000 v. Chr. Südfrankreich erreichte).

Die Karte rechts unten zeigt, wie eng die Verbreitung des Ackerbaus mit derjenigen der Töpferkunst verbunden war. Die typischen Tonwaren, wie sie in der Mittelmeerregion gefunden wurden, werden nach ihren Verzierungen, die mit Hilfe der *cardium*-Muschel oder anderen Gegenständen in den Ton gedrückt wurden, als Cardial- oder Impressokeramik bezeichnet. Die nach ihren linearen Verzierungen als Bandkeramik bezeichneten Tonwaren hingegen wurden nördlich der Alpen und in ganz Mitteleuropa gefunden. Anhand der Zuordnung von Fundstücken zu einer dieser Gruppen ist es möglich frühe Ackerbau treibende Gemeinschaften zu lokalisieren.

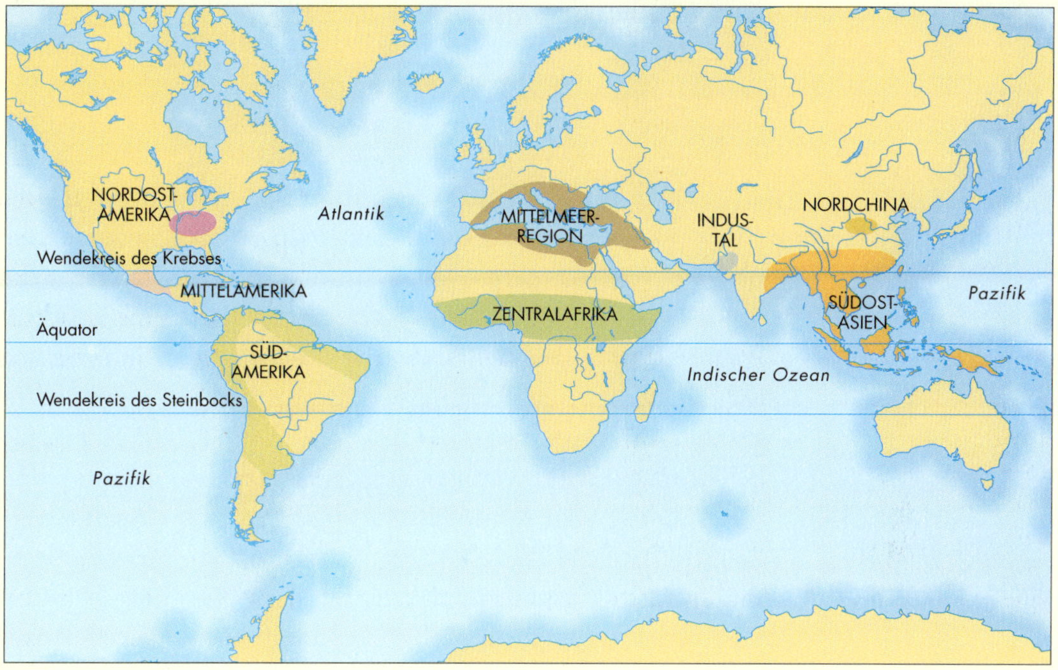

Regionen, in denen sich der Ackerbau eigenständig entwickelte.

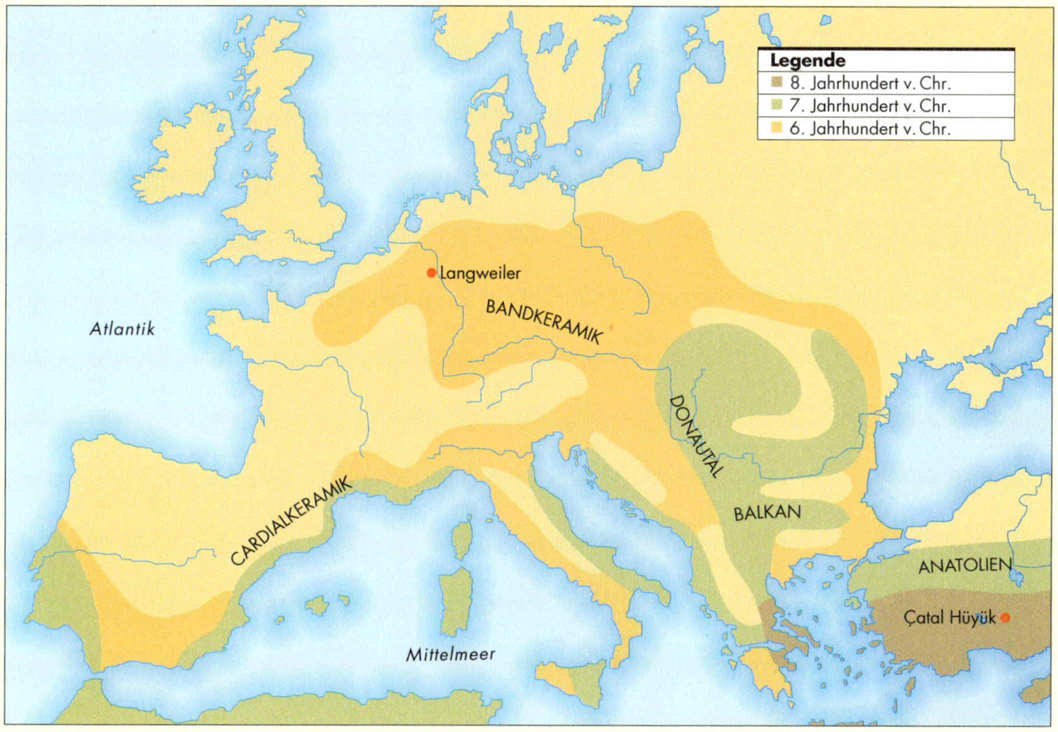

Die Verbreitung von Ackerbau und kulturellen Traditionen in Europa.

Die verschiedenen kulturellen Traditionen des Neolithikums lassen sich anhand ihrer unterschiedlichen Töpferstile auseinander halten. Das abgebildete Objekt wurde in Andalusien (Spanien) gefunden und ist ein Beispiel für die Cardialkeramik, die für die westliche Mittelmeerregion im frühen Neolithikum charakteristisch war.

DIE FOLGEN DES ÜBERFLUSSES

Mit dem Aufkommen der Landwirtschaft begann die größte Transformation der Umwelt durch den Menschen. Eine jagende und sammelnde Gesellschaft benötigt für die Ernährung jeder einzelnen Familie Hunderte Hektar Land, während in einer primitiven Agrargesellschaft zehn Hektar ausreichen: Die Vorbedingungen für ein starkes Bevölkerungswachstum waren geschaffen.

Ein mehr oder weniger gesicherter Nahrungsüberschuss ermöglichte gleichzeitig dauerhaftere Siedlungsformen. Größere Gemeinschaften konnten auf kleinerem Gebiet zusammen wohnen und Dörfer bilden. Spezialisten, die nicht in die Nahrungsproduktion eingebunden waren und stattdessen der Dorfgemeinschaft ihre Fähigkeiten zur Verfügung stellten, konnten nun leichter toleriert und ernährt werden. Vor 9000 v. Chr. gab es bei Jericho beispielsweise eine Dorfgemeinschaft (und möglicherweise ein Heiligtum); 1000 Jahre später war daraus bereits ein vier Hektar großes Areal mit Lehmziegelhäusern geworden.

Soziale Veränderungen

Über die sozialen Strukturen und Verhaltensweisen der Gemeinschaften im Nahen Osten wissen wir nur sehr wenig. Vermutlich waren lokale Strukturen damals genauso wichtig wie zu jeder anderen Zeit. In ihrer Konstitution ähnelten sich die Menschen mehr denn je, die kulturellen Entwicklungen verliefen jedoch in Abhängigkeit von den zu bewältigenden Problemen und den verfügbaren Ressourcen. Die Anpassungsfähigkeit, die die verschiedenen Zweige des *Homo sapiens* nach der Eiszeit entwickelten, erwies sich als herausragend. Die Erfahrungsspektren differenzierten sich stärker aus als nach allen vorausgegangenen Eiszeiten. Etliche verschiedene, aber sehr stabile Kulturgruppen entstanden, da der Routine eine überragende Bedeutung für das Leben in isolierten, ortsgebundenen Traditionen zukam. Viele dieser lokalen Eigenheiten lösten sich später innerhalb kürzester Zeit – d. h. in einem Zeitraum von höchstens 10 000 Jahren – unter dem Einfluss wachsender Bevölkerungszahlen, rascherer Kommunikation und aufkommenden Handelsverkehrs wieder auf.

Arbeitsteilung und Tauschhandel

Innerhalb der neuen Agrargemeinschaften nahm vermutlich die Rollendifferenzierung stark zu, und es entwickelten sich neue kollektive Aufgaben. Es ist weiterhin anzunehmen, dass sich gleichzeitig die sozialen Unterschiede verstärkten. Die Überflussproduktion bot neue Möglichkeiten des Tauschhandels und schließlich des Handels auf Währungsbasis.

Die ersten geflochtenen Körbe entstanden vermutlich in der letzten Phase des Neolithikums. Diese verblüffend gut erhaltenen Strohkörbe wurden in Cueva de los Murciélagos in Granada (Spanien) gefunden.

Dieser sensationelle runde Steinturm wurde bei Ausgrabungen bei Jericho auf der West Bank freigelegt. Der Turm hat noch eine Höhe von neun Metern und datiert um 8000 v. Chr. Daraus können wir schließen, dass einige der frühesten Ackerbau treibenden Gemeinschaften im Neolithikum bereits komplexe Befestigungssysteme hatten, um sich gegen feindliche Einfälle zu verteidigen.

Neue Konfliktquellen

Der durch Überproduktion entstandene Wohlstand verleitete zu Überfällen und Eroberungen. Sicherlich nimmt hier auch der jahrhundertelange Konflikt zwischen Nomaden und Bauern seinen Ursprung. Die Notwendigkeit, Ernten und Viehbestand gegen Raubüberfälle zu schützen, mag den Anstoß zur Bildung politischer Strukturen gegeben haben. Vermutlich gingen die ersten Formen einer Aristokratie auf die (mit Sicherheit häufigen) Erfolge der Jäger und Sammler gegenüber den Siedlern zurück. Erstere nutzten dabei als Repräsentanten einer älteren sozialen Ordnung die Verwundbarkeit der an ihr Land gebundenen Bauern aus und versuchten sie zu unterwerfen.

Die Jagd sollte für lange Zeit ein Vorrecht der Könige bleiben, und die Herrschaft über

Dieses Gipsmodell eines menschlichen Kopfes wurde in Jericho gefunden. Es ist als Flachrelief ausgeführt und stammt aus dem 7. Jahrtausend v. Chr.

die Tierwelt war das Attribut der frühen Helden, von deren Taten Skulpturen und Legenden erzählen. Aber wenn auch die gerade noch vorgeschichtliche Welt in weiten Teilen durch Härte und Grausamkeit gekennzeichnet war, so gab es doch einen mildernden Faktor: Die Erde war immer noch nicht dicht bevölkert. Der Übergang von der Jäger- und Sammler- zur Agrargesellschaft konnte sich gemächlich vollziehen. Der reichlich verfügbare Raum und die niedrige Bevölkerungsdichte in Europa zu Beginn des Agrarzeitalters mögen das Fehlen archäologischer Belege für gewaltsame Auseinandersetzungen erklären. Erst mit der Zeit kam es zu einem Anstieg der Bevölkerung und einer wachsenden Nachfrage nach Agrarflächen. Damit erhöhte sich gleichzeitig die Wahrscheinlichkeit von Rivalitäten und Konflikten um deren Nutzung.

Ein Flachbeil aus der frühen Bronzezeit (rechts außen) und ein Beil aus der späten Bronzezeit (rechts). Bronze wurde auf Grund ihres hohen Preises nur sparsam eingesetzt und für Waffen und Schmuck verwendet.

Die Entwicklung der Metallverarbeitung führte in der Landwirtschaft durch die Erfindung des Eisenpfluges (und dem Einsatz von Tieren) zu einer Steigerung der Ernteerträge. Doch auch in der Waffenherstellung waren die Metalle willkommen.

Frühe Metallverarbeitung

Auch die Metallverarbeitung veränderte die Lebensweisen, aber diese Entwicklung zog sich viel länger hin als in der Landwirtschaft. Die geringe Größe der Erzvorkommen und ihre verstreute Lage waren die Gründe dafür, dass die unmittelbaren Auswirkungen weniger tief greifend und dramatisch waren. Die Verwendung von Kupfer ist als Erstes belegt. Irgendwann zwischen 7000 und 6000 v. Chr. formte man in Çatal Hüyük/Anatolien ohne Erhitzen mit dem Hammer Kupfer, die ältesten erhaltenen metallischen Artefakte sind jedoch ägyptische, gehämmerte Kupfernadeln aus der Zeit um 4000 v. Chr.

Bronze und Eisen

Mit der Erfindung von Bronze aus einer Legierung von Kupfer und Zinn (das in Mesopotamien bald nach 3000 v. Chr. in Gebrauch war) stand dem Menschen ein leicht gießbares und formbeständiges Metall zur Verfügung. Auf Grund der neuen Möglichkeiten, die dessen Verarbeitung eröffnete, gewannen die Regionen mit Erzvorkommen zunehmend an Bedeutung. Dies hatte eine Stärkung des Handels, der Märkte und Verbindungswege zur Folge.

Besonders bedeutsam war das Eisen im militärischen Bereich, aber auch der Landwirtschaft brachte es immensen Nutzen. Allmählich ermöglichte es eine Erweiterung des Lebensraumes und steigerte die Ergiebigkeit des Bodens: Mit der Erfindung des Eisenpfluges und dem Einsatz von Tieren zur Feldarbeit (im Nahen Osten um 3000 v. Chr.) konnte man tiefer graben, die Erde besser wenden und so die Erträge steigern.

Zentren der Entwicklung

Wir erkennen bereits, wie schnell – dieser Ausdruck ist vor dem Hintergrund der davor liegenden Entwicklungen berechtigt – Durchdringung und Zusammenspiel beginnen, Tempo und Richtung von Veränderungen zu beeinflussen. Während diese Prozesse noch in vollem Gange waren, entstanden hier und da bereits die ersten Zivilisationen. Die Prähistoriker konnten sich lange nicht einig werden, ob sich diese Neuerungen von einer einzigen Quelle her ausgebreitet hatten oder spontan und unabhängig an mehreren Orten entstanden. Angesichts der Komplexität des Hintergrundes erscheint diese Diskussion indes als pure Zeit- und Energieverschwendung. Beide Einschätzungen erweisen sich in ihrer pauschalisierten Form als unwahrscheinlich. Dass an einem Ort und ausschließlich dort alle Bedingungen für das Auftreten neuer Phänomene existiert und sich von diesem überallhin ausgebreitet haben sollen, ist ebenso wenig plausibel wie die Vorstellung, dass trotz aller bestehenden geographischen, klimatischen und kulturellen Unterschiede immer von neuem exakt dieselben Erfindungen gemacht worden seien. Wir können allerdings im Nahen Osten ein Zusammentreffen von Faktoren beobachten, die ihn zu einem besonders kompakten, aktiven und damit zum wichtigsten Zentrum neuer Impulse gemacht haben. Das bedeutet nicht, dass sich einzelne vergleichbare Entwicklungen nicht auch andernorts abgespielt haben: Tonwaren gab es in Japan offenbar schon um 10 000 v. Chr., und in Amerika entwickelte sich vermutlich bereits um 5000 v. Chr. die Landwirtschaft völlig unabhängig von der Alten Welt.

Steinformen dienten der Herstellung diverser Bronzeobjekte. Diese Gussform für Nadeln wurde in der Schweiz gefunden.

AM VORABEND DER ZIVILISATION

Am Ende der Vorgeschichte und am Vorabend der ersten Zivilisationen erkennen wir eine Welt menschlicher Gesellschaften, die in ihrer Vielfalt und in ihrer Fähigkeit, die Umwelt zu meistern und das Überleben zu sichern, alles Bisherige übertreffen. Einige dieser Gesellschaften existierten noch bis in die nachchristliche Zeit hinein: So verschwanden die nordjapanischen Ainu erst im 19. Jahrhundert und mit ihnen ein Leben, das sich kaum von dem unterschied, welches sie seit 15 000 Jahren geführt hatten. Engländer und Franzosen fanden, als sie im 16. Jahrhundert nach Nordamerika kamen, Jäger und Sammler vor, die immer noch nahezu so lebten wie ihre Vorfahren vor 10 000 Jahren. Platon und Aristoteles lebten und starben, bevor in Amerika die Vorgeschichte durch die große Kultur der Maya von Yucatán abgelöst wurde, und auch für die Inuit und die australischen Ureinwohner dauerte die Vorgeschichte bis ins 19. Jahrhundert.

Der zeitliche Verlauf

Kein chronologisches Raster wird uns helfen, ein so kompliziertes Muster von Völkern und Kulturen zu entwirren. Seine wichtigsten Merkmale sind dennoch einigermaßen klar erkennbar: Um 7000 oder 6000 v. Chr. sind in einer Region der Alten Welt alle Bedingungen gegeben, damit zivilisiertes Leben entstehen kann. Deren tiefste Wurzeln reichen Hunderttausende von Jahren bis in jene Zeiten zurück, die noch vom

Diese Steinform (unten links) stammt aus der Schweiz. Mit ihr ließen sich Nadeln wie die unten rechts abgebildete gießen.

langsamen Rhythmus der genetischen Evolution bestimmt waren. Im Laufe des Jungpaläolithikums, als der kulturelle Faktor allmählich immer wichtiger wurde, hatte sich der zeitliche Verlauf der einzelnen Entwicklungsschritte bereits um ein Vielfaches beschleunigt und dieser Prozess setzte sich in verstärktem Maße fort. Die Entwicklung der jeweiligen Kulturen sollte in viel größerem Stil Versuche mit sich bringen, Menschen und ihr Lebensumfeld zu kontrollieren und zu organisieren. Dabei konnte auf umfassende geistige und technologische Errungenschaften zurückgegriffen werden, die sich ständig erweiterten; und diese Transformationen verstärkten wiederum den Veränderungsprozess. Die Folge war eine beschleunigte Entwicklung in allen Bereichen, wie etwa der technischen Beherrschung der Umwelt, der Verfeinerung von Denkmustern, der Veränderung sozialer Strukturen, der Anhäufung von Gütern oder des Bevölkerungszuwachses.

Diese in Çatal Hüyük gefundene Figur datiert um 8000–7000 v. Chr.

Es ist wichtig, sich die Dimension der Beschleunigung im historischen Vergleich vorzustellen. Aus heutiger Perspektive erscheinen sogar die Jahrhunderte des europäischen Mittelalters wie ein langer Schlummer. Aber der moderne Leser, der das enorme Tempo gewöhnt ist, mit dem sich seine eigene Welt verändert, sollte sich bewusst machen, dass die Kunst, die sich von der Romanik in Aachen zur Zeit Karls des Großen bis zum Flamboyant im Frankreich des 15. Jahrhunderts

Die Rekonstruktion eines Teils der 1958 in Anatolien entdeckten neolithischen Siedlung Çatal Hüyük. Die 1000 Wohneinheiten datieren um rund 6000 v. Chr. Sie haben einen bemerkenswert regelmäßigen Grundriss, bestehen aus verputzten luftgetrockneten Lehmziegeln und messen rund 25 Quadratmeter. Als Eingänge dienten niedrige Türen auf den Dachterrassen. In einigen der Räume wurden Wandmalereien, Statuen einer Muttergöttin und eine Stierfigur gefunden. Dies lässt vermuten, dass sie als Heiligtümer genutzt wurden.

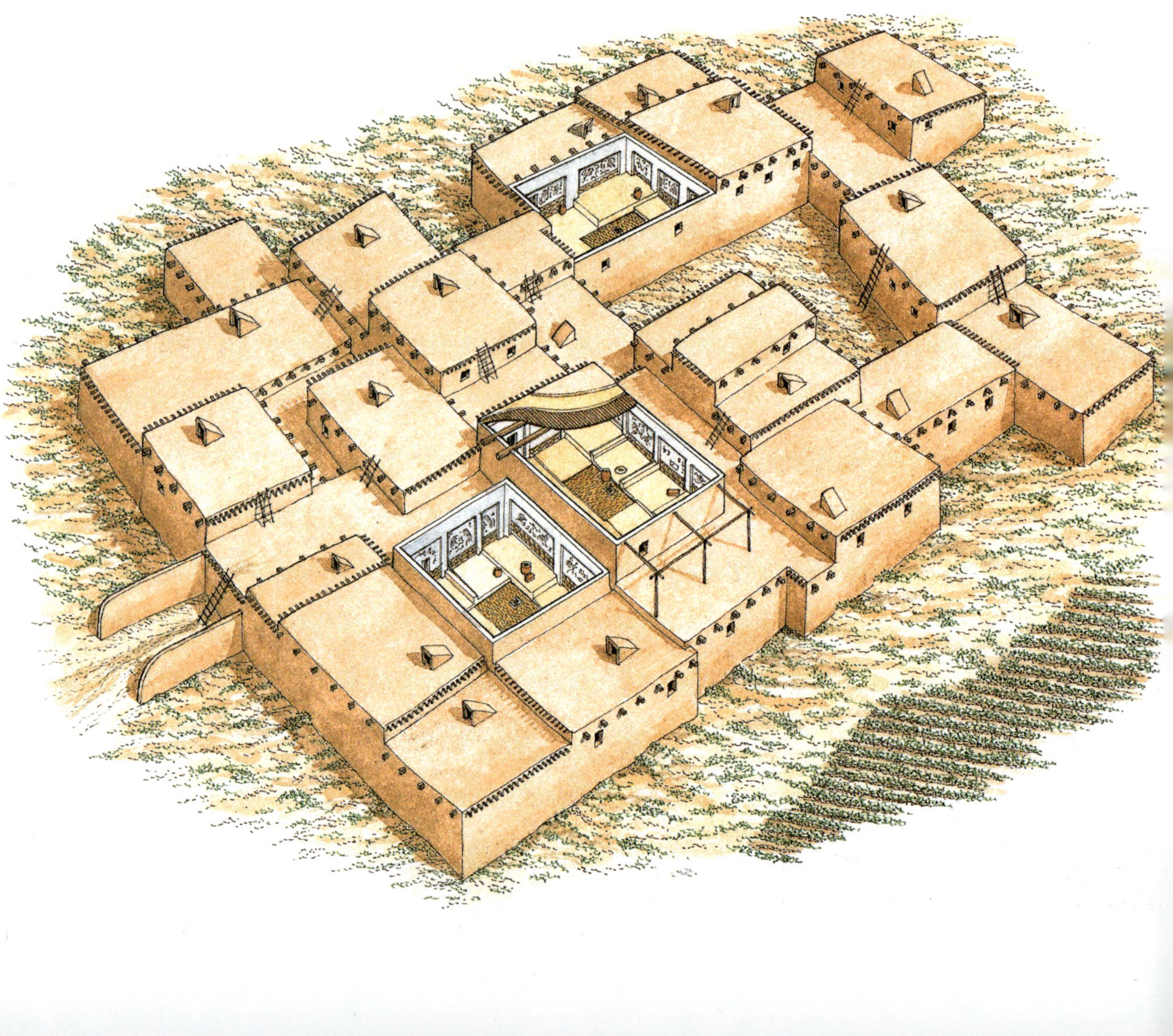

Dieses Gebäude mit einem Grundriss von 11 x 10 Metern wurde im 4. Jahrtausend v. Chr. im Zentrum eines kleinen Dorfes in Banpo südlich des Gelben Flusses in China errichtet. Es war das Hauptgebäude des Dorfes, in dem Menschen der neolithischen Yangshao-Kultur lebten.

entwickelte, in fünf oder sechs Jahrhunderten revolutioniert wurde. Im Vergleich dazu dauerte es zehnmal so lang, bis die frühest bekannte Kunst, nämlich die des europäischen Jungpaläolithikums, erste stilistische Veränderungen zeigte.

Je weiter wir zurückgehen, desto langsamer ist das Tempo, wie wir an der Beständigkeit frühester Werkzeugformen erkennen können. Und je fundamentaler die Veränderungen, desto schwerer lassen sie sich erfassen. Soweit wir wissen, haben die letzten 12 000 Jahre hinsichtlich Konstitution und Aussehen des Menschen kaum Neues gebracht im Vergleich zum frühen Pleistozän, über das uns gerade einmal eine Hand voll Funde andeutungsweise Auskunft geben. Jene Prozesse dauerten Hunderttausende von Jahren.

Menschlicher Gestaltungswille

Das Tempo der Veränderungen hängt zum Teil davon ab, ob die Natur oder der Mensch die Veränderungen „macht“. Die Menschen entscheiden zunehmend für sich selbst, und sogar in der Vorgeschichte wird Veränderung mit der Zeit zu einer Frage der bewussten Anpassung. Diese Entwicklung setzte sich in der historischen Zeit umso stärker fort. Das ist der Grund, warum die Geschichte der Menschheit im Wesentlichen die Geschichte ihres Bewusstseins ist. Von Anfang an stellte der Mensch dem Diktat der Natur seinen Gestaltungswillen entgegen. Beides wird sich niemals ganz voneinander trennen lassen, aber die Rolle von Kultur und Tradition als Auslöser für Veränderung nahm ständig zu.

Art und zeitlicher Verlauf der kulturellen Entwicklungen hingen im Wesentlichen vom Vermögen des Menschen ab, seine ihm angeborenen und erlernten Fähigkeiten richtig einzusetzen.

Diese in Çatal Hüyük gefundene Terrakotta-Skulptur datiert um 6000 v. Chr. und stellt die hethitische Muttergöttin beim Gebären zwischen zwei Löwen oder Leoparden dar.

Dieser Fundort, Langweiler 2, ist typisch für die Bandkeramikkultur zur Mitte des 6. Jahrtausends v. Chr. Die frühen Bauern lebten in Dörfern mit wenigen großen Gebäuden von bis zu 45 Quadratmetern Grundfläche, die in drei Bereiche unterteilt waren. Der mittlere Bereich wurde von der Familie genutzt, ein weiterer Raum war dem Vieh vorbehalten und ein dritter diente vermutlich als Getreidespeicher. Die Dorfbewohner bauten Getreide und Gemüse an, hielten Rinder und Schweine und jagten in den nahe gelegenen großen Wäldern.

Das Erbe der Menschheit

Zwei Überlegungen sollen im Folgenden die unbestreitbare Tatsache, dass der Mensch einen gewissen Einfluss auf sein Schicksal hat, ins richtige Licht rücken.

Erstens verbesserten sich seine angeborenen Fähigkeiten seit dem Jungpaläolithikum nicht mehr. Sein äußeres Erscheinungsbild hat sich in 40 000 Jahren kaum nennenswert verändert, und es wäre erstaunlich, wenn es um seine mentalen Fähigkeiten anders stände. Eine derart kurze Zeitspanne bot schwerlich Gelegenheit für genetische Veränderungen vergleichbar denen früherer Perioden. Die Geschwindigkeit, mit der die Menschheit seit der prähistorischen Zeit so viel erreicht hat, lässt sich aber recht einfach erklären: Es gibt eine größere Anzahl von Menschen, von deren Talenten die Menschheit profitiert, und die menschlichen Errungenschaften sind überdies vorwiegend kumulativ. Sie basieren auf einem Erbe, das sich selbst exponentiell vermehrt. Die primitiven Gesellschaften hatten einen viel geringeren Erbschatz in die Wiege gelegt bekommen als wir.

Diese erste Überlegung mag spekulativ sein, nicht jedoch die zweite: Unser genetisches Erbe gestattet uns nicht nur, bewusst Veränderungen herbeizuführen und eine beispiellose Evolution zu durchlaufen, sondern es kontrolliert und beschränkt uns auch. Allerdings offenbaren die Ereignisse des 20. Jahrhunderts deutlich die Grenzen unserer Fähigkeit, das eigene Schicksal bewusst zu steuern. In diesem Sinne sind wir nach wie vor festgelegt, unfrei und lediglich Teil einer Natur, die unsere einzigartigen Fähigkeiten überhaupt erst auf Grundlage der Selektionsmechanismen der Evolution geschaffen hat. Ebenso wenig lässt sich dieser Teil unseres Erbes von der emotionalen Prägung trennen, die wir durch diesen Prozess erfahren haben. Die Spuren dieser Prägung beeinflussen unser ästhetisches Empfinden und unser Gefühlsleben.

Der Mensch muss also mit einem immanenten Dualismus leben. Diesen aufzulösen oder sich mit ihm zu arrangieren, war immer schon das Ziel der meisten großen Philosophien, Religionen und Mythologien. Wenn wir von der Vorgeschichte zur Geschichte fortschreiten, dürfen wir nicht vergessen, dass die bestimmende Wirkung dieses Dualismus sich einer Kontrolle weit zäher widersetzt als jene blinden prähistorischen Kräfte wie Geographie und Klima, die so rasch überwunden werden konnten. Und doch ist der Mensch am Beginn der Geschichte bereits das Wesen, das uns vertraut ist: ein Gestalter und Veränderer.

Ein Khoisan in der Kalahari-Wüste in Afrika stillt seinen Durst mit dem Saft einer Wurzel. Ebenso wie die heute lebenden traditionellen Gemeinschaften überlebten unsere prähistorischen Vorfahren dank reicher Kenntnisse ihres Lebensumfelds.

II. FRÜHE KULTUREN

Vor 10 000 Jahren hatte die Erde äußerlich bereits weitgehend ihre heutige Gestalt. Die Umrisse der Kontinente sowie die natürlichen Barrieren und Verbindungswege waren im Wesentlichen dieselben wie heute. Auch das Klima ist seit dem Ende der letzten Eiszeit stabil geblieben. Die Veränderungen des nun angebrochenen Zeitalters waren meistens auf menschlichen Einfluss zurückzuführen.

Die Zivilisation war einer der größten Beschleunigungsfaktoren solcher Veränderungen. In mindestens sieben Regionen der Welt entwickelten sich innerhalb von 3000 Jahren – größtenteils unabhängig voneinander – frühe Kulturen, weil menschliche Fähigkeiten sowie natürliche Bedingungen und Umstände im richtigen Moment zusammentrafen. Sie formten sich, was ihre Wirkung und Beständigkeit betraf, höchst unterschiedlich aus. Alle sind jedoch Beispiele für die Beschleunigung von Veränderungsprozessen.

Von einigen dieser frühen Kulturen haben wir Spuren bis in unsere Gegenwart, während andere ihren Einfluss verloren und höchstens noch unsere Fantasie und unsere Gefühle beschäftigen. Nichtsdestoweniger haben diese Zivilisationen in ihrer Gesamtheit die kulturelle Landkarte geformt, die infolge der Beständigkeit ihrer Traditionen bis heute Gültigkeit besitzt, auch wenn die ursprünglichen Ideen, gesellschaftlichen Strukturen und Technologien längst vergessen sind.

Die ersten Hochkulturen entstanden zwischen 3500 und 500 v. Chr., und damit beginnt der erste chronologische Abschnitt der Weltgeschichte.

Ägyptens einzigartiges künstlerisches Vermächtnis beschäftigt seit seiner Wiederentdeckung durch die Archäologen und Gelehrten, die im Jahre 1798 im Gefolge Napoleons nach Ägypten kamen, die Phantasie der Welt. Dieser bemerkenswerte Tempel in Luxor (dem südlichen Teil Thebens) wurde von Amenophis III. (1411–1375 v. Chr.) errichtet und war einer der wichtigsten Tempel zur Zeit des Neuen Reichs.

1 ERSTE ZIVILISATIONSFORMEN

Seit Menschengedenken existiert in Jericho ein niemals versiegender Brunnen, der eine große Oase speist. Das erklärt, warum während der vergangenen 10 000 Jahre dort immer wieder Menschen gelebt haben. Bereits in prähistorischen Zeiten siedelten dort Bauern, ihre Zahl mag 2000 oder 3000 betragen haben. Schon vor 6000 v. Chr. gab es große Wasserreservoirs, die möglicherweise der Feldbewässerung dienten, und einen massiven Steinturm, der zu einem ausgeklügelten Befestigungssystem gehörte. Offensichtlich hatten die Bewohner genügend Besitz, den es zu verteidigen galt. Aber auch wenn Jericho ein bemerkenswerter Ort war, können wir noch nicht vom Beginn einer Hochkultur sprechen.

Die Grundlagen der Zivilisation

Bevor wir in die Ära der Hochkulturen eintreten, sollten wir uns darüber klar werden, dass wie so oft in der Geschichte die Übergangsphase von einer Kulturstufe zur nächs-

Die Schauplätze der frühen Kulturen

Diese Karte zeigt die Weltgegenden in denen die frühen Kulturen entstanden. Der Umstand, dass jede dieser Kulturen unverwechselbare Merkmale aufwies, legt den Schluss nahe, dass sie sich unabhängig voneinander entwickelt hatten. Zwischen nahe beieinander gelegenen Kulturen, wie Mesopotamien und Ägypten, kam es jedoch bald zu Kontakten, als die jeweiligen Herrscher begannen, das Umland zu erkunden. Alle Kulturen versuchten, so viel wie möglich über die tatsächlichen oder potenziellen Ressourcen benachbarter Gebiete in Erfahrung zu bringen.

Ein Papyrusblatt aus dem Totenbuch, das aus der Feder des altägyptischen Schreibers Ani stammt. Die größeren Figuren stellen den Verschiedenen und seine Frau dar.

ten nur schwer zu erkennen ist. Bereits um 5000 v. Chr. produzierten Bauernsiedlungen im Nahen Osten einen Agrarüberschuss, der als eine der Voraussetzungen für das Entstehen von Kulturen gilt. Einige von ihnen hinterließen Zeugnisse einer komplexen religiösen Praxis und kunstvoll bemalte Keramik, wie sie im Neolithikum weit verbreitet war. Für die Zeit um 6000 v. Chr. sind in Çatal Hüyük in der Türkei, das nur wenig jünger ist als Jericho, Ziegelhütten nachweisbar.

Doch unter Zivilisation verstehen wir in der Regel mehr als die Existenz von Ritualen, Kunst oder bestimmten Technologien und in jedem Fall mehr als die bloße Ansammlung vieler Menschen an einem Ort.

Was ist Zivilisation?

Mit der Definition von Zivilisation verhält es sich ein wenig wie mit dem „gebildeten Menschen“: Jeder erkennt ihn als solchen, wenn er ihn vor sich hat, aber weder kennen alle möglichen Betrachter alle gebildeten Menschen, noch sind formale Qualifikationen (wie beispielsweise ein akademischer Grad) ein notwendiges oder hinreichendes Indiz. Lexikographische Definitionen helfen im Fall von

Zeitleiste (3500 – ca. 1500 v. Chr.)

3500 v. Chr.	3000 v. Chr.	2500 v. Chr.	2000 v. Chr.	1500 v. Chr.
	3100 v. Chr. Ägyptische Kultur		Minoische Kultur auf Kreta	Mesoamerikanische Kulturen
Erste erkennbare Hochkultur in Mesopotamien		Erste Hochkultur in Indien		Erste chinesische Hochkultur

„Zivilisation" ebenso wenig weiter. Das *Oxford English Dictionary* zieht sich auf die unanfechtbare, aber in ihrer Vorsichtigkeit unbrauchbare Formulierung vom „entwickelten oder fortgeschrittenen Zustand menschlicher Gesellschaft" zurück. Wie weit entwickelt oder fortgeschritten und in welche Richtung, lässt diese Definition offen.

Manche behaupten, eine zivilisierte Gesellschaft unterscheide sich von einer nicht zivilisierten dadurch, dass sie gewisse Kriterien wie Schrift, Städte oder Monumentalbauten aufweise.

Wodurch sich Zivilisation genau auszeichnet, ist schwer zu entscheiden, auf jeden Fall sollte man sich nicht auf einzelne Kriterien stützen. Die Komplexität des Problems wird deutlich, wenn wir Beispiele betrachten, über deren Qualifikation als Zivilisation sich alle einig sind. Sie alle haben eine Kulturstufe erreicht, auf der ein viel breiteres Spektrum menschlicher Betätigungen und Erfahrungsmöglichkeiten gegeben ist als in jeder noch so erfolgreichen primitiven Gemeinschaft. Als Zivilisation bezeichnen wir also eine sehr kreative Form menschlicher Interaktion, in der ein erhebliches kulturelles Potenzial und ein gewisser Ressourcenüberschuss erreicht werden. Nur so sind Hochkulturen in der Lage, freie Kapazitäten der weiteren Entwicklung ihrer Gesellschaft zu widmen.

Diese weibliche Tonfigur mit Reptilienkopf wurde in Ur in Mesopotamien gefunden und datiert aus dem 5. Jahrtausend v. Chr.

FRÜHE HOCHKULTUREN

Wir beginnen unsere grobe Chronologie um 3500 v. Chr., als in Mesopotamien die erste Hochkultur erkennbar wird. Nur 400 Jahre später lässt sich auch in Ägypten eine hochentwickelte Zivilisation beobachten. Der Beginn der minoischen Kultur auf Kreta ist auf etwa 2000 v. Chr. datierbar. Diese drei Hochkulturen entstanden unabhängig voneinander. Im Gegensatz dazu beeinflussten sich die nun folgenden Kulturen gegenseitig: Um 2500 v. Chr. bildete sich in Indien eine Hochkultur (sie besaß schon so etwas wie eine Schrift), in China beginnt sie um die Mitte des 2. Jahrtausends v. Chr. Etwas später folgte die mesoamerikanische Hochkultur. Unter den um 1500 v. Chr. bestehenden Zivilisationen – mit Ausnahme der letzteren – bestanden so viele Querverbindungen, dass ihre isolierte Betrachtung das Geschehen nicht mehr hinreichend erfasst. Von jetzt an sollten sich keine neuen Kulturen mehr entwickeln ohne den Einfluss und das Erbe älterer.

Ihre technologischen Entwicklungsstufen sind im Vergleich zu der modernen natürlich sehr niedrig, verglichen mit ihren Vorläufern jedoch ausgesprochen hoch. Auch wenn die topographischen Verhältnisse der einzelnen Regionen immer noch eine große Rolle spielten, begannen die geographischen Schranken zu fallen. Die Topographie der Welt ähnelte weitgehend der heutigen, und die durch sie vorgegebenen Verbindungswege und -hindernisse änderten sich nicht mehr; nur die technologischen Fähigkeiten, von ihnen zu profitieren oder sie zu überwinden, nahmen mit der Zeit zu. Dasselbe gilt für die Wind- und Wasserströmungen, die die frühe Seefahrt bestimmten.

Es bestanden also schon in sehr früher Zeit beträchtliche Möglichkeiten des Austausches, und es wäre verfehlt anzunehmen, die verschiedenen Kulturen seien überall nach mehr oder weniger dem gleichen Muster und unter den gleichen Bedingungen entstanden. Vielfach wird auf bestimmte günstige geographische Gegebenheiten verwiesen, wie Flusstäler, deren reicher und einfach zu bearbeitender Boden natürlich eine vergleichsweise dicht nebeneinander lebende Bevölkerung ernähren konnte. Solche Siedlungen bildeten die Grundlage der ersten Städte, wie dies in Mesopotamien, Ägypten, dem Indus-Tal und China zu beobachten ist. Aber auch fernab von Flusstälern entwickelten sich Städte und Kulturen, beispielsweise in Mittelamerika, auf dem minoischen Kreta und später in Griechenland. Bei den Letztgenannten ist anzunehmen, dass Einflüsse von außen eine wichtige Rolle gespielt haben, auch Ägypten und das Indus-Tal standen bereits zu einem sehr frühen Zeitpunkt ihrer Entwicklung mit Mesopotamien in Kontakt. Diese Erkenntnisse führten vor einigen Jahren zu Spekulationen, es gäbe möglicherweise doch einen zentralen Ursprung, aus dem heraus sich alle übrigen Kulturen entwickelt hätten. Inzwischen wird diese These kaum noch vertreten.

Die Stadt Tiahuanaco am Ufer des Titicaca-Sees in Peru gehört zu dem Eindrucksvollsten, was die frühen Andenkulturen hervorgebracht haben. Die Blütezeit der Stadt dauerte von 500 bis 1000 n. Chr., und ihre monumentalen Ruinen, darunter diese monolithische Statue, stehen bis heute.

Bestimmende Faktoren

Am einleuchtendsten scheint die Theorie zu sein, die davon ausgeht, dass Kulturen am ehesten in solchen Gebieten entstanden, in denen bestimmte Faktoren zusammentrafen, die die Entstehung einer Zivilisation begünstigten. Unterschiedliche Lebensräume, äußere Einflüsse und kulturelle Vermächtnisse aus der Vergangenheit führten dazu, dass sich die Menschheit nicht in allen Teilen der Welt im gleichen Tempo und in die gleiche Richtung entwickelte. Wenn sich schon die Vorstellung von der „Ausbrei-

Die Entwicklung von Zivilisationen war sowohl abhängig von geographischen und klimatischen Gegebenheiten als auch von dem bereits vorhandenen kulturellen Gedächtnis der frühen Gesellschaften.

Die Shang-Dynastie, die im 18. Jahrhundert v. Chr. im Tal des Gelben Flusses errichtet wurde, verlieh der ersten Phase der chinesischen Hochkulturen ihren Namen. Sie hinterließen Bronzeobjekte wie diese mit Darstellungen menschlicher Gesichter verzierten Behälter.

tung" der Zivilisation von einer gemeinsamen Quelle nicht halten lässt, dann erst recht nicht die von einem Standardmuster der zivilisatorischen „Evolution". Gewiss, eine günstige geographische Lage war eine wichtige Vorbedingung, und in den ersten Hochkulturen hing alles von der Möglichkeit ab, einen Überschuss an landwirtschaftlichen Erzeugnissen zu produzieren. Ebenso wichtig war jedoch ein weiterer Faktor: die Fähigkeit der jeweiligen Völker, von den Möglichkeiten der Umgebung Gebrauch zu machen und die gestellten Herausforderungen zu bestehen; hierbei waren Kontakte von außen möglicherweise mindestens so entscheidend wie die eigene Tradition. China erscheint auf den ersten Blick von der Außenwelt nahezu abgeschnitten, aber auch dort bestanden Kontaktmöglichkeiten. Auf welche Weise die verschiedenen Gesellschaften nun die Rahmenbedingungen für eine Zivilisation erzeugten, bleibt daher schwer nachzuvollziehen.

Es ist leichter, die allgemein gültigen Merkmale der frühen Kulturen zu beschreiben, als zu erklären, wie es zu ihrer Entfaltung kam. Kategorische und verallgemeinernde Aussagen besitzen hier keine Güligkeit. So gab es Kulturen, die keine Schrift besaßen und auch andere mechanische Fertigkeiten waren sehr ungleichmäßig verbreitet: Die Mittelamerikaner führten große Bauprojekte ohne Zugtiere und Rad aus, die Chinesen konnten fast 1500 Jahre früher Eisen gießen als die Europäer. Genausowenig folgten die Kulturen in ihrem Wachstum und der Beständigkeit ihres Herrschaftsbereiches einem einheitlichen Muster.

Erste Schriftsysteme

Nahezu alle frühen Hochkulturen entwickelten ihre eigenen Schriftsysteme, deren deutliche Unterschiede die Möglichkeit eines gemeinsamen Ursprungs sehr unwahrscheinlich erscheinen lassen. Abgebildet sind (1) eine 4300 Jahre alte Inschrift auf einem kleinen Stempel aus Mohenjo Daro in der bislang nicht entschlüsselten Schrift der Hochkultur des Indus-Tals; (2) ein 4000 Jahre alter sumerischer philosophischer Text in Keilschrift auf einer Tontafel; und (3) ein Beispiel für ägyptische Hieroglyphen aus dem Tempel Pharao Mentuhotep II. in Deir el-Bahari aus derselben Periode.

1

2

3

Dieses Orakel wurde vor 3300 Jahren während der Shang-Periode im alten China auf Schildpatt geritzt.

Urbanisierung

Um größere Aufgaben besser bewältigen zu können, bildeten die Menschen der frühen Kulturen größere Gruppen als in den vorangegangenen Gesellschaften. Unser Wort „Zivilisation" steht seinen lateinischen Wurzeln nach in direktem Zusammenhang mit Urbanisierung. Wann und wo sich aus dem dichten Muster des um ein religiöses Zentrum oder einen Marktplatz gruppierten bäuerlichen Dorfes die erste wirkliche Stadt herausschälte, ist nicht zu bestimmen. Dennoch können wir mit Fug und Recht behaupten, dass die Stadt wie keine andere Institution die für die Entstehung von Zivilisationen notwendigen Voraussetzungen bot und dass sie wie bislang keine andere Umgebung Innovationen begünstigte. In der Stadt schufen die von der Landwirtschaft produzierten Überschüsse die Bedingungen, die für ein zivilisiertes Leben als charakteristisch angesehen werden. Durch sie ließ sich z. B. eine Priesterklasse unterhalten, die komplexe religiöse Strukturen ausbildete. In der Folge entstanden große Bauten, die andere als ausschließlich ökonomische Zwecke hatten. Auch die Literatur wurde begünstigt. Somit wandte man weit mehr Ressourcen als zuvor für Dinge auf, die nicht dem sofortigen Konsum dienten. Die Kultur wurde zunehmend zu einem wirksamen Instrument der Weltveränderung.

Kulturelle Unterschiede

Die sichtbarste Folge der entstandenen Kulturen stellten die zunehmenden Unterschiede zwischen den Menschen in den verschiedenen Teilen der Welt dar. Häufig halten wir für selbstverständlich, was genau genommen eine erstaunliche Tatsache ist – dass die frühen Kulturen so unterschiedliche Stile entwickelten. Mit der Entstehung von Kulturen begann eine Ära der immer schnelleren Differenzierung von Bekleidung, Architektur, Technologie, Verhaltensweisen, Gesellschaftsformen und Ideen. Im Vergleich zur Vorgeschichte handelte es sich jetzt nicht mehr allein um die Prägung durch unterschiedliche natürliche Umgebungen, sondern um die kreative Kraft der Kultur selbst. Erst durch die Dominanz der westlichen Technologie im 20. Jahrhundert ist deren Vielfalt wieder rückläufig. Vieles von dieser Vielfalt lässt sich nur schwer rekonstruieren. Anfangs geben vor allem Institutionen, soweit sie sich aus den Quellen erschließen lassen, Symbole und Ideen in Kunst und Literatur Aufschlüsse über das Geistesleben. Sie verkörpern das große kulturelle Koordinatensystem, das jeweilige Weltbild – auch wenn sich die Zeitgenossen dessen nicht bewusst sind (Geschichte bedeutet häufig, Zusammenhänge, Bedingtheiten und Wirkungen in Erfahrung zu bringen, die den Menschen selbst unbekannt oder zumindest nicht bewusst waren). Viele dieser Grundannahmen lassen sich nicht genau nachweisen, und auch die wenigen schriftlichen Zeugnisse verraten kaum etwas über die Denkweise der Menschen.

Die unterschiedlichen kulturellen Entwicklungsstadien drückten sich am sichtbarsten in Bekleidung, Architektur, Technologie, Verhaltensweisen und Gesellschaftsnormen aus.

DER NAHE OSTEN

Im Nahen Osten lässt sich zum ersten Mal der stimulierende Einfluss verschiedener Kulturen aufeinander beobachten. Während 3000 oder 4000 Jahren ist ein ständiges Kommen und Gehen ethnischer Gruppen, das die Gegend bereichert oder zurückgeworfen hat, festzustellen. Der Fruchtbare Halbmond war fast die gesamte historische Zeit über ein Schmelztiegel der Kulturen. Feste Ansiedlungen und hin- und herflutende Ideen beeinflussten die Region erheblich. Am Ende entwickelte sich daraus ein produktiver Austausch von Institutionen, Sprache und Ideen, die bis heute einflussreich sind.

Die Folgen einer Überbevölkerung

Die Gründe für die starke Einwanderung in das Gebiet des Fruchtbaren Halbmonds kennt man nicht genau. Die einleuchtendste Erklärung verweist auf eine Überbevölkerung in den Herkunftsgebieten der Zuwanderer. Auf den ersten Blick scheint es wenig sinnvoll zu sein, von Überbevölkerung in einer Welt zu reden, deren Gesamtbevölkerung um 4000 v. Chr. auf gerade einmal 80 bis 90 Millionen geschätzt wird. In den folgenden 4000 Jahren wuchs sie um rund 50 Prozent auf ungefähr 130 Millionen an.

Das Wachstum hielt sich aber auf Grund der knappen Ressourcen weiterhin in Grenzen. Dürre und Trockenheit konnten einer Gegend plötzlich und nachhaltig die Nahrungsgrundlage entziehen, und es sollte Jahrtausende dauern, bis Nahrungsmittel in großen Mengen transportiert werden konnten. Vor diesem Hintergrund kann man unter bestimmten Bedingungen durchaus von einer Überbevölkerung sprechen. Unmittelbar führte dies häufig zu Hungersnöten, langfristig waren jedoch vor allem die dadurch ausgelösten Wanderbewegungen für den Gang der frühen Geschichte

Der Fruchtbare Halbmond: Wiege verschiedener Kulturen

Die ältesten Kulturen entstanden vor über 5000 Jahren in einem Gebiet, das auch als Fruchtbarer Halbmond bekannt ist. Es setzt sich aus einer Folge fruchtbarer Ebenen zusammen, die sich in Form eines Halbmondes von der Mündung der Flüsse Tigris und Euphrat über Mesopotamien, Syrien, Palästina und Ägypten bis zur Nilmündung hinziehen. Im Norden und Osten grenzen Gebirgsregionen an den Fruchtbaren Halbmond. Nach Süden und Westen hin erstrecken sich die weiten Wüsten Arabiens und Libyens.

Der nördliche Teil des Fruchtbaren Halbmondes.

ausschlaggebend. Klimatische Veränderungen wirkten immer noch bestimmend, wenn auch lokal begrenzt. Dürreperioden, verheerende Stürme oder auch nur ein paar Jahrzehnte mit geringfügig niedrigeren oder höheren Temperaturen konnten ganze Volksgruppen zwingen, auf Wanderschaft zu gehen, und jedes Mal, wenn Menschen mit unterschiedlichen Traditionen aufeinander trafen, profitierte davon letztlich die Zivilisation. In Konfrontation und Kooperation lernten sie voneinander und vergrößerten auf diese Weise das Potenzial ihrer Gesellschaften.

Die Völker des Nahen Ostens

Alle Völker, die in der frühen Geschichte des Nahen Ostens eine Rolle spielten, gehörten der hellhäutigen (manchmal irreführend als kaukasisch bezeichneten) ethnischen Gruppe innerhalb der Spezies *Homo sapiens* an. Sprachliche Unterschiede sorgten für eine weitere Differenzierung. Alle Völker des Fruchtbaren Halbmonds zur Zeit der frühen Kulturen gehörten zum Stamm der Hamiten, die aus den afrikanischen Gebieten nördlich und nordöstlich der Sahara kamen, zu den Semiten der arabischen Halbinsel, zu den Indoeuropäern, die sich von Südrussland aus um 4000 v. Chr. auch nach Europa und in den Iran ausgebreitet hatten, oder zu den Kaukasiern Georgiens. Dies sind die *dramatis personae* der frühen Geschichte des Nahen Ostens. Ihre historischen Zentren lagen rund um die Zone, in der sich Landwirtschaft und Kultur schon zu einem frühen Zeitpunkt entwickelt hatten. Der Reichtum einer derart blühenden Gegend muss viele Völker aus dem Umkreis angezogen haben.

Diese bei Mohenjo Daro gefundene kleine Tonfigur stellt möglicherweise eine Muttergöttin dar. Geschaffen haben sie Menschen aus der Hochkultur des Indus-Tals.

Völkerwanderungen – Semiten und Hamiten im Nahen Osten

Ungefähr um 4000 v. Chr. war ein großer Teil des Fruchtbaren Halbmonds von Kaukasiern bewohnt. Auch die semitischen Völker begannen damals sich dort anzusiedeln. Ihre Zahl nahm weiter zu, bis sie zur Mitte des 3. Jahrtausends v. Chr. (lange nach der Entstehung der ersten Kulturen) in Mittelmesopotamien, zwischen den mittleren Abschnitten der Flüsse Tigris und Euphrat, sesshaft geworden waren. Wechselbeziehungen und Rivalitäten zwischen den semitischen Völkern und den Kaukasiern, die sich in den höher gelegenen, nordöstlich an Mesopotamien angrenzenden Regionen halten konnten, ziehen sich durch die ganze frühe Geschichte der Region. Bis 2000 v. Chr. hatten auch die Völker, deren Sprachen zur indogermanischen Familie gehörten, die Bühne betreten, und zwar aus zwei Richtungen. Die Hethiter, drängte von Europa aus nach Anatolien, während von Osten her die Iraner kamen. Zwischen 2000 und 1500 v. Chr. stritten und vermischten

Dieser Elfenbeingriff aus Gebel el-Arak in Nordägypten entstand um 3400 v. Chr. und belegt den mesopotamischen Einfluss auf das Niltal. Dargestellt sind kriegerische Auseinandersetzungen zu Land und zu Wasser. Die Schiffe am unteren Ende des Griffes scheinen ägyptischen Ursprungs zu sein, während diejenigen in der Mitte Mesopotamien zugeordnet werden.

sich einzelne ihrer Zweige mit den Semiten und Kaukasiern des Fruchtbaren Halbmonds. Die politische Geschichte des alten Ägyptens bestimmten vor allem Hamiten und Semiten. Diese Darstellung ist natürlich stark vereinfachend. Sie soll hier lediglich die Dynamik und den Rhythmus der Geschichte des frühen Nahen Ostens illustrieren. Viele Details sind noch immer höchst ungewiss (wie wir im Folgenden sehen werden), ebenso wie die Ursachen dieser Dynamik. Die erwähnten Völkerwanderungen bildeten jedoch den Hintergrund, vor dem die erste Hochkultur entstand und gedieh.

Diese riesige Statue von Ramses II. mit einer Prinzessin zu seinen Füßen wurde vor 33 Jahrhunderten im Tempel von Karnak aufgestellt. Die Statue steht bis heute, die Inschrift mit dem Namen Ramses' II. jedoch wurde durch den Namen eines anderen ägyptischen Pharaonen ersetzt.

2 MESOPOTAMIEN IN DER FRÜHZEIT

Ein grünes, fruchtbares Tal in den Bergen im Nordosten Mesopotamiens, einem der ersten Ackerbauzentren.

Die meisten Indizien sprechen dafür, dass der südliche Teil Mesopotamiens, des 1100 Kilometer langen Landstriches zwischen den Tälern von Tigris und Euphrat, der Schauplatz der ersten Zivilisation überhaupt war. Dieser Teil des Fruchtbaren Halbmonds war bereits in neolithischen Zeiten dicht mit Bauerndörfern besiedelt. Einige der ältesten lagen vermutlich im äußersten Süden, wo die Ablagerungen der Flüsse und der jährlichen Hochwasser über die Jahrhunderte einen fruchtbaren Boden geschaffen hatten. Diese natürlichen Grundlagen boten die besten Voraussetzungen für den Ackerbau. Auch wenn es selten und unregelmäßig regnete, so war doch immer genügend Wasser vorhanden, weil der Flusspegel häufig über dem Niveau der umliegenden Ebenen lag. Man hat Berechnungen angestellt, denen zufolge die Getreideausbeute im südlichen Mesopotamien in der

Zeit um 2500 v. Chr. den Vergleich mit den fruchtbarsten kanadischen Weizenfeldern von heute nicht zu scheuen brauchte. Hier war schon früh die Möglichkeit gegeben, über den täglichen Bedarf hinaus einen Überschuss zu produzieren. Außerdem lieferte das nahe gelegene Meer Fisch.

Bewässerung und Landgewinnung

Die natürlichen Bedingungen des südlichen Mesopotamiens begünstigten die Landwirtschaft, brachten aber auch Risiken. Tigris und Euphrat konnten unvermittelt und mit verheerenden Folgen ihren Lauf ändern. Das sumpfige, tief liegende Land des Deltas wurde mit Hilfe von Dämmen und Gräben über Hochwasserniveau gebracht, und Kanäle transportierten das Wasser ab. Mit Schilfrohr und Lehm wurden Plattformen als Fundamente der ersten Behausungen in der Gegend errichtet. Diese Ansiedlungen konzentrierten sich auf die Landstriche mit den fruchtbarsten Böden. Die notwendigen Be- und Entwässerungskanäle konnten nur in kollektiver Anstrengung errichtet und unterhalten werden. Auch die Landgewinnung gehörte zu den Unternehmungen, die sich nur gemeinsam durchführen ließen. Die unseres Wissens nach beispiellose Technik der Trockenlegung von Sumpfgebieten stellte demnach einen bedeutenden Faktor bei der Entstehung eines neuen und komplexen menschlichen Zusammenlebens dar.

Auf dieser in Uruk gefundenen Alabastervase von ca. 2800 v. Chr. ist eine Opferzeremonie für die Göttin Inanna dargestellt. Die Szene bezieht sich möglicherweise auf eine heilige Hochzeit, bei der der Priester, der den Gott Dumuzi repräsentiert, mit der Priesterin als Verkörperung der Inanna vermählt wurde, um die Fruchtbarkeit des Landes zu erneuern.

Ein sumerischer Stempel aus Uruk mit der Darstellung eines Schiffes. Die Schifffahrt spielte im alten Sumer, dem heutigen Südirak, eine wichtige Rolle.

Kollektive Organisation

Je mehr Menschen in Mesopotamien lebten, desto mehr Land musste bewirtschaftet werden. Früher oder später machten sich demzufolge die Bewohner verschiedener Dörfer das Sumpfland streitig, das zwischen ihren Siedlungen lag. Ähnliche Konflikte hatte es schon wegen der Wasserverteilung gegeben. Es gab nur zwei Alternativen: Kämpfen oder Kooperieren. Beides implizierte eine verstärkte Kollektivität und Machtkonzentration. Eine Möglichkeit dieser kollektiven Organisation stellte eine auf einem Plateau errichtete und durch einen Lehmwall vor Flut und Feind geschützte Stadt dar. Als geeigneter Ort bot sich das Heiligtum der lokalen Gottheit an. Von ihr leitete sich die Autorität der Gemeinschaft ab, die vom Oberpriester wahrgenommen wurde. Dieser stieg damit zum Herrscher einer kleinen Theokratie auf, die mit anderen ebensolchen Theokratien konkurrierte.

Ungefähr so müssen wir uns den Unterschied zwischen dem südlichen Mesopotamien des 4. und 3. Jahrtausends v. Chr. und anderen Zonen neolithischer Kultur erklären, mit denen es damals bereits seit langem in Verbindung stand. Viele archäologische Funde belegen Beziehungen zwischen Mesopotamien und den neolithischen Kulturen Anatoliens, Assyriens und des Irans. Sie alle haben vieles gemein. Aber nur in einem vergleichsweise kleinen Gebiet begann sich das Dorfleben schneller zu entfalten und eine

Die wachsende Bevölkerung und die damit verbundene Urbarmachung des Sumpflandes verlangten von den Menschen eine organisierte Zusammenarbeit: Dies war der Ursprung der ersten politischen und religiösen Zentren.

Hoch über den Ruinen der Stadt Uruk befinden sich die Überreste einer der ältesten Zikkurats Mesopotamiens. Der Tempelturm wurde im 21. Jahrhundert v. Chr. von Ur Nammu, dem König von Ur, zu Ehren von Inanna, der Göttin der Liebe, erbaut.

andere, stabilere Form anzunehmen, die schließlich zur Entwicklung der ersten Stadtlandschaft und der ersten erkennbaren Zivilisation führte.

DIE SUMERISCHE KULTUR

Sumer ist die frühe Bezeichnung für das südliche Mesopotamien, das damals weniger weit in den Süden reichte als heute. Die Menschen, die dort lebten, waren möglicherweise Kaukasier, im Unterschied zu ihren semitischen Nachbarn im Südwesten und den Elamitern im Norden, jenseits des Tigris. Noch immer ungeklärt ist, wann die Sumerer – das heißt die Menschen, die die Sprache sprachen, die später als Sumerisch bezeichnet wurde – in diese Gegend kamen: Man nimmt an, dass dies um 4000 v. Chr. geschah. Da die Sumerer eine vielfältige Kultur besaßen und diese sowohl fremde als auch eigene Elemente aufwies, spielt diese Frage keine entscheidende Rolle.

Frühe Kulturzentren

Die sumerische Kultur hatte tiefe Wurzeln. Die Menschen führten über eine lange Zeit

Zeitleiste (3300 – 1154 v. Chr.)

4000 v. Chr. – 3000 v. Chr. – 2000 v. Chr. – 1000 v. Chr.

3300 v. Chr. Beginn der sumerischen Zivilisation

2700 v. Chr. Gilgamesch ist König von Uruk

2200 v. Chr. Sargon I. von Akkad

1728–1686 v. Chr. Hammurabi ist König von Babylon

1700 v. Chr. Beginn des Hethiterreichs

1415–1154 v. Chr. Babylon unter der Herrschaft der Kassiten

ein Leben, das sich nicht sehr von dem ihrer Nachbarn unterschied. Sie lebten in Dörfern, und es gab ein paar wichtige, ständig bewohnte Kultzentren. Zu diesen gehörte der Ort Eridu, aus der Zeit um 6000 v. Chr., dessen Bevölkerung bis in historische Zeiten hinein stetig anwuchs. Um die Mitte des 4. Jahrtausends gab es dort einen Tempel, in dem einige Forscher das ursprüngliche Vorbild für die Monumentalarchitektur Mesopotamiens sehen. Heute ist nichts mehr davon erhalten außer der Plattform, auf der der Tempel einst stand.

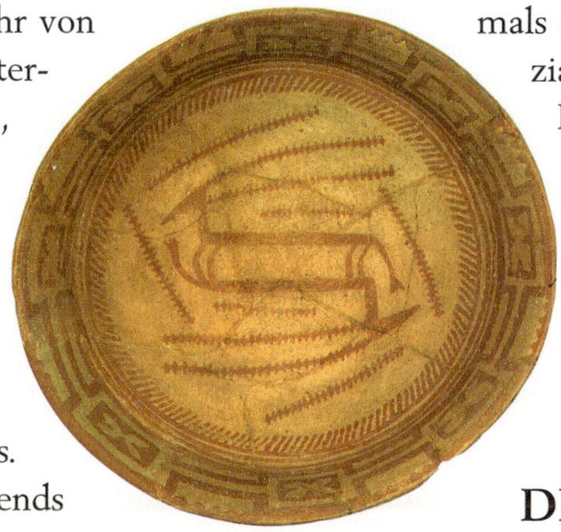

Diese Keramikschüssel aus Ur stammt aus dem 5. Jahrhundert v. Chr.

Bei diesen Kultzentren handelte es sich nicht im eigentlichen Sinn um Städte, sondern um Kult- und Wallfahrtsstätten. Die Zahl ihrer ständigen Bewohner war vermutlich gering, aber sie bildeten die Basis für die späteren Städte. Dies ist eine Erklärung für die enge Beziehung zwischen Religion und Regierung, wie sie für das alte Mesopotamien charakteristisch war. Bereits lange vor 3000 v. Chr. standen in einigen dieser Städte sehr große Tempel. In Uruk (das in der Bibel Erech heißt) gab es ein besonders prächtiges Bauwerk mit kunstvollen Dekorationen und eindrucksvollen Säulen aus Lehmziegeln mit einem Durchmesser von je zweieinhalb Metern.

Anhand der Keramik können wir sehr gut die Verbindung zwischen dem vorgeschichtlichen Mesopotamien und den historischen Zeiten herstellen. Sie liefert erste Hinweise auf eine kulturelle Entwicklung, die einen qualitativen Fortschritt gegenüber dem Neolithikum bedeutete. Die so genannten Uruk-Töpfe (der Name weist auf ihren Fundort hin) sind häufig einfacher in der Ausführung als frühere Exemplare, denn sie wurden auf Drehscheiben in Standardformen und in großen Mengen produziert. Das legt den Schluss nahe, dass es damals schon eine Schicht von spezialisierten Handwerkern gab. Diese müssen von einer Landwirtschaft ernährt worden sein, die einen Überschuss produzierte, der gegen diese handwerklichen Erzeugnisse eingetauscht werden konnte.

DIE ERFINDUNG DER KEILSCHRIFT

Die sumerische Kultur überdauerte ungefähr 13 Jahrhunderte (etwa von 3300 bis 2000 v. Chr.), was annäherungsweise der Zeit entspricht, die uns von Karl dem Großen trennt. Am Anfang stand die Erfindung der Schrift – die einzige Erfindung vor dem Zeitalter der Dampfmaschine, die es an Bedeutung mit der der Landwirtschaft aufnehmen kann. Der Schrift gingen zylindrische Siegel voraus, in die kleine Bildchen eingeschnitten waren, die sich auf Ton rollen ließen. Diese Siegel zählen zu den künstlerischen Glanzleistungen Mesopota-

Die bedeutendste unter den frühen sumerischen Städten war Ur, in der der Sagenheld Gilgamesch zu Hause war. Ausgrabungen haben die Überreste gewaltiger Bauwerke zu Tage befördert, die 5000 Jahre alt sind. Diese mit Mosaik verzierten Pfeiler wurden im Heiligtum der Göttin Inanna gefunden und im Vorderasiatischen Museum in Berlin rekonstruiert.

Die Ursprünge der Schrift

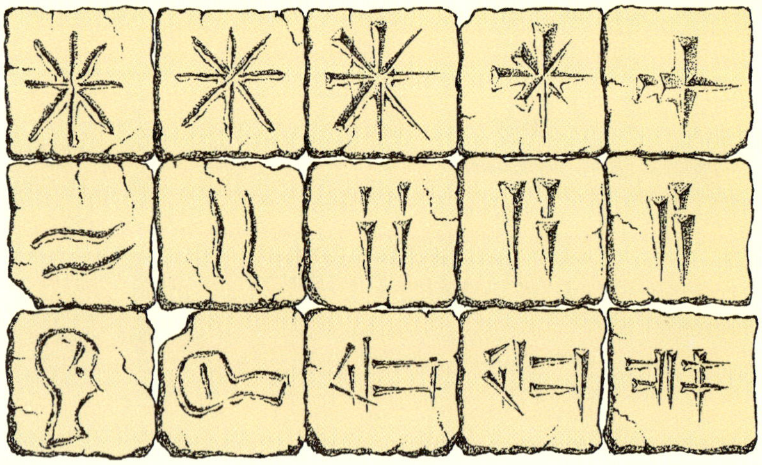

Die obigen Beispiele demonstrieren die allmähliche Entwicklung der Keilschrift. Die einzelnen Zeichen der Keilschrift waren ursprünglich vereinfachte Bilder (Piktogramme), wurden aber später zu rein abstrakten Kombinationen aus horizontalen, vertikalen und diagonalen Keilformen.

Nur der Erfindung der Schrift kann man ein ähnlich bedeutendes kulturelles Potenzial wie der Landwirtschaft zusprechen. Mit Hilfe der Schrift wurde es möglich, mehr Informationen zu konservieren als durch das menschliche Gedächtnis.

miens. Die frühesten Schriftstücke bestanden aus Piktogrammen oder vereinfachten Bildern, die auf Tontafeln geritzt und anschließend gebrannt wurden. Die frühesten sumerischen Schriftzeugnisse sind Mitteilungen, Warenlisten und Quittungen. Die Schrift auf diesen frühen Notizbüchern und Handelsdokumenten entwickelte sich allmählich in Richtung einer Keilschrift, bei der die mittels eines abgeschnittenen Schilfhalmes in Ton erzeugten keilförmigen Eindrücke zu bestimmten Zeichen zusammengesetzt wurden. Damit war der Bruch mit dem Piktogramm vollzogen. Bald standen die Zeichen und Zeichengruppen für phonetische Elemente, möglicherweise auch für Silben, und waren samt und sonders Kombinationen derselben elementaren Keilform. Diese Schrift besaß mehr Flexibilität als alle bis dahin verwendeten Zeichensysteme und existierte in Sumer bereits kurz nach 3000 v. Chr.

Verwendung der Schrift

Etliches ist über die sumerische Sprache bekannt. Einige ihrer Wörter haben bis heute überlebt, darunter bezeichnenderweise die Urform des Wortes „Alkohol". Noch interessanter aber ist ihre Verwendung in schriftlicher Form. Die Erfindung der Schrift hat sich sowohl subversiv als auch ordnungsstiftend ausgewirkt. Einerseits bot sie ganz neue Möglichkeiten zur Kommunikation, andererseits konnten nun Techniken durch die Konsultation von Aufzeichnungen verbessert werden. Komplexe, für eine wachsende Gesellschaft fundamentale Operationen wie die Landbewässerung, Ernte und Lagerung wurden erleichtert. Die Schrift stärkte auch die Rolle der Regierung und betonte ihre Verbindung zur Priesterklasse, die anfangs gewissermaßen das Schriftmonopol besaß. Interessanterweise scheint auch der erste Gebrauch von Siegeln damit zusammenzuhängen, mit denen man unter anderem die im Tempel abgelieferten Ernten quittierte. Vielleicht handelt es sich um die ersten Belege für eine zentralisierte Umverteilung, bei der die Bauern einen vorgeschriebenen Anteil der Ernte im Tempel ablieferten und dort die Nahrung oder die Materialien bekamen, die sie selbst benötigten.

Das Gilgamesch-Epos

Mit der Erfindung der Schrift wird die Vergangenheit den Historikern leichter zugänglich. Sie können nicht nur die administrativen Aufzeichnungen studieren, sondern erhalten auch Einblicke in das damalige Geistesleben, denn nun finden sich erste literarische Quellen. Die älteste Erzählung der Welt ist das Gilgamesch-Epos. Seine vollständige Version entstand zwar erst um 1000 v. Chr., aber die Erzählung selbst taucht bereits in sumerischer Zeit auf und ist nachweislich kurz nach 3000 v. Chr. aufgeschrieben worden.

Gilgamesch, einst Herrscher von Uruk, wurde zum ersten Helden der Weltliteratur, der auch in anderen Gedichten in Erscheinung tritt. Am faszinierendsten für den modernen Leser ist die Erzählung von einer großen Flut, die die gesamte Menschheit auslöscht, mit Ausnahme einer Familie, die durch den Bau einer Arche überlebt. Dieser Teil gehörte ursprünglich nicht zu der Sage, sondern war ein eigenständiges Epos, das eine im Nahen Osten sehr verbreitete Geschichte erzählt. Dennoch ist nicht verwunderlich, dass diese Geschichte auch in das Gilgamesch-Epos aufgenommen wurde: Das untere Mesopotamien war immer wieder von periodischen Überflutungen bedroht, die die empfindlichen und lebenswichtigen Bewässerungssysteme gefährdeten. Diese Hochwasser stellten allgemeine Katastrophen dar und trugen damit zu einer fatalistischen Grundhaltung bei, die Experten als wichtigen Schlüssel zur sumerischen Religionsauffassung betrachten.

Eine derart gedrückte Stimmung bestimmt auch die Sage. Gilgamesch vollbringt große Taten im unablässigen Bemühen, sich gegen die eisernen Gesetze der Götter zu behaupten, die schuld am Scheitern der Menschen sind. Am Ende aber triumphieren die Götter und Gilgamesch stirbt:

Die Helden, die weisen Männer, haben wie der Neumond eine Zeit des Werdens und des Vergehens. Die Menschen werden sagen: „Welcher Herrscher war jemals so mächtig wie er?“ Wie im dunklen Monat, dem Monat der Schatten, so ist ohne ihn kein Licht. Oh Gilgamesch, das war die Bedeutung deines Traumes. Dir wurde die Königskrone gegeben, das war dein Schicksal; ewiges Leben war dir nicht beschieden.

Abgesehen von dieser, die religiöse Befindlichkeit reflektierenden Stimmung enthält die Sage Informationen über die Götter des alten

Dieser Stempel stellt Gilgamesch dar, der den Büffel besiegt.

Das Gilgamesch-Epos

Das Gilgamesch-Epos besteht aus einer Folge mythischer Verse über den sumerischen Helden Gilgamesch, König von Uruk, der um 2600 v. Chr. lebte. Die Verse wurden auf Tontafeln niedergeschrieben und später zu einer zusammenhängenden Geschichte verbunden. Der Sage zufolge regierte Gilgamesch vor mehr als 4000 Jahren in der Stadt Uruk. Mit der Zeit entwickelte er sich zu einem Tyrann, und seine Untertanen baten die Götter, ihn zu bändigen. Diese schufen Enkidu, den wilden Mann der Wälder, als Gegenpol. Als Gilgamesch von Enkidu hörte, sandte er eine Hure aus, die den wilden Mann in die Stadt lockte. In der Stadt kämpften Enkidu und Gilgamesch anfangs gegeneinander, wurden dann aber Freunde. Sie beschlossen, mit vereinten Kräften gegen den Drachen der Wälder zu ziehen. Die Göttin Ischtar, die Gilgamesch liebte, war sehr eifersüchtig auf seine Freundschaft zu Enkidu. Gilgamesch jedoch wies Ischtar zurück, und Enkidu tadelte die Göttin gar wegen ihrer launenhaften Natur. Ischtar und die übrigen Götter konnten Enkidu diese Beleidigung nicht vergeben und töteten ihn. Gilgamesch war niedergeschmettert – neben dem Verlust des Freundes war er sich der Sterblichkeit des Menschen bewusst geworden. Er beschloss, nach dem Brunnen der ewigen Jugend zu suchen, und machte sich auf, um Utnapischtim, den einzigen Überlebenden der Großen Flut, zu finden. Auf seiner Reise begegnete Gilgamesch Sidri. Sie fragte ihn: „Warum suchst du den Brunnen der ewigen Jugend? Die Götter sagen, das Schicksal des Menschen sei es zu sterben … erfreue dich deiner Tage und Nächte, denn auch das ist des Menschen Schicksal.“ Gilgamesch fand schließlich zwar Utnapischtim, musste aber erkennen, dass Unsterblichkeit unmöglich war. Er kehrte also in seine Stadt zurück und fügte sich in die Unvermeidlichkeit des Todes.

Dieses assyrische Flachrelief von Jorabad aus dem 8. Jahrhundert v. Chr. zeigt Gilgamesch, wie er mit dem Löwen ringt.

Diese betenden Männer (oben und rechts) sind typisch für die sumerische Plastik. Die meisten dieser kleinen Figuren entstanden zwischen 3000 und 2500 v. Chr. Die Dargestellten tragen in der Regel Röcke aus Schaffell.

Mesopotamiens. Schwerer fällt es indessen, geschichtliche Fakten aus ihr herauszulesen oder sie gar mit dem historischen Gilgamesch in Einklang zu bringen. So gelang es den Archäologen nicht, eine einzelne sintflutartige Überschwemmung zu identifizieren, obschon es an Belegen für die wiederkehrenden Hochwasser nicht mangelt. Vielleicht haben wir es also mit einer Beschreibung von der Erschaffung der Welt, mit einer Art Schöpfungsgeschichte zu tun, ähnlich alttestamentarischen Vorstellungen, nach denen sich die Erde auf Gottes Geheiß aus den Fluten erhebt.

Es mag faszinierend sein, Verbindungen zwischen unserem eigenen intellektuellen Erbe und den Sumerern und ihren mythischen Traditionen herzustellen, doch darf man nie vergessen, dass dies reine Spekulation ist. Man beschränkt sich besser darauf, auf die unleugbar enge Nachbarschaft zwischen der Sage und der Geschichte von Noahs Arche im Alten Testament hinzuweisen.

Die Verbreitung des Epos

Das Gilgamesch-Epos lenkt unsere Aufmerksamkeit auf die Verbreitung sumerischer Ideen im Nahen Osten, nachdem sich das Zentrum seiner Geschichte längst ins obere Mesopotamien verlagert hatte. Verschiedene Versionen und Teile des Epos – um vorerst bei diesem Text zu bleiben – tauchen in den Hinterlassenschaften vieler Völker auf, die im 2. Jahrtausend v. Chr. Teile dieser Region beherrschten. Wenngleich Gilgamesch später in Vergessenheit geriet und erst in heutiger Zeit wiederentdeckt wurde, so war er doch 2000 Jahre lang eine Figur, auf die die Literatur vieler Sprachen in ähnlicher Weise Bezug nehmen konnte – ebenso wie noch bis vor kurzem europäische Autoren davon ausgehen konnten, dass dem Leser Anspielungen auf das klassische Griechenland verständlich waren. Die sumerische Sprache überlebte jahrhundertelang in Tempeln und Schreibschulen, wie auch das Latein nach dem Zusammenbruch Roms, der klassischen Welt des Westens, inmitten der Vielfalt europäischer Regionalkulturen als Sprache der Gebildeten fortlebte. Literatur und Traditionen transportieren Ideen und Bilder, die jeweils in unterschiedlicher Weise gewisse Weltsichten implizieren, zulassen oder negieren und denen damit enorme historische Bedeutung zukommt.

SUMERISCHE RELIGION

Die wichtigsten von der sumerischen Sprache transportierten Ideen waren religiöser Natur. Von Städten wie Ur und Uruk nahmen Ideen ihren Ursprung, die während des 2. und 1. Jahrtausends v. Chr. auch in andere Religionen tradiert wurden. Beispielsweise finden wir im Gilgamesch-Epos ein Idealbild der Natur, den Mann Enkidu; seine Unschuld verliert er in der sexuellen Verführung durch eine Hure, und obwohl er daraufhin die Zivilisation für sich entdeckt, verliert er doch die glückliche Verbundenheit mit der Natur. Über die Literatur wurde es möglich, Bezüge zu Mythologien anderer und späterer Gesellschaften nachzuvollziehen. In der Literatur offenbaren sich Bedeutungen und Vorstellungswelten, die bis dahin in obskuren Relikten von Opferritualen, Tonfiguren und

Grundrissen von Heiligtümern und Tempeln verborgen waren. Bereits im frühesten Sumer zeugen schriftliche Zeugnisse von einem Dialog zwischen dem Menschen und dem Übernatürlichen, der intensiver und komplexer war als alles, was zu so früher Zeit an anderen Orten der Welt existierte.

Die Tempel bildeten den Mittelpunkt der frühen Städte, und sie wurden immer größer und prächtiger (was zum Teil auf die Tradition zurückzuführen ist, neue Tempel auf Hügel zu bauen, die Vorgängerbauten umschlossen). In ihnen wurden Opfer dargebracht, um gute Ernten zu gewährleisten. Später entwickelten sich die Kultgebräuche weiter, Tempel von noch größerer Pracht wurden bis hinauf nach Assur, 200 Kilometer nördlich des Tigris, gebaut, und Überlieferungen zeugen von einem aus libanesischem Zedernholz und anatolischem Kupfer errichteten Tempel.

Keine andere Gesellschaft aus dieser Zeit räumte der Religion einen so hohen Stellenwert ein oder widmete ihr einen so großen Teil ihrer kollektiven Ressourcen. Der Grund dafür ist vermutlich, dass keine andere das Leben der Menschen so stark mit dem Willen der Götter verknüpfte. Das untere Mesopotamien war in alten Zeiten eine flache, monotone Landschaft voller Schlamm, Morast und Wasser. Es gab keine Berge, in denen die Götter hausten, sondern nur den weiten Himmel, unerträgliche Hitzeperioden, die starken Winde, gegen die es keinen Schutz gab, die unbändige Kraft der Fluten und die vernichtenden Dür-

Der biblische Mythos vom Turmbau zu Babel geht vermutlich auf die Tempeltürme Mesopotamiens, die Zikkurats, zurück. Die unten abgebildete Zikkurat von Dur-Kurigalzu wurde im 14. Jahrhundert v. Chr. für einen kassitischen König erbaut. Die ersten Forscher sahen darin irrtümlicherweise die Ruinen des Turms zu Babel.

Diese Statue wurde in Mari gefunden. Sie stellt die „Göttin der wasserspendenden Schale", eine Fruchtbarkeitsgöttin, dar, die, so glaubte man, die Felder mit Wasser versorgte.

rezeiten. Die Götter wohnten in diesen elementaren Mächten oder in den „hohen Orten", die sich über die Ebenen erhoben, über die Ziegeltürme und Zikkurats, an die der biblische Turm zu Babel erinnert. Die Sumerer sahen es folglich als die Aufgabe ihres Volkes an, ihr Leben in den Dienst der Götter zu stellen.

Die Götter der Sumerer

Um 2250 v. Chr. hatte sich in Sumer ein Pantheon von Göttern herausgebildet, die mehr oder weniger die natürlichen Elemente und Kräfte personifizierten. Sie bildeten das Rückgrat der mesopotamischen Religion, die damit erste theologische Ansätze zeigte. Ursprünglich besaß jede Stadt ihre eigenen Götter. Vermutlich trugen politische Veränderungen in den Beziehungen zwischen den Städten dazu bei, dass sich später eine Art von Hierarchie herausbildete, die die Vorstellungen der Menschen von ihrem Zusammenleben sowohl reflektierten als auch beeinflussten. Die mesopotamischen Götter in ihrer späteren Form besitzen menschliche Gestalt. Jedem war eine bestimmte Tätigkeit oder Rolle zugeordnet: Es gab je einen Gott der Lüfte, des Wassers und des Pfluges. Inanna (die später unter ihrem semitischen Namen Ischtar bekannt wurde) war die Göttin der Liebe, der Fortpflanzung und des Krieges. An der Spitze der Hierarchie standen die drei großen männlichen Götter Anu, Enlil und Enki, deren Rollen sich nur schwer voneinander trennen lassen. Anu war zwar der Göttervater, doch Enlil, „Herr der Lüfte", war anfangs der prominenteste. Enki, der Gott der Weisheit und des Süßwassers, war der Lehrer und Lebensspender, der die von Enlil geschaffene Ordnung aufrechterhielt.

Diese Götter forderten Opfer und Unterwerfung in komplexen Ritualen, dafür belohnten sie die Menschen mit Wohlstand und langem Leben. Inmitten der Unsicherheiten des mesopotamischen Daseins war der Schutzaspekt von besonderer Bedeutung. Die Menschen brauchten die Götter, um sich gegen die Launen des Universums abzusichern. Die Götter waren – auch wenn es die Menschen in Mesopotamien nicht so hätten formulieren können – Ausdruck eines elementaren Versuchs, die Natur zu kontrollieren, den plötzlichen Katastrophen von Flut und Sandsturm zu widerstehen. Den Kreislauf der Jahreszeiten versuchte man zudem durch ein großes Frühlingsfest sicherzustellen, bei dem die Götter erneut vermählt und die Schöpfungsgeschichte nachgespielt wurde. Dies sollte das Fortbestehen der weltlichen Ordnung für ein weiteres Jahr sichern.

Auf diesem in der alten Stadt Nippur gefundenen Relief sehen wir eine Opferzeremonie zu Ehren von Enlil, dem Gott der Erde und der Lüfte, der rechts unten sitzend dargestellt ist. Die Größe der Figur symbolisiert die große Bedeutung des Gottes.

Zikkurats wurden in vielen Städten Mesopotamiens errichtet. Sie bestanden aus gemauerten Terrassen, die sich übereinander befanden und durch Treppen verbunden waren, und wurden von einem Tempel gekrönt. Die erste Zikkurat wurde von Ur Nammu (2112–2095 v. Chr.), dem Gründer der 3. Dynastie von Ur, erbaut. Die obige Zeichnung ist eine Rekonstruktion der Zikkurat von Ur auf Grundlage der erhaltenen Bausubstanz.

Tod und Leben im Jenseits

Eine der großen Erwartungen, die die Menschen später an die Religionen stellen, besteht darin, mit den Ungewissheiten des Todes leben zu können. Die Sumerer und diejenigen, die ihre Religion übernahmen, konnten aus ihren Überzeugungen – soweit diese für uns nachvollziehbar sind – wenig Trost ziehen; die Welt, in der sich das Leben nach dem Tod abspielte, muss in ihren Augen ein düsterer, trauriger Ort gewesen sein. Es war „das Haus, in dem sie in Dunkelheit sitzen, wo Staub ihre Nahrung und Lehm ihr Fleisch ist; als Kleidung tragen sie Flügel wie die Vögel, und über Bolzen und Tür liegen Staub und Schweigen." Hier liegt der Ursprung der späteren Vorstellungen des Scheol, der Hölle.

Bezeichnend ist ein Ritual, zu dem eine Form von Freitod gehörte, denn im 3. Jahrtausend wurden sumerische Könige oder Königinnen von ihren Dienern zum Grabe geleitet, wo diese anschließend mit begraben wurden, möglicherweise nach Verabreichung eines einschläfernden Getränks. Das weist auf eine Vorstellungswelt hin, nach der man glaubte, auch der Tote benötige ein großes Gefolge und prächtige Juwelen.

Religion und Politik

Die sumerische Religion beinhaltete zudem wichtige politische Aspekte. Alles Land gehörte letztlich den Göttern, der König – der ursprünglich vermutlich ebenso ein Priesterkönig wie ein Schlachtführer war – fungierte lediglich als ihr Stellvertreter, der über jedes irdische Tribunal erhaben war. Die Konsequenz aus dem Stellvertretertum war die Herausbildung einer Priesterklasse mit besonderen Fähigkeiten und Kenntnissen, der Tradition der Seher, Wahrsager und weisen Männer des Ostens, die hier ihren Ausgang nahm. Sie schufen das erste organisierte Erziehungssystem zur Erlernung der Keilschrift.

Sumerische Kunst

Zu den Begleiterscheinungen der sumerischen Religion gehören die ersten echten Porträts in

Diese kleine Gipsplastik wurde im Inanna-Tempel in Nippur gefunden und zeigt ein Paar, das sich umarmt.

der Kunst. Insbesondere in dem religiösen Zentrum Mari gab es offensichtlich eine Vorliebe für Darstellungen von Menschen bei rituellen Handlungen. So wurden in der Hauptsache Prozessionen gezeigt, neben Kriegshandlungen und Szenen aus der Tierwelt. Manche vermuten hinter der frühen Porträtkunst der Sumerer einen tieferen Sinn, nämlich eine psychologische Qualität, die die erstaunlichen Errungenschaften dieser Kultur ermöglichte, ein Streben nach Überlegenheit und Erfolg. Aber auch das ist rein spekulativ.

Die Bedeutung der Religion lässt sich in der parallel entstandenen Kunst ablesen, denn Menschen im Krieg oder bei der Ausübung von Ritualen waren neben Tierszenen die beliebtesten Motive.

In der sumerischen Kunst finden sich zum ersten Mal Details zum Alltagsleben. Angesichts der vielfältigen Kontakte und der strukturellen Ähnlichkeit der Sumerer zu anderen, benachbarten Völkern ist es nicht übertrieben, wenn wir daraus Schlüsse ziehen auf ein Leben, wie es sich in weiten Teilen des alten Nahen Ostens abgespielt haben mag.

Siegel, Plastik und Malerei zeugen von einem Volk, das sich häufig in eine Art Pelzrock – möglicherweise Ziegen- oder Schaffell – kleidete, wobei die Frauen manchmal ein Ende über die Schulter warfen. Die Männer waren meistens, aber nicht immer kahl geschoren. Die Krieger trugen dieselbe Kleidung und sind nur an ihren Waffen und manchmal an einem spitzen Lederhut zu erkennen. Mußezeit sowie Besitz – außer Kleidern – waren offenbar Luxus, abgesehen von Juwelenschmuck, der in großen Mengen erhalten geblieben ist. Er diente wahrscheinlich zur Statusbezeichnung und weist auf eine zunehmend komplexe Gesellschaft hin. Erhalten ist auch ein Bild von einem Trinkgelage: Eine Gruppe von Männern sitzt mit Schalen in den Händen in Armsesseln, während ein Musiker sie unterhält.

Ehe

Die sumerische Ehe hatte viele Ähnlichkeiten mit Eheformen späterer Gesellschaften. Entscheidend war die Zustimmung der Familie der Braut. Sobald alles zu deren Zufriedenheit vereinbart war, wurde durch die Heirat eine neue Familie begründet und mit einem Vertrag besiegelt. Den Kopf der nach monogamen Gesichtspunkten geschlossenen Gemeinschaft bildete der Ehemann, der sowohl über die Familienmitglieder als auch über seine Sklaven bestimmte. Dieses Muster stellte bis vor kurzem noch in den meisten Teilen der Welt die Norm dar. Bei den Sumerern gibt es interessante Varianten. Gesetzestexte und literarische Quellen lassen darauf schließen, dass ihre Frauen auch in den frühesten Zeiten eine weitaus weniger untergeord-

Eine sumerische Plastik, die einen Mann mit geschorenem Kopf darstellt. Er trägt den für die Sumerer typischen langen Rock aus Schaffell.

nete Stellung innehatten als ihre Geschlechtsgenossinnen in vielen späteren Gesellschaften des Nahen Ostens. Semitische und nichtsemitische Traditionen mögen sich darin unterscheiden. Die sumerischen Göttergeschichten zeugen jedoch von einer Gesellschaft, die sich der gefährlich und unberechenbar scheinenden Macht der weiblichen Sexualität durchaus bewusst war: Die Sumerer waren das erste Volk, das in ihren literarischen Zeugnissen diese Leidenschaft benennt.

Diese Gipsdarstellung eines Frauenkopfes wurde in Mari nahe dem Ischtar-Tempel gefunden.

Stellung der Frau

Es ist nicht immer einfach, Denkweisen mit Institutionen in Bezug zu setzen, aber die sumerischen Gesetze (deren Einfluss sich bis weit über 2000 v. Chr. hinaus in nachsumerische Zeiten verfolgen lässt) gaben den Frauen wichtige Rechte. Eine Frau war nicht bloß eine Leibeigene. Selbst die Sklavenmutter des Kindes eines freien Mannes hatte einklagbare Rechte. Die Scheidungsregelungen gestatteten den Frauen ebenso wie den Männern, eine Trennung zu beantragen und garantierten den geschiedenen Frauen eine faire Behandlung. Aber nur der Ehebruch der Frau wurde mit dem Tod bestraft. Dieser Unterschied muss jedoch im Lichte der Sorge um Erbe und Besitz verstanden werden. Nicht lange nach dem Ende der sumerischen Zeiten begann das mesopotamische Recht, die Bedeutung der Jungfräulichkeit herauszustreichen und ehrbaren Frauen den Schleier vorzuschreiben. Beides bedeutete eine Einschränkung gesellschaftlicher Rechte.

Erfindungen und Technik

Die Sumerer bewiesen großen Erfindungsgeist. Andere Völker haben ihnen vieles zu

Die Standarte von Ur, ein Mosaik aus Muscheln und Lapislazuli mit Kriegs- und Friedensszenen, wurde in einem der Königsgräber gefunden. Auf diesem Ausschnitt sind sumerische Fußsoldaten und Wagenlenker zu sehen, die in den Krieg ziehen.

Die Zikkurat von Ur nach ihrer teilweisen Rekonstruktion. Ursprünglich wurde sie im 21. Jahrhundert v. Chr. errichtet.

verdanken. Sie begründeten die Mathematik, führten die Zahlendarstellung durch Position und Ziffer ein (so wie wir beispielsweise die Ziffer 1 je nach ihrer Position relativ zum Dezimalpunkt als eins, ein Zehntel, zehn oder verschiedene andere Werte lesen können) und fanden eine Methode zur Unterteilung des Kreises in sechs gleiche Segmente. Sie kannten sogar das Dezimalsystem, machten aber keinen Gebrauch davon.

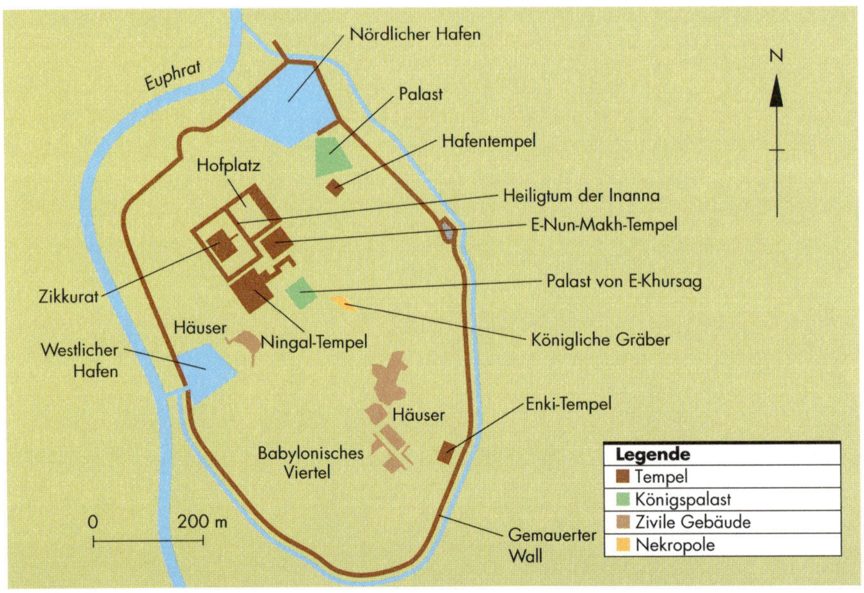

Die Stadt Ur (heute Tell al-Muqayyar) war eine der bedeutendsten sumerischen Städte. Nahe dem damaligen Küstenverlauf gelegen, hatte sie auch einen wichtigen Hafen.

Aus der Zeit gegen Ende ihrer kulturellen Unabhängigkeit ist bekannt, dass sie in großen städtischen Gemeinschaften zusammenlebten – von einer Stadt ist eine männliche Bewohnerzahl von 36 000 überliefert. Das erforderte eine hohe Geschicklichkeit im Bauen großer Monumentalkonstruktionen. Zunächst benützten die Menschen im südlichen Mesopotamien lehmverputztes Schilfrohr und später sonnengetrocknete Lehmziegel. Gegen Ende der sumerischen Periode war die Ziegeltechnologie so weit gediehen, dass es möglich wurde, sehr große Gebäude mit Säulen und Terrassen zu errichten. Das größte Monument, die Zikkurat von Ur, hatte eine obere Ebene von über 30 Metern Höhe und einen Grundriss von 60 × 45 Metern. In Ur wurde auch die älteste Töpferscheibe gefunden, mit der Keramik in großen Stückzahlen produziert werden konnte, so dass die Keramikherstellung nun nicht mehr Sache der Frauen, sondern der Männer war. Schon 3000 v. Chr. wurde das Rad verwendet. Eine weitere wichtige Erfindung der Sumerer war das Glas, außerdem gab es bereits seit dem frühen 3. Jahrtausend v. Chr. Bronzegießer.

Handel

Die Erfindungen der Sumerer werfen eine weitere Frage auf: Woher nahmen sie die Rohmaterialien? Im südlichen Mesopotamien gibt es keine Metallvorkommen. Und schon in früherer Zeit, während des Neolithikums, muss die Region von außen Feuerstein und Obsidian für die ersten landwirtschaftlichen Werkzeuge erhalten haben. Offensichtlich gab es Verbindungen zu so fernen Regionen wie der Levante und Syrien, aber auch zum Iran und den Persischen Golf hinunter bis nach Bahrein. Bereits vor 2000 v. Chr. bezog Mesopotamien – wenn auch vielleicht nicht direkt – Waren aus dem Indus-Tal. Aus diesen Erkenntnissen und aus den schriftlichen Quellen (welche Kontakte zu Indien vor 2000 v. Chr. belegen) treten uns die Umrisse eines beginnenden internationalen Handelssystems entgegen, das bereits ein weitreichendes Geflecht gegenseitiger Durchdringung und Abhängigkeiten aufweist. Als in der Mitte des 3. Jahrtausends v. Chr. die Zinnquellen des Nahen Ostens versiegten, mussten die Mesopotamier die Bronze für ihre Waffen durch unlegiertes Kupfer ersetzen.

Dieser Stierkopf aus Gold und Lapislazuli zierte einst eine Lyra.

Landwirtschaft

Die gesamte Ökonomie wurde von einer Landwirtschaft getragen, die von Anfang an ebenso kompliziert wie ertragreich war. Gerste, Weizen, Hirse und Sesam wurden in großem Umfang angebaut. Die Gerste war wohl das Hauptanbaukorn, dank ihrer können wir uns die vielen Beweise für die Existenz von Alkohol im alten Mesopotamien erklären. In der vom Wasser angeschwemmten leichten Erde waren keine Werkzeuge aus Eisen vonnöten, um eine intensive Bewirtschaftung zu gewährleisten. Wichtige Faktoren stellten hingegen die Bewässerungstechnik und eine differenzierte Regierung dar. Solche Fähigkeiten bildeten sich aber nur langsam heraus, insgesamt umfasste der geschichtliche Entwicklungsspielraum der sumerischen Kultur einen Zeitraum von 15 Jahrhunderten.

MESOPOTAMISCHE GESCHICHTE

Bislang haben wir von diesem langen Zeitabschnitt fast wie von einem statischen Phänomen gesprochen. Welche Vorbehalte auch immer bezüglich der Langsamkeit von Veränderungen in der alten Welt gemacht werden, und wie statisch auch immer diese Welt uns erscheinen mag, es waren 15 Jahrhunderte mit großen Veränderungen für die Mesopotamier – Geschichte im wahrsten Sinne des Wortes. Fachleute haben vieles in Erfahrung gebracht, aber dies ist nicht der Ort, detailliert darauf einzugehen. Außerdem ist vieles noch umstritten und ungeklärt und eine Datierung oft nur annäherungsweise möglich. Wir können uns darauf beschränken, die erste Periode der mesopotamischen Kultur mit der nachfolgenden und anderen zeitgenössischen Zivilisationen zu vergleichen.

Die sumerische Geschichte gliedert sich im Wesentlichen in drei Phasen. Die erste dauerte von rund 3360 bis 2400 v. Chr. und wird als die frühdynastische Periode bezeichnet. Sie war geprägt vom Auf- und Abstieg einzelner Stadtstaaten und den kriegerischen Auseinandersetzungen zwischen ihnen. Davon zeugen die Stadtbefestigungen und die Anwen-

Viele Gräber aus dem 26. und 25. Jahrhundert v. Chr. wurden in Ur freigelegt. Bei 17 von ihnen nimmt man der aufwendigen Gestaltung und kostbaren Ausstattung wegen an, dass sie Mitgliedern der Königsfamilie galten. Diese Plastik aus Gold, Lapislazuli, Silber und Muschel stellt einen Ziegenbock dar. Sie wurde in einem Grab gefunden, in dem zusammen mit dem König ein Gefolge von 74 Menschen bestattet worden war.

Dieser aus Kupfer gegossene Kopf wurde in Ninive gefunden und stellt möglicherweise Naram-Sin (2254–2218) dar, den Enkel Sargons von Akkad.

dung des Rades in der Kriegstechnik in Form von vierrädrigen Karren. Etwa zur Mitte dieser neunhundertjährigen Phase beginnen sich lokale Dynastien zu etablieren. Ursprünglich scheint die sumerische Gesellschaft so etwas wie eine repräsentative oder sogar demokratische Basis besessen zu haben, mit der Zeit jedoch traten an die Stelle der Priester Könige, bei denen es sich vermutlich um Heerführer handelte, die, von den Städten an die Spitze ihrer Streitkräfte gesetzt, nach Beilegung des Konflikts die Macht nicht mehr aus den Händen gaben. Daraus entwickelten sich Dynastien, die sich in der Folgezeit bekriegten. Das Erscheinen Sargons I. kennzeichnet schließlich eine neue Phase.

Rimusch, der Sohn und Erbe Sargons, ließ seine militärischen Siege auf einer Stele verewigen, von der dieses Fragment stammt.

Sargon I.

Sargon I. war König der semitischen Stadt Akkad, er eroberte zwischen 2330 und 2295 v. Chr. die sumerischen Städte und sicherte sich die Vorherrschaft. Es existiert eine Kopfplastik, von der man vermutet, dass sie ihn darstellt; in diesem Fall handelt es sich um eines der ältesten erhaltenen Königsporträts. Er war der Erste in einer langen Reihe von mächtigen Herrschern, der seine Heere vermutlich bis nach Ägypten und Äthiopien sandte. Seine Herrschaft gründete nicht auf der relativen Übermacht eines Stadtstaates über einen anderen, er vereinigte vielmehr die Städte zu einem Reich. Sein Volk drang über Jahrtausende in verschiedene Kulturen der Flusstäler ein und errang gewaltsam die Macht. Dabei vorgefundene Errungenschaften übernahm es nur zum Teil. Am Ende entstand daraus ein neuer, vom Motiv des königlichen Sieges geprägter Kunststil.

Das Reich von Akkad

Das Reich von Akkad bedeutete für Sumer den Eintritt in eine zweite signifikante Phase. Obwohl es sich nicht um mehr als ein Zwischenspiel handelte, war es doch wichtiger Ausdruck einer neuen Stufe der Organisation. Zur Zeit Sargons gab es bereits ein echtes Staatswesen und die sich im alten Sumer entwickelnde Trennung zwischen weltlicher und religiöser Autorität blieb bestehen. Obwohl übernatürlichen Kräften immer noch auf allen Ebenen des täglichen Lebens entscheidender Einfluss eingeräumt wurde, war die priesterliche Autorität nicht mehr unangefochten. Das zeigt sich unter anderem darin, dass in den sumerischen Städten neben den Tempeln Paläste entstanden, deren Bewohner sogar mehr Autorität genossen als die Götter.

Wenngleich wir wenig über die Entwicklung des Königtums in den frühen Städten wissen, so hat doch vermutlich die Entstehung eines professionellen Soldatentums ihren Anteil daran gehabt. Auf Monumenten in Ur ist eine Infanterie, die in einer Phalanx mit über-

Dieser Ausschnitt aus der Standarte von Ur stellt einen sumerischen Kriegswagen von vor 4500 Jahren dar. Auf jedem Wagen fuhren zwei Mann, von denen einer die Zügel hielt und der andere in Kampfbereitschaft stand. Der Wagen hatte einen Behälter für Speere und massiv gebaute Räder.

lappenden Schilden und erhobenen Speeren vorrückt, dargestellt. Im Reich von Akkad zeigte sich eine frühe Form von Militarismus. Sargon, heißt es, tafelte in seinem Palast zusammen mit 5400 Soldaten. Das war ohne Zweifel der Höhepunkt einer Entwicklung hin zu größerer Machtentfaltung. Ständige Eroberungen garantierten den Nachschub an Ressourcen, die nötig waren, um diese aufrechtzuerhalten.

Da die Bevölkerung ständig wuchs, war es die vorrangige Aufgabe der Herrscher, die nötigen Arbeitskräfte für die umfangreichen Bewässerungs- und Hochwasserschutzprojekte zu mobilisieren. Die dafür erforderliche Machtfülle konnte ebenso gut zur Rekrutierung von Soldaten verwendet werden. Da die Waffen immer komplexer und teurer wurden, bot es sich an, auf Berufssoldaten zurückzugreifen. Akkad verdankte seine Kriegserfolge nicht zuletzt einer neuen Waffe, dem aus Schichten von Holz und Horn zusammengesetzten Bogen.

Die Hegemonie von Akkad war von vergleichsweise kurzer Dauer. Nach knapp 200 Jahren wurde Sargons Urenkel offensichtlich von den Gutäern gestürzt. Das läutete die letzte Phase von Sumer ein, die von den Fachleuten als die neusumerische bezeichnet wird. Für weitere 200 Jahre, bis um 2000 v. Chr., erlangten die Sumerer erneut die Herrschaft. Diesmal lag das Zentrum in Ur und der erste König der dritten Dynastie von Ur, die von

Auf diesem Ausschnitt aus der Stele Scharrumkins, des Königs von Akkad, sind nackte gefesselte Gefangene zu sehen. Scharrumkin, in der Bibel Sargon genannt, war der Gründer des ersten ganz Mesopotamien umfassenden Reiches. Es wird vermutet, dass er im 22. Jahrhundert v. Chr. regierte.

Um 2000 v. Chr. ging das Reich der Sumerer durch Einfälle der Elamiter zu Grunde. Ein großer Teil seiner Kultur hat sich jedoch in zahlreichen schriftlichen und architektonischen Überresten erhalten.

nun an regierte, nannte sich König von Sumer und Akkad.

Die Kunst zeigte in dieser Phase eine neue Tendenz zur Verherrlichung der Herrschermacht; die Tradition der volkstümlichen Porträtkunst der frühdynastischen Periode verschwand fast vollständig. Es wurden Tempel gebaut, die größer und besser waren als ihre Vorgänger, die Könige versuchten offenbar, ihre Größe in den Zikkurats zu versinnbildlichen. Verwaltungsdokumente belegen, dass das Erbe von Akkad ebenfalls weiterlebte, denn die neusumerische Kultur wies viele semitische Züge auf. Die Provinzen, die den letzten Königen von Ur Tribut zahlten, reichten von Susa im östlichen Elam (am Unterlauf des Tigris) bis Byblos an der libanesischen Küste.

Das sumerische Erbe

Mit dem Untergang Sumers verschwand diese erste bedeutende Zivilisation selbstverständlich nicht völlig, aber ihre Einzigartigkeit ging in der allgemeinen Geschichte Mesopotamiens und des Nahen Ostens auf. Um 2000 v. Chr. kamen die Elamiter, und Ur fiel in ihre Hände. Warum, wissen wir nicht. Während der vorausgegangenen 1000 Jahre war es immer wieder zu Feindseligkeiten zwischen den Völkern gekommen, die mit dem Kampf um die Kontrolle über Zugangswege zum iranischen Hochland erklärbar sind, in welchem Bodenschätze lagen, die die Mesopotamier benötigten. Mit der Stadt Ur verschwand die spezifisch sumerische Tradition, die sich nun in den Strudeln einer vielgestaltigen Welt verlor, aber von Zeit zu Zeit in anderen Formen durchschien. Rund 15 Jahrhunderte lang hatte Sumer den Kern der Zivilisation in Mesopotamien gebildet. Es hinterließ schriftliche Zeugnisse, Monumentalbauten, eine Idee von Gerechtigkeit und Recht sowie die Wurzeln einer großen Religionstradition. Das ist eine beeindruckende Bilanz. Die mesopotamische Tradition hatte ein langes Leben vor sich, und sie war in jeder Hinsicht vom sumerischen Erbe beeinflusst.

Im inneren Hof des großen Palastes von Mari wurden Fragmente von Malereien aus dem 28. Jahrhundert v. Chr. entdeckt. Dieser Ausschnitt stellt vermutlich eine Opferszene dar. Hinter der übergroßen Figur – von der nur Arm und Kleidersaum zu sehen sind – wird der König vermutet.

Neue Völker im Nahen Osten

Während die Sumerer eine eigene Kultur begründeten, bewirkte ihr Einfluss auch an anderen Orten Veränderungen. Quer über den Fruchtbaren Halbmond waren neue Königreiche und Völker entstanden. Sie verbanden die Anregungen und Lehren aus dem Süden, aus dem Reich von Ur, mit ihren eigenen Bedürfnissen. Zivilisierte Lebensformen verbreiteten sich rasch. Das macht es schwierig, die wesentlichen Entwicklungen dieser Jahrhunderte in verständlicher Form zu beschreiben und zu kategorisieren.

Zudem war der Nahe Osten über lange Perioden ein Gemisch von Völkern, die aus uns unbekannten Gründen umherzogen. Auch die Akkader gehörten dazu, die einst aus dem großen semitischen Reservoir Arabiens bis nach Mesopotamien gekommen waren und später von den kaukasischen Gutäern gestürzt werden sollten. Am erfolgreichsten waren die semitischen Amoriter, die in alle möglichen Richtungen wanderten und schließlich mit den Elamitern das Kriegsheer von Ur besiegten und die Macht der Stadt brachen. Die Amoriter hatten in Assyrien (dem oberen Mesopotamien), Damaskus und Babylon eine Reihe von Königreichen gegründet, die sich bis zur palästinensischen Küste erstreckten. Mit den Elamitern stritten sie sich weiterhin um Südmesopotamien, das Gebiet des alten Sumer. In Anatolien waren Hethiter, ein indogermanisches Volk, ihre Nachbarn, diese waren im 3. Jahrtausend v. Chr. vom Balkan herübergezogen. Die Kultur des alten Ägyptens und des Irans, auf dessen Gebiet sich ebenfalls ein indogermanisches Volk niedergelassen hatte, vervollständigen das Bild einer Region, die in Bewegung geraten war.

Viele überlieferte Statuen zeigen Gudea, den König von Lagasch im 21. Jahrhundert v. Chr. Gudea regierte in der neusumerischen Periode, die auf den Niedergang des Reiches von Akkad folgte.

Diese Bronzeplastik aus dem 19. Jahrhundert v. Chr. stellt Warad-Sin, den Herrscher von Larsa, einen Korb tragend, dar. Über Jahrhunderte war dies der traditionelle Stil für Votivfiguren, die in die Fundamente der Tempel eingegraben wurden.

DAS BABYLONISCHE REICH

Einen Ausgangspunkt für die weitere Schilderung bietet ein neues mesopotamisches Reich, Babylon. Untrennbar mit ihm verbunden ist der Name eines seiner Könige: Hammurabi. Seinen sicheren Platz in der Geschichte besäße er auch dann, wenn wir ihn nur als den Gesetzesstifter kennen würden. Sein Kodex ist die älteste Formulierung des Rechtsprinzips von Auge um Auge, Zahn um Zahn. Zudem war er der erste Herrscher, der ganz Mesopotamien einigte. Zwar war dem Reich keine lange Dauer beschieden, trotzdem stand der Name Babylon fortan für das symbolische Zentrum der semitischen Völker des Südens. Es begann mit dem Sieg eines Amoriter-Stammes über seine Rivalen in der verworrenen Periode nach dem Fall von Ur. Hammurabi errang die Herrschaft vermutlich im Jahr 1728 v. Chr. Auch seine Nachfolger konnten das Reich zusammenhalten, bis Babylon kurz nach 1600 v. Chr. durch die Hethiter zerstört und Mesopotamien ein weiteres Mal zwischen rivalisierenden Völkern aufgeteilt wurde.

Diese Büste aus Diorit zeigt die typische Haartracht der mesopotamischen Könige zu Beginn des 2. Jahrtausends v. Chr.

Zu seinen Glanzzeiten reichte das babylonische Reich von Sumer und dem Persischen Golf nordwärts bis nach Assyrien, dem oberen Teil Mesopotamiens. Hammurabi herrschte über die Städte Ninive und Nimrud am Ufer des Tigris sowie Mari hoch oben am Euphrat, und er kontrollierte diesen Fluss bis zur Höhe von Aleppo. Mit einer Länge von gut 200 Kilometern und einer Breite von 30 Kilometern war dies ein großer Staat, der größte, den es in dieser Gegend der Welt bis dato gegeben hatte.

Hammurabis Gesetzeskodex

Hammurabi regierte mit Hilfe einer hochentwickelten Verwaltungsstruktur, und sein Gesetzeskodex ist mit Recht berühmt, auch wenn diese Bekanntheit zu einem Teil dem Zufall zu verdanken ist: Hammurabis Sammlung von Verfügungen und Regeln wurde in Stein gemeißelt und in Tempelhöfen öffentlich zugänglich gemacht. Ausführlicher und systematischer als frühere Sammlungen, vereint sie 282 Artikel, die eingehend ein weites Spektrum von Fragen behandeln: Löhne, Scheidung, Gebühren für ärztliche Behandlung und vieles andere. Hammurabi sammelte Gesetze, die bereits in Kraft waren; er schuf sie nicht neu. Dieser Bestand an „Rechtstradition“ stellte eine der wichtigsten Konstanten der mesopotamischen Geschichte dar.

Die Schwerpunkte dieses Regelwerks sind Familie, Land und Handel. Es vermittelt das Bild einer Gesellschaft, die längst nicht mehr allein durch Familienbande, lokale Gemeinschaften oder die Macht der Dorfältesten bestimmt wird. Zur Zeit Hammurabis fand Rechtsprechung kaum noch in den Tempeln statt, sondern bei weltlichen Gerichten, in denen die Oberschicht der jeweiligen Städte den Vorsitz führten. Berufungsinstanz waren Babylon und der König in Person. Hammurabis Stele (die steinerne Säule, in die sein Kodex gemeißelt war) verkündete, ihr Zweck sei

Die ersten geschriebenen Gesetze

Das älteste bekannte Gesetzeswerk wurde von König Hammurabi von Babylon im 18. Jahrhundert v. Chr. geschaffen. Man vermutet, dass die Artikel auf einer längeren Gesetzestradition beruhen, die bis in die sumerische Zeit zurückreicht. Die Gesetze wurden in eine Stele eingraviert, die heute im Pariser Louvre aufbewahrt wird. Die einzelnen Artikel regeln eine Vielzahl von Bereichen wie Besitz, Sklaverei, Familie, Handel, Preise und Löhne, Darlehen und Zinszahlung sowie Verbrechen und ihre Bestrafung. An den Kopf der Stele, in die die Gesetze Hammurabis eingehauen sind, hat der König sein eigenes Bild gesetzt. Er ist dort zu sehen, wie er ehrerbietig Schamasch, dem Gott der Gerechtigkeit, zuhört, der mit den Insignien seiner Macht in der rechten Hand und die Schultern von Flammen umlodert auf seinem Thron sitzt. Schamasch befiehlt Hammurabi, seine Wünsche auszuführen – ähnlich nimmt Moses in der Bibel die Gebote Jahwes entgegen.

Ein Ausschnitt der Stele, auf der die Gesetze des Hammurabi geschrieben stehen.

es, mit der Veröffentlichung des Gesetzes Gerechtigkeit zu schaffen:

Möge der Bedrängte, der ein Anliegen hat,
vor meine Statue treten und den Text
auf meiner Stele aufmerksam lesen.

Die Strafen scheinen im Vergleich zur früheren sumerischen Praxis härter geworden zu sein, aber in anderer Hinsicht, etwa was die Rechte der Frauen anbelangt, haben sumerische Traditionen in Babylon überlebt.

Sklaverei und Luxus

Zu den Bestimmungen über Besitz gehören auch Gesetze über Sklaven. Babylon basierte wie alle anderen frühen und viele spätere Kulturen auf Sklaverei. Diese geht wahrscheinlich auf Eroberungen zurück; so drohte in der frühen Geschichte vermutlich nach jedem Krieg den Verlierern die Versklavung. Zur Zeit des ersten babylonischen Reiches existierten regelrechte Sklavenmärkte, und aus der Stabilität der Preise können wir auf einen regen Handel schließen. Für die Sklaven aus bestimmten Gegenden wurden ihrer zuverlässigen Qualitäten wegen höhere Preise gezahlt. Wenngleich der Herr praktisch absolute Gewalt über den Sklaven hatte, genossen einige babylonische Sklaven beachtliche Unabhängigkeit, dank derer sie sich geschäftlich betätigen und womöglich ihrerseits Sklaven besitzen konnten. Sie scheinen – wenn auch in geringem Umfang – gewisse Rechte gehabt zu haben.

Wir können die praktische Bedeutung der Sklaverei angesichts unserer eigenen Traditionen, in der die Unzulässigkeit der Leibeigenschaft weitgehend selbstverständlich ist, kaum ermessen. Kenntnis von den Vorgängen, wie Gefangene in die Sklaverei geführt wur-

Ihre erfolgreichen Kriegszüge brachten den Babyloniern neben materiellem Luxus auch Nachschub für ihren Sklavenmarkt. Der Status dieser Sklaven war höher als der mittelalterlicher Leibeigener in Europa.

den, haben wir durch unzählige Denkmäler, von der „goldenen Standarte" von Ur aus der Mitte des 3. Jahrtausends bis zu den Steinreliefs anlässlich der assyrischen Siege 15 Jahrhunderte später. In der alten Welt beruhte Zivilisation auf der ungenierten Ausbeutung des Menschen durch den Menschen; man empfand dies nicht als besonders grausam, es entsprach der Normalität des damaligen Lebens.

Die babylonische Kultur wurde mit der Zeit zu einem Inbegriff von Pracht und Glanz sowie monarchischer Autorität. Dass eines der eindrücklichsten Bilder von urbanem Leben – die irdische, verderbte Stadt des Vergnügens und des Genusses – ein für alle Mal mit dem Namen „Babylon" verknüpft ist, spricht für ihre Größe und ihren kulturellen Reichtum. Auch wenn die Stadt ihren Ruf zu einem großen Teil späteren Zeiten verdankt, gibt es genügend Belege für die Realität hinter diesem Mythos. Der gewaltige Palast von Mari ist ein Beispiel: Mauern mit einer Stärke von bis zu zwölf Metern umschlossen den Hofplatz, während die rund 300 Räume einen Komplex bildeten, für dessen Entwässerung bitumenverkleidete, zehn Meter tiefe Schächte sorgten. Der Palast bedeckte ein Areal von rund 135 × 180 Metern. Auch in diesem Palast wurden in großen Mengen Tontafeln gefunden, aus deren Lektüre wir zahlreiche Einzelheiten zu den verschiedenen Betätigungsfeldern und Aufgaben der Regierung erfahren.

Die Stadt von Mari (das heutige Tell Hariri in Syrien) wurde vor 5000 Jahren am Euphrat gegründet. Nach der Eroberung durch Hammurabi im 18. Jahrhundert v. Chr. wurde sie von ihren Bewohnern verlassen.

Zahlreiche Tontäfelchen beleuchten verschiedene Aspekte des mesopotamischen Lebens von vor fast 4000 Jahren. Hier sehen wir einen Zimmermann bei der Arbeit.

Kultur und Wissenschaft

Aus dem ersten babylonischen Reich sind uns weit mehr Tafeln erhalten als von allen Vorgängern oder Nachfolgern. Sie liefern Details, anhand derer wir diese Kultur besser studieren können als die Zustände in so manchem europäischen Land vor 1000 Jahren. Zudem lassen sie allerlei Rückschlüsse auf das babylonische Geistesleben zu. Zu dieser Zeit nahm das Gilgamesch-Epos seine endgültige Gestalt an. Die Babylonier entwickelten die Keilschrift zu einer Silbenschrift, was eine erhebliche Steigerung ihrer Flexibilität und Ausdrucksfähigkeit bedeutete. Das Interesse für Astrologie förderte die Beobachtung der Natur und führte zu dem Mythos der besonderen Weisheit der Chaldäer, wie die Babylonier manchmal irreführenderweise genannt werden. Weil sie ihr Schicksal in den Sternen zu erkennen hofften, entwickelten die Babylonier die Astronomie und machten eine Reihe wichtiger Beobachtungen. Nach den Anfängen in Ur brauchte es Jahrhunderte, bis es schließlich um 1000 v. Chr. möglich war, eine Mondfinsternis vorherzusagen. Zwei oder drei Jahrhunderte später kannte man die Bahnen der Sonne und einiger Planeten mit einer bemerkenswerten Genauigkeit. Der wissenschaftlichen Tradition, die in der babylonischen Mathematik zum Ausdruck kommt, verdanken wir die Überlieferung des sexagesimalen Systems der Sumerer, wonach wir den Kreis in 360 Grad und die Stunde in 60 Minuten unterteilen. Die Babylonier erstellten zudem mathematische Tafeln und eine algebraische Geometrie von großer praktischer Nützlichkeit.

Durch Tontafeln wissen wir einiges über das rege Geistesleben der Babylonier, überliefert sind zum Beispiel das *Gilgamesch-Epos* sowie Beobachtungen zu Natur und Astronomie.

Babylonische Religion

Die Astronomie begann in den Tempeln, wo anhand der Beobachtung der Himmelsbewegungen der Zeitpunkt für Fruchtbarkeitsfeste und Saatzeiten bestimmt wurde; dabei hielten

Auf diesem Tontäfelchen ist ein Musiker zu sehen, der eine Harfe spielt.

sich die Babylonier eng an die sumerische Tradition. Ähnlich den alten Städten hatte Babylon einen Stadtgott namens Marduk, und allmählich schob sich dieser an die Spitze seiner mesopotamischen Rivalen. Hammurabi erklärte, Anu und Enlil, die sumerischen Götter, hätten den Vorsitz über das mesopotamische Pantheon Marduk übertragen, wie sie ihn auch gebeten hätten, über alle Menschen zu ihrem Besten zu walten. Spätere Vorkommnisse (die manchmal mit der Entführung seiner Statue durch Eindringlinge einhergingen) verdunkelten Marduks Status, nach dem 12. Jahrhundert v. Chr. jedoch war seine Stellung weitgehend unbestritten. Die sumerische Tradition überlebte bis weit in das 1. Jahrtausend v. Chr. hinein in der Verwendung des Sumerischen in der babylonischen Liturgie und in den Namen und Zuständigkeiten der Götter. Die babylonische Genesis begann wie die sumerische mit der Entstehung der Welt aus einer wässrigen Urmasse (der Name eines der Götter bedeutete „Schlamm") und der Erschaffung der Menschen als Sklaven der Götter. Einer Version zufolge formten die Götter die Menschen wie Ziegel in Lehmmulden. Dies war ein Weltbild der absoluten Monarchie, in der die Könige eine gottähnliche Macht über die Sklaven ausübten, die ihre Paläste bauen und eine Hierarchie von Beamten und Hochgestellten versorgen mussten, in der sich die himmlische Rangordnung widerspiegelte.

Diese Figur stellt Ischtulilum dar, der um das Jahr 2100 v. Chr. in Mari regierte. Sein Gesichtsausdruck zeugt von deutlicher Strenge.

Der Untergang Babylons

Die Errungenschaften Hammurabis überdauerten ihn nicht lang. Schon bald deuteten Ereignisse im Norden Mesopotamiens auf die Entstehung eines neuen Machtzentrums hin. Ein Königreich der Amoriter, das sich in Assyrien gegen Ende der sumerischen Zeit gebildet hatte, wurde zwar von Hammurabi geschlagen, dieser Erfolg war jedoch nicht von Dauer. Während der folgenden fast 1000 Jahre war Assyrien Kriegsschauplatz und verlockende Beute, bis sich schließlich der Schwerpunkt der mesopotamischen Geschichte vom alten Sumer nach Norden verlagerte.

Die Hethiter, die sich im Lauf des letzten Viertels des 3. Jahrtausends in Anatolien etabliert hatten, drangen während der folgenden Jahrhunderte immer weiter vor; dabei übernahmen sie die Keilschrift, die sie an ihre eigene indogermanische Sprache anpassten. Um 1700 v. Chr. beherrschten sie das Gebiet zwischen Syrien und dem Schwarzen Meer. Einer ihrer Könige wandte sich schließlich gegen das geschwächte und auf das alte Land von Akkad geschrumpfte Babylonien, das sein Nachfolger einnahm und plünderte; die Dynastie Hammurabis war am Ende. Anschließend zogen sich die Hethiter wieder zurück, und andere rivalisierende Völker herrschten in den folgenden 400 Jahren über Mesopotamien. Aus dieser Zeit ist allerdings nur bekannt, dass sich die Trennung zwischen Assyrien und Babylonien festigte.

Im Jahr 1162 v. Chr. wurde die Statue Marduks ein weiteres Mal von elamitischen Eroberern entführt. Es begann eine äußerst undurchschaubare Periode, in deren Verlauf sich der Schwerpunkt der Weltgeschichte aus Mesopotamien hinaus verlagerte. Die Zeit des assyrischen Reiches sollte erst anbrechen. Den Hintergrund dazu bildete eine neue Wanderungswelle im 13. und 12. Jahrhundert v. Chr., die andere Kulturen direkter und einschneidender betraf als die Nachfolger der Sumerer, auf deren Fundamenten sie aufbauten. Technisch, geistig, rechtlich und theologisch trug der Nahe Osten, als er um 1000 v. Chr. in den Strudel der Weltpolitik geriet, immer noch den Stempel derer, die die erste Zivilisation errichtet hatten. Ihr Erbe sollte in vielfältig veränderter Form noch lange weitergereicht werden.

Ausgrabungen bei Ebla in Syrien förderten Tempel, Paläste und Mauern zu Tage, die aus der Zeit von 2600 bis 1600 v. Chr. datieren. Im Palastarchiv waren Tausende von Tontafeln erhalten geblieben, nachdem sie durch das Feuer, das die Stadt zerstörte, gebrannt worden waren.

3 DAS ALTE ÄGYPTEN

Mesopotamien war nicht das einzige große Flusstal, das eine Zivilisation gebar, aber ein vergleichbar dauerhaftes Kulturerbe hat nur noch das alte Ägypten hervorgebracht. Während all der Jahrtausende seit dem Untergang dieser ersten Kultur im Niltal faszinieren und inspirieren deren erhaltene Zeugnisse die Menschheit; selbst die alten Griechen waren beeindruckt von den Mythen und der geheimnisumwitterten Wissenschaft eines Volkes, dessen Götter halb Mensch und halb Tier waren. Bis heute verwenden Menschen ihre Zeit darauf, um die spirituelle Bedeutung der Pyramiden zu erkunden. Das alte Ägypten war und ist unser größtes sichtbares Erbe der Vergangenheit.

Die im Jahr 1898 in Hierakonpolis gefundene Schminkpalette des Königs Narmer ist 5000 Jahre alt. Oben erscheint der Name des Königs in Hieroglyphen zwischen zwei vermenschlichten Kuhköpfen, die die Göttin Hathor repräsentieren. Darunter inspiziert der König, der die Krone Unterägyptens trägt, ein Schlachtfeld.

Mesopotamischer Einfluss

Auf Grund der Fülle erhaltener Zeugnisse wissen wir heute über die Ägypter mehr als über große Teile der Geschichte Mesopotamiens. Ein wichtiger Unterschied zwischen diesen beiden Kulturen ist ohne Frage der, dass die Ägypter von den Errungenschaften der viel früheren sumerischen Kultur in vielerlei Hinsicht profitiert haben. Wo sich dies im Einzelnen niederschlägt, ist unter Fachleuten allerdings umstritten. Erkennen lassen sich mesopotamische Einflüsse in den Motiven der frühen ägyptischen Kunst, in den zylindrischen Siegeln, den frühesten uns bekannten ägyptischen Quellen, in einer ähnlichen Technik des Monumentalbaus aus Lehmziegeln sowie in den Anleihen aus der frühen sumerischen Schrift für die Hieroglyphen, die ägyptische Bilderschrift.

Fest steht also, dass es bedeutende und fruchtbare Verbindungen zwischen dem frühen Ägypten und Sumer gab; wie und wann jedoch die Völker des Nils zum ersten Mal mit den Sumerern in Berührung kamen, wird sich vermutlich niemals mit Sicherheit sagen lassen. Es erscheint zumindest als wahrscheinlich, dass der sumerische Einfluss über die Völker des Deltas und des unteren Niltals Eingang nach Ägypten fand, das sich allein durch seine geographische Lage entscheidend von jeder anderen Kultur abhob. Die Bedeutung des Nils auch für die prähistorische Zeit Ägyptens kann nicht hoch genug eingeschätzt werden.

Die Rolle des Nils

Ägypten – das war der Nil und die Wüste, und es war das vom Nil bewässerte Land, eine einzige, den Fluss sich entlangziehende Oase. In prähistorischer Zeit muss es ein großes Sumpfgebiet von 1000 Kilometern Länge und von nie mehr als einigen Kilometern Breite gewesen sein, mit Ausnahme des Deltas. Seit jeher waren es die jährlichen Hochwasser des Nils, die dem Leben an seinen Ufern seinen ökonomischen Rhythmus verliehen. In Jahr um Jahr höher gelegten Schlammbetten etablierte sich zwar allmählich der Ackerbau, aber die ersten Gemeinschaften müssen ein Leben voller Unwägbarkeiten geführt haben – mehr unter als über Wasser. Vieles, was von diesem Alltag zeugen könnte, wurde für immer in den Schlamm des Deltas gespült. Was uns aus den frühesten Zeiten geblieben ist, sind Utensilien von Menschen, die am Rande des Überschwemmungsgebiets oder auf den wenigen Felserhebungen lebten.

Vor dem 4. Jahrtausend v. Chr. machte sich ein Klimawandel bemerkbar, in dessen Zuge Sand aus der Wüste angeweht und das Land trockener wurde. Auf Grund ihrer Kenntnis elementarer Agrartechniken konnten die Menschen darangehen, den fruchtbaren Boden der Überflutungsgebiete zu bearbeiten. Der Fluss war somit von Anfang an die Lebensader Ägyptens. Er war eine segensreiche Gottesgabe und kein gefährlicher und bedrohlicher Fluss mit unberechenbaren, verheerenden Überschwemmungen wie in Sumer, wo die Menschen dem wässrigen Schlamm mühsam bebaubares Land abzutrotzen versuchten. Der Nil ermöglichte eine Landwirtschaft, die schnellen und reichen Ertrag brachte, was zu einer regelrechten Bevölkerungsexplosion führte.

Wenngleich das sumerische Beispiel einen befruchtenden Einfluss auf die Entfaltung des zivilisatorischen Potenzials im Niltal gehabt haben mag, so war dieser doch nicht entscheidend. Stets gab es hier einen Grundstock an Kultur, der sich als einmalig und mit nichts vergleichbar erweist.

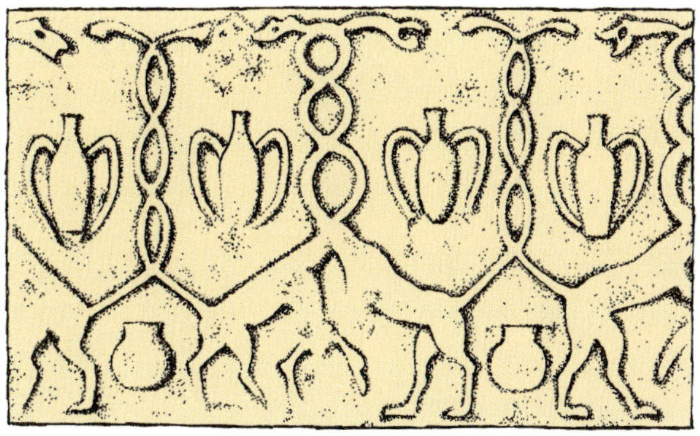

Diese Zeichnung gibt den Abdruck eines sumerischen Rollsiegels wieder. Die Ähnlichkeit der Motive zu Abbildungen aus dem Niltal deutet auf den Einfluss der mesopotamischen auf die frühe ägyptische Kultur hin.

Inmitten der Wüste bildet das Niltal eine lange, schmale Oase. Im alten Ägypten, in dem es über die längsten Abschnitte des Flusses keine Brücken gab, kreuzten ständig Fähren das Wasser und verbanden die Gemeinschaften der gegenüberliegenden Ufer. Größere Segel- und Ruderboote, die flussauf- und flussabwärts fuhren, verbanden Unter- und Oberägypten.

Flache ägyptische Schiffe, wie auf diesem prädynastischen Keramikgefäß dargestellt, wurden je nach Reiseroute mit Rudern oder Segeln bewegt. Weil die ägyptischen Winde stets von Norden bliesen, konnten Segel nur nilaufwärts verwendet werden.

Die hamitischen Völker des Neolithikums

Die Wurzeln dieser Kultur können wir nur aus den uns überlieferten Bruchstücken rekonstruieren. Demnach haben wir es in neolithischer Zeit in Oberägypten, also nilaufwärts im Süden, mit hamitischen Völkern zu tun. Seit etwa dem 5. Jahrtausend v. Chr. ernährten sich diese Völker von Fischfang und dem Jagen und Sammeln, später von der Bewirtschaftung der Täler. Sie lebten in Dörfern, die sich um Marktzentren herum gruppierten. Die Gemeinschaften verwendeten Tiere als Symbole oder Totems zur Unterscheidung, womit sie auch ihre Keramik verzierten. Diese Dorfgemeinschaften bildeten die Basis der späteren politischen Struktur Ägyptens, die mit der Einsetzung von Stammesoberhäuptern ihren Anfang nahm. Schon in einem frühen Stadium verfügten diese Völker über einige wichtige agrartechnische Fertigkeiten, wenn sie auch nicht mit den Bauern in anderen Teilen des alten Nahen Ostens mithalten konnten. Zudem besaßen sie die Fähigkeiten, Papyrusboote herzustellen, harte Materialien wie beispielsweise Basalt zu bearbeiten und für den täglichen Gebrauch kleine Gegenstände aus Kupfer zu hämmern. Auch lange vor dem Beginn schriftlicher Aufzeichnungen ist damit das Erreichen einer höheren Entwicklungsstufe bezeugt. Ihren Juwelen nach zu urteilen, gab es spezialisierte Handwerker und ausgeprägte Klassen- und Statusunterschiede.

Keinerlei Hindernisse beeinträchtigen die Schifffahrt auf dem Nil von seiner Mündung bis zum „ersten Wasserfall", wie die alten Ägypter sagten (einer Folge von Gefällen und Stromschnellen, die die traditionelle Grenze zwischen Ägypten und Nubien darstellte).

Ungefähr zur Mitte des 4. Jahrtausends v. Chr. nehmen die Einflüsse von außen zu, zuerst in der Deltaregion im Norden. Es lassen sich Anzeichen für zunehmenden Handel und Kontakt mit anderen Regionen nachweisen, insbesondere mit Mesopotamien, was sich in der Kunst dieser Zeit niederschlug. Statt Jagd und nur gelegentlichem Getreideanbau wurde jetzt eine intensive Bewirtschaftung des Landes betrieben. In der Kunst tauchte zum ersten Mal das Bas- oder Flachrelief auf, das in der späteren ägyptischen Tradition eine große Rolle spielen sollte, und die Kupfergegenstände wurden vielfältiger. Alles scheint in dieser Epoche gleichzeitig zu entstehen.

Ober- und Unterägypten

Im Laufe des 4. Jahrtausends v. Chr. kristallisierten sich zwei Königreiche heraus, das nördliche und das südliche, das von Unter- und das von Oberägypten. Im Unterschied zu Sumer entfiel bezeichnenderweise die Zwischenstufe der Stadtstaaten: Ägypten wechselte vom präzivilisatorischen Zustand unmittelbar zu einer großräumigen Organisation über. Die frühen „Städte" Ägyptens waren Marktflecken für Bauern; Agrargemeinschaften und Stämme schlossen sich zu Gruppen zusammen, die die Grundlage für die späteren Provinzen bildeten. Ägypten wurde 700 Jahre früher als Mesopotamien eine politische Einheit, in der sich ein Stadtleben in einem nur sehr begrenzten Maße entwickelte.

Bis ungefähr 3000 v. Chr. wissen wir wenig über die Könige der zwei ägyptischen Reiche, aber wir vermuten, dass es sich um die jeweiligen Sieger der Kämpfe um die Macht über immer größere Stämme und Gruppenzusammenschlüsse handelte. Aus dieser Zeit datieren die ersten Aufzeichnungen in einer Schrift, die bereits zu Beginn der ägyptischen Kultur zur Verfügung stand. Diese Schrift wurde von Anfang an nicht nur zu adminis-

Ackerland im alten Ägypten

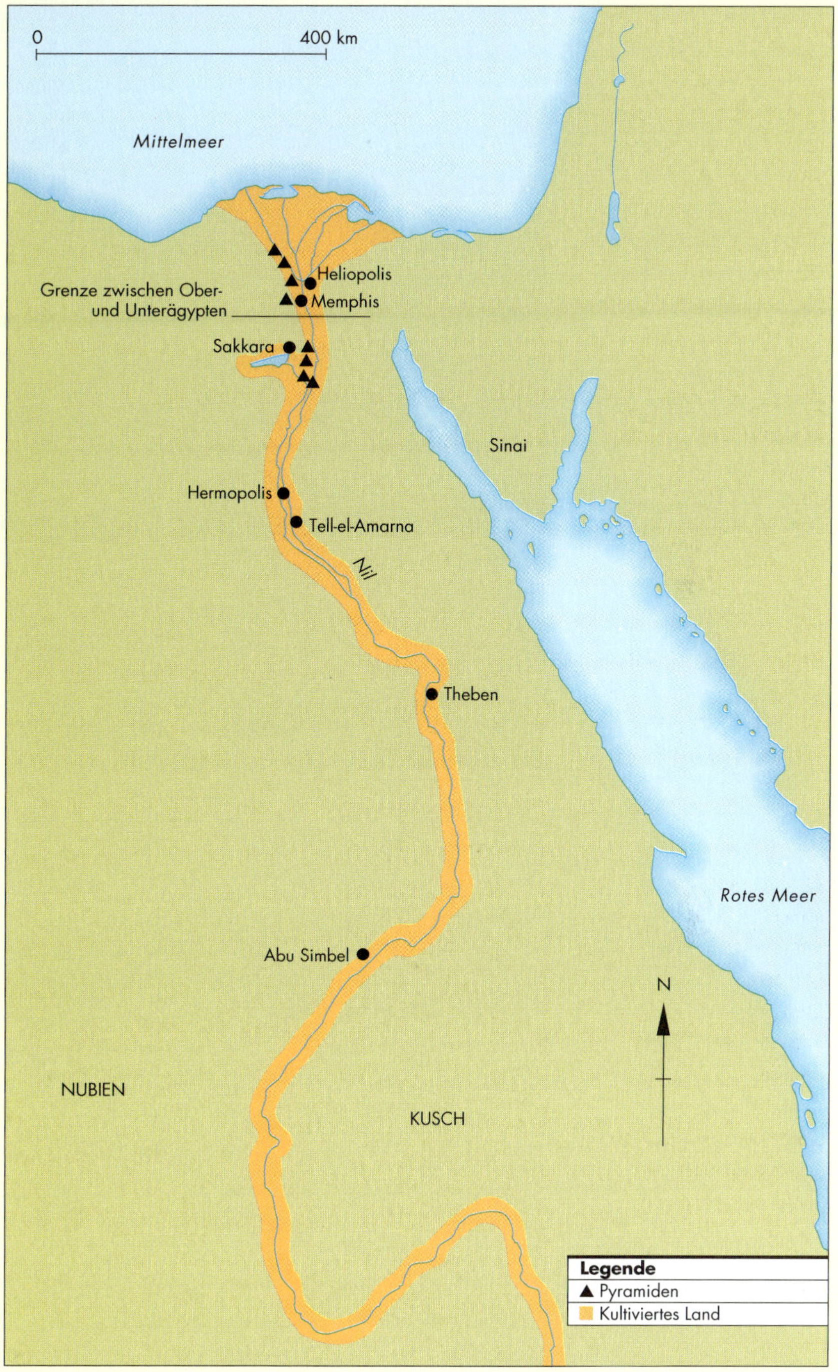

Die obige Karte zeigt die agrarisch nutzbaren Landflächen im alten Ägypten. Sie waren auf Gegenden beschränkt, die vom Nil mit Wasser versorgt werden konnten – ein langer schmaler Streifen in Oberägypten und ein weites dreieckiges Areal in der Deltaregion in Unterägypten. Während der Sommermonate schwoll der Nil durch Regenfälle im Süden an und überflutete, nordwärts fließend, die Ebenen. Bei seinem Rückzug hinterließ er einen reichen Gürtel fruchtbaren Schlamms, der zwei Ernten im Jahr ermöglichte.

Rückansicht der Schminkpalette König Narmers, in der der König, hier mit der Krone Oberägyptens, sich anschickt, einen Feind niederzuschlagen. Rechts hält der Falkengott Horus, der die Königswürde symbolisiert, eine Hieroglyphe, die das Deltagebiet repräsentiert. Die Szene bezieht sich auf die Schlachten, die der Vereinigung Ägyptens vorausgingen.

trativen und ökonomischen Zwecken, sondern auch zur Verewigung von Ereignissen auf Monumenten und Bauten benutzt.

Die Einheit Ägyptens

Ungefähr um 3000 v. Chr. eroberte Menes, ein großer König Oberägyptens, den Norden. Auf diese Weise wurden beide Reiche Ägyptens zu einem beinahe 1000 Kilometer langen Staat vereinigt, der nilaufwärts bis nach Abu Simbel reichte. Er dehnte sich später weiter den großen Fluss nach Süden entlang aus, spaltete sich aber auch mehrmals wieder. Mit dieser Vereinigung begann eine Kultur, die bis in die Zeit des klassischen Griechenlands und Roms Bestand hatte.

Das ägyptische Großreich bestand etwa 3000 Jahre. Es ist jedoch schwierig, eine eindeutige Chronologie zu erstellen.

Über annähernd drei Jahrtausende war Ägypten eine historische Einheit, und als solche wurde es bestaunt und bewundert. Viel ist in dieser langen Zeit geschehen, wovon wir bei weitem nicht alles wissen. Und doch sind es nicht so sehr die Wechselfälle, als vielmehr die Stabilität und die Beharrungskraft der ägyptischen Kultur, die sich hier zeigen.

Chronologie

Um 1000 v. Chr. ging die Blütezeit ihrer Kultur bereits dem Ende zu. Die ägyptische Geschichte bis dahin lässt sich am leichtesten in fünf Abschnitten darstellen. Man spricht von dem Alten, dem Mittleren und dem Neuen Reich, die durch die Erste und Zweite Zwischenzeit jeweils voneinander getrennt werden. Während die drei „Reiche" Perioden des Erfolgs oder zumindest gefestigter Regierungen präsentierten, bildeten die beiden Zwischenzeiten Phasen der Schwäche und des Zerfalls, für die sich äußere wie innere Gründe verantwortlich zeigten.

Die Aufteilung in fünf Abschnitte ist nicht die einzige Möglichkeit, die ägyptische Chronologie darzustellen. Viele Fachleute unterteilen sie auch nach den mehr als 30 Königsdynastien, was den großen Vorteil einer gewissen Objektivität hat. Denn auf diese Weise lässt sich der Streit vermeiden, ob nun beispielsweise die 1. Dynastie zum „Alten Reich" gerechnet oder als eine eigenständige „archaische" Periode aufgefasst werden soll, oder ob die Linie zu Beginn oder zum Ende der Zwischenzeit zu ziehen ist. Nichtsdestotrotz ist ein fünfteiliges Schema, wenn wir das prähistorische Vorspiel mit berücksichtigen, ausreichend, um ein erstes Verständnis für die Geschichte des alten Ägyptens zu erlangen.

Im 1. Jahrtausend v. Chr. machte sich ähnlich wie in der mesopotamischen Geschichte ein Bruch bemerkbar, als Ägypten in eine lange Reihe von äußeren Unruhen verwickelt wurde, für die das uns so geläufige Wort „Krise" durchaus gerechtfertigt scheint. Freilich verstreichen noch einige Jahrhunderte, bis sich die alte ägyptische Tradition vor ihrem tatsächlichen

Ende befindet. Heute besteht so mancher Ägypter darauf, dass die Identität seines Volkes seit pharaonischen Zeiten ungebrochen sei. Dennoch bietet es sich an, unsere Darstellung der ägyptischen Geschichte mit Anbruch des 1. Jahrtausends v. Chr. abzubrechen, als sie ihre Blütezeit bereits überschritten hatte.

DER KÖNIGSSTAAT

Die größten Errungenschaften Ägyptens waren eng mit dem monarchischen Staat verbunden. Die ägyptische Kultur als Ausdruck dieser Staatsform war ganz auf Memphis ausgerichtet, auf die Hauptstadt des

Chronologie der ägyptischen Dynastien

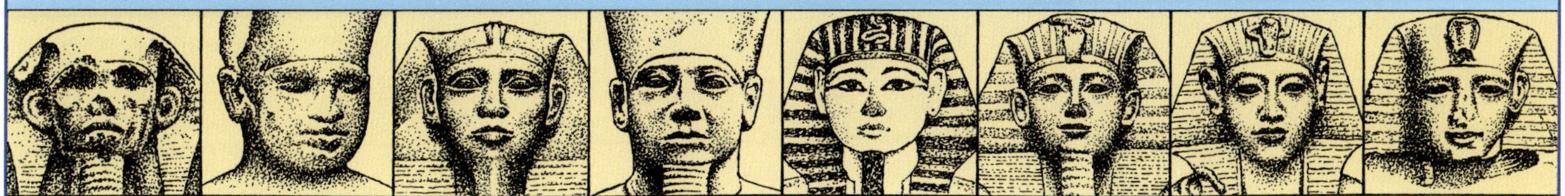

1 2 3 4 5 6 7 8

Die Chronologie des alten Ägyptens wirft insofern viele Probleme auf, als sich der Beginn der 1. Dynastie nur mit einer Genauigkeit von etwa 150 Jahren datieren lässt. Exakte Daten sind erst seit dem Jahr 664 v. Chr., dem Beginn der 26. Dynastie, erhältlich. Die Liste der Dynastien wurde in alter Zeit aufgestellt und in der von Manetho im 3. Jahrhundert v. Chr. auf Griechisch verfassten Geschichte verwendet. Einige Dynastien herrschten gleichzeitig in verschiedenen Teilen Ägyptens. Ein heute weithin akzeptiertes Datierungssystem (mit den erwähnten Überschneidungen) lautet wie folgt:

Frühzeit 3000-2625 v. Chr.
1. Dynastie 3000–2800
2. Dynastie 2800–2675
3. Dynastie 2675–2625

Altes Reich 2625-2130 v. Chr.
4. Dynastie 2625–2500
5. Dynastie 2500–2350
6. Dynastie 2350–2170
7. und 8. Dynastie 2170–2130

Erste Zwischenzeit 2130-1980 v. Chr.
9. und 10. Dynastie (Herakleopolis) 2130–1980
11. Dynastie (Theben) 2081–1938

Mittleres Reich 1980-1630 v. Chr.
11. Dynastie (ganz Ägypten) 2040–1991
12. Dynastie 1938–1759
13. und 14. Dynastie 1759–ca. 1630

Zweite Zwischenzeit 1630-1523/39 v. Chr.
15. und 16. Dynastie (Hyksos) 1630–1523
17. Dynastie (Theben) 1630–1539

Neues Reich 1539-1075 v. Chr.
18. Dynastie 1539–1292
19. Dynastie 1292–1190
20. Dynastie 1190–1075

Dritte Zwischenzeit 1075-656 v. Chr.
21. Dynastie 1075–945
22. Dynastie 945–712
23. Dynastie 838–712
24. Dynastie (Sais) 727–712
25. Dynastie (nubisch) 712–664

Spätzeit 664-332 v. Chr.
26. Dynastie 664–525
27. Dynastie (persisch) 525–405
28. Dynastie 409–399
29. Dynastie 399–380
30. Dynastie 381–343
31. Dynastie (persisch) 343–332

Griechische Zeit 332-30 v. Chr.
32. Dynastie (mazedonisch) 332–305
33. Dynastie (ptolemäisch) 305–30

Die Namen einiger der wichtigsten Pharaonen, deren Statuen oder Totenmasken oben abgebildet sind, lauten:

1 Djoser, 2630–2611
2 Cheops (Khufu), 2585–2560
3 Chephren (Khafre), 2555–2532
4 Mykerinos (Menkaure), 2532–2510
5 Ahmose I., 1539–1514
6 Thutmosis III. (Thutmose), 1479–1425
7 Amenhotep IV. (Echnaton), 1353–1336
8 Ramses II. 1279–1213

Diese Skulptur wurde in dem für König Mykerinos in der 4. Dynastie erbauten Tempel gefunden. Der König ist mit der Göttin Hathor zu seiner Rechten und der Personifizierung einer Provinz zu seiner Linken dargestellt.

Alten Reiches, deren Erbauung zu Lebzeiten von Menes begann. Später, unter dem Neuen Reich, war Theben die – allerdings nicht immer unangefochtene – Hauptstadt.

Memphis wie auch Theben waren wichtige religiöse Zentren mit mächtigen Palastkomplexen; darüber hinaus entwickelten sich jedoch keine wirklichen Stadtstrukturen. Ägyptens Könige gingen nicht wie die sumerischen aus den „großen Männern“ in den Stadtstaaten hervor, deren ursprüngliche Aufgabe es war, die Interessen der Stadt zu vertreten. Ebenso wenig waren sie einfach „Bürger“, die wie alle anderen, ob groß oder klein, den allmächtigen Göttern unterstanden. Die Spannung zwischen Palast und Tempel fehlte in Ägypten, das ägyptische Königtum erhob sich über alles andere: Die Pharaonen besaßen Götterstatus und waren nicht Diener derselben.

Die Pharaonen

Erst im Neuen Reich wurde der Titel „Pharao“ auf die Person des Königs angewandt. Zuvor bezeichnete er die Residenz und den Hof. Aber die ägyptischen Monarchen besaßen auch in früheren Perioden bereits jene Autorität, die die Alte Welt so sehr beeindruckte. Sie findet auf den frühesten erhaltenen Monumenten ihren Ausdruck in der Größe ihrer Darstellung. Schon die vorgeschichtlichen Könige besaßen eine besondere Heiligkeit, weil sie die Macht hatten, für eine erfolgreiche Landwirtschaft zu sorgen, und damit über Gedeih und Verderb des Volkes regierten. Quelle dieser gottähnlichen Macht im alten Ägypten war der Nil, der für die Menschen an seinen Ufern nichts weniger als Leben oder Tod bedeutete. Es waren die Pharaonen persönlich, so der Glaube, die das Wasser im Jahresrhythmus steigen und fallen ließen. So stehen auch die ältesten uns bekannten Rituale des ägyptischen Königtums in Bezug zu Fruchtbarkeit, Bewässerung und Landgewinnung, wie zum Beispiel eine Darstellung des Menes, die ihn bei der Aushebung eines Kanals zeigt.

Die Vorstellung vom König als dem absoluten Herrscher über das Land bildete sich schon im Alten Reich heraus. Er wurde als Sprössling der Götter verehrt, als Horus, der Sohn des Osiris, und übernahm die mächtigen und Furcht erregenden Attribute dieses göttlichen

Ordnungsstifters. Die Körper seiner Feinde wurden wie tote Jagdvögel hängend oder auf Knien flehend dargestellt, auf dass sie nicht wie andere, glücklosere Feinde rituell erschlagen würden. Gerecht ist, „was der Pharao liebt", böse, „was der Pharao hasst"; er ist göttlich allwissend und unterliegt auch keinem Gesetzeskodex als Richtschnur für sein Handeln.

Später, im Neuen Reich, wurden die Pharaonen in der zu der damaligen Zeit heroischen Pose abgebildet: als große Krieger in Streitwagen, die ihre Feinde niedertreten und mutig Raubtiere töteten. Diese Darstellungen könnten ein Hinweis auf eine Säkularisierung des ägyptischen Königtums sein, aber sie nehmen ihm nicht die Aura des Heiligen und Furchteinflößenden. „Er ist ein Gott, der über alles Leben regiert, Vater und Mutter aller Menschen, es gibt nur ihn, er ist wie kein Zweiter", schrieb um 1500 v. Chr. einer der obersten Beamten des Pharaos.

Bis in die Zeiten des Mittleren Reichs war nur dem Pharao ein Leben nach dem Tode beschieden. Und mehr als jeder andere Staat der Bronzezeit betonte Ägypten stets die Gottgleichheit des Königs, auch wenn diese Vorstellung mit der Lebensrealität im späteren Neuen Reich und in der anbrechenden Eisenzeit immer weniger vereinbar war. Als schließlich reihenweise die Katastrophen über Ägypten hereinbrachen, war es nicht länger möglich, im Pharao einen Gott der ganzen Welt zu sehen.

Beamtenherrschaft

Lange vor dem Neuen Reich hatte der ägyptische Staat eine komplexe und eindrucksvolle Hierarchie von Beamten institutionalisiert. An

Das heroische Bild vom Pharao auf seinem Streitwagen, der mit Pfeilen auf die Feinde schießt, kehrt in der ägyptischen Kunst häufig wieder. Hier sehen wir Tutanchamun, wie er seine Truppen gegen ein asiatisches Heer führt.

Einer kleinen, gut ausgebildeten Beamtenschaft stand eine breite Bauernschicht gegenüber, die durch Zwangsarbeit öffentliche königliche Bauprojekte errichten und die Ernährung aller sicherstellen musste.

ihrer Spitze standen Wesire, Provinzgouverneure und höhere Beamte, die hauptsächlich aus dem Adel stammten. Die bedeutendsten unter ihnen wurden mit einem Pomp beerdigt, der dem der Pharaonen kaum nachstand.

Aus weniger hoch gestellten Familien stammten die Tausende von Schreibern, die in der von den Obersten Beamten geführten Regierung gebraucht wurden. Das Ethos dieser Beamtenherrschaft lässt sich aus den literarischen Texten erschließen, die die Tugenden auflisten, die ein erfolgreicher Schreiber mitbringen muss: Lerneifer, Disziplin, Umsicht, Respekt vor den Vorgesetzten sowie die Heilighaltung von Gewichten, Maßen, Besitztiteln und Rechtsbräuchen. Die Schreiber wurden in speziellen Schulen in Theben ausgebildet, wo nicht nur die traditionelle Geschichte und Literatur und verschiedene Schriften gelehrt wurden, sondern auch Vermessung, Architektur und Buchhaltung.

Landwirtschaft

Die Beamtenschaft regierte ein Land, dessen Bewohner größtenteils Bauern waren, deren Leben alles andere als angenehm zu nennen ist. Sie mussten sowohl Zwangsarbeit für die großen öffentlichen Projekte der Könige verrichten, als auch den Profit erwirtschaften, von dem die Adelsschicht, die Beamtenschaft sowie eine umfangreiche Priesterkaste leben konnten. Aber das Land war reich und wurde zunehmend durch Bewässerungstechniken erschlossen, die seit der prädynastischen Zeit entwickelt wurden. Diese Techniken sind eine der frühesten Manifestationen der einzigartigen Fähigkeit der ägyptischen Herrschaftsform, kollektive Arbeitskräfte zu mobilisieren.

Auf den Feldern entlang der Bewässerungskanäle wurden hauptsächlich verschiedene Gemüsearten, Gerste und Emmer (eine Weizenart) angebaut; ergänzt wurde der Speiseplan durch Geflügel, Fisch und Wild, die auch zahlreich in der ägyptischen Kunst abgebildet wurden. Rinder dienten mindestens seit dem Alten Reich als Transporttiere und zum Pflügen der Äcker.

Diese Form der Landwirtschaft blieb bis in die Neuzeit hinein kaum verändert die Basis des ägyptischen Lebens; ihr Ertrag war so reichhaltig, dass aus dem Land die spätere Kornkammer des Römischen Reiches wurde.

Ägyptische Monumentalbauten

Auf der Überschussproduktion der Landwirtschaft beruhte auch Ägyptens spezielle Form der „Luxusdemonstration“, die eine Reihe großer öffentlicher Steinbauten hervorbrachte, die im Altertum unübertroffen blieben. Häuser und landwirtschaftliche Gebäude wurden im alten Ägypten aus denselben Lehmziegeln errichtet, die

Dieser sitzende Schreiber aus der 5. Dynastie gehört zu den schönsten erhaltenen Beispielen der ägyptischen Bildhauerkunst.

bereits in prädynastischer Zeit für Bauten verwendet worden waren, die nicht für die Ewigkeit bestimmt waren.

Die Paläste, Gräber und Denkmäler der Pharaonen hingegen wurden aus Stein gebaut, der in einigen Gegenden des Niltals reichlich vorhanden war. Dieser wurde aufwendig mit Kupfer und später mit Bronze verziert und häufig mit kunstvollen Reliefs und Malereien versehen. Die Ägypter waren es auch, die die Stele erfanden. Ihre große Leistung auf dem Gebiet des Bauens war aber nicht so sehr architektonischer oder technischer, sondern vielmehr sozialer und administrativer Art. Was sie zu Wege brachten, beruhte auf einer beispiellosen und später kaum je wieder erreichten Konzentration menschlicher Arbeitskraft. Unter der Leitung eines Schreibers wurden Tausende von Sklaven und ganze Regimenter von Soldaten eingesetzt, um die Massen von Steinen für die ägyptischen Bauten zu schneiden und zu transportieren. Allein angewiesen auf solch elementare Hilfsmittel wie Hebebäume und Schlitten – Winden, Rollen oder Flaschenzüge gab es nicht – sowie riesige Erdrampen, wurden Bauwerke geschaffen, über die wir noch heute staunen.

Die Pyramiden

Die ersten derartigen Bauten entstanden während der 3. Dynastie. Am berühmtesten sind die Pyramiden, die Königsgräber bei Sakkara in der Nähe von Memphis. Eine von ihnen, die „Stufenpyramide", war ein Meisterwerk Imhoteps, des Kanzlers des Königs und ersten Architekten, dessen Name überliefert ist. Sein Werk war so eindrucksvoll, dass er später als „Gott der Medizin" in den Götterreigen aufgenommen und als Astronom, Priester und Weiser verehrt wurde. Ihm wird der Beginn des Steinbaus zugeschrieben, und es fällt nicht schwer zu glauben, dass die Errichtung etwas so Beispiellosen wie der 60 Meter hohen Stu-

Diese hölzerne Statue stammt aus der 5. Dynastie. Die ägyptischen Grabungsarbeiter, die sie 1860 n. Chr. entdeckten und von ihrem Realismus beeindruckt waren, tauften sie „Bürgermeister" (Sheik el-beled). Die Figur ist einen Meter hoch und kann im Ägyptischen Museum in Kairo besichtigt werden.

Die weltweit bekanntesten ägyptischen Bauwerke sind die Pyramiden. Sie vermitteln den besten Eindruck von der Macht der Pharaonen und den technischen Leistungen der Zeit.

fenpyramide als Beweis einer gottähnlichen Macht angesehen wurde. Derartige Pyramiden erhoben sich über eine Kultur, die bis dato nur Lehmbehausungen gekannt hatte.

Für die Cheopspyramide rund ein Jahrhundert später, während der 4. Dynastie, wurden Steinblöcke verwendet, die einzeln 15 Tonnen wogen. Ihr Bau nahm 20 Jahre in Anspruch. Die Überlieferung, wonach dort 100 000 Menschen beschäftigt waren, gilt heute zwar als übertrieben, aber es müssen viele Tausende gewesen sein, die die gewaltigen Steinmassen (zwischen fünf und sechs Millionen Tonnen) aus bis zu 800 Kilometer entfernten Gegenden herantransportierten. Die riesige Pyramidenkonstruktion ist perfekt ausgerichtet, und ihre Seitenlängen von 230 Metern variieren um weniger als 20 Zentimeter: gerade einmal 0,09 Prozent.

Es kann nicht verwundern, dass die Pyramiden später zu den Sieben Weltwundern gerechnet wurden. Sie waren natürlich nicht die einzigen großartigen Monumente Ägyptens, denken wir nur an die großen Tempel, die es vielerorts gab, die Paläste und die Gräber aus dem Tal der Könige.

Aber die Pyramiden waren der beeindruckendste Beleg für die Macht und das Selbstvertrauen des Pharaonenstaates und standen im Zentrum von Bauwerken, die in ihrer Gesamtheit die Residenz des Königs nach seinem Tode bildeten.

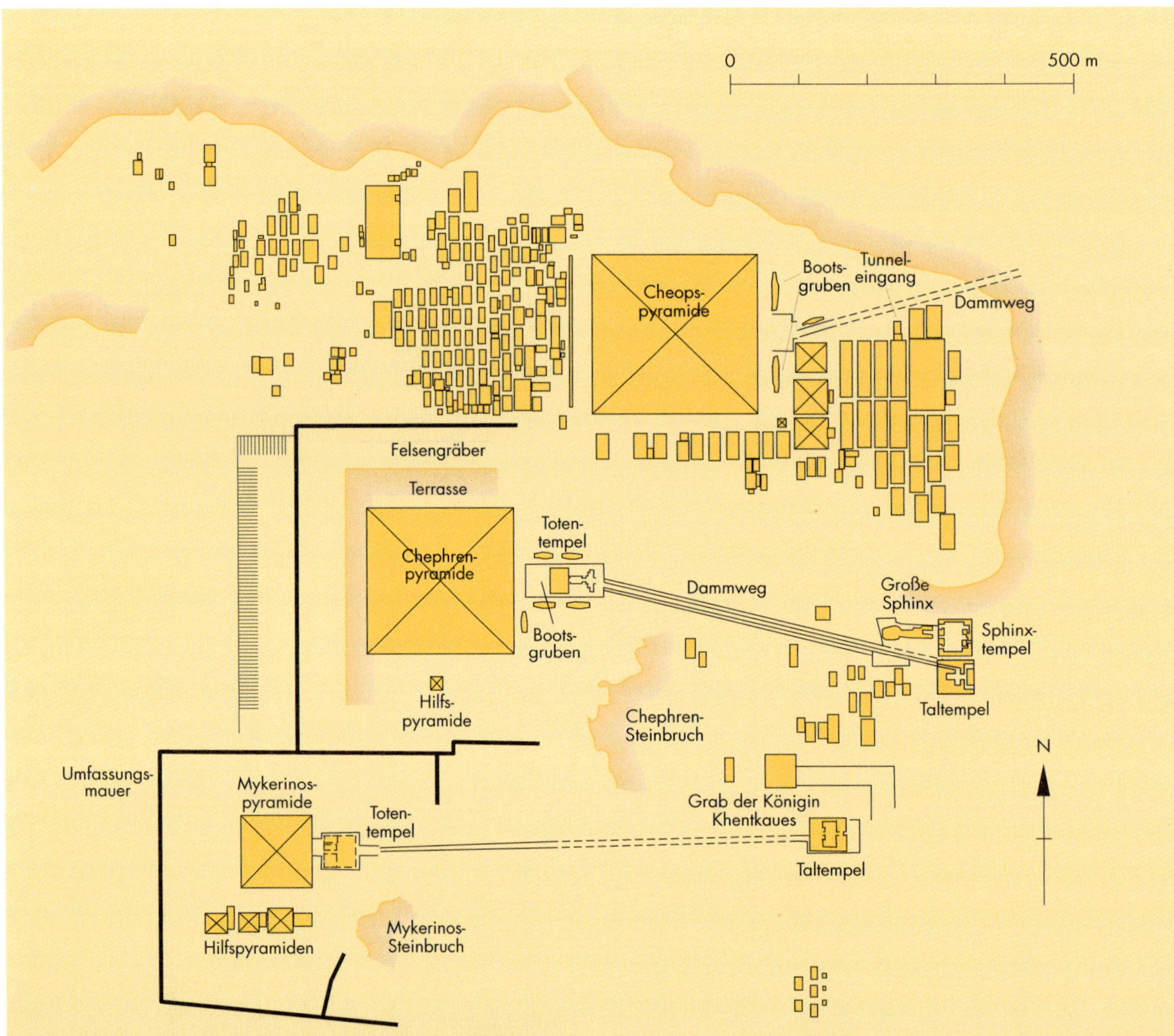

Auf einem flachen Plateau oberhalb des Niltals nahe Kairos sind die spektakulären Grabbauten von Giseh zu sehen. Die Gruppe besteht aus den Pyramiden von drei Pharaonen der 4. Dynastie und anderen zusätzlichen Gebäuden. Am Fuß der Pyramiden von Cheops (Khufu), Chephren (Khafre) und Mykerinos (Menkaure) standen Grabtempel, die durch eine Reihe von Wegen mit anderen im Tal verstreuten Tempeln verbunden waren.

Die Pyramide Chephrens, eines Pharaos der 4. Dynastie, der vermutlich im Jahr 2532 v. Chr. starb. Es ist die einzige Pyramide, bei der noch Teile der Oberfläche erhalten sind, die ursprünglich den ganzen Bau bedeckte. Die große Totenkammer im Fels unterhalb der Pyramide war bereits geplündert worden, als man dort 1818 n. Chr. einen großen leeren Granitsarkophag entdeckte.

Naturwissenschaften

Die gewaltigen öffentlichen Bauwerke erklären auch, warum die Ägypter im Nachhinein als große Wissenschaftler gerühmt wurden. Man meinte, dass die Errichtung solch gewaltiger Monumente von hochentwickelten mathematischen und naturwissenschaftlichen Fähigkeiten zeuge. Aber diese Schlussfolgerung ist nicht zwingend. An Kenntnissen ausreichend für die Errichtung der Pyramiden waren ausgefeilte Fähigkeiten in der Messtechnik und der Handhabung bestimmter Formeln zur Berechnung von Rauminhalten und Gewichten. Genau dies, aber nicht mehr, konnte die ägyptische Mathematik leisten.

Die heutigen Mathematiker schätzen die mathematischen Künste der Ägypter als eher gering ein; mit den Babyloniern konnten sie auf diesem Feld ohnehin nicht mithalten. Sie arbeiteten mit einem Dezimalsystem, das auf den ersten Blick modern erscheint, ihr einziger bedeutsamer Beitrag zur späteren Mathematik war jedoch die Erfindung der Bruchzahlen.

Ägyptische Astronomie

Zweifellos hat die vergleichsweise primitive Mathematik auch dazu beigetragen, dass die astronomischen Bemühungen der Ägypter so fruchtlos blieben – ein weiteres Feld, auf dem die Nachwelt ihnen große Verdienste zuschrieb. Ihre Beobachtungen waren zwar exakt genug, um das Ansteigen des Nils vorherzusagen und die rituelle Ausrichtung von Bauwerken zu bewerkstelligen, aber ihre theoretische Astronomie war wertlos. Auch hier waren ihnen die Babylonier um Längen voraus. Die Inschriften, auf denen die astronomischen Erkenntnisse verzeichnet waren, haben dennoch Generationen von Astrologen beeindruckt, obwohl ihr wissenschaftlicher Wert gering war. Die einzige nachhaltige Errungenschaft der ägyptischen Astronomie ist der Kalender. Die Ägypter bestimmten als Erste das Sonnenjahr zu 365 Tagen und teilten es in 12 Monate ein, jeder zu drei „Wochen" à zehn Tagen, mit fünf Zusatztagen zum Ende des Jahres. Diese Einteilung erlebte übrigens

Die naturwissenschaftlich-mathematischen Fähigkeiten der Ägypter lagen weit unter denen der Babylonier. Dennoch werden wir durch unsere Jahres- und Monatseinteilung ständig an diese Kultur erinnert.

im Jahre 1793 n. Chr. noch einmal eine Renaissance, als die französischen Revolutionäre den christlichen gregorianischen Kalender durch eine säkulare Variante ersetzen wollten und den „Sonnenkalender" wieder einführten.

Obwohl der Kalender im Wesentlichen auf der Sternbeobachtung beruht, spiegelt er auch den Pulsschlag des ägyptischen Lebens wider, die jährlichen Hochwasser des Nils. Für die Bauern gab es drei Jahreszeiten, deren jede etwa vier Monate dauerte: eine zum Pflanzen, eine für das Hochwasser und eine zum Ernten.

RELIGION

Einen großen Eindruck auf andere Völker machte auch die Form und Intensität des religiösen Lebens im alten Ägypten. Herodot meinte beispielsweise, dass die Griechen die Namen ihrer Götter von den Ägyptern übernommen hätten. Er irrte zwar, aber es ist trotzdem aufschlussreich, dass er so dachte. Die römischen Eroberer sahen hingegen im ägyptischen Götterkult eine Gefahr; sie verboten ihn, mussten ihn schließlich aber doch tolerieren, so groß war seine Anziehungskraft. Noch im 18. Jahrhundert n. Chr. erlag mancher gebildete Europäer einem gewissen Hokuspokus mit ägyptischem Anstrich, und einen heutigen Ausdruck der Faszinationskraft des altägyptischen Mythos finden wir in den Ritualen der *Shriners*, der geheimen Bruderschaften respektabler amerikanischer Geschäftsleute, die zu großen Anlässen in Fese und bauschige Hosen gekleidet ihre Kleinstadtstraßen entlang stolzieren. Die ägyptische Religion besitzt in der Tat eine Vitalität, die anderes aus der ägyptischen Kultur – wie die politischen Strukturen, in die sie einst eingebunden war – bei weitem überlebte.

Mit Begriffen wie „Vitalität" oder „Energie" allein lässt sich dieses Phänomen jedoch nicht erschließen; Religion im alten Ägypten war ein

Die ägyptische Religion

Die ägyptischen Götter wurden häufig durch Tiere, wie etwa einen Falken (Horus), oder durch Naturelemente, zu denen auch der Himmel (Nut) gehörte, repräsentiert. Einige Aspekte der ägyptischen Religion weisen auch auf den Glauben an einen übergeordneten Gott hin. Dies kommt in der fundamentalen Rolle zum Ausdruck, die Osiris für das Leben nach dem Tode spielt, das für die Ägypter eine große Bedeutung hatte. Es existierten auch regionale Götter, die mit den jeweiligen Hauptstätten assoziiert wurden. Amun beispielsweise war der Widder-Gott von Theben, der während des Neuen Reichs mit dem Sonnengott Re, dem höchsten Gott im Alten Königreich, zu Amun-Re verschmolz. Das religiöse Oberhaupt der Ägypter war der Pharao, der als Sohn des Re mit Horus identifiziert wurde. Unter ihm gab es eine hierarchisch strukturierte Priesterklasse.

Der große Tempel von Abu Simbel ist so errichtet, dass er zweimal im Jahr von den Strahlen der aufgehenden Sonne erleuchtet wird.

alles durchdringendes System, das als ebenso selbstverständlich empfunden wurde wie der Blutkreislauf des menschlichen Körpers. Es ist nicht vergleichbar mit dem, was wir unter Kirche zu verstehen pflegen. Man kann es vielleicht so formulieren, dass die Religion nicht als Deutung oder Sinnstiftung, sondern als ein Teil der Wirklichkeit selbst empfunden wurde, als ein Aspekt des unveränderlichen Kosmos. Aber auch diese Formulierung ist möglicherweise irreführend. Wir müssen im Auge behalten, dass die Vielfalt der Konzepte und Unterscheidungen, die wir für selbstverständlich halten, wenn wir die Mentalität und das Denken Menschen anderer Epochen erörtern, für diese nicht existierten.

Die Grenze zwischen Religion und Magie beispielsweise spielte für die alten Ägypter kaum eine Rolle, obwohl sie sich möglicherweise der Tatsache bewusst waren, dass beide ihre Stärken hatten. Manche sagen, die Magie sei in der ägyptischen Religion stets wie eine Art Krebsgeschwür gegenwärtig gewesen, was natürlich eine historisch unzulässige Wertung ist. Eine andere Unterscheidung, die es im alten Ägypten nicht gab und die uns heute ganz selbstverständlich ist, ist die zwischen einem Gegenstand und seiner Bezeichnung. Für die alten Ägypter war der Name das Ding; das reale Objekt war in ihren Augen identisch mit seiner Bezeichnung. Dasselbe traf auf die bildhafte Darstellung von Objekten zu. Die Ägypter lebten im Symbolismus mit einer uns heute völlig fremden Selbstverständlichkeit, und wenn wir ihre Kultur verstehen wollen, müssen wir die Grundannahmen unserer ganz und gar unsymbolischen Epoche durchbrechen.

Tod und Bestattungsrituale

Um die Bedeutung von Religion im alten Ägypten zu verstehen, müssen wir uns mit einer sehr komplexen Weltsicht auseinander setzen. Die alten Ägypter zeigten fast während der gesamten Dauer ihrer Kultur eine gleich bleibende Neigung, in der Religion eine Möglichkeit zu suchen, die Vielgestaltigkeit sowie das Werden und Vergehen des irdischen Lebens zu durchdringen, um schließlich zur höchsten Stufe, zu einer veränderungslosen Welt zu gelangen, die sich am leichtesten über das Dasein der Toten inmitten der Lebenden verstehen lässt. Hier spielt möglicherweise auch der Nil hinein: Jedes Jahr schwemmte er die Dinge hinweg und schuf sie neu, und dieser Kreislauf war die stets wiederkehrende, unveränderliche Verkörperung eines kosmischen Rhythmus. Die größte Veränderung, die dem Menschen drohte, war der Tod, Ausdruck für den Verfall und den

Dieser Sarkophag aus der 12. Dynastie gehört zu den prächtigen Exemplaren, in denen die Mumien bedeutender Ägypter bestattet wurden.

Von den rund 2000 Göttern der Ägypter war Osiris, der Totengott, sicher der bedeutendste; er bestimmte über das Leben der Menschen nach dem Tod.

Fluss, von dem gewöhnliches Leben bestimmt war.

Die ägyptische Religion scheint von Anfang an auf dieses Thema des kosmischen Rhythmus' fixiert gewesen zu sein: Ihre uns vertrautesten Erscheinungsformen sind die Mumie und die Grabbeigaben aus den Totenkammern, die wir in unseren Museen besichtigen können. Im Mittleren Reich setzte sich die Vorstellung durch, dass alle Ägypter – und nicht nur die Könige – mit einem Leben in einer anderen Welt rechnen konnten. Entsprechend rüsteten sich die Menschen durch Rituale und Symbole, durch die Vorbereitung ihrer Rechtfertigung vor den Richtern der Nachwelt für das Jenseits und konnten zuversichtlich sein, dass auch sie jenen Zustand des ewigen Wohllebens erreichen würden. Diese Vorstellung vom Leben nach dem Tode unterschied sich also deutlich von der negativ besetzten Jenseitsvorstellung der Mesopotamier.

Medizinische Untersuchungen, die an der Mumie Ramses' II., des mächtigen Pharaos der 19. Dynastie, ausgeführt wurden, haben gezeigt, dass er unter Herz- und Zahnproblemen sowie unter Arthritis litt.

Das Bemühen um dieses ewige Wohlleben verleiht der ägyptischen Religion etwas Heroisches. Hier liegt auch die Erklärung für die außergewöhnliche Sorgfalt, mit der die Gräber vorbereitet und die Toten zu ihren letzten Ruhestätten geführt wurden. Dies fand seinen spektakulärsten Ausdruck im Bau der Pyramiden und in der Praxis der Mumifizierung. Die Beerdigungsriten und die Mumifizierung eines Königs des Mittleren Reichs nahmen 70 Tage in Anspruch.

Die Ägypter glaubten, die Menschen würden nach dem Tode von Osiris gerichtet. Fiel dessen Urteil zu ihren Gunsten aus, lebten sie in Osiris' Königreich, andernfalls waren sie einem riesigen Ungeheuer, halb Krokodil, halb Nilpferd, ausgeliefert.

Das bedeutete allerdings nicht, dass die Menschen lediglich Osiris wohlwollend stimmen mussten, denn das ägyptische Pantheon war groß. Es existierten rund 2000 Götter, zumeist in Tiergestalt, und eine Anzahl wichtiger Kulte. Horus, der Falkengott, war gleichzeitig der Gott der Dynastie und wurde in Ägypten vermutlich mit den mysteriösen Einwanderern des 4. Jahrtausends v. Chr. heimisch. Die Tiergottheiten durchliefen eine langsame und nicht vollständige Vermenschlichung; Künstler gaben den Tierköpfen menschliche Körper. Diese totemartigen Kreaturen wurden immer wieder in eine neue Ordnung gebracht, da die Pharaonen versuchten, über die verschiedenen Kulte politische Ziele zu erreichen.

Horus sollte später eine Transformation erfahren und als Nachkomme des Osiris und seiner Gemahlin Isis erscheinen. Diese Göttin der Schöpfung und der Liebe war wahrscheinlich die älteste von allen: Ihre Ursprünge reichen bis in die prädynastische Zeit zurück, und sie stellt eine Ausprägung der allgegenwärtigen Muttergöttin – Vorbild für die christliche Mutter Gottes – dar, von der wir quer durch den neolithischen Nahen Osten Belege haben.

Religiöse Vielfalt und die Priesterklasse

Verschiedene Orte hatten ihre jeweils unterschiedlichen Kulte, und es gab gelegentlich sogar dogmatische und spekulative Varianten. Am berühmtesten war der Versuch eines Pharaos im 14. Jahrhundert, den Kult des Aton, einer unter mehreren Manifestationen der Sonne, einzuführen, worin sich möglicherweise die erste monotheistische Religion abzeichnete.

Immer wieder lässt sich jedoch eine Tendenz zur Synthese und Vereinheitlichung erkennen, auch wenn dahinter oft politische Machtinteressen standen. Die Geschichte der ägyptischen Religion scheint, soweit wir sie entziffern können, in erster Linie aus dem Auf und Ab der verschiedenen Kulte zu bestehen: letztlich also mehr von politischen Interessen bestimmt als von Religion.

Die Institutionen zur Pflege der Kulte waren in der Hand einer erblichen Priesterklasse, die allein sich in den Ritualen auskannte und zu den heiligsten Bereichen des Kultes Zutritt hatte. Kultstatuen und Tempelschreine waren dem Gebrauch der Priester vorbehalten, die andererseits ein großes Interesse an der Popularität und dem Gedeih ihrer jeweiligen Kulte besaßen.

Ägyptische Kunst

Die Götter sind ein wichtiger, wenn auch bei weitem nicht der einzige Gegenstand der ägyptischen Kunst. Im Grundsatz beruhte diese auf einer naturalistischen Darstellung, die den zwei Jahrtausenden klassischer ägyptischer Kunst anfangs – als es strikte Konventionen für Mimik und Gestik gab – eine wunderbare Einfachheit verlieh und später – in einer Periode des kulturellen Rückschritts – einen bezaubernden Charme und eine verführerische Nahbarkeit. Sie gestattete eine realistische Wiedergabe von Szenen des Alltagslebens. Die ländlichen Themen des Pflanzens, Fischens und Jagens kommen darin vor; wir sehen Handwerker bei der Arbeit und Schreiber bei ihren Pflichten.

Am Ende sind jedoch nicht Bildinhalt oder Technik die auffälligsten Merkmale der ägyptischen Kunst, sondern der einheitliche und konstante Stil. Während gut zweier Jahrtausende waren die Künstler in der Lage, sich innerhalb ein und derselben klassischen Tradition immer wieder neue Ausdrucksmöglichkeiten zu verschaffen. Es mag anfänglich sumerische Einflüsse gegeben haben, wie auch

Die ägyptische Kunst zeichnet sich durch ihre Lebensnähe aus, oft sind Alltagsszenen dargestellt, so zum Beispiel Schreiber oder Handwerker bei der Arbeit.

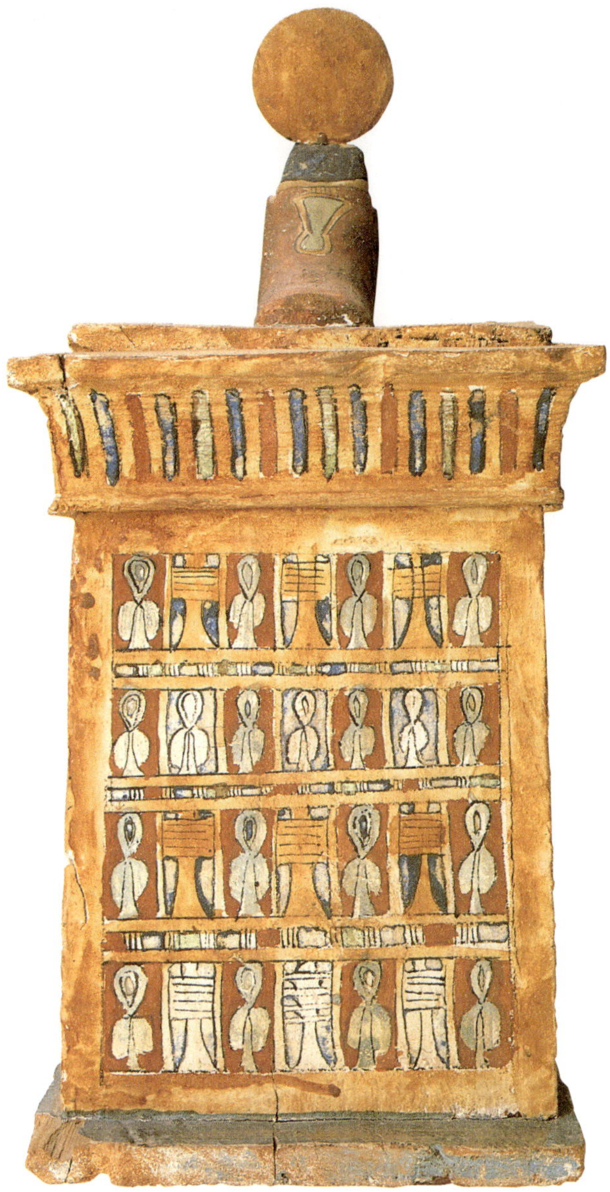

Alte ägyptische Möbel wie dieses bemalte hölzerne Grabfass sind auf Grund der trockenen Luft in den Gräbern in großer Menge erhalten.

Königin Ahmose aus der 18. Dynastie auf einem Flachrelief am Hatschepsut-Tempel in Deir-el-Bahari.

später regelmäßig Anleihen von außen zu erkennen sind; die Kraft und Geschlossenheit der ägyptischen Kunst war dadurch jedoch zu keiner Zeit beeinträchtigt.

Diese Tradition, die wohl die kontinuierlichste der gesamten Kunstgeschichte darstellt, ließ sich allerdings nicht so ohne weiteres fortführen. Vielleicht übernahmen die Griechen die Säule von den alten Ägyptern, die ursprünglich aus einem lehmverputzten Schilfrohrbündel bestand, woran nur noch die Kannelierung erinnerte. Eines jedoch steht fest: So sehr die ägyptischen Monumente Künstler und Architekten anderer Länder auch immer faszinierten und so akribisch diese das Gesehene auf ihre eigenen Verhältnisse zu übertragen versuchten, die Ergebnisse blieben stets fremd und oberflächlich. Der ägyptische Stil schlug niemals an einem anderen Ort Wurzeln; im Laufe der Zeit taucht er ab und zu als Dekor oder Requisit auf – Sphinxen und Schlangen auf Möbeln, ein Obelisk hier, ein Lichttheater dort. Der einzige wirkliche Beitrag der ägyptischen Kunst für die Nachwelt war die Bestimmung der klassischen Proportionen des menschlichen Körpers für die großen gemeißelten und gemalten Figuren auf den Wänden von Gräbern und Tempeln. Dieser Kanon sollte über die griechische Kunst schließlich in die Neuzeit eingehen.

Die Hieroglyphen

Eine weitere künstlerische Errungenschaft, die auf Ägypten beschränkt blieb, wenngleich sie dort eine außerordentlich wichtige Rolle spielte, war die Kalligrafie. Die Ägypter hatten zwar die sumerische Erfindung, mittels Schrift Klänge und nicht Dinge wiederzugeben, übernommen, nicht jedoch deren Keilschrift. Sie erfanden die Hieroglyphenschrift. Anstatt stets dieselbe Grundform auf unterschiedliche Weise zu kombinieren, wie dies in Mesopotamien geschehen war, wählten sie lebensnahe kleine Bilder oder bildähnliche Formen. Das war natürlich viel dekorativer als die Keilschrift, aber auch schwerer zu beherrschen. Die ersten Hieroglyphen erscheinen irgendwann vor 3000 v. Chr.; das letzte uns bekannte Beispiel wurde 394 n. Chr. geschrieben.

Knapp 4000 Jahre sind eine beeindruckend lange Zeit für eine Kalligraphie. Die Nachwelt konnte sie jedoch etwa 1500 Jahre nach ihrem Verschwinden immer noch nicht lesen, bis es einem französischen Gelehrten gelang, die Inschrift auf dem „Stein von Rosetta" zu entziffern, der nach seiner Entdeckung durch Wissenschaftler im Gefolge der französischen Armee von Ägypten nach Frankreich gebracht wurde. Offenbar vermochte keiner der Autoren des klassischen Altertums, die über Ägypten schrieben, die Hieroglyphen zu lesen.

Inzwischen gilt es als wahrscheinlich, dass die Hieroglyphen nicht nur für die ägyptische Geschichte, sondern für die ganze Welt Bedeutung hatten, da sie als Modell für die semitischen Schriften des 2. Jahrtausends v. Chr. dienten und somit entfernte Vorfahren des modernen lateinischen Alphabets sind.

Die Erfindung des Papyrus

In der alten Welt war die Fähigkeit, Hieroglyphen zu lesen, der Schlüssel für den Zutritt zur Priesterklasse und ein gut gehütetes Geheimnis. Seit prädynastischen Zeiten wurden Hieroglyphen für historische Aufzeichnungen benutzt, und bereits in der 1. Dynastie schuf die Erfindung des Papyrus – kreuz und quer übereinander gelegte Streifen von Schilfmark, die zu einer gleichmäßigen Schicht gestampft werden – eine geeignete Basis zu ihrer Vervielfältigung. Diese Erfindung trug zum Fortschritt der Menschheit bei, und ihre Bedeutung übertraf sogar die der Hieroglyphen um ein Vielfaches.

Papyrus, das billiger als Pergament und auch besser zu handhaben war, wurde trotz seiner schnelleren Vergänglichkeit zur meistverwendeten Schreibunterlage für Korrespondenzen und Aufzeichnungen im Nahen Osten. Und zwar bis weit in die nachchristliche Zeit hinein, als die Erfindung des Papiers von Asien aus den Mittelmeerraum erreichte – wobei das Wort „Papier" sich von Papyrus ableitet. Bald nach der Einführung des Papyrus began-

Hieroglyphenschrift in einem Wandgemälde aus einem Grab im Tal der Könige. Unterhalb der Hieroglyphen ist Prinz Amun-hir-Khopshep, der Sohn Ramses' II., zu sehen.

Neben der Kunst tragen vor allem die Hieroglyphenschrift und das Papyrus, der Vorläufer und Namensgeber unseres Papiers, zur guten Überlieferungslage der ägyptischen Kultur bei.

Eine Papyrusvignette aus dem Totenbuch von Nakhte, einem bedeutenden Schreiber. Der Tote und seine Frau stehen vor dem Gott Osiris im Garten ihres Hauses. Der Gartenteich ist von zahlreichen Maulbeerbäumen und Dattelpalmen umstanden.

nen die Schreiber, die Bögen zu langen Rollen zusammenzukleben: So erfanden die Ägypter also auch eine erste Form des Buches. Vieles von dem, was wir über die alten Zeiten wissen, fand den Weg zu uns direkt oder indirekt über Papyrus.

Ägyptische Errungenschaften

Zweifellos sind die viel beschworene Meisterschaft der Priester und Magier und die spektakuläre Verkörperung politischer Macht in Kunst und Architektur eine Erklärung für den ungebrochenen Ruhm des alten Ägypten. Aber wenn wir diese Kultur mit anderen vergleichen, erscheint sie weder als besonders fruchtbar, noch als besonders flexibel. Wir scheinen es hier mit einem Volk zu tun zu haben, das, nachdem der Sprung zur Kulturgesellschaft einmal geschafft war, nur langsam neue Fähigkeiten erlernte und Innovationen gegenüber wenig aufgeschlossen war. Die Steinarchitektur blieb nach der Schrift für lange Zeit die einzige größere Neuerung. Zwar waren Papyrus und Rad bereits unter der 1. Dynastie bekannt, Ägypten brauchte jedoch 2000 Jahre, während derer es mit Mesopotamien in Kontakt stand, bis es den Brunnenschwengel übernahm, der dort bereits seit langem zur Landbewässerung verwendet wurde.

Die Rekonstruktion eines Bogenbohrers wie ihn die ägyptischen Zimmerer verwendeten.

Vielleicht war angesichts der Versorgungssicherheit, die der Nil unverändert bot, die Macht der Gewohnheit unüberwindbar. Wichtige Errungenschaften und Erfindungen kamen in Ägypten später an als anderswo. Es existieren zum Beispiel keine gesicherten Belege für die Existenz der Töpferscheibe vor der Zeit des Alten Reichs, und so geschickt die Gold- und Silberschmiede auch waren, die Bronzeherstellung beginnt erst spät im 2. Jahrtausend v. Chr. Die Drehbank musste bis zur hellenistischen Epoche warten, und der Bogenbohrer war beinahe das einzige Instrument zur Kraftübertragung und -multiplizierung, das der Masse der ägyptischen Handwerker zur Verfügung stand.

Medizin

Im Bereich der Medizin gibt es unbestreitbar Errungenschaften, die mindestens in das Alte Reich zurückreichen. Um 1000 v. Chr. war die ägyptische Vorherrschaft auf diesem Gebiet zu Recht anerkannt. Wenngleich die ägyptische Medizin nie ganz von der Magie zu trennen war (magische Rezepte und Amulette haben in großer Zahl überdauert), so beruhte sie doch zu einem erheblichen Teil auf Rationalität und empirischer Beobachtung und umfasste auch Kenntnisse über Verhütungsmethoden.

Wie immer es um ihre Effizienz bestellt war, ihr Beitrag zur späteren Geschichte war groß. Vieles von dem, was wir über Medikamente und Pflanzen mit besonderen Wirkstoffen wissen, wurde von den Ägyptern entdeckt und schließlich über die Griechen an die Wissenschaftler des mittelalterlichen Europa tradiert. Allein schon die Einführung eines so effektiven Mittels wie des Rizinusöls ist eine beachtliche Leistung. Auf diesem Feld ließ Ägypten Mesopotamien weit hinter sich.

Die tatsächliche Gesundheit der alten Ägypter steht auf einem anderen Blatt. Sie waren offenbar nicht so vorsichtig mit dem Alkoholgenuss wie die Mesopotamier, und einige Fachleute behaupten, die Kindersterblichkeit sei auffällig hoch gewesen. Für gewisse Krankheiten von Erwachsenen existieren klare Belege; so wurden in einigen der erhaltenen mumifizierten Körper Anzeichen von Rachitis und Syphilis gefunden; und Bilharziose, eine durch Blutegel übertragene, auszehrende Krankheit, scheint im 2. Jahrtausend v. Chr. in Ägypten bereits stark verbreitet gewesen zu sein.

Natürlich wirft das alles noch nicht viel Licht auf die medizinische Praxis im alten Ägypten. Überlieferte Rezepte und Heilempfehlungen unterscheiden sich in ihrer Qualität nicht wesentlich von anderen großen Kulturzentren früherer Epochen. Hinter der Mumifizierung vermutete man lange Zeit eine komplizierte Konservierungswissenschaft, allerdings zu Unrecht. Ausgerechnet den Mumien selbst wurde später eine heilende Wirkung zugeschrieben; zerstoßenes Mumienpulver galt in Europa über Jahrhunderte als wirksames Heilmittel gegen zahlreiche Leiden. Darüber hinaus soll es auch noch weitere Eigenschaften besessen haben, wie wir in der Tragödie *Othello* von William Shakespeare nachlesen können.

Zahlreiche Handwerker sollten ihrem Meister im Leben nach dem Tode dienen, wie sie es schon im diesseitigen Leben getan hatten – das zeigen uns die Malereien und Flachreliefs in den ägyptischen Gräbern.

Ägyptische Bauern

Die meisten Ägypter waren Bauern, da in Ägypten kleinere Ortschaften als Dienstleistungszentren genutzt wurden. Die wenigen großen Städte wie Theben oder Memphis waren Kult- und Verwaltungszentren. Es dominierten kleinere Dörfer und Marktflecken, in denen die Bevölkerungsmehrheit lebte.

Das Leben der Armen war hart, wenn auch mit Unterbrechungen. Die größte Last war sicherlich der obligatorische Arbeitsdienst für den Pharao. Verzichtete dieser jedoch darauf, dann kamen die Bauern auch zu Mußezeiten, in denen sie darauf warteten, dass der Nil mit seinem Hochwasser ihre Felder bewässerte.

Die Landwirtschaft warf genug ab, um eine komplexe und differenzierte Gesellschaft mit einem breiten Spektrum von Handwerkern zu unterhalten. Über deren Tätigkeiten wissen wir dank der Flachreliefs und Malereien mehr als über die Handwerker Mesopotamiens. Die große Trennlinie verlief in dieser Gesellschaft zwischen den Gebildeten, die in den Staatsdienst eintreten konnten, und allen Übrigen. Die Sklaverei war eine wichtige, wenn auch – so scheint es – weniger fundamentale Institution als in anderen Gegenden des alten Nahen Ostens.

Auf dieser Grabmalerei sind altägyptische Feldarbeiter dargestellt.

Ausschnitt aus der Darstellung einer Flachs sammelnden Frau in Theben.

Das tägliche Leben im alten Ägypten

Die Ägypter glaubten fest an ein Leben nach dem Tod und hofften dort in den Genuss derselben Freuden wie im diesseitigen Leben zu kommen. Zu diesem Zweck versahen sie ihre Gräber mit symbolischen Bildern von Dienern und Gegenständen. Weil sich diese in der trockenen Luft ausgezeichnet erhalten haben, steht den Archäologen nun eine breite Sammlung von Bildern zur Verfügung. Dank ihrer sind wir in der Lage, uns eine viel genauere Vorstellung vom täglichen Leben im Ägypten der Pharaonen zu machen als von irgendeiner anderen alten Kultur. Wir können sehen, wie die die Bauern das Land bearbeiten und ihr Vieh hüten, die Handwerker arbeiten, die Diener ihren Herren dienen und die Musiker und Tänzer spielen und tanzen. Freilich stellt die ägyptische Grabmalerei die Dinge in einer Perfektion dar, die einen idealisierten Eindruck vom ägyptischen Leben vermittelt. Es lohnt also anzumerken, dass die durchschnittliche Lebenserwartung der alten Ägypter gerade einmal zwanzig Jahre betrug.

Diese Plastik aus dem Theben der 18. Dynastie zeigt ein verheiratetes Paar, das sich offensichtlich als für immer vereint darstellen wollte.

Eine Grabmalerei aus der 7. Dynastie. Diese junge Person ist im Stile des Mittleren Reichs gekleidet: in einer eng anliegenden weißen Tunika mit Trägern. Den Konventionen der ägyptischen Kunst folgend, sind Torso und Schultern frontal dargestellt, während das Gesicht im Profil erscheint.

Die Stellung der Frau

Die spätere Überlieferung berichtet viel von Verführungskraft und Zugänglichkeit der ägyptischen Frauen. Zusammen mit anderen Belegen vermittelt dies den Eindruck einer Gesellschaft, in der die Frauen unabhängiger waren und einen höheren Status genossen als andernorts. Einen weiteren Anhaltspunkt dafür finden wir in der Kunst, die die Frauen des Hofes in feinen transparenten Leinenstoffen, mit exquisiten Frisuren und Juwelen sowie unter einer kunstvollen Schicht von Make-up zeigt, dessen Grundstoffe ein wichtiger Gegenstand des ägyptischen Handels waren.

Wenn der Eindruck also nicht täuscht, dann genossen zumindest die Frauen der ägyptischen Herrscherklasse ein beachtliches Maß an Würde und Unabhängigkeit. Die Pharaonen und ihre Gemahlinnen – und andere adelige Paare – werden gelegentlich in einer Intimität dargestellt, wie sie uns in der Kunst des Nahen Ostens vor dem 1. Jahrtausend v. Chr.

nirgendwo sonst begegnet: eine Intimität, die von einer echten emotionalen Ebenbürtigkeit zeugt. Das kann schwerlich das Werk reiner Fantasie sein.

Die schönen und bezaubernden Frauen, die uns in vielen Malereien und Plastiken entgegentreten, spiegeln möglicherweise auch eine gewisse politische Bedeutung ihres Geschlechts wider, die es anderswo nicht gab. Der Thron wurde theoretisch und häufig auch in der Praxis über die weibliche Linie vererbt. Eine Erbin verschaffte ihrem Gemahl das Recht auf die Nachfolge. Das erklärt auch, warum die Hochzeit der Prinzessin mit so viel Argwohn betrachtet wurde. Viele königliche Ehen fanden zwischen Bruder und Schwester statt, ohne erkennbare genetische Nachteile; einige Pharaonen ehelichten ihre Töchter, vermutlich jedoch eher, um andere daran zu hindern, dasselbe zu tun, als um die Kontinuität des göttlichen Blutes zu wahren. Diese Umstände müssen die königlichen Frauen zu einflussreichen Personen gemacht haben. Manche übten große Macht aus, und eine bestieg sogar den Thron, wobei sie bereitwillig in rituellem Bart und Männerkleidern auftrat und den Titel Pharao übernahm.

Auch im ägyptischen Pantheon ist die Weiblichkeit zahlreich vertreten, insbesondere im Kult der Isis. Literatur und Kunst betonen die Hochachtung vor der Ehefrau und Mutter, die über die Grenzen der Adelskreise hinausgeht. Liebesgeschichten sowie Szenen aus dem Familienleben offenbaren die Vorstellungen von einer idealen Gesellschaft, mit einer Betonung der Erotik und Ungezwungenheit sowie einer emotionalen Ebenbürtigkeit im Umgang zwischen Mann und Frau.

Zwar gab es des Lesens und Schreibens mächtige Frauen – das Ägyptische kannte sogar ein Wort für „Schreiberin" –, aber den Frauen standen nicht alle Berufe offen, abgesehen von denen der Priesterin und der Prostituierten. Frauen war es gestattet, Besitz zu

Auch die gehobene und unabhängige Stellung der Frauen wird in der Kunst thematisiert. Die weibliche Erbfolge auf dem Pharaonenthron ist ein Hinweis für ihre gesellschaftliche Anerkennung – zumindest in der Oberschicht.

Eine Szene in einem Grab aus dem Theben der 18. Dynastie. Lediglich einen Lendengurt sowie kostbare Juwelen tragende Dienerinnen warten den Gästen eines Banketts auf. Tänzerinnen und Musiker unterhalten die in die für die Oberschicht des Neuen Reichs typischen transparenten, faltenreichen Tuniken gekleideten Gäste.

Diese Malerei aus dem Grab Sobketpes zeigt Syrier, die am ägyptischen Hof Tributgaben abliefern.

haben, und ihre gesetzlichen Rechte ähnelten offenbar weitgehend denen der sumerischen Frauen.

Es ist kaum möglich, eine allgemeine Aussage über einen so langen Zeitraum wie den der ägyptischen Kultur zu machen. Historische Belege erwecken zumindest den Eindruck einer Gesellschaft, die den Frauen Möglichkeiten zur persönlichen Entfaltung einräumte, wie sie selbst in vielen späteren Völkern bis in die Neuzeit hinein nicht zu finden waren.

Das Alte Reich

Die Konstanz und der materielle Reichtum der ägyptischen Kultur sind im Rückblick so beeindruckend und dem Anschein nach so autark, dass es schwer fällt, Beziehungen zur Außenwelt und ihren jeweiligen Einfluss zu bestimmen. Wir haben es mit gewaltigen Zeiträumen zu tun. Das Alte Reich allein hatte eine Geschichte, die dem Zeitraum von der Reformation bis heute entspricht. Herauszufinden, was genau geschah und welche Bedeutung dieses Geschehen hatte, ist von großer Schwierigkeit.

Ungefähr für einen Zeitraum von 1000 Jahren nach Menes können wir praktisch von einer Isolierung der ägyptischen Geschichte ausgehen. Im Nachhinein sieht man darin eine Zeit der Stabilität, in der die Pharaonen unbezwingbar waren. Gleichzeitig lässt sich im Alten Reich eine Tendenz zur Machtdezentralisierung erkennen; Provinzbeamte gebärdeten sich immer wichtiger und unabhängiger. Der Pharao trug zwei Kronen und musste zweimal beerdigt werden, einmal in Ober- und einmal in Unterägypten. Diese Unterteilung in zwei Reiche war also nach wie vor real.

Besondere Beziehungen zu Nachbarn gab es nicht, wenngleich gegen Ende des Alten Reichs Feldzüge gegen die Völker Palästinas stattfanden. In der anschließenden Ersten Zwischenzeit waren die Fronten vertauscht, und Ägypten wurde das Opfer von Eindringlingen. Seine Schwäche und Zersplitterung machten es den asiatischen Eroberern zweifellos leicht, sich am Unterlauf des Nils festzusetzen. In der Gegend des heutigen Kairo entstanden rivalisierende Dynastien, und das einst mächtige Memphis verlor an Einfluss.

Eine Gruppe bemalter Holzsoldaten aus einem Grab in Asyut, das vermutlich aus der 12. Dynastie stammt. Dies war die Zeit, in der die Eroberung Nubiens die Pharaonen veranlasste, stehende militärische Einheiten einzurichten. Die am häufigsten verwendeten Waffen waren Bogen, Speer, Axt und Schild. Streitwagen wurden in Ägypten erst später von fremden Eroberern, den Hyksos, eingeführt.

Das Mittlere Reich

Die nächste große Periode der ägyptischen Geschichte war das Mittlere Reich, das mit dem mächtigen Amenemhet I. begann, der das Königreich von seinem Hauptsitz in Theben aus erneut vereinigte. Nach 2000 v. Chr. war Ägypten für ungefähr ein Vierteljahrtausend eine Phase der Genesung beschieden.

Im Mittleren Reich lag die Betonung auf Ordnung und sozialem Zusammenhalt. Der göttliche Status des Pharaos erfuhr eine leichte Verschiebung: Er stammte jetzt direkt von den Göttern ab und wurde seinerseits auch von den Göttern abgelöst. Die ewige Götterordnung blieb also unerschütterlich bestehen, auch wenn die Menschen in den schlechten Zeiten zu zweifeln begonnen hatten. Mit Sicherheit gab es territoriales und materielles Wachstum. In den Sümpfen des Nils wurden große Flächen trockengelegt. Nubien, das Land im Süden zwischen dem ersten und dem dritten Wasserfall, wurde erobert und seine Goldminen wurden ausgebeutet. Man fand sogar noch weiter südlich ägyptische Siedlungen in einer Gegend, in der später ein geheimnisumwittertes Königreich namens Kusch bestehen sollte.

Der Handel intensivierte sich entscheidend. Die Kupferminen auf dem Sinai wurden wieder ausgebeutet. Auch im theologischen Bereich gab es Veränderungen – die politische Konsolidierung spiegelte sich in einer Zusammenführung der Kulte unter dem Gott Amun-Re wider. Dennoch mündete das Mittlere Reich in politischen Unruhen und rivalisierenden Dynastien.

Die Zweite Zwischenzeit von rund 200 Jahren war von einem weiteren und weit gefährlicheren Fremdeneinfall geprägt. Diesmal waren es die vermutlich semitischen Hyksos, die den militärischen Vorteil eiserner Kriegswagen nutzten, um sich im Nildelta als Oberherren zu etablieren. Die Dynastien von Theben mussten ihnen Tribut zahlen. Offensichtlich übernahmen die Hyksos Gebräuche und Institutionen der Ägypter, ohne sich mit diesen zu assimilieren.

Diese Statue der Königin Hatschepsut aus der 18. Dynastie zeigt sie, wie sie zwei Gefäße mit Gaben von Wein und Milch in Händen hält. Die Statue befand sich in Hatschepsuts Totentempel und stammt von ca. 1490–1470 v. Chr.

Unter der 18. Dynastie vertrieben die Ägypter schließlich die Hyksos in einer Art Volksaufstand; dies war der Beginn des Neuen Reichs, dessen erster großer Erfolg in den Jahren nach 1570 v. Chr. ein weiterer Sieg über die Hyksos in ihrer Hochburg im südlichen Kanaan war. Zuletzt hielten die Ägypter weite Teile Syriens und Palästinas besetzt.

Das Neue Reich

Das Neue Reich betrieb in seiner Anfangszeit eine sehr erfolgreiche Eroberungspolitik und hinterließ reiche Zeugnisse. Unter der 18. Dynastie gab es fast so etwas wie eine Renaissance der Künste, dazu eine Veränderung der Militärtechnik durch Übernahme asiatischer Erfindungen wie beispielsweise des Kriegswagens und vor allem eine Festigung der königlichen Autorität. Mit Hatschepsut bestieg zum ersten Mal eine Frau den Thron; ihre Regierungszeit war von einer Ausweitung des ägyptischen Handels begleitet, was sich auch in ihrem Totentempel ausdrückte.

Das folgende Jahrhundert brachte weiteren imperialen und militärischen Ruhm, und Hatschepsuts Gemahl und Nachfolger Thutmosis III. dehnte die Grenzen des ägyptischen Reichs bis zum Euphrat aus. Monumente, auf denen die Ankunft von Tribut und Sklaven oder Hochzeiten mit asiatischen Prinzessinnen festgehalten sind, zeugen von einer ägyptischen Dominanz, die im Innern mit einem neuen Dekorationsreichtum in den Tempeln und der Entstehung einer Rundplastik einherging. Büsten und Statuen dieser Zeit werden im Allgemeinen als der Höhepunkt des ägyptischen Kunstschaffens angesehen. Auch fremde Einflüsse schlugen sich damals in der ägyptischen Kunst nieder; sie stammten vor allem aus Kreta.

Während der 18. Dynastie begann eine imperiale Expansion, die Ägypten in Machtkämpfe im Nahen Osten verwickelte. Große Schlachten gab es in Nubien im Süden und in Syrien und Palästina im Nordosten. In dieser Darstellung werfen sich nubische und syrische Gesandte vor dem ägyptischen Pharao nieder.

Beziehungen zu anderen Kulturen

Gegen Ende des Neuen Reichs haben die vielfältigen auswärtigen Kontakte auch dazu geführt, dass das Umfeld der ägyptischen Macht sich entscheidend veränderte. Der neuralgische Punkt war die levantinische Küste, für deren Eroberung Thutmosis III. nicht weniger als 17 Jahre benötigte. Als uneinnehmbar erwies sich Mitanni, ein großes Reich im östlichen Syrien und nördlichen Mesopotamien. Thutmosis' Nachfolger wechselten die Taktik. Ein Pharao heiratete eine mitannische Prinzessin, denn das Neue Reich war auf die Freundschaft ihres Volkes angewiesen. Ägypten musste seine Isolation, die es lange geschützt hatte, aufgeben. Mitanni geriet allerdings im Norden zunehmend unter den Druck der Hethiter, die zu den Völkern gehörten, deren Ambitionen und Bewegungen in der zweiten Hälfte des 2. Jahrtausends v. Chr. die Welt des Nahen Ostens immer mehr in Unruhe versetzten.

Wir sind über diese Sorgen des Neuen Reiches gut informiert, da sie in einer der frühesten Sammlungen diplomatischer Korrespondenz aus der Zeit Amenhoteps III. und IV. (ca. 1400–1362 v. Chr.) festgehalten sind. Unter Amenhotep III. erreichte Ägypten den Höhepunkt seines Prestiges und seines Wohlstands. Das war die große Zeit von Theben. Entsprechend wurde Amenhotep in dem größten jemals für einen König errichteten Grab beigesetzt. Von diesem sind nur die Bruchstücke der „Memnonskolosse“ (ein legendärer Held, den sie für einen Äthiopier hielten) erhalten geblieben.

Echnaton

Amenhotep IV. trat 1379 v. Chr. die Nachfolge seines Vaters an. Er versuchte, die Religion zu revolutionieren und den monotheistischen Kult des Sonnengottes Aton einzuführen. Als Beweis für den Ernst seiner Absicht änderte er seinen Namen in Echnaton und gründete bei Amarna 500 Kilometer nördlich von Theben eine neue Stadt, in der ein Tempel mit einem für die Strahlen der Sonne nach oben offenen Sanktuarium das Zentrum der neuen Religion bildete.

Obwohl an den ernsthaften Absichten und der persönlichen Frömmigkeit Echnatons kein Zweifel bestehen kann, stand das Unternehmen angesichts des religiösen Konservatismus in Ägypten von Anfang an unter keinem guten Stern. Möglicherweise aber waren politische Motive für Echnatons Hartnäckigkeit ausschlaggebend. So versuchte er, die Macht von den Priestern des Amun-Re zurückzugewinnen. Jedenfalls machte sich Echnaton mit dieser religiösen Revolution viele Feinde, die ihm an anderen Fronten schwer zusetzten. Mittlerweile zeigte auch der hethitische Druck in den ägyptischen Kolonien Wirkung; Echnaton konnte Mitanni nicht halten, das seine westlich des Euphrats gelegenen Gebiete 1372 v. Chr. an die Hethiter verlor und in einen

Echnaton und seine Frau Nofretete mit ihren Töchtern unter den wohltuenden Strahlen Atons. Während dieser Periode missachtete die ägyptische Kunst viele ihrer Konventionen und zeigte Figuren in gelöster Haltung. Das stand in starkem Gegensatz zu dem strengen Stil, der bislang die Norm gewesen war und später wieder zur allgemeinen Praxis werden sollte.

Bürgerkrieg verfiel, der den Untergang dieses Königreichs rund 30 Jahre später einläutete. So ist es möglicherweise nicht nur religiöser Empörung zuzuschreiben, dass Echnatons Name später aus der offiziellen Liste der Könige getilgt wurde.

Tutanchamun

Der Name von Echnatons Nachfolger ist wahrscheinlich der berühmteste, der uns vom alten Ägypten überliefert ist, und noch dazu ein vielbedeutender: Amenhotep IV. hatte den seinen zu Echnaton geändert, weil er die Erinnerung an den Kult des alten Gottes Amun auslöschen wollte. Sein Nachfolger und Schwiegersohn änderte seinen Namen von Tutanchaton in Tutanchamun, um wiederum die Wiedereinsetzung des alten Amun-Kultes zu unterstreichen und die Religionsreform rückgängig zu machen. Dankbarkeit für diesen Schritt war vermutlich ein Grund für das prächtige Begräbnis im Tal der Könige, das Tutanchamun nach einer kurzen und im Übrigen unspektakulären Regierungszeit bereitet wurde.

Das Ende Ägyptens

Als Tutanchamun starb, hatte das Neue Reich noch zwei Jahrhunderte vor sich, deren Atmosphäre jedoch von einem nur gelegentlich unterbrochenen und im Übrigen sich stetig beschleunigenden Niedergang gezeichnet war. So passt es ins Bild, dass Tutanchamuns Witwe sich anschickte, einen hethitischen Prinzen zu heiraten, der allerdings ermordet wurde, bevor die Zeremonie stattfinden konnte. Spätere Könige unternahmen weitere Anstrengungen, den verlorenen Boden zurückzugewinnen, und konnten auch manchen Erfolg verzeichnen.

Ein Relief von einer Stele, das eine Dienerin darstellt, die dem Herrscher Ay (1352–1348 v. Chr.) aus der 18. Dynastie ein Geschenk aus Gold zum Zeichen der Wertschätzung Echnatons überbringt. Die Stele fand sich in dem für Ay in Al-Amarmah errichteten Grab.

Die Eroberungswellen schwappten über Palästina hin und her, und einmal nahm ein Pharao eine hethitische Prinzessin zur Braut, wie bereits seine Vorgänger Prinzessinnen von anderen Völkern genommen hatten. Aber es tauchten immer neue Feinde auf; ein Bündnis mit den Hethitern allein war keine Friedensgarantie. Die Ägäis war in Aufruhr, die Inseln „spuckten Leute ohne Ende aus" und „kein Land war ihnen im Wege", wie es in einer ägyptischen Chronik heißt. Diese Angriffe vom Meer wurden schließlich nach harten und verlustreichen Kämpfen abgewehrt.

Irgendwann in diesen turbulenten Jahren verließ ein kleines semitisches Volk, das von den Ägyptern „Hebräer" genannt wurde, das Nildelta und folgte – der eigenen späteren Überlieferung gemäß – seinem Führer Moses von Ägypten in die Wüste Sinai.

Von 1150 v. Chr. an nehmen auch die Zeichen der inneren Auflösung Ägyptens zu. König Ramses III. starb infolge einer Verschwörung im Harem.

Wir hören von Streiks und wirtschaftlichen Schwierigkeiten unter seinen Nachfolgern; in Theben wurden die Königsgräber geplündert, der Pharao verlor seine Macht an Priester und Beamte, und Ramses III., der letzte Vertreter der 20. Dynastie, war praktisch ein Gefangener seines Palastes. Die Epoche der imperialen Macht Ägyptens ist damit vorbei. Dasselbe galt aber auch für die Hethiter und andere benachbarte Reiche zum Ende des 2. Jahrtausends. So zerfiel nicht nur die Macht Ägyptens, es verschwand auch die Welt, in der der ägyptische Ruhm gestrahlt hatte.

Das ägyptische Erbe

Der Niedergang Ägyptens war sowohl auf Veränderungen zurückzuführen, die die gesamte alte Welt betrafen, als auf Schwächen der ägyptischen Kultur selbst, die in den letzten Jahrhunderten des Neuen Reichs stärker

Fragment eines Flachreliefs im Tempel von Abu Simbel, das die Schlacht von Kadesch zwischen Ramses II. und dem Hethiterkönig Muwatallis darstellt.

zu Tage getreten waren. Letztere sind nicht leicht zu bestimmen; das spektakuläre Erbe der ägyptischen Monumente und eine Geschichte, die sich nicht nach Jahrhunderten, sondern nach Jahrtausenden misst, lassen den Zweifler und Kritiker verstummen. Und doch scheint das kreative Element in der ägyptischen Kultur am Ende auf seltsame Weise vernachlässigt worden zu sein.

Unvorstellbare Arbeitskräfteressourcen wurden von hervorragenden Beamten gelenkt; sie schufen die größten Grabbauten, die die Welt je gesehen hat. Handwerkskunst von exquisiter Qualität entstand, ihre Meisterwerke waren die Grabbeigaben. Eine hoch gebildete Elite bediente sich einer komplexen und feinen Sprache, bestes Schreibmaterial stand ihr zur Verfügung und wurde reichlich genutzt. Doch dieselbe Elite hatte keine philosophischen oder religiösen Ideen von langfristiger Bedeutung, wie z. B. Griechen oder Juden. Hinter dem machtvollen Pomp des ägyptischen Reiches verbarg sich eine gewisse ideelle Leere.

Das Erbe Ägyptens ist vor allem materieller Art (Architektur, Kunst, Schriftzeugnisse); umfangreiche philosophische oder religiöse Werke sind nicht erhalten.

Eine verputzte und bemalte Holzstele aus der 21. oder 22. Dynastie. Ein Musiker spielt auf der Harfe zu Ehren Re-Harakhtis, des Gottes von Heliopolis, der mit einem von einer Sonnenscheibe gekrönten Falkenkopf dargestellt ist. Er hält einen Stab und eine Peitsche, beides Symbole der ägyptischen Königswürde.

In die andere Waagschale müssen wir die reine Ausdauer der ägyptischen Kultur legen. Obwohl sich ihr Stern mindestens zweimal für lange Zeit verfinsterte, erholte sie sich jedes Mal, um an die alte Größe anzuknüpfen. Eine solche Beharrlichkeit ist eine große materielle und historische Leistung.

Ägyptens Militär, Wirtschaft und Kultur hatten im Ganzen gesehen kaum Auswirkungen auf die Welt gehabt. Wenn ein Erfolg darin bestand, in so kurzer Zeit Institutionen zu schaffen, die mit wenigen grundsätzlichen Veränderungen so lange bestehen konnten, so hätte dies wohl jede alte Kultur zu Wege bringen können, die in ähnlicher Weise vor äußeren Eindringlingen geschützt war. Auch China demonstrierte eine vergleichbare eindrucksvolle Kontinuität.

Es ist zudem wichtig, dass wir uns erneut bewusst machen, wie langsam und unmerklich sich sozialer und kultureller Wandel in jenen frühen Zeiten abspielte. In der alten Welt waren die Innovationsanstöße weit seltener und zufälliger als heute. Das Tempo der Geschichte war im alten Ägypten schnell, wenn wir an prähistorische Zeiten denken; es war aber unvorstellbar langsam, wenn wir bedenken, wie wenig sich das Alltagsleben in den 15 Jahrhunderten zwischen Menes und Thutmosis III. geändert hat. Wesentliche Veränderungen hätten höchstens von plötzlichen und verheerenden Naturkatastrophen (gegen die der Nil ein zuverlässiger Garant war) oder von Invasionen oder Eroberungen ausgelöst werden können – und Ägypten stand lange am Rande des Kampfplatzes der Völker des Nahen Ostens.

Nur sehr langsam konnten Technologie oder ökonomische Kräfte einen Druck ausüben, wie er uns heute selbstverständlich ist. Und auch die intellektuellen Anreize waren nicht besonders stark in einer Gesellschaft, in der der ganze Apparat der kulturellen Überlieferung auf Routine und Gewohnheit ausgerichtet war.

Jede Überlegung zum Charakter der ägyptischen Geschichte führt immer wieder zum großen Bild des Nils zurück. In den Augen der Ägypter war er stets präsent, so sehr, dass gerade deshalb seine einzigartige Rolle nicht besonders wahrgenommen wurde, denn der Horizont reichte kaum über sein Tal hinaus. Während im Hintergrund die verworrenen, aber letztlich weltbestimmenden Kriege des Fruchtbaren Halbmondes tobten, spann sich die Geschichte des alten Ägyptens über die Jahrtausende fort, bestimmt allein vom unerbittlichen und wohltätigen Steigen und Fallen des Nils. An seinen Ufern sammelten die dankbaren und passiven Menschen den von ihm gewährten Reichtum. Dieser gestattete ihnen, sich das zu gönnen, was für sie im Leben am meisten zählte: die gründliche Vorbereitung auf den Tod.

Die Dauerhaftigkeit des ägyptischen Reiches ist nur noch mit der Chinas zu vergleichen. Der Untergang des Riesenreiches ist sowohl auf äußere Einflüsse als vermutlich auch auf seine geringe Entwicklungsfähigkeit bzw. Trägheit zurückzuführen.

Die letzte Reise: Ein Boot mit dem Sarkophag des Toten fährt den Nil entlang.

4 EINDRINGLINGE UND EROBERER: DIE DUNKLEN ZEITEN IM NAHEN OSTEN

Mesopotamien und Ägypten haben den Grundstein für die Geschichtsschreibung gelegt, und als die beiden ersten großen Kulturzentren dominierten sie über eine lange Zeit hinweg die Chronologie. Aber mit ihnen erschöpft sich die Geschichte des Nahen Ostens lange nicht, und erst recht nicht die der alten Welt im Ganzen. Bald nach 2000 v. Chr. rücken andere Völker ins Zentrum der Geschichte, und ein Jahrtausend später sind auch außerhalb dieser Region neue vielfältige Kulturen entstanden.

Eine Geschlossenheit oder gar Logik besitzt die Geschichte nicht einmal im Fruchtbaren Halbmond, obwohl sich hier noch auf lange Zeit mehr Kreativität und Dynamik zeigen sollten als in anderen Teilen der Welt. Die gewaltigen politischen Umwälzungen, deren Anfänge weit ins 2. Jahrtausend zurückreichten und die sich fortsetzten, bis schließlich im 9. Jahrhundert v. Chr. eine Reihe neuer Reiche entstanden, lassen sich nur schwer umreißen, geschweige denn erklären. Anstatt uns in der Flut der Ereignisse zu verlieren, sollten wir also einen Blick auf die Kräfte werfen, die diese Veränderungen bewirken konnten.

Indogermanische Völkerwanderungen

Den wichtigsten Anstoß für Veränderungen bildeten die großen Wanderbewegungen der Völker. Ihr Grundmuster änderte sich über die ganze Dauer des 2. Jahrtausends v. Chr. ebenso wenig wie die an dem Drama beteiligten Völker. Die grundlegende Dynamik ging von indogermanischen Völkern aus, die sowohl aus östlicher als auch aus westlicher Richtung Druck auf den Fruchtbaren Halbmond ausübten. Die semitischen Völker, die mit den Indogermanen um Mesopotamien

Assyrische Flachreliefs zeigen häufig Szenen von belagerten Städten. Auf diesem Flachrelief aus dem Palast von Nimrud (Kalaj) sehen wir einen assyrischen Belagerungsturm auf Rädern, an dem ein Sturmbock befestigt ist, mit dem sich feindliche Mauern durchbrechen ließen.

rangen, kämpften unterdessen auch mit Ägypten und den mysteriösen „Völkern der Meere" um den Sinai, um Palästina und die Levante.

Ein Zweig der indogermanischen Völker richtete sich im Iran ein, und aus ihm entwickelte sich das größte aller Reiche der alten Zeit, das Persien des 6. Jahrhunderts. Ein weiterer drang bis nach Indien vor.

Diese Bewegungen sind die grundlegende Erklärung für die wechselnden Imperien und Königreiche im Laufe der Jahrhunderte. Nach heutigen Begriffen waren einige von ihnen recht langlebig; von rund 1600 v. Chr. an regierten in Babylon viereinhalb Jahrhunderte lang – was der Dauer des Britischen Empires entspricht – die Kassiten, ein Volk aus dem Kaukasus. Im Vergleich zum alten Ägypten waren solche Gebilde jedoch Zeiterscheinungen, die entstanden und schon bald vergangen waren.

Militärtechnik

Zu den Folgen der Völkerwanderungen kamen Entwicklungen, die die gewaltigen politischen Umwälzungen verstärkten und tiefe Spuren hinterließen. Eine davon ist die Verbesserung der Militärtechnik. Der Festungsbau und wohl auch die Belagerungstechnik hatten in Mesopotamien bereits um 2000 v. Chr. ein vergleichsweise hohes Niveau erreicht. Unter den eindringenden indogermanischen Völkern jedoch waren einige, deren nicht allzu ferne Vorfahren Nomaden gewesen waren; auf Grund dieser Tradition gelang es ihnen, die Kriegsführung auf dem offenen Feld zu revolutionieren, obgleich sie andererseits nicht die geschicktesten Belagerer waren.

Vier Krieger in einem zweirädrigen syrischen Streitwagen. Berittene Krieger gab es im Nahen Osten erstmals im 2. Jahrtausend v. Chr.

Sie jedenfalls führten den zweirädrigen Streitwagen und berittene Krieger ein. Die sumerischen Soldaten hingegen werden in von Eseln gezogenen, schwerfälligen vierrädrigen Karren dargestellt; diese taugten wohl eher dazu, Generäle umherzukutschieren oder einen Heerführer mitten ins Geschehen zu bringen, wo dann mit Speer und Axt gekämpft wurde.

Der echte Streitwagen ist ein zweirädriges, von Pferden gezogenes Gefährt, auf dem sich in der Regel zwei Mann befinden, von denen der eine lenkt und der andere kämpft, und zwar vor allem mit dem aus Hornschichten zusammengesetzten Kompositbogen.

Zeitleiste (2200 – 562 v. Chr.)

2000 v. Chr. Der Palast von Knossos auf Kreta

1700–1200 v. Chr. Hethiterreich

965–928 v. Chr. Salomo

883–859 v. Chr. Assurnasirpal Herrscher von Assyrien

2000 v. Chr. — 1500 v. Chr. — 1000 v. Chr. — 500 v. Chr.

2200 v. Chr. Minoische Kultur auf Kreta

1600 v. Chr. Mykenische Kultur

604–562 v. Chr. Nebukadnezar II. von Babylon

Der assyrische König Assurbanipal aus dem 7. Jahrhundert v. Chr. nimmt an einer Jagd in der Nähe seines Palastes in Ninive teil. Ohne Sattel und Steigbügel war es für die Reiter schwierig, die Balance zu halten.

Die Kassiten waren vermutlich die Ersten, die Pferde in dieser Weise einsetzten, und man nimmt an, dass ihre Herrscher indogermanischer Abstammung waren. In den hoch gelegenen Weidegegenden im Norden und Osten des Fruchtbaren Halbmonds gelang ihnen der Zugriff auf die Herden der Nomadenvölker. In den Flusstälern waren Pferde anfangs ein rares Gut und im alleinigen Besitz von Königen und Heerführern, weshalb die fremden Eindringlinge eine große militärische und psychologische Überlegenheit genossen. Bald aber gehörte der Kampfwagen in den Armeen aller großen Königreiche im Nahen Osten zum Standard.

Als die Ägypter die Hyksos vertrieben, taten sie dies nicht zuletzt mit Hilfe genau der gleichen Waffen, mit denen die Hyksos sie einst erobert hatten.

Die Kavallerie

Die Kriegsführung änderte sich, als man begann, Reitpferde zu verwenden. Ein echter Kavallerist kämpfte vom sattellosen Pferderücken aus. Diese Technik zu entwickeln brauchte lange Zeit, denn es ist keine Kleinigkeit, mit dem Pferd und mit Bogen oder Speer gleichzeitig umzugehen. Die Kunst des Reitens stammte vom iranischen Hochland, wo sie möglicherweise bereits um 2000 v. Chr. herum praktiziert wurde und sich von dort über den Nahen Osten und die Ägäis ausbreitete. Nach 1000 v. Chr. tauchten erstmals bewaffnete Reiter auf, die den Fußsoldaten allein schon durch ihre Vielzahl und ihre Wucht überlegen waren.

Dies war der Beginn einer langen Ära, in der die schwere Kavallerie zu einer entscheidenden Waffe wurde, wenngleich ihr Wert erst Jahrhunderte später voll zur Geltung kommen sollte, als die Erfindung des Steigbügels dem Reiter mehr Kontrolle verlieh.

Die Verbreitung von Eisen

Während des 2. Jahrtausends v. Chr. wurden die Wagen bereits mit Eisenteilen versehen, und bald hatten sie eisenbereifte Räder. Die militärischen Vorteile dieses Metalls sind offenkundig, und so ist es nicht überraschend, dass sich sein Gebrauch rasch über den Nahen Osten und weit darüber hinaus ausbreitete – mochten diejenigen, die das Eisen bereits hatten, darunter die Hethiter, sich noch so sehr dagegen stemmen.

Nach dem Niedergang der Hethiter breitete sich die Eisenverarbeitung rasch aus, nicht nur, weil es sich für die Waffenherstellung eignete, sondern weil Eisenerz immer noch weit reichlicher vorhanden war als Kupfer oder Zinn. Aber es löste auch wirtschaftliche Veränderungen aus. In der Landwirtschaft konnten Böden nun beackert werden, denen mit Holz und Feuerstein nicht beizukommen war.

Der Übergang zu dem neuen Metall geschah nicht von einem Tag auf den anderen. Das Eisen ersetzte die Bronze, wie Bronze und Kupfer einst Stein und Feuerstein im Werkzeugsortiment der Menschen ersetzt hatten; dies geschah an einigen Orten schneller als an anderen. Auf Zypern wurde Eisen bereits im 11. Jahrhundert v. Chr. produziert, und von dort kam es bald nach 1000 v. Chr. in die Ägäis. Dieses Datum darf als grobe Trennlinie zwischen Bronze- und Eisenzeit gelten.

Wenngleich Gerätschaften aus Eisen danach zahlreicher wurden, so lebten Teile der „zivilisierten Welt" auch weiterhin in einer Kultur der Bronze. Wie an manchen Orten das Neolithikum, so dauerte auch die Bronzezeit noch weit in das 1. Jahrtausend v. Chr. hinein an, weil lange Zeit nur sehr wenig Eisen im Umlauf war.

Handelsrouten

Die Nachfrage nach Metallen erklärt eine weitere tief greifende Veränderung, nämlich die Entwicklung eines neuen und zunehmend komplexen Handels zwischen den Regionen und Ländern. Handel scheint eines der verbindenden Elemente gewesen zu sein, die aus der alten Welt kurz vor ihrem Zerfall zum Ende des 2. Jahrtausends v. Chr. eine gewisse Einheit machten.

Zinn beispielsweise musste von Mesopotamien und Afghanistan sowie von Anatolien in

Vom Kupfer zum Eisen

Das in Reinform gewonnene und leicht zu bearbeitende Kupfer und Gold waren die ersten Edelmetalle, die in Westasien verwendet wurden. Die Entdeckung, dass sich aus verschiedenen Mineralien mittels Hitze Metalle extrahieren lassen, wurde in Westasien und in Südosteuropa im 7. Jahrtausend und in Ostasien im 3. Jahrtausend v. Chr. gemacht. Bronze als Legierung von Kupfer und Zinn wurde in Westasien im 4. Jahrtausend und in Ostasien im 3. Jahrtausend v. Chr. entdeckt. Sie wurde für die Herstellung von Waffen und Werkzeugen verwendet.

Das schwieriger zu bearbeitende Eisen wurde in Westasien seit dem Beginn des 2. Jahrtausends v. Chr. verwendet. Allmählich ersetzte das Eisen die Bronze in der Herstellung von Waffen und Werkzeugen – es war reichlich vorhanden und konnte nach Entzug von Kohlenstoff zu Waffen verarbeitet werden, die sich schärfen ließen. Zum Schmieden von Eisen sind sehr hohe Temperaturen erforderlich, ein Verfahren, das zuerst im 6. Jahrhundert v. Chr. in China praktiziert wurde. Im Rest der Welt begnügte man sich weitere tausend Jahre mit Gusseisen.

Assyrische Keulenköpfe aus Bronze und Eisen, etwa 9. Jahrhundert v. Chr.

die Verarbeitungszentren gebracht werden. Kupfer aus Zypern war ein anderer viel gehandelter Rohstoff. Die Suche nach weiteren Kupferquellen in anderen Regionen verlieh Europa, das in der alten Geschichte eher eine Randexistenz führte, eine neue Bedeutung. Auf dem Balkan wurden schon vor 4000 v. Chr. Grubenschächte von bis zu 20 Metern in die Tiefe getrieben, um an Kupfer zu gelangen. Später entwickelten einige europäische Völker eine große Geschicklichkeit in der Metallverarbeitung, insbesondere im Hämmern großer Bronzebleche und in der weitaus schwierigeren Bearbeitung des Eisens.

NEUE TRANSPORT-METHODEN

Ein Handel über weite Entfernungen setzte entsprechende Transportmöglichkeiten voraus. Anfangs wurden Waren mit Eseln transportiert; die Domestikation von Kamelen in der Mitte des 2. Jahrtausends v. Chr. ermöglichte den Karawanenhandel mit Asien und der arabischen Halbinsel und machte die bis dahin undurchdringliche Wüste dem Menschen zugänglich. Außer bei den Nomadenvölkern hatte der Transport auf Räderkarren nur lokale Bedeutung, was an der Beschaffenheit der damaligen Wege lag. Die ersten Karren wurden von Ochsen und Eseln gezogen; sie tauchten in Mesopotamien um 3000 v. Chr. auf, in Syrien um 2250 v. Chr., in Anatolien zwei bis drei Jahrhunderte später und auf dem griechischen Festland um 1500 v. Chr.

Seefahrt

Für größere Warenmengen erwies sich bereits im 2. Jahrtausend v. Chr. der Wasserweg als billiger und bequemer als der Landweg; und dies sollte bis zur Erfindung der Eisenbahn

Ein Flachrelief aus dem Ninive des 7. Jahrhunderts v. Chr., das ein Lager vor den Mauern einer Stadt zeigt. Wir sehen zwei Dromedare. Diese Tiere kamen vermutlich in der zweiten Hälfte des 2. Jahrtausends v. Chr. von Arabien nach Mesopotamien. Kamele wurden zum Transport, aber nicht zu Kampfzwecken eingesetzt.

Ausschnitt aus einer Wandmalerei des 16. Jahrhunderts v. Chr., die in der Siedlung Akrotiri auf der Insel Thera (Santorin) gefunden wurde. Wir sehen eine von Bergen umgebene Küstenstadt.

eine Konstante des Wirtschaftslebens bleiben. Lange bevor die Karawanen Kautschuk von der südarabischen Küste nach Mesopotamien brachten, transportierten Schiffe es das Rote Meer hinauf, und Kaufleute fuhren auf Handelsschiffen kreuz und quer durch die Ägäis. So resultierten denn auch einige der wichtigsten Fortschritte im Transportwesen aus einer verbesserten Schifffahrtstechnik.

Die neolithischen Völker unternahmen lange Wasserfahrten in Einbäumen. Hierfür existieren sogar Belege aus dem 7. Jahrtausend v. Chr. Die Ägypter der 3. Dynastie setzten erstmals Segel auf ein Schiff; und die Verwendung von Mittelmast und Rahsegel markierten den Beginn einer Seefahrt, die nicht mehr ausschließlich auf Menschenkraft beruhte. Über die nächsten zwei Jahrtausende verbesserte sich die Takelung nur allmählich.

Auch wenn es möglicherweise Versuche mit Schonersegeln gegeben hat, mit denen man dichter am Wind segeln konnte, so hatten die meisten Schiffe der damaligen Zeit doch nur eine Rahbesegelung. Deshalb war die Richtung der vorherrschenden Winde für die Routen zu Wasser ausschlaggebend. Die einzige alternative Antriebsquelle war Muskelkraft: Der Ruderriemen wurde bereits früh erfunden und diente zur Fortbewegung sowohl bei langen Meeresüberquerungen als auch auf kurzen Strecken. Wahrscheinlich jedoch wurden Riemen vor allem auf Kriegsschiffen eingesetzt, während Segel eher auf Handelsschiffen zur Anwendung kamen.

Um das 13. Jahrhundert v. Chr. segelten auf dem östlichen Mittelmeer Schiffe, die mehr als 200 Kupferbarren transportieren konnten, und wenige Jahrhunderte später hatten einige dieser Schiffe wasserdichte Deckplanken.

Vor der Erfindung der Eisenbahn stellte das Wasser den wichtigsten Transportweg dar, Einbäume sind schon aus dem 7. Jahrtausend belegt. Die Ägypter kannten bereits Segelschiffe.

Die Erfindung des Geldes

Auch heute noch gibt es Formen des Tauschhandels, der über lange Zeit die einzige Art

Das erste Geld bestand aus Gold- und Silberbarren. Doch blieb der Tauschhandel noch lange Zeit populär.

von Bezahlung war, die die Menschen kannten. Die Erfindung des Geldes bedeutete einen großen Fortschritt. Schauplatz dieser Umwälzung war offenbar Mesopotamien, wo Verrechnungswerte schon vor 2000 v. Chr. in Getreide oder Silber angegeben wurden. In der späten Bronzezeit dienten Kupferbarren im gesamten Mittelmeerraum als Währungseinheit. Die ersten mit offiziellem Siegel versehenen Zahlungsmittel, die uns erhalten sind, sind Silberbarren aus dem Kappadokien des späten 3. Jahrtausends v. Chr.: eine echte Metallwährung.

Obwohl das Geld eine wichtige Erfindung war, die sich auch ausbreiten sollte, müssen wir auf die ersten Münzen bis zum 7. Jahrhundert v. Chr. warten. Geeignete Zahlungsmittel konnten den Handel zwar fördern, sind aber nicht unbedingt notwendig. So hatte Mesopotamien schon früh ein Kreditsystem und Tauschurkunden eingeführt. Die Menschen in der alten Welt wussten sich aber zu behelfen.

Handel und Lagerhaltung

Funde belegen, dass der Handel im Nahen Osten während des 2. Jahrtausends v. Chr. an Bedeutung zunahm. Geld tauchte erst im 7. Jahrhundert v. Chr. auf; bis dahin war Handel nur durch Tausch von Waren wie beispielsweise Metallbarren möglich. Diplomatische Geschenke und Tributzahlungen waren ebenfalls häufige Praxis.

In Ägypten ermöglichte die von den Schreibern des Pharaos und den Tempeln überwachte Einlagerung von überschüssigem Getreide ein Überleben in Jahren mit schlechten Ernten wie den in der biblischen Josephgeschichte beschriebenen.

Szenen einer ägyptischen Grabmalerei aus der 11. Dynastie, in denen die Einlagerung von Lebensmitteln beschrieben wird.

Ausschnitt einer Wandmalerei aus der 18. Dynastie, auf der nubische Gesandte dem ägyptischen Pharao Geschenke darbieten. Derartige Geschenke erklären, warum die Archäologen viele Objekte weit entfernt von ihrem Herstellungsort gefunden haben. Wenngleich einige dieser Funde möglicherweise auf Handelsbeziehungen zurückzuführen sind.

Die Phöniker, die als geschickte und gewiefte Handelsleute berühmt waren, besaßen bis zum 6. Jahrhundert v. Chr. keine Währung. Ägypten mit seiner zentral kontrollierten Wirtschaft und seinem legendären Reichtum prägte erst zwei Jahrhunderte später Münzen, und die Kelten brauchten noch zwei weitere Jahrhunderte bis zur Einführung von Geldmünzen.

Tauschhandel

Unterdessen wurden Waren ohne Geld getauscht. Obwohl das Volumen der durch die Welt bewegten Waren bis etwa 1000 v. Chr. stark zunahm, fällt doch nicht alles unter den heutigen Begriff von „Handel“. Jeder spezialisierte Handelszweig setzte ein System voraus, das einerseits für den Vertrieb der Erzeugnisse sorgte und andererseits dem Spezialisten zu seinem Lebensunterhalt verhalf, indem er ihm die für das Leben notwendige Nahrung sowie möglicherweise weitere Waren zukommen ließ.

Diese Umverteilung von Gütern lag in den Händen der Führungsschicht: Deren Vertreter wachten über ein allgemeines Vorratslager, waren gewissermaßen Treuhänder all dessen, was die Gemeinschaft besaß, und teilten das jeweils Notwendige aus, damit die Gesellschaft reibungslos funktionierte. Dies war möglicherweise das Prinzip hinter der Zentralisierung von Waren und Vorräten in den sumerischen Tempeln; es erklärt auch die Bedeutung der Dokumentation und Quittierung abgelieferter Waren und damit die frühe Verbindung von Schrift und Buchhaltung.

Die Einführung des Geldes änderte die Einstellung zu Wirtschaftlichkeit und Gewinnstreben im Handel: Der Sinn des Tauschhandels war vor allem, Dinge zu bekommen, die man benötigte, nicht um einen Überschuss zu erwirtschaften.

Gewagter ist es, verallgemeinernde Aussagen zum wirtschaftlichen Austausch zwischen den Gemeinschaften zu machen. Viele Aktivitäten seit dem Beginn historischer Aufzeichnungen hatten mit Warentransfer zu tun, ohne dass damit eine monetäre Gewinnabsicht verbunden gewesen war. Tributzahlungen, symbolische oder diplomatische Geschenke zwischen Herrschern und Votivgaben sind nur einige Beispiele. Wir sollten keine Haarspalterei betreiben; noch bis ins 19. Jahrhundert n. Chr. fasste das chinesische Reich seinen Außenhandel als Tributzahlungen des Auslands auf, und auch die Pharaonen haben, den Grabmalereien nach zu urteilen, den Handel mit der Ägäis in ähnliche Begriffe übersetzt.

In der alten Welt mochten derlei Transaktionen aus dem Transfer von Standardobjekten wie Dreifüßen oder Gefäßen eines bestimmten Gewichts oder Ringen von einheitlicher Größe bestanden haben, die somit bereits frühzeitig Merkmale einer Währung aufwiesen. Manchmal waren diese Dinge zu gebrauchen; manchmal dienten sie auch nur als Zeichen. Sicher ist lediglich, dass der Warenverkehr zunahm und sich mit der Zeit zu dem profitablen Austausch entwickelte, den wir heute unter Handel verstehen.

Die Entstehung neuer Städte wird ebenfalls zur Ausbildung des Handels im Nahen Osten beigetragen haben. Sie stehen für eine erfolgreiche Nutzung der landwirtschaftlichen Möglichkeiten, aber auch für wachsende Ausbeutung der Natur. Das literarische Motiv der Entfremdung der Landmenschen von den Stadtbewohnern findet sich bereits im Alten Testament. Andererseits verstärkte das Stadtleben die kulturelle Kreativität und trieb die Ausformung der Kultur im Ganzen voran.

Die Rolle der Schrift

Die verstärkte Kulturbildung fand ihren Ausdruck auch in einer zunehmenden Verbreitung der Schrift. Um 2000 v. Chr. war die Schrift im Wesentlichen noch auf die Kulturen in den großen Flusstälern und die von ihnen beeinflussten Regionen beschränkt. Die Keilschrift war über ganz Mesopotamien verbreitet und diente zur Niederschrift von zwei oder drei Sprachen. In Ägypten bestanden die monumentalen Inschriften aus Hieroglyphen, während man sich für die täglichen Dokumente auf Papyrus einer vereinfachten Form, des so genannten Hieratischen, bediente.

Ungefähr ein Jahrtausend später hatte sich das Bild geändert. Schriftkundige Menschen waren überall im Nahen Osten zu finden, ebenso auf Kreta und in Griechenland. Die Keilschrift hatte man mit großem Erfolg an eine Vielzahl von Sprachen adaptiert. Andere Schriften wurden erfunden. Eine davon, die auf Kreta beheimatet war, führt uns bis an die Schwelle der Neuzeit, denn sie zeugt von einem Volk um 1500 v. Chr., das Griechisch sprach. Mit der Übernahme eines semitischen, genauer phönikischen Alphabets existierte um 800 v. Chr. das Medium der ersten westlichen Literatur, und ihr vielleicht frühester erhaltener Ausdruck waren jene Werke, die später einem gewissen Homer zugeschrieben wurden.

Dieser Kupferdolch mit Goldeinlagen zeigt eine Löwenjagd. Die Waffe wurde in einem mykenischen Grab aus dem 16. Jahrhundert v. Chr. gefunden.

Piktogramme und Alphabete

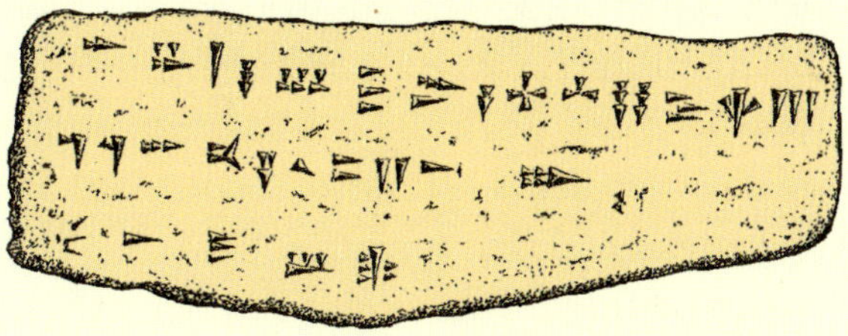

Ugaritische Schrift

Kretische Schrift („Linear A")

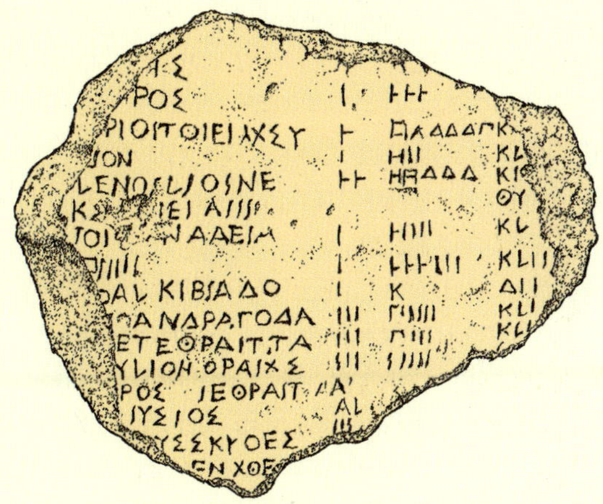

Griechische Schrift

Seit der Mitte des 2. Jahrtausends verbreitete sich in der alten Welt die Kunde der Schrift. Auf der Mittelmeerinsel Kreta waren zwei von den ägyptischen Hieroglyphen abgeleitete Piktogrammsysteme in Gebrauch. Man nennt sie „Linear A" und „Linear B" (von denen bisher nur das Letztere entziffert ist). Einen wichtigen Durchbruch brachte die Entstehung des ersten, vermutlich kanaanäischen, Alphabets. Aus diesem leiteten sich weitere alphabetische Schriftsysteme ab, darunter das ugaritische, auf dem das griechische basierte, aus dem wiederum sich das lateinische entwickelte. Es bildet die Grundlage unseres heutigen Alphabets.

Als äußere Zeichen für Macht gelten im Allgemeinen ein ausgebauter Beamtenapparat, ein umfassendes Steuersystem sowie die militärische Stärke.

Militärische Macht und Zentralgewalt

Wenn wir lokale Phänomene berücksichtigen wollen, können wir uns nicht an eine allgemeine Chronologie halten. Diese birgt außerdem die Gefahr, bestimmte Entwicklungen aus dem Auge zu verlieren, die sich erst in der Gesamtsicht erkennen lassen. So sehr jedoch die einzelnen Länder und ihre Völker allgemeinen Kräften unterlagen und die Querverbindungen zwischen ihnen zunahmen, so wurden doch auch die Unterschiede zwischen ihnen immer größer.

Mit der Schrift war die Möglichkeit gegeben, Tradition festzuhalten; Tradition wiederum wurde zum Ausdruck eines gemeinschaftlichen Selbstbewusstseins. Stämme und Völker hatten vermutlich immer schon ein Gespür für die eigene Identität; dieses Bewusstsein prägte sich jedoch aus, als die Staaten dauerhaftere und stärker institutionalisierte Formen annahmen. Der Zerfall großer Reiche in lebensfähigere Einheiten war ein wiederkehrender Vorgang von den Sumerern bis heute, aber einige Regionen bewährten sich immer wieder neu als der beständige Kern einer längeren Tradition.

Im 2. Jahrtausend umgaben sich die Könige mit Beamten, und die Steuereintreiber trieben die Ressourcen für immer größere Unternehmungen auf. Das Gesetz wurde zu einer weithin akzeptierten Idee; wo immer es Einzug hielt, kam es, wenn auch anfangs nur implizit, zu einer Beschränkung der Macht des Individuums und einer Zunahme der Macht des Gesetzgebers. Der Staat definierte sich zuallererst durch seine militärische Macht; das nicht unerhebliche Problem der Ernährung, Ausrüstung und Verwaltung eines stehenden Berufsheeres war um 1000 v. Chr. gelöst.

Kulturelle Unterschiede

Als die Staaten mächtiger wurden, wichen ihre Regierungsinstitutionen und Sozialstrukturen immer mehr von den allgemeinen Kategorien der frühen Kulturen ab. Wenngleich durch die erleichterten Kontakte und die gegenseitige Befruchtung ein neuer Kosmopolitismus entstand, gingen die Gesellschaften doch sehr unterschiedliche Wege. Was das Geistesleben betrifft, so kam diese Verschiedenheit am deutlichsten in der Religion zum Ausdruck. Auch wenn sich in der vorklassischen Periode eine Tendenz hin zu einfacheren, monotheistischen Systemen erkennen lässt, so fällt doch besonders das breit gefächerte Pantheon lokaler, zumeist friedlich nebeneinander existierender Gottheiten auf.

Auch in anderen Ausdrucksformen der Kultur ergaben sich neue Differenzierungen. Bevor die Zivilisation einsetzte, hatte sich die Kunst bereits als eine eigenständige, nicht notwendigerweise an Religion oder Magie gebundene Ausdrucksform entwickelt. Von der ersten Literatur haben wir bereits gesprochen, aber hierher gehört auch die Möglichkeit des Spiels; Brettspiele beispielsweise waren in Mesopotamien, Ägypten und auf Kreta verbreitet. Könige und Adlige jagten aus Leidenschaft und ließen sich in ihren Palästen von Musikern und Tänzern unterhalten. Von den Sportarten lässt sich das Boxen bis auf das bronzezeitliche Kreta zurückverfolgen, eine Insel, auf der auch der einzigartige und vermutlich rituell bestimmte Sport des Stierspringens praktiziert wurde.

Bei solchen Themen müssen wir nicht immer auf die Chronologie der Geschichte und erst recht nicht auf konkrete Daten achten. Auch der Begriff einer individuellen Kultur kommt in diesem Zusammenhang immer weniger zum Tragen. Es gibt zu viele Querverbindungen, als dass ihm das Gewicht zukäme, das er noch in Ägypten und Sumer gehabt hatte.

Irgendwann zwischen 1500 und 800 v. Chr. gingen wichtige Veränderungen vonstatten, die wir genauer betrachten sollten. Im turbulenten Durcheinander von Nahem Osten und östlichem Mittelmeer bildete sich in den Jahrhunderten rund um 1000 v. Chr. allmählich eine Welt heraus, die mit Sumer und dem Alten Reich nur noch wenig gemein hatte.

Ein Spieltisch aus Ebenholz und Elfenbein aus dem Grab des Pharaos Tutanchamun aus der 18. Dynastie.

DIE FRÜHE ÄGÄISCHE KULTUR

Das zunehmende Wechselspiel der Kulturen brachte für die Völker in den Randregionen des Nahen Ostens viele Veränderungen mit sich, dennoch wurzelt die Kultur der ägäischen Inseln nicht weniger als andere Kulturen im Neolithikum. Das erste in Griechenland gefundene Metallobjekt – eine Kupferperle – datiert aus der Zeit um 4700 v. Chr. und weist sowohl europäische als auch asiatische Einflüsse auf.

Einige Jahrhunderte vor Anbruch des 2. Jahrtausends v. Chr. wurden auf Kreta von einem fortgeschrittenen Volk, das bereits während des Neolithikums auf der Insel gelebt hatte, Städte mit gleichmäßigen Grundrissen angelegt. Es errichtete dort im Laufe eines

Dieses wunderbare Fresko aus dem Palast von Knossos auf Kreta ist rund 3500 Jahre alt. Es zeigt den rituellen Sport des Stierspringens.

Jahrtausends die für sie charakteristischen Häuser und Gräber, die sich über diesen Zeitraum hinweg auch kaum veränderten. Um 2500 v. Chr. herum gab es entlang der Küste größere, aus Steinen und Ziegeln gebaute Städte und Dörfer, deren Bewohner die Metallbearbeitung kannten und attraktive Siegel und Schmuckstücke herstellten. Zu dieser Zeit glich die kretische Kultur also in weiten Teilen derjenigen auf dem griechischen Festland und in Kleinasien. Mit anderen Gemeinschaften der Ägäis wurden Waren getauscht.

Dann aber setzte ein Wandel ein, und rund 500 Jahre später begann der Bau einer Reihe von großartigen Palästen, Monumente einer Kultur, die wir als die minoische bezeichnen. Der Palast von Knossos, der größte unter ihnen, entstand um 1900 v. Chr. Nichts, was die übrigen Inseln zu bieten hatten, war auch nur annähernd so imposant. So übte dieses Bauwerk schließlich eine kulturelle Hegemonie praktisch über die gesamte Ägäis aus.

Das minoische Kreta

Die Bezeichnung „minoisch" leitet sich von dem Namen des legendären Königs Minos ab, den es möglicherweise niemals gegeben hat. In späterer Zeit dachten die Griechen, dass er ein großer kretischer König gewesen sei, der in Knossos gelebt, mit den Göttern gesprochen und Pasiphae, die Tochter des Sonnengottes Helios, zur Frau gehabt habe. Das von ihr geborene Ungeheuer, der Minotaurus, habe im Herzen eines Labyrinths Jünglinge und Mädchen verschlungen, die von den Griechen als Blutzoll geschickt wurden, bis schließlich der Held Theseus erfolgreich zu ihm vordrang und ihn erlegte.

Dies ist ein vielschichtiger Mythos, der bei Fachleuten die Hoffnung nährte, es ließe sich daraus etwas über die kretische Kultur erfahren. Dabei ist nicht bewiesen, dass König Minos jemals existiert hat. Es könnte sein, wie bei Legenden häufiger, dass es mehrere Träger dieses Namens gegeben hat, dass der Name ein Titel war, der mehreren kretischen Herrschern galt. Minos bleibt aber eine dieser faszinierenden Figuren, die wie König Artus außerhalb der Grenzen der Geschichte und innerhalb der Mythologie bleiben.

Die minoische Kultur ist somit einfach gesagt die Kultur derjenigen Menschen, die zur Bronzezeit auf Kreta lebten. Diese Kultur dauerte zwar rund 600 Jahre, aber es lassen sich kaum mehr als die Umrisse einer Geschichte erkennen. Sie zeigen ein Volk, das in Städten lebte, welche in einer gewissen Abhängigkeit zu einem Königtum in Knossos standen. Über drei oder vier Jahrhunderte gedieh es, tauschte Waren mit Ägypten und dem griechischen Festland und lebte von einer besonderen Art Landwirtschaft.

Hier mag die Erklärung für die Entwicklung der minoischen Kultur liegen. Kreta schien schon damals gegenüber den Inseln und dem griechischen Festland die besseren Voraussetzungen für den Anbau von Oliven und Wein geboten zu haben. Außerdem gab es auf der Insel vermutlich Schafe für den Wollexport. Jedenfalls machte Kreta zum Ende des Neolithikums in der Landwirtschaft große Fortschritte, die nicht nur einen verbesserten Getreideanbau, sondern auch die Produktion der beiden anderen wichtigen Anbauprodukte des Mittelmeerraumes, Oliven und Wein, mit sich brachten. Diese wuchsen auch dort noch, wo kein Getreide mehr gedieh, und ihre Kultivierung veränderte die Lebensmöglichkeiten im Mittelmeer entscheidend. In erster Linie führte sie zu einer größeren Bevölkerungszahl.

Aus den neuen Ressourcen ergaben sich neue Möglichkeiten, gleichzeitig erhöhten sich jedoch die Anforderungen an Gesellschaftsorganisation und Regierung, die komplexere Landwirtschaft zu lenken und ihre Produkte zu verteilen.

Im 3. Jahrtausend v. Chr. bildeten die Kykladen eine Brücke zwischen Kleinasien und dem Rest der griechischen Welt. Marmorfiguren von nackten weiblichen Idolen wie diese hier gezeigte wurden auf den Inseln häufig hergestellt. Die Figuren fallen durch ihre geometrische Stilisierung auf.

Das Ende der minoischen Kultur

Ihren Höhepunkt erreichte die minoische Kultur um 1600 v. Chr. Zwei Jahrhunderte später wurden die minoischen Paläste zerstört. Die Umstände dieses Niederganges sind bis heute rätselhaft. Ungefähr zur selben Zeit wurden die wichtigsten Städte der ägäischen Inseln ebenfalls durch Feuer zerstört. Bereits zuvor hatte es Erdbeben gegeben; vielleicht verursachte es auch auf Kreta die Zerstörungen. Neuere Forschungen zeigen, dass es zur besagten Zeit größere Eruptionen auf der Insel Thera, dem heutigen Santorin, gegeben hat; diese könnten mit Flutwellen und Erdbeben auf dem gut 100 Kilometer entfernten Kreta verbunden gewesen sein, gefolgt von einem massiven Ascheregen, der die kretischen Felder vernichtete.

Manche vermuten hingegen einen Aufstand gegen die in ihren Palästen lebenden Herrscher. Wieder andere wollen Hinweise auf eine neue Invasion erkennen oder vertreten die

These von einem Angriff von außen, bei dem in großem Umfang Beute und Gefangene weggeschafft wurden, ohne dass neue Menschen auf die Insel kamen, so dass auf lange Zeit die Grundlage jeder politischen Macht zerstört war. Es wird angenommen, dass eine von Thera ausgehende Naturkatastrophe der minoischen Kultur das Rückgrat brach.

Dies bedeutete jedoch noch nicht das Ende der frühen Kultur auf Kreta, denn während eines weiteren Jahrhunderts siedelten nun in Knossos Menschen vom Festland. Aber wenngleich Knossos noch für eine Weile gedeihen sollte, so war die ursprüngliche kretische Kultur bereits am Ende. Im frühen 14. Jahrhundert v. Chr. schließlich wurde auch Knossos vom Feuer zerstört. Das geschah zwar nicht zum ersten Mal, doch diesmal wurde es nicht wieder aufgebaut. So endete die Geschichte der frühen kretischen Kultur.

Kreta als Seemacht

Die wichtigsten Merkmale der kretischen Kultur lassen sich glücklicherweise leichter erfassen als die Einzelheiten ihrer Geschichte. Am augenfälligsten war die enge Beziehung zum Meer. Mehr als ein Jahrtausend später sollte die griechische Überlieferung von einem minoischen Kreta erzählen, das als große Seemacht mit seiner Flotte eine politische Hegemonie über die Ägäis ausgeübt habe.

Dieser Version zufolge dürfen wir hinter dieser Tradition als Seemacht keine politische Macht in dem Sinne verstehen, wie sie spätere Staaten mit Hilfe ihrer Kriegsflotten haben. Das minoische Kreta besaß zwar zahlreiche Schiffe, die vermutlich jedoch zu diesem frühen Zeitpunkt kaum spezialisiert waren, so dass es für die Bronzezeit unmöglich scheint, bei ihrer Verwendung zwischen Handel, Piraterie und Piratenabwehr zu unterscheiden.

Nichtsdestoweniger fühlten sich die Kreter durch das Meer so hinreichend geschützt, dass sie in unbefestigten, auf lediglich leicht erhöhtem Grund in Küstennähe errichteten Städten lebten. Dazu muss auch die Zuversicht gehört haben, den Zugang zu den natürlichen Häfen kontrollieren zu können, die sich größtenteils an der Nordküste der Insel befanden.

Die minoischen Kreter lebten also vom Meer, wie andere Völker auch von ihrer natürlichen Umwelt lebten. Die Folge war ein Austausch von Waren und Ideen, der wieder einmal belegt, wie die Gelegenheit einer wechselseitigen Befruchtung die Bildung einer Kultur beschleunigen kann. Die Kreter hatten bereits vor 1550 v. Chr. enge Verbindungen zu Syrien und Handelsbeziehungen bis nach Sizilien und möglicherweise die adriatische Küste hinauf. Noch wichtiger war ihre Durchdrin-

Das Meer war in der Kunst des minoischen Kretas ein beliebtes Thema, und es spielte eine herausragende Rolle für das Alltagsleben der Menschen. Krakenmotive wie das hier abgebildete wurden häufig zur Verzierung von Gefäßen verwendet.

Infolge ihrer Vertrautheit mit dem Meer hatten die Kreter bereits vor 1550 v. Chr. Handelsverbindungen nicht nur innerhalb Griechenlands, sondern bis nach Syrien, Sizilien und zur Adria.

gung Griechenlands. Es ist anzunehmen, dass die minoischen Kreter die wichtigste Brücke errichteten, über die auch geistige Errungenschaften der ersten Kulturen das Europa der Bronzezeit erreichten.

Diverse kretische Produkte tauchten im 2. Jahrtausend v. Chr. in Ägypten auf, welches sicherlich einen wichtigen Absatzmarkt bildete; so zeigt die Kunst des Neuen Reichs kretische Einflüsse. Einige Fachleute gehen sogar davon aus, dass ein Ägypter eine gewisse Zeit lang in Knossos lebte, um über wohlbegründete Interessen zu wachen. Darüber hinaus gibt es die These, wonach die Kreter den Ägyptern halfen, die Hyksos zu besiegen.

Kretische Vasen und Metallgegenstände fanden sich an verschiedenen Orten in Kleinasien. Vermutlich lieferten die Kreter eine Vielzahl weiterer Produkte – Holz, Wein, Olivenöl, Metallvasen und selbst Opium – an das Festland. Im Gegenzug bezogen sie Metall aus Kleinasien, Alabaster aus Ägypten und Straußeneier aus Libyen.

Kulturelle Errungenschaften

Zusammen mit einer blühenden Landwirtschaft bildete der Handel die Grundlage für eine Kultur von beträchtlicher Dauer, die sich über lange Zeit immer wieder von Naturkatastrophen erholen konnte. Dies belegt der mehrmalige Wiederaufbau des Palastes von Knossos. Sein ausgefeiltes Abwassersystem war eine technische Leistung erster Ordnung; frühe Versionen des Palastes von Knossos besaßen bereits Bade- und Wascheinrichtungen, wie wir sie in diesem Umfang erst bei den Römern wieder antreffen.

Die Kreter hatten hingegen ihre Mathematik von den Ägyptern übernommen. Während ihre Religion folgenlos mit ihnen unterging, übten sie in anderer Hinsicht großen Einfluss auf die Kulturen auf dem griechischen Festland aus: Die Kunst war die höchste Ausdrucksform der minoischen Kultur. Ihr Schwerpunkt lag in der Malerei, und hier erreichte sie ihren Höhepunkt in Palastfresken

Ein rekonstruierter Raum in den Königsgemächern in Knossos. Das berühmte Delfinfresko, das eine der Wände ziert, zeugt von einer Vorliebe für spielerische, bunte Bilder, die für die minoischen Künstler typisch war.

Der Palast von Knossos

Legende
1 Zentralhof
2 Hauptkorridor
3 Werkstattbereich
4 Königliche Gemächer
5 Theater
6 Haupteingang
7 Thronsaal
8 Prozessionskorridor
9 Treppenweg
10 Säulenhalle
11 Halle der Doppeläxte

Plan des Palastes von Knossos.

Für die alten Griechen war Knossos das Zentrum, von dem aus Minos, der König von Kreta, regierte. Vielleicht sind die ausgedehnten Ruinen des Palastes die Quelle der Legende von dem Labyrinth und dem Minotaurus. Knossos war sicherlich unter allen minoischen Palästen auf Kreta der bedeutendste. Die im Jahr 1900 n. Chr. von Sir Arthur Evans begonnenen Ausgrabungen brachten große Archive von Tafeln aus gebranntem Ton zu Tage. Die Entzifferung ihrer Schrift, „Linear B", erforderte 50 Jahre. Anhand dieser Tafeln können wir viele Aspekte des Lebens auf dem minoischen Kreta rekonstruieren. Der um 1900 v. Chr. auf einem seit langem bewohnten Berghügel erbaute Palast erreichte seine Blütezeit ein halbes Jahrtausend später.

von unübertroffener Lebendigkeit und Frische. Dies war ein vollkommen eigener Stil, dessen Einfluss sich auch jenseits des Meeres in Ägypten und in Griechenland bemerkbar machen sollte. Auch andere in den Palästen gepflegte Künste wie die Bearbeitung von Edelsteinen und Edelmetallen bewiesen eine große Ausstrahlungskraft.

Alltag und Religion auf Kreta

Aus der minoischen Kunst erfahren wir auch einiges über die Lebensweise der Kreter, denn ihre Darstellungsweise ist häufig gegenständlich. Demnach waren die Kreter spärlich bekleidet; die Frauen sind häufig barbusig dargestellt, die Männer ohne Bart. Blumen und

Pflanzen sind reichlich vorhanden, was darauf schließen lässt, dass die Menschen die Gaben der Natur zu schätzen wussten. Die minoischen Kreter scheinen die Welt keineswegs als unfreundlichen Ort empfunden zu haben. Ihr relativer Wohlstand – nach den Maßstäben der alten Zeit – manifestiert sich in den Reihen wunderschöner großer Ölkrüge, die sich in ihren Palästen fanden. Ihr Bedürfnis nach Wohnlichkeit und Eleganz kommt in den Delfinen und Lilien zum Ausdruck, die die Gemächer einer minoischen Königin zierten.

Archäologische Funde zeugen von einer religiösen Welt, die offenbar unbelastet war von den sonst üblichen Schrecken, eine Schlussfolgerung, die natürlich mit Vorsicht zu behandeln ist, solange wir über keine Texte verfügen. Wir haben zwar Darstellungen von kretischen Göttern und Göttinnen, wissen aber häufig nicht, wer sie waren. Wir kennen auch ihre Rituale nicht, und so bleibt uns nur, die Häufigkeit ihrer Opferaltare und Doppeläxte sowie die Tatsache zu konstatieren, dass sich der minoische Kult um eine weibliche Figur herum zu konzentrieren schien. Sie war vielleicht eine neolithische Fruchtbarkeitsbringerin, wie sie immer wieder als Verkörperung der weiblichen Sexualität in Erscheinung trat: die spätere Astarte und Aphrodite. Auf Kreta finden wir sie in einen eleganten Rock gekleidet, barbusig, zwischen Löwen stehend und Schlangen in den Händen haltend.

Ob es auch einen männlichen Gott gab, ist weniger klar. Aber die häufigen Darstellungen von Stierhörnern und die zahlreichen Fresken mit diesen edlen Tieren sind vielsagend, wenn wir an den mysteriösen, aber offenbar zentralen Ritus des Stierspringens denken oder an die spätere griechische Sagenwelt: Minos' Mutter Europa war von Zeus in Gestalt eines Stieres verführt worden; seine Frau Pasiphae ließ sich von einem Stier begatten und gebar den Minotaurus, der halb Stier, halb Mensch war. Jedenfalls scheint die kretische Religion nichts Unheilvolles an sich gehabt zu haben.

Verschiedene kretische Trinkgefäße wie das hier gezeigte, das von 1500 v. Chr. stammt, wurden in einem Grab in Vafio in der Nähe von Sparta entdeckt. Die Trinkgefäße, die Beziehungen zwischen Kreta und dem griechischen Festland belegen, zeigen Szenen, in denen Stiere mit Seilen und Netzen gefangen werden.

Minoische Politik

Über die politische Struktur dieser Gesellschaft wissen wir nur wenig. Der Palast war nicht nur als Königsresidenz, sondern in gewisser Weise auch das Wirtschaftszentrum – ein großes Lager –, worunter wir uns vermutlich eine hoch entwickelte Form des Tauschhandels auf der Basis einer Umverteilung durch die Herrschenden vorstellen dürfen. Der Palast diente zudem als Tempel.

In seiner Blütezeit war er das Zentrum einer hoch organisierten Struktur, die ihre Vorbilder vermutlich in Asien hatte. Als Handelsvolk hatten die Kreter Kenntnis von den schriftkundigen Königreichen Ägypten und Mesopotamien. Einzelheiten aus der minoischen Regierungspraxis erfahren wir unter anderem aus einer Tausende von Tontafeln umfassenden Chronik. Aus ihr spricht das Bild einer rigiden Hierarchie und einer streng geordneten Verwaltung, ohne dass zu erkennen wäre, was das für die Praxis bedeutete. Eines wird jedoch klar: Das Bestreben, ob erfolgreich oder nicht, ging hin zu einer Art von Überwachung und

Ausschnitt eines Freskos im Palast von Akrotiri auf der Insel Thera (Santorin) aus dem 2. Jahrtausend v. Chr. Der Stil erinnert an die Fresken, die in den minoischen Palästen auf Kreta gefunden wurden.

Kontrolle, wie sie in dieser Totalität in der späteren griechischen Welt nicht vorstellbar war. Wenn es Analogien gab, dann auch hier zu den asiatischen Reichen und zu Ägypten.

Bislang erzählen uns die Tontafeln nur von der letzten Phase der minoischen Kultur, denn viele von ihnen sind auch heute noch nicht entziffert. Die Fachleute neigen inzwischen überwiegend zu der Ansicht, dass ein Großteil der in Knossos gefundenen Tafeln griechische Texte enthalte und ungefähr aus der Zeit von 1450 bis 1375 v. Chr. stamme. Das entspricht den aus archäologischen Funden gewonnenen Erkenntnissen, wonach etwa zu dieser Zeit Eroberer vom Festland kamen und die kretischen Herrscher verdrängten.

Die Tontafeln sind demnach deren Dokumente, und die Schrift, in der sie abgefasst sind, wird als „Linear B" bezeichnet. Die früheren Aufzeichnungen waren in Hieroglyphen abgefasst, von denen einige Symbole aus Ägypten entlehnt sind. Spätere Funde sind in einer anderen, noch nicht entzifferten Schrift verfasst, die als „Linear A" bezeichnet wird und möglicherweise bereits um 1700 v. Chr. verwendet wurde. Höchstwahrscheinlich steht sie in keinem Zusammenhang mit dem Griechischen.

Die neu eingetroffenen Griechen übernahmen vermutlich die bestehende minoische Verwaltungsstruktur und führten die Chronik fortan in ihrer eigenen Sprache fort. Die früheren Tafeln müssten demnach ähnliche Informationen wie die späteren enthalten, nur dass sie die Zeit vor der Ankunft der Griechen behandeln.

Der Untergang der kretischen Kultur

Die erfolgreiche Invasion der Festlandgriechen war ein Indiz dafür, dass sich die Bedingungen, die die kretische Kultur einst ermöglicht hatten, in den unruhigen Zeiten der ausgehenden Bronzezeit änderten. Auf dem Festland machten sich dieselben indogermanischen Völker bemerkbar, die schon an anderen Stellen unserer Erzählung aufgetaucht sind. Einige von ihnen besiedelten Kreta nach dem letzten Zusammenbruch von Knossos erneut; sie waren offenbar erfolgreiche Kolonisatoren, die das Tiefland bewirtschafteten. Die minoischen Kreter und die Reste ihrer Kultur aber wurden zurückgedrängt.

Noch wenige Jahrhunderte zuvor war es die kretische Kultur gewesen, die eine gewisse Hegemonie auf Griechenland ausgeübt hatte, und so sollte Kreta den Griechen als ein verlorenes goldenes Land für lange Zeit im Gedächtnis bleiben. Ein direkter Einfluss der minoischen Kultur auf das Festland fand über die ersten achäischen Völker statt – wie diese frühen griechischsprachigen Gruppen in der Regel genannt werden – die bis nach Attika und auf den Peloponnes zogen und dort im 18. und 17. Jahrhundert v. Chr. Siedlungen und Städte gründeten. Sie fanden ein Land vor, das seit langem Kontakt zu Asien hatte und dessen Einwohner das zukünftige griechische Leben bereits um ein markantes Symbol, die Befestigung der Akropolis, des höchstgelegenen Teiles der Stadt, bereichert hatten.

Diese minoische Figur aus polychromem Elfenbein wurde im Palast von Knossos auf Kreta entdeckt. Sie stellt eine Göttin oder Priesterin dar, die in beiden Händen eine Schlange hält, während auf ihrem Kopf eine Katze sitzt.

Die Eroberer waren den Besiegten kulturell keineswegs überlegen, obschon sie Pferd und Streitwagen mitbrachten. Sie waren im Vergleich zu den Kretern sogar Barbaren, die keine eigene Kunst ausgebildet hatten. Sie waren sich der Bedeutung von Gewalt und Krieg aber bewusster als die Inselbewohner – schließlich genossen sie auch nicht den Schutz des Meeres und spürten den Druck aus Gebieten, denen sie selbst entstammten. So versahen sie ihre Städte mit Mauern und errichteten Festungen. Ihre Kultur hatte eine militärische Prägung. Sie ließen sich an Orten nieder, aus denen später die Zentren der griechischen Stadtstaaten wurden, wie beispielsweise Athen, Pylos oder Mykene, das der Kultur, die sich schließlich in der Mitte des 2. Jahrtausends v. Chr. über das ganze Griechenland der Bronzezeit ausdehnte, ihren Namen verlieh.

Kretische Tontafeln mit Inschriften.

Mykenische Kultur

Die mykenische Kultur hinterließ einige prächtige Relikte. Sie verfügte über viel Gold, und bei aller Prägung durch die minoische Kunst war sie zugleich eine echte Synthese zwischen der griechischen und den ursprünglich auf dem Festland beheimateten Kulturen. Ihre institutionelle Basis scheint ihre Wurzeln in den patriarchalischen Ideen gehabt zu haben, wie wir sie bei vielen indogermanischen Völkern finden, aber da ist noch mehr. Die Parallelität des bürokratischen Eifers, wie er sowohl auf den Tontafeln aus Knossos als auch auf denen aus Pylos auf dem westlichen Peloponnes zu Tage tritt, lässt darauf schließen, dass von dem eroberten Kreta aus ein Austausch in Richtung Festland stattgefunden haben muss.

Jede größere Stadt hatte einen König. Der König von Mykene, der einer Gesellschaft von

Der bemalte minoische Sarkophag von Hagia Triada, Kreta. Wir sehen eine rituelle Beerdigungszeremonie. Links gießen Frauen Wein über einen Altar, rechts bieten Männer dem Abbild des Verstorbenen verschiedenste Gaben dar.

Über die mykenische Kultur informieren uns sowohl Tontafeln dieses Reiches als auch hethitische Berichte.

landbesitzenden Kriegern vorstand, deren Pachtbauern und Sklaven aus der Urbevölkerung stammten, war vielleicht bereits der Anführer von einer Art Bund von Königen. In den Chroniken der Hethiter finden sich Hinweise, die auf eine gewisse politische Einheit im mykenischen Griechenland schließen lassen.

Wie die Tontafeln von Pylos zeigen, war das Leben unter den Königen einer strengen Überwachung und Kontrolle unterworfen, und es bestanden ausgeprägte Unterschiede zwischen den verschiedenen Hierarchieebenen, insbesondere zwischen Sklaven und Freien. Allerdings wissen wir kaum etwas über das Wirtschaftsleben, auf dem die mykenische Kultur basierte, abgesehen davon, dass es ebenso wie in Kreta um den königlichen Haushalt herum konzentriert war.

Diese Kultur, die wir besonders eindrucksvoll in Mykene repräsentiert finden, hatte sich jedenfalls um 1400 v. Chr. über das ganze griechische Festland und viele der Inseln ausgebreitet. Sie war eine Einheit, auch wenn tief verwurzelte Unterschiede zwischen den verschiedenen griechischen Dialekten bestehen blieben und diese die einzelnen Völker bis in klassische Zeiten hinein auszeichnen sollten. Mykene löste die minoische Handelsvorherrschaft im Mittelmeer ab. Es unterhielt Handelsposten in der Levante und wurde von den Hethiterkönigen als ebenbürtige Macht behandelt. Manchmal verdrängten die mykenischen Exporte die minoischen, und es gibt sogar Beispiele dafür, dass minoische Siedlungen von mykenischen abgelöst wurden.

Das mykenische Reich hatte seine Blütezeit im 15. und 14. Jahrhundert v. Chr. Für eine Weile wirkte sich die Schwäche Ägyptens und der allmähliche Machtverfall der Hethiter zu seinen Gunsten aus; ein kleines, durch Handel reich gewordenes Volk erlangte überproportionale Bedeutung. An der Küste Kleinasiens entstanden mykenische Kolonien; der Handel mit anderen asiatischen Städten, insbesondere mit Troja, blühte.

Um 1300 v. Chr. herum sind jedoch erste Anzeichen eines Machtverfalls zu erkennen. Eine Reaktion darauf lautete offenbar Krieg, denn die Achäer hatten wesentlichen Anteil an den Angriffen auf Ägypten zum Ende des Jahrhunderts, und es erscheint inzwischen als gesichert, dass der als die Belagerung von Troja in die Geschichte eingegangene Streifzug um 1200 v. Chr. erfolgte. Den Hintergrund dieser Ereignisse bildete eine lange Reihe von Dynastiekämpfen in den mykenischen Städten selbst.

Schmuck aus dem gegen Ende des 19. Jahrhunderts von Heinrich Schliemann entdeckten Schatzes von Troja. Diese Objekte wurden im April 1996 im Moskauer Puschkinmuseum zum ersten Mal öffentlich ausgestellt.

Das „Dunkle Zeitalter“ der Achäer

Was wir als das „Dunkle Zeitalter“ der Achäer bezeichnen können, stand dicht bevor. Als Troja fiel, hatten bereits neue Barbareneinfälle in das griechische Kernland eingesetzt. Zum Ende des 13. Jahrhunderts v. Chr. wurden die großen mykenischen Zentren möglicherweise durch Erdbeben zerstört, und Griechenland zerfiel in unzusammenhängende Teile. Die mykenische Kultur als eine Einheit hörte zwar auf zu existieren, aber nicht alle mykenischen Zentren wurden aufgegeben, wenngleich sich ihr Leben fortan auf einem geringeren Entwicklungsniveau abspielte. Die königlichen Schätze verschwanden, die Paläste wurden nicht wieder aufgebaut. An manchen Orten hielten sich die eingesessenen Bewohner über Jahrhunderte; anderswo wurden sie durch indogermanische Eroberer aus dem Norden, die ein Jahrhundert vor dem Fall Trojas auf Wanderschaft waren, versklavt oder vertrieben.

Diese Völker fegten die bestehenden politischen Strukturen hinweg, und die Zukunft sollte auf ihren eigenen Stammesstrukturen aufbauen. Das Bild ist zunehmend verworren; erst kurz vor 1000 v. Chr. erkennen wir die ersten Anzeichen für die Entstehung eines neuen Musters – den Grundriss des klassischen Griechenlands.

Dorer und Ioner

In den Überlieferungen zu dieser Periode spielt besonders das Volk der Dorer, eine der Gruppen von Neuankömmlingen, eine wichtige Rolle. Sie waren stark und kampfesmutig und galten als die Nachkommen des Herakles. Wenngleich es gefährlich ist, von der Existenz späterer griechischer Dialekte auf benennbare und geschlossene Gruppen von frühen Einwanderern zu schließen, so will es doch die Überlieferung, dass sie die Sprecher des Dorischen waren, das bis in die klassische Periode als ein eigener Dialekt erhalten blieb. In diesem Fall halten die Fachleute die überlieferte Version für gerechtfertigt.

In Sparta und Argos gründeten sich dorische Gemeinschaften, aus denen sich Stadtstaaten herausbildeten. Andere Völker trugen

Nachfolger der Mykener waren Dorer und Ioner, zwei Völker, die man heute als geschlossene ethnische Sprachgemeinschaften betrachtet. Sie siedelten vorwiegend in den Gegenden Spartas und Athens und legten den Grundstein für die späteren berühmten Stadtstaaten.

Der Eingang zu Agamemnons Grab, der so genannten Schatzkammer von Atreus, vom Innern des Grabgeländes aus gesehen. Die Anlage wurde im 13. Jahrhundert v. Chr. gebaut und 1874 n. Chr. von dem Amateurarchäologen Heinrich Schliemann entdeckt, der an die Wahrheitstreue von Homer glaubte und sich auf die Suche nach den Gräbern seiner Helden machte.

Agamemnon, der König von Mykene, erscheint in der Ilias als der mächtigste unter den Griechen. Auch heute noch zeugen die Ruinen seines Hauptsitzes von seiner Bedeutung im 15. und 14. Jahrhundert v. Chr. Auf diesen Abbildungen sehen wir die Stadtmauer (oben) und den monumentalen Eingang, das Löwentor (rechts).

ebenfalls dazu bei, dass aus dieser dunklen Periode heraus eine neue Kultur entstand. Am erfolgreichsten waren die Ioner, also diejenigen, die später mit den Sprechern des „Ionischen" identifiziert wurden. Von Attika kommend, wo Athen die Eindringlinge, die auf die Mykener folgten, entweder überlebt oder assimiliert hatte, ließen sie sich auf den Kykladen und in Ionien, der heutigen türkischen Küste des Ägäischen Meeres, nieder.

Die Städte, die sie hier als Einwanderer oder als Piraten teils eroberten, teils gründeten, lagen entweder auf Inseln oder nahe der Küste und waren die zukünftigen Stadtstaaten eines seefahrenden Volkes. Häufig wählten sie Orte, an denen zuvor die Mykener gesiedelt hatten.

Das Bild, das sich uns bietet, ist größtenteils verwirrend und bruchstückhaft. Und dennoch sollte aus diesem Durcheinander mit der Zeit die Einheit der Kultur wiedererstehen, wie die Ägäis sie in der Bronzezeit erlebt hatte. Zuerst jedoch folgten Jahrhunderte der Spaltung und des Partikularismus: eine neue Periode des Provinzialismus in einer einst kosmopolitischen Welt. Der Handel ging zurück, und die Verbindungen zu Asien wurden brüchig. Stattdessen setzten Wanderbewegungen ein, an deren Ende die Grundzüge einer zukünftigen griechischen Welt erkennbar wurden.

Die Entvölkerung der Ägäis

Das zivilisierte Leben erlitt einen gewaltigen Rückschlag. Am deutlichsten offenbart sich dies in einem Rückgang der Bevölkerungszahlen zwischen 1100 und 1000 v. Chr., der sich so allgemein und heftig vollzog, dass manche Fachleute die Erklärung dafür in einer plötzlichen Katastrophe suchen – etwa einer Seuche oder einer Klimaveränderung, die die kleinen Kulturflächen des Balkans und der ägäischen Hügellandschaften mit einem Schlag empfindlich reduzierte. Jedenfalls lassen sich die Auswirkungen auch an einer Verkümmerung von künstlerischem Kreativität und handwerklichen Fähigkeiten beobachten; die Technik der Edelsteinbearbeitung gerät ebenso in Vergessenheit wie die Freskenmalerei oder die feine Töpferkunst. Die kulturelle Kontinuität scheint sich auf geistige Traditionen wie Lieder, Mythen oder religiöse Ideen zu reduzieren.

Das Griechenland Homers

Von diesen wirren Zeiten gewinnen wir eine Vorstellung aus den dichterischen Epen, die später als *Ilias* und *Odyssee* schriftlich festgehalten wurden. Ihr Material wurde in rezitierter Form über Generationen tradiert, auch wenn die Autorenschaft für diese Werke später einem gewissen Homer zugeschrieben wurde.

Inhaltlich schwer zu klären, gibt es inzwischen einen Konsens darüber, dass sie kaum etwas über die mykenische und nur wenig mehr über die unmittelbar anschließende Zeit berichten. Dabei spielt die zentrale Episode der *Ilias*, der Angriff auf Troja, hier keine Rolle, auch wenn der Bericht vermutlich eine tatsächliche Übermacht der achäischen Initiative bei der Besiedelung Kleinasiens widerspiegelt.

Was uns interessiert, sind die sozialen und begrifflichen Einblicke, die von den Epen wie zufällig transportiert werden. Obschon Homer uns einen Eindruck von einer gewissen, dem mykenischen König zugeschriebenen Überlegenheit vermittelt, so betrifft diese Information doch in Wahrheit die postmykenische Ägäis des 8. Jahrhunderts, als eine Erholung von den „dunklen Jahren" einsetzt. Wir erblicken eine Gesellschaft, die eher nach den Vorstellungen barbarischer Heerführer als nach denen von Königen gestaltet ist.

Homers Könige sind die größten unter lauter Edlen, die Oberhäupter großer Familien; sie führten ein wildes und heldenhaftes Leben. Die Atmosphäre ist individualistisch und anarchisch: Die Könige wirken eher wie ein Haufen Wikingerführer als die Herrscher, von denen die mykenischen Tontafeln zeugen.

Die hier gezeigte Rüstung aus Bronze und der Helm mit metallenen Ohrplatten wurden in einem mykenischen Grab in Dendra gefunden (ca. 1400 v. Chr.). Achäische Krieger trugen zu ihrem Schutz Metallplatten und erwiesen sich, wie die *Ilias* überliefert, als unschlagbar für Gegner, die über keine so ausgefeilten Waffen verfügten.

Der Trojanische Krieg

Die griechische Literatur beginnt mit den zwei epischen Dichtungen Homers, der *Ilias* und der *Odyssee*. Erstere erzählt von der Belagerung Trojas (Ilion) durch die Griechen, Letztere von der Heimkehr des griechischen Helden Odysseus. Diese Epen, die im 8. Jahrhundert v. Chr. niedergeschrieben wurden, sind voller Sagenelemente, was wiederum zu der Vorstellung führte, Troja habe ebenfalls nur in der Sage existiert.

Die ersten Ausgrabungen begannen 1870 n. Chr. auf einem Hügel nahe der Mündung der Dardanellen, wo Heinrich Schliemann das alte Troja vermutete. Schliemann fand einen Schatz aus dem 3. Jahrtausend v. Chr., den er dem trojanischen König Priamos zuschrieb. Spätere Ausgrabungen ergaben, dass Troja während des 3. und 2. Jahrtausends v. Chr. eine große Stadt war. Auf der Ausgrabungsebene „Troja VII" wurden Spuren eines Feuers gefunden, das die Stadt im 13. Jahrhundert v. Chr. zerstörte. Das Feuer war vermutlich von den griechischen Angreifern gelegt worden, deren Taten von Homer beschrieben wurden. Troja wurde um 1100 v. Chr. aufgegeben. Um 700 v. Chr. erhielt es noch einmal Bedeutung als eine griechische Stadt, die viele Jahre später ebenfalls verschwand.

Literatur und Kunst des klassischen Griechenlands zeigen viele Hinweise auf den Trojanischen Krieg. Auf diesem Gefäß versorgt Achilles die Wunden eines Kriegers.

Dieses aus dem 8. Jahrhundert v. Chr. stammende marmorne Flachrelief wurde im assyrischen Nimrud gefunden. Die Darstellungsweise ist jedoch phönikisch und verwendet ein ägyptisches Motiv: die geflügelte Sphinx mit der königlichen Haartracht der Pharaonen.

Diese Epen beleuchten eine noch immer ungeordnete Gesellschaft, die weder den Stand erreicht hat, auf dem sich Mykene einst befand, noch auch nur annäherungsweise das spätere Griechenland erkennen lässt.

Die neue Kultur, die aus den Jahrhunderten der Orientierungslosigkeit schließlich hervortreten sollte, verdankte ihre Entstehung nicht zuletzt der Wiederaufnahme der Beziehungen zum Osten.

Die Phöniker

Einige dieser Handelsleute, ein weiteres seefahrendes Volk, haben eine lange und komplizierte Geschichte, wenngleich ihre eigenen Legenden möglicherweise etwas übertreiben. Die Phöniker behaupteten, sie seien um 2700 v. Chr. nach Tyrus gekommen. Das darf wohl mit ähnlicher Vorsicht behandelt werden wie die Geschichten über die Abstammung der dorischen Könige von Herakles. Zumindest jedoch siedelten sie bereits im 2. Jahrtausend v. Chr. an der Küste des heutigen Libanons, als die Ägypter von ihnen ihr Zedernholz bezogen.

Die Phöniker waren ein semitisches Volk. Wie die Araber des Roten Meeres wurden sie Seefahrer, weil die Geographie sie zwang, sich nach außen statt ins Landesinnere zu orientieren. Sie lebten auf dem engen Küstenstreifen, der seit alters her die Verbindungsbrücke zwischen Afrika und Asien darstellte. Hinter ihnen lag ein flaches, an landwirtschaftlichen Ressourcen armes Land, von Hügelketten durchschnitten, die von den Bergen bis zum Meer liefen und es den Küstensiedlungen erschwerten, zu einer Einheit zu finden.

Wir erkennen Parallelen zu den späteren griechischen Staaten, die sich unter ähnlichen Umständen ebenfalls in Richtung Meer orientierten, und in beiden Fällen bedeutete dies nicht nur Handel, sondern auch Kolonisation. Angesichts ihrer schwachen Position im angestammten Gebiet – wo sie abwechselnd unter den Einfluss der Hebräer, Ägypter und Hethiter gerieten – ist es sicherlich kein Zufall, dass die Phöniker erst nach den großen Tagen Ägyptens, Mykenes und des Hethiterreiches aus dem historischen Schatten traten. Auch sie profitierten vom Niedergang der anderen.

Nach 1000 v. Chr., als die große Ära des minoischen Handels längst vorüber war, erlebten die phönikischen Städte Byblos, Tyrus und Sidon eine kurze Blütezeit. Ihre Bedeutung ist in der Bibel bezeugt, wo von ihrem Beitrag zum Bau von Salomos Tempel die Rede ist: „Denn du weißt“, sagt Salomo, „dass bei uns niemand ist, der Holz zu hauen wisse wie die Sidonier“, und er zahlte auch entsprechend (1. Könige 5,6). Dies ist vielleicht der Beleg für eine ungewöhnlich große und spektakuläre öffentliche Auftragsvergabe in alter Zeit, und es gibt umfangreiche Zeugnisse aus späterer Zeit für die anhaltende Bedeutung der Phöniker.

Die alten Quellen unterstreichen häufig ihren Ruf als Händler und Kolonisatoren. Phönikische Färberstoffe waren lange berühmt und in klassischen Zeiten ein begehrtes Produkt. Zweifelsohne regten die Erfordernisse des Handels den Erfindungsgeist an. Das später von den Griechen übernommene Alphabet wurde in Byblos erfunden (wovon die Griechen im Übrigen ihr Wort für „Buch“ ableiteten). Dies war ein großer Schritt, der das Schreiben erleichterte, obschon keine nennenswerte phönikische Literatur erhalten ist. Die phönikische Kunst wiederum unterstreicht ihre Rolle als Vermittler, indem sie asiatische und ägyptische Vorlagen entlehnten und kopierten, möglicherweise auf Geheiß von Kunden.

Handel und Kolonien

Die Phöniker beschäftigten sich mit Handel, und dazu waren anfangs keine Siedlungen in Übersee notwendig. Aber schließlich stützten sie sich immer mehr auf Kolonien und Handelsstationen, manchmal an Orten, wo zuvor schon die Mykener Handel getrieben hatten. Am Ende gab es 25 dieser Stationen entlang der ganzen Mittelmeerküste, wobei die erste gegen Ende des 9. Jahrhunderts v. Chr. in Kition, dem heutigen Larnaca, auf Zypern entstand.

Solche Kolonien mögen aus den früheren phönikischen Aktivitäten an denselben Orten hervorgegangen sein. Sie sind vielleicht aber auch Ausdruck der Schwierigkeiten, in die die phönikischen Städte nach einer kurzen Phase der Unabhängigkeit am Anfang des 1. Jahrtausends v. Chr. gerieten. Im 7. Jahrhundert v. Chr. wurde Sidon dem Erdboden gleichgemacht, und die Töchter des Königs von Tyrus wurden in den Harem des assyrischen Assurbanipal verschleppt. Phönikien war von da an auf seine Kolonien entlang des Mittelmeeres und anderswo reduziert.

Deren Gründung mag jedoch auch auf Besorgnis angesichts einer griechischen Kolonisationswelle im Westen zurückgehen, die den Metallnachschub insbesondere an britischem Zinn und spanischem Silber bedrohte. Dies könnte auch die phönikische Gründung von Karthago ein Jahrhundert früher erklären. Karthago sollte Sitz einer bei weitem imposanteren Macht als Tyrus und Sidon werden und gründete in der Folge eine eigene Kette von Kolonien. Weiter im Westen, jenseits der Meerenge von Gibraltar, kannten die Phöniker bereits Cadiz, von wo aus sie den nördlichen Atlantik nach neuen Handelsmöglichkeiten absuchten.

Die Phöniker gehörten zu den wichtigsten Verbreitern von Zivilisation, aber auch andere hatten sich nolens volens darum verdient gemacht, wie beispielsweise die Mykener oder die Hellenen, die die ethnische Welt der Ägäis

Ein phönikisches Kriegsschiff aus dem 1. Jahrtausend v. Chr. auf einem assyrischen Flachrelief. Das Schiff hat einen spitzen Rammsporn, mit dem sich der Rumpf eines feindlichen Schiffes durchbohren ließ. Wir sehen eine der zwei Reihen von Ruderern und die Schilde der Soldaten auf dem Deck. Vom Beginn des 1. Jahrtausends v. Chr. an kontrollierten phönikische Schiffe die Handelsrouten des westlichen Mittelmeeres.

Die Situation im Nahen Osten während des Übergangs von der Eisen- zur Bronzezeit ist mit Recht als chaotisch zu bezeichnen: Das Ringen um die Herrschaft hielt das Land in einem permanenten Kriegszustand.

durcheinander brachten. Die minoischen Kreter hatten mehr getan; sie hatten nicht nur von den großen etablierten Kulturzentren genommen, sondern das Übernommene auf eigene Weise umgestaltet, bevor sie es erneut weitergaben. Diese Völker trugen dazu bei, eine schneller sich verändernde Welt zu schaffen.

Ein wichtiger Nebeneffekt, von dem wir noch kaum gesprochen haben, war die zunehmende Einbeziehung Kontinentaleuropas. Die Suche nach Bodenschätzen führte Eroberer und Schürfer immer tiefer in dieses unbekannte Barbarenland. Schon im 2. Jahrtausend v. Chr. wurden in Mykene Perlen gefunden, die aus baltischem Bernstein auf der britischen Insel hergestellt worden waren. Der Handel trug unablässig dazu bei, die Isolation der Völker zu verringern und die Beziehungen zwischen ihnen zu verändern.

Diese Maske aus Ton stellt das Antlitz eines phönikischen Gottes dar.

Der Nahe Osten im Umbruch

„Konfusion" ist eine Frage der Perspektive. Seit etwa dem Ende von Knossos ist die Geschichte des Nahen Ostens für rund acht Jahrhunderte wirklich sehr konfus, wenn wir in weltgeschichtlichen Kategorien denken. Im Wesentlichen fand ein Ringen um die Kontrolle über eine klar umrissene landwirtschaftliche Region statt, und in dieser Geschichte lässt sich nur schwer ein roter Faden finden. Die Eroberer kamen und gingen in schnellem Wechsel, einige hinterließen neue Gemeinschaften, oder sie ersetzten die gestürzten Staaten durch neue.

Ein solches Bild wird sich jedoch kaum bei denjenigen eingestellt haben, die von diesen Ereignissen nur gelegentlich und unerwartet ereilt wurden, wenn beispielsweise ihre Häuser niedergebrannt, ihre Frauen und Töchter geschändet und ihre Söhne in die Sklaverei geschickt wurden – oder wenn sie vielleicht auch nur feststellten, dass ein neuer Herrscher höhere Steuern eintrieb. Derlei Vorkommnisse waren natürlich bitter. Aber in jenen Zeiten müssen Millionen ihr Leben ohne merkliche Verbesserungen gefristet haben, außer dass vielleicht eines Tages die erste Sichel den Weg in ihr Dorf fand. Hunderte von Gemeinschaften lebten über viele Generationen in ein und demselben Muster von Ideen und Institutionen. Das ist ein wichtiger Vorbehalt, den wir nicht aus den Augen verlieren sollten, wenn wir die Dynamik und die Vehemenz der Geschichte des Nahen Ostens während des Übergangs von der Bronze- zur Eisenzeit betonen, wobei wir sie bislang vorrangig aus der Perspektive der in der Ägäis lebenden Völker betrachtet haben.

Auf dem Festland bewegten sich die wandernden Völker in einem Gebiet mit gefestigten Regierungs- und Bevölkerungszentren, mächtigen und dauerhaften politischen Strukturen, vielschichtigen Hierarchien von Spezialisten aus Verwaltung, Religion und Erziehung. Dies erklärt zum Teil, warum die Ankunft neuer Völker hier weniger vernichtete als etwa in der Ägäis. Einen anderen bewahrenden Faktor bildeten die Kontakte, die viele barbarische Völker seit langem mit den Kulturen in dieser Region unterhielten. Dadurch hatten jene nicht so sehr das Bedürfnis, diese zu zerstören, als vielmehr selbst von ihnen zu profitieren. Diese beiden Faktoren begünstigten letztlich die weitere Ausbreitung von Kulturen und die Entwicklung eines großen und uneinheitlichen, aber zivilisierten und miteinander verknüpften, im damaligen Sinne kosmopolitischen Nahen Ostens.

Die Hethiter

Die Geschichte des zivilisierten Nahen Ostens beginnt sehr früh, irgendwann gegen Anfang des 2. Jahrtausends v. Chr., und zwar mit der Ankunft der Hethiter in Kleinasien. Möglicherweise gehörten sie zu derselben Völkergruppe wie die minoischen Kreter; jedenfalls richteten sie sich zu einer Zeit in Anatolien ein, als die minoische Kultur auf ihrem Höhepunkt war. Sie waren alles andere als primitive Barbaren. Sie besaßen ein eigenes Rechtssystem und schauten sich im Übrigen vieles von Babylonien ab.

Lange Zeit hatten sie in Asien praktisch ein Eisenmonopol, das nicht nur für die Landwirtschaft Bedeutung hatte, sondern den Hethitern zusammen mit dem Kampfwagen und ihrem besonderen Geschick im Festungsbau eine militärische Überlegenheit sicherte, die sie zur Geißel Ägyptens und Mesopotamiens werden ließ. Der Eroberungszug, dem Babylon um 1590 v. Chr. zum Opfer fiel, war so etwas wie die Hochwassermarke des ersten hethitischen „Imperiums“.

Es folgte eine Zeit der Verkümmerung und des Verfalls. Dann, in der ersten Hälfte des 14. Jahrhunderts v. Chr., erlebte ihre Macht eine Renaissance. In dieser zweiten und noch fulminanteren Ära wurden die Hethiter zu einer Hegemonialmacht, die sich für kurze

Die Phöniker erkannten frühzeitig die strategische Lage Ibizas für die Handelsrouten im Mittelmeer. Zu den beachtlichsten Beispielen der Architektur von Ibiza gehört die Nekropole von Puig de Molin. Dort wurde auch diese Votivfigur aus Ton gefunden.

Dem Hethiterreich war keine lange Dauer beschieden, es verschwand bereits nach hundert Jahren. Auf dem Höhepunkt ihrer Macht erstreckte sich der Einfluss der Hethiter vom Mittelmeer bis zum Persischen Golf.

Das Hethiterreich

Diese Karte zeigt das Hethiterreich zur Zeit seiner größten Ausdehnung vom 14. bis zum 12. Jahrhundert v. Chr. Über die hethitische Geschichte ist wenig bekannt. Das erste Zentrum des Reiches lag in der anatolischen Hochebene um die Hauptstadt Hattusas herum. Um das Jahr 1300 v. Chr. fand eine Schlacht zwischen den Hethitern (unter König Muwatallis) und den Ägyptern (unter Ramses II.) in Kadesch nahe des Flusses Orontes statt.

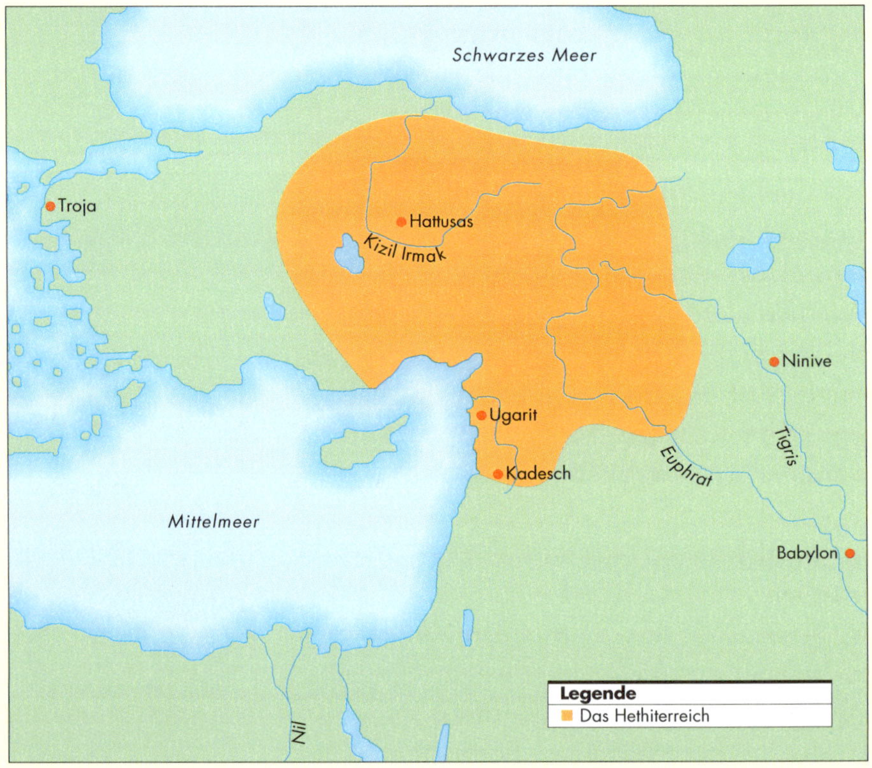

Zeit von den Ufern des Mittelmeeres bis zum Persischen Golf erstreckte. Sie umfasste den gesamten Fruchtbaren Halbmond mit Ausnahme Ägyptens, und selbst dieser militärischen Großmacht erwiesen sich die Hethiter als überlegen, während sie gleichzeitig pausenlos mit den Einwohnern Mykenes Krieg führten. Ebenso wie andere Reiche zerfiel jedoch das Hethiterreich nach gut einem Jahrhundert und endete um 1200 v. Chr.

Das Ende des Hethiterreiches

Höhepunkt und Scheitern der großen Organisationsanstrengung zu Beginn der „dunklen Jahre" in Griechenland und der Ägäis hatten zwei interessante Aspekte.

Der erste war, dass die Hethiter nicht länger ein Monopol auf Eisen hatten; ungefähr um 1000 v. Chr. finden wir es fast überall im Nahen Osten, und seine rasche Verbreitung trug sicherlich dazu bei, dass sich das Blatt allmählich gegen die Hethiter wendete.

Der zweite interessante Aspekt ist eine Koinzidenz mit dem Rhythmus der Völkerwanderungen, denn offensichtlich wurde das Eisen in erster Linie von den indogermanischen Völkern verbreitet, die von rund 1200 v. Chr. an überall für Unruhe sorgten.

Die Hethiter huldigten mehreren Göttern. Dieses in Stein gemeißelte Bild stellt den Gott des Blitzes dar.

Dem Untergang Trojas, das sich niemals mehr von der achäischen Zerstörung erholte, wird diesbezüglich besondere Bedeutung beigemessen; die Stadt scheint bis zu dieser Zeit eine führende Rolle in einer kleinasiatischen Machtallianz gespielt zu haben, die ein Bollwerk gegen die Barbaren aus dem Norden darstellte. Nach Trojas Fall scheint sich kein anderes Widerstandszentrum mehr herausgebildet zu haben. Die zeitliche Nähe zwischen dem Zusammenbruch des letzten Hethiterreiches und den in den ägyptischen Chroniken bezeugten Angriffen von „Seevölkern" legt den Verdacht nahe, dass es sich um keine zufällige Übereinstimmung handelt. Die Hethiter wurden schließlich von den Phrygern bezwungen.

Ein hethitischer Krieger in der steifen und ein wenig rohen Darstellungsweise, die für einen Großteil der hethitischen Plastik charakteristisch ist.

Die Seevölker

Die „Seevölker" waren ein weiteres Symptom der großen Völkerverschiebungen dieser Zeit. Mit Eisen bewaffnet, unternahmen sie seit dem Beginn des 12. Jahrhunderts v. Chr. Eroberungszüge in das östliche Mittelmeerbecken und plünderten Syrien und die levantinischen Städte. Einige von ihnen mögen Flüchtlinge aus den mykenischen Städten gewesen sein, die zuerst zum Dodekanes und dann nach Zypern zogen. Eine diese Gruppen, die Philister, ließ sich um 1175 v. Chr. in Kanaan nieder, und bis heute finden sie sich in dem Namen Palästina verewigt.

Die Ägypter hatten jedoch am meisten unter diesen Seevölkern zu leiden. So drangen die Eindringlinge und Eroberer immer wieder in das Delta ein. Ägypten war schwer angeschlagen. Im frühen 11. Jahrhundert v. Chr. zerfiel es in zwei Königreiche. Und die Seevölker waren nicht die einzigen Feinde Ägyptens. Einmal scheint eine libysche Flotte ins Delta eingedrungen zu sein, auch wenn sie wieder vertrieben werden konnte. Im Süden entstand rund um 1000 v. Chr. im Sudan ein unabhängiges Königreich, das später noch Schwierigkeiten bereiten sollte.

Die barbarischen Völker setzten den alten Strukturen des Nahen Ostens ebenso zu wie vormals dem mykenischen Griechenland.

Der Verlust des Eisenmonopols und vermutlich mehrere Überfälle von Seevölkern schwächten das Hethiterreich, so dass es schließlich von den Phrygern besiegt werden konnte.

Hebräische Ursprünge

Der Wendepunkt der Weltgeschichte ist mit einem nicht datierbaren Ereignis erreicht, nämlich als ein Volk aus Ägypten auszog, zu dem die Ägypter Hebräer sagten und das die Welt später Juden nennen sollte.

Während vieler Jahrhunderte vor Beginn des Christentums war die Menschheitsgeschichte die Geschichte der Juden und dessen, was diese über die Geschichte anderer erzählten. Beides wurde in den Büchern des Alten Testamentes festgehalten, den heiligen Schriften des jüdischen Volkes, die in der Folge auf Grund des Eifers der christlichen Missionare und der Erfindung des Buchdrucks in vielen Sprachen über die ganze Welt verbreitet wurden.

Es handelte sich bei den Juden um das erste Volk, das zu einer abstrakten Vorstellung von Gott gelangte und seine bildliche Darstellung verbot. Kein Volk mit ähnlich unscheinbaren Wurzeln und Ressourcen hat historisch mehr bewirkt, und diese Ursprünge liegen so im Dunklen, dass wir trotz aller Bemühungen noch immer wenig Sicheres über sie wissen.

Semitische Völker

Die jüdischen Ursprünge liegen in den semitischen Nomadenvölkern Arabiens, die seit prähistorischer Zeit immer wieder in die reicheren Länder des Fruchtbaren Halbmondes drängten, die ihren Herkunftsgebieten am nächsten lagen. Das erste für die Geschichtsschreibung wichtige Stadium ihrer Herkunft ist die Zeit der Patriarchen, deren Traditionen in den biblischen Schilderungen von Abraham, Isaak und Jakob verkörpert sind.

Es existieren keine guten Gründe, warum es nicht Männer gegeben haben sollte, die als Vorlage für diese imposanten und legendären Figuren gedient haben könnten. Sie lebten um 1800 v. Chr., und ihre Geschichte war Teil der

Die berühmten Löwentore in der alten hethitischen Hauptstadt Hattusas (heute Bogazköy in der Türkei) stammen aus dem 14. Jahrhundert v. Chr.

Wirren nach dem Ende von Ur. Der Bibel zufolge kam Abraham von Ur nach Kanaan; das ist durchaus vorstellbar und würde nicht dem widersprechen, was wir über die Ausbreitung der Amoriter und anderer Stämme in den anschließenden 400 Jahren wissen.

Diejenigen von ihnen, die sich als Abrahams Nachkommen begriffen, erhielten schließlich den Namen „Hebräer", ein Wort, das „Wanderer" bedeutet und in ägyptischen Texten und Inschriften nicht vor dem 14. oder 13. Jahrhundert v. Chr. auftaucht, also lang nach ihrer ersten Ansiedlung in Kanaan. Wenn dieses Wort auch nicht vollkommen zufrieden stellend ist, so ist es wohl doch der geeignetste Name für die Stämme, mit denen wir es in dieser Zeit zu tun haben. Es ist jedenfalls als Begriff für diese Gruppe besser geeignet als „Juden", und bei all den Assoziationen, die sich über die Jahrhunderte mit diesem Wort verbunden haben, ist es besser, es für eine spätere Periode als die der Patriarchen zu reservieren (wie dies die Historiker auch zu tun pflegen).

Kanaan

Kanaan ist der Ort, an dem in der Bibel das Volk Abrahams zum ersten Mal klar in Erscheinung tritt. Seine Angehörigen werden als Viehhüter dargestellt, die in Stämme unterteilt waren, sich mit Nachbarn und Stammesbrüdern um Brunnen und Weideflächen stritten und im Übrigen nie wussten, wann die nächste Dürre- und Hungerperiode sie zwingen würde, wieder quer durch den Nahen Osten zu ziehen.

Eine Gruppe von ihnen, so erfahren wir, zog hinunter nach Ägypten, was möglicherweise im frühen 17. Jahrhundert v. Chr. gewesen sein mag; in der Bibel werden sie als die Familie Jakobs beschrieben. Im weiteren Verlauf der Erzählung hören wir von Joseph, dem Sohn Jakobs, der es weit brachte in den Diensten des Pharaos.

An diesem Punkt könnten uns möglicherweise die ägyptischen Chroniken weiterhelfen. Eine These lautet, dass es sich um die Zeit gehandelt haben muss, als die Hyksos über Ägypten herrschten, denn nur eine Periode der allgemeinen Unordnung könne erklären, wie ein Fremder in der ägyptischen Beamtenhierarchie so weit aufsteigen konnte. Das ist plausibel, Beweise jedoch gibt es weder für noch wider diese These. Uns bleibt nur die Überlieferung, die überhaupt in der hebräischen Geschichte das Einzige ist, was wir bis etwa 1200 v. Chr. haben. Diese Überlieferung findet ihren Niederschlag im Alten Testament, das seine gegenwärtige Form erst im 7. Jahrhundert v. Chr., also vielleicht achthundert Jahre nach den Ereignissen um Joseph, erhalten hat, wenngleich sich auch ältere Teile in ihm wiederfinden. Als Beweisgrundlage hat es ungefähr eine ähnliche Relevanz für die jüdische Geschichte wie Homer für die griechische.

All dies wäre kaum von allgemeinem Interesse, hätten sich nicht ein- bis dreitausend Jahre später noch andere Dinge abgespielt. Dann sollte nämlich das Schicksal der ganzen Welt von den christlichen und islamischen Zivilisationen geprägt werden, deren Wurzeln in der religiösen Tradition eines kleinen, unscheinbaren semitischen Volkes lagen, das über Jahrhunderte für die Herrscher der großen Reiche von Mesopotamien und Ägypten kaum zu unterscheiden war von den vielen anderen wandernden Völkern. Der Grund aber war die einzigartige religiöse Vision, die die Hebräer entwickelt hatten.

DER MONOTHEISMUS

Quer durch die Welt des alten Nahen Ostens lassen sich Kräfte erkennen, die in Richtung einer größeren Attraktivität des Monotheismus wirkten. Die Macht der lokalen Gottheiten geriet angesichts der Umwälzungen und Katastrophen, die nach dem

Die Wurzeln des Judentums sind bei den semitischen Nomadenvölkern Arabiens im 2. Jahrtausend v. Chr. zu suchen. Auch wenn die biblische Überlieferung historisch nicht bewiesen werden kann, spricht nichts gegen die Annahme, dass es Vorbilder für die biblischen Personen Abraham, Isaak und Jakob gegeben hat.

Diese in den Fels des Berges Sinai geritzten Zeichen aus dem 2. Jahrtausend v. Chr. können bis zu den Westsemiten zurückverfolgt werden. Solche Inschriften, die später in Kanaan, Phönikien und Griechenland weiterentwickelt wurden, bilden die Wurzeln des lateinischen Alphabets.

Die bedeutendste religiöse Entwicklung dieser Zeit ist wohl die vom Polytheismus zum Monotheismus. Zwar gab es auch bei den Ägyptern und Assyrern Anzeichen für derartige Veränderungen, doch nur die Hebräer führten sie zu Ende.

ersten babylonischen Reich regelmäßig die Region überrollten, immer mehr ins Wanken. Sowohl die religiösen Neuerungen eines Echnaton als auch der wachsende Alleinanspruch eines Mardukkults lassen sich als Reaktionen darauf interpretieren. Aber nur die Hebräer überwanden Polytheismus und Lokalbezug und gelangten zu einem konsequenten und kompromisslosen Monotheismus.

Jahwe und der hebräische Bund

Die Entwicklung zum Monotheismus lässt sich zeitlich nur schwer bestimmen, mit Sicherheit jedoch waren die wichtigsten Stationen nicht vor dem 8. Jahrhundert v. Chr. erreicht. In der frühesten Zeit, in der sich die hebräische Religion ausmachen lässt, war sie vermutlich polytheistisch, aber auch monolatrisch – was bedeutet, dass die Stämme, die die Vorläufer der Juden bildeten, wie andere semitische Völker zwar an die Existenz mehrerer Götter glaubten, selbst jedoch nur einen, nämlich ihren eigenen, anbeteten.

Das erste Stadium der Verfeinerung bestand in der Idee des unbedingten Gehorsams, den das Volk von Israel (wie die Nachfahren Jakobs in der Folge genannt wurden) Jahwe schuldete, dem eifersüchtigen Stammesgott, der mit seinem Volk einen Bund geschlossen hatte, um es wieder in das Gelobte Land zu bringen, also jenes Kanaan, wohin Jahwe bereits Abraham von Ur gebracht hatte. Der Bund war eine geniale Idee. Israel konnte sicher sein, dass das, was es tat, etwas Wünschenswertes zur Folge haben würde.

Die unbedingten Forderungen Jahwes ebneten dem Monotheismus den Weg, denn als die Zeit dafür reif war, ließen sich die Israeliten nicht mehr von anderen Göttern beeindrucken, die dieser Entwicklung hätten Einhalt gebieten können. Aber das war nicht alles. Schon früh war Jahwes Art von der anderer Stammesgötter verschieden. Das wichtigste Merkmal seines Kultes war das Verbot, ihn als Götzenbild darzustellen. Gelegentlich tritt er wie andere Götter in ihm gemäßen Orten wie beispielsweise einem mit Händen errichteten Tempel oder auch in Form von Naturerscheinungen auf, aber je mehr sich die israelitische Religion entwickelt, desto mehr wird er zur transzendenten Gottheit:

„Der Herr ist in seinem heiligen Tempel, des Herrn Stuhl ist im Himmel“,
Psalm 11,4

heißt es in einem Loblied. Er hatte alles geschaffen, aber er existierte unabhängig von seiner Schöpfung als eine universelle Wesenheit.

„Wo soll ich hin gehen vor deinem Geist, und wo soll ich hin fliehen vor deinem Angesicht?“, fragt der Psalmist.
Psalm 139,7.

Die schöpferische Kraft Jahwes war ebenfalls etwas, das die jüdische von der mesopotamischen Tradition unterschied. Beide sahen den Ursprung des Menschen in einem wässrigen Chaos. „Die Erde war wüst und leer, und es war finster auf der Tiefe“, heißt es in der Ge-

Die hebräischen Herrscher

Der starke Einfluss, den die hebräische Tradition, wie sie in der Bibel dargestellt ist, auf unsere Kultur hatte, veranlasste viele Forscher dazu, die Geschichte dieser alten Nation zu rekonstruieren. Der Mangel an archäologischen Belegen macht es jedoch unmöglich, den historischen Wahrheitsgehalt der biblischen Geschichten zu überprüfen. Wir werden niemals sicher wissen, ob Abraham, Isaak, Jakob und Josua wirklich existierten. Vielleicht wird man eines Tages ein Palastarchiv mit Informationen zur hebräischen Monarchie finden. Bis dahin müssen wir uns bei der Chronologie der hebräischen Könige vor David auf Mutmaßungen beschränken.

Zeitleiste: Propheten, Könige, Dynastien und wichtige Ereignisse aus biblischer Zeit

ABRAHAM
ISAAK
JAKOB
JOSEPH

MOSES
JOSUA
SAULUS
DAVID
SALOMO

KÖNIGREICH ISRAEL

•722 v. Chr. EROBERUNG ISRAELS DURCH DIE ASSYRER

•333 v. Chr. ALEXANDER EROBERT PALÄSTINA

•63 v. Chr. POMPEIUS EROBERT JERUSALEM

KÖNIGREICH VON JUDÄA

•587 v. Chr. ZERSTÖRUNG ISRAELS DURCH NEBUKADNEZAR

•168 v. Chr. AUFSTAND DER MAKKABÄER

•70 n. Chr. TITUS ZERSTÖRT JERUSALEM

PROPHETEN
AMOS
JEREMIAS

•538 v. Chr. RÜCKKEHR AUS DEM EXIL NACH ISRAEL

HASMONÄISCHE DYNASTIE

JESUS VON NAZARETH

ASSURNASIRPAL II.
KONFUZIUS

HAMMURABI
ECHNATON – RAMSES II.
HOMER
BUDDHA
ARISTOTELES
AUGUSTUS

1800 v. Chr. 1700 1600 1500 1400 1300 1200 1100 1000 900 800 700 600 500 400 300 200 100 1 n. Chr. 100

nesis. Für die Mesopotamier fand nicht wirklich eine Schöpfung statt; irgendetwas hatte es immer schon gegeben, und die Götter ordneten es nur neu.

Für die Hebräer sah das anders aus; Jahwe hatte das Chaos zuvor selbst geschaffen. Er war für Israel, wie es das christliche Credo später ausdrückt, „der Schöpfer aller Dinge, durch den alle Dinge gemacht sind". Noch dazu schuf er die Menschen nach seinem Bilde, als Gefährten, nicht als Sklaven. Der Mensch war der Höhepunkt und die höchste Offenbarung seiner Schöpfungskraft, ein Wesen, das Gut von Böse unterscheiden konnte wie Jahwe selbst. Denn schließlich kamen die Menschen in eine moralische Welt, die nach Jahwes Willen gestaltet war.

Ein Rekonstruktion des von Salomo in Jerusalem errichteten Tempels. Nach der detaillierten Beschreibung der Bibel handelte es sich um ein längliches Gebäude, an dessen Ende sich das Allerheiligste mit der Bundeslade befand. Von diesem Tempel sind zwar keine Spuren erhalten, aber die Beschreibung passt zu einer Reihe von Tempeln aus derselben Zeit, die in Syrien gefunden wurden.

Moses

Es brauchte Jahrhunderte, bis klar wurde, welche Implikationen die fundamentalen hebräischen Ideen hatten, und Jahrtausende, bis sie ihr ganzes Gewicht zeigten. Zuerst waren sie regelrecht verborgen in den Vorstellungen einer Stammesgesellschaft, die einen Gott als Beistand brauchte. Vieles davon spiegelte die besonderen Erfahrungen des Wüstenvolkes wieder. Die spätere jüdische Überlieferung betonte die identitätsstiftende Bedeutung des Exodus aus Ägypten, dominiert von der gigantischen und geheimnisvollen Figur Moses.

Als die Hebräer nach Kanaan kamen, waren sie sicherlich bereits ein selbstbewusstes Volk, für das der Kult Jahwes eine zentrale Rolle spielte. Der biblische Bericht von den Wanderungen durch den Sinai schildert vermutlich die entscheidende Phase, in der sich dieses nationale Bewusstsein ausgeprägt hat. Aber auch darüber gibt es nur die biblische Überlieferung, die erst viel später aufgeschrieben wurde.

Es ist sicherlich nachvollziehbar, dass die Hebräer eines Tages der harten Unterdrückung in einem fremden Land entflohen – eine Unterdrückung, die beispielsweise Zwangsarbeit in den riesigen Bauprojekten bedeutet haben mag. Moses ist ein ägyptischer Name, und es ist sehr gut möglich, dass es ein historisches Vorbild für den großen Führer gegeben hat, der in der Bibel den Exodus leitet. In der Überlieferung brachte er von seiner Begegnung mit Jahwe die Zehn Gebote mit und begründete so das Gesetz. Dies war die Gelegenheit zur Erneuerung des Bundes zwischen Jahwe und seinem Volk im Sinaigebirge, was wir als eine Rückkehr zu den Traditionen eines Nomadenvolkes verstehen können, dessen Kult während des langen Aufenthaltes im Nildelta verkommen war. Leider lässt sich die Rolle des großen religiösen Reformers und nationalen Führers nicht exakt bestimmen, und die Existenz der Zehn Gebote kann erst für eine viel spätere Zeit überzeugend belegt werden.

Die Hebräer und die Kanaaniter

Wenngleich wir den biblischen Bericht nicht wortwörtlich nehmen dürfen, so müssen wir uns doch darüber im Klaren sein, dass er für weite Teile der jüdischen Geschichte unsere

einzige Quelle ist. Er enthält vieles, was mit Dingen in Zusammenhang steht, die wir aus anderen Quellen kennen oder ableiten können. Die Archäologie ist den Historikern erst von der Ankunft der Hebräer in Kanaan an behilflich. Der im Buch Josua gegebene Bericht von den Eroberungen passt zu den archäologischen Belegen von der Zerstörung kanaanäischer Städte im 13. Jahrhundert v. Chr. Was wir über die kanaanäische Kultur und Religion wissen, widerspricht ebenfalls nicht der biblischen Schilderung des Kampfes der Hebräer gegen lokale Kultpraktiken und einen allgegenwärtigen Polytheismus.

Im 12. Jahrhundert v. Chr. kämpften zwei religiöse Traditionen und zwei Völker in Palästina um die Vorherrschaft, was nur ein weiterer Beleg für den Zusammenbruch der ägyptischen Macht ist, den ein starker König zu verhindern gewusst hätte. Es erscheint inzwischen als gesichert, dass die Hebräer sich des Beistands anderer Nomadenvölker versicherten, sofern diese sich dem Gehorsam Jahwes unterwarfen.

Nachdem die Stämme sesshaft wurden, stritten sie zwar miteinander, verehrten aber weiterhin Jahwe, und dies war für einige Zeit die einzige verbindende Kraft zwischen ihnen, denn die Gliederung in Stämme stellte die einzige politische Institution Israels dar.

Teils eroberten, teils zerstörten die Hebräer, was sie vorfanden. Sicherlich waren sie kulturell weniger entwickelt als die Kanaaniter. Sie übernahmen deren Schrift und kopierten deren Bauweise, auch wenn sie nicht immer dieselbe Stufe von Stadtleben erreichten wie ihre Vorgänger. Jerusalem war lange Zeit eine kleine Siedlung, die sich in keiner Weise mit den minoischen Städten einer viel früheren Zeit messen konnte.

Der im Süden der Halbinsel Sinai gelegene Gebel Musa gilt als der Berg, auf dem Moses von Jahwe die Zehn Gebote empfangen haben soll. Man hat jedoch keine Beweise gefunden, dass die hebräischen Stämme auf ihrem Exodus aus Ägypten tatsächlich hier vorbeikamen.

Die zwölf Stämme Israels

Die beiden hebräischen Königreiche und die Territorien der zwölf Stämme.

Als Salomo im Jahr 928 v. Chr. starb, erkannten nur die beiden südlichsten hebräischen Stämme, Juda und Simeon, seinen Sohn Rehabeam als ihren König an. Die hebräische Nation war also, wie auf der Karte dargestellt, in zwei Königreiche gespalten: im Süden das Königreich Judäa mit der Hauptstadt Jerusalem und im Norden das Königreich Israel mit der ersten Hauptstadt Sichem. Das Königreich Israel verschwand, als die Assyrer im Jahr 722 v. Chr. Samaria, seine letzte Hauptstadt, eroberten. Das Königreich Judäa überdauerte bis zum Jahr 587 v. Chr., als Jerusalem von Nebukadnezar, dem babylonischen König, zerstört und seine Einwohner verschleppt wurden.

DAS HEBRÄISCHE KÖNIGREICH

Die Ansiedlung in Palästina war im Wesentlichen eine militärische Operation gewesen, und militärische Notwendigkeiten provozierten auch die nächste Phase der Konsolidierung zu einer Nation. Es war wohl die von den Philistern ausgehende Gefahr, die irgendwann um 1000 v. Chr. zur Entstehung eines hebräischen Königreichs führte.

Mit ihm kommt es zu einer weiteren Institution, der besonderen Rolle der Propheten, denn es war der Prophet Samuel, der sowohl Saul, den ersten König, als auch seinen Nachfolger David salbte und damit faktisch bestimmte. Während Sauls Regierungszeit, erzählt die Bibel, hatte Israel keine Eisenwaffen, was den Philistern sehr gelegen kam, die auf diese Weise ihre Überlegenheit wahrten. Dennoch lernten die Hebräer schließlich von ihren Feinden den Umgang mit dem Eisen; die hebräischen Worte für „Messer" und „Helm" stammen beide aus der Sprache der Philister.

König David

Saul errang viele Siege, und sein Werk wurde von David vollendet. Unter allen Personen des Alten Testaments strahlt David sowohl auf Grund seiner Stärken als auch seiner Schwächen eine besondere Glaubwürdigkeit aus. Wenn seine Existenz auch archäologisch nicht belegt ist, so lebt er doch als eine der großen Figuren der Weltliteratur fort.

Die literarische Schilderung ist trotz mancher Ungereimtheiten von einer unwiderstehlichen Eindrücklichkeit. Sie handelt von einem edel gesinnten und mit mancherlei menschlichen Schwächen behafteten Helden, dem es gelingt, die Bedrohung durch die Philister zu beenden und das Königreich, das sich mit Sauls Tod gespalten hatte, wieder zusammenzuführen. Jerusalem wurde zur Haupt-

Nur von einem hebräischen König ist ein Bild überliefert – von Jehu, König von Israel (842–814 v. Chr.). Auf dem so genannten Schwarzen Obelisk Salmanassars liegt Jehu vor dem assyrischen König Salmanassar III. auf den Knien.

stadt Israels, und David unterwarf in der Folge die benachbarten Völker. Zu diesen gehörten die Phöniker, die ihm gegen die Philister Beistand geleistet hatten, und damit endete die Geschichte von Tyrus als einem wichtigen und unabhängigen Staat.

König Salomo

Davids Sohn und Nachfolger Salomo erreichte als erster israelitischer König eine nennenswerte Position. Er versah seine Armee mit Streitwagen, unternahm Expeditionen gegen die Edomiter, verbündete sich mit den Phönikern und errichtete eine Seeflotte. Es folgte eine Phase der Eroberungen und des Gedeihens.

„Also war Salomo ein Herr über alle Königreiche, von dem Strom [Euphrat] an bis zu der Philister Lande und bis an die Grenze Ägyptens … auf dass Juda und Israel sicher wohnten, ein jeglicher unter seinem Weinstock und unter seinem Feigenbaum, von Dan bis gen Beer-Seba, solange Salomo lebte."

1. Könige 4, 21,25.

Hier klingt an, dass die Schwachen vom Niedergang der Großen profitierten. Der israelitische Erfolg unter Salomo war ein weiterer Beleg für den Verfall der älteren Reiche, die Nachkommen der alten amoritischen Expansion waren.

Salomo war ein König von großer Energie und Tatkraft, und auch die wirtschaftlichen

Der Niedergang der großen Reiche ermöglichte den kleineren den Aufstieg. Auch Davids Sohn Salomo nutzte seine Chance, er baute sein Land militärisch und außenpolitisch auf und verhalf ihm zu einer wirtschaftlichen und kulturellen Blüte.

und technischen Fortschritte seiner Zeit waren bemerkenswert. Er verkörperte als Herrscher den Pionier. Die legendären Schätze König Salomos geben möglicherweise einen Hinweis auf die erste im Nahen Osten belegte Kupferhütte – eine Annahme, die jedoch nicht von allen geteilt wird. Sicherlich war der Bau des Tempels nach phönikischem Vorbild nur eines von vielen öffentlichen Projekten, aber vielleicht das wichtigste. David hatte Israel eine Hauptstadt gegeben und damit die politische Zentralisierung vorangetrieben. Er hatte auch einen Tempel geplant, und als Salomo ihn baute, verlieh er damit der Verehrung Jahwes eine Pracht wie nie zuvor und zugleich einen dauerhaften Mittelpunkt.

Die Propheten

Eine Stammesreligion hatte erfolgreich der Gefahr einer Ansteckung durch die Fruchtbarkeitsriten und den Polytheismus der Agrarbevölkerung widerstanden, in deren Mitte sich die Hebräer in Kanaan niedergelassen hatten. Aber es bestand nach wie vor die Möglichkeit eines Rückfalls. Ein Königreich bedeutete einen Hof, äußere Kontakte und – in Salomos Tagen – fremde Frauen, die den Kulten ihrer eigenen Götter anhingen.

Die früheste Rolle der Propheten war es gewesen, die Abweichung vom Gesetz in Form eines Liebäugelns mit den Fruchtbarkeitsgöttern der Philister als Übel zu brandmarken; der neuerworbene Luxus gab ihnen nun auch ein soziales Thema an die Hand.

Die Propheten brachten die israelitische Idee von Gott auf den Punkt. Sie waren keine Wahrsager, wie es sie im Nahen Osten zuvor gegeben hatte, wenngleich die ersten beiden großen Propheten, Samuel und Elias, vermutlich dieser Tradition entstammten, sondern sie waren Prediger, Poeten, politische und moralische Kritiker. Ihr Status leitete sich im Wesentlichen von ihrer Fähigkeit ab, sich und andere davon zu überzeugen, dass Gott durch sie spreche.

Darstellung einer belagerten Stadt, wie sie auf assyrischen Flachrelief häufig zu sehen ist. Samaria, die Hauptstadt Israels, wurde im Jahr 722 v. Chr. nach langer Belagerung durch die Assyrer eingenommen.

Die Vertreibung von Menschen aus ihrem Land ist eine wiederkehrende Szene in der assyrischen Kunst. Dieses Schicksal der Deportation erlitten auch die Bewohner des Königreichs Israel, nachdem Jerusalem im Jahr 587 v. Chr. von Nebukadnezar eingenommen worden war.

Nicht die großen Taten seiner Könige sollten am Ende Israels Ruhm begründen, sondern die von seinen Propheten verkündeten ethischen Standards.

Die Propheten machten aus dem Kult Jahwes die Verehrung eines universellen Gottes, der gerecht und gnädig war, der die Sünde streng bestrafte, aber bereit war, dem reuigen Sünder zu vergeben. Das war der Höhepunkt der religiösen Kultur im Nahen Osten, und es war der Moment, von dem an die Religion nicht mehr an bestimmte Orte oder Stämme gebunden war.

Die Propheten prangerten zudem die soziale Ungerechtigkeit an. Amos, Jesaja und Jeremia beschränkten sich nicht auf die privilegierte Priesterklasse, sondern erklärten das Volk selbst zu religiös Berufenen. Sie predigten die Gleichheit aller Menschen vor Gott und leugneten das Willkürrecht der Könige; sie verkündeten einen von jeder menschlichen Autorität unabhängigen Moralkodex. Auf diese Weise wurde das moralische Gesetz, das in den Augen Israels von Gott gegeben war, zu einer möglichen Basis der Kritik an den existierenden politischen Machtverhältnissen. Somit hatten die Propheten die Möglichkeit, sich unter Berufung auf das Gesetz sowie auf ihre göttliche Inspiration gegen Könige und Priester zu stellen.

Wenn politischer Liberalismus auf dem Glauben basiert, dass die Ausübung von Macht stets nur im Rahmen einer Moral legitim ist, die von dieser Macht unabhängig ist, dann ist es nicht übertrieben, wenn wir sagen, dass die Propheten die Urheber dieser Lehre waren.

Das Exil

Die meisten Propheten nach Samuel wirkten vor dem Hintergrund einer Krisenzeit, die sie als Beleg für einen allgemeinen Niedergang heranzogen. Israel verdankte seinen Aufstieg der Schwäche der Königreiche, die in schneller

Der assyrische König Tiglatpileser III. (744–727 v. Chr.) sitzt von Würdenträgern und Dienern umgeben auf seinem Thron. Diese Szene ist Teil großer Wandmalereien, die in einem assyrischen Palast in der alten Stadt Til Barsip gefunden wurden.

Folge entstanden und verschwanden. Nach Salomos Tod erlebte die hebräische Geschichte Höhen und Tiefen, wobei allerdings die Abwärtsentwicklung überwog. Nach anfänglichen Revolten kam es bald zur Spaltung des Königreichs. Aus Israel wurde ein nördliches Königreich, bestehend aus zehn Stämmen mit Samaria als Hauptstadt; im Süden bildeten die Stämme Benjamin und Juda das Königreich Judäa mit der Hauptstadt Jerusalem.

Im Jahr 722 v. Chr. wurde das nördliche Israel von den Assyrern vernichtet. Die zehn Stämme fielen einer Massendeportation zum Opfer und verschwanden von der historischen Bildfläche. Das Königreich Judäa hielt sich länger. Es war kompakter und den großen Staaten weniger im Weg; es überlebte bis 587 v. Chr., als die Mauern von Jerusalem und der Tempel von der babylonischen Armee zerstört wurden. Auch die Judäer wurden daraufhin deportiert, wobei viele von ihnen in Babylon jenes Exil erlebten, das eine so wichtige und prägende Erfahrung darstellte, dass wir von jetzt an mit gutem Grund von „den Juden" sprechen können, den Erben und Trägern einer Tradition, die bis heute lebendig ist.

Aufruhr in Mesopotamien

Seit den Tagen Hammurabis waren die Völker des Flusstals von Mesopotamien von eindringenden Wandervölkern umgeben. Über lange Zeit waren es zum einen die Hethiter und zum anderen die Mitanni, die in Assur und Babylon herrschten. Als das Hethiterreich schließlich verfiel, gab es in Mesopotamien bis zum 9. Jahrhundert v. Chr. keine große Militärmacht. Im 11. Jahrhundert v. Chr. eroberte zwar ein assyrischer König Syrien und Babylon, binnen kurzem wurde er aber von einer Gruppe semitischer Stämme hinweggefegt, die als Aramäer bezeichnet werden und immer wieder von der Wüste aus in die fruchtbaren Regionen vorgedrungen waren.

Neben einer neuen Folge kassitischer Könige in Babylon bildeten sie für rund zwei Jahrhunderte die reizbaren Nachbarn der assyrischen Könige. Wenngleich unter diesen semitischen Völkern sich auch die Chaldäer fanden, so ist doch an dieser Geschichte wenig Bemerkenswertes, außer dass sie ein weiteres Mal die Brüchigkeit der politischen Strukturen der alten Welt illustriert.

DAS ASSYRISCHE REICH

Eine neue Form schält sich erst wieder im Laufe der Wirren des 9. Jahrhunderts v. Chr. heraus, als Mesopotamien sich allmählich stabilisiert. Damals, so erzählt das Alte Testament, rückten die assyrischen Armeen wieder einmal gegen das syrische und das jüdische Königreich vor. Nachdem sie anfangs erfolgreich abgewehrt wurden, kehrten die Assyrer ein ums andere Mal zurück, bis sie schließlich siegreich waren. Dies markierte den Beginn einer neuen, wichtigen und unerfreulichen Phase in der Geschichte des Nahen Ostens. Ein neues assyrisches Reich war im Entstehen. Seinen Höhepunkt erreichte es im 8. Jahrhundert, und wie einst Babylon, so wurde jetzt Ninive, die am Oberlauf des Tigris gelegene Hauptstadt, die das alte Zentrum Assur abgelöst hatte, zum Mittelpunkt der mesopotamischen Geschichte.

Das assyrische Reich war eine Einheit in einem Sinne, in dem andere große Reiche es nicht gewesen waren; es beschränkte sich nicht darauf, die besiegten Könige zu Vasallen zu machen und Tribut zu fordern. Vielmehr verjagte es die bisherigen Herrscher und setzte assyrische Statthalter an ihre Stelle. Oft vertrieb es die Bewohner gleich mit. Zu seinen charakteristischen Methoden gehörte die Deportation; die zehn Stämme Israels sind die bekanntesten Opfer.

Im Laufe ihrer Expansion errangen die Assyrer immer wieder überwältigende Siege. Ihr größter Erfolg war die Eroberung Babylons im Jahr 729 v. Chr. Bald darauf zerstörten die assyrischen Armeen Israel, dann drangen sie in Ägypten ein, vertrieben dessen Könige aus Unterägypten und annektierten das Delta. Mittlerweile hatte Zypern sich ergeben, während Kilikien und Syrien erobert worden waren. Im Jahr 646 v. Chr. eroberten die Assyrer schließlich noch einen Teil von Elam, dessen Könige daraufhin den Streitwagen des assyrischen Eroberers durch die Straßen von Ninive zogen.

Die Konsequenzen für die gesamte Region des Nahen Ostens waren gewaltig. Es gab jetzt ein einheitliches Verwaltungs- und Rechtssystem. Zwangsverpflichtete Soldaten und deportierte Bevölkerungsgruppen wurden hierhin und dorthin verschoben, was zu einer Nivellierung regionaler Unterschiede führte. Das Aramäische wurde zur allgemeinen Verständigungssprache. Auf diese Weise schuf das assyrische Reich die Voraussetzungen für einen neuen Kosmopolitismus.

Das assyrische Reich

Das assyrische Reich überdauerte mehr als ein Jahrtausend. Die Forscher haben drei Entwicklungsphasen identifiziert – die altassyrische Zeit, die mittelassyrische Zeit und die neuassyrische Zeit. Die altassyrische Zeit dauerte vom 18. bis zum 14. Jahrhundert v. Chr. Die mittelassyrische Zeit war eine neue Periode assyrischer Expansion, die im 9. Jahrhundert v. Chr. mit dem Vormarsch der Ramier endete. Ihre Blütezeit erlebte die Kultur der Assyrer während der neuassyrischen Zeit, die unter König Assurnasirpal I. (883–859 v. Chr.) begann. Vom 9. bis zum 7. Jahrhundert v. Chr. terrorisierten die Assyrer die Gemeinschaften des Fruchtbaren Halbmonds. Darstellungen der Militäraktionen finden sich auf den Mauern ihrer Paläste. Um 612 v. Chr. wurde das assyrische Reich durch eine Koalition von Babyloniern und Medern besiegt.

Ein Relief aus dem 7. Jahrhundert v.Chr. im Palast von Ninive, das den assyrischen König Assurbanipal beim königlichen Sport der Löwenjagd zeigt.

Wie Sumerer und Elamiter hinterließen die Assyrer mächtige Bauwerke als Zeichen ihres architektonischen Könnens und beschriftete Tontafeln, die uns Einblick in ihr Geistesleben geben.

Assyrische Kunst

Die große prägende Kraft der Assyrer fand ihren Niederschlag in gewaltigen Monumenten. Sargon II. (721–705 v. Chr.) errichtete in Chorsabad nahe Ninive einen Palast mit einer Grundfläche von zweieinhalb Hektar, den Reliefs von über anderthalb Kilometern Länge zierten. Die Beute aus den Eroberungen diente zur Finanzierung eines reichen und prächtigen Hofes. Auch Assurbanipal (668–626 v. Chr.) hinterließ Monumente. Seine größte Vorliebe galt jedoch den Wissens- und Kunstschätzen, und seine wertvollste Hinterlassenschaft ist eine großartige Sammlung von Tontafeln, die er für seine Bibliothek anfertigen ließ. Darin vereinigte er Kopien von allem, was er an Aufzeichnungen und literarischen Zeugnissen aus dem alten Mesopotamien auftreiben konnte. Vieles von dem, was wir über die mesopotamische Literatur wissen, verdanken wir diesen Abschriften, wie beispielsweise die vollständigste Version des Gilgamesch-Epos.

Literarische und andere Quellen geben uns also einen recht guten Einblick in die Geisteswelt dieser Kultur. Dass wir die assyrischen Könige so häufig als Jäger dargestellt finden, mag mit der Vorstellung vom König als Kriegshelden zusammenhängen. Genauso gut kann es sich aber um eine bewusste Identifikation des Königs mit den legendären Bezwingern der Natur, den Helden einer fernen sumerischen Vergangenheit, handeln.

Die Steinreliefs, auf denen die großen Taten der assyrischen Könige verewigt sind, wiederholen in monotoner Weise noch eine andere Geschichte: die von Plünderung und Versklavung, von Pfählungen und Folter sowie von Massendeportationen. Das assyrische Reich

Die Ausdehnung des assyrischen Reiches

Die entscheidende Phase der assyrischen Expansion fiel in die Zeit Tiglatpilesers III. (744–727 v. Chr.) und Sargons II. (721–705 v. Chr.). Die Assyrer erweiterten ihr ursprüngliches Siedlungsgebiet im hohen Tigrisbecken, bis sie schließlich den ganzen Fruchtbaren Halbmond kontrollierten. Höhepunkt dieser Expansion war die Eroberung Ägyptens während der Herrschaft Assurbanipals.

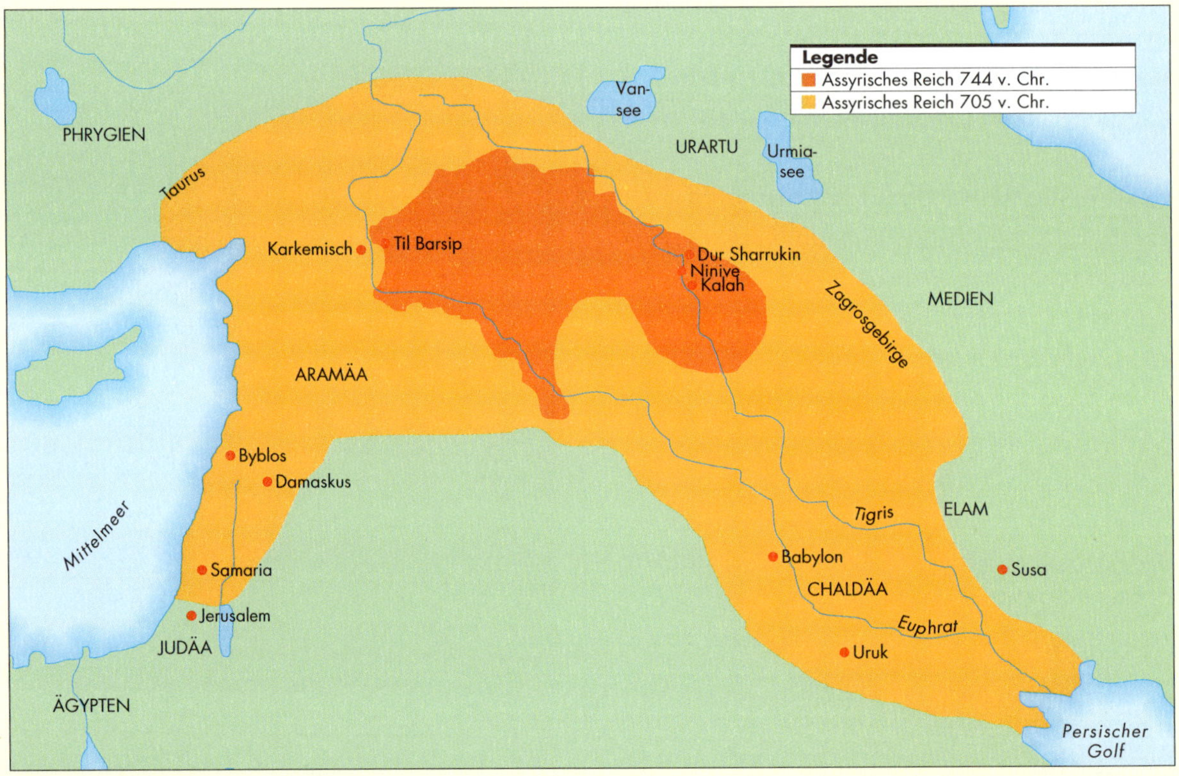

Die Expansion des assyrischen Reiches 744–705 v. Chr.

stand auf einem Fundament aus Eroberung und Einschüchterung. Ermöglicht wurde dies durch die Schaffung der besten Armee, die es bis dahin gegeben hatte. Diese Streitmacht, zu der alle Männer zwangsverpflichtet werden konnten, hatte außer Eisenwaffen auch eine Artillerie, mit der sich bislang uneinnehmbare Mauern sprengen ließen, und sogar so etwas wie eine gepanzerte Kavallerie. Sie war eine schlagkräftige Kombination aus allen Waffengattungen. Und es war wohl auch ein besonderer religiöser Eifer beteiligt. Wir sehen den Gott Assur über den Armeen schweben, während sie in den Krieg ziehen.

Der Untergang des assyrischen Reiches

Wie auch immer die Erklärung für den assyrischen Erfolg lautet, er hielt nicht lange. Möglicherweise waren die Assyrer zahlenmäßig der Größe des Reiches nicht gewachsen. Nach Assurbanipals Tod verging kein ganzes Jahr, bis ein Aufstand in Babylon den Zerfall des Reiches ankündigte. Die Rebellen wurden von den Chaldäern sowie von einem großen neuen Nachbarn, dem Königreich der Meder unterstützt, welche inzwischen die iranischen Völker anführten.

Ihr Erscheinen als Macht auf der geschichtlichen Bühne markiert einen bedeutenden Wandel; über lange Zeit waren die Meder damit beschäftigt gewesen, eine weitere Welle barbarischer Eroberer aus dem Norden, die Skythen, abzuwehren, die aus dem Kaukasus in den Iran und gleichzeitig die Schwarzmeerküste entlang nach Europa vordrangen. Sie waren leicht bewaffnete Reiter, die den Bogen vom Pferd aus bedienten, und es erforderte einige Zeit, um mit ihnen fertig zu werden. Wir sind im 7. Jahrhundert v. Chr., und dies

Innere Machtkämpfe nach dem Tod Assurbanipals führten zum Untergang des Reiches: Die Aufständischen hatten sich mit den Chaldäern und anderen mächtigen Nachbarn verbündet.

Zur assyrischen Kriegsmaschinerie gehörten Streitwagen, Kavallerie und Infanterie, wie auf diesem Flachrelief zu sehen ist.

war das erste Mal, dass nomadische Völker aus Zentralasien als eine neue Kraft in der Weltgeschichte massiv nach Westasien eindrangen. Wie bei allen großen Invasionen trieb auch der skythische Vormarsch andere Völker vor sich her, von denen eines das phrygische Königreich überrannte. Unterdessen wurde die letzte, auf den ursprünglichen kaukasischen Bewohnern basierende politische Einheit des Nahen Ostens von den Skythen, Medern und Assyrern verschluckt.

Diese Ereignisse zogen sich über ein gutes Jahrhundert hin. Instabilität und Fragmentierung an der Peripherie des Fruchtbaren Halbmondes hatten die Assyrer lange begünstigt. Das änderte sich, als die Skythen und Meder gemeinsame Sache machten. Damit versetzten sie Assyrien den letzten Stoß und gaben Babylonien seine Unabhängigkeit zurück. Mit der Plünderung Ninives durch die Meder im Jahr 612 v. Chr. verschwand Assyrien aus der Geschichte.

Die Plünderung Ninives bedeutete aber noch nicht das Ende der mesopotamischen Tradition. Der Zusammenbruch des assyrischen Reiches öffnete neuen Herren den Weg in den Fruchtbaren Halbmond. Der Norden fiel an die Meder, die quer durch Anatolien bis an die Grenze Lydiens vorpreschten und schließlich die Skythen nach Russland zurückdrängten. Ein ägyptischer Pharao unternahm einen Vorstoß in den Süden und in die Levante, wurde aber vom babylonischen König Nebukadnezar geschlagen, der der mesopotamischen Kultur einen goldenen Herbst bereitete und ein letztes babylonisches Reich gründete, das mehr als alle vorausgegangenen die Fantasie der Nachwelt beflügeln sollte.

Es reichte von Suez, dem Roten Meer und Syrien bis zur Grenze, die Mesopotamien vom alten Königreich Elam trennte, das mittlerweile von der iranischen Dynastie der Achämeniden regiert wurde. Allein Nebukadnezars Erfolge als Eroberer hätten gereicht, um seinen Ruhm für alle Zeiten zu begründen. Er war es, der im Jahr 587 v. Chr. nach einer jüdischen Revolte Jerusalem zerstörte und die Stämme Judas in die Gefangenschaft führte. Dort mussten sie wie die anderen Gefangenen Nebukadnezars an der Verschönerung seiner Hauptstadt arbeiten, deren „hängende Gärten“ in der Palastanlage als eines der Sieben Weltwunder in Erinnerung bleiben sollten. Er war der größte König seiner Zeit, größer vielleicht als alle vor ihm.

Ein Flachrelief aus dem Palast König Assurbanipals, das den Monarchen unter einem Weinstock ruhend und in Gesellschaft der Königin zeigt. Das königliche Paar nimmt ein Getränk zu sich, im Beisein seiner Dienerschaft.

Ausschnitt aus einem Flachrelief im Palast Sargons II. (721–705 v. Chr.) in Dur Scharrukin (Chorsabad). Es zeigt den Transport des für den Bau des Palastes benötigten Holzes.

Der Mardukkult

Glanz und Herrlichkeit des Reiches gipfelten in dem Kult des Marduk. Zum alljährlichen großen Neujahrsfest kamen alle mesopotamischen Götter – die Idole und Statuen der lokalen Schreine – die Flüsse und Kanäle hinunter zum Tempel des Marduk, um sich dort mit ihm zu beratschlagen und seiner Vorherrschaft zu huldigen. Nachdem sie einen Prozessionsweg von über einem Kilometer Länge – auf der prächtigsten Straße aller Zeiten, so die Überlieferung – entlanggetragen oder aber in Tempelnähe vom Euphrat aus an Land geholt worden waren, wurden sie vor eine Statue des Gottes gebracht. Diese Statue soll, wie Herodot zwei Jahrhunderte später berichtete, mit zweieinviertel Tonnen Gold beschichtet gewesen sein. Auch wenn er mit Sicherheit übertrieb, so war ihre Pracht doch wohl ohnegleichen.

Die Götter berieten sodann über das Schicksal der ganzen Welt, deren Zentrum dieser Tempel bildete, und bestimmten es für ein weiteres Jahr. So spiegelte die Theologie die politische Realität wider. Die jährlich wiederholte Inszenierung des Schöpfungsgeschehens war die Bestätigung von Marduks immer

Babylon, das in den ersten Jahrhunderten des 2. Jahrtausends v. Chr. die wichtigste Stadt im Süden Mesopotamiens gewesen war, erlebte nach dem Fall des assyrischen Reiches eine zweite Blütezeit. Dies ist ein Ausschnitt aus den glasierten Ziegelwänden im Thronsaal Nebukadnezars II. in dessen Palast in Babylon.

Bereits nach dem Tod Nebukadnezars zerfiel das mesopotamische Reich allmählich. Die mesopotamische Tradition, die ihre Anfänge im Sumererreich hatte, fand im Jahr 539 v. Chr. durch die Invasionen der Perser ein recht plötzliches Ende.

währender Autorität und gleichzeitig die Bestätigung der babylonischen absoluten Königsherrschaft, die die Aufgabe hatte, die Ordnung der Welt aufrechtzuerhalten.

Eroberungen und das Ende der mesopotamischen Unabhängigkeit

Der Mardukkult stellte die letzte Blüte der mesopotamischen Tradition dar, deren Ende nicht mehr lang auf sich warten ließ. Immer mehr Provinzen gingen unter Nebukadnezars Nachfolgern verloren. Im Jahr 539 v. Chr. folgte eine Invasion durch neue Eroberer aus dem Osten. Es waren die von den Achämeniden angeführten Perser. Der Übergang von der weltlichen Pracht und Herrlichkeit zur Zerstörung war abrupt. Das Buch Daniel komprimiert diesen Prozess zu einer prächtigen Abschlussszene: Belsazars Mahl. „Aber in derselben Nacht", lesen wir, „ward der Chaldäerkönig Belsazar getötet. Und Darius aus Medien nahm das Reich ein." (Daniel 5, 30–31)

Allerdings wurde diese Schilderung 300 Jahre nach den Ereignissen geschrieben und entspricht nicht ganz den Tatsachen. Belsazar war weder Nebukadnezars Sohn noch sein Nachfolger, wie das Buch Daniel behauptet, und der König, der von nun an über Babylon herrschte, hieß Kyros. Nichtsdestoweniger trifft die jüdische Überlieferung hier einen wahren psychologischen Kern. Wenn es in der Geschichte der alten Welt einen Wendepunkt gibt, dann an dieser Stelle. Eine unabhängige mesopotamische Tradition, die bis auf die Sumerer zurückgeht, ist hier zu Ende. Wir stehen am Beginn einer neuen Welt.

Ein jüdischer Poet fasste es im Buch Jesaja, in dem Kyros wie ein Erlöser beschrieben wird, in überschwänglichen Worten zusammen:

„Setze dich in das Stille, gehe in die Finsternis, du Tochter der Chaldäer; denn du sollst nicht mehr heißen Herrin über Königreiche."

Jesaja 47, 5

Eine Rekonstruktion des glasierten Ziegelschmucks aus dem Thronsaal des Palastes von Babylon (7.–6. Jahrhundert v. Chr.) im Vorderasiatischen Museum in Berlin.

III. ERSTE KULTUREN IN OSTASIEN

Die Zunahme von Kontakten zwischen den ältesten Kulturen im Nahen Osten führte dazu, dass sie sich immer mehr aus ihrer Isolierung lösten. Durch diesen Austausch entstand eine kosmopolitische, wenn auch immer noch sehr vielfältige Welt kultureller Traditionen.

Doch gleichzeitig blieben andere Regionen, in denen ebenfalls Hochkulturen entstanden waren, beinahe völlig unberührt von den Entwicklungen, die beispielsweise in der Ägäis, in Ägypten und im Iran vor sich gingen. Dies lässt sich schlicht und einfach mit der Entfernung und der Topographie erklären.

Die Konsequenzen von Abgeschiedenheit und Unzugänglichkeit waren indes gewaltig. Im nördlichen China und auf dem indischen Subkontinent bildeten sich innerhalb Tausender von Jahren eigene kulturelle Traditionen. Diese Gebiete blieben dem Einfluss fremder Kulturen lange entzogen; erst nach sehr langer Zeit und nur an der Peripherie gab es gelegentliche Kontakte mit anderen Kulturen. So kam es in diesen riesigen Landstrichen zur Verwurzelung kultureller Traditionen, deren Elemente sich als stark genug erweisen sollten, um auch in Zeiten engerer Verbindungen zur Außenwelt zu überdauern. – Sogar in der heutigen Zeit dominiert das Kastenwesen das gesellschaftliche Denken in Indien, und die konfuzianischen Weisheiten, die einst auf dem Lehrplan für das kaiserliche Prüfungssystem standen, bestimmen immer noch die Ideen der chinesischen Gelehrten. Das Gedankengut aus China und Indien sollte zudem weit über die Grenzen dieser Länder hinaus verbreitet werden, und die Einflusssphären, die sie geschaffen haben, sind heute noch erkennbar. Die Auswirkungen dieser Traditionen waren mächtig und weit reichend. Vom weltgeschichtlichen Standpunkt aus betrachtet waren sie von immenser Bedeutung.

Im 3. Jahrhundert v. Chr. errichtete man in Indien die ersten buddhistischen *Stupas*, Grabhügel zum Gedenken an Verstorbene. Der Große Stupa in Sanchi (rechts) wurde ungefähr 220 v. Chr. erbaut, fast drei Jahrhunderte nach dem Tode Buddhas. Die Kuppelform symbolisiert zugleich das Grab des Meisters und das kosmische Ei, das in indischen Schriften für das ursprüngliche Universum steht. Das riesige geschnitzte Tor entstand im 1. Jahrhundert n. Chr.

1 DAS ANTIKE INDIEN

Auch heute noch ist das alte Indien sichtbar und jedem zugänglich, und zwar in ganz direktem Sinne. Zu Beginn des 20. Jahrhunderts lebten in Indien einige Gemeinschaften noch so, wie all unsere urzeitlichen Vorfahren gelebt haben müssen: als Sammler und Jäger. Ochsenkarren und Töpferscheiben gleichen, soweit man das heute beurteilen kann, denen, die man bereits vor 4000 Jahren kannte. Ein Kastenwesen, dessen Grundregeln ungefähr 1000 v. Chr. aufgestellt worden sind, bestimmt immer noch das Leben von Millionen Menschen, sogar der indischen Christen und Muslime. Götter und Göttinnen, deren Kult man bis zur Steinzeit zurückverfolgen kann, werden nach wie vor in dörflichen Heiligtümern verehrt.

Die Vielfalt Indiens

In gewisser Hinsicht weilt das alte Indien, als einzige der antiken Kulturen, immer noch un-

Das Indus-Tal

Die erste indische Kultur entstand vor über 4000 Jahren in dem Tal, das der Indus-Strom gegraben hat. Er wird genährt von Schnee und Schmelzwasser der Gletscher im Himalaya, wo er entspringt. In den Panjab-Ebenen erhält er außerdem Verstärkung durch Zuflüsse wie den Satlej und den Jhelum, die Wasser aus dem Panjab-Fluss nach Osten bringen.

In der Gegend des Indus-Tals entdeckte man Überreste vieler alter Siedlungen, darunter auch der Städte Mohenjo Daro im Süden und Harappa im Norden.

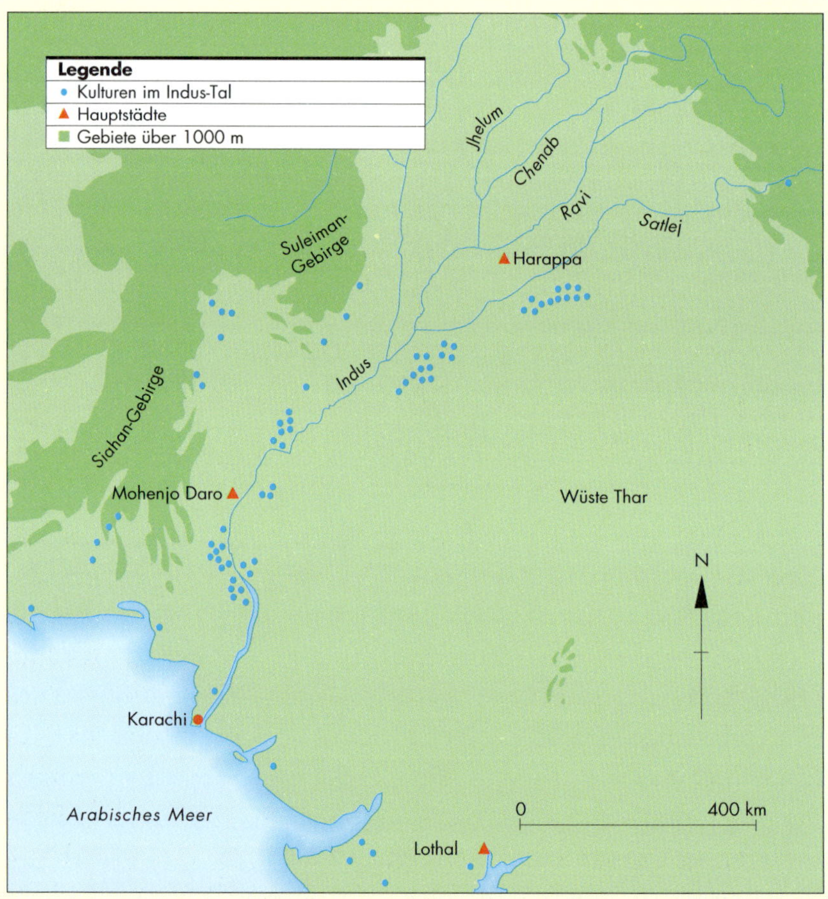

Diese Karte zeigt die Städte der frühen Kulturen im Indus-Tal.

Der Kaibar-Pass ist die berühmteste Route durch die Berge, entlang der nordwestlichen Grenze Indiens. Er verbindet das Hochland von Afghanistan mit dem fruchtbaren Indus-Tal. Auf dieser Route fielen oftmals fremde Truppen in Indien ein.

Indiens geographische Vielfalt spiegelt sich in seiner Bevölkerung wider: Auf dem Subkontinent, der ungefähr die Größe Europas hat, lassen sich sechs Hauptgruppen identifizieren, nicht alle sind ursprüngliche Bewohner.

ter uns. Doch obwohl es genügend Beispiele für die Bewahrung von Traditionen im indischen Leben gibt, hat das Land noch manch anderes zu bieten. Die Sammler und Jäger des frühen 20. Jahrhunderts waren Zeitgenossen von Landeseinwohnern, die es gewohnt waren, mit der Bahn zu reisen. Die Vielfalt des indischen Lebens ist enorm, das ist nur zu verständlich, wenn man die Größe und Vielfalt des Schauplatzes betrachtet. Der Subkontinent ist immerhin ungefähr so groß wie Europa und in Regionen unterteilt, die sich durch Klima, Boden und Anbau stark unterscheiden. Es gibt zwei große Flusstäler im Norden, das Indus- und das Ganges-System. Dazwischen liegen Wüsten und trockene Ebenen, und im Süden findet man das bewaldete Hochland von Dekkhan.

Bereits zu Beginn der Geschichtsschreibung gab es in Indien eine große ethnische Vielfalt: Wissenschaftler identifizieren sechs Hauptgruppen. Viele andere kamen hinzu.

Diese kleine Kalksteinbüste aus Mohenjo Daro ist eines der berühmtesten archäologischen Fundstücke der ersten indischen Kultur im Indus-Tal. Die bärtige Figur, die wohl einen Priester oder König darstellt, trägt ein Band um die Stirn. Das Gewand – eine Tunika, die nur eine Schulter bedeckt – ähnelt den zeitgenössischen Königsgewändern aus Mesopotamien.

Geographische Voraussetzungen

Der einigende Faktor der indischen Geschichte liegt in der enormen Fähigkeiten, von außen kommende Kräfte zu absorbieren und zu transformieren. Dieser rote Faden zieht sich auch durch das Dickicht der Frühzeit indischer Kultur, von dem nur archäologische Funde und mündliche Überlieferungen zeugen. Die Ursache für diese Kraft ist in der geographischen Isolation der Halbinsel Indiens vom Rest der Welt zu suchen. Trotz der Größe und Vielfalt des Landes musste sich Indien vor der Überquerung der Ozeane durch europäische Seefahrer im 16. und 17. Jahrhundert n. Chr. nur gelegentlich mit dem Eindringen anderer Völker auseinander setzen.

Nach Norden und Nordwesten hin ist das Land durch das höchste Gebirge der Welt geschützt, im Osten durch einen dichten Dschungel. Die beiden anderen Seiten des dreieckigen Subkontinents öffnen sich zu den Weiten des Indischen Ozeans. Diese natürlichen Grenzen dienten nicht nur der Kanalisierung oder gar Vermeidung der Kommunikation mit der Umgebung; sie verleihen dem Land auch sein typisches Klima. Ein großer Teil Indiens liegt nicht in den Tropen, aber dennoch herrschen dort tropische Verhältnisse. Die Berge halten die eisigen Winde Zentralasiens ab, und die langen Küsten öffnen sich den Regen bringenden Wolken, die vom Ozean kommen und die nördlichen Bergketten nicht überwinden können. Die Jahreszeiten werden bestimmt vom jährlichen Monsun, der in den heißesten Monaten des Jahres Regen bringt. Er ist noch immer der Motor einer landwirtschaftlich orientierten Wirtschaft.

Einflüsse aus dem Norden

Auch wenn die indische Nordwestgrenze vor Beginn der Moderne noch einen gewissen Schutz bot, so war sie doch offener als die anderen Grenzen. Daher waren Belutschistan und die Grenzpässe bis zum 17. Jahrhundert n. Chr. die Gebiete, in denen es am häufigsten

Zeitleiste (2250 v. Chr. – 185 v. Chr.)

2250–1750 v. Chr. Höhepunkt der Harappa-Kultur
700–500 v. Chr. Entstehung der Upanisaden
321–185 v. Chr. Maurya-Dynastie: erstes indisches Kaiserreich

2000 v. Chr. | 1500 v. Chr. | 1000 v. Chr. | 500 v. Chr.

1750 v. Chr. Beginn der indogermanischen Invasion
1500–1000 v. Chr. Entstehung der vedischen Hymnen
563–483 v. Chr. Lebzeit des Buddha

zu Kontakten zwischen Indern und anderen Völkern kam. Selbst Indiens Kontakte zu China wurden später über diesen recht umständlichen Weg geknüpft.

Zeitweise stand diese nordwestliche Region unter fremder Herrschaft, was wir allerdings nur vermuten können. Wir wissen nicht viel über die ersten Kulturen Indiens und darüber, wie sie entstanden sind, aber sicher ist, dass die Zivilisationen der Sumerer und Ägypter bereits vorher existierten. Aufzeichnungen von Sargon I. von Akkad aus Mesopotamien berichten von Kontakten zu „Meluhha“. Wissenschaftler vermuten, dass es sich hierbei um das Indus-Tal handelt, die Schwemmlandebene, die sich den Reisenden als Erstes darbietet, wenn sie Indien erreichen. In dieser fruchtbaren, üppig bewaldeten Gegend entstanden die ersten indischen Kulturen, zu einer Zeit, als weiter im Westen die großen Wanderungen der indoeuropäischen Völker die Hebel der Geschichte in Bewegung setzten. Mehrere Faktoren dürften dabei am Werk gewesen sein. Als erwiesen gilt, dass der Ackerbau in Indien später begann als im Nahen Osten. Die ersten Spuren der Landwirtschaft auf dem Subkontinent lassen sich ebenfalls im Nordwesten finden. Archäologische Funde beweisen, dass bereits im Jahre 3700 v. Chr. in Belutschistan Haustiere gehalten wurden. Anzeichen für feste Siedlungen in den Schwemmlandebenen datieren aus dem Jahre 3000 v. Chr., und man kann Parallelen zu anderen Flusstalkulturen entdecken, zum Beispiel gedrehte Töpferarbeiten und Werkzeuge aus Kupfer. All diese Anzeichen sprechen für eine sich schrittweise entwickelnde landwirtschaftliche Besiedlung, wie sie auch bei den Ägyptern und Sumerern vor dem Erscheinen einer entwickelteren Kultur zu finden war. Doch es gibt auch die Möglichkeit, dass hinter all diesem ein direkter Einfluss Mesopotamiens stand, und man kann durchaus die Schlussfolgerung ziehen, dass die Zukunft Indiens bereits damals von fremden Völkern aus dem Norden geformt wurde.

Das Wenige, das man über Indiens Frühgeschichte weiß, steht vor allem in ausländischen Quellen, wie dem Bericht Sargons I. von Akkad. Eindeutiger festzulegen ist die Zeit der ersten Besiedlungen in der indischen Schwemmlandebene: man schätzt um 3000 v. Chr.

Archäologische Ausgrabungen zeigen, wie hoch entwickelt die Stadtplanung der Harappa-Kultur vor über 4000 Jahren war. Das große Bad der Zitadelle Mohenjo Daro, das hier abgebildet ist, besaß eine Quelle und ein Kanalisationssystem. Das Becken ist mit einer dicken Bitumenschicht, einer Art Asphalt, wasserdicht versiegelt.

Betrachtet man nun die Beweise für zivilisiertes Leben, so ist die Veränderung höchst beeindruckend. Ein Forscher spricht von einer kulturellen „Explosion". Wahrscheinlich gab es einen entscheidenden technischen Fortschritt, die Erfindung der gebrannten Ziegel – im Gegensatz zu den in der Sonne getrockneten Schlammziegeln in Mesopotamien –, mit dem man in der flachen Ebene ohne natürliche Steine die Fluten kontrollieren konnte. Wie auch immer der Prozess verlaufen sein mag, das Ergebnis war eine bemerkenswerte Kultur, die sich über mehr als eine Million Quadratkilometer im Indus-Tal erstreckte, ein Gebiet, das größer als das Reich der Sumerer oder Ägypter war.

Unter den Ausgrabungsstücken aus der alten Stadt Harappa, im Norden des heutigen Pakistan, befand sich auch dieses Spielbrett aus Stein.

Diese Statuette aus der Harappa-Kultur wurde in Mohenjo Daro gefunden. Die schlanke, nackte junge Frau ist mit einer Halskette und vielen Armringen geschmückt. Man vermutet, dass es sich um die Darstellung einer Tänzerin handelt.

DIE ZIVILISATION VON HARAPPA

Diese Kultur wird nach Harappa benannt, einer ihrer Hauptstädte, die an einem Zufluss des Indus erbaut wurde. Es gab eine weitere große Stadt in Mohenjo Daro; nach anderen wird noch gesucht. Sie zeugen davon, dass die Menschen damals gut organisiert und in der Lage waren, exakt geplante Gebäude zu errichten, die an diejenigen in Ägypten und Mesopotamien heranreichen. In den Städten gab es große Kornspeicher, und auch Gewichte und Maße scheinen in weiten Gebieten einheitlich gewesen zu sein. Eine hoch entwickelte Kultur wurde dort im Jahre 2250 v. Chr. errichtet, und sie dauerte ungefähr 500 Jahre relativ unverändert an.

Die beiden Städte sind ihre größten Zeugen und waren jeweils von über 30 000 Menschen bewohnt. Das lässt einige Rückschlüsse auf die Landwirtschaft zu, von der die Menschen gelebt haben: Die Region kann damals nicht so trocken und öd gewesen sein wie heute. Mohenjo Daro und Harappa hatten einen Umfang zwischen drei und vier Kilometern. Die ähnliche und sehr komplexe Bauweise der Gebäude spricht für eine ausgesprochen hoch entwickelte Verwaltung und Organisation. Beide Städte besaßen eine Zitadelle und einen Regierungsbereich. Die Straßen waren nach einem rechtwinkligen Plan angelegt; die Häuser erbaute man aus gleich geformten Ziegeln. Das fortschrittliche Kanalisationssystem und die Inneneinrichtung der Häuser zeugen davon, dass die Menschen großen Wert auf Baden und Körperpflege gelegt haben; in manchen Straßen von Harappa besitzt fast jedes Haus ein Badezimmer. Möglicherweise ist schon hier das erkennbar, was später ein konstanter Bestandteil der indischen Religion wurde: das Baden und die rituellen Waschungen, die für Hindus immer noch von großer Bedeutung sind.

Die Harappa-Kultur

Vor 2000 v. Chr. trieben die Einwohner von Mohenjo Daro und Harappa Handel über große Distanzen hinweg und lebten in einer recht komplexen ökonomischen Gesellschaft. Eine große Schiffswerft, die durch einen kilometerlangen Kanal mit dem Meer bei Lothal

Tausende kleine, quadratische Siegel wurden in Harappa gefunden. Die Stempel bestehen hauptsächlich aus Speckstein und zeigen Bilder von Tieren, darunter Einhörner, Bullen, Büffel und Tiger. Die meisten sind beschriftet; 2000 verschiedene Inschriften wurden entdeckt, doch müssen sie noch entziffert werden.

verbunden war, 600 Kilometer südlich von Mohenjo Daro, deutet auf regen Außenhandel hin, der durch den Persischen Golf bis nach Mesopotamien im Norden reichte. In den Städten selbst findet man Beweise für spezialisierte Handwerker, die ihr Material zum Teil von weit her bezogen und ihre Waren auch in einem großen Gebiet verkauften. In dieser Kultur trugen die Menschen Kleidung aus Baumwolle – die frühesten Beweise dafür stammen von dort –, die wohl in solchem Überfluss vorhanden war, dass sie auch Güter für den Export darin einwickelten, festbanden und mit Siegeln versahen, die man in Lothal gefunden hat. Diese belegen, dass es bereits eine Schrift gab. Ansonsten zeugen nur einige Inschriften auf Töpferwaren von den ersten Spuren indischer Schreibkunst. Die Siegel, von denen noch etwa 2500 vorhanden sind, gehören zu den aufschlussreichsten Dokumenten von Harappa. Die Piktogramme werden von rechts nach links gelesen. Oft kommen Tiere vor, die möglicherweise die sechs Jahreszeiten darstellen, in die das Jahr unterteilt war. Viele „Wörter“ auf den Siegeln bleiben unlesbar, doch inzwischen gilt es zumindest als wahrscheinlich, dass sie zu einer Sprache gehören, die mit den dravidischen Sprachen verwandt ist.

Die Verbreitung der Harappa-Kultur

Ideen und Techniken wurden vom Indus nach Sind, Panjab und an die Westküste von Gujarat getragen. Dieser Prozess dauerte Jahrhunderte, und das Bild, das die Archäologie davon zeichnet, ist zu verwirrend, um ein Muster zu enthüllen. Im Ganges-Tal und im Südosten waren andere kulturelle Prozesse im Gange, doch davon gibt es keine so spektakulären Überreste. Ein Teil der indischen Kulturen muss wohl von anderen Quellen genährt worden sein; es gibt verschiedentlich Spuren von chinesischen Einflüssen. Reis wurde beispielsweise in Indien zuerst im Ganges-Tal angebaut; wir wissen allerdings nicht, woher er kam, vielleicht aus China oder Südostasien, denn dort wurde er an den Küsten schon seit 3000 v. Chr. kultiviert. 2000 Jahre später wurde dieses indische Hauptnahrungsmittel fast im gesamten Norden des Landes angebaut.

Das Ende der Harappa-Kultur

Wir wissen nicht, warum die ersten indischen Kulturen untergingen, aber wir kennen zumindest grobe Daten. Die vernichtenden Fluten des Indus oder unkontrollierbare Ände-

Die Harappa-Kultur – benannt nach einer der Hauptstädte am Indus – dauerte etwa 500 Jahre. Die Existenz zweier Städte mit je 30 000 Einwohnern lässt auf einen recht fruchtbaren Boden und eine entwickelte Landwirtschaft schließen, die die Ernährung der Stadtbevölkerung sicherten.

rungen seines Flusslaufes haben wohl das empfindliche Gleichgewicht der Landwirtschaft entlang seiner Ufer gestört. Die Wälder sind möglicherweise durch Rodung zerstört worden. Skelette wurden in den Straßen von Mohenjo Daro gefunden, wo die Menschen wohl auch getötet wurden. Die Harappa-Kultur endete im Indus-Tal ungefähr im Jahre 1750 v. Chr. Das ist auffälligerweise genau der Zeitpunkt, an dem mit den Indogermanen eine der größten schöpferischen Kräfte in die indische Geschichte eintritt. Dennoch bezweifeln Forscher, dass Eindringlinge die Städte der indischen Flusstäler zerstört haben. Vielleicht haben die Neuankömmlinge ein Land betreten, das bereits durch Ausbeutung und natürliche Katastrophen verwüstet war.

Eine Tonstatuette aus Mohenjo Daro. Wissenschaftler vermuten, dass diese Frauenfigur mit kurzem Hemd, Gürtel, langen Halsketten und hohem Kopfschmuck eine Tänzerin darstellt.

Man hat einige Tonfigürchen aus Harappa gefunden, die einen Karren darstellen, der von zwei Ochsen gezogen wird. Auch Abdrücke von Rädern wurden entdeckt, und es gibt viele Beweise für eine starke Ähnlichkeit der damaligen Wagen mit denen, die noch heute in der Region verwendet werden.

Die indogermanische Invasion

Streng genommen ist „indogermanisch“ ein Begriff aus der Linguistik. Inzwischen bezeichnet man damit auch eine der indoeuropäischen Volksgruppen, deren Wanderung die Geschichte des Altertums ab 2000 v. Chr. in Bewegung versetzte. Etwa im Jahre 1750 v. Chr. gelangte ein großer Strom von Indogermanen über den Hindukusch nach Indien. Innerhalb der nächsten Jahrhunderte drangen diese Menschen immer tiefer ins Landesinnere, ins Indus-Tal und den Panjab, und erreichten schließlich den oberen Ganges. Sie löschten die dortigen Völker aber nicht aus. Doch zweifellos säumten Gewalttaten ihren Weg, denn die Indogermanen waren Krieger und Nomaden, bewaffnet mit bronzenen Waffen, mit Pferden und Wagen im Gefolge. Sie wurden dennoch bald sesshaft, und es gibt viele Anzeichen dafür, dass die indischen Ureinwohner mit ihnen zusammenlebten, ohne ihren eigenen Glauben oder ihre Gewohnheiten aufzugeben. Zahlreiche archäologische Beweise sprechen für die Verschmelzung von Gebräuchen der Harappa-Kultur mit den späteren. Dies ist ein frühes Beispiel der Assimilierung von Kulturen, welche die Gesellschaft Indiens schon immer ausgezeichnet hat.

INDOGERMANISCHE KULTUR

Es scheint, als hätten die Indogermanen keine so hoch entwickelte Kultur nach Indien gebracht, wie sie in Harappa bestanden hatte. Die Schrift verschwindet zum Beispiel völlig und taucht erst in der Mitte des 1. Jahrtausends v. Chr. wieder auf. Auch die Städte müssen neu errichtet werden, und sie sind bei weitem nicht so entwickelt wie ihre Vorgänger aus dem Indus-Tal. Es scheint, als hätten die Indogermanen nur langsam ihr Hirtendasein zu Gunsten landwirtschaftlicher Siedlungen aufgegeben. Von ihrer Ausgangsregion aus zogen sie gen Osten und Süden, was man an einer großen Zahl verstreuter Dörfer erkennen kann. Dieser Prozess dauerte Jahrhunderte. Erst als das Eisen erfunden wurde, war das Ganges-Tal besiedelt. Eisenwerkzeuge machten den Ackerbau einfacher. Neben der Erschließung der nördlichen Ebenen haben die Indogermanen zwei entscheidende Beiträge zur Geschichte Indiens geliefert, nämlich für seine religiösen und sozialen Institutionen.

Indogermanische Religion

Die Indogermanen legten den Grundstein der Religion, die das Herz der indischen Kultur werden sollte. Im Mittelpunkt stand die Opferzeremonie; durch Opfer wird der göttliche Schöpfungsprozess am Anfang aller Zeit endlos wiederholt. Agni, der Gott des Feuers, war besonders wichtig, denn durch seine Opferflammen konnten die Menschen die Götter erreichen. Große Bedeutung und einen hohen gesellschaftlichen Status hatten die *Brahmanen*, Priester, unter deren Leitung diese Zeremonien ausgeführt wurden. Es gab ein Pantheon der Götter. Zwei der wichtigsten waren Varuna, Gott des Himmels, Herrscher über die natürliche Ordnung und Verkörperung der Gerechtigkeit, sowie Indra, der Kriegsgott, der jedes Jahr einen Drachen tötete und damit die himmlischen Wasser freiließ, die sich mit dem Ausbruch des Monsuns über die Erde ergossen. All das erfährt man aus dem *Rgveda*, einer Sammlung von über tausend Hymnen, die während der Opferzeremonien gesungen wurden. Zum ersten Mal wurden sie ungefähr 1000 v. Chr. gesammelt, doch sie existierten sicherlich schon Jahrhunderte früher. Der *Rgveda* ist eine der wichtigsten Quellen, nicht nur für die Geschichte der indischen Religion, sondern auch für die der indogermanischen Gesellschaft.

Der *Rgveda*

Der *Rgveda* spiegelt keine frühere indogermanische Kultur wider, sondern jene, die durch die Besiedlung Indiens geprägt wurde. Wie bei Homer handelt es sich um die geschriebene Form einer mündlichen Tradition, er ist aber als historische Quelle um einiges verlässlicher, weil sein Status viel sicherer ist. Da es sich um eine heilige Geschichte handelte, musste sie exakt wiedergegeben wer-

Die Straßen Harappas waren in sehr regelmäßiger Gitterstruktur angelegt, wie man an dieser Straße eines ärmeren Stadtteils Mohenjo Daros erkennen kann. Die meisten Häuser in diesem Viertel hatten Badezimmer und bemerkenswert fortschrittliche Kanalisationssysteme.

Auf diesem Flachrelief ist Agni, der vedische Gott des Feuers, dargestellt. Er ist umgeben von einem Heiligenschein aus Flammen. Zu seinen Füßen liegt sein Reittier, eine Ziege. Agni war der vedische Gott, den man am häufigsten anrief – ein Wohltäter, der Licht und Wärme brachte. Man glaubte, dass seine Flammen die Opfer reinigten, damit andere Gottheiten sie annehmen konnten.

den, und auch wenn der *Rgveda* erst nach 1300 n. Chr. niedergeschrieben wurde, besaß er doch mit großer Sicherheit noch weitgehend seine ursprüngliche Form. Neben den späteren vedischen Hymnen und Prosawerken ist er unsere beste Quelle aus dem indogermanischen Indien. Die Archäologie kommt in dieser Zeit nämlich nicht weit, da für Städte und Tempel Baumaterialien verwendet wurden, die weniger dauerhaft als die Ziegel der Städte im Indus-Tal waren.

Es gibt eine Spur von der Welt Homers in der Welt des *Rgveda,* nämlich die der Barbaren der Bronzezeit. Manche Archäologen glauben heute, sie könnten in den Hymnen Andeutungen über die Zerstörung der Harappa-Städte finden. Eisen wird nicht erwähnt und scheint erst nach 1000 v. Chr. nach Indien gekommen zu sein, man ist aber nicht sicher, wann genau und woher. Der Schauplatz der Hymnen ist ein Land, das sich von den Westufern des Indus bis zum Ganges erstreckt und das von indogermanischen Völkern und dunkelhäutigen Ureinwohnern bewohnt wurde. Sie bildeten Gesellschaften, deren Grundpfeiler Familien und Stämme waren. Doch diese hinterließen ein weit weniger bedeutendes Vermächtnis als die soziale Organisation der Indogermanen, die schließlich aufkommt und die wir als „Kasten“ kennen.

Das Kastenwesen

Über die frühe Geschichte des äußerst komplizierten Kastenwesens und alles, was damit zusammenhängt, lässt sich nicht viel mit Sicherheit sagen. Als die Kastenregeln niedergeschrieben wurden, erschienen sie bereits als starre und feste Struktur, ohne die Möglichkeiten der Veränderung. Demnach geschah dies erst, als die Kasten bereits seit Jahrhunderten existierten, in denen sie noch flexibel und in der Entwicklung begriffen waren.

Ihre Wurzeln liegen wohl in der grundlegenden Unterscheidung zwischen den Klassen einer sesshaften, Ackerbau treibenden Gesellschaft. Neben der Kriegs-Aristokratie (*Ksatriyas*) gab es die Priester (*Brahmanen*) und die gewöhnlichen Bauern (*Vaisyas*). Dies sind die frühesten Unterteilungen der indogermanischen Gesellschaft. Es war allerdings möglich, innerhalb dieses Systems auf- oder abzusteigen. Die einzige unüberwindbare Schranke stand in dieser Frühzeit zwischen Indogermanen und Nicht-Indogermanen – ein Wort, mit dem man die Ureinwohner Indiens damals bezeichnete, war Dasa, das später „Sklave“ bedeuten sollte. Zu den drei ursprünglichen Kategorien kam bald eine vierte für Nicht-Indogermanen. Dabei lässt sich deutlich der Wunsch erkennen, die ethnische

Die Ursprünge des auch heute noch gültigen indischen Kastenwesens liegen im Dunkeln, denn erste Berichte stammen aus einer Zeit, als sich diese Gesellschaftsstruktur bereits etabliert hatte.

Dieses Flachrelief aus dem 13. Jahrhundert n. Chr. zeigt Varuna, den vedischen Gott der Gerechtigkeit. Er trägt ein Seil bei sich, mit dem er Verbrecher aufknüpft.

Unversehrtheit zu wahren. Diese Kaste waren die *Sudras*, die „Unreinen“. Sie durften die vedischen Hymnen weder lernen noch hören. Diese Struktur wurde seither immer weiter entwickelt. Je komplexer die Gesellschaft wurde, desto mehr Unterteilungen kamen hinzu, und Verschiebungen innerhalb der ursprünglichen Dreiteilung fanden statt. Dabei spielten die *Brahmanen*, die oberste Klasse, eine entscheidende Rolle. Grundbesitzer und Kaufleute wurden von den Bauern unterschieden; Erstere nannte man *Vaisyas*, und *Sudras* die Landarbeiter. Tabus für Ehe und Nahrung wurden festgelegt. Dieser Prozess führte allmählich zur Entstehung des Kastenwesens, wie wir es heute kennen. Eine große Zahl von Kasten und Unterkasten fanden Eingang in das System. Entsprechende Verpflichtungen wurden zum wichtigsten Regelwerk der indischen Gesellschaft, für manche Inder vielleicht das Einzige, das von Bedeutung ist. In der Neuzeit gab es Tausende *Jats* – lokale Kasten, deren Mitglieder nicht untereinander heiraten durften, die nur Speisen aßen, die Angehörige ihrer eigenen Kaste gekocht hatten, und die ihren Regeln gehorchen mussten.

Gewöhnlich schrieb die Kaste ihren Mitgliedern auch vor, welches Handwerk oder welchen Beruf sie auszuüben hatten. Aus diesem Grund und wegen der traditionellen Bande von Stamm, Familie und Ort sowie der Wohlstandsverteilung hat jene Machtstruktur in der indischen Gesellschaft bis zum heutigen Tag viel mehr Bedeutung als nur formale politische Institutionen und die zentrale Autorität.

Das politische System

Vor langer Zeit gab es Könige in der indogermanischen Stammesgesellschaft, die ihre Macht zweifelsohne militärischem Geschick verdankten. Nach und nach erhielten einige von ihnen eine Art göttlicher Legitimation, was allerdings immer von guten Beziehungen zur *Brahmanen*-Kaste abhing.

Doch das war kein verbindliches politisches Muster, denn nicht alle Indogermanen akzeptierten diese Entwicklung. Für die Zeit ab etwa 600 v. Chr. werden unter einer Masse von Legenden und Mythen erste Details der politischen Geschichte Indiens erkennbar, und man kann zwei Arten politischer Gemeinschaften ausmachen: eine nicht-monarchische, die im hügeligen Norden zu überleben versuchte, und eine monarchische im Ganges-Tal. Jahrhundertelang hatten die Indogermanen Druck auf den Osten und den Süden ausgeübt, wo-

Auf diesem Flachrelief reitet Indra, der vedische Kriegsgott, auf einem Elefanten und schwingt den Blitz oder *Vajra*, seine Lieblingswaffe. Man glaubte an Indra als einen unbesiegbaren Kämpfer, und die Indogermanen riefen ihn während der Schlacht um Schutz an.

Über die frühen politischen Systeme der Indogermanen lassen sich nur Rückschlüsse aus erhaltenen Mythen und Legenden ziehen. Die bemerkenswerteste Tatsache ist die augenscheinliche Existenz einer monarchischen und einer nicht-monarchischen Gemeinschaft.

Vermutlich auf Grund der günstigen Bedingungen für den Reisanbau, der die Ernährungsgrundlage der Bevölkerung sicherte, wurde das Ganges-Tal im 7. Jahrhundert v. Chr. zu einem indischen Hauptzentrum mit Marktplätzen und Manufakturen.

bei friedliche Besiedelung und Mischehen eine ebenso große Rolle wie Eroberungen gespielt haben. In dieser Zeit verlagerte sich das Zentrum des indogermanischen Indien vom Panjab ins Ganges-Tal, und seine Kultur wurde von den dortigen Völkern übernommen.

Das Ganges-Tal

Festzuhalten bleibt, dass die vedischen Königreiche eine Art kultureller Einheit in Nordindien geschaffen haben. Das Ganges-Tal war im 7. Jahrhundert v. Chr. das Hauptzentrum der indischen Bevölkerung. Eine zweite Stadtgründungswelle nahm dort ihren Ursprung. Die ersten Siedlungen waren wohl Marktplätze und Manufaktur-Zentren, wenn man die dortige Ansammlung von spezialisierten Handwerkern betrachtet. Die weiten Ebenen sowie die Entwicklung größerer Armeen mit besserer Ausrüstung, unter anderem mit Elefanten, begünstigten zudem die Entstehung größerer politischer Einheiten. Ende des 7. Jahrhunderts v. Chr. war Nordindien in 16 Königreiche unterteilt. Wie das geschah und in welcher Beziehung sie zueinander standen, ist allerdings aus der Mythologie nur schwer abzuleiten. Nichtsdestoweniger deuten die Existenz einer Währung und die ersten Anfänge einer Schrift darauf hin, dass es Regierungen von zunehmendem Einfluss gab.

Die frühesten schriftlichen Quellen der indischen Geschichte sind die *Brahmanas*, Texte aus der Zeit, in der die indogermanische Kultur die Herrschaft über das Ganges-Tal antrat (ca. 800 – 600 v. Chr.). Mehr Informationen und vor allem wichtige Namen findet man in späteren Dokumenten, vor allem in zwei großen indischen Epen, dem *Ramayana* und dem *Mahabharata*. Diese Texte wurden zwischen 400 v. Chr. und 400 n. Chr. ständig überarbeitet, und nur schwer lässt sich die politische und administrative Realität erkennen, zum Beispiel die des Königreiches von Magadha im südlichen Bihar. Es wurde schließlich zur vorherrschenden Macht und war das Herz der ersten historischen Kaiserreiche Indiens. Auf der anderen Seite gibt es klare Beweise, dass das Ganges-Tal bereits damals der Sitz der Macht war und dass die kulturelle Vorherrschaft der Region sie zum Zentrum der indischen Kultur machte, dem zukünftigen Hindustan.

Diese kleine Terrakotta-Tafel aus dem 2. Jahrhundert v. Chr. wurde in Kausambi gefunden. Sie ist ein schönes Beispiel früher indischer Plastik. Der prächtige Thron, auf dem die beiden Liebenden sitzen, könnte bedeuten, dass es sich um einen Prinzen und seine Braut, vielleicht in ihrer Hochzeitsnacht, handelt.

Die Kluft zwischen Nord und Süd

Bis zu diesem Zeitpunkt und selbst später noch beschränken sich die schriftlichen Quellen indischer Geschichte auf den Norden, und allzu leicht vergisst man dabei die andere Hälfte des Subkontinents.

Die archäologische und historische Forschung reflektiert auch, warum das so ist: Für die Frühzeit gibt es einfach mehr Informationen als über den Süden. Außerdem zeigen archäologische Funde, dass es in dieser Zeit ein klares Gefälle zwischen dem Bereich des Indus-Systems und dem Rest des Landes gab, dem der Fluss wohlgemerkt seinen Namen geben sollte. Die „Aufklärung" – wenn man es so nennen darf – kam aus dem Norden.

Dieses Kapitell aus dem 3. Jahrhundert v. Chr. zierte ursprünglich eine polierte Steinsäule, die mit den Grundsätzen des indischen Maurya-Kaisers Asoka (264–228 v. Chr.) beschrieben war. Die vier Löwen stehen Rücken an Rücken auf dem Rad des Gesetzes und sind heute das Symbol der Indischen Union.

Die Quellenlage für die beiden Teile des indischen Subkontinents sind äußerst verschieden: Während man über Politik und Kultur des Nordens aus Architektur und Literatur einiges erfährt, kann man über die Situation des Südens nur aus einigen archäologischen Funden Rückschlüsse ziehen.

Im Süden, in der Nähe des heutigen Mysore, gibt es in den Siedlungen, die ungefähr aus der Harappa-Zeit stammen, keine Spuren von Metall, obwohl zu belegen ist, dass Rinder und Ziegen als Haustiere gehalten wurden. Bronze und Kupfer erscheinen erst später, einige Zeit nachdem sich die Indogermanen im Norden angesiedelt haben. Außerhalb des Indus-Systems gibt es auch keine zeitgenössischen Metallbildwerke, keine Siegel und weniger Terrakotta-Figuren. In Kaschmir und Ostbengalen fand man Beweise für Steinzeit-Kulturen mit starken Ähnlichkeiten zu denen Südchinas. Jedenfalls ist klar, dass innerhalb der geographischen Grenzen des Subkontinents zunächst die Harappa-Kultur, dann die der Indogermanen dominierte. Sie drangen allmählich nach Bengalen und ins Ganges-Tal vor, die Westküste hinab nach Gujarat und in die zentralen Hochländer. Nach diesem Muster verlief die prähistorische Zeit, und auch wenn wir in den Bereich der Geschichte kommen, erhellt nicht viel Licht die Szenerie. Dass die dravidischen Sprachen im Süden überlebt haben, beweist die lang andauernde Isolierung der Region.

Topographische Unterschiede

Diese Isolierung lässt sich zum Großteil durch die Topographie erklären. Dekkhan war schon immer vom Norden durch dschungelbewachsene Berge, das Vindhya-Gebirge, abgetrennt. Auch der Süden selbst ist zerklüftet und hügelig. Anders als im Norden mit seinem offenen Flachland wurde hier die Errichtung großer Staaten nicht begünstigt. Das südliche Indien blieb daher zersplittert. Manche seiner Völker verharrten auf Grund ihrer Isolation in Sammler- und Jägerkulturen des Stammeszeitalters. Andere wiederum zogen die geo-

Indische Epen

Die beiden ältesten bekannten Texte der Hindu-Literatur sind das *Mahabharata* und das *Ramayana*. Obwohl sie erst um 400 v. Chr. geschrieben wurden, beziehen sie sich auf Ereignisse, die zwischen 1400 und 1000 v. Chr. in Indien stattgefunden haben. Die ersten Texte bestehen aus verschiedenen Legenden, die um ein zentrales Thema kreisen: der Machtkampf zwischen zwei Familien, den Kauravas und den Pandavas. Doch vor allem ist das *Mahabharata* eine Niederschrift des *Dharma*, eines Moralkodexes, der bestimmt, wie ein Krieger, ein König oder jeder andere, der in den Kreislauf der Wiedergeburt eingehen möchte, zu handeln habe. Eine der schönsten Passagen, das *Bhagavadgita* (Der Gesang des Erhabenen), ist neben den Upanisaden die grundlegende religiöse Schrift des Hinduismus. Das zweite Gedicht, das *Ramayana*, erzählt vom Leben des Rama, der Inkarnation des Vishnu, der als perfekter König und Mann verehrt wird.

Hanuman, der fliegende Affengott, ist im Ramayana einer der treuen Generäle Ramas.

Eine Szene aus dem *Ramayana* ist in dieser illustrierten Schrift aus dem 18. Jahrhundert abgebildet: Rama, der Protagonist des Gedichts, und sein jüngerer Bruder Laksmana sind auf der Suche nach Ramas Frau Sita. Im Gedicht erweist sich Rama als tapferer Krieger, der dem aristokratischen Ehrenkodex treu ergeben ist.

graphischen Umstände ans Meer – ein weiterer Kontrast zu den hauptsächlich landwirtschaftlich orientierten Reichen des Nordens.

DIE RELIGIONEN INDIENS

Millionen Menschen müssen von den bisher beschriebenen Entwicklungen betroffen gewesen sein. Über die Bevölkerungszahlen der Antike gibt es nur vage Schätzungen. Indiens Einwohnerschaft schätzt man auf 25 Millionen im Jahre 400 v. Chr. Das wäre fast ein Viertel der damaligen Weltbevölkerung. Die Bedeutung der indischen Frühgeschichte liegt aber eher in den Mustern, die auch heute noch das Leben einer weitaus größeren Zahl von Menschen bestimmen, als darin, dass sie sich damals auf weite Bevölkerungskreise ausgewirkt hat.

Das gilt vor allem für die Religion. Der klassische Hinduismus und der Buddhismus bildeten sich im 1. Jahrtausend v. Chr. heraus. Was Menschen tun, wird davon beeinflusst, was sie glauben, tun zu können. Die Entstehung einer Kultur, nicht die Errichtung einer Nation oder Wirtschaft ist der Impuls der indischen Geschichte. Für diese Kultur war die Religion von zentraler Bedeutung.

Shiva

Eine der großen Kultfiguren des hinduistischen Pantheons ist heute Shiva. Viele frühe Fruchtbarkeitskulte fanden Eingang in die Riten seiner Verehrung. Ein Siegel aus Mohenjo Daro zeigte schon damals eine Figur, die wie Shiva anmutet. In den Städten von Harappa fand man Steine, die dem *Lingam* der modernen Tempel gleichen. Diese phallischen Kultobjekte sind das Emblem Shivas. Daraus schließt man, dass die Verehrung Shivas vielleicht der älteste durchgängig praktizierte religiöse Kult der Welt ist. Obwohl er viele indogermanische Charakteristika aufweist, so ist

Wie das Kastensystem haben auch die Religionen des modernen Indiens, der Hinduismus und der Buddhismus, ihre Ursprünge in der indischen Frühzeit. Die beiden hinduistischen Hauptgötter Shiva und Vishnu werden heute noch genauso verehrt wie damals.

Das zentrale Element des *Mahabharata* ist der Kampf der fünf Pandavas-Brüder gegen ihre Cousins, die hundert Kauravas-Prinzen. In dieser Szene greifen die Kauravas-Armeen das Heer von Abhimanyu, dem Sohn von Arjuna, an.

Mystizismus und Mythologie im antiken Indien

Der große Historiker der indischen Philosophie, Surendranath Dasgupta, unterscheidet vier verschienene Typen des Mystizismus. Der erste ist in der vedischen und brahmanischen Literatur gesammelt (die *Veden*, 1500–1000 v. Chr.) und konzentriert sich auf die Kontrolle der Natur und der Götter durch das Ritual. Den zweiten Typ findet man in den Upanisaden (1000–500 v. Chr.). Sie enthalten philosophische Spekulationen über die Natur des Universums und die Stellung des Menschen darin. Der dritte Typ, *Yoga* genannt, handelt von der Kontrolle über Körper und Geist. Der vierte, der buddhistische Typ, stammt aus dem 6. Jahrhundert v. Chr. Die Kontrolle über Körper und Geist führt dabei zum Erkennen der vier edlen Wahrheiten (das Wesen des Leidens, die Herkunft des Leidens, die Überwindung des Leidens und wie man zu dieser Einsicht gelangt) und letzten Endes zum *Nirvana* (Freiheit von allen Wünschen).

Diese Mystizismus-Typen haben mehrere gemeinsame Elemente: Alle basieren auf Erfahrung und können mitgeteilt werden, alle zielen darauf ab, den Geist von der Materie zu befreien, und alle setzen voraus, dass man Körper und Geist beherrschen muss, um diese Ziele zu erlangen. Außerdem behaupten sie gleichermaßen, dass das Wissen nicht der Analyse, sondern dem direkten Zugang zum eigenen Inneren entspringt.

Dieses Flachrelief aus dem 12. Jahrhundert n. Chr. zeigt die drei Hauptgötter des hinduistischen Pantheons: Brahma, das erste Wesen und Schöpfer aller Dinge; Vishnu, ein helfender und guter Gott; und Shiva, der Gott der Zerstörung, der Askese und der Fortpflanzung.

er doch prä-indogermanisch. Shiva hat all seine facettenreiche Kraft bewahrt und wird noch heute verehrt. Er ist auch nicht die einzige potenzielle Tradition aus der weit zurückliegenden Indus-Kultur. Andere Siegel aus Harappa zeigen eine religiöse Welt, in deren Mittelpunkt eine Mutter-Göttin und ein Bulle stehen. Dieser existiert heute noch als Nandi zahlloser Dorfheiligtümer im gesamten hinduistischen Indien und seit einiger Zeit auch in seiner letzten Inkarnation, als Wahlkampfsymbol der Kongresspartei.

Vishnu

Vishnu ist viel eher ein Indogermane. Er gesellte sich zu Hunderten örtlicher Götter und Göttinnen des hinduistischen Pantheons, die heute noch verehrt werden. Doch ist der Vishnu-Kult weder das einzige noch das beste Beispiel für den indogermanischen Beitrag zum Hinduismus. Was auch immer aus der Harappa-Kultur oder gar der Zeit davor überlebt hat, die wichtigsten philosophischen Traditionen des Hinduismus stammen aus der vedischen Religion. Sie bilden das Vermächtnis der Indogermanen. Bis heute ist Sanskrit die Sprache der religiösen Lehren; sie setzt sich über ethnische Unterschiede hinweg und wird von den *Brahmanen* im dravidischsprachigen Süden genauso wie im Norden verwendet. Sanskrit und die Religion verbinden die Kulturen. Die vedischen Hymnen bilden den Kern eines Systems religiöser Gedanken, die abstrakter und philosophischer sind als einfacher Animismus, die Lehre von der Beseeltheit aller Dinge. Aus den indogermanischen Begriffen Hölle und Paradies entstand nach und nach der Glaube, dass die Taten des Menschen das Schicksal bestimmen. Eine immense, alles umfassende Gedankenstruktur entwickelte sich, eine Weltanschauung, in der alle Dinge in einem großen Netz des Seins miteinander verwoben sind. Die Seelen durchlaufen in diesem riesigen Ganzen verschiedene Formen; sie bewegen sich in der Seinsordnung nach oben oder unten, etwa zwischen Kasten oder sogar zwischen der Menschen- und der Tierwelt. Die Vorstellung der Seelenwanderung von Leben zu Leben, deren Form vom eigenen Verhalten bestimmt wird, verband sich mit der Idee von Läuterung und Erneuerung, mit dem Glauben an Erlösung vom Vergänglichen, Zufälligen und Sichtbaren und mit dem Glauben an das absolute Wesen, die vollkommene Seele von *Brahma*, dem kreativen Prinzip. Die Pflicht des Gläubigen war, das *Dharma* zu befolgen – ein eigentlich unübersetzbares Konzept, das allerdings wohl westlichen Vorstellungen von einem Naturgesetz der Gerechtigkeit nahe kommt.

Brahma, der Schöpfer des Universums, wurde bereits sehr früh verehrt. Seine Beliebtheit begann mit zunehmender Popularität von Vishnu und Shiva zu verblassen. Hier reitet er auf einer Wildgans, deren Flug die Anstrengung der Seele symbolisiert, sich zu befreien.

Die Brahmanen

Diese Entwicklungen nahmen viel Zeit in Anspruch. Wie die ursprüngliche vedische Tradition in den klassischen Hinduismus verwandelt wurde, ist kompliziert und unerforscht.

Im Mittelpunkt der frühen Entwicklung standen die Brahmanen, die auf Grund ihrer Schlüsselrolle bei den Opferriten der vedischen Religion lange das religiöse Gedankengut kontrollierten. Die Brahmanen-Kaste scheint ihre religiöse Autorität dazu genutzt zu haben, ihre Privilegien auszubauen. Einen Brahmanen zu töten wurde daher bald zum schwersten Verbrechen. Selbst Könige konnten sich mit ihrer Macht nicht messen.

Mit den Göttern einer älteren Welt kamen die Brahmanen schon sehr früh ins Reine; möglicherweise führte das Eindringen nicht-indogermanischer Priester in die Brahmanen-Kaste dazu, dass der Shiva-Kult überleben und sich später so verbreiten konnte.

Shiva ist ein komplexer und widersprüchlicher Gott, zerstörerisch und schöpferisch, asketisch und sinnlich. Er verkörpert die hinduistische Vorstellung von der Kombination gegensätzlicher Eigenschaften in einer Persönlichkeit. Diese Bronzestatue aus dem Chola-Reich (9. bis 12. Jahrhundert n. Chr.) stellt ihn als Gott des Tanzes dar.

Die Upanisaden

Die heiligen Upanisaden, ungefähr aus dem Jahre 700 v. Chr., sind der nächste Meilenstein in der Entwicklung hin zu einer philosophischeren Religion. Sie bestehen aus ungefähr 250 frommen Texten, Hymnen, Aphorismen und Reflexionen heiliger Männer, die sich mit der inneren Bedeutung traditioneller religiöser Wahrheiten beschäftigen. Anders als in früheren Texten wird hier persönlichen Göttern und Göttinnen weniger Gewicht beigemessen. Auch enthalten sie einige der ersten asketischen Lehren, die allerdings nur von einer kleinen Minderheit praktiziert wurden. Die Upanisaden nährten das Bedürfnis vieler, außerhalb der traditionellen Struktur nach religiöser Befriedigung zu suchen: Es kamen immer mehr Zweifel am Opferritual auf. Neue Denkrichtungen entstanden zu Beginn der historischen Periode, und Unsicherheit angesichts des traditionellen Glaubens drückt sich bereits in den späteren Hymnen des *Rgveda* aus. – Es ist angebracht, an dieser Stelle solche Entwicklungen einzuführen, denn man kann sie nur im Zusammenhang mit der indogermanischen und prä-indogermanischen Zeit verstehen. Der klassische Hinduismus verknüpft die Ideen der Upanisaden mit ihrer monistischen Konzeption des Universums (die jede Erscheinung auf ein einheitliches Prinzip zurückführt) und mit der eher polytheistischen populären Tradition, die von den Brahmanen vertreten wird.

Dieser Ausschnitt aus einem Gemälde des 19. Jahrhunderts n. Chr. zeigt Vishnu, der auf Garuda, dem magischen Adler reitet. Garuda, dessen Aufgabe darin bestand, die Menschheit gegen Dämonen zu verteidigen, wurde ebenfalls als Gott verehrt.

Der Jinismus

Abstrakte Spekulation und Askese wurden oft begünstigt vom Mönchstum, der Abkehr vom Materiellen zu Gunsten von Glauben und Kontemplation. Klöster gab es bereits in vedischen Zeiten. Einige Mönche versuchten sich in asketischen Experimenten, andere gingen sehr weit in der Spekulation. Es gab intellektuelle Systeme, die voll und ganz auf Determinismus und Materialismus basieren.

Ein sehr erfolgreicher Kult, der den Glauben an Götter nicht voraussetzte und als Reaktion auf den Formalismus der brahmanischen Religion zu verstehen ist, war der Jinismus. Er wurde im 6. Jahrhundert v. Chr. von einem Lehrer geschaffen, der unter anderem Respekt vor Tieren predigte, so dass Ackerbau oder Viehzucht unmöglich wurden. Daher waren die Jinisten zumeist Kaufleute, und noch heute ist ihre Gemeinde eine der reichsten Indiens.

Die Chandogya-Upanisad

„Dieses versteckte Wesen, das du nicht siehst, mein Lieber, aus diesem wird ein ganzer Nyagrodha-Baum erwachsen.
Es gibt nichts, das nicht von ihm kommt.
Von allem ist es das innerste Selbst.
Es ist die Wahrheit, es ist das höchste Selbst.
Auch du bist es, Shvetaketu; du bist es."
„Bitte Vater, erzähl mir mehr über dieses Selbst."
„Ja, mein Lieber, das werde ich", sagte Uddalaka.
„Gebe dieses Salz in Wasser und bringe es morgen früh hierher." Das tat der Junge.
„Wo ist das Salz?", fragte der Vater.
„Ich kann es nicht sehen."
„Trink hier. Wie schmeckt es?"
„Salzig, Vater."
„Und hier? Und da?"
„Es schmeckt überall nach Salz."
„Es *ist* überall, auch wenn wir es nicht sehen.
Genauso, mein Lieber, ist das Selbst überall,
in allen Dingen, obwohl wir es nicht sehen können.
Es gibt nichts, das nicht von ihm kommt.
Von allem ist es das innerste Selbst.
Es ist die Wahrheit, es ist das höchste Selbst.
Auch du bist es, Shvetaketu; du bist es."

Auszug aus der Chandogya-Upanisad, aus dem Englischen übersetzt von Julia Nunes.

Buddha

Die ersten Buddha-Abbildungen wurden zu Anfang des christlichen Zeitalters geschnitzt. Einige der eindrucksvollsten Skulpturen findet man in den Höhlen von Ajanta in Zentralindien. Vom 2. Jahrhundert v. Chr. bis zum 7. Jahrhundert n. Chr. bevölkerten buddhistische Mönche diese Höhlen, die ihnen als Tempel dienten.

Bei weitem die wichtigsten Neuerungen brachte die Lehre des Buddha, des „Erleuchteten" oder „Erwachten".

Es ist bedeutsam, dass Buddha wie einige andere religiöse Erneuerer in einem der Staaten am nördlichen Rand der Ganges-Ebene geboren wurde. Dort konnten sich die orthodoxen, monarchischen Systeme, die an anderen Orten herrschten, nicht durchsetzen. Das war im frühen 6. Jahrhundert v. Chr. Siddhartha Gautama war kein Brahmane, sondern ein Prinz der Kriegerkaste. Er wuchs in wohlha-

Das *Dammapadha*

„Wachsamkeit ist das Reich der Unsterblichkeit,
Unachtsamkeit ist das Reich des Todes.
Wachsame Menschen sterben nicht;
unachtsame Menschen sind wie tot.
Die Weisen, die über die Wachsamkeit wissen, genießen es, wachsam zu sein und sich im Reich des Edlen zu bewegen.
Durch Meditation, Ausdauer und viel Mühe erreichen die Weisen das *Nirvana*, den höchsten Frieden.
Energisch, aufmerksam, rein in den Taten, vorsichtig beim Handeln, selbstbeherrscht und in der Wahrheit lebend, wird der Wachsame im Ansehen steigen.
Durch Energie, Wachsamkeit, Selbstkontrolle und Selbstbeherrschung wird der Weise eine Insel schaffen, die keine Flut überschwemmen kann.
Narren, unintelligente Leute verharren in Unachtsamkeit. Der Weise jedoch schätzt die Wachsamkeit als höchsten Reichtum.
Verharre nicht in Achtlosigkeit, und hafte dein Herz nicht an Begierden. Der Wachsame gewinnt großes Glück durch Meditation.
Wenn der Weise Nachlässigkeit zu Gunsten der Wachsamkeit verstößt und höher und höher auf den Turm der Einsicht steigt, blickt er von oben sorgenlos auf die kummervolle, unwissende Menge dort unten, wie jemand von einem Berggipfel aus die Menschen am Boden wahrnimmt.
Wachsame unter den Unachtsamen, erwachet aus dem Schlaf, der Weise geht voraus, so wie das Rennpferd den Klepper überholt.
Indra wurde durch Wachsamkeit zur höchsten unter den Göttlichen. Wachsamkeit wird verehrt; Nachlässigkeit wird immer bestraft.
Der Bettelmönch, der sich der Wachsamkeit erfreut und die Unachtsamkeit fürchtet, ist wie ein Feuer, das die Fesseln verbrennt, zart und grob zugleich.
Der Bettelmönch, der sich der Wachsamkeit erfreut und die Unachtsamkeit fürchtet, kann nicht abfallen, da er dem *Nirvana* schon nahe ist."

Auszug aus „Wachsamkeit" aus dem *Dammapadha*, aus dem Englischen übersetzt von Julia Nunes.

benden Verhältnissen auf, fand dann aber sein Leben unbefriedigend und verließ das Elternhaus. Zuflucht fand er zunächst in der Askese. Nach sieben Jahren aber stellte er fest, dass er nicht auf dem richtigen Weg war. Da begann er zu predigen und zu lehren. Er verkündete eine strenge ethische Doktrin, deren Ziel die Überwindung des Leidens durch das Erreichen höherer Bewusstseinsstufen war. Es gab dabei einige Parallelen zu den Lehren der Upanisaden.

Buddhistische Philosophie

Eine wichtige Rolle spielte im Buddhismus der *Yoga*, der zu einem der „Sechs Systeme" in der Hindu-Philosophie werden sollte. Das Wort hat viele Bedeutungen, ist in diesem Kontext aber ungefähr mit „Methode" oder „Technik" zu übersetzen. Dabei ging es darum, durch Meditation zur Wahrheit zu gelangen, und zwar, nachdem man die völlige Kontrolle über den Körper erreicht hat. Diese sollte die eigene Persönlichkeit als Illusion entlarven, die wie alles andere in der Welt nur Fluss ist. Auch dieses System kam in den Upanisaden bereits vor. Es sollte einer der Aspekte der indischen Religion werden, der Besucher aus Europa am meisten beeindruckte.

Der Buddha lehrte seine Schüler, durch Disziplin die Begierden des Fleisches zu überwinden, damit die Seele in den göttlichen Zustand des *Nirvana*, der Selbstauflösung eintreten kann. So wird sie befreit aus dem endlosen Zyklus von Wiedergeburt und Seelenwanderung. Diese Lehre zwingt die Menschen nicht, etwas zu tun, sondern etwas zu sein – um nicht irgendetwas zu sein. Dafür musste man dem edlen achtfachen Pfad der Tugend und spirituellen Erleuchtung folgen. All dies führte zu einer großen ethischen und humanitären Revolution.

Ziel der buddhistischen Übungen war es, durch Disziplin die fleischlichen Begierden zu überwinden und so der Seele den Eintritt ins Nirvana zu ermöglichen.

Buddhismus in Indien

Der Buddha hatte anscheinend große praktische und organisatorische Fähigkeiten, die ihn neben seiner unumstrittenen Persönlichkeit schnell zu einem erfolgreichen und beliebten Lehrer machten. Buddha wich der brahmani-

Mönche machten diese natürlichen Höhlen bei Ajanta im westindischen Staat Maharastra zu einem der wichtigsten, herrlich dekorierten Monumente. Nach seiner Blütezeit im 5. und 6. Jahrhundert n. Chr. verließen sie den Ort, der erst im frühen 19. Jahrhundert wiederentdeckt wurde.

Obwohl es keine frühen indischen Abbildungen des Buddha als Mensch gibt, existieren doch einige Bilder seiner Fußabdrücke. Dieses ist von einem Lotusblütenmotiv umgeben, das Reinheit und Weisheit symbolisiert. Es stammt aus Bodh Gaya, wo die Erleuchtung des Buddha stattgefunden hat.

Der Erfolg des Buddhismus ist unter anderem in seiner Einfachheit zu suchen: Die Zugehörigkeit zu einer Kaste spielte ebenso wenig eine Rolle wie komplizierte Rituale.

schen Religion eher aus, als dass er opponierte, und das muss ihm den Weg geebnet haben. Die Entstehung buddhistischer Mönchsgemeinden gab seinem Werk einen institutionellen Rahmen. Auch bot er all denen einen Ausweg, die in der traditionellen Religion zu kurz kamen, vor allem Frauen und Mitgliedern niedriger Kasten, denn in Buddhas Augen waren Kasten ohne Bedeutung. Der Buddhismus verzichtete auf Rituale, war einfach und atheistisch. Schnell wurden die Lehren verfeinert. Wie alle großen Religionen übernahm auch der Buddhismus ältere religiöse Kulte, doch gerade dadurch sprach er eine breite Bevölkerungsschicht an.

Der Buddhismus trat aber keineswegs an die Stelle der brahmanischen Religion. Ungefähr zwei Jahrhunderte lang beschränkte er sich auf einen relativ kleinen Teil des Ganges-Tals.

Nach Beginn des christlichen Zeitalters setzte sich der Hinduismus durch, und der Buddhismus wurde zum Glauben einer Minderheit in Indien. Dennoch sollte er die in Asien am weitesten verbreitete Religion und eine treibende Kraft in der Weltgeschichte werden. Der Buddhismus ist die erste Weltreligion, die sich jenseits ihres Entstehungsgebietes behauptete. Bevor der Islam aufkam, spielte der Buddhismus in seinem Heimatland Indien eine wichtige Rolle. Die Lehren des

Diese Figur, die den Eingang der Großen Stupa in Sanchi ziert, zeigt eine *Yakshi*, eine der wohltätigen Göttinnen, die Bäume zum Blühen brachten und ein Teil des buddhistischen Glaubensbekenntnisses waren. Kopfschmuck und Juwelen sind ähnlich wie bei den Figuren aus Mohenjo Daro. Das spricht für die Weiterführung eines kulturellen Erbes, das bereits 2000 Jahre zuvor bestanden hatte.

Buddha markieren daher eine Epoche der indischen Geschichte; sie sind ein Einschnitt in seiner Entwicklung. Seitdem stand die indische Kultur, die heute noch existiert und immer noch zu großen Anpassungen fähig ist, voll und ganz im Zeichen der buddhistischen Lehre. Diese Tatsache ist bedeutend; denn sie sollte Indien vom Rest der Welt trennen.

Das Erbe der frühen indischen Kultur

Viele Errungenschaften der frühen indischen Kultur bleiben im Dunkeln. Es gibt zwar die berühmte Figur einer schönen Tänzerin aus Mohenjo Daro, doch das alte Indien vor der Buddha-Zeit hat anders als Mesopotamien, Ägypten oder das minoische Kreta keine großen Kunstwerke oder gar herausragende Monumente hervorgebracht. Indiens Technologie war unbedeutend, und die Lese- und Schreibkunst entwickelte sich erst später – wobei man nicht sagen kann, um wie viel später – als in anderen Kulturen. Obwohl vieles der Frühgeschichte Indiens ungeklärt ist, steht fest, dass sein Gesellschaftssystem und seine Religionen länger als alle anderen geistigen Errungenschaften überdauert haben. Der Einfluss, den die Jahrhunderte dauernde Verbreitung ihrer Werte hatte, ob in reiner oder veränderter Form, ist geradezu unschätzbar. – Ein wenig herablassend könnte man sagen, dass eine so umfassende Weltanschauung mit Institutionen, die das Individuum so wenig achten, einer Philosophie, die von einem Zyklus der ewigen Wiederkehr ausgeht und Verantwortung nicht auf Gut und Böse zurückführt, zwangsläufig eine völlig andere Geschichte geschrieben haben muss als die der Menschen, die den großen semitischen Traditionen verhaftet sind. – Und der Großteil dieser Werte wurde tausend Jahre vor Christus geformt.

2 DAS ANTIKE CHINA

Obwohl die Chinesische Mauer ursprünglich schon Ende des 3. Jahrhunderts v. Chr. erbaut wurde, stammen die noch erhaltenen Teile hauptsächlich aus der Ming-Dynastie (14.–17. Jahrhundert n. Chr.).

Seit über 2500 Jahren gibt es eine chinesische Nation mit einer chinesischen Sprache. Dabei galt zumeist als selbstverständlich, dass das ganze Land, abgesehen von einigen Phasen der Teilung und der Wirren, einheitlich regiert wurde. Die kulturelle Entwicklung Chinas war außerordentlich beständig, in diesem Punkt kann nur das alte Ägypten mithalten.

Diese Kontinuität ist der Schlüssel zur chinesischen Identität. Das Beispiel Indiens zeigt, dass die Kultur viel wichtiger als ein Regierungssystem sein kann. China belegt diese Theorie auf andere Weise: Dort erleichterte die Kultur eine einheitliche Regierung. Bereits zu einem sehr frühen Zeitpunkt bildeten sich in China bestimmte Institutionen und politische Grundmuster heraus, die offenkundig zu den Gegebenheiten des Landes passten und deshalb beibehalten wurden. Einige davon haben selbst die Revolution im 20. Jahrhundert überdauert.

Topographie

Wieder müssen wir mit dem Land an sich beginnen, und auf den ersten Blick scheint es nicht viel zu geben, was für dessen Einheit spricht. Der physische Schauplatz der chinesischen Geschichte ist riesig. China ist größer als die Vereinigten Staaten und hat heute drei- bis viermal so viele Einwohner wie diese. Die Chinesische Mauer als Schutz der nördlichen Grenze bestand nach verschiedenen Ergänzungen aus ungefähr 6250 Kilometer langen Befestigungsanlagen – sie ist noch nie vollständig vermessen worden! Zwischen Peking und Hongkong im Süden liegen ungefähr 2000 Kilometer Luftlinie. Innerhalb des Landes gibt es zahlreiche Klimazonen und Regionen. Ein großer Unterschied besteht zwischen Nord- und Südchina. Im Sommer ist der Norden glühend heiß und trocken, während der Süden feucht und oftmals überflutet ist. Der Norden ist im Winter karg und staubig, der Süden hingegen immer grün.

Eine der wichtigsten Entwicklungen der chinesischen Frühgeschichte ist die Übernahme der im Norden entstandenen Kultur durch den Süden teils durch Migration, teils durch Verbreitung. Eroberung und politische Vereinigung haben im Großen und Ganzen dieselbe Richtung eingeschlagen, daneben war der Norden kontinuierlich Anregungen und kulturellen Einflüssen durch Strömungen von außerhalb, aus der Mongolei und Zentralasien, ausgesetzt.

Vor allem Berge und Flüsse teilen China. Es gibt drei große Flusstäler im Landesinneren, die von Westen nach Osten verlaufen. Der

Physische Karte von China

Die chinesische Kultur entstand vor über 3000 Jahren im Tal des Gelben Flusses. Von dort verbreitete sich die Kultur langsam auch im Süden, im 6. Jahrhundert v. Chr. hatte sie das Yangtse-Tal erreicht.

Unter der Han-Dynastie (202 v. Chr. – 220 n. Chr.) umfasste die chinesische Welt dann auch die tropischen Gefilde mit ihrer Meeresküste im südlichen China.

Zeitleiste (1700–221 v. Chr.)

Ca. 1700–1050 v. Chr.
Shang-Dynastie

722–481 v. Chr.
Frühling- und Herbst-Periode

221 v. Chr.
Vereinigung Chinas durch Shih Huang-ti, den ersten Kaiser

900 v. Chr. — 600 v. Chr. — 300 v. Chr.

1050–771 v. Chr.
Westliche Chou-Dynastie

403–221 v. Chr.
Zeit der Kämpfenden Staaten

nördlichste Wasserlauf ist der Hwangho oder der Gelbe Fluss, dann folgen der Yangtse und schließlich der Hsi Chiang im Süden. Es ist erstaunlich, dass ein so großes und so vielfältiges Land überhaupt eine Einheit bildet. Aber China war wahrscheinlich seit dem Pliozän eine eigene, abgeschlossene Welt. Ein Großteil des Landes ist bergig, und abgesehen vom äußersten Süden und Nordosten bilden große Berg- und Hochebenen seine Grenzen. Der Yangtse und der Mekong entspringen im hohen Kunlun Shan im nördlichen Tibet. Diese hoch gelegenen Grenzgebiete isolieren das Land fast vollkommen. Sie formen einen Bogen, der nur dort unterbrochen wird, wo der Gelbe Fluss aus der Mongolei nach China fließt. An seinen Ufern nahm die Geschichte der chinesischen Kultur ihren Anfang.

Die Bedeutung des Gelben Flusses

Entlang der Wüste Ordos fließt der Gelbe Fluss in einer Art Trichter nach Nordchina. Er schwemmte fruchtbare Erde an, und über diese Wasserstraße gelangten auch die Menschen ins Land. Die Lössbetten des Flusstals waren ergiebig und leicht zu beackern. Sie wurden vom Nordwind angeweht und standen am Anfang der chinesischen Landwirtschaft.

Die Region war zunächst reich bewaldet und gut bewässert, wurde aber trockener und kühler durch eine der klimatischen Veränderungen, die der Grund für so viele soziale Veränderungen der Frühzeit sind. Prähistorisches Leben in China spielte sich natürlich auf einem größeren Schauplatz ab als nur in einem einzigen Flusstal: Der „Pekingmensch" kannte schon vor 600 000 Jahren das Feuer, und es gibt Spuren von Neandertalern in allen drei großen Flussbecken. Die Fährte dieser Vorfahren führt uns über nahezu unbekannte Kulturen in der frühen Steinzeit in ein China, das bereits in zwei kulturelle Zonen geteilt war. Der Gelbe Fluss war Treffpunkt und Schmelz-

Der Gelbe Fluss hat sowohl für die Beförderung der Menschen als auch für das Anschwemmen von fruchtbarer Erde große Bedeutung. Er schaffte damit in der chinesischen Frühgeschichte die Voraussetzungen für die Ansiedlung verschiedener Kulturen.

Diese Biegung liegt in dem Abschnitt des Gelben Flusses, der die Wüste Ordos durchläuft. Von hier aus fließt der Fluss in Richtung der fruchtbaren Länder im Norden weiter, dorthin, wo die chinesische Kultur entstand.

Dieses Bild eines Mannes, der mit einem Ochsen ein Feld pflügt, fand man auf einem Ziegel in einem Grab der Han-Dynastie in der chinesischen Provinz Szetschuan.

tiegel. Es ist unmöglich, das Dickicht der kulturellen Beziehungen zu entwirren, die bereits damals bestanden; die geradlinige Entwicklung einer einheitlichen Kultur lässt sich nicht beobachten. Selbst in frühgeschichtlichen Zeiten „wimmelte ganz China (…) von steinzeitlichen Überbleibseln“. Vor diesem Hintergrund traten Siedlungen und Landwirtschaft zu Tage. Bis in die heutige Zeit leben sowohl Nomaden als auch sesshafte Feldbauern in China. Im Norden jagte man noch bis etwa 1000 v. Chr. Nashörner und Elefanten.

LANDWIRTSCHAFT IM ALTEN CHINA

Wie auch in anderen Teilen der Welt bedeutete die Einführung der Landwirtschaft in China eine Revolutionierung der Lebensverhältnisse. Man nimmt an, dass Völker, die in den subtropischen Küstengebieten Südostasiens und Südchinas lebten, bereits vor 10 000 v. Chr. Wälder abgeholzt haben, um Platz für Felder zu schaffen. Dort bauten sie vermutlich Gemüse und Getreide an. Aber diese Zusammenhänge sind noch längst nicht restlos erforscht.

In Nordchina gibt es in den Böden am Gelben Fluss allerdings Beweise dafür, dass dort bereits 5000 v. Chr. Ackerbau betrieben wurde. Dieser neue Kulturtypus entstand nach einem ähnlichen Muster wie im alten Ägypten: Das Land wurde mittels Pflugbau bestellt, für ein paar Jahre genutzt und dann wieder der Natur überlassen, während sich die Bauern nach neuen Feldern umsahen. Aus dieser Gegend verbreitete sich die Landwirtschaft später nach Norden in die Mandschurei und in den Süden. Die Region gilt als „Kerngebiet Nordchinas“. Bald schon gab es dort Kulturen, die ein höheres Niveau erreichten und die nicht mehr nur Landwirtschaft betrieben, sondern auch Holz und Jade schnitzten, Seidenraupen züchteten, zeremonielle Gefäße, deren Form später traditionell wurde, herstellten und die vielleicht sogar schon mit Stäbchen aßen.

Die Landwirtschaft verbreitete sich vom Gebiet des Gelben Flusses aus sowohl nach Norden in die Mandschurei als auch in den Süden. Sie bildete die Grundlage für weitere Handwerkszweige wie die Holz- und Jadeschnitzerei sowie die Seidenraupenzucht.

Eine getöpferte Vase aus der Steinzeitkultur von Longshan in Südchina aus dem 3. Jahrtausend v. Chr. Die merkwürdigen Formen dieser Gefäße mit ihren sehr dünnen Wänden legen nahe, dass sie eher Ritualen als dem täglichen Gebrauch dienten.

Dieses sehr dekorative Kochgefäß aus Bronze stammt aus der chinesischen Shang-Dynastie (ca. 16.–11. Jahrhundert v. Chr.).

Frühe Gesellschaftsformen

Schon Schriftsteller der Antike erkannten die Bedeutung der Landwirtschaft als einer revolutionären gesellschaftlichen Veränderung, und Legenden erzählen vom Erfinder des Ackerbaus, doch über die soziale Organisation dieser Zeit weiß man nur sehr wenig. Vielleicht ist das der Grund dafür, dass die Chinesen dazu neigen, ihre Vergangenheit zu idealisieren. Noch lange nachdem auch der Mehrheit Privatbesitz zugänglich wurde, hieß es in China, „unter dem Himmel gehört jedes Fleckchen dem Herrscher". Dieses Sprichwort gibt die Vorstellung der Frühzeit wieder, dass alles Land der Gemeinschaft als Ganzer gehöre.

Die chinesischen Marxisten haben diese Tradition aufrechterhalten. Sie ermittelten in den

Reichhaltige Funde erlauben Einblicke in die (nord-)chinesische Gesellschaft: Klanstrukturen werden sichtbar, die wohl auch die Basis der ältesten Institutionen bilden (und die teilweise auch heute noch zu finden sind).

archäologischen Funden ein goldenes Zeitalter des primitiven Kommunismus, auf das ein Abstieg in die Sklaverei und Feudalherrschaft gefolgt sei. In der Tat gab es eine Klanstruktur und Totems, wobei Heiraten innerhalb des Klans verboten waren. Die ältesten Institutionen rühren fast überall von der Blutsverwandtschaft her, die in alten Zeiten wichtig war und bis heute überlebt hat.

Fundstücke aus Ton zeigen ebenfalls, dass die sozialen Verhältnisse komplexer wurden. So sind Gegenstände überliefert, die nicht nur für den banalen täglichen Gebrauch bestimmt sein konnten. Eine Gesellschaft mit verschiedenen sozialen Schichten muss bereits vorhanden gewesen sein, bevor wir das historische Zeitalter erreichen.

Ein materielles Anzeichen dafür, dass sich das zukünftige China damals bereits abzeichnete, ist die weit verbreitete Verwendung von Hirse, einem Getreide, das sich unter den klimatischen Bedingungen des trockenen Nordens gut anbauen ließ. Es sollte bis vor ungefähr 1000 Jahren das Grundnahrungsmittel bleiben und ernährte eine Gesellschaft, die im Laufe der Zeit die Lese- und Schreibkunst, eine fortgeschrittene und komplexe Technik des Bronzehandwerks und erlesenste Töpferkunst – feiner als irgendwo sonst auf der Welt – entwickelte. Vor allem schuf sie das geordnete politische und soziale System, das die erste größere Epoche der chinesischen Geschichte auszeichnet.

Die Landwirtschaft, die diese Entwicklung ermöglichte, blieb jedoch lange Zeit auf den Norden Chinas beschränkt. In vielen Teilen dieses riesigen Landes wurde sie erst eingeführt, nachdem die Geschichtsschreibung bereits eingesetzt hatte.

Rituelle Äxte aus Bronze wie diese aus der Shang-Dynastie wurden verwendet, um während heiliger Zeremonien die Opfer zu enthaupten. Menschenopfer waren im China der Shang-Dynastie üblich. Im Rahmen der Zeremonien, die beim Begräbnis eines Königs abgehalten wurden, opferte man oft Hunderte von Menschen.

Die Shang-Dynastie

Die Geschichte der Frühzeit lässt sich nur schwer rekonstruieren, allenfalls in groben Zügen skizzieren: Es besteht Einigkeit darüber, dass die Geschichte der chinesischen Kultur mit den Herrschern eines Volkes namens Shang begann. Dies ist der erste Name, der mit Sicherheit belegt ist. Mit ihm beginnt die Liste der Dynastien, die lange Zeit die Grundlage der chinesischen Zeitrechnung bildete. Seit dem späten 8. Jahrhundert v. Chr. haben wir genauere Daten, doch gibt es bis heute keine Chronologie der chinesischen Frühgeschichte, die so fundiert ist wie beispielsweise die ägyptische. Es scheint jedoch ziemlich sicher, dass ungefähr um 1700 v. Chr. ein Stamm namens Shang, der über Streitwagen verfügte, in einem großen Landstrich am Gelben Fluss die Herrschaft über seine Nachbarn übernahm. Das Reich der Shang umfasste schließlich ungefähr 60 000 Quadratkilometer im nördlichen Honan. Damit war es etwas kleiner als das heutige England, gleichwohl reichte sein kultureller Einfluss

Dieser Bronzedeckel einer rituellen Vase stammt aus der Westlichen Chou-Dynastie und stellt einen Tierkopf dar.

weit über seine Umgebung hinaus, wie Funde aus Südchina, dem chinesischen Turkestan und der Nordostküste zeigen.

Shang-Könige lebten und starben „im Amt", in tiefen, herrschaftlichen Gräbern fanden sich die Überreste von Sklaven und Menschenopfern, die mit ihnen beerdigt wurden. Bei Hofe gab es Archivare und Schreiber, denn es handelte sich um die erste wirklich schriftkundige Kultur östlich von Mesopotamien. Auch daher unterscheidet man zwischen der Shang-Kultur und der Herrschaft der Shang-Dynastie. Der kulturelle Einfluss dieses Volkes reichte sicherlich weit über das Gebiet hinaus, das die Dynastie aller Wahrscheinlichkeit nach politisch beherrschen konnte.

Die Verwaltung der Herrschaftsgebiete basierte anscheinend auf Grundbesitz und der Bindung an einen König. Kriegerische Landbesitzer waren die Schlüsselfiguren; sie stehen am Anfang der aristokratischen Geschlechter mit ihren halbmythischen Ursprüngen. Immerhin war die Shang-Dynastie fortschrittlich genug, Schriftkundige einzusetzen und eine einheitliche Währung einzuführen. Wozu sie damals bereits in der Lage war, zeigt sich auch in ihrer Fähigkeit, für den Bau von Festungen und Städten große Arbeitertruppen zu mobilisieren.

Die Chou-Dynastie

Das Shang-China unterlag schließlich einem Stamm aus dem Westen, den Chou. Als wahrscheinliches Datum gilt 1027 v. Chr. Unter den Chou wurden einige der bereits weit entwickelten Regierungs- und Gesellschaftsstrukturen der Shang beibehalten und verfeinert. Begräbnisriten, Techniken der Bronzeverarbeitung und dekorative Kunst überlebten ebenfalls in kaum veränderter Form. Die große Errungenschaft der Chou-Dynastie war die Konsolidierung und Verbreitung dieses Erbes. Schon damals zeichneten sich die Institutionen des zukünftigen chinesischen Kaiserreichs ab, das 2000 Jahre überdauern sollte.

Die Chou glaubten, von barbarischen Völkern umgeben zu sein, die geradezu auf eine Befriedung durch die Chou-Dynastie warteten. – Diese Idee scheint, nebenbei bemerkt, auch heute noch der beständigen Weigerung der chinesischen Beamten zu Grunde zu liegen, diplomatische Missionen aus Europa als etwas anderes als bloße Tributbezeugungen zu betrachten. – So gründete sich die Chou-Dynastie auf Krieg, doch hatte sie durchaus auch herausragende kulturelle Implikationen.

Wie bereits unter den Shang gab es keinen einheitlichen Staat, und die Regierung der

Jade war im antiken China ein hochbegehrtes Material. Dieser rituelle Dolch mit Jadeklinge stammt aus der beginnenden Shang-Dynastie im 2. Jahrtausend v. Chr.

Als Nachfolger der Shang-Dynastie gilt die Chou-Dynastie, die vermutlich 1027 v. Chr. die Macht übernahm. Größtes Verdienst dieser Dynastie war die politische und kulturelle Festigung des Reiches.

Dieses Gemälde aus dem 17. Jahrhundert n. Chr. heißt „Spiel nicht mit der Gefahr". Es illustriert die Geschichte von König Yu aus der Chou-Dynastie, der sein Reich verlor, weil er die Königin zum Lachen bringen wollte.

Chou hatte zwar eine andere Rangordnung, war aber ansonsten ihrer Vorgängerin ähnlich. Die Regierungsgeschäfte oblagen einer Gruppe von Notabeln und Vasallen, die von der Dynastie mehr oder weniger abhängig waren und in guten Zeiten zumindest formal deren Herrschaft anerkannten. Die gemeinsame Kultur einte sie nach und nach. Das politische China – wenn dieser Begriff überhaupt angebracht ist – basierte auf Großgrundbesitz.

Die Epoche der Kämpfenden Staaten

Die Chou-Dynastie brach ungefähr 700 v. Chr. zusammen, als ein Barbarenaufstand sie aus ihrem Zentrum in ein Gebiet weiter östlich, nach Honan, vertrieb. Die Folgedynastie währte bis 256 v. Chr., doch die nächste erkennbare Periode reicht von 481 bis 221 v. Chr. und wird als Epoche der Kämpfenden Staaten bezeichnet.

Tang der „Vollender", Gründer der Shang-Dynastie, geht auf diesem Gemälde aus dem 17. Jahrhundert n. Chr. auf dem Land spazieren. Der Legende zufolge traf er Leute, die Vögel fingen, und überredete sie, ihre Beute freizulassen. Mit dieser Tat gelangte er zu großer Beliebtheit.

Nachdem um 700 v. Chr. die Herrschaft der Chou zusammenbrach, folgte eine Zeit verstärkter Unruhen, an dessen Ende die Ch'in das Land – das von nun an China hieß – zum ersten Mal in einem Kaiserreich vereinten.

In dieser Phase wurden die Konflikte nachhaltiger – die Großen fraßen die Kleinen, bis nur noch einer übrig war und das ganze Land zum ersten Mal in einem großen Kaiserreich, dem Ch'in, vereint wurde. Diesem Reich verdankt China seinen Namen.

Wenn man die traditionellen historischen Werke Chinas über dieses Zeitalter von ungefähr 260 Jahren Dauer zu Rate zieht, stößt man schnell an Grenzen in diesem Gewirr von Kämpfen zwischen Königen und übermächtigen Untertanen. Eine wirkliche Struktur hat bis jetzt kein Wissenschaftler entwickelt. Doch es fanden in dieser Zeit zwei grundlegende Prozesse statt, die für die Zukunft sehr wichtig wurden. Zum einen breitete sich die Kultur beständig auch über das Becken des Gelben Flusses hinaus aus.

Zu Beginn beschränkte sich die chinesische Kultur auf kleine Inseln in einem Meer von

„Barbarentum". Doch um 500 v. Chr. war sie bereits in Hunderte von „Staaten" verbreitet, die verstreut im Norden des Landes lagen. Sie fand schließlich auch ihren Weg in das Yangtse-Tal. Dieses Gebiet war, ganz anders als der Norden, einmal sumpfig und dicht bewaldet gewesen, dort lebten weitaus primitivere Völker. Der Einfluss der Chou drang – zum Teil durch militärische Expansion – in diesen Landstrich vor und trug dazu bei, dass die erste größere Kultur und ein Staat im Yangtse-Tal, die Ch'u-Kultur, entstanden. Wenn sie auch einiges den Chou verdankte, so besaß sie doch in Sprache, Kalligrafie, Kunst und Religion viele eigene Züge. Am Ende der Epoche der Kämpfenden Staaten gelangen wir an den Punkt, an dem sich der Schauplatz der chinesischen Geschichte um ein Vielfaches vergrößerte.

Diese beiden Jadefiguren datieren aus der mittleren Westlichen Chou-Dynastie (10. Jahrhundert v. Chr.). Da nur selten Figuren aus der Shang- oder frühen Chou-Dynastie gefunden werden, glaubt man, dass sie importiert oder von ähnlichen Objekten aus dem Süden oder Südwesten Chinas inspiriert waren.

Landbesitzer und Bauern

Der zweite grundlegende und kontinuierliche Prozess, der unter Shang und Chou stattfand, war die Errichtung von Gebietsstrukturen, die bis in die Moderne hinein überlebten. Damit einher ging eine grundsätzliche Unterteilung der chinesischen Gesellschaft in den grundbesitzenden Adel und das gemeine Volk. Die Bauern machten den Großteil der Bevölkerung aus und zahlten für all das, was China auf dem Weg zur Kultur und zur Staatsgewalt hervorbrachte.

Das Wenige, was wir über ihr Leben wissen, ist schnell erzählt: Man hat über die chinesischen Bauern weniger Informationen als über die zahllosen anonymen Landarbeiter, die die Basis jeder antiken Kultur bildeten. Das hat einen ganz soliden Grund: Das Leben des chinesischen Bauern war ein ständiges Hin und Her zwischen seiner Lehmhütte im Winter und einem Lager, das er im Sommer bewohnte, um seine Ernte einzubringen. Von beidem ist kaum eine Spur geblieben. Als Person tritt er in die Anonymität seiner Gemeinde zurück – er gehörte keinem Klan an. Er war mit seinem Boden verbunden und verließ ihn nur ab und zu, um andere Pflichten zu erfüllen und seinem Herrn im Kriege oder bei der Jagd zu dienen. Seine Unterdrückung würdigt die kommunistische Geschichtsschreibung des modernen China, indem sie Shang und Chou als „Sklavengesellschaft", die von der „Feudalgesellschaft" abgelöst werde, zusammenfasst.

DER ADEL

Obwohl die chinesische Gesellschaft am Ende der Epoche der Kämpfenden Staaten immer komplexer wurde, blieb doch die Unterscheidung zwischen dem Adel und dem gemeinen Volk bestehen. Das hatte bedeutende praktische Konsequenzen: Der Adel war beispielsweise vor Strafen – unter anderem Verstümmelung – sicher, die über den gemeinen Mann gnadenlos verhängt wurden. Auch in späteren Zeiten blieb der Adel von der Prügelstrafe verschont.

Der Adel genoss lange Zeit auch ein regelrechtes Monopol auf Wohlstand, doch das waren nicht die Fundamente der Standesunterschiede. Diese lagen eher im religiösen Status des Adligen, der ein Monopol auf bestimmte rituelle Praktiken in Anspruch nahm. Nur Adlige konnten an Kulthandlungen teilnehmen, die das Herz des chinesischen Begriffs von Blutsverwandtschaft waren. Nur Adlige gehörten einer Familie an – was bedeutete, dass sie Vorfahren hatten. Die Verehrung der Ahnen und ihrer Geister hatte bereits vor den Shang existiert. Allerdings hielt man in der Frühzeit wohl nicht allzu viele Ahnen für würdig, in der Welt der Geister zu überleben. Möglicherweise wurde diese Ehre nur besonders wichtigen Personen zuteil, höchstwahrscheinlich den Herrschern selbst, deren Ursprung angeblich göttlich war.

Der Klan

Die Familie entstand als feinere Unterteilung des Klans, und in der Chou-Dynastie wurden dazu die wichtigsten Grundsteine gelegt. Es existierten ungefähr hundert Klans, innerhalb derer Heiraten untersagt waren. Jeder davon führte sich auf einen Helden oder Gott zurück. Die Patriarchen der Familien und Häuser innerhalb der Klans übten eine besondere Autorität aus und durften seine Rituale ausführen. Dadurch konnten sie die Geister beeinflussen und darüber hinaus Verbindung zu den Mächten aufnehmen, die das Universum zu Gunsten des Klans kontrollieren sollten. Mit Hilfe dieser Rituale konnte man auch Personen bestimmen, die berechtigt waren, Land zu besitzen oder bestimmte Ämter zu besetzen. Der Klan bot auf dieser Ebene eine

Diese männliche Bronzestatue misst mit Sockel 2,62 Meter und stammt aus dem 12. Jahrhundert v. Chr. (Shang-Dynastie). Man fand die Figur in einer von zwei Opfergruben in der chinesischen Provinz Szetschuan. Sie hatte sicher einmal einen Gegenstand – vielleicht einen Elefantenstoßzahn – in der Hand. Das lange Kleid des Mannes ist mit kleinen Figuren verziert.

Neben den offiziellen Religionen, deren Rituale nur von den Patriarchen der Familien durchgeführt werden durften, existierten Naturreligionen, die ihre Anhänger in allen Gesellschaftsschichten hatten.

Art „Gelegenheitsdemokratie“: Jedes seiner Mitglieder konnte an die oberste Stelle gelangen, denn alle hatten die gleiche Auszeichnung einer Abstammung, deren Ursprung göttergleich war. In diesem Sinne war selbst ein König nur ein *Primus inter pares*, ein Patrizier, der einen besonderen Rang unter Patriziern bekleidete.

RELIGION

Das Familienleben war geprägt durch ein enormes Ausmaß an religiösen Gefühlen und psychischer Energie. Seine Rituale waren streng und zeitaufwendig. Das gemeine Volk, das daran nicht teilhatte, fand sein religiöses Ventil in der Verehrung von Naturgottheiten. Diese genossen auch innerhalb der Elite einige Beachtung, denn die Verehrung von Bergen und Flüssen und die Beschwörung ihrer Geister war eine wichtige Pflicht aus früheren Zeiten. Doch die Naturgötter hatten weniger Einfluss auf die Entwicklung des chinesischen Gedankenguts als ähnliche Vorstellungen in anderen Religionen.

Religion und Politik

Die Religion hatte beträchtliche politische Auswirkungen. Der Anspruch des Herrscherhauses auf Gehorsam hatte seine Wurzeln in religiöser Überlegenheit. Denn durch Rituale hatten die Herrscher Zugang zu unsichtbaren Mächten, deren Absichten sie mit Hilfe von Orakeln erfragten. Wenn sie gedeutet wurden, konnte der Herrscher zum Beispiel über die Landwirtschaft der ganzen Gemeinde bestimmen, denn das Orakel bezog sich auch auf Angelegenheiten wie Aussaat oder Ernte. Der religiöse Status des Königs war also stets ein zentrales Thema und von höchster Bedeutung für den Staat. Das zeigt auch die Tatsache, dass die Chou ihren Sieg über die Shang ebenso ihrer religiösen wie auch militärischer Übermacht zu verdanken hatten: Damals entstand der Gedanke, dass es einen Gott gebe, der mächtiger als der Ahnengott der Dynastie sei, und dass von ihm ein Herrschaftsauftrag abgeleitet werden könne. Nun, so behaupteten die Chou, habe er beschlossen, dass die Regierung in andere Hände übergehen sollte. Auf

diese Weise kam eine weitere Vorstellung von fundamentaler Bedeutung für die chinesische Regierungskonzeption auf. Damit eng verbunden war die Ansicht, dass Geschichte zyklisch sei und von Aufstieg und Fall der Dynastien bestimmt würde. Das führte unvermeidlich zu Spekulationen darüber, an welchen Zeichen man einen neuen Herrscher erkenne. Die Unterordnung des Sohnes unter den Vater war eines davon, und damit stand bereits ein konservatives Prinzip fest. Doch die Chou-Schreiber führten einen weiteren Grundsatz ein, der im Deutschen etwas mangelhaft mit „Tugend“ übersetzt werden kann. Die genauere Bestimmung dieser Tugend blieb jedoch diffus.

Die Stellung des Königs

In seinen frühesten Formen basierte der chinesische „Staat“ – und in langen Perioden muss es mehrere nebeneinander gegeben haben – wohl auf nicht viel mehr als dem Besitz eines herrschaftlichen Guts und der Notwendigkeit, Rituale und Opferhandlungen auszuführen. Die Funde sprechen nicht für eine sehr geschäftige Monarchie. Abgesehen von außergewöhnlichen Entscheidungen über Krieg oder Frieden hatte der König anscheinend recht wenig zu tun. Er erfüllte seine religiösen Pflichten, pflegte die Jagd und ordnete Bauprojekte für die Palastkomplexe an, die es schon in der Shang-Dynastie gegeben hat.

Lange Zeit kamen die chinesischen Herrscher ohne große Bürokratie aus. Nach und nach entstand eine Hierarchie von Ministern, die das Leben am Hofe regelten, doch der König war ein Landbesitzer, der hauptsächlich Vogte, Aufseher und ein paar Schreiber benötigte. Zweifellos verbrachte er viel Zeit damit, seine Ländereien zu bereisen. Alles, wofür er daneben fachkundige Hilfe brauchte, war das Übernatürliche. Die Zeitrechnung, also der Kalender, basierte auf Astronomie, und obwohl die Observation und Berechnung der Sterne bereits sehr fortschrittlich betrieben wurde, lag ihr Ursprung in Magie und Religion – dem Übernatürlichen mithin.

Der König hatte sowohl politische als auch religiöse Funktionen: Er entschied über Krieg und Frieden ebenso wie er Rituale und Opferhandlungen ausführte.

Dieses Grabgewand der Prinzessin Tou Wan aus dem 2. Jahrhundert v. Chr. besteht aus über 2000 kleinen Jadeplättchen. Man fand die Überbleibsel von zehn dieser fantastischen Kokons; Jade galt damals als Schlüssel zur Unsterblichkeit. Dieses Begräbnisritual hatte ihren Höhepunkt in der Han-Dynastie. Später verbot ein Kaiser derart teure Beerdigungen, da er befürchtete, sie könnten Grabräuber anlocken.

Dieses Knochenorakel stammt aus der Shang-Dynastie. Die ältesten chinesischen Inschriften, von denen es mehrere Tausend gibt, entstanden in dieser Zeit und wurden auf Knochen und Schildkrötenpanzer geritzt. Das Orakel wurde so lange erhitzt, bis es Risse bekam. Die Risse wurden dann interpretiert, um die Antwort der Geister auf die gestellten Fragen zu erfahren.

Orakel

In frühen Zeiten befragte man bei allen Staatsangelegenheiten das Orakel. Dafür versah man Schildkrötenpanzer oder Schulterblattknochen bestimmter Tiere mit Schriftzeichen und erhitzte sie mit einer glühenden Bronzenadel, so dass Risse entstanden. Dann betrachtete man deren Richtung und Länge im Verhältnis zu den Schriftzeichen und las daraus das Orakel. Vom historischen Standpunkt aus betrachtet muss diese Praxis sehr bedeutend gewesen sein, denn die Orakel wurden aufbewahrt. Sie liefern uns den Beweis für die Entstehung der chinesischen Sprache, denn die Schriftzeichen auf den Orakelknochen und auf frühen Bronzestatuen entsprechen denen des klassischen Chinesisch. Die Shang kannten ungefähr 5000 solcher Schriftzeichen, die bis heute nicht alle entziffert werden konnten. Dennoch entwickelte sich die chinesische Schrift äußerst kontinuierlich. Während andere Kulturen Symbolschriften zu Gunsten phonetischer Systeme aufgaben, behielt die chinesische Sprache im Wesentlichen seine bildhafte Form bei. Bereits unter den Shang entsprach die Struktur der Sprache dem modernen Chinesisch – sie war monosyllabisch, also einsilbig, und die Wortbedeutung war abhängig von der Wortreihenfolge, nicht von der Beugung einzelner Wörter.

Die Bedeutung der Schrift im antiken China

Die Schreibkunst sollte einen hohen Rang bewahren und behielt immer eine Spur der religiösen Achtung, die man den ersten Schriftzeichen entgegenbrachte. Noch in der heutigen Zeit vervielfältigte man die Kalligrafie von Mao Tse-tung und verteilte sie unter seiner Nachkommenschaft, um sein Ansehen zu vergrößern. Das lässt sich durch die langen Jahrhunderte erklären, in denen das Schreiben das eifersüchtig gehütete Privileg der Elite blieb. Orakelleser, die so genannten *Shih*, waren Vorfahren der späteren Gelehrten. Sie waren unverzichtbare Experten und besaßen geheimes Wissen, das auf die weitaus größere Gelehrtenklasse überging. Die Schriftsprache blieb daher Kommunikationsmittel einer relativ kleinen Elite. Diese verteidigte ihren Besitz, auf den sich Privilegien gründeten, vor Korruption oder Veränderung. Das hatte eine entscheidende Bedeutung für Chinas Geschichte: Die chinesische Schriftsprache wurde Sprache der Regierung und der Kultur, ungeachtet der verschiedenen Dialekte, Regionen und Religionen. Weil die gesamte Elite dieselbe Schriftsprache verwendete, wurde das ganze riesige Land zu einer Einheit.

Die Einführung des Eisens

Viele wichtige Faktoren, die die künftige chinesische Geschichte bestimmen sollten, existierten in groben Zügen bereits am Ausgang der Chou-Dynastie. Deren Ende war die Folge sozialer Veränderungen, die sich auf die Arbeit der größeren Institutionen auswirkten. Das überrascht nicht, denn China war lange Zeit landwirtschaftlich orientiert, und oft wurden Veränderungen durch den Druck der Bevölkerung auf die Ressourcen ausgelöst.

Das gilt auch für die Einführung des Eisens ungefähr 500 v. Chr. Wie überall folgte ihr ein deutlicher Anstieg der landwirtschaftlichen Produktion und damit ein Wachstum der Bevölkerung. Die ersten Werkzeuge, die man gefunden hat, stammen aus dem 5. Jahrhundert v. Chr., Eisenwaffen kamen erst später auf. Sehr früh schon wurden Eisenwerkzeuge gegossen, denn man fand Gussformen für eiserne Sicheln aus dem 4. oder 5. Jahrhundert v. Chr. Die chinesische Technik im Umgang mit diesem Metall war also schon in frühester Zeit hoch entwickelt. China gelangte zur

Sprache und Schrift in China

Die chinesische Sprache, die von den Chinesen *Han* genannt wird, gehört zu einer großen Familie, die von Linguisten als Sino-Tibetisch bezeichnet wird. Die Sprachen von Tibet und Burma gehören ebenfalls dazu. Die zahlreichen chinesischen Dialekte, die heute existieren, unterscheiden sich in der Aussprache deutlich voneinander und können daher wie unabhängige Sprachen behandelt werden. Sie sind jedoch durch eine gemeinsame literarische Tradition verbunden, die ihren Ursprung in der Shang-Dynastie im 2. Jahrtausend v. Chr. hat. Das literarische Chinesisch (Wen-Yen), in dem die Texte verfasst wurden, die zur klassischen Kultur des Landes gehören, unterscheidet sich von den gesprochenen Dialekten. Es schuf schon immer den Kontakt zwischen diesen Dialekten und verhinderte, dass sich daraus eigene Schriftsprachen entwickelten. In der gesamten chinesischen Geschichte entwickelten sich gesprochene und geschriebene Sprache kontinuierlich. Letztere besitzt eine große Anzahl an Zeichen, da sie kein phonetisches System angenommen hat. 1953 n. Chr. einigte man sich auf ein offizielles System zur Transkription ins lateinische Alphabet, das als *Pinyin* bekannt ist. Das ältere Transkriptionssystem von Wade-Giles wurde 1859 ausgearbeitet und 1892 überarbeitet. Obwohl die chinesische Regierung die Wade-Giles-Transkription 1979 abschaffte, wird sie außerhalb Chinas immer noch häufig verwendet.

Diese Piktogramme stammen aus der Shang-Dynastie (2. Jahrtausend v. Chr.). Die Bilder oben sind leicht zu deuten: Jedes zeigt einen Mann, der auf die eine oder andere Weise eine Last trägt. Obwohl die Buchstaben im Laufe der Zeit immer abstrakter wurden, sind die Shang-Piktogramme der Ausgangspunkt der chinesischen Schrift. Sie standen für eine Sprache, die bereits als Chinesisch erkennbar war.

gleichen Zeit zur Kunst des Eisengießens und -schmiedens, entweder durch die Weiterentwicklung des Bronzegusses oder durch Tonofen-Experimente mit hohen Temperaturen. Bemerkenswert ist vor allem, dass so hohe Temperaturen noch ungefähr 19 Jahrhunderte lang in keinem anderen Land erreicht wurden.

Urbanisierung

Eine weitere bedeutende Veränderung unter den späten Chou war das starke Wachstum der Städte. Sie lagen meist in Flussebenen, doch sind die ersten Städte wahrscheinlich um die Tempel der Landbesitzer herum entstanden, die ihnen als Verwaltungszentren dienten. Weitere Tempel wurden für die beliebten Naturgottheiten errichtet, und Gemeinden bildeten sich.

Unter den Shang entstand dann Neues: Wir finden Schutzwälle aus Erde, Quartiere für Adlige, Hofgebäude sowie Überreste von großen Bauten. In Honan, einer Shang-Hauptstadt etwa aus dem Jahre 1300 v. Chr., gab es neben Metallgießereien und Töpfereien Paläste und einen königlichen Friedhof. In der späten Chou-Dynastie war die Hauptstadt Wang Chen von einem Rechteck aus Erdwällen umgeben, jeweils fast drei Kilometer lang.

Es gab um 500 v. Chr. mehrere Dutzend Städte, und ihre Verbreitung spricht für eine immer stärker unterteilte Gesellschaft. Viele Städte hatten drei voneinander abgegrenzte Bezirke: ein kleiner, wo der Adel lebte, ein größerer, der von spezialisierten Handwerkern und Kaufleuten bewohnt war, und schließlich die Felder außerhalb der Stadtmauern, von denen die Stadt ernährt wurde.

Unter den Chou verstärkte sich die Urbanisierung des Landes, um 500 v. Chr. gab es bereits einige Dutzend Städte. Dabei weisen die von starken Schutzmauern umgebenen Adelsviertel auf die Verteidigungsfunktion der Städte hin.

Diese Gravur aus dem 19. Jahrhundert n. Chr. zeigt Konfuzius, umgeben von seinen Schülern. Der Meister sagte: „Yu, willst du, dass ich dich lehre, was Wissen ist? Wenn du etwas weißt, musst du erklären, was du weißt. Wenn du etwas nicht weißt, musst du zugeben, dass du es nicht weißt. Das ist Wissen." *(Die Analekten des Konfuzius, II, 17)*

Die wirtschaftliche Überlegenheit des grundbesitzenden Adels gegenüber den Königen führte bald auch zu ihrer politischen und gesellschaftlichen Unabhängigkeit; die gut entwickelte Kriegstechnik unterstützte sie dabei.

Eine weitere wichtige Entwicklung war die Entstehung einer Kaufmanns-Klasse. Bereits vor 1000 v. Chr. wurde die Kaurimuschel als Währung verwendet. Das Wirtschaftsleben wurde komplexer, und es gab bereits spezialisierte Händler.

Die Adelsviertel der Städte waren von Wällen und Schutzmauern umgeben und so von den Handwerks- und Händlerquartieren getrennt. Doch hatten Letztere immerhin ihren Platz innerhalb der Stadtmauern – ein Zeichen dafür, dass Verteidigung zunehmend wichtiger wurde. In den städtischen Handelsstraßen fand man zur Epoche der Kämpfenden Staaten Schmuck-, Lebensmittel- und Bekleidungsgeschäfte sowie Tavernen, Spielhäuser und Bordelle.

Wachsende Spannungen zwischen Adel und König

Das Herz der chinesischen Gesellschaft schlug noch immer im langsamen Rhythmus des Landlebens. Gegen Ende der Chou-Dynastie wurde die privilegierte Klasse, die ihre Ländereien verwaltete, zunehmend unabhängig von ihren Königen. Landbesitzer hatten ursprünglich dem König Soldaten zu stellen. Die Entwicklung der Kriegstechnik trug zu ihrer wachsenden Unabhängigkeit bei: Der Adel hatte schon immer ein Monopol auf Waffen gehabt. Das zeichnete sich bereits während der Shang-Dynastie ab, als sich das chinesische Waffenarsenal noch auf Pfeil und Bogen sowie bronzene Hellebarden beschränkte. Mit der Zeit kamen Rüstungen und Pferde in Gebrauch, und allein Adlige konnten sich diese teureren Waffen leisten. Der Krieger, der einen Wagen als Plattform zum Bogenschießen verwendete, bevor er abstieg und die Schlacht mit Bronzewaffen am Boden entschied, verschwand in den letzten Jahrhunderten des vorchristlichen Zeitalters. Er wurde abgelöst von einer kleinen Gruppe aus zwei oder drei bewaffneten Kriegern, die mit einer Kompanie von 60 oder 70 Begleitern ins Feld zogen, und einen Streitwagen mit schwerem Kriegsgerät und neuen Waffen wie Armbrüsten und langen Eisenschwertern mit sich führten. Wie zuvor bekleidete der Adel in diesem System eine Schlüsselposition.

Historische Quellen belegen, dass die wirtschaftliche Überlegenheit der Grundbesitzer, die im Gewohnheitsrecht verankert war, sehr weit reichte und ihnen große Macht verlieh. Grundbesitz – theoretisch durch den König garantiert – umfasste nicht nur das Land, sondern auch Wagen, Lebensmittelvorräte, Werkzeug und vor allem die im jeweiligen Gebiet lebenden Menschen. Landarbeiter konnten beliebig verkauft, getauscht oder behalten werden. Das bildete eine weitere Basis für die wachsende Unabhängigkeit des Adels. Es verlieh aber auch den Unterschieden innerhalb des Adelsstandes eine neue Bedeutung.

Seit dem 1. Jahrtausend v. Chr. waren runde Münzen mit einem Loch in der Mitte gängiges Zahlungsmittel. So sehen in China auch heute noch die meisten Münzen aus.

Im Prinzip lagen die Ländereien der Adligen in konzentrischen Kreisen um den Herrschaftssitz des Königs, entprechend ihrer Nähe zum Königshaus und damit auch zur Verbindung in die Welt der Religion. Um 600 v. Chr. hatte dies dazu geführt, dass der König von einigen mächtigen Prinzen abhängig war. Unter diesen etablierte sich eine Rangfolge. Die Könige konnten sich dem nur widersetzen, da der Erfolg des einen sofort den Neid des anderen nach sich zog. Außerdem genoss der König vor allem beim niederen Adel noch immer religiöses Ansehen. Die gesamte späte Chou-Dynastie aber war gezeichnet von schweren Unruhen und wachsender Skepsis angesichts der Frage, an welchen Kriterien das Recht auf Herrschaft zu erkennen sei. Der Preis, den die Könige für ihr Überleben zu zahlen hatten, war die Umgestaltung von Regierungen und Streitkräften, und oft nahmen sie Vorschläge von Reformern, die Traditionelles umstießen, dankbar auf.

Die Ära der Hundert Schulen

Während der tiefen und lang anhaltenden sozialen und politischen Krise der letzten Jahrhunderte der Chou-Dynastie und in der Epoche der Kämpfenden Staaten (481–221 v. Chr.) wurde zunehmend über die Fundamente von Regierung und Ethik spekuliert. Diese Phase ging unter der Bezeichnung Ära der „Hundert Schulen“ in die Geschichte ein – Gelehrte zogen von Herrscher zu Herrscher, um ihnen ihre Lehren darzulegen.

Dabei entstand auch eine Bewegung, die als „die Legalisten“ bekannt wurde. Diese forderten, das Prinzip der Staatsorganisation solle die gesetzgebende Gewalt und nicht rituelle Handlungen festlegen. Es solle ein allgemein gültiges Gesetz geben, das von einem Herrscher beschlossen und durchgesetzt werden sollte. Ziel war dabei die Erschaffung eines wohlhabenden und mächtigen Staates. Das erschien zwar einigen der Gegner als reine Machtdoktrin, aber die Legalisten hatten in den nächsten Jahrhunderten außerordentliche Erfolge, weil zumindest den Königen ihre Ideen zusagten. Dennoch wurde die Debatte noch lange Zeit weitergeführt.

Diese antiken chinesischen Bronzemünzen aus dem 3. Jahrhundert v. Chr. haben die Form eines Messers und einer Hacke.

KONFUZIUS

Die Hauptgegner der Legalisten waren die Anhänger eines Lehrers, der zum berühmtesten aller chinesischen Denker wurde: Konfuzius. Er wurde unter diesem Namen bekannt, wenngleich dieser nur eine latinisierte Version des chinesischen Kung-fu-tse ist. Der Name Konfuzius wurde ihm von Europäern im 17. Jahrhundert n. Chr. gegeben, über 2000 Jahre nach seiner Geburt in der Mitte des 6. Jahrhunderts v. Chr. Er genoss in China mehr Ansehen als jeder andere Philosoph. Was er sagte – tatsächlich oder angeblich –, formte das Denken seiner Landsleute für die folgenden 2000 Jahre. Im ersten post-

Als Antwort auf das immer schwächer werdende Königtum entstand die Bewegung der „Legalisten“. Sie forderten eine Trennung der gesetzgebenden von der religiösen Gewalt. Ihr Hauptgegner war der berühmte Konfuzius.

konfuzianischen chinesischen Staat, der Volksrepublik des 20. Jahrhunderts n. Chr., waren seine Lehren allerdings heftigen Attacken ausgesetzt.

Die Lehren des Konfuzius

Konfuzius stammte aus einer *Shih*-Familie. Er gehörte dem niederen Adel an und war eine Zeit lang Staatsminister. Als er keinen Herrscher fand, der seine Empfehlungen für eine gerechtere Regierung in die Tat umsetzen wollte, beschäftigte er sich mit Meditation und wandte sich der Lehre zu. Sein Ziel war es, eine reinere und abstraktere Version derjenigen Lehre zu schaffen, die seiner Ansicht nach das Herz der traditionellen Praktiken war. Persönliche Integrität und selbstloses Dienen der herrschenden Klasse sollten wieder in den Mittelpunkt rücken. Konfuzius war ein konservativer Reformer, der versuchte, seinen Schülern die essenziellen Wahrheiten eines Systems nahe zu bringen, das im Laufe der Zeit verwässert worden war.

Irgendwann in der Vergangenheit, so dachte er, hatte es ein mythisches Zeitalter gegeben, in dem jeder seinen Platz und seine Pflichten kannte. Dorthin zurückzukehren war sein ethisches Ziel. Er setzte sich dafür ein, dass alles seinen richtigen Platz im großen Ganzen finde. Praktischer Ausdruck seiner Lehre war die Befürwortung all der Institutionen, die Ordnung schaffen konnten – Familie, Hierarchie, Recht des Älteren – und tiefe Achtung aller zwischenmenschlichen Verpflichtungen.

Das Ideal dieser Lehre waren Menschen, die die traditionelle Kultur respektierten, Wert auf gute Umgangsformen und gesetzestreues Verhalten legten und versuchten, ihre moralischen Verpflichtungen in der gewissenhaften Ausführung ihrer Aufgaben zu erfüllen. Der Erfolg stellte sich schnell ein, denn viele Schüler des Konfuzius gelangten zu Ruhm und materiellem Reichtum – obwohl seine Lehre das Verfolgen solcher Ziele verurteilte und eher die Selbstlosigkeit predigte. Doch die Lehren des Konfuzius setzten sich auch auf staatlicher Ebene durch: „Dokumente, Schicklichkeit, Loyalität und Treue“, diese Leitsätze der Regierung trugen Jahrhunderte lang dazu bei, dass die Staatsbeamten zu Zuverlässigkeit, Selbstlosigkeit und Humanität angehalten wurden, wenngleich nicht immer mit demselben Erfolg.

Diese Elfenbeinstatue aus dem 16. Jahrhundert n. Chr. zeigt Konfuzius. Obwohl ihm zu Ehren heilige Zeremonien abgehalten wurden, hielt der große chinesische Meister sich selbst für einen weltlichen Denker, nicht für einen religiösen Propheten. Er hat einmal gesagt, „wenn wir nichts über das Leben wissen, wie können wir dann etwas über den Tod wissen?“ (Die *Analekten des Konfuzius*, XI, 11)

Der Ansatz der Lehren des Konfuzius, hier auf einem Bild aus dem 18. Jahrhundert n. Chr. dargestellt, spiegelt sich in dem Motto wieder, „Lernen ohne zu denken ist fatal, doch denken ohne zu lernen ist genauso schlecht". (Die *Analekten des Konfuzius*, II, 15)

Die Textsammlung des Konfuzius, bekannt als „Die 13 Klassiker", enthielt eine Zusammenstellung von Gedichten, Chroniken, alten Staatsdokumenten und moralischen Sprichwörtern. Sie wurden zur Grundlage für Staatsbeamte und Herrscher.

Mystizismus und Philosophie im China des Altertums

Verschiedene archäologische Funde beweisen, dass in der Shang- wie der Chou-Dynastie Mitglieder der königlichen Familie und des Adels an die Macht der Geister verstorbener Vorfahren glaubten. Dieser Glaube war die Grundlage ihrer Religion. Im 6. Jahrhundert v. Chr. jedoch entstanden zwei philosophische Richtungen, die das chinesische Denken bis zum heutigen Tag dominieren: Konfuzianismus und Taoismus. Der Konfuzianismus ist die Philosophie der gesellschaftlichen Organisation, der Weltanschauung und des praktischen Wissens. Der Taoismus hingegen ist die Philosophie von der Betrachtung der Natur, der Ruhe und der ewigen Wiedergeburt.

Konfuzius

Der Konfuzianismus verdankt seinen Namen Kung-fu-tse oder Konfuzius (551–479 v. Chr.). Er war eher ein gesellschaftlicher und moralischer Reformer als ein religiöser Führer. Seine Ideologie wurde 2000 Jahre lang von der herrschenden Klasse befolgt und zur Grundlage der chinesischen Philosophie. Später fügte Meng-tzu oder Menzius (4. Jahrhundert v. Chr.) dieser Doktrin die Vorstellung hinzu, der Mensch sei von Natur aus gut. Hsün-tzu (3. Jahrhundert v. Chr.) griff diese Lehre an, indem er das Gegenteil behauptete, nämlich dass alle Menschen böse seien und man sie lehren müsse, dem Pfad der Tugend zu folgen.

Lao-tzu

Taoisten glauben, dass Lao-tzu der Begründer des Taoismus war. Er soll ein Zeitgenosse des Konfuzius gewesen sein und ist der legendäre Autor einer Aphorismensammlung mit dem Titel *Tao-te-Ching (Das klassische Buch vom Tao und seiner Wirkung)*.

Konfuzianismus, Taoismus und Buddhismus werden oft unter dem Begriff der „Drei Lehren" zusammengefasst.

Die 13 Klassiker

Die Texte des Konfuzius wurden später mit geradezu religiöser Verehrung behandelt. Man sagt, er habe einige Texte gesammelt, die später als „Die 13 Klassiker" bekannt wurden. Diese Textsammlung erhielt ihre letzte Form erst im 13. Jahrhundert n. Chr. Ähnlich wie das Alte Testament war sie eine Zusammenstellung von alten Gedichten, Chroniken, frühen Staatsdokumenten und moralischen Sprichwörtern. Darunter war auch das bedeutende „Buch der Wandlungen". Jahrhundertelang wurden chinesische Staatsbeamte und Herrscher nach den Grundsätzen geformt, die man für konfuzianisch hielt – die Parallele zur Rolle der Bibel, zumindest in protestantischen Ländern, ist hier sehr auffällig. Der Stempel der Autorität wurde dieser Sammlung aufgedrückt, weil man wusste, dass Konfuzius sie zusammengestellt hatte. Daher musste sie eine Doktrin beinhalten, die seinen Lehren entsprach. Nebenbei führten die Bücher auch dazu, dass die Sprache, in der sie geschrieben waren, immer mehr zur Sprache der chinesischen Intellektuellen wurde. Die 13 Klassiker waren ein weiteres Bindeglied, das dieses riesige und vielfältige Land vereinte.

Es ist auffällig, dass Konfuzius sich sehr wenig zu metaphysischen Fragen äußerte. Er war im eigentlichen Sinne kein „religiöser" Lehrer, was auch erklärt, warum andere größeren Anklang bei den Massen fanden. Im Wesentlichen beschäftigte er sich, wie weitere chinesische Lehrer des 4. und 5. Jahrhunderts v. Chr., mit praktischen Pflichten. Vermutlich weil die Lehre des Konfuzius als verbindliche Autorität galt, wurde das chinesische Denken weniger als andere Traditionen von der quälenden Unsicherheit angesichts der gegenwärtigen Realität oder der Möglichkeit zur persönlichen Erlösung beunruhigt. Die Lehren aus der Vergangenheit, die Weisheit früherer Zeiten und die Erhaltung der rechten Ordnung hatten einen höheren Stellenwert als die Lösung theologischer Probleme oder die

Suche nach Halt in den Armen dunkler Götter.

CHINESISCHE PHILOSOPHIE

Trotz seines gewaltigen Einflusses war Konfuzius nicht der Einzige, der die intellektuelle Tradition Chinas bestimmt hat. Die Merkmale des chinesischen Geisteslebens sind ohnehin wohl nicht allein den Lehren Einzelner zuzuschreiben. In seiner Betonung des Meditativen und Nachdenklichen, im Gegensatz zu den methodischen und hinterfragenden Ansätzen Europas, gibt es vielmehr Gemeinsamkeiten mit anderen fernöstlichen Philosophien. Die Aufzeichnung von Wissen, das man durch systematisches Fragen und logisch-analytisches Denken erhielt, war keine charakteristische Aktivität der chinesischen Philosophen.

Das bedeutet nicht, dass sie weltabgewandt waren, denn der Konfuzianismus war vorwiegend praktisch orientiert. Anders als im Judentum, Christentum und Islam waren die moralischen Weisheiten in China stets auf das Hier und Jetzt gerichtet. Sie beschäftigten sich mit pragmatischen und weltlichen Fragen anstatt mit Theologie und Metaphysik.

Das trifft auch auf die Systeme zu, die neben dem Konfuzianismus aufkamen. Eine dieser Lehren stammte von Mo-tzu, einem Denker aus dem 5. Jahrhundert v. Chr., der das Prinzip der allgemeinen Menschenliebe formulierte. Die Menschen sollten Fremde genauso lieben wie ihre eigene Familie. Einige seiner Anhänger betonten diese Seite seiner Lehre, andere wandten sich mehr ihren religiösen Aspekten, der Geisterverehrung zu, die beim Volk größeren Anklang fand.

Der Taoismus

Lao-tzu, ein weiterer großer Lehrer, über den wir trotz seines Ruhmes eigentlich fast nichts wissen, gilt als Autor jenes Textes, der das Schlüsseldokument des philosophischen Systems ist, das später Taoismus genannt wurde. Dieses trat in Konkurrenz zum Konfuzianismus, denn es vertrat eine partiell völlig gegenteilige Philosophie, unter anderem in Bezug auf den Respekt gegenüber der gesellschaftlichen Ordnung und der gewissenhaften Beachtung von Traditionen und Zeremonien.

Der Taoismus forderte die Unterordnung unter ein Konzept, das im chinesischen Denken bereits vorhanden war und das auch Konfuzius kannte. Dieses kosmische Prinzip, das im Universum herrscht und seine harmonische Ordnung aufrechterhält, heißt „Tao" oder der „Weg". Praktische Ergebnisse dieser Philosophie waren Quietismus (eine nicht aktive Haltung) und Rückzug aus dem politischen Leben. Danach sollte ein Dorf wissen, dass es andere Dörfer gibt, denn es hört die Hähne am Morgen krähen, aber es sollte sich nicht weiter dafür interessieren. Es sollte keinen Handel mit ihnen treiben und keine einheitliche politische Ordnung anstreben. Diese Idealisierung von Einfachheit und Armut war genau das Gegenteil der konfuzianischen Ansichten über einen mächtigen Staat und materiellen Wohlstand.

Die Lehre des Menzius

Menzius, ein weiterer Denker aus dem 4. Jahrhundert v. Chr., lehrte seine Schüler ebenfalls, einen Weg zur Menschlichkeit zu suchen. Seine moralischen Lehren auf Basis dieses Prinzips sollten dazu dienen, dass die von Natur aus guten Menschen sich positiv entfalten konnten. Diese Lehre bedeutete die Weiterentwicklung des Konfuzianismus eher als eine Abkehr

Diese Statuette zeigt Lao-tzu, den legendären Begründer des Taoismus, auf einem Büffel reitend.

davon. Doch alle philosophischen Strömungen Chinas mussten sich mit dem Konfuzianismus auseinander setzen, so groß waren sein Einfluss und sein Ansehen. Zusammen mit dem Buddhismus, der China erst nach der Epoche der Kämpfenden Staaten erreichte, und dem Taoismus gehörte der Konfuzianismus zu den „Drei Lehren", die die Basis der chinesischen Kultur bildeten.

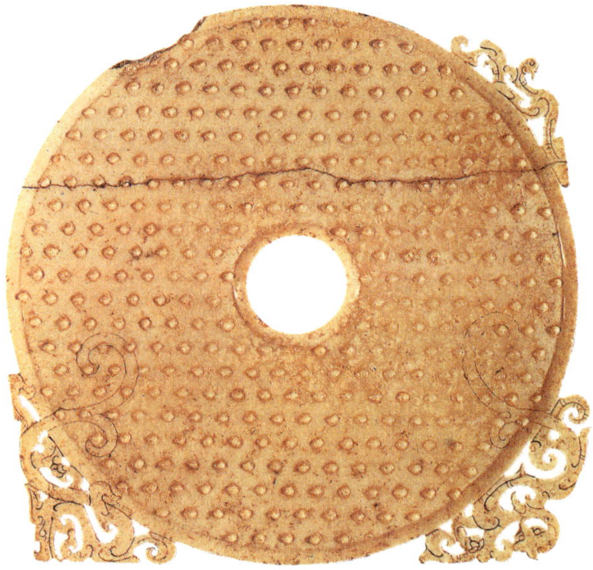

Seit Beginn der chinesischen Kultur wurden Jadescheiben hergestellt, die möglicherweise den Himmel symbolisieren. Dieses Exemplar aus dem 4. Jahrhundert v. Chr. zeigt die meisterhafte Technik, die chinesische Handwerker bei der Bearbeitung des wertvollen Materials erworben haben. Die Scheibe weist ein Loch in der Mitte auf, das den Eingang in die Leere der Zeitlosigkeit darstellt.

Die Bedeutung des Konfuzianismus

Man kann nicht abschätzen, wie weit reichend die Auswirkungen der konfuzianischen Weisheiten sind. Es ist schwer zu sagen, wie viele Menschen direkt mit vergleichbaren Lehren in Berührung kamen – was die konfuzianischen Ideen angeht, liegt ihre Blütezeit weit zurück. Ihren Höhepunkt erreichten sie bereits in der Zeit unmittelbar nach dem Tod des Konfuzius.

Doch die Bedeutung des Konfuzianismus für die Eliten des Landes war gewaltig. Er setzte Standards und Ideale für Chinas Führer und Herrscher, die sich bis zum heutigen Tag bewahrt haben. Einige seiner Grundsätze – z. B. der Gehorsam des Sohnes seinem Vater gegenüber – gingen durch Geschichten und traditionelle Kunstmotive auch in die Volkskultur über. So festigten sie eine Kultur, deren charakteristischste Errungenschaften bereits im 3. Jahrhundert v. Chr. geprägt worden waren. Sicherlich haben die konfuzianischen Lehren auch dazu beigetragen, dass die chinesischen Herrscher sich so intensiv mit der Vergangenheit beschäftigen. Das wirkte sich auf die chinesische Geschichtsschreibung aus und behinderte sicher auch in gewisser Weise die wissenschaftlich ausgerichtete Forschung. Es gibt zudem Anzeichen dafür, dass nach dem 5. Jahrhundert v. Chr. die traditionellen astronomischen Observationen, mit denen man eine Mondfinsternis voraussagen konnte, einen Niedergang erlebten. Manche Forscher machen auch dafür den konfuzianischen Einfluss verantwortlich.

Eine Terrakotta-Figur aus dem 3. Jahrhundert v. Chr, die man beim Mausoleum des chinesischen Kaisers Shih Huang-ti entdeckt hat. Sie ist eines der wenigen Frauenbildnisse, die aus dieser Zeit überlebt haben. Man fand hingegen Tausende männlicher Terrakotta-Figuren im Grab des Kaisers.

Kunst und Architektur

Chinas große moralische Lehren zeigen auf beispielhafte Weise, wie sehr sich die chinesische Tradition von unserer eigenen und von allen anderen, die wir kennen, unterscheidet. Ihre Einzigartigkeit bezeugt nicht nur die Iso-

Diese rituelle Bronzevase stammt aus der späten Shang-Dynastie. Man füllte sie mit duftendem Wein, den man den Ahnen während der heiligen Zeremonien überreichte. Diese Vase, vermutlich aus einem Shang-Grab, ist mit magischen Symbolen, unter anderem mit drachenähnlichen Vögeln, Tieren und mit einer großen Maske verziert.

Vor allem durch die Kunst erhalten wir Zugang zum Denken des alten China. Von der Architektur ist wenig erhalten, da die Gebäude vorwiegend aus Holz bestanden.

lation des Landes, sondern auch dessen Kraft. Beides schlägt sich in der chinesischen Kunst nieder. Für uns sind diese Kunstgegenstände der direkteste und ansprechendste Zugang zum alten China. Von der Shang- und Chou-Architektur ist nicht viel erhalten geblieben; die Bauten waren oftmals aus Holz, und die Gräber sind nicht sehr aufschlussreich. Ausgrabungen von Städten zeigen allerdings, dass auch gewaltige Gebäude errichtet wurden; so war die Mauer einer Chou-Hauptstadt aus gestampfter Erde zehn Meter hoch und 13 Meter dick.

Kleinere Objekte hingegen sind in größerer Zahl erhalten geblieben. Sie enthüllen eine Kultur, die bereits in der Shang-Dynastie erlesene Arbeiten angefertigt hat. Vor allem die Keramiken sind in der gesamten antiken Welt unübertroffen, sie werden in China seit der Steinzeit hergestellt.

Einen Ehrenplatz muss man auch den großen Bronzearbeiten einräumen, die es seit der frühen Shang-Dynastie gab. Die Kunstfertigkeit, mit der Opferbehälter, Töpfe, Weinkrüge, Waffen und Dreibeine gegossen wurden, erreichte ihren Höhepunkt bereits 1600 v. Chr. Einige Forscher behaupten sogar, dass die Bronzeguss-Methode, die zu neuen Triumphen führte, schon in der Shang-Dynastie bekannt war. Bronzeguss erschien so plötzlich und auf einem so hohen Niveau, dass man lange Zeit annahm, er sei von anderen Kulturen übernommen worden. Doch dafür gibt es keine Beweise. Am wahrscheinlichsten ist, dass er sich aus früheren Techniken der späten Steinzeit entwickelt hat.

Keine der Bronzen gelangte in der Frühzeit außerhalb der Landesgrenzen. Zumindest gibt es vor Mitte des 1. Jahrtausends v. Chr. keine entsprechenden Funde. Aus der Zeit davor findet man außerhalb auch keine anderen chinesischen Kunstwerke, wie etwa Schnitzarbeiten aus Stein oder dem extrem harten Jade mit schönen und komplizierten Verzierungen. Abgesehen von dem, was China von seinen Nachbarn, den barbarischen Nomaden, übernommen hat, erfuhr es bis ins christliche Zeitalter hinein recht wenig von der restlichen Welt. China hatte anscheinend auch keinen Grund anzunehmen, dass die Welt außerhalb – wenn es überhaupt von einer solchen wusste – viel von ihm erfahren wollte.

Tausende lebensgroße Terrakotta-Figuren wie diese wurden im Mausoleum von Shih Huang-ti, dem ersten Kaiser von China, gefunden. Die Figuren stellen Soldaten der kaiserlichen Armee gegen Ende des 3. Jahrhunderts v. Chr. dar. Dieses Modell zeigt einen Bogenschützen der Nachhut in Kampfposition. Eine Kürasse aus Bronzeplatten schützt Brust, Schultern und Rücken.

3 DIE ANDEREN WELTEN DES ALTERTUMS

Die Heimat der schöpferischen Kulturen, die auf die Kulturgeschichte maßgeblichen Einfluss genommen haben, sind der Nahe Osten und die Ägäis, Indien und China. In all diesen Gebieten kann man im 1. Jahrtausend v. Chr. bedeutsame Diskontinuitäten feststellen. Es gibt keine glatten Zäsuren, aber einige Ereignisse fanden relativ synchron statt, so dass man von einem Einschnitt in der Geschichte sprechen kann. Doch für große Gebiete wie Afrika, Australien, die amerikanischen Kontinente und den südwestlichen Pazifik, über die bis jetzt noch nichts gesagt wurde, wäre eine solche Chronologie weder besonders zutreffend noch aufschlussreich.

Das liegt hauptsächlich daran, dass nirgendwo die Kulturen ein Niveau erreichten, das mit jenem des Mittelmeerraumes und Asiens um 1000 v. Chr. vergleichbar wäre. Bedeutsame Werke waren zwar auch zu dieser Zeit in Westeuropa und auf den amerikanischen Kontinenten geschaffen worden, aber es bleibt immer noch ein qualitativer Unter-

Auf diesem Höhlenfresko aus den Tassilibergen in der mittleren Sahara ist eine Rinderherde mit einem Viehtreiber zu sehen. Das Bild zeigt, dass die heute von der Sonne versengte Wüste vor 6000 Jahren eine fruchtbare Gegend war.

schied zwischen der Komplexität und den Ressourcen dieser Gesellschaften und denen der antiken Kulturen, die schon damals dauerhafte Traditionen erschaffen haben.

Das Interesse an der alten Geschichte dieser Gebiete konzentriert sich daher zunächst auf die Erkenntnis, dass verschiedene Wege zu einer Kultur führen und dass unterschiedliche geographische Gegebenheiten wohl zu anderen Entwicklungen führen, und erst in zweiter Linie auf das Erbe, das diese Kulturen hinterlassen haben.

In ein oder zwei Fällen erlauben sie uns vielleicht, die Diskussion darüber wieder zu eröffnen, was eigentlich eine „Kultur" ausmacht. Doch für den Zeitraum, mit dem wir uns bisher beschäftigt haben, ist die Geschichte Afrikas, der pazifischen Völker, der amerikanischen Kontinente und Westeuropas noch nicht historisch, sondern prähistorisch. Es gibt wenig oder keine Zusammenhänge zwischen ihrem Verlauf und den Ereignissen im Nahen Osten oder in Asien, selbst wenn es sogar wie im Falle Afrikas und Europas, allerdings nicht Amerikas, Kontakte zwischen ihnen gegeben haben sollte.

AFRIKA

Afrika ist ein guter Ausgangspunkt, denn hier begann auch die Geschichte der Menschheit. Afrika-Historiker, die auf jede Schmälerung ihres Forschungsobjekts empfindlich reagieren, betonen die Bedeutung des Kontinents für die Vorgeschichte. Wie aus einigen bereits dargelegten Tatsachen hervorgeht, haben sie durchaus Recht: Die meisten Beweise für das Leben der frühesten Hominiden fand man in Afrika. Erst im späten Paläolithikum und im Neolithikum konzentriert sich die Aufmerksamkeit auf andere Kontinente. Vieles passiert weiterhin in Afrika, doch die Zeit seines größten kreativen Einflusses auf den Rest der Welt ist vorbei.

Diese Giraffe wurde auf einer Felswand in Twifelfontein, Namibia, entdeckt. Viele ähnliche Beispiele von Höhlenmalerei, die alle sehr schwer zu datieren sind, fand man in Südwestafrika.

Die Bedeutung Afrikas sollte man keinesfalls unterschätzen: Inzwischen gilt es als sicher, dass auf diesem Kontinent die Menschheitsgeschichte begann.

Klimaveränderung

Warum Afrikas Einfluss schwindet, können wir nicht sagen. Es besteht aber die Möglichkeit, dass eine Klimaveränderung der Hauptgrund war. Noch ungefähr im Jahre 3000 v. Chr. lebten in der Sahara Tiere wie Elefan-

Zeitleiste (3500 v. Chr. – 450 v. Chr.)

1300–800 v. Chr. Urnenfelder-Kultur in Europa

1200–400 v. Chr. Olmeken-Kultur in Mexiko

800–450 v. Chr. Keltische Hallstatt-Kultur in Europa

2000 v. Chr. — 1500 v. Chr. — 1000 v. Chr. — 500 v. Chr.

3500–1500 v. Chr. Megalith-Kultur in Nord- und Westeuropa

1200–200 v. Chr. Chavin-Kultur in Peru

Vermutlich verursachten Klimaveränderungen die Abwanderung der ersten Menschen aus einigen Teilen Afrikas, als aus einem fruchtbaren, von Flüssen durchzogenen Land die heute bekannte Wüstenlandschaft wurde.

ten und Nilpferde, die dort seit langem verschwunden sind. Die Sahara war, was noch bemerkenswerter ist, auch die Heimat von Hirtenvölkern, die Rinder, Schafe und Ziegen hüteten. Damals war der Landstrich eine fruchtbare Savanne, die von Flüssen durchzogen und versorgt wurde, die bis zum Niger reichten. Ein anderes Flusssystem war 1200 Kilometer lang und mündete in den Tschadsee. Die Menschen lebten in den Hügeln, denen diese Flüsse entsprangen. Sie hinterließen eine Erinnerung an ihr Leben in Form von Felsmalereien und -gravuren, die sich von der früheren Höhlenkunst Europas, die fast ausschließlich Tiere und nur ab und zu einen Menschen abbildete, stark unterscheiden. Diese Malereien sprechen auch dafür, dass die Sahara ein Treffpunkt für negroide und die von einigen so genannten „europoiden" Völker war. Letztere waren vielleicht die Vorfahren der späteren Berber und Tuaregs. Eines davon scheint sich mit Pferden und Karren von Tripolis aus aufgemacht zu haben und hat vielleicht die Hirtenvölker der Sahara besiegt. Ihre Präsenz und die der negroiden Völker zeigen, dass Afrikas Vegetation einmal ganz anders gewesen sein muss – denn Pferde müssen grasen. Doch wenn wir die historische Zeit betrachten, ist die Sahara bereits ausgetrocknet. Die Stätten eines früher wohlhabenden Volkes sind verlassen, die Tiere sind weitergezogen.

Die Völker Afrikas

Vielleicht führte die klimatische Veränderung im übrigen Kontinent dazu, dass Ägypten der Ausgangspunkt der afrikanischen Geschichte wurde. Doch das Land übte jenseits der Grenzen des Niltals nur wenig Einfluss aus. Auch wenn es Kontakte zu anderen Kulturen gegeben hat, war diese Barriere nicht leicht zu überwinden. Als der griechische Historiker Herodot im 5. Jahrhundert v. Chr. über Afrika schrieb, hatte er über alle Gebiete außerhalb Ägyptens wenig zu sagen. Sein Afrika war ein Land, das der Nil begrenzte. Er nahm an, dieser fließe ungefähr parallel zum Roten Meer nach Süden und folge dann einer Kurve nach Westen, entlang der Grenzen Libyens. Südlich des Nils lagen für ihn im Osten Äthiopien, im Westen ein Wüstenland ohne Bewohner. Angesichts der Quellen von Herodot stellten

Klimatische Veränderungen in der Sahara

Vor 10 000 Jahren blühte in der heutigen Wüstenregion eine Flora wie am Mittelmeer. Die Überreste mehrerer Siedlungen zeigen, dass es dort Fischerdörfer an den Ufern großer Seen gegeben hat. Auch sesshafte Bauernvölker lebten bis ungefähr 2000 v. Chr. mitten in der Sahara. Fortschreitende Versteppung setzte diesen Lebensformen ein Ende.

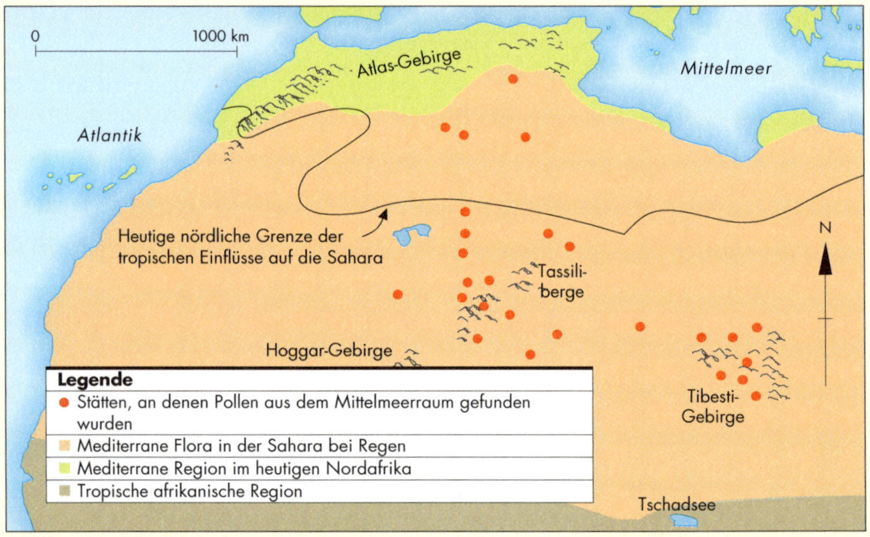

seine topographischen Angaben sicherlich keine schlechten Rückschlüsse dar, doch er hatte lediglich ein Drittel oder Viertel der afrikanischen Völker erfasst.

Die Äthiopier gehörten wie die ursprünglichen Bewohner Oberägyptens zu den Hamiten, eine der drei Ethnien Afrikas am Ende der Steinzeit, die später von Anthropologen unterschieden wurden. Die anderen beiden sind die Vorfahren der heutigen San – einst geringschätzig als „Buschmänner" bezeichnet –, die grob betrachtet die offenen Gebiete zwischen der Sahara und dem Kap im Süden bewohnen, und die Negriden, die vor allem in den Wäldern Zentralafrikas und in Westafrika leben. Die Meinungen über Ursprung und Eigenschaften einer vierten Gruppe, der Pygmäen, sind geteilt. Betrachtet man ihre Steinwerkzeuge, scheinen vor Beginn der Landwirtschaft die Kulturen der Hamiten oder der Urhamiten am weitesten fortgeschritten gewesen zu sein. Abgesehen von Ägypten entwickelte sich die Landwirtschaft nur sehr langsam. Sammler- und Jägerkulturen der Vorgeschichte lebten dort bis in die Moderne neben landwirtschaftlich orientierten Völkern.

Regen ist lebenswichtig für die San, die heute in der Wüste Kalahari leben. Zehn Monate im Jahr gibt es dort an der Oberfläche kein Wasser. Wie frühere afrikanische Gemeinschaften, die davon betroffen waren, dass ihre Gebiete mehr und mehr austrockneten, sind auch die San gezwungen, sich an die veränderte Umwelt anzupassen. Ihre Vorfahren bewohnten vor 10 000 Jahren ein großes Gebiet in Süd- und Ostafrika.

Der Pegel des Tschadsees

Die Veränderungen, die der Pegel des afrikanischen Tschadsees in den letzten 12 000 Jahren erfahren hat, beweisen, dass die Niederschlagsmengen in der Sahara zwischen 10 000 und 4000 v. Chr. viel höher waren als heute.

Wie die Tabelle zeigt, hatten sie vor 6000 Jahren ihr höchstes Niveau erreicht. Zu Beginn der christlichen Zeitrechnung war das Wasservolumen des Tschadsees dann kaum größer als jetzt.

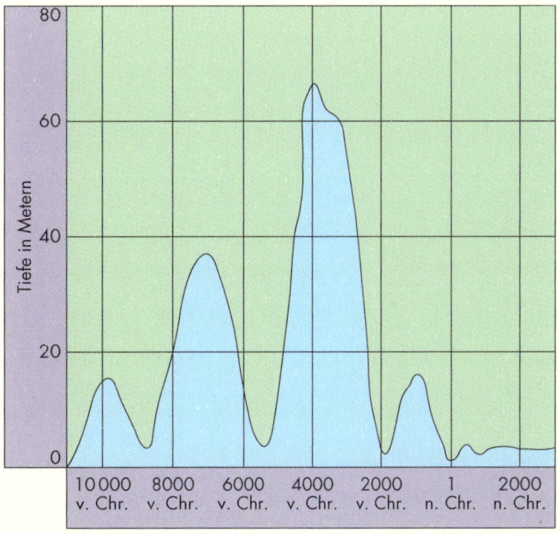

Dieses Diagramm zeigt die Veränderungen der Tiefe des Tschadsees während der letzten 12 000 Jahre.

Die Landwirtschaft

Dasselbe Wachstum, das auch andernorts einsetzte, als Nahrung in großen Mengen produziert wurde, veränderte Afrikas Bevölkerungsmuster. Zunächst wurde das Niltal dichter besiedelt, diese Siedlungen waren der Ausgangspunkt der ägyptischen Kultur. Dann breiteten sich die Negriden südlich der Sahara, entlang der Grasländer aus, die im 2. und 1. Jahrtausend v. Chr. die Wüste vom Äquatorialwald trennten. Das scheint für eine Verbreitung des Ackerbaus von Süden nach Norden zu sprechen. Zugleich wurden Getreidearten entdeckt, die für die tropischen Bedingungen und die andersartigen Böden geeigneter waren als Weizen und Gerste, die im Niltal gediehen. Dabei handelte es sich um Hirse und Reis aus der Savanne. Bis entsprechende Pflanzen aus Südostasien und Amerika eingeführt wurden, konnten die Waldgebiete landwirtschaftlich nicht genutzt werden. Nichts davon geschah vor Beginn der christlichen Zeitrechnung. So etablierte sich schon damals eine der auffälligsten Eigenarten der afrikanischen Geschichte, die Unterschiede kultureller Entwicklungen innerhalb des Kontinents.

Das Königreich Kusch

Das Königreich Kusch erhielt vor allem durch seine Erzvorkommen und die Hauptstadt Meroë als Zentrum der afrikanischen Metallverarbeitung große Bedeutung. Daher war es – eine Zeit lang – in der Waffen- und Werkzeugherstellung anderen afrikanischen Ländern überlegen.

Zur Zeit der Geburt Christi war Eisen in Afrika bekannt, und das afrikanische Erz wurde bereits abgebaut. Dies geschah im ersten unabhängigen afrikanischen Staat, den wir – neben Ägypten – kennen. Es handelt sich um das Königreich Kusch hoch oben am Nil in der Gegend von Khartoum. Diese Gegend war ursprünglich der äußerste Einfluss-

Diese Felsmalerei aus den Tassilibergen in der Sahara zeigt verwundete Krieger, die ins Lager zurückkehren und vor Schmerzen und Erschöpfung zusammenbrechen. Andere eilen ihnen zur Hilfe.

bereich Ägyptens. Nachdem Kusch eingegliedert worden war, wurde das sudanesische Fürstentum im Süden Nubiens von ägyptischen Garnisonen besetzt. Um 1000 v. Chr. entstand dort ein unabhängiges Königreich, das tief von der ägyptischen Kultur geprägt war. 730 v. Chr. war Kusch stark genug, um Ägypten zu erobern, und fünf seiner Könige regierten als jene Pharaonen, die in die Geschichte als die 25. oder die „äthiopische" Dynastie eingegangen sind. Sie endete, als die Assyrer in Ägypten einfielen.

Dieses dekorative Gefäß mit Griffen und Schütte zeigt die künstlerische Qualität der Chavin-Töpferei.

Obwohl die ägyptische Kultur im Königreich Kusch fortgeführt wurde, drang ein Pharao der nächsten Dynastie im frühen 6. Jahrhundert v. Chr. ins Land ein. Danach begann auch das Königreich Kusch, seine Grenzen nach Süden auszudehnen. Dabei kam es zu zwei wichtigen Entwicklungen: Das Königreich wurde stärker von den Negriden beeinflusst, seine Sprache und Literatur zeigten eine schwächere Anlehnung an die ägyptische Kultur. Das Territorium erstreckte sich zudem über neue Gebiete, in denen es sowohl Eisenerz als auch den Brennstoff gab, es zu verhütten. Die neue kuschitische Hauptstadt Meroë wurde zum Zentrum der Metallverarbeitung in Afrika. Eisenwaffen verliehen Kusch den militärischen Vorteil, den die nördlichen Völker einst gegenüber Ägypten hatten. Und eiserne Werkzeuge machten es möglich, größere Gebiete landwirtschaftlich zu erschließen. Dies schuf die Grundlage für ungefähr 300 Jahre Wohlstand und Kultur im Sudan.

DIE BEIDEN AMERIKAS

Sicher ist, dass die Geschichte der Menschheit auf dem amerikanischen Kontinent kürzer ist als die in Afrika oder in allen anderen Teilen der Welt, abgesehen von Australien und dem südwestlichen Pazifik. Vor vielleicht 30 000 Jahren kamen Völker, die den Mongolen verwandt waren, aus Asien nach Nordamerika. Im Laufe der nächsten Jahrtausende drangen sie langsam weiter nach Süden vor. Höhlenbewohner haben bereits vor über

Dieser Kopf ist eine von acht gigantischen Figuren, die bei San Lorenzo in Mexiko gefunden wurden. Zwischen 1200 und 900 v. Chr. fand sich dort eine wichtige Kultstätte der Olmeken. Die außergewöhnlichen Köpfe, in Basalt geschnitzt und über 20 Tonnen schwer, sind womöglich Abbildungen olmekischer Herrscher.

18 000 Jahren Spuren in den peruanischen Anden hinterlassen. Die amerikanischen Kontinente haben sehr unterschiedliche Klimazonen und Umweltbedingungen. Daher überrascht es kaum, dass die archäologischen Funde von völlig verschiedenen Lebensmustern zeugen, die auf den unterschiedlichen Ausgangsbedingungen für Jagd, Sammeln von Nahrung und Fischfang basieren. Man wird wohl nie herausfinden, was die Völker voneinander gelernt haben. Unumstritten ist jedoch, dass einige dieser Kulturen unabhängig von der Alten Welt mit dem Ackerbau begannen.

Die Entstehung der Landwirtschaft in Amerika

Es bestehen immer noch Meinungsverschiedenheiten, wann genau in Amerika die Landwirtschaft eingeführt wurde, denn paradoxerweise hat man Beweise für den Anbau von Pflanzen aus sehr früher Zeit. Doch angesichts des damaligen Niveaus kann man noch nicht von Ackerbau im eigentlichen Sinn sprechen. Die systematische Landwirtschaft begann allerdings um einiges später als im Fruchtbaren Halbmond des Nahen Ostens: Mais wurde zwar in Mexiko bereits um 5000 v. Chr. angebaut, aber erst um 2000 v. Chr. wurde er in Mesoamerika zu etwas Ähnlichem wie unserer heutigen Maispflanze herangezüchtet. Damit wurde die Errichtung großer sesshafter Gemeinschaften möglich. Weiter im Süden erschienen ungefähr zur selben Zeit Kartoffeln und Maniok, ein weiteres stärkehaltiges Wurzelgemüse, und etwas später gibt es Anzeichen dafür, dass der Mais von Mexiko aus nach Süden gelangte. Überall jedoch verlief die Entwicklung Schritt für Schritt; von einer „landwirtschaftlichen Revolution" zu sprechen, wäre auf den amerikanischen Kontinenten noch weniger als im Nahen Osten angebracht.

Die Chavin-Kultur war die erste wichtigere Kultur der Anden. Ihre Hauptkultstätte lag bei der heutigen peruanischen Stadt Chavin de Huantar. Übernatürliche Wesen wie das oben abgebildete zierten die Außenwände des alten Tempels.

Die Olmeken

Landwirtschaft, Dörfer, Web- und Töpferkunst erscheinen in Mesoamerika im 2. Jahrtausend v. Chr. Gegen Ende des Jahrtausends findet man erste Anzeichen einer Kultur, diejenige der Olmeken an der Ostküste Mexikos, der ersten bekannten amerikanischen Kultur. Im Zentrum, so scheint es, standen wichtige Kultstätten mit großen Erdpyramiden. An diesen Stätten fand man gewaltige Monumentalskulpturen und fein geschnitzte Jadefiguren. Der Stil dieser Arbeiten ist sehr individuell. Sie konzentrieren sich auf Abbildungen von Menschen und jaguarähnlichen Tieren, manchmal gibt es auch eine Kombination von beiden. Nach 800 v. Chr. scheint diese Kultur einige Jahrhunderte lang Mesoamerika und den Süden bis zum heutigen El Salvador dominiert zu haben. Doch bleibt einiges ungeklärt, denn jene Kultur erschien ohne Vorstufen oder Anzeichen in einer sumpfigen, bewaldeten Gegend, was sich schwer erklären lässt. Wir wissen nicht, warum Zivilisation, die überall sonst auf der Welt den Reichtum und die Fülle von großen Flusstälern benötigte, ausgerechnet in Amerika auf so wenig fruchtbarem Boden entstand.

Eine Olmeken-Figur aus dem 1. Jahrtausend v. Chr. Die mesoamerikanische Kunsttradition begann mit der Olmeken-Kultur.

Die erste bekannte mesoamerikanische Kultur ist die der Olmeken. Sie haben uns vor allem Monumentalskulpturen und feine Jadeschnitzereien hinterlassen.

Neben der Olmeken-Kultur kennen wir noch die weiter südlich entstandene Chavin-Kultur, die ähnlich kunstvoll gefertigte Gegenstände hinterließ.

Die Olmeken-Kultur hat ihrer Nachwelt einiges hinterlassen, so waren die Götter der späteren Azteken Nachfahren der olmekischen Götter. Es kann sogar sein, dass das frühe Hieroglyphensystem Mesoamerikas auf die Zeit der Olmeken zurückgeht, obwohl die ältesten Funde dieser Schriftzeichen aus einer späteren Zeit stammen, nämlich ungefähr ein Jahrhundert nach dem Verschwinden der Olmeken-Kultur um 400 v. Chr. Auch hier wissen wir nicht, warum und wie das geschah.

Viel weiter im Süden, in Peru, tauchte die Chavin-Kultur auf, die nach einer großen Kultstätte benannt ist. Sie überlebte etwas länger als die Olmeken-Kultur im Norden. Auch die Chavin-Kultur verfügte über hohe Kunstfertigkeit bei der Steinbearbeitung. Sie breitete sich zunächst aus, um dann unter ungeklärten Umständen zu verschwinden.

Als die Spanier fast 2000 Jahre nach dem Verschwinden der Olmeken-Kultur in der Neuen Welt landeten, trafen sie auf Einwohner, die noch immer mit Steinwerkzeugen arbeiteten. Andererseits fanden sie komplexe Gesellschaften und die Überbleibsel anderer Völker vor, die wahre Wunder in Baukunst und Organisation vollbracht und darin alles übertroffen hatten, was beispielsweise Afrika nach dem Niedergang des alten Ägypten zu bieten hatte. Klar ist nur, dass die Entwicklung auf den amerikanischen Kontinenten keineswegs geradlinig verlief.

Diese aufwendig geschmückte Gold-*Lunula* (eine halbmondförmige Halskette) fand man in Blessington im irischen County Wicklow. Sie stammt ungefähr aus dem Jahre 2000 v. Chr.

EUROPA

Das einzige andere Gebiet der Welt, in dem die Bearbeitung von Stein ein erstaunlich hohes Niveau erreichte, war Westeuropa. Doch trotz einiger Ereignisse in prähistorischen Zeiten, die wir aus heutiger Sicht interessant finden können, ist die europäische Geschichte jener Zeit im Vergleich zu anderen Epochen nicht besonders eindrucksvoll. Der Kontinent war für die großen Kulturen, die in den Flusstälern des Nahen Ostens blühten und untergingen, weitgehend irrelevant. Manchmal hatte er Berührung mit der Außenwelt, doch trug Europa nur marginal und äußerst selten zu historischen Wandlungen bei. Eine Parallele dazu findet man zu einer späteren Zeit in Afrika, das für sich genommen zwar interessant ist, aber nicht im Hinblick auf einen bedeutenden Beitrag zur Weltgeschichte.

Es sollte sehr lange dauern, bis die Menschen überhaupt in der Lage waren zu begreifen, dass es eine geographische, geschweige denn kulturelle Einheit gab, die der späteren Vorstellung von Europa entsprach. Für die antike Welt waren die nördlichen Länder, in denen die Barbaren lebten, bevor sie in Thrakien auftauchten, bedeutungslos, und die meisten Barbaren kamen wahrscheinlich ohnehin von weiter östlich. Das nordwestliche Hinterland war nur wichtig, weil es dort gelegentlich Rohstoffe gab, die in Asien und der Ägäis gefragt waren.

Diese Figur aus Trudholm auf der dänischen Insel Seeland ist eines der bedeutendsten Fundstücke aus der europäischen Bronzezeit. Das Pferd steht auf einem Untersatz mit Reifen und zieht eine Scheibe, die auf einer Seite vergoldet ist. Man nimmt an, dass es ein mythischer Wagen ist, der die Sonne über den Himmel zieht.

Die Olivenbaumgrenze im prähistorischen Europa

Es gibt wenig über das prähistorische Europa zu sagen, doch um eine richtige Perspektive zu erhalten, sollte ein Punkt nicht unerwähnt bleiben: Europa war in zwei Teile gespalten. Einerseits gab es die mediterranen Küsten und ihre Völker. Ihr Territorium ist in etwa das Gebiet, in dem Oliven angebaut wurden.

Südlich dieser Grenze entstand zu Beginn der Eisenzeit bald eine gebildete und urbane Kultur. Dies geschah anscheinend in direkter Berührung mit fortgeschritteneren Regionen. Um 800 v. Chr. hatten die Küstenstriche des westlichen Mittelmeerraums bereits ständigen Kontakt mit dem Osten.

Nördlich und westlich der Olivenbaumgrenze entwickelte sich Europa ganz anders. In diesem Gebiet entstand im Altertum niemals eine Schrift. Diese wurde erst viel später durch Eroberer ins Land gebracht. Lange widerstand die Region kulturellen Einflüssen aus dem Süden und Osten – oder nahm diese zumindest nicht auf – und blieb für 2000 Jahre, abgesehen von den Beziehungen zu anderen Gebieten, ohne eigentliche Bedeutung. Die Rolle jener Gegend war zwar nicht völlig passiv: Die Bewegungen ihrer Völker, ihre natürlichen Ressourcen und die Fähigkeiten der Menschen schlugen sich andernorts zumindest am Rande in bestimmten Ereignissen nieder. Doch um 1000 v. Chr. – ein willkürliches Datum – oder sogar zu Beginn der christlichen Zeitrechnung hatte Europa der Welt außer Bodenschätzen wenig Eigenes zu bieten, und es zeichnete sich schon gar nicht durch kulturelle Errungenschaften aus wie etwa der Nahen Osten, Indien oder China. Europas Zeit musste erst noch kommen; hier sollte die jüngste der großen Kulturen entstehen.

Das frühe Europa lässt sich in zwei Kulturzonen teilen: eine mediterran geprägte, die bereits im Altertum eine urbane Kultur ausbildete, und eine rauere, kältere Zone, die vor allem durch das Nomadentum ihrer Völker gekennzeichnet ist.

Frühe Landwirtschaft in Europa

Kultur erschien in Europa nicht etwa auf Grund schlechterer Ausgangsbedingungen später als anderswo. Im Gegenteil, Europa besitzt eine überproportional große Fläche, die sich von Natur aus für den Pflanzenanbau eignet. Es wäre daher überraschend, wenn das nicht zu einer frühen Entwicklung des Ackerbaus geführt hätte, und die archäologischen Beweise sprechen dafür, dass es so war. Die

Eine der ersten europäischen Abbildungen eines Pfluges fand man auf dieser Höhlenmalerei in der Region von Val Camonica in den italienischen Alpen. Das Bild stammt ungefähr aus dem Jahre 3000 v. Chr. und zeigt außerdem Kupferdolche, Äxte, Tiere und eine Sonne.

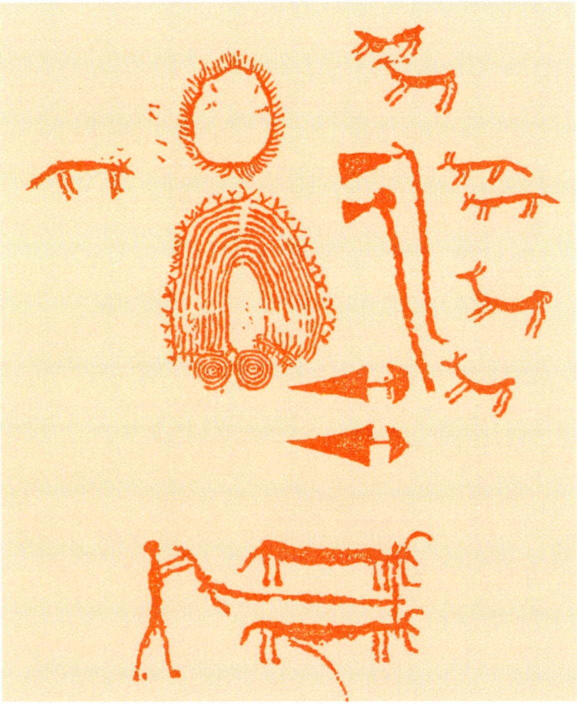

Leichtigkeit, mit der einfacher Ackerbau betrieben werden konnte, hat sich aber womöglich negativ auf die gesellschaftliche Entwicklung ausgewirkt: In den großen Flusstälern mussten die Menschen, wenn sie überleben wollten, zusammenarbeiten, um den Boden zu bewässern und zu bebauen. In großen Teilen Europas hingegen konnte sich eine einzelne Familie alleine durchbringen. Es ist unnötig, sich in Spekulationen über den Ursprung des westlichen Individualismus zu ergehen, um zu erkennen, dass dies einen entscheidenden Unterschied darstellt.

Erst vor einiger Zeit datierte man die Anfänge des prähistorischen Ackerbaus – und der Metallverarbeitung – früher, als man es zuvor für wahrscheinlich gehalten hätte: Bereits vor 4000 v. Chr. gab es landwirtschaftliche Siedlungen in Frankreich und auf den Britischen Inseln. Vielleicht 1000 Jahre früher wurde auf dem Balkan Kupfer verarbeitet – ungefähr 2000 Jahre, bevor eine erkennbare Kultur in Sumer erscheint. Dieses frühe Datum ist nicht nur für Forscher interessant. Es schwächt die einst allgemein verbreitete Überzeugung ab, dass Europa seine größten kulturellen Fortschritte den Einflüssen aus der Ägäis und dem Nahen Osten verdankt. Die Daten sind bislang schwer in Übereinstimmung zu bringen. Es scheint gewiss, dass Landwirtschaft und Kupferverarbeitung in Europa unabhängig von äußeren Einflüssen entstanden sind. Das betont nochmals die relative Isolierung des Gebietes in alten Zeiten, obwohl durchaus einiges von außen gekommen sein könnte. Wenn der Ackerbau in Europa auch aus eigenem Antrieb entstanden ist, so scheint es dennoch, als seien die wichtigsten Getreide erst Jahrtausende später aus dem Nahen Osten dorthin gelangt.

Neuere Berechnungen zu den Anfängen der Landwirtschaft und der Metallverarbeitung in Europa deuten auf eine größere Unabhängigkeit des Kontinents von den Einflüssen aus der Ägäis und dem Nahen Osten, als bisher angenommen.

Die Völker Europas

Der größte Teil des nordwestlichen und westlichen Europa war 3000 v. Chr. von Völkern bewohnt, die manchmal als „westliche Mittelmeervölker" bezeichnet werden. Im Laufe des Jahrtausends wurden sie nach und nach von Indoeuropäern aus dem Osten verdrängt. Ungefähr um 1800 v. Chr. waren aus ihnen verschiedene Kulturen hervorgegangen, unter denen man bereits die Vorfahren der Kelten, des wichtigsten prähistorischen europäischen Volkes, ausmachen kann.

Diese waren eher eine kriegerische Gesellschaft als Händler oder Goldsucher, und sie hatten bereits Transportmittel auf Rädern. Einige gelangten auf die Britischen Inseln und gelten so gewissermaßen als die ersten nordeuropäischen Seefahrer. Es gibt geteilte Meinungen darüber, wie weit der keltische Einfluss reichte, doch entspricht es wohl in etwa der Wahrheit, sich Europa 1800 v. Chr. als in drei Völkergruppen aufgeteilt vorzustellen. Die Vorfahren der Kelten besiedelten damals ungefähr das Gebiet des heutigen Frankreich, Deutschlands, der Niederlande und Oberösterreichs. Weiter östlich lebten die späteren Slawen, weiter nördlich in Skandinavien die Vorfahren der Teutonen. Außerhalb Kontinentaleuropas, im nördlichen Skandinavien und Nordrussland, lebten die Finnen, die nicht zur ethnischen Gruppe der Indoeuropäer gehören.

Abgesehen vom Balkan und von Thrakien tangierten die Wanderungen dieser Völker die alten Kulturzentren nur im Zusammenhang mit dem Zugang zu den Ressourcen. Dabei ging es vor allem um Mineralien und Verarbeitungstechniken. Je stärker der Markt dafür in den Kulturen des Nahen Ostens wuchs, desto größer wurde die Bedeutung Europas. Das erste Zentrum der Metallverarbeitung entstand auf dem Balkan. Weitere wurden 2000 v. Chr. in Südspanien, Griechenland, der Ägäis und Mittelitalien geschaffen. In der späten Bronzezeit war die Metallverarbeitung sogar an Orten, wo es keine eigenen Erzminen gab, auf einem hohen Niveau.

Dies ist eines der frühesten Beispiele für die Entstehung wirtschaftlich bedeutender Gebiete, die auf dem Besitz von Rohstoffen basieren. Kupfer und Zinn förderten die Erschließung des Binnenlandes und auch die Küstenschifffahrt, denn diese Rohstoffe waren im Nahen Osten gefragt, dort aber nur in kleinen Mengen vorhanden. Europa war der größte Rohstofflieferant für die Metallindustrie der Antike und zudem wichtiger Hersteller. Die Metallverarbeitung war hier sehr fortschrittlich, und sogar ästhetisch schöne Gegenstände wurden – weitaus früher als in der Ägäis – angefertigt. – Ein Argument gegen die Überbewertung materieller Faktoren in der Geschichte ist übrigens der Umstand, dass diese Fähigkeiten – selbst in Kombination mit noch größeren Metall-Lieferungen nach dem Zusammenbruch der mykenischen Nachfrage – Europa nicht dazu brachten, eine umfassende und komplexe Kultur zu etablieren.

DIE MEGALITH-KULTUR

Im alten Europa gab es natürlich noch eine andere sehr eindrucksvolle Kunstform. Sie blieb in Tausenden von Megalithen erhalten, die in einem breiten Bogen von Malta, Sardinien und Korsika über Spanien und die Bretagne bis zu den Britischen Inseln und Skandinavien zu finden sind. Es gibt sie zwar nicht nur in Europa, aber hier sind sie am zahlreichsten

Die eindrucksvollsten Hinterlassenschaften des frühen Europa sind wohl die Megalithe, die man vorwiegend in Küstenländern von Spanien über Frankreich bis England findet.

Die europäischen Megalithen

Megalithen findet man in zahlreichen Gebieten in ganz Europa. Viele stehen in atlantischen Regionen wie Dänemark, den westlichen Britischen Inseln, der Bretagne, Portugal und Andalusien. Dies hat zu der Annahme geführt, dass die Menschen, die solche Steinmonumente geschaffen haben, über den Atlantik hinweg Kontakt zu anderen hatten.

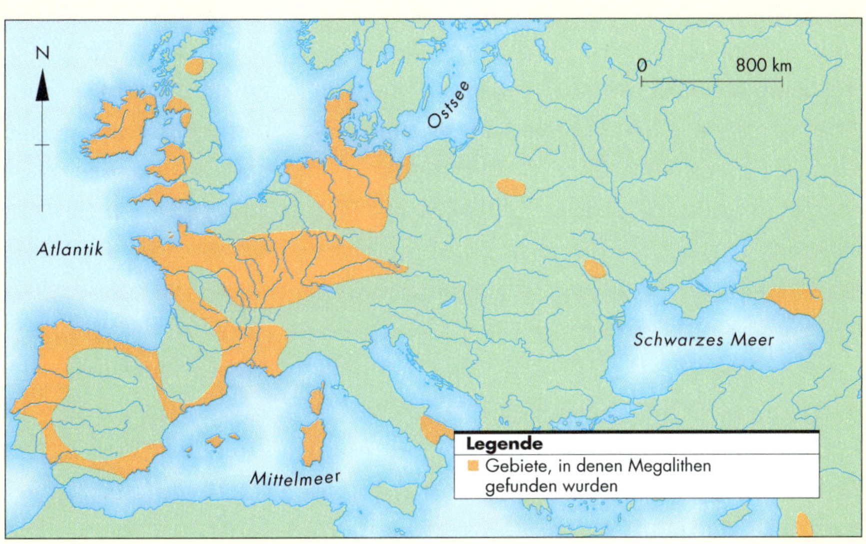

und scheinen früher als auf anderen Kontinenten errichtet worden zu sein – ungefähr um 3500 v. Chr.

Das Wort „Megalith“ kommt aus dem Griechischen und bedeutet „großer Stein“. Viele der verwendeten Steine sind in der Tat ziemlich groß. Einige der Monumente bestehen aus Gräbern mit Steinplatten, überdacht und aneinander gereiht, andere Steine stehen allein oder in Gruppen. Manche sind in Mustern angeordnet, die sich kilometerlang über das Land erstrecken, andere stehen wie Baumgruppen auf kleinem Raum. Die vollständigste und beeindruckendste Megalithenstätte ist Stonehenge in Südengland. Sie wird heute auf ungefähr 2000 v. Chr. datiert. Wie dieser Ort ursprünglich ausgesehen hat, ist schwer vorstellbar. Die jetzige Strenge und verwitterte Größe kann durchaus irreführend sein. Große Stätten, an denen sich Menschen aufhalten, wirken völlig anders, wenn sie belebt sind, und wahrscheinlich waren die großen Steine mit Ocker und Blut bemalt und mit Häuten und Fetischen verziert. Sie sahen sicher eher wie Totempfähle aus und waren nicht die feierlichen, seltsamen Silhouetten, die wir heute sehen. Abgesehen von den Gräbern ist es nicht leicht zu sagen, wozu diese Werke gedient haben. Man vermutet, dass einige davon als riesige Uhren oder Sonnenobservatorien dienten, in denen die Steine nach dem Auf- und Untergang der Sonne, des Mondes und der Sterne die größten Wendepunkte des astronomischen Jahres anzeigten. Diese Arbeit war begleitet von sorgfältiger Beobachtung des Himmels, allerdings bei weitem nicht so detailliert und präzise wie die der babylonischen und ägyptischen Astronomen.

Der Bau der Monumente

Die megalithischen Monumente erforderten ein großes Maß an menschlicher Arbeitskraft und sprechen demnach für eine entwickelte gesellschaftliche Organisation. In Stonehenge gibt es mehrere Steinblöcke, die jeweils über 50 Tonnen wiegen. Sie mussten ungefähr 30 Kilometer weit transportiert werden, bevor sie aufgestellt werden konnten. Ungefähr 80 dieser Steine mit einem Gewicht von je fünf Tonnen kamen aus den ungefähr 240 Kilometer entfernten walisischen Bergen. Die Menschen, die Stonehenge ohne die Hilfe von Transportmitteln mit Rädern errichtet haben, oder jene, die die sorgfältig angeordneten Gräber Irlands, die Steinreihen der Bretagne oder die Dolmen Dänemarks geschaffen

Europas größte Megalithengruppe steht bei Carnac in der Bretagne. Über 3000 Menhire (senkrecht stehende Steinblöcke) wurden hier wahrscheinlich im 2. Jahrtausend v. Chr. aufgestellt.

haben, waren fähig zu einer Arbeit, die der im alten Ägypten gleicht. Es mangelte allerdings an den dortigen Feinheiten sowie an der Fähigkeit, die Ziele und Absichten der Anstrengungen für die Nachwelt aufzuzeichnen. Nur die Monumente selbst blieben bestehen.

Ihre Kunstfertigkeit und die Verteilung entlang einer langen Linie in kurzem Abstand zur Küste hat zu der Annahme geführt, dass fahrende Steinmetze aus dem Osten, vielleicht aus Kreta, Mykene oder den Kykladen, die sich auf die Techniken im Umgang mit solchen Gewichten verstanden, an der Errichtung beteiligt waren. Aber vor einigen Jahren fand man heraus, dass die Megalithen früher als zunächst angenommen gebaut wurden. Damit scheint diese Theorie widerlegt: Stonehenge war wahrscheinlich bereits vor der mykenischen Zeit fertig gestellt, die Hünengräber in Spanien und der Bretagne sind älter als die Pyramiden, und Maltas geheimnisvolle Tempel aus großen, gemeißelten Steinblöcken stehen bereits mindestens seit 3000 v. Chr.

Die Monumente, selbst diejenigen des Nordwestens, müssen nicht zwangsläufig durch Verbreitung entstanden sein. Sie könn-

Der Dolmen der Île de Gavrinis, dessen Innenraum hier abgebildet ist, wurde zwischen 4000 und 3000 v. Chr. im Golf von Morbihan in der Bretagne erbaut. Ein Dolmen ist eine Grabkammer, die aus mehreren senkrecht stehenden Steinplatten mit einer horizontalen Dachplatte besteht. Sie wird gewöhnlich mit einem Tumulus (Erdhügel) bedeckt.

ten auch mehr oder weniger isoliert errichtet worden sein, von vier oder fünf Kulturen aus relativ kleinen und einfachen landwirtschaftlichen Gesellschaften, die miteinander in Berührung kamen. Und möglicherweise waren die Motive und Gelegenheiten ihrer Bauten sehr unterschiedlich. Wie Ackerbau und Metallverarbeitung entstanden auch Europas Baukunst und Architektur unabhängig von der Außenwelt.

Die Grenzen der frühzeitlichen Kulturen Europas

Angesichts all ihrer Leistungen waren die Europäer der Antike seltsam passiv und widerstandslos, als sie schließlich in regelmäßigem Kontakt mit hoch entwickelten Kulturen standen. Ihr Zögern und ihre Unsicherheiten glichen vielleicht denen anderer primitiver Völker, die zu späteren Zeiten auf fortschrittliche Gesellschaften trafen – wie z. B. Afrikaner im 18. Jahrhundert. Jedenfalls begann der ununterbrochene Kontakt erst kurz vor Beginn der christlichen Zeitrechnung.

Vorher scheinen die europäischen Völker ihre Kraft darauf verwendet zu haben, in einer Umwelt zu bestehen, die zwar zur Befriedigung der Grundbedürfnisse leicht zu bearbeiten war, aber doch der Erfindung des Eisens bedurfte, um landwirtschaftlich weitergehend genutzt zu werden. Auch wenn die Europäer fortschrittlicher als ihre Zeitgenossen in Amerika oder im Afrika südlich des Niltals waren, erreichten sie nie das Stadium der Urbanisierung. Ihre größten kulturellen Errungenschaften waren dekorativ und mechanisch. Bestenfalls mit ihrer Metallverarbeitung erfüllten die alten Europäer Bedürfnisse anderer Kulturen. Doch abgesehen davon schufen sie sich lediglich eine Grundlage, auf der in späteren Zeiten einmal eine Kultur errichtet wurde.

Nur eine Gruppe westlicher Barbaren lieferte einen positiveren Beitrag für die Zukunft. Südlich der Olivenbaumgrenze hatte ein Volk der Eisenzeit in Mittelitalien bereits im 8. Jahrhundert v. Chr. Handelsverbindungen zu den Griechen in Süditalien und den Phönikern. Es handelt sich dabei um die Villanova-Kultur, die nach einer ihrer Städte benannt wurde. In den folgenden 200 Jahren übernahmen sie die griechische Schrift, um damit in eigener Sprache zu schreiben. Zu dieser Zeit waren sie bereits in Stadtstaaten organisiert und brachten außerordentliche Kunstwerke hervor. Bei diesen Barbaren handelte es sich um die Etrusker und einer ihrer Stadtstaaten sollte später unter dem Namen Rom bekannt werden.

Auf der Insel Malta im westlichen Mittelmeer sind mehrere megalithische Tempel erhalten geblieben. Sie wurden zwischen 3500 und 2400 v. Chr. errichtet und sind damit die ältesten existierenden Steingebäude der Welt. Dieses Bild zeigt den Ggantija-Tempel.

4 DAS ENDE DER ALTEN WELT

Von den Vorgängen in Indien und China und ihrer Bedeutung für die Zukunft wussten die Herrscher am Mittelmeer und im Nahen Osten fast überhaupt nichts. Einige von ihnen hörten womöglich Berichte von Händlern und hatten so vielleicht eine leise Ahnung von einem barbarischen Nord- und Nordwesteuropa. Was jenseits der Sahara passierte oder dass es die amerikanischen Kontinente gab, war ihnen völlig unbekannt.

Doch sollte sich ihre Welt im 1. Jahrtausend v. Chr. rapide vergrößern. Gleichzeitig, was vielleicht noch deutlicher war, kam es zu einer zunehmenden Integration, je komplexer und effizienter die Kommunikation wurde. Eine Welt von einigen wenigen, sehr unterschiedlichen und voneinander nahezu unabhängigen Kulturen wurde von einer neuen abgelöst, in der immer größere Gebiete vergleichbare kulturelle Standards aufwiesen, die Schreibkunst etwa, Regierungssysteme, Technologien, organisierte Religion und Urbanität.

Unter diesem Einfluss beschleunigten sich die Veränderungen, da sich ein regerer Austausch zwischen verschiedenen Traditionen ergab. Man sollte dies allerdings nicht als allzu abstrakten Prozess verstehen. Die Entwicklung schlug sich nicht nur in Kunst und Philosophie nieder, sondern auch in viel banaleren Dingen. Am Fuß der großen Statuen von Abu Simbel etwa, über 1100 Kilometer den Nil

Frühe Kulturen im Nahen Osten

Sumer, die älteste Kultur im Nahen Osten, entstand im unteren Tal der Flüsse Euphrat und Tigris und verbreitete sich bis in den Norden Mesopotamiens. Babylonien umfasste ganz Mesopotamien, während das Hethiterreich in Mittelanatolien gegründet wurde. Im 7. Jahrhundert v. Chr. kontrollierten die Assyrer einige der frühesten kulturellen Zentren von Sumer bis Unterägypten.

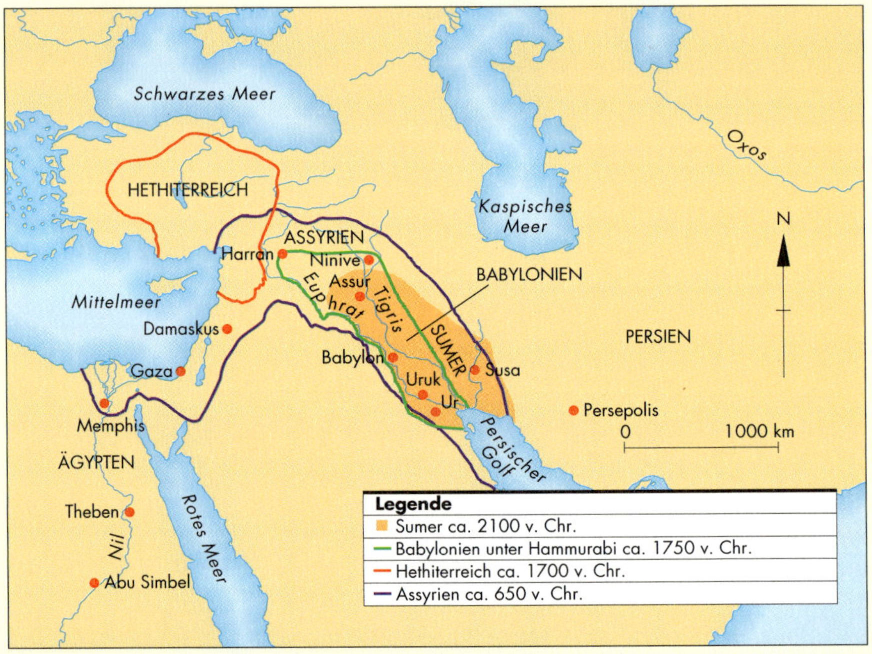

Diese Abbildung auf einem Leichentuch zeigt, dass Ägypten im letzten Stadium seiner Existenz als unabhängiges Königreich, unter der Herrschaft der Ptolemäischen Dynastie, stark von der griechischen Kultur beeinflusst war. Die Figuren von Anubis (rechts) und den anderen Göttern, die den Verstorbenen umringen, werden gemäß der traditionellen ägyptischen Sitte abgebildet, Osiris (links) und der Tote (Mitte) sind jedoch griechisch inspiriert.

hinauf, haben griechische Söldner der ägyptischen Armee im 6. Jahrhundert Inschriften hinterlassen, in denen sie ihren Stolz ausdrücken, so weit gekommen zu sein.

Das Vermächtnis der Alten Welt

Es gibt keine klare chronologische Linie, die man durch diese immer komplexer werdende Welt ziehen könnte. Wenn denn eine existiert, ist sie jedenfalls schon mehrfach durchkreuzt worden, bevor wir überhaupt den Anfang des klassischen Zeitalters im Westen erreichen.

Der militärische und wirtschaftliche Aufschwung der Mesopotamier und ihrer Nachfolger, die indoeuropäische Völkerwanderung, die Erfindung des Eisens und die Verbreitung der Schrift brachten einige Verwirrung in die einst so klaren Muster im Nahen Osten, schon lange bevor die Kultur am Mittelmeer entstand, aus der sich schließlich unsere heutige entwickelt hat. Nichtsdestoweniger haben die Ereignisse tiefere Bedeutung, und irgendwann im frühen 1. Jahrtausend v. Chr. wurde ein wichtiger Meilenstein gesetzt, denn die größten Wirren der Völkerwanderung im Nahen Osten waren bereits vorüber.

Die Muster, die noch aus der späten Bronzezeit stammten, wurden zwar immer noch durch Besiedelung und Eroberung verändert, sie wurden aber für die nächsten 1000 Jahre nicht mehr vom Kommen und Gehen verschiedener Völker beeinflusst. Die politischen Strukturen, die aus der Alten Welt übrig geblieben waren, wurden zu Hebeln der nächsten weltgeschichtlichen Ära in einem Gebiet, das sich von Gibraltar bis zum Indus erstreckte. Die Kultur in diesem Gebiet basierte immer mehr auf Austausch, der Übernahme von Traditionen und einer Art Weltbürgertum. Den Rahmen dafür lieferte die große politische Wende Mitte des 1. Jahrtausends v. Chr.: der Aufstieg einer neuen Macht, Persien, und der endgültige Zusammenbruch der ägyptischen und babylonisch-assyrischen Traditionen.

Ägypten wurde im 8. Jahrhundert v. Chr. vom nubischen Königreich Kusch erobert. Dieser Granitkopf zeigt einen der nubischen Pharaonen, König Taharqa (690–664 v. Chr.).

Um 500 v. Chr. kam es im Nahen Osten zu gewaltigen politischen Veränderungen: Eine neue Macht, Persien, schaffte den Aufstieg, während der Verfall der ägyptischen und babylonisch-assyrischen Kulturen nicht mehr aufzuhalten war.

Der Untergang Ägyptens

Die Geschichte Ägyptens ist am leichtesten zusammenzufassen, denn sie ist eine Geschichte des Niedergangs. Man nannte das Land einen „Anachronismus der Bronzezeit in einer Welt, die sich stetig von ihm entfernte“, und eine Erklärung für sein Schicksal ist seine Unfähigkeit, sich zu verändern oder anzupassen.

Ägypten überlebte die ersten Angriffe von Völkern mit eisernen Waffen und konnte die Seevölker zu Beginn der turbulenten Zeit zurückschlagen. Doch dies war der letzte große Erfolg des Neuen Reiches: Danach

Zeitleiste (559–323 v. Chr.)

559–529 v. Chr.	Herrschaft von Kyros II.: Gründung des Perserreichs
529–522 v. Chr.	Herrschaft von Kambyses II.: Eroberung Ägyptens
522–486 v. Chr.	Herrschaft von Dareios I.: Erster Angriff auf Griechenland
486–465 v. Chr.	Herrschaft von Xerxes I.: Zweiter Angriff auf Griechenland
336–323 v. Chr.	Herrschaft von Alexander dem Großen: Ende des Perserreichs

600 v. Chr. – 500 v. Chr. – 400 v. Chr. – 300 v. Chr.

sprechen alle Symptome für ein Land, das zu Grunde geht. Zu Hause stritten Könige und Priester um die Macht, während Ägyptens Macht jenseits der Landesgrenzen zu einem Schatten verfiel. Einer Periode rivalisierender Dynastien folgte eine kurze Vereinigung, wobei wieder eine ägyptische Armee nach Palästina gesandt wurde, aber gegen Ende des 8. Jahrhunderts v. Chr. hatte sich eine Dynastie kuschitischer Eindringlinge etabliert. 671 v. Chr. wurde sie von den Assyrern aus Unterägypten vertrieben. Assurbanipal plünderte Theben. Nach dem Niedergang der assyrischen Macht gab es eine weitere trügerische Periode ägyptischer „Unabhängigkeit". Aber die Errichtung zum Beispiel einer Schule für Griechisch-Dolmetscher und einer griechischen Handelsenklave bei Naukratis im Delta waren Reaktionen auf eine neue Welt, der gegenüber Ägypten mehr als nur politische Zugeständnisse machen musste.

Im 6. Jahrhundert v. Chr. erlebte Ägypten dann weitere Niederlagen: zunächst wurde es von der Armee Nebukadnezars (588 v. Chr.) besiegt und 60 Jahre später von den Persern (525 v. Chr.). Es wurde zur Provinz eines Reiches, das die Grenzen einer neuen Weltordnung setzte und in den nächsten Jahrhunderten mit den neuen Völkern, die im Mittelmeerraum erschienen, um die Weltherrschaft kämpfen sollte. Das war noch nicht ganz das Ende der ägyptischen Unabhängigkeit, aber vom 4. Jahrhundert v. Chr. bis zum 20. Jahrhundert n. Chr. stand Ägypten stets unter der Herrschaft von Fremden oder immigrierten Dynastien und kann nicht als unabhängige Nation betrachtet werden. Die letzten Versuche des Landes, sich zu befreien, zeugen von wenig Vitalität. Sie sind eher Ergebnis zwischenzeitlich nachlassender Bedrohung von außen, die dennoch immer wieder in der neuen Besetzung des Landes endete. Die persische war die letzte dieser Bedrohungen – und sie war fatal.

DAS PERSERREICH

Wieder einmal bildet eine Völkerwanderung den Ausgangspunkt: Ungefähr um 1000 v. Chr. beginnt mit dem Einbruch indogermanischer Stämme aus dem Norden die Geschichte des Perserreichs. Unter ihren Stämmen waren zwei besonders stark und mächtig: Ihre biblischen Namen lauteten Meder und Perser. Die Meder zogen in westlicher

Diese geschnitzte Säule steht bei den Ruinen des großen persischen Palasts in Persepolis, der im 5. Jahrhundert v. Chr. erbaut wurde.

und nordwestlicher Richtung ins spätere Medien; ihre große Zeit kam Anfang des 6. Jahrhunderts v. Chr., nachdem sie ihren Nachbarn Assyrien unterworfen hatten. Die Perser zogen in Richtung des Persischen Golfs und ließen sich in Chusistan, am Rande des Tigris-Tals, im alten Königreich Elam sowie in Fars nieder, dem antiken Perserreich.

Kyros

Der erste König eines vereinigten Perserreiches war Kyros, der Eroberer Babylons. Im Jahre 549 v. Chr. entmachtete er den letzten unabhängigen König Mediens und dehnte die Grenzen seines Reiches immer weiter aus: Er eroberte Babylon und drang über Kleinasien ans Meer vor, bis nach Syrien und Palästina hinein. Nur im Osten, wo er schließlich im Kampf gegen die Skythen fiel, hatte Kyros Schwierigkeiten, seine Grenzen zu stabilisieren, obwohl er den Hindukusch überquerte und eine Vormachtstellung in der Region Gandhara nördlich des Jhelum durchsetzte.

Das war das größte Reich, das die Welt bis dahin gesehen hatte. Es war anders als seine Vorläufer, denn die Grausamkeit der Assyrer war offenbar verpönt. Zumindest rühmte man sich nicht offiziell der Brutalität, und Kyros respektierte die Institutionen und die Lebensart seiner neuen Untertanen.

Das Ergebnis war ein vielfältiges, aber mächtiges Reich, in dem eine Loyalität herrschte, wie sie in den früheren Staaten undenkbar gewesen wäre. Es gibt einige bemerkenswerte religiöse Anzeichen dafür; so wurde der Gott Marduk bei Kyros' Übernahme des babylonischen Königsthrons um

Im persischen Pasargadei steht das schlichte Grab von Kyros dem Großen. Die Grabkammer aus großen Steinblöcken steht auf einer abgestuften Plattform. Einer Sage zufolge wurde der Leichnam von Kyros, der in einem Grenzkrieg umkam, allerdings nie in diesem Grab beerdigt.

In dieser Felswand des Naqsh-i-Rustam-Passes in der Nähe von Persepolis wurden die Grabstätten von vier persischen Königen ausgeschachtet. Man erkennt von links nach rechts die Gräber von Artaxerxes I., seinem Vater Xerxes I. und seinem Großvater Dareios I. Die monumentalen Fassaden der Gräber sind dem großen Palast in Persepolis nachempfunden. Die engen Eingänge zu den Grabkammern liegen 15 Meter über dem Boden.

seinen Schutz angerufen, und in Jerusalem veranlasste Kyros den Wiederaufbau des Tempels. Ein jüdischer Prophet sah in seinen Siegen Gottes Hand walten, nannte ihn den Gesalbten des Herrn und ergötzte sich am Schicksal des alten Feindes Babylon:

„Lasst nun die Astrologen, die Sterngucker, die monatlichen Prophezeier aufstehen und dich vor allen Dingen beschützen, die da kommen sollen."

Jesaja 14, 1; 16, 1–13

Provinzen und Regierung

Kyros verdankte seinen Erfolg zum Großteil den materiellen Ressourcen seines Reiches. Es verfügte über Bodenschätze, vor allem Eisen, und auf den Hochweiden der Täler waren große Reserveeinheiten mit vielen Pferden und Kavalleristen stationiert. Doch ist der Schluss nahe liegend, dass auch Kyros' persönliche Fähigkeiten ganz entscheidend waren: Er gilt als welthistorische Figur und gab späteren Eroberern Orientierung, die in den

Fruchtbare Weiden und Bodenschätze waren der Rückhalt des Reiches des Kyros, der aber auch seine Fähigkeiten zu Gunsten des Landes einzusetzen wusste. Sein Nachfolger Dareios zeigte ähnliches Geschick in der Politik.

Dieses Kapitell aus Susa, der alten Hauptstadt von Elam, die Dareios I. zum Verwaltungszentrum seines Reiches machte, ist charakteristisch für die persische Kunst. Der obere Teil besteht aus zwei Bullen, deren Rücken so zusammengefügt sind, dass ein Balken auf ihren Köpfen liegt und der andere senkrecht dazu auf ihren Rücken.

folgenden Jahrhunderten versuchten, in seine Fußstapfen zu treten.

Seine Regierung basierte auf Provinzgouverneuren, den Vorläufern der späteren persischen Satrapen. Kyros verlangte von den ihm unterstehenden Provinzen wenig mehr als einen Tribut, der gewöhnlich in Gold gezahlt wurde und die persischen Schatzkammern wieder auffüllte – und den Gehorsam stärkte.

So begann also das Perserreich, das trotz einiger Rückschläge in den nächsten beiden Jahrhunderten die Rahmenbedingungen im Nahen Osten vorgab. Es war der Hort einer großartigen kulturellen Tradition, die sowohl von Asien als auch von Europa angeregt wurde. Große Gebiete dieses Reiches erlebten eine längere Friedenszeit als in den Jahrhunderten zuvor, und es entwickelte sich eine in vielerlei Hinsicht ausgeprägte Kultur. Die Griechen erfuhren bereits von Herodot, dass die Perser Blumen liebten. Kaum jemand ist heutzugage bewusst, dass wir beispielsweise die Tulpen den Persern verdanken.

Kyros' Sohn Kambyses schloss dem Reich noch Ägypten an, doch er starb, bevor er einen Thronanwärter entmachten konnte, dessen Machenschaften auch die Meder und Babylonier dazu verleiteten, ihre Unabhängigkeit zurückzugewinnen. Der Mann, der Kyros' Vermächtnis wieder herstellen konnte, war Dareios, ein Prinz, der behauptete, dem Geschlecht der Achämeniden zu entstammen.

Dareios

Dareios (der von 522 bis 486 v. Chr. herrschte) erreichte nicht alles, was er wollte. Sein Werk reicht dennoch an das von Kyros heran. Im Osten wurden die Grenzen des Großreiches weiter ins Indus-Tal verlagert. Im Westen drang er bis nach Makedonien vor, obwohl es dort Schwierigkeiten gab; im Norden aber scheiterte Dareios wie zuvor Kyros beim Vordringen gegen die Skythen. Innerhalb des Reiches unternahm er beachtliche Konsolidierungsmaßnahmen: Es wurde dezentralisiert und in 20 Provinzen unterteilt, die jeweils einem Satrapen unterstanden. Königliche Aufsichtsbeamte überwachten ihre Arbeit; die Kontrolle wurde durch die Errichtung eines königlichen Sekretariats erleichtert, das die Korrespondenz mit den Provinzen führte. Aramäisch, die alte *Lingua franca* Assyriens, wurde zur Verwaltungssprache. Sie war für alle Verhandlungen bestens geeignet, da sie nicht in Keilschrift, sondern im phönikischen Alphabet geschrieben wurde. Die Bürokratie hatte somit bessere Kommunikationsmittel als je zuvor, zumal ein Großteil der Tribute aus den Provinzen in den Straßenbau floss. Zu ihren besten Zeiten war es möglich, auf diesen Straßen Botschaften mit einem Tempo von über 300 Kilometern pro Tag zu überbringen.

Persepolis

Die große neue Hauptstadt in Persepolis – wo Dareios selbst in einem Steingrab begraben liegt, das in die Felswand geschlagen wurde – war ein Monument seiner Errungenschaften. Es war als gewaltige Glorifizierung des Königs geplant und bleibt, auch wenn es etwas pompös ist, immer noch eindrucksvoll.

Persepolis war letztendlich ein Gemeinschaftswerk. Spätere Könige bauten ihre eigenen Paläste und schufen damit Symbole für Vielfalt und Weltoffenheit des Reiches. Assyrische Kolosse, Bullen mit Menschenköpfen und Löwen bewachten die Tore, wie früher auch in Ninive. Oben auf den Treppen marschierten steinerne Krieger und zollten Tribut. Die Ziersäulen erinnern an Ägypten, doch diese ägyptische Tradition wurde von ionischen Steinmetzen und Bildhauern weitergegeben. Auch griechische Details findet man in den Reliefs und den Verzierungen, und derartige Anklänge vermischen sich auch in

Die *Apadana* (Audienzhalle) im Palast von Persepolis war mit einer Fläche von 3600 Quadratmetern wahrscheinlich der größte Audienzsaal der Zitadelle. Die hölzerne Decke ruhte auf 36 Säulen, jeweils 20 Meter hoch und von verzierten Kapitellen gekrönt.

Persepolis

Ein Löwe kämpft auf diesem Relief aus der Zitadelle in Persepolis mit einem Bullen.

Dareios I. erbaute seinen Palast in der neu gegründeten Stadt Persepolis, wo auch seine Nachfolger Xerxes I. und Artaxerxes I. ihre Paläste errichten sollten. Überreste des Regierungsbezirks der Stadt wurden noch nicht gefunden, aber die königliche Zitadelle ist in außergewöhnlich gutem Zustand erhalten. Die riesige Terrasse, 500 Meter lang und 300 Meter breit, befindet sich 15 Meter über dem Boden auf einer Ziegelplattform. Man erreicht sie über eine monumentale Doppeltreppe, an deren Wänden majestätische Züge von Soldaten und ehrerbietigen Untertanen abgebildet sind. Auf der Oberfläche stehen die Ruinen verschiedener Gebäude. Es dauerte 60 Jahre, 500 bis 440 v. Chr., bis dieser Komplex fertig gestellt war.

den königlichen Gräbern nahebei. Sie erinnern in ihrer Konzeption an das Tal der Könige, doch die kreuzförmigen Eingänge lassen an etwas anderes denken. Das Grab von Kyros in Pasargadei ist auch vom griechischen Stil inspiriert. – Eine neue Welt entsteht.

Persische Kultur

Monumente wie die in Persepolis und Pasargadei zeigen auf eindrucksvolle Weise die beständige Vielfalt und Toleranz der persischen Kultur. Sie war immer offen für Einflüsse von außen und sollte es auch lange bleiben. Das Perserreich übernahm nicht nur die Sprachen der eroberten Völker, sondern oft auch deren Ideen. Es nahm aber auch selbst Einfluss.

Vedische und persische Religion verschmolzen in Gandhara, wo die indische Stadt lag, die von den Griechen Taxila genannt wurde. Beide Religionen hatten allerdings gemeinsame indogermanische Wurzeln. Im Mittelpunkt der persischen Religion standen das Opfer und das Feuer. Im Zeitalter von Dareios hatte sich der am weitesten entwickelte Kult zu dem entwickelt, was man die zoroastrische Lehre nannte, eine dualistische Religion, die für das Problem des Bösen auf der Welt den Streit eines guten mit einem schlechten Gott verantwortlich machte. Von Zarathustra, dem Verkünder dieser Religion, wissen wir wenig. Er hat seine Schüler wohl gelehrt, sich um den Gott des Lichts durch rituelle und moralische Taten verdient machen zu müssen. Er glaubte an Erlösung, die Wiederauferstehung der Toten und das ewige Leben nach dem Jüngsten Gericht. Dieser Glaube verbreitete sich unter der persischen Herrschaft schnell in Westasien, auch wenn er wahrscheinlich nie mehr als der Kult einer Minderheit war. Die zoroastrische Lehre beeinflusste das Judentum und die orientalischen Religionen, die zur Entstehung des Christentums beitrugen: Die Engel der christlichen Tradition und das Höllenfeuer, das die Verdammten erwartete, gehen auf Zarathustra zurück.

Kontakte zwichen den Kulturen im Nahen Osten

Es ist noch zu früh, um von einem Austausch zwischen Asien und Europa zu sprechen, dennoch: Es gibt durchaus eindrucksvolle Beispiele für die wechselseitige Beeinflussung von Kulturen am Ausgang der antiken Welt.

Quer durch die Alte Welt vereinte Persien plötzlich ganz unterschiedliche Völker: Inder, Meder, Babylonier, Lyder, Griechen, Juden, Phöniker und Ägypter wurden zum ersten Mal von einem einzigen Großreich regiert, dessen Eklektizismus zeigte, wie weit die Kultur bereits entwickelt war.

Die Ära isolierter Kulturen mit einer eigenen, unabhängigen Geschichte war im Nahen Osten vorüber. Es gab zu viel Gemeinsamkeiten und zu viel Austausch, als dass die direkten Nachfolger der ersten Kulturen noch unabhängige Einheiten hätten bilden können. Indische Söldner kämpften in den persischen Armeen, griechische in den ägyptischen. Urbanität und Schriftlichkeit waren im Nahen Osten weit verbreitet. Die Menschen lebten auch im größten Teil des Mittelmeerraums in Städten. Die Technik der Landwirtschaft und der Metallverarbeitung reichten sogar noch über diese Gebiete hinaus. Die Achämeniden brachten die babylonische Bewässerungskunst bis nach Zentralasien und holten den Reis aus Indien, um ihn im Nahen Osten anzupflanzen. Als die asiatischen Griechen eine Währung einführten, übernahmen sie das Zahlensystem der Babylonier. Die Basis einer künftigen Weltkultur entstand.

Persien war so etwas wie ein multikultureller Vielvölkerstaat der Antike: Inder, Meder, Babylonier, Lyder, Griechen, Juden, Phöniker und Ägypter waren die bedeutendsten Gruppen.

IV. DIE KLASSISCHE ANTIKE AM MITTELMEER: GRIECHENLAND

Betrachtet man sie in ihrer Gesamtheit, so ist über die Hälfte der bisherigen Kulturgeschichte um 500 v. Chr. bereits verstrichen. Wir heute sind diesem Datum näher als die seinerzeit lebenden Menschen ihren ersten kultivierten Vorgängern. In den ungefähr 3000 Jahren, die sie voneinander trennten, war die Menschheit bereits um einiges vorangekommen. Wie unmerklich auch immer die Veränderungen des Alltags in diesem Zeitraum gewesen sind, es gibt einen enormen Unterschied zwischen Sumer und dem achämenidischen Perserreich.

Im 6. Jahrhundert v. Chr. war eine große Epoche bereits abgeschlossen: Vom westlichen Mittelmeerraum bis zu den Küsten Chinas hatte sich eine bunte Vielfalt kultureller Traditionen durchgesetzt. Verschiedene Kulturen waren hier verwurzelt, manche stark und tief genug, um bis in unsere heutige Zeit zu überdauern. Andere bestanden, von oberflächlichen und zwischenzeitlichen Veränderungen abgesehen, Hunderte oder gar Tausende von Jahren. Wegen ihrer Isolation trugen sie wenig zum Leben der Menschheit außerhalb ihrer Landesgrenzen bei. Selbst die bedeutendsten kulturellen Zentren standen bis mindestens 2000 Jahre nach dem Niedergang Babyloniens Gebieten außerhalb ihres Einflussbereichs gleichgültig gegenüber, es sei denn, eine Invasion störte sie.

Nur eine der Kulturen, die im 6. Jahrhundert v. Chr. bereits erkennbar waren, zeigte ein starkes Potenzial, sich über ihre Grenzen hinweg auszudehnen – diejenige am östlichen Mittelmeer. Sie war die jüngste aller damaligen Kulturen, sollte aber sehr erfolgreich werden und mehr als 1000 Jahre ohne einen Traditionsbruch überdauern. Und dieser Umstand ist nicht einmal so bedeutend wie ihre Hinterlassenschaft, denn jene Kultur ist die Wiege der Dynamik, die unsere Welt zu dem gemacht hat, was sie heute ist.

Die Akropolis in Athen wurde während eines persischen Angriffs 480 v. Chr. stark beschädigt, aber 40 Jahre später baute man sie unter der Aufsicht von Perikles wieder auf. Der Parthenon, errichtet zwischen 447 und 432 v. Chr., dominiert diesen Blick auf die berühmten Monumente des alten Griechenland. Auf der linken Seite stehen die Propyläen, der monumentale Eingang zur Akropolis. Sie wurden von Mnesikles entworfen und zwischen 437 und 432 v. Chr. erbaut. Der Tempel der Athene Nike gegenüber den Propyläen erscheint winzig im Vergleich zum mächtigen Parthenon, der sich darüber erhebt.

1 DIE WURZELN DER WESTLICHEN WELT

Die neue Kultur am östlichen Mittelmeer hatte den älteren Traditionen im Nahen Osten und in der Ägäis sehr viel zu verdanken. Von Anfang an treffen wir auf eine Mischung griechischer Sprachen, ein semitisches Alphabet, Ideen, deren Wurzeln in Ägypten und Mesopotamien liegen, und auf Erinnerungen an Mykene. Selbst als diese Kultur reifte, zeigte sie immer noch die Vielfalt ihrer Herkunft. Sie war niemals ein monolithisches Ganzes und letztlich außerordentlich komplex. Bei allem, was sie integrierte und zu einer Einheit verschmolz, waren die Grenzen jener Kultur schwer festzumachen. Sie war ein Konglomerat ähnlicher Zivilisationen aus dem Mittelmeerraum und der Ägäis, und ihre Grenzgebiete reichten weit nach Asien, Afrika, in das barbarische Europa und das südliche Russland hinein. Selbst als die Grenzen klar waren, spielten fremde Traditionen für die mediterrane Kultur immer noch eine große Rolle, diese wurden aber umgekehrt auch von ihr beeinflusst.

Die griechische Sphinx war ein Fantasiewesen, oftmals mit einem Frauenkopf, einem Löwenkörper und den Flügeln eines Vogels dargestellt. Die Tatsache, dass dieses Bild in vielen griechischen Skulptur- und Töpferarbeiten vorkommt, zeigt den Einfluss älterer kultureller Traditionen des Nahen Ostens und der Ägäis auf die griechische Kultur.

Diese Kultur zeigte eine stärkere Entwicklungskraft als alle ihre Vorgänger: Selbst wenn in früheren Reichen wichtige politische Änderungen vollzogen worden waren, blieben ihre Institutionen im Wesentlichen intakt, während es in der Kultur am Mittelmeer eine Vielfalt politischer Formen und Experimente gab. In Religion und Ideologie, wo sich andere Traditionen vornehmlich ungebrochen entwickelten – so dass Religion und Kultur eigentlich dasselbe bedeuteten – beginnt die mediterrane Kultur beim Heidentum und ordnet sich schließlich einem exotischen Import unter, dem Christentum. Das Judentum wurde revolutioniert, und so entstand die erste Weltreligion. Dies war eine große Umwälzung und veränderte die Möglichkeiten von Kulturen, die Zukunft zu beeinflussen.

Das Mittelmeer

Von allen Faktoren, die dazu führten, dass sich diese Kultur herausbildete, war der wesentlichste der geographische Schauplatz, das mediterrane Becken. Es war zugleich Schmelztiegel und Quelle: Einflüsse aus den Ländern der alten Kulturen flossen hinein und kehrten aus diesem zentralen Sammelbecken auch wieder zu ihrem Ausgang zurück, um sich in Richtung Norden in die barbarischen Länder zu verbreiten. Die meisten seiner Küsten sind

schmale Streifen, hinter denen sich ziemlich steile, unwegsame Bergketten auftürmen, die nur von einigen großen Flusstälern durchbrochen werden. Die Menschen, die dort lebten, blickten eher die Küsten entlang und auf das offene Meer hinaus als auf das bergige Hinterland in ihrem Rücken.

Die Römer nannten das Mittelmeer zu Recht *Mare Magnum*, das große Meer. Es war das hervorstechende geographische Merkmal ihrer Welt, das Zentrum der klassischen Landkarte. Seine Oberfläche war für all jene, die sie nutzten, eine große einigende Kraft, und um 500 v. Chr. war die Schifffahrtstechnik fortgeschritten genug, so dass Seereisen außer in den Wintermonaten möglich waren. Die exakten Routen der Schiffe hingen von den Winden und Strömungen ab. Die Schiffe bewegten sich nur mit Hilfe von Segeln oder Rudern fort.

Das Ergebnis war eine Küstenkultur mit wenigen Sprachen, die innerhalb des Gebietes überall verbreitet waren. Sie hatte spezialisierte Handelszentren, denn der Tausch von Gütern war über das Meer gut möglich. Die Landwirtschaft basierte ausschließlich auf dem Anbau von Weizen und Hirse, Oliven und Wein, die hauptsächlich für den regionalen Gebrauch bestimmt waren. Die Metalle, die die Wirtschaft immer stärker benötigte, konnten von außen beschafft werden.

Die Wüsten im Süden lagen damals weiter von den Küsten entfernt, und vielleicht mehrere 1000 Jahre lang war Nordafrika reicher, stärker bewaldet, besser bewässert und fruchtbarer als heute. Der gleiche Kulturtypus verbreitete sich daher überall rund ums Mittelmeer. Der Unterschied zwischen Afrika und Europa, wie wir ihn heute kennen, hat vor dem 5. Jahrhundert v. Chr. nicht existiert.

Die zerklüftete Küste der Ägäis und das bergige Hinterland führten dazu, dass viele Einwohner Griechenlands zur See fuhren. Technische Fortschritte und das Wissen über Strömungen und Winde machten es möglich, Handelsrouten im Mittelmeer zu eröffnen.

Geboren zu Beginn des 5. Jahrhunderts v. Chr. in Halikarnassos (eine griechische Kolonie an der Küste Kleinasiens), wird Herodot von vielen als „Vater der Geschichte" betrachtet.

DIE KULTUR DER KLASSISCHEN WELT

Die Völker dieser Küstenkultur schufen eine neue Welt. Die großen Kulturen der Flusstäler hatten keine Kolonien gegründet, sondern sie erobert. Ihre Völker blickten nach innen, auf die Durchsetzung der begrenzten Ziele ihrer Despoten. Viele spätere Gesellschaften, selbst innerhalb der klassischen Welt, taten dasselbe, doch es gibt von Anfang an einen wahrnehmbaren Unterschied in Tempo und Leistungsfähigkeit. Schließlich bauten Griechen und Römer in Russland Mais an, bearbeiteten Zinn aus Cornwall, errichteten Straßen bis in den Balkan, aßen Gewürze aus Indien und trugen Seide aus China.

Wir wissen sehr viel über diese Welt, zum Teil auch, weil sie ein großes archäologisches Vermächtnis hinterlassen hat. Viel wichtiger jedoch ist der neue Reichtum an schriftlicher Überlieferung: Mit dieser Kultur erreichen wir eine Zeit mit verbreiteter Lese- und Schreibfertigkeit. Unter anderem entstehen die ersten wirklichen Geschichtswerke. – Wie wichtig die großen volkstümlichen Aufzeichnungen der Juden auch waren, diese Erzählungen vom Drama der Wanderung eines zerstreuten Volkes durch die Zeit, sie können nicht als kritische Geschichtsschreibung betrachtet werden. Jedenfalls haben auch sie uns über die klassische Welt erreicht. Ohne das Christentum wäre ihr Einfluss auf Israel begrenzt geblieben. Durch die christliche Religion wurden die Mythen dieser Erzählungen und die Interpretationen, die sie zuließen, in eine Welt getragen, die bereits 400 Jahre kritischer Geschichtsschreibung hinter sich hatte. Doch das Werk der alten Geschichtsschreiber stellt nur einen geringen Teil des Materials dar. Kurze Zeit nach 500 v. Chr. gelangen wir erstmals in eine Zeit großer Literatur mit Dramen, Epen, lyrischen Hymnen, Geschichten und Epigrammen, obwohl davon nur wenig überliefert ist.

Die Welt, wie Herodot sie sah

Herodot, ein Zeitgenosse des Perikles, bereiste Griechenland, Makedonien, Thrakien, Ionien, Syrien, Mesopotamien, Ägypten und Kyrene in Nordafrika. An all diesen Orten widmete er sich intensiver Forschung, geleitet von einer äußerst kritischen Einstellung Fabeln und Legenden gegenüber. Das gewaltige Wissen, das er anhäufte, ist in der Reihe seiner neun Geschichtsbücher enthalten, die mit folgendem Satz beginnen: „Herodot aus Halikarnass veröffentlicht hiermit seine Forschung, auf dass die menschlichen Werke bei der Nachwelt nicht in Vergessenheit geraten, und damit große und wunderbare Taten der Griechen und Barbaren nicht ohne Gedenken bleiben. Vor allem aber soll man erfahren, warum sie gegeneinander schritten."

Ein Auszug aus den *Historien* von Herodot, übersetzt von Josef Feix.

Weltkarte nach Herodot.

Die Gesetze von Gortyn, Mitte des 5. Jahrhunderts v. Chr. auf der Insel Kreta in Steintafeln gemeißelt, sind das älteste griechische Gesetzeswerk. Manche dieser Regeln waren bereits seit dem 7. Jahrhundert v. Chr. in Gebrauch.

Die Klassischen Sprachen

Für Griechenland, die Quelle vielfältiger und großer Literatur – und erst recht für andere, zurückgezogenere Teile der klassischen Welt – sind schriftliche Aufzeichnungen allein für die Forschung nicht genug. Die Archäologie ist eine unerlässliche Ergänzung, doch sie ist in diesem Falle besonders aussagekräftig, da die schriftlichen Quellen dieser Zeit aufschlussreicher sind als alle anderen Überbleibsel aus der frühen Vergangenheit. Diese Belege sind zum Großteil in Griechisch oder Latein abgefasst, den beiden Sprachen, die sozusagen die intellektuelle Währung der Kulturen am Mittelmeer darstellten. Dass heute noch in den europäischen Sprachen so viele Wörter enthalten sind, die ursprünglich aus dem Griechischen oder Lateinischen kommen, ist Beweis genug, wie bedeutsam diese Kultur für ihre Nachfolger war – schon das Wort „Kultur" stammt aus dem Lateinischen. Weil Texte in diesen Sprachen verfasst wurden, konnten sich die Menschen auch später mit dieser Kultur auseinandersetzen und in ihr die Eigenschaften finden, die zu der Bezeichnung „*die* klassische Welt" führten.

Was ist „klassisch"?

Der Begriff „klassisch" bedeutet mustergültig, vorbildlich, ausgewogen. Wir müssen jedoch daran denken, dass jene, die ihn geprägt haben, ihrerseits Erben einer Tradition waren, die sie als klassisch betrachteten und daher womöglich in deren Wertvorstellungen gefangen waren.

Auch andere Traditionen und Kulturen hatten ihre „klassischen" Phasen. Das bedeutet, dass die Menschen irgendwo in der Vergangenheit ein Zeitalter erblickten, das Standards setzte. So waren viele nachgeborene Europäer geradezu hypnotisiert von Macht und Glanz

Dieses römische Wandgemälde des 1. Jahrhunderts v. Chr. aus Stabiae zeigt Schiffe in einem solide gebauten Hafen, wahrscheinlich Stabiae oder Puteoli. Die rege befahrenen Handelsrouten, die kreuz und quer durchs Mittelmeer führten, waren lebenswichtig für die Entwicklung der klassischen Kultur, die an den Küsten entstand.

Das Theater des Heiligtums von Asklepios in Epidauros in der heutigen Türkei stammt aus dem 4. Jahrhundert v. Chr. und ist eines der besterhaltenen Beispiele eines griechisches Theaters.

der klassischen Kultur am Mittelmeer. Auch einige Zeitgenossen hielten sich, ihre Kultur und ihre Zeit für etwas Außergewöhnliches, allerdings nicht immer aus Gründen, die uns heute überzeugen können. Dennoch, sie war außergewöhnlich: Energisch brachte sie Ideale, Technologien und Institutionen hervor, auf denen eine große Zukunft gründen sollte.

Das Vermächtnis der klassischen Welt

In späteren Versuchen, das klassische Ideal zu erforschen und anzuwenden, kam es unvermeidlicherweise zu anachronistischen Verfälschungen und romantischer Verklärung dieses historischen Zeitalters. Doch selbst wenn man dies berücksichtigt, und nachdem die klassische Vergangenheit der skeptischen Untersuchung von Wissenschaftlern unterzogen wurde – es bleibt immer noch ein großer Vorrat geistiger Errungenschaften, die sie auf unsere Seite einer mentalen Grenze rücken, während die Reiche Asiens jenseits liegen. Der Geist des klassischen Zeitalters ist in einer Weise erkenn- und begreifbar wie vielleicht nichts Vorangehendes. „Das“, so wurde treffend bemerkt, „ist eine Welt, deren Luft wir atmen können“.

Die Rolle der Griechen bei deren Erschaffung war dominant, und so stehen sie an einem Anfang der Weltgeschichte. Sie trugen mehr als jedes andere Volk zu ihrer Dynamik, zu ihren Mythen und ihrer Inspiration bei. Das Streben der Griechen nach herausragenden Leistungen definierte späteren Völkern, was hervorragend sei, und ihre Leistungen können nicht genug betont werden. Dies ist das Herzstück des Prozesses, der zur Entstehung der klassischen Kultur am Mittelmeer führte.

Bis heute ist das herausragende Erbe das klassische Ideal – trotz mancher romantischer Verklärung hat es noch Gültigkeit.

Die Kultur des klassischen Griechenlands verbreitete sich über das Mittelmeer nach Kleinasien. Durch die Feldzüge Alexanders des Großen wurde sie schließlich noch weiter nach Osten gebracht. Die Ruinen dieses Athene-Tempels aus dem 4. Jahrhundert v. Chr. liegen in Pirene, einer früheren ionischen Siedlung in der heutigen Türkei.

2 DIE GRIECHEN

Die älteste griechische Inschrift befindet sich auf diesem Krug, der im Grab von Dipylon gefunden wurde. Sie stammt aus dem Jahre 750 v. Chr. und ist von rechts nach links geschrieben. Eine Transkription des Textes lässt vermuten, dass der Krug ein Preis in einem Tanzwettbewerb oder ein Geschenk für ein Bankett war.

In der zweiten Hälfte des 8. Jahrhunderts v. Chr. beginnt sich das Dunkel, das seit Ende der Bronzezeit die Ägäis bedeckte, ein wenig zu lichten: Prozesse und sogar einzelne Ereignisse werden erkennbar. Es gibt auch einige Daten, von denen vor allem eines für die Geschichte des Selbstbewusstseins der griechischen Kultur bedeutend ist: 776 v. Chr. fanden, wenn wir den späteren griechischen Historikern glauben dürfen, die ersten Olympischen Spiele statt. Ein paar Jahrhunderte später sollten die Griechen dieses Ereignis an den Beginn ihrer Zeitrechnung setzen, so wie wir die Geburt Jesu Christi.

Griechische Völker

Die Völker, die zu den ersten Olympischen Spielen zusammenkamen, erkannten, dass sie derselben Kultur angehörten. Ihre Basis war die gemeinsame Sprache, denn sowohl Dorer als auch Ionier und Äolier sprachen Griechisch. Dies hatten sie bereits zuvor getan; nun aber musste die Sprache regelrecht definiert werden, indem man sie niederschrieb. Dies war ein enorm wichtiger Schritt, der beispielsweise ermöglichte, dass die traditionelle, mündlich überlieferte Poesie, die vermutlich das Werk Homers ist, festgehalten wurde. Die älteste Inschrift in griechischen Lettern, die wir heute kennen, befindet sich auf einem Krug, der etwa aus dem Jahre 750 v. Chr. stammt. Sie zeigt, wie viel die Erneuerung der ägäischen Kultur Asien verdankte: Die Inschrift ist in einer Variante der phönikischen Schrift verfasst – bevor Händler dieses Alphabet von ihren Reisen mitbrachten, konnten die Griechen weder lesen noch schreiben. Zunächst scheint man es auf der Peloponnes, auf Kreta und Rhodos verwendet zu haben. Womöglich waren dies die ersten Gebiete, die davon profitierten, dass die Beziehungen zu Asien nach dem dunklen Zeitalter wieder aufgenommen wurden. Auf welchem Wege dies geschah, werden wir wohl nie erfahren, doch in gewisser Weise war der Kontakt mit dem Osten der Katalysator, der die Entwicklung der griechischen Kultur in Gang brachte.

Wer waren diese Griechisch sprechenden Menschen, die an der ersten Olympiade teilnahmen? Auch wenn man sie und ihre Nachfolger immer noch so nennt, waren sie doch keine Griechen; diese Bezeichnung wurde ihnen erst Jahrhunderte später von den Römern verliehen. Das Wort, das sie selbst verwendeten, könnte man im Deutschen mit „Hellenen" wiedergeben. Zunächst diente dieser Name dazu, die Eindringlinge auf der griechischen Halbinsel von den ursprünglichen Bewohnern zu unterscheiden.

Diese Bronzestatue ist unter dem Namen Piombino Apollon bekannt und stammt aus dem 5. Jahrhundert v. Chr. Der ernste Gesichtsausdruck, typisch für die vorklassische Periode, steht im Kontrast zur klassischen Haartracht und den sanft geschwungenen Körperlinien. Er trug wahrscheinlich ein Geschenk, und auf dem linken Fuß steht eine Widmung für Athene.

Dann wurde er für alle griechischsprachigen Völker der Ägäis verwendet. Diese Vorstellung entstand nach dem dunklen Zeitalter, und ihre Bedeutung ist kaum zu überschätzen: Sie drückt das Bewusstsein einer neuen Einheit aus, die noch im Wachsen begriffen ist und deren exakte Bedeutung immer unbekannt bleiben wird. Einige griechischsprachige Völker waren im 8. Jahrhundert v. Chr. bereits seit langem sesshaft, und ihre Wurzeln verloren sich in den Wirren der Bronzezeit mit ihren Invasionen. Andere wieder waren Neuankömmlinge. Keiner kam als Grieche: Sie wurden Griechen, weil sie rund um die Ägäis lebten. Die Sprache, mit der sie sich identifizierten, knüpfte neue Bande zwischen ihnen. Neben dem gemeinsamen Erbe von Religion und Mythen war sie das wichtigste Merkmal des Griechentums, das in erster Linie immer eine Sache der gemeinsamen Kultur war.

Die Ägäis

Doch hatten die kulturellen Bande noch keine politischen Auswirkungen. Sie konnten schon auf Grund von Größe und Beschaffenheit des geographischen Schauplatzes der griechischen Geschichte keine Einheit schaffen. Dieser Rahmen entsprach nicht dem heutigen Griechenland, sondern umfasste beinahe die gesamte Ägäis. Die weite Verbreitung minoischer und mykenischer Einflüsse in früheren Kulturen hatte dies vorausahnen lassen, denn es war fast das ganze Jahr über ein Leichtes, zwischen den Inseln und den Küsten hin- und herzureisen. Die Erklärung, warum die griechische Kultur überhaupt entstehen konnte, liegt sicher auch in der Geographie. – Daneben spielte die Vergangenheit sicherlich eine Rolle, doch das minoische Kreta und Mykene hinterließen den Griechen wahrscheinlich weniger als etwa das angelsäch-

Der Diskuswerfer, eine Nachbildung des verschollenen Kunstwerks von Myron aus der Mitte des 5. Jahrhunderts v. Chr. Die Statue zeigt eine der Sportarten des antiken Fünfkampfes, des Pentathlon. Der Sieg in einem solchen Wettkampf brachte nicht nur dem Sportler, sondern auch seiner Familie und seiner Stadt große Ehre. Sport spielte in der griechischen Kultur eine wichtige Rolle, und im Training wurden die jungen Männer auf den Krieg vorbereitet.

Zeitleiste (776 v. Chr. – 404 v. Chr.)

776 v. Chr.
Erste Olympische Spiele
Beginn der griechischen Zeitrechnung

507 v. Chr.
Kleisthenes' politische Reformen in Athen

700 v. Chr. — 600 v. Chr. — 500 v. Chr.

750–700 v. Chr.
Beginn der griechischen Kolonisierung im Mittelmeerraum
Entstehung des griechischen Alphabets

500–479 v. Chr.
Der Persische Krieg: Griechischer Sieg über das Perserreich

431–404 v. Chr.
Peloponnesischer Krieg zwischen Athen und Sparta

sische England dem späteren Großbritannien. Die geographischen Rahmenbedingungen erlaubten eine besonders hohe Dichte voneinander unabhängiger, wirtschaftlich überlebensfähiger Gesellschaften mit einer gemeinsamen Sprache, die nicht nur füreinander, sondern auch für die älteren Kulturzentren im Nahen Osten gut zugänglich waren. Wie die alten Flusstäler – doch aus anderen Gründen – war die Ägäis ein günstiger Ort; hier konnte eine Kultur entstehen.

Ein Großteil der Ägäis war auf Grund der begrenzten Möglichkeiten auf dem Festland besiedelt worden. Nur auf kleinsten Gebieten boten Land und Klima Möglichkeiten für den Ackerbau. Bodenschätze waren selten, es gab weder Zinn noch Kupfer oder Eisen. Wenige Täler erstreckten sich direkt bis zum Meer, und die Kommunikation zwischen ihnen war schwierig. So orientierten sich die Einwohner von Attika und der Peloponnes zum Meer hin.

Die griechische Welt in der Ägäis

Die ägäische Küstenlinie war übersät mit griechischen Städten, die zumeist regen Handel trieben. Wichtige Siedlungen an der ionischen Küste in Kleinasien entwickelten sich infolge früher Emigration vom griechischen Festland, und die griechische Kultur durchdrang überall in der Ägäis das Leben der Stadtstaaten. Die Überreste von Heiligtümern und Orakeln, die von allen Griechen besucht wurden, sind in der ganzen Region zu finden.

In Griechenland machten enge Täler und ein Mangel an flachen Ebenen große Ernteerträge beinahe unmöglich. Diese ungünstigen Bedingungen veranlassten viele Einwohner der Peloponnes und Attikas, über die Ägäis zu setzen und neue Gebiete zu suchen, in denen sie sich niederlassen konnten.

Die Verbreitung der griechischen Kultur

Seit dem 10. Jahrhundert v. Chr. wuchs die Bevölkerung an, und das Land wurde immer knapper. Dies führte unweigerlich zu einer großen Zeit der Kolonisierung. Im 6. Jahrhundert v. Chr. reichte die Welt der Griechen vom Schwarzen Meer im Osten bis zu den Balearen, Frankreich und Sizilien im Westen sowie Libyen im Süden. Dies war eine Entwicklung von Jahrhunderten, in denen neben dem starken Bevölkerungswachstum auch andere Kräfte wirkten. Während Thrakien von landsuchenden Bauern besiedelt wurde, ließen sich andere Griechen in der Levante oder in Süditalien nieder, um dort Handel zu treiben. Händler und Bauern waren nicht die Einzigen, die die Lebensart der Griechen verbreiteten und die Griechenland mit dem Rest der Welt bekannt machten. Historische Aufzeichnungen anderer Völker geben Hinweise auf einen Zustrom griechischer Söldner ab dem 6. Jahrhundert v. Chr., die für die Ägypter gegen die Assyrer kämpften. All das hatte wichtige soziale und politische Auswirkungen auf das Heimatland.

Griechen und Barbaren

Auch wenn sie sich untereinander bekämpften, und obwohl sie traditionelle und emotionale Unterschiede zwischen bötisch, dorisch oder ionisch hochhielten, war den Griechen immer bewusst, dass sie sich von anderen Völkern unterschieden. Das konnte auch praktische Auswirkungen haben: So durften z. B. griechische Kriegsgefangene im Gegensatz zu den „Barbaren" theoretisch nicht versklavt werden. Schon das Wort „Barbaren" drückte im Wesentlichen das hellenistische Selbstbewusstsein aus, es verstand sich aber anders als im heutigen Sprachgebrauch weniger herabsetzend als viel mehr zusammenfassend. Die Barbaren waren der Rest der Welt, all jene, die

So sehr sich die griechischen Völker voneinander abzugrenzen versuchten, gegenüber anderen sahen sie sich doch als Einheit. Ausdruck fand dieses Selbstbewusstsein in dem heute noch geläufigen Wort „Barbaren", mit denen die Griechen alle Nichthellenen bezeichneten.

Auf diese Amphore aus dem 6. Jahrhundert v. Chr. ist eine Szene der *Ilias* dargestellt: Die griechischen Kriegshelden Achilles und Ajax beim Würfelspiel. Obwohl beide ganz vertieft scheinen, halten sie ihre Speere bereit, um jeden Moment in die Schlacht gegen den trojanischen Feind zu stürmen.

kein verständliches Griechisch sprachen – egal in welchem Dialekt – sondern die „bar-bar"-Geräusche machten, die kein Grieche verstehen konnte. Die großen religiösen Feste des griechischen Jahres, zu denen Menschen aus vielen Städten zusammenkamen, waren Anlässe, an denen nur griechischsprachige Personen teilnehmen durften.

Religion

Die Religion war natürlich ein wesentlicher Bestandteil griechischer Identität. Das griechische Pantheon ist sehr komplex: Es ist aus unzähligen Mythen zusammengesetzt, die von vielen Gemeinschaften in einem riesigen Gebiet zu verschiedenen Zeiten geschaffen wurden. Sie waren oft unzusammenhängend oder gar widersprüchlich, bis sie eines Tages geordnet und mit der Vernunft in Einklang gebracht wurden. Einige kamen von außen, wie der asiatische Mythos vom goldenen, silbernen, bronzenen und ehernen Zeitalter. Aberglaube und der Hang zu derartigen Legenden waren der Grundstein der griechischen religiösen Erfahrung. Doch diese unterschied sich durch ihre Tendenz zur Vermenschlichung stark von der anderer Völker. Griechische Götter und Göttinnen sind bei all ihrer übernatürlichen Macht und ihren Fähigkeiten bemerkenswert menschlich. Sie drücken bereits die Konzentration auf den Menschen aus, die auch der späteren griechischen Kultur zu Eigen ist. So viel griechische Kunst und My-

Das griechische Pantheon

Die Griechen waren Polytheisten und stellten ihre Götter als Männer und Frauen dar, die oftmals von menschlichen Leidenschaften bewegt wurden. Im klassischen Zeitalter sind die zwölf Götter des Olymp mit ihren verschiedenen Persönlichkeiten die wichtigsten Gottheiten. Diese waren Zeus, Hera, Apollon, Artemis, Athene, Ares, Aphrodite, Demeter, Hephaistos, Poseidon, Hermes und Hestia. Eine Vielzahl niedrigerer Götter und lokaler Gottheiten wurden ebenfalls verehrt. Jede Stadt hatte einen Schutzgott – Athene, die Göttin der Klugheit, des Krieges und der Kunst, war die Schutzherrin von Athen.

Rituale zu Ehren der Götter wurden gewöhnlich an Altären unter freiem Himmel abgehalten. Diese stellte man gegenüber dem Eingang eines Heiligtums, an Treffpunkten oder in Privathäusern auf, seltener in Tempeln, die nur zur Aufbewahrung der göttlichen Kultbilder dienten.

Diese Marmorplatte aus dem 5. Jahrhundert v. Chr. zeigt die Geburt von Aphrodite nach einem der homerischen Gedichte. Die Göttin der Liebe entspringt der schäumenden See, ihre Dienerinnen, die Grazien und die Jahreszeiten, stehen ihr zur Seite. Als Frau des Gottes Hephaistos war Aphrodite die Geliebte von Ares und Adonis, Mutter des Eros und Beschützerin des Trojaners Paris.

thologie wir auch Ägypten und dem Osten verdanken mögen, sie stellen doch ihre Götter als bessere oder schlechtere Männer und Frauen dar, ganz anders als die Monster Babyloniens oder Assyriens oder der vielarmige Shiva. Wer auch immer dafür verantwortlich war, dies war eine religiöse Revolution. Sie ließ nämlich den Umkehrschluss zu, dass Menschen göttergleich sein konnten. Dieses Motiv ist bereits bei Homer erkennbar; vielleicht hat er am meisten zur Ordnung der griechischen Götterwelt beigetragen. Populären Kulten hat er dabei wenig Raum gelassen. Er zeichnet die Götter, die im Trojanischen Krieg Partei ergreifen, in allzu menschlichen Posen: Sie liegen miteinander im Wettstreit; während Poseidon den Helden der *Odyssee* bedrängt, unterstützt Athene ihn. Ein späterer griechischer Kritiker beklagte sich, dass Homer „den Göttern alles zuschrieb, was bei den Menschen schändlich und tadelnswert ist: Diebstahl, Ehebruch und Täuschung". Es war eine Welt, die der wirklichen in nichts nachstand.

Homers *Ilias* und *Odyssee*

Die *Ilias* und die *Odyssee* wurden bereits erwähnt, da sie ein Licht auf die Vorgeschichte werfen. Sie gestalteten aber auch die Zukunft. Auf den ersten Blick erscheint es seltsam, dass sie von den Menschen so sehr verehrt wurden. Die *Ilias* berichtet von einer kurzen Episode aus einem legendären, lang vergangenen Krieg. Die *Odyssee* ist ein Epos, das von der Irrfahrt eines der größten aller literarischen Charaktere erzählt, von Odysseus, der sich auf dem Heimweg aus demselben Krieg befindet. Darauf beschränkt sich, vordergründig betrachtet, der Inhalt. Doch irgendwie kam es dazu, dass diese beiden Werke im Laufe der Zeit als heilige Bücher betrachtet wurden. Wenn, was vernünftig scheint, die Anzahl der erhaltenen Abschriften der relativen Berühmtheit entspricht, dann wurden sie häufiger als alle anderen Texte der griechischen Literatur kopiert. Viel Zeit und Tinte wurde verschwendet, um über ihre Entstehung zu diskutieren. Heute scheint es am wahrscheinlichsten, dass sie ihre jetzige Form in Ionien kurz vor 700 v. Chr. erhielten. Die Griechen bezeichneten den Autor dieser Bücher vorbehaltlos als „den Dichter" – Zeichen genug für sein Ansehen. Doch es fanden sich auch Hinweise dafür, dass die beiden Werke von verschiedenen Autoren stammten. Für unsere Zwecke ist es unwichtig, ob es ein oder zwei Verfasser waren. Es ist wesentlich, dass jemand das Material aus der Überlieferung von vier Jahrhunderten in eine stabile und endgültige Form gebracht hat. In diesem Sinne stellen diese Werke die Höhepunkte des Zeitalters der griechischen Heldendichtung dar. Obwohl sie wahrscheinlich bereits im 7. Jahrhundert v. Chr. niedergeschrieben wurden, gab es bis zum 6. Jahrhundert v. Chr. keine allgemein akzeptierte Ver-

Zeus galt als der Vater aller Götter und als Gott des Himmels. Wenn er zornig war, beschwor er Stürme herauf und schleuderte Blitze. Er ließ Gerechtigkeit im Himmel und auf Erden walten. Er war Bruder und Ehemann der Göttin Hera und Vater zahlreicher Helden, die aus seinen Liebschaften mit Göttinnen und sterblichen Frauen hervorgingen.

Die *Odyssee*

„Der (Zeus) nun sagte: Bei dir sei ein Mann, erbärmlich vor andern, / Einer der Männer, die Priamos' Stadt im Kampfe umstellten
Neun volle Jahre; im zehnten dann nahm man die Stadt und sie gingen Heim; doch sie frevelten noch auf der Rückkehr gegen Athene, / Die ihnen lange Wogen erregte und böseste Winde.
Da nun fanden die edlen Gefährten alle ihr Enden.
Ihn aber brachte der Wind hierher und nahe die Woge. Den nun mußt du, so hat er befohlen, schleunigst entlassen; / Denn nicht hier und fern von den Liebsten ist Tod ihm beschieden;
Immer noch ist sein Schicksal: Er wird seine Freunde noch sehen, Finden sein Haus mit hohem Dach und das Land seiner Heimat."

Auszug aus Homers *Odysee*, übersetzt von Anton Weiher.

Homer, der wahrscheinlich in einer ionischen Stadt geboren wurde, lebte zwischen 750 und 650 v. Chr. Die existierenden Porträts des Dichters, die allesamt der Fantasie entspringen, zeigen ihn als blinden, bärtigen Mann. Homers Einfluss ist aus der griechischen Kultur nicht wegzudenken.

sion der Gedichte. Schon damals allerdings galten sie als maßgebliche Erzählung der griechischen Frühgeschichte, als Quelle ethischer Grundsätze und Vorbilder sowie als zentraler Gegenstand literarischer Bildung. So waren sie nicht nur die ersten Dokumente griechischen Selbstbewusstseins, sondern verkörperten auch die fundamentalen Werte der klassischen Kultur. Später wuchs ihre Bedeutung sogar noch: Gemeinsam mit der Bibel sind sie gleichsam der Urquell der westlichen Literatur.

Heiligtümer und Kulte

Auch wenn die Götter Homers so menschlich waren, hatte die griechische Welt dennoch großen Respekt vor dem Okkulten und Mysteriösen. Die unsichtbaren Kräfte zeigten sich in Orakeln und Omen. Die Heiligtümer der Apollon-Orakel in Delphi oder in Didyma (Kleinasien) waren Wallfahrtsorte, an denen Menschen Rat suchten, den sie befolgten, auch wenn er oft rätselhaft war. Es gab Kulthandlungen, in denen man „Wunder" vollbrachte, indem die großen natürlichen Schöpfungsprozesse des Keimens und des Wachstums im Laufe der Jahreszeiten nachgestellt wurden. Volksreligion spielt in den schriftlichen Quellen keine große Rolle, war aber nie ganz wegzudenken. Man sollte diesen irrationalen Bodensatz nicht vergessen, auch wenn die Errungenschaften der griechischen Elite im späteren klassischen Zeitalter so eindrucksvoll sind und so sehr auf Rationalität und Logik beruhen. Das Irrationale war immer da, und in der früheren Entstehungsperiode, mit der sich dieses Kapitel beschäftigt, deutlich erkennbar.

Gesellschaft und Politik

Schriftliche Aufzeichnungen und allgemein anerkannte Traditionen verraten uns auch einiges, wenngleich nichts sehr konkretes,

Der Olymp, der höchste Berg Griechenlands, ist bei Homer Sitz der olympischen Götter. Es überrascht nicht, dass die alten Griechen den Wohnsitz ihrer wichtigsten Götter am nördlichen Rand der ihnen bekannten Welt vermuteten, auf einem Berg, der vom Meer aus zu sehen war.

über die gesellschaftlichen und – falls dieser Begriff angemessen ist – politischen Institutionen des frühen Griechenland. Homer zeigt uns eine Gesellschaft von Königen und Aristokraten, doch war dies bereits zu seiner Zeit anachronistisch. Der Titel des Königs überlebte irgendwie, und in Sparta, wo es immer zwei Könige zugleich gab, hatte er sogar eine schemenhafte Realität, die ab und zu auch konkrete Auswirkungen hatte. Doch bereits in historischen Zeiten war die Macht in fast allen griechischen Städten von Monarchen auf Aristokratien übergegangen. Der Rat des Areopags in Athen ist ein Beispiel für die Instanzen, die vielerorts die Macht der früheren Könige übernahmen. Diese herrschenden Eliten sicherten ihre Macht vornehmlich durch Grundbesitz:

Ihre Mitglieder waren Eigentümer großer Ländereien, die nicht nur ihren Lebensunterhalt, sondern auch einen Überschuss für teure Waffen und Pferde garantierten, was sie zu militärischen Anführern machte. Homer beschreibt, wie sich diese Aristokraten in beachtlicher Unabhängigkeit von ihren Königen bewegen. Anderen sozialen Unterschieden wird in den Werken Homers kaum Gewicht beigemessen. Thersites wird sogar bestraft, weil er versuchte, die Grenze zwischen Edelleuten und Volk zu übertreten.

Bis zum heutigen Tag ist für viele Griechen das Ansehen eines Mannes unter seinesgleichen das Wichtigste, in der Politik spiegelt sich dies oft wider. Es hat sich auch im klassischen Zeitalter bewahrheitet, als die Kooperationsmöglichkeiten immer wieder am Individualismus scheiterten: die Griechen errichteten niemals ein dauerhaftes, einheitliches Reich.

Freiheit und Sklaverei

Unterhalb der Aristokraten der frühen Städte standen die anderen Ränge einer noch nicht besonders komplexen Gesellschaft. Freie arbeiteten auf ihrem eigenen Land oder manchmal auch für andere. Bevor Geld, das leichter

Die Tholos in Delphi stand außerhalb der Ländereien des Hauptheiligtums, das dem Gott Apollon gewidmet war. Menschen aus der ganzen griechischen Welt kamen nach Delphi, um das Apollon-Orakel in politischen und privaten Belangen zu befragen.

als Land übergeben werden konnte, Reichtum verfügbarer machte, wechselte Vermögen nicht so schnell und einfach den Besitzer. Homer maß Werte in Ochsen; Gold und Silber waren für ihn eher rituelle Geschenke als ein Zahlungsmittel. Das war der Hintergrund der späteren Vorstellung, Handeln und Haushalten seien unwürdig. Es erklärt auch, warum in Athen – und vielleicht auch anderswo – der Handel in den Händen der Metöken lag. Diese Ausländer, ohne staatsbürgerliche Privilegien, leisteten Dienste, die griechische Bürger nicht selbst erledigen wollten.

Natürlich wurde Sklaverei als selbstverständlich angesehen. Wenn man Homer Glauben schenkt, waren in archaischen Zeiten die meisten Sklaven Frauen: der Preis des Sieges. Später jedoch brachte man auch die männlichen Kriegsgefangenen nicht mehr um, sondern versklavte sie. Sklavenhaltung für die Landwirtschaft in großem Stil, wie in Rom oder in den europäischen Kolonien der Moderne, war unüblich. Viele Freie im Griechenland des 5. Jahrhunderts v. Chr. besaßen ein oder zwei Sklaven, und man schätzt, dass in der Blütezeit Athens ungefähr ein Viertel der Bevölkerung Sklaven waren. Sie konnten auch befreit werden: Ein Sklave des 4. Jahrhunderts v. Chr. wurde später ein angesehener Bankier. Sklaven wurden meist gut behandelt und manchmal sogar geliebt. Einer, nämlich Äsop, wurde durch seine Fabeln sogar berühmt. Doch Sklaven waren unfrei, und die Griechen dachten, die absolute Abhängigkeit vom Willen eines Anderen müsse für einen freien Menschen unerträglich sein. Dennoch wandelten sie diese Ansicht kaum in Kritik an der Sklaverei um. Wen das überrascht, der verkennt den damaligen Zeitgeist. Die ganze Welt außerhalb Griechenlands beruhte in ihrer Organisation ebenfalls auf der Sklaverei. Weit in das christliche Zeitalter hinein war sie fast überall eine vorherrschende Institution – und sie hat bis heute überlebt. Daher ist es nicht weiter verwunderlich, dass sie den Griechen selbstverständlich schien. Es gab keine Aufgabe, die Sklaven nicht übernommen hätten, sie waren Landarbeiter oder Lehrer – ein „Pädagoge“ war ursprünglich ein Sklave, der einen Knaben von hoher Abstammung zur Schule begleitete. Ein berühmter griechischer Philosoph versuchte später, die Sklaverei zu rechtfertigen, indem er behauptete, es gäbe Menschen, die zur Sklaverei geboren seien, da sie nur solche Fähigkeiten hätten, die geeignet seien, den Zwecken der Gebildeteren zu dienen. Auf moderne Menschen macht dieses Argument keinen Ein-

Eine athenische Hydria aus dem 6. Jahrhundert v. Chr. Die Dekoration – eine Gruppe von Frauen, wahrscheinlich Sklavinnen, die ihre Hydrias an der Quelle füllen – spielt auf die Funktion dieses Kruges an, der zum Wasserholen verwendet wurde. Eine Vielzahl gewaltiger Brunnen, so wie der hier abgebildete, wurden im 6. Jahrhundert v. Chr. in Athen gebaut.

Lebensgroße Bronzespiegel kamen gegen Ende des archaischen Zeitalters in Mode. Bei dieser Figur erkennt man den Einfluss der orientalischen Kunst. Nur Mitglieder reicher Familien konnten sich solchen Luxus leisten.

druck, aber im Zusammenhang mit den griechischen Vorstellungen von Natur und Menschheit war es mehr als nur die Rationalisierung von Vorurteilen.

Beziehungen zu anderen Kulturen

Zu den zahlreichen Kontakten, über die Griechenland noch lange nach dem Neubeginn der ägäischen Kultur vom Nahen Osten beeinflusst wurde, können Sklaven gehört haben, vor allem aber in Griechenland ansässige Fremde. Homer schon hatte die *Demiurgoi* erwähnt, fremdländische Kunsthandwerker, die nicht nur technische Fähigkeiten, sondern auch Motive und Stile anderer Länder in die hellenischen Städte gebracht haben. Später hören wir von griechischen Künstlern, die in Babylon lebten, und es gab viele Beispiele für griechische Soldaten, die als Söldner für fremde Könige in die Schlacht zogen. Als die Perser 525 v. Chr. Ägypten eroberten, kämpften Griechen auf beiden Seiten. Einige dieser Männer sind gewiss in die Ägäis zurückgekehrt und brachten neue Ideen und Eindrücke mit. Zudem gab es während dieser Zeit stets wirtschaftliche und diplomatische Beziehungen zwischen den griechischen Städten in Asien und ihren Nachbarn.

Griechische Kunst

Die Vielfalt des täglichen Austauschs der unternehmungslustigen Griechen mit ihren Nachbarn macht es schwer, zwischen eigenen und fremdländischen Beiträgen zur Kultur des archaischen Griechenland zu unterscheiden. Genau wie Mykene asiatische Vorbilder übernahm, erinnert hier vieles an die Werke des Nahen Ostens, wie zum Beispiel die Tiermotive auf griechischen Bronzearbeiten oder die Körperhaltung von Göttinnen wie Aphrodite. Später imitierten Architektur und Bildhauerei jene Ägyptens, und ägyptische Antiquitäten beeinflussten den Stil der grie-

Körperliche Arbeit wurde in der Stadt und auf dem Land zumeist von Sklaven verrichtet, die sich auch um den Haushalt kümmerten. In den athenischen Komödien waren die Charaktere des komischen Sklaven und des Dieners besonders beliebt. Diese kleinen Terrakotta-Statuetten mit ihren grotesken Masken fand man in einem athenischen Grab aus dem 4. Jahrhundert v. Chr. Es handelt sich um Schauspieler, die sich für eine Aufführung verkleiden.

Die Innenseite dieses Kylix (Trinkgefäß mit zwei Griffen) zeigt den von Piraten gefangenen Gott Dionysos. Er verwandelte den Mast ihres Schiffes in Wein und die Matrosen in Delphine.

chischen Kunsthandwerker in Naukratis. Obwohl die ausgereifte Kunst des klassischen Griechenland einzigartig war, reichen ihre Wurzeln weit in die Zeit zurück, als die Beziehungen zu Asien im 8. Jahrhundert v. Chr. wieder aufgenommen wurden. Schwer zu fassen ist die langsame und stetige Beeinflussung der Kulturen, die im 6. Jahrhundert in beide Richtungen wirkte, denn Griechenland war damals sowohl Schüler als auch Lehrer. Lydien beispielsweise, das Königreich des legendären Krösus, des reichsten Mannes der Welt, wurde durch seine tributpflichtigen griechischen Städte hellenisiert. Es übernahm deren Kunst und, was wohl noch bedeutender ist, auf indirektem Wege über Phrygien das Alphabet. So erntete Asien die Früchte, die es selbst gesät hatte.

Der wirtschaftliche Erfolg führte zu neuem Bevölkerungswachstum, das wiederum neue Kolonisierungen nach sich zog. Das Überleben der Städte und Kolonien sicherte am Ende die Spezialisierung auf bestimmte Güter.

Handel und Wirtschaft

Lange vor 500 v. Chr. war die griechische Kultur bereits so komplex, dass man schnell den Überblick über die wirtschaftlichen Zusammenhänge verliert. Gemessen an seinen Zeitgenossen war das frühe Griechenland eine dynamische Gesellschaft. Eine bedeutende Entwicklung gegen Ende des 7. Jahrhunderts v. Chr. war die zweite, größere Kolonisierungswelle, die hauptsächlich von Städten des griechischen Ostens ausging. Deren Siedlungspolitik war eine Antwort auf landwirtschaftliche Schwierigkeiten und enormes Bevölkerungswachstum. Ein Aufblühen des Handels war die Folge: Neue Wirtschaftsbeziehungen wurden geknüpft, da der Handel mit der nicht-griechischen Welt einfacher wurde. Als Beweis dafür gilt der vermehrte Umlauf von Silber. Die Lyder waren die ersten, die echte Münzen mit Standardgewicht und Aufdruck prägten –, und im 6. Jahrhundert v. Chr. war Geld im Innen- und Außenhandel ein übliches Zahlungsmittel. Nur die Spartaner weigerten sich, Münzgeld einzuführen. Spezialisierung bot eine Möglichkeit, um mit der Landknappheit im eigenen Land zurechtzukommen. Athen sicherte sich die benötigten Getreideimporte, indem es sich auf die Herstellung von Töpferwaren und Öl spezialisierte, Chios exportierte Öl und Wein.

Die Hopliten

Handelsexpansion bedeutete nicht nur, dass der Besitz von Land nicht mehr die einzige Quelle des Wohlstandes war, sondern auch, dass immer mehr Menschen Land erwerben konnten, was für ihren Status sehr wichtig war. So begann sowohl eine militärische als auch eine politische Revolution. Das alte griechische Kriegsideal war der Einzelkampf, eine Form des Gefechts, die für eine Gesellschaft mit adligen Kriegern selbstverständlich war. Sie ritten oder fuhren auf die Schlachtfelder, um sich dort mit ihresgleichen zu messen, während sich die weniger gut bewaffneten Untergebenen untereinander schlugen. Die neue Schicht wohlhabender Männer konnte sich bessere Rüstungen und Waffen als militärische Ausstattung leisten und bildete das Regiment der Hopliten, eine schwer bewaffnete Infanterie, die zwei Jahrhunderte lang das Rückgrat der griechischen Armee bilden sollte und ihr zu militärischer Überlegenheit verhalf. Sie konnten mit ihrem disziplinierten Zusammenhalt besser die Stellung halten als mit persönlichem Heldenmut.

Die griechischen Hopliten trugen Helm, Rüstung und Schilde. Ihre Hauptwaffe war der Speer. Dieser wurde jedoch nicht geworfen, sondern zum Schlagen und Stechen im Handgemenge verwendet, das auf die Attacke einer geordneten Formation schwergewichtiger Speerwerfer folgte. Diese Taktik funktionierte nur auf relativ ebenem Boden, doch genau darum ging es meistens in griechischen Kriegen, denn die Landwirtschaft, von der eine Stadt abhing, konnte durch eine Besatzung der kleinen, mit Getreide bepflanzten Ebenen bereits lahm gelegt werden. Auf solchem Terrain griffen die Hopliten in großen Truppen an, mit dem Ziel, die Gegner durch ihre Übermacht hinwegzufegen. Ihre Kraft hing also immer davon ab, dass sie als disziplinierte Einheit auftraten. Das vergrößerte die Wirkung des Angriffs und verschaffte ihnen einen Vorteil im nachfolgenden Kampf Mann gegen Mann, denn jeder Hoplit musste sich auf das Schild seines Nachbarn verlassen können, damit seine rechte Seite geschützt war. Die geordnete Aufstellung in einer Reihe war somit lebenswichtig. Besonders die Spartaner wurden für ihre geschickt ausgearbeiteten Kriegsstrategien und den Zusammenhalt ihrer Truppen während der Schlacht bewundert.

Die Fähigkeit, im Kollektiv zu handeln, war das Herz der neuen Kriegsführung. Auch wenn jetzt größere Truppen am Kampf teilnahmen, ging es nicht nur um Zahlen, wie drei Jahrhunderte griechischer Erfolge gegen die Armeen Asiens beweisen. Es kam in erster Linie auf Disziplin und taktisches Geschick an. Das umfasste auch ein regelmäßiges Training sowie eine Öffnung des Militärs für breitere gesellschaftliche Schichten. Somit bekamen immer mehr Männer Anteil an der Macht, die der Zugriff auf Kriegsgerät verlieh.

STADTSTAATEN

Die Entwicklung einer äußerst gut trainierten Armee war nicht die einzige bedeutende Erneuerung dieser Jahre. Damals „erfanden“ die Griechen auch die Politik: Der Gedanke, gemeinschaftliche Angelegenheiten durch Diskussionen öffentlich zu regeln, stammt von ihnen. Die Bedeutung dessen lebt auch heute noch in unserer Sprache weiter, denn „Politik“ und „politisch“ sind Begriffe, die

Auf dieser Grabstele ist ein griechischer Hoplit abgebildet. Er trägt eine kurze Tunika, damit er die Beine ungehindert bewegen kann. Seine Brust ist durch einen Panzer aus Metall oder Leder geschützt. Auf dem Kopf trägt er einen Helm im korinthischen Stil. Ein Stück davon ist verloren gegangen.

Auf diesem korinthischen Krug aus dem 7. Jahrhundert v. Chr. ist eine Reitergruppe bei einer Jagd zu sehen. Die Griechen kannten weder Sattel noch Steigbügel; die Männer reiten auf ungesattelten Pferden. Die Kavallerie spielte in der Armee keine große Rolle und war bei Angriffen nie entscheidend. Sie diente dazu, das Terrain zu erkunden, die Flanken des Heeres zu schützen und fliehende Feinde zu jagen.

Diese Marmorstatue stammt aus einem athenischen Grab und diente als Grabstein oder Kouros. Sie wurde ungefähr 530 v. Chr. hergestellt und ist ein gutes Beispiel dafür, dass selbst im 6. Jahrhundert v. Chr. die griechische Skulptur noch von der ägyptischen Kunst geprägt war, was die Strenge und Betonung der Körperfront ausdrückt.

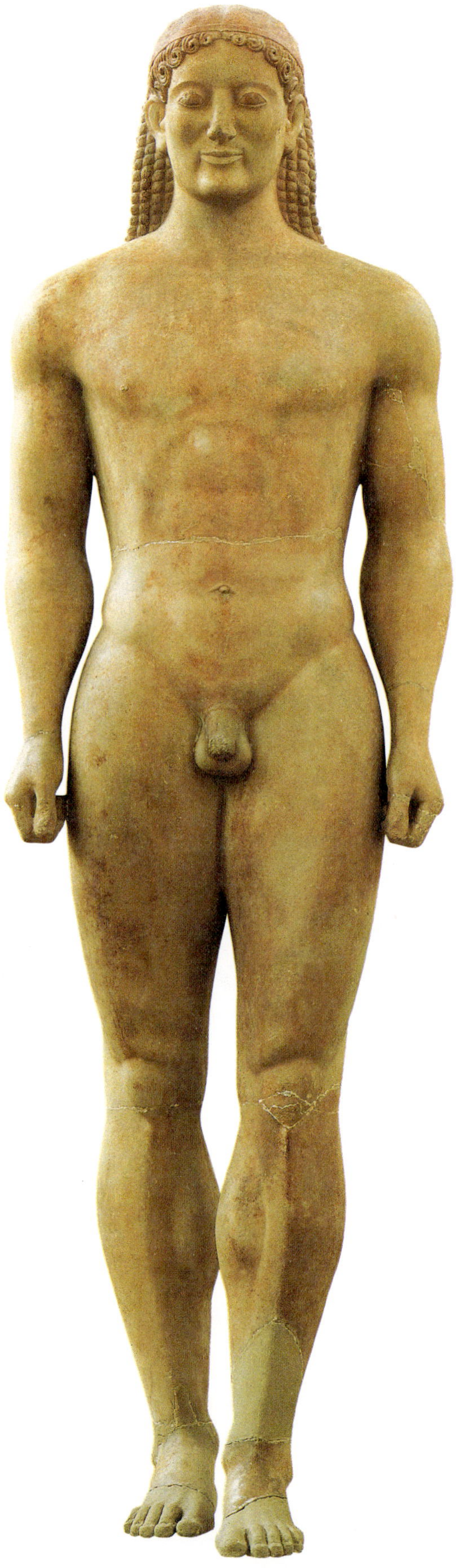

von dem griechischen Wort für Stadt, Polis, abgeleitet sind. Die Polis war weit mehr als nur eine Ansammlung von Menschen, die aus wirtschaftlichen Gründen am selben Ort lebten. Das zeigt sich bereits im griechischen Sprachgebrauch: Die Griechen sprachen nicht von Athen oder Theben, sondern von den Athenern oder den Thebanern. So tief sie auch oft gespalten war, die Polis – oder, wie man sie auch nennen kann, der Stadtstaat – war eine Gemeinschaft von Menschen, die sich ihrer gemeinsamen Interessen und Ziele durchaus bewusst war.

Diese allgemeine Übereinstimmung war das Wesen des Stadtstaates; wer mit den Institutionen seiner eigenen Polis nicht zufrieden war, konnte sich anderswo nach Alternativen umsehen. Das führte zu starkem Zusammenhalt, aber auch zu einer gewissen Engstirnigkeit. Die Griechen überwanden nie für längere Zeit ihre Vorliebe für lokale Autonomie – ein weiterer griechischer Begriff – und der einzelne Stadtstaat blickte meist mit Misstrauen und Verteidigungsbereitschaft in die Welt. Nach und nach schuf er sich seine Schutzgötter, seine Feste und seine liturgische Inszenierung, die die lebenden Menschen mit der Vergangenheit verbanden und sie in Traditionen und Gesetzen unterwiesen. So wurde der Stadtstaat zu einem lebendigen Organismus, der mit der Zeit ging und der die Generationen zusammenhielt. In seinen Wurzeln lag das Ideal der Hopliten vom disziplinierten, kooperativen Handeln, bei dem Menschen Schulter an Schulter standen und auf Unterstützung im Dienste der gemeinsamen Sache vertrauten. In frühen Tagen beschränkte sich die Schicht der Bürger auf die Hopliten, die es sich leisten konnten, einen Platz in den Reihen einzunehmen, von denen die Verteidigung des Stadtstaates abhing.

Der Stadtstaat war aber auch auf Geographie, Wirtschaft und Blutsverwandtschaft gegründet. Meist lag das Gebiet eines Stadtstaats

Griechische Münzen

Die Entwicklung des Handels in griechischen Städten führte zur Einführung von Münzgeld, wahrscheinlich in der Mitte des 6. Jahrhunderts v. Chr. Wir wissen, dass die ersten griechischen Münzen in Ägina geprägt wurden. Dort stellte man aus Silber, das regelmäßig aus Siphnos eingeführt wurde, die berühmten „Silberschildkröten" her. In der griechischen Welt war eine große Vielfalt an Münzen im Umlauf, und das Prägen eigenen Geldes galt als Zeichen für Unabhängigkeit.

Griechische Münzen aus dem 6. bis 4. Jahrhundert v. Chr. Oben: Silberner Tetradrachme, rechts: Silbermünze aus Poseidonia, ganz rechts: Silbermünze aus Leontinoi.

in einem der engen Täler, die genug landwirtschaftlichen Ertrag für den Lebensunterhalt produzieren konnten. Einige waren sogar noch besser gestellt: Sparta lag in einem großen Tal. Der Boden in Attika war unfruchtbar, und Athen musste daher seine Bürger mit importiertem Getreide ernähren. Dialekte verstärkten unterschwellig das Gefühl der Unabhängigkeit, indem sie wie die Berge die Städte von ihren Nachbarn trennten.

Bürgerschaft

In der Frühgeschichte wurden Gemeinschaft und Individualität so intensiv gefühlt, dass es den Griechen unmöglich war, größere Gebilde als die Stadtstaaten zu schaffen. Die wenigen lockeren Bündnisse und Allianzen konnten nicht darüber hinwegtäuschen. Innerhalb der Städte beteiligten sich die Bürger direkt am öffentlichen Leben. Auf Grund seiner Überschaubarkeit kam der Stadtstaat ohne hoch entwickelte Bürokratie aus; die Bürgerschaft, die allerdings nur einen kleinen Teil der Gesamtbevölkerung ausmachte, konnte sich jederzeit versammeln. So gab es dort keine Gewaltenteilung zwischen Exekutive, Judikative und Legislative. Wie im mittelalterlichen Europa konnte ein Gesetz der Exekutive durchaus die Form einer Gerichtsentscheidung annehmen, die geltendes Recht interpretierte. Die Gerichtshöfe waren, formal betrachtet, eigentlich nur Abteilungen der Bürgerversammlung.

Anzahl und Fähigkeiten ihrer Mitglieder bestimmten den verfassungsmäßigen Charakter des Stadtstaates. Aus der Bürgerversammlung gingen, mehr oder weniger, die Mitglieder der täglich neu bestimmten Regierung hervor, sowohl Beamte als auch Richter. Es gab keinen

Die reiche Stadt Korinth produzierte eine große Menge an Töpferwaren für den Handel. Die Bemalung korinthischer Keramik steht oft unter dem Einfluss des Nahen Ostens, häufig sind Fantasietiere zu sehen, die wahrscheinlich von importierten Textilien inspiriert wurden.

öffentlichen Dienst wie heute. – Doch ist es immer riskant, solche Dinge zu verallgemeinern, denn es gab über 150 Stadtstaaten, und über viele haben wir überhaupt keine Kenntnisse. Von den meisten anderen wissen wir nur wenig. – Offensichtlich gab es große politische Unterschiede zwischen ihnen.

Im 4. Jahrhundert v. Chr. stellte Aristoteles ihre Verfassungen zusammen, und es wäre für einen Politikwissenschaftler wohl eine ziemlich sinnlose Arbeit gewesen, wenn sie sich nicht inhaltlich deutlich voneinander unterschieden hätten. Doch die Details sind aus heutiger Sicht schwer auszumachen, selbst in den wenigen Fällen, über die wir gut informiert sind.

Im Jahre 514 v. Chr. fiel Hipparchos, Sohn und Nachfolger des athenischen Tyrannen Peisistratos, den Tyrannenmördern Harmodis und Aristogeiton zum Opfer. Nach dem Untergang der athenischen Tyrannei 510 v. Chr. wurde ihre Tat in dieser Bronzeskulptur nachgestellt.

Tyrannen

Der Ursprung der politischen Formen der Griechen liegt in Legenden (die ungefähr so informativ sind wie das Nibelungenlied für Forscher, die sich mit deutscher Geschichte beschäftigen). Selbst Homer hilft uns bei den Stadtstaaten nicht weiter.

Als das historische Zeitalter heranbrach, war der Stadtstaat, regiert von Aristokratien, bereits vorhanden. Die Kräfte, die die grobe Richtung seiner späteren Entwicklung vorgaben, wurden bereits erwähnt. Neuer Wohlstand bedeutete Zugang für weitere freie neue Männer, und diese zogen auf ihrem Weg zur Bürgerschaft an den existierenden Eliten vorbei. Die Aristokratien, die selbst an die Stelle der Könige getreten waren, erhielten somit Konkurrenz. Die neuen Männer versuchten sie durch Regierungen zu ersetzen, die traditionelle Interessen weniger respektierten. Das Ergebnis war eine Periode der Herrschaft mit Regenten, die von den Griechen als Tyrannen bezeichnet wurden. Oftmals besaßen sie großen Reichtum, doch ihre Legitimation war ihre Beliebtheit: Sie waren starke Persönlichkeiten, die sich über die Aristokratien hinwegsetzten. Die spätere negative Bedeutung des Wortes „Tyrann" existierte damals noch nicht; viele Tyrannen waren vermutlich wohltätige Alleinherrscher. Sie brachten Frieden nach sozialen Spannungen, die wahrscheinlich durch eine neue Krise wegen der Landknappheit noch verschärft wurden. Friede förderte das wirtschaftliche Wachstum, sowie die meist guten Beziehungen zwischen den Tyrannen untereinander. Das 7. Jahrhundert v. Chr. war ihr goldenes Zeitalter. Doch diese Institution war nicht von großer Dauer. Wenige Tyranneien waren über zwei Generationen hinweg stabil. Im darauf folgenden Jahrhundert entwickelten sich fast überall kollektive Regierungen: Oligarchien, konstitutionelle Regierungen, sogar erste Formen der Demokratie.

Athen

Athens Wirtschaft war schon früh besonders rege; bereits im 8. Jahrhundert v. Chr. war Athen mit seinen Töpfereierzeugnissen wirtschaftlich und kunsthandwerklich führend. Zwei Jahrhunderte später jedoch war auch Athen durch den Konflikt zwischen Arm und Reich gespalten. Solon, ein legendär gewordener Gesetzgeber, belegte die Versklavung von Schuldnern durch reiche Gläubiger mit Strafe, was den Effekt hatte, dass die Elite auf freiverkäufliche Sklaven zurückgriff, da Schuldenbindung nicht mehr länger eine Arbeitskraft garantierte. Auch ermutigte Solon die Bauern zur Spezialisierung. Öl und Wein und deren Behältnisse wurden zum Hauptexportgut Athens, Getreide wurde zu Hause gehortet. Gleichzeitig stellte eine Reihe von Reformen, die ebenfalls Solon zugeschrieben werden, die neuen Reichen mit der alten Klasse der Landbesitzer gleich und sorgte dafür, dass ein neuer Volksrat die Tagesordnung für die Ekklesia, die Generalversammlung aller Bürger, vorbereitete.

Diese Veränderungen hoben die Friktionen innerhalb Athens allerdings nicht sofort auf. Das Zeitalter der Tyrannen endete erst mit der Vertreibung des letzten im Jahre 510 v. Chr. Dann endlich begannen die neuen Institutionen ihre Wirkung zu entfalten. Ihr paradoxes Ergebnis war die demokratischste Regierung in ganz Griechenland, allerdings in einem Staat, der mehr Sklaven hielt als jeder andere. Alle politischen Entscheidungen wurden nach dem Prinzip der Mehrheitswahl in der Ekklesia getroffen, wo auch die wichtigen Beamten und Befehlshaber des Militärs gewählt wurden. Die geschickte Einteilung der Bürger verhinderte, dass kleinere Gruppen mit entgegengesetzten Interessen entstehen konnten, und dass beispielsweise Stadtbewohner andere Ziele als Bauern oder Händler anstrebten.

Ein Zeitalter des Wohlstands begann, als Athen bewusst Feste und Kulte förderte, die über die Stadtgrenzen hinaus wirkten und allen Griechen etwas boten. Dies war so etwas wie ein Versuch, die Führung innerhalb der griechischen Welt zu übernehmen.

Alle vier Jahre wurden die großen Panathenischen Spiele in Athen abgehalten. Dieses Bürgerfest zu Ehren der Göttin Athene dauerte vier Tage und bestand aus athletischen Wettkämpfen und Festivitäten. Die gesamte Stadt nahm an einer feierlichen Prozession zur Akropolis teil und brachte der großen Athene-Statue ein neues Kleid. Der Bildhauer Pheidias dekorierte mit dieser Prozession den Fries des Parthenon, von dem hier ein Ausschnitt zu sehen ist.

Sparta

Es ist schon viel über den Gegensatz zwischen Athen und seinem großen Rivalen Sparta gesagt worden. Im Gegensatz zu Athen begegnete Sparta dem Druck nicht durch Veränderung seiner Institutionen, sondern indem es sich jeglicher Veränderung verschloss. Sparta verkörperte den konservativsten Umgang mit dem Problem des Landmangels und löste es lange Zeit durch rigide gesellschaftliche Disziplin und Eroberung seiner Nachbarstaaten. So konnte es den Mangel auf Kosten anderer beheben. Sehr bald schon führte dies zu einer Verhärtung der Gesellschaftsstruktur. Sparta war so traditionsgebunden, dass der legendäre Gesetzgeber Lykurg angeblich sogar ein Verbot erließ: Gesetze durften nicht niedergeschrieben werden. Sie wurden den Spartanern, sowohl Jungen als auch Mädchen, durch rigoroses Training in frühester Jugend eingebläut.

Sparta hatte keine Tyrannen. Die Regierungsgeschäfte wurden zwischen einem Rat alter Männer und fünf hohen Beamten, den „Ephoren“ aufgeteilt, während die beiden Erbkönige vor allem militärische Macht hatten. Diese Oligarchen waren in letzter Konsequenz der Versammlung der Spartaner gegenüber verantwortlich (von denen Herodot zufolge im frühen 5. Jahrhundert v. Chr. ungefähr 5000 abgehalten wurden). Sparta war daher eine große Aristokratie, deren Ursprung, darin sind sich die antiken Schriftsteller einig, die Hoplitenklasse war. Die Gesellschaft blieb landwirtschaftlich orientiert; es konnte keine Händlerklasse entstehen. Als das restliche Griechenland um 600 v. Chr. das Geld einführte, widersetzte sich Sparta. Lediglich eine Eisenwährung für den Binnen-

Dieses Bild kämpfender Krieger ist auf einer korinthischen Keramik aus dem 7. Jahrhundert v. Chr. zu sehen, der Chigi-Vase. Der Künstler beweist sein Geschick, indem er die Bewegung und Formation der Hopliten darstellt, die begleitet von Flötenmusik in den Kampf ziehen.

Eine Bronzestatuette eines Spartaners mit einem langen Umhang. Seine Locken hängen unter dem Helm hervor, an dem eine Feder befestigt ist. Die Statuette stammt ungefähr aus dem Jahre 500 v. Chr.

handel war zugelassen. Die Spartaner durften bis zum 4. Jahrhundert v. Chr. weder Gold noch Silber besitzen.

Dies alles führte zu einer Art militarisierter Gleichheit, von Puritanern späterer Zeiten oft bewundert. Sparta beteiligte sich auch nicht an der Kolonisierungsbewegung, in dieser Hinsicht wurde nur ein einziger Versuch unternommen. Die Spartaner kannten keine großen Unterschiede in Wohlstand oder Komfort. Bis weit in die klassische Zeit hinein trugen alle die gleiche Kleidung und aßen in denselben öffentlichen Küchen. Ihre Lebensbedingungen waren im wahrsten Sinne des Wortes „spartanisch", militärische Tugenden und strenge Disziplin wurden idealisiert. Die Einzelheiten sind oft ebenso unerfreulich wie kurios. Bei der Hochzeit, um nur ein Beispiel anzuführen, schnitt man der Braut die Haare ab und kleidete sie wie einen Jungen. Danach folgte eine simulierte Vergewaltigung, nach der das Paar allerdings nicht zusammenleben durfte. Der Mann lebte weiter mit seinen Gefährten in einem Männerschlafsaal und nahm die Mahlzeiten mit ihnen ein. Es ist interessant, dass Sparta Kindermädchen in andere griechische Staaten exportierte. Sparta konnte sich keinerlei künstlerischer oder kultureller Errungenschaften rühmen, und die Innenpolitik bleibt eher mysteriös.

Der Großteil der Einwohner des spartanischen Staats waren keine Bürger. Manche waren Freie, die meisten aber Heloten, leibeigene Arbeiter, die, an das Land gebunden, gemeinsam mit den freien Bauern die Aufgabe hatten, die Nahrung zu erzeugen. Ihre Zahl stieg durch Eroberungen stark an, vor allem durch die Annexion der Ebene von Messenien im 8. Jahrhundert v. Chr.: Damit verschwand Messenien als unabhängiger Staat für die nächsten 300 Jahre aus der griechischen Geschichte. Die große Zahl der fremden Arbeiter barg das Risiko, dass sich die Heloten gegen die wenigen Spartaner erhoben. Aus Angst vor einer Revolte hüteten sich die Spartaner zunehmend davor, ihre Armeen außer Landes zu schicken. Dies schränkte sie in ihren Beziehungen zu anderen Staaten ein. Sparta lag stets auf der Lauer, und der gefürchtetste Feind lebte innerhalb der eigenen Mauern.

Die griechischen Errungenschaften

Sparta und Athen trugen im 5. Jahrhundert v. Chr. heftige Kämpfe aus, was dazu führte, dass sie stets als die Pole der politischen Welt des antiken Griechenlands betrachtet wurden. Sie waren aber nicht die einzigen, die florierende Gemeinwesen hervorbrachten. Der Erfolg beruhte auf der Vielfalt an politischen Erfahrungen und Gegebenheiten, der alles bis dahin Gesehene bei weitem übertraf. Dieser Umstand führte zu den ersten systematischen Überlegungen zu philosophischen Fragen von Gesetz, Pflicht und Bindung, die bis heute aktuell sind. Die Begriffe dafür stammen fast alle aus dem klassischen Griechenland. In der vorklassischen Zeit war das Nachdenken über solche Themen so gut wie unbekannt. Die Macht der Gewohnheit und die lokal geprägte Erfahrungswelt könnten dafür eine Erklärung bieten.

Solon, um 639 v. Chr. geboren, war der erste wichtige Reformer der athenischen Verfassung. Er schaffte die Versklavung säumiger Schuldner ab und trieb die Demokratisierung der Institutionen weiter voran.

Kolonisierung

Der Stadtstaat war gemeinsames Erbe und Erfahrungsschatz aller Griechen. Dank der Kontakte, die sie durch ihre Handelsbeziehungen knüpften, und auf Grund der exponierten Lage vieler ihrer Siedlungen wussten sie aber auch von anderen politischen Organisationsformen. In den Grenzgebieten der griechischen Welt kam es oft zu Konflikten. Im Westen schien es zunächst, als könnten sie unaufhaltsam expandieren, doch zwei Jahrhunderte der Aus-

Typen griechischer Keramik

Die ersten griechischen Stadtstaaten entwickelten die Töpfermanufaktur für den Export, von Behältern sowohl für Handelswaren als auch für Haushalts- und Begräbniszwecke. Nach und nach bildeten sich die Formen griechischer Keramiken heraus. Am Stil der Dekoration können Archäologen die Entstehungszeit und die geographische Herkunft eines Stücks erkennen.

Einige der häufigsten Krug-Formen:
(1) Amphore, großer Krug für Wein und Öl;
(2) Krater, in dem Wasser und Wein gemischt und bei Banketten serviert wurden; (3) Oinochoe, Weinkrug mit dreiblättriger Tülle, die das Ausgießen erleichtert;
(4) Krug oder Tasse, in der Wein serviert wurde;
(5) Aryballos, kleiner Krug orientalischer Herkunft, der zur Aufbewahrung von Salben für Athleten verwendet wurde; (6 und 7) Lekythoi, kleine Ölkrüge, in denen Gaben für die Toten dargereicht wurden.

Der Tempel der Concordia im sizilischen Agrigento wurde ungefähr 430 v. Chr. im dorischen Stil erbaut. Da er Ende des 6. Jahrhunderts n. Chr. in eine christliche Kirche umfunktioniert wurde, ist er eines der besterhaltenen Gebäude der griechischen Antike.

breitung fanden ungefähr 550 v. Chr. ein Ende, als die Macht der Karthager und Etrusker der Expansion einen Riegel vorschob. Die ersten Siedlungen – wieder einmal an Orten, die zum Teil Jahrhunderte früher von Minoern und Mykenern bewohnt waren – zeigen, dass Handelsinteressen bei der Standortwahl genauso berücksichtigt wurden wie die Landwirtschaft. Die meisten lagen auf Sizilien und in Süditalien, einem Gebiet, das in der späteren klassischen Periode bezeichnenderweise Magna Graecia genannt wurde. Die reichste dieser Kolonien war Syrakus, das 733 v. Chr. von Korinthern gegründet wurde und das schließlich zum mächtigsten griechischen Staat im Westen aufstieg. Es verfügte über den besten Hafen auf Sizilien. Weitere Siedlungen wurden auf Korsika und in Südfrankreich in Massilia, dem späteren Marseille, gegründet, und manche Griechen ließen sich mitten unter den Etruskern und Latinern Mittelitaliens nieder. Der Einfluß griechischer Händler reichte noch weiter: Ihre Produkte tauchten im fernen Schweden auf, und an einer bayerischen Befestigung aus dem 6. Jahrhundert v. Chr. erkennt man ebenfalls den griechischen Stil. Andere, weniger greifbare Einflüsse sind schwerer zu verfolgen, doch ein römischer Historiker glaubte, dass die Griechen die Barbaren des späteren Frankreich lehrten, ihre Felder zu bestellen und Wein anzubauen. – Wenn das wirklich zutrifft, steht die Nachwelt tief in der Schuld der griechischen Händler.

Der Sieg über Karthago

Die rege Expansion der Griechen hat wohl den Neid der Phöniker erweckt. Von ihrer seit langem bestehenden Kolonie Karthago aus eroberten sie einige Stützpunkte im westlichen Sizilien. Schließlich versetzten die Phöniker den Griechen einen empfindlichen Schlag, indem sie den Handel in Spanien unter ihre Kontrolle brachten. Wie die Etrusker in Italien konnten die Karthager jedoch die griechischen Siedler nicht aus Sizilien vertreiben. Die entscheidende Schlacht, bei der Syrakus über die Karthager siegte, fand im Jahre 480 v. Chr. statt.

Die Siedlung Karthago im heutigen Tunesien wurde 814 v. Chr. von Phönikern gegründet, um die wirtschaftliche Vorherrschaft im westlichen Mittelmeerraum zu sichern. Die Stadt stand schon bald im Wettstreit mit den griechischen Kolonien der Region, von denen einige zu Stützpunkten Karthagos wurden. Karthago wurde im 2. Jahrhundert v. Chr. von den Römern zerstört – nur noch Ruinen zeugen von seiner Geschichte.

In dieser Zeit veränderten sich auch die Beziehungen zu Asien, wo die griechischen Städte Kleinasiens oft mit ihren Nachbarn im Streit lagen. Sie hatten lange Zeit unter den Lydiern gelitten, bis sie sich mit dem lydischen König, dem sagenhaft reichen Krösus, einigen konnten und ihm Tribut zahlten. Vorher hatte Griechenland bereits die lydische Mode beeinflusst; und einige Vorgänger des Krösus hatten dem Heiligtum von Delphi Gaben gesandt. Nun schritt die Hellenisierung Lydiens schnell voran. Doch weiter östlich lauerte ein viel gefährlicherer Feind: Persien.

GRIECHENLAND UND DAS PERSERREICH

Der griechische Kampf mit dem Perserreich ist der Höhepunkt der griechischen Frühgeschichte und der Beginn des klassischen Zeitalters. Da die Griechen so viel Aufhebens um ihren langen Konflikt mit dem Perserreich machten, verliert man schnell die vielen Gemeinsamkeiten aus den Augen, die beide Kulturen verbanden. In der persischen Flotte – und in geringerem Maße auch in den persischen Armeen – die gegen die Peloponnes

Das Perserreich und die Achämeniden

Die Entstehung des Perserreichs unter den Achämeniden begann Mitte des 6. Jahrhundert v. Chr. In Kleinasien siegte der persische König Kyros der Große über den lydischen König und unterwarf die griechischen Städte an der Küste und auf einigen Inseln der Ägäis. Er eroberte Babylonien und die Gebiete zwischen dem Mittelmeer und Mesopotamien. Ende des 6. Jahrhunderts v. Chr. eroberte sein Sohn Kambyses Ägypten. König Dareios dehnte das Reich weiter nach Osten bis ins Indus-Tal aus und überquerte im Westen die Meerenge, um 522–486 v. Chr. Thrakien und Makedonien zu annektieren. Trotz ihrer zahlenmäßigen Übermacht unterlagen die Perser den Griechen 467 v. Chr. in der Schlacht von Eurymedon.

Lange Zeit hatte es ein friedliches Nebeneinander von Griechen und Persern gegeben, kultureller Austausch war die Regel. Doch die Ausdehnung der Perser nach Lydien veränderte die Machtverhältnisse zu Ungunsten Griechenlands – es kam zum Krieg.

zogen, dienten Tausende griechischer Soldaten, hauptsächlich aus Ionien. Kyros hatte griechische Steinmetze und Bildhauer beschäftigt, Dareios einen griechischen Physiker. Wahrscheinlich hat der Krieg den Gegensatz verstärkt und vertieft: Die emotionale Abscheu der Griechen muss groß gewesen sein vor einem Land, das seine Könige wie Götter behandelte.

Der Persische Krieg

Die Ursache für den Persischen Krieg ist in der großen Ausdehnung Persiens unter den Achämeniden zu suchen. Ungefähr 540 v. Chr. eroberten die Perser Lydien. Das war das Ende von Krösus, der angeblich den Angriff durch die ungeschickte Interpretation eines Orakelspruchs von Delphi provoziert hatte. Dieser besagte, wenn er mit dem Perserreich Krieg begänne, werde er ein großes Reich zerstören. Offen blieb allerdings, welches. So standen sich Griechenland und das Perserreich direkt gegenüber. In anderen Gebieten rollte die persische Eroberungswelle weiter. Als sie Ägypten einnahmen, störten die Perser dort die griechischen Handelsinteressen empfindlich. Als nächstes setzten sie nach Europa über und besetzten die Küstenstädte bis nach Makedonien im Westen. Jenseits der Donau wurden sie jedoch zurückgeschlagen, und so zogen die Perser sich bald aus Skythien zurück. Danach kehrte wieder etwas Ruhe ein. Dann aber, im ersten Jahrzehnt des 5. Jahrhunderts v. Chr., erhoben sich die griechischen Städte in Asien gegen die persische Vorherrschaft, womöglich ermutigt durch Dareios' Niederlage im Kampf gegen die Skythen. Die meisten griechischen Städte auf dem Festland beschlossen, ihnen zu Hilfe zu kommen. Athen und Eretria schickten eine Flotte nach Ionien. In den nachfolgenden Manövern brannten die Griechen Sardes nieder, die frühere Hauptstadt Lydiens und den Sitz der westlichen Satrapie des Perserreichs. Doch die Revolte schlug fehl, und die Städte in Kleinasien sahen sich einem aufgebrachten Gegner gegenüber.

Diese Amphore wurde Anfang des 5. Jahrhunderts v. Chr. hergestellt. Sie illustriert eine der Geschichten über Krösus, König von Lydien, nach seiner Gefangennahme durch den persischen König Kyros: Krösus sitzt auf einem Scheiterhaufen und soll bei lebendigem Leibe verbrannt werden. Dies ist eines der wenigen Bilder auf Keramiken jener Zeit, die eng mit dem Persischen Krieg verbunden sind.

Im Altertum überstürzten sich die Ereignisse selten, und große Expeditionen benötigten immer eine gewisse Vorbereitungszeit, doch beinahe unmittelbar nachdem der ionische Aufstand niedergeschlagen worden war, schickten die Perser eine Flotte nach Griechenland. Sie wurde vor dem Berg Athos versenkt. In einem zweiten Angriff 490 v. Chr. plünderten sie Eretria, wurden dann aber von den Athenern geschlagen, in einer Schlacht, deren Name legendär wurde – Marathon.

Der Peloponnesische Bund

Obwohl Marathon ein Sieg für die Athener war, hieß die Führungsmacht der nächsten Phase im Kampf gegen das Perserreich Sparta,

Griechische Trieren

Die Kriegsflotte wurde im Laufe des 5. Jahrhunderts v. Chr. für die griechische Verteidigung immer wichtiger. Das Flachrelief oben zeigt eine athenische Triere – ein Kriegsschiff mit drei Ruderreihen. Diese Erfindung wurde den Korinthern zugeschrieben, die im 7. und 6. Jahrhundert v. Chr. eine Kriegsflotte aufbauten, um ihre Handelsschiffe zu schützen.

Obwohl die Länge eines Holzbootes 38 Meter nicht überschreiten durfte, brauchte man dennoch mehr Ruder, wenn man die Geschwindigkeit erhöhen wollte. Die Triere löste dieses Problem, indem drei Reihen von Ruderern auf eine Weise angeordnet wurden, dass jeder genug Platz zum Rudern hatte (siehe Illustration unten). Dies war auch für die Verteidigung des Schiffes wichtig, denn die Ruder konnten schnell eingezogen werden, wenn der Feind versuchen wollte, sie zu zerbrechen.

Die Triere war ein leicht gebautes und wendiges Schiff. Mit einer gut trainierten Mannschaft von 200 Mann erreichte es eine Geschwindigkeit von bis zu zehn Kilometer pro Stunde und konnte leicht gegen feindliche Schiffe gesteuert werden, die es mit seinem breiten Rammsporn attackierte.

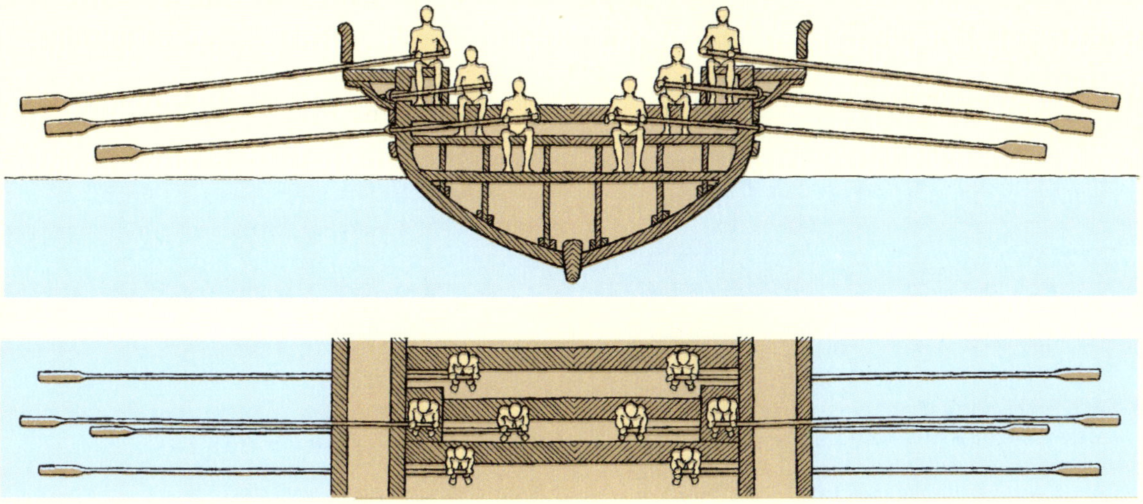

Eine griechische Triere im Querschnitt (oben) und aus der Vogelperspektive (unten).

Der Persische Krieg: Die Schlacht um den Thermopylen-Pass

„Als die persische Armee zum Angriff vorrückte, drangen die Griechen unter Leonidas, wissend, dass sie in ihr Verderben rannten, viel weiter in den breiteren Teil des Passes vor, als sie es jemals getan hatten. In den Kämpfen der Tage davor hatten sie eine Mauer gebildet und dahinter Ausfälle in den Engpass gemacht, doch nun kämpften sie außerhalb der Enge. Viele der Eindringlinge fielen; hinter ihnen schlugen die Kommandanten unerbittlich ihre Peitschen und trieben sie an. Viele fielen ins Meer und ertranken, und noch mehr wurden von ihren eigenen Freunden zu Tode getrampelt. Niemand konnte die Toten mehr zählen. Die Griechen, die wussten, dass der Feind dabei war, den Berg zu umrunden, und dass der Tod unvermeidlich war, brachten all ihre Kräfte auf und kämpften mit Wut und Verzweiflung. Doch die meisten ihrer Speere waren schon zerbrochen, und so töteten sie die Perser mit ihren Schwertern.
In diesem Kampf fiel Leonidas, der am tapfersten gekämpft hatte, und viele geschätzte Spartaner mit ihm – ihre Namen habe ich erfahren, denn sie sind Männer, die es verdienen, dass man sich ihrer erinnert…"

Ein Auszug aus den *Historien* von Herodot, übersetzt von Josef Feix.

Beim Torso dieses spartanischen Kriegers könnte es sich um den berühmten General Leonidas handeln.

Dieser Weinkrug aus Athen stammt aus der Mitte des 5. Jahrhunderts v. Chr. Die rote Bemalung zeigt einen Kampf zwischen einem griechischen und einem persischen Soldaten – der Grieche kämpft, dem Brauch entsprechend nackt, abgesehen vom korinthischen Helm, und unterscheidet sich deutlich von seinem persischen Feind, der einen Bart und asiatische Kleidung trägt.

der stärkste Stadtstaat. Der Peloponnesische Bund, dessen ursprünglicher Zweck es war, Spartas Zukunft zu sichern, indem es seine Armeen nicht außer Landes schicken musste, wurde zur Basis für eine Art Führungsposition Spartas in der antiken Welt. Als die Perser zehn Jahre später wiederkamen, akzeptierten fast alle griechischen Staaten diese Vormachtstellung – sogar Athen, das durch seine starke Flotte die größte Seemacht des Bundes war.

Die Griechen behaupteten und glaubten sicherlich auch daran, dass die Perser sich (480 v. Chr. über Thrakien) in Millionen zum Kampf rüsteten. Wenn letztere, was wahrscheinlicher scheint, nicht einmal auf 100 000 Mann kamen, so war dies immer noch eine gewaltige personelle Übermacht für die Verteidiger Griechenlands. Die persische Armee bewegte sich langsam die Küste entlang und hinunter zur Peloponnes, flankiert von einer mächtigen Kriegsflotte. Doch die Griechen hatten dank ihrer besser bewaffneten und militärtechnisch gut trainierten Schwerinfanterie entscheidende Vorteile auf ihrer Seite. So konnten sie schließlich die persische Kavallerie besiegen und die Moral der Soldaten brechen.

Die Schlacht bei Salamis

Die nächste entscheidende Schlacht fand zu Wasser statt. Sie folgte einer weiteren legendären Episode: der Überwältigung des Leonidas, des Königs von Sparta, und seiner 300 Männer am Thermophylen-Pass. Danach musste Attika den Persern abgetreten werden. Die Griechen zogen sich in die Meerenge von Korinth zurück und versammelten ihre Flotte in der Bucht von Salamis nahe Athen. Die Zeit war auf ihrer Seite. Es war Herbst; ein Winter, der die Perser unvorbereitet treffen sollte, war nahe, und die griechischen Winter sind streng. Der persische König machte seinen zahlenmäßigen Vorteil selbst zunichte, indem er beschloss, die griechische Flotte in

Poseidonia, das später den Namen Paestum erhielt, wurde im 8. Jahrhundert v. Chr. in der Bucht von Neapel gegründet. Die Westfassade des Poseidon-Tempels, erbaut ungefähr 450 v. Chr., ist ein gutes Beispiel für den dorischen Stil in Magna Graecia. Der Architekt des Tempels war offenkundig inspiriert vom Zeus-Tempel in Olympia.

den engen Gewässern von Salamis herauszufordern. Aber seine Flotte wurde vernichtend geschlagen, und er begann den langen Rückzug zum Hellespont. Später wurde die Armee, die er zurückgelassen hatte, in Platäa ebenfalls besiegt. Die Griechen gewannen darüber hinaus eine weitere große Seeschlacht bei Mykale auf der anderen Seite der Ägäis. Das war das Ende des Persischen Krieges.

Es war ein großer Moment in der griechischen Geschichte, vielleicht der bedeutendste, und Sparta und Athen hatten großen Ruhm errungen. Die Befreiung der griechischen Städte in Asien folgte. Damit begann ein Zeitalter starken griechischen Selbstbewusstseins. Der griechische Expansionsdrang gipfelte im Makedonischen Reich anderthalb Jahrhunderte später. Das Bewusstsein griechischer Identität erreichte einen Höhepunkt, und alle, die auf diese heroischen Tage zurückblickten, fragten sich später, ob hier nicht eine große Chance, Griechenland zu vereinen, verpasst wurde. Vielleicht liegt sogar eine noch größere Bedeutung in diesen Geschehnissen, denn die Abwehr der Eroberer aus Asien durch Griechenland markiert den Anfang der Trennung zwischen Europa und Asien. Diese wurde zwar in den nächsten Jahrhunderten nicht sichtbar, führte aber schließlich dazu, dass die Menschen Marathon und Salamis in Verkennung der damaligen Ereignisse als den Moment betrachteten, in dem Europa zum ersten Mal gerettet wurde.

Die rote Bemalung dieser attischen Vase zeigt einen bewaffneten Hopliten, der Rüstung, Beinschutz und einen hohen attischen Helm trägt. Die Vase wurde in Caere gefunden und stammt ungefähr aus dem Jahre 480 v. Chr.

3 DIE GRIECHISCHE KULTUR

Der Hephaistos-Tempel ist heute als Theseion bekannt. Er erhielt seinen Namen nach dem Heroen Theseus, dessen Bilder im Innern die Wände zieren. Der auf einem Hügel oberhalb der Agora von Athen stehende Tempel wurde im 5. Jahrhundert n. Chr. in eine christliche Kirche umgewandelt.

Der Sieg über die Perser läutete die Blütezeit der griechischen Geschichte ein. Mitunter sprach man sogar von einem „griechischen Wunder“, so enorm erschienen die Errungenschaften der klassischen Kultur. Doch ebendiese Errungenschaften hatten eine bittere und leidvolle politische Geschichte als Hintergrund.

Der Delisch-Attische Seebund

Noch 30 Jahre nach den griechischen Siegen bei Platäa und Mykale schwelte der Krieg mit dem Perserreich weiter. Nachdem das Überleben gesichert war, segelten die Spartaner nach Hause. Damit stieg Athen zur unbestrittenen Führungsmacht auf. Ein Beistandspakt wurde gegründet, der Delisch-Attische Seebund. Dieser sollte eine gemeinsame Flotte zum Kampf gegen die Perser unterhalten, deren Kommando einem Athener übertragen wurde. Im Laufe der Zeit steuerten die Mitglieder keine Schiffe mehr bei, sondern sie zahlten Geld.

Mit abnehmender Bedrohung durch die Perser wollten einige bald auch das nicht mehr tun. Immer häufiger und mit immer härteren Mitteln griff Athen ein, um sicherzustellen, dass sie ihren Zahlungsverpflichtungen nachkamen. Naxos, nur ein Beispiel, versuchte die Allianz zu verlassen, wurde aber mit Gewalt daran gehindert. Der Bund verwandelte sich immer mehr in ein Mittel zur Herrschaftsausübung Athens. Sichtbare Zeichen dafür waren die Verlegung des Bündnisrats von Delos nach Athen, die Verwendung des Tributgeldes für athenische Zwecke, die Einsetzung von einheimischen Beamten Athens – den Kleruchen – und die Überweisung von wichtigen Prozessen an athenische Gerichte. Als im Jahre 449 v. Chr. Frieden mit dem Perserreich geschlossen wurde, bestand der Bund weiter. Auf seinem Höhepunkt bezahlten über 150 Staaten Tribute an Athen.

Die Koalition gegen Athen

Sparta hatte es zunächst begrüßt, dass die Verantwortung schrittweise auf Athen überging. Wie andere Staaten auch erkannte Sparta erst allmählich, dass sich die Lage änderte. Oft gab es wegen des Bundes Interessenkonflikte. Den reicheren, Steuern zahlenden Bürgern waren die Tribute ein Dorn im Auge. Wenn Athen intervenierte, folgte darauf bisweilen eine innere Revolte. Die Verärgerung über das Verhalten Athens sollte bald einen ideologischen Beigeschmack bekommen. Auch andere Umstände mögen zur Entrüstung beigetragen haben: Athen war wirtschaftlich sehr stark, und eine andere große Handelsstadt, Korinth, fühlte sich in ihrer Existenz bedroht. Die Böoter waren ebenfalls unmittelbar Opfer der athenischen Aggression. All dies lieferte den Nährboden für eine Koalition gegen Athen.

Sparta übernahm darin schließlich die Führung, indem es sich an einem Krieg gegen Athen beteiligte, der im Jahre 460 v. Chr. begann. Es folgten 15 Jahre nicht sehr entschlossener Kämpfe und danach ein zweifelhafter Frieden. Erst nahezu weitere 15 Jahre später, im Jahre 431 v. Chr., kam es zu jenem großen internen Entscheidungskampf, an dem das klassische Griechenland zerbrach, zum Peloponnesischen Krieg.

Das athenische Schatzhaus im Heiligtum von Delphi wurde zur Aufnahme der kostbaren Opfergaben aus der Stadt für Apollon gebaut. Diese Geschenke waren ein Zeichen der Dankbarkeit der Athener gegenüber dem Gott nach ihrem Sieg über das Perserreich in der Schlacht von Marathon im Jahre 490 v. Chr.

Skulptur eines sterbenden Kriegers aus dem Heiligtum von Aphaia auf Ägina. Sie stammt aus dem frühen 5. Jahrhundert v. Chr. und ist eine von vielen Plastiken, die die Taten der Heroen darstellen, die Homer in seinen Berichten über den Trojanischen Krieg beschreibt.

DER PELOPONNESISCHE KRIEG

Der Krieg dauerte – mit Unterbrechungen – 27 Jahre, bis zum Jahre 404 v. Chr. Im Wesentlichen war es ein Kampf zwischen Land- und Seemächten. Auf der einen Seite stand der Peloponnesische Bund mit Böotien, Makedonien – einem unzuverlässigen Bundesgenossen – und Korinth als wichtigsten Stützen Spartas. Sie beherrschten die Peloponnes und einen Landstreifen, der Athen vom übrigen Griechenland trennte.

Die Bundesgenossen Athens waren die ionischen Städte und die Inseln in der Ägäis, also die Gebiete, die sich seit den Tagen des Delisch-Attischen Seebundes unter der Herrschaft Athens befanden.

Die jeweiligen Strategien hingen von den zur Verfügung stehenden Mitteln ab. Das spartanische Heer konnte am besten eingesetzt werden, um athenisches Gebiet zu besetzen und dann Unterwerfung zu fordern. Zu Lande konnten die Athener ihre Feinde nicht schlagen. Doch sie hatten die bessere Flotte, die vor allem das Werk eines großen athenischen Staatsmannes und Patrioten, des Demagogen Perikles war. Darauf baute er seine Strategie auf: Das athenische Hinterland, das ohnehin nie in der Lage war, die Bevölkerung zu ernähren, wurde der alljährlichen Invasion durch die Spartaner überlassen. Er evakuierte die Bewohner in die Stadt und ihren Hafen, Piräus, mit dem sie durch zwei

In die Mauern des Mittelschiffs der Kathedrale von Syrakus auf Sizilien wurden von den Baumeistern der späteren christlichen Kirche die Säulen eines großen, um 500 v. Chr. errichteten dorischen Tempels einbezogen.

rund acht Kilometer lange und etwa 180 Meter voneinander entfernte Mauern verbunden war. Die athenische Flotte kontrollierte weiterhin die See und stellte durch Getreidelieferungen sicher, dass die Versorgungslage in Kriegszeiten sich nicht von der im Frieden unterschied.

Weil eine Seuche in der Stadt ausbrach und nach dem Tode des Perikles im Jahre 429 v. Chr. ein geeigneter Führer fehlte, liefen die Dinge nicht nach Plan. Es gab im Jahre 421 v. Chr. für einige Zeit Frieden, jedoch keinen dauerhaften. Die Frustrationen Athens machten sich schließlich in dem Plan Luft, den Krieg in weiter entfernte Länder zu tragen.

Die Niederlage Athens

Auf Sizilien lag die reiche Stadt Syrakus, die bedeutendste Kolonie Korinths, das selbst der ärgste Handelsrivale Athens war. Die Einnahme von Syrakus würde den Feind an einer empfindlichen Stelle treffen, einen bedeutenden Getreidelieferanten für die Peloponnes aus dem Wege schaffen und gewaltige Beute einbringen. Athen konnte hoffen, unbestritten die Vormachtstellung in der griechischen Welt und vielleicht sogar die Hegemonie im westlichen Mittelmeer zu erlangen.

Das Ergebnis dieser Überlegungen war die sizilische Expedition von 415–413 v. Chr. Sie

Der Peloponnesische Krieg

Während des Krieges schufen die beiden mächtigsten griechischen Stadtstaaten, Sparta und Athen, so komplexe Bündnissysteme, dass jeder Staat der griechischen Welt in den zerstörerischen Konflikt hineingezogen wurde. Der Krieg war vor allem ein Kampf zwischen Land- und Seestreitkräften. Sparta und seine Bündnispartner verfügten über schlagkräftige und gut ausgerüstete Heere, während Athen und die Stadtstaaten an der ägäischen Küste die bessere Flotte besaßen. Obwohl im Jahre 404 v. Chr. der Krieg mit einer Kapitulation Athens endete, gab es keinen wirklichen Sieger.

Die politischen Lager in der griechischen Welt während des Peloponnesischen Krieges.

Der athenische Historiker Thukydides (460 – ca. 400 v. Chr.) kämpfte im Peloponnesischen Krieg und schilderte den Konflikt. Seine akribische Darstellung bildet eine überraschend objektive Geschichtsquelle. Beharrlich strebte Thukydides danach, die Ursachen der Ereignisse aufzudecken und ihre Ergebnisse zu erklären.

brachte tatsächlich die Entscheidung, jedoch in Gestalt des Todesstoßes für die Ambitionen Athens. Die Hälfte des athenischen Heeres und die gesamte Flotte gingen verloren, und im Heimatland begann eine Zeit politischer Umwälzungen und sozialer Spannungen. Schließlich kristallisierte sich durch die Niederlage einmal mehr die Allianz der Feinde Athens heraus.

Im Gegenzug zu einer geheimen Zusicherung, dass die griechischen Städte auf dem kleinasiatischen Festland wieder Vasallen des Perserreichs werden sollten – so wie sie es vor dem Persischen Krieg gewesen waren – suchten und erhielten die Spartaner nun die Unterstützung des Perserreichs. Dies ermöglichte es ihnen, eine Flotte zu bauen, mit der sie die Athen untergebenen Städte, die sich dieses Jochs entledigen wollten, unterstützen konnten.

Nach Niederlagen zu Lande und zu Wasser sank die Moral in Athen. Im Jahre 411 v. Chr. wurde das demokratische Regime im Zuge einer erfolglosen Revolte für kurze Zeit durch eine Oligarchie ersetzt. Es folgten weitere Katastrophen: Die athenische Flotte wurde aufgebracht und schließlich eine Blockade verhängt. Dieses Mal zeigte das Aushungern Wirkung. Im Jahre 404 v. Chr. schloss Athen Frieden, und seine Wehranlagen wurden geschleift.

Die Zeit nach dem Peloponnesischen Krieg

Formal endet die Geschichte des klassischen Griechenland mit dem Jahre 404 v. Chr., denn was nun kam, war ein Spiegelbild der materiellen und psychologischen Schäden, die die führenden Staaten Griechenlands einander in jenen bitteren Jahren zugefügt hatten.

Es folgte eine kurze Phase der Hegemonie Spartas, in der es zu verhindern versuchte, dass das Perserreich die ihm laut Abmachung zustehenden griechischen Städte in Kleinasien annektierte. Dieses Ziel musste nach einem Krieg aufgegeben werden, in dessen Verlauf die athenische Seemacht wieder-

Die „Geschichte des Peloponnesischen Krieges" von Thukydides

„... in Frieden und Wohlstand leben Städte und Menschen nach besseren Grundsätzen, weil sie nicht in ausweglose Not geraten. Der Krieg aber, der die Annehmlichkeit des täglichen Lebens raubt, ist ein harter Lehrmeister und gleicht die Leidenschaften der Menge den Gegebenheiten des Augenblicks an. So wütete also Zwietracht in allen Städten, und die, die vielleicht erst später davon ergriffen wurden, überboten jene auf die Kunde von dem bereits Geschehenen noch bei weitem durch ihren bisher ungeahnten Scharfsinn im Ausklügeln von Anschlägen und maßloser Rache... Unüberlegte Tollkühnheit galt als aufopfernde Tapferkeit, vorausdenkendes Zaudern als aufgeputzte Feigheit, Besonnenheit als Deckmantel der Ängstlichkeit, alles bedenkende Klugheit als alles lähmende Trägheit; wildes Draufgängertum hielt man für Mannesart, vorsichtig wägendes Weiterberaten wurde als schönklingender Vorwand der Ablehnung angesehen... Eide, falls sie überhaupt noch bei Verträgen geleistet wurden, galten für beide Seiten nur für den Augenblick der Not, solange sie nicht anderswo Hilfe fanden. Sogleich aber, wenn nur einer wieder Mut gefasst hatte und den Gegner ungedeckt sah, rächte er sich lieber durch Missbrauch des Vertrauens als in offenem Kampf; denn er dachte dabei an seine Sicherheit und auch, dass der durch Betrug gewonnene Vorteil ihm den Siegespreis der Schlauheit eintrage ... So kam durch die Bürgerkriege im Hellenenvolk jede Art von Sittenlosigkeit auf..."

Auszug aus dem Dritten Buch der *Geschichte des Peloponnesischen Krieges* von Thukydides, übersetzt und herausgegeben von Helmuth Vretska und Werner Rinner.

erstand und auch die „Langen Mauern" erneut errichtet wurden. Letztendlich hatten Sparta und das Perserreich ein gemeinsames Interesse daran, eine Renaissance der athenischen Macht zu verhindern, und schlossen im Jahre 387 v. Chr. Frieden. Die Übereinkunft garantierte die Unabhängigkeit aller anderen griechischen Städte mit Ausnahme derjenigen in Kleinasien. Ironischerweise wurden die Spartaner bald so verhasst, wie es zuvor die Athener gewesen waren. Als Anführer der Feinde Spartas tat sich Theben hervor. Im Jahre 371 v. Chr. wurde das spartanische Heer zur Überraschung des übrigen Griechenland bei Leuktra geschlagen. Auf der Peloponnes wurde als Gegengewicht zu Sparta unmittelbar vor dessen Haustür ein neues Bündnis geschaffen, und die Gründung eines wiedererstandenen Messenien im Jahre 369 v. Chr. fügte Sparta eine weitere Niederlage zu. Das neue Bündnis war ein weiteres Zeichen dafür, dass die Tage der Stadtstaaten gezählt waren. Im Laufe des nächsten halben Jahrhunderts sollten sie samt und sonders verschwinden. Doch zunächst wollen wir im Jahre 369 v. Chr. das Rad der Geschichte für einen Moment anhalten, um uns der ganzen Tragweite des Geschehens bewusst zu werden.

Der Weg von den glorreichen Tagen des Persischen Krieges bis zu der Zeit, als die Perser ihre Verluste dank der Uneinigkeit unter den Griechen fast mühelos wieder wettmachen konnten, ist ein wirkliches Drama, das alle Betrachter in den Bann zieht. Ein weiterer Grund für das große Interesse an diesen Ereignissen ist die Tatsache, dass sie das Thema eines unsterblichen Werkes sind. Die „Geschichte des Peloponnesischen Krieges" von Thukydides ist das erste Werk der modernen und zugleich der wissenschaftlichen Geschichtsschreibung. Doch die eigentliche Erklärung, warum diese wenigen Jahre uns faszinieren, liegt in einem Geheimnis, das noch immer die Gemüter erregt: Wurden nach Mykale reelle Chancen vertan, oder war dieser lange Abstieg einfach Ausdruck einer Illusion, von Umständen, die mehr versprachen, als in Wirklichkeit möglich war?

Diese Rüstung besteht aus einem Bronzehelm nach korinthischer Art sowie einem Brustharnisch und gleicht denen, die von den griechischen Kämpfern während des Peloponnesischen Krieges getragen wurden.

Nach den Peloponnesischen Kriegen war Sparta eine kurze Zeit der mächtigste griechische Stadtstaat. Doch auch Athen hatte sich bald erholt, so dass sich Sparta und das Perserreich von neuem verbündeten.

GRIECHISCHE KULTUR IM 5. JAHRHUNDERT V. CHR.

Die Kriegsjahre haben noch einen weiteren überraschenden Nebeneffekt. In ihnen kamen die größten kulturellen Errungenschaften zum Tragen, die die Welt bis dahin gesehen hatte. Politische und militärische Ereignisse prägten diese dann in bestimmter Weise, limitierten sie und bestimmten schließlich, was davon bis in die Zukunft überdauern sollte. Aus diesem Grunde verdienen die rund

Die Münzprägung bleibt ein Symbol für die Unabhängigkeit der Polis. Einige Münzen wie etwa die athenische Silber-Tetradrachme mit dem Bildnis der Athene und dem Eulen-Symbol blieben vom 6. bis zum 2. Jahrhundert v. Chr. praktisch unverändert.

100 Jahre der Geschichte dieses kleinen Landes, deren Mittelpunkt die Jahrzehnte des Krieges waren, genauso viel Beachtung wie die antiken Großreiche.

Zu Anfang sollten wir uns noch einmal vergegenwärtigen, auf welch schmalen Füßen die griechische Kultur stand. Sicher, es gab zahlreiche Staaten, und sie waren über ein großes Gebiet der Ägäis verteilt, doch selbst wenn man Makedonien und Kreta hinzurechnet, würde die gesamte Landmasse des damaligen Griechenlands bequem auf dem Gebiet der Neuen Bundesländer Platz finden, und davon konnte lediglich etwa ein Fünftel landwirtschaftlich genutzt werden. Die Staaten waren meist winzig und hatten nicht mehr als 20 000 Einwohner; nur in den größten wohnten vielleicht 300 000 Menschen. In ihnen hatte nur eine kleine Elite am städtischen Leben teil und kam in den Genuss dessen, was wir heute als griechische Kultur bezeichnen.

Ein attischer Krater aus der ersten Hälfte des 5. Jahrhunderts v. Chr., der Sappho und Alkaios, zwei bedeutende Lyriker der Insel Lesbos, darstellt. Beide erlangten in Athen große Berühmtheit, und ihre Gedichte über Liebe und Politik wurden zu Lyra-Musik bei Zusammenkünften aller Art vorgetragen.

Eine andere Sache, die gleich zu Beginn erklärt werden muss, ist das Wesen dieser Kultur. Die Griechen waren weit davon entfernt, Luxus und Sinnesfreuden gering zu schätzen. Ihr materielles Erbe bildet seit 2000 Jahren in der Kunst den Inbegriff von Schönheit. Dennoch sind uns die Griechen letztlich vor allem als Dichter und Philosophen in Erinnerung. Ihre geistigen Errungenschaften, die noch heute unser Interesse erregen, sind in die allgemeine Vorstellung vom klassischen Griechenland eingegangen, die als solche mehr eine Schöpfung späterer Zeitalter als der Griechen selbst ist.

Die Kraft des klassischen Ideals beruht auf dem Verständnis späterer Zeiten, als die Menschen auf Griechenland zurückblickten und dort Maßstäbe fanden, an denen sie sich messen konnten. Spätere Generationen sahen diese Normen, auch wenn darin eine gewisse Verzerrung liegt, vor allem in den auf den Sieg über die Perser folgenden Jahren im 5. Jahr-

Auf diesem Krater ist ein Gelage zu sehen. Mit Ausnahme der Tänzerinnen und Musikerinnen waren bei solchen Festivitäten ausschließlich Männer zugegen.

hundert v. Chr. Es ist sinnvoll, zwischen dem klassischen Griechenland und dem, was vorher war, der üblicherweise als „archaisch" oder „vorklassisch" bezeichneten Zeit, zu unterscheiden. Das 5. Jahrhundert v. Chr. ist offensichtlich eine in sich geschlossene Einheit, denn es kam hier in besonderer Weise zu Aufstieg und Blüte der griechischen Kultur, auch wenn diese tief in der Vergangenheit verwurzelt war, in der Zukunft fortlebte und sich auch außerhalb der griechischen Welt verbreitete.

Wirtschaftliche Grundlagen

Die griechische Kultur basierte auf den relativ einfachen Wirtschaftsmustern der vorhergehenden Epoche. Nach der Einführung des Geldes hatten sie sich kaum verändert.

Die technischen Einrichtungen waren im Laufe der Jahre verbessert worden, und der Handel zwischen Ländern und Städten bildete den fortgeschrittensten Wirtschaftszweig. Der Tauschhandel beispielsweise bestand im alltäglichen Leben auch im Zeitalter der Münzen fort. Das spricht für relativ einfache Märkte, die auf eine nur sehr eingeschränkte Kundennachfrage trafen. Der Umfang der Produktion war ebenfalls klein. Manches deutet darauf hin, dass zu der Zeit, als beste athenische Töpferware genau dem Zeitgeschmack entsprach, nicht mehr als 150 Kunsthandwerker mit ihrer Herstellung und Bemalung beschäftigt waren. Es gab keine mechanisierte Wirtschaft. Die meisten Handwerker und Händler arbeiteten wahrscheinlich allein mit allenfalls einigen wenigen Angestellten und Sklaven. Selbst große Bauprojekte lassen eine Auftragsvergabe an kleine Gruppen von Arbeitern erkennen. Die einzige Ausnahme bildete vielleicht der Bergbau. In den Silberminen von Laureion in Attika arbeiteten anscheinend Tausende von Sklaven, wenngleich die Umstände unklar bleiben.

Den Kern der Wirtschaft bildete fast überall die Landwirtschaft. Trotz der spezialisierten Nachfrage und Produktion etwa von Athen oder Milet – das als Hersteller für Wollsachen bekannt war – beruhten die Gemeinwesen üblicherweise darauf, dass Kleinbauern Getreide, Oliven, Wein und Nutzholz für den heimischen Markt produzierten.

Eine schwarzfigurige korinthische Tafel vom Beginn des 6. Jahrhundert v. Chr. Tafeln aus gebranntem Ton wie diese wurden als Votivbilder angeboten. Auf manchen waren Götter dargestellt, auf anderen einfache Arbeitsszenen. Hier wird Ton aus einer Grube gewonnen. Dies war der erste Schritt bei der Produktion von Töpferwaren, einem lebenswichtigen Handelsgut für Korinth.

Die Verzierung auf dieser Keramik aus dem 5. Jahrhundert v. Chr. stellt die Vorbereitungen für eine Hochzeitszeremonie dar. Die sitzende junge Frau wartet auf ihre Sklavin, die ihr die Halskette umlegt.

Männer im antiken Griechenland

Typische Griechen waren Männer, die ein kleines Gut bewirtschafteten. Die meisten von ihnen waren nach modernen Maßstäben wahrscheinlich arm. Handel jeder Größenordnung und andere Arten unternehmerischer Tätigkeit lagen in der Regel in der Hand von Metöken. Sie konnten eine bedeutende gesellschaftliche Position erlangen und waren oftmals reiche Männer, jedoch duften sie beispielsweise in Athen ohne Sondergenehmigung kein Land erwerben. Trotzdem wurden sie zum Militärdienst verpflichtet: So gab es zu Beginn des Peloponnesischen Krieges etwa 3000 Metöken, die sich die für den Dienst in der Hopliten-Armee benötigten Waffen und Rüstungen leisten konnten. Die übrigen männlichen Einwohner ohne Bürgerrechte waren Freie oder Sklaven.

Frauen im antiken Griechenland

Frauen waren die Bürgerrechte ebenfalls verwehrt. Es ist jedoch gewagt, daraus weitere Schlüsse über ihre rechtliche Situation zu ziehen. So konnten sie beispielsweise in Athen weder erben noch Eigentum erwerben, was in Sparta durchaus möglich war. Geschäftshandlungen, bei denen es um mehr als den Wert von einem Scheffel Getreide ging, waren ihnen untersagt. Athenerinnen war zwar eine Scheidung auf eigenes Betreiben hin möglich, doch scheint dies selten und wahrscheinlich auch schwerer zu erreichen gewesen zu sein als für Männer. Das überlieferte Schrifttum lässt schließen, dass Ehefrauen, sofern sie nicht mit einem reichen Mann verheiratet waren,

Euripides: Die Troerinnen

„All die Tugenden, die man für Frauen erfunden hat, übte ich mit großem Fleiß in Hektors Haus. Erstens gibt es Orte – gleich ob die Frauen gut oder schlecht beleumdet sind – wo dies allein schon einen üblen Ruf bewirkt, wenn eine nicht zu Hause bleibt, und so ließ ich diese Sehnsucht sein und verblieb daheim; und das spitze Getratsch der Weiber schloß ich aus von unserm Haus, in meinem eigenen Verstand einen tüchtigen Lehrer zu haben, genügte mir. Der Zunge Schweigen und ein ruhiges Auge bot ich meinem Gatten; ich wusste, wo ich ihn besiegen, und wo ich ihm das Siegen überlassen mußte. Und der Ruf hiervon gelangte ins Achäerheer und brachte mir den Untergang; denn sobald ich gefangen wurde, begehrte mich Achilles' Sohn zur Frau: Sklavin werd ich sein im Hause eines Mörders. Wenn ich nun Hektors liebes Haupt aus meinem Herz verbanne und dem jetzigen Gatten meine Seele öffne, niederträchtig werd ich dem Toten dann erscheinen …"

Auszug aus der Rede der Andromache aus den *Troerinnen* des Euripides, übersetzt von Kurt Steinmann.

meist das Leben einer Dienstmagd führten. Die gesellschaftlichen Konventionen, die das Dasein aller Frauen prägten, waren sehr restriktiv. Sogar Frauen aus der Oberschicht lebten die meiste Zeit über zurückgezogen im eigenen Hause. Wagten sie sich hinaus, war ihnen dies nur in Begleitung erlaubt. Bei einem Gelage gesehen zu werden, stellte den guten Ruf einer Frau in Frage. Sängerinnen und Tänzerinnen sowie Kurtisanen waren die einzigen Frauen, die am öffentlichen Leben teilhatten. Sie konnten eine gewisse Berühmtheit erlangen, eine ehrbare Frau wurden sie jedoch niemals. Bezeichnenderweise hielt man die Mädchen im klassischen Griechenland der Ausbildung nicht für würdig. Solche Einstellungen deuten auf das einfache gesellschaftliche Umfeld hin, in dem sie aufwuchsen, das sich beispielsweise sehr von der kretisch-minoischen Vorläuferkultur oder später von Rom unterschied.

Sexualität

So weit sich die Literatur mit Sexualität befasst, erkennt man, dass Ehe und Familienleben in Griechenland mit tiefen Gefühlen und einer ebenso hohen Achtung zwischen Mann und Frau verbunden waren, wie wir es aus unseren heutigen Gesellschaften kennen. Ein Bestandteil, der aus heutiger Sicht schwer zu bewerten ist, war die tolerierte und sogar romantisierte männliche Homosexualität. Diese unterlag bestimmten Gewohnheits- und Anstandsregeln. In vielen griechischen Städten wurde es hingenommen, dass männliche Jugendliche aus der Oberschicht Liebesbeziehungen zu älteren Männern hatten – interessanterweise gibt es in der griechischen Literatur weit weniger Belege für eine homosexuelle Liebe zwischen Männern gleichen Alters. Damit waren sie keinesfalls von einer späteren heterosexuellen Ehe ausgeschlossen.

Diese *Kore*, eine archaische Mädchenstatue, stammt vom Beginn des 5. Jahrhunderts v. Chr. und markiert den Übergang vom archaischen zum klassischen Stil. Diese Koreatiden (griech. *Korai*) tragen vielfach Spuren einer mehrfarbigen Bemalung und wurden für gewöhnlich in Heiligtümern als Geschenk für die Götter aufgestellt. Männliche Figuren, so genannte *Kuroi*, dienten oft als Grabsteine.

Erziehung in Athen

Bis sie sechs oder sieben Jahre alt waren, lebten die athenischen Kinder zu Hause in gesonderten Gemächern, die ausschließlich von anderen Kindern und Frauen bewohnt wurden. Anschließend kamen die Jungen in die Schule. Die Söhne von wohlhabenden Bürgern wurden von einem Sklaven in die Schule begleitet, dem *Paidagogos*.

Die Lehrer waren selbstständig und berechneten den Eltern ihre Dienste. Sie brachten den Schülern Lesen, Schreiben und Rechnen bei und ließen sie die Verse von Hesiod und Homer auswendig lernen. Musikstunden waren ebenfalls wichtig und gleichfalls der Gymnastik-Unterricht, der in den *Palästras* stattfand, wo die Jungen in den wesentlichen Sportdisziplinen unterrichtet wurden.

Mit 15 Jahren kamen die Jugendlichen in Gymnasien, wo sie häufig mit Philosophen diskutierten und sich in Vorbereitung auf den Militärdienst sportlich betätigten. Nach dem zweijährigen Lehrgang, in dem sie zu Epheben ausgebildet wurden, traten die jungen Männer ihre militärische Ausbildung an, wobei sie häufig weiter das Gymnasium besuchten.

Das Bild „Der Dichter Linos unterweist den jungen Musaios" auf einem Teller des 5. Jahrhunderts v. Chr.

Einiges daran war sicherlich eine Modeerscheinung. Es gibt jedoch in allen Gesellschaften Beispiele für homosexuelle Beziehungen, denen sich viele Männer in einer bestimmten Lebensphase hingeben.

Die griechische Gesellschaft

In sexuellen Dingen wissen wir wie immer sehr viel mehr über das Verhalten der Elite als über das der großen Masse. Sogar im demokratischen Athen waren diejenigen, die im öffentlichen Leben standen und über die wir deshalb etwas aus den Quellen erfahren, normalerweise Grundbesitzer. Es war unwahrscheinlich, dass sich unter ihnen ein Geschäftsmann oder gar ein Handwerker befand. Ein Handwerker war vielleicht als Mitglied seiner Gruppe in der Volksversammlung wichtig, doch stieg er schwerlich in die Führungsspitze auf. Geschäftsleute hatten unter der tief verwurzelten Überzeugung der griechischen Oberschicht zu leiden, Handel und Gewerbe seien keine angemessenen Berufe für einen Ehrenmann, der sich im Idealfall auf der Grundlage seiner Einkünfte aus dem Grundeigentum einem Leben in kultivierter Muße hingab. Diese Ansicht sollte mit erheblichen Auswirkungen Eingang in die gesamteuropäische Tradition finden.

Die Sozialgeschichte vermischt sich aus diesem Grunde mit der Politik. Da sich die Griechen mit dem politischen Leben, d. h. dem Leben der *Polis*, beschäftigten und da das klassische Griechenland von zwei verschiedenen politischen Epochen – die des Persischen Krieges und die des neuen (makedonischen) Reichs – begrenzt wird, lässt sich die Bedeutung der politischen Geschichte Griechenlands für die Kultur leicht erfassen.

Doch sie vollständig zu rekonstruieren ist unmöglich. Was man den Quellen entnehmen

Eine Parade zu Pferde von einem der Friese, die den Parthenon von Athen zierten. Diese jungen Männer, die bei der Teilnahme an einer Prozession zu Ehren der Athene dargestellt sind, repräsentierten die Lebenskraft der athenischen Elite. Wahrscheinlich gedachten sie der jungen Männer, die bei Marathon im Kampf für Athen und Griechenland gegen das Perserreich gefallen waren.

kann, betrifft vor allem die Geschichte Athens, recht häufig auch die einiger weniger der übrigen Staaten. Fast nichts ist überliefert von vielen anderen, aber es gibt eine relativ vollständige Schilderung ihrer Beziehungen zueinander. Insgesamt vermitteln uns diese Quellen ein ziemlich klares Bild von den politischen Rahmenbedingungen der klassischen griechischen Kultur, viele Einzelheiten jedoch bleiben im Dunkeln.

Dieses Bild wird in herausragender Weise von Athen dominiert. Daraus schnell auf das zu schließen, was typisch war, birgt erhebliche Risiken. Wir neigen oft dazu, für besonders wichtig zu halten, worüber wir am meisten wissen. Da einige der größten Griechen des 5. Jahrhunderts v. Chr. Athener waren und da Athen ein Pol in der Geschichte des Peloponnesischen Krieges ist, haben die Wissenschaftler der athenischen Geschichte ihre besondere Aufmerksamkeit gewidmet. Doch wir wissen auch, dass Athen – um nur zwei Gesichtspunkte zu nennen – groß und ein Handelszentrum war. Aus diesem Grunde muss es in wichtigen Punkten sehr untypisch gewesen sein.

DIE VORRANGSTELLUNG ATHENS

Die Gefahr, die kulturelle Bedeutung Athens überzubewerten, ist weniger virulent. Eine solche Vorrangstellung wurde immerhin von den Zeitgenossen anerkannt. Obwohl viele der größten Griechen keine Athener waren, und obwohl sie ihre Ablehnung dem Überlegenheitsanspruch der Athener gegenüber bekundeten, fühlten diese sich als Führer Griechenlands. Daher gab es kaum ein Zögern, die Tribute des Delisch-Attischen Seebundes für die Verschönerung ihrer Stadt zu nutzen. So wurden der Parthenon und die

Die Akropolis von Athen

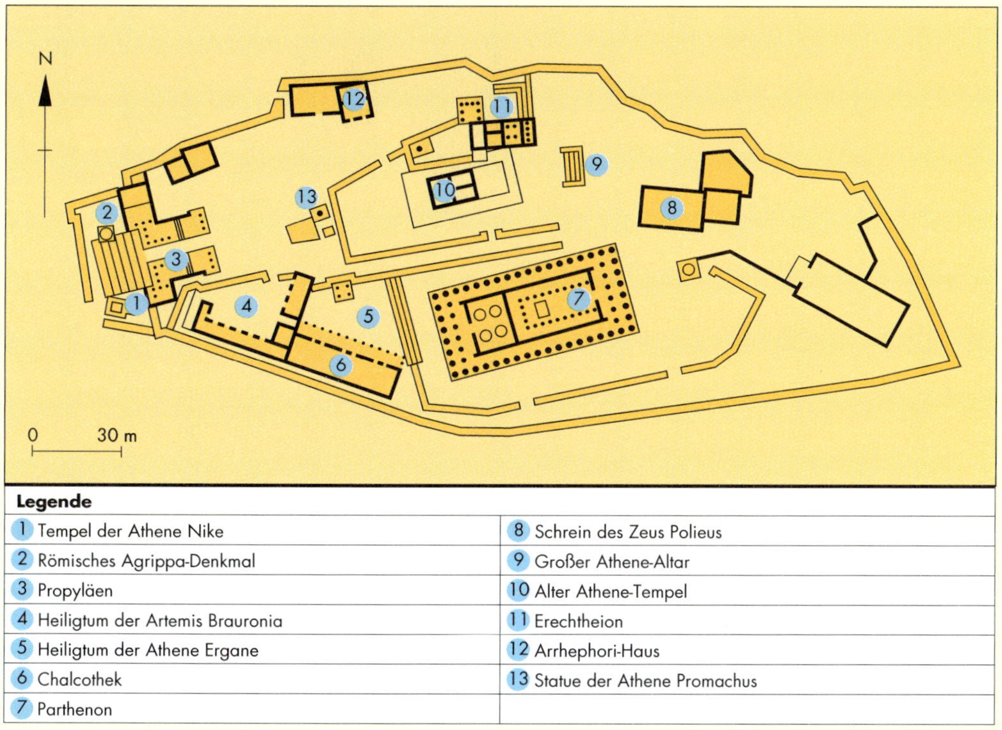

Legende

1 Tempel der Athene Nike	8 Schrein des Zeus Polieus
2 Römisches Agrippa-Denkmal	9 Großer Athene-Altar
3 Propyläen	10 Alter Athene-Tempel
4 Heiligtum der Artemis Brauronia	11 Erechtheion
5 Heiligtum der Athene Ergane	12 Arrhephori-Haus
6 Chalcothek	13 Statue der Athene Promachus
7 Parthenon	

Die Akropolis krönte einen steilwandigen, leicht zu verteidigenden Felsen, auf dem einst verschiedene ältere Bauwerke, darunter ein mykenischer Palast aus der Bronzezeit, standen. Während der klassischen Zeit befanden sich hier die wichtigsten Heiligtümer und Tempel. Während des Persischen Krieges in der ersten Hälfte des 5. Jahrhundert v. Chr. wurde die Akropolis zerstört. Nach dem Ende des Krieges überwachte der athenische General und Staatsmann Perikles ein umfangreiches Wiederaufbauprogramm und initiierte den Bau mehrerer prachtvoller Monumente und Tempel, von denen einige erst nach seinem Tode im Jahre 429 v. Chr. fertig gestellt wurden. Die Römer fügten dem Komplex später weitere Bauten hinzu.

Grundriss mit den wichtigsten Bauten der Akropolis von Athen.

Ein Blick auf die Westfassade des als Erechtheion bekannten ionischen Tempels auf der Akropolis in Athen, der ursprünglich die Grabstätte des Heroen Erechtheis beherbergte. Die Bauarbeiten am Tempel begannen im Jahre 421 v. Chr. Der Olivenbaum im Vordergrund ist der heilige Baum der Göttin Athene, der Schutzherrin der Stadt. An der Südfassade befindet sich die berühmte Halle mit den sechs Karyatiden, Säulen in Form weiblicher Statuen.

Die Bündnispartner erkannten Athens kulturelle und politische Vormachtstellung an und ließen es zu, dass die Tributzahlungen des Delisch-Attischen Seebundes zur Errichtung des Parthenon und der Propyläen verwendet wurden.

Propyläen errichtet, deren Ruinen noch immer die Akropolis krönen. Das dafür investierte Geld stand jedoch nur deshalb zur Verfügung, weil so viele Staaten die Überlegenheit Athens anerkannten. Genau das wird von den Tributlisten belegt. Als Perikles am Vorabend des Peloponnesischen Krieges seinen Landsleuten gegenüber ihren Staat als Vorbild für das übrige Griechenland schilderte, lag in seinen Worten sicherlich Propaganda, jedoch auch Überzeugung.

Geographische Vorteile

Die Wurzeln der Bedeutung, die Athen traditionell zukam, lagen allerdings in erster Linie in den geographischen Gegebenheiten. Der leichte Zugang nach Kleinasien und in die Ägäis ließ sie im frühen 6. Jahrhundert v. Chr. zu einer Handels- und Seemacht werden. Schließlich ermöglichte die Entdeckung der Silberminen von Laureion, die Flotte von Salamis zu bauen. Diese war die Basis für Athens unbestrittene Vormachtstellung in der Ägäis und infolgedessen für die Tribute, die den Staatsschatz im 5. Jahrhundert v. Chr. wieder auffüllten. Der Höhepunkt von Macht und Wohlstand war in den Jahren kurz vor dem Peloponnesischen Krieg erreicht, als schöpferischer Tatendrang und patriotische Inspiration unübertroffen waren. Der Stolz auf die Erweiterung des Einflussgebietes verband sich damals mit kulturellen Errungenschaften, in deren Genuss die Menschen kamen.

Die athenische Flotte

Der Handel, die Flotte, ideologische Überzeugung und Demokratie sind Komplexe, die untrennbar mit der Geschichte Athens im 5. Jahrhundert v. Chr. verbunden sind. Unter Zeitgenossen bestand weitestgehend Übereinstimmung darüber, dass eine Flotte, deren Beweglichkeit letztlich von etwa 200 bezahlten Ruderern pro Schiff abhing, sowohl ein Instrument imperialer Stärke als auch ein Schutzschild für die Demokratie war. Hopliten waren für einen Seestaat nicht so wichtig wie andernorts. Es bedurfte keiner teuren

Rüstungen, um einen Ruderer auszustatten, der mit den Tributen des Seebundes oder der Beute erfolgreicher Kriegszüge bezahlt wurde – wie man sie sich beispielsweise von der sizilischen Expedition erhoffte.

Großmachtstreben stand bei den Athenern tatsächlich hoch in der Gunst: Sie gingen davon aus, die Früchte des Strebens mit anderen zu teilen, auch wenn dies nur indirekt und kollektiv geschah, um nicht seine Lasten tragen zu müssen. Dieser Aspekt der athenischen Demokratie war es, der insbesondere die Kritik ihrer Gegner hervorrief.

DIE ATHENISCHE DEMOKRATIE

Angriffe auf die athenische Demokratie gab es seit frühester Zeit, und sie setzten sich seitdem in stetiger Linie fort. Es gibt genauso viele historische Diffamierungen wie übereifrige Verteidigungen der gleichen Institutionen. Die bösen Ahnungen erschreckter Konservativer, die niemals zuvor dergleichen gesehen hatten, sind verständlich, denn die Demokratie setzte sich in Athen unerwartet und fast unbemerkt durch.

Sie hatte ihre Wurzeln in den Verfassungsänderungen des 6. Jahrhunderts v. Chr., die das Organisationsprinzip der Verwandtschaft durch das der Grundherrschaft ersetzten. Zumindest theoretisch und dem Gesetz nach erlangten deren Bindungen eine größere Bedeutung als die Abstammung. Dies war eine Entwicklung, die für Griechenland offenbar Allgemeingültigkeit besaß, und sie setzte die Demokratie auf die institutionelle Grundlage,

Diese rotfigurige Schale wurde zu Beginn des 5. Jahrhunderts v. Chr. von Brygos bemalt und stellt einen Wahlgang der athenischen Demokratie dar. Über der Szene wacht Athene. Sie trägt ihren symbolträchtigen Helm und ist von Bürgern umgeben, die dabei sind, ihre Stimme abzugeben.

Wichtige Institutionen der athenischen Demokratie

EKKLESIA: Eine aus allen Bürgern Athens zusammengesetzte Volksversammlung, die mindestens 40-mal im Jahr zusammenkam. Bürger konnte nur sein, wer über 18 Jahre alt, männlich und frei war und athenische Eltern hatte. Ein großer Anteil der Bevölkerung war demzufolge vom öffentlichen Leben ausgeschlossen. Die Ekklesia traf Entscheidungen in wichtigen Angelegenheiten. Über Dekrete wurde nach öffentlicher Diskussion abgestimmt.
BULE: Eine Ratsversammlung aus 500 Bürgern, die über 30 Jahre alt sein mussten, im Allgemeinen über Erfahrung im öffentlichen Leben verfügten und die durch Losentscheid ermittelt wurden. Die Bule bereitete durch Prüfung von Gesetzesvorlagen die Arbeit der Ekklesia vor. Sie kontrollierte auch die Außenpolitik und die Stadtverwaltung. Die Bule war in zehn Abteilungen, die so genannten Prytanien unterteilt, die während des Jahres wechselten. Die amtierenden Ratsmitglieder wurden Prytanen genannt.
ARCHONTEN: Die Archonten besaßen beträchtlichen Einfluss. Die Aufgabe der Archonten bestand darin, die Verwaltung der verschiedenen öffentlichen Dienste sowie die Ausführung der Beschlüsse von Ekklesia und Bule sicherzustellen. Unter den Archonten hatten besonders die Strategen eine überragende Macht, denn sie waren die Befehlshaber von Heer und Flotte und hatten bei Fragen, die über Krieg und Frieden entschieden, ein Vetorecht. Obwohl Archonten nur für ein Jahr im Amt bleiben konnten, war ihre Wiederwahl unbeschränkt möglich. Wenn sie über außergewöhnliche Führungsfähigkeiten oder Redebegabung verfügten, gelang es dadurch oft, die Amtszeit zu verlängern. Der berühmte Stratege Perikles beispielsweise hatte sein Amt 30 Jahre inne.
DIKASTERIA: Ein Volkstribunal aus 6000 Rechtskundigen. Diese wurden jährlich durch das Los unter den über 30 Jahre alten Kandidaten ausgewählt.

Diese Tonscherben sind *Ostraka*, in die die Abstimmenden den Namen eines Bürgers geritzt haben, der für zehn Jahre ostrakisiert (aus Athen verbannt) werden sollte. Der Ostrakismos war eigentlich dazu gedacht, im 5. Jahrhundert v. Chr. die Macht von Einzelpersonen zu begrenzen. Es erwies sich jedoch, dass er missbraucht werden konnte und Intrigen seiner Wirksamkeit Grenzen setzten.

die sie seitdem für gewöhnlich immer hatte. Andere Veränderungen folgten: In der Mitte des 5. Jahrhunderts v. Chr. erhielten alle männlichen Erwachsenen das Recht, an der Volksversammlung teilzunehmen und somit die höheren Beamten zu wählen. Die Zuständigkeiten des Areopags nahmen immer mehr ab. 462 v. Chr. wurde er vollständig entmachtet und behielt nur noch die Blutgerichtsbarkeit. Gleichzeitig öffneten sich die anderen Gerichte durch die Institution des bezahlten Geschworenendienstes für demokratische Einflüsse. Da sie viele Verwaltungsaufgaben übernahmen, war damit ein erhebliches Maß an Volksbeteiligung an den Tagesgeschäften der Stadt verbunden. In den harten Zeiten kurz nach Ende des Peloponnesischen Krieges wurde auch die Teilnahme an der Volksversammlung selbst bezahlt. Schließlich ist die Praxis der Auswahl durch Losentscheid zu berücksichtigen, die der Vererbung von Ansehen und Macht widerspricht.

Themistokles und Perikles sind wohl zwei herausragende und darum heute noch bekannte athenische Politker, wie viele ihrer Amtskollegen gehörten sie alten Familien an.

Politiker

Die athenische Verfassung misstraute individuellem Sachverstand und verwurzelter Amtsgewalt und vertraute stattdessen dem Gemeinsinn. Darauf kann man zweifellos das Desinteresse an einer exakten Rechtswissenschaft zurückführen. Die Plädoyers in einem athenischen Gericht fußten weit mehr auf Fragen zu Motiv, Ansehen und Vermögen als auf rechtlichen Aspekten. Außerdem waren rhetorische Fähigkeiten von großer Bedeutung. Erfolg war denjenigen Politikern beschieden, die ihre Anhänger durch Worte mitreißen konnten. Ob wir sie als Demagogen oder Redner bezeichnen, tut dabei nichts zur Sache. Sie waren die ersten, die nach Macht durch Überzeugung strebten.

Gegen Ende des 5. Jahrhunderts v. Chr. kamen, auch wenn es keineswegs die Regel war, einige dieser Männer aus Familien außerhalb der traditionell herrschenden Klasse. Die ungebrochene Bedeutung von alten Politiker-Familien war dennoch eine wichtige Voraussetzung des demokratischen Systems. Themistokles am Anfang des Jahrhunderts und Perikles zu Beginn des Krieges kamen aus alten Familien. Selbst in den Augen der Konservativen eigneten sie sich durch ihre Geburt dafür, die Staatsgeschäfte zu übernehmen. Die alten herrschenden Klassen konnten sich auf Grund solch praktischer Gegebenheiten besser mit der Demokratie anfreunden. Ein weiterer Aspekt war, dass Politik Zeit und Geld erforderte. Auch wenn die Geschworenen und die Mitglieder der Volksversammlung bezahlt wurden, war das Tagegeld doch gering. Dass überhaupt auf diese Weise die Beschlussfähigkeit sichergestellt werden musste, zeigt, dass die Masse der Bürger nicht leicht zur Teilnahme an der Volksversammlung zu bewegen war. Viele lebten wahrscheinlich auch zu weit entfernt. Berechnungen zufolge war nicht mehr als ein Achtel der Bürger bei den obligatorischen Versammlungen zugegen, die jedes Jahr etwa 40-mal abgehalten wurden.

Die athenische Demokratie

„Die Staatsverfassung, die wir haben, richtet sich nicht nach den Gesetzen anderer, viel eher sind wir selbst für manchen ein Vorbild, als dass wir andere nachahmten. Mit Namen heißt sie, weil die Staatsverwaltung nicht auf wenige, sondern auf die Mehrheit ausgerichtet ist, Demokratie. Es haben aber nach den Gesetzen in den persönlichen Angelegenheiten alle das gleiche Recht, nach der Würdigkeit aber genießt jeder – wie er eben auf irgendeinem Gebiet in Ansehen steht – in den Angelegenheiten des Staates weniger auf Grund eines regelmäßigen Wechsels (in der Bekleidung der Ämter), sondern auf Grund seiner Tüchtigkeit den Vorzug. Ebenso wenig wird jemand aus Armut, wenn er trotzdem für die Stadt etwas leisten könnte, durch seine unscheinbare Stellung daran gehindert. Frei leben wir als Bürger im Staat und frei vom gegenseitigen Misstrauen des Alltags, ohne gleich dem Nachbarn zu zürnen, wenn er sich einmal ein Vergnügen macht, und ohne unseren Unmut zu zeigen, der zwar keine Strafe ist, aber doch durch die Miene kränkt. Wie ungezwungen wir aber auch unsere persönlichen Dinge regeln, so hüten wir uns doch im öffentlichen Leben, allein aus Furcht, vor Rechtsbruch – in Gehorsam gegen Amtsträger und Gesetze, hier vor allem gegen solche, die zum Nutzen der Unterdrückten erlassen sind, und die ungeschriebenen, deren Übertretung nach allgemeinem Urteil Schande bringt."

Auszug aus der *Geschichte des Peloponnesischen Krieges* von Thukydides, übersetzt und herausgegeben von Helmuth Vretska und Werner Rinner.

Diese Tatsachen geraten sowohl bei der Verunglimpfung als auch bei der Idealisierung der athenischen Demokratie leicht aus dem Blickfeld, und es werden allerlei Anstrengungen unternommen, um ihre inkonsequente Praxis zu erklären. Die Besteuerung war niedrig, und es gab kaum diskriminierende Gesetze, speziell gegen Wohlhabende, so wie wir sie heute mit einer demokratischen Herrschaft in Verbindung bringen und wie sie nach Aristoteles das zwangsläufige Ergebnis einer Herrschaft der Armen wären.

Außenpolitik

Schon in ihrer Frühphase ging die athenische Demokratie mit Abenteurertum und Wagemut in der Außenpolitik einher. Öffentliche Forderungen standen hinter der Unterstützung des Aufstands der griechischen Städte in Kleinasien gegen das Perserreich. Später bekam die Außenpolitik aus verständlichen Gründen eine anti-spartanische Tendenz. Der Kampf gegen den Areopag wurde von Themistokles, dem Erbauer der Flotte von Salamis, angeführt. Folglich machte man der Demokratie den Vorwurf, für den Peloponnesischen Krieg und seine Eskalation verantwortlich zu sein. Wie ihre Kritiker bemerkten, führte die Demokratie nicht nur Athen selbst in die Katastrophe, sondern brachte oder begünstigte zumindest Zwietracht und soziale Konflikte in allen griechischen Städten. Zweimal wurde in Athen die Oligarchie wiederhergestellt. Bis zum Ende des Jahrhunderts war das Vertrauen in die athenische Demokratie schwer erschüttert worden. Thukydides konnte seine Geschichte nur bis 411 v. Chr. niederschreiben, doch sie schließt in Enttäuschung über seine Heimatstadt, die ihn verbannt hatte. Und dank Platon sind die athenischen Demokraten nie ohne das Stigma der Hinrichtung des Sokrates im Jahre 399 v. Chr. zu denken.

Zur Stimmabgabe benutzten die Athener kleine Bronzestücke oder Tonscheiben wie diese. Die kleinen Stielchen an den einzelnen Stücken waren hohl oder voll, je nachdem, ob für einen Schuld- oder Freispruch gestimmt wurde.

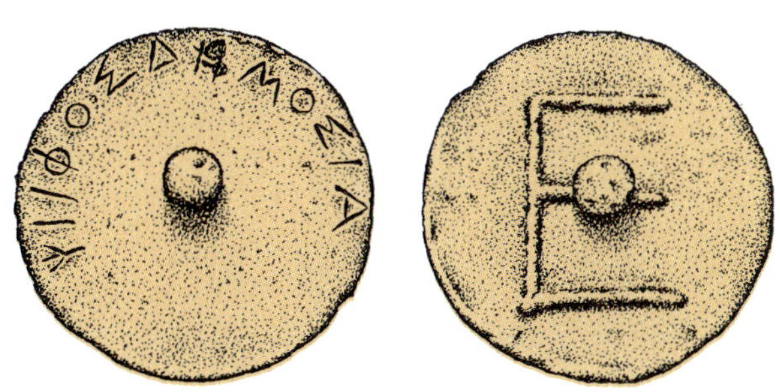

Der athenische Politiker Perikles war über 30 Jahre eine treibende Kraft der Politik Athens. Diese Büste ist eine römische Kopie eines von Kresilas am Ende des 5. Jahrhunderts v. Chr. geschaffenen Originals. Der Helm ist eine Anspielung auf die strategischen Fähigkeiten des Perikles, und seine ebenmäßigen Züge erinnern an die idealisierte Darstellung klassischer Figuren.

Die Errungenschaften der athenischen Demokratie

Wenn man beachtet, dass Frauen, Metöken und Sklaven von der athenischen Demokratie ausgeschlossen waren, scheinen ihre Errungenschaften unter dem Strich recht bescheiden.

Doch schmälert dies nicht die Bedeutung, die Athen in den Augen der Nachwelt hatte. Anachronistische und unzulässige Vergleiche helfen nicht weiter. Athen sollte mit zeitgenössischen Einrichtungen und nicht mit Idealen verglichen werden, die nach mehr als 2000 Jahren noch immer nicht verwirklicht sind. Obwohl der Einfluss der führenden Familien weiterhin bestand und obwohl es praktisch nie vorkam, dass bei einer Sitzung der Volksversammlung zumindest eine Mehrheit der Bürger zugegen war, erfasste die Selbstverwaltung mehr Athener, als dies in irgendeinem anderen Staat der Fall war. Die athenische Demokratie befreite mehr als jede andere Institution die Menschen von Blutsbanden. Darin liegt eine der großen Errungenschaften Griechenlands. Viele, die andernorts keine Ämter bekleiden konnten, kamen in Athen durch verantwortungsvolle Entscheidungen in den Genuss einer politischen Bildung, die die Grundlage jeder politischen Kultur ist. Sie hörten Argumente von solcher Würde und Nachdenklichkeit, dass es nicht möglich ist, sie als reine Rhetorik zu bezeichnen. Natürlich mussten sie manchmal sorgfältig abwägen. So wie die physische Trennung zwischen den altgriechischen Gemeinschaften eine Vielzahl von Erfahrungen hervorbrachte (die letztlich zum Bruch mit der Welt gottgewollter Herrscher und zur Durchsetzung des Gedankens führten, dass politische Gegebenheiten bewusst gestaltet werden konnten), so erfasste der Antrieb zur Beteiligung an den gesellschaftlichen Angelegenheiten eine beispiellos große Anzahl von Männern – nicht nur in der Volksversammlung, sondern auch in den täglichen Besprechungen im Volksrat. Auch ohne das Recht aller Bürger auf ein Amt ist die athenische Demokratie noch immer das großartigste Instrument politischer Bildung in jener Zeit.

Ein zwischen 442 und 432 v. Chr. geschaffenes Fragment vom Ostfries des Parthenon, das Hephaistos, Apollon und Artemis darstellt. Diese Gruppe von Göttern begrüßte zusammen mit denen auf dem Fries an der Hauptfassade die lange Panathenäen-Prozession, an der sich ganz Athen beteiligte.

Vor diesem Hintergrund müssen die Irrtümer, Eitelkeiten und Fehleinschätzungen athenischer Politik gesehen werden. Trotz Korruption und vieler Schwächen der Demokratie des 21. Jahrhunderts wissen wir auch weiterhin die großen Errungenschaften der modernen politischen Kultur Europas zu schätzen. Athen sollte wie jedes andere politische System auch anhand seiner Vorzüge bewertet werden, und unter der Führung des Perikles war es hervorragend. Es hinterließ den Mythos von der Verantwortung des Einzelnen für sein eigenes politisches Schicksal.

Die Idee der „Tugendhaftigkeit“

Die Athener jedenfalls hätten für viele moderne Kritiker an ihrer Demokratie kein Verständnis. Deren spätere Verteidiger und

Feinde waren oft in einer anderen Art von Anachronismus befangen – sie interpretierten die Ziele, die den Griechen erstrebenswert schienen, falsch. Die griechische Demokratie war beispielsweise – anders als unsere – weit weniger vom Gefühl wechselseitiger Hilfsbereitschaft beherrscht und zahlte bereitwillig einen höheren Preis für Zerstörungswut. Offensichtlich gab es seit den Epen Homers im Leben der Griechen immer einen starken Konkurrenzkampf. Sie bewunderten Siegertypen und waren der Meinung, dass Männer kämpfen sollten. Damit wurde eine gewaltige Schaffenskraft freigesetzt, die jedoch auch gefährlich sein konnte. Das Ideal, das in dem häufig verwendeten, von uns unzureichend mit „Tugend" übersetzten Wort seinen Ausdruck fand, belegt dies. Wenn die Griechen es benutzten, meinten sie, dass Menschen kraftvoll, energisch und schlagfertig, ebenso wie gerecht und prinzipientreu – oder eben tugendhaft im modernen Sinne – waren. Homers Held Odysseus verhält sich häufig wie ein Schurke, doch er ist unerschrocken und „listenreich", und er hat Erfolg. Dafür bewunderten ihn die Griechen. Der Grieche war sehr um sein „Gesicht" besorgt. Seine Kultur lehrte ihn, besser Schande als Schuld zu vermeiden. Einige Erklärungen für die erbitterte Zwietracht in der griechischen Politik liegen hier begründet.

Betrachtet man dies alles, verdient die athenische Demokratie für das, was sie geschaffen hat, zuallererst Respekt – sie führte zu einer Reihe triumphaler Errungenschaften, die in der Geschichte der griechischen Kultur Höhepunkte darstellen. Dabei handelte es sich um Werke für die Allgemeinheit. Die bildenden Künste von Athen fanden die Unterstützung breiter Bevölkerungsschich-

Diese Bronzestatue ist als Ephebe von Antikythera bekannt, weil sie zwischen der Ladung eines Schiffes gefunden wurde, das vor dieser kleinen Insel nordöstlich von Kreta Schiffbruch erlitten hatte. Sie stammt aus dem 4. Jahrhundert v. Chr. Der erhobene rechte Arm der Plastik gab zu einer Reihe von Interpretationen Anlass: Vielleicht stellt die Figur einen siegenden Athleten oder einen Ballspieler dar, vielleicht aber auch Paris mit dem Apfel oder Perseus mit dem Kopf der Medusa.

Das Bild vom idealen Menschen, wie ihn die Griechen sich wünschten, ist für uns in der Kunst am sichtbarsten überliefert: Körperliche Schönheit und Tugendhaftigkeit zeichneten ihn aus.

ten. Die Tragödien wurden nicht anhand der Einnahmen der Theaterkasse, sondern durch Kritiker bewertet, die einem kraftvoll bekundeten öffentlichen Geschmack Ausdruck verliehen.

Als die Demokratie verfiel, schwand damit scheinbar auch der Sinn für die Kunst. Das bedeutete einen Verlust für ganz Griechenland.

Das Werk des Dramendichters Aischylos (525–456 v. Chr.) lässt seine Überzeugung erkennen, dass das Schicksal der Menschen von übernatürlichen Mächten bestimmt werde.

Philosophische Fragen

Wenn Kultur Fortschritt in Richtung vernünftiger Steuerung von Geist und Umwelt bedeutet, haben die Griechen mehr für sie getan als alle ihre Vorgänger. Sie ersannen eine der größten philosophischen Erkenntnisse aller Zeiten, die besagt, dass alle Dinge verständlich und logisch zu erklären sind und dass die Welt nicht in letzter Konsequenz auf dem sinnlosen und willkürlichen Willen von Göttern und Dämonen beruht. Eine solche Schlussfolgerung war natürlich keine Meinung, die alle oder zumindest die meisten Griechen teilten. Es war eine Geisteshaltung, die sich ihren Weg in einer von Irrationalität und Aberglaube durchdrungenen Welt bahnen musste. Nichtsdestoweniger war es eine revolutionäre und fruchtbare Idee. So stellte sie eine Gesellschaft in Aussicht, in der eine solche Geisteshaltung zum Gemeingut der Menschen gehörte. Selbst Platon, der davon überzeugt war, dass diese Meinung niemals von der Mehrheit der Menschen geteilt werden würde, verlieh den Herrschern seines idealen Staates die Fähigkeit zur rationalen Reflexion als Rechtfertigung sowohl für ihre Privilegien als auch für die ihnen auferlegte Disziplin. Die griechischen Zweifel an der Bedeutung des Irrationalen in gesellschaftlicher und geistiger Hinsicht schwächten es wie nie zuvor. Trotz aller nachfolgender Legendenbildung war die befreiende Wirkung dieser Entwicklung über Tausende von Jahren immer wieder spürbar. Hierin besteht die bedeutendste Einzelleistung des alten Griechenland.

Rationale, logisch erklärende Gedankenführung einerseits und der althergebrachte Aberglaube andererseits sind die beiden Extreme, die das Leben der Griechen bestimmten.

Volksglaube

Die geistige Revolution in der Ägäis hat ein so ungeheures Ausmaß, dass sie heute ihren eigenen Entwicklungsprozess verdeckt. So bemerkenswert und herausragend sind die Werke der griechischen Intellektuellen, dass es großer Anstrengungen bedarf, um durch sie zu den Werten der Welt vorzudringen, aus der sie hervorgegangen sind.

Etwas leichter wird diese Aufgabe dadurch, dass eine solche Revolution niemals vollständig ist. Ein Blick auf die andere Seite der Medaille zeigt, dass die meisten Griechen weiterhin in traditionellem Irrationalismus und Aberglauben lebten. Selbst diejenigen, die in der Lage waren, einiges von den neuen geistigen Horizonten zu verstehen, akzeptierten selten die Konsequenzen. Das alte orthodoxe Gedankengut wurde vom Volk weiterhin respektiert. Im Athen des späten 5. Jahrhunderts v. Chr. galt es beispielsweise als Blasphemie, nicht an die Götter zu glauben: Ein Philosoph nahm an, dass die Sonne eine heiße rote Scheibe sei. Als er dies öffentlich aussprach, half ihm nicht, dass er der Freund des Perikles war; er musste fliehen. Ebenfalls in Athen erregte am Vorabend der sizilischen Expedition die geheimnisvolle und unheilverkündende Verstümmelung bestimmter Statuen, der Hermes-Büsten, die Gemüter. Einige schrieben die Katastrophen, die folgten, diesem Sakrileg zu. Der athenische Philosoph Sokrates, der dank seines Schülers Platon zum Urbild des Intellektuellen wurde, hinterließ die Maxime: „Das Leben ist nur dann lebenswert, wenn es einer Überprüfung standhält". Er verstieß gegen die Frömmigkeit in seinem Staat und wurde dafür von seinen Mitbürgern zum Tode verurteilt, auch, weil er die längst überkommene Astronomie in Zweifel zog. Andernorts haben ähnliche Prozesse allem Anschein nach nicht stattgefunden, doch lassen sie auf die Hintergründe des Aberglaubens schließen, der für die griechische Gesellschaft bezeichnender gewesen sein muss als die Existenz eines Sokrates.

Griechisches Gedankengut

Trotz seiner bedeutenden Hinterlassenschaft reflektierte das griechische Gedankengut mehr als jedes frühere die Veränderungen seiner Schwerpunkte sowie der Sitten und Gebräuche. Es entwickelte somit eine Eigendynamik und führte nicht immer dazu, Natur und Gesellschaft besser zu begreifen, sondern bisweilen auch in Sackgassen abstruser und überspannter Fantasien. Das griechische Gedankengut ist demnach keineswegs aus einem Guss. Wir sollten es nicht für einen einheitlichen, alle Teile umfassenden Block halten, sondern für eine historische und kontinuierliche Entwicklung, die sich über drei oder vier Jahrhunderte erstreckte, in denen zu verschiedenen Zeiten unterschiedliche Elemente überwiegen.

Ein Grund liegt darin, dass die griechischen Kategorien des Denkens nicht die unseren sind, obwohl sie ihnen oft überraschend ähneln. Einige unserer Denkschemata existierten für die Griechen nicht, und ihr Wissen ließ sie die Felder ihrer Untersuchungen anders begrenzen als wir es gewohnt sind. Mitunter ist das offensichtlich und bereitet keinerlei Schwierigkeiten. Wenn ein Philosoph beispielsweise die Verwaltung des Haushalts und der zugehörigen Güter einer Untersu-

Das griechische Gedankengut entwickelte sich innerhalb einiger Jahrhunderte. Nur ein Teil davon ist uns überliefert und täuscht uns eine Homogenität vor, die es nie gegeben hat.

Die Ruinen des Apollon-Tempels und seine Fundamente im Heiligtum von Delphi. Der Altar des Tempels befand sich vor diesen restaurierten Säulen. Einige Details des Innenraums, wo das berühmte Orakel des Gottes Apollon um Rat befragt wurde, sind noch erkennbar.

Milet

Legende
1 Wohnviertel
2 Löwen-Bucht
3 Delphineom
4 Theater
5 Nord-Agora
6 Bäder
7 Süd-Agora
8 Athene-Tempel
9 Stadtmauern
10 Antike Küstenlinie

Dort, wo der Fluss Mäander in die Ägäis mündet, lag Milet. Es war einst die bedeutendste griechische Stadt in Kleinasien. Seine Überreste zeugen von der Tatsache, dass Milet im 6. Jahrhundert v. Chr. ein bedeutendes Zentrum philosophischen und naturwissenschaftlichen Denkens war.

Stadtplan des klassischen Milet.

Das Theater von Milet, das zu hellenistischer Zeit erbaut und häufig verändert wurde, sieht noch heute so aus, wie es die Römer hinterlassen haben. Es war das größte Theater in Kleinasien und fasste 15 000 Zuschauer.

Eine römische Büste des Philosophen Sokrates, der im Jahre 470 v. Chr. in Athen geboren wurde. Sokrates' Lehren sind uns durch das Werk seines Schülers Platon bekannt.

Das Große Tor der Süd-Agora von Milet – hier ein Detail – wurde im 1. Jahrhundert n. Chr. erbaut. Es ist ein gutes Beispiel hellenistischer Architektur. Der Aufbau der monumentalen Fassade ist von der Struktur und dem Grundriss des Gesamtbauwerks unabhängig.

chung über etwas zuordnet, was wir als Politik bezeichnen würden, werden wir ihn wahrscheinlich verstehen. Bei abstrakteren Themen kann es jedoch zu Problemen kommen.

GRIECHISCHE NATURWISSENSCHAFTEN

Für uns scheint Naturwissenschaft ein geeigneter Weg zu sein, uns dem Verständnis für das physische Universum zu nähern, und ihre Methoden bestehen in empirischen Experimenten und Beobachtung. Die griechischen Denker jedoch glaubten, dass man sich dem Wesen des physischen Universums genauso gut durch abstraktes Denken, durch Metaphysik, Logik und Mathematik nähern könne. Heutzutage ist man der Ansicht, dass das rationale Denken bei den Griechen eigentlich der Endpunkt des wissenschaftlichen Fortschritts war, denn ihre Untersuchungen beruhten auf Logik und abstrakten Schlussfolgerungen statt auf Beobachtung der Natur. Unter den großen Philosophen stellte nur Aristoteles die Sammlung und Klassifizierung von Fakten in den Vordergrund. Darum sollte zwischen der Geschichte der griechischen Naturwissenschaft und der Philosophie keine zu scharfe Trennlinie gezogen werden. Beide zusammen stellen ein einheitliches Ganzes dar, das Hunderte von Städten über einen Zeitraum von etwa 400 Jahren gemeinsam hervorgebracht haben.

Die milesische Schule

Die Anfänge der griechischen Naturwissenschaft und Philosophie stellten eine Revolution im Denken dar, die sich schon abzeichnete, als die ersten uns bekannten griechischen Denker auftraten. Sie lebten im 7. und 6. Jahrhundert v. Chr. in der ionischen Stadt Milet. Bis zu der mit Sokrates beginnenden Epoche der athenischen Philosophie, gab es dort und in anderen ionischen Städten ein beachtliches intellektuelles Leben.

Grundlage der griechischen Naturwissenschaft bildeten Metaphysik, Logik und Mathematik. Ihre Ergebnisse erzielten sie vorwiegend durch Berechnungen und Schlussfolgerungen, weniger durch Naturbeobachtungen.

Ein Blick auf die Ruinen von Milet in der heutigen Türkei. Im Hintergrund ist das im 2. Jahrhundert n. Chr. erbaute Nymphaion zu sehen. Im Vordergrund stehen die Überreste von korinthischen Kapitellen, mit Akanthoslaub verziert.

Im 6. und 7. Jahrhundert v. Chr.entwickelte sich in der ionischen Stadt Milet eine philosophische Schule von großer Bedeutung, ihr gehörte u. a. der auch heute noch bekannte Thales an. Ein wichtiges Ergebnis ihrer Schüler war ein allgemeines, materialistisches Bild von der Beschaffenheit des Universums.

Die frühen Denker scheinen wohlhabende Männer gewesen zu sein, die es sich leisten konnten, ihre Zeit mit Sinnieren zu verbringen. Ungeachtet dessen bereiteten die Keimzellen in Ionien bald den Weg für ein breit gefächertes intellektuelles Leben in der ganzen griechischen Welt. Den westlichen Kolonien der Magna Graecia und Sizilien kam für viele Entwicklungen im 6. und 5. Jahrhundert v. Chr. eine besondere Bedeutung zu, während sich später der Schwerpunkt nach Alexandria verlagern sollte. Die gesamte griechische Welt hatte am Erfolg des griechischen Denkens teil.

Im 6. Jahrhundert v. Chr. dachten Thales und Anaximander in Milet als erste bewusst darüber nach, wie das Universum beschaffen wäre. Damit war die entscheidende Grenze zwischen Mythos und Wissenschaft überschritten. Die Ägypter hatten begonnen, die Natur praktisch zu nutzen, während die Babylonier wichtige Messungen vorgenommen hatten. Die milesische Schule bediente sich dieser Informationen und übernahm möglicherweise auch grundlegendere kosmologische Vorstellungen der alten Kulturen. Thales etwa sah die Ursprünge der Welt im Wasser. Doch bald überschritten die ionischen Philosophen die Grenzen ihres Erbes. Sie schufen ein Bild von der Beschaffenheit des Universums, in dem Mythen von einer materialistischen Erklärung abgelöst wurden. Dies ist beeindruckender als die Tatsache, dass sich einige ihrer Antworten letzten Endes als fruchtlos erweisen sollten. Die griechische Analyse der Materie ist nur einer von vielen Denkansätzen. Man ging davon aus, dass die gesamte Materie aus den vier „Elementen“ Luft, Wasser, Erde und Feuer zusammengesetzt sei, die in allen Substanzen in unterschiedlichem Verhältnis miteinander kombiniert seien. Diese Theorie beherrschte anschließend bis in die Renaissance die abendländische Naturwissenschaft. Sie hatte eine herausragende historische Bedeutung, weil sie Grenzen festlegte und neue Möglichkeiten eröffnete. Freilich erwies auch sie sich als Irrweg.

Das Ende der Ionischen Schule

Die Befürchtung, dass die Lehre von den Elementen falsch sein könnte, ist an dieser Stelle zweitrangig. Was im Zusammenhang mit den Ionern und der von ihnen begründeten Schule zählt, war das zu Recht so bezeichnete „überraschend“ Neue: Sie verbannten Götter und Dämonen aus dem Naturverständnis.

Natürlich hatten einige ihrer Werke keinen Bestand. Im Athen des späten 5. Jahrhunderts v. Chr. verdammte man im Angesicht von Niederlage und Gefahr diese Meinungen – die weit weniger kühn waren als die der ionischen Denker zwei Jahrhunderte zuvor – als Blasphemie. Dies, zumal einer der neuen Philosophen meinte: „Wenn der Ochse ein Bild malen könnte, würde sein Gott wie ein Ochse aussehen“. – Ein paar Jahrhunderte später waren die Einsichten der Ionischen Schule in der klassischen Kultur des Mittelmeerraums größtenteils verloren gegangen.

Nicht nur der Aberglaube des Volkes führte dazu, dass solche Gedanken untergingen. Andere philosophische Strömungen spielten dabei ebenfalls eine Rolle. Eine davon bestand lange Zeit parallel zur ionischen Tradition, sollte jedoch wesentlich länger überleben und größeren Einfluss ausüben. Ihren Kern bildete die Ansicht, dass die Realität immateriell sei, dass wir, wie es Platon später am überzeugendsten ausdrückte, im Leben nur Abbilder reiner Formen und Ideen wahrnehmen. Sie sind himmlische Verkörperungen der wahren Realität, die selbst nur gedanklich sowohl durch systematische Spekulation als auch durch Intuition zu erfassen ist. Obwohl diese Art des Denkens rein geistiger Natur war, hatte sie ihre Wurzeln auch in der griechischen Naturwissenschaft – zwar nicht in den Spekulationen der Ioner über die Materie, aber im Wirken der Mathematiker.

Mathematik

Einige der größten Fortschritte machten die griechischen Mathematiker erst lange nach Platons Tod: die Begründung der nahezu gesamten Arithmetik und Geometrie, derer sich die abendländische Kultur bis ins 17. Jahrhundert n. Chr. bediente.

Jedes Schulkind kennt den Namen des Pythagoras, der in der Mitte des 6. Jahrhunderts v. Chr. in Kroton in Unteritalien lebte und als Begründer der logischen Beweisführung gilt. Durch seine Untersuchungen an einer schwingenden Saite entdeckte er außerdem die mathematischen Grundlagen der Harmonielehre. Besonders interessiert war er an der Beziehung zwischen Zahlen und Geometrie. Seine Methodik war dabei zum Teil von der Mystik geprägt. Pythagoras war wie viele Mathematiker ein religiöser Mensch, der angeblich nach dem erfolgreichen Abschluss seines berühmten Beweises einen Ochsen opferte. Seine Schule – es gab eine geheime pythagoreische „Bruderschaft“ – kam später zu der Auffassung, dass das Universum letztlich mathematischer und numerischer Natur sei. „Sie glaubten, dass die Prinzipien der Mathematik die Prinzipien aller Dinge seien“, berichtete Aristoteles etwas missbilligend. Jedoch noch sein eigener Lehrer, Platon, wurde sowohl von diesem Glauben stark beeinflusst, als auch vom Skeptizismus gegenüber einer sinnlich erfahrbaren Welt, wie ihn Parmenides, ein Pythagoräer aus dem frühen 5. Jahrhundert

Der Philosoph Pythagoras wurde im 6. Jahrhundert v. Chr. auf Samos geboren. Später übersiedelte er in die süditalienische Stadt Kroton, wo er eine philosophische Schule gründete, die ähnlich einer religiösen Sekte arbeitete.

Die Ergebnisse des Mathematikers Pythagoras sind auch heute noch Teil eines jeden Geometrieunterrichts. Weniger bekannt ist, dass er sich auch in der Musik durch die Entdeckung der mathematischen Grundlagen der Harmonielehre einen Namen machte.

Hippokrates

Hippokrates wurde um 460 v. Chr. als Sohn einer Arztfamilie auf der Insel Kos geboren. Zu einer Zeit, in der die Behandlung von Krankheiten hauptsächlich auf Aberglauben basierte, behauptete Hippokrates, die Medizin sei eine Wissenschaft, die öffentlich gelehrt und diskutiert werden solle. Die Lehrer der medizinischen Schule, die er auf Kos begründete, veröffentlichten eine große Zahl an Texten, von denen etwa 70 unter dem Namen des Hippokrates überliefert sind. Obwohl wahrscheinlich keine der veröffentlichten Arbeiten tatsächlich von diesem verfasst wurde, sind ihre Inhalte eindeutig von seiner wissenschaftlichen Forschung und Lehre beeinflusst. Es geht um Frauen- und Kinderkrankheiten, Diät- und Medikamententherapien, Chirurgie und medizinische Ethik. Auch wenn die ihm zugeschriebenen Texte heute wissenschaftlich überholt sind, ist das Werk des Hippokrates noch immer interessant.

Ein Detail des römischen Freskos Galen und Hippokrates *aus der Krypta einer Kirche in Anagni, Latium. Es zeigt Hippokrates, den „Vater der Medizin".*

v. Chr., gelehrt hatte. Zahlen, die über Perfektion wie Abstraktion der Idee als Verkörperung der Realität verfügten, erschienen ihnen reizvoller als die physische Welt.

Astronomie

Der pythagoreische Einfluss auf das griechische Gedankengut ist ein gewaltiges Thema, dessen Zusammenfassung an dieser Stelle glücklicherweise nicht nötig ist. Festzuhalten aber bleibt, dass letztlich seine Sicht des Universums – die auf mathematischen und logischen Prinzipien, und eben nicht auf Beobachtung aufbaute – dazu führte, dass die Astronomie für fast zwei Jahrtausende auf falschen Grundsätzen beruhte. Daraus ergab sich die Vision eines Universums, das aus konzentrisch angeordneten Sphären besteht, auf denen sich Sonne, Mond und Planeten in festen Kreisbahnen um die Erde bewegen. Die Griechen nahmen sehr wohl wahr, dass sich die Himmelskörper tatsächlich nicht so bewegen. Der Schein wurde jedoch, um es ganz grob zusammenzufassen, dadurch gewahrt, dass das Grundschema immer weiter verbessert wurde, während die Prinzipien, von denen es abgeleitet worden war, nicht hinterfragt wurden.

Seine endgültige Gestalt erhielt dieses Schema erst im 2. Jahrhundert n. Chr. durch das Werk des berühmten Alexandriners Ptolemaios. Trotz aller Unzulänglichkeiten des ptolemäischen Weltbildes ermöglichte es Voraussagen über Planetenbewegungen, die noch zu Kolumbus' Zeit ausreichende Anhaltspunkte für die Schifffahrt waren, auch wenn sie auf irrtümlichen Annahmen beruhten. Sowohl die Theorie von den vier Elementen als auch die Herausbildung der griechischen Astronomie veranschaulichen die Konzentration des griechischen Denkens auf die Logik und die damit verbundenen charakteristischen Schwächen. Besonders problematisch war das Be-

Die bedeutendsten griechischen Philosophen

Vor-sokratisch
Thales von Milet (1. Hälfte des 6. Jh. v. Chr.)
Anaximander von Milet (1. Hälfte des 6. Jh. v. Chr.)
Anaximenes von Milet (2. Hälfte des 6. Jh. v. Chr.)
Xenophanes von Kolophon (2. Hälfte des 6. Jh. v. Chr.)
Pythagoras von Samos (2. Hälfte des 6. Jh. v. Chr.)
Parmenides von Elea (1. Hälfte des 5. Jh. v. Chr.)
Heraklit von Ephesos (1. Hälfte des 5. Jh. v. Chr.)
Empedokles von Akragas (Mitte des 5. Jh. v. Chr.)
Anaxagoras von Klazomenai (Mitte des 5. Jh. v. Chr.)
Leukippos (Mitte des 5. Jh. v. Chr.)
Demokrit (Mitte des 5. Jh. v. Chr.)
Zenon von Elea (Mitte des 5. Jh. v. Chr.)
Hippasos von Metapont (Mitte des 5. Jh. v. Chr.)
Sophisten
Protagoras von Abdera (Mitte des 5. Jh. v. Chr.)
Gorgias von Leontinoi (Mitte des 5. Jh. v. Chr.)
Thrasymachos von Chalkedon (2. Hälfte d. 5. Jh. v. Chr.)

Klassisch
Sokrates (470–399 v. Chr.)
Platon (ca. 427 – ca. 347 v. Chr.)
Aristoteles (384–322 v. Chr.)
Hellenistisch
Stoiker
Zenon von Kition (ca. 335 – ca. 264 v. Chr.)
Kleanthes (304–233 v. Chr.)
Chrysippos (ca. 281– ca. 205 v. Chr.)
Epikureer
Epikur (341–270 v. Chr.)
Skeptiker
Pyrrhon von Elis (ca. 365– ca. 275 v. Chr.)
Sextus Empiricus (1. Hälfte des 3. Jh. n. Chr.)

Der Philosoph Platon (etwa 427–347 v. Chr.) war einer der Schüler des Sokrates. Platon verbreitete die Philosophie seines Lehrers in seinen Schriften. Außerdem gab er in einer Philosophenschule am Stadtrand von Athen Unterricht. Sie war dem Heroen Akademos geweiht und erhielt daher den Namen Akademie.

streben, eine plausible Theorie zur Erklärung möglichst vieler Wahrnehmungen aufzustellen, ohne sie durch Experimente zu überprüfen. Dies hatte Auswirkungen auf die meisten Bereiche des Denkens, die nach heutigem Verständnis von Naturwissenschaft und Philosophie erfasst werden. Die Folgen waren einerseits theoretische Auseinandersetzungen von beispiellosem Scharfsinn und andererseits hochgradige Skepsis gegenüber Sinneswahrnehmungen. Nur die griechischen Ärzte, allen voran Hippokrates, der im 5. Jahrhundert v. Chr. lebte, bedienten sich vielfach empirischer Methoden.

PLATON

Im Falle Platons mag diese Tendenz durch seine Zurückhaltung demgegenüber, was er beobachtete, verstärkt worden sein. Er war ein aristokratischer Athener, wandte sich aber von der Welt der Praxis ab. Er war enttäuscht von der Politik der athenischen Demokratie und insbesondere von der Behandlung des Sokrates, den sie zum Tode verurteilt hatte. Sokrates hatte Platon nicht nur die pythagoreische Lehre nahegebracht, er hatte ihn auch gelehrt, idealistisch an ethische Fragestellungen heranzugehen und die Dinge philosophisch zu hinterfragen.

Das Gute, so dachte Platon, ist durch Befragung und Intuition zu ergründen – es ist Realität. Es ist die wichtigste einer Reihe von „Ideen" als real existierende Wirklichkeit in einer unveränderlichen und ewigen Welt. Diese Welt der unvergänglichen Realität, so dachte Platon, ist uns verborgen, da uns unsere Sinne täuschen und in die Irre leiten. Die Seele aber, die sie durch den Gebrauch der Vernunft verstehen lernt, kann sie erreichen.

Solche Ideen hatten eine ungeheure Tragweite. In Vorstellungen wie denen des Pythagoras lassen sich beispielsweise Spuren eines später weit verbreiteten Gedankens erkennen. So geht der Puritanismus davon aus, dass in einem menschlichen Wesen ein unvereinbarer Widerspruch zwischen der Seele, die göttlichen Ursprungs ist, und dem Körper, der

Die Bedeutung Platons liegt in seiner idealistischen Herangehensweise an ethische Fragen: Mittelpunkt seiner Überlegungen war, wie man die Irrwege der menschlichen Seele überwinden könne, um an „das Gute" – von dessen Realität er überzeugt war – zu gelangen.

sie gefangen hält, besteht. Der Ausweg besteht nicht in Versöhnung, sondern nur im Sieg des einen oder des anderen. Diese Idee sollte mit gewaltigen Auswirkungen Eingang ins Christentum finden. Platon hatte einen unmittelbaren Bezug zur Praxis, denn er glaubte, dass die Erkenntnis der idealen Welt, der Grundelemente und der Realität durch die Bedingungen, unter denen die Menschen lebten, erleichtert oder erschwert werden konnte.

Der Staat

Platon legte seine Ansichten in einer Reihe von Dialogen zwischen Sokrates und mit ihm Diskutierender dar. Es handelt sich dabei um die ersten philosophischen Lehrbücher. Das Buch, das heute unter dem Namen *Der Staat* bekannt ist, war das erste, in dem eine Gesellschaftsordnung skizziert wird, deren Leitung und Planung auf ein ethisches Ziel gerichtet ist. Es beschreibt in Anlehnung an Sparta einen autoritären Staat, in dem Eheschließungen gesteuert werden, um die besten genetischen Ergebnisse zu erhalten. Familien und Privateigentum existieren nicht, Kultur und Künste werden zensiert, und die Erziehung wird sorgsam überwacht. Die Wenigen, die diesen Staat regieren, sind diejenigen, die in intellektueller und moralischer Hinsicht zu den Studien fähig sind, die es ihnen ermöglichen, die „ideale Welt" zu erkennen und so die gerechte Gesellschaft praktisch zu verwirklichen. Wie Sokrates war auch Platon der Meinung, dass Weisheit die Erkenntnis der Realität ist, und er nahm an, dass es unmöglich sei, die Wahrheit zu sehen und nicht nach ihr zu handeln. Anders als sein Lehrer aber glaubte er, dass den meisten Menschen durch Erziehung und Gesetze exakt jenes Leben aufgezwungen wird, das keiner Überprüfung standhält und das Sokrates deshalb nicht für lebenswert hielt. Wie alle anderen Werke Platons rief *Der Staat* unzählige Diskussionen und Imitationen hervor. Wie es ein englischer Philosoph des 20. Jahrhunderts ausgedrückt hat, bildete praktisch die gesamte nachfol-

Platon: *Der Staat*

„Es ist klar, dass die Älteren herrschen, die Jüngeren gehorchen."
„Ja, das ist klar."
„Und zwar die Tüchtigsten unter jenen."
„Auch das ist klar."
„Nun sind doch die tüchtigsten Landwirte die, welche vorzugsweise Landwirte sind?"
„Ja."
„Also die tüchtigsten Wächter über einen Staat wären die, welche am vollkommensten wachen?"
„Ja."
„Also müssen sie umsichtig in ihrem Beruf sein und befähigt dazu, ferner müssen sie sich für den Staat verantwortlich fühlen?"
„So ist es."
„Dies Gefühl hat man aber am meisten für etwas, das man liebt."
„Unbedingt"
„Und lieben wird man am meisten das, dessen Vorteil der eigene Vorteil zu sein scheint, dessen Wohlergehen man mit dem eigenen Wohlergehen gleichsetzt. Ebenso umgekehrt."
„Ja."
„So müssen wir diejenigen Wächter auswählen, bei denen wir beobachten, dass sie ihr Leben lang zu allen Dienstleistungen, die dem Staat von Nutzen scheinen, äußerst bereitwillig sind, sich aber heftig gegen Dienste wehren, die dem Staate zum Schaden gereichen."

Auszug aus dem Dritten Buch von Platons *Der Staat*, übersetzt von August Horneffer.

gende Philosophie des Abendlandes eine Reihe von Anmerkungen zu Platon. Dieser griff fast alle großen Fragen der Philosophie auf. Er befasste sich mit Moral, Ästhetik, den Grundlagen des Wissens und dem Wesen der Mathematik, und er legte seine Ideen in großartigen literarischen Werken dar, deren Lektüre von jeher Vergnügen bereitet hat.

Aristoteles (384–322 v. Chr.) gründete eine einflußreiche Philosophenschule, das Lykeion oder Peripatos. Er war auch Lehrer Alexander des Großen.

ARISTOTELES

Die von Platon begründete Akademie kann für sich in gewisser Weise in Anspruch nehmen, die erste Universität der Weltgeschichte gewesen zu sein. Aus ihr ging sein Schüler Aristoteles hervor. Er distanzierte sich niemals völlig von den Lehren seines Meisters, doch er entfernte sich von ihnen in wichtigen Punkten.

Die Erhebung und Klassifizierung von Fakten – er konzentrierte sich dabei auf die Biologie – nahm in seiner Arbeit einen wichtigen Platz ein, und er lehnte anders als Platon Sinneswahrnehmungen nicht ab. Tatsächlich suchte er in der Welt der Wahrnehmungen sowohl nach gesicherter Erkenntnis als auch nach Glückseligkeit. Er verwarf die Vorstellung universeller Ideen und bediente sich einer logischen Argumentation, die von Tatsachen ausging und zu allgemeingültigen Gesetzen führte.

Aristoteles war ein so genialer Denker und an so vielen Seiten der Wahrnehmung interessiert, dass sein historischer Einfluss – so wie der Platons – kaum abzugrenzen ist. Seine Schriften bildeten für Biologie, Physik, Mathematik, Logik, Literaturkritik, Ästhetik, Psychologie, Ethik und Politik für 2000 Jahre ein Diskussionsgerüst. Er entwickelte Denkansätze zu diesen Themen und näherte sich ihnen auf eine Weise, die anpassungsfähig und umfassend genug war, um schließlich die christliche Philosophie in sich aufzunehmen. Er begründete zudem eine Methode der logischen Schlussfolgerung, die bis zum Ende des 19. Jahrhunderts Gültigkeit behielt. Trotz der wesentlichen Unterschiede kommt ihr genauso große Bedeutung zu wie der Platons.

Die Idee der Mitte

In einer Beziehung dachte Aristoteles wie Platon: Die beste denkbare Gesellschaftsform, so glaubte er, sei der Stadtstaat, der jedoch einer Reform und Läuterung bedürfe. Darüber hinaus allerdings unterschieden sich seine Auffassungen stark von denen seines Lehrers. Für Aristoteles arbeitete die *Polis* nur dann richtig und im Sinne allgemeiner Glückseligkeit, wenn jedem ihrer Teile seine angemessene Rolle zugewiesen werde. Dies war für ihn im Wesentlichen eine Frage des Verstandes. Seine Antwort bediente sich einer griechischen Vorstellung, die durch seine Lehre bis weit in die Neuzeit überlebte – der Idee der Mitte, die besagt, dass die rechte Tugend auf dem Ausgleich von Extremen beruhe.

Aristoteles, ein Schüler Platons, machte sich mit weniger Idealismus, dafür mit logischer Argumentation auf die Suche nach gesicherter Erkenntnis und Glückseligkeit. Basis seiner Argumentation waren nicht universelle Ideen sondern Tatsachen, die er zu allgemeingültigen Gesetzen weiter entwickelte.

Die Bemalung dieser Keramik zeigt ein imaginäres Zwiegespräch zwischen dem großen Philosophen Platon und seinem Schüler Aristoteles.

Dieses Relief zeigt eine Szene aus dem Kampf der Titanen, einer Schlacht, die nach der griechischen Mythologie zu Anbeginn der Zeit zwischen den Göttern des Olymp und den Giganten, Kindern des Uranos (Himmel) und der Gaia (Erde) stattfand. Dabei handelt es sich um eines der herrlichsten Motive, auf die Hesiod in seinen Dichtungen Bezug nimmt. Hier eine Szene, die ein Fries aus dem 2. Jahrhundert v. Chr. ziert, das vom Großen Altar des Zeus und der Athene in Pergamon stammt.

GRIECHISCHE HISTORIKER

Die Geschichtsschreibung war eine weitere bedeutende Errungenschaft. In den meisten Ländern gingen ihr Chroniken oder Annalen voraus, die Ereignisse lediglich aneinander reihten. In Griechenland war das nicht so. Historische Schriften gingen dort aus der Dichtkunst hervor. Erstaunlicherweise erreichten sie ihren Höhepunkt gleich zu Anfang mit zwei meisterhaften Werken, deren Niveau das ihrer Nachfolger bei weitem übertraf.

Die griechische Geschichtsschreibung entwickelte sich aus der Literatur. Die bekanntesten griechischen Historiker Herodot und sein Nachfolger Thukydides erweiterten die erzählende Literatur um Analysen und Erklärungen der von ihnen beschriebenen Vorgänge.

Herodot

Cicero bezeichnet den ersten griechischen Historiker Herodot zu Recht als „Vater der Geschichtsschreibung". Das griechische Wort, auf das der Begriff „Historie" zurückgeht, gab es jedoch schon vor seiner Zeit. Es bedeutete „erkunden". Herodot gab ihm eine zusätzliche Bedeutung – die der Untersuchung von Ereignissen im zeitlichen Verlauf. Er schuf damit das erste überlieferte künstlerische Prosawerk in einer europäischen Sprache.

Sein Antrieb war der Wunsch, ein zeitgeschichtliches Ereignis zu verstehen – den großen Persischen Krieg. Er sammelte Informationen über Verlauf und Vorgeschichte durch intensive Lektüre und Befragungen.

Das Ergebnis war seine Darlegung der Erkundung *(Histories Apodexis)*, eine bemerkenswerte Darstellung des Perserreiches mit zahlreichen Exkursen zur griechischen Frühgeschichte und einer Art Überblick über die Welt, gefolgt von einer Darstellung des Persischen Kriegs bis Mykale.
Herodot wurde der Überlieferung zufolge im Jahre 484 v. Chr. in der dorischen Stadt Halikarnassos im südwestlichen Kleinasien geboren und verbrachte einen Großteil seines Lebens auf Reisen. Dabei kam er auch nach Athen, wo er einige Jahre als Metöke lebte. In

dieser Zeit erhielt er möglicherweise einen Preis für den öffentlichen Vortrag seines Werks. Später ging er in die neue Kolonie Thurioi in Unteritalien, wo er sein Werk vollendete und kurz nach 430 v. Chr. starb. Er kannte einen Großteil der griechischen Welt also aus eigener Anschauung und bereiste außerdem Ägypten und weitere Länder. Sein großartiges Buch stützt sich auf reiche Erfahrungen und auf die Befragung von Zeitzeugen.

Thukydides

Thukydides, der große Nachfolger Herodots, schuf ein eindrucksvolleres intellektuelles Werk, obwohl seine Nüchternheit den Zauber der Werke Herodots noch deutlicher hervortreten lässt. Der Stoff des Thukydides – der Peloponnesische Krieg – war aktueller. Diese Wahl spricht für ein großes persönliches Engagement und eine neue Konzeption.

Thukydides gehörte einer einflussreichen athenischen Familie an – er diente als General, bis er wegen eines angeblichen militärischen Fehlers in Ungnade fiel. Er wollte die Ursachen aufdecken, die seine Stadt und Griechenland in eine so schreckliche Notlage gebracht hatten. Ebenso wie Herodot hatte er praktische Beweggründe, denn er dachte wie die meisten griechischen Historiker nach ihm, dass das, was er herausfand, von praktischem Wert sein würde – doch er wollte nicht nur beschreiben, sondern auch erklären. Das Ergebnis war eine der beeindruckendsten historischen Analysen, die je verfasst wurden, zudem die erste, die versuchte, über verschiedene Erklärungsebenen zum Wesen der Dinge vorzudringen. Damit stellte er künftigen Historikern ein Modell für die objektive Bewertung zur Verfügung.

Das Buch wurde nicht fertiggestellt – es endet mit den Ereignissen von 411 v. Chr. Gleichwohl ist das Gesamturteil präzise und bemerkenswert: „Die wachsende Macht Athens und die Furcht Spartas davor waren in meinen Augen die Ursachen, die sie zwangen, in den Krieg zu treten."

Die Entwicklung der Geschichtsschreibung ist an sich ein Beleg für die neue intellektuelle Tragweite der griechischen Literatur. Als erste ist sie der Menschheit vollständig überliefert. Die jüdische Literatur ist ähnlich umfassend, doch brachte sie weder Dramen noch eine kritische Geschichtsschreibung hervor, sondern allein die unterhaltsameren Genres. Die griechische Literatur prägte jedoch zusammen mit der Bibel die gesamte spätere Literatur des

Die im 3. Jahrtausend v. Chr. erbaute Große Sphinx von Giseh in Ägypten stellt ein Wesen mit menschlichem Kopf und dem Körper eines Löwen dar. Welche Bedeutung die Sphinx zur Zeit des ägyptischen Alten Reichs hatte, bleibt ein Geheimnis. Sie wurde mit dem Sonnengott in Verbindung gebracht und später mit dem Gott Horus identifiziert.

Abendlandes. Neben ihren Inhalten schuf sie die Grundlagen für die Hauptformen der Literatur sowie die ersten Themen einer sie bewertenden Kritik.

DICHTUNG UND DRAMA

Von Anfang an war die griechische Literatur, wie bei Homer deutlich wird, eng mit religiösen Vorstellungen und Morallehren verknüpft. Hesiod, der wahrscheinlich im späten 8. Jahrhundert v. Chr. lebte und der gemeinhin als erster griechischer Dichter der nachepischen Epoche gilt, widmete sich bewusst dem Problem von Gerechtigkeit und dem Wesen der Götter. Er bestätigt somit die traditionelle Auffassung, dass Literatur nicht nur Vergnügen bereiten, sondern auch eine Bildungsfunktion erfüllen sollte. Hesiod legte eines der großen Motive der griechischen Literatur in den nächsten vier Jahrhunderten fest. Für die Griechen waren Dichter immer ein wenig wie Lehrer und ihre Werke von einem mystischen Unterton durchzogen.

Es gab in Griechenland jedoch viele Dichter und viele Richtungen der Dichtkunst. Die ersten Texte, die sich hier abgrenzen lassen, waren in privatem Stil gehaltene Schriften, die dem Geschmack der aristokratischen Gesellschaft entsprachen. Doch so, wie es zur Zeit der Tyrannen eine Konzentration des privaten Mäzenatentums gab, ging das literarische Schaffen nach und nach in den öffentlichen und in den städtischen Bereich über. Die Tyrannen förderten öffentliche Festspiele, die zum Medium für das großartigste Beispiel griechischer Literatur werden sollten – die Tragödien.

Das Drama hat seine Ursprünge überall in der Religion, und seine Elemente müssen in jeder Kultur vorhanden gewesen sein. Die ersten Theateraufführungen waren rituelle Zeremonien. Doch die Griechen haben die Entwicklung zu einer bewussten Widerspiegelung der Handlung vorangetrieben. Von den Zuschauern wurde mehr erwartet als nur passive Hingabe oder orgiastische Ergriffenheit. Hierin tritt der belehrende Anspruch zu Tage.

Das griechische Theater

Der Ursprung der griechischen Tragödie kann in den dionysischen Dithyramben (Chorliedern zu Ehren des Gottes) gesehen werden. Die Stücke bestanden zunächst aus einem Dialog zwischen einem Schauspieler und dem Chor. Später wurde die Handlung komplexer. Es gab mehr Schauspieler, und Euripides beschränkt in seinen Stücken die Funktion des Chors darauf, die Haupt-Episoden der Tragödie voneinander zu trennen. Die Spannbreite der theatralischen Effekte erweiterte sich ebenfalls.
Immer mehr gingen die Dramatiker dazu über, durch Rededuelle zwischen den Hauptfiguren die Gefühle der beteiligten Personen aufzudecken und so das Interesse und die Bereitschaft des Publikums zu fördern, sich in sie hineinzudenken. Die Anzahl der heute noch erhaltenen antiken griechischen Theater sind ein Beleg für die außerordentliche Popularität des Mediums. In Athen fanden jedes Jahr Dramen-Festspiele statt, bei denen die Autoren um Preise wetteiferten. Die drei bedeutendsten Autoren dieses Genres waren Aischylos, Sophokles und Euripides. Parallel zur Tragödie entwickelte sich die Komödie. Diese Gattung nahm in Athen schließlich der Staat unter seine Regie. Aristophanes, dem bedeutendsten Komödiendichter des 5. Jahrhunderts v. Chr., folgte ein Jahrhundert später der sehr beliebte Menander.

Ein Krater mit griechischen Komödien-Schauspielern.

Das hier abgebildete Amphitheater von Delphi ist eines der besterhaltenen in Griechenland.

Tragödien

Die älteste Form des griechischen Dramas war der Dithyrambos, ein beim Fest des Dionysos unter Einsatz von Tanz und Mimik vorgetragener Chorgesang. Im Jahre 535 v. Chr. fand eine entscheidende Neuerung statt, als Thespis dem Chor erstmals einen Sprecher gegenüberstellte. Es folgten weitere Variationen, und immer mehr Schauspieler kamen hinzu. Innerhalb von 100 Jahren entstand das ausgereifte Werk von Aischylos, Sophokles und Euripides. Von ihrem Schaffen sind 33 Stücke überliefert, darunter eine komplette Trilogie, doch wir wissen, dass im 5. Jahrhundert mehr als 300 verschiedene Tragödien aufgeführt wurden.

Die religiöse Tendenz ist diesen Dramen noch eigen – vielleicht nicht so sehr in den Dialogen als im Hinblick auf die Gelegenheiten, zu denen sie gespielt wurden. Die großen Tragödien wurden mitunter als Trilogien bei Stadtfestspielen inszeniert. Wahrscheinlich haben die meisten Griechen niemals ein Stück von Aischylos gesehen. Dennoch bildeten diejenigen, die auf ihren Gütern nicht zu beschäftigt waren oder zu weit entfernt wohnten, ein beachtliches Publikum.

Mehr Menschen als in jeder anderen antiken Gesellschaft waren in der Lage, die Inhalte ihrer eigenen moralischen und sozialen Welt zu prüfen und zu reflektieren. Sie erwarteten enthüllende Aspekte vertrauter Riten, eine neue Auswahl ihrer Deutungen. Und genau das haben ihnen die großen Dramatiker in der Regel gegeben, auch wenn einige Stücke darüber hinausgingen und einige bei günstiger Gelegenheit sogar die Volksfrömmigkeit verspotteten. Was da aufgeführt wurde, war natürlich kein naturalistisches Bild, sondern zeigte, wie

Die Entwicklung der griechischen Tragödie, wie sie uns durch die Werke von Aischylos, Sophokles und Euripides überliefert ist, dauerte etwa 100 Jahre. Sinn und Zweck der Aufführungen waren – neben der reinen Unterhaltung – auch die Weitergabe moralischer und sozialer Werte.

Eine Bronze-Votivmaske aus dem 4. Jahrhundert v. Chr., wie sie von den Schauspielern bei der Aufführung einer Tragödie getragen wurde.

Dieses Detail stammt von einer Vase des griechischen Malers Python aus dem 4. Jahrhundert v. Chr. Die Szene stellt eine Vorführung der *Eumeniden* dar, des dritten Teils der Orestes-Trilogie des Tragödiendichters Aischylos.

die Gesetze einer heroischen, traditionellen Welt wirkten und welch verhängnisvollen Einfluss sie auf die ihnen unterworfenen Individuen hatten. Der von der Handlung vorgegebene Rahmen basierte im Wesentlichen darauf, die Geltung von unerbittlichen Gesetzen und gerechter Strafe anzuerkennen. Dieser Hintergrund mag in letzter Instanz ein Beleg dafür sein, dass im griechischen Denken das Irrationale wichtiger war als rationale Aspekte. Aber es war bereits weit entfernt vom Fatalismus, mit dem etwa die Gemeinde eines altorientalischen Tempels furchtsam oder hoffnungsvoll die Runde eines unveränderlichen Opferrituals erlebt hatte.

Komödien

Im 5. Jahrhundert v. Chr. erweiterte sich der Spielraum des Theaters auch in eine andere Richtung. Damals bildete sich die attische Komödie als eigenständiges Genre heraus, und Aristophanes stellte als erster Menschen und Ereignisse so dar, dass sie andere erheiterten. Seine Stoffe waren oft politisch, fast immer hochaktuell und häufig zotig. Dass er am Leben blieb und Erfolg hatte, ist für uns der schlagendste Beweis für die Toleranz der athenischen Gesellschaft. 100 Jahre später ähnelte die Form der Stücke mit Ränkespielen von Sklaven und gestörten Liebesbeziehungen denen der Neuzeit. Die Komödien hatten zwar nicht die gleiche Wirkung auf das Publikum wie Stücke des Sophokles, doch auch sie können uns heute noch amüsieren und bleiben so etwas wie ein Wunder, denn 200 Jahre zuvor hatte es nichts dergleichen gegeben.

Das Tempo, mit dem sich die griechische Literatur nach der Epoche der epischen Dichtung entwickelte, sowie ihre dauerhafte Wirkung sind ein Beweis für die griechische Kraft zur Erneuerung.

DIE BILDENDEN KÜNSTE

Die Literatur hatte am Ende der klassischen Epoche, als die Stadtstaaten verschwanden, noch eine lange und bedeutsame Entwicklung vor sich. Sie wurde einem immer größer werdenden Publikum zugänglich, denn Griechisch war im gesamten Nahen Osten und großen Teilen des Mittelmeerraums Verkehrs- und Amtssprache. Sie sollte zwar nicht wieder das Niveau der athenischen Tragödie erreichen, brachte aber noch immer Meisterwerke hervor.

Demgegenüber ist eine Art Niedergang in den bildenden Künsten offensichtlicher. Auch hier hatte Griechenland vor allem in Architektur und Plastik Maßstäbe für die Zukunft gesetzt. Nachdem man sich zuerst an Asien orientierte, hatte sich eine vollkommen neuartige Richtung herausgebildet – der klassische Stil. Seiner Elemente bediente sich sogar noch der schmucklose Baustil des 20. Jahrhunderts. Innerhalb weniger Jahrhunderte verbreitete er sich über große Teile der Welt von Sizilien bis nach Indien.

Diese Figuren aus gebranntem Ton stellen Schauspieler einer griechischen Komödie dar.

Monumentalarchitektur

Die Griechen wurden von den geologischen Gegebenheiten begünstigt, denn in ihrer Heimat gab es qualitativ hochwertiges Gestein. Die Pracht der Relikte, die wir uns noch heute ansehen können, ist ein Beleg für seine Haltbarkeit. Aber die Reinheit und Strenge, die wir heute am Parthenon bewundern, entspricht nicht seinem antiken Aussehen. Die protzigen Statuen von Göttern und Göttinnen, die Bemalung, das Ocker und das Durcheinander von Monumenten, Heiligtümern und Stelen, mit denen die Akropolis überladen war, existiert nicht mehr. Das Leben in vielen großen griechischen Zentren entsprach vielleicht mehr demjenigen des modernen Lourdes. Das Bild, das sich dem Besucher bot, wenn er sich dem Apollon-Tempel in Delphi näherte, bestand aus einer Ansammlung unaufgeräumter kleiner Schreine voller Händler, Stände und abergläubischem Tand.

Ungeachtet dieser Umstände hat der Verschleiß im Laufe der Zeit eine Form-Schön-

Griechische Architektur

Die Überreste von Tempeln sind die beeindruckendsten Beispiele der klassischen griechischen Architektur. Jeder Tempel hat zwar in der Regel einen standardisierten Grundriss, gehört jedoch für gewöhnlich einer der beiden Hauptkategorien der griechischen Architektur an, ist also entweder dorischen oder ionischen Stils. Der dorische Stil war zunächst vor allem auf dem griechischen Festland, auf Sizilien sowie in Unteritalien verbreitet, der ionische dagegen in Anatolien und auf den ägäischen Inseln. Ab dem 5. Jahrhundert v. Chr. kam es durch die Bevölkerungsverschiebung und politische Beziehungen zwischen den Städten zu einem größeren Austausch. Der strengere dorische Stil ist in erster Linie an seinen basislosen Säulen, die oben schlanker sind als unten und die sehr einfache Kapitelle haben, zu erkennen. Die Metopen über dem Architrav waren manchmal mit Reliefs verziert. Demgegenüber ist der ionische Stil aufwändiger. Die Säulen ruhen auf einer dekorativen Basis, sind schlanker und haben eine ausgeprägtere vertikale Kannelierung. Der Hauptunterschied ist aber wohl das Kapitell mit seinen doppelten Voluten, auf dem der Architrav und dann ein meist mit Skulpturen geschmückter Fries ruhen.

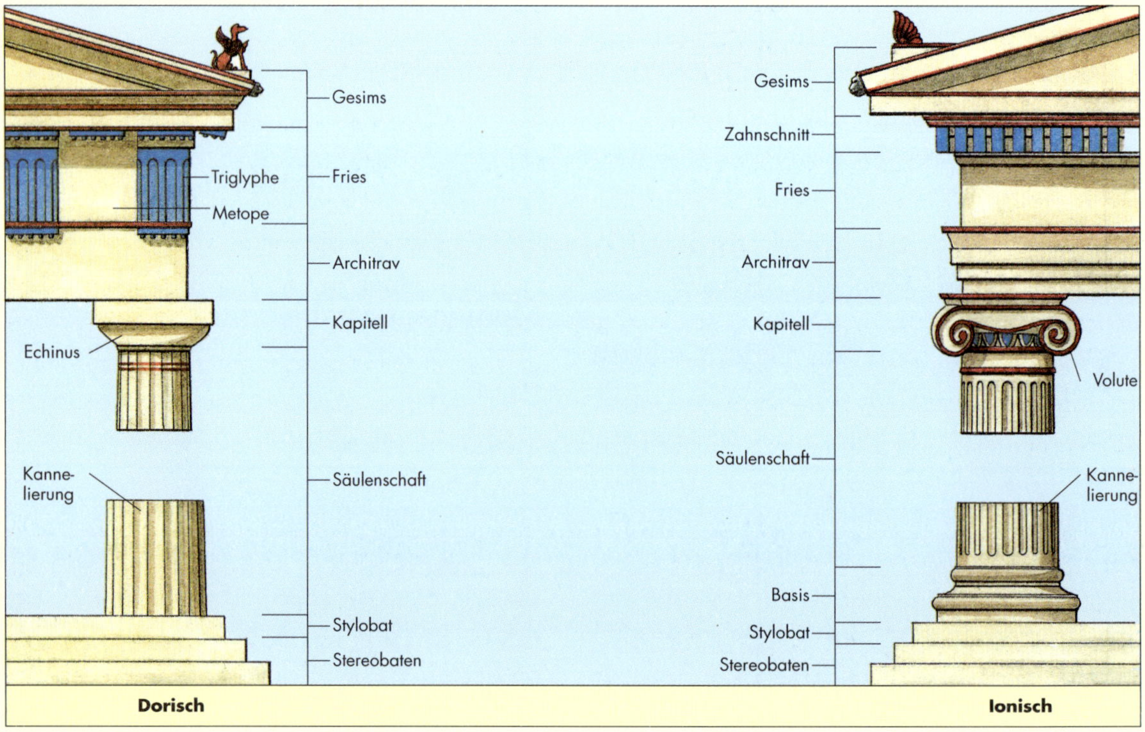

heit zu Tage treten lassen, die fast unübertroffen scheint. Wir dürfen jedoch das Wechselspiel zwischen der Bewertung der Objekte und Bewertungsmaßstäben nicht außer Acht lassen. Dennoch kann man die Schaffung von Kunstwerken, die über die Zeiten hinweg eine so tiefe und kraftvolle Wirkung auf den menschlichen Geist ausgeübt haben, wiederum nur als Beweis für eine unübertroffene künstlerische Größe und ein erstaunliches Können deuten.

Bildhauerei

Große künstlerische Qualität zeigt sich auch in der griechischen Bildhauerkunst. Hier war es ebenfalls von Vorteil, dass hochwertiges Gestein vorhanden war, und der Einfluss von orientalischen, oftmals ägyptischen Vorbildern spielte eine wichtige Rolle. Wie die Töpferei entwickelte sich die Bildhauerei, nachdem sie die orientalischen Vorbilder einmal in sich aufgenommen hatte, zu einem größeren Naturalismus. Das alles beherrschende Thema war die menschliche Gestalt, die nicht mehr als Denkmal oder kultisches Objekt, sondern um ihrer selbst willen porträtiert wurde. Wiederum können wir nicht immer sicher sein, wie die Statue, die die Griechen sahen, wirklich ausgesehen hat. Die Figuren waren oft vergoldet, bemalt oder mit Elfenbein und Edelsteinen besetzt. Einige Bronzen sind der Plünderung zum Opfer gefallen oder eingeschmolzen worden, so dass die Steinfiguren heute möglicherweise ein falsches Bild vermitteln. Es ist jedoch eine klare Entwicklung erkennbar, die mit Statuen von Göttern und jungen Männern oder Frauen unbekannter Identität ihren Ausgang nimmt, einfach und symmetrisch dargestellt – in Posen, die sich noch nicht sehr von denen orientalischer Vorbilder unterscheiden. In den klassischen Figuren des 5. Jahrhunderts v. Chr. setzt sich der Naturalismus durch: Das Gewicht ist ungleichmäßig verteilt und es gibt keine einfache Frontalhaltung mehr. Der Naturalismus entwickelte sich dann zu den ausgereiften künstlerischen Formen des Praxiteles und des 4. Jahrhunderts v. Chr. weiter, die den menschlichen Körper – und zum ersten Male auch den weiblichen Akt – zum Gegenstand haben.

Das kulturelle Erbe

Eine Hochkultur liefert mehr als die Exponate eines Museums, und eine Kultur kann nicht auf einen Ausstellungskatalog reduziert werden. Mit all ihren Qualitäten umfassen somit auch die Errungenschaften Griechenlands alle Lebensbereiche.

Die Politik der Stadtstaaten, eine Tragödie des Sophokles oder eine Statue des Pheidias sind Teil davon. Spätere Zeitalter haben dies intuitiv erfasst, sie kannten zum Glück die gewissenhafte Unterscheidung von Epochen und Orten, die die historische Gelehrsamkeit möglich gemacht hat, noch nicht. – Das war ein fruchtbarer Irrtum, denn letztlich waren die Vorstellungen von der Realität Griechenlands für die Zukunft genauso wichtig wie diese Realität selbst.

So beeindruckend die Errungenschaften der griechischen Stadtstaaten sind, so beachtlich ist auch ihr Erbe, das uns heute noch davon erzählt. Kaum eine Hochkultur war in allen Lebensbereichen, sei es Politik, Philosophie, Arithmetik oder Kunst und Literatur, gleichermaßen erfolgreich.

Der Parthenon auf der Akropolis von Athen ist ein gutes Beispiel für den dorischen Stil. Er wurde in der Mitte des 5. Jahrhunderts v. Chr. aus dem Marmor des Pentelikon errichtet. Beim Bau wurde großer Wert auf Details gelegt. Die Säulen beispielsweise sind leicht einwärts geneigt und vermitteln damit einen Eindruck von Stärke und Harmonie.

Die Bedeutung der griechischen Erfahrungen wurde dargestellt und interpretiert, und das antike Griechenland wurde über 2000 Jahre immer wiederentdeckt, neu bewertet und auf unterschiedliche Weise wiedergeboren. Obwohl die Realität der griechischen Kultur weit hinter späteren Idealisierungen zurückblieb, und obwohl sie tief in der Vergangenheit verwurzelt war, ist sie bis in unsere Tage die bis dahin bedeutendste Erweiterung des menschlichen Verständnisses für das eigene Schicksal. Innerhalb von vier Jahrhunderten wurden in Griechenland die Grundlagen der Philosophie, der Politikwissenschaft, eines Großteils der Arithmetik und der Geometrie sowie der abendländischen Kunstgattungen entwickelt. Dies allein wäre schon genug, auch wenn selbst die von Griechenland übernommenen Irrtümer sich weniger positiv ausgewirkt hätten. Europa erntet seitdem die Früchte der Saat, die Griechenland gelegt hat, und, durch Europa vermittelt, der gesamte Rest der Welt.

Diese klassische Bronzestatue von Zeus, dem Himmelsgott und Königs der Götter, wurde vor dem Kap Artemision aus dem Meer geborgen. Geschaffen wurde sie wahrscheinlich um 460 v. Chr. Zeus ist gerade dabei, mit seiner rechten Hand einen (jetzt fehlenden) Blitz zu schleudern.

Dieser bei Thasos gefundene Grabstein stellt eine verstorbene Frau dar, die ein Kästchen mit einer Schriftrolle hält. In Grabsteine gemeißelte Flachreliefs haben uns zahlreiche Informationen über das Leben im antiken Griechenland vermittelt.

4 DIE HELLENISTISCHE WELT

Die Geschichte Griechenlands nach dem 5. Jahrhundert v. Chr. ist weniger interessant. Auch ihre Auswirkungen besitzen nicht mehr den Stellenwert wie zuvor. Was jedoch wichtig bleibt, ist die griechische Kultur, und sie wurde paradoxerweise von einem Königreich im nördlichen Griechenland geprägt, von dem manche behaupten, dass es überhaupt nicht griechisch war: Makedonien.

In der 2. Hälfte des 4. Jahrhunderts entstand hier ein Reich, größer als alles, was die Welt bis dahin gesehen hatte. Es sollte zum Erben sowohl des Perserreichs als auch der griechischen Stadtstaaten werden. Es begründete die hellenistische Welt, die so genannt wird, weil in ihr die griechische Kultur mit ihrem Gedankengut und ihrer Sprache als einigende Kraft wirkte. Doch Makedonien war eine barbarische Gegend, es hinkte Athen in Bezug auf Lebensstandard und Kultur um Jahrhunderte hinterher.

Dieses goldene Schmuckkästchen wurde im Grab Philipps II. von Makedonien in Aigai gefunden, der alten Hauptstadt Makedoniens, die heute Vergina genannt wird. Es ist unter anderem mit dem Stern-Symbol der makedonischen Dynastie verziert und stammt aus dem 4. Jahrhundert v. Chr.

Der Niedergang Persiens

Die Geschichte beginnt mit dem Verfall der persischen Macht. Das Wiedererstarken des Perserreichs im Bündnis mit Sparta hatte eine Zeit lang erhebliche innere Schwächen überdeckt. Von einem Beispiel berichtet eine berühmte Schrift, die *Anabasis* (griech.: das Hinaufsteigen) des Xenophon: Sie schildert den langen Marsch eines griechischen Söldnerheeres nach dem missglückten Umsturzversuch eines Bruders des persischen Königs.

Das ganze 4. Jahrhundert v. Chr. hindurch kam das Reich nicht zur Ruhe. Eine Provinz nach der anderen ging verloren, darunter Ägypten, das seine Unabhängigkeit schon 404 v. Chr. erkämpfte und 60 Jahre lang verteidigte. Es dauerte lange, bis eine Revolte der westlichen Satrapien unter Kontrolle gebracht werden konnte. Und obwohl schließlich die Zentralgewalt obsiegte, hatte das viel Kraft gekostet – zu viel. Die persische Herrschaft war geschwächt.

PHILIPP VON MAKEDONIEN

Vor allem Philipp II. von Makedonien erkannte und nutzte die Expansionsmöglichkeiten, die sich aus dem Niedergang des Perserreichs ergaben. Die Macht Makedoniens, ein bisher wenig beachteter Staat im Norden Griechenlands, gründete sich auf einer Krieger-Aristokratie. Es war eine raue, harte Gesellschaft mit Herrschern, die teilweise noch den Kriegsherren der Homerischen Zeiten glichen und deren Macht eher auf persönlicher Vormachtstellung als auf Institutionen basierte.

Philipp war bestrebt, das Ansehen Makedoniens zu vergrößern. Als er im Jahre 359 v. Chr. König wurde, begann er mit einer stetigen Annexion von Territorien auf Kosten anderer griechischer Staaten.

Sein schlagkräftigstes Werkzeug war die Armee. Aus der Taktik der Hopliten entwickelte er eine neue Schlachtordnung – eine Phalanx, die aus 16 hintereinander stehenden Pikenträgern bestand. Die Fußsoldaten trugen Piken, die doppelt so lang waren wie die Speere der Hopliten, und sie kämpften in einer offeneren Formation. Die Pikenspitzen aus der zweiten und dritten Reihe ragten zwischen den Fußsoldaten in der Frontreihe hindurch. Dadurch wurde bei gleichem Kostenaufwand eine sehr viel dichtere Waffenformation erreicht.

Eine weitere Stärke der Makedonier waren ihre Kenntnisse der Belagerungstechnik, die anderen griechischen Armeen fehlten. Sie verfügten über Katapulte, mit denen die Verteidiger einer belagerten Stadt gezwungen werden konnten, in Deckung zu gehen, während gleichzeitig Rammböcke, fahrbare Belagerungstürme und Erdwälle ins Spiel gebracht wurden. Derartiges hatten vorher nur die Heere der Assyrer und ihrer asiatischen Nachfolger eingesetzt. Und schließlich herrschte Philipp in einem recht wohlhabenden Staat, dessen Reichtümer sich gewaltig vergrößerten, nachdem er die Goldgruben des Pangaion eingenommen hatte. Trotzdem hinterließ Philipp einen riesigen Schuldenberg.

Primär setzte er seine Macht dazu ein, Makedonien selbst dauerhaft zu konsolidieren.

Dieser kleine Elfenbeinkopf, der im Grab Philipps II. von Makedonien gefunden wurde, gilt als sein Porträt. Am rechten Auge ist eine Narbe zu sehen, die angeblich von einer Pfeilwunde herrührte.

Ursprünglich war Philipp als Regent für den minderjährigen König eingesetzt, den er bald entthronte und sich selbst zum König wählen ließ. Nun wandte er sich dem Süden und Nordosten zu. In diesen Gebieten bedeutete eine Expansion, früher oder später die Interessen und Positionen Athens zu beeinträchtigen. Athens Verbündete auf Rhodos, Kos, Chios und in Byzanz unterstellten sich selbst der makedonischen Herrschaft. Phokis unterlag in einem Krieg, zu dem Athen es angestachelt hatte, später jedoch keine tatkräftige Unterstützung bot. Obwohl Demosthenes, der letzte große Redner der athenischen Demokratie, in die Geschichte einging, weil er seine

Zeitleiste (359 – 30 v. Chr.)

- 359–336 v. Chr. Herrschaft Philipps II. von Makedonien
- 336–323 v. Chr. Herrschaft Alexanders des Großen
- 315–301 v. Chr. Teilung des Alexanderreiches
- 300 v. Chr.
- 200 v. Chr.
- 148–145 v. Chr. Rom annektiert Makedonien und Griechenland
- 100 v. Chr.
- 88–64 v. Chr. Römische Provinz in Kleinasien
- 30 v. Chr. Rom annektiert mit Ägypten das Diadochenreich

Der Eingang zur Akrokorinth, der großen Festung, die über der antiken Stadt Korinth thronte, ist eines der am besten erhaltenen Beispiele für die griechische Militärarchitektur und wurde zu einer Zeit erbaut, als der Untergang der Polis äußere Verteidigungsanlagen notwendig machte. Im 4. Jahrhundert v. Chr. war die Festung durch lange Mauern mit der Stadt verbunden.

Landsleute in mehreren Reden, den so genannten Philippika, vor den bevorstehenden Gefahren warnte, konnte er sie nicht davor bewahren. Als ein Krieg zwischen Makedonien und mehreren griechischen Staaten (355–346 v. Chr.) schließlich zu Ende war, hatte Philipp nicht nur Thessalien erobert, sondern sich auch in Zentral-Griechenland durchgesetzt und die Kontrolle über die Thermopylen errungen.

Der Korinthische Bund

Die geographische Lage Makedoniens begünstigte die Absichten Philipps in Bezug auf Thrakien. So richteten sich griechische Interessen erneut auf das Perserreich. Ein athenischer Schriftsteller trat für einen hellenistischen Feldzug ein, um die Schwäche des persischen Reiches auszunutzen – (ganz im Gegensatz zu Demosthenes, der die Makedonen weiterhin als „Barbaren" brandmarkte).

Einmal mehr wurden daher Pläne geschmiedet, die griechischen Städte in Kleinasien zu befreien – eine Vorstellung, die so attraktiv war, dass im Jahre 337 v. Chr. ein „Korinthischer Bund" von den wichtigsten griechischen Staaten gegründet wurde; nur Sparta blieb ihm fern. Führer und General des Bundes war Philipp. Der Bund musste zustimmen, unter makedonischer Führung in den Krieg gegen das Perserreich zu ziehen.

Nach dem Tode Philipps gab es erneut Bestrebungen, die griechische Unabhängigkeit wiederherzustellen, doch sein Sohn und Nachfolger Alexander besiegte die griechischen Rebellen. Theben wurde im Anschluss geschleift und seine Bevölkerung versklavt (335 v. Chr.).

Die makedonischen Streitkräfte

Philipp reorganisierte die Streitkräfte Makedoniens, die bis dahin auf einer adligen Reiterei basiert hatten. Der König erhöhte die Anzahl der Infanterie-Soldaten und rüstete sie mit einer neuen Waffe aus: der *Sarissa*, einer sechs Meter langen Pike. Er schuf auch die Phalanx, eine geballte Infanteriegruppe, die aus 16 Reihen von Soldaten bestand. Die Kämpfer in den vordersten fünf Reihen zogen mit gesenkten *Sarissas* in den Kampf. Dank dieser Schlachtordnung waren die Soldaten beweglicher als die griechischen Formationen ihrer Zeit, und ihre Waffen waren leichter zu handhaben. Flanken und Nachhut der makedonischen Phalanx wurden von der Reiterei geschützt.

Eine kampfbereite makedonische Phalanx zieht in die Schlacht.

Der legendäre Alexander

Alexander wurde im Jahre 356 v. Chr. geboren und von dem Philosophen Aristoteles unterrichtet, der ihm die klassische griechische Kultur nahebrachte. Im Jahre 336 v. Chr. folgte Alexander im Alter von 20 Jahren seinem Vater Philipp II. auf den Thron. Makedoniens neuer König war ein schlachterprobter Soldat, der bereits an der Eroberung Griechenlands teilgenommen hatte.

Großen Einfluss auf das Verhalten des jungen Mannes hatte es, dass die ägyptischen Priester in ihm einen neuen Pharao und den Sohn Amuns, des höchsten ägyptischen Gottes sahen. Alexander präsentierte sich als göttliches Wesen, obwohl nicht bekannt ist, ob er selbst daran glaubte. Sorgsam war er darauf bedacht, durch vielfältige, aufeinander abgestimmte Propaganda-Instrumente Einfluss auf sein Bild in der Öffentlichkeit zu nehmen. So durften ihn ausschließlich seine eigenen offiziellen Bildhauer porträtieren.

Dieses in typischer Weise idealisierte Porträt Alexanders des Großen, das in der ersten Hälfte des 2. Jahrhunderts v. Chr. in Milet geschaffen wurde, zeigt ihn als heroische Führernatur.

ALEXANDER DER GROSSE

Die Niederlage von Theben bezeichnete das tatsächliche Ende von vier Jahrhunderten griechischer Geschichte. In diesem Zeitraum hatte der Stadtstaat, eine der erfolgreichsten politischen Organisationsformen in der Weltgeschichte, eine Kultur hervorgebracht und sie bewahrt.

Die folgende Zeit brachte Griechenland nun makedonische Gouverneure und Garnisonen. Die Zukunft schien nicht zum ersten und auch nicht zum letzten Mal den größeren Streitkräften und Organisationen zu gehören. Das griechische Festland war von nun an ein politisches Niemandsland. Wie sein Vater war Alexander bemüht, die Griechen zu befrieden, indem er ihnen als Ausgleich für die Unterstützung seiner Außenpolitik ein hohes Maß an Selbstverwaltung einräumte.

Dennoch fanden sich einige Griechen, insbesondere die Demokraten in Athen, damit nicht ab. Als Alexander starb, versuchte Athen einmal mehr, eine antimakedonische Koalition zu organisieren. Die Folgen waren katastrophal. Der Preis der Niederlage war für Athen, dass die Demokratie erneut durch eine Oligarchie ersetzt wurde (322 v. Chr.). Demosthenes floh auf eine Insel vor der Küste, wo er im dortigen Poseidon-Tempel Schutz suchte. Er vergiftete sich jedoch, als die Makedonen ihn festnehmen wollten. Fortan herrschte ein makedonischer Gouverneur über die Peloponnes.

Alexanders Regentschaft hatte also mit Schwierigkeiten begonnen, doch als diese überwunden waren, konnte er seine Aufmerksamkeit dem Perserreich zuwenden. Im Jahre 334 v. Chr. setzte er an der Spitze einer Armee, die zu einem Viertel aus Griechenland stammte, nach Asien über. Seine Absichten waren indessen nicht nur von Idealismus getragen. Ein Angriffskrieg war vielleicht auch eine Frage rationaler Erwägungen, denn die erstklassige Armee, die Philipp hinterlassen hatte, musste bezahlt werden, wenn sie nicht zur Gefahr für den neuen König werden sollte, und Eroberungen würden das Geld dafür einbringen.

Alexander war 22 Jahre alt, und vor ihm lag eine kurze Eroberer-Laufbahn, die so außergewöhnlich war, dass sie seinen Namen über Zeitalter hinweg zum Mythos werden ließ und die weiteste Verbreitung der griechischen Kultur ermöglichte. Alexander trug die Stadtstaaten hinaus in eine noch größere Welt.

Eroberungen

Alexanders Erfolge lassen sich in wenigen Worten zusammenfassen. Nachdem er nach Kleinasien übergesetzt war, durchschlug er der Legende zufolge den Gordischen Knoten. Anschließend besiegte er in der Schlacht bei Issos die Perser. Dem folgte ein Feldzug südwärts durch Syrien. Unterwegs zerstörte Alexander Tyrus und erreichte schließlich Ägypten, wo er die Stadt gründete, die noch heute seinen Namen trägt, Alexandreia. In jeder Schlacht tat er sich als bester Kämpfer hervor und wurde mehrmals im Handgemenge verwundet. Er stieß in die Wüste vor, befragte das Orakel von Siwa und zog dann zurück nach Asien, wo er Dareios III. im Jahre 331 v. Chr. eine zweite und diesmal entscheidende Niederlage beibrachte. Persepolis wurde geplündert und niedergebrannt und Alexander als Nachfolger auf dem Pfauenthron ausgerufen. Ein Jahr später wurde Dareios von einem seiner Satrapen ermordet. Alexander verfolgte die Iraner nun bis Pamir, überquerte den Indus und drang mehr als 160 Kilometer in den indischen Panjab vor.

Hier verweigerte ihm seine Armee jedoch den Gehorsam und erzwang die Umkehr. Nachdem sie ein Heer mit 200 Elefanten besiegt hatte, war sie erschöpft und verspürte vermutlich keinerlei Neigung mehr, sich weiteren 5000 Elefanten zu stellen, die angeblich bereits im Ganges-Tal auf das makedonische Heer warteten. Alexander kehrte nach Babylon zurück, wo er im Jahre 323 v. Chr. im Alter von 32 Jahren starb.

Alexanders Marsch nach Osten

Im Jahre 334 v. Chr. setzten Alexander und sein Heer mit dem Ziel über die Dardanellen, das Perserreich zu unterwerfen. Von Kleinasien aus marschierte er die Mittelmeerküste entlang nach Ägypten und wandte sich dann ostwärts. Als sein Heer im Jahre 323 v. Chr. schließlich meuterte, beschloss Alexander, nach Westen zurückzukehren. Er kam jedoch nur bis Babylon, wo er im Alter von 32 Jahren starb.

Alexanders Persönlichkeit

Sowohl die Eroberungen Alexanders als auch ihre Eingliederung in das Reich sind von seiner genialen Persönlichkeit geprägt. Dieser Ausdruck ist nicht übertrieben, denn ein derartiger Erfolg stellt sich nicht einfach durch Kriegsglück, günstige historische Umstände oder blindes Gottvertrauen ein. Alexander war ein kreativer Kopf, dabei jedoch egozentrisch, besessen von seiner Jagd nach Ruhm und so etwas wie ein Visionär. Hohe Intelligenz verband sich bei ihm mit verwegenem Mut. Er hatte den Ehrgeiz, sich in den Augen seines Volkes – oder vielleicht auch denen seiner herrischen und abweisenden Mutter – durch Eroberung neuer Gebiete so viel wie möglich zu beweisen.

Die Idee vom hellenischen Kampf gegen das Perserreich war für ihn ohne Zweifel keine bloße Fantasterei. Doch er war zu egozentrisch, um sich – trotz aller Bewunderung für die griechische Kultur, über die er von seinem Lehrer Aristoteles erfahren hatte – als Missionar zu betätigen. Seine Weltoffenheit beruhte auf einer Anerkennung der Realitäten. Sein Reich musste von Persern und Makedoniern verwaltet werden. Alexander selbst heiratete zuerst eine baktrische Fürstentochter und später eine persische Prinzessin und akzeptierte – in unpassender Weise, wie einige seiner Gefährten meinten – die Huldigungen, die man im Orient gottgleichen Herrschern entgegenbrachte. Bisweilen war er auch unbesonnen und impulsiv. Es waren seine Soldaten, die ihn am Indus schließlich zur Rückkehr bewegten. Zudem stürzte sich Alexander bedenkenlos in die Schlacht, ohne einen Augenblick darüber nachzudenken, was mit der Monarchie passieren würde, wenn er ohne einen Nachfolger sterben sollte. Schlimmer noch, er tötete im Rausch sogar einen Freund und war vielleicht für die Ermordung seines Vaters verantwortlich.

Die Errungenschaften Alexanders

Das Leben Alexanders war zu kurz, um die Einheit seines Reiches sicherzustellen oder es lange zusammenzuhalten. Was er in dieser Zeit geschaffen hat, ist zweifellos beeindruckend. Die Gründung von 25 „Städten" ist an sich schon eine beachtliche Leistung, auch wenn einige von ihnen nur herausgeputzte Wehrdörfer zum Schutz der asiatischen Verbindungswege waren. Die Integration von Orient und Okzident bei ihrer Verwaltung war eine noch schwerere Aufgabe.

Es gab einfach nicht genug Griechen und Makedonier, um das Riesenreich zu erobern und zu verwalten. Von Anfang an stützte er seine Macht in den eroberten Gebieten auf persische Beamte, und nachdem er aus Indien zurückgekehrt war, begann er das Heer zu reorganisieren und gemischte Regimenter aus Makedoniern und Persern aufzustellen. Indem er persische Kleidung trug und versuchte, grundsätzlich den Kniefall zu fordern, brachte er seine Gefolgsleute gegen sich auf, denn dies verriet seine Vorliebe für orientalische Umgangsformen. Der Krise folgte seine spektakulärste Geste kultureller Integration, als er die Massenhochzeit von 9000 seiner Soldaten mit orientalischen Frauen vollzog und selbst die Tochter des Dareios – neben seiner baktrischen Prinzessin Rhoxane – zur Frau nahm. Das war die berühmte „Heirat von Orient und Okzident", die weniger ein Akt des Idealismus als vielmehr eine staatliche Maßnahme war, denn das neue Reich musste gefestigt werden, wenn es Bestand haben sollte.

Folgen zeitigte das jedoch erst nach dem Tode Alexanders, als der formale Rahmen des Reiches zerbrach und daraus eine in kulturel-

Dieses Detail vom so genannten Alexander-Mosaik aus Pompeji zeigt eine Szene der Schlacht zwischen Alexander dem Großen und dem persischen König Dareios III. Es stammt aus dem 2. Jahrhundert v. Chr. und ist die Kopie eines griechischen Freskos aus dem späten 4. Jahrhundert v. Chr. Man sieht Alexander, wie er sich in den Kampf stürzt.

Dieses Flachrelief stammt vom berühmten so genannten Alexander-Sarkophag, der im Jahre 305 v. Chr. aus bemaltem Marmor gefertigt wurde und mit Schlachtszenen verziert ist, die weit realistischer sind als in der klassischen Epoche üblich. Alexander ist links auf dem Pferd zu sehen und trägt einen Löwenkopf-Helm.

Auf dieser Münze ist das Bildnis von Ptolemaios I. (305–282 v. Chr.) zu sehen. Als griechischer General in der Armee Alexanders des Großen wurde Ptolemaios Soter später zu König Ptolemaios I. von Ägypten. Er begründete die Ptolemäer-Dynastie, die bis zur Eroberung des Landes durch die Römer Ende des 1. Jahrhunderts v. Chr. an der Macht blieb.

ler Hinsicht hellenistisch geprägte Welt hervorging. Eigentlich wissen wir nicht allzu viel über das Leben im Alexanderreich. Es ist jedoch anzunehmen, dass sich die Situation für die meisten Bewohner kaum geändert hat.

Alexanders Erbe

Die Auswirkungen der Herrschaft Alexanders beschränken sich auf den Osten. Er beherrschte Gebiete, über die kein Grieche je zuvor regiert hatte. In Persien wurde er zum Erben des Großkönigs, die Satrapen der nördlichen Provinzen Bithynien, Kappadokien und Armenien huldigten ihm.

So schwach wie das Fundament des Alexanderreiches war, konnte es den Spannungen nicht standhalten, die nach Alexanders Tod ausbrachen. Nach über 40 Jahren Kampf war schließlich klar, dass es kein Wiedererstehen des Alexanderreichs geben würde. Stattdessen bildeten sich mehrere große Monarchien heraus. Ihre Begründer waren siegreiche Militärs – die Diadochen oder „Nachfolger“.

DIE DIADOCHENREICHE

Ptolemaios Soter, einer der besten Generäle Alexanders, hatte beim Tod seines Herren sofort die Macht in Ägypten ergriffen, und dorthin überführte er als wertvolle Trophäe die Leiche Alexanders. Die Nachfahren des Ptolemaios beherrschten die Provinz bis zum Tode Kleopatras fast 300 Jahre lang. Das ptolemäische Ägypten war das reichste der Diadochenreiche und bestand am längsten.

Vom asiatischen Reich gingen die indischen Territorien und Teile Afghanistans wieder verloren, da sie im Ausgleich für militärische Unterstützung an einen indischen Herrscher abgetreten werden mussten. Die restlichen Gebiete wurden 300 v. Chr. zu einem großen Reich mit fast 2,5 Millionen Quadratkilometern Fläche und möglicherweise 30 Millionen Einwohnern vereint, das sich von Afghanistan bis nach Syrien erstreckte, wo auch seine Hauptstadt Antiochia lag. Über dieses riesige Gebiet herrschten die Nachfahren des Seleukos, eines anderen makedonischen Generals.

Angriffe von Kelten, die aus Nordeuropa kamen und bereits Makedonien erreicht hatten, führten im frühen 3. Jahrhundert v. Chr. zur teilweisen Zerschlagung des Reiches, und aus einem Teil davon ging das Reich von Pergamon hervor. Dieses wurde von der Attaliden-Dynastie beherrscht, die die Kelten zwang, sich in Kleinasien anzusiedeln. Der Rest blieb bei den Seleukiden, obwohl sie im Jahre 225 v. Chr. Baktrien verloren, wo Nachkommen von Alexanders Soldaten ein griechisches Reich errichtetet hatten.

Makedonien trachtete unter der neuen Antigoniden-Dynastie danach, sich die Kontrolle über die – in der Ägäis von der ptolemäischen Flotte und in Kleinasien von den Seleukiden eroberten – griechischen Staaten zu sichern. Athen unternahm im Jahre 265 v. Chr. einmal mehr den Versuch, seine Unabhängigkeit zurückzugewinnen, scheiterte jedoch.

Diese Ereignisse sind verworren und für unsere Zwecke nicht zentral. Mehr von Interesse ist hier die Tatsache, dass die Diadochenreiche nach 280 v. Chr. für etwa 60 Jahre in einem annähernden Kräftegleichgewicht bestanden, von Ereignissen im östlichen Mittelmeerraum und in Asien in Anspruch genommen waren und mit Ausnahme von Griechenland und Makedonien den Ereignissen im Westen kaum Aufmerksamkeit zollten.

Die hellenistische Welt kurz nach 200 v. Chr.

Als Alexander der Große starb, begannen seine Generäle um die verschiedenen Regionen seines Reiches zu kämpfen. Diese Streitigkeiten führten zur Zersplitterung des Reiches und machten den Weg frei für die Diadochenreiche. Bis zum Beginn des 3. Jahrhunderts v. Chr. hatten sich drei große Einheiten gefestigt: Ägypten unter der Ptolemäer-Dynastie, Syrien, Mesopotamien und Teile Persiens unter den Seleukiden sowie Makedonien unter der Antigoniden-Dynastie. Später verschoben sich die Grenzen, und es bildeten sich eine Reihe von kleineren Reichen heraus. Diese erlagen im 2. Jahrhundert. v. Chr. dem Druck der Römer und Parther.

Hellenismus in Pergamon

Die hellenistische Epoche begann mit dem Tode Alexanders des Großen und endete mit der Eroberung Kleinasiens durch die Römer während des 2. und 1. Jahrhunderts v. Chr. Über die nach Alexanders Tod gegründeten Diadochenreiche verbreitete sich die griechische Kultur im Nahen Osten und in Ägypten, wobei der Schwerpunkt erstmals außerhalb Griechenlands lag. Die Hauptzentren des Hellenismus waren griechische Kolonien und Städte wie etwa Pergamon. Dort entwickelte sich ein reges kulturelles Leben. Wissenschaft und Kunst verzeichneten beachtliche Fortschritte. Die griechische Kultur selbst wurde besonders in der Politik, der Kunst und der Religion durch orientalische Einflüsse bereichert.

Das Königreich von Pergamon an der Küste Kleinasiens errang im 3. Jahrhundert v. Chr. seine Unabhängigkeit vom Seleukidenreich, und im darauf folgenden Jahrhundert war seine Hauptstadt ein bedeutendes Zentrum hellenistischer Kunst und Kultur. Die Stadtanlage war dem steilen und unebenen Gelände in den Bergen angepasst.

Legende
1 Magazin
2 Trajaneum
3 Bibliothek
4 Palast
5 Athene-Tempel
6 Theater
7 Großer Altar
8 Stoa
9 Obere Agora
10 Heiligtum der Demeter
11 Bäder
12 Oberes Gymnasium
13 Mittleres Gymnasium
14 Unteres Gymnasium
15 Untere Agora
16 Stadtmauer

Rechts: Plan des hellenistischen Pergamon.

Unten: Seit dem Jahre 400 v. Chr. gab es in Pergamon eines der Hauptheiligtümer des Asklepios, des griechischen Gottes der Heilkunst.

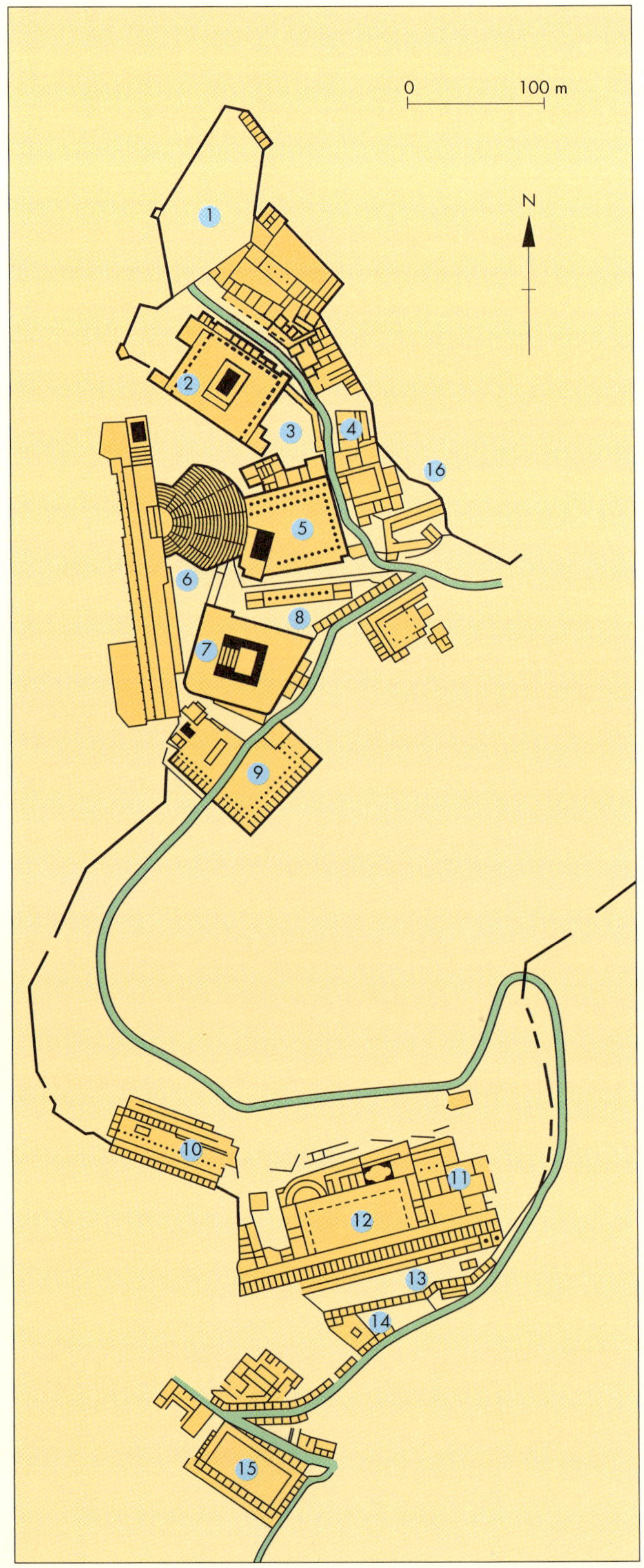

Dies bot eine friedliche Kulisse für die größte Ausdehnung der griechischen Kultur, und deshalb sind diese Staaten heute noch bedeutsam. Unsere Aufmerksamkeit gilt ihrem Beitrag zu Verbreitung und Wachstum der Kultur, nicht ihrer undurchsichtigen Politik und ihren wenig einträglichen Diadochenkämpfen.

Die hellenistischen Städte

Griechisch war nun im gesamten Nahen Osten Amtssprache, und wichtiger noch, es war die Sprache der Städte, der Brennpunkte der neuen Welt. Unter den Seleukiden begann die von Alexander angestrebte Einheit hellenistischer und orientalischer Kultur Realität zu werden. Sie bemühten sich intensiv um griechische Einwanderer und gründeten, wo immer möglich, neue Städte, um einen festen Rahmen für ihr Reich zu schaffen und die Bevölkerung zu hellenisieren. Die Städte bildeten die Basis der seleukidischen Macht, denn hinter ihnen lag ein ausgesprochen heterogenes Hinterland mit Stämmen, persischen Satrapien und Vasallen-Fürsten. Die seleukidische Verwaltung beruhte im Grunde noch immer auf den Satrapien. Sowohl die absolutistische Struktur als auch das Besteuerungssystem übernahmen die Seleukiden-Herrscher von den Achämeniden. Doch ist nicht sicher, was das in der Praxis wirklich bedeutete. Im Osten jedenfalls scheint die Verwaltung weit weniger effektiv gewesen zu sein als in Mesopotamien und Kleinasien, wo die Hauptstadt lag und der hellenistische Einfluss am stärksten war. Die Größe der hellenistischen Städte übertraf hier die der älteren griechischen Kolonien bei weitem. Alexandreia, Antiochia und die neue Hauptstadt Seleukeia nahe Babylon erreichten bald zwischen 100 000 und 200 000 Einwohner.

Das spiegelte das Wirtschaftswachstum, aber auch eine bewusste Politik wider. Die Kriegszüge Alexanders und seiner Nachfolger hatten gewaltige Beute eingebracht – vor allem die vom Perserreich angehäuften Gold- und Silberschätze. Sie stimulierten zwar das Wirtschaftsleben im gesamten Nahen Osten, brachten als negative Erscheinungen jedoch auch Inflation und Instabilität mit sich. Trotzdem führte die Entwicklung im allgemeinen zu größerem Wohlstand.

Der Reichtum ermöglichte ziemlich große Regierungsappparate mit hohen Einkünften, die sie in spektakulärer und bisweilen auch mustergültiger Weise einsetzten. Die Ruinen der hellenistischen Städte lassen erkennen, dass einiges in die Attribute griechischen Stadtlebens investiert wurde: Theater und Gymnasien gab es im Überfluss, überall fanden Wettkämpfe und Festspiele statt. All dies berührte die einheimische Bevölkerung auf dem Lande, die die Steuern zu bezahlen hatte, wahrscheinlich kaum, und einige von ihnen schauten mit Groll auf das, was wir heute

Auf diesem als *Apotheose des Homer* bekannten Flachrelief aus dem späten 2. Jahrhundert v. Chr. ist der Dichter unten links auf einem Thron sitzend zu sehen. Angeführt von Mythos und Geschichte gehen die Gattungen des Dramas zusammen mit Physik und Natur auf Homer zu, um ihm zu Ehren ein Opfer darzubringen. Im oberen Bereich sind Zeus und Apollon mit den Musen dargestellt. Das von Archilochos von Pirene geschaffene Flachrelief zeugt von einem wachsenden Interesse an Literatur in den Diadochenreichen.

Ein Detail vom Westteil eines Frieses, das den Großen Altar von Pergamon ziert. Die dynamischen Skulpturen stellen die als Gigantomachie bekannte Schlacht zwischen den Göttern und den Giganten dar.

„Verwestlichung“ nennen würden. Dennoch war dies eine beachtliche Errungenschaft. Von den Städten aus wurde der Orient so stark hellenisiert, dass dieses Band bis zum Aufkommen des Islams Bestand hatte. Es dauerte nicht lange, und sie brachten ihre eigene hellenistische Literatur hervor.

Doch obwohl es sich dabei um eine Kultur griechischer Städte handelte, hatte sie in der Geisteshaltung mit der überlieferten Kultur nur wenig gemein, was einige Griechen bitter anmerkten. Die Makedonier hatten das Leben in den Stadtstaaten nie kennen gelernt, und ihren Siedlungen in Asien fehlte deren Vitalität.

Archimedes

Archimedes (ca. 287–212 v. Chr.), einer der größten griechischen Mathematiker, wurde in Syrakus geboren und studierte in Alexandreia. Er erfand Belagerungsmaschinen und die Archimedische Schraube zum Heben von Wasser. Weiterhin formulierte er das berühmte nach ihm benannte Prinzip, demzufolge der scheinbare Gewichtsverlust eines in Flüssigkeit getauchten Körpers dem Gewicht der verdrängten Flüssigkeit entspricht. Archimedes berechnete den Näherungswert von *Pi* und entwickelte Formeln zur Flächen- und Volumenberechnung von verschiedenen Figuren.

Dieses Mosaik zeigt Archimedes, wie er von einem römischen Legionär während der Eroberung von Syrakus getötet wird.

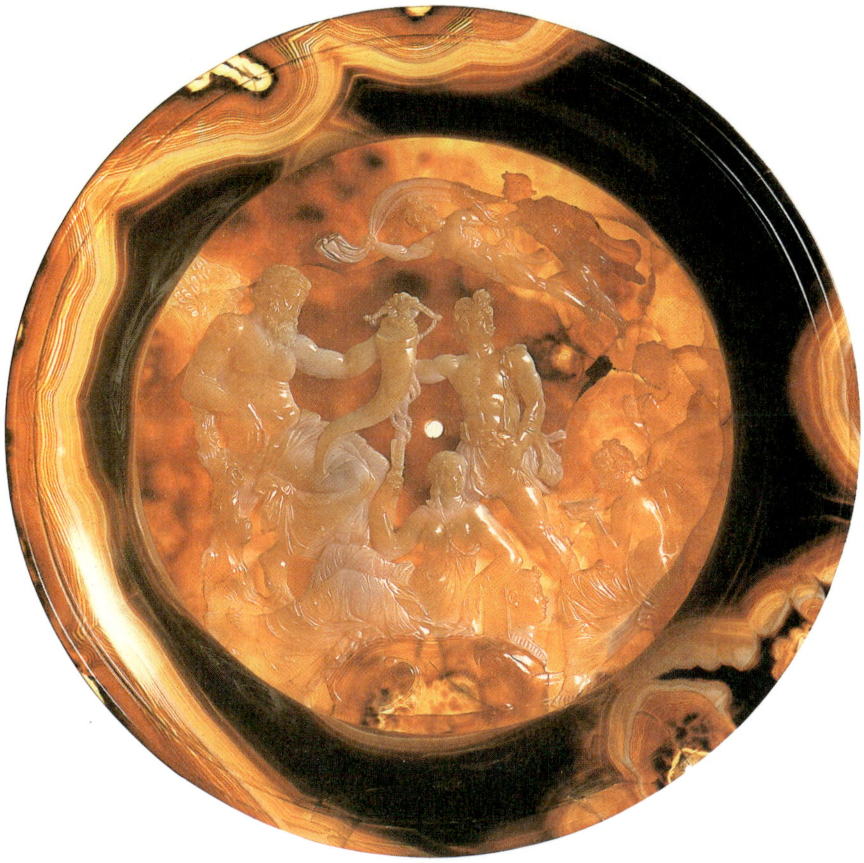

Diese alexandrinische Kamee aus dem Jahre 172 v. Chr. ist eines der wenigen erhaltenen Beispiele für das Zusammenspiel von griechischer und ägyptischer Kultur. Sie versinnbildlicht die Fruchtbarkeit des Nils. Im unteren Bereich der Kamee ist die Sphinx des Osiris, des ägyptischen Gottes des Ackerbaus, mit den Gesichtszügen Ptolemaios V. zu sehen.

Die Seleukiden gründeten unzählige Städte, doch oberhalb dieser Organisationsebene blieben sie bei der alten autokratischen und zentralisierten Verwaltung der Satrapien. Die Bürokratie war hoch entwickelt, während die Selbstverwaltung ein Schattendasein fristete. Es ist Ironie des Schicksals, dass die politisch hochentwickelten Städte in Griechenland, die schon durch die vorausgegangenen Auseinandersetzungen stark belastet waren, nun innerhalb der hellenistischen Welt tatsächlich einen wirtschaftlichen und demographischen Niedergang erlebten.

Akademisches Leben im Hellenismus

Auch wenn die städtische Kultur ihre politische Bedeutung verloren hatte, diente sie noch immer als hervorragendes Mittel zur Verbreitung griechischen Gedankenguts. Große Stiftungen machten in Alexandreia und Pergamon den Bau und die Förderung der beiden

Die bedeutendsten Institutionen des hellenistischen akademischen Lebens sind wohl die Bibliotheken von Alexandreia und Pergamon, das Museion des Ptolemaios sowie die Akademie in Athen und das Lykeion.

bedeutendsten Bibliotheken der Antike möglich. Ptolemaios I. gründete das Museion, eine Art Institut für fortgeschrittene Studien. In Pergamon schuf ein König mit Stiftungsgeldern finanzierte Lehrämter, und als die Ptolemäer die Papyrus-Lieferungen unterbrachen, wurde dort die Verwendung von Pergament vervollkommnet. In Athen überlebten die Akademie und das Lykeion, und von diesen Quellen zehrte das traditionelle griechische Geistesleben auch andernorts.

Ein Großteil dieser Tätigkeiten kann als akademisch im engeren Sinne gelten, da man sich im Wesentlichen auf Kommentare zu Errungenschaften der Vergangenheit konzentrierte. Doch vieles war von hoher Qualität und erscheint heute nur vor dem Hintergrund der gigantischen Errungenschaften des 5. und 4. Jahrhunderts v. Chr. als relativ unbedeutend.

Naturwissenschaft und Technik

Die hellenistische Kultur bewahrte die griechische Tradition vor allem in den Naturwissenschaften, und hier tat sich besonders Alexandreia hervor. Euklid war der bedeutendste Systematiker der Geometrie, dessen Werk noch bis ins 19. Jahrhundert einen bestimmenden Einfluss auf deren weitere Entwicklung hatte. Archimedes, der wegen seiner praktischen Leistungen bei der Konstruktion von Kriegsmaschinen Berühmtheit erlangt hat, war wahrscheinlich sein Schüler. Eratosthenes, ein weiterer Alexandriner, vermaß als erster den Umfang der Erde, und Heron erfand angeblich eine Dampfmaschine und nutzte mit Sicherheit Dampf zur Kraftübertragung. Es ist allerdings undenkbar, dass diese Entdeckung beim damaligen Stand der Metallverarbeitung jemals hätte breite Anwendung finden können, und das ist wohl auch der Grund, warum wir später nichts mehr davon hören. Diese Beobachtung ist von allgemeiner Tragweite: Die intellektuellen Leistungen der antiken Welt – und später der mittelalterlichen Kultur in Europa – stießen häufig an die Grenzen der vorhandenen technischen Möglichkeiten, ohne sie jedoch überwinden zu können. Weitere Entwickungen waren erst möglich, nachdem bessere Materialien und Technologien zur Verfügung standen. Natürlich machte Archimedes in der Hydrostatik tatsächlich große Fortschritte – und erfand darüber hinaus die Winde –, doch die zentralen Errungenschaften der griechischen Tradition waren stets mathematischer und nicht praktischer Natur. Im Hellenismus erreichten sie mit der Theorie der Kegelschnitte und Ellipsen sowie den Grundlagen der Trigonometrie ihren Höhepunkt. Ein weiterer Grieche – Aristarchos von Samos – ging so weit, zu behaupten, dass sich die Erde um die Sonne bewege.

Die naturwissenschaftlichen Traditionen Griechenlands bewahrten sich vor allem in Alexandreia: Euklid, Archimedes, Eratosthenes, Heron und Aristarchos von Samos erweiterten das griechische Erbe um neue Erkenntnisse.

Veränderungen der politischen Strukturen

Wissenschaftliche Entdeckungen waren wichtige Bereicherungen für die Menschheit. Doch von früheren Errungenschaften unterschieden sie sich weniger als etwa Moral und politische Philosophie.

Es ist naheliegend, den Grund dafür in den politischen Veränderungen der Stadtstaaten hin zu größeren Einheiten zu sehen. Das bedeutendste Zentrum der Philosophie dieser Epoche war noch immer Athen, und Aristoteles hatte gehofft, den Stadtstaat neu zu beleben. Er meinte, dieser könne unter der richtigen Führung noch immer den Rahmen für ein wünschenswertes Leben bilden. Die unheilvolle letzte Phase seiner Entwicklung sowie die Größe der neuen Monarchien, in denen der ursprüngliche patriotische Antrieb der Stadtstaaten verloren gegangen war, müssen solche Überzeugungen bald untergraben haben.

Der im 3. Jahrhundert v. Chr. lebende Philosoph Chrysippos war ein Schüler des Zenon von Kition und einer der Begründer der stoischen Schule, die in der hellenistischen Welt und später in Rom großen Einfluss hatte.

Im Südosten der athenischen Akropolis liegt der Tempel des Olympiers Zeus. Die Bauarbeiten begannen unter Antiochos IV. um 174 v. Chr. und wurden im 2. Jahrhundert n. Chr. unter dem römischen Kaiser Hadrian abgeschlossen. Der ursprüngliche Tempel hatte an den Fassaden acht in drei Reihen angeordnete Säulen und an jeder Seite 20 Säulen.

Die Herrscher suchten nach Wegen, um die Loyalität und Leidenschaften der Massen zu wecken. Vielleicht, um Nichtgriechen zu beeindrucken, vielleicht auch wegen der Strahlkraft der Welt jenseits griechischer Kultur stützten sich die neuen Monarchen immer mehr auf orientalische Herrscherkulte, die auf mesopotamische und ägyptische Traditionen zurückgingen. Überzogene Titel wurden verwendet, auch wenn sie wohl vielfach nur Schmeichelei waren. „Soter", wie Ptolemaios I. genannt wurde, bedeutete „Retter". Die Seleukiden ließen sich verehren, doch die Ptolemäer übertrafen sie noch. Sie übernahmen Götterstatus und gesellschaftlichen Rang der Pharaonen sowie deren Gebräuche und gingen soweit, dass sie ihre Schwestern heirateten.

Auch die Armeen aus griechischen und makedonischen Söldnern waren eine wichtige Stütze für die Diadochenreiche, da sie die Herrscher der Abhängigkeit von einheimischen Truppen enthoben. So mächtig sie auch gewesen sein mögen, es gab in solchen Strukturen wenig, was bei ihren äußerst unterschiedlichen Untergebenen Loyalität und Leidenschaft hätte hervorrufen können.

Die hellenistische Religion

Die Loyalität der Hellenen war wahrscheinlich schon vor Alexander stark geschrumpft. Der Triumph der griechischen Kultur war trügerisch. Ihre Sprache wurde zwar weiter benutzt, aber mit einer abweichenden Bedeutung. Die griechische Religion, beispielsweise, eine einigende Kraft , beruhte nicht auf geistlichen Institutionen, sondern auf dem Respekt für die homerischen Götter und Göttinnen und ihr vorbildliches Verhalten. Darüber hinaus gab es die städtischen Kulte und die offiziellen Mysterien. Hier zeichneten sich möglicherweise schon im 5. Jahrhundert v. Chr. Veränderungen ab, als den olympischen Göttern unter dem Eindruck des andauernden Krieges nicht mehr die frühere Ehrerbietung gezollt wurde.

Dafür gab es mehrere Gründe, unter anderem den Rationalismus in großen Teilen der griechischen Philosophie des 4. Jahrhunderts v. Chr. sowie das Aufkommen neuer Ängste: Im Hellenismus wird ein weiterer Einfluss spürbar – eine alles beherrschende Irrationalität und die Unterwerfung unter Glück, Schicksal und Verhängnis. Die Menschen suchten Zuflucht in neuen Kulten und Religionen. Ein Zeichen dafür war die Popularität der Astrologie. All dies erreichte seinen Höhepunkt erst im 1. Jahrhundert v. Chr., „in der Zeit", wie ein Gelehrter einmal sagte, „in der die Welle des Rationalismus, die in den 100 Jahren zuvor schwächer geworden war, schließlich ihre Kraft verbraucht hatte und zurückzufluten begann".

Die hellenistische Welt war zwar voller Mysterien aller Art, begonnen von der Wiederbelebung des pythagoreischen Mystizismus bis hin zur Errichtung von Altären für verstorbene Philosophen, doch die traditionelle griechische Religion konnte davon nicht profitieren. Sie war bereits zu weit im Verfall begriffen. Der schon seit dem 3. Jahrhundert v. Chr. zu beobachtende Niedergang von Delphi etwa konnte nicht mehr aufgehalten werden.

KYNIKER UND STOIKER

Der Zusammenbruch des traditionellen religiösen Wertesystems war der Hintergrund für philosophische Entwicklungen. In Griechenland selbst war das Studium der Philosophie nach wie vor lebendig, und sogar dort lässt sich erkennen, dass sich die Menschen wieder vorrangig um sich selbst kümmerten – sich aus der Gesellschaft zurückzogen und Schutz vor den Schicksalsschlägen und den Mühen des täglichen Lebens suchten. Das scheint vertraut.

Eine Büste des Philosophen Epikur, der im Jahre 341 v. Chr. auf der Insel Samos geboren wurde.

Im 3. Jahrhundert bildeten sich die philosophischen Denkschulen der Kyniker und Stoiker heraus.

Auf dieser Münze ist das Porträt des Partherkönigs Mithridates I. (171–138 v. Chr.) zu sehen. Er entriss den Seleukiden den Iran, so dass die Grenze zu dem hellenistischen Königreich nun entlang des Euphrats verlief.

Ein Beispiel dafür war Epikur, der das Gute im privaten Genuss suchte. Im Gegensatz zu späteren Interpretationen meinte er damit nicht Maßlosigkeit. Für Epikur bedeutete Genuss psychische Zufriedenheit und Abwesenheit von Schmerzen – eine aus moderner Sicht karge Vorstellung. Doch bezeichnenderweise kommt ihr eine große Bedeutung zu, denn sie zeigt, dass sich die Menschen immer mehr mit Privatem und Persönlichem beschäftigten. Eine weitere Form dieser philosophischen Reaktion trat bezüglich der Ideale der Entsagung und Bedürfnislosigkeit ein.

Die als Kyniker bekannte Schule verachtete Konventionen und suchte sich aus der Abhängigkeit von der materiellen Welt zu befreien. Einer ihrer Angehörigen, Zenon von Kition – ein in Athen lebender Zypriot –, begann seine eigene Lehre an einem öffentlichen Platz, der *Stoa Poikile* vorzutragen. Seine Schüler – die Stoiker – wurden nach diesem Ort benannt. Sie sollten bald zu den einflussreichsten Philosophen werden, denn ihre Lehre konnte leicht im täglichen Leben angewendet werden. Im Wesentlichen lehrten sie, dass man im Einklang mit der vernunftgeprägten Ordnung aller Dinge leben solle. Die Menschen haben keinen Einfluss darauf, was mit ihnen passiert, doch sie können das Schicksal, also die Fügung des göttlichen Willens, akzeptieren. Daher sollte man nicht deshalb tugendhaft handeln, weil man bestimmte Konsequenzen erwartet, die möglicherweise der eigenen Absicht entgegenstehen, sondern um der Tugend selbst und ihrer inneren Werte willen.

Der Erfolg des Stoizismus

Der Stoizismus, der in der hellenistischen Welt großen Erfolg hatte, birgt in sich eine Lehre, die dem Einzelnen – zu einer Zeit, als sowohl die *Polis* als auch die traditionelle griechische Religion ihren Einfluss verloren hatten – eine neue Grundlage des Selbstvertrauens bot. Der Stoizismus hatte große Lebenskraft, denn er sprach alle Menschen gleichermaßen an, ja, er lehrte, dass jedermann gleich sei. Damit war die Saat eines ethischen Universalismus ausgebracht, der nach und nach die alte Unterscheidung zwischen Griechen und Barbaren wie auch jede andere Differenz unter vernunftbegabten Menschen verblassen ließ. Er wandte sich an

Die sieben Weltwunder der Antike

Der 30 Meter hohe Koloss von Rhodos war ein beeindruckendes Beispiel für den Einfluss der orientalischen Monumentalstatuen auf die griechische Bildhauerkunst. Er galt in der Antike als eines der „sieben Dinge, die man sich ansehen müsse". Leider sind von diesen sieben „Wundern" der Antike heute nur noch die Pyramiden von Giseh erhalten.

Legende
1 Zeus-Statue in Olympia
2 Artemis-Tempel in Ephesos
3 Mausoleum von Halikarnassos
4 Koloss von Rhodos
5 Leuchtturm auf Pharos vor Alexandreia
6 Pyramiden von Giseh
7 Hängende Gärten von Babylon

die Menschheit insgesamt und verurteilte das Prinzip der Sklaverei – ein erstaunlicher Schritt in einer Welt, die auf erzwungener Arbeit beruhte. Der Stoizismus war über 2000 Jahre lang eine fruchtbare Quelle.

Die Philosophie wies also auf den Eklektizismus und den Kosmopolitismus hin, die fast jedem Aspekt der hellenistischen Kultur zu Eigen sind. Dies wird besonders in der griechischen Bildhauerei deutlich, die sich der orientalischen Monumentalplastik anpasste und Ungetüme wie den etwa 30 Meter hohen Koloss von Rhodos hervorbrachte. Aber sie traten auch auf allen anderen Gebieten in Erscheinung – in den Bestrebungen der Stoiker genauso wie in den orientalischen Kulten, die die griechischen Götter verdrängten. Es war der Naturwissenschaftler Eratosthenes, der sagte, für ihn seien alle guten Menschen Landsleute, und diese Bemerkung verdeutlicht den neuen Geist des Hellenismus zu seiner Blütezeit.

DAS PARTHERREICH

Das politische Gefüge der hellenistischen Welt musste sich schließlich zwangsläufig wandeln, da außerhalb der eigenen Grenzen Veränderungen vor sich gingen. Ein erstes Anzeichen war, dass im Osten das Partherreich als neue Bedrohung entstand. Bis zur Mitte des 3. Jahrhunderts v. Chr. führte die Schwäche der Seleukiden – die Bevölkerungs- und Wohlstandskonzentration in der Westhälfte – dazu, dass es sich vor allem auf die anderen Diadochenreiche konzentrierte.

Der Nordosten war – wie immer – durch Nomaden aus den Steppen bedroht, doch weil Geld und Ressourcen für Auseinandersetzungen mit dem ptolemäischen Ägypten benötigt wurden, konnte die Regierung dieser Gefahr nicht begegnen. Oft konnten die Herrscher weit entfernter Satrapien der Versuchung nicht widerstehen, von sich aus als Kriegsherr in den Kampf zu ziehen. Eine der

Diese Monumentalköpfe gehörten zu Statuen von Gottheiten, die sich über die Terrassen des Grabmals von Nimrud Dagh verteilen. Antiochos I. gab den Monumentalbau in der 1. Hälfte des 1. Jahrhunderts v. Chr. in Auftrag. Hier sollte sein Vater Mithridates I., der das kleine Reich von Kommagene in der heutigen Türkei gegründet hatte, seine letzte Ruhe finden.

Satrapien, in denen dies geschah, war Parthien, ein wichtiges Gebiet im Südosten des Kaspischen Meeres. Im Laufe der Jahrhunderte sollte seine Bedeutung noch zunehmen, denn die Seidenstraße, die Karawanenroute nach Zentralasien, führte durch das Partherreich.

Die Ursprünge des Partherreichs

Wer waren die Parther? Ursprünglich waren sie die Parni, eines jener indoeuropäischen Nomadenvölker, die aus Zentralasien kamen, um im Hochland von Iran und Mesopotamien eine politische Einheit zu gründen oder wiederzubeleben. Mit ihrem Namen war eine militärische Fertigkeit verbunden: das Bogenschießen während des Reitens. Dies war jedoch alles, was von den fast 500 Jahren ihres politischen Daseins blieb. Sie fanden eine Verwaltungsstruktur vor, die den Seleukiden von Alexander hinterlassen worden war, der sie seinerseits von den Persern übernommen hatte.

Die Stärke der Parther, eines indoeuropäischen Nomadenvolks, war es, vorgefundene Strukturen und Gesetze als Basis ihres eigenen Reichs zu verwenden.

Tatsächlich scheinen die Parther vielfach Vorgefundenes verwendet zu haben. So waren die offiziellen Dokumente ihrer großen Dynastie in Griechisch verfasst. Anscheinend verfügten sie zudem nicht über eigene Gesetze, sondern nahmen bereitwillig bestehende Gewohnheiten auf, ob diese nun babylonisch, persisch oder hellenistisch waren.

Das Partherreich

Vieles der frühen Geschichte der Parther bleibt im Dunkeln. In Parthien gab es im 3. Jahrhundert v. Chr. ein Königreich, dessen Hauptstadt noch nicht entdeckt worden ist, doch die Seleukiden scheinen darauf nicht sonderlich reagiert zu haben. Im 2. Jahrhundert v. Chr., als das Seleukidenreich in verhängnisvolle Konflikte im Westen verstrickt war, gründeten zwei Brüder – der jüngere war Mithridates I. – das Partherreich. Es erstreckte sich bei Tode des Mithridates von Baktrien im Osten – einem weiteren Teil der seleukidischen Hinterlassenschaft, der sich von dieser um etwa die gleiche Zeit wie Parthien losgelöst hatte – bis nach Babylonien im Westen. In Anknüpfung an seine Vorgänger bezeich-

Syrakus, das zur mächtigsten Stadt Siziliens wurde, war eine 733 v. Chr. gegründete korinthische Kolonie. Dieses Theater stammt wahrscheinlich aus dem 3. Jahrhundert v. Chr. und hat eine riesige, in den Fels gehauene Bühne.

nete sich Mithridates auf seinen Münzen selbst als „Großkönig“. Nach seinem Tode kam es zu Rückschlägen, doch sein Namensvetter Mithridates II. eroberte die verlorenen Gebiete zurück und weitete seinen Einflussbereich sogar noch aus. Den Seleukiden gehörte nun nur noch Syrien, die Parther standen an ihren Grenzen. In Mesopotamien verlief die Grenze ihres Reiches entlang des Euphrats, und China nahm diplomatische Beziehungen zu Mithridates II. auf. Seine Münzen trugen den stolzen Achämeniden-Titel „König der Könige“.

Doch der Staat der Parther scheint ein weit lockereres Gebilde gewesen zu sein als das Perserreich. Er erinnerte mehr an eine sich um einen Kriegsherrn scharende Gruppe von Edelleuten als an einen bürokratischen Staat.

Um zu demonstrieren, dass er von edler Abstammung ist, hält dieser römische Patrizier die Büsten seiner Ahnen. Die Statue stammt aus dem späten 1. Jahrhundert. v. Chr.

Der griechische Westen

Am Euphrat sollte das Partherreich schließlich auf eine neue Macht aus dem Westen treffen. Sogar die nicht so entlegenen Diadochenreiche, die es eigentlich hätten besser wissen müssen, nahmen den Aufstieg Roms kaum wahr und gingen ihren Weg, fast ohne zu beachten, was im Westen vor sich ging. Die Griechen in den westlichen Gebieten wussten natürlich mehr darüber, doch konzentrierten sie sich lange auf eine neue Bedrohung: Karthago, einen geheimnisvollen Staat, von dem man fast sagen könnte, dass er seine Existenz der Feindschaft zu den Griechen verdankte.

Karthago war von den Phönikern etwa um 800 v. Chr. gegründet worden, um vielleicht schon damals die griechische Konkurrenz von Handelsrouten für Metall abzuschneiden. Bald übertraf es an Wohlstand und Macht die phönikischen Mutterstädte Sidon und Tyros, besonders nachdem diese von den Assyrern unterworfen worden waren.

Karthago war für die Westgriechen mit Sicherheit ein ernst zu nehmender Konkurrent. Bis zum Jahre 480 v. Chr. erstreckte sich das Einzugsgebiet des griechischen Handels auf wenig mehr als das Rhône-Tal, Italien und vor allem Sizilien.

Diese Insel und eine ihrer Städte, Syrakus, waren der Schlüssel zum griechischen Westen. Syrakus bewahrte Sizilien zum ersten Mal vor den Karthagern, als es sie im Jahr von Salamis bei Himera vernichtend schlug. Fast das ganze 5. Jahrhundert v. Chr. hindurch bedrohte Karthago die Westgriechen nicht mehr, so dass sich Syrakus der Unterstützung der griechischen Städte Italiens gegen die Etrus-

Das Mittelmeer um 600 v. Chr.

Die Wanderung landsuchender Kolonisten aus den griechischen Polis und den phönikischen Städten in den zentralen und westlichen Mittelmeerraum begünstigte die Gründung von neuen Kolonien, die sich ihrerseits zu wichtigen Handelszentren entwickelten. Die phönikische Siedlung in Karthago ist ein gutes Beispiel dafür.

Die wichtigsten Kolonien im Mittelmeerraum um 600 v. Chr.

Die bedeutendsten (Stadt-)Staaten im Westen Griechenlands waren das von den Phönikern gegründete Karthago und das sizilische Syrakus. Das Wechselspiel der Machtverhältnisse endete im 3. Jahrhundert v. Chr. mit einem Machtzuwachs für Karthago und der Einnahme Siziliens durch die Römer.

ker zuwenden konnte. Dann jedoch wurde Syrakus zum Ziel der unglückseligen sizilischen Expedition der Athener (415–413 v. Chr.), da es der größte der westgriechischen Staaten war. Daraufhin kamen die Karthager zurück, doch Syrakus überlebte die folgende Niederlage und erlebte wenig später seine Blütezeit mit einer Machtentfaltung nicht nur über die Insel, sondern auch über Unteritalien und die Adria. Dabei führte es die meiste Zeit Krieg gegen Karthago. Die Stadt verfügte über ein beträchtliches Maß an Energie. Einmal hätte sie fast Karthago eingenommen, und bei anderer Gelegenheit fügte sie ihren adriatischen Besitzungen Korkyra (Korfu) hinzu. Doch bald nach 300 v. Chr. wurde deutlich, dass die karthagische Macht wuchs, während Syrakus auch der römischen Bedrohung auf dem italischen Festland begegnen musste. Die Sizilier verstrickten sich in Auseinandersetzungen mit Pyrrhos von Epirus, einem Mann, der sie vielleicht hätte retten können, und bis zur Mitte des Jahrhunderts gelang es den Römern, die Herrschaft über das Festland an sich zu reißen.

Die Kraft der Hellenisierung

Im Westen gab es nun also drei Hauptakteure, doch der hellenistische Osten schien sonderbar desinteressiert an diesen Entwicklungen – obwohl Pyrrhos sie sehr wohl wahrgenommen hatte. Möglicherweise war dies kurzsichtig, doch zu jener Zeit sahen sich die Römer selbst noch nicht als Eroberer der Welt. Furcht und materielle Gier waren die Auslöser für die Punischen Kriege.

Einigen Griechen wurde bis zum Ende des Jahrhunderts langsam klar, was auf sie zukam. Die „Wolke im Westen" war eine der Metaphern, die sie für den Krieg zwischen Karthago und Rom fanden. Unabhängig von seinen Ergebnissen würde dieser Kampf große Auswirkungen für das gesamte Mittelmeergebiet haben.

Nichtsdestoweniger sollte der Osten seine Stärke und Widerstandskraft unter Beweis stellen: Griechenland nahm, wie es ein Römer später ausdrückte, selbst seine Eroberer gefangen und hellenisierte so immer mehr Barbaren.

Laokoon und seine Söhne aus dem 1. Jahrhundert. Die Skulptur stellt die Legende des abtrünnigen Apollon-Priesters von Troja dar, der seine Landsleute davor warnte, das Hölzerne Pferd der Griechen in die Stadt zu bringen. Laokoon und seine Söhne wurden von Schlangen erwürgt.

V. ROM UND DER KLASSISCHE WESTEN

Trotz aller Unternehmungslust der Phöniker und der griechischen Kolonisation in diesem Gebiet kann man sagen, dass die westliche Hälfte des Mittelmeerraumes über Jahrhunderte hinweg in der Weltgeschichte nur eine Nebenrolle spielte.

Dies änderte sich erst mit dem entschlossenen Auftreten der Oberschicht eines zahlenmäßig zunächst unbedeutenden italischen Volksstamms, der sich kaum von anderen Sippschaftsverbänden unterschied. Noch zu Solons Zeiten bei ihren griechischen Nachbarn beinahe unbekannt, gingen die „Römer" in die Geschichte ein, die ihren Namen von einem zunächst nur winzigen Stadtstaat ableiteten. Als sie am Ende des 3. Jahrhunderts v. Chr. in die Angelegenheiten Griechenlands und des Ostens verwickelt wurden, eröffneten die Römer eine neue Epoche der Weltgeschichte.

Sie schufen in den folgenden zwei Jahrhunderten eine einzigartige Gesellschaftsordnung, die schließlich die gesamte hellenistische Welt und weite Teile des westlichen Europas einschloss und dort zum ersten Mal ein einheitliches Gemeinwesen schuf. Das Römische Reich, wie es uns heute in Erinnerung ist, war in gewissem Sinne der letzte Nachfolgestaat des Weltreichs Alexanders des Großen, doch war es weit größer als jenes.

Folglich sollte es auch viel mehr gestalten: Es sollte, vor allen Dingen, die Anfänge einer neuen Weltreligion beschirmen und mit politischer Macht stärken. Es sollte die wirtschaftlichen und ethnischen Verhältnisse über weite Landstriche hinweg verändern, es sollte die Bewahrung eines Großteils des klassisch-griechischen Erbes für die Zukunft sicherstellen. Auf lange Sicht sollte es zudem Keimzelle von etwas werden, das sich erst lange nach dem Zerfall des weströmischen Reiches entwickeln würde, nämlich die europäische Zivilisation. Rom sollte den Kontinent auch weiterhin befruchten, nicht nur durch sein kulturelles und politisches Vermächtnis, sondern darüber hinaus durch sein Vorbild und seinen Mythos – durch seine Idee vom Imperium selbst.

Das Forum Romanum, im kleinen Tal zwischen den Hügeln Capitol, Palatin und Esquilin gelegen, war seit dem 7. Jahrhundert v. Chr. ein Ort mit öffentlichen, sakralen und wirtschaftlichen Gebäuden. Seinen monumentalen Eindruck verdankt es vor allem der Bautätigkeit von Julius Caesar, Augustus und Tiberius. Auch wenn seine Basiliken, Tempel und Triumphbögen heute nur noch Ruinen sind, so war das Forum doch einmal der Nabel des mächtigen Römischen Reiches.

1 ROM

Entlang der Küsten des gesamten westlichen Mittelmeers und über weite Teile Westeuropas, des Balkans und Kleinasiens kann man noch heute die steinernen Überreste eines großen Imperiums sehen, des Römischen Reiches. An manchen Orten sind sie in großer Fülle erhalten; allen voran in Rom selbst. Die Erklärung dafür liegt in einer 1000 Jahren langen geschichtlichen Entwicklung.

Wenn unsere Vorfahren auf Taten und Werk der Römer zurücksahen, dann erstarrten sie förmlich in Ehrfurcht, fühlten sich vergleichsweise klein und unbedeutend. Auch wir stehen den Leistungen der „Schöpfer Europas" verblüfft, zuweilen sogar begeistert gegenüber.

Natürlich, je sorgfältiger Historiker deren gewaltige Überreste untersuchen und je gewissenhafter sie die schriftlichen Quellen durchforsten, desto klarer wird, dass auch die Römer keine Übermenschen waren. Die Erhabenheit Roms scheint manchmal oberflächlich, und die Tugenden, die seine Schriftsteller rühmten, wirken größtenteils ebenso heuchlerisch wie viele politische Parolen heute. Und dennoch bleibt ein erstaunlich solider Kern, der uns die schöpferische Kraft Roms verdeutlicht. Schließlich belebte es die Inhalte der griechischen Kultur neu. Auf diese Weise bestimmten die Römer den Rahmen der ersten Kultur, die den gesamten Westen Europas umfasste: Dies war ihre großartige Leistung. Die römischen Generationen, die darauf zurückblickten, als später alles um sie herum zerfiel, fühlten sich noch immer dem Stamm jener Römer zugehörig, die all das aufgebaut hatten.

Diese etruskische Bronzeskulptur stellt eine Chimäre dar, ein mythologisches, feuerspeiendes Monster mit Körper und Kopf eines Löwen, einer Schlange als Schwanz und einem Ziegenkopf, der ihrem Rücken entspringt. Stücke wie dieses demonstrieren die meisterhaften Fertigkeiten der etruskischen Bronzegießer.

Das südliche Italien 509–272 v. Chr.

Der Legende nach vertrieben die Römer im Jahre 509 v. Chr. den letzten König der etruskischen Dynastie der Tarquinier und errichteten ein republikanisches System. Die römische Expansion nach Süditalien begann im 5. Jahrhundert v. Chr. Rom bewahrte die Kontrolle über seine Nachbarstädte, indem es seinen „Verbündeten" zwar Selbstverwaltung zugestand, ihnen zugleich aber die römische Außenpolitik aufzwang und sie zur Stellung von Soldaten für die schlagkräftige römische Armee nötigte.

Die Kapitolinische Wölfin, eine etruskische Skulptur aus dem 5. Jahrhundert v. Chr. Die Legende will, dass die ausgesetzten Zwillinge Romulus und Remus von einer Wölfin gerettet wurden. Die beiden gründeten später die Stadt Rom, doch Romulus ermordete seinen Bruder, um allein zu herrschen.

Die Römer behaupteten, ihre Stadt sei im Jahre 753 v. Chr. von Romulus gegründet worden. Das müssen wir nicht wörtlich nehmen. Aber die Legende von der Wölfin als Ziehmutter, die sowohl Romulus als auch seinen Zwillingsbruder Remus säugte, rechtfertigt einen Moment des Innehaltens. Sie ist ein Sinnbild der Verpflichtung, die das frühe Rom seiner Vergangenheit gegenüber fühlte: Alle Römer sollten sich ihrer gemeinsamen Wurzeln entsinnen. Dieser Ursprung wurde allerdings vom Volk der Etrusker gelegt: Und in dessen Kulten zeigt sich eine besondere Verehrung für den Wolf, was uns vermuten lässt, dass die Römer viel davon übernahmen.

Die Etrusker

Die Etrusker bleiben trotz reicher archäologischer Zeugnisse zahlreicher Inschriften und großer wissenschaftlicher Bemühungen ein rätselhaftes Volk. Alles, was man halbwegs sicher skizzieren kann, sind die Grundzüge der etruskischen Kultur, nicht jedoch deren Geschichte oder zeitliche Einordnung. Es gibt

Zeitleiste (753–44 v. Chr.)

509 v. Chr. Errichtung der Römischen Republik

264–241 v. Chr. Erster Punischer Krieg

149–146 v. Chr. Dritter Punischer Krieg

49–45 v. Chr. Bürgerkrieg zw. Julius Caesar und Pompeius

700 v. Chr. | 600 v. Chr. | 500 v. Chr. | 400 v. Chr. | 300 v. Chr. | 200 v. Chr. | 100 v. Chr. | 0

753 v. Chr. Gründung Roms

ca. 450 v. Chr. Zwölf-Tafel-Gesetz

218–201 v. Chr. Zweiter Punischer Krieg

88–82 v. Chr. Bürgerkrieg zwischen den Armeen von Marius und Sulla

44 v. Chr. Ermordung Julius Caesars

Beide Seiten dieses Goldtäfelchens tragen eine etruskische Inschrift sowie deren abgekürzte Übersetzung ins Phönikische. Das Täfelchen stammt aus dem etruskischen Hafen Pyrgi und datiert möglicherweise aus dem frühen 5. Jahrhundert v. Chr. Es gehört zu einem Vertrag zwischen Rom und Karthago, der im ersten Jahr der Republik unterzeichnet wurde und die bereits zu etruskischer Zeit geknüpften Beziehungen bestätigen sollte.

Lebensweise und Glaube der Etrusker

Über die Ursprünge des etruskischen Volkes ist nur wenig bekannt, auch wenn viele Historiker inzwischen glauben, sie hätten sich aus der Villanova-Kultur der Po-Ebene entwickelt und seien stark von der antiken griechischen Kultur beeinflusst worden. Die etruskische Zivilisation erreichte ihren Höhepunkt während des 7. und 6. Jahrhunderts v. Chr., als das Volk ein Gebiet kontrollierte, das den größten Teil Mittelitaliens einschließlich Roms umfasste und nach Norden bis an den Po, nach Süden bis nach Kampanien reichte. Es unterhielt intensive Handelsbeziehungen mit Griechenland, deren Grundlage vor allem der Export von Metallen war. Dies trug zum Wohlstand des Adels bei, der in den Städten nördlich des Tiber wohnte.

Wie die reiche Ausstattung der großen Familiengrabstätten nahelegt, die sie in den Außenbezirken ihrer Städte errichteten, glaubten die Etrusker an ein Leben nach dem Tode. Sie statteten ihre Gräber mit Mobiliar und Textilien aus, mit Waffen und Kochgeschirr – also Dingen, die zusammen mit einigen gut erhaltenen Wandmalereien in den Gräbern viel von ihrem Leben und ihrer Kultur überliefern.

Offenbar glaubten die Etrusker, ihre Welt werde von Göttern geordnet und gelenkt. Sie nahmen an, die Verständigung zwischen diesen und den Menschen finde durch Omen, Vorzeichen, statt, die von Sehern interpretiert wurden. Deren Fähigkeit zur Weissagung wies ihnen eine wichtige gesellschaftliche Rolle zu.

Darstellung eines Ehepaares – auf einem Sarkophagdeckel aus dem 6. Jahrhundert v. Chr., gefunden in der etruskischen Nekropole von Cerveteri. Die Eheleute, Gäste eines Festmahls, sind liegend auf einer niedrigen Couch abgebildet. Im Gegensatz zu den Griechen erlaubten die Etrusker ihren Frauen, an solchen Feiern teilzunehmen.

In der etruskischen Nekropole von Tarquinii fanden sich zahlreiche farbenprächtige Wandmalereien. Diese Szene stellt Diener und Musikanten bei einem Festmahl dar, die aus der 1. Hälfte des 5. Jahrhunderts v. Chr. stammen.

verschiedene Meinungen über den Entstehungszeitraum der etruskischen Zivilisation: Die weite Spanne reicht vom 10. bis zum 7. Jahrhundert v. Chr. Ebensowenig können sich die Wissenschaftler darauf verständigen, woher die Etrusker stammen: Die wahrscheinlichste Hypothese vermutet in ihnen Einwanderer aus Asien, die nach dem Ende des Hethiterreiches nach Europa zogen. Sicher ist bislang nur, dass sie nicht die ersten Einwohner Italiens waren. Wann und woher auch immer sie auf die Halbinsel kamen – Italien war zu dieser Zeit bereits von einer Vielzahl an Völkerschaften bewohnt.

Einige dieser italischen Völkerschaften entwickelten in den folgenden 1000 Jahren fortschrittliche Kulturen: Etwa um 1000 v. Chr. kam in Italien die Eisenverarbeitung auf. Die Etrusker haben diese Fertigkeit möglicherweise von ihren Vorgängern übernommen, vielleicht von der legendären „Villanova-Kultur", so genannt nach einem archäologischen Fundort in der Nähe des heutigen Bologna. Sie entwickelten die Metallurgie weiter und beuteten die Eisenvorkommen auf der Insel Elba intensiv aus. Mit ihren eisernen Waffen errichteten sie offenbar ihre Vorherrschaft, die sich zu Zeiten ihrer größten Ausdehnung von der Po-Ebene bis hinunter nach Kampanien erstreckte. Ihre politische Organisation bleibt im Dunkeln, doch war Etrurien wohl ein lockerer, durch Könige regierter Städtebund. Die Etrusker waren schriftkundig und verwendeten ein aus dem Griechischen abgeleitetes Alphabet, das sie sicher von den griechischen Kolonien in Italien übernommen hatten.

DIE RÖMISCHE REPUBLIK

Im 6. Jahrhundert v. Chr. ließen sich die Etrusker an einem wichtigen Brückenkopf des südlichen Tiberufers nieder. Hier lag Rom, eine von zahlreichen kleinen Städten der Latiner, einem alteingesessenen Volksstamm Kampaniens. Durch diese Stadt sollte etwas vom etruskischen Erbe überleben. Gegen Ende des 6. Jahrhunderts v. Chr. brach Rom im Zuge eines Aufstands der latinischen Städte aus dem etruskischen Herrschaftsbereich aus. Bis dahin war die Stadt von Königen regiert worden, deren letzter der Überlieferung nach 509 v. Chr. vertrieben wurde.

Ob sich dies tatsächlich so ereignete, spielt keine Rolle. Es war die Zeit, als die etruskische Macht, vom Kampf gegen die Westgriechen überfordert, von den latinischen Völkern erfolgreich herausgefordert werden konnte. Das etruskische Reich zerfiel, und die latinischen Völker gingen eigene Wege.

Trotzdem sollte Rom vieles aus seiner etruskischen Vergangenheit bewahren. Durch sie hatte es erstmals Zugang zur griechischen Zivilisation gefunden, mit der es auch weiterhin in Kontakt blieb. Die Stadt lag am Schnittpunkt wichtiger Land- und Wasserstraßen, hoch genug über dem Tiber, um diesen zu überbrücken, aber nicht zu hoch, um von seetüchtigen Schiffen erreicht werden zu können.

Die Befruchtung durch den griechischen Einfluss war vielleicht Roms wichtigste Erbschaft, und doch führte die Stadt auch viele der etruskischen Einrichtungen fort. Dazu gehörte, dass sie das Volk für militärische Zwecke in „Centurien" einteilte. Oberflächlichere, gleichwohl eindrucksvolle Beispiele waren die Gladiatorenspiele, ihre Triumphzüge und die Auspizien – die Befragung der Innereien von Opfertieren zur Vorhersage der Zukunft.

Die Römer imitierten die griechische Sitte, Standbilder ihrer führenden Politiker auf öffentlichen Plätzen aufzustellen und ihnen Votivstatuen in Heiligtümern zu weihen. Diese Bronzebüste des Aristokraten Brutus datiert aus dem Ende des 4. Jahrhunderts v. Chr.

Das frührepublikanische Staatswesen

Die Republik sollte länger als 450 Jahre andauern, und selbst in der Folgezeit überlebten ihre Institutionen, zumindest dem Namen nach. Die Römer betonten später immer wieder die Kontinuität und ihr Festhalten an den alten Sitten und Gebräuchen der frühen Republik. Trotzdem ergaben sich im Laufe der Jahrhunderte natürlich große Veränderungen. Diese höhlten die institutionelle und ideologische Kontinuität aus, und noch immer streiten Historiker darüber, wie man diesen Vorgang zu interpretieren habe. Doch trotz aller Veränderungen begründeten gerade die Institutionen Roms einen römischen Mittelmeerraum und ein Römisches Reich, das die Wiege Europas und des Christentums werden sollte.

Auf diesem Wege formte Rom, so wie Griechenland, einen Großteil der modernen Welt. Wir leben daher in einem tieferen Sinne inmitten der Ruinen Roms.

Die Republik im Wandel

Allgemein gesprochen sind die Veränderungen der republikanischen Zeit sowohl Symptome als auch Folgen zweier Hauptentwicklungen. Eine war der Verfall, denn schrittweise hörten die republikanischen Institutionen auf zu arbeiten. Ihre politischen und sozialen Inhalte existierten nicht mehr, und das zerstörte sie schließlich, selbst wenn sie dem Namen nach überlebten. Die andere Entwicklung war die Ausdehnung römischer Herrschaft zu-

Die römische Kultur wurde in weiten Bereichen vom griechischen Vorbild beeinflusst, und durch römische Vermittlung blieb vieles von dem erhalten, was wir heute über die griechische Kultur wissen. Diese Statue des Hermes mit dem Dionysios-Knaben wird für die römische Kopie eines Originals des griechischen Bildhauers Praxiteles aus dem 4. Jahrhundert v. Chr. gehalten. Die Römer kopierten eine Vielzahl griechischer Skulpturen.

nächst über das Stadtgebiet, später über Italien hinaus. Zwei Jahrhunderte lang verliefen beide Prozesse vergleichsweise langsam.

Die Innenpolitik wurzelte in einem System, das ursprünglich eine Rückkehr zur Monarchie verhindern sollte. Die Verfassungsidee wurde verkürzt in dem Ausdruck wiedergegeben, den die Monumente und Standarten Roms bis weit in die Kaiserzeit hinein trugen: SPQR, die Abkürzung der lateinischen Worte für „der römische Senat und das Volk". Theoretisch blieb die absolute Entscheidungsgewalt immer beim Volk, das durch ein kompliziertes System von Versammlungen regierte, an denen alle Bürger persönlich teilnahmen (natürlich waren nicht alle Einwohner Roms zugleich Bürger). Dies ist mit der Entwicklung in vielen griechischen Stadtstaaten vergleichbar. Die praktische Führung der Staatsgeschäfte war Sache des Senats: Er erließ Gesetze und überwachte die Arbeit der gewählten Magistrate. Die wichtigsten politischen Streitfragen der römischen Geschichte drückten sich normalerweise im gespannten Verhältnis der beiden Polen Senat und Volk aus.

Im Vordergrund dieses Bildes ist die Curia Julia auf dem Forum Romanum zu sehen, das Gebäude, in dem sich der Versammlungsraum des Senats befand. Ursprünglich stand vor seinem Eingang ein Altar, an dem die Mitglieder des Senats den Göttern opferten. Zu Beginn des 4. Jahrhunderts n. Chr. wurde die Curia Julia durch Diokletian wieder aufgebaut.

Das Wirken der Oligarchie

Überraschenderweise scheinen die inneren Kämpfe der frühen Republik vergleichsweise unblutig verlaufen zu sein. Ihre Abfolge war kompliziert und manchmal rätselhaft, doch das Ergebnis war, dass sie der Gesamtheit der Bürger ein größeres Mitspracherecht bei den Angelegenheiten der Republik verschaffte. Den Senat, in dem sich die politische Führung konzentrierte, vertrat schließlich um 300 v. Chr. eine Herrschaftsschicht, die eine Verschmelzung der alten Patrizier der vorrepublikanischen Zeit mit den wohlhabenderen Mitgliedern der Plebejer darstellte, wie der Rest der Bürger genannt wurde. Die Senatsangehörigen bildeten eine Oligarchie, die sich selbst erneuerte, auch wenn üblicherweise jeweils einige Mitglieder im Zuge der alle fünf Jahre stattfindenden Volkszählungen ausgeschlossen wurden. Ihren Kern bildete eine Gruppe adliger Familien, die möglicherweise plebejischen Ursprungs waren, unter deren Vorfahren sich jedoch Männer befanden, die das Konsulat, das höchste Magistratsamt, innegehabt hatten.

Das Konsulat löste am Ende des 6. Jahrhunderts v. Chr. den letzten König ab. Für ein Jahr ernannt, regierten je zwei Konsuln den Staat mit Hilfe des Senats und waren dessen wichtigste Beamte. Sie mussten über Erfahrung und Einfluss verfügen, denn Bedingung für eine Kandidatur war das Durchlaufen mindestens zweier untergeordneter Ebenen von Wahlämtern, wie Quästoren *(quaestores)* oder Prätoren *(praetores)*. Die *Quästoren*, von denen jedes Jahr 20 gewählt wurden, waren ebenfalls qua Amt Mitglieder des Senats. Dieses System gab der römischen Herrschaftsschicht großen Zusammenhalt und Kompetenz; denn der Aufstieg in das höchste Staatsamt folgte der Auswahl aus einer Gruppe im Amt bewährter und ausgebildeter Kandidaten. Es ist unbestritten, dass diese Verfassung lange Zeit gut funktionierte. Rom mangelte es nie an fähigen Männern. Allerdings verschleierte sie die Tendenz der Oligarchie zu Fraktionierungen, denn welche Siege die *Plebejer* auch immer errangen, das System sicherte ab, dass stets die Besitzenden herrschten und das Recht auf ein Amt unter sich ausmachten. Sogar im Wahlgremium, der Volksversammlung, *comitia centuriata*, die eigentlich alle Bürger repräsentieren sollte, gab die Verfassung den Reichen einen unverhältnismäßig großen Einfluss.

DIE SOZIALEN GRUNDLAGEN

Plebs (Plebejer) bezeichnete zuächst alle Nicht-Adligen: Das Wort stand für unterschiedliche soziale Realitäten. Die Eroberungen und die Verleihung des Bürgerrechts dehnten den Gültigkeitsbereich der Staatsangehörigkeit langsam aus. Bereits zur Frühzeit reichte er über die Stadt und ihre Umgebung hinaus und bezog in der Republik schon andere Städte mit ein.

Damals war der typische Bürger ein Bauer. Bezeichnenderweise wird das lateinische Wort für Geld, *pecunia*, abgeleitet vom Begriff für eine Herde Schafe oder Rinder, und das römische Landmaß, das *iugerum*, war die Ackerfläche, die an einem Tag mit einem Paar Ochsen umgepflügt werden konnte. Die Beziehungen zwischen dem Land und der Gesellschaft, die es ernährte, waren im Laufe der republikanischen Zeit Veränderungen unterworfen, doch beider Grundlage blieb die ländliche Bevölkerung. Das Bild vom kaiserlichen Rom als großer – geradezu parasitärer – Stadt, das in der Erinnerung vorherrscht, verdeckt dies.

Das Bürgertum

Die freien Bürger, die die Masse der frührepublikanischen Bevölkerung ausmachten, rekrutierten sich aus wohlhabenderen und ärmeren Kleinbauern. Dem Gesetz nach waren sie in komplizierte Einheiten unterteilt, deren Wurzeln in der etruskischen Vergangenheit lagen. Solche Differenzierungen waren zwar wirtschaftlich unbedeutend, hatten aber wahlpolitische Relevanz. Sie sagen weniger über die sozialen Realitäten des republikanischen Roms aus als etwa die Unterscheidungen, die bei der römischen Volkszählung getroffen wurden: Da

Das *rostrum* war ein Podium, von dem aus die Politiker auf dem Forum ihre Reden an das Volk richteten. Der Name kommt von den Bughölzern *(rostra)* der sechs Schiffe, die im Krieg gegen die Latiner im Jahre 338 v. Chr. erbeutet worden waren und die Vorderseite des Podiums schmückten.

Dieses Flachrelief eines Grabes, zu datieren ins 1. Jahrhundert n. Chr., zeigt eine Szene der Weinlese – einem sehr wichtigen Augenblick im römischen Bauernjahr. Zu sehen sind Arbeiter, die mit ihren Füßen die Trauben zertreten, um den Saft herauszupressen, der dann zu Wein verarbeitet wird.

gab es zum einen die Männer, die sich selbst mit den für den Kriegsdienst nötigen Waffen und Rüstungen ausstatten konnten, daneben diejenigen, deren einziger Beitrag zum Staatswesen es war, Kinder aufzuziehen (die *proletarii*), und schließlich alle, die einfach als „Köpfe" zählten, da sie weder Besitz noch Familie hatten. Unter all diesen standen die Sklaven.

Der Großteil der *Plebejer*, die sich in früheren Zeiten durch Landbesitz etwas Unabhängigkeit hatten erhalten können, unterlag im Laufe des 3. und 2. Jahrhunderts v. Chr. einer rapide fortschreitenden Verarmung. Währenddessen vergrößerte die neue Aristokratie ihren relativen Anteil am Landbesitz.

Dieses Bodenmosaik zeigt den Einsatz von Ochsen und Pferden beim Mähen und Dreschen des Weizens. Im Hintergrund ist ein Landgut abgebildet.

Dies war ein lang andauernder Prozess: Neue Unterteilungen von sozialer Bedeutung und politischem Gewicht tauchten dabei auf. Zudem kam die Praxis auf, auch den römischen Verbündeten das Bürgerrecht zu verleihen, was die Verhältnisse weiter komplizierte. Die Republik erlebte somit eine langsame Ausdehnung der Bürgerschicht, die zugleich an Macht und Einfluss verlor.

Die Plebejer

Der Einfluss des Bürgertums schwand nicht nur, weil Reichtum in der römischen Politik so wichtig war. Es mussten auch alle wichtigen Entscheidungen in Rom selbst getroffen werden. Trotzdem war es den Plebejern möglich, die Macht des Senats und der Magistrate etwas einzuschränken, sei es durch die Drohung, den Militärdienst zu verweigern oder aber sich komplett aus Rom zurückzuziehen und eine neue Stadt zu gründen.

Nach dem Jahr 366/67 v. Chr. musste zudem einer der beiden Konsuln Plebejer sein und ab 287 v. Chr. konnten Beschlüsse der Volksversammlung sogar Gesetze außer Kraft setzen. Die wichtigste Einschränkung der traditionell Herrschenden waren jedoch die zehn gewählten Volkstribunen: durch allgemeine Wahlen bestimmte Beamte, die Gesetzesvorlagen einbringen oder ihr Veto einlegen konnten. Sie standen Tag und Nacht denjenigen Bürgern zur Verfügung, die sich von einem Magistraten ungerecht behandelt fühlten. Der Einfluss der Tribunen war am größten, wenn im Senat entweder die soziale Frage als vordringlich galt oder aber persönliche Differenzen herrschten, denn dann wurden sie von den Politikern hofiert. In der frühen Republik und oft auch später noch arbeiteten die Tribunen – die übrigens Mitglieder der Oberschicht waren – meist reibungslos mit den Konsuln und dem restlichen Senat zusammen. Ihre Verwaltungserfahrung sowie ihr Prestige sicherten den Einfluss der Volkstribu-

Eine Straße der zerstörten Stadt Pompeji, die beim Ausbruch des Vesuvs im Jahre 79 n. Chr. von Lava verschüttet wurde. Die wohlhabenden Einwohner lebten in großen, oftmals reich verzierten Häusern. Ärmere Menschen wohnten in winzigen Wohnungen oder in Läden, die sich zur Straße hin öffneten. Die in der Mitte der Straße zu erkennenden Steine erleichterten es Fußgängern, die Straßen zu überqueren.

nen und konnten kaum in Frage gestellt werden, bis der soziale Wandel so gravierend wurde, dass die Republik selbst zu stürzen drohte.

Die Verfassung

Die verfassungsmäßigen Einrichtungen der frühen Republik waren also kompliziert, aber effektiv. Sie verhinderten eine gewaltsame Revolution und gestatteten einen schrittweisen Wandel. Die Geschichte der republikanischen Institutionen ist sogar für spätere Zeiten wichtig: Fast das gesamte 5. Jahrhundert v. Chr. dauerte die Niederwerfung von Roms Nachbarn an, mit dem Resultat der Verdoppelung des römischen Territoriums. Danach wurden die anderen Städte des Latinischen Bundes unterworfen; und als einige von ihnen in der Mitte des 4. Jahrhunderts revoltierten, zwang man sie zu verschlechterten Bedingungen in den Bund zurück. Analogien zum Delisch-Attischen Seebund 100 Jahre zuvor drängen sich auf. Die römische Politik gestattete ihren „Verbündeten“ die Selbstverwaltung, aber sie mussten die römische Außenpolitik anerkennen und Truppen für die römische Armee stellen. Außerdem begünstigte die Politik der Eroberer die etablierten Herrschaftsschichten in den anderen italischen Gemeinden, und die römischen Aristokratenfamilien bauten ihre persönlichen Beziehungen zu ihnen aus. Die Bürger jener Gemeinden erhielten bei Umsiedelung nach Rom ebenfalls die Bürgerrechte. Die etruskische Vorherrschaft in Mittelitalien, dem reichsten und am weitesten entwickelten Teil der Halbinsel, wurde so von der römischen abgelöst.

DIE EXPANSION DER RÖMISCHEN MACHT

Die römische Militärmacht wuchs mit der Anzahl der unterworfenen Staaten. Die Grundlage der eigenen republikanischen Armee war die Wehrpflicht. Jeder männliche Bürger mit Eigentum war verpflichtet, seine Dienstjahre nach Aufruf abzuleisten – und diese Verpflichtung war gravierend, 16 Jahre Dienst für einen Fußsoldaten und zehn bei den Reitern!

Grundlage der militärischen Erfolge der Römer bildete eine gut strukturierte und ausgebildete Armee. Ende des 4. Jahrhunderts endete die erste Phase ihrer Geschichte, die Römer hatten ganz Italien erobert.

Bronzestatuette eines samnitischen Kriegers aus dem 4. Jahrhundert v. Chr. Er trägt Panzerung und hielt ursprünglich Schild und Speer. Das süditalische Volk der Samniten widersetzte sich den Römern noch drei Jahrhunderte nach seiner Niederlage.

Rom unterdrückte nicht nur seine Nachbarn, sondern schlug im Laufe des 4. Jahrhunderts v. Chr. auch Einfälle von Galliern aus dem Norden zurück, selbst wenn es den Eindringlingen 387 v. Chr. sogar einmal gelang, die Stadt zu plündern. Die letzten Kämpfe dieser staatsbildenden Phase fanden am Ende des 4. Jahrhunderts statt, als die Römer die samnitischen Stämme der Abruzzen unterwarfen. Von nun an hatte die Republik Zugriff auf verbündete Kampfverbände aus ganz Mittelitalien.

Schließlich stand Rom den westgriechischen Städten unmittelbar gegenüber. Bei weitem die wichtigste davon war Syrakus. Im frühen 3. Jahrhundert v. Chr. baten die Griechen Pyrrhos, den König von Epirus, um Hilfe. Dieser zog sowohl gegen die Römer als auch die Karthager ins Feld (280–275 v. Chr.), erreichte aber nur die kostspieligen und lähmenden Siege, die bis heute seinen Namen tragen. Er konnte die westlichen Griechen nicht von der Bedrohung durch die Römer befreien. Binnen weniger Jahre wurden sie in den Konflikt zwischen Rom und Karthago verwickelt, in dem es um die Herrschaft über den gesamten westlichen Mittelmeerraum ging – die Punischen Kriege.

Die Punischen Kriege

Die Punischen Kriege umfassen einen Machtkampf von mehr als einem Jahrhundert Dauer. Es gab drei Kampfperioden, von denen schon die ersten beiden die Frage nach der Vorherrschaft klärten. Zunächst (264–241 v. Chr.) setzten die Römer erstmals in größerem Ausmaß Seestreitkräfte ein. Mit ihrer neuen Flotte eroberten sie Sizilien und setzten sich auf Sardinien und Korsika fest. Syrakus kündigte seine Allianz mit Karthago auf, und

Dieses Beintäfelchen zeigt einen römischen Soldaten der republikanischen Zeit. Es wurde in Palestrina gefunden und datiert aus der ersten Hälfte des 3. Jahrhunderts v. Chr.

das westliche Sizilien und Sardinien wurden im Jahre 227 v. Chr. die ersten römischen Provinzen – ein Schritt von großer historischer Tragweite.

Dies war jedoch erst der Anfang: Gegen Ende des 3. Jahrhunderts v. Chr. war das Resultat noch nicht abzusehen, und auch heute noch streitet man darüber, welche Seite in dieser heiklen Situation am Ausbruch des größten der drei Kriege schuld war, des Zweiten Punischen Krieges (218–201 v. Chr.). Diesmal war der Schauplatz weiter ausgedehnt, denn als der Konflikt begann, hatten sich die Karthager in Spanien etabliert. Einigen der dortigen Griechenstädte hatte Rom Schutz versprochen. Der Krieg brach aus, als eine davon von dem karthagischen General Hannibal angegriffen und geplündert wurde. Hannibals Gewaltmarsch über die Alpen mit Elefanten und seine Siege am Trasimener See und bei Cannae (217 und 216 v. Chr.) machten den Krieg berühmt.

Danach war die römische Vorherrschaft in Italien zutiefst erschüttert. Praktisch der ganze Süden wechselte die Seite, doch Mittelitalien blieb loyal. Rom war nun auf seine eigenen Anstrengungen angewiesen. Die Tatsache, dass Hannibal nicht über genügend Soldaten für eine Belagerung Roms verfügte, gereichte Rom zum Vorteil. Rom gab nicht auf und konnte sich schließlich retten.

Hannibal kämpfte in einem immer stärker verwüsteten Land weitab von seiner Basis. Erbarmungslos zerstörten die Römer Capua, einen rebellierenden Bundesgenossen, ohne dass Hannibal hätte helfen können. Nun begann Rom mit der verwegenen Strategie, Karthago in seinen eigenen Besitzungen zu schlagen, vor allem in Spanien. Im Jahre 209 v. Chr. wurde Carthago Nova (Cartagena) von den Römern erobert. Als der Versuch von Hannibals jüngerem Bruder, ihm zu Hilfe zu kommen, im Jahre 207 v. Chr. zurückgeschlagen worden war, trugen die Römer ihre Offensive nach Afrika selbst. Dorthin musste Hannibal ihnen schließlich folgen und erlitt 202 v. Chr. bei Zama eine Niederlage, die zugleich das Ende des Krieges bedeutete.

Diese Schlacht beendete mehr als einen Krieg; sie entschied das Schicksal des gesamten westlichen Mittelmeerraums. Mit der

Der Sieg der Römer über Pyrrhos, den König von Epirus, im Jahre 275 v. Chr. war ein Tiefschlag für die griechische Welt.

Karthago war eine im 9. Jahrhundert v. Chr. gegründete Kolonie der Phöniker aus Tyrus und wurde 146 v. Chr. durch den römischen General Scipio Aemilianus zerstört. Die bis heute erhaltenen Ruinen stammen von der neuen Stadt, die von Julius Caesar in römischer Zeit gegründet wurde. Neuere Ausgrabungen haben auch Spuren der ursprünglichen phönikischen Siedlung und ihres Hafens freigelegt.

Römische Gewinne in den Punischen Kriegen

Der Ausbruch der Feindseligkeiten zwischen Rom und Karthago im Jahre 264 v. Chr. war der Beginn einer langen Kampfperiode, bekannt als die Punischen Kriege. Das Schlachtfeld war riesig, es reichte von Carthago Nova (Cartagena) auf der Iberischen Halbinsel bis nach Italien. Während dieser Kriege fiel Rom auch in den östlichen Mittelmeerraum ein, was schließlich zur Eroberung der griechischen Territorien führten. Der Konflikt endete 146 v. Chr. mit der völligen Zerstörung Karthagos. In wenig mehr als einem Jahrhundert waren die Römer zu den Herren des Mittelmeerraumes geworden, was sich in dem Begriff *„Mare nostrum"* – „Unser Meer" spiegelt.

Büste des Publius Cornelius Scipio, auf Grund seiner afrikanischen Feldzüge im Zweiten Punischen Krieg bekannt als „Africanus". Er stammte aus der aristokratischen Familie der Cornelier, die für ihre militärischen Leistungen im Kampf gegen Karthago berühmt war.

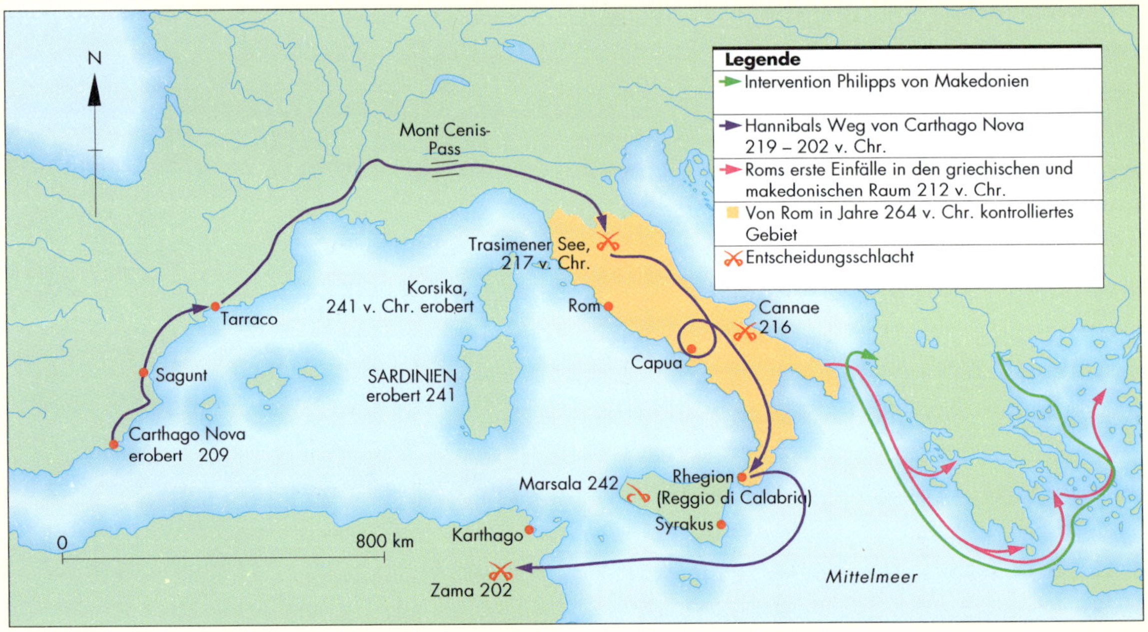

Diese Karte zeigt das von den Punischen Kriegen betroffene Gebiet sowie die Daten aller Entscheidungsschlachten und römischen Erfolge.

Auf diesem Flachrelief, gefunden am Ort des Orakels der Fortuna Primigenia in Praeneste bei Rom, ist ein römisches Kriegsschiff dargestellt. Es gehörte möglicherweise zu einem Denkmal, das zu Ehren des Marcus Antonius aufgestellt wurde (etwa 83 – 80 v. Chr.).

Angliederung der Po-Ebene im frühen 2. Jahrhundert v. Chr. war Italien ein vereinter Staat, der von Rom aus regiert wurde. Der Karthago aufgezwungene Frieden war erniedrigend und lähmend. Die Rache der Römer verfolgte Hannibal und trieb ihn ins Exil an den seleukidischen Hof. Da Syrakus im Laufe des Krieges erneut auf die Seite Karthagos gewechselt war, wurde die Stadt mit dem Verlust ihrer Selbstständigkeit bestraft. Sie war der letzte griechische Staat. Ganz Sizilien war nun römisch, ebenso Südspanien, wo eine weitere Provinz gegründet wurde.

Rom wendet sich nach Osten

Die römische Expansion beschränkte sich nicht auf den westlichen Mittelmeerraum. Die dortigen Erfolge eröffneten den Weg nach Osten. Interessant ist die Vorstellung, wie die Geschichte verlaufen wäre, hätte Rom am Ende des Zweiten Punischen Krieges eine andere Option gewählt: Auf der einen Seite lag die Mäßigung und der Erhalt der Sicherheit im Westen, auf der anderen die Expansion in den Osten und Weltmachtpolitik.

Und doch vereinfacht dieses Bild die Realität zu sehr. Osten und Westen waren bereits zu stark miteinander verwoben, um eine so simple Alternative noch aufrechterhalten zu können. Bereits 228 v. Chr. waren die Römer zu den Isthmischen Spielen in Griechenland zugelassen worden; eine – wenn auch nur formale – Anerkennung der Tatsache, dass sie für einige Griechen bereits als zivilisierte Macht und Teil der hellenistischen Welt galten. Durch Makedonien war diese Welt zudem bereits direkt in die italischen Kriege verwickelt gewesen, denn Makedonien hatte sich mit Karthago verbündet; Rom daraufhin Partei für diejenigen griechischen Städte ergriffen, die Gegner Makedoniens waren und so begonnen, sich in die griechische Politik einzumischen. Als Athen, Rhodos und der König von Pergamon im Jahre 200 v. Chr. die Römer direkt gegen Makedonien und die Seleukiden zu Hilfe

Die Eroberung des Ostens nahm ihren Anfang in der Parteinahme Roms für die Gegner Makedoniens, das sich seinerseits mit Karthago verbündet hatte.

Dieser Sarkophag stammt aus der Familiengruft der Scipionen und datiert aus dem 3. Jahrhundert v. Chr., auch wenn die Inschrift jüngeren Datums ist.

riefen, waren diese bereits auf eine Unternehmung im Osten vorbereitet. Als der Konflikt mit Karthago begann, sahen die meisten Römer der Oberschicht ihn wahrscheinlich vor allem als Verteidigungskrieg an. Einige fürchteten den Gegner noch nach dem Sieg von Zama. Die Forderung Catos in der Mitte des nächsten Jahrhunderts – „Karthago muss zerstört werden" – wurde berühmt als Ausdruck einer unversöhnlichen, der Furcht entspringenden Feindschaft. Trotzdem hatten die durch den Krieg gewonnenen Provinzen den Römern neue Perspektiven eröffnet und Motive für eine Fortsetzung des Konflikts geliefert: Sklaven und Gold aus Sardinien, Spanien und Sizilien. Diese Länder wurden nicht wie das italische Mutterland als Verbündete behandelt, sondern als Nachschublager, die man verwalten und besteuern konnte. Somit nahm eine weitere Tradition in der Republik ihren Anfang: die Verteilung der Siegesbeute durch die Generäle an ihre Truppen.

DAS WACHSTUM DES RÖMISCHEN REICHES

Das römische Reich dehnte sich in einer verwirrenden Vielzahl von Schritten aus, doch die Hauptphasen der Expansion des 2. Jahrhunderts v. Chr. im Osten sind offensichtlich: Die Eroberung Makedoniens und seine Herabstufung zur Provinz wurde durch eine Reihe von Kriegen bis zum Jahre 148 v. Chr. erreicht. Die makedonischen Kampfreihen hatten nicht mehr die Schlagkraft von einst, ebensowenig wie die Generalität. Unterdes waren auch die griechischen Städte Vasallen geworden und mussten Geiseln nach Rom senden. Das Eingreifen eines syrischen Königs (Antiochos III.) führte zur ersten Verlegung römischer Truppen nach Kleinasien. Es folgten das Verschwinden des Königreiches Pergamon, die römische Vorherrschaft in der Ägäis und die Gründung der neuen Provinz Asia im Jahre 133 v. Chr. Im Westen führten die Eroberung des restlichen Spaniens mit Ausnahme des Nordwestens, die Einrichtung eines tributpflichtigen Bündnisses in Illyrien auf dem Balkan und die Etablierung einer Provinz in Südfrankreich im Jahre 121 v. Chr. dazu, dass die Küsten des Mittelmeeres von

Der achteckige *Turm der Winde* wurde im 1. Jahrhundert v. Chr. in Athen errichtet, als die antike Stadt Teil des Römischen Reiches geworden war. Reliefs mit der Darstellung der „acht Winde" verzieren den oberen Teil des Turmes. Der Bau, ursprünglich von einer Wetterfahne gekrönt, beherbergte eine mit Wasserkraft betriebene 24-Stunden-Uhr.

Zu Beginn des 6. Jahrhunderts v. Chr. gründeten die Griechen Emporion an der nördlichen katalanischen Küste. Im 3. Jahrhundert v. Chr. spielte der Hafen der Stadt eine wichtige Rolle im Zweiten Punischen Krieg. Emporion wurde später Teil des Römischen Reiches und erlebte eine Phase großer wirtschaftlicher Blüte, in deren Rahmen eine neue römische Stadt neben der ursprünglichen griechischen entstand.

Gibraltar bis Thessalien unter römischer Herrschaft standen.

Schließlich kam im Jahr 149 v. Chr. mit dem Beginn des Dritten und letzten Punischen Krieges die von den Gegnern Karthagos lange erwartete Chance. Drei Jahre später wurde die Stadt zerstört, umgepflügt und stattdessen die neue römische Provinz Africa eingerichtet.

Die römische Expansion in Südfrankreich hinterließ in der Architektur der Region deutliche Spuren. Dieser Ehrenbogen in Saint-Rémy-de-Provence steht am ehemaligen Eingang der römischen Stadt Glanon.

Dieser Fries aus dem 1. Jahrhundert v. Chr. war möglicherweise ein Monument für Gelius Publicola, der im Jahre 70 v. Chr. Zensor war. Die Szene stellt eine in Rom abgehaltene Volkszählung dar. Links wird ein Bürger an einem Zähltisch registriert. Die Figuren auf der rechten Seite bereiten ein Opferritual vor.

Die Verwaltung des Reiches

So also sah das von der Republik errichtete Imperium aus. Wie alle großen Reiche, aber vielleicht offensichtlicher als alle vorherigen, verdankte es seine Existenz sowohl Glücksfällen als auch geplantem Vorgehen. Der Antrieb, die Legionen weiter und weiter fortzuschicken, waren Furcht, Idealismus und nicht zuletzt Habgier. Die Basis des Römischen Reiches war seine militärische Macht, die durch Expansion aufrechterhalten wurde. Zahlenmäßige Überlegenheit und Zähigkeit waren entscheidend bei der Bezwingung Karthagos – und die römische Armee war riesig. Sie konnte aus einem kontinuierlich wachsenden erstklassigem Kampf-Potenzial schöpfen, das von Verbündeten und Abhängigen gestellt wurde.

Dafür brachte die republikanische Herrschaft ihren neuen Untertanen Ordnung und ein geregeltes Staatswesen. Die Grundeinheiten des Reiches waren seine Provinzen, die jeweils von einem Statthalter mit prokonsularischen Machtbefugnissen verwaltet wurden, dessen Ernennung formell auf ein Jahr festgelegt war. Ihm stand ein Steuerbeamter zur Seite.

Die Entwicklung des Imperiums zog unvermeidlich auch zu Hause politische Konsequenzen nach sich. Zunächst wurde es immer schwieriger, die Teilnahme des Volkes an der Regierung zu sichern – insbesondere die der armen Bevölkerung. Lang andauernde Kriege verstärkten die Macht und Autorität des Senats; seine Erfolgsstatistik war tatsächlich bemerkenswert. Und doch warf die Ausdehnung des Territoriums Schwierigkeiten auf, die schon bei der Ausdehnung über Italien offensichtlich geworden waren.

Dieser wunderbare Silberteller datiert aus dem 4. Jahrhundert n. Chr. Er ist ein Teil des Schatzes von Mildenhall – dem Tafelsilber einer reichen römischen Familie –, der 1942 in einem Acker im englischen Suffolk gefunden wurde. Der Schatz, der möglicherweise vor sächsischen Plünderern verborgen worden war, illustriert den großen Reichtum einiger Römer, die sich in den eroberten Gebieten ansiedelten.

Gravierende und neuartige Probleme taten sich auf: Eines entstand aus den neuen Möglichkeiten, die Krieg und Imperium den Generälen und Provinzstatthaltern einräumte. Die Vermögen, die man machen, und vor allem schnell machen konnte, waren riesig. Erst zur Zeit der spanischen Konquistadoren oder der Britischen Ostindien-Kompanie war solche Beute für diejenigen, die zur richtigen Zeit am richtigen Platz waren, wieder so einfach greifbar.

Vieles davon war legal erworben, manches aber verdankte sich Plünderung und Diebstahl. Bezeichnend ist, dass im Jahre 149 v. Chr. ein besonderer Gerichtshof zur Verfolgung illegaler Erpressung durch Beamte geschaffen wurde (auf der Grundlage des Calpurnischen Gesetzes).

Probleme der Verfassung

Eine Schwäche der Verfassung entstand dadurch, dass das Prinzip der jährlichen Wahl der Magistrate immer häufiger außer Kraft gesetzt werden musste. Krieg und Aufstände in den Provinzen schufen Notsituationen, die die Fähigkeiten der Konsuln möglicherweise bei weitem überstiegen. Zwangsläufig gelangte die prokonsularische Macht daher in die Hände von Generälen. Man darf nicht glauben, die republikanischen Machthaber wären Berufssoldaten im heutigen Sinne gewesen; sie waren Mitglieder der Oberschicht, die eine Karriere als Staatsbeamte, Richter, Anwälte, Politiker oder sogar Priester einschlagen konnten.

Trotzdem wurde ein General, der über Jahre hinweg mit seiner Armee zusammen war, zu einer anderen Art von politischer Figur als die Prokonsuln der frühen Republik, die zeitweise eine Armee kommandierten, dann aber nach Rom und damit in die Politik zurückkehrten. Paradoxerweise aber war es eine Schwäche, dass auch die Ämter der Provinzstatthalter selbst jährlich vergeben wurden. Denn darin lag die Versuchung, das Eisen zu schmieden, solange es heiß war. So konnte Verantwortungslosigkeit in die Verwaltung Einzug halten. Andererseits bestand eine Tendenz unter erfolgreichen, langgedienten Generälen, die Loyalität ihrer Soldaten, die zuvor der Republik gegolten hatte, auf die eigene Person zu ziehen. Schließlich entstand sogar eine Art von gesellschaftlich anerkannter Korruption, denn alle römischen Bürger profitierten von einem Reich, das ihnen eine Befreiung von direkter Besteuerung ermöglichte – die Provinzen mussten für das Mutterland aufkommen. Das Bewusstsein solcher Übel verbarg sich hinter einem Schwall moralisierenden Geredes vom Verfall, das im 1. Jahrhundert v. Chr. aufkam, als die Auswirkungen dieser Probleme verhängnisvoll wurden.

Innenpolitische Auseinandersetzungen und Unruhen führten immer häufiger zu Notstandssituationen, in denen der verfassungsmäßig festgelegte Rhythmus der Magistratswahlen außer Kraft gesetzt wurde.

Die Römer liebten die griechische Kunst, insbesondere deren Statuen. Diese Plastik der Venus Genetrix (Mutterstatue) ist die römische Kopie einer griechischen Statue des 5. Jahrhunderts v. Chr., die dem Bildhauer Kallimachos zugeschrieben wird.

Das Fortschreiten der Hellenisierung

In gewissem Maße war die römische Kultur bereits hellenisiert, bevor ihre Eroberungen über Italien hinausgingen. Andererseits gab es vieles, das sie erst in direkterem Kontakt mit der hellenistischen Welt erlangen konnte. Schließlich erschien Rom vielen Griechen wie eine barbarische Macht, fast so schlimm wie Karthago. Es liegt geradezu symbolische Bedeutung in der Legende vom Tod des Archimedes, der, während er geometrische Aufgaben in den Sand zeichnete, vom Schwert eines römischen Soldaten niedergestreckt wurde, der nicht wusste, wen er vor sich hatte.

Hellenistische Einflüsse

Durch das Imperium wurde der Kontakt mit der hellenisierten Welt unmittelbar, und es entstand ein vielfältiger und dauernder Zustrom hellenistischer Einflüsse. Spätere Zeiten sollten sich z. B. über die römische Leidenschaft für Bäder wundern. Doch war dies nur eine der Gewohnheiten, die die Römer aus dem Osten übernommen hatten. Die älteste römische Literatur war übersetzte griechische Dramatik, und die ersten lateinischen Komödien imitierten griechische Vorbilder. Werke bildender Kunst gelangten zunächst auf Grund von Plünderungen nach Rom, doch der griechische Stil – vor allem die Architektur – war dort bereits durch die westlichen Griechen bekannt.

Auch gab es eine Zuwanderung. Eine der tausend Geiseln, die von den griechischen Städten Mitte des 2. Jahrhunderts nach Rom geschickt wurden, war Polybios, dem Rom sein erstes wissenschaftliches Geschichtswerk in der Tradition eines Thukydides verdankt. Seine Geschichte der Jahre 220 bis 146 v. Chr. war eine bewusste Erforschung eines von ihm als epochemachend betrachteten Phänomens, nämlich der Erfolg Roms beim Sieg über Karthago und bei der Eroberung der hellenistischen Welt. Er erkannte als erster Historiker in der neuen Einheitlichkeit, die Rom dem Mittelmeerraum gegeben hatte, eine Fortführung des zivilisatorischen Werks Alexanders. Er bewunderte zudem die uneigennützige Art und Weise, die die Römer scheinbar bei der Machtausübung zeigten – eine Haltung, der man die römische Kritik aus den Zeiten der späten Republik entgegenstellen muss.

Stabilität

Der größte Triumph Roms aber war das Schaffen von Frieden. Es brach nun ein zweites großes hellenistisches Zeitalter an, in dem sich Reisende ungehindert vom einen Ende des Mittelmeerraumes zum anderen bewegen konnten. Die wesentlichen Grundzüge der zu Grunde liegenden Struktur existierten schon zu Zeiten der Republik, vor allem in der von der römischen Verwaltung begünstigten Weltoffenheit, die nicht versuchte, den Menschen ein einheitliches Lebensmuster aufzuzwingen. Sie begnügte sich damit, Steuern zu erheben, den Frieden zu erhalten und die Konflikte der Menschen durch eine allgemeingültige Gesetzgebung zu regeln. Die großen Leistungen römischer Rechtswissenschaft lagen noch in weiter Ferne, doch die frühe Republik führte bereits um 450 v. Chr. durch das Zwölf-Tafel-Gesetz Begriffe ein, die römische Jungen auch hunderte von Jahren danach noch auswendig lernen mussten. Auf diesen Gesetzen beruhte schließlich der Rahmen, in dem viele Kulturen überleben konnten.

DER NIEDERGANG DER REPUBLIK

Gallia Transalpina (Südfrankreich) war seit 121 v. Chr. Provinz, doch der Einfall keltischer Stämme machte es – wie Norditalien – zu einem Unruheherd. Die Po-Ebene erhielt als Gallia Cisalpina im Jahre 89 v. Chr. den Provinzstatus, und fast 40 Jahre später (51 v. Chr.) wurde auch der Rest Galliens – Nordfrankreich und Belgien – erobert, womit die Keltengefahr ihr Ende fand. Währenddessen hatten auch im Osten weitere Eroberungen stattgefunden. Der letzte König von Pergamon, Attalos, hatte sein Königreich 133 v. Chr. Rom vermacht. Es folgten im frühen 1. Jahrhundert v. Chr. der Gewinn Kilikiens, dann eine Reihe von Kriegen gegen Mithridates, den König von Pontos, einem Staat am Schwarzen Meer. Das Ergebnis war eine Neuorganisation des Nahen Ostens, die Rom in den Besitz einer Küstenlinie von Ägypten bis zum Schwarzen Meer brachte. Schließlich wurde 58 v. Chr. auch Zypern annektiert.

Die innere Krise

Ironischerweise wurde der andauernde und offenbar unwiderstehliche Erfolg außerhalb Italiens von wachsendem Streit zu Hause begleitet. Der springende Punkt lag in der be-

Innere Auseinandersetzungen um die Vergabe der hohen Ämter, die den Mitgliedern der Oberschicht vorbehalten waren, führten schließlich zum Niedergang der Republik und zur Weiterentwicklung zu einem Kaiserreich.

Auf dieser in der Provence gefundenen Steinstele sind die Köpfe von vier getöteten gallischen Kriegern abgebildet. Man nimmt an, dass das Fundstück ins 3. bis 1. Jahrhundert v. Chr. datiert.

schränkten Ämterzulassung für die Mitglieder der Oberschicht. Die Wahlbehörden und politischen Versammlungen arbeiteten inzwischen infolge zweier schwerwiegender, lange anhaltender Probleme auf unterschiedlicher Grundlage: Das erste Problem bestand in der schrittweisen Verarmung der italienischen Bauern, der Träger der frühen Republik. Das hatte verschiedene Gründe, doch die Wurzeln des Übels waren die erschreckend hohen Kosten des Zweiten Punischen Krieges. Nicht nur, dass zwangsverpflichtete Soldaten in jahrelang andauernden Feldzügen fortblieben, auch der materielle Schaden für Süditalien war enorm. Währenddessen hatten diejenigen, die in der glücklichen Lage waren, durch Unternehmungen des Weltreichs Vermögen anhäufen zu können, diese in der einzig möglichen nachhaltigen Anlage investiert, dem Landkauf. Die langfristigen Auswirkungen waren die Konzentration von Besitz und die Anlage großer Landgüter, die von kriegsbedingt noch billiger gewordenen Sklaven bewirtschaftet wurden.

Marcus Tullius Cicero, geboren 106 v. Chr., machte eine glänzende politische Karriere. Er war ein großer Redner, der auch philosophische und historische Abhandlungen schrieb. Seine reichen Schriften geben Historikern wertvolle Einblicke in die politischen und sozialen Probleme seiner Zeit. Cicero wurde im Jahre 43 v. Chr. ermordet.

Es gab dort keinen Platz für den kleinen Grundbesitzer, der nun gezwungen war, in die Stadt abzuwandern und sich dort so gut wie möglich durchzuschlagen. Er war nur noch dem Namen nach ein römischer Bürger, eigentlich aber bereits ein Proletarier. Doch als Bürger hatte er immer noch sein Wahlrecht. Für die Vermögenden mit politischen Ambitionen wurde er dadurch als leicht kaufbare Stimme wichtig.

Auch das hatte Auswirkungen in ganz Italien. Sobald aber Stimmen ihren Preis hatten, würde das städtische Proletariat Roms wohl kaum seine schrittweise Entmachtung durch die Ausdehnung der Bürgerrechte auf andere italienische Völker gutheißen.

Hannibal war während des Zweiten Punischen Krieges nicht der erste Feind Roms, der Elefanten einsetzte. Indische Elefanten, wie der hier auf einem kampanischen Teller des 3. Jahrhunderts v. Chr. dargestellte, wurden erstmals von Pyrrhos, dem König von Epirus, in einer Schlacht gegen die Römer geführt.

Der Militärdienst

Ein weiteres Problem war der Wandel im Heer. Die Legionen konnten während der Republik auf eine mehr als 400-jährige Geschichte zurückblicken. Man kann ihre Entwicklung daher nur schwer auf einen einfachen Nenner bringen, außer, dass sie in wachsendem Maße zur Berufsarmee wurde. Nach den Punischen Kriegen konnte man sich nicht mehr allein auf Soldaten verlassen, die nur in den Monaten kämpften, in denen sie ihr Land nicht bestellen mussten. Als die Feldzüge die

Männer Jahr für Jahr weiter von zu Hause wegführten und Einheiten manchmal über Jahrzehnte in den eroberten Provinzen bleiben mussten, wies sogar das römische Kampfpotenzial erste Anzeichen von Schwächung auf.

Im Jahre 107 v. Chr. wurde die Besitzklausel für den Militärdienst abgeschafft. Dies war das Werk des Konsuls Marius, der das Problem der Rekrutierung auf diesem Wege löste. Der Militärdienst blieb zwar weiterhin auf Bürger beschränkt, doch davon gab es genügend. Im Endeffekt verlieh schließlich der Militärdienst selbst das Bürgerrecht. Eine weitere Neuerung des Marius war die Einführung der Legionsadler, dieser für den Korpsgeist so wichtigen Standarten, gleichermaßen religiöses Symbol wie modernes Regimentsabzeichen. Diese Veränderungen machten die Armee schrittweise zu einer neuen politischen Kraft, verfügbar für einen Mann wie Marius, einen fähigen General, der oft zum Einsatz in die Provinzen gerufen wurde. Einmal forderte er sogar von einer Armee unter seinem Kommando, einen persönlichen Treueeid auf ihn zu leisten.

Zu einer Zeit, als die bäuerliche Struktur Mittelitaliens von großen, mit der Beute aus den Provinzen finanzierten und von Sklaven bewirtschafteten Latifundien abgelöst wurde, vergrößerte sich die Kluft zwischen Reich und Arm. Dazu kamen die neuen Möglichkeiten, die sich für politisch aktive Soldaten eröffneten. Dies alles erwies sich schließlich als tödlich für die Republik. Am Ende des 2. Jahrhunderts v. Chr. versuchten die Gracchen, zwei Brüder und Volkstribunen, etwas gegen die sozialen Probleme zu tun, doch ihre Versuche kosteten sie das Leben. Diese Vorgänge markierten das gestiegene Risiko in der Politik; im letzten Jahrhundert der Republik erreichte die Verbitterung innerhalb der Parteien ihren Höhepunkt, da die Politiker wussten, dass ihr Leben jeden Moment verwirkt sein könnte. Hier sehen wir auch den Beginn der so

Diese Grabstele erinnert an den Tod eines römischen Soldaten namens Gaius Romanius Capito. Er wurde im 1. Jahrhundert n. Chr. in Slowenien geboren und starb mit 40 Jahren.

Pferdewagen waren ein üblicher Anblick auf den geschäftigen Straßen des Reiches, wie man auf diesem provinzialrömischen Relief sehen kann.

genannten römischen Revolution, denn Tiberius Gracchus (der ältere Bruder), damals Konsul, setzte sich über die Konventionen der römischen Politik hinweg, indem er die *Plebejer* überredete, denjenigen Tribunen abzusetzen, der gegen das Landgesetz des Gracchus sein Veto eingelegt hatte.

Marius ergreift die Macht

Der endgültige Absturz ins Chaos beschleunigte sich im Jahre 112 v. Chr. durch einen neuen Krieg, als der nordafrikanische König Jughurta eine große Zahl römischer Händler niedermetzeln ließ. Nur wenig später bedrohte eine Welle barbarischer Invasoren im Norden die römische Herrschaft in Gallien. In dieser Notsituation rief man den Konsul Marius zurück, der mit den Feinden der Republik fertig wurde, doch um den Preis weiterer Verfassungsänderungen, denn er wurde fünf Jahre in Folge zum Konsul gewählt.

Er war der erste einer ganzen Reihe von Kriegsherren, denn andere Auseinandersetzungen folgten rasch. Die Nachfrage nach einer Ausdehnung des römischen Bürgerrechts auf die anderen latinischen und italischen Staaten wuchs. Im Jahre 91 v. Chr. revoltierten diese Verbündeten (*socii*) schließlich, ein Vorgang, der etwas irreführend „Bundesgenossenkrieg" genannt wird. In weiteren Kriegen mit Asien – tat sich ein weiterer General mit politischen Ambitionen hervor, Sulla. Es kam zum Bürgerkrieg, Marius starb, nach einem erneuten Konsulat, Sulla kehrte 82 v. Chr. nach Rom zurück und errichtete mit Billigung des Senats eine Diktatur, die mit einer rücksichtslosen „Proskription" seiner Gegner einherging: Ihre Namen wurden öffentlich ausgehängt, was bedeutete, dass jeder, der dazu in der Lage war, sie töten durfte. In letzter Konsequenz kam dies einem Anschlag auf die Verfassung und dem Versuch der Wiederherstellung der Senatsmacht gleich.

Plutarch beschreibt Gaius Marius

„Der Feldzug war hart und schwer, doch Marius scheute vor großen Strapazen so wenig zurück, wie er sich zu gut hielt für die Arbeit im Kleinen. Er bewies Klugheit und Voraussicht wie keiner seiner Mitoffiziere, und mit den Soldaten wetteiferte er in Anspruchslosigkeit und Ausdauer. So gewann er ihre ganze Zuneigung. Denn jeder, welcher sich hart mühen muß, ist getröstet, wenn ein anderer freiwillig seine Mühe teilt; plötzlich spürt er den Zwang nicht mehr. So sieht ein römischer Soldat nichts lieber als einen Feldherrn, welcher das gleiche Brot ißt wie er selber, auf gewöhnlicher Streue liegt oder Hand anlegt beim Ausheben des Grabens oder beim Einrammen der Schanzpfähle. Ein Befehlshaber, welcher mit Auszeichnungen und Geldgeschenken nicht kargt, wird wohl geschätzt, aber mit größerer Achtung blicken die Soldaten zu einem Führer empor, der Not und Gefahr mit ihnen teilt. Und wer Übermut und Disziplinlosigkeit durchgehen läßt, findet weniger Liebe als ein Kommandant, welcher die Strapazen der Mannschaft mitträgt. Ein solcher Mann war Marius, Führer und Kamerad zugleich, und gerade deshalb gewann er sich die Herzen der Legionäre. Bald erfüllte der Ruhm seines Namens Afrika und Rom, denn die Leute schreiben aus dem Lager nach Hause, der Krieg gegen Jugurtha werde kein Ende finden, wenn man nicht Marius zum Konsul wähle."

Der republikanische General Gaius Marius.

Ein Auszug aus *Gaius Marius* von Plutarch (ca. 46 – ca. 120 n. Chr.), übersetzt von Walter Wuhrmann.

Pompeius

Ein ehemaliger Protegé Sullas war ein junger Mann, dessen Namen uns als Pompeius überliefert ist. Sulla hatte seine Karriere gefördert, indem er ihm Posten gab, die normalerweise nur von Konsuln bekleidet werden konnten, und im Jahr 70 v. Chr. wurde er schließlich auch in dieses Amt gewählt. Drei Jahre danach schaltete Pompeius im östlichen Mittelmeer die Piraterie aus und eroberte in der Folgezeit in den Kriegen gegen Pontos große asiatische Gebiete. Die Jugend, der Erfolg und das außerordentliche Talent des Pompeius führten bald dazu, dass er als potenzieller Diktator von seinen Landsleuten gefürchtet wurde.

Mithridates VI. (132 – 63 v. Chr.) versuchte die römische Präsenz in Kleinasien und der Ägäis zu schwächen, indem er den Hass der Griechen auf die Römer nutzte. Nach seiner Niederlage gegen Pompeius beging er Selbstmord.

Doch die Wechselwirkungen in der römischen Politik waren kompliziert. Im Laufe der Jahre nahmen die Unruhe in der Hauptstadt und die Korruption in der Oberschicht zu. Die Furcht vor einer Diktatur wurde größer, doch war dies nur die Sorge einer oligarchischen Partei. Es blieb zunächst noch im unklaren, worin die Bedrohung eigentlich bestand. Die Verhältnisse änderten sich daher nicht, bis die Entwicklung nicht mehr aufzuhalten war.

JULIUS CAESAR

Im Jahre 59 v. Chr. wurde ein weiterer Aristokrat, der Neffe der Frau des Marius, zum Konsul gewählt. Dies war der junge Julius Caesar. Eine Zeit lang hatte er mit Pompeius zusammengearbeitet. Das Kon-

Lucius Cornelius Sulla (138–78 v. Chr.), ein römischer General und Staatsmann in der letzten Phase der Republik. Von 82–79 v. Chr. amtierte er als vom Senat eingesetzter Diktator und blieb wegen seines rücksichtslosen Führungsstils in Erinnerung.

sulat führte ihn als Oberbefehlshaber der Armee nach Gallien, das er in einer Reihe von brillanten Feldzügen in den nächsten sieben Jahren vollständig eroberte. Obwohl er die Politik genau beobachtete, hielten ihn diese Jahre von Rom fern, wo Verbrechen, Korruption und Mord das öffentliche Leben beeinträchtigten und den Senat in Misskredit brachten.

Neben materiellem Wohlstand erwarb er in dieser Zeit eine loyale, hervorragende, erfahrene und selbstbewusste Armee, die auf ihren Anführer setzte, der ihnen für die Zukunft Lohn, Beförderung und Sieg versprach. Er war außerdem ein kaltblütiger, geduldiger und rücksichtsloser Mann. Es ist überliefert, wie er mit einigen Piraten, die ihn gefangen genommen hatten, scherzte und würfelte. Eine dieser Wetten war, dass er sie nach seiner Befreiung kreuzigen lassen würde. Die Piraten lachten, doch schließlich ließ er sie tatsächlich kreuzigen.

Als dieser außerordentliche Mann als Kommandant seiner Armee nach Abschluss der Eroberung in Gallien bleiben wollte, um so sein Kommando bis zur Konsulatswahl behalten zu können, wurden einige Senatoren unruhig. Seine Gegner bemühten sich, die Rückberufung durchzusetzen, um ihn wegen ungesetzlicher Machenschaften während seines Konsulats zu beschuldigen.

Caesar unternahm einen Schritt, der, obwohl weder er noch irgend jemand sonst es wusste, den Anfang vom Ende der Republik

Julius Caesar in Gallien

„Als die Veneter und die übrigen Stämme hörten, Caesar sei da, (...) begannen sie, angesichts der großen Gefahr zum Krieg zu rüsten. (...) Dabei war ihre Zuversicht um so größer, als sie sich auf die Natur ihrer Küstengegend verließen. Denn sie wußten, die Marschwege seien durch Buchten durchschnitten und die Navigation sei schwierig, da uns die Küsten unbekannt und die Zahl der Häfen gering war. (...) Und sollte auch alles ganz anders kommen, so bliebe ihnen immer noch die Überlegenheit ihrer Flotte, während die Römer keine Möglichkeit hätten, an Schiffe zu kommen, und vor der Gegend, wo sie Krieg führen müßten, von den Sandbänken, Häfen, Inseln keine Ahnung besäßen; (...) Nach diesem Plan befestigten sie ihre Städte, bringen Getreide vom Land herein und ziehen an der venetischen Küste, wo Caesar jedenfalls den Feldzug eröffnen würde, möglichst viele Schiffe zusammen. Als Bundesgenossen für diesen Krieg gewannen sie die Osismer, (...) auch holten sie Hilfsvölker vom gegenüberliegenden Britannien herüber. Zwar lagen die eben geschilderten Schwierigkeiten der Kriegsführung vor, doch trieben Caesar viele Gründe zu diesem Krieg: die unberechtigte Festnahme römischer Ritter, der Aufstand nach Kapitulation, der Abfall trotz Stellung von Geiseln, die Verschwörung so vieler Stämme und besonders die Erwägung, wenn er hier Nachsicht übe, würden alle anderen Völkerschaften glauben, sie könnten es ebenso treiben. Weil er also wußte, daß fast alle Gallier rebellisch sind, leicht und rasch zu den Waffen greifen und alle Menschen von Natur aus die Freiheit lieben und Sklaverei hassen, hielt er es für richtig, ehe noch mehr Stämme der Verschwörung beiträten, sein Heer zu teilen und weiter auseinanderzuziehen."

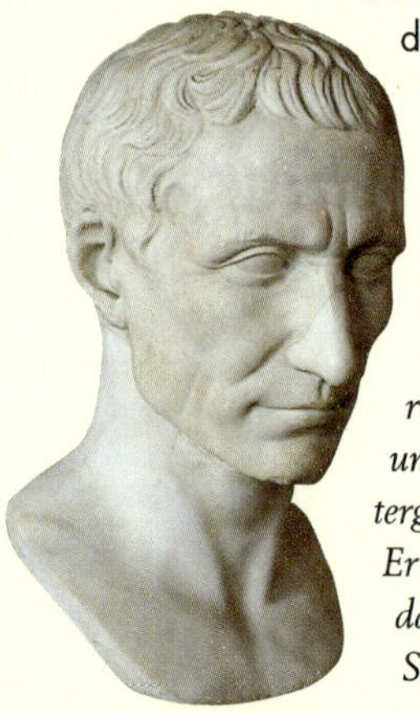

Gaius Julius Caesar (100–44 v. Chr.) entstammte einer berühmten aristokratischen Familie und war Hauptakteur beim Untergang der römischen Republik. Er war auch ein begabter Selbstdarsteller, wie seine historischen Schriften beweisen.

Ein Auszug aus Buch III (Kapitel 9–10) des *Gallischen Krieges* von Julius Caesar, herausgegeben und übersetzt von Otto Schönberger.

Die römische Armee

Der Kaiser Marcus Aurelius feiert seinen Sieg über die Barbaren der Donauebene mit einem Triumphzug. Wachsender Druck von Seiten der germanischen Völkerschaften stellten am Ende des 2. Jahrhunderts n.Chr. eine ernste Bedrohung der Nordgrenze des Römischen Reiches dar. Das bedeutete, dass die meisten kaiserlichen Soldaten in befestigten Lagern nahe der Reichsgrenzen stationiert wurden. Die weiten Entfernungen zu den Städten und zu ihren Familien förderten den Zusammenhalt der Truppen.

Zu Zeiten der Republik gab es kaum Unterschiede zwischen ziviler und militärischer Macht. Nach den Punischen Kriegen war es jedoch für die Armee nicht mehr möglich, sich weiterhin auf Soldaten zu verlassen, die einen Teil jedes Jahres ihr Land bestellen mussten. Seit dem Ende des 2. Jahrhunderts v. Chr. brauchten Armeerekruten nicht länger Landbesitzer zu sein. Dies ermöglichte die Abschaffung der Wehrpflicht – es gab genug eifrige, arme Freiwillige, um eine Berufsarmee bilden zu können. Später war es auch nicht römischen Bürgern erlaubt, in die Armee einzutreten, und der Militärdienst wurde zu einem Mittel zur Erlangung des Bürgerrechts. Diese Reformen vergrößerten die Macht der Generäle deutlich. Während der Kaiserzeit kannte die Armee drei getrennte Truppengattungen: die kaiserliche Garde, bekannt als die Prätorianer (9000 Elite-Soldaten mit Hauptquartier in Rom), die 30 Legionen (180 000 Soldaten, die römische Bürger waren) und schließlich die *auxiliares* (Hilfstruppen, 200 000 Soldaten, die am Ende ihrer Dienstzeit das Bürgerrecht beantragen konnten).

einleitete. Er führte seine Armee über den Fluss Rubicon, die Grenze seiner Provinz, und begann einen Marsch, der ihn schließlich nach Rom führen sollte. Das war im Januar 49 v. Chr. Es war ein Akt des Landesverrats, obwohl er sich darauf berief, die Republik gegen ihre Feinde zu verteidigen.

Caesar übernimmt die Macht

In dieser Notlage rief der Senat Pompeius zu Hilfe, um die Republik zu verteidigen. Da er in Italien keine Truppen hatte, zog er sich über die Adria zurück, um dort eine Armee auszuheben. Die Konsuln und ein Großteil des Senats begleiteten ihn. Ein Bürgerkrieg war damit unvermeidlich. Caesar zog sofort nach Spanien, um sieben treu zu Pompeius stehende Legionen zu besiegen. Er behandelte sie in der Folge nachsichtig, um so viele der Soldaten wie möglich für sich zu gewinnen. Obwohl er rücksichtslos und sogar brutal sein konnte, ließ er aus politischen und praktischen Erwägungen heraus seinen Gegnern gegenüber Milde walten: Er versuche nicht, Sulla zu imitieren, sagte Caesar. Dann nahm er die Verfolgung des Pompeius auf und jagte ihn nach Ägypten, wo dieser später ermordet wurde. Caesar blieb lange genug, um sich in den ägyptischen Bürgerkrieg einzumischen und wurde, fast nebenbei, der Liebhaber der Königin Kleopatra. Dann kehrte er nach Rom zurück, um fast sofort wieder nach Afrika aufzubrechen und dort eine gegnerische römische Armee zu besiegen. Schließlich vernichtete er in Spanien die Truppen, die von den Söhnen des Pompeius aufgeboten worden waren. Das geschah im Jahr 45 v. Chr.

Die Stadt Orange (Arausio) in Südfrankreich wurde ursprünglich von Julius Caesar als Veteranenkolonie gegründet. Dieser mit Schlachtszenen verzierte Triumphbogen wurde zu Ehren Caesars und als Erinnerung an dieses Ereignis errichtet.

Die Ausdehnung des Römischen Reiches

Am Ende des 1. Jahrhunderts v. Chr. erstreckte sich das Römische Reich über fast alle Mittelmeerländer im Süden und reichte im Norden bis zum Rhein. Um diese eindrucksvolle Expansion möglich zu machen, war es nötig gewesen, Karthago auszuschalten, den größten Gegenspieler Roms im westlichen Mittelmeerraum, und weiter in die Länder der ehemaligen hellenistischen Königreiche vorzudringen. Die Eroberung dieser neuen Gebiete bereicherte Rom in materieller wie in kultureller Hinsicht sehr. Die enormen Ausmaße des aufblühenden Reiches forderten auch die Kapazitäten seiner militärischen und politischen Einrichtungen heraus, die schnell der neuen Situation angepasst werden mussten.

Ein solches Talent verlässt sich nicht allein auf gewonnene Schlachten. So kurz sein letzter Besuch in Rom auch war, so hatte Caesar doch seine politische Unterstützung sorgfältig organisiert und den Senat mit seinen Männern besetzt. Die Siege brachten ihm große Ehrungen und reale Macht ein. Er wurde zum Diktator auf Lebenszeit gewählt und agierte schließlich faktisch wie ein König unter anderer Bezeichnung. Er benutzte seine Macht ohne große Rücksicht auf die Empfindlichkeiten von Politikern und ohne besonderen Einfallsreichtum, was seiner Herrschaft einen längerfristigen Erfolg hätte sichern können. Trotzdem schaffte er Ordnung in den Straßen Roms und unternahm Schritte, die Macht der Geldgeber in der Politik zu unterbinden. Besonders einer Reform sollte die Zukunft Europas viel verdanken – der Einführung des Julianischen Kalenders. Wie vieles andere, was wir für römisch halten, kam er aus dem hellenistischen Alexandreia, wo ein Astronom Caesar erläuterte, ein Jahr von 365 Tagen mit einem Extratag (Schalttag) alle vier Jahre würde es ermöglichen, sich von dem komplizierten traditionellen römischen Kalender zu lösen. Die neue Zeitrechnung begann schließlich am 1. Januar 45 v. Chr.

Das Ende der Republik

15 Monate nach Beginn der neuen Zeitrechnung war Caesar tot, niedergestreckt im Senat am 15. März 44 v. Chr., auf der Höhe seines Erfolges. Die Motive seiner Mörder waren vielfältig. Der Zeitpunkt war zweifellos im Bewußsein gewählt, dass er im Osten einen großen Feldzug gegen die Parther plante. Sollte er sich mit seiner Armee vereinigen, hätte es erneut eine Rückkehr im Triumph ge-

Julius Caesar gestaltete nicht nur das antike Forum um, er baute zugleich ein neues. Das alte Forum war für eine Stadt, die jetzt Metropole eines riesigen Reiches war, viel zu klein geworden. Bevor er mit den Bauarbeiten beginnen konnte, musste Caesar unter großen Kosten ein Areal mit Privathäusern enteignen. Sein neues Forum war rechteckig und umgeben von Säulengängen mit Ladenzeilen. Deren Ruinen sind hier hinter der doppelten Säulenstellung zu erkennen.

Eine Schlüsselrolle auf dem Weg zum römischen Kaisertum spielte Cäsar, der einerseits republikanischer Konsul war, andererseits aber wie ein Kaiser herrschte. Sein Nachfolger Octavian wurde erster Kaiser.

ben können, und er wäre unangreifbarer denn je gewesen. Es gab Gerüchte über ein Königtum; manche stellten sich eine Tyrannei nach hellenistischem Muster vor. Die vielfältigen Motive seiner Feinde fanden immer breitere Akzeptanz, denn manche sahen in seinem Verhalten einen ungeheuren Affront gegenüber den republikanischen Traditionen: die de-facto-Tyrannei eines einzelnen Mannes. Andere brachten eher kleinere Missachtungen der Verfassung gegen ihn auf, und schließlich kamen seine Mörder aus einer Gruppe von enttäuschten Soldaten, parteiischen Oligarchen und gekränkten Konservativen.

Die Attentäter hatten jedoch auch keine Antworten auf die Probleme, für deren Lösung Caesar keine Zeit mehr gehabt hatte und an denen seine Vorgänger so offensichtlich gescheitert waren. Auch sie konnten sich nicht lange halten. Zwar erklärte man einerseits die Republik für erneuert, bestätigte aber andererseits die Verordnungen Caesars. Es kam zu einem Umschwung gegenüber den Verschwörern, die schon bald aus der Stadt fliehen mussten. Innerhalb von zwei Jahren waren sie alle tot, und Julius Caesar wurde zum Gott erhoben.

Die Republik war dem Untergang geweiht. Schon lange vor der Überquerung des Rubicon entscheidend beschädigt, hatte die Verfassung ihren Kern verloren, was auch immer man unternahm, um ihn zu erneuern. Und doch lebten ihre Mythen, ihre Ideologie und ihre Gestalt in einem romanisierten Italien fort. Die Römer vollbrachten es nicht, sich von ihren überkommenen Institutionen abzuwenden. Als sie es schließlich doch taten, hatte ihr Reich bereits aufgehört, der Republik zu ähneln – nur der Name war geblieben.

Diese Statue stellt Julius Caesar dar, den großen General und Staatsmann, der seinen Gegner Pompeius besiegte, um der Herrscher von Rom zu werden. Caesars Ruhm gründete auch in der Eroberung Galliens und seinen bemerkenswerten literarischen Berichten über seine Feldzüge. Alle folgenden römischen Kaiser übernahmen den offiziellen Titel „Caesar", vielleicht in der Hoffnung, dass der Ruhm ihres Vorgängers auf sie abfärben würde.

2 DIE RÖMISCHEN ERRUNGENSCHAFTEN

Wenn der griechische Beitrag zur Kultur vor allen Dingen intellektueller und geistiger Natur war, dann war der Roms technischer und praktischer Art – sein Wesen war das Reich selbst. Auch wenn kein Mensch allein ein Reich repräsentieren kann, nicht einmal der große Alexander, waren doch Gestalt und Regierungsform in erstaunlichem Maße das Werk eines Mannes von hervorragenden Fähigkeiten, des Großneffen und adoptierten Erben des Julius Caesar, Octavian.

Diese im Jahre 32 v. Chr. geprägte Münze trägt ein Porträt von Marcus Antonius (oben). Die armenische Tiara im Hintergrund symbolisiert seine militärischen Eroberungen im Osten. Die Rückseite (unten) zeigt ein Porträt Kleopatras, der ägyptischen Königin, mit der sich Marcus Antonius verbündete.

DAS AUGUSTEISCHE ZEITALTER

Später wurde Octavian als Caesar Augustus bekannt. Ein Zeitalter wurde nach ihm benannt; sein Name wurde für die Nachwelt zum Inbegriff kaiserlicher Macht. Manchmal meint man, Octavian habe beinahe alles geschaffen, was das kaiseriche Rom ausmachte, von der neuen Prätorianergarde angefangen, die als erste Militäreinheit dauerhaft in der Hauptstadt stationiert wurde, bis hin zur Besteuerung der Ledigen. Dieser Eindruck entstand weil er ein Meister der Öffentlichkeitsarbeit war, bezeichnenderweise sind uns von ihm mehr Darstellungen als von jedem anderen römischen Kaiser erhalten.

Obwohl er ein Caesar war, entstammte Octavian einer jüngeren Linie der Familie. Von Julius, dem er im Alter von 18 Jahren nachgefolgt war, erbte er Verbindungen zur Aristokratie, großen Reichtum und militärische Unterstützung. Eine Zeit lang verbündete er sich mit einem der Gefolgsmänner Caesars, Marcus Antonius, mit dem er eine Reihe von grausamen Ächtungen erließ, um die Mörder des großen Diktators zu vernichten. Marcus Antonius' Aufbruch zu Kriegszügen in den Osten, sein dortiges Scheitern sowie die unüberlegte Heirat mit Kleopatra, der Geliebten des Julius Caesars, verschafften Octavian weitere Vorteile. Er kämpfte im Namen der Republik gegen die Gefahr, dass Antonius, mit einer orientalischen Monarchie im Gefolge, eine Rückkehr als Prokonsul gelingen könnte. Dem Sieg bei Actium

Zeitleiste (32 v. Chr. – 193 n. Chr.)

50 v. Chr.	25 v. Chr.	0	50 n. Chr.	100 n. Chr.	150 n. Chr.	200 n. Chr.

- 32–31 v. Chr. Krieg des Octavian gegen Antonius und Kleopatra
- 31 v. Chr.–14 n. Chr. Herrschaft des Octavian (Augustus)
- 14–68 n. Chr. Julisch-Claudische Dynastie: Tiberius, Caligula, Claudius und Nero
- 68–69 n. Chr. Vierkaiserjahr
- 69–96 n. Chr. Flavische Dynastie: Vespasian, Titus und Domitian
- 96–192 n. Chr. Adoptivkaiser: Nerva, Trajan, Hadrian, Antoninus Pius, Marcus Aurelius und Commodus
- 117 n. Chr. Mit den Eroberungen Trajans erreicht das Weltreich seine größte Ausdehnung
- 193 n. Chr. Septimius Severus begründet die severische Dynastie

Die Gemma Augustea ist eine Kamee aus der Zeit um 10 v. Chr., auf dem Augustus als thronender Jupiter neben der Göttin Roma dargestellt ist. Vor dem Kaiser bereitet sich Germanicus auf seinen nächsten Feldzug vor, während Tiberius von einem von einer Victoria gelenkten Streitwagen absteigt. Im unteren Abschnitt errichten römische Soldaten ein Siegesmonument für Victoria, und Auxiliartruppen führen ihre barbarischen Gefangenen weg.

(31 v. Chr.) folgten die legendären Selbstmorde von Antonius und Kleopatra. Das Königreich der Ptolemäer hörte auf zu existieren, und Ägypten wurde als weitere Provinz dem Römischen Reich angegliedert.

Augustus als Konsul

Die Angliederung Ägyptens bedeutete das Ende des Bürgerkrieges. Octavian kehrte nach Rom zurück, um Konsul zu werden. Im Jahre 27 v. Chr. führte er die so genannte „Wiederherstellung der Republik“ an. Er wurde unterstützt von einem Senat, dessen republikanische, durch Bürgerkrieg und Ächtungen geläuterten und geschwächten Mitglieder er durch sorgfältige Wahrung der äußeren Form mit seiner realen Vormachtstellung aussöhnte. Er führte die faktische Macht seines Großonkels hinter der Fassade republikanischer Frömmigkeit wieder ein. Augustus war nur auf Grund seiner Befehlsgewalt über die Grenztruppen Imperator – doch in den Provinzen war die Mehrzahl der Legionen stationiert. Sein Konsulat wurde Jahr um Jahr verlängert, und im Jahre 27 v. Chr. erhielt er den Ehrentitel Augustus, unter dem er in die Geschichte einging.

In Rom wurde er offiziell und normalerweise bei seinem Nachnamen gerufen, oder man bezeichnete ihn als *princeps*, erster Bürger. Im Laufe der Jahre wuchs die Macht des Augustus stetig weiter. Der Senat verlieh ihm ein Eingriffsrecht in den senatorisch regierten Provinzen (also in denen, die keine ständige Garnisonsarmee benötigten). Ihm wurde die Gewalt eines Tribunen zugesprochen. Sein Sonderstatus wurde durch die neuerliche Anerkennung seiner Position oder *dignitas*, wie es die Römer nannten, vergrößert und formell festgeschrieben Er hatte auch nach seinem Rücktritt von diesem Amt im Jahr 23 v. Chr. seinen Platz zwischen den beiden Konsuln, und seinen Anliegen wurde auf der Tagesordnung des Senats Vorrang eingeräumt. Schließlich bekleidete er im Jahr 12 v. Chr. die Würde des *Pontifex Maximus*, Oberpriester des Staatskultes, wie auch sein Großonkel. Die äußere Form der Republik mit ihren allgemeinen und senatorischen Wahlen wurde beibehalten, doch Augustus bestimmte, wer gewählt werden sollte.

Der wohlwollende Despot

Angesichts des Aufstiegs des Augustus gerät oft aus dem Blickfeld, dass seine po-

Diese Marmorstatue des Augustus zeigt den Kaiser sowohl als triumphierenden General als auch als Gott – die bloßen Füße symbolisieren seine Göttlichkeit. Neben ihm ist Amor auf einem Delfin zu sehen, eine Anspielung auf die Abstammung des Augustus von Venus.

Die Ara Pacis Augustae ist ein dem von Augustus durchgesetzten Frieden geweihtes Monument. Dieser Teil des Frieses zeigt eine Prozession, an der sich Mitglieder der kaiserlichen Familie beteiligen. Der Schwiegersohn des Augustus, Agrippa, folgt den Dienern. Hinter Agrippa sind sein kleiner Sohn Gaius Caesar und seine Frau Julia, die Tochter des Augustus, zu sehen.

Vespasian (9–79 n. Chr.) wurde nach dem Tod des Kaisers Vitellius während des Bürgerkrieges im Jahre 69 n.Chr. von den östlichen Legionen zum Kaiser ausgerufen. Er stellte die Ordnung im Reich wieder her und sicherte die Grenzen, indem er ständige Militärlager an Donau und Rhein errichten ließ.

litische Karriere innerhalb der Oberschicht begann, deren Angehörige ihre Positionen den Caesaren verdankten. Mit wohlwollendem Despotismus band Augustus die Provinz- und Armeeverwaltung an sich, indem er sie in unterwürfige, weil gut bezahlte Hände legte. Die bewusste Wiederbelebung republikanischer Traditionen und Festlichkeiten spielte dabei ebenfalls eine Rolle. Die augusteische Regierung war deutlich von der Sorge um eine moralische Erneuerung durchdrungen; die Tugenden des alten Rom schienen für manchen wieder aufzuleben. Der Ruf des augusteischen Zeitalters verwundert keineswegs, wenn man neben dieser offiziellen Strenge den Frieden, der die meiste Zeit seiner Regierung bestimmte, bedenkt, sowie die großen, sichtbaren Monumente der römischen Architekten und Ingenieure. Nach seinem Tod im Jahre 14 n. Chr. wurde Augustus, wie Julius Caesar vor ihm, vergöttlicht.

Monarchie und Bürgerkrieg

Augustus hatte vorgesehen, dass ein Mitglied seiner eigenen Familie ihm folgen sollte. Obwohl er die republikanischen Formen achtete, war Rom nun in Wahrheit eine Monarchie, was durch die Erbfolge von fünf Mitgliedern derselben Familie gefestigt wurde. Das einzige Kind des Augustus war eine Tochter; unmittelbarer Nachfolger sein adoptierter Stiefsohn Tiberius. Der letzte seiner Nachkommen, der an die Regierung gelangte, war Nero, gestorben 68 n. Chr.

Die Herrscher der klassischen Welt hatten kein leichtes Leben. Einige römische Kaiser ließen in den Korridoren ihrer Paläste große Spiegel anbringen, so dass Attentäter ihnen nicht auflauern konnten. Weder Tiberius selbst noch einer seiner vier Nachfolger dürfte eines natürlichen Todes gestorben sein. Es gab immer noch Vorstöße des Senats, der formell weiterhin den obersten Magistrat ernannte, und es gab Anlässe für Intrigen und Verschwörungen. Trotzdem konnte der Senat nie hoffen, die Macht zurückzugewinnen, denn die entscheidende Basis der Macht war jetzt das Militär.

Aus dem ersten großen Bürgerkrieg, der das Reich im Vierkaiserjahr 69 n. Chr. erschütterte, ging Vespasian als Sieger hervor. Dieser war Enkel eines Centurios und bei weitem kein Aristokrat (aber *eques*). Der oberste Magistratsposten war damit nicht mehr in den Händen der großen römischen Familien.

Offizier Mucianus appelliert an Vespasian

„Ich rufe Dich, Vespasianus, zur Herrschaft auf – wie segensreich für den Staat, wie ruhmreich für dich, das liegt nach den Göttern in deiner Hand. Fürchte auch bei mir nicht den Anschein des Schmeichlers: eher Schmach als Ehre dürfte es bedeuten, nach einem Vitellius berufen zu werden. Nicht gegen des Divus Augustus scharfen Verstand noch gegen das so mißtrauische Alter des Tiberius, nicht einmal gegen das auf lange Herrschaft begründete Haus des Gaius, Claudius oder Nero erheben wir uns (...) weiterhin in träger Ruhe zu verharren und den Staat der Schändung und Vernichtung preiszugeben würde als Stumpfsinn und Trägheit erscheinen (...). Vergangen und für immer vorbei ist die Zeit da man von dir glauben konnte, es sei nur dein Wunschziel gewesen. (...) Und daß es möglich ist, vom Heer zum Prinzeps gemacht zu werden, dafür ist Vitellius sich selbst Beweis genug (...) und schon hat Vitellius ihn zu einem zurückgesehnten, großen Herrscher gemacht. (...) Dir stehen aus Judäa, Syrien und Ägypten neun Legionen bereit (...) ein im Dienst abgehärtetes Heer, Sieger in einem auswärtigen Kriege, dazu die Streitmacht an Flotten, Schwadronen, Kohorten, auch treuergebene Könige und deine unvergleichliche Erfahrung."

Auszug aus Buch II, v. 76 der *Historien* des Tacitus (ca. 56 – ca. 120 n. Chr.), übersetzt von Helmuth Vretska.

Die Antoninen

Als Vespasians jüngerer Sohn im Jahre 96 n. Chr. ermordet wurde, fand sein Geschlecht von Emporkömmlingen ein Ende. Sein Nachfolger war ein ältlicher Senator mit Namen Nerva. Er löste das Problem der Nachfolge, indem er mit den Versuchen einer natürlichen dynastischen Erbfolge brach. Stattdessen führte er die Praxis der Adoption ein, zu der schon Augustus gezwungen gewesen war. Es folgten vier Kaiser – Trajan, Hadrian, Antoninus Pius und Marcus Aurelius –, die dem Reich ein Jahrhundert lang eine stabile Regierung verschafften. Dieses wird nach dem Dritten in der Reihe das „Zeitalter der Antoninen" genannt. Alle stammten aus Familien, die ihre Wurzeln in den Provinzen hatten; ein Hinweis darauf, in welchem Maße das Reich bereits kosmopolitisch war, der Rahmen der gesamten nachhellenistischen Welt des Westens, und nicht mehr nur der Besitz der in Italien Geborenen. Die Adoption erleichterte es zudem, Kandidaten zu finden, auf die sich Armee, Provinzen und der Senat einigen konnten.

Unter der nach Antonius Pius benannten Familie der Antoninen erlebte Rom eine der stabilsten Zeiten seiner Geschichte. Ihre Nachfolger konnten diese Stabilität nicht erhalten, in der Zeit der Soldatenkaiser kam es erneut zu inneren Unruhen.

Dennoch kam es zu einer Rückkehr zum dynastischen Prinzip durch die Erbfolge des Commodus, des Sohnes des Marcus Aurelius. Dieser wurde 192 n. Chr. ermordet, und es folgte im Jahr darauf geradezu eine Wiederholung der Situation des Jahres 69 n. Chr., als erneut vier von ihren eigenen Armeen ernannte Kaiser an die Macht gelangten. Am Ende behauptete sich die illyrische Armee und setzte einen afrikanischen General auf den Thron. Spätere Kaiser waren ebenfalls die Kandidaten von Soldaten: Es zogen schlimme Zeiten herauf.

Dies ist das einzige bronzene Reiterstandbild, das aus klassischer Zeit erhalten blieb. Es stellt den Kaiser Marcus Aurelius (161–180 n. Chr.) dar, der stolz auf seine Liebe zur Kultur war. Seine eigenen Schriften umfassen die *Selbstbetrachtungen*, die seine stoische Philosophie wiedergeben.

Augustus und das Römische Reich

"Die bedeutenderen Provinzen und solche, die nicht leicht und auch nicht sicher zu verwalten gewesen wären durch jährlich wechselnde Beamte, übernahm er selbst, die übrigen überließ er Prokonsuln, die durch Los bestellt wurden. (...) Einigen Städten, die mit Rom verbündet waren, aber wegen der Freiheit, die sich die Einwohner nahmen, leicht in den Untergang stürzen würden, nahm er ihre Freiheit, anderen, die ihre Verschuldung drückte, half er wieder auf die Beine, andere, die ein Erdbeben vollkommen zerstört hatte, baute er wieder neu auf; andere, die Verdienste gegen das römische Volk vorweisen konnten, beschenkte er mit dem latinischen oder dem vollen Bürgerrecht. (...)

Königreiche, die er auf Grund des Kriegsrechts unter seine Macht gebracht hatte, gab er mit wenigen Ausnahmen genau an diejenigen zurück, denen er sie weggenommen hatte, oder gab sie an auswärtige Herrscher. Verbündete Könige band er auch untereinander durch wechselseitige verwandtschaftliche Beziehungen eng zusammen. (...) Thronfolgern, die zu jung oder geistesschwach waren, stellte er sogar einen Vormund an die Seite, bis sie alt genug oder wieder zu Verstande gekommen waren; und die Kinder der meisten Fürsten ließ er mit seinen eigenen erziehen und unterrichten."

Auszug aus *Augustus*, Kap. 47– 48 aus dem *Leben der Caesaren* von Sueton (ca. 69–150 n. Chr.), übersetzt von Hans Martinet.

Die Grenzen des Reiches

Die Kaiser beherrschten jetzt ein viel größeres Gebiet als noch Augustus. Im Norden hatte Julius Caesar Erkundungen bis nach Britannien und Germanien durchgeführt, hatte aber Gallien mit dem Ärmelkanal und dem Rhein als Grenzen nicht dauerhaft überschritten. Augustus drang nach Germanien vor, und ebenso von Süden her donauaufwärts. Die Donau wurde schließlich die Reichsgrenze, doch die Expeditionen jenseits des Rheins waren weniger erfolgreich und die Grenze konnte auch nicht an der Elbe fixiert werden, wie Augustus gehofft hatte.
Stattdessen traf das römische Selbstvertrauen im Jahre 9 n. Chr. ein schwerer Schlag, als germanische Stämme unter Führung des Arminius drei Legionen vernichteten. Das Gebiet wurde nie zurückerobert, ebensowenig wurden die Legionen wieder ausgehoben, denn deren Ordnungszahlen betrachtete man fortan als mit so vielen schlechten Omina behaftet, dass sie nie wieder in den Armeelisten auftauchten. Acht Legionen blieben am Rhein stationiert, dem auf Grund der dahinterliegenden Gefahren am stärksten befestigten Teil der Grenze.

Anderswo breitete sich die römische Herrschaft noch weiter aus. Im Jahre 43 n. Chr. begann Claudius mit der Eroberung Britanniens. Dort entstand mit der Errichtung des Hadrianswalles im Norden etwa 80 Jahre später die am weitesten entfernte dauerhafte Grenzlinie.

Rom und Parthien

Rom stand Parthien das erste Mal im Jahre 92 v. Chr. am Euphrat gegenüber, als Sullas Armee dort einen Feldzug unternahm. In der Folgezeit gab es keine wichtigen Ereignisse, bis die römischen Armeen 30 Jahre später gegen Armenien vordrangen. Dort überlappten sich zwei Einflussbereiche, und Pompeius vermittelte in einem Grenzstreit zwischen dem armenischen und parthischen König.

Dann, im Jahre 54 v. Chr., überschritt der römische Politiker Crassus den Euphrat und unternahm eine Invasion Parthiens: Innerhalb weniger Wochen war er tot und eine römische Armee von 40 000 Mann vernichtet. Es war eines der schlimmsten militärischen Desaster der gesamten römischen Geschichte. Die parthische Armee hatte mehr zu bieten als gute berittene Bogenschützen. Sie besaß eine schwere Reiterei von unerreichter Qualität,

Der Hadrianswall wurde während der Regierungszeit des gleichnamigen Kaisers (117–138 n. Chr.) zur Sicherung der nördlichen Reichsgrenze in Britannien erbaut. Der Wall ist 120 Kilometer lang und mit 17 Kastellen ausgestattet, in denen Infanterieeinheiten stationiert waren. Zwischen den Kastellen wurden kleinere Tortürme errichtet, und zwischen diesen standen wiederum je zwei Wachtürme, die eine genaue Observierung des umgebenden Geländes erlaubten.

die Kataphrakten, mit Schuppenpanzern bewehrte Reiter auf ebenfalls gepanzerten Pferden, die ihr Ziel mit einer schweren Lanze zu treffen suchten. Der Ruhm ihrer großartigen Pferde erweckte sogar den Neid der Chinesen.

Danach blieb die östliche Grenze am Euphrat für ein Jahrhundert unangetastet. Doch die Parther zogen den Zorn der Römer auf sich, indem sie sich in die Geschehnisse des Bürgerkrieges einmischten, Syrien schikanierten und Unruhen unter den palästinischen Juden anstachelten. Marcus Antonius musste sich unehrenhaft und in höchster Not nach Armenien zurückziehen, nachdem er in einem verhängnisvollen Feldzug 35 000 Mann verloren hatte. Doch auch Parthien litt unter innerer Uneinigkeit. Im Jahre 20 v. Chr. konnte Augustus die Rückgabe der von Crassus verlorenen römischen Feldzeichen erreichen und nahm dankbar Abstand davon, aus Gründen der Ehre einen Angriff auf Parthien zu führen. Kaiser Trajan eroberte 115 n. Chr. die parthische Hauptstadt Ktesiphon und kämpfte sich bis an den Persischen Golf durch, doch sein Nachfolger Hadrian besänftigte die Parther klugerweise dadurch, dass er einen Großteil dieser Eroberungen zurückgab.

Die Kämpfe mit den Parthern brachten der römischen Armee unvorstellbare Verluste. Zwar eroberte Trajan die parthische Hauptstadt, doch sein Nachfolger Hadrian gab sie zurück und vermied so weitere größere Konflikte.

Die *Pax Romana*

Mit Bedacht ließen die Römer ihre neuen Untertanen von der Ausdehnung der *Pax Romana* profitierten, dem kaiserlichen Frieden, der von ihnen zumindest die Bedrohung von außen durch Barbareneinfälle oder internationale Konflikte abhielt.

Zu bedenken sind aber die Gewalt, mit der viele der unterworfenen Völker sich gegen die römische Herrschaft auflehnten, und das Blutvergießen, das diese Rebellionen kosteten –

Die Pax Romana war der erste Versuch in der Geschichte, den Menschen in allen Teilen eines Reiches ein Recht auf Frieden und Ordnung zu schaffen.

Marcus Licinius Crassus Dives (115–53 v. Chr.) war einer der reichsten Männer Roms zu seiner Zeit. Mit Caesar und Pompeius Mitglied des ersten Triumvirats, war Crassus für Kleinasien und Syrien verantwortlich. Im Jahre 53 v.Chr., in einem der größten militärischen Desaster der römischen Geschichte, wurde er von der parthischen Armee besiegt.

Diese detailreichen Flachreliefs verzieren die Trajanssäule, errichtet auf seinem Forum in Rom. Die Säule erinnert an den Sieg der Römer über die Daker, der zu Beginn des 2. Jahrhunderts n. Chr. zur Angliederung Dakiens (dem heutigen Rumänien) ans Reich führte. In den Szenen werden verschiedene Begebenheiten der Feldzüge dargestellt, darunter Ansprachen des Kaisers an seine Truppen, der Bau von Kastellen oder Schlachtszenen.

Die kaiserlichen Residenzen auf dem Palatin

Am Ende des 1. Jahrhunderts n. Chr. ließ Kaiser Domitian einen großen Residenzkomplex neben dem Palast des Tiberius erbauen, der sich über das gesamte zentrale Areal des Palatins erstreckte. Die Domus Flavia beherbergte öffentliche Räume von riesigen Ausmaßen: den Thronsaal, den Beratungsraum oder *basilica*, den Speisesaal und die Bibliotheken. Sie besaß auch einen großen, von Marmorsäulen umgebenen Innenhof. Die Domus Augustana – eine luxuriöse Villa mit mehreren Innenhöfen – war die private Residenz des Kaisers. Später ließ Domitian ein Stadion und ein Thermalbad hinzufügen. Die Domus Severiana, errichtet zur Zeit des Septimius Severus im späten 2. Jahrhundert, steht zum Teil auf einer großen, aus dem Hügel herausragenden Plattform.

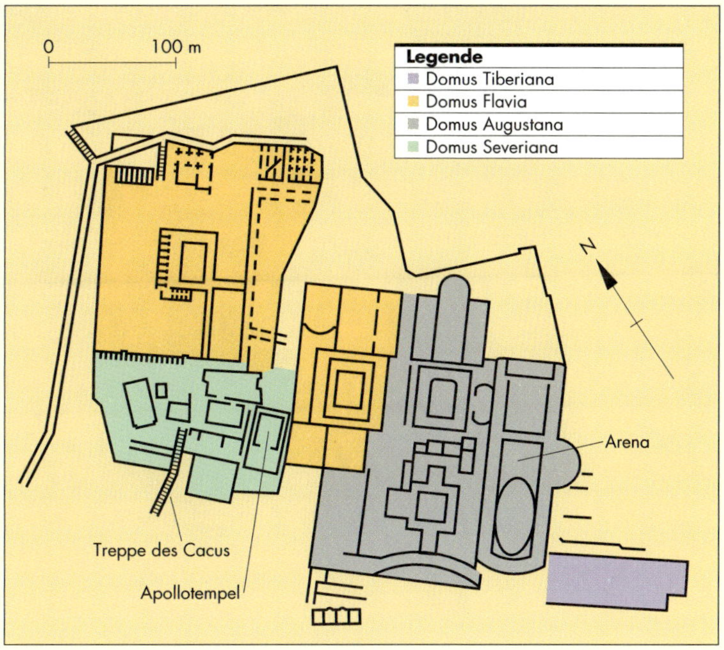

Die Domus Tiberiana wurde unter dem gleichnamigen Kaiser im 1. Jahrhundert n.Chr. oberhalb des Forum Romanum errichtet. Sie war das erste kaiserliche Gebäude auf dem Palatin, Ursprung des Wortes „palatium" (Palast). Im 16. Jahrhundert wurden an dieser Stelle die Farnesischen Gärten angelegt, die einen Großteil der Ruinen verdeckten.

Die Porta Nigra in der römischen Stadt Treviri (dem heutigen Trier) datiert vom Ende des 2. Jahrhunderts n. Chr. Die Stadt entwickelte sich zu einem bedeutenden Zentrum, bedingt durch ihre geographische Lage, die leichten Zugang zu den Militärlagern am Rhein ermöglichte. Treviri war das Hauptquartier des Prokurators der Gallia Belgica und beider Germanien. Seit dem Ende des 3. Jahrhunderts entwickelte es sich zu einer der wichtigsten Städte des westlichen Reichs.

Die Verwaltung eines so großen Reiches wie das der Römer war nur durch eine ausgefeilte Bürokratie zu gewährleisten. In den eroberten Gebieten ließ man bereits funktionierende Strukturen bestehen, wenn die Eintreibung der Steuern gesichert war.

und dennoch war der Stolz der Römer nicht grundlos. Innerhalb der Grenzen herrschten Ordnung und Frieden wie niemals zuvor. In manchen Regionen veränderte sich infolgedessen die Siedlungsstruktur, weil im Osten Städte gegründet oder die Abkömmlinge von Caesars Soldaten in neuen Militärkolonien in Gallien angesiedelt wurden. So hatte die Festschreibung der Rheingrenze durch ihre Aufteilung der germanischen Völker sogar dauerhafte Folgen für die europäische Geschichte. Als sich in der Zwischenzeit überall die Lage beruhigte, fand eine schrittweise Romanisierung der jeweiligen Führungsschichten statt. Sie wurden ermutigt, Teil der gemeinsamen Kultur zu werden, deren Ausbreitung durch die mit dem Ausbau des Straßennetzes verbesserte Kommunikation erleichtert wurde. Der Hauptzweck war ursprünglich, die Truppenbewegungen zu beschleunigen. – Noch Napoleons Kuriere gelangten nicht schneller von Paris nach Rom als diejenigen der Kaiser des 1. Jahrhunderts n. Chr.

Die Organisation des Kaiserreiches

Das Reich umfasste ein riesiges Gebiet und verlangte nach Lösungen administrativer Probleme, wie sie sich weder den Griechen noch den Persern gestellt hatten. Es entstand eine komplexe Bürokratie mit bemerkenswerter Reichweite – um nur ein kleines Beispiel zu nennen: Die Akten aller Offiziere vom Rang des Centurio (also vom Kompaniekommandanten) aufwärts wurden zentral in Rom aufbewahrt. Das Korps der zivilen Staatsdiener in den Provinzen war das administrative Gerüst, das vielerorts vom Vertrauen in eine Armee getragen wurde. Die Bürokratie wurde nämlich durch die Übernahme begrenzter Ziele eingeschränkt. Diese waren vor allen Dingen fiskalischer Natur: Wenn die Steuern pünktlich bezahlt wurden, dann wollte sich die römische Herrschaft nicht weiter in die Ausübung der lokalen Gewohnheitsrechte einmischen; Rom war tolerant. Es stellte die Rahmenbedingungen, innerhalb derer das Beispiel seiner Kultur die Barbaren von ihren angestammten Sitten abbringen sollte.

Die Reform des Verwaltungsapparates hatte unter Augustus begonnen. Der Senat vergab immer noch viele Posten auf jährlicher Basis, doch die kaiserlichen *legati Augusti*, die in den Grenzprovinzen eingesetzt wurden, erfüllten ihre Aufgaben nach Gutdünken des Herrschers. Es deutet alles darauf hin, dass die Verwaltung in der Kaiserzeit, verglichen mit der Korruption des letzten Jahrhunderts der Republik, beträchtlich verbessert wurde. Sie war zudem stärker zentralisiert und vereinheitlicht als etwa das Satrapensystem in Persien.

Die unterworfenen Völker wurden durch einen Anreiz zur Zusammenarbeit verleitet: Durch die Verleihung des Bürgerrechts an immer mehr Untertanen Roms vergrößerte sich zunächst das Gebiet des republikanischen Staates, dann das des Kaiserreichs. Dies war ein wichtiges Privileg; unter anderem brachte es, wie wir aus der Apostelgeschichte wissen, das Recht mit sich, einen Appell an den Kaiser in Rom zu richten. Mit der Verleihung des Bürgerrechts konnte man die Loyalität des Adels erringen; immer mehr Nicht-Römer traten im Laufe der Jahrhunderte im Senat und in Rom selbst auf. Im Jahre 212 n. Chr. wurde schließlich (unter Caracalla) das Bürgerrecht an alle freien Untertanen des Reiches verliehen.

Römische Weltoffenheit

Die Vergrößerung der Bürgerschicht war ein besonders gutes Beispiel der römischen Integration. Das Reich und seine Kultur waren ausgesprochen kosmopolitisch. Der verwaltungstechnische Rahmen war offen für eine erstaunliche Mannigfaltigkeit. Diese wurden nicht etwa durch unparteiischen, von einer

Im Jahre 312 v. Chr. befahl der Zensor Appius Claudius die Pflasterung der Via Appia, die dadurch zur ersten gepflasterten Straße in Rom wurde. Schließlich errichtete man ein ganzes Netz vergleichbarer Straßen, die die Hauptstadt des Weltreichs sogar mit den entferntesten Provinzen verband.

römischen Elite oder Bürokratie ausgeübten Despotismus zusammengehalten, sondern von einem Verfassungssystem, das die lokalen Eliten integrierte und romanisierte.

Ab dem 1. Jahrhundert n. Chr. gab es selbst unter den Senatoren nur noch eine sehr geringe Anzahl von Männern italischer Abstammung. Die diesbezügliche römische Toleranz übertrug sich auf andere Völker. Das Reich war nie eine ethnische Einheit, deren Hierarchien für Nicht-Italer verschlossen gewesen wären. Nur eines seiner Völker, die Juden, war sehr auf der Beibehaltung seiner Besonderheit innerhalb des Rahmens bedacht, und diese Besonderheit hatte religiöse Gründe.

Roms griechisches Erbe

Bereits die hellenistische Kultur hatte eine bemerkenswerte Vermischung von Ost und West erreicht; nun setzte Rom diesen Prozess über ein noch größeres Gebiet hinweg fort. Das offensichtlichste Element der neuen Weltoffenheit war tatsächlich das griechische, denn die Römer selbst hatten einen Großteil ihres Erbes von den Griechen übernommen. Latein war Amtssprache und blieb immer die Sprache der Armee: Es wurde in weiten Teilen des Westens gesprochen. Griechisch war Verkehrssprache in den östlichen Provinzen, es wurde von allen Beamten und Händlern verstanden und vor Gericht gebraucht.

Die gebildeten Römer waren zweisprachig, wuchsen mit der Lektüre griechischer Klassiker auf und orientierten sich an deren Normen. Die Ausbildung einer Literatur, die auf gleicher Stufe mit der älteren stand, war das Ziel der meisten römischen Schriftsteller, dem sie im 1. Jahrhundert n. Chr. am nächsten kamen. Das Zusammentreffen von kultureller und reichspolitischer Leistung wird bei Vergil deutlich, dem bewussten Erneuerer der epischen Tradition, der zugleich ein Dichter in kaiserlicher Mission war.

Vor allem das Weiterbestehen der griechischen Sprache in den östlichen Gebieten als Amts- und Handelssprache führte zur Übernahme kultureller Leistungen der hellenistischen Griechen in Rom.

Das Römische Reich schöpfte seine Weltoffenheit aus seiner riesigen Fläche. Dieses Detail eines Mosaiks aus dem 3. Jahrhundert n. Chr. stammt aus einem Landhaus im Hafen von Hadrumetum (dem heutigen Sousse) in der römischen Provinz Africa Proconsularis. Obwohl die dargestellten Tiere sicherlich von der afrikanischen Tierwelt angeregt wurden, ist die Szene doch durch und durch römisch. Sie zeigt den Triumphzug des Dionysos, des Herrn der Tiere und Gott des Weins und der Ekstase.

Die lateinische Sprache und Literatur

Latein, die Amtssprache im Römischen Reich, ist eines der größten Vermächtnisse der römischen Kultur. Quellen belegen, dass Latein bereits im 4. Jahrhundert v. Chr. geschrieben wurde. Das literarische Latein, dessen früheste Nachweise aus dem 3. Jahrhundert v. Chr. stammen, blieb über Jahrhunderte hinweg relativ unverändert erhalten. Noch im Mittelalter und in der Renaissance wurden die wichtigsten philosophischen oder wissenschaftlichen Werke weiterhin auf Lateinisch verfasst, das zu einer internationalen Kultursprache geworden war. Dagegen entwickelte sich das gesprochene Latein weiter und wurde zur Basis der romanischen Sprachen. Zahlreiche Autoren ließen sich im Laufe der Jahrhunderte von der römischen Literatur inspirieren, und ihr tiefgreifender Einfluss auf die spätere europäische Literatur ist nicht zu leugnen. Die Römer kultivierten literarische Gattungen, die bereits von den Griechen eingeführt worden waren – Drama, Poesie und Geschichtsschreibung. Sie entwickelten ganze Genres, darunter die Satire, und legten großen Wert auf die Kunst der Rhetorik.

Dieses in Nordafrika gefundene Mosaik des 4. Jahrhundert n. Chr. bezeugt die Verehrung, die die Römer dem Dichter Vergil entgegenbrachten. Er sitzt zwischen Kalliope, der Muse der epischen Dichtung, und Melpomene, der Muse der Tragödie. Auf seinem Schoß hält der Dichter eine Schriftrolle mit Buch 8 der Aeneis, in dem er die Musen anruft.

Fortdauer griechischer Kultur

Möglicherweise ist es der deutlich erkennbare griechische Hintergrund, der der römischen Kultur viel vom Eindruck des Neugeschaffenen nimmt. Sein Gewicht wurde vom statisch-konservativen Bemühen der römischen Denker noch unterstrichen. Ihre Aufmerksamkeit galt fast ausschließlich den beiden Kernpunkten, die das griechische Erbe sowie die moralischen und politischen Traditionen der Republik ihnen boten.

Die formale Erziehung beispielsweise änderte sich über Jahrhunderte nur wenig. Livius, der große römische Historiker, versuchte in seinem Geschichtswerk die republikanischen Tugenden wiederzubeleben, nicht aber sie zu kritisieren oder mit neuen Inhalten zu füllen. Selbst als die römische Kultur unabänderlich städtisch geworden war, wurden noch immer die inzwischen fast ausgestorbenen Tugenden des unabhängigen Landmannes gefeiert, und die reichen Römer sehnten sich nach dem einfachen Leben auf dem Land. Die römische Bildhauerei wiederholte, was die Griechen vorgemacht hatten. Die Philosophen Roms dachten griechisch. Die Lehre Epikurs und der Stoizismus standen im Mittelpunkt; der Neo-Platonismus war immerhin eine Neuerung, kam aber ebenfalls aus dem Osten, so, wie auch die Mysterienreligionen, die Römern und Römerinnen vermittelten, was ihre eigene Kultur ihnen nicht geben konnte.

Dieses im Landhaus von Boscoreale gefundene Fresko datiert aus dem Jahr 10 v. Chr. und ist ein Beispiel des bukolischen Stiles in der Malerei, der in Rom seit der Zeit des Augustus sehr populär wurde. Die Natur wurde idealisiert und die Tugenden sowie die Einfachheit des ländlichen Lebens glorifiziert, während die Darstellungen in ausgesprochen städtischem Umfeld abgebildet wurden.

Gesetzgebung, Technik und Stadtplanung

Die Römer waren nur in zwei praktischen Gebieten große Erneuerer: Gesetzgebung und Technik. Die Errungenschaften der Juristen kamen vergleichsweise spät; erst im 2. und frühen 3. Jahrhundert n. Chr. begannen die Rechtsgelehrten, Sammlungen von Kommentaren anzulegen, die ein wertvolles Vermächtnis für die Zukunft bilden sollten, da sie durch Kodifizierung bis ins mittelalterliche Europa überliefert wurden.

Auf dieser Szene eines römischen Grabmales ist ein Lehrer dargestellt, der die Kinder einer reichen Familie unterrichtet. Die Unterrichtsmethoden in Rom wurden im 1. und 2. Jahrhundert n. Chr. reformiert und die Erziehung in drei Abschnitte eingeteilt: die Grundschule, die höhere Schule und die Rhetorikausbildung.

Technik und Architektur

Das technische Können der Römer war außerordentlich. Die großen römischen Bauten überraschen nicht nur wegen ihrer Ausmaße, sondern auch auf Grund der Stärke ihrer Mauern und Gewölbe – ein Beleg für die meisterhaften Bautechniken ihrer Architekten.

Bis zum 3. Jahrhundert v. Chr. bestanden die römischen Bauten aus Holz und luftgetrockneten Lehmziegeln, nur Stadtmauern wurden aus übereinander geschichteten, zugeschnittenen Steinblöcken errichtet. Danach revolutionierte die Verwendung von Zement die Bautechniken. Falls eine Zementfassade nicht mit steinernen Flachreliefs oder Kacheln verziert wurde, war die Oberfläche normalerweise mit getünchtem Stuck bedeckt.

Ab dem 1. Jahrhundert v. Chr. verwendeten die Römer gebrannte Ziegel, die auf Grund ihrer Hitzebeständigkeit der ideale Baustoff für Thermalbäder waren.

Die griechische Tradition, große Säulen und geschnittenen Stein zu verwenden, wurde nur in der Dekoration öffentlicher Gebäude beibehalten. Zum ersten Mal wurden auch Innenräume nicht mehr nur als Dekorationsflächen behandelt: Raum und Lichteinfall fanden Berücksichtigung. Bei öffentlichen Projekten wie Brücken oder Aquädukten bestimmten dagegen nicht so sehr dekorative, sondern technische und funktionale Zwecke den Entwurf.

Dieses marmorne Grabrelief datiert aus dem Jahr 100 n. Chr. und stellt, in Erinnerung an einen der Bauunternehmer des Projektes, die Errichtung eines Tempels dar. Der Kran auf der linken Seite wurde durch Sklaven im Inneren des riesigen Laufrades angetrieben.

Die Straßenbrücke über den Fluss Tagus (Tajo) in Alcántara in Spanien stammt aus dem 1. Jahrhundert n. Chr. und ist ein Beispiel für die Bemühungen der römischen Verwaltung, die Provinzen mit einem effektiven Kommunikationssystem auszustatten. Der Architekt hinterließ eine Inschrift, in der er stolz erklärt, die Brücke werde „für immer durch alle Zeiten bestehen".

Die Arbeiten am Pantheon in Rom wurden von Agrippa, dem Ehemann der Tochter des Augustus, im Jahre 27 v. Chr. begonnen. Der Tempel des Agrippa wurde später durch Feuer zerstört und schließlich von Hadrian etwa 118–128 n. Chr. wieder aufgebaut. Zum Bau des Pantheons verwendete man Ziegel und sechs verschiedene Sorten von Beton, außerdem farbigen Marmor aus vielen Teilen des Reiches. Auch wenn das Äußere dieses Baus vergleichsweise unscheinbar scheint, so ist der Innenraum ein großer, eindrucksvoller runder Raum, der von einer riesigen halbkugelförmigen Kuppel überdeckt wird. Eine zentrale Öffnung oder *oculus* (Auge) ist die einzige Lichtquelle. Das Vestibül wird von sieben Nischen umrahmt, die ursprünglich die Statuen der Planetengötter enthielten; mit dem Lauf der Sonne wurde nacheinander jede von ihnen von einem Lichtstrahl beleuchtet, der den Himmelsgott Jupiter symbolisierte. Das Pantheon war ein Meisterstück römischer Technik, doch zugleich auch ein wichtiges symbolisches und religiöses Gebäude. Die Kuppel selbst, bestehend aus Beton, wiegt 5000 Tonnen und wird von fast sechs Meter dicken Mauern getragen.

Die römische Gesetzgebung

Die erste Zusammenstellung der in Rom angewandten Gesetze fand um das Jahr 450 v. Chr. statt, als die Zwölf Tafeln beschrieben und auf dem Forum Romanum aufgestellt wurden. Im Laufe seiner Entwicklung deckte das römische Recht vor allem zivilrechtliche Themen, wie etwa Eigentumsfragen und Erbfolgeregelungen ab. Während frühere Kaiser neue Gesetze mit *senatus consultum* (Senatsbeschluss) unterzeichneten, erließen spätere Herrscher einfach *constitutiones principium* (Erlasse). Der *Codex Justinianus* des Kaisers Justinian aus dem Jahr 534 n. Chr. fasste alle gültigen Gesetze zusammen – die Basis für die meisten Gesetze der westlichen Zivilisationen.

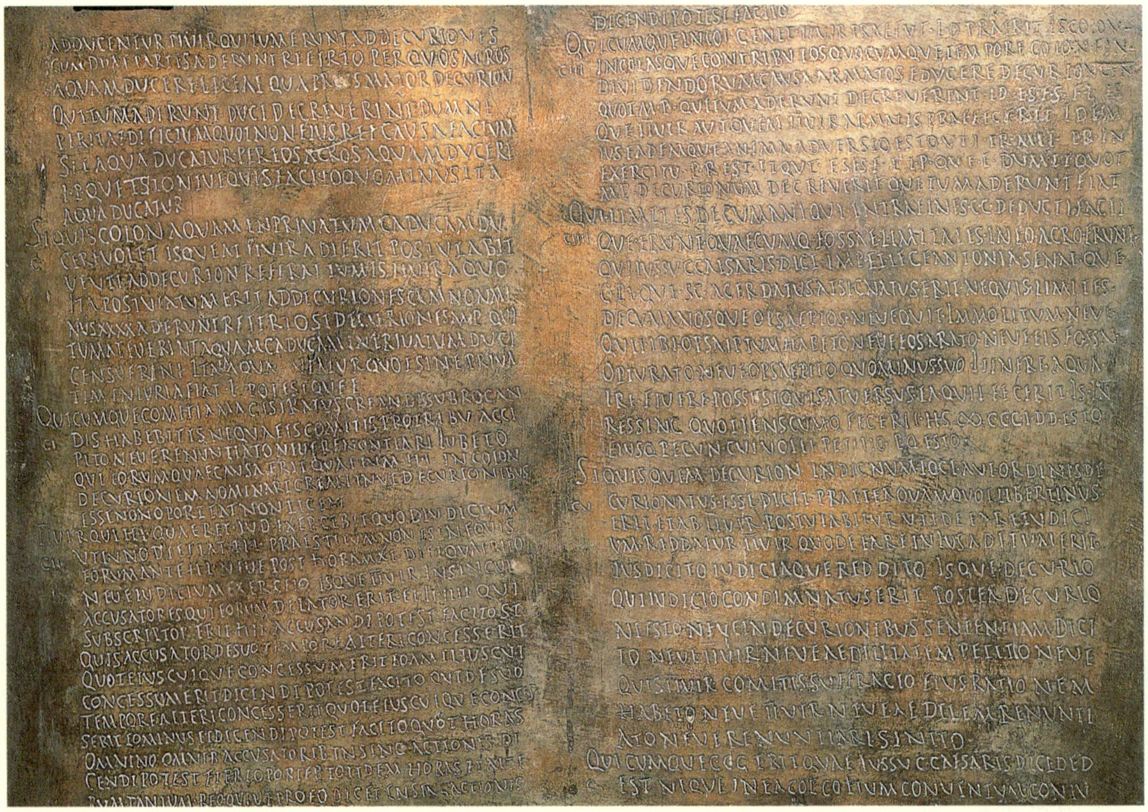

Die Tabula Claudiana *ist eine bronzene Inschrifttafel, die eine Ansprache des Kaisers* Claudius *aus dem Jahre 48 n. Chr. überliefert.*

Im Ingenieurwesen – die Römer unterschieden es nicht von der Architektur – beeindrucken ihre Leistungen, die auf billiger Arbeitskraft basierten, dagegen unmittelbarer: In Rom waren es die Sklaven und in den Provinzen oftmals die zu Friedenszeiten unterbeschäftigten Legionen, die die Großprojekte wie die Errichtung von Wasserleitungen und Brücken oder die Straßentrassierung durchführten.

Ihr Einfluss basierte auf mehr als nur materiell greifbaren Faktoren. Die Römer begründeten geradezu die Stadtplanung als Kunst und als verwaltungstechnische Leistung (zumindest westlich des Indus), und ihre Erfindung von Beton und freitragenden Gewölben revolutionierte den Baustil der Gebäude. Zum ersten Mal fand sich auch in den Innenräumen mehr als eine Abfolge dekorativer Oberflächen. Volumen und Beleuchtung wurden Grundbe-

Die römischen Straßen

Die Römer bauten 80 000 Kilometer Straßentrassen und bildeten so ein Transportnetzwerk, das auch die entlegensten Punkte des Imperiums miteinander verband. Die meisten Straßen, hauptsächlich für militärische Zwecke erbaut, führten zu Provinzstädten, Inseln griechisch-römischer Kultur inmitten von sonst kaum romanisierten Gebieten.

Römische Straßen waren sehr dauerhaft: Sie hatten solide Fundamente, die mit Pflastersteinen ausgelegt waren. Da die Straßenoberfläche in der Mitte im Vergleich zu den Kanten ein wenig erhöht war, konnte Wasser abfließen – ein Charakteristikum, das das Straßennetz das ganze Jahr über benutzbar machte. Manche Römerstraßen wurden bis ins Mittelalter befahren.

standteil der Architektur – die späteren christlichen Basiliken sollten als erste dieses neue Raumverständnis im Inneren der Gebäude aus- und eindrucksvoll darstellen.

Die technischen Errungenschaften der Römer gaben einem Gebiet ihr Gepräge, das vom Schwarzen Meer im Osten zum Hadrianswall im Norden und dem Atlasgebirge im Süden reichte. Die Hauptstadt enthält natürlich einige ihrer spektakulärsten Relikte. Dort kam der Wohlstand des Reiches in einer Fülle an Bearbeitungen und Dekoration zum Ausdruck, die nirgends sonst so konzentriert sichtbar wurde. Es lag in dieser Zurschaustellung auch eine gewisse Vulgarität, und es ist wiederum nicht schwer, hierin einen qualitativen Unterschied zwischen Rom und Griechenland zu spüren: Die römische Kultur besitzt eine Derbheit und Körperlichkeit, von denen auch ihre größten Monumente nicht frei sind.

Viele reiche Römer lebten in großartigen Landhäusern, die aufs Teuerste ausgestattet und aufwändig dekoriert waren. Diese Wandmalerei schmückte das Schlafzimmer des römischen Landguts von Boscoreale, nur wenig nördlich von Pompeji. Es stellt eine idealisierte klassische Gartenlandschaft dar und datiert aus dem Jahr 35 v. Chr.

Eine römische Wandmalerei mit Darstellung eines Gutshofs in Stadtnähe. Beachtenswert ist der elegante Säulengang, der die Bewohner der Villa sowohl vor brennender Sonne als auch vor Regen schützte.

Soziale Gliederungen

Der römische Materialismus war, zum Teil, der einfache Ausdruck der sozialen Realitäten des Reiches: Rom stützte sich, wie die ganze antike Welt, auf eine scharfe Trennung von Reich und Arm, und in der Hauptstadt selbst war diese Teilung abgrundtief, was auch nicht vertuscht wurde.

Die Gegensätze in den Besitzverhältnissen zeigen sich besonders krass im Unterschied zwischen dem Luxus der Häuser der Neureichen – die die Profite aus dem Weltreich auf sich vereinten und sich der Dienste von Aberhunderten von Sklaven bedienten – und den überfüllten Mietshäusern, in denen das römische Proletariat lebte. Die Römer hatten keine Schwierigkeiten damit, diese Unterschiede als Teil der natürlichen Ordnung zu akzeptieren. Darum haben sich nur wenige Zivilisationen vor unserer eigenen gekümmert, auch wenn kaum eine sie so offensichtlich zur Schau stellte wie das Rom der Kaiserzeit. Leider sind die praktischen Maßstäbe des Reichtums in Rom, obwohl offenkundig, für Historiker bis heute undurchsichtig. Nur die Vermögensverhältnisse eines einzigen Senators, des Jüngeren Plinius, sind uns auch im Detail bekannt.

Das Atrium oder Vestibül war der Hauptraum eines Hauses. Eine Öffnung im Dach sorgte für Licht und ein rechteckiges Becken im Fußboden sammelte das Regenwasser, wie man an diesem Beispiel in Pompeji sehen kann. Um das Atrium herum lagen die Schlafzimmer. Luxuriöse Häuser wie dieses gehörten reichen Familien, während die Masse der städtischen Bevölkerung in kleinen Zimmerchen in Mietshäusern lebte.

Städtisches Leben

Das Vorbild Roms zeigte sich in allen Großstädten des Imperiums. Die Provinzstädte standen wie Inseln griechisch-römischer Kultur in der einheimisch geprägten Landschaft der unterworfenen Völker. Abgesehen von Zugeständnissen an das Klima spiegelten sie eine Lebensweise von bemerkenswerter Einheitlichkeit. Jede dieser Städte hatte ein Forum, einem Tempel, ein Theater oder Bäder. Den Stadtplänen lagen regelmäßige Straßenraster zu Grunde. Die Verwaltung der Städte lag in der Hand der lokalen Autoritäten, der *curiales* oder städtischen Ratsherren, die sich bis zur Regierungszeit Trajans eines hohen Maßes an Unabhängigkeit erfreuen konnten.

Manche dieser Städte wie Alexandria, Antiochia oder das von den Römern neugegründete Karthago, wuchsen zu beträchtlicher Größe heran. Die größte Stadt war Rom selbst, wo über eine Million Menschen lebten.

Dieses Porträt wurde in Pompeji gefunden. Es lag in den Ruinen zwischen den Häusern eines Aristokraten und eines Bäckers, so dass die Identität der Dargestellten nur schwer zu ermitteln ist. Schreibtäfelchen und Papyrusrolle sind Symbole guter Erziehung, was nahe legen könnte, dass es sich bei den beiden um Aristokraten handelt, auch wenn ihr schlichtes Aussehen möglicherweise bedeutet, dass sie einfache Leute sind.

Martial über das Leben in Rom

„Warum ich oft mein kleines Landgut bei dem trockenen Nomentum und den schäbigen Herd meines Landhauses aufsuche, fragst du? Weder zum Denken, Sparsus, noch zum Ausruhn hat ein mittelloser Mann in der Stadt ein Plätzchen. Unerträglich machen dein Leben die Schulmeister am Morgen, in der Nacht die Bäcker, den ganzen Tag die Hämmerchen der Kupferschmiede; hier klimpert ein müßiger Geldwechsler auf seinem schmutzigen Tisch mit einem Haufen Münzen aus Neros Zeit, dort schlägt einer, der spanischen Goldstaub bearbeitet (...).
Wer kann die Störungen eines säumigen Schlafes aufzählen? (...) Du, Sparsus, kennst das nicht und kannst es nicht kennen, du lebst ja luxeriös in deinem petilianischen Reich, wo schon das Erdgeschoß auf Bergeshöhen herabblickt, und hast ein Landgut in der Stadt und einen Winzer in Rom – auf dem Falernerhügel ist der Herbst nicht reicher – und innerhalb deines Anwesens einen breiten Fahrweg für den Reisewagen, einen ganz tiefen Schlaf und Ruhe, die von Stimmen nicht gestört wird, und Tageslicht nur dann, wenn du's hereinlässt. Mich scheucht das Lachen der vorbeiziehenden Menge auf, und an meinem Bett steht Rom. Sooft ich, vom Ärger erschöpft, schlafen will, muß ich in mein Landhaus gehen."

Auszug aus Buch XII, v. 57 der *Epigramme* von Martial (ca. 40–ca. 104 n. Chr.), übersetzt von Paul Barié und Winfried Schindler.

Die Amphitheater

Die Allgegenwärtigkeit der Amphitheater ist ein ständiges Mahnmal der Brutalität und Derbheit, zu der diese Kultur fähig war. Das darf man nicht aus den Augen verlieren, aber auch nicht zu viel aus dem immer wieder erhobenen Vorwurf der „Dekadenz" ableiten. Ein Umstand, unter dem der Ruf der römischen Zivilisation gelitten hat, ist, dass sie

Die römische Stadt

Die römische Zivilisation war auf das urbane Leben ausgerichtet. In den Provinzen gründeten oder entwickelten die Römer aus bestehenden Zentren zahlreiche kaiserliche Städte, in denen sich die politischen Organisationen und die kulturellen Aktivitäten der Provinz konzentrierten. Viele der heutigen europäischen Städte haben römische Wurzeln, die nicht nur in den erhaltenen Ruinen, sondern auch in ihren Stadtgrundrissen deutlich werden.

Die typischen römischen Stadtpläne sind rechteckig angelegt, mit zwei Hauptachsen und sich rechtwinklig kreuzenden Straßen. Der Ursprung dieser Art Stadtplan ist griechisch, doch Nachweise für dieses Schema finden sich auch in den Ruinen römischer Militärlager. Jede Stadt besaß mehrere freie Plätze und öffentliche Gebäude, die dem religiösen, administrativen oder wirtschaftlichen Leben oder aber der Volksunterhaltung gewidmet waren. Triumphbögen und Tore ermöglichten den Zugang zur Stadt, die manchmal, besonders in der späteren Kaiserzeit, als die Gefahr eines Angriffs von außen durchaus real war, von befestigten Mauern umgeben wurde.

Römische Städte hatten auch eine hochentwickelte Infrastruktur. Wasser wurde durch ein ausgeklügeltes System von Rohren und Aquädukten in die Stadt geleitet und in zentralen Zisternen gespeichert, von denen aus die Reserven verteilt wurden. Am Ende des 3. Jahrhunderts n. Chr. besaß Rom elf kostenlose öffentliche und mehr als 800 private Bäder. Die Thermen des Caracalla, die im Jahre 216 n. Chr. vom Kaiser selbst eröffnet wurden, boten Platz für bis zu 1600 Badende. Viele römische Städte hatten sogar Kanalisationsnetze.

Die Caracalla-Thermen wurden ab dem 4. Jahrhundert n. Chr. nicht mehr benutzt, verfielen und wurden schließlich abgetragen, um Baumaterial für andere Gebäude zu gewinnen.

eine der wenigen ist, bei der wir anhand ihrer Vergnügungen tiefe Einblicke in die Volksseele bekommen, denn die Gladiatorenspiele und die Tierhetzen waren ausgesprochene Massenbelustigungen in einer Weise, wie es das griechische Theater nie gewesen ist. Der Zeitvertreib des Volkes war wohl zu keiner Zeit eine Erbauung für empfindliche und feinfühlige Geister. Die Römer ließen das Volk seine dunklen Seiten ausleben, indem sie große Zentren für ihre Veranstaltungen bauten und zuließen, dass Massenunterhaltung als politisches Machtmittel angewendet wurde.

Das Ausrichten spektakulärer Spiele war eine der Methoden, mit der ein reicher Mann seine politische Karriere fördern konnte. Unter Berücksichtigung der Tatsache, dass wir nicht wissen können, wie sich die Massen in Ägypten oder Assyrien amüsierten, stehen die Gladiatorenspiele einzigartig da: Es war die bis dahin größte Ausnutzung von Grausamkeit zu Unterhaltungszwecken, die bis zur Erfindung des Kinos im 20. Jahrhundert nicht wieder erreicht wurde. Die Urbanisierung der römischen Kultur, die ein größeres Massenpublikum als jemals zuvor versammeln konnte, brachte dies hervor. Die ursprünglichen Wur-

Öffentliche Unterhaltung

Die Bewohner der römischen Städte erfreuten sich oftmals kostenloser Unterhaltungsveranstaltungen, die von Würdenträgern, Senatoren oder manchmal sogar vom Kaiser selbst bezahlt wurden. Für die Sponsoren war die Durchführung öffentlicher Spiele in Theatern, Amphitheatern oder Zirkusarenen eine Möglichkeit, ihren Reichtum und ihr soziales Ansehen zur Schau zu stellen und so ihre Popularität zu erhöhen.

Diese Terrakotta-Figuren stellen zwei Gladiatoren im Kampf dar. Die meisten Gladiatoren waren Kriegsgefangene oder zum Tode verurteilte Delinquenten; einige waren freie Männer, die gegen Bezahlung fochten. Sie absolvierten ein Training in der kaiserlichen Gladiatorenschule in Rom.

Die beliebtesten Vorführungen waren Gladiatorenkämpfe, Tierkämpfe und Wagenrennen. Erfolg oder Niederlage konnte für die Teilnehmer eine Frage von Leben oder Tod sein – die Spiele waren oftmals außerordentlich grausam und blutig. Auch wenn für heutige Betrachter der Einsatz von Gewalt für die Massenunterhaltung erschreckend wirken könnte, so spielten die Gladiatorenkämpfe doch eine sehr wichtige Rolle im städtischen Leben des Imperiums. Sie dienten als wichtiges Ventil sozialer Spannungen und vermittelten ein Gefühl kultureller Identität. Die häufige Verteilung kostenloser Nahrungsmittel während der Vorführungen half auch dabei, das Elend der städtischen Armen zu lindern.

Wagenrennen waren die älteste Form öffentlicher Vorführungen. Die Rennen fanden im Zirkus statt; die teilnehmenden Mannschaften waren durch die Farbe ihrer Kleidung voneinander zu unterscheiden. Dieses Detail eines Mosaiks aus dem 4. Jahrhundert n. Chr. aus einem Gut bei Barcelona zeigt eine Quadriga (einen von vier Pferden gezogenen Streitwagen). Gegen Ende der Kaiserzeit gab es in Hispanien (Spanien) bedeutende Gestüte.

Obwohl es wegen einer wirtschaftlichen Krise niemals fertiggestellt wurde, war das Amphitheater in El Djem (Tunesien) das größte in der römischen Provinz Africa. Es wurde zu Beginn des 3. Jahrhunderts n. Chr. erbaut und imitiert in seiner Struktur und Ausstattung das Kolosseum in Rom.

zeln der „Spiele" waren etruskisch, doch ihre Entwicklung entsprang der Verstädterung und den Anforderungen römischer Politik.

Die Sklaverei

Ein weiterer Aspekt der in der römischen Gesellschaft wurzelnden Brutalität war dagegen keineswegs einmalig: die Allgegenwärtigkeit der Sklaverei. Wie auch in Griechenland gab es so viele verschiedene Formen der persönlichen Abhängigkeit, dass man sie unmöglich auf einen Nenner bringen kann. Viele Sklaven bekamen Lohn, einige erkauften sich die Freiheit, und die römischen Sklaven besaßen gesetzliche Rechte. Die Entstehung großer Anpflanzungen brachte etwa im 1. Jahrhundert eine erneute Intensivierung der Sklavenhaltung mit sich, doch man kann nicht behaupten, die römische Sklaverei sei schlechter gewesen als die anderer antiker Gesellschaften. Die diese Institution in Frage stellten, waren die Ausnahme: Moralisten fanden sich ebenso leicht mit dem Besitz von Sklaven ab wie die späteren Christen.

DIE RELIGION

Vieles von dem, was wir über die Volksmentalität der vormodernen Zeit wissen, erfahren wir durch die Religion. Die Religion war ein allgegenwärtiger Bereich des römischen Lebens, doch das kann irreführen, wenn wir in modernen Begriffen denken. Sie hatte nichts mit persönlichem Heil zu tun und nur wenig mit individuellem Verhalten. Sie war

Dieses flache Grabrelief des 1. Jahrhunderts stammt vom Grab eines Sklavenpaares, das seine Freiheit erlangt hatte, erkennbar am Buchstaben „L" für *libertus* nach den Eigennamen. Die Tatsache, dass sich die beiden an den Händen halten, bestätigt die gesetzliche Anerkennung ihrer Ehe.

Der Tempel des Hadrian im kleinasiatischen Ephesos wurde im 2. Jahrhundert n. Chr. von einer adeligen Familie gestiftet. In der Fassade flankieren zwei Pilaster mit korinthischen Kapitellen bekrönte Säulen. Das Gesims setzte sich ursprünglich in einem Bogen fort und wurde von einem dreieckigen Giebel bekrönt, der heute verloren ist. Der Schlussstein des Bogens trägt ein Bild der Stadtgöttin von Ephesos.

Religion war in Rom eine öffentliche, von der Obrigkeit beaufsichtigte Angelegenheit. Dabei gab es kein festes Glaubensbekenntnis, man verlangte von den Menschen nur, dass sie die Feiertage achteten und den Göttern und dem Kaiser angemessen dienten.

vor allen Dingen eine öffentliche Angelegenheit. Sie war Teil der *res publica* – einer Reihe von Ritualen, deren Einhaltung gut für den Staat war und deren Vernachlässigung Vergeltung nach sich zog. Es gab, abgesehen von ein oder zwei altertümlichen Relikten in den Tempeln bestimmter Kulte, keine Priesterkaste, die sich von den anderen Menschen abgesetzt hätte und die sakralen Pflichten waren Aufgabe der Magistrate, die in der Priesterschaft ein nützliches soziales und politisches Druckmittel sahen. Ebenso wenig gab es ein Glaubensbekenntnis oder Dogma. Alles, was man von den Römern verlangte, war, dass sie die festgelegten Opfer und Rituale in der althergebrachten Weise ausführten. Für die Durchführung der Riten waren überall die öffentlichen Autoritäten verantwortlich. Die genaue Einhaltung der Regeln hatte einen praktischen Zweck: Livius berichtet, ein Konsul habe gesagt, die Götter schauten „mit Wohlwollen auf die gewissenhafte Befolgung der religiösen Riten, die unser Land auf seinen Höhepunkt geführt hat". Die Menschen glaubten zutiefst, dass der Frieden des Augustus die *Pax deorum* sei, die göttliche Belohnung für einen angemessenen Respekt vor den Göttern, den Augustus wieder bekräftigt habe. Etwas zynischer bemerkte Cicero, dass man die Götter benötigte, um das Chaos innerhalb der Gesellschaft abzuwenden. Auch dies war Ausdruck der praktischen Auffassung der Römer über Religion. Diese war nicht unaufrichtig oder zweifelnd. Der Zustrom zu den Wahrsagern oder die Akzeptanz der Entscheidungen der Auguren in wichtigen politischen Dingen ist allein schon Zeugnis dafür.

Die religiösen Kulte

Die Inhalte der offiziellen Kulte waren eine Mischung aus griechischer Mythologie und römischer Tradition entnommener Riten, somit sehr ländlich geprägt. Ein Fest, das sich mit Symbolen einer anderen Religion ausstattete, waren die Saturnalien im Dezember, die uns heute noch im Weihnachtsfest begegnen. Die von den Römern praktizierte Religiosität reichte weit über die offiziellen Riten hinaus. Im Reich gab es Platz für alle Arten des Glaubens, vorausgesetzt, diese widersprachen nicht der öffentlichen Ordnung oder verhinderten die Einhaltung der offiziellen Bräuche. Die Bauern praktizierten allerorten den zeitlosen Aberglauben ihrer Naturkulte, die Städter übernahmen von Zeit zu Zeit neue Modereligionen, und die Gebildeten bekannten sich zu einer gewissen Akzeptanz des klassischen Pantheons der griechischen Götter. Sie führten das Volk in den offiziellen Kulthandlungen. Jeder Haushalt opferte in den großen Augenblicken des Lebens mit besonderen Ritualen seinem eigenen Gott, so bei Geburt, Hochzeit, Krankheit und Tod. Jedes Haus hatte seinen Schrein, jede Straßenecke ihr Götterbild.

Der Kaiserkult

Unter Augustus gab es einen bewussten Versuch, den alten Glauben wiederzubeleben, der durch den engen Kontakt mit dem hellenistischen Osten etwas verschüttet worden war und über den sich schon im 2. Jahrhundert v. Chr. einige Skeptiker zynisch geäußert hatten. Unter Augustus' Nachfolgern hatte der Kaiser immer das Amt des Oberpriesters *(pontifex maximus)* inne und vereinigte so politische und religiöse Vorherrschaft in ein und derselben Person. Damit begann die wachsende Bedeutung und die Auslegung des Kaiserkultes. Er passte gut zum traditionellen Konservatismus der Römer, ihrem Respekt für die Lebensweise und die Gebräuche ihrer Ahnen.

Der Kaiserkult verband die Achtung gegenüber den hergebrachten Patronen, das Anrufen

Unter den Nachfolgern des Augustus gewann ein religiöser Kaiserkult mehr an Bedeutung – durch Einfluss aus dem griechischen Osten erhielt das römische Kaisertum eine göttliche Grundlage.

Der runde Tempel des Herakles Victor, der am Ende des 2. Jahrhunderts v. Chr. errichtet wurde, ist der älteste Marmortempel in Rom. Obwohl er dem Herakles geweiht war, wird er oft als Vestatempel bezeichnet, da er einst das heilige Feuer der Vesta, der Göttin des Herdes und des Herdfeuers, beherbergte.

Diese Statue aus dem 1. Jahrhundert n. Chr. stellt Claudius als Gott Jupiter dar und betont so die unumschränkte Macht des Kaisers und die Erhöhung seines Ruhms.

Dieses Detail eines Flachreliefs stellt eine große Opferprozession dar, die im Laufe des 1. Jahrhunderts Teil der Festlichkeiten zur Erinnerung an Kaiser Augustus waren. Die Gestalten im Vordergrund sind *ministri*, ausgewählte Sklaven, die kleine Statuetten der Laren tragen.

von Familiengottheiten sowie die Erinnerung an herausragende Persönlichkeiten und Ereignisse mit den aus Asien stammenden Ideen eines Gottkönigtums. Dort hatte man zuerst Altäre für Rom oder den Senat errichtet, und dort, widmete man diese bald dem Kaiser. Der Kult verbreitete sich im gesamten Reich, doch erst im 3. Jahrhundert n. Chr. war diese Praxis auch in Rom selbst vollkommen akzeptiert, so stark war dort die republikanische Grundhaltung. Selbst in der Metropole hatten die Einflüsse aus dem Weltreich eine Wiederbelebung der offiziellen Frömmigkeit gefördert, die dem Kaiserkult zugute kam.

Äußere Einflüsse

Die Vergöttlichung der Herrscher war nicht der einzige aus dem Osten kommende Einfluss. Nach dem 2. Jahrhundert n. Chr. ist eine Unterscheidung rein römischer Traditionen von anderen innerhalb des Reiches so gut wie unmöglich. Die römische Götterwelt war, wie die griechische, fast völlig aufgegangen in einer Vermengung von Glaubensrichtungen und Kulten, ihre Grenzen verschwommen und fließend. Sie vermischte sich unmerklich mit einer ganzen Reihe von Praktiken, die von Magie bis zum von der stoischen Lehre propagierten philosophischen Monotheismus reichte. Die intellektuelle und religiöse Welt des Imperiums war für Einflüsse aller Art offen, leichtgläubig und zutiefst irrational. Um sie zu beurteilen, ist es wichtig, sich nicht von der offenkundigen Sachlichkeit des römischen Geistes blenden zu lassen – gerade nüchterne Menschen neigen oft zu Aberglauben. Auch das griechische Erbe wurde keinesfalls in einer ausschließlich rationalen Weise verstanden. Seine Philosophen wurden im 1. Jahrhundert v. Chr. als Erleuchtete betrachtet, als Heilige, aus deren Werken die mystische Lehren am eifrigsten studiert wurden, schließlich hatte auch die griechische Kultur selbst immer auf einer breiten Basis von Volksaberglauben und regionalen Kultpraktiken beruht. In der römischen Welt wimmelte es geradezu von Stammesgöttern.

Dies alles lief auf ein großes Maß an Unbehagen an den klassisch-altrömischen Gebräuchen hinaus: Offensichtlich genügten sie der städtischen Bevölkerung nicht mehr, die zumindest zahlenmäßig die Landbevölkerung übertraf. Viele der traditionellen Feste waren bäuerlichen oder ländlichen Ursprungs, doch in

In Kleinasien kamen römische Soldaten erstmals mit dem persischen Gott Mithras in Kontakt. Der Mithraskult, der die Hoffnung auf ein Leben nach dem Tode bot, wurde in der römischen Armee überaus populär und verbreitete sich schnell über das gesamte Reich. Diese Statue stellt Mithras bei der Tötung des Stiers dar, aus dessen Blut das Leben des Universums fließt.

manchen Fällen war selbst die Gottheit, denen sie geweiht waren, in Vergessenheit geraten. Stadtbewohner brauchten in einer immer verwirrenderen Welt mehr als ungerichtete Frömmigkeit. Die Menschen griffen voller Verzweiflung nach allem, was ihrer Welt eine Bedeutung und ihnen somit ein gewisses Maß an Kontrolle geben konnte. Davon profitierten der alte Aberglauben ebenso wie neue Modereligionen.

Ein Beleg zeigt sich in der Attraktivität der ägyptischen Götter, deren Kulte das Reich durchdrangen, als Reisen sicherer und Begegnungen einfacher wurden (sie wurde sogar von einem Kaiser, dem Libyer Septimius Severus, gefördert). Eine zivilisierte Welt von zuvor ungekannter Komplexität und Einheit war gleichzeitig offen für immer größere Religiosität und eine fast grenzenlose Neugierde. Einer der letzten großen Lehrmeister der heidnischen Antike, Appolonius von Tyana, soll sogar mit den Brahmanen Indiens gelebt und studiert haben. Männer und Frauen hielten Ausschau nach neuen Heilsbringern, lange bevor das 1. Jahrhundert n. Chr. einen Erlöser präsentierte.

Die Mysterienreligionen

Ein weiteres Kennzeichen östlichen Einflusses war die aufkommende Popularität von Mysterien, also Kulten, deren Kraft auf der vorgeblichen Erlangung besonderer Tugenden und Kräfte durch geheime Riten beruhte. Der Opferkult des Mithras, einer kleineren zoroastrianischen Gottheit, die vor allem von Soldaten verehrt wurde, war einer der berühmtesten. Fast alle Mysterienreligionen zeichnen sich durch eine Abneigung gegenüber den Zwängen der körperlichen Welt aus, äußersten Pessimismus und die ständige Beschäftigung mit (und vielleicht auch ein Versprechen des Überlebens nach) dem Tode. Darin lag die Kraft, eine psychische Befriedigung zu ver-

Auf Grund der fehlenden Zentrale der römischen Religion kam es immer mehr zu Vermischungen, vor allem mit Göttern, Kulten und Riten aus Griechenland. Auch der Mithraskult verdankt seine Popularität der religiösen Toleranz der Römer.

Dieses Detail eines Gemäldes aus dem 1. Jahrhundert v. Chr. stammt aus der Mysterien-Villa in Pompeji. Die mit einem Schleier bekleidete Frau dient bei einem dionysischen Mysterienritual als Initiatorin. Solche Riten fanden, auch für den Mithraskult, in hellenistischer Zeit im ganzen Mittelmeerraum statt. Nur die „Eingeweihten" durften die *Mysterien* oder Geheimnisse eines Kultes kennen. Mysterienreligionen waren in Rom auf Grund der extremen Gefühlsaufwallungen verboten, in die die Teilnehmer oftmals verfielen, sowie wegen der angeblichen Exzesse ihrer Anführer. Doch die Rituale lebten in geheimen Feiern weiter, in einer Aura von religiöser Inbrunst, von Verbotenem und Okkultismus.

Die römische Religion

Die traditionelle römische Religion war genau genommen eine Kombination von Ritualen, die entweder öffentlich durch Staatsrepräsentanten oder privat im Rahmen der Familie durchgeführt wurde. Die Beziehung zwischen Göttern und Menschen wurde dabei als eine Art von Abkommen betrachtet: Die Römer erfüllten ihre Verpflichtungen, indem sie Rituale durchführten und Opfer brachten, in der Hoffnung, dass die Götter die ihren erfüllen und den Menschen Schutz und ein glückliches Schicksal bieten würden.

Die römischen Götter nahmen im 3. Jahrhundert v. Chr. menschliche Gestalt an, als Rom die griechische Götterwelt übernahm. Die Götter hellenistischen Ursprungs, die die meiste Aufmerksamkeit erlangten, war das Kapitolinische Dreigestirn, bestehend aus Jupiter (dem griechischen Zeus), Juno (Hera) und Minerva (Athene). Bei den privaten Kulten wurden die Penaten (Hausgötter), die Laren (Geister der Vorfahren) und die Göttin Vesta verehrt.

Nach der Eroberung Griechenlands kamen Philosophen und Intellektuelle aus der hellenistischen Welt nach Rom. Besonders waren die Mysterienreligionen des Dionysos, der Kybele, von Isis und Osiris sowie Mithras: Diese Kulte hatten vergleichbare Initiationsriten sowie den Glauben, dass ein Totengericht darüber entscheide, ob der Verstorbene errettet oder verdammt werde.

Der überkuppelte Bau des Pantheons in Rom, hier im Modell dargestellt, wurde im 1. Jahrhundert v.Chr. als ein allen römischen Göttern geweihter Tempel errichtet.

Unwille gegen die Fremdherrschaft sowie unterschiedliche soziale und religiöse Strukturen führten immer wieder zu Aufständen, sowohl innerhalb des Reiches als auch in den Provinzen.

mitteln, die die alten Götter nicht mehr bieten konnten und die der offizielle Kult nie wirklich besaß. Sie zogen Individuen an und hatten die Attraktivität, die später Konvertiten zum Christentum ziehen sollte, das in seinen frühesten Tagen bezeichnenderweise als weitere Mysterienreligion angesehen wurde.

Unruhe im Reich

Dass die römische Herrschaft nicht immer alle römischen Untergebenen befriedigte, wurde sogar In Italien selbst im Jahr 73 v. Chr. deutlich: In den unruhigen Zeiten der späten Republik machte ein großer Sklavenaufstand drei Jahre andauernde militärische Feldzüge nötig und endete mit der Kreuzigung von 6000 Sklaven entlang der von Rom nach Süden führenden Straßen. In den Provinzen waren Revolten ohnehin an der Tagesordnung, hervorgerufen durch besonders brutale oder schlechte Regierungen. Man denke an den berühmten Aufstand der Boudicca in Britannien oder an die frühere pannonische Revolte unter Augustus. Manchmal knüpften solche Konflikte an lokale Traditionen an, wie etwa in Alexandria, wo sie häufig vorkamen. In einem besonderen Fall, dem der Juden, haben sie Züge ähnlich dem späteren Nationalismus. Eine Reihe spektakulärer Ereignisse jüdischen Ungehorsams und Widerstandes geht noch vor die römische Herrschaft zurück bis ins Jahr 170 v. Chr., als die Juden sich heftig gegen „verwestlichende" Praktiken der hellenistischen Königreiche zur Wehr setzten. Sie lassen als erste die Politik vorausahnen, die später Rom wieder aufnahm. Der Kaiserkult machte die Sache noch schlimmer. Selbst Juden, die sich nicht um die römischen Steuereintreiber kümmerten und glaubten, man solle dem Caesar geben, was des Caesars sei, meinten angesichts der Blasphemie eines Opfers am Kaiseraltar eine Grenze ziehen zu müssen. Im Jahre 66 n. Chr. kam es zum ersten großen Aufstand, weitere folgten unter Trajan und Hadrian. Jüdische Gemeinden waren gleichsam wie Pulverfässer. Diese angespannte Lage macht die Unwilligkeit eines Prokurators von Judäa etwas verständlicher, auf die strikte Einhaltung der gesetzlichen Rechte eines beschuldigten Mannes zu drängen, als jüdische Anführer um 30 n. Chr. dessen Tod forderten.

Steuern und Wirtschaft

Die Steuern hielten das Reich in Gang. Obwohl sie nicht sehr hoch waren und für die Verwaltung sowie die polizeilichen Kräfte Verwendung fanden, waren sie doch eine verhasste Bürde, die gelegentlich durch Abgaben anderer Art wie Beschlagnahmen und Zwangsrekrutierungen erweitert wurde.

Dieses Flachrelief vom Titusbogen in Rom feiert die Eroberung Judäas durch den Kaiser im Jahre 70 n. Chr. Die Szene stellt einen Zug römischer Soldaten dar, die die Beute aus dem zerstörten Tempel in Jerusalem tragen.

Über einen langen Zeitraum wurden sie aus einer blühenden und wachsenden Wirtschaft geschöpft. Dies war nicht nur eine Folge solch glücklicher kaiserlicher Erwerbungen wie der dakischen Goldminen. Das Wachsen der Handelsströme und der Anstoß, den die neuen Märkte der großen Feldlager gaben, begünstigten auch das Aufkommen neuer Industrie-

Das Judentum in der antiken Welt

In einer Reihe von europäischen Städten haben seit der Antike jüdische Gemeinden existiert, als es eine große jüdische Bevölkerung im östlichen Mittelmeerraum, in Nordgallien und entlang des Rheins gab.

Diese Amphoren, die für den Transport von Wein verwendet wurden, stammen von einem in einem ligurischen Hafen gefundenen Handelsschiff. Wein war unverzichtbarer Bestandteil der römischen Ernährung und ein wichtiges Handelsgut. Zusammen mit Öl musste er aus den Mittelmeerländern in all die Teile des Reiches transportiert werden, in denen römische Legionen stationiert waren.

zweige und Nachschublieferanten. Die große Zahl von Weinkrügen, die von den Archäologen gefunden wurden, ist nur ein Hinweis auf einen offenbar riesigen Handelszweig – mit Nahrungsmitteln, Textilien, Gewürzen –, der nur geringere Spuren hinterließ. Die wirtschaftliche Basis des Imperiums blieb immer die Landwirtschaft. Diese war nach modernen Maßstäben nicht reich, denn ihre Techniken waren primitiv; kein römischer Bauer hat je eine Windmühle gesehen, und Wassermühlen waren bis zum Ende des Imperiums im Westen noch immer selten. Trotz aller Idealisierung war das Landleben hart und arbeitsreich. Auch hierfür war die *Pax Romana* grundlegend: Sie bedeutete, dass die Steuern von dem wenigen erwirtschafteten Überschuss bezahlt werden konnten, und dass das Land nicht ausgeplündert wurde.

Die Rolle der Armee im römischen Staat

Im Endeffekt scheint wieder alles bei der Armee zusammenzulaufen, von der der römische Frieden abhing. Sie war eine Institution, die sich im Laufe von sechs Jahrhunderten genauso verändert hat wie der römische Staat selbst. Gesellschaft und Kultur Roms waren immer militaristisch, auch wenn sich die Mittel dieses Militarismus änderten.

Von der Zeit des Augustus an war die Armee eine reguläre Truppe mit langer Dienstzeit, die sich nicht mehr allein auf die Wehrpflicht aller Bürger stützte. Ein Legionär diente in der Regel 20 Jahre, sowie vier in Reserve *(sub vexilla)*, und im Laufe der Zeit rekrutierte sich die Armee immer mehr aus den Provinzen. Erstaunlicherweise – zieht man den Ruf der römischen Disziplin in Betracht – scheint die Zahl der Freiwilligen hinreichend gewesen zu sein, wie sich aus Empfehlungsschreiben und dem Einsatz von *patroni*, auf die die zukünftigen Rekruten zurückgreifen konnten, schließen läßt. Die 25 Legionen, die die nach der Niederlage in Germanien übliche Truppenstärke ausmachten, wurden entlang der Grenzen verteilt, insgesamt um die 160 000 Mann. Sie waren das Herz der Armee, die noch einmal so viele Personen in der Reiterei, den Auxiliareinheiten und anderen Kampfverbänden umfasste. Die Legionen wurden (außer in Ägypten) auch weiterhin von Senatoren *(legati)* kommandiert.

Das Hauptziel der Politik in der Hauptstadt selbst lag nach wie vor im Zugang zu den damit verbundenen Machtmitteln. Denn das Herz des Reiches lag, wie im Laufe der Jahrhunderte immer deutlicher wurde, in den Legionslagern, obwohl die Prätorianergarde in Rom ihnen manchmal das Recht, einen Kaiser zu wählen, streitig machte. Und doch machten die Soldaten nur einen Teil der Geschichte des Imperiums aus. Fast genauso sehr wirkte im Laufe der Zeit eine Hand voll Männer darauf ein, die die Anhänger und Jünger des Mannes waren, den der Procurator von Judäa der Todesstrafe ausgeliefert hatte.

Dieses Marmorrelief aus dem 2. Jahrhundert v. Chr. stellt eine Gruppe von Prätorianersoldaten dar. Die Prätorianergarde wurde von Augustus ins Leben gerufen, um die öffentliche Ordnung zu sichern und die Einhaltung des Gesetzes zu überwachen. Ihre wichtigste Aufgabe war der Schutz des Kaisers, von dem sie abhängig war.

3 DAS JUDENTUM UND DIE ANFÄNGE DES CHRISTENTUMS

Dieses Mosaik in der aus dem 6. Jahrhundert n. Chr. stammenden Kirche St. Cosmas und Damian in Rom zeigt Christus als Pantocrator (ein byzantinischer Begriff, der „allmächtiger Gott" bedeutet).

Vermutlich werden nur wenige Leser dieses Buches von Abgar gehört haben, und noch weniger von seinem ostsyrischen Königreich Osrhoene (Edessa). Beide waren auch dem Autor unbekannt, bis er sich in die Arbeit zu diesem Buch vertiefte. Dennoch symbolisiert dieser vergessene Herrscher einen Meilenstein: Man hielt ihn lange Zeit für den ersten christlichen König. In Wahrheit ist die Geschichte seiner Bekehrung eine Legende: Osrhoene wurde erst unter seinem Nachfolger, Abgar IX. am Ende des 2. Jahrhunderts n. Chr. christlich; und im Jahr 200 n. Chr. wurde das Christentum zur Staatsreligion. Diese Bekehrung hat möglicherweise nicht einmal den König persönlich eingeschlossen, aber das interessierte die Verfasser von Heiligenbiographien nicht. Sie setzten Abgar an den Anfang einer langen und großen Tradition, die die gesamte Geschichte der Monarchien in Europa einschließen sollte.

Die Auswirkungen des Christentums

Alle späteren Könige verhielten sich anders, weil sie sich bereits als Christen sahen. Bis zum Beginn der Industriegesellschaft ist es in der Tat das einzige historische Phänomen, dessen Bedeutung, kreative Kraft und Wirkungsweise mit den großen bestimmenden Kräften der Vorgeschichte vergleichbar sind, die die Welt geschaffen haben, in der wir leben. Das Christentum entwickelte sich inmitten der klassischen Welt des Römischen Reiches, verband sich schließlich mit dessen Institutionen und verbreitete sich durch dessen gesellschaftliche und geistige Strukturen, um das wichtigste Erbe dieser Kultur zu werden. Dieser oftmals verborgene oder verdrängte Einfluss ist in allen großen Prozessen der letzten 1500 Jahre erkennbar; fast nebenbei bestimmte er Europas Geschichte. Wir sind heute, was wir sind, weil eine Hand voll Juden mit ansehen musste, wie ihr Lehrer und Anführer gekreuzigt wurde und glaubte, er sei danach wieder von den Toten auferstanden.

DIE JÜDISCHEN URSPRÜNGE DES CHRISTENTUMS

Das Jüdische ist eine Basis des Christentums und war möglicherweise seine Rettung – denn die Chancen für das historische Überleben, geschweige denn den weltweiten Erfolg einer kleinen Sekte, die sich um einen heiligen Mann im Osten des Römischen Reiches scharte, standen sehr schlecht. Das Judentum war lange Zeit Nährboden, schützendes Umfeld sowie Quelle der christlichen Grundideen. Andererseits wurden jüdische Ideen und Legenden erst durch das Christentum allgemeingültige und weltweit wirksame Kräfte. Im Kern lag die jüdische Weltsicht, wonach die Geschichte ein bedeutungsvoller, vom Schicksal bestimmter Ablauf sei, ein kosmisches Schauspiel, das der eine allmächtige Gott planvoll für das von ihm auserwählte Volk inszenierte. Durch seinen Bund mit diesem Volk konnte man eine Orientierung zu richtigem Handeln finden, und dies lag in der Einhaltung seiner Gesetze. Der Bruch dieser Gesetze zog grundsätzlich Bestrafung nach sich, wie sie in Babylon oder im Sinai über das ganze Volk gekommen war. Dieses große Schauspiel war Anregung für die jüdische Geschichtsschreibung, in der die Juden des Römischen Reiches das Muster erkannten, das ihrem Leben Sinn verlieh.

Die jüdische Geschichte

Dieses bedeutungsvolle mythologische Muster war tief in der historischen Erfahrung der Juden verwurzelt, die – nach den großen Tagen Salomos – bitter gewesen war und in ihnen Misstrauen gegenüber Fremden sowie einen eisernen Überlebenswillen genährt hatte. Tatsächlich sind nur wenige Dinge im Leben dieses bemerkenswerten Volkes erstaunlicher als die Tatsache seiner andauernden Existenz. Das Exil, das 587 v. Chr. mit der Zerstörung des Tempels und der Verschleppung durch die babylonischen Eroberer begann, war die letzte entscheidende Erfahrung zur Herausbildung einer „nationalen Identität“ vor der modernen Zeit. Daraus kristallisierte sich schließlich die jüdische Sicht auf die Geschichte. Die Exilanten hörten Propheten wie Ezechiel einen erneuerten Bund versprechen: Der Stamm Juda war für seine Sünden mit dem Exil und der Zerstörung des Tempels bestraft worden, nun würde Gott sich ihm wieder zuwenden, das jüdische Volk werde nach Jerusalem zurückkeh-

Die Synagoge von Dura-Europos wurde um 200 n. Chr. errichtet. Die erstaunlich gut erhaltenen Wandmalereien stellen Geschichten aus der hebräischen Bibel dar.

Zeitleiste (587 v. Chr. – 70 n. Chr.)

538 v. Chr.
Vertriebene Juden kehren nach Jerusalem zurück

26–36 n. Chr.
Statthalterschaft des Pontius Pilatus, unter dessen Herrschaft Christus gestorben ist

66–70 n. Chr.
Erster Jüdischer Aufstand gegen Rom

600 v. Chr. | 500 v. Chr. | 50 v. Chr. | 0 | 25 n. Chr. | 50 n. Chr. | 75 n. Chr.

587 v. Chr.
Zerstörung Jerusalems durch die Babylonier

63 v. Chr.
Pompeius bringt Judäa unter römische Herrschaft

37–4 v. Chr.
Herrschaft von Herodes dem Großen, unter der Christus geboren worden sein soll

49 n. Chr.
Apostolisches Konzil in Jerusalem

Ein großer Teil der Geschichte der Juden ist die Geschichte von Flüchtlingen und Emigranten. Das Erstaunlichste an der Geschichte der Juden ist das Weiterbestehen dieses Volkes, das lange Zeit keine Heimat hatte.

ren, errettet aus Babylon wie Israel aus Ur oder Ägypten. Der Tempel würde wiedererrichtet werden. Vielleicht glaubte nur eine Minderheit der Exiljuden an diese Prophezeiung, doch gehörte ihr die religiöse und administrative Elite von Judäa an.

Das moslimische Heiligtum von Nebi Musain im Jordantal steht an dem Ort, den die Moslime für die Grabstätte von Moses halten.

Die Juden im Exil

Vor der Rückkehr nach Jerusalem hatte die Erfahrung des Exils sowohl das jüdische Leben verändert als auch die jüdischen Visionen bestätigt. Auf die eine oder andere Weise war das religiöse Leben der Juden jedoch stark in Bewegung geraten. Die wichtigste Veränderung war die Einbeziehung der Schriftlesungen als zentrales Element in die jüdische Religion. Während das Alte Testament seine endgültige Form erst drei oder vier Jahrhunderte später annehmen sollte, waren die ersten fünf Bücher, der *Pentateuch*, der Moses zugeschrieben wird, in ihren Grundzügen schon bald nach der Rückkehr aus dem Exil vollständig.

Auch ohne Kulthandlungen im Tempel vornehmen zu können, scheinen die Juden sich wöchentlich getroffen zu haben, wobei sie Lesungen und Auslegungen der Heiligen Texte hörten. Diese enthielten das Versprechen auf die Zukunft und eine Offenbarung, wie sie durch Einhaltung des Heiligen Gesetzes zu erlangen sei, das nunmehr detaillierter und verständlicher wurde. Dies war eines der anhaltenden Ergebnisse der Arbeit der Schriftgelehrten, die die Heiligen Bücher vereinheitlichten und erklärten. Diesen wöchentlichen Treffen entsprangen sowohl die neue Institution der Synagoge als auch eine Befreiung der Religion von Ort und Ritual, obwohl die Juden sich weiterhin nach dem Wiederaufbau des Tempels sehnten.

Die jüdische Religion konnte schließlich überall dort ausgeübt werden, wo Juden zusammenkamen, um die Schriften zu lesen. So waren sie die erste Glaubensgemeinschaft, die sich aus einem Buch definierte, worin ihnen später Christen und Moslime folgen sollten. Dieser Umstand ermöglichte hohe Abstraktion und Allgemeingültigkeit des Gottesbildes.

In der christlichen Kunst tauchen oft jüdische Themen auf. Diese Wandmalerei aus der Katakombe an der Via Latina in Rom zeigt Jakob und seine Kinder bei der Ankunft in Ägypten.

Es gab aber Einschränkungen. Auch wenn die jüdische Religion jetzt vom Tempelkult getrennt war, sahen manche Propheten Erlösung und Reinigung als zukünftiges Ziel, dem man sich nur durch eine noch striktere Durchsetzung des mosaischen Gesetzes annähern konnte. Ezra brachte seine Gebote aus Babylon mit, und diese Vorschriften wurden jetzt rigoros einer verstärkt städtisch geprägten Bevölkerung auferlegt. Die Selbstabsonderung der Juden wurde in den Städten immer offensichtlicher. Man sah es als Teil der notwendigen Läuterung an, dass jeder Jude, der mit einer nichtjüdischen Frau verheiratet war (und davon gab es offenbar viele), sich von ihr scheiden lassen sollte.

Unabhängigkeit und Aufstand

Nach dem persischen Sieg über Babylon im Jahre 538 v. Chr. nutzten einige Juden die ihnen gebotene Gelegenheit zur Rückkehr nach Jerusalem. Der Tempel wurde wieder aufgebaut und Judäa wurde (de jure erst 445 v. Chr.) unter persischer Oberhoheit zu einer Art theokratischer Satrapie, deren tatsächliche Verwaltungsmacht nun in den Händen einer Priesteraristokratie lag, die bis in die römische Zeit hinein die politische Stimme der jüdischen Nation bildete.

Nach dem Ende der persischen Herrschaft brachte das Zeitalter der Erben Alexanders neue Probleme. Nachdem sie zeitweise von den Ptolemäern regiert worden waren, kamen die Juden schließlich unter seleukidische Herrschaft. Das Sozialverhalten und Denken der Oberschicht wurde zunehmend hellenisiert. Das verschärfte die Unterschiede zwischen Reich und Arm sowie zwischen Städtern und Landbevölkerung. Zudem sonderten sich die Priesterfamilien vom restlichen Volk ab, fest in den Traditionen des Gesetzes und der Propheten verharrend. Schließlich brach der große Makkabäeraufstand (168–164 v. Chr.) aus, der sich gegen einen König des hellenistischen Syrien, Antiochos IV. richtete, sowie gegen eine von den Priestern gebilligte, von den Massen aber abgelehnte „Verwestlichung" der Kultur – übrigens ein Vorgang, der bis heute Analogien findet. Antiochos hatte voreilig gehandelt; als er – mit der schrittweisen Aushöhlung der jüdischen Abgeschlossenheit durch die hellenistische Kultur und fortdauernde Reibereien noch nicht zufrieden – sich in jüdische Riten eingemischt und den Tempel ent-

Auf dieser Münze ist Antiochos IV., der seleukidische König von Syrien, dargestellt. Er verwandelte den salomonischen Tempel in Jerusalem in ein griechisches Heiligtum und provozierte so den Makkabäeraufstand.

Das Judentum war nicht die einzige Religion im Nahen Osten. Dieses Fresko (75 n. Chr.) aus dem Tempel der palmyrischen Götter in Dura-Europos zeigt die Priester dieses Kultes.

Der jüdische Glauben

Der Begriff „Judentum" bezieht sich auf die religiöse Tradition des jüdischen Volkes, deren älteste Texte in der hebräischen Bibel gesammelt sind, die dem Alten Testament der christlichen Bibel entspricht. Im Einklang mit der biblischen Tradition wurde der Bund zwischen dem Gott Jahwe und seinem Volk zur Zeit des Moses festgeschrieben, des legendären Patriarchen, der im 13. Jahrhundert v. Chr. gelebt haben soll. Ihre ausschließliche Treue zu Jahwe war das Element, das die Juden von den polytheistischen Völkern unterschied, unter denen sie lebten. Jahwe war der allmächtige ewige Gott, der Schöpfer aller Dinge. Er war völlig gerecht, brachte den Gottlosen den Tod und vernichtete seine Feinde, zeigte zugleich aber Mitleid mit den Frommen. Er bestrafte diejenigen streng, die seinen Gesetzen zuwiderhandelten, war aber auch der liebende und mitleidsvolle Vater seines auserwählten Volkes, der Juden, denen er die Sendung eines Messias versprochen hatte, der sie zum Sieg über ihre Feinde führen werde. Seit dem 8. Jahrhundert v. Chr. bestätigte eine Reihe von Propheten den Glauben, das Unglück Israels – einschließlich seiner Unterwerfung unter fremde Eroberer – sei eine Strafe Jahwes für die Vernachlässigung ihres Bundes. Sie sagten aber auch, dass die Leiden Israels die Juden reinigen und auf künftigen Ruhm vorbereiten würden, der in der Erkenntnis Jahwes durch alle Völker der Erde gipfeln werde.

Der Verlust der jüdischen Unabhängigkeit und die Unterwerfung unter verschiedene Reiche (Perser, Makedonier, Römer) führte zur Bildung jüdischer Exilgemeinschaften in verschiedenen Teilen des Mittelmeerraums und des Nahen Ostens: Dieser Prozess der Zerstreuung wird *Diaspora* genannt. In Palästina selbst wurde die jüdische Präsenz als Folge der fehlgeschlagenen nationalen Revolten gegen Rom im 1. und 2. Jahrhundert n. Chr. fast völlig ausgelöscht, doch unter der Führung der Rabbiner sollte das Judentum die Diaspora überleben. Zu Beginn des 3. Jahrhunderts n. Chr. wurde die mündliche Überlieferung des jüdischen Gesetzes in der Mischna niedergeschrieben, die später der erste Teil des Talmud wurde, der Sammlung jüdischer Gesetze und Legenden.

weiht hatte. Nachdem die Revolte nur unter Schwierigkeiten unterdrückt worden war und ein Guerilla-Krieg noch andauerte, nahmen die seleukidischen Könige in der Folgezeit eine versöhnlichere Politik an. Dies befriedigte viele Juden nicht, die 142 v. Chr. die Gunst der Stunde nutzten und die Unabhängigkeit erlangen konnten, die fast 80 Jahre andauern sollte.

Erst im Jahre 63 v. Chr. zwang Pompeius sie unter römische Herrschaft, und so verschwand der letzte unabhängige jüdische Staat im Nahen Osten für fast 2000 Jahre.

Die Unabhängigkeit war keine glückliche Erfahrung. Eine Abfolge von Königen aus priesterlichen Familien hatten das Land in Unordnung gestürzt. Sie und die Priester, die sie unterstützten, riefen Opposition hervor. Sie wurden in ihrer Autorität von einer Schule von Schriftgelehrten herausgefordert, die am Heiligen Gesetz statt am Kult als Kern des Judentums festhielten und es neu und überaus streng auslegten.

Dies waren die Pharisäer, die Repräsentanten einer Reformrichtung, die sich innerhalb des Judentums immer wieder gegen eine schleichende Hellenisierung wandten. Sie akzeptierten auch Bekehrungen von Nicht-Juden und lehrten einen Glauben an die Wiederauferstehung der Toten und ein göttliches Letztes Gericht. Ihre Haltung kennzeichnete eine Mischung aus nationalen und universellen Bestrebungen.

Die Ausbreitung des Judentums

Ort der meisten Aktivitäten der Pharisäer war Judäa. Dort lebten zu Zeiten des Augustus weniger Juden als im gesamten restlichen Imperium. Ab dem 7. Jahrhundert v. Chr. hatten sie sich über die ganze zivilisierte Welt ausgebreitet. Die Armeen Ägyptens, Alexanders und der Seleukiden verfügten allesamt über jüdische Regimenter. Juden hatten sich im Zuge des Fernhandels in weit entfernten Regionen niedergelassen. Eine der größten jüdischen Kolonien bestand in Alexandria, wo sie sich ab etwa 300 v. Chr. gebildet hatte. Die alexandrinischen Juden sprachen griechisch; dort wurde das Alte Testament erstmals ins Griechische übersetzt. In Rom waren in etwa 50 000 Juden ansässig. Solche Ansammlungen vergrößerten die Gelegenheit zum Bekehren und somit auch die Gefahr von Spannungen zwischen den Gemeinden.

Die Anziehungskraft des Judentums

Das Judentum hatte einer Welt viel zu bieten, in der die traditionellen Kulte schwanden. Zwar waren Beschneidung und Nahrungsvorschriften Hindernisse, doch wurden sie für manchen von der Anziehungskraft eines sehr genauen Verhaltenskodexes aufgewogen, von einer Religionsform, deren Ausübung nicht von Tempeln, Schreinen oder Priestern abhing, und die Erlösung versprach.

Ein Prophet, dessen Lehren dem Jesaja zugeschrieben werden, hatte bereits eine Botschaft zur Erleuchtung der Nicht-Juden formuliert, und viele hatten auf diese Verheißungen lange vor den Christen reagiert, wenngleich das Christentum ihnen einen besonderen Sinn geben sollten. Die Bekehrten konnten sich mit dem Auserwählten Volk identifizieren, das die jüdische Geschichtsschreibung angeregt hatte – die einzige Leistung auf diesem Gebiet, die eines Vergleiches mit den griechischen Anfängen wissenschaftlicher Historie würdig ist und den Tragödien einen Sinn verlieh: In ihrer Geschichte erkannten die Juden einen Plan, nach dem sie am Tag des Jüngsten Gerichtes geläutert werden würden.

Ein Beitrag des Judentums zum Christentum sollte sein Bewusstsein vom besonderen Volk sein, das sein Augenmerk auf Dinge richtet, die nicht von dieser Welt sind.

Die Juden unter römischer Herrschaft

Die großen Gemeinden von Juden und zum Judentum Konvertierter waren für die römischen Statthalter wichtige soziale Faktoren, die nicht nur auf Grund ihrer Größe beunruhigten, sondern auch wegen ihrer hartnäckigen Isolation. Archäologische Nachweise für Synagogen als eigenständige Gebäude tauchen erst weit in nachchristlicher Zeit auf, doch auch die jüdischen Stadtviertel waren als solche isoliert und drängten sich um Gotteshäuser und Gerichtsgebäude.

Während das Konvertitentum weit verbreitet war und sich sogar einige Römer zum jüdischen Glauben hingezogen fühlten, gab es in Rom selbst schon früh Anzeichen für eine weit verbreitete Abneigung gegen die Juden. In Alexandria kam es häufig zu Unruhen, die immer wieder auf andere Städte des Nahen Ostens übersprangen. Dies führte zu Misstrauen auf Seiten der Obrigkeit und (zumindest in Rom) zur Zerstreuung der jüdischen Gemeinden in kritischen Situationen.

Die Bibel enthält einige Geschichten über den außerordentlichen Schutz, den Jahwe seinen Anhängern angeblich bot. Eine der bekanntesten ist die der drei jungen Juden, die von König Nebukadnezar in einen brennenden Ofen geworfen wurden, weil sie sich weigerten, sich vor seinem Standbild zu Boden zu werfen. Diese Wandmalerei aus dem 3. Jahrhundert n. Chr. stammt aus der Priscilla-Katakombe in Rom und stellt die drei dar, wie sie unverletzt aus dem Ofen kommen.

Jerusalem

Unter Herodes dem Großen (74 – 4 v. Chr.) wurden in Jerusalem viele Bauprojekte realisiert. Insbesondere begann er mit dem Wiederaufbau des Tempels – einem 46 Jahre andauernden Vorhaben –, das die Errichtung einer großen Plattform und die Anlage des Tempelplatzes umfasste, auf dem Geldverleiher und Händler ihren Geschäften nachgehen konnten. Herodes erbaute zum Schutz des Tempels auch die neue Festung Antonia.

Zwischen 66 und 73 n. Chr. rebellierten die Juden im Ersten Jüdischen Aufstand gegen die römische Oberherrschaft. Im März 70 n. Chr. belagerte die römische Armee Jerusalem, und im Mai fielen die beiden äußeren Stadtmauern. Vier Monate später brachen die Römer durch die inneren Wehrmauern. Sie verwüsteten die Stadt, töteten oder versklavten ihre Einwohner und zerstörten den Tempel, mehr als 600 Jahre nach der Zerstörung des von Salomo an eben jener Stelle erbauten ersten Tempels durch die Babylonier. Nur die westliche Mauer (die Klagemauer) der Tempelplattform ist bis heute erhalten.

Legende
- Herrschaftsbereich von David und Salomo, 10. Jahrhundert v. Chr.
- Hasmonäische Periode, 2. Jahrhundert v. Chr.
- Ältere Bauten, wiederaufgebaut und ergänzt durch Herodes den Großen
- Herrschaftsbereich Herodes des Großen, 37 – 4 v. Chr.

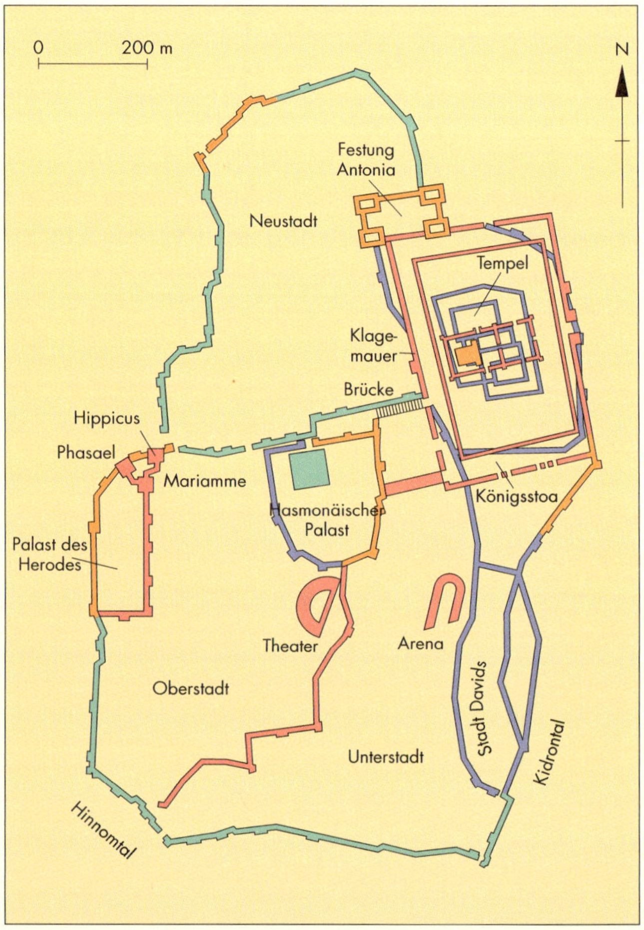

Ein Plan Jerusalems zur Zeit Herodes des Großen (oben) und ein Blick über die heutige Stadt (unten). Die Mauern im Vordergrund folgen denen der von Herodes dem Großen errichteten Tempelplattform. Rechts der Felsendom (7. Jahrhundert n. Chr.), der an der Stelle des Tempels Salomos erbaut wurde und der drittheiligste Ort des Islam ist.

König Herodes

Judäa selbst wurde als heikle und gefährliche Gegend betrachtet, wozu die religiösen Unruhen der letzten anderthalb Jahrhunderte beigetragen hatten. Im Jahre 37 v. Chr. ernannte der Senat einen Juden, Herodes, zum König von Judäa. Er erwies sich als unbeliebter Herrscher. Dies war zum Teil auf die Abneigung zurückzuführen, die man einem römischen Günstling entgegenbrachte, und einem Herrscher, der – mit gutem Grund – ängstlich darauf bedacht war, die Freundschaft Roms zu erhalten. Diese Abneigung wurde durch den hellenistischen Lebensstil seines Hofes gesteigert, obwohl er sorgfältig versuchte, seine Loyalität mit der jüdischen Religion zur Schau zu stellen. Ein weiterer Grund waren die hohen Steuern, die er – auch für seine grandiosen Bauten – erhob. Selbst wenn das legendäre Massaker an den unschuldigen Kindern und sein Platz in der christlichen „Dämonenlehre" nicht wären, hätte Herodes trotzdem keinen guten Ruf in der Geschichtsschreibung. Nach seinem Tod im Jahre 4 v. Chr. wurde sein Reich unter seinen drei Söhnen aufgeteilt, eine unbefriedigende Lösung, die man im Jahre 6 n. Chr. wieder aufhob, als Judäa ein Teil der von Caesarea aus regierten römischen Provinz Syrien wurde. Im Jahre 26 n. Chr. wurde Pontius Pilatus Procurator und sollte diesen unbequemen und anspruchsvollen Posten zehn Jahre lang innehaben.

Als römischer Günstling war König Herodes – auch ohne seine Rolle bezüglich des Christentums – ein unbeliebter Herrscher.

Jüdische Unruhen

Das Ende des ersten vorchristlichen Jahrhunderts markierte eine schlechte Zeit in der Geschichte einer unruhigen Provinz. Die Turbulenzen von beinahe zwei Jahrhunderten erreichten einen Höhepunkt. Die Juden lagen sich mit ihren samaritanischen Nachbarn in den Haaren und wandten sich gegen den Zuzug von Graeco-Syrern in die Küstenstädte. Sie verabscheuten Rom als letzte in einer langen Reihe von Besatzungsmächten, aber auch auf Grund seiner fiskalischen Forderungen. Die Steuereintreiber – die „Zöllner" des

Ende des 1. Jahrhunderts v. Chr. entlud sich die Unzufriedenheit der Juden in mehreren Aufständen. Sie richteten sich vor allem gegen ihre samaritanischen Nachbarn, die Fremdherrschaft der Römer und den Zuzug der Graeco-Syrer.

Dieses Luftbild zeigt das Herodium, die Zitadelle, die Herodes der Große nahe Jerusalem erbauen ließ. Herodes wurde im Jahre 4 v. Chr. in seiner Zitadelle begraben, nach Ansicht der meisten modernen Historiker kurz nach der Geburt Christi.

In den Höhlen von Qumran in der Nähe des Toten Meers wurden Schriftrollen aus dem 1. Jahrhundert v. Chr. gefunden. Die Rollen, von denen manche in Vorratsgefäßen wie diesem entdeckt wurden, sind angeblich von Mitgliedern der jüdischen Asketengemeinde der Essener geschrieben worden.

Neuen Testaments – waren nicht nur unbeliebt, weil sie Geld eintrieben, sondern auch, weil sie es für fremde Herren taten. Schlimmer noch, die Juden waren auch untereinander zerstritten. Die großen religiösen Feste wurden des Öfteren durch Blutvergießen und Unruhen getrübt. Die Pharisäer waren beispielsweise zutiefst mit den Sadduzäern verfeindet, den auf Formalitäten bedachten Repräsentanten der aristokratischen Priesterklasse. Andere Sekten lehnten beide ab. – Eine der interessantesten ist erst in den letzten Jahren durch die Entdeckung und Entzifferung der Schriftrollen vom Toten Meer, aus Qumran, bekannt geworden, aus denen man schließen kann, dass sie ihren Anhängern vieles versprochen hat, was auch die Verheißung des frühen Christentums war. Sie rechnete mit endgültiger Erlösung, die dem Abfall Judäas vom rechten Glauben folgen und sich durch das Kommen eines Messias' ankündigen werde. Die von diesen Lehren angezogenen Juden untersuchten die Schriften der Propheten nach Zeichen dieser Prophezeiungen. Andere suchten den direkteren Weg. Die Zeloten sahen in einer nationalen Wiederstandsbewegung den Weg in die Zukunft.

JESUS VON NAZARETH

Der Erfolg des Rabbiners Jesus, in dem viele den lang ersehnten Messias sahen, ist in dieser aufgeheizten Stimmung nur allzu verständlich.

Jesus trat um das Jahr 6 v. Chr. in eine Welt, in der tausende seiner Landsleute das Kommen des Messias erwarteten, eines Führers, der sie zum militärischen oder wenigstens symbolischen Sieg führen und die letzten und größten Tage von Jerusalem einleiten würde. Seine Lebensdaten finden sich in den Berichten, die nach seinem Tod in den Evangelien festgehalten wurden, oder in den Behauptungen und Traditionen, die die frühe Kirche auf den Zeugnissen derer aufbaute, die Jesus noch selbst gekannt hatten. Die Evangelien allein sind noch keine befriedigenden Indizien, doch ihre Unzulänglichkeiten werden gerne übertrieben. Sie wurden zweifellos geschrieben, um die übernatürliche Autorität Jesu darzustellen und die Prophezeiungen, die schon lange das Kommen eines Messias' angekündigt hatten, durch die Begebenheiten seines Lebens zu bestätigen. Diesem zielgerichteten und hagiographischen Ursprung braucht man angesichts aller dargelegten Fakten nicht skeptisch gegenüberzustehen. Viele davon haben ihre eigene Plausibilität darin, dass sie genau das wiedergeben, was man von einem jüdischen religiösen Anführer dieser Zeit erwarten kann. Zudem werden gelegentlich deutlich ungenauere Beweise zu viel schwierigeren Themen herangezogen. Es gibt keinen Grund, mit den frühchristlichen Berichten strenger oder genauer umzugehen als etwa mit den von Homer vorgelegten Beweisen bei der Beschreibung Mykenes. Trotzdem ist es schwer, in anderen Quellen Belege für die in den Evangelien dargelegten Fakten zu finden.

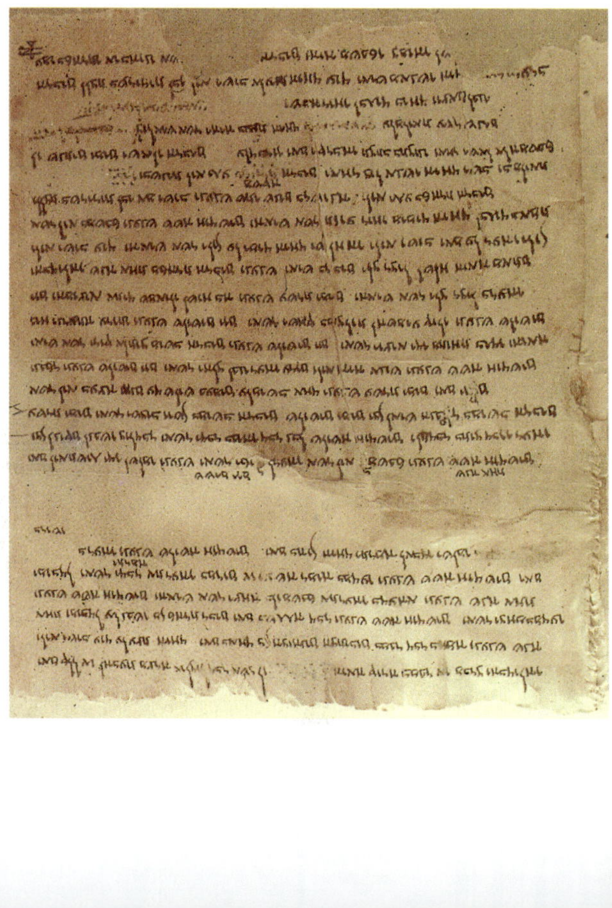

Dies ist eine der in Qumran gefundenen Schriftrollen. Sie trägt die Abschrift einer Passage aus dem Buch Jesaja der Bibel.

Dieses Mosaik aus dem 5. Jahrhundert n. Chr. schmückt die Mittelkuppel des Neonianischen Baptisteriums in Ravenna. Johannes der Täufer ist bei der Taufe Christi dargestellt, der im Beisein des Heiligen Geistes ins Wasser eingetaucht ist.

Die Geschichte Jesu in den Evangelien

Das Bild, das die Evangelien von Jesus zeichnen, ist das eines Mannes aus bescheidener, aber nicht mittelloser Familie mit einem Anspruch auf königliche Abstammung.

Galiläa, wo Jesus aufwuchs, war eine Grenzregion des Judentums, in der es intensivem Kontakt mit Griechen und Syrern ausgesetzt war. In der Nachbarschaft predigte ein Mann namens Johannes, ein Prophet, dem die Menschen in der Zeit vor seiner Hinrichtung in Scharen zuliefen. Ein Evangelist berichtet, er sei ein Cousin Jesu gewesen. Dies ist möglicherweise richtig, doch ist es vor allem von Bedeutung, dass Johannes Jesus taufte, wie er auch unzählige andere getauft hat, die in Erwartung des Jüngsten Tages zu ihm kamen. Man sagt von ihm, er habe in Jesus einen Lehrer wie in sich selbst erkannt: „Bist Du der, der da kommen soll, oder warten wir auf einen anderen?“

Sein Erfolg bei seinen Anhängern widersprach dem göttlichen römischen Kaisertum. Aus römischer Sicht war daher sein Vergehen Gotteslästerung, sein Tod ein politisches Ereignis.

Jesus wusste, dass er ein heiliger Mann war. Seine Lehren und die Beweise seiner Heiligkeit, die die Menschen bald in seinen Wundern erkannten, überzeugten die begeisterte Masse bis nach Jerusalem. Sein triumphaler Einzug in der Stadt beruhte auf ihrem spontanen Gefühl. Sie folgten ihm, wie sie auch anderen großen Lehrern in der Hoffnung auf das Erscheinen des Messias folgten. Am Ende stand eine Anklage wegen Gotteslästerung vor dem jüdischen Gericht und eine Lockerung des römischen Gesetzes durch einen Statthalter, der weiteren Ärger in einer gewaltbereiten Stadt verhindern wollte. Jesus war kein römischer Bürger, und für solche Männer war als die schwerste Strafe die Kreuzigung nach vorausgehender Geißelung vorgesehen. Die Inschrift auf dem Kreuz, an das er genagelt wurde, lautete: „Jesus von Nazareth, König der Juden", was deutlich macht, dass es sich um einen politischen Akt handelte. Damit er seinen Sinn nicht verfehle, brachte man die Inschrift sicherheitshalber in Latein, Griechisch und Hebräisch an. Dies geschah möglicherweise im Jahre 33 n. Chr., obwohl auch 29 und 30 n. Chr. als Daten vorgeschlagen wurden. Bald nach seinem Tod glaubten seine Jünger, Jesus sei von den Toten auferstanden: Sie hätten ihn und seine Himmelfahrt gesehen und von ihm zu Pfingsten das göttliche Geschenk der Macht erhalten, das sie und ihre Anhänger bis zum Jüngsten Tag aufrecht erhalten sollte. Sie glaubten auch, dass Jesus bald als Richter zurückkommen würde.

Diese Grabanlage wurde im 1. Jahrhundert n. Chr. in den Felsen im Kidron-Tal gehauen. Der Leichnam Christi könnte in einem vergleichbaren Grab bestattet worden sein.

Die Bergpredigt

„Da er aber das Volk sah, ging er auf einen Berg und setzte sich; und seine Jünger traten zu ihm.

Und er tat seinen Mund auf, lehrte sie und sprach: „Selig sind, die da geistlich arm sind; denn das Himmelreich ist ihr. Selig sind, die da Leid tragen; denn sie sollen getröstet werden. Selig sind die Sanftmütigen; denn sie werden das Erdreich besitzen. Selig sind, die da hungert und dürstet nach der Gerechtigkeit; denn sie sollen satt werden. Selig sind die Barmherzigen; denn sie werden Barmherzigkeit erlangen. Selig sind, die reines Herzens sind; denn sie werden Gott schauen. Selig sind die Friedfertigen; denn sie werden Gottes Kinder heißen. Selig sind, die um Gerechtigkeit willen verfolgt werden; denn das Himmelreich ist ihr.

Selig seid ihr, wenn euch die Menschen um meinetwillen schmähen und verfolgen und reden allerlei Übles wider euch, so sie daran lügen.

Seid fröhlich und getrost; es wird euch im Himmel wohl belohnt werden. Denn also haben sie verfolgt die Propheten, die vor euch gewesen sind."

Matthäus 5, 1–12.

Die Lehren Jesu

Wenn es das war, was die ersten Christen in Christus (nach dem griechischen Wort für „der Gesalbte" nannte) sahen, dann gab es in seinen Lehren auch Elemente, die im politischen Sinne interpretierbar waren. Jesu Vorstellungen von Frömmigkeit gehen nicht über die der jüdischen Gebräuche hinaus. Alles, was er forderte, war der Gottesdienst im Tempel in Zusammenhang mit privaten Gebeten. In diesem sehr realen Sinne lebte und starb er als Jude. Und doch konzentrierten sich seine moralischen Lehren auf Reue und Erlösung von der Sünde sowie auf die Erlösung aller, nicht nur der Juden. Auch die Vergeltung hatte einen Platz in den Lehren Jesu (in diesem Punkt stimmten die Pharisäer mit ihm überein), und erstaunlicherweise werden ihm die meisten rigiden Vorstellungen des Neuen Testaments zugeschrieben. Die Einhaltung der Gesetze war unentbehrlich. Und damit nicht genug: Darüber stand die Pflicht zur Reue und Wiedergutmachung der Fehler, bis hin zum Selbstopfer. Das Gesetz der Liebe war die angemessene Richtlinie des Handelns.

Jesus lehnte jedoch die Rolle eines politischen Anführers ausdrücklich ab. Später erkannte man diese Abstinenz in einem Ausspruch, der sich als erschreckend zweideutig erwies: „Mein Königreich ist nicht von dieser Welt".

Dennoch erwarteten viele einen Messias, der ein politischer Anführer sein würde. Andere suchten einen Führer gegen das religiöse Establishment der Juden, weswegen sie eine potenzielle Gefahr für die Ordnung darstellten, selbst wenn sie nur auf religiöse Läuterung und Reform zielten. Zwangsläufig wurde Jesus aus dem Hause Davids in den Augen der Obrigkeit einem gefährlichen Mann. Einer seiner Schüler war Simon der Zelot, der Mitglied einer radikalen Sekte gewesen war. Viele der Lehren Jesu schürten Gefühle gegen die herrschenden Sadduzäer und Pharisäer, und diese versuchten ihrerseits, in seinen Äußerungen alle antirömischen Anspielungen herauszustellen.

Dieser christliche Sarkophag aus dem 4. Jahrhundert n. Chr. ist mit Szenen aus dem Alten und Neuen Testament verziert. Darunter ist, in der Mitte des unteren Registers, der triumphale Einzug Christi in Jerusalem zu erkennen.

Auf diesem Marmorflachrelief eines Sarkophags aus dem 4. Jahrhundert n. Chr. ist Christus inmitten seiner Apostel dargestellt. Es wurde in der Folgezeit in der Kanzel der Kirche des hl. Ambrosius in Mailand eingebaut. Dieses Abbild Christi, bartlos und in römischem Gewand, ist typisch für die frühchristliche Kunst.

DIE ANHÄNGER CHRISTI

Politische Vorgänge liefern den Hintergrund für die Vernichtung Jesu und die Enttäuschung der Menschen. Das Überleben seiner Lehren erklären sie jedoch nicht. Er hatte nicht nur die politisch Unzufriedenen angesprochen, sondern auch Juden, die glaubten, ihr Gesetz böte keine ausreichende Orientierung mehr. Hinzu kamen Nicht-Juden, die, obwohl sie als Bekehrte ein zweitklassiges Bürgerrecht in Israel erlangen konnten, mehr wollten, um sich eine göttliche Annahme am Jüngsten Tag zu sichern. Jesus hatte auch die Armen und Ausgestoßenen angezogen, von denen es viele gab in einer Gesellschaft, die durch enorme soziale Gegensätze geprägt war und kein Mitleid kannte mit denen, die auf der Strecke blieben.

Dies machte die Attraktivität seiner Ideen aus, die schließlich eine erstaunliche Ernte einbringen sollten. Doch obwohl sie bereits zu seinen Lebzeiten Wirkung gezeigt hatten, schienen sie zunächst mit ihm zu sterben. Zum Zeitpunkt seines Todes waren seine Anhänger nur eine winzige jüdische Sekte unter vielen. Doch sie glaubten, dass sich eine einmalige Geschichte abgespielt habe. Sie nahmen an, Christus sei von den Toten auferstanden und habe ihnen sowie jenen, die durch seine Taufe gerettet wurden, ebenfalls die Auferstehung vom Tode und persönliches Weiterleben nach dem Gericht Gottes versprochen. Die Formulierung dieser Botschaft und ihre Darstellung vor der zivilisierten Welt geschah innerhalb eines halben Jahrhunderts nach dem Tod Jesu.

Die Überzeugung der Jünger veranlasste sie dazu, in Jerusalem zu bleiben, einem wichtigen Pilgerzentrum für Juden aus dem ganzen Nahen Osten und somit einer Keimzelle der neuen Lehre. Zwei der Jünger Jesu, Petrus und Jakob, der Bruder Jesu, waren die Anführer der kleinen Gruppe, die die unmittelbar bevorstehende Rückkehr des Messias erwartete und versuchte, sich durch Reue und Gottesdienste

Auf diesem aus dem 5. oder 6. Jahrhundert n. Chr. datierten Mosaik aus der Kirche von Santa Costanza in Rom ist Christus dargestellt, wie er Petrus die Schlüssel der Christlichen Kirche übergibt.

Diese Wandmalerei des 4. Jahrhunderts n. Chr. aus der Domitilla-Katakombe in Rom zeigt Christus zwischen den Aposteln.

Der hl. Paulus, hier dargestellt in einem Mosaik aus der Krypta der Peterskirche in Rom, soll während des ersten nachchristlichen Jahrhunderts gepredigt haben. Durch seine Lehren fand das Christentum von seinen ursprünglichen jüdischen Wurzeln zu einer eigenen Identität.

im Tempel darauf vorzubereiten. Sie standen eindeutig innerhalb der jüdischen Gemeinschaft, nur der Ritus der Taufe unterschied sie vielleicht. Trotzdem sahen andere Juden in ihnen eine Gefahr. Ihre Kontakte zu griechischsprechenden Juden außerhalb Judäas ließen sie die priesterliche Autorität in Frage stellen. Der erste Märtyrer, der zu dieser

Gruppe gehörte, Stephanus, wurde von einer jüdischen Menschenmenge gelyncht. Einer derjenigen, die Zeuge dessen wurden, war ein Pharisäer aus Tarsus aus dem Stamme Benjamin namens Saulus. Möglicherweise war er sich als hellenisierter Jude aus der Diaspora der Notwendigkeit der Rechtgläubigkeit besonders bewusst. Er war stolz auf seine Orthodoxie. Und doch hatte er nach Jesus selbst den größten Einfluss auf die Entwicklung des Christentums.

Die Lehren des hl. Paulus

Irgendwie durchlief Saulus einen Sinneswandel. Von einem Verfolger der Anhänger Christi wandelte er sich selbst zu einem solchen; und fortan nannte er sich Paulus. Das war offenbar die Folge eines meditativen Aufenthalts in der östlichen Wüste Palästinas. Daraufhin, im Jahre 47 n. Chr. (oder vielleicht auch früher; die Datierung des Lebens und der Reisen des Paulus ist ein sehr unsicheres Unterfangen), begann er eine Reihe missionarischer Reisen, die ihn in den gesamten östlichen Mittelmeerraum führten. Im Jahre 49 n. Chr. traf eine apostolische Versammlung in Jerusalem die folgenschwere Entscheidung, ihn als Missionar zu den Heiden zu entsenden, die sich nicht der Beschneidung unterziehen würden, was der wichtigste Akt der Unterwerfung unter den jüdischen Glauben war. Es ist nicht klar, ob er, der Rat oder beide gemeinsam diesen Schritt beschlossen. Es gab bereits kleine jüdische Gemeinden in Kleinasien, die der neuen, durch Pilger dorthin gelangten Lehre folgten. Diese erhielten nun durch die Anstrengungen des Paulus entscheidende Verstärkung. Seine Zielgruppe waren die zum Judentum Übergetretenen, also Nicht-Juden, denen er auf griechisch predigen konnte und denen sich jetzt auf Grund des neuen Bundes eine vollwertige Mitgliedschaft im Volk Israel bot. Die Lehren des Paulus waren neu. Er wies das Heilige Gesetz zurück (was Jesus nie getan hatte) und strebte an, die grundlegenden jüdischen Ideen der Lehren Jesu mit der Begriffswelt der griechischen Sprache zu verbinden. Er betonte zwar weiterhin das unmittelbar bevorstehende Ende aller Zeiten, doch er bot allen Nationen an, durch Christus die Geheimnisse der Schöpfung verstehen zu können und, vor allen Dingen, das Verhältnis zwischen sichtbaren und unsichtbaren Dingen, des Geistes und des Fleisches sowie des letzteren Überwindung durch eben den Geist. In der Folge wurde Jesus zu mehr als einem menschlichen Erlöser, der den Tod überwunden hatte und nun Gott selbst war. Dies sollte die jüdische Vorstellungswelt erschüttern, aus der heraus der

Paulus schreibt an die Christen in Korinth

„Denn als erstes habe ich euch weitergegeben, was ich auch empfangen habe: Dass Christus gestorben ist für unsere Sünden nach der Schrift; und dass er begraben worden ist; und dass er auferstanden ist am dritten Tage nach der Schrift; und dass er gesehen worden ist von Kephas, danach von den Zwölfen.

Danach ist er gesehen worden von mehr als fünfhundert Brüdern auf einmal, (...) Danach ist er gesehen worden von Jakobus, danach von allen Aposteln. Zuletzt von allen ist er auch von mir als einer unzeitigen Geburt gesehen worden. Denn ich bin der geringste unter den Aposteln, der ich nicht wert bin, dass ich ein Apostel heiße, weil ich die Gemeinde Gottes verfolgt habe. Aber durch Gottes Gnade bin ich, was ich bin. Und seine Gnade an mir ist nicht vergeblich gewesen, sondern ich habe viel mehr gearbeitet als sie alle; nicht aber ich, sondern Gottes Gnade, die bei mir ist. (...)

Wenn aber Christus gepredigt wird, dass er von den Toten auferstanden ist, wie sagen dann einige unter euch: Es gibt keine Auferstehung der Toten? Gibt es keine Auferstehung der Toten, so ist auch Christus nicht auferstanden. Ist aber Christus nicht auferstanden, so ist unsre Predigt vergeblich, so ist auch euer Glaube vergeblich."

Auszug aus dem 1. Korintherbrief 15, 3–14.

Die Reisen des hl. Paulus

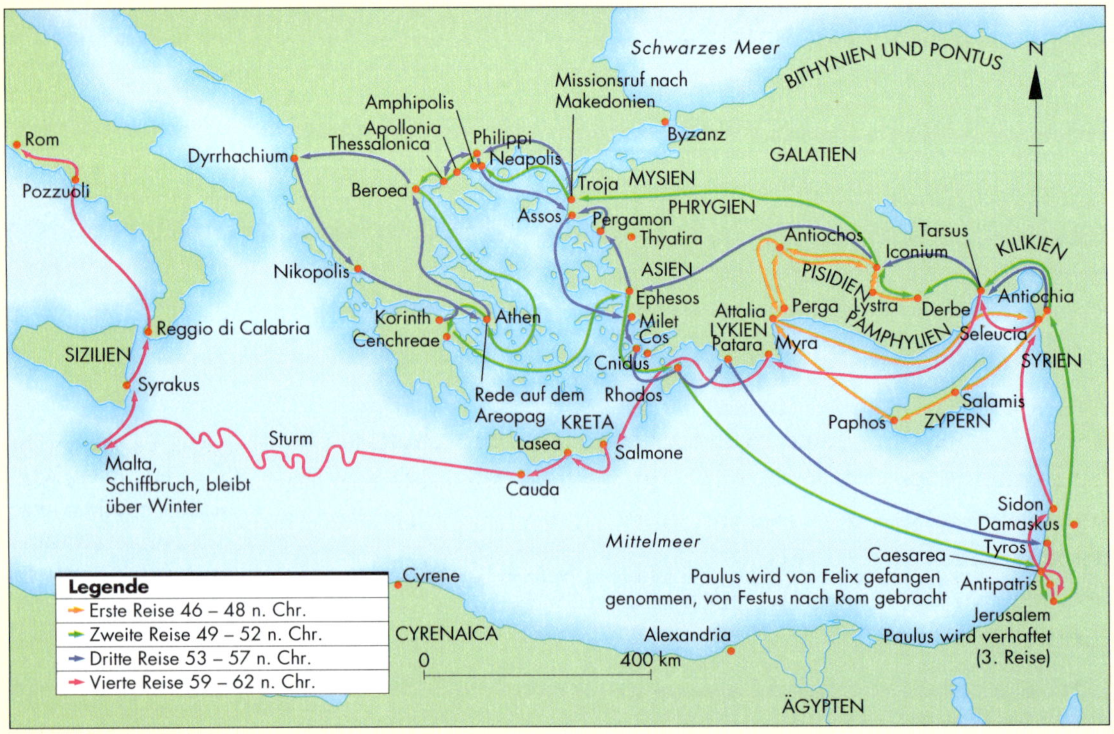

Diese Karte zeigt die Routen, denen der hl. Paulus auf seinen Reisen gefolgt sein könnte und die in der Apostelgeschichte beschrieben sind. Offenbar besuchte er zahlreiche Städte im östlichen Mittelmeerraum, wo er zu Juden und Nicht-Juden predigte, mit dem Ziel, sie zum Christentum zu bekehren. Der hl. Paulus lehrte, die Kirche solle ihre jüdischen Wurzeln teilweise verleugnen, damit auch Heiden das Wort Gottes hören und Christen werden könnten.

Er verbreitete seine Konzepte durch persönliche Besuche und lange Lehrbriefe an die bereits in einem Gebiet existierenden christlichen Gemeinden.

Auch Paulus gerät durch seine offene Anhängerschaft zu Jesus mit dem göttlichen Kaisertum in Konflikt. Zwar bringen ihn die Juden zunächst in Sicherheit, doch nach seiner Reise nach Jerusalem enden die Nachrichten über ihn.

Glaube entstanden war. Innerhalb des Judentums gab es keinen dauerhaften Platz für eine solche Idee, und so wurde das Christentum gezwungen, den Tempel zu verlassen. Die Geisteswelt Griechenlands war der erste Unterschlupf in einer Reihe, die es im Laufe der Jahrhunderte finden sollte. Ein imposantes Theoriegebilde sollte auf Basis dieser Trennung entstehen.

Die Apostelgeschichten bieten viele Beweise sowohl für die heftigen Reaktionen, die solche Lehren hervorrufen konnten, als auch für die intellektuell tolerante Haltung der römischen Verwaltung, sofern die öffentliche Ordnung nicht beeinträchtigt war. Häufig war sie es eben doch. Im Jahre 59 n. Chr. musste Paulus in Jerusalem von den Römern vor den Juden in Sicherheit gebracht werden. Als er im darauf folgenden Jahr vor Gericht gestellt wurde, appellierte er an den Kaiser und reiste nach Rom, offensichtlich mit Erfolg. Von diesem Augenblick an verschwindet er im Dunkel der Geschichte, möglicherweise wurde er Opfer der Christenverfolgung unter Nero im Jahr 67 n. Chr.

Die Ausbreitung des Christentums

Zu Beginn der christlichen Mission durchdrang sie die zivilisierte Welt, indem sie überall vor allem in den jüdischen Gemeinden Wurzeln schlug. Die so entstehenden „Kirchen“ waren verwaltungsmäßig voneinander unabhängig, auch wenn der Vorrang der Jerusalemer Gemeinde anerkannt wurde. Dort befanden sich schließlich diejenigen, die den auferstandenen Christus gesehen hatten, und ihre Nachfolger. Die einzigen Bindeglieder zwischen den Kirchen waren neben ihrem Glauben die Institution der Taufe, das Zeichen für die Integration im Neuen Israel, sowie die Praxis des Abendmahles, die Nachvollziehung

der Riten, die von Jesus mit seinen Jüngern beim Letzten Abendmahl am Abend vor seiner Verhaftung zelebriert worden waren. Dies blieb bis zum heutigen Tag das wichtigste Sakrament der christlichen Kirchen.

Die örtlichen Kirchenhäupter übten auch in der Praxis unabhängige Autorität aus, doch das bedeutete nicht viel. Es gab nämlich außer den Alltagsgeschäften der Ortsgemeinde nichts weiter zu beschließen. Währenddessen warteten die Christen auf die Wiederkehr ihres Herrn. Der Einfluss Jerusalems hatte nach dem Jahr 70 n. Chr. nachgelassen, als die Römer die Stadt plünderten und viele der dortigen Christen vertrieben hatten.

Zu Beginn des 2. Jahrhunderts n. Chr. waren die Gemeinden außerhalb Palästinas sicherlich zahlreicher und wichtiger und hatten bereits eine Beamtenhierarchie zur Regelung ihrer Angelegenheiten entwickelt. Diese ist gleichzusetzen mit den drei späteren Rangstufen innerhalb der Kirche: Bischöfen, Presbytern und Diakonen. Ihre priesterlichen Funktionen waren in diesem Stadium gering, wichtig war allein ihre verwaltungstechnische und öffentliche Rolle.

Rebellion der jüdischen Extremisten

Die Reaktion der römischen Staatsmacht auf den Aufstieg einer neuen Sekte war weitgehend vorhersehbar. Ihr Herrschaftsprinzip lautete, neue Kulte zu tolerieren, sofern es keinen speziellen Grund zum Eingreifen gab, also solange sie nicht zur Respektlosigkeit oder zum Ungehorsam gegenüber dem Kaiserreich aufriefen. Zu Anfang bestand die Gefahr, dass man die Christen in einer in zahlreichen blutigen Zwischenfällen gipfelnden, heftigen Reaktion auf nationalistische Bewegungen der Juden mit anderen Juden verwechseln würde. Doch die ihnen eigene politische Untätigkeit

Dieses Detail eines römischen Sarkophags aus dem 6. Jahrhundert n. Chr. ist mit Szenen aus der Passion verziert. Eine symbolische Darstellung der Wiederauferstehung steht in der Mitte: ein Kreuz, vor dem das Monogramm Christi von zwei Tauben gehalten wird. Am Fußende des Kreuzes befinden sich zwei römische Soldaten.

Dieses aus der Mitte des 3. Jahrhunderts n. Chr. stammende Wandgemälde aus der Priscilla-Katakombe in Rom ist eines der eindrucksvollsten Beispiele frühchristlicher Kunst. Die betende Figur stellt eine Verstorbene dar.

Dieses Flachrelief eines Sarkophages aus dem 3. Jahrhundert n. Chr. zeigt Jonas, der aus einem Schiff geworfen wird, um gleich vom Wal verschluckt zu werden. Die biblische Geschichte von Jonas, der drei Tage im Bauch eines Wals verbrachte und unversehrt wieder ans Licht kam, kann als Allegorie der Wiederauferstehung gesehen werden, die Christus seinen Anhängern versprach.

sowie die erklärte Feindschaft der anderen Juden retteten die Christen. Galiläa selbst hatte im Jahre 6 n. Chr. rebelliert (vielleicht beeinflusste die Erinnerung an dieses Ereignis das Vorgehen des Pilatus im Falle eines Galiläers, unter dessen Jüngern sich ein Zelot befand), doch die wirkliche Unterscheidung zum jüdischen Nationalismus ergab sich mit dem großen jüdischen Aufstand des Jahres 66 n. Chr. Dieser Aufstand, bei dem die Extremisten die Oberhand in Judäa gewannen und Jerusalem einnahmen, war der wichtigste der gesamten Geschichte des Judentums der Kaiserzeit. Der jüdische Historiker Flavius Josephus hat den grausamen Kampf dokumentiert, die endgültige Erstürmung des Tempels, des Hauptquartiers des Widerstandes, und sein Niederbrennen nach dem römischen Sieg. Zuvor waren die unglücklichen Einwohner in ihrem Kampf ums Überleben bis zum Kannibalismus erniedrigt worden. Im nahe gelegenen Masada haben Archäologen vor kurzem höchstwahrscheinlich den Ort der letzten Stellung der Juden entdeckt, die sie hielten, ehe auch sie 73 n. Chr. von den Römern erobert wurde.

Die Vertreibung

Die Zerschlagung der Rebellion durch die Römer bedeutete noch nicht das Ende des jüdischen Aufruhrs, doch es war ein Wendepunkt. Die Radikalen konnten sich nie wieder solcher Unterstützung erfreuen und müssen in Verruf gekommen sein. Auf den Gesetzen lag jetzt mehr als jemals zuvor der Schwerpunkt des Judentums, denn die jüdischen Schriftgelehrten und Lehrer (nach dieser Zeit bezeichnete man sie immer häufiger als „Rabbis") hatten sie auch während des Fortgangs der Revolte in anderen Zentren als Jerusalem weiterhin ausgelegt. Ihr löbliches Verhalten hat diese Juden vielleicht vor der Vertreibung bewahrt. Spätere Unruhen waren nicht mit der großen Revolte zu vergleichen, auch wenn sich im Jahre 117 n. Chr. jüdische Unruhen in der

Cyrenaica zu regelrechten Schlachten ausweiteten und der letzte „Messias" Simon Bar Kochba im Jahre 132 n. Chr. eine weitere Revolte in Judäa anzettelte. Doch die Juden überstanden auch dies, und ihr rechtlicher Status blieb unangetastet. Jerusalem war ihnen genommen (Hadrian machte es zu einer Kolonie italischen Rechts, die die Juden nur einmal im Jahr betreten durften), doch ihrer Religion wurde das Privileg zugestanden, einen eigenen Beamten, einen Patriarchen, als Oberhaupt zu besitzen. Außerdem waren sie von der Befolgung derjenigen römischen Gesetze freigestellt, die ihren religiösen Pflichten widersprachen.

Dies war das Ende eines Kapitels jüdischer Geschichte. Für die folgenden 1800 Jahre sollte jüdische Geschichte die Geschichte der Gemeinden in der Diaspora („Zerstreuung") sein, bis wieder ein Nationalstaat in Palästina auf den Ruinen eines anderen Reiches errichtet wurde.

Nero (54–68 n. Chr.) war der erste römische Kaiser, der die Christen verfolgen ließ.

FEINDSCHAFT GEGENÜBER DEM CHRISTENTUM

Abgesehen von den judäischen Nationalisten waren Juden in anderen Reichsteilen auch lange nach diesen unruhigen Zeiten verhältnismäßig sicher. Den Christen erging es weniger gut, obwohl ihre Religion von der Staatsmacht nicht eindeutig vom Judentum unterschieden wurde. Schließlich war es nur eine Variante des jüdischen Monotheismus mit möglicherweise denselben Ansprüchen. Es waren die Juden, nicht die Römer, die sie zuerst verfolgten, wie die Kreuzigung Christi selbst, das Martyrium des Stephanus und die Abenteuer des Paulus gezeigt haben. Ein jüdischer König, Herodes Agrippa, verfolgte nach Aussage des Autors der Apostelgeschichte die Gemeinde in Jerusalem als erster. Im Jahre 64 n. Chr. kam es unter der Herrschaft Neros in Rom zu grausamen Verfolgungen. Der Grund für die von schrecklichen

Die christliche Botschaft

Die christliche Religion entstand aus den Predigten des Jesus von Nazareth, bekannt als Christus, der die nur beim jüdischen Volk verankerte monotheistische Tradition in eine auf die ganze Menschheit gerichtete Botschaft verwandelte, ungeachtet ihrer sozialen oder ethnischen Unterschiede. Einige Zeit nach seinem Tod wurden Berichte über Leben und Lehren Christi in den Evangelien gesammelt, die einen Teil des Neuen Testaments bilden. Zusammen mit den früheren biblischen Schriften (der hebräischen Bibel oder dem Alten Testament) bilden sie die christliche Bibel. Für die Christen ist Jesus Christus der Sohn, der zusammen mit dem Vater und dem Heiligen Geist den einen und einzigen Gott bildet. Die ersten Anhänger Christi waren alle Juden wie er selbst, doch schon bald verbreitete sich das Christentum unter den anderen Völkern. Dies geschah vor allem durch das Werk des Paulus von Tarsus, für den der Tod Jesu ein Akt der Buße war, der die Sünden der ganzen Menschheit wiedergutmachte und mit dem er über die Gesetze des Moses hinausging. Die Auferstehung Christi wurde als Beispiel des ewigen Lebens angesehen, das von all denen erlangt werden konnte, die den Gesetzen Gottes folgten, den Gesetzen der Gerechtigkeit und Liebe.

Im ganzen Römischen Reich entstanden christliche Gemeinden. Ihr Zusammenhalt wurde gesichert durch ein hierarchisches System, das von Bischöfen angeführt wurde. Das Christentum ist derzeit die am weitesten verbreitete Religion der Welt.

Dieses römische Mosaik stellt ein Spektakel im Amphitheater dar, in dem Menschen wilden Tieren vorgeworfen und von diesen getötet wurden. Christen, die sich weigerten, ihrem Glauben abzuschwören, wurden oft zu diesem schrecklichen Schicksal verurteilt.

und blutigen Szenen in der Arena begleiteten Ausschreitungen liegt im Dunkeln. Der Überlieferung zufolge fielen ihnen auch die Heiligen Petrus und Paulus zum Opfer. Danach soll es aber für lange Zeit keine offizielle Aufmerksamkeit Roms gegenüber den Christen gegeben haben.

Judentum und Christentum

Erst im frühen 2. Jahrhundert n. Chr. tauchen sie wieder in den Verwaltungsakten auf. Der Grund ist die offenkundige Respektlosigkeit, die die Christen inzwischen an den Tag legten, indem sie sich weigerten, dem Kaiser und den römischen Göttern zu opfern. Die Juden hatten hingegen das Recht, sich zu weigern: Sie besaßen einen historischen Kult, den die Römer respektierten – wie sie entsprechende Kulte immer respektiert hatten – als sie das Königreich Judäa unter ihre Herrschaft brachten. Die Christen wurden nun eindeutig von den anderen Juden unterschieden und als neuere Erscheinung gesehen. Und noch war die römische Haltung die, dass das Christentum, trotz seiner Ungesetzlichkeit, nicht Ziel

einer allgemeinen Verfolgung sein sollte. Sobald aber andererseits Gesetzesbrüche nachgewiesen würden – und die Weigerung, zu opfern, konnte ein solcher sein –, sollte die Obrigkeit bei bestimmten und vor Gericht gut belegten Anschuldigungen eine Strafe aussprechen dürfen.

Dies führte zu zahlreichen Martyrien, da die Christen die wohlmeinenden Versuche römischer Staatsdiener zurückwiesen, die sie überreden wollten, zu opfern oder ihrem Gott abzuschwören. Dennoch gab es keinen systematischen Versuch, die Sekte auszurotten.

Die Verfolgung

Die Feindseligkeit der Obrigkeit war den Christen gegenüber tatsächlich weit weniger gefährlich als die ihrer Mitmenschen. Im Laufe des 2. Jahrhunderts gibt es Nachweise für Pogrome und öffentliche Angriffe, die von der Staatsmacht nicht abgewehrt wurden, da sie einer ungesetzlichen Religion galten. Oftmals waren die Christen für den Staat Sündenböcke oder Blitzableiter, die gefährliche Strömungen ablenkten. Es war für die Volksseele eines abergläubischen Zeitalters leicht,

Zu Anfang waren die Christen nicht nur Verfolgungen durch römische Obrigkeiten ausgesetzt, sondern auch Pogromen ihrer Mitmenschen.

Das Abendmahl konnte von denen, die den Christen nicht trauten, als kannibalistischer Ritus missverstanden werden. Dieses Wandgemälde mit Darstellung eines eucharistischen Mahls stammt aus der Priscilla-Katakombe in Rom.

Das Kolosseum in Rom wurde im Jahre 80 n. Chr. eröffnet. Viele christliche Märtyrer starben hier bei grausamen Veranstaltungen.

den Christen eine Beleidigung der Götter zuzuschreiben, die Hungersnöte, Überschwemmungen, Seuchen oder andere Naturkatastrophen verursachte. Andere überzeugende Erklärungen für diese Erscheinungen fehlten in der damaligen Welt. Den Christen wurde Schwarze Magie, Inzest und sogar Kannibalismus vorgeworfen (eine Vorstellung, die zweifellos auf irreführende Berichte über den Abendmahlsbrauch zu-

rückzuführen ist); sie trafen sich heimlich bei Nacht. Die Christen bedrohten durch die Kontrolle ihrer Mitglieder die gesamte Struktur, die die ordnungsgemäßen Beziehungen zwischen Eltern und Kindern, Ehemännern und Ehefrauen, Herren und Sklaven regelte und bestimmte. Sie sagten, in Christus sei weder Sklaverei noch Freiheit und er sei nicht gekommen, um Frieden zu bringen, sondern ein Schwert für Familien und Freunde. Daher ist es nicht schwer, die gewaltsamen Ausbrüche in den großen Provinzstädten zu erklären, wie sie sich in Smyrna im Jahre 165 n. Chr. oder in Lyon im Jahre 177 n. Chr. ereigneten Sie waren der verbreitete Ausdruck einer erstarkenden Opposition gegen das Christentum, die ihre intellektuelle Ausformung in den ersten Angriffen heidnischer Schriftsteller auf den neuen Kult fanden.

Das Überleben der Kirche

Die Christenverfolgungen waren nicht die einzigen Gefahren, denen die Kirche ausgesetzt war. Eine bei weitem ernstere Bedrohung lag darin, dass sie zu einem weiteren Kult von der im Römischen Reich gängigen Art degenerieren und schließlich im magischen Sumpf der antiken Religion untergehen könnte. Im Nahen Osten gab es Beispiele für „Mysterienreligionen", deren Kern die Initiation der Gläubigen in das geheime Wissen um die Verehrung eines bestimmten Gottes war (die ägyptische Isis war sehr beliebt, ebenso der persische Mithras). Fast immer gab es für die Gläubigen die Möglichkeit, sich selbst im Laufe einer Zeremonie – die einen simulierten Tod und die Auferstehung und somit den Sieg über die Sterblichkeit beinhaltete – mit dem göttlichen Wesen zu identifizieren. Diese Kulte boten durch ihre eindrucksvollen Rituale den Frieden und die Befreiung vom Zeitlichen, die viele ersehnten. Sie waren außerordentlich beliebt.

Die Gnostiker

Die tatsächliche Gefahr der Entwicklung des Christentums zu einer weiteren „Mysterienreligion" offenbart sich angesichts der Bedeutung, die die Gnostiker im 2. Jahrhundert n. Chr. besaßen. Ihr Name leitet sich ab vom griechischen Wort *gnosis*, „Wissen" – ein Wissen, von dem die christlichen Gnostiker sagten, es sei eine geheime, esoterische Tradition, die nicht allen Christen offenbart werde, sondern nur wenigen (eine Variante besagt, nur den Aposteln, und der Sekte, die sich in der Folge entwickelte). Einige ihrer Ideen stammten aus zoroastrianischen, hinduistischen und

Die Christen hielten ihre Lehre für die einzig wahre Philosophie, was das Erscheinen von Philosophengestalten auf einigen christlichen Sarkophagen erklärt. Dieses Marmorrelief von einem Sarkophag des 3. Jahrhunderts n. Chr. zeigt eine junge Römerin, die den Lehren eines Philosophen andächtig zuhört.

Diese Wandmalerei stammt aus dem Familienhypogäum, einem unterirdischen Gewölbe, der Theotecnus in einer ins 6. Jahrhundert n. Chr. gehörenden Katakombe in Neapel. Die Mitglieder der Familie sind betend inmitten brennender Kerzen dargestellt, gläubig erwarten sie den Moment der Auferstehung. Diese Szene zeigt ein bewegendes Bild der friedlichen Annäherung an den Tod, die das Christentum bietet.

buddhistischen Quellen, die den Konflikt zwischen Körper und Geist in einer Weise betonten, die die jüdisch-christliche Tradition verzerrte; andere gingen auf die Astrologie und sogar die Magie zurück. Es gab immer etwas Verlockendes an einem solchen Dualismus, der Zuweisung von Gut und Böse an opponierende Prinzipien und Wesen sowie der Ablehnung des Werts der körperlichen Schöpfung. Die Gnostiker hassten die Welt, und in einigen ihrer Denkschulen führte das zu dem für Mysterienreligionen typischen Pessimismus: Erlösung war nur möglich durch die Aneignung von verborgenem Wissen, von Geheimnissen eines Eingeweihten.

Einige Gnostiker sahen in Christus keineswegs den Erlöser, der einen Bund bestätigt und erneuert, sondern einen, der die Menschheit vom Irrtum Jahwes befreit hat. In welcher Form sie auch auftrat, war diese Annahme erodierend, denn sie zersetzte die Wurzeln der Hoffnung, die Kern der christlichen Offenbarung war. Dieser Glaube wandte sich ab von der Buße im Hier und Jetzt, woran die Christen niemals ganz verzweifeln konnten, da sie ja die jüdische Tradition akzeptierten, nach der Gott die Welt erschaffen habe, und dass sie gut sei.

Im 2. Jahrhundert n. Chr. scheint das Christentum mit all seinen in der Diaspora verstreuten Gemeinden und deren ziemlich gefestigter organisatorischer Basis an einem Scheideweg angekommen zu sein, bei dem sich jede Richtung als fatal erweisen konnte. Hätte es sich von der Verbindung mit der Lehre des Paulus abgewandt und wäre vor allem eine jüdische Häresiebewegung geblieben, wäre es bestenfalls wieder von der jüdische Tradition resorbiert worden. Auf der anderen Seite hätte eine Abwendung vom Judentum die Christen in die hellenistische Welt der Mysterienkulte oder die Hoffnungslosigkeit der Gnostiker treiben können. Dank einer Handvoll Männer entging es beidem.

THEOTECNVS

Die Kirchenväter, besonders anerkannte Kirchenschriftsteller aus der Frühzeit der Kirche: Sie sorgten u.a. für die schriftliche Niederlegung des Glaubensbekenntnisses und den Schriftkanon der Bibel und festigten so die Distanz des Christentums zum Judentum.

DIE KIRCHENVÄTER

Trotz all ihrer moralischen und frommen Aspekte waren die Errungenschaften der Kirchenväter, die diese Gefahren umgingen, vor allem intellektueller Natur. Irenaeus, der dem als Märtyrer gestorbenen Bischof von Lyon 177 n. Chr. nachfolgte, sorgte für den ersten Entwurf der christlichen Lehre in Form eines Glaubensbekenntnisses und einer Festlegung des Schriftenkanons. All dies setzte das Christentum vom Judentum ab. Doch er schrieb auch vor dem Hintergrund der Bedrohung durch häretische Glaubensrichtungen. Im Jahre 172 n. Chr. hatte sich das erste Konzil versammelt, um die gnostischen Lehren abzulehnen.

Die christliche Lehre wurde auf Grund der Notwendigkeit, dem Druck der Konkurrenz zu widerstehen, zu intellektueller Festigkeit gezwungen. Häresie (Ketzerei) und Orthodoxie (Strenggläubigkeit) waren von Geburt an Zwillinge. Einer der Anführer, die die christliche Theologie durch diese Zeit lenkten, war der überaus gebildete Clemens von Alexandria (geboren wahrscheinlich in Athen), ein christlicher Platoniker. Durch ihn begannen die Christen zu begreifen, was die hellenistische Tradition außer Mysterien noch bedeuten konnte. Insbesondere brachte er den Christen die Gedankenwelt Platons nahe. Seinem großen Schüler Origenes vermittelte er den Gedanken, dass die Wahrheit Gottes eine vernünftige Wahrheit sei, ein Glaube, der auch für die in der stoischen Weltsicht Gebildeten attraktiv sein konnte.

Die Ausbreitung des Christentums in der griechisch-römischen Welt

Der intellektuelle Schwung der Kirchenväter und die dem Christentum eigene soziale Anziehungskraft konnten die Möglichkeiten zur Verbreitung und Ausdehnung nutzen, die ihnen die Struktur der klassischen und späteren römischen Welt für diesen Zweck eröffnete. Seine Lehrer konnten sich frei und ungehindert bewegen und miteinander auf griechisch reden oder sich schreiben.

In ein religiöses Zeitalter hineingeboren zu werden, bedeutete sowohl eine Bedrohung als auch einen Vorteil. Die ungeheure Glaubensbereitschaft des 2. Jahrhunderts verbarg tiefe Sehnsüchte. Sie deuteten darauf hin, dass die antike Welt zu jener Zeit sehr stark an Kraft verlor: Die griechische Hauptstadt benötigte eine intellektuelle Auffrischung, die sie in den neuen Religionen suchte. Die Philosophie strebte nach religiösen Inhalten, und Rationalismus oder Skeptizismus sprachen nur eine Minderheit an.

Und doch stellte dieser viel versprechende Hintergrund auch eine Herausforderung für die Kirche dar. Das frühe Christentum muss immer im Zusammenhang mit wachsender Konkurrenz gesehen werden. Wie erfolgreich das Christentum mit dieser Bedrohung umging und seine Möglichkeiten ergriff, sollte in der Krise des 3. Jahrhunderts n. Chr. deutlich werden, als die klassische Welt beinahe zusammenbrach und nur durch außerordentliche, letztendlich verhängnisvolle Zugeständnisse überleben konnte.

Das Christentum sollte sich in den Jahrhunderten nach dem Tod der Kirchenväter weit über seine Ursprungsregion und Rom hinaus ausbreiten. Dieses christliche Manuskript stammt aus dem irischen MacDurnan-Evangeliar. Zu datieren auf das 9. Jahrhundert n. Chr., stellt es den hl. Lukas dar, der einen Bischofsstab und ein Buch hält.

4 DER UNTERGANG DES KLASSISCHEN WESTENS

Es deutet vieles darauf hin, dass die Römer 200 n. Chr. begannen, die Vergangenheit in neuem Licht zu sehen. Menschen haben immer wieder die „Goldenen Zeiten“ der Vergangenheit beschworen. Doch das 3. Jahrhundert n. Chr. brachte tatsächlich für viele Einwohner des Römischen Reiches etwas Neues – ein Gefühl des Niedergangs.

Eine Darstellung Christi aus der Katakombe von S. Ermete in Rom. Die Gesten und der Ausdruck der Figur erinnern an die byzantinische Malerei, die von Künstlern im Oströmischen Reich entwickelt wurde.

Krise und Veränderung

Historiker haben diese Phase des Reiches als „Krise" bezeichnet, doch der Begriff wird der Wirklichkeit nicht einmal annähernd gerecht. Die Umwälzungen, die die Römer bis zum Jahr 300 n. Chr. erlebt hatten, gaben einem Großteil der antiken Gesellschaft der Mittelmeerwelt ein völlig neues Lebensgefühl. Vielleicht haben sie auch dazu beigetragen, dass schließlich so viele Elemente der römischen Gesellschaft in der Zukunft erhalten blieben. Doch diese umfassenden Veränderungen hatten ihren Preis, denn einige von ihnen erwiesen sich letztendlich im wahrsten Sinne als zerstörerisch für den Geist der römischen Kultur.

Erneuerer sind oftmals unbewusste Nachahmer. Etwa zu Beginn des 4. Jahrhunderts – so schätzen Historiker – hat sich das Gleichgewicht im Römischen Reich zu Ungunsten des mediterranen Erbes verschoben. Was das entscheidende Moment dafür gewesen ist, lässt sich leichter emotional bestimmen als wirklich erklären. Ein Anzeichen ist die plötzliche Vermehrung weitreichender Neuerungen: Die Verwaltungsstruktur des Römischen Reiches wird nach neuen Prinzipien organisiert, das Selbstverständnis des Staates verändert sich, das Christentum breitet sich aus und wird schließlich zur offiziellen Religion, und große Gebietsabschnitte werden zur Besiedelung an Immigranten, vergeben. Ein Jahrhundert später verursachen diese Veränderungen die politische und kulturelle Auflösung des Reiches.

Die Rolle des letzten Kaisers

Die Höhen und Tiefen der kaiserlichen Autorität spielen in diesem Auflösungsprozess eine wichtige Rolle. Die antike Kultur war am Ende des 2. Jahrhunderts n. Chr. untrennbar mit dem Römischen Reich verbunden. Sie wurde vom Konzept der *romanitas* beherrscht, der „römischen Lebensweise". Aus diesem Grunde wurde die Schwäche des Regierungssystems für alles verantwortlich gemacht, was im alltäglichen Leben nicht funktionierte. Die kaiserliche Politik wurde schon lange nicht mehr, wie von Augustus vorgegeben, durch die Einwirkung von Senat und Volk beeinflusst. In der Realität bestimmte ein despotischer Regent die Politik, dessen Herrschaft von egoistischen Erwägungen geleitet wurde, wie etwa der Besänftigung der Prätorianergarde, von der er abhängig war. Im Jahr 180 n. Chr. – nach der Thronbesteigung des letzten, unfähigen antoninischen Kaisers – brach eine Reihe von Bürgerkriegen aus, die eine Phase der Unruhe eröffneten. Kaiser Commodus wurde zwar im Jahre 192 n. Chr. durch die Anstiftung seiner Konkubine und seines Kammerherren von einem Ringkämpfer erdrosselt, doch sein gewaltsamer Tod löste die Probleme nicht. Aus dem Kampf um die Nachfolge von Kaiser Commodus ging schließlich Septimius Severus, ein mit einer Syrerin verheirateter Afrikaner, als Sieger hervor. Dieser stärkte die kaiserliche Macht, indem er versuchte, die Erblichkeit für das Kaiseramt zu erneuern und seine eigene Familie mit der antoninischen zu verbinden.

Im 2. Jahrhundert versuchten die Kaiser die Probleme des Römischen Reiches durch mehr Autorität und Macht in den Griff zu bekommen; Senat und Volk hatten schon lange keinen politischen Einfluss mehr.

Zeitleiste (212 n. Chr. – 476 n. Chr.)

212 n. Chr. – Verleihung des röm. Bürgerrechts an alle freien Einw. des Reiches (Constitutio Antoniniana)

325 n. Chr. Konzil von Nicäa (1. ökum. Konzil): Verdammung des Arianismus

391 n. Chr. Theodosius kämpft für die Christianisierung des Römischen Reichs

406 n. Chr. Vandalen überschreiten die römische Grenze am Rhein

476 n. Chr. Absetzung des letzten weströmischen Kaisers

200 n. Chr. – 250 n. Chr. – 300 n. Chr. – 350 n. Chr. – 400 n. Chr. – 450 n. Chr. – 500 n. Chr.

313 n. Chr. Mailänder Edikt: Tolerierung des Christentums im Römischen Reich

395 n. Chr. Teilung des Römischen Reichs in einen Ost- und einen Westteil

419 n. Chr. Errichtung des westgotischen Königreiches in Toulouse

Die römischen Kaiser wollten von ihrem Volk als Helden angesehen und als den Göttern ebenbürtig anerkannt werden. Diese Büste des Commodus zeigt ihn in der Pose des Herakles, mit dem sich der Kaiser identifizierte. Die Darstellung sollte seine Autorität und Größe unterstreichen.

Im 3. Jahrhundert befahl Septimius Severus den Bau einer kaiserlichen Residenz auf dem Palatin; es war die Letzte ihrer Art. Diese wundervollen Arkadengänge waren Teil der kunstvoll angelegten Terrasse, auf der der Palast errichtet wurde.

Die Bedeutung der Armee

Die Betonung, die Severus auf die erbliche Nachfolge legte, stand im Widerspruch zu seinem eigenen Aufstieg. Wie seine Konkurrenten war er Soldat einer Provinzialarmee gewesen. Die Armee entwickelte sich im Laufe des 3. Jahrhunderts zum Kaisermacher, da sie auf Grund der permanenten Instabilität des Reiches einen entscheidenden Machtfaktor innerhalb des Römischen Reiches repräsentierte. Sie war unverzichtbar und musste ständig bei Laune gehalten werden, da inzwischen an mehreren Grenzen gleichzeitig Angriffe von Barbaren drohten.

Der Theorie nach ernannte der Senat den Kaiser. In Wahrheit hatte dieses Gremium nur noch geringe Macht; es konnte lediglich einem aus einer Reihe von Kandidaten sein Wohlwollen aussprechen. So war es unvermeidlich, dass sich die latenten Gegensätze zwischen Senat und Kaiser intensivierten. Kaiser Severus gab den Offizieren mehr Macht. Sein Sohn Caracalla sorgte für eine politische Säuberung des Senats und unternahm damit die nächsten Schritte hin zur autokratischen Macht. Er hatte seine Herrschaft mit einer groß angelegten Bestechung von Soldaten begonnen, wurde jedoch später von diesen umgebracht. Auf Caracalla folgten weitere Soldatenkaiser. Bald gab es den ersten, der nicht mehr aus der Senatorenschicht stammte.

Viele Kaiser wurden von ihren Truppen ermordet; einer starb sogar im Kampf gegen seinen eigenen Heerführer (letzterer wurde in der Folgezeit von den Goten erschlagen, nachdem er von einem seiner Offiziere an sie verraten worden war). Es war ein unruhiges Jahrhundert; insgesamt kamen und gingen im Laufe dieser Jahre 22 Kaiser, und diese Zahl schließt noch nicht die Thronprätendenten oder Halb-Kaiser wie Postumus mit ein, der sich für eine Weile in Gallien halten konnte.

Septimius Severus, auf dieser Tafel im Kreise seiner Familie dargestellt, überließ das Kaiserreich seinen Söhnen Caracalla und Geta. Als Severus im Jahre 211 n. Chr. starb, errang Caracalla die Kaiserwürde, indem er seinen Bruder ermorden und sämtliche Darstellungen von ihm unkenntlich machen ließ.

Im 2. und 3. Jahrhundert n. Chr. wurden unter den Kaisern Septimius Severus und Caracalla ein neues Theater und ein Forum in Lepcis Magna, in der Provinz Africa, errichtet.

Unter Septimius Severus hatten Reformen die Lage des Reiches etwas verbessert, doch führten seine Nachfolger diese Politik nicht konsequent fort. Der Niedergang des Reiches war nicht mehr aufzuhalten.

Wirtschaftliche Schwäche

Obwohl die Reformen von Septimius Severus die Situation verbessert hatten, beschleunigte die schwache Position seiner Nachfolger den Verfall der Verwaltung. Caracalla war der letzte Kaiser, der versuchte, die Grundlage der Steuererhebung auszuweiten, indem er alle freien Einwohner des Reiches zu römischen Bürgern machte und sie somit verpflichtete, Erbschaftssteuer zu zahlen. Eine grundlegende fiskalische Reform strebte er jedoch nicht an. Mit der wachsenden Instabilität des Reiches gingen Habgier und Korruption einher. Diejenigen, die Macht oder Ämter inne hatten, nutzten sie, um sich selbst Vorteile zu verschaffen. Dies bringt ein weiteres Problem ans Tageslicht: die wirtschaftliche Schwäche des Reiches im 3. Jahrhundert.

Es gibt kaum gesicherte Erkenntnisse darüber, was diese Schwäche für die Verbraucher und Händler bedeutete. Trotz des Ausbaus zu einem komplexen Netzwerk, in dessen Mittelpunkt die Städte standen, war das Wirtschaftsleben des Römischen Reiches vor allem landwirtschaftlich orientiert. Die Basis war das Landgut, die *villa*, das in der Größe variierte und die Grundeinheit sowohl für die Produktion als auch für die Organisation der lokalen Gesellschaft bildete. Solche Anwesen stellten die Existenzgrundlage für alle dar, die darauf lebten, und das war in der Regel fast die gesamte ländliche Bevölkerung. Die meisten Menschen auf dem Land waren deshalb weni-

Dieses von einem Sockel und marmornen Säulen eingefasste Wandgemälde zeigt eine Stadtansicht Pompejis. Es wurde in dem römischen Landhaus von Boscoreale gefunden, einer luxuriösen Residenz in einem Außenbezirk von Pompeji, die von Lavaströmen verschüttet wurde, als im Jahre 79 n. Chr. der Vesuv ausbrach.

Dieses Detail stammt von einem Fresko, das im Landhaus von Boscoreale gefunden wurde. Es datiert aus der Mitte des 1. Jahrhunderts n. Chr., als Kunst im hellenistischen Stil sehr beliebt war. Die Szene versucht, die Atmosphäre am makedonischen Hof wiederzugeben.

ger von den langfristigen Umschwüngen der Wirtschaft betroffen als von direkten staatlichen Maßnahmen wie Beschlagnahmungen und Steuererhöhungen. Das Ende der Expansion des Reiches brachte stagnierende Steuereinnahmen mit sich. Die Armeen hatten deshalb weniger Mittel für ihren Unterhalt zur Verfügung. Als die Zeiten schlechter wurden, versuchten einige Bauern, sich als Sklaven zu verdingen. Andere zogen in die Städte oder wurden in die Kriminalität getrieben. Die staatlichen Beschlagnahmungen und die gestiegenen Steuern führten in manchen Gegenden zu einer Entvölkerung. Viele der Reichen waren hingegen von den Steuern ausgenommen. Der Fortbestand der großen Grundbesitzerfamilien der Antike deutet darauf hin, dass die ökonomischen Schwierigkeiten des 3. Jahrhunderts deren Ressourcen nicht entscheidend beeinträchtigt haben.

Inflation und wachsende Steuern

Die Verwaltung und die Armee spürten die Auswirkungen der wirtschaftlichen Schwierigkeiten am stärksten, insbesondere der Inflation. Die Ursachen sind komplex und ihre Ausmaße noch immer umstritten. Zum Teil ist die Geldentwertung auf die offizielle Münzverschlechterung zurückzuführen, die durch Tributzahlungen aus Edelmetall zur Befriedung der Barbaren noch verschlimmert wurde. Die Barbareneinfälle führten wiederum zu einer Unterbrechung des Handels, und der mangelnde Nachschub an Gütern betraf vor allem die Städte, wo die Preise stiegen. Da die Höhe der Entlohnung der Soldaten festgesetzt war, sank deren Kaufkraft (dies machte sie natürlich empfänglicher für großzügige Bestechungsgelder). Auch wenn die gesamten Auswirkungen der Inflation nur schwer einzuschätzen sind, kommen Historiker zu dem Schluss, dass der Wert des Geldes innerhalb des Jahrhunderts auf ein Fünfzigstel seines ursprünglichen Wertes gefallen war.

Eines der Anzeichen der Reichskrise des 3. Jahrhunderts n. Chr. war die Inflation – die Kaufkraft des Geldes nahm ab, während der Preis der Waren auf dem Markt stieg. Dies betraf vor allem Soldaten und andere, die von festen Gehältern lebten.

Der Schaden zeigte sich sowohl in den Städten als auch in der kaiserlichen Steuerpraxis. Ab dem 3. Jahrhundert büßten viele Städte an Größe und Wohlstand ein. Ihre frühmittelalterlichen Nachfolger waren nur noch ein schwacher Abglanz einst bedeutender Orte. Ein weiterer Grund waren die steigenden Forderungen der kaiserlichen Steuereintreiber. Seit Anfang des 4. Jahrhunderts erhoben die kaiserlichen Beamten auf Grund der Geldentwertung die Steuern in Naturalien. Diese wurden oftmals direkt für die Versorgung der örtlichen Garnisonen verwendet, dienten aber auch zur Entlohnung der Zivilbeamten. So wurden nicht nur die Regierung immer unbeliebter, sondern auch die *curiales*, die städtischen Ratsherren, die die Aufgabe besaßen, diese Lasten zu erheben. Um das Jahr 300 n. Chr. konnten diese Ämter fast nur noch unter Zwang besetzt werden, ein sicheres Zeichen dafür, dass eine einstmals begehrte Würde nun zu einer unangenehmen Pflicht geworden war. Manche Städte, besonders diejenigen in den Grenzregionen, erlitten auch zahlreiche bauliche Schäden. Bezeichnenderweise errichteten viele Städte, auch weit hinter den Grenzen gelegene, im Laufe des 3. Jahrhunderts zu ihrem Schutz Stadtmauern. Rom erneuerte z. B. seine Befestigung etwa seit dem Jahr 270 n. Chr.

Konfrontation mit dem Partherreich

Die Armee wurden zudem im Laufe des Jahrhunderts immer größer. Der Kampf gegen die Barbaren kostete das Reich viel Geld. Die Armee musste gut bezahlt, ernährt und ausgerüstet werden. Konnte man die Barbaren nicht aufhalten, musste man ihnen Tribut bezahlen. Nur in Afrika war die römische Reichsgrenze weitgehend intakt.

Mit dem Bau der Stadtmauer Roms wurde im Jahre 271 n. Chr. zur Zeit des Kaisers Aurelian begonnen. Die Ziegelmauern zum Schutz vor germanischen Überfällen schlossen Wachttürme und 14 Haupttore ein, die später noch einmal verändert wurden.

Palmyra im heutigen Syrien war eine unabhängige Oasenstadt, die zwischen dem Römischen und dem Parthischen Reich lag. Als wichtige Karawanenstadt verfügte Palmyra über große Reichtümer, für die ihre monumentalen, heute als Ruinen erhaltenen Bauten der Beweis sind.

In Asien war die Lage ernster. Seit der Regierungszeit von Sulla gab es einen latenten Krieg mit dem Partherreich, der von Zeit zu Zeit aufflammte. Zwei Gründe standen einem Frieden entgegen. Zum einen lag das Gebiet an den sich überlappenden Interessengebieten der Römer und Parther. Zum anderen mischten sich beide auch immer wieder in die inneren Angelegenheiten des anderen ein. Die Parther nahmen z. B. Einfluss auf die jüdischen Unruhen, eine für Rom sehr kritische Angelegenheit. Die gelegentlichen dynastischen Probleme der Parther boten den Römern dagegen einen willkommenen Anlass, um ihrerseits dort einzugreifen.

Im 2. Jahrhundert n. Chr. kam es schließlich zu heftigen Kämpfen um Armenien, deren genaue Abläufe nicht überliefert sind. Kaiser Severus drang dann mit seinen Truppen weiter nach Mesopotamien vor, wurde dort aber zum Rückzug gezwungen; die Täler Mesopotamiens waren zu weit vom Kern des Römischen Reiches entfernt. Dies ist das klassische Problem einer übersteigerten Weltmachtpolitik. Die Römer versuchten, zu viel zu erreichen. Doch ihre Gegner waren ebenfalls ermüdet und befanden sich in einer Phase des Niedergangs. Die schriftlichen Quellen aus Parthien sind zwar spärlich, doch die Überlieferung von Erschöpfung und wachsender Inkompetenz wird durch Münzfunde unterstützt, die nur noch unleserliche und verschwommene Imitationen der früheren großartigen hellenistischen Exemplare darstellen.

Die persische Bedrohung

Im 3. Jahrhundert verschwand das Partherreich von der Landkarte, nicht aber die Bedrohung Roms aus dem Osten. Es kam zu einem Umschwung innerhalb dieser Region. Um das Jahr 225 tötete ein König namens Ardashir (später im Westen als Artaxerxes bekannt) den letzten parthischen Herrscher und wurde in Ktesiphon zum König gekrönt. Er erneuerte das achämenidische Reich Persiens unter einer neuen

Dynastie, den Sassaniden, und etablierte für über 400 Jahre den größten Gegner Roms. Das sassanidische Reich war ebenso wie das Partherreich zoroastrianischen Glaubens und hielt die achämenidische Tradition wach. Man kann also von einem hohen Grad an Kontinuität sprechen.

Innerhalb weniger Jahre waren die Perser in Syrien eingefallen und führten von hier aus Kämpfe mit dem Römischen Reich, die drei Jahrhunderte anhielten. Im 3. Jahrhundert gab es kein Jahrzehnt ohne Kriegshandlungen. Die Perser eroberten Armenien und nahmen Kaiser Valerian gefangen. Im Jahre 297 wurden sie von den römischen Armeen aus Armenien und Mesopotamien vertrieben. Dies bescherte den Römern eine Grenze am Tigris, die sie jedoch langfristig nicht halten konnten, ebensowenig wie die Perser ihre Eroberungen sicherten. Das Ergebnis war ein langer, hin- und herwogender Kampf. Im 4. und 5. Jahrhundert entstand eine Art von Gleichgewicht, das erst im 6. Jahrhundert wieder zusammenbrach.

Trotz der Kämpfe entwickelten sich in der Zwischenzeit zahlreiche Handelsbeziehungen, die offiziell auf drei bestimmte Städte an

Auch im Osten kam es zu politischen Veränderungen: Das Partherreich verschwand, Artaxerxes begründete stattdessen die persische Dynastie der Sassaniden, Rom war von Osten her einer neuen Bedrohung ausgesetzt.

Das Sassanidenreich um 400 n. Chr.

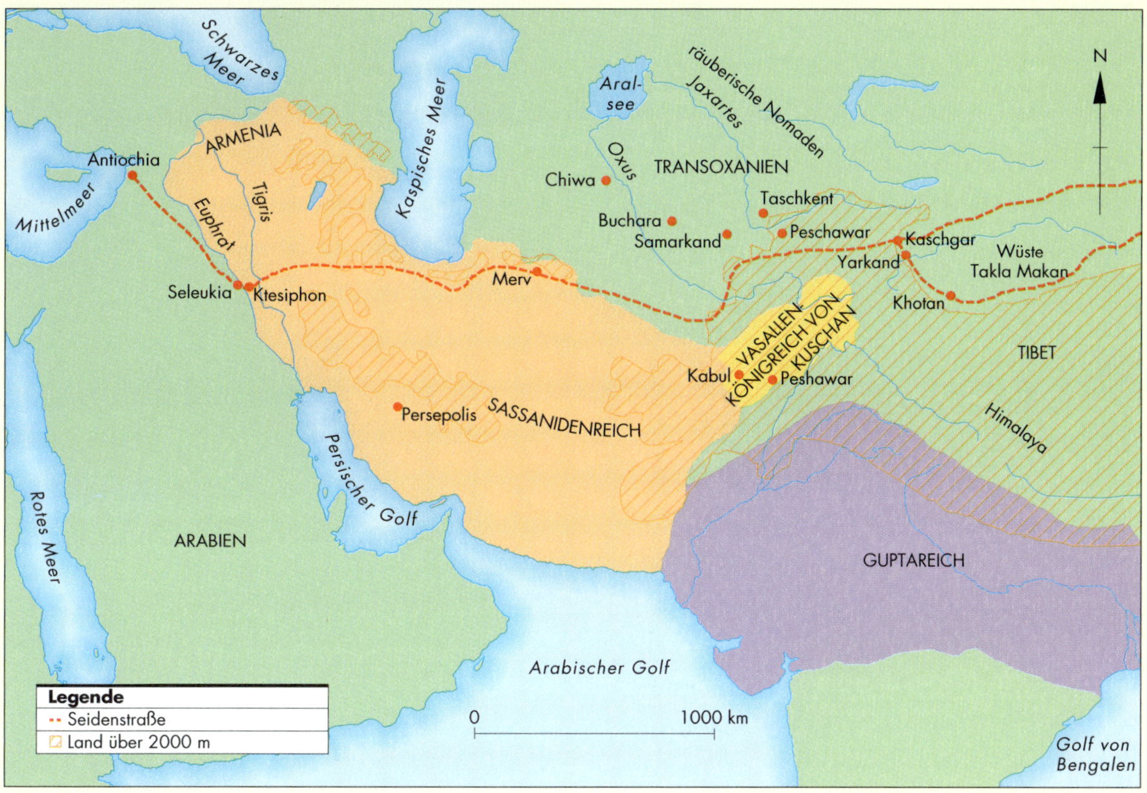

Um das Jahr 225 n. Chr. erneuerte Ardashir, der Bezwinger des letzten parthischen Königs, unter der Dynastie der Sassaniden das alte persische Königreich als neupersisches Reich. Die Perser unternahmen eine Invasion Syriens und versuchten, ihre Stellung im Nahen Osten auszubauen. Viele der Haupthandelsrouten nach Indien und in den Fernen Osten kreuzten persisches Gebiet, darunter die berühmte Seidenstraße, über die für das Römische Reich so wertvolle Güter wie Gewürze, Edelsteine und Seide aus China importiert wurden. Ab dem späten 3. Jahrhundert n. Chr. traten Römer und Perser in Verhandlungen bezüglich des Seidenhandels ein.

Dieser im Jahre 203 n. Chr. erbaute Ehrenbogen für Septimius Severus und seine Söhne dominiert den westlichen Abschluß des Forum Romanum. Er ist mit Flachreliefs verziert, die die Feldzüge des Kaisers gegen die Parther und Araber darstellen.

der römischen Grenze beschränkt waren. Doch es entstanden in den großen Städten des Reiches wichtige Kolonien persischer Händler. Durch Persien verliefen schließlich die wichtigen Handelsrouten nach Indien und China, die für die römischen Exporteure genauso bedeutend waren wie für Importeure von orientalischer Seide, Baumwolle und Gewürzen. Und doch wogen Handelsverbindungen die zerstörerischen Kräfte nicht auf. Wenn sie sich nicht gerade bekriegten, existierten beide Reiche in passiver Feindschaft nebeneinander. Ihre Beziehungen wurden zusätzlich durch kleinere Staaten und Volksgruppen auf beiden Seiten der Grenzen kompliziert. So bestand immer die Gefahr, dass das strategische Gleichgewicht durch eine Veränderung in einem der Pufferstaaten gestört wurde. Die entscheidende Runde des offenen Kampfes kam schließlich im 6. Jahrhundert.

Zuerst müssen noch die großen Veränderungen des 4. Jahrhunderts erklärt werden, die sich bis dahin innerhalb des Römischen Reiches abspielten. Die Expansionsbestrebungen des Sassanidenreiches übten auf einer Seite Druck aus. Entlang der Donau- und Rheingrenzen drängten die Barbaren ins Reich. Im Zuge der Völkerwanderung, die im 3. Jahrhundert begann, hatten sich in diesen Regionen viele Völker angesiedelt. Sie wurden allmählich mächtiger, handelten in größeren Verbänden und erhielten schließlich die Erlaubnis, sich auf römischem Gebiet niederzulassen. Hier wurden sie zunächst als Söldner zum Schutz des Reiches vor anderen Barbaren verpflichtet und übernahmen später auch in der Führung des Reiches eine Rolle.

Ein römisches Militärlager

Dieser Plan eines römischen Lagers basiert auf Beschreibungen solcher Lager in einer zwischen dem 1. und 3. Jahrhundert n. Chr. entstandenen militärischen Abhandlung. Ein typisches römisches Lager war so ausgelegt, dass es 40 000 Mann Platz bot. Der Bau war von einer Mauer aus Erde, Torf oder Stein umgeben und besaß einen Wehrgraben. Im Inneren verliefen zwei Straßen parallel zur Achse des Lagers und unterteilten den Platz in drei Hauptsektionen.

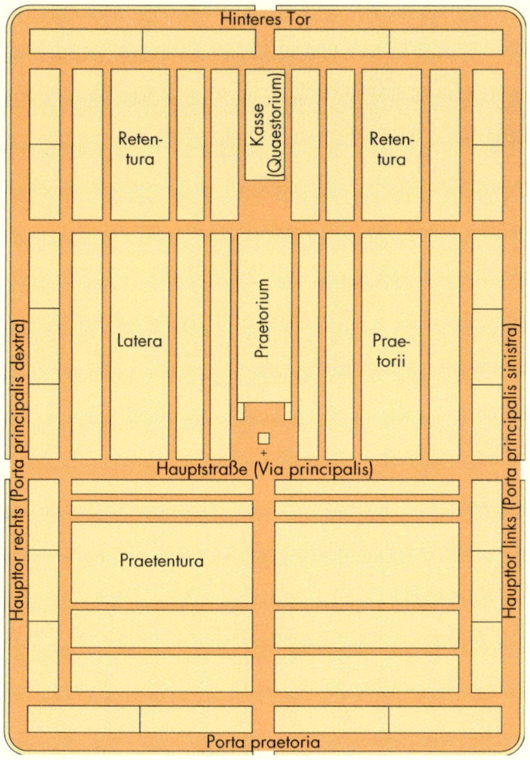

Diese Szene stammt aus einem sassanidischen Felsrelief am Pass von Naqsh-i-Rustam nördlich von Persepolis. Es stellt die berittenen Streitkräfte von König Ardashir nach seinem Sieg über den letzten parthischen König um 225 n. Chr. dar. Ardashir ist auf der linken Seite dargestellt, wie er vom Gott Mazda ein Diadem erhält. Unter den Hufen der Pferde zertrampelt liegen besiegte Parther.

Die europäische Bedrohung

Im Jahr 200 n. Chr. lag die Eingliederung von Barbaren in das Reich noch in ferner Zukunft. Neue Probleme wurden hauptsächlich von den Franken und Alamannen am Rhein und den Goten an der unteren Donau verursacht. Ab etwa 230 kämpfte das Römische Reich gegen sie, doch die Kosten dieses Zweifrontenkrieges waren immens. Die Verwicklungen in Persien zwangen den Kaiser bald darauf dazu, den Alamannen Konzessionen zu machen. Als Nachfolgestreitigkeiten um das Amt des Kaisers die römische Machtposition weiter schwächten, nutzten die Goten diese günstige Gelegenheit aus, fielen in Mösien ein und töteten dort im Jahre 251 Kaiser Decius. Fünf Jahre später überschritten die Franken den Rhein. Die Alamannen folgten und stießen bis Mailand vor. Gotische Armeen fielen in Grie-

Um 200 n. Chr. war Rom einem Zweifrontenkrieg ausgeliefert: Im Osten gab es Auseinandersetzungen mit Persien, in Europa versuchte Rom, Franken, Alamannen und Goten zu bezwingen.

Das tägliche Leben in römischen Städten

Ab dem 3. Jahrhundert v. Chr. entschieden sich immer mehr Römer für ein Leben in der Stadt. Mit der Ausdehnung der Städte wurden auch die handwerklichen und kommerziellen Aktivitäten immer wichtiger. Zahlreiche Dekorationen von Grabdenkmälern vermitteln uns einen guten Einblick in verschiedene Handelszweige. Die meisten Geschäfte liefen in kleinem Rahmen ab: Die Werkstätten waren häufig Familienbetriebe, die noch einige Sklaven und Lehrlinge beschäftigten und auch als Laden für die überwiegend örtliche Kundschaft dienten. Die Werkzeuge waren größtenteils einfach. Viele Läden rund um die dicht bevölkerten Märkte verkauften Lebensmittel und machten den fliegenden Händlern Konkurrenz.

Einige Tavernen boten fertige Speisen für Reisende an. Die meisten Stadtbewohner verbrachten viel Zeit auf den Straßen und aßen nicht zu festgesetzten Zeiten. Einfache Leute kochten nur selten. In den Häusern der reichen Römer dagegen richteten Sklaven oftmals üppige Mahlzeiten an. Fleisch- und Fischgerichte wurden in der Regel mit Saucen gegessen. Diese bestanden aus aromatischen Gewürzen, Pfeffer, eingelegtem Gemüse, Olivenöl, Essig, Wein und Honig.

Die Märkte des Trajan wurden im 2. Jahrhundert n. Chr. vom gleichnamigen Kaiser auf der Westseite des Forum Romanum errichtet. Finanziert aus den Gewinnen des Dakischen Krieges beherbergte dieser Bau Läden und gewerbliche Einrichtungen. Der Komplex wurde von einem halbkreisförmigen Platz, der „exedra" (Rotunde), begrenzt.

chenland ein und plünderten von der See aus Asien und die Ägäis. Wahrscheinlich überstieg die Stärke der Barbarenarmee nie 30 000 Mann.

Doch selbst dies war überall zuviel für die kaiserlichen Streitkräfte, deren Rückgrat Rekruten aus den illyrischen Provinzen bildeten; dank der Macht der Armee kam es gleichzeitig zu einer Folge von Kaisern illyrischer Herkunft. Diese Kaiser leisteten vor allem in militärischer Hinsicht gutes Soldatenhandwerk. Sie erkannten die Prioritäten; die Hauptgefahr lag in

Weinfässer wurden häufig per Schiff transportiert. Dieses Flachrelief zeigt Männer am Ufer, die ein Boot flussaufwärts treideln, indem sie dicke, an einem Drehbolzen befestigte Taue ziehen.

Europa und musste zuerst bekämpft werden. Die Armee wurde außerdem neu organisiert, um effektive und bewegliche Reserven in allen Krisengebieten zur Verfügung zu haben. Dies alles war das Werk Aurelians, dem der Senat den Beinamen der „Erneuerer des Römischen Reiches" verlieh. Doch die Kosten für die Veränderungen waren sehr hoch. Nur eine grundlegende Reform konnte zudem dafür sorgen, dass das Werk der illyrischen Kaiser erhalten blieb, und genau dies war das Ziel Diokletians. Bekannt vor allem als tapferer Soldat versuchte er, die augusteische Tradition wieder herzustellen, doch stattdessen revolutionierte er das Reich.

DAS ZEITALTER DIOKLETIANS

Diokletian besaß mehr das Genie eines Verwaltungsmannes als das eines Soldaten. Ohne große Visionen zu haben, lagen seine Stärken in einem ausgezeichneten Verständnis für Organisation und Prinzipien, in der Ordnungsliebe und in seiner guten Menschenkenntnis, die ihn vertrauenswürdige Männer finden ließ, an die er Aufgaben delegieren konnte. Er hatte außerdem viel Energie. Er reiste ständig im Reich herum, verbrachte ein Jahr hier, einige Monate dort und manchmal nur ein oder zwei Tage am selben Ort. Die Hauptstadt Diokletians war immer gerade dort, wo sich der kaiserliche Hofstaat befand.

Der Kern von Diokletians Reformen bestand in einer neuen Aufteilung des Reiches, die es sowohl von den Gefahren innerer Reibereien zwischen Thronprätendenten in entfernteren Provinzen befreien sollte, als auch von der ständigen Überbeanspruchung seiner verwaltungstechnischen und militärischen Ressourcen. Im Jahre 285 ernannte Diokletian einen Mitkaiser, Maximian, dem er die Verantwortung für die westliche Reichshälfte übertrug, die jenseits einer von der Donau nach Dalmatien gezogenen Linie lag. Beiden *augusti* wurden in der Folgezeit *caesares* als Mitkaiser beigeordnet (Galerius und Constantius). Diese waren sowohl Helfer als auch Nachfolger, wodurch eine geregelte Machtübergabe gewährleistet war. Tatsächlich funktionierte der Machtwechsel aber nur ein einziges Mal so, wie es Diokletian vorgesehen hatte, nämlich bei seiner Abdankung und der seines Mitkaisers. Die praktische Verwaltungsteilung in zwei Reichshälften wurde jedoch nicht rückgängig gemacht.

Unter Diokletian entstand auch ein neues Konzept des Kaiseramtes. Der Titel *princeps* wurde nicht mehr verwendet; die Kaiser waren das Geschöpf der Armee, nicht mehr des

Der in Verwaltungsangelegenheiten überaus fähige Diokletian versuchte durch Reformen und eine neue Aufteilung des Reiches dessen Überleben nochmals zu sichern.

Senats. Sie wurden außerdem in einer Weise verehrt, die an das halbgöttliche Königtum der orientalischen Höfe erinnerte. In der Realität setzten sie ihre Politik mit Hilfe einer pyramidenförmigen, hierarchisch gegliederten Bürokratie durch. Die beiden Kaiser und ihre Mitregenten teilten das Reich in vier Verwaltungsbereiche auf: Diokletian übernahm die Ostprovinzen, Maximian Italien und Afrika, Galerius den Donau- und Balkanraum und Constantius Spanien, Gallien und Britannien. Die so genannten „Diözesen", in die die vier großen Regionen unterteilt wurden und die durch ihre „Vikare" direkt dem Kaiser verantwortlich waren, besaßen jetzt viel überschaubarere Strukturen. Allerdings war die Zahl der Bezirke jetzt beinahe doppelt so hoch wie zuvor. Das Machtmonopol des Senats war lange vorbei; der senatorische Rang bedeutete jetzt nur noch eine soziale Unterscheidung (nämlich Zugehörigkeit zur wohlhabenden Landbesitzerschicht) oder die Besetzung eines der wichtigen Verwaltungsposten. Der Ritterstand verschwand.

Diokletian und Maximian waren die beiden Kaiser, die zusammen mit ihren *caesares* – den Unterkaisern – das erste tetrarchische System formten, das Diokletian im ausgehenden 3. Jahrhundert errichtete. Diese Porphyrskulptur – entstanden etwa um 300 – symbolisiert die Solidarität der Tetrarchen.

Die Tetrarchie

Die militärische Einrichtung der „Tetrarchie", war viel größer als ursprünglich von Augustus vorgesehen. Die Grenztruppen wurden in Einheiten aufgegliedert, von denen einige auf Dauer am selben Ort verblieben, während andere in bewegliche Truppen umgeformt wurden. Die Wehrpflicht wurde wieder eingeführt. Etwa eine halbe Million Männer stand so unter Waffen. Die Führung der Armee wurde vollkommen von der Zivilverwaltung der Provinzen getrennt, mit der sie zuvor verschmolzen war.

Die Ergebnisse der militärischen Reform entsprachen jedoch noch nicht Diokletians Vorstellungen. Die Kosten für die verbesserten Strukturen waren einfach zu hoch. Eine Armee, deren Größe sich innerhalb eines Jahres verdoppelte, musste von einer Bevölkerung finanziert werden, die eher geringer geworden war. Die hohe Besteuerung gefährdete nicht nur die Loyalität der Untertanen des Weltreichs und förderte die Korruption, sie machte auch eine genaue staatliche Kontrolle nötig, damit die Steuergrundlage nicht untergraben würde. So schränkte die Verwaltung mit großem Druck die Mobilität der Einwohner ein. Die Bauern waren beispielsweise gezwungen, dort zu bleiben, wo sie in der Volkszählung eingetragen worden waren. Ein weiteres Beispiel war der Versuch, die Löhne und Preise im ganzen Territorium einzufrieren. Alle diese Maßnahmen erforderten eine größere öffentliche Verwaltung, und mit der Zahl der Beamten, erhöhten sich auch die Kosten der Regierung.

Die ideologische Krise

Am Ende erwies sich vor allem Diokletians neues Konzept des Kaiseramtes als einflussreich. Die religiöse Aura, die es nun annahm, war die Antwort auf ein zentrales Problem. Das Reich hatte unter der Belastung durch ständige Angriffe und Misserfolge seine unumstrittene Akzeptanz unter den Einwohnern verloren. Schuld daran waren nicht nur die Abneigung gegen die höhere Besteuerung oder die Angst vor einer anwachsenden Geheimpolizei. Die ideologische Grundlage des Kaiseramtes selbst war unterhöhlt worden und konnte keine Loyalitäten mehr an sich binden. So kam es gleichzeitig zu einer Kultur- und zu einer Regierungskrise. Der geistige Nährboden der klassischen Welt brach allmählich in Stücke. Kultur und Staat benötigten also eine neue sittliche Grundlage.

Eine frühe Antwort stellte die Betonung der Einzigartigkeit und der sakralen Rolle des Kaisers dar. Diokletian präsentierte sich in seinem Handeln bewusst als Erlöser, als eine jupitergleiche Persönlichkeit, die das Chaos bändigte. Dieses Selbstverständnis wies Parallelen mit den Vorstellungen einiger spätantiker Denker auf, die das Leben als ständigen Kampf zwischen Gut und Böse ansahen. Ursprünglich hatte diese Sichtweise jedoch orientalische Wurzeln. Diese neue Definition der Beziehung des Kaisers zu den Göttern und die entsprechende Umorientierung des öffentlichen Kults, versprach nichts Gutes für die traditionell pragmatische Toleranz der griechischen Welt.

DAS WACHSEN DER CHRISTLICHEN KIRCHE

Die Geschichte der christlichen Kirche wurde sowohl im Guten als auch im Schlechten von den wechselnden Einstellungen der römischen Kaiser geprägt. Am Ende sollte das Christentum aber zum Erben Roms werden. Viele religiöse Sekten haben sich im Laufe der Geschichte von verfolgten Minderheiten zu selbständigen Institutionen entwickelt. Was die christliche Kirche von ihnen unterscheidet, ist die Tatsache, dass sie durch die besonderen Bedingungen des spätrömischen Reiches viele Elemente der klassischen Kultur in sich aufnahm und diese selbst verstärkt fortführte. Dies hatte enorme Auswirkungen nicht nur auf das Christentum, sondern auf die ganze Welt.

Die Basilika des Heiligen Simeon in Qual'at Sim'a in Syrien wurde um 480 n. Chr. errichtet. Ihre eindrucksvollen Überreste, wie dieser Teil des zentralen Oktogons, belegen die Wehrhaftigkeit der christlichen Kirchen im Nahen Osten im 4. und 5. Jahrhundert.

Paulus von Tarsus war ein Griechisch sprechender römischer Bürger und Pharisäer aus Kilikien. Nach seinem Übertritt zum Christentum avancierte er zu einer Schlüsselfigur der frühen Kirche, indem er seinen Glauben daran verbreitete, dass das Christentum keine den Juden vorbehaltene Religion war.

Zu Beginn des 3. Jahrhunderts hatten Missionare den christlichen Glauben bereits bei den nicht-jüdischen Völkern Kleinasiens und Nordafrikas verbreitet. Insbesondere in Nordafrika hatte das Christentum in den Städten seine ersten großen Erfolge zu verzeichnen. Für lange Zeit blieb es ein vorwiegend städtisches Phänomen, obwohl es noch immer eine Religion der Minderheiten war. Im gesamten Römischen Reich besaßen die alten Götter und die lokalen Gottheiten die Ergebenheit der Bauern. Bis zum Jahr 300 machten die Christen nur etwa ein Zehntel der Reichsbevölkerung aus. Doch bereits zu dieser Zeit gab es deutliche Anzeichen von offiziellem Wohlwollen und sogar von staatlichen Zugeständnissen. Ein römischer Kaiser war nominell Christ und ein anderer hatte Jesus Christus unter die Götter aufgenommen, die in seinem Privathaushalt verehrt wurden. Solche Kontakte zum kaiserlichen Hof illustrieren einen Wechsel von jüdischer zu klassischer Kultur, der einen wichtigen Teil des Entwicklungsprozesses ausmachte, durch den das Christentum im Römischen Reich Wurzeln schlagen konnte. Vielleicht hat Paulus von Tarsus, der Jude, der mit den Athenern in ihrer eigenen Sprache reden konnte, dies ausgelöst. Später, im frühen 2. Jahrhundert, zeigte der Märtyrer Justinus, ein palästinensischer Grieche, dass das Christentum in der Schuld der griechischen Philosophie stand. Dies hatte eine wichtige politische Bedeutung: Der Verweis auf die kulturelle Identifikation mit der klassischen Tradition half den Christen, den Verdacht der Treulosigkeit gegenüber dem Römischen Reich zu entkräften. Wenn ein Christ sich auf das ideelle Erbe der hellenistischen Welt bezog, konnte er auch ein guter Bürger sein. Das rationale Christentum des Justinus stellte sich die Offenbarung einer Göttlichen Vernunft vor (obwohl er um das Jahr 165 n. Chr. dafür das Martyrium erlitt), an der alle großen Philosophen und Propheten teilhatten, unter ihnen Platon. Aber nur in Christus konnte die Offenbarung vollständig sein. Andere verfolgten vergleichbare Gedankengänge: Clemens von Alexandria, der das Christentum mit den Methoden der Wissenschaft erklären wollte, und Origenes, dessen genaue Lehre noch unklar ist, da viele seiner Schriften nicht überliefert sind. Ein nordafrikanischer Christ, Tertullian, hat abfällig gefragt, was die Akademie der Gelehrten mit der Kirche zu tun habe. Er bekam die Antwort von den Kirchenvätern selbst, die bewusst das Begriffsarsenal der griechischen Philosophie verwendeten, um die christliche Glaubensaussage in einer Weise in der Rationalität zu verankern, wie Paulus es nie getan hätte.

Dieses Relief eines Sarkophags – wahrscheinlich christlichen Ursprungs – stammt aus dem 2. oder 3. Jahrhundert. Es zeigt einen Philosophen, ein Buch in der Hand, zusammen mit einem Mann und einer Frau. Der klassisch monumentale Stil erinnert an Aufsätze, die heidnischen Särgen als Dekoration dienten.

Die Christenverfolgungen

Die frühe Geschichte der christlichen Kirche wurde jedoch allen Heilsversprechen entgegen von massiven Verfolgungen bestimmt. Es gab zwei große Ausbrüche. Die eine Verfolgungswelle in der Mitte des 3. Jahrhunderts

Konstantin, römischer Kaiser in den Jahren 306–337 n. Chr., war auf Grund seiner Unterstützung für die christliche Kirche in den Augen mancher der „13. Apostel". Diese Goldmünze trägt sein Abbild.

drückte die geistige Krise der römischen Gesellschaft aus. Das Reich beunruhigten nicht nur die wirtschaftlichen Schwierigkeiten und militärischen Niederlagen, sondern auch eine dem römischen Erfolg selbst innewohnende Dialektik: Die Weltoffenheit, die so charakteristisch für das Römische Reich gewesen war, zersetzte nun allmählich die *romanitas*, die immer mehr Realität verlor und zum Schlagwort wurde. Kaiser Decius war aber davon überzeugt, dass eine Rückkehr zu den traditionellen römischen Tugenden und Werten möglich sei. Das schloss auch die Wiederbelebung der Opfer für die Götter mit ein, deren Wohlwollen sich dann zu Gunsten des Kaiserreichs entfalten sollte.

Den Christen befahl Decius, ebenfalls nach römischen Traditionen zu opfern. Viele befolgten die Anweisung, doch diejenigen, die sich weigerten, mussten sterben. Einige Jahre später begann Kaiser Valerian mit einer zweiten Verfolgungswelle aus denselben Gründen. Seine Prokonsuln hielten sich allerdings diesmal eher an die Führungspersönlichkeiten und den Besitz der Kirche. Danach ebbte die Verfolgung ab, und die Christen nahmen ihre schattenhafte und geduldete Existenz wieder auf.

Die Kaiser Decius, Valerian und Diokletian versuchten durch Rückkehr zu römischen Traditionen dem Verfall des Reiches entgegenzuwirken. Das führte zu neuen Christenverfolgungen, da die Christen die geforderten Opfer an die römischen Götter verweigerten.

Die Verfolgung hatte gezeigt, dass es größerer Anstrengungen bedurfte, diese neue Sekte auszulöschen. Dies ging letztlich über die Kapazitäten der römischen Verwaltung hinaus. Die Sonderstellung und Isolation des frühen Christentums lösten sich danach zunehmend auf. Christen waren führend in den Verwaltungen der asiatischen und afrikanischen Provinzen präsent. Bischöfe wurden als offizielle Amtsträger akzeptiert, mit denen man Vereinbarungen abschließen konnte. Die Herausbildung bestimmter Traditionslinien innerhalb des Christentums (unter ihnen waren die Kirchen von Rom, Alexandria und Karthago die wichtigsten) belegt von der anderen Seite her die jeweilige tiefe Verwurzelung in den örtlichen Gesellschaften. Auch außerhalb des Römischen Reiches gab es Anzeichen, dass sich die politische und gesellschaftliche Lage der Christen verbesserte. Die Herrscher der persischen Klientelstaaten konnten es sich beispielsweise nicht erlauben, auf christliche Unterstützung vor Ort zu verzichten. In Syrien, Kilikien und Kappadokien waren die Christen mit ihrer Missionstätigkeit sehr erfolgreich und stellten in einigen Städten die soziale Elite. Manchmal half sogar der Aberglaube dabei, Könige zu bekehren: Der christliche Gott erweise sich womöglich doch als mächtig, und es könnte darum kaum schaden, sich gegen seine Missgunst zu versichern.

Die Christen konnten außerdem mit einiger Befriedigung feststellen, dass ihre ärgsten Verfolger nicht erfolgreich waren. Die Goten erschlugen Decius, und von Valerian sagt man, er sei von den Persern bei lebendigem Leib gehäutet und ausgestopft worden. Doch Diokletian zog daraus keine Lehren, als er im Jahre 303 (bereits beginnend ab 299) die letzte große römische Christenverfolgung anregte. Unter den Opfern waren die christlichen Beamten, der Klerus, sowie die Bücher und Gebäude der Kirche. Unter Diokletian gab es noch keine Todesstrafe für die Verweigerung des Opfers nach römischen Traditionen. Viele Christen kamen trotzdem der Verpflichtung zum Opfern nach, unter ihnen der Bischof von Rom. Constantius, der *Caesar* des Westens, führte die Verfolgung nach der Abdankung Diokletians im Jahre 305 nicht weiter, während sein Kollege im Osten, Galerius, der gleichzeitig Nachfolger Diokletians als Kaiser war, den Christen unter Androhung der Todesstrafe ein generelles Opfer befahl. Das bedeutete, dass die Verfolgungen in Ägypten und Kleinasien am schlimmsten waren. Doch vorher kamen die verwickelten politischen Ereignisse hinzu, die zum Aufstieg Kaiser Konstantin des Großen führten.

Konstantinopel

Im Jahre 324 entschloss sich Konstantin nach seinem Sieg über Licinius, der ihn zum Alleinherrscher machte, an der Stelle des antiken Byzantium im Ostreich eine neue kaiserliche Hauptstadt zu errichten. Am 11. Mai 330 n. Chr. wurde das „Neue Rom" – von Anbeginn eine christliche Stadt – durch Errichtung einer Porphyrsäule eingeweiht, die in ihrer Mitte von einer Statue Konstantins gekrönt wurde. Die ganze byzantinische Epoche hindurch war diese Säule das Symbol der Gründung und Ewigkeit der Hauptstadt.

Erst am Ende des 4. Jahrhunderts wurde Konstantinopel zur endgültigen Hauptstadt des Oströmischen Reiches – der Stadt, in der der Kaiser seinen Wohnsitz hatte, sich öffentlich zeigte sowie seine göttliche und kaiserliche Macht ausübte. Im Mittelalter nahm die Stadt wieder den Namen Byzanz an, den sie bis zur Eroberung durch die Türken im Jahre 1453 n. Chr. behielt.

Die herausragende strategische Lage Konstantinopels zwischen Europa und Asien mit der Kontrolle der Meerenge des Bosporus förderte ein schnelles wirtschaftliches Wachstum der Stadt. Eine Vielzahl von Handwerkern und Händlern eröffneten dort ihre Geschäfte.

Die Expansion der Stadt wurde durch ein öffentliches Bauprogramm gefördert, im Zuge dessen Kirchen, Plätze und Büros der Stadtverwaltung errichtet wurden. Im 5. Jahrhundert besaß Konstantinopel einer zeitgenössischen Quelle zufolge 14 Kirchen, elf kaiserliche Paläste, fünf Märkte, acht öffentliche und 153 private Bäder, 20 öffentliche und 120 private Bäckereien, 322 Straßen.

Diese Miniatur von Péronet Lamy mit der Darstellung Konstantinopels (1436 n. Chr.) zeigt die Hauptstadt des Oströmischen Reiches 20 Jahre vor ihrer Eroberung.

KONSTANTIN DER GROSSE

Der Vater von Konstantin dem Großen war Constantius, einer der Mitregenten Diokletians und dessen Nachfolger. Constantius starb im Jahr 306 in Britannien, ein Jahr nach seiner Ernennung zum *augustus*. Konstantin hielt sich dort ebenfalls auf, und obwohl er nicht der *Caesar* seines Vaters war, wurde er von der Armee in Eburacum – York – zum Kaiser ausgerufen. Es folgte eine schwierige Phase von fast zwei Jahrzehnten. Die zahlreichen Kämpfe demonstrieren das Scheitern von Diokletians System einer friedlichen Machtübertragung und endeten erst im Jahre 324, als Konstantin das Reich unter seiner Herrschaft wieder vereinte.

Bis zu seiner Alleinherrschaft hatte er sich bereits tatkräftig und erfolgreich den Problemen des Weltreiches gestellt. Dabei hatte er größere Erfolge als Soldat denn als Verwaltungsmann errungen. Er baute mit Hilfe barbarischer Rekruten ein schlagkräftiges Heer auf, das neben den Grenztruppen existierte. Es war in den Städten innerhalb des Reiches stationiert. Dies war eine strategisch gute Entscheidung, wie die militärischen Erfolge im östlichen Kaiserreich während der nächsten

Das Mausoleum von S. Costanza in Rom, dessen Innenraum hier zu sehen ist, wurde im 4. Jahrhundert n. Chr. unter der Regierung Konstantins errichtet. Der überkuppelte Zentralraum wird von zwölf paarweise aufgestellten Säulen mit Kompositkapitellen zum ringförmigen Umgang durch Arkaden geöffnet. Ursprünglich stand der Sarkophag der Konstantina, einer Tochter des Kaisers, unter einem dieser Bögen.

Auch Konstantin der Große führte einige Reformen durch, wie Ersetzung der Prätorianergarde durch eine germanische Leibwache und Einführung einer neuen Goldwährung. Er war es auch, der die christliche Kirche anerkannte und unter seinen persönlichen Schutz stellte.

beiden Jahrhunderte belegen. Konstantin löste auch die Prätorianergarde auf und schuf eine germanische Leibwache. Er führte eine neue und stabile Goldwährung ein und machte damit den Weg frei für die Abschaffung der Steuerzahlungen in Naturalien. Seine steuerpolitischen Neuerungen hatten ambivalente Folgen. Immerhin versuchte er sich an einer Anpassung der Steuerlast, damit mehr Lasten von den Reichen getragen würden. Für seine Zeitgenossen wurde jedoch vor alle seine Einstellung zum Christentum besonders prägend.

Konstantin und die Kirche

Konstantin stellte die christliche Kirche offiziell unter seinen persönlichen Schutz. Er spielte dadurch in ihrer Ausformung eine wichtigere Rolle als jeder andere christliche Laie und wurde deshalb der „13. Apostel" genannt. Und trotzdem war seine persönliche Beziehung zum Christentum kompliziert. Vom Verstand her neigte er zu einem monotheistischen Glauben, der typisch für die Zeit der Spätantike war. Am Ende seines Lebens war Konstantin zweifellos ein überzeugter Gläubiger. Damals war es noch nicht ungewöhnlich für Christen, so auch für Konstantin, seine Taufe bis zum Totenbett aufzuschieben. Doch er glaubte aus Furcht und Hoffnung, denn der Gott, den er verehrte, war ein Gott der Macht. Sein erster Glaube galt dem Sonnengott, dessen Kult bereits offiziell mit dem Kaiserkult verbunden war. Dann, im Jahre 312, am Vorabend einer Schlacht und als Folge einer Vision – so wird es zumindest überliefert – befahl er seinen Soldaten, das Christogramm auf ihren Schilden anzubringen. Er gewann den Kampf und begann in der Folgezeit, obwohl er offiziell weiter dem Sonnengott huldigte, den Christen und ihrem Gott wichtige Dienste zu erweisen.

Das Fehlen individueller Züge dieser Bronzebüste Konstantins versinnbildlicht seine göttliche Autorität und markiert den Beginn eines neuen Stiles, der die Überlegenheit der Kaiser betont.

Das Mailänder Edikt

Eine Manifestation des neuen Enthusiasmus des Kaisers für das Christentum stellt das im nächsten Jahr folgende Edikt von Mailand dar, das von einem Konkurrenten Konstantins nach einer Vereinbarung mit ihm erlassen wurde. Es erstattete den Christen ihr Eigentum zurück und sicherte ihnen die Toleranz zu, die auch die anderen Religionen genossen. Diese rechtliche Anerkennung spiegelte sowohl Konstantins Einstellung gegenüber dem Christentum wider als auch den Wunsch, mit seinem Widersacher zu einem befriedigenden Kompromiss zu gelangen. Konstantin schenkte der Kirche, unter besonderer Bevorzugung der römischen Teilkirche, in der Folgezeit große Ländereien. Neben der Einräumung von Steuererleichterungen für den Klerus übertrug er ihr das unbegrenzte Recht, Erbschaften entgegenzunehmen. Gleichzeitig schmückten seine Münzbilder noch jahrelang die heidnischen Götter, vor allem die „Unbesiegbare Sonne".

Kirche und Staat

Konstantin sah sich mit der Zeit als Inhaber einer mehr oder weniger priesterlichen Rolle, und dies war von höchster Wichtigkeit für die weitere Entwicklung des Kaiseramtes. Er fühlte sich selbst für das Wohlergehen der Kirche vor Gott verantwortlich. Nach dem Jahr 320 tauchte auch die Sonne nicht mehr als Symbol auf seinen Münzen auf. Seine Soldaten verpflichtete er außerdem, Kirchenprozessionen beizuwohnen. Trotzdem nahm er auch Rücksicht auf die Empfindlichkeiten seiner heidnischen Untertanen. Obwohl er später das Gold aus ihren Tempeln raubte, um damit prächtige christliche Kirchen zu bauen, und Konvertiten durch Beförderungen ermutigte, tolerierte er die alten Kulte weiterhin.

In einigen Taten Konstantins, wie auch in denen Diokletians, zeigte sich der Einfluss früherer Entscheidungen. Dies war z. B. auch bei seinen Eingriffen in die inneren Angelegenheiten der Kirche der Fall. Bereits 272 hatten die Christen von Antiochia an den Kaiser appelliert, einen bestimmten Bischof abzusetzen. Im Jahre 316 versuchte Konstantin

Dura-Europos, als Festung des hellenistischen Seleukidenreiches errichtet, war ab dem Jahr 165 n. Chr. eine römische Festung. Sie vereinigte Elemente der östlichen und der westlichen Kultur. Archäologische Funde legen nahe, dass es neben den Tempeln der römischen Götter auch eine Synagoge, ein Mithrasheiligtum und eine christliche Kirche gab.

Dieses Mosaik aus der Kuppel des arianischen Baptisteriums in Ravenna datiert aus der Zeit um 500 n. Chr. Im Zentrum ist die Taufe Christi dargestellt, mit Johannes dem Täufer auf der rechten Seite und einer Personifikation des Flusses Jordan auf der linken. Die Szene ist umgeben von den zwölf Aposteln und einem Thron, auf dem sich ein Kreuz befindet.

selbst, einen Streit in Nordafrika zu schlichten, indem er einen Bischof von Karthago gegen den Willen der dortigen häretischen Gemeinde, bekannt als die Donatisten, einsetzte. Konstantin glaubte, dass der Kaiser Gott mehr schulde, als der Kirche Freiheit zu gewähren oder Stiftungen für sie zu machen. Sein Rollenverständnis entsprach dem eines Garanten und, wenn nötig, Vollbringers der Einheit. Als er sich gegen die Donatisten wandte, war das für ihn eine Konsequenz dieser Verpflichtung. Für die Donatisten hatte dies zur Folge, dass sie die ersten Schismatiker wurden, verfolgt von einer christlichen Regierung. Konstantin gilt als Urheber des Cäsaropapismus, also des Glaubens, der weltliche Herrscher besitze göttliche Autorität, um religiöse Glaubensstreitigkeiten zu schlichten. Diese Vorstellung blieb in Europa für die nächsten tausend Jahre wirksam.

Das Konzil von Nicäa

Dieses Goldmedaillon aus dem 4. Jahrhundert n. Chr. zeigt Konstantin, der von der Hand Gottes gekrönt wird. Seine Kinder werden von Victoria gekrönt.

Die größte Tat Konstantins bei der Neuordnung der Religion folgte im Jahr 324 kurz nachdem er sich formell zum Christentum bekannt hatte durch eine Deklaration, der ein weiterer Sieg über einen kaiserlichen Rivalen vorausging, der, interessanterweise, die Christen verfolgt hatte. Dies war die Einberufung des ersten ökumenischen Konzils, des Konzils von Nicäa. Es trat zum ersten Mal im Jahre 325 zusammen, fast 300 Bischöfe waren dabei anwesend, und Konstantin hielt den Vorsitz. Seine Aufgabe war, die Antwort der Kirche auf eine neue Häresie zu formulieren, den Arianismus. Dessen Gründer Arius lehrte, dass der Sohn nicht die Göttlichkeit des Vaters teile. Dies löste enorme theologische Kontroversen und Abspaltungen aus. Konstantin wollte diesen Streit beilegen. Das Konzil legte schließlich ein Glaubensbekenntnis fest, das sich gegen die Arianer entschied, Arius aber in einem zweiten Treffen nach angemessenen Erklärungen wieder zur Kommunion zuließ. Dass dies nicht alle Bischöfe befriedigte – in Nicäa waren ohnehin nur wenige aus dem Westen anwesend – war weniger wichtig als der Vorsitz Konstantins, der seine besondere Autorität und Verantwortung demonstrierte.

Gespaltenes Christentum

Hinter den Kontroversen der Theologen lagen vor allem die entscheidenden Fragen nach der kirchlichen Praxis und nach dem ideellen Prinzip: Wo sollte in der neuen ideologischen Einheit des Reiches der Platz für die unterschiedlichen christlichen Traditionen sein, die sowohl gesellschaftliche und politische, aber auch liturgische und theologische Realitäten waren?

Die Kirchen von Syrien und Ägypten waren beispielsweise stark von hellenistischen Ideen und Gebräuchen und ihren alten Volksreligionen beeinflusst. Dies hilft zu erklären, warum der praktische Erfolg der Kirchenpolitik Konstantins geringer war, als er gehofft hatte. Das Konzil brachte letztlich keinen Kompromiss hervor, der die generelle Versöhnung der verschiedenen Strömungen erleichterte.

Die persönliche Haltung Konstantins gegenüber dem Arianismus entspannte sich bald – schließlich war es ein arianischer Bischof, der ihn auf dem Totenbett taufte. Doch die Gegner des Arius, allen voran Athanasios, Bischof von Alexandria, waren unbarmherzig.

Arius war ein christlicher Priester des 3. Jahrhunderts n. Chr., der aus Alexandria stammte. Seine Lehren, die sich unter den germanischen Völkern verbreiteten, erreichten auch Ravenna, wo noch heute ein arianisches Baptisterium steht (unten). Im Jahre 325 wurde der Arianismus auf dem Konzil von Nicäa als Häresie verdammt.

Die Szenen auf diesem dem Kaiser Galerius geweihten Triumphbogen in Thessaloniki stellen seine Feldzüge im 4. Jahrhundert dar. Der Ausschnitt zeigt Galerius, wie er an einem Triumphzug teilnimmt.

Diese kunstvollen Fibeln wurden im Grab einer germanischen Prinzessin des 5. Jahrhunderts n. Chr. gefunden. Sie wurden möglicherweise aus dem Schwarzmeergebiet in den Westen gebracht.

Der Streit blieb bis zum Tode des Arius ungelöst, und Konstantins eigener Tod folgte schon kurze Zeit später. Der Arianismus konnte sich aber im Oströmischen Reich nicht durchsetzen. Seine Missionare erreichten stattdessen ihre letzten Erfolge bei den germanischen Stämmen Südostrusslands. Getragen von diesen barbarischen Völkern überlebte der Arianismus im Westen bis ins 7. Jahrhundert hinein.

Das Erbe Konstantins

Die Kirche erreichte einen Teil ihres Aufstiegs aus eigener Kraft, doch brauchte es auch Anstöße von außen. Konstantin unternahm die entscheidenden Schritte und verband Kirche und Staat für die Dauer des Römischen Reiches. Seine Entscheidungen waren aus historischer Sicht einschneidend. Die Kirche gewann am meisten, denn sie stellte sich in die Tradition Roms und profitierte von der Macht. Das Kaiserreich schien weniger betroffen. Zwar wurden die Söhne Konstantins als Christen erzogen, doch die neue Staatskirche erwies sich schon bald nach seinem Tod im Jahre 337 als zerbrechlich. Trotzdem hatte er den entscheidenden Bruch mit der Tradition des antiken Rom herbeigeführt. Man kann ihn deshalb als den Begründer des christlichen Europa bezeichnen.

Eine fast ebenso weitreichende Entscheidung war die, wie Konstantin sagte, „auf den Befehl Gottes" hin erfolgte Gründung einer Stadt an der Stelle der alten griechischen Kolonie Byzantion. Sie wurde im Jahre 330 als Konstantinopel geweiht. Obwohl sein eigener Hof in Nikomedeia verblieb und kein Kaiser vor Ablauf eines halben Jahrhunderts auf Dauer in Konstantinopel residieren sollte, formte Konstantin hier wieder die Zukunft. Ein Jahrtausend lang war Konstantinopel eine christliche, danach für weitere 500 Jahre eine islamische Hauptstadt.

Die beiden Teile des Römischen Reiches

Nach dem 3. Jahrhundert n. Chr. wurden die Unterschiede zwischen dem römischen Ost- und Westreich immer deutlicher. Es gab um diese Zeit einen großen Bevölkerungsrückgang in vielen westlichen Städten, der mit einer Abnahme des Handels und geringeren Produktionsraten einherging. Dieser Verfall setzte sich deutlich ab von der Dynamik im östlichen Mittelmeerraum, der dank seiner kommerziellen und diplomatischen Beziehungen mit dem Fernen Osten noch immer Gewinne verzeichnen konnte.

Ebenso sorgte die geographische Position des Ostreiches dafür, dass die Hauptrouten der Völkerwanderung sein Gebiet nicht kreuzten – die plündernden Barbarenhorden zogen stattdessen aus den großen Steppen Zentraleuropas westwärts.

Uneinigkeit im Römischen Reich

Das Kaiserreich, das Konstantin hinterließ, entsprach in römischen Augen immer noch seiner ursprünglichen Form. Seine Grenzen verliefen in der Regel entlang natürlicher Grenzlinien, die mehr oder weniger mit bestimmten geographischen oder historischen Regionen übereinstimmten. Der Hadrianswall in Britannien bildete die nördliche Grenze; in

Kontinentaleuropa folgte sie Rhein und Donau. Die Küsten des Schwarzen Meeres nördlich der Donaumündung waren bis 305 n.Chr. an die Barbaren verloren gegangen, doch Kleinasien verblieb im Reich. Es erstreckte sich jeweils so weit nach Osten wie die sich ständig verändernde Grenze zu Persien erlaubte. Weiter im Süden lagen die Levante und Palästina innerhalb der zum Roten Meer verlaufenden Grenze. Das untere Niltal wurde noch immer vom Reich gehalten, ebenso die nordafrikanische Küste; die Grenzen Afrikas waren der Atlas und die Wüste.

Die Einheit des Reiches war trotzdem in vielen Bereichen eine Illusion. Wie die Etablierung von Mitregenten gezeigt hatte, war die Welt der römischen Zivilisation zu groß für eine einheitliche politische Struktur geworden. Wachsende kulturelle Unterschiede zwischen dem griechisch-sprechenden Osten und dem lateinisch-sprechenden Westen, die neue Bedeutung Kleinasiens, Syriens und Ägyptens nach der Einführung des Christentums – dort gab es umfangreiche christliche Gemeinden – sowie der direkte Kontakt mit Asien im Osten taten das ihre.

Die Wanderungen der germanischen Volksstämme

Die Völkerwanderung, die das Römische Reich während des 4. und 5. Jahrhunderts n. Chr. betraf, veränderte die kulturelle Landkarte Europas und versetzte dem im Niedergang begriffenen Westreich seinen Todesstoß. Die barbarischen Einfälle hatten unterschiedliche Auswirkungen: Einige Stämme waren entschlossen, Gebiet und Besitz mit Gewalt zu erobern, andere zerstörten einfach alles, was sie unterwegs vorfanden, wieder andere unternahmen den Versuch, sich friedlich anzusiedeln; sie suchten die Anerkennung durch die Römer. Die Invasoren waren zwar oft nicht sehr zahlreich, doch die Bevölkerung leistete praktisch nur wenig oder keinen Widerstand. In der Folge bildeten sich mehrere unabhängige Königreiche.

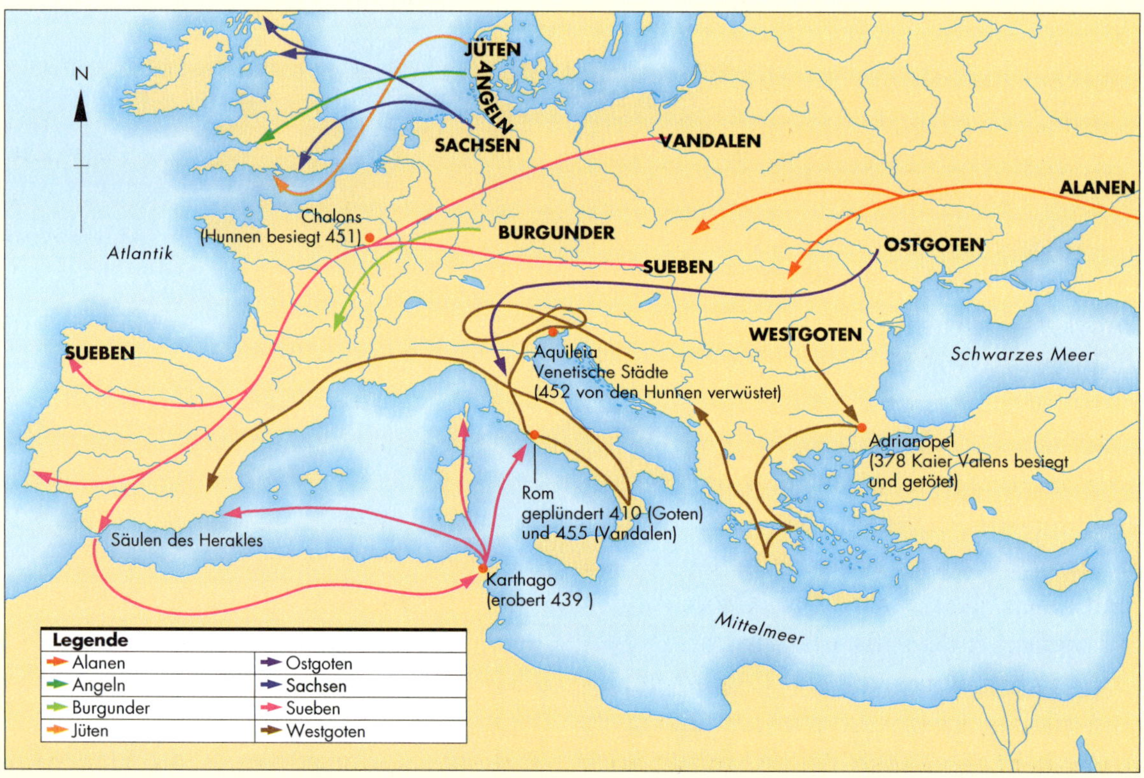

Djemila, eine christliche Enklave im heutigen Algerien, wurde im 5. und 6. Jahrhundert n. Chr. aus Ziegeln errichtet.

Nach 364 wurden beide Teile des alten Reiches noch einmal von ein und demselben Mann regiert. Auch die Institutionen der Reichsteile entwickelten sich im Laufe der Zeit immer weiter auseinander. Im Osten war der Kaiser eine theologische, aber auch eine rechtsprechende Gestalt. Die Einheit von Reich und Christentum sowie die Stellung des Kaisers als Vertreter göttlichen Willens waren unumstritten. Auf der anderen Seite gab es im Westen bis zum Jahr 400 bereits die Ansätze einer Trennung von Kirche und Staat – in den kommenden Jahrhunderten eine der kreativsten Auseinandersetzungen europäischer Politik. Darüber hinaus gab es auch einen wirtschaftlichen Gegensatz: Der Osten konnte trotz seiner hohen Bevölkerungsdichte auf große Lebensmittelreserven zurückgreifen, während der Westen schon um 300 nicht mehr in der Lage war, sich ohne Afrika und die Mittelmeerinseln zu ernähren.

Der Niedergang des Westens

Bevor sich aber verschiedene Reiche entwickeln konnten, passierte etwas viel erstaunlicheres: Das Westreich verschwand einfach. Im Jahr 500 entsprachen die Grenzen des Ostreiches im Großen und Ganzen noch denen unter Konstantin, und seine Nachfolger hielten den Persern noch immer Stand. Der letzte westliche Kaiser war hingegen 476 n. Chr. abgesetzt und seine Insignien von einem barbarischen König nach Konstantinopel geschickt worden. Dieser erhob nun selbst den Anspruch, als Vertreter des Ostkaisers den Westen zu regieren: Odoaker herrschte als *patricius* (Regent) über das Westreich und wurde 493 von Theoderich dem Großen abgelöst. Was war genau vorgegangen? Autoren des 5. Jahrhunderts beschrieben Episoden wie die Plünderung Roms so drastisch, dass man den Eindruck bekommt, die ganze Gesellschaft sei

Im Jahr 476 n. Chr. war der letzte Kaiser des Römischen Reiches abgesetzt worden. Die genauen Ereignisse sind nicht mehr zurekonstruieren. Fest steht, dass der gesamte Verwaltungsapparat nicht mehr funktionierte.

Dieses Mosaik aus dem 6. Jahrhundert n. Chr. aus Karthago zeigt einen Reiter in germanischer Tracht, der zur Jagd aufbricht. Er könnte ein vandalischer Landbesitzer sein, der die Sitten der römischen Provinzen Nordafrikas angenommen hat.

zerfallen. Das war nicht der Fall. Es handelte sich lediglich um den Staatsapparat, der zusammenbrach. Einige seiner Funktionen wurden nicht mehr ausgeübt, und einige gingen in andere Hände über. Jahrtausende alte Institutionen lösten sich auf. Es ist kaum überraschend, dass die Menschen seither immer nach dem „Warum?“ gefragt haben.

Eines ist zu bedenken: Der Staatsapparat im Westen hatte sich – nach der Erholung des 4. Jahrhunderts – langsam übernommen. Das ganze Unternehmen wurde für die demographische, steuerliche und wirtschaftliche Basis, die es trug, zu groß. Der Hauptgrund für die Erhebung von Steuern war die Bezahlung der Militärmaschinerie, doch die Einnahmen stagnierten. Nach der Eroberung Dakiens gab es keine weiteren Eroberungen, die neuen Tribut hätten einbringen können. Bald zwangen die Maßnahmen, die dazu gedacht waren, noch mehr Steuern zu erpressen, Reich und Arm gleichermaßen dazu, diese zu umgehen. Die Folge war, dass die landwirtschaftlichen Güter mehr und mehr zu Selbstversorgern wurden, anstatt für den Markt zu produzieren. Parallel dazu verfiel die städtische Verwaltung, da der Handel erlahmte und die Reichen sich aufs Land zurückzogen.

In militärischer Hinsicht führte die Situation dazu, dass die Armee weniger Geeignete rekrutierte, da die Tauglicheren nicht mehr bezahlt werden konnten. Sogar die große Reform der Trennung in mobile und fest stationierte Truppen hatte ihre Nachteile. Die einen verloren ihren Kampfgeist, weil sie sich durch die Stationierung bei den kaiserlichen Residenzen an Gunstbezeugungen und Privilegien gewöhnt hatten. Die anderen hatten sich in niedergelassene Kolonisten verwandelt, die keine Risiken mehr auf sich nehmen wollten. Eine schwächere Armee zwang das Reich dazu, sich umso mehr gerade auf diejenigen Barbaren zu verlassen, die die Armee eigentlich im Zaum halten sollte. Da sie als Söldner angeworben werden mussten, brauchte man eine kompromissbereite Politik, um sie bei Laune zu halten. Dies zwang die Römer am Höhepunkt der germanischen Völkerwanderung zu immer neuen Zugeständnissen. Allerdings ging es den Barbaren nicht nur um materiellen Gewinn, sondern auch darum, im Dienst eines Weltreiches zu stehen. Die Aussicht auf Beute konnte vielleicht eine Räuberbande anlocken, aber kaum ein ganzes Reich zu Fall bringen.

Die germanische Bedrohung

Zu Beginn des 4. Jahrhunderts erstreckten sich die Gebiete germanischer Völker entlang der gesamten Grenze vom Rhein bis zum Schwarzen Meer, doch am gefährlichsten erwiesen sich im Süden die Völker der Ost- und Westgoten, die jenseits der Donau warteten. Einige von ihnen waren bereits Christen, wenn auch arianischen Glaubens. Zusammen mit Vandalen, Burgundern und Langobarden bildeten sie eine ostgermanische Gruppe. Im Norden saßen die Westgermanen: Franken, Alamannen, Sachsen, Friesen und Thüringer. Sie begannen mit ihrer Wanderung im 4. und 5. Jahrhundert.

Diese verzierten Knäufe zweier Schwerter wurden im Grab des merowingischen Königs Childerich gefunden, der 481 n. Chr. starb. Kunstvoll gefertigte Schwerter waren in fränkischen Ländern bis ins 6. Jahrhundert in Gebrauch. Almandineinlagen im goldenen Rahmen waren charakteristisch für die ornamentale Kunst des Ostens und wurden von germanischen Völkern in den Westen eingeführt.

Dieses Flachrelief auf dem Schlachtensarkophag von Ludovisi, der aus dem 3. Jahrhundert n. Chr. stammt, stellt Kampfszenen zwischen Römern und Barbaren dar. Der Stil erinnert an hellenistische Kunst: Das große Können des Bildhauers und die Theatralik der Komposition dienen dazu, die Toten der römischen Legionen zu glorifizieren.

Eine der größte Krisen lösten die Hunneneinfälle aus Zentralasien aus, die wiederum zur Flucht der Westgoten ins Römische Reich und damit zu einem Zusammenstoß mit den Römern führten.

Die Westgoten

Die Krise begann gegen Ende des 4. Jahrhunderts. Der Druck, der durch die Hunnen, ein furchterregendes Nomandenvolk aus Zentralasien, auf die westlicheren Barbarenstämme ausgeübt wurde, nahm nach 370 zu. Sie überrannten das ostgotische Territorium, besiegten die Alanen und wandten sich dann gegen die Westgoten nahe des Dnjestr. Daraufhin flohen die Westgoten ins römische Reichsgebiet. Im Jahre 376 erhielten sie die Erlaubnis, die Donau zu überschreiten, um sich innerhalb der Grenzen niederzulassen. Dies war ein neuer Ansatz in der Politik des Imperiums. Frühere Barbareneinfälle waren zurückgeworfen worden. Aber die römischen Sitten hatten die barbarischen Herrscher angezogen und ihre Gefolgsleute hatten sich der römischen Armee angeschlossen. Die Westgoten jedoch kamen als ein Volk, von etwa 40 000 Menschen. Sie hielten sich an ihre eigenen Gesetze und Religion und blieben als Einheit bestehen. Kaiser Valens beabsichtigte, sie zu entwaffnen; als dies nicht gelang, kam es zu einem Krieg. Bei der Schlacht von Adrianopel (das heutige Edirne, Türkei) im Jahr 378 wurde der Kaiser getötet und die römische Armee von der westgotischen Reiterei besiegt, die daraufhin Thrakien verwüsteten.

Tacitus über die germanischen Krieger

„Kommt es zum Kampf, dann ist es für den Gefolgsherrn eine Schmach, sich an Tapferkeit übertreffen zu lassen, für die Gefolgschaft eine Schande, es dem Gefolgsherrn an Tapferkeit nicht gleichzutun. Ganz ehrenrührig aber und ein Vorwurf für das ganze Leben ist es, den Gefolgsherrn zu überleben und heil aus dem Kampfe heimzukehren; ihn zu verteidigen und zu beschützen, auch die eigenen Heldentaten seinem Ruhme zuzurechnen ist die wesentliche Verpflichtung ihres Treueschwurs: die Gefolgsherrn kämpfen um den Sieg, die Gefolgsleute für ihren Gefolgsherrn.

Wenn der Stamm, in dem sie aufgewachsen sind, in der Muße einer langen Friedenszeit zu erschlaffen droht, suchen nicht wenige vornehme Jünglinge aus freien Stücken die Stämme auf, die zur Zeit irgendeinen Krieg führen; denn Ruhe ist diesem Menschenschlage unwillkommen (...). Die Gefolgsleute fordern nämlich von der Freigebigkeit ihres Gefolgsherrn jenes bekannte Streitross, jene blutige und siegbringende Frame; denn die täglichen Mahlzeiten in ihrer schmucklosen, aber dabei keineswegs kargen Aufmachung gelten als Sold. Die Mittel zu so reichen Gaben werden in Kriegs- und Raubzügen erworben. Man kann die Germanen weniger leicht zur Bodenbestellung oder dazu bestimmen, den Herbstertrag abzuwarten, als den Feind zum Kampfe herauszufordern und sich lohnende Wunden zu holen; ja, es gilt überhaupt als träge und lässig, im Schweiße seines Angesichts etwas zu erwerben, was man mit Blut erringen kann."

Ein Auszug aus der *Germania*, Kapitel XIV von Tacitus (ca. 56–120 n.Chr.), übersetzt von Arno Mauersberger.

Diese Schnalle aus dem 6. Jahrhundert n. Chr. besteht aus vergoldeter Bronze und Halbedelsteinen und stammt aus dem westgotischen Königreich in Spanien.

Dies war in verschiedener Hinsicht ein Wendepunkt. Ganze Stämme wurden nun als Verbündete – *foederati* – angeworben. Diese Stämme betraten römisches Gebiet, um unter ihren eigenen Anführern gegen andere Barbaren Dienst zu tun. Eine zeitweilige Vereinbarung mit den Westgoten konnte nicht aufrechterhalten werden. Das Ostreich war unfähig, seine europäischen Territorien außerhalb Konstantinopels zu verteidigen, auch wenn die westgotischen Armeen auf dem Weg nach Norden in Richtung Italien im frühen 5. Jahr-

Der Ostkaiser Valens, der auf dieser Goldmünze des 4. Jahrhunderts dargestellt ist, war weit weniger begabt als sein Bruder, der Westkaiser Valentinian I. Seine Fehleinschätzung führte zur Niederlage gegen die Westgoten – zwei Drittel seiner Truppen starben, und Valens wurde von einem feindlichen Pfeil getötet.

hundert eine Zeit lang von einem vandalischen General aufgehalten werden konnten. Inzwischen lag die Verteidigung Italiens, des alten Kernlands des Römischen Reichs, vollständig in den Händen der barbarischen Hilfstruppen; und bald reichte nicht einmal mehr das aus. Konstantinopel konnte zwar gehalten werden, aber im Jahr 410 plünderten die Goten Rom. Nach einem abgebrochenen Zug Richtung Süden und einer anschließend an die Verwüstung Italiens geplanten Plünderung Afrikas wandten sich die Westgoten wieder nach Norden, überschritten die Alpen und errichteten schließlich im Jahre 419 in Tolosa (dem heutigen Toulouse) ein neues Königreich, das tolosianische Reich. Dies war ein gotischer Staat innerhalb des Römischen Reiches, in dem sich die gotische Aristokratie die Vorherrschaft mit den alten gallo-römischen Grundbesitzern teilte.

Die Entstehung des Vandalenreiches

Zur Erklärung der Verschiebungen innerhalb der ethnischen und kulturellen Landkarte Europas im 5. Jahrhundert muss man noch eine weitere große Völkerbewegung in Betracht ziehen. Als Gegenleistung für ihre Ansiedlung in Aquitanien gelang es dem Westkaiser, den Westgoten das Versprechen abzunehmen, ihm bei der Befreiung Spaniens von anderen Barbaren zu helfen. Die wichtigsten unter ihnen waren die Vandalen. Im Jahre 406 konnte auch die Rheingrenze nach Truppenverlegungen ins römische Kernland nicht mehr gehalten werden, und Vandalen und Alanen zogen nach Gallien ein. Von dort aus bewegten sie sich nach Süden, zogen plündernd weiter und überschritten schließlich die Pyrenäen, um in Spanien einen vandalischen Staat zu errichten. Zwanzig Jahre später wurden sie von einem abtrünnigen römischen Statthalter, der ihre Hilfe brauchte, nach Afrika gelockt. Angriffe der Westgoten förderten den Entschluss der Vandalen, Spanien zu verlassen. Bis 439 hatten sie Karthago eingenommen. Das Vandalenreich in Afrika besaß nun einen Hafen. Sie blieben fast ein Jahrhundert; erst im Jahre

Dieses Detail stammt aus einer Illustration der *Notitia Dignitatum*, einem um 390 n. Chr. zusammengetragenen Staatshandbuch. Afrika ist als die romanisierte Kornkammer des Reiches dargestellt: Eine Frauengestalt ist abgebildet, die Weizenähren hält, und Schiffe, die Getreidesäcke transportieren.

Dieses Diptychon aus Monza aus dem Jahr 396 stellt den Vandalen Stilicho dar, den wichtigsten General im Westreich. Stilicho übte eine Art von Vormundschaft über die beiden Kaiser Arcadius und Honorius aus, deren Büsten auf seinem Schild erscheinen.

455 setzten auch sie über, um Rom zu plündern, wobei sie ihren Namen als Synonym für sinnlose Zerstörungswut hinterließen. Den eigentlichen Todesstoß für das alte Westreich bedeutete aber schon die Besetzung Afrikas. Es hatte nun fast seine ganze wirtschaftliche Basis verloren. Obwohl auch der Ostkaiser eigene Anstrengungen zur Stabilisierung des Westens unternahm, stand die römische Herrschaft auf wackeligen Beinen. Die Abhängigkeit von einem Barbarenvolk war eine fatale Behinderung. Italien zu schützen, bedeutete gleichzeitig, Gallien und Spanien den Vandalen zu überlassen; die vandalische Invasion in Afrika zog außerdem den Verlust der römischen Kornkammern nach sich.

Die Hunnen

Der Zusammenbruch des Westreiches in Europa erfolgte in der 2. Hälfte des 5. Jahrhunderts durch den Angriff der Hunnen.

Diese Nomaden waren, nach einer vorläufigen Ablenkung durch die Verwüstung Anatoliens und Syriens, den germanischen Stämmen auf den Balkan und nach Mitteleuropa gefolgt. Um 440 wurden die Hunnen von Attila geführt, unter dessen Herrschaft ihre Macht am größten war. Von Ungarn aus, wo der asiatische Steppenkorridor endet, zog er ein letztes Mal mit einer riesigen Armee von Verbündeten westwärts, wurde aber bei Troyes im Jahr 451 durch eine „römische" Armee von Westgoten unter einem Kommandaten illyrischer Herkunft besiegt. Das war das Ende der Hunnengefahr: Attila starb zwei Jahre später, offenbar hatte er noch geplant, die Schwester des Westkaisers zu heiraten und möglicherweise selbst Kaiser zu werden. Eine große Revolte in Ungarn im folgenden Jahr vernichtete die Hunnen schließlich, und von da an verschwinden sie fast aus dem Blick. In ihrer Heimat, Asien, formierten sich jedoch neue Nomadenbündnisse, um in der Zukunft eine vergleichbare Rolle zu spielen.

Der Zusammenbruch des Westreiches

Die Hunnen hatten dem Westreich beinahe den Gnadenstoß versetzt; der regierende Kaiser schickte den Papst vor, um mit Attila zu verhandeln. Der letzte westliche Kaiser, Romulus Augustulus, wurde schließlich vom germanischen Heerführer Odoaker im Jahr 476 nach kaum einem Jahr Regierungszeit abgesetzt, und die formale Oberhoheit ging auf die Ostkaiser über. Obwohl Italien, wie auch der Rest der ehemaligen Westprovinzen, von da an ein barbarisches Königreich war, betrachteten die italischen Völker den Kaiser als ihr Oberhaupt, auch wenn er im fernen Konstantinopel residierte.

Der Aufstieg der Barbaren an die Macht

Das Westreich hatte in seinen letzten Jahrzehnten etwas von einer Fata Morgana an sich. Es verblasste immer mehr; das eine oder andere Datum für sein Ende herauszugreifen, hat deshalb keinen Sinn. Es ist unwahrscheinlich, dass z. B. das Jahr 476 für die Zeitgenossen irgendwie besonders bemerkenswert war. Die barbarischen Reiche waren nur eine logische Folge des Vertrauens auf barbarische Truppen in der Feldarmee und ihrer Ansiedlung als *foederati* innerhalb der Grenzgebiete. Sicherlich planten sie nicht, die kaiserliche Autorität durch ihre eigene abzulösen. Ein Gote soll laut einer Überlieferung gesagt haben: „Ich hoffe, als der Erneuerer Roms in die Geschichte einzugehen, da es nicht möglich ist, es zu ersetzen".

In sozialer und wirtschaftlicher Hinsicht gab es vergleichbare Tendenzen wie im 3. und im 5. Jahrhundert. Städte verfielen und die Bevölkerungszahl sank. Die Verwaltung geriet noch stärker in Unordnung, da die Beamten versuchten, sich selbst vor der Inflation zu schützen, indem sie Bezahlung für die Erledigung ihrer Pflicht annahmen. Obwohl die öffentlichen Einnahmen mit dem Verlust von Provinzen zurückgingen, ermöglichte u. a. der Verkauf von Ämtern weiter hohe Ausgaben des Hofes. Die Handlungsfreiheit des Kaisers war verschwunden. Bei den Verhandlungen der letzten Westkaiser mit den barbarischen Heerführern besaßen sie nicht einmal mehr den Status von Gleichgestellten, sondern von Marionetten, die in der letzten kaiserlichen

Diese Statue stellt Julian Apostata dar, den römischen Kaiser von 361–363 n. Chr. Julian, der versuchte, das Heidentum im Reich wieder zu beleben, schrieb: „Wir verehren öffentlich die Götter und meine Armeen sind voller Frömmigkeit. Wir opfern öffentlich Stiere; wir zeigen den Göttern mit zahlreichen Hekatomben unseren Dank. Diese Götter befehlen mir, alles zu reinigen, so gut es geht und ich gehorche ergebenst". (Julian, *Briefe*, 26)

Diese imposante Silberplatte, die in Spanien gefunden wurde, datiert aus dem ausgehenden 4. Jahrhundert und stellt den Hof des Theodosius dar. Der Kaiser, abgebildet als größere Gestalt in der Mitte, wird umgeben von den Caesaren und seinen Söhnen Arcadius und Honorius, den jeweiligen zukünftigen Kaisern des Ostens und des Westens.

Ein letztes Mal – wenn auch ohne Erfolg – versuchte Kaiser Julian durch Wiedereinführung der alten Götter das Reich zusammen zu halten und den Aufstieg der Barbaren zu verhindern. Kaiser Theodosius verbot schließlich die heidnischen Bräuche, das Christentum war endgültig gesichert.

Hauptstadt Ravenna regelrecht festgesetzt waren. Zeitgenossen hatten den Fall Roms 410 folglich zu Recht als das Ende einer Epoche angesehen, denn zu diesem Zeitpunkt wurde offensichtlich, dass das Reich den eigentlichen Kern der *romanitas* nicht länger erhalten konnte. Bis dahin gab es schon viele weitere Anzeichen für den Niedergang. Der letzte Kaiser aus dem Hause Konstantins, Julian, hatte während seiner kurzen Regierungszeit (361–363) versucht, die heidnischen Kulte wieder einzuführen; dies hat ihm zwar historischen Ruhm (oder, in den Augen der Christen, Schande) und den enthüllenden Titel „Apostata" (der Abtrünnige) eingebracht, aber er war nicht erfolgreich. Er glaubte, die alten Opferrituale würden die Rückkehr des Wohlstands garantieren. Was heute am meisten verwundert, ist die breite Zustimmung zu einer Politik, die die Religion und das öffentliche Leben untrennbar miteinander verband, und deren Wurzeln römisch und nicht christlich waren. Theodosius, der letzte Kaiser eines vereinigten Kaiserreiches, verbot schließlich im Jahre 380 die Verehrung der alten traditionellen Götter.

Die Unterdrückung des Heidentums

Was die Verdammung der alten Götter in der Praxis bedeutete, lässt sich schwer beurteilen. In Ägypten war sie der letzte Markstein bei der Überwindung der antiken Kultur, die für etwa 800 Jahre angedauert hatte. Der Sieg der griechischen Ideen, den die Philosophen Alexandrias zuerst errungen hatten, wurde nun vom christlichen Klerus bestätigt. Die Priester der alten Kulte sollten als Heiden verfolgt werden. Das römische Heidentum fand noch im 5. Jahrhundert einige wichtige Verfechter. Erst gegen Ende des Reiches wurden heidnische Lehrer an den Universitäten von Athen und Konstantinopel entlassen. Trotzdem hatte man einen bedeutenden Wendepunkt erreicht: Im Prinzip existierte schon jetzt die geschlossene christliche Gesellschaft des Mittelalters.

Die Judenverfolgungen

Die christlichen Kaiser begannen bald, sich gegen die Juden als die am einfachsten zu identifizierende fremde Gruppe innerhalb einer geschlossenen Gesellschaft zu wenden und ihnen ihre rechtliche Gleichstellung zu nehmen. Dies bedeutete einen weiteren Umschwung. Das Judentum war lange Zeit der einzige monotheistische Vertreter in der pluralistischen Welt der römischen Religion gewesen, und nun wurde es von seinem Abkömmling, dem Christentum, verdrängt. Ein Verbot der Bekehrungsversuche bildete den ersten Schlag, und andere sollten folgen. Im Jahr 425 wurde das Patriarchat, unter dem die Juden verwaltungsmäßige Autonomie genossen hatten, abgeschafft. Als es zu Pogromen kam, zogen sich die Juden auf persisches Territorium zurück und entfremdeten sich vom Reich.

Dieses Flachrelief vom Obelisken im Hippodrom von Konstantinopel stellt den Kaiser Theodosius und seine Familie als Zuschauer beim Wagenrennen dar.

Im italienischen Ravenna sind heute noch viele christliche Mosaiken zu finden. Dieses aus dem 5. Jahrhundert n. Chr. stammt aus dem Mausoleum der Galla Placidia und stellt Christus als Guten Hirten mit seiner Herde dar.

Dieses christliche Mosaik aus dem 4. Jahrhundert, das ursprünglich als Sargabdeckung diente, wurde in der Basilika von Tabarka in Tunesien gefunden. Es zeigt eine Basilika, umgeben von floralen Motiven und Vögeln, die das Paradies symbolisieren.

Ein erster moralischer Sieg des Christentums war die Buße des Kaisers Theodosius für die Erschlagung Tausender Einwohner Thessalonikis – andernfalls wäre er exkommuniziert worden.

Juden in arabischen Staaten, durch die die Handelsrouten nach Asien über das Rote Meer verliefen, unterstützten ihre Glaubensbrüder und schadeten so den römischen Interessen.

Theodosius

Die Herrschaft des Theodosius ist für die christliche Geschichte wegen seines Streites mit dem hl. Ambrosius, dem Bischof von Mailand, von Bedeutung. Im Jahre 390, nach einem Aufstand in Thessaloniki, ließ Theodosius erbarmunglos tausende der dortigen Einwohner massakrieren. Zum Erstaunen seiner Zeitgenossen konnte man den Kaiser bald darauf in einer Mailänder Kirche bei der Buße für diese Tat sehen. Diese legte er ab, da Ambrosius ihm auf Grund seiner Sünden die Kommunion, also die Aufnahme in die christliche Gemeinschaft, verweigerte. Auch andere mächtige Männer wurden durch Exkommunikation oder ihre bloße Androhung gezähmt. Doch das besondere lag darin, wie die geistliche Autorität erstmals ihre Macht durchsetzte, und es ist bezeichnend, dass dies in der westlichen Kirche geschah. Ambrosius hatte eine höhere letzte Instanz für sein Amt über seine Verpflichtung gegenüber dem Kaiser gesetzt. Dies ist die Einführung eines großen Themas in die westeuropäische Geschichte, der Spannung zwischen geistlichen und weltlichen Ansprüchen, dem Konflikt zwischen Kirche und Staat.

DIE CHRISTIANISIERUNG DES REICHES

Zu der Zeit, als der hl. Ambrosius sich weigerte, Theodosius die Kommunion zu erteilen, neigte sich für das Christentum ein glorreiches Jahrhundert dem Ende zu. Es war ein großes Zeitalter der Bekehrung gewesen, in dem Missionare bis nach Äthiopien vorgedrungen waren; ein herausragendes Zeitalter der Theologie und vor allem das Zeitalter der Erhebung zur Staatsreligion. Dennoch hat das Christentum dieser Zeit vieles an sich, was heute abstoßend wirkt. Die Erhebung zur Staatsreligion gab den Christen Macht, die sie ohne Zögern nutzten. „Wir schauen zu den gleichen Sternen hoch, derselbe Himmel ist über uns allen“ flehte ein Heide den hl. Ambrosius an, „dasselbe Universum umgibt uns. Warum ist es wichtig, auf welchem Wege jeder von uns bei der Wahrheit ankommt?“ Doch der Heide Symmachus flehte vergebens. Im Osten wie im Westen war die Stimmung in der christlichen Kirche unnachgiebig und enthusiastisch zugleich. Wenn es zwischen beiden Kirchenblöcken einen Unterschied gab, dann lag er in der Überzeugung der Griechen, das christianisierte Imperium besitze fast grenzenlose Autorität und verschmelze geistige und weltliche Macht. Zugleich zeichneten sie sich durch eine abergläubische Feindseligkeit gegenüber allem aus, das der weltlichen Sphäre, einschließlich des Staates, angehörte, und durch ihre Überzeugung ein auserwählter Kreis zu sein, der im Ozean aus Sünde und Heidentum in der Arche Noah der Kirche geborgen wurde. Um den Kirchenvätern historisch gerecht zu werden, muss ein moderner Beobachter die zwingende Kraft des Aberglaubens und des Geheimnisvollen in der gesamten spätantiken Welt kennen. Die bösen Mächte, zwischen denen die Christen sich auf ihrem irdischen Weg bewegten, waren für sie ebenso real wie für die Heiden. Selbst ein Papst des 5. Jahrhunderts befragte zunächst die Auguren, um Antwort auf die Frage zu finden, was man gegen die Goten unternehmen solle.

Rivalisierende Religionen

Die Macht des Aberglaubens ist Teil der Erklärung dafür, warum Häresie und Schisma mit solcher Erbitterung verfolgt wurden. Der Arianismus war in Nicäa nicht ausgelöscht worden: Er blühte unter den gotischen Völkern, und das arianische Christentum regierte so über fast ganz Italien, Gallien und Spanien. Die katholische Kirche wurde in den barbarischen Königreichen zwar nicht verfolgt, doch sie wurde von den Herrschern und Oberen benachteiligt. Eine weitere Bedrohung der Kirche stellte das donatistische Schisma in Afrika dar, das über den religiösen Ursprung hinaus zu einem sozialen Konflikt geworden war und sich in gewaltsamen Auseinandersetzungen zwischen Stadt und Land entlud. Außerdem lebte in Afrika der Gnostizismus

Der Heilige Ambrosius, Bischof von Mailand im späten 4. Jahrhundert n. Chr., war einer der vier Kirchenlehrer und hatte auf die Entwicklung der Kirche einen enormen Einfluss.

im Manichäismus wieder auf, der aus Persien hierher gelangt war. Der Pelagianismus, auch eine so genannte Häresie, zeigte die Bereitschaft mancher Christen im lateinischen Europa, das Mysterium und die Sakramentenlehre dem Ziel unterzuordnen, ein gutes Leben zu führen.

DAS LEBEN DES HL. AUGUSTINUS VON HIPPO

Nur wenige Männer waren durch ihre Begabung oder Erziehung besser gerüstet, die Gefahren der Häresie zu erkennen, zu analysieren und zu bekämpfen als der hl. Augus-

Unter den zahlreichen unterschiedlichen frühchristlichen Glaubensrichtungen, die zur Zeit des hl. Augustinus existierten, waren die Kopten eine wichtige Gruppe. Dieses koptische Leinentuch wurde in Ägypten im 4. oder 5. Jahrhundert hergestellt. Die Figur trägt eine phrygische Mütze – ein Stil, der aus Westasien in diese Region eingeführt worden war –, um Göttlichkeit oder Heroismus zu symbolisieren.

Die Kirche San Lorenzo in Mailand wurde im 4. und 5. Jahrhundert n. Chr. auf einem quadratischen Grundriss errichtet. Sie ist versehen mit einer zentralen Kuppel und vier hoch aufragenden Ecktürmen. Das Gebäude, dessen Innenraum hier zu sehen ist, diente ursprünglich wohl als Grabeskirche für Mitgleider der kaiserlichen Familie.

tinus, der Größte der Kirchenväter. Es ist von entscheidender Bedeutung, dass er aus Afrika kam – das heißt, der gleichnamigen römischen Provinz, die grob dem heutigen Tunesien und Ostalgerien entspricht –, wo er 354 geboren wurde. Das afrikanische Christentum blickte bereits auf mehr als ein Jahrhundert Existenz zurück, war aber immer noch eine Angelegenheit von Minderheiten. Die afrikanische Kirche hatte seit den Zeiten Tertullians, ihrer wichtigsten Gründerpersönlichkeit, immer einen eigenen Charakter besessen. Ihre Wurzeln lagen nicht in den hellenisierten Städten des Ostens, sondern in den Religionen Karthagos und Numidiens, die in den Berberstämmen weiterlebten. Die menschenähnlichen Götter des Olymp waren in Afrika nie heimisch gewesen. Die Überlieferung erzählt von unnahbaren Göttern, die an hohen Orten wohnten und in wilden und ekstatischen Ritualen verehrt wurden.

Die Spiritualität des Augustinus

Der unnachgiebige, gewalttätige Charakter des afrikanischen Christentums wurde auch in der Persönlichkeit des Augustinus reflektiert. Er reagierte nämlich auf dieselben psychologischen Reize und war bemüht, sich der Tatsache des Bösen in sich selbst entgegenzustellen. Für diese Einschätzung wurde immer wieder eine beliebte Erklärung herangezogen: Der strenge Dualismus des Manichäismus war in Afrika sehr beliebt; Augustinus war fast zehn Jahre lang Manichäer, also Gnostiker. Charakteristischerweise reagierte er dann auf seine Irrtümer mit großer Gewalttätigkeit.

Augustinus wurde als junger Mann auf eine Verwaltungskarriere im Westreich vorbereitet, doch mit der Volljährigkeit wendete er sich dem Manichäismus zu. Seine Erziehung war weitgehend Lateinisch ausgerichtet (er sprach möglicherweise nur diese Sprache und fand

Dies sind die Ruinen der römisch-christlichen Enklave von Tebessa im heutigen Algerien. Die Siedlung datiert aus dem 5. und 6. Jahrhundert n. Chr.

das Griechische sicher schwierig) und daher sehr selektiv. Augustinus' Stärken lagen in der Rhetorik. Doch in Bezug auf das Geistige war seine Ausbildung unfruchtbar. Augustinus lernte autodidaktisch durch Lektüre. Sein erster großer Schritt war die Entdeckung der Werke Ciceros, möglicherweise sein erster Kontakt mit der klassischen athenischen Tradition.

Die Taufe des Augustinus

Die Laienkarriere des Augustinus endete im Jahr 387 in Mailand (wohin er gegangen war, um Rhetorik zu unterrichten) mit seiner Taufe durch den hl. Ambrosius selbst. Zu dieser Zeit übte Ambrosius eine große Autorität auch in politischer Hinsicht aus. Die Beobachtung des Verhältnisses zwischen Religion und weltlicher Macht bestätigte Augustinus in seiner Meinung, eine Vermischung von weltlicher und religiöser Autorität in der Person des Kaisers nach der Erhebung des Christentums zur Staatsreligion abzulehnen. Augustinus kehrte zunächst nach Afrika zurück, um als Mönch in Hippo zu leben und später – widerstrebend – der dortige Bischof zu werden. Dort blieb er bis zu seinem Tode im Jahre 430, baute die katholische Position gegenüber den Donatisten aus und wurde, dank einer reichen literarischen Tätigkeit, eine dominierende Gestalt in der Westkirche.

Augustinus und die Theologie

Zu seinen Lebzeiten war Augustinus am bekanntesten für seine Angriffe auf die Donatisten und Pelagianer. Das erste Problem, das er sich vornahm, war im Grundsatz eine politische Frage: Welche der beiden rivalisierenden Kirchen sollte das römische Afrika beherrschen? Das Zweite betraf weitreichendere Fragen: Sie müssen aus heutiger Sicht abwegig erscheinen, doch in der späteren europäischen Geschichte sind sie zentral.

Eigentlich predigten die Pelagianer eine Art von Stoizismus: Sie waren Teil der antiken Tradition, auch wenn sie sich der christlich-theologischen Sprache bedienten. Dies barg die Gefahr in sich – falls es überhaupt eine war –, dass die Einzigartigkeit des Christentums verloren gehen und die Kirche zum Träger einer Richtung innerhalb der klassisch-mediterranen Kultur werden könnte, mit allen Stärken und Schwächen, die das einschloss. Augustinus war gleichsam kompromisslos von einer anderen Welt und streng theologisch geprägt. Für ihn lag die einzige Möglichkeit der Erlösung für die Menschheit in der Gnade, die Gott gewähre, und die kein menschliches We-

Dies ist eine illustrierte Seite aus dem Manuskript *Über den Gottesstaat* des hl. Augustinus. Augustinus (354–430 n. Chr.) konvertierte im Alter von 32 Jahren zum Christentum. Er wurde in Mailand vom hl. Ambrosius getauft.

sen durch seine oder ihre Werke herbeiführen könne. In der Geistesgeschichte gebührt Augustinus ein herausragender Platz für seine Auslegung der großen Debatte zwischen Vorbestimmung und freiem Willen, zwischen Gnade und Taten, zwischen Glaube und Motiv. Beinahe nebenbei verankerte er das lateinische Christentum fest auf dem Fels der Kirche, die für ihn durch die Sakramente zur einzigen Autorität wurde, zur Gnade vorzudringen.

Die Schriften des Augustinus

Die Details der umfangreichen Schriften des hl. Augustinus werden heute, außer von Spe-

Der Stuhl des Erzbischofs Maximian wurde im 6. Jahrhundert für die Kirche von S. Vitale in Ravenna geschaffen. Auf der Vorderseite ist Johannes der Täufer zusammen mit den vier Evangelisten dargestellt.

zialisten, größtenteils vernachlässigt. Stattdessen genießt er eine gewisse Berühmtheit als einer der stärksten und beharrlichsten Exponenten eines Misstrauens gegenüber dem Körperlichen, das lange insbesondere die christliche Haltung zur Sexualität bestimmt und damit die gesamte westliche Kultur beeinflusst hat. Er befindet sich dabei als einer der „Gründerväter" des Puritanismus in seltsamer Gesellschaft – beispielsweise zusammen mit Platon. Doch sein intellektuelles Vermächtnis ist bei weitem reicher. Man kann seine Schriften auch als Grundlage vieler politischer Gedanken des Mittelalters interpretieren, und zwar insofern, als sie weder aristotelisch noch legalistisch sind. Außerdem liefern sie das Fundament für ein Geschichtsbild, das letztlich auf lange Zeit die christliche Gesellschaft im Westen dominierte und in seinem Einfluss nur den Worten von Christus selbst vergleichbar ist.

Das Buch „Über den Gottesstaat" enthält die wichtigsten Schriften des Augustinus. Im Mittelpunkt stehen nicht spezielle Ideen oder Doktrinen, sondern eine bestimmte Geisteshaltung. Es ist schwierig, den Einfluss von Augustinus auf die mittelalterlichen politischen Denker genau festzulegen, vielleicht deshalb, weil es viele Zweideutigkeiten in seinen Aussagen gibt. In dem Buch legt er seine Sicht der Geschichte und der Regierung der Menschheit dar, die vom christlichen Gedankengut über 1000 Jahre lang nicht zu trennen ist. Der Untertitel des Werkes lautet „Gegen die Heiden". Dies enthüllt sein Ziel: Den heidnischen Vorwurf zurückzuwerfen, dass die auf das Römische Reich einstürmenden Probleme dem Christentum angelastet werden müssten. Die gotische Plünderung Roms im Jahre 410 regte ihn zum Schreiben an. Er wollte darstellen, dass das Verständnis selbst eines solchen erschreckenden Ereignisses für einen Christen möglich sei und – sogar noch einen Schritt weiter – nur durch die christliche Religion verständlich werden könne. Insgesamt behandelt sein monumentales Werk ausführlich viele Aspekte der Vergangenheit, von der Bedeutung der Keuschheit bis hin zur Philosophie des Thales von Milet. Und es erklärt die Bürgerkriege des Marius und Sulla ebenso sorgfältig wie die Bedeutung der Versprechen

Gottes gegenüber David. Eine Zusammenfassung ist unmöglich: „Es mag für manche zu viel sein, für andere zu wenig", sagte Augustinus in seinem letzten Absatz trocken. Im Kern leistet er die christliche Interpretation einer ganzen Zivilisation und dessen, was zu ihrer Entstehung führte. Der bemerkenswerteste Aspekt ist das zentrale Urteil von Augustinus: Das weltliche Geflecht der Dinge ist entbehrlich, die Kultur und ihre Institutionen – selbst das große Kaiserreich – sind von keinem endgültigen Wert, wenn dies der Wille Gottes ist.

Diese Münze trägt das Abbild von Romulus Augustulus, dem letzten offiziellen Kaiser im Westen. Er wurde vom barbarischen Heerführer Odoaker im Jahr 476 n. Chr. abgesetzt.

Die zwei Städte

Der Wille Gottes wurde durch das zentrale Bild des Augustinus, das der zwei Städte, vermittelt. Eine war weltlich, begründet in der niederen Natur des menschlichen Wesens, nicht perfekt und mit sündigen Händen errichtet, egal wie herausragend ihre Erscheinung und wie wichtig ihre Position auch sei. Manchmal dominiere ihr sündhafter Aspekt, und – obwohl die Menschheit prinzipiell dagegen vorgehen müsse – habe doch auch Babylon seinen Platz im göttlichen Plan. Die andere Stadt war

Die Seiten und der Deckel dieses Elfenbeinkästchens sind mit kunstvollen Flachreliefs verziert, die biblische Szenen darstellen. Medaillons mit den Abbildern von Christus und den Aposteln schmücken den Rand des Deckels. Das Kästchen wurde vermutlich im späteren 4. Jahrhundert in einer Mailänder Werkstatt hergestellt.

die himmlische Stadt Gottes, die Gemeinschaft, die auf der Zusicherung von Gottes Heilsversprechen gegründet sei. Sie sei das Ziel, zu dem sich die Menschheit in einer Art Pilgerreise aufmachen solle, geleitet und beseelt von der Kirche. In der Kirche waren laut Augustinus sowohl das Symbol der göttlichen Stadt als auch die Mittel zu finden, diese zu erreichen.

Die Geschichte hatte sich mit dem Auftauchen der christlichen Kirche verändert: Von diesem Moment an war der Kampf zwischen Gut und Böse eindeutig, und die menschliche Erlösung beruhte auf der Verteidigung des Guten. Solche Argumente sollte man bis weit in die moderne Zeit hören.

Das Bild der zwei Städte taucht auch an anderen Stellen in der Argumentation des Augustinus auf. Manchmal entspricht es z. B. der Unterteilung in zwei Gruppen von Menschen: diejenigen, die zur Bestrafung in der anderen Welt verurteilt sind, und diejenigen, die die Pilgerfahrt zum Ruhm unternehmen. Doch Augustinus dachte nicht, dass die Mitgliedschaft in der Kirche allein eine Gruppe hervorhebe. Vielleicht waren die Visionen des Augustinus gerade auf Grund ihrer Zweideutigkeiten derart einflussreich. Der Staat war nicht *nur* weltlich und schlecht: Er besaß seine Rolle im göttlichen Plan, und die Regierung war ihrer Natur nach von Gott gegeben. In späteren Jahrhunderten wurde der Staat sogar dazu aufgerufen, der Kirche zu dienen, indem er sie vor menschlichen Feinden rettete und die Reinheit des Glaubens durchsetzte. Und doch konnte die „himmlische Vollmacht" zurücknommen werden, und – wenn es sein musste – war auch ein Ereignis wie die Plünderung Roms nur ein Markstein im Kampf gegen die Sünde. Am Ende würde die Stadt Gottes siegen.

Das Erbe des hl. Augustinus

Der hl. Augustinus weicht in seinem größten Buch letztlich einer endgültigen Festlegung aus. Vieles müsste noch über ihn gesagt werden, für das hier zu wenig Platz ist. Er war beispielsweise ein sorgender und mitfühlender Bischof, der liebende Hirte seiner Herde. Gleichzeitig war er aber auch für die Gewalt gegen die Donatisten verantwortlich, da er die kaiserliche Regierung dazu gedrängt hatte. Er schrieb eine faszinierende geistliche Studie, die, obwohl bezüglich der Fakten seines Vorlebens irreführend, das literarische Genre der romantischen und nach innen gewandten Autobiographie begründete. Er konnte ein Meister der Worte sein – der lateinischen, nicht der griechischen (er musste den hl. Hieronymus um Hilfe bei der Übersetzung aus dem Griechischen bitten) – und ein preiswürdiger Gelehrter. Seine literarische Kunstfertigkeit lässt sich allerdings eher auf seine Leidenschaftlichkeit als auf handwerkliches Können zurückführen. Und doch war er durchdrungen von der antiken römischen Vergangenheit. Von diesem Podest der Tradition aus blickte er mit den Augen des christlichen Glaubens in eine bewölkte, in den Augen anderer sogar erschreckende Zukunft. Er verkörperte zwei Kulturen zugleich, vielleicht umfassender als irgendein anderer Mensch dieser zerrissenen Zeiten. Das könnte zumindest auch ein Grund dafür sein, warum er – auch 1500 Jahre später – noch immer diese Epoche zu dominieren scheint.

Die Schüler des hl. Augustinus sind in dieser Illustration einer angelsächsischen Handschrift von *Über den Gottesstaat*, bei der wichtigsten Arbeit des Heiligen, dargestellt.

5 DIE ELEMENTE EINER ZUKUNFT

Die vielen römischen Ruinen Britanniens erinnern an die Zeit unter römischer Herrschaft. Dieser Leuchtturm, der den Ärmelkanal bei Dover in Kent überragt, wurde von den Römern im 1. oder 2. Jahrhundert n. Chr. errichtet.

Erst das Ende des Weströmischen Reiches machte den Weg frei für die Entwicklung der europäischen Länder, auch wenn der Weg zu einem modernen Europa noch sehr lange dauern sollte.

Im Gefolge der germanischen Einfälle entstanden schließlich die ersten Nationen des modernen Europa. Doch als das Weströmische Reich verschwand, beherrschten die barbarischen Völker keineswegs Gebiete, die bereits wie spätere Staaten aussahen. Sie lassen sich in vier große Gruppen einteilen. Die nördlichsten, die Sachsen, Angeln und Jüten, drangen ab dem 4. Jahrhundert in die alte römische Provinz Britannien ein – lange bevor die Insel ihren Einwohnern überlassen wurde, nachdem der letzte Kaiser, der dort von seinen Soldaten ernannt worden war, mit seiner Armee im Jahr 407 nach Gallien übergesetzt hatte. Die Invasoren und die romano-britischen Einwohner kämpften um Britannien, bis diese Auseinandersetzungen am Anfang des 7. Jahrhunderts zur Bildung einer Gruppe von sieben angelsächsischen Königtümern führten, die von einer keltischen Welt, bestehend aus Irland, Wales und Schottland, umgeben waren.

Das Ende der romano-britischen Kultur

Obwohl die ersten Briten in Gemeinden weiterlebten, die manchmal bis ins 10. Jahrhundert oder länger überdauert zu haben scheinen, verschwand doch die romano–britische Kultur vollständiger als ihre Gegenstücke irgendwo sonst im Weströmischen Reich. Sogar die Sprache sollte untergehen: Ein germanischer Dialekt ersetzte sie fast völlig. In der Legende von König Artus und seinen Rittern dürften wir einen flüchtigen Eindruck von den letzten Zuckungen des romano-britischen Widerstands erhalten, die eine Erinnerung an die Kampfeskunst der spätkaiserzeitlichen Reitertruppen sein könnten. Es gibt tatsächlich

Zeitleiste (419–604 n. Chr.)

400 n. Chr.	450 n. Chr.	475 n. Chr.	500 n. Chr.	525 n. Chr.	550 n. Chr.	600 n. Chr.
		493 n. Chr. Gründung des italischen Ostgotenreiches		527–565 n. Chr. Regierungszeit Kaiser Justinians: Kodifizierung des Römischen Rechts, zeitweise Wiedervereinigung großer Teile des alten Römischen Reiches		587 n. Chr. Der Ostgotenkönig Rekkared tritt zum Christentum über
418/419 n. Chr. Gründung des westgotischen Königreichs Toulouse		496 n. Chr. König Chlodwig tritt zum Christentum über	507 n. Chr. Gründung des westgotischen Königreichs	526 n. Chr. Tod Theoderichs	529 n. Chr. Der hl. Benedikt von Nursia gründet seinen Orden	590–604 n. Chr. Papst Gregor der Große

Die römische Stadt Bath in England, erbaut im 1. Jahrhundert n. Chr., verdankt ihren Wohlstand zum guten Teil ihren Thermalquellen. Diese Badegebäude aus dem 2. Jahrhundert n. Chr. blieben für Jahrhunderte verschüttet, bis sie im 18. und 19. Jahrhundert wieder entdeckt wurden.

keine Spur verwaltungsmäßiger oder geistiger Kontinuität zwischen der kaiserlichen Provinz und den barbarischen Königreichen.

Das römische Erbe des späteren England ist dennoch in den Ruinen von Städten und Landhäusern, in alten Wegekreuzen und in großen baulichen Konstruktionen wie dem Hadrianswall greifbar. Einige dieser Relikte wie der Bäderkomplex, der über den Thermalquellen in Bath errichtet worden war, verschwanden für Jahrhunderte aus dem Blickfeld, bis sie im 18. und 19. Jahrhundert wieder entdeckt wurden. Die Straßen blieben bestehen, manchmal dienten sie Jahrhunderte lang als Handelsrouten. Schließlich überlebten aus der Römerzeit Tiere wie das Frettchen oder

Am gründlichsten verschwand die römische Kultur auf der britischen Insel. Zwar nutzte man bestehende Straßen weiterhin, doch die römischen Häuser entdeckte man erst Jahrhunderte später bei Ausgrabungen wieder. Aus Sprache und Glauben verschwanden römische Einflüsse nahezu ganz.

Pflanzen wie der Senf, der rund 1000 Jahre später zum Würzen von Roastbeef verwendet wurde, das eine Art nationaler Mythos werden sollte. Doch von der Geisteswelt, die die Römer zurückließen, haben wir kaum eine Spur. Das romano-britische Christentum, wie immer es auch ausgesehen haben mag, verschwand, und die Glaubenshüter zogen sich eine Zeit lang zurück in die nebligen Festungen, in denen die Mönche der keltischen Kirche grübelten. Es war ein anderes Rom, das die englische Nation bekehren sollte, als dasjenige des Römischen Reiches. Zuvor sollte die germanische Tradition zum vorherrschenden Einfluss werden, so sehr wie nirgendwo sonst innerhalb der Grenzen des alten römischen Reichsgebietes.

DIE FRANKEN

Auf der anderen Seite des Ärmelkanals standen die Dinge völlig anders, vieles überlebte. Nach seiner Verwüstung durch die Vandalen lag Gallien lange im Schatten der Westgoten in Aquitanien. Sein Anteil an der Zurückwerfung der Hunnen gab diesem Stamm größere Bedeutung als je zuvor. Im Nordosten Galliens lebten jedoch germanische Völker, die sie dieser Vormachtstellung berauben sollten: die Franken. Im Gegensatz zu den Westgoten waren sie keine Arianer, und eben daher sollte ihnen die Zukunft gehören. Sie erhielten einen größeren Einfluss auf die Bildung Europas als jedes andere barbarische Volk.

Das Entstehen des fränkischen Königreiches

Von allen germanischen Völkern hatten die Franken den größten Einfluss auf die Gestaltung des künftigen Europas. Im 4. Jahrhundert waren sie bereits in der Gegend des heutigen Belgien etabliert, wo viele von ihnen römische Soldaten wurden. Einige Franken zogen auch nach Süden und ließen sich in Gallien nieder. Eine Gruppe, die in Tournai saß, gründete die merowingische Dynastie – ihr dritter König, Chlodwig, erweiterte das königliche Territorium und verlegte die Hauptstadt nach Paris. Er war mit einer Prinzessin aus dem Burgund verheiratet und trat im Jahre 496 zum Christentum über – eine Entscheidung, die ihm die Unterstützung der römischen Kirche und die Freundschaft der gallo-römischen Bevölkerung einbrachte. Am Ende des 6. Jahrhunderts umschloss das Frankenreich zuvor germanische Gebiete wie Austrien, dessen Zentrum sich im Rheintal befand, und das den meisten Franken dieser Zeit Heimat war.

Nachdem sie sich als eines der mächtigsten Völker im Reich etabliert hatten, begannen die Franken auch damit, romanisierte Landstriche mit hauptsächlich lateinisch sprechender Bevölkerung zu erobern. Sie nahmen im 5. Jahrhundert Neustrien im Seinetal ein und im mittleren 6. Jahrhundert Burgund im Rhônetal. Zu dieser Zeit war das Frankenreich bereits ein latinisierter Staat mit einer sesshaften Bevölkerung und vielen adligen Landbesitzern.

Auf diesem fränkischen Grabstein aus dem 7. Jahrhundert ist die stilisierte Figur Christi dargestellt.

Dieses mit Schnitzereien versehene hölzerne Lesepult wurde im 6. Jahrhundert von Königin Radegunde in Auftrag gegeben. Radegunde, die später heilig gesprochen wurde, war mit dem fränkischen König Chlotar I. verheiratet, verließ ihn aber, um Nonne zu werden.

Die Gräber der ersten Franken lassen eine Kriegergesellschaft mit einer festen Rangordnung erkennen. Anders als andere Barbaren waren sie gewillt, sich anzusiedeln und ließen sich im 4. Jahrhundert im heutigen Belgien zwischen Schelde und Maas nieder, wo sie römische *foederati* wurden. Einige zogen auch nach Gallien. Eine Gruppe, die in Tournai siedelte, brachte eine Herrscherfamilie hervor, die später die Merowinger genannt werden sollte; der dritte König dieser Linie war Chlodwig. Er trug den ersten großen Namen in der Geschichte des Landes, das als *Francia* bekannt werden sollte, nach den Völkern, die Chlodwig vereinigte.

Chlodwig

Chlodwig wurde im Jahre 481 Herrscher der Westfranken. Obwohl er formell Untertan des Kaisers des Ostreichs war, wandte er sich bald gegen die letzten römischen Statthalter Galliens und eroberte Ländereien bis weit nach Westen und die Loire abwärts. Inzwischen besiegten die Ostfranken die Alamannen, und nachdem Chlodwig auch zu ihrem König gewählt worden war, erstreckte sich ein vereinigtes fränkisches Königreich über das untere Rheintal und Nordfrankreich. Dies war das Kernland des fränkischen Staates, das zum Erben der römischen Oberhoheit im nördlichen Europa wurde.

Chlodwig heiratete eine Prinzessin aus dem germanischen Volk der Burgunder. Sie war römisch-christlich, obwohl ihr Volk arianisch war, und einige Zeit nach der Hochzeit und nach einer Bekehrung auf dem Schlachtfeld, die an diejenige Konstantins erinnert, trat Chlodwig selbst zum Christentum über.

Dies brachte ihm die Unterstützung der römischen Kirche ein, der wichtigsten das Römische Reich überlebenden Macht in den barbarischen Gebieten. Das Christentum war zudem der Weg, sich mit der gallo-römischen Bevölkerung anzufreunden. Die Bekehrung war zweifellos politisch: Ein neues Rom sollte Gallien fortan beherrschen.

Die Burgunder waren die ersten Opfer Chlodwigs, obwohl sie erst nach seinem Tod vollständig unterworfen wurden, als merowingische Prinzen über sie herrschten, sie sich aber immerhin eine unabhängige Staatsstruktur erhalten konnten. Danach wurden die Westgoten angegriffen und ihnen nur die südöstlichen Gebiete belassen, die sie nördlich der Pyrenäen besaßen (das spätere Langue-

Erster Herrscher im ehemaligen römischen Gallien wurde der Merowinger Chlodwig. Sein Übertritt zum Christentum sicherte ihm die Unterstützung der römischen Kirche, die den Untergang des Römischen Reiches unbeschadet überstanden hatte.

doc, Roussillon und die Provence). Chlodwig war somit Nachfolger der Römer in ganz Gallien. Der Kaiser erkannte ihn an, indem er ihn zum Konsul ernannte.

Die fränkische Hauptstadt wurde nach Paris verlegt, und Chlodwig in der dort von ihm errichteten Kirche begraben, der erste fränkische König, der nicht als Barbar bestattet wurde. Und doch war dies nicht der Beginn der Geschichte von Paris als Hauptstadt. Ein germanisches Königreich war schließlich nicht ganz das, was sich spätere Zeiten unter einem Staat vorstellten, oder was ein Römer als solchen erkannt hätte. Es war vielmehr ein Erbe, teils aus Ländereien, teils aus Sippschaftsverbänden bestehend. Das Erbe Chlodwigs wurde unter seinen Söhnen geteilt.

Das Fränkische Königreich wurde erst im Jahre 558 wiedervereint. Wenige Jahre später zerbrach es erneut. Schrittweise bildeten sich drei Teilreiche heraus. Eines war Austrien, mit der Hauptstadt in Metz und Schwerpunkt östlich des Rheins; Neustrien war das westliche Gegenstück dazu und hatte seine Hauptstadt in Soissons; unter gleicher Herrschaft, aber separiert, bestand daneben das Königreich Burgund. Die jeweiligen Herrscher neigten dazu, sich in Grenzkonflikte zu verwickeln.

Das bärtige Antlitz Christi bildet die Mitte dieser runden Silberspange, die mit kleinen Granateinlagen verziert ist. Sie ist fränkischer Herkunft und stammt aus dem 6. oder 7. Jahrhundert.

Der frühfränkische Staat

In dieser dreigeteilten Struktur taucht eine fränkische Nation auf, die nicht länger eine Ansammlung von barbarischen Kampfverbänden ist, sondern von Völkern, die zu einem erkennbaren Staat gehören, eine lateinische Mundart sprechen und eine Schicht landbesitzenden Adels aufweisen.

Interessanterweise entstammt diesem Umfeld auch die christliche Interpretation des barbarischen Anteils an dieser Entwicklung, die *Frankengeschichte* von Gregor, dem Bischof von Tours, der selbst aus der gallo-römischen Aristokratie kam. Andere barbarische Völker sollten vergleichbare Werke verfassen, die die Traditionen – in denen das Heidentum dem Christentum noch mächtig gegenüberstand – in Einklang bringen wollten. Man muss festhalten, dass Gregor nach dem Tod seines Helden Chlodwig ein pessimistisches Bild der Franken zeichnete. Er glaubte, die fränkischen Herrscher hätten so schlecht regiert, dass ihr Königreich dem Untergang geweiht wäre.

König Theoderich

Die Merowinger hielten andere Barbaren von Gallien fern und eroberten Ländereien nördlich der Alpen von den Ostgoten, deren größter König Theoderich war. Dessen Recht, in Italien zu herrschen, wo er andere Germanen niedergekämpft hatte, wurde vom Kaiser im Jahre 497 anerkannt. Er war vom Primat Roms überzeugt, hatte einen Kaiser als Paten und war bis zum Alter von 18 Jahren in Konstantinopel erzogen worden. „Unser König-

Auf diesem Elfenbeindiptychon ist Anicius Manlius Severinus Boethius dargestellt, der Konsul des Jahres 510. Boethius lebte während der Regierungszeit des Theoderich und leistete entscheidende Beiträge auf den Gebieten der Theologie, Philosophie, Wissenschaft und Musik.

tum ist eine Imitation des Euren, ein Abbild des einzigen Reiches auf Erden", schrieb er dem Kaiser in Konstantinopel aus seiner Hauptstadt Ravenna. Auf seinen Münzen erscheint das Motto „Unbesiegtes Rom" (*Roma invicta*), und als er nach Rom kam, hielt Theoderich im Zirkus Spiele ab. Und doch war Theoderich praktisch der einzige Ostgote, der römischer Bürger war. Seine Autorität wurde vom Senat akzeptiert; seine Landsleute waren dagegen lediglich Söldner des Reiches. In öffentliche Ämter berief er Römer. Einer davon war sein Freund und Berater, der Philosoph Boethius.

Theoderich unterhielt gute Beziehungen zu anderen barbarischen Völkern und hatte unter ihnen eine Vormachtstellung inne. Doch teilte er nicht den arianischen Glauben seines eige-

In Italien herrschte der ostgotische König Theoderich; nach seinem Tod wurden die Ostgoten aus Italien vertrieben. Das nächste Barbarenvolk, die Langobarden, stand schon bereit um die Herrschaft zu übernehmen.

Nachdem sich die Ostgoten im Jahr 488 in Norditalien etabliert hatten, führten sie sehr farbenprächtige Gold- und Silberarbeiten ein. Diese Fibel, zu datieren um 500, besteht aus Gold und ist mit Smaragden und anderen kleinen Steinen besetzt. Die Kopfplatte ist mit vier Adlerköpfen verziert.

nen Volkes, und diese religiöse Differenz sprach gegen die langfristige Etablierung ostgotischer Macht. Im Gegensatz zu den Franken, und anders als ihre Führer, sollten sie sich nicht mit der römischen Vergangenheit verbinden; und nach Theoderich wurden die Ostgoten von den Generälen des Oströmischen Reiches aus Italien und der Geschichte vertrieben. Sie ließen ein ruiniertes Land zurück, das bald von einem weiteren barbarischen Volk eingenommen werden sollte, den Langobarden.

Das westgotische Spanien

Im Westen hatte Chlodwig die Westgoten praktisch auf Spanien beschränkt, wo sie die Vandalen vertrieben hatten. Andere germanische Stämme waren bereits dort angesiedelt. Die Region wies ganz eigene Probleme auf, und das westgotische Königreich konnte der Romanisierung Spaniens nicht mehr entgegensetzen, als es seine Gründer in Gallien gekonnt hatten, wo sich diese viel weniger mit der bestehenden Gesellschaft vermischt hatten als die Franken. Die Westgoten breiteten sich, um ihre Anführer geschart, vom alten Kastilien über die Provinzen aus. In der Folge gab es so viel Streit, dass die kaiserliche Herrschaft sich für mehr als ein halbes Jahrhundert erneut etablieren konnte. Schließlich wandte sich der westgotische König dem Christentum zu und versicherte sich so der Loyalität der spanischen Bischöfe. Im Jahre 586 begann dann die lange Tradition der katholischen Monarchie in Spanien.

Das romanische und das barbarische Westeuropa

Man kann ein allgemeingültiges Resultat der ständigen Völkerbewegung in Europa kaum definieren, jede Verallgemeinerung ist riskant. Allein schon deren Dauer erklärt dies beinahe;

Theoderich, König der Ostgoten, wurde im Jahre 526 in diesem Mausoleum außerhalb der Stadtmauer Ravennas bestattet. Das Steingebäude wird von einem großen Monolithen bekrönt.

die Westgoten durchliefen immerhin drei Jahrhunderte von der Schaffung des Tolosianischen Reichs bis zu ihrem Aufstieg in Spanien. Obwohl sich das wirtschaftliche Leben und die Technologie kaum wandelten, veränderten sich die geistigen und institutionellen Strukturen aller barbarischen Königreiche radikal.

So ist es nicht einmal ganz exakt, sie durchgängig für Barbaren zu halten (mit Ausnahme vielleicht der Langobarden). Die germanische Bevölkerung war eine Minderheit, oftmals in fremder Umgebung isoliert, abhängig von den Gewohnheiten des jeweiligen Umfelds und zudem regelrecht gezwungen, eine Art von Verständnis für die Eroberten zu entwickeln. Der Verlauf ihrer Invasionen muss bei näherer Betrachtung wie eine Flutwelle gewirkt haben, doch wenn sie vorbei war, blieben oft nur winzige, isolierte Gruppen von Eindringlingen zurück, die hier oder da die römischen Herren ablösten, oft aber neben ihnen und mit ihnen lebten. Heiraten zwischen Römern und

Die Westgoten

Die Anwesenheit des germanischen Volkes der Westgoten wurde erstmals in Gallien verzeichnet. Dort gründeten sie ein Königreich mit der Hauptstadt Toulouse, das nur von 419 bis 507 Bestand hatte, dem Jahr, in dem die Franken Südgallien eroberten. Von dieser Zeit an bewegten sich die Westgoten, die insgesamt kaum 100 000 Köpfe zählten, zur Mitte der Iberischen Halbinsel zwischen Ebro und Tejo, wo die hispano-römische Besiedlung am spärlichsten war, um sich dort niederzulassen. Am Ende des 6. Jahrhunderts eroberten sie das suebische Königreich im Nordwesten des Landes und machten Toledo zu ihrer Hauptstadt. Lang andauernde innere Streitigkeiten führten als Ergebnis des Feldzugs von Kaiser Justinian, der das alte Römische Reich wieder errichten wollte, zur Etablierung der kaiserlichen byzantinischen Kontrolle im Süden.

Die Westgoten, die wie so viele germanische Völker bereits früh christianisiert worden waren, waren Arianer. Im Jahre 587 konvertierte ihr König Rekkared dennoch zum römischen Katholizismus, ebenso wie der fränkische König Chlodwig fast ein Jahrhundert zuvor. Das westgotische Königreich übernahm viele Aspekte der römischen Kultur und Tradition, und am Ende des 7. Jahrhunderts wurde ein römisch-westgotischer Codex verfasst – ein deutlicher Hinweis auf die kulturellen Veränderungen, die innerhalb des Königreiches stattgefunden hatten. Die westgotische Macht in der alten Provinz Hispania verschwand im Jahre 711 mit Ankunft der Muslime.

Ein Kapitell aus der Kirche San Pedro de la Nave bei Zamora in Spanien. Gearbeitet von geschickten Steinmetzen des 7. Jahrhunderts, stellt die Szene die biblische Geschichte von Daniel in der Löwengrube dar. Auf dem Abakus (oben) enthält die verschränkte Dekoration aus pflanzenförmigen Spiralen auch die Abbilder von Vögeln und Früchten.

Dieses Elfenbeindiptychon stellt einen römischen Konsul im Ostgotenreich des Jahres 530 dar, Rufus Genadius Probus Orestes. Er erscheint in seiner konsularischen Tracht, auf einem Thron sitzend, und in Begleitung der Personifikationen von Rom und Konstantinopel. Über seinem Kopf befinden sich die Büsten des ostgotischen Königs Athalarich und seiner Mutter Amalasuntha. Das Stück symbolisiert den guten Willen der ostgotischen Führer gegenüber Rom und ihren Wunsch, es möge Harmonie herrschen zwischen Ost und West.

Die sich in Europa etablierende Kultur und auch die Gesetzgebung enthielten sowohl römische als auch germanische Elemente.

Barbaren waren bis zum 6. Jahrhundert illegal, doch das bedeutete nicht viel. In Gallien nahmen die Franken das Lateinische an und fügten ihm fränkische Worte hinzu. Schon im 7. Jahrhundert wies die europäische Gesellschaft eine im Vergleich zu den Turbulenzen des 5. Jahrhunderts bereits deutlich veränderte Atmosphäre auf.

Das kulturelle Vermächtnis der Germanen

In fast allen barbarischen Königreichen wurde die Gesellschaft auf Dauer von den germanischen Sitten geformt. Dies sanktionierte eine Hierarchie, die sich in der charakteristischen germanischen Methode zur Aufrechterhaltung der öffentlichen Ordnung zeigt, nämlich der Blutfehde. Männer, Frauen, Vieh und Besitz hatten ihren Preis; zugefügtes Unrecht wurde dadurch wieder gutgemacht, dass man den ganzen Klan oder die Familie einbezog, wenn eine übliche Kompensation nicht möglich war. Die Könige ließen diese Sitten immer öfter niederschreiben. Schriftkundigkeit war so selten, dass man sich solcher Mittel wie etwa der Stele von Babylon nicht mehr bedienen konnte, oder aber der Tafeln, auf denen die Erlasse der griechischen Stadtstaaten publik gemacht worden waren. Die Niederschrift auf Pergament für spätere Einsichtnahme war alles, was man in Erwägung ziehen konnte. Unter diesen Bedingungen entwickelte sich eine Jurisprudenz, die von neuen Kulturen europäischer Herkunft aufgegrifffen wurde. Die erste Grundlage dafür, war die Akzeptanz der königlichen oder allgemeinen Gewalt, die erklärte, was aufgeschrieben werden sollte. Alle germanischen Königreiche unternahmen die Niederschrift und Kodifizierung ihrer Gesetze.

Die Barbaren und die römische Tradition

In den Gebieten, wo die frühen Institutionen öffentlicher Handlungen nicht religiös oder übernatürlich bestimmt sind, sind sie normalerweise rechtlicher Natur. So suchte etwa der westgotische Hof von Toulouse das Können römischer Gesetzesexperten. Doch dies war nur eine Form des Respekts, den fast jede barbarische Aristokratie der römischen Tradition und ihren Formalien entgegenbrachte. Theoderich sah sich selbst als den Repräsentanten des Kaisers. Sein Problem lag nicht in der Bestimmung seiner eigenen Rolle, sondern in der Verhinderung einer Provokation seiner Gefolgsleute durch übertriebene Romanisierung. Vielleicht beschäftigte sich Chlodwig vor seiner Bekehrung mit ähnlichen Überlegungen, die sowohl einen Ausdruck der Identifikation mit dem Römischen Reich als auch mit der Kirche darstellten.

Ravenna wurde im Jahre 540 durch die Armeen des Justinian von den Ostgoten zurückerobert. Um die Rückkehr der Stadt in die kaiserliche Gemeinschaft zu illustrieren, ließ der Herrscher zwei großartige Kirchen erbauen: San Vitale in Ravenna selbst und eine Basilika in Classe, dem Hafen außerhalb der Stadt. Die Basilika von Classe ist dem Heiligen Apollinaris geweiht, der im Mittelpunkt der hier gezeigten Apsisdekoration zu sehen ist.

Auf der Ebene knapp unterhalb dieser bestimmenden Gestalten scheinen sich sowohl fränkische als auch westgotische Adlige mit Vergnügen als Erben Roms gezeigt zu haben, indem sie einander auf Latein schrieben und die Unterhaltungsliteratur förderten. Es gab auch eine Interessenverbindung mit den Römern: Westgotische Krieger fanden manchmal

Der oströmische Kaiser Justinian wurde von allen akzeptiert. Seine herausragendste Leistung war die Kodifizierung des römischen Rechts.

Die größte Kluft zwischen Ost und West konnte auch Justinian nicht schließen, die Trennung der römischen Kirche in eine West- und eine Ostkirche.

Beschäftigung, indem sie die Revolten von Bauern niederschlugen, die die gallo-römischen Landbesitzer, aber auch die Eroberer bedrohten. Doch solange der Arianismus zwischen ihnen stand, gab es bei der Identifizierung mit der *romanitas* für die Barbaren eine Grenze. Schließlich war die Kirche das prominenteste Relikt des Kaiserreichs westlich von Konstantinopel.

Die östlichen Kaiser ließen diese Veränderungen keinesfalls gleichgültig. Doch Schwierigkeiten in ihren eigenen Herrschaftsgebieten lähmten sie, und im 5. Jahrhundert beherrschten die barbarischen Generäle auch sie. Sie beobachteten die letzten Jahre der Marionetten-Kaiser von Ravenna mit Besorgnis, doch Odoaker – der den letzten von ihnen abgesetzt hatte – erkannten sie an. Sie erhielten einen formellen Anspruch auf die Herrschaft über ein einziges Reich aufrecht, allerdings ohne Odoakers Unabhängigkeit in Italien realiter in Frage zu stellen, bis in der Gestalt Theoderichs eine eindrucksvolle Persönlichkeit auftrat, der der Titel eines *patricius*, hier gleichbedeutend mit Statthalter, verliehen wurde. Unterdes schufen Kriege mit den Persern und neuer Druck durch die Slawen immer wieder kritische Situationen. Erst mit dem Aufstieg Kaiser Justinians im Jahre 527 schien es wahrscheinlich, dass die tatsächliche Macht der kaiserlichen Regierung wiederhergestellt werde.

JUSTINIAN

Rückblickend betrachtet erscheint Justinian wenig effizient. Und doch verhielt er sich so, wie die Leute glaubten, dass ein Kaiser sich verhalten müsse; er tat , was die meisten Menschen von einem mächtigen Herrscher erwarteten. Er gab an, das Lateinisch seine

Das Kaiserreich des Justinian (527–565 n. Chr.)

Nach seiner Thronbesteigung im Jahr 527 unternahm Justinian eine Reihe militärischer Feldzüge mit dem Ziel, das ehemalige Römische Reich in seiner Einheit wieder herzustellen. Für wenige Jahre wurden die byzantinischen Gebiete als Folge der Eroberungen Justinians bis Nordafrika, Südspanien und Italien ausgedehnt: noch einmal waren große Teile der Mittelmeerküste vereint und bildeten einen einzigen Staat. Dennoch wurde die von Justinian wiederhergestellte Einheit am Ende des 6. Jahrhunderts durch das unaufhaltsame Vordringen der germanischen und slawischen Völker und im 7. Jahrhundert durch die Ausbreitung des Islam wieder zerstört.

Diese Karte zeigt die Ausdehnung des Byzantinischen Reiches zur Zeit der Thronbesteigung Justinians sowie die im Laufe seiner langen Regierungszeit eroberten Gebiete.

Dieses Mosaik aus der Kirche von San Vitale in Ravenna zeigt Justinian mit seinem Gefolge von kirchlichen Würdenträgern und Höflingen. Der Nimbus um den Kopf Justinians erinnert an den heiligen Status des Kaisers. Während die Gesichter der Figuren individuell und ausdrucksstark sind, erwecken ihre Körper den Eindruck, im Raum zu schweben, was ihre Geistigkeit betont.

Muttersprache sei; trotz der weit reichenden Außenbeziehungen des Reiches konnte er glaubwürdig planen, das alte Reich wieder zu vereinen und erneut zu errichten, auch wenn es nunmehr in Konstantinopel seinen Mittelpunkt haben musste. Wir überblicken heute, was geschah, doch er regierte lange Zeit, und seine Zeitgenossen waren von seinen kurzfristigen Erfolgen ausgesprochen beeindruckt. Sie erwarteten eine wirkliche Wiederherstellung der alten Macht. Schließlich konnte sich niemand eine Welt ohne das Römische Reich vorstellen. Die barbarischen Könige des Westens fügten sich Konstantinopel mit Freuden und akzeptierten dort verliehene Titel; sie griffen nicht selbst nach dem Purpur. Justinian suchte autokratische Macht, und seine Zeitgenossen fanden dieses Ziel ebenso verständlich wie realistisch. Es liegt eine gewisse Größe in seinem Rollenverständnis – nebenbei bemerkt: schade, dass er ein so unattraktiver Mann gewesen sein soll.

Justinian befand sich fast immer im Krieg. Oftmals war er siegreich. Selbst die teuren per-

Dies ist die Stirnplatte eines Helmes aus dem 7. Jahrhundert. Er gehörte angeblich Agilulf, der zwischen 590 und 616 langobardischer König war. Im Gegensatz zur Grobheit der Reliefs ist der römische Einfluss in der Erscheinung der Krieger und in den Figuren der geflügelten Siegesgöttinnen offensichtlich, die über den Monarchen wachen.

Justinian, oströmischer Kaiser von 527 bis 565, tat alles in seiner Macht Stehende, um das alte Römische Reich wieder zu vereinen. Obwohl sein Erfolg kurzfristig war, hinterließ Justinian ein bemerkenswertes Erbe, das verschiedene öffentliche und religiöse Gebäude sowie die Kodifizierung des römischen Rechtes einschließt, ein großer Beitrag zur Entwicklung der modernen Staatsidee.

Die byzantinische Architektur

Das Volk des Byzantinischen Reiches erbte seine Vorliebe für großartige Architektur vom alten Rom. Die Byzantiner entwickelten – auch auf Grund ihrer engen Kontakte mit dem Osten – eine noch größere Leidenschaft für dekorative Fülle und die Verwendung von Farben. Inmitten von Steifheit und Pomp des Hofzeremoniells wurden die öffentlichen Auftritte des Kaisers sorgfältig und aufwändig inszeniert, um ihn von den gewöhnlichen Sterblichen abzusetzen und der göttlichen Welt nahe erscheinen zu lassen. Diese üppige Theatralik hatte bedeutenden Einfluss auf den künstlerischen Geschmack der Epoche und inspirierte die Monumentalität der byzantinischen Bauten. Der Architekturstil des Oströmischen Reiches war bis zur Zeit Justinians im 6. Jahrhundert noch nicht voll entwickelt. Der Kaiser passte die bestehende Gewölbearchitektur an und versuchte eine neue Architektur zu kreieren, die für sein heiliges Reich passend war und ein Vermächtnis an luxuriösen kaiserlichen Palästen und wundervollen Kirchen hinterließ. Die Hauptcharakteristiken der byzantinischen Baukunst waren die Hervorhebung von Kuppeln und Kapitellen und die Verwendung von Mosaiken zur Wand- statt Bodendekoration, wie es römische Sitte gewesen war. Die Byzantiner errichteten Kuppeln von riesigen Ausmaßen, wie die der Hagia Sophia in Konstantinopel, die einen Durchmesser von mehr als 30 Meter aufweist. Die byzantinischen Kapitelle basieren auf dem römisch-korinthischen Stil und wurden mit luxuriösen Auflagen verziert. Hervorragend ausgebildete byzantinische Künstler bedeckten die Wände und Gewölbe der Kirchen mit farbenprächtigen Mosaiken, in denen sie Kaiser, Heilige und kirchliche Würdenträger oder aber Szenen aus der Bibel darstellten.

Die größten bis heute erhaltenen byzantinischen Monumente sind in Konstantinopel selbst zu finden, dem heutigen Istanbul, und in Ravenna, der Hauptstadt des Exarchats.

Dieses Mosaik aus der Basilika von San Apollinaris bei Ravenna stellt den Hafen von Classe dar und stammt aus dem 6. Jahrhundert. Wie in vielen byzantinischen Mosaiken erweckt die Verwendung von Gold hier den Eindruck der Größe.

sischen Feldzüge (und die Zahlungen an die persischen Könige) waren in zumindest insoweit erfolgreich, dass sie das Reich nicht viel an Boden kosteten. General Belisar zerstörte das vandalische Afrika und gewann das Land für das Römische Reich zurück (auch wenn es zehn Jahre dauerte, um es wieder in Ordnung zu bringen). Er zog weiter, um Italien einzunehmen und den Kampf zu beginnen, der 554 mit der endgültigen Vertreibung der Ostgoten aus Rom und der erneuten Vereinigung ganz Italiens unter der kaiserlichen Herrschaft endete, eines Italien allerdings, das von den kaiserlichen Armeen verwüstet worden war wie niemals zuvor von den Barbaren. Aber zunächst nutzen die kaiserlichen Armeen in Südspanien die Rivalität zwischen den Westgoten aus und setzten wieder eine kaiserliche Regierung in Córdoba ein. Auch im ganzen westlichen Mittelmeerraum waren die kaiserlichen Flotten

Die großartige Kirche der Hagia Sophia in Konstantinopel, die man später zur Moschee umwandelte, wurde 537 geweiht. Sie besitzt eine gewaltige zentrale Kuppel, die von Pfeilern, Bögen und zusätzlichen Gewölben getragen wird. Die Wirkung dieses riesigen Raums wird durch das Spiel des Lichts der vielen Fenster des Gebäudes noch gesteigert.

vorherrschend; noch ein Jahrhundert nach dem Tod Justinians konnten sich byzantinische Schiffe unbelästigt bewegen.

Es sollte jedoch nicht von Dauer sein. Bis zum Ende des Jahrhunderts war fast ganz Italien wieder verloren, diesmal an die Langobarden, einen weiteren germanischen Volksstamm, der die kaiserliche Macht auf der Halbinsel endgültig zerstören sollte.

Auch in Osteuropa war Justinian trotz einer Diplomatie mit Bestechung und missionarischem Eifer im Umgang mit den Barbaren nie nachhaltig erfolgreich. Vielleicht waren dort langfristige Erfolge unmöglich. Der Druck auf die wandernden Völker war zu groß, zudem erwarteten sie große Gewinne: „Nachdem die Barbaren", schrieb ein Historiker, „einmal den römischen Reichtum gekostet hatten, vergaßen sie den Weg, der dorthin führte, nie wieder." Nach dem Tod Justinians hatten sich, trotz seiner teuren Festungsbauten, die Vorfahren der späteren Bulgaren in Thrakien niedergelassen, und ein Keil besiedelt mit barbarischen Völkern trennte Ost- und Westrom.

Die Hinterlassenschaft Justinians

Die Eroberungen Justinians, groß wie sie waren, konnten von seinen Nachfolgern angesichts der anhaltenden Bedrohung aus Persien, des Anwachsens des slawischen Drucks auf dem Balkan, und – im 7. Jahrhundert – der beginnenden Rivalität mit dem Islam nicht gehalten werden. Eine schreckliche Zeit lag vor dem Oströmischen Reich.

Aber immerhin funktionierte die Hinterlassenschaft Justinians: Die diplomatischen Traditionen, die er begründet hatte, das Netzwerk von Einflüssen unter den barbarischen Völkern jenseits der Grenze, die er gegeneinander ausspielt hatte – etwa, indem er den einen Prinzen mit Tribut oder einem Titel bestochen hatte und zugleich der Pate des Kinds eines anderen geworden war. Wären nicht die Klientelkönigreiche des Kaukasus, die zur Zeit Justinians zum Christentum bekehrt wurden, oder seine Allianz mit den Goten auf der Krim (die für sieben Jahrhunderte halten sollte) gewesen – das Oströmische Reich hätte kaum überlebt. Auch in dieser Hinsicht bestimmt die Herrschaft Justinians den Grundriss des späteren byzantinischen Einflussbereichs.

Innerhalb des Reiches hinterließ Justinian einen unauslöschlichen Eindruck. Bei seiner Thronbesteigung war die Monarchie durch Parteirivalitäten eingeschränkt, deren Protagonisten sich jeweils auf öffentliche Unterstützung verlassen konnten. Im Jahr 532 aber führten diese Verhältnisse zu einem großen Aufstand, der es dem Kaiser ermöglichte, alle Parteien anzugreifen und, obwohl ein Großteil der Stadt abgebrannt war, den inneren

Das Katharinenkloster auf dem Sinai wurde im Jahre 527 von Justinian gegründet. Es ist eine der am besten erhaltenen Anlagen, die von diesem Kaiser in dem riesigen Gebiet des Byzantinischen Reiches in Auftrag gegeben wurden.

Bedrohungen seiner Herrschaft ein Ende zu bereiten. Sie zeigte sich von da an immer beständiger und unverhüllter.

Ihre materiellen Monumente waren großartig; das größte ist die Basilika Hagia Sophia selbst (erbaut 532–537 n. Chr.), doch im gesamten Reich bezeugen öffentliche Bauten, Kirchen, Badehäuser und neue Städte die Herrschaft und sprechen für den Reichtum des Oströmischen Reiches. Die reichsten und kulturell entwickeltsten Provinzen waren Asien und Ägypten; Alexandria, Antiochia und Beirut waren zu dieser Zeit ihre größten Städte.

Dieses Fresko aus dem 16. Jahrhundert ist eine der wenigen erhaltenen Darstellungen eines Kirchenkonzils. Die Malerei zeigt den Kaiser beim Konzil von Ephesos im Jahre 431. Er verbannt Nestor, den Patriarchen von Konstantinopel, und einen weiteren Häretiker.

Ein institutionelles Monument der Herrschaft Justinians war die Kodifizierung des Römischen Rechts. In vier Sammlungen waren 1000 Jahre römischer Jurisprudenz in einer Form zusammengefasst, die ihr tiefen Einfluss durch die Jahrhunderte verlieh.

Justinians Anstrengungen, eine verwaltungstechnische und organisatorische Reform zu erreichen, waren bei weitem weniger erfolgreich. Es war nicht schwer, die Übel zu bestimmen, die bereits im 3. Jahrhundert als gefährlich bekannt waren. Doch betrachtet man die finanziellen Verbindlichkeiten und Einnahmequellen des Kaiserreiches, so waren dauerhafte Heilmittel schwer zu finden. Der Verkauf von Ämtern, beispielsweise, war als Übel bekannt und Justinian schaffte ihn ab, doch als er sich langsam wieder einnistete, musste er ihn tolerieren.

Der Lösungsansatz war eine fortschreitende Reglementierung seiner Einwohner. Zum Teil lag dies in der Tradition der Regulierung der Wirtschaft. So wie die Bauern an die Scholle gebunden waren, wurden die Handwerker jetzt an ihre ererbten Kooperationen und Gilden angeschlossen; sogar die Bürokratie begann, erblich zu werden. Es war höchst unwahrscheinlich, dass die daraus resultierende Strenge bei der Lösung der Reichsprobleme hilfreich sein würde.

Die Religion im Oströmischen Reich

Unglücklicherweise brach zu Beginn des 6. Jahrhunderts eine überaus ungewöhnliche und verheerende Reihe von Naturkatastrophen über den Osten herein: Sie waren so gravierend, dass sie erklären helfen, warum es für Justinian schwer war, das Reich in besserem Zustand zu hinterlassen, als er es vorgefunden hatte. Erdbeben, Hungersnöte und Seuchen verwüsteten die Städte und sogar die Hauptstadt selbst, wo die Menschen meinten Wahngebilde in den Straßen zu sehen. Die antike Welt war zutiefst abergläubisch, doch zum Beispiel die Legende von der Fähigkeit des Kaisers, seinen Kopf abzunehmen und ihn wieder aufzusetzen, oder nach Belieben unsichtbar zu werden, legt bereits nahe, dass angesichts der äußeren Herausforderungen die geistige Welt des Oströmischen Reiches ihre Verankerung in der klassischen Kultur bereits löste. Justinian sollte dies durch seine religiösen Ansichten und seine Politik erleichtern, eine weitere paradoxe Auswirkung, denn sie entsprach nicht seinen Intentionen. Nachdem sie 800 Jahre lang existiert hatte, schaffte er die Akademie in Athen ab. Er wollte ein christlicher Kaiser sein, nicht ein Herrscher der Ungläubigen, und befahl die Zerstörung aller heidnischen Statuen in der Hauptstadt.

Noch schlimmer war, dass er die Degradierung der Juden in öffentlichen Ämtern und

Im oberen Teil dieses Freskos aus dem koptischen Konvent von St. Apollinaris in Bauit, Ägypten, ist Christus dargestellt, der die Welt segnet. Im unteren Teil wird die Jungfrau Maria gezeigt, die mit dem Jesuskind in den Armen auf einem Thron sitzt und von den Aposteln umgeben ist.

ihre Freiheit der Religionsausübung zunehmend einschränkte. Diese Maßnahmen liefen aus dem Ruder: Schon lange waren Pogrome geduldet und Synagogen zerstört worden; nun ging Justinian so weit, den jüdischen Kalender zu verändern und sich in die jüdischen Riten des Gottesdienstes einzumischen. Er ermutigte sogar barbarische Herrscher, die Juden zu verfolgen. Lange vor den Städten Westeuropas besaß Konstantinopel ein Getto.

Diese Tafel, die einen Evangelisten oder Apostel zeigt, stammt angeblich aus der frühchristlichen Abtei des 6. Jahrhunderts von Mettlach in Rheinland-Pfalz.

Justinian war umso überzeugter von der Richtigkeit, kaiserliche Autorität in Kirchenangelegenheiten geltend zu machen, da er glaubte, ein wirkliches Gespür für theologische Fragen zu besitzen. Manchmal waren die Konsequenzen bedauerlich. So trug seine Haltung nicht dazu bei, die Loyalität der Nestorianer (Anhänger des exkommunizierten Patriarchen Nestor von Konstantinopel) und Monophysiten (die von Eutyches geführten Kontrahenten der Nestorianer, Anhänger des alexandrinischen Patriarchen Cyril) gegenüber dem Kaiserreich zu bekräftigen. Sie waren Häretiker, die sich geweigert hatten, die Bestimmung des genauen Verhältnisses von Gott Vater zu Gott Sohn zu akzeptieren, die auf dem Konzil von Chalkedon im Jahre 451 festgelegt worden waren. Die Theologie solcher Abweichler war weniger wichtig als die Tatsache, dass ihre symbolischen Lehren immer mehr mit wichtigen sprachlichen und kulturellen Gruppen identifiziert wurden: Das Reich begann, seine Schauplätze für Religionskonflikte zu schaffen. Unterdrückte Häretiker schürten in Teilen Ägyptens und Syriens separatistische Gefühle. In Ägypten ging die Koptische Kirche im späten 5. Jahrhundert ihren eigenen Weg in Opposition zur Orthodoxie, und die syrischen Monophysiten folgten, indem sie eine „jakobitische“ Kirche einrichteten. Beide wurden durch zahlreiche enthusiastische Mönche ermutigt und gefördert. Einige dieser Sekten und Gemeinschaften unterhielten wichtige Verbindungen außerhalb des Kaisereiches, so dass auch die Außenpolitik betroffen war. Die Nestorianer fanden in Persien Zuflucht, und, obwohl sie keine Häretiker waren, waren auch die Juden jenseits der Grenzen besonders einflussreich: Juden im Irak unterstützten die persischen Angriffe auf das Oströmische Reich, und die Araberstaaten mit jüdischen Bewohnern entlang des Roten Meeres unterbrachen die Handelsrouten nach Indien, als im Kaiserreich Maßnahmen gegen die Juden getroffen wurden.

Die ägyptischen Kopten, die Monophysiten geworden waren, bildeten einen strengen Kult innerhalb des oströmischen Christentums. Dieses ägyptische Gemälde auf Holz stellt den koptischen Abt Menas zusammen mit Christus dar und soll aus dem 6. oder 7. Jahrhundert stammen.

Die Kluft zwischen Ost und West

Die Hoffnungen Justinians, die westliche und östliche Kirche wieder vereinen zu können, sollten trotz seiner Anstrengungen vereitelt werden. Eine Teilung der beiden hatte auf Grund der verschiedenen kulturellen Nährböden, auf denen jede von ihnen gewachsen war, immer im Raum gestanden. Die westliche Kirche hatte nie die Einheit der religiösen und säkularen Autorität anerkannt, die der Kern der politischen Theorie des Ostreiches war. Dieses Reich würde vergehen wie andere vor ihm, wie die Bibel berichtet hatte, und es würde die Kirche sein, die sich gegen die Tore der Hölle durchsetzen würde. Nun wurden solche Unterschiede in den Lehren immer wichtiger, und eine Trennung durch den Zusammenbruch im Westen noch wahrscheinlicher. Ein römischer Papst besuchte Justinian, und der Kaiser sprach von Rom als einer „Quelle des Priestertums", doch am Ende sollten die beiden christlichen Glaubensrichtungen zunächst eigene Wege gehen und dann auseinanderfallen. Die Ansicht Justinians, der Kaiser selbst sei in Angelegenheiten des Glaubens überge-

Die größte Kluft zwischen Ost und West konnte auch Justinian nicht schließen, die Trennung der römischen Kirche in eine West- und eine Ostkirche.

Das koptische Kloster von Bishûy liegt im Wadi'n-Natrun in Ägypten.

Die Kirche war nach dem Zusammenbruch des Reiches die einzige funktionierende römische Institution und ihre Bischöfe die Einzigen mit Verwaltungserfahrung. Diese Ausnahmestellung begründete ihre Rolle in Kirche und Staaten.

ordnet, fiel der klerikalen Unnachgiebigkeit auf beiden Seiten zum Opfer.

Alles in allem scheint nahezuliegen, dass die wahre Leistung Justinians nicht in dem lag, was er zu erreichen suchte und zeitweise auch erreichte, nämlich der Wiederherstellung der Reichseinheit, sondern in etwas völlig anderem: den Weg zu ebnen zur Entwicklung einer neuen, einer byzantinischen Kultur. Nach ihm war Byzanz eine – wenn auch noch nicht anerkannte – Realität. Es entwickelte in Entfernung von der klassischen Welt einen eindeutig damit verwandten, aber dennoch unabhängigen Stil. Dies wurde erleichtert durch die zeitgenössischen Entwicklungen sowohl der östlichen als auch der westlichen Kultur, die inzwischen in überwältigender Weise von neuen Tendenzen in der Kirche bestimmt wurden.

Die Rolle des Bischofs in der Spätantike

Wie so oft in der späteren Geschichte haben die Kirche und ihre Führer die Chancen eines Zusammenbruchs nicht sofort erkannt oder willkommen geheißen. Sie identifizierten sich selbst mit dem, was gerade endete, und das war auch verständlich. Die Auflösung des Westreiches war für sie ein Zusammenbruch der Zivilisation. Die Kirche war im Westen, abgesehen von der Autorität der Gemeinden in den verarmten Städten, die einzige überlebende Institution der *romanitas*. Ihre Bischöfe waren Männer mit Verwaltungserfahrung, höchstwahrscheinlich ebenso wie die anderen Adligen intellektuell dazu gerüstet, mit den neuen Problemen fertigzuwerden. Eine halb heidnische Bevölkerung betrachtete sie mit abergläubischer Ehrfurcht und schrieb ihnen beinahe magische Kräfte zu. An manchen Orten waren sie die letzte Verkörperung von Autorität, als die kaiserlichen Armeen abzogen und die kaiserliche Verwaltung zerfiel. Und sie waren schriftkundige Männer inmitten einer neuen schriftunkundigen Herrschaftsschicht, die sich nach Bestätigung bei der Aufteilung des klassischen Erbes sehnten. In sozialer Hinsicht entstammten sie oft den führenden provinzialen Familien; das bedeutete, dass sie manchmal wichtige Aristokraten und Grundbesitzer waren, mit materiellen Ressourcen zur Unterstützung ihrer spirituellen Rolle. So wurden ihnen neue Aufgaben übertragen.

DAS CHRISTLICHE KLOSTERWESEN

Am Ende der klassischen Antike konnte man zwei neue Institutionen beobachten, die in der westlichen Kirche auftauchten und zu rettenden Inseln inmitten der gefährlichen Stromschnellen zwischen einer zusammengebrochenen Zivilisation und einer im Entstehen begiffenen werden sollten.

Zunächst ist das christliche Klosterwesen zu nennen, ein Phänomen, das erstmals im Osten auftauchte. Um das Jahr 285 zog sich ein Kopte, der hl. Antonius, in ein Eremitendasein in der ägyptischen Wüste zurück. Seinem Beispiel folgten andere, die meditierten, beteten und mit Dämonen kämpften oder den Körper durch Fasten und dubiosere Praktiken kasteiten. Einige von ihnen zogen in Gemeinschaften zusammen. Im nächsten Jahrhundert etablierte sich diese neue Form der Spiritualität in einer gemeinschaftlichen Form in der Levante und in Syrien. Von dort aus verbreitete sich die Idee nach Westen, zur Mittelmeerküste Frankreichs. In einer zusammenbrechenden Gesellschaft, wie der gallischen des 5. Jahrhunderts, war das mönchische Ideal einer ungestörten Verehrung und eines Dienstes für Gott im Gebet und innerhalb der Disziplin einer asketi-

Als Beginn des christlichen Klosterwesens betrachtet man das Eremitendasein des hl. Antonius. Sein Leben in der ägyptischen Wüste war von Beten, Meditieren und Fasten bestimmt, ähnlich wie das spätere Klosterleben.

Dieses Mosaik des 5. Jahrhunderts aus dem Mausoleum der Konstantina in Rom zeigt Christus bei der Gesetzesübergabe an die Heiligen Peter und Paul.

Der hl. Benedikt und der Ursprung seiner Mönchsregel

Der hl. Benedikt wurde um 480 in Nursia in Mittelitalien geboren. Nach seinem Studium in Rom zog ihn der einzelgängerische Lebensstil der Eremiten an, die sich dem Gebet und der Reue verschrieben hatten und so dem Beispiel der Wüstenväter folgten. Benedikt zog sich in eine Grotte bei Subiaco in den Abruzzen zurück, wo er bei der Lokalbevölkerung innerhalb der nächsten drei Jahre durch seine Wundertätigkeit bekannt wurde. Als sich sein Ruf ausbreitete, wurde er eingeladen, Abt des nahe gelegenen Klosters zu werden. Dies war für Benedikt jedoch keine lohnende Erfahrung, und er kehrte bald in sein Refugium nach Subiaco zurück, wo seine Anhänger unter seiner Führung zwölf Gemeinden mit zwölf Mönchen einrichteten.

Der Legende nach zwang ihn ein intriganter Geistlicher, eifersüchtig auf Benedikts Ruhm, dazu, Subiaco im Jahr 529 zu verlassen, indem er eine Gruppe von Frauen anstachelte, seine Gemeinschaft anzugreifen. Benedikt zog zum Monte Cassino, zwischen Rom und Neapel gelegen, und gründete das Kloster, in dem er den Rest seines Lebens verbringen sollte. Dort stellte er auch die 73 Kapitel seiner Mönchsregel zusammen.

Nach seinem Tod im Jahre 543 wurde das Kloster von den Langobarden zerstört, doch die Mönche fanden Zuflucht in Rom. Sie erhielten großzügige päpstliche Unterstützung, insbesondere von dem später heilig gesprochenen Gregor I., dessen *Dialoge* (Buch 2) die einzig bekannte Quelle von Einzelheiten aus dem Leben des hl. Benedikt sind. (Gregors Informationen stammten von vier Schülern des Heiligen.)

Obwohl er darauf bestand, dass die Mönche Gelübde der Keuschheit, Armut und des Gehorsams ablegten, war der hl. Benedikt zugleich gemäßigt und väterlich; er erlaubte den Mönchen warme Kleidung und hinreichenden Schlaf. Die Regel benennt feste Zeiten für die Gottesdienste und das Gebet, trifft aber auch Vorkehrungen für die Behandlung von Kranken und Alten. Der anhaltende Erfolg der Benediktinischen Regel beruht zweifellos auf ihrer Verbindung von Praktizierbarkeit und Spiritualität.

Der hl. Benedikt von Nursia ist auf diesem Fresko aus dem cluniazensischen Kloster von Subiaco in Italien dargestellt. Das Motto des hl. Benedikt, „Bete und Arbeite", bestimmt noch immer das tägliche Leben eines jeden benediktinischen Mönches.

schen Mönchsregel für viele intelligente Männer und Frauen mit Charakter attraktiv. Dadurch konnten sie sich ihre persönliche Erlösung sichern. Die Gemeinschaften zogen so viele Bessergestellte an, die Schutz vor der sich verändernden Welt suchten.

Kritiker, die dem alten römischen Ideal des Dienstes am Staat nachtrauerten, verdammten sie, weil sie ihre Verantwortung gegenüber der Gesellschaft negierten und sich ihr entzogen. Genauso wenig begrüßten die Kirchenmänner grundsätzlich, was sie als Desertion einiger der Zielstrebigsten in ihrer Gemeinschaft ansahen. Und doch waren viele der größten Kleriker jener Epoche Mönche, und die Institution wuchs: Landbesitzer gründeten Gemeinschaften oder statteten bereits bestehende mit Ländereien aus. Deren Weg war nicht immer geradlinig: Es gab einige Skandale und zweifellos auch viele Kompromisse in Grundsatzfragen.

Der hl. Benedikt

Ein italischer Mönch, von dem wir wenig mehr als seine Leistungen und seine angebli-

Viele benediktinische Mönche widmeten sich der Herstellung religiöser Handschriften. In dieser illustrierten Handschrift aus einer im 15. Jahrhundert angelegten Sammlung von Schriften über den hl. Benedikt sind vier Schüler des Heiligen dargestellt, die dem Papst Gregor dem Großen (540–604) bei der Zusammenstellung seiner *Dialoge* oder *Lebensbeschreibungen der Heiligen* helfen.

che Wundertätigkeit kennen, fand diese Entwicklung des Mönchtums schockierend. Es war der hl. Benedikt, einer der einflussreichsten Männer der Kirchengeschichte. Im Jahre 529 gründete er ein Kloster auf dem Monte Cassino in Mittelitalien und gab diesem eine neue Regel.

Das Ergebnis ist ein fruchtbares Dokument westlichen Christentums und somit westlicher Kultur überhaupt. Es lenkte die Aufmerksamkeit des Mönches auf die Gemeinschaft, deren Abt uneingeschränkte Autorität besaß. Der Zweck der Gemeinde war nicht nur die Schaffung einer Grundlage für die Bildung oder die Erlösung einzelner Seelen, sondern die Tatsache, dass sie als Gesamtheit beten und leben sollte. Jeder Mönch sollte dazu im Rahmen einer geordneten Tageseinteilung von Gottesdienst, Gebet und Arbeit beitragen. Aus dem Individualismus des herkömmlichen Mönchtums wurde ein neues Organ geformt, das zu einer der wichtigsten Waffen im Arsenal der Kirche werden sollte.

Der hl. Benedikt steckte seine Ziele nicht zu hoch, und das war ein Geheimnis seines Erfolges: die Mönchsregel überstieg die Fähigkeiten einfacher gottesfürchtiger Menschen nicht, und seine Mönche mussten sich nicht körperlich oder geistig überanstrengen. Der Erfolg bei der Einschätzung ihrer Bedürfnisse wurde durch die schnelle Verbreitung des Ordens belegt. Benediktinische Klöster tauchten schon bald überall im Westen auf. Sie wurden die maßgebenden Quellen der Mission und der Lehren für die Bekehrung im heidnischen England und in Germanien. Am westlichen Rand hielt nur die keltische Kirche am älteren, eremitischen Mönchsleben fest.

Der hl. Gregor der Große (540–604) wird in dieser Illustration des 9. Jahrhunderts beim Diktieren eines Manuskripts gezeigt. Gregor wurde in der lateinischen Tradition als Kirchenvater anerkannt.

DAS FRÜHE PAPSTTUM

Neben den benediktinischen Klöstern war die zweite neue und große Kraft der Kirche das Papsttum. Das Ansehen des Stuhles Petri und die legendäre Überführung der Gebeine der Apostel hatte Rom eine besondere Rolle unter den Bischofssitzen der Christenheit zugewiesen. Zudem war er der einzige im Westen, der Anspruch auf Begründung durch einen der Apostel erheben konnte. Doch ansonsten hatte Rom wenig zu bieten. Die westliche Kirche war nicht mehr als ein Ableger, und es waren die Kirchen Kleinasiens, die die engsten Verbindungen zum apostolischen Zeitalter aufweisen konnten. Das Papsttum benötigte etwas mehr, um seinen Aufstieg zu der Vorrangstellung zu beginnen, die in der mittelalterlichen Welt selbstverständlich hingenommen wurde.

Dies ist der Buchdeckel einer Abschrift der Evangelien, die der langobardischen Königin Theodelinde gehörte. Sie stammt aus dem Jahr 600 und gehörte möglicherweise zu den Geschenken, die der Königin von Papst Gregor dem Großen – als Dank für ihre Hilfe bei der Erneuerung der Verbundenheit zwischen ihm und ihrem Volk – geschickt worden waren. Theodelinde hat ihren Einfluss benutzt, um ihren Ehemann und seine Untertanen davon zu überzeugen, sich vom Arianismus abzuwenden.

Am Anfang war die Stadt. Rom galt für Jahrhunderte als die Hauptstadt der Welt. Seine Bischöfe kamen Senatoren und Kaisern gleich. Die Ankunft von Beamten aus dem Ostreich, die die italischen Einwohner ebensowenig mochten wie die Barbaren, lenkte neue Aufmerksamkeit auf das Papsttum, das die italischen Loyalitäten bündelte. Rom war zudem ein vermögender Bischofssitz mit einem Verwaltungsapparat, der seinen Besitzungen angemessen war. Dieser entwickelte Fähigkeiten, die umfassender waren als alles außerhalb der kaiserlichen Verwaltung selbst. Auch das fiel in Krisenzeiten auf, denn die Barbaren versagten in dieser Hinsicht. Der Bischofssitz von Rom hatte die akribischsten Akten überhaupt: Bereits im 5. Jahrhundert wurden sie ausgewertet.

Diese Votivkrone, die dem westgotischen König Rekkeswinth gehörte, stammt aus der 2. Hälfte des 7. Jahrhunderts. Sie besteht aus Gold und Edelsteinen und wurde zusammen mit anderen vergleichbaren Stücken, die um 670 vergraben worden waren, in der Provinz Toledo in Spanien gefunden.

Die charakteristisch konservative Haltung des Papsttums, das Argument, dass keine neuen Aufbrüche unternommen, sondern alte Positionen verteidigt werden sollten, war bereits damals geformt. Die Päpste sahen sich selbst nicht als Eroberer neuen ideologischen und rechtlichen Bodens, sondern als Männer, die versuchen, die kleine Stellung zu halten, die die Kirche bereits gewonnen hatte.

Dies war der Hintergrund der Entstehung des Papsttums als großer historischer Kraft. Leo der Große war im 5. Jahrhundert der erste Papst, bei dem die neue Macht des Bischofs von Rom klar erkennbar war. Man glaubte, seine Intervention bei Attila hätte eine Hunnenattacke auf Italien abgewendet. Ein Kaiser erklärte, die päpstlichen Entscheidungen hätten Gesetzeskraft, und Leo bestätigte nach Kräften die Lehre, wonach der Papst im Namen des Heiligen Petrus sprach. Er nahm den Titel *Pontifex Maximus* an, der von den Kaisern abgelegt worden war. Bischöfe im Westen, die bis dahin den Ansprüchen Roms auf die Vormachtstellung widerstanden hatten, wurden nun williger, sie in einer Welt, in der von den Barbaren das Oberste zuunterst gekehrt wurde, zu akzeptieren. Und doch war Rom noch ein Teil der Staatskirche eines Imperiums, dessen Religion Justinian vor allem als Angelegenheit des Kaisers betrachtete.

Gregor der Große

Der Papst, in dem sich am deutlichsten das spätere mittelalterliche Papsttum offenbarte, war auch der erste, der zuvor Mönch gewesen war. In der Person Gregors des Großen, der von 590 bis 604 regierte, kamen also die beiden großen institutionellen Neuerungen der frühen Kirche zusammen. Er war ein Staatsmann von großer Weitsicht. Ein römischer Aristokrat, loyal gegenüber dem Römischen Reich und voller Respekt gegenüber dem Kaiser, war er dennoch der erste Papst, der das barbarische Europa, in dem er regierte, akzeptierte. Sein Pontifikat stellt schließlich einen völligen Bruch mit der klassischen Welt dar. Er sah die Missionierung als wichtige Pflicht an, eines ihrer Ziele war das heidnische England, wohin er im Jahre 596 Augustinus von Canterbury schickte. Er kämpfte gegen die arianische Häresie und war hocherfreut über den Übertritt der Westgoten zum Katholizismus. Er war ebenso bemüht um die barbarischen Könige wie um den Kaiser, in dessen Namen er handelte, und doch war er zugleich der tapferste Gegner der Langobarden. Er wandte sich um Hilfe gegen sie sowohl an den Kaiser als auch, bezeichnenderweise, an die Franken.

Doch ausgerechnet die Langobarden verhalfen dem Papst zu seiner politischen Macht. Sie schnitten ihn nämlich nicht nur vom kaiserlichen Stellvertreter in Ravenna ab, sondern er musste auch mit ihnen verhandeln, als sie vor den Mauern Roms standen. Wie andere Bischöfe im Westen, die weltliche Autorität geerbt hatten, musste er seiner Stadt Nahrung verschaffen und sie regieren. Langsam sahen die italischen Völker den Papst als Nachfolger sowohl der Stadtregierung als auch des Heiligen Petrus.

Das entstehende Europa

In der Person Gregors vereinen sich das klassisch-römische Erbe und das Christentum; er vertrat etwas Neues, auch wenn er es kaum so gesehen haben kann. Das Christentum war Teil des klassischen Erbes, und doch wandte es sich jetzt von vielem ab und setzte neue Akzente.

Bezeichnenderweise sprach Gregor kein Griechisch; er glaubte auch nicht, es zu brauchen. Es hatte bereits Anzeichen der Veränderung in den Beziehungen der Kirche zu den Barbaren gegeben. Mit Gregor hatte Europa den Mittelmeerraum als Schwerpunkt der kirchlichen Aktivitäten abgelöst. Dort war die Saat für die Zukunft ausgesät, wenn auch nicht die nahe Zukunft.

Für die meisten Völker der Welt war die Existenz Europas in den folgenden 1000 Jahren beinahe irrelevant. Und doch ist es bereits

Dieses Evangelium aus dem 7. Jahrhundert wurde in der Abtei von Durrow in Irland hergestellt. Die Figur stellt den hl. Matthäus dar.

Der Übertritt eines Königs und seiner Anhänger zum Christentum war vor allem eine formale Sache, die Durchsetzung des neuen Glaubens in der germanischen Gesellschaft eine andere. Zum Teil wurden heidnische Bräuche in christliche umgewandelt, zum Teil ganz verboten.

erkennbar, auch wenn es grundverschieden von dem ist, was kommen sollte.

Es brach zudem mit der Vergangenheit. Das geordnete, bildungsbeflissene, beschauliche Leben der römischen Provinzen hatte einer Gesellschaft mit einer Kriegeraristokratie und deren Stammesangehörigen Platz gemacht, die manchmal im Einklang mit den früheren Einwohnern stand, manchmal auch nicht. Ihre Anführer wurde „Könige" genannt und waren sicher keine Häuptlinge mehr. Ebenso wenig waren ihre Gefolgsleute nach fast zwei Jahrhunderten des Kontakts mit den Überresten Roms reine Barbaren geblieben: Im Jahre 550 stellte sich ein barbarischer König – ein Gote (Totila) – erstmals selbst auf einer mit den kaiserlichen Insignien versehenen Münze dar. Durch den Einfluss, der auf ihre Vorstellungskraft durch die Relikte einer höherstehenden Kultur ausgeübt wurde, durch die Wirksamkeit der Idee von Rom selbst und vor allem durch die bewusste ebenso wie die unbewusste Arbeit der Kirche waren diese Völker auf dem Weg zu einer zivilisierten Kultur – und ihre Kunst ist als Beweis dessen überliefert.

Die Vermischung von Christentum und Heidentum

An äußerlicher Kultur brachten die Barbaren nichts mit, was sich mit der Antike vergleichen ließe. Es gab keinen barbarischen Beitrag zum Geistesleben. Und doch verlief der kulturelle Austausch in weniger formeller Hinsicht keineswegs einseitig. Das Ausmaß, in dem das Christentum, oder zumindest die Kirche, noch immer anpassungsfähig war, darf nicht unterschätzt werden. Überall musste sich das Christentum auf den verfügbaren Wegen verbreiten, und diese wurden bestimmt durch heidnische Grundlagen – so gesellte sich Germanisches zu Römischem und Keltischem. Die Bekehrung eines Königs wie Chlodwig bedeutete nicht, dass sein Volk eine auch nur formelle Hinwendung zum Christentum vollzog. Manche waren, wie ihre Gräber zeigen, nach Generationen noch immer Heiden. Doch dieser Konservatismus enthielt Möglichkeiten genauso gut wie Hindernisse. Die Kirche konnte zum Beispiel den Volksglauben an Zauberei ausnutzen oder das Vorhandensein eines heiligen Ortes, dem man einen Heiligen zuordnen konnte, mit Respekt für die uralten Gottheiten des Landes und Waldes verbinden. Wunder, deren Kenntnis in Heiligenviten eifrig propagiert wurde und die den Pilgern an den Schreinen laut vorgelesen wurden, waren die überzeugenden Argumente der Zeit. Die Menschen waren an die magischen Eingriffe der alten keltischen Gottheiten oder die Manifestationen der Macht Wotans gewöhnt. Für die meisten Männer und Frauen – für den Großteil der menschlichen Geschichte überhaupt – war die Rolle der Religion nicht die Bereitstellung moralischer Führung oder spiritueller Einsichten, sondern die Besänftigung des Unsichtbaren. Nur im Falle der Blutopfer zog das Christentum ganz klar eine Grenze zwischen sich und der heidnischen Vergangenheit.

Der Rahmen, innerhalb dessen sich all dies abspielte, ist häufig als einer des Niederganges gesehen worden, und es gibt sicher vernünftige Argumente, die man dafür anführen könnte. In materieller Hinsicht war das barbarische Europa ärmer als das Imperium der Antoninen – noch heute bestaunen die Touristen in ganz Europa die Monumente der Architekten Roms genauso, wie es auch ihre barbarischen Vorgänger getan haben müssen.

Und doch sollte aus diesem Chaos im Laufe der Zeit etwas neues und unermesslich kreativeres als Rom entstehen. Es war für Zeitgenossen wohl nicht möglich, die Geschehnisse anders als in apokalyptischen Dimensionen zu betrachten. Doch manche haben vielleicht ein klein wenig darüber hinaus geblickt. Die Aktivitäten Gregors jedenfalls legen es nahe.

Diese Miniatur auf Pergament aus den *Homilien* des hl. Gregor wurde um 800 in Italien hergestellt. Der hl. Gregor sitzt segnend unter einem Bogen, der mit geometrischen Motiven verziert ist und von zwei reich gestalteten Säulen getragen wird.

Zeittafel (4 Mio. – 500 v. Chr.)

Frühester *Australopithecus*

4 000 000

Australopithecus-*Skelett („Lucy")*

3 000 000

1970 entdeckte ein Forscherteam in Äthiopien dieses nahezu vollständig erhaltene Skelett eines weiblichen Hominiden, dem sie den Spitznamen „Lucy" gaben. Man nimmt an, dass „Lucy" vor 3,2 Millionen Jahren gelebt hat. Der Bau ihres Becken lässt vermuten, dass sie aufrecht ging und 1,20 m groß war. Sie wird zur Spezies *Australopithecus afarensis* gerechnet.

1 700 000
Frühester *Homo habilis*

2 000 000

50 000 v. Chr.

35 000–8000 v. Chr.
Jungpaläolithische Kulturen in Europa

25 000 v. Chr.

Venus von Lespugue

20 000 v. Chr.

Diese im französischen Lespugue gefundene Statuette ist 23 000 Jahre alt und weist die charakteristischen Merkmale der paläolithischen Venusstatuetten auf, die in verschiedenen Gegenden Europas gefunden wurden.

4000 v. Chr.

3800 v. Chr.

3600 v. Chr.

Gilgamesch

Dieser Stempel stellt Gilgamesch dar, der den Büffel besiegt.

2625–2130 v. Chr.
Das Alte Reich in Ägypten (4. bis 8. Dynastie)

2500 v. Chr.
Beginn der Harappa-Kultur im Indus-Tal

2800 v. Chr.

2600 v. Chr.

2400 v. Chr.

Die Pyramide wurde von Chephren erbaut, einem Pharao der altägyptischen 4. Dynastie, der vermutlich im Jahr 2532 v. Chr. starb. Es ist die einzige Pyramide in Giseh, bei der noch Teile der Oberfläche erhalten sind, die ursprünglich den ganzen Bau bedeckte.

Die Chephrenpyramide in Giseh

2400–2350 v. Chr.
Sargon I. von Akkad: Erstes Mesopotamisches Re

1750 v. Chr.

Einfall indogermanischer Volksstämme und Untergang der Harappa-Kultur im Indus-Tal

1700 v. Chr.

1700–1200 v. Chr.
Hethiterreich

1650 v. Chr.

1650 v. Chr.
Fremdherrschaft der Hyksos in Ägypten

Echnaton mit Familie

Um 1364 v. Chr. wird Echnaton ägyptischer König. Das Relief zeigt ihn mit seiner Frau Nofretete und ihren Töchtern unter den wohltuenden Strahlen Atons.

1450 v. Chr.

1500–1000 v. Chr.
Entstehung der vedischen Hymnen in Indien

1400 v. Chr.

1350 v. Chr.

1000–961 v. Chr.
David
König von Israel

965–928 v. Chr.
Salomo
König von Israel

928 v. Chr.
Spaltung Israels in die Königreiche Israel und Juda

776 v. Chr.
Erste Olympische Spiele, zugleich Beginn des griechischen Kalenders

1000 v. Chr.

Dorische Invasion in Griechenland
Einwanderung der Ionier nach Kleinasien

900 v. Chr.

800 v. Chr.

800–450 v. Chr.
Hallstatt-Kultur (Frühe Eisenzeit) in Europa

1 500 000
Erste Faustkeile, frühester *Homo erectus*

Frühester *Homo sapiens*

Frühester moderner *Homo sapiens*

1 000 000 — 250 000 — 100 000

230 000–30 000 v. Chr.
Der Neandertaler, eine frühe Unterart des *Homo sapiens*, breitet sich in Europa aus

17 000–9000 v. Chr.
Magdalénien, paläolithische Höhlenmalereien in Europa

8000 v. Chr.
Ackerbau im Iran

6500 v. Chr.
Erste Textilherstellung in Anatolien; Ackerbau auf dem Balkan

Ackerbau im Niltal und in China

15 000 v. Chr. — 10 000 v. Chr. — 5 000 v. Chr.

Um 6200 v. Chr. betrieb man im westlichen Mittelmeerraum zunehmend Ackerbau. Die ersten Geräte waren geschliffene neolithische Steinbeile. Sie dienten zum Fällen von Bäumen, um Lichtungen in die Wälder zu schlagen.

Frühe Steinwerkzeuge

3500–1500 v. Chr.
Megalith-Kultur in Europa

3300 v. Chr.
Sumerische Kultur und Keilschrift

3400 v. Chr. — 3200 v. Chr. — 3000 v. Chr.

Minoisches Fresko aus dem Palast in Knossos

Dieses wunderbare Fresko aus dem Palast in Knossos auf Kreta gehört zur minoischen Kultur und ist rund 3500 Jahre alt. Es zeigt den rituellen Sport des Stierspringens.

König Narmers Schminkpalette

Die Schminkpalette des altägyptischen Königs Narmer. Auf ihr erkennt man die Darstellung des Königs im Kampf mit einem Feind. Rechts ist der Falkengott Horus, Symbol der Königswürde, zu sehen. Die Szene bezieht sich auf die Schlachten, die der Vereinigung Ägyptens vorangingen.

Stele mit Hammurabis Gesetzeskodex

2200 v. Chr. — 2000 v. Chr. — 1800 v. Chr.

Um 2200–1450 v. Chr.
Minoische Kultur auf Kreta

2000 v. Chr.
Bronzezeit in Ostasien
Errichtung des äußeren Megalithrings in Stonehenge

1980–1630 v. Chr.
Mittleres Reich in Ägypten (11. bis 14. Dynastie)

König Hammurabi von Babylon, der von 1792 bis 1750 v. Chr. regierte, entwarf das älteste bekannte Gesetzeswerk. Sein Kodex regelte viele Aspekte im Leben seiner Untertanen.

1600 v. Chr. — 1550 v. Chr. — 1500 v. Chr.

1600–1200 v. Chr.
Mykenische Kultur

1539–1075 v. Chr.
Neues Reich in Ägypten (18. bis 20. Dynastie)

Das Reich der Olmeken in Mexiko bestand von 1200 bis 400 v. Chr. und markierte den Beginn der großen mesoamerikanischen Hochkulturen. Dieser gewaltige Kopf ist einer von acht einander ähnlichen Basaltfiguren, die in der Nähe einer Kultstätte gefunden wurden. Sie stellen vermutlich bedeutende Olmekenherrscher dar.

Olmekische Steinfigur

1290–1224 v. Chr.
Regentschaft Ramses' II. in Ägypten

1300 v. Chr. — 1250 v. Chr. — 1200 v. Chr.

1300–800 v. Chr.
Urnenfelder-Kultur in Europa

Auszug der Hebräer aus Ägypten

1220 v. Chr.
Zerstörung Trojas

König Assurbanipal

Durch die Eroberung Ägyptens erreichte Assyrien unter König Assurbanipal (688–627 v. Chr.) seine größte Ausdehnung. Dieses Flachrelief im Palast von Ninive zeigt den König bei der Löwenjagd.

753 v. Chr.
Der Sage nach Gründung Roms

587 v. Chr.
Die Babylonier erobern Jerusalem

551–479 v. Chr.
Konfuzius, chinesischer Philosoph

700 v. Chr. — 600 v. Chr. — 500 v. Chr.

Beginn der griechischen Kolonisation im Mittelmeerraum

Entstehung des griechischen Alphabets

640–546 v. Chr.
Thales, erster griechischer Philosoph

604–562 v. Chr.
Nebukadnezar König von Babylon

Um 563–483 v. Chr.
Buddha

509 v. Chr.
Errichtung der Römischen Republik

Zeittafel (500 v. Chr. – 700 n. Chr.)

500 v. Chr. | 480 v. Chr. | 460 v. Chr.

500–479 v. Chr.
Persischer Krieg; griechischer Sieg über das Perserreich

Um 484–430 v. Chr.
Herodot, erster griechischer Geschichtsschreiber

Um 460–370 v. Chr.
Hippokrates, griechischer Arzt

493 v. Chr.
Rom erkennt die Autonomie der latinischen Städte an

Etruskisches Goldtäfelchen

Das vermutlich aus dem frühen 5. Jahrhundert v. Chr. stammende Goldtäfelchen trägt etruskische und phönikische Inschriften. Es dokumentiert einen Vertrag zwischen Rom und Karthago, der verfasst wurde, als Rom noch eine etruskische Stadt war.

400 v. Chr. | 380 v. Chr. | 360 v. Chr.

390 v. Chr.
Eroberung und Plünderung Roms durch die Gallier

384–322 v. Chr.
Aristoteles, griechischer Philosoph

359–336 v. Chr.
Regentschaft Philipps II. in Makedonien

264–241 v. Chr.
Erster Punischer Krieg

218–201 v. Chr.
Zweiter Punischer Krieg

300 v. Chr. | 250 v. Chr. | 200 v. Chr.

Antike chinesische Vase

Dieser Bronzedeckel einer Ritualvase stellt einen stilisierten Tierkopf dar. Die Keramik stammt aus der Westlichen Chou-Dynastie, die bis etwa 256 v. Chr. in China regierte

221–206 v. Chr.
Am Ende der Epoche der Kämpfenden Staaten übernahmen die Ch'in die Herrschaft. Ihr König wurde zum ersten Kaiser von China und regierte als Shih Huang-ti von 221 bis 206 v. Chr. Sein Mausoleum wurde von Tausenden von lebensgroßen Terrakottafiguren bewacht.

Terrakottafigur aus dem Mausoleum des Shih Huang-ti

202 v. Chr.
Wiedervereinigung Chinas durch die Han-Dynastie

100 v. Chr. | 90 v. Chr. | 80 v. Chr.

106–43 v. Chr.
Cicero, römischer Redner

90–88 v. Chr.
Bundesgenossenkrieg: Das römische Bürgerrecht wird fast ganz Italien gewährt

88–64 v. Chr.
Mithridatische Kriege: Rom besiegt das Königreich von Pontos und herrscht über Kleinasien

37–4 v. Chr.
Regierungszeit Herodes des Großen, in die die Geburt des Jesus von Nazareth fiel

32–31 v. Chr.
Krieg des Augustus gegen Antonius und Kleopatra

50 v. Chr. | 40 v. Chr. | 30 v. Chr.

52 v. Chr.
Aufstand aller gallischen Stämme unter Vercingetorix gegen die Römer

44 v. Chr.
Ermordung Julius Caesars

30 v. Chr.
Rom annektiert Ägypten, das letzte Diadochenreich

26–36
Herrschaft des Pontius Pilatus, während der Jesus von Nazareth hingerichtet wurde

56–120
Tacitus, römischer Geschichtsschreiber

66–70
Erster Jüdischer Aufstand gegen Rom

68/69
Vierkaiserjahr

117
Eroberungen des Kaisers Trajan: Das römische Reichsgebiet erreicht seine größte Ausdehnung

0 | 50 n. Chr. | 100 n. Chr.

Zur Regierungszeit Kaiser Konstantins des Großen (306–337 n. Chr.) wurde das Reich wieder vereinigt.

Kaiser Konstantin

Römische Darstellung von Jesus Christus

Dieses Bildnis von Jesus Christus (um 350) stammt aus der Katakombe von San Ermete in Rom. Die Gesichtszüge erinnern an byzantinische Malereien, wie sie aus dem Oströmischen Reich bekannt sind.

Porträt eines römischen Paares

Pompeji wurde 79 unter der Asche des Vesuvs begraben. Dieses Porträt eines Ehepaares wurde in den Ruinen der römischen Stadt gefunden. Das Schreibtäfelchen und die Papyrusrolle in ihren Händen symbolisieren ihre Bildung.

300 n. Chr. | 350 n. Chr. | 400 n. Chr.

313
Toleranzedikt von Mailand: Tolerierung des Christentums

379–395
Regierung von Kaiser Theodosius

395
Endgültige Teilung des Römischen Reiches

Um 450 v. Chr.
Zwölf-Tafel-Gesetz

431–404 v. Chr.
Peloponnesischer Krieg

Die Büste von Sokrates, einem berühmten griechischen Philosophen, der zwischen 470 und 399 v. Chr. in Athen lebte. Seine Lehren wurden durch seinen Schüler Platon überliefert, da Sokrates selbst keinerlei Aufzeichnungen hinterlassen hat.

Büste des Sokrates

440 v. Chr. — 420 v. Chr. — 400 v. Chr.

Um 427–347 v. Chr.
Platon, griechischer Philosoph

Alexander der Große

Alexander der Große von Makedonien, der zwischen 336 und 323 v. Chr. herrschte, eroberte das Perserreich. Dieser Ausschnitt des so genannten Alexander-Mosaiks aus Pompeji zeigt ihn, wie er in die Schlacht gegen den Perserkönig Dareios zieht.

323–283 v. Chr.
Euklid, hellenistischer Mathematiker

340 v. Chr. — 320 v. Chr. — 300 v. Chr.

315–301 v. Chr.
Teilung des Alexanderreiches

149–146 v. Chr.
Dritter Punischer Krieg

175 v. Chr. — 150 v. Chr. — 125 v. Chr.

Mithridates I.

Der Partherkönig Mithridates I. (171–138 v. Chr.) besiegte die Seleukiden in Persien und dehnte sein Reich bis an den Euphrat aus.

133 v. Chr.
Volkstribun Tiberius S. Gracchus wird 133 von Anhängern des Senats ermordet

70 v. Chr. — 60 v. Chr. — 50 v. Chr.

Gaius Julius Caesar (100–44 v. Chr.) stammte aus einer angesehenen aristokratischen Familie. Er war die bestimmende Persönlichkeit beim Übergang der Römischen Republik zum Kaiserreich.

Büste von Julius Caesar

58–51 v. Chr.
Julius Caesar erobert Gallien

49–45 v. Chr.
Bürgerkrieg zwischen den Armeen des Caesar und des Pompeius

20 v. Chr. — 10 v. Chr. — 0

Der römische Kaiser Augustus

Marmorstatue des Octavianus Augustus, der als erster römischer Kaiser von 30 v. bis 14 n. Chr. regierte. Das Portrait zeigt ihn als triumphierenden General und Gott – symbolisch durch seine bloßen Füße dargestellt. An seiner Seite ist Amor auf einem Delphin zu sehen, der die Abstammung des Augustus von der Venus versinnbildlicht.

212
Das römische Bürgerrecht wird an die gesamte Bevölkerung des Imperiums verliehen

200 n. Chr. — 250 n. Chr. — 300 n. Chr.

284 n. Chr.
Diokletian wird zum römischen Kaiser erhoben

Kaiser Justinian

Justinian, von 527 bis 565 Herrscher des Oströmischen Reiches, kodifizierte das römische Recht. Er konnte kurzzeitig einen großen Teil des alten Römischen Reiches wiedervereinigen.

476
Letzter weströmischer Kaiser wird abgesetzt

500 n. Chr. — 600 n. Chr. — 700 n. Chr.

496
Chlodwig konvertiert zum Christentum

529
Der Heilige Benedikt begründet die westlichen Mönchsregeln

590–604
Papst Gregor der Große

678 n. Chr.
Byzanz verteidigt Konstantinopel mit Hilfe des „griechischen Feuers"

LITERATURHINWEISE

1. Vor- und Frühgeschichte

Alimen, Marie-Henriette und Steve, Marie-Joseph (Hrsg.): Vorgeschichte (Fischer Weltgeschichte, Bd.1) © Weltbild Verlag. Augsburg 2000

Anati, Emmanuel: Höhlenmalerei – Die Bildwelt der prähistorischen Felskunst. © Benziger Verlag. Zürich 1997

Bellier, Calive und Chattelain, Pierre: La chasse dans la préhistoire du paléolithique au néolitique en Europe (Katalog zur Ausstellung im Musée du Malgré-Taut, Treignes 1990). © Centre d'Études et de Documentation Archéologiques. Treignes 1990

Boettcher, Carl-Heinz: Der Ursprung Europas – Die Wiege des Westens vor 6000 Jahren. © Röhrig Verlag. St. Ingbert 2000

Broglio, Alberto und Portmann, Dieter W.: Die ersten Europäer. © Bär Verlag. Zürich 1995

Brosinksi, Gerhard: Der Neandertaler und seine Zeit. © Rheinland Verlag. Köln 1985

Burenhult, Göran und Anati, Emmanuel: Die Menschen in der Steinzeit – Jäger, Sammler und frühe Bauern. © Bechtermünz Verlag. Augsburg 2000

Cuncliffe, Barry: Illustrierte Vor- und Frühgeschichte Europas. © Campus Verlag. Frankfurt 1996

Fasani, Leone (Hrsg.): Die illustrierte Weltgeschichte der Archäologie. © Südwest-Verlag. München 1983.

Goudsblum, Johan: Feuer und Zivilisation. © Suhrkamp Verlag. Frankfurt 1995

Heinsohn, Gunnar: Wie alt ist das Menschengeschlecht? Stratisgraphische Chronologie von der Steinzeit zur Eisenzeit. © Mautis Verlag. Gräfelfing 2000

Mania, Dietrich und Mai, Dieter H.: Bilzingsleben: Homo erectus – Seine Kultur und seine Umwelt. 5 Bd. © Deutscher Verlag der Wissenschaft. Berlin 1980-1997

Pigott, Stuart: Vorgeschichte Europas – Vom Nomadentum zur Hochkultur. © Deutscher Taschenbuch Verlag. München 1983

Sandras, Nancy R.: Prehistoric art in Europe. © Yale University Press. New Haven 1995

Torbrügge, Walter: Europäische Vorzeit. © Naturalis Verlag. München 1988

Verhagen, Britta: Die uralten Götter Europas und ihr Fortleben bis heute. © Grabert Verlag. Tübingen 1999

2. Mesopotamien

Brentjes, Burchard: Land zwischen den Strömen – Eine Kulturgeschichte des alten Zweistromlandes Irak. © Koehler & Amelang. Leipzig 1963

Brockhoff, Victoria: Götter, Dämonen, Menschen – Mythen und Geschichten aus dem Zweistromland. © Verlag Freies Geistesleben. Stuttgart 1987

Feller, Barbara: Die Anfänge der Schrift in Vorderasien. © Pädagogischer Dienst der Staatlichen Museen Preußischer Kulturbesitz. Berlin 1990

Gasche, Hermann: Dating the fall of Babylon – a repraisal of second-millenium chronology. © University of Ghent. Ghent 1998

Grayson, Albert K.: Assyrian rulers of the third an second millenia BC to 1115 BC. © University of Toronto Press. Toronto 1987

Hrouda, Barthel: Das wieder erstehende Babylon. © Verlag C.H. Beck. München 1990

Hrouda, Barthel: Mesopotamien – Die antiken Kulturen zwischen Euphrat und Tigris. © Verlag C.H. Beck. München 2000

Klengel, Horst: Hammurabi von Babylon und seine Zeit. © Deutscher Verlag der Wissenschaft. Berlin 1978

Mayer, Walter: Politik und Kriegskunst der Assyrer. © Ungarit Verlag. Münster 1995

Nissen, Hans J.: Mesopotamien und seine Nachbarn – politische und kulturelle Wechselbeziehungen im Alten Vorderasien vom 4.-1. Jahrtausend v. Chr. © Reimer Verlag. Berlin 1987

Swerdlow, Noel M.: Ancient astronomy and celestial divination. © MIT Press. Camebridge 1999

Uhlig, Helmut: Ein Volk am Anfang der Geschichte. © Gondrom Verlag. Bindlach 1993

3. Ägypten

Betrò, Maria C.: Heilige Zeichen – 580 ägyptische Hieroglyphen: Das Land der Pharaonen im Spiegel seiner Schrift. © Gustav Lübbe Verlag. Bergisch-Gladbach 1996

Carter, Michael: Tut-ench-Amun – Ägyptens goldener Monarch. © Heyne Verlag. München 1977

Cordan, Wolfgang: Der Nil – Die Geschichte eines Stromes in Bildern. © Diederichs. Düsseldorf 1956

David, Ann Rosalie: The ancient Egyptians – Religious beliefs and practics. © Routledge & Paul. London 1982

Friedell, Egon: Kulturgeschichte Ägyptens und des alten Orients. © Deutscher Taschenbuch Verlag. München 1984

Germer, Renate und Grumbkow, Jochen von: Das Geheimnis der Mumien – Ewiges Leben am Nil (Katalog zur Ausstellung im Ägyptischen Museum und in der Papyrussammlung der Staatlichen Museen, Berlin, 1998). © Ägyptisches Museum. Berlin 1998

Jacq, Christian: Die Pharaonen – Große Herrscher des alten Ägypten. © Rowohlt Verlag. Reinbek 1999

Jacq, Christian: Nofretete und Echnaton – Ein Herrscherpaar im Glanz der Sonne. © Rowohlt Verlag. Reinbek 2000

Leca, Ange-Pierre: Die Mumien – Zeugen ägyptischer Vergangenheit. © Econ Verlag. Düsseldorf 1982

Museum of Fine Arts, Boston (Hrsg.): Egypt's golden age – the art of living in the New Kingdom 1558-1085 BC (Katalog zur Ausstelung im Museum of Fine Arts Boston, 1982). © Museum of Fine Arts. Boston 1982

Parra-Alédo, Michelle: Ägypten – Geschichte, Kunst, Menschen. © Klett Verlag. München 1984

Winstone, Harry V.: Howard Carter und die Entdeckung des Grabmals von Tut-ench-Amun. © VGS. Köln 1993

4. Das Dunkle Zeitalter

Assmann, Jan: Moses der Ägypter – Entzifferung einer Gedächtnisspur. © Carl Hanser Verlag. München 1998

Diessen, Jan: La Créte Mycénnienne – Actes de la table ronde internationale organisée par l'École Francaise d'Athèns 1991. © Baccard. Paris 1997

Gehrig, Ulrich und Gübel, Eric: Die Phönizier im Zeitalter Homers (Katalog zur Ausstellung im Kestner-Museum, Hannover, 1990). © Verlag Philipp von Zabern. Mainz 1990

Hackens, Tony: La Grèce et la monde égéen de la période néolitique à la fin de la période mycénienne – choix de documents graphiques. © Institut Supérieur d'Archéologie et d'Histoire de l'Art. Louvian-la-Neuve 1990

Helck, Wolfgang und Drenkhan, Rosemarie: Die Beziehungen Ägyptens und Vorderasiens bis ins 7. Jahrhundert v. Chr. © Wissenschaftliche Buchgesellschaft. Darmstadt 1995

Latacz, Joachim: Troia und Homer – Der Weg zur Lösung eines alten Rätsels. © Koehler & Armelang. München 2001

Markoe, Glenn: Phoenician. © University of California Press. Berkeley 2000

Monnigliano, Arnaldo: Die Juden in der alten Welt. © Verlag Klaus Wagenbach. Berlin 1988

Nebel, Gerhard: Homer. © Klett Verlag. Stuttgart 1959

Neusner, Jacob: Israel and Iran in Talmudic Times – a political history. © University Press of America. Lanham 1986

Nitsche, Stefan A.: König David – Gestalt im Umbruch. © Artemis Verlag. Zürich 1994

Otto, Brinna: König Minos und sein Volk – Das Leben im alten Kreta. © Artemis & Winkler. Düsseldorf 1997

Powell, Barry B.: Homer and the Origin of Greek alphabet. © Camebridge University Press. Camebridge 1991

5. Das Alte Indien

Desika, Char: Caste, religion and country – a view of ancient and medieval India. © Orient Longman. New Dehli 1993

Fairservis, Walter A.: The Harrappan civilisation and its writing. © Brill. Leiden 1992

Frawley, David: The myth of the Aryan invasion of India. © Voice of India. New Dehli 1994

Ganguly, Dilip Kumar: Ancient India – History and archaeology. © Abhinav Publishing. New Dehli 1994

Keilhauer, Anneliese: Die Religionen Indiens. 2 Bde. © Verlag Indoculture. Stuttgart 1979-1983

Kniper, Franciscus B.: Aryans in the Rigveda. © Rodopi. Amsterdam 1991

Mehlig, Johannes: Weisheit des Alten Indien. © Verlag C.H. Beck. München 1987

Singh, Girish P.: Political thought in ancient India – Emergence of state, evolution of kingship and inter-state relations based on the Saptanga-theory. © DK Printworld. New Dehli 1993

Talageri, Shrikant G.: The Aryan invasion theory – a reppraisal. © Aditya Prakashan. New Dehli 1993

6. Das Alte China

Chang, Kwang-Chih: Shang civilisation. © Yale University Press. New Haven 1980

Crump, James: Legends of the Warrings States – Persuasions, raomances ans stories from Chankuo Ts'e. © Center for Chinese Studies, University of Michigan. Ann Arbor 1999

Darga, Martina: Konfuzius. © Hugendubel. München, Kreuzlingen 2001

Goepper, Roger: Das alte China – Menschen und Götter im Reich der Mitte 5000 v. Chr.-220 n. Chr. (Katalog zur Ausstellung im Kunsthaus, Zürich. 1996). © Kunsthaus. Zürich 1996

Gottschalk, Gisela: Chinas große Kaiser – ihre Geschichte, ihre Kultur, ihre Leistungen: Die chinesischen Herrscherdynastien in Bildern, Berichten und Dokumenten. © Scherz Verlag. Bern, München 1982

Moritz, Ralf: Die Philosophie im alten China. © Deutscher Verlag der Wissenschaft. Berlin 1990

Pirazzoli-t'Serstevens, Michèle: China zur Zeit der Han-Dynastie – Kultur und Geschichte. © Kohlhammer Verlag, Stuttgart 1982

Robinet, Isabelle: Geschichte des Taoismus. © Diederichs. München 1995

Wang, Aihe: Cosmology and political culture in early China. © Camebridge University Press. Camebridge 2000

Zhuoyun, Xu und Linduff, Katheryn M.: Western Chou Civilisation. © Yale University Press. New Haven 1988

7. Die anderen Teile der Welt

Afrika

Clark, John: Cultural beginnings – Approachings to understanding early hominid life-ways in African savanna. © Habelt Verlag. Bonn 1991

Mouyes, Máat-Ka-Re Miriam: Kush – The jewel of Nubia: Reconnecting the root system of African civilisation. © Africa World Press. Trenton 1997

Stringer, Chris und MacKie, Robin: Afrika – Wiege der Menschheit: Die Entstehung, Entwicklung und Ausbreitung der Menschheit. © Limes Verlag. München 1996

Amerika

Clark, John: Olmec art and archaeology in Mesoamerica. © Yale University Press. New Haven 2000

Dillehay, Tom D.: The first Americans – Search an research. © CRC Press. Boca Raton 1991

Evers, Dietrich: Die wahre Entdeckung Amerikas. © Beier und Beran Verlag. Weissbach 2000

Europa

Bradbery, Jean und Service, Alastair: The standing stones of Europe – A guide to the great megalithic monuments. © Weidenfeld & Nicolson. London 1996

Niel, Ferdinand: Auf den Spuren der Großen Steine – Stonehenge, Carnac und die Megalithe. © Pawlak Verlag. Herrsching 1989

Persien

Hicks, Jim und Wellmann, Hans Heinrich: Die Perser. © Time Life International. Amsterdam 1978

Hinz, Walter: Darius und die Perser – Eine Kulturgeschichte der Achämeniden. © Holle Verlag. Baden-Baden 1976

Israel, Gérard: Cyrus le Grand – Foundateur de l'empire perse. © Fayard. Paris 1987

8. Das antike Griechenland

Bengtson, Hermann: Griechische Geschichte von den Anfängen bis in die römische Kaiserzeit. © Verlag C.H. Beck. München 1977

Berve, Helmut: Die Tyrannis bei den Griechen, 2 Bde. © Verlag C.H. Beck. München 1967

Bleicken, Jochen: Die athenische Demokratie. © UTB Verlag. München 1995

Boardman, John: Kolonien und Handel der Griechen. © Verlag C.H. Beck. München 1981

Burkert, Walter: Griechische Religion der archaischen und klassischen Epoche. © Kohlhammer Verlag. Stuttgart 1977

Christ, Karl: Sparta. © Wissenschaftliche Buchgesellschaft. Darmstadt 1986

Dahlheim, Werner: Die griechisch-römische Antike, Bd 1: Herrschaft und Freiheit – Die Geschichte der griechischen Stadtstaaten. © UTB Verlag. Paderborn 1997

Ehrenberg, Victor: Der Staat der Griechen. © B. G. Teubner. Leipzig 1957

Finley, Moses: Die Sklaverei in der Antike. © Verlag C.H. Beck. München 1981

Finley, Moses: Die antike Wirtschaft. © Deutscher Taschenbuch Verlag. München 1993

Forrest, William G.G.: Wege zur hellenischen Demokratie – Staatsdenken und politische Wirklichkeit von 800-400 v.Chr. © Kindler Verlag. München 1966

Gehrke, Hans-Joachim: Jenseits von Athen und Sparta – Das dritte Griechenland und seine Staatenwelt. © Verlag C.H. Beck. München 1986

Kolb, Frank: Die Stadt im Altertum. © Verlag C.H. Beck. München 1984

Latacz, Joachim: Einführung in die griechische Tragödie. © UTB Verlag. München 1994

Lefkowitz, Mary R.: Frauen im alten Griechenland. © Deutscher Taschenbuch Verlag. München 1995

Lendle, Otto: Einführung in die griechische Geschichtsschreibung. © Wissenschaftliche Buchgesellschaft. Darmstadt 1992

Lotze, Detlef: Lysander und der Peloponnesische Krieg. © Akademischer Verlag. Berlin 1964

Raaflaub, Kurt (Hrsg.): Anfänge politischen Denkens in der Antike – Die nahöstlichen Kulturen und die Griechen. © Oldenbourg Verlag. München 1993

Welwei, Karl-Wilhelm: Die griechische Polis – Verfassung und Gesellschaft in archaischer und klassischer Zeit. © Steiner Verlag. Stuttgart 1998

9. Helenismus

Bengtson, Hermann: Die Diadochen – Die Nachfolger Alexanders. © Verlag C.H. Beck. München 1987

Gehrke, Hans-Joachim: Geschichte des Hellenismus. © Oldenbourg Verlag. München 1995

Ghirshman, Roman: Parther und Sassaniden. © Verlag C.H. Beck. München 1962

Franz Hampl: Alexander der Große. © Musterschmidt Verlag. Göttingen 1992

Laufer, Siegfried: Alexander der Große. © Deutscher Taschenbuch Verlag. München 1993

Max Pohlenz: Stoa und Stoiker – Die Gründer Panaitios und Poseidonois. © Artemis Verlag. Zürich 1964

Schneider, Karl: Kulturgeschichte des Hellenismus. 2 Bd. © Verlag C.H. Beck. München

Seibert, Jakob: Das Zeitalter der Diadochen. © Wissenschaftliche Buchgesellschaft. Darmstadt 1983

Walbank, Frank W.: Die hellenische Welt. © Deutscher Taschenbuch Verlag. München 1994

Wieshöfer, Josef (Hrsg.): Das Partherreich und seine Zeugnisse – Beiträge des internationalen Colloquiums 1996. © Steiner Verlag. Stuttgart 1998

10. Das antike Rom

Bandinelli, Ranuccio Bianchi: Die römische Kunst – Von den Anfängen bis zum Ende der Antike. © Verlag der Kunst. Dresden 1983

Bleicken, Jochen: Geschichte der römischen Republik. © Oldenbourg Verlag. München 1999

Bleicken, Jochen: Die Verfassung der römischen Republik. © UTB Verlag. München, Paderborn 2000

Christ, Karl: Krise und Untergang der römischen Republik. © Wissenschaftliche Buchgesellschaft. Darmstadt 1993

Christ, Karl: Geschichte der römischen Kaiserzeit. © Verlag C.H. Beck. München 2001

Dahlheim, Werner: Die griechisch-römische Antike, Bd. 2: Stadt und Imperium – Die Geschichte Roms und seines Weltreichs © UTB Verlag. Paderborn 1997

Errington, Robert Malcolm: The dawn of the empire. Rome's rise to world power. © Hamilton. London 1971

Giardina, Andrea: Der Mensch der römischen Antike. © Campus Verlag. Frankfurt 1991

Heuß, Alfred: Römische Geschichte. © UTB Verlag. München, Paderborn 1998

Johne, Klaus-Peter: Gesellschaft und Wirtschaft des Römischen Reiches im 3. Jahrhundert. © Akademischer Verlag. Berlin 1993

Kineast, Dietmar: Augustus – Prinzeps und Monarch. © Wissenschaftliche Buchgesellschaft. Darmstadt 1999

Lintot, Andrewt: Imperium Romanum – Politics and Administration. © Routledge. London 1993

Meier, Christian: Caesar. © Deutscher Taschenbuch Verlag. München 1993

Seibert, Jakob: Hannibal. © Wissenschaftliche Buchgesellschaft. Darmstadt 1993

Veyne, Paul: Die römische Gesellschaft. © Fink Verlag. München 1995

Wells, Colin M.: Das Römische Reich. © Deutscher Taschenbuch Verlag. München 1988

11. Juden und Christen

Alkier, Stefan: Urchristentum – Zur Geschichte und Theologie einer exegetischen Disziplin. © Mohr Verlag. Tübingen 1993

Applebaum, Shimon: Judaea in Hellenistic and Roman times – historical and archaeological essays. © Brill. Leiden 1989

Becker, Jürgen: Die Anfänge des Christentums – Alte Welt und neue Hoffnung. © Kohlhammer Verlag. Stuttgart 1987

Colpe, Carsten (Hrsg.): Spätantike und Christentum – Beiträge zur Religions- und Geistesgeschichte der griechisch-römischen Kultur und Zivilisation der Kaiserzeit. © Akademischer Verlag. Berlin 1992

Grant, Michael: Herodes des Große – Genie der Macht am Wendepunkt der Weltgeschichte. © Gustav Lübbe Verlag. Bergisch-Gladbach 1982

Guilka, Joachim: Die frühen Christen – Ursprünge und Anfänge der Kirche. © Verlag Herder. Freiburg 1999

Maier, Johann: Jüdische Auseinandersetzungen mit dem Christentum in der Antike. © Wissenschaftliche Buchgesellschaft. Darmstadt 1982

Maier, Johann: Geschichte des Judentums im Altertum – Grundzüge. © Wissenschaftliche Buchgesellschaft. Darmstadt 1989

Mendelsohn, Harald, von: Jesus – Rebell oder Erlöser? Die Geschichte des frühen Christentums. © Deutscher Taschenbuch Verlag. München 1987

Stegmann, Dirk: Jüdische Wurzeln des Christentums – Grundstrukturen des alttestamentlichen Glaubens bis zur Zeit Jesu. © Verlag die blaue Eule. Essen 1990

Walter, Hans-Jürgen: Die Zeit des Apostels Paulus – Eine paulinische und frühchristliche Chronologie. © Roderer Verlag. Regensburg 1996

12. Das Ende der Antike

Bleckmann, Bruno: Konstantin der Große. © Rowohlt Verlag. Reinbek 1996

Eliott, Thomas George: The christianity of Constantine the Great. © University of Scranton Press. Scranton 1996

Ernesti, Jörg: Princeps christianus und Kaiser aller Römer – Theodosius der Große im Lichte zeitgenössischer Quellen. © UTB Verlag. Paderborn 1998

Flasch, Kurt: Augustinus. © Deutscher Taschenbuch Verlag. München 2000

Fank, Alfred: Rom und die Germanen – Das neue Bild der deutschen Frühgeschichte. © Pawlak Verlag. Herrsching 1986

Kolb, Frank: Diocletian und die erste Tetrarchie – Improvisation oder Experiment in der Organisation monarchischer Herrschaft? © De Gruyter. Berlin 1987

Luibhéid, Colm: The council of Nicaea. © Officina Typographica. Galway 1982

McMullen, Ramsay: Christianizing the Roman Empire – AD 100-400. © Yale University Press. New Haven 1984

Menghin, Wilfried und Arrhenius, Brigit: Germanen, Hunnen und Awaren – Schätze der Völkerwanderungszeit (Katalog der Ausstellung im Germanischen Nationalmuseum, Nürnberg, 1987). © Verlag des Germanischen Nationalmuseums. Nürnberg 1987

Wes, Marinus Antony: Das Ende des Kaisertums im Westen des Römischen Reichs. © Nederlands Historisches Institut. Leiden 1967

13. Beginn einer neuen Zeit

Aufseß, Hans M., von: Franken am Morgen des Abendlands – Wandlungen des Begriffs Franken. © Frankenpost-Verlag. Hof 1984

Barker, John Walton: Justinian and the later Roman Empire. © University of Wisconsin Press. Madison 1960

Geuenich, Dieter: Chlodwig und die "Schlacht bei Zülpich" – Geschichte und Mythos 496-1996 (Katalog zur Ausstellung in Zülpich, 1996). © Verein der Geschichts- und Heimatfreunde des Kreises Euskirchen. Euskirchen 1996

Maier, Franz Georg: Die Verwandlung der Mittelmeerwelt (Fischer Weltgeschichte, Bd. 9). ©Weltbild Verlag. Augsburg 2000

Martin, Jochen: Spätantike und Völkerwanderung. © Oldenbourg Verlag. München 1995

Palol, Petro,de und López, Gisela Ripoll: Die Goten – Geschichte und Kunst in Westeuropa. © Bechtermünz Verlag. Augsburg 1999

Siegmund, Frank: Alemannen und Franken. © De Gruyter Verlag. Berlin 2000

Vogt, Gabriel: St. Benedikt von Nursia – Patron Europas. © Vier Türme Verlag. Münsterschwarzach 1980

Wieczorek, Alfred und Brulet, Raymond: Die Franken – Wegbereiter Europas vor 1500 Jahren: König Chlodwig und seine Erben (Katalog zur Ausstellung im Reiss-Museum, Mannheim, 1996). © Verlag Philipp von Zabern. Mainz 1996

REGISTER

Zur schnellen Orientierung umfassen die Register der Bände 1 und 2 nur Begriffe aus dem jeweils vorliegenden Band. Eine bandübergreifende Stichwortsuche ermöglicht das Gesamtregister in Band 3, das auf Begriffe aller drei Bände der Illustrierten Weltgeschichte verweist.

Die kursiv gesetzten Seitenzahlen verweisen auf Abbildungen.

A

B

C

D

E

H

I

J

K

L

M

N

O

T

U

V

W

X

Y

Z

VERZEICHNIS UND NACHWEIS DER ABBILDUNGEN

Der Verlag dankt allen nachfolgend angeführten Personen und Institutionen für die freundliche Genehmigung, ihre Abbildungen in diesem Buch abzudrucken:

SCHLÜSSEL

u unten; m Mitte; o oben; l links; r rechts
AAA: Ancient Art and Architecture Collection Ltd, London
ADO: Agence Dagli Orti, Paris
AGE: A.G.E. Fotostock, Barcelona
AISA: Archivo Iconografico SA, Barcelona
AKG: AKG London
AMH: Archäologisches Museum, Heraklion
ÄM: Ägyptisches Museum, Kairo
BAL: Bridgeman Art Library, London
BL: British Library, London
BM: British Museum, London
BPK: Bildarchiv Preussischer Kulturbesitz, Berlin
CP: Catacombe di Priscilla, Rom
CSIC: Consejo Superior de Investigaciones Cientificas, Madrid
ET: e.t. Archive, London
KM: Kunsthistorisches Musum, Wien
MAN: Museo Arqueológico Nacional, Madrid
MANN: Museo Archeologico Nazionale, Neapel
MC: Musei Capitolini, Rom
MGP: Museo Gregoriano Profano, Vatikan
MVG: Museo di Villa Giulia, Rom
NAM: Nationales Archäologisches Museum, Athen
NHPA: Natural History Photographic Agency
NMI: National Museum of India, Neu Delhi
RHPL: Robert Harding Picture Library, London
RMN: Réunion des Musées Nationaux, Paris
SAG: Staatliche Antikensammlungen und Glyptothek, München
SHP: Sonia Halliday Photographs, Weston Turville, England
SK: Studio Koppermann, München
SPL: Science Photo Library
V&A Victoria and Albert Museum, London
VM: Vorderasiatisches Museum, Berlin
WFA: Werner Forman Archive, London

8 National Gallery, London
13 Magnum / Erich Lessing
19 AGE / Fritz Pölking
20o NHPA / Steve Robinson
22 AGE / SPL / John Reader
23o MAN
23u AGE / SPL / John Reader
27 Zardoya / Erich Lessing
30 MAN
33u AGE
33ol MAN
33or MAN
34ol Santos Cid
34or Santos Cid
35 Javier Trueba / Diario El Pais, SA
36 SPL / James King-Holmes
37 Comstock
38 Musée de l'homme, Paris
40 MAN
41u R.S. Soleski
41o SPL / John Reader
42 SPL / John Reader
46m MAN
46ol MAN
47 Frank Spooner / Sygma
48 Musée de l'homme, Paris
50u MAN
51o Godo-Foto
53u AGE
54 Oronoz
55u CSIC
55o CSIC
56o MAN
56u AAA / Brian Wilson
57m MAN
58ol MAN
58om MAN
60o MAN
60u MAN
61o Zardoya / Erich Lessing
61u Magnum / Erich Lessing
62 MAN
63o MAN
63u Rätisches Museum, Chur, Schweiz
64 Sonia Halliday Photographs
65u ET / Hittite Museum, Ankara
67 AGE
69 Carmen Redondo
71 BAL / BM
72 Scala / The Iraq Museum, Baghdad
73o Godo-Foto
73u RHPL
74ul BPK / Jürgen Liepe / VM
74ur AGE
75 WFA / BL
77m BAL / NMI
79 Michael Holford
80 RHPL
81b Scala / The Iraq Museum, Baghdad
82 RHPL
83o BPK / Jürgen Liepe / VM
83u Jürgen Liepe / Staatliches Museum, Berlin
85u RMN / Louvre, Paris
86ul BPK / Jürgen Liepe / VM
86o RMN / Louvre, Paris
87 Erwin Böhm
88o AAA/ G. Tortoli / BM
88u AISA
90o Scala / The Iraq Museum, Baghdad
90u AISA
91o RMN / Chuzeville / Louvre, Paris
91u Michael Holford / BM
92 RHPL / Richard Ashworth
93o Debate
93u BAL / BM
94o Scala / The Iraq Museum, Baghdad
94u RMN / Louvre, Paris
95o AAA / R. Sheridan / BM
95u RMN / Louvre, Paris
96 RMN / Louvre, Paris
97l RMN / Chuzeville / Louvre, Paris
97r BPK / Jürgen Liepe / VM
98 RMN / Louvre, Paris
99 RMN / Louvre, Paris
100 Firoexpress-Firo Foto
101o RMN / Louvre, Paris
101u RMN / Louvre, Paris
102 Hirmer Fotoarchiv
103 AAA / G.T. Garvey
104 Jürgen Liepe / ÄM
105u Jose Angel Gutiérrez
106o BAL / Giraudon / ÄM
106u Jose Angel Gutiérrez
108 Jürgen Liepe / ÄM
110 RHPL / John Ross / ÄM
111 RHPL / F.L. Kennett
112 RMN / Chuzeville / Louvre, Paris
113 AISA / ÄM
115 AGE
116 BAL / Stapleton Collection
117 RHPL / F.L. Kennett
118 Jose Angel Gutiérrez
119 MAN
120 Debate
121 AAA / Mary Jelliffe
122 WFA / BM
123 BAL / Giraudon
124 AKG / Erich Lessing
125 Debate
126o Jose Angel Gutiérrez / BM
126u Jose Angel Gutiérrez
127 AISA / BM
128 BAL / BM
129 Jürgen Liepe / ÄM
130o BAL / Giraudon / ÄM
130u Jose Angel Gutiérrez
131 Scala
132 BAL / Giraudon
133 AAA / Eric Hobhouse
134 RMN / Louvre, Paris
135 RMN / Chuzeville / Louvre, Paris
136 AAA / R. Sheridan / BM
137 BPK / Jürgen Liepe / VM
138 AAA / R. Sheridan
139 BM
140 BPK / Jürgen Liepe / VM
141 Magnum / Erich Lessing
142 BAL / Giraudon / ÄM
143 WFA / E. Strouhal
144 AAA / R. Sheridan
146 RHPL / F.L. Kennett
147 AISA
148 AAA / R. Sheridan
149 Scala / AMH
150 Jose Angel Gutiérrez
152 Scala / NAM
153 Petros M. Nomikos / Idryma Theras, Athen
154 Scala / AMH
155u Scala / AMH
156 Debate
157 AAA
158o Jose Angel Gutiérrez
158u Jose Angel Gutiérrez
159o Jose Angel Gutiérrez
159u Jose Angel Gutiérrez
160 BM
161 BAL / BM
162 ET / Archäologisches Museum, Cagliari
163 MAN
164o Jose Angel Gutiérrez
165 BAL / Giraudon / Louvre, Paris
166 ET
168 Stockmarket
169 BAL / Basilica San Marco, Venedig
171 AGE
173 BM
174 AISA / BM
175 Jose Angel Gutiérrez / BM
176 RMN / Chuzeville / Louvre, Paris
177 Jose Angel Gutiérrez / BM
179 Jose Angel Gutiérrez / BM
180 WFA / BM
181 AKG / Erich Lessing / BM
182 AKG / Pergamon Museum, Berlin
183 BPK / Jürgen Liepe / VM
185 AGE
187 RHPL
188 Godo-foto
189 AAA / Bruce Norman
190o RHPL / NMI
190u BAL / NMI
191ol AGE
191or AGE
192o RHPL / NMI
192u RHPL / NMI
193 RHPL / Sassoon
194o AAA / R. Sheridan
194o AAA / R. Sheridan
195 AAA / R. Sheridan
196 Angelo Hornak / NMI
197 Michael Holford / Sarnath Museum, Varanasi
198 AAA
199 BAL / NMI
200 Michael Holford / BM
201 BAL / NMI
202o V&A
202u AAA / R. Sheridan
203 V&A
204 AGE / Alain Evrard
205 AGE / Alain Evrard
206 Panos Pictures / Cliff Venner
207 RHPL
208 AGE
210 China Photo Library
212o WFA / Yang-tzusshan, Szechwan
212u RHPL
213 ET
214 mit freundlicher Genehmigung des Cultural Relics Bureau und des Metropolitan Museum of Art, New York
215l AISA
215r AAA / R. Sheridan
216 BN
217 BN
218 BM
219 The Times, London / Ray Main
220–21 RHPL
222 BAL / BM
224 AISA
225om AISA
225or AAA / R. Sheridan
226 AAA / R. Sheridan
227 AISA
229 BAL / Oriental Museum, Durham University
230l Zardoya / Magnum / Erich Lessing
230r BAL / BM
231 Michael Holford / Staatliches Museum für Völkerkunde, München
232 Mit freundlicher Genehmigung des Cultural Relics Bureau und des Metropolitan Museum of Art, New York
234 Godo-foto
235 AGE
237 AGE
238–39 Zardoya / Magnum / Erich Lessing
240o AISA
240u Godo-foto / Natural History Museum, New York
241o AISA
242u AISA / Archäologisches Museum, Lima
243 ET / BM
244 AISA
246–47 Zardoya / Magnum / Erich Lessing
248 AKG / Erich Lessing
249 RHPL
251 Zardoya / Magnum / Erich Lessing
252 Jurgen Liepe
253 Erwin Böhm
254 AISA
255 AGE
256 Zardoya / Magnum / Erich Lessing
257 AISA
258 RHPL
261 AISA
262 BAL / Freud Museum, London
263 AGE
264 Scala / MANN
265o RHPL
265u AKG / Erich Lessing
266 Scala
267 ET
268o Kostas Kontos / NAM
268u RMN / Chuzeville / Louvre, Paris
269 Scala / Museo delle Terme, Rom
271 AGE
272o Scala / Museo Gregoriano Etrusco, Vatikan
272u Scala / Museo delle Terme, Rom
273 Scala / Museo Pio Clementino, Vatikan
274l AISA
274r AAA / R. Sheridan
275 AGE
276 BM

277o SK / SAG
277u Metropolitan Museum of Art, New York / Rogers Fund
278 SK / SAG
279o AAA / R. Sheridan
279u Scala / Museo Nazionale di Villa Giulia, Rom
280 Zardoya
281o MAN
281ul MAN
281ur Jose Angel Gutiérrez
282 Scala / MANN
283 AAA / R. Sheridan
284 Scala / Museo Nazionale di Villa Giulia, Rom
285 Wadsworth Atheneum, Hartford, Conneticut / gestiftet von J. Pierpont Morgan
286 AGE
287 AGE
288 AGE
290 BAL / Louvre, Paris
291 AISA / BN
292o AKG / Erich Lessing / Louvre, Paris
292u Sonia Halliday Photographs
293 AGE
295 AKG / Kunsthistorisches Museum, Wien
296 AAA / R. Sheridan
297 AGE
298o SK / SAG
298u Scala / Il Duomo, Syrakus
300 Scala / MANN
301 Zardoya / Magnum / Erich Lessing
302o MAN
302u AAA / R. Sheridan
303o MAN
303u AKG / Antikensammlung, Berlin
304 BM
305o Scala / Akropolis-Museum, Athen
305u RMN / Louvre, Paris
306 BM
308 Jose Angel Gutiérrez
309 BM
310 Scala / Agora-Museum, Athen
311o Scala / Museo Pio Clementino, Vatikan
312 Scala / Acropolis Museum, Athen
313 Kostas Kontos / NAM
314 Scala / Archaeological Museum, Olympia
315 AGE
316u AGE
317ol Jose Angel Gutiérrez
317or Scala / Museo Pio Clementino, Vatikan
318 Sonia Halliday Photographs
319 AISA / Musei Capitolini, Rom
320 AKG / Il Duomo di Anagni, Lazio
321 Scala / Museo Pio Clementino, Vatikan
323o Scala / MANN
323u G. Dagli Orti / Louvre, Paris
324 Zardoya / Magnum / Erich Lessing
325 Firo-foto
326 MAN
327 AGE
328l AAA / R. Sheridan
328r BM
329 Zardoya / Magnum / Louvre, Paris
331 Scala
332 Kostas Kontos / NAM
333 AKG / Erich Lessing / Louvre, Paris
334 BAL / Archäologisches Museum, Thessaloniki
335 Kostas Kontos / Archäologisches Museum, Thessaloniki
336 Sonia Halliday Photographs
338 Scala / Akropolis-Museum, Athen
340–41 Scala / MANN
342o Scala / Archäologisches Museum, Istanbul
342m AAA / R. Sheridan
344l AGE
345 WFA / BM
346 AKG / Pergamon Museum, Berlin
347o Scala / MANN
347u AKG / Erich Lessing / Liebighaus, Frankfurt am Main
349 Zardoya / Magnum
350 AGE
351 Scala / Musei Capitolini, Rom
352 BAL / BN
353 AGE
354 AGE
355 Scala / Musei Capitolini, Rom
357 Scala / Museo Pio Clementino, Vatikan
359 RHPL / Simon Harris
360 AKG / MC
361 AISA / MANN
362ol AISA / MVG
362u Jose Angel Gutiérrez
363 AKG / Tomb of Leopardi, Tarquinii
364 Jose Angel Gutiérrez
365 BAL / Archäologisches Museum, Olympia
366 ADO
367 Scala
368o AISA / Museo Archeologico Nazionale, Venedig
368u Corbis / Roger Wood
369 Scala
370ol RMN / Louvre, Paris
370r ET / MVG
371o Ny Carlsberg Glyptothek, Kopenhagen
371u AGE
372o Scala / MC
373 AKG / Musei Pontificie, Vatikan
374o Scala
374u AGE
375o AGE
375u RHPL / Robert Cundy
376–77o RMN / Louvre, Paris
376u BAL / BM
378 BAL / Giraudon / Louvre, Paris
379 Zardoya / Erich Lessing / Musée Granet, Aix-en-Provence
380o AISA / MC
380u Scala / MVG
381 Landesmuseum, Mainz
382 Zardoya / Erich Lessing / Maria Saal, Carinthia
383o ADO
383u BM
384o Scala / Museo Archeologico Nazionale, Venedig
384u Jose Angel Gutiérrez
385 Scala / MC
386 Michael Holford
388 AISA
389 RHPL / Adam Woolfitt
390o BM
390m BM
391o KM
391u Oronoz / Musei Pontificie, Vatikan
392o AISA
392ml AISA / MC
393 Zardoya / Erich Lessing
395 AGE
396ol RMN / H Lewandowski / Louvre, Paris
396r Fiorepress-Firo Foto
397 Oronoz
398 Stockmarket
399 AGE
400–01 ADO / Musée Archéologique de Sousse
402 AISA / Musée National du Bardo, Tunis
403o CM Dixon
403u Lauros-Giraudon / Landesmuseum, Trier
404u AGE
404o Scala / MGP
405 Axiom / James Morris
406 AISA / Museo della Civiltà Romana, Rom
408 AKG / Metropolitan Museum of Art, New York
409o AISA / MANN
409u AKG / Erich Lessing
410 AKG
411 Scala
412o AISA / Museo Archeologico, Taranto
412u Museo Arqueológico, Barcelona
413o Juan Avilés
413u Jürgen Liepe/ Staatliches Museum, Berlin
414 AGE
415 Angelo Hornak
416 Scala / Museo Pio Clementino, Vatikan
417o Scala / MGP
417u BM
418–19 AISA
420 Scala / Museo della Civiltà Romana, Rom
421o Scala
422 Scala / Museo Civico, Albega
423 BAL / Louvre, Paris
424 Scala / SS Cosma e Damiano, Rom
425 AKG / Erich Lessing / Nationalmuseum, Damaskus
426o Werner Braun
426u Scala / Ipogeo di via Latina, Rom
427o BN
427u ADO / Nationalmuseum, Damaskus
429 Scala / CP
430u AGE
431 Oronoz
432ol AISA / Museo Egizio, Turin
432u Zardoya / F Mayer
433 BAL / Battistero Neroniano, Ravenna
434 AAA / R Sheridan
435 Scala / S Prieto, Vatikan
436 Iberpress / Giordano / S Ambrose, Mailand
437o ET / S Constanza, Rom
437u Zardoya / Erich Lessing / Catacombe di S Domitilla, Rom
438 Scala / S Prieto, Vatikan
441o Scala / Museo Pio Cristiano, Vatikan
441u Scala / CP
442 AAA / Ronald Sheridan
443 Scala / Galleria degli Uffizi, Florenz
444–45 Scala / Galleria Borghese, Rom
446o Scala / CP
446u AGE
447 Oronoz, Palazzo Rondanini, Rom
448-49 Scala / Catacombe di S Gennaro, Neapel
451 BAL / Lambeth Palace Library, London (Ms.1370, f.115v)
452 Scala / Catacombe di S Ermete, Rom
454 AISA / MC
455o AISA / Xavier Navarro
455u Jürgen Liepe / Staatliches Museum, Berlin
456 AISA
457 Giraudon / BAL
458 AISA / Museo Archeologico Nazionale, Neapel
459u Jose Angel Gutiérrez
459o MAN
460 AISA
462 AISA
463 Fiorepress-Firo Foto / S Fiore
464 Jose Angel Gutiérrez
465 AISA / Musée Calvet, Avignon
466 Scala / Biblioteca Apostolica, Vatikan
467 BAL
468 SHP / Battistero degli Ariani, Ravenna
469 Scala / MGP
470 BAL / Private Collection
471 Bodleian Library, Oxford (Ms.378, f.84r)
472 Scala / S Costanza, Rom
473o AISA / MC
473u AAA / G Tortoli
474 AISA / Battistero degli Ariani, Ravenna
475o KM
475u Scala / Battistero degli Ariani, Ravenna
476o AAA
476u KM
479 RHPL
480 Giraudon / BAL / BM
481 BN
482–83 Scala / Museo delle Terme, Rom
484 MAN
485o KM
485u Bodleian Library, Oxford (Rol.159.2/83)
486 AISA
487 RMN / H Lewandowski / Louvre, Paris
488 AISA
489 Giraudon
490–91 ET / Mausolo di Galla Placidia, Ravenna
492 ADO / Musée National du Bardo, Tunis
493 Oronoz / Capilla S Vittore, Mailand
494 Michael Holford / BM
495 Scala / S Lorenzo Maggiore, Mailand
496 RHPL / F Jackson
497 Scala / Biblioteca Medicea Laurenziana, Florenz (Ms.Plut.12; 17, f.3v)
498 Zardoya / Erich Lessing / Museo de Arcivescovado, Ravenna
499o BAL / Private Collection
499u Scala / Museo Civico de „Eta“ Cristiana, Brescia
501 BAL / Biblioteca Medicea-Laurenziana, Florenz (Ms.Plut.12.17, f.4r)
502 Michael Holford
503 Michael Holford
504 ET / Rheinisches Landesmuseum, Bonn
505 Lauros-Giraudon
506 BN
507 Giraudon
508l Iberpress
508r AGE
509 AISA
510 V&A / Ian Thomas
511 Scala / S Apollinare in Classe, Ravenna
513o Giraudon / Ainari / S Vitale, Ravenna
513u AISA / Museo Bargello, Florenz
514 Zardoya / Erich Lessing / S Apollinare Nuovo, Ravenna
515 Scala / S Apollinare Nuovo, Ravenna
516 AISA
517 AISA
518 SHP / St Sozomenus, Galata, Zypern
519 CM Dixon
520 Metropolitan Museum of Art, New York (gestiftet von George Blumenthal, 1941)
521 BAL / Louvre, Paris
522 Axiom / James Morris
523 AISA / S Constanza, Rom
524 Scala / Sacro Speco, Subiaco
525 BAL / Giraudon / Musée Condé, Chantilly
526 SHP / BN
527 Scala / Duomo, Monza
528 MAN
529 Trinity College Library, Dublin (Ms.57, f.21v)
531 Corpus Christi College, Cambridge (Ms.286, f.129v)

LANDKARTEN

Landkarten copyright © 1998 Debate und Helicon/Debate Seiten 24, 26, 40, 43, 44, 45, 49, 59, 70, 76, 107, 164, 172, 178, 186, 209, 236, 250, 264, 270, 289, 299, 307, 339, 343, 352, 356, 361, 372, 387, 397, 407, 421, 430, 440, 461, 477, 478, 512

TEXTNACHWEIS

Der Verlag dankt allen nachfolgend aufgeführten Personen und Institutionen für die freundliche Genehmigung, ihre Übersetzungen und Zitate in diesem Buch abzudrucken. Trotz größter Sorgfalt konnten die Urheber nicht in allen Fällen ermittelt werden. Es wird gegebenenfalls um Mitteilung gebeten.

S. 264 Herodot Historien, Bd.1, herausgegeben von Josef Feix, © 1995 Artemis & Winkler Verlag, Düsseldorf / Zürich.
S. 273 Homer, Odysee, übersetzt von Anton Weiher, © 2000 Artemis & Winkler Verlag, Düsseldorf / Zürich.
S. 300 und 311 Thukydides: Der Peloponnesische Krieg, übersetzt und herausgegeben von Helmuth Vretska und Werner Rinner. Universalbibliothek Nr.1807, © Reclam Verlag, Stuttgart 1990.
S. 304 Euripides: Die Troerinnen, übersetzt und herausgegeben von Kurt Steinemann. Universalbibliothek Nr.8424, © Reclam Verlag, Stuttgart 1987.
S. 322 Platon: Der Staat, übersetzt von August Horneffer, Kröners Taschenausgabe, Band 111, 10. Aufl. 1973, S. 105, © Alfred Kröner Verlag, Stuttgart.
S. 383 Plutarch, Große Griechen und Römer, Bd. VI, übersetzt von Walter Wuhrmann, © 1965 Artemis & Winkler Verlag, Düsseldorf / Zürich.
S. 384 Caesar, Gallischer Krieg, herausgegeben von Otto Schönberger, © 1999 Artemis & Winkler Verlag, Düsseldorf / Zürich.
S. 393 Tacitus: Historien, übersetzt und herausgegeben von Helmuth Vretska, © ReclamVerlag, Stuttgart 1984, S. 259-261.
S. 394 Sueton, Die Kaiserviten, herausgegeben und übersetzt von Hans Martinet, © 2000 Artemis & Winkler Verlag, Düsseldorf / Zürich.
S. 410 Martial, Epigramme, herausgegeben und übersetzt von Paul Barié und Winfried Schindler, © 1999 Artemis & Winkler Verlag, Düsseldorf / Zürich.
S. 439 Korintherbrief. Lutherbibel, revidierter Text 1984, durchgesehene Ausgabe in neuer Rechtschreibung, © Deutsche Bibelgesellschaft Stuttgart.